디자인 역사 속의 스타일

Styles in the History of Design

박영목
서울대학교 미술대학 디자인학부 교수
산업디자인 전공

심영신
전 삼성전자 디자인팀 근무
산업디자인 전공

원하연
건국대학교 예술디자인대학 산업디자인학과 조교수
산업디자인 전공

장성연
서울대학교 미술대학 디자인학부 부교수
산업디자인 전공

표지디자인 김경선 김지연
일러스트레이션 전서영

디자인 역사 속의 스타일

박영목 심영신 원하연 장성연 지음

Styles in the History of Design

인물과 사상사

프롤로그

저자 박영목

새로운 경험을 중시

최근 '새로운 경험'이라는 말을 자주 접하게 된다. 여행, 운동, 취미 생활, 음식 등 거의 모든 삶의 모습에 대하여 새로운 경험을 중시하는 경향이 뚜렷하다.

이러한 경향은 기존의 기성세대가 미래의 경제적 안정과 사회적 성공을 위해 현재를 희생하며 치열하게 사는 삶을 살았다면, 최근의 세대는 그와 달리 어떻게 사는 것이 나에게 진정 행복한 삶인가를 찾기 위하여 다양하고 새로운 삶의 모습을 찾기 때문에 생긴 결과일 것이다. 이러한 변화는 경제와 산업, 문화가 발전의 변곡점에 가까워지고 있어 이제까지와는 다른 새로운 삶의 지향점을 찾아야 하는 현대 사회에서 너무나 당연한 현상일 것이다. 그리고 이 새로운 경험을 통하여 찾고자 하는 삶의 모습은 대부분 근대화, 서구화, 산업화된 삶의 범위를 벗어나지는 않을 것이다.

그러나 안타깝게도 우리는 그 범위 안에서 삶의 경험이 매우 제한적이다.
그 이유는 우리의 슬픈 역사에 원인이 있다. 우리는 19세기 말까지 세계의 열강이 산업혁명으로 근대화, 산업화에 박차를 가할 때 농경사회를 벗어나지 못했으며, 20세기 초에는 제국주의 열풍에 휘말려 나라를 잃는 치욕을 겪었다. 그리고 20세기 중반에는 이데올로기의 피해 당사자가 되어 나라가 분단되고 초토화되었다. 그리고 이후 70년간 잘 살아 보고자 몸부림쳤고, 그 결과 이제 행복하게 살아가는 방법을 찾는 시대가 되었다.

즉, 우리는 서구 국가들이 수백 년에 걸쳐 겪은 전제군주제로부터 민주화, 수공예로부터 산업화, 근대화를 단지 70년 만에 빛의 속도로 경험하고 있기에, 그 과정에서 시대에 맞게 행복하게 잘 사는 삶의 모습을 찾기 위해 노력해 본 경험이 없다.

스타일은 삶의 흔적이다.

따라서 우리는 서구화, 근대화, 산업화를 먼저 겪었던 남들의 삶의 경험에서 그 방향을 모색할 수밖에 없다. 그래서 '다양한 경험'을 원한다. 혹은 서구의 예술, 정치, 경제, 철학, 산업 등의 현재만이 아니라 과거 역사까지 관찰하며 간접 경험을 한다. 이러한 간접 경험 중 하나가 '스타일'을 이해하는 것일 수 있다.

흔히 우리는 "그 사람 어떤 스타일이야?"라는 말을 한다. 여기에서 스타일은 단순히 외모만이 아니라 그 사람의 성격, 삶의 태도, 성향 등을 포괄하는 그 사람의 내면과 내면의 속성이 표출된 형식 모두가 종합된 것을 의미한다.

마찬가지로 역사 속의 '스타일'은 그 시대의 정치, 산업, 문화 등이 반영된 삶의 모습이 적나라하게 표출된 결과이다.

바로크 스타일은 개신교에 의해 위기의식을 가지게 된 가톨릭이 신자들에게 종교의 위엄과 경건함을 과시하기 위해서 만든 스타일이며, 기존의 고착된 전통과 관습을 벗어나려 다양한 시도를 했던 뉴 아트가 아르누보이고, 과거와 다가오는 미래를 하나로 결합하려 했던 것이 아르데코이며, 수공예에서 대량생산이라는 혁신적 변화에 대하여 기능과 심미의 균형을 찾으려 노력했던 것이 초기 모더니즘이다. 또한 지나친 상업화 때문에 차별화되어 수없이 만들어지는 단지 다른 형태들에 대한 비판을 하며 근본으로 돌아가고자 하는 것이 미니멀리즘이며, 포스트모던의 대표적인 멤피스그룹의 스타일은 기능주의, 합리주의의 경직됨을 지적하고 보다 낭만적인 삶을 살아야 한다는 주장이다.

거창하게 들릴지 몰라도 다시 말하면 위기에 보다 의연하게 있는 척하는 모습(바로크), 권위와 관습에 대항하는 모습(아르누보), 상반되는 가치를 조화시키려는 노력(아르데코), 시대의 변화에 능동적으로 대처하려는 모습(초기 모더니즘), 주변의 부조리에 대항하는 모습(미니멀), 보다 낭만적인 삶을 지향하는 모습(포스트모던) 등 그야말로 우리가 살아가는 삶의 모습이며 그 모습이 형상으로 발현된 것이 바로 '스타일'이라 할 수 있다. 따라서 스타일을 이해하는 것은 다양한 삶의 모습을 경험하는 것과 같다.

스타일을 알면 얻게 되는 다른 즐거움

유럽을 여행 중이라고 가정해보자. 어떤 오래되고 화려한 건축물을 볼 때, "아, 바로크 양식인 것 같아. 아마도 17세기 종교개혁 이후에 만들어졌겠다. 내부가 엄청 웅장하고 화려하겠군…. 그 안에서 종교의 신성함과 위엄이 느껴질까?"라고 그 건축의 이름과 내력은 몰라도 건축에 다가가고 느끼기 위한 준비를 할 수 있을 것이다. 그리고 여행을 다니며 바로크, 로코코, 아르누보, 아르데코, 포스트모던 등의 건축, 가구, 그림 등을 보며 그 대상의 시기와 의미 등을 짐작하며 감상할 수 있을 것이다.

저자도 이 책을 집필하면서, 이전에 그저 유명 관광지 순례로 여러 차례 다녀온 유럽 여행을 후회하며 산업화, 근대화, 민주화의 초기에 새로운 세상을 개척하고자 했던 초기 모더니스트들의 흔적을 경험해 보는 여행, 혹은 고전과 현대의 경계에서 고전의 아름다움과 현대의 모던함을 하나의 사물에 담고자 했던 아르데코 작가들의 시도를 이해하는 여행 등 주제와 의미를 가지는 여행을 계획하게 되었다.

또한 너무나 당연한 결과이겠지만 인테리어에는 전문가적 식견이 생길 수도 있다. 그저 이런 스타일이 유행이니까, 어떤 인테리어 브랜드 제품이 유행이니까, 혹은 이게 예쁘니까 등으로 자신의 공간을 꾸미지는 않을 것이다. 대신에 1930~1950년대 사이에 대량생산을 전제로 하지만 지금과 같은 대량생산 기술과 체제가 갖추어지지 않았던, 그래서 공예가와 같이 숙련된 전문가의 손길이 남아 있는 시대의 스타일이 매력적이라거나, 감성적이며 낭만적인 삶을 위한 멤피스 스타일이 마음에 든다는 식으로 자기 삶의 태도에 맞는 인테리어를 할 수 있는 식견을 가지게 될 것이다.

이제까지는 일반인들이 스타일을 이해함으로써 가질 수 있는 거창하게 말하면 혜택과 장점에 대하여 살펴보았다.

그러나 다른 한편으로 이 책을 저술한 개인적인 이유는 디자인 교육자로서의 회한에 있다. 교직 생활 20년 이상 제자들을 지도하면서 끊임없이 '새로운' 디자인을 요구하였다. 그러나 이 책을 준비하기 전 그리고 준비하면서 그것이 너무나 무책임하고 무리한 요구였음을 알게 되었다.

디자인의 역사와 스타일에 대한 공부를 해가며, 디자이너들이 역사 속의 위대한 선구자들로 생각하는 디터 람스나 알렉산드로 멘디니 등도 실은 아무런 맥락 없이 백지에서 그들의 디자인을 만들어낸 것이 아니라, 그 이전에 이미 있던 전조를 이해하고 더욱 발전시켰던 것이라는 것을 알게 되었다.

그리고 그러한 역사의 맥락을 이해하고 있는 서구의 디자이너들은 새로운 디자인을 할 때, 아르데코의 럭셔리한 양식을 베이스로 하여 보다 현대 사회의 가치인 서스테이너블의 개념을 접목한 새로운 디자인을 해본다든지 하는 식으로 기존의 스타일 유형과 의미를 기본으로 발전시키는 방법을 썼을 것이 틀림없을 것이라는 생각이 들었다.

이것은 마치 요리 선생이 요리를 배우는 생도들에게 무조건 '새로운 요리를 만들라'고 요구하는 것과 마찬가지였다는 것을 알았다. 한식의 찌개 종류는 김치찌개, 된장찌개, 고추장찌개가 기본이며 각 찌개를 만드는 방법을 완벽하게 숙지해야, 그 찌개들을 기반으로 새로운 찌개를 만들 수 있을 것이다.

스타일을 이해해야 하는 이유도 이와 같다. 그저 새로운 요리를 만들겠다는 의지만으로는 갈피를 못 잡거나, 이상한 변종 요리를 만들 가능성이 높다.

이 책을 만들며

마지막으로 이 책은 보는 분들이 '스타일'을 조금이라도 더 이해해주기를 바라는 마음에 다음의 3가지에 중점을 두고 만들었다.

첫 번째는 스타일을 눈으로 알게 하기 위함이다. 이 책에서 다루는 양식의 유형은 기존 디자인 역사를 다루는 책들에서 나온 유형에 기반한다. 그러나 기존의 디자인사史 서적들이 대부분 디자인사에 나타난 대표 작품의 의미와 배경에 대하여 글 중심으로 설명하고 있어, 스타일을 눈으로 이해하고 기억하는 데 한계가 있다. 따라서 가능한 한 많은 그림으로 스타일을 눈으로 이해시키고자 노력했다.

두 번째는 한 양식에 대하여 건축, 인테리어, 가구, 도자 및 금속 제품, 그래픽 등 다양한 대상으로 스타일을 이해시키고자 했다.

세 번째는 스타일을 고전부터 현대의 컨템포러리 디자인까지 다룸으로써 스타일의 진화 과정의 내러티브를 전달하고자 했다. 현재를 사는 우리로서는 쉽게 접근이 가능한 최근의 보다 세부적이고 다양한 스타일을 다루는 게 실용적일 수도 있겠지만 거시적으로 고전부터 현재까지의 통시적 이해가 보다 차후에 세부적이고 다양한 스타일을 이해하는 근간을 마련해줄 수 있을 것이라 생각한다.

저자 심영신

오랜 기간 회사에서 근무하면서 신제품, 신기술, 신소재 등 늘 새로운 것에 안테나를 곤두세웠다. 동시에, 디자인의 거장들이 만들어낸 놀라운 작품에 감탄하고, 그들의 창조적 사고에 대해서 존경과 부러움을 느꼈다. 그리고, 이러한 결과를 만들어 내는 생각의 근원에 대한 궁금증을 품고 있었다.

은퇴 후 우연히 접한 디자인 역사에 관한 책에서, 그 의문의 답을 조금이나마 찾을 수 있었다. 과거의 디자인 양식과 역사에 대한 이해가 자신만의 철학과 시각을 형성하는 데 큰 도움이 될 수 있으며, 새로운 조형 창작의 열쇠가 될 수 있다는 것을 깨달았다. 현업에서 맞닥뜨렸던 문제들의 해결책이 과거에서 올 수 있다는 사실을 알게 되었고, 이는 의외로 단순한 진리임에도 불구하고 실무에서는 미처 깨닫지 못했다. 과거에 대한 학습을 소홀히 했던 것에 아쉬움이 들었고, 디자인 양식에 대한 이해가 디자이너는 물론 디자인에 관심 있는 모든 이에게 가치 있다는 생각을 하게 되었다.

이러한 계기로 인해 디자인 양식에 관한 책을 기획하게 되었다. 많은 사람들이 접근할 수 있도록, 어려운 내용보다 이해하기 쉬운 설명과 다양한 도판을 포함한 입문서 형식으로 구성했다.

산업화 시대에 태어나고 그 영향을 받은 우리는 경험해보지 못한 양식에 대해 부정적인 선입견을 가질 수 있다. 그러나 양식에 대한 올바른 이해는 이러한 편견을 해소하는 데 도움이 되며, 더 나아가 다양한 조형 언어를 수용하고 탐구하는 과정은 우리의 창의력과 감각을 더욱 풍부하게 할 수 있을 것이다.
이 책을 통해 디자인 양식의 즐거움을 알게 되고, 디자인을 향유하는 삶의 즐거움을 발견하시기를 바란다.

저자 원하연

하루하루 우리의 삶에서 마주치는 디자인의 스타일은 우리의 삶의 순간을 조금 더 특별하고 기억에 남는 경험으로 변화시킨다. 생기 넘치는 색채, 형태, 감각의 미학을 추구하는, 아무것도 없어 보이는 사소한 디자인의 스타일도 우리의 일상을 풍요롭게 만든다. 지금 이 순간에도 우리의 삶 속에서 재료, 철학, 조형으로 디자인의 스타일은 계속 창조된다.

퓨처리즘은 디자이너들이 삶을 향상시키려는 꿈과 비전을 만들었다. 포스트모더니즘은 일상의 기능주의와 획일화된 사회에서 벗어나려는 예술가와 디자이너들의 열망을 드러낸다. 미니멀리즘은 그 절제 속에 숨겨진 감각과 경험, 그리고 핵심을 탐색하려는 시도를 보여준다.

세상을 보다 더 아름답고 낫게 만들고자 하는 각 시대 디자이너들의 열정과 시도들은 옛 순간에도 지금 이 오늘날에도 계속된다. 디자인의 스타일은 시대의 디자이너들이 만들어낸 삶의 대화의 순간이자 우리에게 주어진 삶 속의 선물과도 같다.

저자 장성연

하루에도 수도 없이 쏟아져 나오는 디자인들, 디자인 과잉 시대라 불러도 과언이 아닌 시대가 되었다. 모더니즘, 포스터모더니즘과 같이 강력한 사조가 존재하던 시대는 지나가고 현시대 디자인은 그 수도 많지만 스타일 역시 너무나도 다양하다.

이와 같이 다양한 스타일이 공존하는 시대에 디자이너에게 더욱 중요해지는 역량은 그 무엇보다 디자이너만의 고유한 관점과 철학이다. 이 책은 다양한 디자이너들이 각자 존재했던 시대적 상황들 속에서, 어떠한 방식으로 인간의 요구와 맞물려 사고하며, 이를 통해 다져진 철학을 디자인이라는 형식으로 표현하며 본인 고유의 스타일을 만들어냈는지에 대한 이야기이다.

이 책을 통해, 디자인을 공부하는 학생들이 본인은 디자인의 큰 줄기 속에서 어디에 서 있는지, 또한 이 시대 나는 어떠한 디자이너로서 역할을 할 수 있을지를 심도 있게 고민해 보는 계기가 되었으면 하는 바람이다.

차례

01. 클래식 스타일 14
다시 돌아오지 않을
박영목

클래식에 대한 16
이 책에서 "고전"의 범위 18
고전 건축 : 바로크와 로코코 시대의 건축 22
고전 건축 : 신고전주의 시대의 건축 34
고전 건축 : 빅토리아 시대의 건축 42
17~18세기의 고전 디자인 : 가구, 도자기, 금속공예, 그래픽 50
19세기의 고전 디자인 : 가구, 도자기, 금속공예, 그래픽 70

02. 아르누보 스타일 96
낭만적 혁명
박영목

아르누보에 대한 98
아르누보의 개요 100
아르누보의 건축과 인테리어 104
아르누보의 가구 118
아르누보의 생활용품 128
아르누보의 유리공예 132
아르누보의 금속공예 136
아르누보의 그래픽디자인 144

03. 아르데코 스타일 152
현재진행형 럭셔리
심영신

아르데코에 대한 154
아르데코의 개요 158
아르데코 스타일의 특징 160
아르데코의 건축과 인테리어 164
아르데코의 가구 176
아르데코의 공예와 제품 194
아르데코의 그래픽과 잡지 202
아르데코의 포스터와 타이포 206

04. 초기 모던 스타일 212
모던디자인의 서막
심영신

초기 모던에 대한 214
초기 모던의 개요 218
초기 모던 인더스트리얼 스타일 220
초기 모던 인더스트리얼 스타일의 건축과 인테리어 222
초기 모던 인더스트리얼 스타일 가구 234
초기 모던 인더스트리얼 스타일 제품 244
초기 모던 인더스트리얼 스타일 텍스타일 250
초기 모던 인더스트리얼 스타일 그래픽과 타이포 252
초기 모던 스칸디나비안 스타일 258
초기 모던 스칸디나비안 스타일의 건축과 인테리어 260
초기 모던 스칸디나비안 스타일 가구 266
초기 모던 스칸디나비안 스타일 제품 276
초기 모던 스칸디나비안 스타일 텍스타일 286
초기 모던 스칸디나비안 스타일 그래픽과 타이포 288

05. 미드 센추리 모던 스타일 292
지금도 사랑받는 모던디자인의 완성
심영신

미드 센추리 모던에 대한 294
미드 센추리 모던의 개요 298
미드 센추리 모던 스타일의 특징 300
미드 센추리 모던 건축 302
미드 센추리 모던 가구 316
미드 센추리 모던 제품 340
미드 센추리 모던 텍스타일 366
미드 센추리 모던 그래픽과 타이포 372

06. 퓨처리즘 스타일 384
보다 나은 미래를 꿈꾸는
원하연

퓨처리즘에 대한 386
퓨처리즘의 개요 388
퓨처리즘과 이탈리아 디자인 390
퓨처리즘과 스트림라인 396
퓨처리즘과 건축 406
퓨처리즘과 우주미래 410
퓨처리즘과 사이버네틱 426

07. 포스트 모던 스타일 432
낭만적 반항
원하연

포스트 모던에 대한 434
포스트 모던의 개요 438
포스트 모던 스타일의 특징 440
포스트 모던 스타일과 멤피스 450
포스트 모던 스타일과 알레산드로 멘디니 486
포스트 모던 그래픽과 타이포그래피 494

08. 미니멀 스타일 500
핵심이 무엇인가
원하연

미니멀에 대한 502
미니멀 스타일의 개요 506
미니멀 스타일의 특징 510
미니멀 스타일의 인테리어 516
미니멀 스타일의 가구 518
미니멀 스타일의 제품 520

09. 컨템포러리 스타일 536
다양한 개성의 시대
장성연

컨템포러리에 대한 538
컨템포러리 디자인의 유형 542
컨템포러리 디자인의 의의 544
컨템포러리 디자인 스타일 1. 디자인과 기술의 공생 546
컨템포러리 디자인 스타일 2. 문화화 • 예술화되는 디자인 548
컨템포러리 디자인 스타일 3. 윤리적 디자인: 환경에 대한 고민 554
컨템포러리 디자인 스타일 4. 자연은 디자인의 유용한 모티프 556
재스퍼 모리슨 #슈퍼노멀 #미니멀리즘 #자연적물성 560
카림 라시드 #유기적형태 #감각적미니멀리즘 #미래주의 #대담한컬러 564
로스 러브그로브 #캡틴오르가닉 #미래지향적 #엔지니어링 #자연 568
마크 뉴슨 #재료 #장인정신 #예술적 #컬렉터블디자인 570
헬라 용에리위스 #컬러 #소재 #지속가능성 #불완전성 574
톰 딕슨 #금속 #조각적 #럭셔리 #표현적미니멀리즘 576
마르셀 반더스 #이질적조합 #더치스타일 #럭셔리 #고전적 580
콘스탄틴 그리치치 #기하학적 #재료 #구조적 #소재혁신 586
도쿠진 요시오카 #경험적 #자연현상 #비물질 #정서적 590
부훌렉 형제 #우아함 #유연성 #시적표현 #상호작용적 594
하이메 아욘 #판타지 #장인정신 #내러티브 #낭만주의 600
토머스 헤더윅 #기술 #기능적 #장인정신 #조각적 606
네리 옥스만 #재료생태학 #생체모방 #지속가능성 #바이오디자인 610
론 아라드 #실험성 #재료 #아방가르드 #서사적 614
엔조 마리 #윤리적책임 #인간중심적 #지속가능성 #기능적 616
컨템포러리 디자인을 이해하기에 좋은 디자이너들 리스트 618

참고문헌 619
그림 출처 621

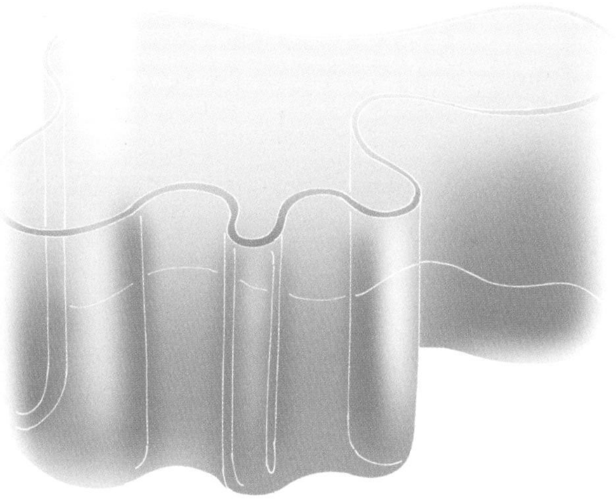

Early Modern Style

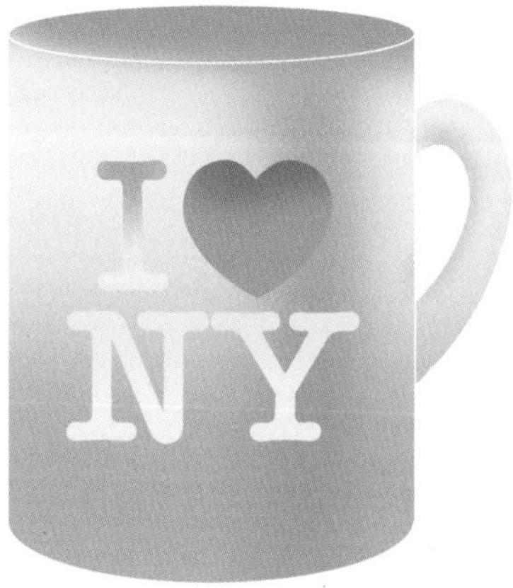

Mid-Century Modern Style

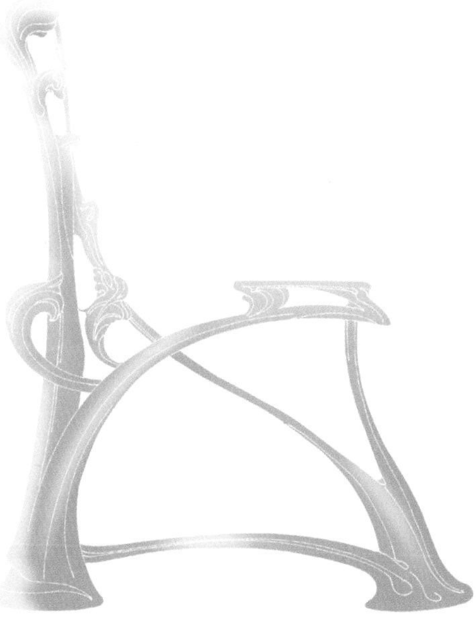

Art Nouveau Style

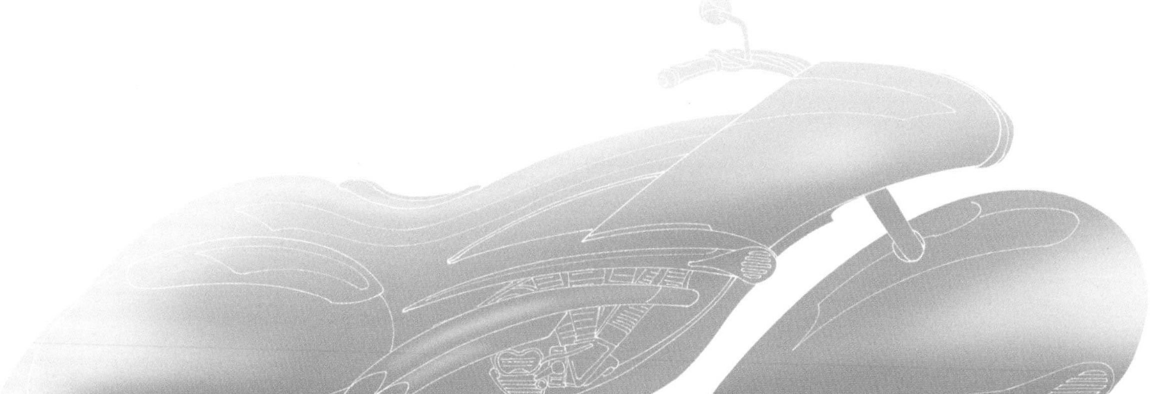

Futurism Style

일러스트레이션: 전서영

Chapter 1

Classic Style

다시 돌아오지 않을

클래식 스타일

박영목

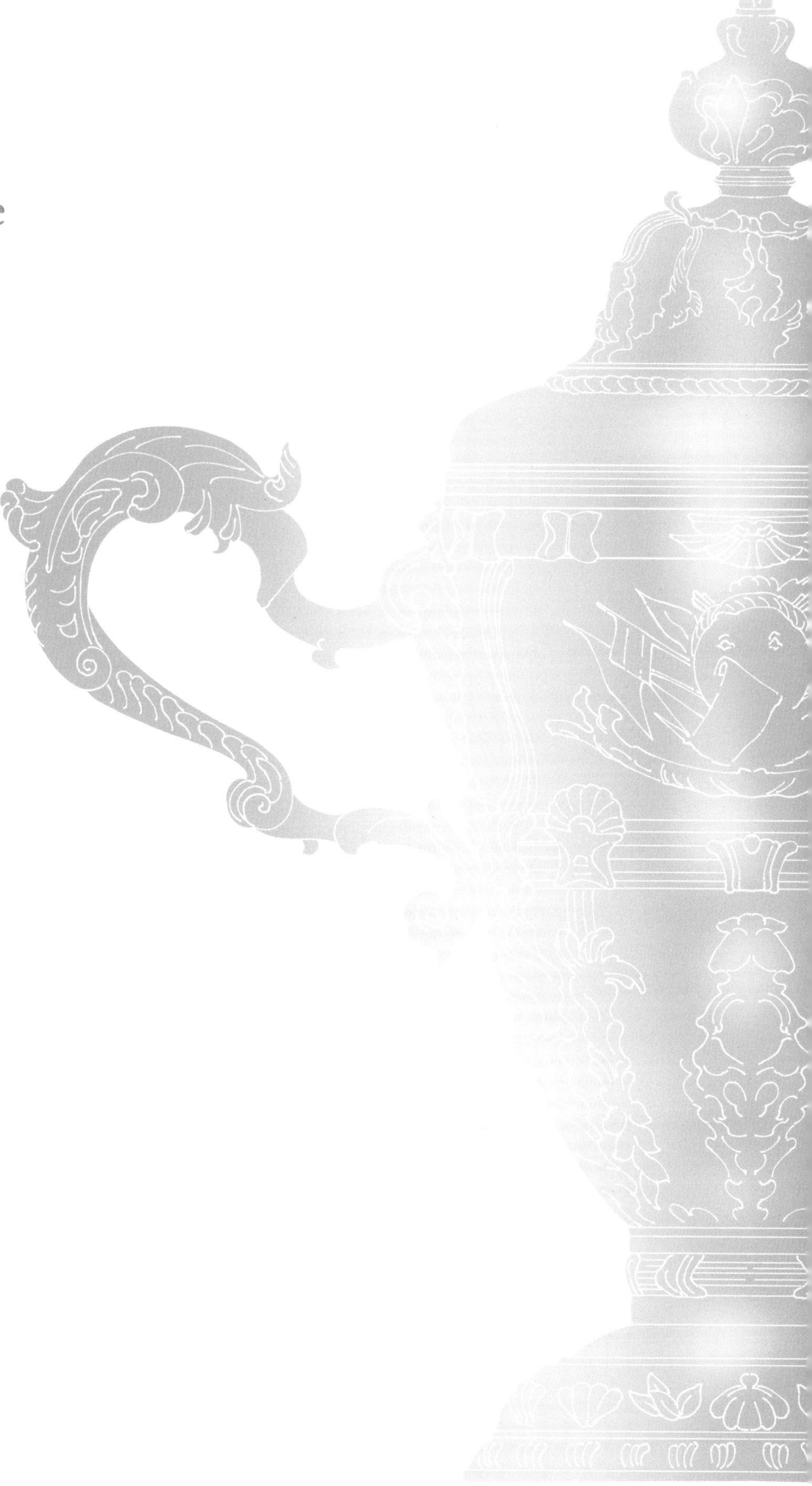

클래식에 대한
About Classic

클래식의 양면성

클래식은 시간을 초월하는 가치, 역사를 상징하는 흔적, 수준 높은 결과 등의 긍정적 이미지를 가진다. 그래서 클래식 음악을 듣고, 고전문학을 읽으며, 고전회화를 즐기고, 역사에 능통한 사람은 왠지 지식인이며 교양인일 것 같은 느낌을 준다. 그러나 반대로 현대의 우리가 받아들이기에는 맞지 않는, 이해하기 어렵고 난해한, 고착되어 발전하지 않는 등의 부정적인 이미지도 가진다. 역사 속의 옛이야기만 하거나, 고전음악이나 고전문학 등에 집착하는 사람을 보면 과거에 묻혀 발전과 변화를 거부하고 있는 인상을 받게 된다. 이렇듯 클래식은 현대의 우리에게 양면적 속성을 가진다.

클래식에서 모던

우리가 클래식(고전, 전통)을 이해하는 이유 중 하나는 그것이 '현재 우리'를 이해하기 위한 기준을 제시하기 때문일 것이다. 과거는 '옛날엔 느렸는데 지금은 빨라졌다', '옛날에는 손으로 만들었는데 지금은 공장에서 대량생산한다'는 식으로 현재를 이해하는 척도로 작용한다. 또한 과거에서 현재에 이르는 길은 미래를 예측하기 위한 일종의 맥락을 제공한다.

이러한 관점에서 클래식(고전)에서 현재에 이르는 양식의 전개 과정을 살펴보자.

18세기 바로크 시대의 대표적인 작품인 성베드로 성당이나 앙드레 샤를 불레André-Charles Boulle의 가구 등은 당대 최고의 권력자를 위하여 당대 최고의 장인이 당시 최고의 재료와 자원을 투입하여 만든 것이다. 따라서 '도대체 인간이 어떻게 이걸 만들었지?'와 같은 탄사가 나온다.

그 이후 로코코 양식의 결과물들은 역시 왕, 고위 성직자부터 귀족까지를 위한 양식으로 바로크보다 사용자층이 다소 넓어졌으나 역시 최고 수준의 장인들이 최고 수준의 재료와 자원을 투입하여 만들었을 것이다.

그 이후의 신고전주의 양식은 왕권의 몰락, 종교개혁의 여파 등에 의하여 사회의 권력층이 이동하면서 의사당, 국회건물, 공공건물 등이 주를 이루게 된다.

그리고 19세기의 빅토리아 시대는 거기에 더하여 신흥권력집단인 소위 경제적 성공을 거둔 부르주아 계층이 양식의 주 소비층이 된다.

이러한 맥락을 정리하면, 최고의 왕이나 성직자와 같은 권력자로부터 귀족으로 다음으로 부르주아 계층으로 그리고 일반 시민계급으로 양식의 주도세력이 변화해왔다. 그리고 만드는 사람은 최고의 재능과 실력을 겸비한 장인으로부터 대량생산을 가능하게 하는 기술자로 변화해왔다.

지금 봐도 경이로울 정도의 정교함과 화려함을 가진 앙드레 샤를 불레의 가구는 실은 태양왕 루이 14세를 위한 것들이었다. 즉, 일반인이 아닌 심지어 어중간한 귀족마저도 사용은커녕 구경도 못하는 초희귀 레어템이다. 반대로 아이폰은 높은 기술력과 완성도를 가진 제품이지만 지위의 고하와 무관하게 일반 대중 모두가 사용하는 일상용품이다.

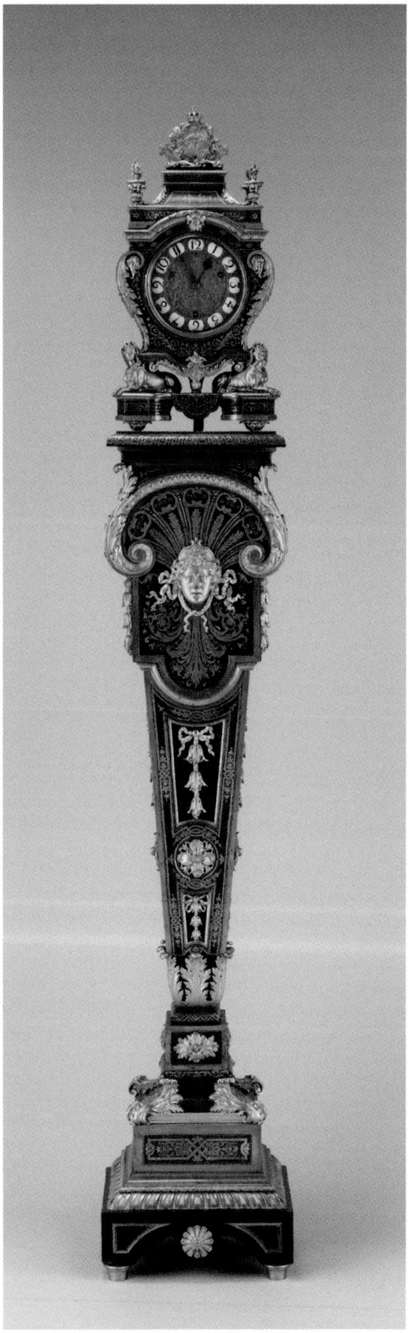

1001
앙드레 샤를 불레 André Charles Boulle, 받침대가 있는 시계
1690경

지금 이 시대에 아이폰과 같은 높은 품질을 가지며 누구나를 위한 대량생산 제품을 사용하면서, 앙드레 샤를 불레의 가구와 같은 최고의 장인이 혼신의 노력으로 나만을 위해 만든 의자가 없음을 투덜거리는 것은 철없고 어이없는 투정이다. 아이폰과 앙드레 샤를 불레의 의자를 절대로 동시에 가질 수 없음은 안다. 그러나 가지고 싶다. 그만큼 클래식은 매력이 있다.

클래식의 매력

당연한 이야기이겠지만 클래식의 안에는 인류 역사의 흔적이 담겨 있다.

루이 14세의 베르사유 궁전이 제후들의 세력을 약화하고 왕권을 강화하기 위한 일종의 왕권 강화 문화전략의 목적으로 지어졌다는 사실이나, 신고전주의 예술가들이 왕권과 종교에 의한 모순으로부터 인간 본연의 모습을 찾기 위하여 고대 그리스 로마 시대의 양식을 표방한 일, 인상파 화가들이 새로운 예술을 발견하기 위하여 답습과 형식에 얽매인 고전적 회화와 투쟁하고 자신이 인식한 세상을 표현하고자 한 노력 등 치열하게 각 시대를 살아온 인류의 흔적이다.

그러나 우리는 그 안에 담긴 치열함, 헌신, 노력, 희생, 탐욕, 갈등 등을 모르더라도, 베르사유 궁전은 그리고 파리의 판테온은 웅장하고 아름답다. 이렇게 클래식은 그저 보는 것만으로 경이롭고, 아름다우며, 매력적이고, 묵직하다. 아마도 그 이유는 클래식이 가진 강력한 '형식' 때문일 것이다. 정교하고, 치밀하며, 세밀하고, 웅장하며, 화려한 클래식의 양식은 그 의미를 몰라도 우리를 압도한다.

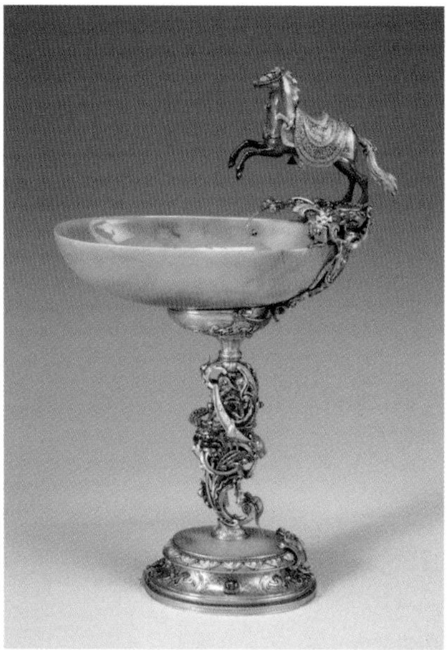

1002
요한 멜키오르 딩링거 Johann Melchior Dinglinger
세레모니얼 컵, 1697~1722경

절대 다시 재현되지 않는 클래식

이러한 매력을 가진 클래식은 과연 다시 돌아오지 않는 것일까? 현대인들의 취향과는 너무 거리가 멀어진 것일까?

양식은 순환한다. 과거의 양식이 재생산되고 재현되며 변형되고 발전을 거듭하는 경우가 많다. 르네상스는 고대 그리스 로마의 재현을 의미하며, 신고전주의도 고대 그리스 로마의 재현이다. 심지어 19세기 빅토리아 시대는 신고전주의, 고딕 복고, 르네상스 복고 등 그야말로 복고의 시대였다.

그러나 19세기를 기점으로 생산방식이 '손'에서 '기계'로 대치됨에 따라 우리는 다시 '클래식'을 재현하지 못할 것이다. 당시엔 최고의 권력자를 위하여 최고의 장인이 최고의 재료와 막대한 자원을 들여 건축, 가구 등을 만들었다. 그러나 이제 개인을 위해 그렇게 많은 자원을 동원할 수도 없을뿐더러 기계생산에 밀려 장인도 사라졌다.

즉, 앞으로 인류 역사에 두 번 다시 성베드로 성당이나 앙드레 샤를 불레의 가구나 요한 멜키오르 딩링거Johann Melchior Dinglinger의 금속세공품은 없다.

우리는 그저 박물관에서 인류가 저런 위대한 유산을 만든 시기도 있었다는 기억만을 가질 것이다.

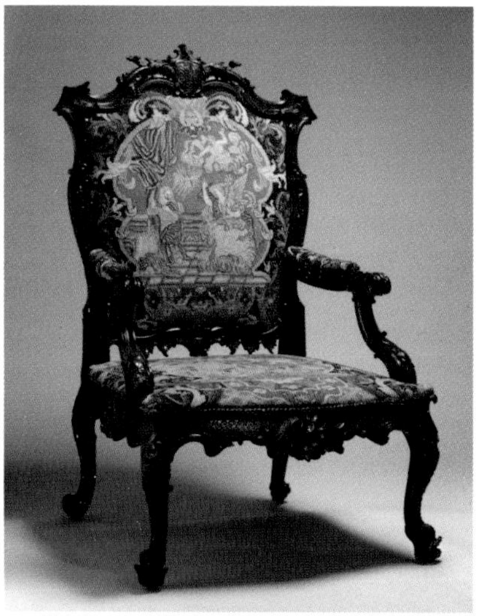

1003
토머스 치펀데일 Thomas Chippendale, 팔걸이 의자, 1755경

이 책에서 "고전"의 범위

The Scope of 'Classic' in this Book: Baroque, Rococo, Neoclassicism, Victorian era

고 대

이집트 미술 Egyptian Art
에게 미술 Aegean Art
그리스 미술 Greek Art
로마 미술 Roman Art

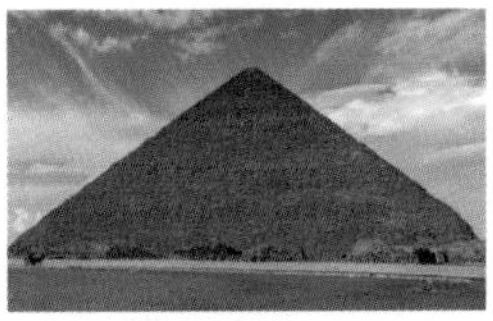

1004 기자의 대피라미드
BC2580~2560

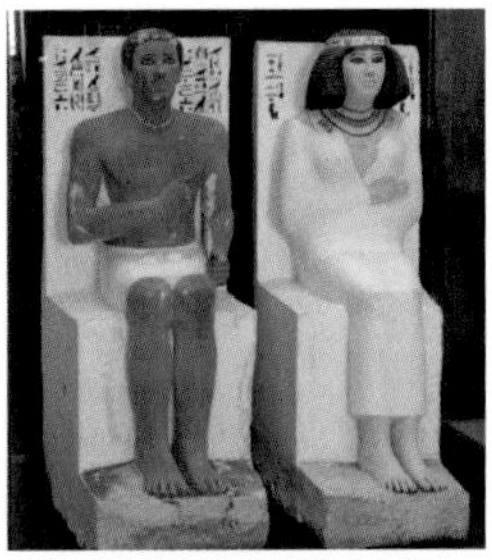

1005 왕자의 동상, BC2613~2494
카이로 이집트 박물관

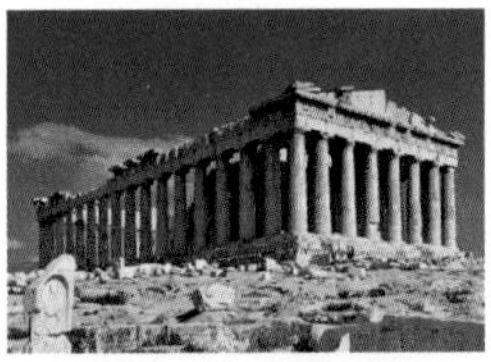

1006 판테온 신전, BC449~432

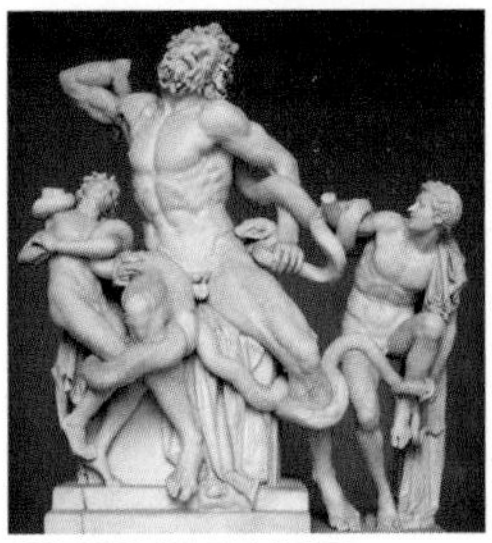

1007 라오쿤과 그의 아들들
BC200경, 바티칸박물관

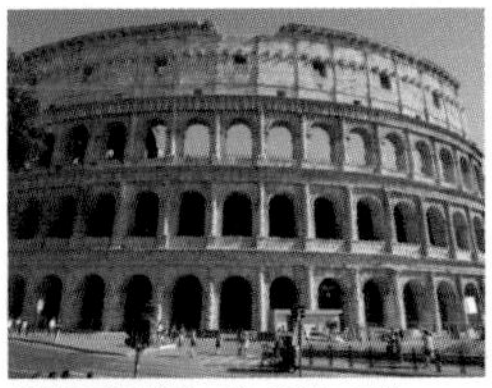

1008 콜로세움, 70~80경, 로마

중 세

4C~15C 중반
비잔틴 미술 Byzantine Art

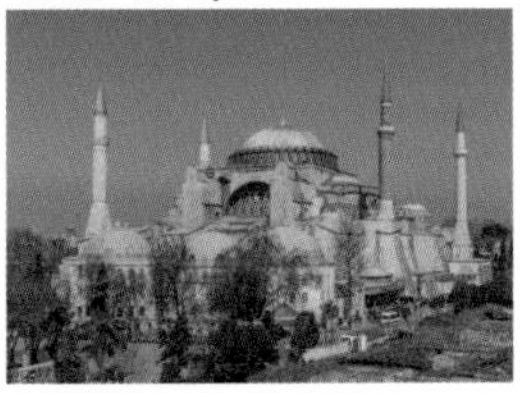

1009 아야 소피아, 346~360,
이스탄불

11C~12C
로마네스크 미술 Romanesque Art

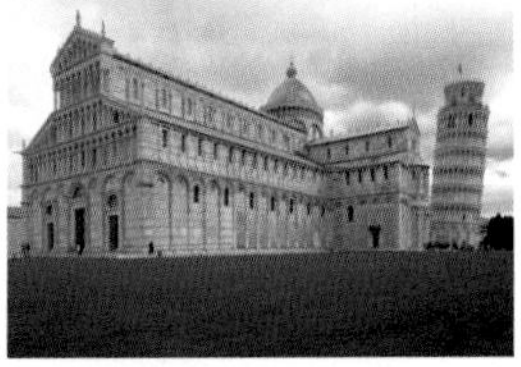

1010 피사 성당, 1063~1092, 피사

12C~16C
고딕 미술(Gothic Art)

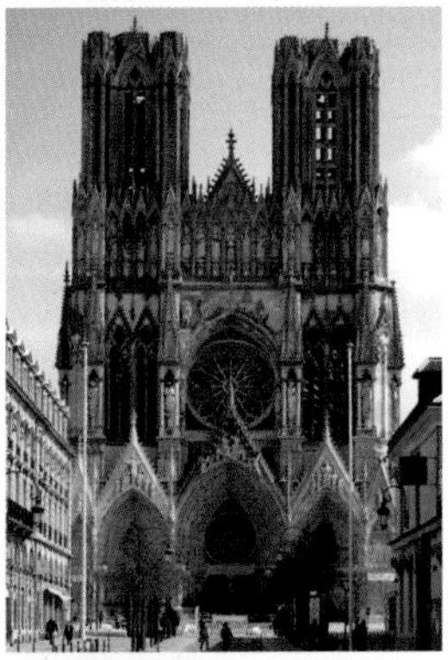

1011 랭스 대성당, 1211~1345
프랑스 랭스

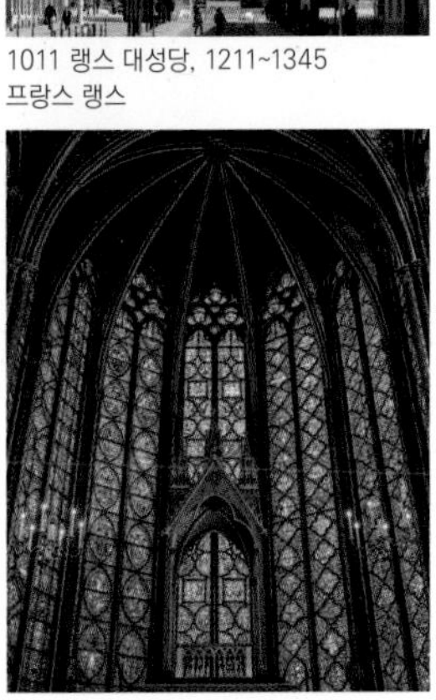

1012 생트 샤펠, 1242~1248, 파리

14C~17C
르네상스 미술 Renaissance Art
고전주의 미술 Classicism Art

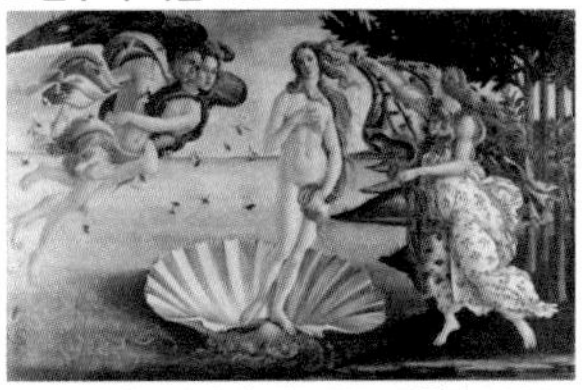

1013 비너스의 탄생, 산드로 보티첼리,1485
우피치 미술관

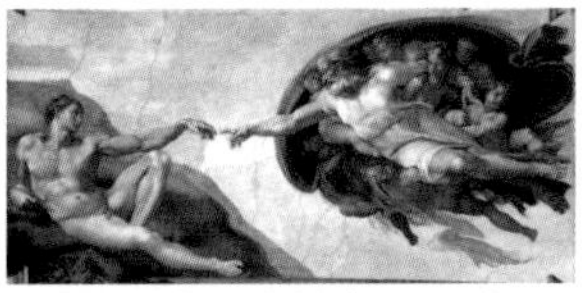

1014 아담의 창조, 미켈란젤로, 1511경
시스티나 성당 천장화

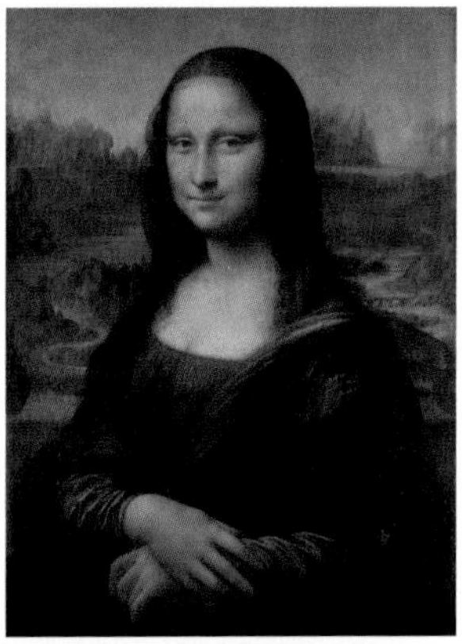

1015 모나리자, 레오나르도 다빈치,
1503~1516경, 루브르박물관

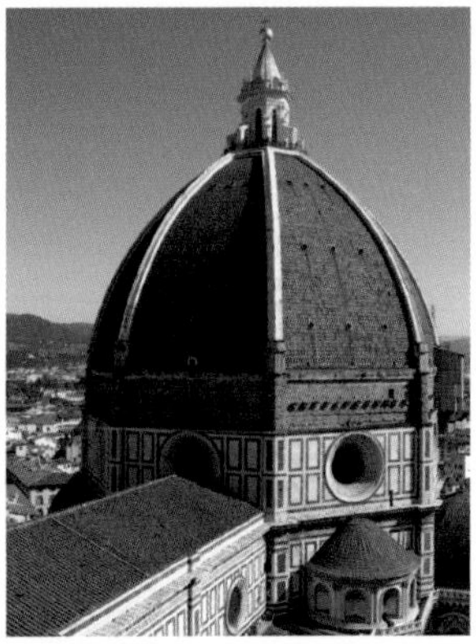

1016 피렌체 대성당, 1296~1436, 피렌체

이 책에서 클래식의 범위

근 세

17C~18C초
바로크 미술 Baroque Art
로코코 미술 Rococo Art

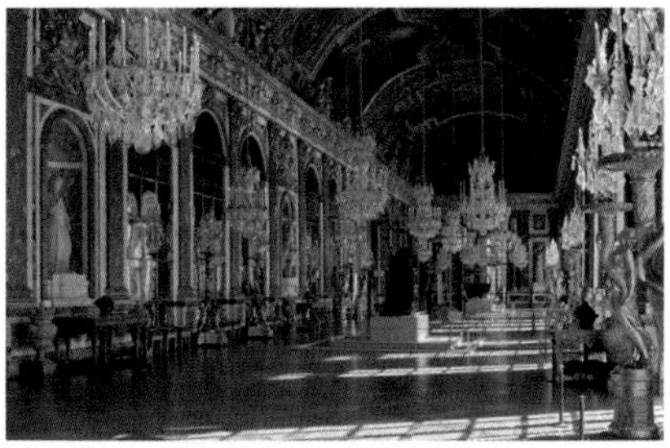

1017 베르사유 궁전, 거울의 방, 1661~19세기 초
프랑스 베르사유

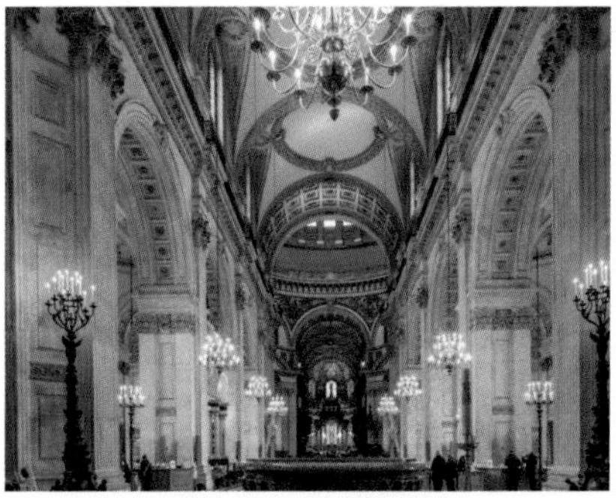

1018 세인트 폴 대성당, 1675~1710, 영국 런던

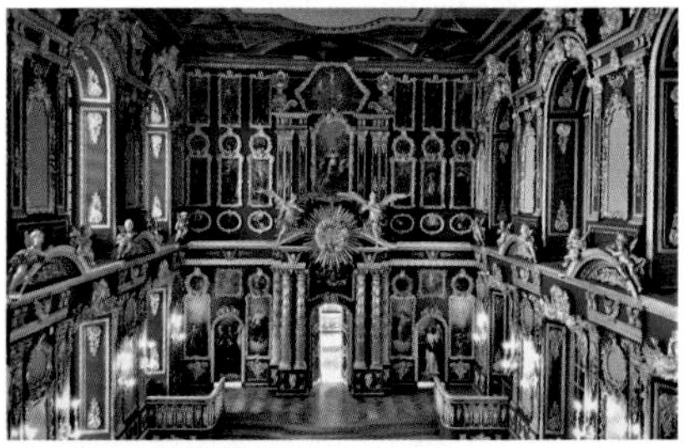

1019 캐서린 궁의 부활 교회, 1774~1860
러시아 차르스코예 셀로

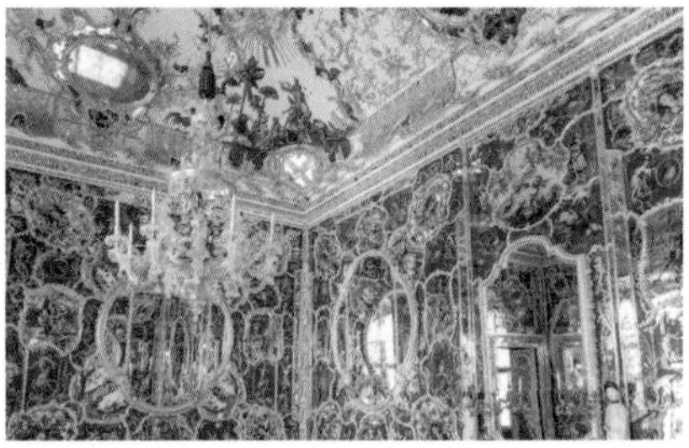

1020 뷔르츠부르크 궁전 내부, 1720~1780
독일 뷔르츠부르크

18C말~19C말
낭만주의
사실주의

19C중~20C初
인상주의
신인상주의
후기인상주의
상징주의

20C초~20C중
야수주의
추상주의
표현주의
신조형주의
다다이즘

20C중
초현실주의
추상표현주의
팝아트
옵아트

이 책에서 클래식의 범위

근 대

18C~19C중
신고전주의 Neo Classicism

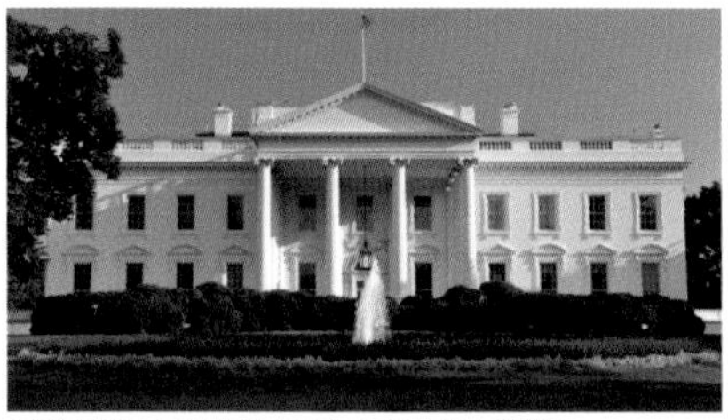
1021 백악관 북쪽 정면, 1792~1800, 미국 워싱턴

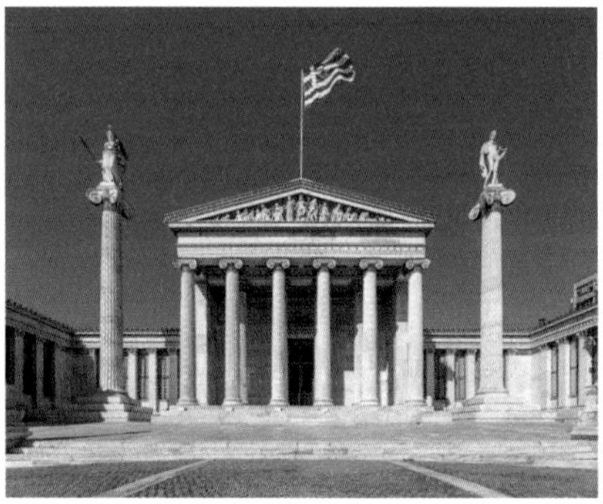
1022 아테네 아카데미, 1859~1887, 그리스 아테네

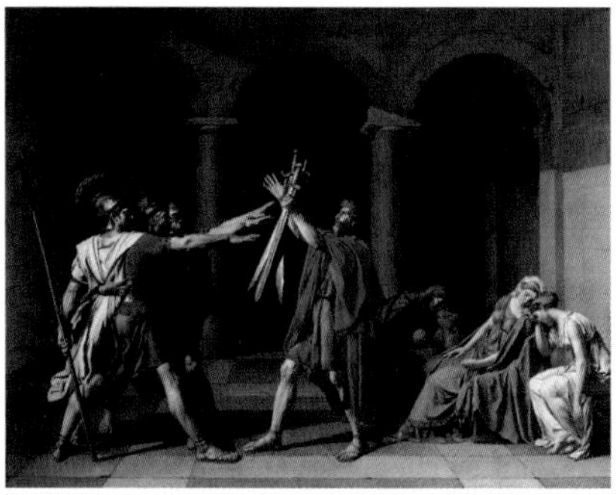
1023 호라티우스의 맹세, 자크 루이 다비드, 1784

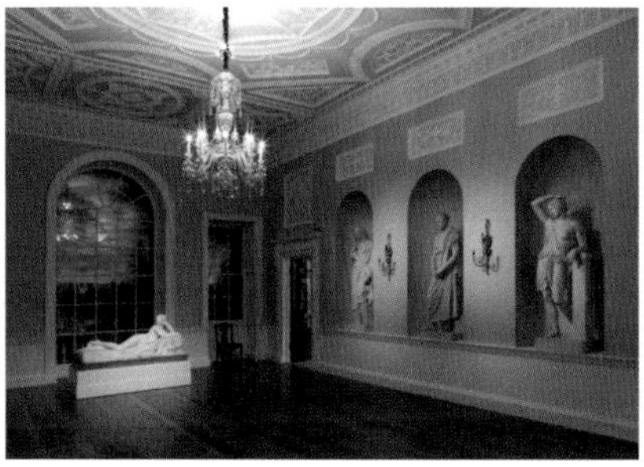
1024 로버트 아담 외, Lansdowne House의 식당, 1766~1769, 영국 런던

19C중~20C初
빅토리아 양식 Victorian Style

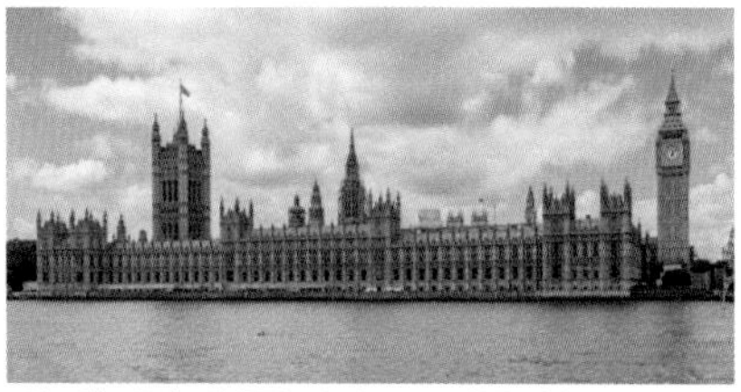
1025 웨스트민스터 궁전, 1840~1876, 영국 런던

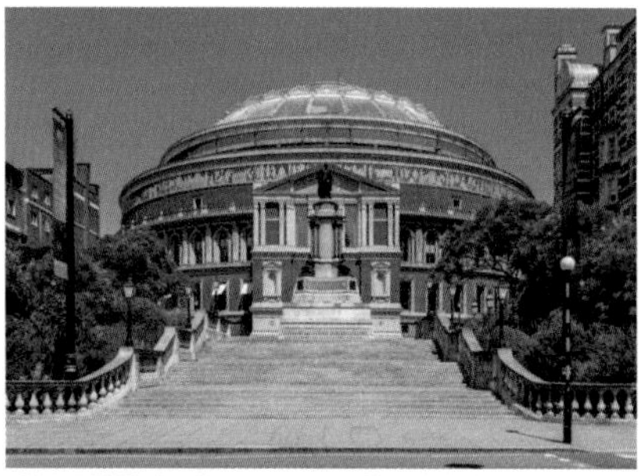
1026 로열 알버트 홀, 1867~1871, 영국 켄싱턴

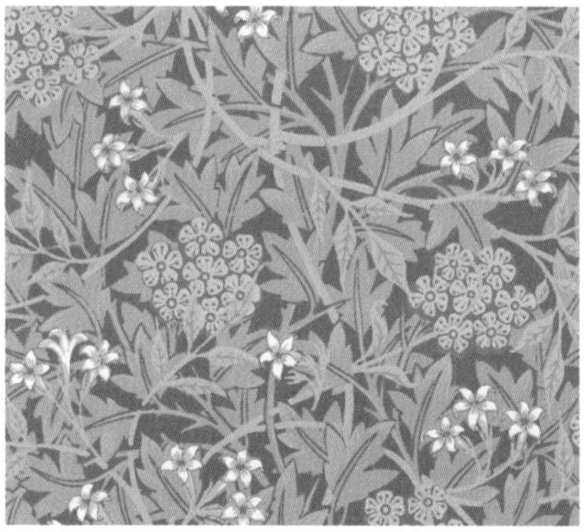
1027 윌리엄 모리스, 패턴, 19세기 후반

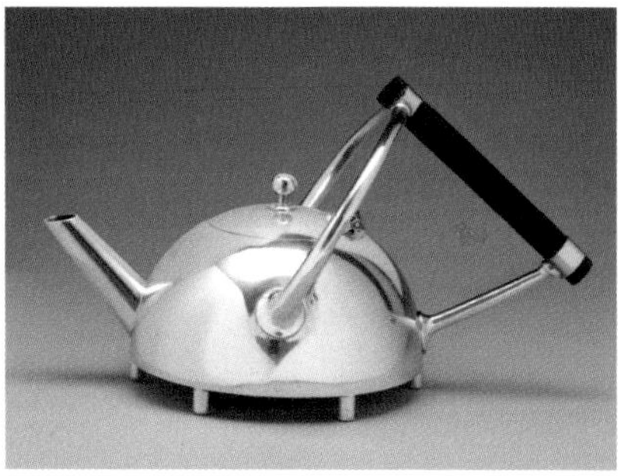
1028 크리스토퍼 드레서, 티팟, 1879경

현 대

19C말~20C初
아르누보 Art Nouveau
아르데코 Art Deco

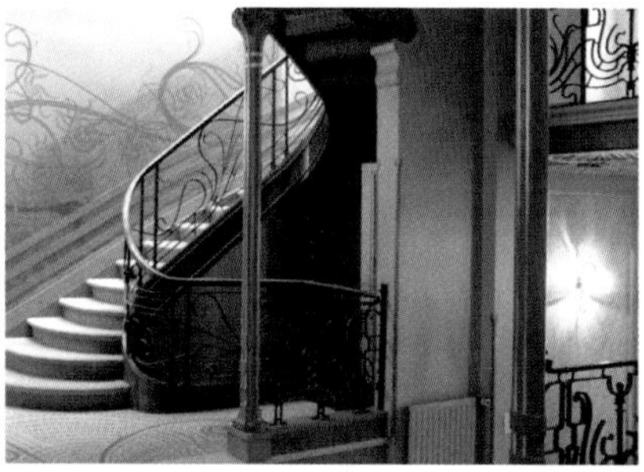
1029 타셀 호텔 계단, 빅토르 오르타, 1892~1893, 브뤼셀

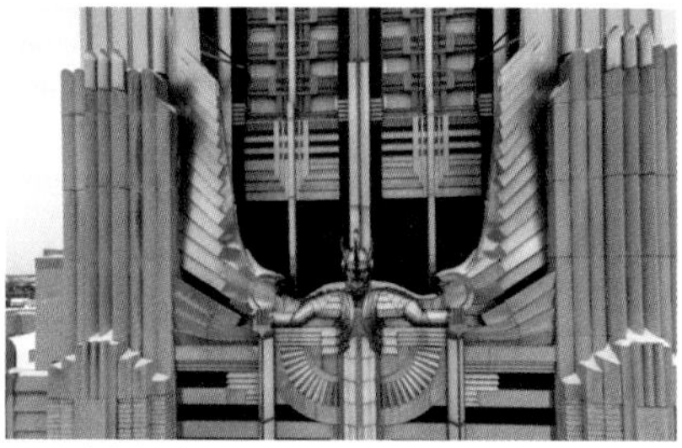
1030 나이아가라 모호크 빌딩, 1932, 뉴욕

모더니즘 디자인 Modernism Design

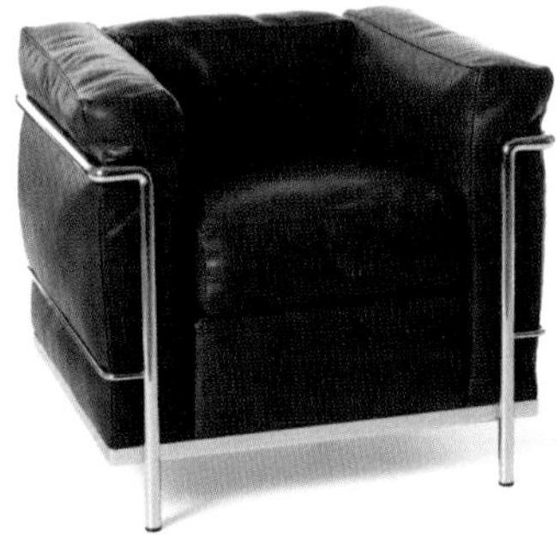
1031 LC2 의자, 르 코르뷔지에, 1928

포스트모더니즘 디자인 Post Modernism Design

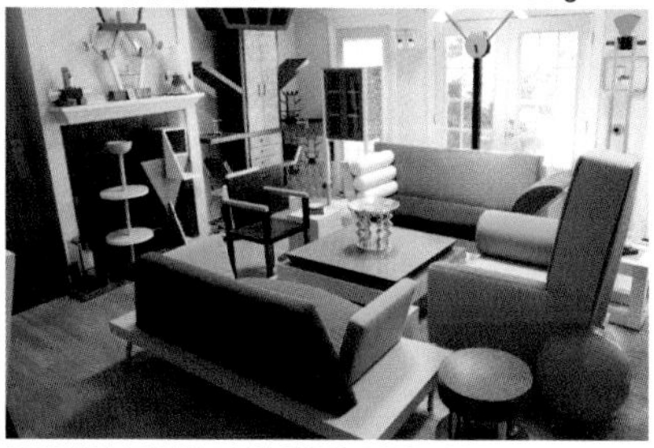
1032 멤피스디자인 그룹의 작품들, 1980~1987

고전 건축
Classic Architecture

바로크와 로코코 시대의 건축
Architecture of Baroque & Rococo Era

신고전주의 시대의 건축
Architecture of Neoclassicism Era

빅토리아 시대의 건축
Architecture of Victorian Era

1033
베르사유 궁전, 왕실 예배당 내부
Palace of Versailles, Interior of the Royal Chapel
1661~19세기 초반, 프랑스 베르사유 소재

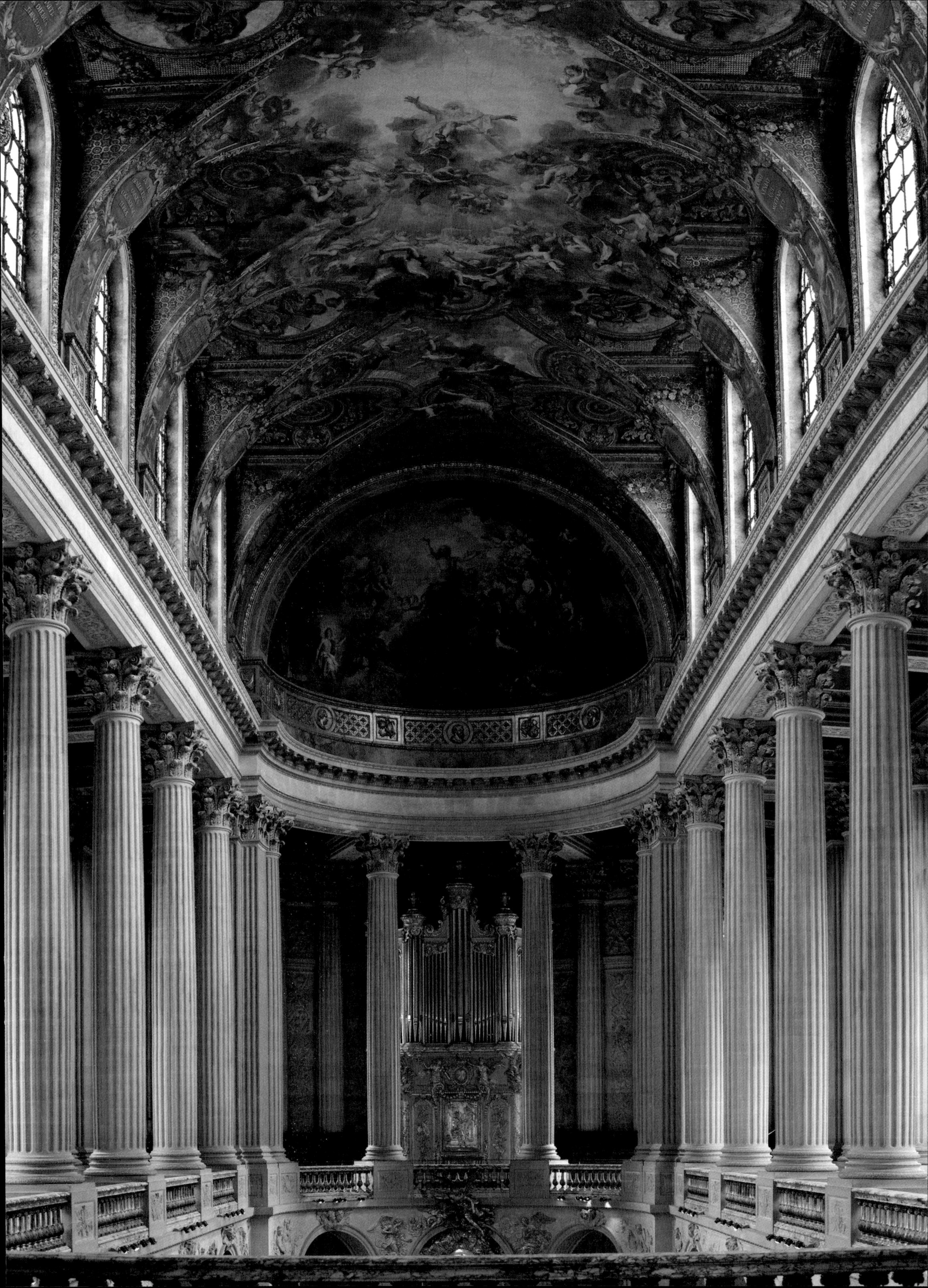

바로크와 로코코 시대의 건축
Architecture of Baroque & Rococo Era

바로크 양식 Baroque

바로크 양식은 르네상스 이후 17세기 초부터 18세기 중반까지 유럽을 중심으로 건축, 음악, 무용, 회화, 조각, 시 등 다양한 분야에 걸쳐 나타난 예술 양식이다.

바로크 양식은 16세기에 새롭게 등장한 개신교의 엄격하고 단순함 등이 일부 지식인들에게는 수용되었으나 대중들의 관심을 끌지 못하자, 가톨릭 교회는 대중을 더욱 수용하기 위한 방법으로 예술을 활용한 감성적인 접근을 통하여 종교적 교감을 갖게 하고자 했다. 따라서 예배자들이 제단에 가까워질 수 있게 하거나, 높은 돔이나 천장의 빛이 들어오게 하거나, 화려하고 장엄한 종교적 조각과 장식 혹은 그림들과 같은 장치로 웅장함과 경외심을 느끼게 하기 위한 방법 등이 동원되었다.

이러한 종교적 목적으로 로마에서 시작된 바로크는 양식의 웅장하고 장엄한 특성 때문에 이탈리아, 프랑스, 스페인, 포르투갈 등으로 빠르게 퍼져나갔다. 바로크 양식은 성당뿐만이 아니라 귀족이나 국민들로부터 웅장함, 장엄함, 경외심을 갖게 하고 싶은 각국의 왕들도 궁전 건축에 활발하게 활용하였는데, 그 대표적인 예가 태양왕 루이 14세의 베르사유 궁전이다.

당시의 절대 권력이던 가톨릭 교회와 왕에 의해 사랑받았던 양식이기에 그 화려하며 정교하고, 장엄한 장식과 공간의 사용은 그 이전의 양식과는 비교가 안 될 정도로 전례가 없는 세부 디테일과 규모를 가지게 되었으며, 그 이후로는 바로크와 같은 치밀하며 거대한 양식은 나타나지 않을 정도이다.

로코코 양식 Rococo

로코코 양식은 바로크 양식 이후 18세기 초 프랑스 파리를 중심으로 생겨난 양식으로 일부에서는 후기 바로크 양식으로 칭하여 크게는 바로크 양식에 포함시키는 경우도 있다. 로코코 양식도 바로크 양식과 마찬가지로 인테리어 디자인, 장식 예술, 회화, 건축, 조각 등 다양한 영역에 걸쳐 활용된 양식이다. 바로크 양식과 마찬가지로 화려하고 장식이 많으나 바로크 양식보다 가볍고 우아하며, 곡선적인 자연 형태의 장식이 과도하다 싶을 정도로 사용된 것이 특징이다.

로코코 양식은 바로크 예술에서 보이는 권위를 강요하는 성격보다 권력을 가진 자의 여유, 낭만, 과시 등이 나타난 것이라 생각할 수 있으며, 가톨릭 교회나 왕궁뿐이 아니라 귀족의 공간까지 확대되었다.

로코코 양식은 프랑스에서 시작하여 독일, 오스트리아, 이탈리아, 중앙 유럽, 러시아로 퍼졌으며, 세속적인 스타일로 주로 사적인 거주지의 내부에 사용되었지만, 상대적으로 전파가 늦게 된 중앙 유럽, 포르투갈, 남아메리카의 교회 내부에서는 영적인 표현의 수단으로 사용되기도 했다.

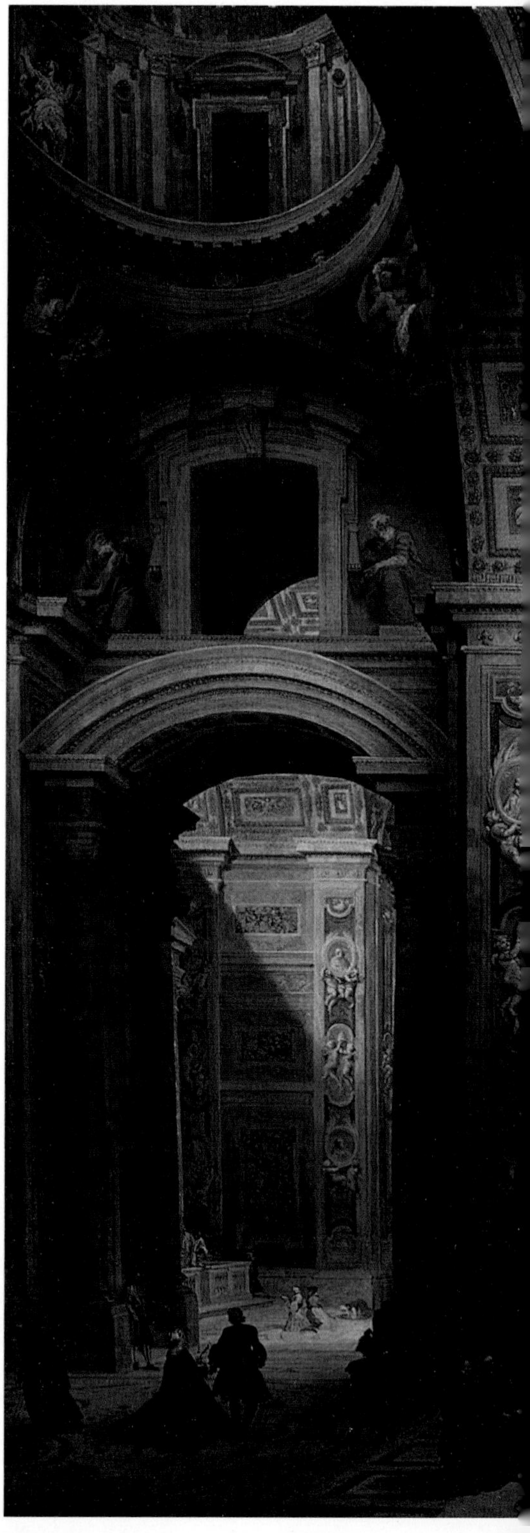

1034
바티칸 성 베드로 대성당의 신도석
조반니 파올로 파니니 Giovanni Paolo Panini, 1735
Norton Simon Museum

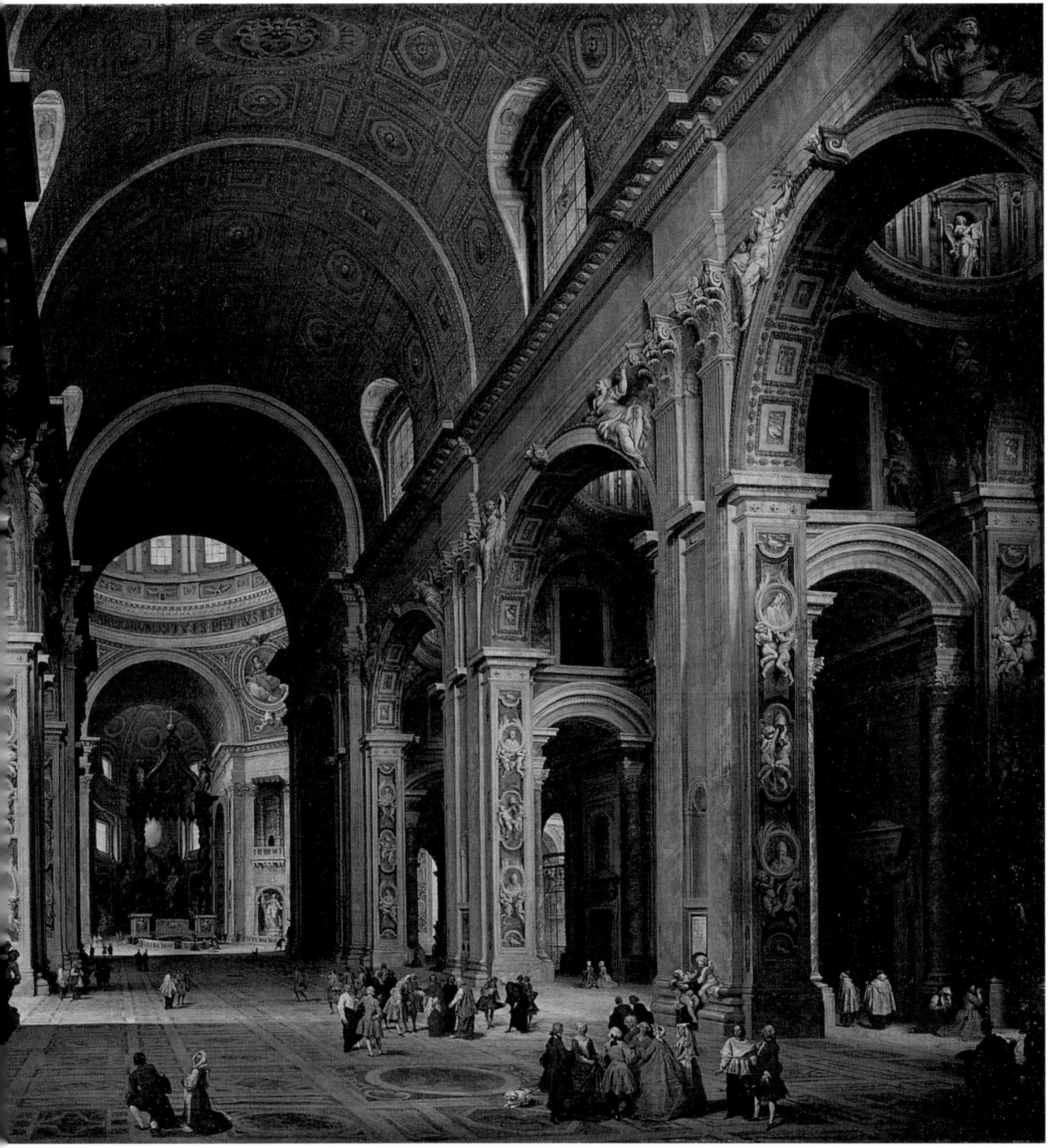

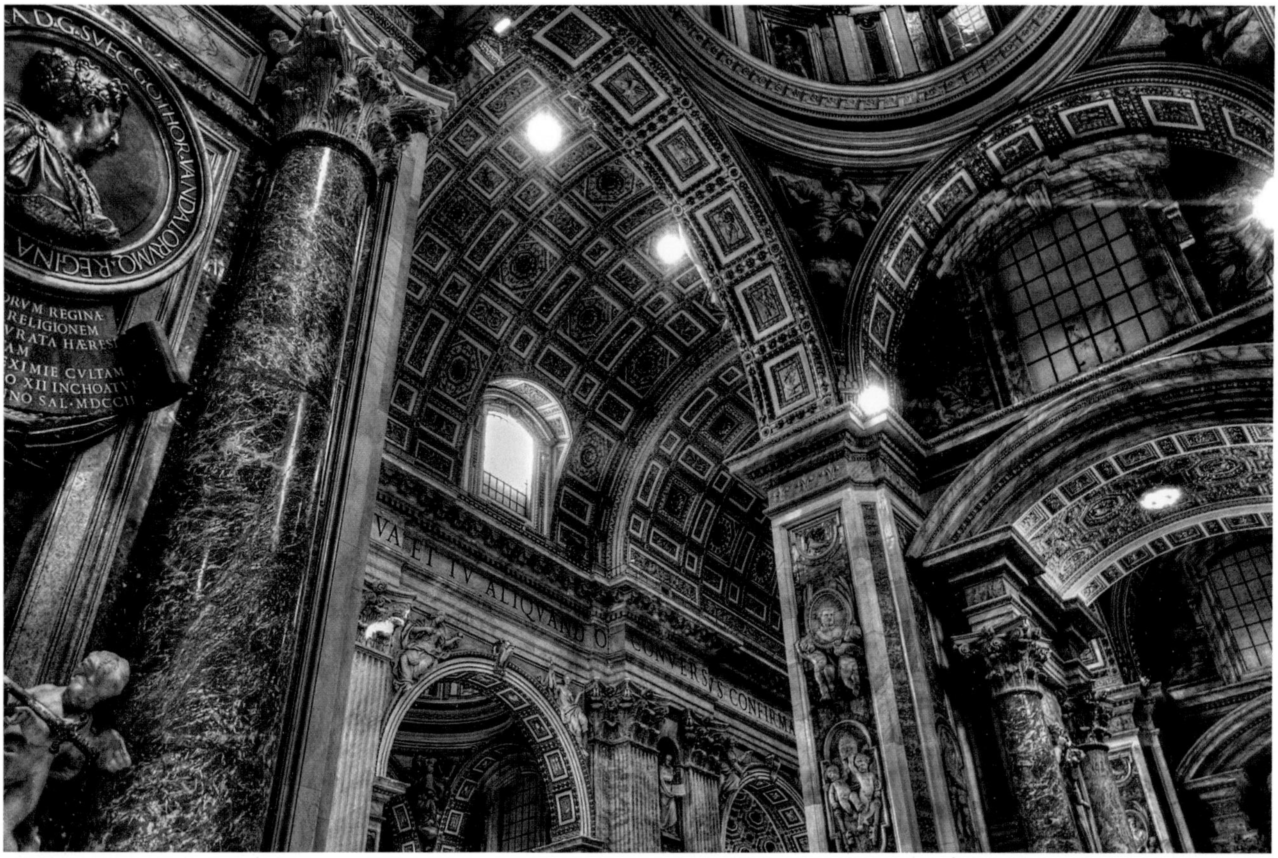
ORVM REGINA
RELIGIONEM
EXIMIE CVLTAM
VA ET TV ALIQVAND O
CONVERSVS CONFIRMA
1035

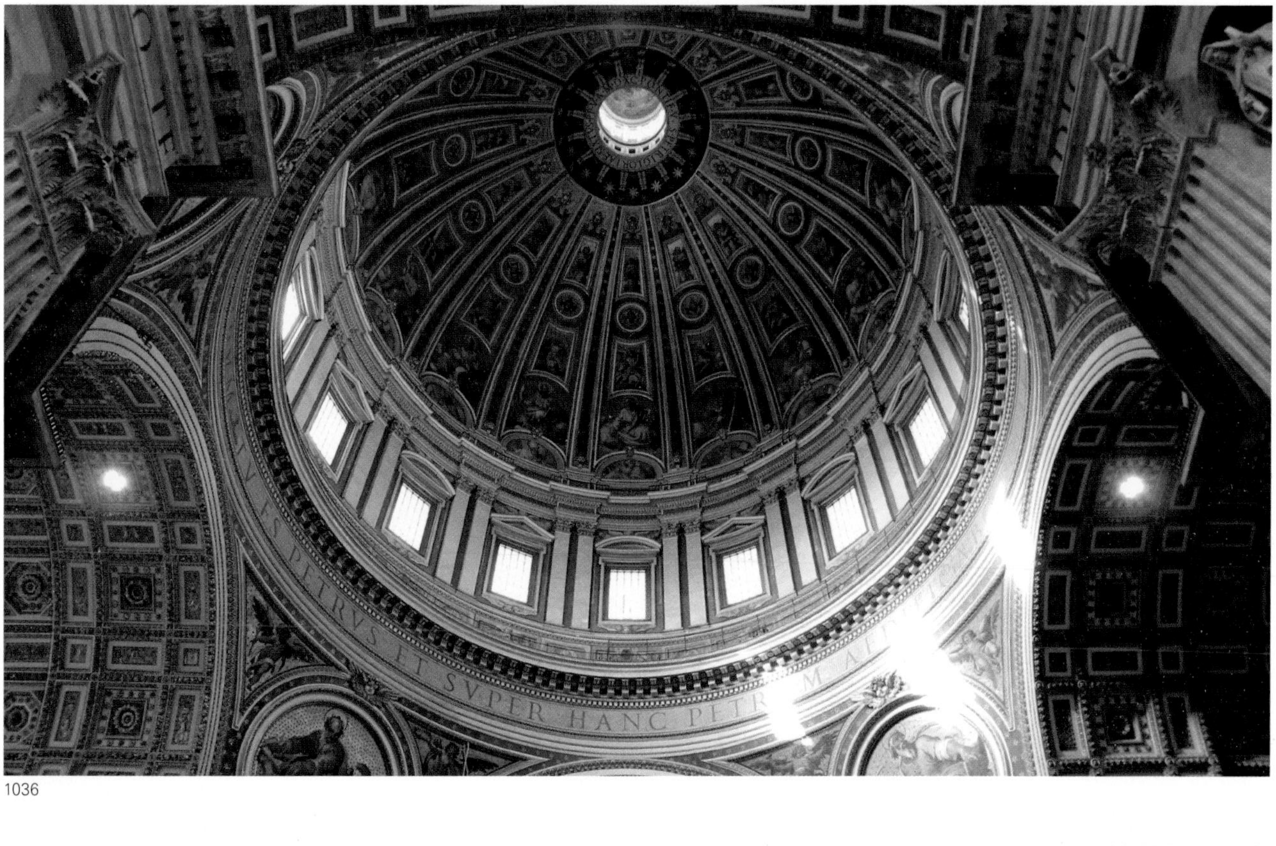
ES PETRVS ET SVPER HANC PETR M
1036

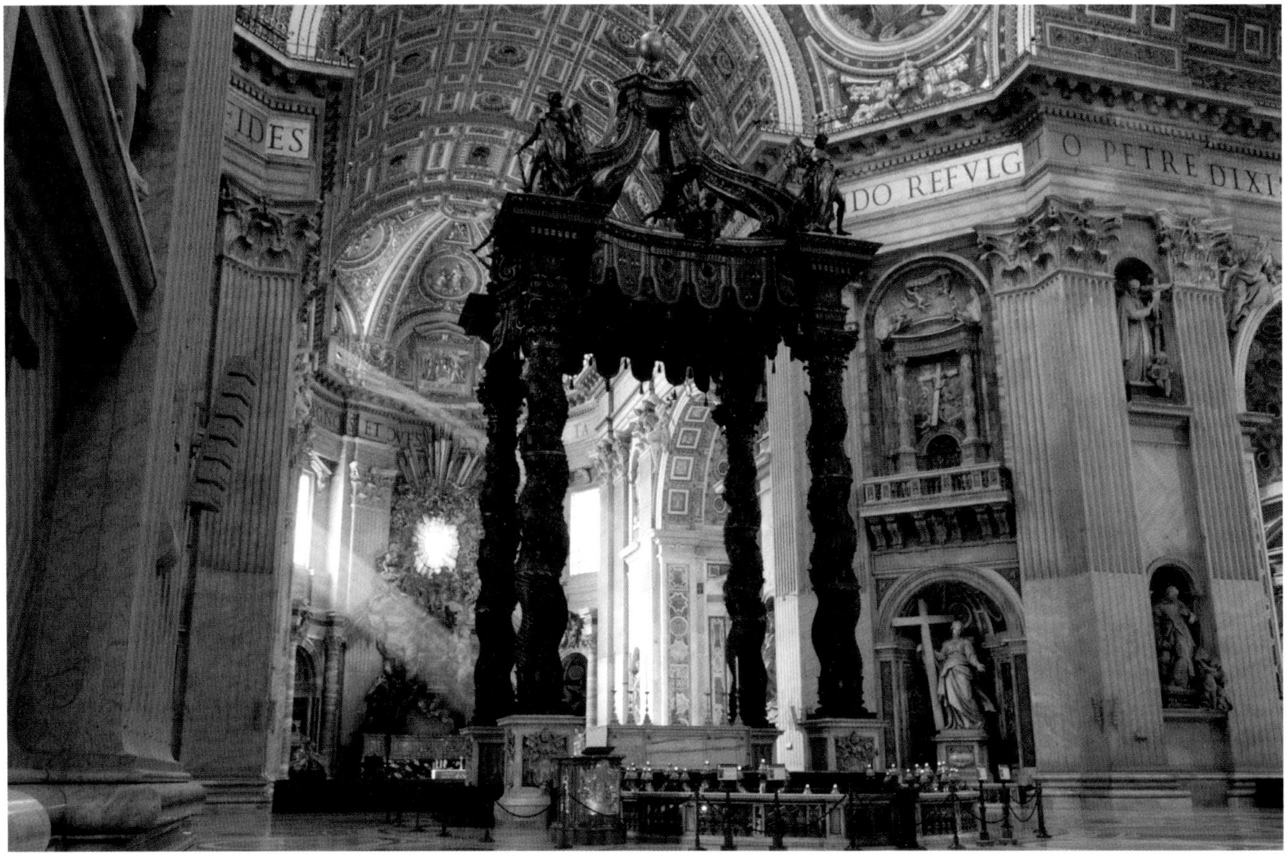

1037

성 베드로 대성당

St. Peter's Basilica, 1506~1626, 로마 바티칸

성 베드로 대성당은 바티칸 시티에 위치하여 있으며, 세계에서 가장 큰 교회 건물 중 하나이자 로마 가톨릭의 주요한 건축물이다. 성 베드로 사도의 무덤 위에 지어진 대성당으로, 바로크와 르네상스 양식의 절정을 보여준다. 특히, 대성당의 가장 상징적인 공간이기도 한 미켈란젤로에 의해 설계된 거대한 돔이 인상적이며, 내부의 경우 화려한 장식과 함께 라파엘로, 미켈란젤로, 베르니니 등의 예술 작품들이 설치되어 있다. 또한 베르니니가 설계한 성 베드로 광장의 경우 바로크 양식을 잘 보여주는 예시로 교회의 화려함과 웅장함, 그리고 신성함이 특징이다.

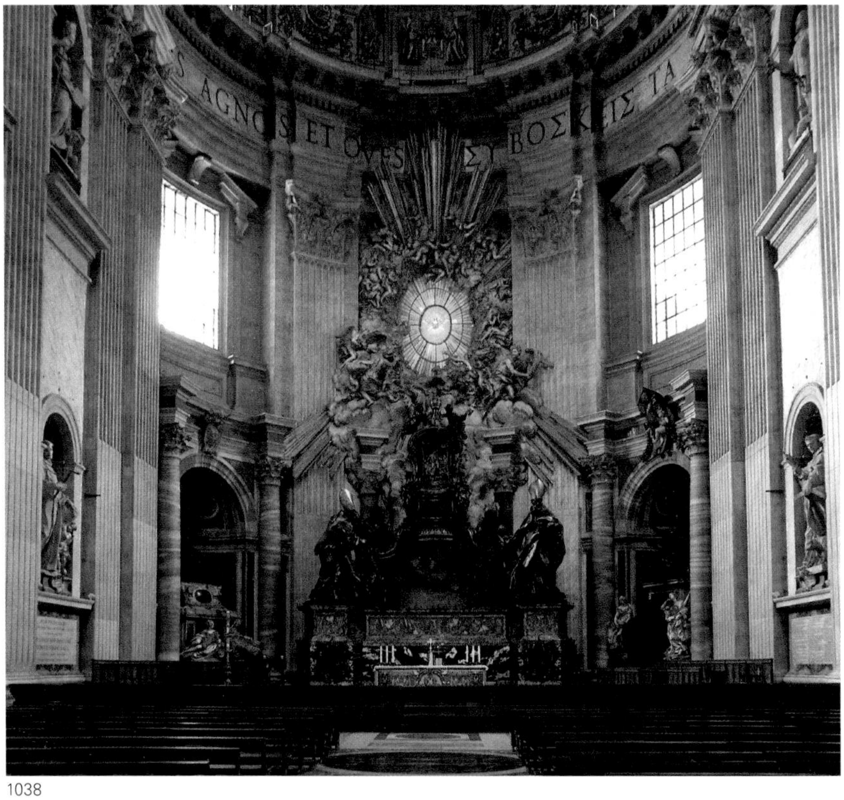

1038

1035, 1036, 1037, 1038
성 베드로 성당St. Peter's Basilica, 1506~1626, 로마 바티칸

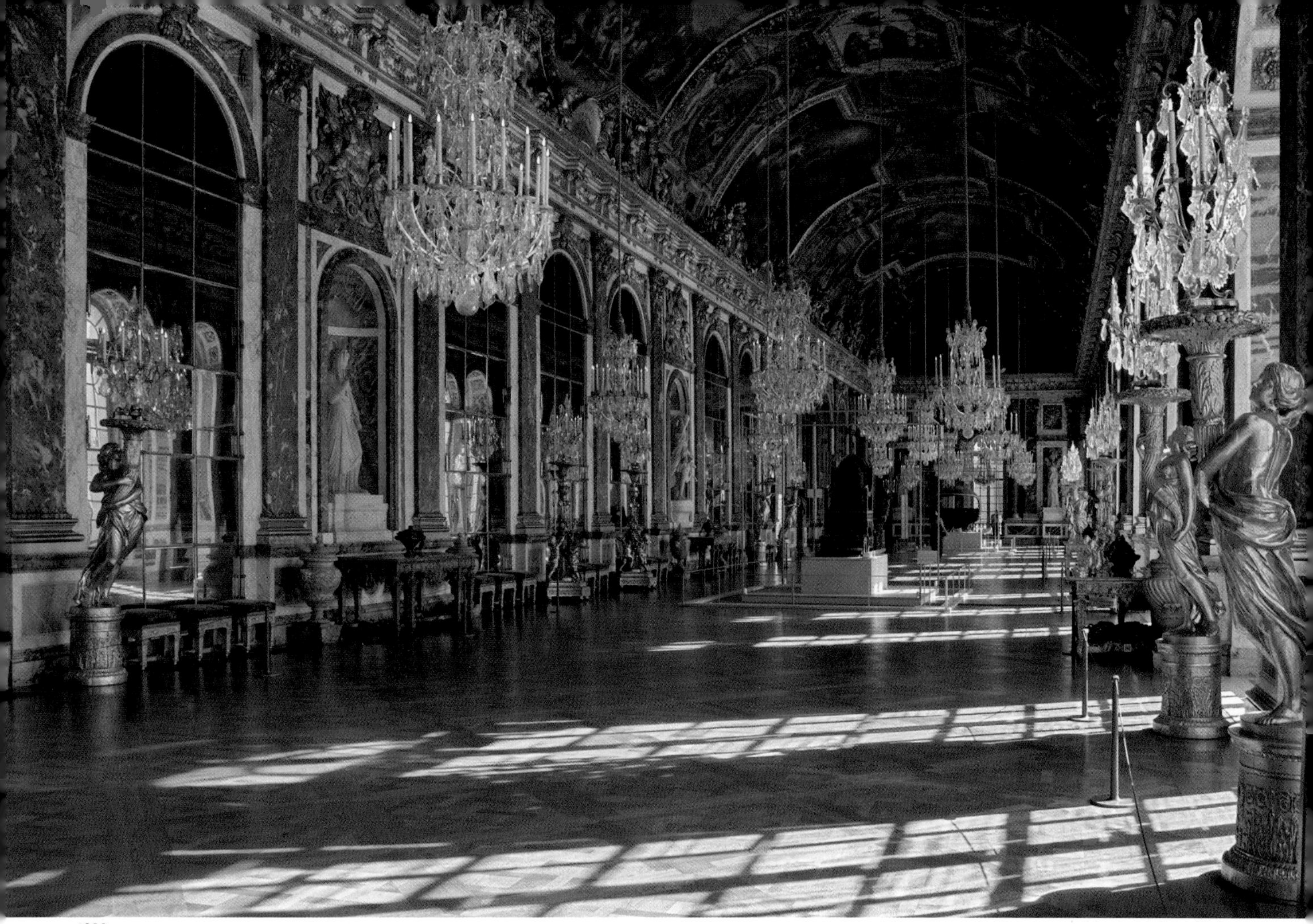
1039

1039
베르사유 궁전, 거울의 방 Hall of Mirrors, 1661~19세기 초반
프랑스 베르사유

1040
베르사유 궁전, 1661~19세기 초반, 프랑스 베르사유

1041
베르사유 궁전, 마리 앙투아네트의 방, 1661~19세기 초반
프랑스 베르사유

1042
베르사유 궁전, 1661~19세기 초반, 프랑스 베르사유

1043
베르사유 궁전, 화성의 방, 1661~19세기 초반, 프랑스 베르사유

1044
베르사유 궁전, 왕실 예배당, 1661~19세기 초반, 프랑스 베르사유

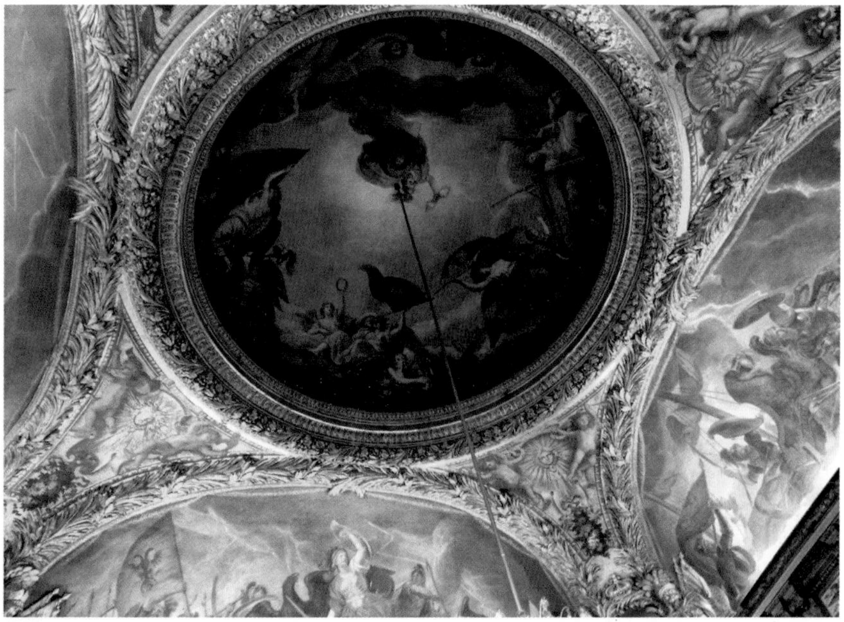
1040

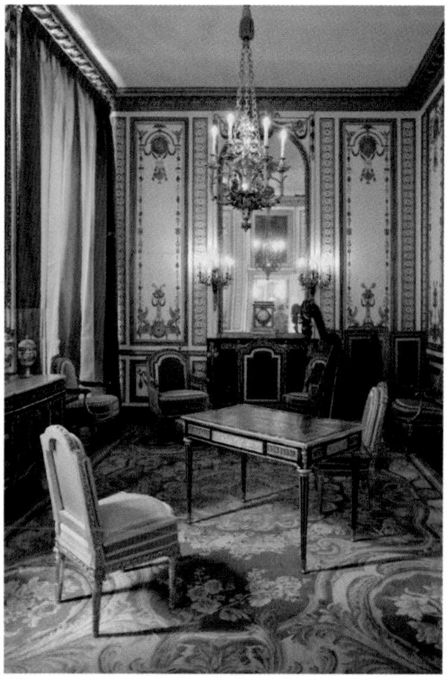
1041

베르사유 궁전 Palace of Versailles
1623~1715, 프랑스 베르사유

베르사유 궁전은 프랑스 파리에서 서쪽으로 약 19킬로미터 떨어진 베르사유에 위치한 역사적인 건축물로, 원래 루이 13세의 사냥용 별장에서 시작되어 루이 14세에 의해 거대한 궁전으로 확장되었다.
당시 파리는 정치적 긴장과 불안정성이 높은 상태로, 루이 14세는 파리에서 떠나 왕권과 중앙정부의 통제를 강화할 새로운 장소를 찾았다. 그는 베르사유에 프랑스 왕권의 위엄과 권위를 상징적으로 표현하고자 하는 목적 아래 궁전을 건축하였으며, 이 궁전은 프랑스 왕실의 부와 위엄을 과시하는 동시에 왕실과 귀족들을 한곳에 모아 이전보다 효과적으로 그들을 통제할 수 있는 장소로 활용되었다.
이렇듯 베르사유 궁전은 바로크 양식의 건축, 화려한 인테리어와 드넓은 정원 등을 보여주며 프랑스 왕실의 권력과 화려함의 상징이 되었다. 루이 14세는 1682년에 궁전과 정부의 소재지를 베르사유로 옮기며 프랑스의 수도로 지정했으며, 1789년 프랑스혁명이 일어나며 왕족과 수도가 파리로 돌아갈 때까지 이곳에서 활동했다. 또한 나폴레옹 및 부르봉 왕조 후에도 궁전은 중요한 장소로서 역할을 했으며, 1979년에는 유네스코 세계문화유산으로 지정되었다.

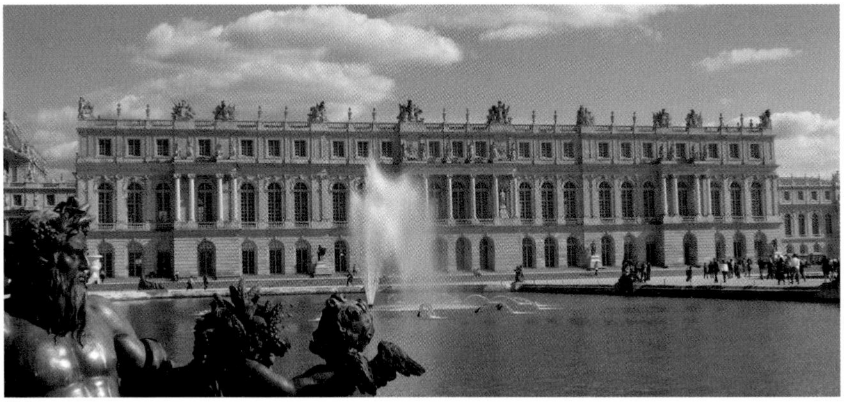
1042

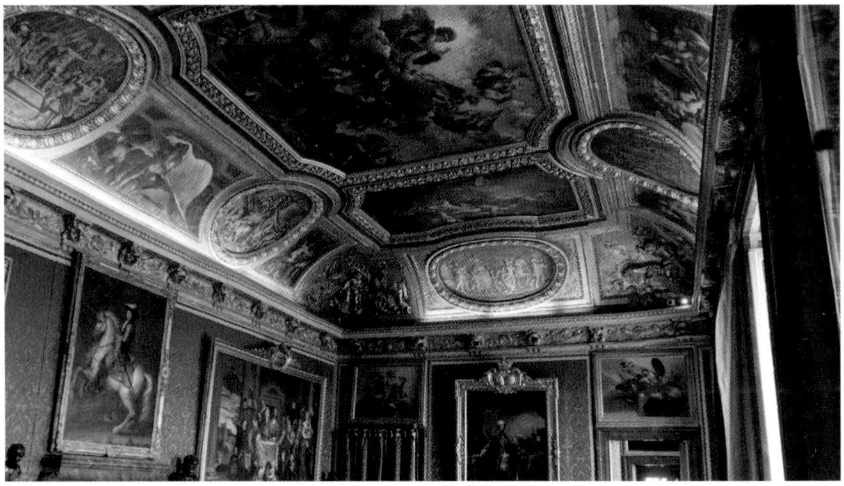
1043

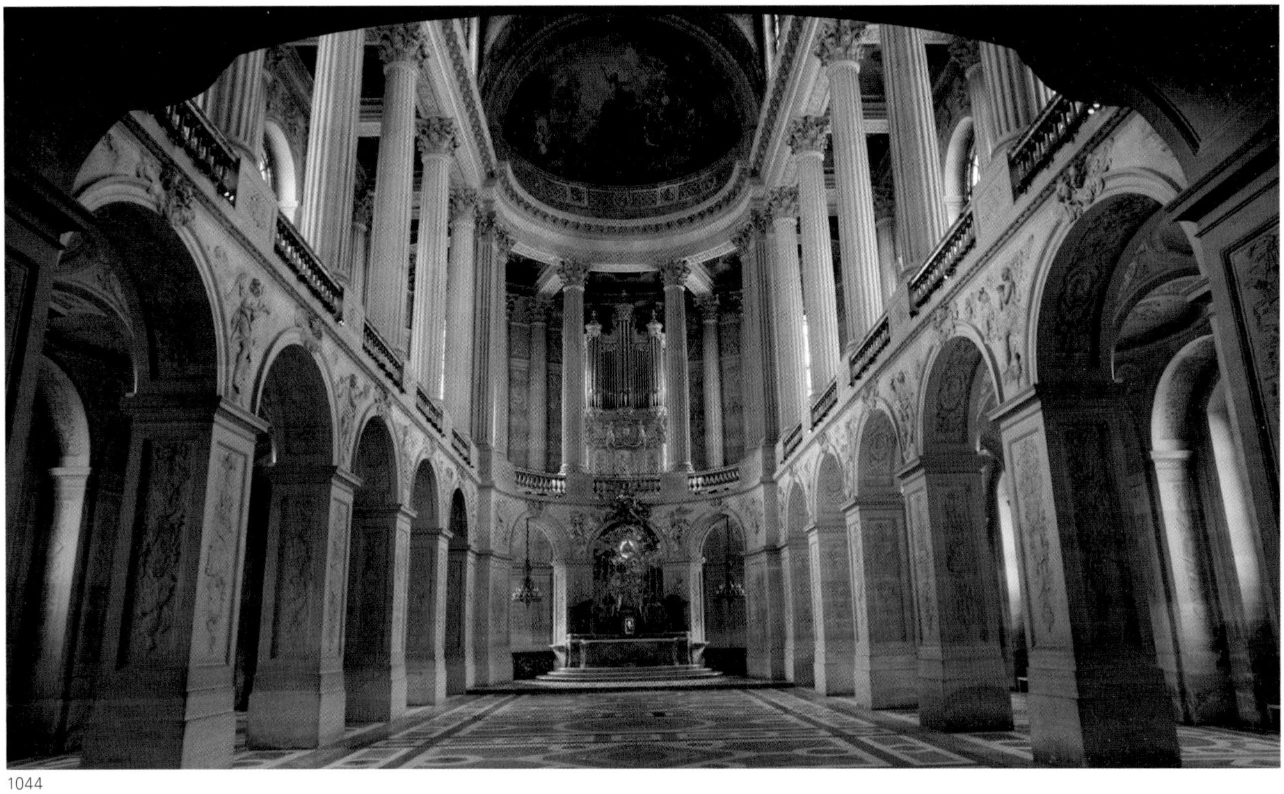
1044

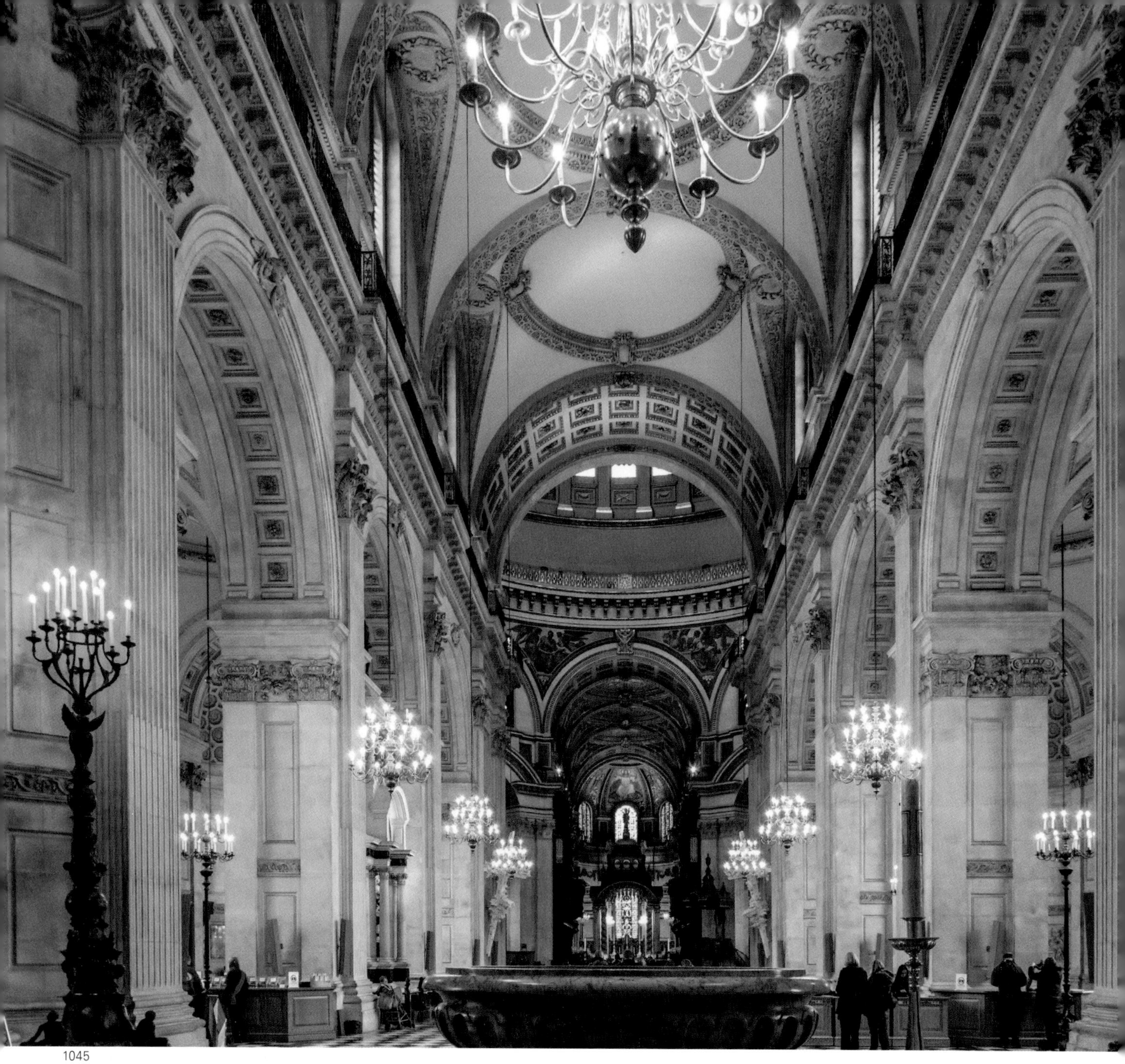
1045

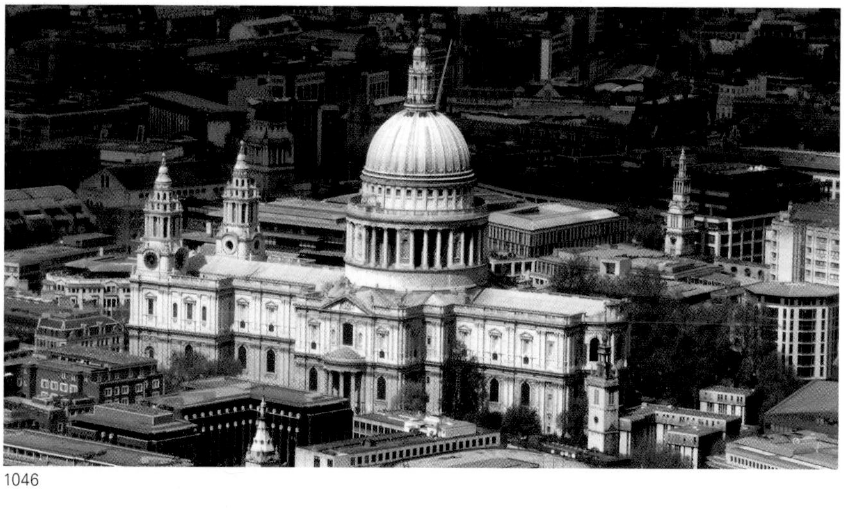
1046

세인트 폴 대성당 St Paul's Cathedral
1675~1710, 영국 런던

런던의 상징적인 건축물로 영국 성공회의 주요 성당이며 런던 주교의 소재지이다. 현재 성당의 모습은 17세기 후반 런던 대화재 이후 크리스토퍼 렌 경에 의해 재건된 것이다. 이 성당은 영국 바로크 양식의 대표적인 예로, 거대한 돔과 화려한 내부 장식으로 유명하다. 세인트 폴 대성당은 영국 역사상 중요한 사건들, 예를 들어 찰스 왕세자와 다이애나 스펜서의 결혼식이나 윈스턴 처칠의 장례식과 같은 국가적 행사의 장소로 사용되어왔다.

1045, 1046
세인트 폴 대성당, 1675~1710, 영국 런던

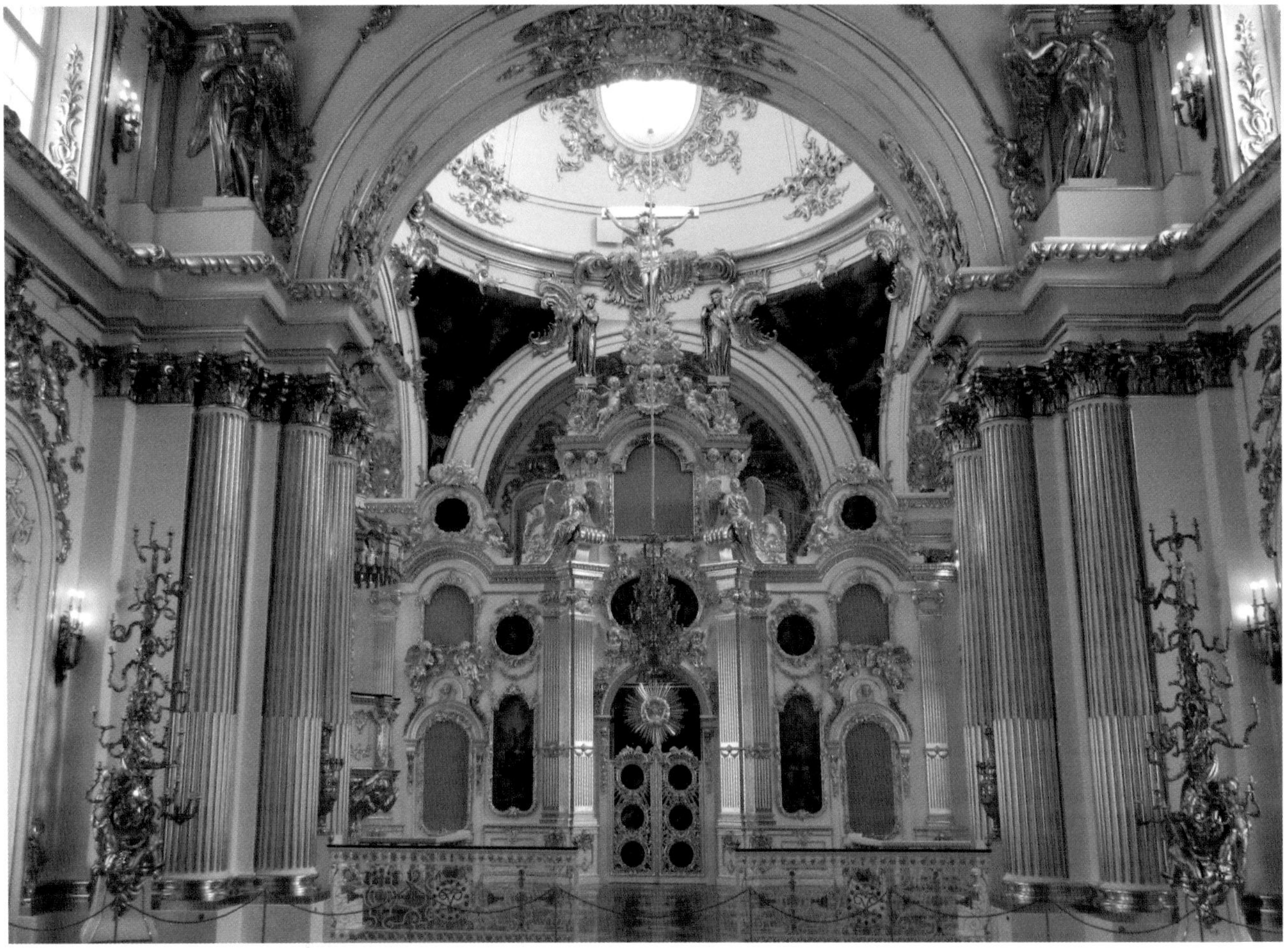

1047

겨울 궁전 Winter Palace
1723~, 러시아 상트페테르부르크

겨울 궁전은 1723년부터 1917년까지 러시아 제국을 통치한 로마노프 가문 황제의 공식 거주지였다.
18세기에 바르톨로메오 라스트렐리에 의해 바로크 양식으로 설계되었으며, 이후 여러 차례의 개축과 변경을 거쳐 오늘날의 모습을 갖추게 되었다. 겨울 궁전에는 1,500여 개의 방, 1,945개의 창문과 1,786개의 문이 있으며, 주요 파사드(건물의 정면)은 150미터의 길이와 30미터의 높이를 가지는 거대하고 웅장하며 화려한 내부 장식으로 꾸며져 있으며, 대규모의 예술 작품 컬렉션이 소장되어 있다. 현재 겨울 궁전은 영국에 위치한 대영 박물관, 프랑스에 위치한 루브르 박물관을 포함하여 세계 3대 박물관 중의 한 군데로 꼽히는 에르미타주 박물관으로 활용 중이다.

1047
겨울 궁전 내부 교회, 1730~1873, 러시아 상트페테르부르크

1048
겨울 궁전, 1730~1873, 러시아 상트페테르부르크

1048

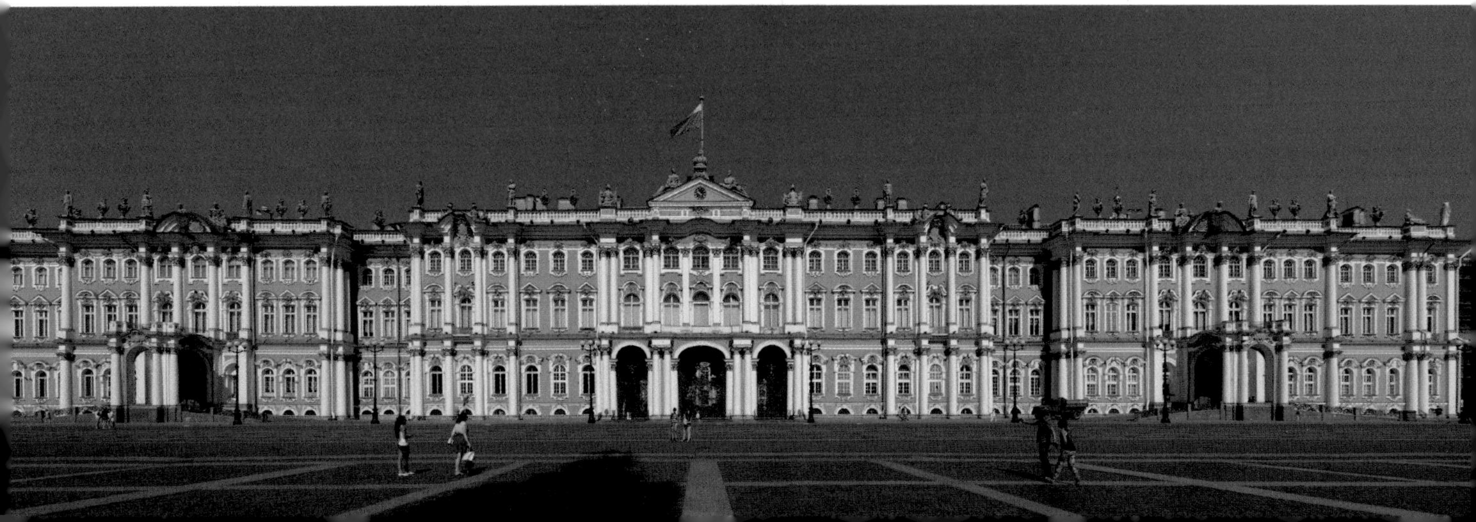

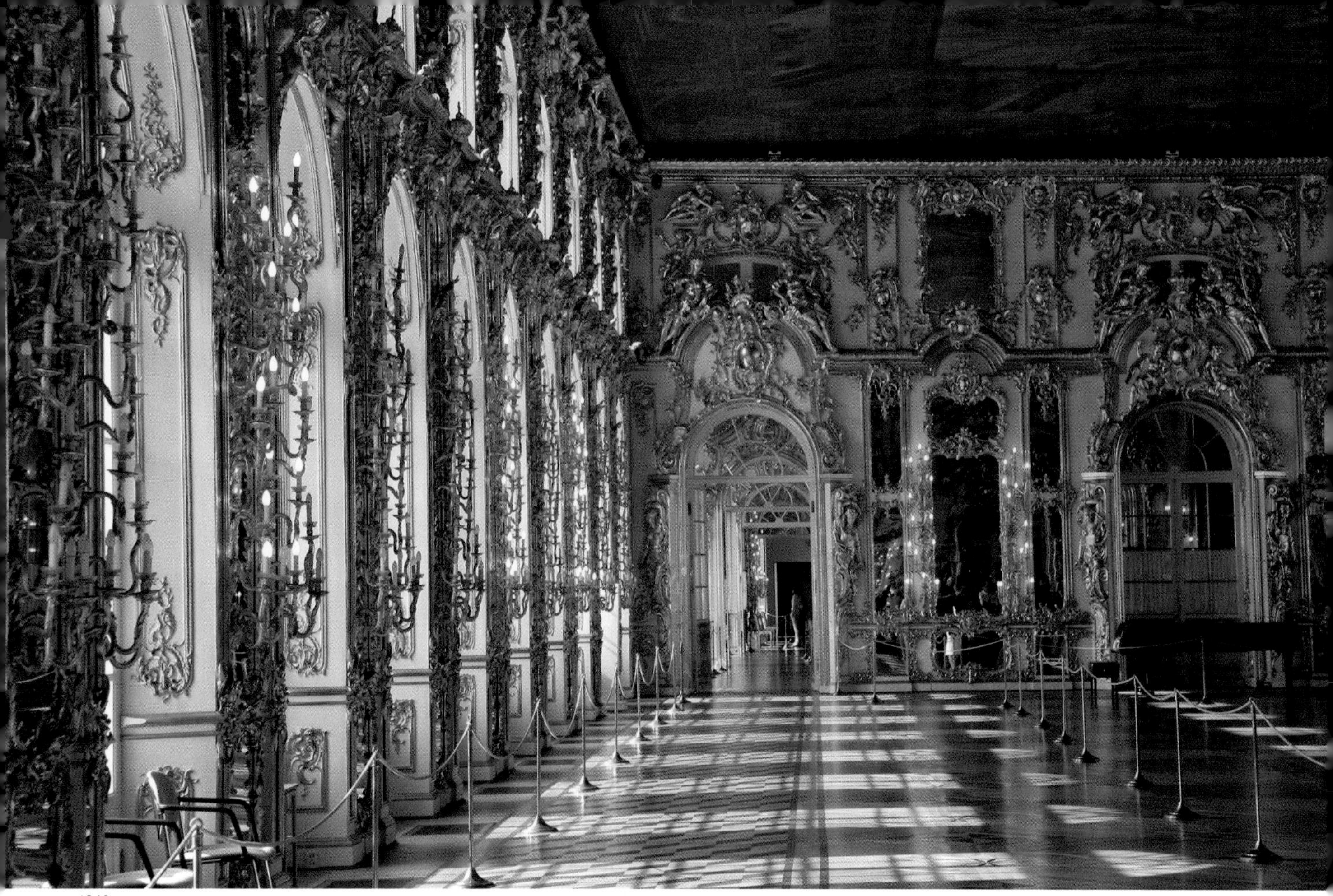

1049

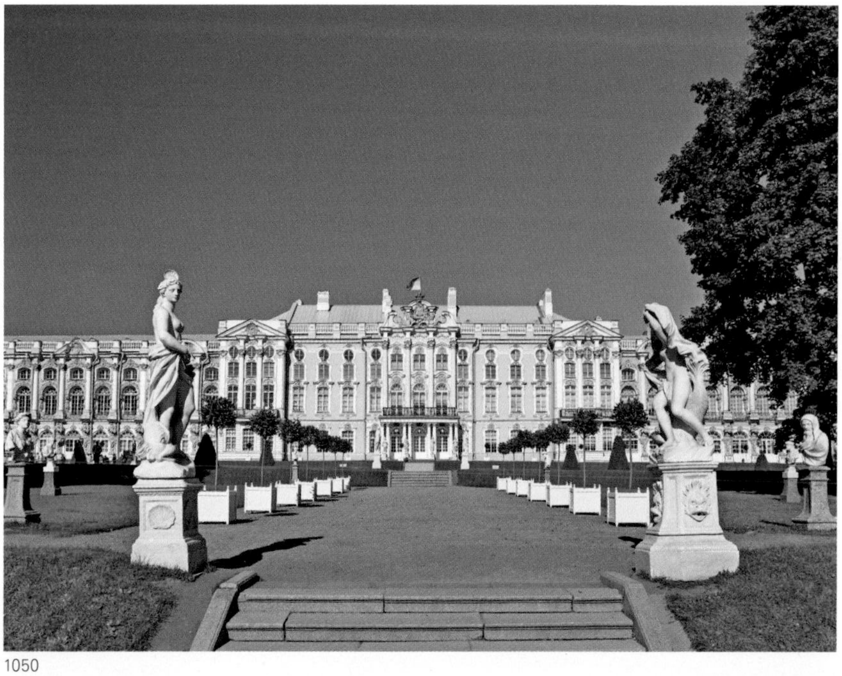

1050

1049, 1050
캐서린 궁, 1774~1860, 러시아 차르스코예 셀로

1051
캐서린 궁의 중국풍 그림방

1052
캐서린 궁의 부활 교회

캐서린 궁전 Catherine Palace
1717~1756, 러시아 차르스코예 셀로

러시아 상트페테르부르크 남쪽 25킬로미터에 위치한 푸시킨(구 차르스코예 셀로)에 있는 화려한 로코코 양식의 궁전이다. 원래 1717년에 독일 건축가 요한-프리드리히 브라운슈타인이 러시아의 캐서린 1세를 위해 지었다. 하지만 이 궁전은 엘리자베스 여제와 더욱 연관이 깊은데, 그녀는 1752년에 궁전 확장을 명령하고 건축가 바르톨로메오 라스트렐리에게 화려한 로코코 스타일로 개조하도록 하여 궁전은 현재의 모습을 갖추게 되었고, 1860년까지도 부분적 확장 및 개조가 이루어졌다.
캐서린 궁전은 로코코 스타일의 웅장함과 화려함으로 유명하다. 정면은 300미터가 넘고 내부는 금박, 거울, 호박이 섬세히 장식되어 있다. 캐서린 궁전에서 가장 유명한 방 중 하나는 호박(보석의 일종) 방으로, 호박 패널, 금박, 거울로 화려하게 장식된 방이다. 18세기에 주요 모습을 갖추었으나 제2차 세계대전 동안 파괴되었고 이후 재건되었다.
궁전 주변에는 프랑스 정원과 영국 정원이 혼합된 방대한 정원이 있으며, 이 정원에는 정자, 다리, 대리석 조각상 등 다양하고 화려한 구조물이 설치되어 있다.

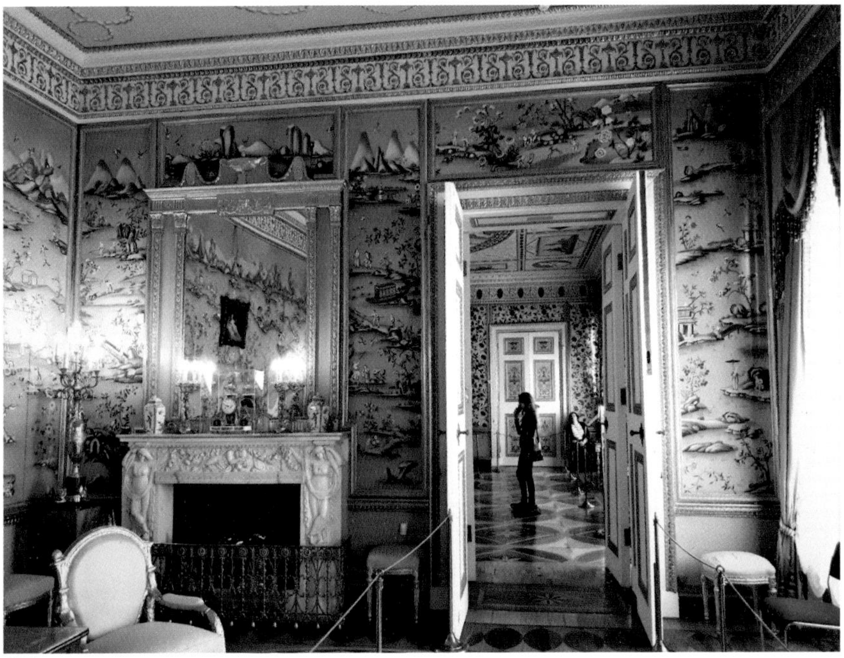
1051

1052
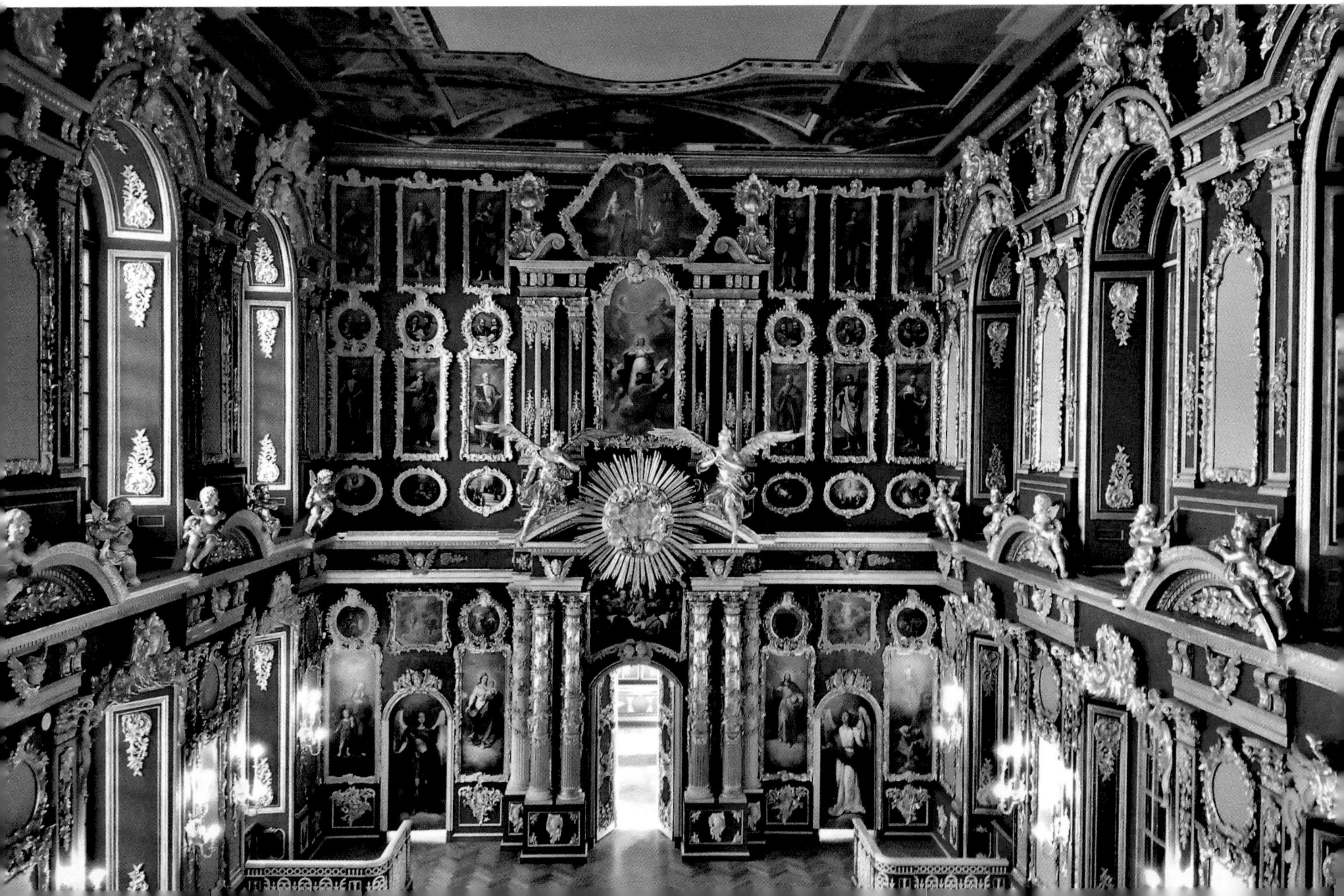

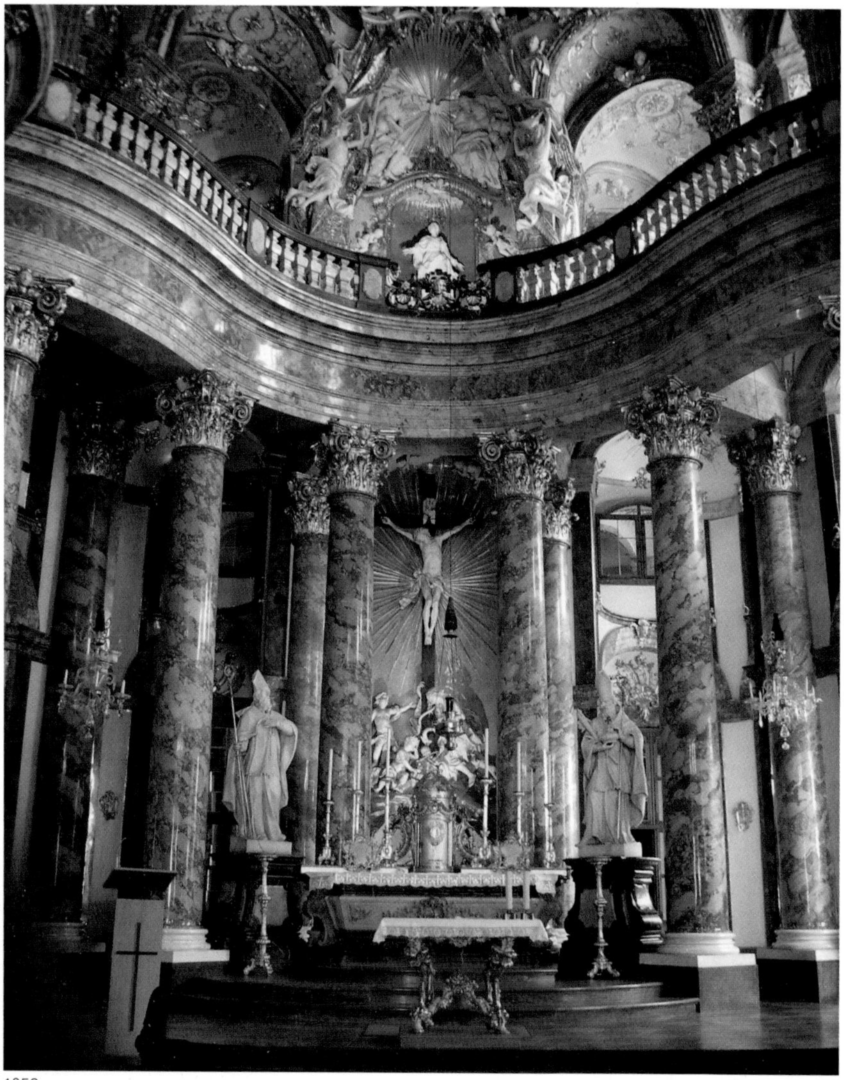

1053

뷔르츠부르크 궁전 Würzburg Residence

1720~1780, 독일 뷔르츠부르크

뷔르츠부르크 궁전은 독일 바로크 및 로코코 양식의 걸작으로, 신고전주의 건축과 예술적 요소를 포함하고 있는 독특한 건축물이다. 1981년에 유네스코 세계문화유산으로 지정된 이 궁전은 바이에른 주의 뷔르츠부르크에 위치해 있으며, 1720년에 건축이 시작되어 1744년에 완공(내부는 1780년에 완성)되었다.

이 궁전의 특징적인 공간들로는 화려한 예배당, 귀족적인 황실, 그리고 웅장한 계단실 등이 있으며, 단순히 공간을 넘어 마치 예술 작품같이 보이는 다양한 테마와 스타일로 장식된 여러 방으로 구성되어 있다.

나폴레옹 보나파르트가 이 건물을 "유럽에서 가장 큰 목사관(목사나 주교 같은 고위 종교지도자가 거주하는 건물)"이라고 칭했을 정도로, 이 궁전은 당시 유럽에서 중요한 정치적 및 문화적 중심지 중 한 곳이었다. 제2차 세계대전시 폭격으로 인해 심각한 피해를 입었으나, 1945년부터 꾸준히 복원되고 있다.

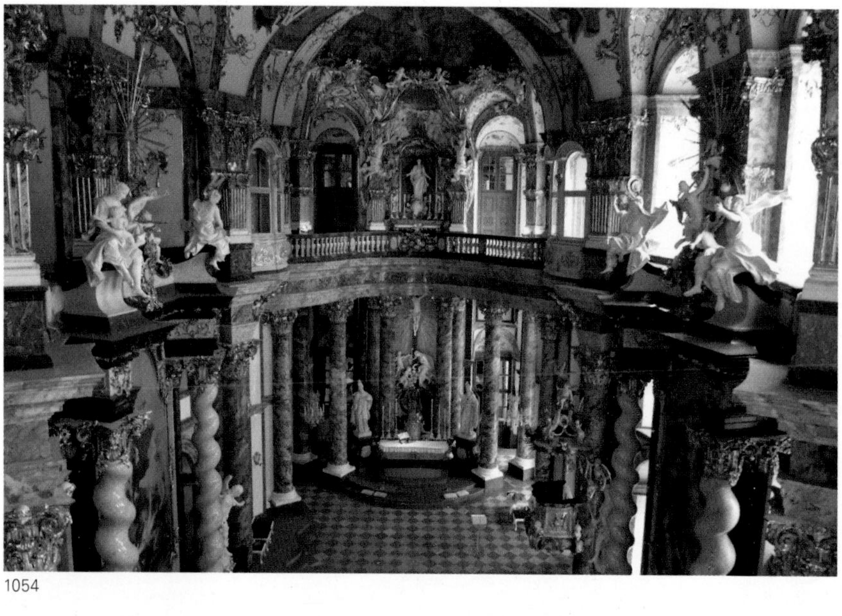

1054

1053
뷔르츠부르크 궁전 내부 예배당, 1720~1780, 독일 뷔르츠부르크

1054, 1055, 1056
뷔르츠부르크 궁전 내부, 1720~1780, 독일 뷔르츠부르크

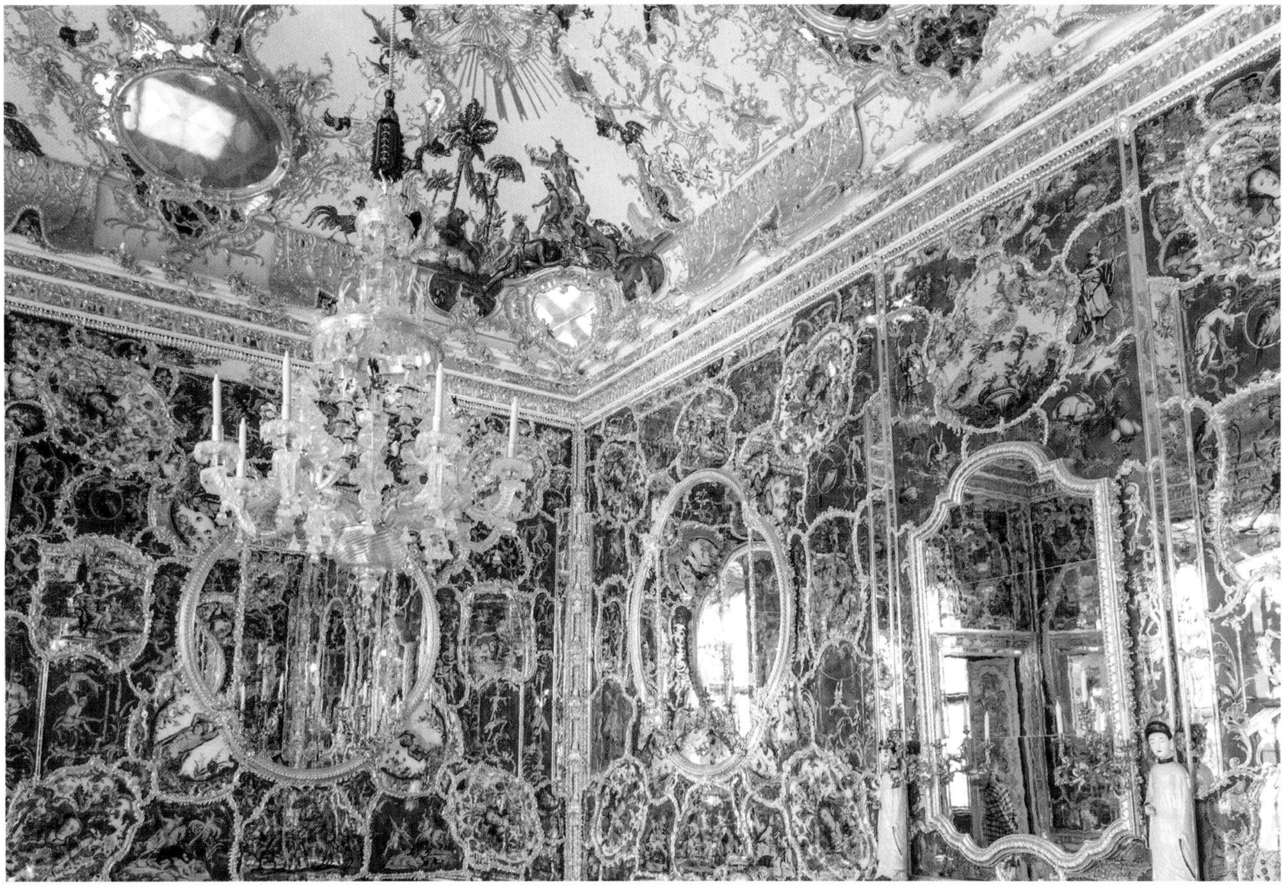

1055

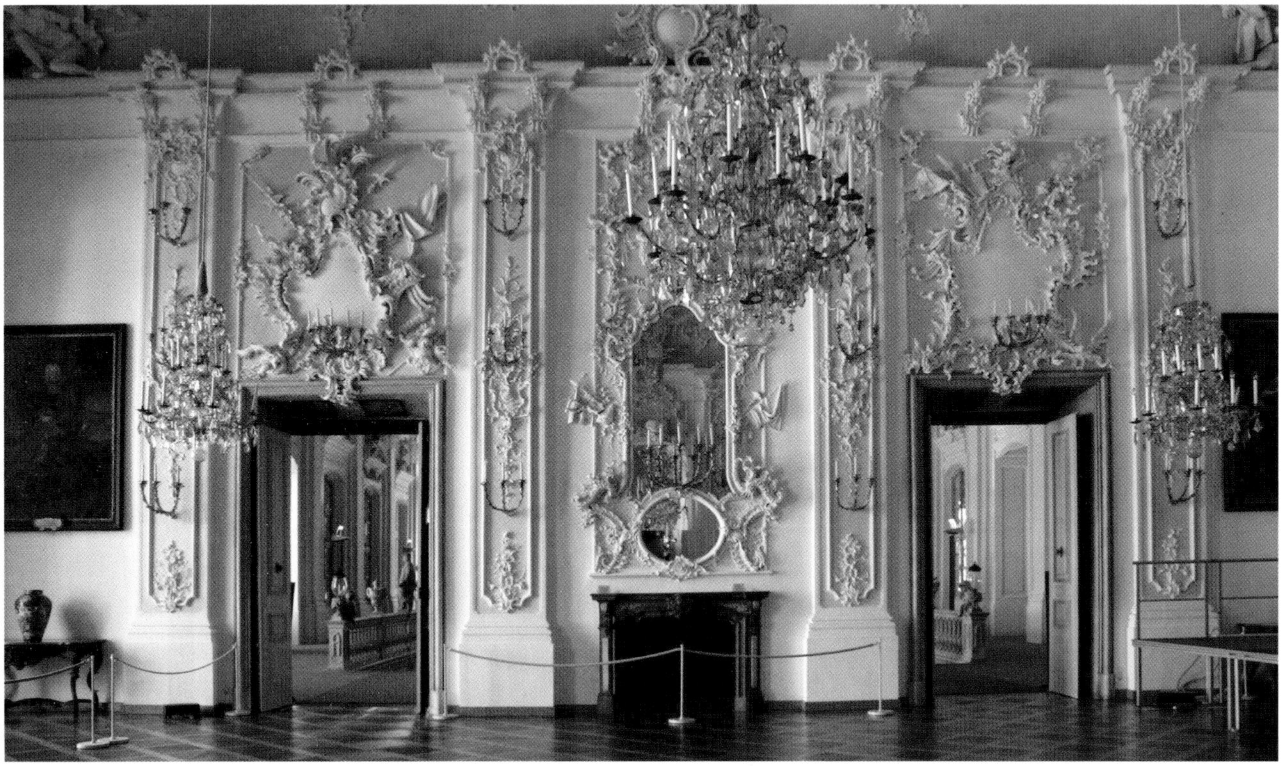

1056

신고전주의 시대의 건축
Architecture of Neoclassicism Era

신고전주의는 18세기 후반부터 19세기 초까지 서구 문화에서 중요한 역할을 한 예술 운동이다. 계몽사상을 바탕으로 과거로부터 내려온 신분사회에 대한 비판을 비롯하여 고고학의 발전에 따른 고대 그리스 로마 문화, 철학, 예술 등에 대한 동경으로부터 시작되었다. 이에 따라 신고전주의는 바로크와 로코코 양식에서 보이는 장식적이고 감정적인 경향에 대하여 반발했으며, 그 대안으로 고대 그리스와 로마의 건축, 회화 양식을 표방하는 경향을 보였다.

계급사회에 대한 부정과 계몽주의의 영향

신고전주의는 17세기 후반부터 18세기에 걸쳐 등장한 계몽주의의 영향을 받았으며, 바로크와 로코코 양식이 지배하던 왕, 귀족, 성직자 등의 계급사회에 대한 반발로부터 비롯되어 등장했다. 계몽주의는 인간 중심적 세계관, 과학적 합리주의, 종교 및 과거 전통에 대한 비판의식, 정치적 자유와 민주주의를 지향했기에 고대 그리스와 로마의 문화는 전용 가능한 매우 적합한 의미와 형식적 상징이 되었다.

고고학의 발전과 고대 유물의 발견

당시 고고학의 발전에 따라 1748년 시작된 폼페이 발굴과 1738년 시작된 헤르쿨라네움의 발굴과 같은 이슈들은 고대 건축 및 유물에 대한 새로운 이해와 주목을 불러일으켰다. 이러한 발견들은 고대 그리스와 로마 문화를 직접적으로 관찰 가능한 기회를 가져왔다. 이에 따라 고대 문화에 대한 동경은 더욱 강화되었으며, 결과적으로 예술가들과 건축가들에게 강력한 영감과 표본을 제시했다.

신고전주의 건축과 양식

이와 같은 배경에 의하여 예술과 건축에서는 신고전주의 운동이 탄생하며 고대 그리스와 로마의 이상과 원리를 재해석하고 재창조하고자 했다. 이 운동은 고대 예술의 이상화된 형태와 자연스러움을 추구하며, 과거의 감정적이고 장식적인 표현 대신 질서, 균형, 단순함 등을 중요시했다.
신고전주의 건축도 당연히 고대 그리스와 로마 건축의 형식과 원리를 현대적 맥락에서 재해석하려 했다. 간결한 형태, 대칭적 구조, 그리고 고대 그리스 로마 시대에 사용되던 기둥과 건축 정면 기둥 상단의 삼각형 페디먼트의 장식적 요소의 사용이 주요한 특징이다. 신고전주의 건축은 단순함과 균형을 강조하며, 이상화된 고전적 아름다움을 나타내고자 했다.
한편으로 흥미로운 것은 이전의 바로크나 로코코 양식이 주로 성당이나 궁전에서 나타났다면, 신고전주의 건축은 의사당, 대통령의 집무실, 교육 및 연구의 장 등 민주정치 혹은 이성과 관련된 건축이 많은 것도 신고전주의 건축의 특징이라 할 수 있을 것이다.

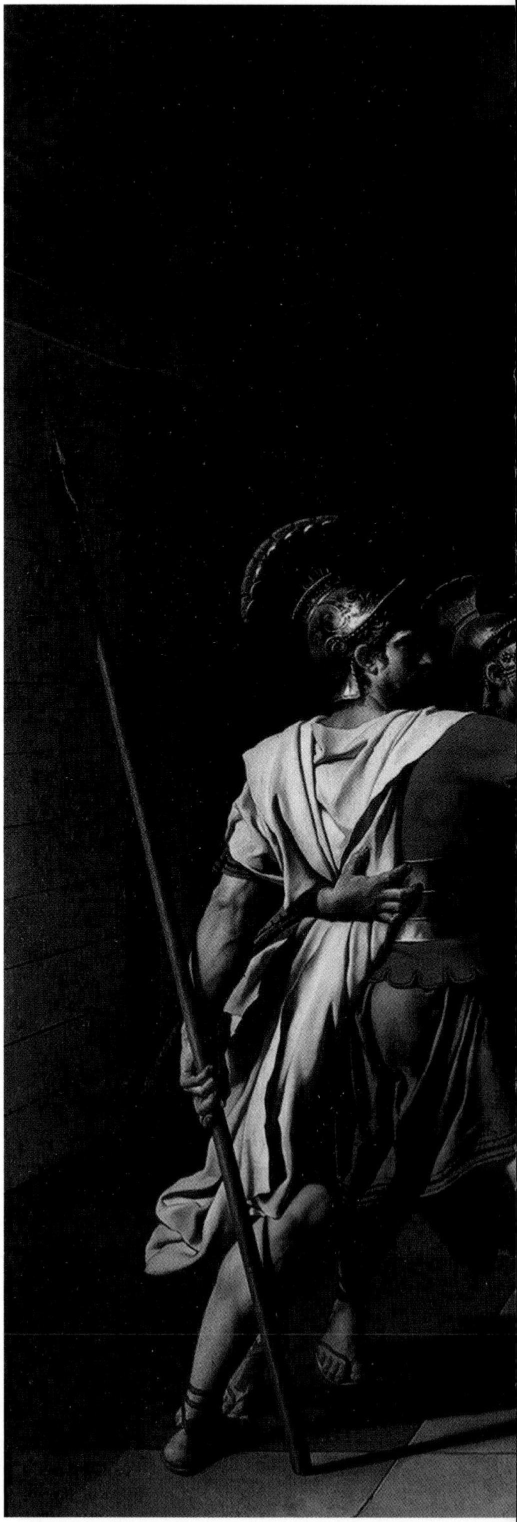

1057
자크 루이 다비드 Jacques-Louis David
호라티우스의 맹세 Oath of the Horatii, 1784, 루브르 박물관

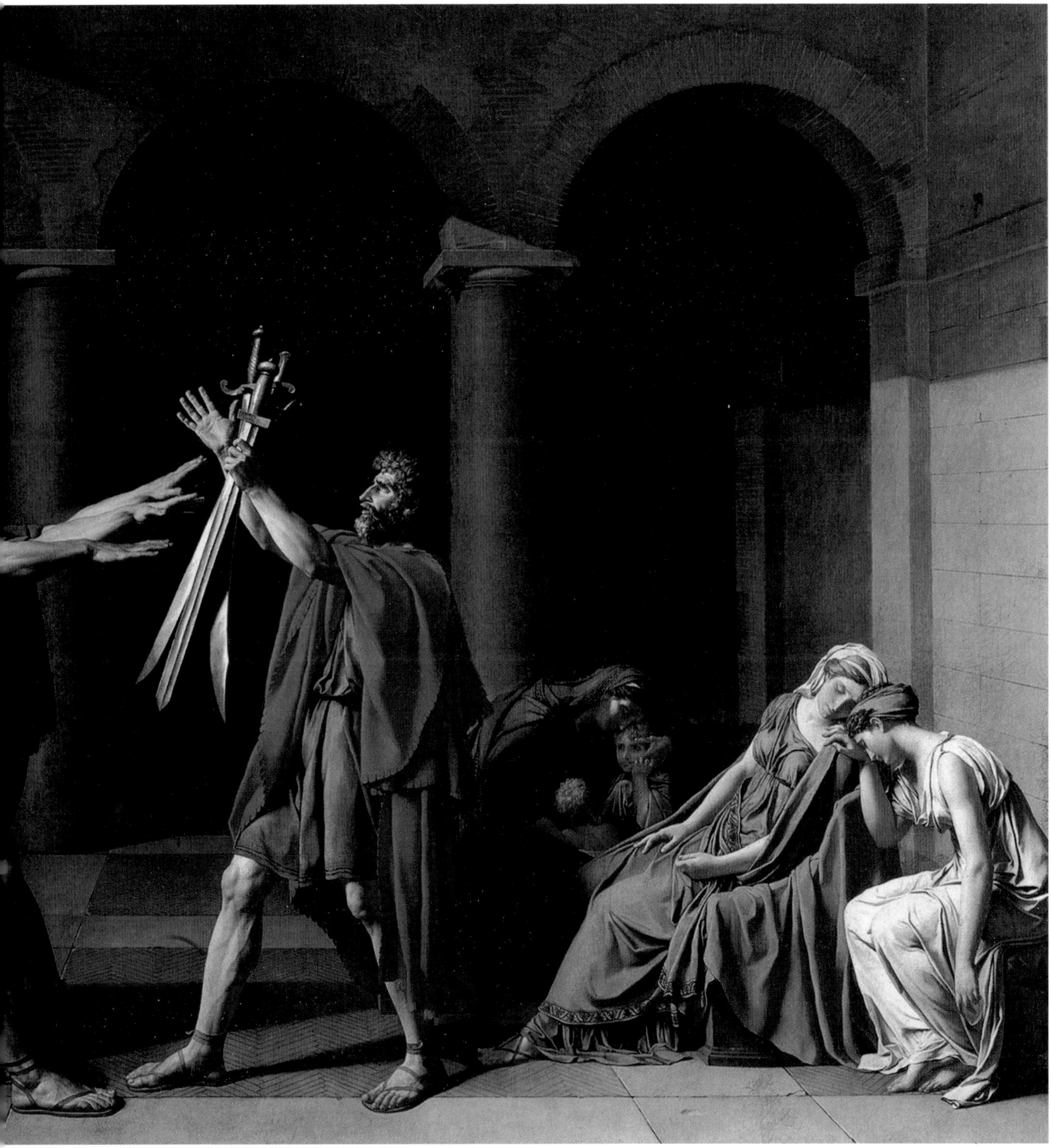

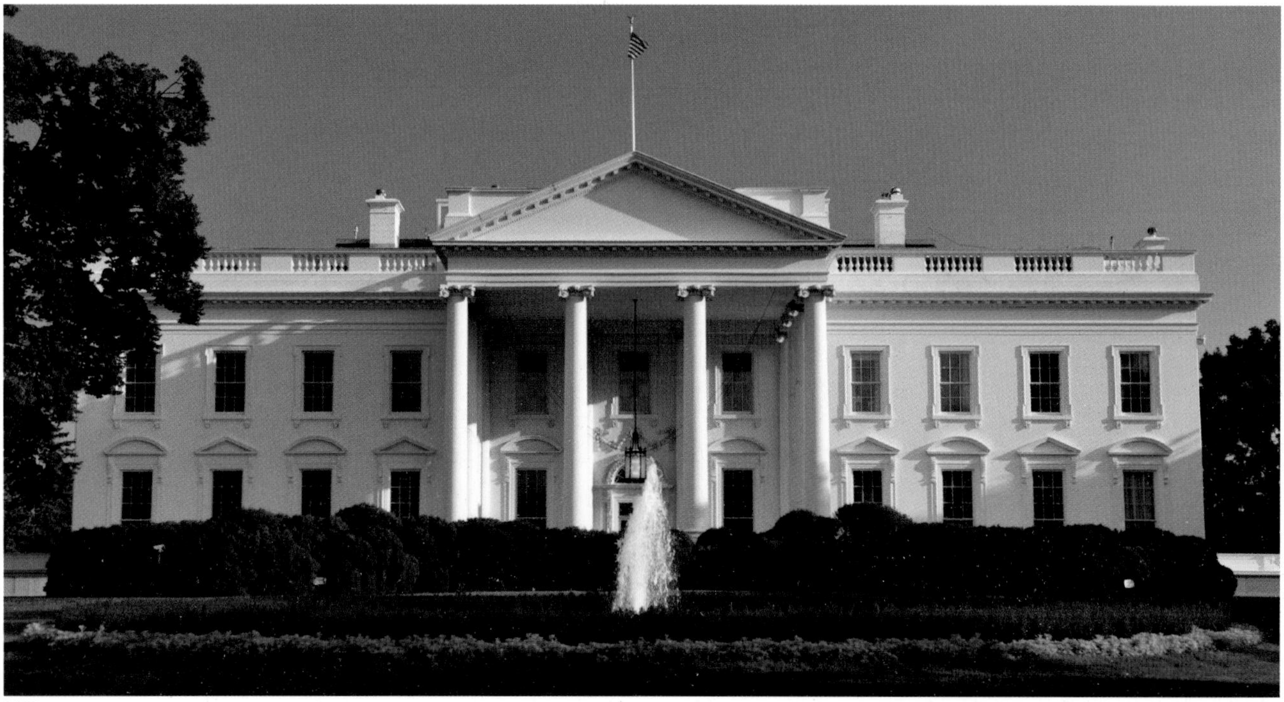

1058

백악관 The White House
1792~1800, 미국 워싱턴

1058
백악관 북쪽 정면, 1792~1800, 미국 워싱턴

1059
백악관 남쪽 정면, 1792~1800, 미국 워싱턴

미국 워싱턴 D.C.에 자리 잡은 백악관은 미국 대통령의 공식 거주지이자 업무 공간으로, 미국의 정치와 역사에서 상징적인 역할을 하는 건축물이다. 1792년에 시작된 백악관 건축은 아일랜드 출신의 제임스 홉안에 의해 이루어졌으며 1800년에 완공되었다. 홉안의 디자인은 신고전주의 양식으로 건축물은 대칭적 구조를 가지며, 화이트 페인트로 칠해진 샌드스톤으로 마감되었다.

백악관은 여러 번의 확장과 개조를 거쳤다. 1814년에 영국군에 의해 소실된 후 재건되었으며, 20세기 초에는 테오도어 루스벨트 대통령을 비롯한 여러 대통령의 스타일에 맞게 추가적인 확장과 개조, 내부 장식의 변경이 이루어지기도 했다. 백악관의 내부는 다양한 공적 및 사적인 공간으로 구성되어 있으며, 특히 집무실인 오벌 오피스와 공식 행사가 열리는 이스트룸 등이 중요한 공간으로 꼽힌다.

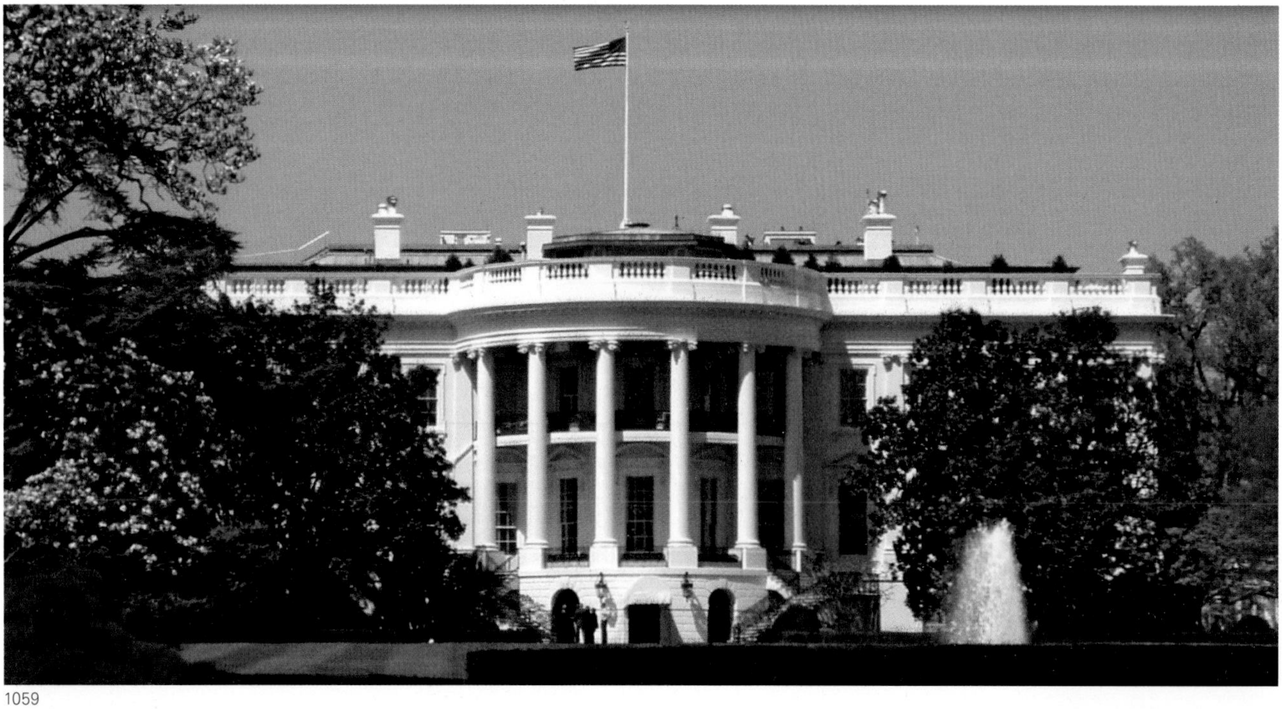

1059

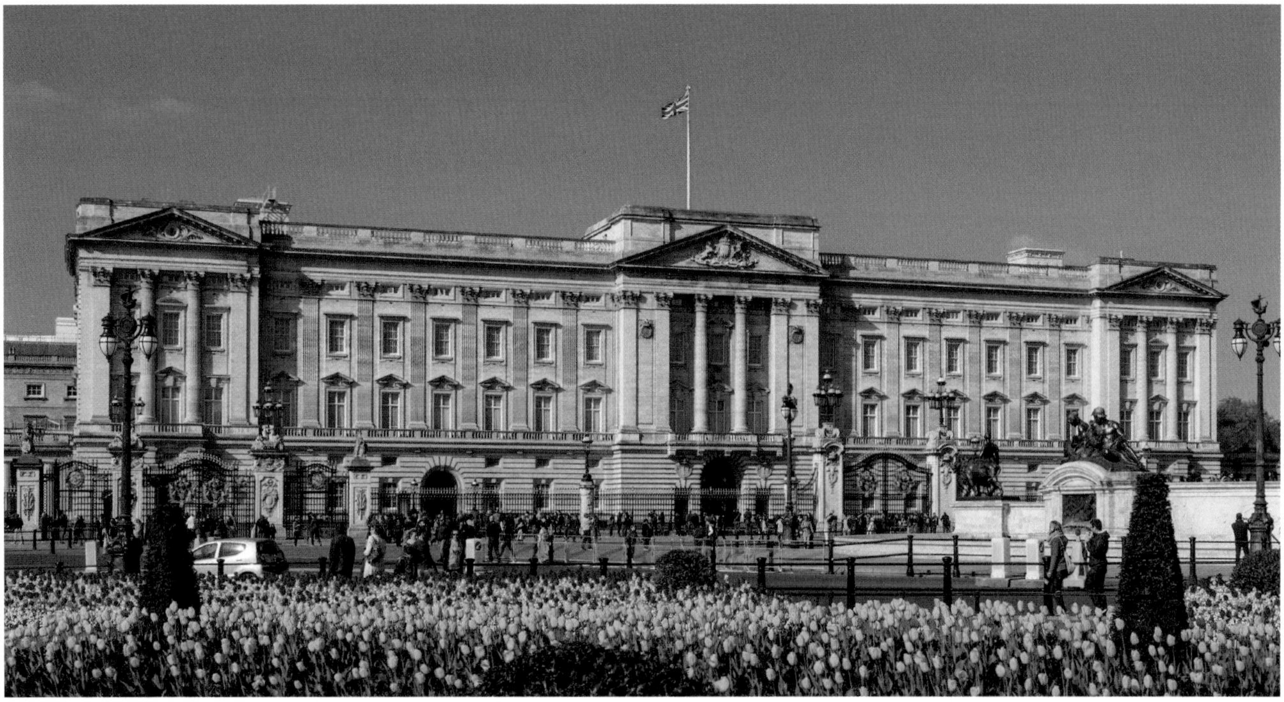

1060
버킹엄 궁전, 1703~20세기 초, 영국 웨스트민스터

1061
알테스 뮤지엄, 1825~1830, 독일 베를린

버킹엄 궁전 Buckingham Palace
1703~20세기 초, 영국 런던

버킹엄 궁전은 영국 군주의 공식 거주지이다. 원래는 조지 3세가 1761년에 버킹엄 공작의 주택을 사들여 군주의 주거로 개조한 것으로부터 시작되었으며, 19세기와 20세기에 걸쳐 여러 차례 확장 및 개조되며 현재의 모습을 갖추게 되었다.
19세기 초에 존 내쉬Jonh Nash가 궁전 안에 위치한 중요한 공간들을 설계하였으며, 추후 그가 진행한 대규모 확장 공사를 통해 많은 공간이 새롭게 추가되었다.

알테스 뮤지엄 Altes Museum
1823~1830, 독일 베를린

프로이센의 대표적인 건축가인 카를 프리드리히 슐링클에 의해 디자인된 알테스 뮤지엄은 신고전주의 건축의 대표적인 작품 중 하나로 꼽힌다.
1823년에 착공하여 1830년에 완공되었으며, 뮤지엄 내부는 넓은 중앙 홀과 전시실들로 구성되어 있다.
고대 그리스와 로마 건축에서 영감을 받은 디자인이 특징적이며, 특히 장엄한 포르티코와 이오니아 양식의 기둥은 공간을 구성하는 요소 중 가장 눈에 띄는 매력적인 부분이다. 뮤지엄이 지어진 당시는 프로이센 왕실의 예술품을 전시하는 데에 그 목적이 있었지만, 현재는 고대 그리스 및 로마 문명의 유물들과 예술품들을 전시하고 있다.

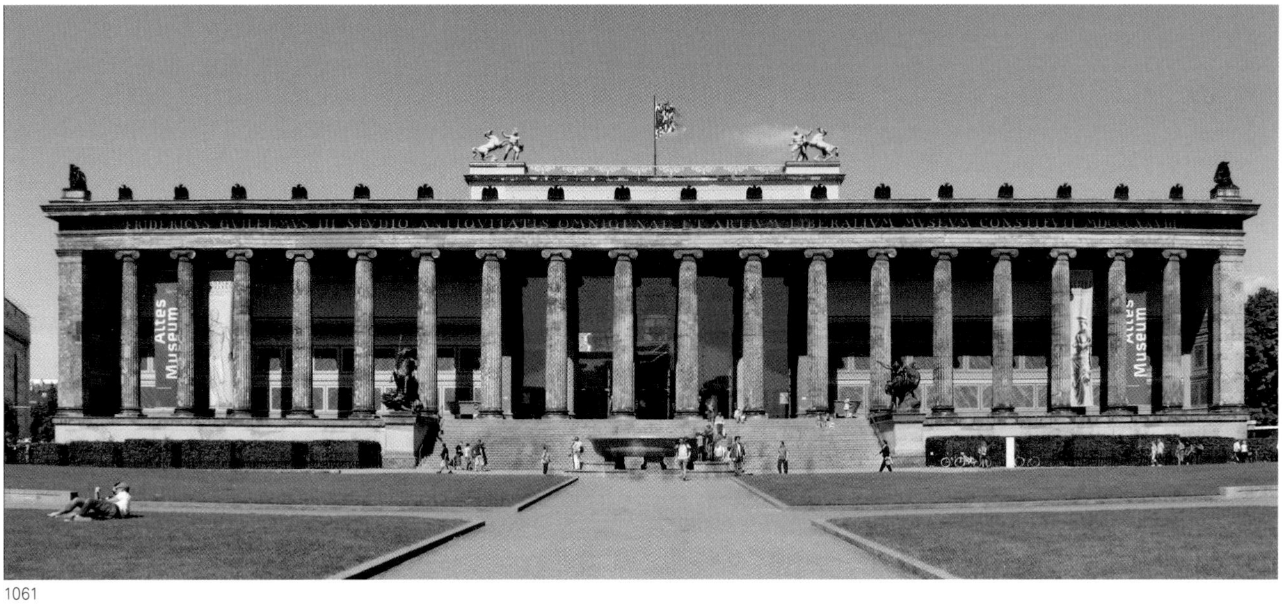

1061

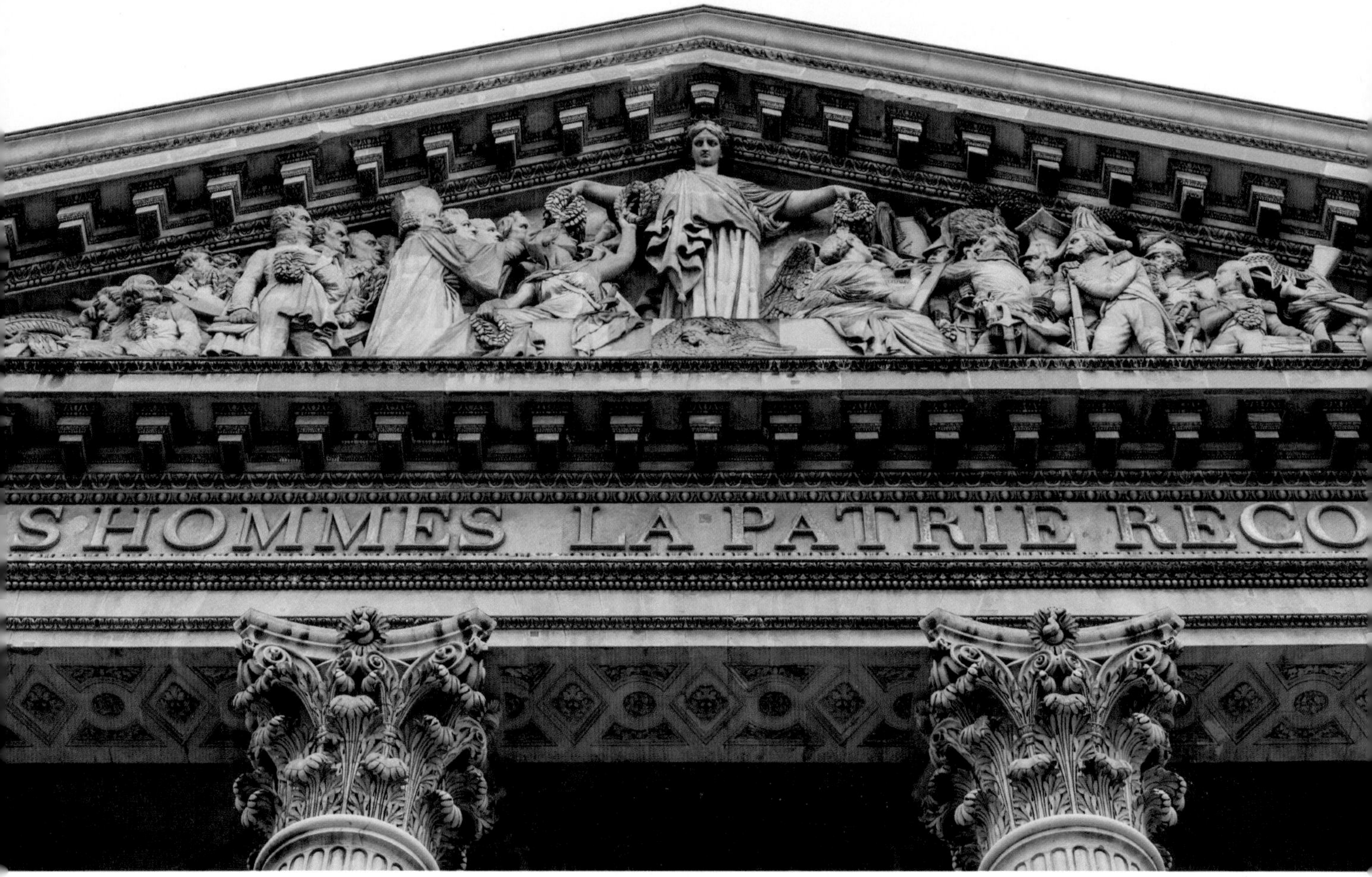

1062

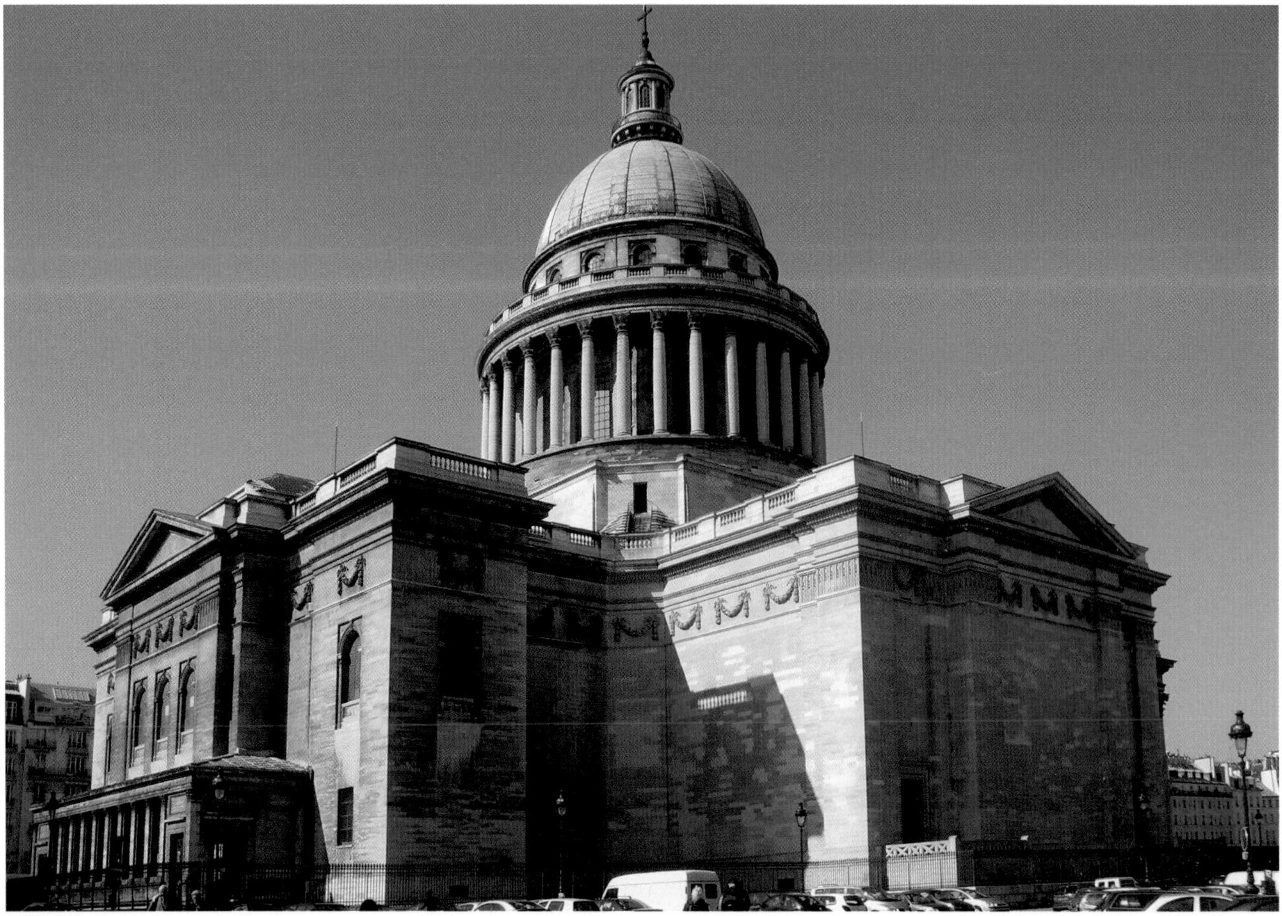
1063

판테온 Panthéon
1758~1790, 프랑스 파리

판테온은 프랑스 파리에 위치해 있으며, 고전주의 건축의 대표적인 작품으로, 마치 고대 그리스 신전을 연상시키는 웅장함을 자랑한다. 18세기 중반, 루이 15세의 명으로 처음에는 교회 공간을 목적으로 기획되었다.
소피아 젠 다이어트가 설계했으며 1758년에 착공했다. 그의 사후에도 여러 차례의 개축을 거쳐 1790년에 완공되었으며, 현재는 공간의 최초 목적과는 달리 프랑스의 위인들을 기리는 기념관의 용도로 쓰이고 있으며, 실제로 프랑스의 역사적 인물들의 묘지가 들어서 있다.
판테온의 디자인은 고전주의 양식을 기반으로 한다. 완벽한 대칭구조와 간결한 선이 특징으로, 특히 웅장한 돔과 기둥이 있는 포르티코(기둥으로 지지되는 건물의 입구), 화려한 프레스코화와 조각들은 이 공간에서 주목할 만한 요소들이다.
판테온은 단순히 건축학적으로 중요한 건물일 뿐만 아니라, 프랑스혁명의 이상을 상징하고 국가의 중요한 인물들을 기리는 역사적인 의미를 가지며 프랑스의 대표적인 건축물 중 하나로 존재하고 있다.

1062, 1063
판테온, 1758~1790, 프랑스 파리

1064, 1065
판테온 내부, 1758~1790, 프랑스 파리

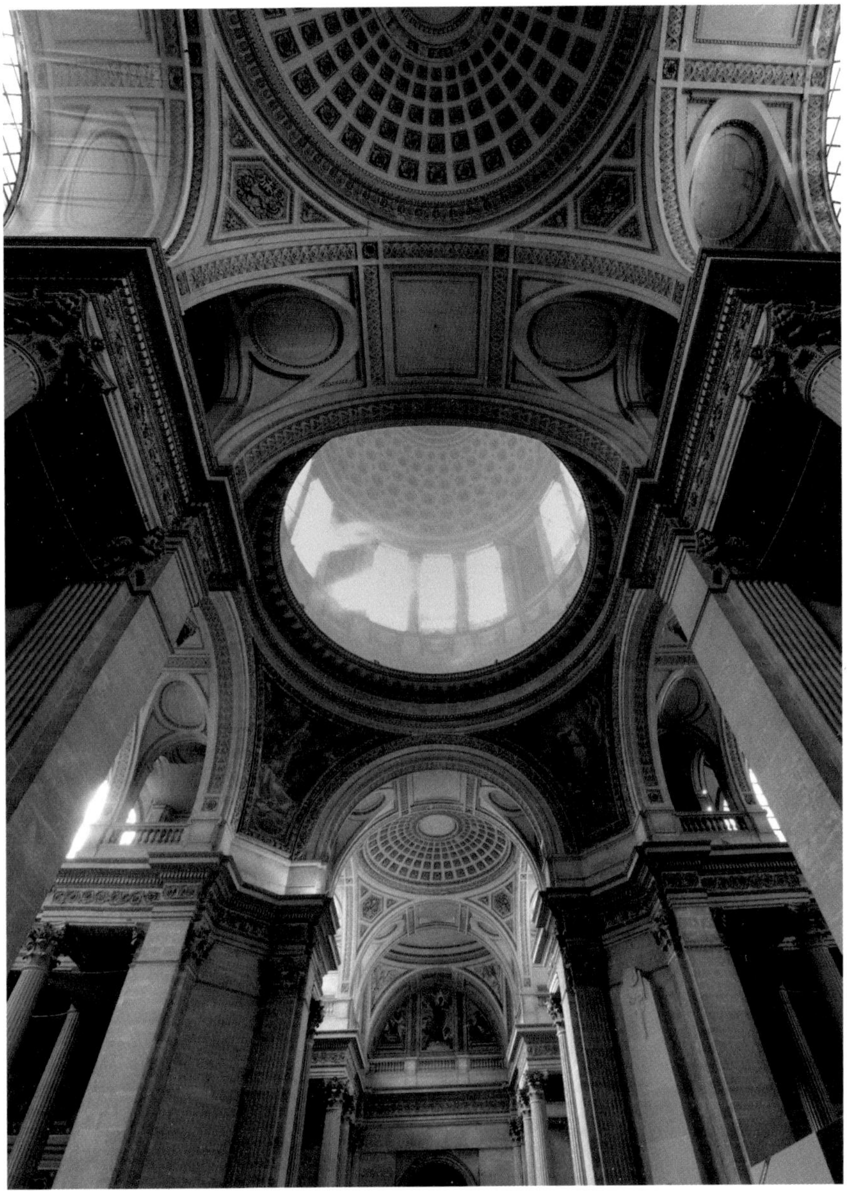
1064

1065
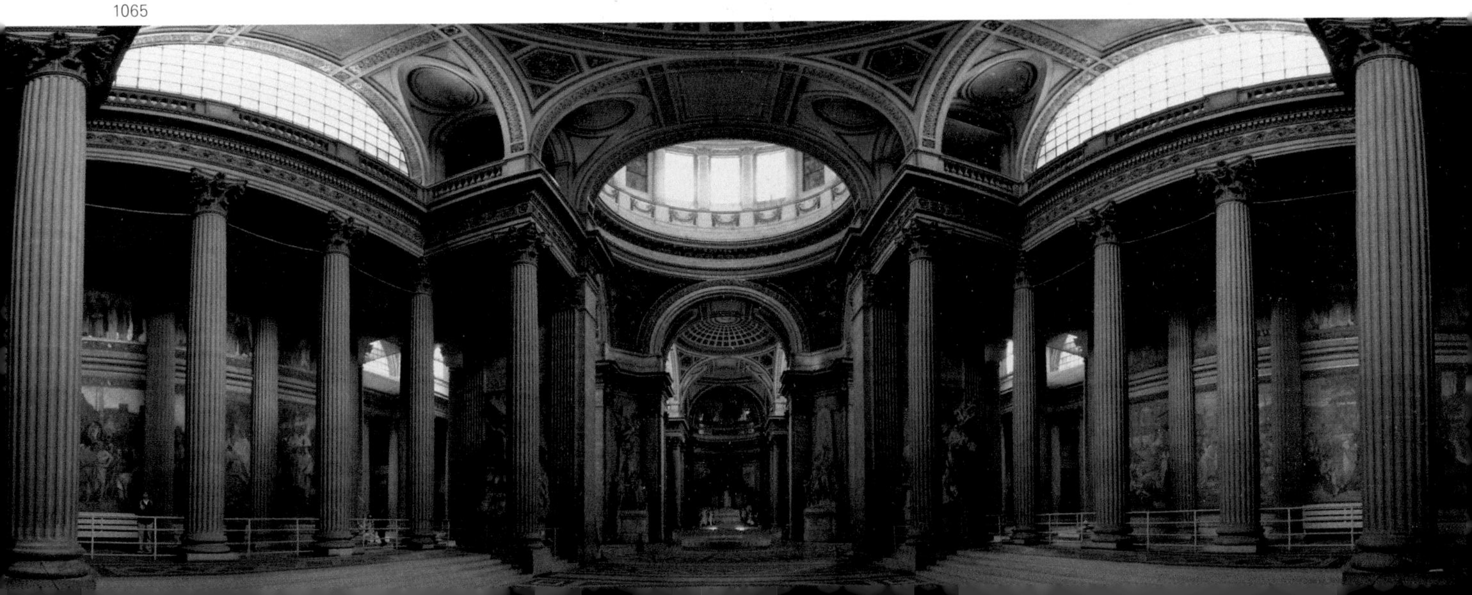

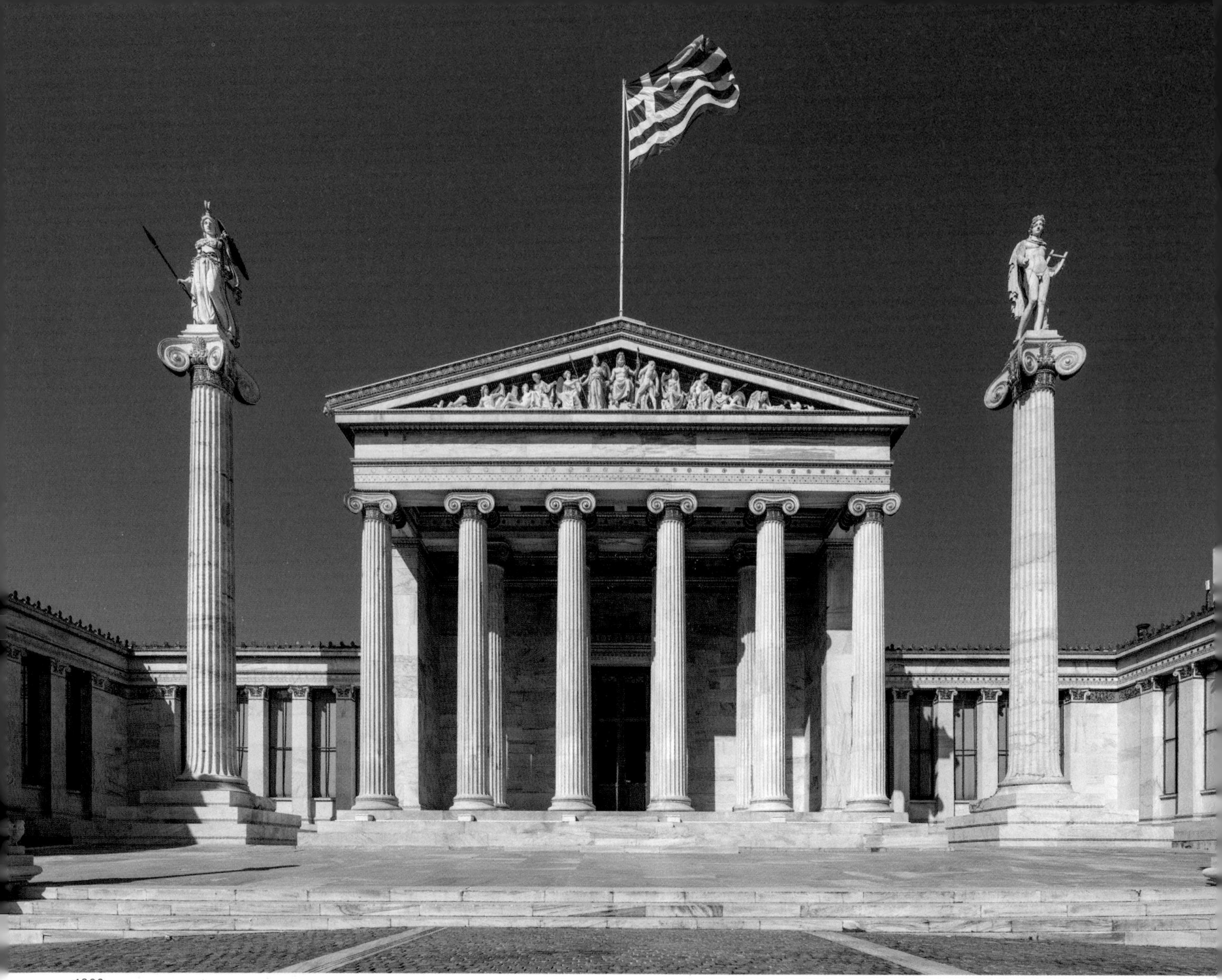

1066

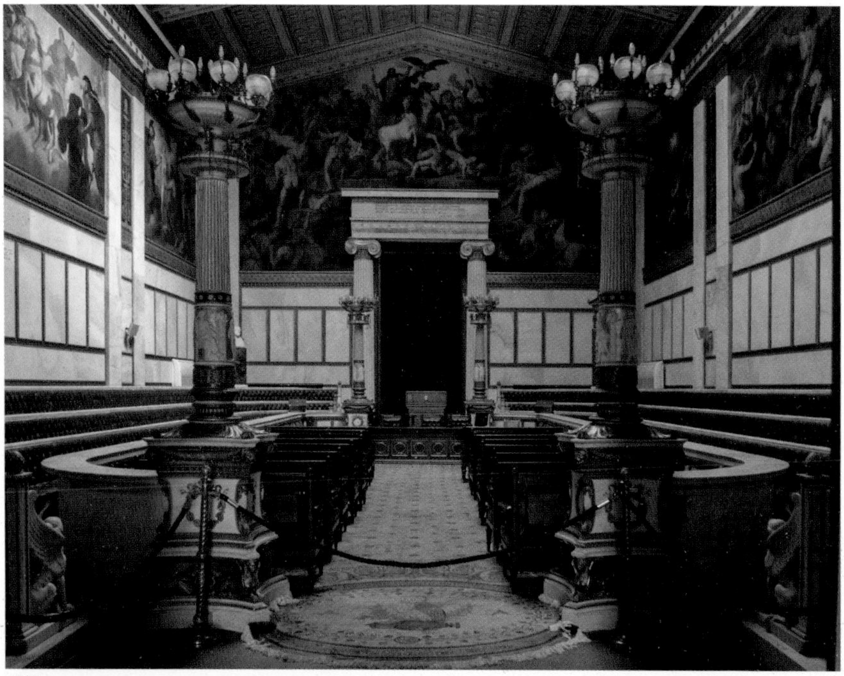

1067

아테네 아카데미 Academy of Athens (modern)

1859~1887, 그리스 아테네

그리스 아테네에 위치한 현대 건축물로 그리스 교육 및 학술 연구의 중심지이다. 19세기 후반에 건축되어 신고전주의 양식의 뛰어난 예시로 꼽힌다. 덴마크 출신 건축가 데오필 한센의 설계로, 1859년에 착공되어 1887년에 완공되었다. 이 건물은 아테네의 트릴로지(판테온, 에레흐테이온, 니케 신전) 건물 중 하나이며 아테네의 교육과 문화를 상징, 근대 그리스의 지적 발전과 학문적 성취를 나타내는 중요한 상징적 건물이다.

건물의 고전적 기둥과 조각으로 장식된 포르티코, 이오니아 양식의 기둥, 그리고 그리스 신화가 모티프인 프레스코화 및 조각상은 아테네 아카데미의 건축적 특징으로 그리스의 학문과 문화의 전통을 상징한다.

1066
아테네 아카데미, 1859~1887, 그리스 아테네

1067
아테네 아카데미 내부, 1859~1887, 그리스 아테네

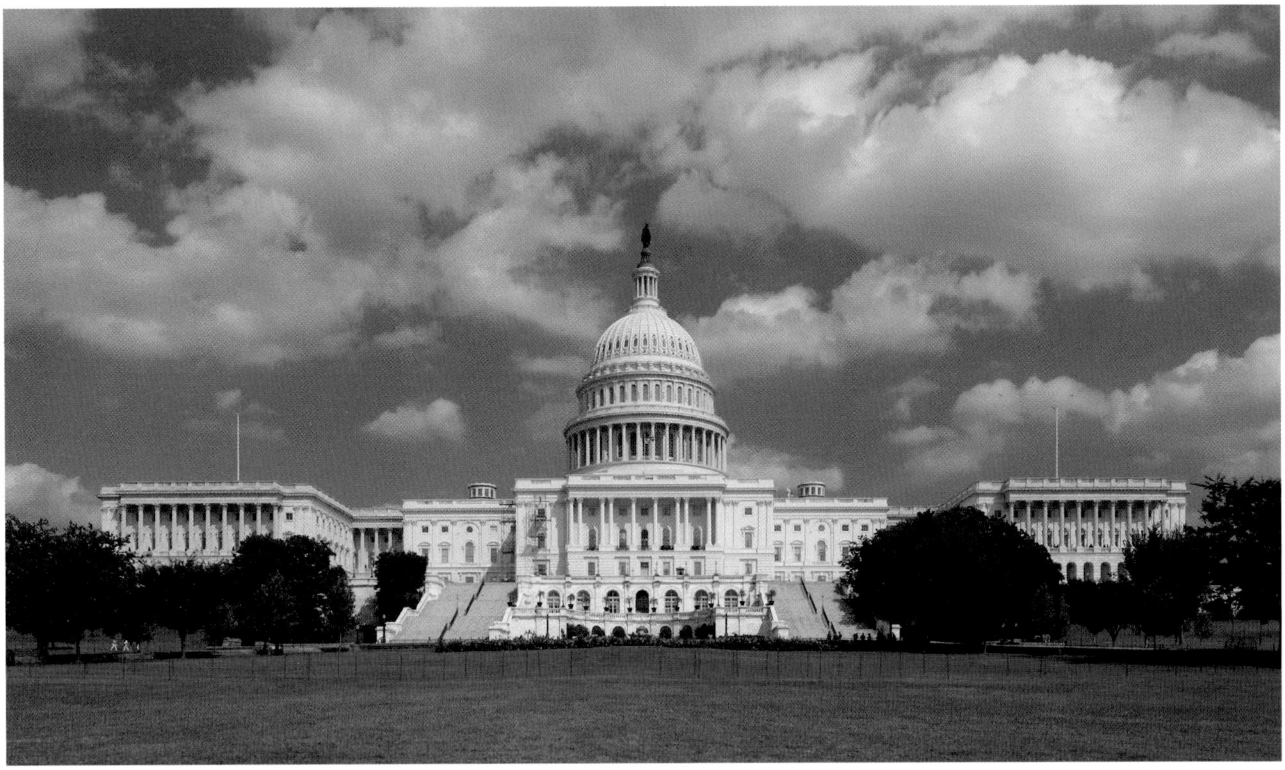

1068

미국국회의사당

The United States Capitol Building
1793~1800(1962까지 증축), 미국 워싱턴

미국 정치의 상징적인 장소이자 신고전주의 건축의 뛰어난 예시로, 워싱턴 D.C.에 위치하며 미국 의회의 중심지로 상원과 하원이 활동하는 장소이다. 1793년에 착공되어 1800년에 처음으로 사용되었다. 이후 여러 차례 개조와 확장 공사를 진행했으며, 19세기 중반에 대규모 확장을 통해 현재의 돔과 새로운 날개가 추가되었다.
건물은 고대 그리스와 로마 건축의 요소를 반영하여 네오클래식 양식을 따르고 있으며, 대칭적 구조와 웅장한 기둥이 특징이다. 의사당의 돔은 미국 정치와 민주주의의 상징으로, 워싱턴 D.C.의 스카이라인을 정의하는 중요한 요소이다. 내부는 다양한 예술 작품과 조각으로 장식되어 있으며, 특히 회전식 홀의 천장에 있는 '자유의 여신' 상과 '아포테오시스 오브 워싱턴(미국 초대 대통령 조지 워싱턴을 신격화한 그림)' 프레스코화가 유명하다.

1068
미국국회의사당, 1793~1800(1962까지 증축), 미국 워싱턴

1069
미국국회의사당 내부 천장, 미국 워싱턴

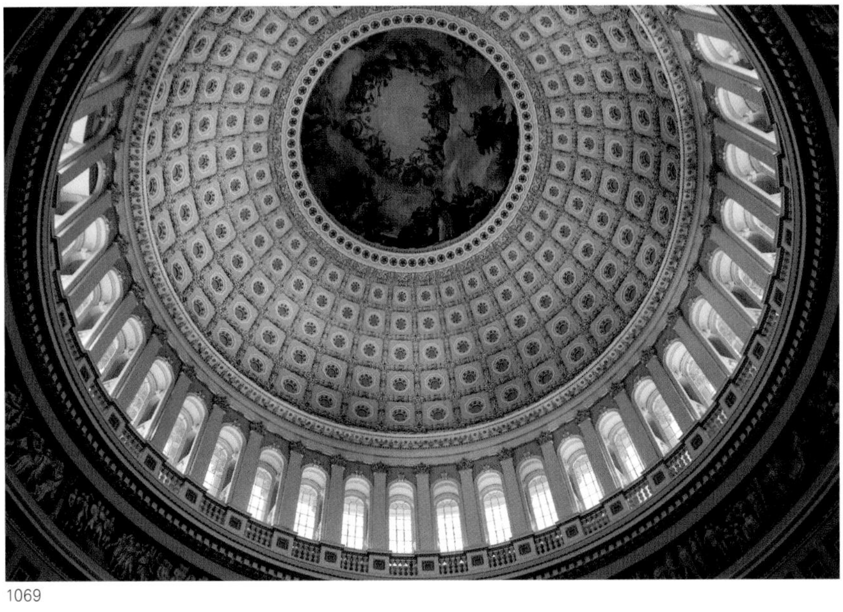

1069

빅토리아 시대의 건축

Architecture of Victorian Era

격변의 시대

일반적으로 어떤 양식을 칭할 때는 바로크, 로코코와 같이 양식의 상징성을 나타내는 이름을 붙인다. 그러나 빅토리아 양식은 특정 속성의 양식이 아니라, 1837년부터 1901년까지 영국 빅토리아 여왕의 재위 기간 중에 나타난 양식을 말한다. 그럼에도 불구하고 '빅토리아 양식'이라 불릴 수 있는 이유는 그 시대의 특수성 때문이다.

빅토리아 시대는 근대에서 현대로 전이되는 과정에 정치, 사회, 경제 개혁과 문화 변화, 과학 기술의 진보 등에서 격변의 시대였기 때문에 다양하고 독특한 양식들이 등장했다. 우선 정치 분야에서는 선거권 확대를 포함한 자유주의적 정치 개혁에 의하여 선거권이 중산층과 노동계급에까지 확대되었고, 민주주의의 진화, 도시의 자치권 확대, 노동운동의 합법화 등이 이루어졌다. 또한 산업혁명에 의한 과학기술의 발전은 경제의 규모를 키웠으며, 제국주의에 의한 식민지로부터의 자원은 영국이나 유럽 국가들을 부유하게 만들었다. 그러나 한편으로는 급속한 산업화에 따라 노동계급의 척박하고 힘든 생활, 오염, 주택 문제 등도 대두되었다. 사회의 구조는 기존의 계급사회로서 신흥 중산층이 대두하며 중요한 사회적, 경제적 영향력을 가지게 되었다. 그 외에도 의무 교육의 도입 등 수없이 많은 급격한 변화가 일어났다.

과거와 미래와 혼합되어 모던으로

이러한 시대적 특성은 건축이나 예술에서도 보인다.

빅토리아 시대의 양식은 과거의 역사적 양식의 재해석부터 새로운 미래에 대한 염원까지 다양하게 나타났다. 과거의 회귀는 고딕 시대의 양식을 재현하는 고딕 복고, 여전히 신고전주의 양식, 이탈리아네이트(르네상스의 영향을 받은 양식), 로마네스크 부흥, 예술공예 부흥 등이 있다. 또한 새로운 비전은 19세기 중반 새로운 기술의 도입으로 주조 철과 단조 철, 이후에는 강철 프레임으로 구조물이 세워지기도 했다.

이렇듯 다양한 양식이 등장했던 이유는 다음과 같은 몇 가지 중요한 요인이 작용했다. 낭만주의 운동의 영향으로 과거의 건축 양식을 재해석하고 현대적으로 적용하려는 경향이 있는 반면, 산업혁명과 함께 기술 혁신의 시기이기도 했다. 또한 제국주의의 영향으로 이전 세계의 다양한 문화와 예술이 영국으로 유입되었다. 그리고 사회적, 경제적으로 다양한 계층이 부상하면서 다양한 요구와 취향이 발생했다.

이와 같이 빅토리아 양식은 고정된 형식적 양식이 있는 것이 아니라, 그야말로 격변의 시대에 과거, 미래, 다양한 지역의 문화, 다양한 계층의 욕구 등이 복합적으로 뒤섞이며 '모던Modern'으로 나아가는 시대였다.

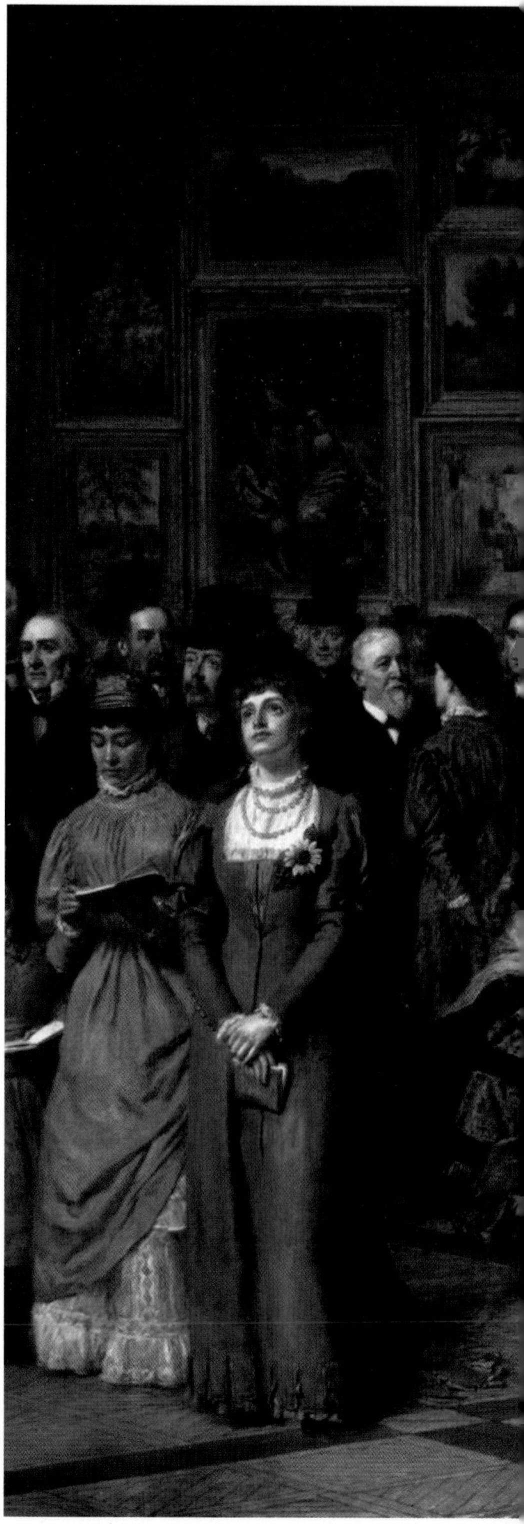

1070
윌리엄 파월 프리스 William Powell Frith,
A Private View at the Royal Academy, 1883

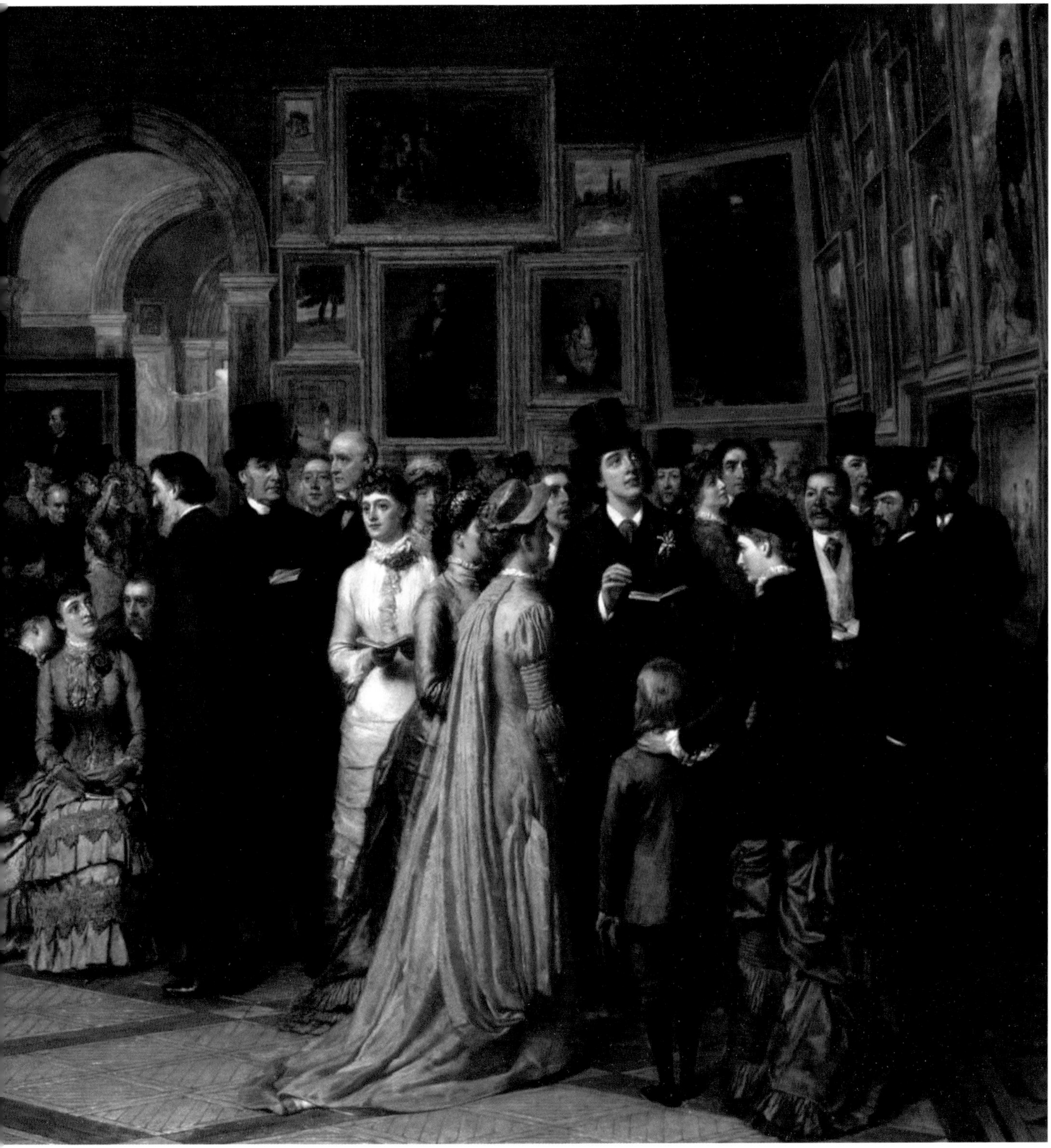

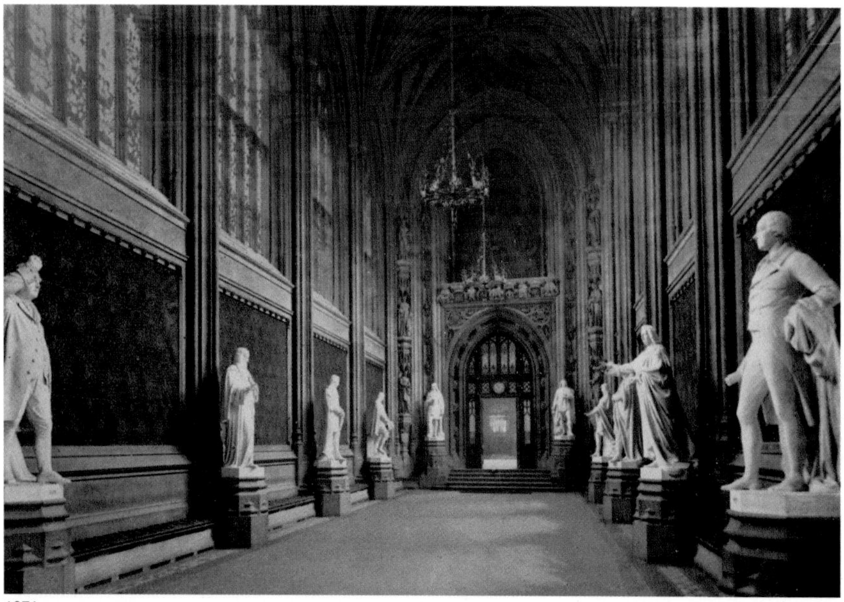

1071

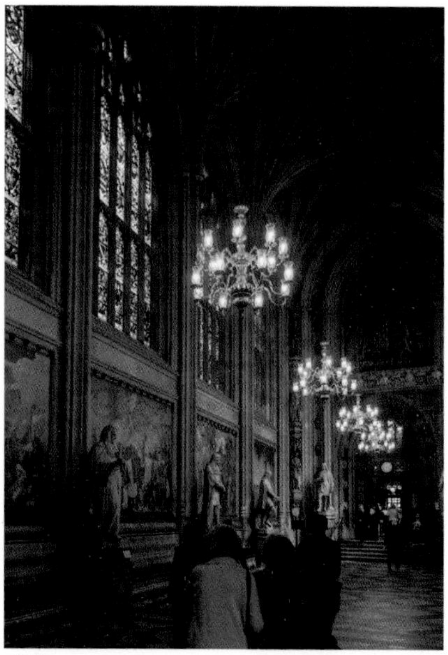

1072

웨스트민스터 궁전 Palace of Westminster
1840~1876, 영국 런던

영국 런던에 위치한 역사적이고 상징적인 건축물로 영국 의회의 본거지이며, 1987년에는 유네스코 세계문화유산으로 지정되었다.
11세기에 왕실 궁전을 목적으로 건축되었으며, 13세기부터는 영국 의회의 회의 장소로 사용되었다.
안타깝게도 궁전은 여러 차례의 화재를 겪었다. 이에 따라 여러 차례의 재건이 이루어졌으며, 특히 1834년에 일어난 대형 화재 후 약 30년이 걸리는 대규모의 재건 작업이 이루어졌다. 당시 재건작업의 경우 찰스 배리와 오거스터스 퓨진의 설계에 의해 진행되었고, 이 당시 2개의 안뜰과 1,100개 이상의 방을 중심으로 한 대칭적인 구조가 포함된 112,476m^2의 거대한 복합체로 완성되었다.

로열 알버트 홀 Royal Albert Hall,
1867~1871, 영국 켄싱턴

1871년에 개관한 빅토리아 시대의 대표적 건축으로 런던에 위치해 있다. 작지만 뾰족한 형태로 된 디테일들이 살아있는 지붕, 화려한 프레스코 장식이나 외벽에 붙어있는 테라코타 타일, 화려한 예술품이 가득한 내부 공간 등, 빅토리아 시대의 건축적 스타일이 잘 드러나 있다. 건축물의 전체 형태는 고전 로마 원형극장에서 영감을 받아 원형구조로 설계되었다. 이 원형 구조를 통하여 무대와 관객석의 레이아웃은 공연에 최적화되어 설계되었고, 이를 통해 관객들은 더욱 편안하게 무대 관람이 가능했으며, 동시에 양질의 음향 효과를 경험할 수 있었다.
이 공간은 런던의 랜드마크로서 현재도 'BBC Proms'와 같이 매년 개최되는 주요 음악 행사, 그리고 세계적인 아티스트들이 공연하는 장소로 활발히 사용되고 있으며, 영국 예술과 음악의 중심지로 사랑받고 있다.

1071
웨스트민스터 궁전 내부 스테판스 홀, 1840~1876, 영국 런던

1072
웨스트민스터 궁전 내부 기록 사진(1890~1900), 1840~1876, 영국 런던

1073
웨스트민스터 궁전, 1840~1876, 영국 런던

1074
로열 알버트 홀, 1867~1871, 영국 켄싱턴

1075
로열 알버트 홀 내부, 1867~1871, 영국 켄싱턴

1073

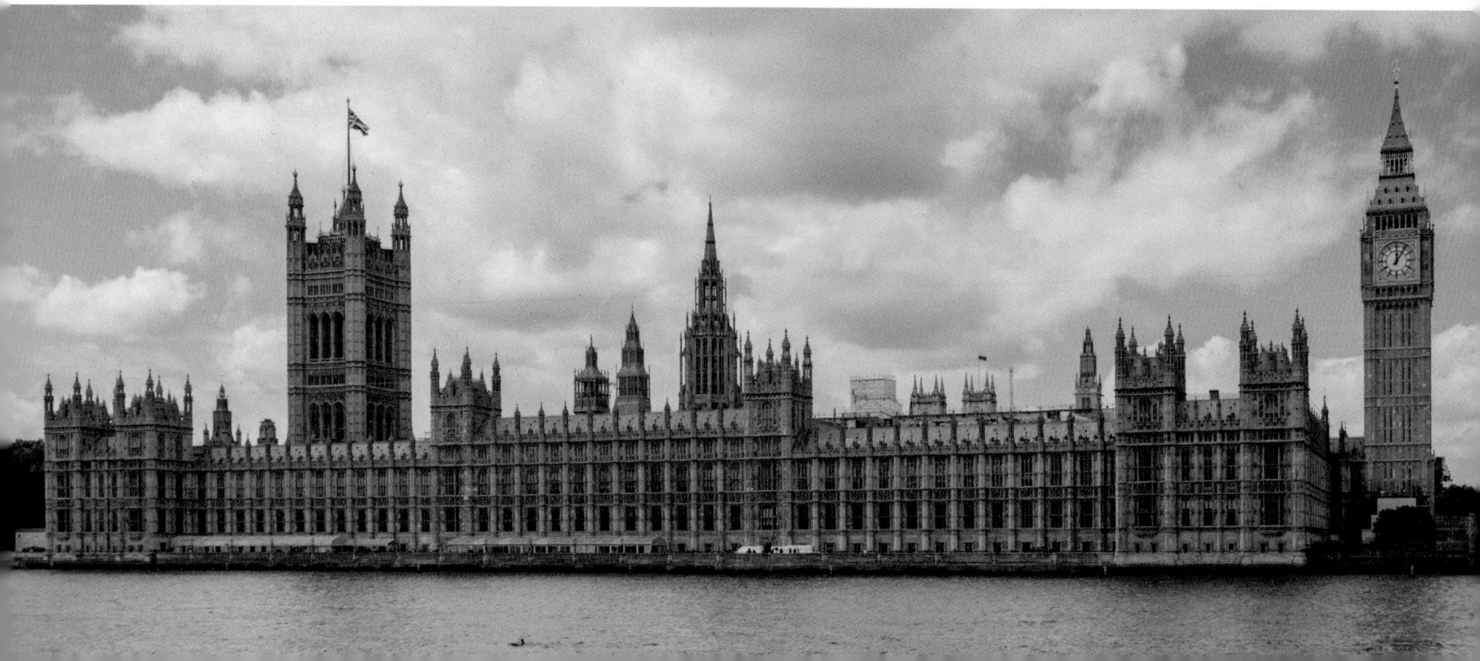

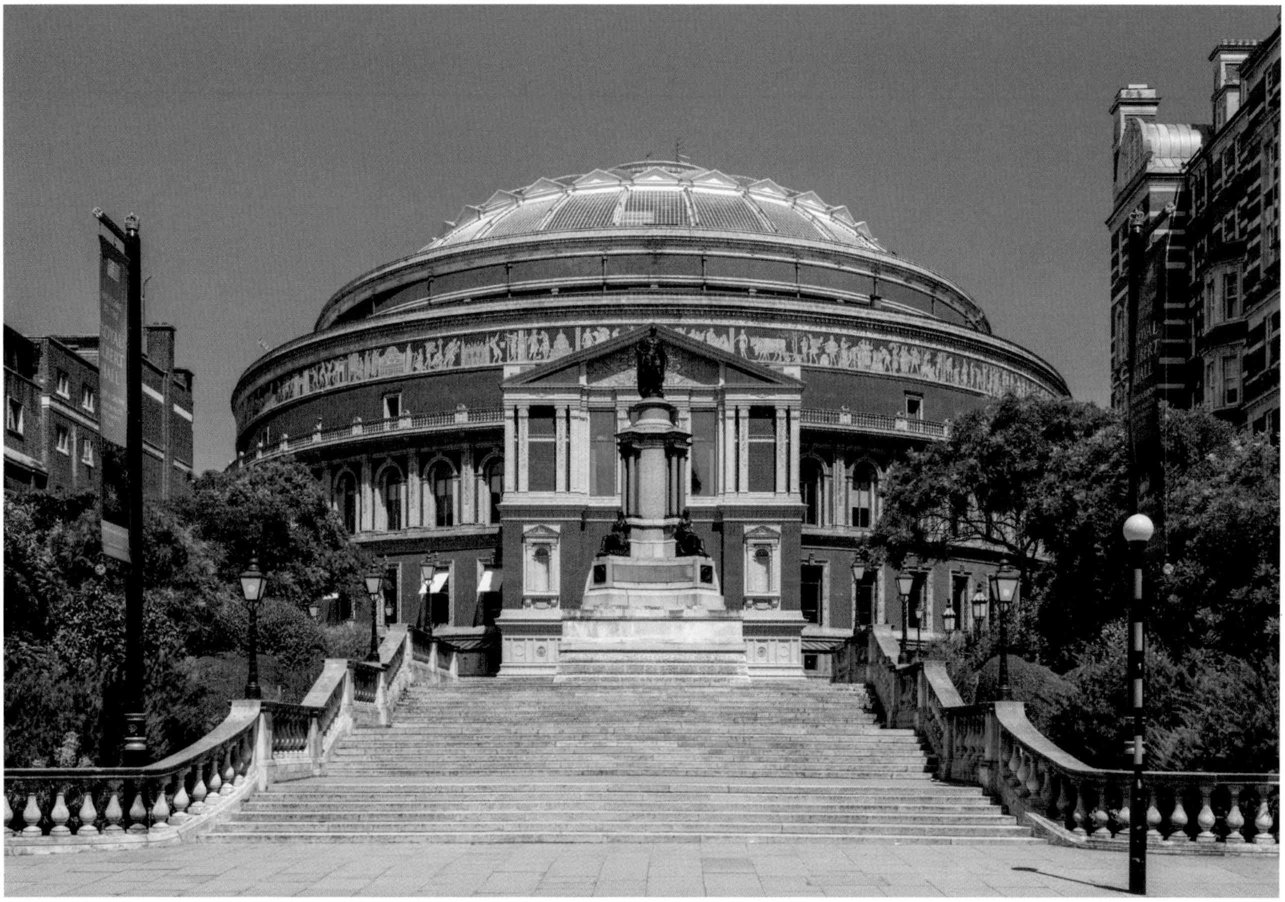
1074

1075
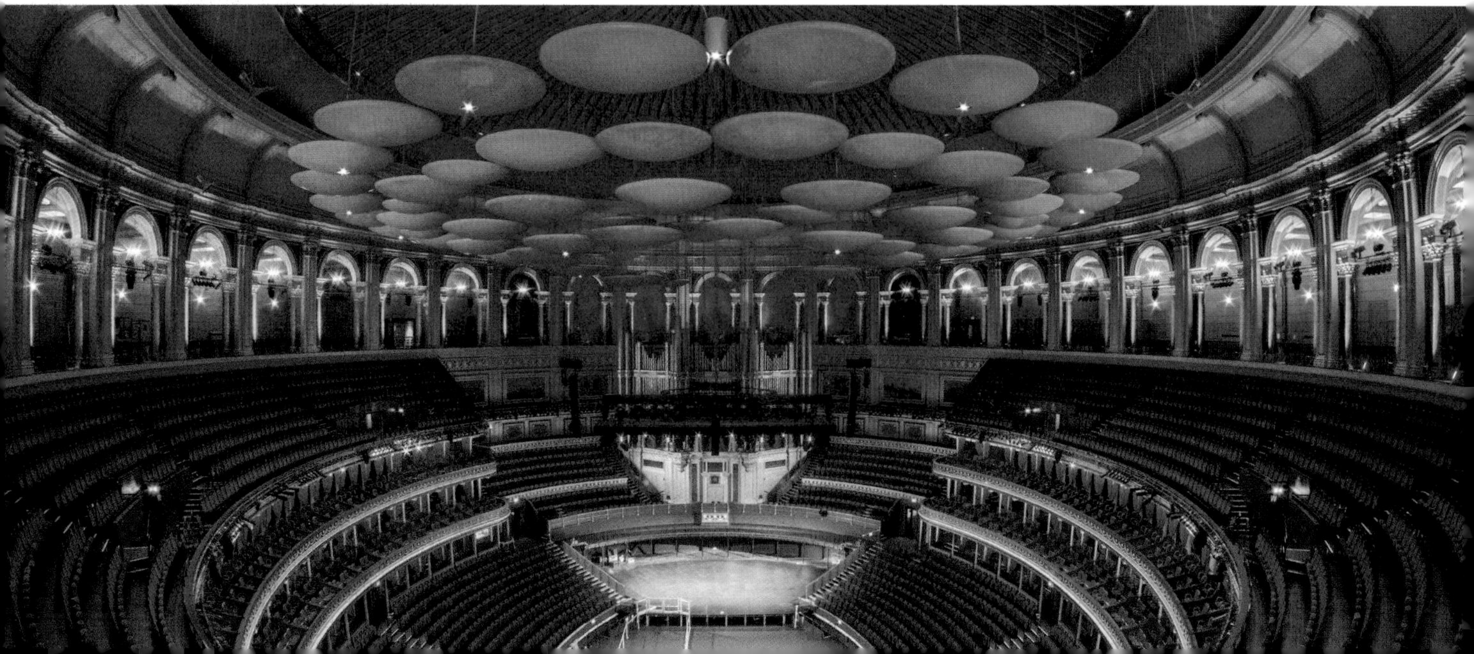

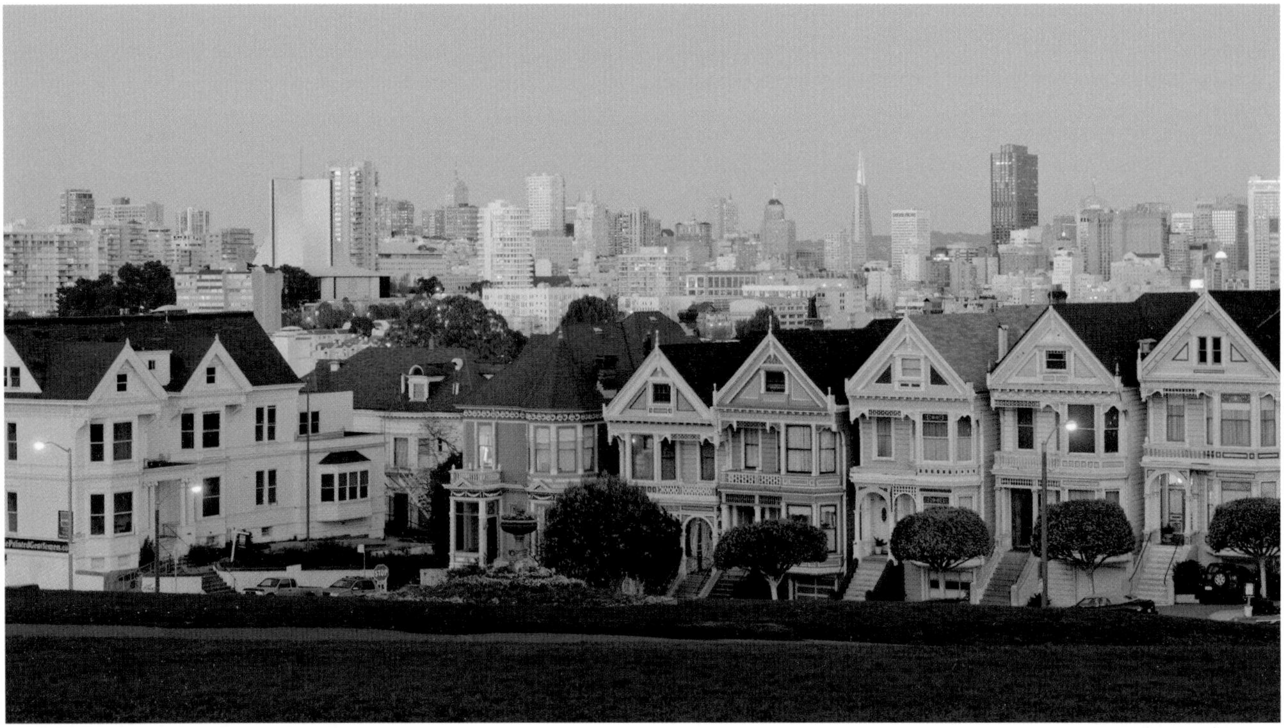

1076

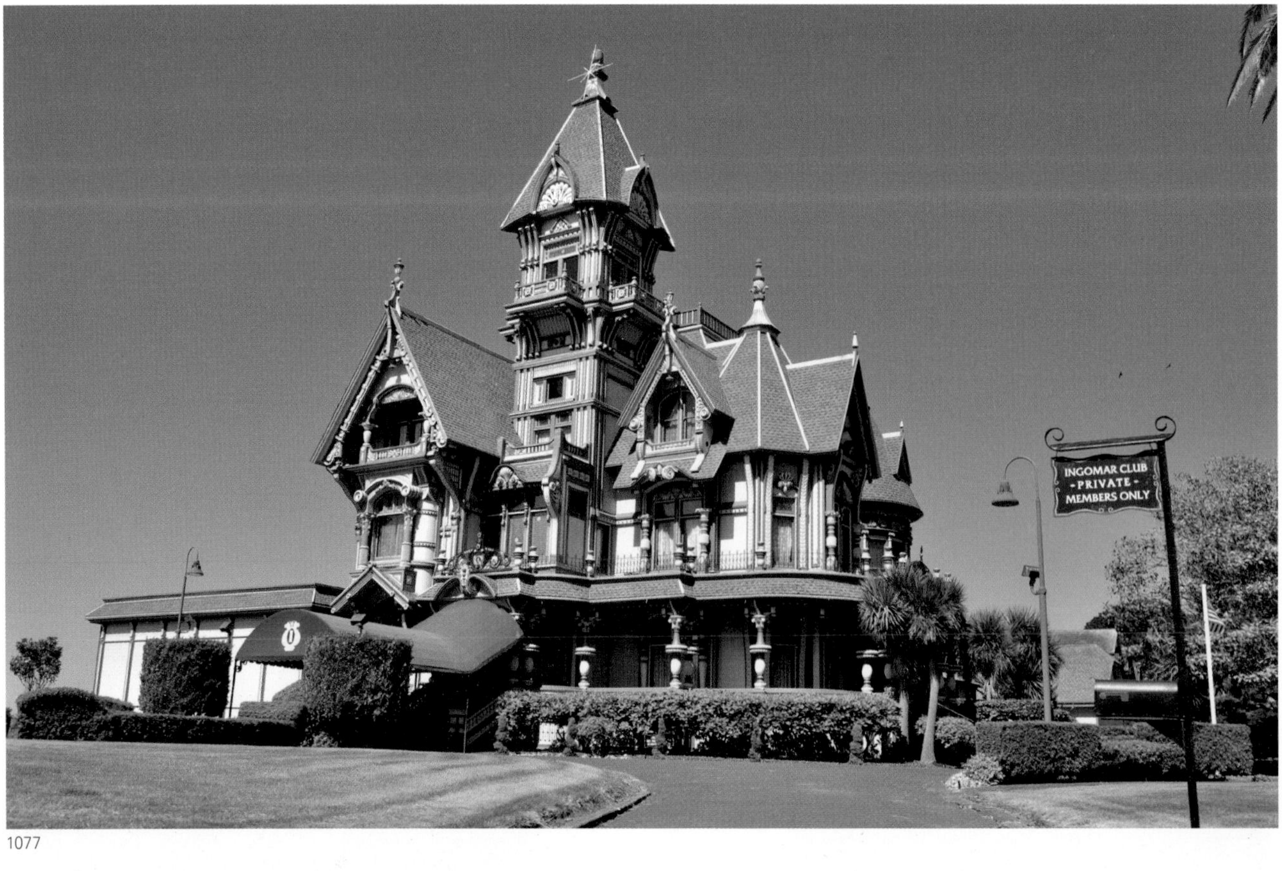

1077

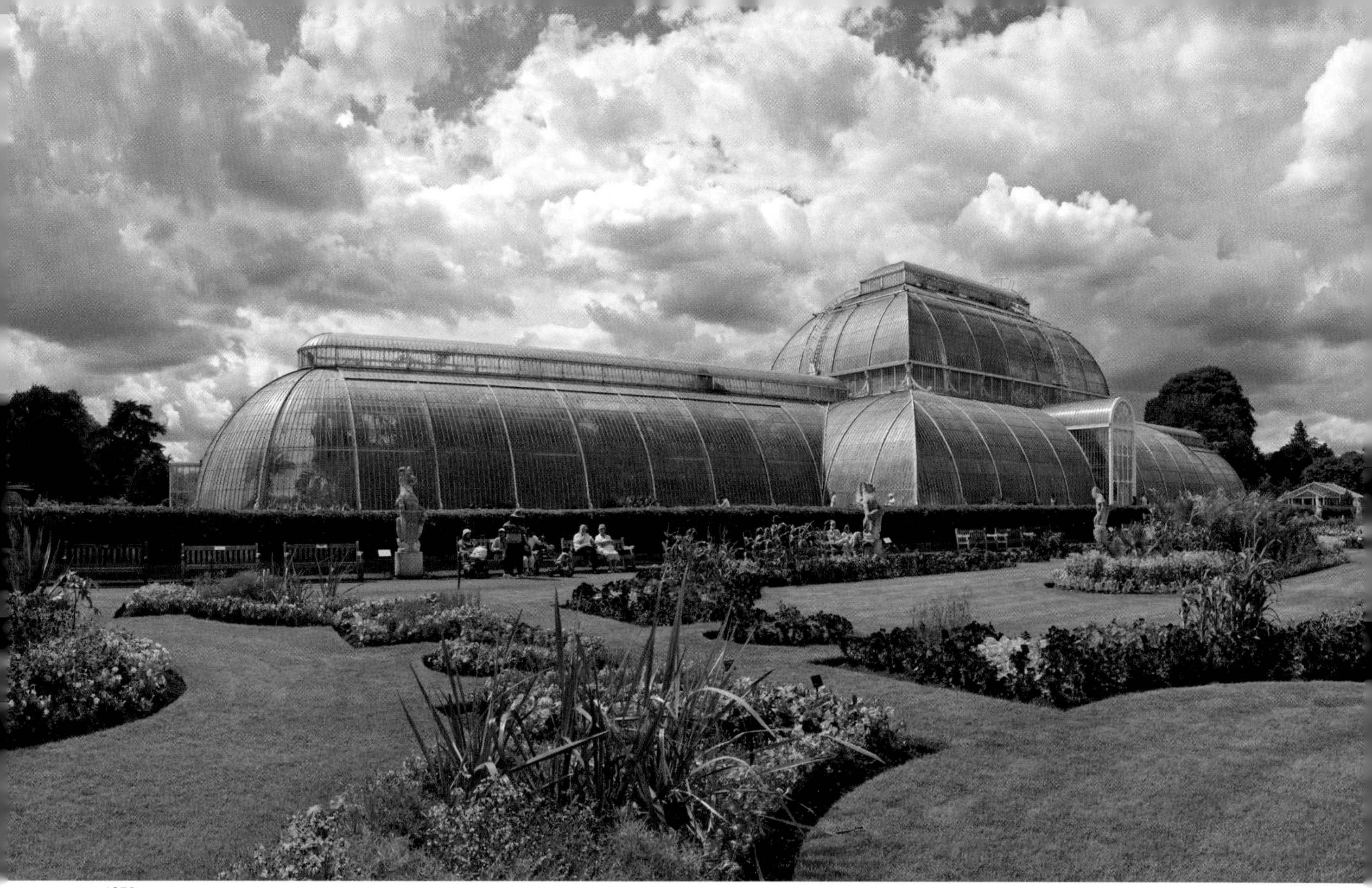

1078

페인티트 레이디즈 Painted Ladies

1849~1915, 미국 샌프란시스코

페인티트 레이디즈는 샌프란시스코의 알라모 스퀘어 공원 근처에 위치한 빅토리아 및 에드워드 양식의 주택이다. 19세기 후반과 20세기 초에 건축되었고, 마치 영화 세트장과 같이 화려하고 완벽한 모습을 하고 있다.

이 건축물의 스타일은 빅토리아 시대와 에드워드 시대의 양식으로 볼 수 있는 장식적인 목재 작업이나 디테일이 아름답고 화려한 파사드 등이 적용되어 있다.

화려하고 다채로운 채색으로 '페인티드 레이디즈'라는 명칭이 붙은 것과 같이, 페인티드 레이디즈의 독특한 색채 적용은 건물의 구조적 특징들을 더욱 돋보이게 만든다. 또한 이는 건물들에 각각의 개성을 부여하여 다른 주택들과의 차별점을 가지게 된다.

페인티드 레이디즈는 샌프란시스코의 역사와 건축의 발전의 산물로, 특히 1906년 발생한 샌프란시스코의 대지진과 화재 이후 도시 재건 시 중요한 역할을 했다.

이와 같이 페인티드 레이디즈는 샌프란시스코 건축의 상징적이며 이상적인 이미지로 자리 잡았고, 현재도 많은 사람들이 좋아하는 건축물로 TV 프로그램, 사진작품, 영화 등에 등장하고 있다.

1076
페인티트 레이디즈, 1849~1915, 미국 샌프란시스코

1077
카슨 맨션, 1884~1886, 미국 캘리포니아

1078
팜 하우스, 큐 가든, 1840, 영국 런던

카슨 맨션 Carson Mansion

1884~1886, 미국 캘리포니아

카슨 맨션은 캘리포니아주 유레카에 위치한 역사적인 주택으로 빅토리아 시대의 건축 양식을 대표하는 작품으로 손꼽힌다. 1884년에서 1886년 사이 목재 산업의 거물이었던 윌리엄 카슨을 위해 건축되었으며, 유레카 지역의 역사와 목재 산업의 중요성을 상징, 윌리엄 카슨의 지역 목재 산업에 대한 기여를 기념한다.

이 맨션은 퀸 앤 양식(화려한 장식, 비대칭, 스테인드글라스 등을 사용하는 빅토리아 양식의 하나)을 포함한 다양한 빅토리아 시대의 건축 스타일이 융합되어 있다. 특히 복잡한 지붕 구조, 화려한 장식, 타워와 창 등이 이 건물의 주요 특징이다.

맨션은 또한 화려한 장식과 섬세한 목공예로 유명하며, 내부에는 스테인드글라스, 정교한 목재 장식, 수작업으로 만들어진 장식품들로 가득 채워져 있다.

카슨 맨션은 사유 재산으로 현재 유레카의 한 사교 클럽의 본부로 바뀌었으며, 공간 중 대부분은 일반인들에게는 공개되지 않고 있다.

팜 하우스, 큐 가든 Palm House, Kew Gardens

1844~1848, 영국 런던

팜 하우스는 영국 런던의 키우 가든에 위치한 온실이다. 1844년에 착공하여 1848년에 완공되었다. 당시 열대식물들의 서식지로 기획 및 디자인되었으며, 현재도 다양한 열대식물 컬렉션을 보유하고 있다.

온실의 경우 빅토리아 시대의 건축 기술의 우수성을 보여주며, 특히 철골 구조와 넓은 유리를 유연하게 적용한 점이 주목할 만한 부분이다. 이러한 시도는 당시로써는 매우 혁신적이라 평가받았으며, 기존에 자주 사용되지 않던 특수한 재료와 구조의 방식 덕분에 구조물은 더욱 주목받게 되었다. 특히 곡선으로 디자인된 지붕의 경우 빛을 실내에 최대한 유입시켜 식물들에 충분한 태양광을 제공하며 다양한 열대 식물들을 재배하기에 적절한 내부 환경이 제공된다.

팜 하우스는 철과 유리와 같은 당시에 혁신적이라 할 수 있는 재료의 사용, 우아한 곡선형 지붕, 열대식물들을 기르기에 적합한 생육환경 제공 등의 특징으로, 빅토리아 시대의 과학과 기술의 발전을 상징하는 동시에 식물학 연구에 중요한 역할을 하는 공간이 되어 현재도 활발히 운영되고 있다.

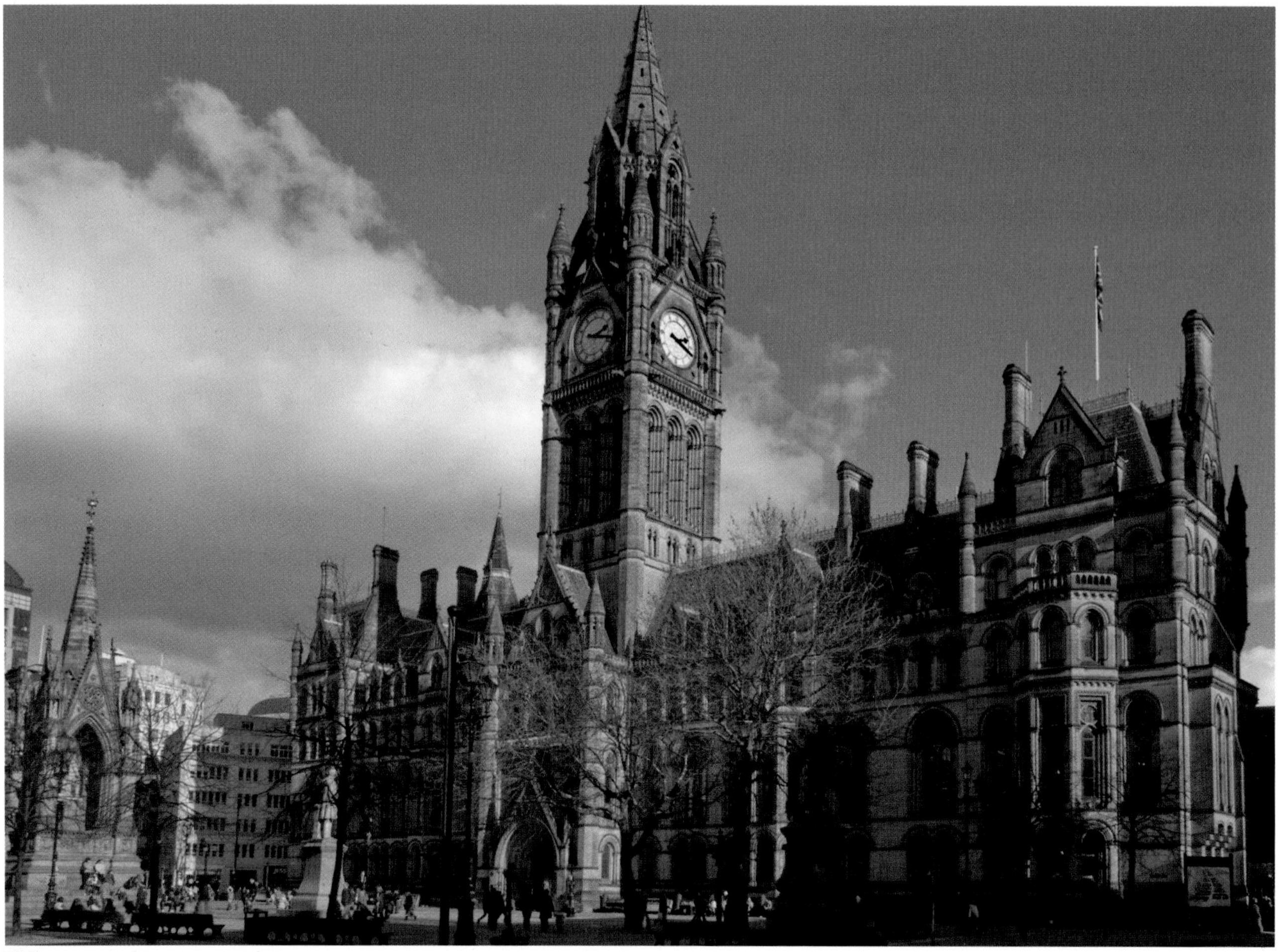

1079

맨체스터 타운 홀

Manchester Town Hall
1868~1877, 영국 맨체스터

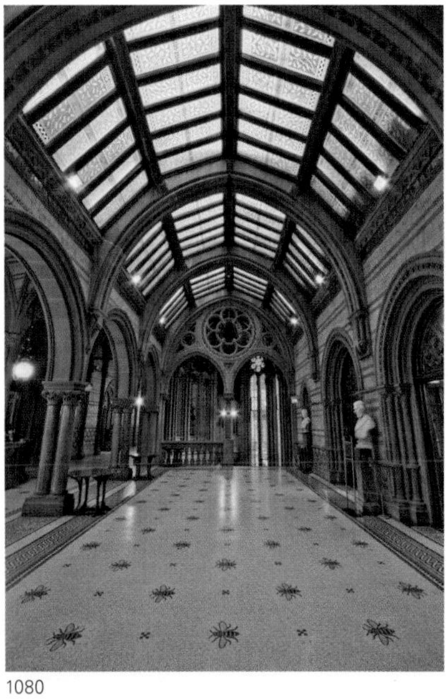

1080

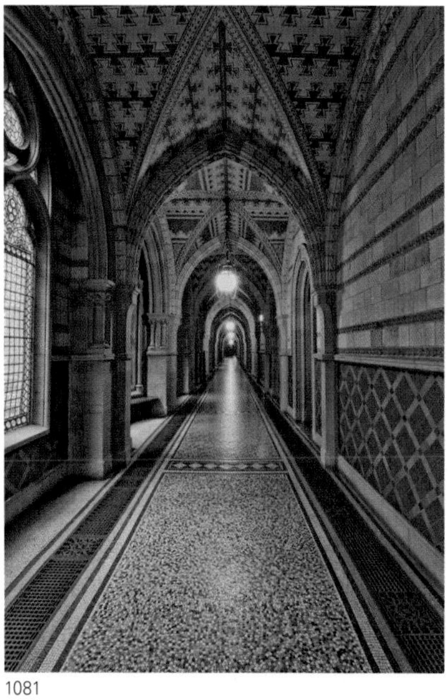

1081

맨체스터 시청(Manchester Town Hall)은 시청사 건물로 1868년에 착공하여 1877년에 완공되었으며, 건축가 알프레드 워터하우스(Alfred Waterhouse)가 설계했다. 섬세한 석조 장식들과 높은 아치, 다채로운 색의 스테인드글라스 창문 등의 특징을 가지며 고딕 리바이벌 양식의 대표적인 건축물로 인정받고 있다.
건물 내부의 대형 홀과 계단실의 경우 다양한 예술 작품으로 장식되어 있으며, 화려한 디테일들이 적용된 모습과 더불어 실용성에 대한 배려도 함께 고려되어 있는 점이 인상적이다. 이 공간은 현재까지도 행정의 중심지로, 그리고 공공 행사와 시민 활동의 장소로 활발히 쓰이고 있다. 또한 맨체스터 시청의 가장 중요한 요소이자 도시의 랜드마크로 볼 수 있는 시계탑은 85미터라는 거대한 스케일을 자랑하는 동시에 우렁찬 종소리로 시민들에게 도시의 시간을 알려주며 현재까지도 많은 사랑을 받고 있다.

1079
맨체스터 타운 홀, 1868~1877, 영국 맨체스터

1080
맨체스터 타운 홀 로비, 1868~1877, 영국 맨체스터

1081
맨체스터 타운 홀 복도, 1868~1877, 영국 맨체스터

빅토리아 앤 알버트 뮤지엄

Victoria and Albert Museum
1852, 영국 런던

빅토리아 앤 앨버트 뮤지엄은 세계적인 미술 및 디자인 박물관으로 런던의 중심부에 위치해 있다. 1852년에 개관되어 현재까지 꾸준한 개보수와 공간 확장을 진행했고, 현재 예술 및 디자인 작품 전시와 주요 문화 행사가 열리는 장소로 사용되고 있다.
초기 설계는 빅토리아 시대의 건축 양식을 따랐으며 이탈리아 르네상스 양식과 고딕 양식의 영향도 함께 보인다. 건물 외부에는 대리석으로 섬세히 조각된 입구와 기둥이 특징적이다. 또한 고딕 양식의 특징인 뾰족한 아치와 다채로운 색과 패턴의 스테인드글라스 창이 적용되어 있으며, 내부에는 화려하게 장식된 계단과 홀이 위치한다. 특히 박물관의 중심에 있는 금속 돔은 랜드마크로 꼽히며, 화려한 스테인드글라스 창문을 통해 들어오는 오색찬란한 빛은 방문자들에게 미적인 감동을 선사한다.

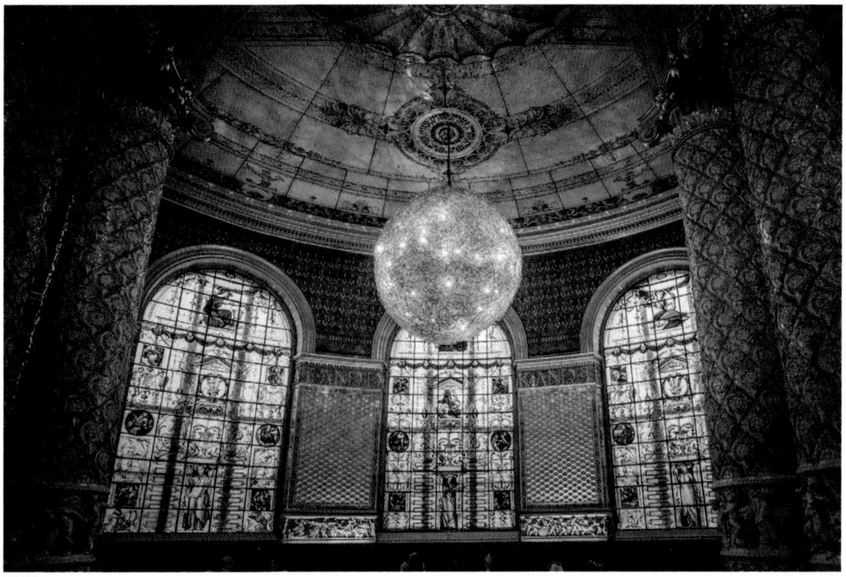

1082

1082, 1083
빅토리아 앤 알버트 뮤지엄, 1852, 영국 런던

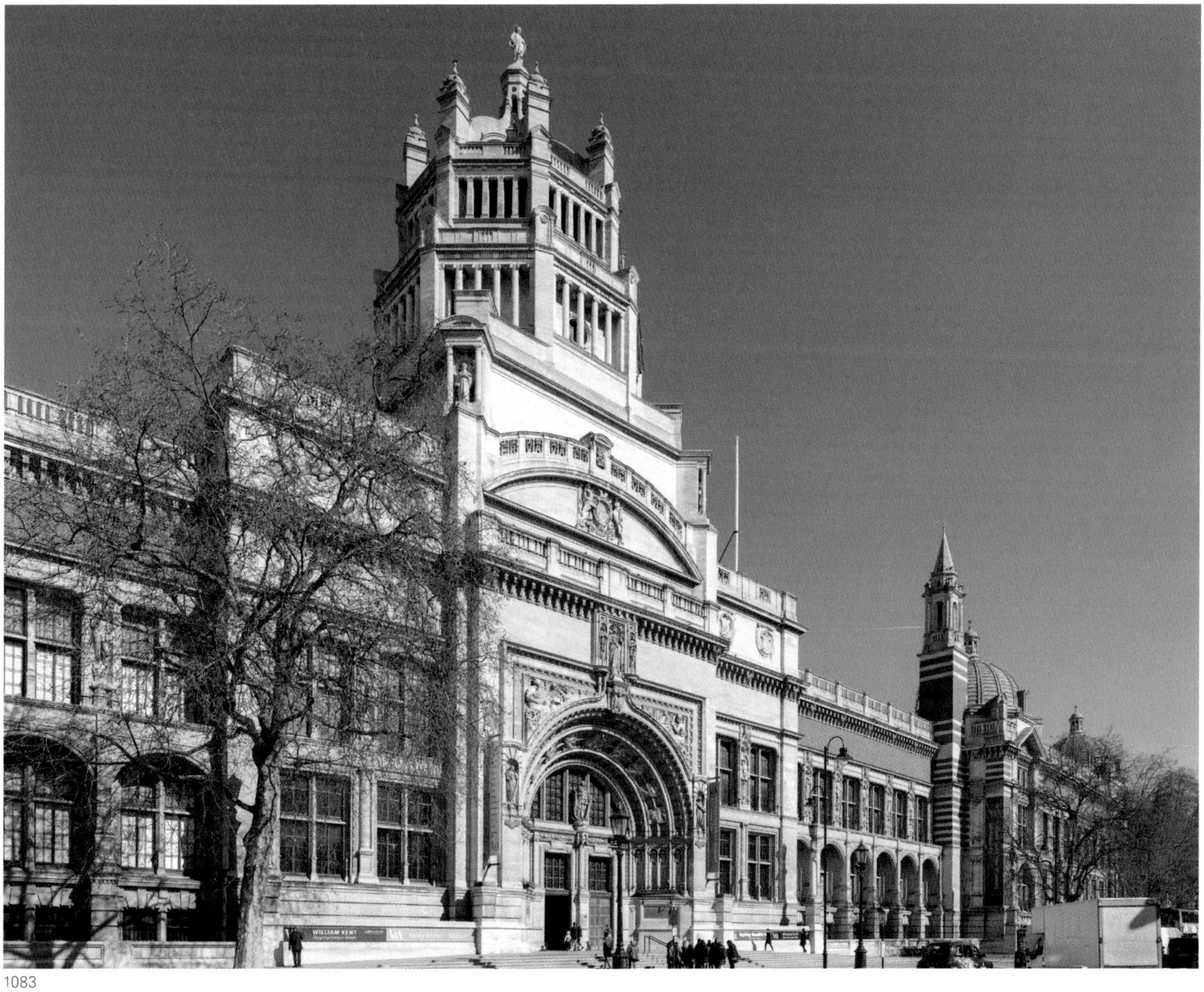

1083

17~18세기의 고전 디자인
Classic Design of the 17th-18th Century

가구
Furniture

도자기
Ceramics

금속공예
Metal Craft

그래픽
Graphic Design

1084
앙드레 샤를 불레 André-Charles Boulle, 시계, 1710경

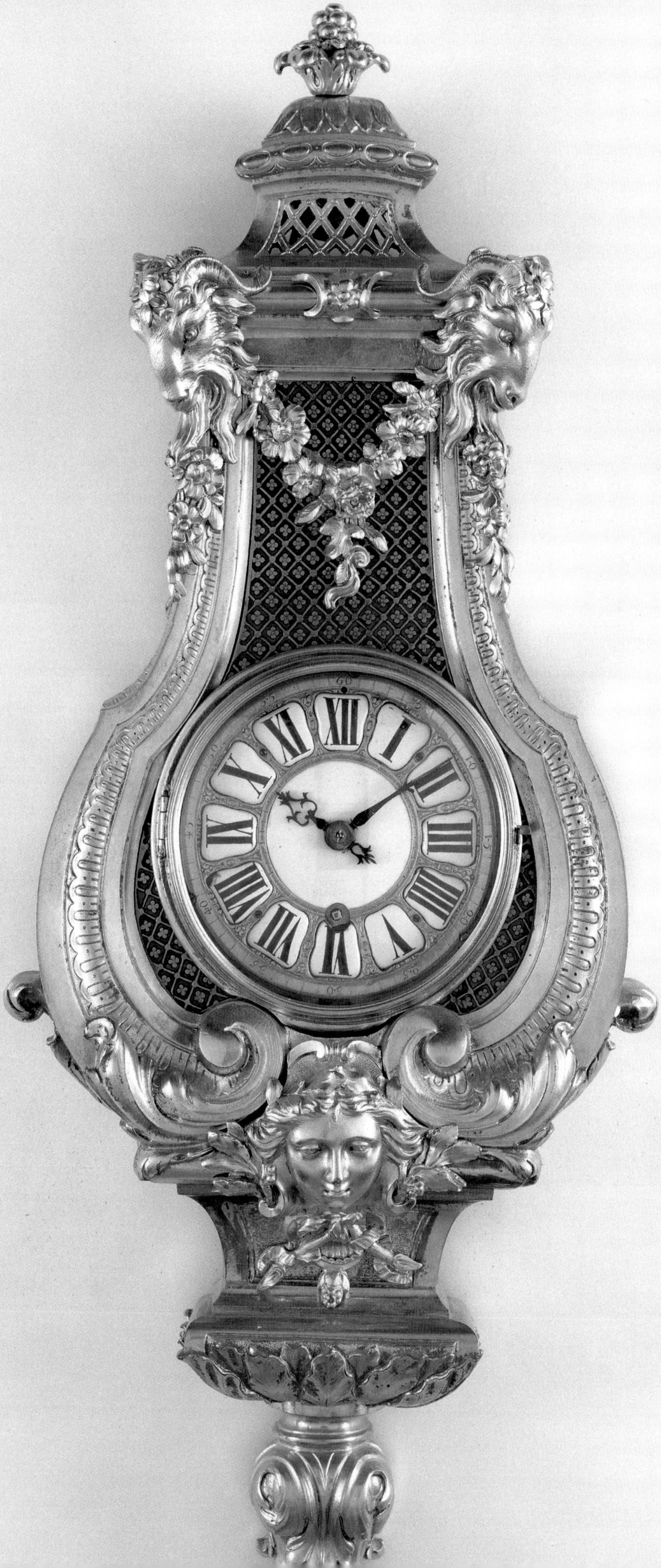

17~18세기의 이해
Understanding the 17th~18th Century

17세기
개신교와 가톨릭의 대립

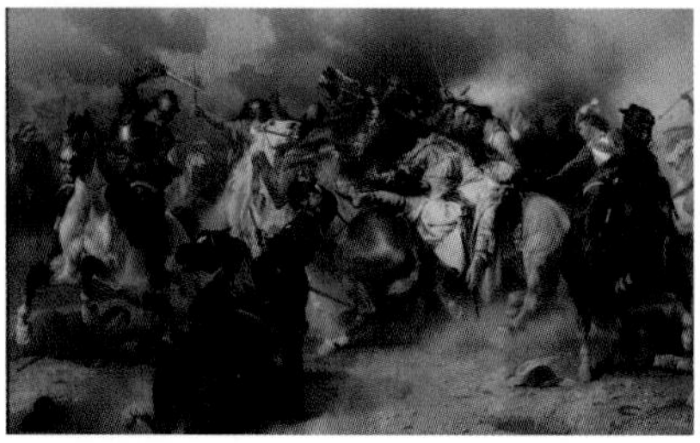

1085 칼 월봄Carl Wahlbom, 뤼첸 전투에서 스웨덴의 구스타프 2세 아돌프의 사망, 1855

30년 전쟁, 1618~1648

30년 전쟁에서 발생된 종교적인 갈등의 경우 16세기 종교개혁의 여파로부터 일어난다. 마틴 루터의 종교개혁으로부터 시작된 개신교와 가톨릭 사이의 강도 높은 긴장감은 유럽 전역에 영향을 미쳤고, 특히 신성 로마 제국 내에서의 긴장은 매우 높았다. 당시 황제는 가톨릭을 지지했지만, 독일 제후들과 시민들은 이에 반대하며 루터교와 개혁파 교회를 따랐다.

이러한 갈등을 터트리며 전쟁 시작의 기폭제가 되는 큰 사건이 발생한다. 그것은 바로 1618년 보헤미아에서 개신교도들이 가톨릭 관리들을 창문 밖으로 던져버린 사건이다. 게다가 유럽 각국의 영토적 다툼과 정치적 야망이 더해져 전쟁은 시작되었다.

유럽 주요 강대국들인 프랑스, 스페인, 스웨덴, 네덜란드, 덴마크, 오스트리아 등의 참여로 전쟁은 유럽 전역으로 빠르게 확산되었다. 이 기나긴 전쟁은 1648년 베스트팔렌 조약으로부터 끝이 난다. 당시 이 조약은 주권 국가의 개념 확립과 국제 관계의 새로운 질서를 세우는 데 중요한 역할을 했으며, 종교적 관용을 증진시켰고, 유럽의 여러 국가간의 영토적 경계를 새롭게 설정했다.

17세기
군주와 시민의 대립

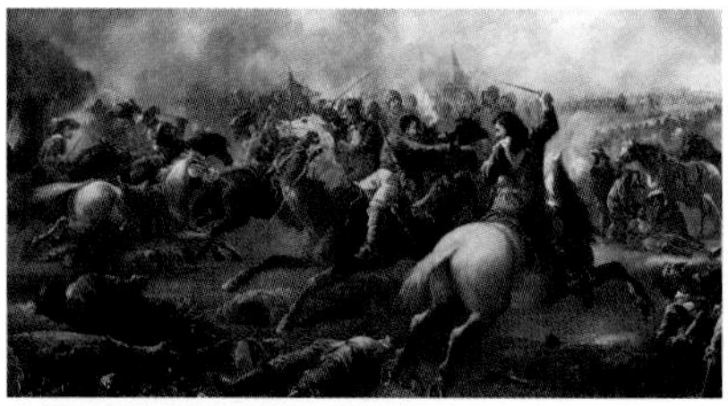

1086 마스턴 무어전투(영국 내전 중), 1644

영국 내전, 1642~1651

왕정에서 의회정치로의 변화를 시작한 역사적 사건이다. 영국 내전이 발생된 가장 직접적인 원인은 군주 찰스 1세와 의회 간의 정치적 권력 투쟁으로부터 시작되었다. 당시 찰스 1세는 절대군주제를 추구했으나, 의회는 본인들의 권리와 권한을 지키려 했다.

종교적 요인 역시 중요했다. 찰스 1세와 그의 왕비는 가톨릭에 우호적인 입장이었으나, 대다수의 국민들과 의회파는 개신교도였다. 따라서 왕의 종교 정책에 대한 불만이 종교적 갈등으로 이어졌고, 이는 정치적 갈등과 결합되었다.

종교적 갈등, 정치적 갈등과 더불어 경제적 갈등 또한 영국 내전의 주요 원인이었다. 당시 군주의 재정적 어려움이 컸으며, 의회에서는 세금 승인 거부를 진행, 양측 간의 긴장은 증폭되었다. 게다가 도시의 상인들 계층이 상업적으로 급속히 성공함에 따라 전통적인 귀족들과 상인의 경제적 이해관계의 충돌도 갈등의 원인이 되었다. 이러한 갈등들은 1642년 영국 내전으로 이어졌고, 추후 찰스 1세를 처형한 후 잠시나마 공화국이 성립되었다.

17세기
신이 아닌 인간의 관점에서

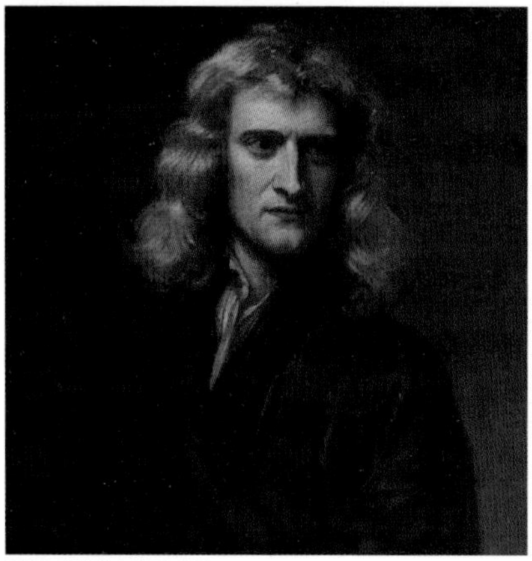

1087 아이작 뉴턴의 초상

과학혁명

17세기는 '과학혁명'으로 불리는 시기다. 기존의 권위와 지식에 도전하며 새로운 과학적 방법론과 이론들이 등장했다.

이때에 가장 대표적인 발전으로는 갈릴레오 갈릴레이와 코페르니쿠스, 요하네스 케플러에 의해 제시된 태양 중심설을 꼽을 수 있다. 또 다른 대표적인 발전으로는 고전 물리학의 기초를 세웠다고 해도 과언이 아닌 아이작 뉴턴이 발견한 만유인력의 법칙 및 운동의 법칙이다. 그리고 이 법칙들은 자연의 세계를 이해하는 새로운 방식을 제공했다.

당시 과학 연구의 핵심 요소로는, 과학적 방법론으로의 실험과 수학적 접근이 자리 잡았다. 그 외에 화학, 천문학, 생물학, 물리학 등 여러 과학 분야에 발전이 두드러졌으며, 인쇄술의 발전과 과학 저널 및 학회의 설립도 활발해지며 과학적 지식이 널리 보급되었다.

17세기
인간의 감성, 종교와 왕권, 자연과 사실의 조화

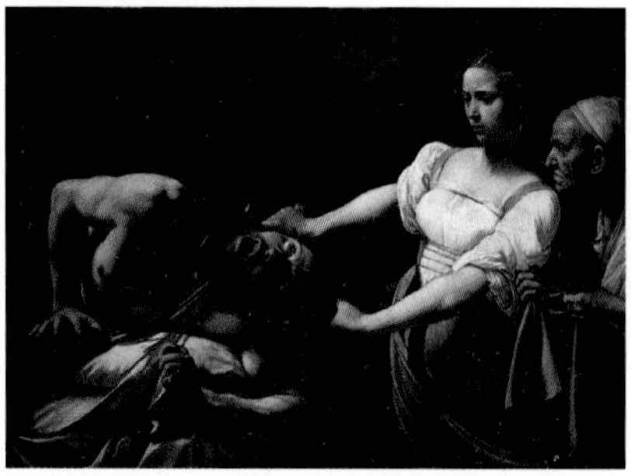

1088 카라바조Caravaggio
홀로페르네스의 목을 자르는 유디트, 1599~1602

17세기의 회화

17세기 회화는 그 이전의 르네상스가 조화와 균형 등의 미적 질서를 중시한 데 반하여, 강한 감정의 표현, 드라마틱한 구성, 역동성을 중시했다.

대표적인 화가들로는 카라바조, 렘브란트, 벨라스케스, 루벤스 등이 있다. 대다수의 작품들이 종교적 또는 신화적 이야기를 중심으로 하며, 이러한 주제는 주로 교회, 궁정, 부유한 상인들의 주문으로 제작되었다. 또한, 과학혁명의 영향으로 공간과 해부학적 정확성, 광학적 원리 등이 예술에 반영되기 시작했다.

17세기
제국주의의 서막

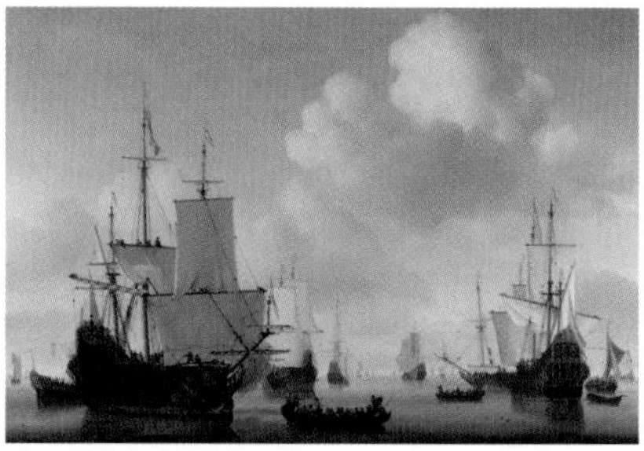

1089 빌렘 반 데 벨데 (쥬니어)Willem van de Velde the Younger, 잔잔한 바다의 네델란드 선박, 1665경, 암스테르담 국립박물관

17세기 제국주의의 경우 유럽 열강들은 각국의 경제적 이익을 추구하는 것에 집중했으며, 해외 영토를 적극적으로 확장해 나간 시기이기도 하다. 당시 프랑스는 북아메리카와 카리브해 지역에서 식민지 활동을 강화했다. 포르투갈은 브라질로부터 설탕을 비롯한 다양한 자원들을 유럽으로 수출하는 경제적 기반을 구축했고, 네덜란드는 동인도회사를 통해 아시아 지역의 무역을 독점했다. 같은 시기 스페인은 중남미 지역에서 광범위한 식민지를 유지했고, 영국은 북아메리카에서 주요 식민지를 구축했다.

17세기
왕권의 강화

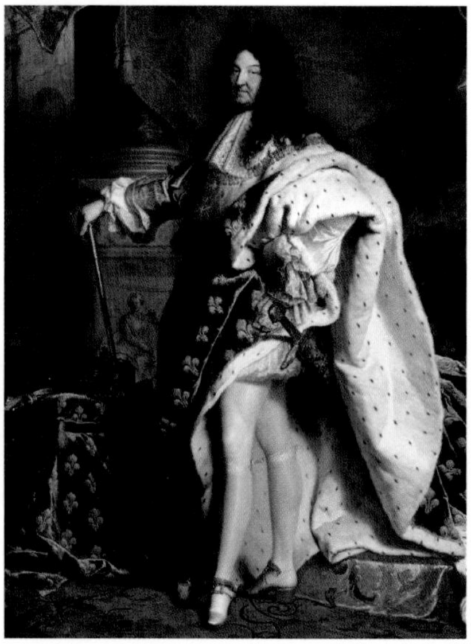

1090 루이 14세 초상

루이 14세

루이 14세의 경우 프랑스 역사 중 가장 강력한 절대왕정을 확립한 인물이다. 그는 왕권과 중앙 집권화를 동시에 강화하며 귀족의 권력을 약화시켰다. 당시 이루어지는 정부의 모든 결정에 직접 관여하였으며, 본인에게 충성스러운 관료들로 정부를 구성했다. 또한 당시 건설된 역사적인 베르사유 궁전의 건설은 귀족들을 통제하고 감시하는 수단이었다. 장 바티스트 콜베르의 도움으로 국가의 경제적 상황을 통제했고, 제조업과 해외 무역을 증진시켰다. 프랑스의 군사력을 강화시키면서 여러 전쟁을 치르며 영토를 확장했으며, 종교의 통일을 추구했고 개신교도들에 대한 박해를 강화했다.

18세기
이성을 사용할 용기!

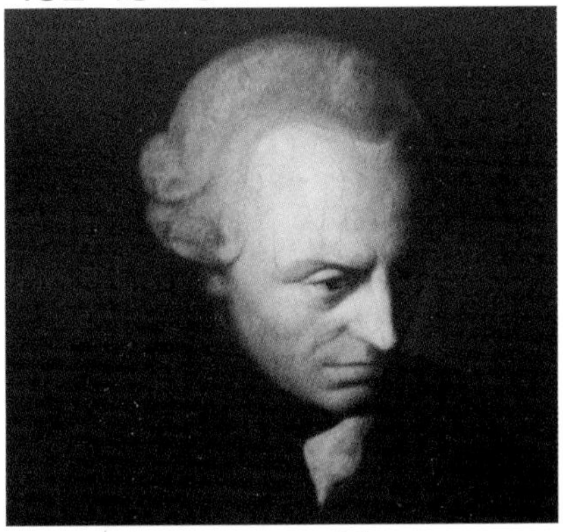

1091 이마누엘 칸트Immanuel Kant 초상

계몽주의의 출현

18세기 유럽을 지배한 이성과 합리성에 대한 깊은 믿음으로부터 탄생한 계몽주의는 전통적인 권위, 종교적 교리, 그리고 미신에 대한 의문을 제기하며, 그에 대응한 이성적 사고와 비판적 분석을 강조했다. 계몽주의 사상가들은 인간의 지적 능력, 그리고 학습을 통해 인류는 무지에서 벗어날 수 있으며, 이를 통해 이전보다 나은 사회 구축이 가능하다 믿었다. 이들은 개인의 권리와 자유를 중요시했으며, 특히 사상의 자유, 표현의 자유에 대해 강조했다. 또한, 정치 및 사회에 대한 개혁을 주장하며, 불합리하고 불평등한 사회 구조에 대한 변화를 촉구했다. 과학과 교육에 대한 강조는 이 시대의 또 다른 중요한 특징으로, 계몽주의자들은 과학적 발견과 지식의 확산이 인류의 발전과 진보를 이끌 것이라고 믿었다. 계몽주의의 핵심 주장은 후대의 민주주의, 법치주의, 과학적 방법론의 발전에 근간이 되었다.

당시 주요한 인물로는 장 자크 루소Jean-Jacques Rousseau, 볼테르Voltaire, 몽테스키외Montesquieu, 이마누엘 칸트 Immanuel Kant, 데이비드 흄David Hume 등을 들 수 있다.

18세기
산업혁명

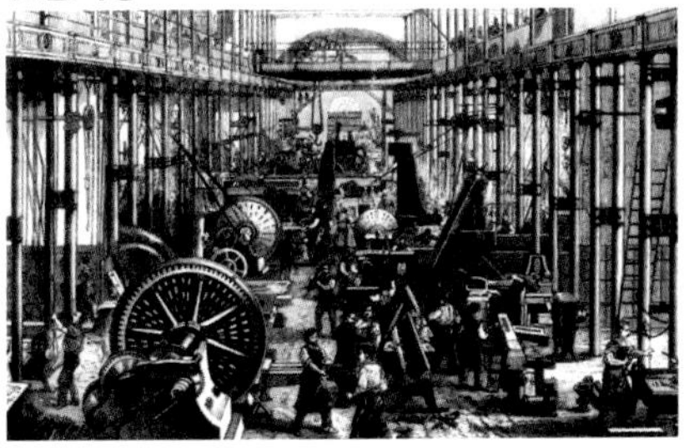

1092 독일 켐니츠의 공장 모습, 1868

산업혁명은 18세기 말 영국에서 시작되어 전 세계로 퍼져 나간 근대 산업 사회의 탄생을 의미하는 중대한 변혁이다. 산업혁명은 수공업에서 기계화된 대량 생산으로 생산 방식을 변화시켰으며, 이를 가능하게 한 것은 증기기관의 발명과 화석 연료의 사용이었다. 이로 인해 생산성이 크게 증가하고, 교통 및 통신의 혁신이 일어나면서 국내외 무역이 활성화되었다.

산업혁명으로 인하여 경제적 성장 및 사회적 구조는 크게 바뀌게 되었다. 산업 노동자 계급이 출현했으며, 대규모의 공장 생산으로 인하여 도시화가 촉진되었다. 혁신적인 기술이 지속하여 출현함에 따라 새로운 산업이 생겨났으며, 당시 이러한 현상으로 인하여 경제가 활성화되었고 자본주의 경제 체제가 확산되는 동시에 사회의 전통적 질서 또한 변화시켰다.

이와 같이 산업혁명의 긍정적 효과에도 불구하고, 열악한 노동 조건이나 환경오염과 같은 부정적인 영향도 생겼다. 그러나 한편으로 노동자 권리나 환경 보호에 대한 인식을 촉발시키는 계기가 되기도 했다. 문화와 일상생활에서도 산업화는 대중, 소비문화, 여가 활동 및 조기교육 등 다양한 면들에 새로운 변화를 만들었다.

이처럼 산업혁명은 단순한 기술적 발전을 넘어선 경제, 사회, 문화 전반에 걸쳐 근대 세계가 구축되는 데에 결정적인 역할을 한 인류 역사의 가장 중요하고 의미있는 역사적 사건 중 하나이다.

18세기
초강대 민주, 자유국가의 시작

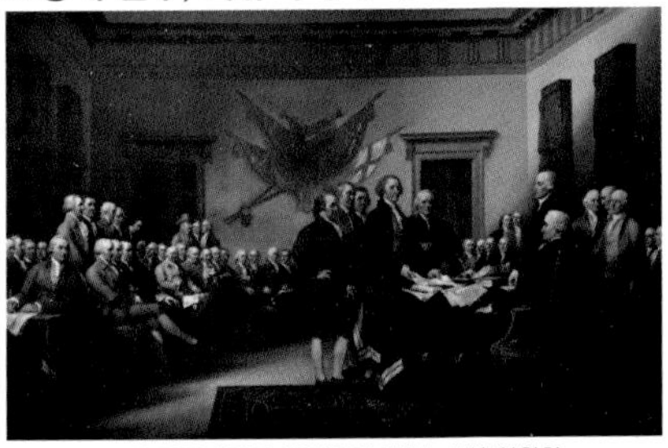

1093 1776년 독립선언문 초안을 제시하는 5인 위원회

미국의 독립

18세기 미국의 독립은 영국으로부터의 경제적, 정치적 자유를 추구하여 이루어졌다. 영국의 높은 세금과 무역제한 정책은 식민지 주민들의 불만을 증폭시켰다. 또한, 식민지 주민들은 영국 의회에 대표권이 없는 상태에서 세금을 부과 받았고, 이는 "대표 없는 과세는 없다"라는 구호로 이어졌다. 계몽주의와 자유주의 이념의 확산은 독립에 대한 열망을 더욱 강화시켰고, 렉싱턴과 콩코드 전투와 같은 군사적 충돌은 독립전쟁으로 발전했다.

미국 독립은 크게 민주주의와 공화주의가 가지는 원칙에 대한 추구에 의의가 있다. 인간의 기본적 권리와 자유에 대하여 선언한 〈독립선언문〉은 다른 식민지 국가들의 독립 운동에도 큰 영향을 주었다. 또한, 미국 헌법의 채택은 민주적 원칙, 권력 분립, 법의 지배에 대하여 포함하고 있어 세계 헌법사에서 중요한 대표적 모델이 되었다.

18세기
로코코 vs 신고전주의

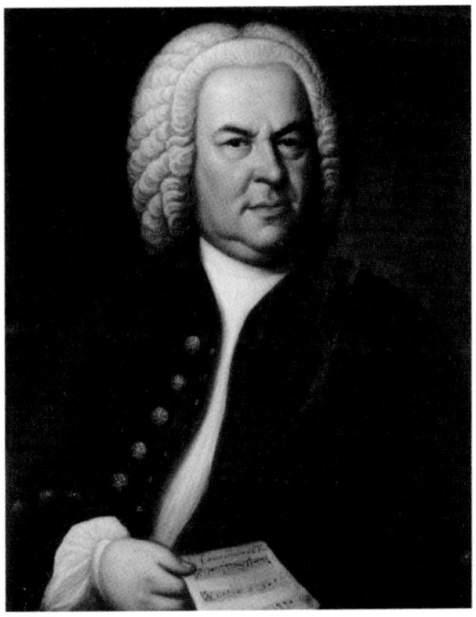

1094 엘리아스 고틀롭 오스만Elias Gottlob Haussmann
수수께끼 캐논을 들고 있는 바흐, 1746

귀족의 낭만에서 인간의 이성, 합리의 시대로

18세기는 로코코와 네오클래식 주의가 교차하는 독특한 맥락을 가진 시대로, 초기 로코코 양식은 우아함, 가벼움, 섬세함이 특징으로, 주로 유희, 사랑, 자연과 같은 주제가 다루어졌다. 이에 반해 18세기 후반에 부상한 신고전주의의 경우 고대 그리스 및 로마 예술에 대한 재조명을 통해 균형 및 조화, 그리고 단순함을 강조했다. 계몽주의의 영향은 문화와 예술 전반에도 나타났으며, 합리주의, 과학적 사고, 인간 중심주의를 중요시했다. 정치적, 사회적 메시지를 전달하는 수단으로 예술 및 문학이 사용되었으며, 문학에서는 소설, 철학적 에세이, 비평 등이 발전했고, 이때에 작가들은 개인의 감정이나 사회적 비판, 정치적 이념을 작품으로 표현했다.

음악에서는 클래식 음악이 발전하며 바흐, 모차르트, 하이든과 같은 작곡가들이 활동한 시기이다. 이 시기의 음악은 조화롭고 정제된 형태를 추구했다. 또한, 오페라, 발레, 연극과 같은 공연 예술이 대중적인 엔터테인먼트로서 발전하며, 당시 사회의 다양한 계층을 아우르는 문화 형태로 자리 잡았다.

18세기
제국주의의 진화

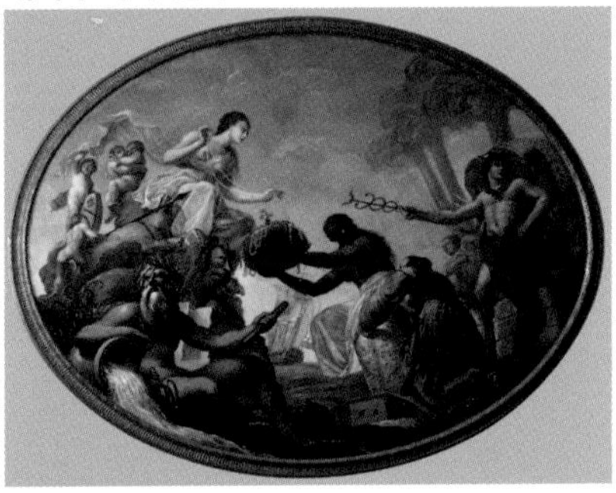

1095 로마 스피리돈Roma Spiridone
브리타니아에 부를 제공하는 동양, 1778

진화하는 제국주의

17세기 제국주의는 초기의 해외 탐험과 식민지 설립에 중점을 두었으며, 주로 아메리카 대륙과 일부 아시아 지역에서 활동하였다. 반면, 18세기 제국주의는 기존보다 광범위한 식민지 확장을 체계적으로 한 것이 특징이다. 프랑스가 북아메리카와 카리브해 지역에서 본인들의 영향력을 증가시킨 점, 영국이 인도에 대한 지배를 확대한 점, 그리고 아프리카 대륙으로의 식민지를 확장한 점 등은 이 시대에 식민지 확장의 특징이며, 특히 영국이 인도에서 한 활동의 경우 18세기 제국주의의 대표적인 사례로 볼 수 있다. 이때에 정치적으로 경제적으로 강하게 통제하였고, 원자재 수입과 제품 수출이 대규모로 이루어지며 영국은 큰 이익을 추구했다.

18세기 제국주의의 특징 중 하나는 산업혁명과의 연결이다. 산업화가 진행되면서 유럽 국가들은 원자재 공급원과 해외 시장을 확보하기 위해 더욱 적극적으로 식민지 확장에 나섰다. 이러한 경제적 동기와 함께, 군사적, 기술적 진보는 유럽 열강들이 더 넓은 지역을 효과적으로 통제할 수 있게 만들었다. 또한, 18세기 제국주의는 문화적, 종교적 확산에 더 큰 중점을 두었으며, 이는 식민지에서의 교육과 선교 활동에 반영되었다.

18세기
자유, 평등, 박애

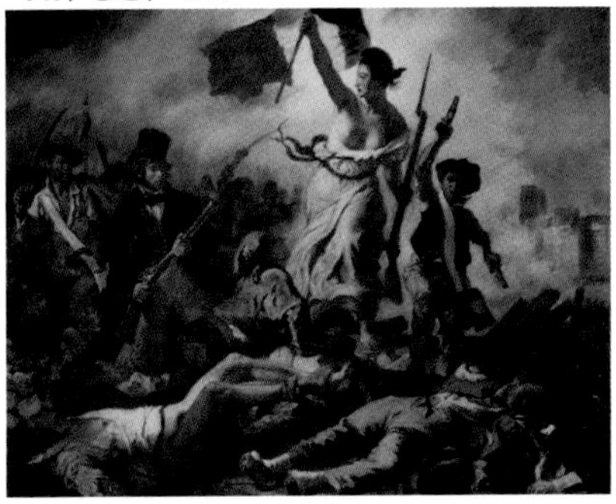

1096 외젠 들라크루아Eugène Delacroix
민중을 이끄는 자유, 1830

프랑스 혁명

1789년 발발하여 1799년까지 지속된 프랑스 혁명은 프랑스에서 일어난 역사적 사건으로 절대왕정의 붕괴와 공화주의 이념의 성립을 가져왔다. 프랑스 혁명은 경제적 어려움, 사회적 불평등, 국가의 재정 위기 등이 복합적으로 작용한 결과로, 1789년 국민의회 구성, 바스티유 감옥 습격 등으로 시작되었다. "인간과 시민의 권리 선언"은 자유, 평등, 박애의 혁명적 이념을 선포하여 근대 민주주의의 기초를 형성했다.

프랑스 혁명은 유럽 전역에 민주주의와 국민주권의 원칙을 확산시키며 절대왕정의 종식과 공화주의의 확립을 가져왔다. 또한, 사회적 계급 구조의 변화, 근대 국가 개념의 확립 등 근대 사회의 주요 원칙과 구조를 형성하는 데 결정적인 역할을 했다.

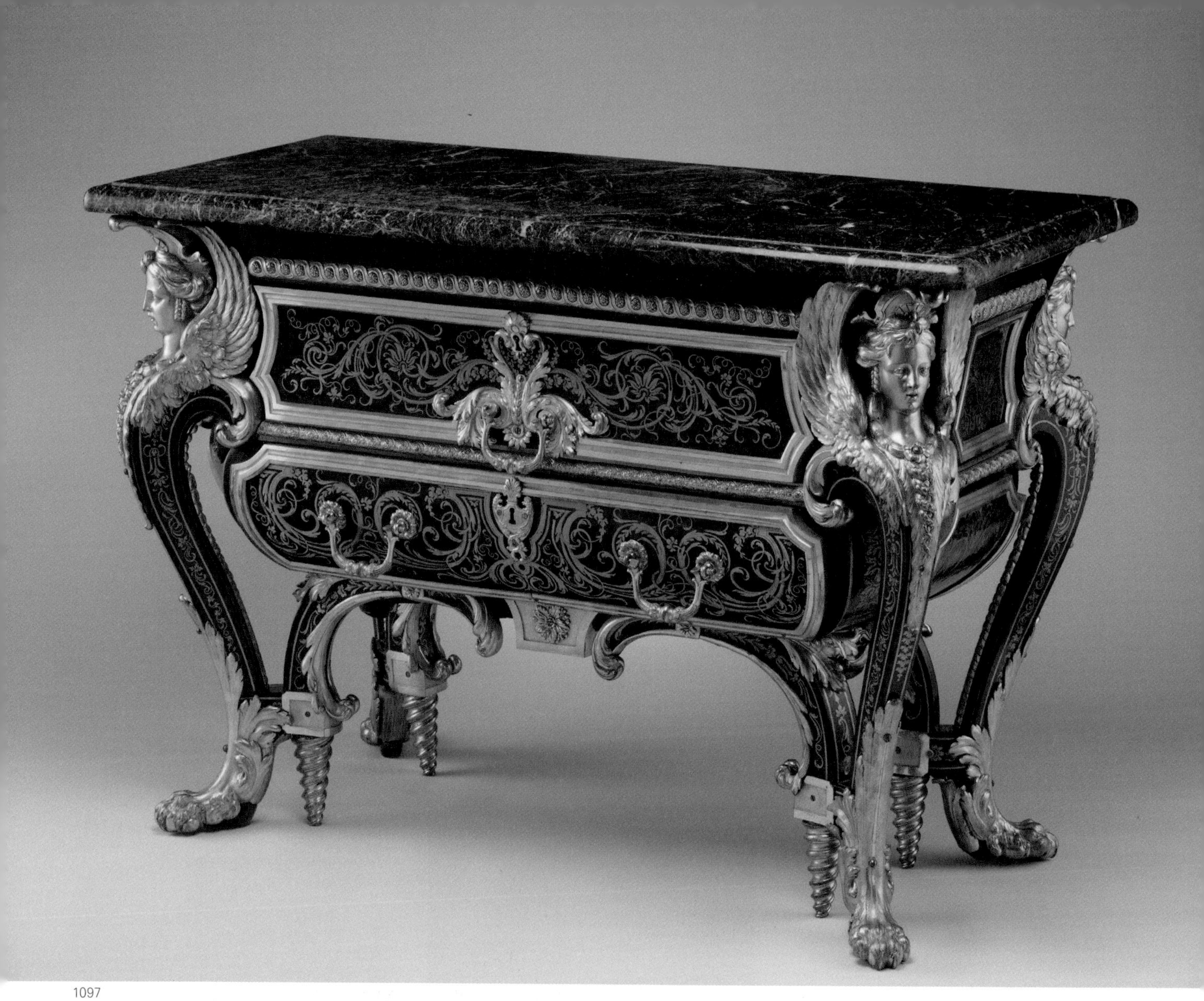

1097

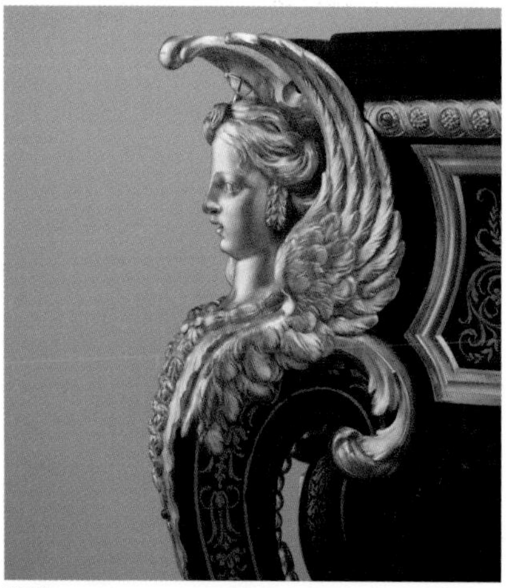

1098

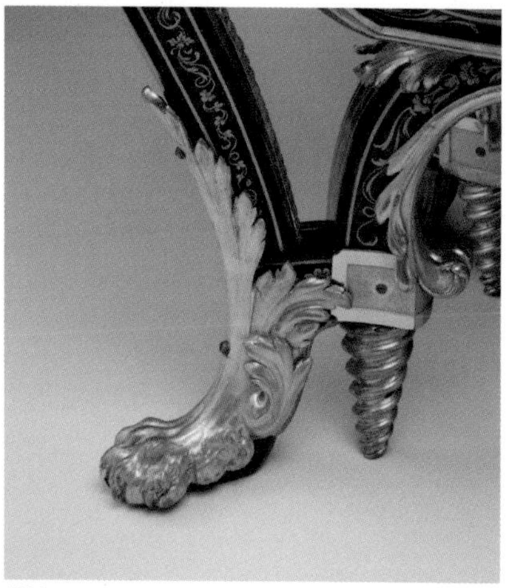

1099

1097
앙드레 샤를 불레, 변기, 1710~1720경

1098, 1099
앙드레 샤를 불레, 변기의 디테일, 1710~1720경

앙드레 샤를 불레 André-Charles Boulle
1642-1732, 가구 제작자, 프랑스

프랑스의 저명한 가구 제작자이자 상감 예술가로 "가구의 보석상"이라고도 불린다. 불레는 프랑스 캐비닛 제작자 중에서도 가장 뛰어난 인물로 평가받으며, 장 바티스트 콜베르Jean-Baptiste Colbert라는 인물에 의해 루이 14세(태양왕)에게 그의 가구 장인 중에서 가장 숙련된 인물로 추천받기도 했다.
불레의 작업은 흑단에 대모갑(거북이 등껍질), 황동 및 백랍을 상감하는 것으로 유명했으며, 이러한 기법은 '불레 작품Boulle Work'으로 널리 알려져 있다. 그의 작업은 파리의 미술, 공예 및 응용 예술 대학인 École Boulle에도 영향을 미쳤으며, 이 학교는 1886년에 설립되어 그의 상감 예술을 계승하고 있다.
그의 대단한 업적에도 불구하고 불레는 본인의 작업에 대하여 정확히 기록한 흔적이 없다. 때문에 그의 작업장에서 작업된 가구가 맞는지에 대한 진위를 구별하는 것이 쉽지 않다. 그가 세상을 떠난 뒤 몇 년간 그의 아들들이 그의 전통을 이어갔지만, 워낙 불레의 스타일을 모방하는 사람들이 많고 작품이 매우 정교하여 불레의 작품과 비교하여 진위 식별이 어려운 경우가 많다.
불레의 상감 세공은 시간과 환경의 변화에 취약했지만 섬세한 디자인과 대단한 기술력으로 현재까지도 높이 평가되고 있으며, 작품 중 일부는 세계적으로 가치 있는 보물로 평가되고 있다. 그의 작품은 루브르 박물관, 월리스 컬렉션 등에 소장되고 있고, 세계적인 예술품 경매시장 등에서 여전히 최고의 작품으로 그 가치를 인정받고 있다.

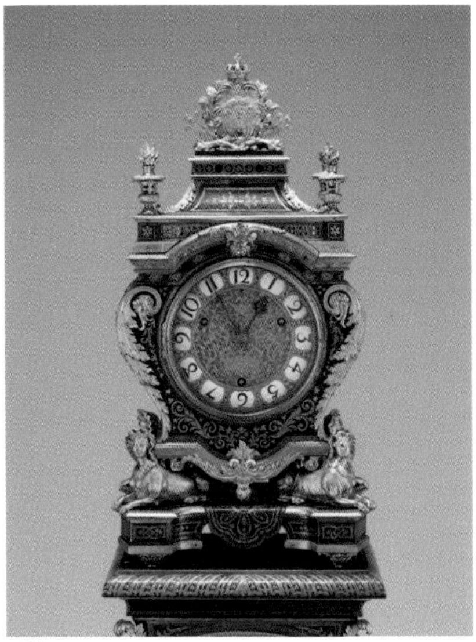
1100

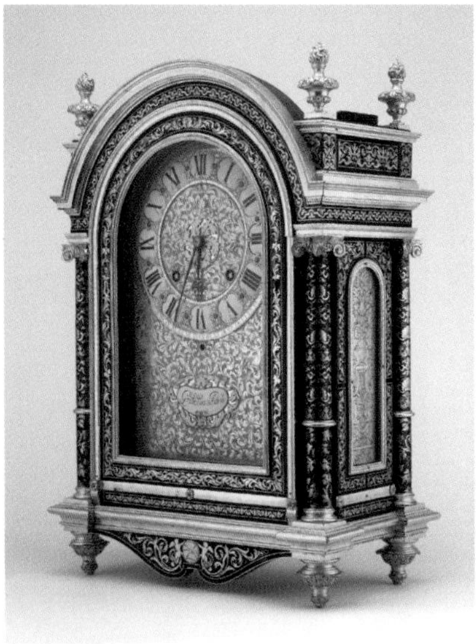
1101

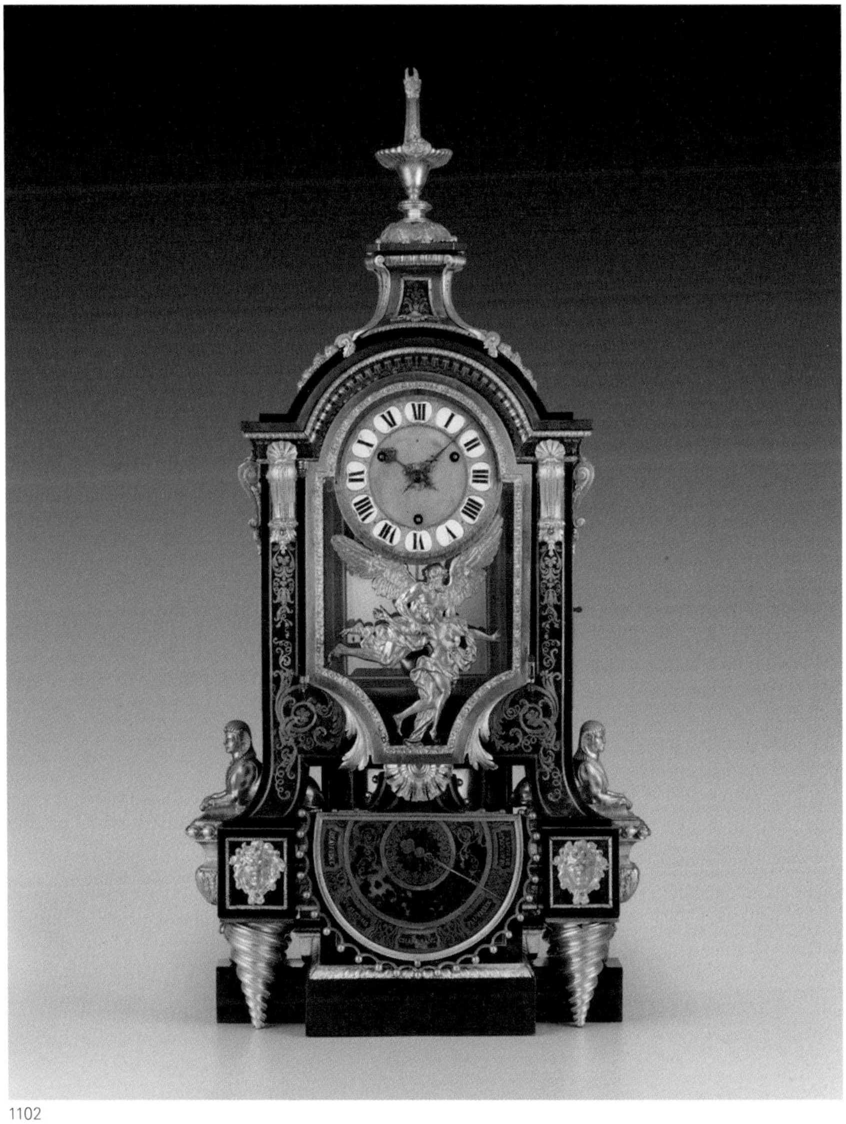
1102

1100
앙드레 샤를 불레, 시계, 1690경

1101
앙드레 샤를 불레, 시계, 1675

1102
앙드레 샤를 불레, 시계, 1690

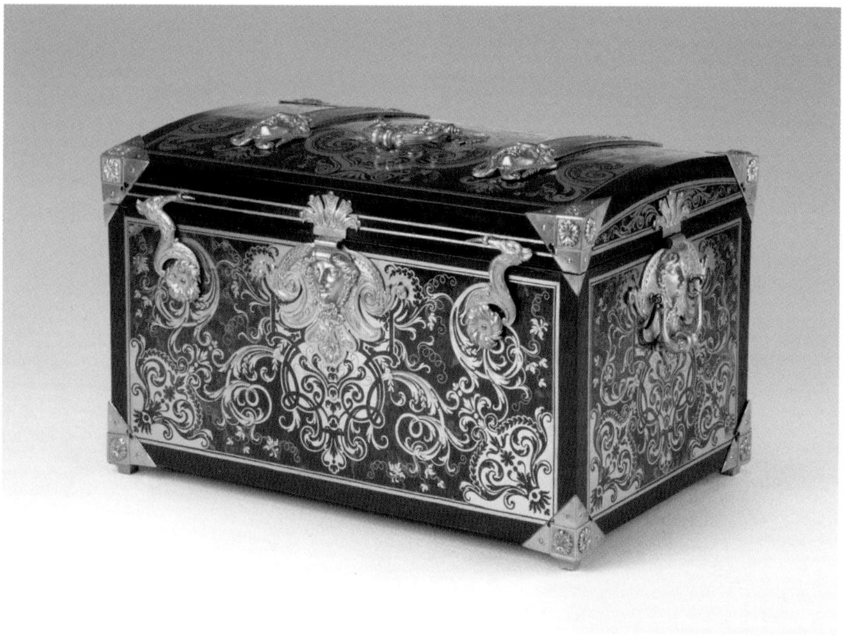

1103
앙드레 샤를 불레, 함(금고), 1700~1720경

1104
앙드레 샤를 불레, 테이블, 장식장 등

1105
앙드레 샤를 불레, 캐비닛, 1675~1680경

1103

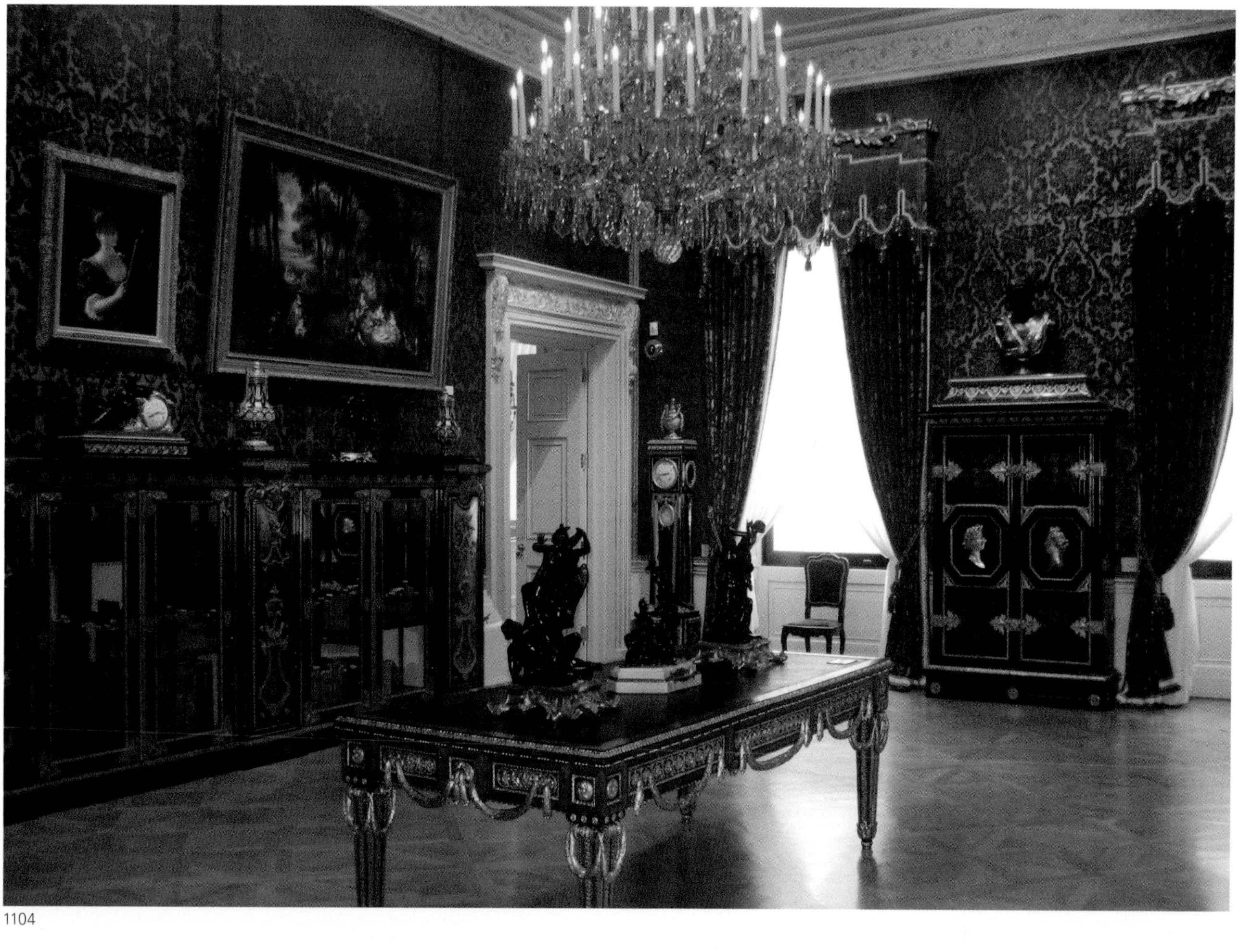

1104

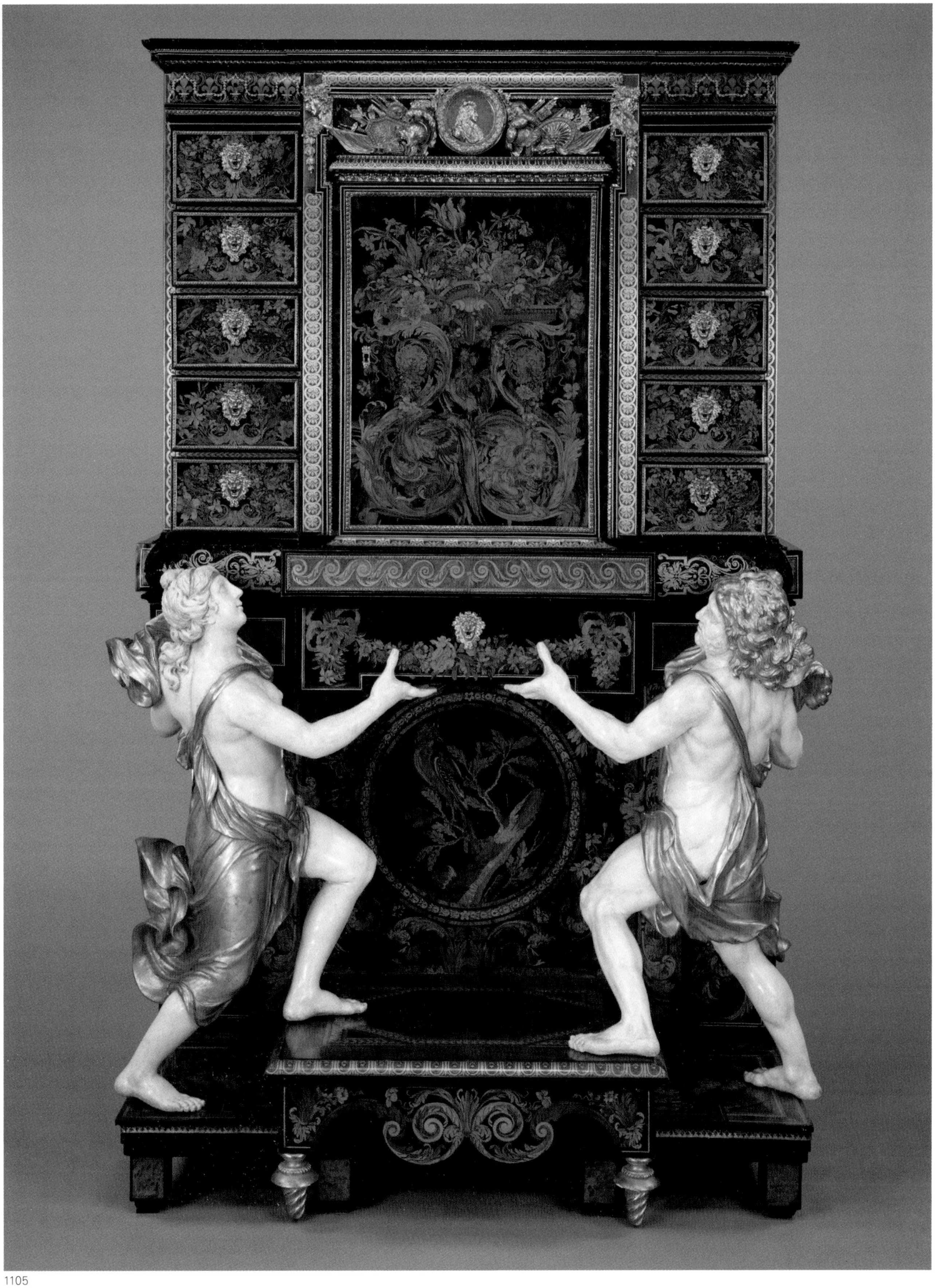

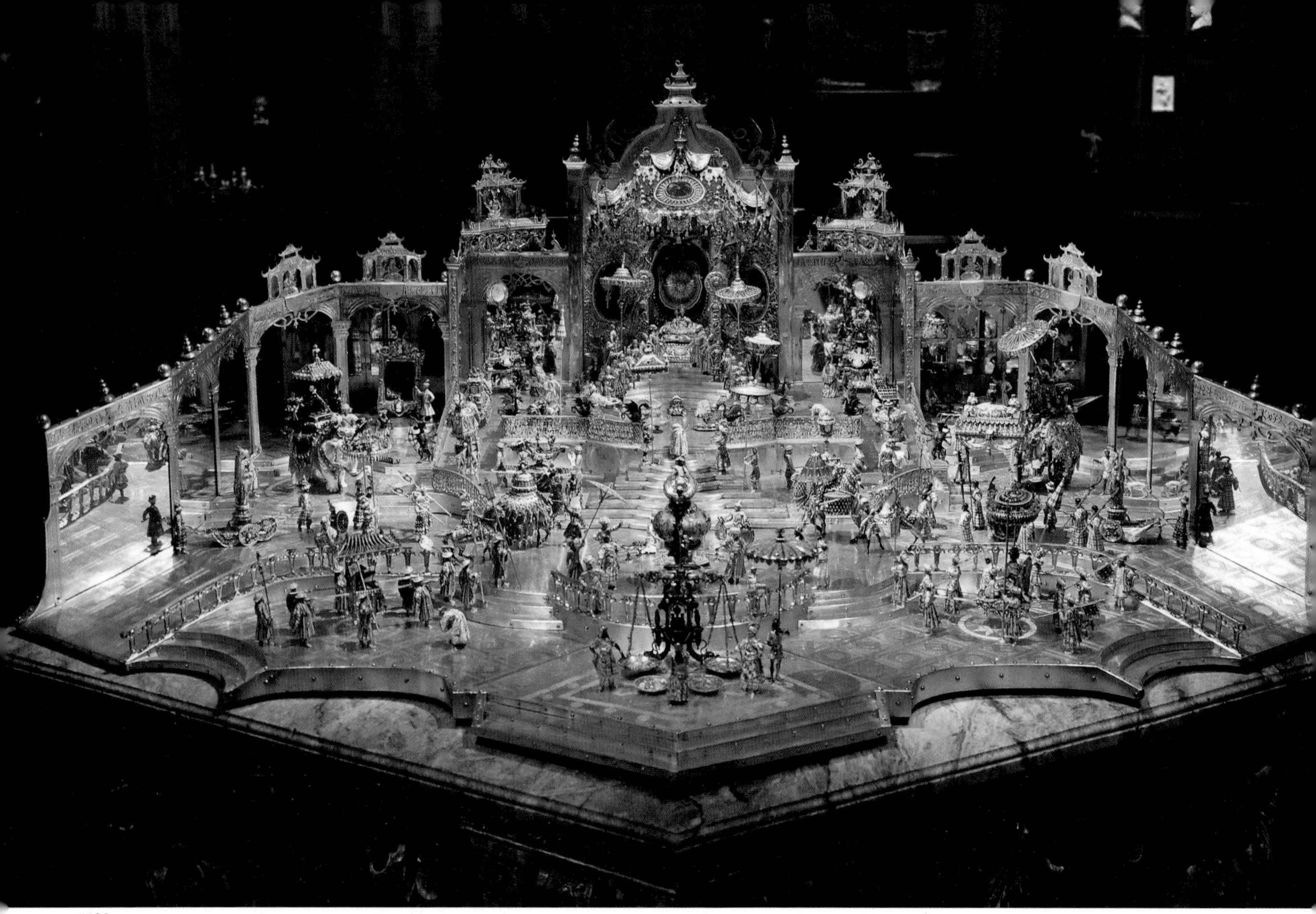

1106

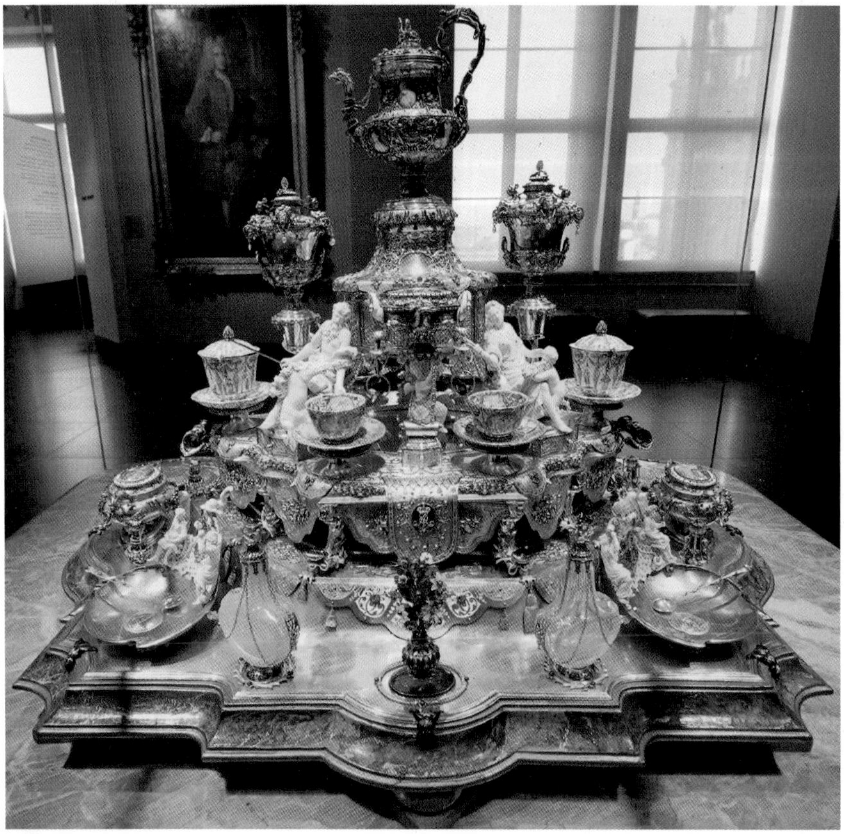

1107

요한 멜키오르 딩링거

Johann Melchior Dinglinger
1664~1731, 금세공가, 보석 장인, 독일

요한 멜키오르 딩링거는 유럽에서 가장 훌륭한 금세공인 중 한 명으로 꼽히며, 뛰어난 장인정신을 통해 복잡한 디테일과 구조를 섬세하게 만들어 높은 평가를 받는다.
딩링거의 작품에서 보이는 화려함과 우아함은 그가 바로크와 로코코 양식으로부터 많은 영향을 받았음을 보여준다.
그의 대표적인 작품으로는 아우구스투스 2세(폴란드의 국왕이자 작센의 선제후, 1664~1731)를 위해 만든 작품들로 볼 수 있다.
그의 작품들은 당시 왕실과 귀족들 사이에서 큰 사랑을 받았으며, 현재까지도 유럽 고급 장식 예술의 주요 작가로 손꼽히고 있다.

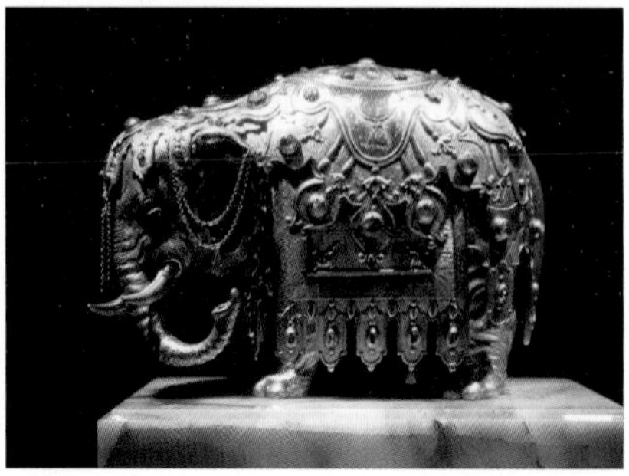

1108

폴 드 라메리 Paul de Lamerie
1688~1751, 금은 세공가, 영국

18세기 영국 실버웨어 분야의 최고의 제작자 중 한 명이다. 네덜란드에서 태어나 영국의 런던으로 이주하여 금세공 기술을 배워 본인의 작업장을 열었다.
작품의 경우 복잡한 장식과 섬세한 디테일이 특징이며 바로크와 로코코 양식으로부터 많은 영향을 받았다.
그는 장식품, 식기, 생활용품과 같은 다양한 실버 아이템을 제작했다. 그의 작품은 당시 유럽의 왕실과 귀족들 사이에서 엄청난 인기를 누렸으며, 오늘날까지도 작품이 가지는 예술성과 기술적인 면은 매우 높게 평가받고 있다.
그의 작품은 당시 사람들의 지위와 부의 상징할 수 있는 사물로서 신흥 부유층의 기호품으로 인기가 많았는데, 이 점만 보아도 그의 작품은 예술적 가치만 지니는 것을 넘어 당시의 경제적, 사회적 상황을 반영하고 있었다는 것을 확인할 수 있다.
이러한 그의 유산은 오늘날까지도 실버웨어 분야에 많은 영감과 영향을 끼치며, 영국 실버웨어의 발전에 큰 영향을 미친 인물로 그의 국제적 명성은 아직도 이어지고 있다.
그의 작품들은 현재 영국 대영박물관, 메트로폴리탄박물관, 빅토리아 앤 알버트 뮤지엄 등 세계적인 박물관에 소장되어 있다.

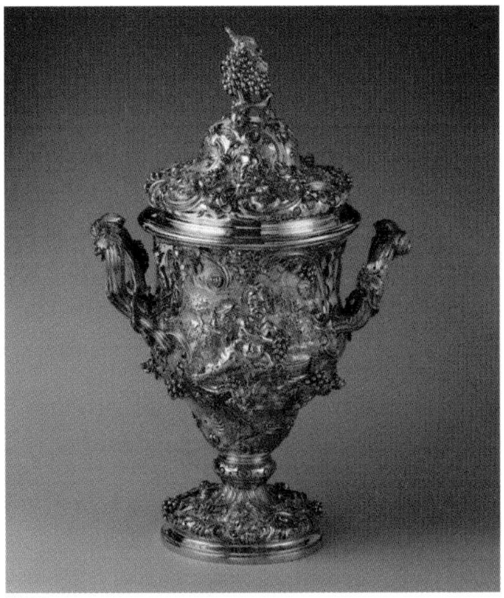
1109

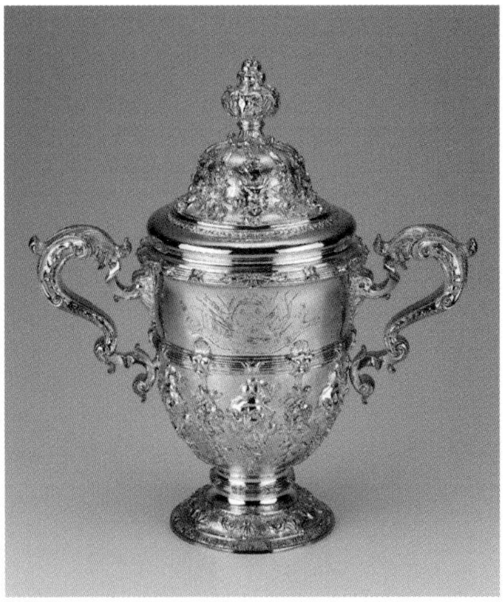
1110

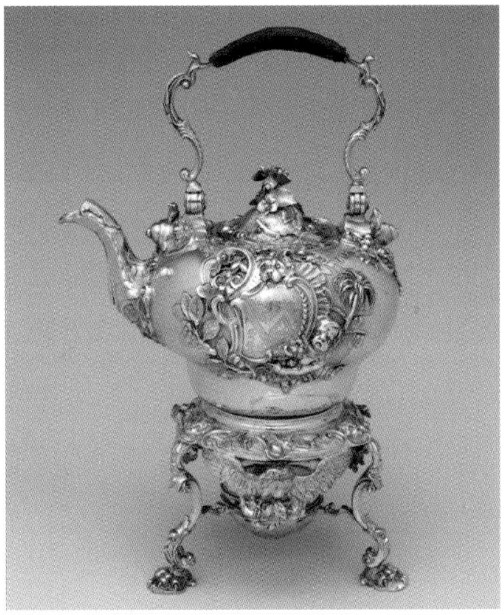
1111

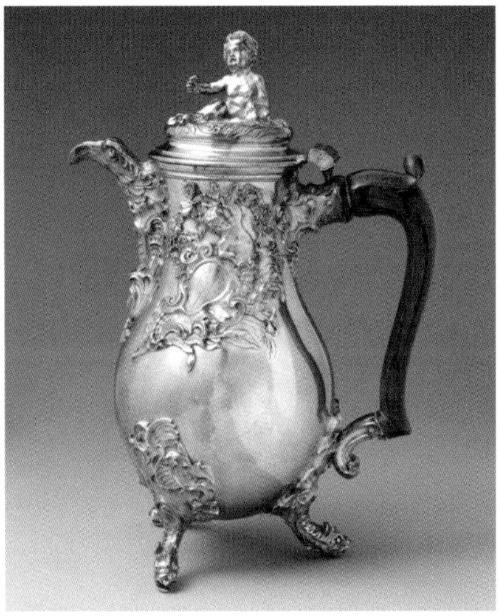
1112

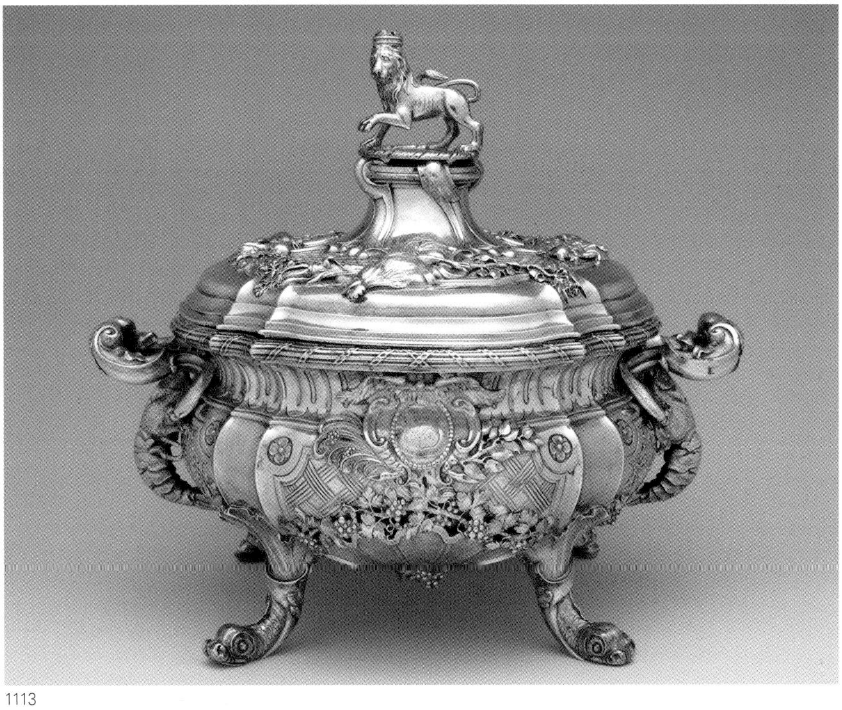
1113

1106
요한 멜키오르 딩링거, 대무굴 아우랑제브의 생일의 궁정

1107
요한 멜키오르 딩링거, 금속 장식 소품

1118
요한 멜키오르 딩링거, 코끼리 모양의 장식, 1700초

1109
폴 드 라메리, 덮개가 있는 컵, 1742~1743

1110
폴 드 라메리, 양쪽 손잡이와 덮개가 있는 컵, 1739~1740

1111
폴 드 라메리, 주전자와 스피릿램프(스탠드 포함), 1744~1745

1112
폴 드 라메리, 커피포트, 1737~1738

1113
폴 드 라메리, 은식기, 1736~173

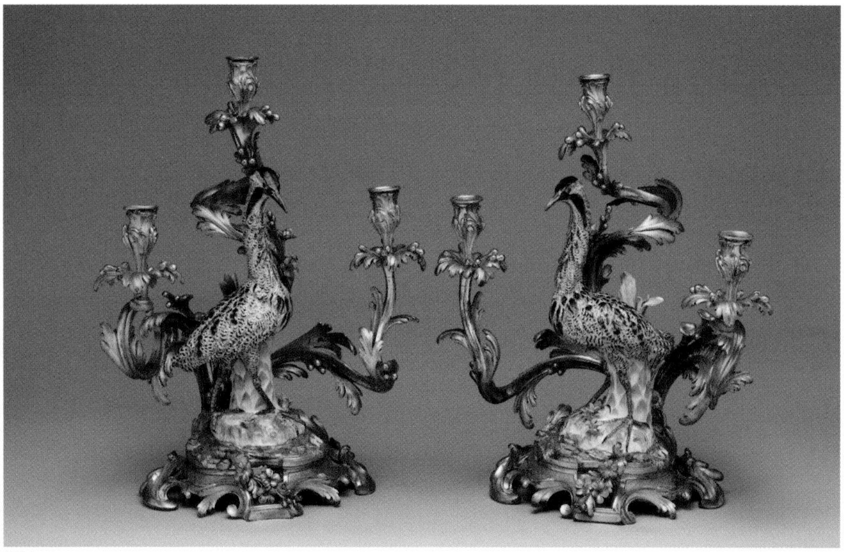

1114

요한 요아킴 칸들러 Johann Joachim Kändler

1706~1775, 도자기 공예가, 독일

18세기 유명한 도자기 제작자이자 조각가이다. 독일 출신인 칸들러는 당시 유명했던 마이센 도자기 공장에서 약 50년이라는 긴 시간 동안 활동했으며, 마이센 도자기의 황금기를 만든 주요 인물 중 한 사람으로 꼽힌다.
그의 작품은 극도로 복잡하고 정밀하며 섬세한 표현을 통해 제작되는 것으로 유명했으며, 주로 인간과 동물, 그리고 신화적인 장면들이 작품의 모티브가 되었다.
그의 작품은 유럽 왕실과 귀족들로부터 큰 사랑을 받았으며, 이로 인해 마이센 도자기는 세계적인 브랜드로 인정받을 수 있는 기회를 가졌다.

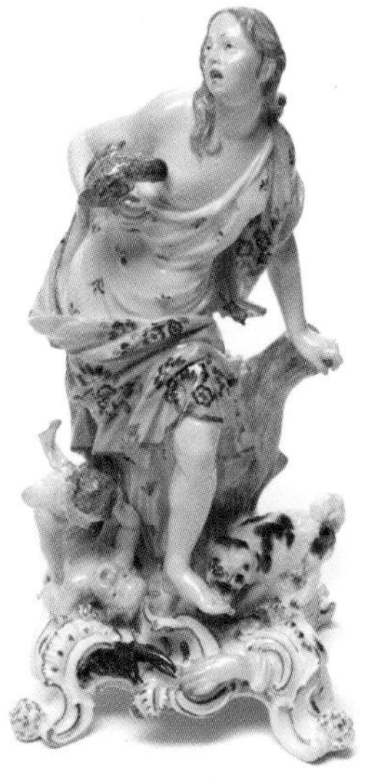

1115

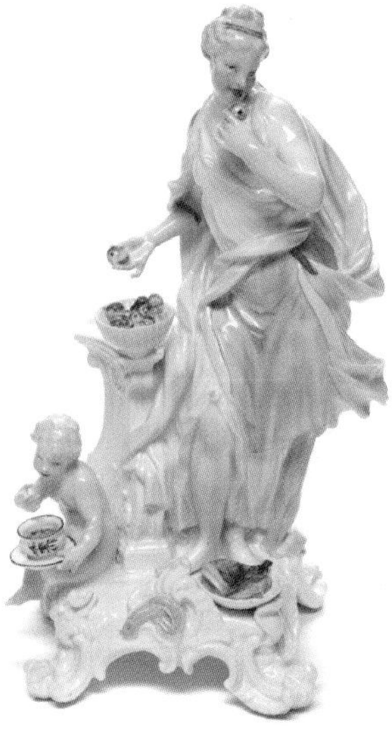

1116

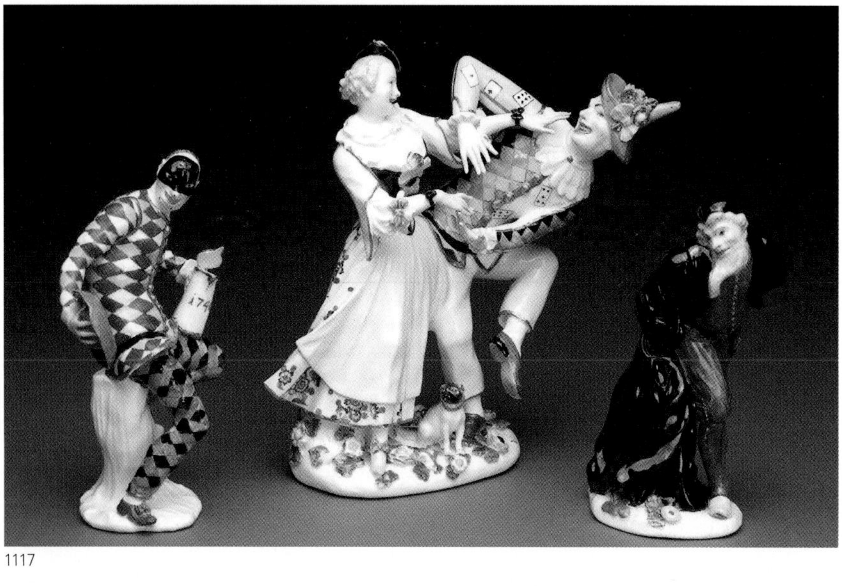

1117

1114
요한 요아킴 칸들러, 마이센 도자기 공장 생산, 양초꽂이
1750경

1115
요한 요아킴 칸들러, 마이센 도자기 공장 생산, 도자기 장식품
1733~1740경

1116
요한 요아킴 칸들러, 마이센 도자기 공장 생산, 도자기 장식품
1733~1740경

1117
요한 요아킴 칸들러, 마이센 도자기 공장 생산, 도자기 장식품
1736~1744경

1118
마이센 도자기, 샹들리에, 1900경

1119
마이센 도자기, 뚜껑이 있는 꽃병, 1749

1120
마이센 도자기, 탁상시계. 1746

마이센 도자기 Meissen porcelain factory
1710~, 독일

마이센 도자기는 왕실 도자기 공장에서 시작된 세계적으로 유명한 도자기 브랜드로 1710년에 독일의 드레스덴 근처인 마이센에서 설립되었다. 하드페이스트 포슬린(경질도자기)을 유럽에서 최초로 생산한 브랜드로 유럽 도자기 제조의 새로운 장을 열었다 해도 과언이 아니다.
초기에는 그 당시 유럽 귀족들 사이에서 큰 인기를 끌었던 아시아의 도자기들, 특히 일본과 중국의 도자기를 주로 모방하는 작업을 했다. 그러나 요한 요아킴 칸들러 같은 장인이 유럽만의 독특한 자체적 스타일을 개발하면서 아시아 장식을 모방하던 것을 넘어 마이센만의 독보적인 디자인을 만들어내기 시작했다. 특히 마이센 도자기의 상징이기도 한 교차하는 검은색 칼 문양의 경우도 도자기 업계에서 최초로 상품권의 개념을 적용한 사례이자 세계에서 가장 오래된 상표 중 하나로 마이센 도자기의 진위를 파악하는 데 사용된다.
마이센 도자기는 섬세한 페인팅과 복잡한 형태가 특징으로, 주로 회화, 금속 공예, 조각 등의 기법을 활용하여 제작되었다. 피규어나 도자기 인형 제작은 마이센 도자기가 개척한 독보적인 분야였으며, 요한 요아킴 칸들러와 같은 그 시대 예술가들의 참여로, 복잡하면서도 정교한, 그리고 세밀한 디자인의 피규어를 제작하며 세계적인 명성을 가지게 되었다. 이와 같은 피규어 분야를 통해 기존의 도자기 예술의 한계를 깨고 확장시켰으며, 유럽 왕실과 귀족들은 이러한 마이센 도자기를 매우 선호하였다.
마이센 도자기는 그 예술적 가치와 더불어 그 생산 과정도 매우 철저하고 엄격했다. 원료 및 재료의 선택에서부터 최종적으로 완성되는 제품까지 모든 단계마다 엄격한 품질 관리가 이루어졌으며, 이는 마이센 제품이 지닌 뛰어난 내구성과 아름다움의 비결이다.
오늘날 마이센 도자기는 그 희소성과 역사적 가치로 인해 전 세계 수집가들과 예술 애호가들 사이에서 여전히 높은 평가를 받고 있으며 오늘날에도 지속적으로 사랑받는 브랜드로 자리매김하고 있다.

마이센 도자기 홈페이지
https://www.meissen.com/int/

MEISSEN
est.1710

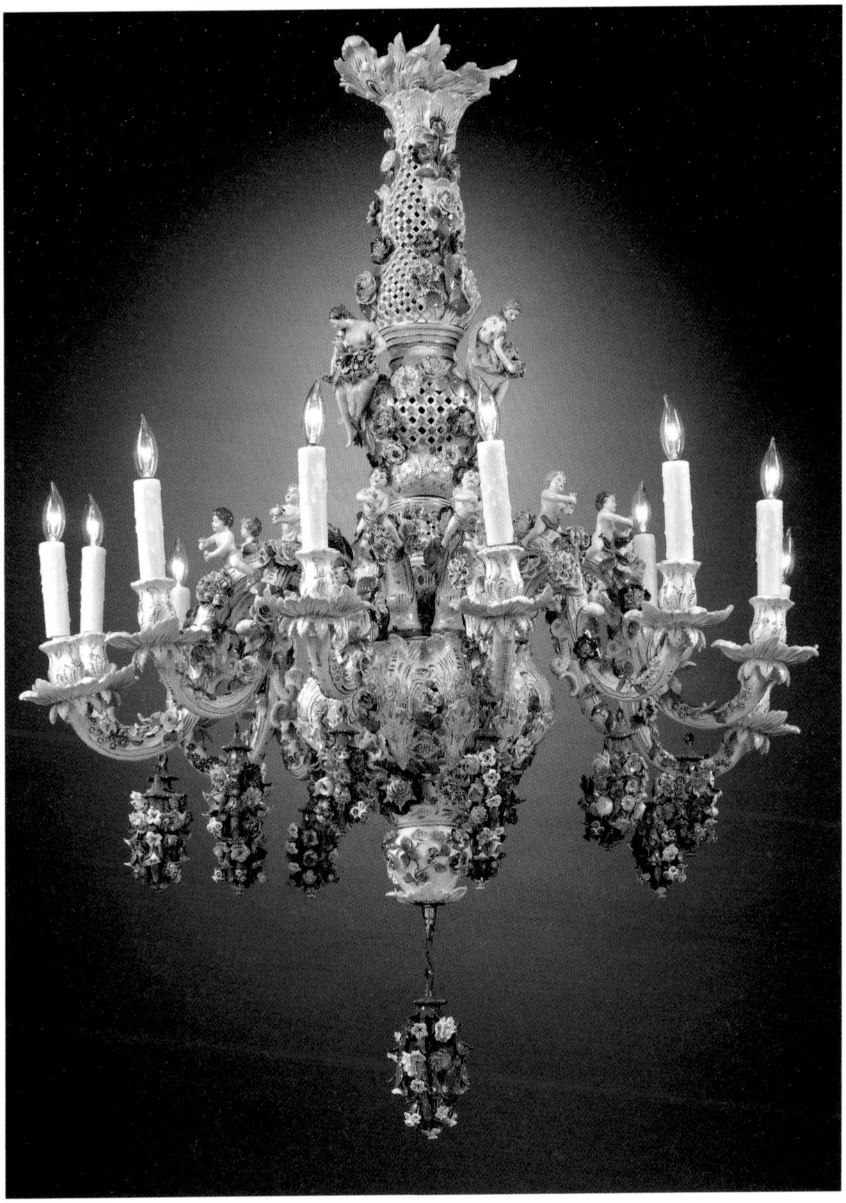

1118

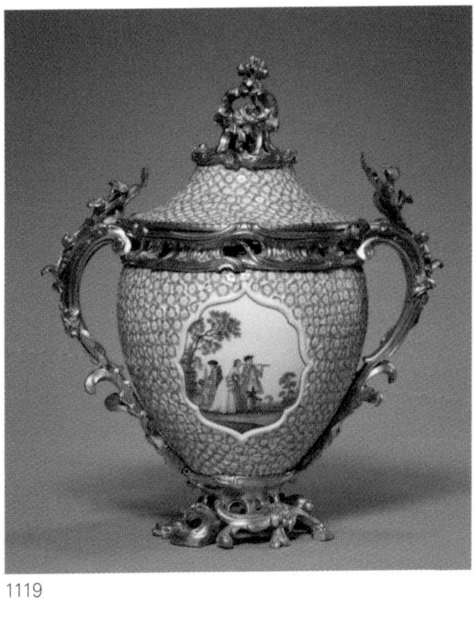

1119

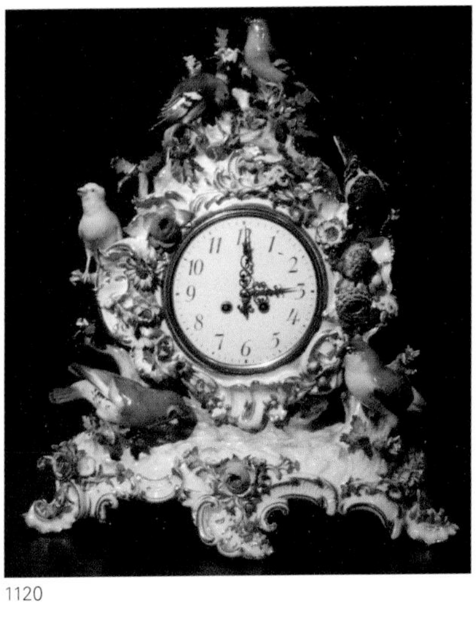

1120

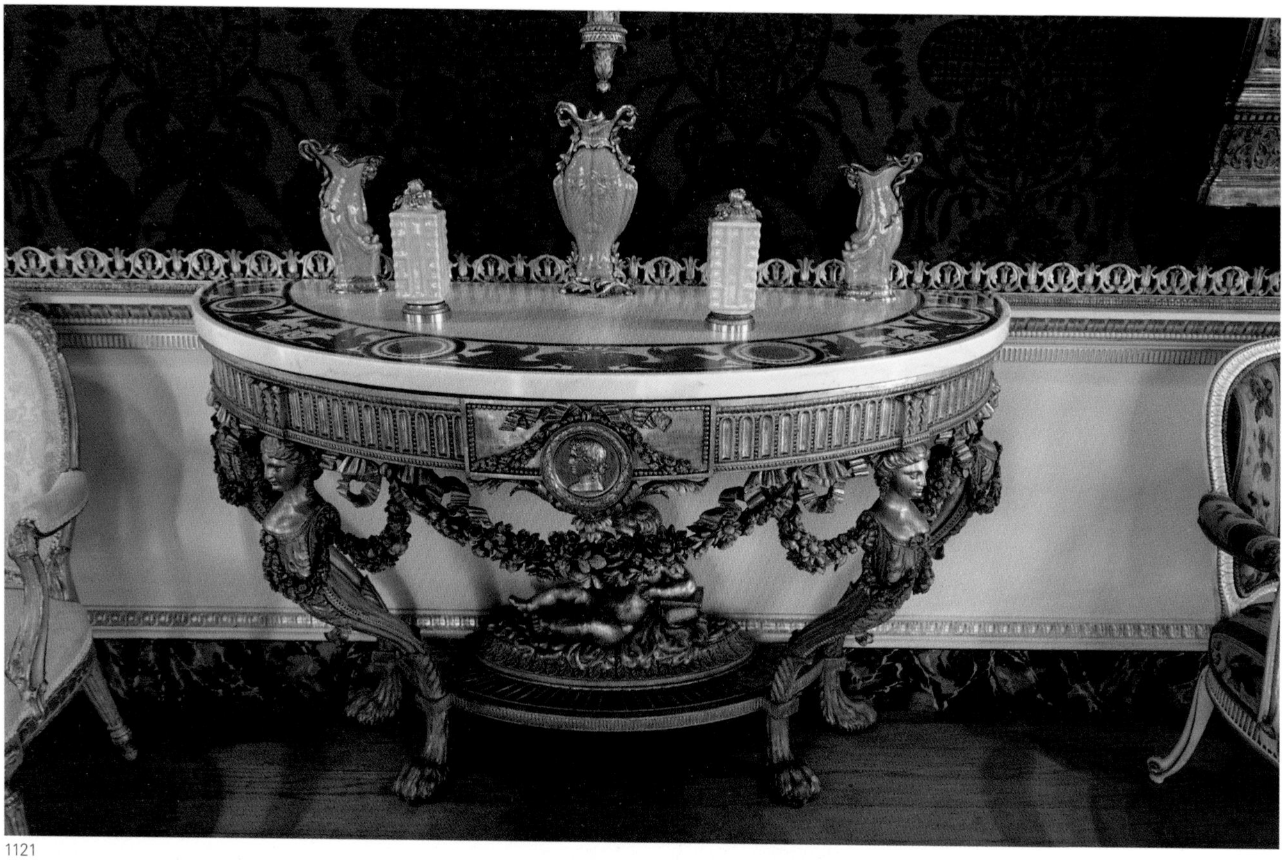

1121

토머스 치펀데일 Thomas Chippendale
1718~1779, 가구 디자이너, 인테리어 디자이너, 영국

18세기 영국에서 활동한 저명한 가구 디자이너이자 제작자로 그의 영향력은 단순한 가구 제작을 넘어선 것으로 유명하다. 빅토리아 앤 앨버트 뮤지엄Victoria and Albert Museum에 따르면, 그의 디자인은 영국, 유럽, 미국 전역에 널리 영향을 미쳤으며, 그의 이름은 그가 직접 디자인한 가구뿐만 아니라 그의 스타일을 모방한 모든 가구에 대한 일반적인 양식 용어가 되었다고 평하기도 했다.

치펀데일은 가구 디자인뿐만 아니라 인테리어 디자인 분야에서도 혁신적이었다. 그는 가구, 방의 색상 선택, 장식의 다양한 측면에 대해 조언하는 등 인테리어 코디네이터로서의 역할을 했다. 그는 건축이 완료된 후 완벽하게 장식되고 가구가 갖춰진 방이나 집 전체를 공급하는 계약을 맺기도 했는데, 이는 현대의 인테리어 디자이너가 하는 일과 유사하다.
치펀데일의 디자인은 로코코, 고딕, 중국 스타일의 요소를 포함한 다양한 스타일이 통합되어 있으며 이러한 다양한 스타일의 조화는 그의 가구가 독특하고 시대를 초월한 매력을 갖게 했다. 그의 가장 중요한 출판물인 『The Gentleman and Cabinet Maker's Director』는 다양한 가구 디자인을 소개한 책으로 자신의 스타일을 널리 알리는 데 중요한 역할을 했다.
치펀데일의 작업은 장인 정신과 디테일에 대한 집념을 보여주며, 디테일이 뛰어난 섬세한 조각, 우아한 선, 뛰어난 품질의 목재 사용 등이 특징적이다. 오늘날에도 그의 이름은 고품질, 정교함, 그리고 시대를 초월한 디자인의 상징이며, 그의 가구는 미술과 디자인 역사에서 중요한 위치를 차지하고 있다.

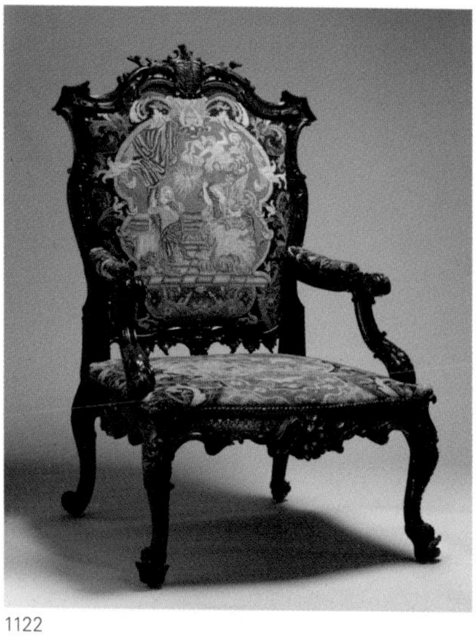

1122

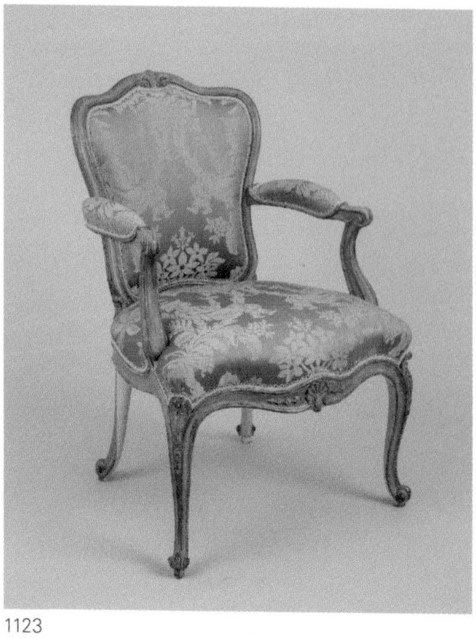

1123

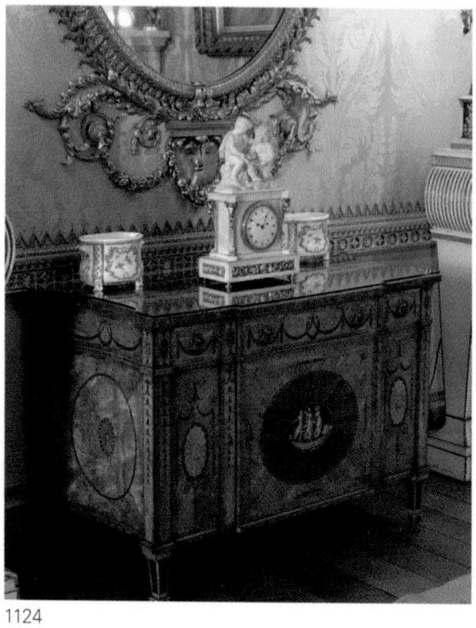

1124

1121
토머스 치펀데일, 테이블, 1779경

1122
토머스 치펀데일, 테이블, 팔걸이 의자, 1755경

1123
토머스 치펀데일, 테이블, 팔걸이 의자, 1768

1124
토머스 치펀데일, 테이블, 서랍장, 1700경

1125
토머스 치펀데일, 테이블, 접시 받침대와 항아리, 1700경

1126
토머스 치펀데일, 테이블, 롱케이스 시계, 1774~1775

1127
토머스 치펀데일, 테이블, 서랍장, 1773

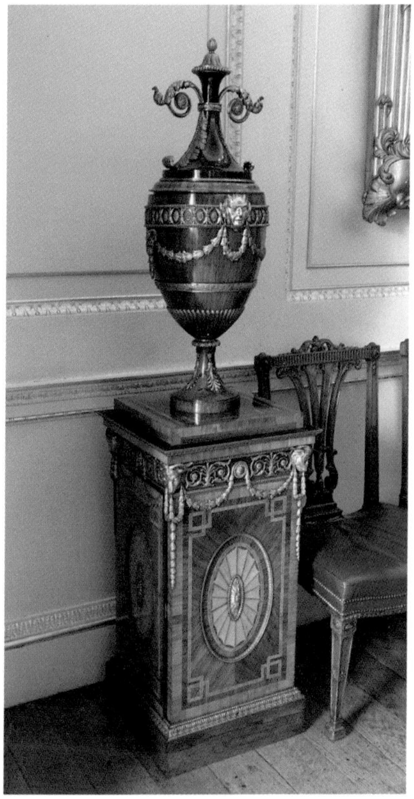
1125

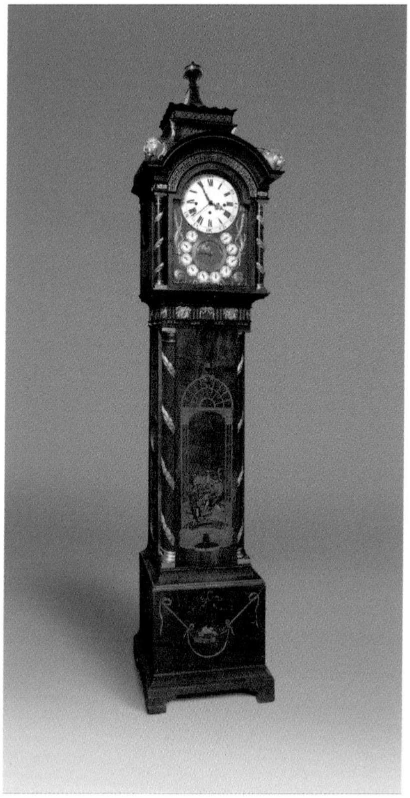
1126

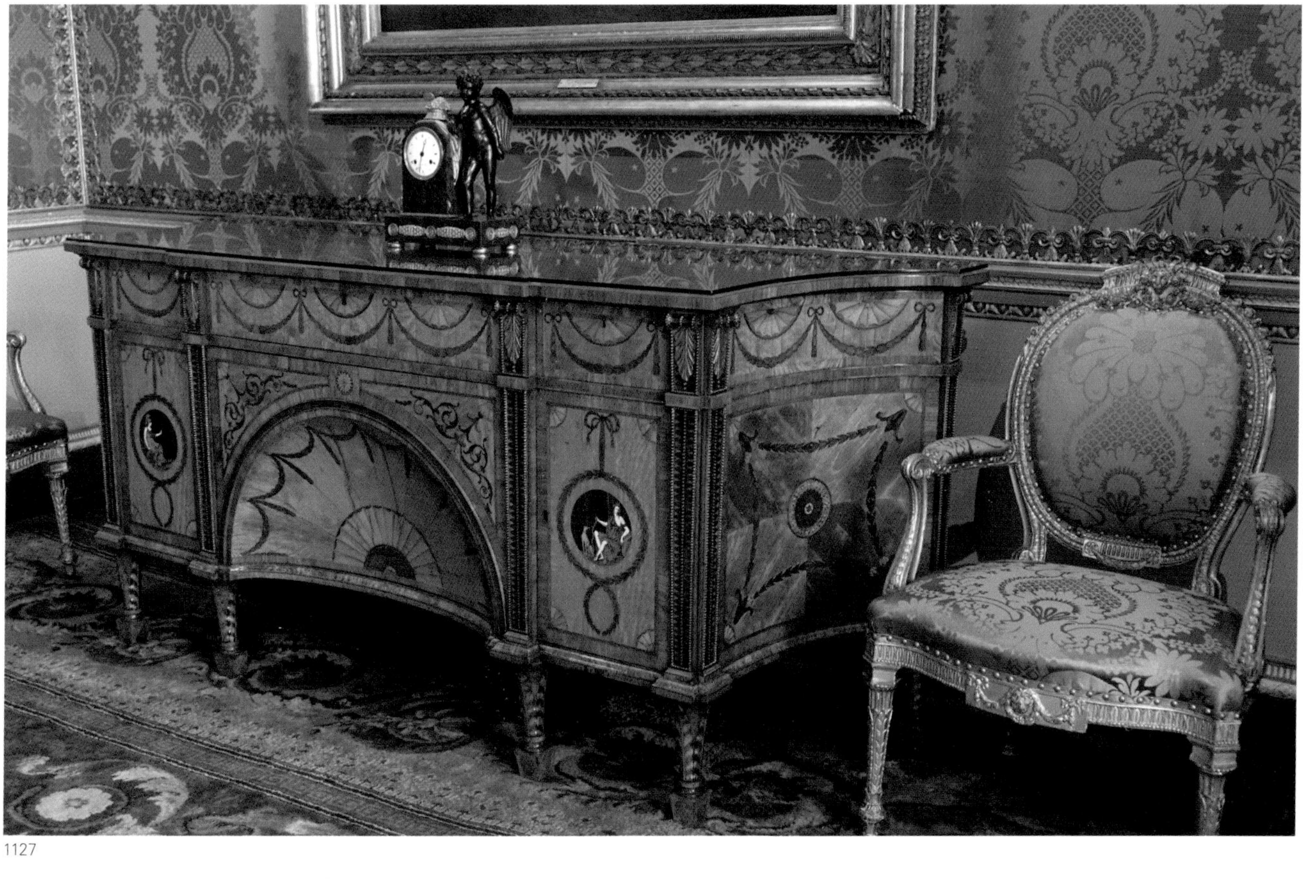
1127

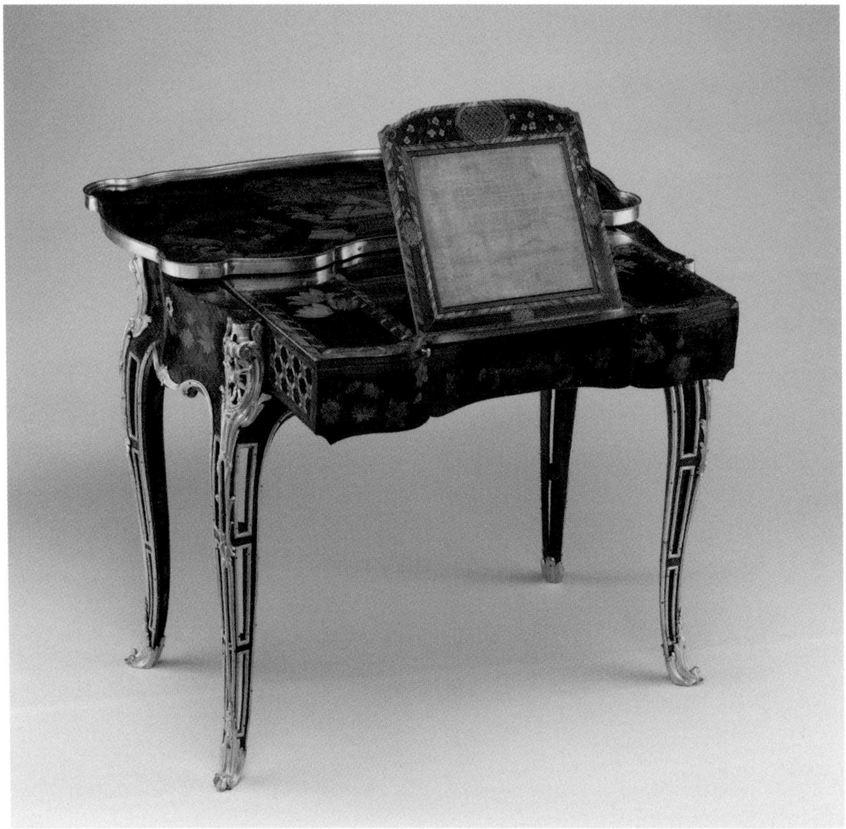

1128

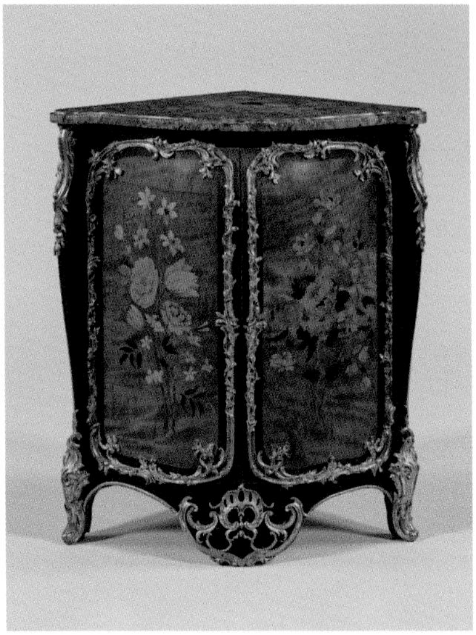

1130

장 프랑수아 오벤 Jean-François Oeben

1721~1763, 가구 디자이너, 프랑스

장 프랑수아 오벤은 18세기의 저명한 가구 제작자이자 디자이너로 프랑스에서 로코코 스타일과 초기 네오클래식 스타일의 전환기에 활동하였다. 독일에서 태어나 파리에서 경력을 쌓았으며, 특히 루이 15세가 통치하던 기간에 프랑스 가구 디자인의 발전에 중요한 역할을 했다.

오벤의 가구는 독창적인 디자인과 높은 수준의 장인정신으로 유명하다. 그의 작업은 섬세한 마루케터리(무늬목)와 정교한 기계 구조를 활용한 기능을 특징으로 한다. 마루케터리 기법은 목재, 금속, 상아 등 다양한 재료를 사용하여 세밀하고 복잡한 무늬를 만드는 것으로, 이를 통해 그는 예술적이고 독창적인 디자인을 구현했다.

그의 대표적인 작품 중 하나는 '쓰기 책상Bureau de Roi'으로, 이 책상은 루이 15세 왕에게 헌정되었다. 이 책상은 상판이 앞뒤로 움직이고 책받침이 나오는 등 기술적 숙련도와 예술적 감각을 보여주는 걸작으로 평가받으며, 당시 유럽 궁정에서 가장 세련된 가구 중 하나로 여겨졌다.

오벤은 이렇듯 기계적인 장치를 가구에 사용하는 데 능숙했으며, 그의 가구에는 숨겨진 서랍, 움직이는 부분 등이 포함되어 있어 사용자에게 편의성과 동시에 놀라움을 선사했다.

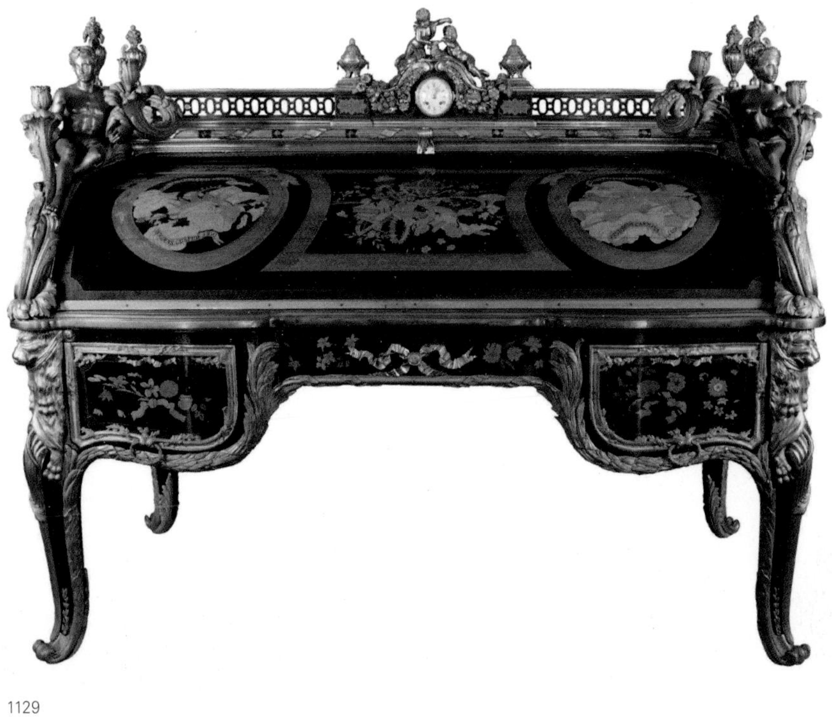

1129

1128
장 프랑수아 오벤, 테이블, 1761~1763경

1129
장 프랑수아 오벤, 책상, 1760~1769경

1130
장 프랑수아 오벤 추정, 코너장, 1721~1763경

조지 헤플화이트 George Hepplewhite

1727~1786, 가구 디자이너, 영국

18세기 후반 영국에서 활동한 가구 디자이너로, 토머스 치펀데일Thomas Chippendale, 토머스 셰러턴Thomas Sheraton과 함께 영국 3대 가구 제작자 중 한 명으로 인정받고 있다.
헤플화이트의 디자인 스타일은 우아하고 섬세한 특징을 지니며, 신고전주의의 영향을 받은 것으로 알려져 있다. 그의 작품은 곡선과 대칭을 강조하며, 경량성과 우아함이 돋보이며, 이러한 특징은 의자, 책상, 침대 등 다양한 종류의 가구에 적용되었다.
『The Cabinet Maker and Upholsterer's Guide』는 헤플화이트의 주요 업적 중 하나로, 1788년에 발행된 이 책은 그의 디자인 철학과 스타일, 그리고 다양한 가구 디자인과 도안을 담고 있으며, 당시 가구 제작자들과 디자이너들에게 큰 영향을 미쳤다.
헤플화이트의 가구는 영국은 물론 유럽과 미국에서도 인기가 높았는데, 심지어 그의 사후에도 그 인기는 사그라지지 않았다. 특히 그의 대표적인 디자인 중 하나이며 그의 이름을 딴 의자이기도 한 Hepplewhite 스타일 의자(방패 모양의 등받이를 가진 의자)의 경우 우아한 곡선과 완벽한 비례로 인해 오늘날까지도 많은 사랑을 받고 있다.

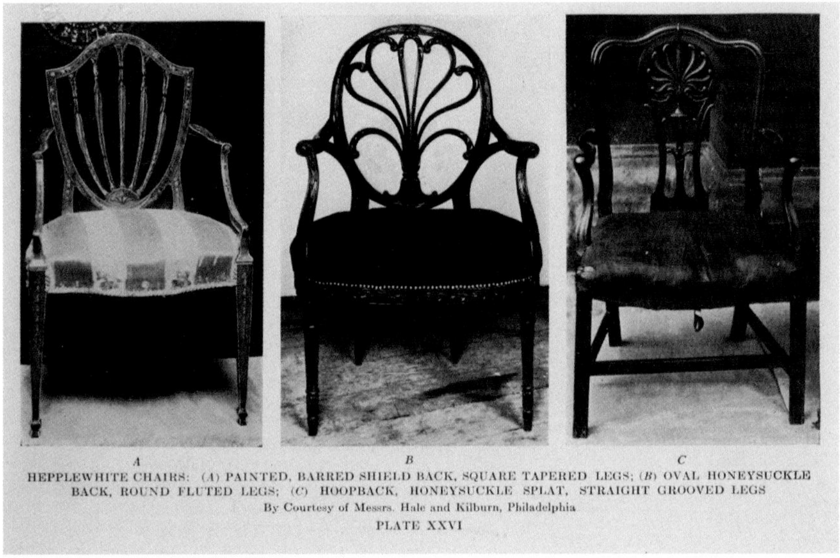

1131

새뮤얼 매킨타이어 Samuel McIntire

1757~1811, 건축가, 목수, 가구 제작자, 미국

새뮤얼 매킨타이어는 미국 초기 건축가 중 중요한 인물로 평가된다. 그의 작업들은 미국에서 연방 시대 스타일로 불리는 고전주의 건축의 영향을 많이 받았으며, 그의 대표작 중 하나인 매킨타이어 의자McIntire Chair는 조지 헤플화이트의 디자인을 기본으로 삼아 디자인되었다.

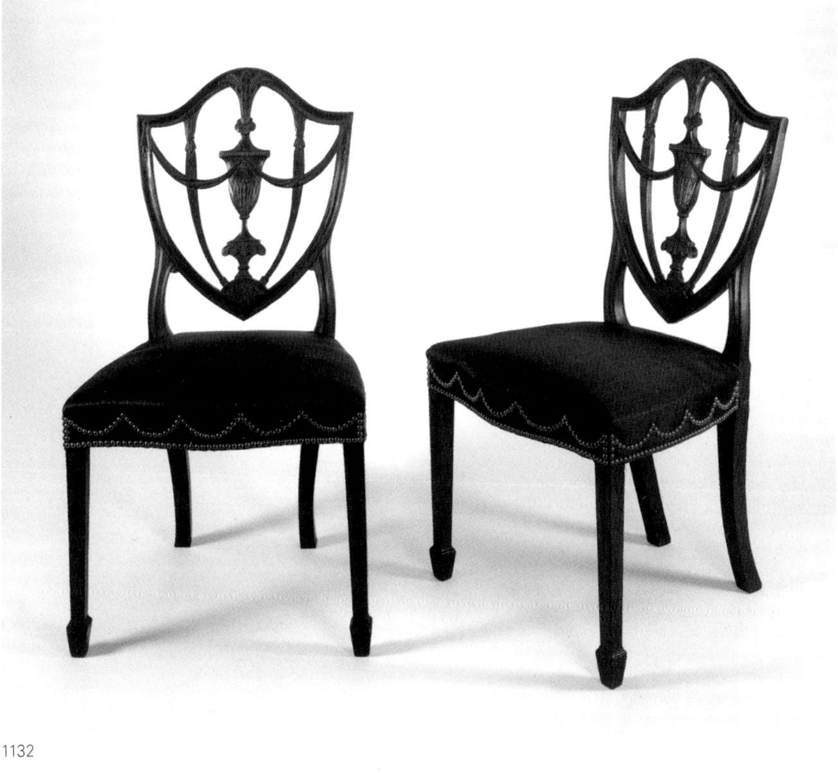
1132

1131
조지 헤플화이트, 시대 가구에 관한 실용서 중 의자 도판(영국, 미국 식민지 시대, 식민지 이후 및 주요 프랑스 시대의 가구들)

1132
새뮤얼 매킨타이어, 의자, 1794~1799경

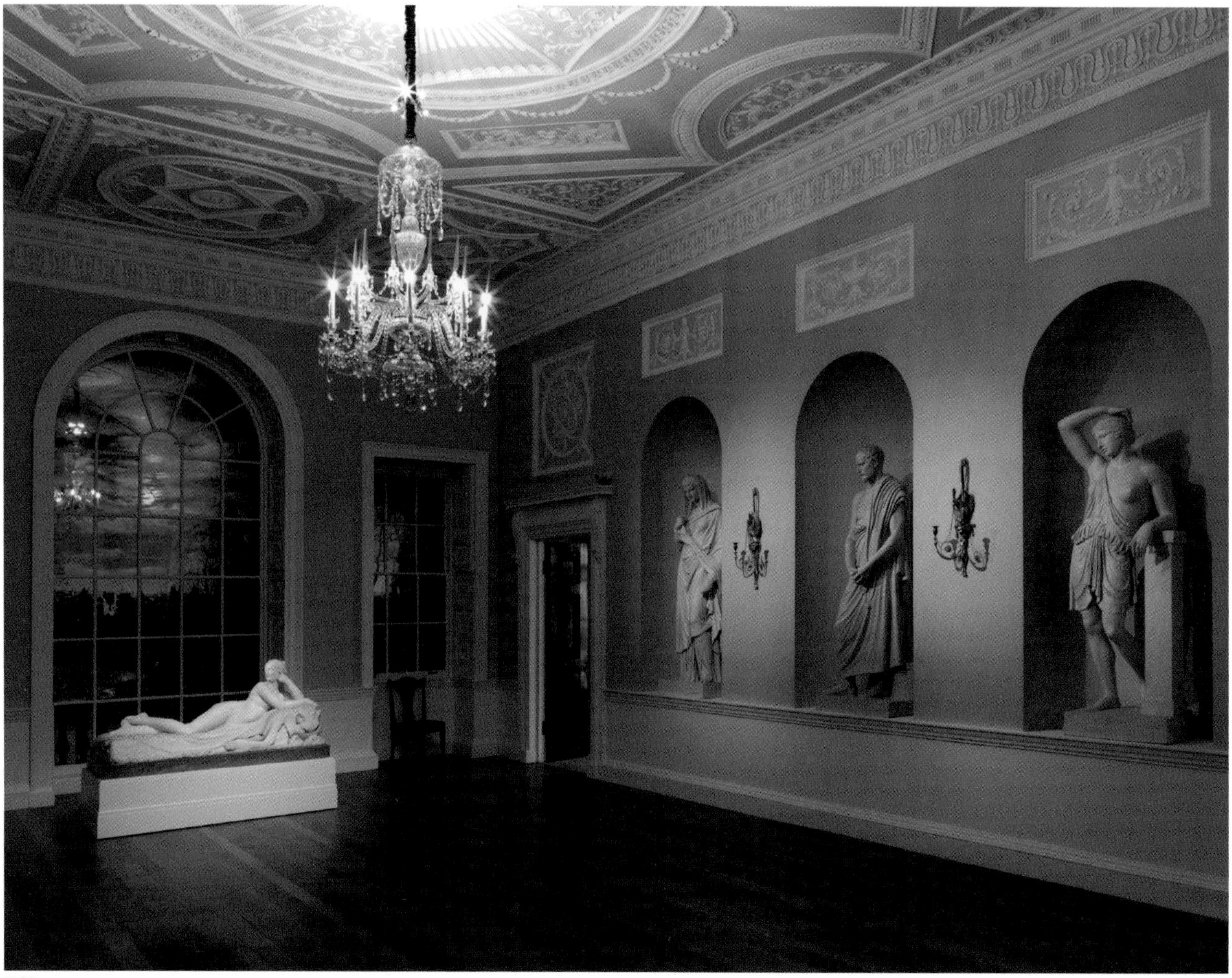

1133

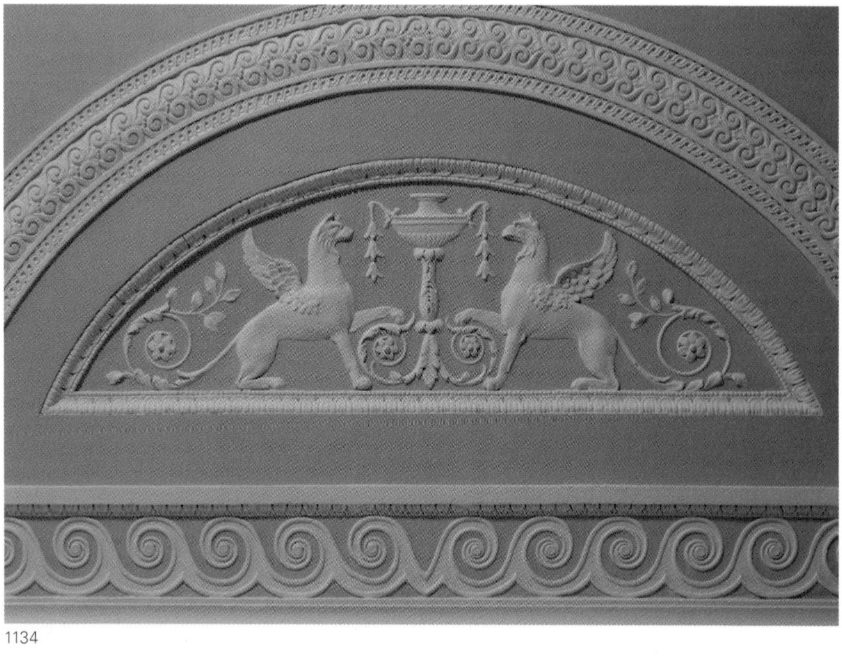

1134

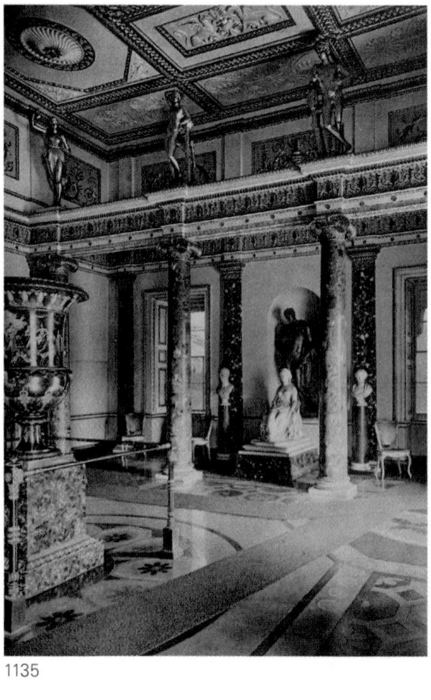

1135

로버트 애덤 Robert Adam

1728~179, 건축가, 인테리어 디자이너, 스코틀랜드

18세기의 건축가이자 인테리어 디자이너로 네오클래식주의 건축의 대표적인 인물 중 한 명이다. 애덤은 로마와 그리스 고전 건축의 원리를 현대적으로 해석하여, 영국의 건축 및 인테리어 디자인에 큰 영향을 미쳤다.
스코틀랜드 건축가의 아들로 태어나, 초기 교육을 받은 후 로마로 가서 고전 건축을 공부했다. 이러한 배경으로 인해 로마 건축으로부터 크게 영향을 받았으며, 이후 로마의 고전 건축 요소를 현대적이고 창의적인 방식으로 재해석하는 데 주력했다.
이후 런던으로 돌아와 형제들과 함께 건축 사무소를 운영하며 주요 프로젝트들을 진행했다. 그의 대표작 중 하나인 런던의 시드니 하우스Sydney House의 경우 그의 혁신적인 디자인과 고전적인 아름다움을 잘 보여준다.
애덤은 건축과 더불어 내부 장식 및 가구 디자인에도 지대한 관심을 가지고 있었다. 그는 통합적인 디자인 개념을 추구하며, 실내 장식, 가구, 심지어 실버웨어와 같은 작은 생활소품들에 이르기까지 다양한 대상들을 디자인하며 시대의 디자인에 많은 영향을 끼쳤다.

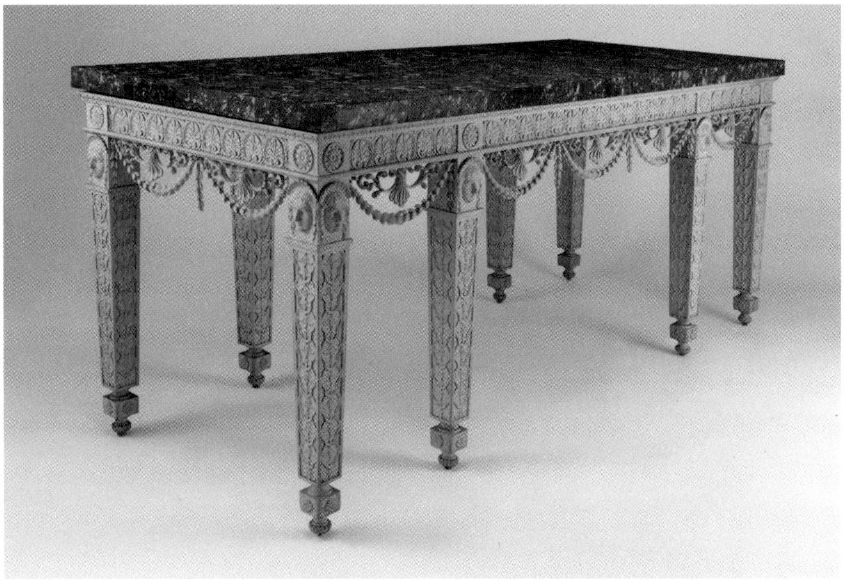
1136

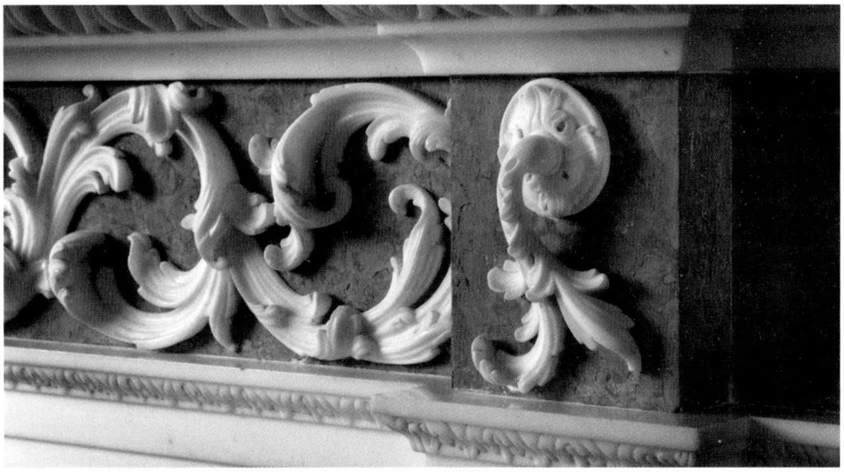
1137

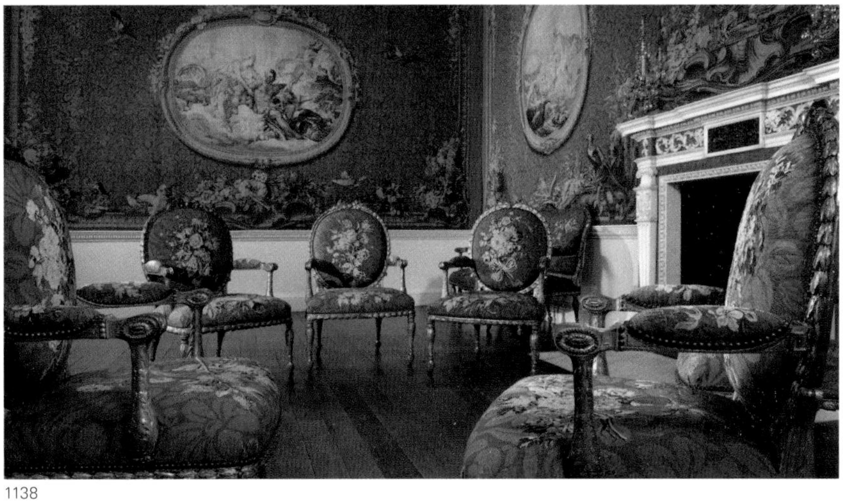
1138

1133
로버트 애덤 외 다수, Lansdowne House의 식당, 1766~1769
영국 런던

1134
로버트 애덤 외 다수, Lansdowne House 식당의 천장 장식
1766~1769

1135
로버트 애덤, 형제들(서적명) 중
케들스턴의 거실Drawing-Room, Kedleston

1136
로버트 애덤, 콘솔테이블, 1765

1137
로버트 애덤
Croome Court(영국에 있는 백작의 저택)의 태피스트리룸 장식
1763~1771

1138
로버트 애덤, Croome Court의 태피스트리룸, 1763~1771

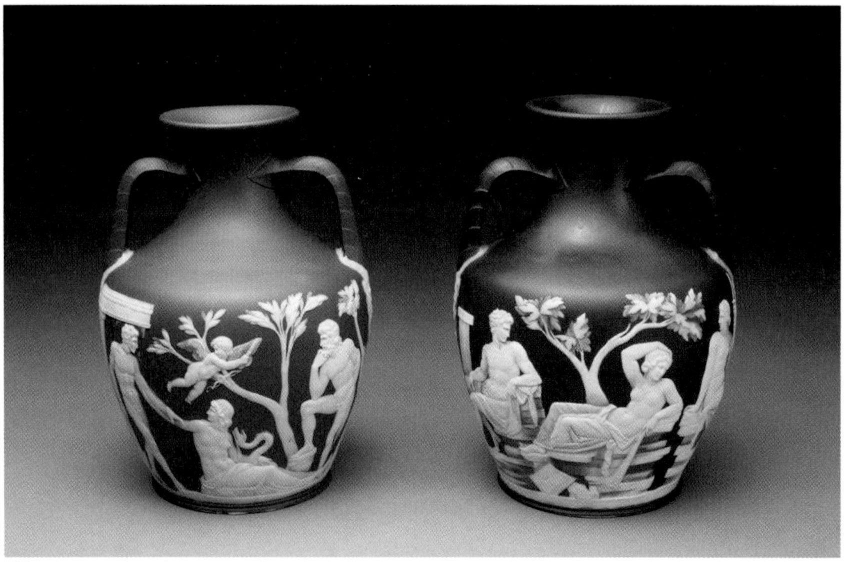
1139

조사이아 웨지우드 Josiah Wedgwood

1730~1795, 도자기 제조업자, 디자이너, 영국

조사이아 웨지우드는 영국의 도자기 제조업자이자 디자이너이다. 18세기 중반 산업혁명 시대에 뛰어난 도자기 디자인과 혁신적인 제조 방식으로 유명세를 치렀으며, 당시 영국 상류층과 왕실로부터 큰 인기를 얻었다. 이와 같은 인기는 현재까지도 이어지며 고급 도자기와 세라믹 제품의 대명사로 여겨지고 있다.

웨지우드는 1759년 "웨지우드Wedgwood사"를 설립했으며, 그의 새로운 디자인과 선구적인 제작 기술은 도자기 제조 분야에 큰 변화와 발전을 가져왔다.

그의 작품 중 가장 대표적인 작품은 크림색의 '웨지우드 크림웨어Wedgwood Creamware'와 그리스 로마 고전주의 스타일의 부조 작업을 파란색과 흰색으로 풀어낸 '웨지우드 자스퍼웨어Wedgwood Jasperware'이며, 이 외에도 다양한 유형의 도자기들을 개발했다.

그는 디자인적인 면이나 품질적인 면에서도 도자기 산업의 표준을 새롭게 정립하며 산업시대에 걸맞은 도자기의 디자인, 생산, 제조, 판매의 전형을 제시했다.

또한 사회적 이슈에도 큰 관심을 보였으며, 특히 노예제도 폐지 운동에 적극적으로 참여했다.

오늘날까지 웨지우드의 명성은 이어져 오고 있으며, 여전히 세계적으로 유명하며 인기가 높은 고급 도자기 및 세라믹 제품을 생산하고 있다.

웨지우드 홈페이지
https://www.wedgwood.com/en-gb

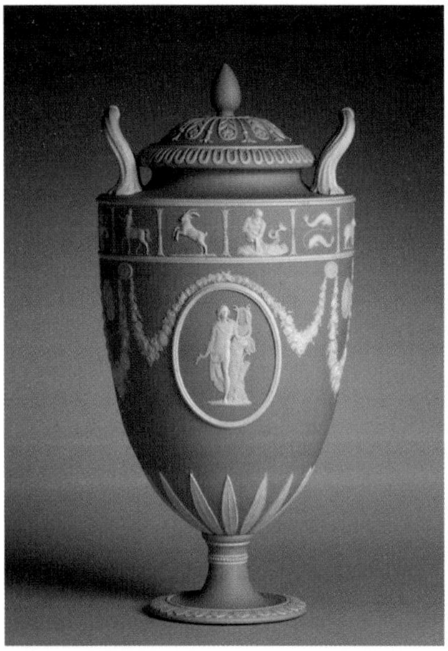
1140

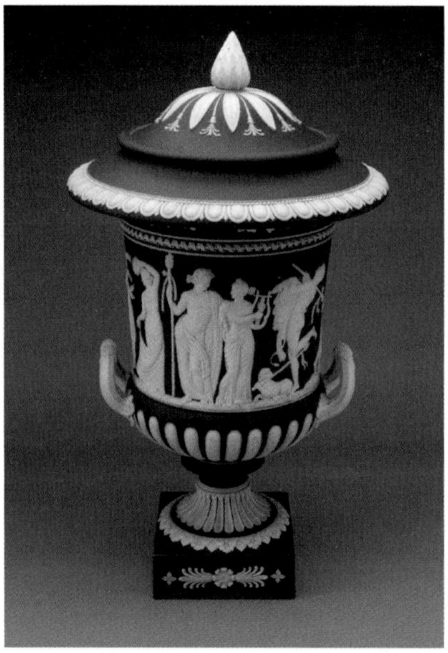
1141

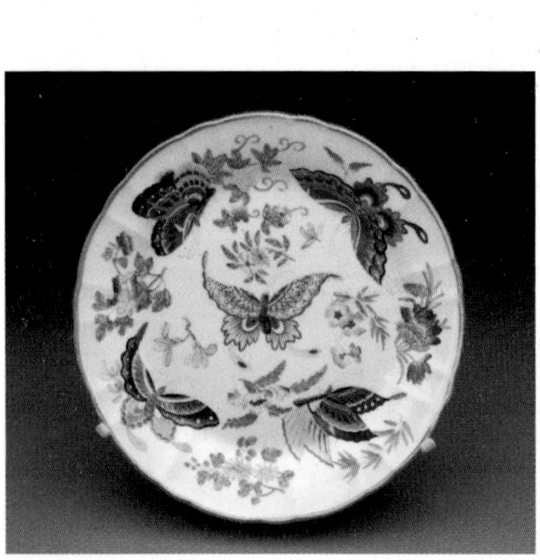
1142

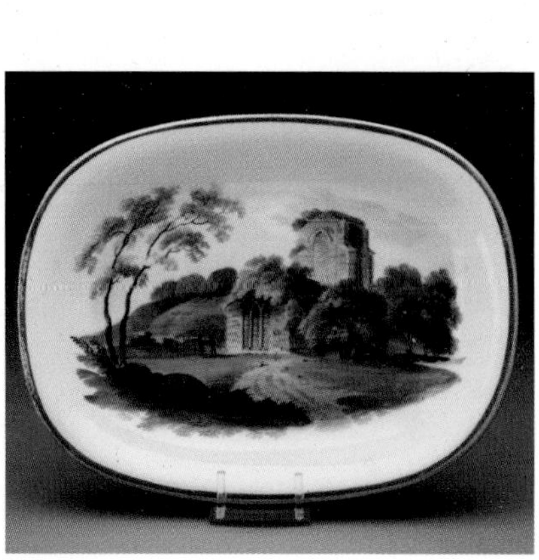
1143

1139
조사이아 웨지우드, 포틀랜드 꽃병, 1789경

1140
조사이아 웨지우드, 뚜껑이 있는 꽃병, 1759경

1141
조사이아 웨지우드, 꽃병, 1850~1900

1142
조사이아 웨지우드, 접시, 1815~1825경

1143
조사이아 웨지우드, Teapot Stand, 1810~1820경

1144
로버트 가라드 2세Robert Garrard II
순례자 병(한쌍 중 하나), 1869

1145
윌리엄 가라드William Garrard, 커피포트, 1780~1781

1146
가라드 앤 컴퍼니Garrard & Co, 식기, 1844

1147
아스프레이, 양초 꽂이, 1851

1148
아스프레이, 잉크병, 1851

가라드 Garrard & Co,
1735~, 고급주얼리 제조 판매 업체, 영국

세계에서 가장 오래된 주얼리 하우스 중 하나로 1735년에 설립되었다. 빅토리아 여왕에게 직접 보석을 제공하는 등 영국 왕실과의 오랜 관계로 유명하며, 영국 왕실의 공식 주얼러로서 다양한 왕실 보석과 왕관을 제작했다.
설립자는 조지 윅스George Wickes로 1735년 런던에서 금속공예 장인으로 시작해 주얼리 및 은제품 제작으로 명성을 얻기 시작했다. 이후 1843년, 가라드는 영국 왕실의 공식 주얼러로 임명되었고, 이후 유명한 왕실 장신구들 특히 여러 왕실 멤버들의 결혼반지를 포함하여 다양한 왕실 행사와 관련된 작품들을 제작했다.
Garrard & Co는 역사적으로 중요한 여러 작품을 제작했는데, 그중에서도 가장 유명한 것은 영국 왕관 보석 중 하나인 코흐노어Koh-i-Noor 다이아몬드를 재가공한 것이다. 또한, 다이애나 왕세자비의 약혼반지도 Garrard & Co의 대표적 작품 중 하나이다.
이와 같이 Garrard는 전통적인 장인정신과 현대적인 디자인을 결합하여 고급 주얼리와 시계를 제작하여 그 명성을 이어가고 있다.

Garrard & Co. 홈페이지 https://garrard.com/int/

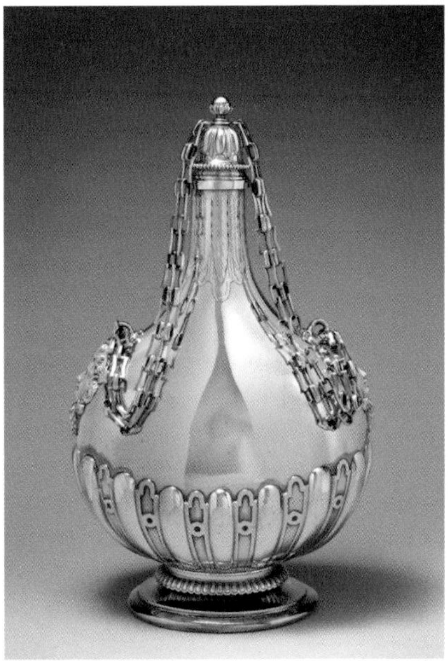
1144

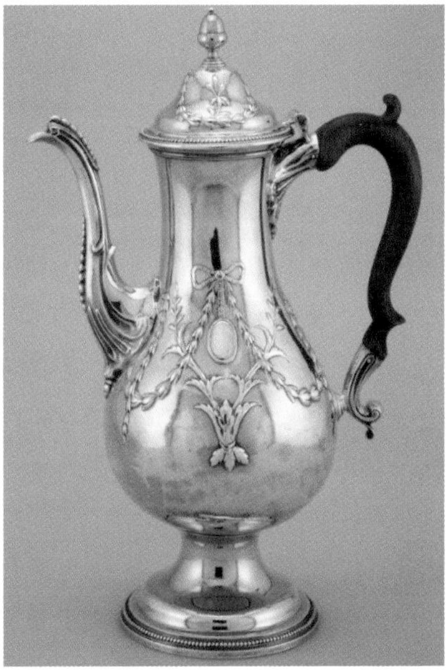
1145

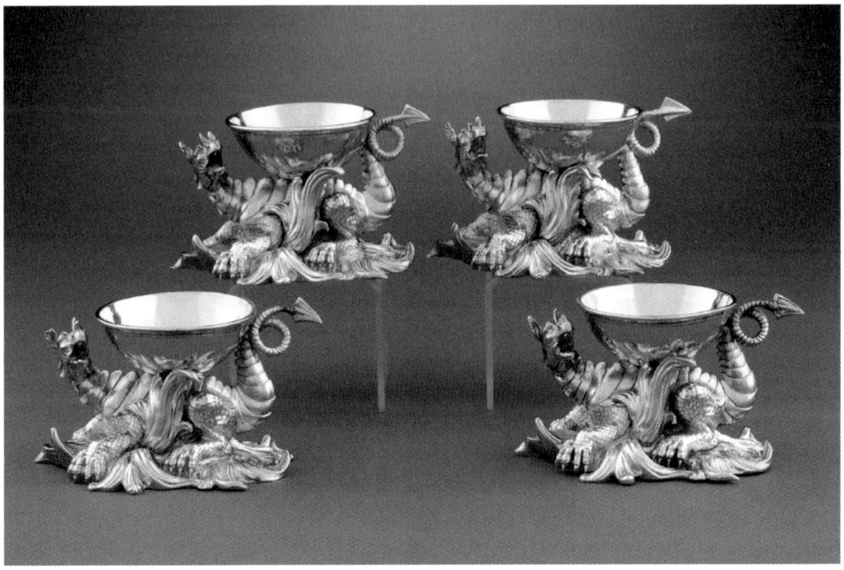
1146

아스프레이 Asprey
1781~, 고급 주얼리, 시계 등 제조 판매 업체, 영국

윌리엄 아스프레이가 1781년에 영국 런던에 설립했다.
아스프레이는 장인정신과 현대적 디자인의 조화가 특징으로, 고급 주얼리, 은제품, 시계, 가죽 제품 등의 럭셔리 아이템을 제조하고 판매하는 영국의 전통 있는 브랜드이다.
고급스러운 디자인과 뛰어난 제작 기술로 유명하며, 초기에는 주로 은제품을 제작했으나 점차 제품 범위를 보석과 다양한 럭셔리 아이템까지 확장했다.
아스프레이는 장인정신과 뛰어난 품질로 급속히 성장했으며, 맞춤형 서비스와 개인화된 제품을 제공함으로써 고객의 독특한 요구와 취향을 충족시키는 것으로도 유명했다. 오랜 역사 동안 많은 유명 인사와 왕실 구성원들에게 사랑받았으며, 19세기 중반에는 영국 왕실 조달업체로 여러 번 임명되는 영예를 얻기도 했다.

Asprey 홈페이지 https://www.asprey.com/

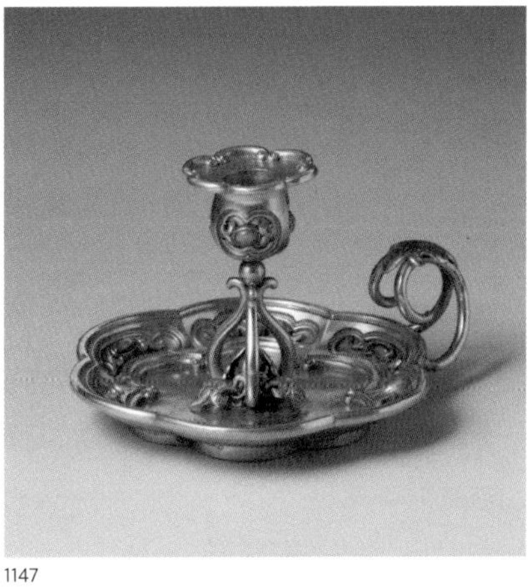
1147

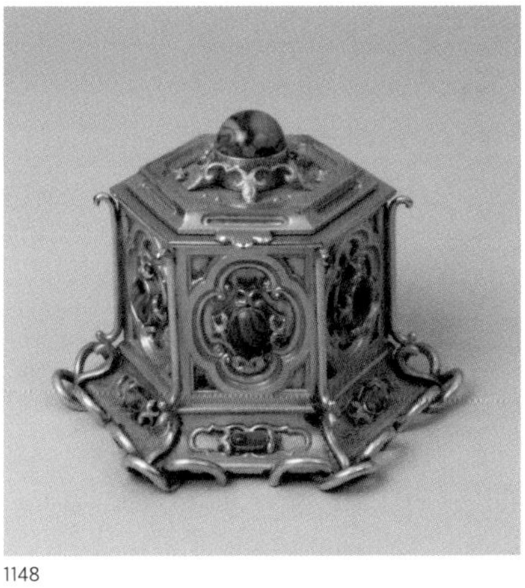
1148

19세기의 고전 디자인
Classic Design of the 19th Century

가구
Furniture

도자기
Ceramics

금속공예
Metal Craft

그래픽
Graphic Design

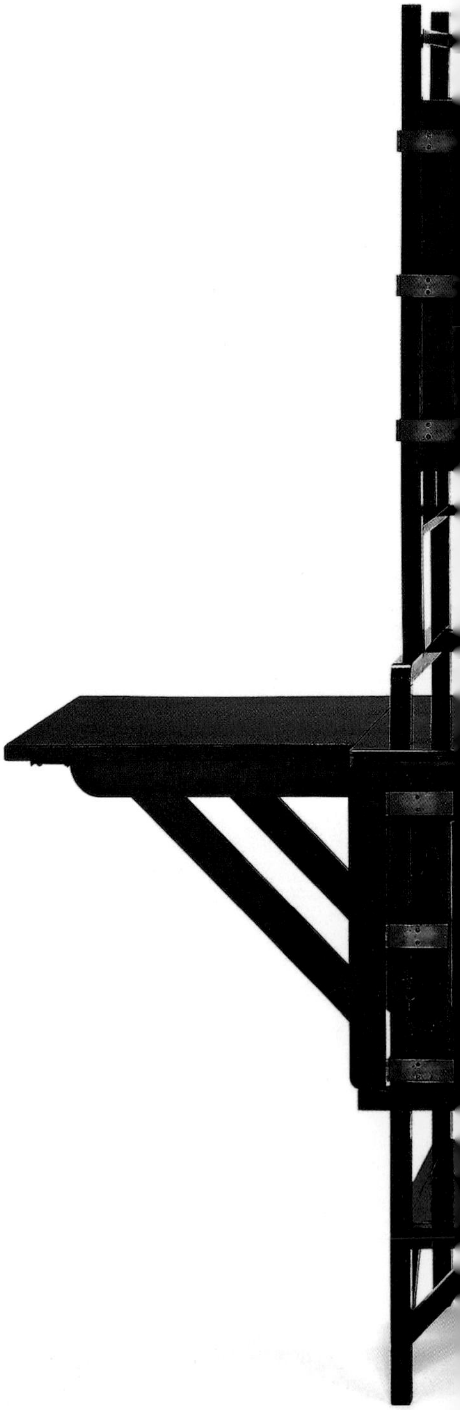

1149
에드워드 윌리엄 고드윈Edward William Godwin, 찬장
1876경

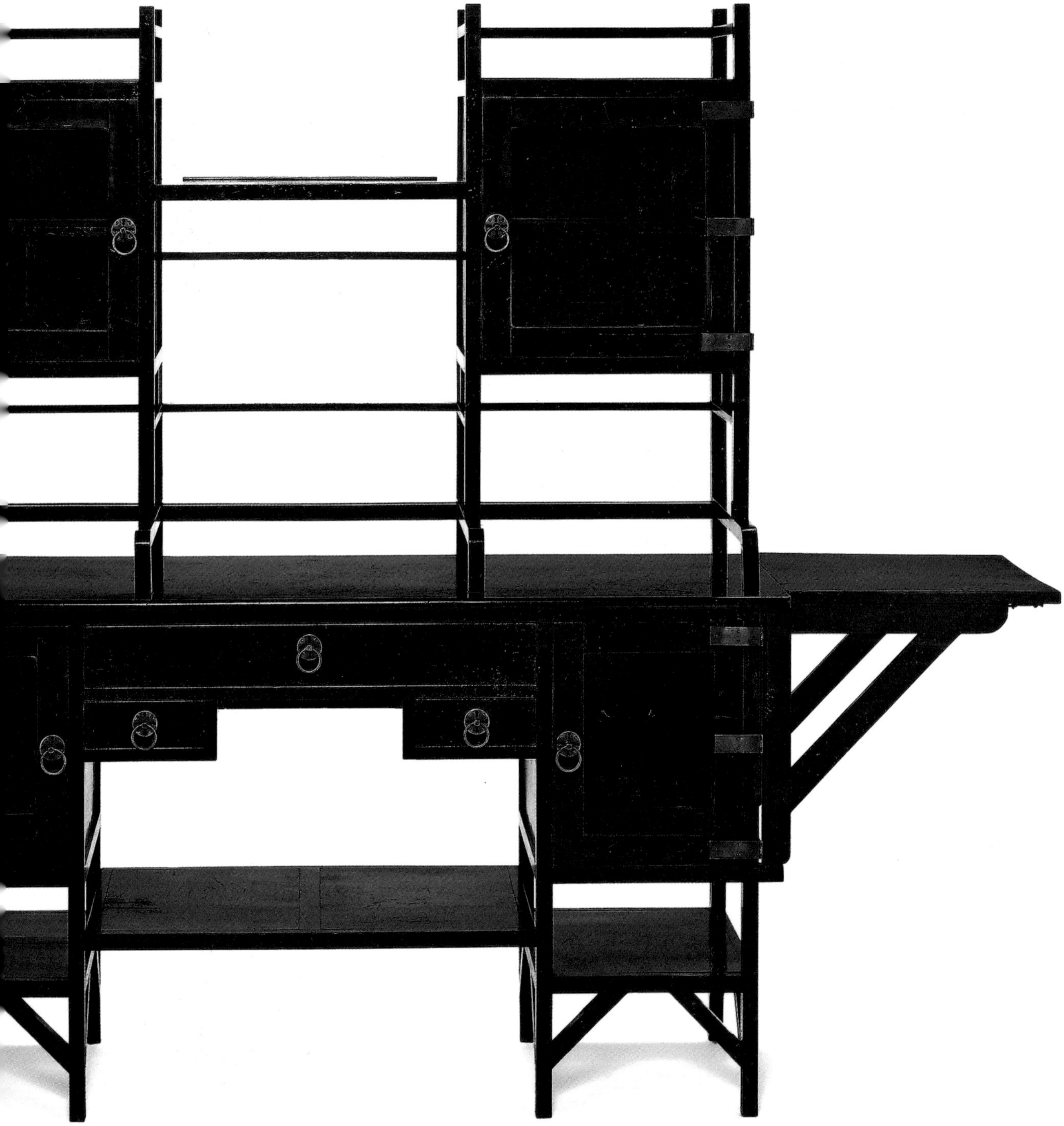

19세기의 이해
Understanding the 19th Century

산업혁명의 확대

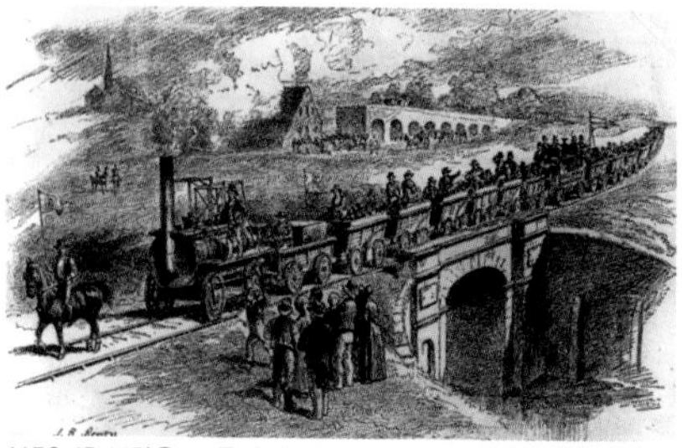

1150 JR 브라운, 스톡턴 및 달링턴 특별 개통열차, 1825

19세기 산업혁명은 영국에서 유럽 전역, 미국으로 확산되었다. 이 시기에는 석탄과 함께 석유의 사용이 시작되었으며, 생산과 유통의 방식이 확장되었다.

철도의 발달은 이 시기에 일어난 가장 상징적인 발달이다. 철도의 확장으로 인해 물류, 통신, 여행 방식에 근본적인 변화가 일어났으며, 이로 인해 산업화와 도시화가 가속화되었다. 또한, 제임스 와트에 의해 개선된 증기기관은 19세기 산업혁명의 핵심 동력이 되어 공장, 운송, 광산 등 다양한 분야에서 적극적으로 활용되었다.

더불어 전신과 전화의 발명은 기존의 정보 전달 방식으로부터 혁명적 변화를 제공하며 산업과 상업에 큰 영향을 끼쳤으며, 전기 모터, 전등, 발전기 등의 발명은 산업과 상업의 운영 방식을 혁신적으로 바꾸어 놓았다.

강철 생산에서의 혁신적인 발전 및 화학 산업의 발전 역시 이 시대의 주요 특징 중 하나로, 인공 비료, 염료, 플라스틱 등의 발명은 농업과 제조업에 새로운 혁신을 가져왔다.

현대과학의 토대

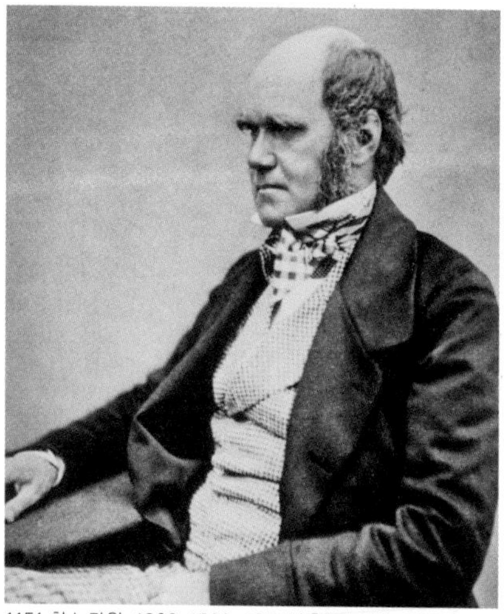

1151 찰스 다윈, 1809~1882, 1854년『종의 기원』집필 중

19세기는 현대 과학의 발전과 기틀을 형성한 시기다. 이 시대의 과학자들은 자연 세계에 대한 이해를 중요시했으며, 정확한 예측을 가능하게 하는 이론과 실험의 결합에 주력, 이전보다 전문화되고 체계적인 탐구 방식을 채택했다. 당시 새로운 과학적 발견과 기술적 혁신은 서로 작용하며 산업혁명을 촉진시켜 새로운 산업과 직업들을 만들어냈다.

진화론, 열역학, 세균학, 전자기학 등의 발전은 자연 세계에 대한 이해를 확장시켰으며, 과학 연구와 교육의 지원을 강화시키고 공공 및 학술 기관의 역할을 확장하는 데 기여했다.

또한, 19세기 과학의 발전은 기존의 종교적 관점으로부터 과학적, 인간의 이성적, 합리적 관점으로 변화하는 계기를 가져왔으며, 이는 종교, 문화, 철학 전반에 걸쳐 많은 변화를 야기했다. 대표적인 과학자는 진화론을 주창한 찰스 다윈Charles Darwin, 유전학의 아버지라 불리는 그레고어 멘델Gregor Mendel, 세균학의 선구자로 백신을 개발한 루이 파스퇴르Louis Pasteur, 원소주기율표를 창안한 드미트리 멘델레예프Dmitri Mendeleev, 다이너마이트를 개발하고 노벨상을 설립한 알프레드 노벨Alfred Nobel, 발명왕이었던 토머스 에디슨Thomas Edison, 교류를 개발하는 데 공헌한 니콜라 테슬라Nikola Tesla, 전신과 모스부호를 발명한 새뮤얼 모스Samuel Morse, 그리고 전화기라는 새로운 통신의 방식을 발명한 알렉산더 그레이엄 벨Alexander Graham Bell 등이 있다.

인간의 철학

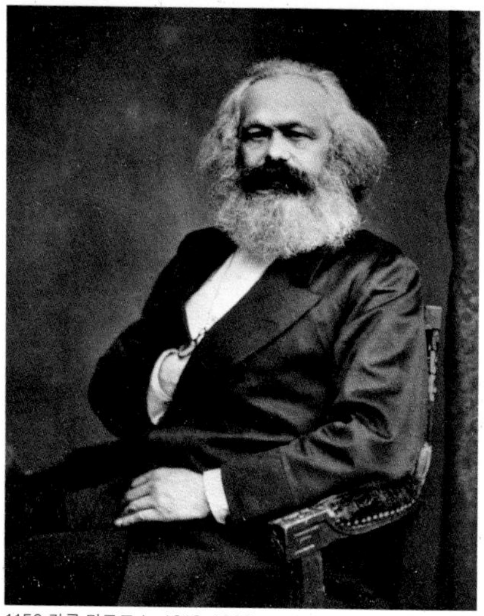

1152 카를 마르크스, 1818~1883

철학

19세기 철학에는 관념론, 실증주의, 실존주의, 마르크스주의, 실용주의, 유틸리테리언 등과 같은 다양한 철학적 흐름이 등장했다. 이러한 철학들은 인간과 현실의 복잡한 관계에 대하여 고민했으며, 인간의 정신, 자유, 인식, 삶에 대한 의미 등에 대한 심도 있는 탐구를 통해 인간과 현실의 관계를 새로운 관점으로 조명했다.

이 시대에 이루어진 과학적 발전 중에서도 특히 자연과학의 발전은 철학적 사고에 큰 영향을 미쳤다. 특히 실증주의와 같은 학파는 과학적 방법을 철학에 적용하려는 시도를 보였다.

정치, 경제, 사회 구조에 대한 깊이 있는 분석도 이 시기 철학의 중요한 관심사였으며, 마르크스주의와 공리주의는 당시 노동자 계급의 증가와 착취 현상, 경제적 불평등의 심화 등의 사회적 변화에 집중했다.

당시 철학과 일상생활의 연결 역시 중요한 이슈였다. 실용주의와 같은 철학적 흐름은 철학을 실제적이고 현실에서 적용 가능한 형태로 발전시키는 데 크게 기여했다. 이와 더불어 개인의 존재와 주체성에 대한 탐구도 중요한 이슈였는데, 실존주의의 초기 형태와 관념론은 인간의 내적 경험과 외부 세계와의 관계를 새롭게 해석하고 정의하는 데에 중요한 역할을 했다.

이와 같이 19세기 철학은 근대 사회의 변화에 적극적으로 대응하였고, 그 과정에서 다양한 사상적 흐름을 탄생시켰다. 당시 대표적인 철학가로는 게오르크 빌헬름 프리드리히 헤겔Georg Wilhelm Friedrich Hegel, 프리드리히 니체Friedrich Nietzsche, 존 스튜어트 밀John Stuart Mill, 아르투어 쇼펜하우어Arthur Schopenhauer, 쇠렌 키르케고르Søren Kierkegaard, 카를 마르크스Karl Marx 등이 있다.

예술 : 현대의 길목

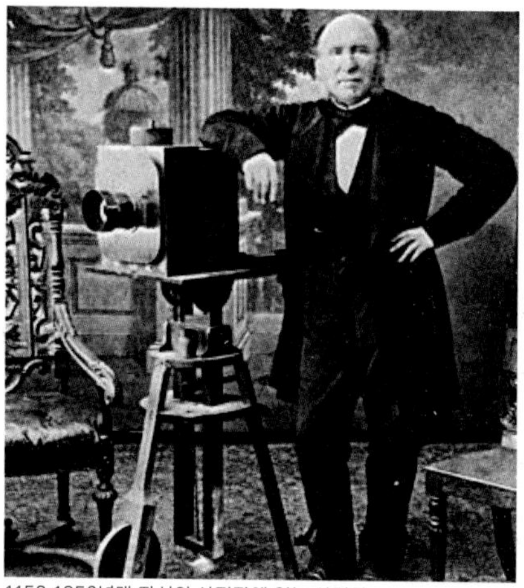

1153 1850년대 자신의 사진관에 있는 사진사

사진의 시작

19세기 초 발견된 사진술은 인쇄 기술의 발견 이후에 일어난 굉장한 발명이다. 영상 분야와 함께 미디어의 혁명이라 할 수 있을 정도로 그 파급력은 대단했으며, 과학, 역사, 예술, 문화 등의 분야들에 엄청난 영향을 끼쳤다.

특히 19세기 초반 사진은 역사 기록의 방식을 완전히 바꾸어버렸다. 기존에 회화에 의존하던 기록의 방식을 사진술을 통해 정확하게 담아내고 영구히 보존도 할 수 있게 되었다.

이러한 현상은 광학과 화학에 대한 연구와 기술 발전을 촉진시켰으며, 한편으로는 예술 분야에도 큰 변화를 일으켰다. 현실주의나 자연주의 예술가들은 마치 사진과 같은 현실성을 추구했고, 인상파 화가들은 사진의 현실을 거부하고 자신만의 해석된 상을 표현했다. 당시 뉴스나 저널리스트들은 사진을 활용하여 정보 전달의 효율성을 높였으며, 이와 같이 사진은 다양한 미디어 분야에서 혁신적인 역할을 했다.

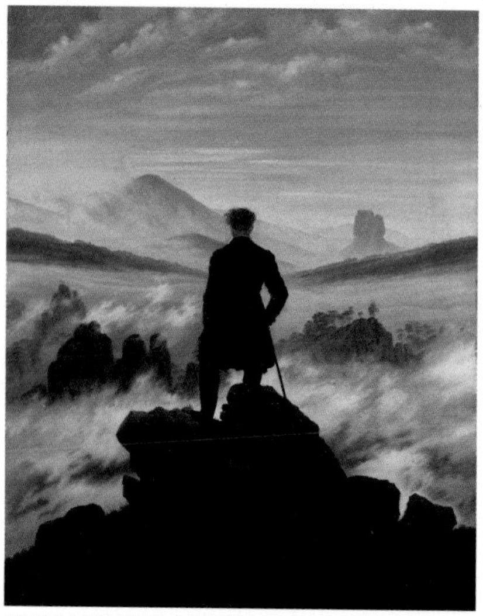

1154 카스파르 다비드 프리드리히, 안개 바다 위의 방랑자, 1818

로맨티시즘 Romanticism

18세기 말에는 프랑스 혁명으로 인하여 그 어느 때보다 개인의 자

유와 권리에 대한 갈망이 커졌으며, 그에 따라 개인주의와 자아실현의 욕구도 증가했다. 당시 산업혁명에 의한 급속한 도시화는 역으로 자연 친화적 사상을 낳게 했다.

이러한 시대적 배경에 의하여 로맨티시즘은 이전까지의 회화가 역사적이거나 종교적 주제를 정형화된 사실적 표현으로 했던 것에 반해, 작가의 감정과 상상력의 표현에 중점을 두었다. 화가들은 주관성과 감정을 작품을 통해 표현했으며, 색채와 조명을 통해 감성적인 면을 강조했다.

또한 산악 풍경, 바다, 숲, 하늘과 같은 자연의 아름다움을 나타내는 풍경화를 주로 그렸다. 그리고 역사적 이벤트나 전설, 신화를 주제로 삼더라도 교훈적 목적을 위한 표현이 아니라 작가에 의하여 감성적으로 해석된 장면을 표현하려 했다.

대표적인 화가로는 카스파르 다비드 프리드리히Caspar David Friedrich, 외젠 들라크루아Eugène Delacroix, 카스파르 테니르스Caspar Teniers, 헨리 푸젤리Henry Fuseli 등이 있다.

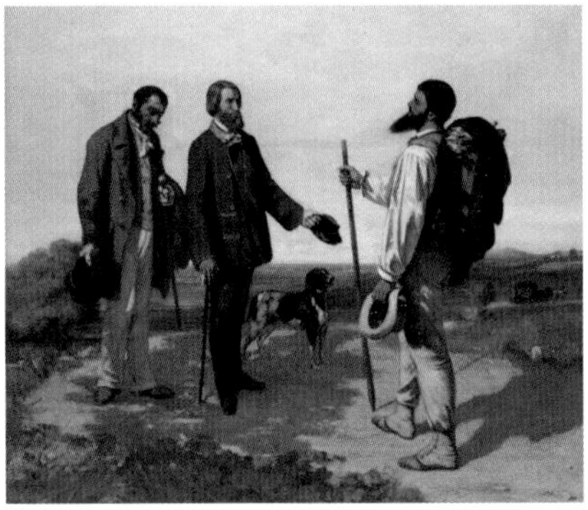

1155 귀스타브 쿠르베, 1819~1877, 안녕하세요 쿠르베씨 Bonjour, Monsieur Courbet, 1854

리얼리즘 Realism

리얼리즘 회화는 19세기 중반 유럽 예술에서 부상한 예술 운동으로, 로맨티시즘이 감정과 상상력에 치우쳐 이상화된 세계를 표현하는 것에 반하여 주변의 현실적 사실을 표현하고자 노력했으며, 인물의 외모나 일상적인 장면을 정확하게 그려냈다.

리얼리즘 작품은 사회적 변혁을 촉구하기 위하여 빈곤, 노동 조건, 사회 부조화, 인종 문제 등과 같은 사회 문제를 주제로 삼기도 했다. 또한 리얼리즘 화가들에게 인물과 일상생활은 중요한 주제였다. 그들은 유쾌하지 않은 현실적인 상황과 일상적인 순간을 정확하게 묘사함으로써 현실적인 경험을 담고자 했다.

대표적인 화가로는 귀스타브 쿠르베Gustave Courbet, 에두아르 마네Édouard Manet, 장 프랑수아 밀레Jean-François Millet 등이 있다.

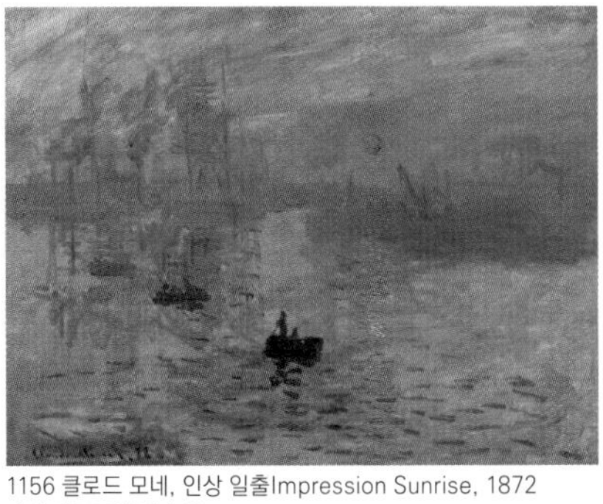

1156 클로드 모네, 인상 일출Impression Sunrise, 1872
파리 마르모탕 미술관

인상주의 Impressionism

인상주의라는 용어는 프랑스의 예술 평론가이자 작가인 에밀레 르끌레르크Émile Leclercq가 1874년에 개최된 파리 독립전Exhibition of the Impressionists에서 인상주의 화가들의 작품에 대한 평론에서 유래한다.

이 전시회에서는 클로드 모네Claude Monet, 에드가르 드가Edgar Degas, 피에르 오귀스트 르누아르Pierre-Auguste Renoir, 카미유 피사로Camille Pissarro, 베르트 모리조Berthe Morisot 등의 화가들이 자신들의 작품을 전시했는데, 에밀레 르끌레르크는 클로드 모네의 〈해질녘, 바다에서의 효과Impression, Sunrise〉라는 작품을 비판하면서, 구체적인 표현이 불가능한 능력 없는 예술가가 자신의 "인상"만을 그린 것 같다는 악의적 의미를 담아 평론했다. 이 용어는 이후에 인상주의 화가들을 지칭하는 데 사용되었고, 인상주의 작가들은 이 용어를 자신들의 예술적 운동의 이름으로 받아들였다.

일반적인 유럽 예술계가 고전적인 예술 규범을 벗어나지 못하고 있던 19세기 말, 인상주의 화가들은 기존의 관습에 반발하며 예술에서 새로운 방향을 찾고자 했다. 당시 인상주의 화가들은 자연의 관찰과 주관적인 느낌을 중시했으며, 순간의 느낌과 경험을 작품에 담고자 했다. 그들은 동일한 장면이라도 시간과 빛, 조명의 변화에 따라 달라지는 사물과 환경의 다채로운 변화를 포착했으며, 자연과 사물을 그 순간의 형태로 표현했다.

당시 화가들은 자연의 빛과 색상에서 생기는 변화를 깊이 관찰했다. 밝은 햇빛 아래에서 빛과 물체, 그리고 환경의 반사에 대하여 관찰하고 이해했다. 또한 다양한 색채와 그림자의 형성 과정과 원리에 대한 심도 있는 이해도 그들에겐 중요한 과제였다. 이러한 빛에 대한 이해와 관심으로 뜨거운 태양과 다양한 색이 존재하는 프랑스의 파리와 시골 풍경을 주제로 한 다양한 명작들이 탄생하게 되었다.

이와 같이 인상주의 화가들은 현장에서 볼 수 있는 빛과 색을 가능한 한 사실적으로 표현하려 노력했다. 또한, 순간의 경험과 주관적 느낌을 중요시하고 고전적인 예술 규범에 도전하며 새로운 스타일을 창조했다.

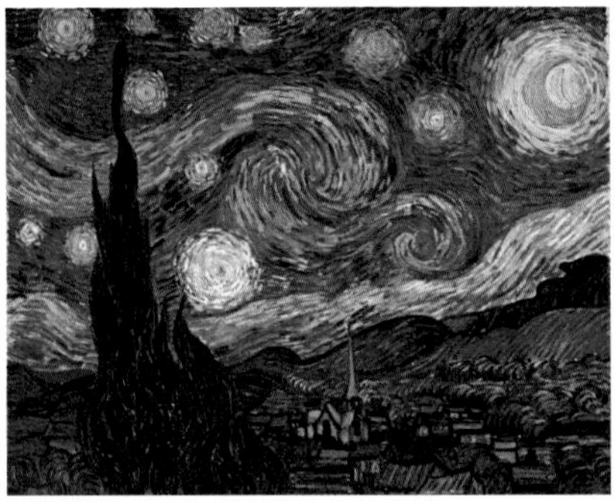

1157 빈센트 반 고흐, 별이 빛나는 밤에, 1889
Museum of Modern Art

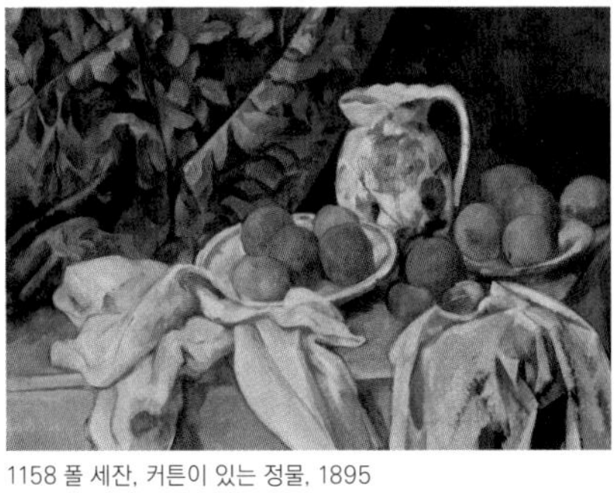

1158 폴 세잔, 커튼이 있는 정물, 1895

후기인상주의 Post-Impressionism

인상주의 운동에 이어 19세기 말에서 20세기 초에 일어난 유럽 미술 운동이다. 인상주의로부터 영향을 받아 다양한 예술적 스타일과 접근을 통해 미술의 진화에 기여했다.

당시 화가들은 기존의 인상주의의 스타일을 받아들이면서도 각자 고유의 스타일을 구축하여 새로운 예술적 방향을 제시했다.

인상주의와 마찬가지로 후기 인상주의 화가들 역시 감정과 상상력을 강조했다. 기존의 인상주의 작품들에서 보인 감정보다 더 깊은 감정에 대한 탐구를 통해 더욱 복잡하고 섬세한 감정을 표현했다. 또한 뛰어난 상상력을 발휘하며 그림의 새로운 형식에 대해 실험했다. 후기인상주의의 일부 작품들은 신비주의적인 요소를 활용하여 현실에서 벗어난 미지의 세계를 그리기도 했는데, 이때에 환상적인 이미지와 상징적인 요소를 활용하여 이상적인 동시에 비현실적인 표현을 시도했다.

형식적으로는 보다 선명하고 대비가 강한 색채를 사용해 그림에 감정과 분위기가 강조되어 담기도록 했다. 과감한 색채의 사용은 그림에 생동감과 깊이를 부여했으며, 그림의 형태와 조각적 구성을 강조하는 동시에 그림 안에 가치 있는 의미와 상징성을 담기 위해 노력했다.

추후에는 현대 미술과 추상 미술 등의 흐름으로 이어지며 다양한 예술가와 작품을 통해 예술의 다양성을 확장시켰다.

대표적 작가로는 폴 세잔Paul Cézanne, 폴 고갱Paul Gauguin, 빈센트 반 고흐Vincent van Gogh, 앙리 루소Henri Rousseau, 조르주 브라크Georges Braque, 조르주 쇠라Georges Seurat 등을 꼽을 수 있다.

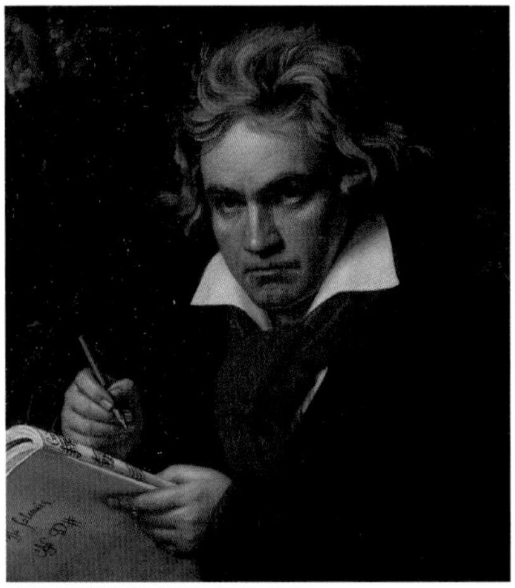

1159 루트비히 판 베토벤, 1770~1827

음악

19세기의 산업, 사회, 문화와 마찬가지로, 음악계 역시 근대에서 현대로 진화하는 과정에서 격변기를 겪었다.

19세기 초 회화가 그랬듯이, 음악 역시 로맨티시즘의 전성기였다. 고전주의 음악보다 개인적이고 역동적이며, 상상력과 개인의 감정이 강조되었다.

이 시기 오케스트레이션 기술의 발전으로 인해 다양한 악기들과 음색의 활용이 가능해졌으며, 대규모 오케스트라를 활용한 음악의 작곡이 활발해졌다.

정치와 마찬가지로 민족주의 혹은 국가주의적 영향을 받기도 했으며, 독일의 완성국주의와 이탈리아의 통일운동과 관련된 음악이 이러한 특징을 대표한다.

한편 피아노 음악은 이 시기에 큰 발전을 이루었다. 프란츠 리스트Franz Liszt와 프레데리크 쇼팽Frédéric Chopin과 같은 작곡가들은 피아노 작품을 통해 기술적 혁신과 감성적 표현을 선보였다.

19세기의 대표적인 음악가로는 루트비히 판 베토벤Ludwig van Beethoven, 리하르트 와그너Richard Wagner, 표트르 일리치 차이콥스키Pyotr Ilyich Tchaikovsky, 프란츠 슈베르트Franz Schuber 등을 꼽을 수 있다.

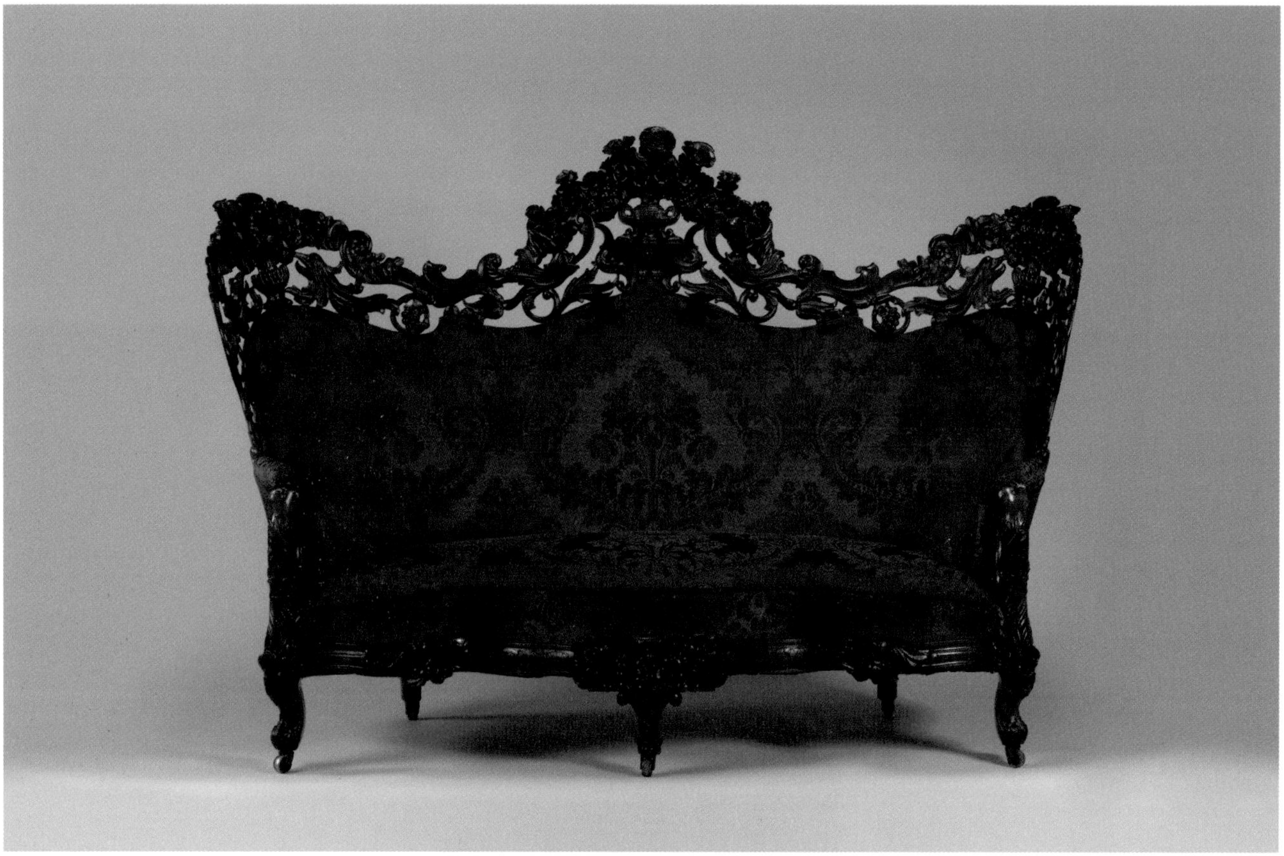

1160

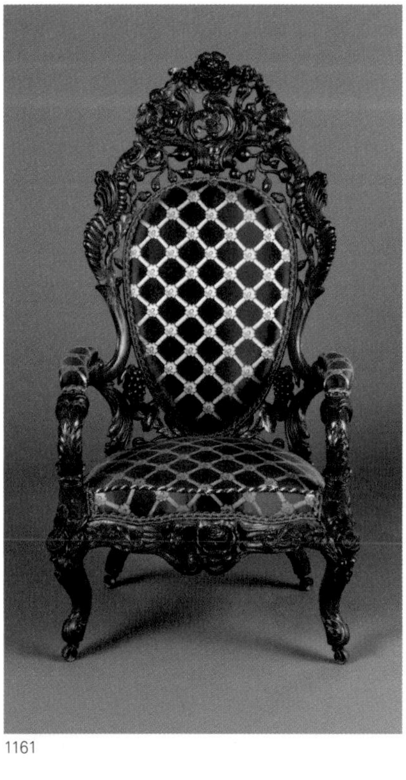

1161

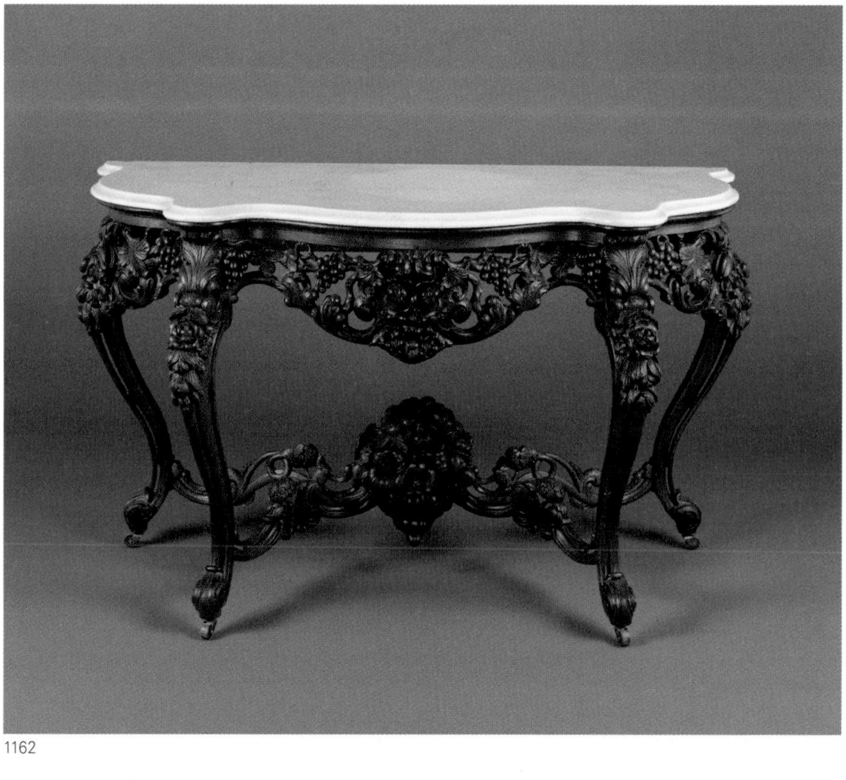

1162

존 헨리 벨터 John Henry Belter
1804~1863, 가구 디자이너, 제작자, 미국

19세기 중반 미국의 가구 제작자로, 1804년 독일에서 태어났다. 추후 미국으로 이주한 후 뉴욕에 작업장을 설립하여 마호가니와 같은 고급 목재를 사용해 마치 조각품과 같이 정교하게 가구를 제작했다.
그의 작품들은 빅토리아 시대의 로코코 리바이벌 스타일을 모티프로, 복잡하고 섬세한 곡선과 우아한 형태가 특징이다. 특히 그의 시그니처 제작 기법 중 하나인 목재를 층층이 겹쳐 압축하여 만든 라미네이트 구조는 매우 복잡하고 섬세한 디자인을 구현할 수 있는 특수한 제작법으로 그의 가구 제작에 있어 특징적인 부분이다.
벨터가 제작한 가구의 인기는 미국 전역의 부유한 집안에 널리 퍼졌으며, 그의 디자인은 미국 가구 제작의 황금기를 대표하는 작품으로 평가받고 있다.
그의 가구는 오늘날에도 미술관과 개인 수집가들 사이에서 높은 평가를 받으며 19세기 미국 가구 디자인의 대표적인 작가 및 작품으로 여겨지고 있다.

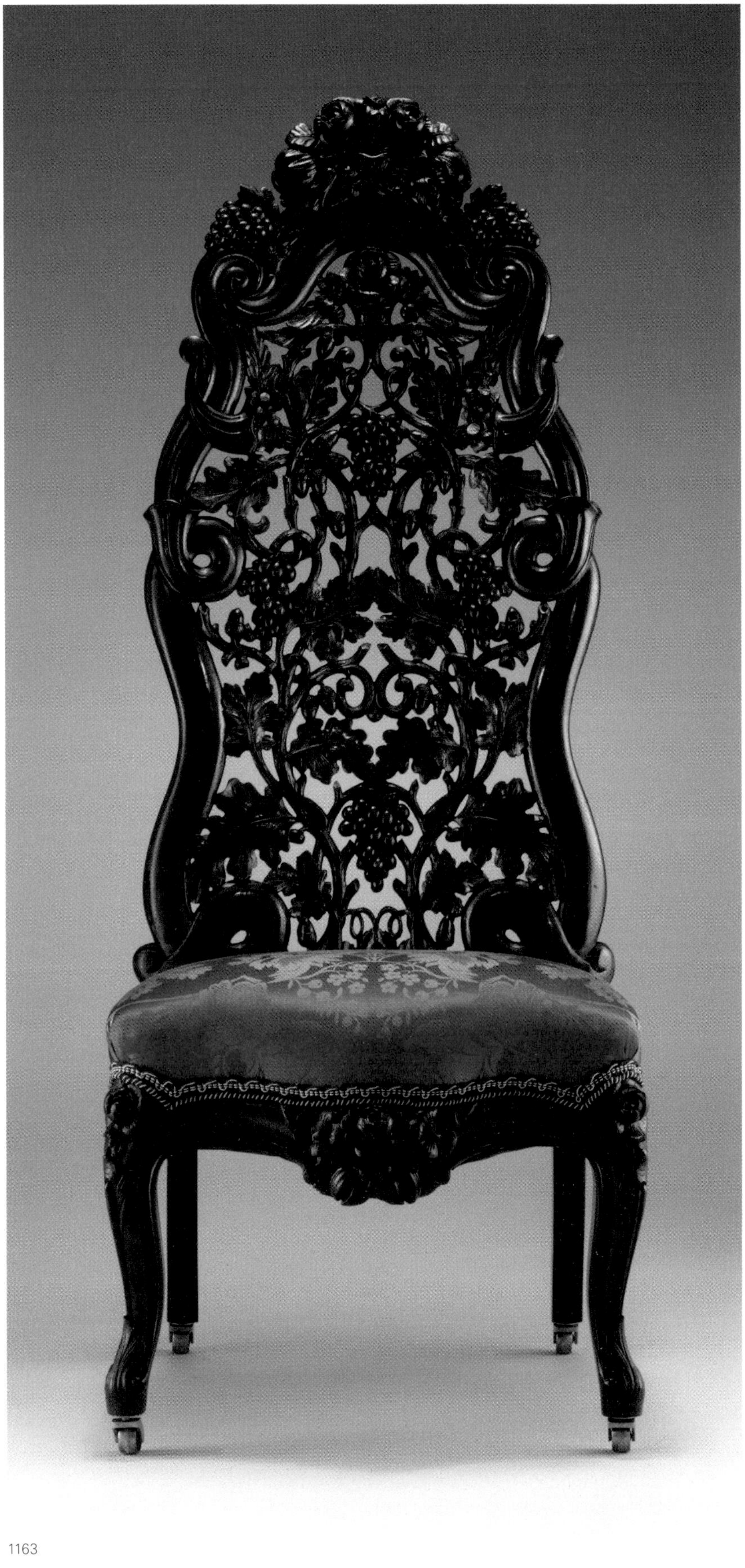

1160
존 헨리 벨터, 소파, 1850~1860

1161
존 헨리 벨터, 암체어, 1850~1860

1162
존 헨리 벨터, 테이블, 1855경

1163
존 헨리 벨터, 의자, 1855경

1163

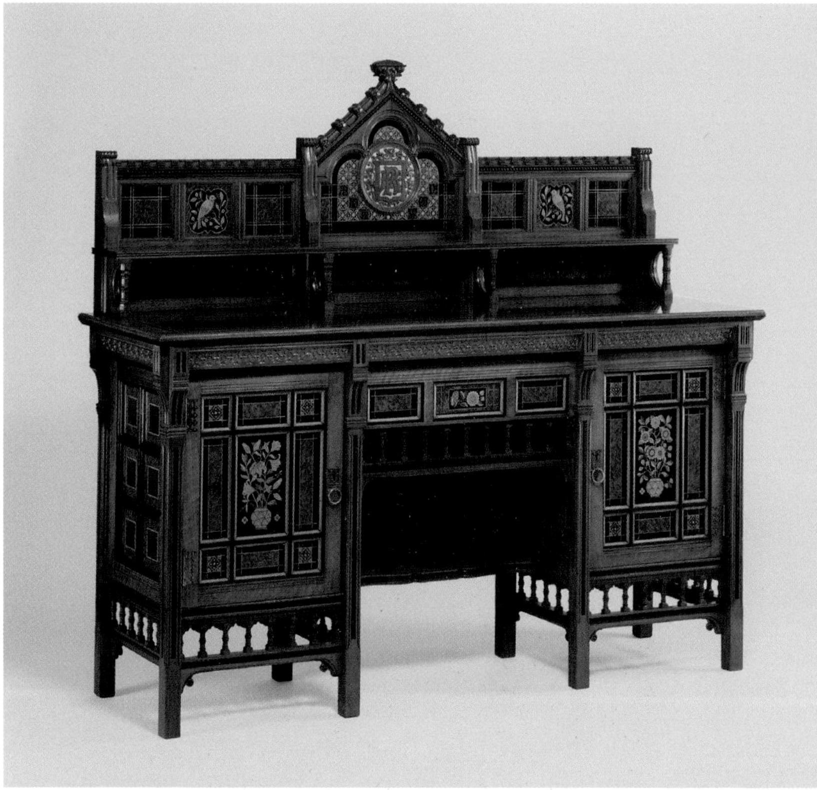

1164

브루스 제임스 탈버트 Bruce James Talbert

1838~1881, 건축가, 가구 디자이너, 영국

19세기 후반 영국의 건축가이자 가구 디자이너로, 특히 가구 디자인에서 두각을 나타냈다. 그는 예술공예운동으로부터 많은 영향을 받았으며, 당시 유행하던 빅토리아 시대의 복잡하고 과장된 스타일에서 벗어나, 보다 기능적이고 단순하면서도 우아한 디자인을 제시했다.

그는 예술공예운동의 핵심 원칙인 수공예 기술의 중요성을 실천하며 공예의 예술화를 추구했다. 또한 자연으로부터의 영감을 받은 이미지들을 그대로 구현하는 것을 넘어 본인만의 스타일로 재해석해 풀어냈다. 그는 특히 나무라는 재료가 가지는 자연스러운 물성을 중요시했으며, 복잡한 장식을 과하게 적용하기보다는 기능과 구조에 중점을 둔 디자인을 추구했다.

루이지 프룰리니 Luigi Frullini

1839~1897, 목공예가, 가구 디자이너, 이탈리아

루이지 프룰리니는 목공예가 및 가구 디자이너이다. 19세기 후반 피렌체를 중심으로 활동했다.

장식적인 목공예 분야에서 두각을 나타냈으며, 탁월한 기술력과 창의력을 발휘하여 매력적인 가구들을 제작했다.

프룰리니의 작품은 마치 이탈리아의 르네상스 스타일이 부활한 것 같은 모습을 하고 있지만, 단순히 르네상스 시대의 전통적 모티프만을 따른 것은 아니다. 그는 르네상스 스타일에 현대적인 감각을 결합하여 그만의 독특한 스타일을 창조했다.

프룰리니는 이러한 노력으로 이탈리아 장식 예술 분야에서 특별한 위치를 차지하게 되었으며, 그의 가구와 소품들은 유럽 귀족들과 부유한 상인 계급들로부터 큰 사랑을 받았다.

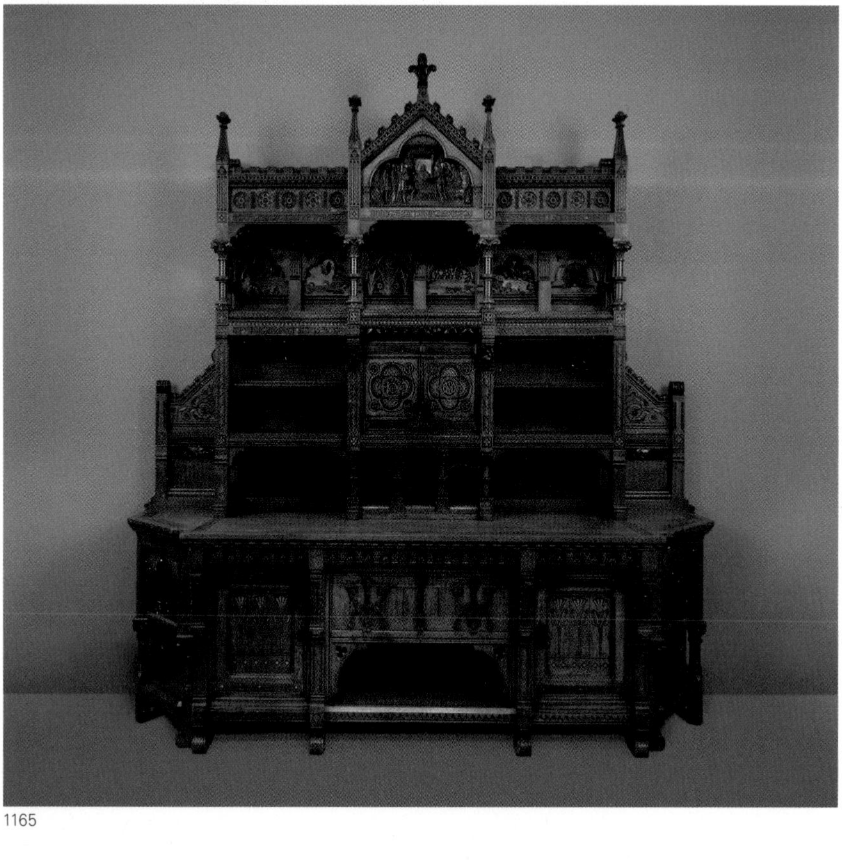

1165

1164
브루스 제임스 탤버트Bruce James Talbert 디자인
길로우사Gillow & Company 제조, 응접실 캐비닛, 1871~1872

1165
브루스 제임스 탤버트Bruce James Talbert
페리클레스 찬장, 1866

1166
게라드 로빈슨Gerrard Robinson
The Chevy Chase Sideboard

1167
루이지 프룰리니Luigi Frullini, 팔걸이 의자, 1839~1897

1168
허터 브라더스Herter Brothers, 캐비닛, 1878~1880

1169
알렉산더 루Alexander Roux
테이블 "Belmead" Center table, 1846경

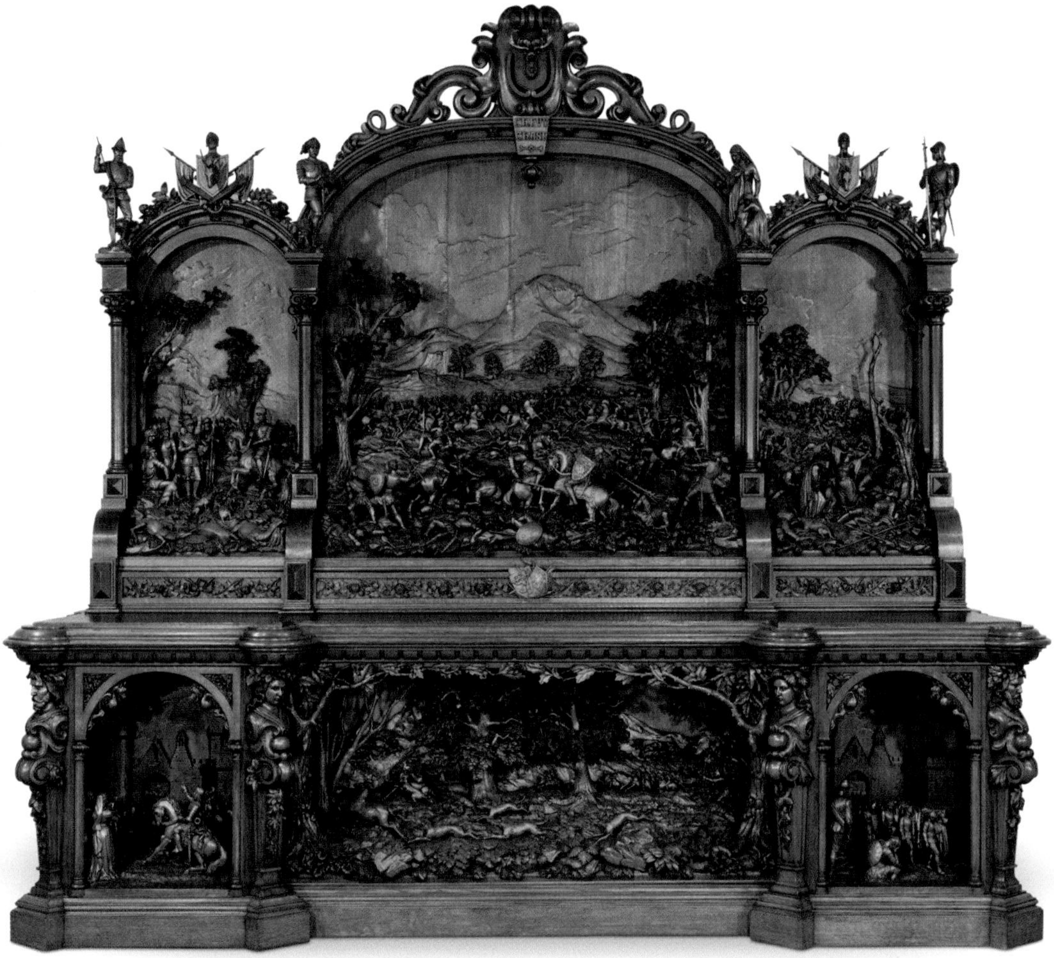
1166

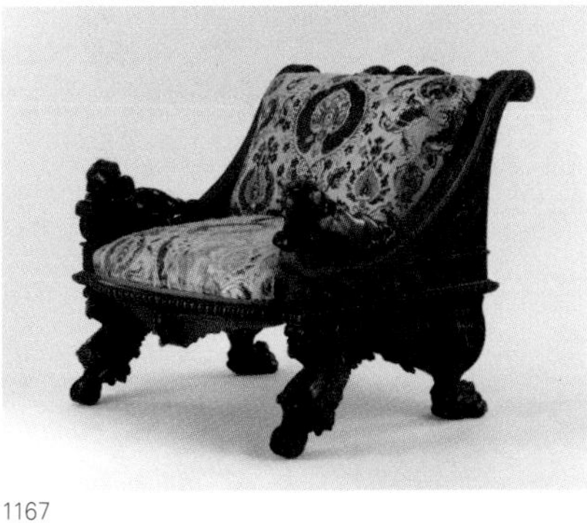
1167

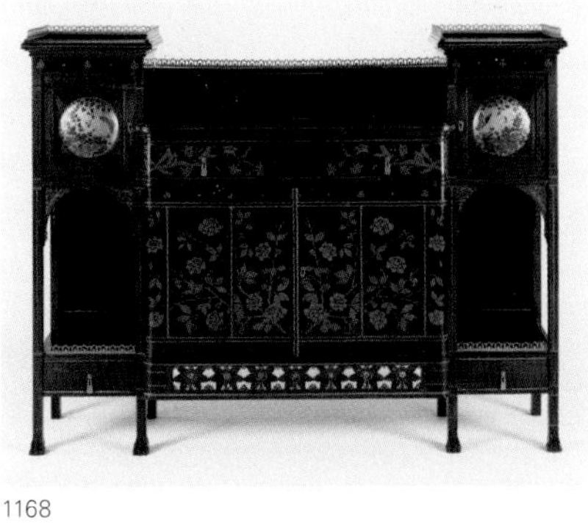
1168

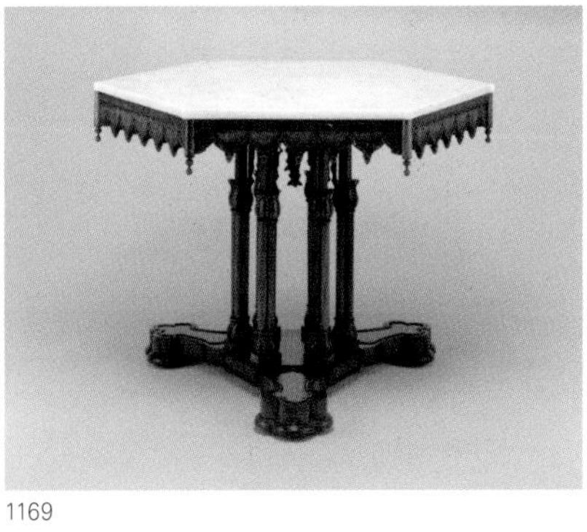
1169

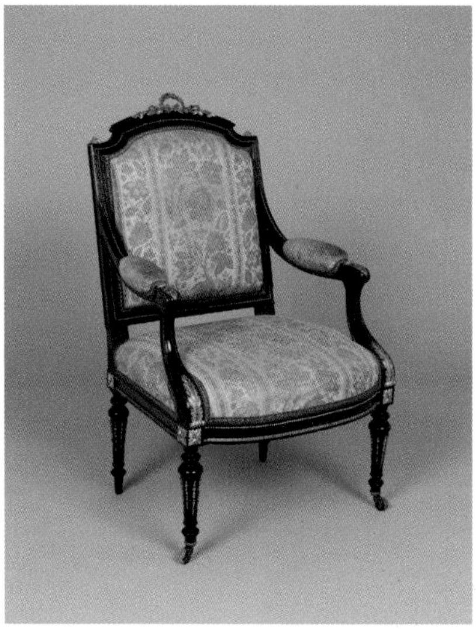
1170
레온 마코트Leon Marcotte, 팔걸이 의자, 1860~1865경

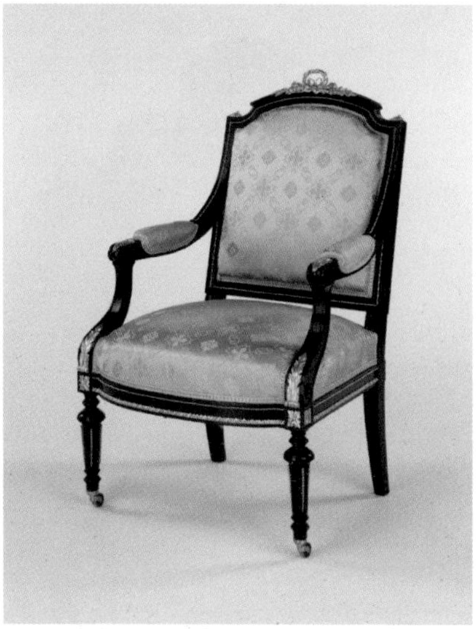
1171
레온 마코트Leon Marcotte, 팔걸이 의자, 1856~1865경

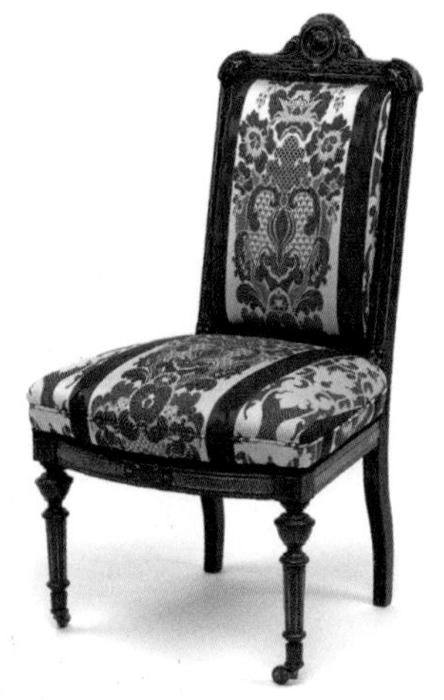
1172
알렉산더 루Alexander Roux, 의자, 1870

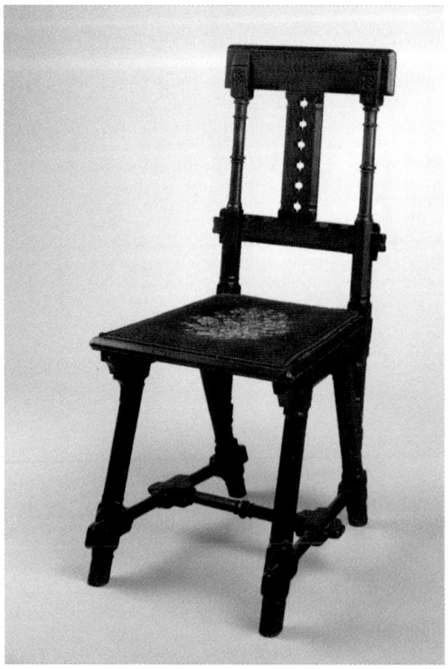
1173
킴벨 앤드 카버스Kimbel and Cabus, 사이드 체어, 1875

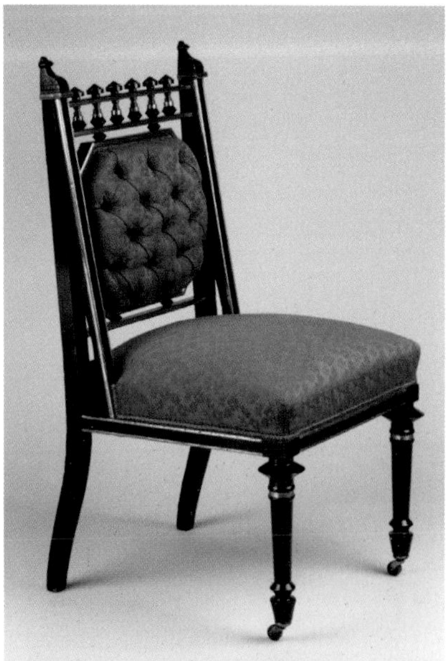
1174
조지 야코프 헌칭거George Jakob Hunzinger
사이드 체어, 1878경

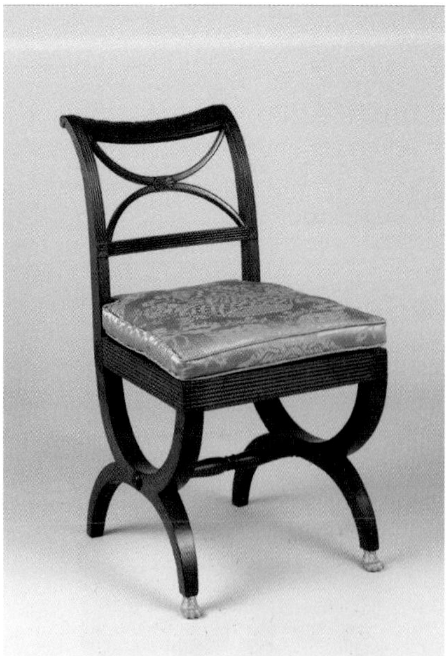
1175
덩컨 파이프Duncan Phyfe, 사이드 체어, 1791~1818

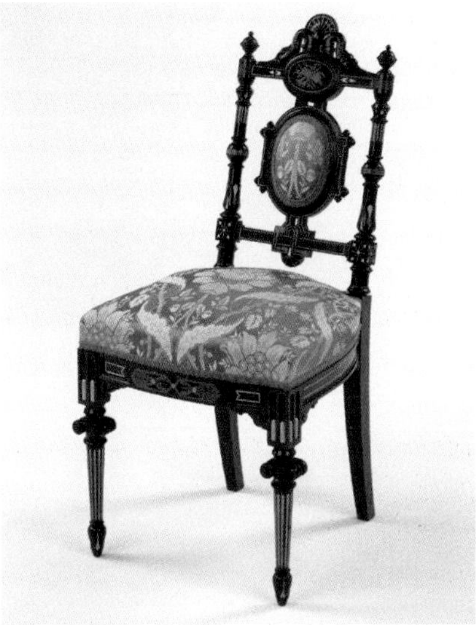

1176
허터 브라더스Herter Brothers, 사이드 체어, 1869~1870경

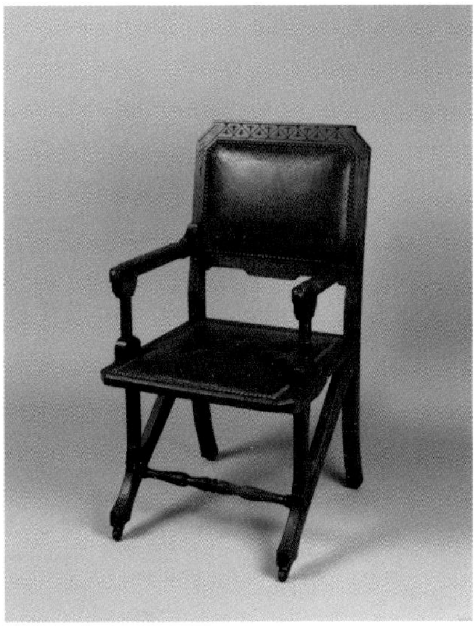

1177
킴벨 & 카버스Kimbel and Cabus, 사이드 체어, 1870~1873

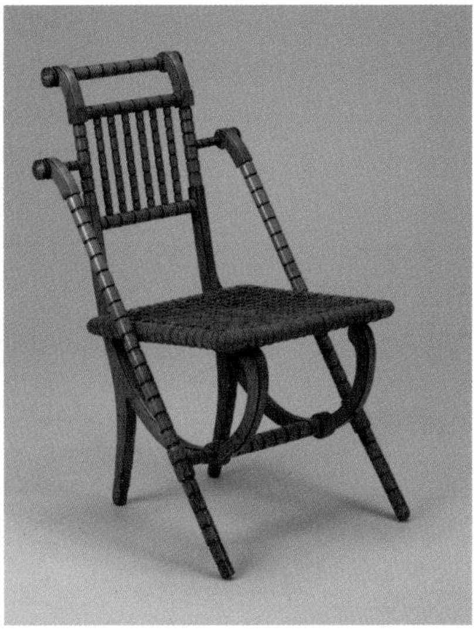

1178
조지 야코프 헌칭거George Jakob Hunzinger, 의자, 1869경

킴벨 앤드 카버스 Kimbel and Cabus

1863경, 가구회사, 미국

1863년경에 안토니오 카버스Antonio C. Cabus와 찰스 킴벨Charles Kimbel에 의해 뉴욕을 기반으로 시작된 가구 제작회사이다.
킴벨 앤드 카버스의 가구는 심미적으로 매력적이면서도 실용적이며, 자연에서 영감을 받은 모티프와 함께 기능성을 특징으로 한다. 동시대의 모더니즘과 예술공예운동의 영향을 받아 고품질의 장인정신과 소재의 본질을 존중하는 것을 중시했으며, 특히 정교한 목공예 기술과 독창적인 디자인으로 유명했다.

허터 브라더스 Herter Brothers

1864~1906, 가구 제작 및 인테리어 회사, 미국

1864년 뉴욕에서 설립된 이 회사는 독일 출신의 크리스티안 허터Christian Herter와 그의 형제 구스타브 허터Gustave Herter에 의해 설립되어 운영되었다.
허터 브라더스는 미국 가구 디자인과 인테리어 장식 분야에서 뛰어난 기술과 혁신적인 디자인으로 큰 명성을 얻었다.
특히 미국의 부유한 산업가들과 정치인들 사이에서 인기가 많았으며, 그들의 고객 명단에는 윌리엄 H. 밴더빌트William H. Vanderbilt, 제이 굴Jay Gould, 마크 트웨인Mark Twain과 같은 당대의 유명 인사들이 포함되어 있었다. 허터 브라더스는 가구 제작뿐만 아니라 전체적인 인테리어 디자인 프로젝트를 수행하기도 했으며, 이는 당시로서는 새로운 접근 방식이었다.
허터 브라더스는 르네상스, 바로크, 로코코 등 다양한 역사적 스타일에서 영감을 받아 이를 현대적인 감각으로 재해석하여 독특한 미적 표현을 창출했다. 세밀한 조각, 고급스러운 소재 사용, 그리고 정교한 마감 처리로 잘 알려져 있으며, 이러한 특성은 허터 브라더스의 가구와 인테리어 장식품을 당대 최고의 럭셔리 아이템으로 만들어 주었다.

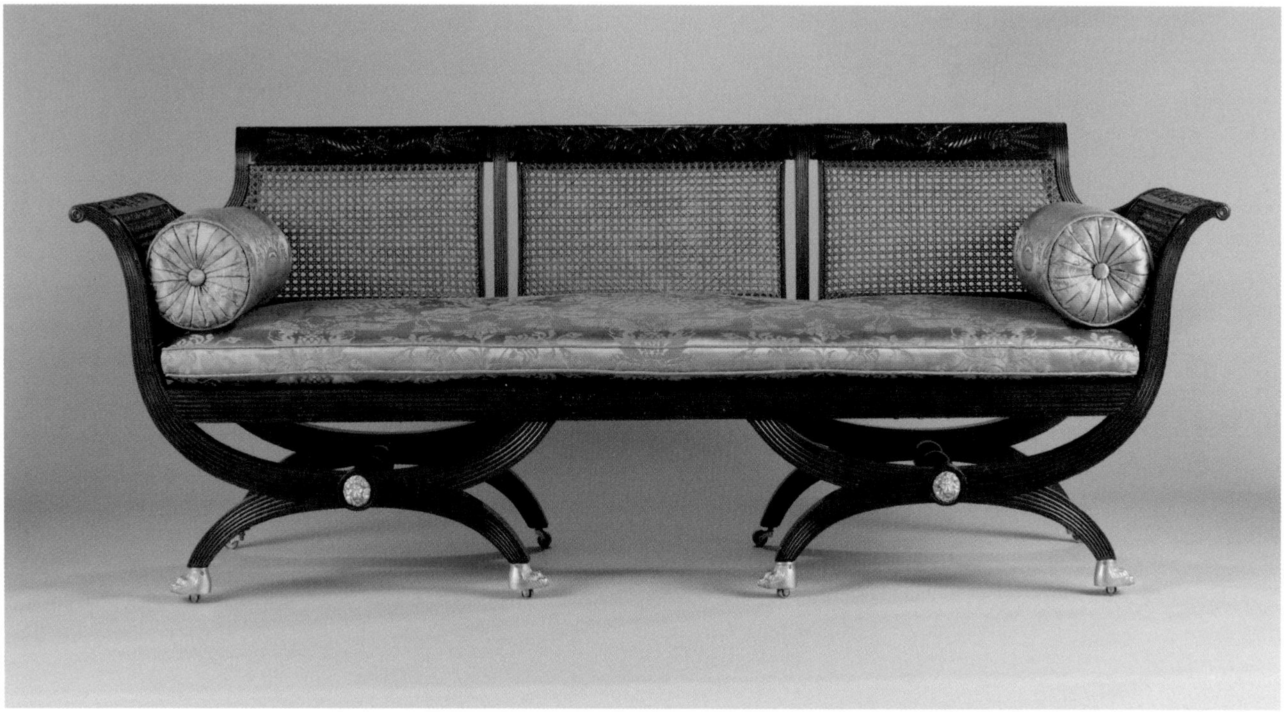

1179

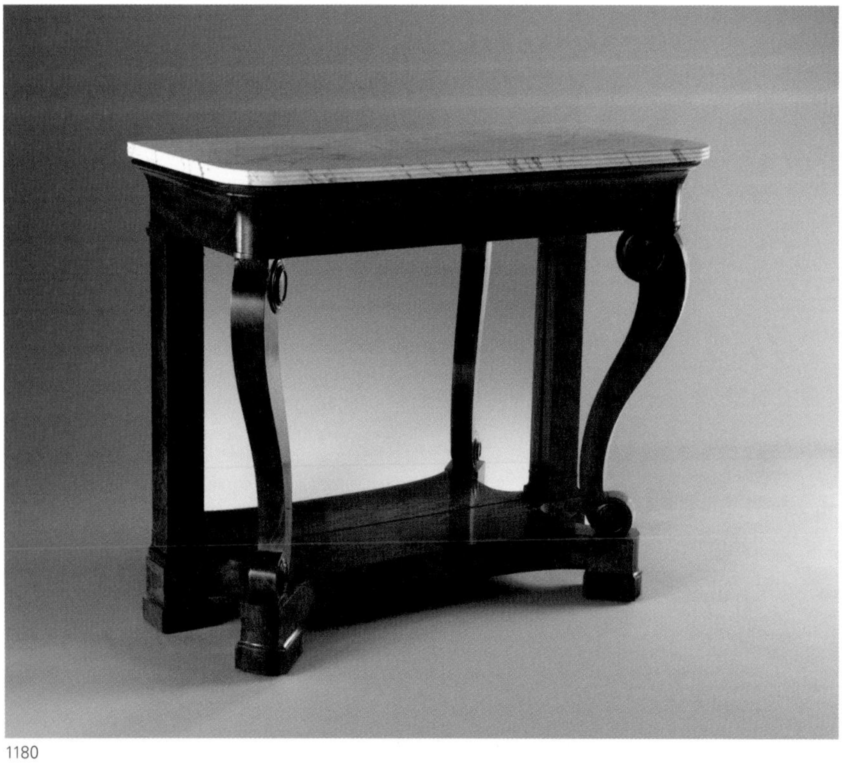

1180

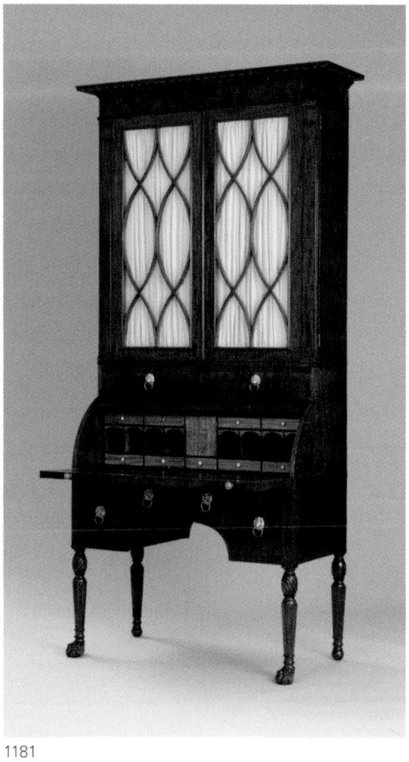

1181

덩컨 파이프 Duncan Phyfe
1768~1854, 가구 디자이너, 제작자, 미국

19세기 초 미국에서 활동한 유명한 가구 제작자로 그의 작품은 미국 연방주의 스타일을 대표하며 널리 인정받고 있다. 스코틀랜드에서 태어나 어린 나이에 미국으로 이주해 뉴욕에서 가구 제작자로 활동을 시작했다. 그의 디자인은 클래식한 형태, 우아함, 그리고 세련된 디테일이 특징이며, 특히 그리스 및 로마 고전주의에서 영감을 받은 기하학적 형태와 클래식한 장식 요소가 돋보인다.
연방주의 스타일은 1780년대 미국의 독립 후에 시작되어 1820년대까지 유행했던 디자인 양식이다. 이 스타일에는 미국 연방 시대의 정치적, 문화적 독립과 정체성이 함께 반영되어 있다. 연방주의 디자인 스타일의 경우 유럽의 네오클래식 양식으로부터 영향을 받아 균형감, 대칭성, 간결함이 특징이다. 연방주의 가구는 완벽한 비례감, 복잡하지 않은 간결한 구조, 그리고 고전적인 장식으로부터 얻은 모티프 등을 보여준다.
덩컨 파이프는 이러한 연방주의 스타일을 본인만의 관점으로 새롭게 해석하여 디자인했다. 또한 고품질의 목재를 사용하고 정교한 장인정신을 더해 시대를 초월하는 완벽한 미를 가진 가구를 완성하여 당시 미국 상류 사회로부터의 관심과 큰 인기를 누렸다. 오늘날까지 그의 가구는 미국 가구 디자인의 클래식이라는 대표성을 가지며 미술관과 수집가들에 의해 사랑받고 있으며, 미국 가구 디자인 역사에서 매우 중요한 위치에 자리하고 있다.

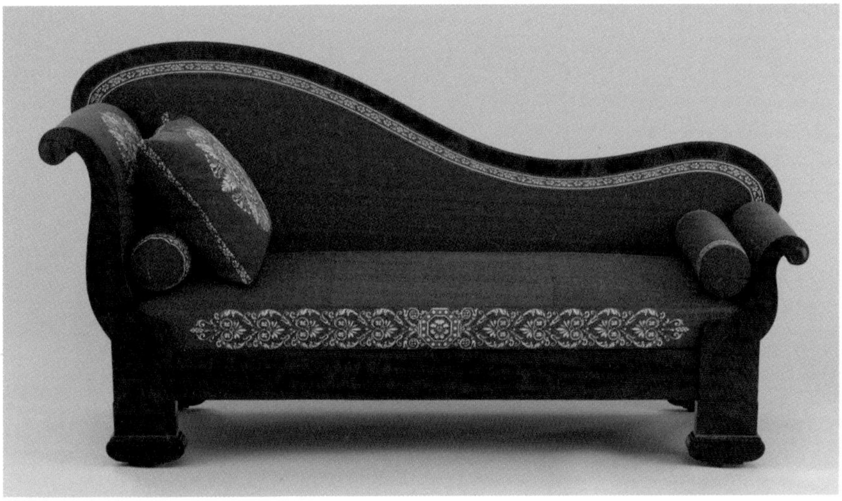
1182

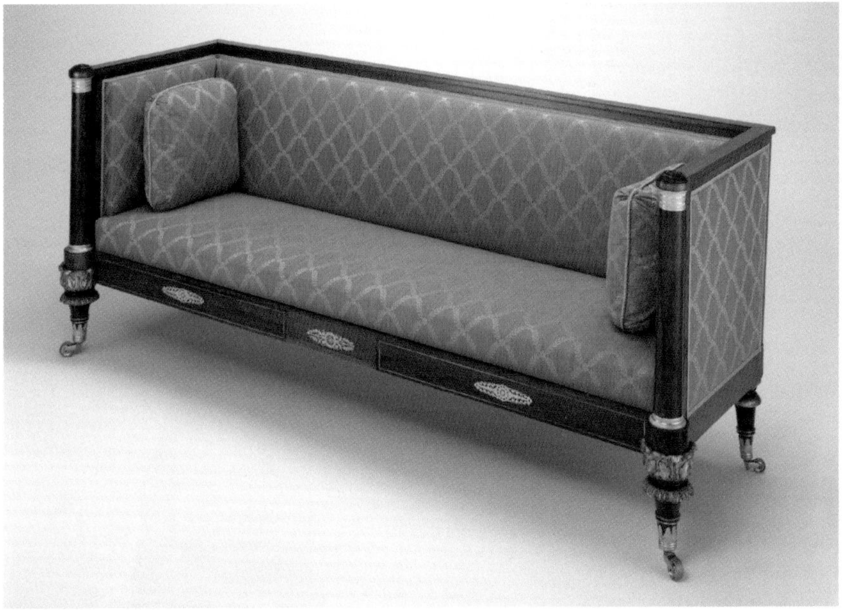
1183

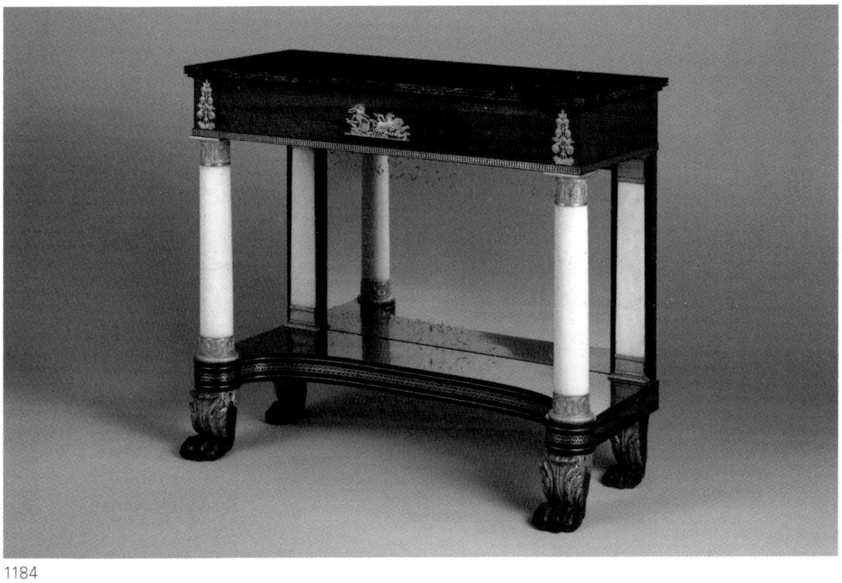
1184

1179
덩컨 파이프, 소파, 1810~1820경

1180
덩컨 파이프, 테이블, 1810~1820경

1181
덩컨 파이프, 실린더 책상과 책장, 1815~1820경

1182
덩컨 파이프, 침상, 1837경

1183
덩컨 파이프, 박스 소파Box sofa, 1837경

1184
덩컨 파이프, 피어 테이블Pier Table, 1815~1825경

마이클 토넷 Michael Thonet
1796~1871, 가구 디자이너, 제작자, 오스트리아

오스트리아의 가구 디자이너이자 제조업자로 벤트우드 bentwood 가구 제작 기술의 개척자로 유명하다. 그의 가장 유명한 작품 중 하나는 'No. 14 chair'로, 19세기 중반부터 생산되어 전 세계적으로 큰 인기를 누렸으며, 오늘날까지도 '카페 의자'로 알려지며 현재까지 전 세계적으로 수백만 개가 판매되었다.
토넷은 목재를 스팀으로 가열하여 유연하게 만든 다음 원하는 형태로 구부려 제작하는 벤트우드 기술을 발전시켰다. 이 기술은 당시의 가구 제작에 혁명을 가져왔으며, 이를 통해 더 간단하고 경제적이며 대량 생산이 가능한 가구를 만들 수 있게 되었다.
No. 14 chair는 토넷의 혁신적인 디자인과 기술력의 정수를 보여주며, 구부러진 목재 구조, 간결하고 우아한 디자인, 그리고 편안함을 제공하는 기능성으로 유명하다. 또한, 간편한 조립과 운송이 가능하도록 설계되었으며, 이는 당시로써는 매우 혁신적인 접근이었다.
이처럼 'No. 14 chair'는 그 당시의 사회적, 경제적 변화를 반영하며 산업 디자인과 가구 제작의 역사에서 중요한 위치를 차지하고 있으며, 현재도 토넷사에 의해 생산되고 있다.

홈페이지
https://www.thonet.de/en/shop/find-retail-partner

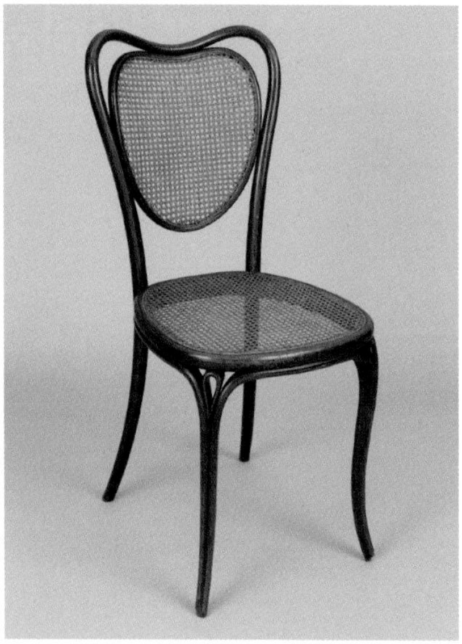
1185

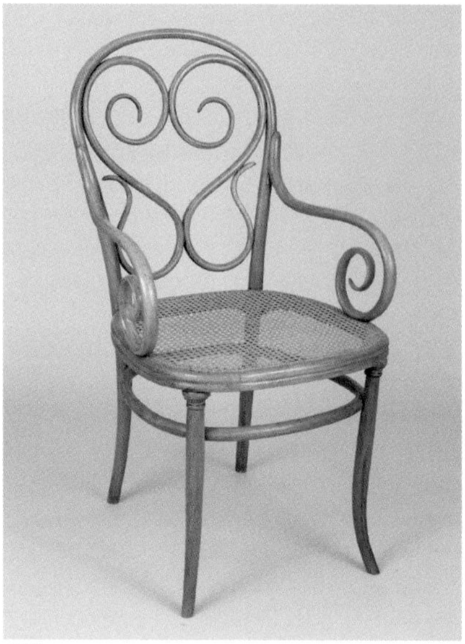
1186

1185
마이클 토넷, 사이드 체어, 1851경

1186
마이클 토넷, 팔걸이 의자, 1860

1187
마이클 토넷, 팔걸이 의자, 1850경

1188
마이클 토넷, 의자(No.14 chair), 1859

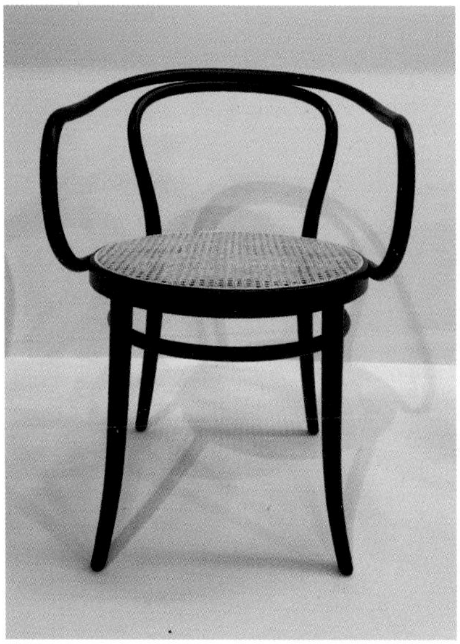
1187

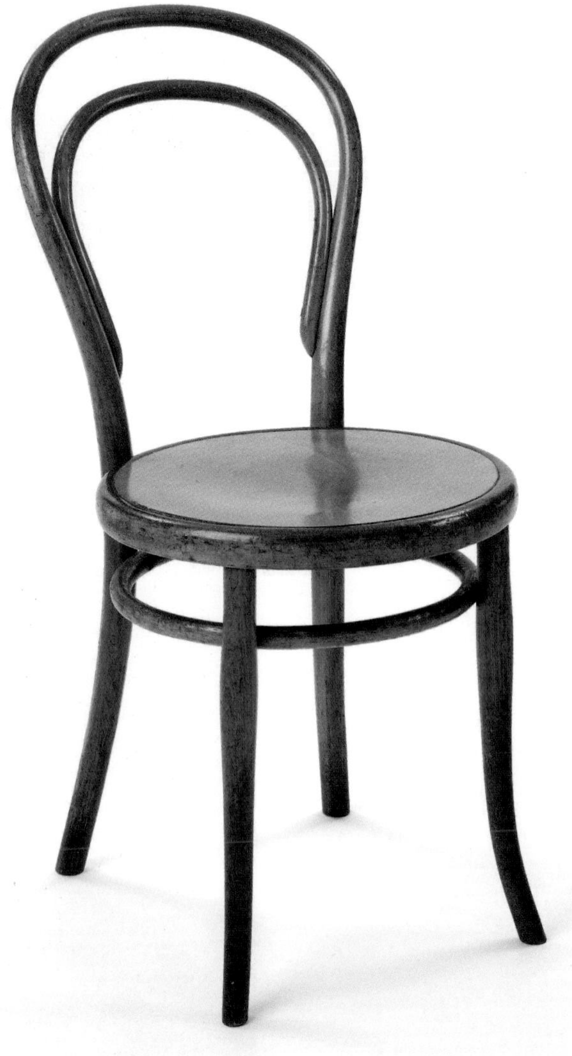
1188

조지 야코프 헌칭거 George Jakob Hunzinger
1835~1898, 가구 디자이너, 미국

조지 야코프 헌칭거는 19세기 중반부터 말까지 활동한 가구 디자이너이다. 독일에서 태어나 미국으로 이주한 후, 뉴욕에서 자신의 가구 제작 회사를 설립해 활동했다. 헌칭거의 디자인은 기존 가구 디자인으로부터 이어져 온 전통적인 관념에서 벗어나, 복잡한 장식과 더불어 특유의 기하학적 형태와 혁신적인 구조로 자신의 독창성을 나타냈다. 그의 가구는 기능성과 더불어 장식적인 요소가 강조되었으며 독특한 조립 방식과 기계화된 부품을 사용하여 제작된 것이 주요한 특징이다.
그의 대표적인 작품 중 하나인 헌칭거 의자Hunzinger chairs는 특이한 형태와 구조로 유명하며, 복잡한 기하학적인 패턴, 독특한 팔걸이 디자인, 그리고 눈에 띄는 조각 및 장식적인 요소들을 특징으로 한다.
헌칭거의 가구는 고급스럽고 장식적이면서도 견고한 구조와 실용성을 제공했으며, 이러한 이유로 19세기 미국의 부유한 가정에서 큰 인기를 얻게 되었다. 그의 가구는 현재 수집가와 미술관에 의해 높이 평가받으며, 특히 그의 혁신적인 디자인과 기술적 접근은 현대 가구 디자인에도 영향을 미치고 있다.

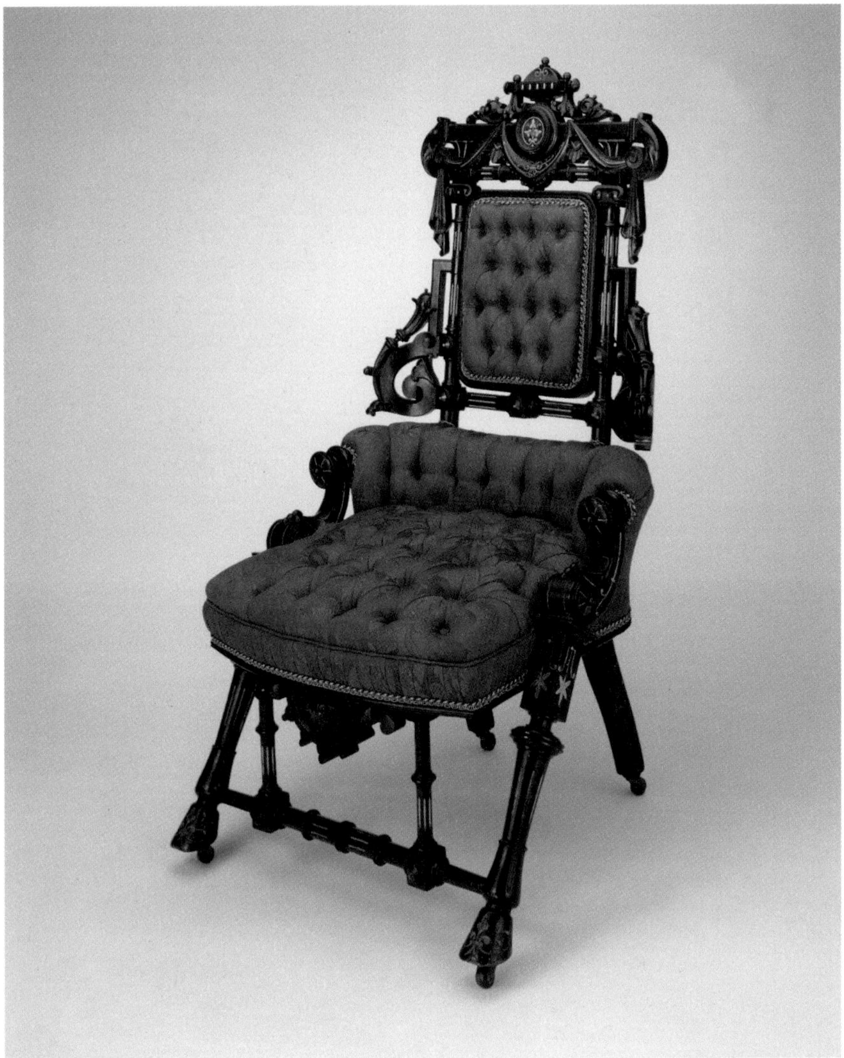
1189

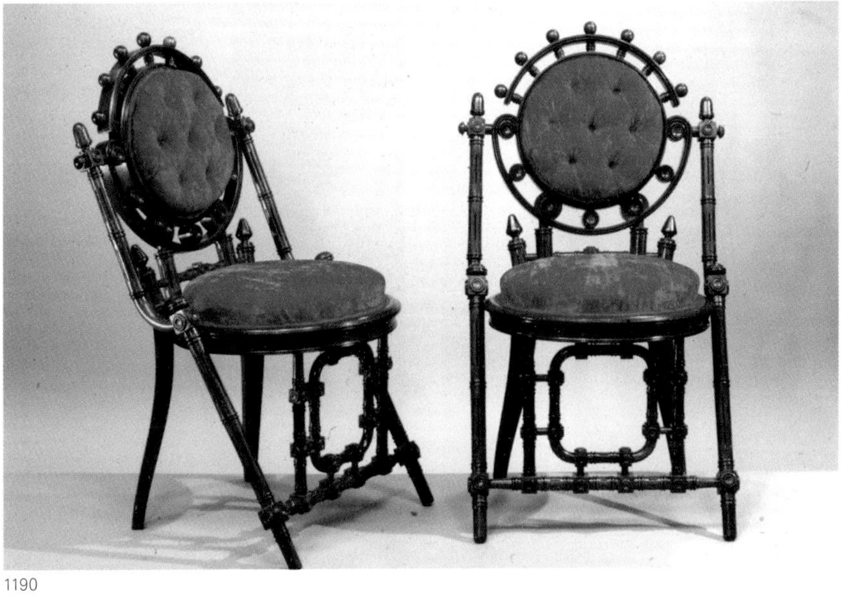
1190

1189
조지 야코프 헌칭거, 사이드 체어, 1878경

1190
조지 야코프 헌칭거, 사이드 체어, 1869경

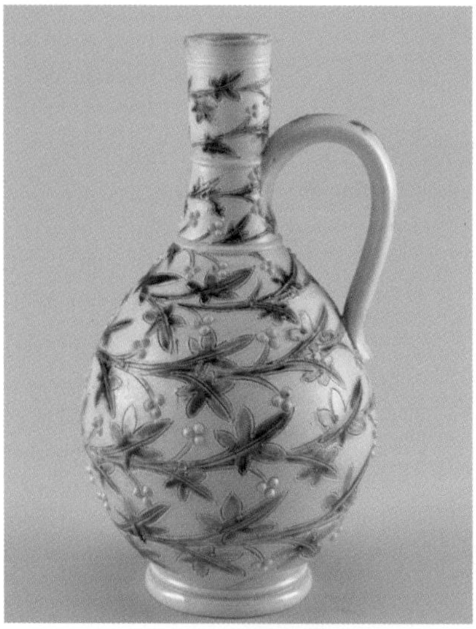
1191

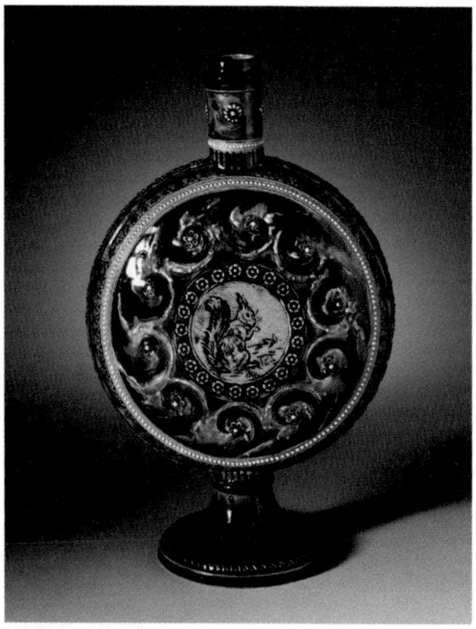
1192

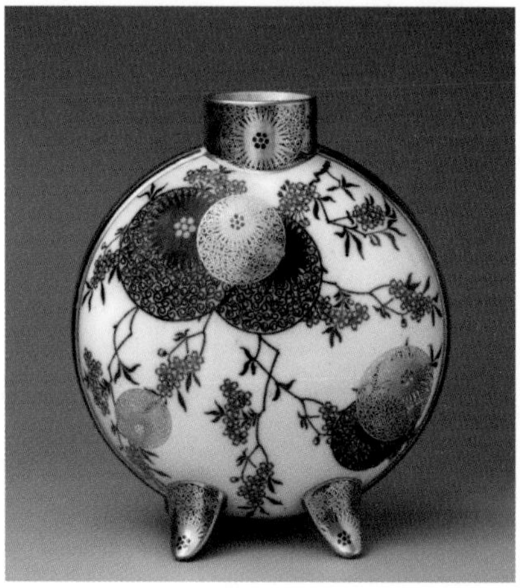
1193

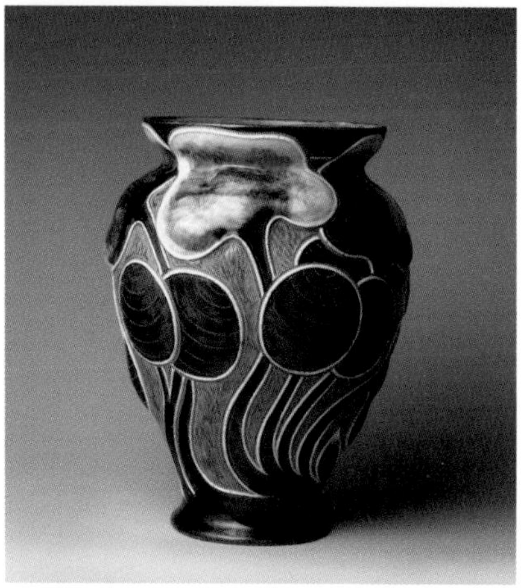
1194

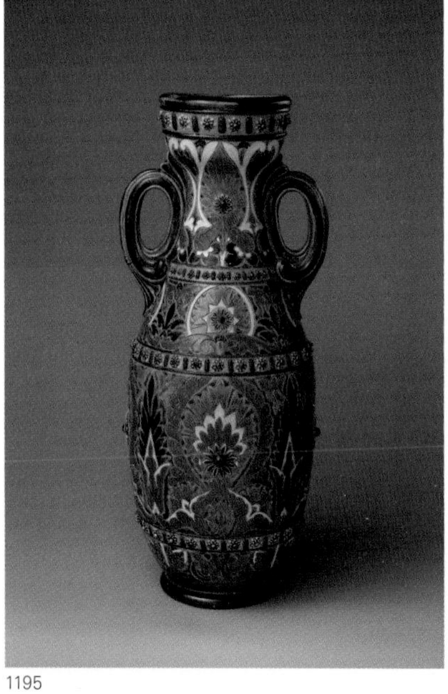
1195

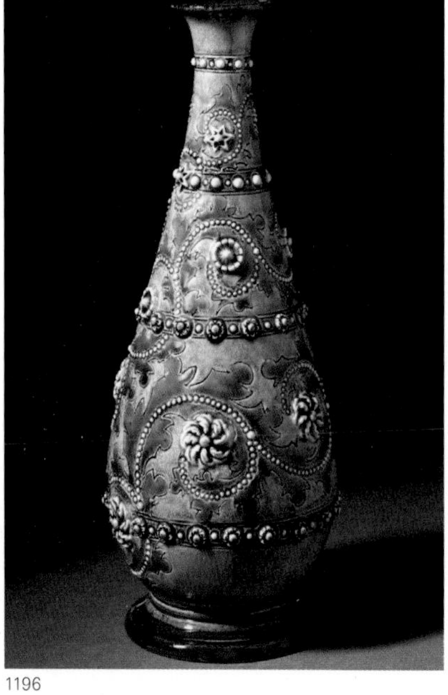
1196

로얄 덜턴 Royal Doulton

1815~, 도자기 및 세라믹 제조사, 영국

1815년 존 덜턴John Doulton에 의해 설립된 영국의 유명한 도자기 및 세라믹 제조 회사로, 런던에서 시작하여 고급 도자기와 세라믹 제품으로 세계적인 명성을 얻게 되었다.

19세기 후반부터 20세기 초에 걸쳐 미술 및 세라믹 분야에서 혁신적인 기술을 활용한 예술적 디자인 제품들을 출시하며 큰 인기를 끌었으며, 회사 초기에는 주로 실용적인 도자기류와 관개용 파이프를 만들었으나, 점차 식기류, 장식용 세라믹, 수집용 피규어 등으로 제품 라인을 확장해 나갔다.

이후에도 꾸준히 혁신적인 제조 기술과 현대적인 디자인을 통해 새로운 미감의 현대적인 식기류와 장식품을 제작함으로써, 전통과 현대성을 조화롭게 결합하고 있다. 또한 명예롭게도 영국 왕실로부터 '로얄Royal' 타이틀을 부여받아 그 품질의 우수성과 명성을 공식적으로 인정받았으며, 오늘날에도 고급 도자기 및 세라믹 제품의 대표 브랜드로 남아 있다.

Royal Doulton 홈페이지
https://www.royaldoulton.com/en-kr

1191
로얄 덜턴, 꽃병, 1862~1872

1192
로얄 덜턴, 병, 1875

1193
로얄 덜턴, 병, 1878~1882

1194
로얄 덜턴, 꽃병, 1895경

1195
로얄 덜턴, 꽃병, 1879

1196
로얄 덜턴, 꽃병, 1876

월리엄 드 모건 William De Morgan
1839~1917, 도예가, 타일 디자이너, 소설가, 영국

빅토리아 시대의 영국의 저명한 도예가, 타일 디자이너, 소설가이다. 예술공예운동의 핵심적 인물 중 한 사람으로 해당 운동의 선구자였던 윌리엄 모리스와 친분이 있었다. 그는 당시 기존의 타일이나 도자기와는 차별되는 혁신적인 타일 디자인과 도자기 작업을 한 것으로 유명한데, 중동의 디자인과 이슬람 예술에서 영감을 받은 색감과 문양을 주로 사용했다.
그의 타일은 기하학적이면서 디테일이 많은 복잡한 패턴, 동식물을 모티프로 한 이미지나 장식, 그리고 생동감 넘치는 화려한 색채가 두드러진다. 그는 유약 기술에 대한 실험을 통해 기존의 유약과 차별화된 독특한 색상과 마감 효과를 발견해냈으며, 이는 빅토리아 시대의 건축 및 인테리어 디자인에 큰 영향을 끼쳤다. 그는 예술적 경력 외에 풍부한 상상력이 담긴 소설을 쓰는 소설가로서도 활동했는데, 그의 소설에도 자신의 예술 작품과 마찬가지로 판타지 및 초자연적인 요소들이 담겨 있다.

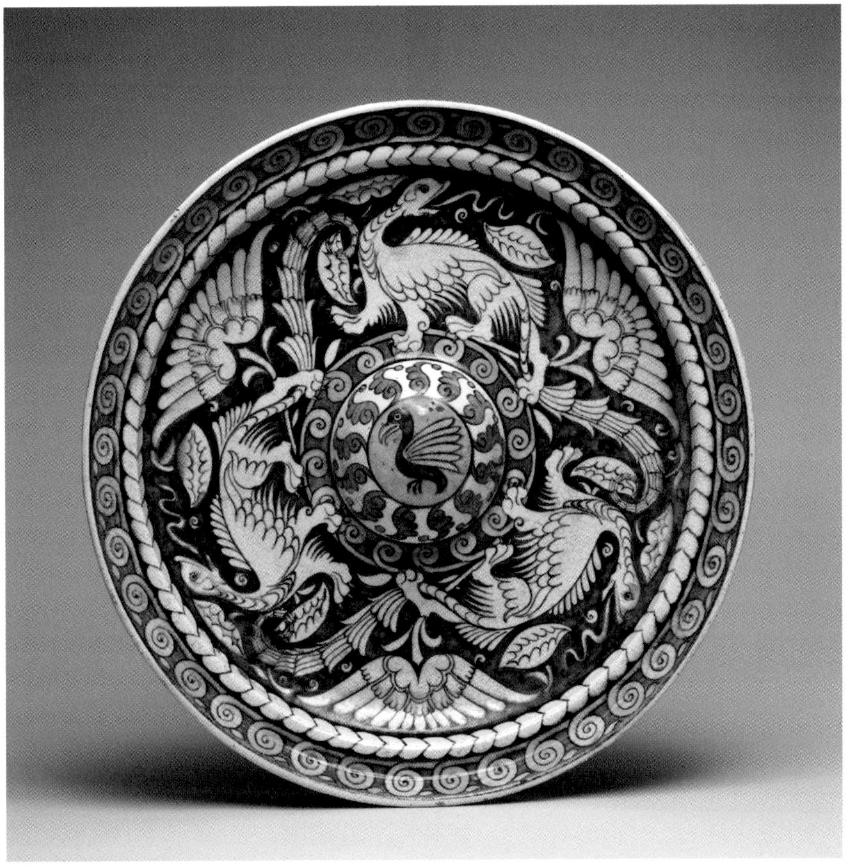
1197

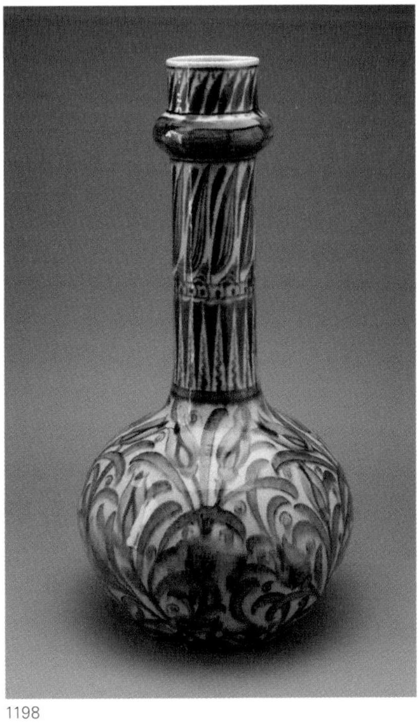
1198

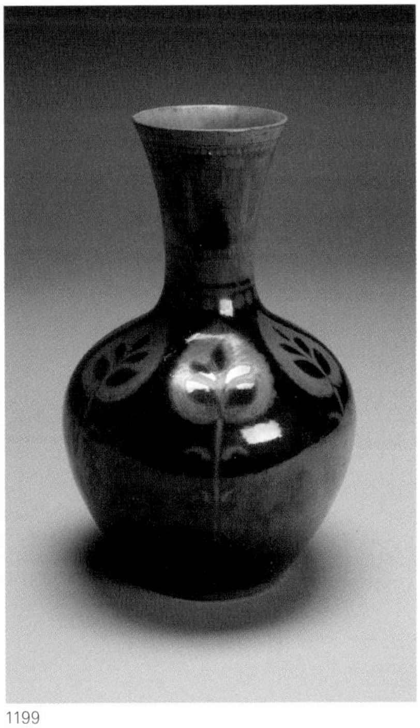
1199

1197
월리엄 드 모건, 접시, 1890~1907

1198
월리엄 드 모건, 꽃병, 1885

1199
월리엄 드 모건, 꽃병, 1890~1900경

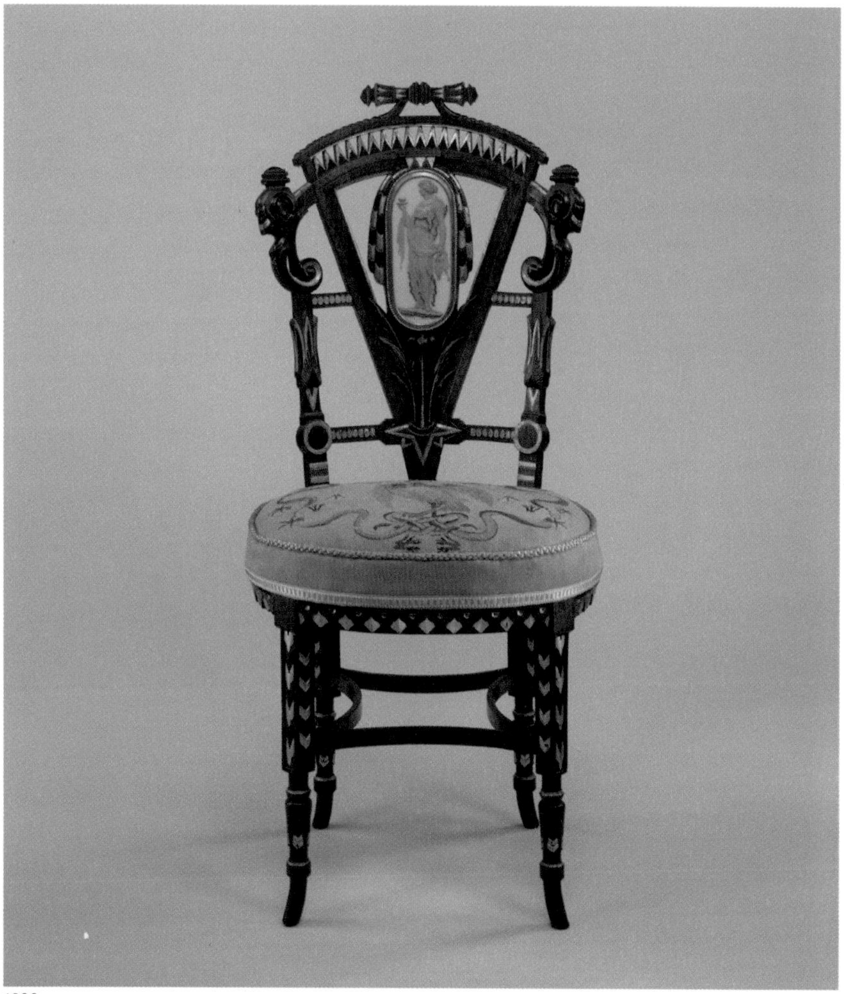

1200

포티에 앤드 스티머스 Pottier & Stymus

1859~1910, 가구 제조업체, 인테리어 디자인 회사, 미국

1859년 뉴욕에서 오귀스트 포티에Auguste Pottier와 윌리엄 스티머스William Stymus에 의해 설립되었다.
미국의 길드에이지(Gilded Age, 1870~1900 사이 미국의 급격한 산업 및 경제의 발전기) 동안 번영했으며, 특히 부유한 산업가들과 상류층 가정을 위한 고급 가구와 인테리어 장식품을 제작함으로써 명성을 얻었다.
포티에 앤드 스티머스의 가구는 당시 미국 가구 디자인의 가장 고급스러운 전형을 보여주었는데, 르네상스의 양식을 재현하거나Renaissance Revival, 이집트 양식에 대한 재현Egyptian Revival, 그리고 동양적 양식을 포함한 다양한 양식들을 혼합하여 화려한 장식, 고급 재료, 디테일이 살아있는 섬세한 조각 등을 통해 표현했다.
그들은 제품뿐만 아닌 인테리어 디자인 전반의 토탈 서비스를 제공하여, 가구뿐만 아니라 벽지, 조명, 카펫 등의 인테리어 요소를 포함하여 콘셉트에 부합하는 완벽한 공간을 디자인하여 제안하기도 했다. 이로 인해 당시 상류층 사회에서 그들의 인기는 매우 높았는데, 그 예로는 대통령실 및 내각실용 가구도 디자인했으며, 석유왕이라고 불리며 미국의 최고의 사업가 중 한 명이였던 윌리엄 록펠러, 철도왕 릴런드 스탠퍼드, 발명왕 토머스 에디슨 등과 같은 거물들이 그들의 고객이었다. 그 외에도 뉴욕의 많은 호텔, 공공건물, 그리고 사치스러운 저택들에 그들의 작품이 애용되었으나, 안타깝게도 회사는 19세기 말 경제 불황과 취향의 변화로 인해 1910년 초에 문을 닫았다.

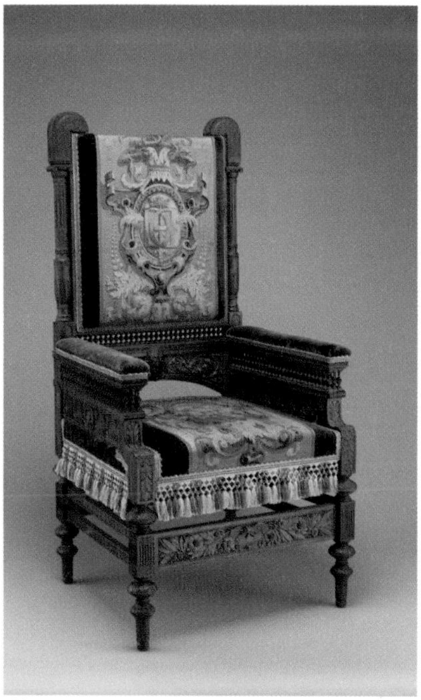

1201

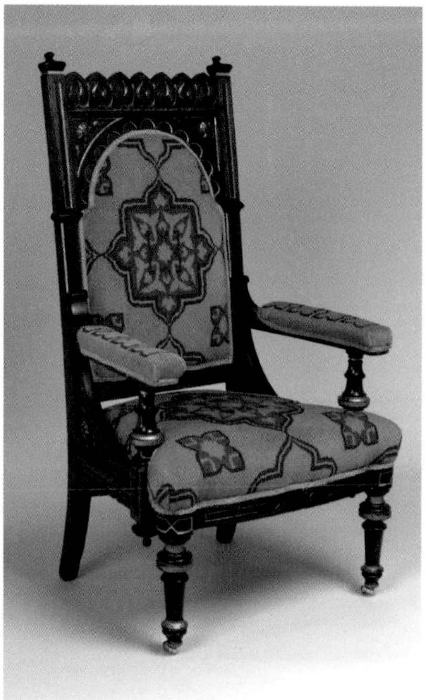

1202

1200
포티에 & 스티머스, 사이드 체어, 1876경

1201
포티에 & 스티머스, 팔걸이 의자, 1875~1876경

1202
포티에 & 스티머스, 의자, 1872경

1203
포티에 & 스티머스, 팔걸이 의자, 1870~1875경

1204
포티에 & 스티머스, 탁자, 1870~1875경

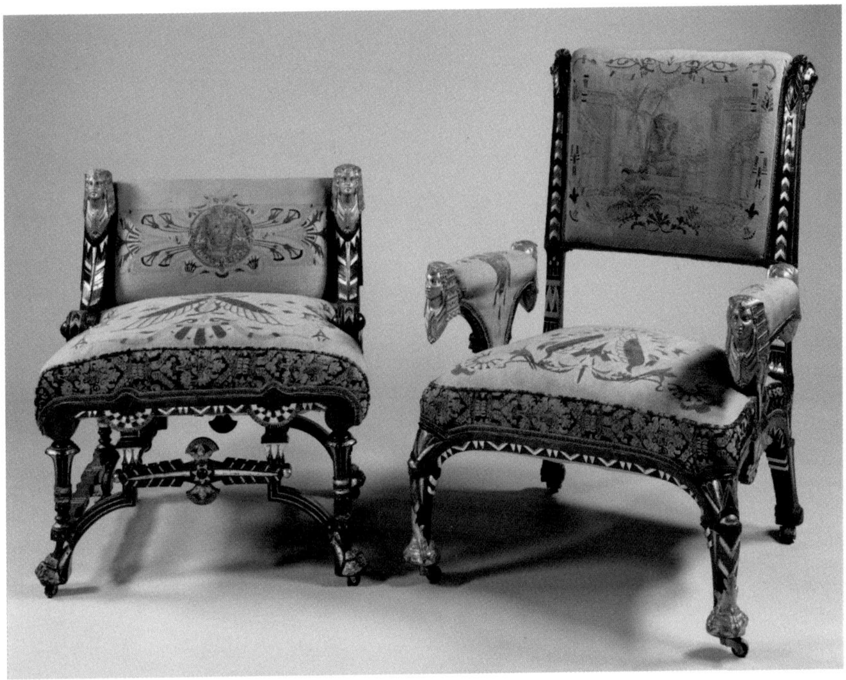

1203

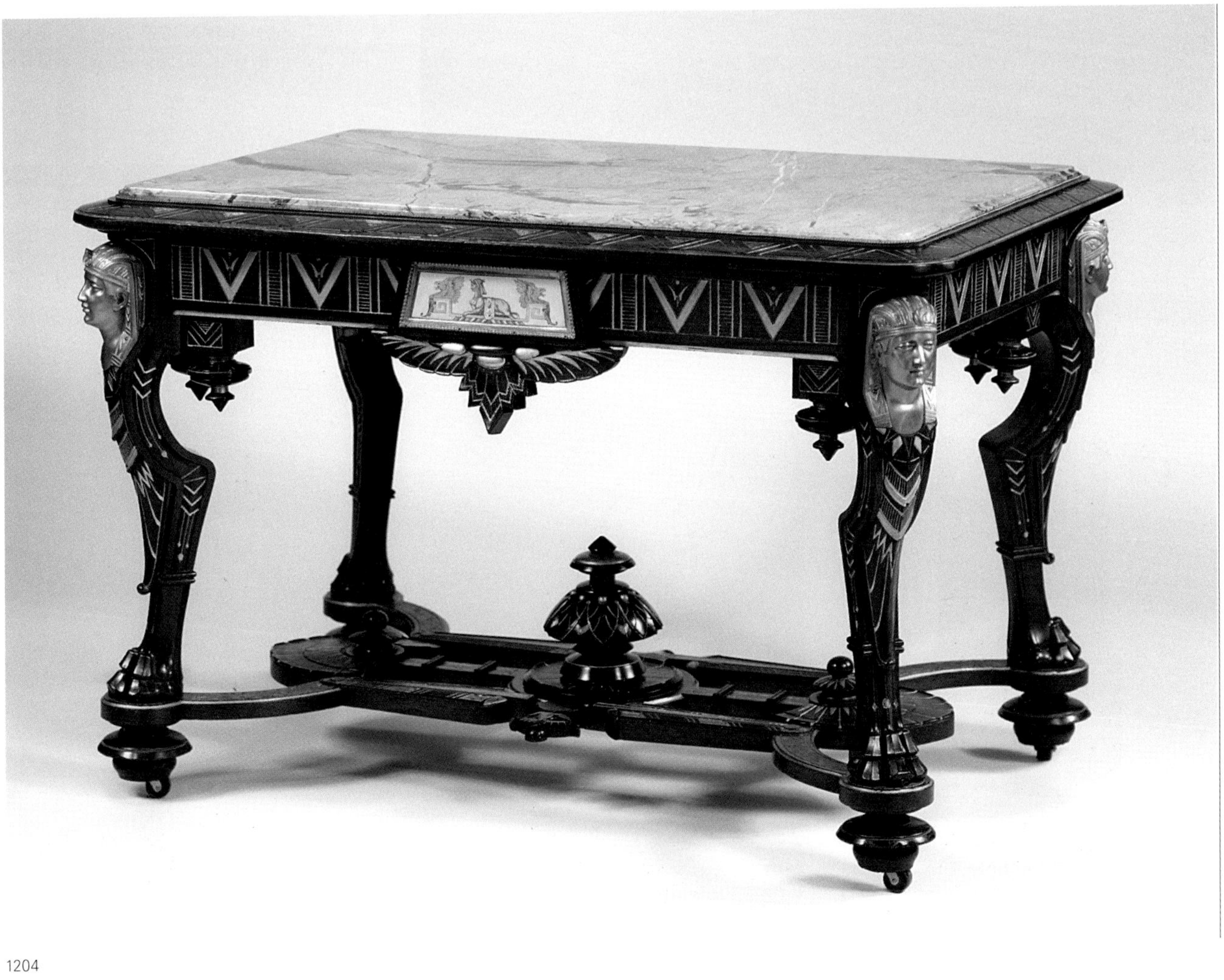

1204

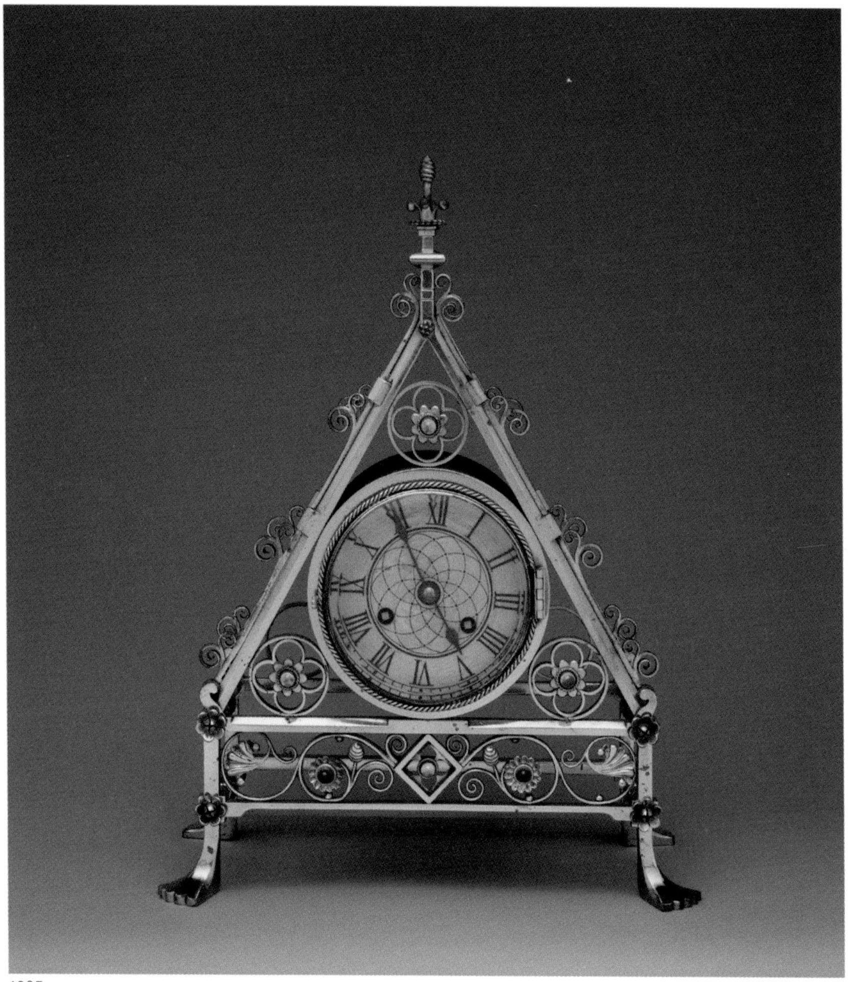

1205

1205
브루스 제임스 탤버트Bruce James Talbert, 벽난로 시계
1870경

19세기에 제조업이 발전함에 따라 시간 측정은 더 이상 사치가 아닌 성장하는 중산층이 접근할 수 있는 것이 되었다. 중산층 소비를 위해 제작된 이 시계는 역사적 이미지(고딕)와 현대 제조업(1870년 당시)을 혼합하여 영국의 "고딕" 스타일로 표현되었다.

1206
벤저민 토리Benjamin Torrey, 선반 시계, 1820~1840경

19세기 초 전통적인 값비싼 대형 케이스의 시계에 대한 대안으로 선반 시계는 더 저렴한 가격으로 널리 이용되었다. 이 작품에서 벤저민 토리는 에글로미제eglomise라고 불리는 기법을 사용했는데, 이것은 유리판 뒷면에 페인트로 그림을 그려 사용자가 전면에서 이미지를 반대로 볼 수 있도록 하는 기법이다.

1207
사이먼 윌러드Simon Willard and Sons, 등대 시계
1825~1830경

1819년 사이먼 윌러드는 미국 최초의 알람 시계에 대한 특허를 신청하여 받았다. 그는 집 안이나 여행 중에 사용할 수 있도록 휴대용 시계를 개발했다. 윌러드가 "알람 시계"라는 이름으로 특허를 받은 이 시계는 이제 영국 플리머스의 영국 해협에 있는 에디스톤 등대와 현저하게 유사하기 때문에 등대 시계라고 불린다.

1208
유리아 다이어Uriah Dyer, 시계Tall Case Clock
1820~1884경

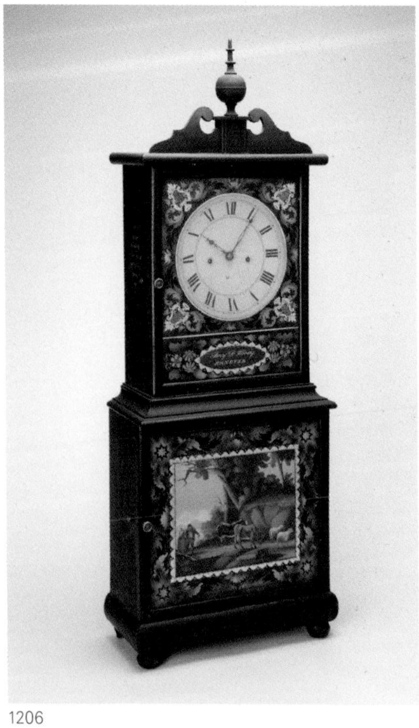

1206

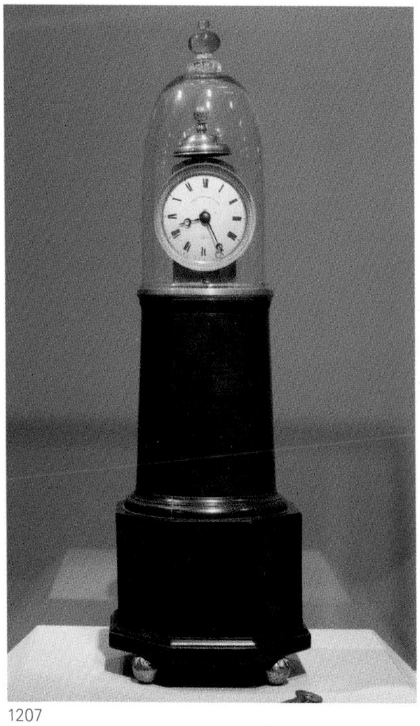

1207

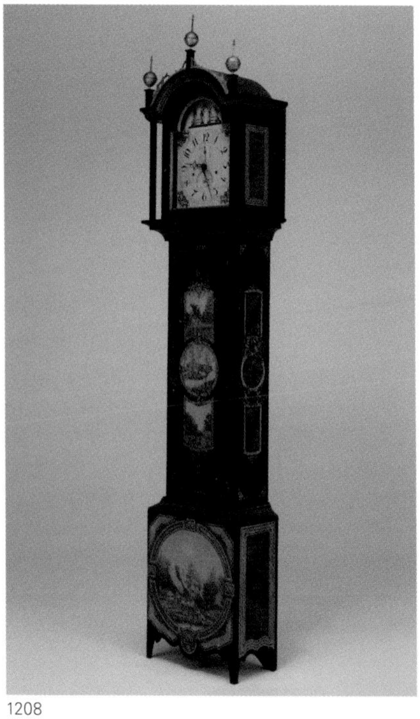

1208

에드워드 윌리엄 고드윈

Edward William Godwin
1833~1886, 건축가, 디자이너, 영국

19세기 영국의 건축가이자 디자이너로 윌리엄 모리스와 같이 산업혁명으로 인한 대량 생산품의 저하된 품질과 예술성에 반대하며 수공예와 개별적인 예술성을 중시하는 데 중점을 두었던 예술공예운동과 심미주의 미학운동(기능보다 미적 가치를 추구)의 핵심적인 인물이다.
고드윈은 건축과 가구 디자인만이 아니라 의상 디자인 및 무대 디자인 등의 다양한 분야에 많은 업적을 남겼다. 그의 디자인은 당시 유행했던 과도한 장식에서 벗어난 일본 예술과 미니멀리즘의 영향이 강하여 빅토리아 시대의 전통적인 스타일과는 차별화되어 단순함과 기능성을 강조했다.

1209
에드워드 윌리엄 고드윈, 사이드 테이블, 1872경

1210
에드워드 윌리엄 고드윈, 의자, 1877경

1211
에드워드 윌리엄 고드윈, 찬장, 1876경

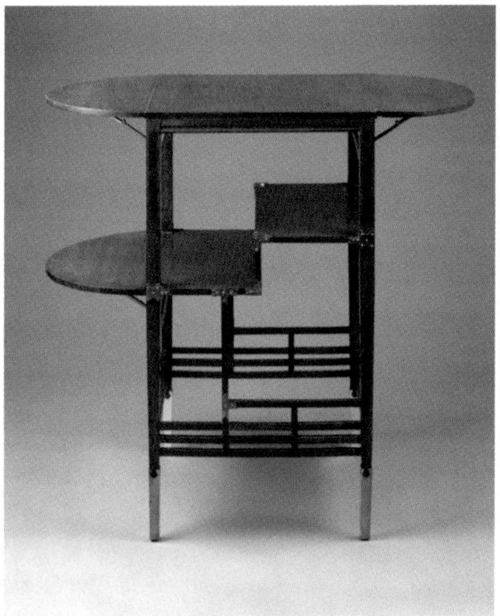

1209

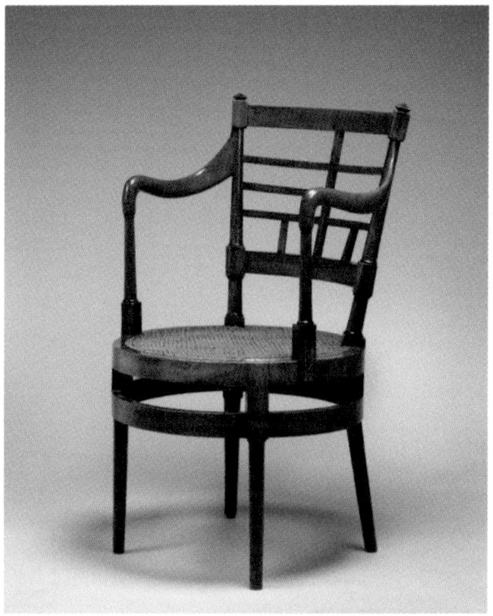

1210

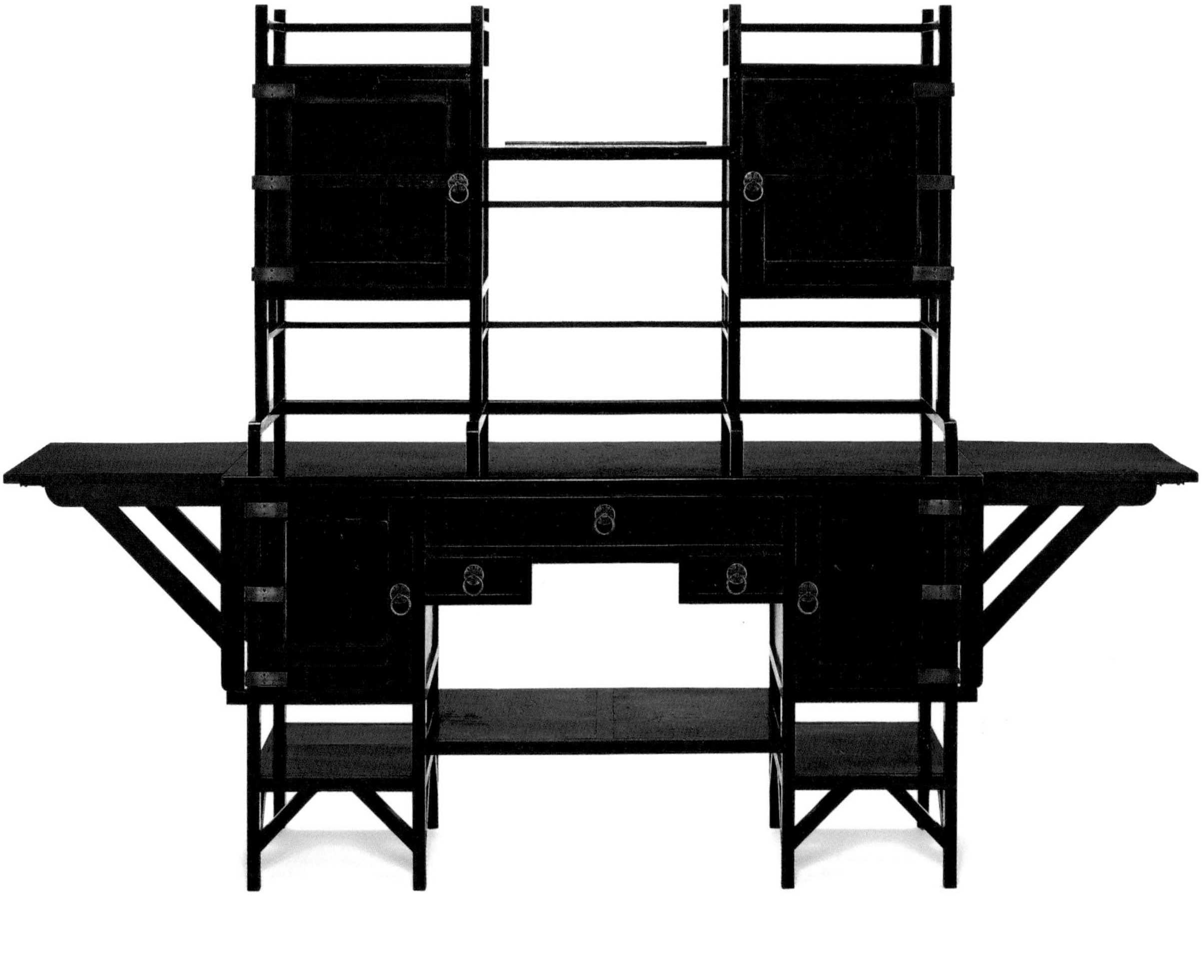

1211

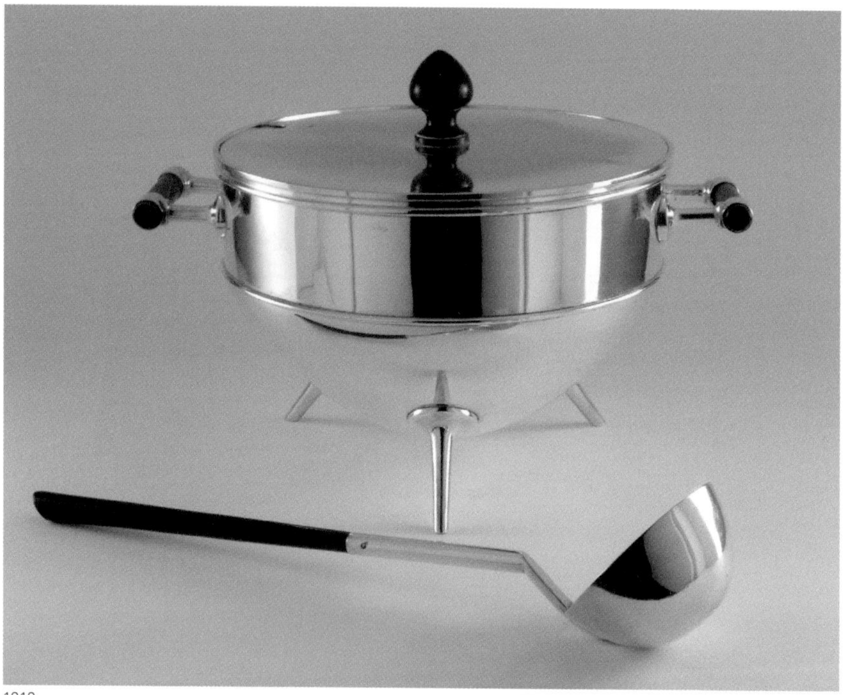

1212

크리스토퍼 드레서 Christopher Dresser

1834~1904, 디자이너, 디자인 이론가, 영국

크리스토퍼 드레서는 19세기 후반 영국의 디자이너이자 이론가로 산업 디자인 분야에서의 선구적인 역할을 한 인물로 알려져 있다. 그는 현대 산업 디자인의 아버지 중 한 명으로 간주되며, 그의 작업과 이론은 기능성과 형태의 조화, 그리고 대량 생산을 위한 디자인의 중요성을 강조했다.

드레서는 런던에서 교육을 받았고, 식물학에 대한 깊은 관심을 바탕으로 자연에서 영감을 받은 디자인을 창조했다. 그는 다양한 재료와 기술에 대한 실험을 통해 금속, 도자기, 유리, 직물 등 여러 분야에서 현대 디자인의 시초라 불릴 만한 혁신적인 디자인을 선보였다.

드레서는 본인의 디자인에 대한 생각을 기반으로 다양한 책을 집필하며 자신의 디자인 철학을 대중에게 전달했다. 여러 권의 책 중 『디자인의 원칙Principles of Decorative Design』에서는 디자인에서의 미적 가치와 함께 디자인의 기능적 가치의 중요성을 주장했으며, 이는 드레서가 당시의 예술과 공예 운동과는 달리, 산업혁명 시대의 대량 생산기술을 받아들이고 대중에게 접근 가능한 디자인이 좋은 디자인이라는 믿음으로부터 비롯되었다 볼 수 있다.

드레서의 디자인은 영국뿐만 아니라 일본을 비롯한 다양한 문화의 영향도 받았다. 특히 그는 일본 예술과 공예에 큰 관심을 가졌는데, 당시 일본의 조형예술에서 보였던 기능성, 단순함, 그리고 자연을 모방하는 디자인 원리 등이 그의 작업에 고스란히 반영되었다.

이처 드레서는 그의 혁신적인 이론과 디자인을 기반으로 19세기 후반 디자인 세계에 큰 영향을 끼치는 동시에 현대 디자인의 발전에 중요한 기초를 마련했다.

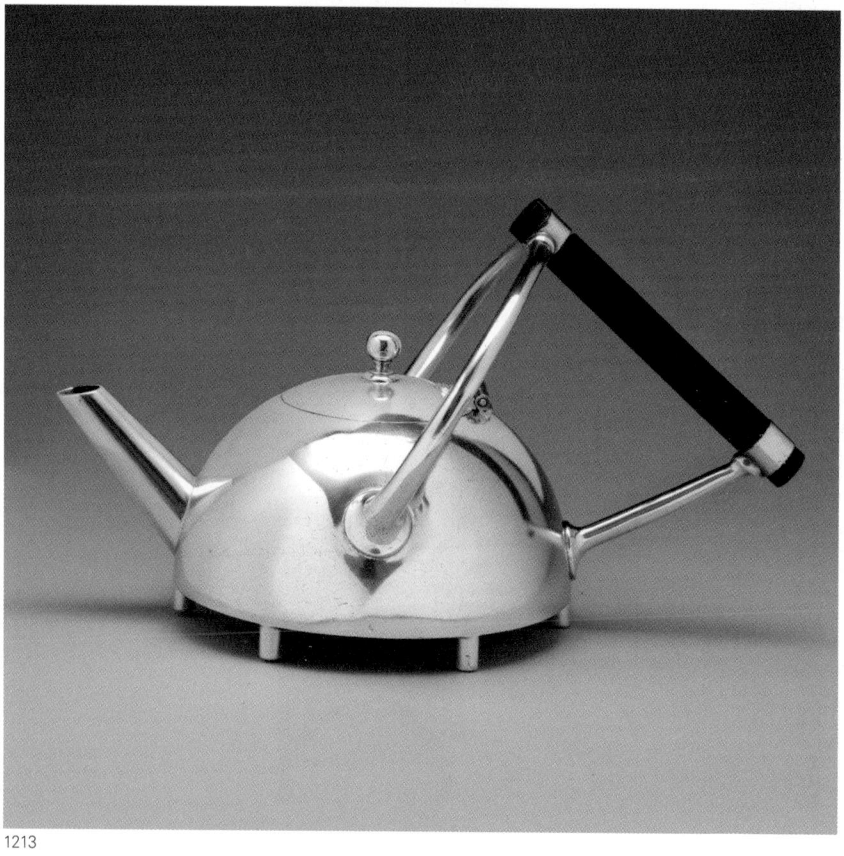

1213

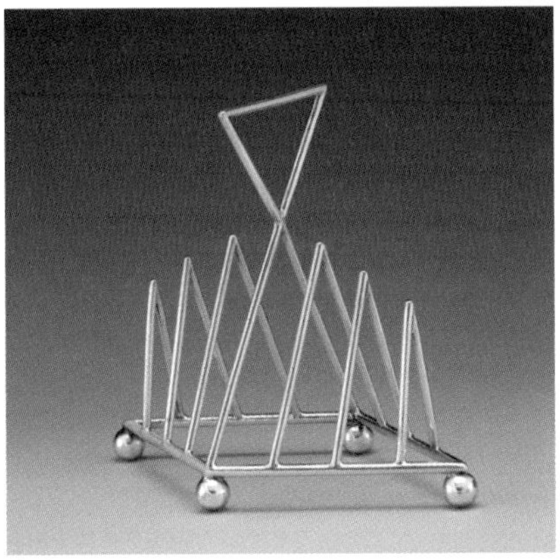
1214

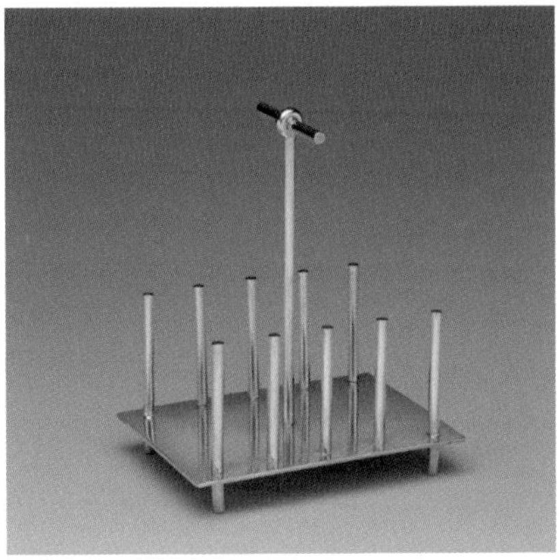
1215

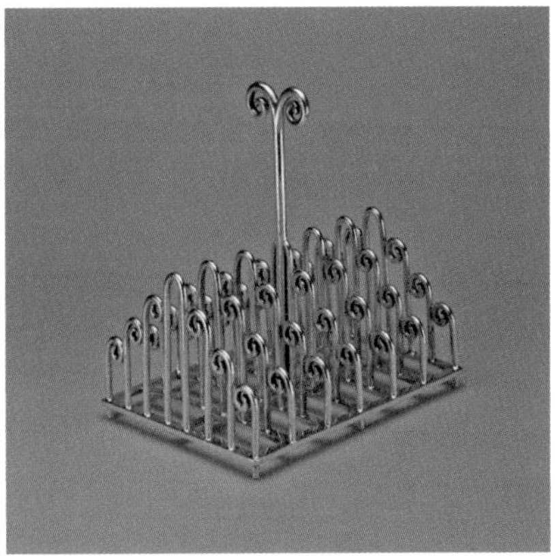
1216

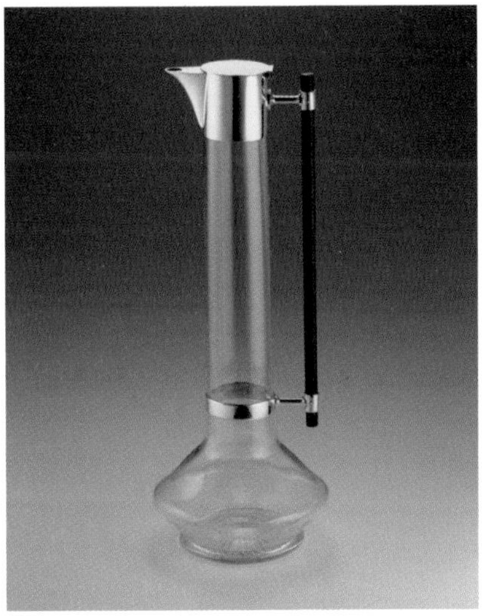
1217

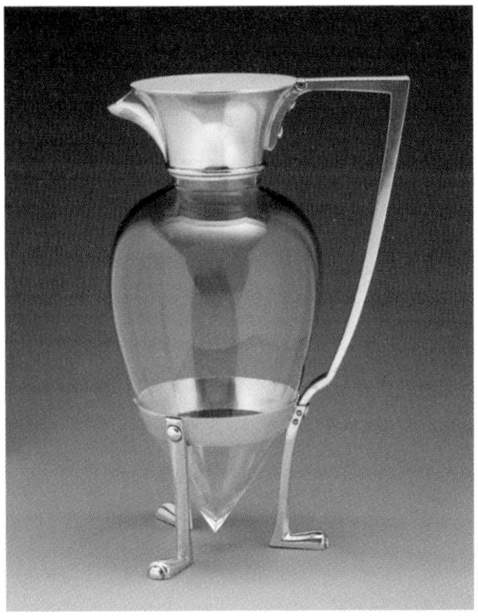
1218

1212
크리스토퍼 드레서, 수프 그릇과 국자, 1880

1213
크리스토퍼 드레서, 티팟, 1879경

1214
크리스토퍼 드레서, 토스트 랙, 1879

1215
크리스토퍼 드레서, 토스트 랙, 1878

1216
크리스토퍼 드레서, 토스트 랙, 1880경

1217
크리스토퍼 드레서, 와인 저그, 1892~1893경

1218
크리스토퍼 드레서, 와인 디캔터, 1879

1219
크리스토퍼 드레서, 차 세트, 1879

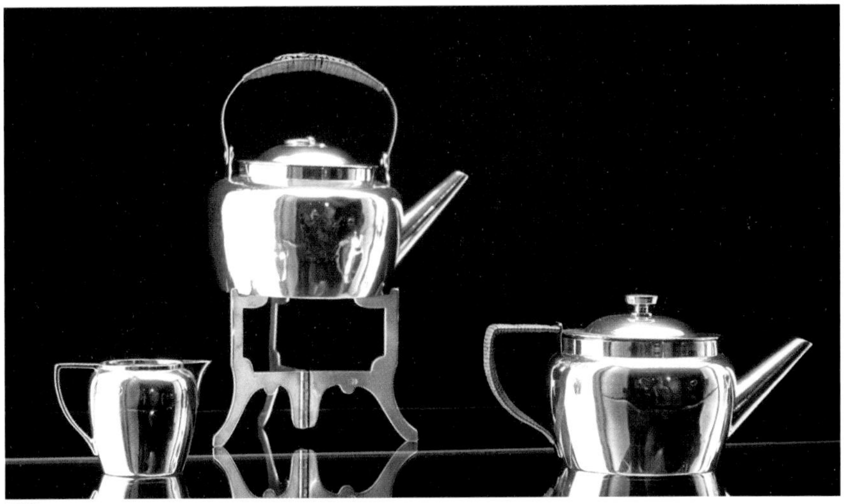
1219

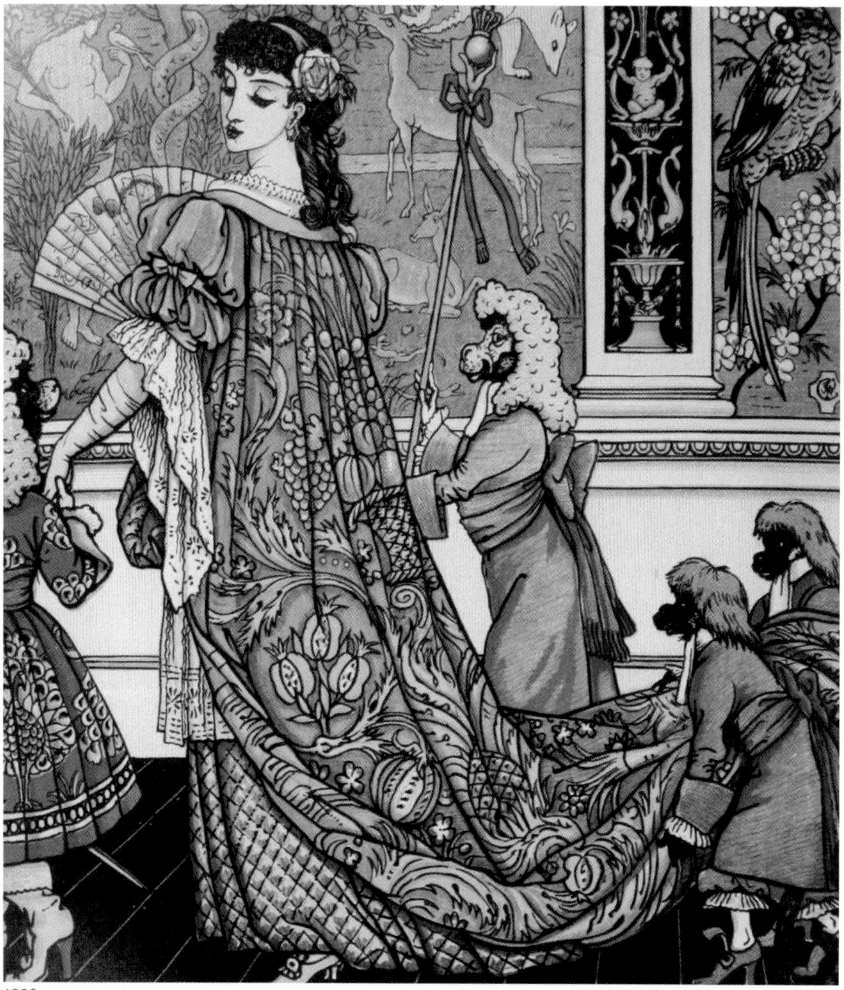

1220

월터 크레인 Walter Crane

1845~1915, 화가, 일러스트레이터, 디자이너
사회주의자, 영국

빅토리아 시대와 에드워드 시대에 활동한 일러스트레이터이자 디자이너이다. 특히 아동용 책의 일러스트레이션이 유명하며, 그의 작품들은 아르누보와 예술공예운동에 큰 기여를 했다.
크레인의 작품은 자연, 고전 문학, 동화에서 많은 영감을 받은 것으로 여겨진다. 당대 최고의 어린이 책 일러스트레이터 중 한 명으로 평가받았으며, 그의 화려하고 상상력이 풍부한 그림은 당시의 많은 어린이와 성인에게 사랑받았다.
크레인은 예술과 사회적 정의 사이의 관계를 중시했으며, 그의 작품과 글에서는 그의 사회주의적 신념이 자주 드러난다. 그는 예술을 통해 더 나은 사회를 만들고자 하는 믿음을 가지고 있었으며, 다양한 사회운동과 예술공예운동에 참여했다.
그는 벽화, 직물 디자인, 도자기, 책 디자인 등 다양한 분야까지 활동을 넓혀갔으며, 기능과 미학을 결합하는 디자인 철학을 추구했다.

1220
월터 크레인, 미녀와 야수 삽화, 1875

1221
월터 크레인, 개구리 왕자 삽화, 1874

1222
월터 크레인, 동화(블론딘 여왕의 아이들과 해적에게 붙잡힌 브루네트 자매)의 삽화, 1884

1223
월터 크레인, 이솝우화 중(1887년 판) 삽화, 1887

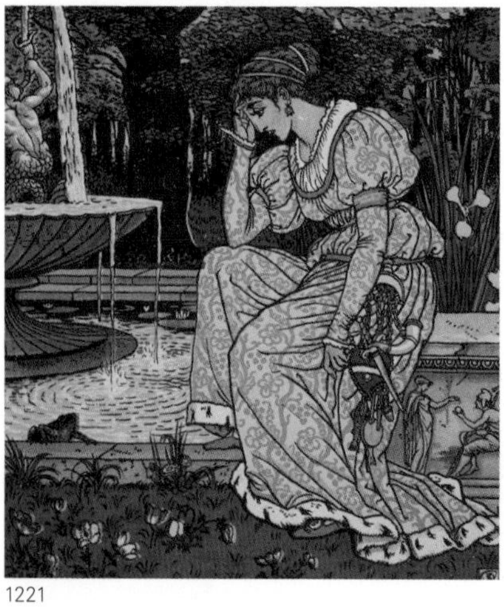

1221

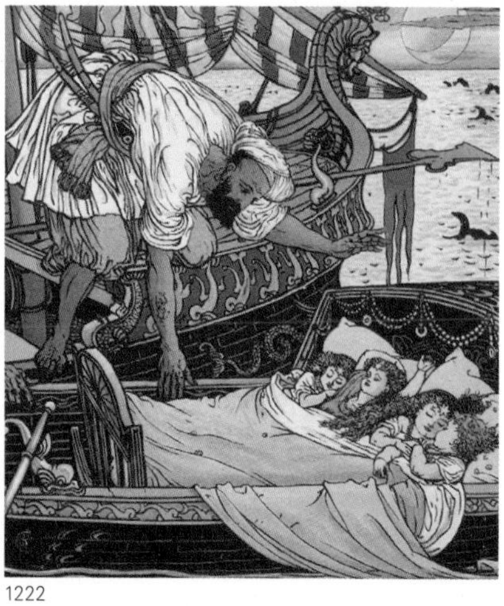

1222

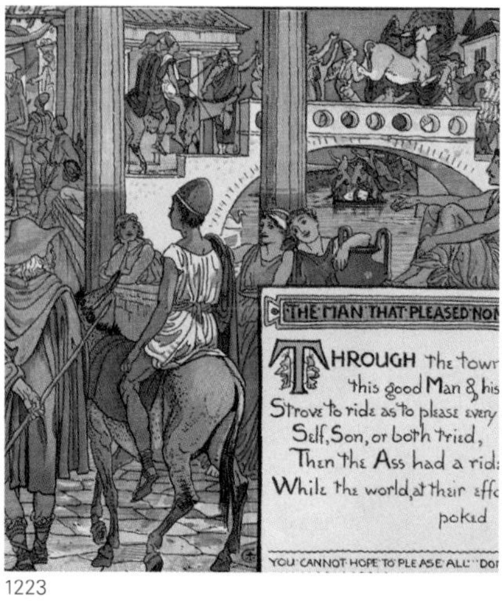

1223

루이스 포어맨 데이 Lewis Foreman Day
1845~1910, 디자이너, 비평가, 교육자, 영국

19세기 말과 20세기 초 영국에서 활동한 디자이너, 비평가, 그리고 교육자이다. 산업혁명으로 인한 대량생산에 반대하며 장인정신과 개인의 창의성을 강조했던 예술공예운동에 참여했다.
루이스 포어맨 데이는 특히 패턴디자인으로 유명하며, 직물과 벽지 디자인 분야에서 두각을 나타냈다. 그의 디자인적 특징은 정교함과 세밀함, 그리고 자연에서 영감을 받은 모티프를 들 수 있다.
그는 디자인 원칙과 색채 이론 관련 여러 저서를 집필했으며, 이는 디자인 교육에도 중요한 영향을 미쳤다. 단순히 예술 작품을 창조하는 것을 넘어 교육적, 사회적 측면에서의 디자인의 역할을 강조했으며, 디자인은 실용적이면서도 미적으로 만족스러워야 한다는 그의 신념은 작업을 넘어 그가 남긴 교육적 유산에서도 고스란히 드러났다. 이러한 그의 행보는 당시의 디자인 발전에 큰 영향을 미치며 현대 디자인 및 디자인 교육의 기초를 다지는 데 중요한 역할을 했다.

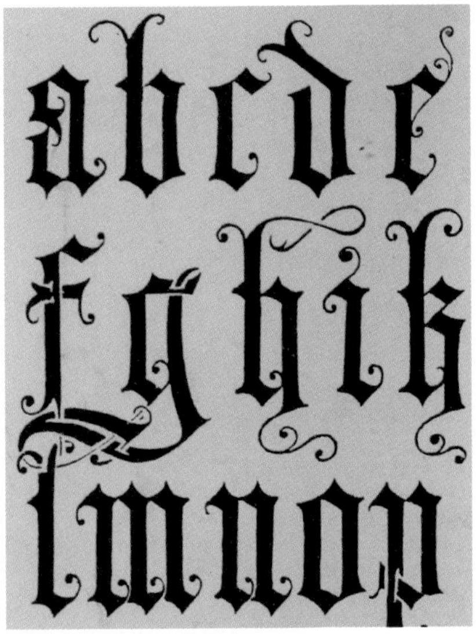

1224

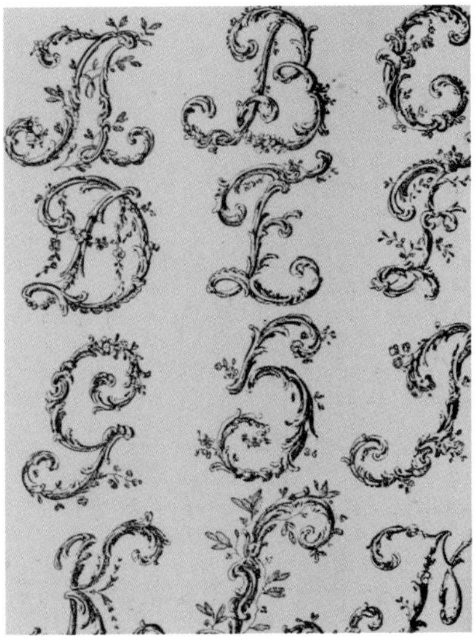
1225

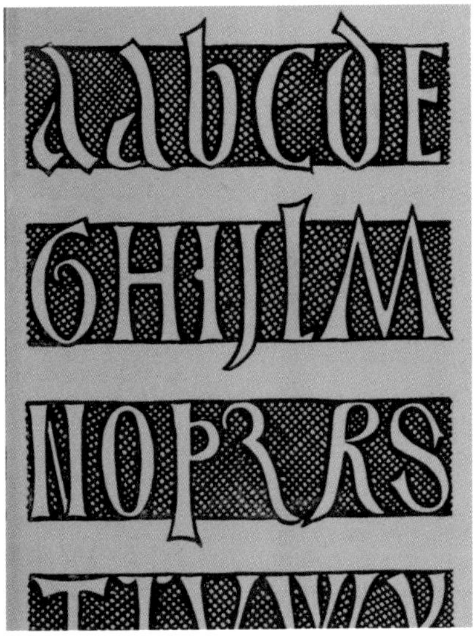
1226

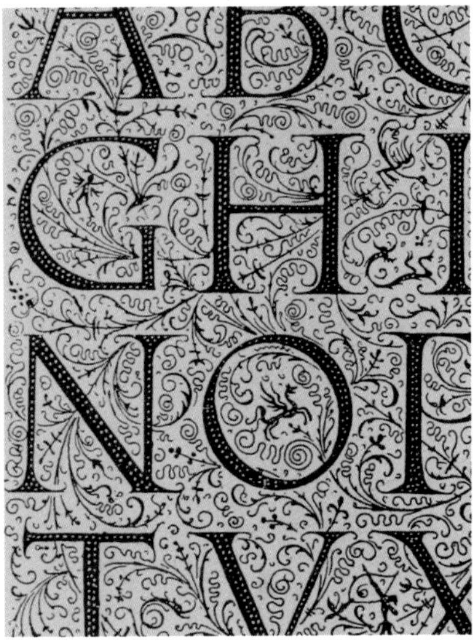
1227

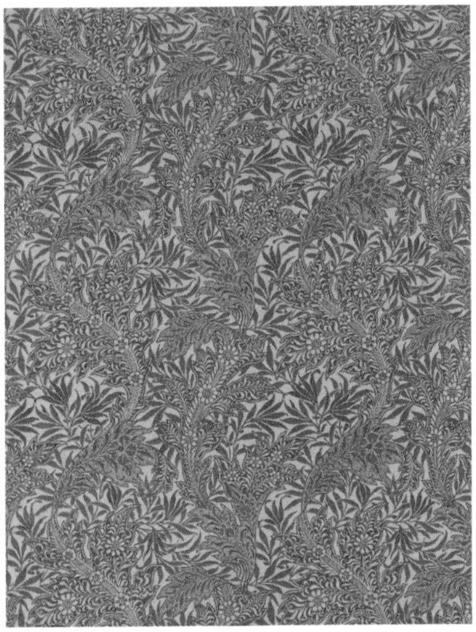
1228

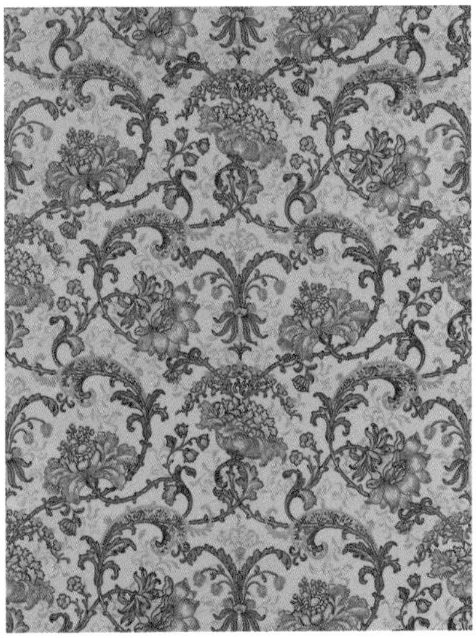
1229

1224, 1225, 1226, 1227
루이스 포어맨 데이, "장인을 위한 오래된 것과 새로운 알파벳: 알파벳 예술에 관한 입문 에세이" 중, 1898

1228
루이스 포어맨 데이, 섬유 패턴(단풍, Conventional Foliage), 1898

1229
루이스 포어맨 데이, 섬유 패턴(The Certosa), 1884경

윌리엄 모리스 William Morris

1834~1896, 예술가, 디자이너, 시인, 사회주의자, 영국

윌리엄 모리스는 디자인의 역사에 대하여 논할 때 빠지지 않고 항상 등장하는 디자이너이자 사회운동가이다. 다른 디자이너들이 작품으로 유명해졌다면, 모리스는 그의 사상과 활동이 디자인계에 끼친 의미 있는 영향으로 높은 평가를 받고 있다. 그는 예술공예운동Art & Craft Movement을 통해 당시 산업사회에서 대량생산으로 탄생된 조악한 제품들과 차별되는 수공예의 정수가 될 작품을 만드는 것을 주장했으며, 그의 이런 사상은 산업화가 진행되며 숙련된 기술로 예술적인 작품을 제작하던 공예가들이 받는 부당한 처우에 대한 안타까움, 그리고 새로운 대량생산 방식에서 생기는 단점에 대한 극복을 포함하여 예술적, 경제적, 사회적 목적들을 함께 포함하고 있었다. 이러한 그의 주장은 당시 많은 디자이너 및 예술가들의 공감을 불러왔으며, 이 운동은 대량생산을 중심으로 흘러가던 세태를 비판적 관점으로 바라보고 개선하고자 한 최초의 운동이 되었다.

모리스는 건축(레드하우스가 대표작인 사례), 시, 사업, 그래픽, 스테인드글라스, 사회운동 등 다양한 영역에 걸쳐 활동과 작품을 남겼다. 특히 모리스 & 코(Morris & Co)라는 자신의 회사를 통해 가구, 벽지 등을 디자인 및 생산하면서 자신의 디자인 철학을 실천에 옮겼으며, 이 회사는 빅토리아 시대의 가장 영향력 있는 디자인 스튜디오 중 하나로 성장했다. 비록 숙련된 공예가들에 의하여 생산되는 가구들은 지나치게 높은 가격 때문에 지속되지 못했으나, 당시 개발되었던 벽지 패턴 등은 지금까지도 모리스 & 코를 통해 생산되며 많은 사람들에게 사랑받고 있다. 말년에는 주로 집필에 몰두하여 대량생산과 사회의 변화에 따라 대처해야 하는 예술가와 디자이너의 태도를 각성시키는 역할을 했다.

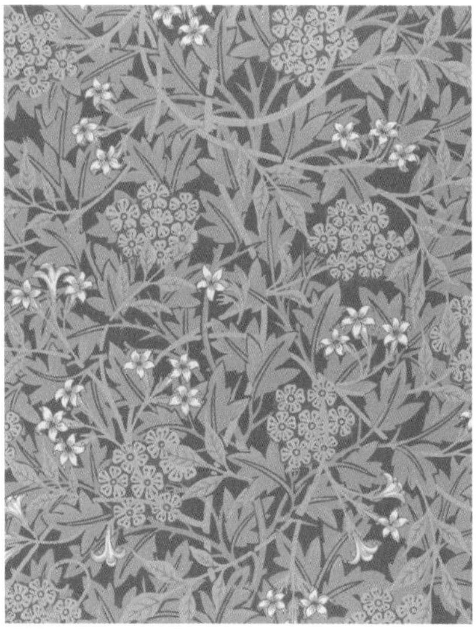
1230

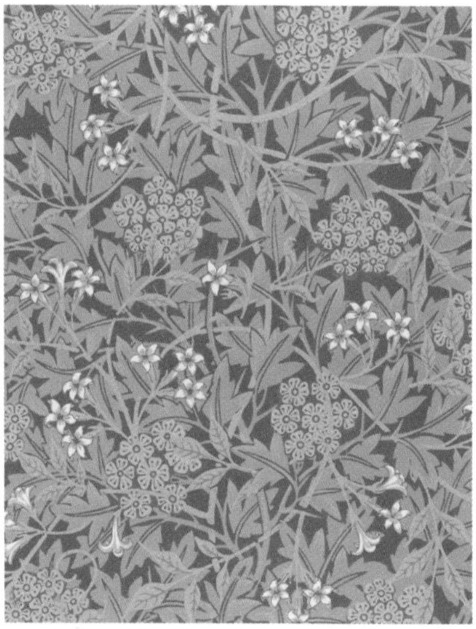
1231

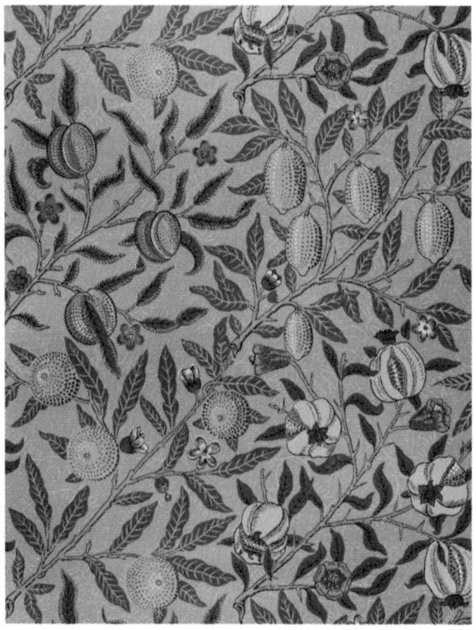
1232

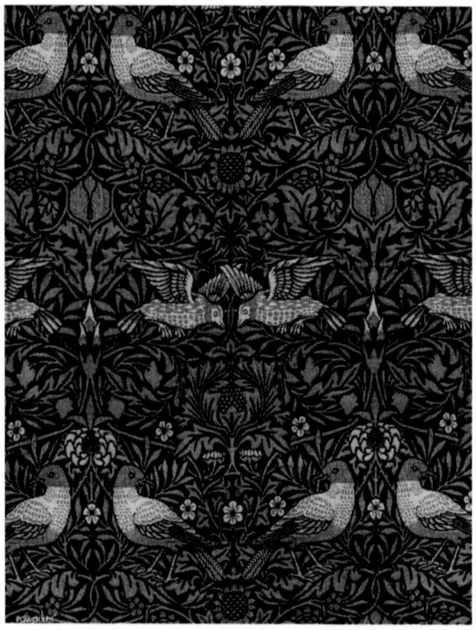
1233

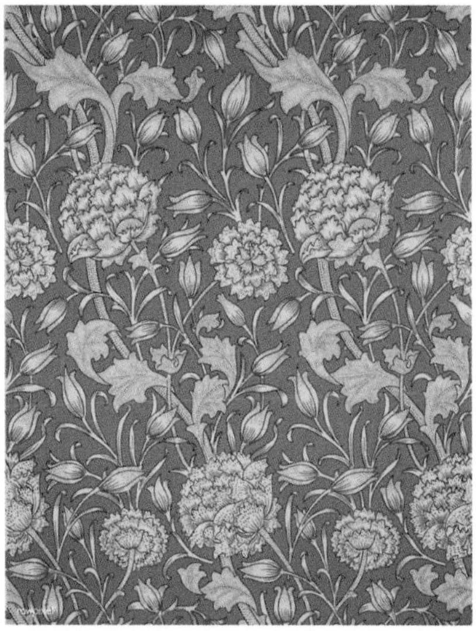
1234

1235

1230, 1231, 1232, 1233, 1234, 1235
윌리엄 모리스, 패턴, 19세기 후반

오언 존스 Owen Jones

1809~1874, 디자이너, 건축가, 디자인 이론가, 영국

오언 존스는 색채와 패턴에 관한 이론과 저술 및 작품을 통해 근대에서 현대로 진화하는 과정에서 장식의 전형을 제시한 중요한 인물로, 색채와 장식적인 패턴의 조화를 통해 조형 예술의 아름다움을 추구했다. 존스는 전 세계 다양한 문화와 시대의 장식 스타일을 연구했으며, 이러한 연구의 결과는 그의 가장 유명한 작업인 『장식의 문법The Grammar of Ornament』에 집약되어 있다. 이 책에서 존스는 전 세계의 장식 패턴을 분석하고 시각화하여, 디자인 원칙을 체계화했다. 이는 과거에는 숙련된 장인에 의하여 계승되던 양식을 체계화, 대중화했다는 의미를 가지며 이후 수많은 제작자들의 도자기, 카펫, 벽지, 직물 등 장식적 요소의 디자인에 영향을 미쳤다.
존스의 이러한 노력의 결과들은 빅토리아 시대의 디자인과 디자인 교육에 많은 영향을 끼쳤으며, 그의 이론과 실천은 후속 세대 디자이너들과 건축가들에게 지식과 영감을 제공했다.

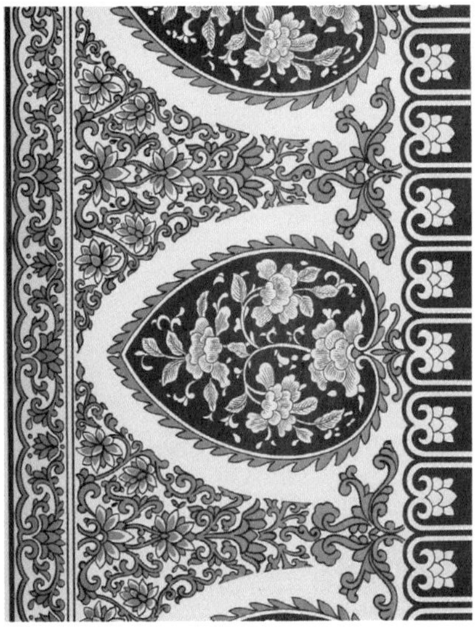
1236

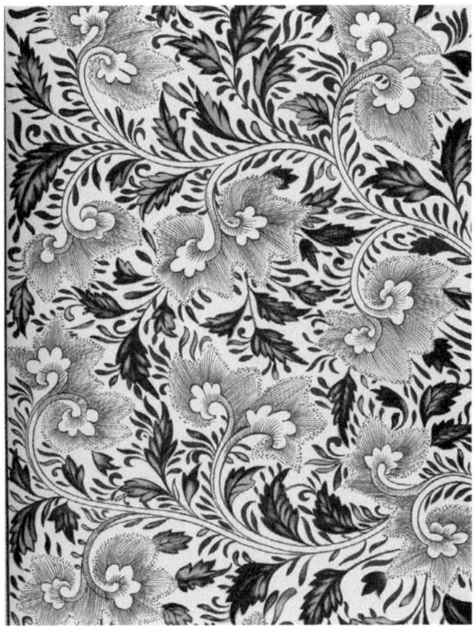
1237

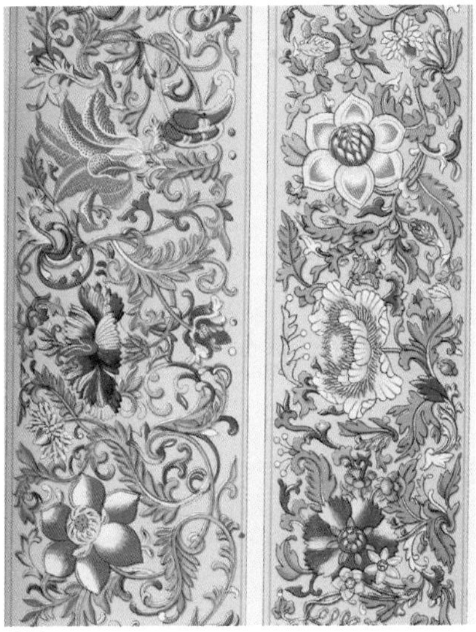
1238

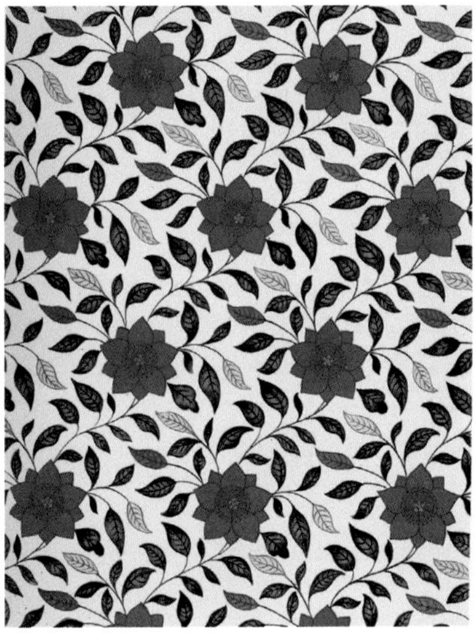
1239

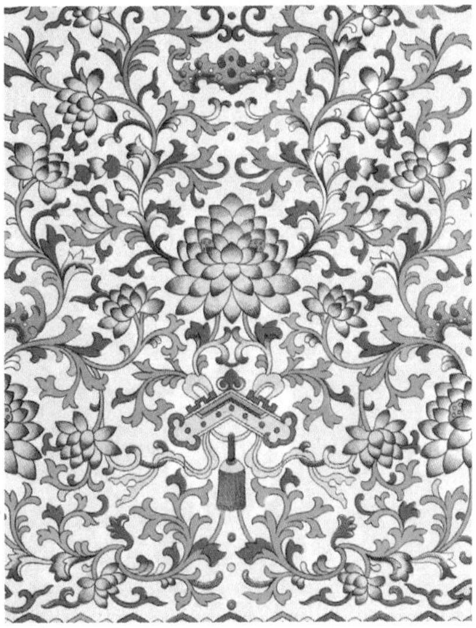
1240

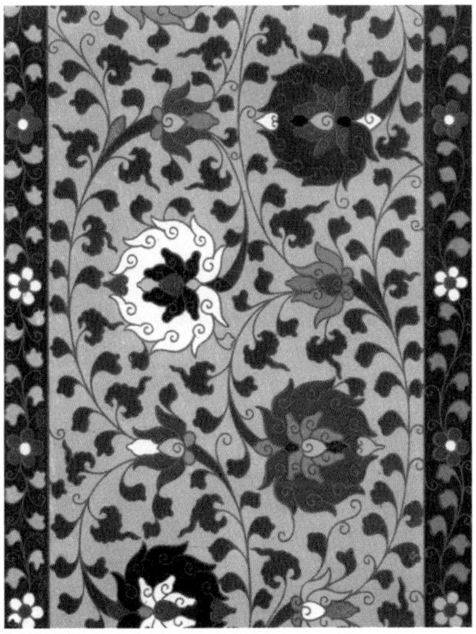
1241

1236, 1237, 1238, 1239, 1240, 1241
오언 존스, "중국 장식의 예(1867)" 중 패턴화

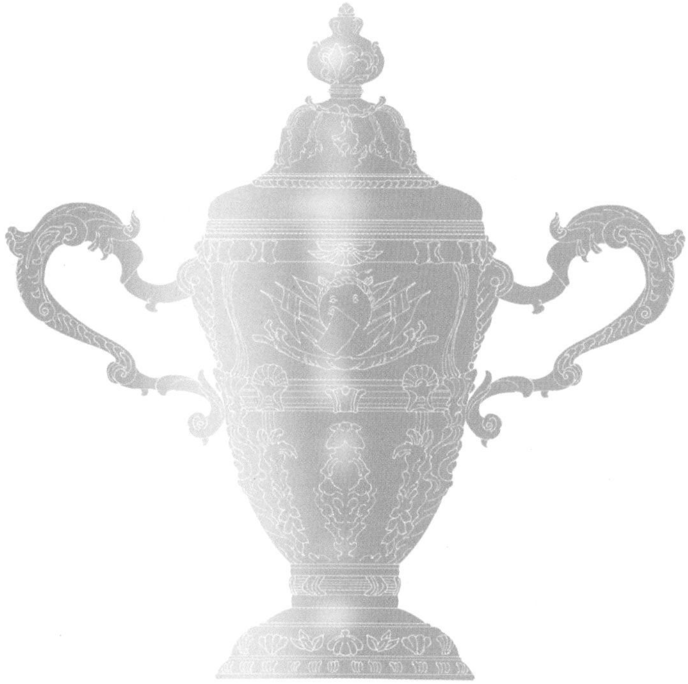

Classic Style

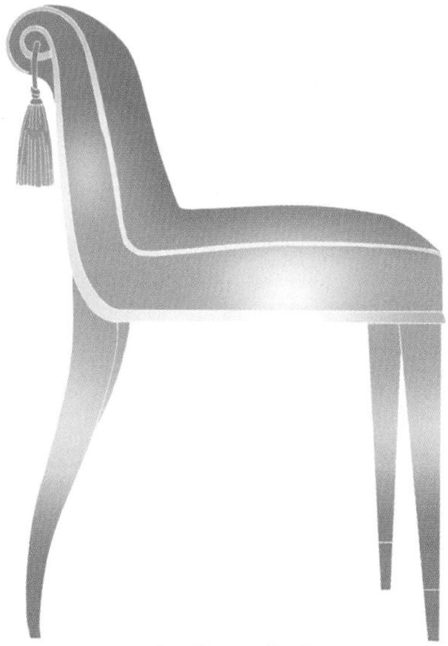

Art Deco Style

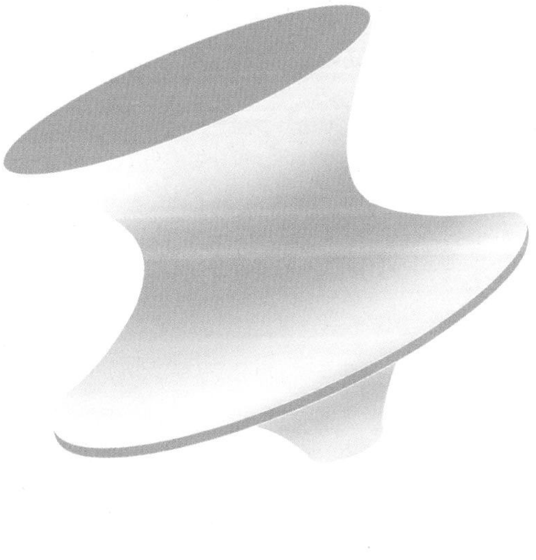

Contemporary Style

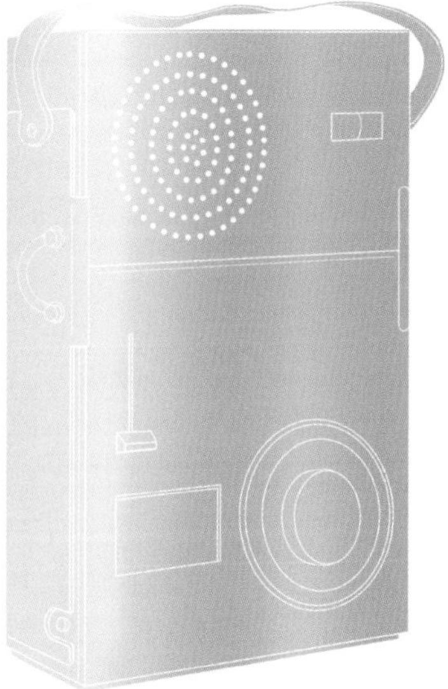

Minimal Style

일러스트레이션: 전서영

Chapter 2

Art Nouveau Style

낭만적 혁명

아르누보 스타일

박영목

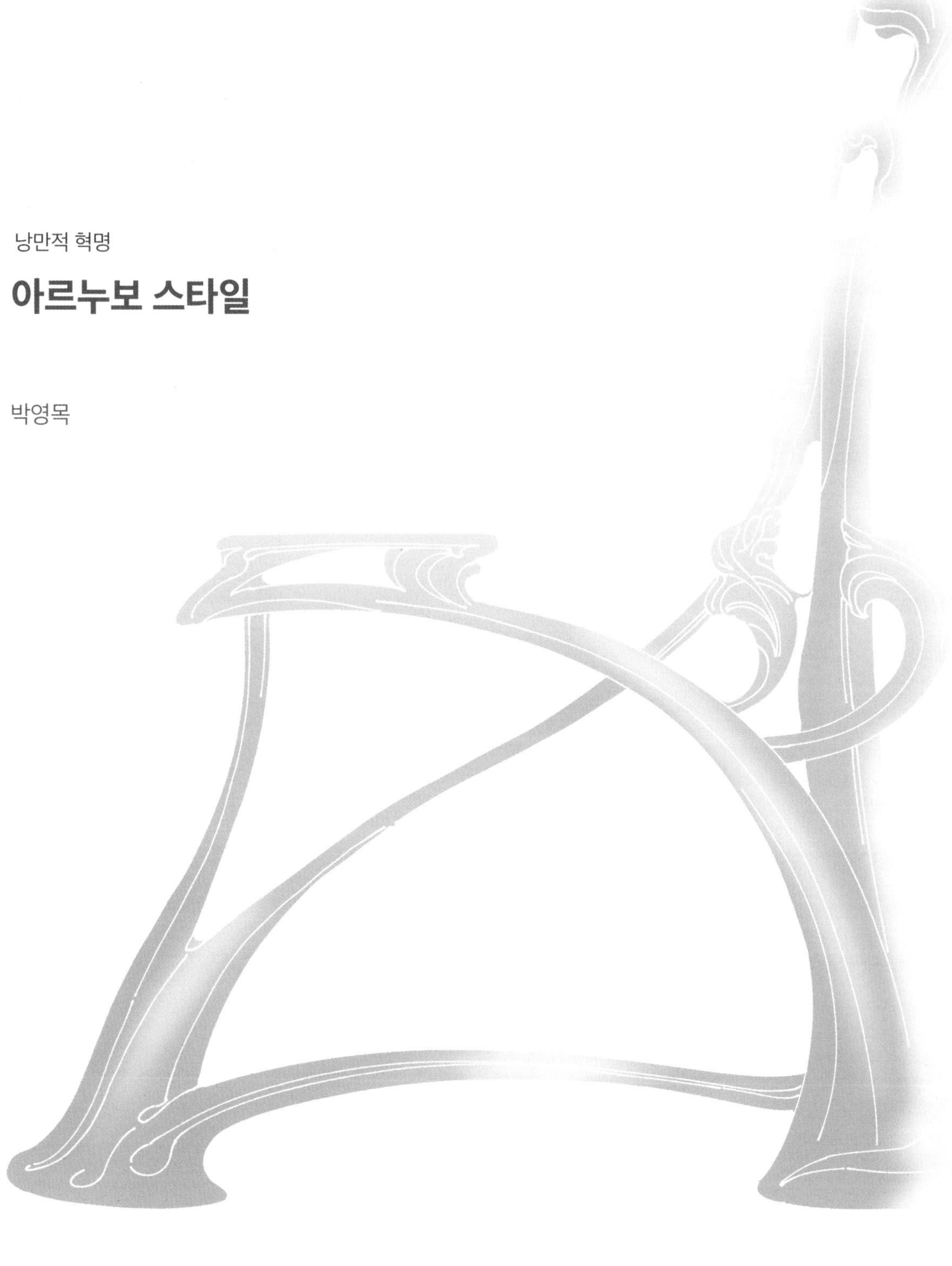

아르누보에 대한
About Art Nouveau

아르누보는 낭만적이며 매력적인 그림?

나는 아르누보에 대한 이해가 적었던 과거에는 알폰스 무하Alfons Mucha의 작품이나 유사 화풍의 그림들을 떠올렸다. 그 그림들은 너무나 아름답고 우아하며 적당히 선정적이고 로맨틱하여 처음 보는 사람이라도 아르누보의 깊은 매력에 빠질 수밖에 없을 것이다. 이렇듯 아르누보하면 '부드럽고 로맨틱한 곡선이 많은 이미지의 그림'으로 이해되었다. 그러나 아르누보에 대한 이해가 깊어지면서 그러한 선입견은 바뀌게 되었다.

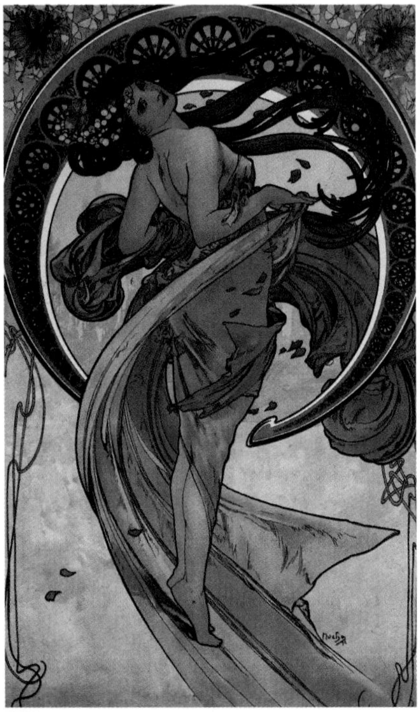

2001
알폰스 무하 Alfons Mucha, Dance, 1898

뉴 아트New Art로서의 다양한 형식

아르누보는 1890~1910년 사이에 벨기에와 프랑스를 시작으로 이전 시대의 예술이 과거의 답습에 머물고 있던 것에 반하여 새로운 예술을 찾고자 하는 말뜻 그대로 뉴 아트New Art로서, 당시로서는 매우 파격적이고 혁신적인 양식이었다.

그리고 그 혁신은 문화의 차이나 산업혁명 이후에 새로운 시대의 모습을 찾으려는 시도가 국가나 개인의 입장에 따라 다양하게 발현되었을 것이다. 즉, 영국이나 프랑스와 같은 국가에서는 산업혁명과 제국주의에 의해 비약적인 경제적 발전을 누리는 상황이었고, 독일 같은 국가에서는 낙후된 국가를 새로운 산업으로 국가를 발전시켜야 한다는 의지가 저변에 있었을 것이다.

이와 같은 다양한 배경과 문화에 따라 아르누보는 부드럽고 낭만적인 모습만 있는 것이 아니라 기하학적이거나 혹은 파격적인 모습 등 다양한 양식들도 있다. 프랑스나 벨기에 출신의 빅토르 오르타Victor Horta나 엑토르 기마르Hector Guimar의 작품들은 넝쿨 식물의 유기적 곡선을 적극적으로 사용하며 그로테스크하면서도 화려함의 극치를 보여준다. 또한 프랑스에서 활동했던 알폰스 무하의 그림이나 르네 랄리크Rene Lalique의 귀금속 작품은 너무나 섬세하고 부드러우며 낭만적이고 로맨틱한 느낌을 준다. 그러나 영국에서 태어나고 활동한 찰스 레니 매킨토시Charles Rennie Mackintosh나 독일 출신으로 영국이나 러시아 같은 다양한 국가에서 활동한 페터 베렌스Peter Behrens의 작품들은 아르누보라고 보기에 어려울 정도로 정리되고 단순함으로 모더니즘 디자인의 느낌이 강하다.

예술뿐 아니라 건축, 인테리어, 조명, 그림 등 다양한 영역에서

아르누보는 회화, 건축만이 아니라 가구, 인테리어, 조명, 장신구, 직물, 장신구, 포스터 등 다양한 영역으로 전개되어 나갔다. 이것은 아르누보가 새로운 예술과 더불어 예술의 대중화를 중요한 목표로 했기 때문에 순수 예술만이 아니라 일상생활의 다양한 영역까지 확장되었던 것이다. 그 결과 프랑스 파리에는 아직도 아르누보의 지하철역 입구를 볼 수 있으며, 멋진 아르누보풍의 호텔이나 숙소를 경험할 수도 있다.

과거의 답습을 끝내고 새로운 시작의 기반을 마련

이와 같이 아르누보는 순수 예술 분야뿐이 아니라 실로 다양하고 광범위한 영역에서 나타났기에 진정한 총체적 양식으로 볼 수 있다. 또한 국가별 특성이 있기는 하지만 특정 국가에서만 수용되었던 것이 아니라, 유럽 전역, 미국 등에까지 전파된 국제주의 양식이기도 하다. 즉 아르누보는 최초의 총체적, 국제적 양식이다.
그리고 진정한 아르누보의 역할은 이전의 예술이 전에 있던 양식을 되풀이하며 답습하는 전통적 관습을 단절시킨 것이다. 르네상스, 신고전주의는 그리스 로마시대로의 회귀이며, 빅토리아 양식이나 고딕 복고, 바로크, 로코코 등은 이전의 왕권이나 신권의 권위를 나타내는 양식의 반복이었다 할 수 있다. 그러나 아르누보는 적어도 이전에 있지 않았던 방식으로 새로운 예술의 방향을 모색함으로써 과거에 반복되던 관성적 답습을 과감히 멈추게 했다. 그리하여 이후에 등장하는 아르데코, 모더니즘 등으로 새로운 예술과 산업미술이 새로운 방향을 찾을 수 있도록 기반을 마련했다.

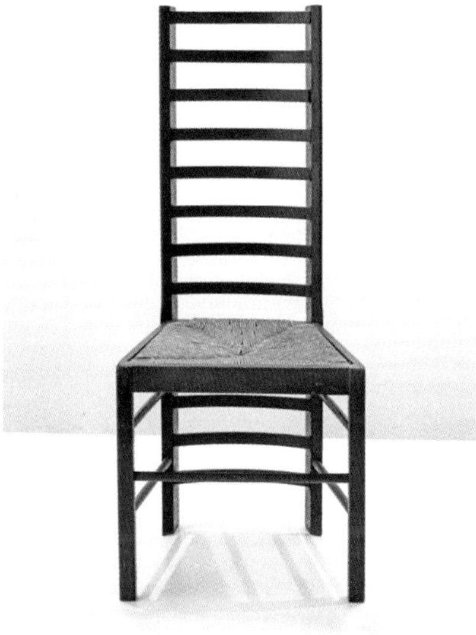

2002
찰스 레니 매킨토시 Charles Rennie Mackintosh
Alex Martin사에서 제작한 의자, 1903

아르누보의 재발견

아르누보 이후에는 산업화가 디자인의 주요한 양식을 결정짓는 요인이 되어 소위 모더니즘이 중심을 이루게 된다. 그리고 대량생산과 대량소비는 획일성을 강요하기도 했다.
그러나 현재는 전형적인 모더니즘으로부터 탈피 혹은 진화하려는 성향이 강하다. 그리고 대기업 중심의 디자인에서 개인 창작자 같은 다양한 디자이너들의 다양한 주장이 표현되는 그야말로 다양성의 시대가 열리고 있다. 이는 아르누보가 이전까지의 형식을 거부하고 새로움을 갈구하며 다양한 양식을 모색하던 시기의 상황과 유사하다. 그래서 우리는 약 20년 밖에 성행하지 않았던 잠깐 나타났다 사라져간 아르누보이지만, 현시점에서 다시 살펴보았을 때 그로부터 새로움의 단초를 발견할 수 있을지도 모른다.
그리고 이러한 이유가 아니라도 너무나 매력적이고 우아하며 아름다운 양식을 역사의 흔적으로 묻어버리기에는 너무나 아깝다.

아르누보의 개요
Overview of Art Nouveau

아르누보의 기원

아르누보Art Nouveau는 1890년에서 1910년 사이에 유럽 및 미국에서 성행했던 예술 사조로서 프랑스어로 "새로운 미술New Art"을 뜻한다. 아르누보 용어의 경우 1880년대 벨기에에서 발행된 잡지인 『L'Art Moderne』에서 예술을 통하여 개혁을 추구하는 20명의 화가들 및 조각가들의 작품들을 설명하기 위해 처음으로 사용되었다.
한편 독일 출생이며 프랑스에서 활동한 지크프리트 빙Siegfried Bing은 주로 아시아 국가들의 예술품을 수입하여 많은 인기를 얻고 있었는데, 1895년 파리에서 개장한 본인의 미술상점 명칭을 메종 드 아르 누보House of the New Art라고 붙이면서 아르누보라는 이름이 널리 알려지게 되었다.

아르누보의 탄생 배경

1. 자연(식물)을 주 소재로 쓰는 특성

아르누보의 탄생은 '자연'을 중시했던 라파엘전파Pre-Raphaelites와 윌리엄 모리스William Morris에 영향을 받았다고 한다.
1848년 런던에서 결성되었던 라파엘전파는 그 당시 최고로 존경받던 이탈리아 르네상스 화가 라파엘로와 미켈란젤로의 미술에 대해 비판하고, 이전 시대의 미술이었던, 자연을 주의 깊게 관찰하고 표현하는 중세 및 고딕 초기 르네상스 미술로 돌아갈 것을 주장했는데, 그들의 자연탐구에 대한 태도가 아르누보에 영향을 끼쳤다고 할 수 있다.
전통적 수공예와 산업화된 상품 사이에서 단점을 없애고 장점만을 찾으려 했던 윌리엄 모리스도 라파엘전파의 영향을 받아 자연에서 얻은 소재로 각종 공예품을 아주 정교하게 장식함으로써 아르누보에 영향을 끼쳤다고 평가받고 있다.

2. 평면적인 표현 : 자포니즘Japonism

1800년 중반 일본과의 무역이 증진됨에 따라 유럽 예술가들 사이에 일본 예술과 디자인에 대한 관심과 인기가 급증했다. 대담하고 추상적인 색상과 극단적으로 함축된 원근과 비대칭 구성 등의 특징을 가진 일본 에도시대 중기에서 후기에 유행한 판화인 우키요에는 특히 서양 예술가들에게 큰 충격을 안겨주었다. 빈센트 반 고흐, 폴 고갱과 같은 화가나 아르누보의 대표 작가인 알폰스 무하Alfons Mucha, 찰스 레니 매킨토시Charles Rennie Mackintosh, 루이스 컴퍼트 티파니Louis Comfort Tiffany 등도 자포니즘에 영향을 받은 것으로 알려져 있다.

3. 근대과학의 발전

1857년 『아트저널』에 「예술 및 예술 제작품에 적용되는 식물학」이라는 글이 발표되거나, 독일 생물학자 에른스트 헤켈Ernst Haeckel이 1899년부터 1904년까지 10부작으로 펴낸 『자연의 예술적 현상』과 같이 자연을 신의 피조물이 아닌 근대 과학적 사고로 바라보며 그 안에서 예술적 관점을 발견한 시대의 분위기도 영향이 있을 것이다.

2003
1901년 파리의 모습

2004
윌리엄 모리스, 벽지 패턴, 1872

2005
일본의 우키요에(판화), 기타가와 우타마로, 1795

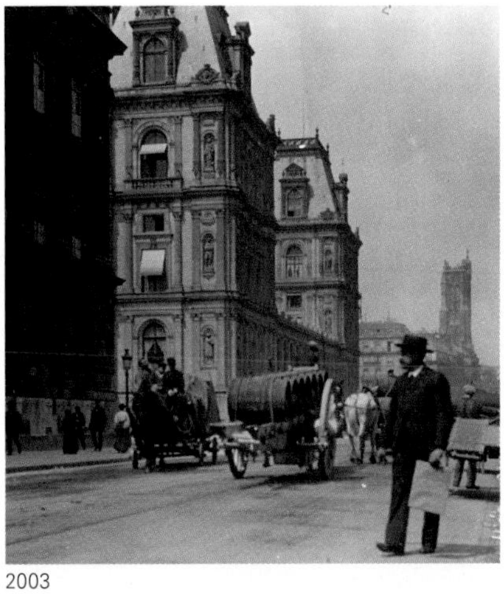
2003

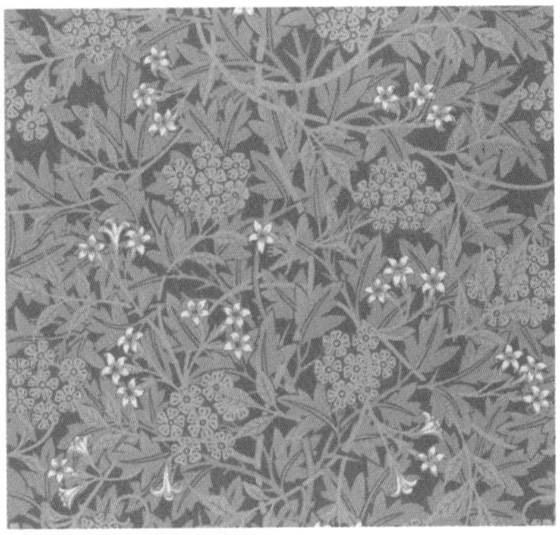
2004

아르누보의 명칭

아르누보는 말 그대로 뉴 아트New Art이기 때문에 다양한 국가에서 다양한 용어로 통용되었다. 독일은 젊음을 의미하는 유겐트스틸Jugend Style(Youth Style)로 사용되었으며, 영국은 대표 작가인 매킨토시가 활동하던 지명인 글래스고Glasgow의 명칭을 따서 글래스고 스타일로 불리기도 했다.

아르누보 스타일의 다양성

아르누보는 18세기 말에서 19세기 초 고전주의 미술에 반하여 새로운 예술을 탐색하는 과정에서 단기간에 다양한 지역과 건축가, 화가, 공예가 등 다양한 직군의 예술가들에 의해 나타난 양식이다.

따라서 어떤 한 예술가가 평생 아르누보 작품을 보여준 경우는 매우 적고, 한 예술가라도 초기에는 아르누보 양식에서 아르데코Art Deco, 그 이후에는 모던 디자인 등 시대에 따라 다양한 양식의 작품을 하는 경우가 많다. 예를 들어 페터 베렌스Peter Behrens는 기업의 로고, 제품, 포장 등에 통합 아이덴티티의 개념을 도입한 최초의 근대화된 산업디자이너로 인정받고 있지만, 한편으로는 아르누보 작품도 다수 보여주었다.

또한 새로운 예술, 즉 뉴 아트에 대한 관점과 해석은 지역이나 국가 혹은 단체 등에 따라 달리 해석되기도 하여 아르누보는 다양한 조형적 양식을 가진다. 벨기에와 프랑스는 상대적으로 장식이 많고 화려한 양식이 많은 반면, 독일의 아르누보로 생각되는 유겐트스틸은 합리적이고 기능적인 성향이 강하며 간결하고 정돈된 형태의 작품이 주를 이룬다.

이렇듯 아르누보는 '새로운 예술'의 의미이기에 조형 양식의 일관성을 찾기는 어렵다. 그러나 그저 '매우 다양하다'로 아르누보를 설명하는 것도 무책임할 수 있어, 이 책에서는 매우 주관적이며 표피적인 기준이나 다음의 3가지 유형으로 분류하여 감상할 수는 있을 것이다.

1. 그로테스크 & 화려함의 아르누보

   자연, 특히 식물의 덩굴, 유기적 곡선 등을 주로 사용하며, 포근한 자연보다는 낯설고 기괴한 느낌이 드는 자연의 느낌이 강한 스타일, 또한 과다할 정도의 치장과 장식이 있는 경우가 많다.

   대표적인 작가로는 최초의 아르누보 건축가라 불리는 벨기에의 빅토르 오르타Victor Horta, 폴 앙카르Paul Hankar, 프랑스의 엑토르 기마르Hector Guimard 등이 있다.

2. 낭만적 아르누보

   자연의 곡선을 사용하지만 부드럽고 낭만적이며 우아한 선을 주로 사용하는 스타일이다. 대표적인 작가로는 체코 출신의 그래픽디자이너 알폰스 무하가 있다.

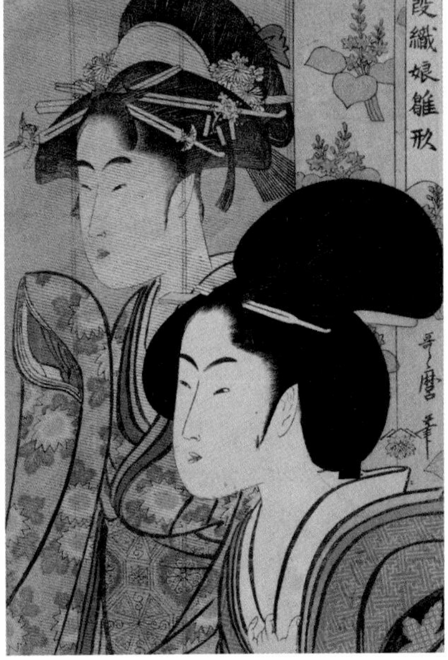

2005

3. 기하학적 아르누보

보다 간결하고 정제된 선을 사용하며 장식적 요소도 상대적으로 적은 스타일이다. 특정 작품은 조형적 특성으로만 본다면 이후에 나타나는 모던 디자인의 영역에 포함하여도 이상하지 않은 경우도 많다. 찰스 레니 매킨토시, 독일의 유겐트스틸에 속하는 페터 베렌스, 헤르만 무테지우스Hermann Muthesius, 앙리 반 데 벨데Henry van de Velde 등은 이후에 초기 모더니즘 디자인의 형성에 결정적인 역할을 끼치는 인물들이다. 그러나 아르누보가 유행하던 시기에는 아직 모더니즘 디자인이 형성되기 이전의 단계이며 '새로운 예술'을 모색하던 시기의 결과들이기에 아르누보의 한 스타일로 보아도 무방할 것이다.

이러한 구분은 철저히 해당 작품의 조형적인 특성만을 고려하여 구분한 것이다. 따라서 특정 작가의 작품이 만약 그로테스크하고 화려하다고 소개되었다 하더라도 그 작가가 그러한 작품만을 한다고 생각하면 안 된다. 예를 들어, 앙리 반 데 벨데는 그가 디자인한 건축이나 가구들에서 위의 3가지 유형의 아르누보 스타일을 모두 보여주고 있으며, 찰스 레니 매킨토시의 경우도 기하학적인, 그리고 낭만적인 아르누보를 함께 보여주고 있다.

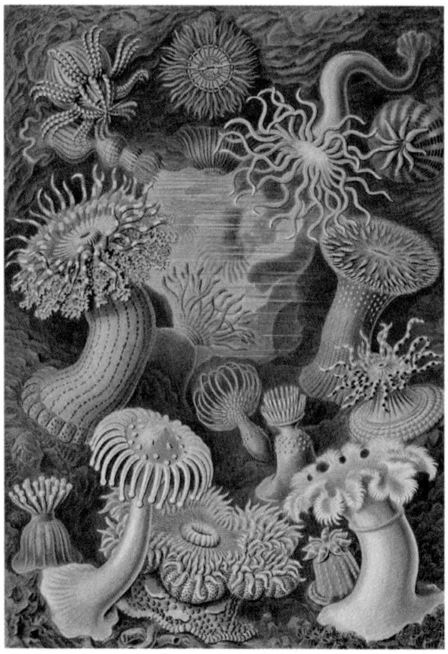
2006

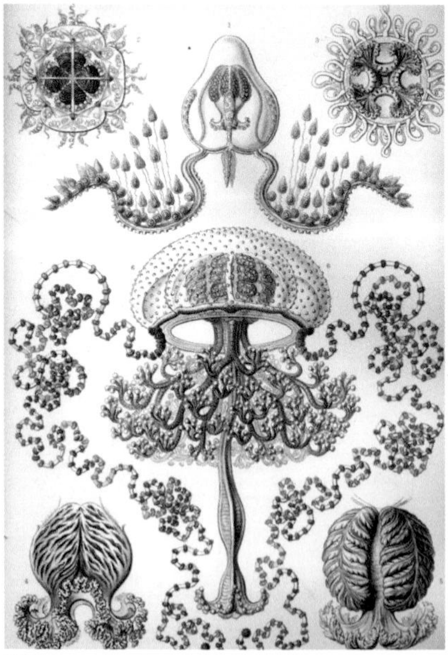
2007

에른스트 하인리히 필리프 아우구스트 헤켈

Ernst Haeckel, 독일. 생물학자, 동물학자, 우생학자, 박물학자, 철학자, 의사, 교수, 예술가. 1834~1919

에른스트 헤켈은 수천 개의 새로운 생물종을 발견하고 기술했다. 모든 생명체의 계보도를 작성했으며, 생태학이라는 단어를 포함해 현시대 우리가 흔히 알고 있는 다양한 생물학의 용어들을 최초로 만들어 냈다.

그가 그린 자연의 복잡한 디테일과 상상력 넘치는 예술적 형태를 지닌 이미지들은 당시 아르누보 예술가, 건축가, 디자이너들에게 많은 영감을 제공했다. 그의 스타일은 아르누보의 대표적인 스타일인 아름답고 유연한 유선형의 선들이 특징적이며, 특히 『자연의 예술Kunstformen der Natur』에는 100개 이상의 동물과 바다 생물이 이러한 특징을 반영하여 섬세히 표현되어 있는데, 이는 당시 많은 아르누보 작품들이 헤켈의 생물학적 연구와 시각적 스타일에 영감을 받았다는 것을 증명한다.

2006
에른스트 헤켈 Ernst Haeckel
자연의 예술(저서 Kunstformen der Natur) 중 해파리
1899~1904

2007
에른스트 헤켈 Ernst Haeckel
자연의 예술(저서 Kunstformen der Natur) 중 꽃해파리
1899~1904

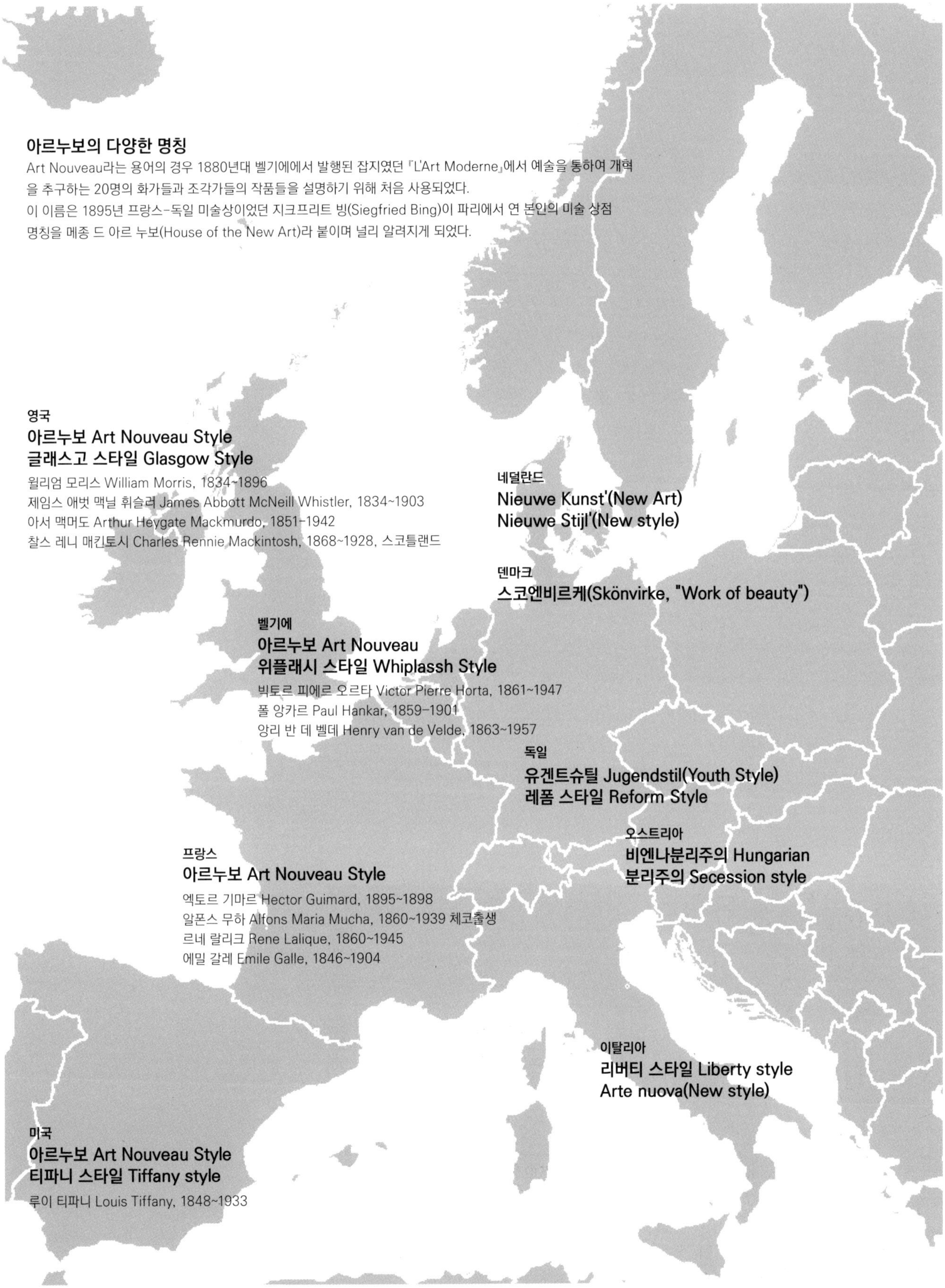

아르누보의 다양한 명칭

Art Nouveau라는 용어의 경우 1880년대 벨기에에서 발행된 잡지였던 『L'Art Moderne』에서 예술을 통하여 개혁을 추구하는 20명의 화가들과 조각가들의 작품들을 설명하기 위해 처음 사용되었다.
이 이름은 1895년 프랑스-독일 미술상이었던 지크프리트 빙(Siegfried Bing)이 파리에서 연 본인의 미술 상점 명칭을 메종 드 아르 누보(House of the New Art)라 붙이며 널리 알려지게 되었다.

영국
아르누보 Art Nouveau Style
글래스고 스타일 Glasgow Style
윌리엄 모리스 William Morris, 1834~1896
제임스 애벗 맥닐 휘슬러 James Abbott McNeill Whistler, 1834~1903
아서 맥머도 Arthur Heygate Mackmurdo, 1851-1942
찰스 레니 매킨토시 Charles Rennie Mackintosh, 1868~1928, 스코틀랜드

네덜란드
Nieuwe Kunst'(New Art)
Nieuwe Stijl'(New style)

덴마크
스코엔비르케(Skönvirke, "Work of beauty")

벨기에
아르누보 Art Nouveau
위플래시 스타일 Whiplassh Style
빅토르 피에르 오르타 Victor Pierre Horta, 1861~1947
폴 앙카르 Paul Hankar, 1859-1901
앙리 반 데 벨데 Henry van de Velde, 1863~1957

독일
유겐트슈틸 Jugendstil(Youth Style)
레폼 스타일 Reform Style

오스트리아
비엔나분리주의 Hungarian
분리주의 Secession style

프랑스
아르누보 Art Nouveau Style
엑토르 기마르 Hector Guimard, 1895~1898
알폰스 무하 Alfons Maria Mucha, 1860~1939 체코출생
르네 랄리크 Rene Lalique, 1860~1945
에밀 갈레 Emile Galle, 1846~1904

이탈리아
리버티 스타일 Liberty style
Arte nuova(New style)

미국
아르누보 Art Nouveau Style
티파니 스타일 Tiffany style
루이 티파니 Louis Tiffany, 1848~1933

아르누보의 건축과 인테리어
Architecture & Interior of Art Nouveau

자연과 예술의 조화, 예술과 실용의 조화

아르누보 건축에 있어 자연과 예술의 조화는 중요한 이슈였다. 당시의 건축에는 꽃, 나뭇잎, 덩굴, 곤충 등과 같은 자연적 요소가 섬세히 표현되어 있으며, 특히 건축물 외부의 구조나 내부에 적용된 장식들에는 마치 물결치는 듯한 유연한 곡선이 강조되어 있다. 이러한 유연한 곡선은 아르누보 스타일의 대표적 특성 중 하나로 간주되며, 이것은 정교함과 수작업의 중요성을 강조하는 아르누보의 철학으로부터 나온 것이다. 아르누보 건축의 또 다른 특징으로는 건축과 건축 내의 모든 요소와의 조화를 들 수 있다. 현관의 디자인부터 창문의 형태, 가구, 조명, 벽지의 패턴에 이르기까지 공간 안에 존재하는 모든 요소들이 건물 전체와 조화를 이루는 방식으로 설계되는 경우가 많았다. 또한 기술의 발전에 따라 아르누보 건축에는 철, 유리, 돌, 나무와 같은 다양한 재료들이 적극적으로 활용되며 이전에는 불가능하던 유려한 곡선의 표현이 가능해지기도 했다.
아르누보 건축 양식에 대한 부정적인 견해는 과도한 장식과 산업화라는 시대의 흐름을 읽지 못한 양식이라는 비판적 견해도 있지만, 고전적 전통 양식에 대한 혁신적 양식이라는 긍정적인 평가도 있다.

아르누보 양식의 대표적인 건축가들은 빅토르 오르타Victor Horta(1861~1947. 벨기에), 엑토르 기마르Hector Guimard(1867~1942. 프랑스), 안토니오 가우디Antonio Gaudí(1852~1926. 스페인), 찰스 레니 매킨토시Charles Rennie Mackintosh(1868~1928. 스코틀랜드), 폴 앙카르Paul Hankar(1859~1901. 벨기에) 등이 있다.

오토 바그너 Otto Wagner
1841~1918, 오스트리아, 건축가

19세기 말에서 20세기 초에 걸쳐 활동한 오스트리아의 건축가이다. 전통 건축에서 유행하던 스타일을 벗어나 혁신적이며 실용적인 디자인을 추구했다.
1898년부터 1899년 사이에 지어진 마요리카 하우스Majolika-Haus는 그의 대표작 중 하나이다. 다채로운 색상과 장식으로 화려하게 디자인되었으며, 외관은 세라믹 타일로 마감되어 있다. 또한 아르누보 스타일의 전형인 꽃과 잎사귀 무늬가 특징인데, 건축물을 유심히 들여다보면, 그의 스타일이 아르누보와 초기 모더니즘 사이의 어딘가에 위치해 있음을 보여준다.
바그너는 마요리카 하우스 외에도 다양한 건축물들을 남겼으며, 건축물들은 현재도 비엔나의 주요 관광지로 그의 명성을 이어나가고 있다.

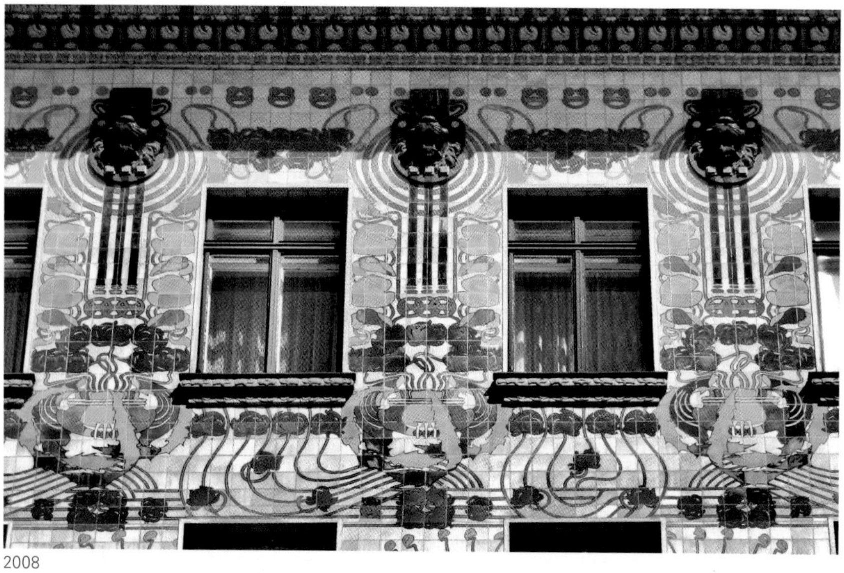
2008

2008
오토 바그너 Otto Wagner
마요리카 하우스(주택 및 상업용 건물), 1898~1899
오스트리아 비엔나

2009
살바도르 발레리 이 푸푸룰, 카사 코말라트 Casa Comalat
1911, 바르셀로나

2010
살바도르 발레리 이 푸푸룰, 카사 코말라트 인테리어, 1911

2011
쥘 에메 라비롯, 라비롯 빌딩 전면, 1901

2012
폴 앙카르, 구 'Niguet' 셔츠점 쇼윈도우, 1896, 브뤼셀, 벨기에

살바도르 발레리 이 푸푸룰

Salvador Valeri i Pupurull, 1873~1954
카탈로니아(스페인), 건축가

스페인에서 활동한 아르누보 시대의 유명 건축가이다. 카탈로니아 지역이 주 활동 영역이었으며, 바르셀로나와 그 주변 지역의 공공 건축물, 주거용 건축물, 그리고 종교 건축물을 설계했다. 카탈로니아 모더니즘 건축에서 보여지는 복잡한 기하학적 형태, 섬세한 장식, 그리고 자연에서 영감을 받은 디자인 요소가 디자인적 특징이다.

쥘 에메 라비롯 Jules Aimé Lavirotte

1864~1929, 프랑스, 건축가

파리 곳곳에 아르누보 스타일의 건축물을 디자인해 유명한 건축가로, 당시 유명한 조각가 및 세라믹 제조업체인 알렉산드르 비고Alexandre Bigot와의 협업을 통해 조각 작품과 외관의 유약 처리된 세라믹 타일을 사용한 점을 큰 특징으로 한다. 특히 독창성이 뛰어난 건축물들인, 29 Avenue Rapp의 라비롯 빌딩(1901), 34 Avenue de Wagram의 Ceramic 호텔(1904) 및 23 Avenue de Messine(8구) 건물(1907)로 인해 파리 시로부터 총 세 번의 "파리의 아름다운 문화유산Concours des façades de la Ville de Paris"상을 받았다.

폴 앙카르 Paul Hankar

1859~1901, 벨기에, 건축가

벨기에의 아르누보 스타일의 대표 건축가라 하면 바로 빅토르 오르타와 함께 폴 앙카르를 떠올릴 것이다. 그의 작업은 벨기에 아르누보 건축 초기 발전에 많은 영향을 미쳤다.
앙카르는 브뤼셀 왕립 미술 아카데미 재학 시절 오르타를 만나 함께 수학했으며, 두 명 모두 철 기술에 대한 관심이 많았다. 어쩌면 그 둘의 건축적 스타일이 비슷한 점도 동일한 시기 같은 학교에서 수학한 배경이 있어서일 것이다. 앙카르는 Hankar House를 빅토르 오르타는 Hôtel Tassel을 1893년 동일한 시기에 완성했으며, 그들의 건축물들의 스타일은 상당히 유사했다. 두 건축물의 가장 특징적인 스타일은 아치와 자유롭고 우아한 곡선들이 주를 이루는 것이었다. 또한 기존의 전통적인 건축에서 흔히 쓰던 재료들에서 벗어나고자 유리나 철과 같은 현대적인 재료를 적극적으로 활용했다.
앙카르는 이 건축물 후에 다양한 건축물에서도 예술과 건축의 접점에서 혁신적인 디자인을 추구했다. 그리고 아름다운 형태만큼이나 단순함과 기능성 또한 중시했다.
이와 같이 앙카르는 아르누보 스타일을 대표하는 건축가로서 여러 건축 유산을 남겼으며 현재까지도 디자인 역사 속에 중요한 위치를 차지하고 있다.

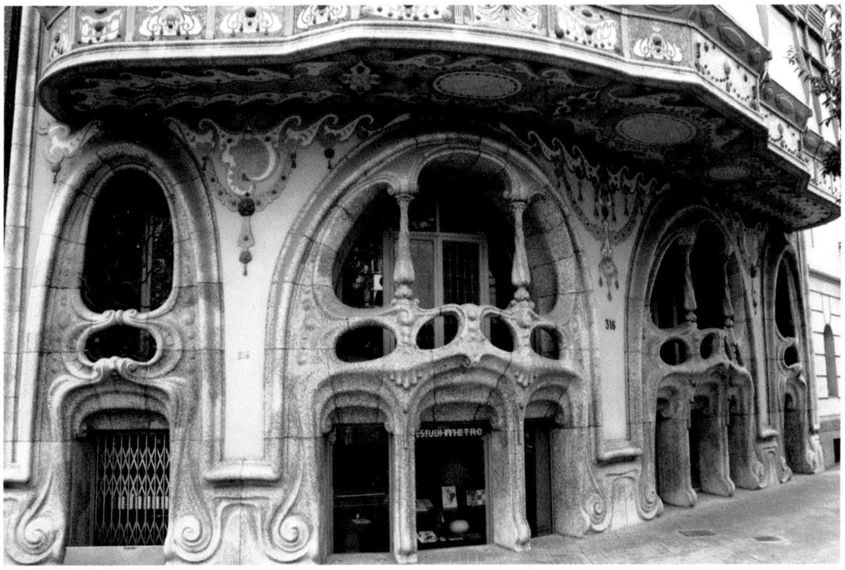
2009

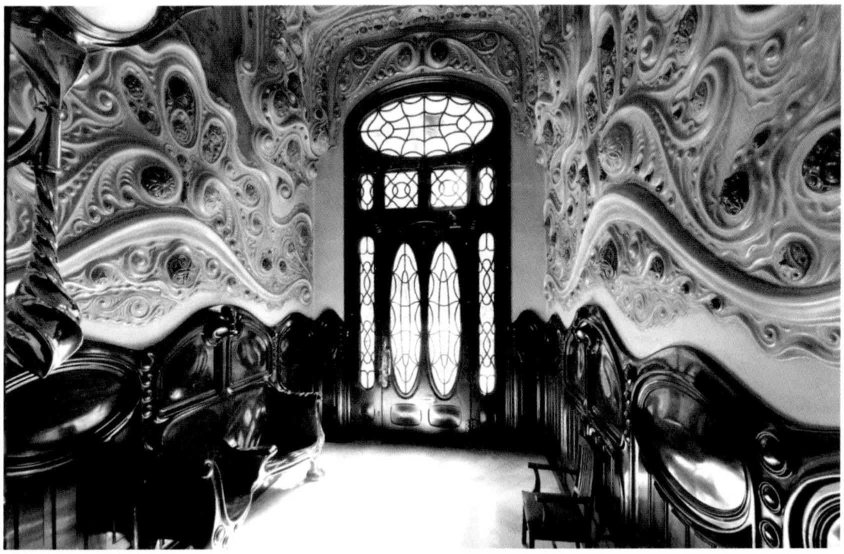
2010

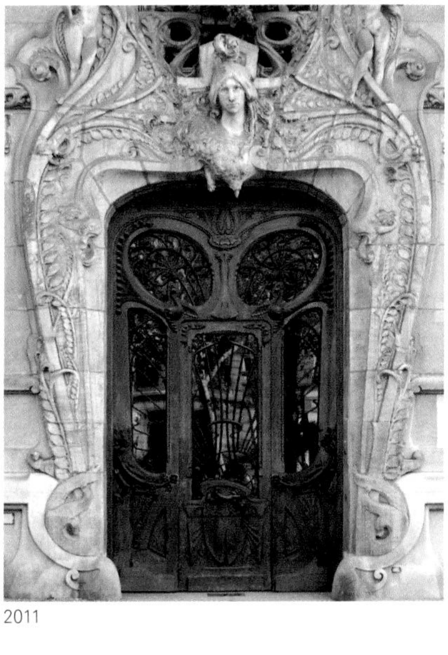
2011

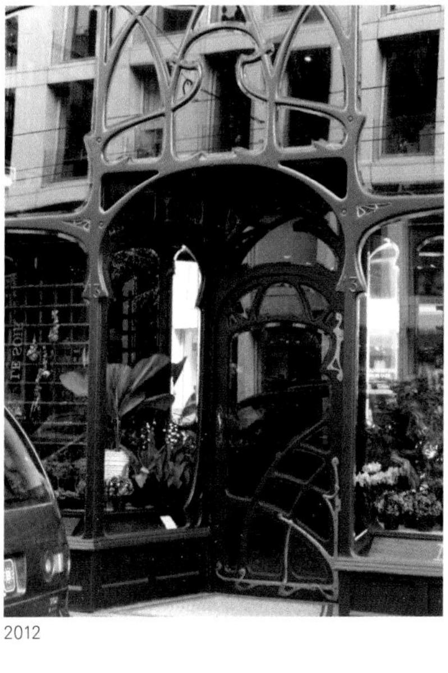
2012

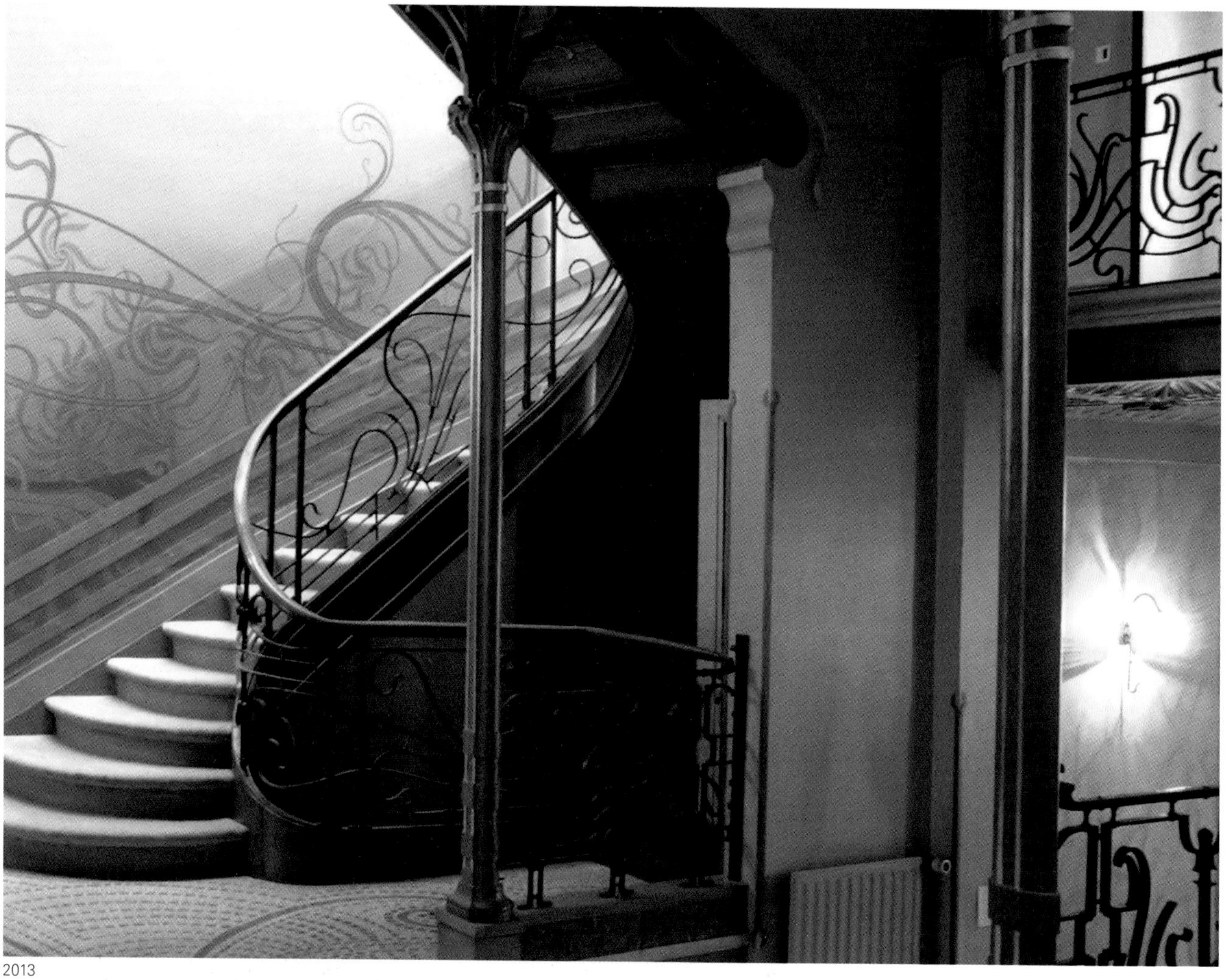

2013

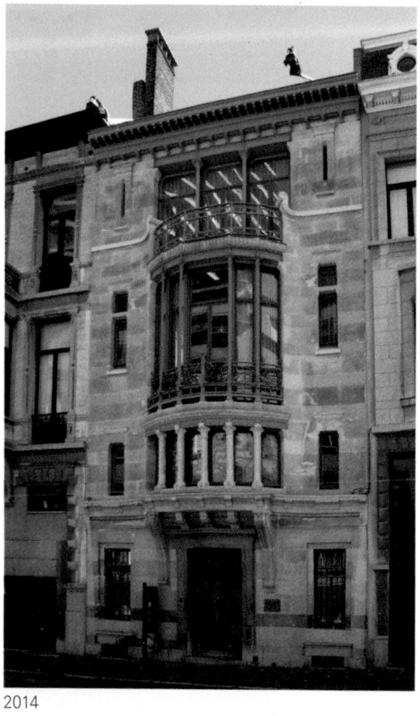

2014

Hotel Tassel

1892~1893, 벨기에 브뤼셀

아르누보 건축의 중요한 시발점이 된 건축물이다. 과학자이자 교수인 에밀 타셀Émile Tassel로부터 1892년에 주택 설계의 의뢰를 받아 시작되어 1893년에 완공되었다. 건물의 외관만 보았을 때는 기존의 건축에서 보여준 스타일과 크게 다를 게 없고 주변의 석조 건축물들과 잘 어울린다. 하지만 그 내부 디자인은 과히 혁신적이며, 특히 철과 유리의 적극적인 사용으로 인해 내부에 빛이 풍부히 들어왔다. 또한 공간의 중심부에 만든 중앙 계단에는 아르누보 특유의 스타일인 식물 덩굴의 형태를 닮은 컬링 라인 장식을 담은 아름다운 난간이 설치되었다. 이러한 장식은 계단 난간을 비롯하여 바닥 타일, 문과 창문 프레임 등에도 적용되어 있으며, 벽에도 동일한 모티프로 장식되어 환상적인 장면들을 연출한다.

Hôtel Tassel은 아르누보 스타일이 건축 분야에 처음으로 소개된 주요 작품이며, 유네스코는 이 건물에 대하여 "개방적인 평면, 빛의 확산, 그리고 건축 구조와 장식의 눈부신 결합을 특징으로 하는 혁명"이라는 평가를 내리기도 했다. 현재, Hôtel Tassel은 개인 주택으로 사용되고 있으며, 일반인들의 내부 방문은 제한되어 있다.

2013
빅토르 오르타, Tassel Hotel(주택) 실내 계단, 1892~1893 벨기에 브뤼셀

2014
빅토르 오르타, Tassel House 전면

2015
빅토르 오르타, Hotel Solvay, 1898~1900, 벨기에 브뤼셀

2016
빅토르 오르타, Hotel Solvay 내부(1층, 채광창)

2017
빅토르 오르타, Hôtel Solvay 메인 계단

2018
빅토르 오르타, Hôtel Solvay 로비

빅토르 오르타 Victor Pierre Horta
1861~1947, 벨기에. 건축가, 디자이너

아르누보 양식의 전형을 제시한 건축가로 아르누보 건축가 중 가장 영향력이 있다. 그의 Hotel Tassel(1892~1893. 브뤼셀 소재)은 최초의 아르누보 건축으로 간주된다.
빅토르 오르타는 건축뿐 아니라 건축에 포함되는 실내 인테리어, 가구, 조명 등도 함께 디자인했다. 그의 건축에서의 큰 특징 중 하나는 철과 유리를 혁신적으로 사용하여 내부 공간의 흐름과 자연 채광을 극대화하는 것이었다. 그의 아르누보의 전형적 스타일은 프랑스의 대표적인 아르누보 건축가인 엑토르 기마르(Hector Guimard) 등 다른 건축가나 디자이너 예술가들에게도 많은 영향을 끼쳤다.
그가 브뤼셀에서 설계한 건물 중 Hôtel Tassel, Hôtel Solvay, Hôtel van Eetvelde 및 Horta House(현재 Horta Museum) 등 4개의 건물이 2000년에 유네스코 세계문화유산 목록에 추가되었다. 이러한 위대한 업적으로 인해 빅토르 오르타는 1932년 남작의 지위를 받았고, 벨기에의 구화폐 속 인물로도 등장했다.

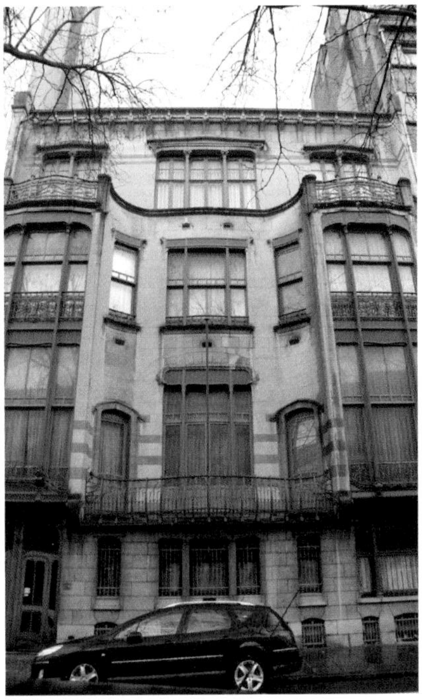
2015

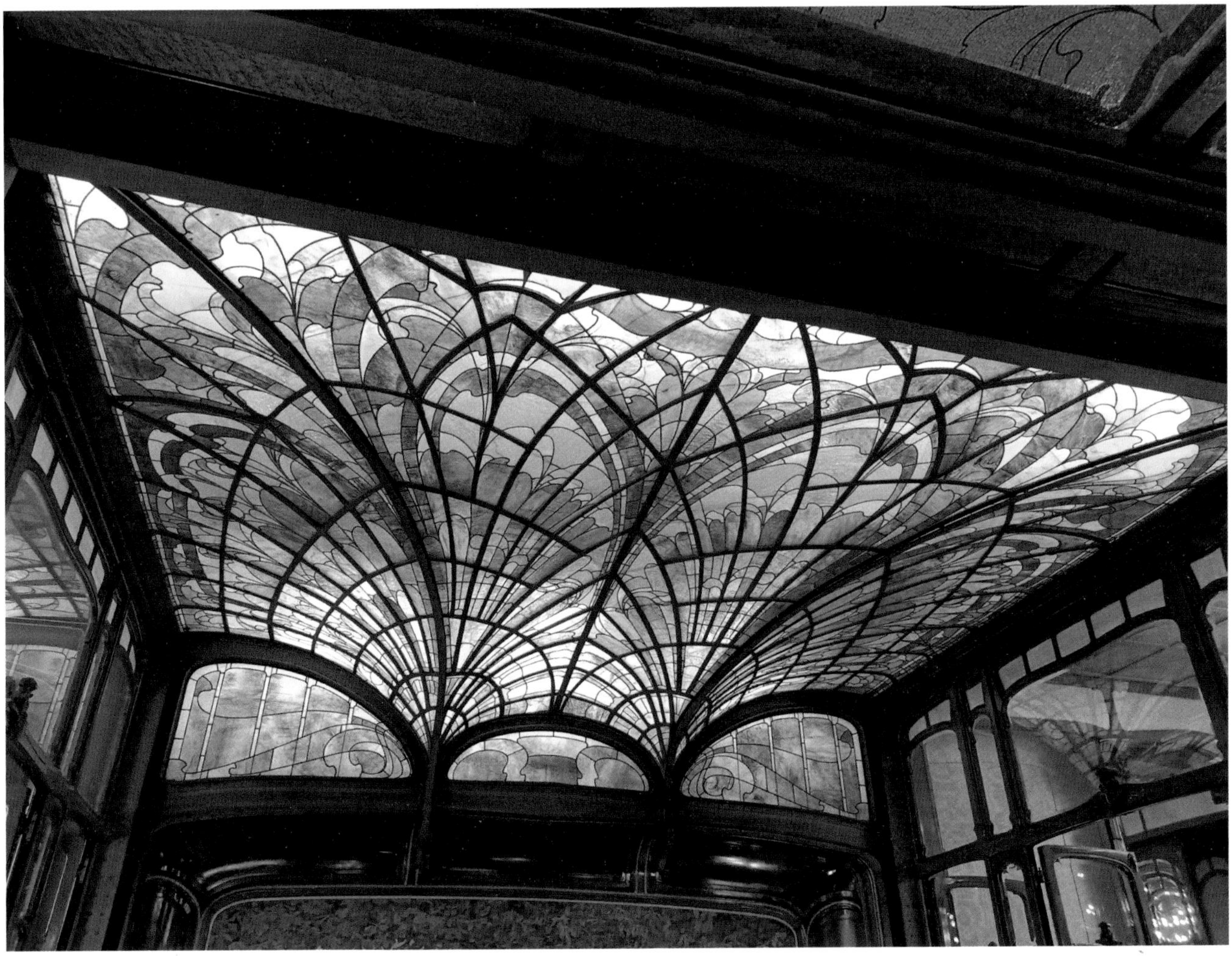
2016

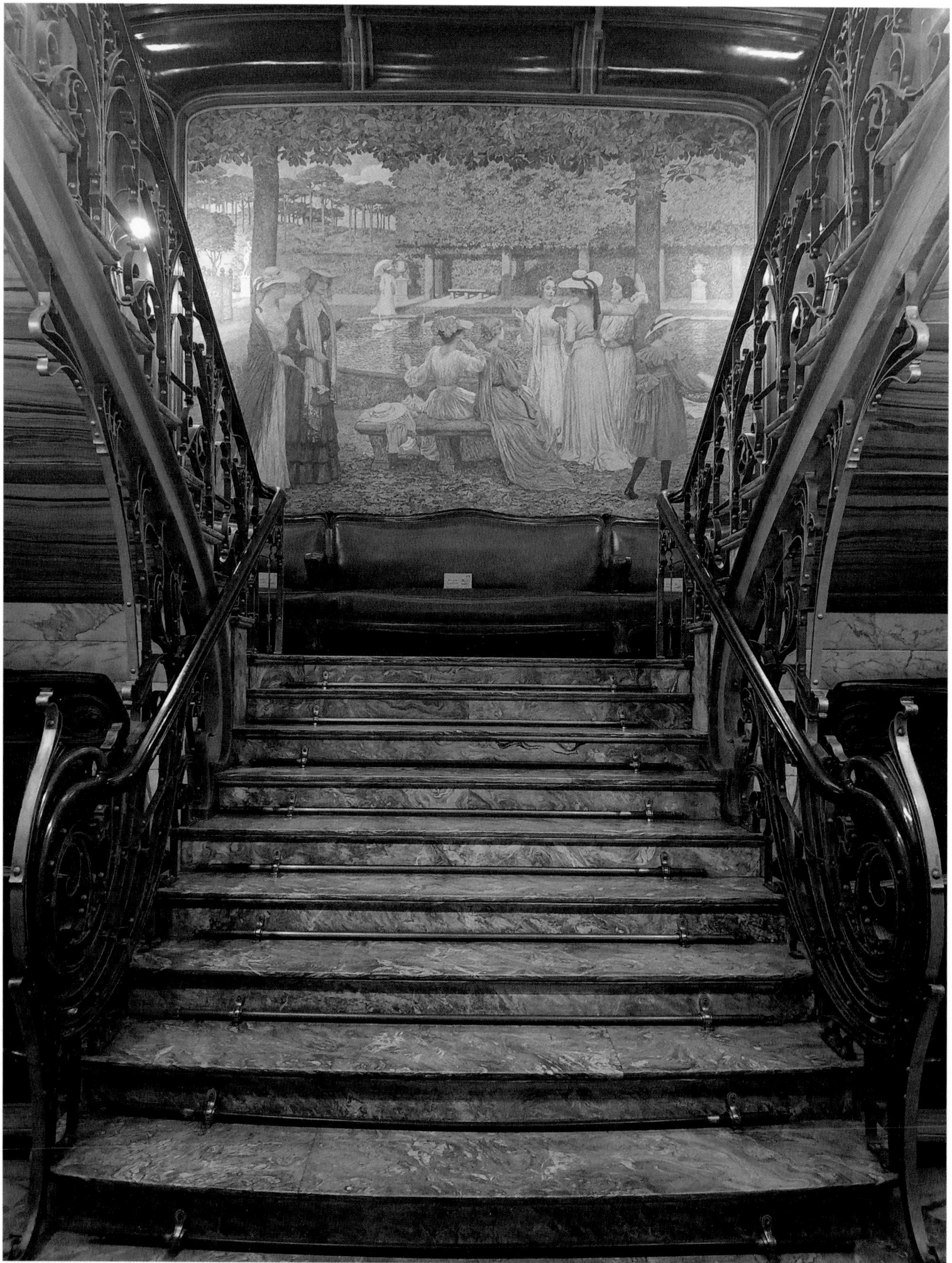

2017

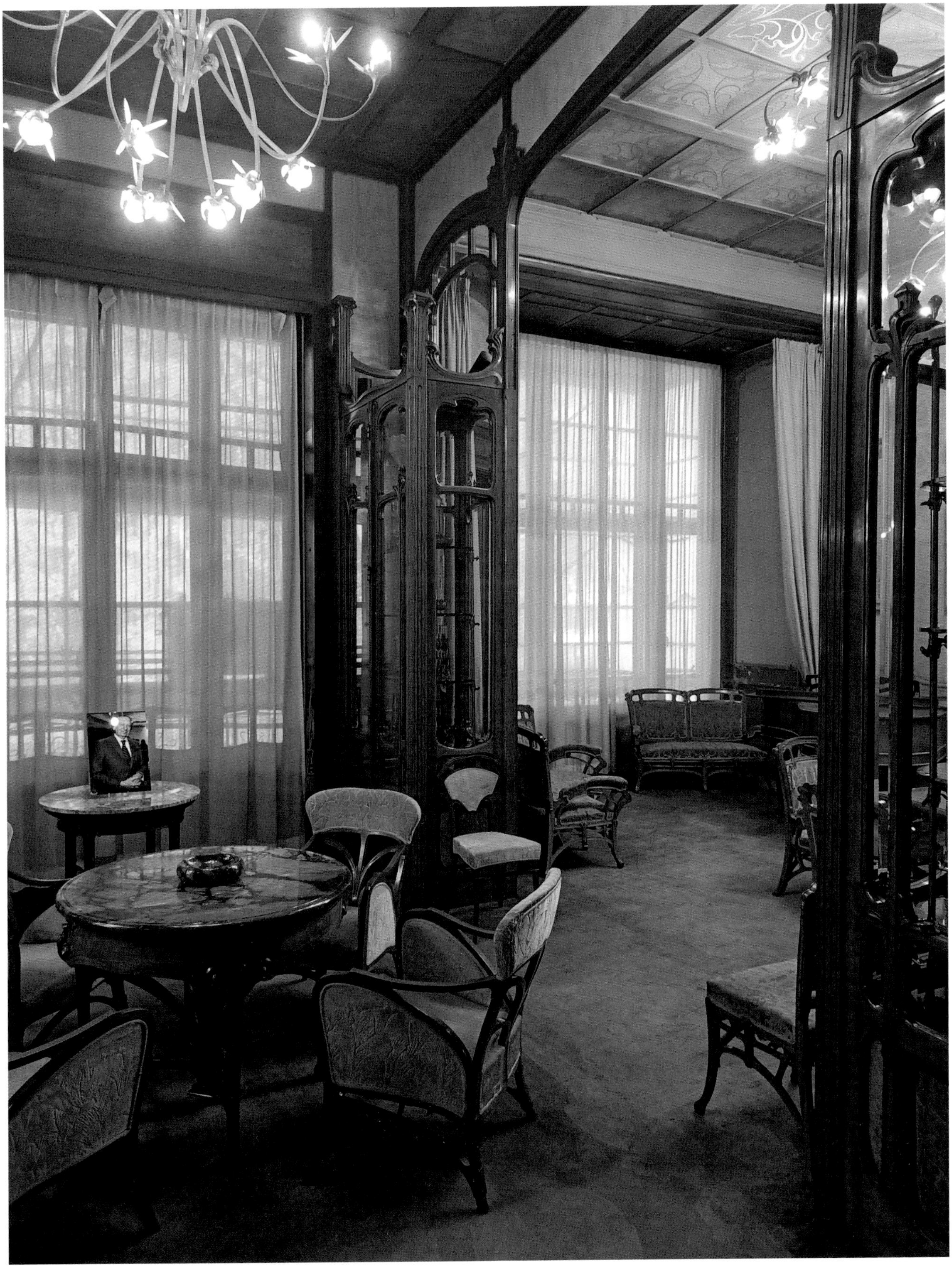

2018

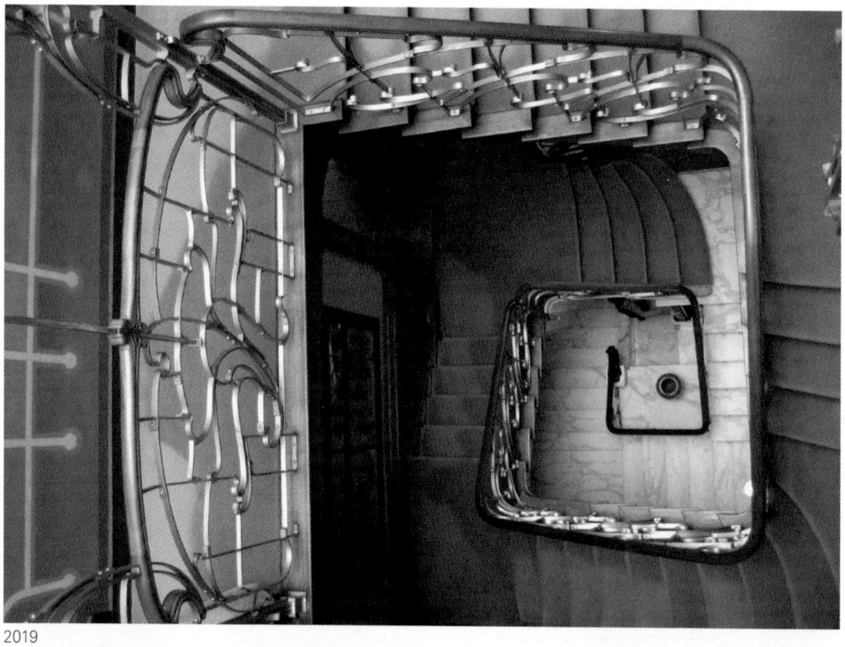
2019

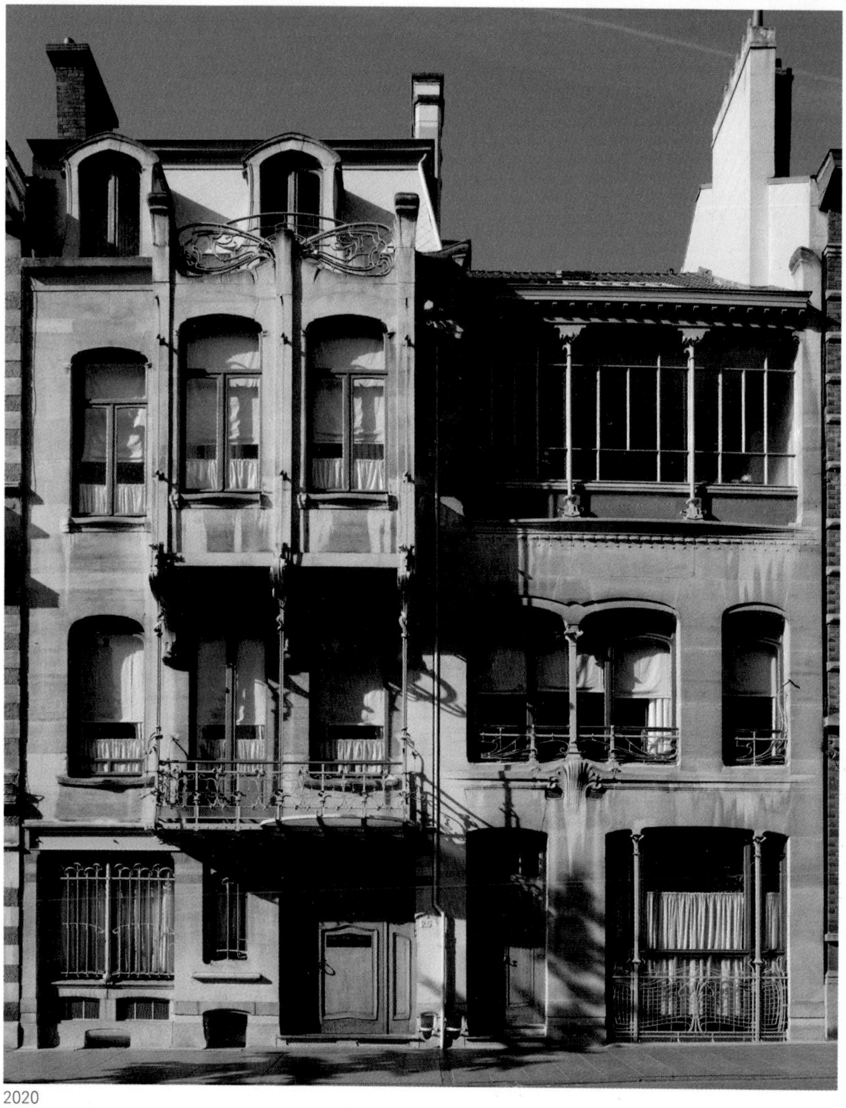
2020

오르타 뮤지엄 Horta Museum

1898~1901, 벨기에 브뤼셀

오르타 뮤지엄은 원래 오르타 자신이 주거하기 위해 건축했던 것으로 현재는 그의 작품과 생애를 기념하는 박물관으로 활용되고 있다.

혁신적인 디자인과 건축 기술로 유명하며, 내부는 개방적이고 유동적인 공간 구성, 화려한 유리 작업, 섬세한 철제 장식 등 오르타의 디자인 철학을 반영하고 있으며, 다양한 가구, 예술 작품, 건축 도면 등을 전시하고 있다.

또한 교육 프로그램, 전시회, 그리고 아르누보 관련 다양한 프로그램들을 제공하면서, 방문자들에게 아르누보 예술 운동에 대한 이해를 돕도록 하고 있다.

Rue Américaine 27, 1060 Bruxelles, 벨기에

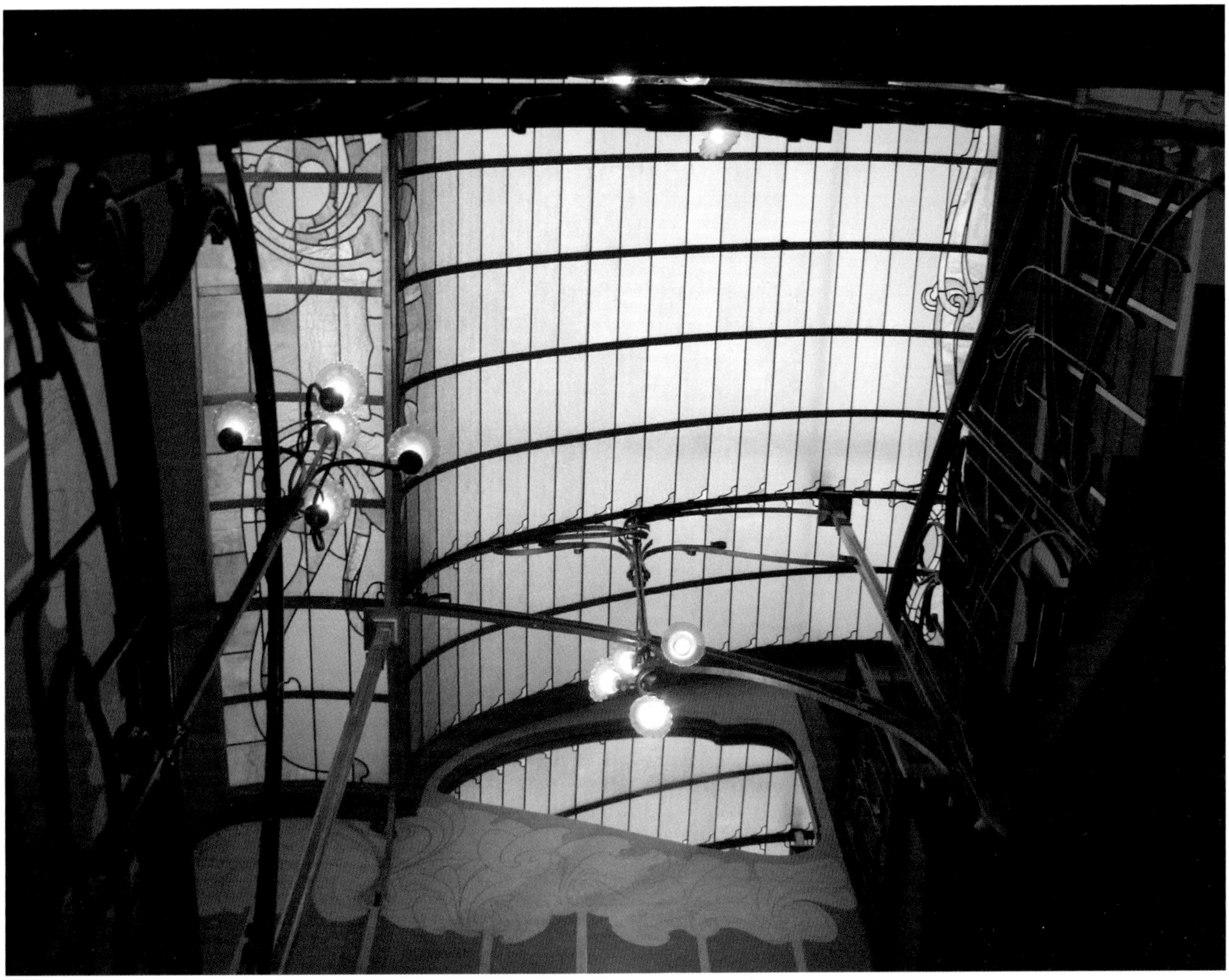
2021

2019
빅토르 오르타, Horta Museum 내부의 나선형 계단, 1898~1901, 벨기에 브뤼셀

2020
빅토르 오르타, Horta Museum의 파사드

2021, 2022, 2023
빅토르 오르타, Horta Museum 내외부

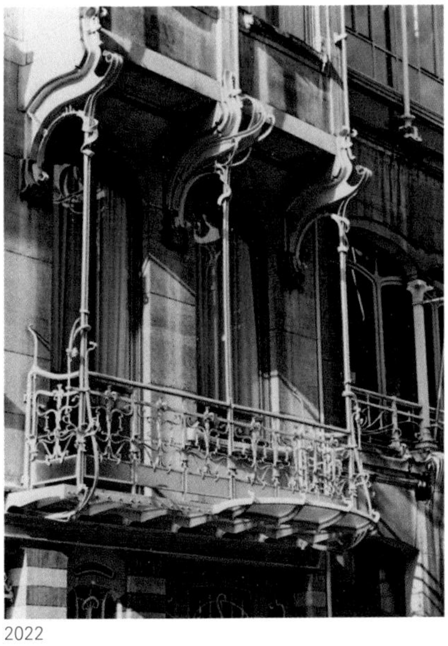
2022

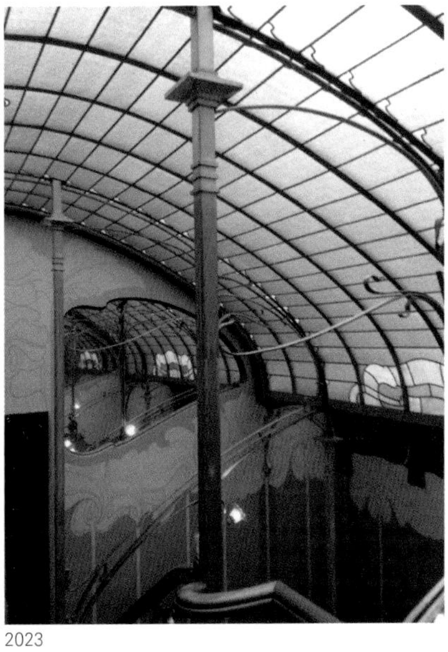
2023

엑토르 기마르 Hector Guimard

1867~1942, 프랑스, 건축가

프랑스 출신의 건축가 및 디자이너이다. 파리에서 최초로 아르누보 스타일로 지어진 아파트 건축물이자 파리 시청이 도시의 미적 가치를 향상시킨 아름답고 혁신적인 건축물에 수여하는 Concours de façades de la Ville de Paris에 선정된 '카스텔 베랑제Castel Béranger'의 디자인으로 유명해지기 시작했다.

또한 그는 파리 지하철 중 첫 번째 역의 입구를 디자인했으며, 장식적인 아르누보 곡선을 적용한 유리와 철제 캐노피로 널리 알려졌다.

엑토르 기마르는 초기 아르누보 스타일을 주도하며, 1890년부터 1930년 사이에 141개의 파리 지하철 입구와 함께 약 50여 개의 건물을 설계하고 완공했다.

안타깝게도 1910년대를 기점으로 아르누보 스타일은 유행에서 멀어졌고, 1960년대까지 그의 대다수 작품은 파괴 혹은 소실되었다. 그러나 1960년대 이르러 그가 디자인한 작품들에 대한 독창성과 중요성이 재조명받게 되며 그의 가치가 재평가되었고, 현재는 아르누보를 발전시킨 주요 건축가로 인정받고 있다.

2024, 2025
엑토르 기마르, 파리 지하철 Metro 입구 디자인, 1900경
프랑스 파리

파리 지하철Metro 입구 디자인, 1900경, 프랑스 파리

1900년 파리만국박람회에 맞추어 개통될 새로운 파리 지하철역 입구를 위한 디자인이다. 1899년, 제조를 단순화하기 위해 두 가지 디자인 안을 만들었다. 두 가지 안 모두 주철 프레임으로 만들어졌으며 비로부터 보호하기 위한 크림색 벽과 유리 지붕을 적용했다. 한 안은 좀 더 단순하고 입체적인 느낌을 주었고, 다른 안은 둥글고 역동적인 형태로 잠자리와 비교되기도 했다. 원래 전자 안은 두 개만 만들어졌으며 현재는 소실되었으나, 복원된 단 하나의 후자 유형만이 원래 위치인 Porte Dauphine에 남아 있다.

1900년에 설치가 시작된 이 구조물은 13년 사이에 무려 총 167개나 설치되었다. 그리고 현재는 그 위치가 조금씩 달라지긴 했지만, 여전히 66개가 남아 파리 곳곳에서 아르누보 스타일을 만끽할 수 있는 장소로 존재하고 있다.

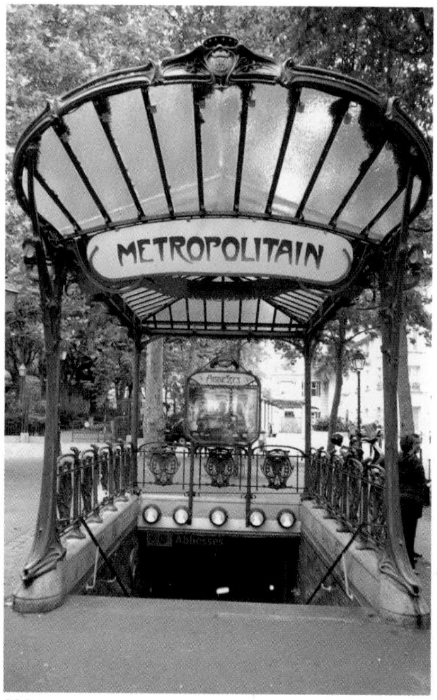

2024

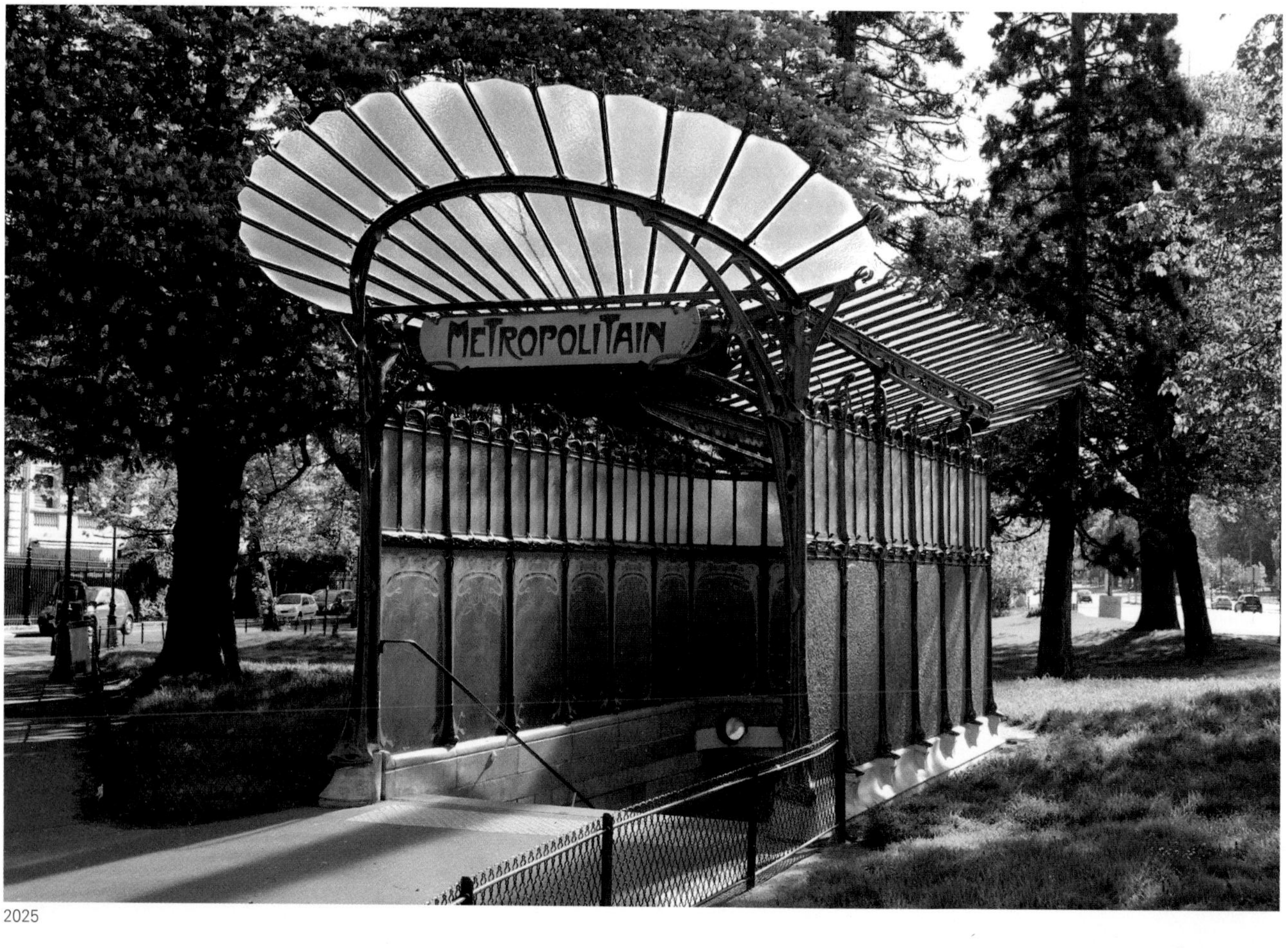

2025

2026, 2027, 2028
엑토르 기마르, 카스텔 베랑제르(아파트), 파리

카스텔 베랑제 Castel Béranger, 1895~1898, 파리
파리에서 최초로 아르누보 양식을 담아 아파트 형식의 주거공간으로 지어진 건축물이다. 파리의 16구 rue Jean de la Fontaine 14번지에 위치해있으며, 기마르는 이곳에 자신의 사무실을 두기도 했다. 그의 주요 건축물 중 하나로 카스텔 베랑제 설계 당시 기마르는 30세에 불과했다.
기마르는 빅토르 오르타Victor Horta가 디자인한 호텔 타셀을 참고하여 현대적인 스타일로 디자인했다. 특히 세라믹과 철주조를 활용하여 디자인한 로비를 포함하여 공간 곳곳에 적용된 디테일들이 인상적이다.
마치 자연과 같이 생명이 있고 움직임이 있어 보이는 아르누보의 아름다움을 간직한 이 건축물은 1899년 파리 최고의 건물 외관 대회에서 수상했다.

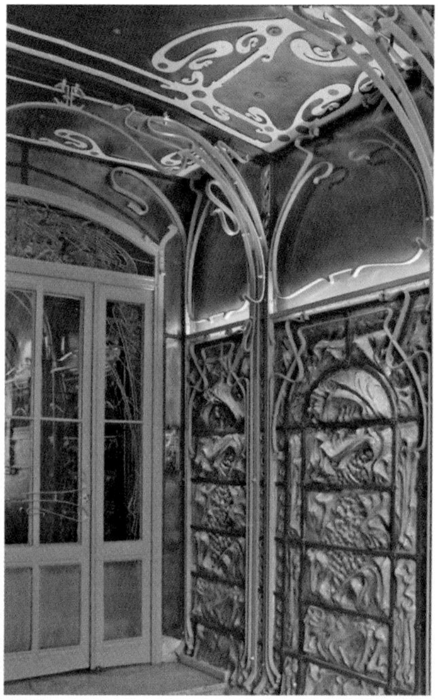
2026

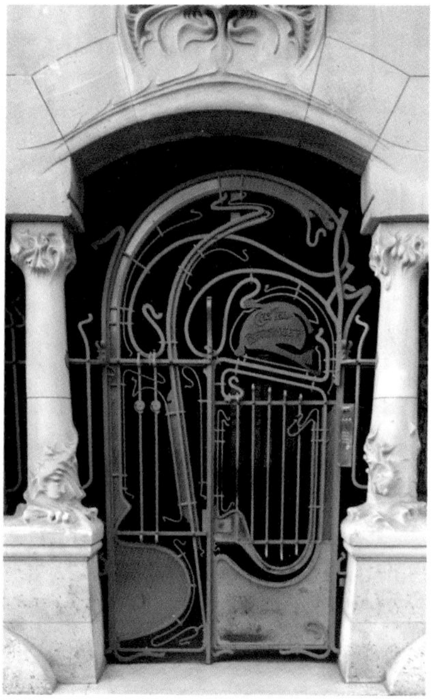
2027

2028
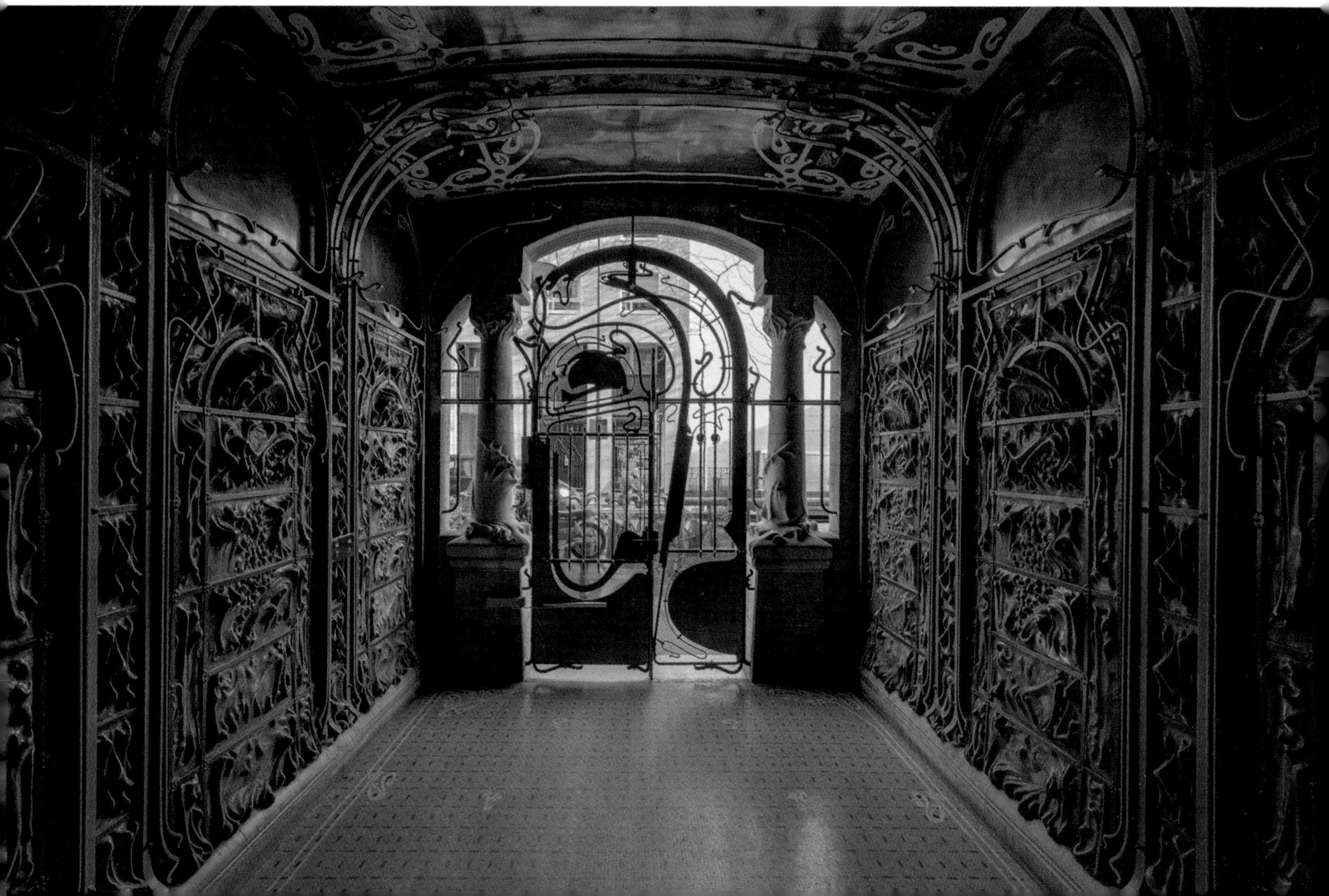

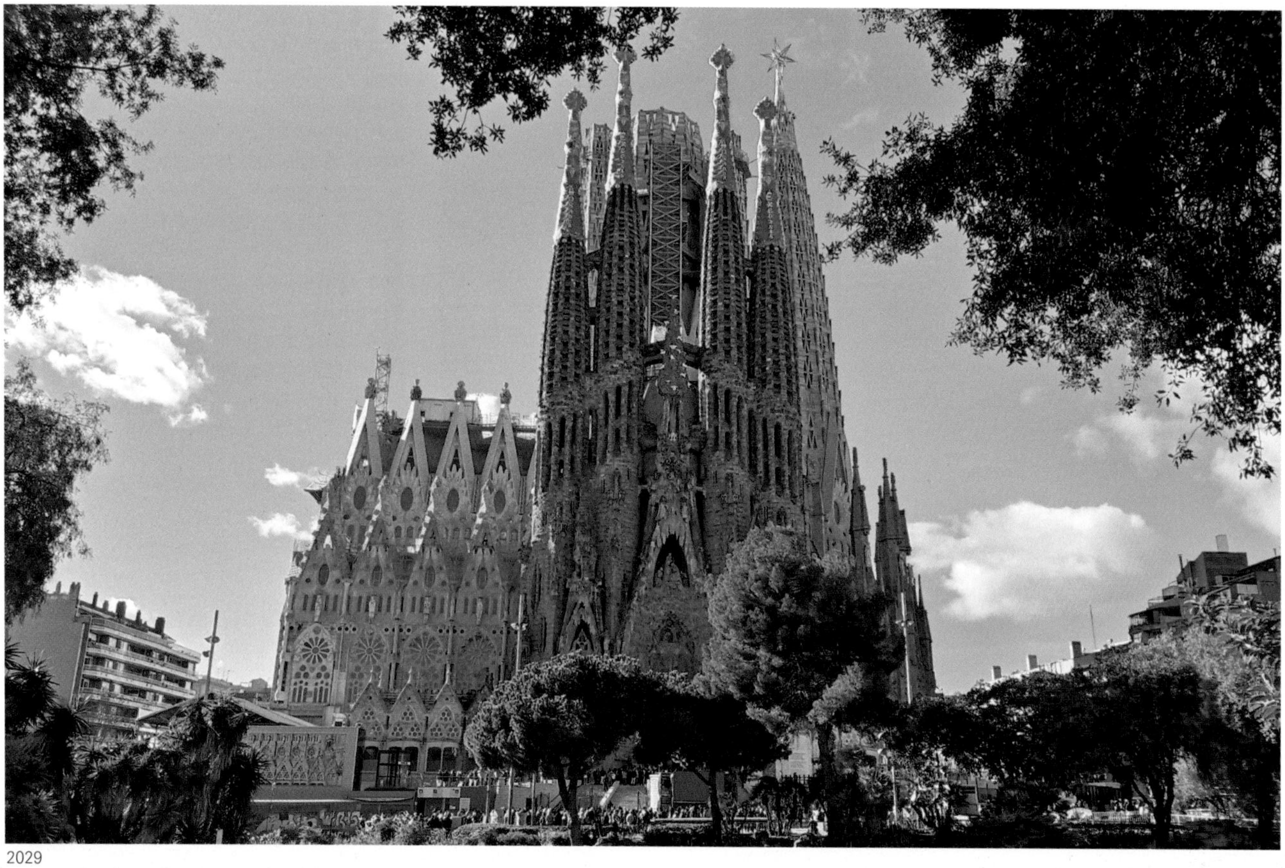

2029

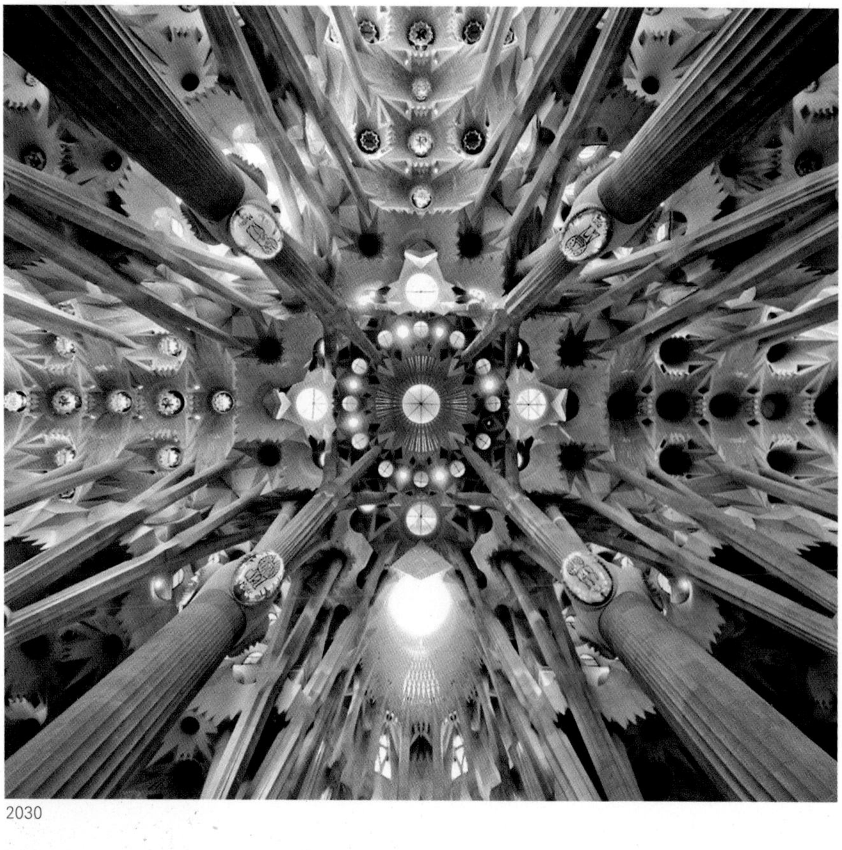

2030

2029, 2030
사그라다 파밀리아 성당, 1882~현재 건축 중
스페인 바르셀로나

사그라다 파밀리아

Basílica i Temple Expiatori de la Sagrada Família, 1882~, 스페인 바르셀로나

1882년에 다른 건축가(프란시스코 데 파울라 델 빌라르)의 지휘로 건설되기 시작했으나, 1883년에 가우디가 프로젝트를 인수했다. 가우디는 이 프로젝트에 그의 독특한 고딕과 아르누보 양식을 가감 없이 녹여냈으며, 생애의 대부분을 투자했다. 그러나 1926년 그가 사망할 때까지 교회는 4분의 1도 완성되지 않았으며, 사망한지 100주년이 되는 해인 2026년에 완공될 예정이었지만 코로나19 팬데믹으로 인해 지연되고 있다.

건축물에 들어간 노력이나 그 중요도에 비해서 사그라다 파밀리아Sagrada Família의 명칭이 대성당cathedral이 아닌 점은 의아할 수 있다. 그 이유는 바르셀로나 교구의 대성당인 바르셀로나 대성당Cathedral of the Holy Cross and Saint Eulalia과는 별개로, 기념비적인 성당이자 주요 관광 명소이지만 바르셀로나의 주교 관할 하에 있는 교구의 중심 교회가 아니기 때문이다. 그러나 공식적으로는 "바실리카basilica"라는 칭호를 받았으며, 이는 교황으로부터 특별한 명예와 중요성을 인정받은 교회에 부여되는 칭호이다.

카사 밀라 Casa Milà, 1906~1912, 스페인 바르셀로나
가우디의 대표적인 작품 중 하나로, 완공되던 당시에는 전례 없는 건축 기법과 디자인으로 인해 많은 논란을 불러일으키기도 했다. 건물의 외관은 자연스러운 곡선과 유기적인 형태를 사용하여 전통적인 건축 구조와 크게 달랐으며, 자연에서 영감을 받은 형태와 패턴을 건축에 접목시켰다. 이러한 그의 디자인 의도는 건축물 내부에까지 이어진다. 그는 전통적으로 공간을 나누는 방식이었던 벽 대신 기둥과 아치를 활용하여 공간을 구분 지었다. 건물의 파사드는 돌과 철을 사용해 만들어진 물결치는 모양을 하고 있으며, 이는 "돌 채석장La Pedrera"이라는 별명으로 불리기도 한다. 또한 가우디 디자인의 특징이라고도 볼 수 있는 자연광과 자연환기의 적극적인 활용은 카사 밀라에도 적용되었는데, 이와 같이 자유로운 벽과 자연광 덕분에 내부 공간의 분위기는 유연하고 개방적으로 조성되었다. 건축물 외부에 지붕 부분은 가우디가 디자인한 여러 건축물 중에서도 가장 기발하면서 상징적인 부분 중 하나이며, 다양한 조각상과 굴뚝 및 환기구 등으로 장식되어 있다. 카사 밀라는 1984년 유네스코 세계문화유산으로 지정되었으며, 현재 문화 행사나 전시회 등을 위한 장소로 사용되고 있다.

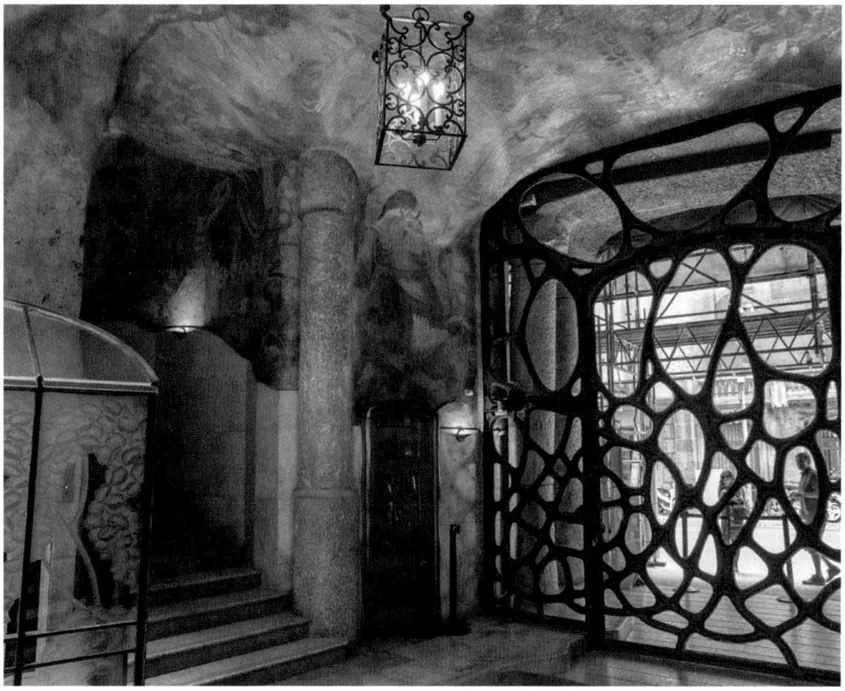
2031

안토니오 가우디 Antonio Gaudí

1852~1926, 스페인, 건축가

안토니오 가우디는 자신의 생애와 작품을 통해 건축, 자연, 종교에 대한 깊은 열정을 보여준 스페인의 건축가이다. 그는 도자기, 스테인드글라스, 연철 단조, 목공 등 다양한 건축 공예를 자신의 창조물에 통합했으며, 폐 세라믹 조각을 사용한 트렌카디스Trencadís 기법과 같은 새로운 재료 처리 기술을 도입하기도 했다. 가우디의 작품은 신고딕 미술과 동양적 기법의 영향을 받아 19세기 말과 20세기 초 모더니즘 운동의 정점을 이루며, 자연 형태에서 영감을 받은 유기적 스타일로 발전했다. 가우디는 다른 건축가들과 달리 도면을 그리는 대신 3차원 축소 모델을 만들고, 그가 생각한 대로 세부 사항을 점검하는 것을 선호했다.

가톨릭 신앙은 생애를 통해 점차 강화되었고, 그의 많은 작품에 종교적 이미지가 등장했다. 이로 인해 그는 "신의 건축가"라는 별명을 얻었으며, 2003년 바르셀로나 대교구에서 성인으로 선포되었다.

가우디는 독신으로 생애를 건축에 바쳤으며, 젊은 시절에는 멋쟁이로 극장과 오페라를 즐기고 값비싼 옷을 입었지만, 나이가 들면서 검소한 생활을 하고 외모에 대해 전혀 신경쓰지 않았다. 1926년 가우디는 지나가던 트램tram에 치여 사망했으며, 사망 당시 외모 때문에 거지로 오인되어 즉각적인 도움을 받지 못했다. 그는 사그라다 파밀리아 성당의 지하실에 있는 카르멜 산의 성모 경당에 묻혔으며, 많은 사람들이 그의 장례식에 참석하여 그에게 작별을 고했다.

1984년부터 2005년까지 그의 작품 중 7개는 유네스코 세계문화유산에 등재되었다.

2031, 2032
안토니오 가우디, 카사 밀라, 1906~1916, 스페인 바르셀로나

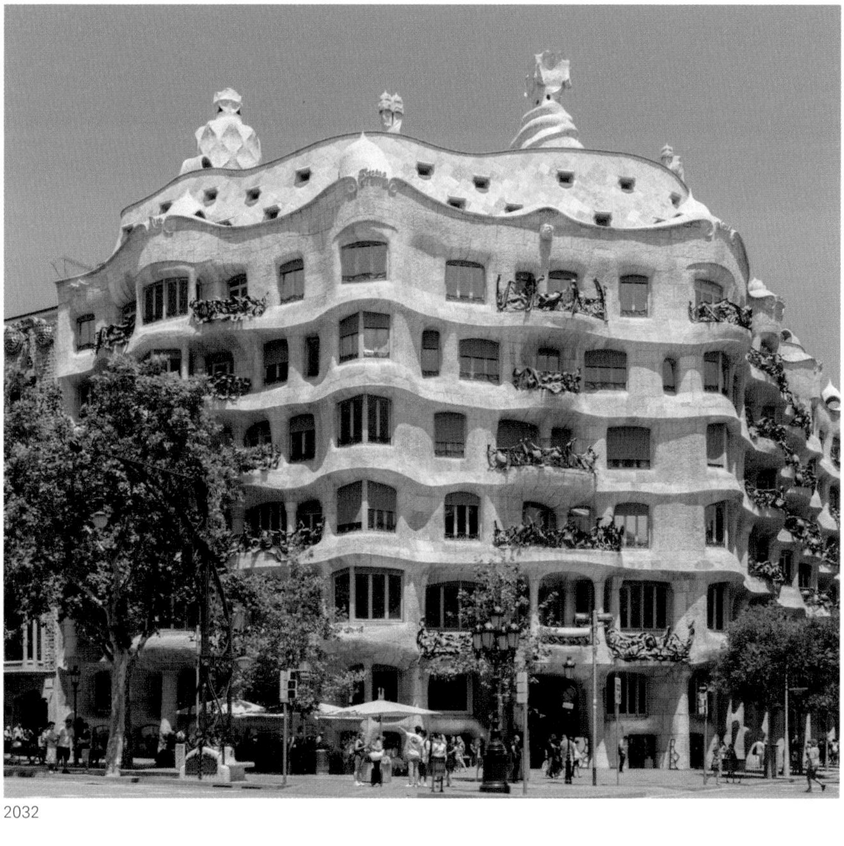
2032

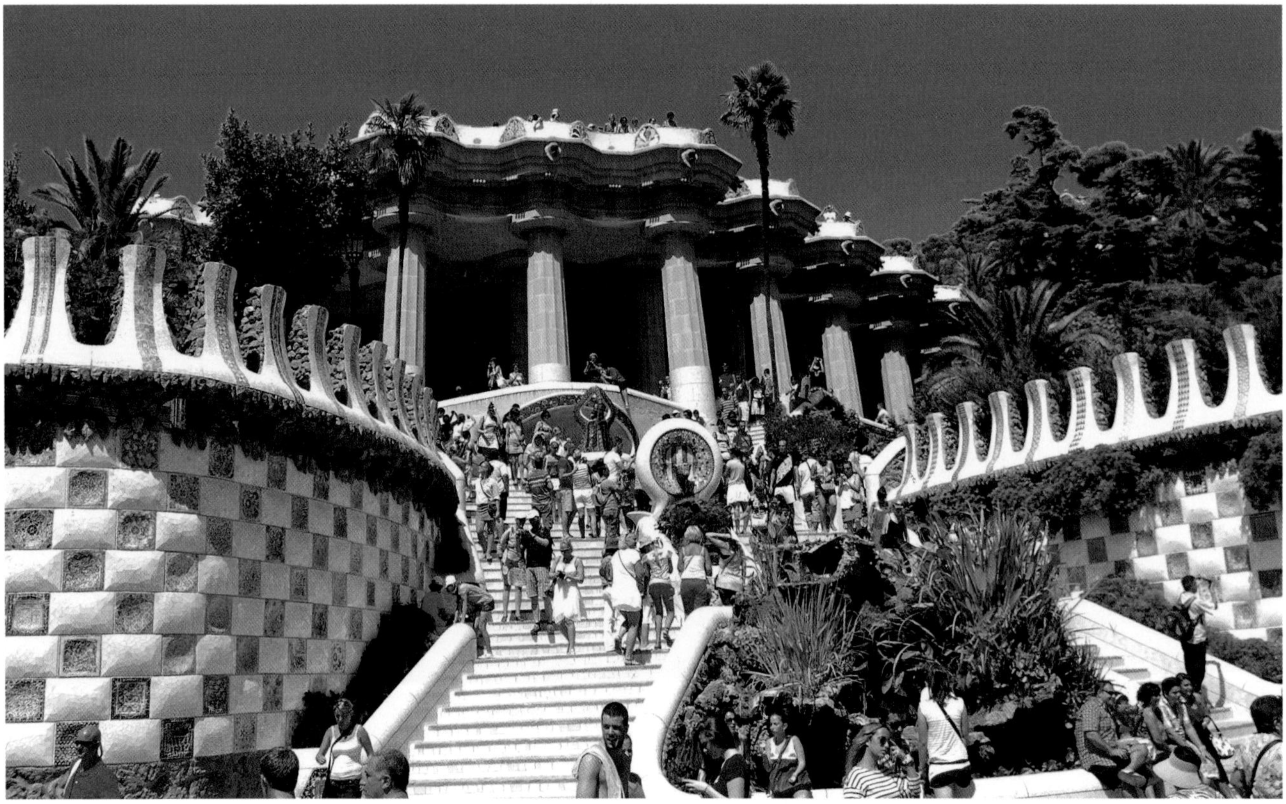

2033

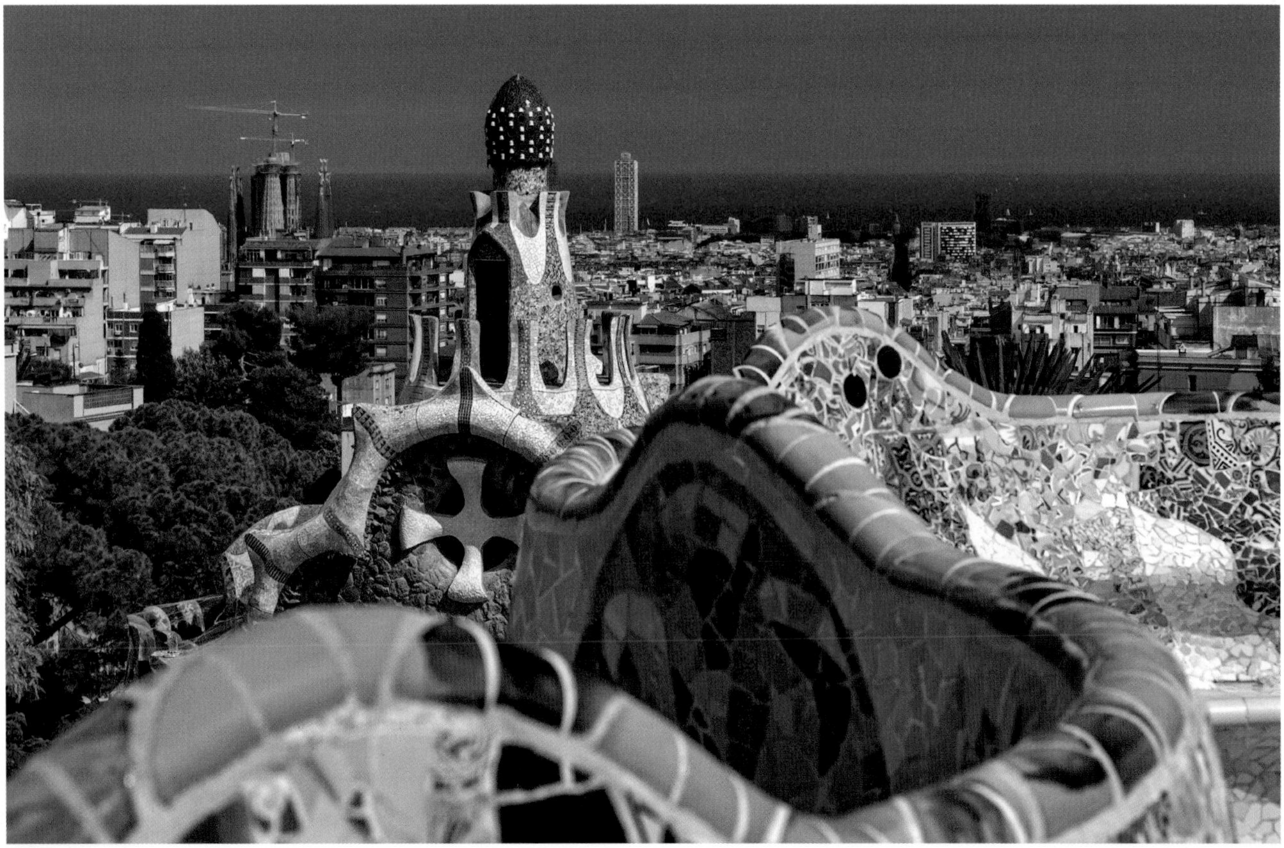

2034

구엘 공원 Park Güell, 1900~1914, 바르셀로나

가우디의 친구이자 후원자였던 에우세비 구엘Eusebi Güell이 주거 지역으로 개발하기 위한 계획으로부터 시작되었다. 하지만 그 결과는 성공적이지 못했고, 그 후 공간의 용도는 공원으로 바뀌었다. 이제 구엘 공원은 공공장소로 탈바꿈되어 바르셀로나 시민들의, 그리고 수많은 관광객들에게 사랑받는 장소로 존재하고 있다.

구엘 공원의 건축적 특징은 가우디의 자연주의 건축 철학이 철저히 반영되어 있다. 자연환경과의 조화, 독특한 구조물, 모자이크 장식, 곡선형의 벤치와 길이 인상적이다. 공원의 가장 유명한 명소 중 하나는 메인 테라스를 둘러싸고 있는 길고 곡선형의 벤치로 가우디의 특허인 트렌카디스Trencadís 기법으로 장식된 다채로운 타일 조각으로 이루어져 있다. 이외에도 용 모양의 분수, 3차원 공간에서 생성되는 곡면인 하이퍼볼로이드Hyperboloid 형태의 지원 기둥을 가진 홀, 그리고 자연의 형태를 본떠 만든 포르티코Portico(건축물의 입구나 정면에 위치한 기둥이나 기둥들로 지지되는 지붕이 있는 공간) 등 가우디의 실험적인 건축 기법과 디자인을 곳곳에서 볼 수 있다. 구엘 공원은 1984년에 유네스코 세계문화유산에 등재되었다.

카사 바트요 Casa Batlló, 1904, 바르셀로나

카사 바트요는 가우디의 걸작 중 하나로 평가되며, 원래 있던 집을 1904년에 재설계하여 여러 차례에 걸쳐 개조되었다.

카사 바트요는 현지에서는 '뼈의 집Casa dels ossos'으로 알려져 있는데, 이것은 건물의 내부 구조나 설계가 외관이나 형태에 영향을 미치는 구조적이며 유기적 특성 때문이다. 이와 같이, 카사 바트요의 디자인은 모더니즘 또는 아르누보 스타일로 볼 수 있으며, 직선을 거의 사용하지 않았고, 내부는 장식이 많았으며, 불규칙하며 섬세한 조각 등으로 치장되어 있고, 외관의 대부분은 부서진 세라믹 타일로 만든 화려한 모자이크로 장식되어 있다. 또한 공간 곳곳에 용이나 공룡, 거북이 같은 동물이나 버섯 등 식물의 모습을 떠올리는 장식들이 적용되어 있다. 2002년 세계 가우디의 해를 기념하여 대중에게 처음으로 개방된 카사 바트요는 2005년에 유네스코 세계문화유산으로 지정되었다.

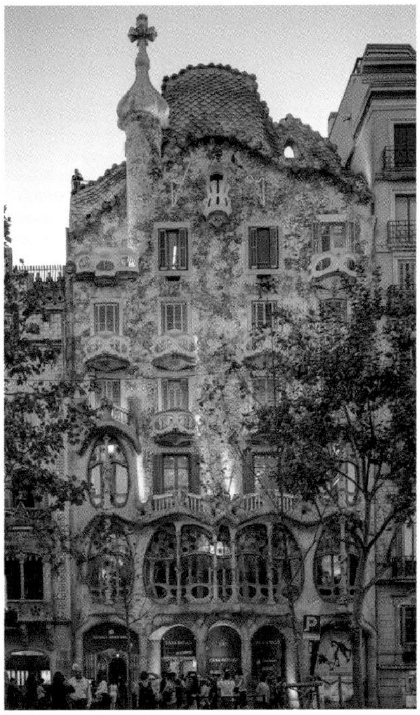

2035

2033, 2034
안토니오 가우디, 구엘 공원, 1900~1914, 스페인 바르셀로나

2035, 2036
안토니오 가우디, 카사 바트요, 1906~1912, 스페인 바르셀로나

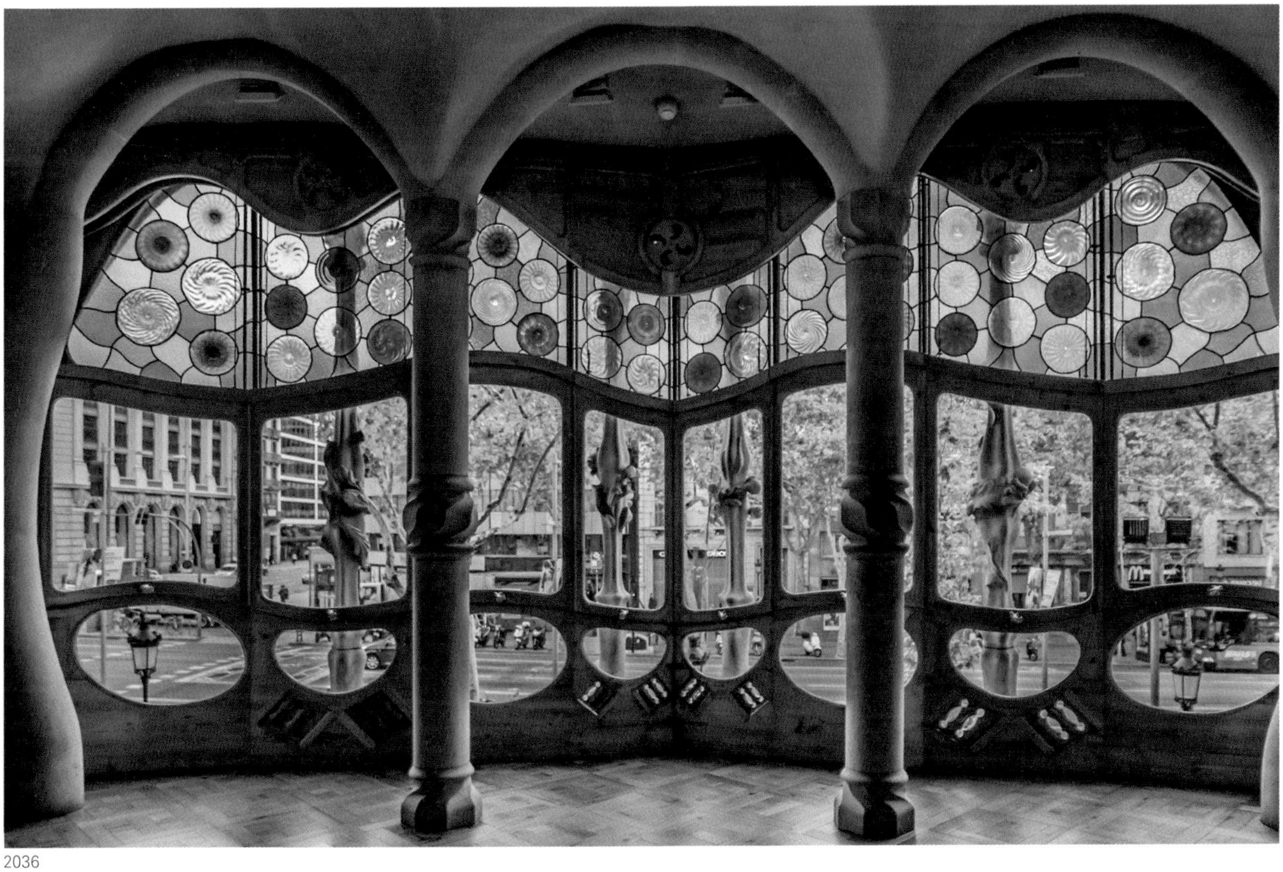

2036

아르누보의 가구
Furniture of Art Nouveau

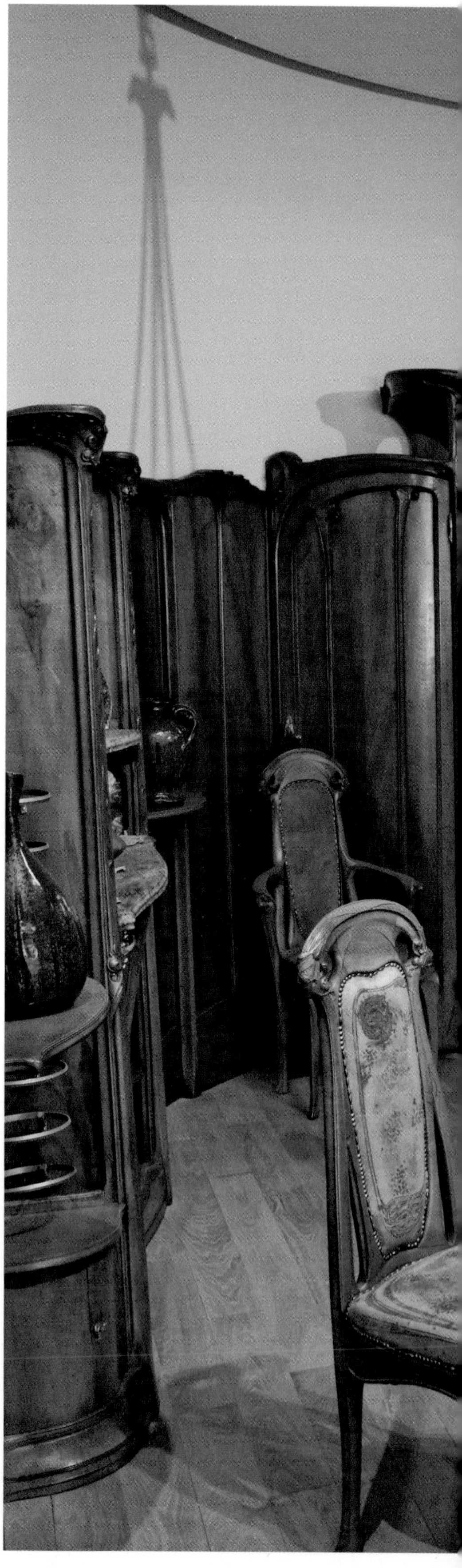

아르누보 가구의 특징

아르누보 시대의 가구 디자인은 그 독특한 특징과 함께 건물 건축과 밀접한 관련이 있었다. 자연에서 영감을 받은 디자인 요소, 특히 식물의 줄기, 꽃, 잎, 잠자리, 나비 같은 자연의 모티프가 주요한 디자인 특징으로 사용되었고, 이를 위해 'whiplash' 곡선 같은 유동적인 곡선이 활용되었다. 그리고 섬세한 조각, 인레이inlay(상감기법), 금속 장식 등을 통해 장식적이고 화려함을 가진다. 따라서 아르누보 가구는 이러한 장식성과 품질에 대한 집착으로 인해 종종 복잡하게, 그리고 고가로 제작되었다.
또한 아르누보 가구는 건축과 함께 디자인되는 경우가 많았다. 건축가들은 건물의 일관된 아름다움을 위해 가구, 카펫, 조명기구, 문 손잡이 및 기타 장식 세부 사항까지도 직접 디자인했으며, 이런 통합된 디자인 접근법은 가구가 건축물과 조화를 이루는 완전히 통합된 환경을 만들었다.
그러나 이러한 아르누보 가구의 제작 난이도와 건축물과의 조화 중시로 인해 아르누보 건축 스타일이 시대와 맞지 않게 되면서 그에 따른 가구 스타일도 점차 퇴색하게 되었다.

2037
엑토르 기마르 Hector Guimard
기마르 자택의 식당(프티 팔레로 옮겨 재현), 1909, Petit Palais

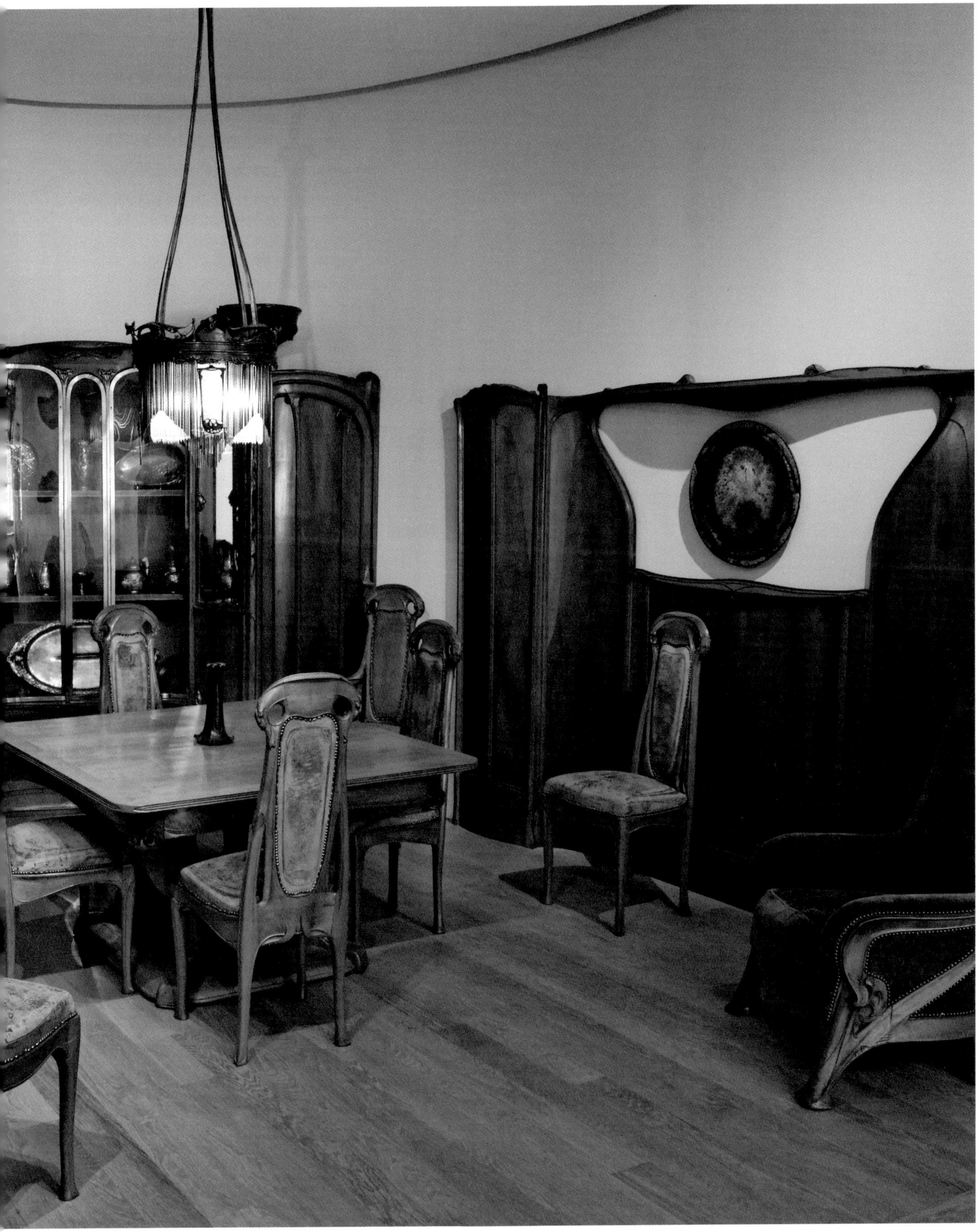

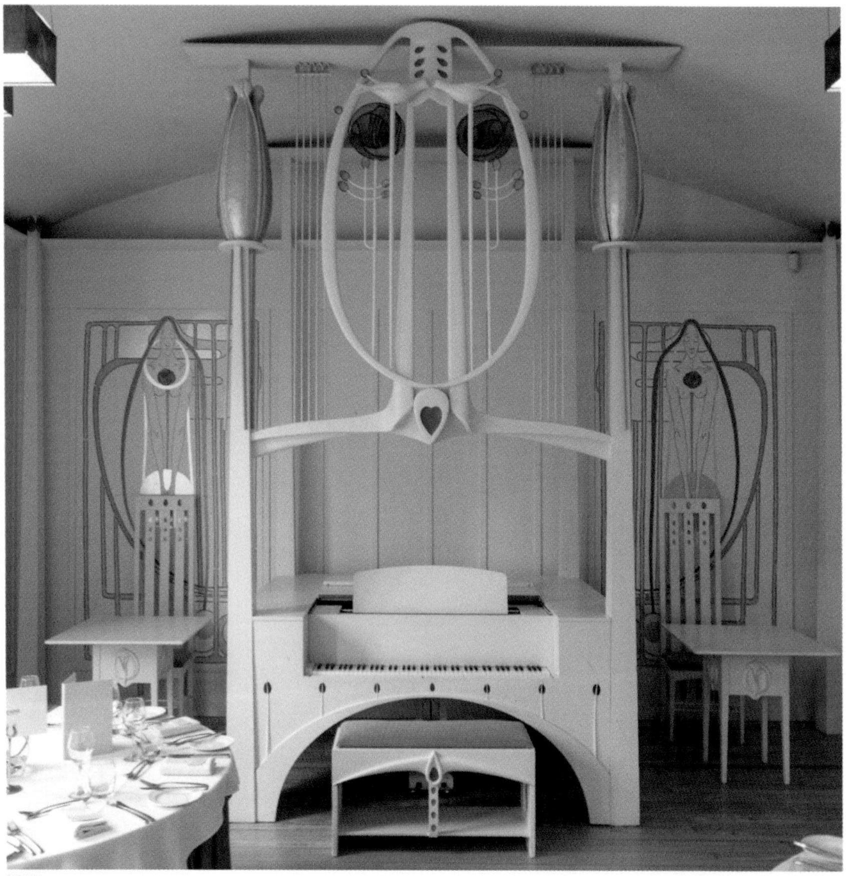
2038

찰스 레니 매킨토시 Charles Rennie Mackintosh
1868~1928, 스코틀랜드, 건축가, 디자이너, 수채화가, 예술가

19세기 말에서 20세기 초에 걸쳐 활약한 찰스 레니 매킨토시는 스코틀랜드의 건축 및 디자인 분야에서 뚜렷한 흔적을 남긴 인물로 평가받고 있다. 글래스고 스쿨 오브 아트에서 교육을 받으며 미술적 민감성을 키웠으며, 이곳에서 그는 미래의 아내이자 동료 디자이너인 마거릿 맥도널드Margaret Macdonald를 만나게 된다.
매킨토시는 자연에서 영감을 받은 요소와 정교한 기하학적 형태를 조화롭게 디자인에 담아내는 것으로 유명하다. 아르누보의 장식적 특징을 기반으로 한 동시에 간결하고 기능적인 디자인 원칙 역시 중요시했다. 이러한 접근법은 초기 모더니즘의 움직임과도 일맥상통하며, 그의 작품에서 그 특징을 명확하게 확인할 수 있다.
그가 디자인한 주요 작품 중 하나인 글래스고 예술 학교의 경우 스코틀랜드 건축의 명작으로 꼽히며, 그 외에도 가구, 조명, 텍스타일 등 다양한 분야에서 그의 독창적인 디자인이 반영된 작품들을 확인할 수 있다.
매킨토시의 작품을 살펴보면, 그가 아르누보의 특징을 기본으로 하면서도 일본의 예술과 디자인에서 영감을 받은 단순하고 기하학적인 특징을 수반했던 글래스고 스타일이라는 독특한 디자인 흐름의 대표주자임은 누구도 부인할 자가 없다.
불행하게도 매킨토시는 생전에 그의 작품들이 널리 인정받지는 못했다. 그러나 사망 이후 그의 작품과 디자인 철학은 점차 재평가 받게 되었고, 현재는 아르누보와 초기 모더니즘 분야의 중요한 건축가 및 디자이너로 그 위치를 확고히 하고 있다. 그의 유산은 오늘날 여전히 많은 디자이너와 건축가에게 영감을 주며, 디자인 교육의 교재에서도 그의 작품이 자주 인용되고 있다.

2039
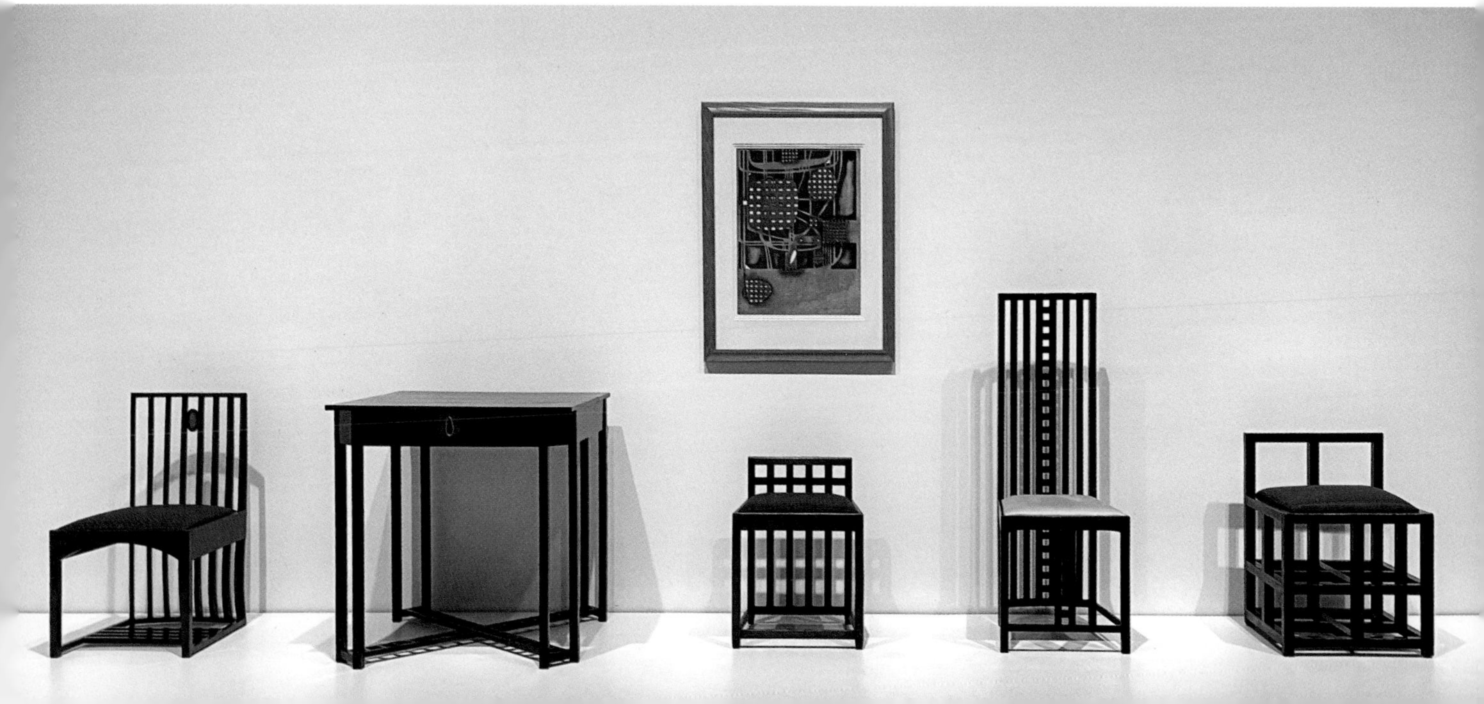

예술 애호가를 위한 집 House for an Art Love
1901 설계, 스코틀랜드 글래스고
예술 애호가를 위한 집은 찰스 레니 매킨토시의 디자인을 기반으로 스코틀랜드 글래스고에 지어졌다. 이는 "글래스고 스타일" 창시자와 그의 예술가 아내 마거릿 맥도널드를 기리기 위해 만들어진 건물로, 1901년 매킨토시가 독일 디자인 대회에 참가하기 위해 디자인했던 안을 기반으로 1989~1996년에 건축되었다. 현재는 예술 및 문화센터로 운영 중이다.

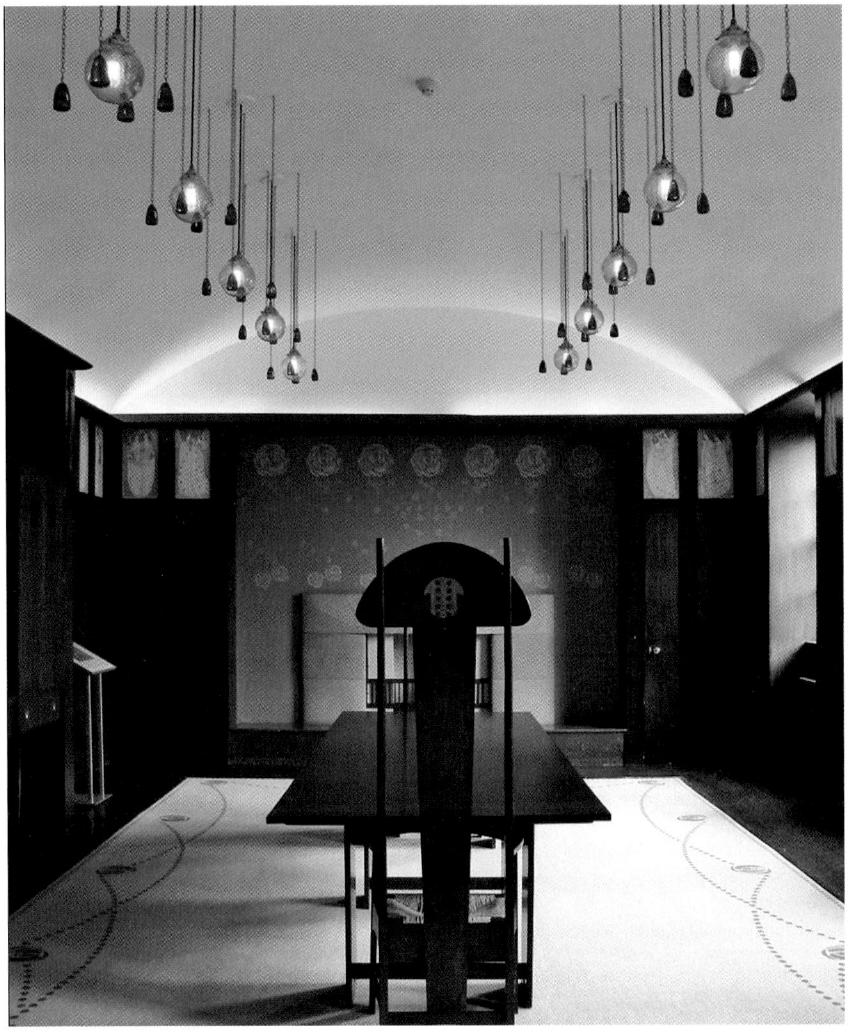
2040

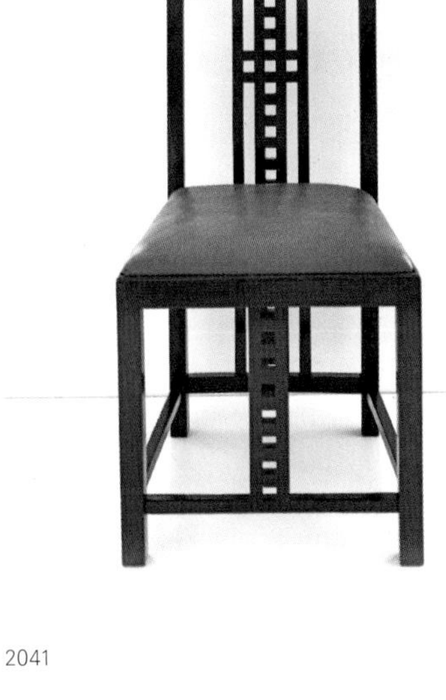
2041

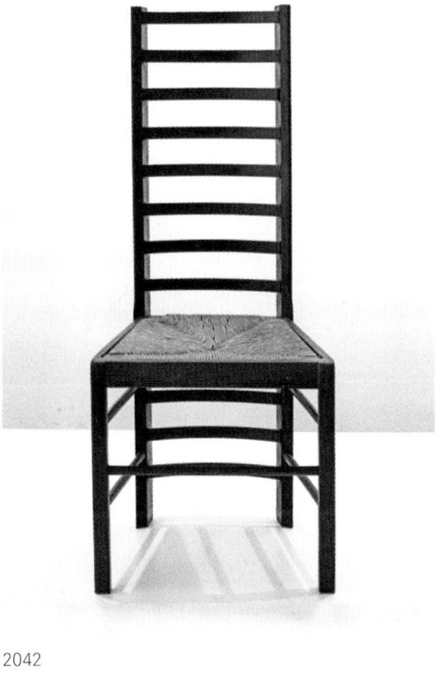
2042

2038
찰스 레니 매킨토시
예술 애호가를 위한 집(House for an Art Lover)의 피아노
스코틀랜드, 글래스고

2039
찰스 레니 매킨토시가 디자인한 의자들

2040
찰스 레니 매킨토시
예술 애호가를 위한 집(House for an Art Lover)의 식당

2041, 2042
찰스 레니 매킨토시
글래스고의 Willow Tea Rooms를 위해 디자인된 의자, 1917

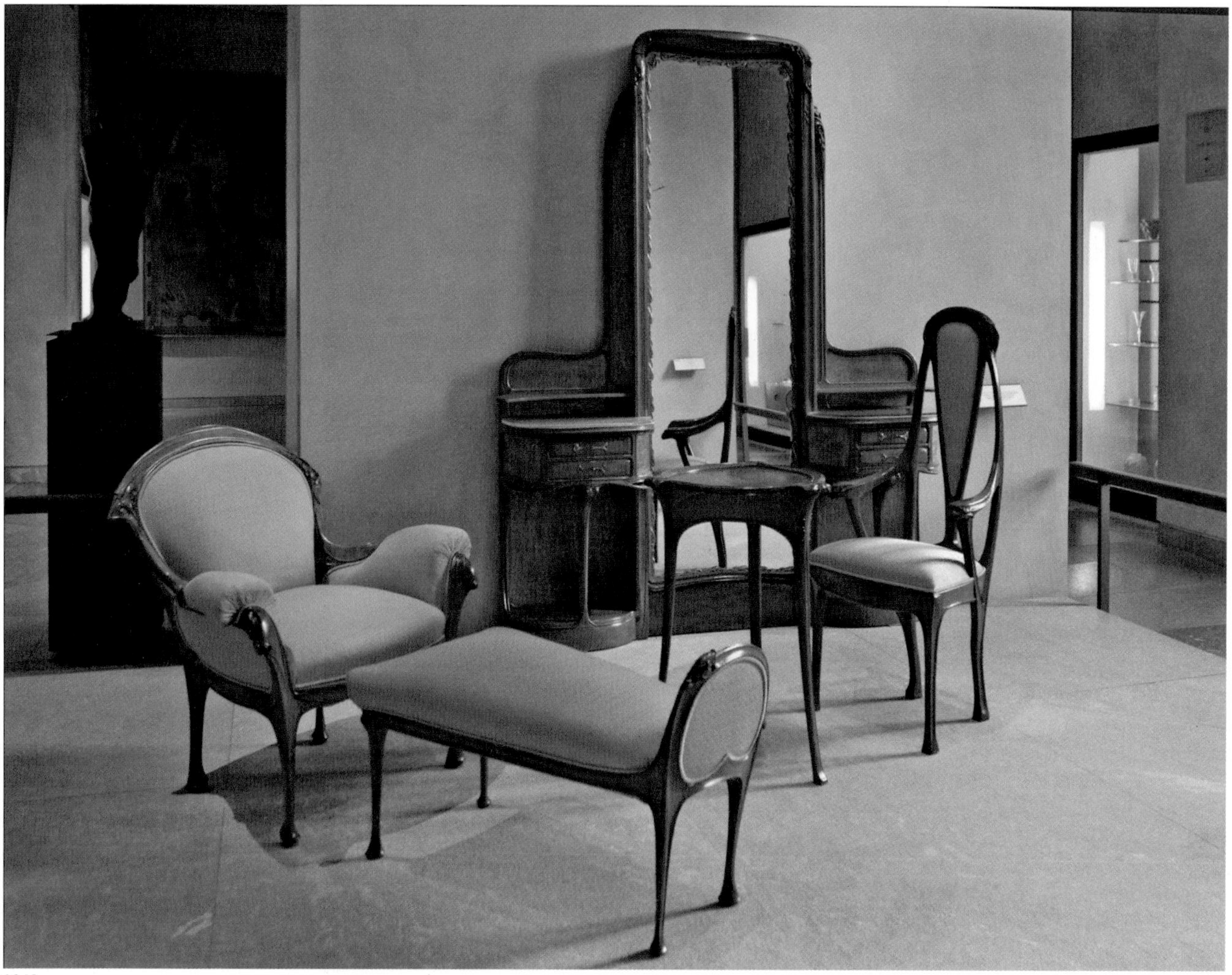

2043

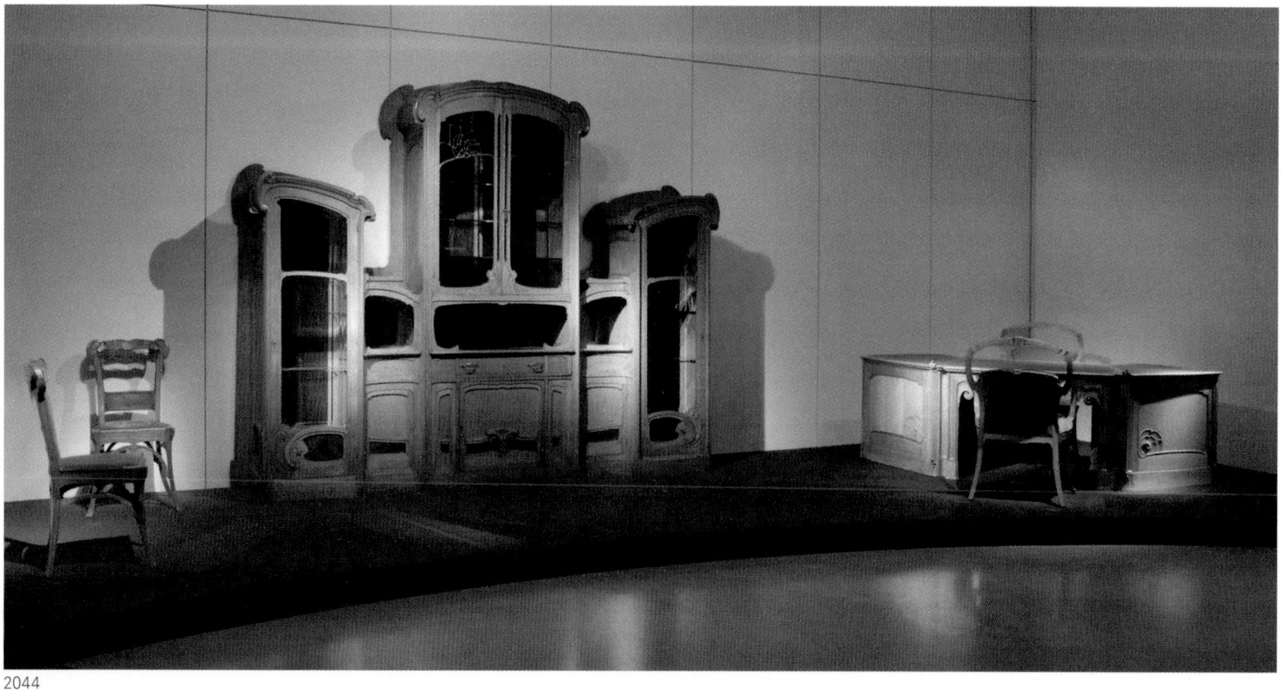

2044

2043
엑토르 기마르 Hector Guimard, 호텔 기마르의 침실 가구들
1909~1912

2044
엑토르 기마르, 1902 토리노 국제장식미술전시를 위한 가구들
1909~1912

2045
빅토르 오르타, 브뤼셀의 아우벡 호텔의 목재 장식 및 가구

2046
외젠 발렝 Eugène Vallin & 빅토르 프루베 Victor Prouvé 공동
작품, 식당 인테리어, 1903~1906

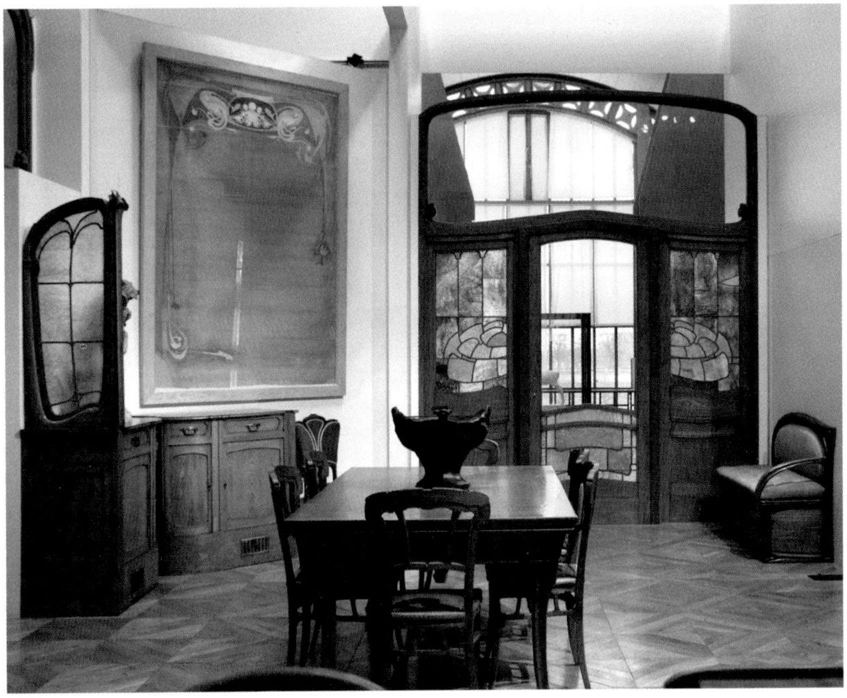

2045

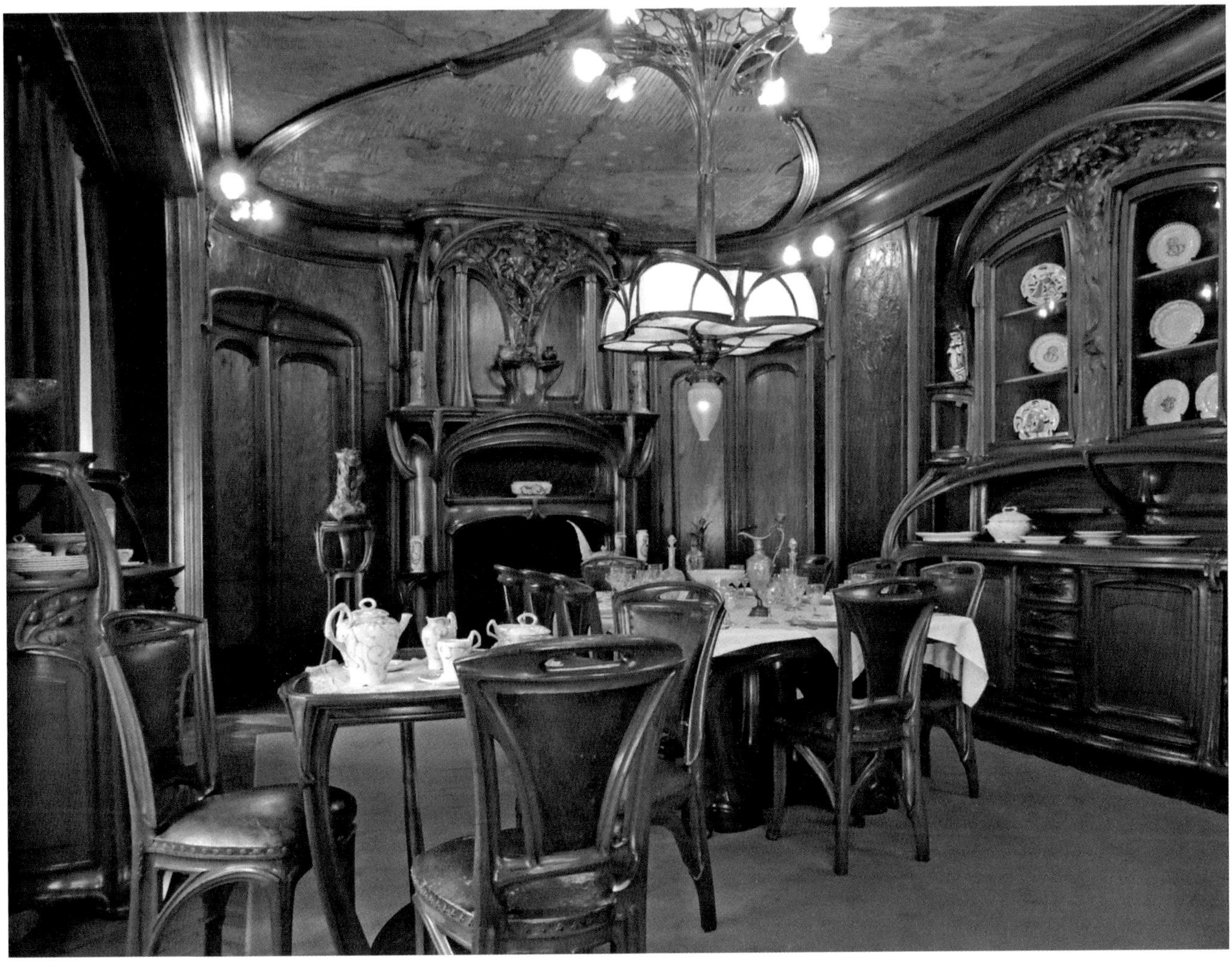

2046

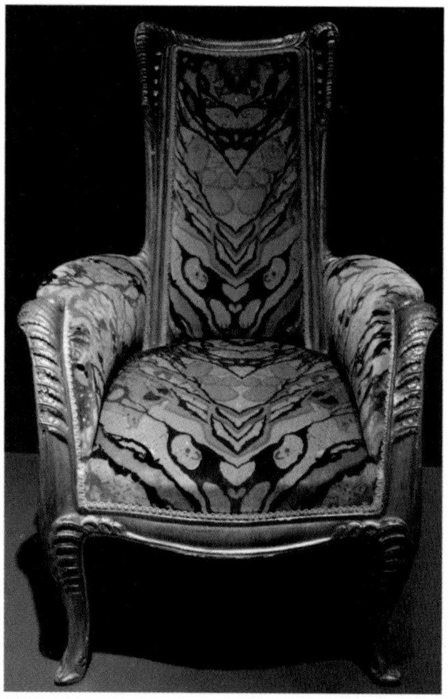
2047

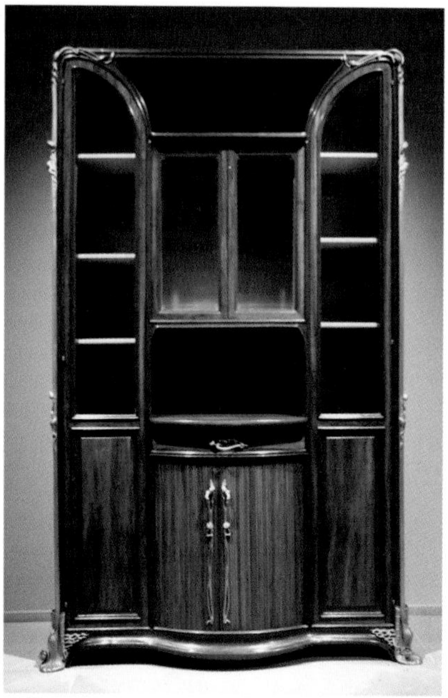
2048

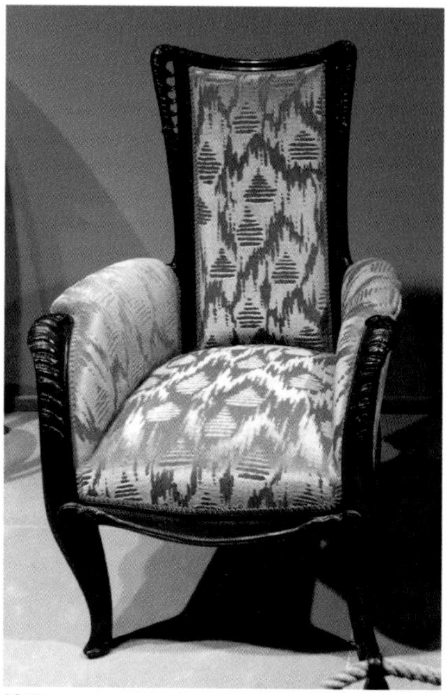
2049

2047
루이스 마조렐, 소파, 1905경

2048
루이스 마조렐, 연꽃 모양의 서가 겸 진열장, 1902

2049
루이스 마조렐, 안락 의자

2050
엑토르 기마르, 의자, 1900

2051
아서 헤이게이트 맥머도 Arthur Heygate Mackmurdo
의자, 1883

2052
에밀 갈레, 탁자, 1898~1900년

2053
빅토르 오르타, Hôtel Aubecq의 가구

2054
루이스 마조렐, 카페 의자, 1899경

2055
폴 앙카르, 파티션 Two Screen, 1897경

2056
엑토르 기마르, 당구장을 위한 안락 의자, 1897~1890

2057
엑토르 기마르, 주방용 가구, 1899~1900

2058
루이스 마조렐, 수련 모양의 여성용 책상, 1903경

2059
루이스 마조렐 추정 작품, 벽장, 19세기 말

2060
에밀 갈레, 찬장 선반 Hogweed, 1902경

2061
에밀 갈레, 가구, 1900경

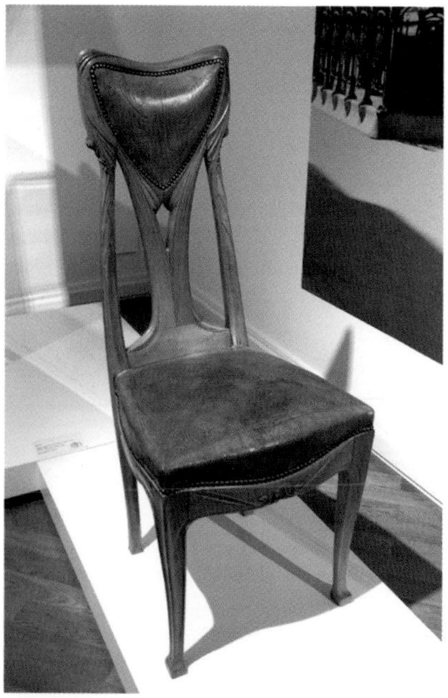
2050

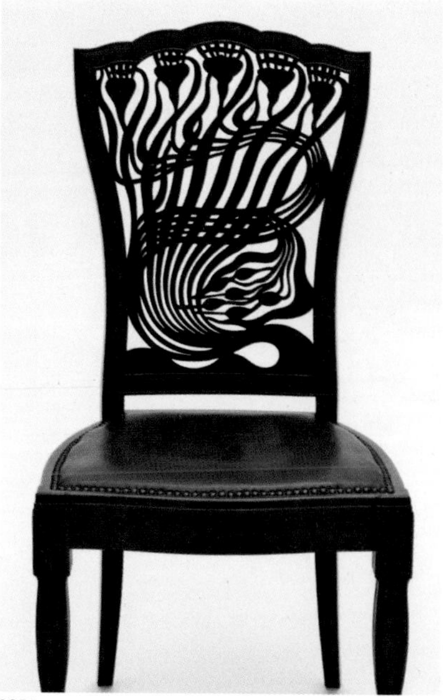
2051

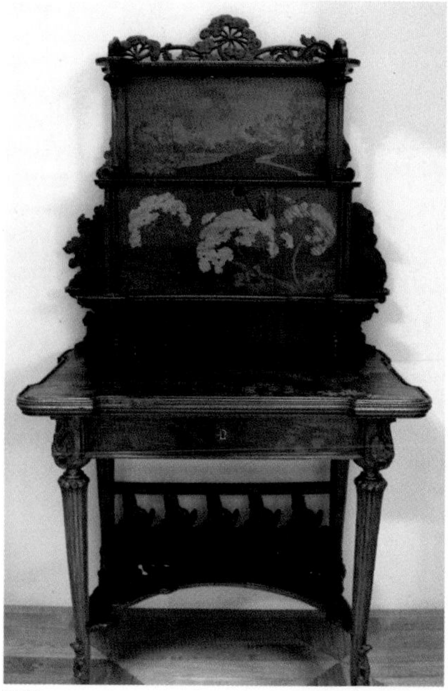
2052

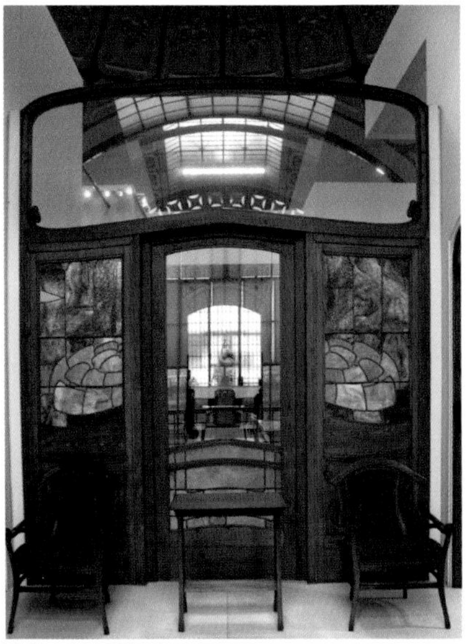
2053

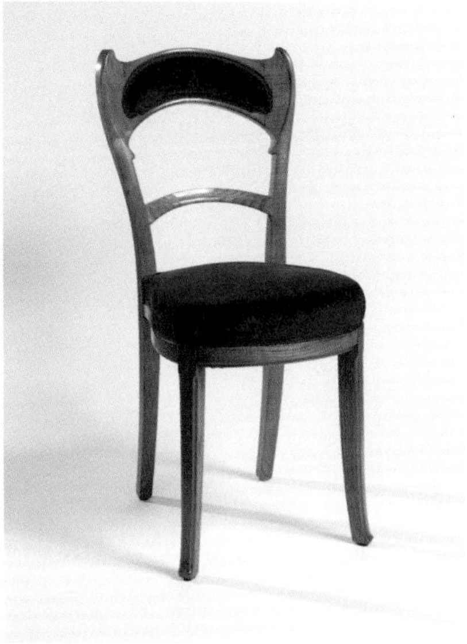
2054

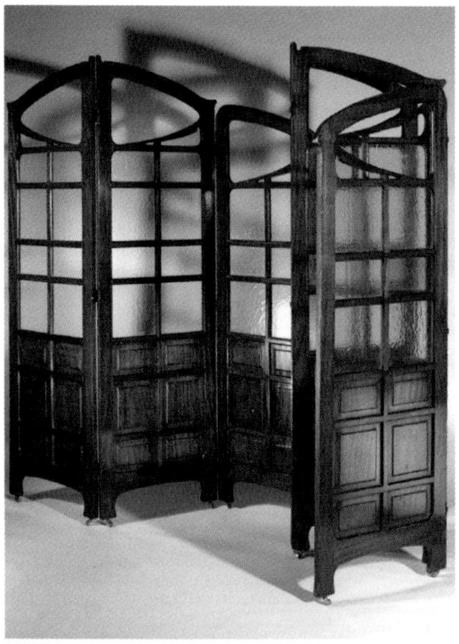
2055

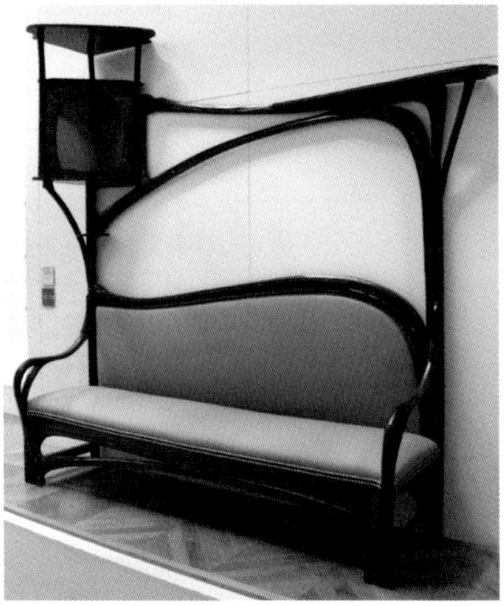
2056

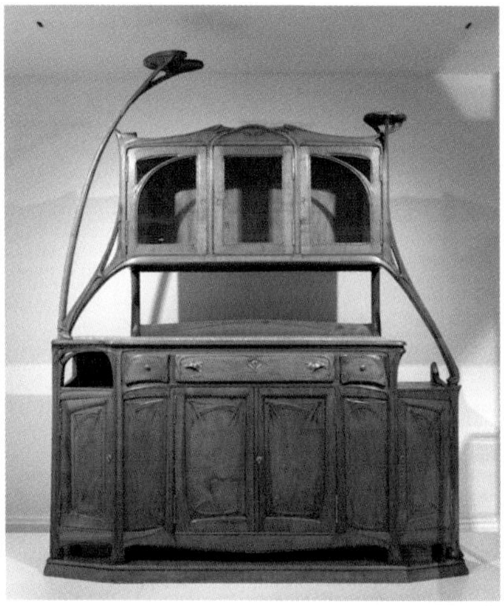
2057

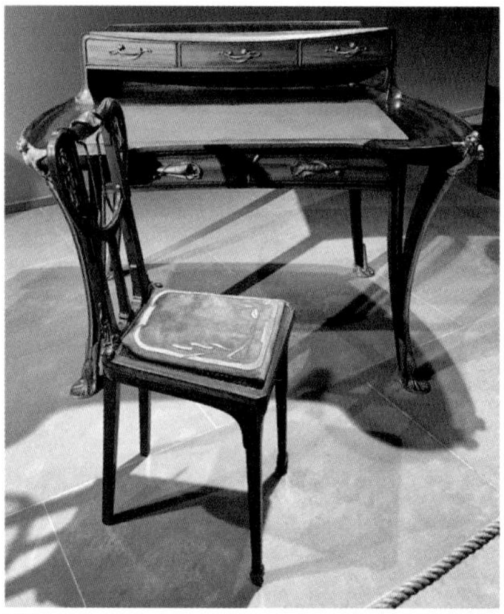
2058

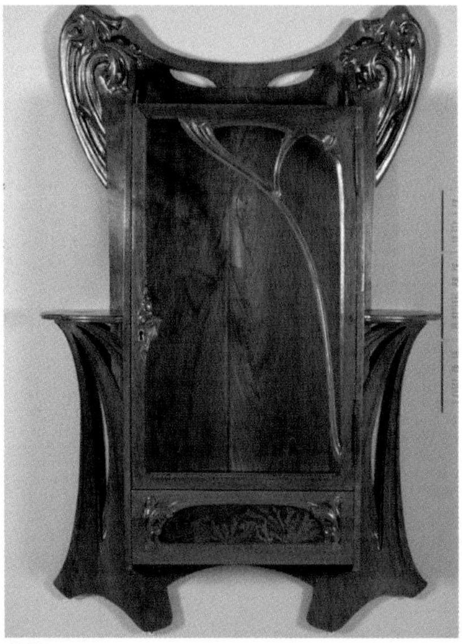
2059

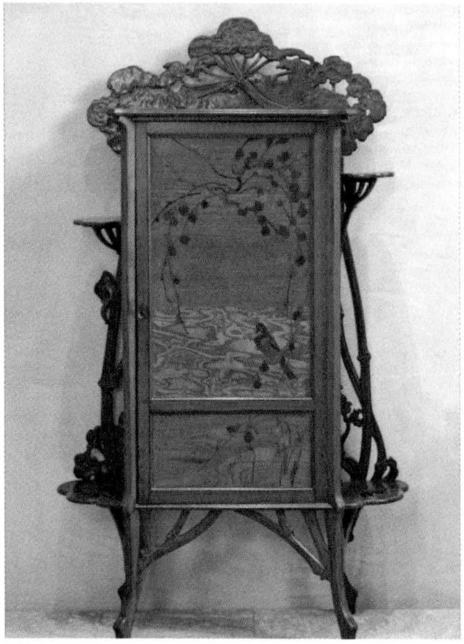
2060

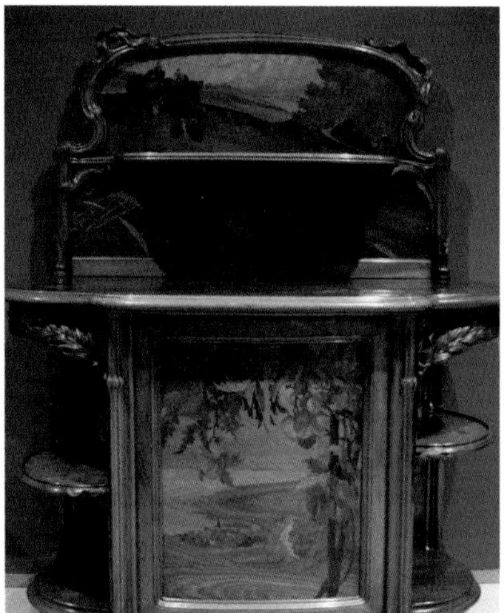
2061

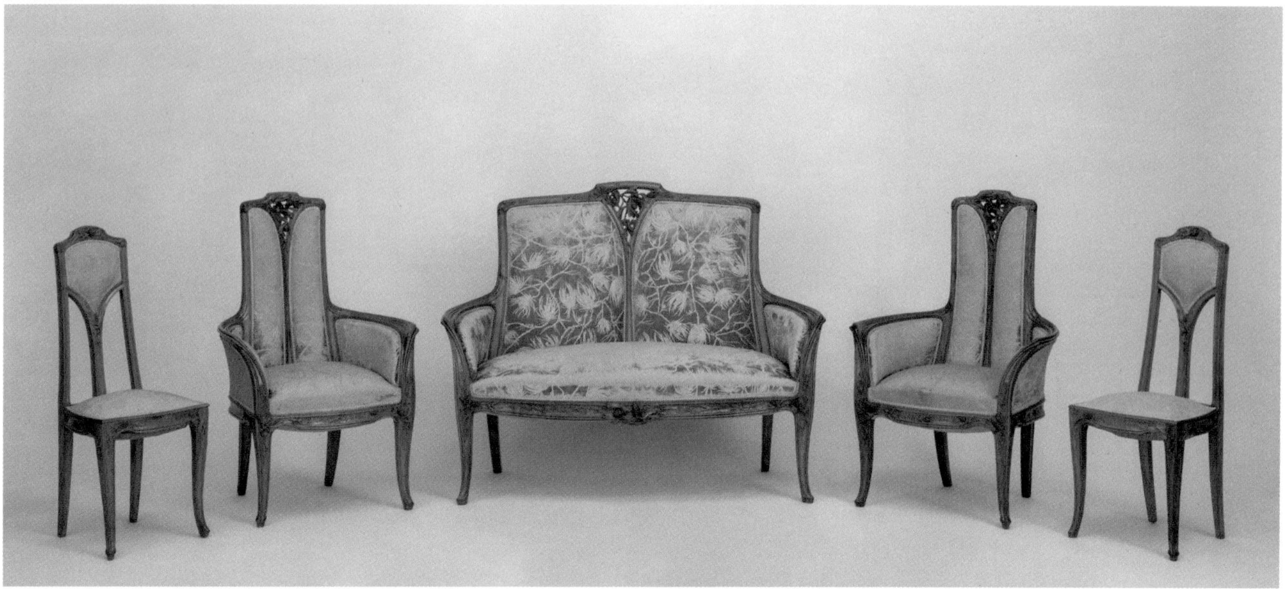

2062

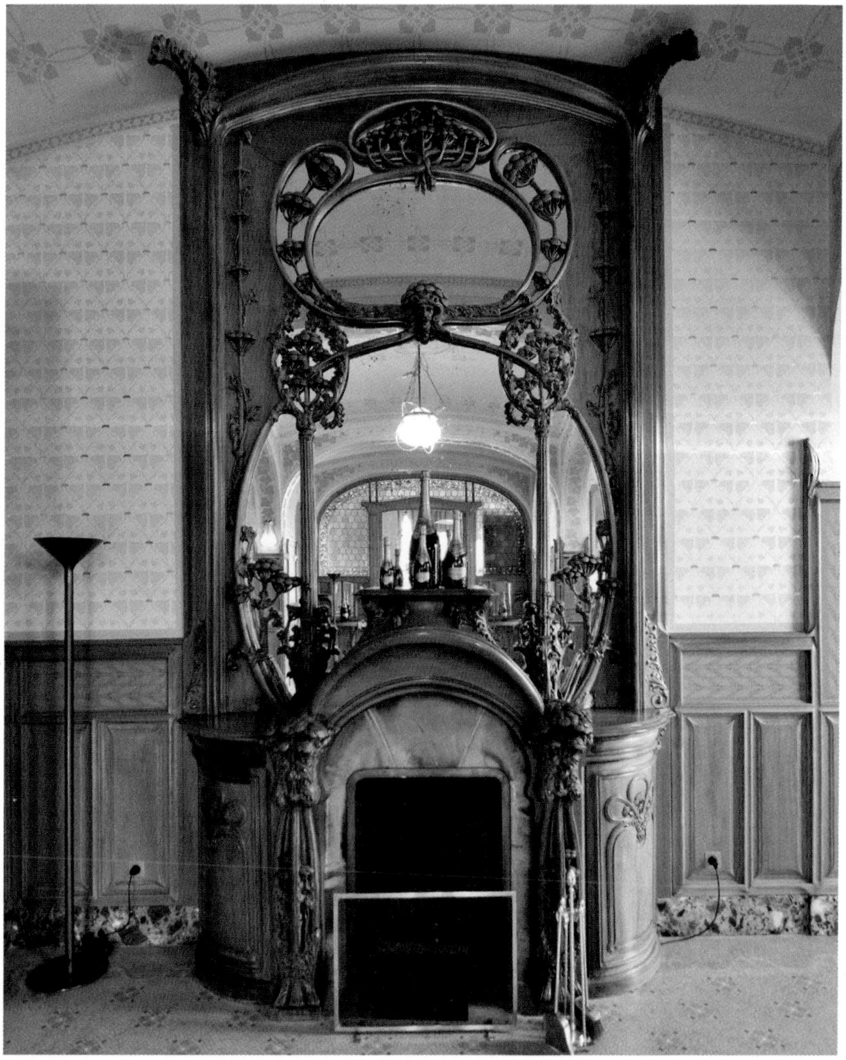

2063

루이스 마조렐 Louis-Jean-Sylvestre Majorelle
1859~1926, 프랑스, 장식 및 가구 디자이너

프랑스의 장식가 및 가구 디자이너로서 아르누보 스타일에서 가장 뛰어난 가구 디자이너 중 한 명으로 1901년 이후 에콜 드 낭시 École de Nancy(프랑스 낭시에서 활동한 아르누보 장인 및 디자이너 그룹)의 부회장으로 활동하기도 했다.

루이스 마조렐의 가구는 바로크(고전) 양식의 대표적인 가구 제작자인 앙드레 샤를 보울André Charles Boulle이나 찰스 크레센트Charles Cressent의 작품과 같은 수준으로 인정받고 있다.

아르누보 스타일의 가구에 고품격 고전 가구 제작에서 사용되던 다양한 이국적인 나무를 사용했으며, 오크, 호두, 잣나무, 널린 잎나무, 성백나무, 버드나무, 밤나무, 체리, 배나무, 그리고 자작나무 등 다양한 목재의 특성을 살려 가구를 제작했다.

루이스 마조렐은 아르누보 스타일의 가구와 그에 따른 독특한 팔레트를 통해 프랑스 예술과 디자인 분야에 큰 영향을 미쳤으며 오늘날까지도 세계적으로 인정받고 있다.

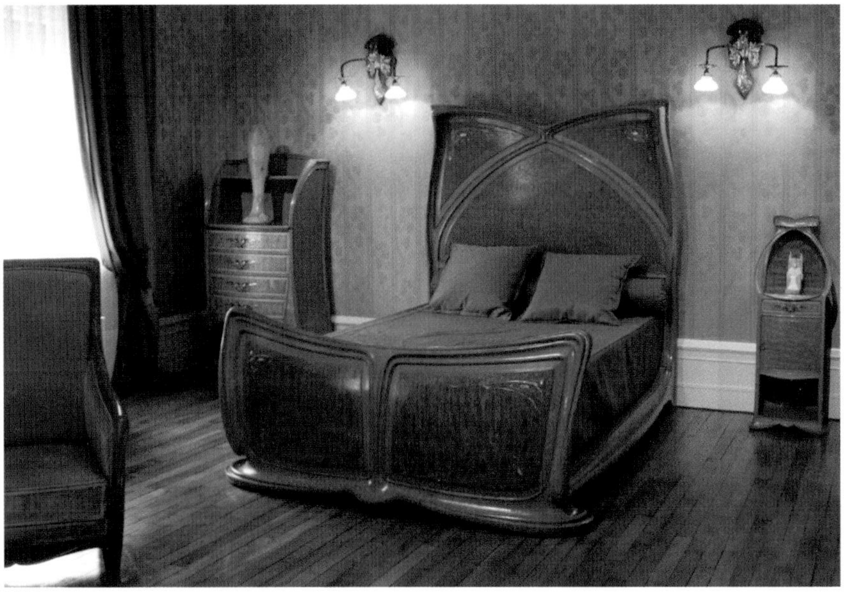
2064

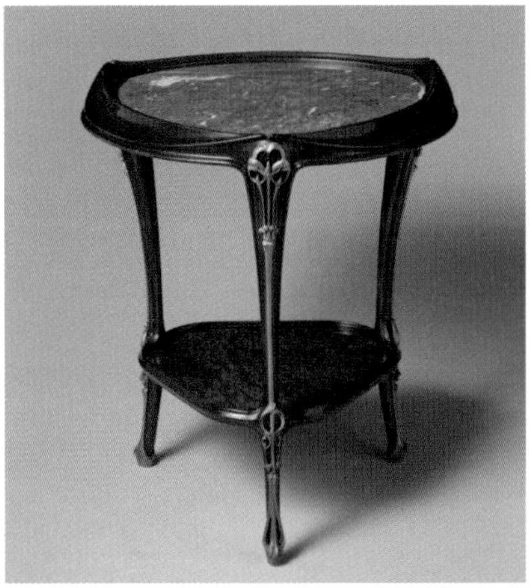
2065

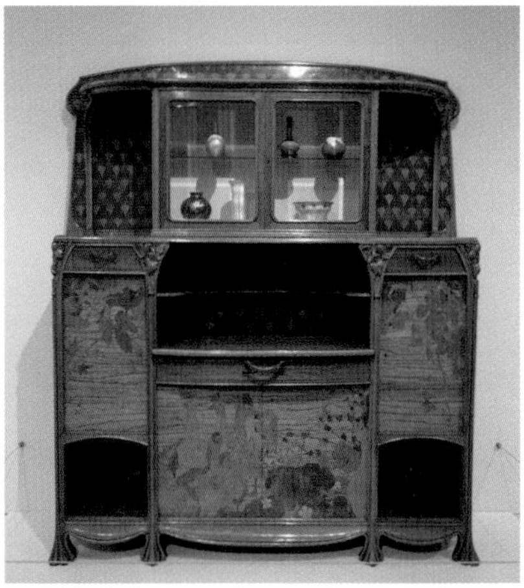
2066

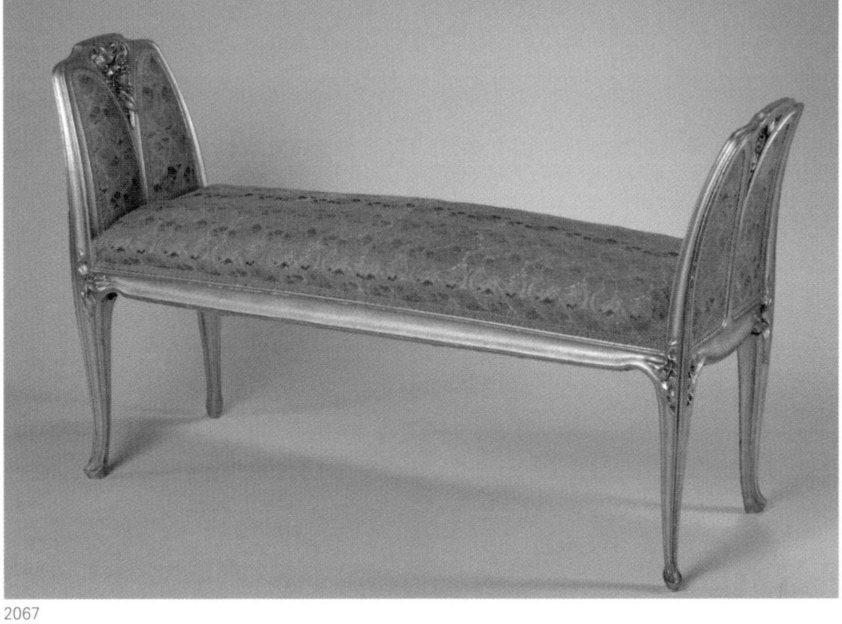
2067

2062
루이스 마조렐, 솔방울 장식의 가구 세트, 1903~1904
빌라 마조렐Villa Majorelle의 거실 전시, 프랑스 낭시

빌라 마조렐 Villa Majorelle, 프랑스 낭시nancy에 소재하는 루이스 마조렐의 자택 겸 스튜디오. 1901~1902. 현재는 예약을 통해 대중에게 공개하고 있다.

2063
폴 알락상드르 뒤마 Paul Alexandre Drumas
데모젤 빌라Villa Demoiselle 입구 홀에 설치된 벽난로, 프랑스

2064
루이스 마조렐, 빌라 마조렐을 위한 침실 가구들, 1903~1904

2065
루이스 마조렐, 다리가 3개인 테이블, 1895~1905경

2066
루이스 마조렐, 캐비닛, 1900~1910경

2067
루이스 마조렐 추정 작품, 벤치, 1900경

아르누보의 생활용품
Product Design of Art Nouveau

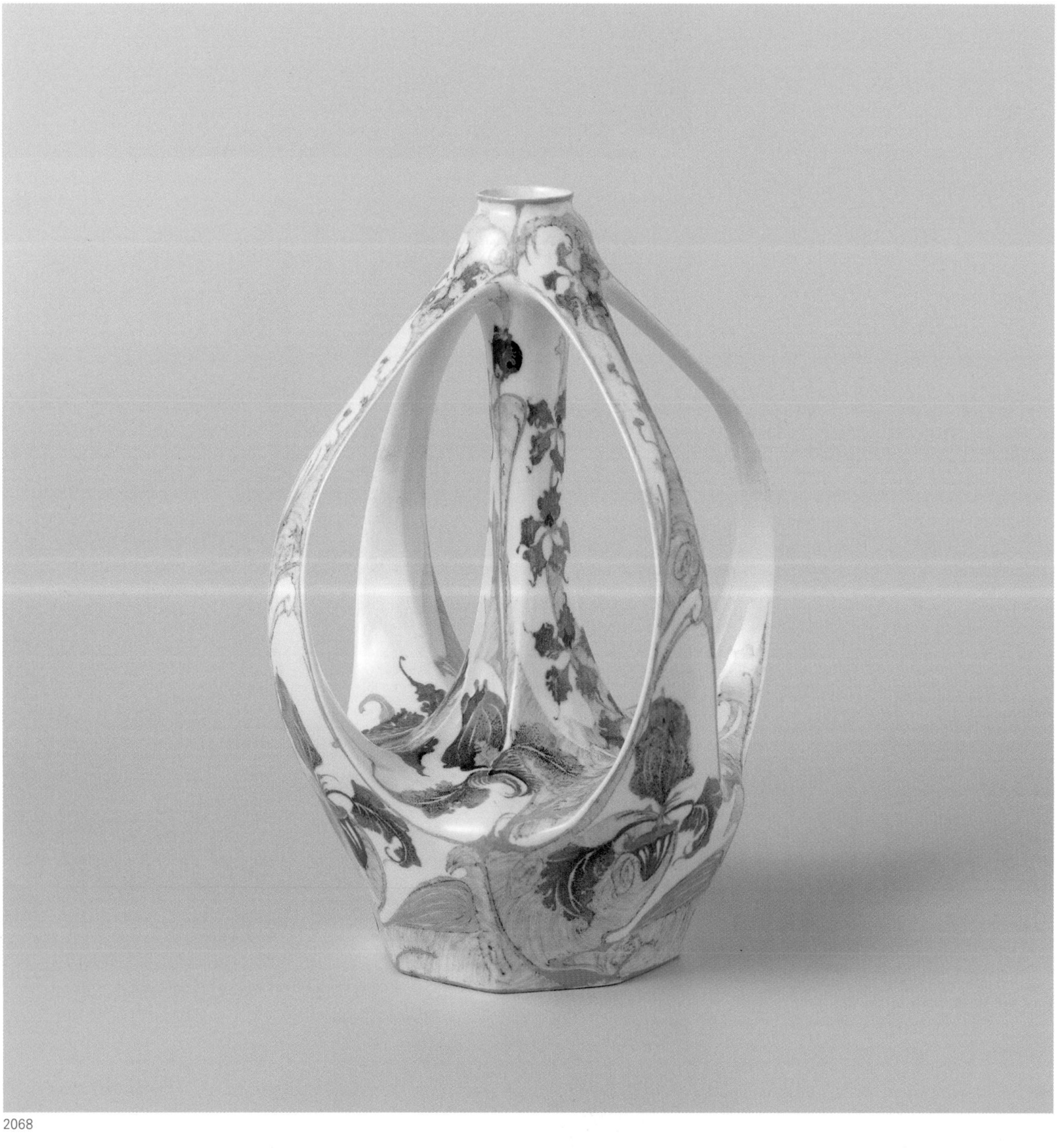

2068

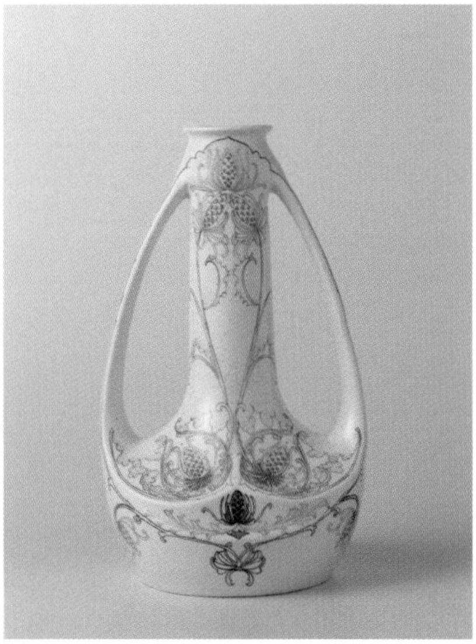
2069

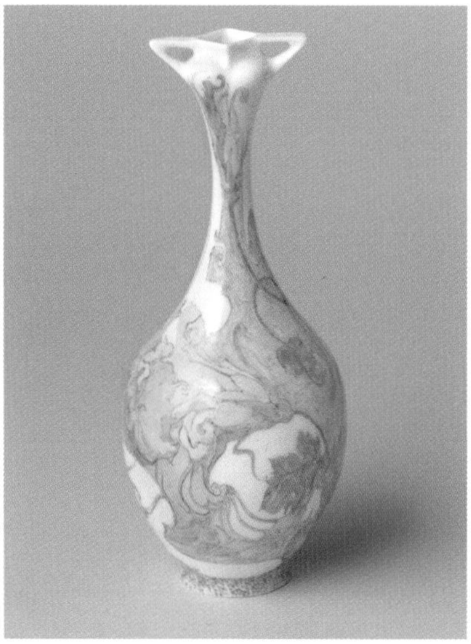
2070

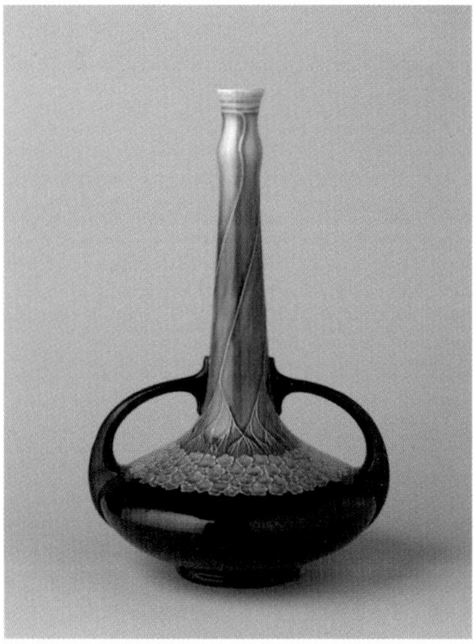
2071

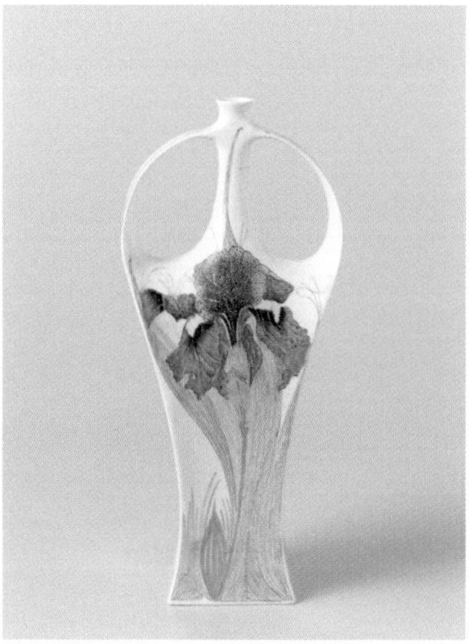
2072

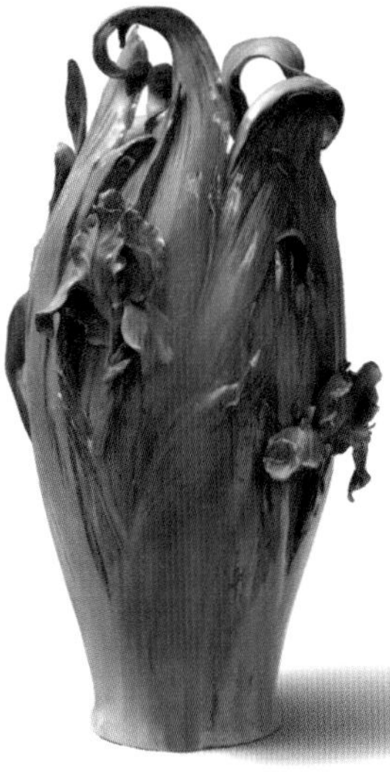
2073

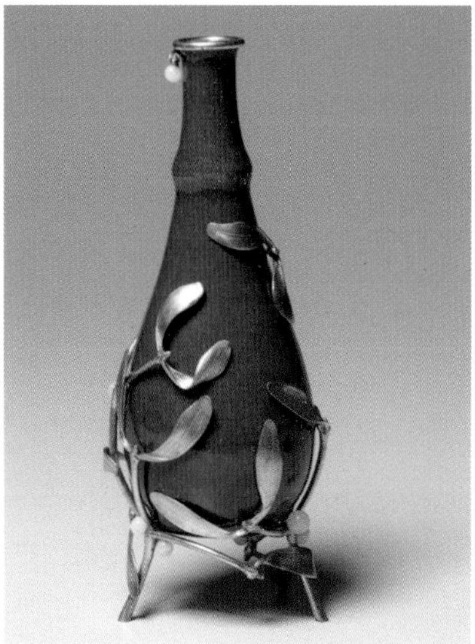
2074

2068
샘 셸링크 Sam Schellink
네델란드의 도자기 공장인 Plateelfabriek Rozenburg에서 제작
손잡이가 4개인 꽃병, 1902

2069
네델란드의 도자기 공장인 Plateelbakkerij Arnhem에서 제작
꽃병
1910~1915경

2070
샘 셸링크, 로젠버그 도자기 공장에서 제작, 꽃병, 1910경

2071
독일의 빌레로이 & 보흐 Villeroy & Boch 도자기 공장에서 제작
꽃병 1905경

2072
댄 헤이그 Den Haag
로젠버그 도자기 공장에서 제작, 꽃병, 1900~1910경

2073
알버트 클라인 Albert Klein베를린의 왕립 도자기 제조소에서
제작, 검은색 잎과 꽃이 있는 꽃병, 1899

2074
오귀스트 들라헤르셰 Auguste Delaherche, 꽃병, 1894

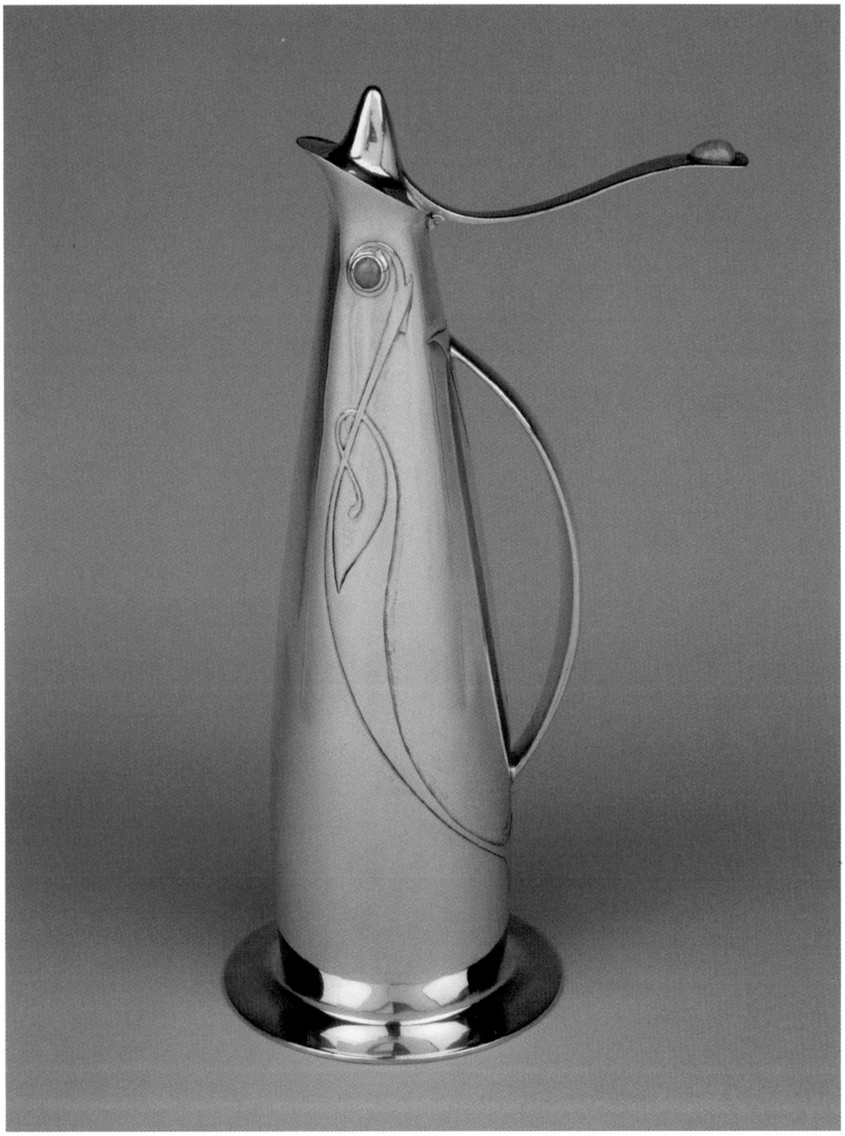

2075

2075
아치볼드 녹스 Archibald Knox, Claret Jug, 1901
와인 또는 특히 영국에서 보르도 레드와인을 칭하는 클라레를 담아 제공하기 위한 제품

2076
루이스 컴포트 티파니 Louis Comfort Tiffany, 시계
1905~1920경

2077
아치볼드 녹스 Archibald Knox, 탁상용 시계, 1897~1907경

2078
아치볼드 녹스 Archibald Knox, 시계, 1899

2079
Tiffany & Co, 꽃병, 1900

Tiffany & Co. 보석상 찰스 루이스 티파니(Charles Lewis Tiffany)에 의해 1837년도에 설립됨. 20세기에 그의 아들이었던 루이스 컴포트 티파니(Louis Comfort Tiffany)가 브랜드의 디자인과 정신을 계승하여 발전시킴. 고급 주얼리, 시계, 은, 크리스털 세공품 같은 값비싼 물건들과 함께 도자기, 문구류, 향수 및 개인 액세서리, 가죽 제품과 같은 다양한 아이템을 판매함.

2080
루이스 컴포트 티파니 Louis Comfort Tiffany, 벽 조명, 1910경

2081
루이스 컴포트 티파니, 컵, 1905경

2082
아치볼드 녹스 Archibald Knox, 커피와 차 서비스, 1904

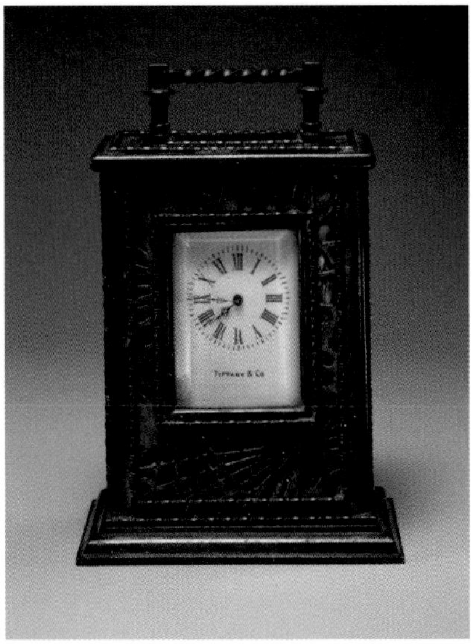

2076

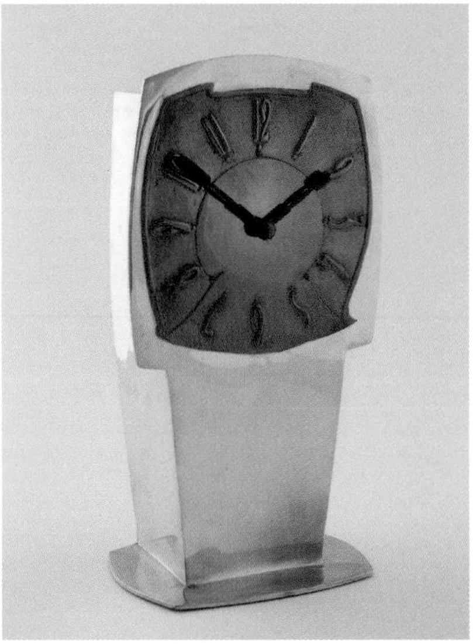

2077

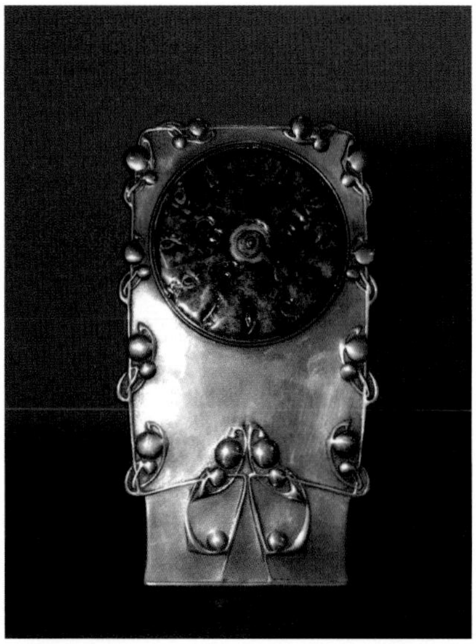

2078

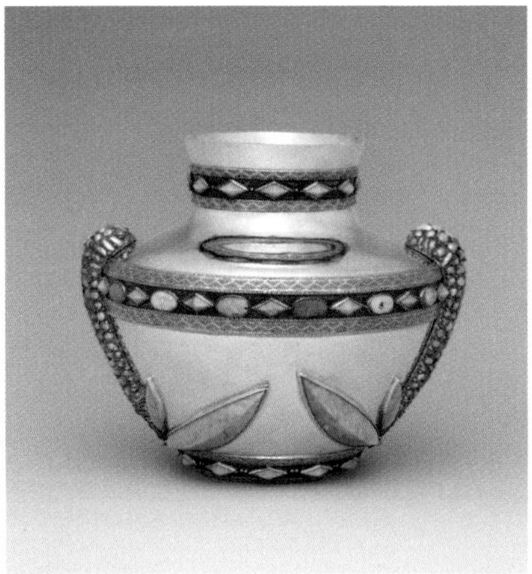
2079

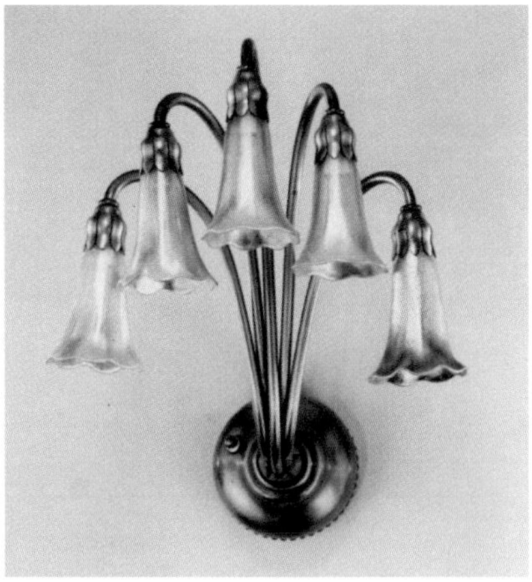
2080

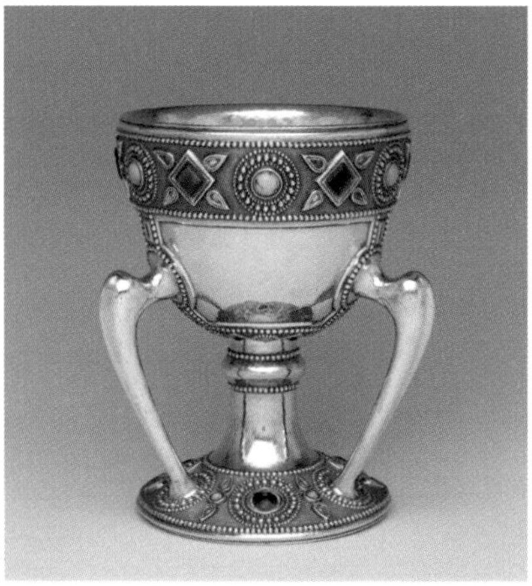
2081

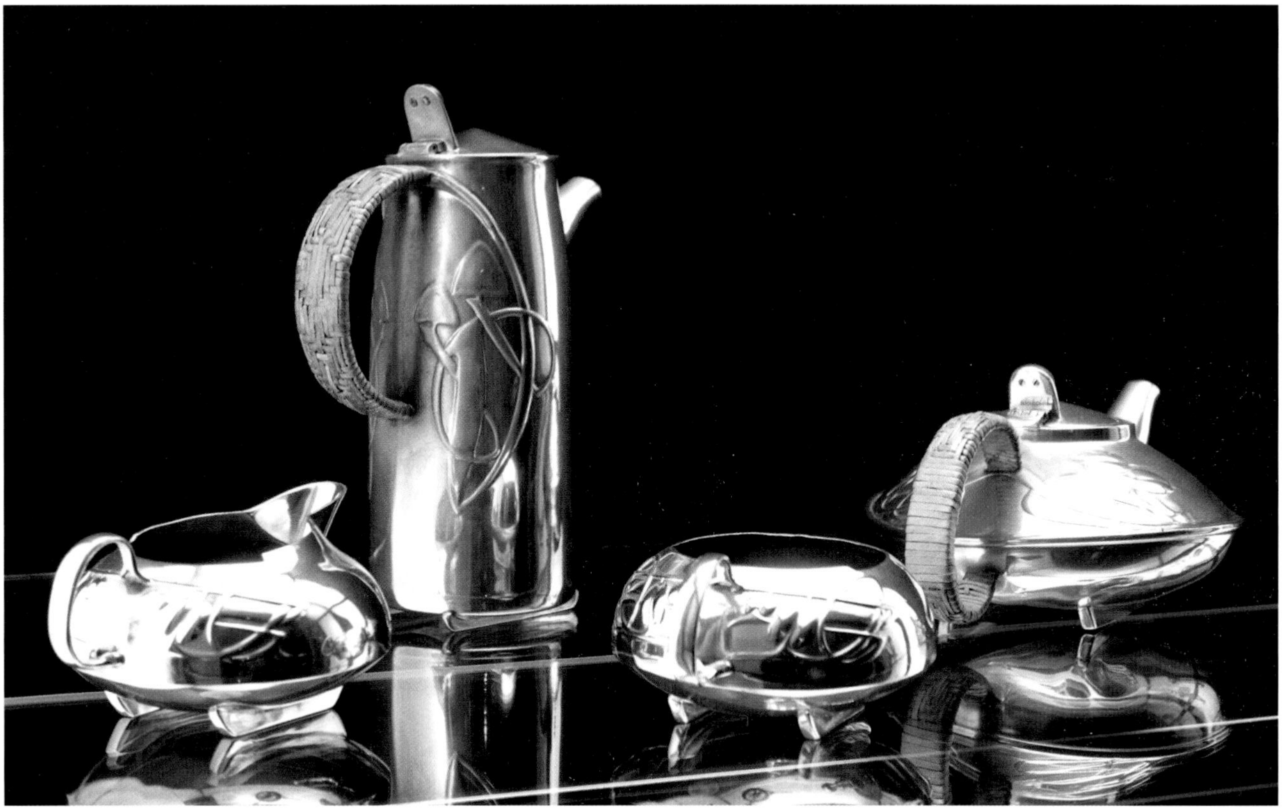
2082

아르누보의 유리공예
Glass Craft of Art Nouveau

유리공예의 혁신

아르누보 스타일의 유리공예는 자연의 아름다움에서 영감을 받은 것이 많다. 특히 꽃과 같은 아름다운 생명체의 유기적 형태가 중심이 되었는데, 이러한 디자인은 유리라는 재료의 투명하고 영롱한, 그리고 부드러운 특성과 잘 어울렸다. 당시 유리공예에서 지배적이었던 유기적 형태와 더불어 비엔나와 같은 일부 지역에서는 유기적인 디자인보다는 기하학적인 형태가 강조되기도 했다.

당시 프랑스의 도시인 낭시는 아르누보 유리공예의 중심지로 부상했다. 기존에 유리공예에서 발견되지 않았던 다양한 실험적인 기술이 유입되고 연구되었다. 이러한 새로운 기술들을 통해 유리의 여러 층을 중첩시키거나, 내부에 다양한 색상을 주입하는 방식과 같이 이전에 불가능하던 어려운 기술적 문제들이 해결되었다. 그리고 이는 유리공예에서 기존에 접하지 못한 더욱 복잡한, 그리고 다채로운 텍스처와 디자인을 가능하게 했다.

아르누보 스타일의 유리공예는 주택을 포함하여 종교 건축물의 스테인드글라스로도 자주 사용되었다. 스테인드글라스를 사용한 많은 건축과 디자인들 중 미국의 루이스 컴포트 티파니의 작품은 특히 주목을 받았다. 그는 유리에 훈색 효과(물질의 표면이 연속적으로 변하는 색깔)를 주는 채색법을 개발하여 독특한 램프와 유리 작품을 제작했다. 이러한 아르누보의 유리 공예는 당시에 혁신적이면서 아름다운 예술 작품으로 평가받았다.

아르누보 스타일 유리공예의 대표적인 작가는 다음과 같다. 프랑스 낭시의 에밀 갈레Émile Gallé는 다채로운 색상과 뛰어난 기술력이 담긴 작품으로 유명했다. 벨기에의 필립 울퍼스Philippe Wolfers는 자연스러운 형태가 돋보이는 유리 작품을 제작했고, 다음 브라더스Daum Brothers는 다양한 색상을 적용한 유리 작품으로 인정받았다. 미국에서는 루이스 컴포트 티파니Louis Comfort Tiffany가 특유의 아르누보 스타일의 스테인드글라스와 그것을 적용한 조명으로 세간의 주목을 받았다.

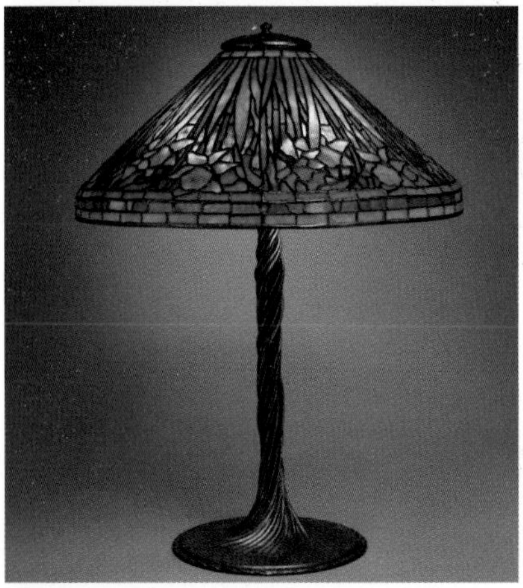
2083

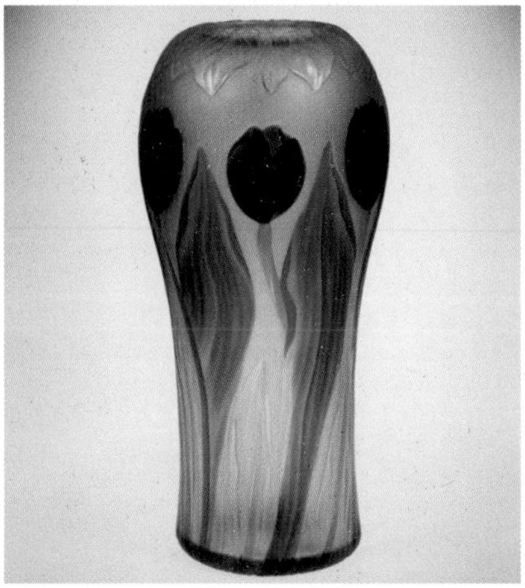
2084

Tiffany & Co.

미국, 주얼리 및 고급 장신구 제조사, 1837~현재

루이스 컴포트 티파니의 작품은 대부분 Tiffany & Co.에 의하여 제작되었다. 지금은 모든 여성의 로망 중의 하나인 티파니는 찰스 루이스 티파니Charles Lewis Tiffany와 존 B. 영John B. Young에 의해 "문구류 및 팬시상품 상점"으로 1837년 뉴욕시에 설립되었다. 처음에는 다양한 문구류를 판매했으며, 1853년이 되던 해부터 찰스 루이스 티파니가 브랜드의 경영을 맡으며 보석에 중점을 두어 현재의 사업의 모습을 갖추었다.
이후 1902년 찰스 루이스 티파니가 생을 마감한 후, 그의 아들 루이스 컴포트 티파니Louis Comfort Tiffany는 브랜드의 공식적인 첫 번째 디자인 디렉터가 되었다. 1956년에는 당시 전설적인 디자이너로 유명했던 Jean Schlumberger가 티파니에 합류했다.
1990~1991년 미국의 경기 침체로 티파니는 대량 판매에 중점을 두기 시작했다. 티파니가 모든 사람에게 합리적인 가격으로 상품을 제공하고자 했고, 저가 상품의 개발에 주력했다. 그러나 명품 회사로서의 이미지를 유지하기 위해 티파니 매장은 고급 스타일의 이미지를 유지했다. Tiffany & Co.는 1998년에 자신들의 시그니처인 Tiffany Blue 색을 상표로 등록했으며, 3년 후 Pantone사와 제휴하여 Tiffany Blue 색을 "1837 Blue"로 표준화했다.
현재에 이르기까지 티파니는 일반인이 꿈꿀 수 있는 고급의 이미지를 유지하며 역사와 전통 그리고 독보적인 디자인 제품들로 그 명성을 이어가고 있다.

2083
루이스 컴포트 티파니 Louis Comfort Tiffany, 수선화 램프
1904~1910경

2084
루이스 컴포트 티파니, 꽃병, 1906

2085
루이스 컴포트 티파니, 램프, 1904~1914경

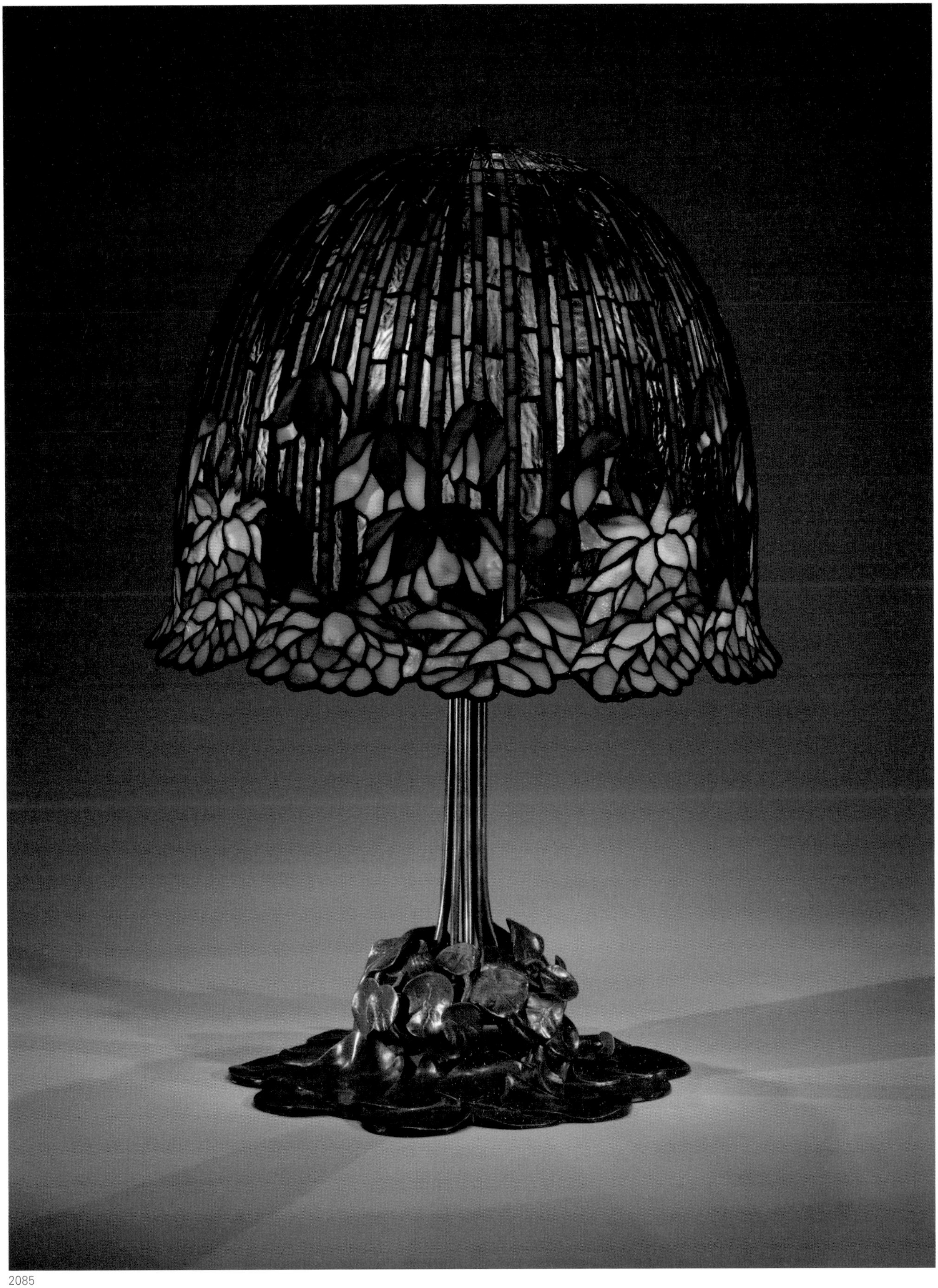

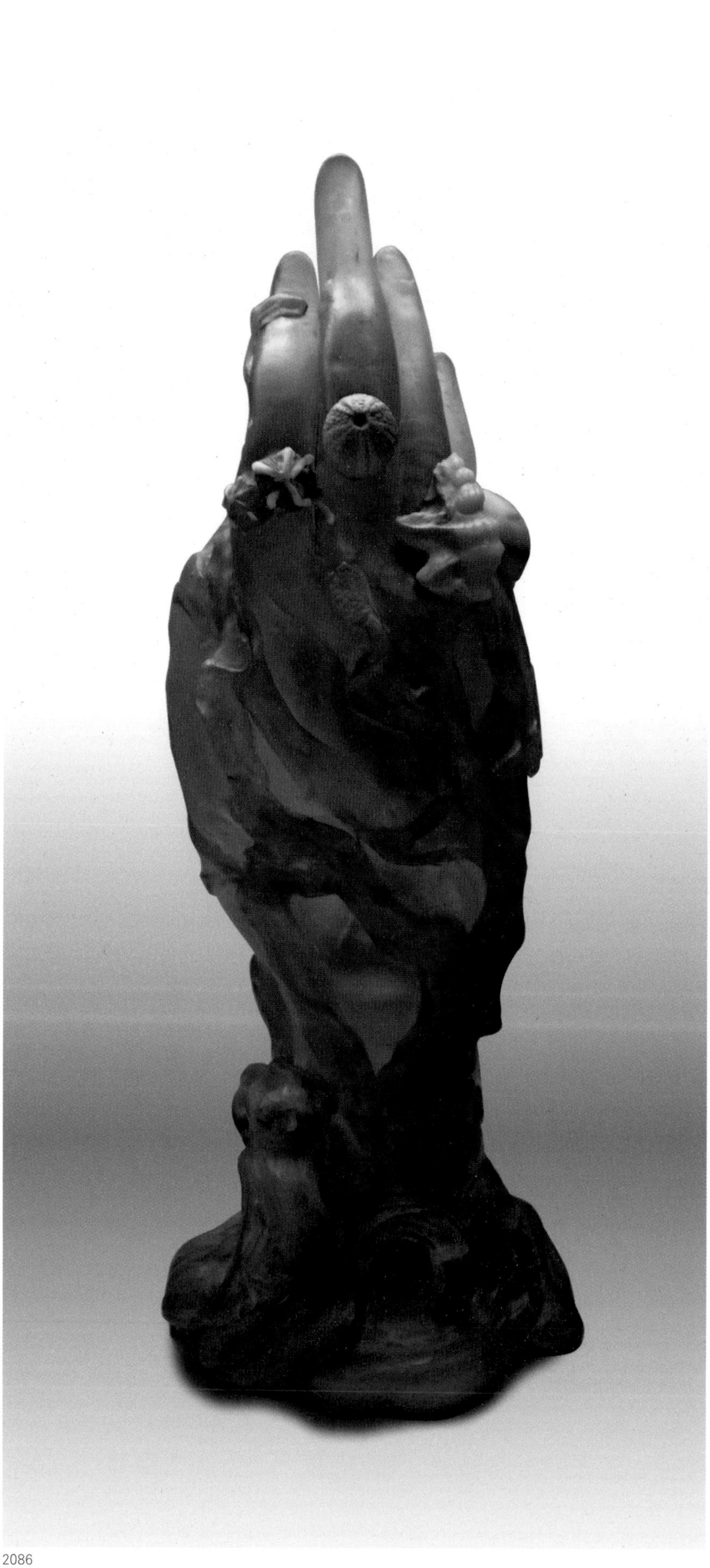

2086

에밀 갈레 Émile Gallé

1846~1904, 유리공예가, 예술가, 디자이너, 프랑스

프랑스 아르누보 운동에서의 주요 혁신가 중 한 명이다. 아르누보 유리 예술과 가구 디자인으로 유명하며, 프랑스 낭시의 디자인 운동인 '에콜 드 낭시(École de Nancy)'의 창립자로 알려져 있다.
가족사업인 도자기와 유리 제조 부문을 진흥시켜, 1883년에는 유리, 도자기 및 가구 제조를 위한 새로운 큰 작업장을 건설하고, 1889년에는 300명 이상의 직원을 두게 되었다.
1885년에 파리에 첫 번째 상점을 개설했고, 이어서 프랑크푸르트와 런던에 다른 상점들을 개설했다. 또한 국제 전시회에 대규모로 참여했는데, 1878년 파리세계박람회에서 그의 부스가 30미터 길이였던 것부터 시작하여, 1893년 시카고의 세계콜롬비아박람회와 1900년 파리세계박람회에 참여했다.
에밀 갈레는 새롭고 다양한 유리 기법을 활용하여 작품을 제작했다. Cased 유리(두 개 이상의 서로 다른 색상이나 불투명도를 가진 유리 층을 적층하여 만든 유리), Cameo 유리(한 층 또는 그 이상의 다층 유리 위에 다른 색상의 유리 층을 입힌 다음, 상층의 유리를 부분적으로 제거하여 아래층의 색상이 드러나도록 하는 고도의 장식적 유리 제작 기법), 그리고 Enamel 유리(유리 표면에 에나멜페인트를 사용하여 색상이나 디자인을 입힌 유리)와 같은 유리 예술 기법을 자주 사용했고, 유리에 생기는 기포, 빛의 반사, 굴절, 융합 등을 잘 이해하고 활용했다.
갈레는 58세의 나이로 사망했으며, 그의 회사는 1914년까지 활발히 활동했으나, 안타깝게도 1914년에 제1차 세계대전 때 독일에 의해 점령되어 문을 닫았다.

2086
에밀 갈레, 해초와 조개를 든 손, 1904

2087
에밀 갈레, 꽃병, 20세기 초

2088
에밀 갈레, 단풍나무 가지가 있는 꽃병, 1904~1906

2089
에밀 갈레, 유다스페니가 있는 화병, 1906~1914경

2090
에밀 갈레, 화병, 1900경

2091
에밀 갈레, 메뚜기 장식이 있는 스템(다리가 있는) 유리컵, 1903

2092
에밀 갈레, 화병

2093
에밀 갈레, 일본풍 괴물머리 화병, 1876

2094
에밀 갈레, 화병, 1885

2095
에밀 갈레, 화병, 1896

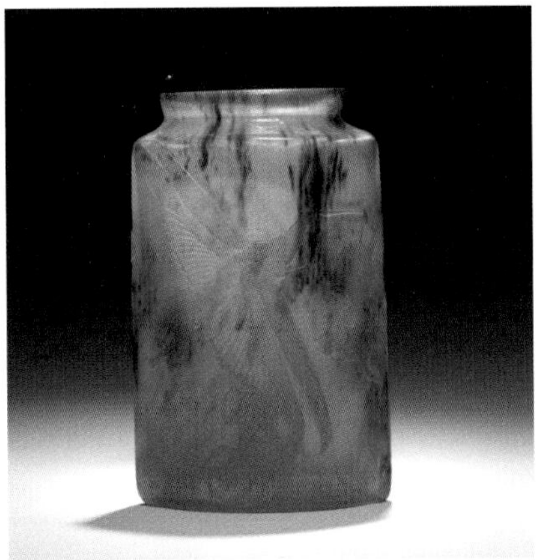
2087

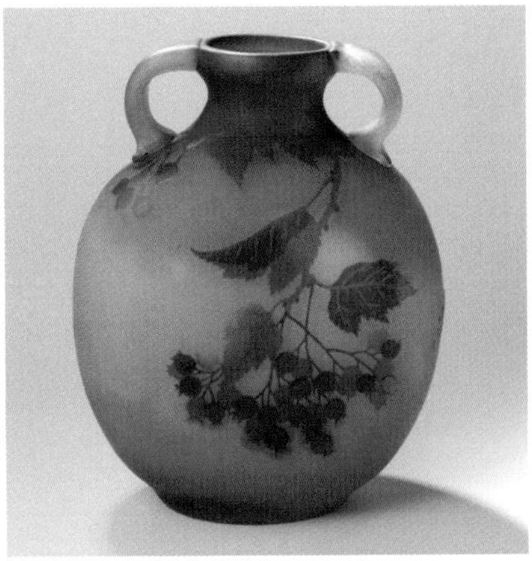
2088

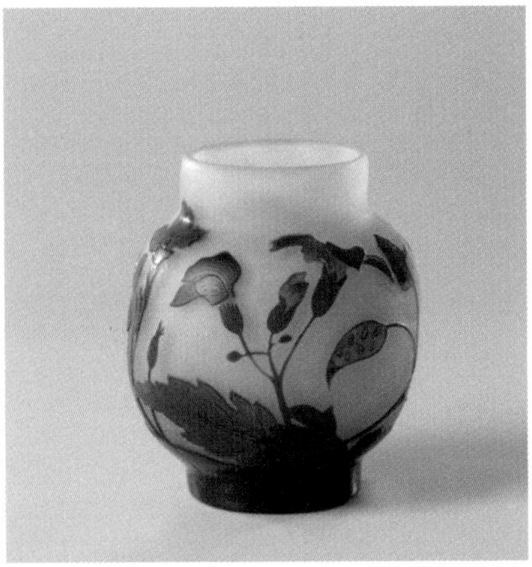
2089

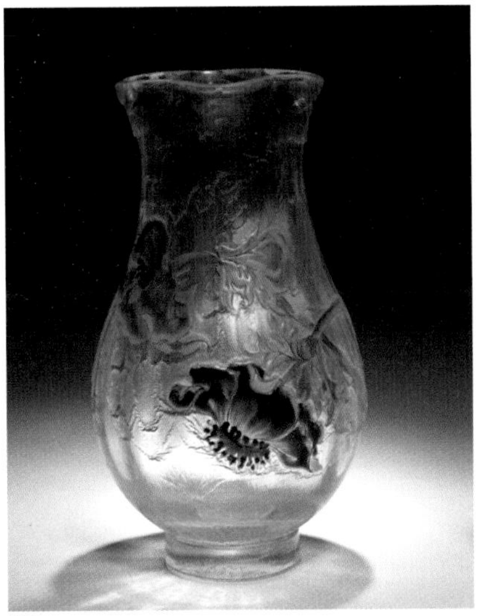
2090

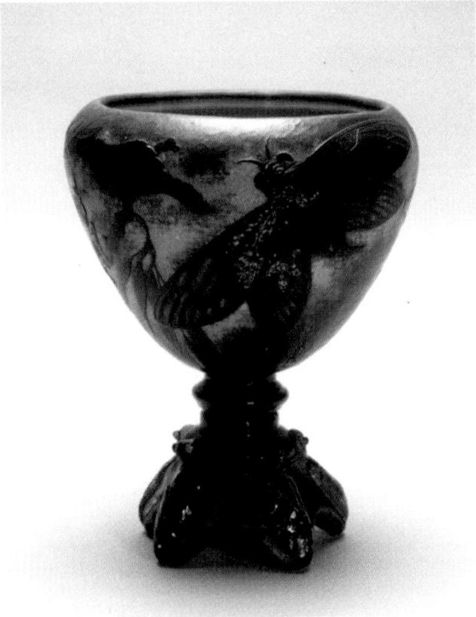
2091

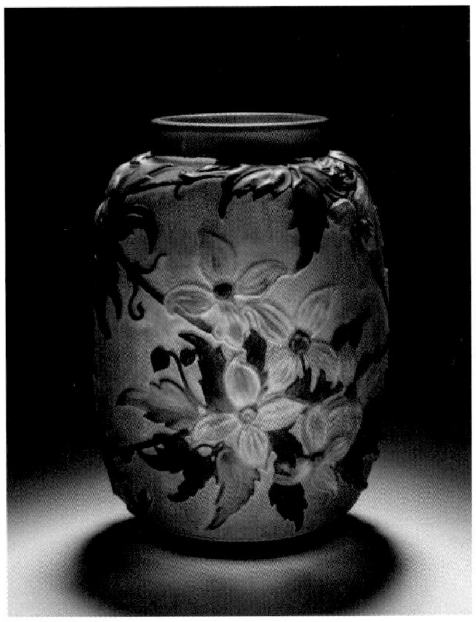
2092

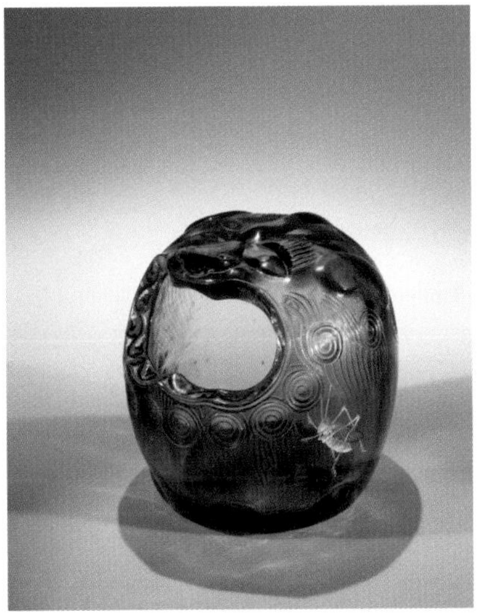
2093

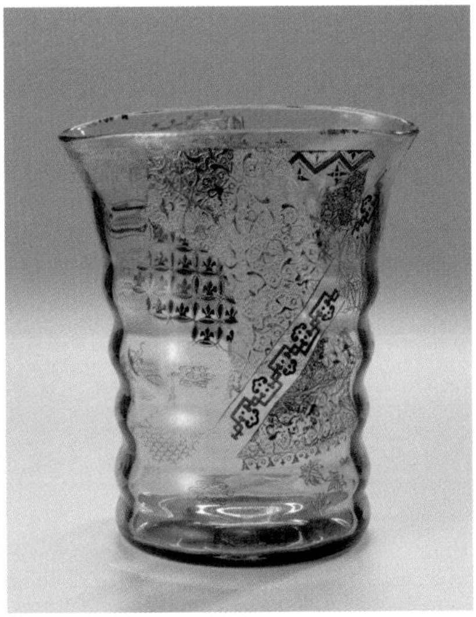
2094

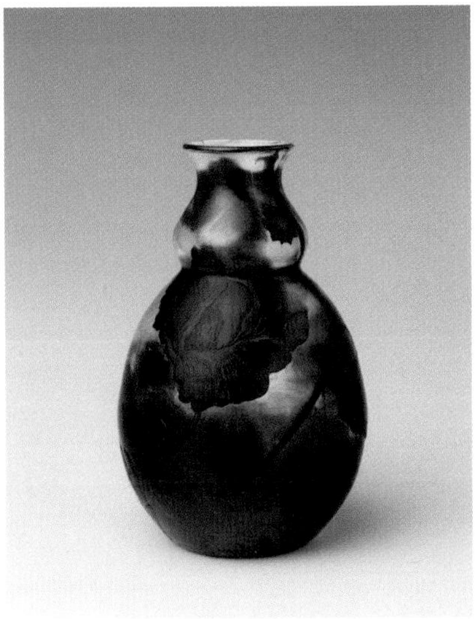
2095

아르누보의 금속공예
Jewlley & Metal Craft of Art Nouveau

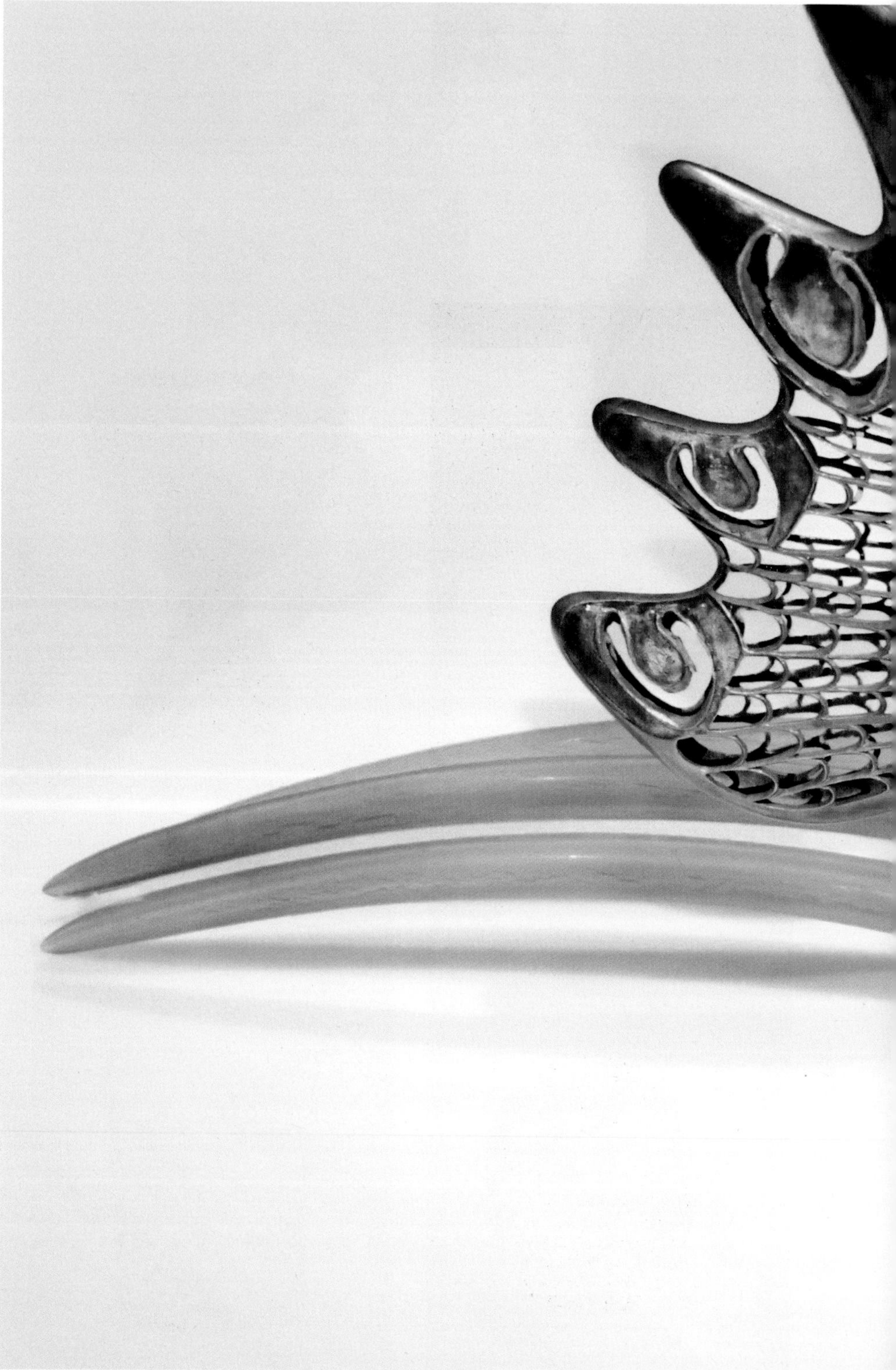

2096
르네 랄리크 René Lalique
티아라(1900년 파리세계박람회에 출품된 수탉 왕관)

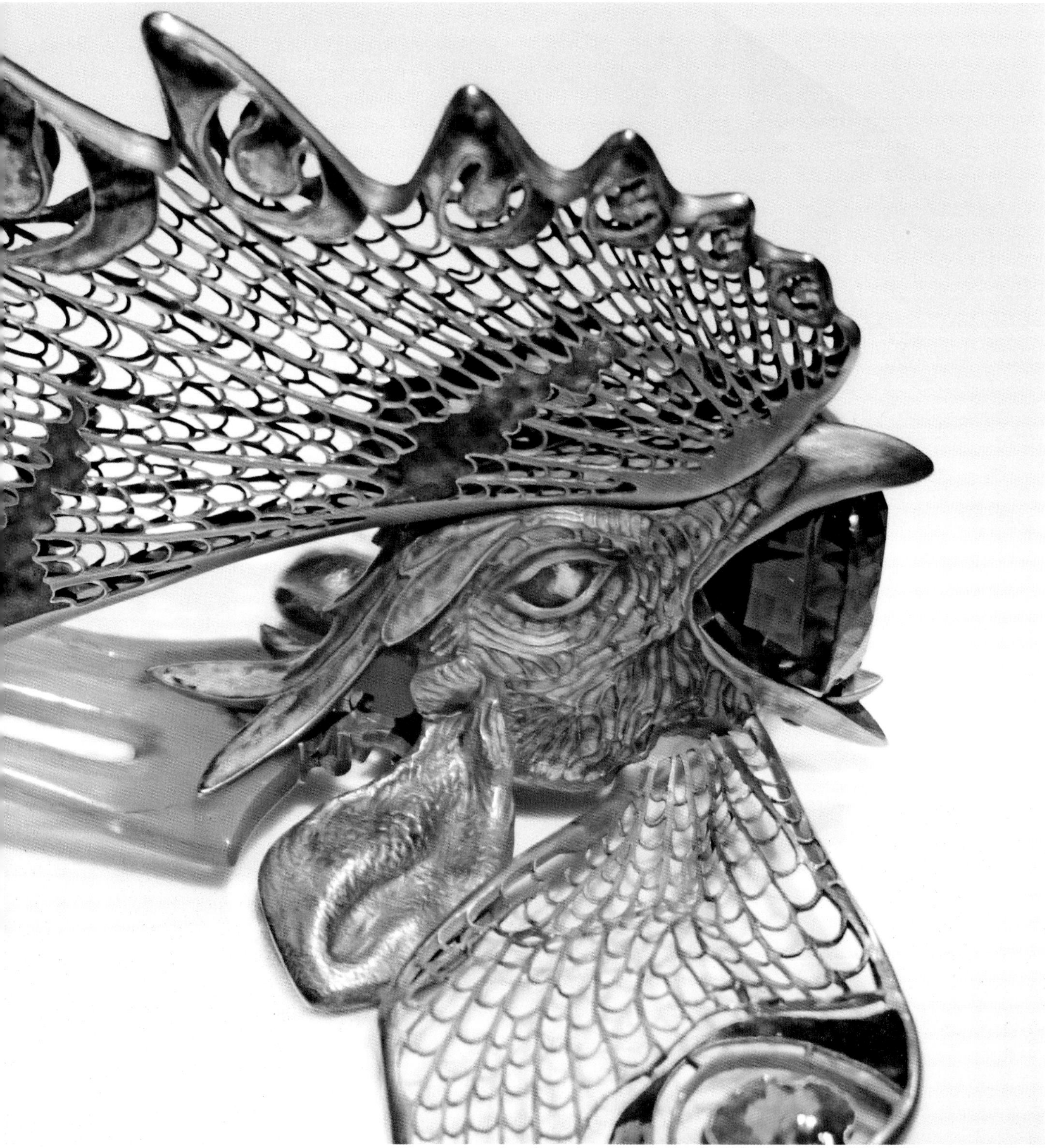

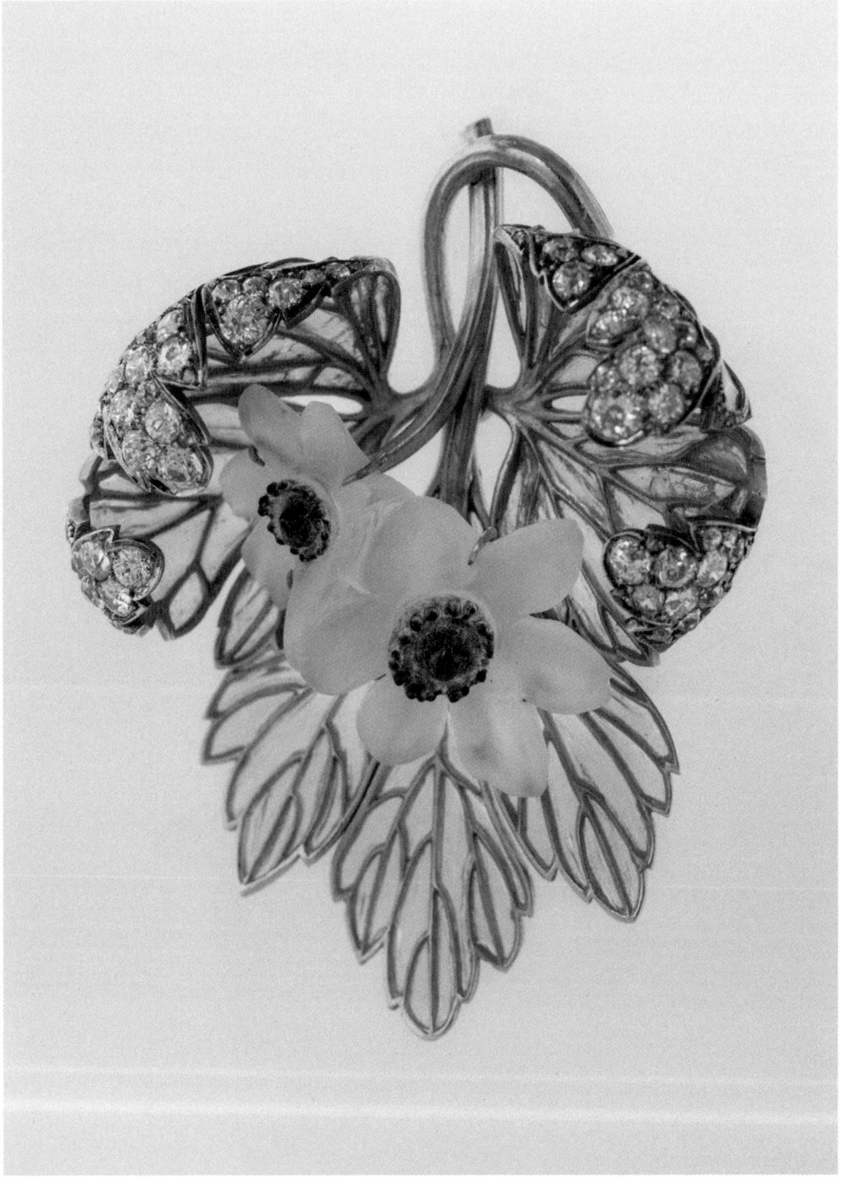

2097

르네 랄리크 René Lalique

1860~1945, 보석 및 유리 예술가, 프랑스

르네 랄리크는 카르티에, 부셰롱 등 프랑스 유명 보석 브랜드들을 위한 보석 디자인을 시작으로, 나중에 자신의 보석회사를 설립했다. 그는 20세기 최고의 유리 예술가 중 한 명으로 평가되며, 그의 디자인은 전통적인 보석보다는 예술적 가치에 중점을 둔 작품으로 평가받는다.
랄리크의 작품은 매우 섬세한 형태를 지니고 있으며, 발광하듯 화려한 색과 풍부한 질감 등이 특징이다.
그는 당시 보석류에서 잘 쓰이지 않았던 소재인 에나멜, 상아, 동물의 뿔과 같은 재료를 사용하여 아름다운 제품을 만들었다. 이러한 재료에 대한 색다른 시도들은 당시 사람들에게 매우 혁신적으로 받아들여지며 컬렉터와 예술가들에게 인기가 높았다.
1900년대에 들어서는 보석디자인보다는 유리공예에 집중하였다. 특히 자연에서 영감을 받은 섬세한 디테일이 강조된 아름다운 유리 예술작품을 만들었다. 유리라는 소재를 조명의 일부, 향수병과 같은 기타 장식용으로 사용했으며, 그의 이름을 딴 향수와 향수병은 Lalique사에서 현재도 생산되고 있다.
이와 같은 랄리크의 열정과 노력은 예술 및 디자인 분야에 크게 기여함과 함께 그는 수많은 영예를 누렸으며, 지금까지도 그의 작품은 프랑스 보석계와 유리예술계의 대표적인 작품들로서 세계 각지의 박물관과 수집가들 사이에서 중요히 다뤄지고 있다.

https://fr.lalique.com/en

2098

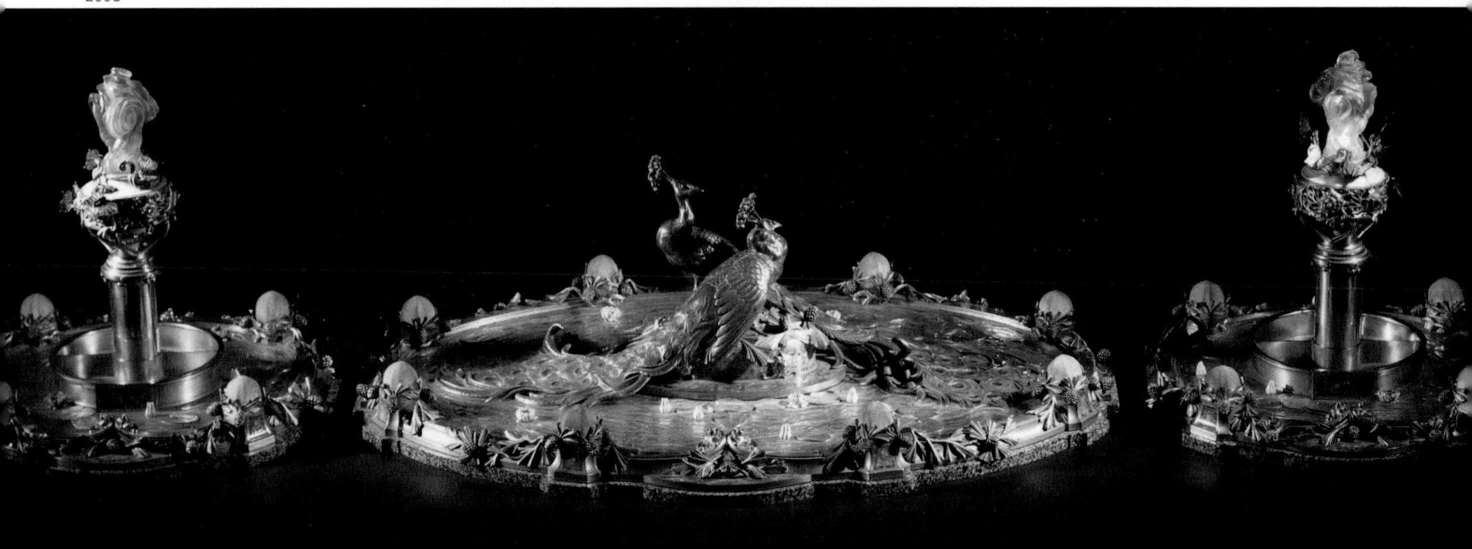

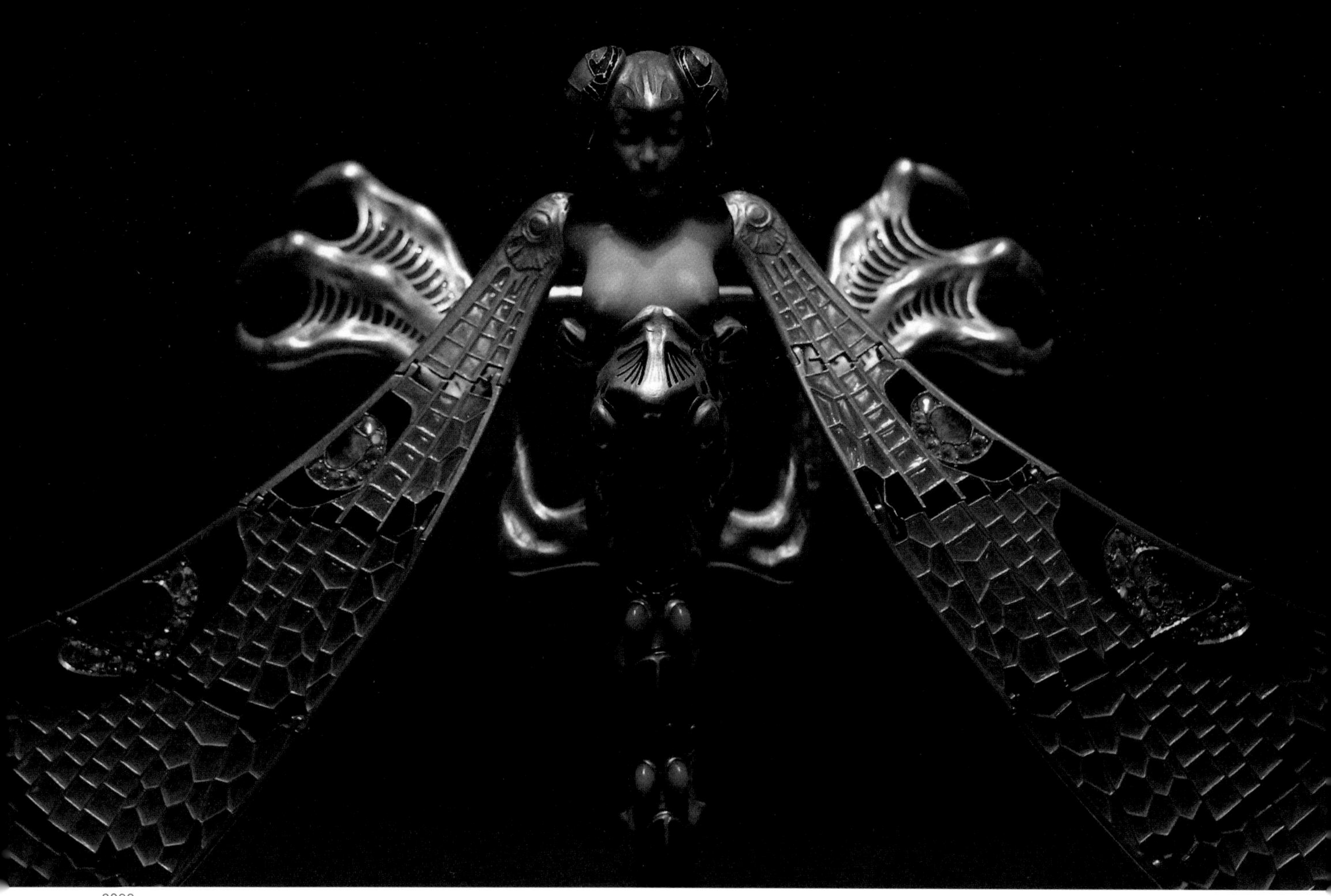

2099

2097
르네 랄리크 Rene Lalique, 숲의 아네모네 펜던트, 1900경

2098
르네 랄리크, 테이블웨어, 1903, 칼릴리컬렉션

칼릴리 세계 에나멜 컬렉션
Khalili Collection of Enamels of the World
수집가이자 학자, 그리고 자선사업가였던 나세르 D. 칼릴리가 1700년부터 2000년까지 수집한 컬렉션이다. 칼릴리가 소유한 총 8개의 컬렉션 중 하나로, 8개의 컬렉션은 모두 각각이 해당 분야에서 가장 중요한 컬렉션으로 여겨진다.

2099
르네 랄리크, 코르사주 장식(잠자리 여인), 1879~1898

2100
르네 랄리크, 목걸이, 1897~1899

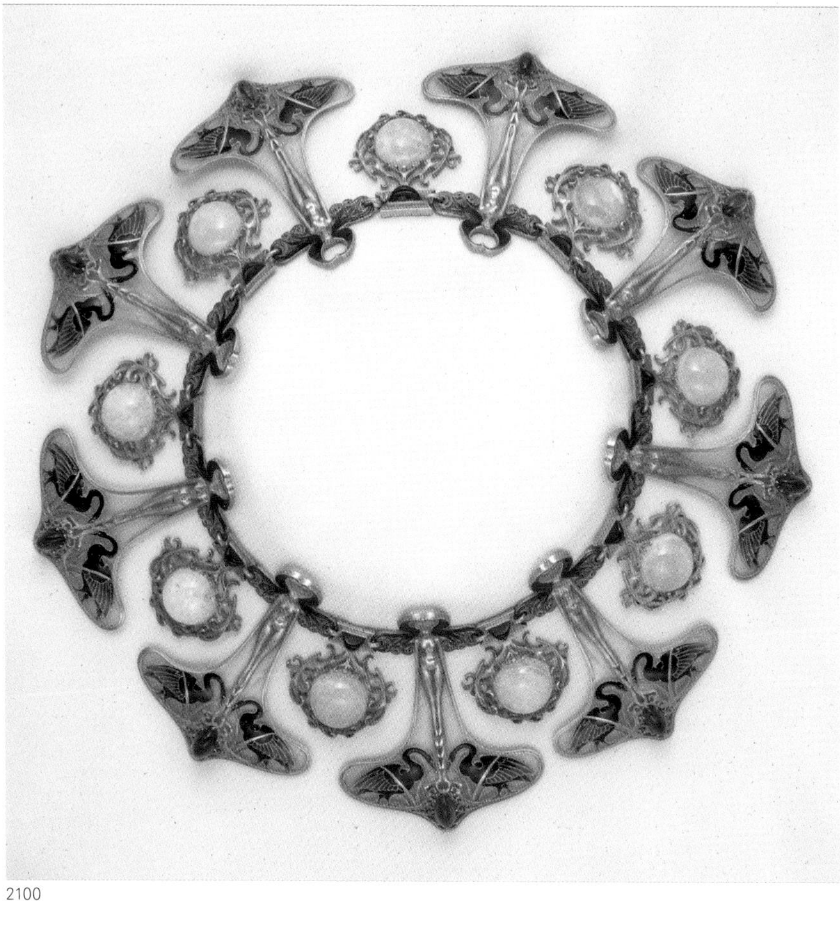

2100

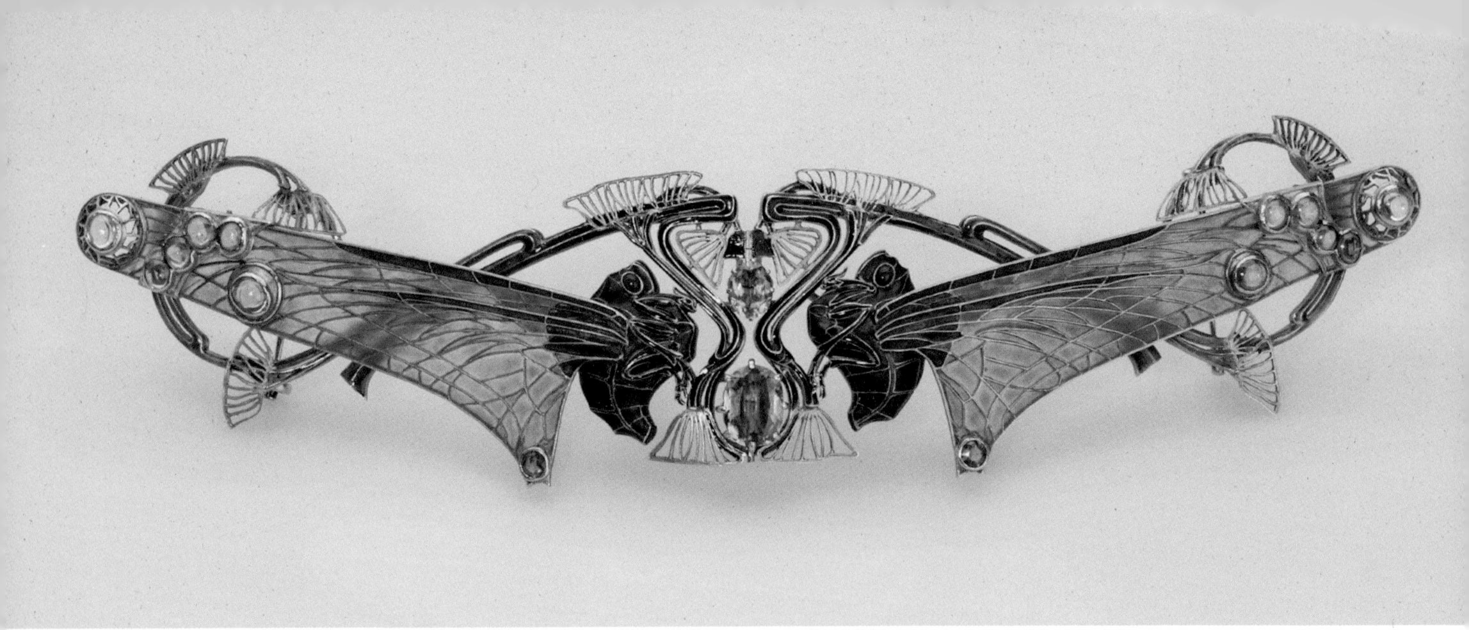
2101

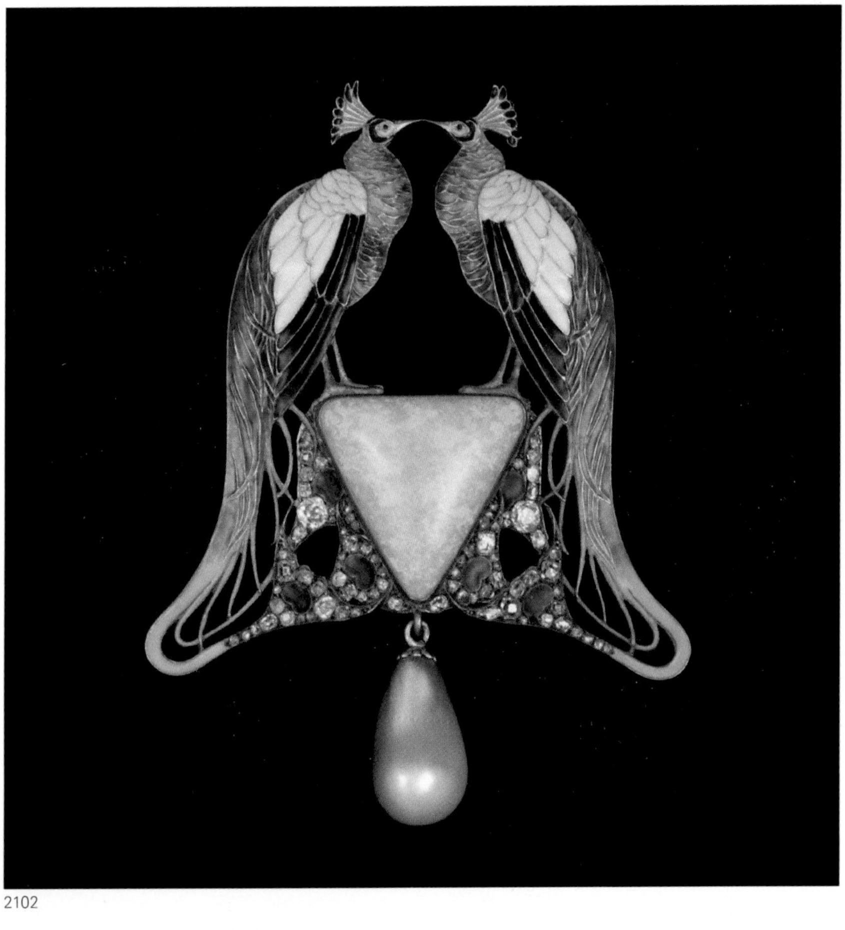
2102

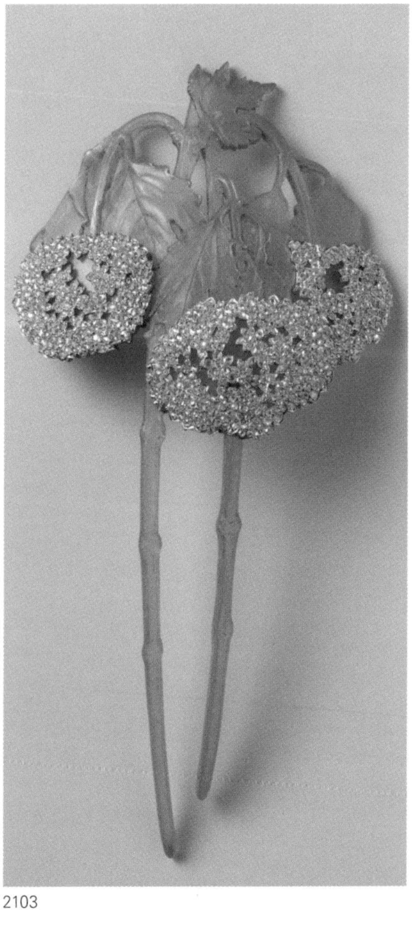
2103

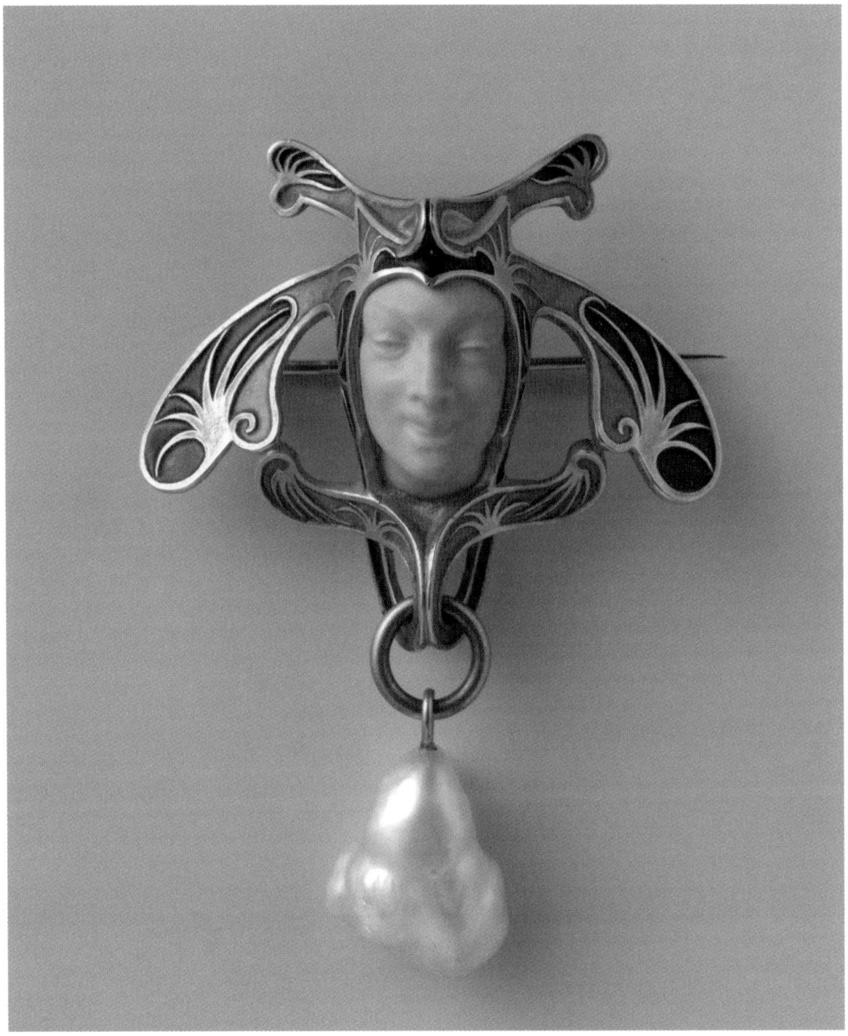

2104

2101
르네 랄리크, 펜던트, 코사지 장식, 1903~1905경
칼릴리컬렉션

2102
르네 랄리크, 펜던트, 1901

2103
르네 랄리크, 머리빗 장식, 1902~1903경

2104
르네 랄리크, 바보 머리 모양의 브로치, 1897~1899경

2105
르네 랄리크, 목걸이, 1900경

2105

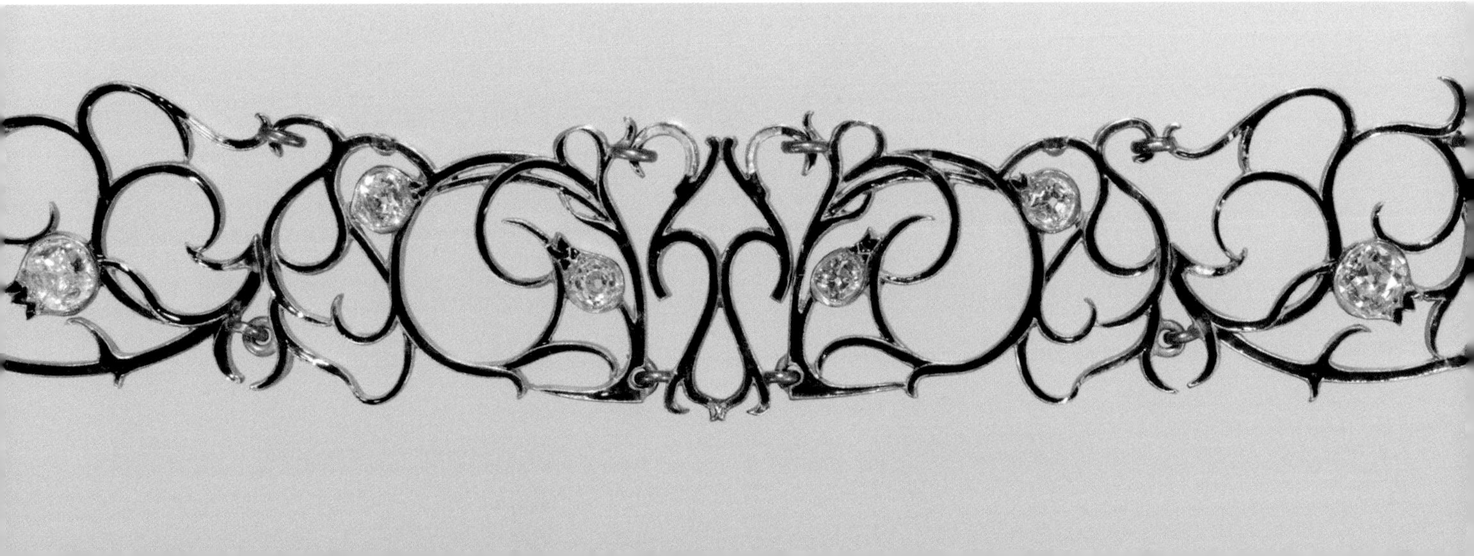

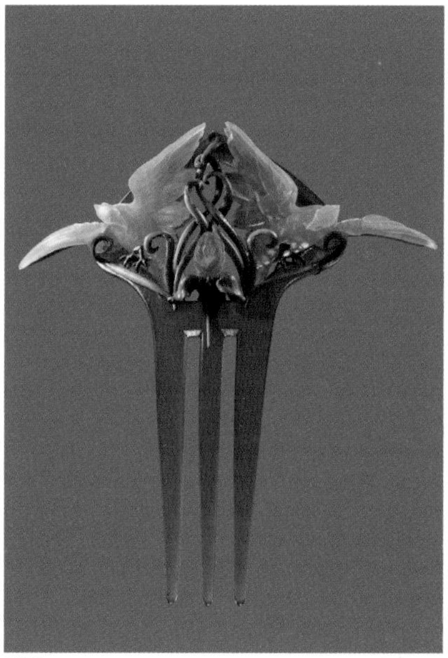
2106

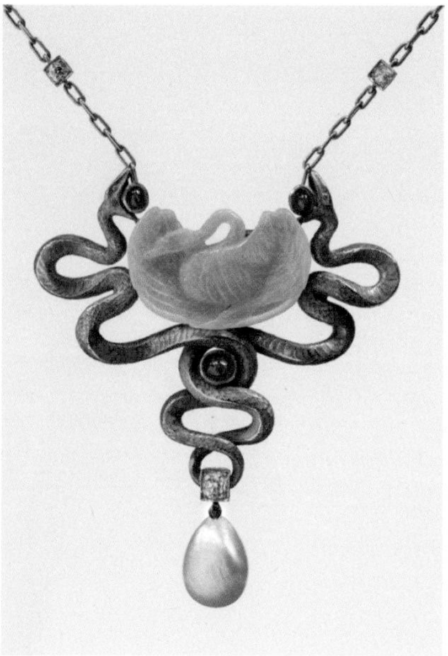
2107

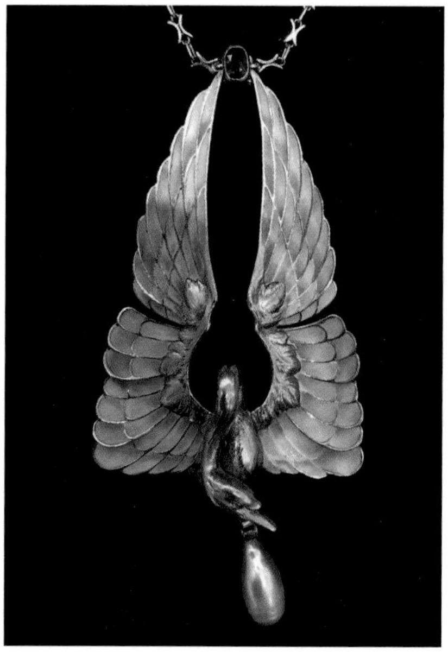
2108

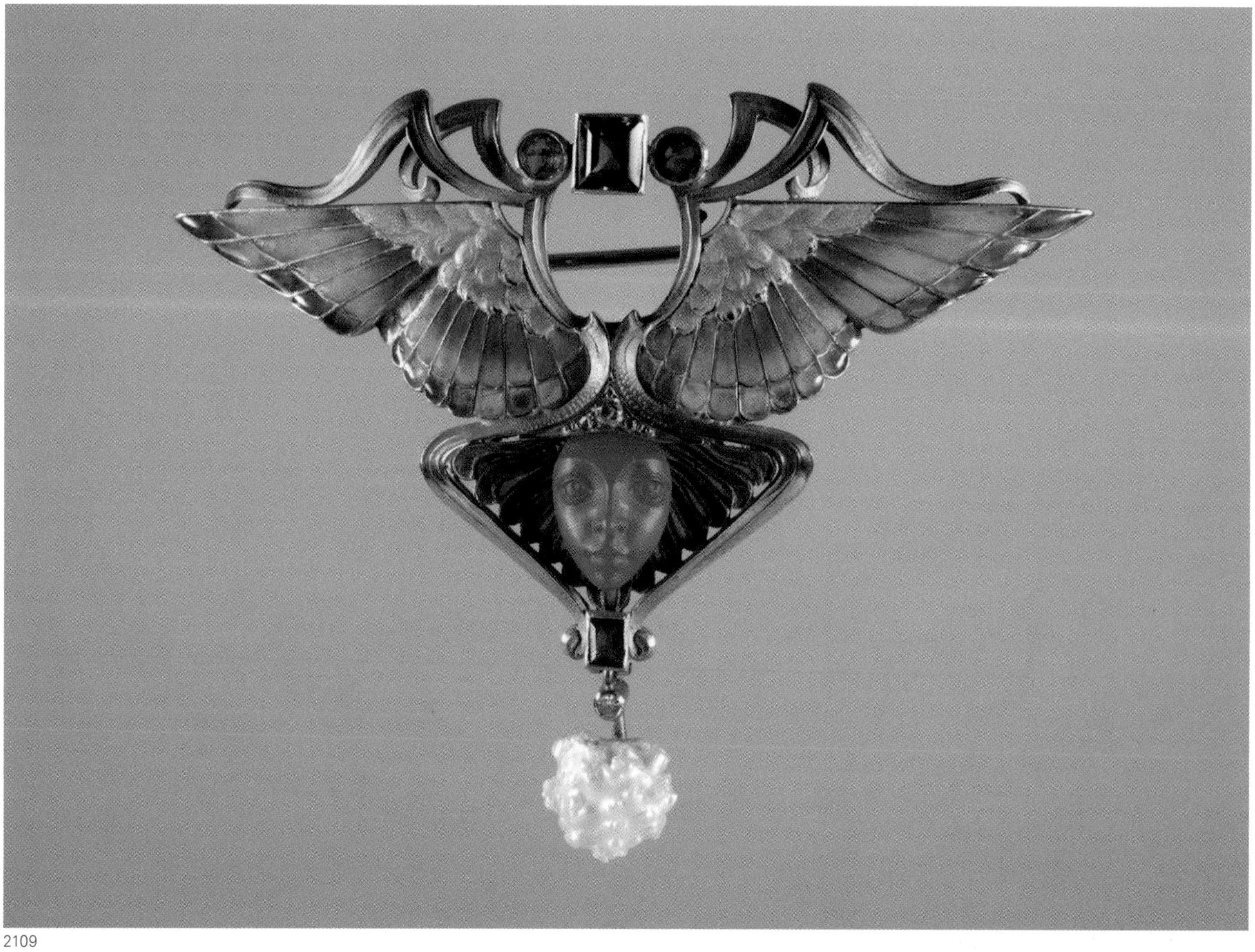
2109

필립 울퍼스 Philippe Wolfers
1858~1929, 은공예가, 보석가, 조각가, 디자이너
벨기에

필립 울퍼스의 작품 대부분은 아르누보 스타일에 속하지만, 그가 말년에 제작한 작품들은 아르데코 스타일로의 전환을 보여주기도 하였다.
보석 디자이너로서 그는 프랑스의 동료인 르네 랄리크 René Lalique에 비해 다양한 작품을 출시하지 않았으나, 울퍼스의 "Exemplaire Unique" 보석 시리즈는 아르누보 시대에 만들어진 최고의 주얼리 작품 중 하나로 평가받는다.
울퍼스는 은, 청동, 상아, 대리석과 같은 귀중한 재료를 사용하여 조각품, 장식용 물건, 식기 등을 제작했으며, 유리와 화약으로 꽃병과 기타 물건을 디자인했다. 1898년부터 1907년 사이에 약 130개의 독특한 주얼리를 생산했으며, 각 제품에는 "EX.UNIQUE"라는 단어와 그의 이니셜이 새겨져 있어 제작자의 장인정신과 독창성을 보여주고 있다.
그의 주얼리 작품들은 당시 중요한 국내외 전시회에 출품되었으며, 매우 비싼 가격에 판매되었다. 시간이 지나 팔리지 않은 작품들은 분해되어 다른 작품에 귀금속과 원석이 재사용되기도 했다.
이로 인해 오늘날 존재하는 울퍼스의 고급 주얼리는 극히 드물며, 약 20여 개 정도만이 남아 있는 것으로 알려져 있다. 현재 남아 있는 울퍼스의 Exemplaire Unique 브로치 중 하나는 2012년 Bonhams 경매에서 £23,000 이상에 팔렸으며, 1900년 파리세계박람회를 위해 만든 작품은 2016년 Christie's Geneva에서 257,000 CHF에 판매되었다.

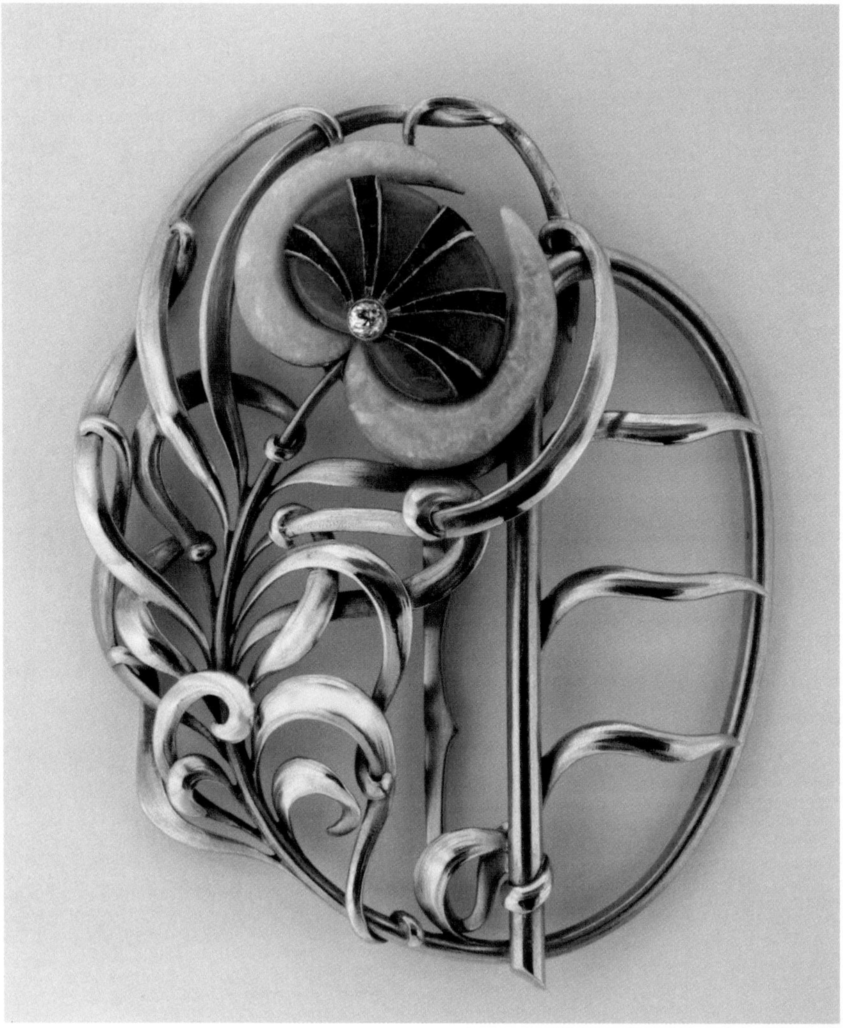
2110

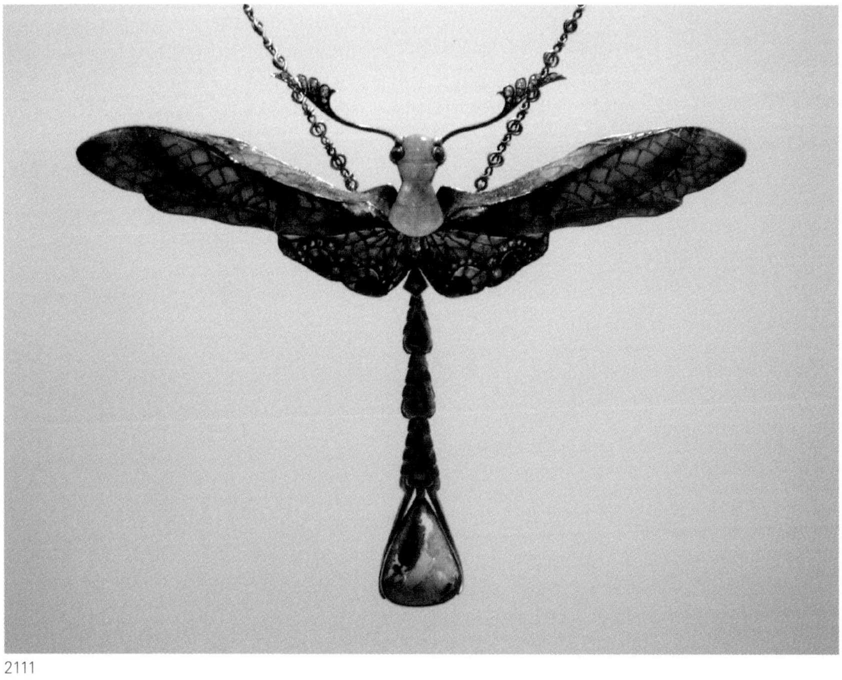
2111

2106
필립 울퍼스, 장식용 머리빗(작품명 Oiseaux et Iris), 1899
Exemplaire Unique 시리즈 중 하나

2107
필립 울퍼스, 백조와 뱀 목걸이, 1899

2108
필립 울퍼스, 스완 펜던트, 1901
Exemplaire Unique 시리즈 중 하나

2109
필립 울퍼스, 브로치(작품명 Niké), 1902
Exemplaire Unique 시리즈 중 하나

2110
필립 울퍼스, 벨트 버클(작품명 Plumes de Paon, 공작 깃털)
1898, Exemplaire Unique 시리즈 중 하나

2111
필립 울퍼스, 펜던트(작품명 Libelle), 1902
Exemplaire Unique 시리즈 중 하나

아르누보의 그래픽디자인
Graphic Design of Art Nouveau

아르누보 스타일이 성행하던 19세기 말 20세기 초에는 대량 생산과 소비 사회의 발전으로 광고의 중요성이 크게 증가했다. 그에 따라 아르누보 그래픽 포스터의 주요 목적은 상품, 서비스, 이벤트, 공연, 관광 명소 등 광범위한 목적으로 광고와 홍보를 위하여 제작되었다.
당시는 아직 그래픽 디자이너라는 직종이 생기기 이전의 시대였다. 그러기에 당연히 아르누보 시대의 포스터 작가들은 디자이너가 아닌 예술가 출신의 작가들이 대부분이었다. 따라서 아르누보 시대의 포스터들은 단순한 광고물 이상의 예술적, 문화적 가치를 가진다. 이러한 배경으로 인해 아르누보 시대의 그래픽디자인 작품들은 실용성과 예술성이 조화롭게 결합된 매력적인 결과물들이 많다.

아르누보 그래픽 작가들 중 대표적인 작가로는 알폰스 무하Alfons Mucha, 외젠 그라세Eugène Grasset, 오브리 비어즐리Aubrey Beardsley, 쥘 세레Jules Chéret, 앙리 드 툴루즈로트레크Toulouse Lautrec, 앙리 프리바-리브몽Henri Privat-Livemont, 테오필 스타인렌Théophile Steinlen 등이 있다.

2112
알폰스 무하 Alfons Mucha, La Plume(잡지)를 위한 달력
1897

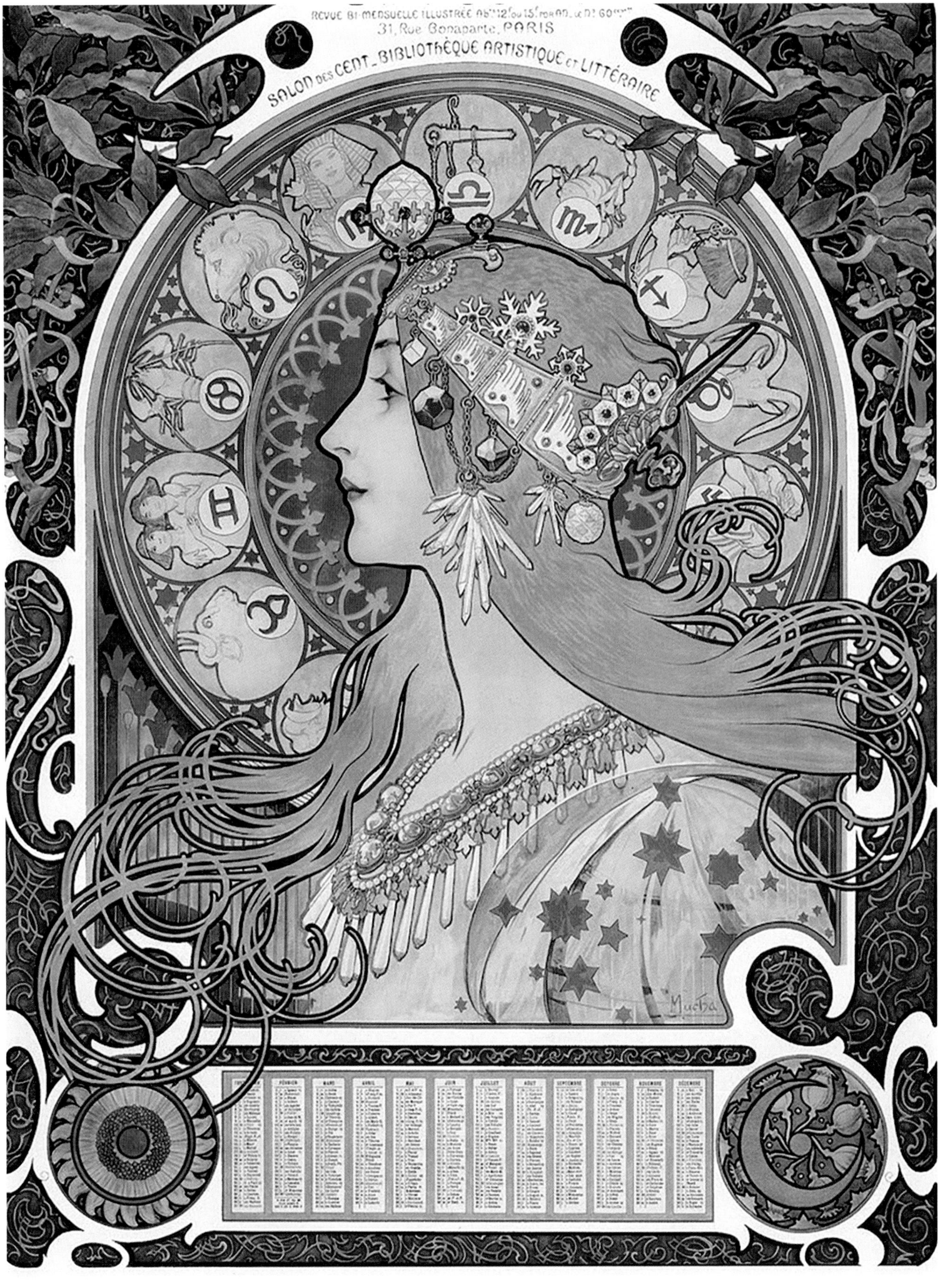
31, Rue Bonaparte, PARIS
SALON DES CENT_BIBLIOTHÈQUE ARTISTIQUE ET LITTÉRAIRE
Mucha

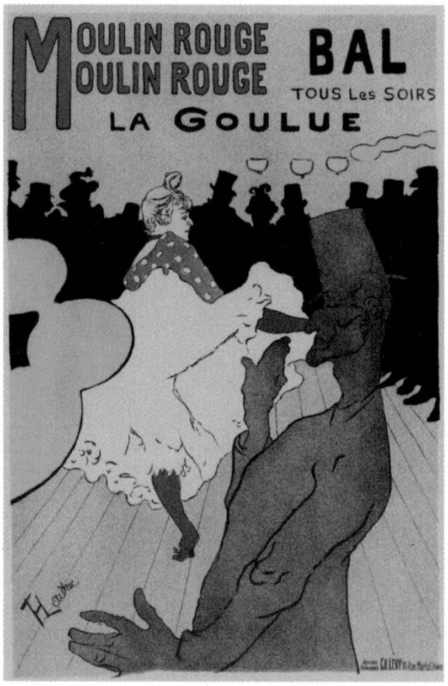

2113
앙리 드 툴루즈로트레크
물랑루즈를 위한 포스터(Moulin Rouge "la Goule"), 1898

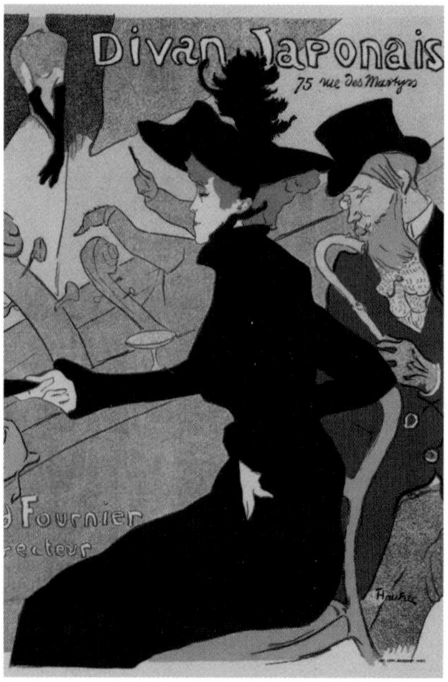

2114
앙리 드 툴루즈로트레크
디반 자포네Divan Japonais 콘서트 포스터, 1898

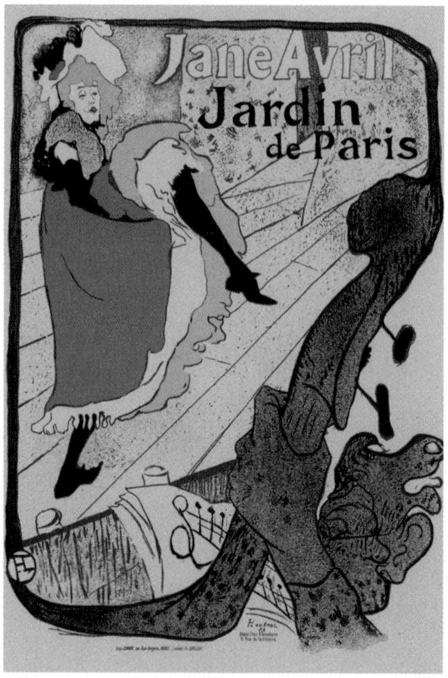

2115
앙리 드 툴루즈로트레크, 파리의 정원 공연 포스터, 1898

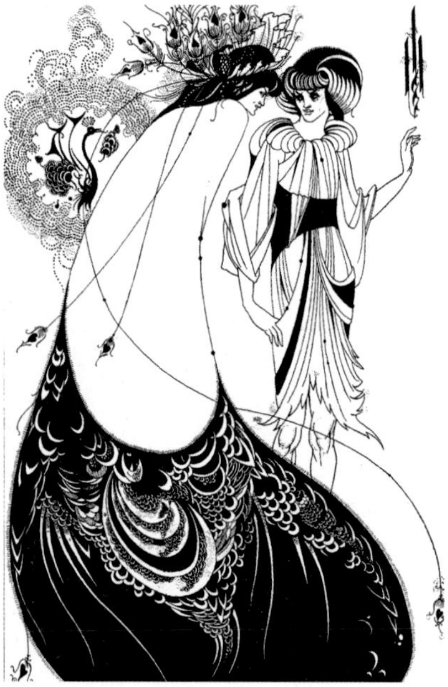

2116
오브리 비어즐리, 일러스트레이션(The Peacock Skirt), 1892

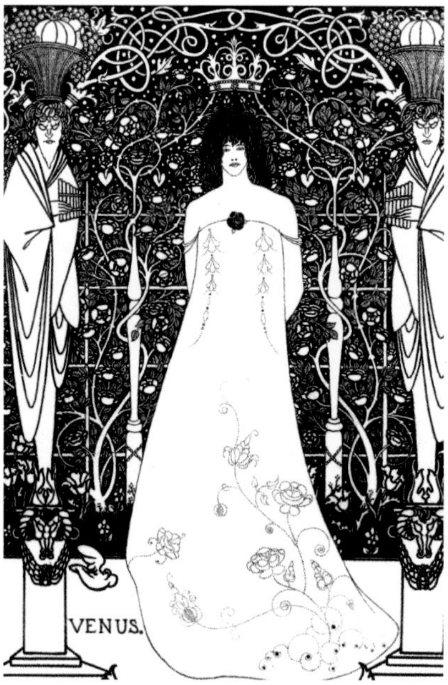

2117
오브리 비어즐리
일러스트레이션(Venus between Terminal Gods), 1895

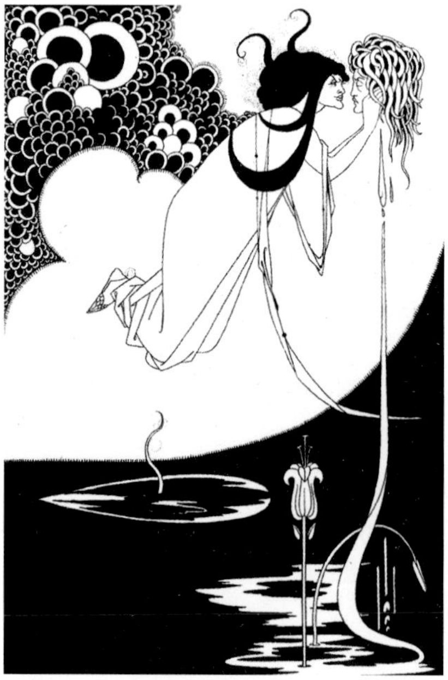

2118
오브리 비어즐리, 살로메를 위한 일러스트레이션 중 "절정",
1893~1894

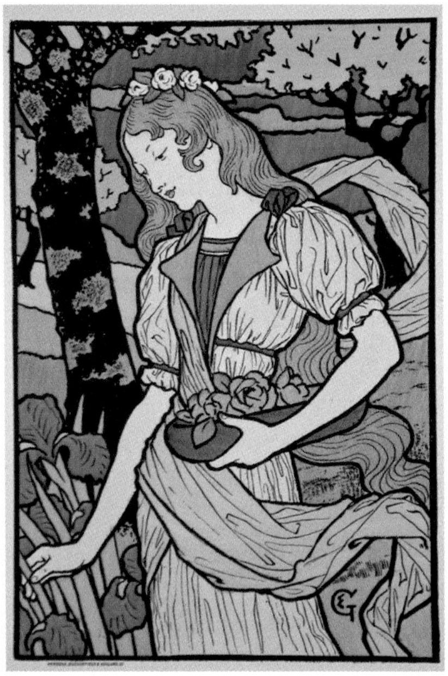

2119
외젠 그라세, 포스터, 1893

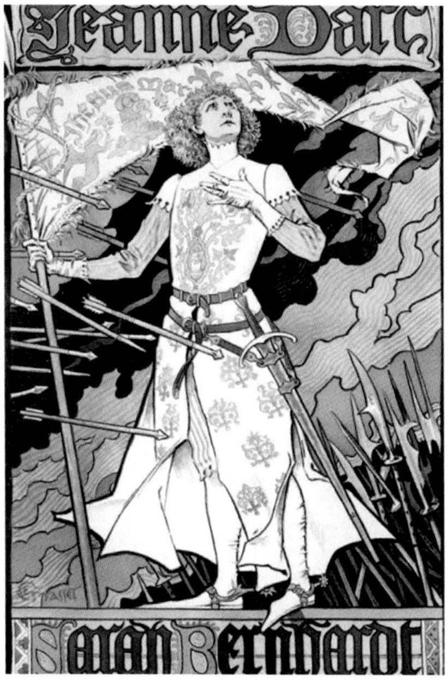

2120
외젠 그라세
사라 베르나르Sarah Bernhardt가 주연을 맡은 잔다르크 공연 포스터

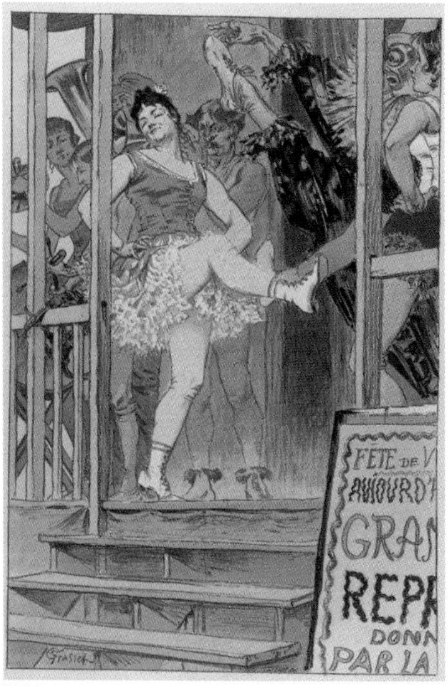

2121
외젠 그라세, 댄스(일러스트레이션, La danse), 1887

앙리 드 툴루즈로트레크

Henri de Toulouse-Lautrec, 1864~1901
화가, 그래픽 디자이너, 일러스트레이터, 프랑스

툴루즈로트레크는 파리의 밤 문화를 독특한 방식으로 표현한 그래픽으로 유명하다. 몽마르트의 극장, 카바레, 브로델 등의 장소에서 일어나는 일상적인 장면들은 그의 작품의 소재가 되었고, 그곳의 무용수, 가수, 아티스트, 관객 등의 인물들은 작품의 주인공이 되었다.
또한 그가 디자인한 광고 포스터들은 혁신적인 시도로 유명했다. 특히 Moulin Rouge의 여러 포스터를 디자인했으며, 이 시리즈는 그의 대표작 중 하나이다.
툴루즈로트레크는 성장 장애를 가지고 있어서 키가 성인 남성의 평균 키보다 훨씬 작았다. 그러나 이러한 신체적 한계에도 불구하고 큰 예술적 업적을 남겼다.

오브리 비어즐리 Aubrey Beardsley, 1872~1898

일러스트레이터, 영국

19세기 말 빅토리아 시대의 영국 출신의 일러스트레이터로, 독특하고 섬세한 펜 드로잉 스타일로 유명하다.
안타깝게도 그는 25세라는 젊은 나이에 결핵으로 세상을 떠났지만, 그의 작품들은 아르누보 그래픽 디자인의 역사가 되어 아직 우리 곁에 남아있다. 짧은 생애였음에도 불구하고 수많은 책과 잡지의 일러스트레이션 작품들을 남겼으며, 특히 "Le Morte d'Arthur"와 "Salome"는 그의 대표작으로 꼽을 수 있다.
비어즐리의 작품은 대부분 검정색과 흰색으로 구성되어 있으며, 복잡하고 정교한 디테일, 센슈얼한 형상, 그리고 종종 도발적이거나 풍자적인 요소를 포함하고 있다. 그의 작품은 아르누보 스타일의 일러스트레이션에 큰 영향을 주었지만, 종종 그 시대의 일반적인 작품들에 비하여 도발적이고 대담한 경향이 있었으며, 그가 남긴 창의적이고 특색 짙은 스타일은 이후 그래픽 아트와 일러스트레이션의 발전에 큰 영향을 미쳤다.

외젠 그라세 Eugène Grasset, 1845~1917

아티스트, 스위스

외젠 그라세는 그래픽 디자인 분야에 있어 아르누보 스타일의 선구자 중 한 명으로, 주로 파리와 스위스에서 활동했다. 그의 작품에는 자연의 형태와 유기적인 곡선이 잘 드러나 있다. 복잡한 디테일을 아름다운 방식으로 풀어내었고, 다양한 색을 조화롭게 사용하여 아르누보 양식을 대표할 만한 매력적인 작품들을 다수 만들었다.
그는 특히 그래픽 디자인과 포스터 아트에서 선도적인 기술을 선보였는데, 타이포그래피, 책의 삽화, 포스터, 우표, 그래픽 디자인과 같은 분야와 더불어 가구 디자인 분야까지 섭렵하며 다양한 분야에서 자신의 작품세계를 구축했다.
그는 뛰어난 작품성으로 인해 프랑스와 스위스뿐만 아니라 미국의 여러 회사로부터 작품 의뢰를 받기도 하며 자신의 명성을 이어갔다.

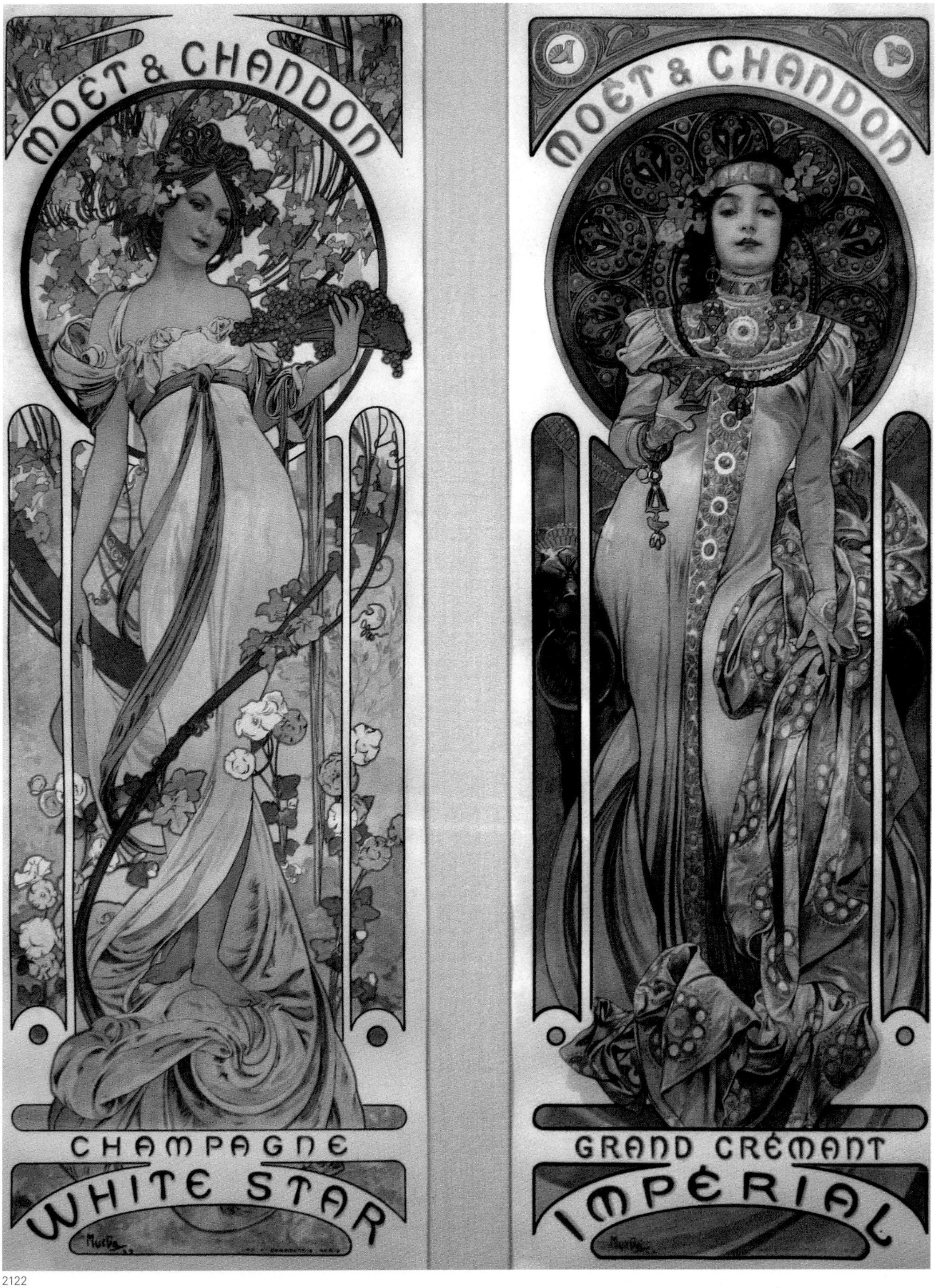
MOËT & CHANDON
CHAMPAGNE
WHITE STAR
MOËT & CHANDON
GRAND CRÉMANT
IMPÉRIAL

2122

알폰스 무하 Alphonse Mucha
1860~1939, 화가, 일러스트레이터, 체코

알폰스 무하는 아르누보 화풍의 대표적인 일러스트레이터이다. 현재까지 가장 대중적으로 인기 있고 상징적인 작가이며, 아르누보하면 가장 먼저 떠오르는 작가이기도 하다.

무하는 1860년 체코의 매우 가난한 가정의 집에서 태어났다. 그는 어려서부터 음악과 미술에 상당한 재능을 보였으나 가난한 집안 형편 때문에 충분한 지원을 받지 못했다. 어려서는 음악을 공부하다가 그의 본래의 꿈인 예술가가 되기 위하여 1878년 프라하 예술대학에 지원했다가 낙방하고 만다. 그 후에 비엔나로 와서 견습 장식 화가로서 지냈으며, 그 후 벽화, 초상화 등을 그리며 예술가들과 교류를 이어가며 생활했다. 1888년 파리로 이사하여 후원자의 지원으로 아카데미 줄리앙과 아카데미 콜라로시에 입학하게 된다.

잡지의 일러스트 등을 그리며 생활하던 시절, 1894년 프랑스의 여배우인 사라 베르나르가 출연한 연극 포스터를 제작하게 되면서 일약 유명해진다. 연극이 연장되면서 갑작스럽게 포스터를 제작해야 하는 상황에서 그는 새로운 포스터를 그렸고, 이로 인해 인생의 전환을 맞이하게 된다. 그 이후 그의 포스터는 사람들의 폭발적인 인기를 얻게 되었고 비싼 가격에 거래되기도 했으며, 이러한 인기에 힘입어 담배, 샴페인, 비스킷, 음식, 초콜릿, 맥주, 자전거 등의 포스터를 그리기도 했으며, 경제적으로도 성공하게 되었다.

1900년 파리박람회에 참가했으며, 어려서부터 민족주의 성향이 강하게 자란 무하는 파리박람회에서 애국심을 나타내는 벽화를 그리기도 했다. 또한 보석 디자인에도 관심이 많아 직접 디자인하기도 했으며, 귀금속 가게의 인테리어를 하기도 했다.

무하는 연극과 광고의 일러스트로 유명해지고 많은 수입을 얻게 되었지만, 스스로를 예술가와 철학자로 인정받기를 바랐다. 그는 헌신적인 가톨릭 신자였으며, 신비주의에도 관심을 가지고 있었으며, 또한 민족주의자였다. 그는 파리에 머무르는 동안에도 역사 화가로서 슬라브 민족의 업적을 그리는 꿈을 포기하지 않았다. 1910년에 프라하 시장실에 슬라브 서사시(슬라브 민족의 역사적 업적을 보여주는 일련의 대형 그림)를 그렸으며, 이후에도 다양한 민족적 그림을 그렸다. 무하의 전기 작가인 그의 아들의 기록에 의하면 그는 "What is Art Nouveau?"라고 할 정도로 아르누보에 대한 별 관심이 없었으며 그보다는 자신의 역사 화가로서의 작품에 큰 자부심을 가지고 있었다고 한다.

말년에는 독일군에 의하여 고문을 받고 건강이 악화되어 1939년 79세의 나이로 사망했다.

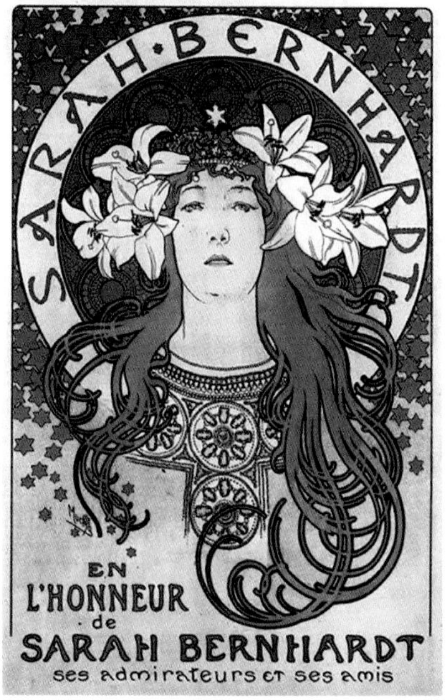

2123

2122
알폰스 무하
샴페인 광고 포스터(Moët & Chandon사의 Cremant Imperial), 1899

2123
알폰스 무하, 사라 베르나르를 위한 저녁 극장 포스터, 1896

2124
알폰스 무하, 달력, 1895

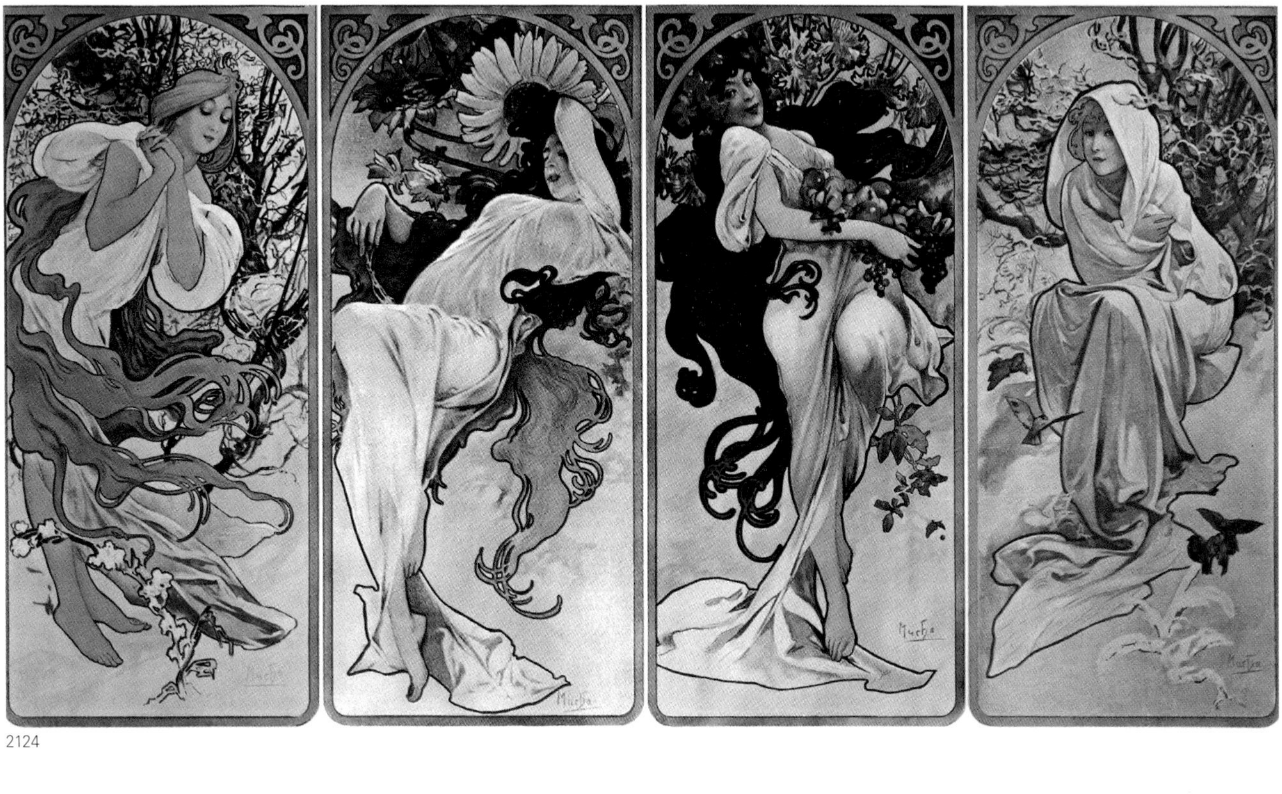
2124

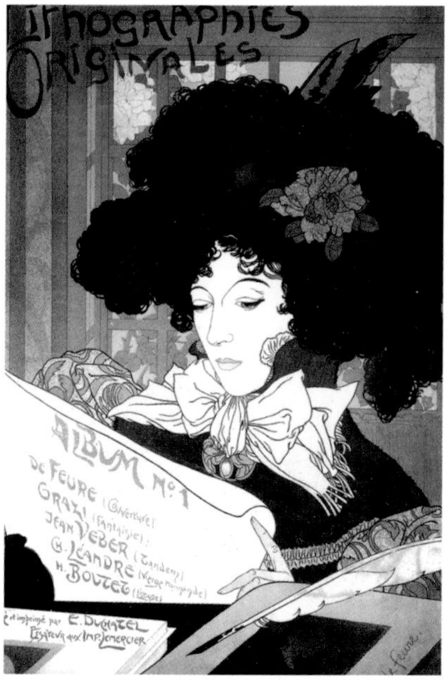

2125
조르주 드 푀레 Georges de Feure, 포스터, 1898

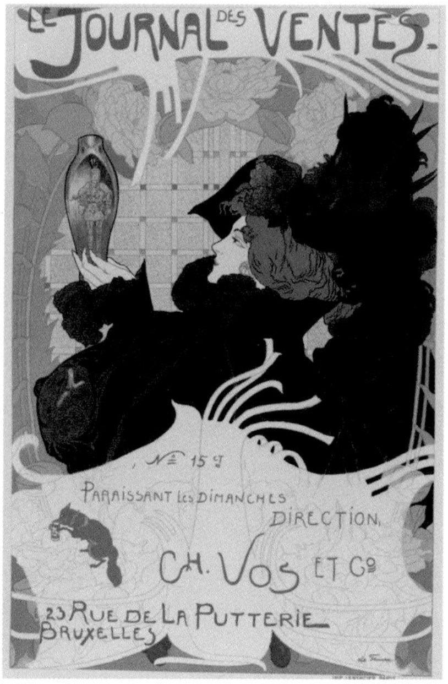

2126
조르주 드 푀레, 포스터, 1898

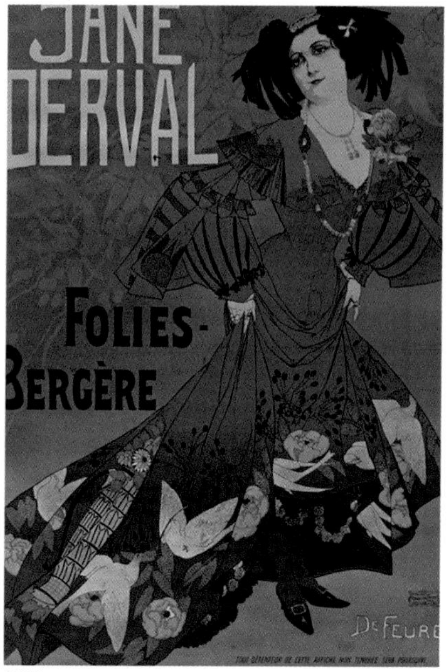

2127
조르주 드 푀레, 포스터, 1904

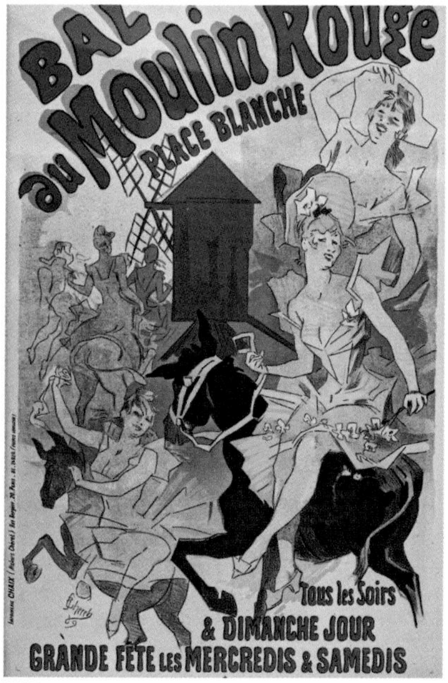

2128
쥘 셰레 Jules Chéret, 물랑루즈 홍보 포스터, 1889

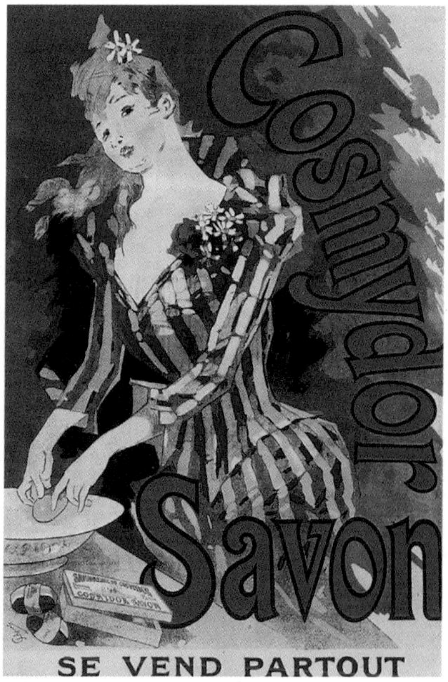

2129
쥘 셰레, 화장품 홍보 포스터. 1891

Cosmydor는 1877년 파리 근처에서 탄생한 프랑스 화장품 브랜드로 오드 뚜왈렛, 치약, 파우더, 크림, 비누를 판매했다. 특히 1891년에 제작된 쥘 셰레의 포스터에 의해 홍보되었으며, 이는 광고 역사상 가장 아름다운 포스터 중 하나로 평가되고 있다.

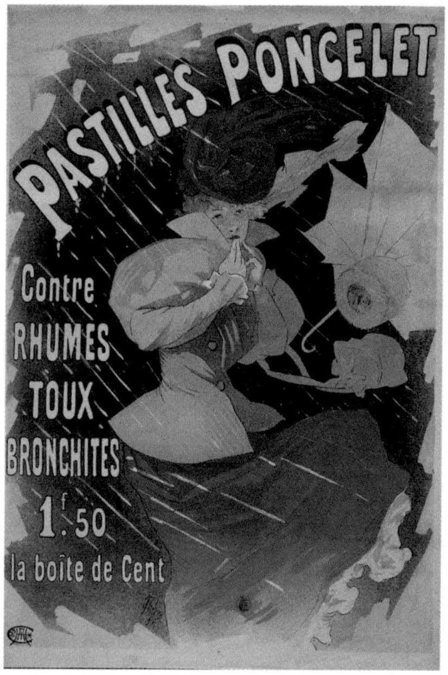

2130
쥘 셰레, (목캔디) 포스터, 1896

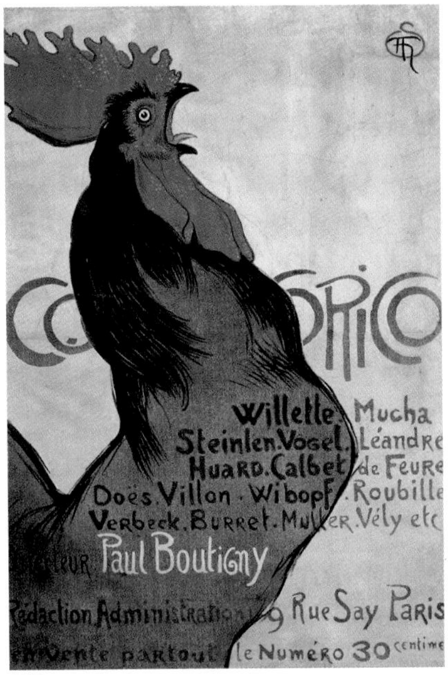

2131
테오필 스타인렌 Théophile Alexandre Steinlen
포스터(Cocorico), 1896

Cocorico는 프랑스어로 수탉의 울음소리를 나타내는 단어로, 동시에 프랑스의 국민적 자부심을 상징하는 단어로도 사용된다. 이 포스터는 동명의 예술 및 문학잡지의 표지로 디자인되었다.

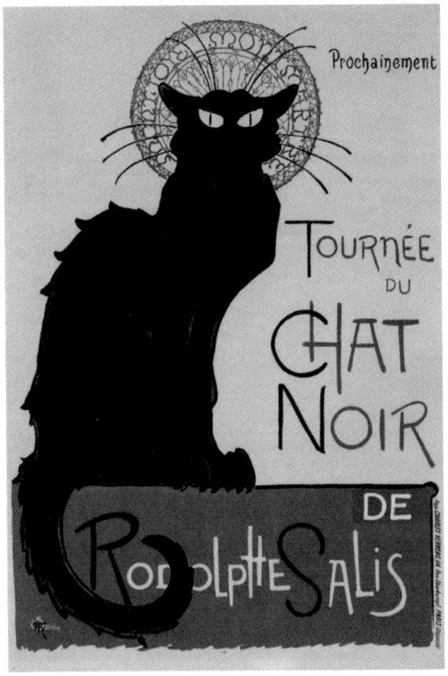

2132
테오필 스타인렌, 포스터, 1896

파리의 유명한 엔터테인먼트 장소인 Le Chat Noir의 순회공연을 홍보하기 위해 제작된 포스터이다.

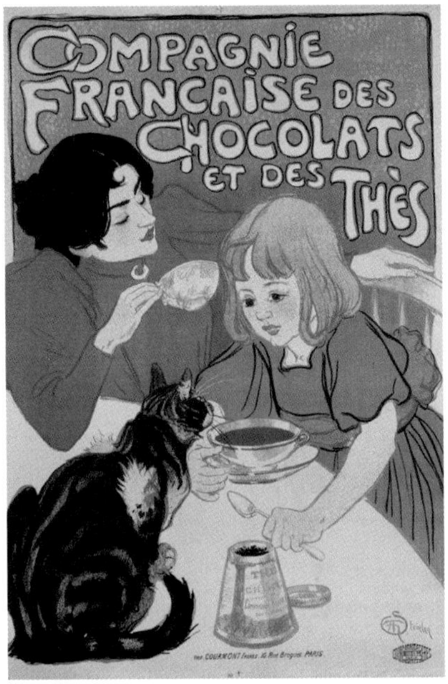

2133
테오필 스타인렌, 포스터(초콜릿 및 차 회사), 1895

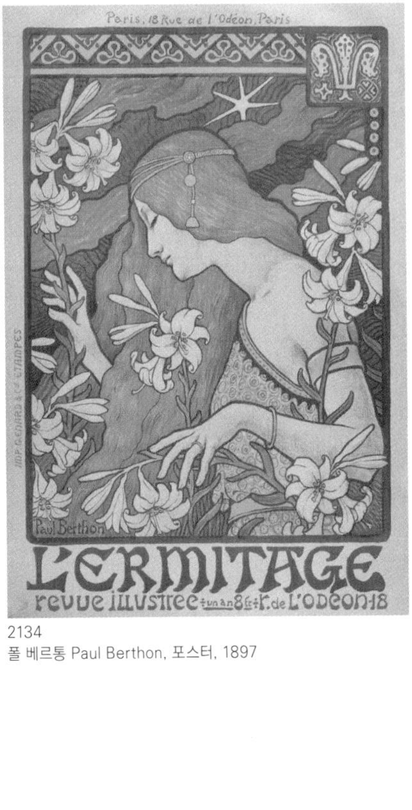

2134
폴 베르통 Paul Berthon, 포스터, 1897

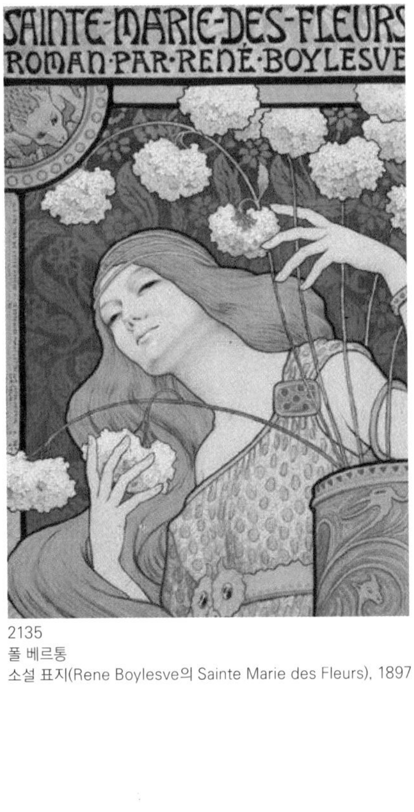

2135
폴 베르통
소설 표지(Rene Boylesve의 Sainte Marie des Fleurs), 1897

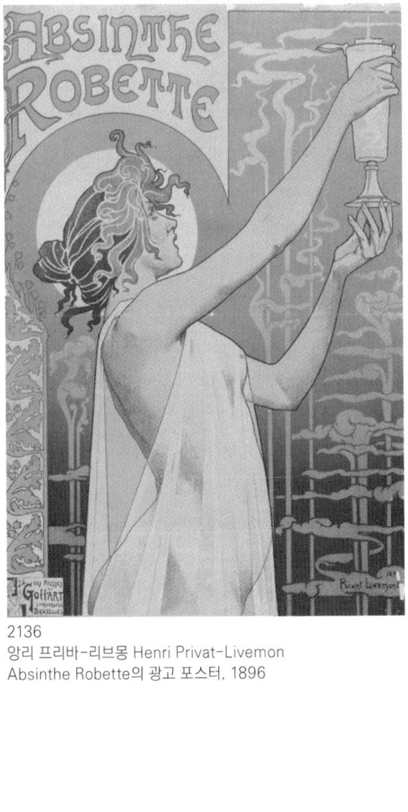

2136
앙리 프리바-리브몽 Henri Privat-Livemon
Absinthe Robette의 광고 포스터, 1896

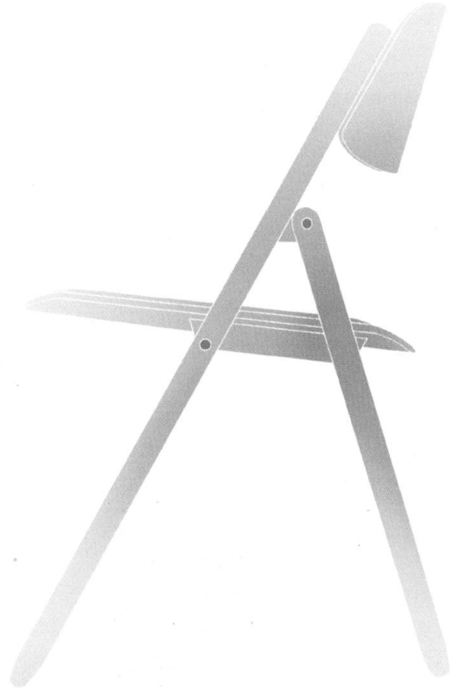

Minimal Style

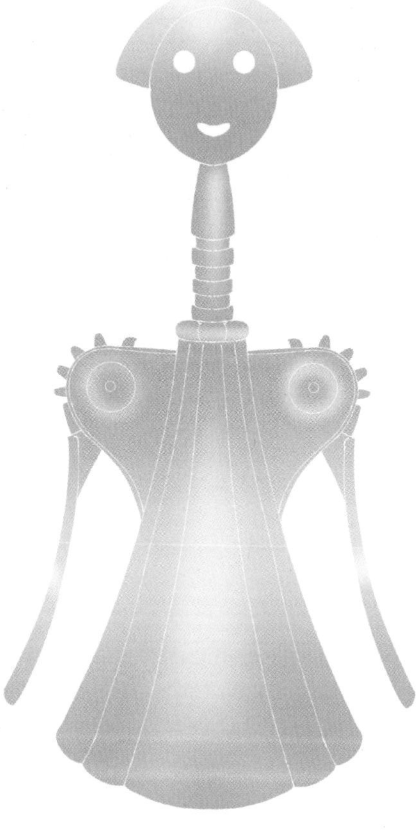

Post-Modern Style

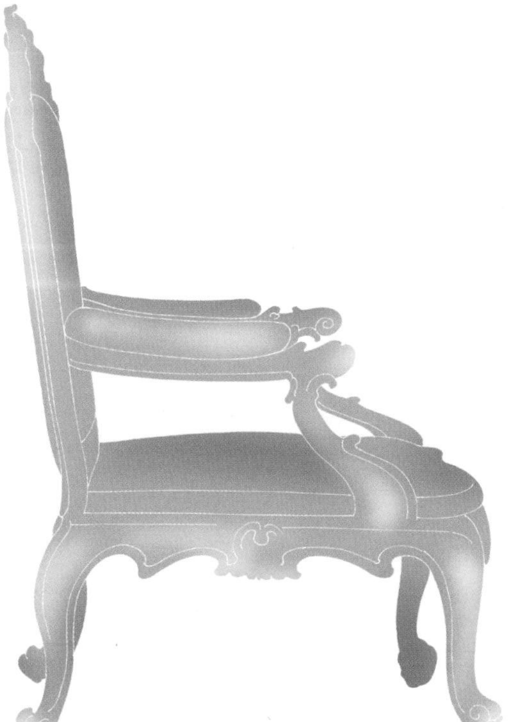

Classic Style

일러스트레이션: 전서영

Chapter 3

Art Deco Style

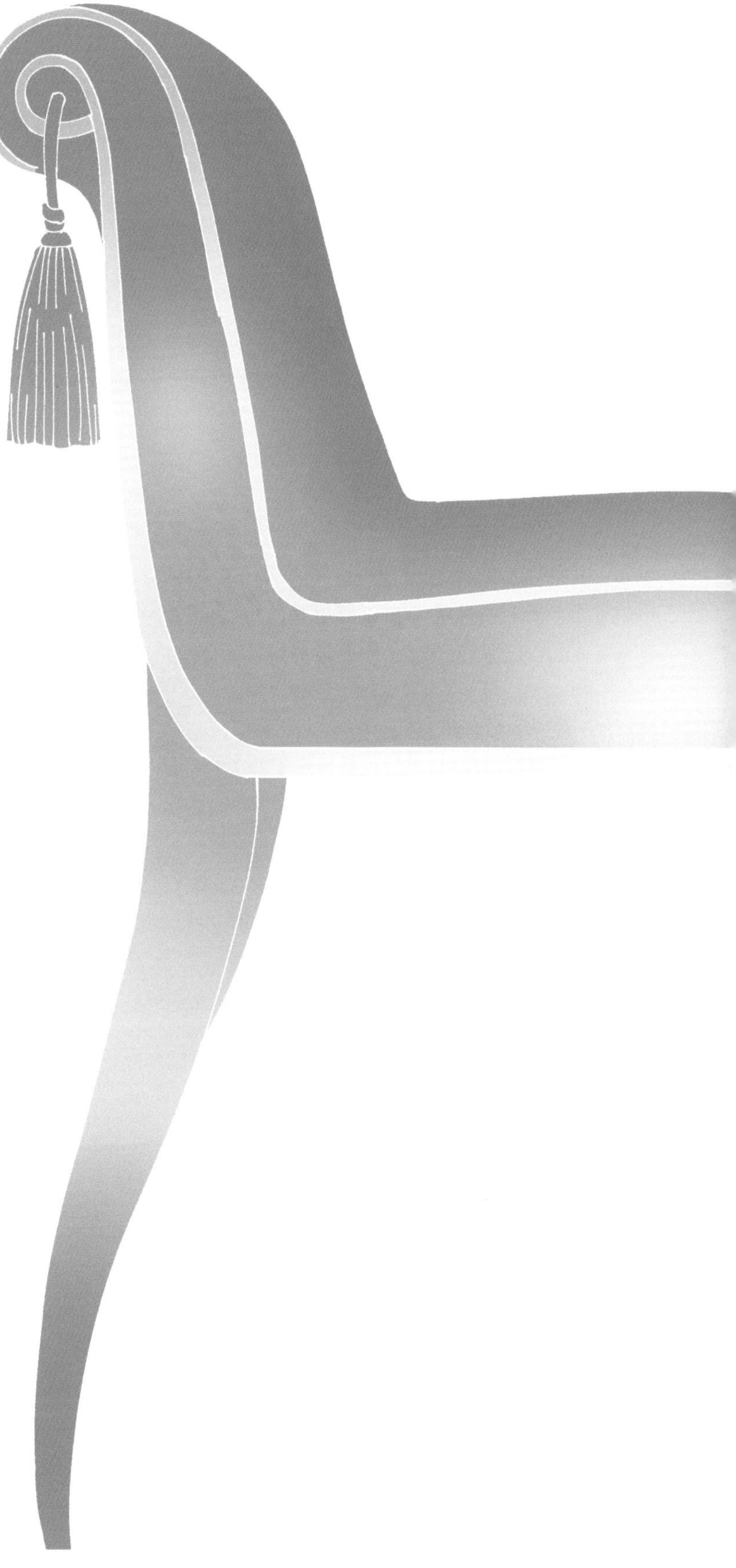

현재진행형 럭셔리

아르데코 스타일

심영신

아르데코에 대한
About Art Deco

우리가 알고 있는 아르데코

아르데코Art Deco라 하면 무엇이 떠오를까? 용어는 익숙할 수 있지만, 전문가가 아니라면 그 의미나 이미지를 명확하게 떠올리기 어려울 수 있다. 그러나 다음의 사례들을 알고 있다면, 이미 아르데코를 이해하고 있는 셈이다. 영화 〈킹콩〉(1993, 2005), 〈시애틀의 잠 못 이루는 밤〉(1993), 〈러브 어페어〉(1994)에는 엠파이어스테이트 빌딩이 중요한 장소로 등장한다. 이 빌딩은 뉴욕을 대표하는 독보적인 상징이자, 수많은 빌딩들 속에서도 두드러지는 건축물이다. 바로 이 엠파이어스테이트 빌딩이 아르데코 건축물의 전형이다.

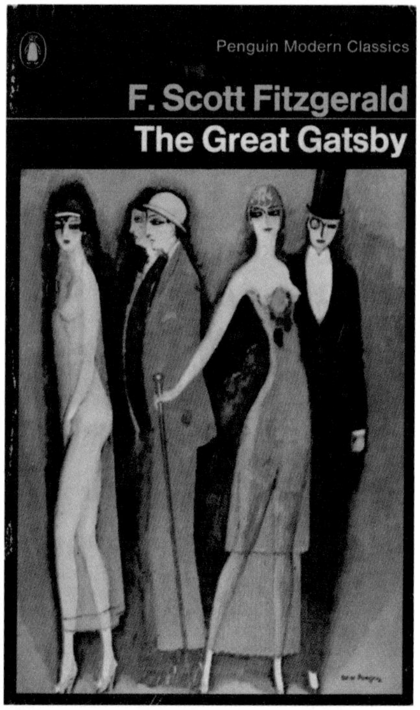

3001
F. 스콧 피츠제럴드 F. Scott Fitzgerald
「위대한 개츠비 The Great Gatsby」, 1925년 첫 출판

2013년에 리메이크된 영화 〈위대한 개츠비〉는 아르데코 양식이 절정에 달했던 1920년대 뉴욕을 배경으로 한다. 이 영화는 개봉 당시 호화롭고 세련된 인테리어와 의상으로 큰 화제를 모았다. 특히 개츠비의 연인인 데이지의 의상과 헤어는 아르데코 양식 그 자체를 입체적으로 표현했고, 제86회 아카데미 시상식에서 미술상과 의상상을 수상하기도 했다. 이렇게 화제를 모은 〈위대한 개츠비〉는 아르데코 양식의 찬란한 전성기의 매력을 21세기의 관람객에서 생생히 선사했다.
아르데코 스타일은 20세기 초에 잠시 유행하고 사라졌지만, 이후에도 패션, 인테리어, 그래픽 디자인 등에서 여러 차례 재유행하며 현재까지도 선명히 계승되고 있다.

아르데코의 성격 / 20세기 초반, 미래에 대한 다른 2가지의 관점

아르데코 양식은 1920~1930년 사이에 화려하게 번창했고, 유럽뿐 만 아니라 미국, 아시아, 남미, 인도 등 전 세계적으로 유행했다.
아르데코는 근대에서 산업화의 성장과 함께 현대로 진입하는 20세기 전환기에 등장했으며, 이 시기의 양식적 특징을 잘 보여주는 사례가 있다. 바로 1925년 파리 국제박람회의 에밀-자크 룰만의 '부유한 수집가의 주택'과 르코르뷔지에의 '에스프리 누보관'이 보여준 대비이다.

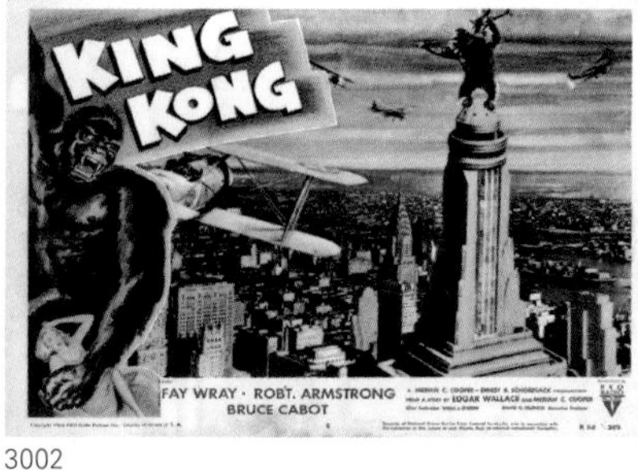

3002
영화 〈킹콩〉, 1933
영화 〈킹콩〉은 1933년 첫 개봉된 후, 1976년, 2005년 리메이크 되었다.

아르데코의 대표적인 작가인 에밀-자크 룰만은 '부유한 수집가의 주택'을 통해 고급스럽고 희귀한 소재와 정교하고 섬세한 전통 수공예 기법을 토대로 새로운 현대 산업시대로 진입하는 모습을 제시했다. 한편, 르코르뷔지에는 '에스프리 누보관'에서 단순하고 기능적인 형태와 대량생산의 방식으로 현대 산업시대로 진입하는 모습을 제시했다. 당대를 대표하는 두 명의 선구자들은 각자의 해석으로 미래에 대한 비전을 보여주었으며, 결과는 매우 다른 모습으로 나타났다.
에밀-자크 룰만은 문화 예술의 깊은 전통과 식민지에서 유입된 희귀하고 값비싼 자원을 통해 부강했던 프랑스의 전통적 상류계급이 바라보는 미래를 그렸다. 반면, 르코르뷔지에는 산업화를 열망하는 신흥 지식인이 바라보는 민주적인 모델로서 미래의 모습을 제시했다. 즉, 에밀-자크 룰만은 과거의 영광을 계승하는 현대화의 모습을, 르코르뷔지에는 고전을 타파하는 현대의 모습을 그린 것이라 할 수 있다.

모더니즘의 승리? 사라진 아르데코?

지금 우리에게는 낯선 에밀-자크 룰만의 '부유한 수집가의 주택'은 1925년 파리박람회에서 프랑스의 대표 전시관으로 전 세계적인 영향력을 행사한 그야말로 '대세'였던 반면에 현대 디자인의 중요한 사건 중 하나로 평가받는 르코르뷔지에의 '에스프리 누보관'은 혁신적이라는 평가를 받았지만, 매우 작은 규모의 전시였다는 점에서 아이러니하다. 아르데코와 모더니즘 양식을 상징하는 두 전시관의 극적인 운명은 급변하는 20세기의 모습을 반영하고 있다. 아르데코 스타일이 짧은 기간 동안 국제적으로 유행하며 큰 반향을 일으켰지만 급격하게 사라진 것은 계급사회에서 민주 사회로, 제국주의에서 산업자본사회로의 변화하는 과정에서 나타난 자연스러운 현상이라 할 수 있다.

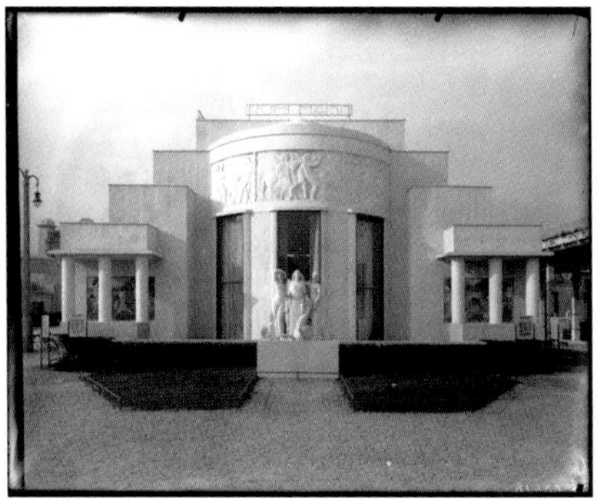

3003
피에르 파투 Pierre Patout
에밀-자크 룰만 Émile-Jacques Ruhlmann
부유한 수집가의 주택 Hôtel du Collectionneur, 1925

계속 우리 곁에 있던 아르데코

아르데코는 한 시대의 대표 양식으로서 명성을 잃었지만, 완전히 소멸되지 않고 우리의 삶 속에 스며들어 굳건히 맥락을 이어오고 있다.
인터넷에 'Luxurious Interior'를 검색해 보면 대부분의 인테리어가 아르데코 스타일임을 알 수 있다. 아시아의 전통 모티프나 이집트의 피라미드와 같이 이국적인 문양으로 장식된 호화로운 디자인의 가구가 현대적인 공간과 의외로 조화롭게 어울리는데, 그 안에는 아르데코의 유전자가 내재되어 있다. 또한, 화려하고 고급스러운 소재와 컬러, 기하학적 조형으로 장식된 그래픽이나 패키지에서도 아르데코 양식을 발견할 수 있다.
이렇듯 아르데코는 20세기 산업사회를 관통하는 주류의 양식은 아니었으나, 고유한 영역을 지키며 분명히 계승되고 있다.

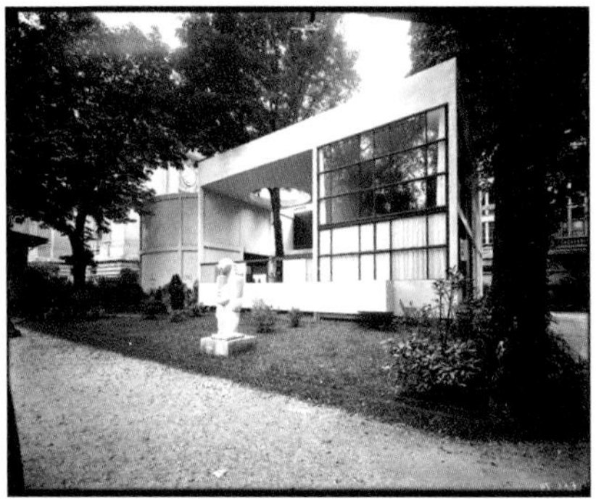

3004
르코르뷔지에 Le Corbusier
에스프리 누보관 Pavillon L'Esprit Nouveau, 1925

생명력의 이유 1. 문화적, 예술적 럭셔리

아르데코가 지속적으로 사랑받는 중요한 이유 중 하나는 바로 '럭셔리'라는 매력에 있다. 아르데코가 등장했던 시기의 주된 소비자였던 상류계층은 익숙한 호화로움과 고급스러움보다는 간결한 기하학적인 형태가 주는 혁신적인 상징에 더 큰 매력을 느꼈을 것이다. 그러나 산업화 시대로 변화하며 대중을 위한 표준화된 대량생산 제품들이 주를 이루게 되자, 인간의 욕망은 범접하기 어려운 특별한 고급스러움을 지닌 아르데코로 향할 수밖에 없었을 것이다.

아르데코는 단순히 '값비싼' 럭셔리가 아니다. 바로크 양식과 로코코 양식 역시 럭셔리의 정점이라 할 수 있는 양식이지만, 이 양식들은 왕이나 귀족의 권위를 상징하며 다른 사람을 굴복시키기 위한 '권위적 럭셔리'라 할 수 있다. 반면, 아르데코는 지식과 교양을 갖추고 예술과 문화를 주도한 계층이 새로운 시대를 맞이하고자 하는 혁신정신에 의해 탄생한 양식이라는 점에서, 순전히 비싼 고급품을 의미하는 것이 아닌 '문화 예술적 럭셔리'라 할 수 있다.

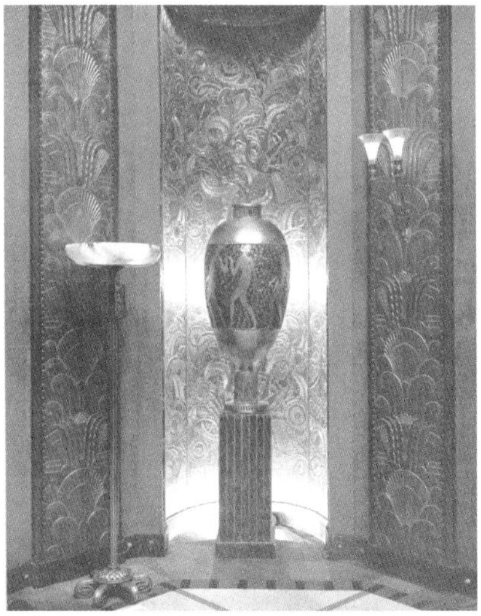

3005
에드가 브란트 Edgar Brandt, Potiche, 1925
은도금된 청동으로 만든 항아리로 파리 국제박람회에 전시되었다.

생명력의 이유 2. 다양한 매력

아르데코의 시대를 초월한 생명력은 그 안에 내재된 다양한 속성에서 비롯된다. 아르데코는 유럽, 아시아, 아프리카 지역의 풍부한 문화적 배경을 모티프로 수공예적 섬세함과 대량생산에 적합한 기하학적 단순함을 동시에 가지고 있다. 여기에 전통의 우수성을 계승하면서 새로운 시대와 통합하려는 정신이 담겨 있다. 다양하면서도 이질적인 요소가 융합된 아르데코 스타일은 현대적인 우아함, 고급스러운 품격, 고상한 취향 등 다채로운 인상을 만들어낸다.

아르데코는 다른 양식과 달리 사회적 이념이나 사상적인 배경이 아닌, 순수한 장식 그 자체로 의미를 가졌다. 이질적이고 다양한 장식의 집합체로서, 아르데코는 시대의 흐름에 따라 혁신, 전통, 품격 등 각 시기마다 요구되는 속성이 부각되었고, 그로 인해 끊임없이 재해석되며 우리 곁에 존재할 수 있었던 것이다.

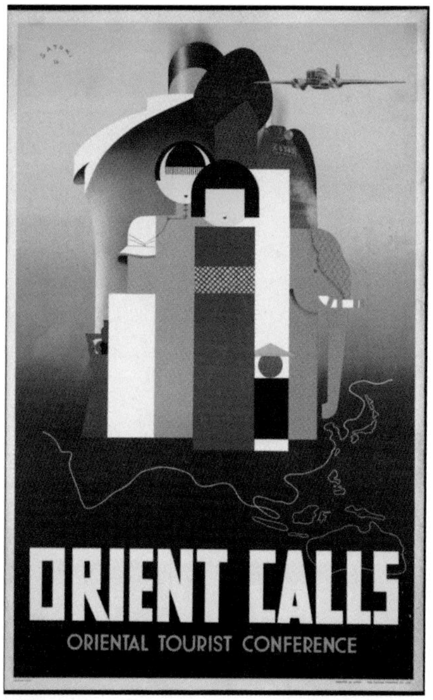

3006
Travel Poster, 1920~1930년대
이 시기는 교통수단의 발달과 더불어 아시아, 아프리카 같은 지역의 관심이 증가했으며 여행산업이 발전하기 시작했다.

지금 다시 아르데코에 관심을 가질 필요가 있다.

20세기 중반에는 기능, 합리성, 가격이 소비의 중심을 이루었다. 그러나 현재는 감성적 만족, 다양한 삶의 경험, 풍요로운 삶을 추구하는 시대가 되었다. 이것은 문화적 가치를 추구하는 시대라 할 수 있다. 이러한 시기에 문화적이며 예술적 럭셔리의 표본을 보여주었던 아르데코를 다시 재조명해 볼 필요가 있다.

백 년 전, 귀족적 삶을 살던 상류계층이 산업화되어가는 현대사회에 적합한 가치를 탐색하는 과정에서 나타난 아르데코는 산업화된 사회에서 보다 가치 있고 풍요로운 삶을 추구하는 현대사회와 유사한 점이 있다. 두 흐름의 진행 방향은 서로 다르지만, 문화와 예술에서 물질과 자본으로, 물질과 자본에서 문화와 예술적 가치로 변화되는 상태라는 점에서는 같다. 그리고, 그 상반된 가치를 어떻게 융합했는지를 살펴보는 것은 앞으로 우리의 삶의 방향을 정하는 데 중요한 단초를 발견할 수 있을지도 모른다.

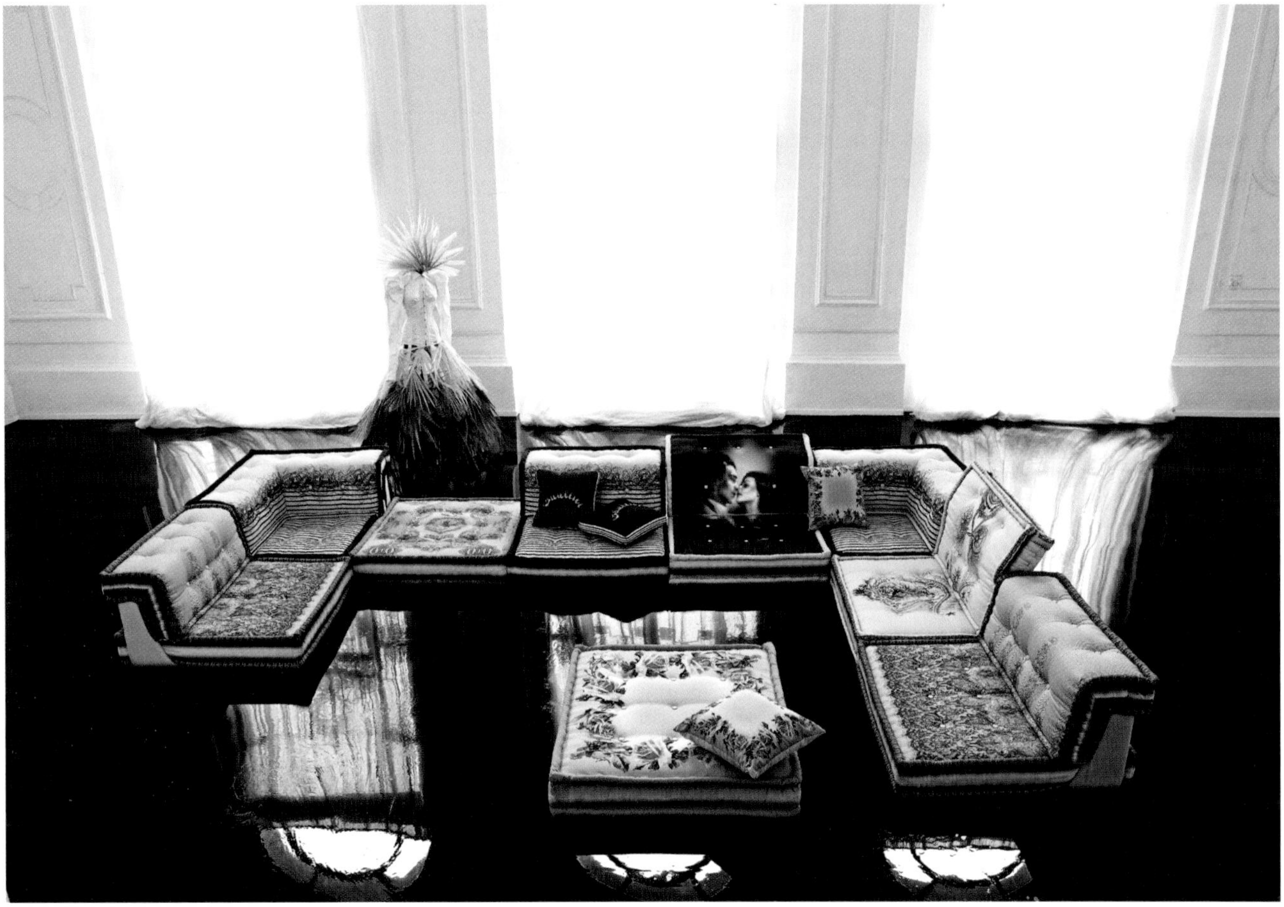

3007

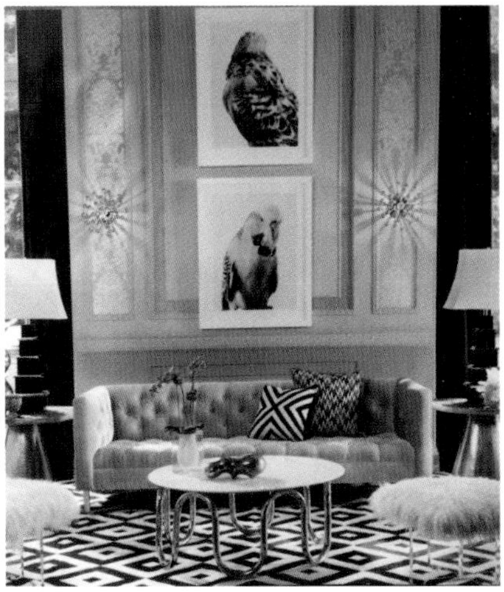

3008

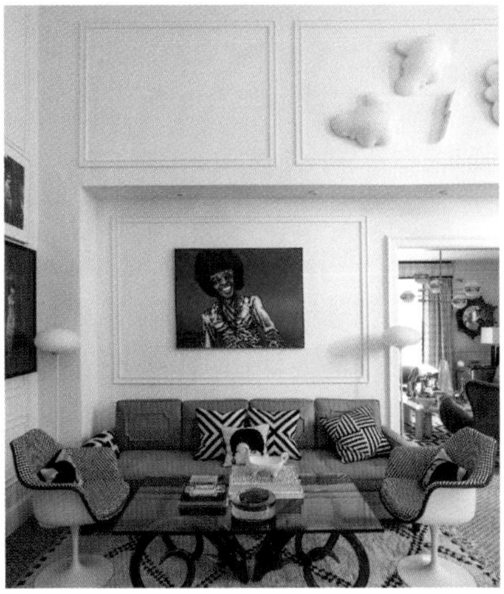

3009

3007
장 폴 고티에 Jean Paul Gaultier
프랑스의 가구 브랜드인 Roche Bobois와 장 폴 고티에의 협업으로 디자인한 아르데코 스타일의 인테리어

3008
조너선 애들러 Jonathan adler, 2013 가을 인테리어

3009
조너선 애들러, 아르데코 양식을 현대적으로 해석한 NYC 아파트 인테리어

아르데코의 개요
Overview of Art Deco

아르데코란

아르데코Art Deco는 1910년대 프랑스에서 시작하여 1920~1940년대에 전 세계적으로 유행한 건축과 예술의 국제양식이다. 이 용어는 1925년 파리에서 개최된 '국제 장식미술 산업박람회Exposition Internationale des Arts Décoratifs et Industriels Modernes' 제목에서 유래했으며, 아르데코는 건축, 실내 장식, 가구, 보석, 패션, 자동차, 영화, 화장술 등 다양한 분야에서 통합된 디자인 양식으로 발전했다.

아르데코의 기원과 발전

제1차 세계대전 이후, 전쟁의 깊은 상처와 변화의 시기를 겪은 사람들은 새로운 시작과 미래에 대해 낙관적이고 진보적인 태도를 취했다. 전후의 기술 혁신과 사상의 변화는 근대 디자인 운동에 중요한 계기가 되었으며, 디자인 운동은 두 방향으로 발전하게 되었다. 전쟁의 승패와 당대의 경제 상황은 디자인의 발전에 영향을 미치며, 예술 공예 부흥 운동의 사상에 기반을 둔 진보적인 접근법인 모더니즘과 역사 지향적이며 보수적인 근간의 아르데코로 전개되었다.

아르데코 양식의 배경에는 당대의 예술 사조인 입체파, 야수파, 구성주의, 미래주의뿐만 아니라 아르누보, 아프리카 부족 예술, 자포니즘 등 다양한 국가 예술이 혼재되어 서로 교류하고 융합되었다. 또한, 찰스 레니 매킨토시, 비엔나 분리파, 요제프 호프만의 건축, 디아길레프의 발레, 폴 푸아레의 의상은 초기 아르데코 양식에 직접적인 영향을 주었다.

1920년대 초 경제적 호황은 아르데코가 국제양식으로 성장하는 발판이 되었으며, 이 시기의 고고학적 성과는 중요한 양식적 특징이 되었다. 이탈리아 폼페이의 발견과 1922년 투탕카멘 묘의 발굴은 대중의 관심을 사로잡았으며, 고대 문명에서 받은 예술적 영감을 현대적인 감각으로 재해석하여 아르데코 양식에 반영했다.

1925년 파리박람회는 제1차 세계대전에서 승리한 프랑스의 문화적 위상과 영향력을 견고히 했으며, 이 박람회를 통해 아르데코 양식이 국제적인 주목을 받게 되었다. 해외에서 온 방문객들은 프랑스에서 유행하는 예술 양식에 감화를 받아, 아르데코가 전 세계적으로 확산되고 국제양식으로 발전하는 계기가 되었다. 파리박람회에서 큰 영감을 받은 도널드 데스키는 아르데코 양식을 미국에 전파했으며, 1920년대 미국의 경제적 번영 속에서 유럽의 아르데코가 미국으로 건너가 다시 한번 유행하게 되었다.

아르데코의 변화와 쇠퇴

풍요와 번영의 표상인 아르데코는 1920년대에 걸쳐 국제양식으로서의 영향력을 확장시켰으나, 1930년대 대공황이 도래함에 따라 중대한 전환점을 맞았다. 대공황은 전 세계를 경제적 충격으로 휩쓸었으며, 이로 인해 실용적인 디자인에 대한 요구가 확대되었다. 엘리트 계층의 전유물이자 과소비의 대명사였던 아르데코 양식은 시대적 변화에 따라 점차 대중 미학으로 변모해 갔다. 이러한 사회적, 경제적 변화의 흐름 속에서 미국에서는 간결한 유선형 디자인의 스트림라인 모더니즘이 부상하며, 과거의 화려함에서 벗

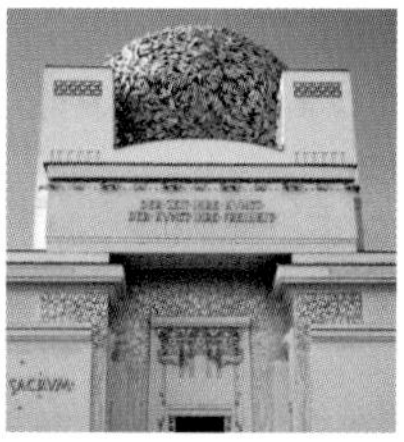
3010
요셉 마리아 올브리히
비엔나 분리파 건물, 1897

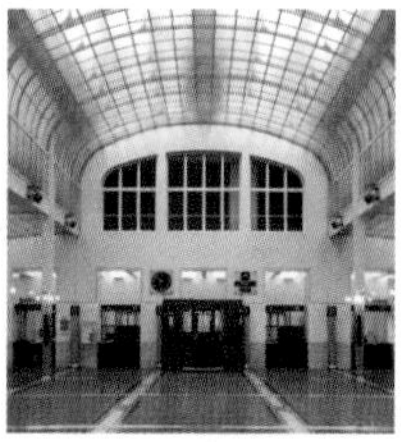
3011
오토 바그너, 오스트리아 우체국 저축은행, 1905

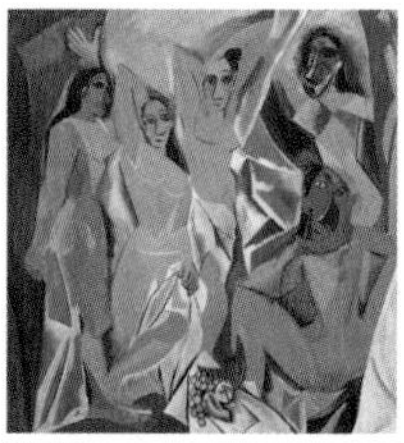
3012
파블로 피카소
아비뇽의 처녀들, 1907

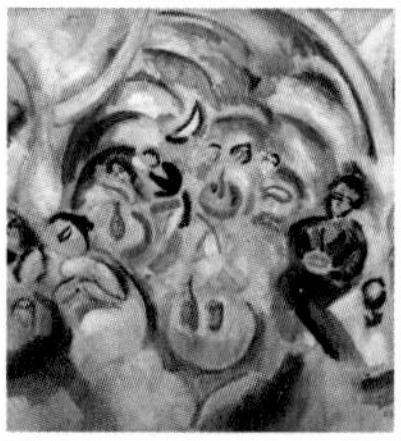
3013
라울 뒤피
l'aperitivo, 1908

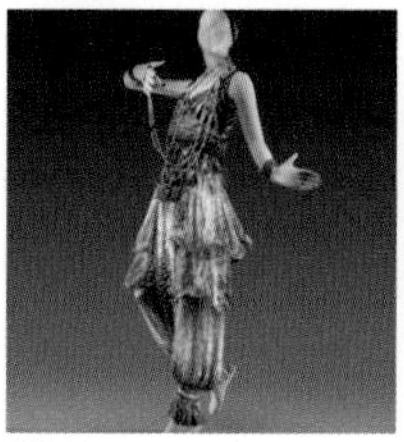
3014
폴 푸아레
패션 디자인, 1911

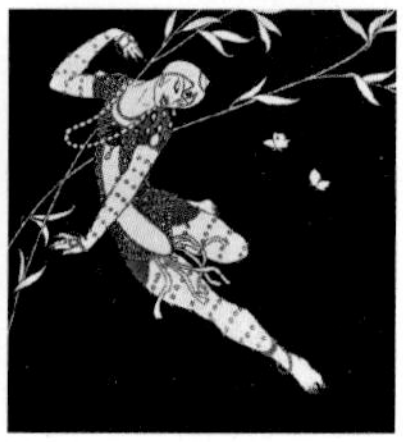
3015
디아길레프의 발레 루스 의상과 무대 디자인, 1909

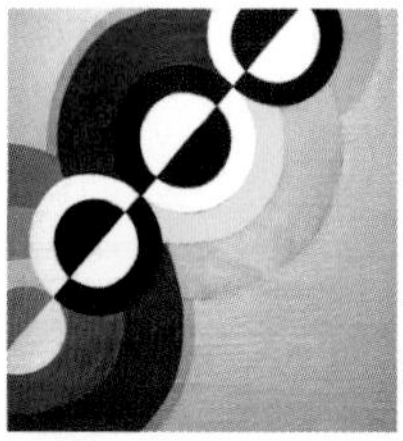
3016
로베르 들로니
회화 작품, 1910

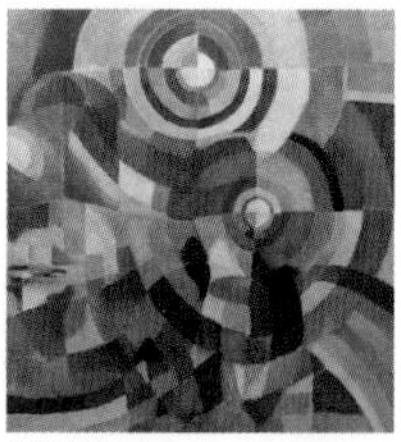
3017
소냐 들로니
그래픽과 무대 디자인, 1910

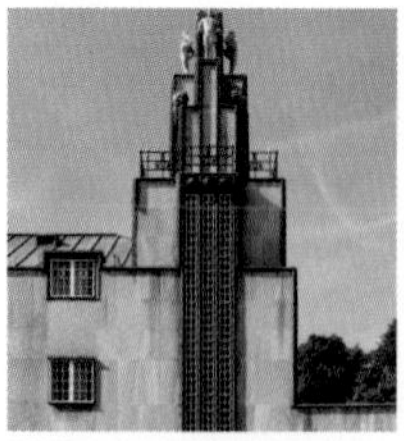
3018
요제프 호프만
스토클레트 궁전, 1911

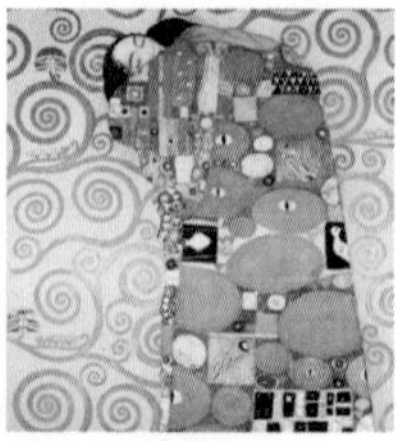
3019
구스타브 클림트
스토클레트 궁전의 내부 대형 모자이크 프리즈 (부분)

어난 새로운 방향을 제시했다.

제2차 세계대전의 발발은 아르데코의 쇠퇴에 결정적인 역할을 했다. 전쟁으로 인해 국가 자원은 군사 산업에 집중되었고, 장식성 보다 기능성을 강조하는 디자인에 대한 필요성이 높아졌다. 그 결과, 아르데코의 미학은 대중적인 스타일로 전환되었으며, 이 과정에서 아르데코는 한 시대의 아이콘에서 점차 퇴색했고, 대신 제작 효율성과 공리주의를 중심으로 하는 새로운 디자인 패러다임이 등장하게 되었다.

건축과 디자인 분야에서의 아르데코

산업 혁명으로 인한 기술의 발전과 새로운 재료의 사용은 크고 복잡한 구조와 설계를 가능하게 했으며, 제1차 세계대전 이후의 기술적 변화는 아르데코 건축 양식의 중요한 배경이 되었다. 도시화와 경제 변영으로 인해 현대적이고 미래적인 미학에 대한 사람들의 관심이 높아지면서 새로운 건축 스타일이 요구되었다. 철근 콘크리트는 고층 건물의 구조적 가능성을 확장시키며 도시 스카이라인의 형성에 기여했고, 특히 뉴욕의 크라이슬러 빌딩과 엠파이어스테이트 빌딩은 아르데코 건축 미학을 전 세계에 알렸다.

아르데코 양식의 중심이었던 1920년대 파리에서는 전문 공방의 기술자를 동원하여 값비싼 고급품을 제작하는 장식 회사들이 번성했으며, 르네 랄리크, 에밀-자크 룰만과 같은 재능 있는 디자이너들이 유리 공예와 고급 가구 분야에서 두드러진 활동을 펼쳤다. 미국에서는 노먼 벨 게디스의 퓨처 라마 전시와 레이먼드 로위가 선도하는 스트림라인 모더니즘이 아르데코에서 유래한 트렌드를 이어갔다. 아르데코의 기하학적인 형태와 선을 극단적으로 단순화한 스트림라인 모더니즘은 속도감과 효율성을 강조하는 디자인으로 기차, 자동차, 가정용품 등 다방면의 산업 분야에서 나타났다.

실내 주거 양식 분야에서의 아르데코는 고급스러운 재료, 기하학적인 패턴, 대조적인 색채를 통해 호화로운 인상을 선사했다. 고급 주거 건물뿐만 아니라 호텔, 백화점, 영화관, 기차역 등 상업 공간에도 아르데코 스타일이 적용되면서 대중들의 삶 속에 자연스럽게 스며들었다. 1920년대 미국 디자이너들은 기계와 공업적 형태에서 영감을 받아 기하학적이고 현대적인 곡선과 패턴을 실내 양식에 도입했다. 이러한 변화로 아르데코는 1920년대의 고도의 장식주의에서 1930년대에는 우아한 기능주의로 진보하게 되었다.

1920년대와 1930년대에 걸쳐 상업 예술 분야에서 잡지, 광고, 포스터는 현대 소비문화의 상징이자 핵심적인 매체로 자리 잡으며 그래픽디자인 분야의 영역이 확대되었다. 카상드르는 아르데코 양식의 대표적인 디자이너로, 그의 작품은 동시대의 대중문화에 깊은 영향을 미쳤다. 그는 단순화된 형태와 대담한 형태를 활용하여 속도, 여행, 사치품에 대한 매력적인 이미지를 창조하며, 새로운 시각과 감동을 관객에게 전달했다.

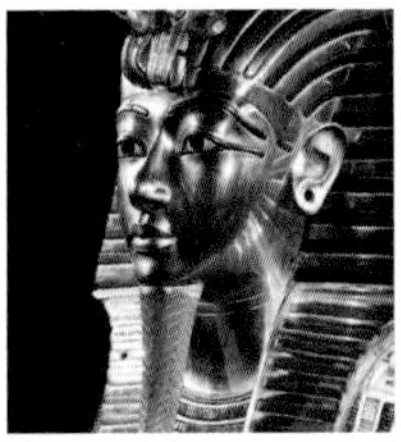
3020
하워드 카터
투탕카멘 묘의 발굴, 1922

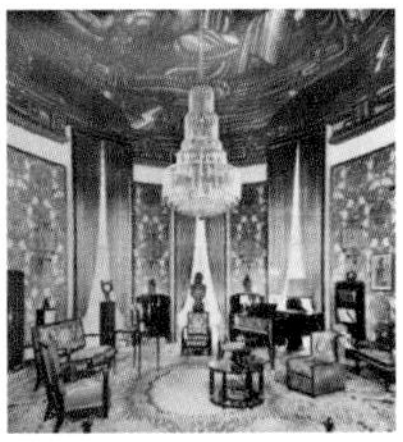
3021 에밀-자크 룰만
부유한 수집가의 주택
파리 국제박람회, 1925

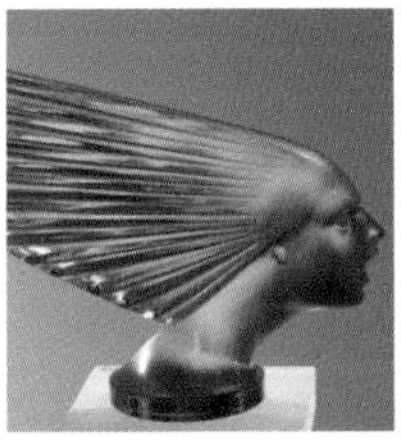
3022
르네 랄리크
Spirit of the Wind,1925경

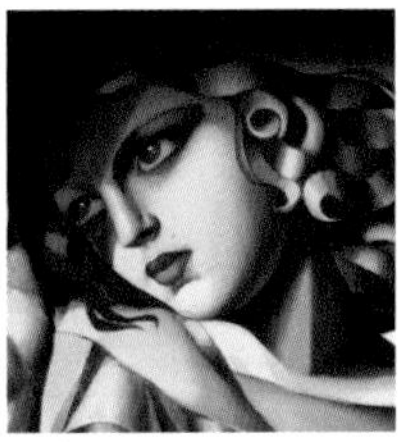
3023
타미라 드 렘피카
회화 작품, 1929

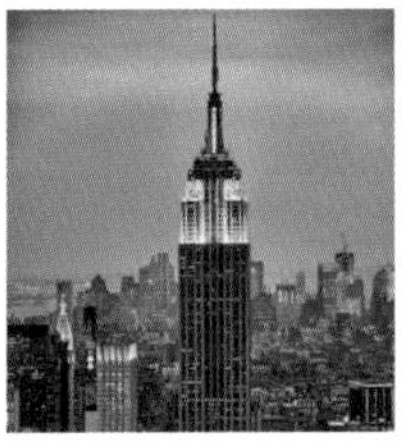
3024
엠파이어스테이트 빌딩, 1930
미국

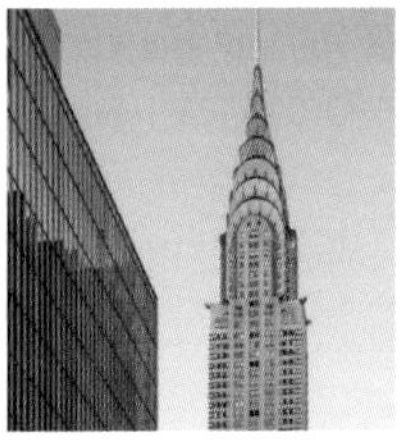
3025
크라이슬러 빌딩, 1931
미국

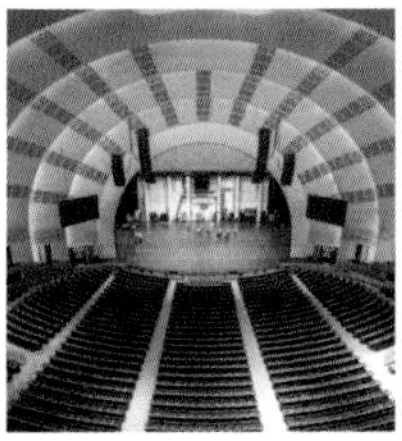
3026
도널드 데스키
라디오 시티 뮤직홀, 1932

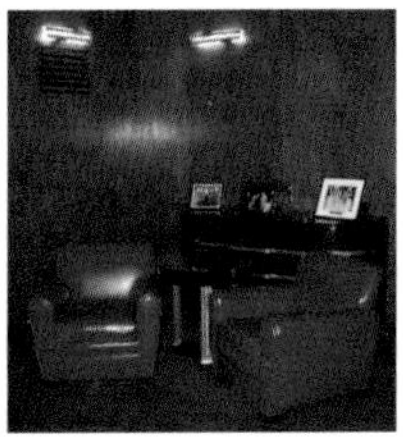
3027
도널드 데스키, 라디오 시티 뮤직홀 Roxy Suit, 1932

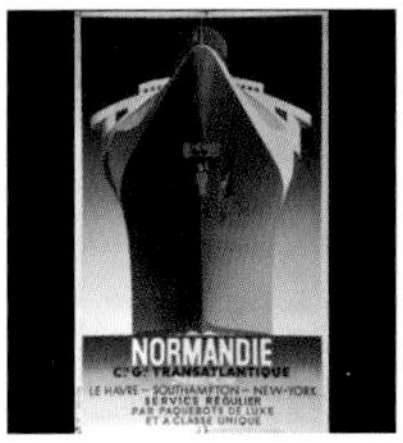

3028
카산드르
오션 라이너 노르망디, 1935

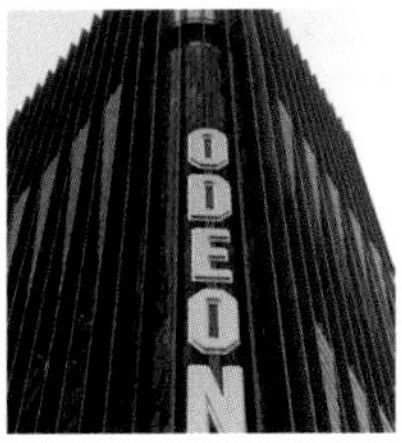
3029
오데온 럭스 시네마
레스터 스퀘어, 1937, 영국

아르데코 스타일의 특징
Characteristics of Art Deco Style

20세기 초반 급변하는 시대적 배경 속에서 등장한 아르데코는 1925년 파리 국제박람회에서 공식적으로 소개되었다. 박람회의 대흥행과 함께 관람객과 잡지를 통해 전시의 감동과 양식적 특성이 전 세계로 확산되며 국제양식으로 유행하게 되었다. 아르데코 양식은 건축물에서부터 가구, 조명, 섬유, 벽지, 장식용품까지 통합된 종합예술 양식으로 제공되었으며, 값비싼 재료와 노동집약적인 생산방식을 사용하면서도 산업 기술과 새로운 재료의 사용을 장려했다. 1930년대에 미국으로 건너간 아르데코는 대도시 스카이스크래퍼를 중심으로 재유행하며 건축과 도시 디자인에 큰 영향을 미쳤고, 뉴욕에서 상하이까지 도시 스카이라인을 새롭게 정의하며 도시 미학의 변화를 주도했다.
모더니즘의 부상과 함께 변화의 길을 걷게 된 아르데코는 산업 소재의 적극적인 도입으로 새로운 양식적 경향을 만들어냈고, 기능적이고 실용적인 디자인으로의 전환을 이끌었다. 과장된 장식은 점차 단순화되고, 합리적인 배열에 더 큰 중점을 두게 되었으며, 이것은 새로운 세기의 감각과 정신을 반영한 시각적 양식으로의 전향을 의미했다.

이 책에서는 아르데코 양식의 전성기였던 1925년 파리박람회를 중심으로, 프랑스 아르데코의 주요 작가들의 작품과 미국의 아르데코 건축물 사례를 통해 아르데코 양식을 소개하고자 한다.

아르데코 양식의 특징

1920년대의 예술 양식의 중심으로 등장한 아르데코는 근접한 시기의 아르누보와는 서로 다른 행보를 보였다. 두 양식은 새로운 산업 소재와 기술을 수용하는 점에서는 유사한 특징을 보이지만, 의식적으로 반역사적인 아르누보와 달리 아르데코는 과거의 다양한 문화적 토대에서 영감을 받아 양식적 특징을 형성했다.

프랑스의 18세기 전통양식, 입체파의 회화 작품, 이집트, 메소포타미아, 아즈텍, 그리스와 같은 고대 문명, 그리고 아프리카, 아시아 등의 비유럽 문화와 역사는 아르데코 양식의 풍부한 양식적 기반이 되었다. 다양한 예술 양식에서 차용한 모티프는 전통적인 상감 기법과 현대적인 산업 소재를 결합하여, 간결하고 기하학적인 형태로 발전했다.
아르데코는 마호가니, 흑단, 상아, 진주, 동물 가죽과 같은 희귀하고 호화로운 소재를 사용해 배타적이고 독점성을 강조하는 장식과 디테일을 탐구했으며, 생명력과 웅장함을 발산하는 컬러와 색상의 배치는 진취적인 인상을 더욱 극대화했다.

아르데코의 디자인은 이전의 아르누보처럼 일부 부유층의 전유물로 비판받기도 했지만, 이러한 양식적 특징은 아르데코가 단순히 미적 탐구에 머무르지 않았음을 보여준다. 아르데코는 시대적 변화와 문화적 다양성을 포용하면서도 현대적 감각과 풍요로움을 추구하는 사회적 욕구를 반영하는 디자인 양식으로 성장했다.

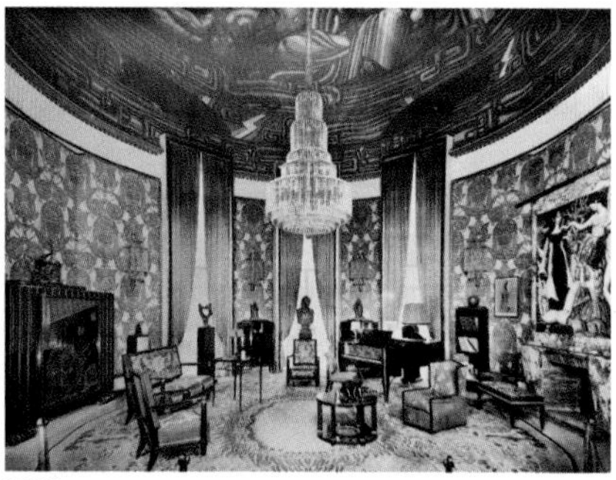

3030
에밀-자크 룰만 Émile-Jacques Ruhlmann
부유한 수집가의 주택 Hôtel du Collectionneur
The Grand Salon 파리 국제 장식미술산업박람회, 1925

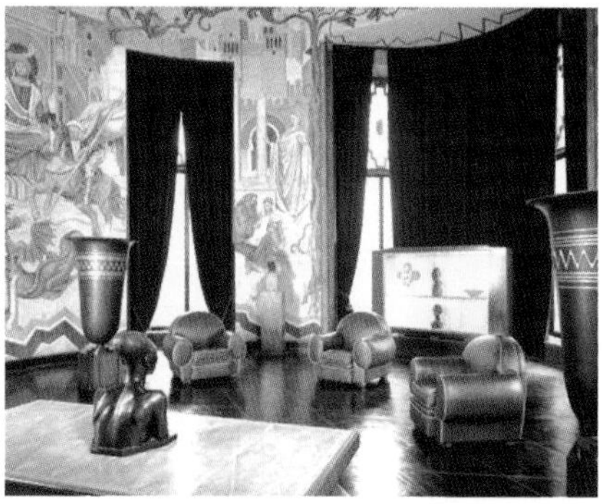

3031
에밀-자크 룰만
마레샬 리오테의 응접실 Le salon du Maréchal Lyautey, 1931

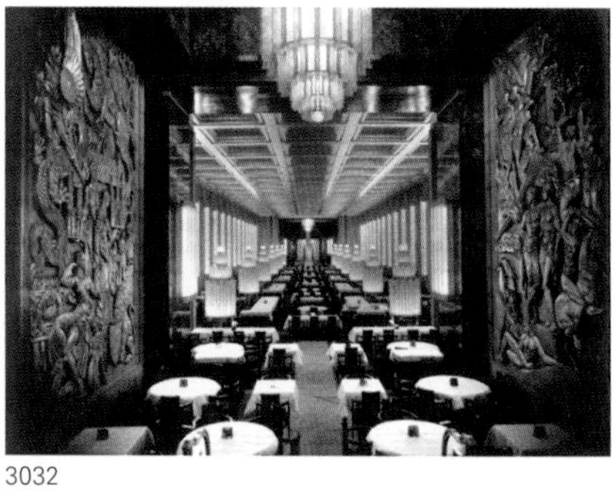

3032
대형 여객선 노르망디 호의 최고급 식당 인테리어
Grand dining room of the ocean liner SS Normandie, 1935

노르망디 호는 1935년 첫 대서양 항해를 시작했으며, 부유한 미국인들을 파리로 유치하여 쇼핑을 즐기게 하려는 목적을 제작되었다. 노르망디호의 선실과 살롱의 실내장식과 가구는 프랑스어로 'Style Paquebot대양 항해선 스타일'이라고 불리는 최신 아르데코 스타일로 디자인되었다.
위 사진의 공간은 노르망디 호의 그랜드 살롱 1등석 승객용 레스토랑으로, 베르사유 궁전의 거울의 전당보다도 더 큰 규모이다. 피에르 파투가 디자인한 이 공간의 중앙의 대형 샹들리에와 30개의 채광 패널, 주춧대 위 12개 유리 분수는 르네 랄리크가 디자인했으며, 호화로운 프랑스 아르데코 양식의 진수를 보여준다.

3033
Art Deco Style Mood Board

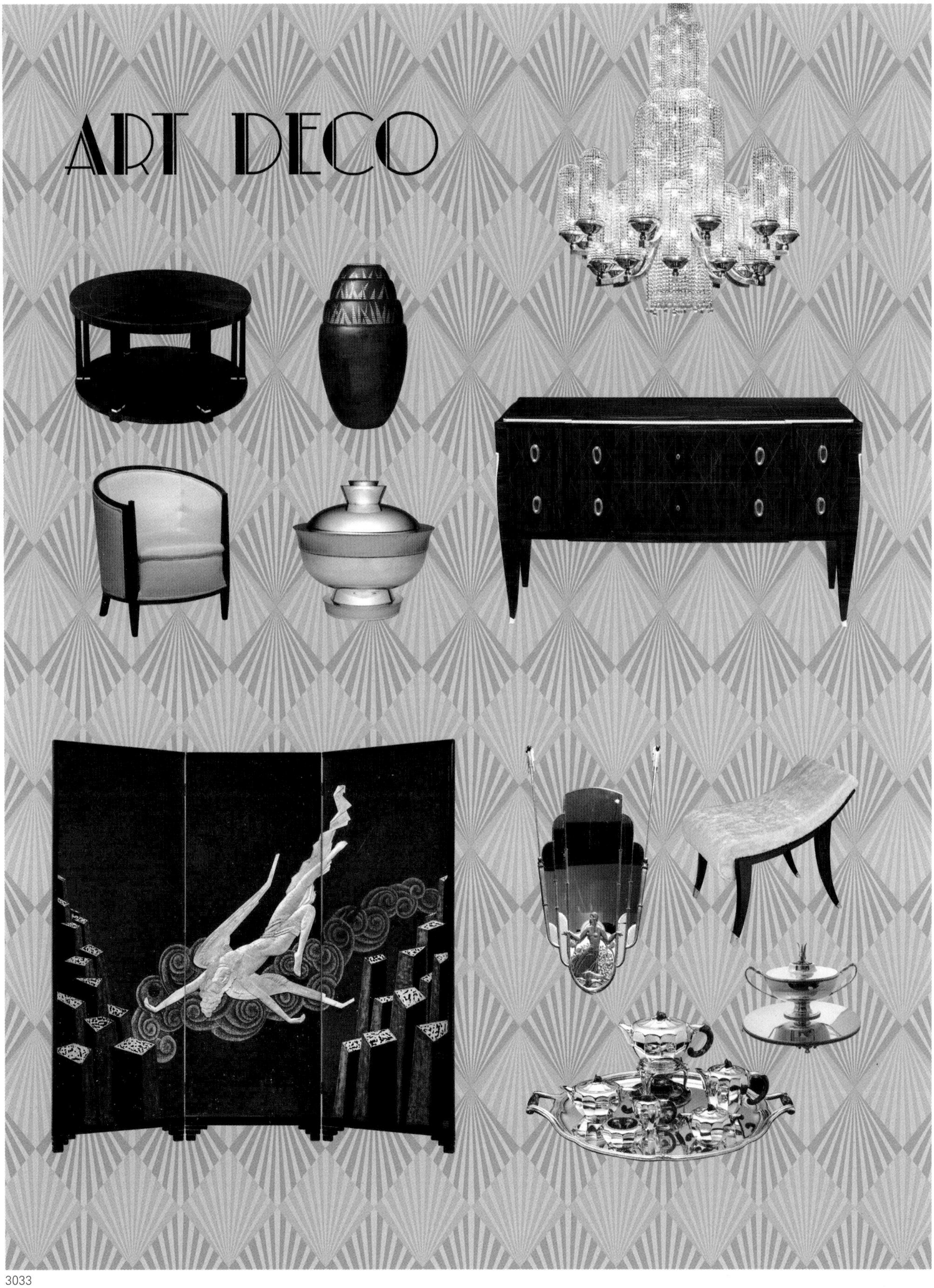
ART DECO

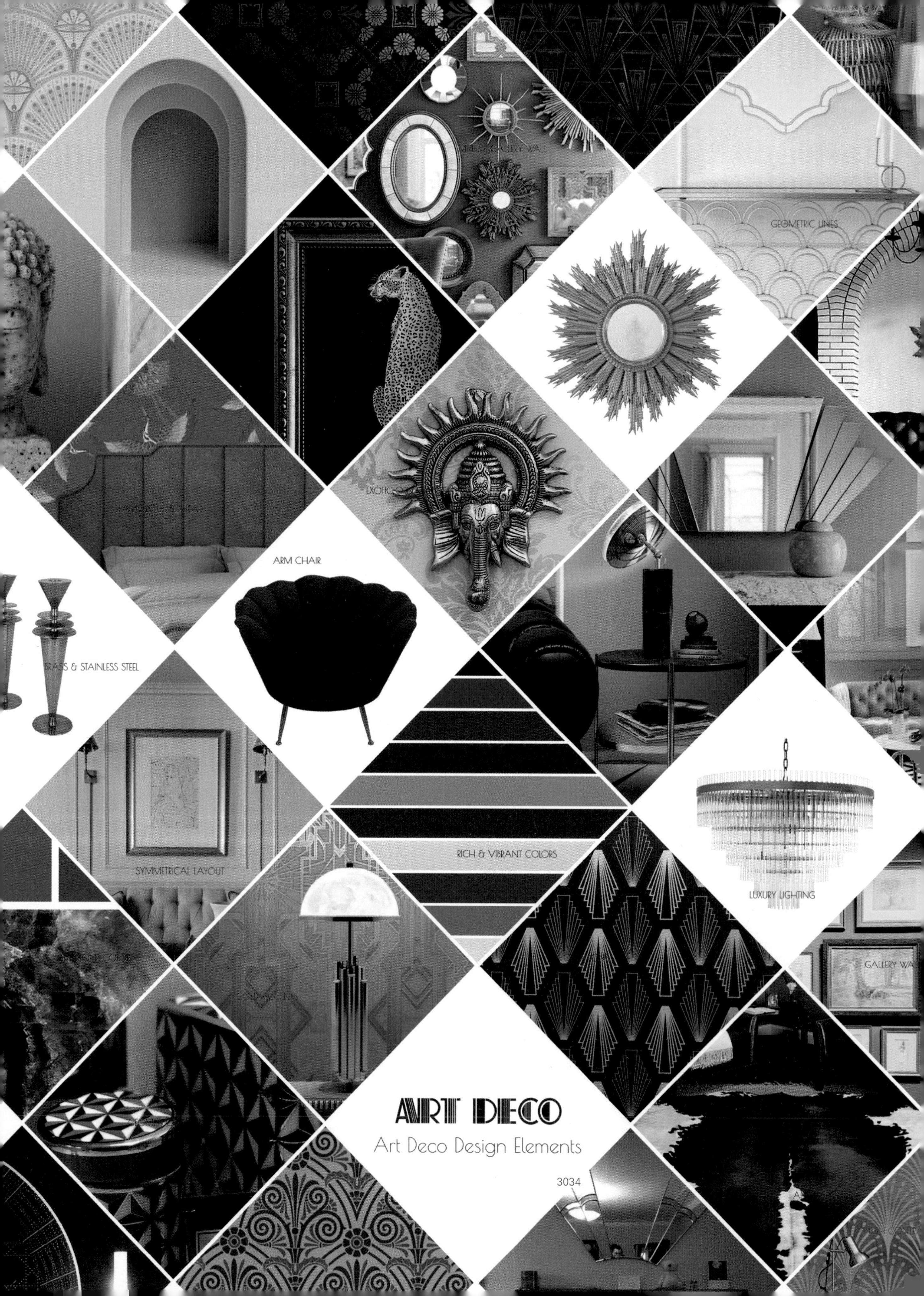
MIRROR GALLERY WALL
GEOMETRIC LINES
ARM CHAIR
BRASS & STAINLESS STEEL
SYMMETRICAL LAYOUT
RICH & VIBRANT COLORS
LUXURY LIGHTING
ART DECO
Art Deco Design Elements
3034

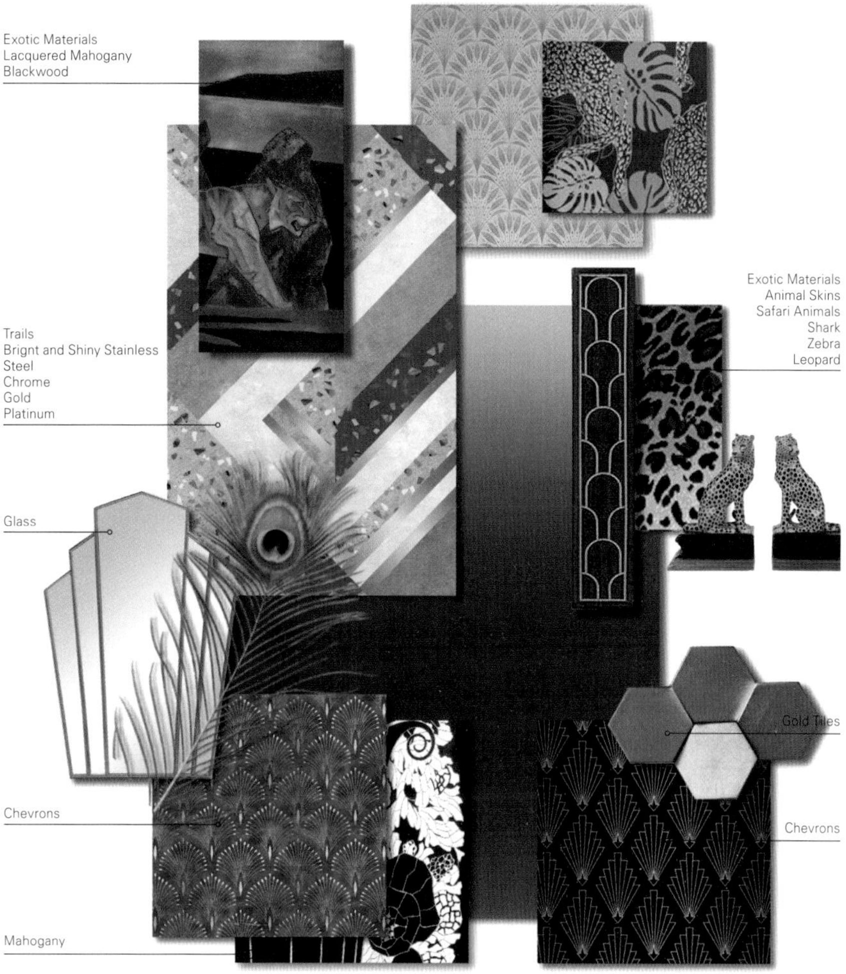

3035

아르데코 스타일의 주요 요소

소재

고급 목재 : 마호가니, 아마란스, 에보니, 로즈우드 등 희귀하고 이국적인 활엽수 원목
금속 : 스테인리스 스틸, 알루미늄, 니켈, 크롬, 황동 등
유리 : 색유리, 무늬 유리, 샌드블라스트 유리
돌 : 대리석, 오닉스
동물 가죽 : 표범, 얼룩말, 상어 가죽, 도마뱀 가죽, 거북 등껍질 등 이국적인 동물의 가죽
테라코타와 세라믹 타일

컬러

강렬한 컬러 대비 : 골드, 실버, 강렬한 블랙과 아이보리
밝고 채도 높은 색상 : 에메랄드그린, 골드, 블루, 레드
대조적이고 대담한 컬러 조합
부드럽고 화사한 파스텔 톤

모티프

기하학적인 형태 : 원, 삼각형, 사각형, 체커보드 패턴
동식물에서의 영감을 받은 모티프, 꽃, 잎사귀
이집트, 메소포타미아, 아즈텍 문명의 영향
지그재그 모양이나 계단 모양의 패턴
셰브론과 플루팅 패턴
일출, 태양 광선과 빔 형태의 모티프
대칭, 반복이 강조된 디자인과 레이아웃

마감

고광택 래커와 바니시 마감
거울 마감이나 반사성이 강한 표면
이종의 목재, 상아, 또는 다른 소재를 섬세하게 조각한 상감 기법

3034
Art Deco Design Elements

3035
CMF Features of Art Deco Style

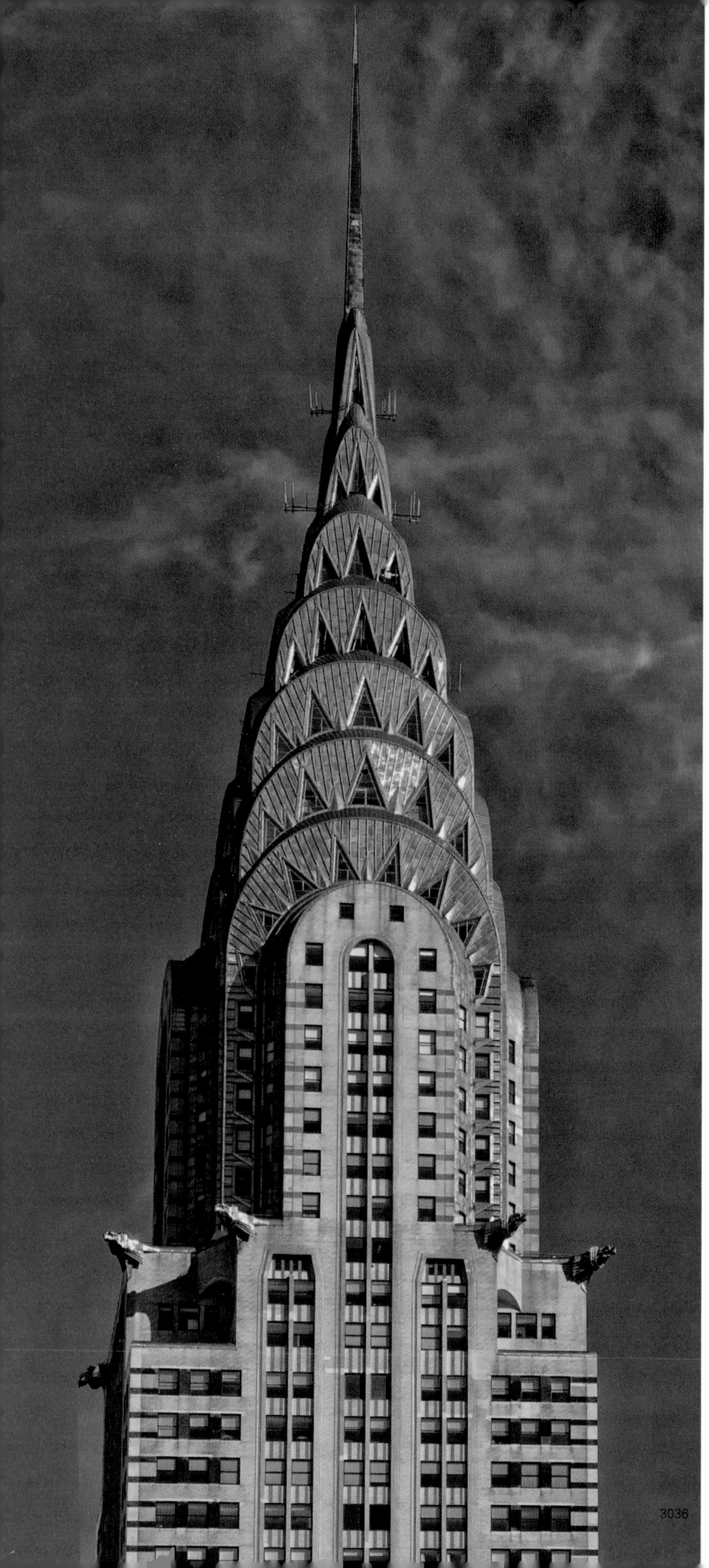
3036

아르데코의 건축과 인테리어
Art Deco Architecture and Interior Design

아르데코 건축의 특징

19세기 중반에 개발된 철근 콘크리트로 인해 건축의 구조적 강도가 높아졌고, 크고 개방된 공간을 창조할 수 있게 되었다. 이러한 현대 공학의 발전과 함께 가파른 경제 성장과 도시화, 산업화가 이루어지며 1920년대에 대도시의 마천루가 탄생했다.
아르데코 양식의 건축은 공학적인 발전과 새로운 산업재료의 도입으로 기존의 건축 개념을 탈피했으며, 현대적이고 진보적인 이미지가 반영된 성공과 번영의 상징이었다. 아르데코 양식이 전 세계적으로 전성기를 맞이하기 시작한 1930년대에는 미국의 뉴욕, 시카고, 마이애미비치에 고층 건물이 대규모로 건설되었고, 경제적인 전성기의 역동성과 낙관주의가 반영되어 이전에는 볼 수 없었던 전혀 새로운 형태의 도시 스카이라인을 구현했다.

아르데코 양식의 건축은 수평선과 수직선을 바탕으로 대칭과 균형의 아름다움을 중요하게 생각했으며, 층간 비례를 강조하여 세련되고 미래적인 인상을 구현했다. 철근 콘크리트, 알루미늄, 스테인리스 스틸, 크롬, 유리블록 등의 산업 소재가 건물의 내외부에 사용되었고, 타일, 스테인드글라스, 금속 장식은 당시의 기술적 진보가 반영된 것으로 건축물의 장식 요소가 미학적인 측면뿐만 아니라 기능성을 높이는 역할을 할 수 있음을 보여주었다.

실내 장식에서 사용된 목재 마감, 금속 장식, 직물, 유리와 조명기구는 소재 간의 대비와 조화를 이루었고 양식적인 풍부함을 보여주었다. 또한, 이국적이고 상징적인 장식 요소는 화려한 컬러 스펙트럼의 대담한 색상과 융합되어 독특하고 다채로운 문화적 표현을 부각시켰다.
'모데른 스타일'이라고 불린 미국의 아르데코 양식은 라디오 시티 뮤직홀과 같은 프로젝트에서 1920년대의 프랑스 아르데코를 재현했으며, 1920년대 말과 1930년대의 할리우드 영화 속의 세트 디자인은 대중의 취향과 소비에 영향을 미치는 수단으로 유행했다.

제2차 세계대전을 거치며 아르데코 양식은 점차 감소하는 추세를 보였고, 사회적 변화와 함께 건축과 디자인의 패러다임은 기능주의 디자인으로 전환되었다. 그러나, 1960년대부터 아르데코 양식과 건축에 대한 재평가가 이루어지기 시작했으며, 보존 운동과 함께 문화유산으로 인식하기 시작했다.

3036
크라이슬러 빌딩 Chrysler Building, 1930

3037
마거릿 버크-화이트 Margaret Bourke-White
Metaphotography on the Chrysler Building

마거릿 버크-화이트는 20세기의 유명한 다큐멘터리 사진가로 여성 최초의 전쟁 사진기자이다. 그녀는 『LIFE』 잡지의 창간호 표지 사진을 찍었으며, 세계 대전 중에는 여성 포토저널리스트로서 최초로 전선에 파견되었다. 또한, 한국전쟁 중에도 사진가로 활동했다.

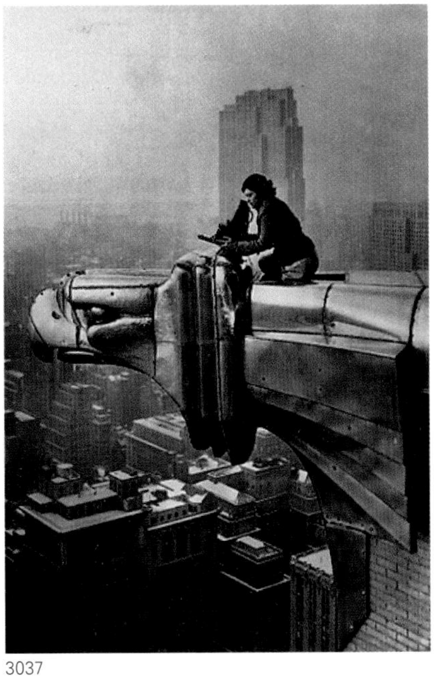

3037

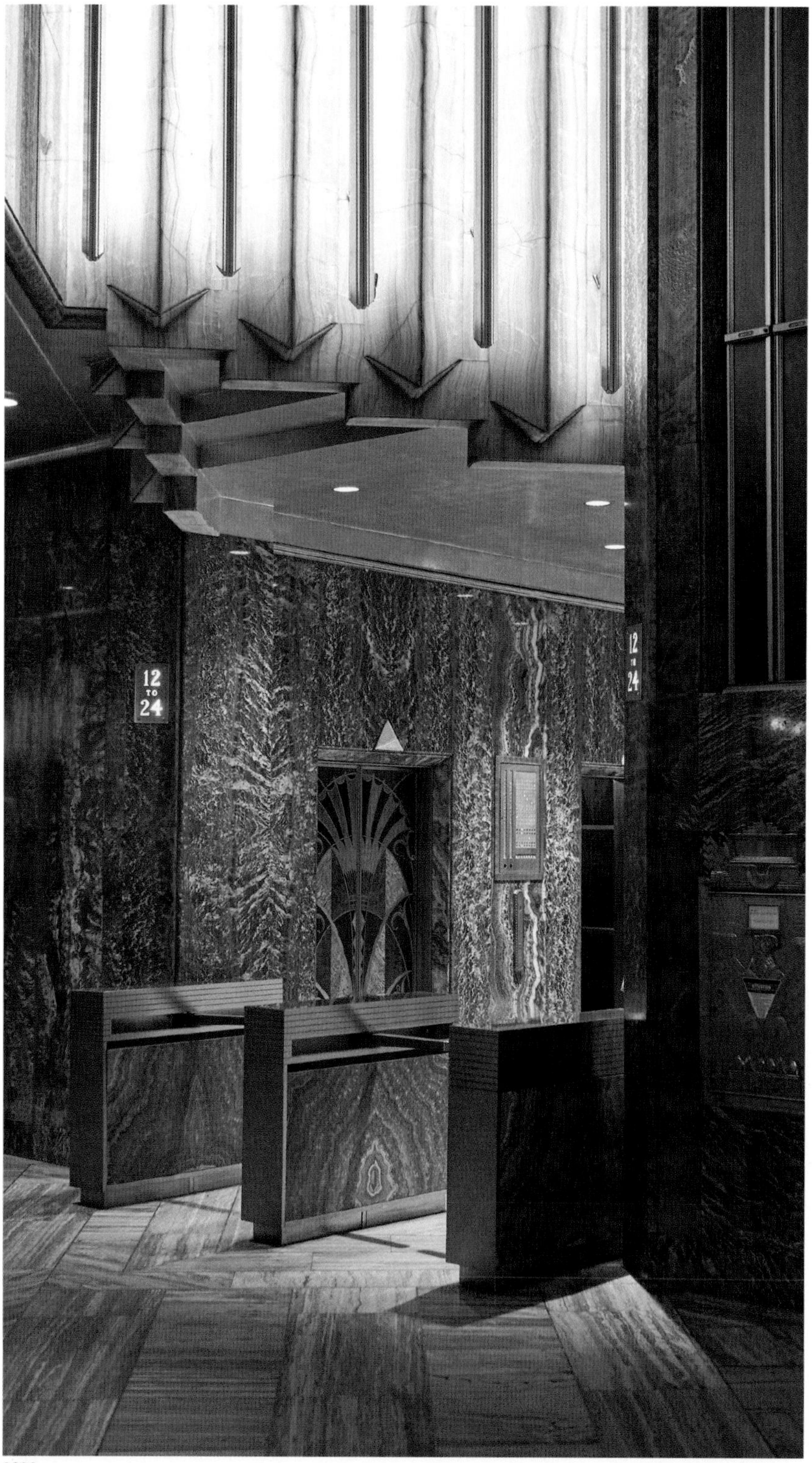

3038

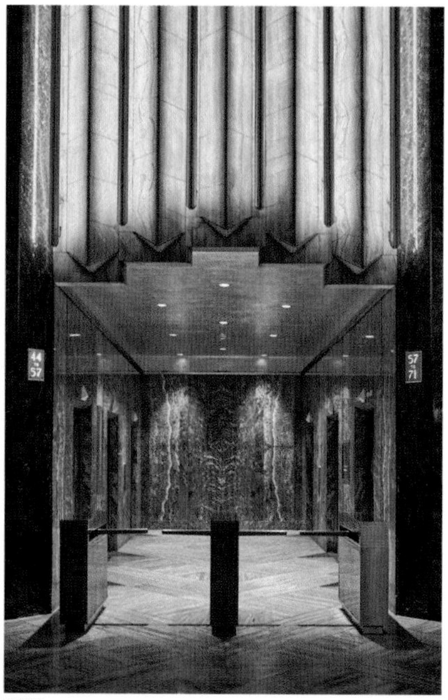
3039

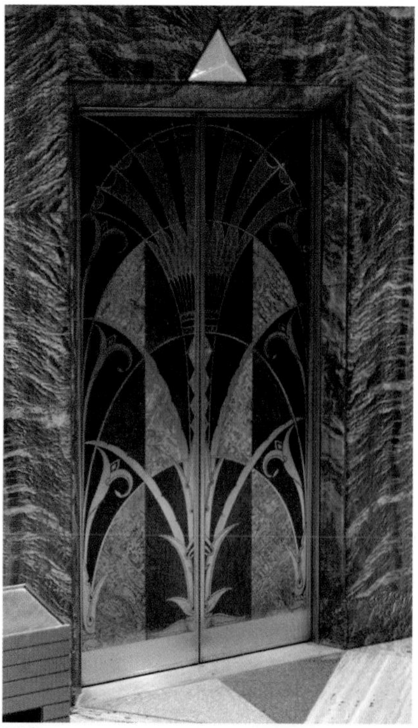
3040

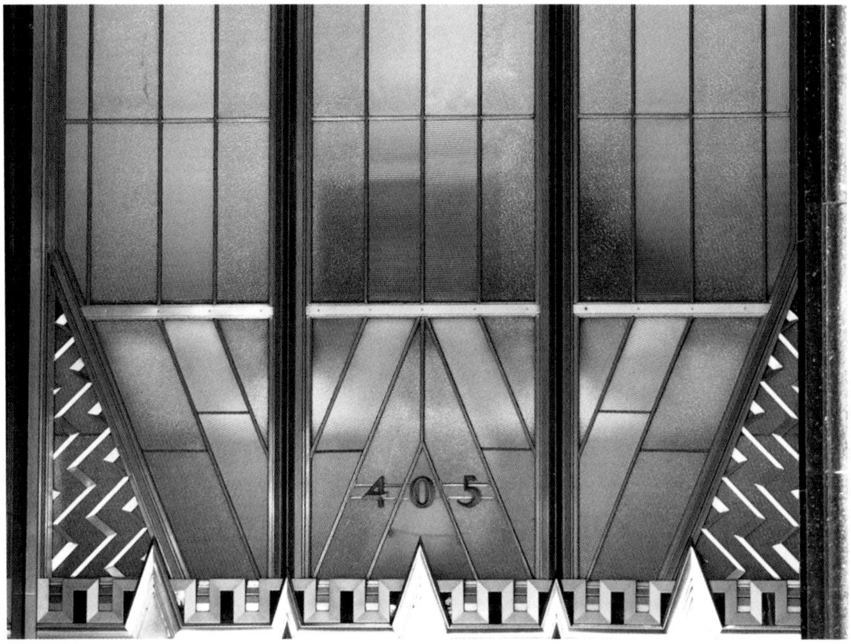

3041

크라이슬러 빌딩

Chrysler Building, 1930, 미국 뉴욕

크라이슬러 빌딩은 뉴욕 맨해튼의 스카이라인을 상징하는 아르데코 양식의 대표적인 건축물이다. 건축가 윌리엄 반 알렌William Van Alen이 설계했으며, 1930년 완공 당시 세계에서 가장 높은 건축물이라는 타이틀을 얻었다. 크라이슬러 빌딩은 크라이슬러 자동차 회사의 본사로 사용하기 위해 건축되었으며, 꼭대기의 콘 형태 장식과 독수리 모양 장식, 건물 주변의 자동차 모티프 장식은 모두 크라이슬러 자동차를 상징한다. 이러한 디자인은 자동차 회사의 이미지를 건물 외관에 통합하여 브랜드의 정체성을 건물의 디자인에 반영하려는 의도로 해석된다.
빌딩의 외관은 스테인리스 스틸과 테라코타로 마감되었으며, 건물 내부에는 1925년 파리박람회에서 영감을 받은 양식화된 꽃과 기하학적인 장식이 조명기구, 간판, 바닥에 적용되었다. 엘리베이터 문은 밝은 호박색과 어두운 갈색 목재를 사용하여 기하학적인 연꽃 디자인으로 제작되었다.
크라이슬러 빌딩의 상징적이고 다양한 디자인 요소는 이 빌딩이 단순한 건축물을 넘어서 그 시대의 문화와 기술적 진보를 상징하는 건축물로서 의미가 있다.

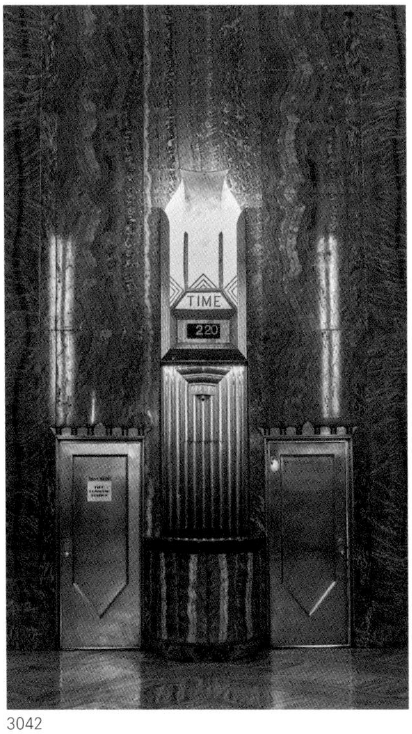

3042

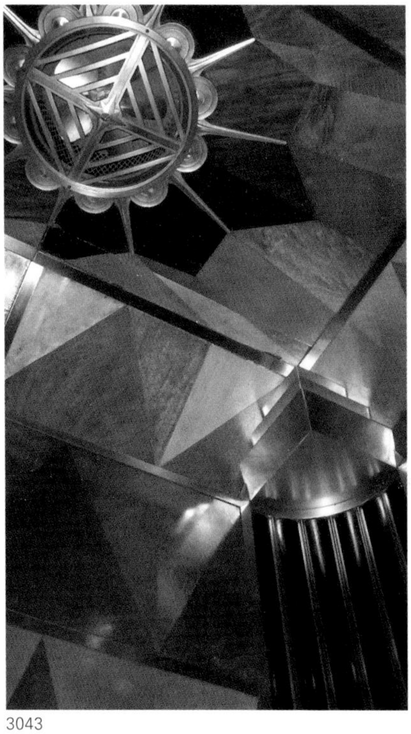
3043

3038, 3039
크라이슬러 빌딩의 중앙 엘리베이터 홀

3040
크라이슬러 빌딩 복도의 엘리베이터 문

3041
크라이슬러 빌딩의 입구

3042
크라이슬러 빌딩의 디지털시계

3043
크라이슬러 빌딩 복도의 엘리베이터 내부 천장 장식

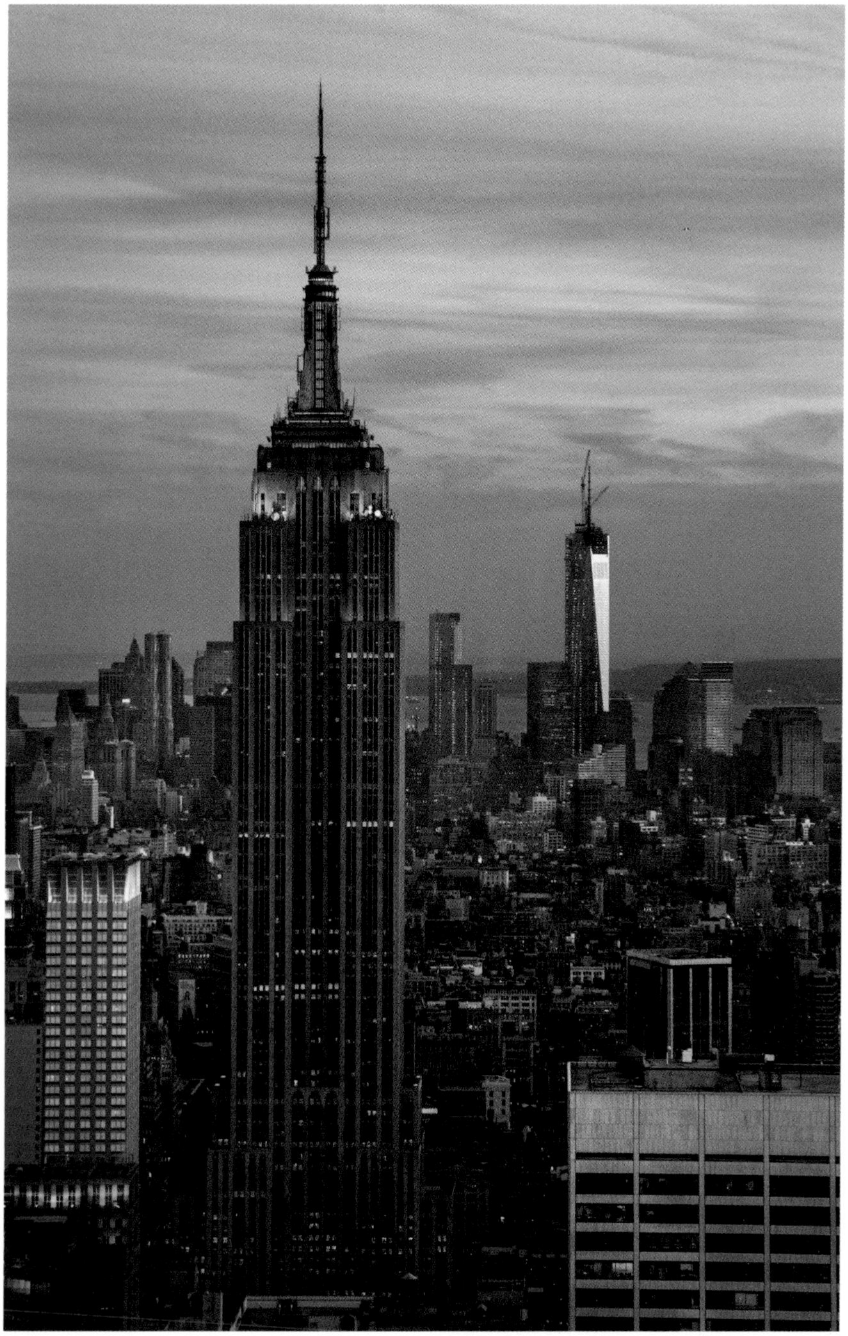

3044

엠파이어스테이트 빌딩

Empire State Building, 1931, 미국 뉴욕

엠파이어스테이트 빌딩은 뉴욕시 맨해튼에 자리 잡고 있으며, 미국 아르데코 양식을 대표하는 건축물이다.
슈리브, 램 & 하몬Shreve, Lamb & Harmon사무소가 설계했으며, 초기 디자인이 몇 주 내에 이루어졌으며, 약 15개월 만에 건설되었다. 또한, 크라이슬러 빌딩과의 역사적인 경쟁에서 승리하면서 '세계에서 가장 높은 건물'이라는 타이틀을 획득했고, 세계에서 가장 높은 건물로 기네스북에 기록되었다.
엠파이어스테이트 빌딩의 외관은 수직선을 강조하여 건물의 높이감을 극대화했으며, 주로 테라코타와 스테인리스 스틸로 마감되었다. 빌딩의 독특한 실루엣을 완성하는 꼭대기의 첨탑은 원래 비행선 도킹을 위해 설계되었으나, 실제로는 사용되지 않았다. 내부 로비는 대리석과 금속을 사용하여 아르데코 양식의 기하학적 패턴과 대리석의 질감을 조화롭게 결합했다. 로비 천장에는 우주와 도시의 발전을 묘사한 벽화가 그려져 있으며, 이 벽화와 조명은 당시의 기술적 진보와 낙관적인 미래관을 반영하고 있다.

3044
엠파이어스테이트 빌딩 Empire State Building, 1931

3045
엠파이어스테이트 빌딩의 구조 프레임 위에서 일하고 있는 작업자의 모습, 1930. 많은 구조 작업자들이 중년 이상이었다.

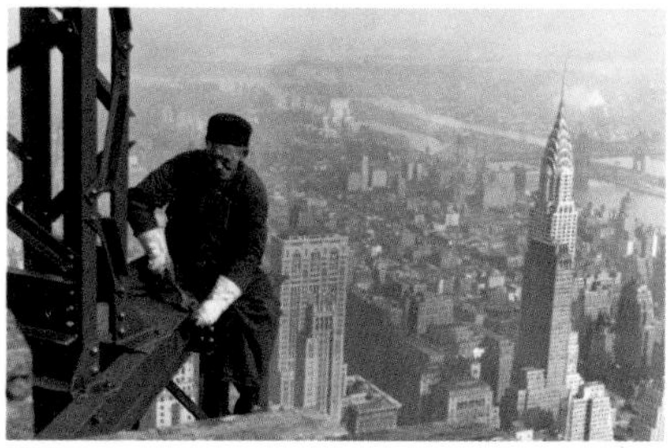

3045

3046
엠파이어스테이트 빌딩 로비 장식

3047
엠파이어스테이트 빌딩 로비의 모습

3048
엠파이어스테이트 빌딩 86층 내부 바닥 장식

3049
엠파이어스테이트 빌딩 86층 전망대

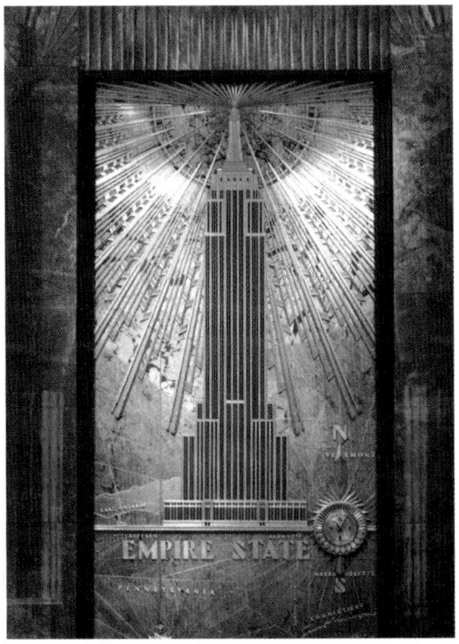

3046

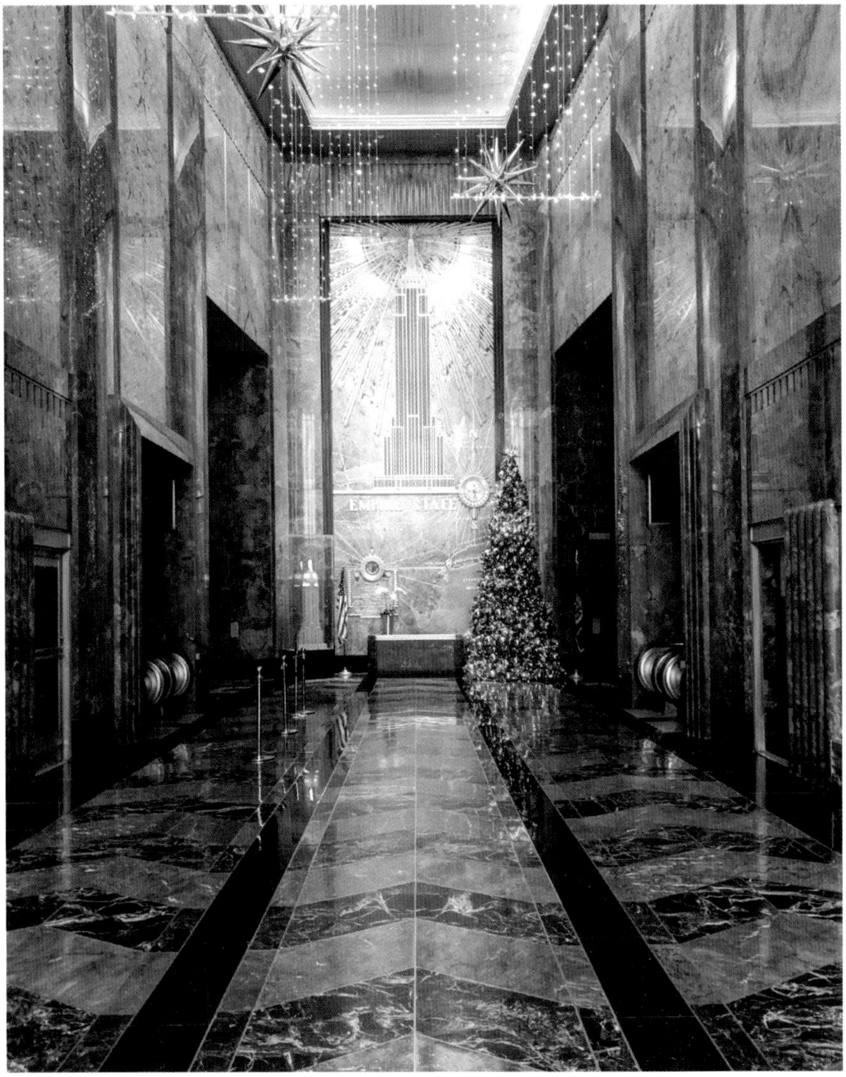

3047

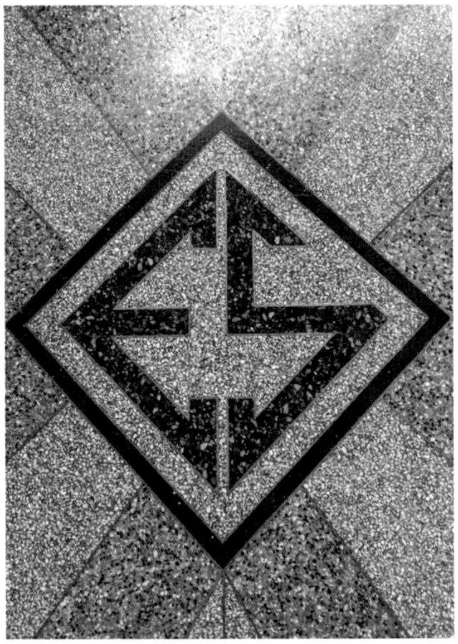

3048

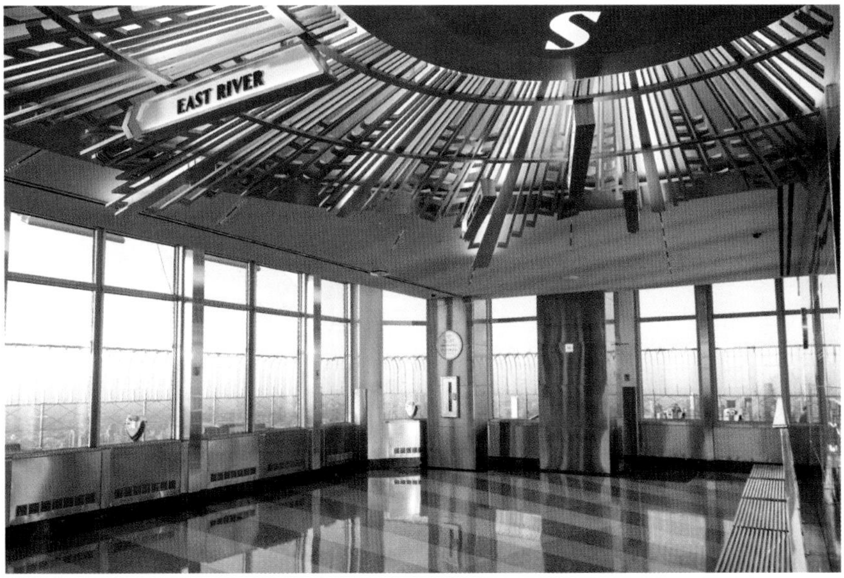

3049

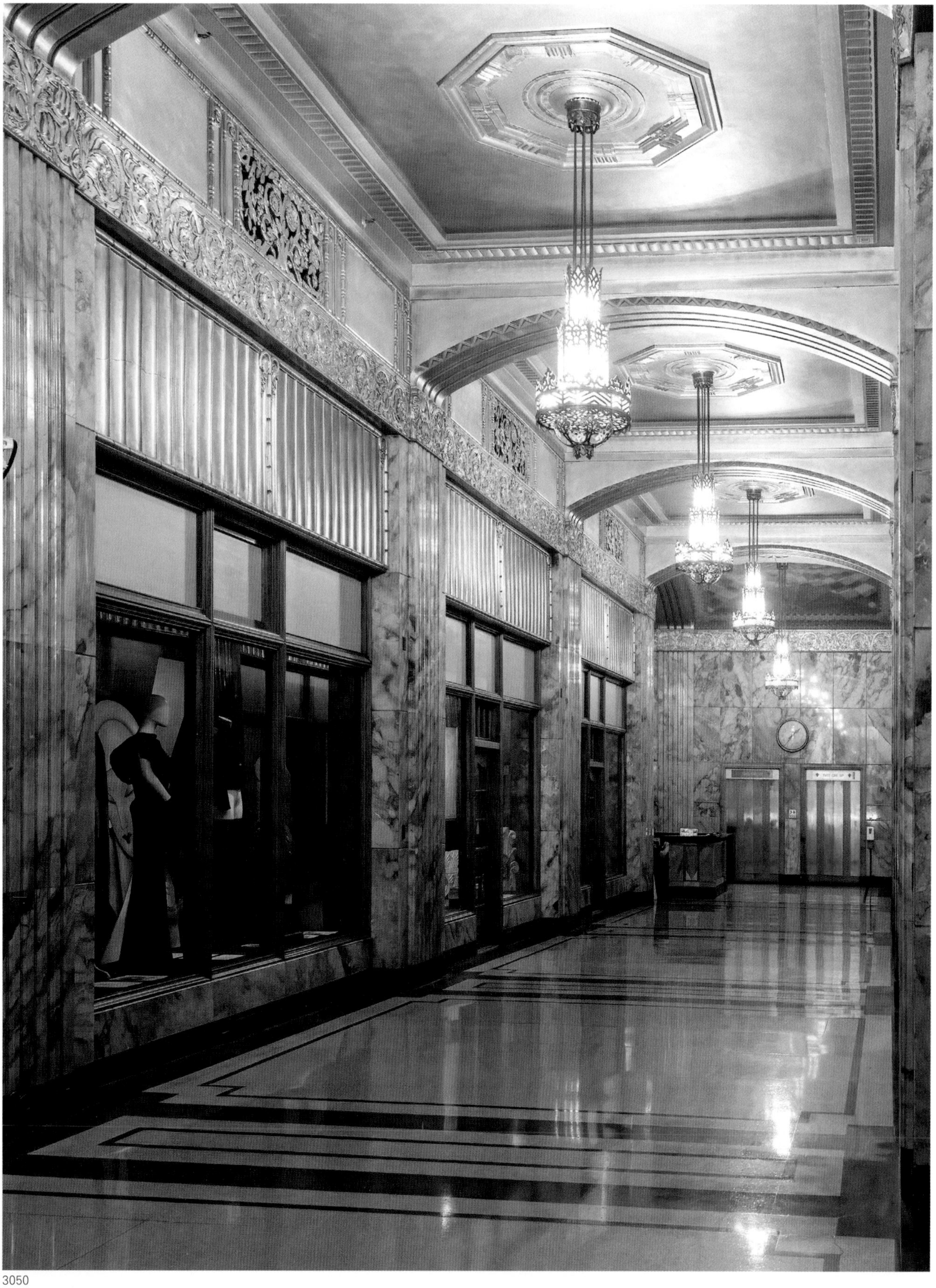

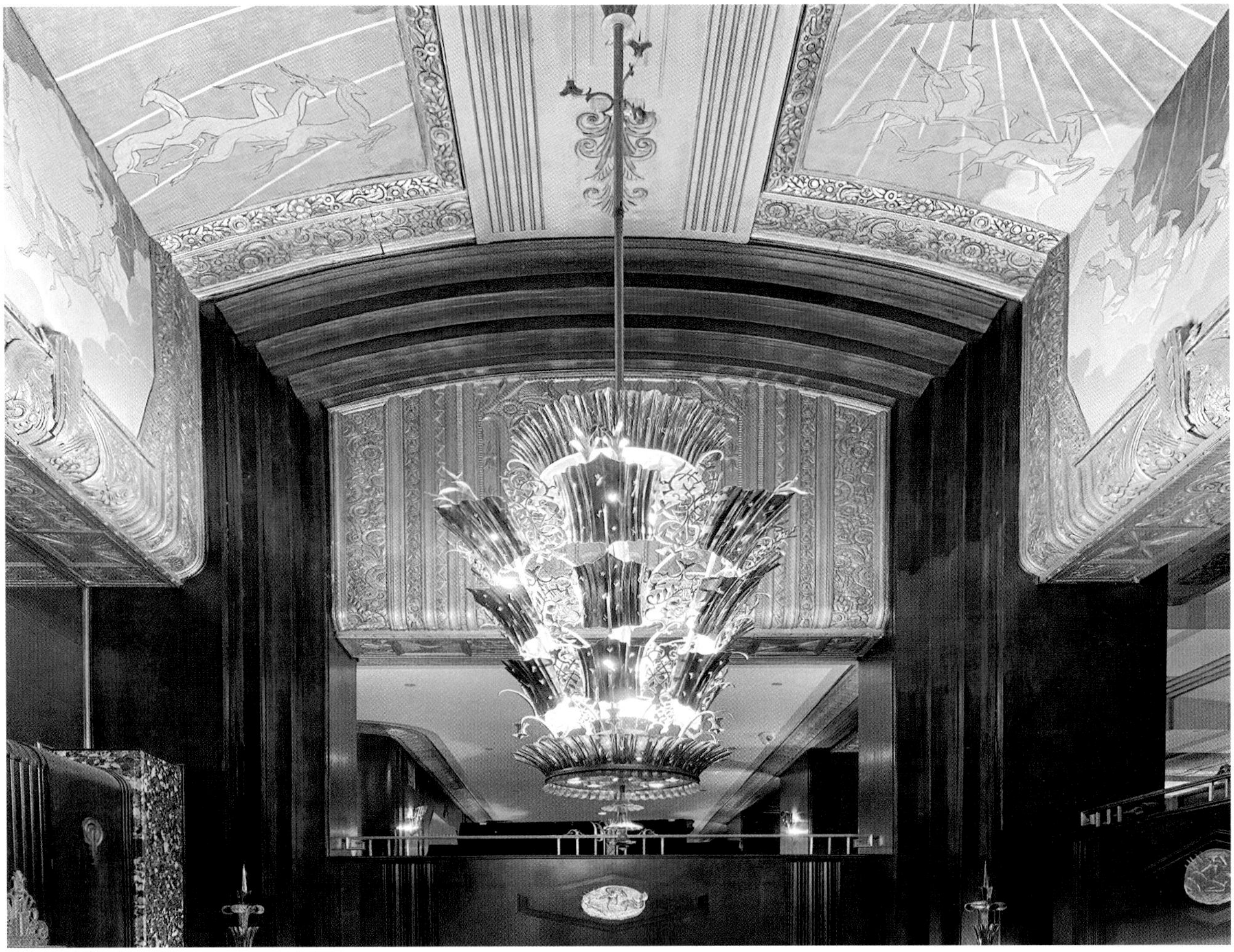

3051

3050
필 케이드 빌딩
Philcade Building, 1929~1931, 미국 오클라호마
필 케이드 빌딩의 엘리베이터 로비

건축가 레온 B. 센터가 설계했으며, 오일맨 웨이트 필립스(필립스 페트롤리엄)를 위해 디자인되었다. 아르데코 지그재그 스타일 건축물로, 화려하게 장식된 로비 인테리어로 유명하다.

3051
캐루 타워
Carew Tower, 1927~1931, 미국 오하이오
캐루 타워 내부의 샹들리에와 천장 디테일

델라노 & 알드리치와 함께 건축 회사인 WW 알쉬라거 & 어소시에이츠가 설계했으며, 존 J. 에머리가 개발했다. 호텔의 거울의 방 연회장은 베르사유 궁전의 거울의 전당에서 영감을 받아 디자인되었으며, 거울의 방과 야자수 정원은 에드가 브란트 양식으로 설치되었다.

3052
캐루 타워의 엘리베이터 로비

3053
캐루 타워의 외관

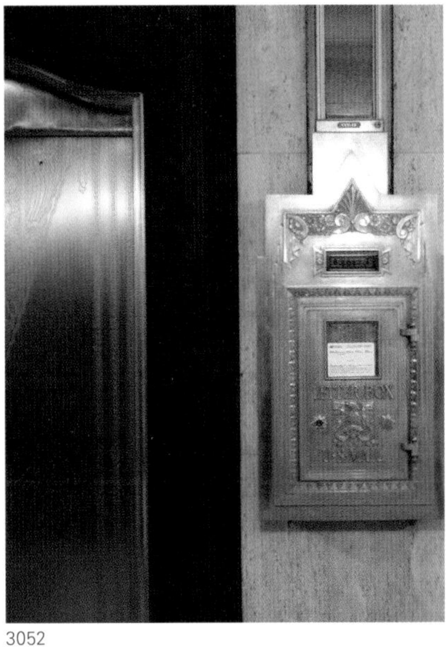

3052

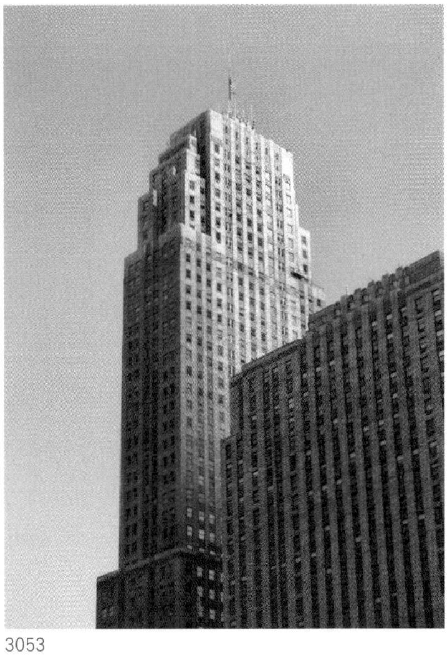

3053

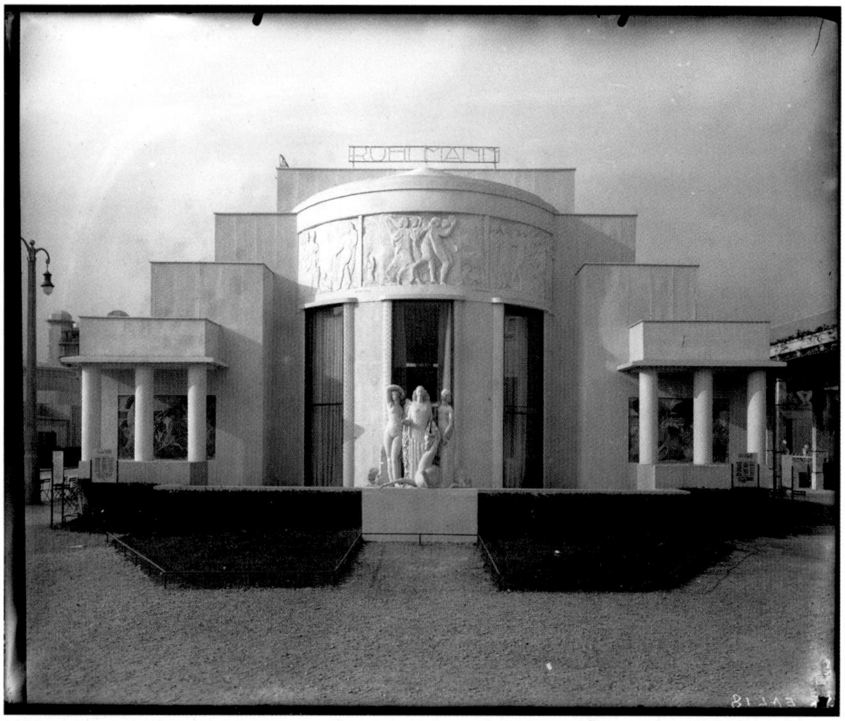

3003

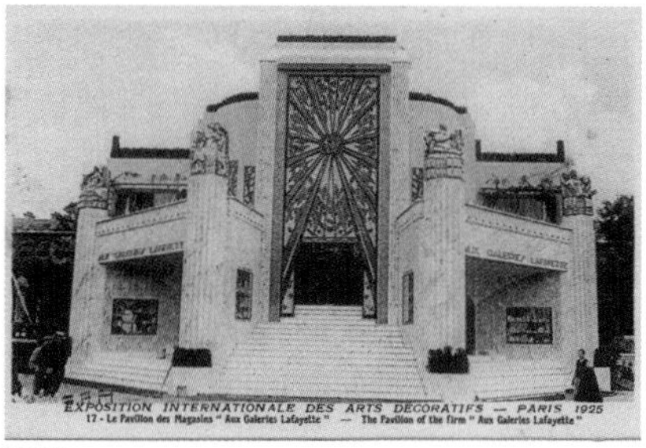

3054

3054
장식예술박람회, 갤러리 라파예트 파빌리온, 1925, 프랑스 파리

3003
피에르 파투 Pierre Patout, 부유한 수집가의 주택 외관
1925년 파리 국제 장식미술산업박람회

3055
에밀-자크 룰만 Émile-Jacques Ruhlmann
부유한 수집가의 주택 Hôtel du Collectionneur 실내 모습
The Grand Salon, 1925년 파리 국제 장식미술산업박람회

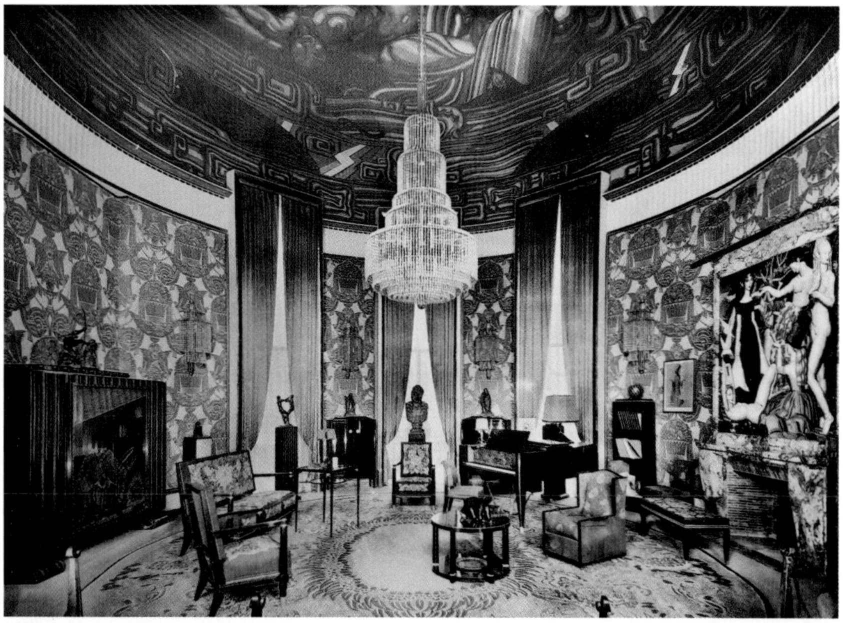

3055

부유한 수집가의 주택

Hôtel du Collectionneur, 1925, 프랑스 파리

1925년 파리 국제 장식미술산업박람회에서 '부유한 수집가의 주택Hôtel du Collectionneur'은 아르데코 양식의 정점을 보여주는 전시관으로, 박람회의 하이라이트로 선정되었다.
피에르 파투Pierre Patout가 설계한 건축물에 에밀-자크 룰만Émile-Jacques Ruhlmann의 지휘 아래 인테리어 디자인이 완성되었다. 희귀한 소재, 산업적 요소, 정교한 수공예 디자인으로 꾸며진 이 공간은 하이패션을 추구하는 룰만의 취향을 엿볼 수 있다. 이 주택의 내부 중심에는 마카사르 에보니로 제작된 화려한 그랜드 피아노와 대형 샹들리에로 장식되었다. 대리석 벽난로 위에는 장 듀파스Jean Dupas의 '앵무새들Les Perruches' 회화 작품이 자리 잡았으며, 에드가 브란트Edgar Brandt의 장식 강철 난간, 고디사르Gaudissard의 카펫에 이르기까지 각 오브제가 예술 작품처럼 조화롭게 어우러졌다. 이 공간은 장식미술과 공예 분야에서 최고급품을 주도하는 프랑스의 권위를 재확인하는 목표를 보여주며, 그 영향력을 입증한 전시관이었다.

3056
파리 샹젤리제 극장의 천장 장식
Théâtre des Champs-Élysées, Plafond de la salle

3057
오귀스트 페레 Auguste Perret, 샹젤리제 극장 외관 La façade du théâtre des Champs Elysées, 1913, 프랑스 파리

3058
오귀스트 페레, 파리 경제사회 위원회의 계단, 1937, 프랑스 파리

원래 공공사업 박물관이었던 파리 경제사회 위원회의 계단은 1937년 파리 국제박람회를 위해 건축되었다. 이 건물은 후기 아르데코 양식을 보여준다.

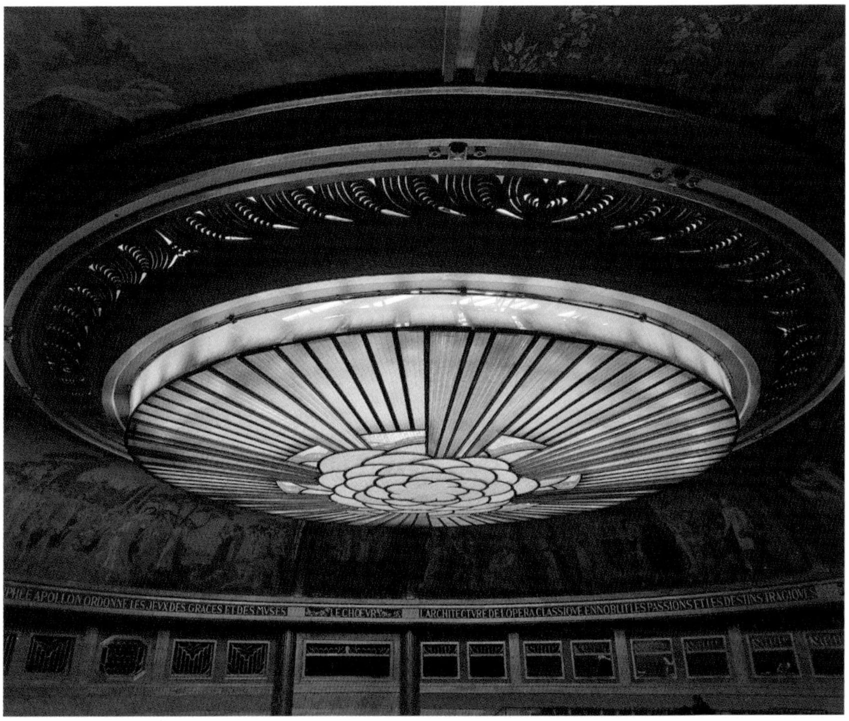

3056

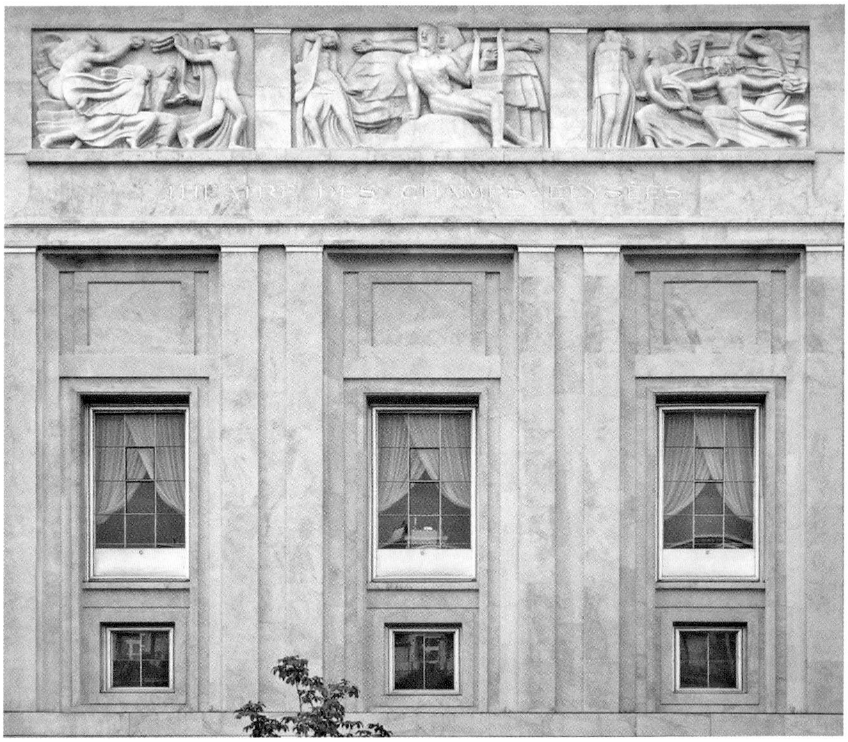

3057

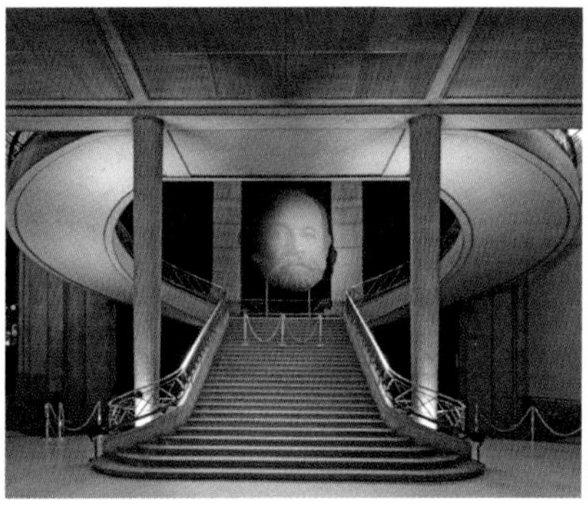

3058

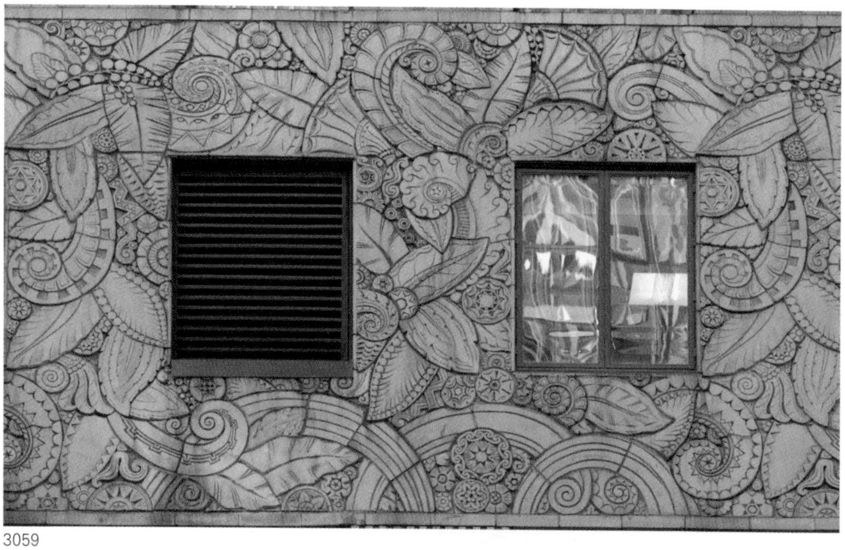
3059

3059
차닌 빌딩의 입구 장식

3060
차닌 빌딩의 외부 전경, 미국 뉴욕, 브론즈 장식의 문과 석조로 장식된 기둥

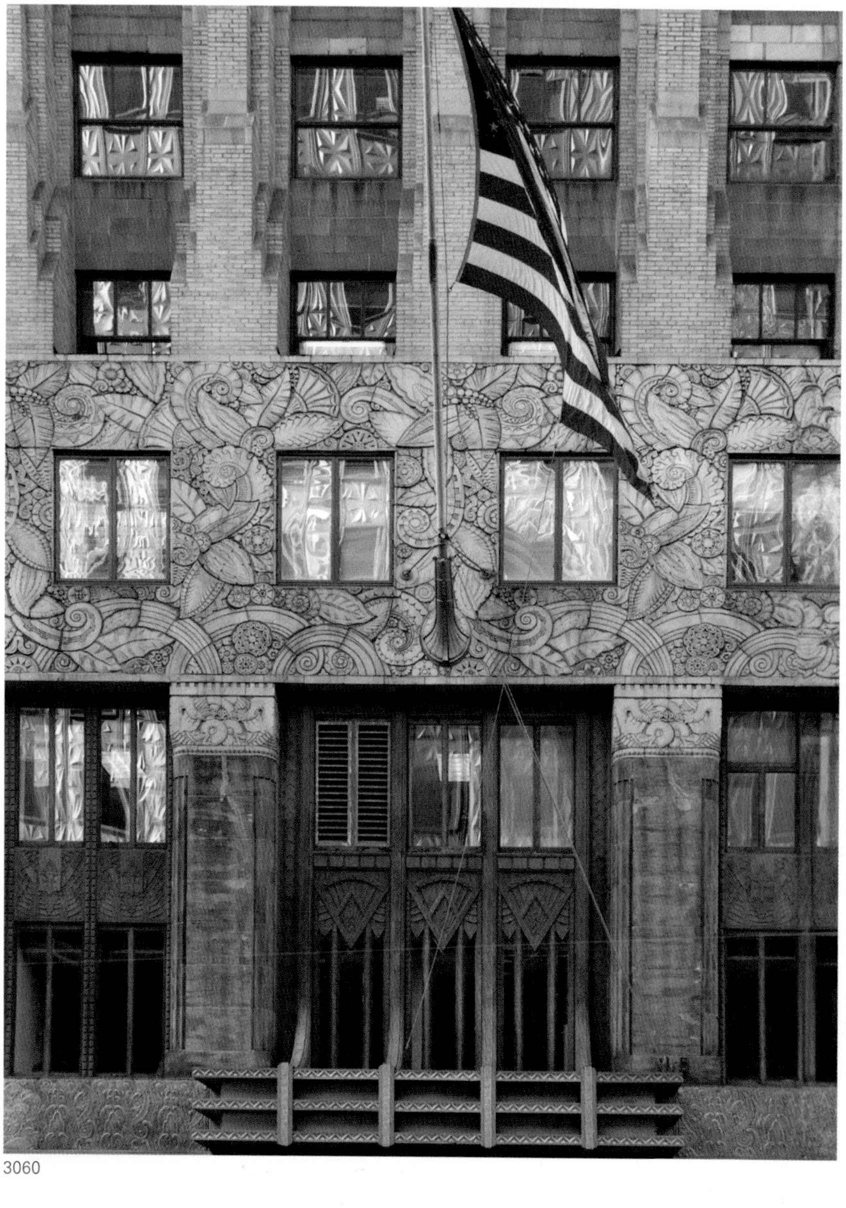
3060

도널드 데스키

Donald Deskey, 1894~1989, 미국, 디자이너

도널드 데스키는 아르데코 양식을 미국 산업 디자인에 소개한 인물로, 미국 산업 디자인계의 선구자이다.
뉴욕에서 필립 볼머와 공동으로 데스키-볼머Deskey-Vollmer 사를 설립하여 아르데코 양식의 스크린을 선보였으며, 1926년 프랭클린 사이먼 백화점의 디스플레이 디자인 프로젝트를 수행했다. 1930년에 존 록펠러John D. Rockefeller의 아파트 인테리어를 디자인했으며, 뉴욕의 록펠러 센터에 있는 라디오 시티 뮤직홀Radio City Music Hall의 인테리어디자인 공모전에서 우승했다. 이 프로젝트는 데스키의 대표적인 작업으로 알루미늄, 리놀륨, 크롬 도금을 한 강철 등 새로운 소재와 추상적인 형태를 즐겨 사용하는 데스키의 성향이 반영되었다.
1937년의 파리 만국박람회, 1939년의 뉴욕 세계박람회의 수상으로 명성을 쌓았으며, 1930년대 말에는 호화로운 아르데코 양식의 뉴욕의 국제 카지노바 인테리어로 대중의 동경과 호응을 받았다. 1940년대에는 그래픽 디자인 회사인 도널드 데스키 어소시에이츠Donald Deskey Associates를 설립하여 프록터 앤 갬블P&G 사를 위한 디자인을 비롯한 Crest 치약의 포장 디자인, Tide 브랜드 로고 등 다수의 제품과 포장 디자인을 제작했다.
도널드 데스키는 스트림라인 모던이라고 불리는 미국의 아르데코 양식을 형성했으며, 전통적으로 사용하지 않는 새로운 산업 소재와 색상의 대비를 통해 시각적인 강렬함과 화려함을 선사했다.

3061, 3062, 3063
라디오 시티 뮤직홀의 외관과 복도, 내부 모습

3064
도널드 데스키 Donald Deskey, Samuel 'Roxy' Rothafel을 위한 스위트룸, 라디오 시티 뮤직홀, 1932

벚나무 판벽과 금박으로 마감된 이 방에는 베니어판과 베이클라이트, 알루미늄으로 제작된 가구로 장식되었다.

라디오 시티 뮤직홀

Radio City Music Hall Suites, 미국 뉴욕

라디오 시티 뮤직홀의 인테리어는 공간의 기능성과 아르데코 양식의 미학이 조화를 이루는 도널드 데스키의 대표적인 작업이다. 대규모 프로젝트라는 명성에 걸맞게 많은 예술가들과의 협업으로 탄생했으며, 화가 스튜어트 데이비스Stuart Davis는 재즈 음악에서 영감을 받은 추상적이고 강렬한 색채의 벽화를 역동적으로 그려냈다.
데스키는 추상적인 형태에 대리석, 황동, 벨벳과 같은 전통적인 소재와 알루미늄과 같은 현대적인 산업 소재를 조화롭게 사용하여 관람객들에게 최상의 경험을 선사하는 공간을 구현했다.

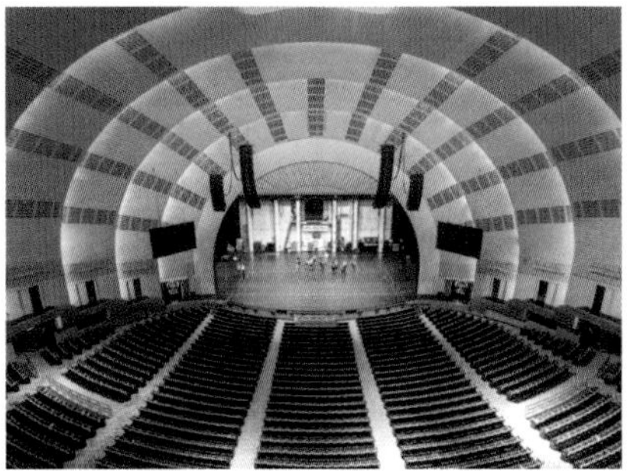
3061

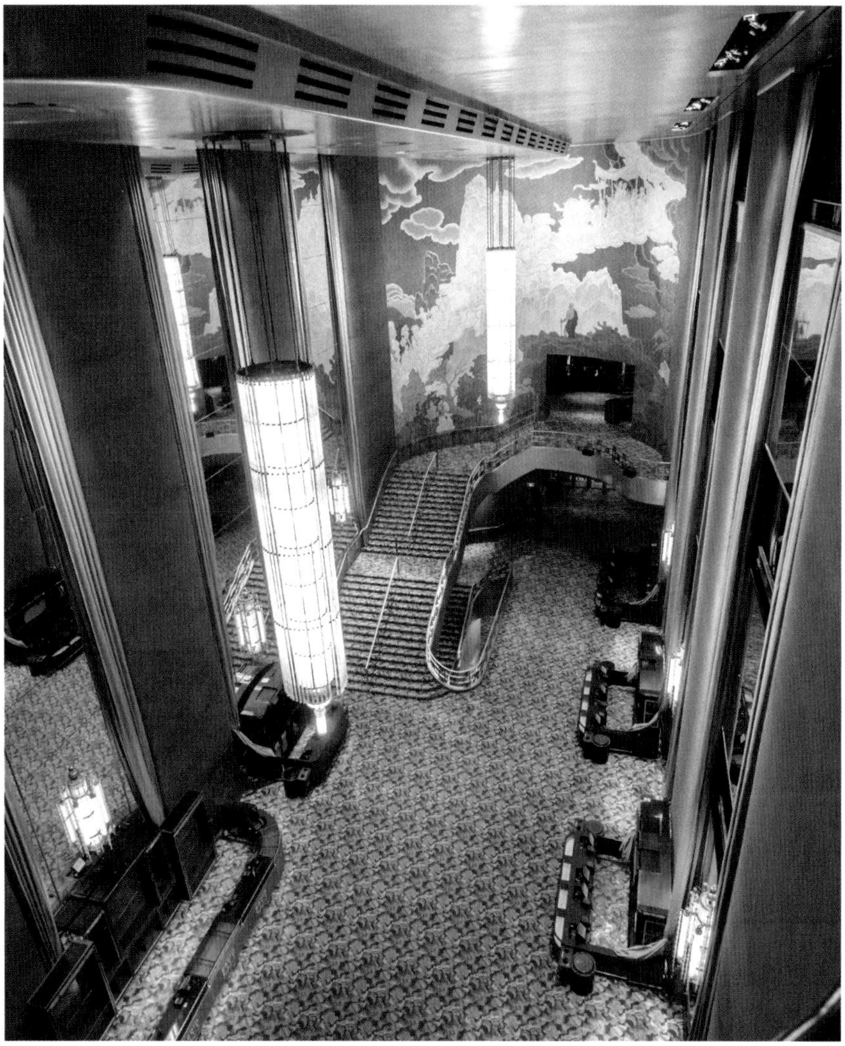
3062

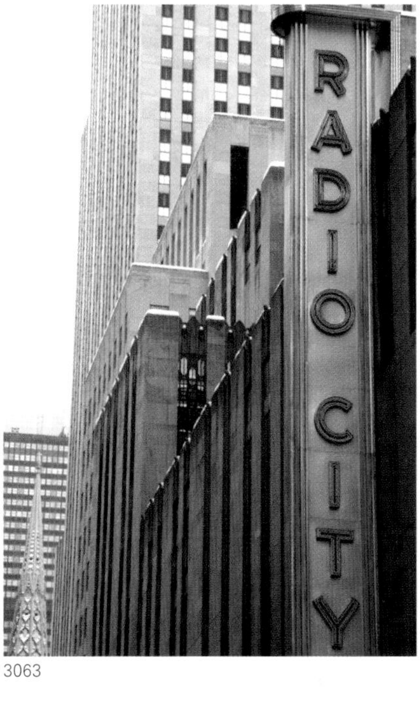

3063

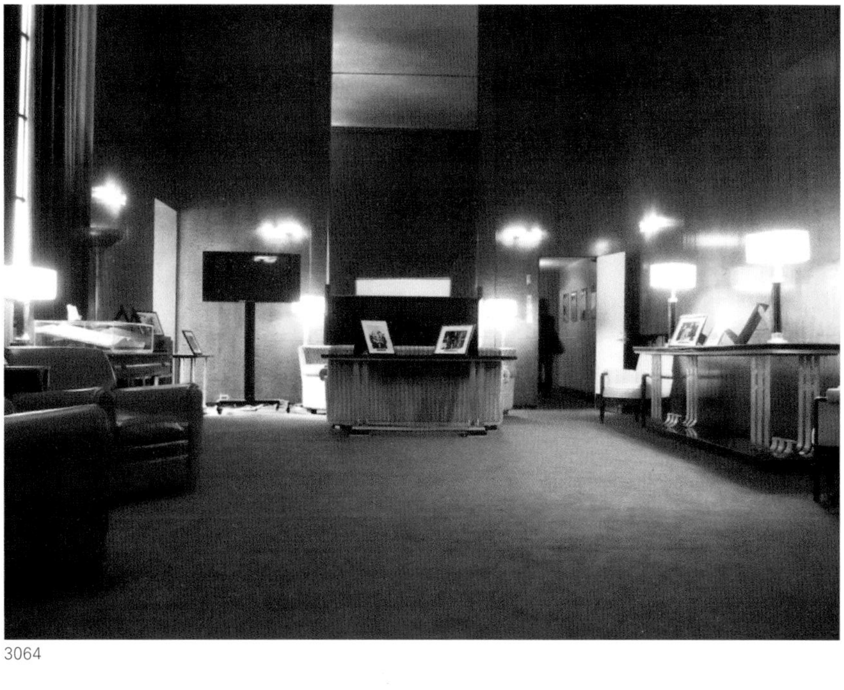
3064

아르데코의 가구
Art Deco Furniture

아르누보 양식의 찰스 레니 매킨토시, 오토 바그너의 제자이자 비인 공방의 창설자인 요제프 호프만과 콜로만 모저는 초기 아르데코 가구 디자인에 영향을 준 대표적인 인물들이다. 이들은 식물 모티프를 사용하면서도 직선미를 강조하고, 사각형과 같은 기하학적 모티프를 적용한 작품을 선보였다. 이러한 방향은 아르데코 양식에서 더욱 간결하게 표현되었으며, 아르데코가 추구하는 현대성과 조화를 이루었다. 또한, 아르데코 양식의 디자이너들은 고급 소재를 가구에 적용하여, 가구를 일상용품 이상의 예술 작품으로 승화시켰다.
고전적인 루이 16세와 루이 필립 스타일에 아르누보, 입체파, 야수파의 영향을 받아 혁신된 프랑스 아르데코 가구는 파리 국제박람회를 통해 국제적인 주목을 받으며 국제양식으로서 유행하게 되었다. 또한, 당시의 경제적 번영은 아르데코 양식의 국제화와 대중화를 가능하게 했으며, 전성기 동안 아르데코 가구는 기술적 진보와 대량생산 방식이라는 시대적인 변화에 따라 점차 기능적이고 단순화된 형태로 발전했다. 이후, 대공황과 전쟁으로 인해 아르데코 가구 디자인은 실용성과 경제성을 강조하는 디자인으로 전개되었으며, 단순화와 모더니즘으로의 이행이 촉진되었다.

아르데코를 주도한 프랑스의 에밀-자크 룰만은 고급스러운 디자인과 고가의 재료를 사용한 디자인을 선보였으며, 앙드레 마레와 루이 수에는 '프랑스 예술 회사'를 설립하여 섬세한 장식과 밝은 색상의 가구와 다양한 인테리어 제품을 제작했다. 아르데코 양식을 선도한 전통주의자들의 고급 가구는 현대주의자들, 특히 르코르뷔지에의 비판을 받기도 했다. 미국의 디자이너인 도널드 데스키, 길버트 로데, 워렌 매카서, 켐 베버는 전통적인 장식성을 탈피하여 현대적이고 실용적인 재료와 디자인을 도입함으로써, 1930년대 아르데코 양식의 혁신을 이끌었다.

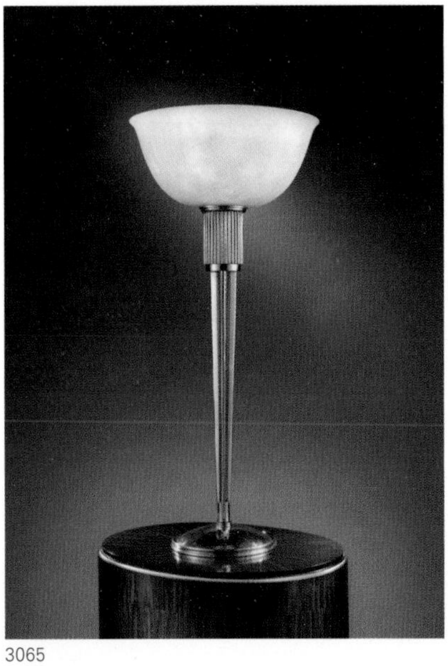
3065

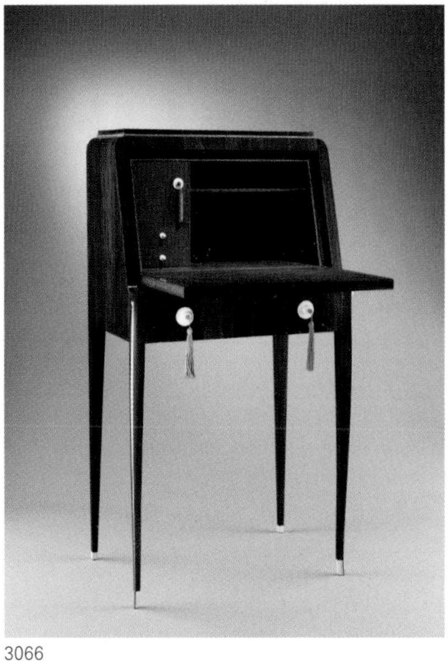
3066

에밀-자크 룰만
Émile-Jacques Ruhlmann, 1879~1933, 프랑스 디자이너

에밀-자크 룰만은 호화롭고 우아한 디자인, 진귀한 재료의 사용, 그리고 뛰어난 장인 정신의 결합으로 아르데코 시대의 상징적인 인물이 되었다. 그는 "고급스러운 상품은 대량생산품의 수준을 향상시키는 혈통 좋은 종마와 같은 것이다"라는 말로 자신의 철학을 표현했다. 룰만은 단순한 캐비닛 메이커를 넘어 다양한 인테리어 요소에 대한 깊은 안목을 가지고 있었으며, 특히 전체적인 조화에 대한 개념인 '앙상블'에 대한 조예가 깊었다.
1919년에 화가 피에르 로랑Pierre Laurent와 함께 룰만 앤드 로랑Ruhlmann & Laurent을 설립하여, 신고전주의와 18세기 전통 양식에 현대성을 가미한 실내장식을 선보였다. 1925년 파리 국제박람회의 '부유한 수집가의 주택' 전시관은 그의 철학과 엄격한 방법론으로 완성한 아르데코 디자인의 정수를 보여주었다. 룰만의 작품에는 일련번호를 부여하여 고객에게 증명서와 룰만의 서명을 제공했으며, 고집스러운 재료 선택과 노동집약적인 제작으로 인해 때때로 제작비용이 판매 가격을 초과하기도 했다.
파리박람회의 성공 이후, 일 드 프랑스Ile de France의 다방과 파리의 상공회의소 회의실, 엘리제궁의 가구 디자인 등 대규모 프로젝트를 맡아 진행했으며, 그가 선호하는 값비싼 목재뿐만 아니라 현대 소재를 접목하기도 했다.
1930년대 초, 세계 대공황이 발생하면서 룰만은 경제적 어려움을 겪기 시작했다. 이 시기, 그는 기존의 호화로운 스타일에서 벗어나 더 간결하고 기하학적인 현대 스타일로의 전환을 고려하게 되었다. 하지만 룰만은 새로운 스타일을 완전히 탐구하기 전에 세상을 떠나, 그의 디자인 여정은 조기에 마무리되었다.

3065
에밀 자크 룰만 Émile-Jacques Ruhlmannn
Lamp, 1926경, 소재 Gilt bronze, Alabaster

3066, 3067
에밀-자크 룰만, 'Tibattant' Desk, 1923경
소재 Macassar ebony, Ivory, Leather, Aluminum Leaf, Silver, Silk, Oak umber-core plywood, Poplar, Mahogany

룰만의 상징적인 디자인 요소 중 하나는 아래로 갈수록 점점 가늘어지는 다리 형태로, 이는 신고전주의 양식에서 영감을 받은 것이다. 과거의 양식을 현대적으로 재해석하고 결합하는 것은 룰만의 디자인의 중요한 특징이다.

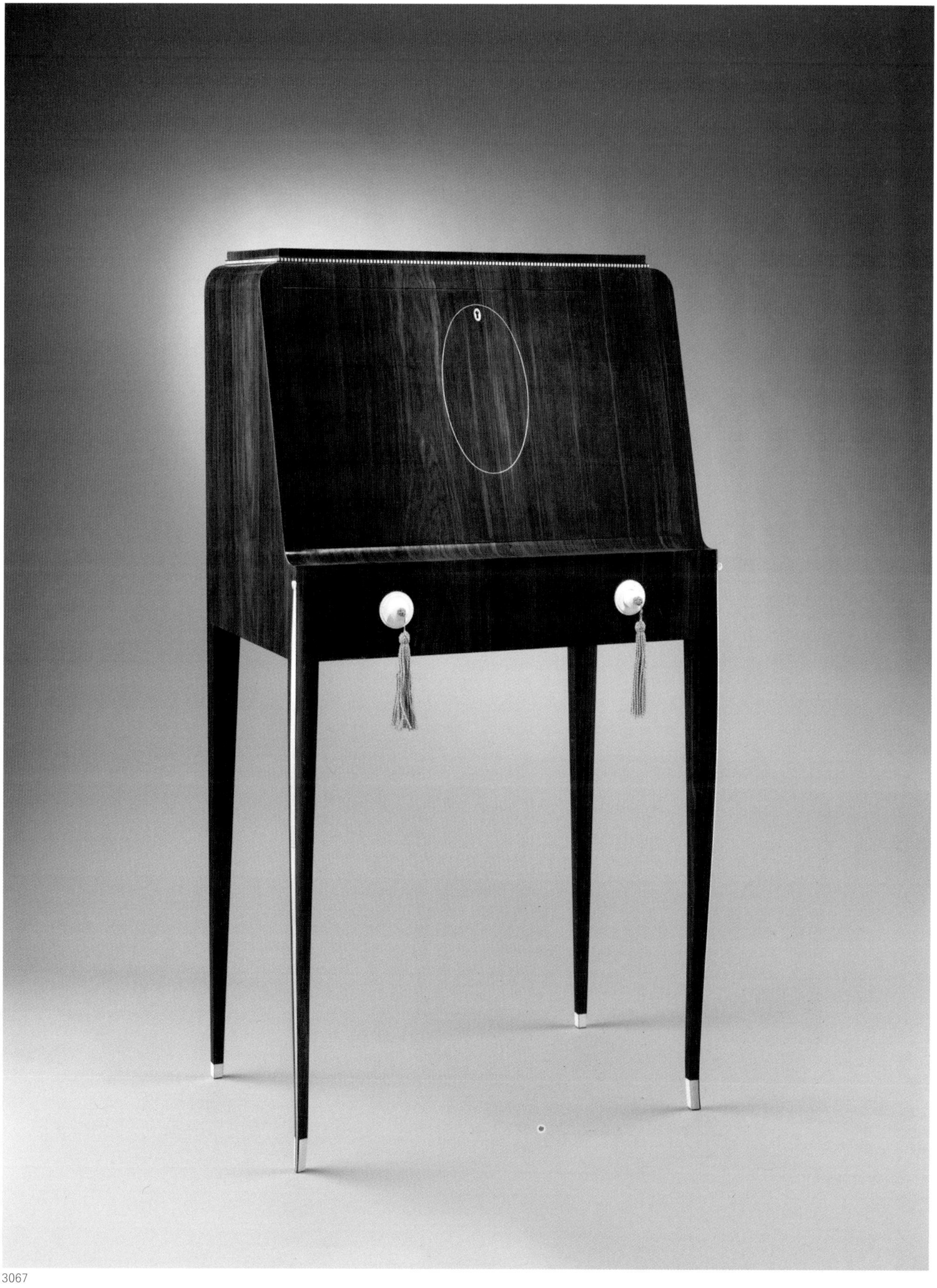

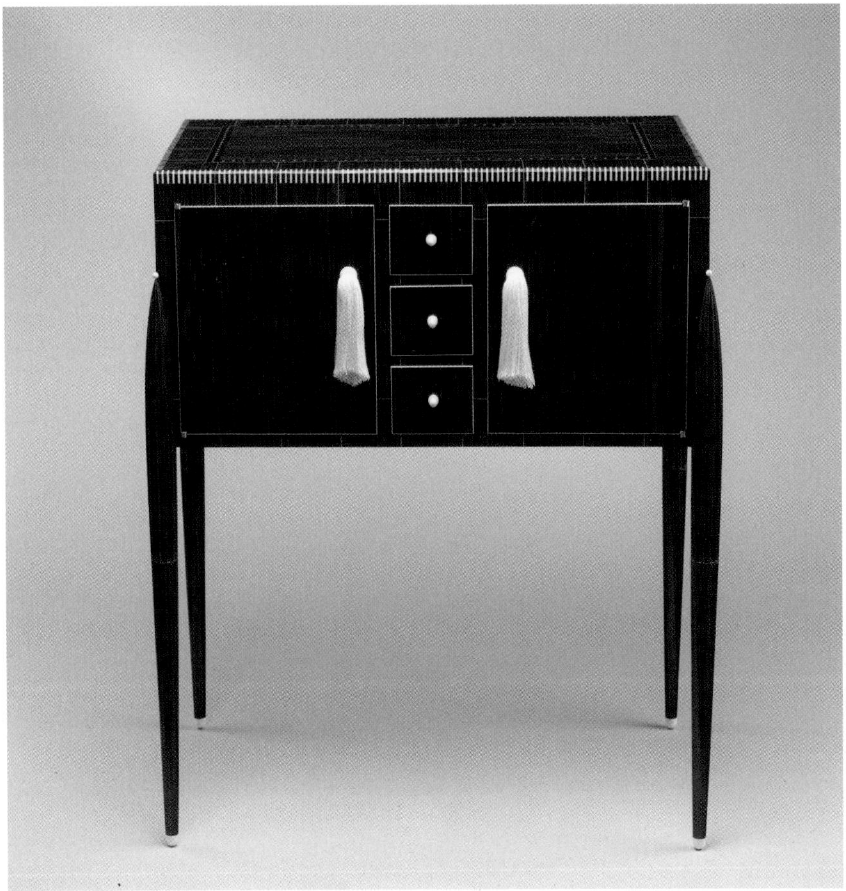

3068

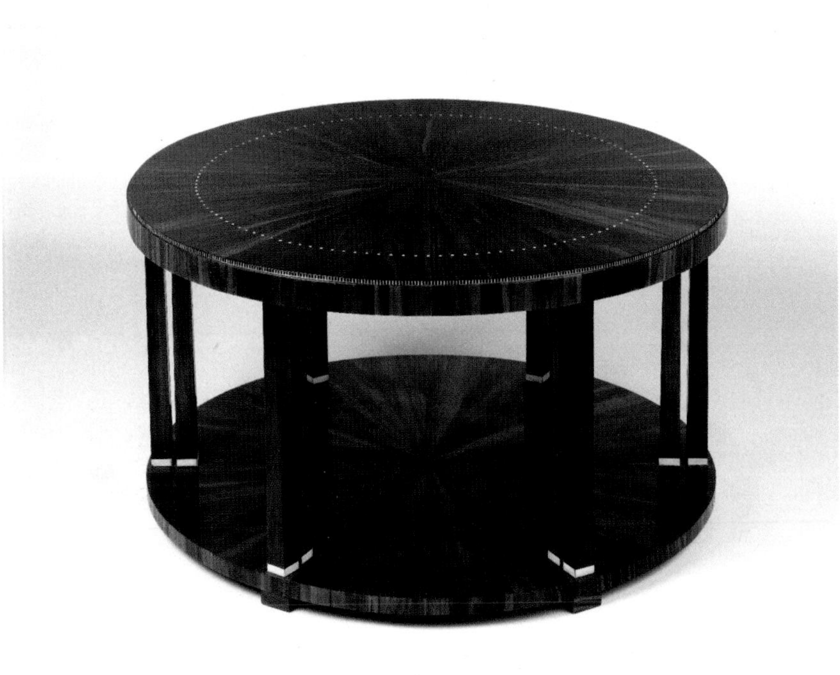

3069

3068
에밀-자크 룰만 Émile-Jacques Ruhlmann
'Fuseaux' Cabinet, 1925경
소재 Macassar ebony, Ivory, Silk, Silvered bronze

3069
에밀-자크 룰만, Table, 1923경, 소재 Macassar ebony veneer with ivory inlay on mahogany

3070
에밀-자크 룰만, 'David-Weill' Desk, 1918~1919경
소재 Amboyna, Ivory, Sharkskin, Silk, Metal, Oak, Lumber-core plywood, Poplar, Walnut, Birch, Macassar ebony

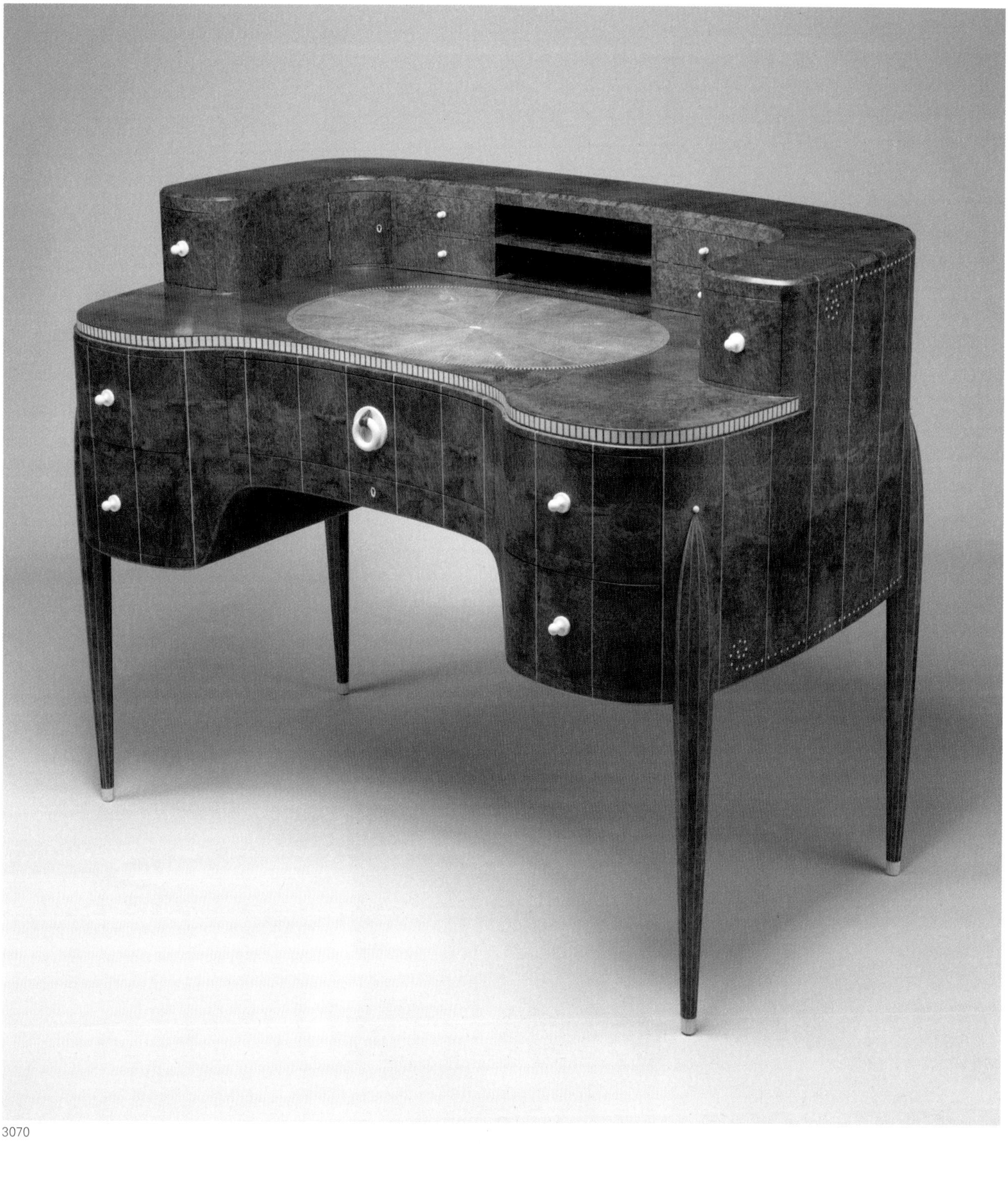

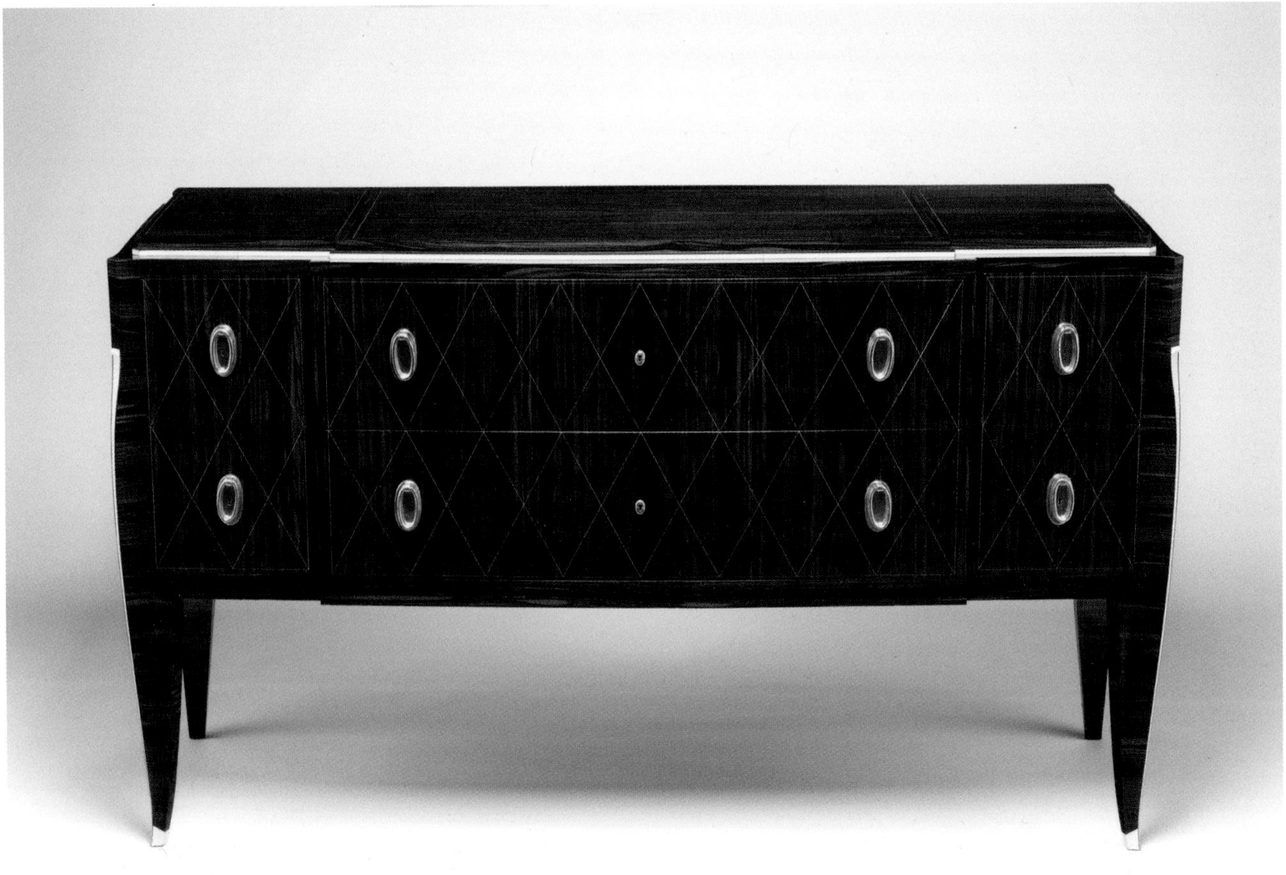

3071

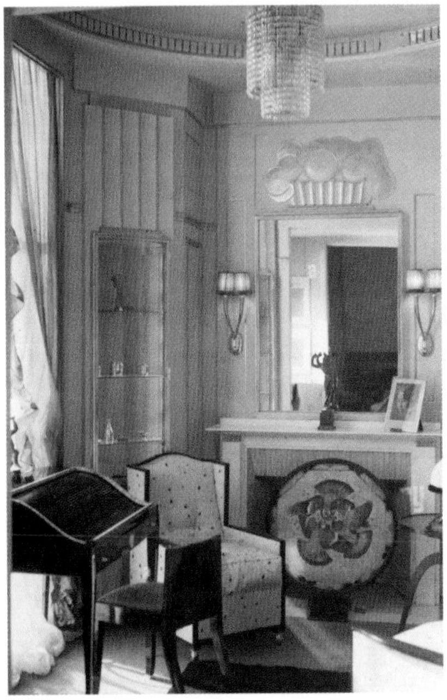

3072

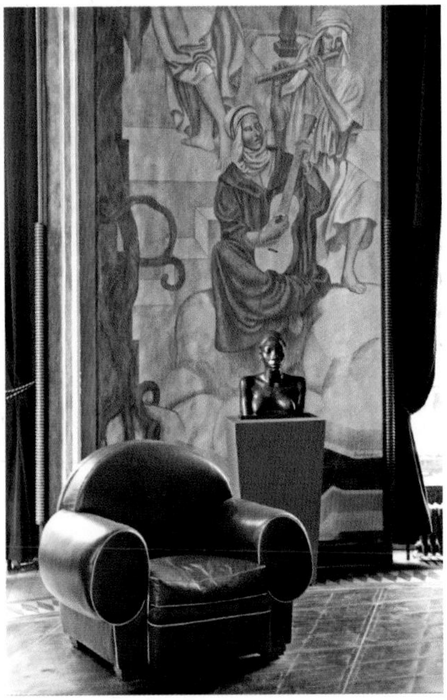

3073

3071
에밀-자크 룰만 Émile-Jacques Ruhlmann
'Lasalle' Commode, 1925경
소재 Macassar ebony, Ivory, Silvered bronze

3072
에밀-자크 룰만, Hôtel du Collectionneur의 내실, 1925

3073
에밀-자크 룰만, Le salon du Maréchal Lyautey, 1931

오늘날 CNHI(국립 이민사 역사관, Cité Nationale de l'Histoire de l'Immigration)에 속해 있는 구 식민지 궁전의 동쪽에 위치한 거실로, 이곳은 1927년의 식민지 박람회의 총감독인 마레셜 리요테Maréchal Lyautey의 모임 장소였다. 프레스코는 안드레와 이반나 르마트르 André et Ivanna Lemaître에 의해 제작되었으며, 가구는 에밀-자크 룰만의 작품이다.

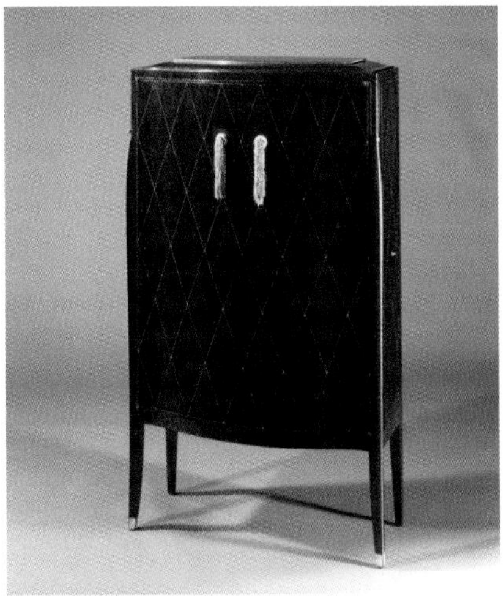
3074

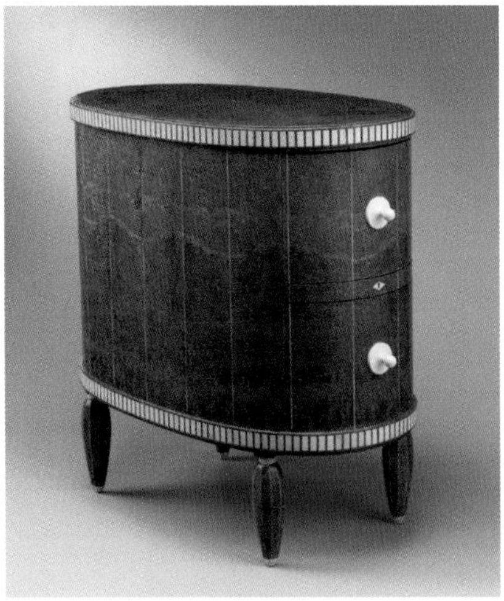
3075

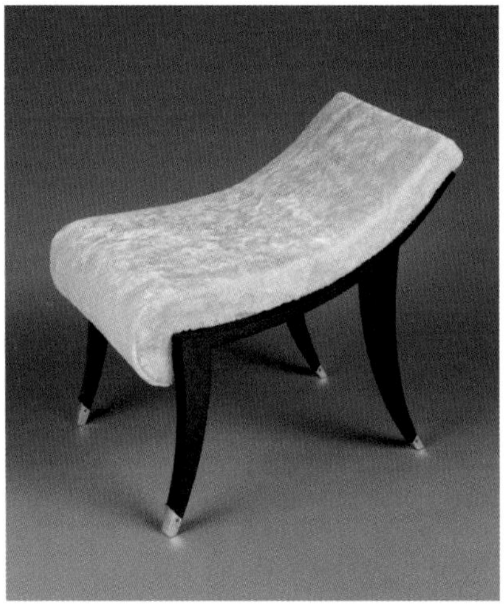
3076

3074
에밀-자크 룰만, Chiffonier, 1923경, 소재 Kingwood veneer with ivory inlay on mahogany

3075
에밀-자크 룰만, Cabinet, 1918~1919경, 소재 Amboyna, Ivory

3076
에밀-자크 룰만, 'Retombante' Stool, 1916~1918경
소재 Lacquered beech, Silvered bronze, Modern upholster

3077
에밀-자크 룰만, Corner Cabinet, 1923경, 소재 Kingwood veneer on mahogany, Ivory inlay

이 캐비닛은 상아 세공이 들어간 마호가니와 킹우드로 제작되었다. 앞면의 문에는 상아와 킹우드로 오벌 형태의 인레이 기법을 활용해 꽃병 모티프를 섬세하게 표현했다. 문의 가장자리는 점 모양의 상아 장식으로 마감했고, 케이스 상단 가장자리에도 치아 모양의 상아 인레이로 장식했다. 내부에는 세 개의 분리 가능한 마호가니 선반이 내장되어 있다.

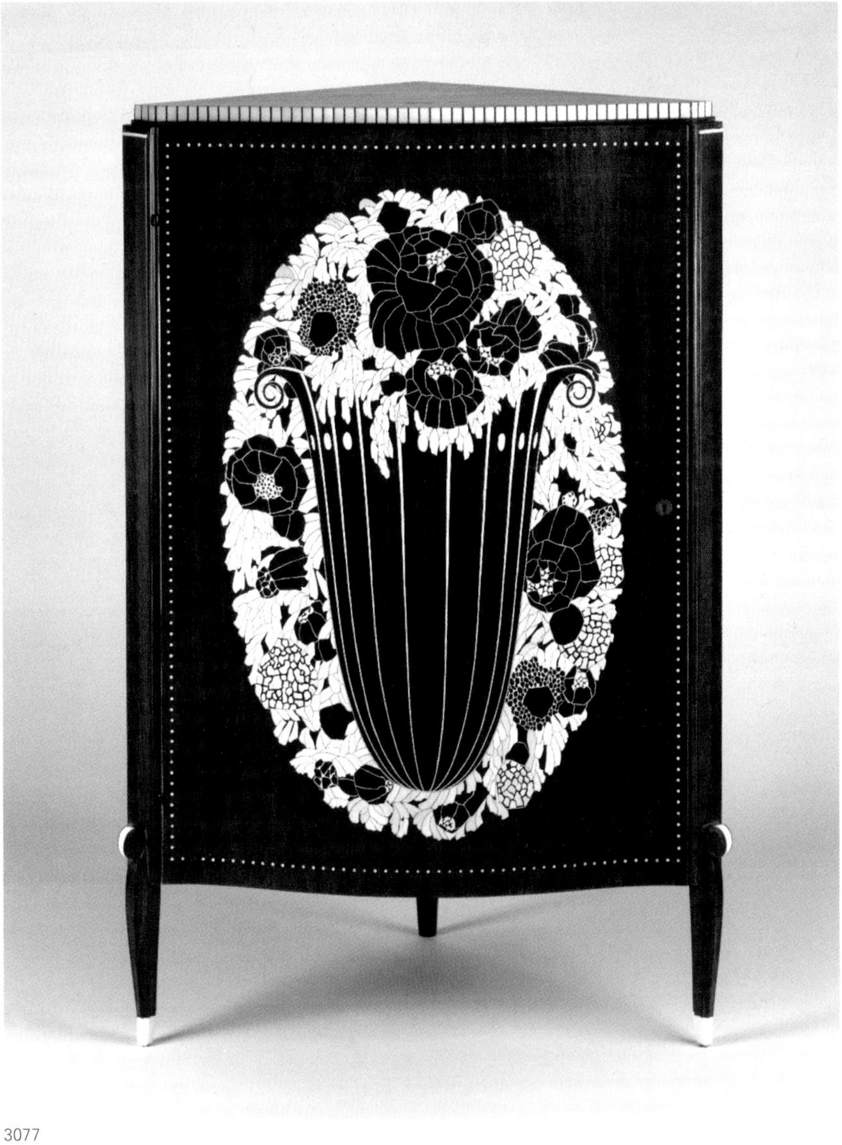
3077

앙드레 마레

André Mare, 1885~1932, 프랑스, 화가, 섬유 디자이너

앙드레 마레는 프랑스 아르데코 양식의 선구자로서, 그래픽 디자인부터 공간 디자인에 이르기까지 폭넓은 스펙트럼에서 자신의 예술적 비전과 양식적 깊이를 탐구하고 확장한 인물이다.
마레는 1912년 '큐비스트의 집La Maison Cubiste' 프로젝트에서 입체파의 영향을 받은 꽃무늬가 적용된 벽지, 가구, 카펫 등의 통합 디자인을 선보였다. 이 작업을 통해 전통적인 가구와 인테리어 디자인의 틀을 벗어나 초기 아르데코 스타일의 새로운 형태를 제시했다.
또한, 앙드레 마레는 건축가 루이 쉬에Louis Süe와의 협업을 통해 경력의 중요한 전환점을 맞이하게 된다. 두 사람은 다양한 인테리어와 건축 프로젝트를 함께 수행하며, 디자인 철학과 스타일을 더욱 폭넓게 확대시켰다. 이들은 '프랑스 예술 회사'를 공동 창립하며 아르데코 양식의 선두주자로 자리매김했고, 프랑스 대사관과 오션 라이너 '일 드 프랑스'의 그랑 살롱 인테리어와 같은 대규모 프로젝트에서 큰 영향력을 발휘했다.

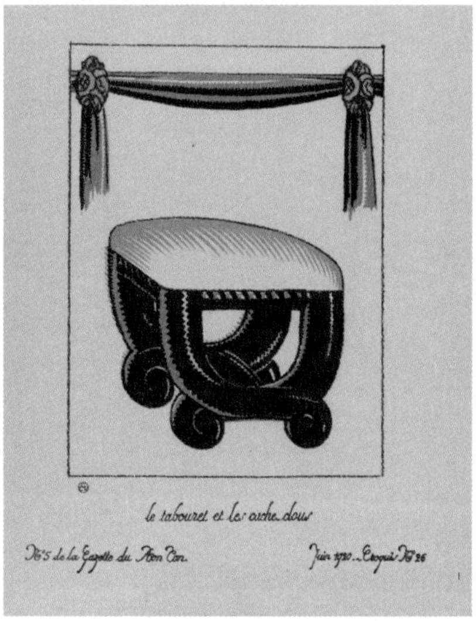

3078

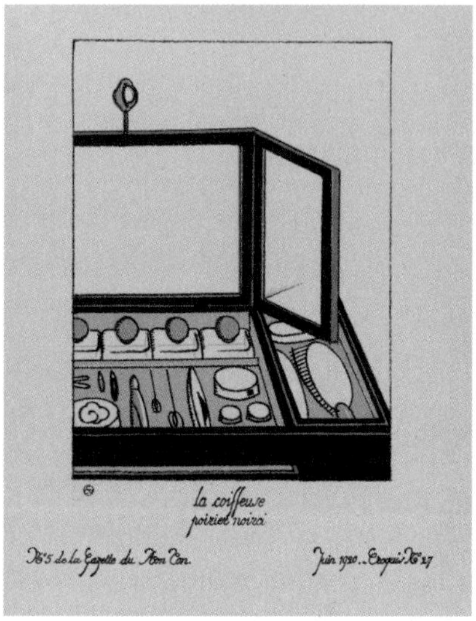

3079

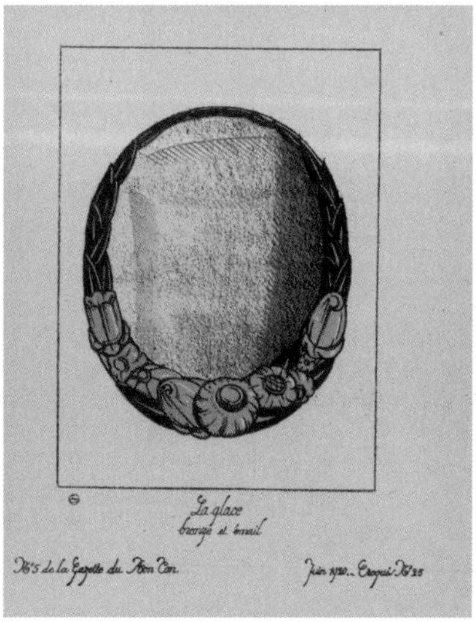

3080

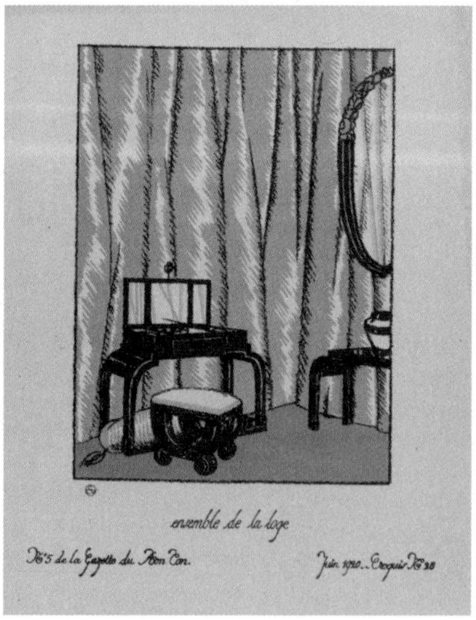

3081

3078, 3079, 3080, 3081
쉬에 와 마레 Süe et Mare, Furnishings and Interiors, 1920
La Gazette du Bon Ton, 1920 - No. 5, 출판 : Lucien Vogel

20세기 초 파리에서 출판된 고급 패션 잡지인 **「라 가제트 뒤 봉 통 La Gazette du Bon Ton」**에 소개된 '배우 로지의 인테리어'라는 제목의 스케치 시리즈이다.

3078
스툴과 커튼 장식

3079
화장대

3080
동판에 에나멜로 장식된 꽃 모양의 거울

3081
화장대, 스툴, 거울, 테이블, 커튼이 있는 분장실

3082
폴 폴로 Paul Follot, Gland Salon, 1925

1925년 파리박람회의 르 봉 마르셰 백화점을 위해 전시된 그랜드 살롱으로, 양식화된 꽃무늬 카펫과 진열장, 벽의 상부에 대담한 장식으로 꾸민 공간이다.

3083
폴 폴로, 1925년 파리박람회에서 '파빌리온 포몬' 구역의 식당 공간 장식이다.

3084
앙드레 그룰트 André Groult, 가구, Cassettone Antropomorphe, 1925경

이 서랍장은 아프리카 조각에서 영향을 받은 형태로, 18세기 Bombe Chest를 변형한 서랍장이다. 서랍장 외부를 자연 상어 가죽으로 마감했다.

3085
앙드레 그룰트, 침실 디자인, 1920~1930년대

1925년 파리박람회의 '프랑스의 대사관의 방'에 있는 마담의 침실로 분홍색 벨벳 장식품과 소이 스티치(실크 스티치)로 벽을 장식했다.

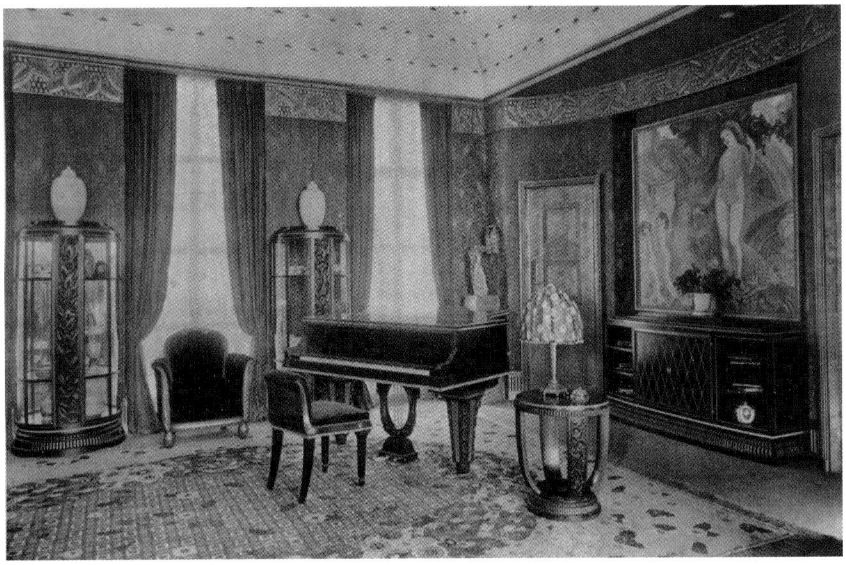

3082

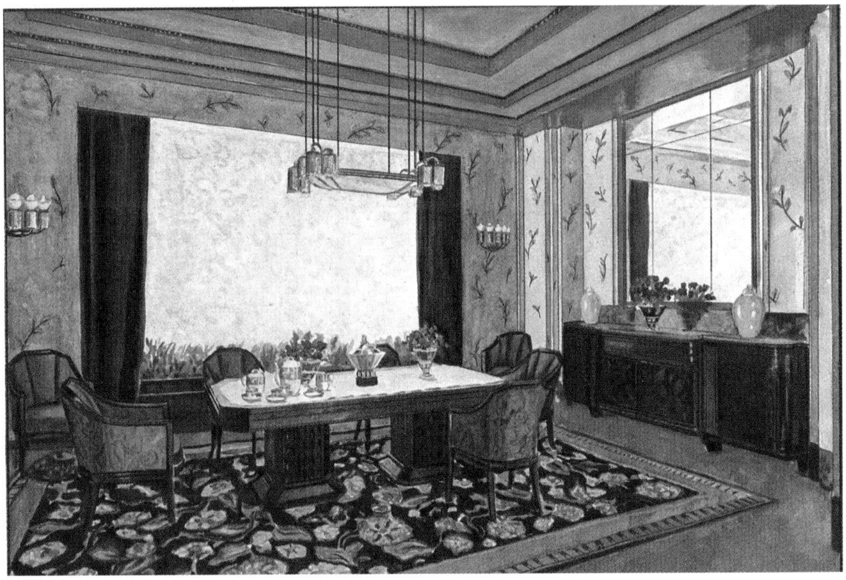

3083

폴 폴로

Paul Follot, 1877~1941, 프랑스, 디자이너

폴 폴로는 1900년대 초 파리의 아르누보 스타일 전문점 '라 메종 모더네'에서의 디자인 경력을 시작으로, 1910년대에는 자신의 장식 회사를 설립해 고급 주택, 호텔, 크루즈선 디자인으로 명성을 쌓았다. 제1차 세계대전 이후, 르 봉 마르셰 백화점과의 협력으로 고급스러움과 대중성을 겸비한 대중적인 가격의 베스트셀러 가구를 디자인했다. 1925년 파리박람회에서 아르데코 양식의 포모네 파빌리온을 디자인했으며, 1930년대에는 노르망디 여객선의 실내 장식으로 작업의 영역을 확장했다. 폴 폴로는 '필수적인 것'과 '불필요한 것' 사이에서 균형을 찾으려 했으며 기능적인 디자인과 감각적 아름다움의 융합을 추구했다.

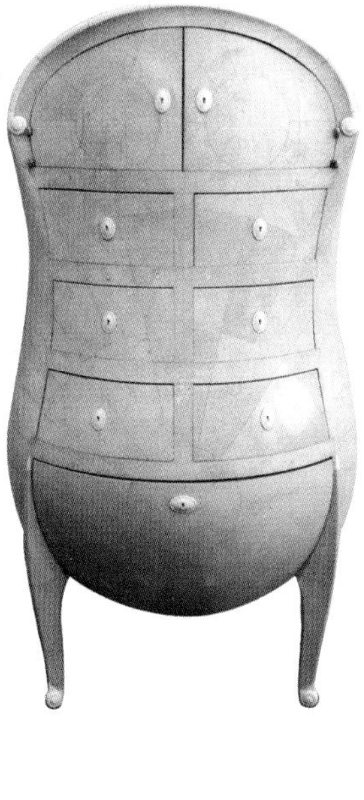

3084

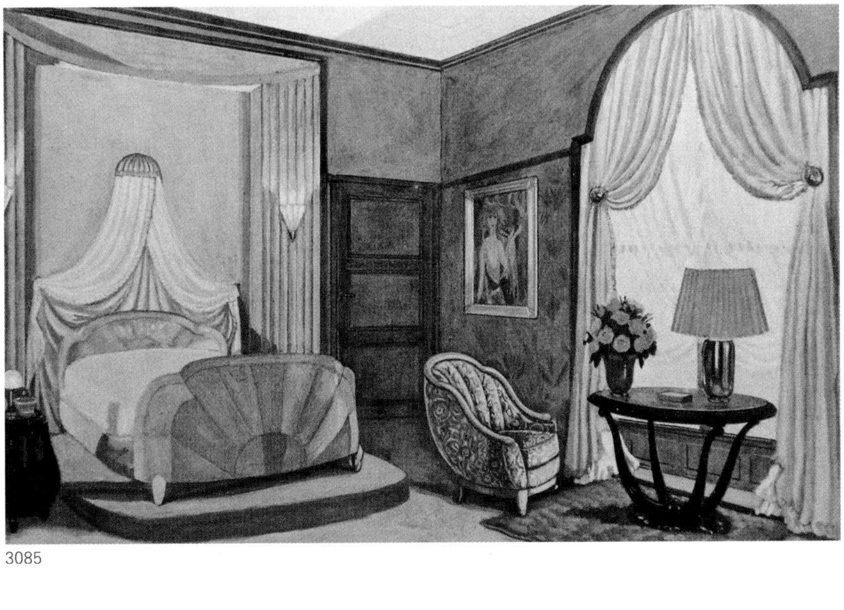

3085

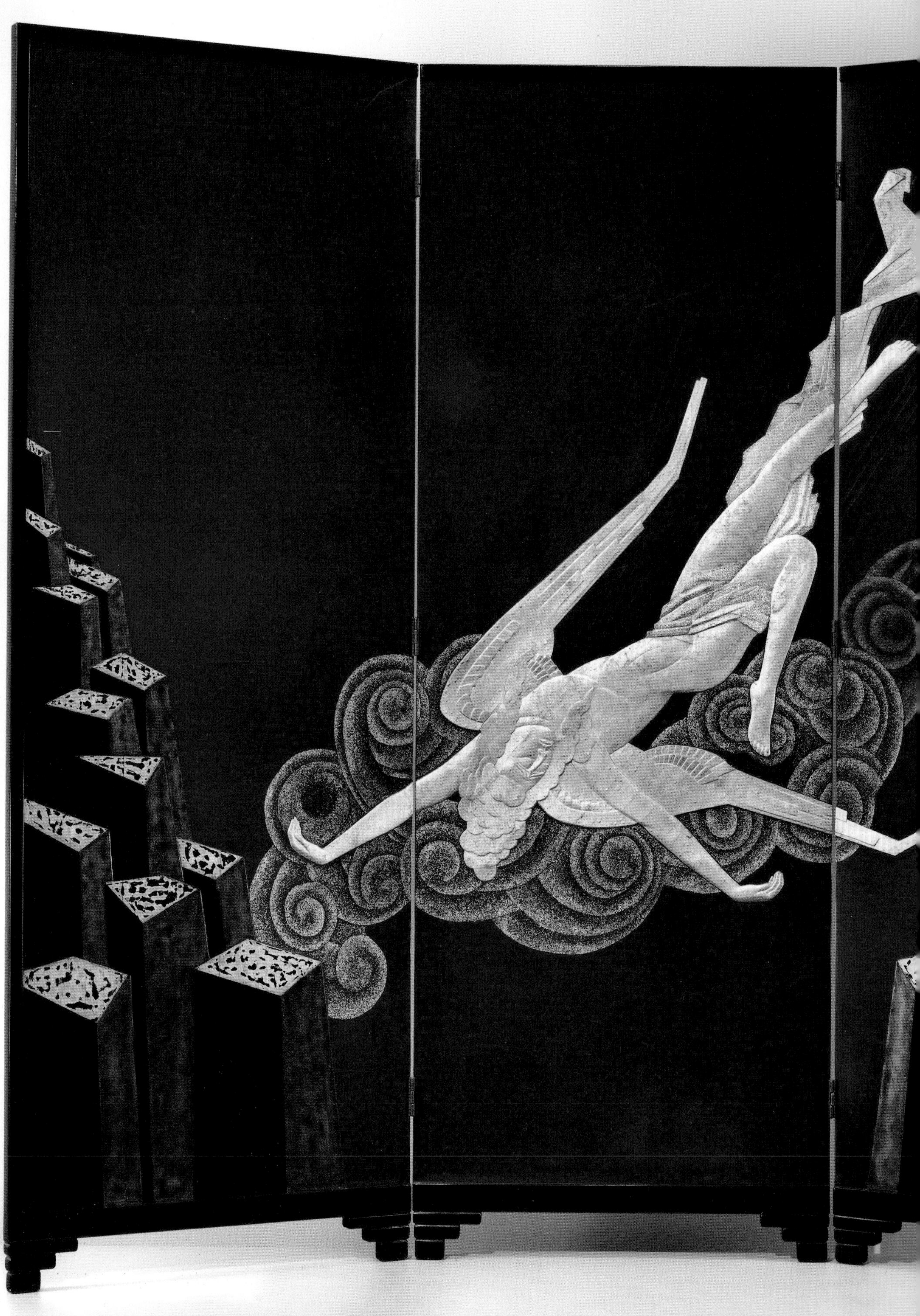

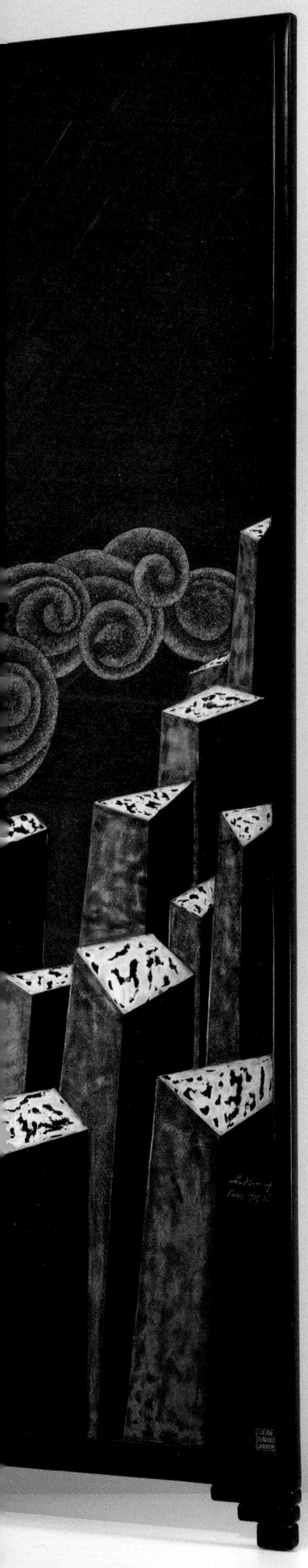

3086, 3087
장 뒤낭 Jean Dunand
Screen 'Pianissimo', 'Fortissimo' 1925~1926
소재 Lacquered wood, Eggshell, Mother-of-pearl, Gold

예술 수집가인 솔로몬 R. 구겐하임의 롱아일랜드 포트 워싱턴 주택의 음악실을 위해 제작된 'Pianissimo'와 'Fortissimo'라는 이름의 스크린 작품이다. 음악 용어에서 명명한 이 작품은 조각가 세라핀 수드비닌Séraphin Soudbinine의 바릴리프 조각과 장 뒤낭의 래커 공예의 협업으로 탄생했다.

장 뒤낭은 실용적인 목적으로 칠을 이용하기 시작했으나, 제1차 세계대전 이후에 래커 작업에 더욱 몰두하여 스크린이나 병풍의 래커 공예가 그의 대표적인 작품이 되었다. 그는 일본 미술과 공예품, 자연물에서 영감을 받은 모티프를 양식화하여 장식했으며, 1919년경부터는 입체파에서 영향을 받은 기하학적인 무늬에 심취하여 작품을 제작했다.

'바릴리프Bas-relief'는 프랑스어에서 유래한 용어로, 조각 등을 통해 이미지가 배경으로부터 약간 돌출된 3차원 형태의 아트워크를 의미한다. 이 기법은 조각된 이미지가 배경과 비교적 낮은 깊이로 구분되어 있어, 부조(浮彫)라고도 불린다.

장 뒤낭

Jean Dunand, 1877~1942, 스위스
금속 공예가, 디자이너

장 뒤낭은 스위스 출신의 금속 공예가이자 디자이너로, 동양의 칠공예 기술과 프랑스의 전통 공예, 아르누보 스타일을 조화롭게 융합한 작품으로 유명하다. 그는 금속부터 목재, 칠기 공예에 이르기까지 다양한 소재를 사용하며, 장식과 색감에 대한 깊은 이해를 바탕으로 독창적인 작품을 창조했다. 특히, 동물과 식물의 형태를 기하학적이고 비대칭적인 형태로 추상화하여 다채로운 색상으로 표현하는 칠공예 기술에서 독보적인 인물로 평가받는다. 1912년경, 뒤낭은 아일린 그레이와 동일하게 일본의 래커 작가 세이조 스가와라에게 래커 기술을 배우기 시작했고, 이후 이 기술을 자신의 장식 패널과 스크린 제작에 활용하여 자신만의 예술 언어로 발전시켰다. 래커 작업은 에밀-자크 룰만, 피에르 로랑과 같은 당대의 유명한 디자이너들의 작품에 장식적인 요소로 사용되기도 했다. 1925년 국제 장식미술산업박람회에서 아르데코 프랑스 대사관 부문의 흡연실 디자인으로 명성을 얻었으며, 대형 선박업체인 수드-아틀란티크Compagnie Sud-Atlantique의 의뢰로 아틀란티크 호Atlantique와 노르망디 호Normandie 등의 대형 정기선의 대형 래커 패널과 가구 디자인 등으로 국제적인 주목을 받았다.

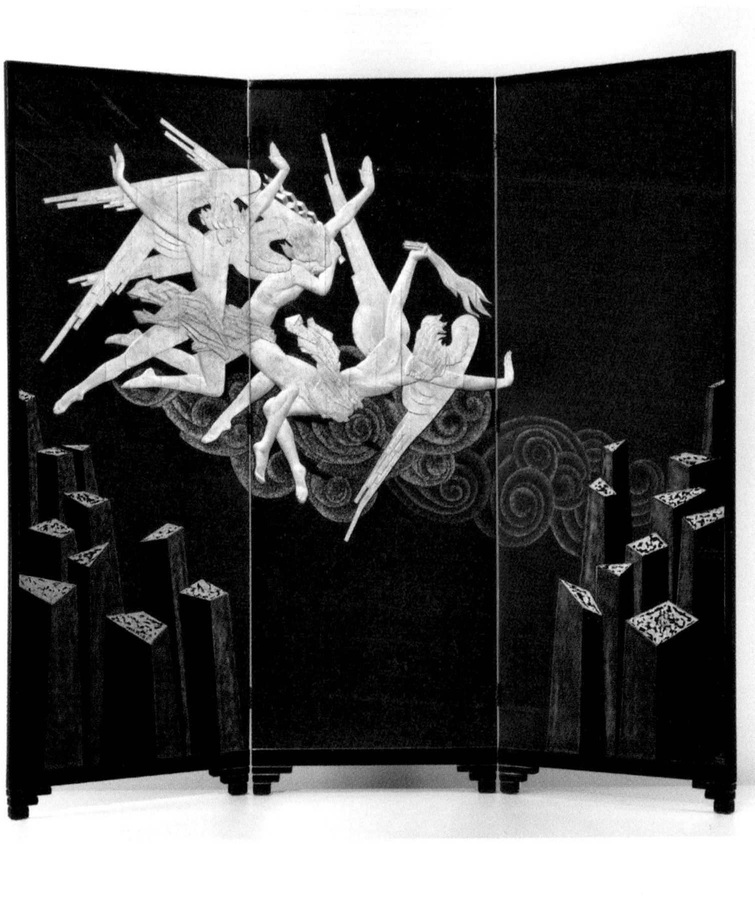

3087

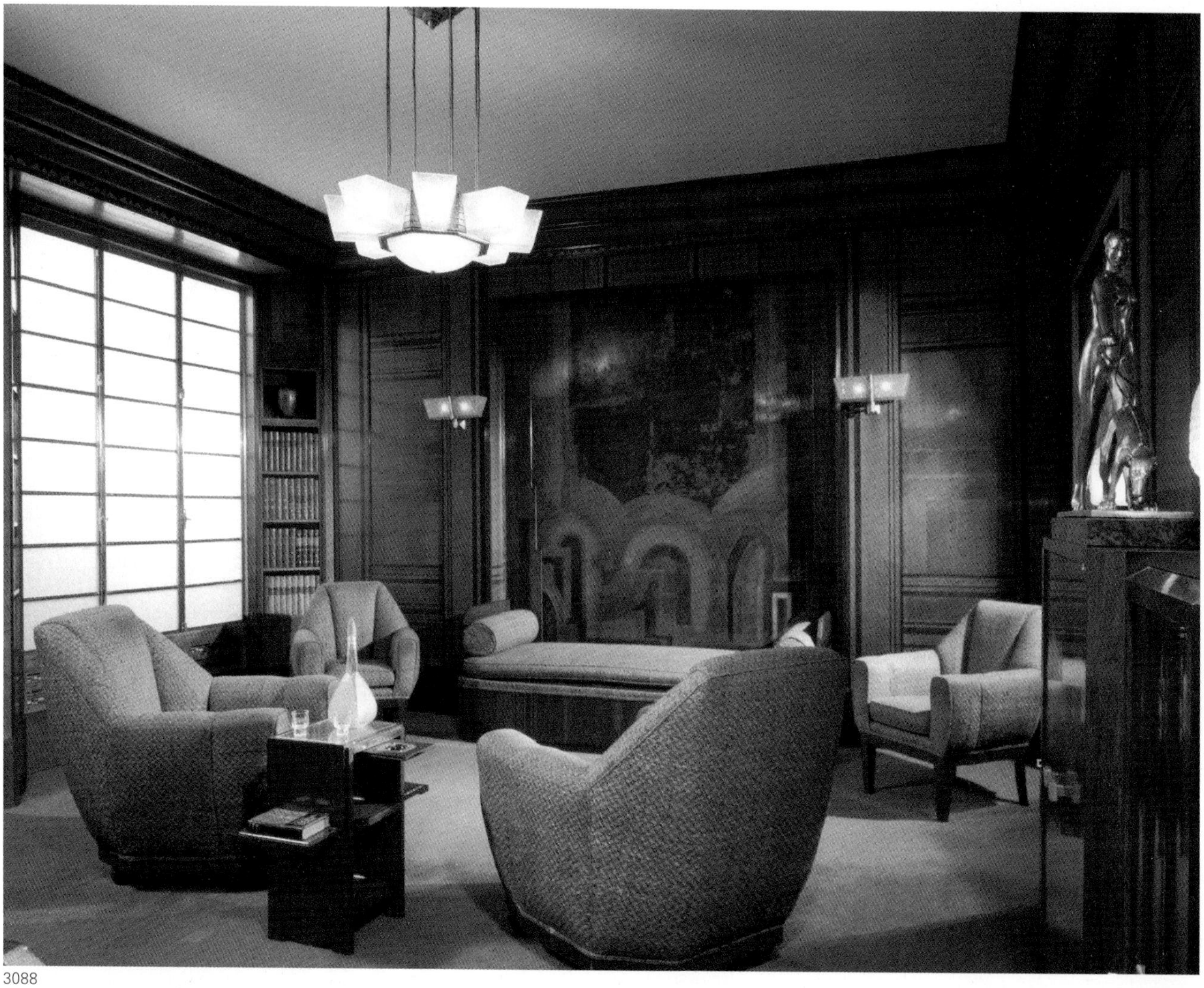

3088

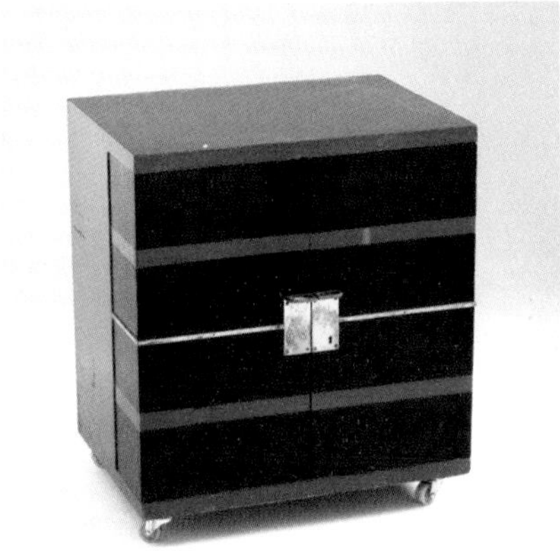

3089

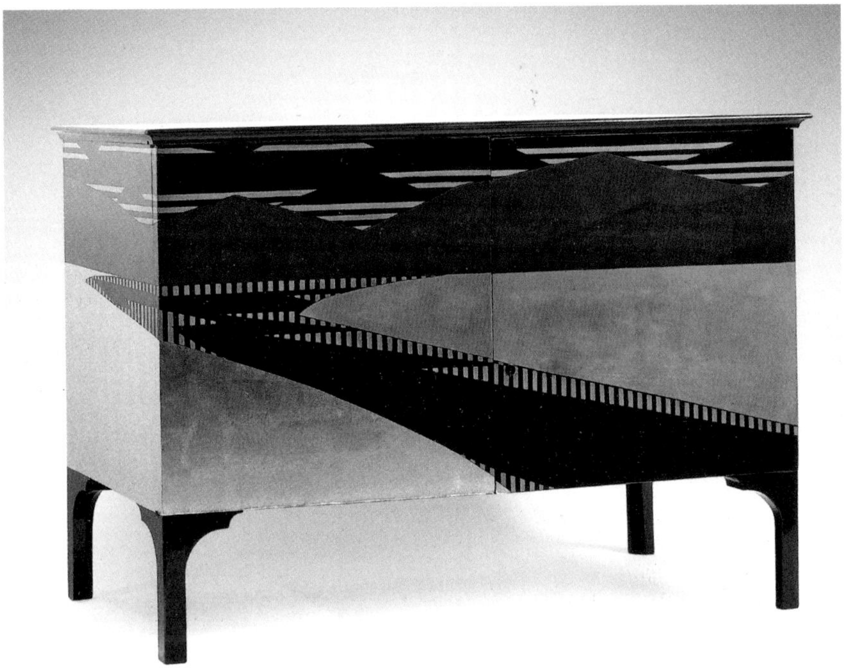

3090

3088
Alavoine of Paris and New York, 1928~1930경
Weil-Worgelt Study
소재 Lacquer, Glass, Leather, Veneered panels

파리의 장식 회사 Alavoine가 상류층 고객을 위해 디자인한 연구실 프로젝트이다. 기하학적 형태로 마감된 패널은 팔리산더와 올리브나무, 화목을 사용했으며, 헨리 레다르와 장 뒤낭이 협업한 추상 래커 패널로 장식했다.

3089
아르네 코르스모 Arne Korsmo, Dressing Table, 1930경

3090
장 뒤낭 Jean Dunand, 서랍장, 1921
검은색을 기반으로 원색의 래커 마감과 패턴으로 제작된 서랍장

3091
장 뒤낭, 테이블, 1925경, 소재 Lacquered wood, Eggshell

이 테이블은 장 뒤낭의 공예 기술과 아르데코 스타일에 대한 깊은 이해를 보여주는 작품으로, 원목에 광택이 나는 래커 칠과 알 껍질로 제작되었다. 선명한 색상과 광택이 나는 마감, 기하학적인 형태는 아르데코의 전형적인 특징이다.

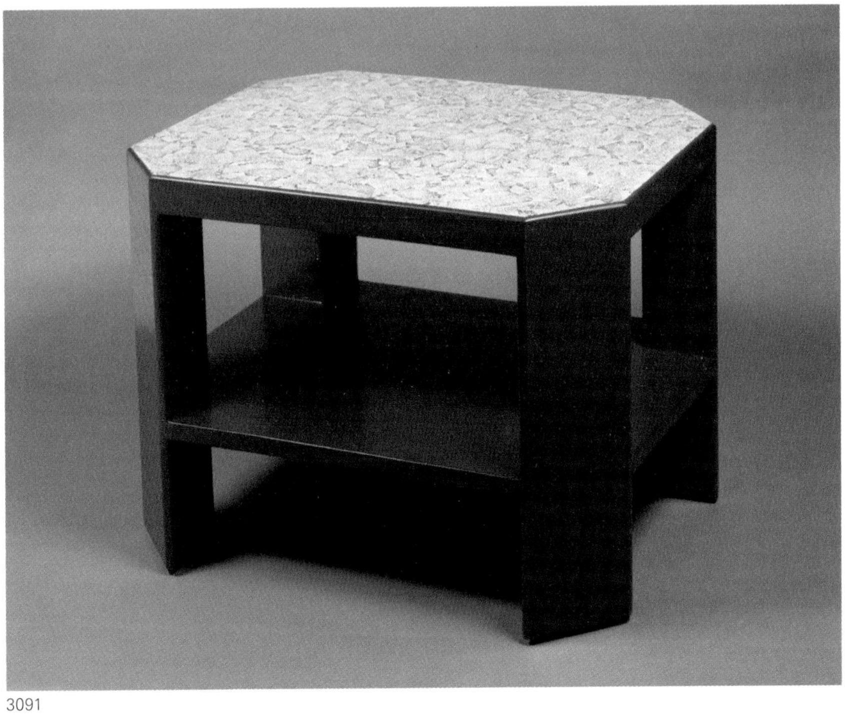

3091

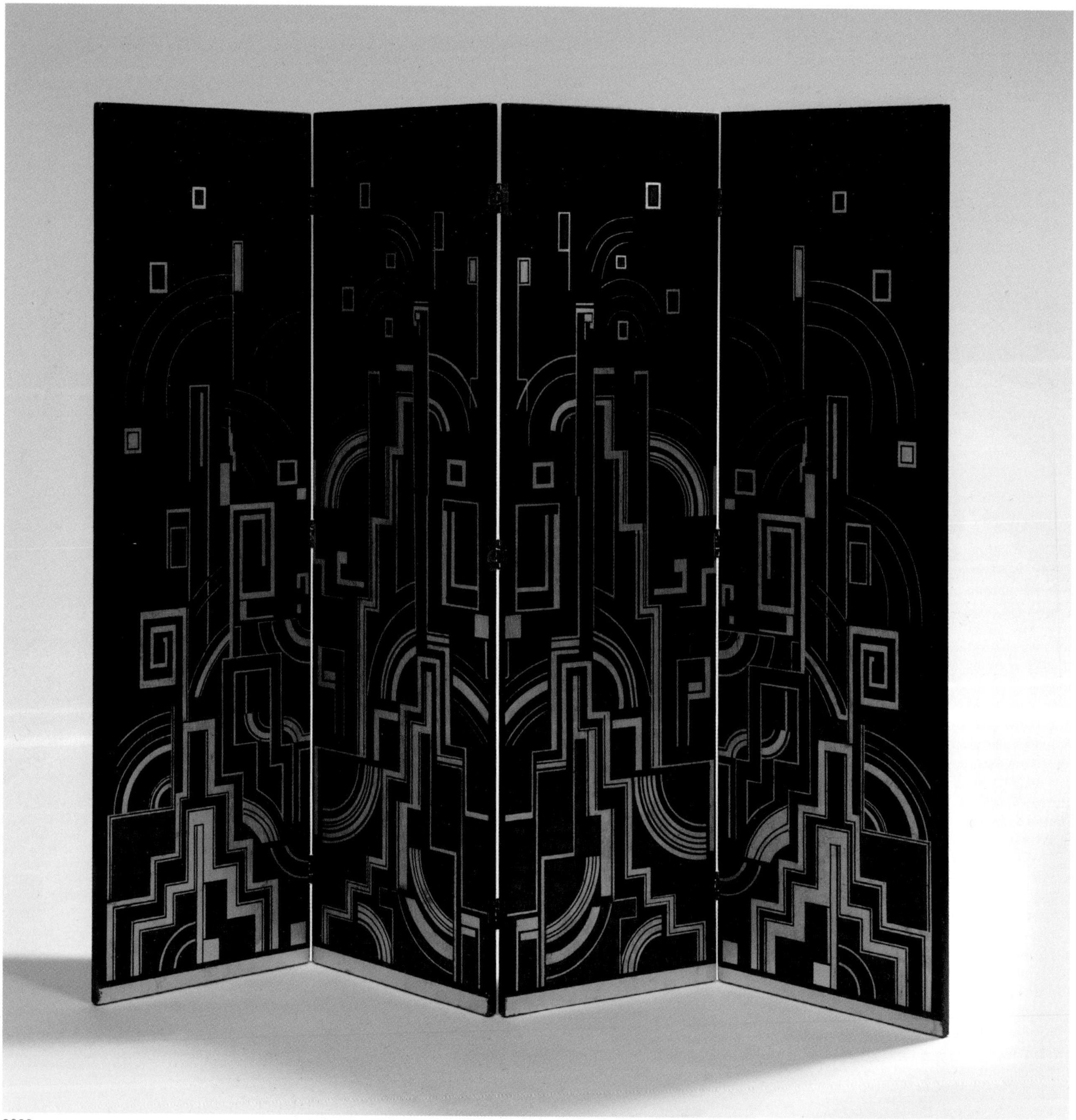

3092

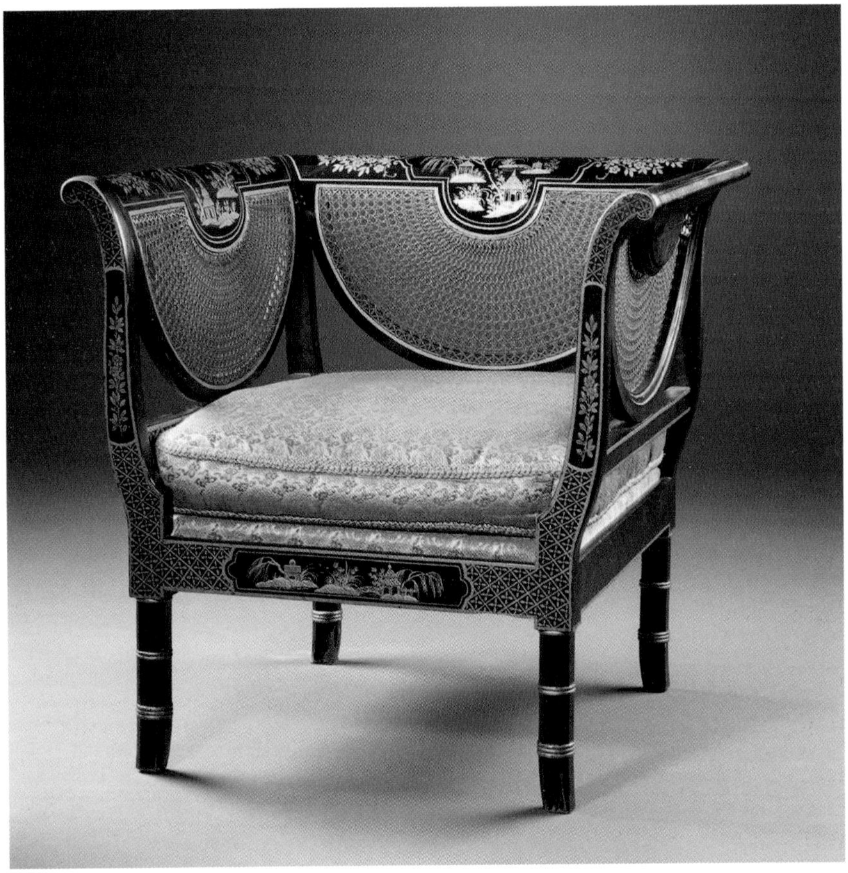
3093

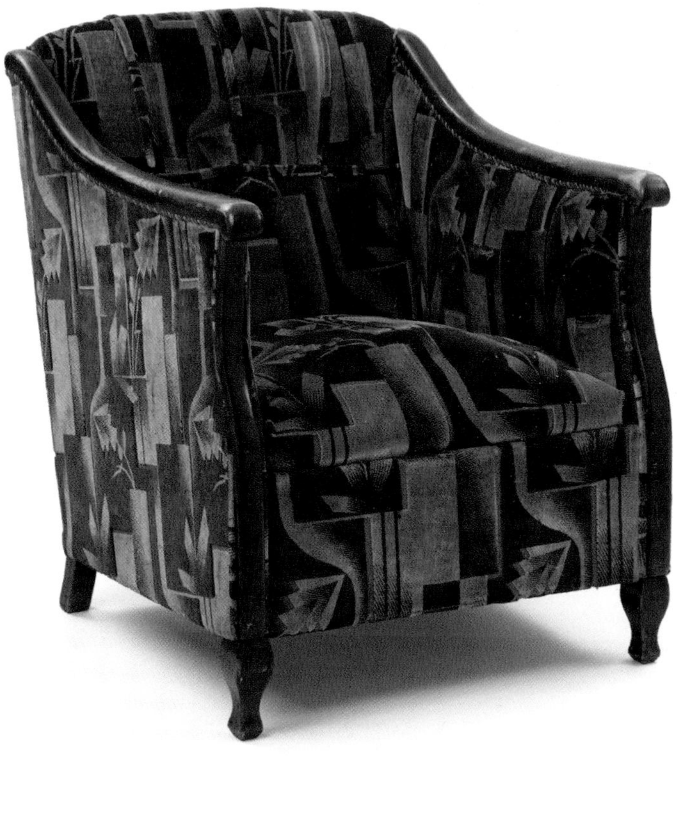
3094

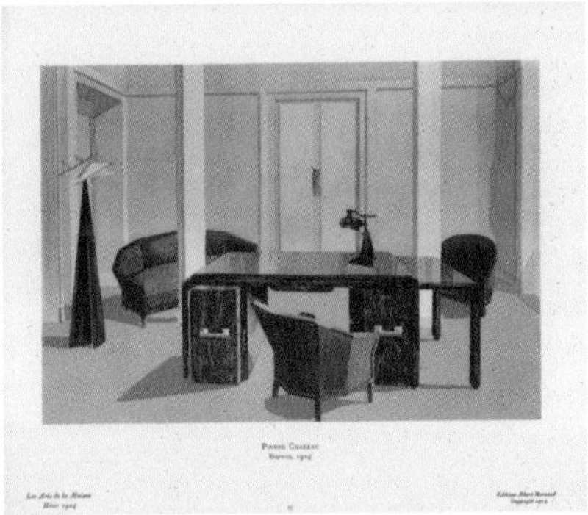
3095

3092
가스통 스위스 Gaston Suisse, 스크린, 1925경
검은색 래커, 흑연 인레이, 은색 래커의 추상 기하학적 장식

3093
셰퍼 달 Sheffer Dahl
Arm Chair, 1924, 제조사 Brødrene Ollendorff
검은색 래커와 장식 프레임, 자작나무 위빙, 실크 쿠션

3094
작가 미상, Arm Chair, 1930경

3095
피에르 샤로 Pierre Chareau, 회의실, 1924
피에르 샤로는 건축학적 지식을 살린 가구를 디자인했으며, 회의실 스케치에 그의 대표작인 산호 모티프의 목재 팔걸이의자가 있다.

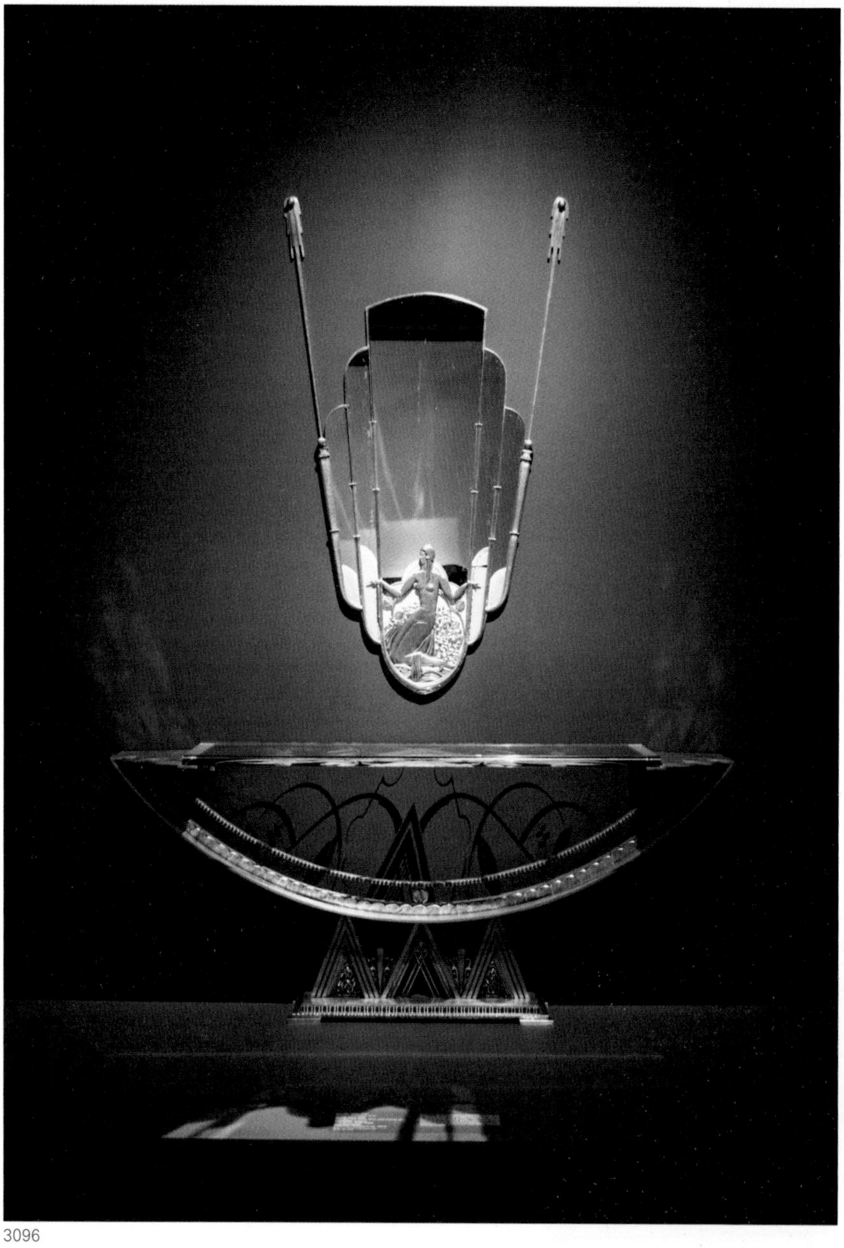

3096

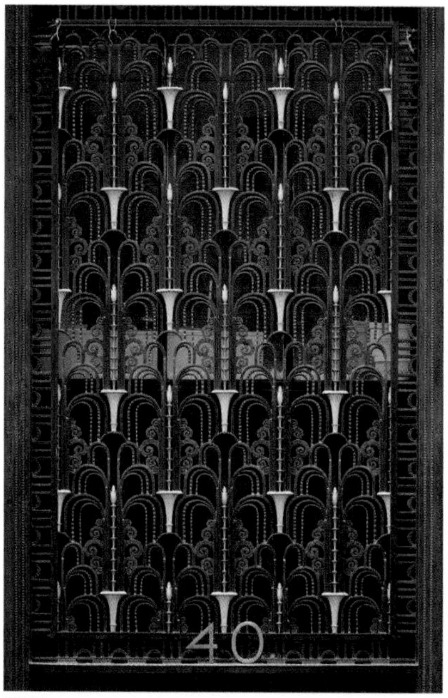

3097

폴 페헤르

Paul Fehér, 1898~1990, 미국 (헝가리 출생)
예술가, 디자이너

폴 페헤르는 헝가리의 부다페스트 산업 예술 아카데미에서 미술 교육을 받은 후, 더 깊은 예술적 경험을 추구하며 파리로 이주했다. 그는 파리에서 프랑스 최고의 금속 세공사인 폴 키스Paul Kiss 밑에서 일하며 금속 작업 기술과 예술적 비전을 확립했다.

페헤르는 파리에서의 경력 이후, 새로운 기회를 모색하며 다시 미국으로 이동했고, 클리블랜드 마틴 로즈Martin Rose의 디자이너로 합류했다. 그는 미국에서 아르데코 스타일의 금속 작업 분야에서 괄목할 만한 업적을 남겼으며, 자신의 예술적 지평을 넓히고 미국 금속 공예에 아르데코 스타일을 도입하는 데 결정적인 역할을 했다.

3096
폴 페헤르 Paul Fehér, Console Table and Mirror, 1930

폴 페헤르가 디자인하고, Rose Iron Works가 제작한 콘솔 테이블과 거울 작품으로 단철, 황동, 은, 금 도금, 유리를 사용했다.

3097
Ferrobrandt 디자인 (프랑스 금속 가공회사)
Cheney Silk Company Building의 그릴, 1925

3098
폴 페헤르
Screen 'Muse With Violin', 1930, Rose Iron Works 제작

이 스크린은 유명 재즈 가수 조세핀 베이커Josephine Baker를 연상시키는 인물을 중심으로, 기하학적 패턴과 스타일화된 추상적인 자연 모티프를 금속 작업으로 표현한 작품이다.

3099
에드가 브란트 Edgar Brandt, Screen 'Oasis', 1925

'Oasis'라는 제목의 이 스크린은 1925년 파리 국제 장식미술산업 박람회를 위해 제작되었다. 에드가 브란트의 기술적인 마스터리와 예술적인 아름다움을 결합시킨 작품으로 철과 구리를 사용했다.

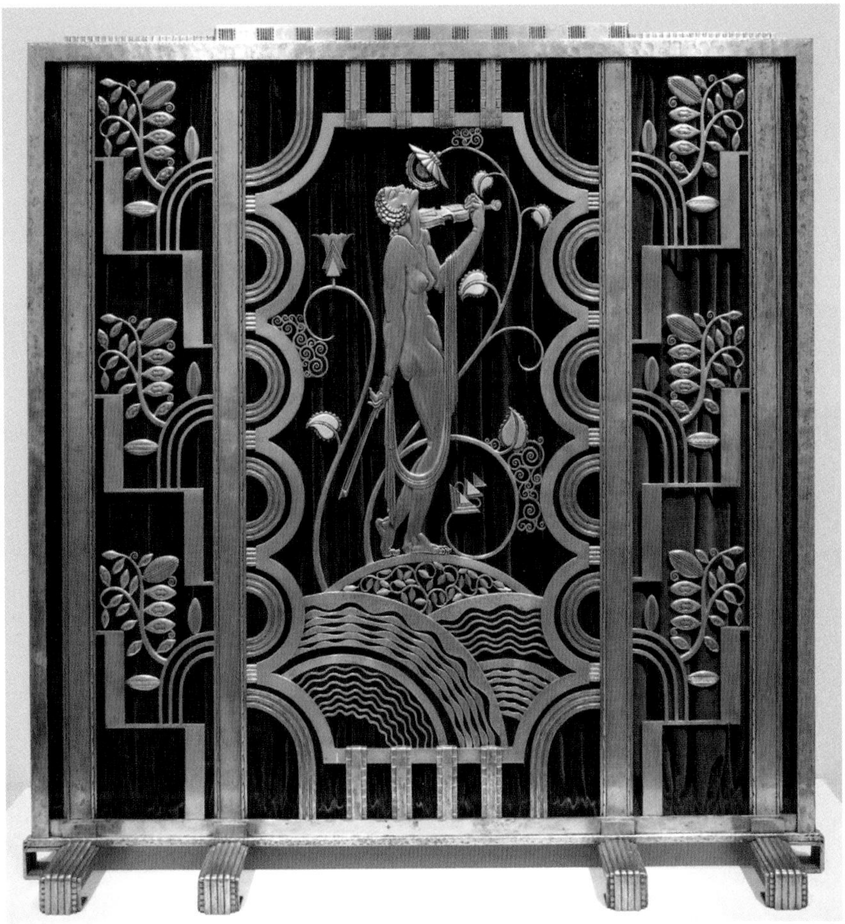

3098

에드가 브란트

Edgar William Brandt, 1880~1960, 프랑스
금속 공예가

에드가 브란트는 프랑스의 금속 공예가로, 1925년 파리 국제박람회에서 건축가 앙드레 벤트르와 함께 '라 포르트 드 오너' 입구 문을 디자인했다. 이 작품은 그의 예술 철학과 기술력을 널리 알리며, 그에게 세계적인 명성을 안겨준 계기가 되었다. 또한, 그의 작품 'L'Oasis' 스크린은 고대 일본 래커 스크린에서 영감을 받은 철공예 작품으로, 고대 장식 모티프의 전통적인 요소를 기계적인 현대적 디자인과 결합시킨 걸작이다.
에드가 브란트는 주얼리 디자이너로 경력을 시작했으며, 점차 대규모 공공 프로젝트로 작업 범위를 넓혀갔다. 제1차 세계대전 이후, 그는 프랑스 전역에 설치된 여러 전쟁 기념물 디자인에 참여하며, '프랑스의 불멸의 군인' 작품을 통해 국가의 역사와 기억을 보존하는 미술 작품의 중요성을 강조했다. 1920년대 후반에는 그의 작업 영역을 파리의 명품 백화점, 호텔, 그리고 프랑스 전역의 기관 및 공공건물로 확장했으며, 아르데코를 프랑스 문화의 중요한 부분으로 자리매김하는 데 큰 역할을 했다.

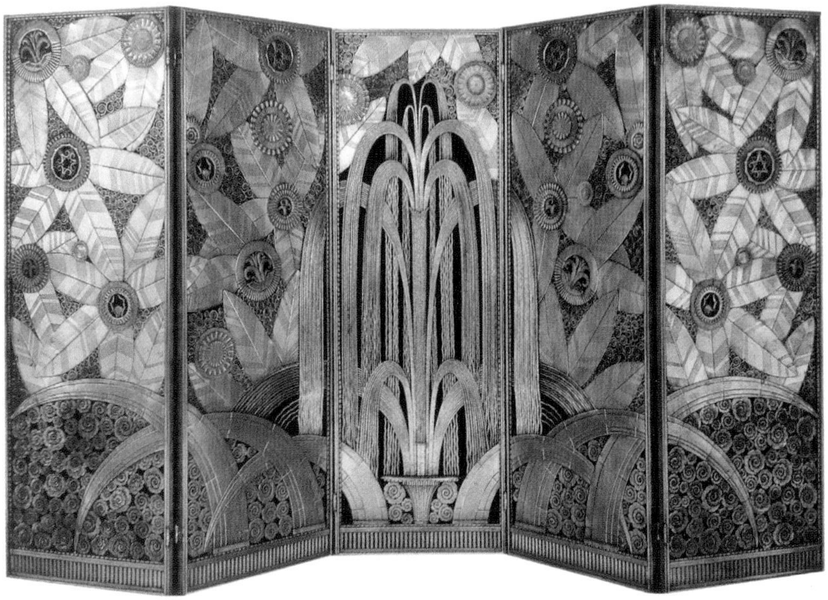

3099

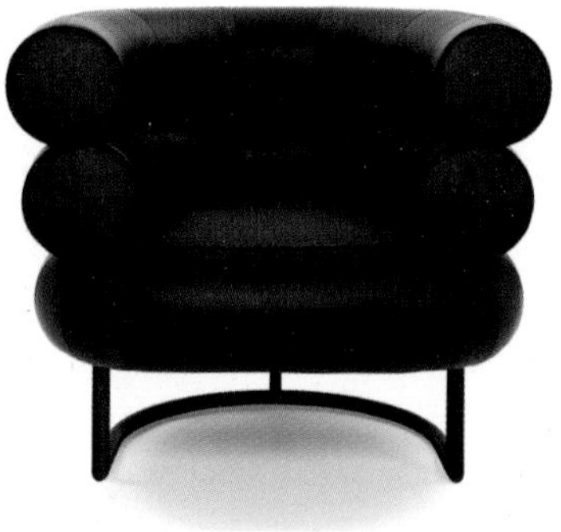

3100

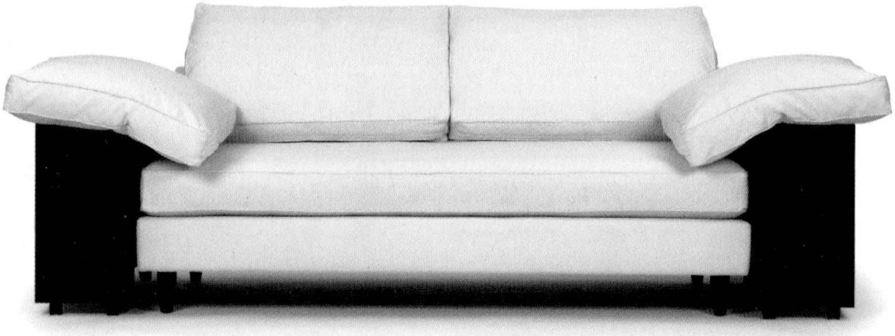

3101

3100
아일린 그레이 Eileen Gray, Bibendum Arm Chair, 1926

3101
Lota Sofa, 1924

아일린 그레이는 마담 마티유-레비의 파리 루 드 로타(Rue de Lota) 아파트 인테리어 프로젝트를 수행하면서 여러 가구를 함께 디자인했다. 이 프로젝트에서 모데른 스타일의 로타 소파, 검은색과 은색 래커 패널을 디자인했다.

3104
아일린 그레이, Brick Screen과 Lota Sofa가 있는 인테리어

3102
Dragon Chair, 1917~1919

드레곤 체어는 아일린 그레이의 대표적인 아르데코 작품이다. 사진의 의자는 이브 생로랑과 그의 파트너인 피에르 베르제의 컬렉션 중 하나로 2009년 2월 크리스티 경매에서 2,830만 달러에 판매되었다. 이 낙찰가는 20세기 장식 예술 작품 가운데 경매에서 가장 높은 가격으로 당시로는 경이로운 금액이었다.

3103
수잔 탈보의 아파트를 위해 디자인한 거실, 1919~1922경
아일린 그레이는 드레곤 체어, 비벤둠체어와 함께 그녀의 트레이드 마크인 동물 가죽으로 이국적인 향취의 공간을 연출했다.

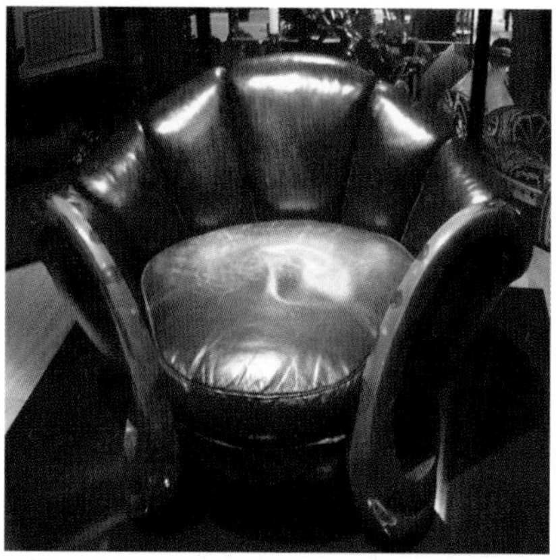

3102

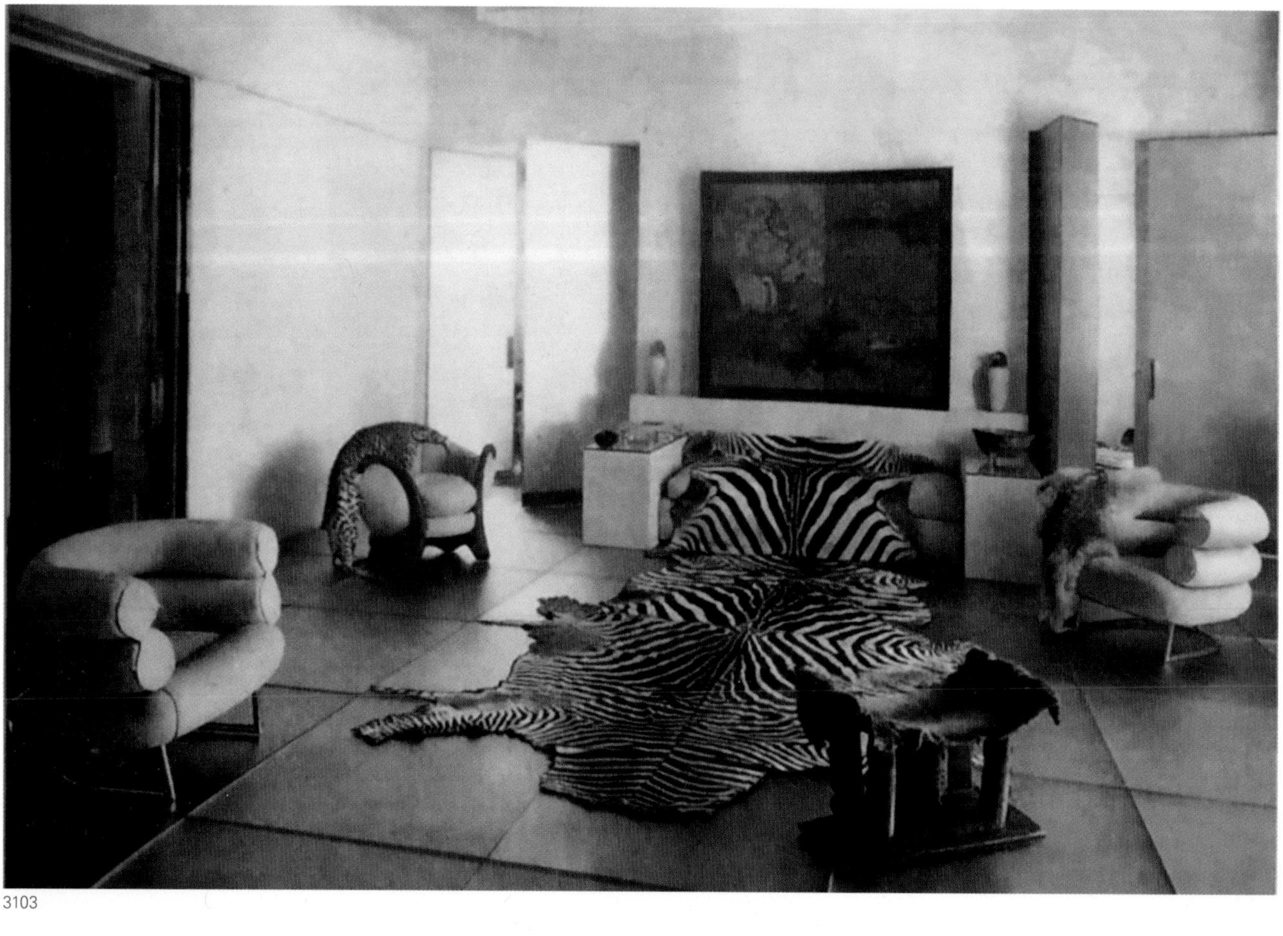

3103

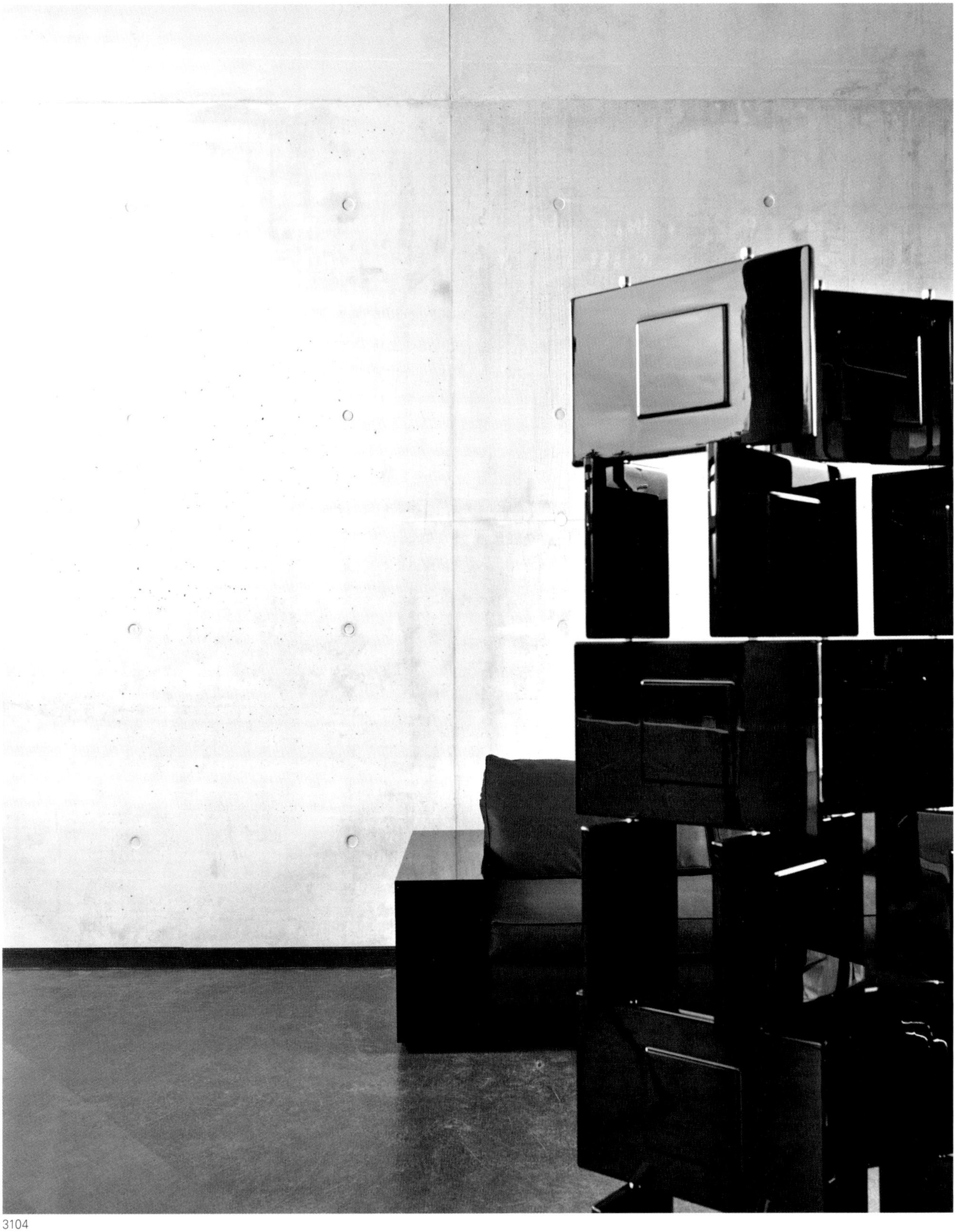

아르데코의 공예와 제품
Art Deco Crafts and Products

공예품과 일상용품 분야에서의 초기 아르데코 양식은 일부 소수층을 위한 전통적인 수공예 기법과 고급 소재를 사용한 은제품, 보석류, 유리 제품 같은 고급품 위주로 제작되었다. 그러나, 1920년대 양식적 전성기에 접어들면서 조명, 도자기, 금속공예, 직물 등 실용적인 일상용품에도 아르데코 양식이 적용되었다. 이 시기는 기하학적 패턴과 선명한 색채의 대비가 강조되고 다양한 재료의 실험적인 시도가 확대되었다.

아르데코 양식이 전 세계적으로 유행한 1930년대에 들어서며 더욱 단순화되고 실용적으로 변모했다. 대공황의 영향으로 플라스틱 같은 합리적인 재료와 대량생산이 가능한 디자인이 선호되면서 아르데코 양식은 대중적인 스타일로 자리 잡았다. 아르데코 양식은 공예품과 일상용품에 있어서 장식 예술과 현대 디자인 사이에서의 가교 역할을 하며, 대중의 생활 수준을 상향시키고 디자인의 대중화에 기여했다.

공예 분야의 장 뒤낭은 일본인 스승과 동양의 작품에서 영향을 받았으며, 아시아와 아프리카의 예술에서 영감을 받은 패턴과 완성도 높은 작품으로 상류사회에서 큰 사랑을 받았다. 르네 랄리크는 동시대의 모티프를 데미-크리스털 기법으로 구현한 독보적인 유리 공예가로 대형 여객선부터 프랑스 철도의 1등석 슬리핑카와 같은 고급 이동 수단까지 그의 유리 공예 작품으로 장식되었다. 노먼 벨 게디스는 뉴욕의 마천루에서 영감을 받아 초고층 건물을 연상시키는 칵테일 세트 디자인으로 아르데코의 현대적이고 진취적인 이미지를 강조했다.

1930년대에는 미국의 1세대 산업디자이너들을 중심으로 스트림라인이 특징인 모데른 스타일이 유행했다. 유선형은 속도, 근대성을 내포하는 기계시대의 상징으로, 공기역학적인 기능면에서도 성능을 향상시킬 수 있었기에 자동차, 기차, 비행기 등 교통수단의 디자인에 영향을 주었다. 유선형의 형태는 평범한 일상용품과 가전제품 등 산업 디자인 전반에 유행처럼 번졌다. 산업 제품은 이전의 장식적인 디자인에서 벗어나 유연하고 매끈한 형태로 전환되었으며, 주조가 가능한 알루미늄, 크롬, 베이클라이트 등의 재료는 자동차부터 라디오, 전화기, 카메라 등 가정용품에 이르기까지 광범위하게 활용되었다.

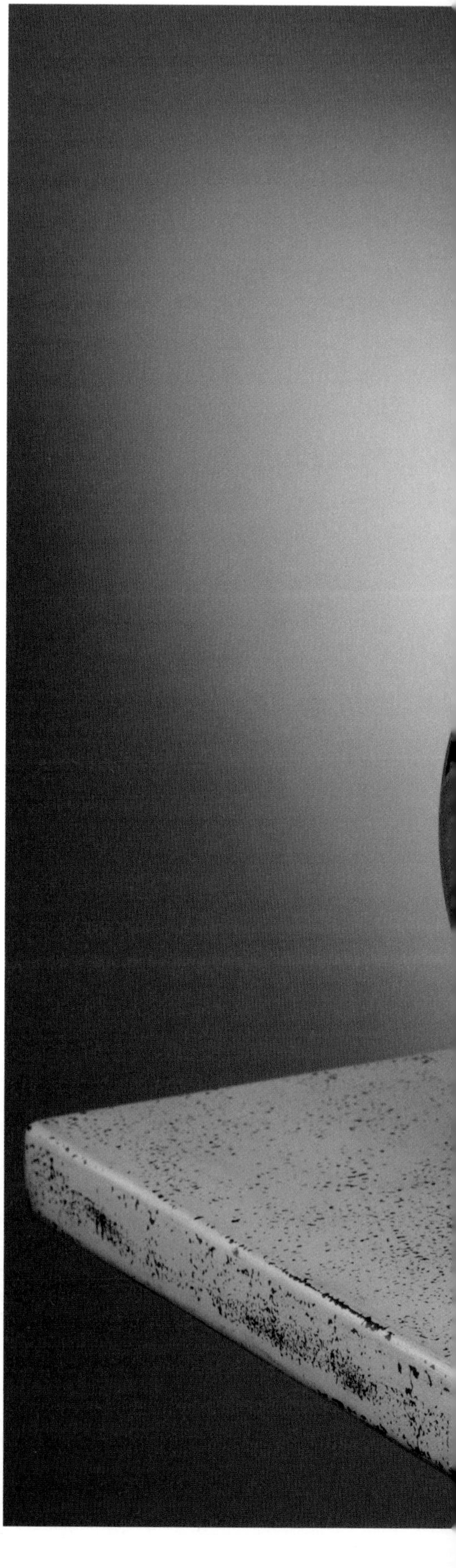

3105
장 뒤낭 Jean Dunand, Vase, 1925경, 소재 Lacuqered metal

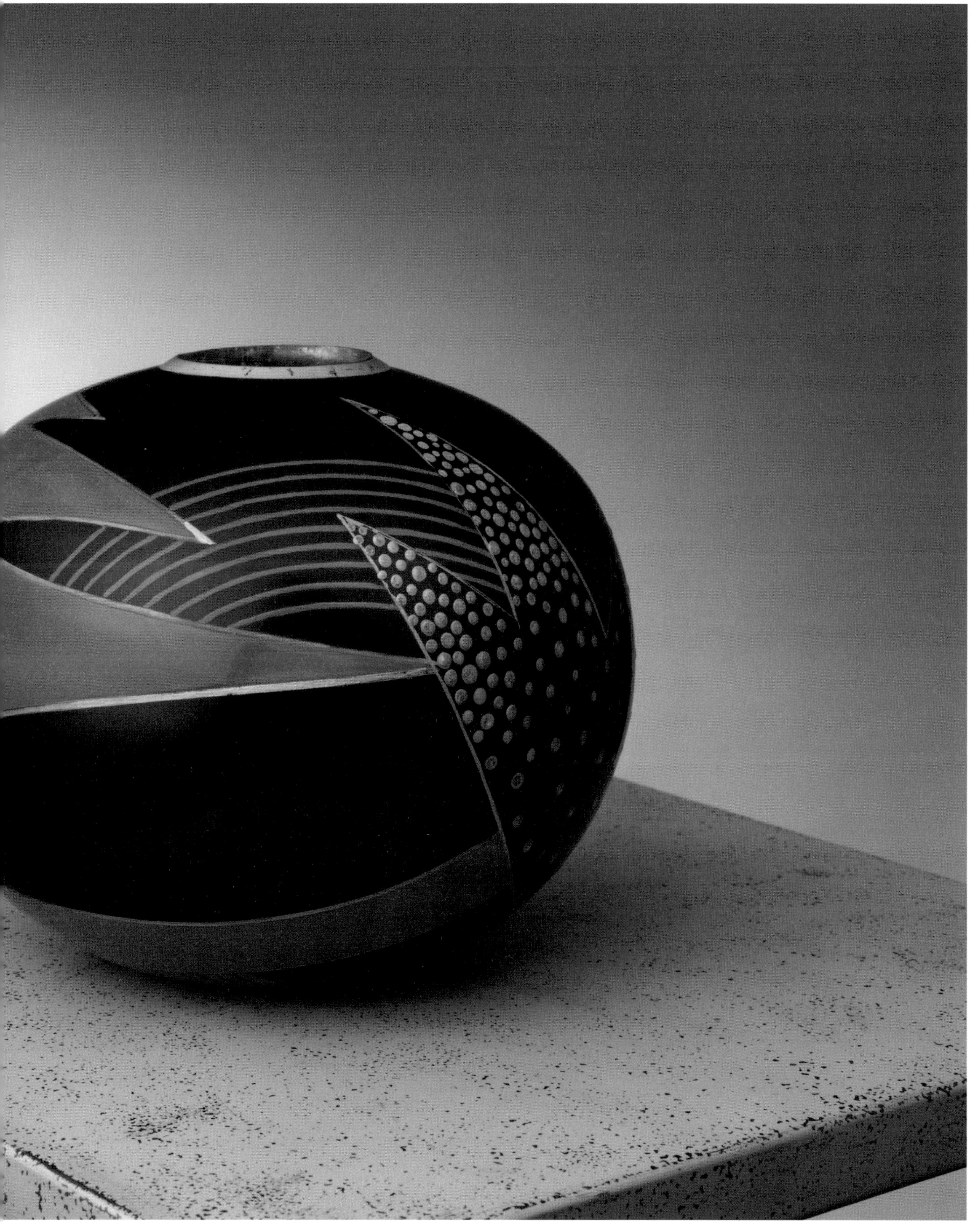

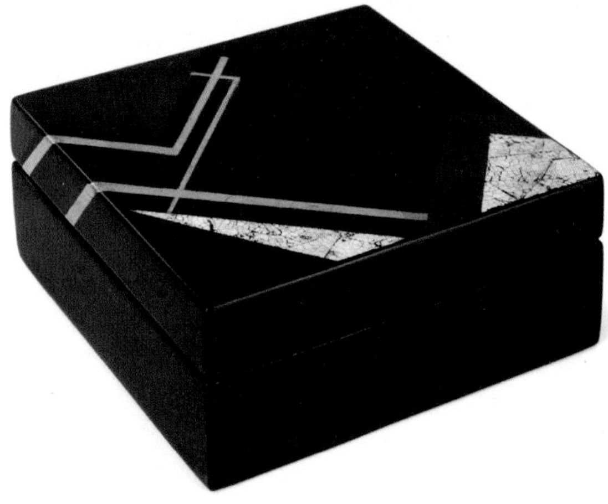

3106

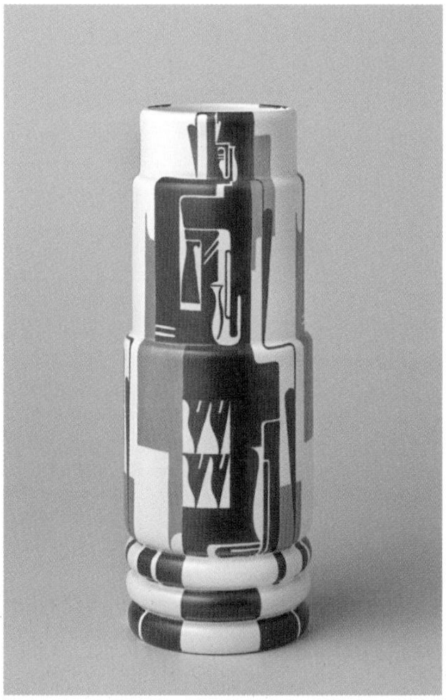

3107

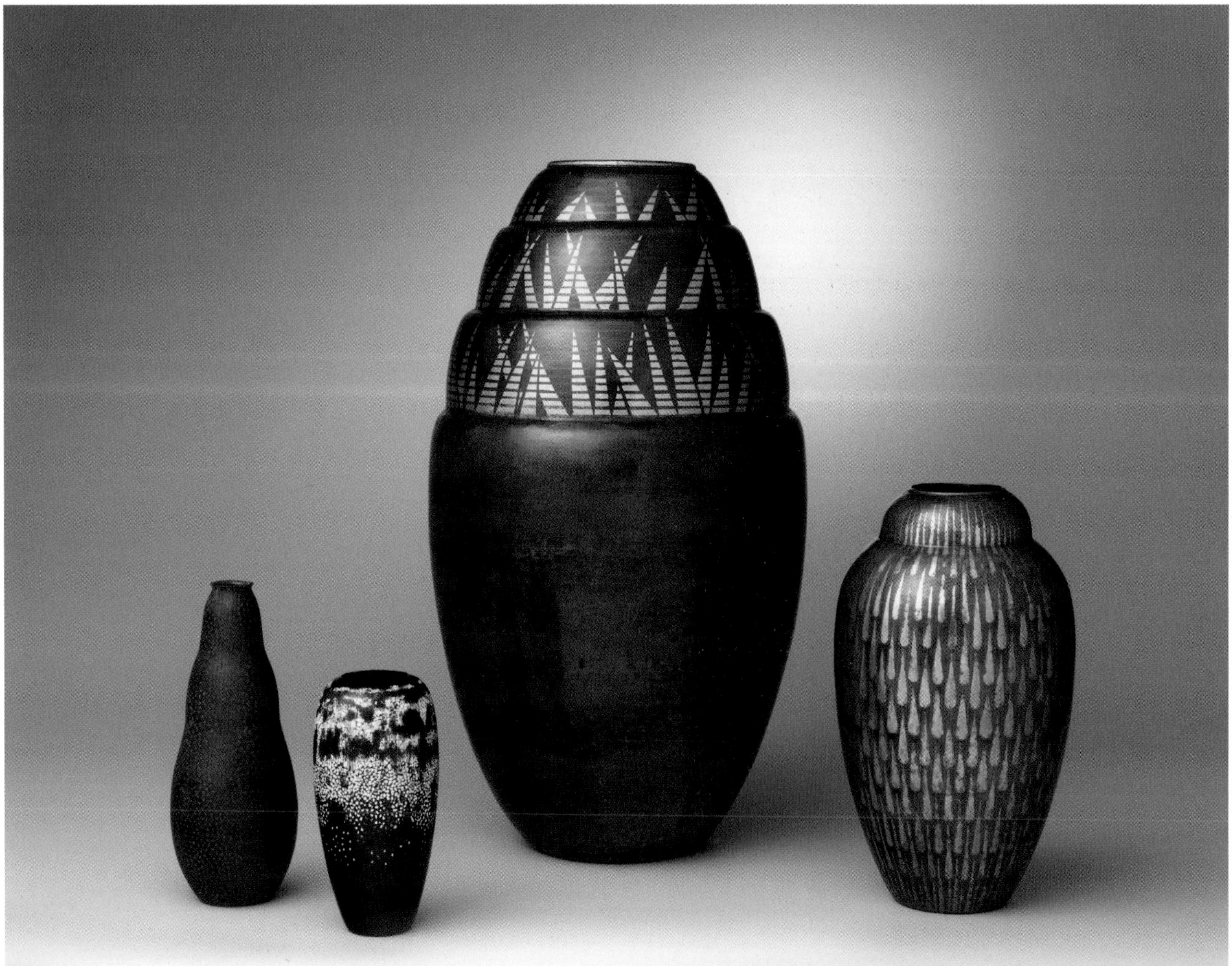

3108

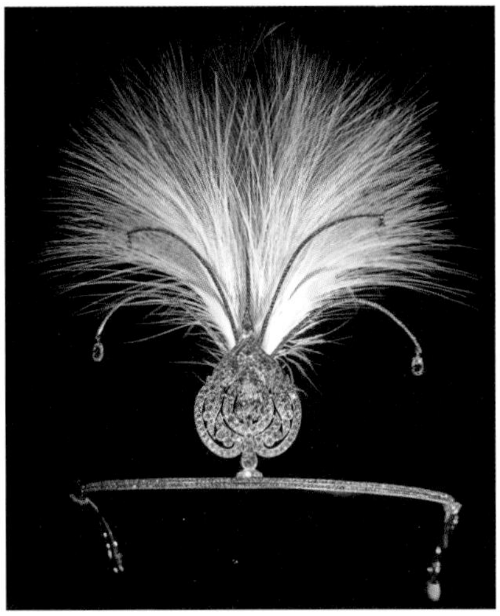
3109

3106
가스통 스위스 Gaston Suisse, 중국 옻칠 사각 상자, 1929경

3107
이압 기딩 Jaap Gidding, Vase, 1925경, 제조사 Gouda
추상적인 문양의 도자기 화병

3108
장 뒤낭 Jean Dunand, Vase, 1920경
소재 Lacuqered metal, Copper, Inlaid silver

3109
카르티에 Cartier, 카르티에의 머리 장식 Ornement de tête, 1924, 소재 플래티넘, 금, 다이아몬드, 깃털

3110
카르티에 Cartier, Mackay Emerald and Diamond Necklance, 168 Carats Colombia, Muzo

카르티에에서 디자인한 이 목걸이는 콜롬비아 무조 지역에서 채굴된 168캐럿의 에메랄드와 다이아몬드, 백금 팬던트로 장식했다.

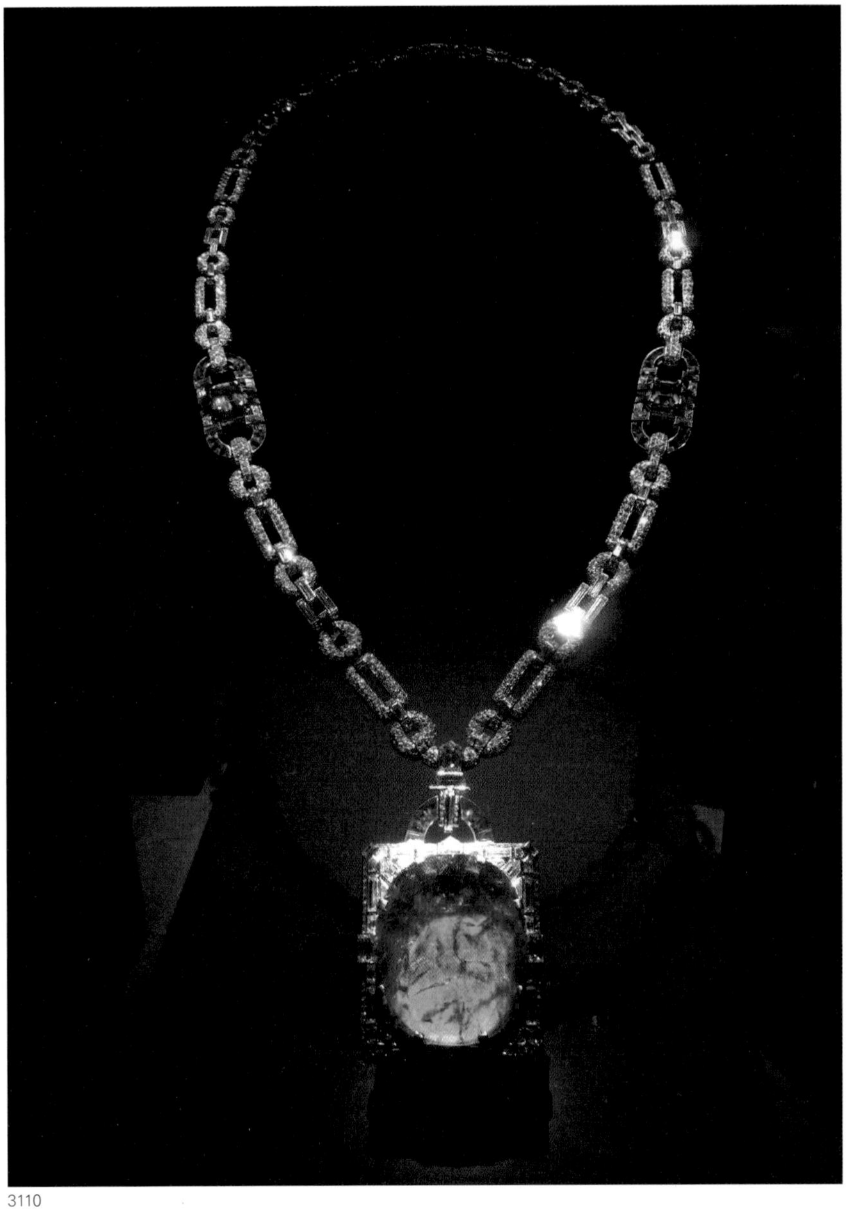
3110

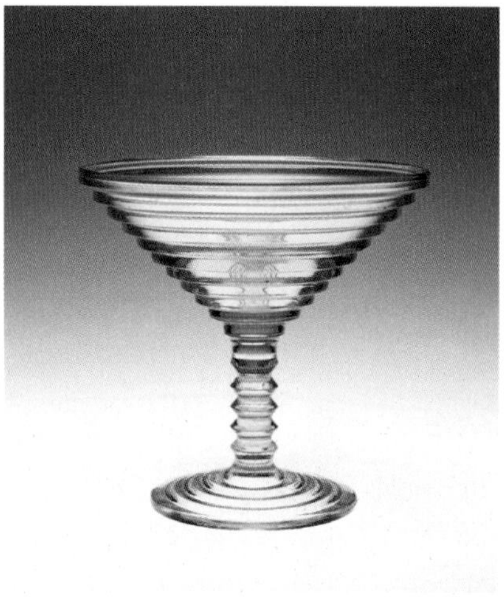
3111

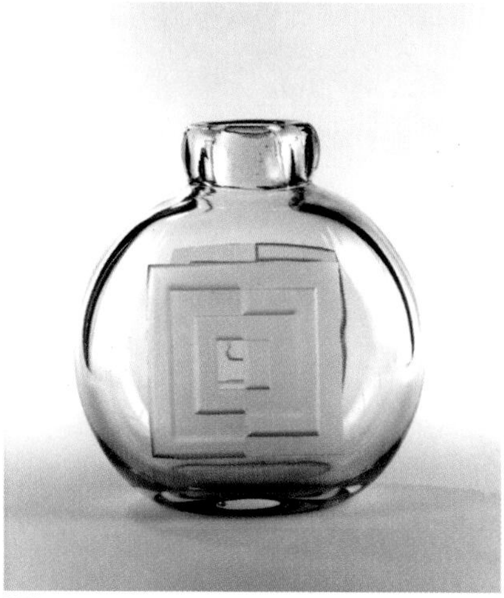
3112

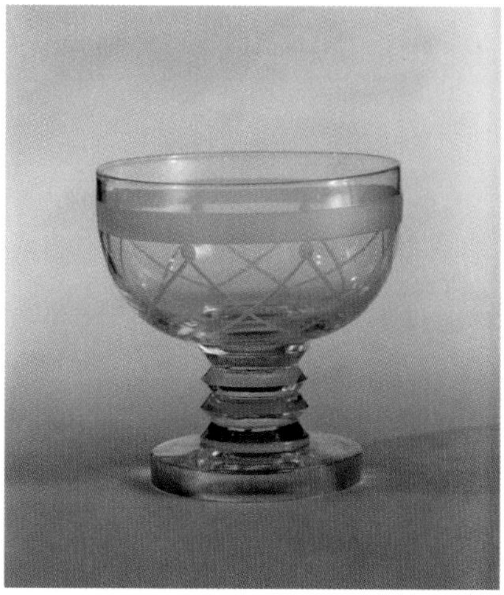
3113

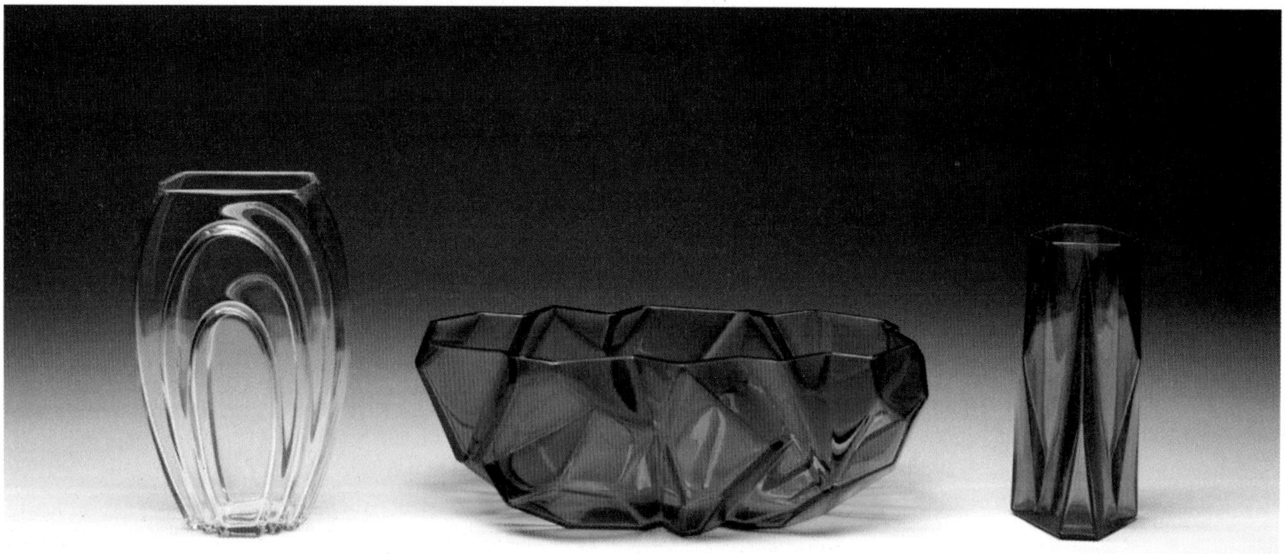
3114

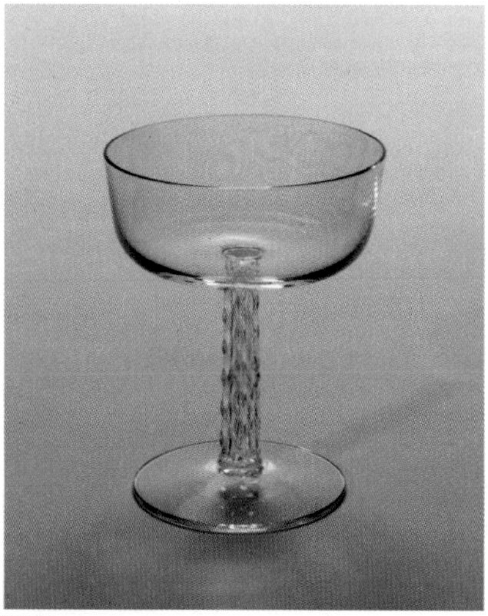
3115

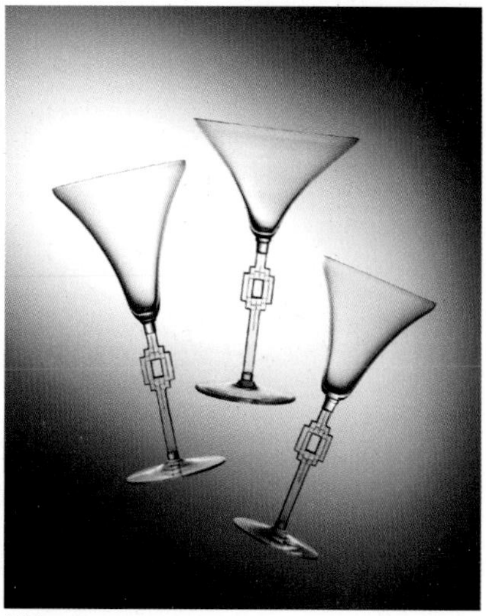
3116

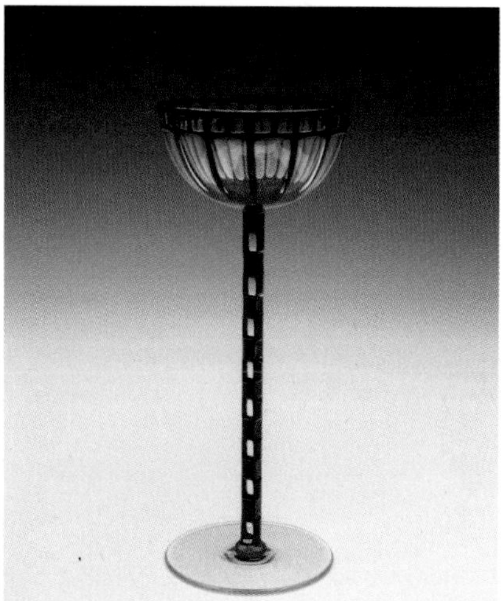
3117

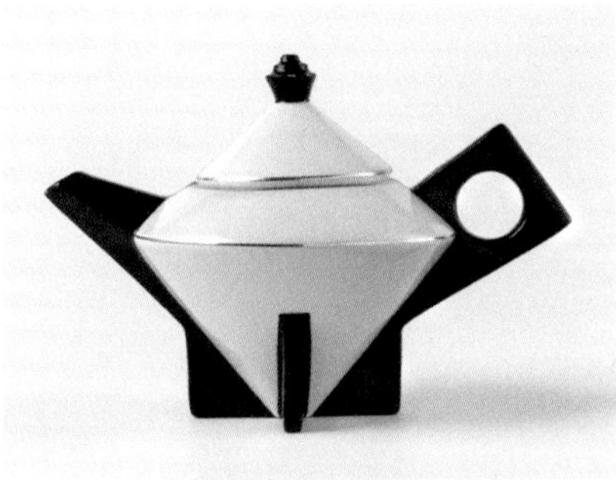
3118

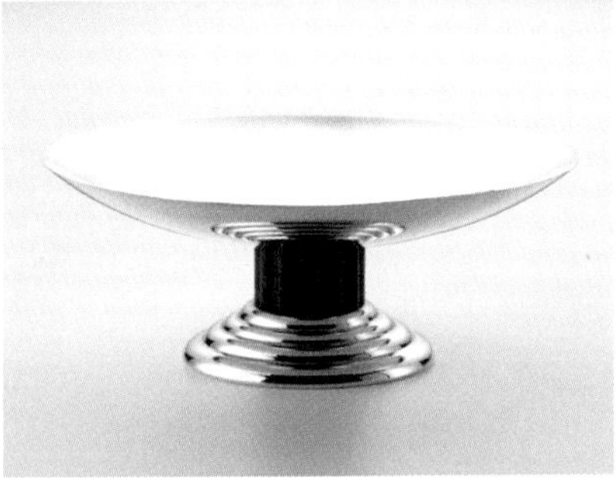
3119

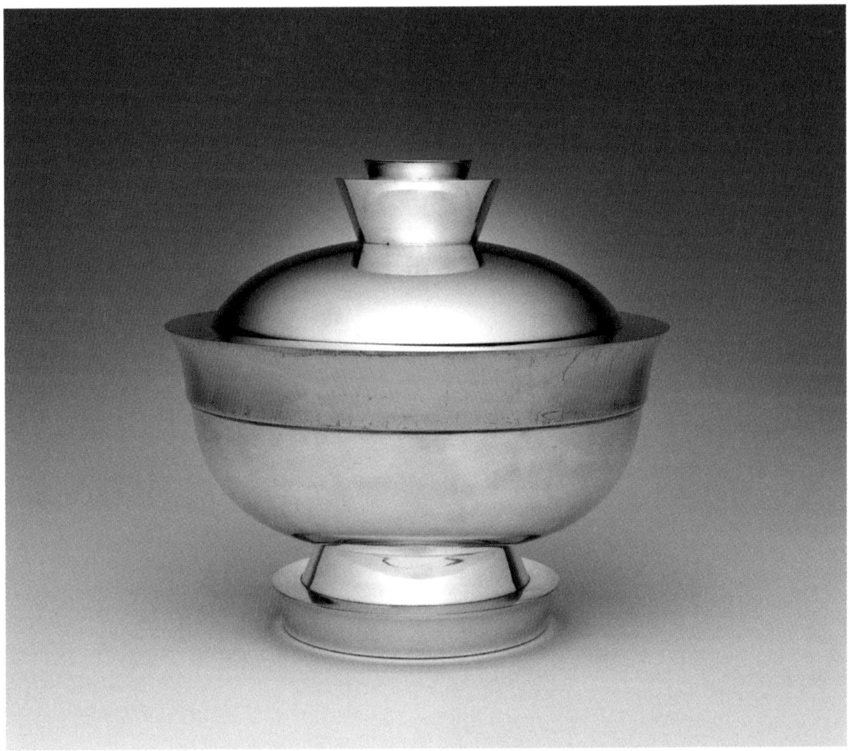
3120

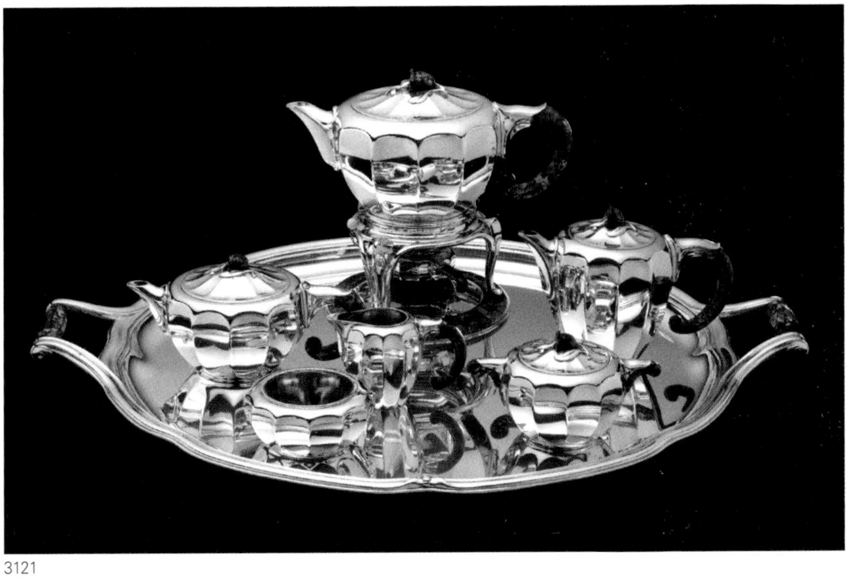
3121

3111
작가 미상, 칵테일 잔 'Manhattan' Pattern, 1938~1941경
제조사 Anchor Hocking Glass Company

3112
장 루스 Jean Luce, 컵, 1925~1935경

1920년대 유럽 모더니즘의 특징인 간결한 형태와 기하학적 장식을 보여주는 장 루스의 작품이다.

3113
월터 도윈 티그 Walter Dorwin Teague, 칵테일 잔 'St Tropez', 1933경, 제조사 Corning

9개 세트로 제작된 칵테일글라스로, 수작업으로 커팅 및 조각된 장식이 특징이다.

3114
조지 사키에르 George Sakier, Glass Vases and Bowl

왼쪽부터 조지 사키에르가 디자인하고 포스토리아 글라스 컴퍼니에서 제작한 꽃병, 1930 / 루벤 헤일리가 디자인하고 컨솔리데이티드 램프 앤드 글라스 컴퍼니에서 만든 '루바 롬빅' 그릇, 1928~1932 / 니콜라스 코프가 디자인하고 코프 글라스 인크에서 제작한 '모더니스틱' 꽃병, 1928

3115
조지 사키에르 George Sakier, Glass, 1930~1940년대, 제조사 Fostoria Glass Company

3116
르네 랄리크 René Jules Lalique, 'Hagueneau' Burgundy Wineglass, 1924

르네 랄리크는 테이블웨어용 패턴에 지리적인 이름을 사용하기도 했는데, 이 패턴은 스트라스부르 근처의 동부 프랑스의 도시 '아그노'에서 명명되었다. 이 와인 잔은 1924년에 소개된 후 1927년까지 생산되었으며, 1925년 파리 박람회에서 세브르 국립 도자기 제작소 Manufacture Nationale de Sèvres의 파빌리온의 식당 세팅에 사용되었다.

3117
Otto Prutscher, 1880~1949, WineGoblet, 1907경, 제조사 Meyr's Neffe

3118
Jacob Bjorheim, Ragnar Grimsrud, 티포트, 1930

3119
장 퓌포르카 Jean Elysée Puiforcat, 컵, 1936경

3120
장 퓌포르카
은과 금으로 만든 수프 그릇, 1937, 소재 Silver and Gold

3121
장 퓌포르카
은과 청금석으로 만든 차 서비스, 1922, 소재 Tea service of silver, Lapis lazuli and Ivory

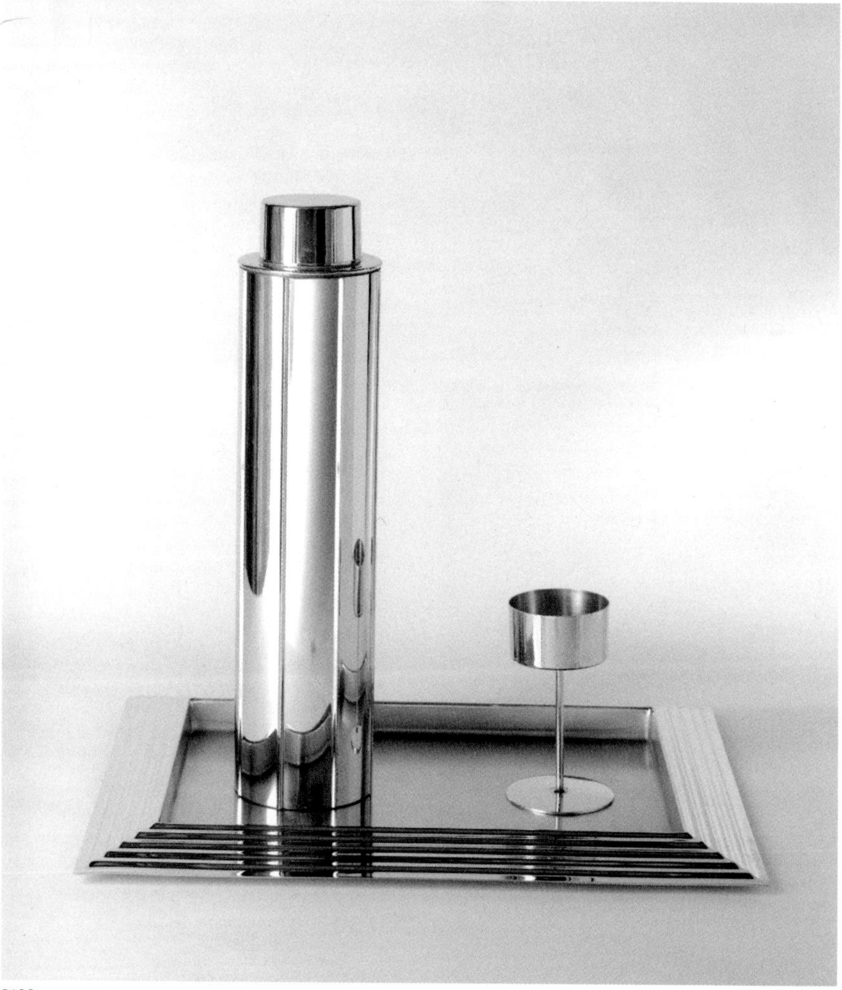

3122

3122
노먼 벨 게디스 Norman Bel Geddes
Cocktail Glass 'Manhattan', 1937
소재 Chrome-plated metal
제조사 Revere Copper and Brass Company

3123
월터 본 네센 Walter von Nessen
Creamer, 'Kent Pattern', 1938
소재 Bakelite, Chrome plate
제조사 Chase Brass & Copper Co., Inc.,

크롬 메탈로 제작된 구형의 주전자로 아이보리색 베이클라이트 소재의 핸들이 부착되어 있다.

3124
폴 T. 프랭클 Paul T. Frankl (Paul Theodore Frankl)
시계, 1920년대 후반
소재 Chrome-plated and Enameled metal, Glass, Plastic
제조사 Warren Telechron Co.

이 전기 시계는 내외부를 현대적으로 디자인하여 큰 호응을 얻었다. 합리적인 가격과 변색되지 않는 특성을 광고하며 다양한 소비자층에게 매력적인 제품으로 인식되었다.

3125
월터 도윈 티그 Walter Dorwin Teague
Bullet Camera, 1880년대 후반~1905
소재 Bakelite, Metal, Glass
제조사 Eastman Kodak Co.

불릿 카메라는 이름에서 연상되는 것처럼 스트림라인 형태의 검은색 베이클라이트 보디와 크롬 도금된 메탈 악센트, 유리 렌즈로 제작되었다. 월터 도윈 티그는 코닥사와 협업하면서 제조 기술상의 문제를 미학적 관점에서 해결한 조형을 찾고자 했다.

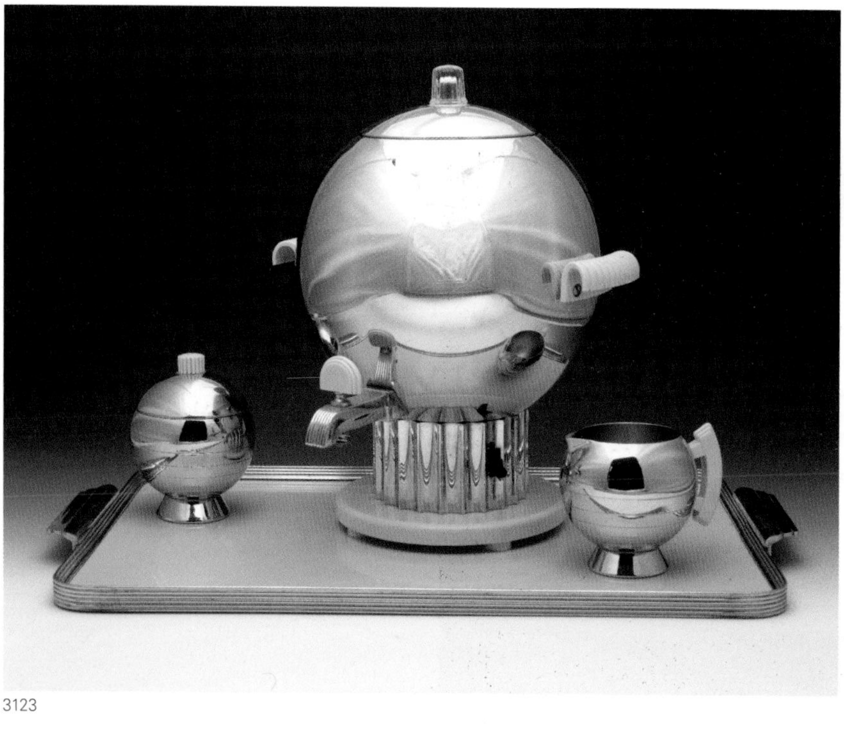

3123

3126
월터 도윈 티그 Walter Dorwin Teague
Sparton Table Radio, 1936경
소재 Glass, Metal, Wood, Rubber
제조사 Sparks-Withington Co.

이 라디오의 스트림라인과 곡선의 실루엣은 아르데코 스타일의 전형으로, 도윈 티그의 파랑새 라디오와 함께 초기 라디오 디자인 중 가장 상징적인 제품 중 하나이다.

3127
월터 도윈 티그 Walter Dorwin Teague
카메라 No.1A Gift Kodak, 1930경
소재 Metal, Leather
제조사 Ingraham Company; Eastman Kodak Co.

3128
월터 본 네센 Walter von Nessen
Lamp, 1930경
소재 Aluminum, Plastic resin, Brass, Glass
제조사 Pattyn Products Company

3129
존 고든 라이드아웃 John Gordon Rideout
Radio 'Waterfall', 1930~1933경
소재 Plastic, Metal, Glass
제조사 Air-King Products Co.

3130
존 바소스 John Vassos
휴대용 전자축음기 RCA Victor Special Model K, 1935경
소재 Aluminum, Various metals, Plastic, Felt, Leather
제조사 RCA

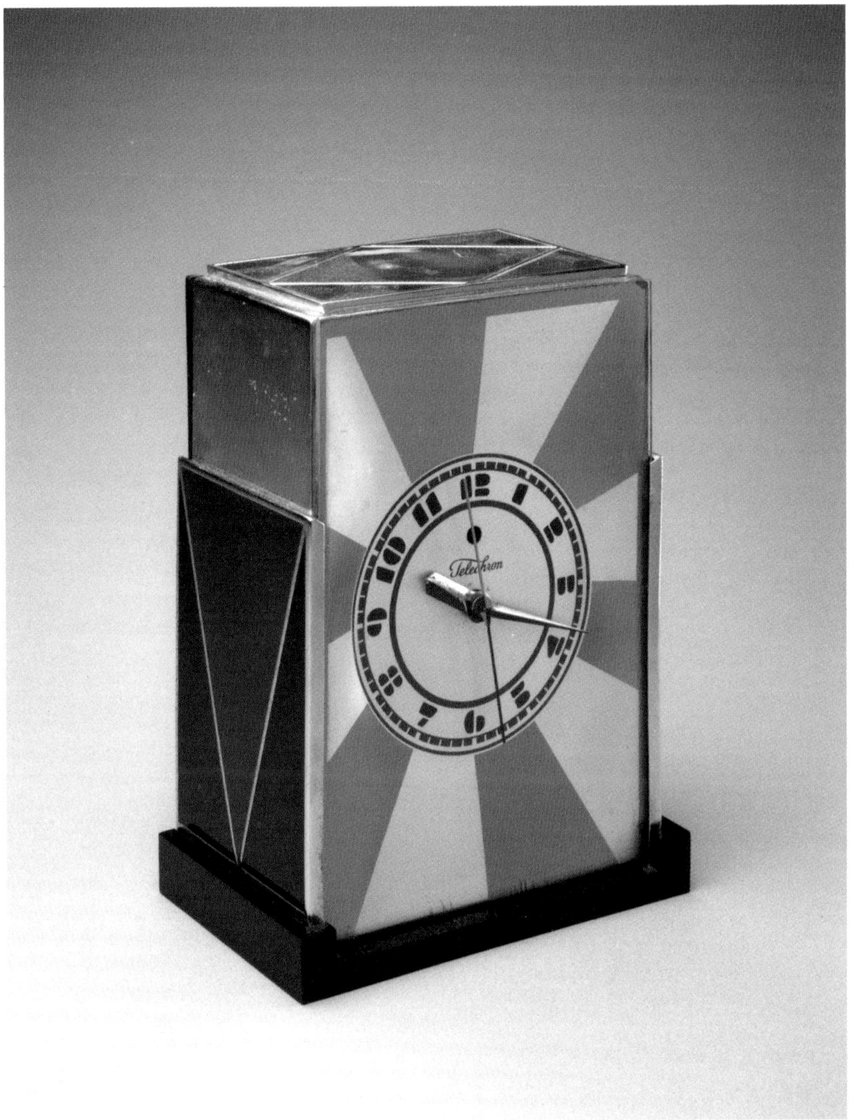

3124

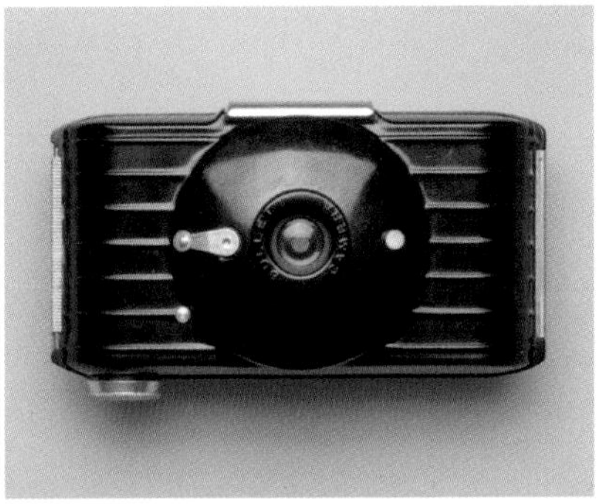

3125

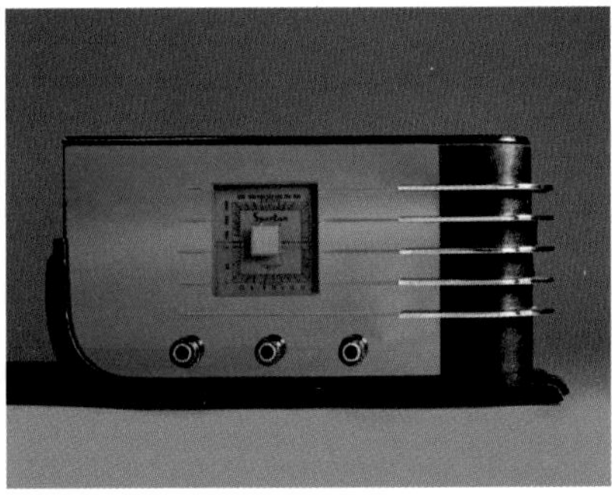

3126

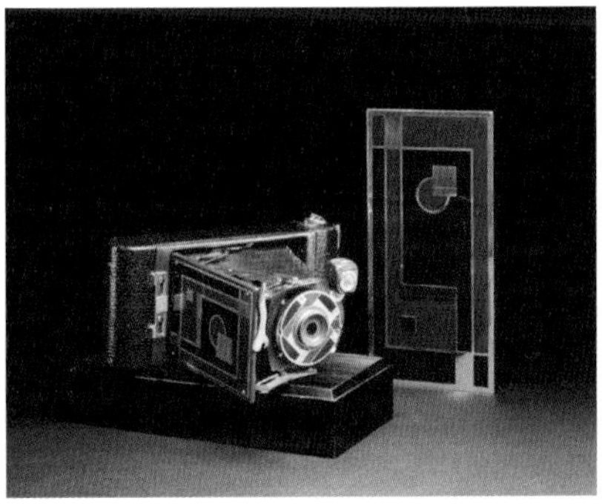

3127

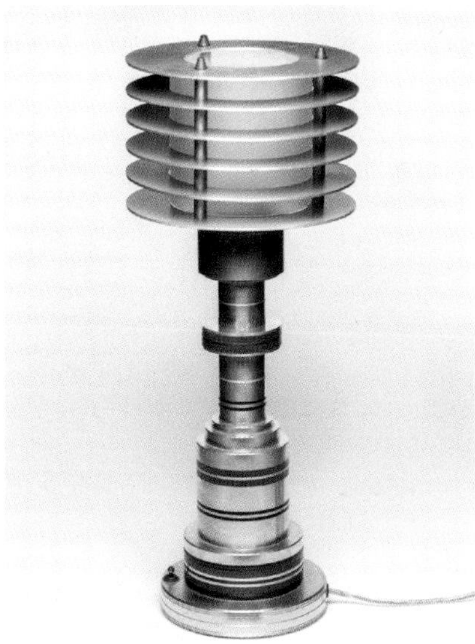

3128

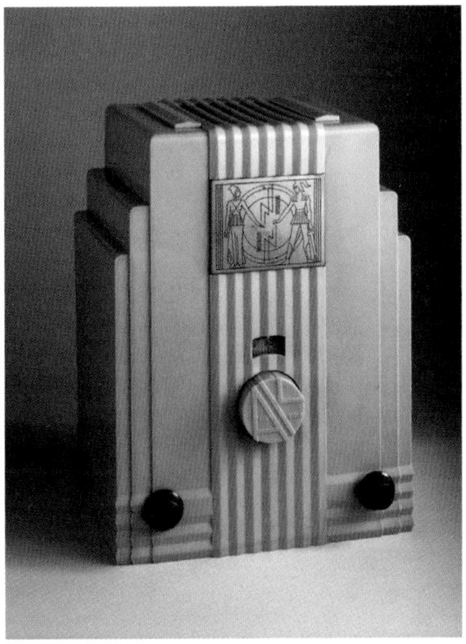

3129

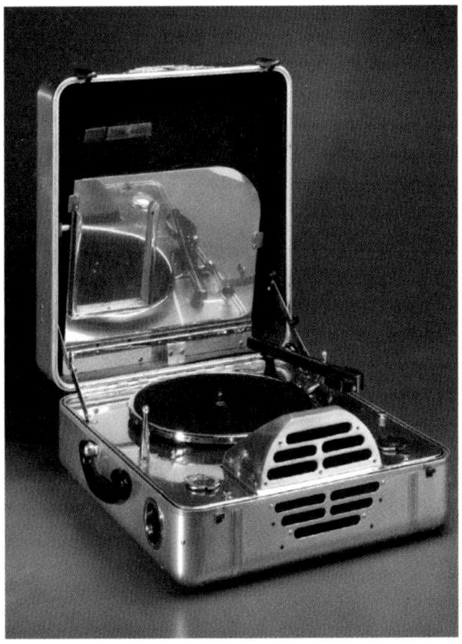

3130

아르데코의 그래픽과 잡지
Art Deco Graphics and Magazines

제1차 세계대전 이후 도래한 평화의 시기에, 산업혁명과 전쟁을 겪으면서 비약적으로 발전한 기술과 생산 방식의 변화가 맞물려 대중문화와 소비문화가 확산되었다. 교통수단과 미디어의 발달은 대중의 라이프스타일에 큰 변화를 주었으며, 이로 인해 상업적인 홍보 매체의 변화도 가속화되었다. 혁신적인 기술과 새로운 미래에 대한 낙관적인 비전을 접목시킨 잡지는 일상의 즐거움, 여행, 기계문명 등 새로운 가치관과 라이프스타일을 반영하며, 사회와 문화의 변화를 이해하는 데 중요한 역할을 하게 되었다.

기술의 발전은 새로운 방법의 인쇄 기술과 사진술의 발전으로 이어져 잡지나 광고, 포스터 등 대중 매체의 표현과 생산의 가능성을 확대시켰고, 그래픽 디자인 분야가 크게 도약할 수 있는 토대를 마련했다. 전쟁을 겪는 동안 아르데코 양식이 주된 양식으로 자리잡았으며, 프랑스의 입체주의 회화에서 영향을 받은 디자이너들은 직선적인 일러스트레이션과 형식에 얽매이지 않는 타이포그래피를 선보였다.

경제적 번영과 여성의 사회 참여가 증가하면서 소비자 산업의 수요도 함께 증가했다. 이에 따라 잡지는 라이프스타일을 홍보하는 동시에 새로운 예술과 디자인을 소개하는 중요한 플랫폼 역할을 하게 되었다. 잡지의 주요 콘텐츠는 가구, 생활용품, 패션 등 생활의 모든 영역으로 확장되었으며, 단순히 정보를 전달하는 것을 넘어 사회적, 문화적 변화를 반영하는 매체로 자리잡았다. 프랑스는 전 세계 문화생활과 유행의 중심지로, 『보그Vogue』, 『하퍼스 바자Harper's Bazaar』, 『바니티 페어Vanity Fair』와 같은 잡지들이 아르데코 양식의 패션, 그래픽, 사진 등을 선보이며 대중 매체로서 문화적 영향력을 행사했으며, 그래픽 디자인은 소비재 산업뿐만 아니라 영화, 극장, 백화점, 음악 등 엔터테인먼트 산업의 홍보물에도 활용되었다.

아르데코 스타일의 선구자로 패션 디자인 분야를 선도한 폴 푸아레Paul Poiret는 그의 카탈로그와 작품에 당시의 사회적 변화를 반영한 새롭고 독립적인 여성상을 표현했다. 조르주 바비에Georges Barbier와 조르주 르파프Georges Lepape는 『하퍼스 바자Harper's Bazaar』와 『라 가제트 뒤 봉 통La Gazette du Bon Ton』 같은 패션잡지에서 세련된 도시 생활의 이미지를 일러스트레이션으로 전달했다. 그들이 묘사한 여성들은 자신감과 독립성을 상징하며 당시의 새로운 시대의 아이콘으로 간주되었다. 에르테Romain de Tirtoff는 복잡한 기하학적 패턴과 섬세한 선, 화려한 색채를 사용한 일러스트레이션으로 자신의 정체성을 확립했으며, 무대 디자인과 패션 일러스트레이션 부분에서 독보적인 작업으로 아르데코 양식의 정수를 보여주었다.

에르테 Erté
1892~1990, 러시아, 패션 디자이너, 일러스트레이터

에르테, 본명은 로맹 드 티르토프Romain de Tirtoff이다. 그는 러시아 상류층 출신으로 예술가로서의 꿈을 실현하기 위해 파리로 이주하여 '에르테'라는 예명을 채택했다. 초기의 작업은 『Harper's Bazaar』의 표지 디자인, 마타 하리와 같은 유명 인사들의 무대 의상 디자인, 영화와 극장 세트 및 코스튬 디자인에 이르기까지 다양한 분야에서 활동했다. 이러한 폭넓은 작업을 통해 아르데코 양식의 중추적인 역할을 했으며, 자신의 패션 하우스를 운영하며 영향력을 넓혀갔다.
에르테의 대표작인 'Symphony in Black'은 여성과 강아지를 우아하고 세련되게 묘사한 일러스트레이션으로 그의 예술적 통찰력을 보여준 작품이이다. 『Harper's Bazaar』의 표지 디자인은 동적인 구도와 컬러 감각, 정교한 디테일로 패션디자인과 그래픽 디자인 분야에 큰 영향을 주었다. 그의 작품은 미학적인 가치뿐만 아니라, 세기말의 사회, 문화적 변화를 반영하는 동시에 새로운 여성상, 기술의 발전, 도시화와 같은 동시대의 주요 주제들을 독특한 시각으로 표현했다.

3131
에르테, Harper's Bazar, Cover for February, 1916

3132
에르테, Harper's Bazar, Cover for February, 1922

3133
조르주 르파프 Georges Lepape
December 1919 Vanity Fair cover, 1919
Vanity Fair 1919년 12월 호 커버 디자인

조르주 르파프
Georges Lepape, 1887~1971, 프랑스
그래픽 디자이너

조르주 르파프는 아르데코 스타일의 패션, 광고, 책 표지 디자인 등 다양한 매체에서 활동했다. 다양한 패션 하우스와의 협업은 패션과 예술, 상업 디자인 간의 협업이 어떻게 시너지를 발휘할 수 있는지를 보여주는 작업이다.

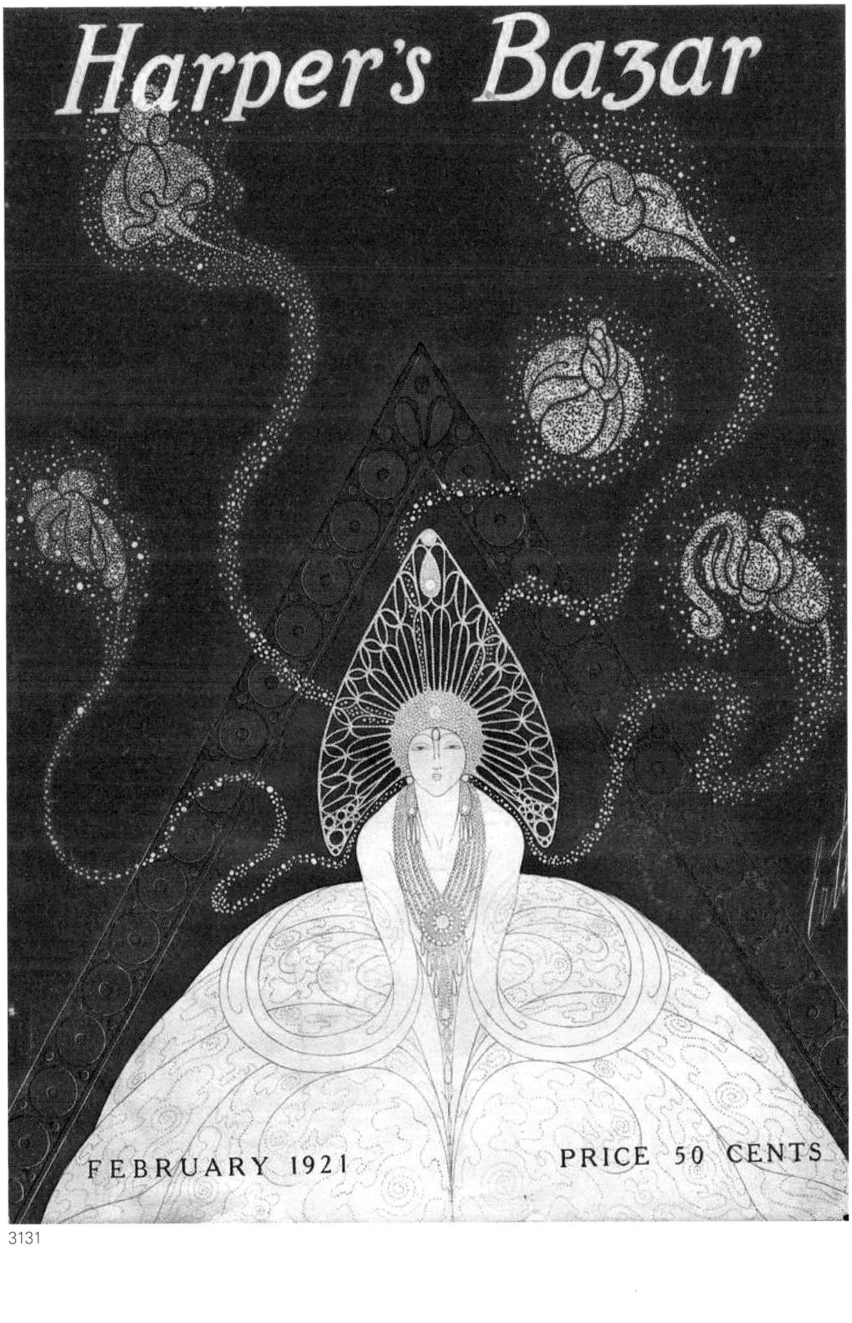

3131

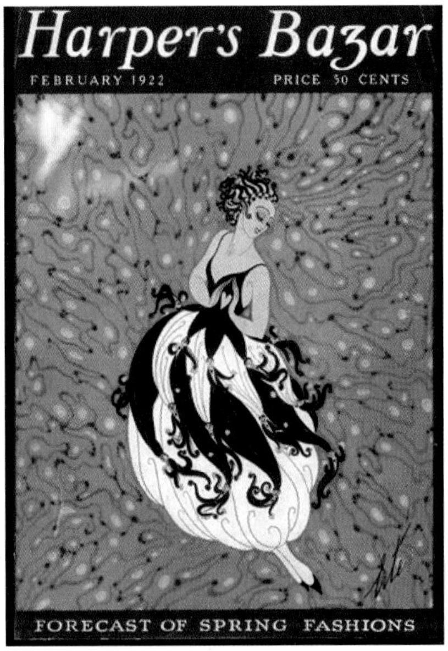

3132

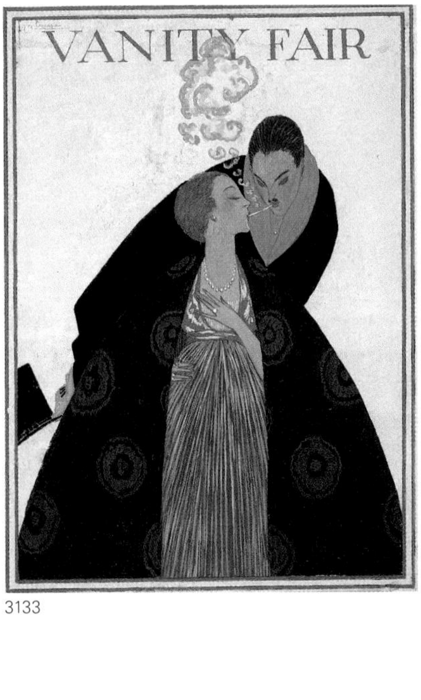

3133

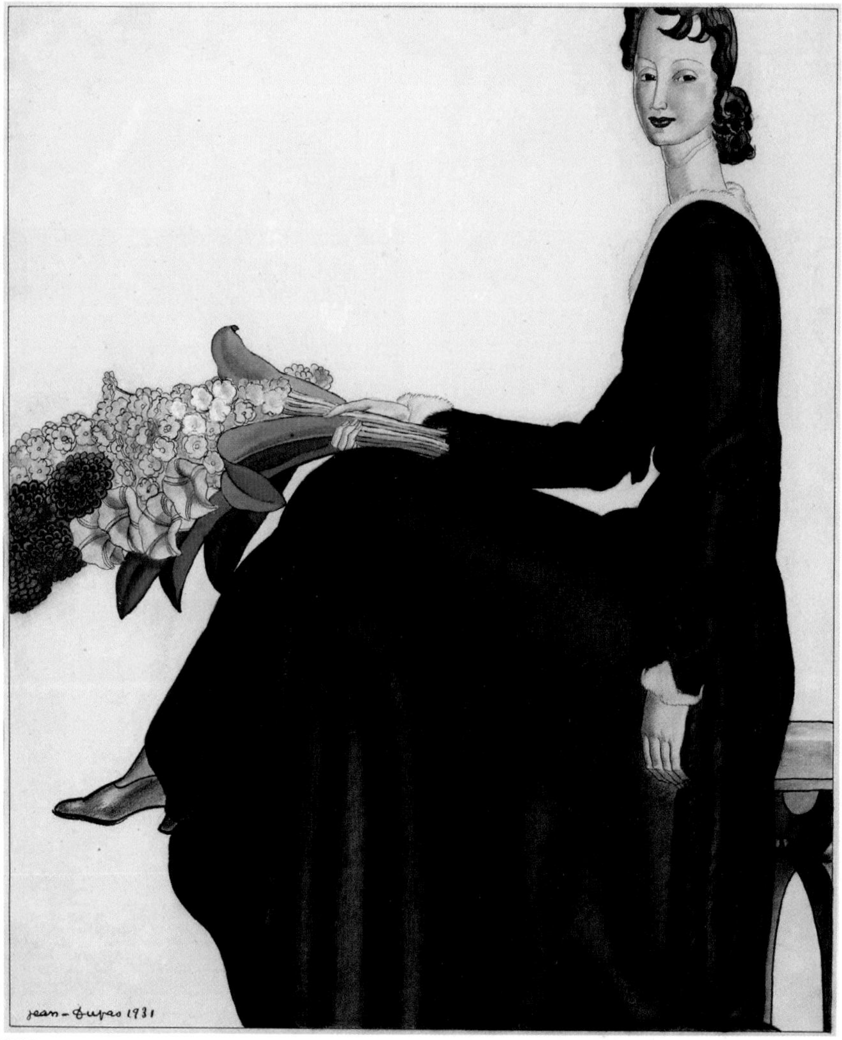

3134

3134
장 뒤파 Jean Dupas, La Robe Noire (검은 드레스), 1931

3135
장 뒤파
파리 국제 장식미술산업박람회, 에밀-자크 룰만의 파빌리온의 원형 홀에 장식된 장 뒤파의 그림

3136
마리니에르를 착용한 가브리엘 샤넬, 1928

마리니에르Marinière는 전통적으로 프랑스 해병대 병사들이 입던 수평 줄무늬 티셔츠를 의미하며, 샤넬은 1920년대에 이 스타일을 패션계에 도입하여 유행시켰다. 샤넬은 프랑스의 저명한 디자이너이자 예술가인 폴 이리베와 예술적이고 개인적인 파트너십을 유지하며, 그의 예술적 영향력을 통해 자신만의 스타일을 더욱 확립하고 발전시켰다.

3137
폴 이리베 Paul Iribe
Les Robes de Paul Poiret Racontée par Paul Iribe The Gowns of Paul Poiret by Paul Iribe, 1908
폴 푸아레의 패션 홍보를 위한 협업 작품

3138
폴 이리베
Femina, 15 Février 1912, 12e Année, nr. 266, Paul Iribe, Pierre Laffitte, 1912
폴 이리베가 디자인한 프랑스 패션 잡지 Femina의 커버

폴 이리베는 18세기 양식에서 영감을 얻어 예술 수집가이자 프랑스 패션계의 중요 인물인 자크 두세의 아파트를 디자인했다.

3139
조르주 바비에 Georges Barbier
Gazette du Bon Ton, 1922, No. 10, 1922
황금빛 레이스로 된 Charles Frederick Worth의 이브닝 가운을 입고 서 있는 모습

3140
조르주 바비에
Le Bonheur du Jour pour 1920 출판물 시리즈, 1924
시대를 반영하는 아름다움을 테마로 표현한 작품이다.

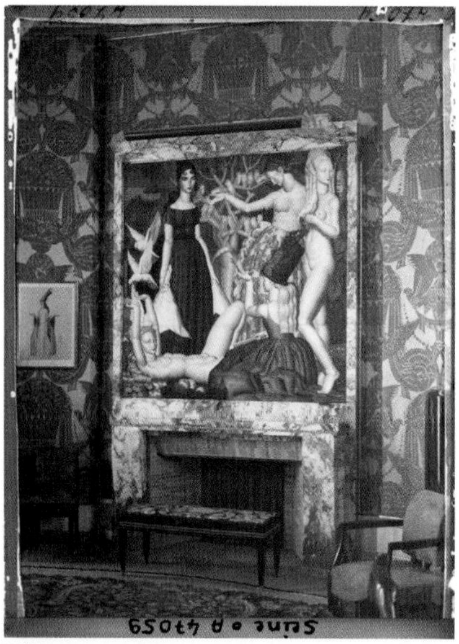
3135

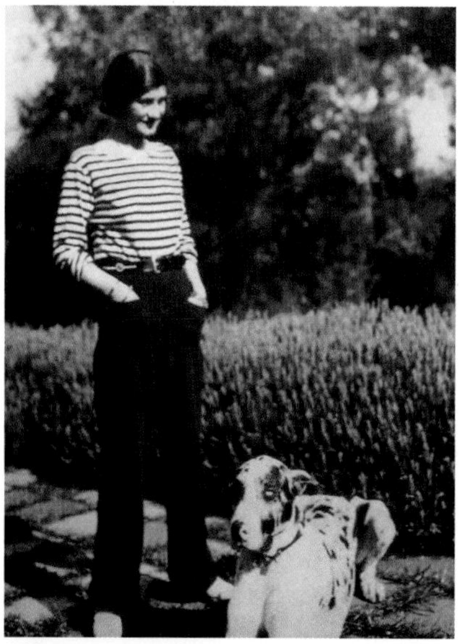
3136

장 뒤파

Jean-Théodore Dupas, 1882~1964, 프랑스
화가, 포스터 아티스트, 일러스트레이터

장 뒤파의 작품은 클래식한 요소와 현대적인 미학을 결합한 것이 특징이다. 우아하고 세련된 이미지로 여성의 고상한 형상, 풍부한 색상, 그리고 매끄러운 곡선을 사용하며, 화려하고 판타지적인 분위기를 자아낸다.

조르주 바비에

Georges Barbier, 프랑스
일러스트레이터, 화가, 스타일리스트

조르주 바비에는 『Gazette du Bon Ton』과 같은 고급 패션 잡지에서 주로 작업 했다. 그의 일러스트레이션은 패션 및 디자인의 분야에서 크게 인정받았으며, 섬세한 라인 작업과 생동감 있는 컬러 팔레트, 세련된 컴포지션이 특징이다.

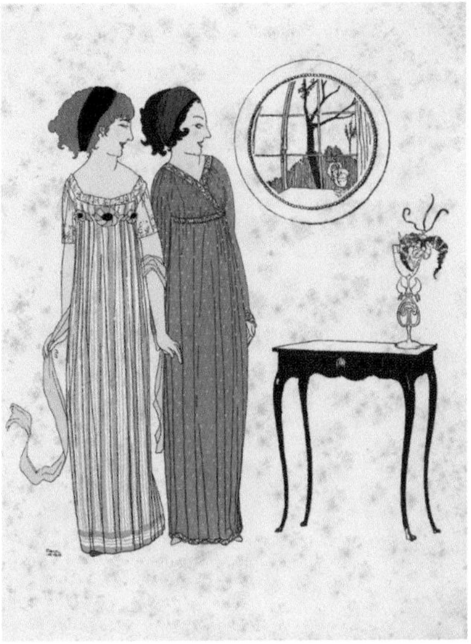

3137

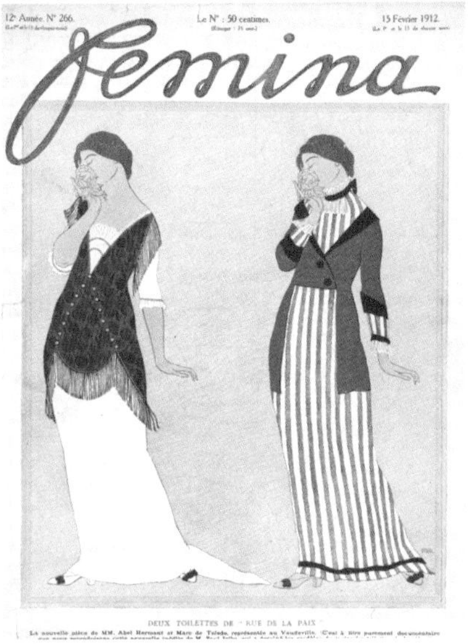

3138

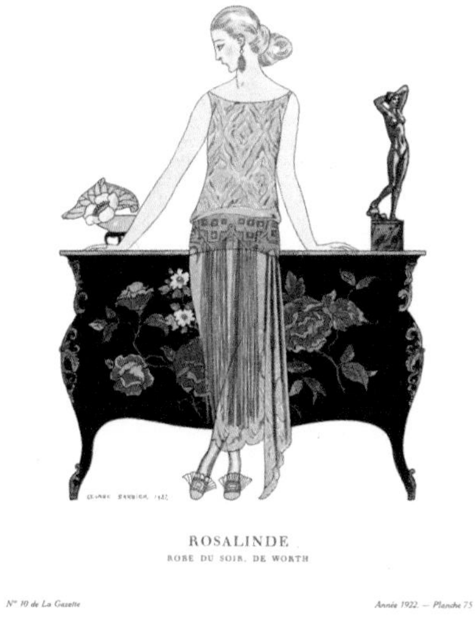

3139

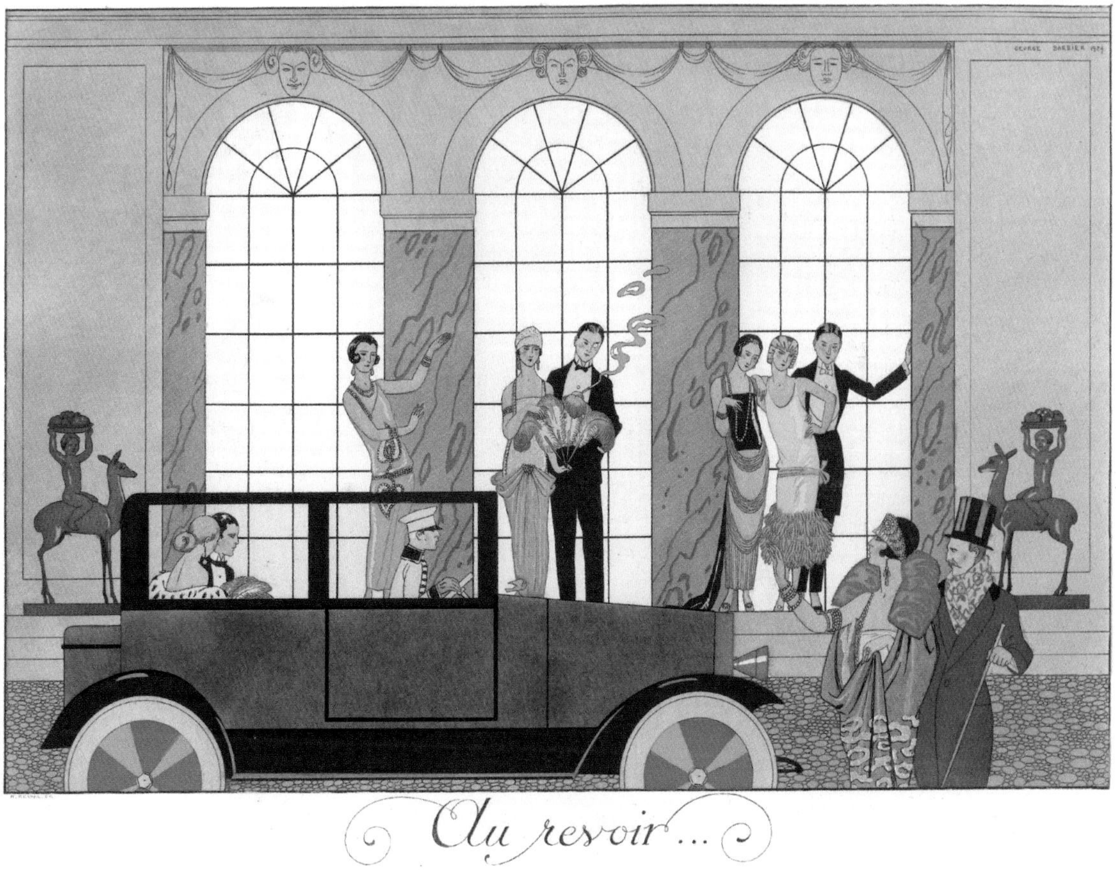

3140

아르데코의 포스터와 타이포
Art Deco Posters and Typography

아르데코 양식의 중심인 프랑스 파리는 제1차 세계대전 후 개최된 파리박람회를 비롯한 국제적인 전시와 세련된 도시의 볼거리로 예술뿐만 아니라 문화와 유행의 중심지가 되었다. 그래픽 디자인 분야에서는 피카소, 마티스, 미로 등 프랑스를 중심으로 한 유럽의 현대미술과 동시대의 새로운 미학이 접목되면서 아르데코 만의 독특한 형태로 발전하기 시작했다.

다양한 교통수단과 미디어의 발달은 대중 매체의 발전을 촉진시키며 그래픽 디자인 분야를 확장시켰다. 이전에는 볼 수 없었던 비행기, 기차 등 다양한 교통수단과 텔레비전, 라디오 등 미디어의 발달은 여행과 대중 소비문화를 더욱 성장시켰으며, 광고 포스터는 라이프스타일의 변화와 확산의 중심에 있었다. 여행 포스터는 새로운 교통수단과 관광지의 매력을 표현하고, 대중의 상상력을 자극하는 대중 매체로 적극 활용되었다.
A.M. 카상드르는 이 시기에 광고 포스터 분야에서 두각을 나타내며 기하학적이고 명료한 선과 형태, 정확한 레터링, 색채의 점진적인 변화의 효과를 사용하며 자신만의 미학적인 가치를 형성했다.

1930년대 중반부터 대공황과 제2차 세계대전을 거치며, 그래픽 디자인 분야 역시 점진적인 변화를 겪기 시작했다. 미국에서는 뉴딜 정책의 일환으로 공공 정보 포스터와 대규모 홍보 자료가 제작되었으며, 전쟁 시기에는 정치 포스터와 사진을 활용한 선전 활동으로 이어지면서 아르데코 양식의 영향력은 점차 감소하게 되었다.

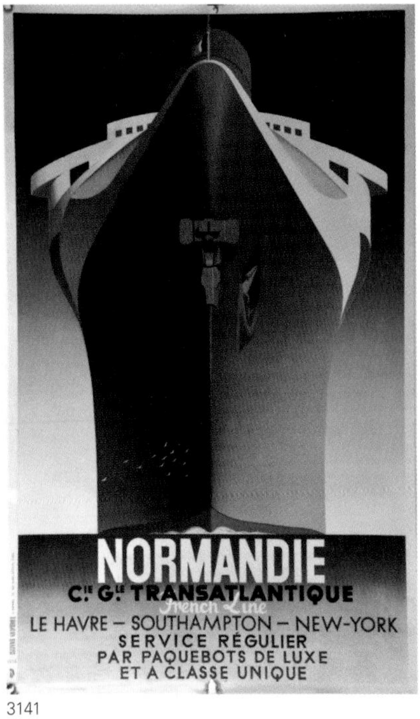

3141

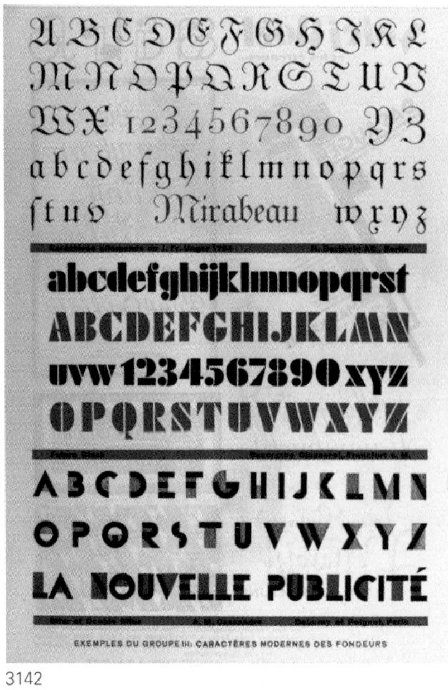

3142

Pub Dubonnet
1930년대 초

'Pub Dubonnet'는 A. M. 카상드르가 1932년에 와인 메이커인 Dubonnet를 위해 디자인한 포스터로, 이 작품으로 그는 대중적인 명성을 얻게 되었다. 이 포스터는 '연속 포스터'라는 개념을 도입해 설계되었는데, 이것은 자동차로 고속 이동 중에도 광고의 내용을 명확하게 인지할 수 있도록 고안된 방식이다.
포스터는 세 개의 연속적으로 배치된 장면으로 구성되어, 빠르게 지나가는 사람들에게도 효과적으로 메시지를 전달할 수 있도록 만들어졌다. 포스터는 한 남성이 세 단계에 걸쳐 음료를 잔에 채우는 모습을 묘사하며, 각 단계의 만족도가 포스터 하단에 배치된 단어의 색이 진해지는 정도로 표현된다. 첫 단계에서는 'Dubo멋진', 중간 단계에서는 'Dubon좋은', 그리고 최종 단계에서는 'Dubonnet 훌륭한 술'로 진행된다. 마지막 포스터에서는 인물, 회사명, 음료병이 통합되어 다시 잔이 채워지는 모습이 연출되며, 점층적인 방식으로 클라이맥스에 도달하는 구성을 이루고 있다.

Normandie
1935

'Normandie' 포스터는 프랑스의 대형 여객선 SS 노르망디 호의 첫 항해를 기념하는 광고로, 당시 세계에서 가장 크고 빠른 노르망디 호의 위엄과 기술적 성취를 알리기 위해서 기획되었다. 카상드르가 디자인한 이 포스터는 기하학적 형태와 선을 활용하여 강렬한 시각적 효과를 주었으며, 원근법 효과와 과감한 시점을 통해 선박의 운동성과 속도감을 극적으로 표현했다.
포스터에 사용된 주요 색상인 적색, 백색, 청색의 조합은 아르데코 양식의 대담한 컬러 대비를 반영하고 있으며, 색감을 통해 시각적 메시지를 전달하고 있다. 포스터에 사용된 타이포그래피는 정보의 전달이라는 기능적 역할을 넘어, 노르망디 호가 단순한 여객 수송 수단이 아닌 프랑스의 국가적 자부심과 기술적 실현의 상징임을 내포하고 있다. 카상드르는 이 포스터를 통해 상업적 광고 포스터에 광고 이상의 깊은 의미를 담아냈다.

3141
A.M. 가상드르, Normandie, Graphic Alliance, 1935

3142
『Arts et Métiers graphiques』 잡지에 실린 서체 견본, 1930

카상드르는 포스터 디자인에 있어서 단어에서 출발점을 찾았으며, 기하학을 기본으로 삼았다. Bifur 서체는 카상드르의 기하학적 미학을 보여주는 대표적인 서체이다.

3143
A.M. 카상드르, Pub Dubonnet, 1932

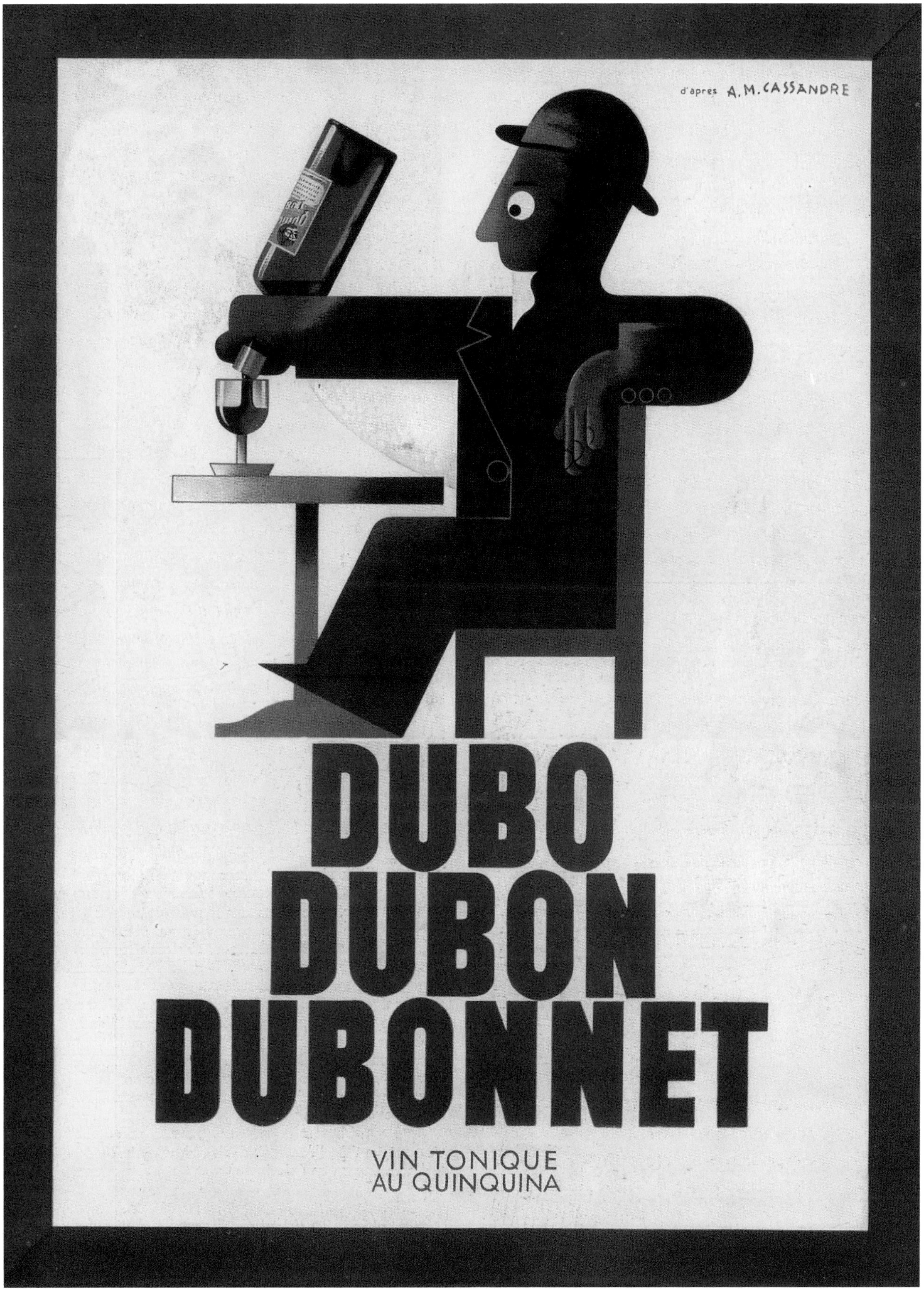
d'apres A.M.CASSANDRE
DUBO
DUBON
DUBONNET
VIN TONIQUE
AU QUINQUINA

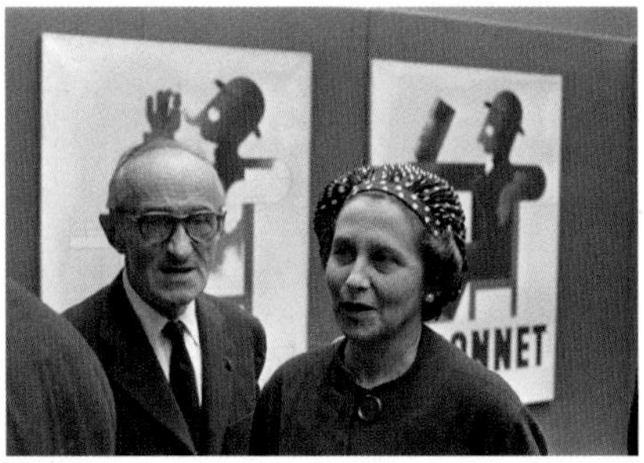

3144

카상드르

A.M. Cassandre, 1901~1968, 프랑스 (러시아 출생)
그래픽 디자이너

카상드르, 본명 아돌프 장마리 무롱Adolphe Jean-Marie Mouron은 러시아에서 태어나 에콜 데 보자르와 아카데미 줄리앙에서 교육을 받은 후 프랑스에서 활동한 그래픽 디자이너이다.
입체파와 초현실주의에 영감을 받은 카상드르는 1925년 국제 장식미술산업박람회의 'Bûcheron' 포스터로 이름을 알리게 되었으며, 이 성공을 계기로 'Alliance Graphique'라는 광고 대행사를 설립했다. 이후, 1930년대에 여행 광고 포스터 디자인으로 명성을 확립했으며, 그의 대표작 중 하나는 'Compagnie Internationale des Wagons-Lits'를 위한 광고 작업이 있다.
그는 'Bifur', 'Acier Noir', 'Peignot' 등의 서체 디자인으로 타이포그래피 분야에서 중요한 업적을 남겼다. 1936년에는 카상드르의 작품이 뉴욕 현대미술관에서 전시되었고, 『Harper's Bazaar』로부터 표지 디자인을 의뢰받는 등 국제적인 인정을 받았다.
전쟁 이후, 그는 에르메스Hermès를 위한 플레잉 카드와 스카프 디자인, 이브 생로랑Yves Saint Laurent의 유명한 로고 디자인 등을 통해 패션 하우스와 협력하며 자신의 디자인 영역을 넓혔다. 그러나, 개인적으로는 우울증으로 어려운 시간을 보냈고, 결국 1968년 파리에서 생을 마감했다.

3144
A. M. Cassandre의 데코 및 포스터 전시회의 개막
암스테르담의 Rijksacademie (국립 아카데미, 1967.5.26)

3145
피에르 픽스-마소 Pierre Fix-Masseau, Exactitude, 1929

피에르 픽스-마소 (Pierre Fix-Masseau, 프랑스)는 철도회사 포스터에서 'Exactitude시간엄수' 와 'Etat국가'의 두 단어로 철도 교통 서비스의 시간 엄수에 대한 메시지를 전달하고 있다. 특히 운전사 머리 뒤 시계의 분침이 기차 보일러 앞의 검은 원의 중심을 향하도록 한 기하학적인 구성이 돋보이는 작품이다.

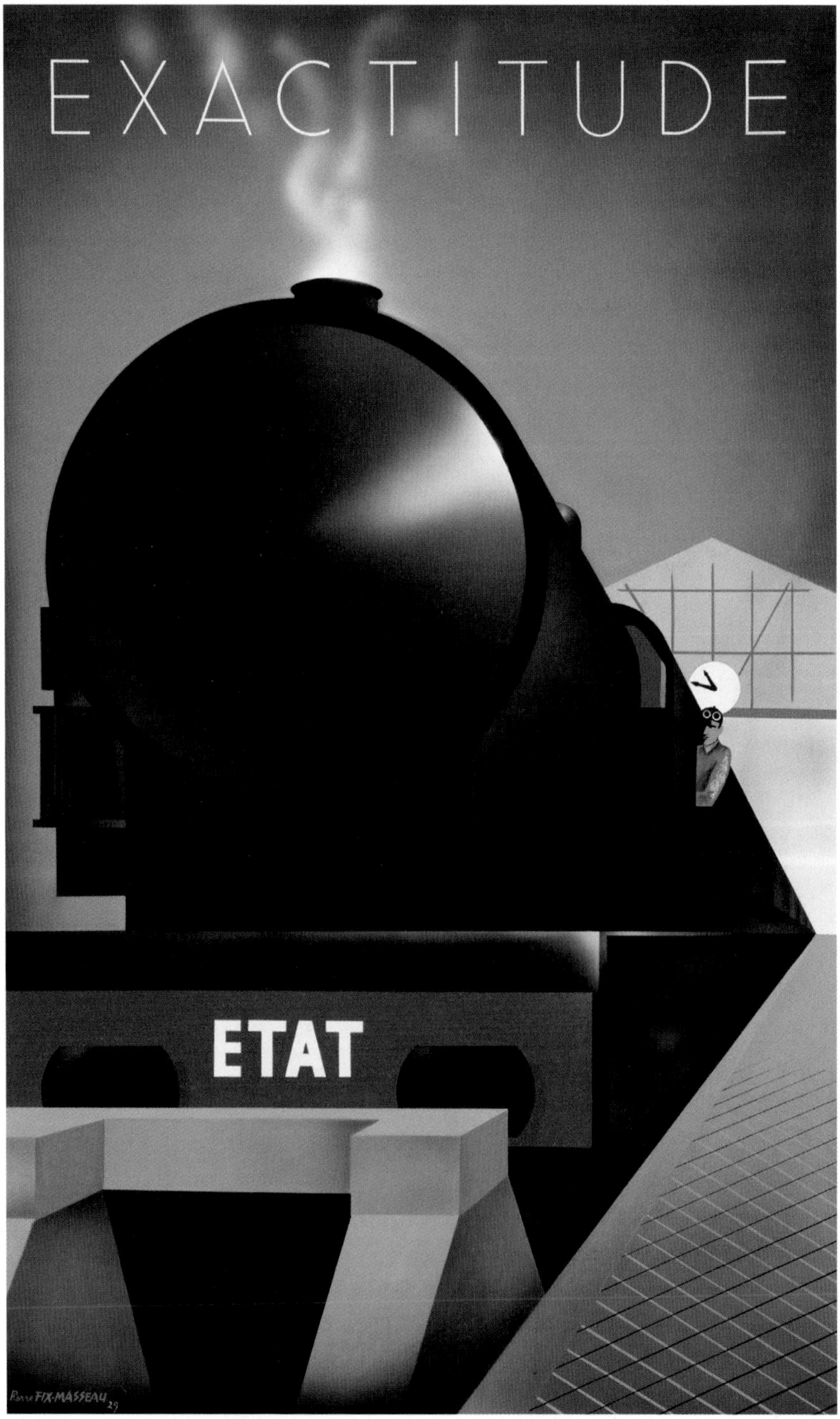

3145

3146
샤를 루포 Charles Loupot, 1925 Exposition, 1925
프랑스 상업 및 산업부에서 제작한 1925년 국제 장식미술산업박람회의 홍보 포스터

3147
샤를 루포, Monsavon 화장품 브랜드의 비누 광고 포스터, 1936

3148
샤를 루포, 스위스 로잔의 Canton 모피 매장의 광고 포스터, 1949

3149
레오네토 카피엘로 Leonetto Capiello, Bouillon Kub, 1931

카피엘로는 황소 머리의 정면 대칭 구도를 통해 휴대용 스톡의 직접적인 원료와 제품의 짙은 농도를 직관적으로 표현하고 있다.

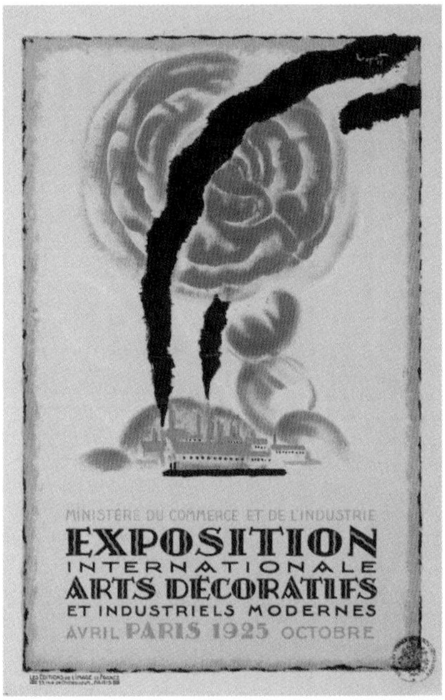

3146

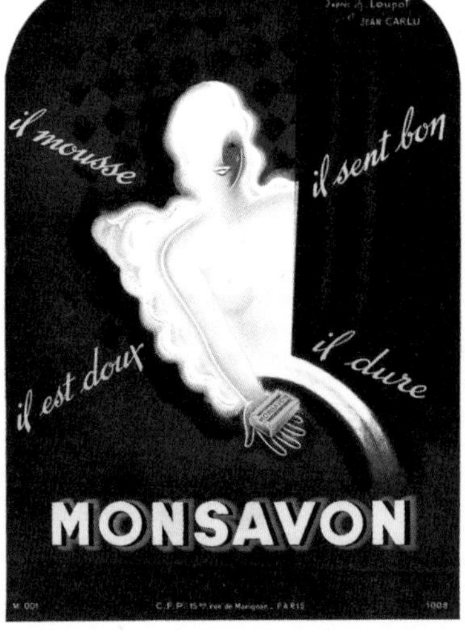

3147

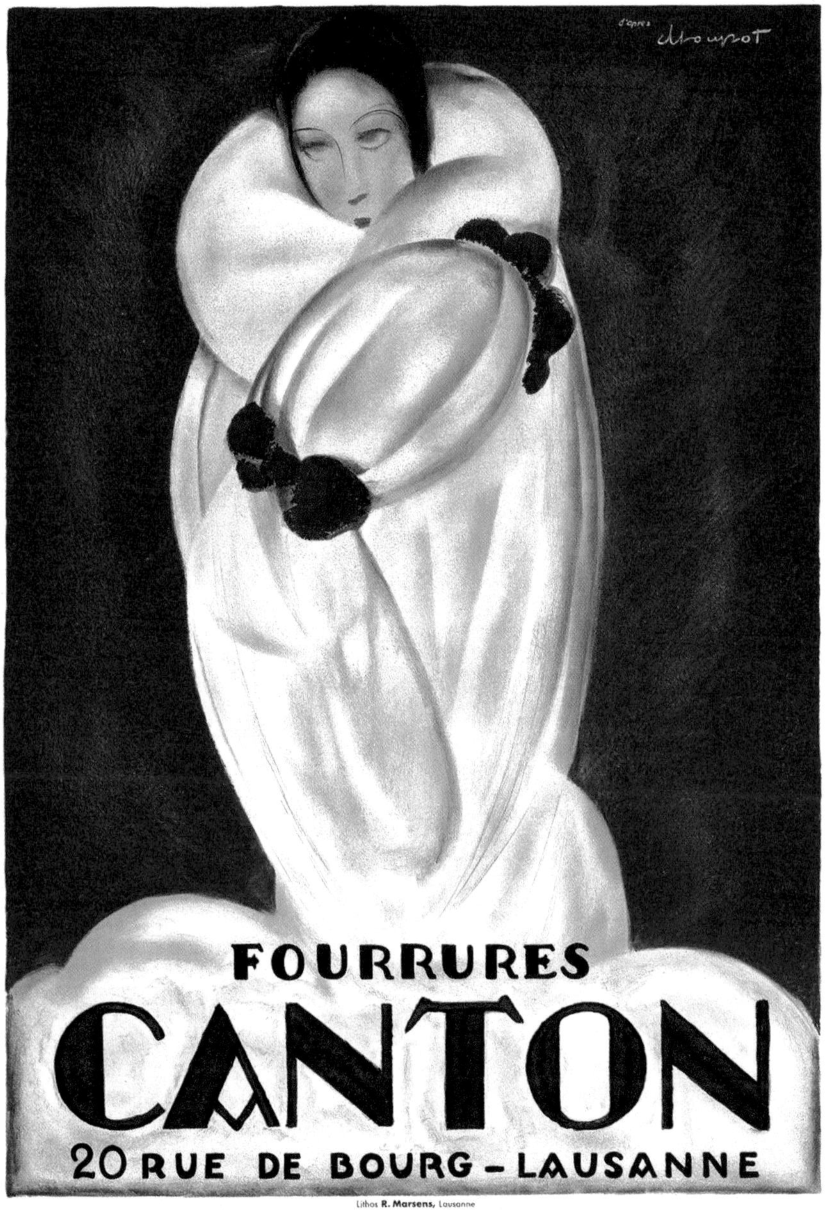

3148

샤를 루포

Charles Loupot, 1892~1962, 스위스
광고, 포스터 그래픽 디자이너

샤를 루포는 소비재 분야의 포스터 디자이너로 자동차, 담배, 알코올, 패션 등의 포스터를 제작했다. 그는 식전 주 회사인 생 라파엘St. Raphaël의 광고 디자인에 추상적 이미지를 도입하여 그래픽 디자인의 이정표를 만들었다. 그의 대표작으로는 주류 브랜드 'St. Raphaël' 포스터 시리즈와 프랑스 자동차 제조사 'Voisin'의 광고가 있다.

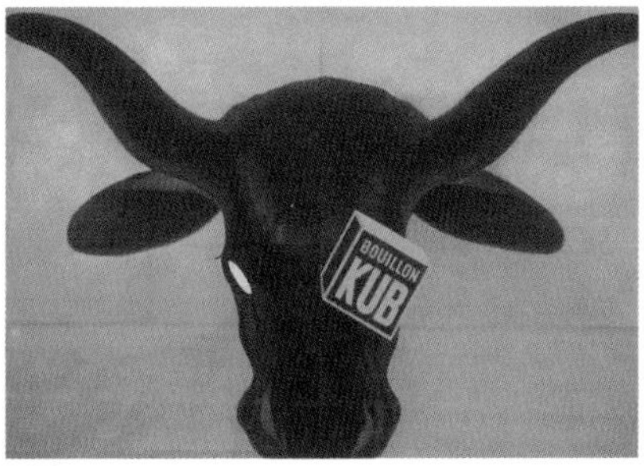

3149

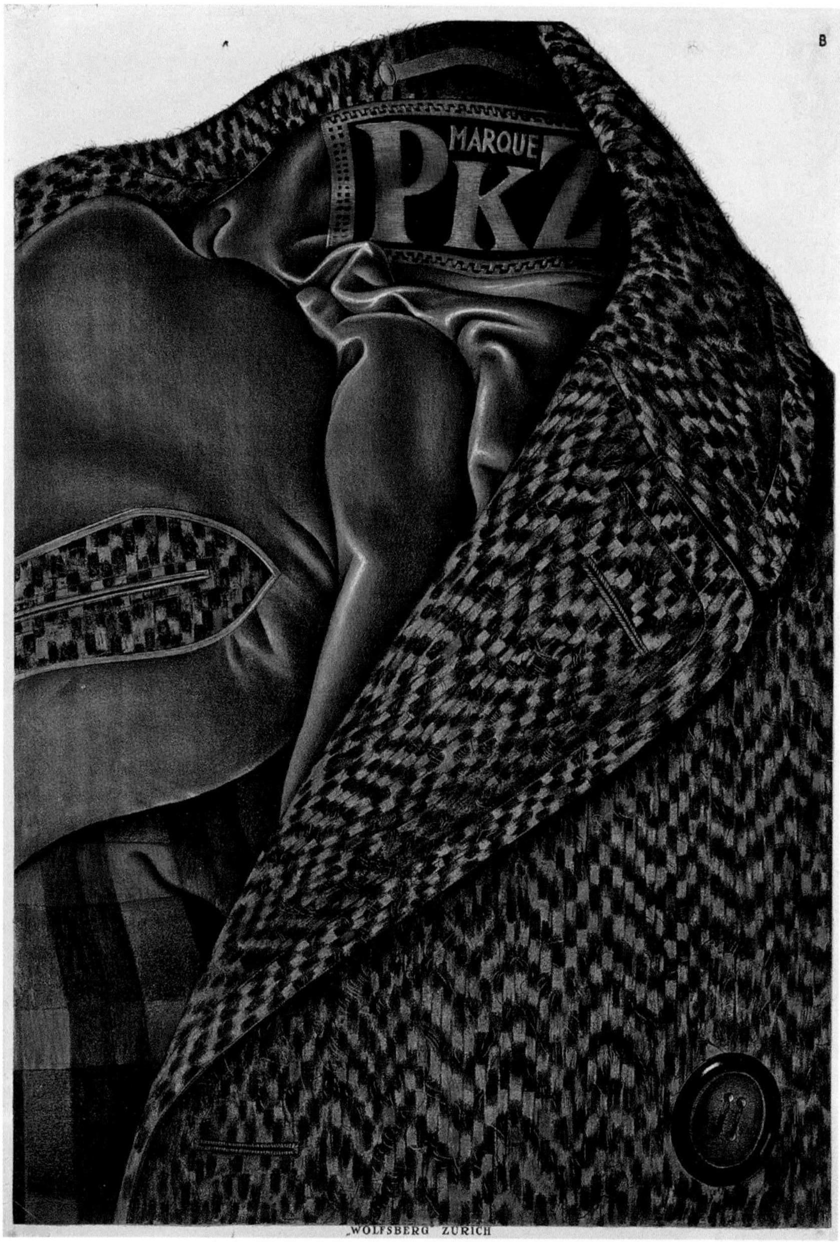

3150

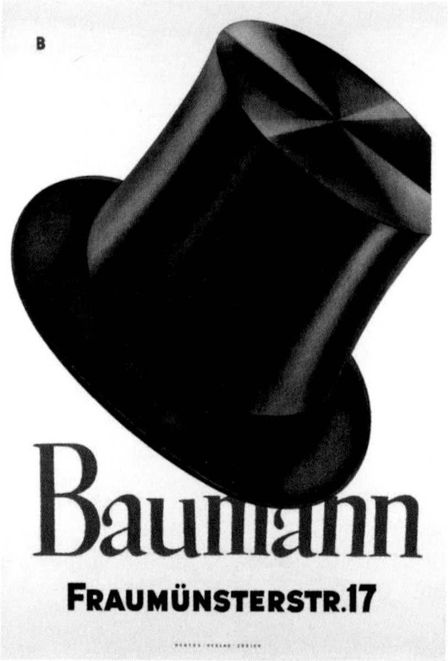

3151

3150
오토 바움베르거 Otto Baumberger, PKZ, 1923

PKZ(Pfauen-Krawatten-Zentrale)의 유명한 의류 상점의 광고 포스터로, 취리히의 Wolfsberg 인쇄소에서 색채 석판화로 제작되었다. 극사실주의로 기념비적인 이 포스터는 대담한 구성과 입체감 있는 묘사로 오토 바움베르거의 신객관주의를 잘 보여준다.

3151
오토 바움베르거, 바우만Baumann 모자 상점 포스터, 1928

3152
폴 콜랭 Paul Collin, La Revue nègre', 1925

'흑인공연La Revue nègre'은 1925년 파리의 샹젤리제 극장에서 열린 공연으로, 유럽에 재즈 음악과 흑인 문화를 소개하는 역할을 했으며, 미국 댄서 가수인 조세핀 베이커Joséphine Baker를 일약 스타덤에 올려놓았다. 폴 콜랭은 순수한 회화에 가까운 스타일의 포스터 작가였으며, 이 포스터는 그의 대표작으로 프랑스인들에게 친숙한 흑색, 백색, 적색의 색상 코드가 포함되어 있다.

3153
장 카를뤼 Jean Carlu, Aquarium de Monaco, 1930경
모나코 수족관 홍보를 위해 제작된 색채 석판화 포스터

3154
와이머 퍼셀 Weimer Pursell, 시카고 월드 페어 포스터, 1933

시카고 세계 박람회를 홍보하기 위해 제작된 포스터로 시카고 설립 100주년을 기념하는 의미를 담고 있다.

3155
에드워드 맥나이트 코퍼 Edward McKnight Kauffer
Explorers Prefer Shell, 1934Shell 석유회사의 광고 포스터

1930년대는 석유회사가 대중에게 브랜드 이미지를 강화하기 위해 다양한 광고 캠페인을 펼치던 시기로, 이 포스터는 시대적 현상을 반영하고 있다.

폴 콜랭
Paul Collin, 1892~1985, 프랑스
예술가, 포스터 디자이너

폴 콜랭은 아르누보와 아르데코 스타일에서 영향을 받아 1920년대 파리의 재즈 신을 대표하는 작품을 남겼다. 그의 포스터와 일러스트레이션은 당시의 무대 예술과 음악, 특히 아프리카계 아메리칸 문화의 매력을 독특하고 생동감 있는 방식으로 포착해 내며 아르데코 시대와 문화에 대한 깊은 이해와 존중을 표현했다.

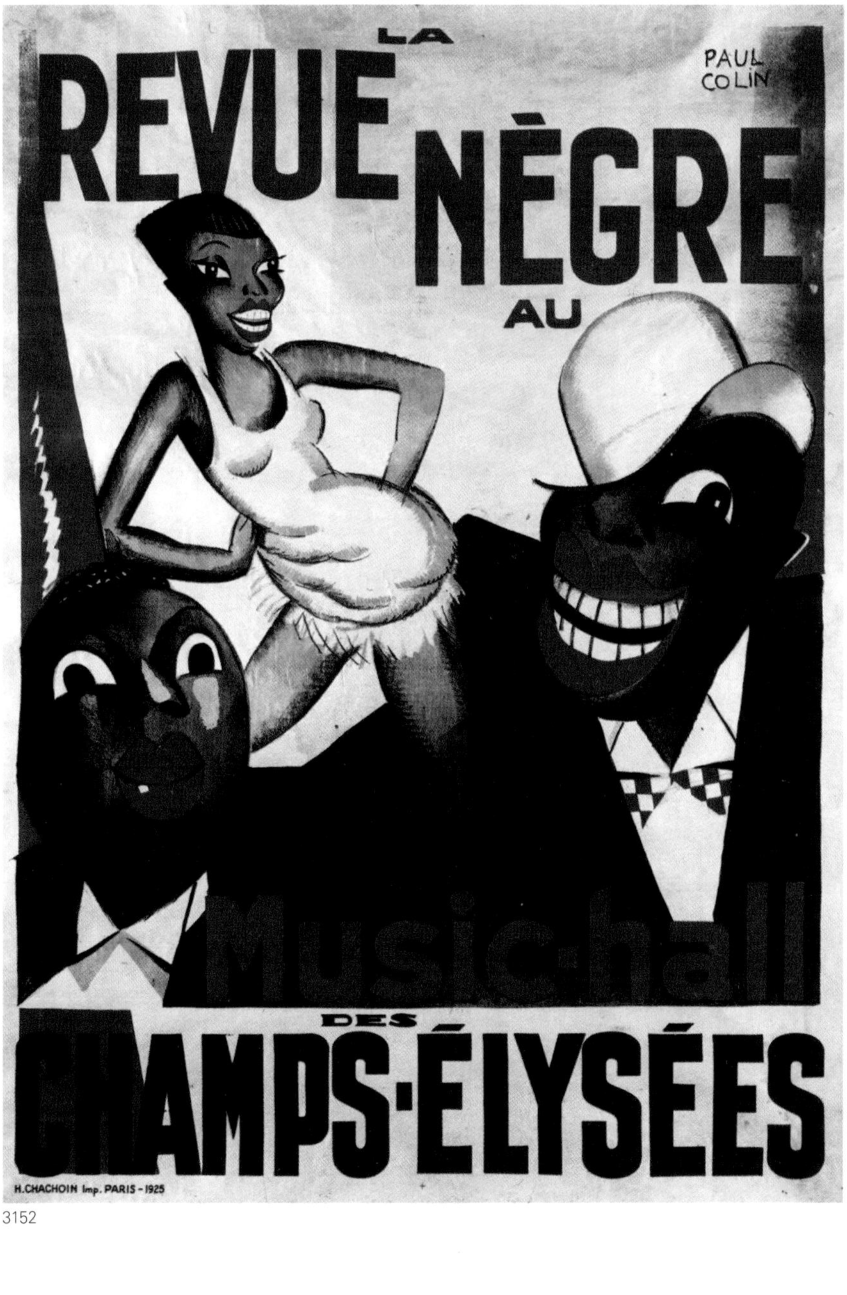

3152

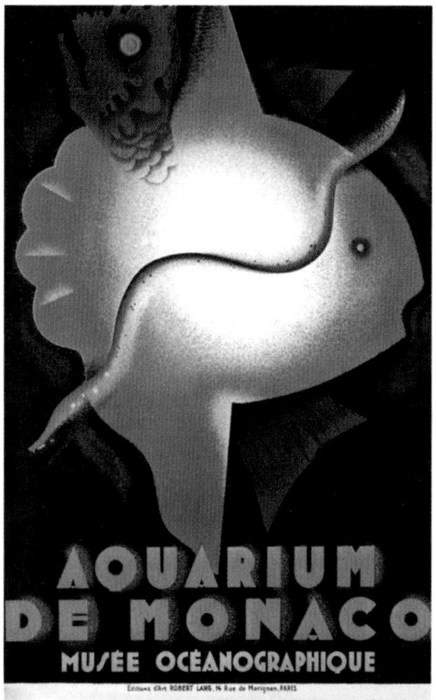

3153

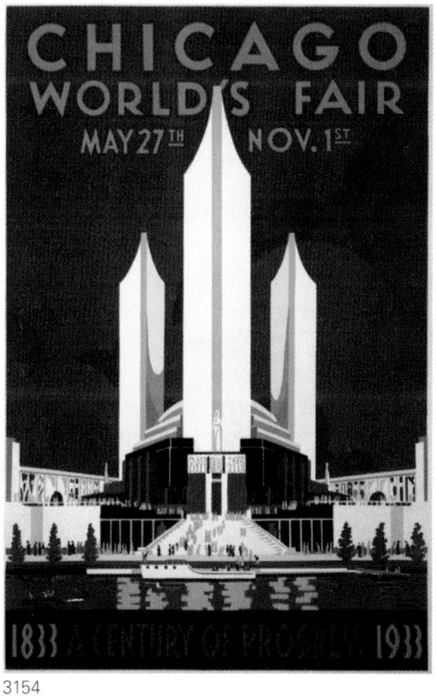

3154

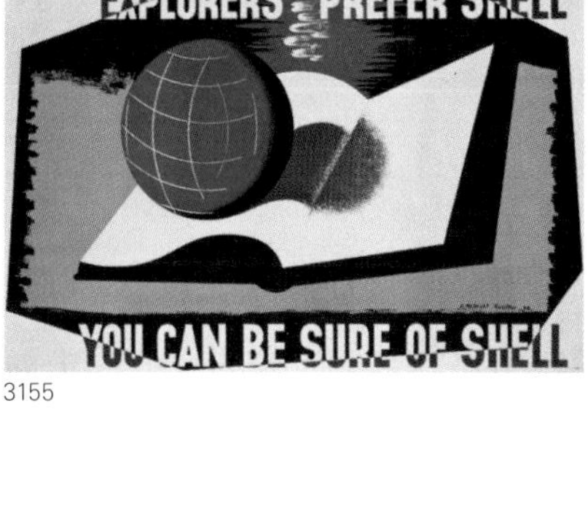

3155

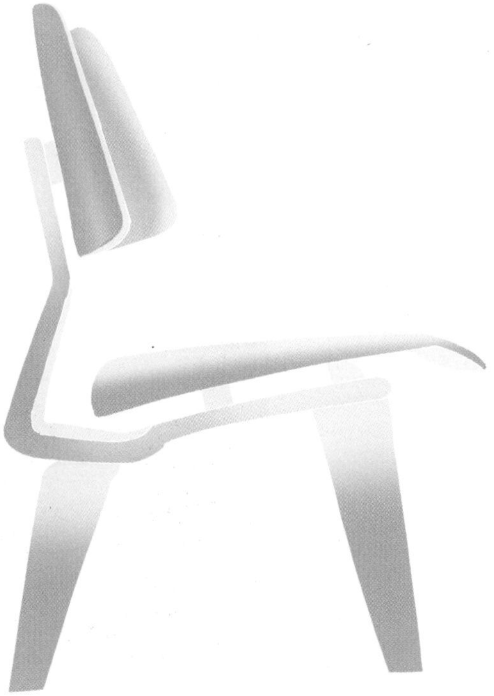

Mid-Century Modern Style

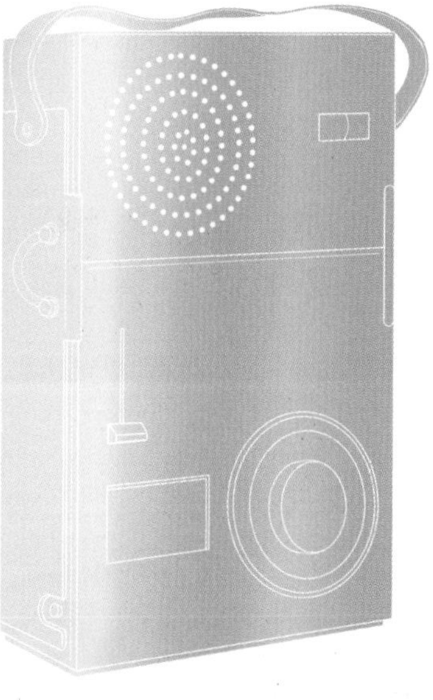

Minimal Style

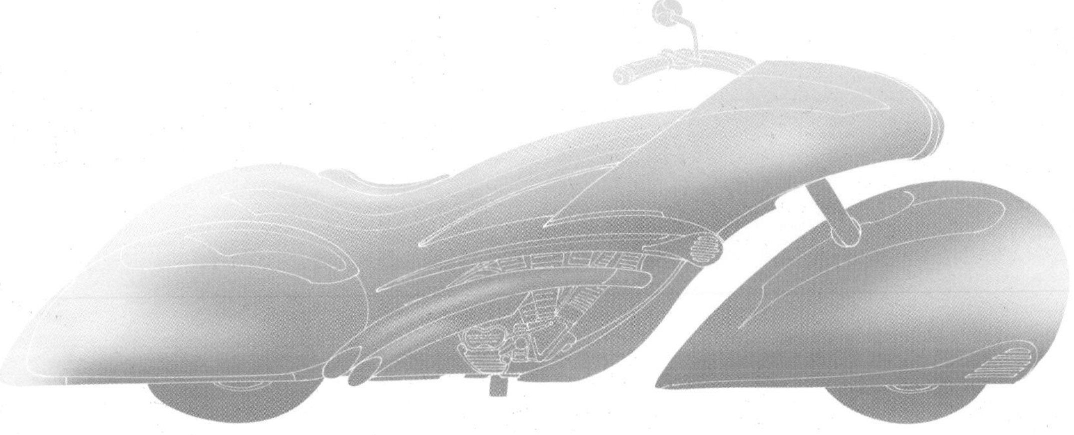

Futurism Style

일러스트레이션: 전서영

Chapter 4

Early Modern Style

모던디자인의 서막

초기 모던 스타일

심영신

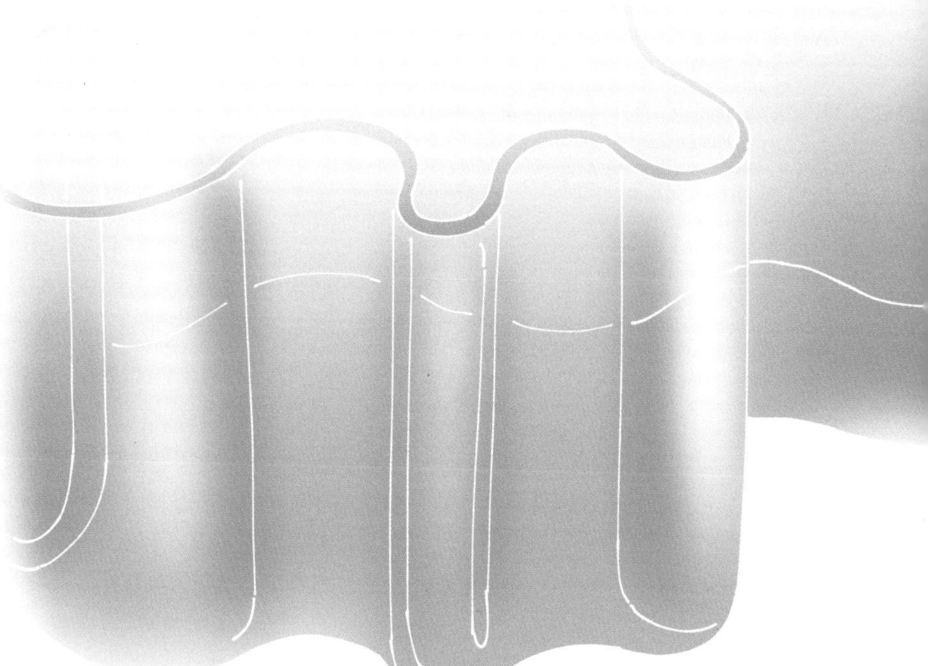

초기 모던에 대한
About Early Modern

모던디자인의 구분

'모던디자인'의 시기를 단적으로 정의하는 것은 매우 어렵다.
산업혁명 이후 디자인의 태동기에서 당시의 디자이너들은 이전의 전통 양식과 구별하기 위해 '모던디자인'이라는 용어를 사용했다. 한편으로는 20세기 중반의 기능주의와 합리주의 디자인을 모던디자인이라고 부르기도 한다. 또한, 20세기 전반기의 모던디자인부터 포스트모던 디자인 이전까지의 시기를 모던디자인으로 해석하는 사람도 있다. 심지어 오늘날 대량생산을 통해 쏟아져 나오는 동시대의 디자인조차도 모던디자인의 연장선상에서 볼 수 있다. 이처럼 모던디자인에 대한 다양한 관점과 해석이 존재하기 때문에, 단일한 시기나 스타일로 규정짓는 것은 거의 불가능하다.

이 책에서는 모던디자인을 크게 세 단계로 나누기로 한다.
첫 번째 단계는 20세기 초반부터 제2차 세계대전 이전까지의 기간으로 산업혁명에 의한 대량생산에 적합한 해법의 탐색기이며, 두 번째 단계는 제2차 세계대전 기간부터 1960년대의 기간으로 대량생산 방식에 적응된 체계의 완성기이다. 세 번째 단계는 1970년대 이후 대기업에 의해 대량생산과 대량소비가 이루어지는 시기로 구분된다.
4장 '초기 모던 스타일'에서는 첫 번째 단계를 중심으로, 5장 '미드 센추리 모던 스타일'에서는 두 번째 단계를 중심으로 각 시기의 대표적인 작품들을 소개하기로 한다.

초기 모던디자인은 압도적 혁신이다.

최근에 '혁신'이라는 수식어를 의외로 쉽게 접하게 되는데 실제로는 혁신에도 등급이 있다. 최초의 유선 인터넷과 최근의 무선 인터넷의 개념을 비교해 보면 쉽게 이해할 수 있다. 무선 인터넷을 '혁신'이라고 부를 수는 있지만, 인터넷이 없던 시기에 최초로 탄생한 유선 인터넷과 비교하면 무선 인터넷은 '개선'의 개념에 더 가깝고, 유선 인터넷이야말로 진정한 의미의 '혁신'이라 할 수 있다.

이런 기준에 빗대어 본다면 초기 모던디자인은 '압도적 혁신'이다. 모던디자인을 초기 모던, 미드 센추리 모던, 상업주의 모던, 후기 모던 등으로 시기나 특징에 따라 구분할 때, 초기 모던은 모던디자인 전체의 기틀을 마련한 '최초'의 개념에 의미를 두며, 아직 '완성' 단계에 이르지 않은 탐색기적인 성격을 지닌다. 그러나 초기 모던을 단순히 하나의 '단계'로만 정의하기에는 그 영향력은 너무나 크고 방대하다. 이는 초기 모던디자인 이전의 양식과 이후의 양식을 비교해 보면 그 진가를 충분히 이해할 수 있을 것이다.
초기 모던디자인 시기와 가까운 시기에는 아르누보와 아르데코 양식이 있었다. 이 양식들은 과거의 양식적 관성을 끊는 역할을 했지만, 짧은 시기에 유행하고 사라진 양식이므로 초기 모던과 동류의 '혁신'이라는 타이틀을 부여하기는 어렵다. 따라서, 초기 모던디자인 양식은 소위 고전이라고 불리는 전통양식과 비교해 보아야 한다.

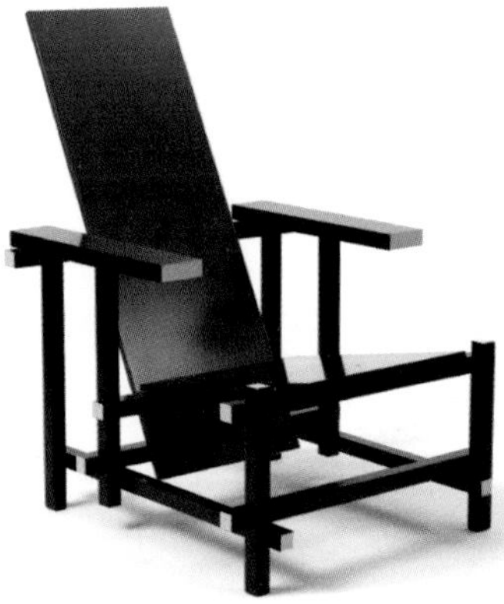

4001
게리트 리트벨트 Gerrit Rietveld
Red and Blue Chair, 1917

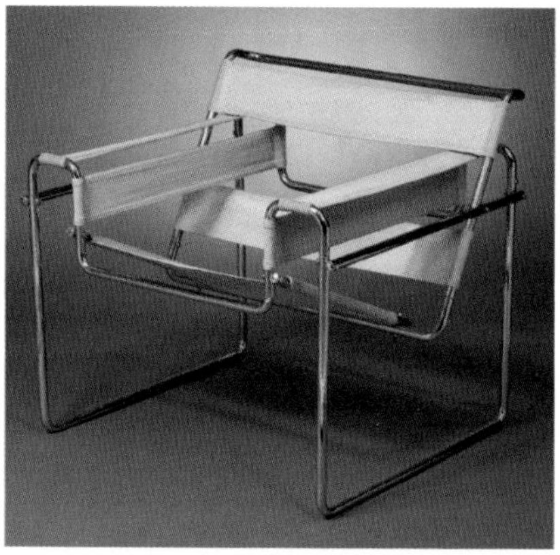

4002
마르셀 브로이어 Marcel Breuer
Arm Chair, Model B3, 1927~1928경

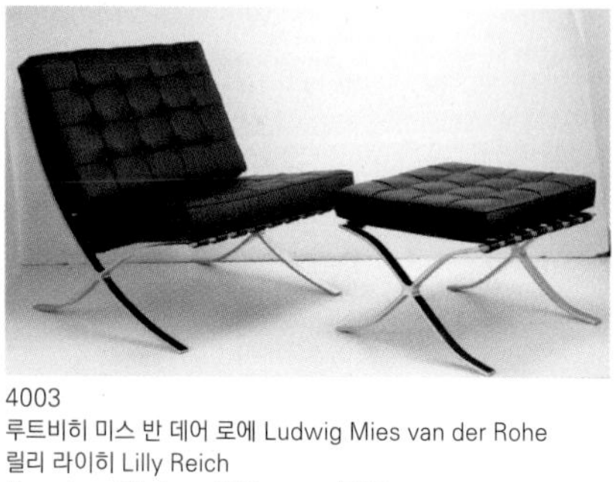

4003
루트비히 미스 반 데어 로에 Ludwig Mies van der Rohe
릴리 라이히 Lilly Reich
Barcelona Chair and Ottoman, 1929

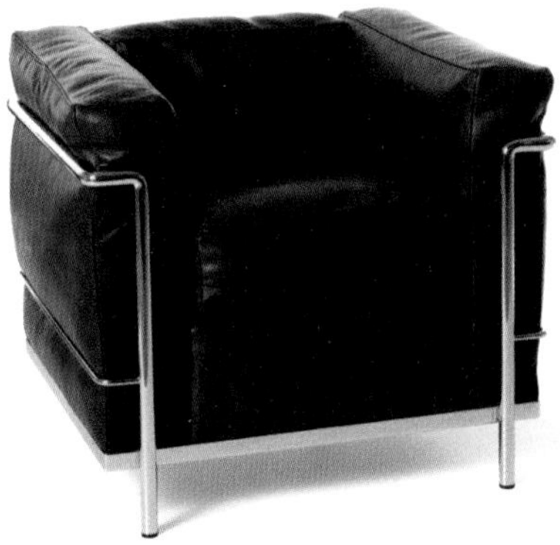

4004
르코르뷔지에 Le Corbusier
샤를로트 페리앙 Charlotte Perriand
피에르 잔느레 Pierre Jeanneret
LC2, 1928

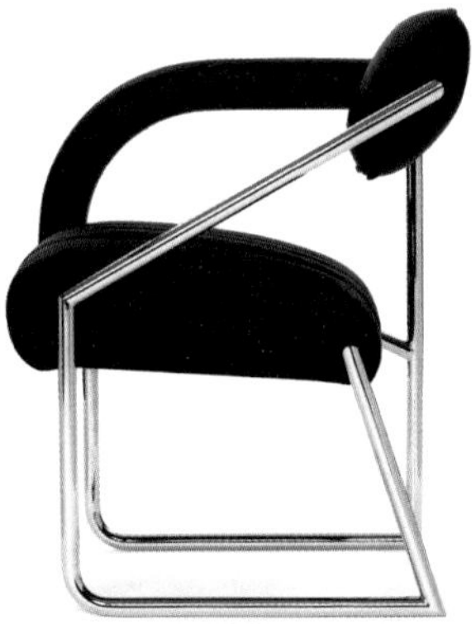

4005
아일린 그레이 Eileen Gray
Nonconformist Chair, 1926

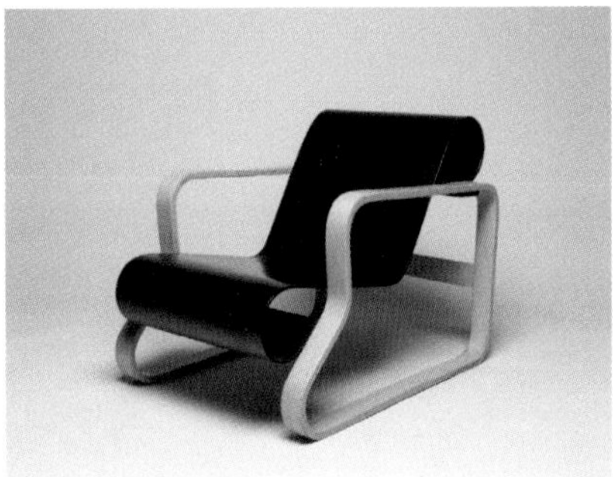

4006
알바르 알토 Alvar Aalto
Arm Chair Paimio Sanatorium, 1932

고대부터 중세, 그리고 근대까지 수천 년 동안 인간은 손으로 물건을 창조하고 제작해왔다. 그러나 인류 최초로 '기계 미학'을 탄생시키며, 이전 수천 년간의 흐름을 끊고 새로운 시대를 연 것이 바로 '초기 모던'이다. 수백 년이 흐른 미래에는 기원전부터 20세기까지의 양식을 '고대와 고전'으로, 20세기 이후 기계를 통한 대량생산과 백여 년 이상 발전한 양식을 '모던'으로 분류하여 양식의 역사를 서술하는 책이 나올지도 모른다. 이처럼 초기 모던은 그야말로 '압도적 혁신'이다.

초기 모던은 지금도 사랑받는다.

초기 모던디자인의 탄생 이후, 사람들은 셀 수 없을 정도로 많은 의자, 조명, 꽃병을 만들어왔다. 그러나 마르셀 브로이어의 바실리 체어(1927), 르코르뷔지에의 LC2 소파(1928), 루트비히 미스 반 데어 로에의 바르셀로나 체어(1929), 폴 헤닝센의 PH 테이블 램프(1936), 알바르 알토의 사보이 꽃병(1937) 등은 거의 백 년이 지난 지금까지도 의자, 조명, 꽃병의 상징으로 굳건히 그 위상을 지키고 있다. 이 작품들은 단순히 '최초와 혁신'이라는 역사적 가치를 넘어, 지금까지도 수려하고 격조 있는 디자인으로 평가받으며, 여전히 전 세계 수많은 사람들이 소유하고 싶어하는 선망의 대상이다.

최근에는 변화의 속도가 너무 빨라서 어떤 것이 인기인지, 유행인지 알아채기도 전에 금세 지나가버리는 경우가 많다. 그럼에도 불구하고, 초기 모던디자인의 걸작들은 어떻게 그렇게 오랫동안 매력을 잃지 않고 하나의 상징이자 전형으로 자리 잡을 수 있었을까?

예술작품과 같이 그 시대의 고뇌가 담겨 있다.

어느 화가는 "어떤 작가의 작품을 구매하는 것은 그 작가를 집에 초대하는 것과 같다"라고 말했다. 이 말은 그림이 단순히 보이는 표상에 그치지 않고, 그 화가의 생각과 마음이 담긴 표현이라는 뜻이다. 따라서, 화가의 작품을 보며 좋다고 느끼는 것은 시각적 즐거움을 넘어, 그 화가의 의견에 공감하고 그와 상호작용하는 것이라고 할 수 있다.

모더니즘 초기에서 중기의 디자인 대가들의 작품도 이와 같은 맥락에서 이해될 수 있다. 1900년대 초반, 수공예에 의존하던 생산 방식과 달리, 산업혁명은 기계 생산을 가능하게 하여 인류에게 이전에 경험하지 못한 혁신적인 생산방식의 변화를 가져왔다. 또한, 프랑스혁명으로 성직자, 왕족, 귀족의 지배에서 벗어난 시민계급이 등장하면서, 사회, 경제, 문화, 산업 등 모든 방면에서 대혁신이 이루어진 시기였다. 이러한 인류 역사의 커다란 변혁기에, 당대의 예술가, 철학자, 정치인들과 마찬가지로 초기 모더니스트들은 새로운 변화에 어떻게 대응하고 나아갈 것인가를 깊이 고뇌했다.

과거 오랜 기간 동안 숙련된 수공예가들이 제작한 노동집약적이고 완성도 높은 품질의 물건을 어떻게 새로운 기계 생산 방식으로 대체할 것인가? 특권층만을 위한 것이 아니라, 어떻게 하면 대중들에게도 예술적 가치가 있는 고품질의 건축과 용품을 제공할 수 있을 것인가? 또한, 새로운 산업용 소재의 활용도를 어떻게 극대화할 수 있을 것인가? 어떤 새로운 생산 방법을 채택하여 생산성과 기능성을 향상시키면서 동시에 새로운 미적 가치를 창출할 수 있을 것인가? 등 20세기 초반의 디자이너들은 '저렴하면서도, 품질 좋고, 아름답고, 새롭고, 실용적이며, 기능적이고, 모든 사람들에게 유용하면서'라는 극단적으로 상반되며, 다양한 개념들을 하나의 사물에서 통합하고자 수없이 고민하고 실험하며 결과를 만들어냈다.

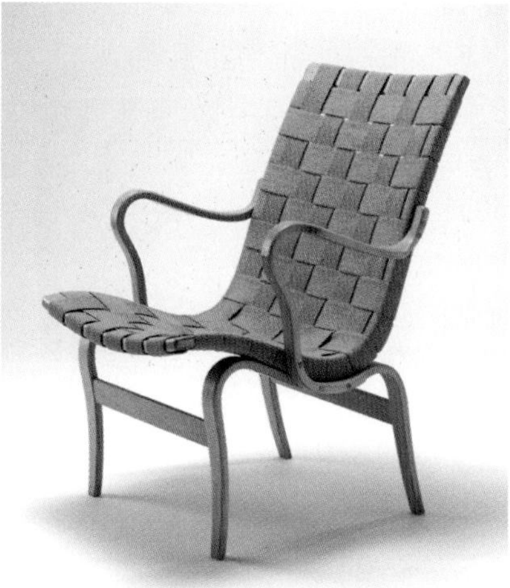

4007
부르노 마트손 Bruno Mathsson
Chair, 1933~1936

20세기 초의 디자이너들은 기업에 고용된 것이 아니라 건축가, 예술가, 철학자, 사회 혁신가들로서 당대의 국가 혹은 사회 문제를 해결하기 위한 수단으로 디자인을 구현했다. 그들은 선구자적 태도와 당대의 문제를 해결하고자 하는 의식, 전에 없던 새로움을 추구하는 혁신 정신, 다양하고 상충하는 문제들로부터 도망치지 않는 끈기, 무엇보다 놀라울 정도의 완성도 높은 결과물을 보여주었다. 이러한 다양하고 복합적인 이유 때문에 우리는 그들의 디자인을 지금도 사랑하고 동경한다.

지금까지 사랑받는 이유는 과거의 고민이 아니라 지금의 고민이기도 하다.

마르셀 브로이어나 르코르뷔지에, 루트비히 미스 반 데어 로에, 폴 헤닝센의 디자인이 지금까지 사랑받는 이유가 이런 착실한 교과서적인 이유만으로 충분히 설명이 될까?

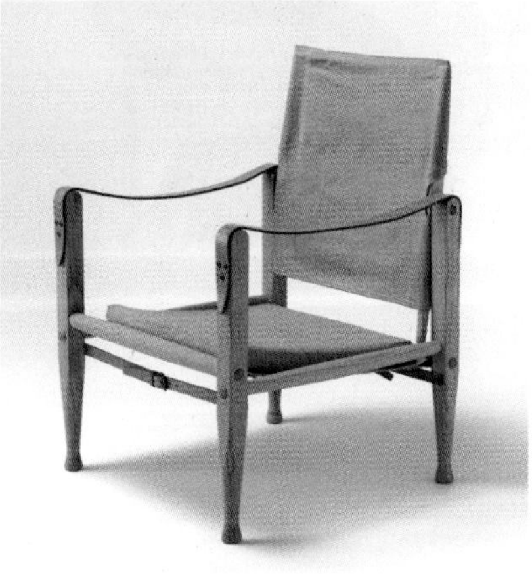

4008
카아레 클린트 Kaare Klint
Safari Chair, 1933

미술관에서 종교적, 예술적으로 훌륭한 중세의 작품을 관람하면서 "끊임없는 고뇌와 노력의 흔적이며… 혁신적이고 새로운 결과를 만들어냈다"라는 설명을 들으면 일순간 작가와 작품에 대한 경외심을 느끼기도 한다. 그러나, 박물관을 나와서 그 의미를 계속 간직하기보다는 잊어버리게 된다. 반면에, 백 년 가까이 흐른 초기 모더니즘 디자이너들의 작품은 현재의 시각으로도 여전히 매력적이며, 지금 나의 공간에 위화감 없이 조화롭게 어울릴 것 같다. 심지어 그들의 작품 하나만으로도 내 공간이 한층 더 품격 있게 변화할 것 같은 즐거운 상상을 불러일으킨다.
과거 초기 모더니즘 선구자들의 작품이 현재의 우리에게 수용될 수 있는 가장 큰 이유는 바로 그들의 고민과 노력, 그리고 그들이 제시한 해법이 바로 지금의 우리가 안고 있는 문제이며, 우리가 찾고자 하는 해법이기 때문일 것이다.

우리는 근대화된 생활환경 속에서 보다 풍요로운 삶을 추구하며, 편리한 기능을 원하고, 아름다운 사물을 곁에 두고 싶어 한다. 즉, 초기 모더니즘 디자이너들의 고민은 여전히 현재진행형이며, 그들이 제시한 해답보다 마음에 와닿는 답을 쉽게 찾지 못하기 때문일 것이다. 또한, 모든 것이 쉽게 만들어지고 소비되는 이 시대에, 어느 선구자가 평생에 걸친 고뇌와 노력의 결과로 탄생한 진지한 사물은 과거에 머물러 있지 않고, 시간이 갈수록 그 가치를 더욱 더할 것이다.

아르데코와 초기 모던의 특징 비교

앞서 소개한 아르데코와 초기 모던은 시기의 접점을 가지며 시대를 공유한 양식이지만 서로 다른 특징과 매력이 있다.

ART DECO	Early MODERN

개 요

ART DECO

1920~1940년대에 유럽과 미국을 중심으로 한 국제양식
기하학적인 형태와 장식적인 요소가 조화됨
건축, 인테리어, 그래픽 디자인, 패션, 화장술, 보석 분야

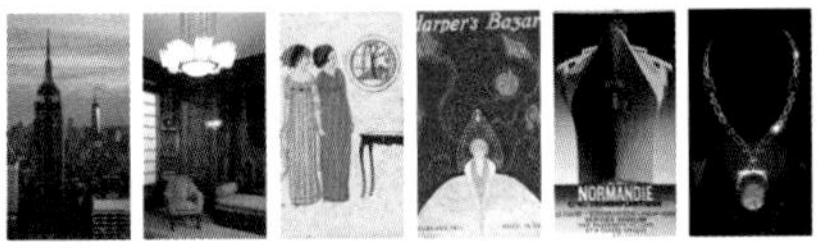

Early MODERN

20세기 초반~제2차 세계대전 이전까지 모더니즘 탐색기
규격화, 표준화, 산업화를 중요하게 생각함
건축, 가구 디자인, 조명, 그래픽 디자인, 조형 예술 분야

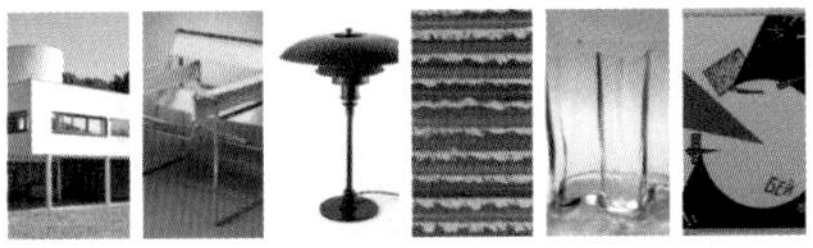

형 태

ART DECO

부드러운 곡선과 직선의 조합과 조화
기하학적이며 규칙적인 형태
반복이나 대칭성이 강조

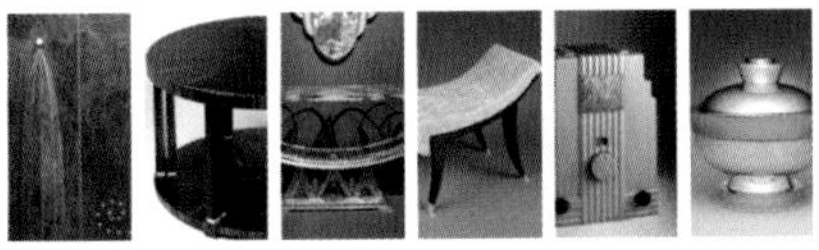

Early MODERN

단순하고 깔끔한 형태, 기계적이며 기능적인 디자인 추구
자연의 형태와 기하학적인 원칙을 조화롭게 적용
대량생산을 전제로 한 형태

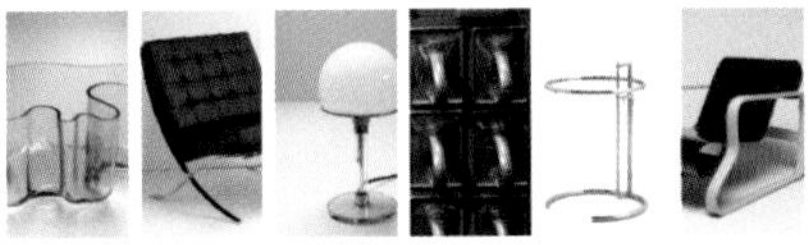

장식 요소

ART DECO

호화롭고 섬세한 장식
상감이나 세공 등의 수공예 방식
고대 문명, 아시아, 아프리카 등 비유럽 문화의 요소

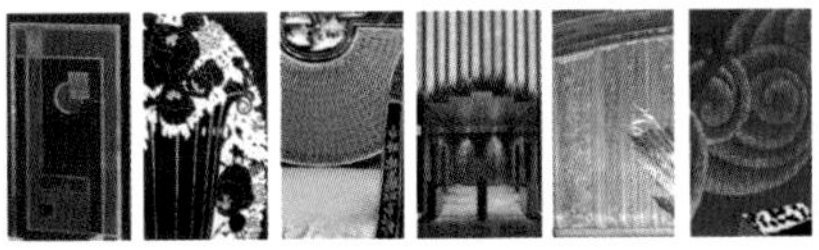

Early MODERN

불필요한 장식을 배제하고 최소한의 요소로 구성
장식은 기능과 구조의 연장
전통과 자연에서 영감을 받은 모티프

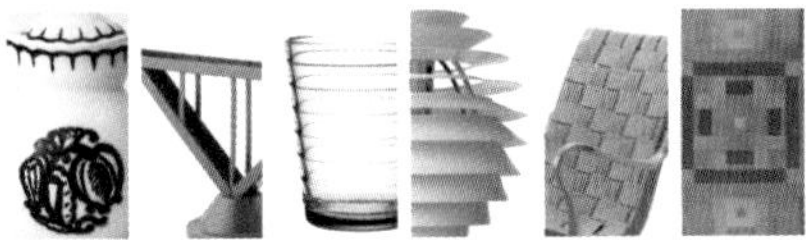

소 재

ART DECO

마호가니, 에보니, 킹우드 등 활엽수, 이국적인 목재
거북 등껍질, 상어 가죽, 도마뱀 가죽, 동물의 털과 가죽
상아, 진주, 금, 은, 황동, 알루미늄

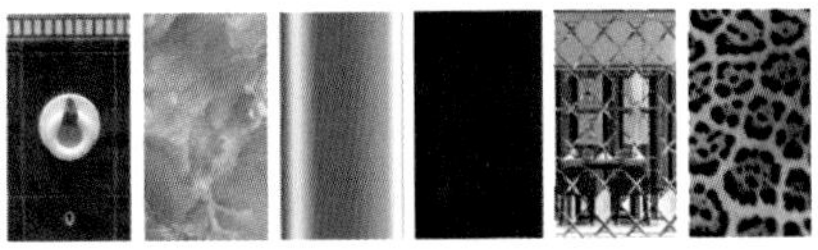

Early MODERN

산업적인 소재와 현대적인 재료
기계적인 감각의 강철, 콘크리트, 유리, 베이클라이트
자연적인 소재로 인간적인 따뜻한 감성을 구현

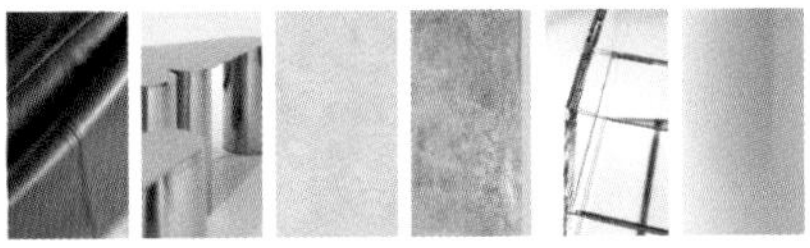

색 상

ART DECO

밝고 선명한 색상, 강렬한 색조
흑색과 흰색, 금색과 유색의 강한 색상 대비
화려한 보석 색상

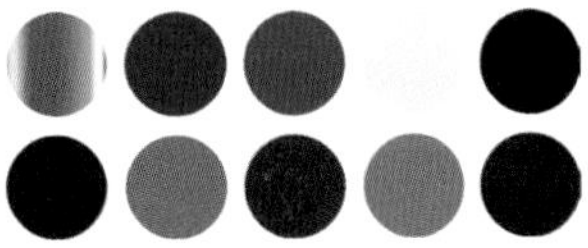

Early MODERN

중성적인 색상 팔레트
흰색, 회색, 흑색 계열의 중성적 색상
동일 계열의 색상 및 차분한 색조

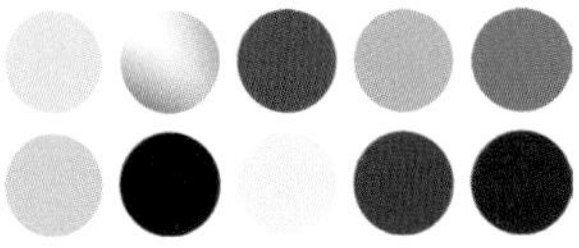

초기 모던의 개요
Overview of Early Modern

기원 및 탄생 배경

19세기 말에서 20세기 초에 걸쳐 건축과 예술 분야에서는 다양한 움직임이 일어났다. 1851년 영국 만국박람회는 미술공예운동의 발생에 영향을 주었으며, 1867년과 1900년 파리 엑스포에 일본이 참가하면서 동양과 서양의 예술 교류가 본격화되었다. 절제된 청교도 미학이 뿌리내려져 있던 네덜란드에서는 제1차 세계대전 이후 탈 물질적 미학을 모색하는 '데 스틸De Stijl'이 결성되었으며, 전쟁 이전부터 예술을 산업에 접목시키고자 했던 독일에서는 예술과 기술의 통합을 목표로 하는 근대적인 예술 학교인 바우하우스가 설립되어 독일 모더니즘이 본격적으로 전개되었다.

이러한 움직임은 산업화에서 촉발된 20세기 전반기의 '기계'라는 화두를 토대로 형성되었으며, 사회의 변혁 과정에서 더 나은 삶에 대한 공리주의적 이상이 결합하면서 모더니즘의 근간이 되었다. 기계화는 디자인 개혁 운동의 선구자들에게 실험적인 영감을 부여했고, 기술적 혁신과 양식적 혁신이 통합되면서 모더니즘 양식 형성의 원동력이 되었다. 또한, 대량생산된 제품의 공급으로 사회적 불평등을 해소하고 일상 환경을 향상시킴으로써 더 나은 사회를 건설하려는 민주적인 이상이 모더니즘 운동에 담겨 있었다.

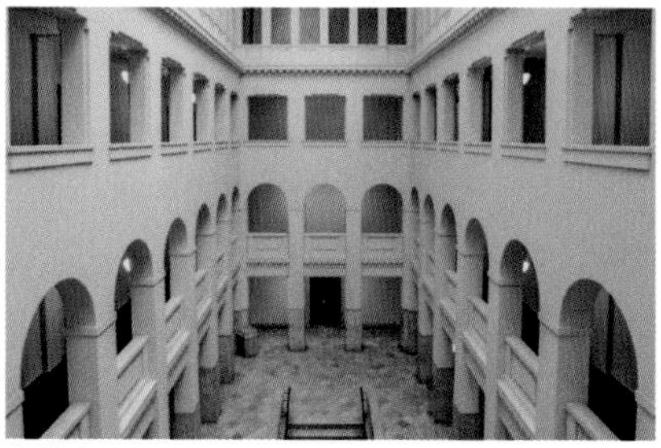
4010
페터 베렌스 Peter Behrens
베렌스 바우, 1920~1924, 독일 베를린

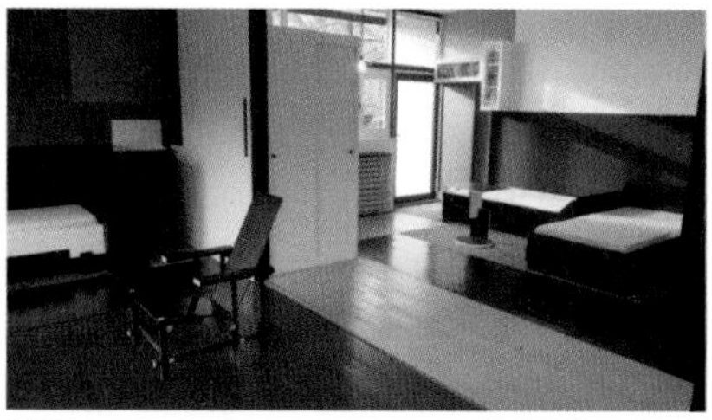
4011
게리트 리트벨트 Gerrit Rietveld
리트벨트 슈뢰더 하우스, 1924, 네덜란드 위트레흐트

양식적 특징

모더니즘은 역사적인 장식 예술을 해체하고 기하학적 추상개념의 원칙을 수용하면서 조형 양식의 혁신을 이루었다. 미국의 건축가 루이스 설리번의 "형태는 기능을 따른다Form follow function"라는 개념은 모더니즘의 건축과 디자인의 중요한 원칙이 되었으며 기능주의 이론의 근간이 되었다. 이 시기의 건축가와 디자이너들은 개념적인 공감대를 가지면서 자신들의 모더니즘 이상을 구현하는 형식을 탐구해나갔다.

20세기 전환기에 초기 모던디자인의 양식에 영향을 준 디자인 운동으로, 네덜란드의 데 스틸은 수직선과 수평선으로 신지학의 철학을 추상 형태를 표현한 신조형주의Neoplasticism를 등장시켰으며, 러시아의 구성주의Constructivism는 물질세계의 창조에 더욱 집중하면서 정치 프로파간다와 같은 실용적인 목적의 이미지를 생산했다. 독일의 바우하우스는 대량생산과 단순화, 표준화에 뿌리를 둔 보편적인 형태를 추구했으며, 재료에 충실한 형태를 구현하고자 하는 목표는 강관을 이용한 가구 제작으로 이어졌다.

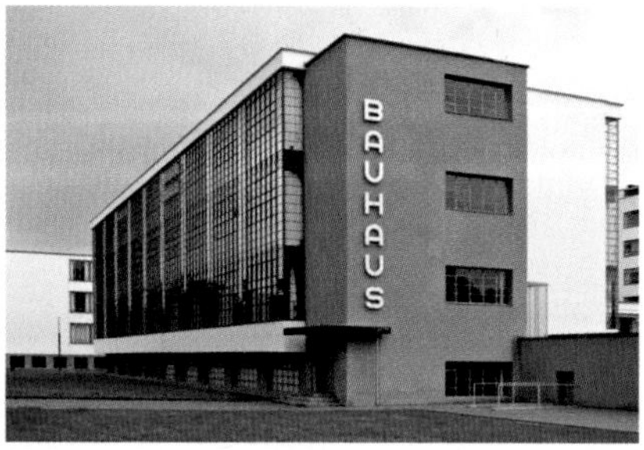

4012
발터 그로피우스 Walter Gropius
데사우 바우하우스, 1925, 독일 데사우

기능주의 모더니즘의 전개

20세기 전반기의 디자인 개혁 움직임의 선두에는 네덜란드와 러시아가 있었으나, 진보적인 독일 모더니즘이 중심이 되어 유럽과 미국으로 전파되었다. 각 나라들은 역사와 문화적 배경, 그리고 전후의 사회·경제적 상황에 따라 저마다의 개성을 형성하며 전개되었다.

네덜란드는 테오 반 되스버그가 이끄는 데 스틸을 중심으로 정신적 본질과 삶의 깊은 의미를 탐구하는 환원주의적 접근을 강조하며 모더니즘적 이상을 실현하고자 했다. 피에트 몬드리안의 작품은 데 스틸 미학의 근간이 되었으며, 게리트 리트벨트는 데 스틸의 환원주의적 철학을 3차원화한 작품을 제작했다. 제1차 세계대전 이후 전쟁에서 패전한 독

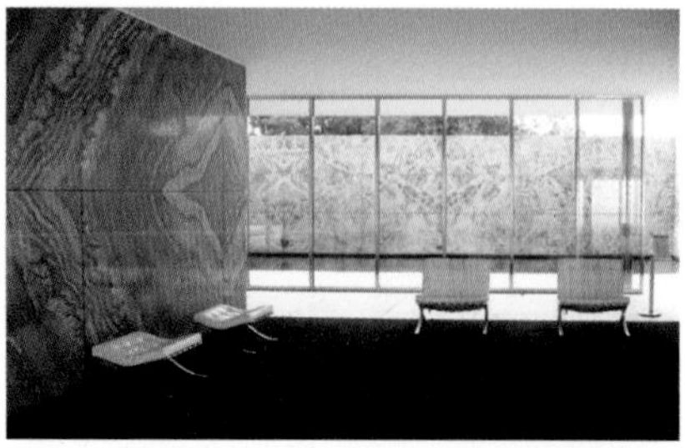
4013
루트비히 미스 반 데어 로에 Ludwig Mies van der Rohe
릴리 라이히 Lilly Reich
바르셀로나 국제 박람회 독일관, 1928~1929, 스페인 바르셀로나

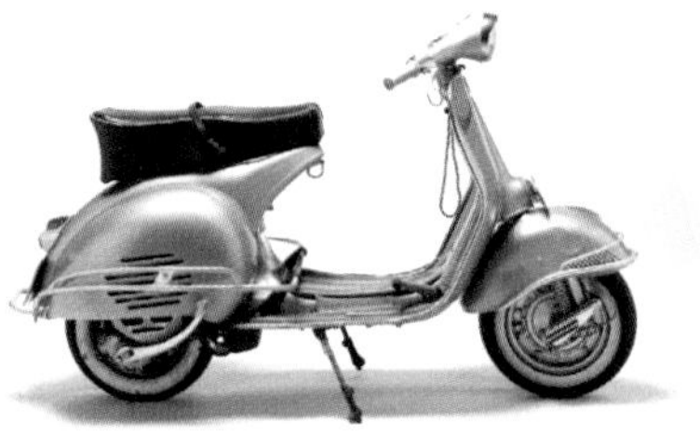

4014
코라디노 다스카니오 Corradino d'Ascanio
Vespa Grand Sport, 1955~1963

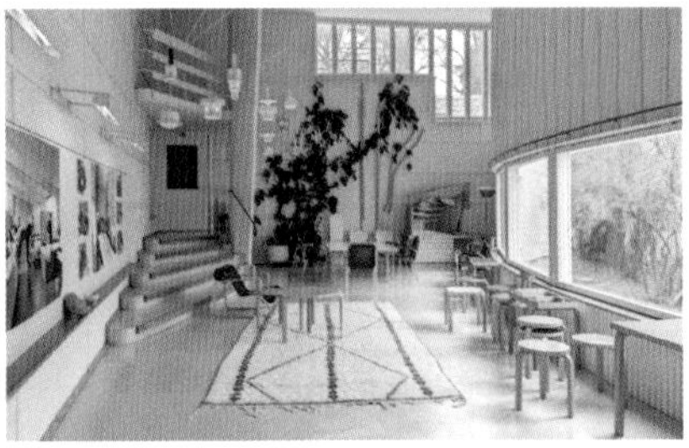

4015
알바르 알토 Alvar Aalto
알토 스튜디오, 1955, 핀란드 헬싱키

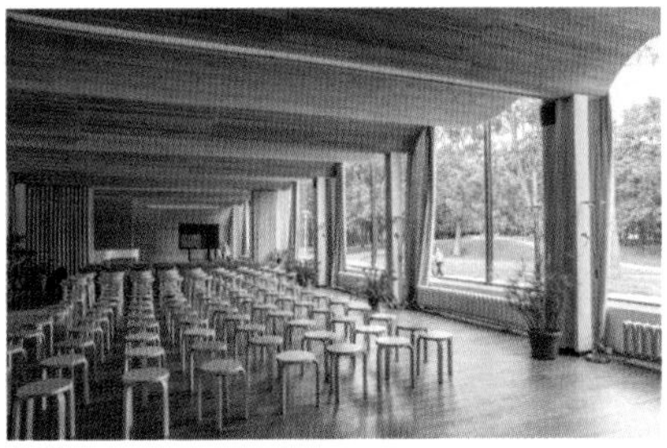

4016
알바르 알토 Alvar Aalto
비보로크 도서관, 1927~1935, 러시아 비보르크

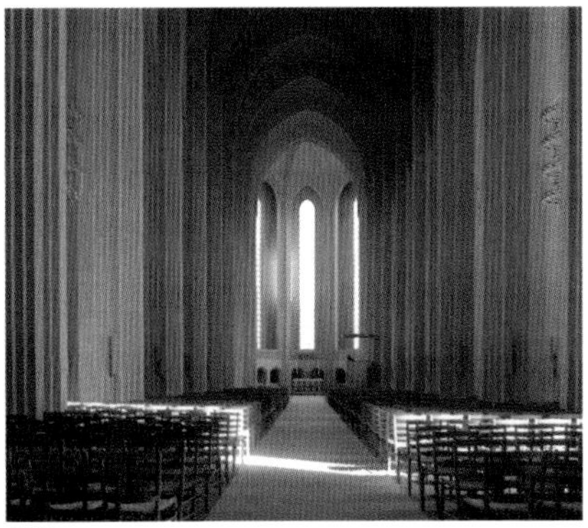

4017
페데르 빌헬름 옌센-클린트 Peder Vilhelm Jensen-Klint
1913~1940, 그룬트비히 기념 교회, 덴마크 코펜하겐

일은 경제적인 이유뿐만 아니라 정치, 사회적인 이유로 인해 미래지향적인 주제의 방향을 설정했다. 독일 모더니즘은 바우하우스의 철학과 방법론의 영향을 받았으며, 1927년 슈투트가르트에서 열린 '주거환경' 전시회는 독일 모더니즘을 선언한 무대로 모더니즘이 국제적 양식으로 탄생한 계기가 되었다.

프랑스는 상류층 중심의 디자인으로 실용성보다는 미적 요소에 중심을 두었다. 그러나, 1925년 파리 국제 장식미술산업박람회에서 르코르뷔지에는 '에스프리 누보관'으로 모더니즘의 미학을 선보였으며, 이것은 국제양식을 형성하는 원동력이 되었다.

미술공예운동의 유산과 전통이 강하게 자리 잡은 영국에서는 역사성과 현대성을 융합하려는 시도가 제기되었다. 이후, 미국의 경제 대공황의 여파로 실용적인 모더니즘을 수용하게 되었고, 그 결과 산업 기능주의를 반영한 기계 미학이 출현하게 되었다.

이탈리아의 '그룹7'은 이탈리아의 합리주의를 이끌며, 근대적 생활방식에 부합하는 간결하고 추상적인 형태와 소재, 기술의 사용을 추구했다. 이들은 국제 장식미술비엔날레인 트리엔날레를 통해 진보적인 이탈리아 디자인을 선보였다.

1920년대 미국의 시대정신은 기술력을 바탕으로 대량소비가 될 만한 신제품을 생산하는 데 있었으며, 생활방식으로서 디자인을 소비하는 형태로 발전했다. 광고와 소비자 심리학이 발전했으며, 이후 디자인이 포화 상태에 이르자 리 스타일링과 '계획된 진부화'의 방법이 미국 산업과 경제 회복의 원동력이 되었고, 상업 지향적인 디자인 흐름의 배경이 되었다.

스칸디나비안 모더니즘의 전개

스칸디나비아의 국가들은 모두 강한 토착 민속전통을 가지고 있었지만, 대량 생산으로 사회를 근대화 시키고 사람들의 삶의 질을 향상 시키고자 하는 공통된 이상이 중심이 되었다. 독일 모더니즘이 엄격한 기계 미학을 포용한 것과 달리, 스칸디나비아 지역에서는 역사와 전통을 기반으로 하는 민족 낭만주의와 민속적인 수공예 정신의 영향으로 보다 온건한 방향의 흐름이 전개되었다.

스웨덴 산업디자인 협회는 공예의 미학과 전통을 보존하면서도 산업적인 제조방식으로 사회개혁을 실현시키려는 이상을 장려했다. 1917년 스톡홀름에서 개최한 '가정 박람회'를 시작으로 1930년 '스톡홀름 박람회'의 디자인을 통해 우아한 스웨덴식 모더니즘이 발전하게 되었다. 덴마크는 인체계측학을 연구한 카아레 클린트의 선구적인 업적과 후배 디자이너들의 노력으로 가구 디자인을 세계적인 반열에 올렸으며, 전통과 현대의 생활방식을 접목한 작품으로 데니시 모더니즘 미학을 국제적으로 널리 알렸다. 민족 전통에 대한 수호와 장식 예술 산업을 기반으로 한 핀란드는 전통적인 소재를 사용하여 핀란드의 국가 정체성을 부여한 모더니즘으로 발전했다. 엄격한 국제양식을 맹목적으로 수용하지 않았던 알바르 알토는 핀란드의 목재를 활용한 곡목 제작 방식을 개발하며, 인체 친화적인 접근을 통해 인본주의적인 면을 강조했다.

초기 모던 인더스트리얼 스타일
Early Modern Industrial Style

4018
Industrial Style Mood Board

이 책에서의 모더니즘 스타일의 구분

이 책에서는 모더니즘 스타일을 4장과 5장에 걸쳐 설명하고자 한다.
20세기 전반기부터 제2차 세계대전 이전까지의 기간으로 산업혁명에 의한 대량생산에 적합한 해법을 탐색하는 시기를 초기 모던 스타일(4장)로, 제2차 세계대전 기간을 포함하여 1960년대까지 대량생산의 방식에 적응된 체계의 완성기를 미드 센추리 모던 스타일(5장)로 장을 구분하여 나누었다.
초기 모던디자인을 다루는 이 장에서는 독일 모더니즘 운동이 중심이 되어 기계주의 미학의 특징을 보여주는 '인더스트리얼 스타일'과 국제주의 모더니즘과 민족 낭만주의의 융합을 시도했던 북유럽 국가들의 '스칸디나비안 스타일'로 나누어 소개하기로 한다.

인더스트리얼 스타일

'인더스트리얼 스타일'은 20세기 초반부터 제2차 세계대전 이전까지, 특히 1920~1930년대의 독일, 네덜란드, 프랑스, 러시아, 스위스 등에서 양식적 혁신을 이룬 디자이너의 작품을 말한다.
이들은 과도하게 장식적인 이전 양식에서 탈피하고자 했으며, 당시 산업화의 발전 과정에서 영감을 받은 새로운 소재를 활용하여 재료에 충실한 형태를 구현하고 미학적인 접근을 추구했다. 인더스트리얼 스타일에 포함된 디자인은 강철관, 금속, 유리와 같은 소재를 주로 사용하여 단순성과 기능성을 강조한 디자인이 특징이다. 이러한 형태는 대량생산을 통해 단순히 생산 효율성을 올리고 비용을 절감시키는 목적뿐만 아니라, 사회의 미적 가치 변화와 기술적 혁신을 반영하는 수단이 되었다. 또한, 금속은 전쟁 이후의 사회적 분위기 속에 위생적으로도 우수한 소재로 선호되었고, 광택이 나는 크롬 도금이나 매끈한 표면 처리를 통해 산업적인 이미지를 강조하는 방법으로 사용되었다.

최초의 강관 의자인 마르셀 브로이어의 바실리 체어를 비롯하여 루트비히 미스 반 데어 로에의 바르셀로나 체어, 그리고 르코르뷔지에의 LC 시리즈 체어, 빌헬름 바겐펠트의 바우하우스 조명은 '인더스트리얼 스타일'의 기계 미학을 상징하는 대표적인 작품들이다. 이 작품들은 모더니즘 디자인의 핵심 원칙인 기능주의, 최소주의, 실용주의를 반영하여 20세기 전반기 산업화 시대의 새로운 패러다임을 선보였다.

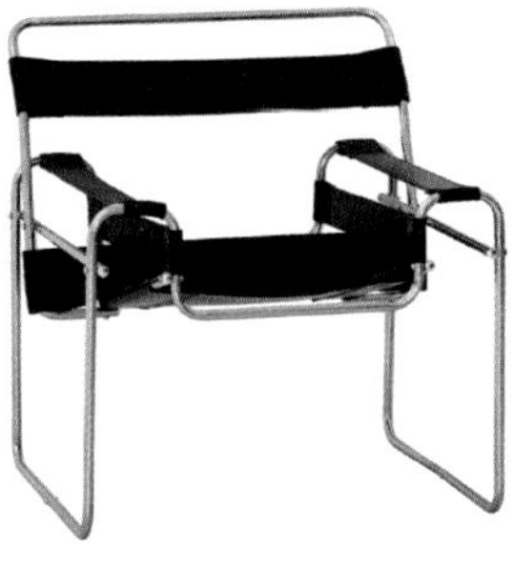

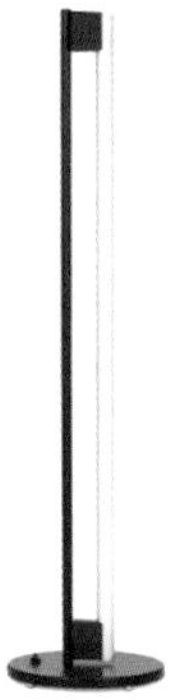

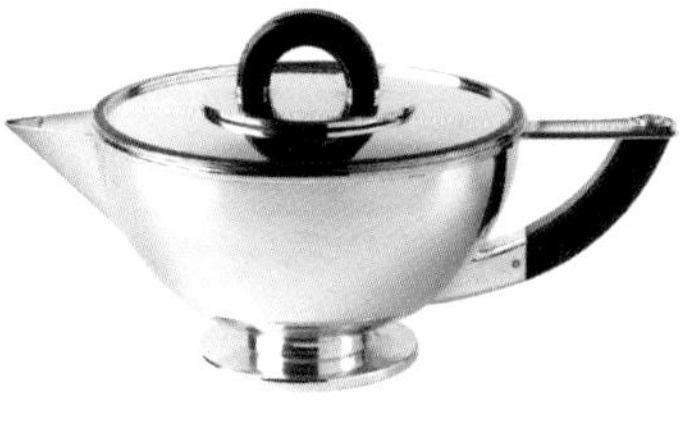

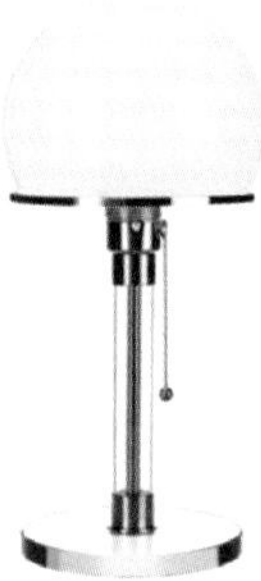

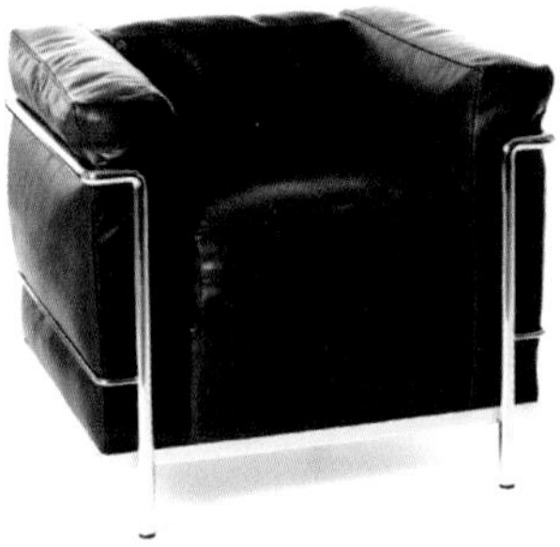

1927
Paul Renner

futura

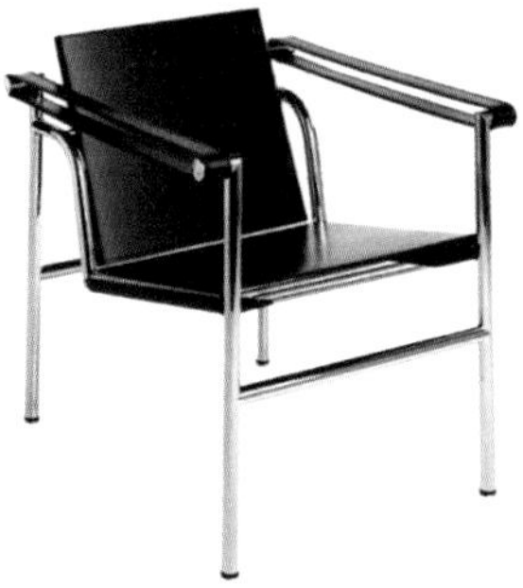

INDUSTRIAL
STYLE

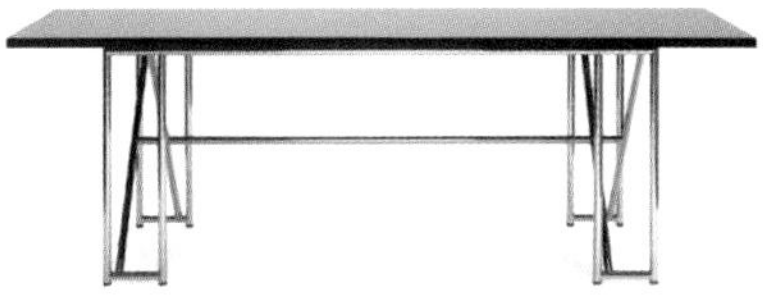

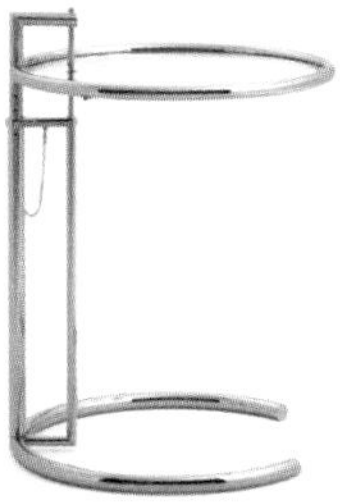

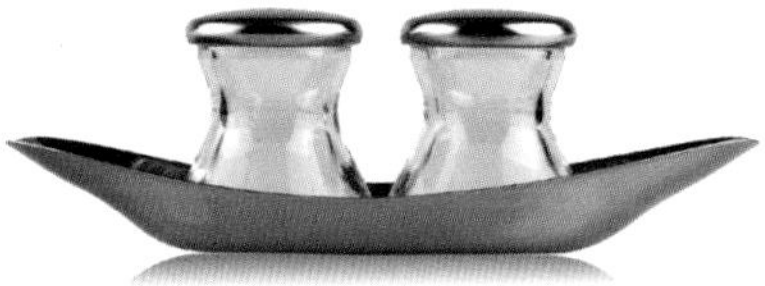

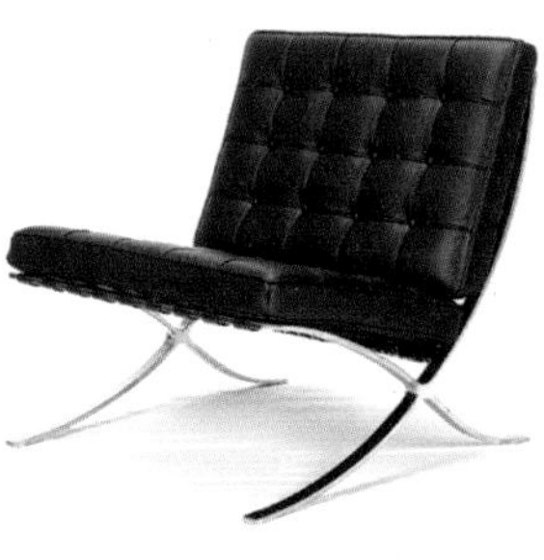

초기 모던 인더스트리얼 스타일의 건축과 인테리어

Early Modern Industrial Style in Architecture and Interior Design

플라톤의 이상적 형태와 그리스의 미학적 개념은 서양의 건축과 예술에 깊이 뿌리내려져 있었으며, 자연의 아름다움은 수학적 비례에 있다고 한 피타고라스의 수학적 이론은 황금비의 개념으로 건축과 예술에서 표현되었다. 또한, 아돌프 루스가 1908년에 발표한 에세이 '장식과 범죄Ornament and Crime'에서 제시한 단순하고 합목적적인 형식론은 19세기에 통용된 관념이었다.

이러한 시대적 배경 속에서 건축 분야에는 과도한 장식이 배제되고 기능과 구조를 융합하려는 움직임이 전개되었으며, 루이스 설리번과 프랭크 로이드 라이트는 유기적 건축의 이론을 발전시키며 구조로서의 형식의 개념을 실현시켰다. 영국의 미술공예운동에서 감화를 받은 헤르만 무테지우스는 기능성과 표준화를 강조하면서, 페터 베렌스의 전기 터빈 공장과 신조형의 실험적인 건축인 데사우 바우하우스에 영향을 미쳤다. 기능주의와 합목적성 건축물 사이에서, 루트비히 미스 반 데어 로에의 바르셀로나 국제박람회의 독일관은 산업재료와 전통적인 고급 재료의 융합으로 모더니즘 건축의 미학적 수준을 격상시키며, 20세기 혁신적인 건축물로 평가받았다. 르코르뷔지에는 플라톤적 이상주의와 현대화의 개념을 결합한 순수주의 이론을 정립하고, 황금비를 근간으로 하는 모듈 시스템을 개발했으며, 규격화와 미학적 접근을 융합시킨 노미노 시스템을 그의 건축에 활용했다. 그러나, 아일린 그레이는 과도한 기능주의보다는 사용자의 경험과 사용성에 중심을 두는 유기적인 건축의 중요성을 강조하며 르코르뷔지에의 의견에 반대하기도 했다.

20세기 전반기의 건축가들은 새로운 산업 사회가 나아갈 방향을 모색하고 원칙을 확립했으며, 건축 공법의 혁신과 산업 소재를 활용하여 새로운 건축 형식의 가능성을 제시했다. 새로운 소재의 사용으로 이전보다 가볍고 튼튼하면서도 높은 건물의 설계가 가능해졌으며, 철근 콘크리트는 핵심 자재로 자리매김했다. 또한, 국제 전시회와 활발한 국제교류를 촉진시키면서 모더니즘이 국제적인 양식으로 발전하도록 이끌었다.

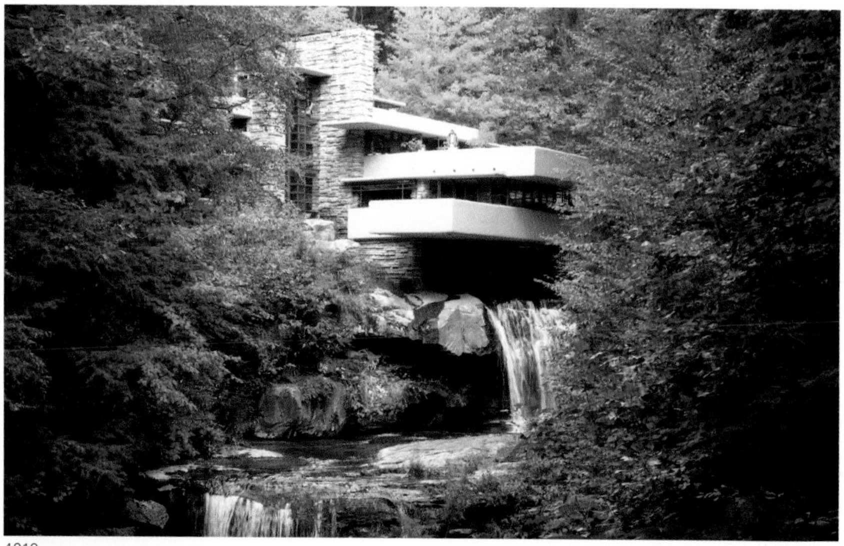

4019

프랭크 로이드 라이트

Frank Lloyd Wright, 1867~1959, 미국, 건축가

현대 건축의 아버지로 불리는 프랭크 로이드 라이트는, 외관은 내부의 구성요소에 의해 규정된다는 '유기적 건축'을 주장하며 '구조로서의 형식' 개념을 도입했다. 그는 건축이 위치한 자연환경과 조화롭게 통합되어야 한다고 믿었으며, 그의 작품에는 건축, 인간, 자연의 상호작용에 대한 깊은 고찰이 담겨 있다. 그는 미술공예운동과 찰스 레니 매킨토시의 작품, 일본의 예술에서 영향을 받았으며, 대표적인 건축 작품으로는 폴링 워터, 로비하우스, 구겐하임 미술관 등이 있다.

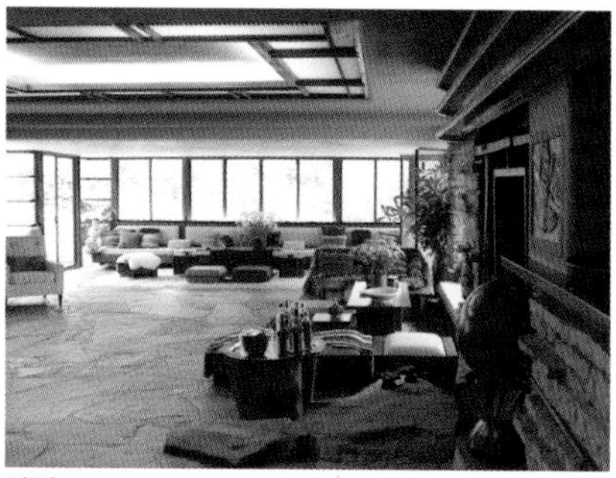

4020

폴링 워터

Fallingwater, 1935, 미국 펜실베이니아

프랭크 로이드 라이트가 설계한 폴링 워터는 펜실베이니아 남서부 로럴 하이렌즈의 베어 런 폭포 위에 지어진 기능주의 건축물이다. 폴링 워터는 '구조로서 형식'의 개념을 실현한 라이트의 대표적인 건축물로 자연 경관과의 조화가 돋보인다. 이 건축물은 주변의 자연 경관을 최대한 활용하여 넓은 창문을 통해 자연광을 흡수하도록 설계되었으며, 동굴처럼 안정감을 주는 공간 설계로 안식의 장소를 제공한다. 이 건축물은 『타임』지에서 라이트의 '가장 아름다운 작업'으로 소개되었으며, 『스미스소니언』지에서 '생전에 꼭 봐야 할 28곳' 중 하나로 선정했다.

4019
프랭크 로이드 라이트 Frank Lloyd Wright
폴링 워터 Fallingwater, 1935~1939, 미국 펜실베이니아

4020
실내외를 통합하기 위해서 넓은 창과 거실 바닥에 자연석을 사용했다.

4021, 4022, 4023, 4024
프랭크 로이드 라이트
로비하우스 Robie House, 1909, 미국 시카고

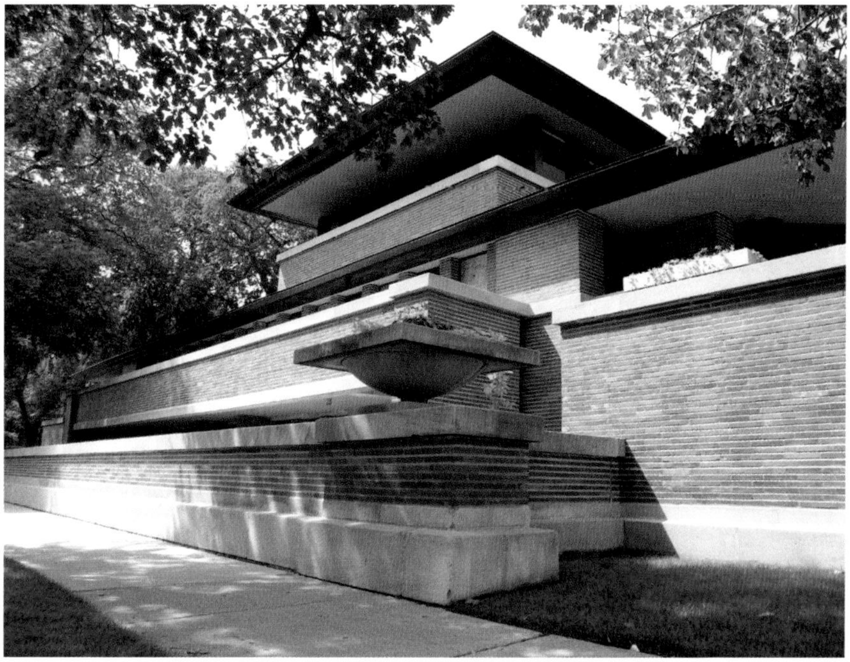

4021

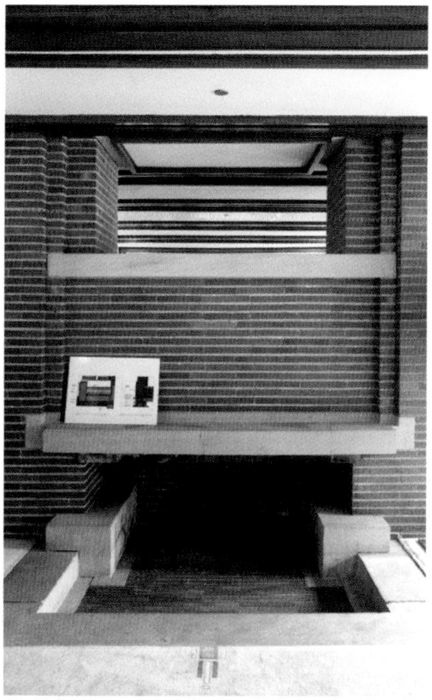

4022

로비하우스

Robie House, 1909~1910, 미국 시카고

프랭크 로이드 라이트가 설계한 로비하우스는 프레데릭 C. 로비를 위해 지어졌으며, 라이트의 '프레리 스타일 Prairie Style' 건축을 대표하는 사례이다. 프레리 스타일은 미국 중서부의 평원(프레리) 지역의 자연환경과 조화를 이루는 디자인으로, 수평선을 강조하는 긴 지붕 선, 넓은 처마, 통합된 구조와 디자인, 그리고 자연스러운 재료를 사용하는 것이 특징이다. 일본 건축의 영향을 받은 로비하우스 역시 납작한 지붕과 큰 유리창을 통해 건물과 환경이 조화를 이루도록 했으며, 내부 공간 설계에 있어서도 개방된 평면 구조를 통해 다양한 생활공간이 서로 연결되도록 했다. 라이트는 실내에 맞춤 가구와 내장 장식을 디자인하여 디자인의 통합을 더욱 강화했다.

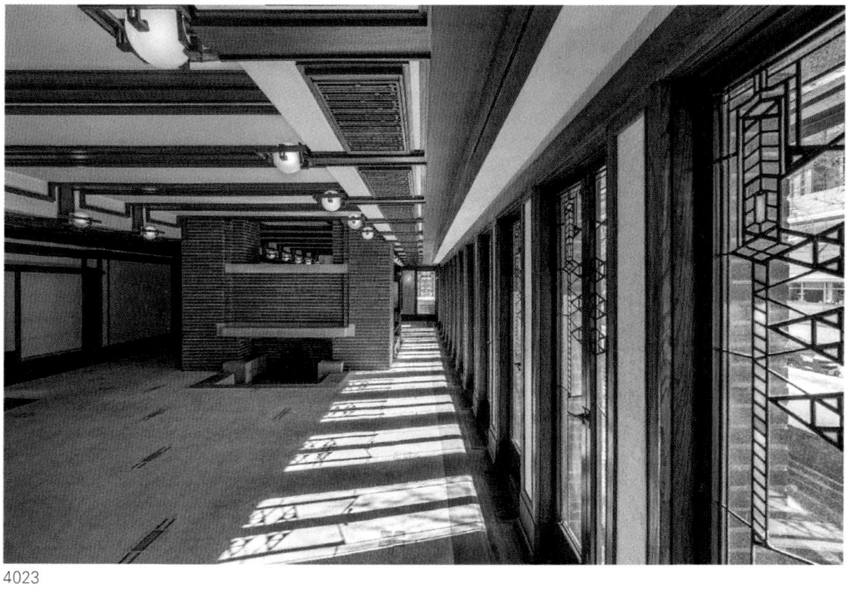

4023

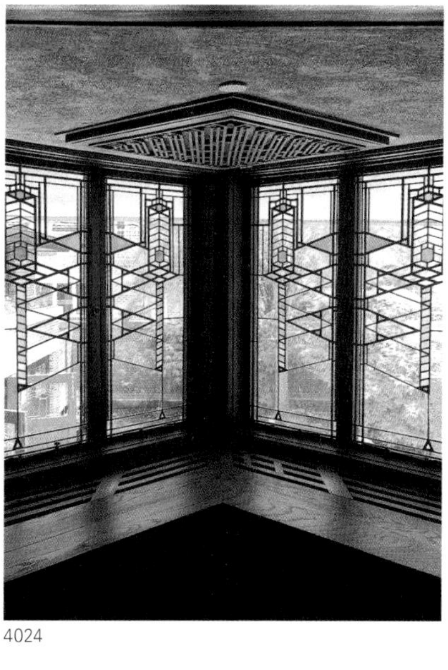

4024

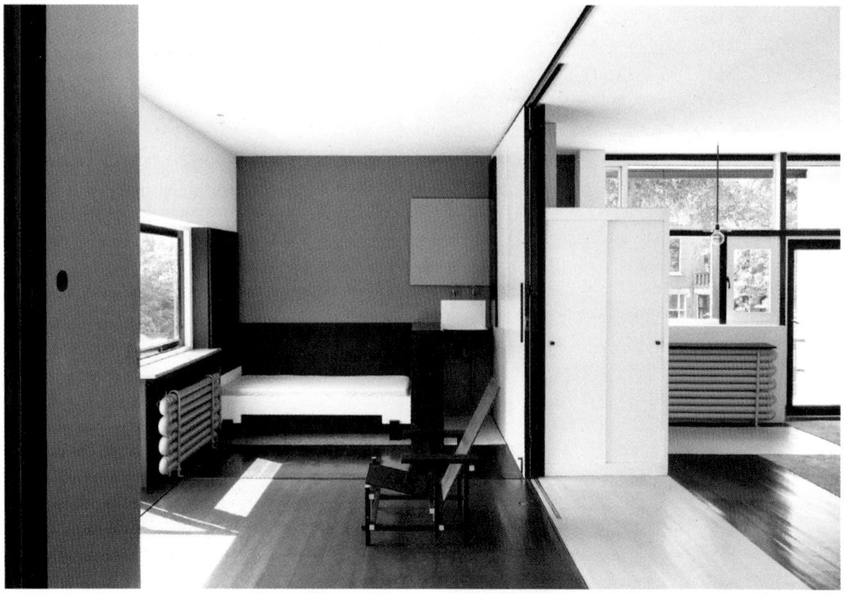

4025

리트벨트 슈뢰더 하우스

Rietveld Schröderhuis, 1924, 네덜란드 위트레흐트

게리트 리트벨트가 디자인한 리트벨트 슈뢰더 하우스는 트뤼스 슈뢰더-슈레더와 그녀의 세 자녀를 위해 설계되었다. 리트벨트 슈뢰더 하우스는 두 층 건물로 사용자의 생활방식에 걸맞게 맞춤식 기능이 적용되었으며, 유기적인 공간으로 설계되었다. 외부는 비대칭적이고 기하학적인 형태로 이루어졌으며, 내부는 미닫이 칸막이벽과 접이식 문을 사용하여 다양한 공간의 연출이 가능하다. 집의 외관과 내부는 몬드리안의 회화에서 사용된 검은색, 회색, 흰색과 함께 삼원색이 사용되었다. 실내 장식과 유연한 공간 배치, 그리고 독특한 시각적 형식적 특징을 가진 이 건축물은 1920년대 네덜란드의 데 스틸이 추구하던 이상을 3차원 화한 작품으로, 유네스코 세계문화유산으로 지정되었다.

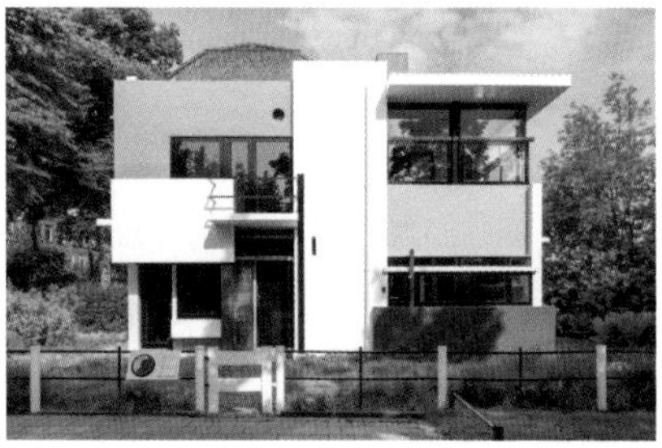

4026

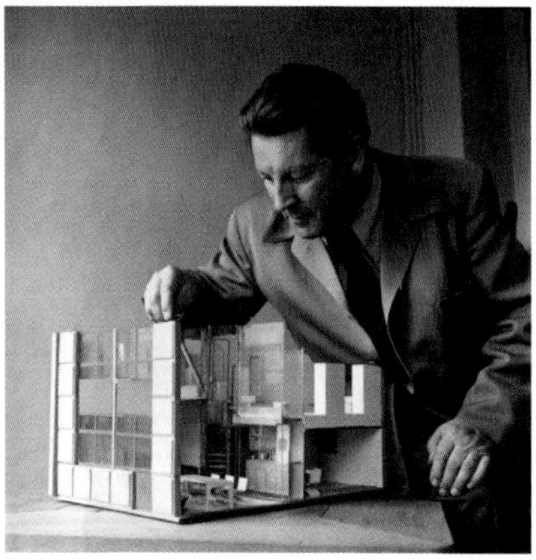

4027

적청 의자

Red and Blue Chair, 1917

적청 의자는 몬드리안의 2차원 회화를 3차원으로 구현한 디자인으로, 의자를 단순한 기능적 용도에서 해방시키며 오브제로서의 가구로 재정의했다. 리트벨트는 저비용으로 대량 생산할 수 있는 제품을 디자인하고자 했으며, 이로 인해 제조가 용이한 구조의 기계 미학을 적용한 형태가 탄생했다. 처음에는 무채색으로 제작되었으나 이후에 채색으로 변경되었고, 리트벨트 슈뢰더 하우스의 공간에서 투명해 보이도록 색상의 조합이 결정되었다.

게리트 리트벨트

Gerrit Rietveld, 1888~1964, 네덜란드
건축가, 디자이너

게리트 리트벨트는 신조형주의 디자인과 데 스틸 운동의 주요 인물이다. 데 스틸 운동은 1917년 네덜란드에서 시작된 예술운동으로, 최소주의, 기하학적 추상화, 기본 색상의 사용을 특징으로 하며, 예술의 모든 형태를 단순화하여 보편적인 시각 언어를 창출하는 것을 목표로 했다. 리트벨트의 철학을 대표하는 슈뢰더 하우스와 적청 의자는 바우하우스 전시와 작품을 통해서 초기 모더니스트들에게 큰 영향을 주었다.

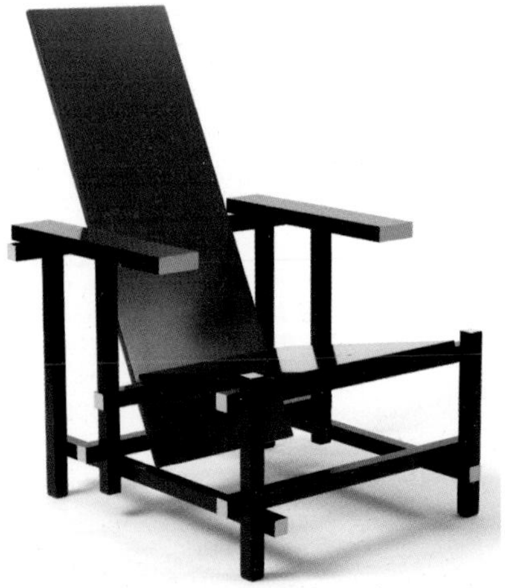

4001

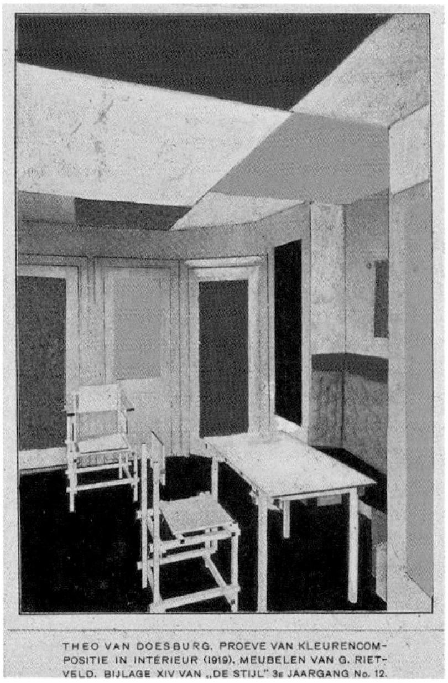

4028

4025, 4026
게리트 리트벨트, 슈뢰더 하우스, 네덜란드 위트레흐트

4027
게리트 리트벨트

4001
게리트 리트벨트, 레드 블루 의자, 1917

4028
테오 반 되스버그 Theo van Doesburg
Colour Solution, 1920~1929경
한 방의 천장과 네 개의 인접한 벽에 대한 색채 디자인

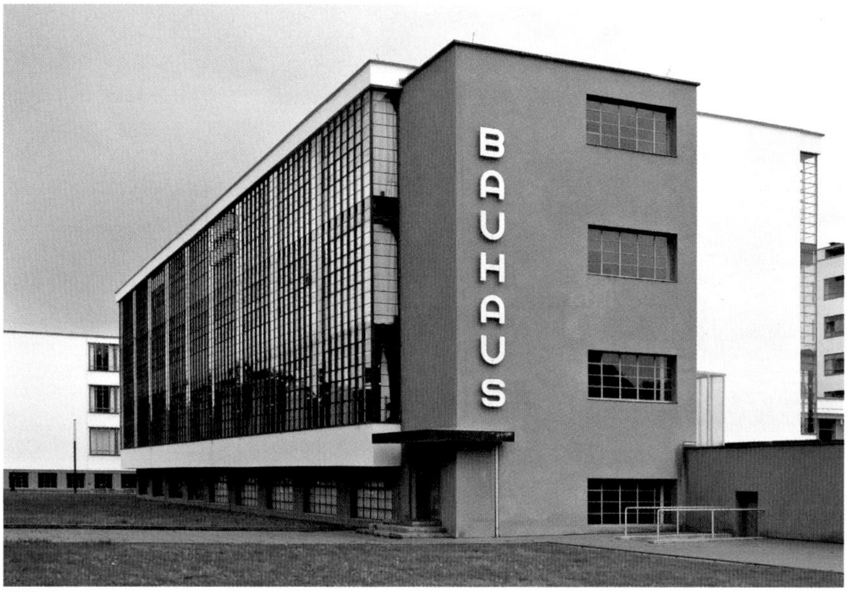

4012

4012

데사우 바우하우스

Bauhaus Dessau, 1926, 독일 데사우

1926년 완공된 데사우 바우하우스 건물은 기능주의와 합목적적인 신조형 원리를 실험한 대표적인 모더니즘 건축물이다. 조립식 구조로 설계되었으며 기둥을 내부로 이동시켜 외부를 유리창으로 설계한 커튼 월 방식과 평지붕을 사용하여 모더니즘 건축의 국제양식을 이끌었다.

발터 그로피우스

Walter Gropius, 1883~1969, 독일
건축가, 디자이너, 교육자

발터 그로피우스는 바우하우스 학교의 창립자이자 첫 교장이다. '집 짓기'라는 의미의 바우하우스는 예술과 기술의 통합을 목표로 했으며, 아방가르드 예술가들이 산업제품을 디자인할 수 있는 교육시스템을 구현했다.
그로피우스는 뮌헨과 베를린에서 건축을 공부한 후 페터 베렌스의 사무실에서 근무했으며, 이후 아돌프 마이어와 함께 건축사무소를 운영했다. 바우하우스 교장에서 물러난 후 나치 정권의 압력을 피해 1934년 독일을 떠나 먼저 영국으로, 이후 미국으로 이주했으며, 하버드대학교 건축과에서 교수와 학과장을 역임했다. 대표 작품으로는 데사우 바우하우스, 파구스 신발공장, 하우스 암 호른의 조명 등이 있으며, 건축의 구조의 법칙에서 기인한 통합적이고 기능적인 양식의 개념을 적용했다.

4029
그로피우스 하우스 Gropius House, 1938, 미국 링컨
발터 그로피우스가 설계한 그와 가족의 집

4030
그로피우스 하우스를 위해 마르셀 브로이어가 디자인한 가구

4031
그로피우스 하우스의 거실에 에로 사리넨의 Womb Chair (1948)와 소리 야나기의 Butterfly Stool (1954)이 있다.

4032
발터 그로피우스, 1919경

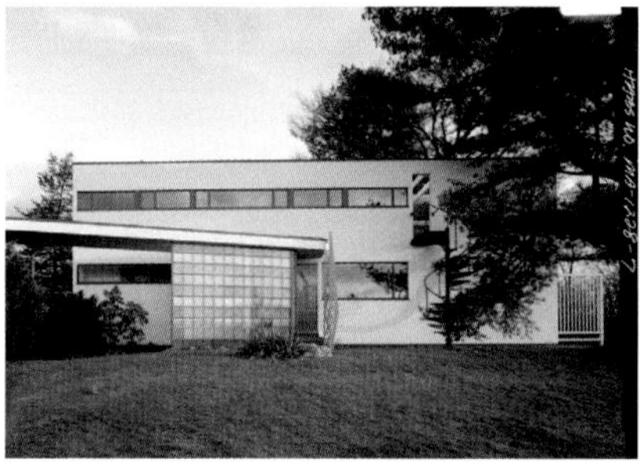
4029

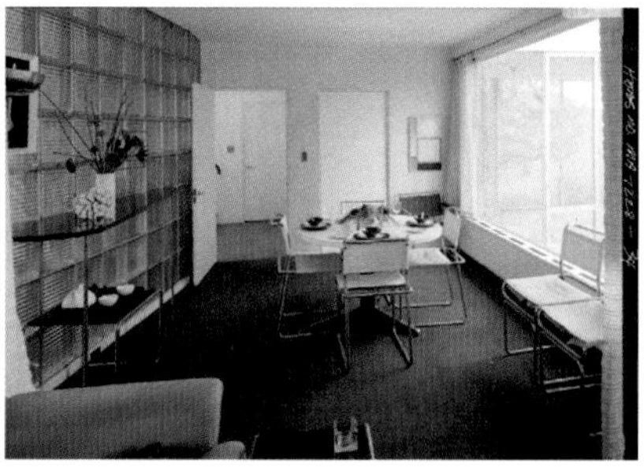
4030

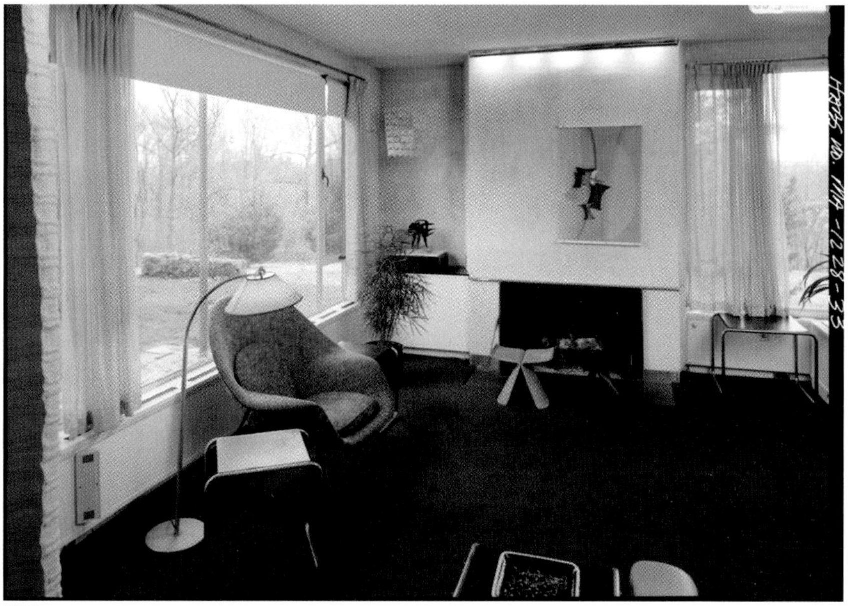
4031

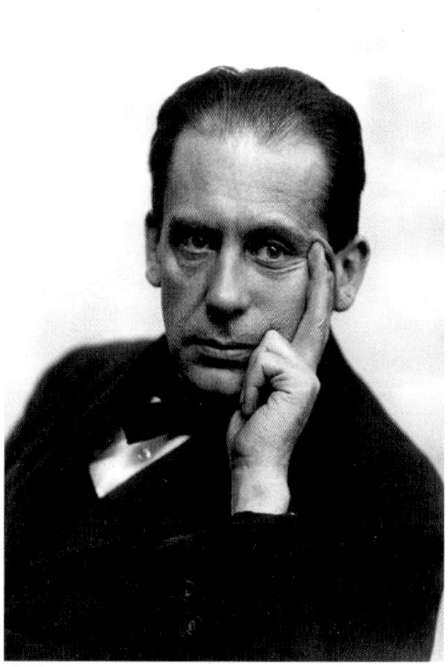
4032

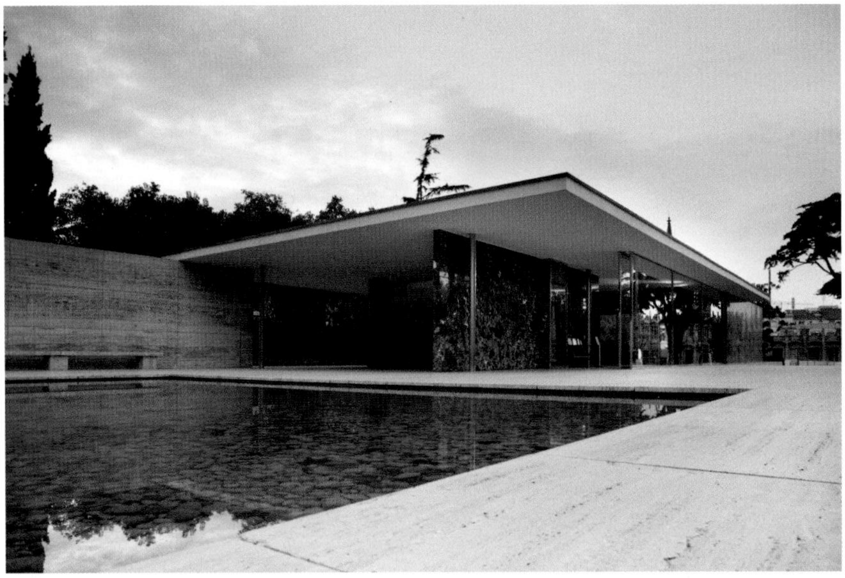
4033

루트비히 미스 반 데어 로에

Ludwig Mies van der Rohe, 1886~1969, 독일 건축가

루트비히 미스 반 데어 로에는 20세기 모더니즘 건축과 가구 디자인의 선구자로 'Less is more'와 'God is in the details'라는 철학으로 잘 알려진 인물이다. 초기에는 19세기 신고전주의 건축의 영향을 받았으며, 르코르뷔지에와 발터 그로피우스처럼 페터 베렌스의 사무실에서 경력을 쌓았다. 그는 활동 초기부터 자신의 건축물을 위한 가구를 디자인했으며, 건축 디자이너인 릴리 라이히와의 협업으로 20세기 고전이라 불리는 의자를 디자인했다. 그의 디자인은 소재가 가진 미학적 가능성과 구조의 다양성을 강조하는 곡선 구조가 특징이며, 최초로 디자인된 캔틸레버 의자 중 하나인 브루노 체어는 마르셀 브로이어와 마르트 스탐의 캔틸레버 의자에 비해 조형미가 돋보인다.
미스는 슈투트가르트에서 열린 바이센호프 주택단지 전시회, 스페인 바르셀로나 국제박람회의 독일관 등을 지휘했으며, 시그램 빌딩, 크라운 홀 등을 설계했다.

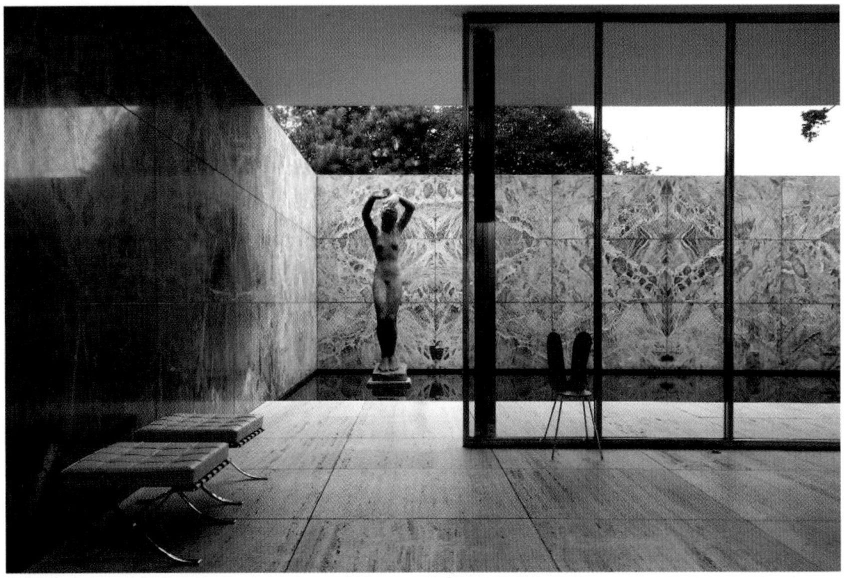
4034

바르셀로나 국제 박람회의 독일관

Barcelona Pavilion, 1929, 스페인 바르셀로나

1929년 바르셀로나 국제박람회의 독일관은 루트비히 미스 반 데어 로에와 릴리 라이히의 협업으로 탄생한 건축물로, 내외부 경계의 모호함으로 만들어지는 통합과 연속의 공간 개념을 구현하며 모더니즘 건축의 미학적 전환점을 이룬 상징적인 건물로 평가된다. 이 건물은 당시 스페인 왕 알폰소 13세의 접견실 기능을 현대적인 신전의 개념으로 설계했으며, 대리석, 오닉스, 트래버틴 등의 고급 소재를 적용했다. 또한, 이 공간을 위해 특별히 디자인한 바르셀로나 의자는 고대 로마의 귀족이 사용한 커튤 의자를 재해석한 것으로, 현대적인 옥좌의 개념에서 착안했다. 파빌리온 내부는 전시품 대신 조각 작품 한점과 특별히 디자인된 바르셀로나 의자로만 구성되어 건축과 예술, 가구가 하나의 통합된 체험을 만들어냈다.

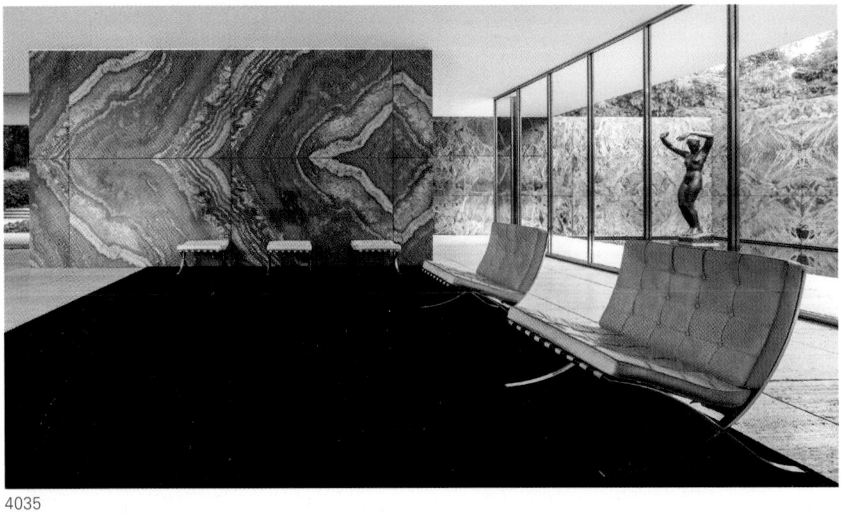
4035

4033, 4034, 4035
루트비히 미스 반 데어 로에 Ludwig Mies van der Rohe
릴리 라이히 Lilly Reich
바르셀로나 국제 박람회의 독일관, 1928~1929 (rebuilt, 1986)
스페인 바르셀로나

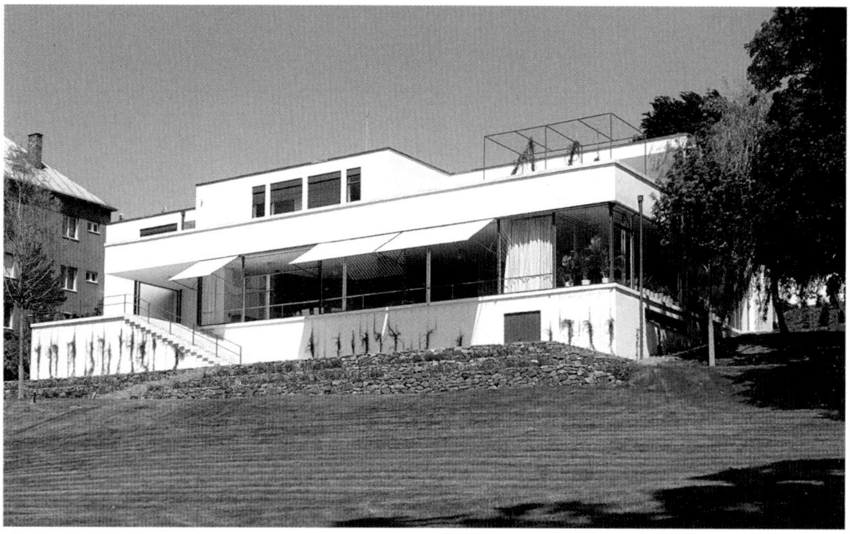

4036

빌라 투겐하트

Villa Tugendhat, 1928~1930, 체코 브루노

루트비히 미스 반 데어 로에와 릴리 라이히가 프리츠 투겐하트와 그의 아내 그레타를 위해 설계한 모더니즘 건축물로, 기능주의 건축의 초기 대표 사례로 꼽힌다. 강화 콘크리트와 철골 구조의 이 빌라는 전통적인 지지 벽을 제거하여 공간과 빛의 유입을 극대화했으며, 내부 장식을 최소화하면서도 반투명한 오닉스와 자연 패턴의 재료를 사용해 고급스럽게 장식했다.
이 빌라는 당시로서는 드문 공조 시스템이 설치되어 현대 기술을 선도적으로 적용했으며, 고급 재료의 사용과 첨단 기술의 도입으로 높은 건축 비용이 투입되었다.

4036, 4037
루트비히 미스 반 데어 로에 Ludwig Mies van der Rohe
빌라 투겐하트와 투겐하트 체어, 1930, 체코 브루노

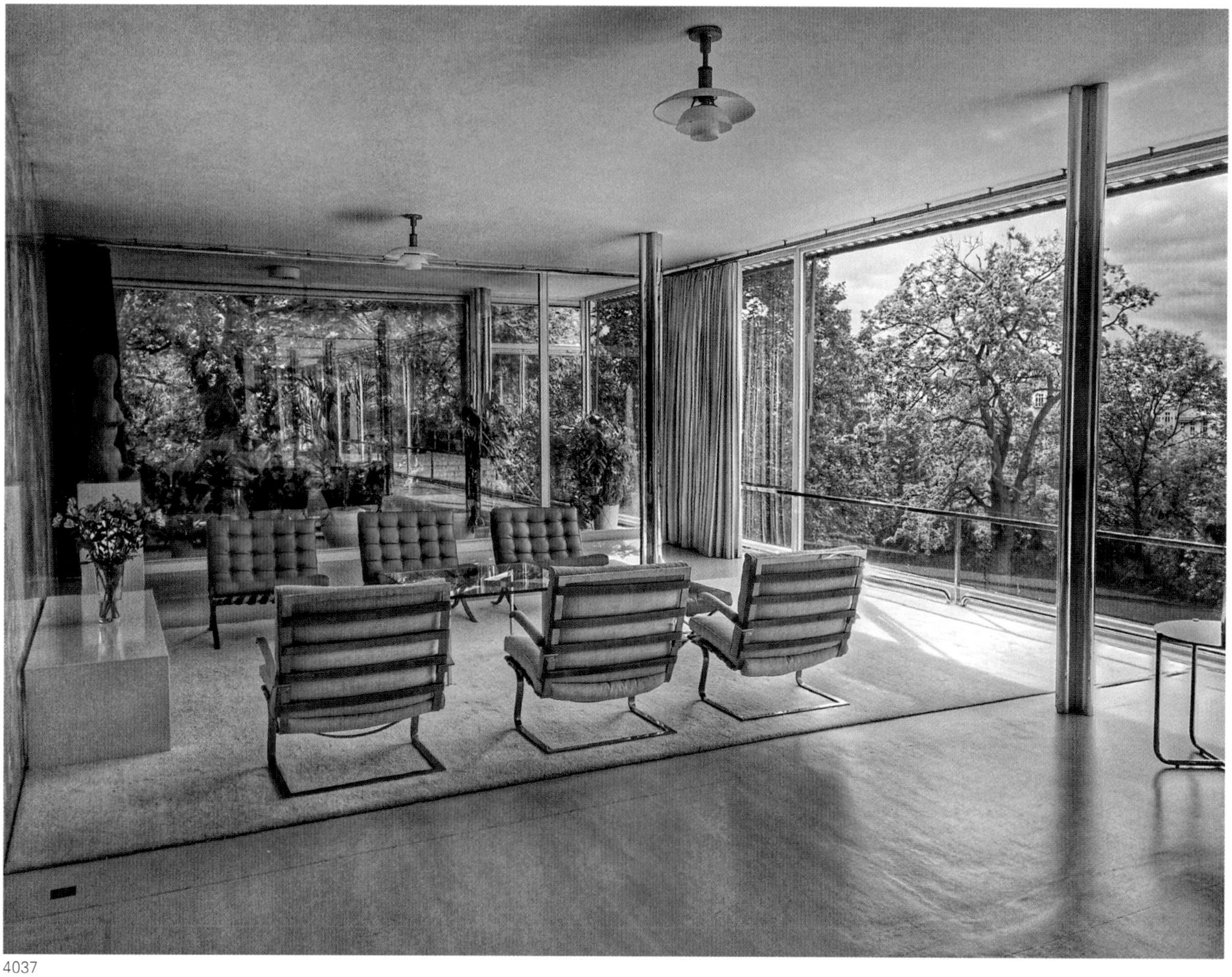

4037

에스프리 누보관

Pavilion L'Esprit Nouveau, 1925, 프랑스 파리

1925년 파리 국제박람회에서 르코르뷔지에와 피에르 잔느레의 설계로 선보인 에스프리 누보관은 공리주의와 절제된 형식의 모듈식 주거 공간으로 기획되었다. 이 주택은 현대적 주거를 위한 세포 같은 단위로, 여러 유닛을 결합해 더 큰 주거 블록을 형성할 수 있는 설계 개념을 도입했다. 르코르뷔지에는 보편적인 양식의 표준화된 산업 생산품을 통하여 민주적이고 순수한 형식의 가치를 제시하고자 했다. 그는 대량생산 제품인 토넷의 곡목 의자와 같은 기능적인 가구를 실내 공간에 배치함으로써 '주택은 살기 위한 기계'라는 자신의 철학을 반영했다. 실내 공간과 설비는 모두 그의 모듈 시스템을 적용하여 설계되었고, 표준화된 단위로 구성되었다. 철제문은 가구 제조업체인 로네오사가 제작했으며, 건물 앞에는 자크 리프치츠의 큐비즘 조각 작품을 배치했다.

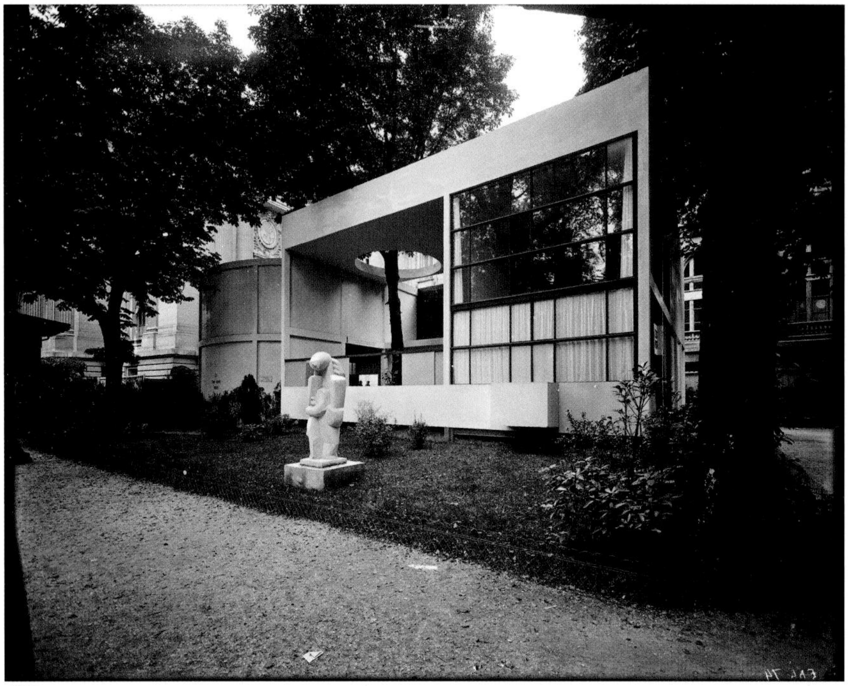

4038

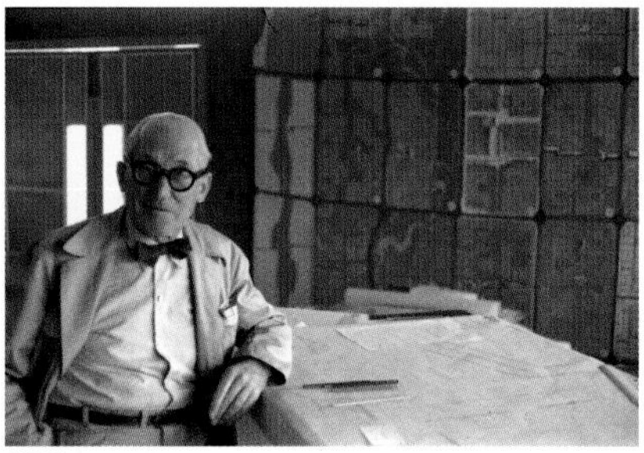

4039

르코르뷔지에

Le Corbusier, 1887~1968, 프랑스 (스위스 출생)
건축가, 화가, 작가

르코르뷔지에는 20세기 초 프랑스의 급진적인 모더니즘을 선도한 인물로 현대 건축과 도시설계, 디자인에 많은 영향을 주었다. 그는 페터 베렌스의 사무실에서 경력을 쌓으며 여러 모더니즘 선구자들과 교류했고, 그의 저술과 작품은 모더니즘을 여러 지역으로 전파하는 가교 역할을 했다. 르코르뷔지에는 순수주의 운동에서 영향을 받은 기하학적 요소의 순수한 형태와 기능에 충실한 보편적인 미학을 추구하며 산업화 시대의 새로운 건축 개념을 제안했다. 1923년에 출판한 그의 저서 『새로운 건축을 향하여Vers une architecture』에서 발표한 건축의 5원칙은 현대 건축의 근간을 형성했으며, 이 책에서 그는 '주택은 살기 위한 기계'라고 주장하며 집의 미학적인 측면뿐만 아니라 기능성과 효율성을 강조했다. 또 다른 그의 저서 『오늘날의 장식미술』에서 건축과 마찬가지로 인테리어 디자인과 가구도 합리성과 표준화 개념을 받아들여야 한다고 피력했다. 이러한 그의 생각은 1925년 파리박람회에서 선보인 에스프리 누보 전시관을 시작으로, 스타인 별장과 사보아 별장을 통해 구현되었다. 특히, 사보아 별장은 '기계로서의 주택' 개념을 완벽하게 실현했으며, 모듈 시스템이 적용된 위니테 다비타시옹은 제2차 세계대전 이후 유럽의 대규모 공동주택 디자인에 새로운 기준을 제시하면서 현대 아파트 건축의 원형으로 평가받는다.

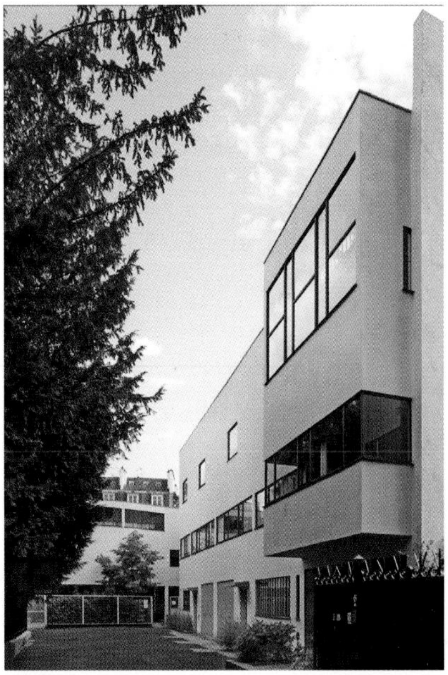

4040

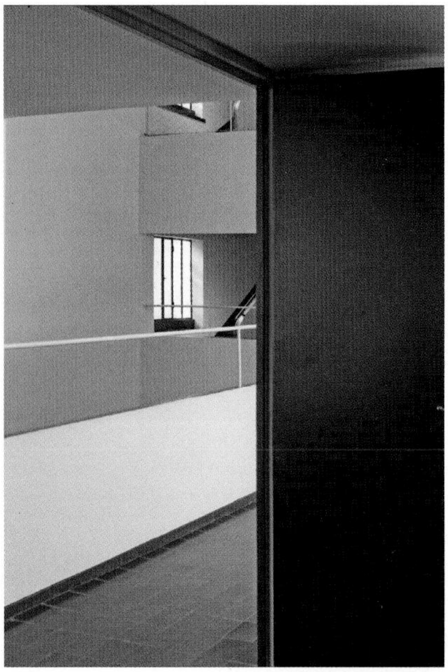

4041

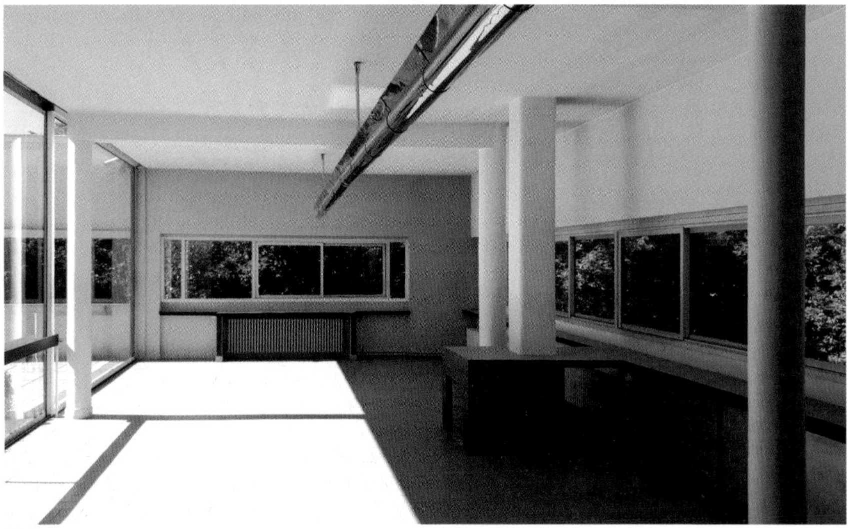
4042

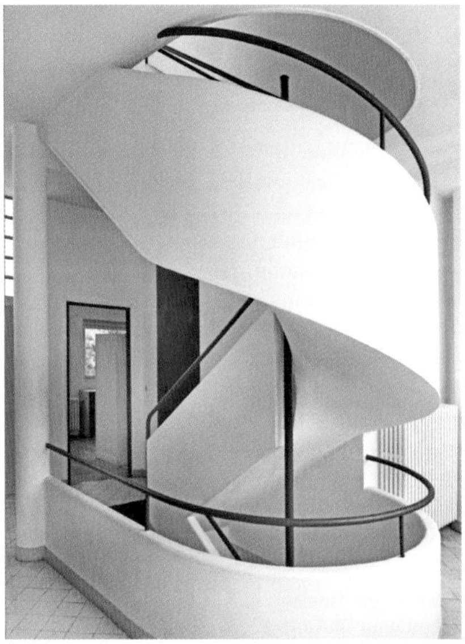
4043

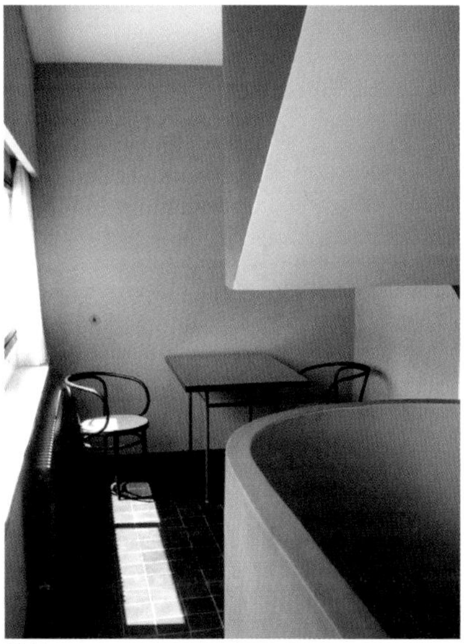
4044

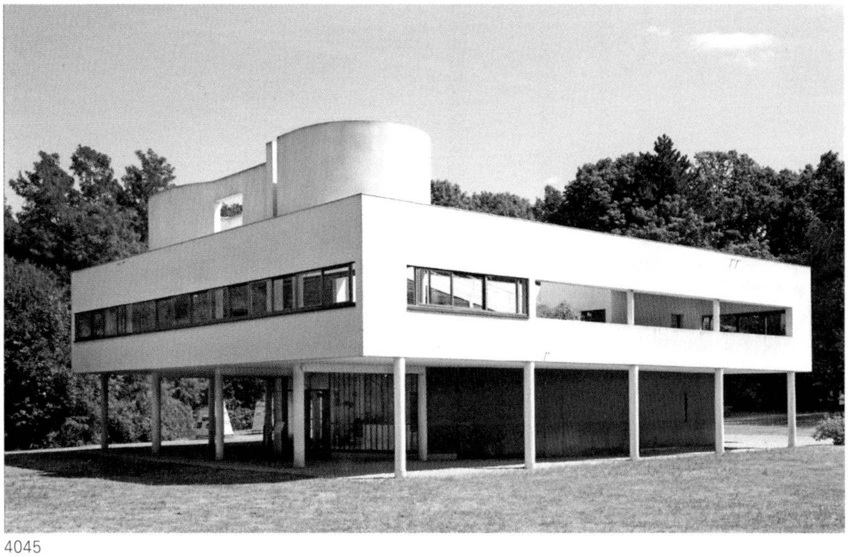
4045

빌라 사보아

La Villa Savoye, 1928~1931, 프랑스 파리

프랑스 파리 근교 푸아시에 자리한 빌라 사보아는 르코르뷔지에와 피에르 잔느레가 1928년부터 1931년까지 설계하고 건축한 모던 건축물이다. 강화 콘크리트로 지어진 이 저택은 르코르뷔지에의 '새로운 건축을 위한 다섯 가지 원칙'을 구현한 현대 건축의 기원으로 국제 양식의 대표적인 사례이다.

건축주인 피에르 사보아와 그의 아내 유제니 사보아는 이 주택 설계에 3대의 자동차를 주차할 수 있는 공간을 요구했다. 당시 운전면허를 소지한 현대적인 여성이었던 유제니 사보아의 요청은, 부부의 자가용과 성장한 후 아들이 사용할 자동차를 포함해 3대였다. 사보아 부부는 이 주택에서 아들의 결혼식을 비롯한 행복한 시간을 보냈지만, 단열과 누수 문제, 전쟁 중 국가 소유로 사용되는 등 여러 문제와 어려움을 겪었다. 이후, 수차례의 철거 위협을 견디며, 1965년 르코르뷔지에가 생존 시 앙드레 말로 문화부 장관의 극적인 노력 끝에 프랑스의 역사적 기념물로 지정되었다. 빌라 사보아는 2016년에 유네스코 세계문화유산에 '르코르뷔지에의 건축 작품'으로 포함되며 그 가치를 전 세계적으로 인정받았다.

4038
르코르뷔지에 Le Corbusier, 피에르 잔느레 Pierre Jeanneret
에스프리 누보관 Pavillon L'Esprit Nouveau, 1925
이탈리아 볼로냐

4039
인도 찬디가르에서 건축가 르코르뷔지에, 1955

4040, 4041
르코르뷔지에, 피에르 잔느레
라 메종 라 로슈 La Maison La Roche, 1923~1925, 프랑스 파리

4042, 4043, 4045
르코르뷔지에, 피에르 잔느레
빌라 사보아의 외관과 내부 모습 La Villa Savoye, 1928~1931
프랑스 푸아시

4044
르코르뷔지에
Duplex, 1927, 독일 슈투트가르트, 바이센호프 주택 단지

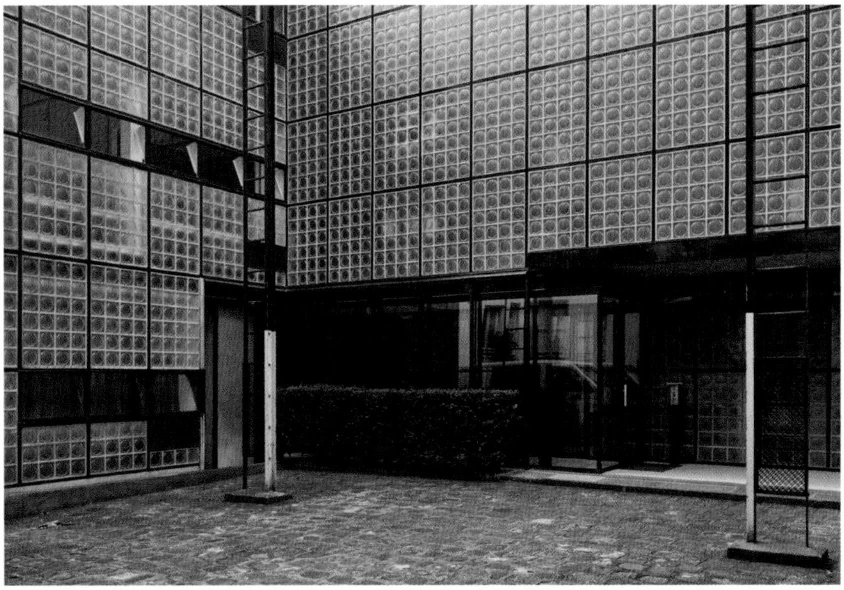

4046

유리의 집

Maison de Verre, 1928~1932, 프랑스 파리

'유리의 집Maison de Verre'은 기존의 건축 개념을 탈피한 실험적인 디자인으로, 건축가 피에르 샤로와 네덜란드 출신 건축가 버나드 비요에Bernard Bijvoet, 그리고 금속 공예가 루이스 달베Louis Dalbet의 협업으로 탄생한 건축물이다.

반투명 유리블록, 천공 판금, 고무바닥 타일을 비롯한 산업 재료를 사용했으며, 내부 공간은 붙박이 가구를 사용하여 공간 효율과 기능성을 높였다. 건물의 외관에 사용된 반투명 유리블록으로 외부에서는 내부가 노출되지 않지만 내부에서는 자연광을 충분히 활용할 수 있도록 설계되었다. 이 건축물은 산업재를 사용했음에도 불구하고 목재 패널과 다양한 직물의 가구를 배치하여 따뜻한 인상을 풍긴다. 유리의 집은 1층의 진료실과 2층의 주거공간으로 배치되었으며, 당시의 기술과 재료에 대한 혁신뿐만 아니라 생활공간에 대한 새로운 접근 방식을 제시했다는 점에서 큰 의미를 가진다.

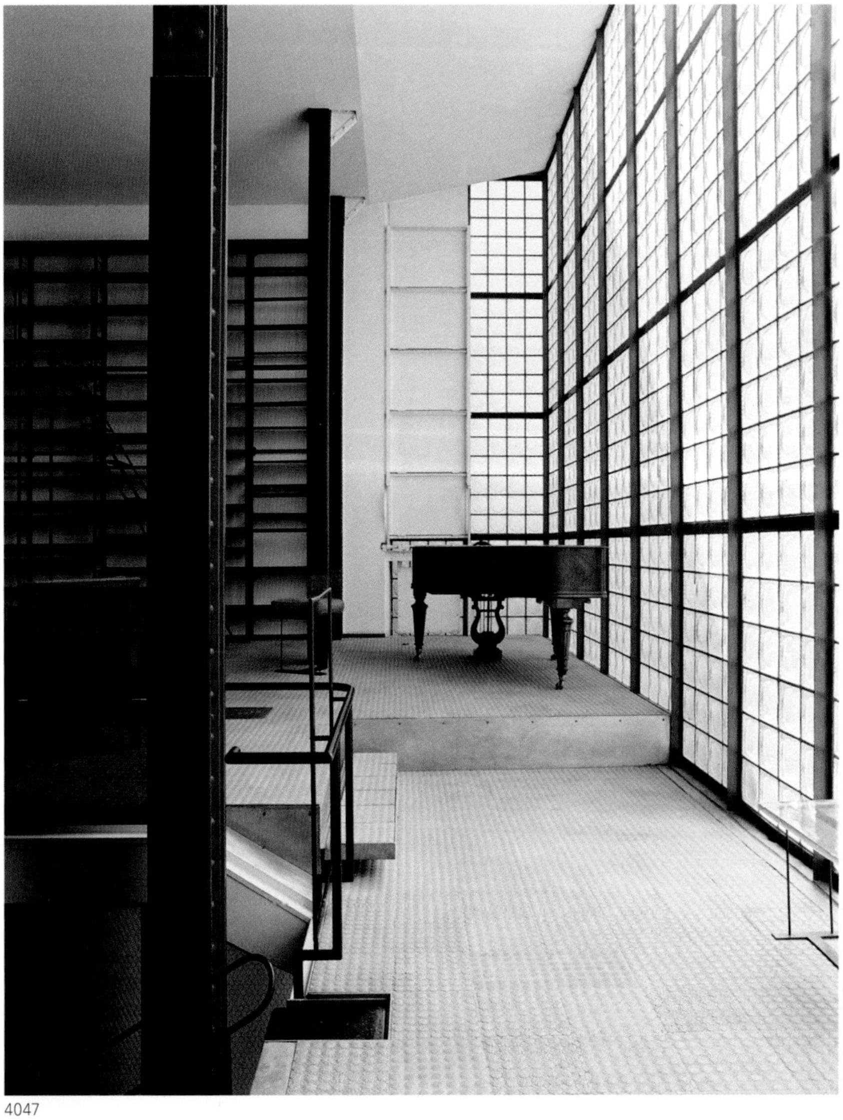

4047

피에르 샤로

Pierre Chareau, 1883~1950, 프랑스, 건축가

피에르 샤로는 건축과 인테리어 디자인 분야에서 활동한 인물로 대표적인 작업은 '유리의 집Maison de Verre'이다. 그는 20세기 초반 아르데코 양식에 현대적인 디자인 요소를 결합한 작품들로 주목받았다. 특히, 금속, 유리, 목재 등 다양한 재료를 사용하여 기능적이면서도 예술적인 아르데코 양식의 가구를 디자인했으며, 조명과 인테리어 소품 디자인에서도 뛰어난 감각을 보여주었다.

유대인 출신인 샤로는 나치 점령 하의 프랑스를 떠나 미국으로 망명했으나, 유럽에서와 같은 명성을 얻지는 못했다.

4046, 4047
피에르 샤로 Pierre Chareau
유리의 집 Maison de Verre, 1928, 프랑스 파리

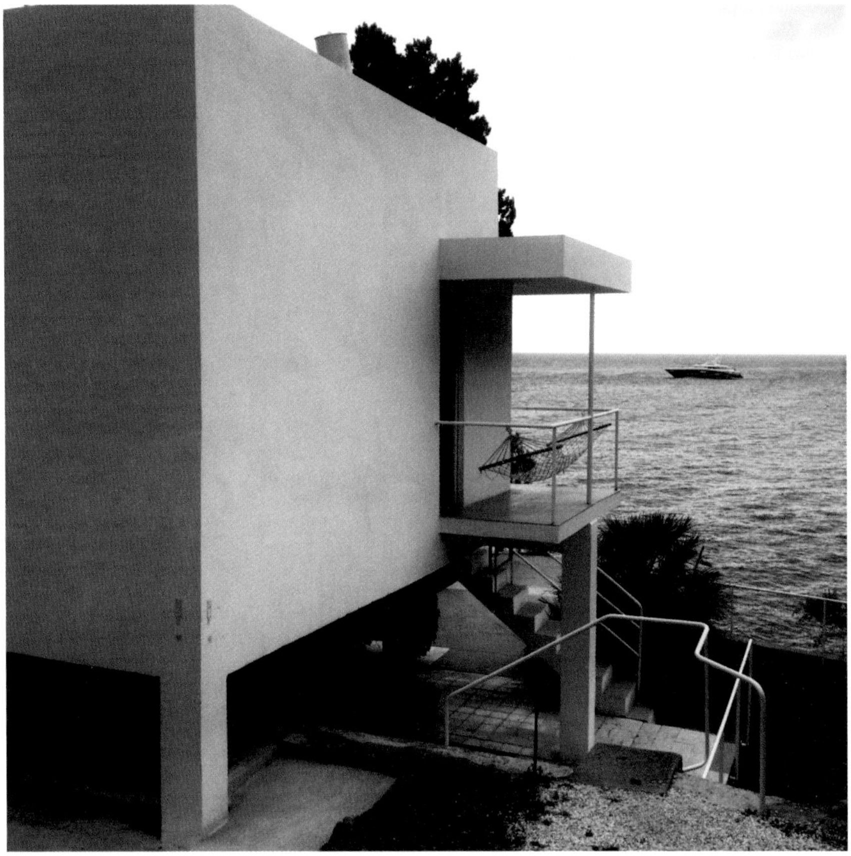

4048

E1027

1926~1929, 프랑스 리비에라

E1027은 아일린 그레이가 1926년부터 1929년 사이에 설계하고 지은 건축물로, L자 형태의 평평한 지붕과 바닥에서 천장까지 이어지는 창문, 그리고 나선형 계단이 특징이다. 이 빌라는 개방적이면서도 컴팩트한 유연한 구조로, 건축과 내부 공간 사이의 경계를 허무는 그레이의 대표작으로 꼽힌다.

E1027은 아일린 그레이와 그녀의 연인 장 바도비치Jean Badovici와의 관계를 상징하는 암호와 같은 이름이다. 'E'는 아일린 그레이를 나타내고, '10'은 'J'(장 바도비치의 이니셜)가 알파벳에서 10번째 글자이기 때문에, '2'와 '7'은 각각 'B'(바도비치)와 'G'(그레이)를 알파벳 순서로 나타낸 것이다. 아일린 그레이는 이 집을 위해 튜블러 스틸과 유리로 만든 E1027 테이블 등 다수의 가구를 맞춤 설계했다. 그녀는 르코르뷔지에가 주장한 '집은 살기 위한 기계'라는 의견에 반대했으며, '집은 거주자의 삶으로 완성되는 공간'이라고 주장하며 모더니즘의 지나친 기능주의에 반대했다.

르코르뷔지에는 이 집에 아홉 점의 벽화를 그렸으며 그것은 아일린 그레이의 디자인을 무례하게 침해한 것이었다. 일부 건축 평론가들은 르코르뷔지에의 행동을 여성 건축가의 업적에 대한 질투로 해석하기도 했으며, 르코르뷔지에의 벽화와 그의 죽음으로 인해 1960년대까지 E1027의 디자이너가 르코르뷔지에나 장 바도비치로 잘못 알려지기도 했다.

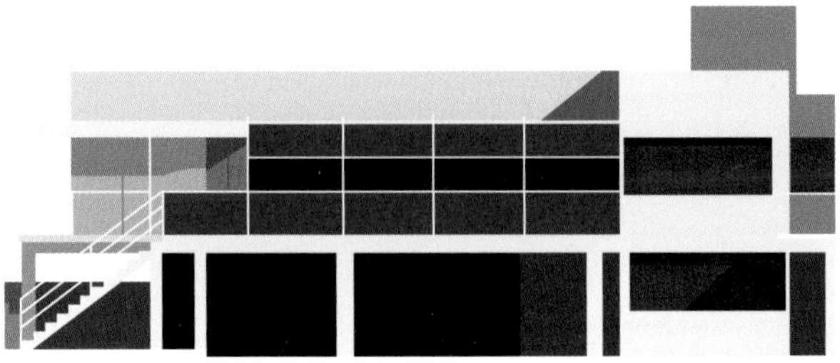

4049

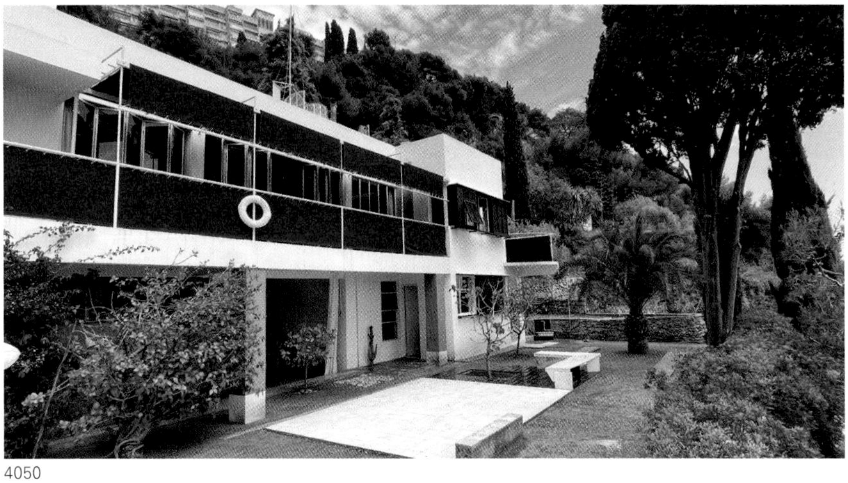

4050

4048
아일린 그레이 Eileen Gray, 빌라 E1027, 1929, 프랑스 리비에라

4049
빌라 E1027의 정면 모습 (일러스트레이션)

4050
아일린 그레이, 빌라 E1027, 1929, 프랑스 리비에라
그레이는 바람과 태양에 대한 연구를 바탕으로 지중해 바다에 맞닿은 경사지 절벽에 건축했다.

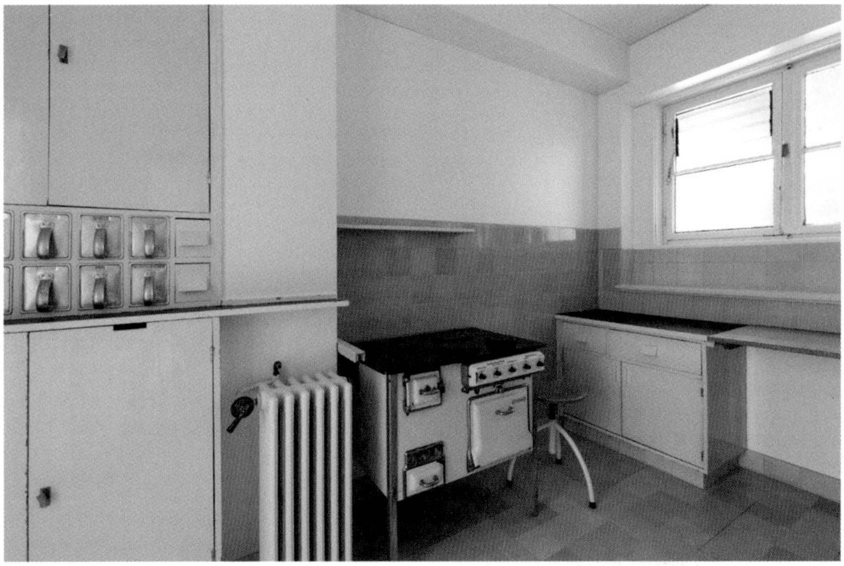

4051

프랑크푸르트 주방

Frankfrut Kitchen, 1926~1927

제1차 세계대전 이후 가정주부의 역할이 재고되면서 효율적이고 전문적인 주방 개념에 대한 관심이 증가했다. 프랑크푸르트 주방은 1926~1927년 독일 프랑크푸르트의 대규모 사회주택 프로젝트로 설계된 세계 최초의 맞춤형 주방으로 여성 건축가 마가레테 슈테-리호츠키에 의해 설계되었다. 그녀는 기차 식당 칸의 주방 디자인과 주부들의 식사 준비에 대한 시간, 동작 연구를 분석하여 디자인했으며, 콤팩트한 공간과 효율적인 레이아웃, 심리학적인 요소를 고려하여 색상을 적용했다. 또한, 대량생산을 통해 저비용으로 공급함으로써 주방의 혁신을 이끌어내며, 현대 주방 디자인에 큰 영향을 미쳤다.

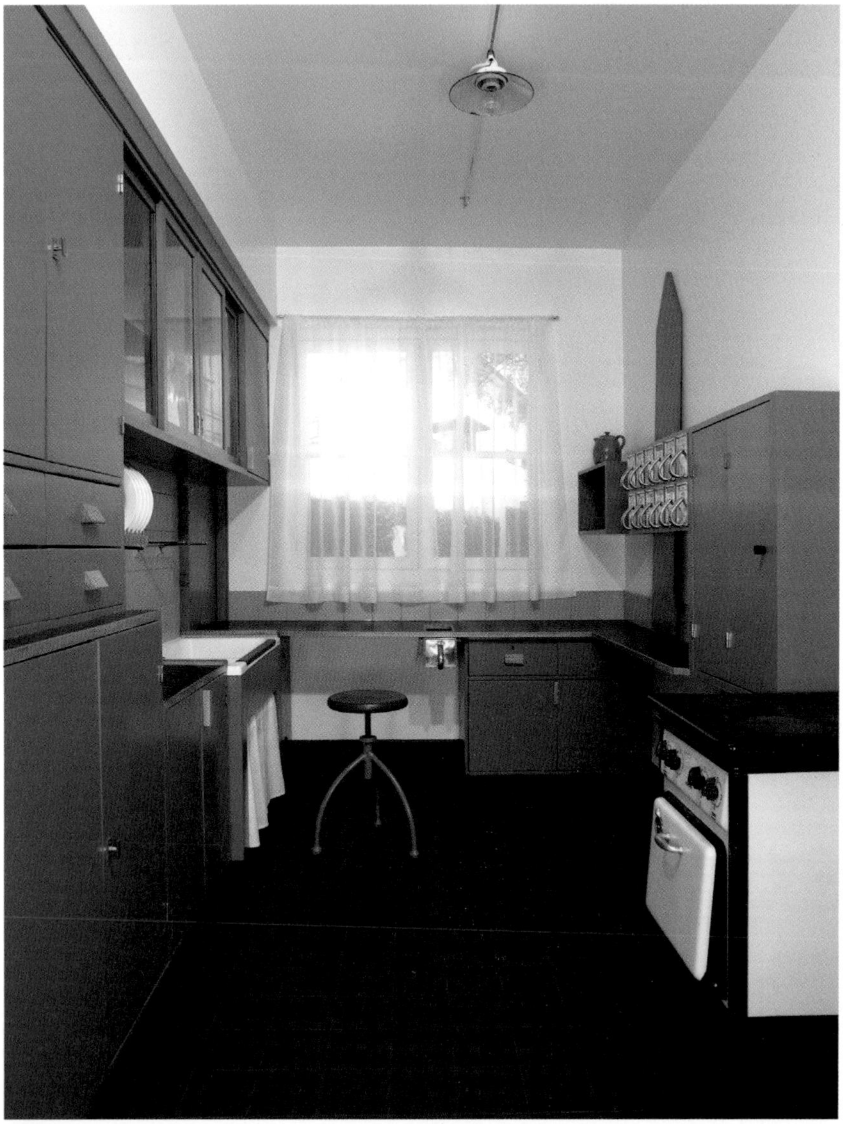

4052

마가레테 슈테-리호츠키

Margarete Schütte-Lihotzky, 1897~2000
오스트리아, 건축가

마가레테 슈테-리호츠키는 여성 건축가로 현대 빌트인 주방의 원형인 프랑크푸르트 주방을 디자인하여 오늘날 서양 주방 디자인의 표준을 마련했다. 비엔나 응용예술대학교에서 공부한 첫 여학생이었으며, 유치원, 학생들의 집, 학교 등 다양한 공공시설을 디자인했다.

4051, 4052
마가레테 슈테-리호츠키, 프랑크푸르트 주방, 1926~1927

4053
HSB(스웨덴의 주택 협동조합)
스톡홀름 전시회에서의 개인 주택 내의 주방 인테리어, 1930

4054
게오르크 무헤 Georg Muche
하우스 암 호른의 주방 인테리어, 1923, 독일 바이마르

4055
하우스 암 호른의 내부 모습

4056
하우스 암 호른의 외관 모습

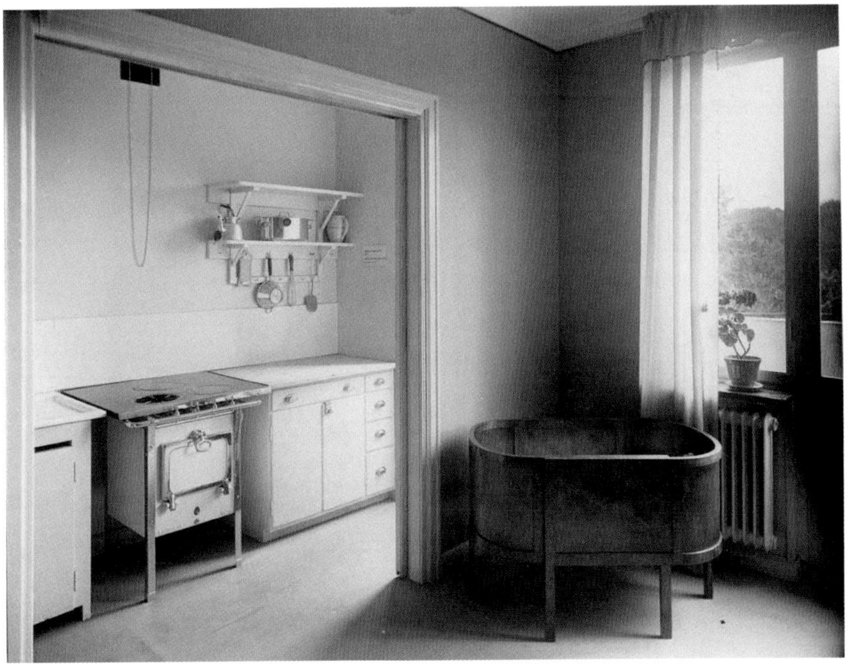

4053

하우스 암 호른과 주방 인테리어

The kitchen interior and the Haus am Horn, 1923

바이마르 바우하우스가 개최한 정기적인 작품 전람회 중 가장 대표적인 프로젝트는 게오르크 무헤가 디자인한 하우스 암 호른이다. 하우스 암 호른은 도시의 주택난 해결을 위해 최대한 많은 사람을 수용할 수 있는 기능적이고 저렴한 주택을 디자인하기 위해 설계된 실제 주택 모델로, 실내 공간에는 학교의 공방에서 제작된 가구와 내장형 세간이 설치되었고, 주방의 조리대와 찬장은 마르셀 브로이어가 디자인했다.

하우스 암 호른의 주방에는 바우하우스가 추구하는 기능주의와 효율성, 그리고 현대적인 생활 방식을 반영한 디자인을 선보였다. 주방은 작업 공간의 최적화와 사용자의 움직임을 최소화하는 데 중점을 두었으며, 내장형 시스템 가구의 사용과 공간 활용은 당시로서는 매우 혁신적이었다. 이 주방의 기능성과 혁신성은 1926년 프랑크푸르트 주방의 예고편과도 같았다.

하우스 암 호른 프로젝트에는 아돌프 마이어, 발터 그로피우스와 같은 바우하우스 강사들이 참여했으며, 인테리어 디자인에는 마르셀 브로이어, 군타 슈퇴츨, 알마 부셔를 포함한 여러 바우하우스 학생들이 기여했다.

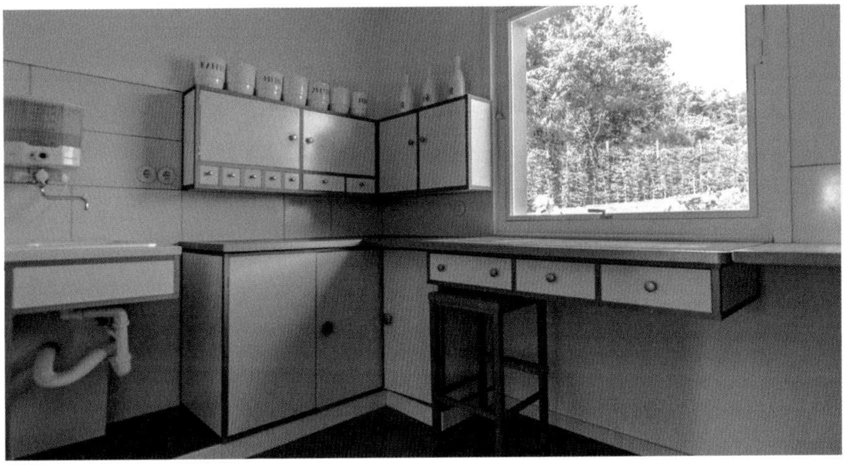

4054

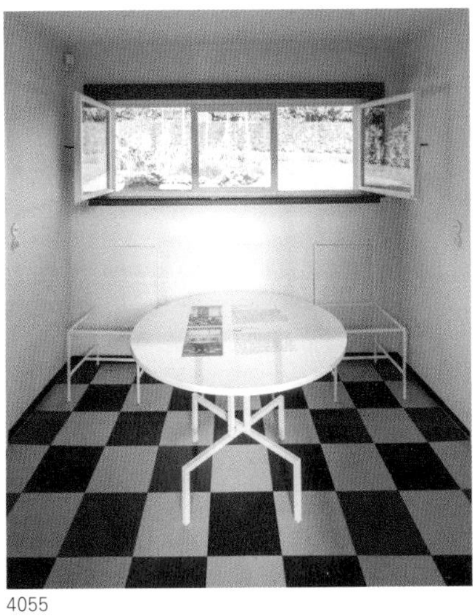

4055

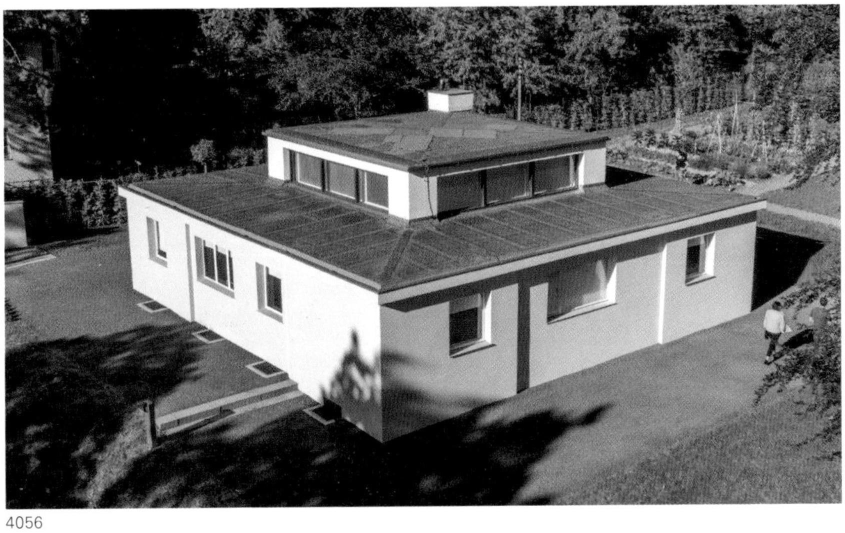

4056

초기 모던 인더스트리얼 스타일 가구
Early Modern Industrial Style Furniture

진보적인 아르누보 양식의 찰스 레니 매킨토시는 비엔나 분리파의 요제프 호프만과 콜로만 모저, 미국의 프랭크 로이드 라이트, 데 스틸의 게리트 리트벨트, 바우하우스의 마르셀 브로이어, 프랑스의 르코르뷔지에로 연결되는 계보의 선구자로, 가구 분야에서 초기 모더니즘의 형식이 19세기 말에 태동하였음을 보여준다. 과거에는 가구의 가치가 장식성과 노동집약적인 제작 과정에 있었으나, 점점 기능성을 강조하는 특징으로 전환되었고, 모더니즘 양식의 가구는 단순한 장식품이 아닌 실제 사용에 초점을 맞춘 실용적인 디자인으로 발전했다. 또한, 모더니즘 초기의 데 스틸 운동과 바우하우스와 같은 디자인 혁신 운동은 새로운 시대정신과 새로운 형태, 새로운 제조방식에 대한 융합과 가능성을 탐색하며 모더니즘 가구 발전의 원동력이 되었다. 스틸, 유리, 성형 합판, 플라스틱과 같은 새로운 산업 재료는 새로운 형태와 구조의 가구를 만들어내며 디자인의 가능성을 대폭 확장시켰다.

마르셀 브로이어의 바실리 체어와 루트비히 미스 반 데어 로에의 캔틸레버 체어는 산업재료와 생산 방식을 활용해 최소한의 형태에서 최대한의 기능을 달성하려는 기능주의 철학을 구현한 사례이다. 초기 모더니즘 가구는 기계시대의 미학을 디자인 언어로 구현하여 현대 생활의 개념을 대표하게 되었으며, 단순하고 가볍고 기능적인 특징으로 모더니즘의 철학을 널리 알리는데 기여했다.

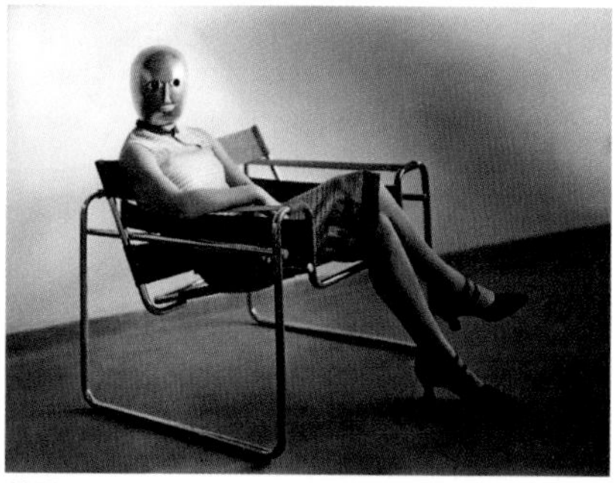

4057
오스카 슐레머 마스크를 쓰고 바실리 체어에 앉아 있는 여성
1926경

4002
마르셀 브로이어, Arm Chair, Model B3, 1925~1926
소재 Chromium plated tubular steel, Natural canvas

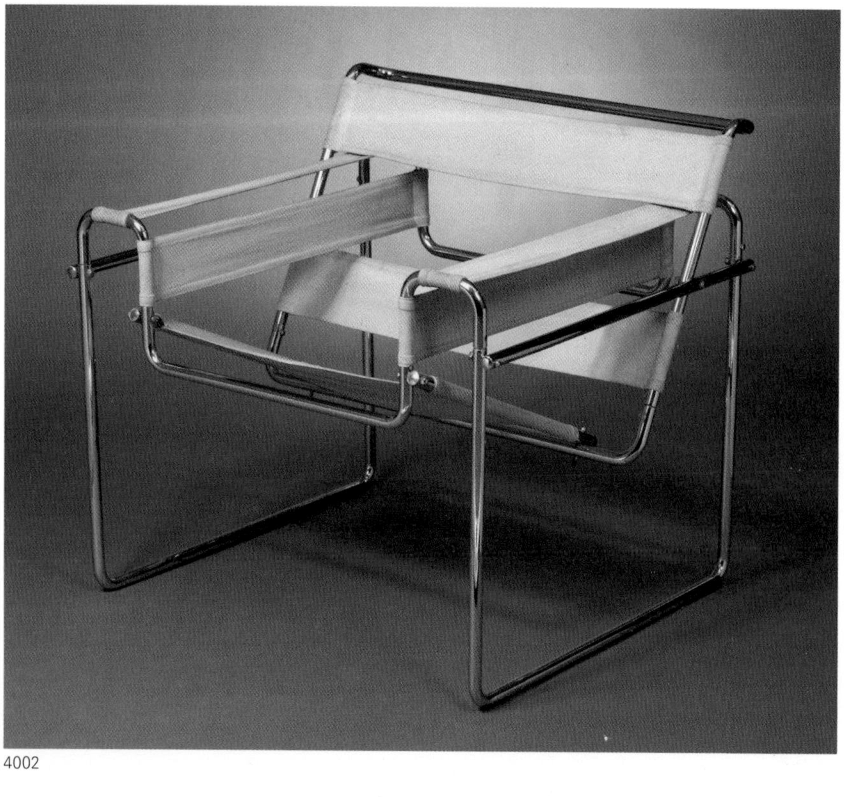

4002

바실리 체어
Wassily Chair, 1925~1926

바실리 체어(모델 B3 체어)는 마르셀 브로이어가 독일 데사우 바우하우스의 목공작업장 책임자로 있던 시절에 디자인한 유명한 작품이다. 브로이어의 스승인 칸딘스키가 이 체어의 디자인을 보고 감탄하자 칸딘스키의 개인 공간용으로 복제품을 제작했다. 이후 이탈리아의 가구 제조업체 가비나에 의해 재출시 되면서 '바실리'라는 이름으로 널리 알려졌다.
바실리 체어의 디자인은 마르셀 브로이어가 아들러Adler사의 자전거 핸들 바에서 영감을 받아 관 모양의 철강을 가구 디자인에 적용한 것으로 최초의 강관으로 만든 의자이다. 독일의 철강 제조업체인 만네스만Mannesmann이 개발한 무용접 강관 기술력으로 바실리 체어의 디자인이 실현될 수 있었다.

4058
마르셀 브로이어, Model B19 테이블, 1928경
소재 Chromium plated tubular steel, Glass

4059
마르셀 브로이어

4060
발터 그로피우스가 건축한 그로피우스 하우스 내에 마르셀 브로이어의 체스카 체어가 놓여 있다.

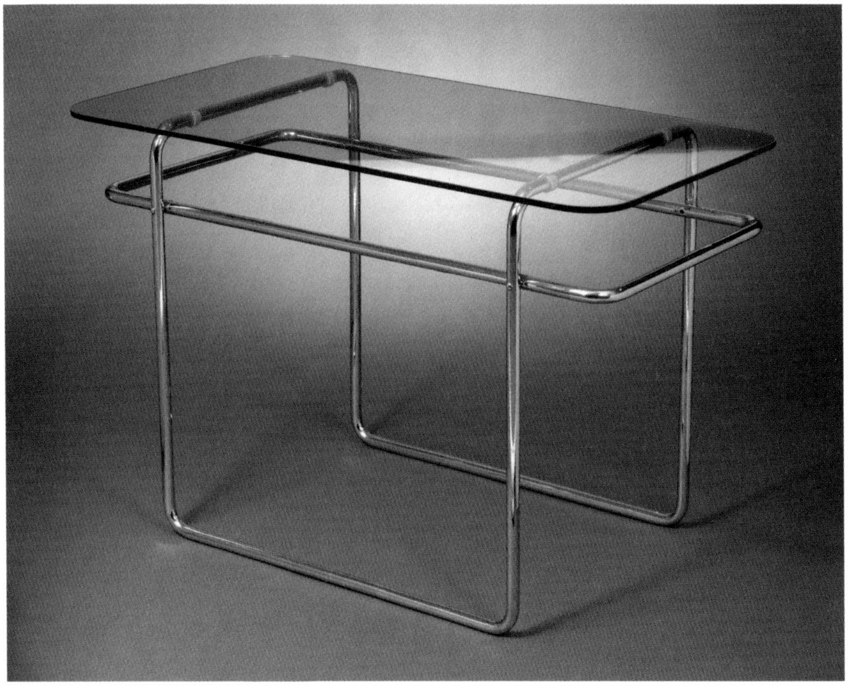

4058

마르셀 브로이어

Marcel Breuer, 1900~1990, 헝가리, 교수, 디자이너

마르셀 브로이어는 단순하고 가볍고 기능적인 가구 디자인으로 현대 생활 개념을 형성한 인물이다. 바우하우스 학생 시절에는 아프리카 원시 미술에 관심을 가졌으며 그 이후에는 데 스틸 그룹의 게리트 리트벨트의 의자에서 영향을 받은 의자를 디자인했다. 그러나, 자전거 프레임에서 영감을 얻어 강철관을 사용한 입방체 형태의 가벼우면서도 튼튼한 구조의 의자를 디자인하면서 양식적 전환을 이루었다. 바우하우스가 데사우로 이전하면서 그는 가구 공방의 교수로 임명되어 교수주택의 가구를 제작했으며, 1927년에는 슈투트가르트에서 열린 바이센호프 주택단지 전시의 인테리어를 시작으로 프란세스코 아파트와 로임 저택의 프로젝트를 통해 모던 인테리어에 대한 개념을 재정립했다.

1930년대에는 국제적인 명성을 얻었으나, 헝가리 출신인 브로이어는 정치적 상황으로 스위스로 이주했고, 이후 영국으로 이주했으며, 마지막으로 미국으로 건너가 하버드 대학에서 건축학과 교수로 재직했다.

그의 대표작인 바실리 체어는 최초의 강관 의자로, 공간, 가벼움, 구조를 강조하며 그의 건축적 이상에 부합하는 디자인으로 기존 가구 디자인에 대한 도전적인 대안을 제시했다. 또한, 캔틸레버식 의자 'B32'는 그의 딸의 이름에서 영감을 받아 '체스카'라는 이름으로 널리 알려져 있으며, 최초의 캔틸레버 의자 중 하나인 'B33'체어를 디자인했다. 1962년 마르트 스탐과의 최초의 캔틸레버 의자 소송에서 패하면서 금속 캔틸레버 의자에서 '최초'라는 타이틀은 마르트 스탐에게 돌아갔다.

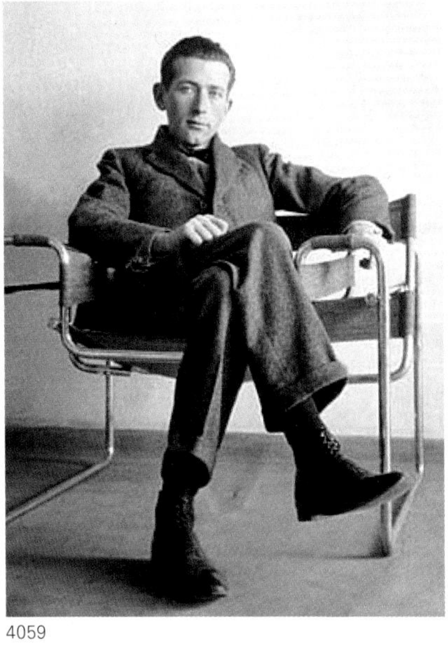

4059

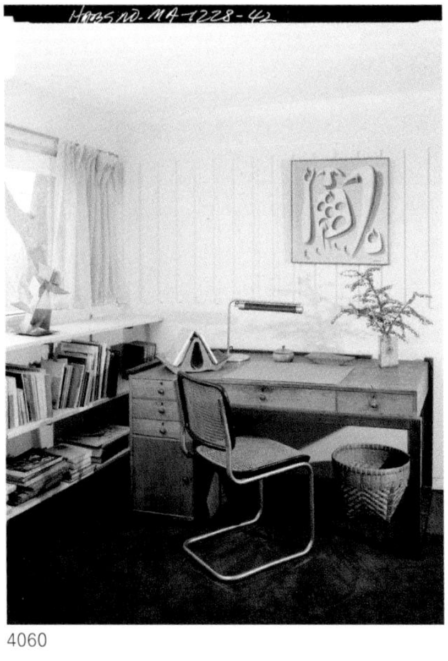

4060

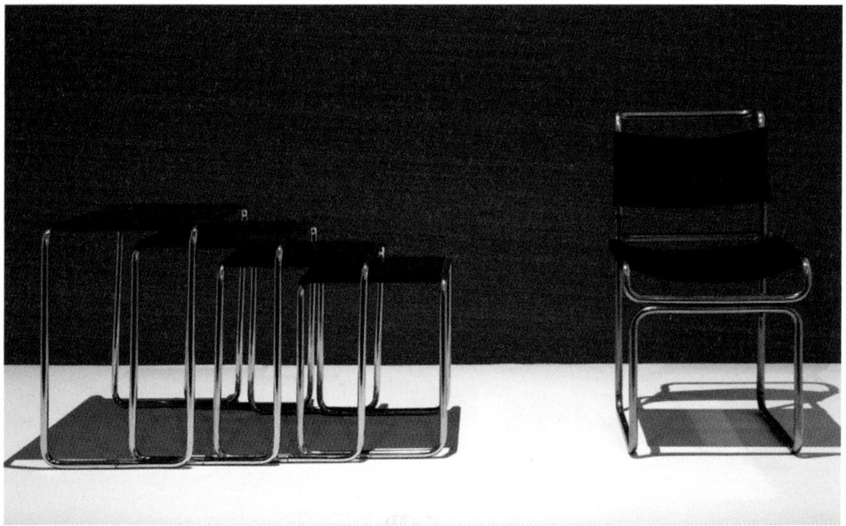
4061

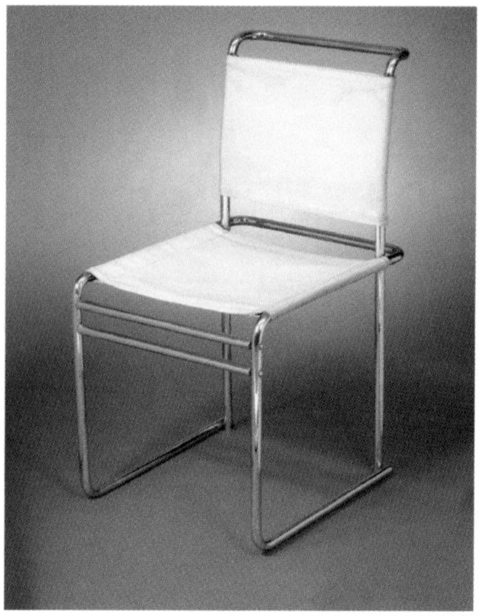
4062

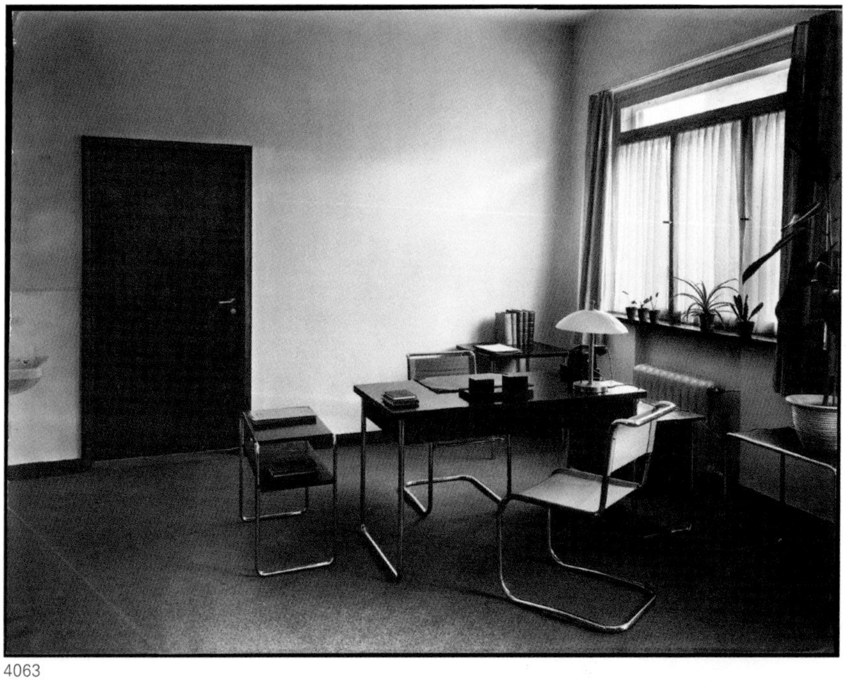
4063

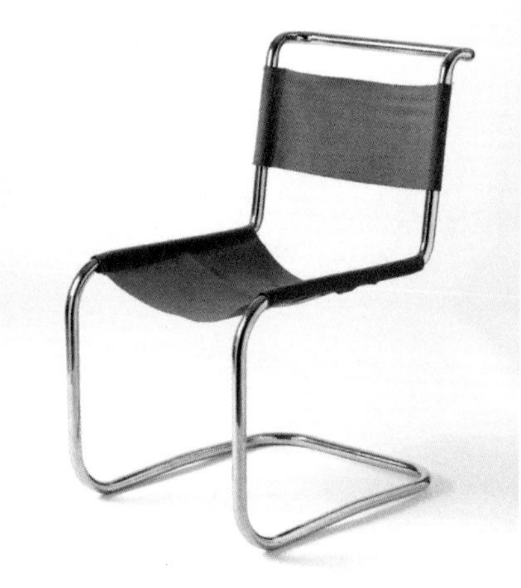
4064

4061
마르셀 브로이어, B9 파생 테이블, B5 의자, 1925

데사우 바우하우스의 식당을 위해 디자인된 의자와 테이블이다. 중첩 테이블은 강철 튜브와 래커 칠한 목재로 제작되었으며, 의자는 니켈 도금된 강철과 코튼 캔버스를 사용했다.

4062
마르셀 브로이어, B5 의자, 1926경
소재 Chromium plated tubular steel, Blue Eisengarn canvas

4063
마르셀 브로이어, 콘라드 베커만의 베를린 쾨페닉 경찰청 건물 사무실 내부 전경 1930~1931경
마르셀 브로이어가 강관을 이용하여 디자인한 가구로 꾸며져 있다.

4064
마르셀 브로이어, 의자, 1930경, 제조사 Gebrüder Thonet

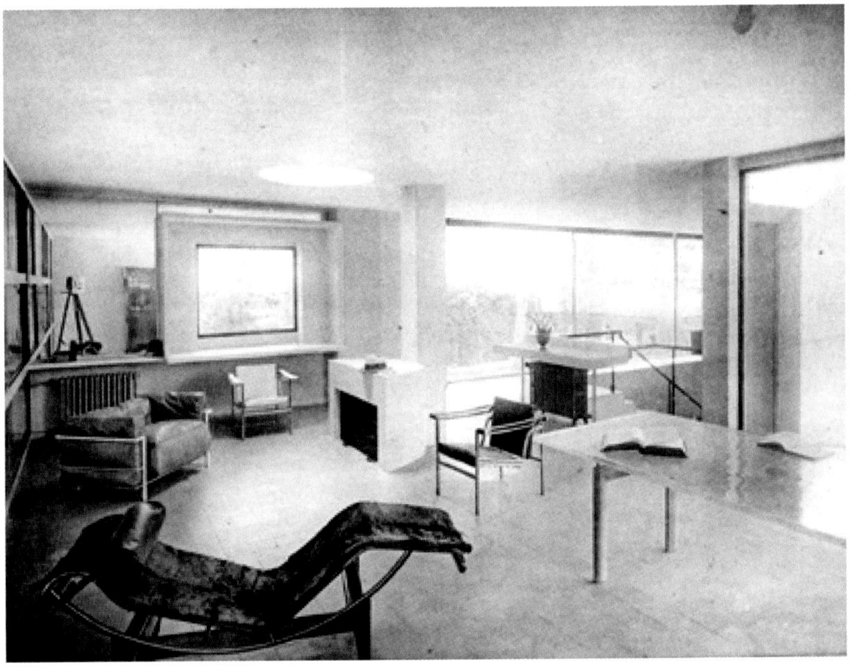

4065

LC4 장의자

LC4 Chaise Longue, 1928

LC4 Chaise Longue는 1928년에 디자인되어, 1929년 파리의 Salon d'Automne 전시회에서 처음 공개되었다. 마르셀 브로이어의 Thonet 의자에서 영감을 받아 스틸 파이프 의자의 흐름을 계승한 것으로, 강철관과 같은 새로운 산업소재와 조랑말 가죽과 같은 자연소재와의 조우를 모색한 디자인이다. 르코르뷔지에의 철학인 '가구는 인간의 필요와 기능을 충족시키는 도구로 디자인되어야 한다'는 생각을 반영한 의자로 그가 '편안한 기계'라는 별명을 붙인 것처럼 합리적인 구조, 편안한 착석감, 스틸 프레임의 곡선이라는 형태로 표현되었다.
기계적인 미학을 가구 디자인에 접목시킨 LC4는 곡선형 실루엣이 사용자의 등을 지지하는 구조로, 다리를 올려 휴식을 취할 수 있도록 설계되었으며, 크롬 도금된 스틸 프레임과 H자형 베이스를 통해 사용자가 원하는 대로 위치 조절이 가능하다.

4065
르코르뷔지에 Le Corbusier
Villa Church Ville-d'Avray, 1928~1929, 프랑스
르코르뷔지에가 설계한 주택에 LC19(1928), LC39(1928), LC4 Lounge 가구로 꾸며져 있다.

4066
르코르뷔지에 Le Corbusier
샤를로트 페리앙 Charlotte Perriand
피에르 잔느레 Pierre Jeanneret
LC4 Lounge, 1928

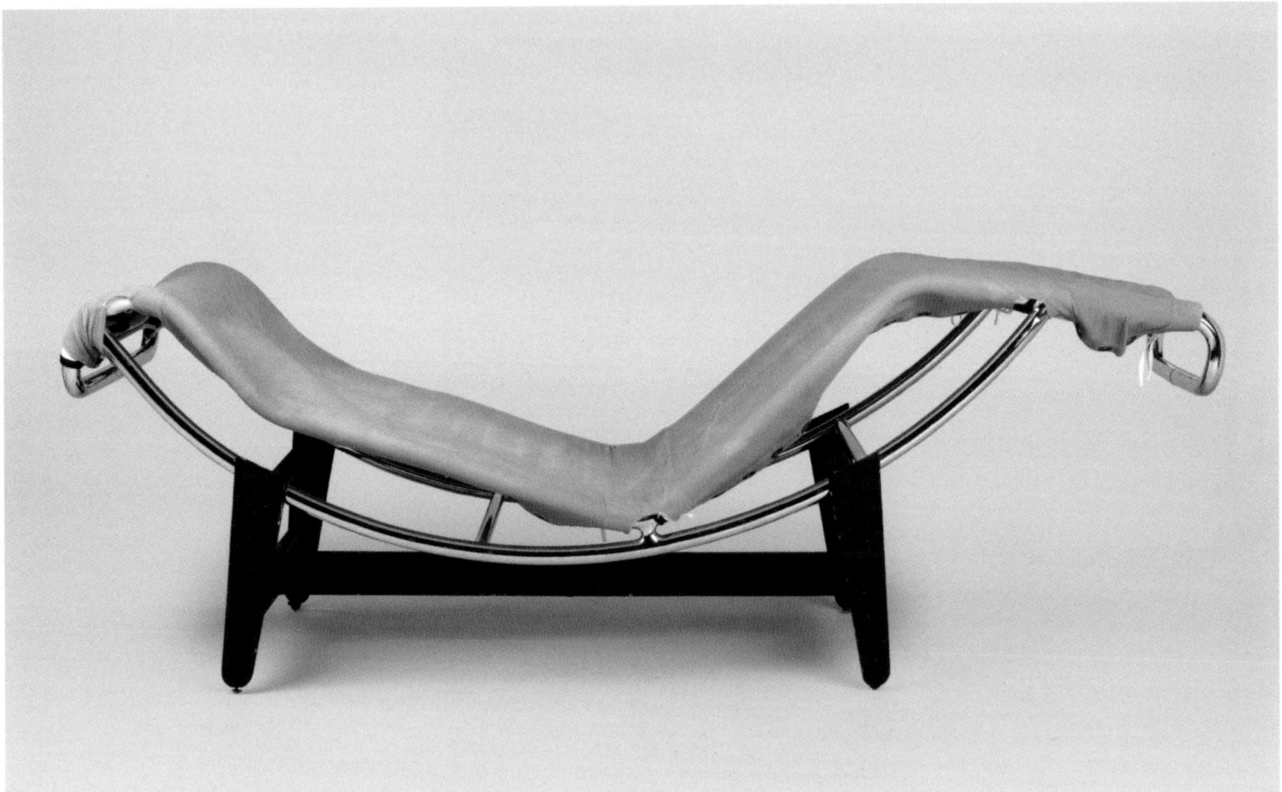

4066

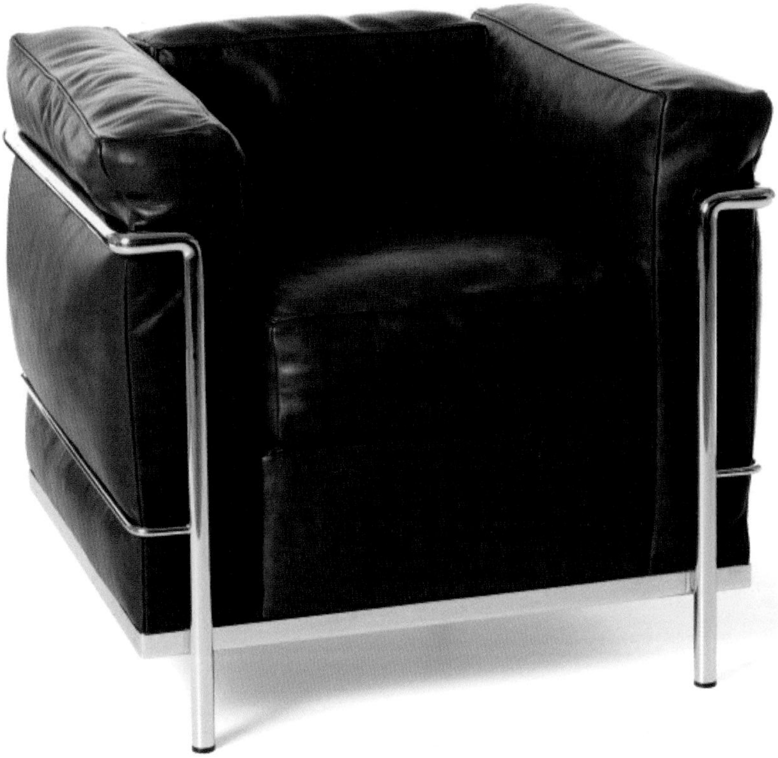

4004

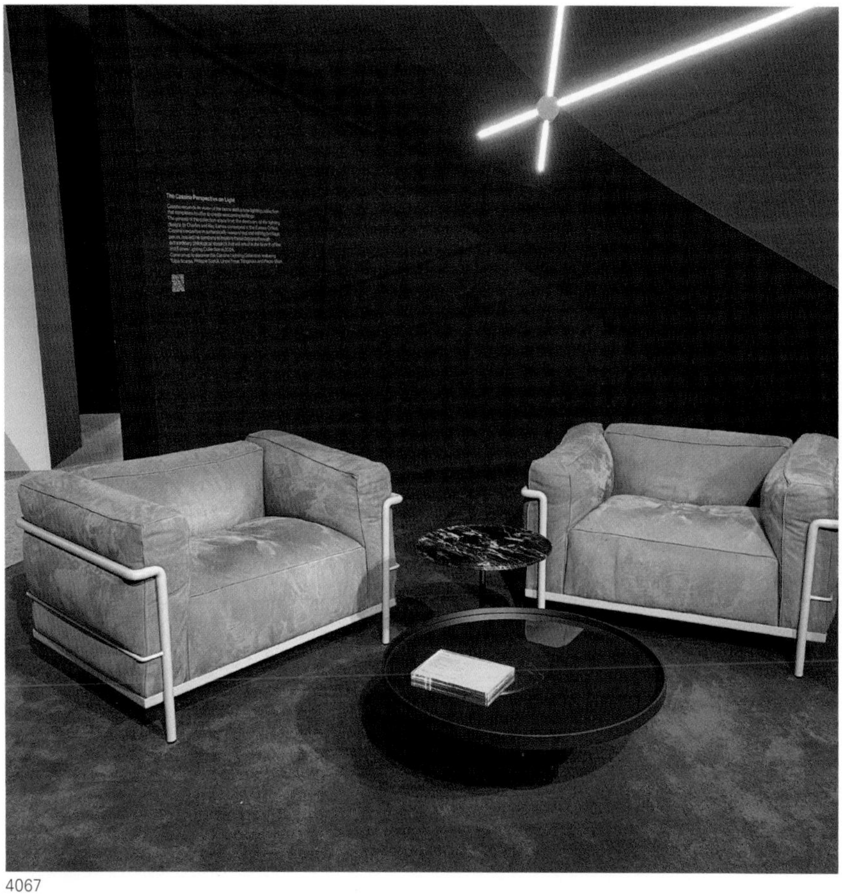

4067

LC2, LC3

1928

LC2와 LC3 의자는 1928년에 르코르뷔지에, 샤를로트 페리앙, 피에르 잔느레가 디자인한 그랑 콩포르(Grand Confort, 위대한 편안함) 시리즈의 중 하나로, 영국의 메이플 가구점의 전통적인 클럽 의자를 현대적으로 재해석한 디자인이다.
강철 프레임을 가죽 쿠션 밖으로 코르셋처럼 고정한 독특한 형태로 큐브 형태의 팔걸이가 특징이다. LC2는 좌석과 등받이가 높은 작은 모델이고, LC3는 좌석이 더 넓고 낮게 설계된 큰 모델이다.
그랑 콩포르 시리즈는 2010년 스티브 잡스가 아이패드 소개에 사용한 후 매체를 통해 큰 주목을 받았으며, 뉴욕 현대미술관의 영구 컬렉션에 포함되는 등 대중문화의 영향력을 보여주는 제품이다.

4004
르코르뷔지에, 샤를로트 페리앙, 피에르 잔느레, LC2, 1928

4067
밀라노 Cassina 전시장에 LC3가 전시된 모습
Salone del Mobile 2023

출시 초기에는 토넷 사에서 제작되었지만 현재는 이탈리아의 카시나 사에서 제작하며 쿠션과 강철 부분은 다양한 소재와 컬러의 조합으로 커스터마이즈가 가능하다.

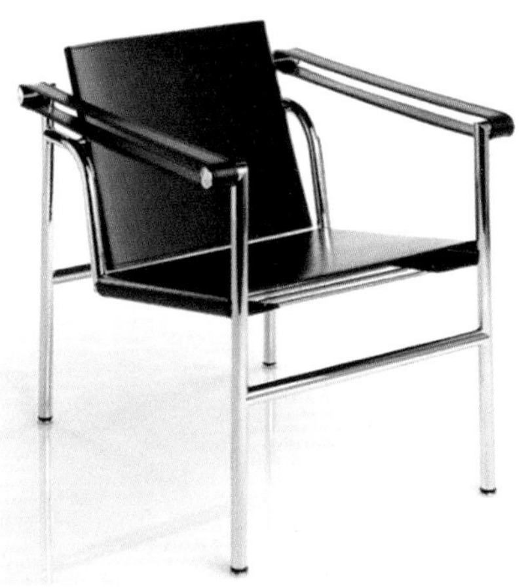
4068

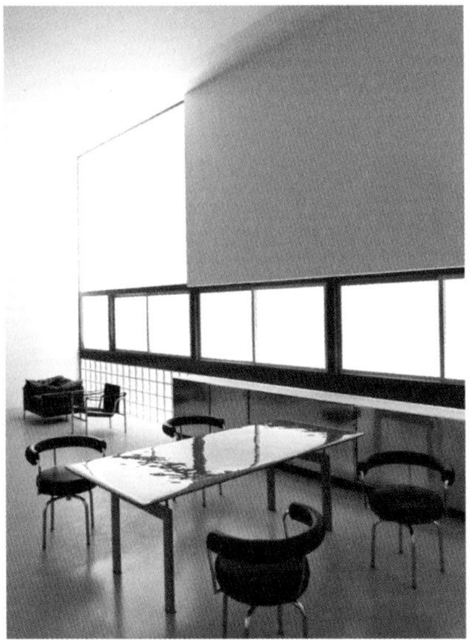
4069

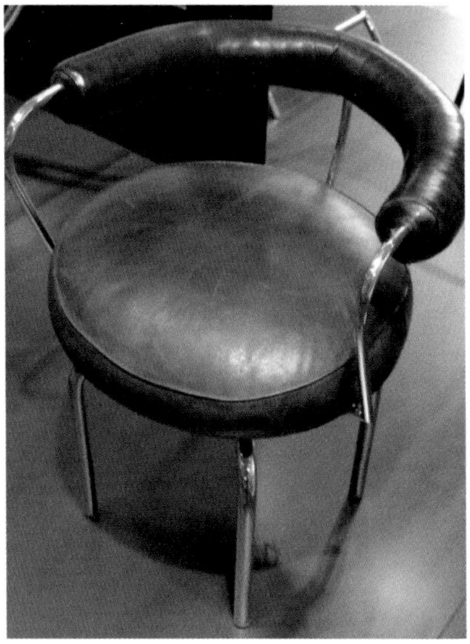
4070

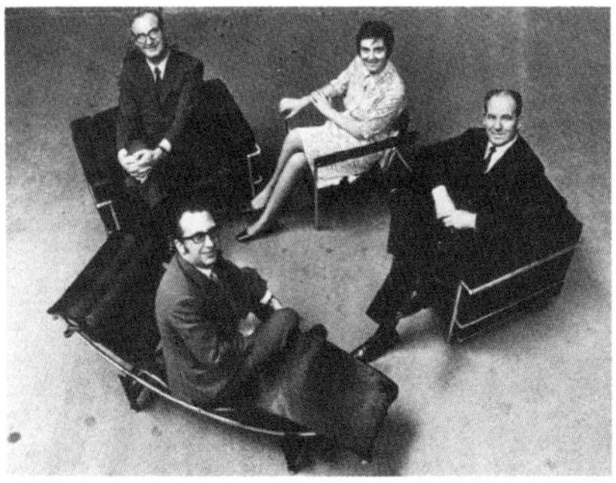
4071

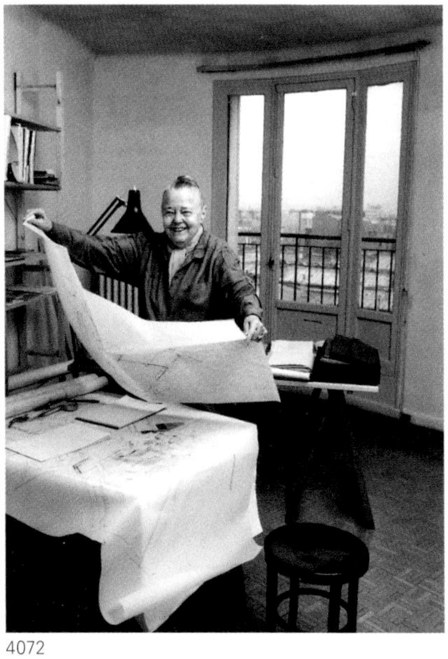
4072

4068
르코르뷔지에 Le Corbusier
샤를로트 페리앙 Charlotte Perriand
피에르 잔느레 Pierre Jeanneret, Basculand Chair, 1928

Basculand란 프랑스어로 '상하로 이동한다'는 뜻으로 앉을 때 등받이가 움직이는 것이 특징으로 슬링 체어Sling Chair라고도 불린다. 이 의자는 게리트 리트벨트의 적청 의자, 마르셀 브로이어의 바실리 체어에서 영향을 받았으며, 르코르뷔지에의 '의자는 건축물'이라는 표현처럼 건축적인 구조로 조립되어 있다.

4069
샤를로트 페리앙 Charlotte Perriand
파리의 루이뷔통 재단에 샤를로트 페리앙의 디자인이 전시된 모습, 2020

4070
샤를로트 페리앙, Sedile Ruotante, 1927

4071
LC 컬렉션의 시작, LC4 프랑코에서 시작하여 시계 반대 방향으로 체사레, 아델, 움베르토, 카시나

4072
로베르 두아노Robert Doisneau가 찍은 샤를로트 페리앙 1991.1

샤를로트 페리앙

Charlotte Perriand, 1903~1999, 프랑스, 디자이너

샤를로트 페리앙은 파리에서 장식미술을 공부하고 모리스 뒤프레와 폴 폴로에게 아르데코 양식을 배웠다. 그러나, 1927년 가을살롱Salon d'Automne에서 강철관과 크롬 도금 금속 제품을 사용한 급진적인 모더니즘 양식의 인테리어 디자인을 선보였다. 이후, 르코르뷔지에의 스튜디오에 합류하여 강철관 프레임을 사용해 현대 디자인의 아이콘인 된 여러 가구를 디자인했다.
그녀는 『삶의 예술L'Art de Vivre』에서 디자인이 인간의 깊은 욕구와 조화를 이루어야 한다고 언급했으며, 자신의 자서전에서는 디자인 과정에서 장소와의 연결성을 강조했다. 그녀의 디자인은 장소를 충분히 경험하고 감상하는 데에서 시작했으며, 사용자의 요구와 환경에 대한 이해를 바탕으로, 디자인을 통해 인간과 환경 사이의 조화를 추구했다. 페리앙의 대표작으로는 프랑크푸르트 주방, LC 시리즈 의자, 리그네아 스툴 등이 있다.

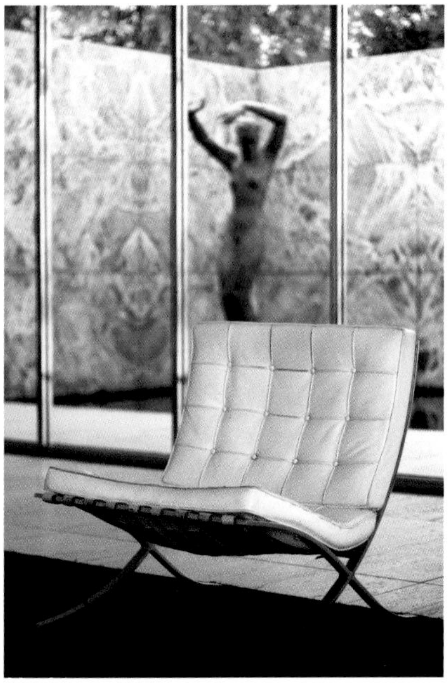

4073

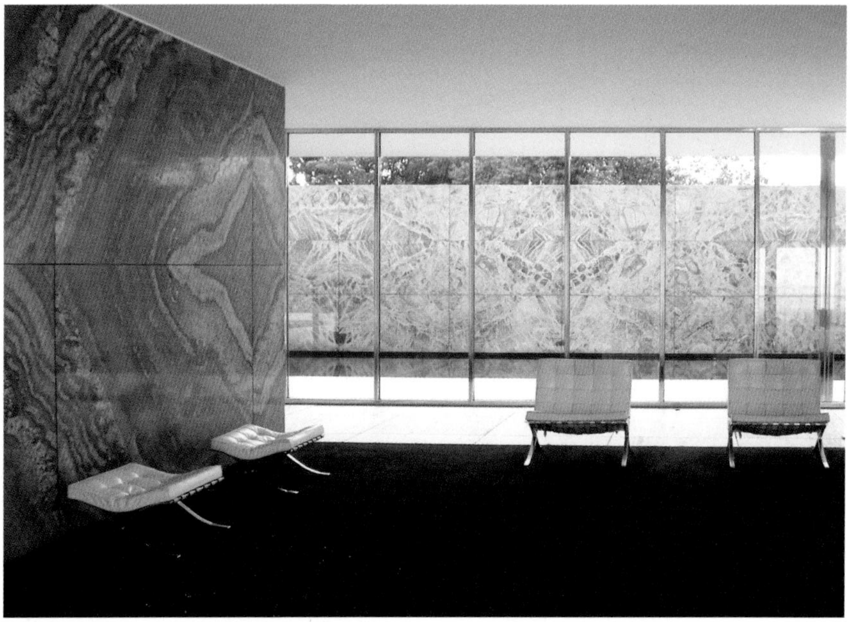

4013

바르셀로나 체어

Barcelona Chair, 1929

바르셀로나 체어는 루트비히 미스 반 데어 로에와 릴리 라이히가 1929년 스페인 바르셀로나에서 열린 국제 박람회를 위해 독일관에 전시할 목적으로 디자인했다. 이 의자는 엑스포에 초청된 스페인 국왕을 위해 특별히 제작되었으며, 옥좌라는 개념으로 착안되었다.

당시 다른 바우하우스 건축가 및 디자이너들이 대중적인 가구 디자인에 집중했던 것과는 대조적으로, 바르셀로나 체어는 특히 상류층을 대상으로 디자인되었으며, 대량생산을 목적으로 하지 않았기 때문에 직접 손으로 용접하고 광택을 내어 제작했다.

바르셀로나 체어는 1950년에 재디자인되면서 스테인리스 스틸을 사용하여 현재의 매끄러운 외형을 갖추게 되었다. 또한, 원래 상아색 돼지가죽 대신 소가죽을 사용하기 시작했으며, 산업적인 디자인임에도 불구하고 많은 수작업 과정을 거쳐 제작되며 각 의자의 프레임에는 미스 반 데어 로에의 서명이 새겨져 있다.

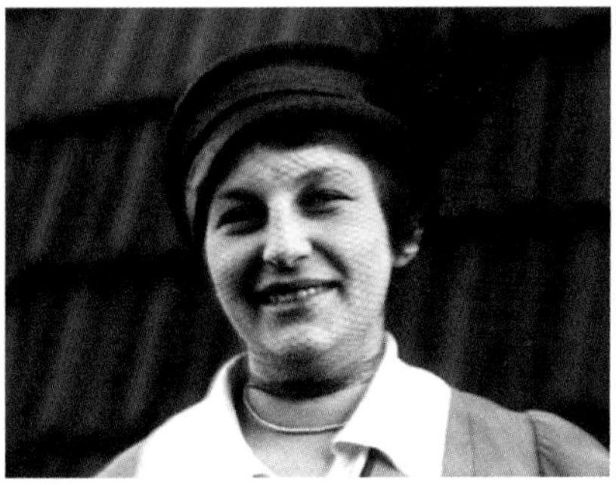

4074

릴리 라이히

Lilly Reich, 1885~1947, 독일, 디자이너, 건축가

릴리 라이히는 1920년에 독일공작연맹 위원회에서 근무한 최초의 여성 의원이었으며, 루트비히 미스 반 데어 로에와의 협업으로 완성한 건축과 가구 디자인으로 유명하다. 그녀는 바우하우스 운동에 영향을 받은 기능적이면서도 간결한 형태의 조화를 추구했으며, 대리석, 금속, 유리, 가죽 등 고품질의 고급 소재를 조화롭게 활용했다.

1920년대와 1930년대에 걸쳐 다양한 전시회와 박람회를 위한 디자인 작업을 했으며, 이를 통해 모더니즘 디자인의 대중화에 기여했다.

그녀의 대표 작품으로는 1929년 바르셀로나 국제 박람회를 위해 루트비히 미스 반 데어 로에와 공동으로 디자인한 바르셀로나 체어와 투겐하트 별장을 위해 디자인한 투겐하트 체어와 브루노 체어가 있다. 릴리 라이히는 당시 남성이 지배적이던 분야에서 성공적인 커리어를 구축했으며, 미적 감각과 기능성을 겸비한 디자인을 통해 단순함 속에서도 세련됨을 구현했다.

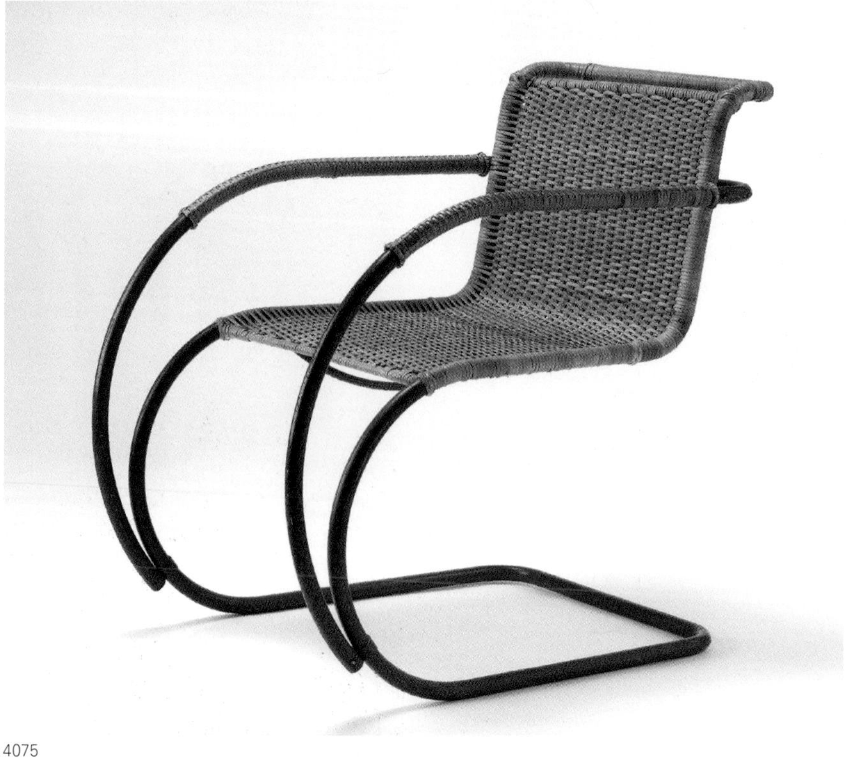

4075

4073, 4013
루트비히 미스 반 데어 로에, 릴리 라이히
바르셀로나 국제박람회의 독일관, 1928~1929, 스페인 바르셀로나

4074
릴리 라이히

4075
루트비히 미스 반 데어 로에, 릴리 라이히, MR20, 1927~1931

1927년 바이센호프 주택단지 용도로 디자인된 의자로 팔걸이가 없는 것이 MR10, 팔걸이가 있는 것이 MR20이다. 이 의자는 프레임 재료인 스틸 파이프가 이음새 없이 연결되어 우아한 느낌을 주며 기능면에서도 앞쪽 커브가 앉았을 때의 충격을 흡수하여 적절한 탄성이 생기도록 고려되었다.

4076
루트비히 미스 반 데어 로에, MR10, 1931

4077
루트비히 미스 반 데어 로에
판스워스 하우스 Farnsworth House, 1945~1951
미국 일리노이주

4078
판스워스 하우스의 Barcelona Couch와 Tugendhat Chair

4079
판스워스 하우스의 MR Adjustable Chaise Lounge

4080
판스워스 하우스 주방의 Brno Chair
브루노 체어는 속이 비지 않은 강철봉을 이용하여 제작되었으며, 캔틸레버 구조의 우아한 디자인이다.

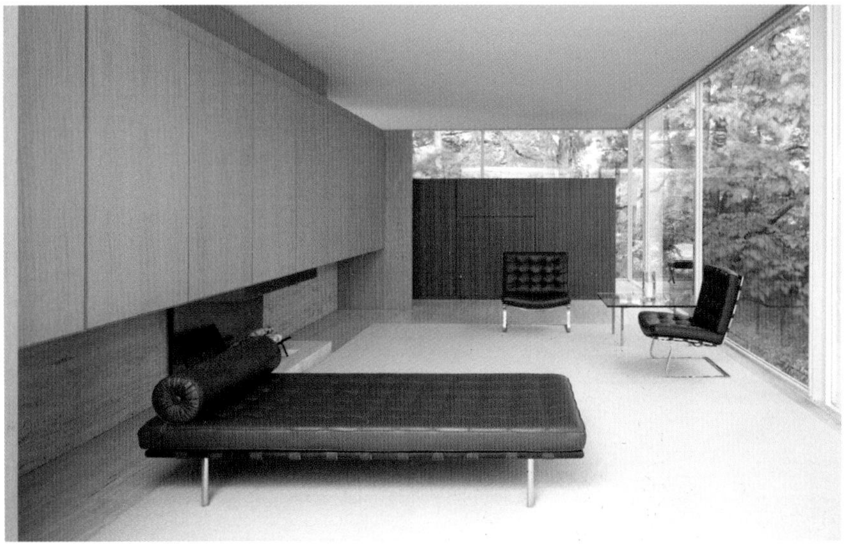
4078

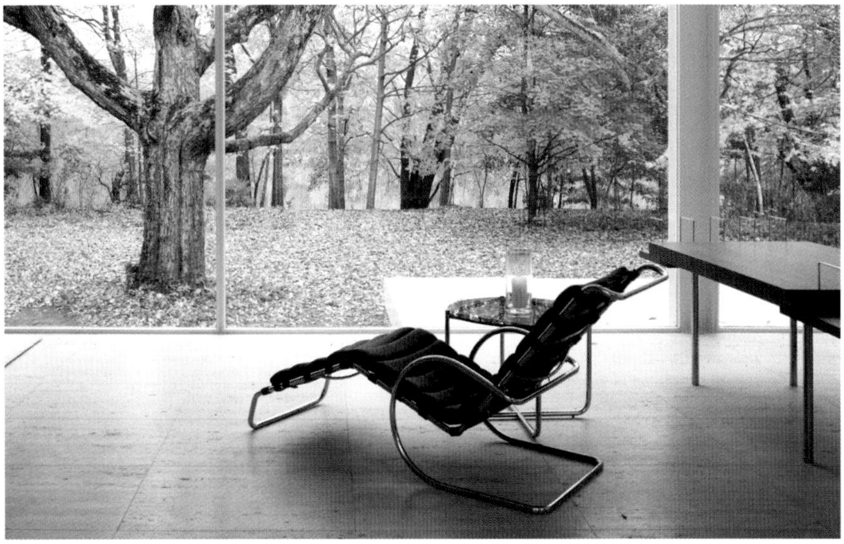
4079

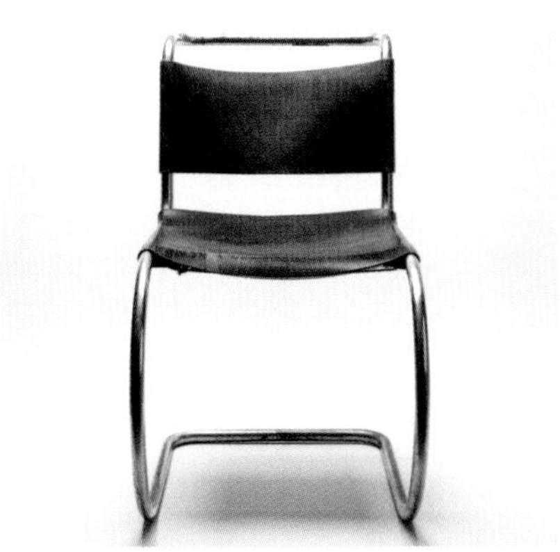
4076

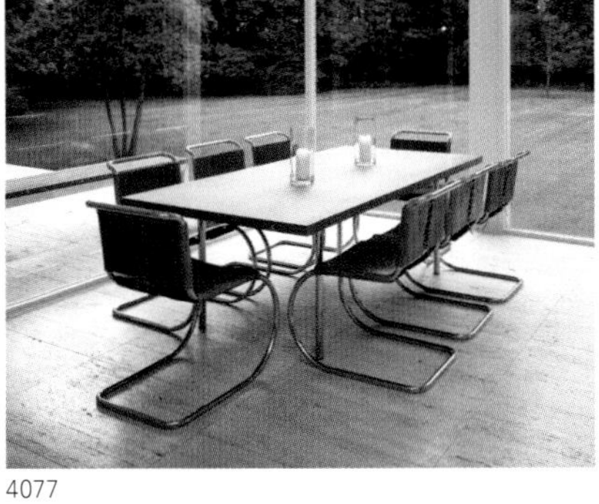
4077

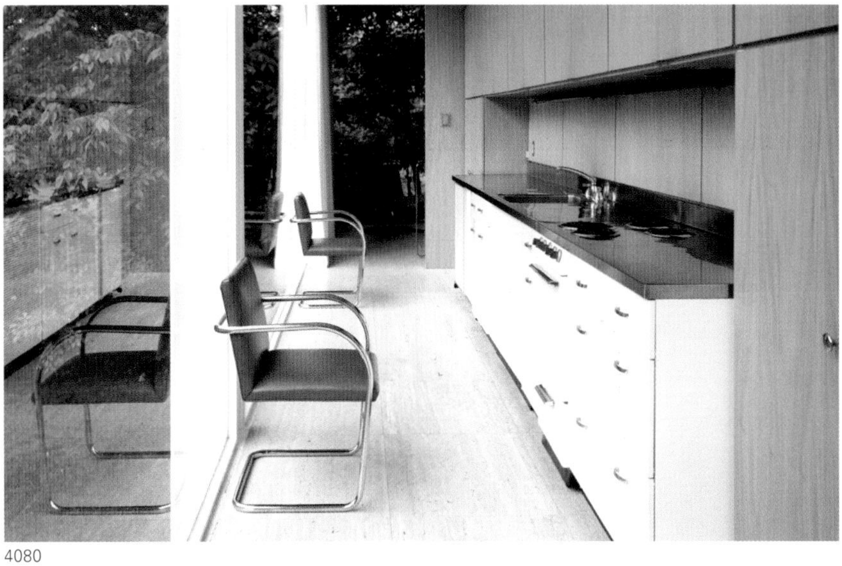
4080

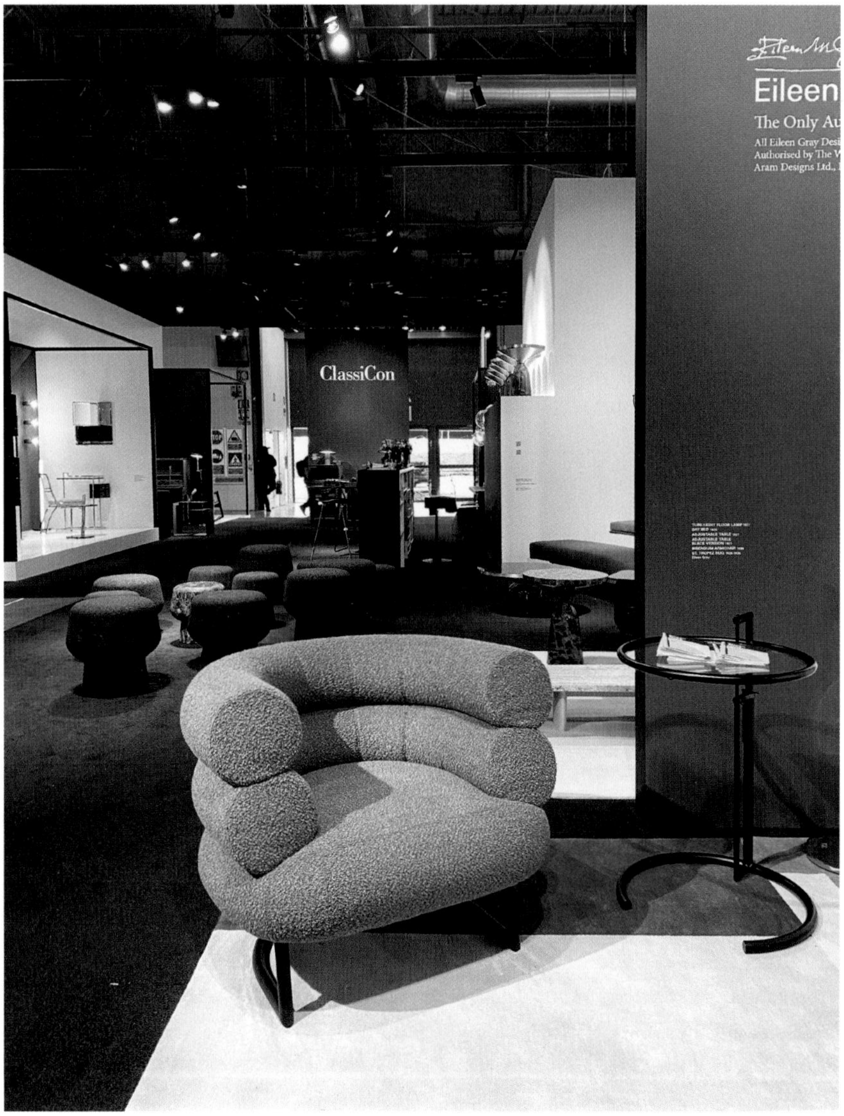

4081

E1027

1927

E1027 테이블은 아일린 그레이가 디자인한 테이블로 높이를 조절할 수 있으며 가벼운 구조로 기능적인 유연성을 바탕에 두고 있다. 이 테이블은 처음에는 그레이가 설계한 빌라 E1027의 내부를 위해 디자인되었으며, 이후 그녀의 대표적인 작품이 되었다.
그레이는 침대에서 편안하게 아침 식사를 할 수 있도록 자신의 자매 토라를 위해 이 테이블을 디자인했다고 한다. 식사 트레이를 침대 위에 올려놓음으로써, 침대에 부스러기가 떨어지는 것을 방지하고자 한 것으로 그레이의 배려와 실용성에 대한 철학을 엿볼 수 있다.

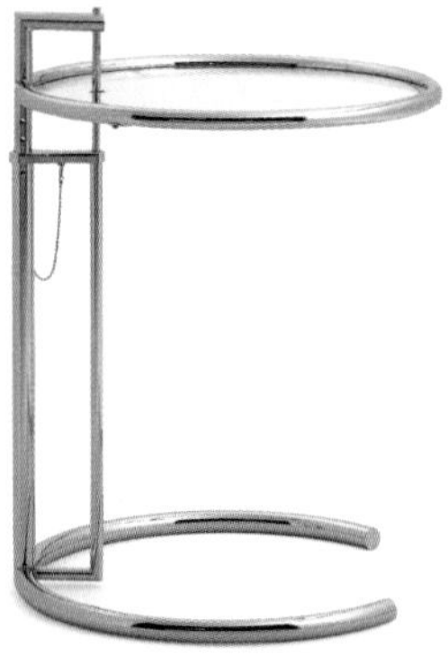

4082

4081
아일린 그레이 Eileen Gray
Bibendum Chair, 1926 / Adjustable Table E1027, 1927
ClassiCon 전시장, Salone del Mobile 2023

4082
아일린 그레이, Adjustable Table E1027, 1927

4083
아일린 그레이, Double X Table, 1928

4083

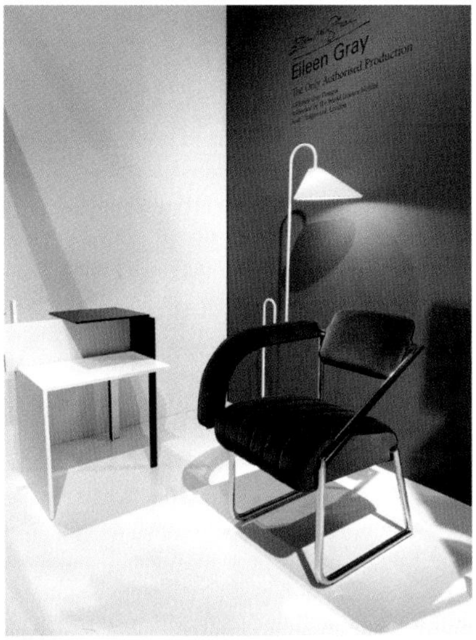

4084

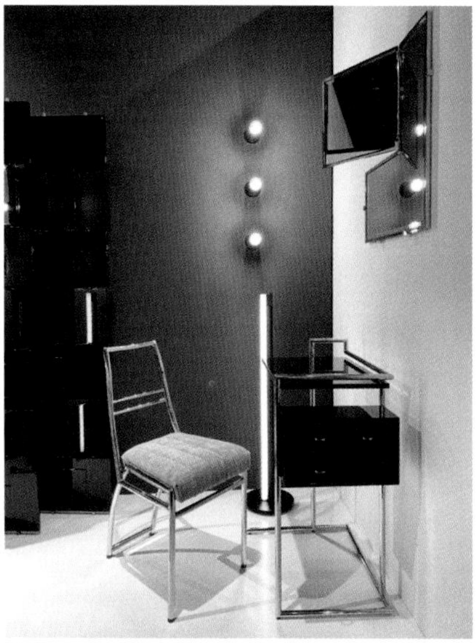
4085

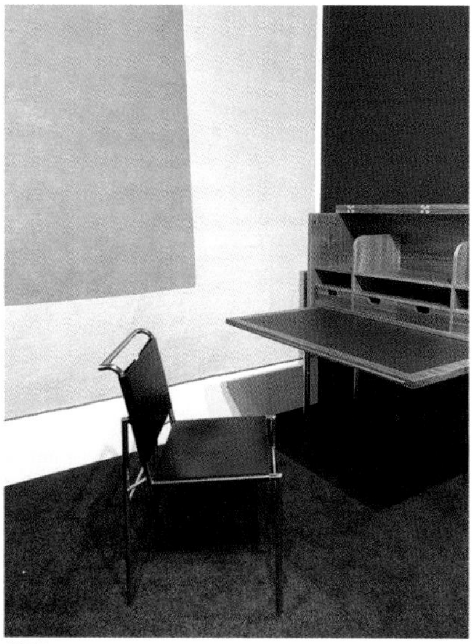
4086

ClassiCon

ClassiCon은 1990년에 설립된 독일의 가구 디자인 회사로, 고전적인 디자인과 현대적인 감각을 결합한 고품질 가구를 제작하며, 지속 가능한 디자인과 고품질 재료를 사용하여 오랫동안 사랑받을 수 있는 가구를 제작하는 것을 목표로 한다.
이 회사는 아일린 그레이의 디자인을 복원하고 생산하는 라이선스를 보유하고 있으며, 에카르트 마우덴Eckart Muthesius의 작품도 생산하고 있다. 또한, 현대 디자인의 대표적인 인물인 콘스탄틴 그리치치Konstantin Grcici와도 협력하여 여러 디자인을 선보이고 있다.
www.classicon.com

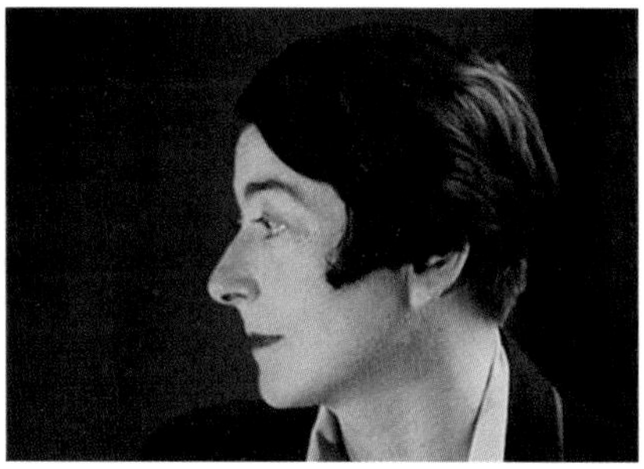
4087

아일린 그레이

Eileen Gray, 1878~1976, 아일랜드, 건축가, 디자이너

아일린 그레이는 아르데코와 모더니즘 스타일의 선구자로, 고급스러운 장식예술에서부터 진취적인 모더니즘 디자인까지 광범위한 분야에서 활동한 여성 건축가이자 디자이너이다. 그녀는 런던과 파리의 미술 학교에서 공부한 후, 일본인 옻칠 공예가 스가와라 세이조에게서 래커 공예를 배웠으며, 파리에서 자신의 상점인 장 데제르에서 가구와 실내 장식품을 판매했다. 초기에는 18세기 프랑스 가구에서 영감을 받았으며, 래커 기술과 서양의 예술을 접목한 아르데코 양식의 작품을 제작했다. 이후, 입체파와 당대의 다양한 미술, 프랑스 식민지 국가들의 전통 예술에서 영감을 받은 색다르고 이국적인 스타일로 파리의 고객들을 위한 인테리어 작업을 수행했다.
1920년대에 들어서면서 그녀의 작품은 장식적인 스타일에서 기능적인 스타일로 변화했으며, 기하학적 형태, 강철관과 같은 산업소재, 대량 생산의 개념을 적용한 디자인을 선보였다. 그러나, 아일린 그레인는 르코르뷔지에와 같은 모더니스트들의 주장과 달리, 집과 가구가 단순한 기능을 넘어 사용자의 감정과 정신적인 측면까지 고려해야 한다고 주장했다. 그녀는 엄격한 모더니즘의 개념을 맹목적으로 수용하지 않았으며, 다목적 가구 디자인과 변화하는 공간 구조는 이러한 그녀의 철학을 반영하고 있다. 또한, 동시대에 활동했던 릴리 라이히나 샤를로트 페리앙과 달리 대부분 단독으로 작업하며 어떤 그룹에도 속하지 않았고, 성별에 대한 편견을 극복하고 한계에 도전했다.
아일린 그레이의 대표적인 작품으로는 독학으로 건축한 빌라 E1027과 E1027 테이블이 있다. 비벤덤 체어는 타이어 제조업체 미슐랭사의 광고 캐릭터 이름인 비벤덤에서 영감을 받았으며, 원양 여객선의 덱 체어에서 영감을 받은 트랑자트 체어는 안락함과 유연성이 특징이다. 또한, 다양한 나라를 여행하며 문화에 대한 연구와 이해, 재료와 컬러를 탐구하며 다양한 카펫을 디자인하기도 했다.

4084
아일린 그레이
De Stijl, 1922 / Nonconformist Chair, 1926
ClassiCon 전시장, Salone del Mobile 2023

De Stijl은 아일린 그레이가 데 스틸 그룹의 초청으로 네덜란드에 다녀온 후 영향을 받아 디자인한 테이블이다.

4085
아일린 그레이
Axia Chair, 1928 / Petite Coiffeuse, 1925
ClassiCon 전시장, Salone del Mobile 2023

4086
아일린 그레이
Orcus Home Desk, 1993 / Roquebrune Chair, 1927
ClassiCon 전시장, Salone del Mobile 2023

4087
아일린 그레이, 1910경

4005
아일린 그레이, Nonconformist Chair, 1926

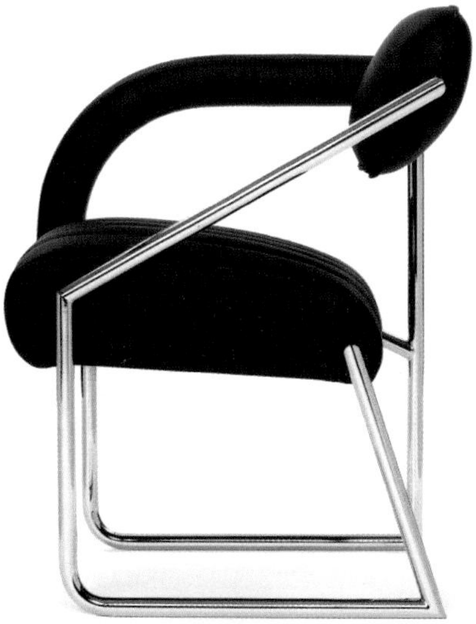
4005

초기 모던 인더스트리얼 스타일 제품
Early Modern Industrial Style Products

20세기 초, 산업혁명과 도시화의 진전은 예술과 디자인 분야에 혁신적인 변화를 가져왔다. 이 변화는 특히 일상용품 디자인에 크게 반영되었으며, 기계 미학 모더니즘은 산업화된 사회의 기계적이고 기능적인 특성을 강조하며 전통적인 장식 예술 형태에서 탈피했다. 모더니즘 디자이너들은 새로운 재료와 고급 제조 기술을 활용하여 대량생산이 가능한 제품들을 창출했으며, 산업 디자인은 단순한 기능을 넘어 사용자 경험과 삶의 질을 향상시키는 중요한 요소로 변모했다.

1920년대와 1930년대에 걸쳐, 기계 미학은 조명기구, 일상용품 등 다양한 산업용품 디자인에 적용되었다. 바우하우스의 교장이었던 발터 그로피우스는 "영국의 미술공예운동의 지도자인 존 러스킨과 윌리엄 모리스의 사상을 기계 생산이 지배하는 새로운 시대로 확장시킨 것"이라고 했으며, 역사적인 양식에서 탈피한 추상적인 형태를 통해 보편적인 미학의 기능적이고 표준화된 물건을 창조하는 것을 목표로 했다. 바우하우스 금속 공방은 바우하우스가 지향했던 대량생산에 적합한 디자인을 강조하며 많은 산업 디자이너를 배출했으며, 그중 빌헬름 바겐펠트와 마리안 브란트는 금공방 출신의 대표적인 인물이다.
특히 마리안 브란트는 기하학적 형태와 대량 생산에 적합한 형식으로 디자인했으며, 내구성이 강한 금속 소재를 사용해 위생적이며 깔끔한 이미지를 연출했다. 모호이-너지의 회화와 추상 작품에서 영감을 받은 빌헬름 바겐펠트의 '탁상용 전기 램프'는 간결한 디자인과 기능적 공리주의를 통해 바우하우스 디자인의 정수를 보여준다.

이 시기 미국에서는 대공황으로 인한 경제 침체기로 디자인의 경제적 중요성이 부각되면서, 프랑스 출신의 산업디자이너 레이먼드 로위가 미국의 스트림라인 모더니즘을 선도했다. 그의 디자인 철학은 제2차 세계대전 이후 독일과 이탈리아 등 유럽 국가의 스트림라인 모더니즘 확산하는 데 기여했다.

4088
페터 베렌스 Peter Behrens, 전기 선풍기, 1910, 제조사 AEG

4087
페터 베렌스, 전기 주전자, 1909, 제조사 AEG

페터 베렌스의 주전자는 표준화된 부품을 쉽게 조립하여 80개가 넘는 모델을 파생할 수 있도록 디자인되었다. 이 주전자는 뚜껑과 손잡이, 받침대가 두 종류씩 있는 세 가지 모델로 구성되었으며, 황동, 니켈판, 구리 세 가지 재료로 제작되었다. 표면은 망치로 두드려 마감하는 수작업으로 처리되어, 미술공예운동의 흔적이 엿보인다.

4088
페터 베렌스

페터 베렌스
Peter Behrens, 1868~1940, 독일
건축가, 디자이너, 화가

19세기 신고전주의 건축에서 영향을 받은 페터 베렌스는 세계 최초의 컨설턴트 디자이너로 AEG 사의 예술 감독으로 활동했다. AEG 사의 터빈공장을 비롯하여, 제품 디자인, 그래픽 등 다양한 분야에서 현대 산업 디자인과 기업의 통합 정체성 및 브랜딩의 변화를 이끌었다. 그의 디자인은 예술제작품이 아닌 일상적 용도의 산업 생산품으로, 필수불가결한 것만 남긴 기능주의적 예술품이었다. 베렌스의 종합적인 디자인 접근 방식은 바우하우스 학파에 영향을 미쳤으며, 1930년대 미국의 컨설턴트 디자이너인 레이먼드 로위, 월터 도윈 티그, 노먼 벨 게디스 등의 활동에 선례를 제시한 것으로 평가된다.

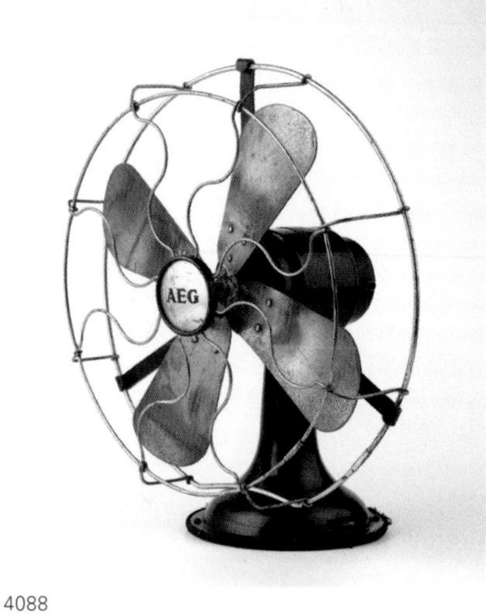

4088

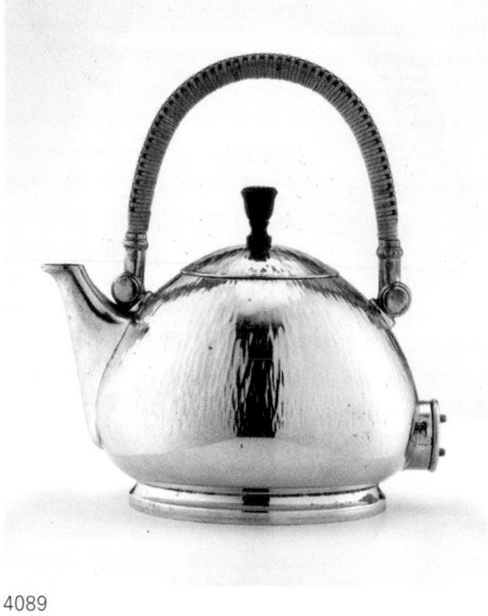
4089

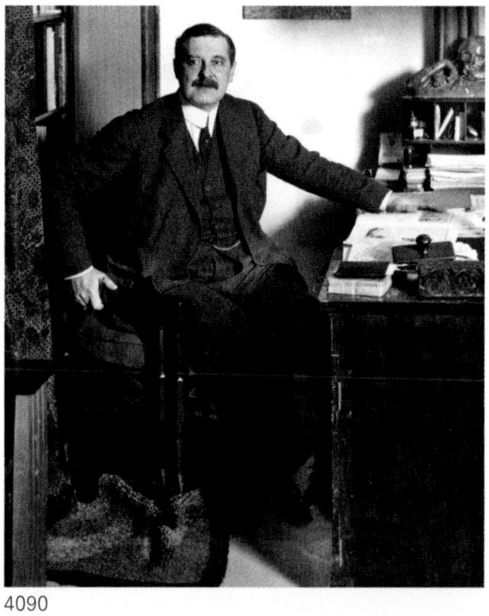
4090

4091, 4092
마리안 브란트 Marianne Brandt, Caraffe set, 1930경

4093
마리안 브란트, Service Holder, 1931

마리안 브란트는 당시 유행한 건축 분야의 국제양식을 제품에 적용해 일상생활용품을 디자인했다.

4094
마리안 브란트
티 서비스 세트 중 주전자, 1924, 소재 Silver, Ebony

기능과 형태가 조화를 이루는 바우하우스 디자인의 전형적인 예로, 단순함과 기능성을 중시하는 바우하우스의 철학이 반영된 제품이다.

4095
마리안느 브란트, Tea Service set

원, 삼각형, 반원의 기하학적 형태로 대량생산하기 적합한 형식을 띠고 있다. 은, 흑단, 아크릴을 사용하여 구현한 이 세트는 1985년 이탈리아의 알레시가 생산했다.

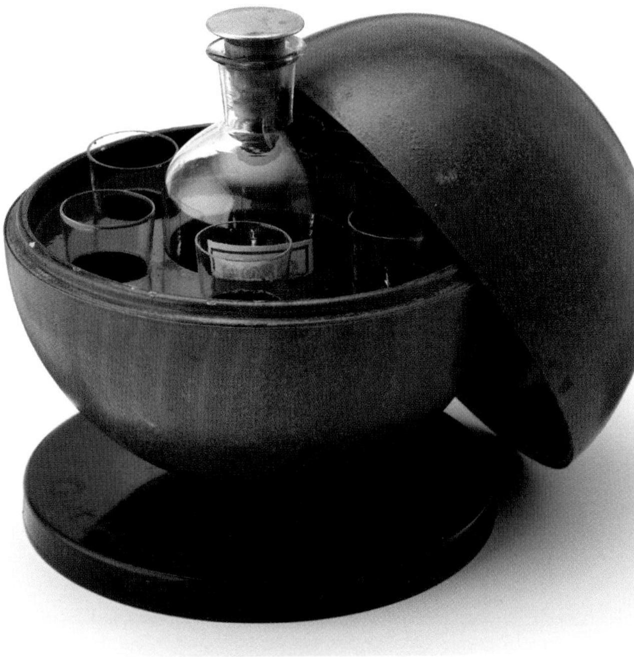

4091

마리안 브란트

Marianne Brandt, 1893~1983, 독일
디자이너, 사진작가

마리안 브란트는 바우하우스의 남성 중심이었던 금속 공방의 학생이자 첫 여성 금속 공방 장이며 회화, 조각, 사진 등 다양한 분야에서 활동한 예술가이다. 예술가가 되기 위해 미술교육을 받은 그녀는 바우하우스에 입학하여 당시 금속 공방의 책임교수였던 라슬로 모호이-너지의 권유로 금속을 전공했으며, 여성이라는 성별의 제한에도 불구하고 혁신적인 금속 일상용품을 디자인했다. 그녀는 재떨이, 램프, 차와 커피 서비스 등 가정용품 디자인을 통해 '가장 간단한 형태로의 회귀'라는 디자인 철학을 실현했다. 초기에는 공예의 영향을 받았으나 실용적이고 경제적이며 현대적인 그녀의 디자인은 점차 대량생산을 겨냥한 방향으로 전환되었다.
그녀의 대표작인 1924년에 디자인된 차와 커피 서비스 세트는 모호이-너지의 구조주의 미학 원칙에서 영감을 받은 것으로 구, 반구, 원통형 등의 기하학적 형태로 디자인되었다. '702'또는 '칸템'이라고 불렸던 침대 스탠드는 바우하우스 수업 과제의 하나로, 금속에 니켈 도금과 래커를 칠해 디자인했으며, 코어팅 앤드 마티슨Körting & Mathiesen AG에서 생산되었다.

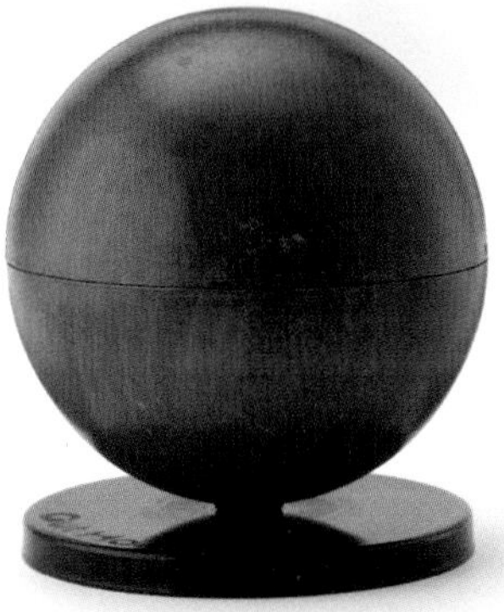

4092

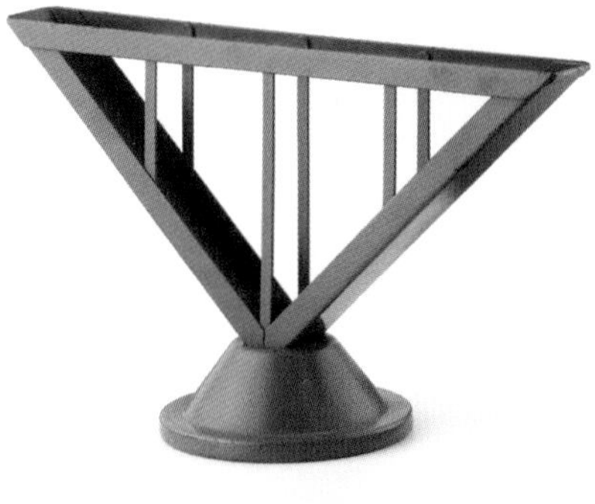

4093

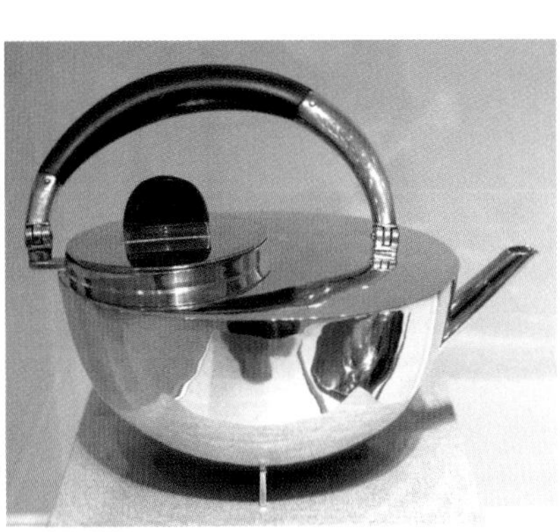

4094

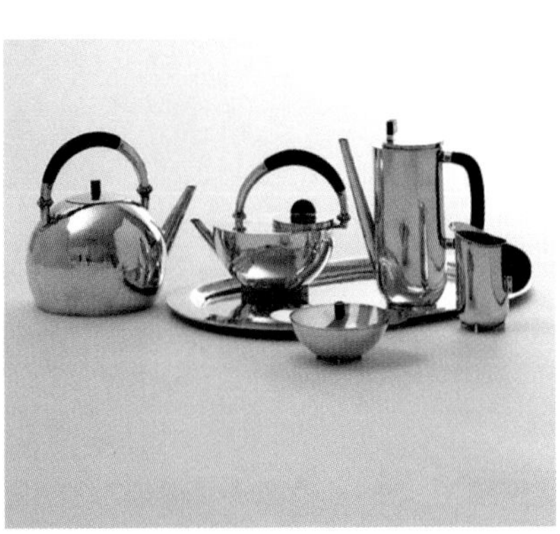

4095

빌헬름 바겐펠트

Wilhelm Wagenfeld, 1900~1990, 독일, 디자이너

빌헬름 바겐펠트는 독일의 산업 디자이너이자 교육자로, 사용자의 필요에 초점을 맞춘 실용적이고 접근 가능한 디자인을 추구했다. 그는 '형태는 기능을 따른다Form follows function'는 원칙 아래, 실용성과 아름다움을 추구하며 대중적인 제품을 디자인했다.
대표적인 작품으로는 'WG24' 조명과 투명 유리와 스테인리스 스틸로 제작된 주방용품, 식기류가 있다.

4096
빌헬름 바겐펠트 Wilhelm Wagenfeld, Teapot 1930~1934

예나유리Jenaer Glass는 빌헬름 바겐펠트가 디자인한 고품질 내열 유리 제품으로 내열성, 투명성, 견고함을 갖춘 강력한 조리기구의 대명사가 되었다.

4097
빌헬름 바겐펠트, Cubic glass container, 1938경

쌓아서 보관할 수 있고, 뚜껑이 그릇의 크기에 따라 공용으로 사용할 수 있는 이 용기는 강화유리로 제작되어 기능적일 뿐만 아니라, 투명한 소재로 내용물을 쉽게 확인할 수 있어 매우 실용적인 제품이다.

4098
빌헬름 바겐펠트, Short Pitcher with Lid, 1942경

4099
빌헬름 바겐펠트
WMF의 "Max & Moritz" 소금과 후추통 디자인, 1952

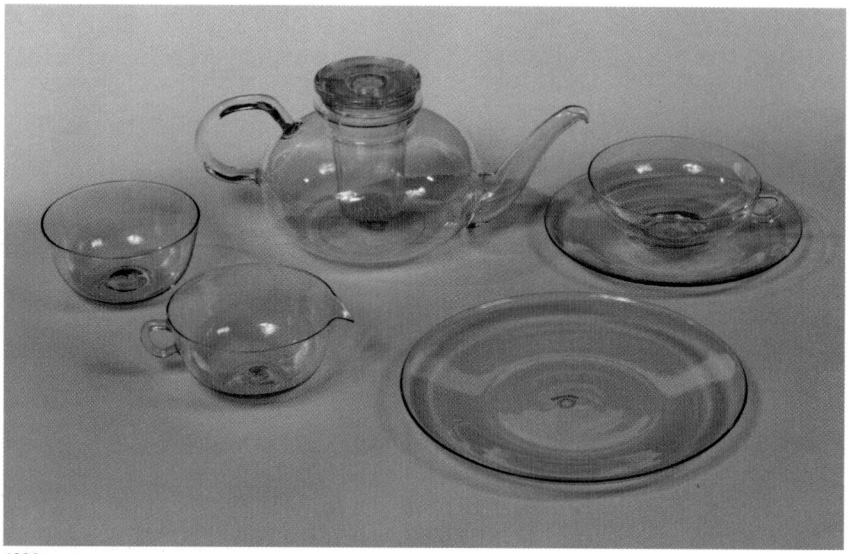

4096

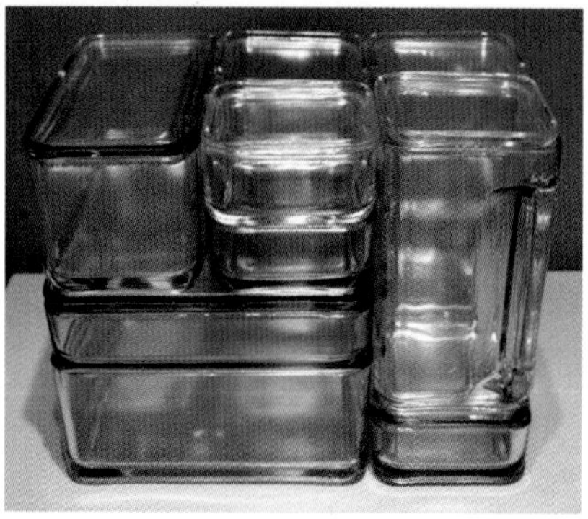

4097

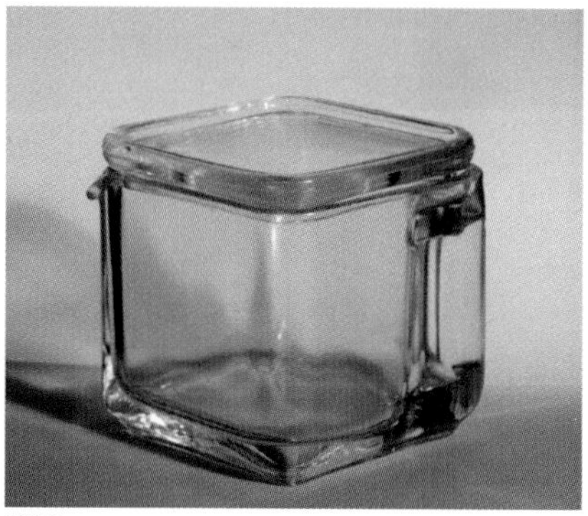

4098

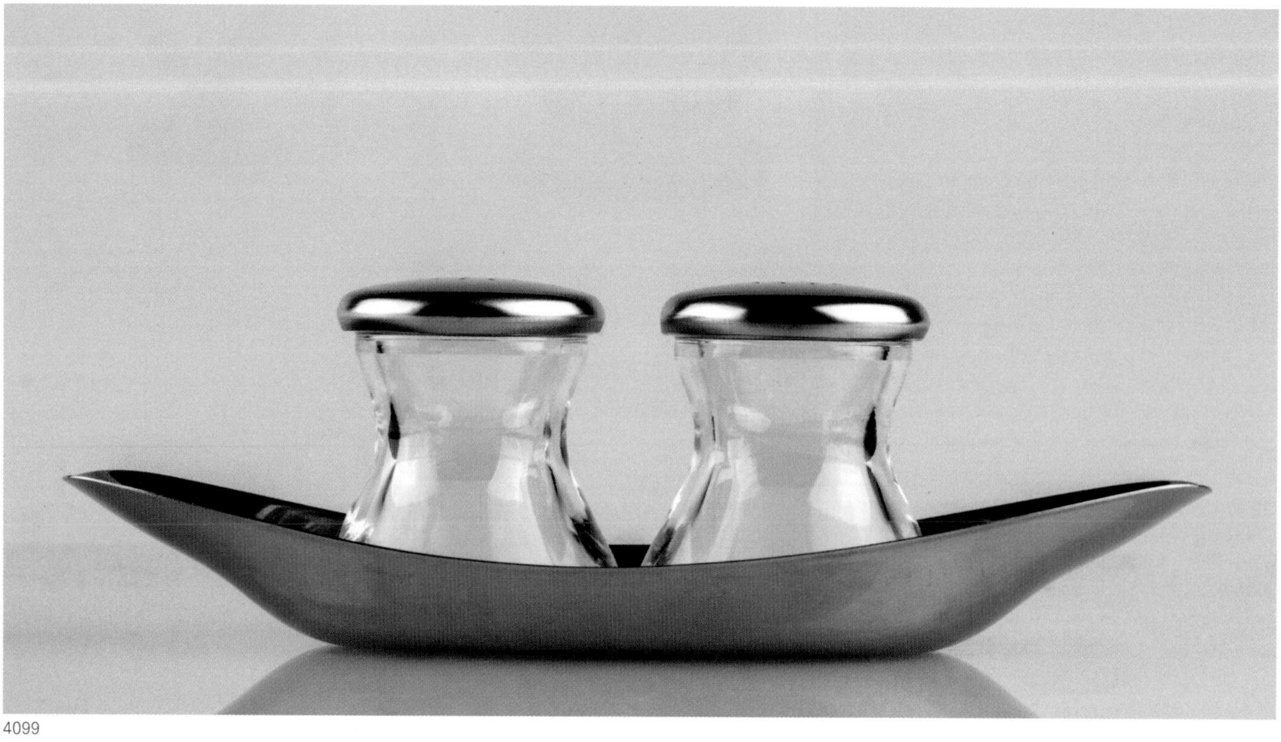

4099

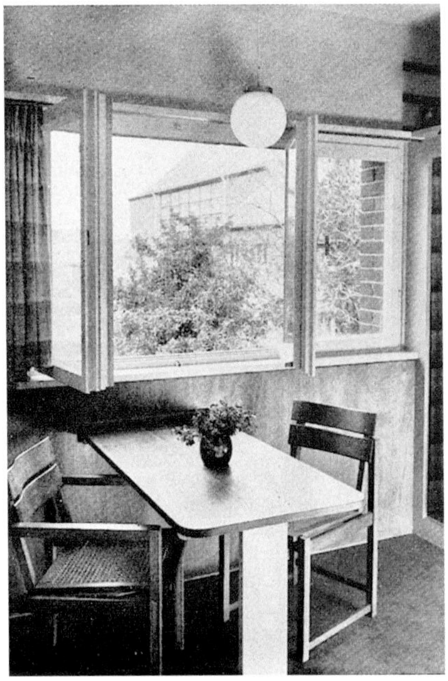

4100

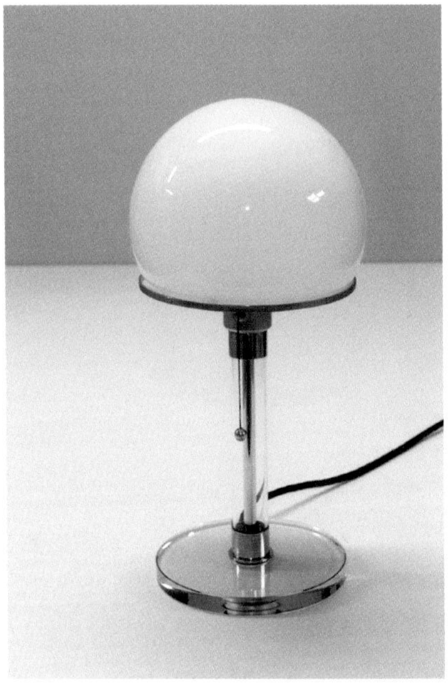

4101

바우하우스 조명

WG 24 Wagenfeld Lamp, 1923

WG 24 바겐펠트 램프는 빌헬름 바겐펠트가 바이마르 바우하우스 금속 공방에서 디자인한 전기 램프로 기하학적인 형태와 유리 및 금속 소재의 조화로 모더니즘 디자인의 고전으로 자리매김했다. 원형의 유백색 유리 갓은 빛을 부드럽게 퍼뜨리는 역할을 하며, 손잡이를 통해 사용자가 빛의 밝기를 조절할 수 있다.
이 램프는 디자인 초기에는 많은 공임과 비용이 투여되는 수공품으로 제조되었기 때문에 공업제품화 되지 못했다. 그러나, 데사우 바우하우스로 이전한 후 공방의 설비가 안정되면서 제품화가 이루어졌다.

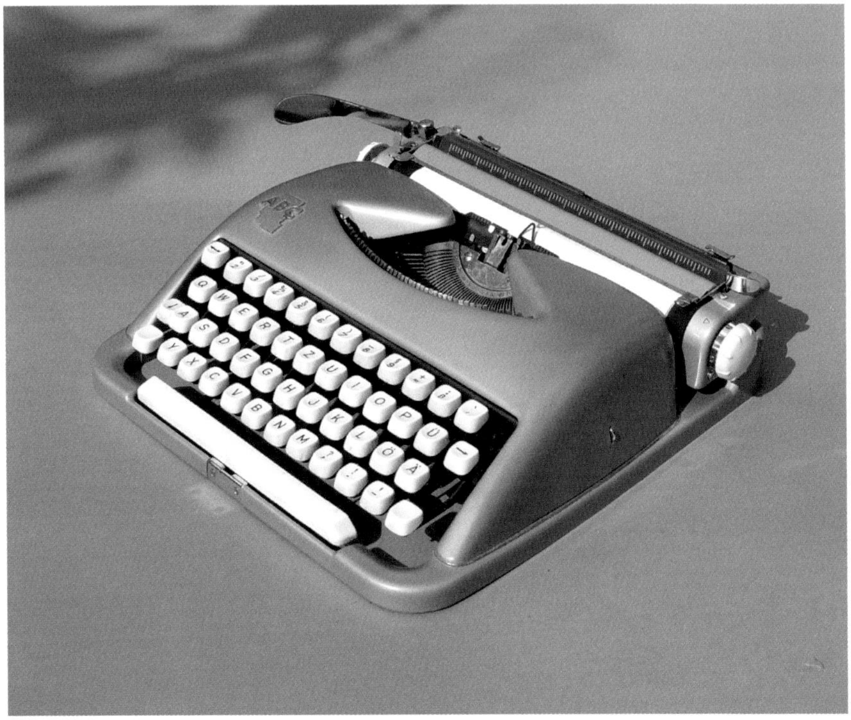

4102

4100
독일 프랑크푸르트 안 데어 오데르에 있는 뮤지크하임의 한 학생 거실, 1929

건축가 오토 바팅(Otto Bartning, 1878~1959)의 설계와 가구 디자이너 에리히 다이크만(Erich Dieckmann, 1896~1944)의 협업으로 디자인된 공간으로, 천장 램프는 빌헬름 바겐펠트의 디자인이다.

4101
빌헬름 바겐펠트, 테이블 스탠드 WG 24, 1923

4102
빌헬름 바겐펠트, Typewriter

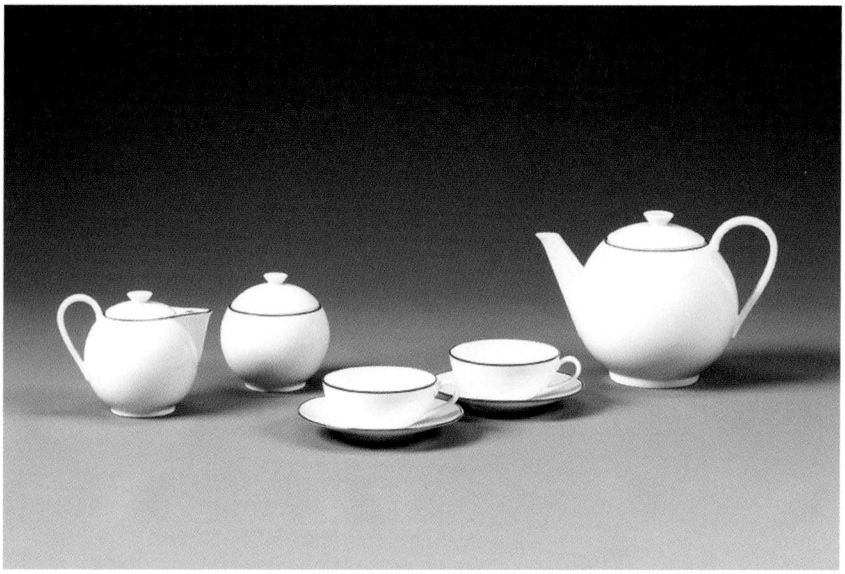
4103

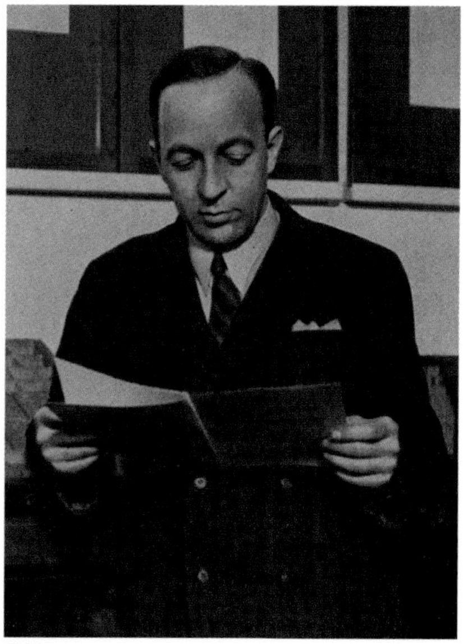
4104

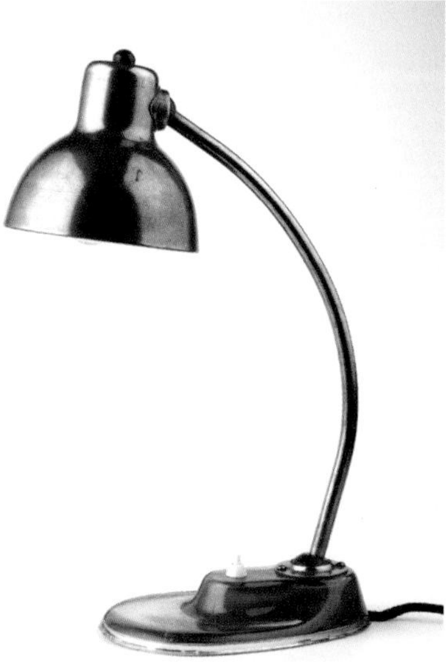
4105

4103
라디슬라브 슈트나르 Ladislav Sutnar, Tea Set, 1928~1932

4104
라디슬라브 슈트나르

4105
마리안 브란트 Marianne Brandt
Desk Lamp, 1928, 제조사 Körting & Mathiesen AG

4106
마리안 브란트
Bedside Lamp, 1928, 제조사 Körting & Mathiesen AG

4107
조지 카워딘 George Carwardine, 앵글포이즈 램프 No.1208
1932

4108
아일린 그레이 Eileen Gray, Tube Light Floor Lamp, 1927

4109
아일린 그레이, Roattino Floor Lamp, 1931

라디슬라프 슈트나르

Ladislav Sutnar, 1897-1976, 체코슬로바키아
디자이너, 예술가

라디슬라프 슈트나르는 정보 디자인과 비주얼커뮤니케이션 영역에서 활동하며, 복잡한 데이터를 명확하고 이해하기 쉽게 전달하는 데 큰 기여를 했다. 그는 기능주의와 구성주의 사조에 깊은 영향을 받았으며, 단순성과 명료성을 추구하는 디자인이 특징이다.

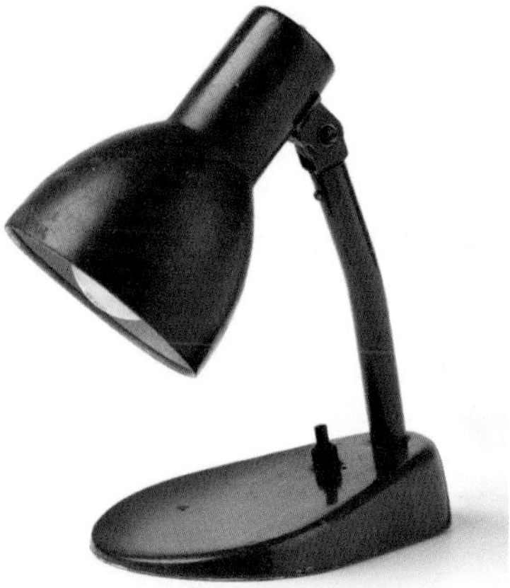
4106

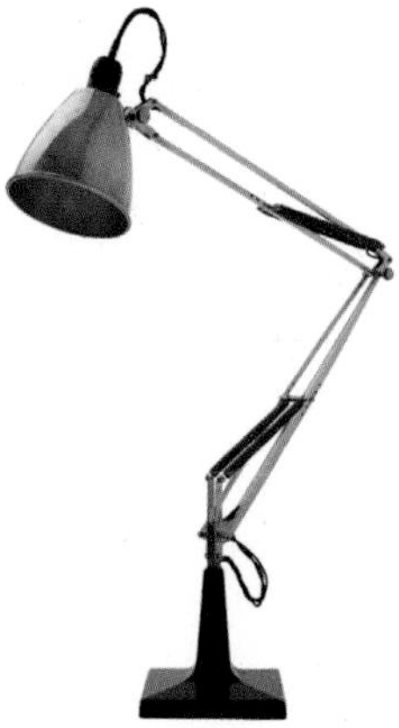
4107

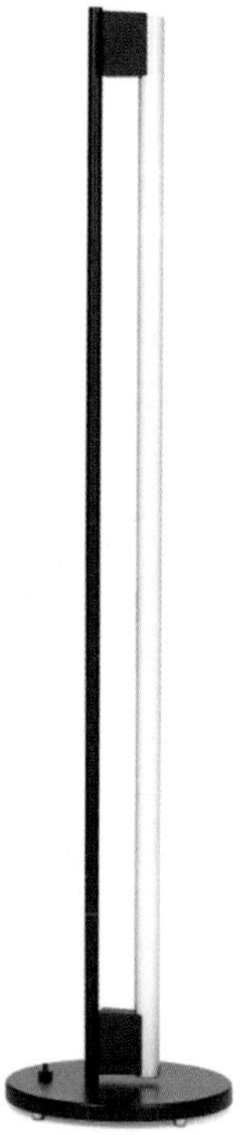
4108

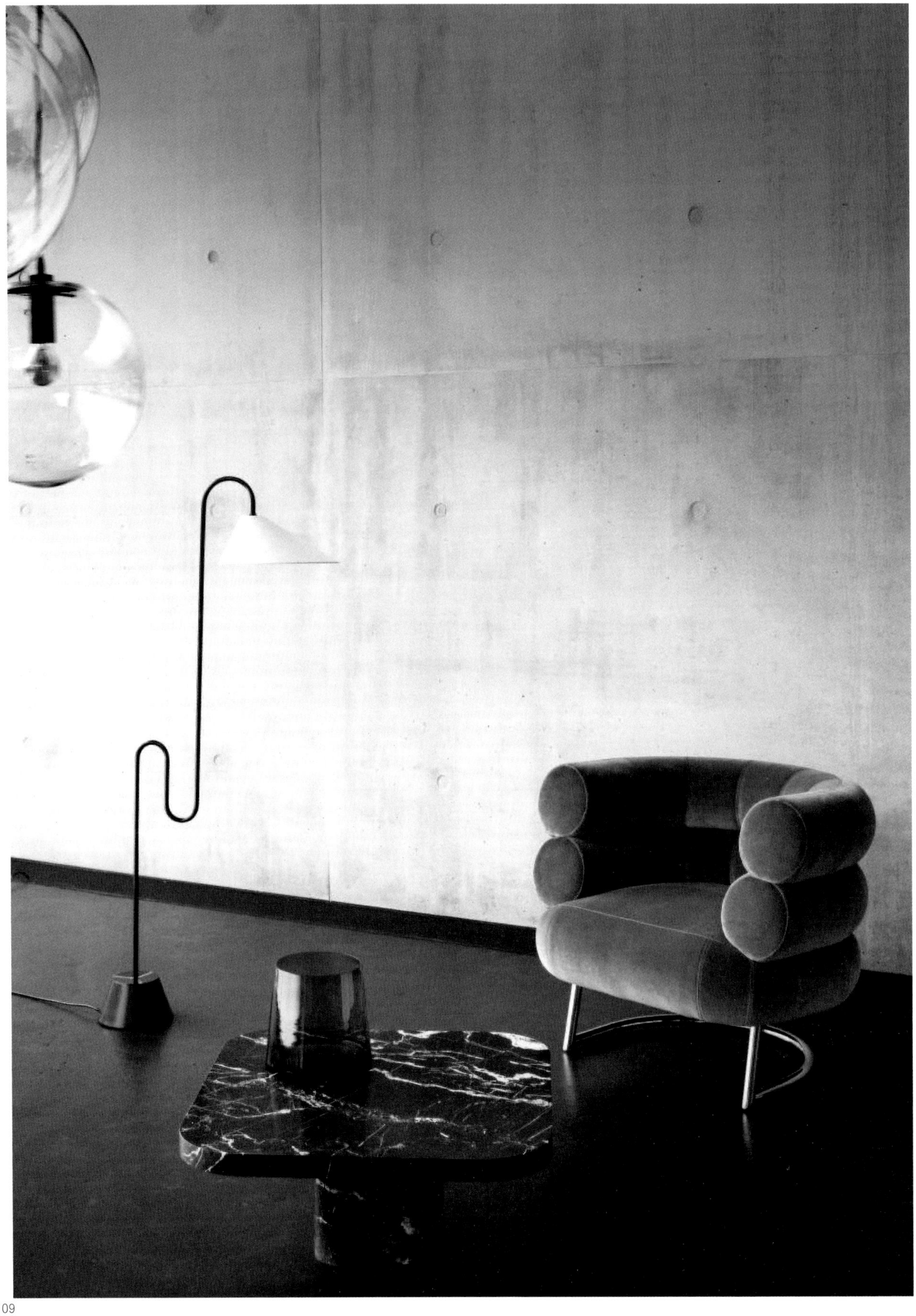

초기 모던 인더스트리얼 스타일 텍스타일

Early Modern Industrial Style Textiles

20세기 전반기의 텍스타일 디자인에서 모더니즘 경향은 바우하우스에서 활동한 예술가들의 작품이 영향력을 발휘했다. 바우하우스는 원칙적으로 남녀평등을 지향했지만 실제로는 많은 여성들이 직조 공방에 소속되었으며, 이곳에서 이루어진 실험적인 작업은 텍스타일 디자인 분야에 많은 변화를 가져왔다. 게오르크 무헤, 군타 슈퇴츨, 애니 알버스, 말리 어만과 같은 바우하우스 교수와 학생들은 기하학적 형태에 대한 개념을 구조화된 추상적 형태로 해석한 작품을 선보였다. 이들은 새로운 텍스타일 형식의 창조와 기능적 가능성을 탐구하며, 전통적인 소재와 현대적인 소재를 접목하여 새로운 소재의 가능성을 실험했다. 바우하우스가 폐쇄된 후, 알버스와 어만은 미국으로 이주하여 예술 학교에서 강사 활동으로 텍스타일 예술의 발전에 기여했고, 텍스타일 디자인을 공예품의 영역에서 본격적인 미술 분야로 인식되게 만드는 데 중요한 역할을 했다.

프랑스에서 활동한 아일린 그레이는 1920년대 초반 모로코 여행에서 현지의 전통과 문화에 감화되어, 기존의 직물 디자인 작업 양식에서의 변화를 가져왔다. 그녀는 기능주의 모더니즘의 영향을 받으면서도 모로코의 전통 카펫의 모티프와 독특한 컬러를 결합해 단순하고 간결한 기하학적 그래픽의 직물과 카펫을 디자인했다.

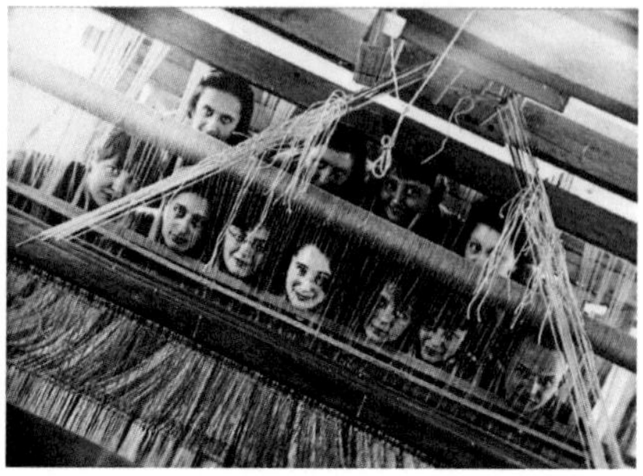

4110
바우하우스 데사우의 직조 공방 그룹
앞줄 왼쪽부터:롯테 베제(롯데 스탐-베제), 애니 알버스, 류바 모나스티르스키, 로사 버거, 군타 슈퇴츨, 오티 버거, 직조장 쿠르트 반케. 뒷줄 왼쪽부터:리스베트 비르만-오스트라이처, 게르트루드 프라이스워크, 헬렌 버그너(레나 마이어-버그너), 그레테(마가레타) 라이하르트.
쿠르트 반케Kurt Wanke가 이끄는 바우하우스의 직조 공방은 주로 여성들로 구성되었으며, 애니 알버스와 군타 슈퇴츨은 직조와 섬유 예술 분야에서 주요 작품을 남겼다.

4111
아일린 그레이 Eileen Gray, Centimetre Rug, 1926

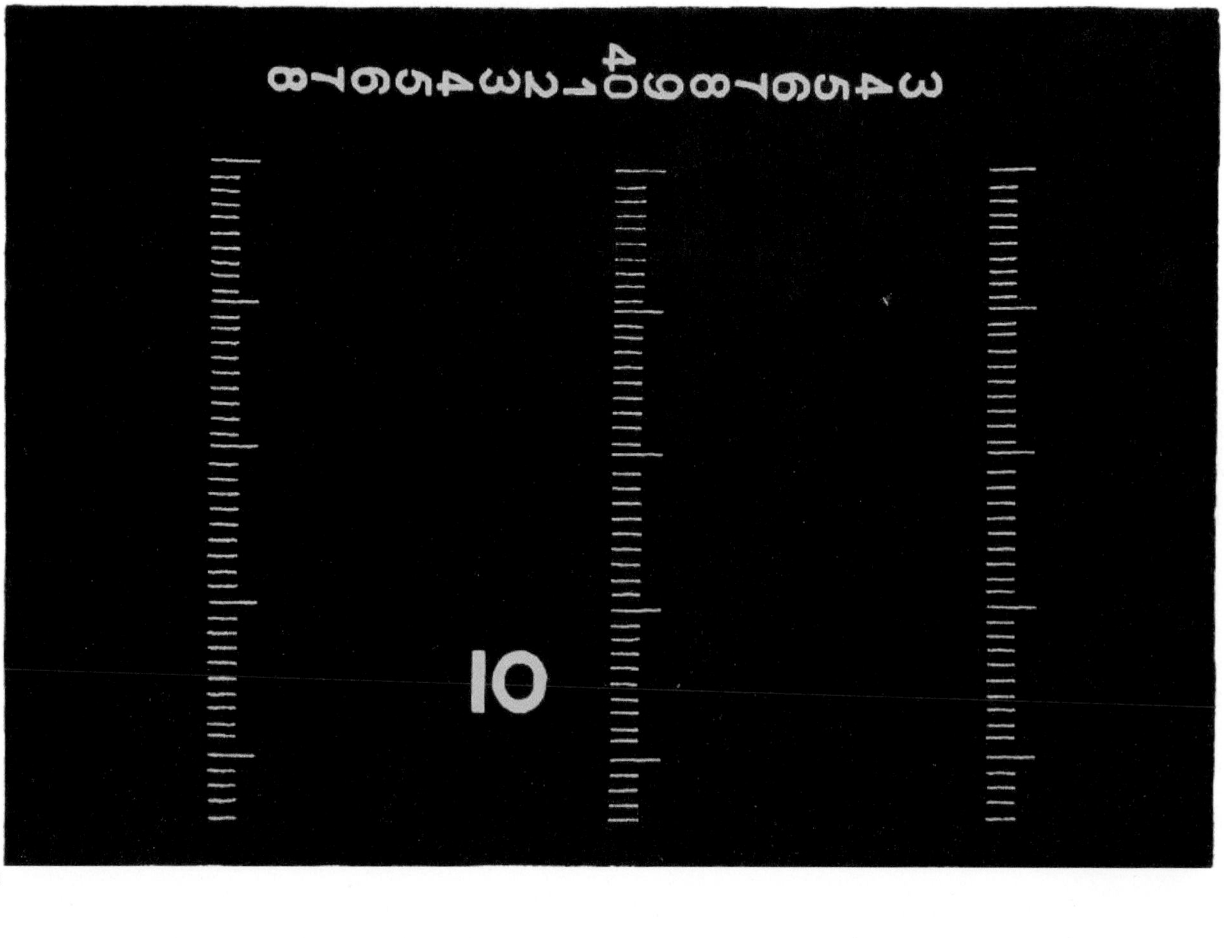

4111

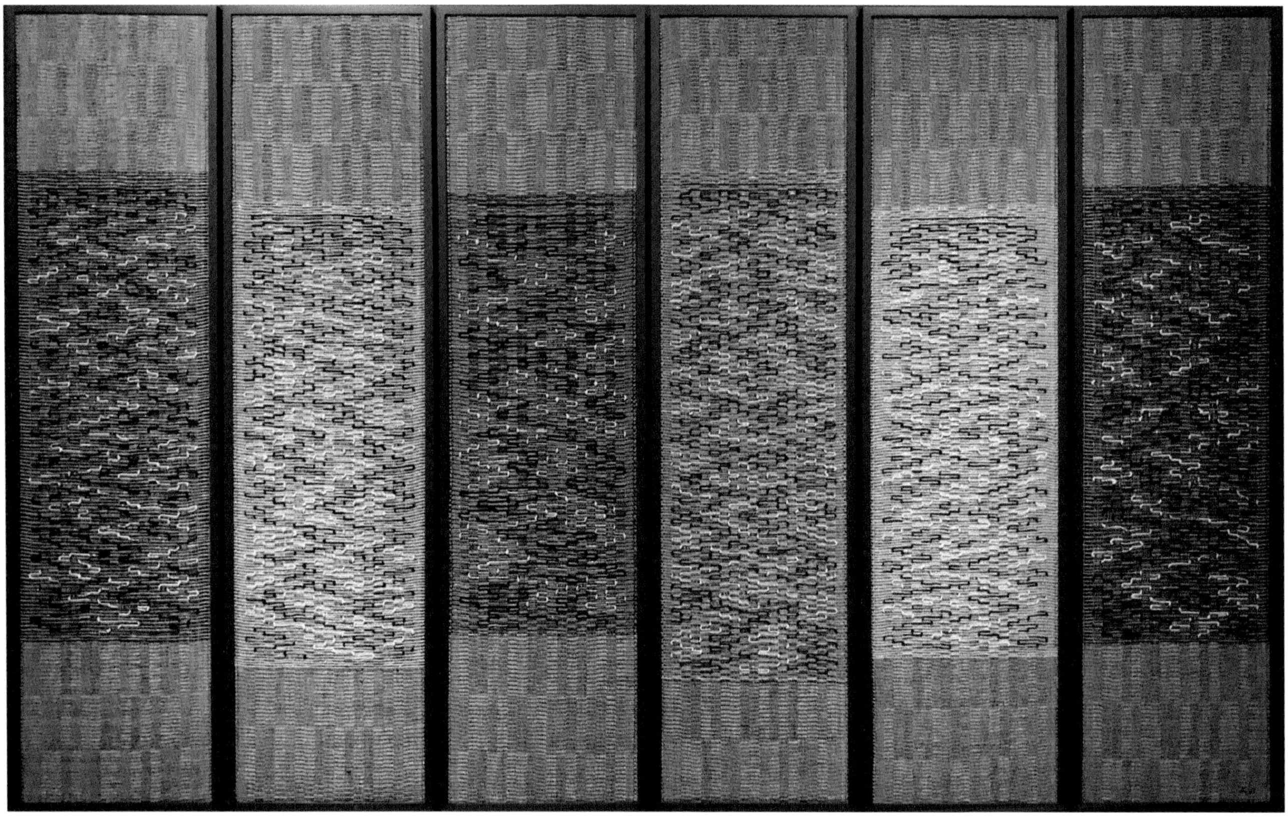

4112

4112
애니 알버스 Anni Albers

4113
애니 알버스, Silk Tapestry, 1926
종이에 흑연과 투명 및 불투명 수채물감으로 그린 스케치

4114
류보프 포포바 Liubov Popova, Textile Design, 1924경

4115
군타 슈퇴츨 Gunta Stölzl, Slit Tapestry Red / Green

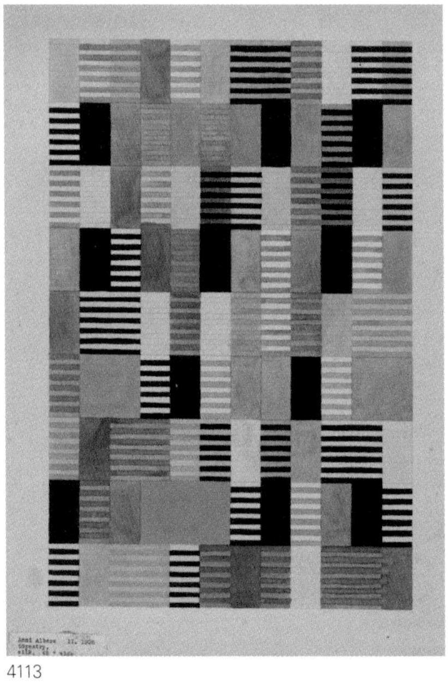

4113

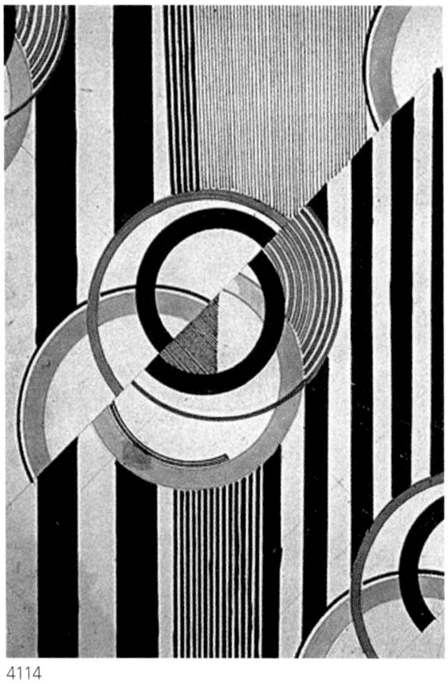

4114

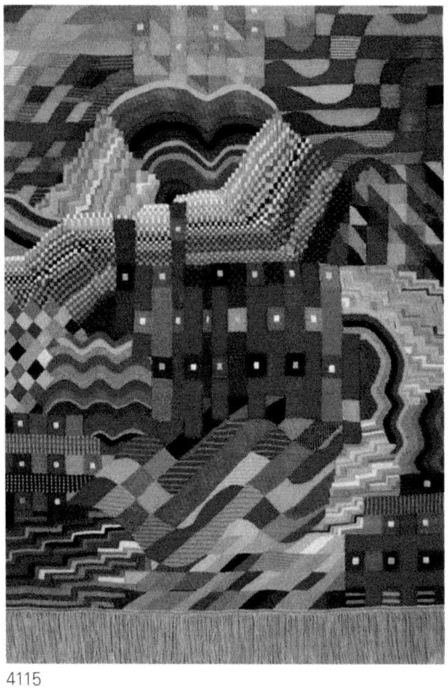

4115

초기 모던 인더스트리얼 스타일 그래픽과 타이포

Early Modern Industrial Style Graphics and Typography

20세기 초반을 선도한 미래주의, 구성주의, 표현주의는 건축과 디자인뿐만 아니라 그래픽 디자인에도 광범위하게 영향을 미쳤다. 그중에서도 구성주의는 1917년 러시아 혁명 이후 영화와 함께 그래픽 디자인이 대중 매체로서 발전하는 데 강력한 역할을 했다. 제1차 세계대전을 거치면서 구성주의는 독일과 폴란드로 전파되었으며, 러시아의 전통적인 시각 표현 형식과 이탈리아의 미래주의 영향을 받아 독특한 그래픽 스타일을 형성했다. 구성주의 그래픽은 이미지와 단어의 결합을 통해 명료한 메시지를 전달하는 수단으로 부상했다. 구성주의자들은 추상적 표현과 사진 기술을 활용하여 이미지를 기계적으로 복제하고 생산했으며, 정적인 사진에 극적인 대비와 각도를 적용해 생동감을 불어넣는 포토몽타주 기법을 개척했다.

구성주의 예술가들과 데 스틸의 이성적 미학에 영향을 받은 교수진들이 있었던 바우하우스는 초기의 표현주의적 경향에서 기능주의로 변모했다. 1923년 바우하우스의 '뉴 타이포그래피' 전시에서 헤르베르트 바이어의 산세리프 서체 표지와 모호이-너지의 내부 디자인으로 구성된 책 『바이마르의 국립 바우하우스 1919-1923』은 큰 영향력을 행사했다. 이 전시회를 참관한 얀 치홀트는 뉴 타이포그래피를 널리 전파했으며, 바우하우스가 폐교된 후 많은 디자이너들은 스위스로 이주하여 스위스 유파를 형성하게 되었다. 이들은 바우하우스의 타이포그래피 이론, 러시아 구성주의자들의 포토몽타주 기법, 데 스틸의 공간 원리에 영향을 받은 작품으로 스위스 스타일을 만들어 냈다. 이후, 1939년 스위스 국가 전시회에서 선보인 스위스 유파의 엄격한 모더니즘 브랜드는 국제양식으로 인정받았다.

모더니즘 전반기의 '기계'라는 화두를 엄격하게 적용했던 그래픽 디자인 양식은 보편적이고 현대적인 소통을 지향하며 기하학적 요소, 단순한 형태, 명확한 산세리프 서체로 새로운 시대의 명료한 형식을 탐구했다. 또한, 인쇄 기술의 발전과 새로운 재료의 도입, 대중문화와 미디어의 성장은 20세기 전반 그래픽 디자인의 대중화를 이끌었다.

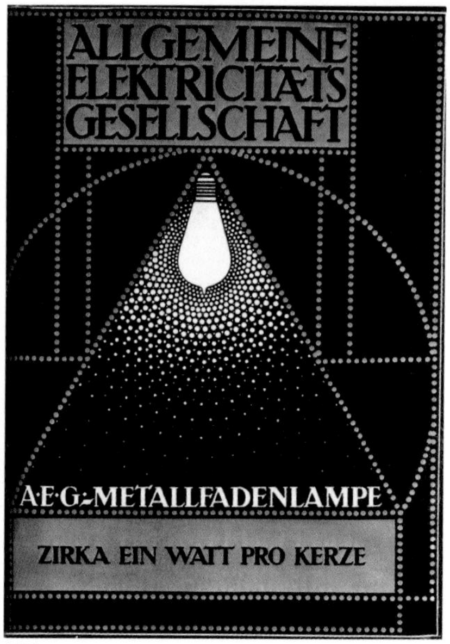

4116
페터 베렌스 Peter Behrens
AEG 전기 램프 광고 포스터, 1910년 이전

페터 베렌스는 AEG의 베를린의 전기 터빈 공장 설계뿐만 아니라 팸플릿, 광고, 포스터, 매장 등 포괄적인 디자인 작업의 선구자로 후대의 디자이너들에게 큰 영향을 주었다.

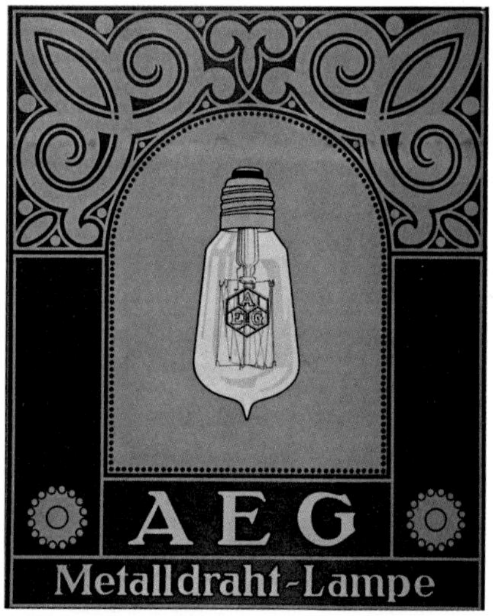

4117
페터 베렌스, AEG 메탈 필라멘트 램프 광고 포스터, 1910

엘 리시츠키

El Lissitzky, 1890~1941, 러시아
화가, 디자이너, 건축가, 사진작가, 타이포그래퍼

엘 리시츠키는 러시아 혁명 후기에 활동한 러시아 아방가르드 예술가로, 데 스틸 그룹, 바우하우스 구성원들에게 아방가르드를 유럽에 전파한 인물이다. 그는 구성주의와 절대주의에 영향을 받았으며, '새로움을 선언하는 프로젝트'라는 개념의 '프로운Proun'에서 이 두 사조를 결합했으며, 이 개념을 다양한 매체에 적용했다. 포토몽타주 기법의 그래픽 디자인, 타이포그래피 작업 및 붉은 쐐기로 백인을 물리치다Beating the Whites with the Red Wedge', '탱크를 더 공급하라Provide More Tanks' 등의 정치적 프로파간다 포스터를 디자인했다.

4118
엘 리시츠키, proun G.B.A. 1923경

4119
엘 리시츠키
붉은 쐐기로 백인을 물리치다 Beating the Whites with the Red Wedge, 1919~1920

이 작품은 단순한 색상과 기하학적인 형상으로 구현되는 비구상적 회화인 쉬프레마티즘(Suprematism 절대주의)의 영향을 받아, 대각선과 비대칭 구도에 타이포그래피, 추상적인 기호, 최소한의 색상을 사용했다. 러시아 혁명 이후의 급진적인 사회 변화와 이데올로기적 대립을 시각적으로 표현한 것으로, 붉은 군대가 반 볼셰비키 군대인 백군을 타도하는 메시지를 전달하고 있다.

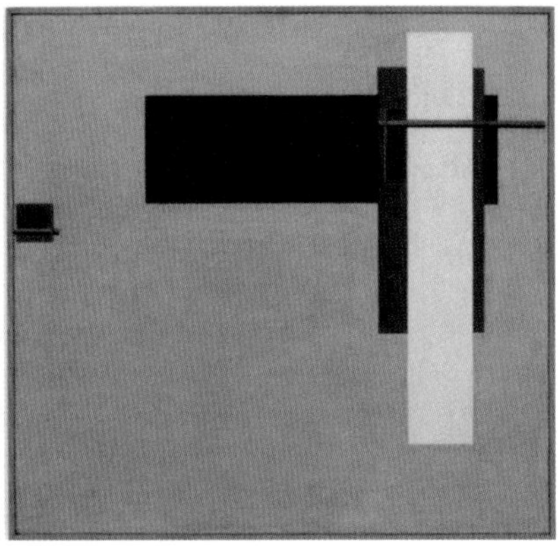

4118

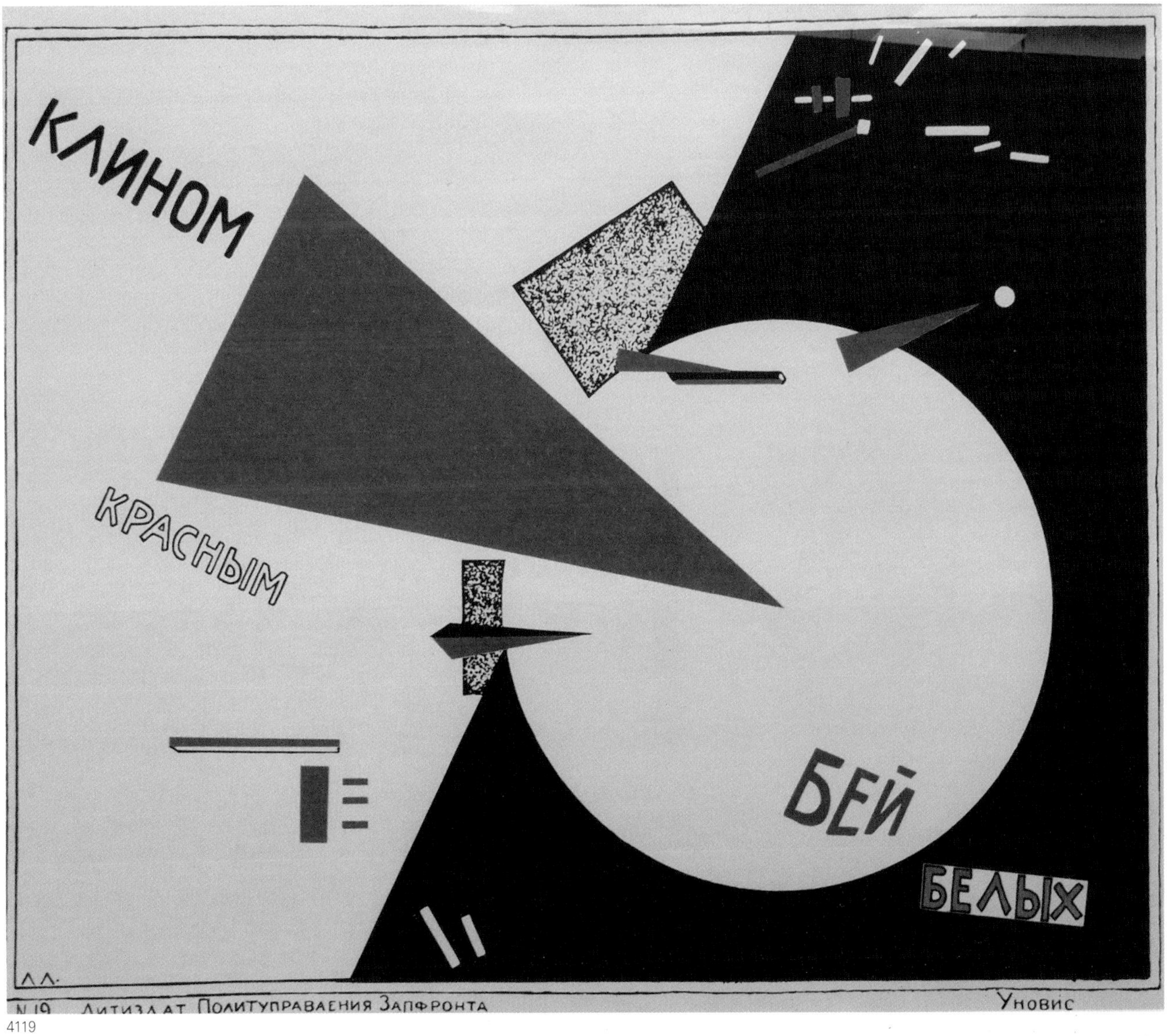

4119

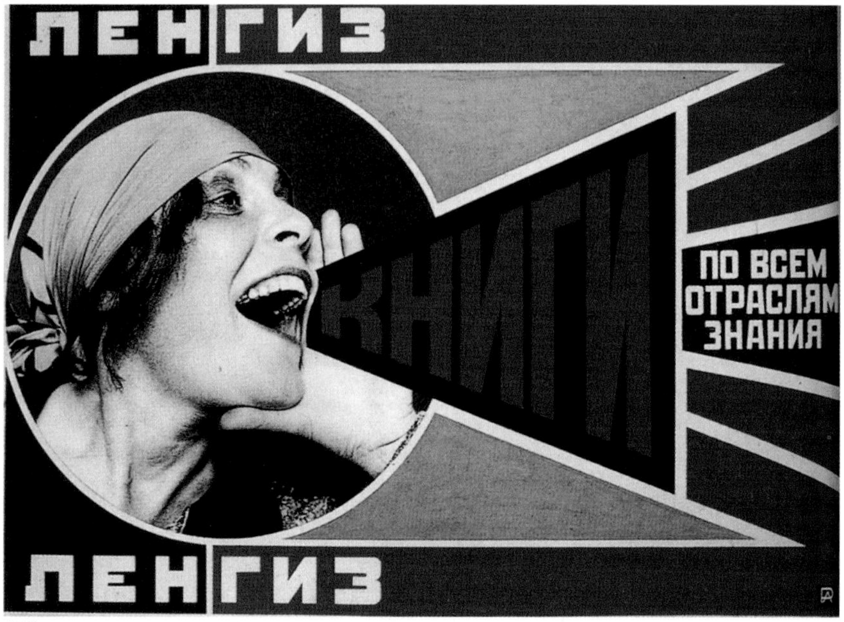

4120

알렉산더 로드첸코

Alexander Rodschenko, 1891~1956, 러시아
화가, 사진작가, 조각가, 디자이너

알렉산더 로드첸코는 러시아 공산당 혁명 이후 부상한 구성주의 운동에 영향을 받았으며, 구성주의자들은 예술이 일상의 문제 해결과 실질적인 도움으로 연결되어야 한다고 생각했다. 이들은 민주적인 사회에 적합한 새로운 방식으로 예술을 혁신하고 경험의 보편성을 표현하는 순수하고 기하학적인 형태의 예술을 지향했다. 그는 급진 성향의 시인 블라드미르 마야코프스키Vladmir Mayakovsky와 아방가르드 예술가 블라드미르 타틀린Vladmir Tatlin의 영향을 받았으며, 아내이자 동료인 바르바라 스테파노바Varvara Stepanova와 함께 산업과 그래픽 디자인, 무대 디자인, 패션, 건축 등 다양한 분야의 작업을 진행하면서 모더니즘에 영향을 미쳤다.

1920년대 초, 로드첸코는 자신이 개발한 새로운 조형언어를 텍스타일, 책, 포스터 등 2차원의 작품에 적용했고, 포토몽타주 기법을 결합시킨 단순한 그래픽과 서체로 대중의 시선을 끌었다. 또한, 1925년 파리박람회에서 전시된 노동자 클럽의 실내 디자인을 통해 사회주의 이념과 결합된 모더니즘의 미학을 보여주었다.

4120
알렉산더 로드첸코
국영 출판사(Gosizdat)를 위해 디자인한 독서 장려 포스터, 1924
Advertising Poster for the Lengiz Books

릴리야 브릭Lilya Brik이 "Books in all branches of knowledge"라는 슬로건을 외치고 있는 책 표지용 포스터로 알렉산더 로드첸코의 대표작이다. 흑백사진을 콜라주 기법으로 사용하여 소비에트주의의 시선으로 바라보는 산업 세계에 대한 열망을 표현하고 있다.

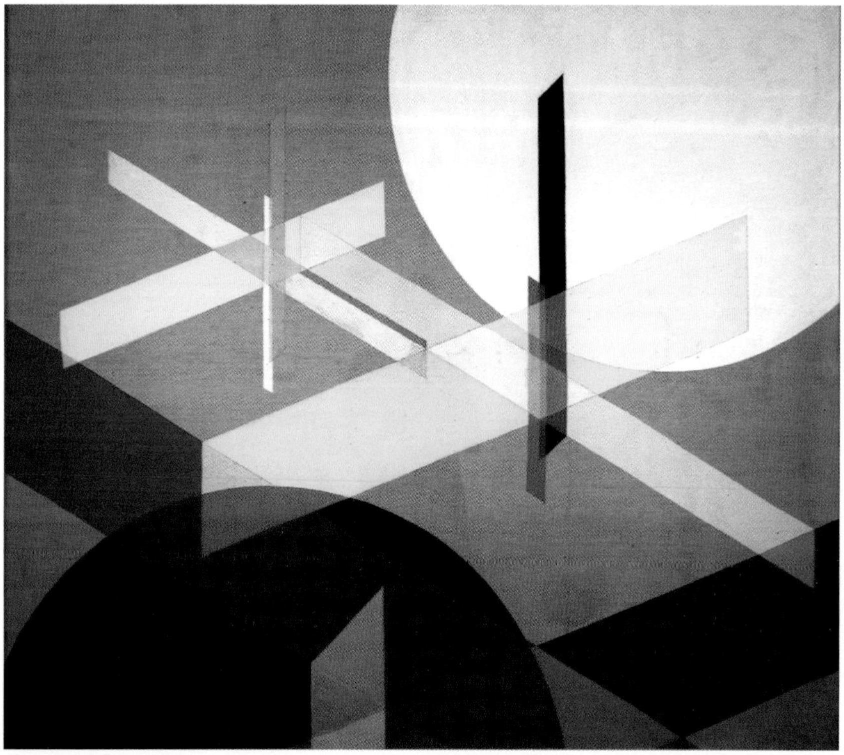
4121

라슬로 모호이-너지

László Moholy-Nagy, 1895~1946, 헝가리
화가, 조각가, 교육자

라슬로 모호이-너지는 바우하우스 학파의 예술가이자 교육자, 구성주의 예술가로 합리적이고 과학적인 경향의 조형 이념을 소유한 인물이다. 그는 색채의 상호 관계와 긴장관계를 탐구하여 절대 회화의 개념에 도달하고자 했다. 그의 작업은 조명, 광학, 기계, 사진 등 다양한 기술적 요소를 예술 작품에 통합하는 것을 강조했으며, 사물의 본질을 포착하고 시각적으로 재해석하는 작업을 통해 사물의 '표면상의 표현'을 통한 이해를 추구했다.

대표작 'Light-Space Modulator'는 빛과 운동의 결합을 실험적으로 탐구한 작품으로, 기계적인 구조와 빛의 효과를 이용해 시각적으로 독특한 경험을 제공했다. 또한, 'Photograms' 시리즈는 카메라 없이 사진 종이에 직접 물체를 배치하고 빛에 노출시켜 만든 작품으로, 예술과 기술의 상호작용과 융합을 통해 현대 예술과 디자인에 새로운 시각과 가능성을 제시했다.

4121
라슬로 모호이-너지 László Moholy-Nagy, Z VIII, 1924

'미래의 현재Future Present'에 전시된 작품 'Z VIII'
공학자가 지향하는 균형, 추상적인 형태, 구도의 구성주의 회화 작품이다.

4122
에드워드 맥나이트 코퍼 Edward McKnight Kauffer
Soaring to Success! Daily Herald -- the Early Bird, 1919

기하학적 형태와 동적인 구성을 특징으로 하며, 새가 하늘을 나는 장면을 통해 역동성과 에너지를 전달한다. 강렬한 색채 대비와 굵은 글꼴을 사용하여 시각적 충격을 극대화한 이 작품은 신문 구독을 독려하기 위한 선전 포스터로, 20세기 초반의 광고 및 선전 포스터 스타일을 잘 보여준다.

4123
라슬로 모호이-너지
'Staatliches Bauhaus in Weimar 1919~1923', 1923

이 책은 바우하우스가 바이마르에서 활동하던 1919년부터 1923년까지의 기간 중 이 시기의 예술, 디자인, 교육 등에 대한 중요한 정보를 담고 있다. 표지 디자인은 바우하우스의 혁신적이고 실험적인 정신을 반영하며, 당시의 예술과 디자인 트렌드를 보여주는 중요한 예술적 기록이다.

4124
헤르베르트 바이어 Herbert Bayer
Staatliches Bauhaus in Weimar, 1923

이 표지는 헤르베르트 바이어가 디자인하고, 사진은 토비아스 아담Tobias Adam가 촬영했다. 바우하우스의 목적과 작품을 담아 엮은 책으로, 내부는 라슬로 모호이-너지가 디자인했다. 헤르베르트 바이어가 디자인한 산세리프 서체와 시각적 구성에 대한 실험적인 접근이 특징이다.

4125
레스터 빌 Lester Beall
Light - Rural Electrification Administration, 1937

레스터 빌은 '농촌 전기화 계획' 포스터 시리즈에서 과도하게 입체적이거나 기하학적인 표현을 배제하고, 평범한 타이포그래피와 간결한 상징으로 구성된 디자인을 사용했다. 그는 포스터 시리즈로 자유롭고 현대적인 미국적 스타일을 구체화했으며, 유럽의 영향력에서 완전히 벗어난 이미지를 창조했다.

4126
프리츠 슐라이퍼 Fritz Schleifer, 포스터, 바이마르 바우하우스 전시회, 1923

4127
요스트 슈미트 Joost Schmidt, Bauhausausstellung, 1923

바우하우스 전시회를 홍보하기 위해 제작된 포스터로 기하학적 형태와 단순한 색채를 사용하여 바우하우스의 기능주의와 모더니즘 철학을 시각적으로 표현했다.

4122

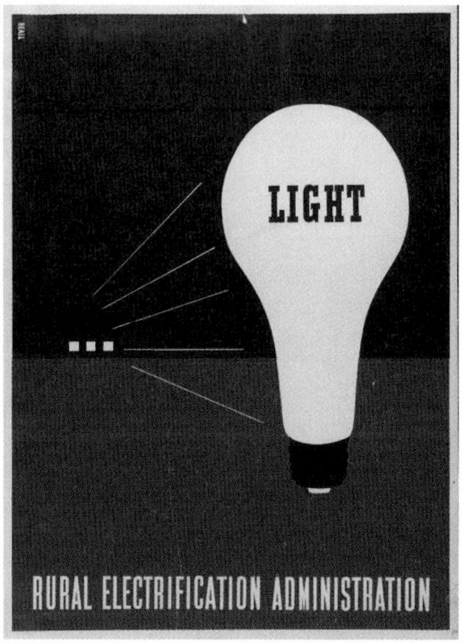

4125

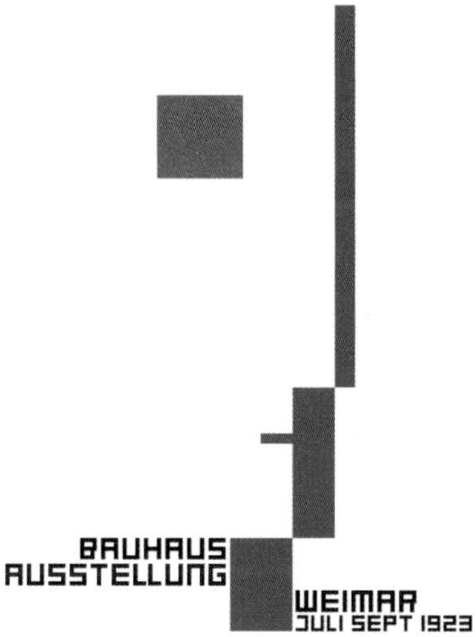

4126

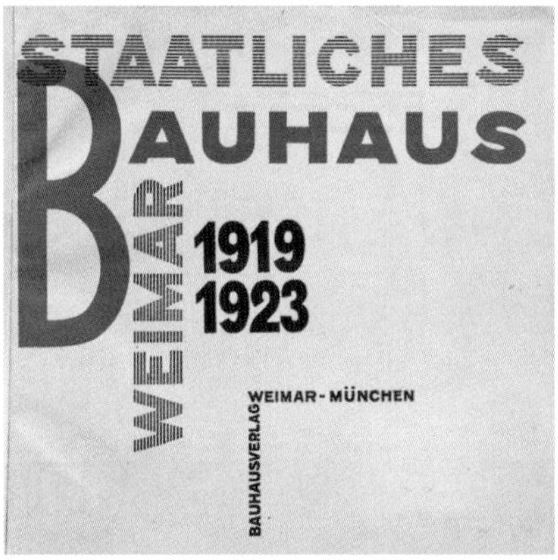

4123

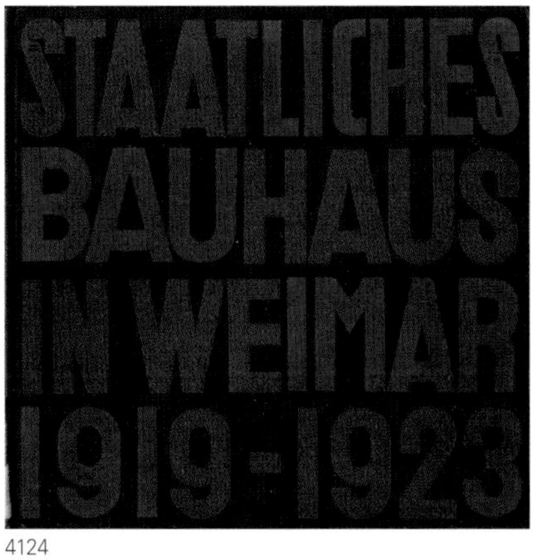

4124

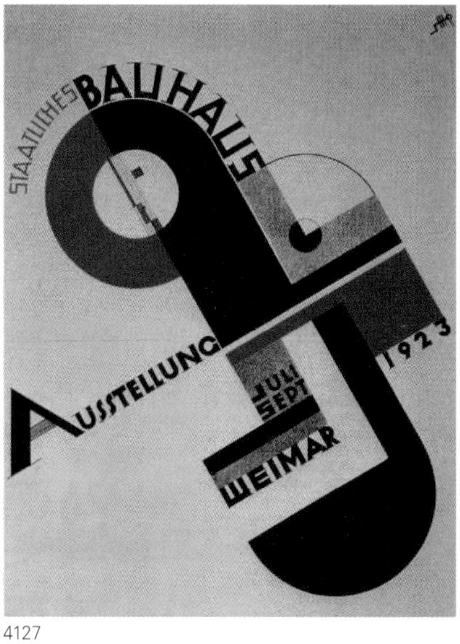

4127

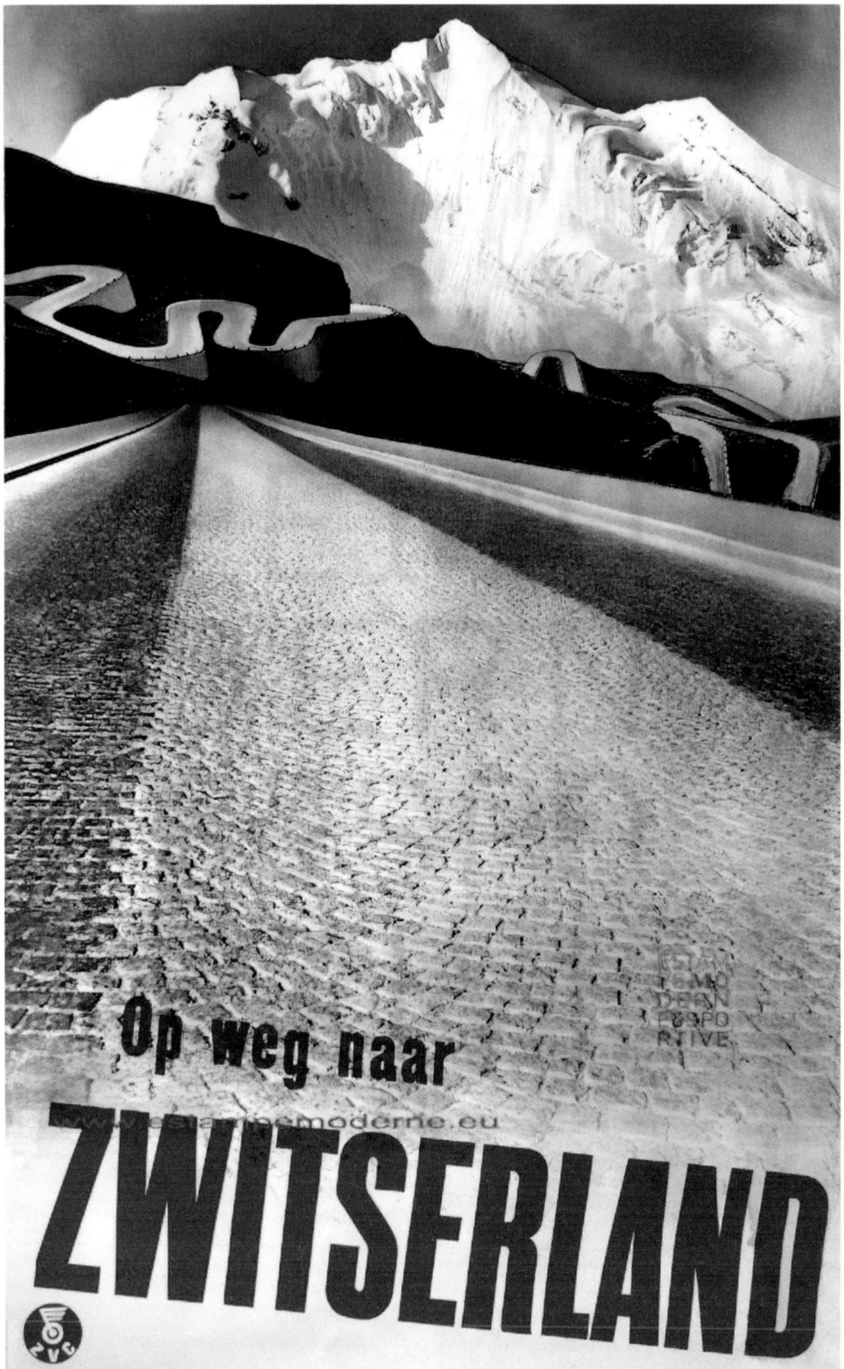

4128

4128
헤르베르트 마터 Herbert Matter, 1907~1984, 스위스 그래픽 디자이너, 사진작가, All Roads lead to Switzerland, 1930

이 포스터는 스위스 유파의 디자이너 헤르베르트 마터의 작품으로, '새의 눈' 시점에서 중첩된 고트하르트 도로와 베르니나 마시프의 사진을 동적인 구도로 배치하여 인공적인 이음새 없이 매끄러운 공간을 연출했다. 포스터의 중심 주제인 도로의 이미지는 모험의 짜릿함을 전달하며, 스위스 관광포스터의 미학과 관람자 간의 상호작용을 혁신했다.

4129
파울 레너, Futura 서체 견본, 1927

'Futura'는 기능주의에 기반을 둔 바우하우스의 영향을 받은 모던 디자인의 대표적인 서체이다. 원, 사각형, 삼각형 같은 기본적인 기하학적 형태와 균일한 선의 두께가 특징이며 깔끔하고 가독성이 높아 광고, 로고, 표지판 등 다양한 분야에서 널리 사용되었다.

4130
Architype Renner 서체 견본

'Architype Renner'는 파울 레너의 Futura 서체를 현대적인 해석으로 재구성한 서체로, 새로운 인쇄 방법과 및 디지털 미디어에서의 사용을 염두에 두고 개발되었다.

4131
헤르베르트 바이어 Herbert Bayer, 1925, Universal 서체 견본

기하학적 형태와 단순하고 합리적인 구조의 'Universal'서체는 소문자만을 사용하는 'single alphabet'으로 많은 인쇄매체에 홍보되었으며, 헤르베르트 서체의 특징인 그리드를 적용해 수직, 수평과 사선의 역동적인 형태를 구성한다.

4132
헤르베르트 바이어, 1925~1930경, Architype Bayer 서체 견본

이 서체는 기하학적인 산세리프 형태로, 바우하우스 스타일의 미니멀리즘과 간결함을 반영하고 있다. 바이어는 전통적인 대문자와 소문자 구분을 없애고 모든 문자를 소문자로만 사용하는 실험적인 접근을 했다.

파울 레너
Paul Renner, 1878~1956, 독일, 작가, 타이포그래퍼

파울 레너의 대표작인 1927년 '푸투라Futura' 서체는 바우하우스와 신조형주의 운동의 영향을 받은 기능주의적 디자인이다. '푸투라'는 단순함과 기능성에 중점을 두어 불필요한 장식을 배제하고 명확하고 읽기 쉬운 타이포그래피를 지향한 디자인이다.
파울 레너는 푸투라 서체 외에도 다양한 서체와 디자인 작업을 통해 시대를 대표하는 디자이너로 자리매김했으며, 시각적 커뮤니케이션의 표준을 새롭게 정립하는 데 기여했다. 또한, 나치 정권에 의해 모던디자인이 거부되고 비난을 받음에도 불구하고, 자신의 예술적 신념을 굽히지 않았으며, 이러한 태도는 그의 디자인 교육에도 영향을 미쳤다.

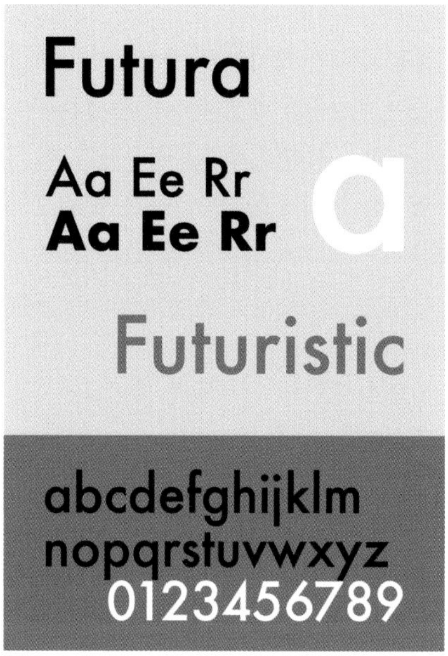

4129

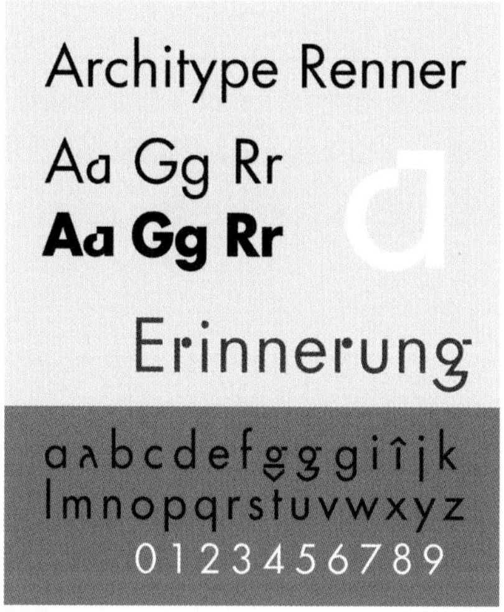

4130

헤르베르트 바이어
Herbert Bayer, 1900~1985, 오스트리아, 미국
그래픽 디자이너, 화가, 사진가, 조각가, 건축가

헤르베르트 바이어는 린츠에서 조지 슈미트함머에게 예술 교육을 받은 후, 다름슈타트 예술가 집단과 바우하우스에서 학습하면서, 절제된 미니멀리즘 스타일을 개발했다. 바우하우스를 떠난 이후 그는 베를린에서 『보그』 매거진의 아트 디렉터로 활동했으며, 나치 정권 하의 독일을 벗어나 콜로라도의 애스펀으로 이주했다. 애스펀에서는 애스펀 인스티튜트와 휠러 오페라 하우스의 공동 설계를 맡았으며, '포네틱 알파벳' 디자인을 포함한 다양한 창작 활동을 펼쳤다.

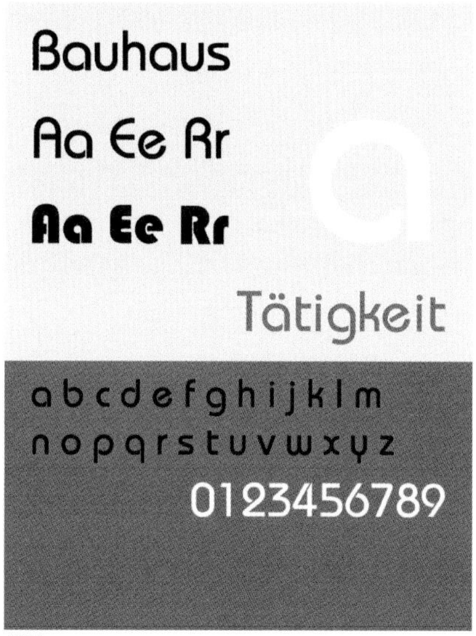

4131

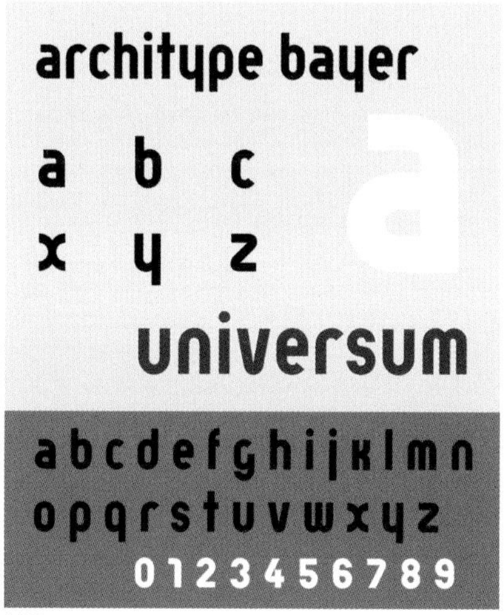

4132

초기 모던 스칸디나비안 스타일

Early Modern Scandinavian Style

4133
Scandinavian Style Mood Board

스칸디나비안 스타일

독일, 프랑스, 스위스 등에서 진보적인 모더니즘을 수용한 국가들과 달리, 국제양식을 온건하게 해석한 스칸디나비아 국가들은 민족 낭만주의에서 비롯된 수공예 정신과 자연 소재에 대한 공감, 인간 중심의 디자인이라는 공통된 미학적 가치를 공유했다. 이 국가들은 유럽의 다른 나라나 미국에 비해 산업 규모와 자원이 풍족하지 않았지만, 인본주의적 장인 정신과 기능주의를 조화롭게 결합하여 그들만의 독특한 정체성을 가진 모더니즘 양식으로 발전시켰다.

'스칸디나비아 모던'이라는 용어는 일반적으로 스웨덴, 핀란드, 노르웨이, 덴마크에서 발전한 진보적인 디자인을 양식적으로 통칭하는 표현이다. 이 책에서 말하는 '스칸디나비안 스타일'은 일반적인 '스칸디나비아 모던'뿐만 아니라, 그 미학적 가치와 형식을 지닌 디자인을 모두 포괄하고 있다.
'스칸디나비안 스타일'은 전통, 자연과의 조화, 인간적 가치를 핵심으로 삼으며, 간결함 속에 낭만적 요소를 가미해 균형 잡힌 미학을 추구하는 것이 특징이다. 스칸디나비아 지역 중에서 목재가 풍부한 핀란드에서는 기능주의 디자인에 곡목을 사용하여 큰 인기를 얻었으며, 겨울이 길고 추운 환경적인 특성을 고려한 친인간적인 소재의 선택이었다. 곡목 가구 디자인은 강관이나 금속을 사용한 모더니즘 디자이너들에게도 영향을 주었으며, 특히 전통을 중요하게 생각했던 영국에 큰 영향을 주었다. 핀란드에 비해 목재가 충분하지 않았던 스웨덴과 덴마크의 디자이너들은 목재와 함께 가죽, 직물과 같은 자국의 자부심 있는 천연소재를 함께 사용했다. 또한, 가구뿐만 아니라 도자기, 유리, 세라믹, 직물, 전통 공예와 같은 생활용품 분야에도 실용적인 디자인을 선보였다.
스칸디나비아 지역은 공예적인 전통을 보존하기 위해 단체와 교육 시설을 설립했으며, 공예 제작의 프로세스를 산업적 생산에 통합해야 한다는 필요성을 실천했다.

부르노 마트손의 에바 체어, 알바르 알토와 아이노 알토 부부의 스툴, 파이미오 의자, 사보이 꽃병, 폴 헤닝센의 PH램프는 스칸디나비아 스타일의 대표적인 작품들이다.

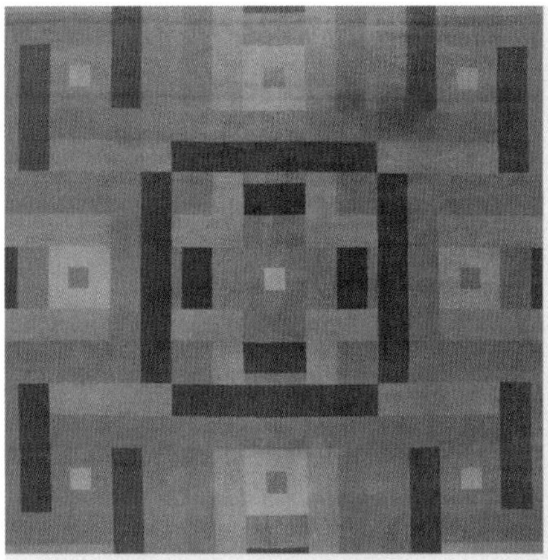
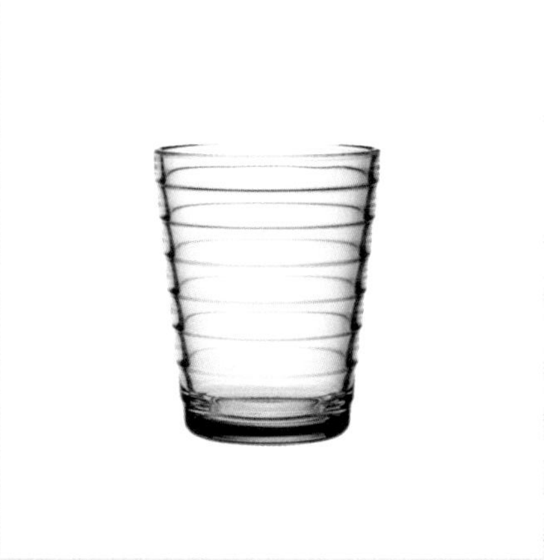
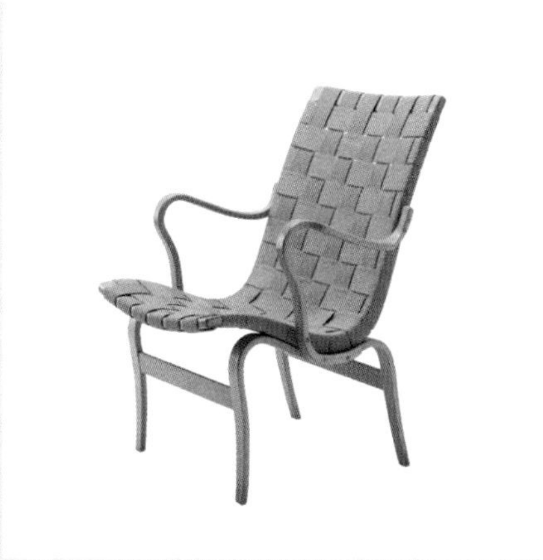
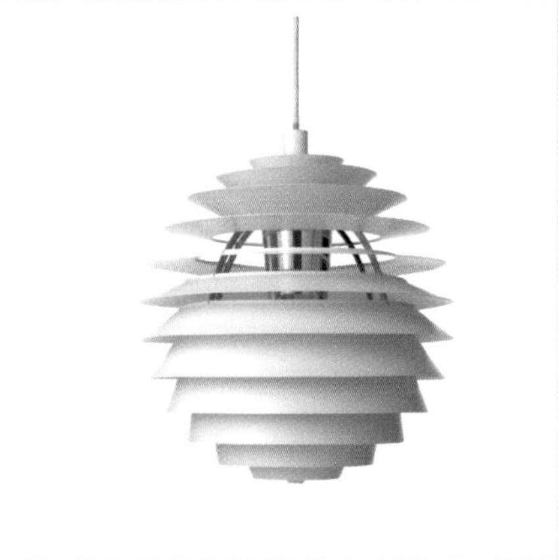
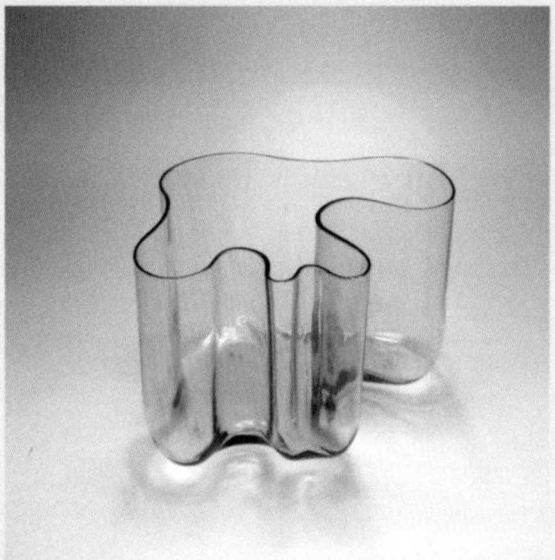
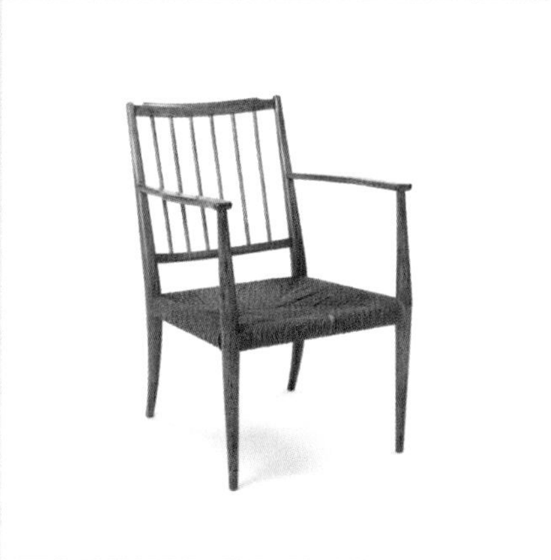
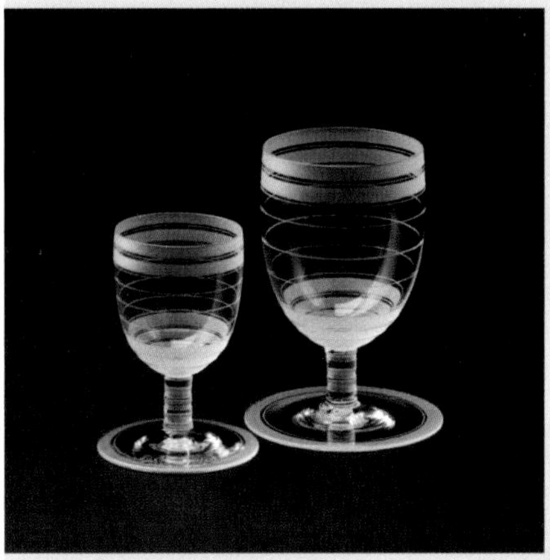
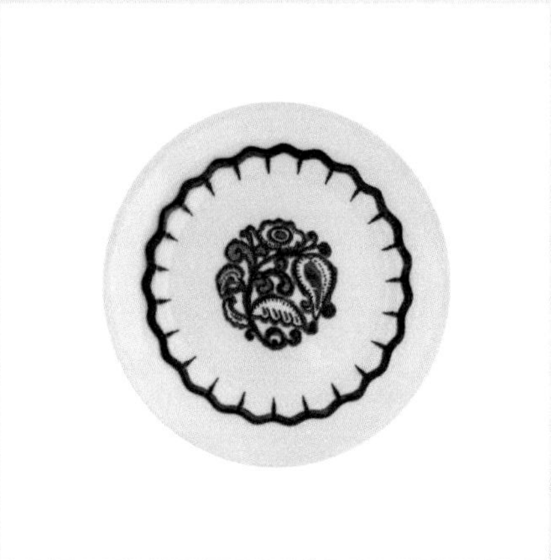
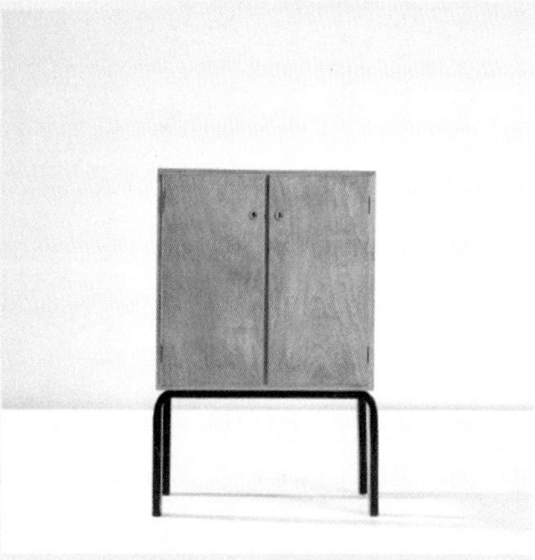
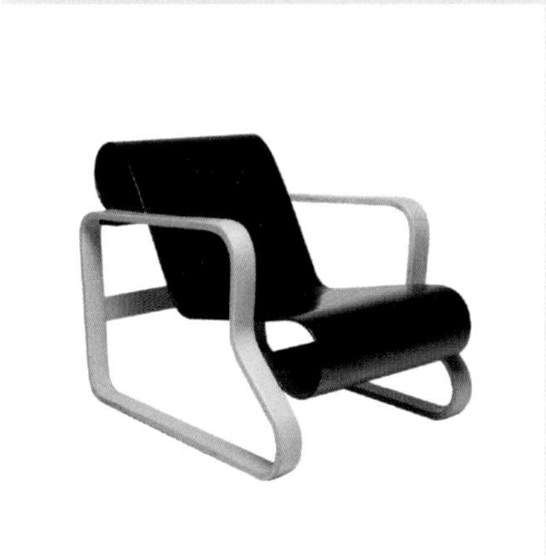
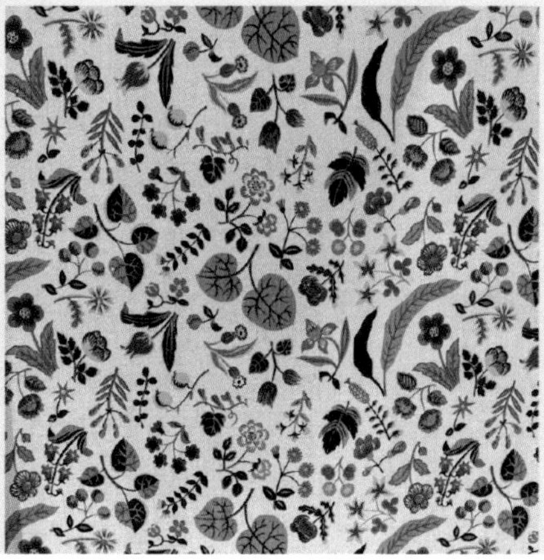
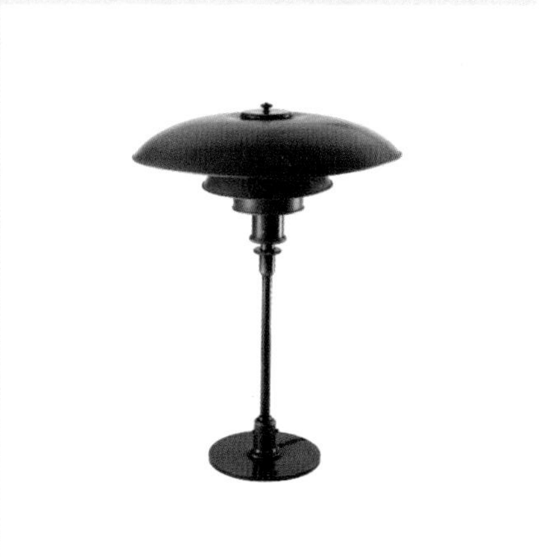

초기 모던 스칸디나비안 스타일의 건축과 인테리어

Early Modern Scandinavian Style in Architecture and Interior Design

스칸디나비아의 모더니즘 건축은 국제적 모더니즘 운동의 기능주의 이론에 영향을 받았지만, 자연과 사회, 문화적 맥락에 깊이 뿌리내린 독창적인 접근 방식으로 전개되었다. 이러한 표면적인 발전 이면에는 역사적 맥락이 있었는데, 20세기 전후에 독립한 스칸디나비아 국가들은 정치적, 경제적 독립을 굳건히 다지며 국가 정체성을 확립하는 데 주력했다. 또한, 영국의 미술공예운동의 영향을 받아 스칸디나비아 지역에서는 전통을 재해석하려는 움직임이 일어났다.

스칸디나비아에서는 전통 양식과 기능주의 양식의 결합 과정에서, 민족의 문화적 자부심을 고취시키는 민족 낭만주의와 혹독한 자연환경 속에서 강조된 인본주의 정신이 반영되었다. 자연광의 활용, 풍부한 지역 재료의 사용, 내외부 공간의 통합이라는 건축적 특징은 자연환경과 건축물의 조화를 통해 사용자의 삶의 질을 향상시키려는 스칸디나비아 건축이 모색한 해법이었다. 이러한 접근은 국제적인 기능주의 모더니즘 양식과 차별화되었으며, 자연스럽게 독자적인 정체성을 가진 모더니즘 양식으로 발전해갔다.

제1차 세계대전 이후, 유럽은 전후 도시 복구 과정에서 대규모 공공 주택 건설 사업을 진행했으며, 주택 모델은 주변 국가에 전파되었다. 요제프 호프만은 1920년대에 다수의 주택 사업의 책임을 맡았으며, 개인의 기호를 반영한 저밀도 주택 건설을 고려했다. 독일 공작연맹의 주택단지에서 큰 감화를 받은 그레고리 파울손은 1930년 스톡홀름 박람회에서 공공 주택과 아파트에 표준화와 대량생산을 적용한 가구와 설비를 전시하여 기능주의에 대한 청사진을 제시했다. 그러나 지나치게 엄격한 기계 미학의 특징은 반감을 불러일으켰고, 다소 완화된 형태의 기능주의 모더니즘이 자리 잡게 되었다.

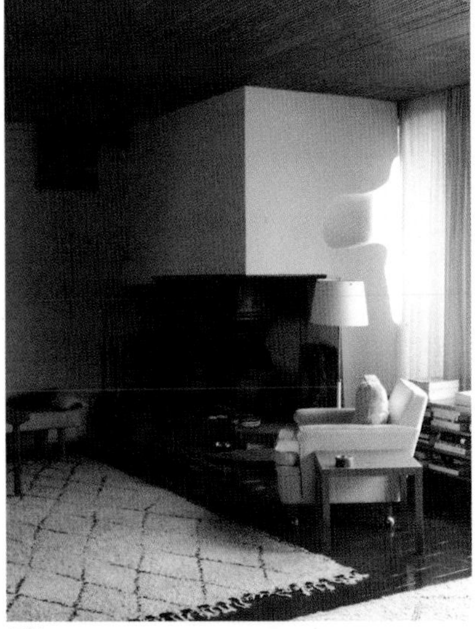
4134

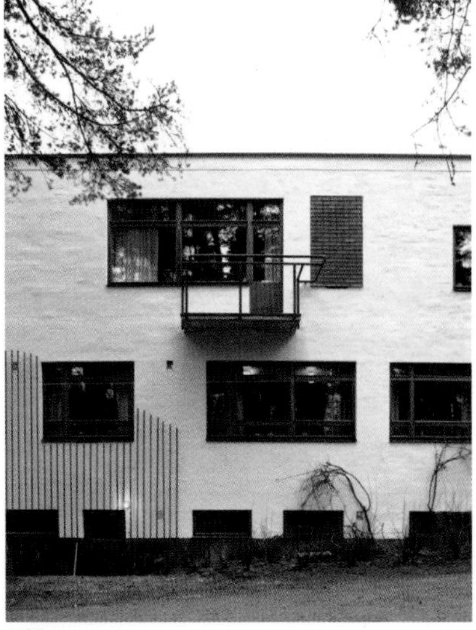
4135

빌라 마이레아

Villa Mairea, 1938~1939, 노르마르쿠, 핀란드

핀란드 노르마르쿠에 위치한 빌라 마이레아는 부유한 굴리센Gullichsen 가족을 위한 농촌 별장으로, 1938년부터 1939년에 건축되었다. 알바르 알토의 건축적 철학을 집약적으로 표현한 '실험적인 집'으로 핀란드 자작나무와 소나무를 사용하여 목재 사용의 탁월함을 보여주었다. 이 주택은 L자 형태의 구조를 통해 개인적 공간과 공적 공간이 조화롭게 어우러지도록 설계되었으며, 내부는 목재, 돌, 벽돌 등의 소재로 섬세하게 마감하여 따뜻하면서도 자연스러운 분위기를 연출했다.

알토 하우스

Villa Aalto 1935~1936, 헬싱키, 핀란드

알바르 알토의 자택 겸 스튜디오인 알토 하우스는 핀란드 헬싱키의 뭉키니에미 지역에 위치해 있다. 알바르 알토와 아이노 알토가 설계한 이 집은 1936년에 완공되었으며, 가족의 일상생활 공간과 건축가의 작업 공간을 겸비하고 있다. 이 집은 기능주의적 요소와 로맨틱 스타일이 결합된 디자인으로 내부에는 목재가 사용되었고, 벽난로를 통해 따뜻하고 친밀한 분위기를 조성했다.
알바르 알토는 1976년 사망할 때까지, 그리고 그의 두 번째 부인 엘리사 알토 역시 1994년 세상을 떠날 때까지 이곳에서 생활했다. 이 집은 알토 부부의 개인적인 삶과 직업적인 열정이 공존하는 공간으로, 그들의 생활 방식과 디자인 철학을 엿볼 수 있는 소중한 장소이다.

4134
빌라 마이레아의 인테리어

4135
빌라 마이레아의 외관

4136
알바르 알토 Alvar Aalto
빌라 마이레아, 핀란드 노르마르쿠, 1938~1939
해리와 마이레 굴릭센Harry and Maire Gullichsen을 위해 설계하고 지은 실험적인 주택이다.

4137
알바르 알토, 아이노 알토
알토 하우스, 1935~1936, 핀란드 헬싱키

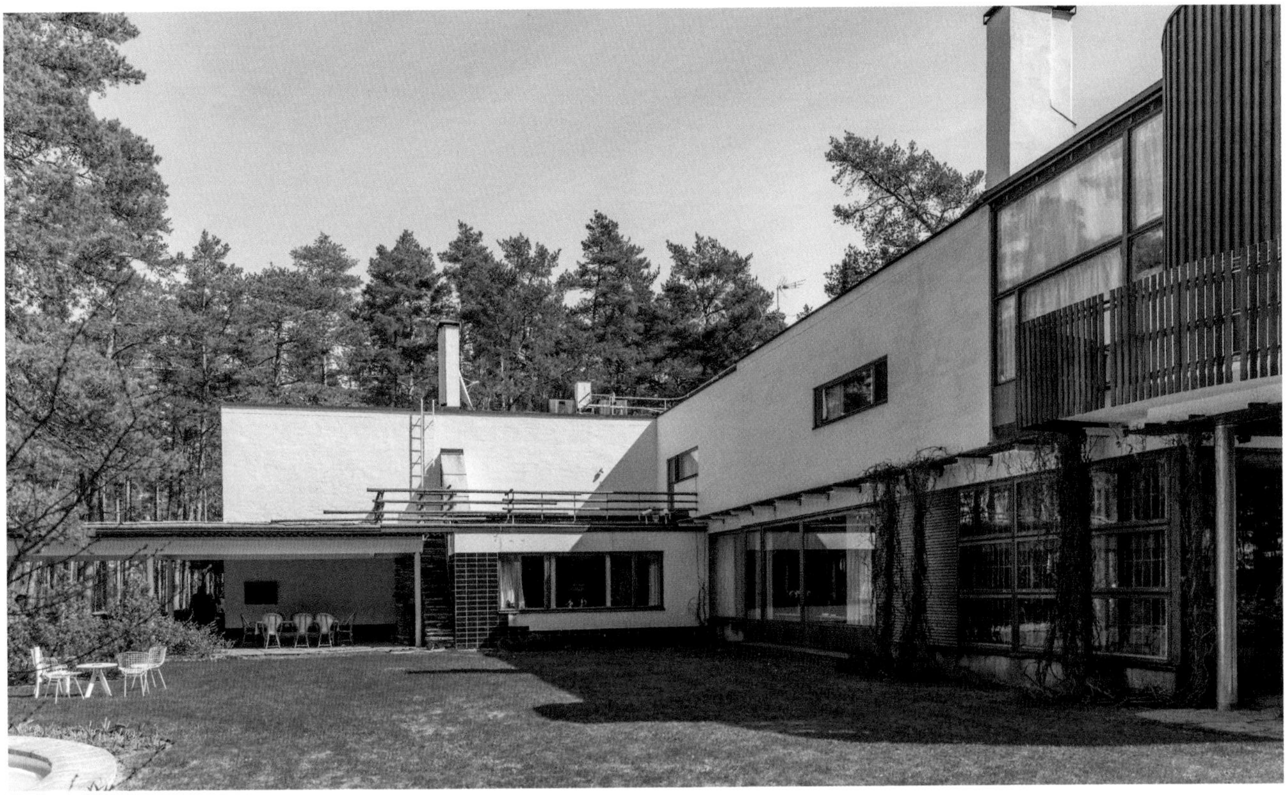

4136

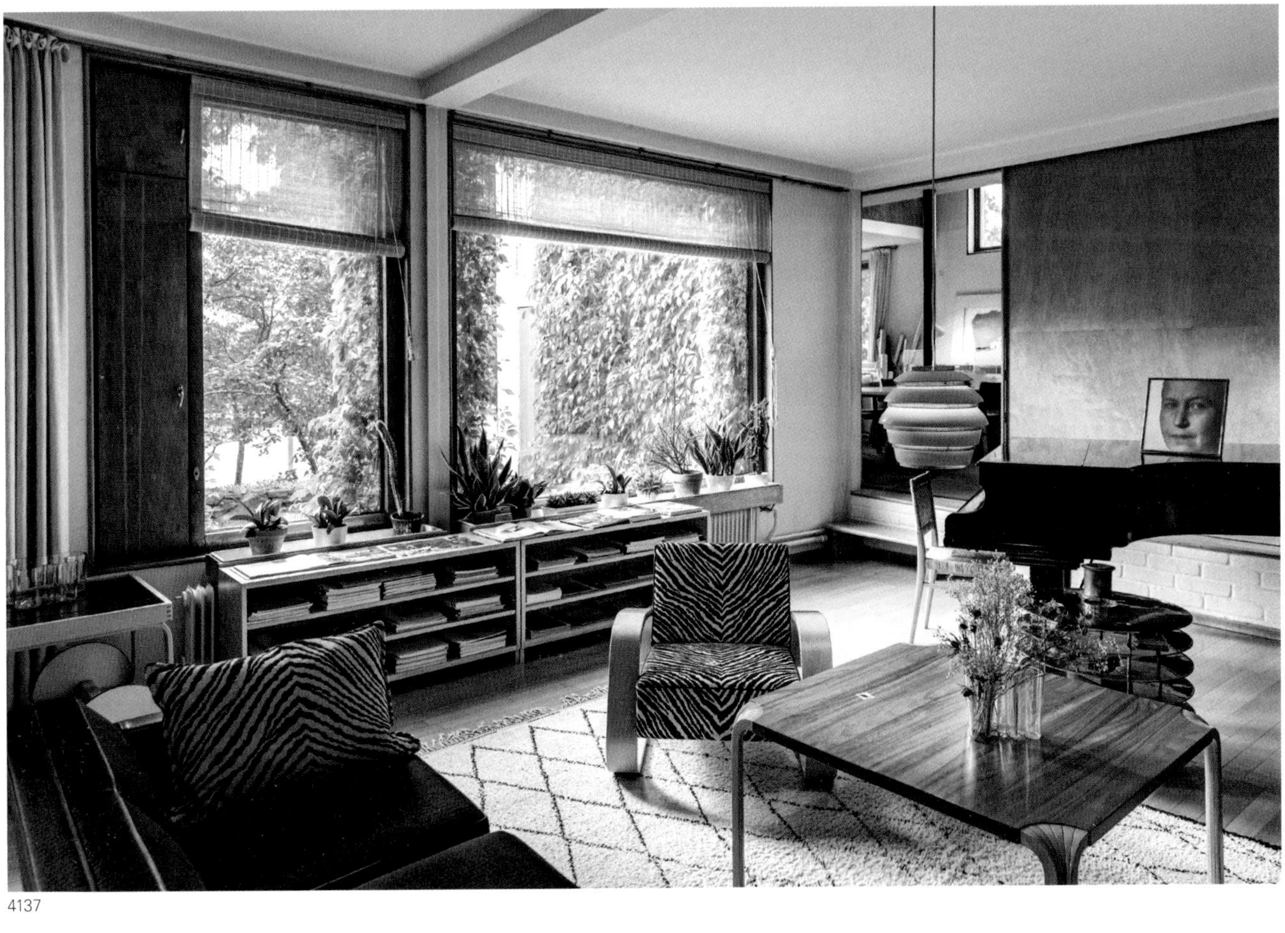

4137

알바르 알토

Alvar Aalto, 1898~1976, 핀란드, 건축가, 디자이너

핀란드 출신의 건축가 겸 디자이너인 알바르 알토는 이성적인 접근법과 기능주의를 수용하면서도 지나친 기계화를 지양하고 전통을 계승하는 '인문주의적 합리주의자'로 불렸다. 헬싱키에서 건축학교를 졸업 후, 스칸디나비아 전역과 유럽의 다양한 도시를 여행하며 고전적 전통에서 받은 감흥은 그의 초기 작품에 영향을 주었다. 동료인 아이노 알토와 결혼한 후, 유기적인 형태의 창조를 위해 얇은 나무판자를 곡면으로 만드는 새로운 기술을 실험했다. 그의 작업은 1920년대의 노르딕 고전주의부터 1930년대의 합리적인 국제양식 모더니즘, 1940년대에는 아르누보 디자인에서 영향을 받은 유기적인 모던 스타일로 발전해 나갔다. 소재에 대한 실험적인 접근법으로 'L'자, 'Y'자, 'X'자의 다양한 접합법을 개발했으며, 파이미오 요양소를 위해 디자인한 파이미오 의자는 곡목을 사용한 기능주의 미학을 보여주었다. 또한, 아르텍사를 설립하여 테이블 램프, 사보이 꽃병, 텍스타일 디자인을 선보이며 '종합 예술 작품Gesamtkunstwerk'이라는 그의 철학적 개념을 실현했다. 알바르 알토는 1930년대에 수많은 국제 대회에서 수상하며 20세기 모더니즘에 핀란드의 영향력을 확장했으며 합판 가구 발명은 미국의 임스 부부, 아르네 야콥센과 같은 모더니즘 디자이너들에게 깊은 영향을 미쳤다.

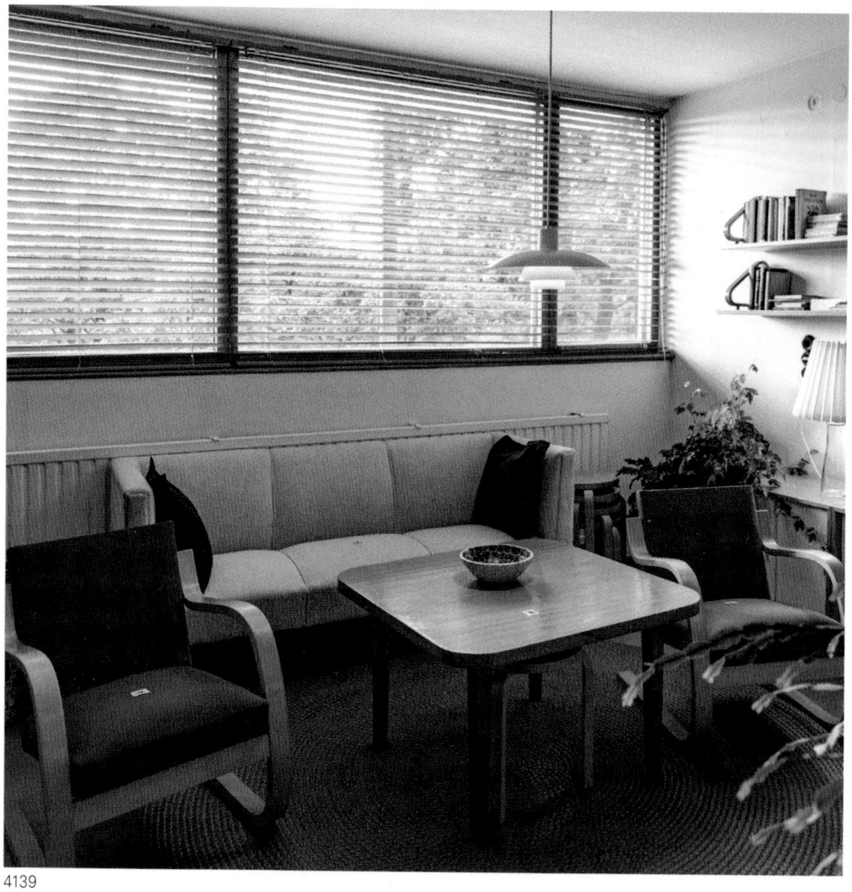
4139

4138
알바르 알토, 1920~1930경

4139, 4140
알바르 알토, 아이노 알토
알토 하우스, 1935~1936, 핀란드 헬싱키

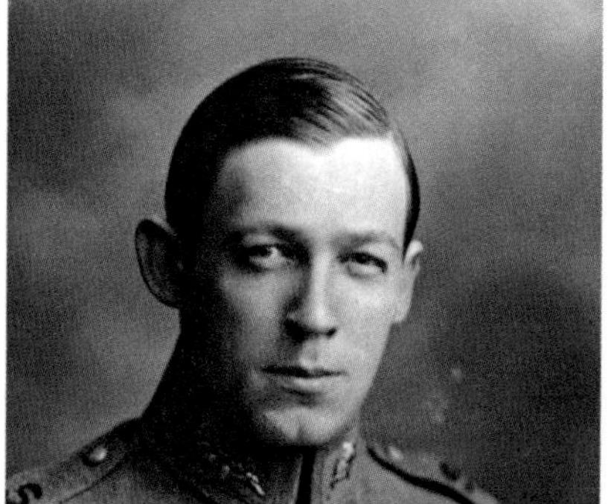
4138

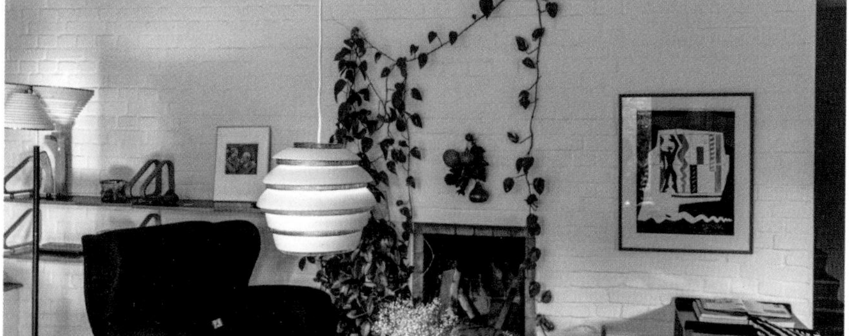
4140

비보르크 도서관

Vyborg Library, 1927~1936, 러시아 비보르크

비보르크 도서관은 러시아 비보르크 지역에 위치한 1920년대 기능주의 건축을 대표하는 건축물이자, '지역적 모더니즘'을 보여주는 초기 사례이다. 기존의 북유럽 고전주의 스타일과 모더니즘 양식이 조화되는 인본주의적 기능주의 건축물로, 물결 형태의 천장 목재 마감은 현대적이면서도 따뜻한 분위기를 연출한다.
알바르 알토는 건축 경연 대회에서 우승하면서 도서관의 설계를 맡았으며, 제2차 세계대전 후 훼손된 건물을 러시아와 핀란드 위원회의 협력으로 최근 복원되었다.

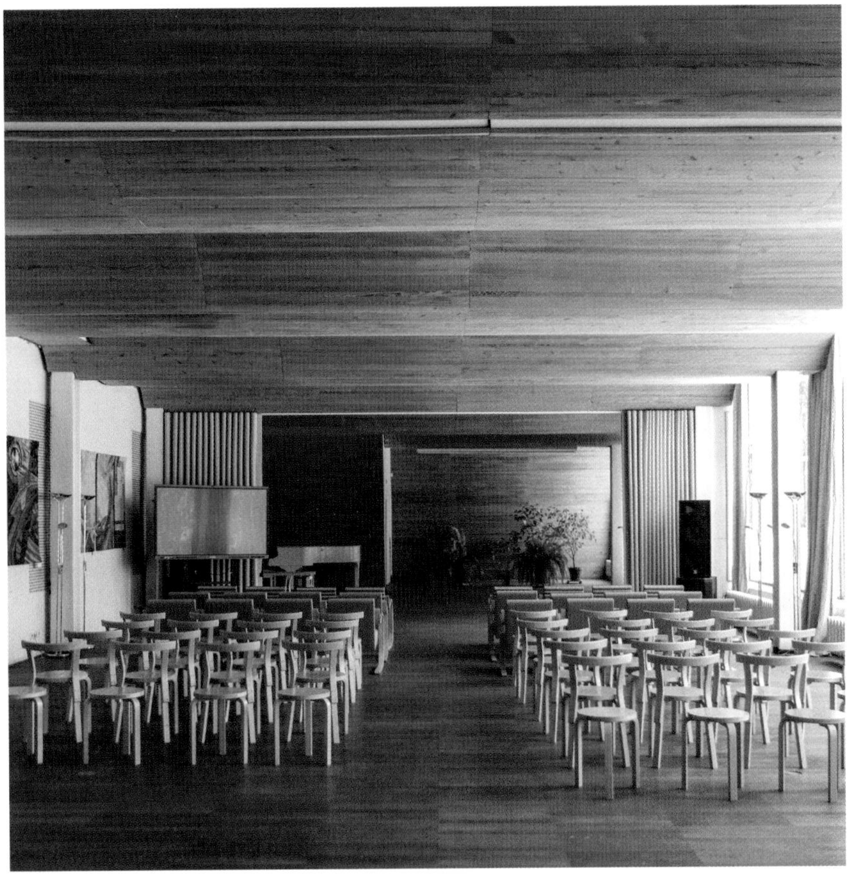
4141

파이미오 새너토리움

Paimio Sanatorium, 1929~1933, 핀란드 파이미오

파이미오 새너토리움은 핀란드 파이미오에 자리한 전 결핵 요양소로, 1929년에 열린 건축 경연 대회에서 알바르 알토가 우승하여 설계를 맡았으며, 국내외로부터 큰 호평을 받았다.
알토는 이 건물을 환자의 치유를 돕는 '의료 기구'로 간주하고 설계했는데, 당시 결핵 치료의 중심이 휴식과 신선한 공기였기 때문에 환자들이 일광욕을 즐길 수 있는 발코니와 덱을 포함했다. 알바르 알토는 이 건물의 설계뿐만 아니라 가구, 조명, 설비 등 병원 시설물 전체를 디자인함으로써 통합적인 디자인 사례를 제시했다.
1960년대 항생제의 등장으로 결핵 환자 수가 줄어들면서, 파이미오 새너토리움은 종합병원으로 전환되었다.

4141
알바르 알토, 비보르크 도서관, 1927~1936, 러시아 비보르크

4142, 4143
알바르 알토, 파이미오 새너토리움, 1929~1933, 핀란드 파이미오

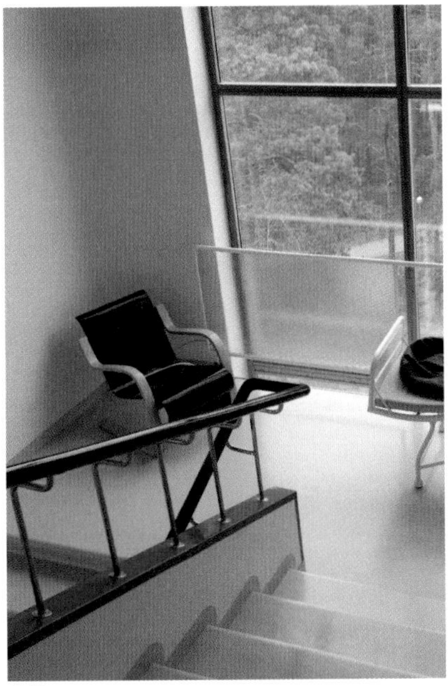
4142

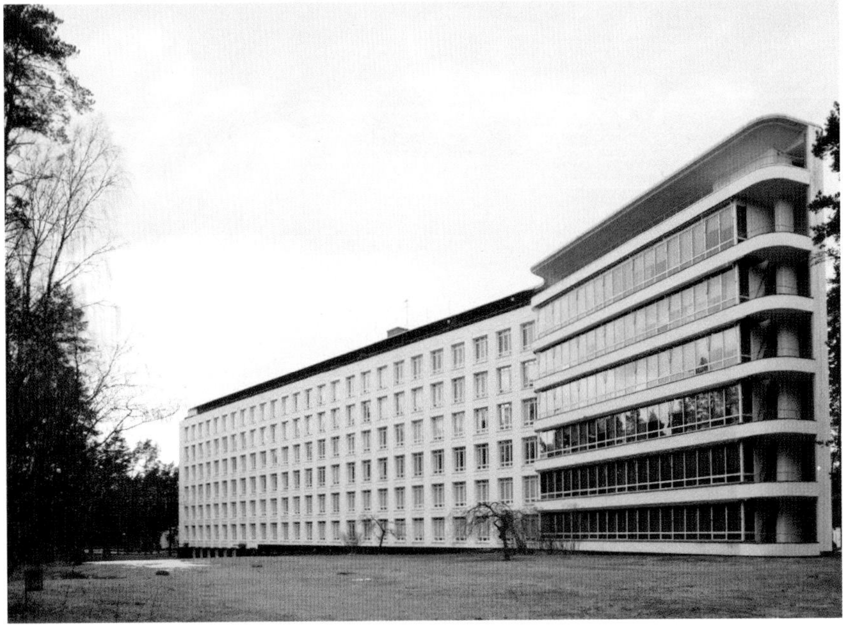
4143

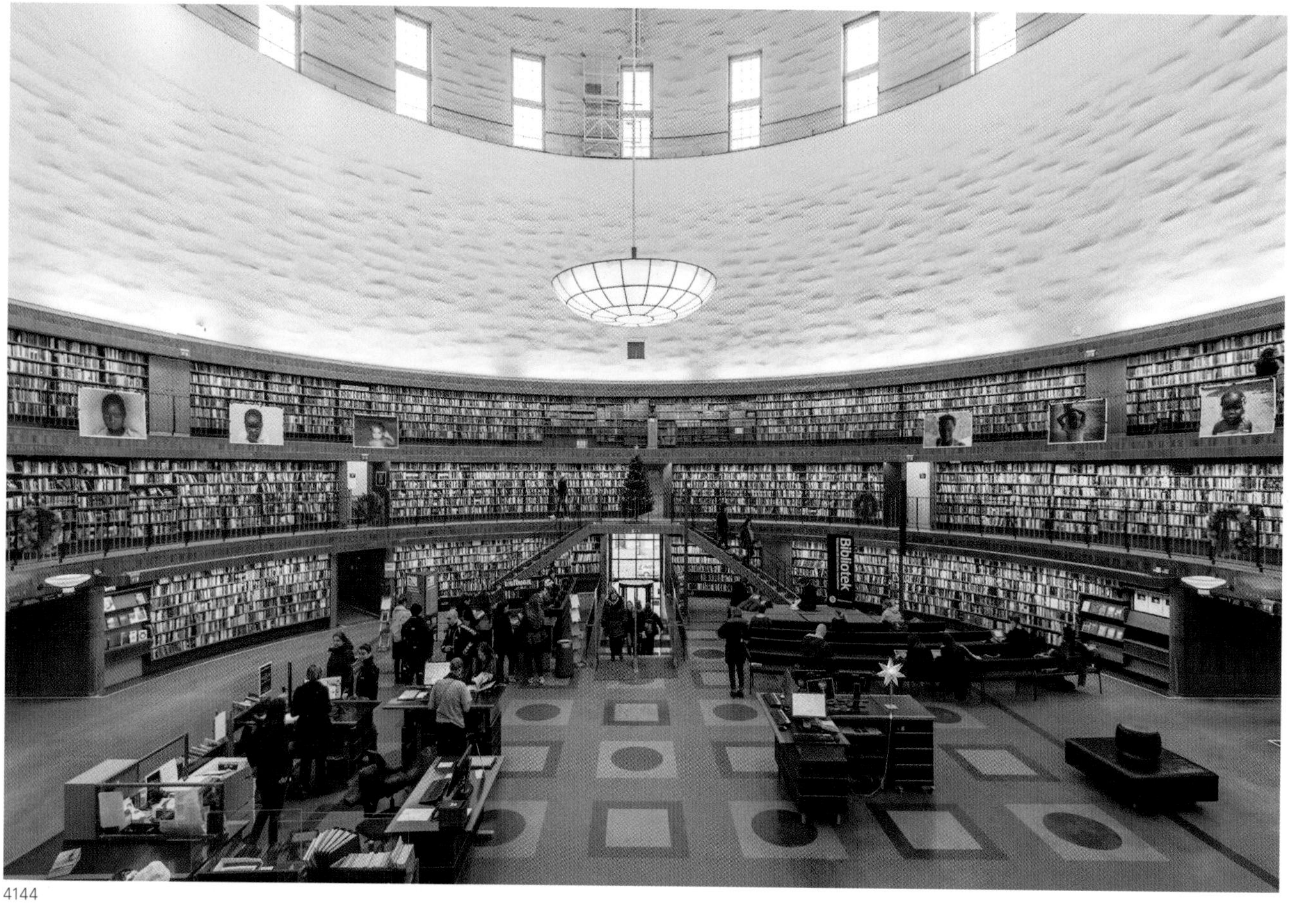

4144

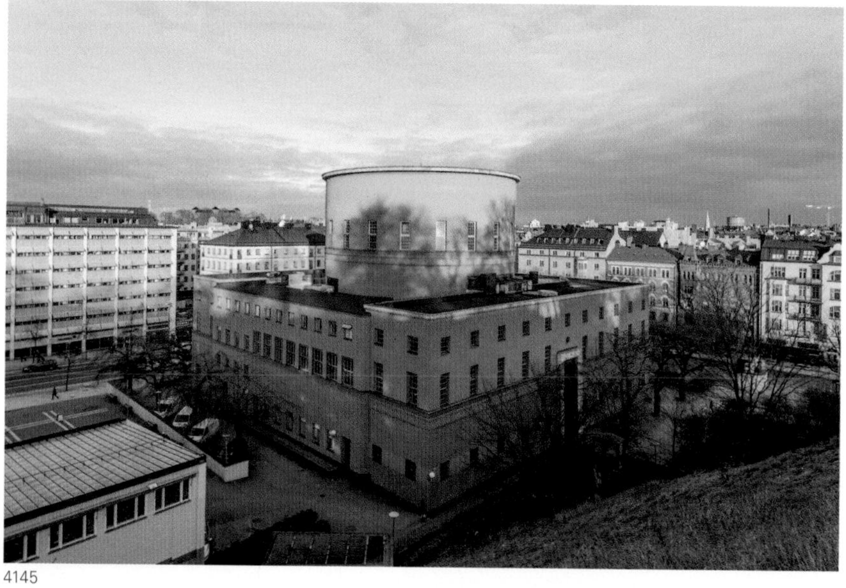

4145

스톡홀름 공공도서관

Stockholm Public Library, 1928, 스웨덴 스톡홀름

스웨덴의 건축가 군나르 아스플룬드가 설계한 스톡홀름 공공도서관은 고전주의에서 기능주의로의 전환을 보여 주는 건축물이다. 중앙에 위치하는 '로툰다Rotunda' 구조의 원형 독서실은 이 건물의 가장 눈에 띄는 특징으로 바닥부터 천장까지 이어지는 책장으로 둘러싸여 있다. 자연광이 내부로 스며들도록 섬세하게 설계된 구조는 책을 찾거나 읽는 이들에게 영감을 주며, 공공도서관이 지닌 사회적, 문화적 중요성을 환기시킨다.

4144, 4145
군나르 아스플룬드 Gunnar Asplund
스톡홀름 공공도서관, 1928, 스웨덴 스톡홀름

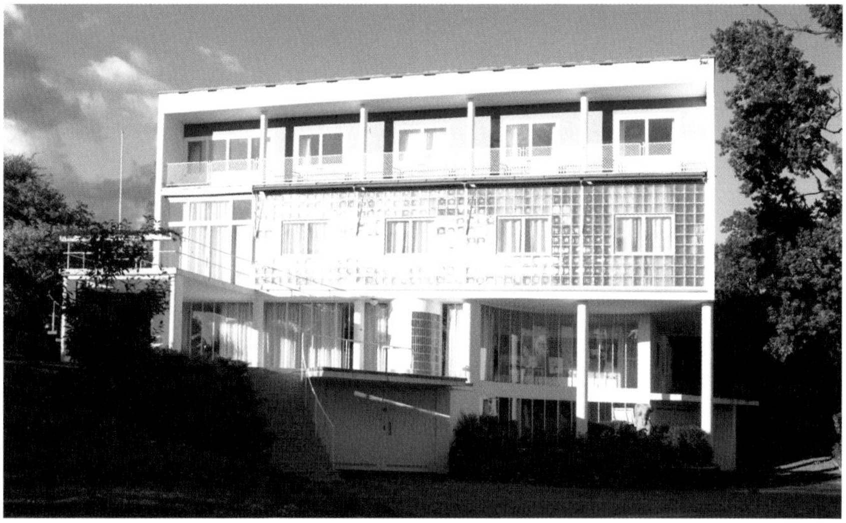
4146

빌라 스테네르센

Villa Stenersen, 1937~1939, 노르웨이 오슬로

노르웨이의 기능주의 건축의 대표적인 사례인 빌라 스테네르센은 예술 수집가 롤프 E. 스테네르센의 가족을 위한 생활공간이자 그의 예술 컬렉션을 전시할 수 있는 갤러리로 기획되었다. 당시의 국제 양식의 영향을 받아 모던 건축의 특징인 평평한 지붕, 광택이 나는 화이트 콘크리트 외벽, 그리고 자유로운 구성의 유리와 스틸 파사드로 건축되었다.
아르네 코르스모는 스테네르센의 예술 컬렉션을 최적의 조건에서 전시할 수 있도록 갤러리 룸 설계에 특별한 주의를 기울였으며, 예술 작품을 보호하면서 실내에 조명을 제공하기 위해 유리벽돌로 마감했다.

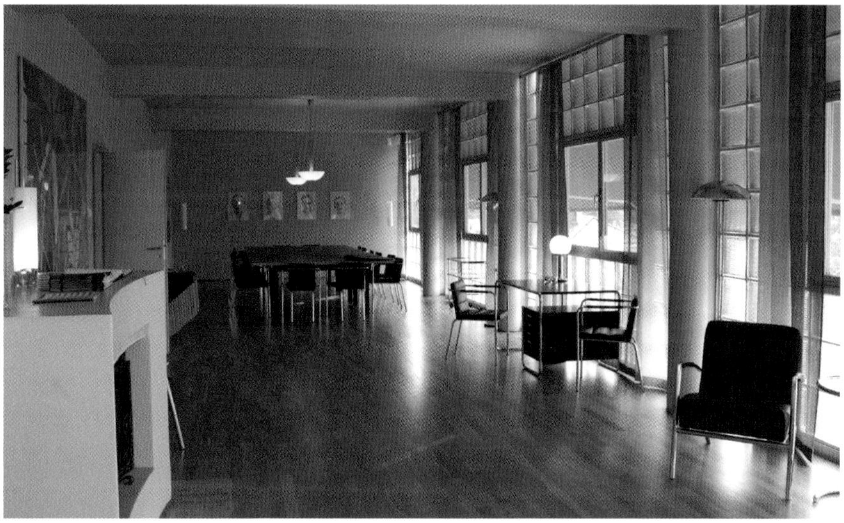
4147

벨라비스타 주택단지

Bellavista housing estate, 1934, 덴마크 코펜하겐

벨라비스타 주택 단지는 덴마크의 기능주의 건축 사례로 이상적인 복합주거건축으로 평가된다. 바다 전망을 최대한 활용하기 위해 U자형 배치로 구성되었으며, 모든 집은 발코니를 통해서 바다를 전망할 수 있도록 고려되었다. 백색 벽돌 구조, 철제 기둥을 활용한 층간 구조, 타르 지붕, 천연 목재로 된 창틀로 설계되었으며, 실내에서는 넓은 창으로 충분한 채광과 환기를 할 수 있도록 했다.

4146, 4147
아르네 코르스모 Arne Korsmo
빌라 스테네르센, 1937~1939, 노르웨이 오슬로

4148
아르네 야콥센 Arne Jacobsen
벨라비스타 주택단지, 1934, 덴마크 코펜하겐

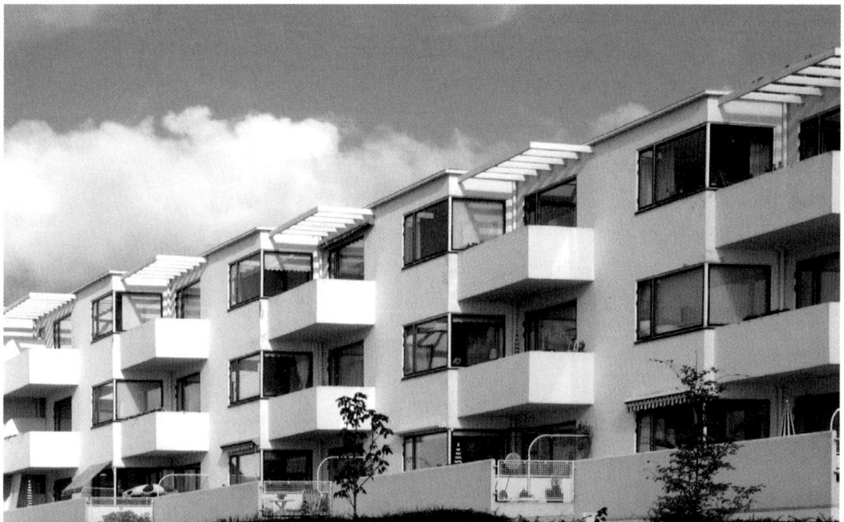
4148

초기 모던 스칸디나비안 스타일 가구

Early Modern Scandinavian Style Furniture

스칸디나비아의 초기 모더니즘 가구는 국제 모더니즘의 영향을 받으면서도 지역적 정체성을 강조하는 유기적 기능주의로 발전하는 토대를 마련했다. 스칸디나비아반도의 국가들은 역사와 문화적 차이가 있었지만, 목재를 중심으로 하는 전통적인 접근법이 공통적으로 존재했다. 덴마크는 1920년대 기능주의 모더니즘의 영향을 받기 전부터 잘 발달된 목수 전통을 이어왔으며, 그들은 새로운 형식의 창조보다는 재료의 차별적 특성을 발굴하여 시간을 초월한 기능적인 가구를 제작하는 것을 목표로 했다. 이로 인해 영국이나 중국의 고전으로부터 영감을 받거나 재디자인하는 것을 선호했으며, 이러한 경향은 기능주의적 모더니즘 양식을 절충주의적인 접근 방식으로 발전시켰다. 핀란드의 알바르 알토는 국제양식의 엄격한 형식주의에 반대하며, 전통적인 자재에서 추출한 '건축의 부속물'로서 가구를 정의하고, 인본주의적 기능주의 철학으로 작품을 전개해나갔다.

목재의 사용은 역사와 문화적 전통을 반영하면서도, 실제 가구에서 가볍고 강하며 유연한 특성 덕분에 현대적인 생활양식에 적합한 형태로 제작될 수 있었다. 간결한 가구의 형태는 대량생산을 통해 많은 사람들이 더 좋은 디자인을 사용할 수 있게 했으며, 이러한 인간 중심적 접근을 모더니즘에 통합함으로써 스칸디나비아 디자인은 '민주적 디자인'으로 불리게 되었다.

4015
알바르 알토 Alvar Aalto, 알토 스튜디오, 1955, 핀란드 헬싱키
알토 스튜디오의 조명과 가구들

4006
알바르 알토, Arm Chair Paimio Sanatorium, 1932
소재 Birch, 제조사 Artek

4149
알바르 알토, 알토 스튜디오, 1955, 핀란드 헬싱키

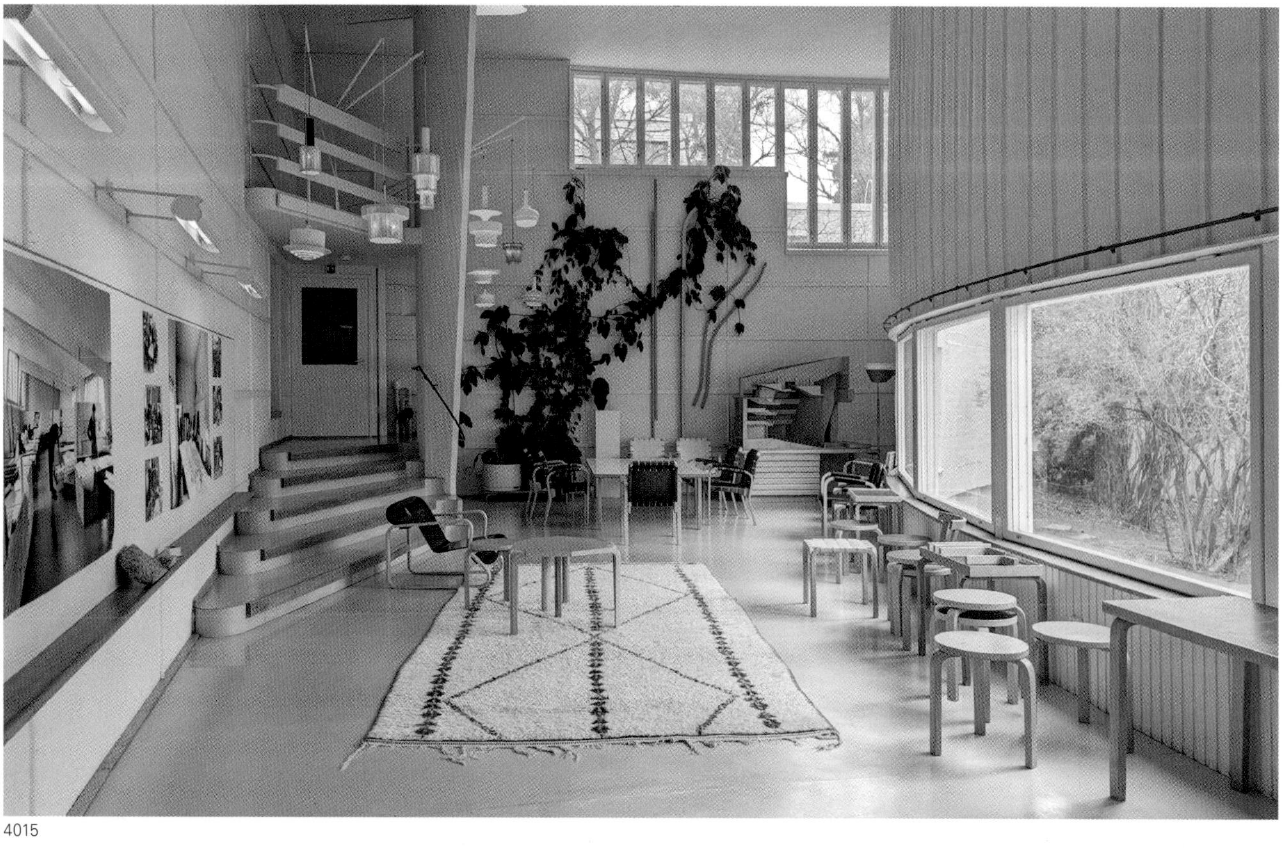

4015

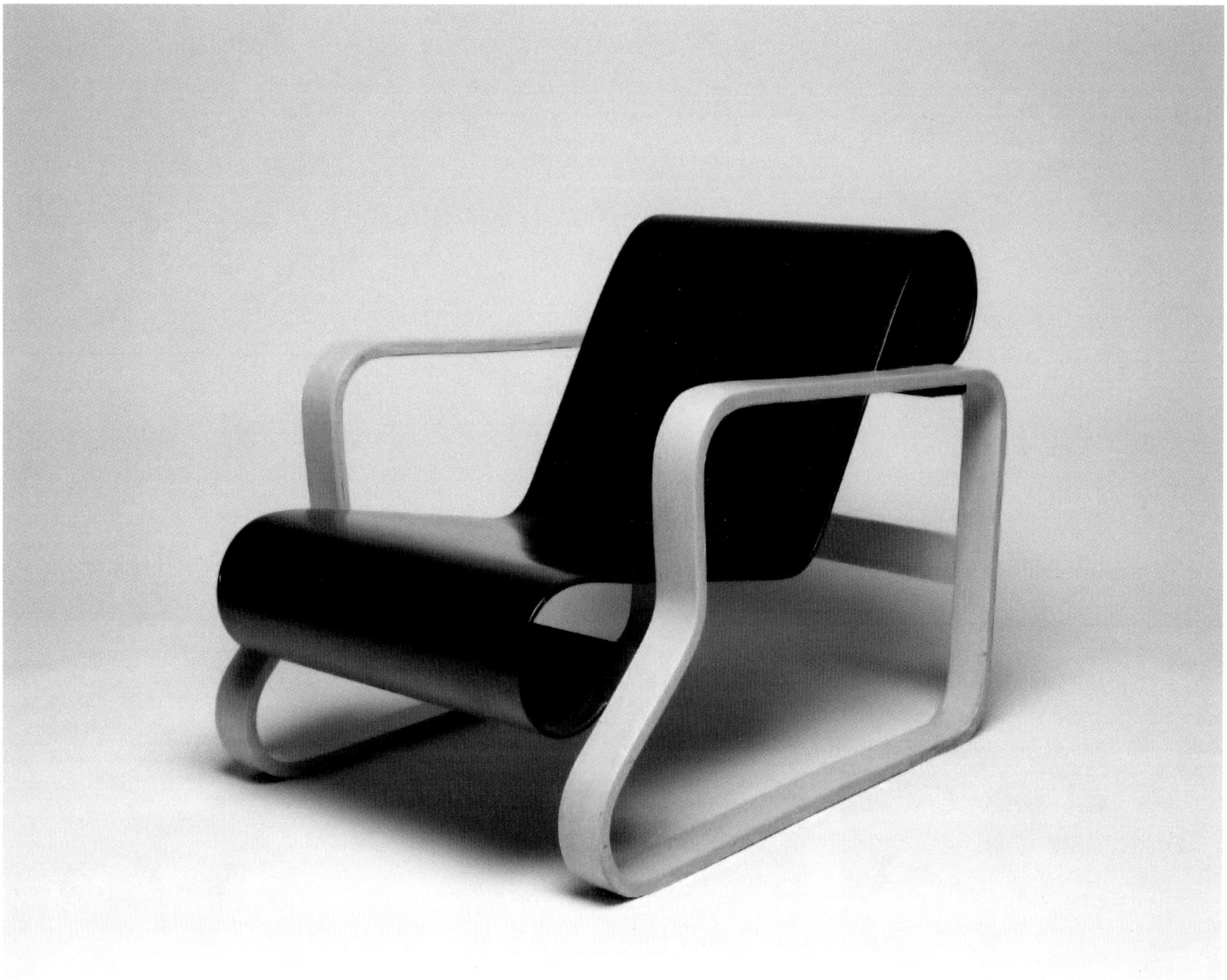

4006

파이미오 의자

Paimio Chair, 1931

파이미오 새너토리움을 위해 디자인한 파이미오 의자는 결핵 환자가 장시간 편안하게 앉을 수 있는 등받이 각도를 고려한 캔틸레버 구조로 디자인되었다. 의자의 각도는 환자들에게 심리적 안정감을 제공하기 위해 배려되었으며, 국제양식과 기능주의 철학의 영향을 받으면서도 전통적인 자재를 현대적인 구조로 변형한 곡목을 사용해 스칸디나비아 지역의 정체성을 확립하는데 기여했다. 파이미오 의자는 마르셀 브로이어의 바실리 의자로부터 영감을 받은 듯하지만, 얇게 자른 자작나무를 이어 붙인 합판 소재로 구현된 곡선적 역동성은 매우 차별화된 특징을 지닌다.

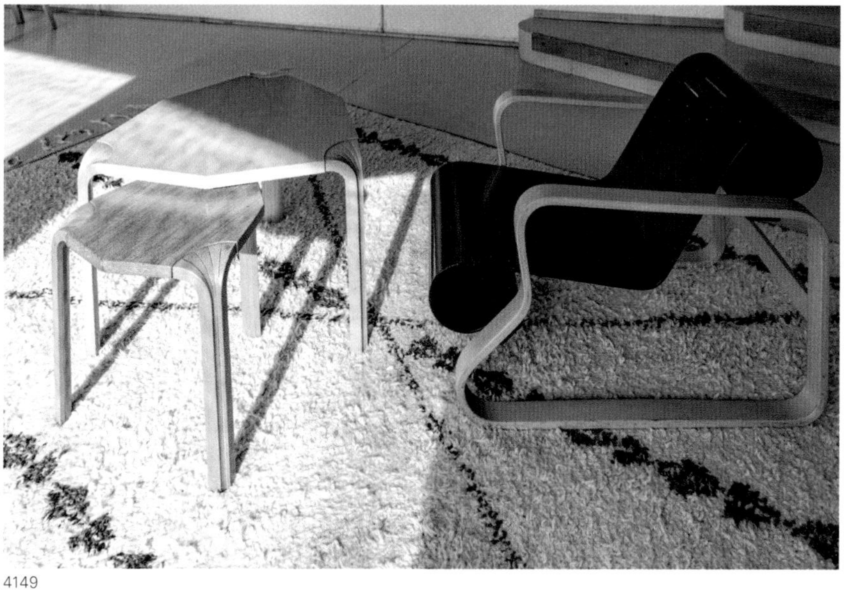

4149

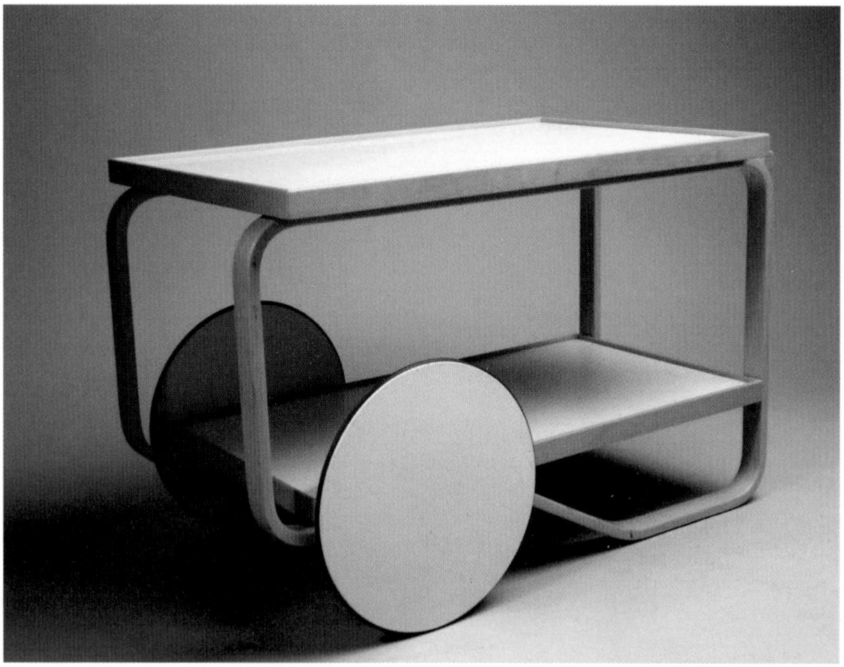
4150

4150
알바르 알토 Alvar Aalto, Aalto Teewagen, 1936경
파이미오 의자의 팔걸이 프레임을 재활용하여 디자인되었다.

4151
알바르 알토, 스툴 X601, 1954

다리 부분의 부채꼴 모양이 특징으로 곡면 합판 기법으로 성형한 다리 5개를 접착해서 1개로 만든다.

4152
알바르 알토 Alvar Aalto, 엘리사 알토 Elissa Aalto
루이 카레 하우스 Louis Carré House, 1956~1959
프랑스 일 드 프랑스
루이 카레 하우스에 알바르 알토의 스툴이 놓여 있다.

4153
알바르 알토, Paimio Chair, 1931

4154
Stool E60, 1937
Artek에서 Aalto의 '스툴 E60'을 생산하는 모습

1932년 자작나무로 디자인된 이 스툴은 다리의 상부가 곡목 기법으로 구부려진 것이 특징으로, 스태킹이 가능하다. 토넷의 곡목 의자처럼 나무를 쪄서 굽히는 것이 아니라, '알바르 알토의 다리'로 불리는 곡면 합판 기술을 통해 나무를 구부린다.

4155
알바르 알토, 아이노 알토 Aino Aalto, 1941

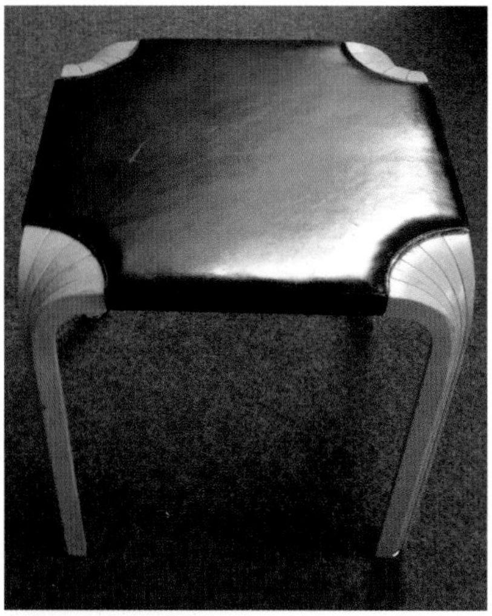
4151

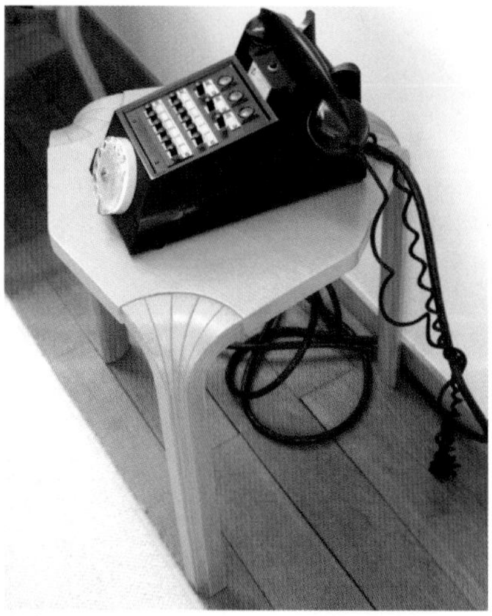
4152

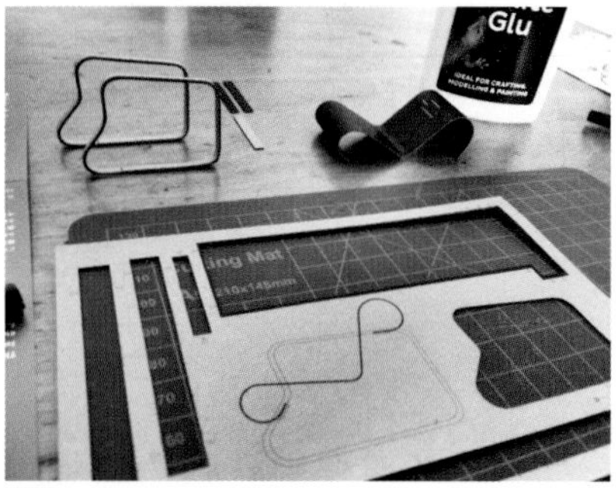
4153

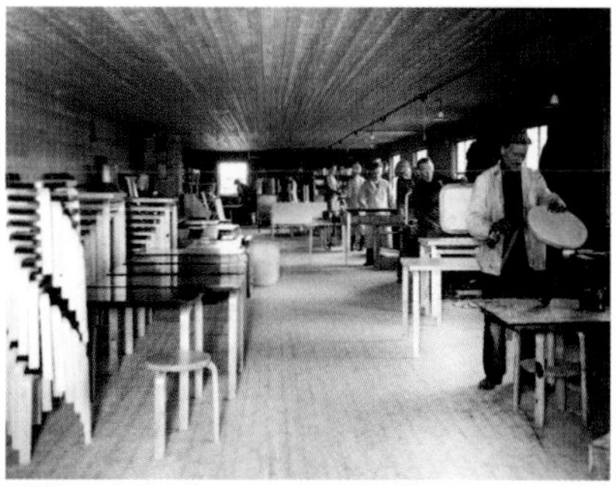
4154

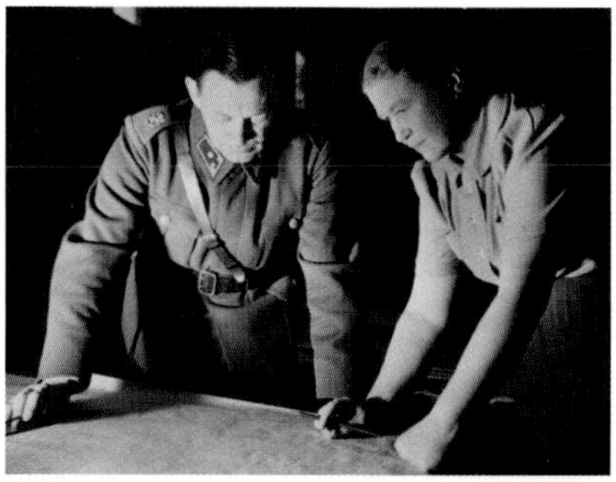
4155

4156
모겐스 코흐 Mogens Koch, MK Chair, 1932

너도밤나무, 천, 가죽으로 제작된 이 의자는 1932년 코펜하겐 가구 장인 조합 경쟁에서 1위를 한 작품으로, 접거나 펼 때 네 모서리에 달린 링이 의자의 다리를 따라 상하로 움직이는 독특한 구조를 가지고 있다. 1960년대 인테르나Interna사에 의해 상품화되었다.

4157
아르네 야콥센 Arne Jacobsen, Arm Chair, 1936

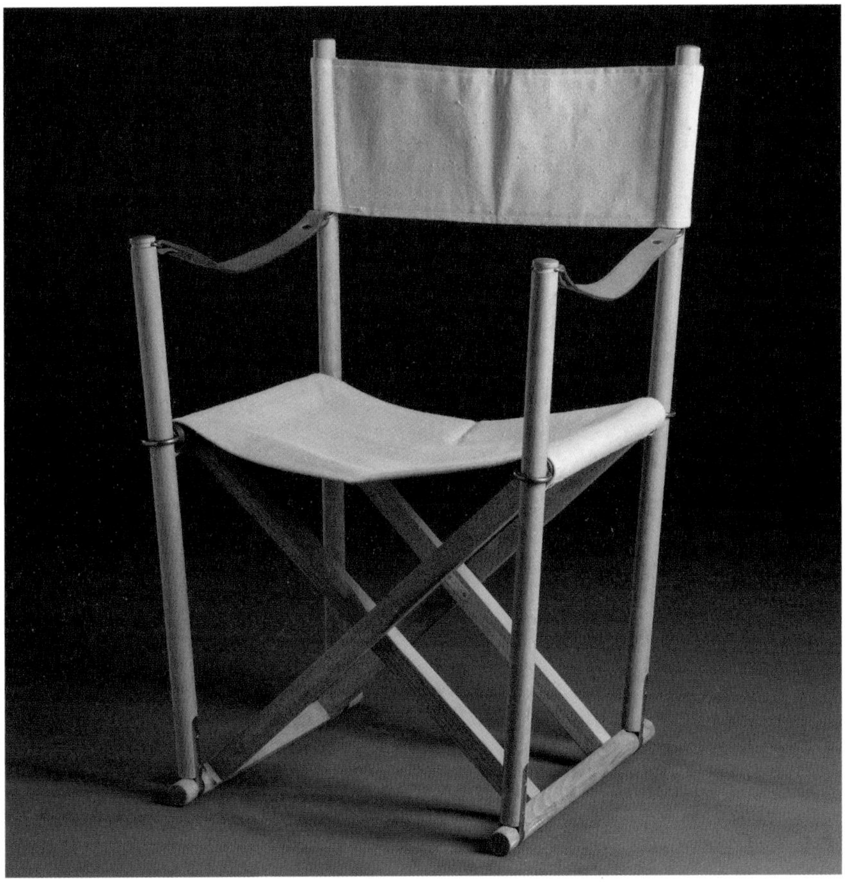
4156

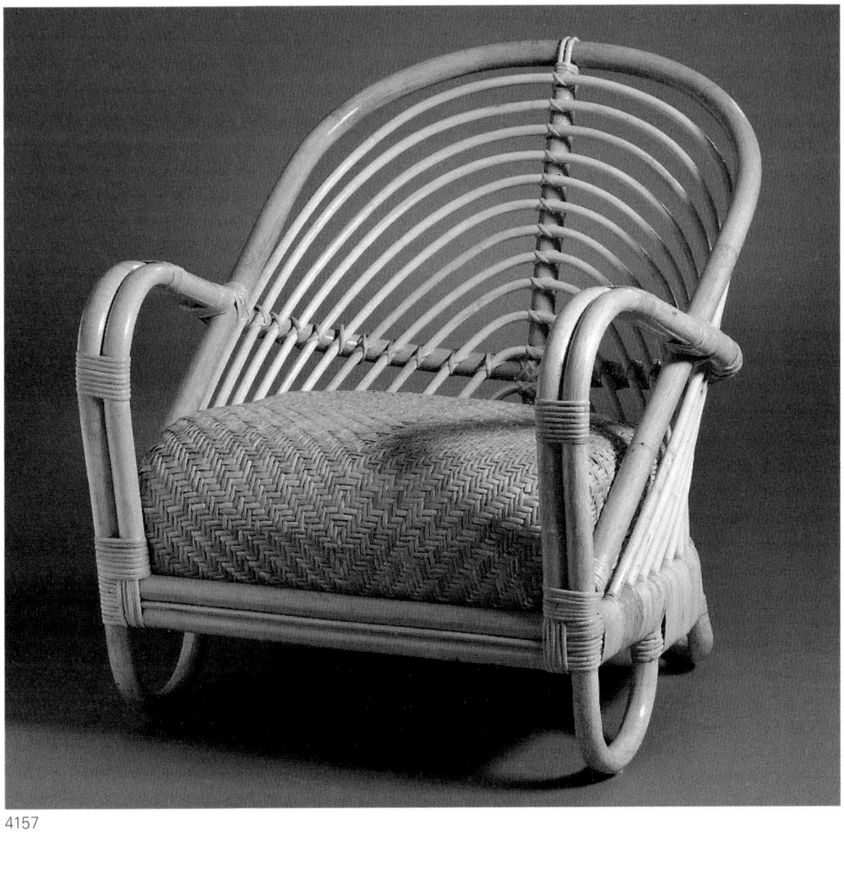
4157

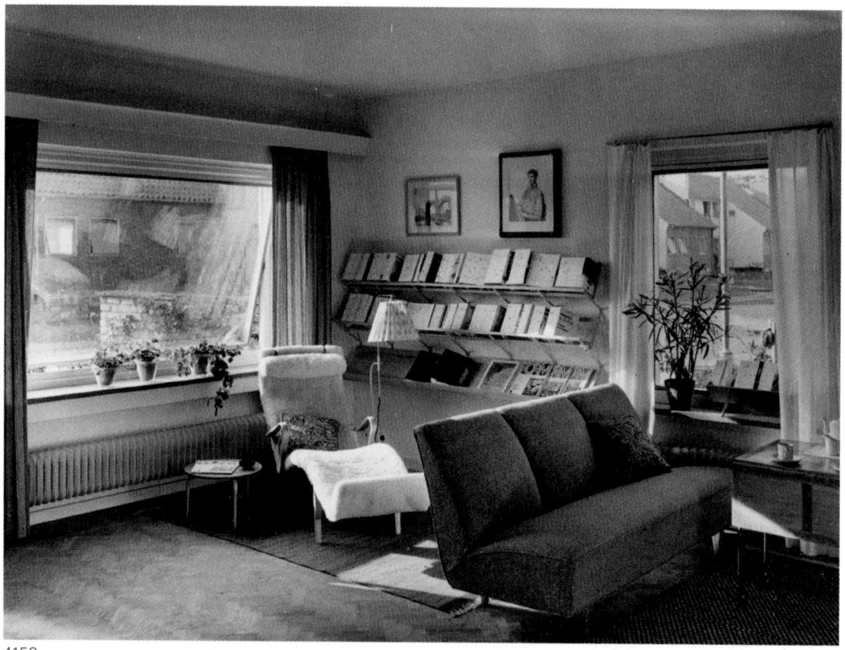

4158

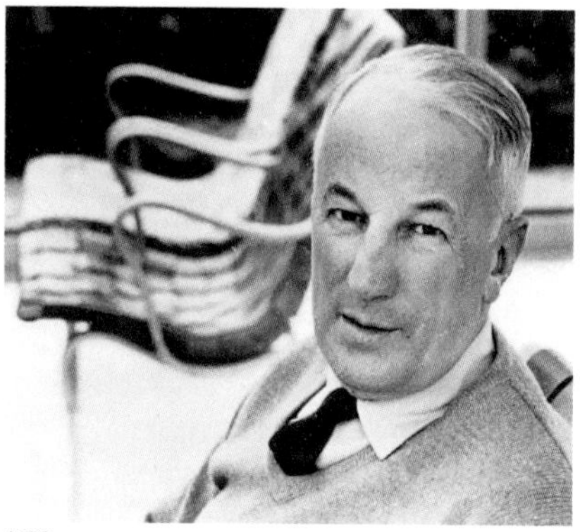

4159

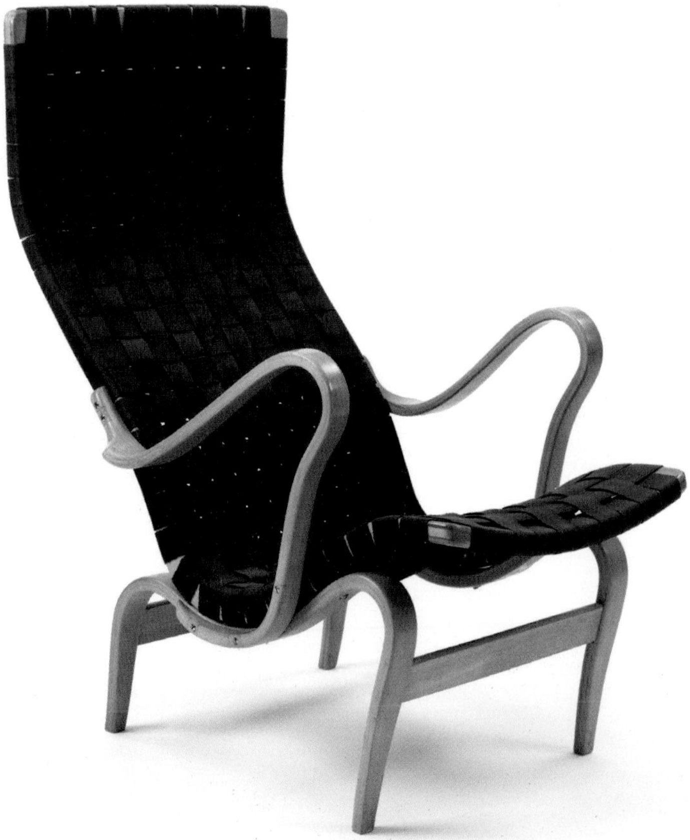

4160

브루노 마트손

Bruno Mathsson, 1912~1989, 스웨덴
건축가, 디자이너

브루노 마트손은 '스웨디시 모더니즘' 스타일을 창조한 주요 인물로, 박판 목재나 습열 처리된 곡목 실험을 통해 인간 친화적인 유기적 디자인의 근간을 세웠다. 그는 동시대의 카를 말름스텐이나 요제프 프랑크와 달리 전통 양식이 아닌 근대 가구 제작의 문제점에서 새로운 해결 방법을 찾으려는 관점으로 접근했다. 인체계측 연구를 통하여 사용자의 편안함을 최우선으로 고려한 디자인을 탄생시켰으며, 자연 소재를 사용하여 인본주의적인 그의 철학을 반영했다.
마트손의 대표작인 '에바Eva' 의자는 너도밤나무 소재를 짜 맞추어 단순하고 가벼운 프레임으로 제작되었으며, 직물을 엮어서 만든 튼튼하고 유연한 소재의 시트와 결합했다. 마트손의 의자는 1937년 파리 국제박람회와 1939년 샌프란시스코 금문교 박람회, 뉴욕 세계박람회에 전시되어 국제적인 인정을 받았고, 스웨디시 모더니즘의 국제적인 입지를 강화했다.

4158
말뫼의 프릴루프트스타덴 주거 전시회 'Vi bo'에서 찍힌 인테리어 사진, 1944

브루노 마트손과 엘사 굴버그가 전시한 14번 아파트로 마트손의 Pernilla 3이 중심에 놓여 있다.

4159
디자인 클래식인 '에바'를 배경으로 한 브루노 마트손, 1960년대

4160
브루노 마트손 Bruno Mathsson, Arm Chair, 1946 (디자인 1944)

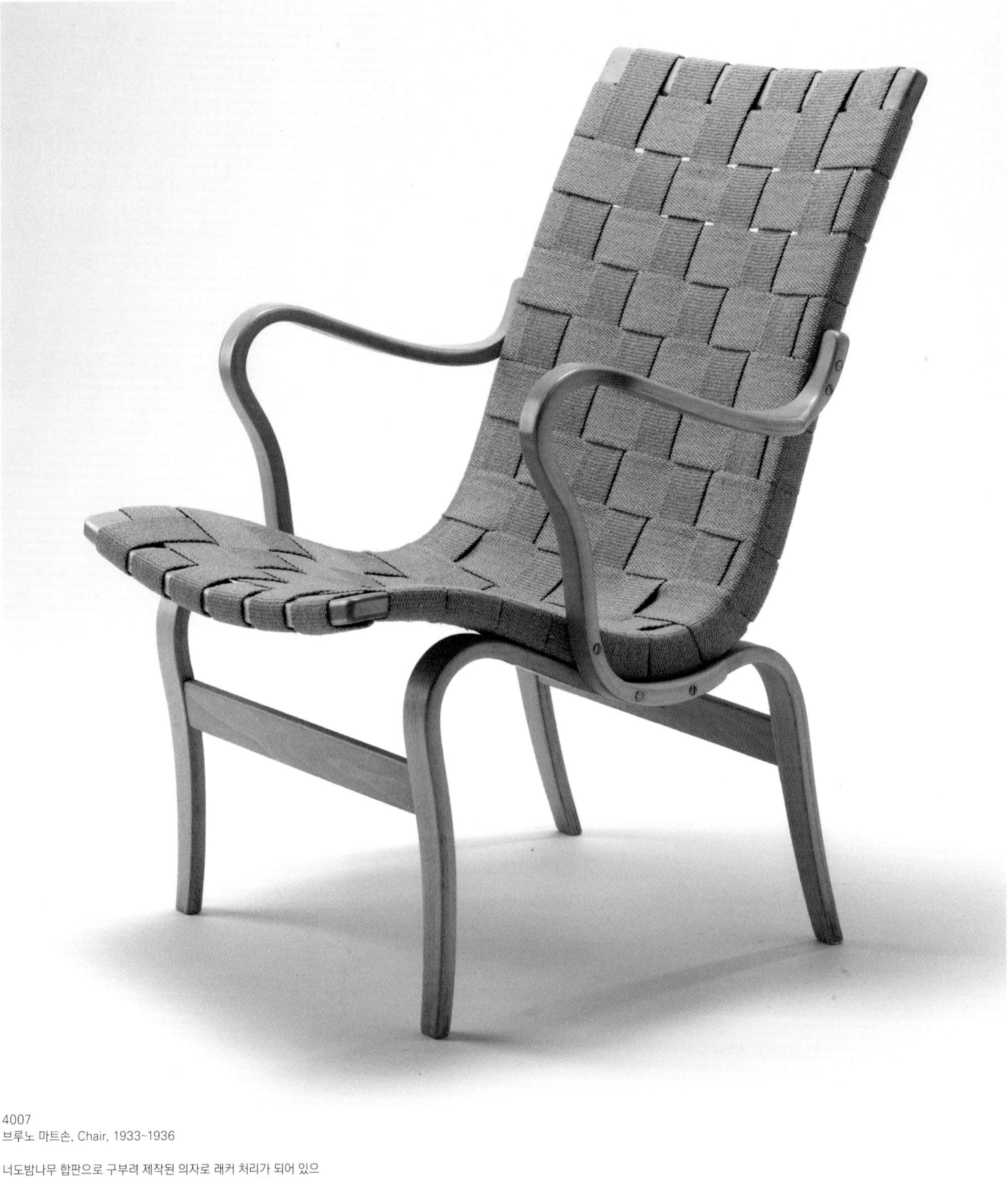

4007
브루노 마트손, Chair, 1933~1936

너도밤나무 합판으로 구부려 제작된 의자로 래커 처리가 되어 있으며, 양모와 폴리에스터 소재의 커버, 캔버스로 마감되었다.

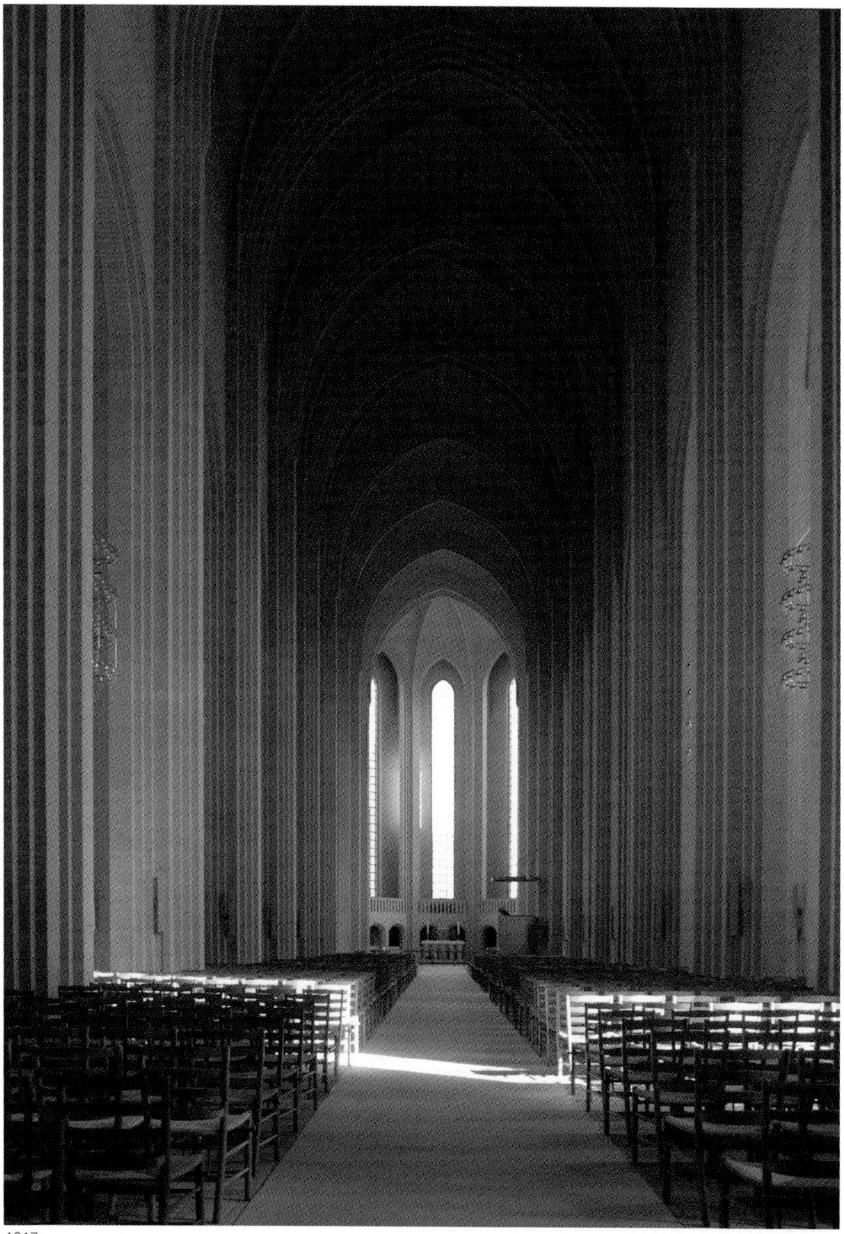
4017

그룬트비히 기념 교회

Grundtvig memorial church, 덴마크 코펜하겐

페데르 빌헬름 옌센-클린트

Peder Vilhelm Jensen-Klint, 1853~1930

카아레 클린트의 아버지이자 유명한 건축가인 페더 빌헬름 옌센 클린트는 베들레헴 교회와 그룬트비히 교회를 설계했으며, 1930년 옌센 클린트가 사망한 후 카아레 클린트가 이 두 교회의 건설을 완성했다.
교회에 배치된 카아레 클린트의 의자는 삼목으로 제작되었으며, 등받이와 좌석은 등나무로 만들어졌다.

4017
페데르 빌헬름 옌센-클린트 Peder Vilhelm Jensen-Klint
그룬트비히 기념 교회, 1913~1940, 덴마크 코펜하겐

4161
카아레 클린트 Kaare Klint
그룬트비히 교회 의자 Grundvigskirken Chair

4162
카아레 클린트, 1945경

4163
카아레 클린트, Safari Chair, 1933

4164
카아레 클린트, Faaborg Chair, 1914

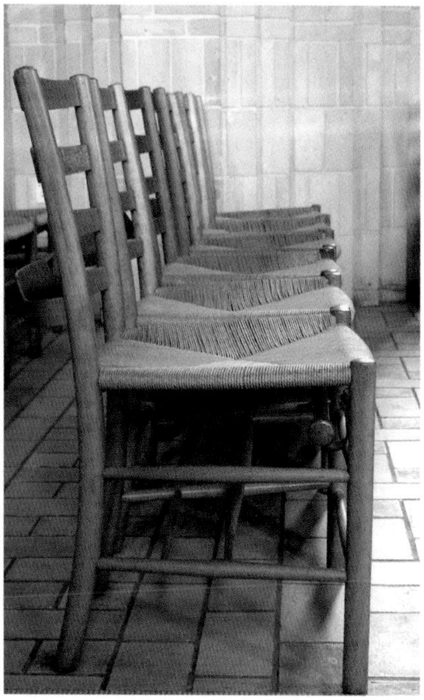
4161

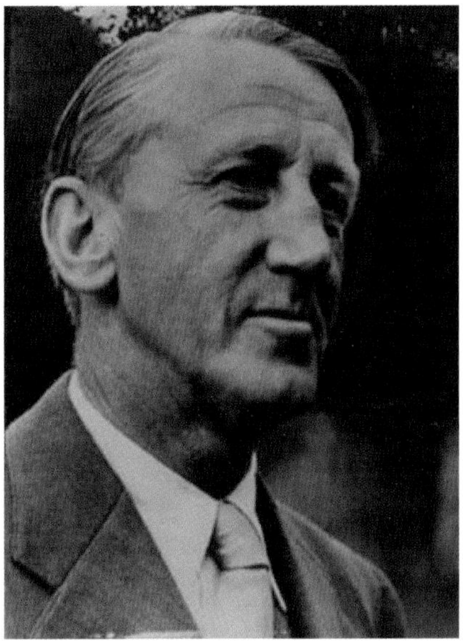

4162

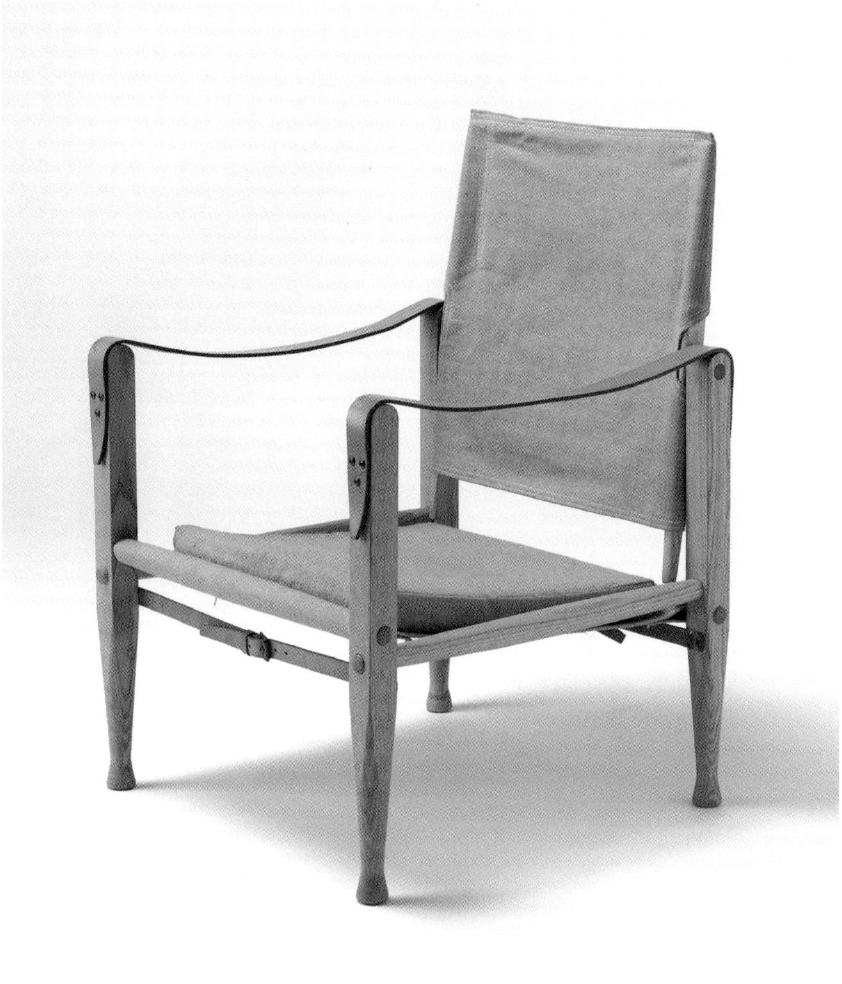

4163

카아레 클린트

Kaare Klint, 1888~1954, 덴마크, 건축가, 디자이너

카아레 클린트는 덴마크 디자인의 아버지로, 전통 가구 제작의 가치를 현대적인 기능의 제품에 도입하여 발전시켰다. 특히, 다른 문화권의 전통가구를 분석하고 인체공학적 연구와 접목시켜 실용적이고 현대적인 가구로 재탄생시켰다. 1914년 파보르 박물관의 내부 설비와 가구 디자인은 18세기 영국 가구에서 차용한 장식요소와 고전적인 비례미를 접목시켰으며, 전통적인 소재와 현대적인 제조 기술을 결합했다. 1920년대 말부터 단순하고 내구성이 강한 디자인을 선보였으며, 영국군 장교의 의자에서 영감을 받아 실용적이고 편안한 형태로 재해석한 사파리 의자는 분해가 가능하고 조립이 쉬운 모듈식으로, 사용자가 자신의 필요에 맞게 조정할 수 있도록 고안되었다. 클린트는 대부분 전통제작 방식인 수제품으로 제작했지만 종이 주름으로 만든 램프 연구 등 저비용 대량생산에 대해서도 탐구했다.

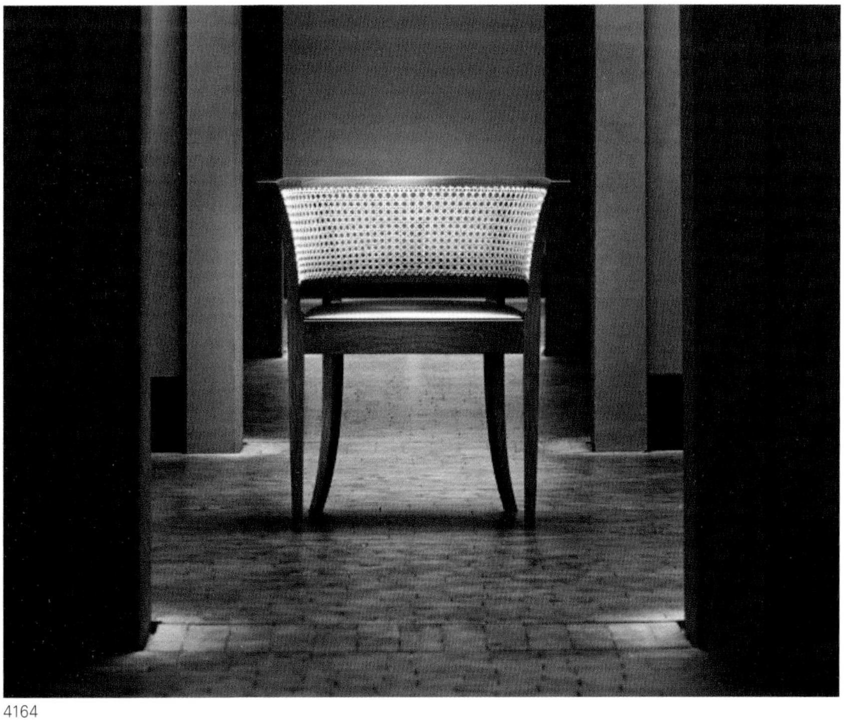

4164

파보르 체어

Faaborg Chair, 1914

카아레 클린트의 초기 작품으로 파보르 박물관을 위해 디자인한 의자이며, 마호가니와 가죽 커버로 제작되었다. 클린트가 연구한 치펀데일 등 18세기 영국 양식 가구의 요소를 도입하여 심플하게 만들어졌으며, 뒷다리의 라인은 고대 그리스 시대에 유행한 '클리스모스'의 다리를 떠올리게 한다. 이 의자는 가구 마이스터 루드 라스무센이 제작했으며, 디자이너와 장인의 협력을 통해 세부적인 부분까지 가공에 세심한 노력을 기울였다.
파보르 박물관 내부에 이 의자를 설치함으로써, 미술관의 전시 공간과 가구 디자인의 조화의 중요성을 강조했다.

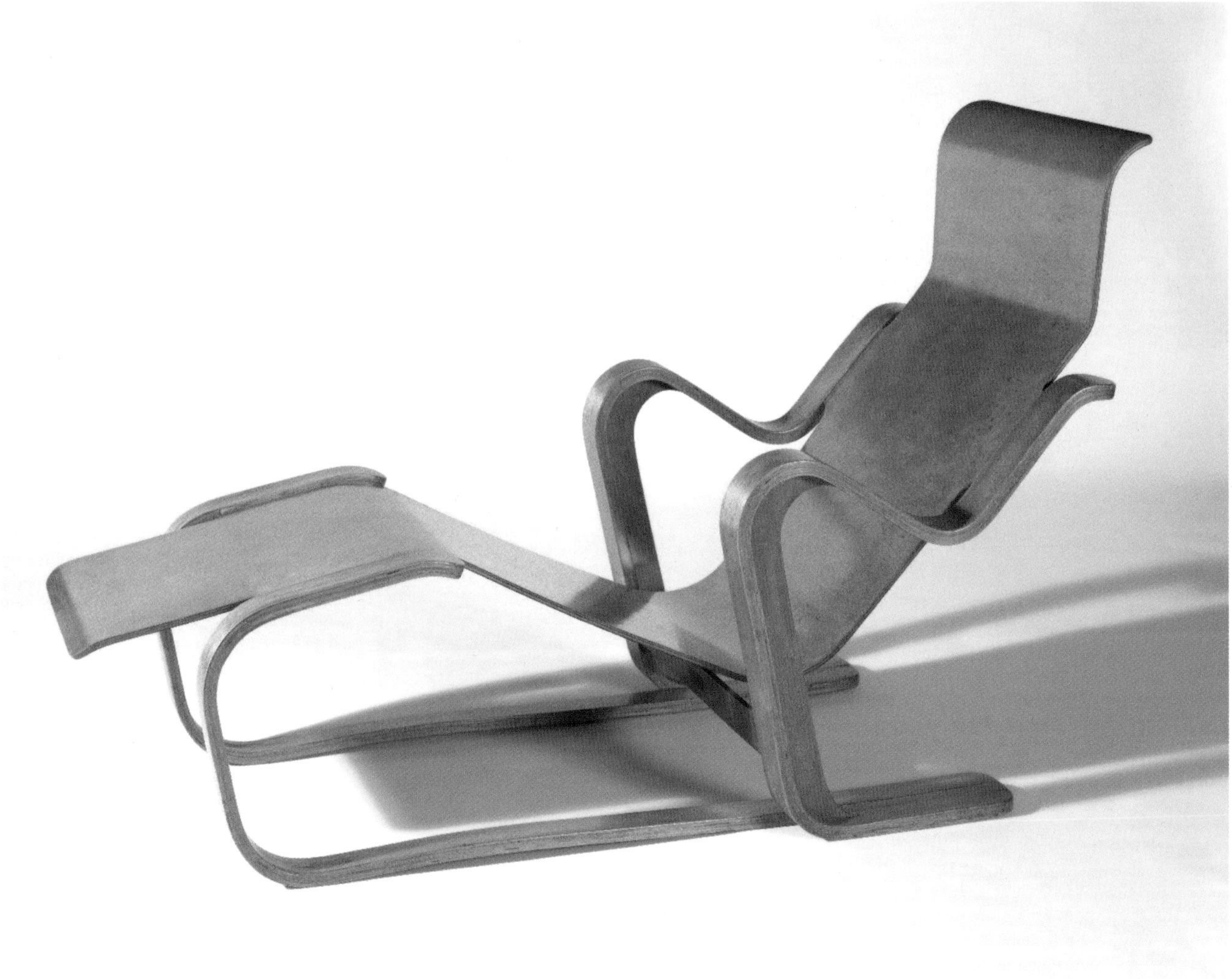

4165

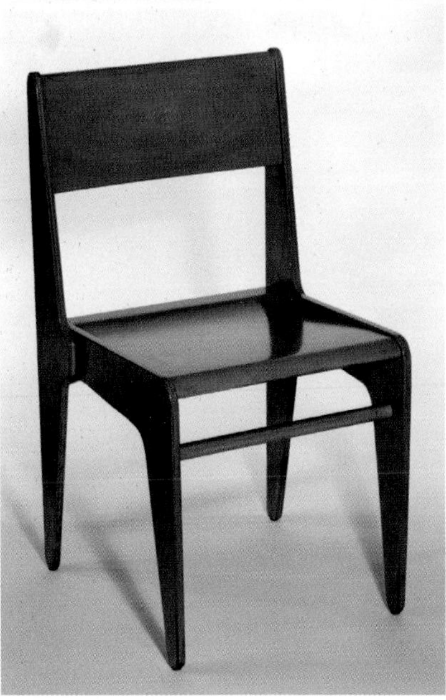

4166

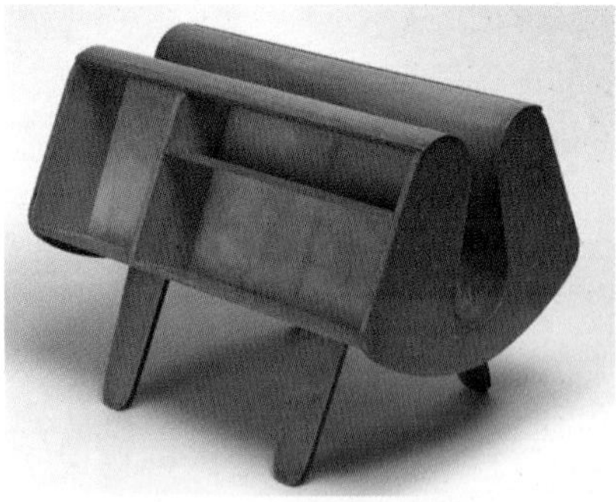

4167

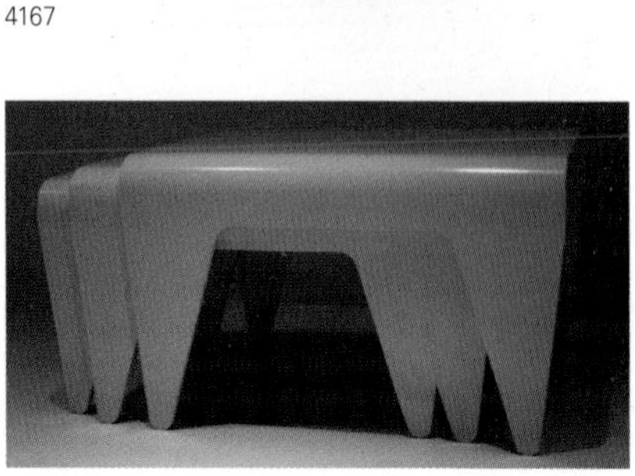

4168

4165
마르셀 브로이어 Marcel Breuer, Long Chair, 1935~1936경
제조사 ISOKON, 소재 Molded and laminated plywood

이 의자는 마르셀 브로이어가 소재를 중심으로 탐구했던 초기 디자인과 다른 안락함과 편안함을 강조하는 디자인으로, 인체에 대한 이해를 볼 수 있다.

4166
마르셀 브로이어
Side Chair, 1938, 소재 Birch plywood, Solid wood

4167
에곤 리스 Egon Riss, 잭 프리처드 Jack Pritchard
Isokon Penguin Donkey Bookcase, 1939
제조사 Isokon Furniture, London, 소재 Plywood

마르셀 브로이어는 발터 그로피우스를 따라 영국으로 이주한 후, 프리처드에서 이소콘사를 위해 곡면 베니어합판 소재의 가구를 다수 디자인했다.

4168
마르셀 브로이어, Nesting BT2 Tables, 제조사 ISOKON

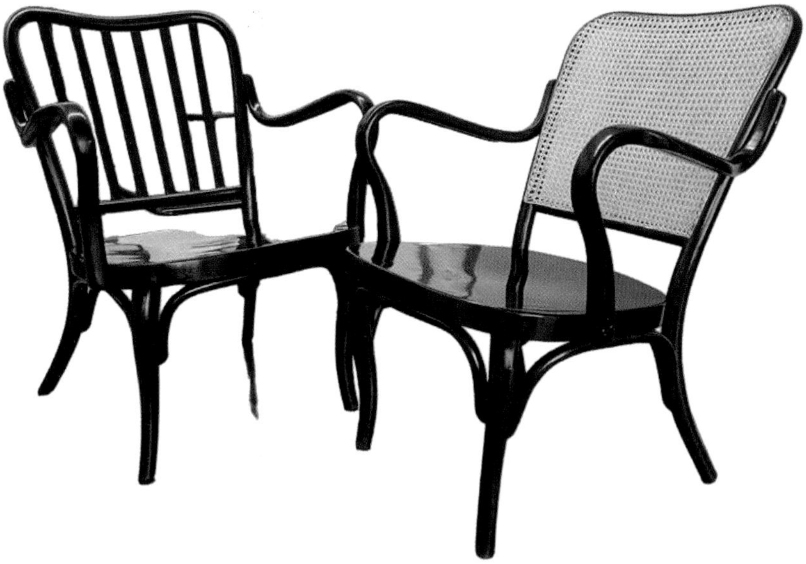

4169

요제프 프랑크

Josef Frank, 1885~1967, 스웨덴 (오스트리아 출생)
디자이너

요제프 프랑크는 오스트리아에서 출생했으나, 스웨덴에서 주로 활동했다. 초기에는 비엔나 분리파의 영향을 받았으며, 데 스틸이나 바우하우스가 추구한 기능주의적 모더니즘과는 다른 방향을 주장했다. 그는 르코르뷔지에가 제시한 '살기 위한 기계'와 같은 기능주의적 디자인을 거부하고, 전통을 기반으로 예술적 디자인과 융합된 모더니즘을 추구하며 '스웨디시 모던'의 개념을 형성하는데 중추적인 역할을 했다. 1925년 파리 박람회와 1927년에는 독일의 바이센호프 주택단지 건설에 참여했으며, 1934년에 스벤스크트 텐Svenskt Tenn의 수석 디자이너로 임명되어 텍스타일, 가구, 인테리어 디자인 등을 선보였다. 그의 디자인은 우아함, 균형감, 안락함을 강조했으며, 화사한 색상이나 무늬의 디자인을 선보였다. 1937년 파리 만국박람회, 1939년 뉴욕 세계박람회, 금문교 박람회를 통해 프랑크의 인문주의적 인테리어를 국제적으로 알렸다. 그의 대표작인 '크누텐 촛대'는 스벤스크 텐의 상징적인 제품이며, '야채 나무Vegatable Tree'는 텍스타일 디자인의 고전이 되었다.

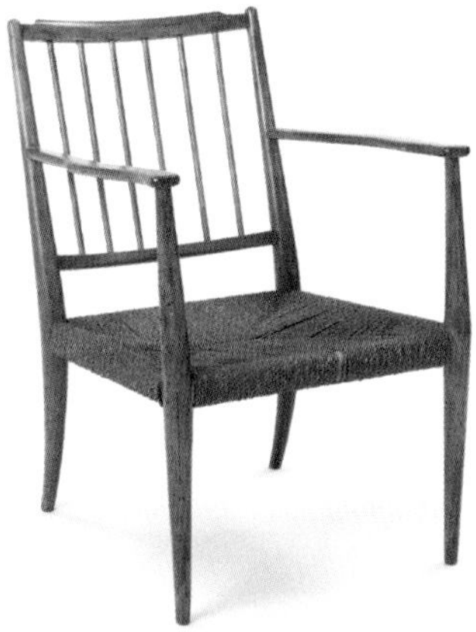

4170

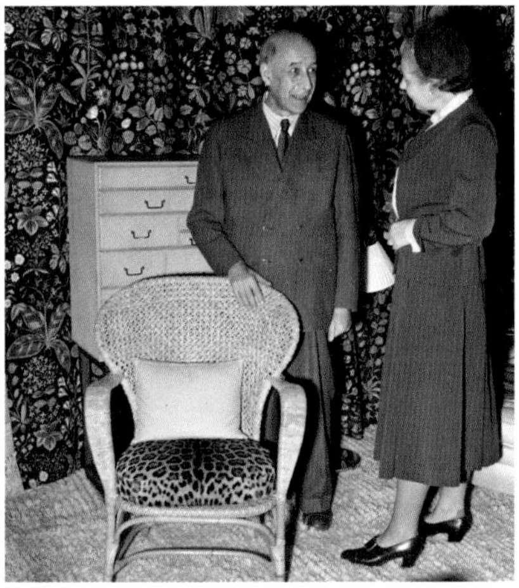

4171

4169
요제프 프랑크 Josef Frank, Thonet A752 변형 모델, 1930

4170
요제프 프랑크, Arm Chair, 1930~1938, 제조사 Svenskt Tenn

4171
스톡홀름 국립박물관에서 열린 Svenskt Tenn 전시회에서 Josef Frank와 Svenskt Tenn의 설립자이자 디자이너인 Estrid Ericson의 사진, 1952

4172
요제프 프랑크, 스웨덴의 리딩외 섬에 위치한 밀레스가르덴에 있는 '안네의 집' 내부의 거실 인테리어

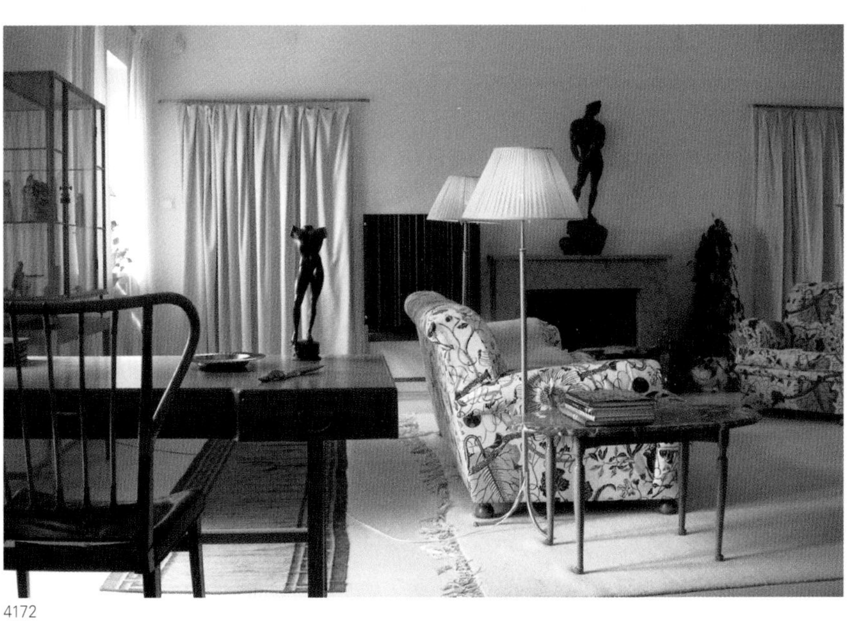

4172

초기 모던 스칸디나비안 스타일 제품
Early Modern Scandinavian Style Products

영국의 '미술공예 부흥운동Arts and Crafts Movement'의 영향으로 스칸디나비아 국가들은 공예적 프로세스와 전통의 재해석에 관심을 가지게 되었고, 국제화와 산업화가 진행되면서 대량생산과 기능주의 제품에 대한 요구가 점차 확대되었다.

20세기 전반기 스웨덴은 스칸디나비아 국가 중에서 디자인 개혁 운동과 독자적인 양식을 최초로 전개했다. 스웨덴 수공예협회장이었던 그레고르 파울손은 『보다 아름다운 일상용품』이라는 책을 통해 일상용품을 통해 삶을 개선하려는 정신을 강조했으며, 디자이너들은 대량생산을 고려한 단순한 형태와 자연에서 얻은 통찰을 바탕으로 가정생활용품을 고안했다. 그들은 재료에 대한 공감과 과장 없이 유용한 형태를 중시하며, 전통 공예 방법과 자연 친화적인 재료를 결합하여 지역의 정서적 특징을 반영했다.
핀란드의 알바르 알토는 이 시기 대부분의 스칸디나비아 지역의 디자이너들과 마찬가지로 신고전주의 양식의 영향을 받았으나, 합리주의 모더니즘을 수용하는 과정에서 전통과 자연에 대한 공감을 바탕으로 한 인본주의적 기능주의라는 독자적인 형식으로 발전하게 되었다.

아이노 알토
Aino Aalto, 1894~1949, 핀란드, 건축가, 디자이너

아이노 알토는 핀란드의 헬싱키에 위치한 기술 연구소에서 건축을 공부한 후, 1920년에 건축가 자격을 획득했다. 기능주의 스타일에 영감을 받아, 배우자인 알바르 알토와 공동으로 작업한 건축물의 인테리어 디자인에 특히 중점을 두었다. 두 사람은 아르텍ARTEK을 공동 설립하여 가구, 인테리어, 조명, 직물 등 다양한 디자인 분야에서 작업을 선보였다.
아이노 알토의 창작 활동은 그녀 개인의 성취를 넘어서 알바르 알토와의 협업을 통해 스칸디나비아 모더니즘에 큰 기여를 했다. 그녀의 디자인 중에서도 핀란드의 유명한 제조사 이탈라Iittala를 통해 출시된 'Bölgeblick' 식기류는 오늘날까지도 널리 사랑받고 있으며, 아이노 알토의 디자인 철학과 심미적 가치를 대중에게 전달하고 있다.

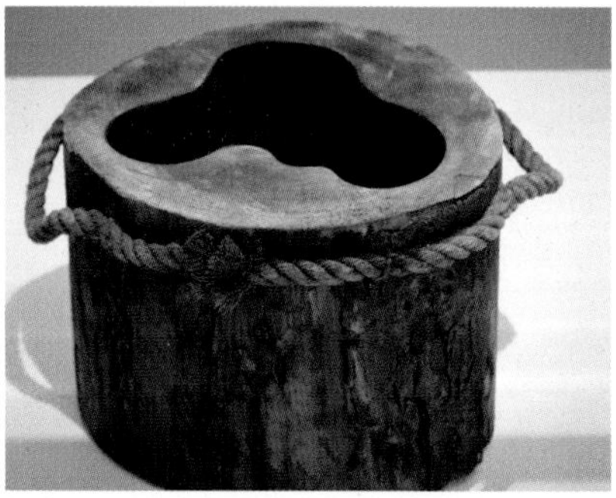
4173

4173
Vintage Wood Model for Alvar Aalto Vase

알바르 알토가 디자인한 유명한 꽃병을 위한 빈티지 목재 모형으로, 꽃병의 최종 디자인을 구현하기 전에 형태와 크기를 실험하고 확인하는 데 사용되었다.

4174
아이노 알토 Aino Aalto, Drinking Glass, 1932

핀란드 디자인 회사 이탈라를 위해 제작되었으며, 당시에는 'Bölgeblick'라는 이름으로 알려졌다. 아이노 알토의 기능주의적인 디자인 철학과 함께, 단순하고 실용적인 형태를 갖추고 있으며, 일상생활에서 사용하기 편리하도록 디자인되었다.

4175
알바르 알토 Alvar Aalto, Savoy Vase, 1936

4176
알바르 알토, Savoy Vase, 1936

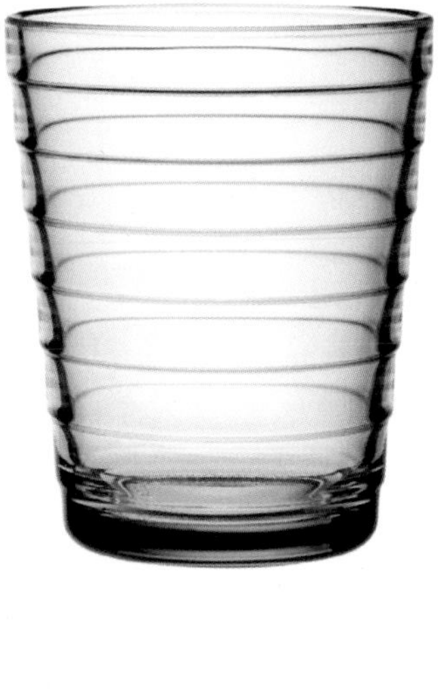
4174

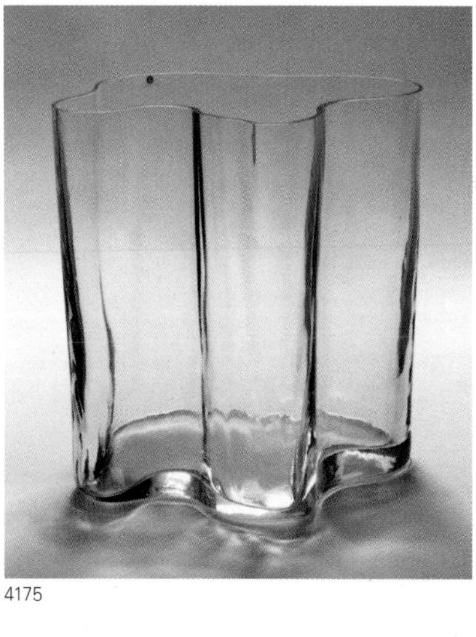
4175

사보이 꽃병
Savoy Vase, 1936

사보이 꽃병은 1937년 파리 국제박람회를 위해 제작되었으며, 알바르 알토의 디자인 철학과 스타일을 집약적으로 보여주는 작품이다. 자연의 형태와 유기적인 곡선을 추상화하여 디자인된 이 꽃병은, 숲을 관리하는 임무관이 직업이었던 부친의 등고선 지도에서 영감을 받았다고 알려져 있다.

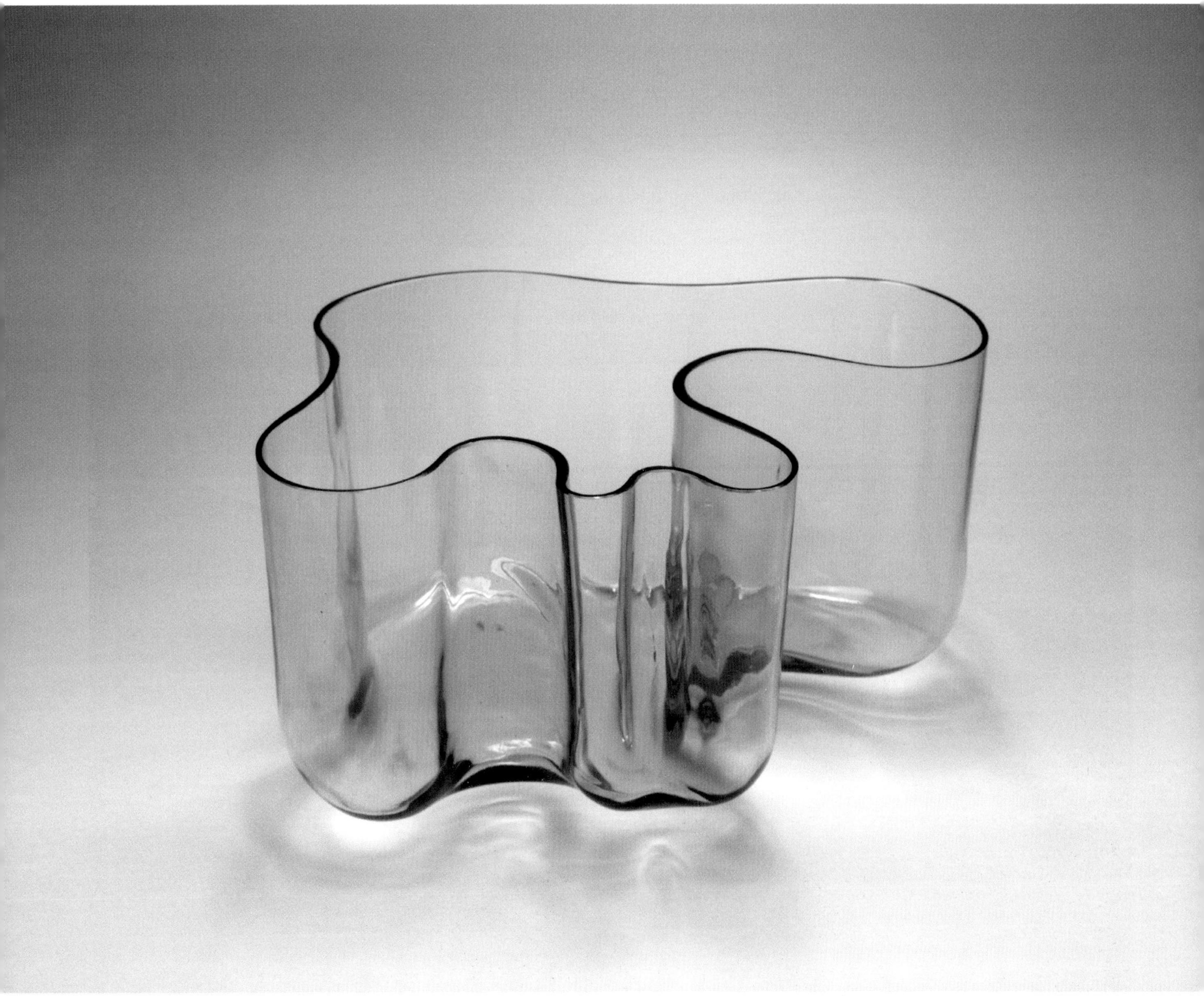

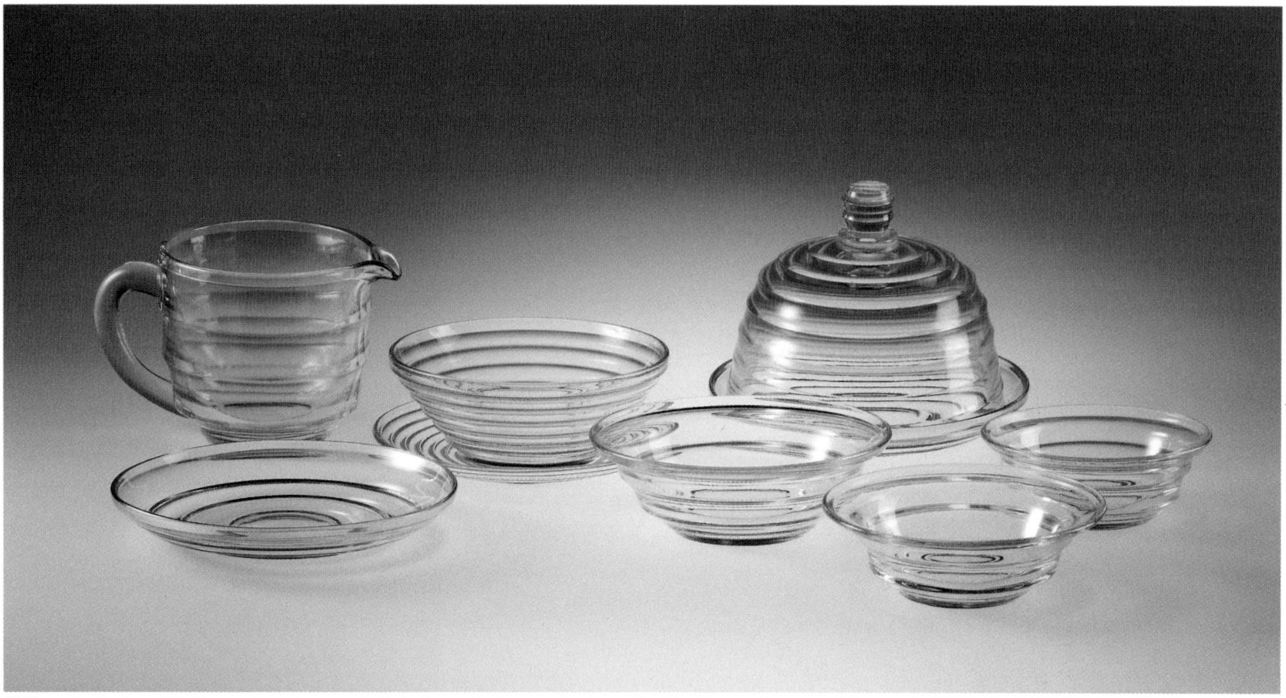

4177

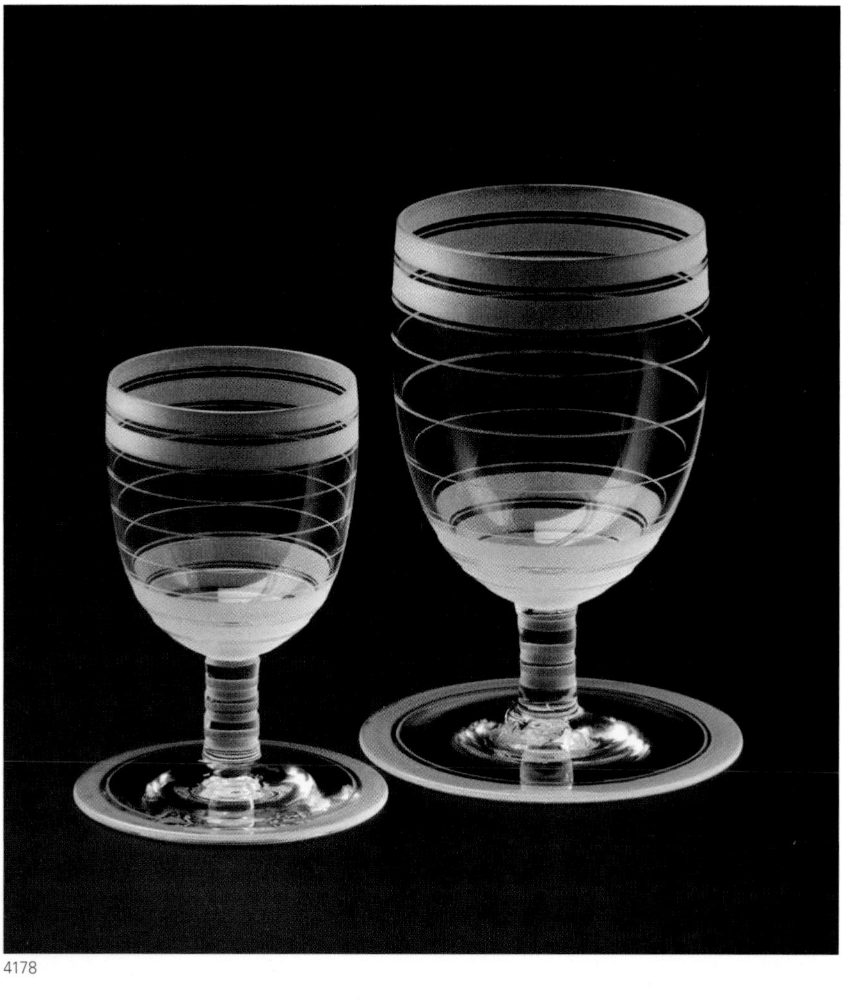

4178

4177
스베레 페테르센 Sverre Pettersen, 1884~1959, 노르웨이
유리, 크리스털 디자이너
그릇, 1938, 제조사 Hadeland Glassverk

4178
스베레 페테르센, Wine Service Set, 1929,
제조사 Hadeland Glassverk, 1932

4179
스웨덴의 Gustavsberg Porcelain Factory에서의 알고트 빌헬름 코게,1919.9

4180, 4181
알고트 빌헬름 코게 Algot Wilhelm Kåge
Jar, 1933, 제조사 Gustavsberg fabriker

4182
알고트 빌헬름 코게, Praktika, 1933, 제조사 Gustavsberg

4183
알고트 빌헬름 코게
Dish "Liljeblå", model KG, 1917, 제조사 Gustavsberg

4184
알고트 빌헬름 코게, Lily Blue Coffee Pot, 1917

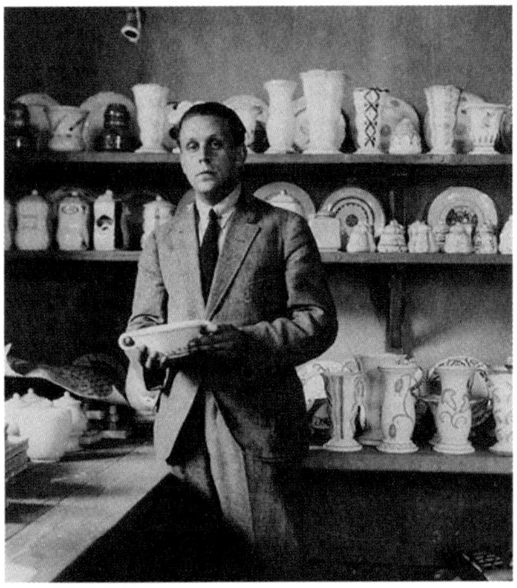
4179

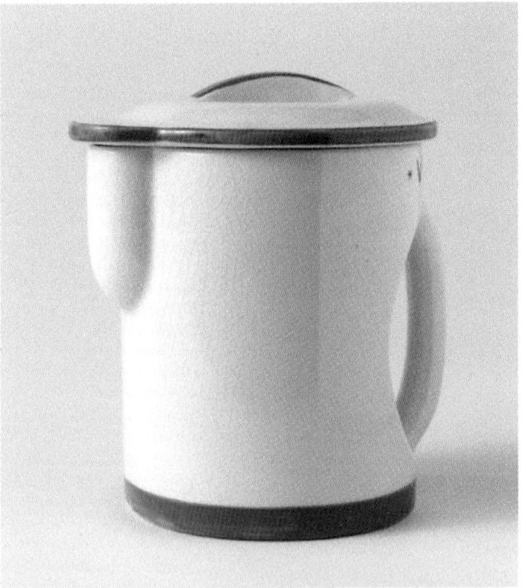

4180

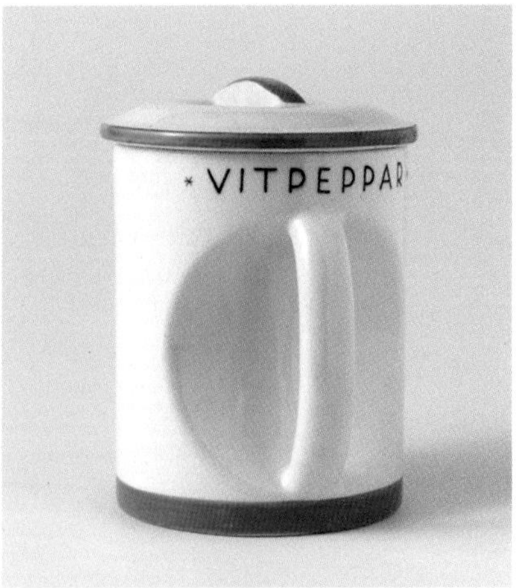

4181

알고트 빌헬름 코게
Algot Wilhelm Kåge, 1889~1960, 스웨덴
디자이너, 예술가

알고트 빌헬름 코게는 스웨덴에서 예술가와 산업 영역 간 협력을 이끌며 대량생산을 통해 일상용품의 미적 수준을 향상시킨 인물이다. 구스타프스베리 도자기 공장의 예술 부서의 책임자로서 1927년 스톡홀름에서 개최된 '주택 박람회'에 '푸른 백합Lily Blue'를 전시했고, 1925년 파리박람회에서 그랑프리를 수상했다. 1930년대 스웨덴에서는 급진적인 기능주의가 전파되었으나, 대중은 급진적인 디자인 보다 고품질의 대량생산품을 선호했다. 그 결과, '푸른 백합'과 '프락티카Praktika'는 상업적으로 실패하게 되었다. 같은 해, 프락티카에 비해 따뜻한 색상과 민속 양식에서 영감을 받은 꽃무늬를 양식화하여 장식한 '피로Pyro'가 대성공을 거두며 1937년 파리박람회에 전시되었다. 또한 '아르겐타Argenta'세트는 아르데코 양식의 영향을 받아 신고전주의 문양을 은으로 장식한 디자인으로 1930년 스톡홀름 박람회에 전시되었다.
코게의 디자인은 스웨덴의 전통에 충실하면서도 현대적인 해석을 더해, 당시의 기능주의 모더니즘과는 차별화된 스웨덴의 절충적인 모더니즘 양식을 보여주었다.

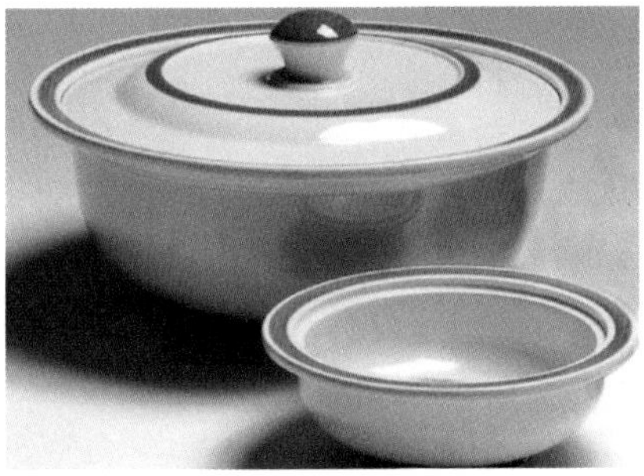
4182

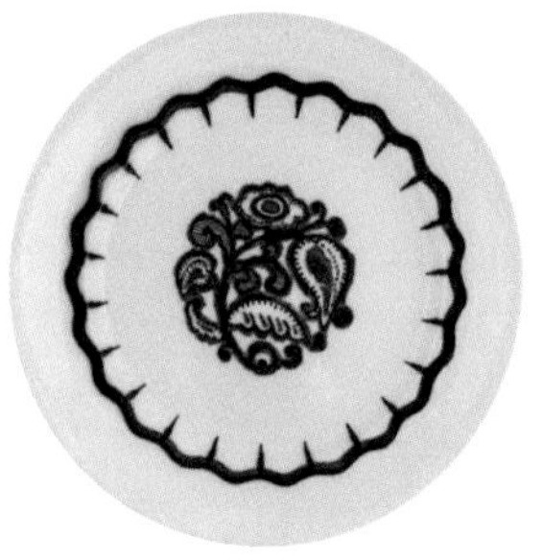
4183

프락티카 Praktika, 1933

프락티카는 주로 노동 계층의 가정을 겨냥해 디자인된 제품으로 단순한 디자인과 쌓을 수 있는 구조로 제작되었다. 그러나 당시 소비자들이 전통적이고 화려한 제품을 더 선호하여, 상업적으로는 큰 성공을 거두지 못했다.

릴리 블루 Lily Blue, 1917

1900년대 초반 스웨덴은 '더 아름다운 일상용품'이라는 슬로건 아래 디자인 및 생활용품 산업에 혁신적인 변화를 주도했다. 코게는 구스타브스베리Gustavsberg를 위해 이러한 철학을 반영하는 식기 세트를 디자인했으며, 그 중 'Lily Blue'는 심플한 장식과 세련된 디자인으로 일상적 사용을 위한 제품이면서도 예술성을 강조하는 점에서 주목받았다.

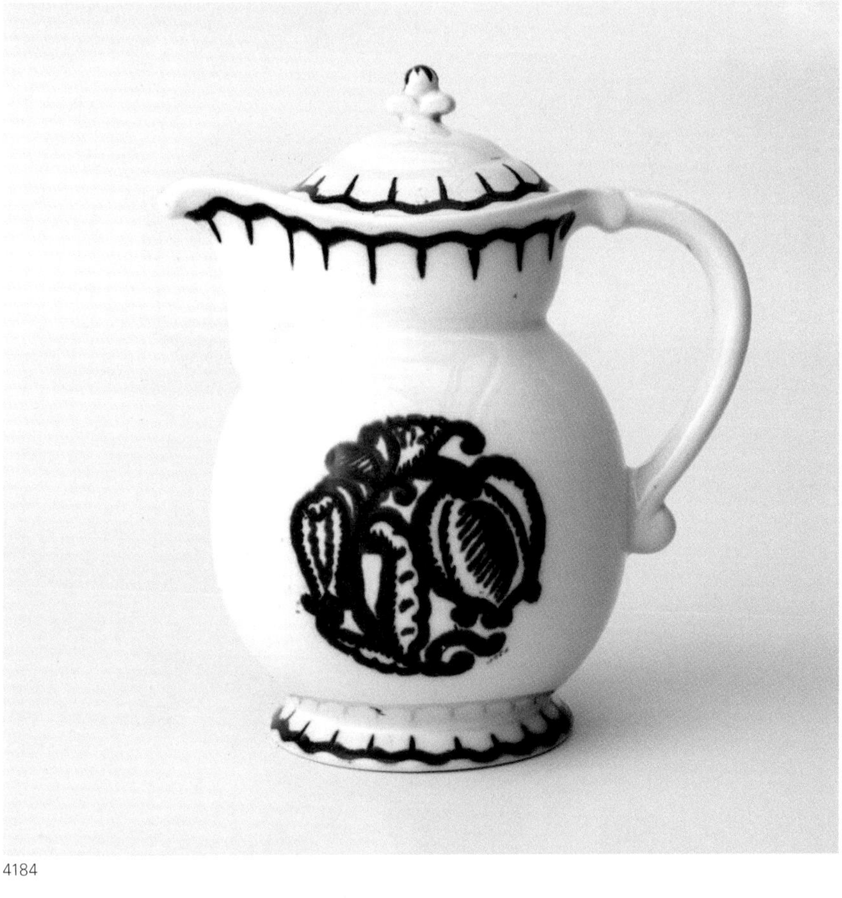
4184

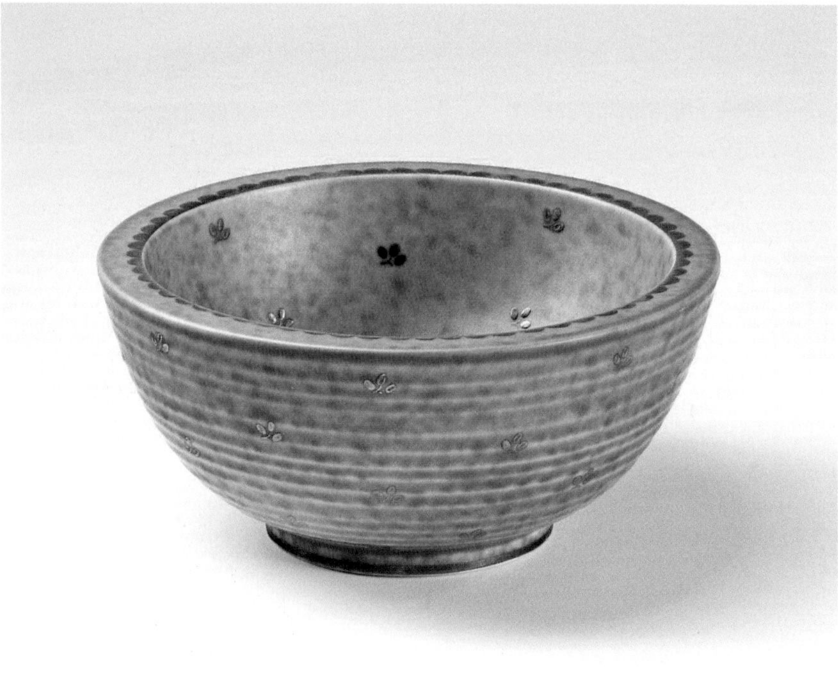

4185

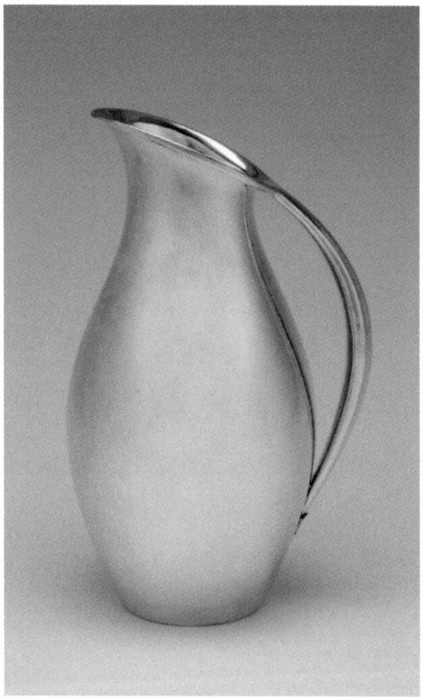

4186

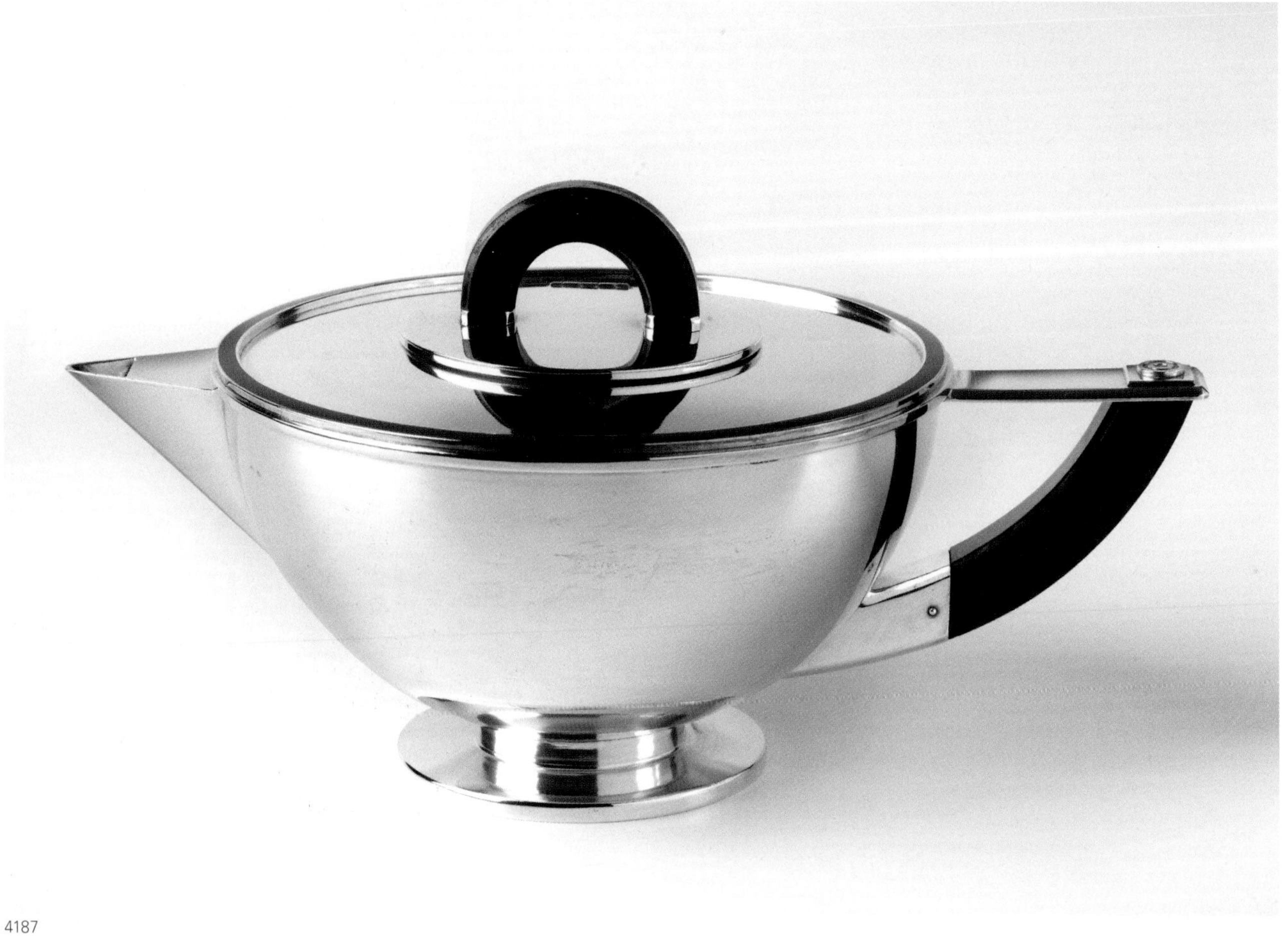

4187

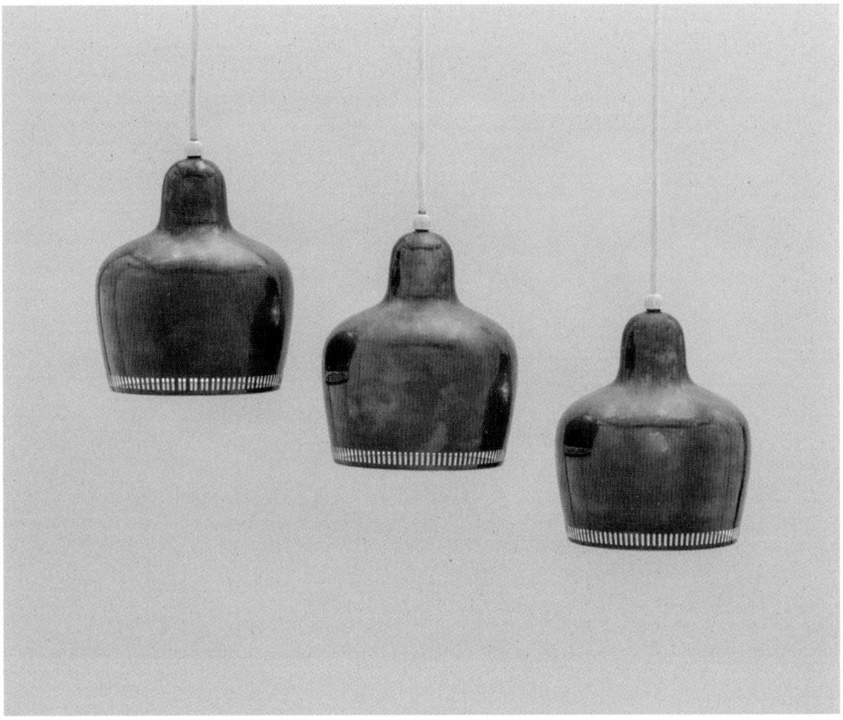

4188

4185
빌헬름 코게 Wilhelm Kåge
Bowl, 1930년대, 제조사 Gustavsberg 황금 장식이 있는 '플린트 웨어'의 그릇, 플린트 웨어는 고온 숙성 도자기로 강도와 내구성이 뛰어나다.

4186
요한 로데 Johan Rohde
Wine pitcher, 1925 은으로 제작된 와인용 주전자

4187
한나 비순드 Hanna Visund, Tea Pot, 1931, 제조사 J. Tostrup

4188
알바르 알토 Alvar Aalto, 아이노 알토 Aino Aalto, Golden Bell, 1937

헬싱키의 The Savoy Restaurant의 인테리어를 위해 만들어졌으며, 같은 해 파리 국제박람회의 핀란드 파빌리온에 전시되었다. 하나의 조각으로 이루어진 우아한 디자인이 특징이며 황동 또는 스틸을 사용했다.

4189
Plafondlamp Le Klint Model 30, 1955

덴마크의 조명 제조업체 Le Klint의 모델 30 천장 램프로 Tage Klint의 Model 26 디자인의 영향을 받았다.
Le Klint의 램프들은 종이나 플라스틱 등의 재료로 제작되어 복잡하면서도 예술적인 그림자를 연출한다.

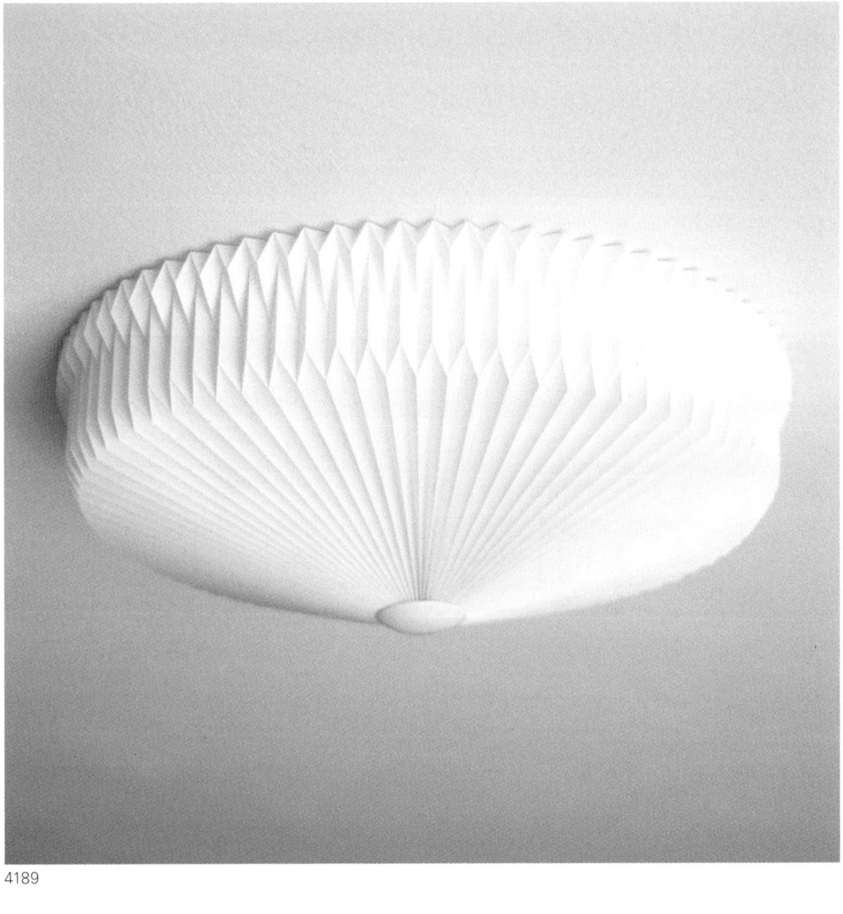

4189

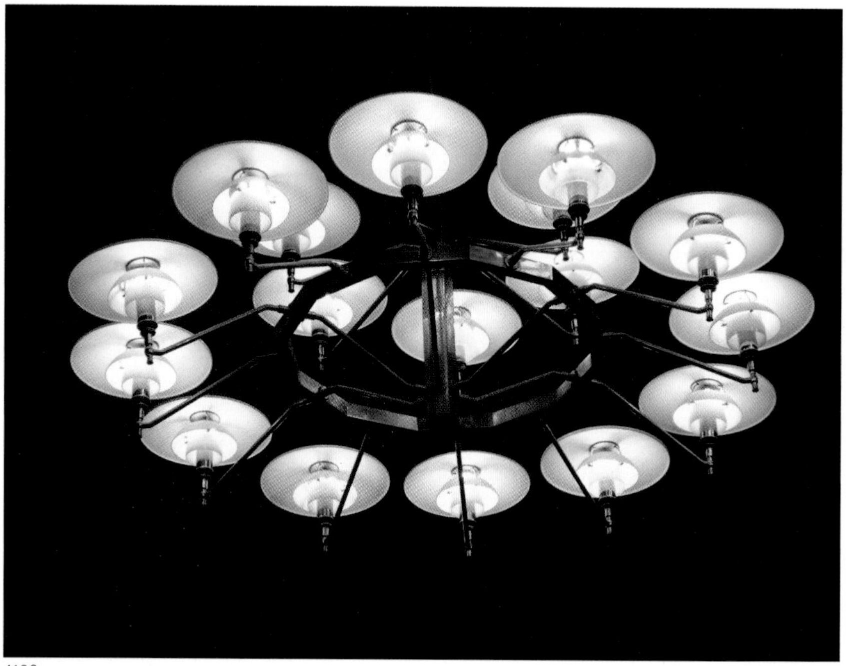
4190

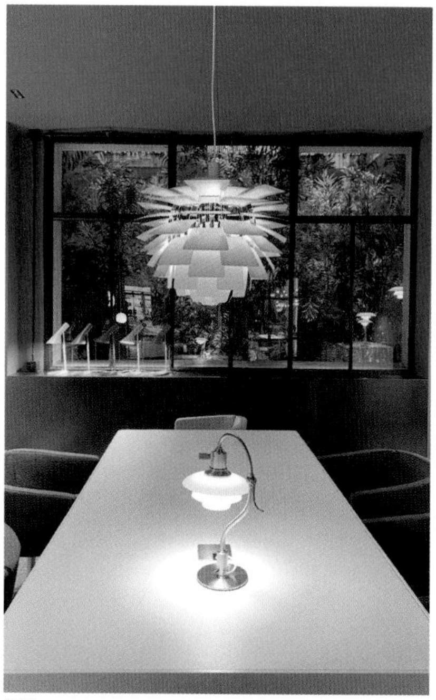
4191

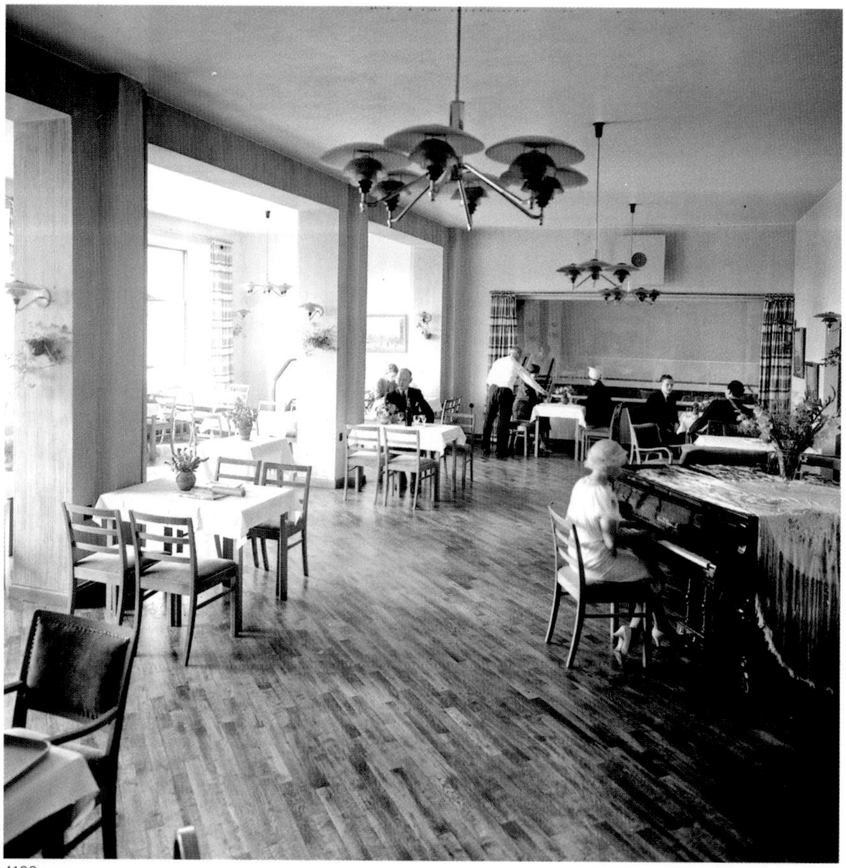
4192

4190
폴 헤닝센 Poul Henningsen, PH Academy Lamp, 1927

이 조명은 3개의 그림자를 만드는 조명의 샹들리에 버전으로 중앙 막대에서 각 팔이 램프를 지지하는 형태로 구성되어 있다. 이 조명은 1929년 바르셀로나 국제박람회의 덴마크 국립 파빌리온에서 카아레 클린트의 가구와 함께 전시되었다.

4191
밀라노의 Cassina 전시장에 설치된 PH Artichoke 조명
Salone del Moblie 2023

4192
폴 헤닝센의 램프가 있는 코펜하겐의 레스토랑 1937. 8

4193
폴 헤닝센, Ceiling Lamp PH Artichoke Lamp, 1958
제조사 Louis Poulsen & Co

아티초크 조명은 폴 헤닝센 디자인의 정점을 보여주는 모더니스트의 샹들리에이다. 폴 헤닝센은 전기 조명으로 촛불 같은 분위기를 내기 위해 평생 100여 개의 램프를 디자인했다. '100% 눈부심 없는 빛'을 만들어내는 이 조명은 72개의 잎을 닮은 조명 갓과 100여 개의 부품, 숙련된 기술자들의 조립으로 제작되며, 단순한 조명을 넘어 마스터피스로 불린다.

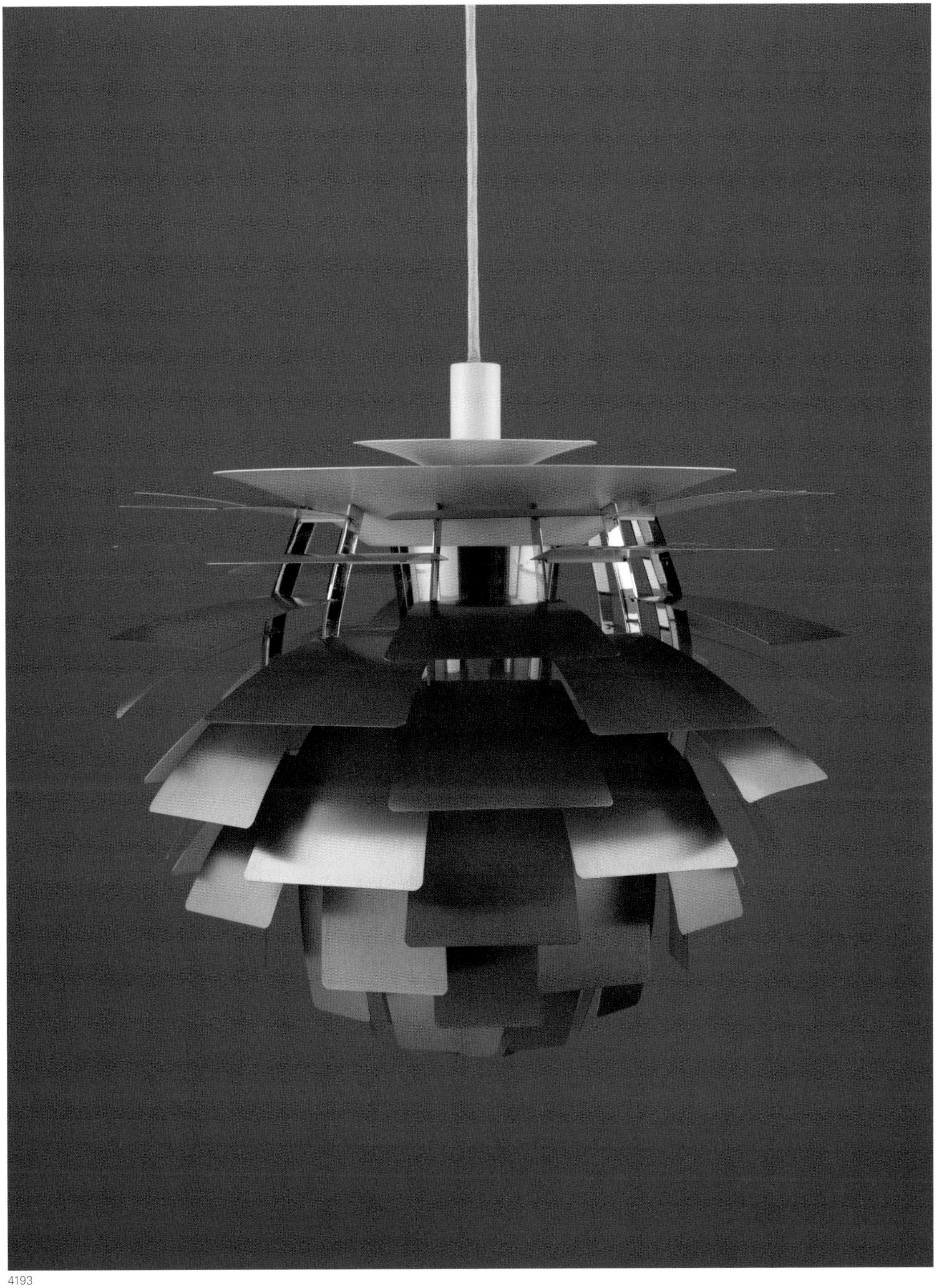

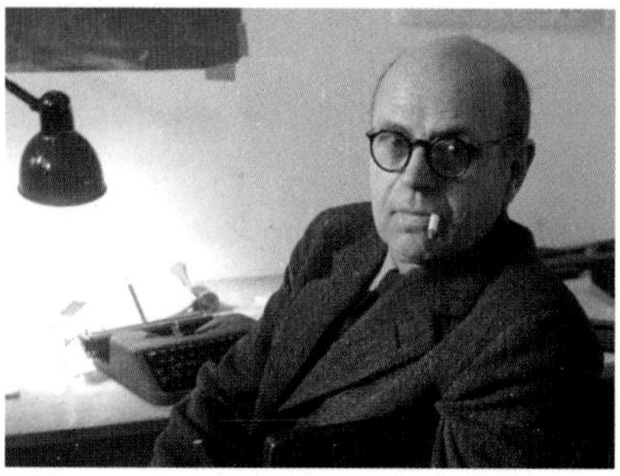

4194

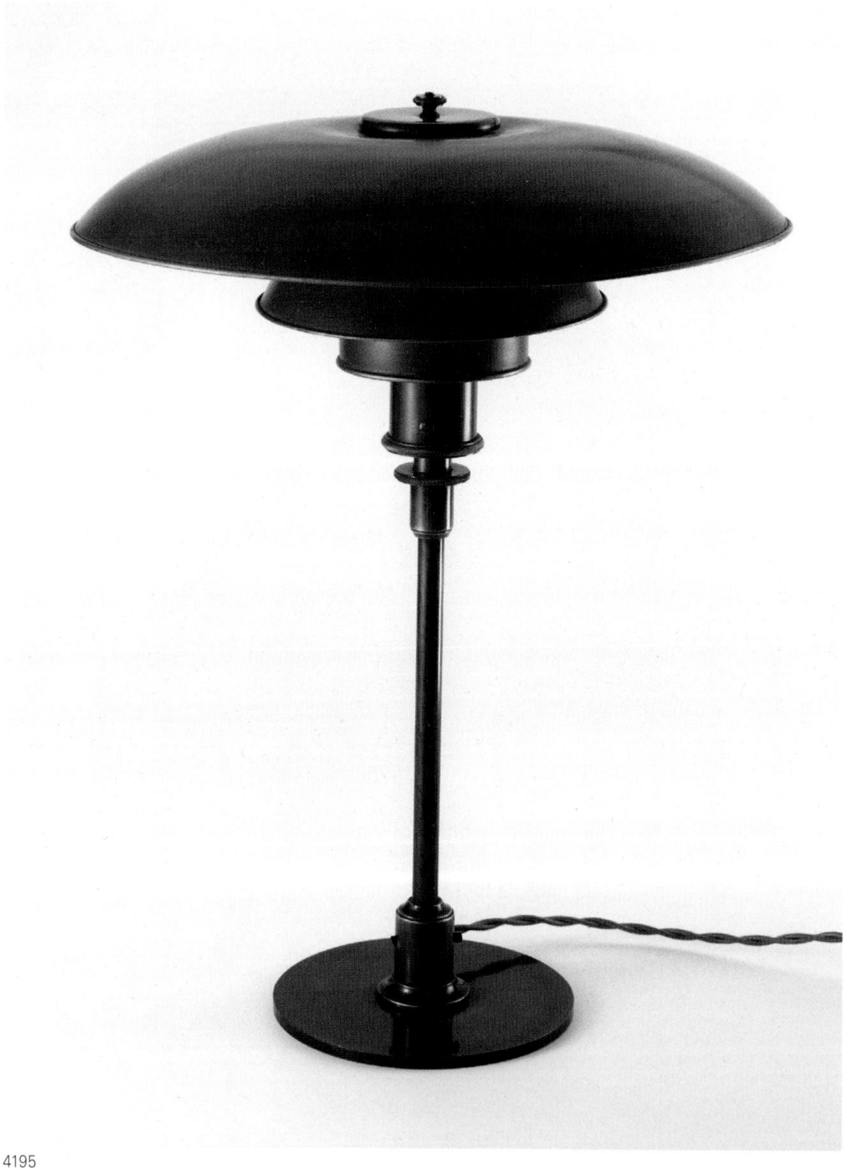

4195

폴 헤닝센

Poul Henningsen, 1894~1967, 덴마크, 디자이너

폴 헤닝센은 조명 분야의 선구자로, 빛의 반사와 굴절을 이용해 고효율과 균일한 조명을 실현하는 것을 목표로 했다. 이를 위해, 그는 층층이 쌓인 램프 갓을 사용해 빛을 여러 방향으로 반사시키고, 조명을 고르게 분산시켰다. 그의 조명기구들은 빛의 방향과 강도를 조절할 수 있어 주변 환경을 차별화하고 강조하도록 설계되었다.
그의 대표작 'PH Lamp' 시리즈, 특히 PH 3/2 쇼크 업소버, PH 5 펜던트 램프, PH 아티초크 펜던트 램프는 기하학적 형태와 대조적인 색상, 조절 가능한 빛 방향과 세기가 특징이다.
헤닝센의 디자인은 조명기구를 단순한 빛 발산 도구가 아닌, 미적 경험으로 보는 것에 초점을 맞췄다. 이러한 접근은 램프를 예술작품으로 승화시켰으며, 빛의 아름다움과 조명이 공간에 미치는 영향을 강조함으로써 조명 디자인 분야에 새로운 시각을 제시했다.

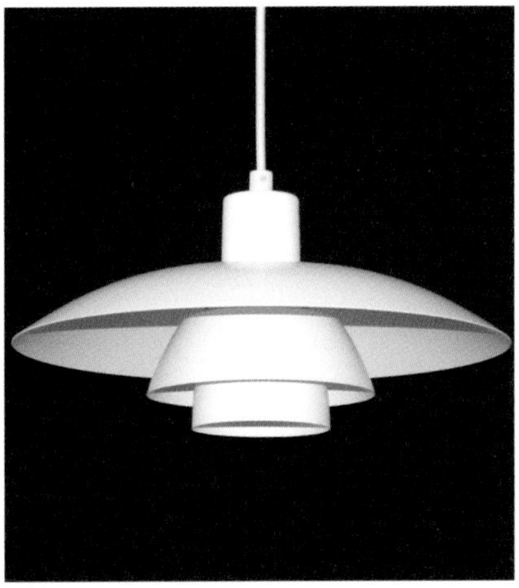
4196

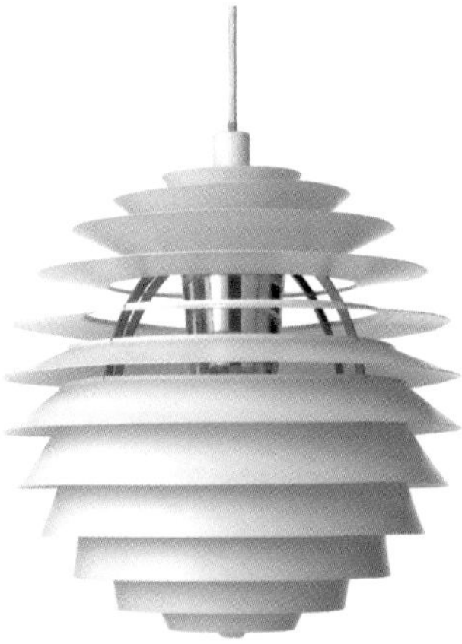
4197

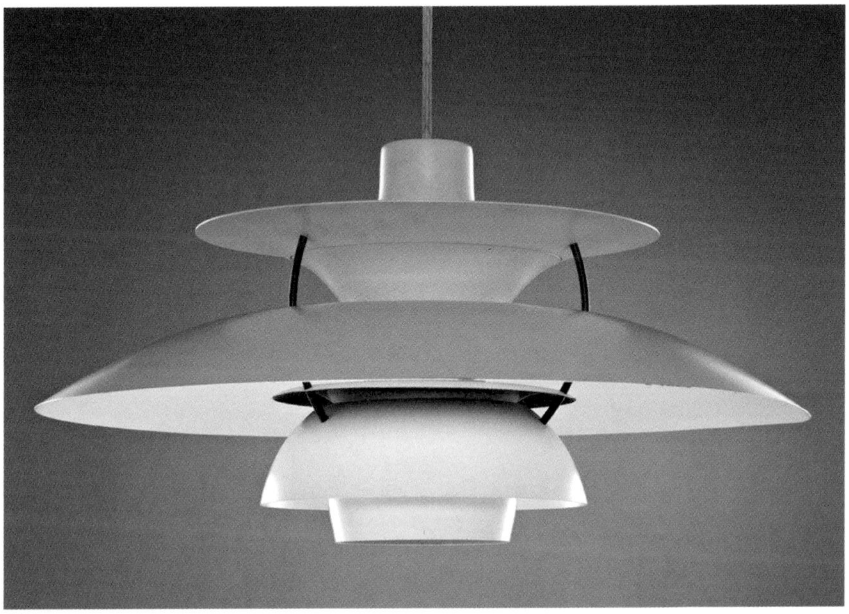
4198

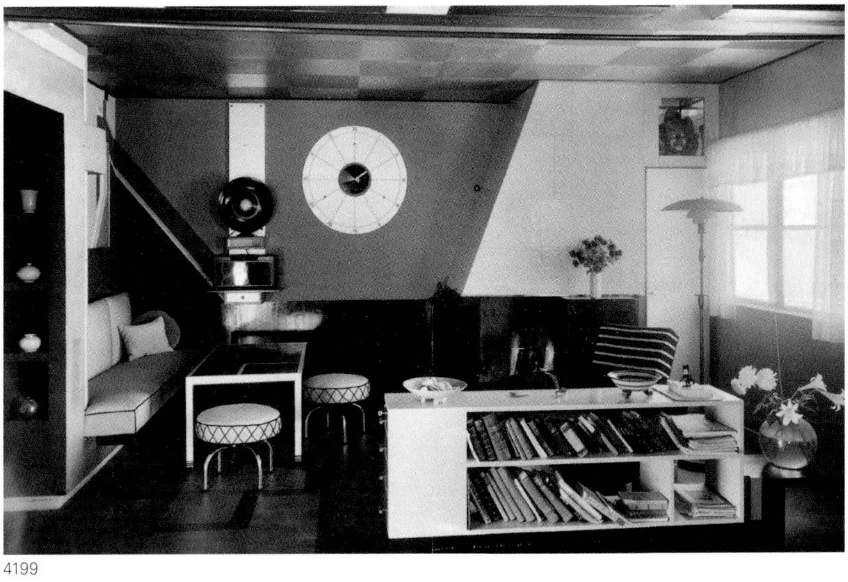
4199

4194
폴 헤닝센, 1950년대

4195
폴 헤닝센
PH Tableside Lamp, 1936, 제조사 Louis Poulsen & Co
PH5는 어떤 전구와도 호환되도록 디자인한 첫 조명이며 새로운 전구가 개발되면 제품도 업데이트되고 있다.

4196
폴 헤닝센, PH 4/3, 1928

4197
폴 헤닝센, PH Louvre Pendant Lamp, 1958

4198
폴 헤닝센, PH 5 Pendant Lamp, 1958

4199
건축가 아르네 코르스모의 자택 내부, 1919~1931경
우측 창문 옆에 폴 헤닝센의 플로어 램프가 있다.

초기 모던 스칸디나비안 스타일 텍스타일
Early Modern Scandinavian Style Textiles

아르누보와 영국의 미술공예운동이 주요 흐름으로 자리 잡은 스칸디나비아 지역에서는 독일의 기능주의 모더니즘의 영향을 받은 바우하우스의 텍스타일 디자인과는 다른 방향으로 전개되었다. 이 지역에서는 1930년 즈음에도 공예적 전통이 강하게 존재하면서 전통 방식을 존중하고 예술적 가치를 중요하게 생각했다. 그로 인해, 자연적이고 전통적인 모티프의 패턴과 색채를 현대적으로 재해석한 유연한 형태의 모더니즘 양식의 디자인이 나타났다.

오스트리아 빈 출신의 요제프 프랑크는 빈 공방과 비엔나 분리파의 급진적인 양식을 경험한 후 스웨덴으로 이주한 인물로, 그의 디자인은 전통에 토대를 두었고, 엄격한 기능주의 스타일과는 거리가 먼 우아하고 안락한 개념의 인간적인 디자인 방식을 보여주었다. 핀란드의 알바르 알토와 아이노 알토는 아르텍사를 위한 직물 디자인에서 엄격한 기하학적인 문양을 자연스럽고 편안한 형태로 결합시킨 디자인을 선보였다.

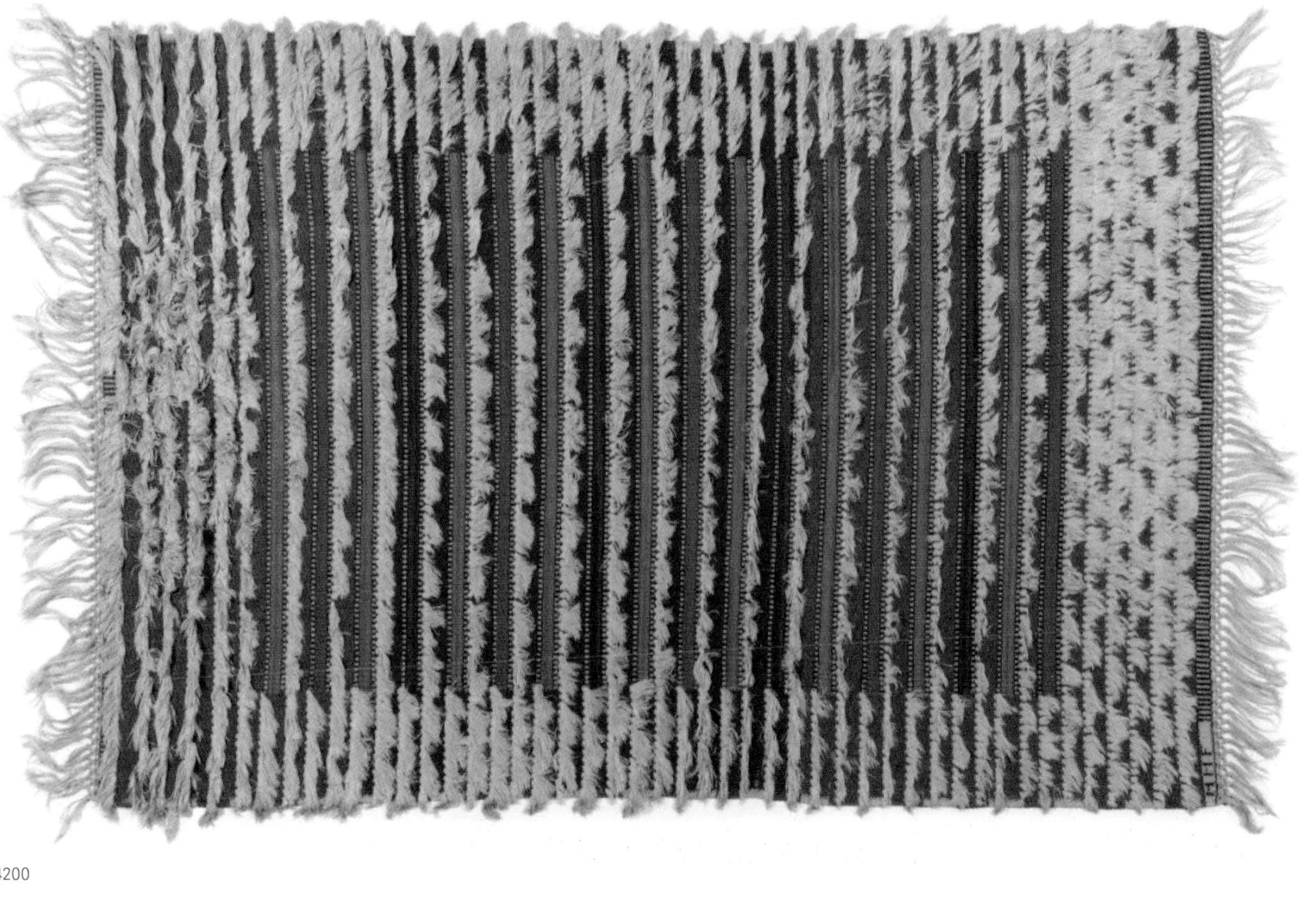

4200

마르타 모스-페테르스트룀

Märta Måås-Fjetterström, 1873~1941, 스웨덴
텍스타일 디자이너

마르타 모스-페테르스트룀은 스웨덴의 유명한 직물 디자이너로, 룬드에서 직물 디자인을 시작했다. 룬드는 스웨덴 남부의 문화적 중심지로, 마르타는 이곳에서 자연에서 영감을 받은 패턴과 색상으로 독창적인 스타일의 직물 작품을 선보였다.
그녀의 작품은 스타일화된 자연 요소, 꽃, 잎, 말 등의 전통적인 모티프를 현대적인 감각으로 결합했으며, 'Staffan Stalledräng'과 'Sankt Göran och draken'과 같은 대표작을 통해 스웨덴 직물 디자인을 세계적인 수준으로 끌어올리는 데 기여했다.

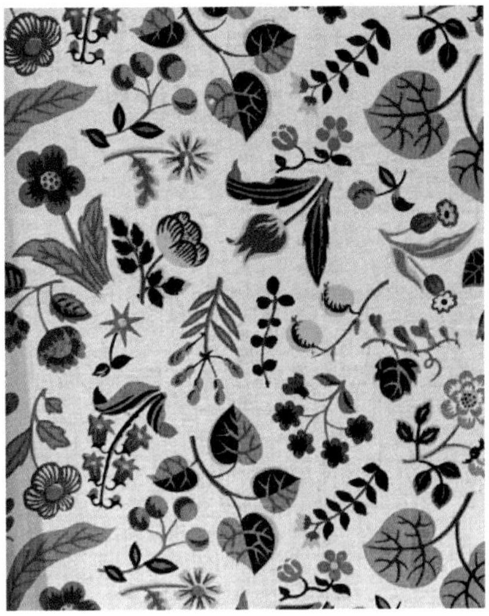
4201

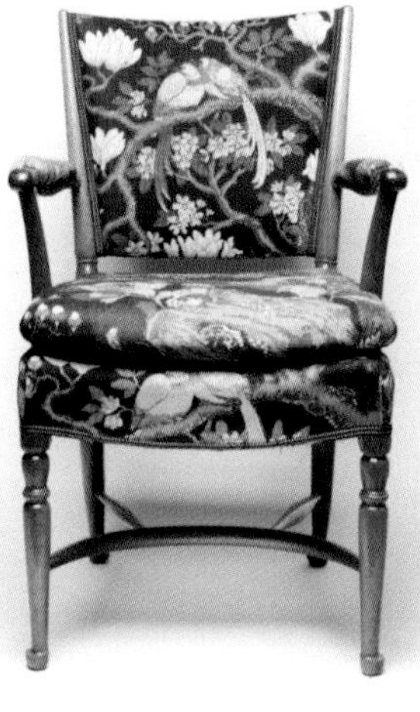
4202

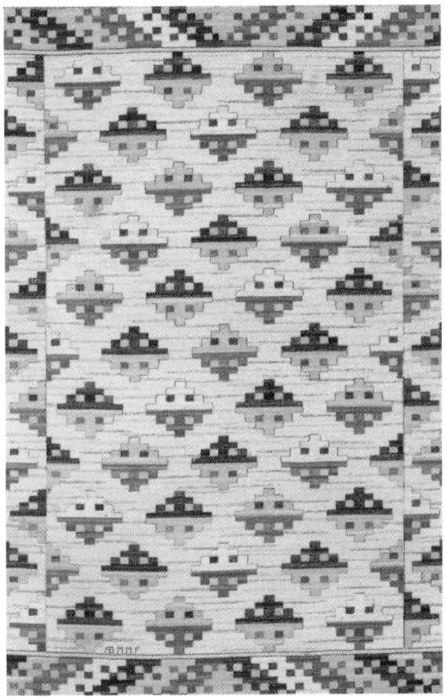
4203

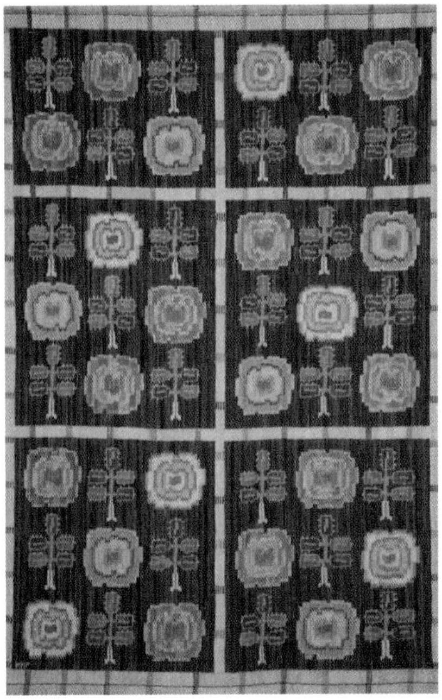
4204

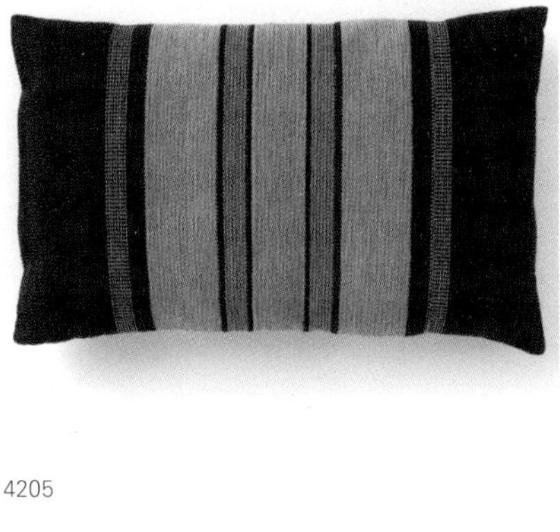
4205

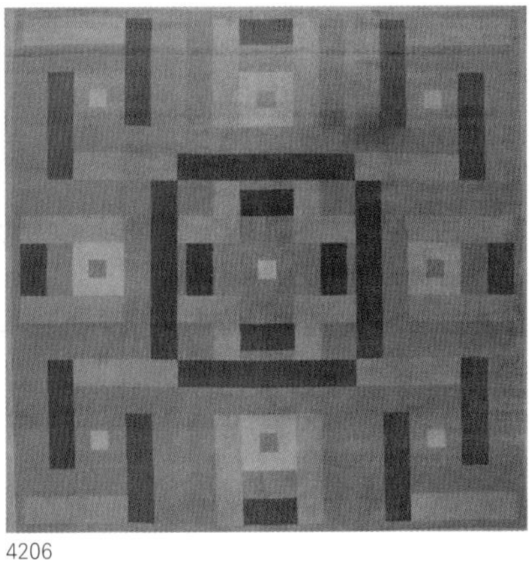
4206

4200
마르타 모스-피에테르스트룀, Carpet "The Silver Rug" 1922

4201
요제프 프랑크, Fabric Print Mille Fleurs, 1945

요제프 프랑크는 전통을 존중하면서도 윌리엄 모리스의 패턴과는 달리 자유로운 배열과 화려한 색조를 사용했다.

4202
요제프 프랑크, Arm Chair, 1940년대

4203
마르타 모스-피에테르스트룀
Carpet, Doris Leslie Blau collection

4204
마르타 모스-피에테르스트룀, Curtains 'Rosorna', 1930

4205
Tora Qviller, Sofa Cushion, 1937경

4206
Halden Bomuldsspinneri & Væveri, 카페트, 1937

초기 모던 스칸디나비안 스타일 그래픽과 타이포

Early Modern Scandinavian Style Graphics and Typography

제1차 세계대전으로 북유럽 국가들의 사회와 경제에 많은 변화의 바람이 불었다. 농업을 중심으로 한 산업화 초기의 모습에서 산업화와 도시화가 가속화되었고, 대량생산과 국제화의 바람이 소비문화와 대중문화의 형태를 변화시켰다. 전쟁 중에 정부의 전쟁 선전 활동과 정치적 목적으로 사용되었던 광고 포스터는 전쟁이 끝난 후 재건사업의 일환으로 활용되거나, 국가 자부심을 높이기 위한 국제 전시회를 홍보하는 수단으로 사용되었다. 또한, 경제 회복과 산업화로 인한 중산층의 등장과 소비문화의 확산으로 그래픽 디자인은 백화점, 영화관, 자동차 등 다양한 광고 캠페인의 매체로 성장했다.

북유럽 국가들과 영국은 전통의 가치를 근간에 두었으며, 19세기의 빅토리아 양식, 미술공예운동, 아르누보, 아르데코 양식이 강하게 존재했다. 전통에 대한 지속적인 영향력은 모더니즘의 국제양식을 보다 균형적이고 유연한 방식으로 통합하게 했으며, 이는 지역의 독특한 특징으로 발전하게 되었다.

에릭 길의 길 산스 서체는 모더니즘의 엄격한 기능주의와 전통이 융합된 방식을 보여준다. 진보적인 다른 모더니스트들의 글꼴이 차갑고 경직된 느낌의 산세리프 서체를 중심으로 하는 반면, 길 산스 서체는 부드럽고 인간적인 감성을 담고 있다. 이것은 모더니즘이 형식에만 국한되지 않고, 손 글씨에서 비롯된 인간적인 특성을 반영하여 감성적인 측면과 조화를 모색한 사례이다.

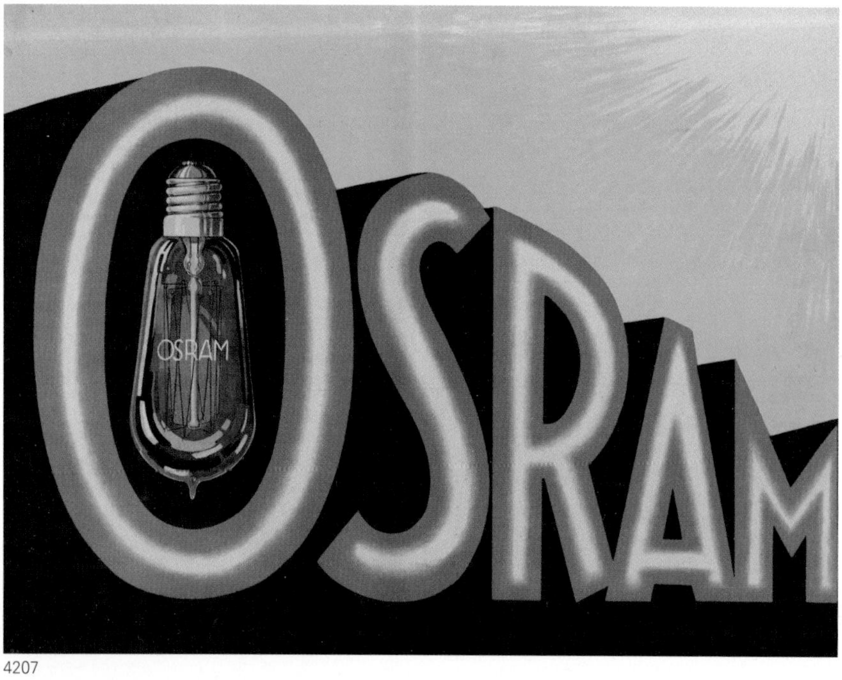

4207

4207
'Osram' 포스터, 1920년대

4208
시구르드 레베렌츠 Sigurd Lewerentz
The Stockholm Exhibition 1930 - Swedish Arts & Crafts and Home Industries - May-September, 1930

1930년 스톡홀름에서 열린 전시회를 홍보하기 위한 것으로, 스웨덴의 예술 및 공예, 가정 산업 주제의 전시회였다.

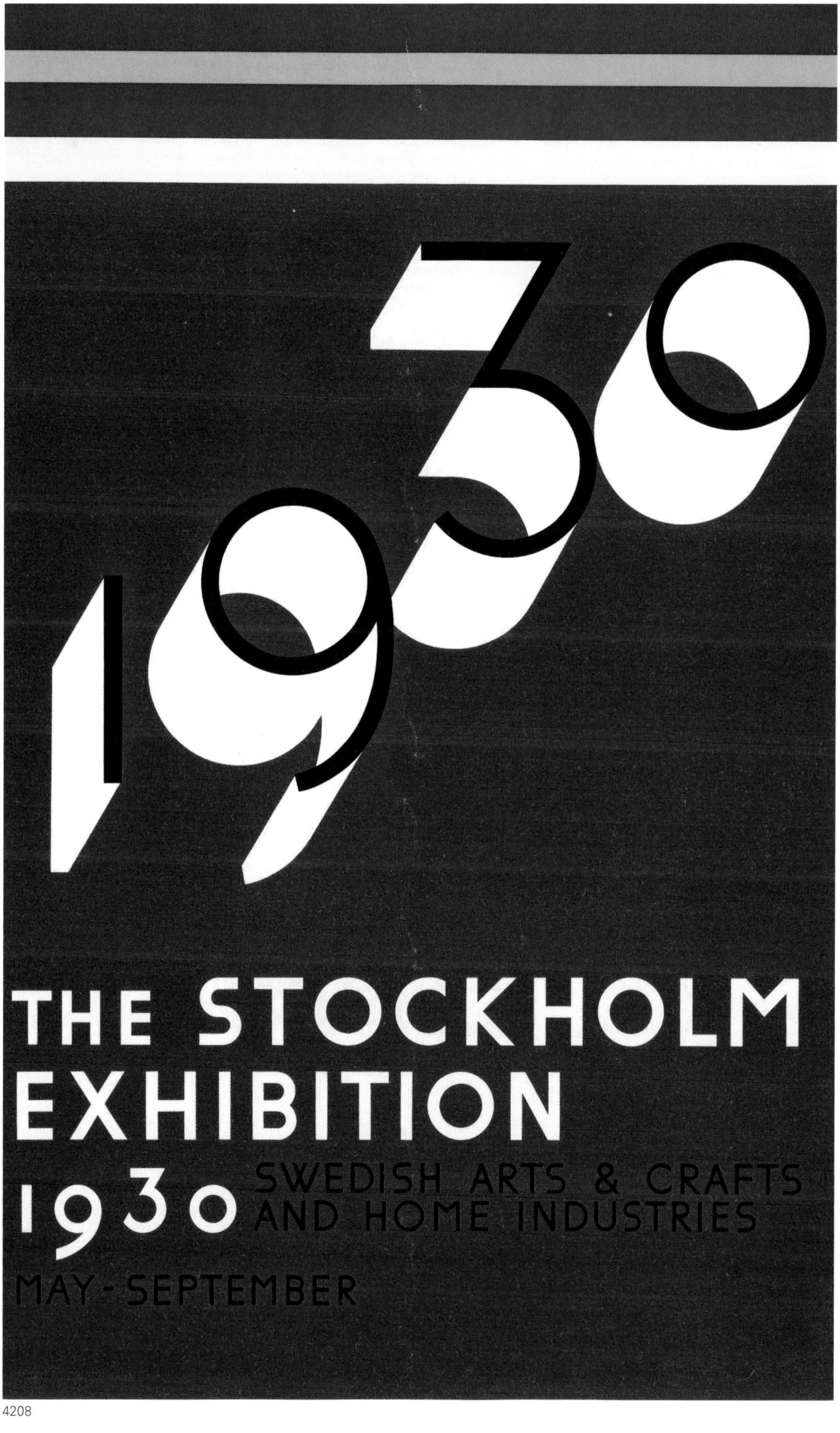
1930
THE STOCKHOLM
EXHIBITION
1930
SWEDISH ARTS & CRAFTS
AND HOME INDUSTRIES
MAY - SEPTEMBER

4209
빌헬름 코게 Wilhelm Kåge
스웨덴 예술 및 공예 협회의 1917년 가정 전시회를 위한 포스터 스케치, 1917, 제조사 Gustavsberg

4210
'The International Advertisement Exhibition - Sample Fair of Milan' 포스터, 1930경
밀라노에서 열린 국제 광고 전시회 홍보 포스터

4211
한스 (제로) 슐레거 Hans (Zero) Schleger
'UNDERGROUND GETS YOU THERE' 포스터
제조사 The Reynard Press, 1935

4212
군나르 탄드베르그 Gunnar Tandberg
First Norwegian Radio: National Exhibition 포스터, 1925
제조사 Thon & Co A/S

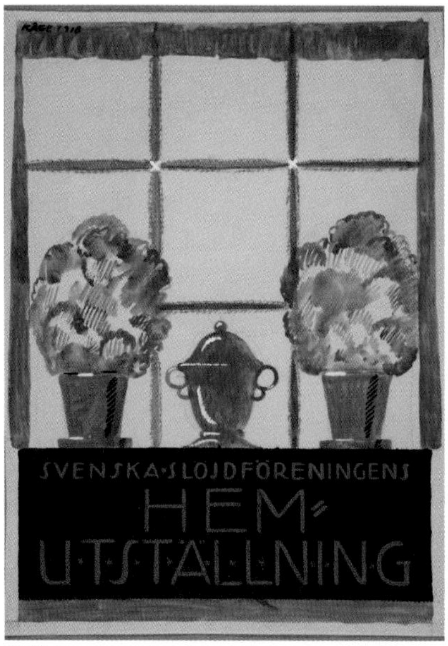

4209

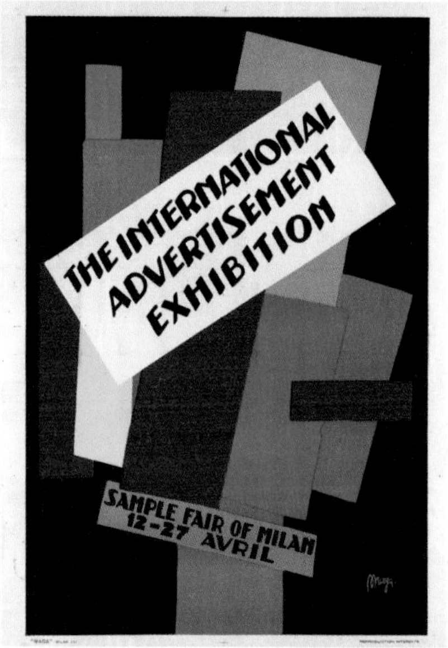

4210

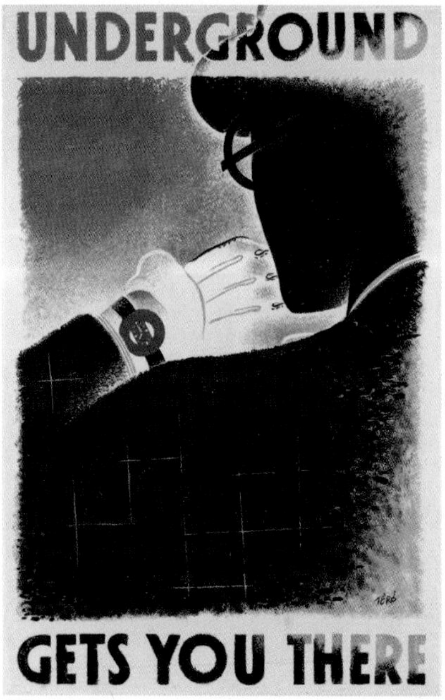

4211

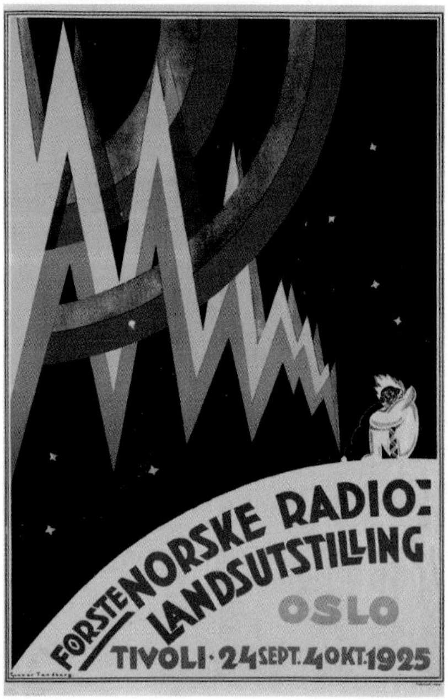

4212

에릭 길

Eric Gill, 1882~1940, 영국
조각가, 디자이너

에릭 길의 작업은 예술 공예 운동에 영향을 받아 20세기 초 영국의 디자인과 타이포그래피 분야에 큰 변화를 가져왔다. 그의 디자인은 우아하게 스타일링된 글씨와 서체 디자인, 베이스 릴리프의 정교하고 간결한 선형 미가 특징이며, 그가 디자인한 'Gill Sans'와 'Perpetua' 서체는 모던 타이포그래피의 고전으로 불린다.

'Gill Sans'는 그의 대표적인 서체로, 20가지 이상의 변형체가 있으며, 영국의 공공 서체로 널리 사용되었다.

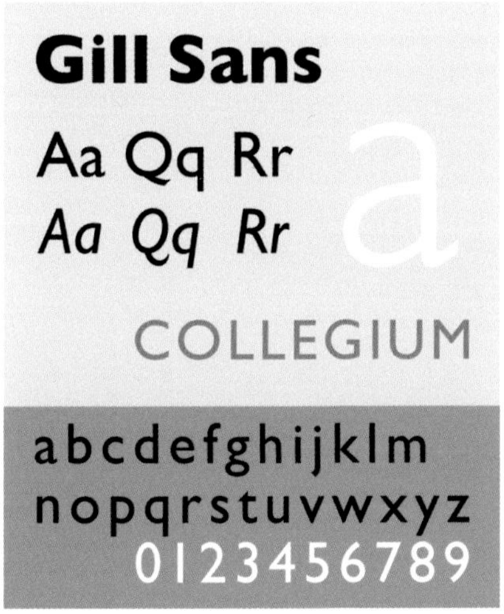

4213

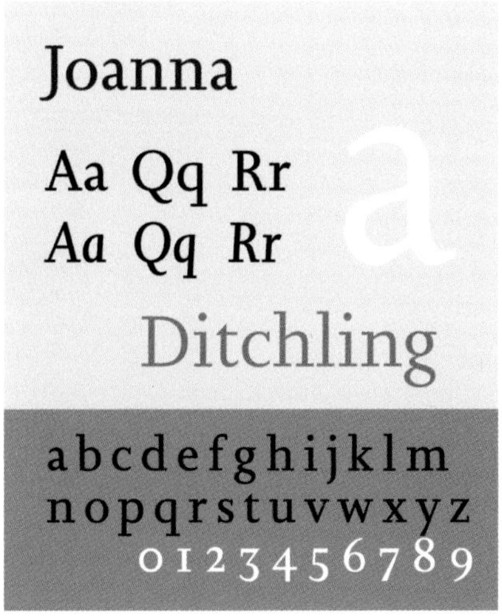

4214

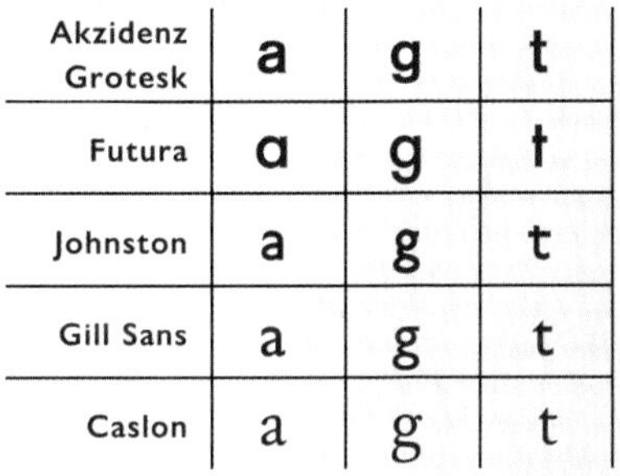

4215

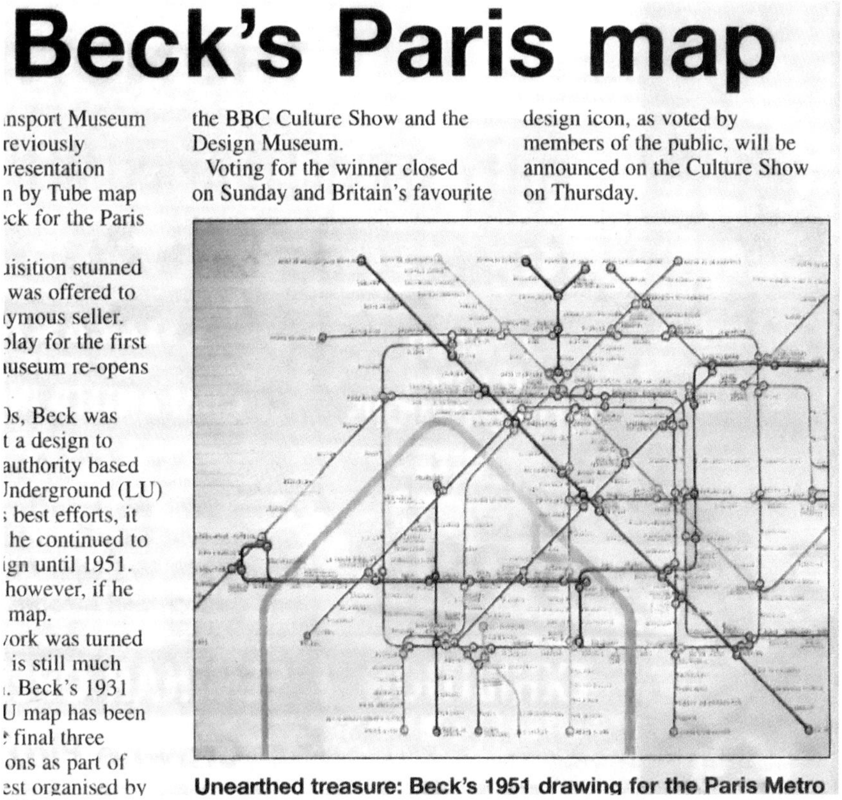
Beck's Paris map

...nsport Museum ...reviously ...resentation ...n by Tube map ...ck for the Paris

...uisition stunned ...was offered to ...ymous seller. ...play for the first ...useum re-opens

...Os, Beck was ...t a design to ...authority based ...Underground (LU) ...best efforts, it ...he continued to ...gn until 1951. ...however, if he ...map. ...work was turned ...is still much ... Beck's 1931 ...U map has been ...final three ...ons as part of ...est organised by

the BBC Culture Show and the Design Museum.

Voting for the winner closed on Sunday and Britain's favourite design icon, as voted by members of the public, will be announced on the Culture Show on Thursday.

Unearthed treasure: Beck's 1951 drawing for the Paris Metro

4216

4213
에릭 길
Gill Sans, 1920년대, Jim Hood, Jim Hood Gill Sans 서체 견본

Gill Sans 서체는 1915년 런던 지하철의 레터링을 디자인한 에드워드 존스턴의 알파벳을 모델로 삼아 제작되었다. Gill Sans 서체는 동시대의 독일 산세리프체와 달리 선의 굵기가 다양하여 전통적인 아름다움을 간직하고 있다.

4214
벤 존스 Ben Jones, Joanna Nova 서체 견본, 2015

Joanna Nova 서체는 1930년 에릭 길에 의해 디자인된 Joanna 서체를 현대적인 용도에 맞게 재설계한 서체로, 2015년 Monotype에서 디지털 버전으로 18개의 스타일로 구성되었다.

4215
에릭 길, Gill Sans, 1920년대

Gill Sans 서체는 많은 산세리프 서체에서 사용하는 단일 형태의 'g'나 'a' 대신 두 가지 형태의 'g'와 'a'를 사용하여 전통적인 방식을 적용했다. 또한, 선행 글꼴인 Johnston보다 모노라인의 특성(글꼴의 획 두께가 일정한 특성)이 적으며, 전통적인 세리프 서체인 Caslon의 구조적 영향을 받았다.

4216
해리 벡 Harry Beck (본명 Henry Charles Beck), 해리 벡의 파리 지하철 지도

공학 제도사 출신의 해리 벡은 팔각형 그리드를 기반으로 지하철 시스템을 설계하여 런던 지하철 지도를 재디자인한 인물이다. 모든 선은 45도 각도나 직각으로 연결되며, 역의 위치는 실제 거리를 나타내는 대신 시스템 내의 관계와 연결성을 표현했다. 해리 벡의 파리 지하철 디자인은 채택되지 않았지만, 그의 다이어그램 방식은 전 세계의 지하철 및 공공 교통 지도 디자인의 표준이 되었다.

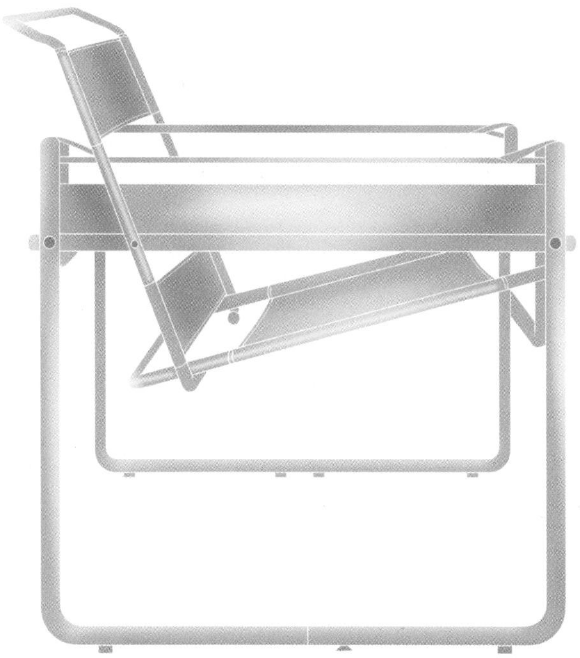

Early Modern Style

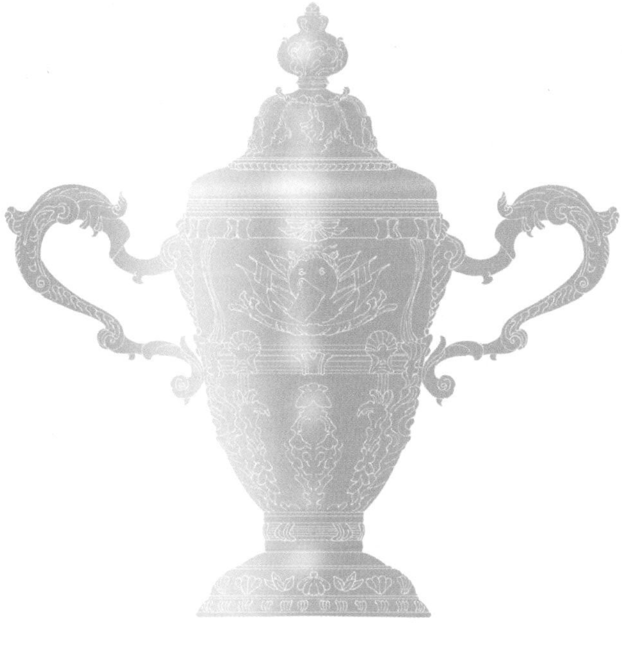

Classic Style

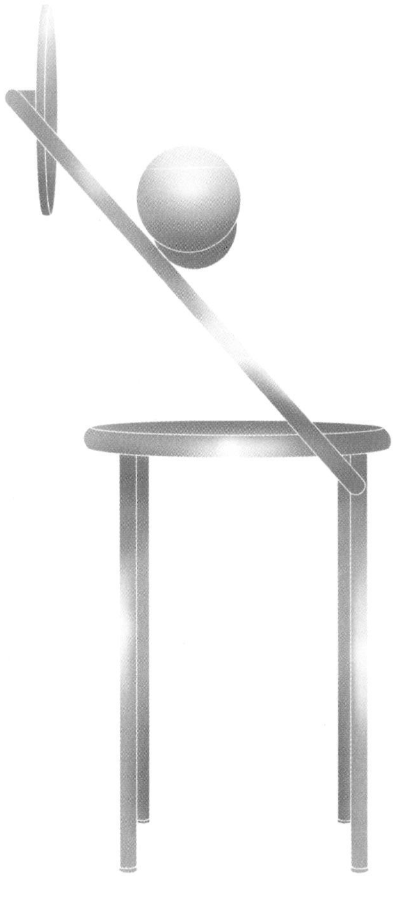

Post-Modern Style

일러스트레이션: 전사영

Chapter 5
Mid-Century Modern Style

지금도 사랑받는 모던디자인의 완성

미드센추리 모던 스타일

심영신 지음

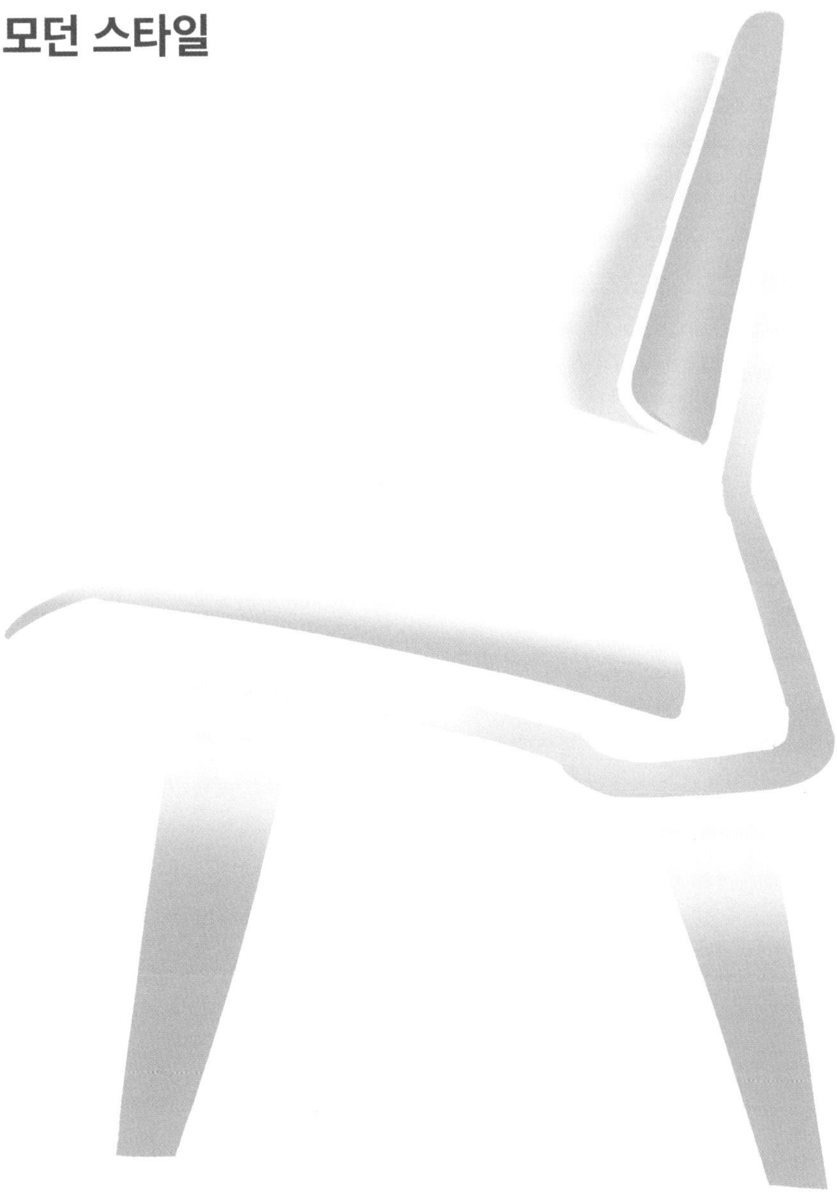

미드 센추리 모던에 대한
About Mid-Century Modern

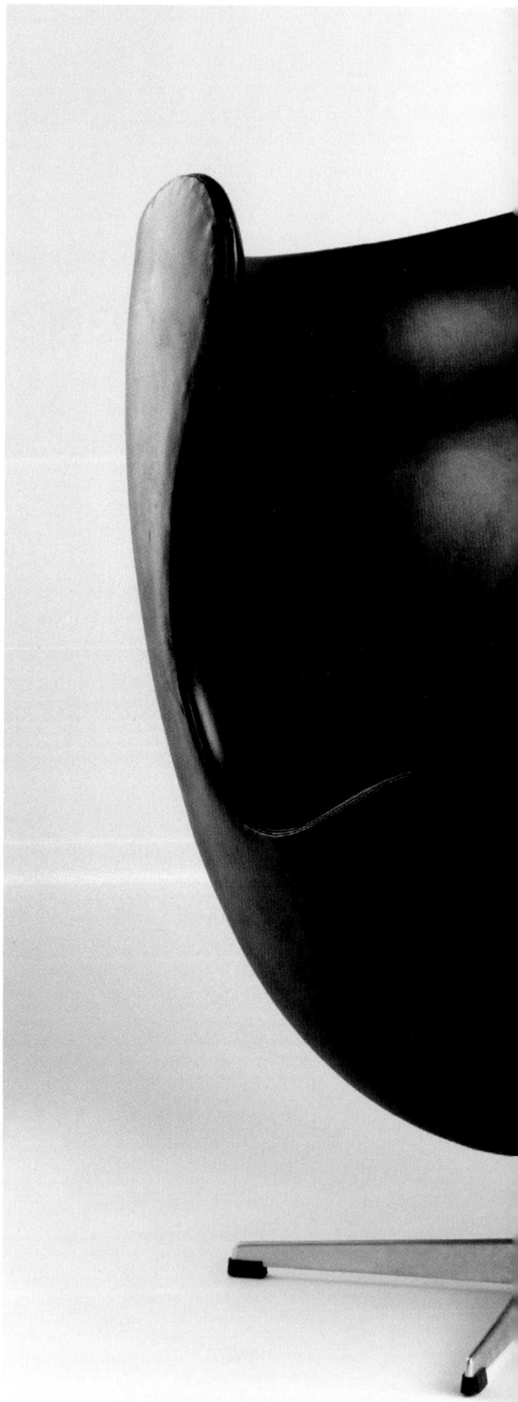

미드 센추리 모던디자인의 인기가 지속되며 더욱 깊어지고 있다. 얼마 전 SNS에서 한 신혼부부가 카시나사의 제품인 르코르뷔지에 LC1 의자를 구매한 게시물을 보게 되었다. 다소 부담스러운 가격이지만 오래 사용할 목적과 함께 자녀가 성인이 된 후에 물려주려는 마음으로 구매하게 되었다는 내용이었다. 우리나라의 미드 센추리 모던 가구의 초기 유행은 연예인이나 유명 인플루언서, 디자인에 대한 이해가 깊은 일부 소비자층을 중심으로 주도되었다. 그러나 최근에는 일반 소비자들도 미드 센추리 모던디자인을 생활 속의 필수품으로 구매하는 경향이 나타나며, 이것은 명품 소비나 사치품 구매보다는 취향의 표현으로 받아들여지고 있다.

우리의 삶 속에 깊이 스며들고 넓게 확장되고 있는 미드 센추리 모던디자인은 반짝하는 유행일까? 아니면 미니멀 디자인처럼 명확한 영역을 확보하며, 지속적으로 우리의 삶에 정착해 하나의 장르로 자리 잡게 될까? 그리고 미드 센추리 모던디자인의 매력은 도대체 무엇일까?

미드 센추리 모던디자인은 '이상적 디자인'의 시초이다.

초기 모던디자인이 산업혁명으로부터 전개된 기계 시대의 대량생산 방식에 적합한 사물을 '어떻게 만들 것인가?'를 탐색한 시기였다면, 20세기 중반의 미드 센추리 모던디자인은 '어떤 삶이 바람직한가?'를 고민하고 다양한 방향으로 제시한 시기였다. 즉, 디자인의 주제가 생산 방식에서 인간의 삶으로 진화하며 인간적인 것, 자연친화적인 것, 기능과 정서의 균형을 이루는 것, 그리고 하나의 제품을 넘어 인간의 생활양식을 선도하고 지원하는 것 등의 '현대 디자인의 이상'의 틀이 마련된 시기라 볼 수 있다.

초기 모던디자인 시기와 그 이후, 인류는 비극적인 제1차 세계대전(1914~1918년), 제2차 세계대전(1939~1945년)을 겪었다. 두 차례의 세계대전을 겪으며 폐허 속에서 과학과 기술, 산업이 가져다줄 새롭고 발전된 미래를 꿈꾸게 되었고, 올바른 삶의 방향을 모색하게 되었다. 그리고, 이러한 움직임은 세계 각지에서 '굿 디자인' 운동을 불러일으켰다.
미국의 뉴욕 현대미술관MoMA은 공모전과 순회 전시회를 통해 디자인을 홍보하고 새로운 시대의 이상적인 삶의 모습을 찾고 알리고자 했다. 미국의 디자이너들이 선도한 유기적인 형태는 기능적인 목적과 감성적인 만족을 동시에 고려한 전후 모더니즘의 미학으로 부상하며 미국을 넘어서 동시대의 디자인에 큰 영향을 주었다.
전후 미국의 지원을 받아 산업화에 뛰어든 이탈리아는 고유의 장인 문화와 산업화가 융합된 독특한 생산방식을 만들어 냈으며, 기능주의와 심미주의의 균형 잡힌 디자인들을 선보여 세련된 이탈리아 모던디자인의 가능성을 증명했다.
스웨덴은 굿 디자인을 단순한 상품이 아닌 새롭고 이상적인 생활양식의 한 방식으로 받아들이며 스웨디시 모던을 알렸고, 덴마크는 대량생산이 야기할 수 있는 품질 저하의 문제를 시대를 초월하는 고품질의 디자인으로 극복하여 국제적으로 인정받았다. 더불어,

스칸디나비아반도의 디자인은 국제양식의 모더니즘에 자연친화적이며 인본주의적인 정신을 결합하여 1950~1960년대 미국과 유럽에서 큰 인기를 얻었다.

이와 같이 20세기 중반의 굿 디자인은 '잘 팔리는 디자인'이 아니라 '좋은 취향, 이상적인 삶을 가능하게 하는 제품'으로 인식되었다.

미드 센추리 모던디자인은 '완성형'이다.

미드 센추리 모던디자인은 지금 우리가 이해하는 '디자인'이 완성된 시기이다.
양차 세계대전은 갈등과 파괴를 가져왔지만, 한편으로는 군수산업을 중심으로 소재, 생산, 가공 등의 기술 혁신을 이루었다. 이러한 혁신적인 발전은 초기 디자이너들이 꿈꾸었던 아이디어를 실제로 구현할 수 있게 했다.
1928년에 발표된 르코르뷔지에의 LC2 모델은 대량생산이 어려워 초기에는 극소수의 제품이 주문 제작되었고, 37년이 지난 후인 1965년 이탈리아의 카시나Cassina 사를 통해 복각되었다. 초기 모델에서 래커를 칠했던 금속 부분은 유광 크롬 강관으로 대체되었으며, 강철관을 매끄럽게 구부리는 파이프 벤딩도 전후의 최신 기술 덕분에 가능해졌다.
찰스와 레이 임스 부부는 전쟁의 부상자들을 위한 부목Leg Splint 제작을 위해 합판 성형 기술을 개발했고, 이 기술을 발전시켜서 그 유명한 LCW와 라운지체어를 디자인할 수 있었다. 또한, 플라스틱 소재와 가공 방법의 발전으로 베르너 팬톤의 팬톤 체어와 같은 주조 플라스틱 의자가 세계 최초로 개발되었다.

물론 20세기 초반의 초기 모던디자인 시기에도 매우 다양하고 현대적인 디자인이 개발되었으며, 그 시기의 디자인 역시 대량생산을 전제로 했다. 그러나 실제로 소비자의 손에 넘겨진 제품은 일부에 불과했기 때문에, 결과적으로 일종의 콘셉트 디자인 역할에 그쳤다. 소재의 사용에 있어서도 나무나 가죽 같은 전통적인 소재와 함께 금속 강관, 유리, 베이클라이트 등 당시의 산업 소재를 제한적으로 사용한 디자인이 주를 이루었다.
미드 센추리 모던디자인의 시대에 이르러 새롭게 개발된 다양한 플라스틱 소재와 압출, 사출, 프레스 등의 가공 방법이 비약적으로 발전하면서, 초기에 구현하지 못했던 다양한 형태와 소재의 활용이 가능해졌다. 즉, 20세기 중반에 이르러 비로소 '대량생산 체제를 위한 디자인의 완성'을 이루게 된 것이다.

미드 센추리 모던디자인은 '다양한 아름다움'이 있다.

양차 세계대전 이후 기술발전에 따른 대량생산 체제의 완성은 '만들기'뿐 아니라 '미적 가치'의 향상과 '다양화'를 가져왔다.

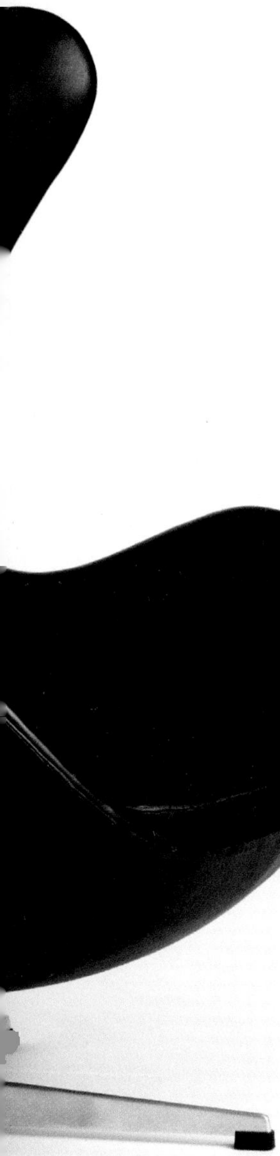

5001
아르네 야콥센 Arne Jacobsen, 1958
에그 체어, 제조사 Fritz Hansen Eftf.

초기 모던 디자인은 기하학적이고 구조적인 형태가 주를 이루었던 것과 달리, 미드 센추리 모던 디자인은 플라스틱과 합성 소재 같은 산업 소재 및 생산 기술의 발전으로 입체적인 곡면이나 유기적인 형태의 생산이 가능해졌다.
또한, 초기 모더니즘은 산업혁명을 적극적으로 수용한 유럽의 일부 국가가 주도했으나, 20세기 중반의 미드 센추리 모던은 북유럽을 포함하는 대부분의 유럽 국가와 미국, 아시아 등으로 디자인 운동이 활발하게 확산되고 발전했다. 이러한 조형적 한계의 극복과 다양한 문화권에서의 디자인 발전은 여러 스타일의 디자인이 탄생하는 데 중요한 요인으로 작용했다.

미드 센추리 모던 디자인은 하나의 양식이나 스타일로 규정하기 어려울 정도의 다양성을 지니고 있다. 힙합 스타일이나 미니멀 스타일은 명확하고 정형화된 양식적, 조형적 특성을 가지고 있어 다른 양식과 구분되지만, 미드 센추리 모던은 특정한 조형적 양식을 따르는 것이 아니라, 20세기 중반이라는 시대적 구분에 따라 정의된다. 이 안에는 엄격한, 낭만적인, 기능적인, 심미적인, 자연적인, 인공적인 형식 등 여러 조형적 스타일이 공존하며, 다양한 양식들이 혼재되어 있다.
미드 센추리 모던 이후, 대기업에 의해 주도된 소위 '팔리는 상품'을 만드는 상업주의 디자인 또한 상당한 다양성을 지니고 있다. 그러나 상업주의 디자인의 다양성은 주로 상품 판매를 목적으로 한 '계획적 진부화'에 의해 이루어진다. 이로 인해 스타일이 강제로 교체되며, 짧은 시간 동안 반짝하고 사라지는 유행을 통해 그 다양성이 나타나게 된다.
단지 판매를 목적으로 한 디자인이 아닌, 자국의 문화를 반영하고 일반 대중들이 보다 아름다운 사물을 사용할 수 있게 하며, 미래의 안락하고 편리한 생활을 위해 기능과 아름다움의 균형을 맞추려는 진지한 '이념'이 내재된 디자인이 주를 이루는 점에서 미드 센추리 모던 디자인과 대기업이 주도하는 다양화된 디자인 개념에는 분명한 차이가 있다.
따라서 미드 센추리 모던 디자인은 다양한 이념을 다양한 형식으로 표현한 아트 페어를 즐기는 것과 같은 문화적이며 예술적인 경험과 감성을 선사한다.

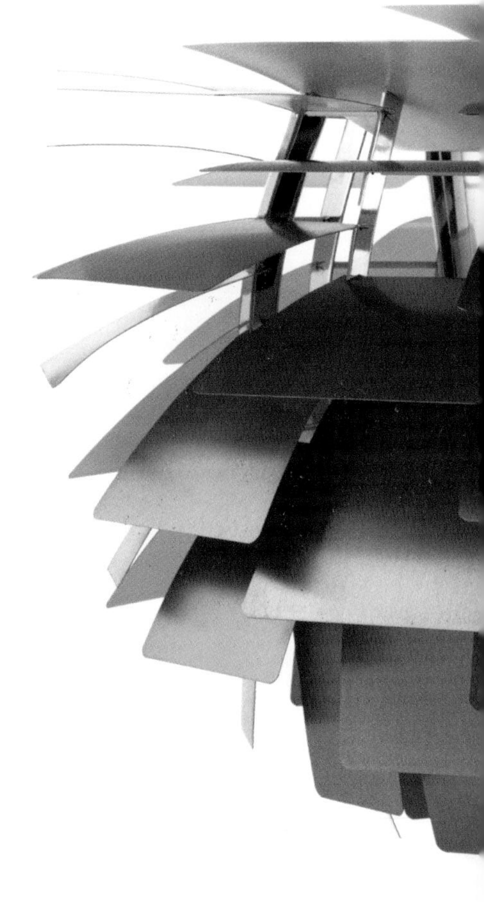

미드 센추리 모던디자인은 '원형(Archetype)'이다.
미드 센추리 모던디자인의 가장 큰 매력은 '원형'이라는 점이다. 앞서 언급했듯이, 미드 센추리 모던 디자인 시대에 현대 디자인 이념의 틀이 갖춰졌고, 대량생산 방식이 완성되었으며, 다양한 양식이 생겨났고, 현대 디자인의 미적 기준이 제시되었다.
그리고, 이 모든 것이 최초로 완성되어 지금까지 디자인의 중요한 기준으로 작용하고 있다. 미드 센추리 모던 디자인은 이후 수많은 파생, 변형, 진화를 거치며 셀 수 없이 많은 의자, 조명, 테이블 등이 디자인되었지만, 그 수많은 디자인의 근원이자 원형이 미드 센추리 디자인이라는 사실을 부정하기는 어렵다.

미드 센추리 모던 디자인은 단순히 역사적 가치만을 가지는 것이 아니다. 혁신성과 미적 가치는 발표 당시부터 지금까지 수많은 사람들의 사랑을 받으며, 시대를 초월하는 매력을 지닌다. 유럽과 미국을 중심으로 발전된 모더니즘 양식은 이제 전 세계적으로 사랑받고 있으므로, 지역과 문화를 초월하는 시공적 초월성을 가진다. 또한, 수많은 파생이나 유사 스타일을 만들어내며, 원형이라는 독보적인 근원성과 특수성을 지닌다.

유럽과 미국에서 1990년대에 다시 유행했던 미드 센추리 모던디자인이 오늘날의 대한민국에서 우리들이 그 매력에 깊이 빠진 이유를 역사적인 관점에서도 찾을 수 있다. 우리는 서구화와 근대화를 받아들이는 과정이 일제 식민지 시기와 6.25전쟁으로 인해 충분히 성숙하고 진화하는 과정을 겪지 못했으며, 20세기 중반부터 급속한 근대화와 서구화 그리고 산업화가 시작되었다. 그리고, 그 짧은 기간 내에 생존의 문제로부터 문화 향유라는 삶의 모습으로 놀라운 진화를 이루었다. 단지 집에 냉장고가 있다는 것만으로도 행복했던 시기를 지나, 값비싼 텔레비전을 소유하게 된 시기, 생필품이 아닌 고가의 명품을 갈망하는 시기를 거쳐, 이제는 가치 있고 의미 있는 삶을 추구하는 시대에 살고 있다.

이러한 시대를 살고 있는 우리가 직접 경험하고 겪지 못했던 근대화, 서구화, 산업화의 원점인 미드 센추리 모던디자인에 시선이 향하게 되는 것은 우리가 경험하지 못한 산업사회와 민주 사회의 정수가 양식으로 완성된 미드 센추리 모던에서 다시 시작하고자 하는 성숙한 갈망이 내재되어 있기 때문이다.

좋은 데 이유가 어디 있어?

지금까지 미드 센추리 모던디자인의 매력에 대해 이야기해 보았다. 그러나, 과연 우리는 이러한 이유와 매력들 때문에 미드 센추리 모던디자인을 사랑하는 것일까?
사랑에 빠진 사람들에게 이유를 물으면 수없이 많고 사소한 것까지 이야기하겠지만, 우리는 누군가와 사랑에 빠지는 이유가 그런 장황하고 수많은 이유 때문이 아니라는 것을 잘 안다.
미드 센추리 모던디자인과 사랑에 빠지는 것도 마찬가지다. '좋은 데 이유가 어디 있어. 그냥 좋은 거지.'

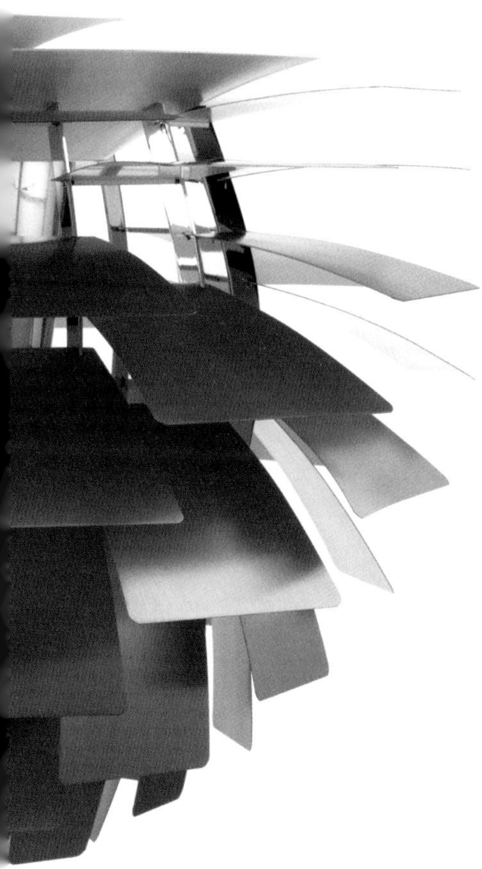

5002
폴 헤닝센 Poul Henningsen
아티초크 램프, 1958, 제조사 Louis Poulsen & Co

미드 센추리 모던의 개요

Overview of Mid-Century Modern

전후의 모더니즘

두 차례의 세계대전을 겪은 20세기 중반기는 파괴된 도시의 재건과 경제의 재활성화, 그리고 새롭게 국가의 정체성을 설정하는 중요한 전환점이었다. 제2차 세계대전 후 국가 재건에 나섰던 많은 국가들은 국제무대에서 새로운 국가 이미지를 구축하고자 했으며, 디자인 산업은 그중에서도 가장 효과적인 방법 중 하나로, 다양한 나라의 국가 정체성을 나타내는 수단이 되었다. 국가들은 정체성을 차별화하기 위해 디자인과 자국의 전통 유산 및 공예를 융합했으며, 미래지향적인 국가 이미지를 구상하려는 국가에서는 '굿 디자인'을 통해 새로운 이미지를 발전시키고자 했다.

전쟁 중에 겪은 불안감과 전후의 급격한 사회 및 생활 변화로 인해, 심리적 안정감에 대한 정서적 요구가 사회의 중요한 가치로 떠올랐다. 디자인은 인간의 감성과 상호작용을 배려하는 방향으로 발전했으며, 유기적인 형태와 자연 친화적인 소재가 선호되었다. 산업화의 성숙기와 사회적 안정기에 접어든 1950년대에는 유럽과 미국 전역에서 소비 붐이 일었고, 현대적인 소재로 디자인된 제품이 모던 라이프스타일을 선도하며 인기를 끌었다. 전쟁 기간 이룩한 기술과 신소재의 혁신으로 20세기 중반기의 디자인은 다양성의 미학으로 발전했다. 디자인은 국가 정체성을 확립하는 방법에서 기업 정체성을 확립하는 수단으로 발전했으며, 자본주의 경제 체제 속에서 하나의 문화적 코드로 성장했다.

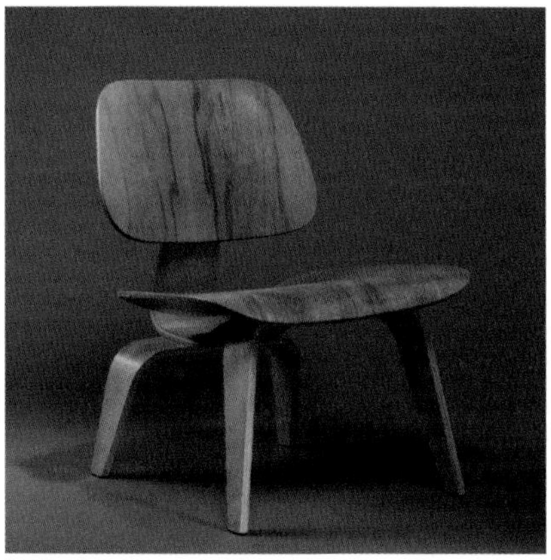

5003
찰스 임스 Charles Eames, 레이 임스 Ray Eames
Lounge Chair Wood (LCW) 1946, 제조사 Herman Miller

임스 부부의 유기적 디자인

안락함에 대한 대중의 요구와 사회적인 가치의 변화 속에서 찰스와 레이 임스 부부는 전쟁 기간 동안 발전시킨 합판 소재 기술로 인체공학적이고 유기적인 형태의 디자인을 선보였으며, 형태와 소재에 대한 혁신은 다른 디자이너들에게 영감을 주었다. 미국의 뉴욕 현대미술관MoMA은 고품질의 디자인을 장려하기 위해 공모전과 전시회를 통해 대중적인 관심을 유도했으며, '굿 디자인' 운동을 전개하여 디자인 개혁에 앞장섰다. 뉴욕 현대미술관 전시회에 소개된 임스 부부, 에로 사리넨, 조지 넬슨 등 유망한 디자이너들의 유기적인 접근 방식은 미국의 디자인을 국제적인 반열에 올려놓았다.

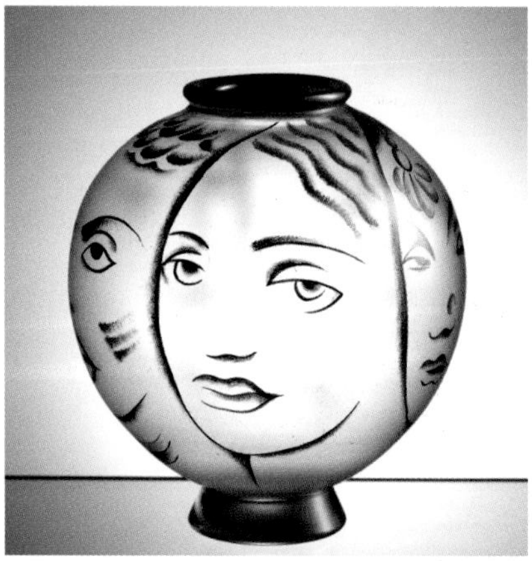

5004
비케 린드스트란드 Vicke Lindstrand
Vase 1930, 제조사 Orrefors Glasbruk

생활양식의 일부, 스웨디시 모던

스웨덴은 전후 사회가 직면한 변화에 도전하며, 일상생활 용품에 모던디자인 개념을 도입했다. 1930년대에 모더니즘이 본격적으로 유행하기 시작한 스웨덴은 기능주의적 모더니즘을 완화된 방식으로 받아들여 독자적인 양식으로 발전시켰으며, 1955년 'H55 전시회'에서 합리주의와 전통주의를 결합한 '스웨디시 모던'을 널리 알렸다. 산업 제품 분야에서는 미국의 스트림라인 모던의 영향을 받아, 제품의 형태뿐만 아니라 공기역학과 인체공학 분야의 발전을 촉진했다. 1950년대 이후에는 첨단 소재와 제조공법으로 산업 제품을 생산했으며, 디자인의 기능성뿐만 아니라 미학적 측면, 안전성, 품질 면에서도 명성을 쌓으며 스웨덴 디자인 정체성을 확립해 나갔다.

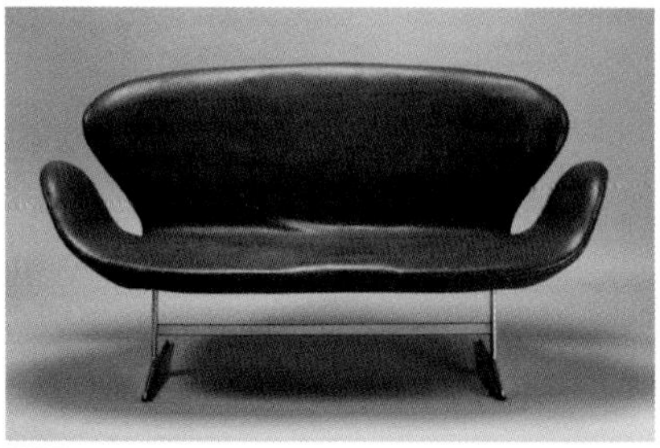

5005
아르네 야콥센 Arne Jacobsen
Swan Settee, 1958, 제조사 Fritz Hansen Eftf.

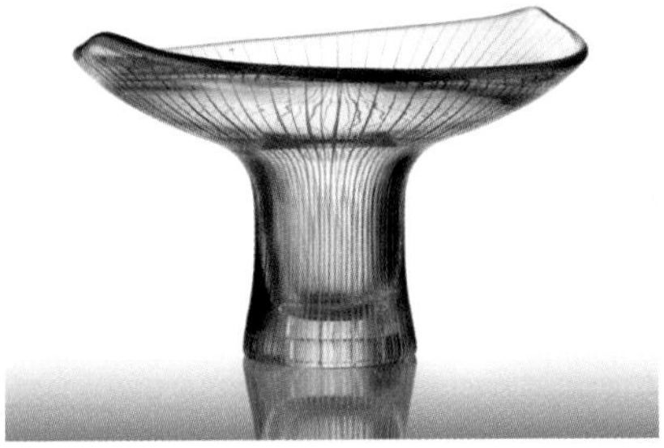
5006
타피오 비르칼라 Tapio Wirkkala
Vase, 1946, 제조사 Iittala, 1957

덴마크의 고품질 '굿 디자인'

제2차 세계대전을 직접적으로 겪지 않았던 덴마크는 1950년대에 주목할 만한 경제성장을 이루었으며, 차가운 합리주의에 맞서는 편안한 형태의 실내 가구와 가정용품 디자인으로 국제적인 호응을 얻었다. 작은 주택에도 어울리는 안락한 의자는 모더니즘의 민주적 이상에 부합했으며, 사용자의 삶의 질을 향상시키고 일상의 아름다움을 창조하는 고품질 장인 정신으로 '굿 디자인'이라는 개념을 확립했다. 1950년대는 덴마크 디자인의 황금기로 티크 목재, 성형 합판, 발포 우레탄 등의 다양한 소재의 의자와 금속 가정용품을 디자인하며 덴마크 디자인의 국제적 유행을 이끌었다.

전후 예술적 표현의 선구자, 핀란드

제2차 세계대전 이후, 핀란드는 전쟁 배상금의 부담과 함께 국가적 자존심 회복과 정체성 확립이라는 과제가 있었다. 이러한 상황에서 핀란드 디자인은 재료에 대한 미학적 표현과 조각적인 접근법으로 독특한 정체성을 형성했다. 핀란드 디자이너들은 1951년 밀라노 트리엔날레에서 대규모 수상하면서 '밀라노의 기적'을 이루었고, 이를 통해 핀란드 디자인이 전후 시대정신을 구현하는 데 중요한 역할을 하고 있음을 증명했다.

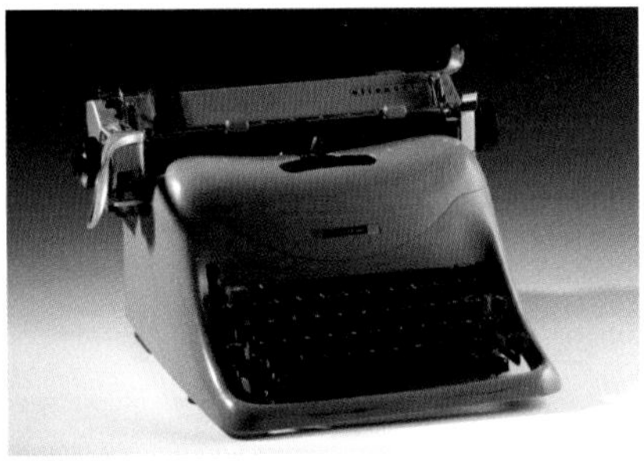
5007
마르첼로 니촐리 Marcello Nizzoli
Typewriter, 1948, 제조사 Olivetti

이탈리아의 스타일 지향 미학

미국의 마셜 플랜으로 이탈리아에 제공된 재정 지원은 전후 이탈리아의 경제 회복에 결정적인 역할을 했으며, 가구, 산업디자인, 자동차 디자인 등 다양한 분야에서 괄목할 만한 발전을 이루었다. 1950년대 이탈리아는 민주적 이상주의에서 스타일 지향적 미학의 전환 시기로, 이탈리아의 표현주의적 디자인 정체성을 확립하게 되었다. 또한, 밀라노 트리엔날레, 국제가구박람회와 같은 국제 전시회와 '황금 콤파스' 디자인 공모전은 1960년대 이탈리아 디자인을 널리 알리는 데 중요한 역할을 했다.

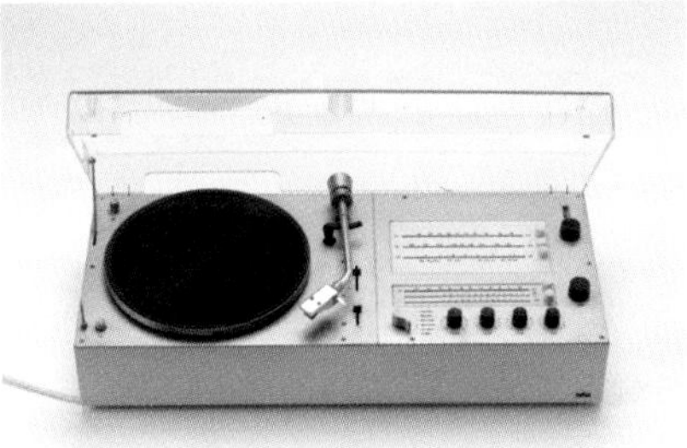
5008
디터 람스 Dieter Rams
Gramophone, 1965, 제조사 Braun AG

독일의 구테폼

독일의 산업 기반은 제2차 세계대전의 충격을 받았으나, 이를 계기로 혁신의 전환을 마련했다. 이탈리아와 마찬가지로 미국의 재정 지원을 받은 독일은 국가적 자존심 회복을 위해 디자인을 활용했다. '좋은 형태는 좋은 기능에서 온다'는 '구테 폼Gute Form'의 핵심 정신을 바탕으로 서독을 디자인했으며, 이것은 전후 사회 재건의 모델이 되었다. 1950년대 초 경제 기적을 이룬 독일에서는 바우하우스의 유산을 계승한 울름 조형대학이 설립되었고, 산업계에서는 브라운사의 디터 람스가 '구테 폼'을 실현한 디자인을 선보였다. 그는 독일의 좋은 디자인이 외형적인 양식이 아닌 질적인 향상에 있음을 강조하며, 정체성을 차별화했다.

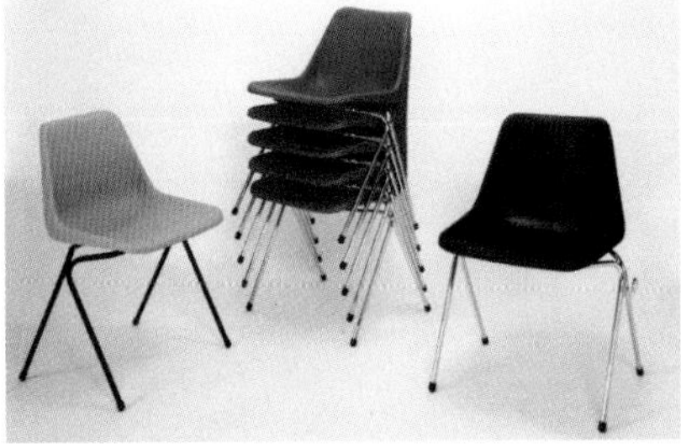
5009
로빈 데이 Robin Day
Polypropylene stacking Chairs, 1964, 제조사 Hille

영국의 페스티벌 디자인

20세기 전반기 동안 영국은 전통적인 양식을 고수하는 역사주의적인 관점이었으나, 전후 국제 무역에서의 경쟁력을 강화하기 위한 모색 과정에서 디자인의 중요성을 인식하게 되었다. 이 과정에서 설립된 산업디자인 협회COID는 1946년 '영국은 할 수 있다Britain Can Make it', 1951년 '영국 페스티벌Festival of Britain' 같은 전시회와 잡지로 디자인 대중화에 노력했으며, 영국의 이전 전통 양식과 결별하고 20세기 중반 모던 미학을 통합하는 역할을 했다.

미드 센추리 모던 스타일의 특징
Characteristics of Mid-Century Modern Style

5010
Mid-Century Modern Style Mood Board

20세기 중반기는 모더니즘 디자인이 성숙기로 접어들면서 철학적, 양식적 변화의 과정을 겪었다. 각 나라들은 전통 혹은 미래를 지향하며 '굿 디자인'을 제시했으며, 저마다 고유한 디자인 정체성이 자리 잡았다. 이 시기는 전통적인 가정 용품이나 가구뿐만 아니라 자동차, 산업 제품, 그래픽 디자인 분야에서 모더니즘 디자인의 다양성이 축적된 중요한 기간이었다. 소비자 붐과 글로벌 기업의 성장은 대량 생산과 대량 소비의 형태로 전개되었고, 국제화와 소재의 발전으로 디자인의 다양화가 더욱 가속화되었다.

미드 센추리 모던 양식은 전쟁 이후 강력한 국가로 떠오른 미국과 스칸디나비아반도의 국가들, 전후 재건에 성공한 독일과 이탈리아, 그리고 뒤늦게 모더니즘에 합류한 영국 등 다양한 국가에서 폭넓게 나타났다. 두 차례의 전쟁을 겪으면서 생겨난 새로운 가치관과 사회적 요구는 편안하고 안락한 디자인에 대한 선호로 이어졌으며, 기술과 소재의 혁신으로 인해 전쟁 이전의 엄격한 모더니즘 형태와는 확연히 다른 유기적인 형태를 구현하게 되었다.

성형 합판 기술, 유리 섬유, 합성 신소재는 조형적 다양성을 확장했으며, 색상의 사용이 더욱 활발해졌다. 전통적으로 사용되던 가죽과 패브릭의 색상이 다채롭게 변화되었으며, 20세기 중반 대중문화의 영향으로 플라스틱과 폴리프로필렌 같은 합성 소재를 사용한 디자인이 증가했다. 합성 소재의 증가는 색상뿐만 아니라 페인팅, 도금, 착색 등의 표면 처리 기술의 발전을 촉진했다.

미국의 찰스 임스와 레이 임스, 조지 넬슨, 에로 사리넨은 유기적인 디자인을 선도했으며, 아르네 야콥센, 핀 율, 한스 베그너, 타피오 비르칼라, 베르너 팬톤 같은 인물들은 스칸디나비안 스타일을 국제적으로 알린 주역들이다. 또한, 베스트셀러 브라운 제품을 탄생시킨 디터 람스와 한스 구겔로트, 이탈리아 디자인을 세계적인 수준으로 끌어올린 지오 폰티와 카스틸리오니 형제 등은 20세기 중반 미드 센추리 모던디자인을 대중문화의 반열에 올렸다.

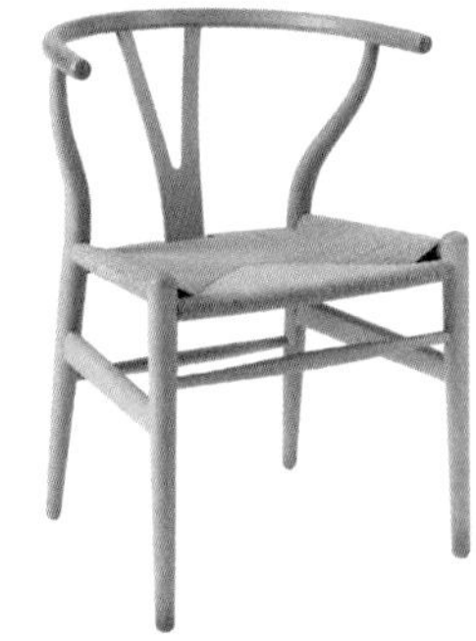
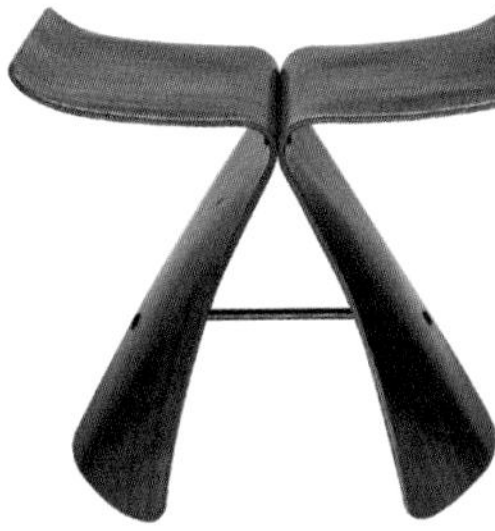
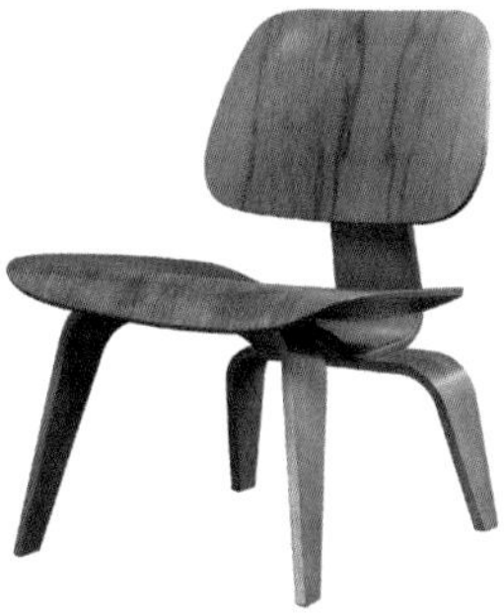
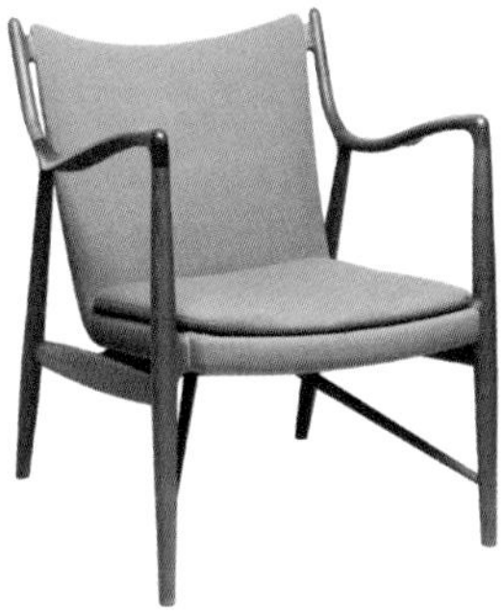
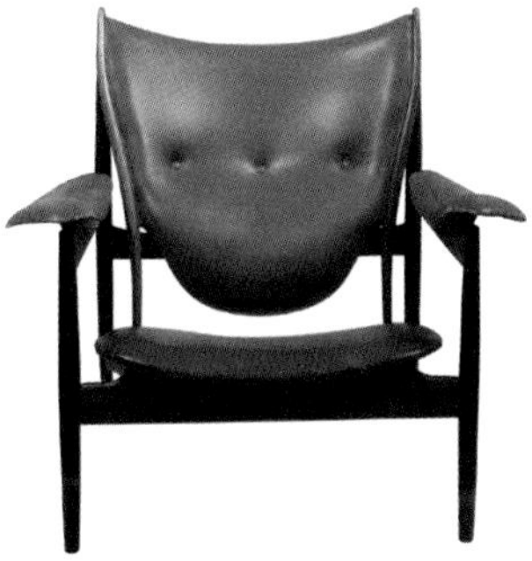
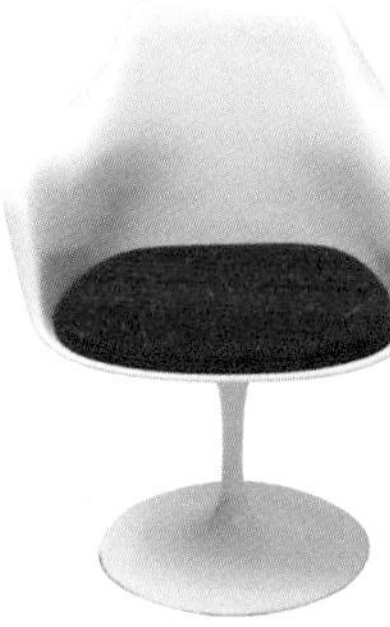
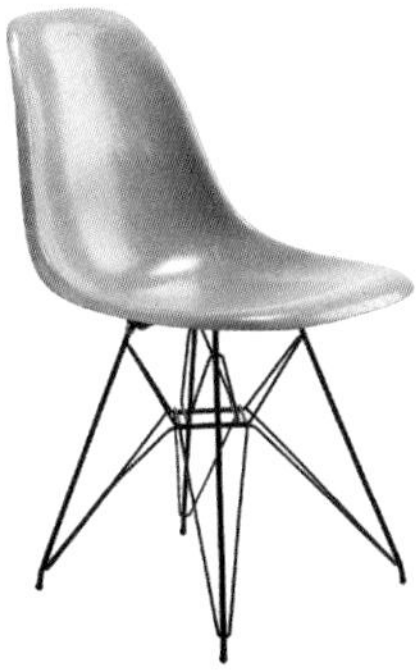
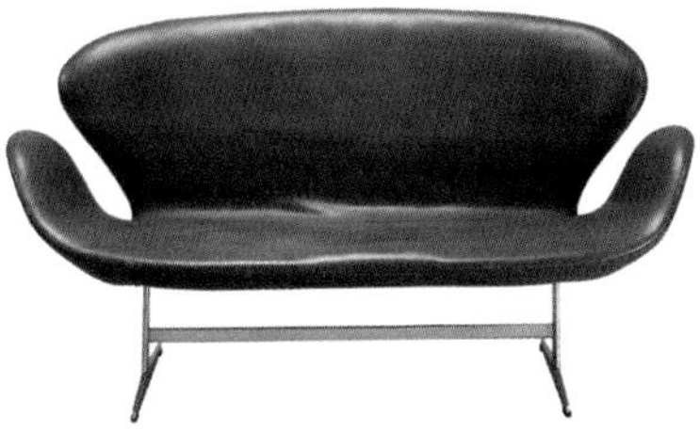
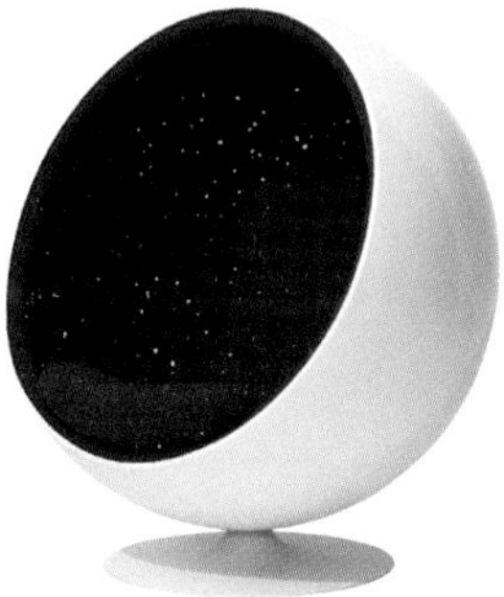
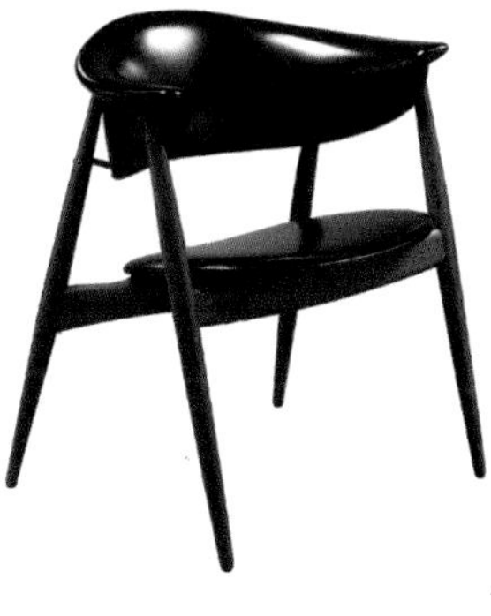
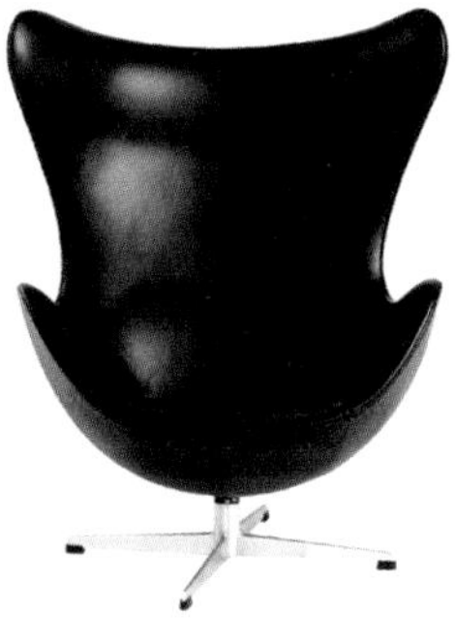
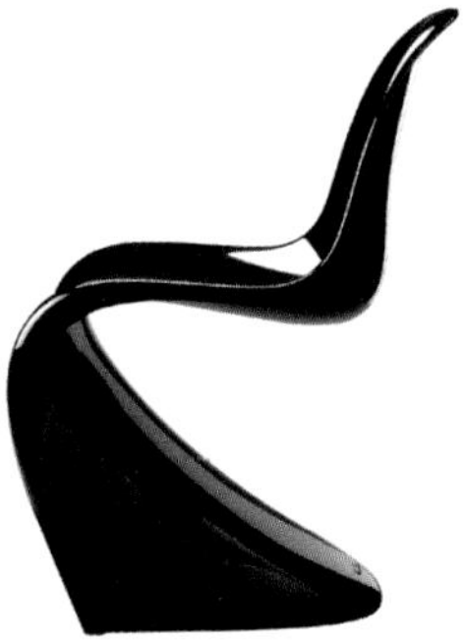

미드 센추리 모던 건축
Mid-Century Modern Architecture

20세기 중반은 전쟁 이후 재건과 성장이 이루어진 시기였다. 유럽과 미국을 중심으로 대규모 도시 재건 사업과 주거 단지가 조성되면서 건축 분야에서도 모더니즘의 양식이 확장되었다. 뉴욕 현대미술관에서 열린 '국제양식, 1932' 전시회를 통해 국제양식이 처음 거론되었으며, 직선 구조의 명료한 형태, 강철과 유리를 사용한 확장되고 열린 내부 공간은 모더니즘 건축의 일반적인 특징으로, 단순성과 명료성이 핵심이었다. 건축가들은 국제 양식을 적극적으로 설계에 적용했으며, 콘크리트와 강철 구조의 새로운 건축 공법과 재료의 사용이 일반화되면서 이전보다 더 넓은 공간과 대담한 구조물을 실현할 수 있게 되었다.

도시에는 데사우 바우하우스 건물에 적용된 커튼 월과 평지붕 형태의 초고층 건물이 들어섰으며, 프랑스 마르세유의 위니테 다비타시옹은 저비용의 보편적 국제양식으로 복합 주거건축의 모델로 전파되었다. 제2차 세계대전 이후 새롭게 형성된 인간 중심의 시대정신은 건축에도 반영되었다. 거주자의 편안함과 건강을 고려한 설계는 건축물, 인간, 자연과의 조화를 이루는 유기적인 공간을 만들어냈으며, 건축 외형에서도 유기적 디자인이 탄생하면서 디자인의 기능과 목표에 새로운 방향이 모색되었다. 20세기 중반기의 모더니즘은 합리주의적 기능주의와 더불어 건축은 예술, 환경, 문화 등이 통합된 표현주의적 기능주의가 다양한 형식으로 나타나며 양식적 다양성을 꽃피웠다.

대표적인 건축가는 르코르뷔지에, 루트비히 미스 반 데어 로에, 프랭크 로이드 라이트, 필립 존슨 등으로 이들은 기능성, 개방성, 그리고 자연과의 조화라는 원칙하에 사용자의 삶의 질을 향상시키고자 했다. 미스 반 데어 로에는 현대 고층 빌딩의 상징적 이미지를 등장시켰으며, 르코르뷔지에는 집합주거의 새로운 패러다임을 제시했다. 찰스 임스는 임스 하우스를 통해 전후 주택 공급 해법으로 새로운 건축 개념을 제시했으며, 자연과의 조화를 중요하게 생각한 필립 존슨은 글라스 하우스에 투명한 유리 소재를 적용하여 실내외 경계를 허무는 독창적인 시도를 보여주었다.

시그램 빌딩

Seagram Building, 미국 뉴욕

시그램 빌딩은 미국 뉴욕시 미드타운 맨해튼의 파크 애비뉴에 위치한 515피트 높이의 38층 고층 빌딩으로, 처음에는 캐나다의 증류주 회사인 시그램의 본사로 사용되었다. 이 건축물은 '뉴욕에서 가장 많이 복제된 건물'로 불리며, 전 세계의 다른 구조물에 영감을 주었고, 건축 디자인의 방향성과 기업 건축물의 이미지를 재정립했다. 기능주의 모더니즘 양식으로 유리 커튼 월과 브론즈 기둥을 사용해 수직적인 라인을 강조하고, 건물의 구조를 외관에 드러내어 구조적 아름다움을 통해 고층 건물의 이미지를 극대화했다. 이 건축물의 설계와 구현 과정에서 사용된 건축 기술과 재료의 혁신은 동시대 건축가들에게 새로운 가능성을 제시했으며, 공간 활용과 도시 경관에 대한 새로운 접근을 보여주었다.

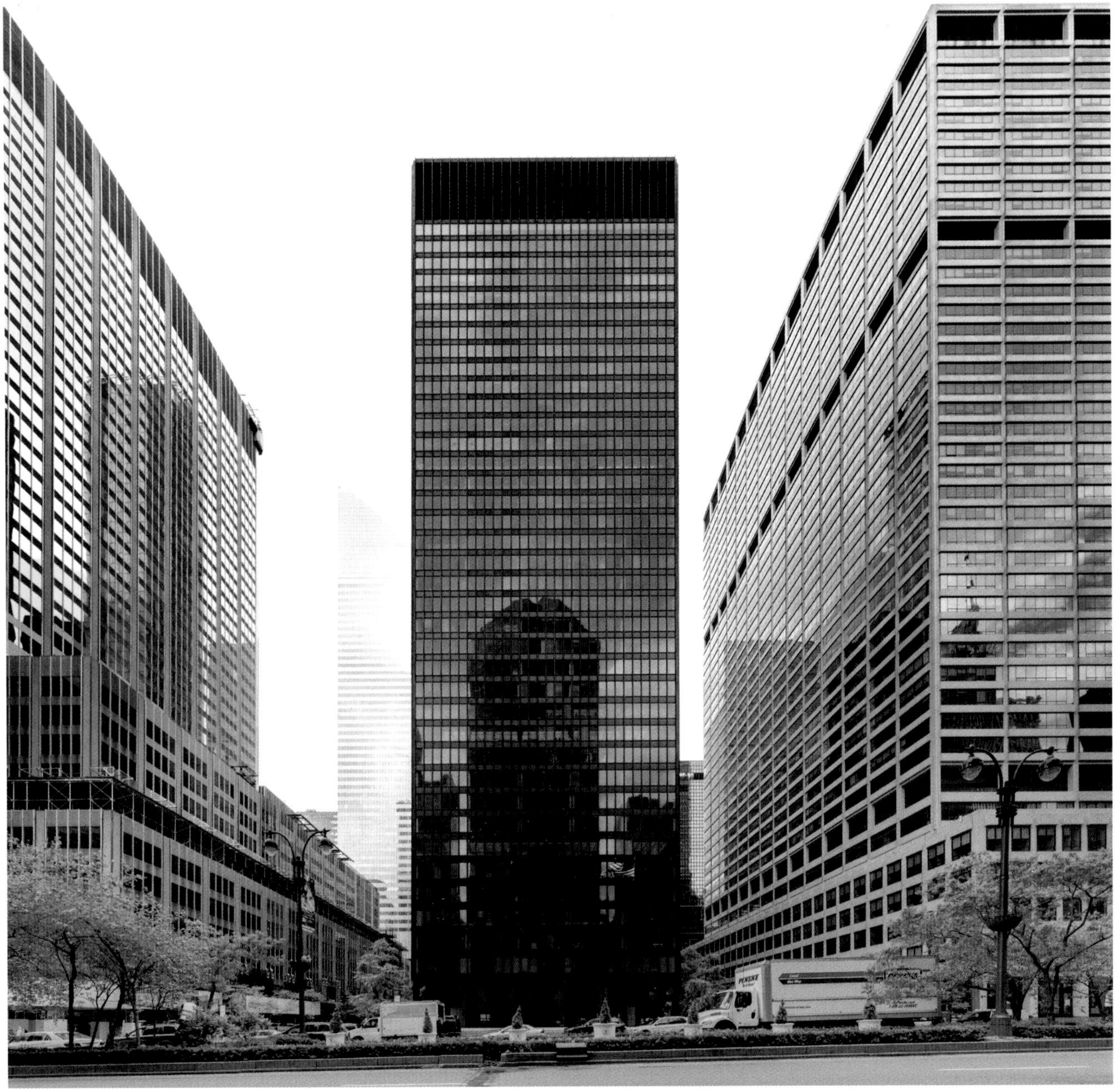

5011
루트비히 미스 반 데어 로에 & 필립 존슨
Ludwig Mies van der Rohe & Philip Johnson
Seagram Building, 1958, 미국 뉴욕

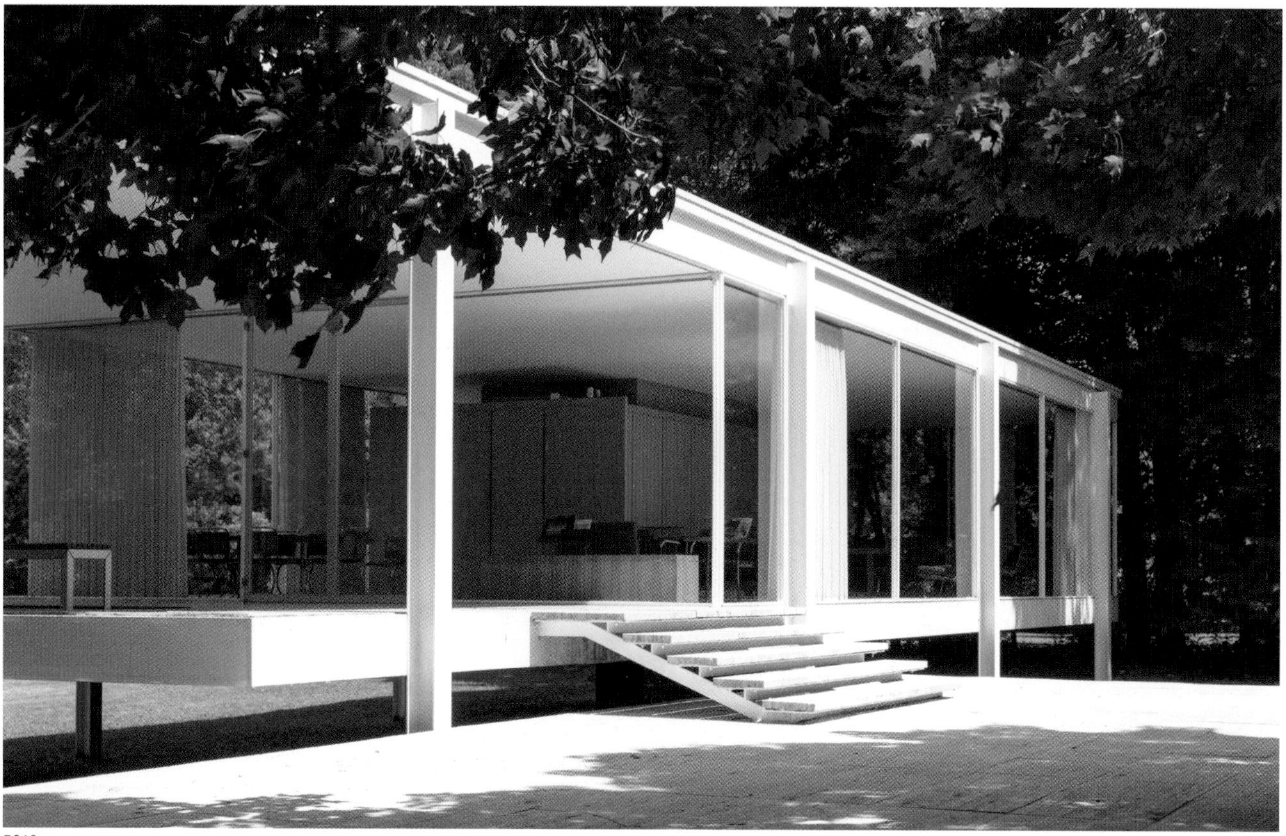

5012

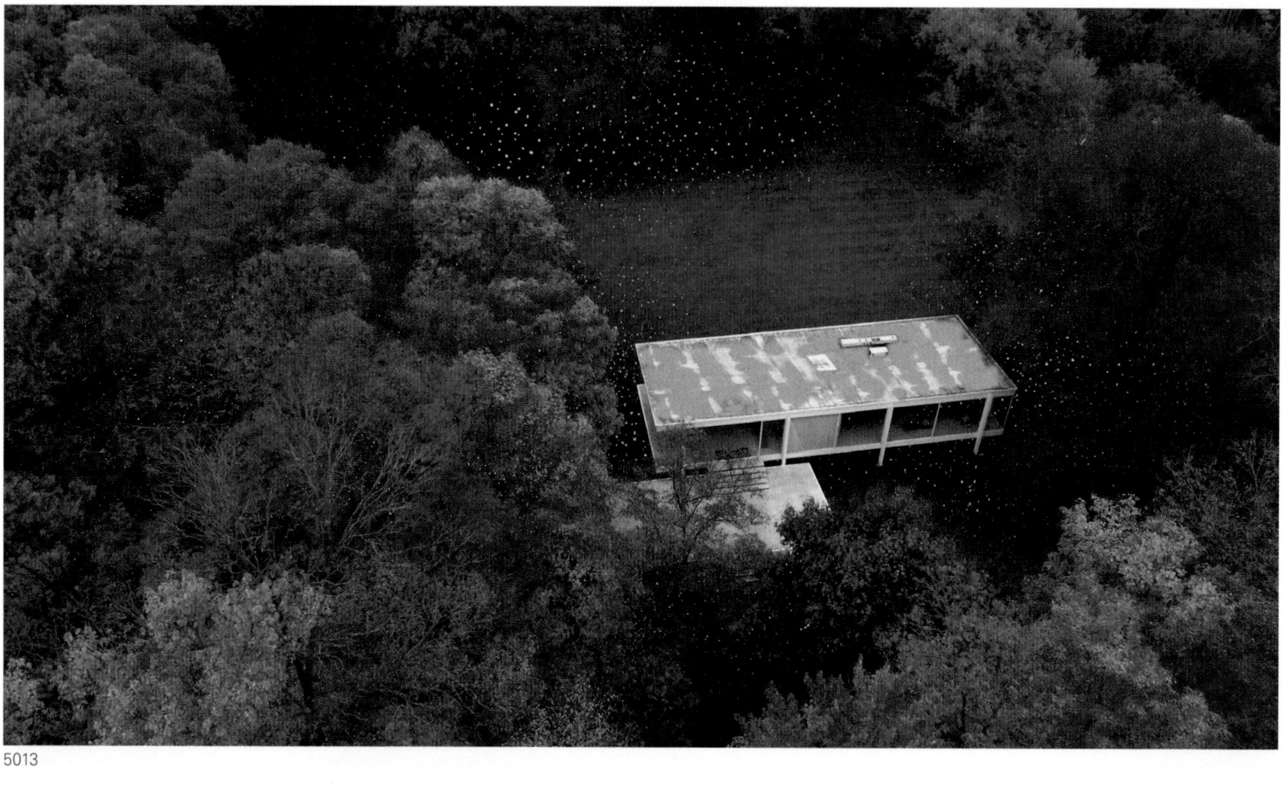

5013

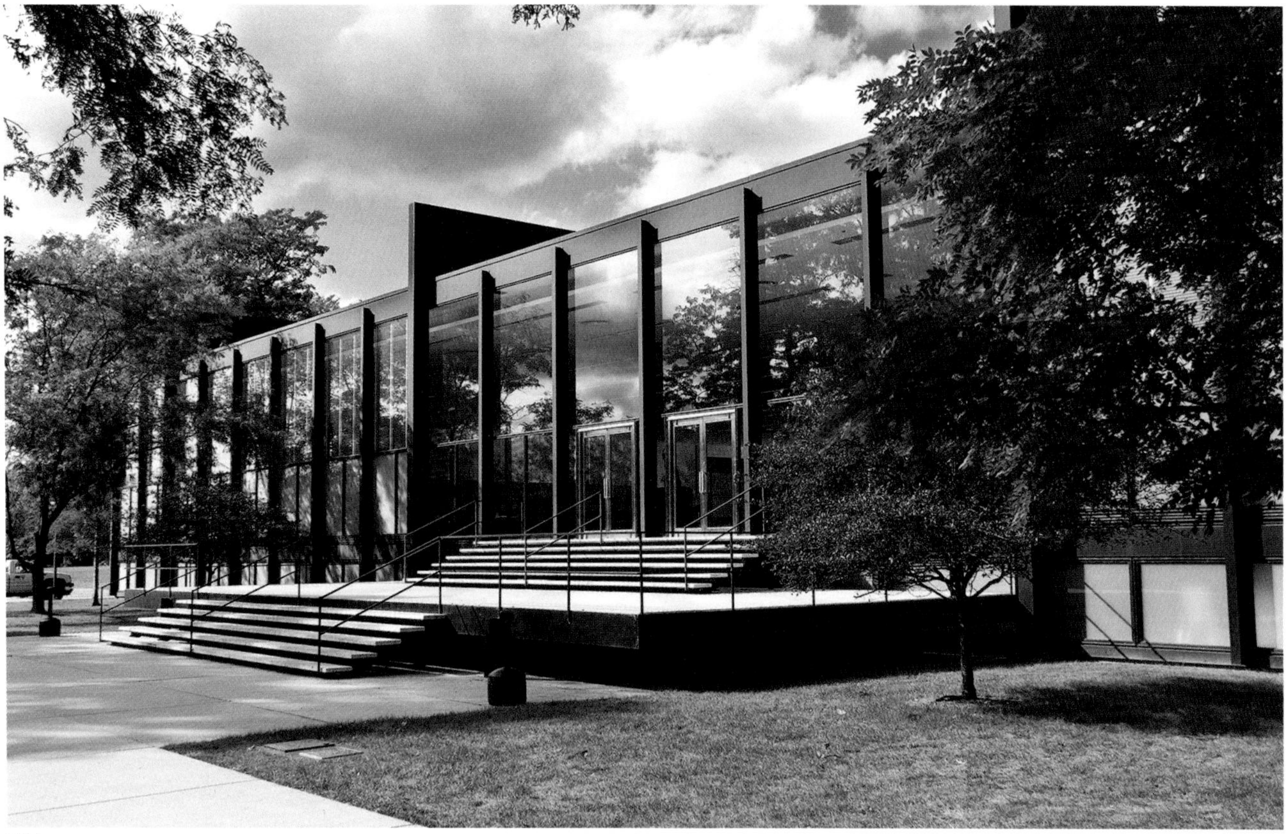
5014

판스워스 주택

Farnsworth House, 미국 일리노이

판스워스 주택은 단순한 형태와 구조를 통해 공간의 본질을 탐구하려는 루트비히 미스 반 데어 로에의 철학을 반영한 건축물로, 강철 프레임에 의해 지탱되며 흰색 바닥과 지붕으로 마감되어 있다.
미스가 이 집을 "유리와 강철로 만들어진 투명한 상자"라고 묘사한 것처럼 이 주택은 마치 유리 상자처럼 보이도록 설계되었으며, 거실, 주방, 침실, 욕실이 하나의 연속된 공간으로 구성되어 개방감을 더한다.

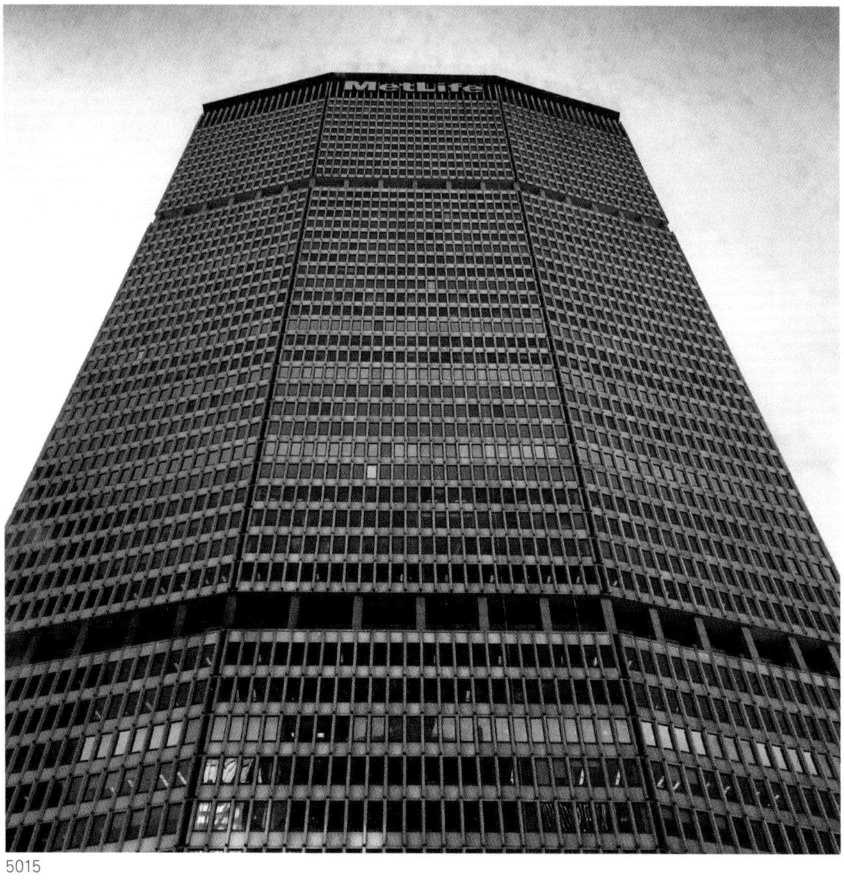

5015

5012, 5013
루트비히 미스 반 데어 로에 Ludwig Mies van der Rohe
판스워스 주택, 1951, 미국 일리노이

5014
루트비히 미스 반 데어 로에, Crown Hall, 1956, 미국 시카고

5015
발터 그로피우스 & 건축가 협력 단체 Walter Gropius and The Architects Collaborative, PanAm Building (현재 MetLife Building), 1958~1963, 미국 뉴욕

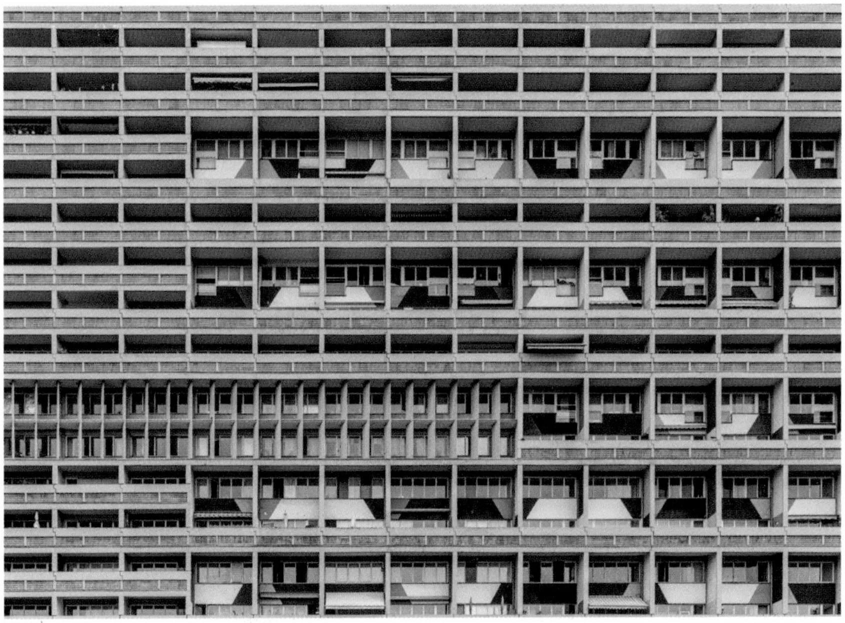

5016

위니테 다비타시옹

Unité d'habitation, 프랑스 마르세유

위니테 다비타시옹은 르코르뷔지에가 설계한 고층 집합 주택으로 프랑스 마르세유에 건축되었다. 이 건물은 12층 높이에 337개의 아파트와 다양한 공용 시설을 포함하고 있으며, '수직적 마을'이라는 개념을 통해 주민들의 사회적 상호작용과 공동체 의식을 증진시키고자 했다. 공공 시설은 옥상에 위치하며 1층은 상점으로 구성되었고, 각 세대는 복층 구조로 발코니가 포함되었다. 또한, 브루탈리즘Brutalism 건축의 초기 사례로 건물 외관에 베통 브뤼트(거친 콘크리트)를 사용하여 독특함을 부여했으며, 이것은 브루탈리즘 양식의 특징적인 요소가 되었다. 위니테 다비타시옹은 2016년에 건축적 가치와 역사적 중요성을 인정받아 유네스코 세계문화유산으로 지정되었다.

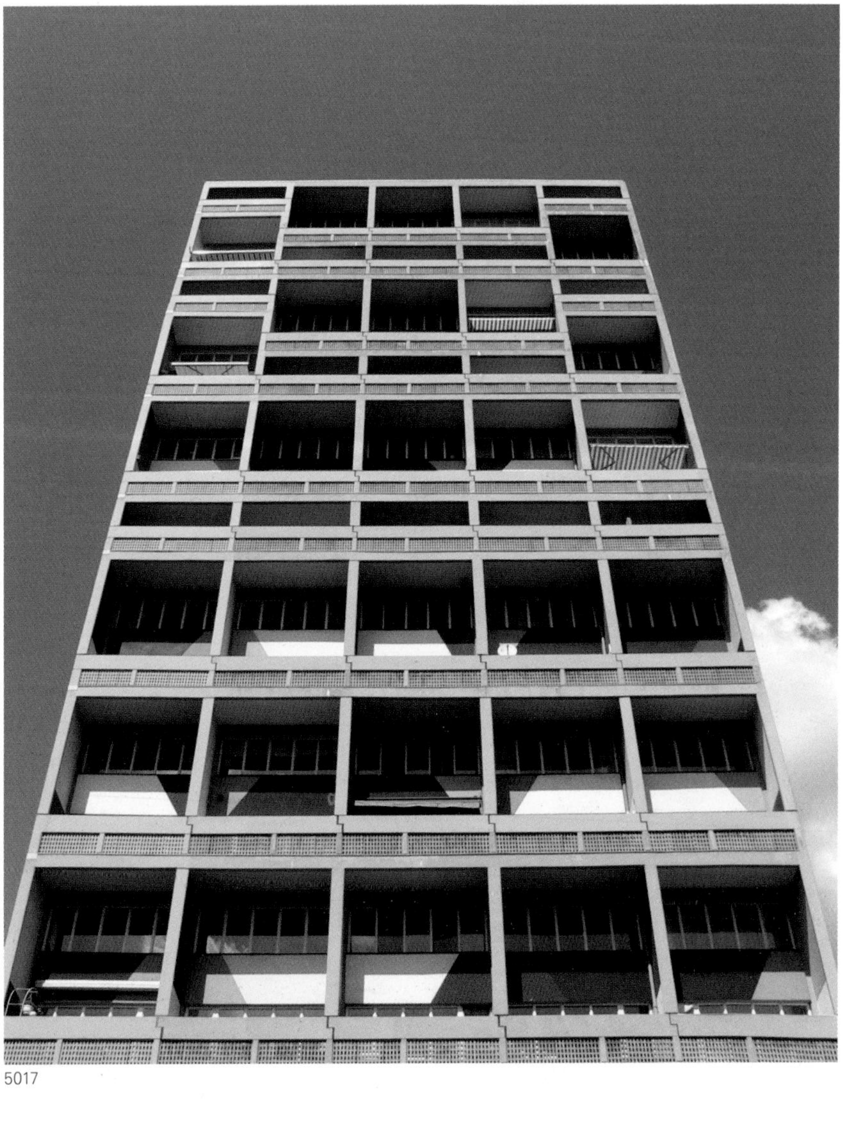

5017

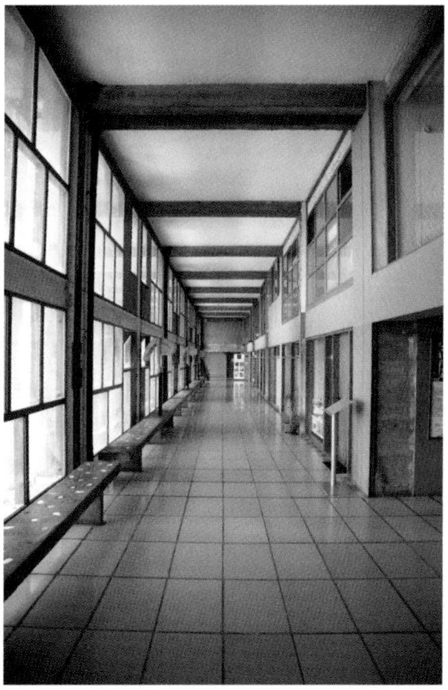

5018

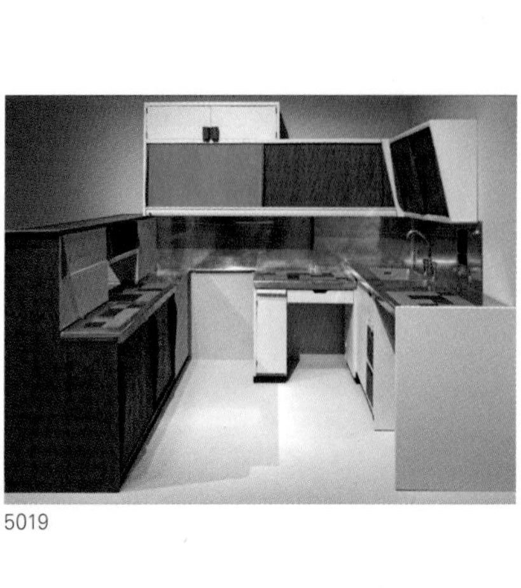

5019

5016, 5017
르코르뷔지에 Le Corbusier
Unité d'Habitation of Berlin, 1947, 베를린 찰로텐부르크

5018
르코르뷔지에
위니테 다비타시옹 Unité d'Habitation의 내부 거리
1945~1952, 프랑스 마르세유

5019
르코르뷔지에
위니테 다비타시옹을 위해 디자인된 주방 가구, 1951~1952
UAM Une Aventure Moderne 전시회, 2018, 퐁피두 센터
프랑스 파리

5020
마르셀 브로이어 Marcel Breuer
스틸만 하우스 Stillman House, 1950, 미국 코네티컷
수영장의 벽화는 알렉산더 칼더의 작품이다.

5021
얀닉 마틴 Yannick Martin
찰스와 레이 임스의 Case Study House No. 8 주제의 작품

5022
임스 하우스의 내부

5023, 5024
찰스와 레이 임스의 집 Eames house
Case Study House No. 8, 1949, 미국 캘리포니아

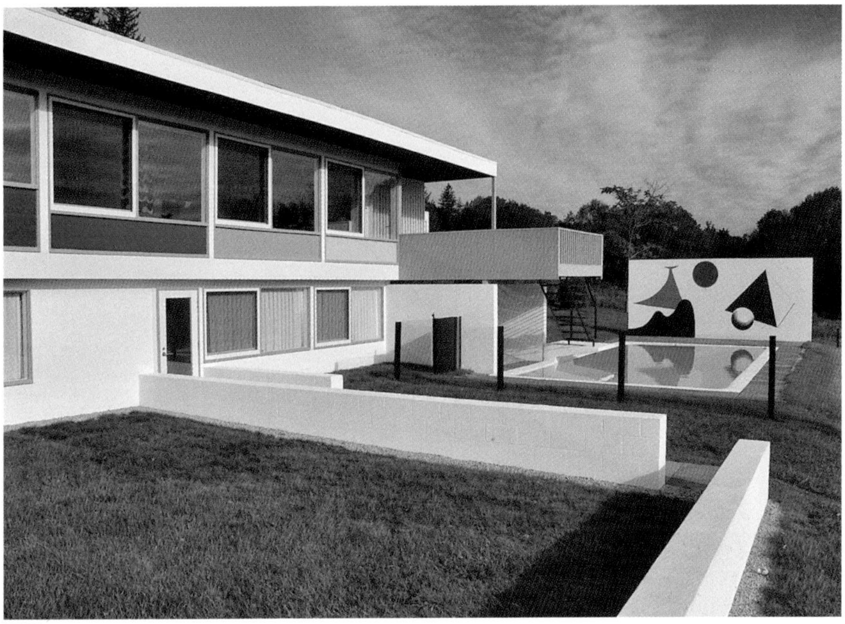
5020

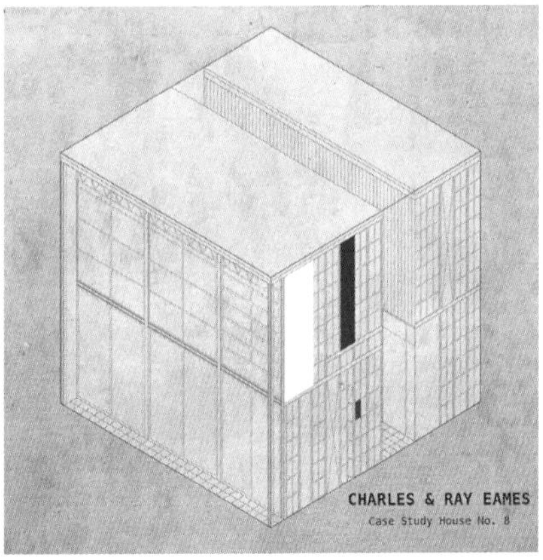

5021

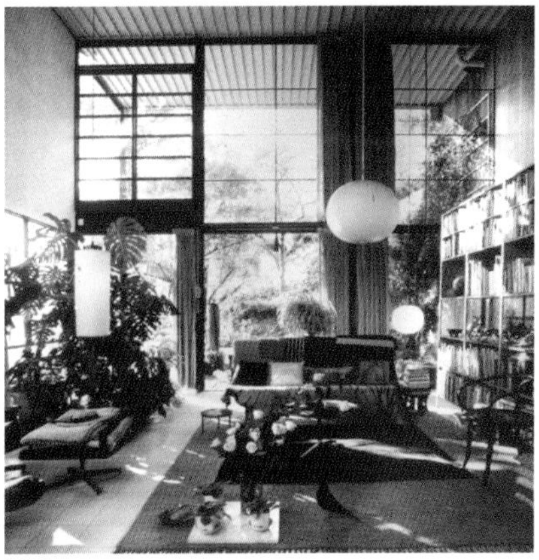
5022

임스 하우스

Eames House, 미국 캘리포니아

1940년대 후반, 임스 부부는『Arts & Architecture』잡지의 'Case Study House Program'에 참여하면서, 이 프로그램의 일환으로 캘리포니아 퍼시픽 펠리세이드에 자택을 건축했다. 이 프로그램은 전후 미국의 주택난 해결을 위한 방법으로, 대량생산된 자재를 사용해 저비용으로 저가의 주택을 건설하는 것을 목표로 했다. 임스 하우스는 새롭게 발전된 기술을 실험하는 표본이 되었으며, 합리적인 조립식 패널 자재가 사용되었다. 그로 인해, 임스 하우스는 공학적으로 진보적이고 자연친화적이었으며, 레이임스가 장식한 실내는 인본주의적인 감성을 담고 있다. 1949년 임스 하우스가 완공된 후, 이 집은 임스 부부가 가족, 친구, 동료들과 교류하고 사교를 나누는 공간으로 활용되면서 주거 이상의 의미를 지니게 되었다.

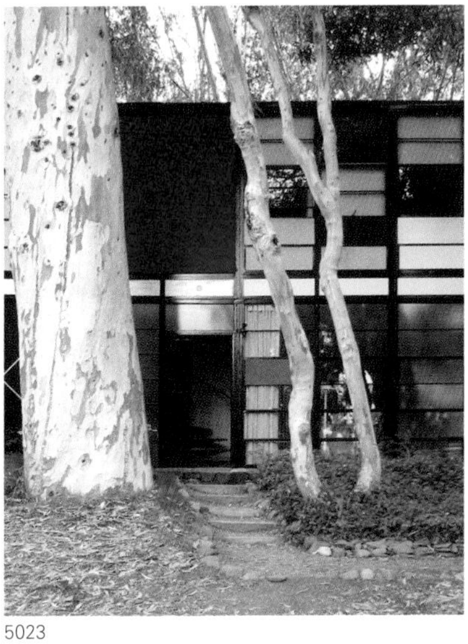
5023

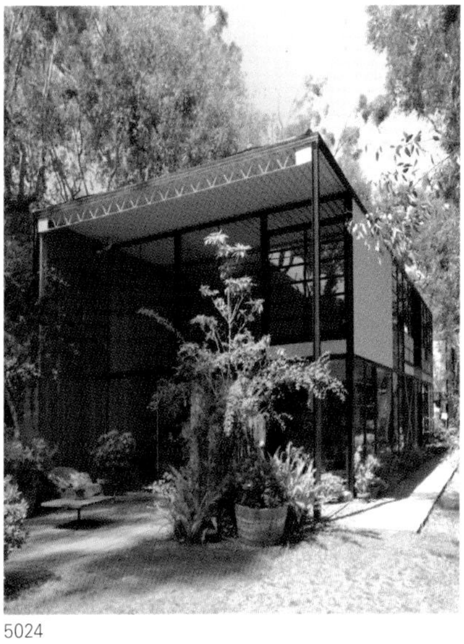
5024

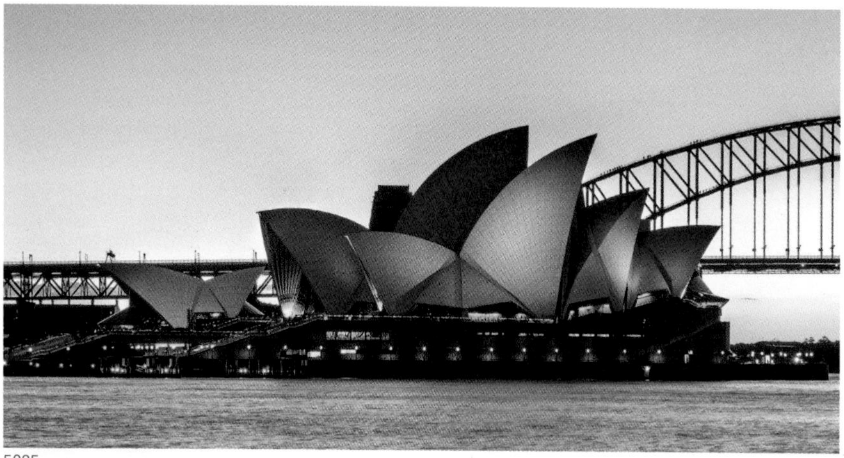
5025

시드니 오페라 하우스

Sydney Opera House, 1959~1973
오스트레일리아 시드니

시드니 오페라 하우스는 표현주의적 기능주의 양식의 건축물로 14개의 대형 프리캐스트 콘크리트 셸로 구성된 지붕이 특징이다. 1957년 덴마크의 건축가 요른 우촌이 시드니 오페라 하우스 설계 공모전에서 우승했다. 디자인 변경, 건축의 기술적 문제, 예산 증가, 일정 연기, 정부와의 갈등과 우촌의 사임 등 크고 복잡한 문제가 많이 있었지만, 결국 건축을 시작하고 14년 만인 1973년 완성되었다. 요른 우천은 2003년 건축계 최고 영예인 프리츠커 건축상 수상을 수상했으며, 시드니 오페라 하우스는 20세기 건축의 상징으로 유네스코 세계문화유산 등재되었다.

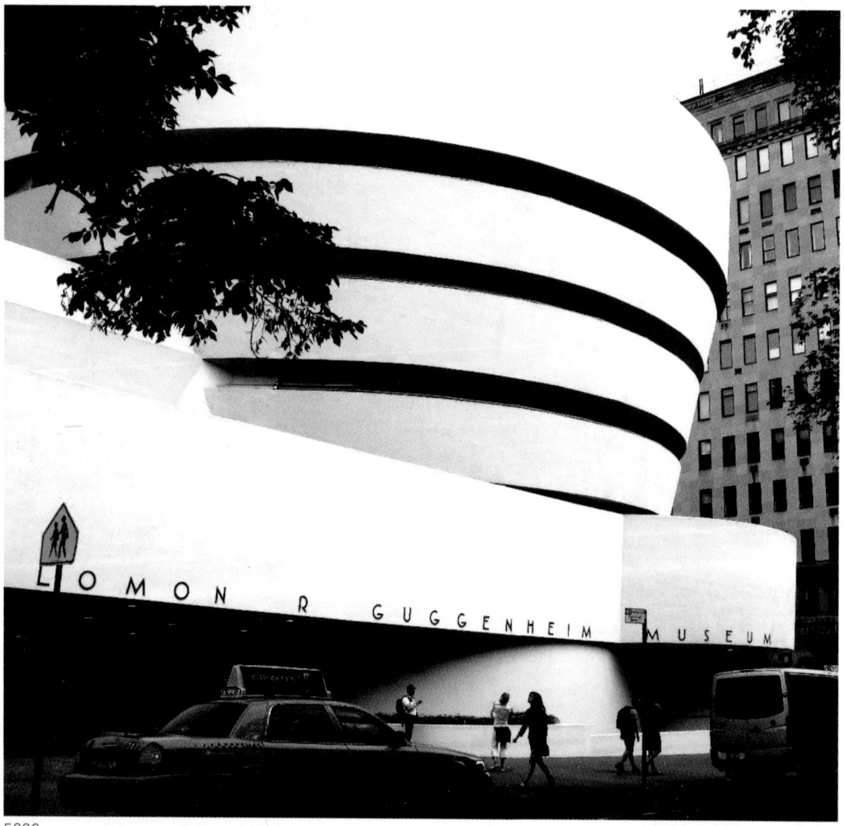

5026

솔로몬 R. 구겐하임 미술관

Solomon R. Guggenheim Museum, 1959
미국 뉴욕

솔로몬 R. 구겐하임 미술관은 라이트의 '유기적 건축' 철학이 구현된 건축물이다. 건물 내부를 나선형 경사 구조로 설계하여, 방문객들에게 연속적이면서 유동적인 전시 관람을 제공하며, 다양한 전시에 맞춰 조정할 수 있도록 유연한 구조로 고안되었다. 또한, 프랭크 로이드 라이트의 건축 철학인 자연과의 조화와 통합을 강조하여 자연광이 내부로 스며들 수 있도록 설계하였고, 이것을 시각적으로 구현했다. 프랭크 로이드 라이트의 설계는 전통적인 미술관 디자인과 크게 차별화된 접근 방식이었으며, 건축과 예술의 상호작용에 대한 새로운 관점을 제시했다.

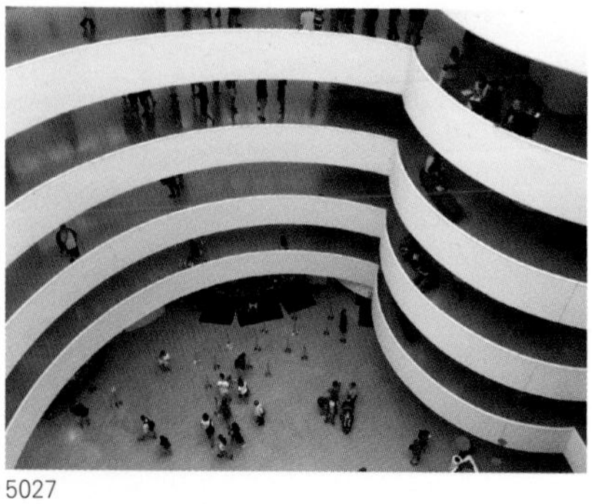
5027

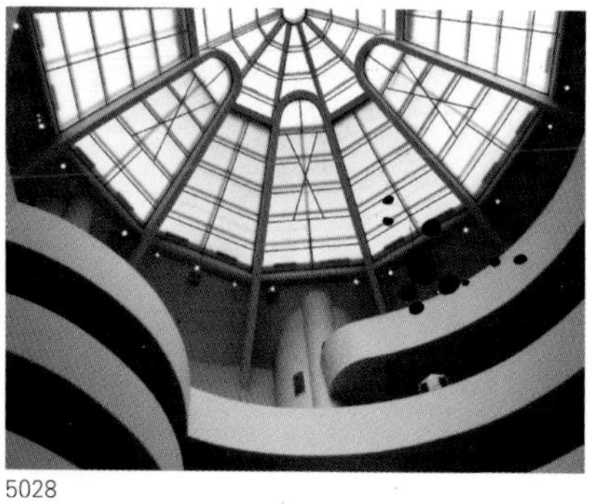
5028

5025
요른 우촌 Jørn Utzon
Sydney Opera House, 1959~1973, 오스트레일리아 시드니

5026, 5027, 5028
프랭크 로이드 라이트 Frank Lloyd Wright
솔로몬 R. 구겐하임 미술관, 1959, 미국 뉴욕

5029
에로 사리넨 Eero Saarinen
게이트웨이 아치, 1965, 미국 미주리주

5030, 5031
에로 사리넨, MIT 채플, 1955, 미국 매사추세츠주

5032
에로 사리넨
댈러스 국제공항의 메인 터미널, 1962, 미국 버지니아주

게이트웨이 아치

Gateway Arch, 미국 세인트루이스

게이트웨이 아치는 미국 세인트루이스에 위치한 구조물로, 미국 서부 개척의 역사를 기념하고 개척자들의 정신을 상징하기 위해 건설되었다. 게이트웨이 아치는 세계에서 가장 높은 아치형 구조물로, 스테인리스 스틸을 사용해 약 192미터(630피트)의 높이로 제작되었다. 사리넨은 초기 설계와 달리 아치의 하부 형태를 사각형에서 삼각형으로 변경해 구조적 안정성과 미적 완성도를 동시에 추구했다.

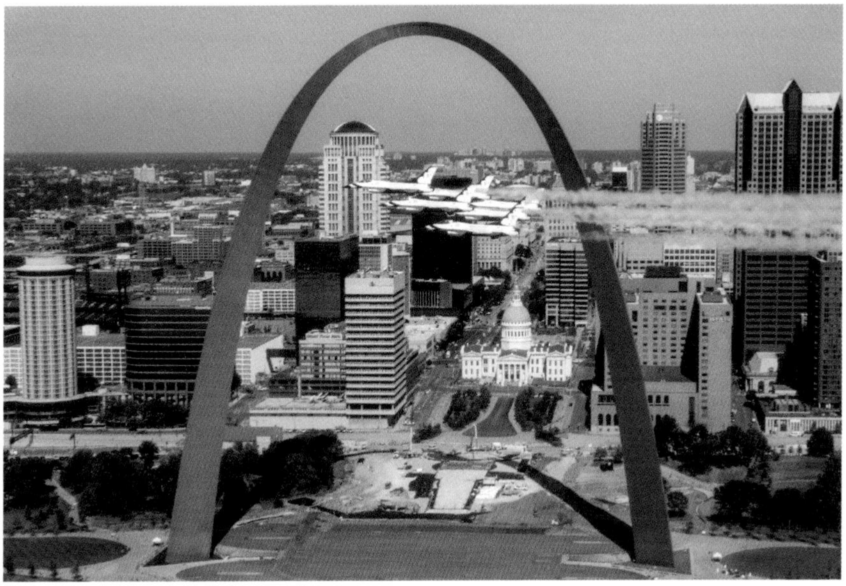

5029

MIT 채플

MIT Chapel, 1955, 미국 보스턴

에로 사리넨이 설계한 MIT 채플은 매사추세츠공과대학교 캠퍼스 내에 위치한 모더니즘 건축 양식의 비종교적 예배당이다. 이 예배당은 단순한 벽돌 실린더 형태의 외형에 창문이 없이 천장창을 통해 자연광이 들어오도록 설계되었다. 내부는 물결 모양의 벽돌 벽과 금속 조각품으로만 채워진 공간으로, 차분하고 경건한 분위기를 조성한다. 또한, 주변 경관과의 조화로운 연결을 통해 이 건축물은 예배 공간 이상의 깊은 영적 가치와 예술적 가치를 지닌 공간으로 탄생했다. 내부의 금속 조각품은 헤리 베르토이아의 작품으로, 원형 채광 창에서 빛을 받아 반짝이는 독특한 효과를 자아낸다.

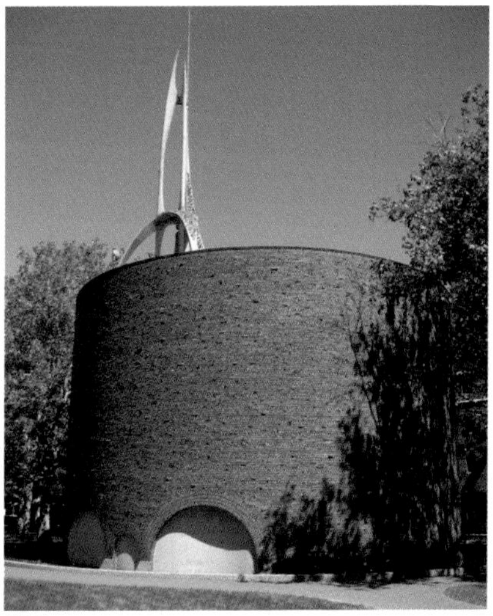

5030

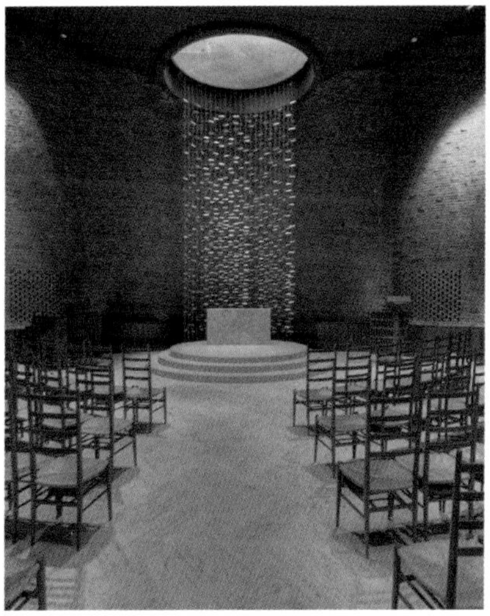

5031

에로 사리넨

Eero Saarinen, 1910~1961, 미국

건축가, 디자이너

에로 사리넨은 핀란드 출신의 건축가 엘리엘 사리넨의 아들로, 미국으로 이주했다. 예일 대학교에서 건축을 전공한 후, 크랜브룩 예술학교에 진학하여 찰스와 레이 임스, 플로렌스 놀과 교류하게 되었다. 1940년, 찰스 임스와 함께 'Organic Design in Home Furnishings가정 가구의 유기적 디자인' 대회에서 수상한 것은 디자인 경력에 중요한 이정표가 되었다. 사리넨은 사용자와의 상호작용을 중요하게 생각했으며, 튤립 체어는 그의 미학과 기능적 접근을 보여주는 디자인으로 가구 회사 Knoll을 통해 생산되었다. 건축 작업으로는 미국 세인트루이스의 게이트웨이 아치, 포드 모터 컴퍼니의 리서치 센터, 뉴욕 JFK 공항의 트랜스월드 항공 터미널 등이 있으며, 이 작품들은 기능주의와 유기적 형태를 결합한 사리넨의 건축적 비전을 반영하고 있다.

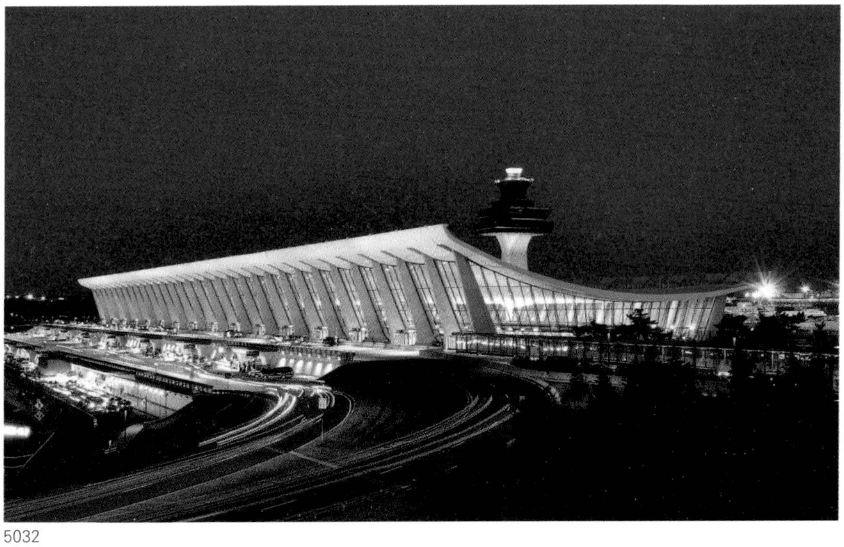

5032

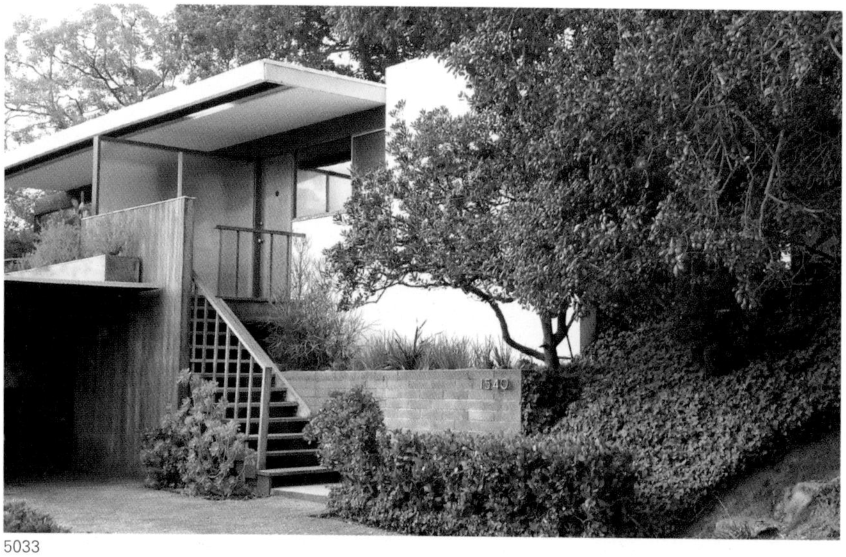

5033

5033
리처드 노이트라 Richard Neutra
콘스턴스 퍼킨스 하우스, 1955, 미국 캘리포니아. 이 집은 노이트라의 '유기적 현대주의' 건축 스타일 작품으로 자연과의 조화를 중요하게 생각하고 있다.

5034
리처드 네우트라 Richard Neutra
밀러 하우스, 1937, 미국 캘리포니아

5035
필립 존슨 Philip Johnson
글래스 하우스, 1953, 미국 코네티컷

5036
스키드모어, 오윙스 & 메릴 Skidmore, Owings & Merrill
예일대학교의 베이네케 도서관, 1963, 미국 코네티컷

5037
월리스 해리슨 Wallace Harrison
메트로폴리탄 오페라 하우스, 1966, 미국 뉴욕

5038
루이스 칸 Louis Kahn
킴벨 아트 뮤지엄, 1966~1972, 미국 텍사스

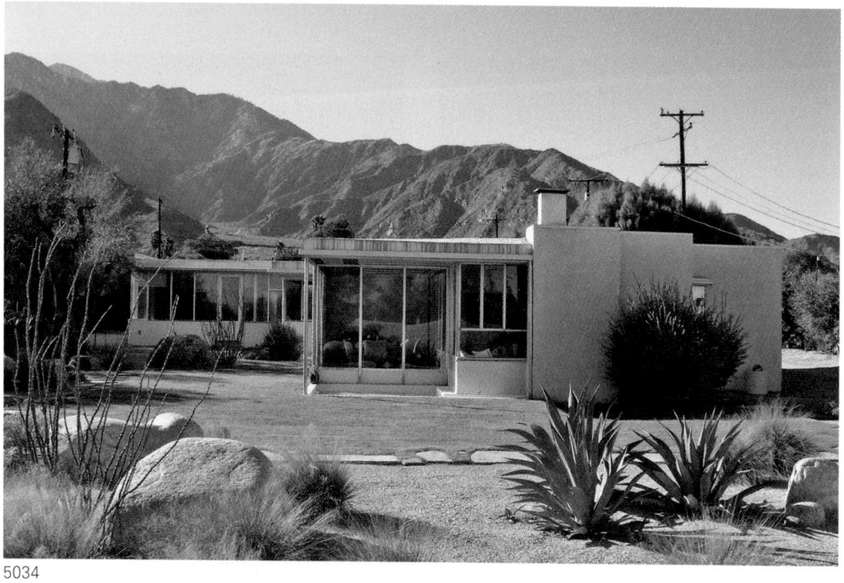
5034

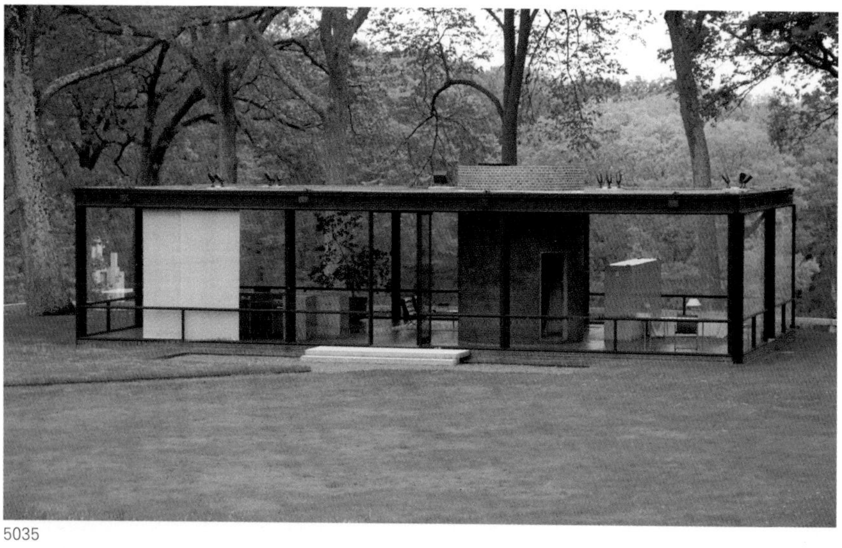
5035

글라스 하우스

Glass House, 미국 코네티컷주

루트비히 미스 반 데어 로에의 수제자인 필립 존슨이 설계한 글라스 하우스는 자연과 건축물 사이의 상호작용을 통해 자연과 인간 사이의 관계를 재정립하려는 그의 철학을 반영하고 있다. 글라스 하우스는 정육면체 형태에 네 개의 유리 커튼 월을 사용하여, 투명한 소재로 내외부의 완벽한 시각적 연결성을 제시했다.

바이네케 도서관

Beinecke Library, Yale University, 미국 코네티컷

스키드모어, 오윙스 & 메릴이 설계한 예일대학교의 바이네케 도서관은 예일대학교 캠퍼스 내에 위치하고 있다. 이 도서관은 희귀 자료와 손본 원고를 전문적으로 보호하고 전시하기 위해 설계되었으며, 그 목적에 부합하는 구조와 소재를 사용했다. 거대한 사각형 블록 형태의 구조에 투명한 대리석 패널을 사용하여, 자연광을 은은하게 걸러내어 직사광선으로부터 도서관의 자료들을 효과적으로 보호할 수 있도록 고안되었다. 건축가는 소재를 통해 자료 보존의 기능성과 자연광을 활용한 내부 조명의 아름다움 사이의 균형을 구현했다. 내부는 방문자들이 희귀 자료를 쉽게 관람하고 접근할 수 있도록 개방된 중앙 구역을 중심으로 구성되었다.

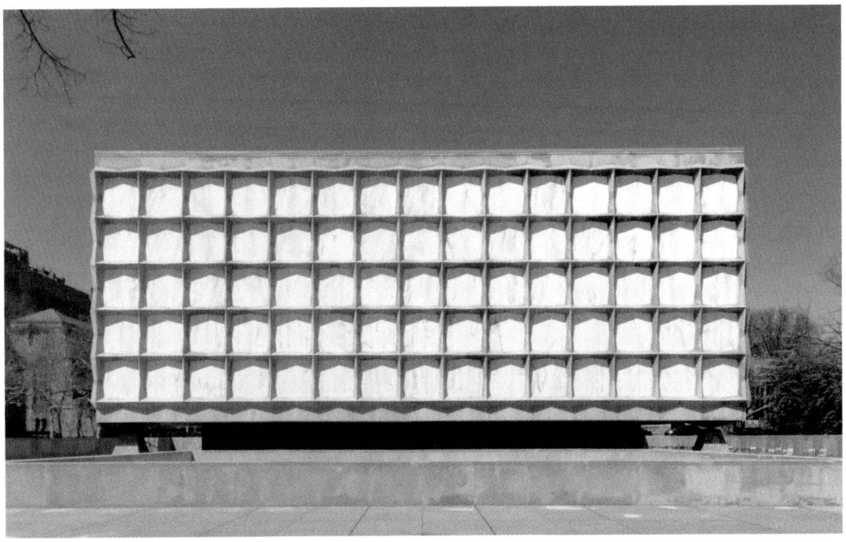

5036

메트로폴리탄 오페라 하우스

Metropolitan Opera House, 미국 뉴욕

윌리스 해리슨이 설계한 메트로폴리탄 오페라 하우스는 뉴욕의 링컨 센터에 위치한 공연장이다. 외관의 크고 개방적인 유리 파사드는 건물에 들어서는 방문객들에게 웅장한 첫인상을 주며, 고급스러운 장식과 넓은 내부 공간은 세련되고 우아한 환경을 조성해 공연의 질을 높이는 동시에 공연장으로서의 품격을 상징적으로 보여준다. 세계적인 수준의 음향 및 조명 시설을 갖춘 오페라 하우스는 오페라뿐만 아니라 다양한 예술 공연을 수용할 수 있으며, 뉴욕을 예술과 문화의 중심지로 만드는 데 중요한 역할을 한다.

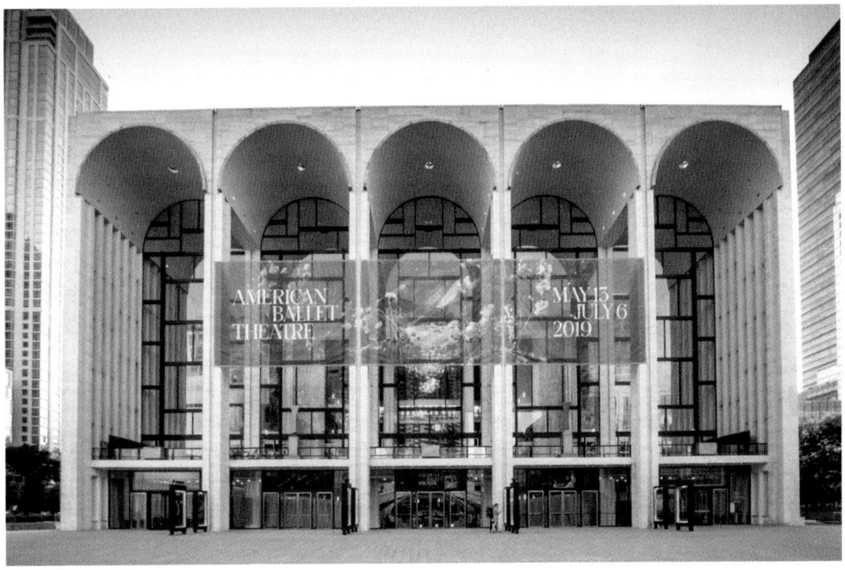

5037

킴벨 아트 뮤지엄

Kimball Art Museum, 미국 텍사스

텍사스주 포트 워스에 위치한 킴벨 아트 뮤지엄은 루이스 칸의 건축적 철학과 디자인의 정수를 보여주는 작품이다. 이 건축물의 가장 큰 특징은 곡선형의 천장으로, 미술관 내부로 유도되는 자연광으로 전시된 작품들을 자연스럽게 조명할 수 있도록 설계되었으며, 빛과 그림자의 미묘한 상호작용으로 갤러리 내부에 독특한 분위기를 조성한다. 콘크리트와 트래버틴을 주요 재료로 사용하여 단순하면서도 견고한 인상을 풍기며, 재료를 통하여 자연스럽고 시간이 지나도 변하지 않는 아름다움에 대한 자신의 철학을 반영했다.

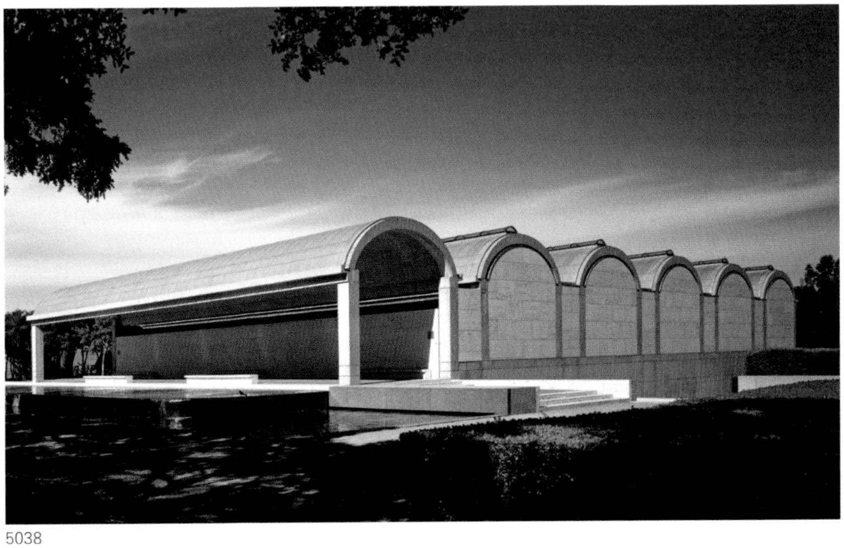

5038

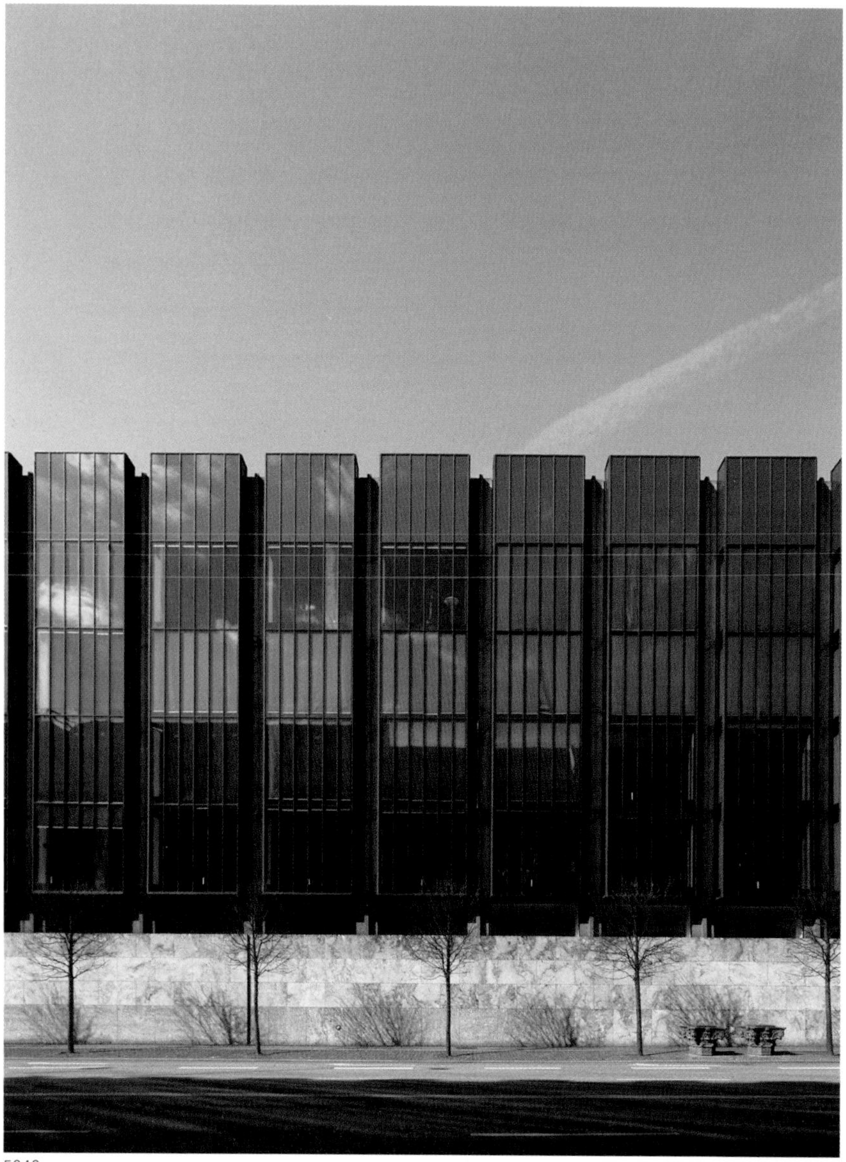

5040

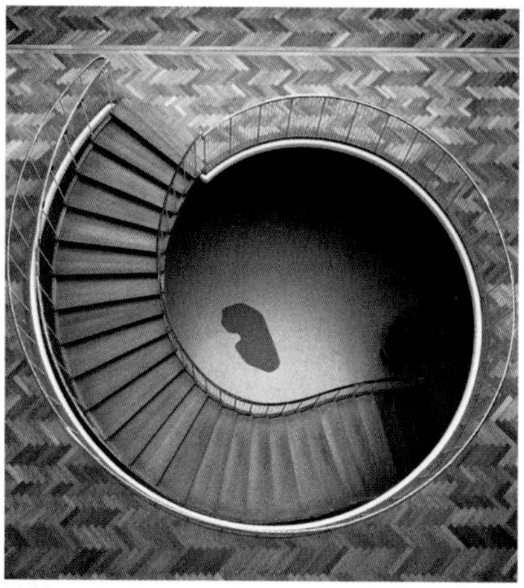

5039

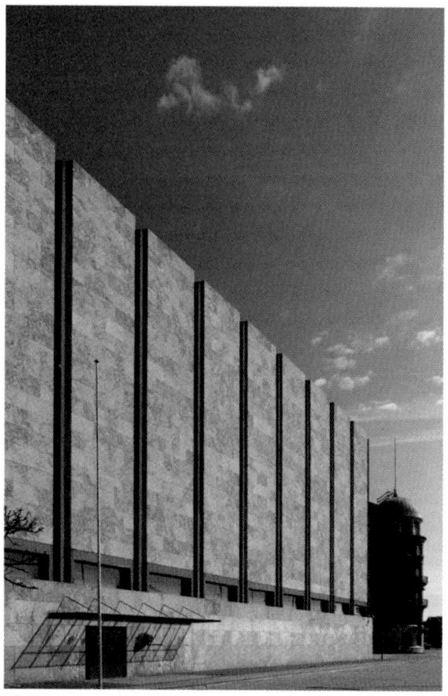

5041

덴마크 국립은행

National Bank, 덴마크 코펜하겐

코펜하겐에 위치한 덴마크 국립은행은 아르네 야콥센이 설계한 건축물로, 기능주의 디자인의 영향을 받아 내외부 모두 기능성과 효율성을 우선으로 설계되었다. 외관은 어두운 회색의 그라나이트와 유리를 사용하여, 기능적으로 견고하면서도 우아한 인상을 주었으며, 건물 내부는 공간 활용이 최적화되어 국립은행의 업무 수행에 필요한 요구를 충족시켰다. 내부 장식은 세련된 모더니즘 양식으로 마무리되어 국립은행의 전문성과 격식을 강조하며, 직원과 방문객에게 고급스러운 환경을 제공한다.

SAS 로열 호텔

SAS Royal Hotel, 덴마크 코펜하겐

SAS 로열 호텔은 코펜하겐에 위치한 건축과 인테리어 디자인의 통합 예술작품으로, 아르네 야콥센의 'Total Design' 철학을 실현한 대표적인 사례이다. 야콥센은 호텔 건축뿐만 아니라 가구, 조명, 식기류 등 모든 세부 사항까지 직접 디자인하며, 호텔 전체의 디자인과 분위기를 일관되게 총괄했다. SAS 로열 호텔은 기능주의 모더니즘의 영향을 받아 초고층 건물의 혁신적인 구조 설계와 함께 유리와 강철을 주요 재료를 사용하여 현대적인 디자인으로 구현되었다.

5039
아르네 야콥센 Arne Jacobsen, 에일 묄러 Erik møller
오르후스 시청 Aarhus town hall, 1937~1942, 덴마크 오르후스

5040, 5041
아르네 야콥센, 코펜하겐 국립은행, 1961~1978, 덴마크 코펜하겐
3겹의 유리로 구성된 우아한 커튼 월이 특징이다.

5042
아르네 야콥센, 쇠홀름 Søholm, 1946~1950, 덴마크 클람펜보리

5043
아르네 야콥센, 알레후세네Alléhusene 주택, 1949~1953
덴마크 겐토프테

5044
아르네 야콥센, SAS 로열 호텔, 1955~1960, 덴마크 코펜하겐

5045
알바 알토 Alvar Aalto, 핀란디아 홀 Finlandia Hall, 1967~1971
핀란드 헬싱키

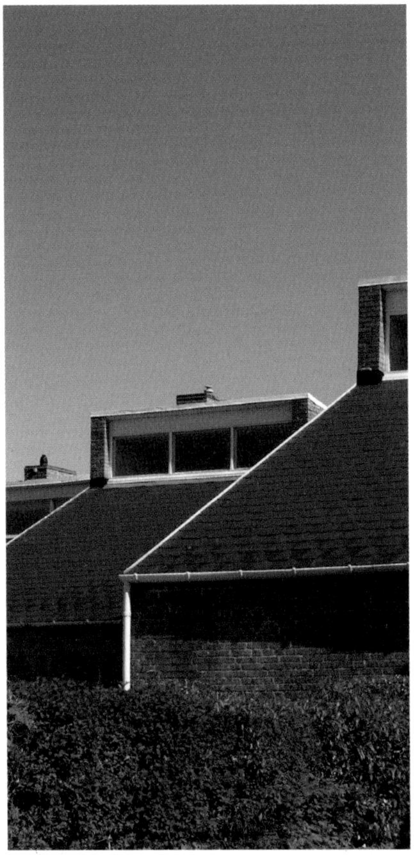
5042

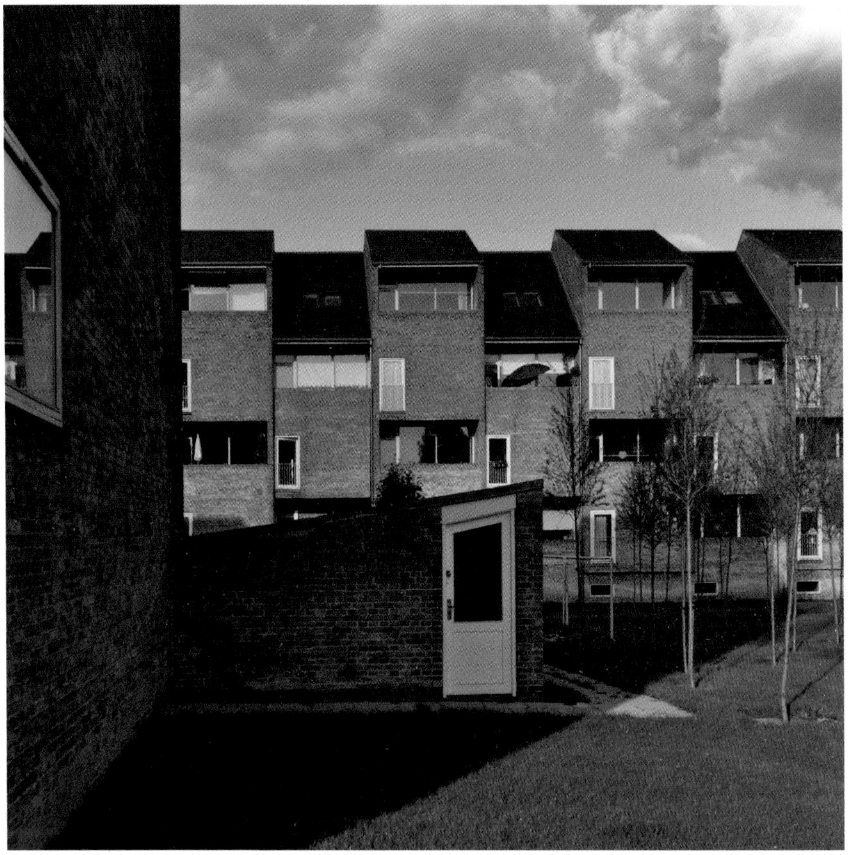
5043

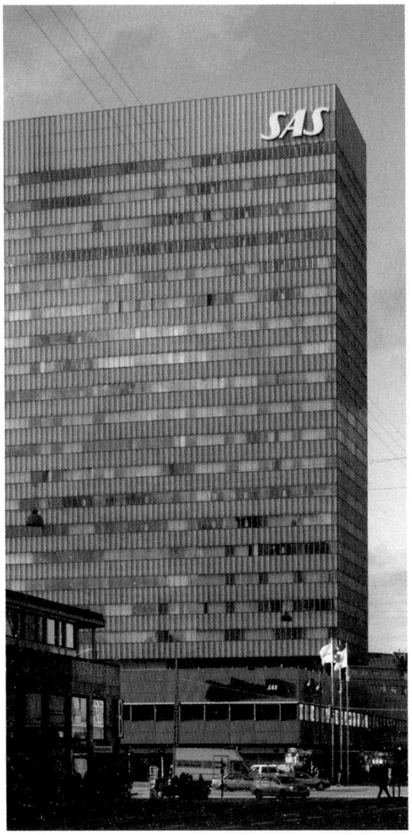

5044

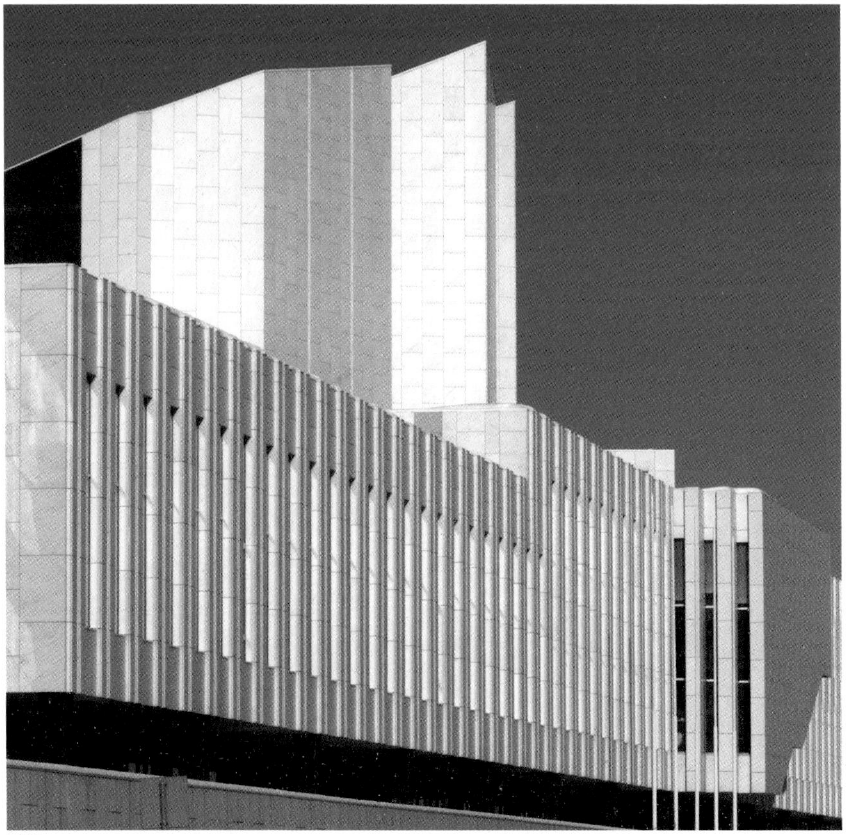
5045

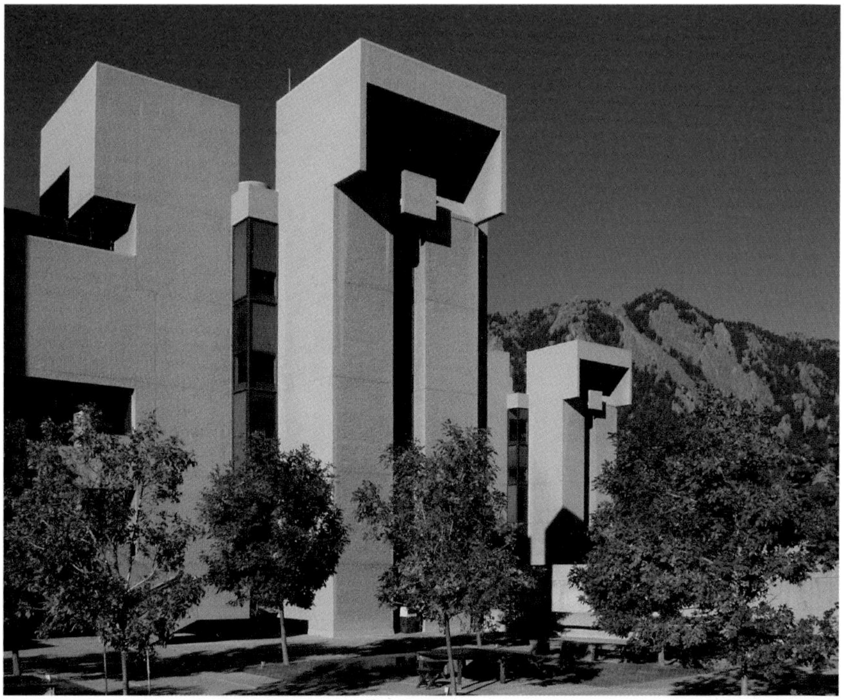

5046

국립대기연구센터 (NCAR)

National Center for Atmospheric Research (NCAR), 미국 콜로라도주

메사 연구소 내에 위치한 국립대기연구센터(NCAR)는 인간과 자연, 기능과 미학이 조화를 이루는 디자인을 추구하는 I.M. 페이의 환경친화적인 철학을 구현한 건축물이다. 과학 연구를 위한 기능적인 공간과 아름다운 디자인을 결합한 이 건축물은 노출 콘크리트로 외벽을 마감하여 견고하면서도 자연스러운 느낌을 주며, 테라스와 플랫폼 형태는 주변 지형을 최대한 활용하여 설계되었다. 또한, 큰 창문과 채광 창을 통해 자연광을 유입하여 에너지 효율성을 높이고 쾌적한 환경을 제공했다.

루브르 박물관의 피라미드

Pyramid, Louvre Museum, 프랑스 파리

I.M. 페이가 설계한 루브르 박물관의 피라미드는 박물관의 주 입구 역할을 하며, 고전적인 루브르 건축과의 대조를 통해 전통과 현대의 조화를 상징적으로 표현하고 있다. 이 피라미드는 투명한 유리와 금속 프레임으로 만들어졌으며, 박물관 내부로 자연광을 유입시키는 동시에 방문객들에게 개방적이고 투명한 출입구에서의 특별한 경험을 선사한다.

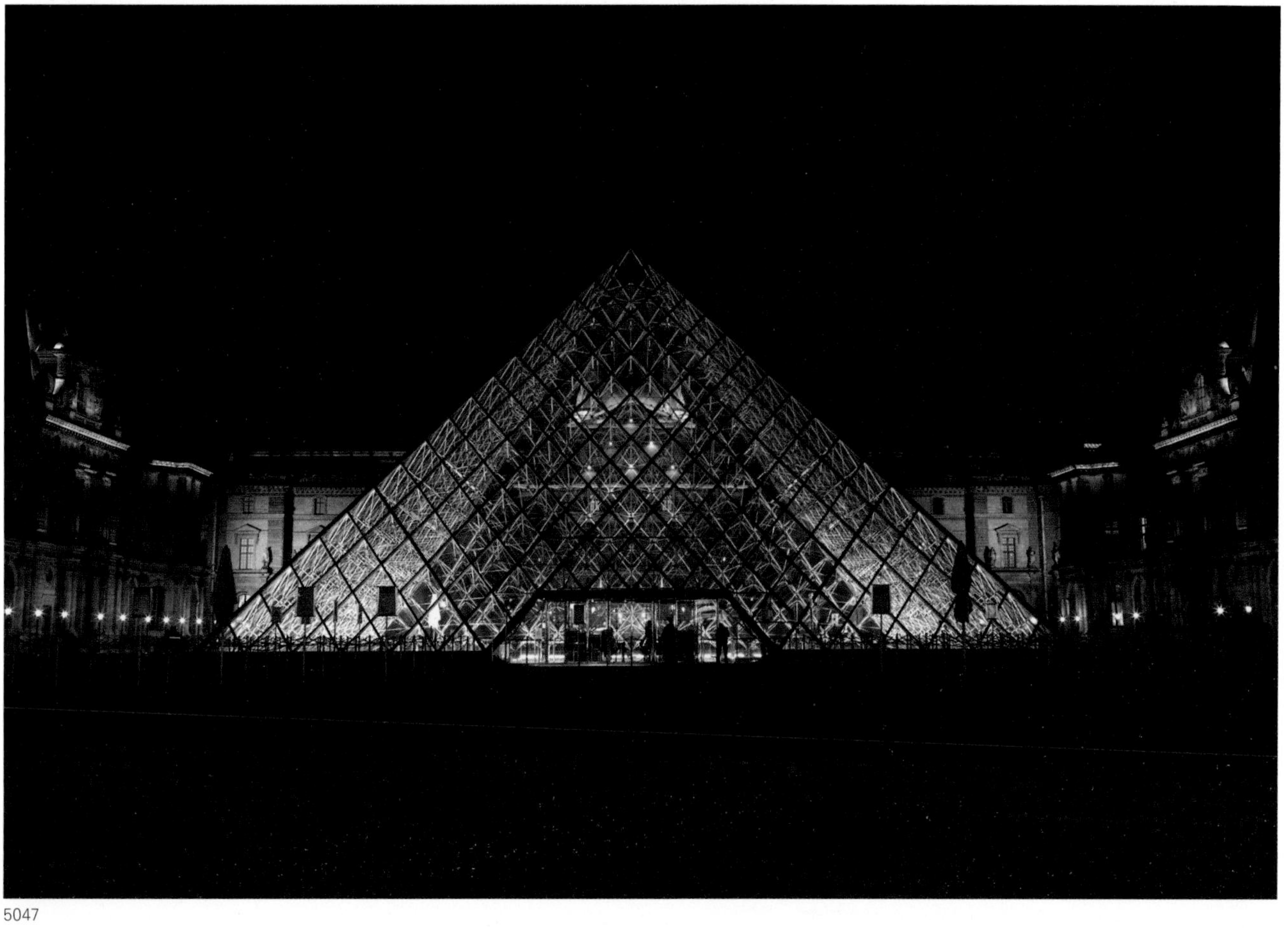

5047

아우보라다 궁전

Palacio da Alvorada, 브라질 브라질리아

오스카르 니마이어가 설계한 아우보라다 궁전은 브라질 수도 브라질리아에 위치한 대통령 관저 건축물이다. 깔끔하고 현대적인 선과 곡선을 사용한 건물 외관은 간결하면서도 우아한 느낌을 주며, 커다란 기둥들과 유리로 된 벽이 특징으로 개방성과 투명성을 상징적으로 표현한 것이다. 건물의 이름 '아우보라다'는 포르투갈어로 '새벽'을 의미하며, 브라질리아와 브라질 국민에게 새로운 시대의 시작을 알리는 상징적인 건축물로 자리매김했다.

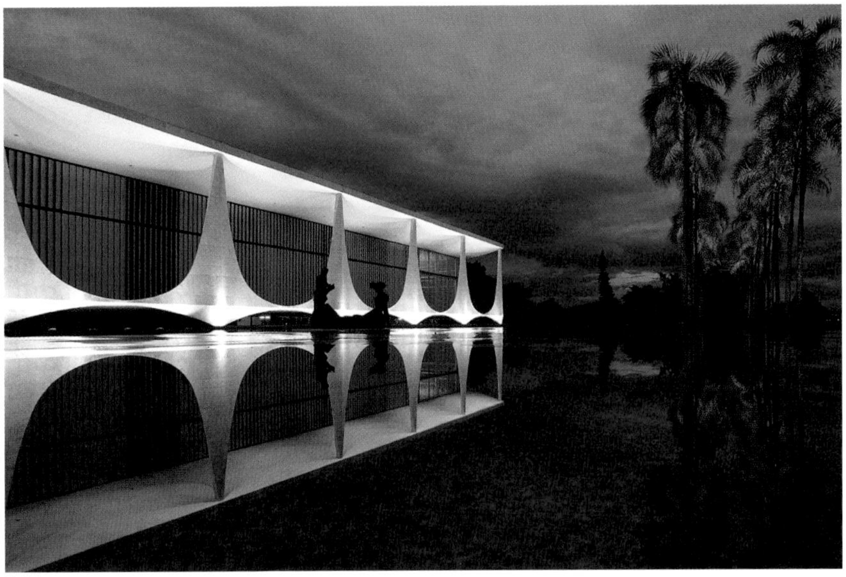

5048

월드 트레이드 센터

World Trade Center, 미국 뉴욕

미노루 야마사키가 설계한 월드 트레이드 센터는 뉴욕을 대표하는 두 개의 트윈 타워로, 한때 세계에서 가장 높은 건물로 기록되었다. 경량 철골 구조와 유리 및 알루미늄 패널을 사용하여 초고층 건축물의 경계를 확장하며 110층 높이로 건축되었다. 세로로 긴 창문은 야마사키 디자인의 특징으로, 고딕 양식의 창문처럼 보이도록 디자인되어 단순하면서도 우아한 이미지를 구현했다. 2001년 9월 11일, 테러 공격으로 인해 두 타워가 붕괴되었으며, 그 자리에는 이후 '원 월드 트레이드 센터'와 9·11 기념관 및 박물관이 세워졌다.

5046
I. M. 페이 I. M. Pei
국립대기연구센터, 1961~1966, 미국 콜로라도주

5047
I. M. 페이
루브르 박물관의 피라미드, 1983~1989, 프랑스 파리

5048
오스카르 니마이어 Oscar Niemeyer
아우보라다 궁전 Palácio da Alvorada 1958, 브라질 브라질리아

5049
미노루 야마사키 Minoru Yamasaki
세계무역센터 World Trade Center, 1966~1973, 미국 뉴욕

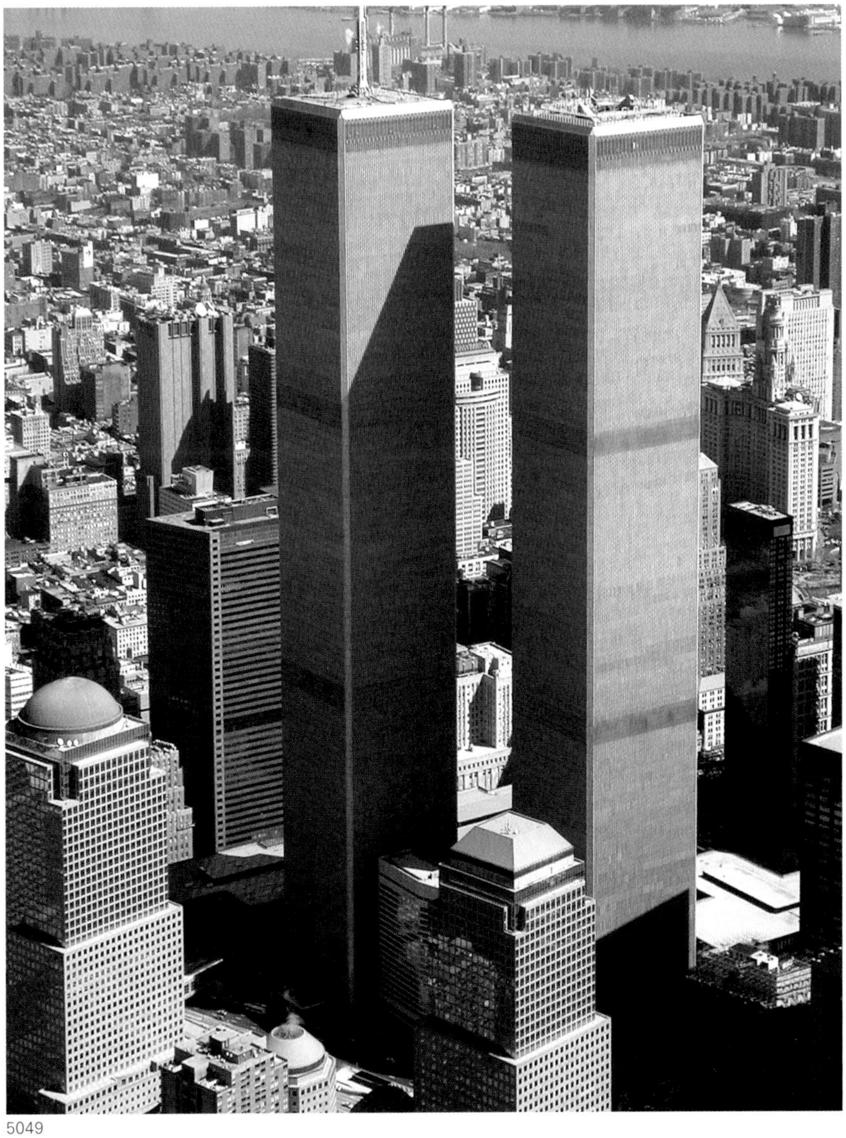

5049

미드 센추리 모던 가구
Mid-Century Modern Furniture

양차 세계대전 동안의 기술 발전은 20세기 중반기 디자인의 새로운 양식 형성에 중요한 토대를 마련했으며, 전쟁 이후의 경제적 번영과 사회적 가치 변화는 이러한 양식의 다양성에 결정적인 역할을 했다. 전쟁 이후 '굿 디자인'은 국제무대에서 국가 정체성을 홍보하고 국가 이미지를 널리 확산시키는 도구로 작용했으며, 1950년대의 경제 부흥기를 거치면서 소비 붐과 치열한 시장 경쟁 속에서 기업들은 '브랜드'를 통해 기업 정체성을 확립했다. 다국적 기업과 글로벌 브랜드의 성장 속에서 디자이너들은 자신의 철학을 통해 개인의 정체성을 강화하고, 진부화에 따른 디자인의 일시성에 저항하며 모더니즘 디자인의 미래 방향을 모색했다.

아르누보의 유기적인 곡선 형태, 기능적인 모더니즘을 유연하게 채택한 스칸디나비아 국가의 디자인, 그리고 초현실주의 작가들의 작품에서 영향을 받은 유기적 스타일 등 유기적인 형태는 거의 모든 디자인 영역에 반영되어 전 세계적으로 유행했다. 유기적 형태의 본질적 요소는 유용성이 고려된 우아함이라는 미적 가치를 담으면서도, 기능적으로 사용자의 편안함을 고려한 것이었다. 이 시기에는 사용성에 대한 가치가 부상했으며, 1955년 헨리 드레이퍼스의 『사람을 위한 디자인Designing for people』은 인체치수 연구에 대한 주제를 다룬 책으로, 인체공학적인 디자인 접근법의 신기원을 이루며 인간친화적인 디자인 접근에 대한 문제해결 방법을 제시했다.

1930년대 알바르 알토의 유기적인 형태와 합판 성형 기술의 선구적인 작품에서 영향을 받은 미국의 임스 부부는 엄격한 실험을 통해 유기적 디자인의 새로운 전형을 제시했으며, 에로 사리넨과 아르네 야콥센은 자신의 독창적인 형태를 구현하기 위해서 소재와 제조 방법을 탐구했다. 이들은 1930년대에 목재를 겹치고 휘어서 성형하는 방식을 혁신하여, 목재, 금속, 플라스틱, 유리 섬유 등 새롭고 다양한 소재를 3차원으로 성형함으로써 이전의 엄격한 기능주의적 형태에서 감성적인 형태의 디자인을 변화시킨 선구적 인물들이었다. 한스 베그너와 핀 율 등 스칸디나비아의 디자이너들은 유기적인 형태를 자연친화적이고 조각적인 가구 디자인의 개념으로 구현하며, 모더니즘에 대한 자유로운 해석을 보여주었다. 1960년대에 접어들면서 플라스틱과 같은 새로운 산업 재료의 활용은 디자인 혁신을 더욱 가속화했고, 우주 시대의 인기와 함께 베르너 팬톤의 팬톤 체어, 로빈 데이의 폴리프로필렌 스태킹 체어, 에로 아르니오의 글로브 체어와 같은 플라스틱과 유리섬유 등 새로운 소재를 통해 20세기 중반의 미학적 다양성을 표현했다.

찰스 임스
Charles Eames, 1907~1978, 미국
디자이너, 건축가, 영화 제작

찰스 임스는 세인트루이스에서 건축 공부를 한 후, 핀란드의 유명한 건축가이자 에로 사리넨의 아버지인 건축가 엘리엘 사리넨을 통해 크랜브룩 아카데미에 재직하게 되었다. 이 시기에 에로 사리넨을 만나게 되었으며, 두 사람은 'Organic Design in Home Furnishings가정 가구의 유기적 디자인' 대회에서 수상하는 성과를 이루었다. 찰스 임스는 이 프로젝트를 통해 레이 카이저를 만나 결혼하게 되었다. 임스 부부는 성형 합판 기술을 발전시켜 제2차 세계대전 중 미 해군을 위한 부목 등의 용도로 활용했으며, 이 기술을 바탕으로 유명한 LCW, DCW를 제작하는 밑거름이 되었다.
찰스와 레이 임스는 임스 오피스를 중심으로 '실행을 통한 학습'이라는 철학을 토대로 다양한 디자인 실험을 진행했다. 임스는 일주일에 6~7일을 매일 13시간 정도를 임스 오피스에서 근무했다. 그는 새로운 아이디어를 도입하기 전에 아이디어의 요구 사항과 제약 조건을 광범위하게 조사했으며, 합판 성형과 가구 디자인 및 대량생산에 대한 실험을 진행했다.
가구 디자인 분야에서 찰스와 레이는 성형 합판, 유리 섬유 등의 신소재를 활용해 고품질의 제품을 경제적으로 제공하는 것을 목표로 삼았다. 다이닝 암체어 로드DAR, 로킹 암체어 로드RAR 등은 실험적인 신소재를 적용해 디자인한 의자이며, 라운지체어와 오토만, 데이지 라운지체어는 간결하고 기능적인 디자인뿐만 아니라 목재, 가죽, 금속 등의 다양한 재료를 사용하여 품질과 내구성을 높인 제품들이다.

레이 임스
Ray Eamses, 1912~1988, 미국
디자이너, 건축가, 영화 제작

레이 임스는 뉴욕에서 화가 한스 호프만과 함께 일했으며, 미국 추상주의 예술가 그룹의 창립 회원으로 활동했다. 그녀는 주로 패턴과 색채, 그래픽 디자인 등 장식적인 분야에서 활동했으며, 찰스 임스와의 공동작업으로 경력의 전환을 맞이하게 되었다. 두 사람은 임스 오피스를 설립하여 가구 디자인 분야로 활동 범위를 확장했고, 레이 임스는 프로세스의 혁신으로 전시 디자인 분야에서 효과적인 전시물을 기획하고 구현했다.

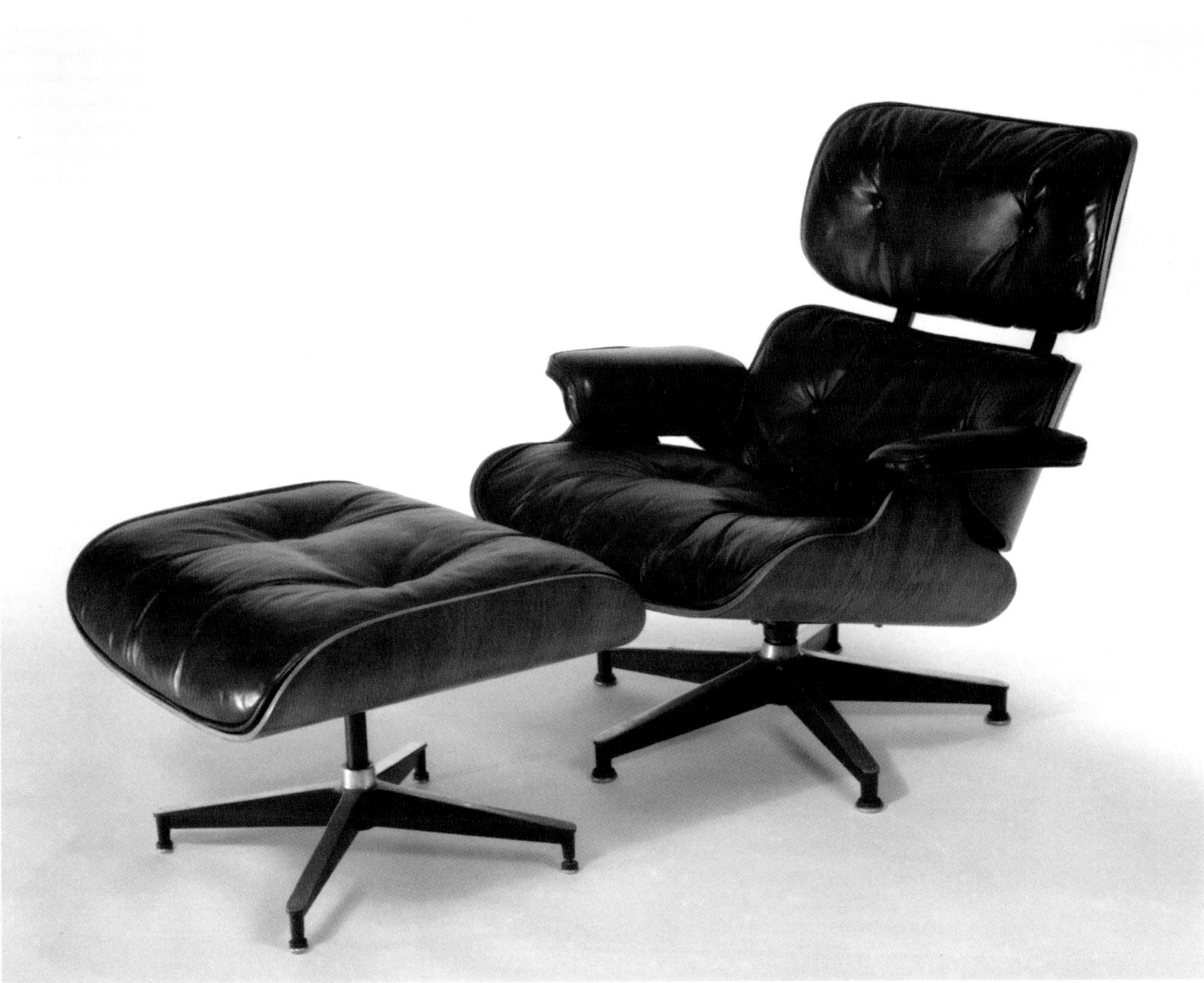

5050

Arm Chair Model 670

Eames Lounge Chair

찰스와 레이 임스 부부가 전통적인 영국 클럽 의자를 현대적인 감각으로 재해석한 Arm Chair Model 670은 임스 라운지체어라는 이름으로 더 알려졌으며, 미드 센추리 디자인의 대표적인 아이콘이다. 이 의자는 영화감독 빌리 와일러를 위해 디자인된 의자로 잘 길들여진 1루수의 글러브와 같은 편안함을 지향했다.
고전적인 디자인을 3개의 곡선 합판 셸(머리 받침, 등받이, 좌석) 구조로 재구성하여 디자인되었으며, 몰드 합판과 가죽 쿠션을 사용하여 사용자에게 최적의 편안함을 제공한다. 이 의자는 기능성, 내구성, 미적 아름다움을 고려하여 디자인한 결과물로, 현재도 허먼 밀러에서 수 제작으로 생산되고 있다.

5050
찰스 임스Charles Eames, 레이 임스Ray Eames
Arm Chair Model 670, 1956, 제조사 Herman Miller

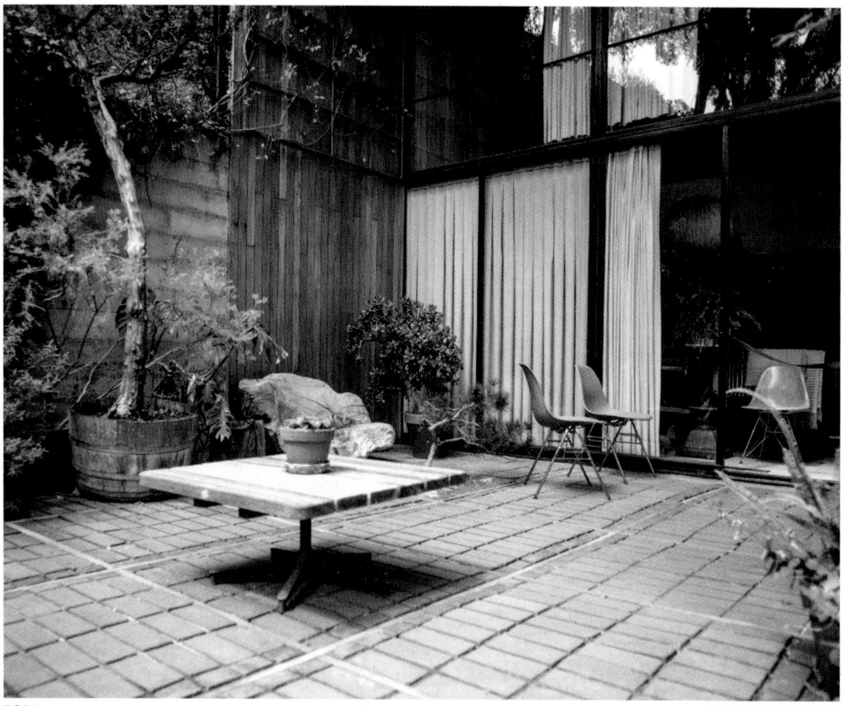
5051

라운지 체어, 다이닝 체어

Lounge Chair Wood (LCW), 1940년대 중반
Dining Chair Wood (DCW), 1945

찰스와 레이 임스 부부는 제2차 세계대전 중 개발된 새로운 부목 기술을 통해 합판 소재의 잠재력을 발견했다. 이 기술은 전쟁이 기술 발전을 촉진한 대표적인 사례로, 임스 부부는 이를 바탕으로 LCW의 제작에 착수했다. 이들은 오랜 합판 실험을 거쳐, 좌석과 등받이를 별도의 부품으로 디자인하는 새로운 방식을 개발했다. 당시 복잡하고 무거운 가구가 일반적이던 시대 상황에서 LCW의 디자인은 혁신적인 발전이었으며, 몰딩 과정을 통해 합판을 인체의 곡선에 맞게 구부리는 기술은 가구 제작 방식에서의 중요한 도약을 나타냈다. 단순한 디자인과 인체공학적인 편안함을 제공하는 LCW와 DCW는 동시대의 많은 디자이너에게 영향을 미치며 성형 합판 가구의 발전을 촉진했다.

5051
임스 하우스의 의자들

5003
찰스 임스 Charles Eames, 레이 임스 Ray Eames
Lounge Chair Wood (LCW), 1946, 제조사 Herman Miller

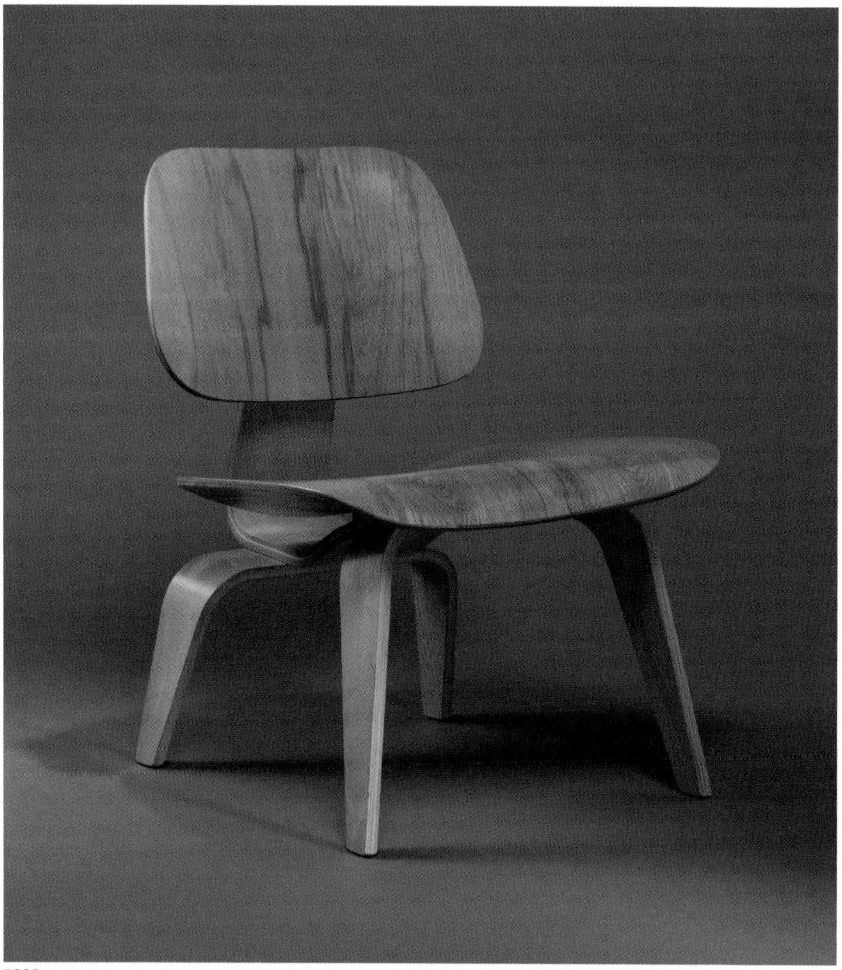
5003

5052
Charles and Ray Eames 전시회, 포르투갈 리스본

5053
레이 임스, Child's Chair, 1945

5054
찰스 임스, 레이 임스
Coffee Table with Metal Legs (CTM), 1946
제조사 Herman Miller, 1949~1957

5055
찰스 임스, 레이 임스
FSW (Folding Screen Wall), 1946
제조사 Eames Products Company, 1946~1949
Herman Miller 1949~1956

5056
찰스 임스, 레이 임스
Rocker Arm Chair Rod, 1950초
제조사 Zenith Plastics, 섬유 강화 플라스틱 셸로 제작

5057
찰스 임스, 레이 임스
Storage Unit 1948~1954
제조사 Herman Miller, 1923~present

5058
찰스 임스, 레이 임스
Turned Stool, 1950경, 제조사 Herman Miller, 1923~present

5059
찰스 임스, 레이 임스
Arm Chair, 1950
제조사 Herman Miller 1923~present, Zenith Plastic

5060
찰스 임스, 레이 임스
Dining Chair, 1950경, 제조사 Herman Miller
에펠 탑에서 영감을 받은 다리 디자인이 특징이다.

5061
찰스 임스
DCM Dining Chair Metal, 1946, 제조사 Evans Products Co

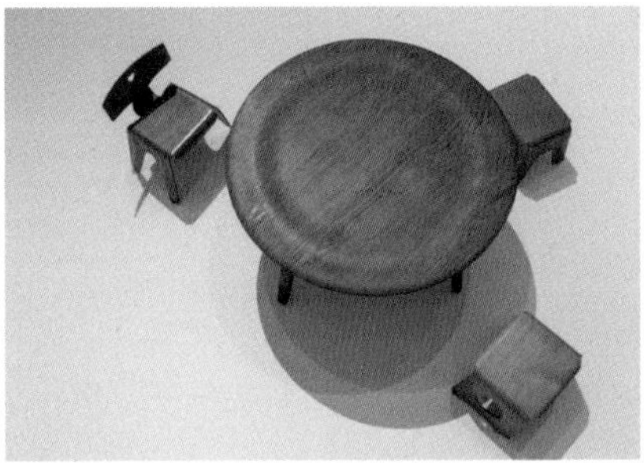
5052

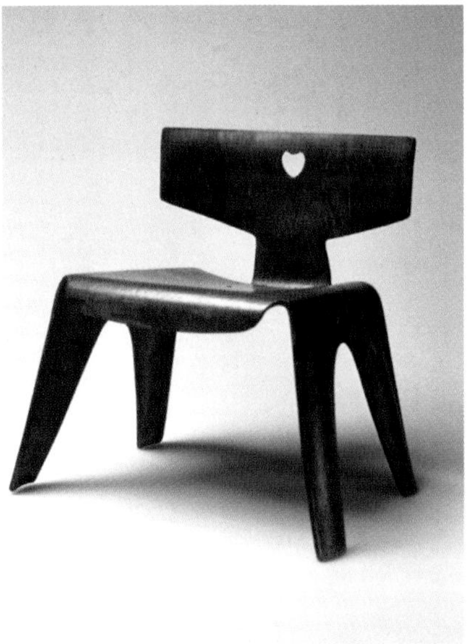
5053

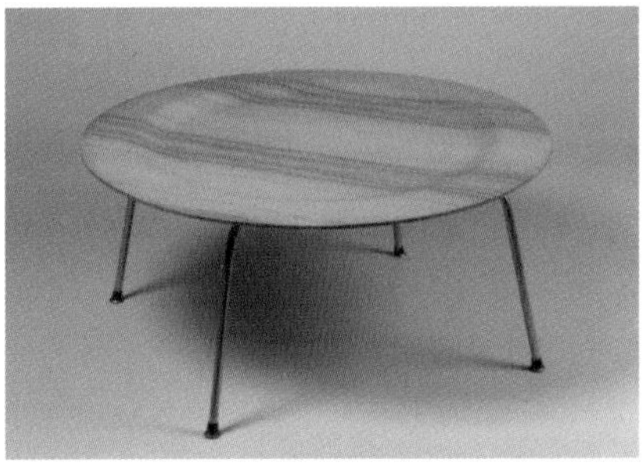
5054

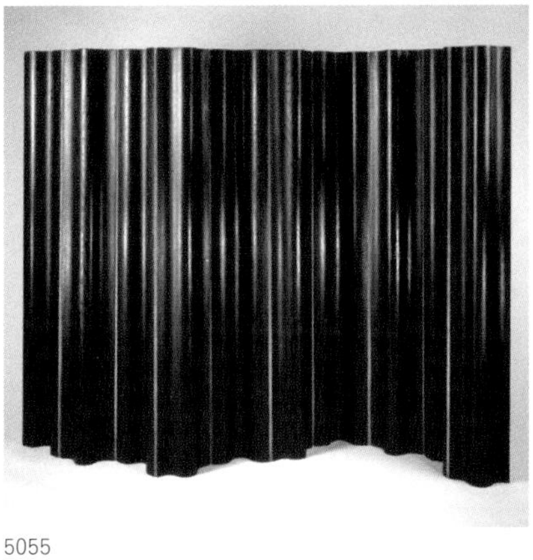
5055

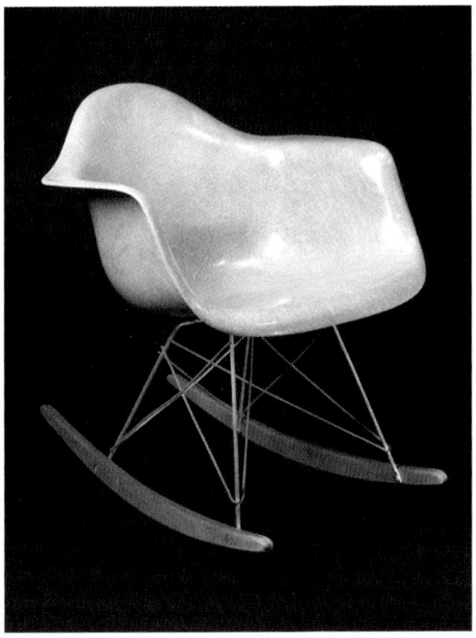
5056

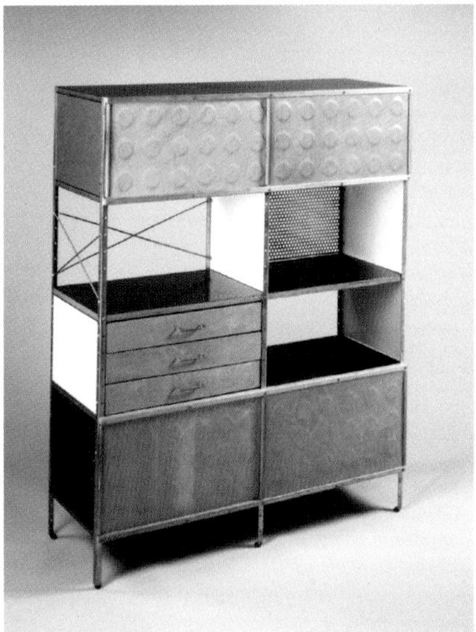
5057

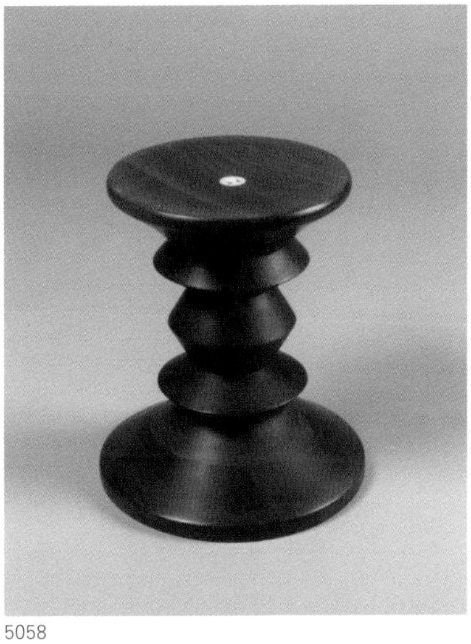
5058

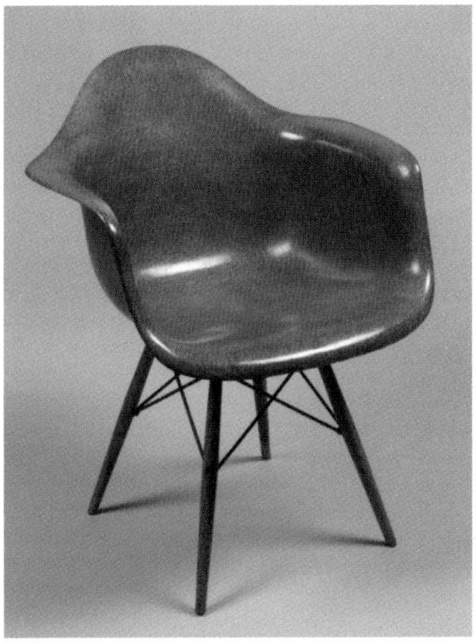
5059

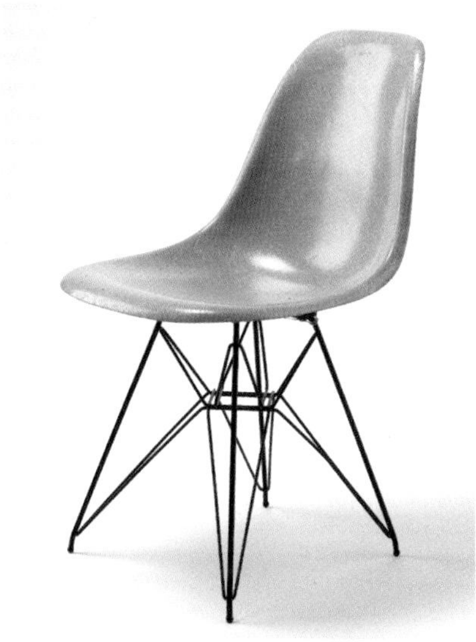
5060

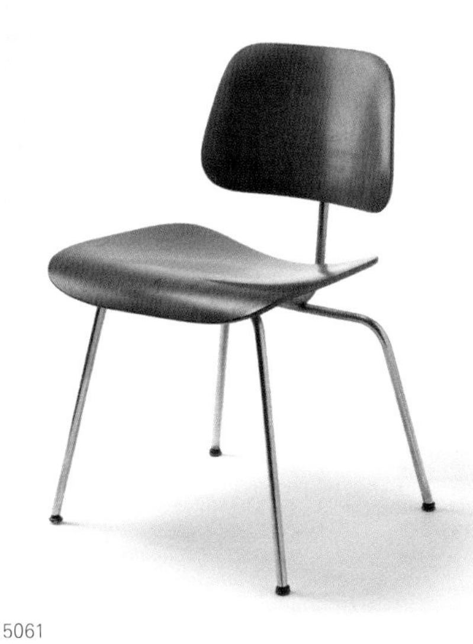
5061

놀

Knoll, Inc.

1938년 한스 놀에 의해 설립된 놀은 미국의 저명한 디자인 회사로, 창립자 사망 후 그의 부인 플로렌스 놀이 회사를 이어받아 경영했다. 창립 초기에는 단순하고 기하학적이며 고급 재료를 사용하는 미스 반 데어 로에의 디자인의 영향을 받은 상업 인테리어를 주로 진행했다. 1948년부터는 데이비드 아디아예, 해리 베르토이아, 마르셀 브로이어, 프랭크 게리, 플로렌스 놀, 루트비히 미스 반 데어 로에, 에로 사리넨 등 세계적으로 유명한 디자이너들의 가구를 제조해 오고 있다. 주요 제품으로는 1948년에 에로 사리넨이 디자인한 웜 체어, 1956년에 사리넨이 디자인한 튤립 체어와 튤립 테이블, 루트비히 미스 반 데어 로에와 릴리 라이히가 공동 디자인한 바르셀로나 체어, 마르셀 브로이어의 바실리 체어, 호르헤 페라리 하도이의 버터플라이 체어 등이 있다.

knoll.com

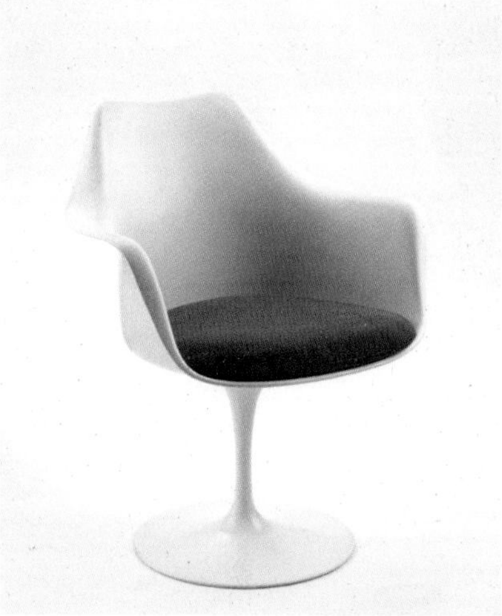

5062

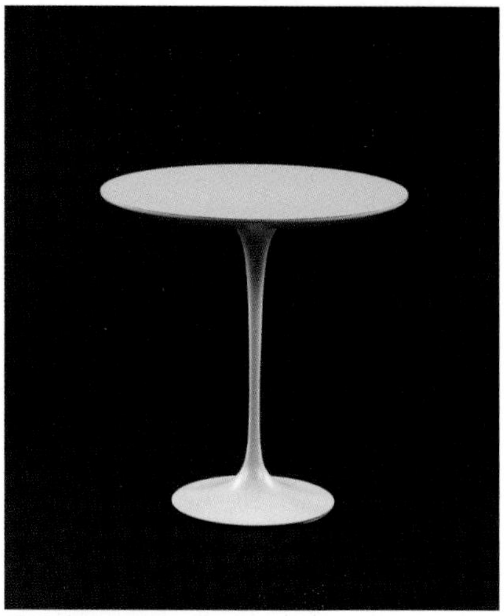

5063

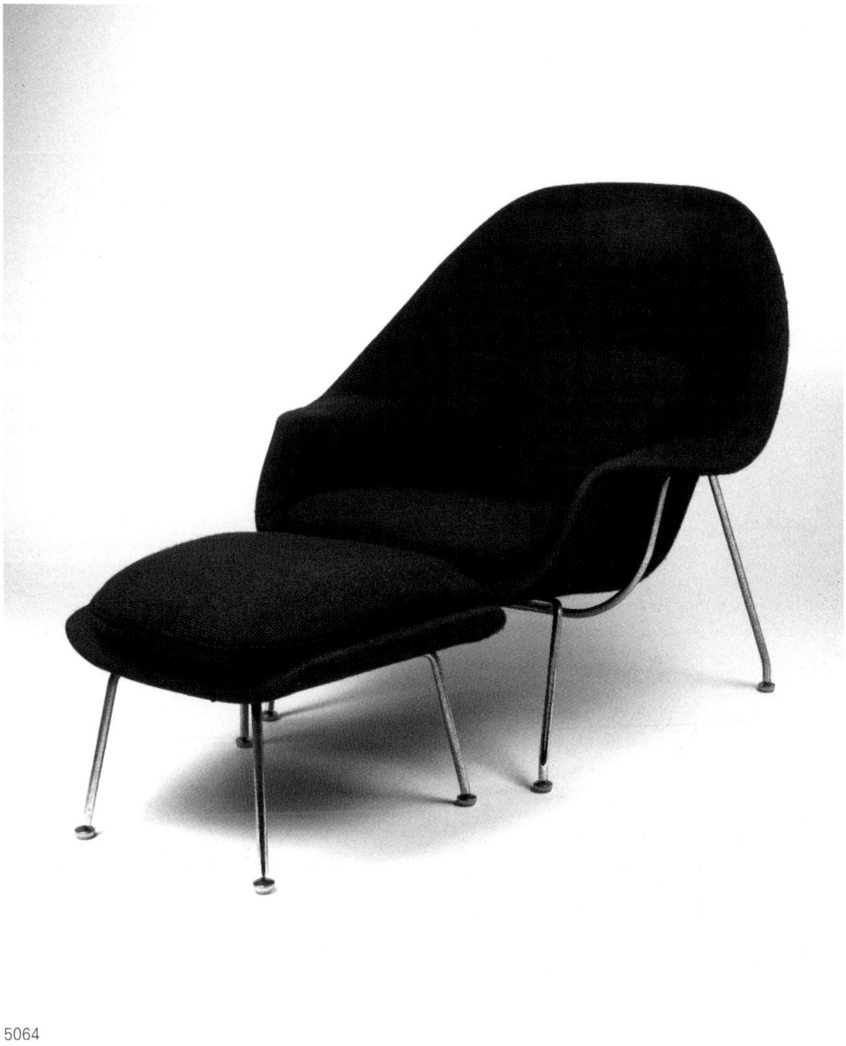

5064

5062
에로 사리넨 Eero Saarinen
Tulip Chair, 1956, 제조사 Herman Miller

튤립 체어는 중앙의 단일 기둥을 사용하여 전통적인 네 다리 구조를 탈피한 페데스탈Pedestal 의자로, 플라스틱과 알루미늄 다이캐스팅을 사용해 대량생산된 의자이다. 에로 사리넨은 인테리어에서 '다리투성이'를 없애기 위해 여러 개의 의자 다리와 탁자 다리를 하나의 간단한 받침대로 대체하는 디자인을 고안했다. 몸체는 섬유 유리, 다리는 도장된 알루미늄으로 제작되었으며, 서로 다른 소재임에도 같은 색상으로 통일해 마치 하나의 덩어리처럼 보이도록 설계되었다.

5063
에로 사리넨
Tulip Table(Pedestal Table), 1956, 제조사 Knoll Associates

5064
에로 사리넨
Womb Chair, Model No. 70, 1947~1948
제조사 Knoll Associates, 1959경

FRP를 천으로 감싼 안락의자로 어머니의 자궁에 있는 듯한 편안한 의자라는 뜻에서 '자궁Womb'이라는 이름이 붙여졌다.

조지 넬슨

George Nelson, 1908~1986, 미국
디자이너, 건축가, 저자, 교사

조지 넬슨은 미국 건축과 디자인계에 모더니즘 운동을 강화하는 데 중요한 역할을 했으며, 특히, 가구 디자인과 사무실 및 주거 공간 설계 분야에서 활동했다. 그는 허먼 밀러 가구 회사의 수석 디자이너로 활동하는 동시에 자신의 디자인 스튜디오인 George Nelson Associates를 설립하여, 다양한 디자인 프로젝트를 이끌었다. 그의 대표작 중 마시멜로 체어는 팝아트의 서막을 알리는 작품으로 앤디 워홀 등 예술가와 디자이너에게 영향을 주었으며, 알렉산더 칼더의 모빌에서 영감을 받은 코코넛 체어는 등받이, 팔걸이, 좌판의 경계가 모호한 형태로 조각품 같은 가구를 구현하고 있다. 또한, 분자구조를 시각적으로 차용한 볼 시계, 버블 램프는 허먼 밀러 사를 위한 조지 넬슨의 주요 디자인이다.

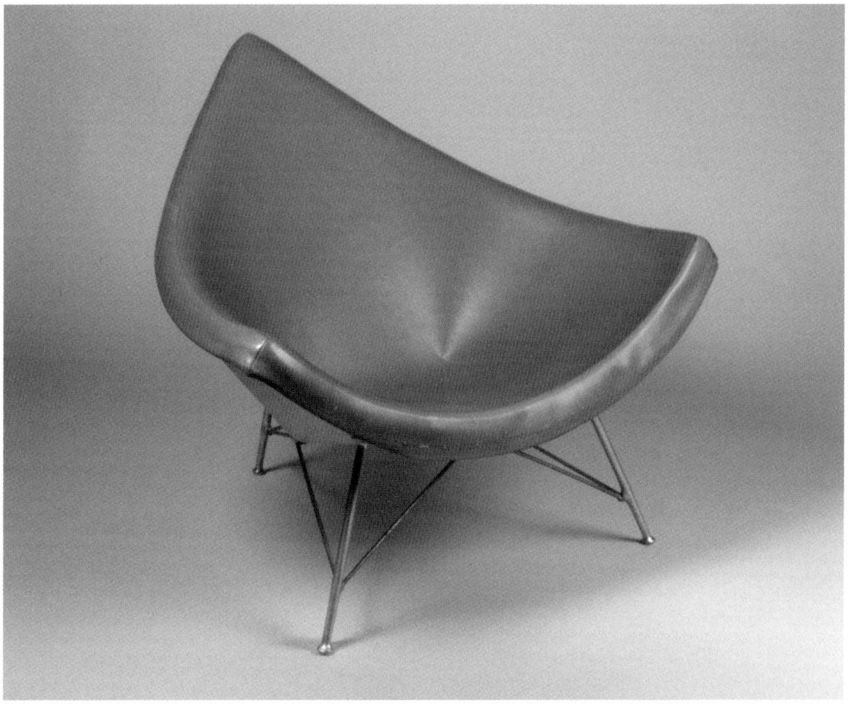
5065

5065
조지 넬슨 George Nelson
Coconut Chair, 1958, 제조사 Herman Miller, 1923~현재
코코넛 껍질을 여덟 등분 한 모양을 FRP와 가죽으로 씌웠다.

5066
찰스 폴록 Charles Pollock (for George Nelson Assoc.)
조지 넬슨 George Nelson
Arm Chair, Model DAF, 1956경, 제조사 Henry Millert

5067
조지 넬슨, Side Table 1950경, 제조사 Herman Miller

허먼 밀러

Herman Miller, Inc.

1905년 Star Furniture Co.로 설립된 허먼 밀러는 초기에는 전통적인 스타일의 침실 가구를 주력으로 생산했다. 1923년에 회사 이름을 Herman Miller Furniture Company로 변경했으며, 대공황 시기에는 현대적 가구 디자인으로 전환해 위기를 극복했다. 1945년, 디자인 디렉터로 조지 넬슨이 합류하면서 회사는 노구치 테이블, 임스 라운지체어 등과 같은 혁신적이고 유명한 디자인 제품을 시장에 선보였다. 1961년에는 Herman Miller Research Division을 설립하여 'Action Office' 라인을 개발하는 등 제품 혁신에 박차를 가했으며, 1990년대에는 Aeron Chair를 개발해 큰 성공을 거두었다. 허먼 밀러의 대표적인 가구로는 Eames Lounge Chair, Marshmallow Sofa, Aeron Chair, Noguchi Table 등이 있다.
hermanmiller.com
millerknoll.com

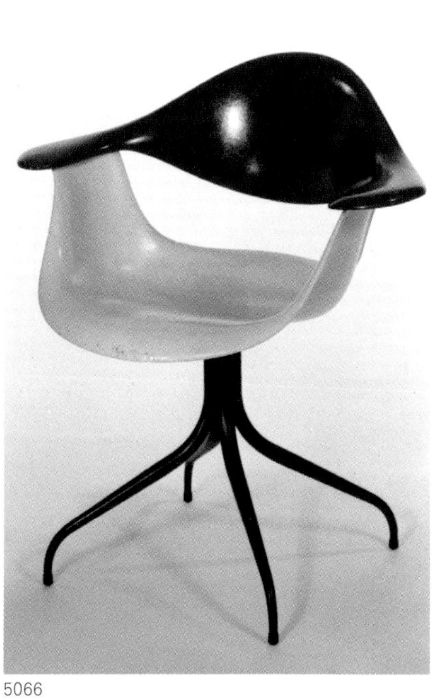
5066

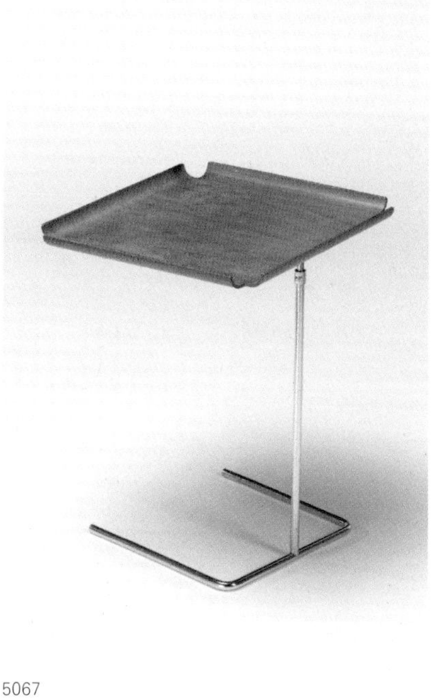
5067

Egg Chair
에그 체어

에그 체어는 아르네 야콥센의 대표작으로, 1959년 덴마크 코펜하겐의 SAS 로열 호텔의 로비용으로 디자인되었다. '에그 체어'의 이름은 깨진 달걀에서 영감을 받아 만들어졌다는 데서 유래한다. 에그 체어는 사용자의 사생활을 보호하고 외부 소음을 차단하도록 설계되어 독립적이면서도 안락한 휴식 공간을 제공한다. 본체는 강철 프레임 위 경질 발포 우레탄으로 성형한 후 가죽이나 패브릭으로 마감되며, 다리는 알루미늄 다이 캐스트로 제작된다.

프리츠 한센
Republic of Fritz Hansen

1872년 덴마크의 목수 프리츠 한센에 의해 설립된 프리츠 한센은 아르네 야콥센과의 협업을 통해 Ant Chair, Series 7 Chair, Swan Chair, Egg Chair 등 상징적인 덴마크 디자인 가구를 선보이며 명성을 쌓았다. 또한, 폴 키에르홀름, 한스 J. 베그너, 피에트 하인 등과 협업했으며, 하이메 아욘 등 현대 디자이너들과 지속적인 혁신을 이어가고 있다.
www.fritzhansen.com

5068
아르네 야콥센 Arne Jacobsen, Drop Chair, 1958

SAS Royal Hotel을 위해 디자인된 드롭 체어는 눈물방울 형태의 디자인으로 우레탄 발포 방식으로 제작된다.

5069
아르네 야콥센
Series 7 Chair, 1955, 제조사 Fritz Hansen Eftf.

5070
아르네 야콥센
Arm Chair 1970~1976, 제조사 Fritz Hansen Eftf.

5071
아르네 야콥센
Ant Chair, 1952, 제조사 Fritz Hansen Eftf., 1974

앤트 체어는 세계 최초로 등받이와 좌석의 일체형 성형 합판으로 만든 의자이다. 이 의자는 덴마크의 제약회사 Novo Nordisk의 구내식당을 위해 디자인되었으며, 동선과 사용성을 고려하여 초기에는 세 개의 다리로 제작되었다.

5072
Series 7 Chair, 1955

작고 가볍고 비싸지 않은 의자를 제작하기 위해 수많은 실험을 거친 후 발표된 Series 7 Chair는 대량생산된 최초의 3차원 벤딩 의자이다. Ant Chair에서 발전한 이 의자는 9겹의 압축 성형된 합판으로 만들어져 강도, 유연성, 내구성을 갖추고 있다.

5073
SAS 로열 호텔의 606호실은 아르네 야콥센의 디자인 원형이 보존된 마지막 방이다.

5074
아르네 야콥센, Egg Chair, 1958, 제조사 Fritz Hansen Eftf.

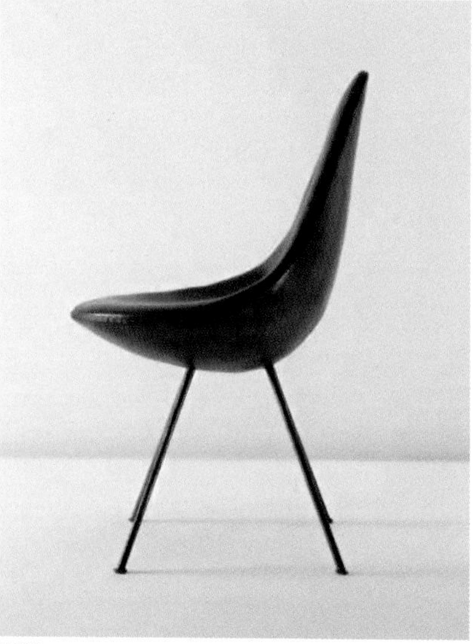
5068

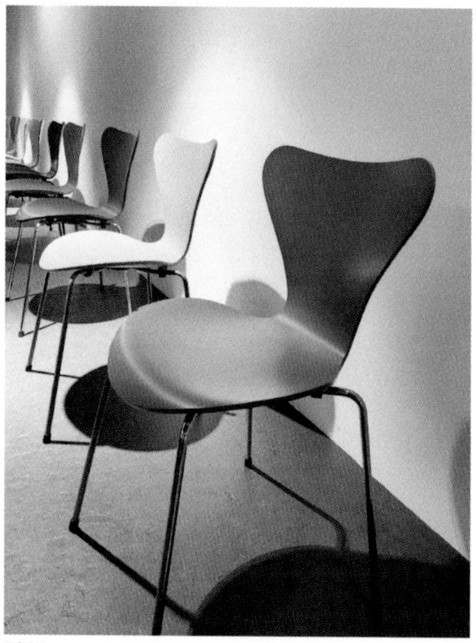
5069

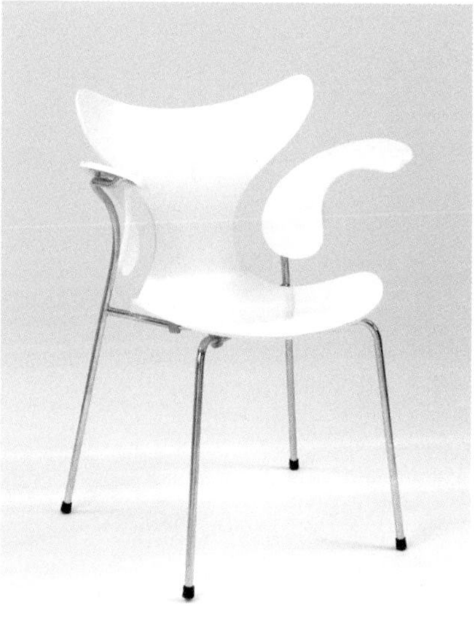
5070

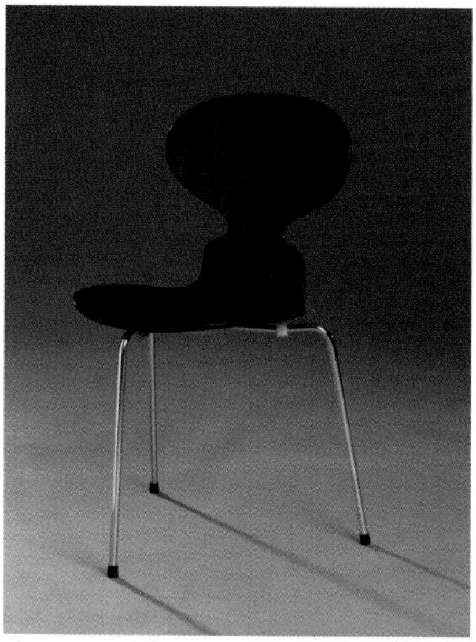
5071

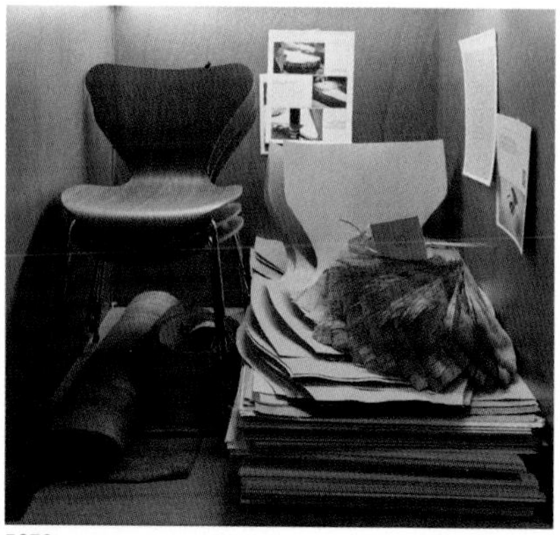
5072

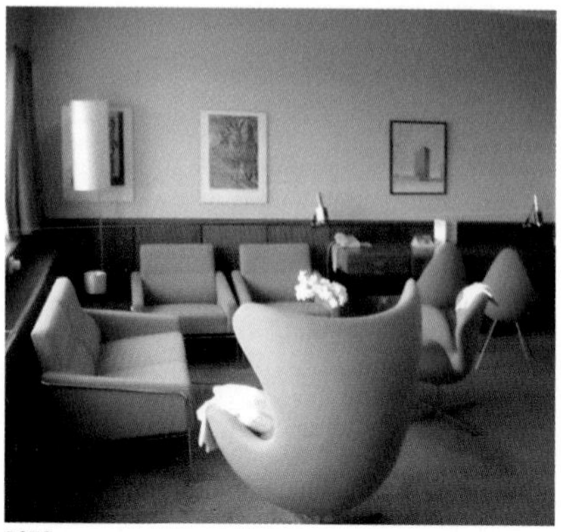
5073

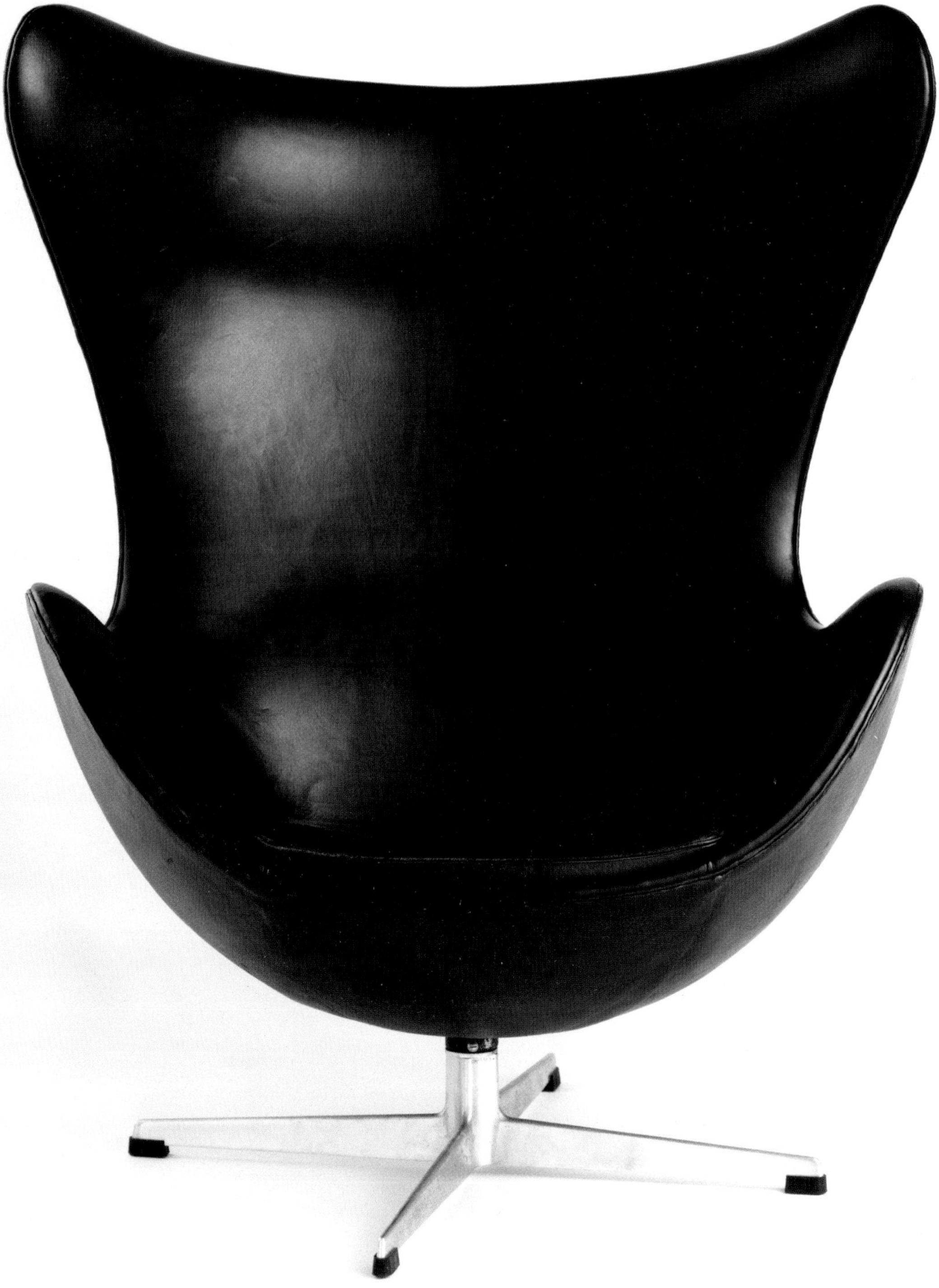

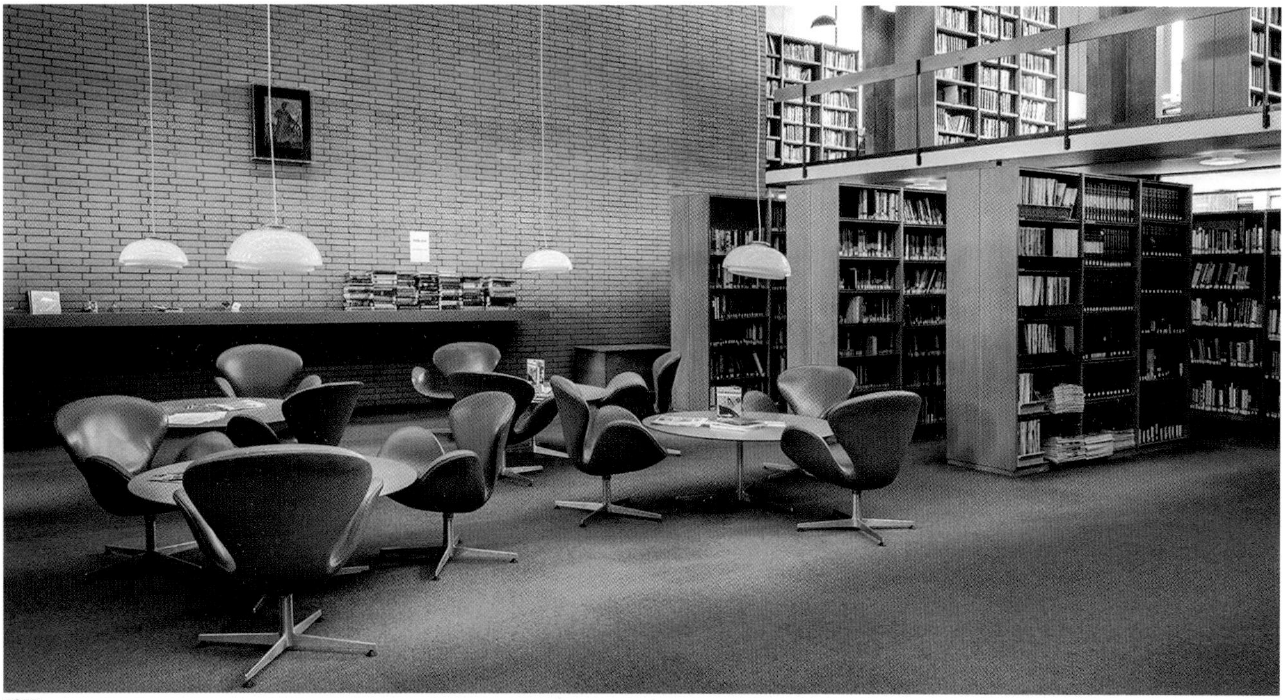

5075

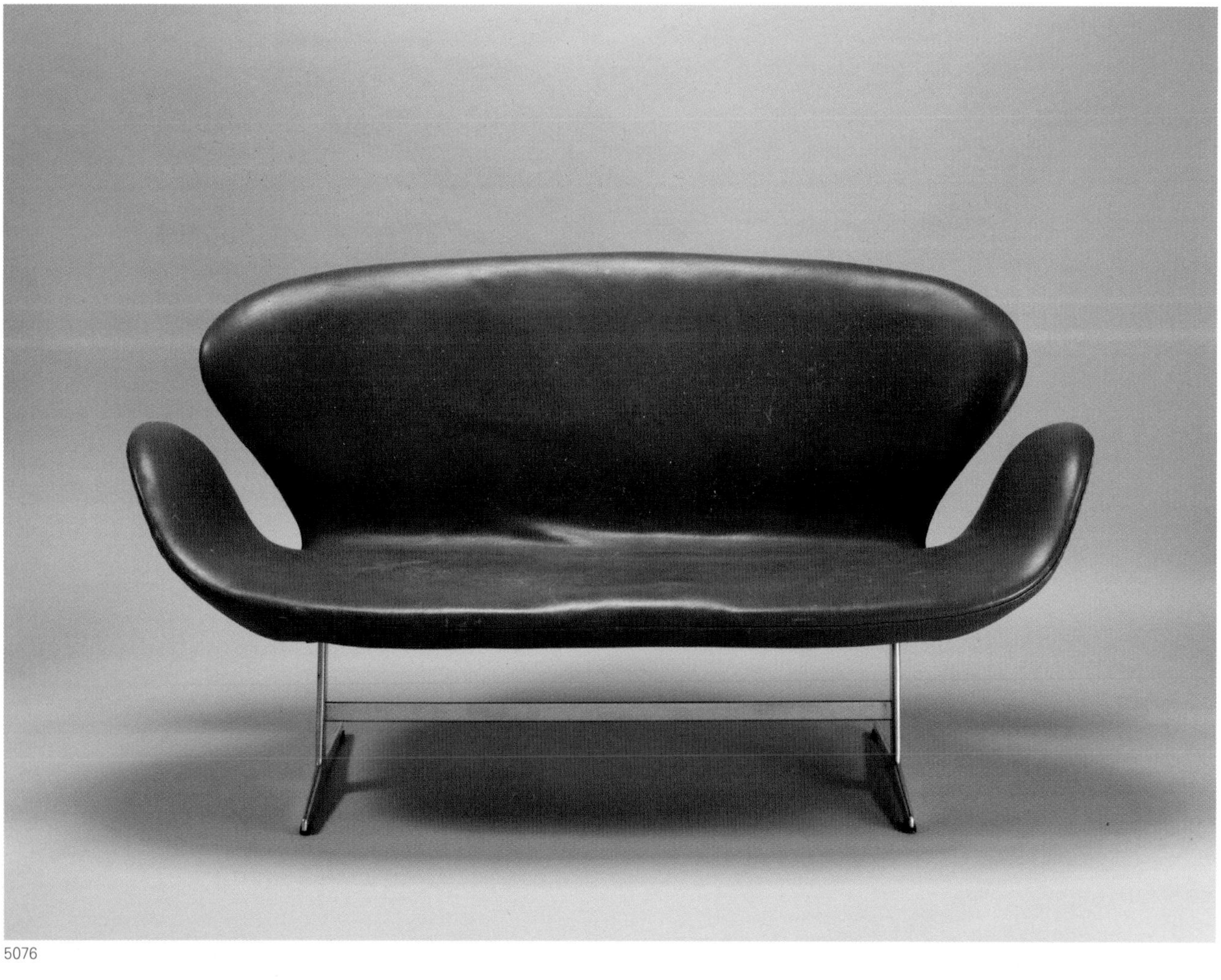

5076

아르네 야콥센

Arne Jacobsen, 1902~1971
덴마크 건축가, 디자이너

아르네 야콥센은 국제양식의 모더니즘을 인본주의적인 방식으로 해석한 디자인으로 덴마크 디자인을 국제적으로 알린 인물이다. 덴마크 왕립예술 학교에서 건축을 전공한 그는 초기에는 건축가로서 경력을 시작했다. 초기의 Kastrup Airport(현재의 코펜하겐 국제공항) 작업을 시작으로, 1950년대에 SAS Royal Hotel과 옥스퍼드의 St. Catherine's College 등의 건축 프로젝트로 국제적인 명성을 얻었다. SAS Royal Hotel은 건물의 외관뿐만 아니라 내부 디자인, 가구, 조명 등 아르네 야콥센의 디자인 철학이 반영된 통합 디자인 프로젝트였다. 아르네 야콥센은 군나르 아스플룬드, 루트비히 미스 반 데어 로에, 르코르뷔지에와 같은 기능주의자들의 건축 접근법을 수용해, 건물이 내부 요소를 통제하는 개념으로 디자인되어야 한다고 생각했다. 그는 1925년 파리박람회에서 르코르뷔지에의 작품에 감명을 받았고, 독일에서 루트비히 미스 반 데어 로에와 발터 그로피우스의 합리주의 건축을 접하면서 자신의 초기 디자인에 이를 반영했다. 동시대의 모더니스트들과의 교류는 국제적인 감각을 발전시켰으며, 스칸디나비아 지역의 디자이너들이 가지는 전형을 탈피하고 독창적인 정체성을 형성하게 되었다. 임스 부부의 합판 성형 의자에서 영감을 받아 디자인한 Ant Chair와, Fritz Hansen과의 협업을 통해 생산된 No. 7 Chair는 그의 가장 유명한 작품 중 하나가 되었다. 또한, SAS Royal Hotel의 로비를 위해 디자인된 Egg Chair와 Swan Chair는 전통적인 윙 체어의 대안으로 알루미늄 다이캐스팅과 유리섬유의 신기술을 통해 만들어진 미학적 완성품이다.

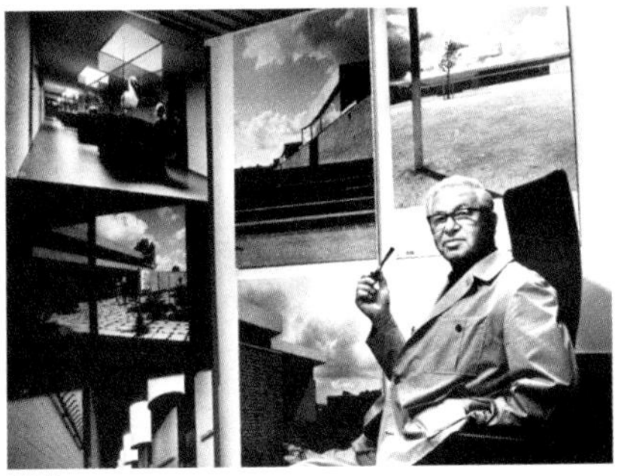

5077

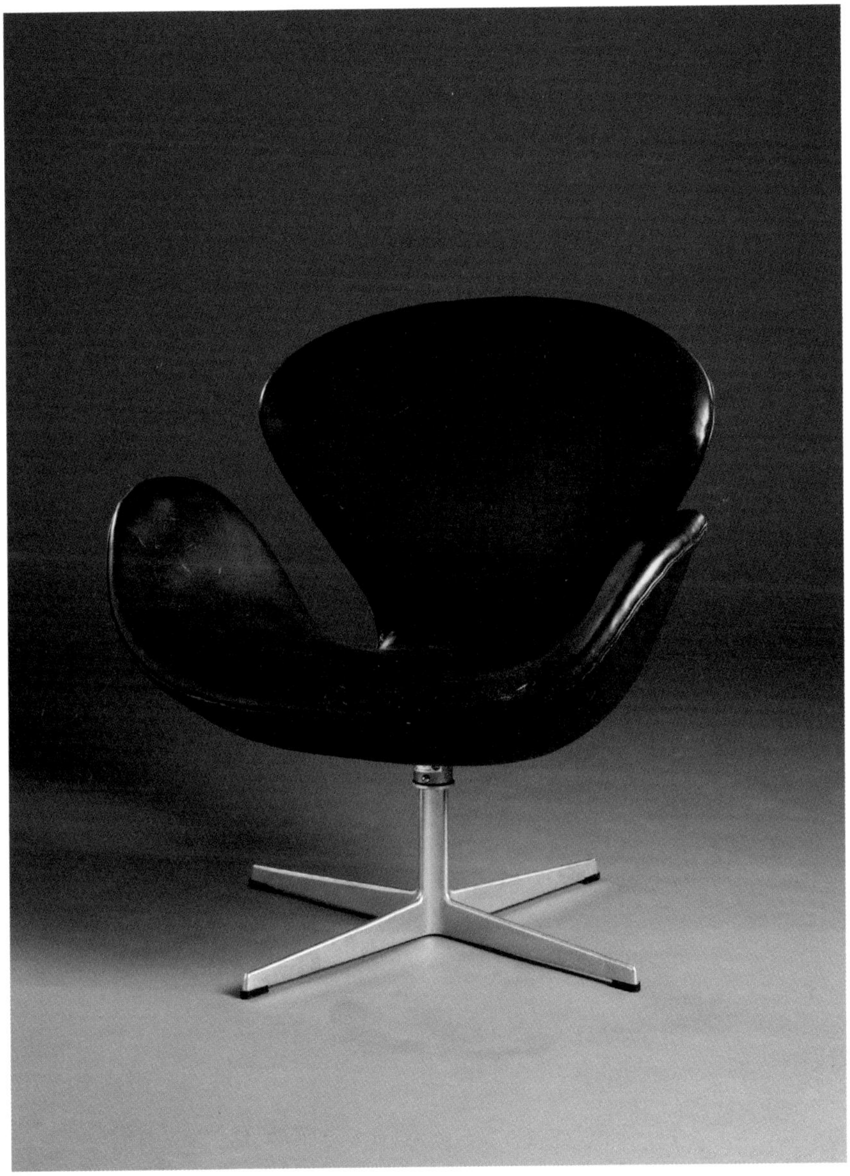

5078

5075
아르네 야콥센 Arne Jacobsen
St Catherine's College Oxford Library
세인트 캐서린즈 칼리지 옥스퍼드 도서관에 있는 스완 체어

5076
아르네 야콥센, Swan Settee, 1958, 제조사 Fritz Hansen Efr.

5077
덴마크 건축가 아르네 야콥센이 핀란드를 방문한 사진, 1968

5078
아르네 야콥센, Swan Chair, 1958, 제조사 Fritz Hansen Eftf.
Swan Chair는 알루미늄 다이캐스팅 위에 발포 폼을 사용하여 제작된 최초의 의자이다.

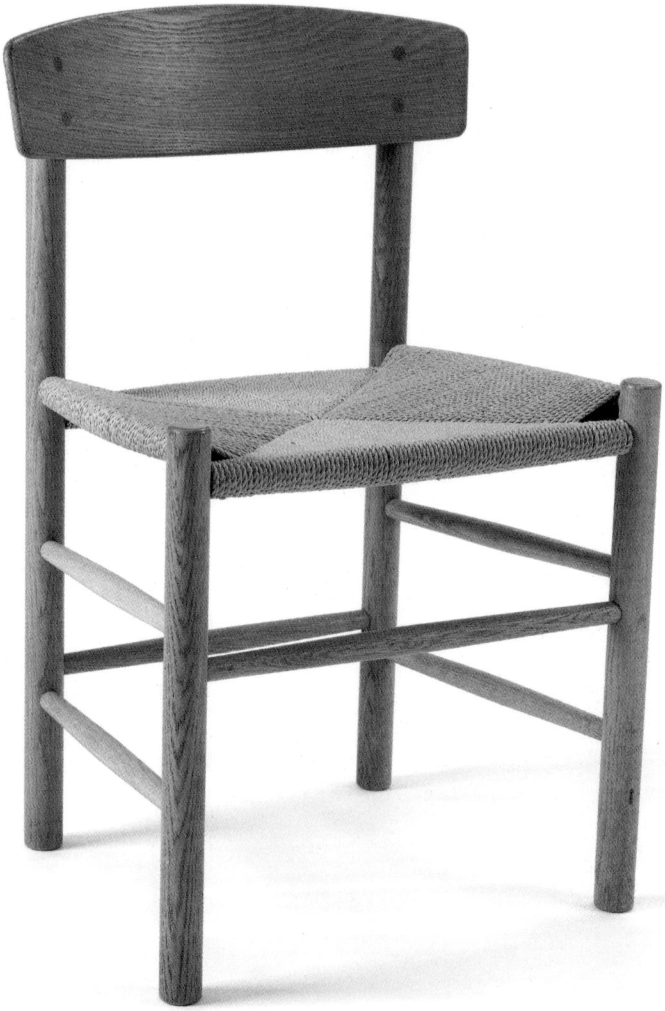

5079

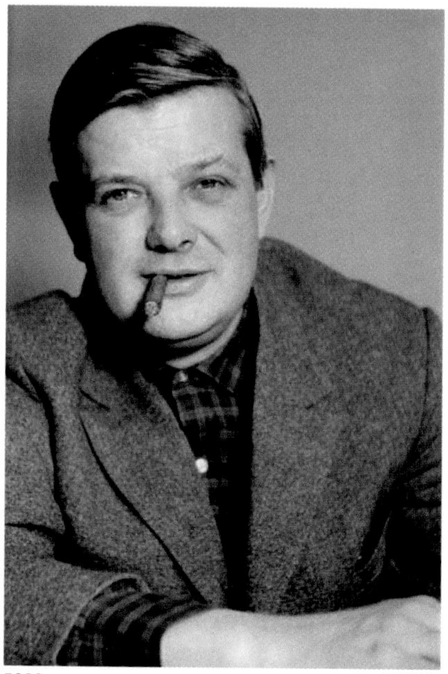

5082

뵈르게 모겐센

Børge Mogensen 1914~1972, 덴마크, 디자이너

한스 베그너, 핀 율과 함께 20세기 중반의 '데니시 모던' 운동을 선도한 인물로, 전통의 재설계로 현대적인 생활양식에 어울리는 가구를 디자인했다. 목공예에 관한 관심으로 코펜하겐 공예 미술학교에서 가구 디자인을 공부했으며, 한스 베그너를 만나 평생 가장 친한 친구가 되었다. 그 후 덴마크 왕립 예술 아카데미에서 카아레 클린트에게 사사하였으며, 카아레 클린트의 여럿 제자 중 정통 계승자가 되었다. 카아레 클린트가 연구한 전통의 현대화와 재설계 개념, 인체 공학적인 관점은 그의 작업의 핵심이 되었다. 모겐센은 일반 사용자의 일상생활에서 사용하는 더 아름답고 저렴하며 견고한 가구를 만드는 데 힘썼다. 비용을 절감하기 위해 부재를 줄이고, 공정을 줄이고, 합리적인 소재를 사용해 단순하고 편안하며 디자인이 아름다운 의자를 만들었다.

그의 주요 작품으로는 Spanish Chair(1959), Hunting Chair(1950), BM1 Chair(1950), No. 1 Sofa(1942), Shaker Table(1963) 등이 있다.

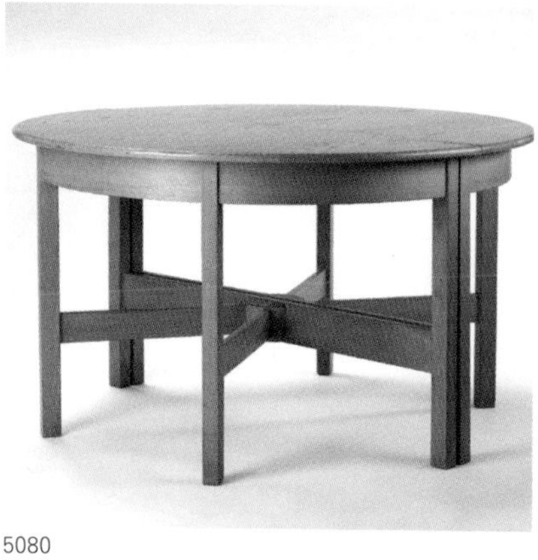

5080

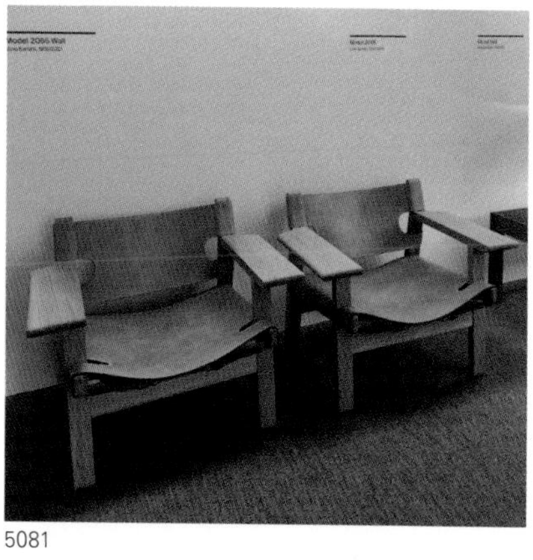

5081

Spanish Chair

스페니시 체어

뵈르게 모겐센이 디자인한 '스패니시 체어'는 17세기 스페인 목수들이 제작한 전통 의자에서 영감을 얻어 탄생했다. 이 의자는 견고한 오크나 너도밤나무 같은 목재로 제작된 프레임과, 내구성이 뛰어난 가죽으로 만들어진 좌석 및 등받이로 구성되어 있다. 가죽 스트랩과 대형 버클은 단순히 장식적인 요소를 넘어서, 의자의 내구성을 더욱 강화하는 기능적인 디자인 요소로 구성되었다. 이러한 디자인 요소들은 단순하면서도 강인한 느낌을 부여하며, 모던한 디자인과 시간을 초월한 우아함을 동시에 제공한다.

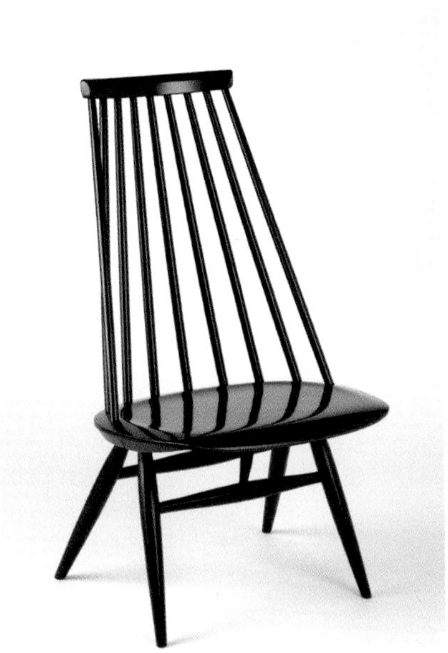

5083

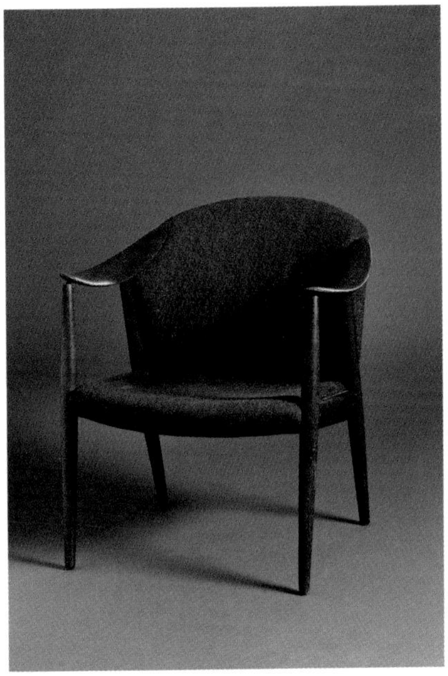

5084

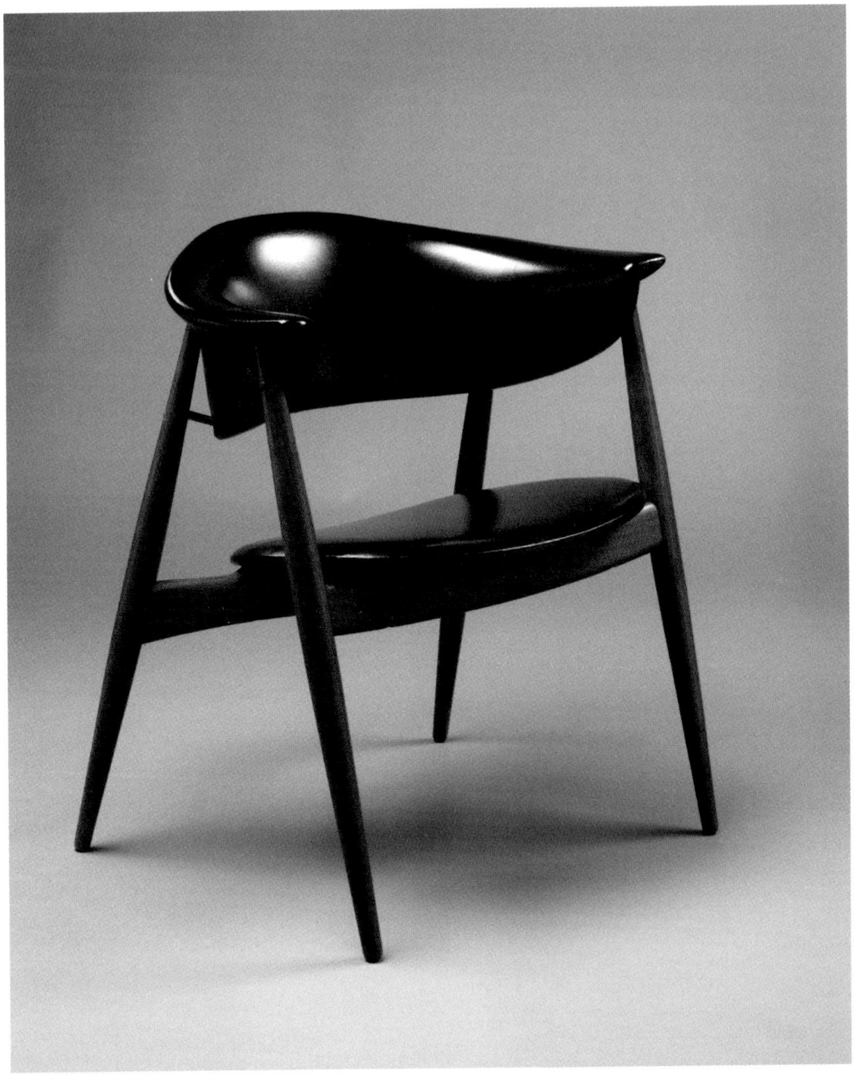

5085

5079
뵈르게 모겐센 Børge Mogensen
Shaker Chair, 1948~1976, 제조사 FDB Møbler

셰이커 체어는 너도밤나무, 오크, 느릅나무를 주로 사용하며, 페이퍼 코드를 사용하여 좌석을 제작했다. 현대가구의 시초인 셰이커 가구에서 영감을 받아 디자인한 의자로 F.D.B.(덴마크 협동조합 연합회)에서 가구 개발을 담당했다.

5080
뵈르게 모겐센, Table, 1950경

5081
뵈르게 모겐센, Spanish Chair, 1959, 제조사 Fredericia

5082
뵈르게 모겐센, 1955경

5083
일마리 타피오바라 Ilmari Tapiovaara, Chair, 1956, 제조사 AB Edsbyverken

일마리 타피오바라 1914~1999, 핀란드, 디자이너
일마리 타피오바라는 핀란드에서 알바르 알토에 필적하는 거장이다. 그는 파리에서 르코르뷔지에의 사무실에서 일했으며, 미국 일리노이 공과대학에서 객원 교수를 역임했고, 루트비히 미스 반 데어 로에의 사무실에서 일했다. 귀국 후 헬싱키대학의 인테리어 디자인 강사로 일하기도 했다. 일마리 타피오바라는 소박하면서도 기능성과 대량 생산을 겸비한 가구를 디자인했다.

5084
게르하르트 베르그 Gerhard Berg, Arm Chair, 1955, 제조사 Hareid Bruk

5085
게르하르트 베르그, Arm Chair, 1956, 제조사 Arnestad Bruk

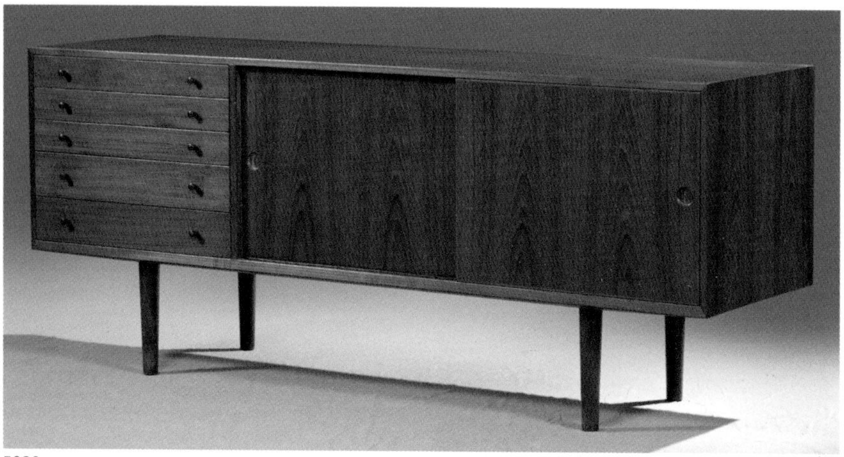

5086

한스 J. 베그너

Hans J. Wegner, 1914~2007, 덴마크, 디자이너

한스 베그너는 데시니 모던 운동의 주요 인물로, 오늘날의 고전이 된 수많은 모더니즘의 가구를 디자인했다. 그는 장인 정신과 전통의 가치, 편안한 착석감과 기능성의 조화를 중요하게 생각했으며, 수공예와 모더니즘의 미학을 결합해 현대의 공간에 조화로운 가구를 디자인하고자 했다. 17세에 마이스터가 된 베그너는 군대 생활 중 코펜하겐 목수 조합의 전시회를 통해 가구 디자인에 대한 관심을 두게 되었고, 이후 코펜하겐 공업학교의 가구 기술 코스와 코펜하겐 미술 공예학교에서 공부했다. 이 무렵 그는 뵈르게 모겐센과 만났으며, 아르네 야콥센 사무소 등에서 근무하기도 했다. 베그너는 생애 동안 500개 이상의 다양한 의자를 디자인했으며, 많은 작품이 미드 센추리 디자인의 상징적인 작품이 되었다. 그는 러닝상, 밀라노 트리엔날레 대상, 이케르스베르그 메달 등 다수의 상을 받았고, 명예 왕실 산업 디자이너로 임명되는 등 그의 업적을 널리 인정받았다.

그의 대표적인 디자인으로 Chinese Chair, Peacock Chair, Round Chair, Shell Chair, Rocking Chair, Wishbone Chair, Cow Chair, OX Chair 등이 있다.

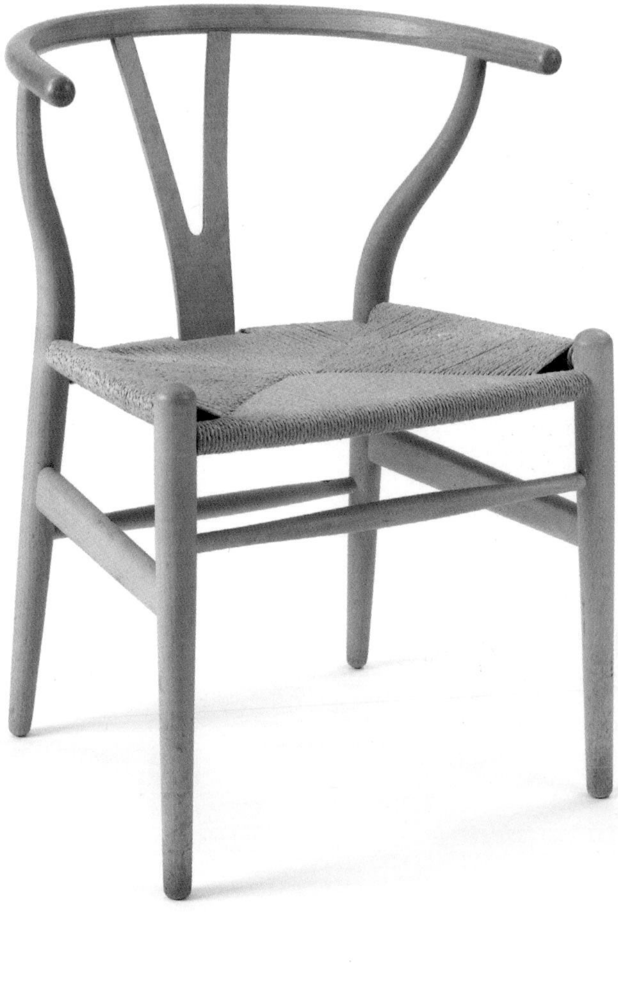

5087

Wishbone Chair

위시본 체어

한스 베그너가 Carl Hansen & Søn을 위해 디자인한 위시본 체어는 CH24 체어나 Y 체어로도 알려져 있다. 베그너의 대표 작품으로, 명나라 시대의 의자에서 영감을 받아 디자인되었으며, 복잡한 제작 과정에도 불구하고 상업적인 성공작이 되었다. 위시본 체어의 인기는 건축가 안도 다다오가 자신의 건축 프로젝트에서 이 의자를 사용하면서 더욱 높아졌다. 안도 다다오뿐만 아니라 여러 건축가가 자신의 작품에 위시본 체어를 배치하면서, 이 의자의 아름다움과 실용성이 널리 알려졌다.

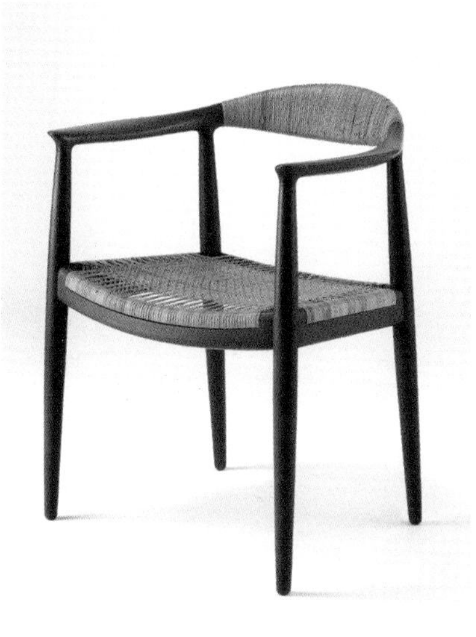

5088

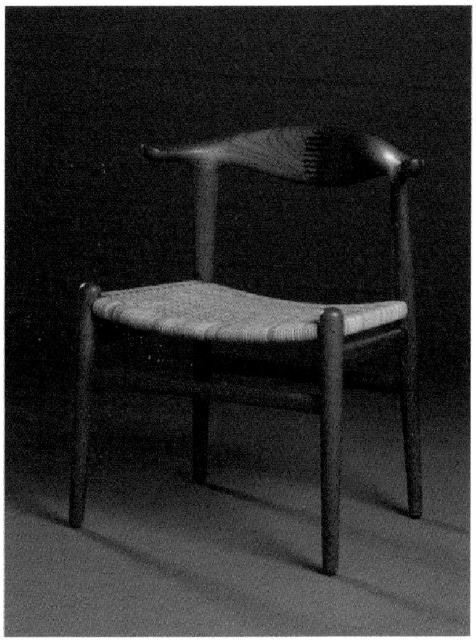

5089

칼 한센 앤 선

Carl Hansen & Søn

1908년 덴마크 오덴세에서 목공 장인 칼 한센에 의해 설립된 칼 한센 앤 선은 초기에 브르주아지 계층을 대상으로 한 침실 가구 제작을 전문으로 했다. 제2차 세계대전 이후, 칼 한센의 아들 홀거 한센이 회사를 이끌면서 한스 J. 베그너와 같은 유명 디자이너들과의 협력을 통해 덴마크 모던 가구 디자인 운동의 선두에 서게 되었다. 이 시기 칼 한센 앤 선은 Elbow Chair(CH20), Shell Chair(CH07), Wishbone Chair(CH24) 등과 같은 혁신적이고 상징적인 디자인의 가구들을 제작해 덴마크 모던 가구 디자인의 우수성을 전 세계에 알렸다.
안도 다다오와 카아레 클린트 등 현대의 유명 건축가 및 디자이너들과의 협력을 통해 덴마크 모던 디자인을 현대 건축과 인테리어에 접목하며, 칼 한센 앤 선의 명성을 더욱 확고히 했다.
carlhansen.com

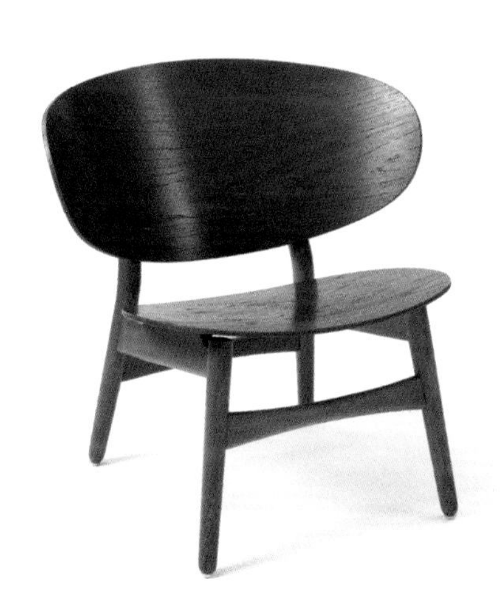

5090

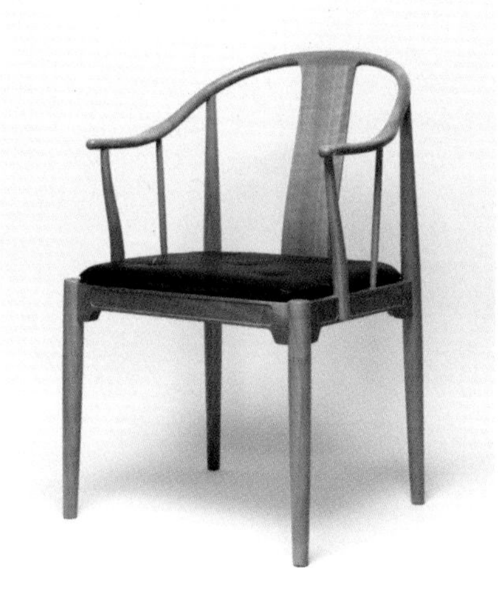

5091

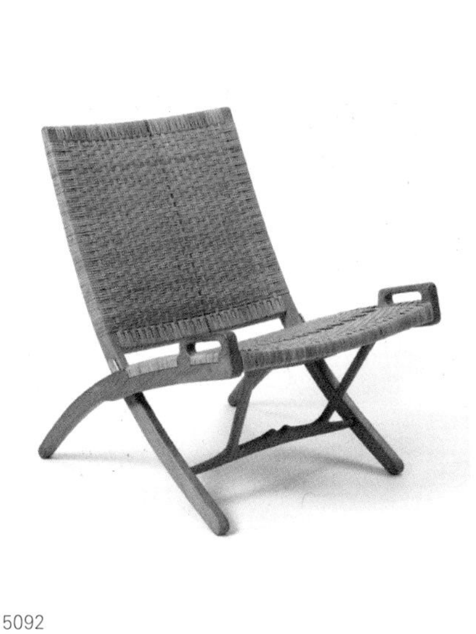

5092

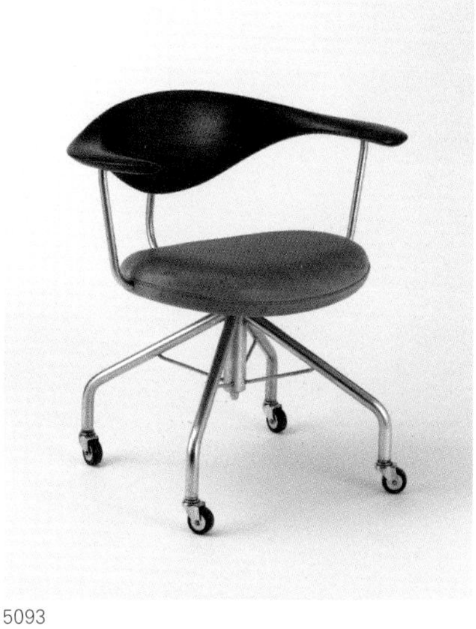

5093

5086
한스 J. 베그너 Hans J. Wegner
Carved Teak Sideboard, 1960경

5087
한스 J. 베그너
Wishbone Chair, 1949, 제조사 Carl Hansen & Søn Møbelfabrikk a/s

5088
한스 J. 베그너
Arm Chair, 1949, 제조사 Johannes Hansen

한스 베그너가 디자인한 500여 개의 의자 중 단순히 'The Chair'라고만 불리는 라운드 체어로, China Chair에서 발전했다. 그의 수많은 작품 중에서도 디자인과 착석감 측면에서 가장 완성도가 높은 작품으로 평가받는다. 처음에는 크게 주목받지 못했으나, 1960년 미국 대통령 선거에서 존 F. 케네디와 리처드 닉슨이 TV 토론회에 이 의자에 앉은 것을 계기로 더욱 유명해졌다.

5089
한스 J. 베그너
Dining Chair (Cow Chair), 1952, 제조사 Johannes Hansen

5090
한스 J. 베그너
Arm Chair, 1950, 제조사 Fritz Hansen Eftf.

5091
한스 J. 베그너
China Chair, 1950, 제조사 Allerod

중국 명나라 시대의 의자인 '권의'를 재설계한 작품이다. '더 체어'와 'Y 체어'의 원조라고도 할 수 있는 의자이다.

5092
한스 J. 베그너
Folding Chair, 1949, 제조사 Johannes Hansen

5093
한스 J. 베그너
Desk Chair, 1955, 제조사 Johannes Hansen

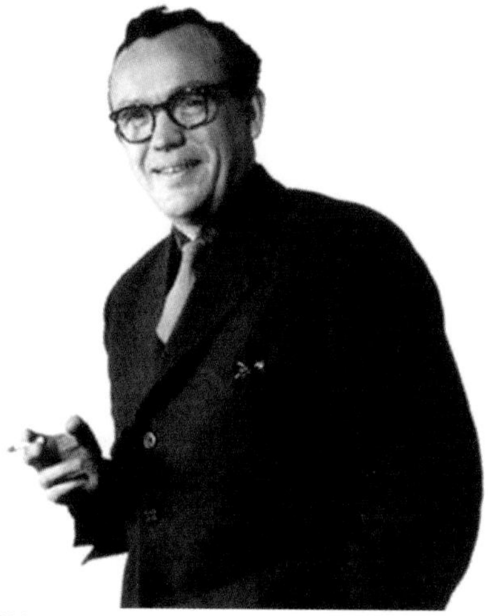
5094

핀 율
Finn Juhl 1912~1989, 덴마크, 디자이너

핀 율은 기존 덴마크 모더니즘 디자인의 경계를 넘어서며, 유기적인 곡선과 부드러운 형태를 결합한 '가구의 조각가'로 불린다. 한스 베그너를 비롯한 덴마크 디자이너들은 마이스터 자격을 가지고 있는 경우가 많았으나, 핀 율은 건축가이자 디자이너였다. 제작을 직접 병행하지 않는 핀 율의 디자인은 명장인 가구 장인 닐스 보더와의 협업으로 구현되었다. 핀 율의 초기 작품인 펠리컨 의자는 조각가 헨리 무어와 한스 아르프의 오브제 작품의 부드러운 라인에서 영향을 받았다고 알려졌으며, 초기에는 과도한 곡선과 실용성 부족으로 논란이 되기도 했다. 1955년에 디자인된 'FJ' 사이드보드는 단순한 사각형 형태와 조립식 구조로 제작되어, 생산과 배송이 쉽하도록 고안되었다. 부드러운 가장자리와 목재의 유기적 형태를 강조했으며, 당시 대부분 어두운 목재를 사용하는 덴마크의 디자이너들과 차별화를 두었다. 핀 율은 추상 조각가 장 아르프Jean Arp의 영향을 받아 플로팅 백과 시트가 특징인 의자를 디자인했으며, 인류학 연구에서 영감을 받은 치프테인 체어를 제작했다.
대표적인 작품으로는 Pelican Chair(1940), Chieftain Chair(1949), Poet Sofa(1941), France Chair(1956), NV-45 Chair(1945) 등이 있으며, 인테리어 디자인 분야에서 색상, 재료, 조명을 활용하는 연구를 통해서 현대적이고 편안한 인테리어를 고안했다.

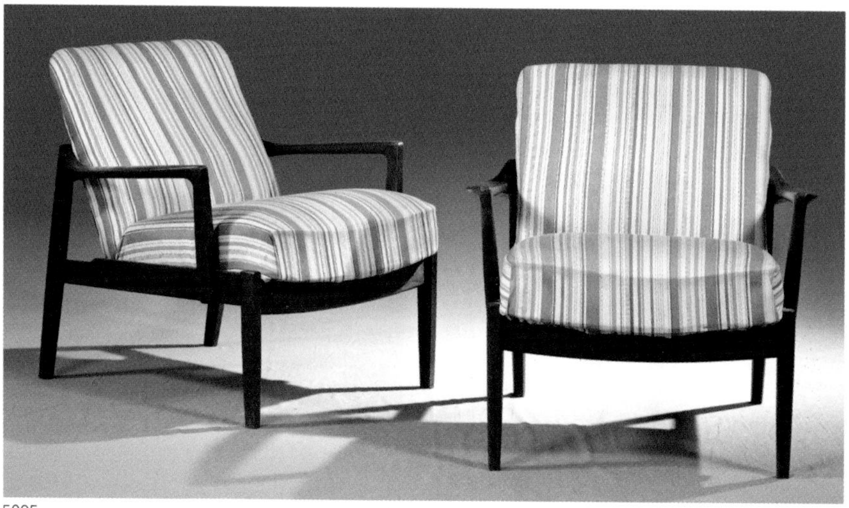
5095

치프테인 체어
Chieftain Chair

치프테인 체어는 현대 미술에서 영감을 받은 유기적인 형태를 도입하여 엄격한 기능주의의 경계를 넘어선 디자인으로 핀 율의 가구 경력에서 중요한 전환점이 된 작품이다. 이 의자는 목수 닐스 보더Niels Vodder에 의해 제작되었으며, 의자 하단에 목수의 이름, 제작 장소, 시간 등이 각인되어 있다. 각인은 가구 제작자와 디자이너 간의 협력을 강조하고, 의자의 독창성과 품질을 보증하는 역할을 한다.

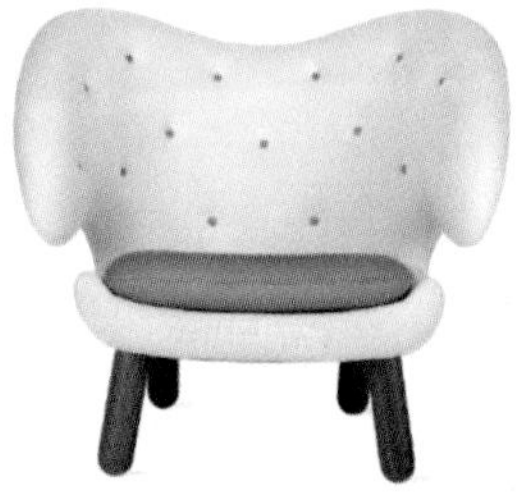
5096

글러브 캐비닛
The Glove Cabinet

글러브 캐비닛은 핀 율이 자신의 아내, 한네 빌헬름 한센을 위해 특별히 디자인한 캐비닛으로, 1961년에 침실 가구 컬렉션 중 하나로 소개되었다. 이 캐비닛은 일본산 체리 목재를 사용해 제작되었으며, 서랍 부분은 핀 율 특유의 색상으로 구성되어 미학적으로 독특한 매력을 발산한다. 또한, 강철 소재에 황동 장식을 더한 제작한 캐비닛의 다리는 현대적이면서도 우아한 분위기를 만드는 섬세한 요소이다.

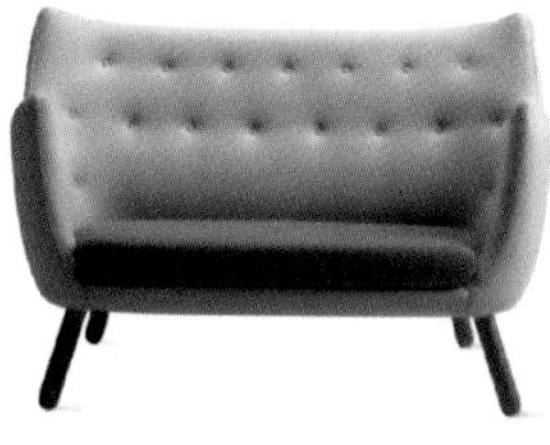
5097

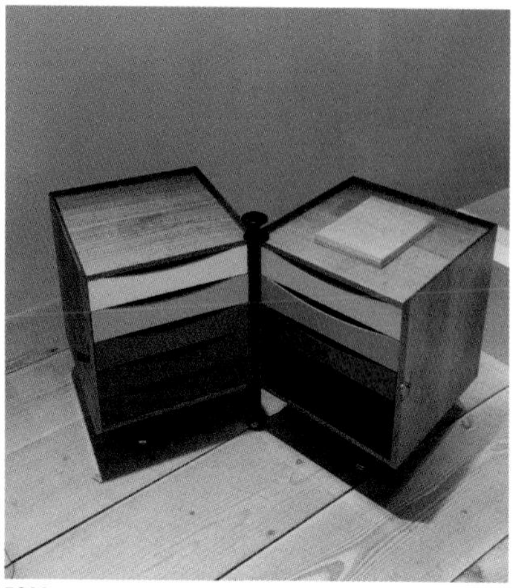
5098

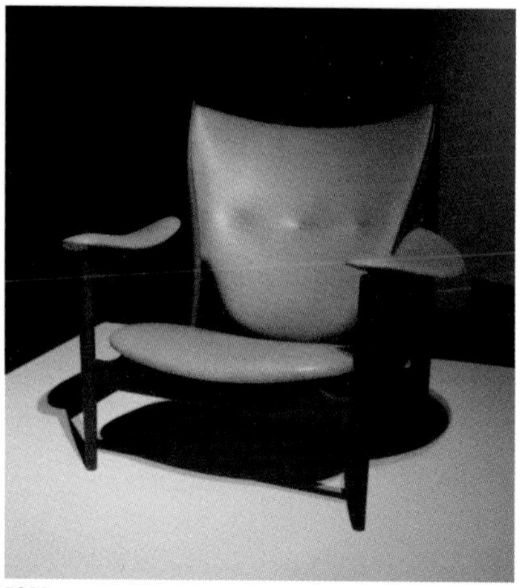
5099

45 의자
The 45 Chair

45 체어는 현대 미술에 대한 깊은 이해와 심미적 감각을 가구 디자인에 접목한 대표적인 작품으로, 1945년 가을, 연례 목공예 길드 전시회에서 처음 선보였다. 좌판이 소파처럼 낮아 안락감을 주며, '세계에서 가장 아름다운 팔'을 가진 의자라는 수식어처럼 조각 같은 팔걸이가 특징이다. 45 체어는 주로 오크나 호두나무로 제작되며, 등받이와 좌석은 천이나 가죽으로 마감된다.

핀 율의 집
House of Finn Juhl

핀 율의 아내 한네 빌헬름 한센의 유지를 이어받은 이반 한센과 한스 헨릭 소렌센이 설립한 가구회사로, 핀 율의 디자인 유산을 계승하고 있다. '핀 율의 집'은 핀 율의 대표작인 펠리컨 체어를 포함해 1953년 닐스 보더를 위해 디자인된 고급 암 체어, 코펜하겐 목공예 길드 전시회에서 처음 선보인 2인용 소파 등 50개 이상의 클래식 명작들을 핀 율의 원래 디자인 정신과 품질에 대한 엄격한 기준을 유지하며 재생산하고 있다.
finnjuhl.com

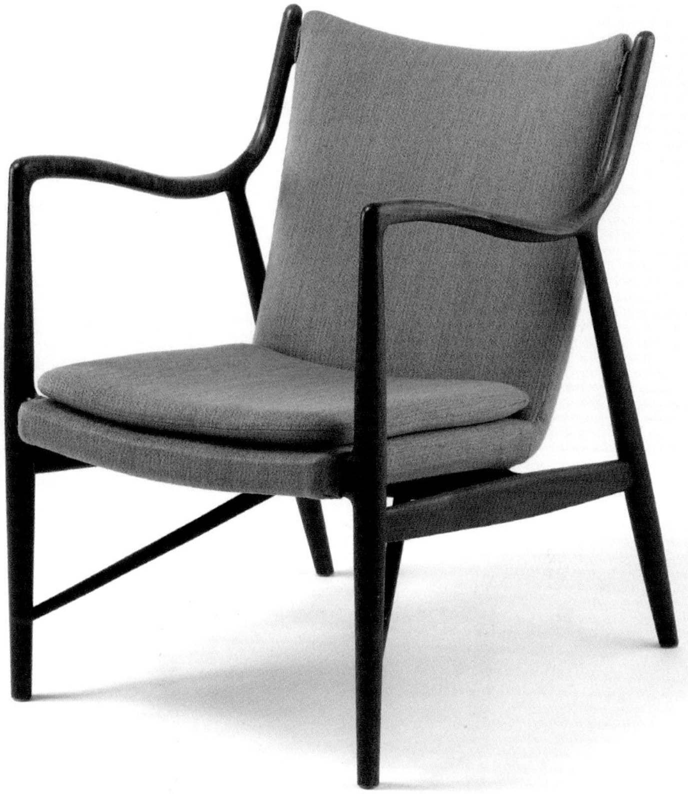
5100

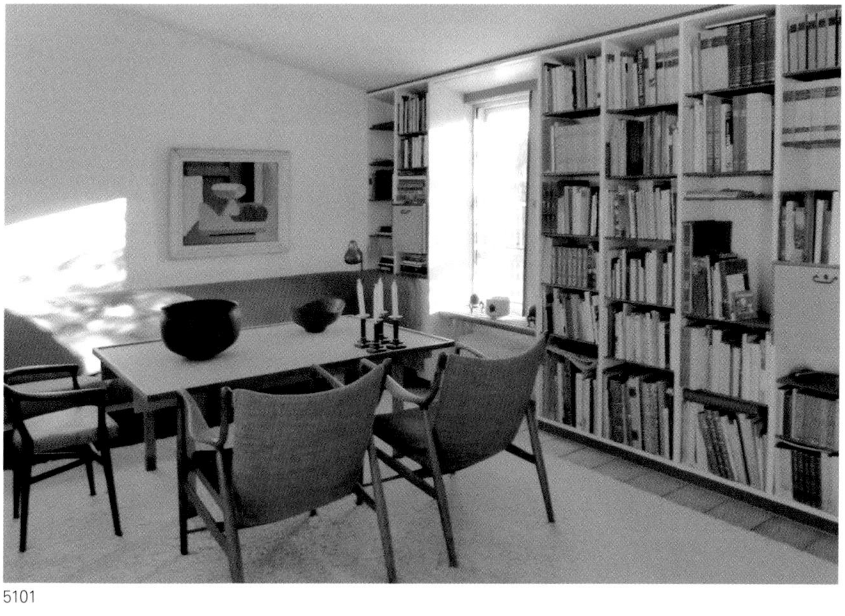
5101

5094
핀 율 Finn Juhl, 1970 이전

5095
핀 율, Carved Teak Arm Chair, 1960경

5096
핀 율, Pelican Chair, 1940, 제조사 Niels Vodder

5097
핀 율, Poet Two-Seater Sofa, 1941, 제조사 Niels Vodder

5098
핀 율, The Glove Cabinet, 1961, 제조사 Niels Vodder

5099
핀 율, Chieftain Chair, 1949, 제조사 Niels Vodder

5100
핀 율, Arm Chair, 1945, 제조사 Niels Vodder

5101
덴마크 오르드럽에 위치한 핀 율의 집 내부

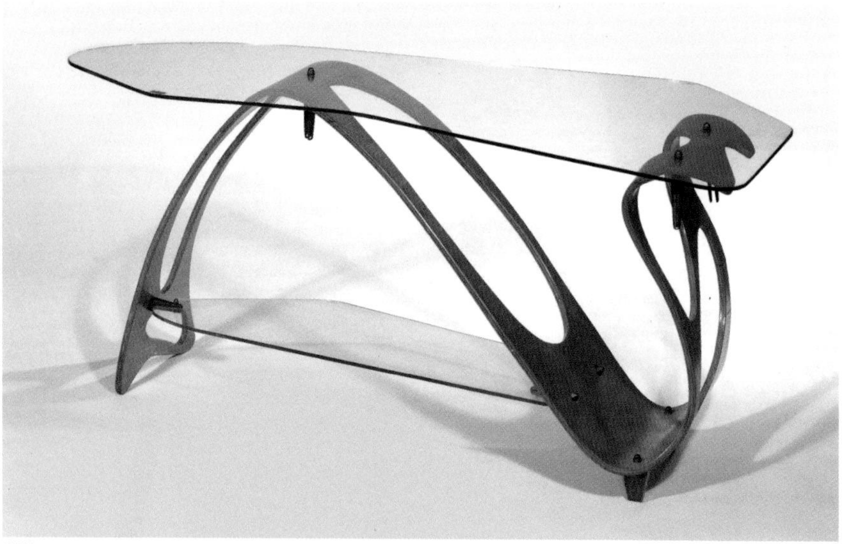

5102

카를로 몰리노

Carlo Mollino, 1905~1973, 이탈리아
디자이너, 건축가, 교육자, 사진가

카를로 몰리노는 이탈리아 미래파와 아르누보 운동에서 영감을 받아, 동시대의 이탈리아 디자이너와는 차별화된 스타일을 지향했다. 그는 가구와 인테리어 분야에서 주로 활동했지만, 사진, 패션, 영화 세트, 자동차 등 다양한 디자인의 영역에서 작업을 남겼다. 카를로 몰리노의 대표적인 작품인 '아라베스크 Arabesque' 테이블은 유기적인 형태로 베니어합판을 성형해 구현했으며, 유선형 초현실주의Streamlined Surrealism 스타일을 반영한 디자인이다.

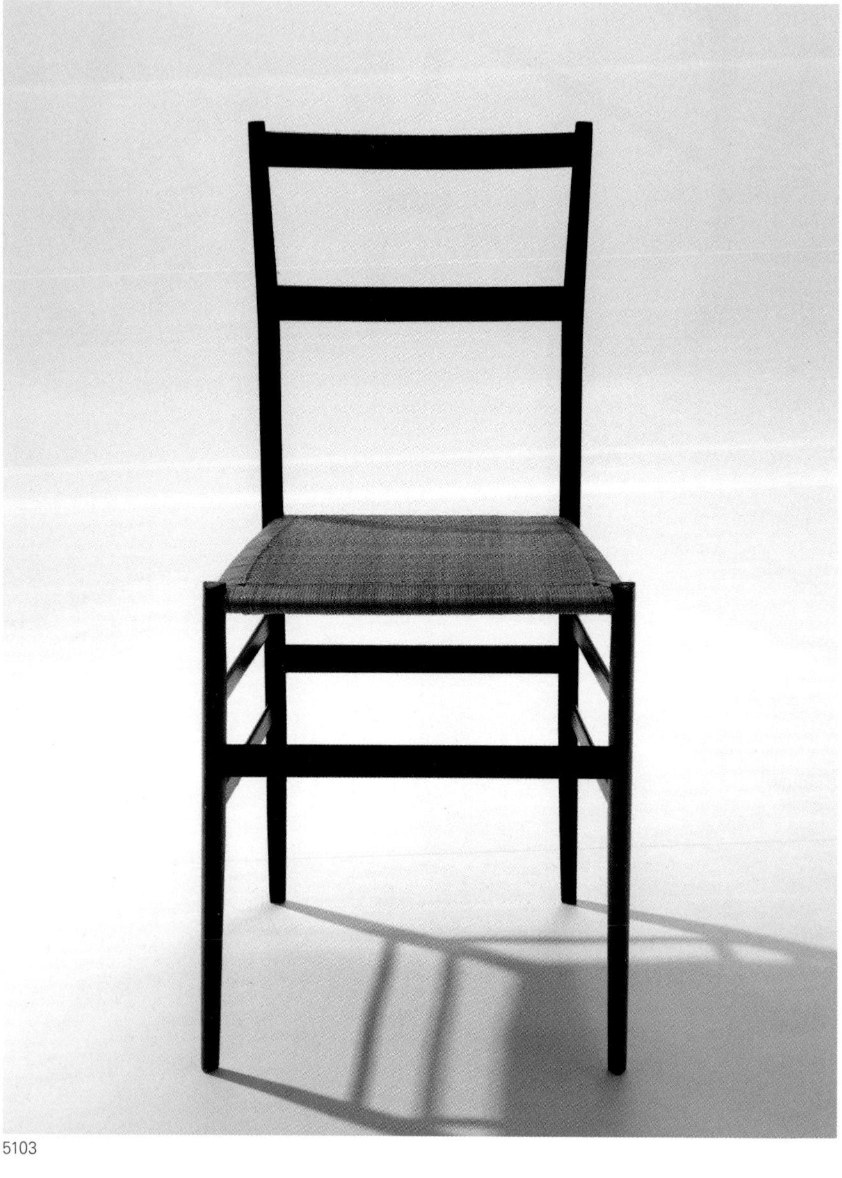

5103

수페르레게라 의자

Superleggera Chair

지오 폰티가 카시나의 의뢰로 디자인한 '수페르레게라 체어'는 '경량성', '투명성', '평면성'을 디자인의 핵심 원칙으로 삼았다. 이탈리아 어촌 마을 키아바리의 경량 의자에서 영감을 받은 이 의자는, 강도와 내구성을 유지하면서도 무게를 경감시키기 위해 얇은 금속 프레임과 얇은 좌판을 활용했으며, 불필요한 무게와 재료를 최소화함으로써 단 3.75파운드(약 1.7킬로그램) 무게의 의자를 디자인했다. 수페르레게라 체어에는 가구가 단순한 기능을 넘어 시각적 매력과 공간 효율성을 갖추어 사용자의 생활에 자연스럽게 녹아들어야 한다는 지오 폰티의 디자인 철학이 담겨있다.

지오 폰티

Gio Ponti, 1891~1979, 이탈리아
디자이너, 건축가, 교사, 작가, 출판가

지오 폰티는 특정한 양식에 국한되지 않고, 이탈리아의 전통과 문화 속의 인문주의를 철학적 개념으로 삼았다. 밀라노 폴리테크닉대학교에서 건축을 전공한 그는 몬테카티니사의 건축 작업과 피렐리 타워Pireli tower 디자인 등으로 건축가로서 명성을 쌓았다. 건축 작업 외에도 응용미술, 도자기, 금속, 가구, 출판 등 다양한 분야로 작업을 확장했으며, 1950년대에는 장식 분야에 대한 관심으로 영향력을 넓혔다. 지오 폰티의 대표적인 작품으로는 밀라노의 '피렐리 타워', 카시나사를 위한 경량 구조의 '수페르레제라' 등이 있으며, 전후 이탈리아의 디자인 단체의 설립과 활동에 활약하며 황금 콤파스상과 수많은 국제 전시를 추진했다. 또한, 『도무스』 잡지를 창간하여 고급스러운 일상생활을 알렸으며, 이탈리아 모더니즘 디자인을 선도하고 국제무대에 이탈리아 디자인을 소개하는데 기여했다.

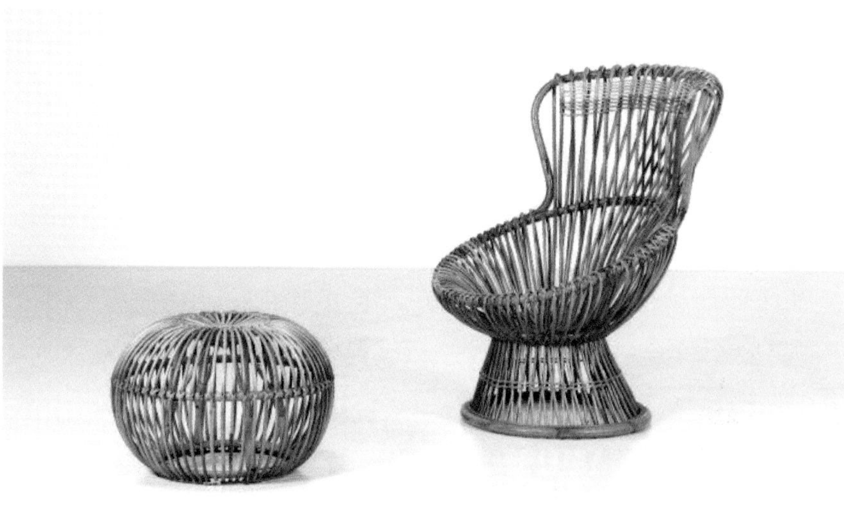

5104

카시나

Cassina S.p.A.

1927년 체사레와 움베르토 카시나 형제에 의해 이탈리아 메다, 브리안차에서 설립된 카시나 S.p.A.는 제2차 세계대전 후 의자, 암체어, 테이블 등 다양한 가구 제품군으로 확장하며 명성을 쌓았다. 1964년, '카시나 마에스트리' 컬렉션을 통해 르코르뷔지에, 피에르 잔느레, 샤를로트 페리앙의 디자인 제품의 생산 권리를 확보하며, LC 시리즈 등을 포함한 르코르뷔지에 디자인의 전 세계 독점 라이선스를 보유하게 되었다. 이후 바우하우스, 게리트 리트벨트, 프랭크 로이드 라이트, 찰스 레니 매킨토시의 디자인을 컬렉션에 추가하여 '카시나 마에스트리' 컬렉션을 확장했다.

www.cassina.com

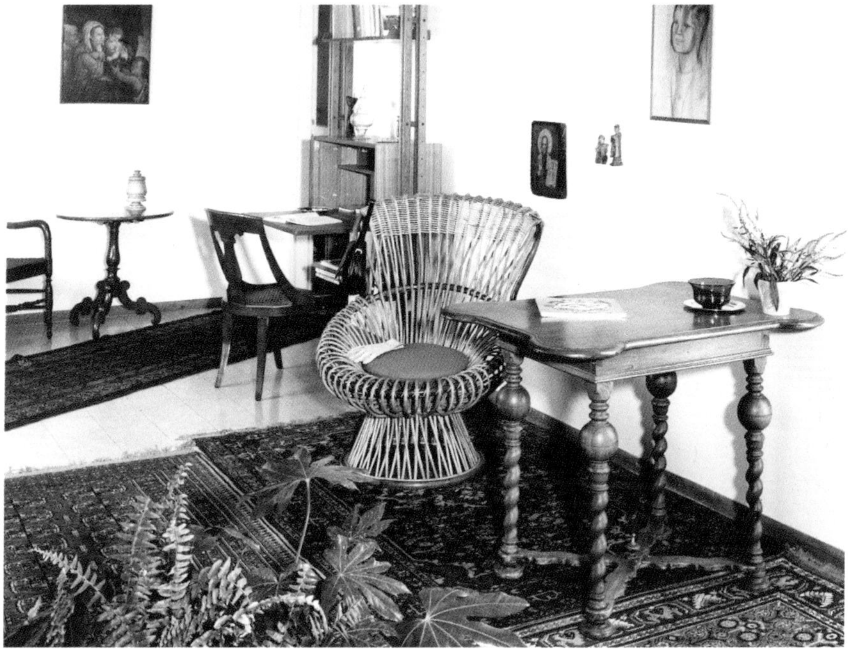

5105

5102
카를로 몰리노 Carlo Mollino, Arabesque Tea Table, 1949경
제조사 Appelli F. - Varesio L. & Co.

5103
지오 폰티 Gio Ponti
Supe rlight Chair, 1951, 제조사 Cassina S.p.A., 1957

5104
프랑코 알비니 Franco Albini
Margherita Chair, 1951, 제조사 Bonacina, 1889

5105
건축가 프랑코 알비니가 설계한 이탈리아 제노바에 위치한 Nozilia 아파트 건물로, 이 사진은 1963년에 Paolo Monti가 촬영한 것이다.

5106
프랑코 알비니, 1956

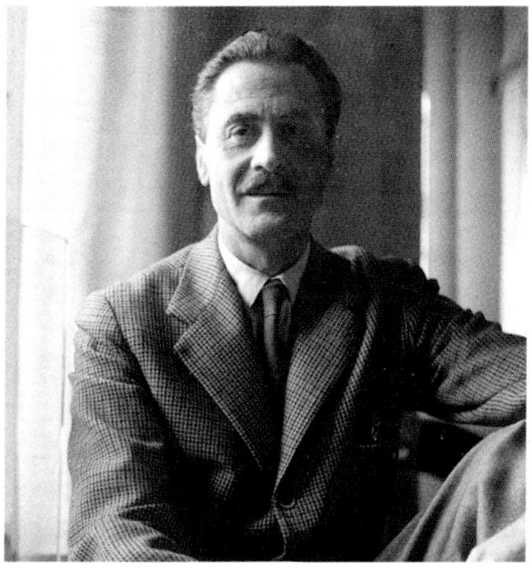

5106

프랑코 알비니

Franko Albini, 1905~1977, 이탈리아
건축가, 디자이너, 교직자

밀라노 폴리테크닉대학교에서 건축을 전공한 프랑코 알비니는 이탈리아 전통 공예와 모더니즘을 조화시켜 미니멀리즘의 미학을 표현했다. 지오 폰티의 지도로 경력을 시작한 그는, 황금 콤파스상을 세 차례 수상하면서 업적을 인정받았으며, 명예산업디자이너로 임명되었다. 또한, 베니스 건축대학과 밀라노 폴리테크닉대학교에서 교수로 재직하며, 동시대의 디자이너들과 이탈리아 모던디자인에 많은 영향을 미쳤다.
그의 대표작으로는 '알비니 책상'과 '마르게리타', '갈라', '루이자' 의자가 있으며, 로마의 리나센테 건물과 밀라노 메트로 역사 같은 건축 프로젝트에도 참여했다.

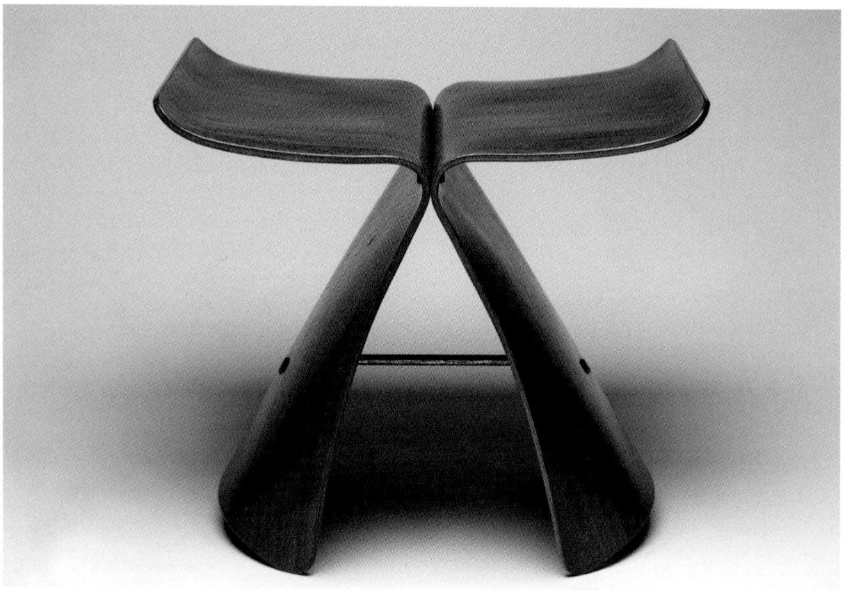

5107

버터플라이 스툴

Butterfly Stool

소리 야나기의 버터플라이 스툴은 나비의 날개를 연상시키는 독특한 형태로, 임스 부부의 성형 합판 의자의 영향을 받아 제작되었다. 대칭 형태의 합판 조각 두 개를 중앙에서 연결해 나비의 날개처럼 보이는 구조를 만들었으며, 성형 합판 기술을 활용해 좌석의 편안함을 최적화했다. 이 스툴은 전통적인 일본 공예와 서양의 현대 디자인 원칙을 결합하여 동서양 문화의 조화를 이룬 대표적 사례로, 미드 센추리 디자인과 현대 제조 기술의 성공적인 결합을 보여주는 디자인이다.

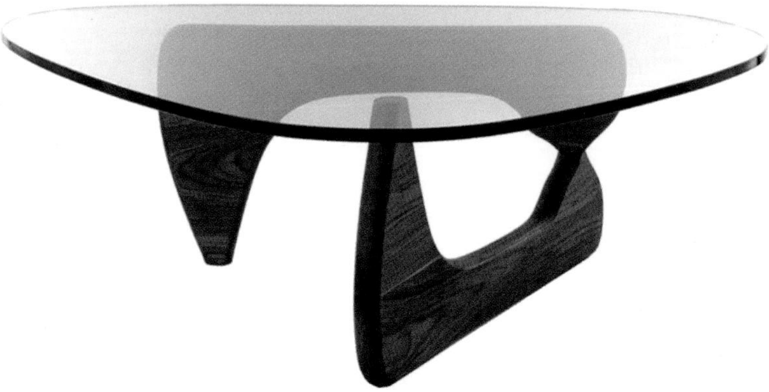

5108

노구치 커피 테이블

Noguchi Coffee Table

이사무 노구치가 디자인한 커피 테이블은 두 개의 대칭적인 곡선형 목재 조각이 베이스를 이루고, 그 위에 무거운 판유리 상판이 얹혀 있는 구조로, 노구치의 조각 작품처럼 예술적이면서도 실용적인 디자인이다. 이 테이블은 1947년 허먼 밀러에 의해 생산되었으며, 모더니즘 가구의 상징으로 자리 잡았다. 1973년 생산이 중단된 후, 대중들의 수집품이 되었으며, 1984년부터 재생산되고 있다.

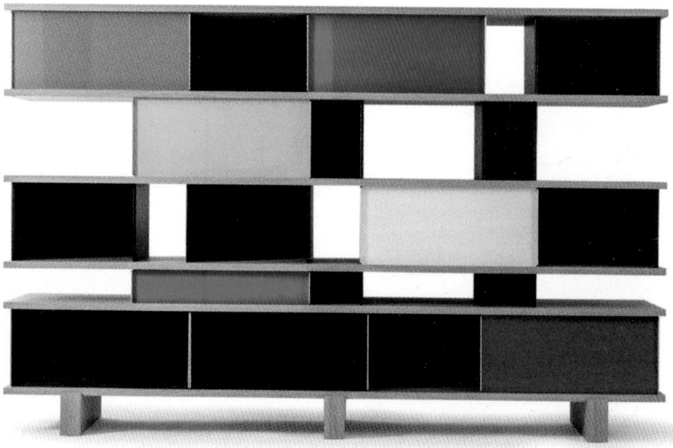

5109

5107
소리 야나기 Sori Yanagi
Butterfly Stool, 1954, 제조사 Tendo Mekko Co. Ltd.

5108
이사무 노구치 Isamu Noguchi
Coffee Table, 1944, 제조사 Herman Miller

5109
샤를로트 페리앙 Charlotte Perriand
Nuage, 1956, 제조사 Cassina

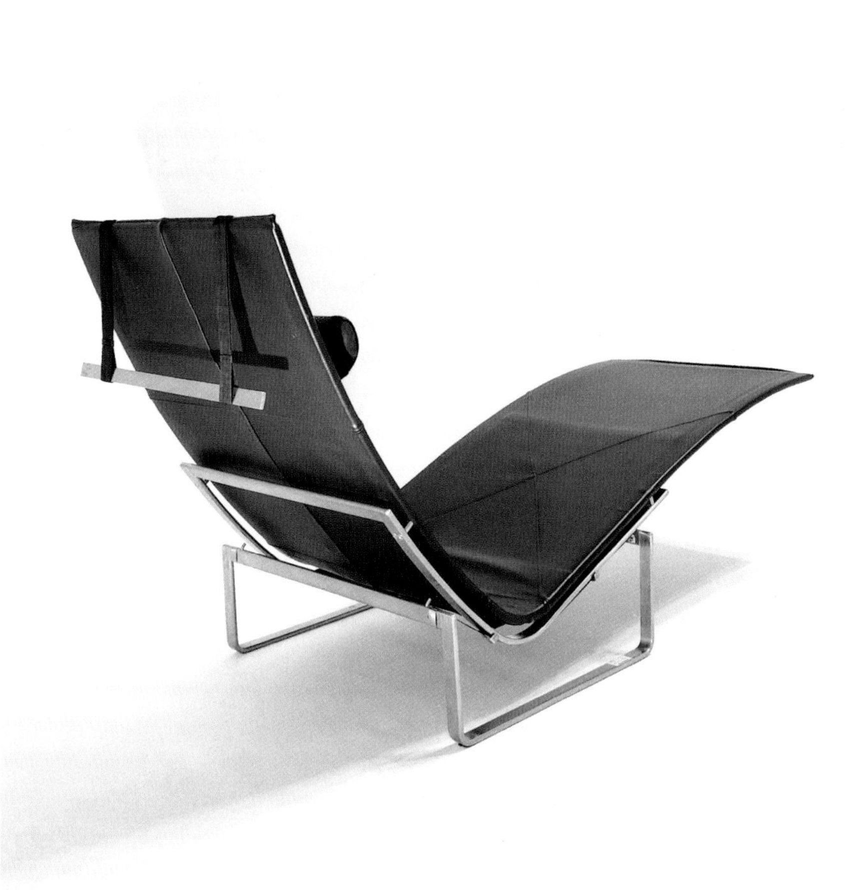

5110

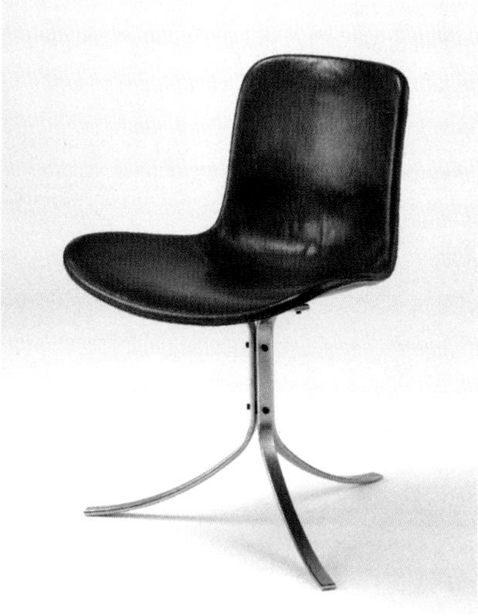

5112

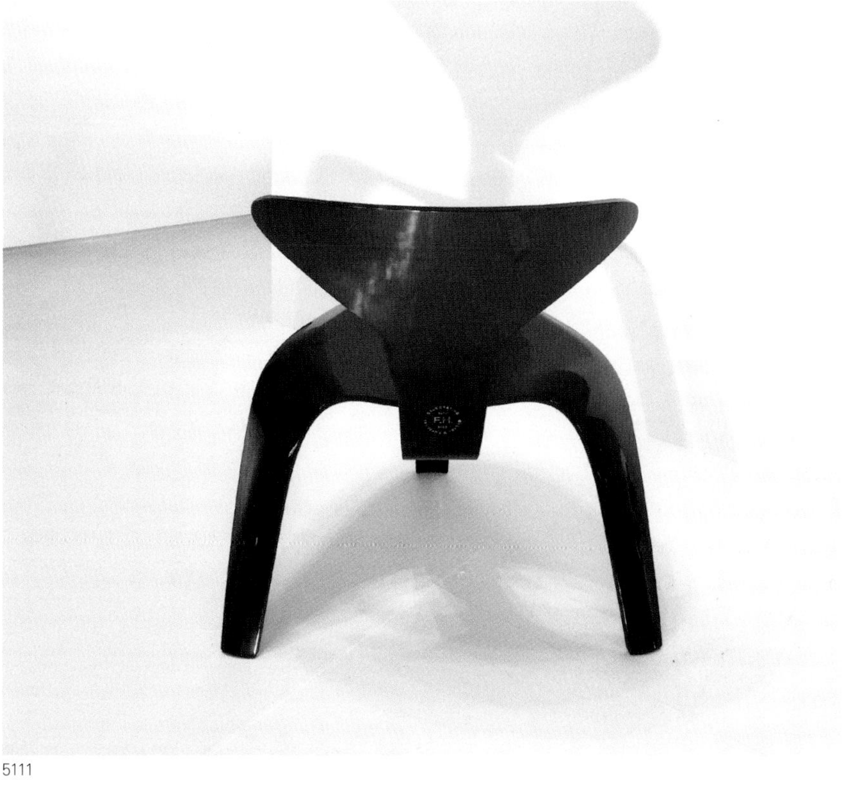

5111

5110
폴 키에르홀름 Poul Kjærholm
Lounge Chair 'PK24', 1965, 제조사 Fritz Hansen Efr.

PK24 라운지체어는 덴마크 디자이너 폴 키에르홀름의 대표작으로, 불필요한 장식을 배제한 순수한 형태와 기능성을 강조한 디자인이다. 이 의자는 르코르뷔지에의 Chaise Longue를 재설계한 것으로, 스테인리스 스틸 프레임과 천연 리드 또는 가죽 좌석으로 제작되었으며, 곡선형 디자인과 조절 가능한 가죽 헤드레스트는 인체공학적인 편안함을 극대화한다.

5111
폴 키에르홀름
PK0 Lounge Chair, 1952, 제조사 Fritz Hansen Efr.

프리츠 한센 150주년 기념 전시 중 '코리아 프로젝트' 전시 일부로, 무형문화재 나전칠기장 정수화 장인이 재해석한 작품이다.

5112
폴 키에르홀름
3 Leg Chair PK9, 1961, 제조사 E. Kold Christensen

에로 사리넨의 튤립 체어에서 영감을 받아 디자인한 의자로, 스틸과 평판 소재를 사용했으며, 좌석과 등받이는 FRP에 얇은 가죽을 씌웠다.

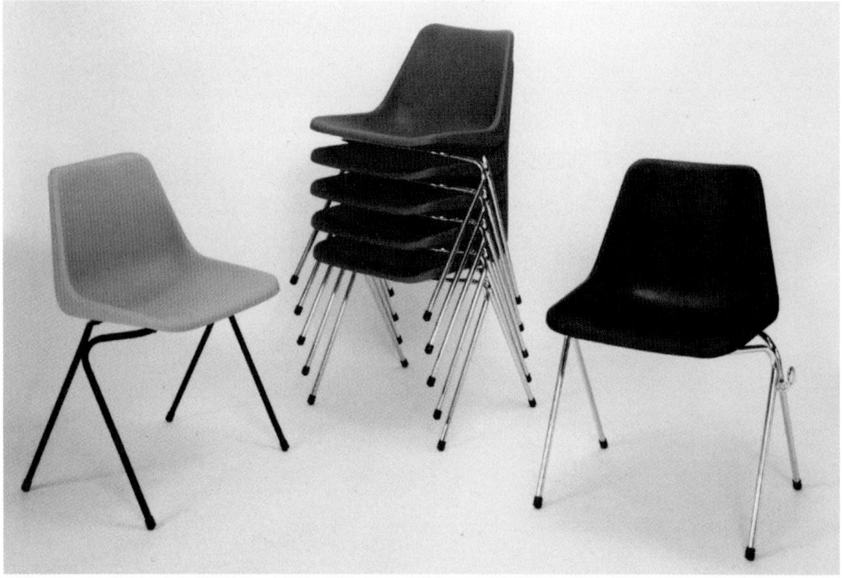

5113

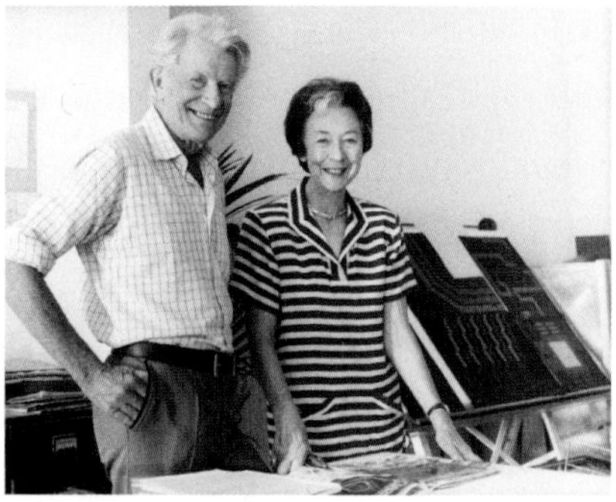

5118

로빈 데이

Robin Day, 1915~2010, 영국, 디자이너

로빈 데이는 1950년대 영국의 산업디자인을 주도하며 영국식 모더니즘이 자리 잡는데 기여한 인물이다. 로빈과 루시엔 데이 부부의 자택이 여러 매체에 소개되면서, 이들의 인테리어와 가구 등의 생활양식이 동시대의 스타일 리더로 인식되어 두 사람의 영향력이 확대되었다. 그의 대표적인 작품인 1963년 힐레 사S. Hille & Co.를 위해 디자인한 폴리프로필렌 스태킹 체어는 세계 최초로 대량생산된 주입 성형 폴리프로필렌 셸 의자이다. 이 의자는 전후 시대의 낙관적이고 미래지향적인 분위기를 반영한 디자인으로, 대중이 좋은 품질의 제품을 합리적인 가격과 디자인으로 구매할 수 있도록 하는 것을 목표로 삼았다.

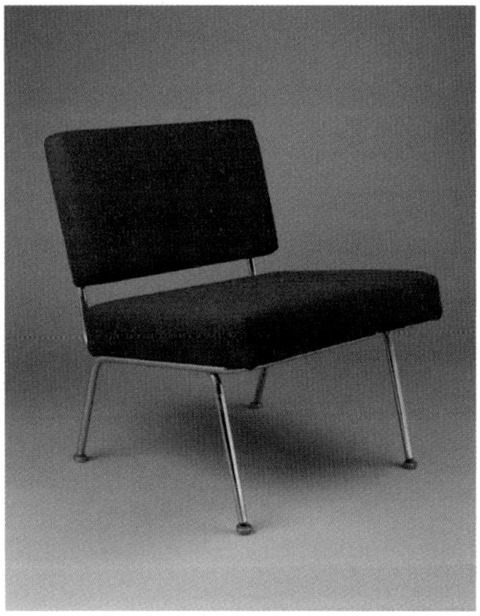

5114

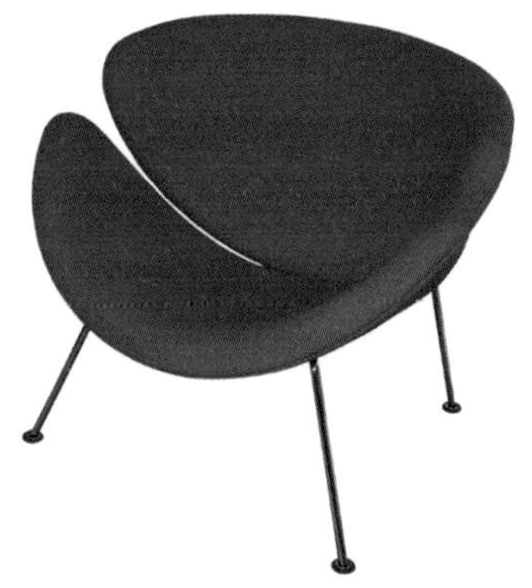

5115

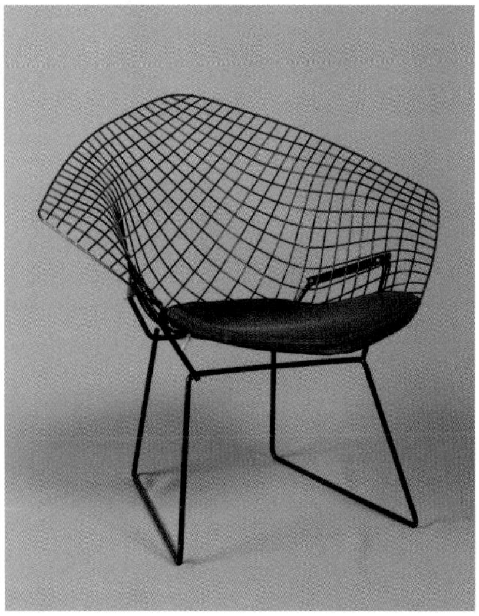

5116

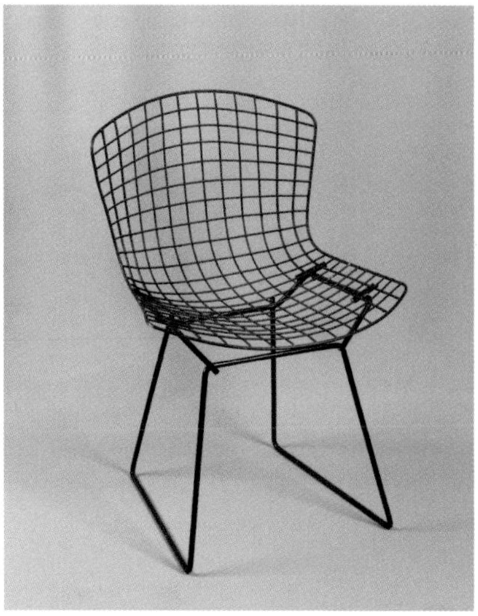

5117

5113
로빈 데이 Robin Day
Polypropylene Stacking Chairs, 1964, 제조사 Hille

5114
플로렌스 놀 바세트 Florence Knoll Bassett
에스터 하라스티 Eszter Haraszty (Textile)
Side Chair, Model 31, 1954, 제조사 Knoll, 1956

5115
피에르 폴링 Pierre Paulin
Orange Slice Chair, 1960, 제조사 Artifort

5116
해리 베르토이아 Harry Bertoia
Bertoia Diamond Chair, 1952, 제조사 Knoll Associates

금속 조각을 전공한 해리 베르토이아의 Diamond Chair는 Wire Chair 중 가장 유명한 의자이다. 그는 최종 형태를 생각하여 와이어 하나하나를 그물처럼 엮어서 디자인했으며, 찰스 임스가 와이어를 이용한 의자를 디자인할 수 있도록 조언하고 협력했다.

5117
해리 베르토이아
Triva Bertoia Side Chair, 1952, 제조사 Knoll Associates

5118
로빈 데이와 루시엔 데이, 1987

5119
에로 아르니오
Ball Chair, 1963, 제조사 Asko Oy

5120
에로 아르니오가 자신이 디자인한 볼 체어와 함께 있는 모습, 1975

에로 아르니오

Eero Aarnio, 1932~ , 핀란드, 디자이너

에로 아르니오의 작품은 1960년대 대중문화와 밀접하게 연관되어 있으며, 우주시대의 형태를 구현한 것 같은 독특한 디자인이 특징이다. 1963년 디자인된 그의 대표작 '볼 체어'는 미래주의 디자인과 기능성을 결합한 새로운 접근의 디자인이며, '버블 체어'는 투명 아크릴과 스테인리스 스틸 체인을 사용해 그네처럼 공중에 떠 있는 디자인으로 사용자에게 새로운 경험을 선사했다. 아르니오는 전통적인 가구 개념의 경계를 넘어서며, 형태와 기능의 감각적인 결합을 통해 새로운 즐거움을 제공하고자 했다. 또한, 새로운 산업 재료와 형태를 실험함으로써 가구 디자인의 가능성을 확장하고, 가구 디자인의 새로운 장을 열었다. 그의 디자인은 1960년대와 1970년대의 미래주의 스타일을 상징하며, 다양한 매체에 소개되어 큰 인기를 끌었다.

볼 체어

Ball Chair

에로 아르니오가 디자인한 볼 체어는 1960년대 디자인의 상징으로, 공간 속의 공간의 개념을 제시한 디자인이다. 초기 모델에는 전화기가 내장되었으며, 후속 모델에는 음악 재생을 위한 스피커와 MP3 플레이어 연결 기능이 추가되었다. 볼 체어는 합판 바디 금형을 젖은 종이로 덮고 유리섬유로 라미네이트 처리한 후, 내부 금형을 제거하는 과정으로 제조된다. 이 의자는 디자인과 소재, 컬러의 독특함으로 영화와 방송에서 1960년대의 미래주의적 스타일을 표현하는 데 자주 사용되었다.

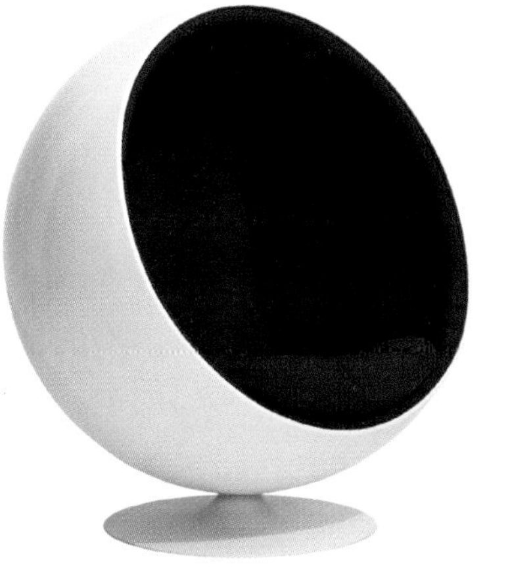

5119

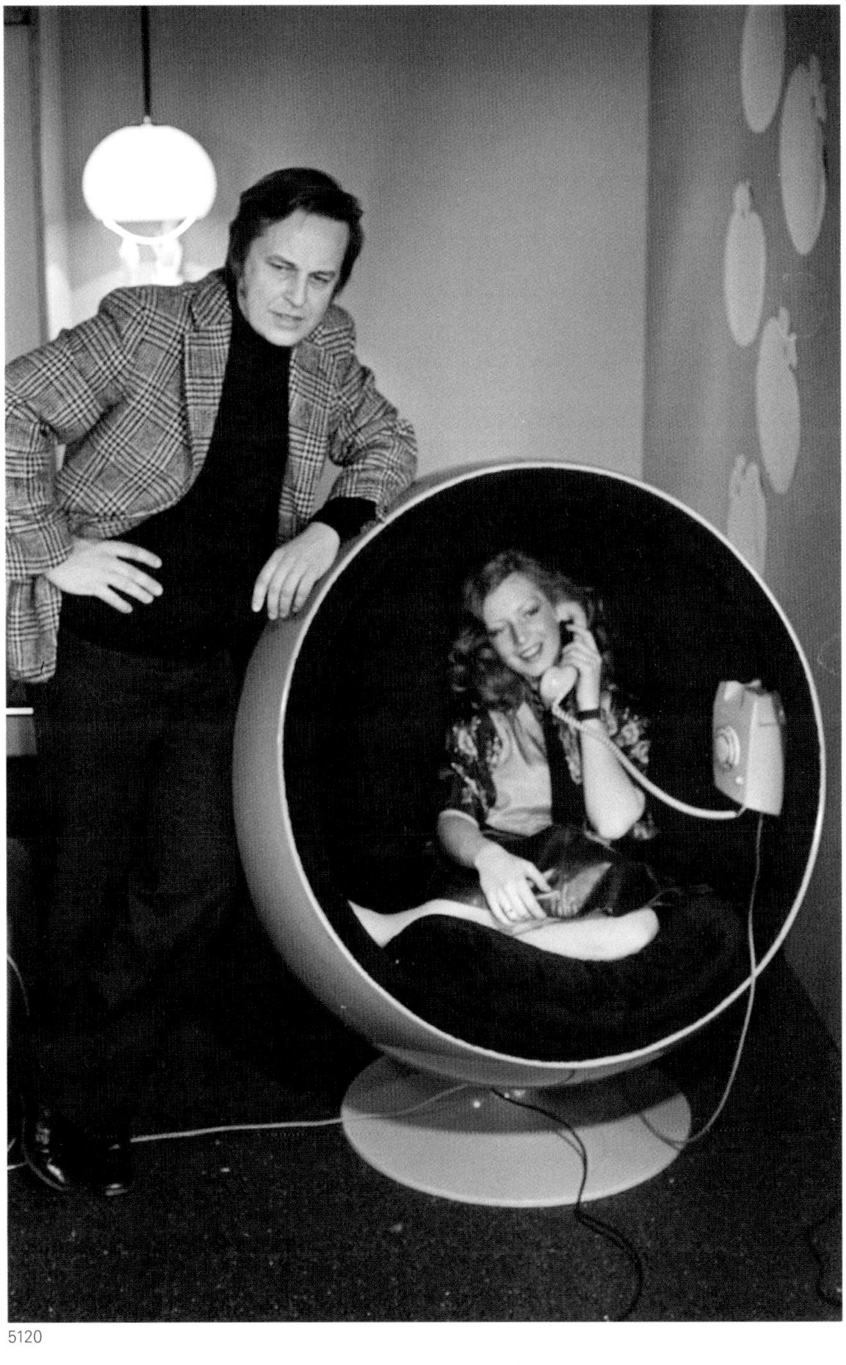

5120

베르너 팬톤
Verner Panton, 1926~1998, 덴마크, 디자이너

베르너 팬톤은 전통공예를 기반으로 하는 덴마크 디자이너와는 달리 자신만의 독특한 조형을 탄생시켰으며, 특히 국제적인 감각과 신소재를 통해 새로운 형태를 디자인했다. 그는 단일 국가의 유행이나 양식을 고집하지 않고 다양한 스타일을 수용하여 자신의 정체성을 형성했으며, 대량 생산과 소비 사회의 문화를 반영했다. 팬톤은 주로 플라스틱, 금속, 발포 우레탄 등 신소재를 이용해 대담하고 실험적인 형태와 색상을 선보였으며, 플라스틱 시대와 함께 그의 디자인은 대중적인 인기를 끌었다.
대표작품으로는 Panton Chair, Living Tower, Visiona Stool, Panthella Lamp, Heart Cone Chair, Cone Chair, Wire Cone Chair 등이 있으며, 그의 작품은 당시 디자인 패러다임을 변화시켰다.

비트라
Vitra

비트라는 1957년 Willi와 Erika Fehlbaum 부부가 설립한 스위스의 가구 제조업체이다. 초기에는 임스 부부, 조지 넬슨의 디자인을 라이선스로 제조하여 유럽 시장에 소개했으며, 2002년 가정용 가구 시장에 본격 진출하여 'Home Collection'을 통해 클래식과 현대 디자이너들의 작품을 결합한 제품을 선보였다. 1981년 화재로 공장이 대부분 파괴된 이후, 니콜라스 그림쇼의 설계 아래 새로운 공장 건물을 재건했으며, 프랭크 게리, 자하 하디드 등 세계적인 건축가들의 설계로 캠퍼스를 재창조했다. 이 프로젝트를 통해 비트라 디자인 뮤지엄, 비트라 하우스 등 다양한 건축 프로젝트가 탄생했으며, 비트라의 건축 및 디자인 연구와 대중화에 이바지하는 중요한 자산이 되었다.
vitra.com

팬톤 체어
Panton Chair

베르너 팬톤이 1960년대 디자인한 팬톤 체어는 게리트 리트벨트의 지그재그 체어에서 영감을 받아 재설계한 것으로 알려져 있다. 이 의자의 개념은 루트비히 미스 반 데어 로에가 초기에 제안한 것으로, 팬톤은 1950년대 초부터 아이디어를 발전시켜 나갔다. 그 결과, 세계 최초로 단일 주조 플라스틱으로 제작된 캔틸레버 의자가 탄생했으며, 대담한 색상과 유려한 곡선으로 큰 인기를 얻었다. 초기 프로토타입은 폴리에스터와 유리섬유 강화 플라스틱을 사용한 콜드 프레스 방식으로 제작되었고, 1968년 비트라에 의해 상업적으로 생산된 최종 버전이 출시되었다. 이 의자의 생산은 1979년에 일시적으로 중단되었다가, 1999년에는 내구성이 더 강한 폴리프로필렌 소재로 변경되어 다양한 색상으로 재생산되고 있다.

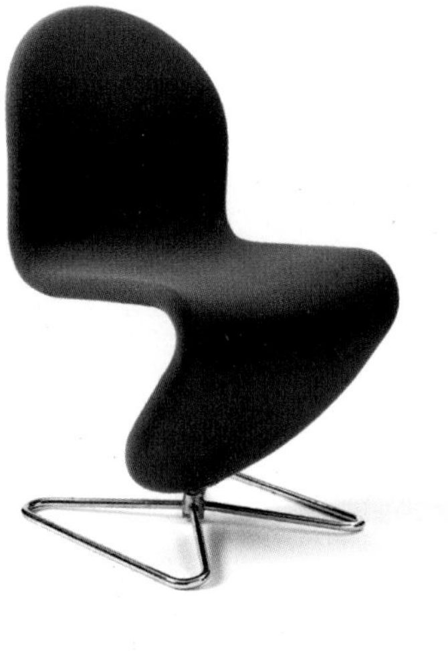

5121

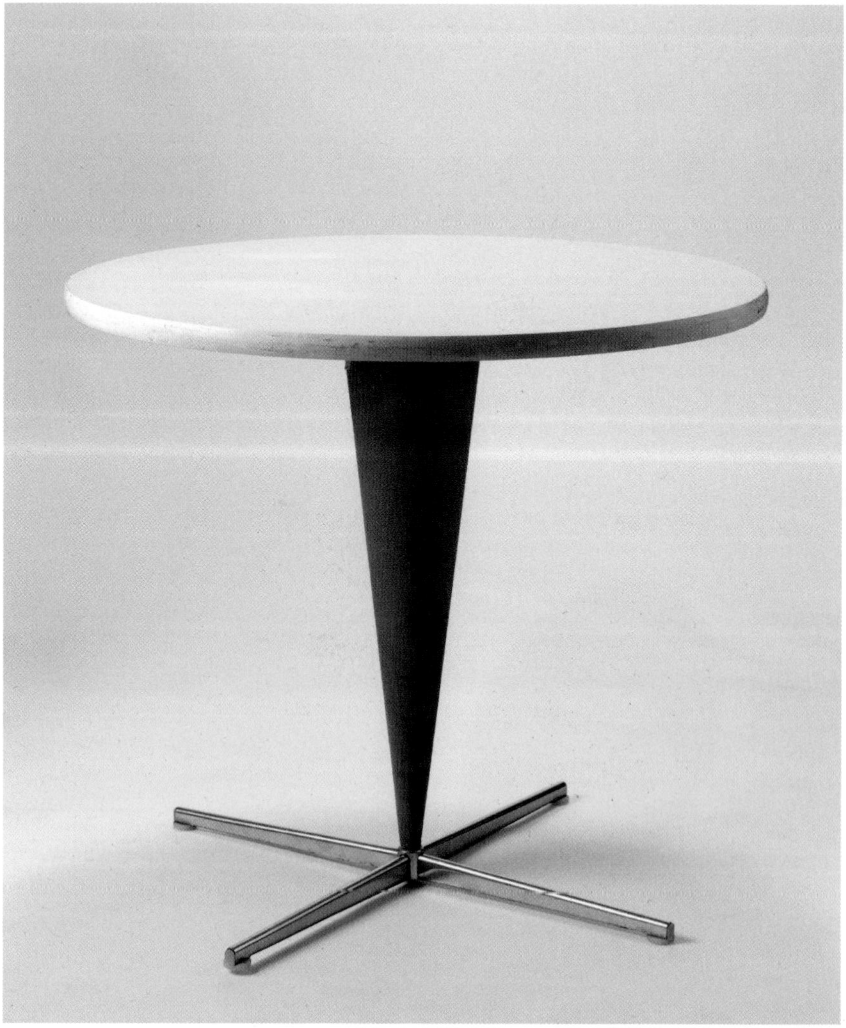

5122

5121
베르너 팬톤, Swing Chair, 1973, 제조사 Fritz Hansen Eftf.

5122
베르너 팬톤, Dining Table, 1960, 제조사 Plus-Linje

5123
베르너 팬톤, Panton Chair, 1959~1960, 제조사 Vitra

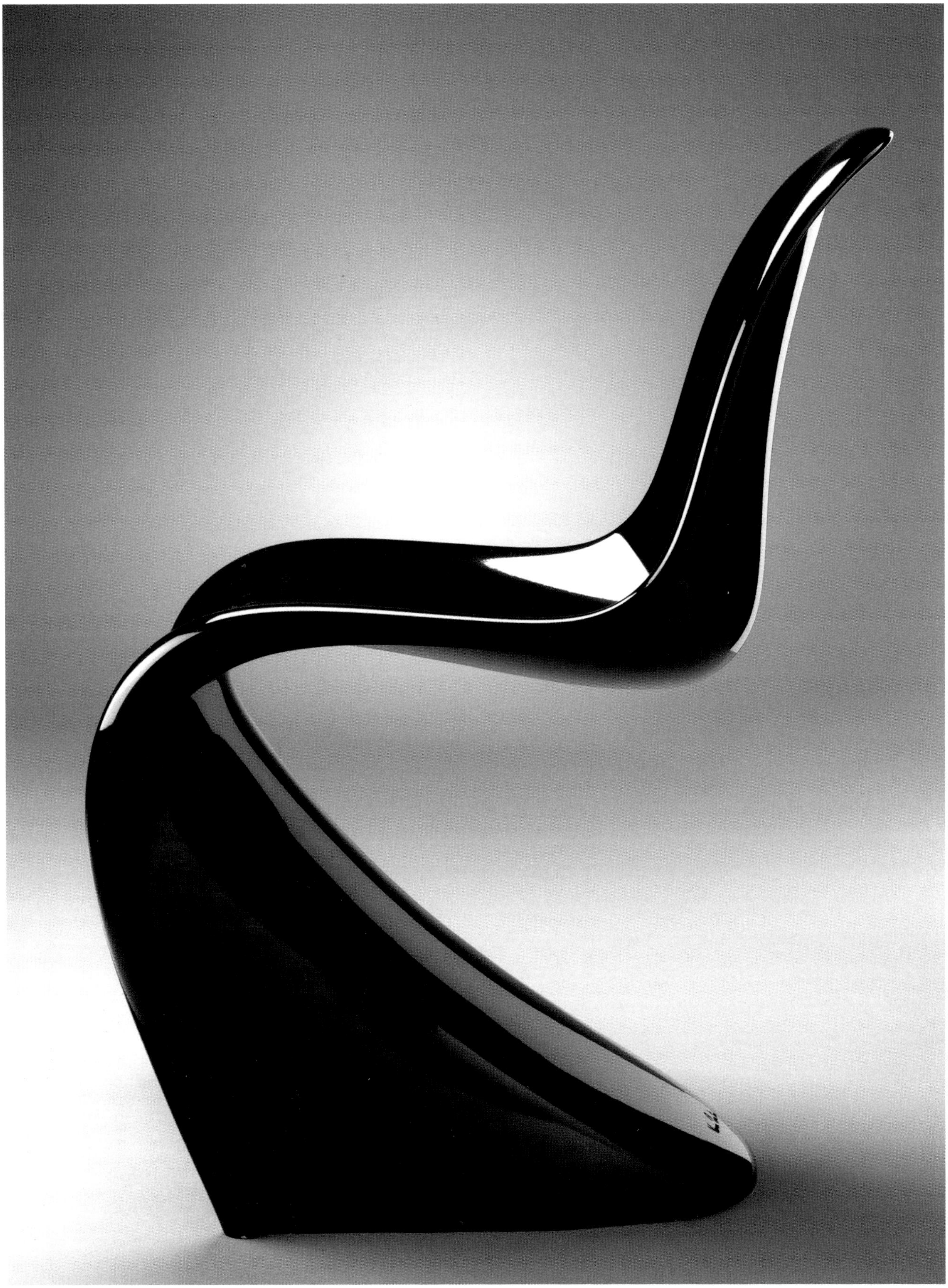

미드 센추리 모던 제품
Mid-Century Modern Products

초기의 '굿 디자인'은 고품질의 제품을 대량생산을 통해 저비용으로 공급하는 것을 목표로 했으며, 대중의 삶의 질을 향상시키고자 하는 모더니즘의 이상을 포함한 것이었다. '굿 디자인'의 개념은 좋은 취향과 동일한 의미로 진화되었으며, 1950년대 경제적 부흥기를 맞이하면서 새로운 라이프스타일의 표상이 되었다.

국제 전시회와 박람회는 '굿 디자인'을 국제적으로 홍보하는 무대가 되었다. 20세기 중반기에는 스칸디나비아반도의 국가들과 이탈리아의 디자인이 밀라노 트리엔날레, 영국 대영 박람회 등 국제무대에서 세계적인 주목을 받았으며, 이들 국가의 디자인이 시대의 가치와 부합하며 큰 인기를 끌었다. 이 국가들은 강렬한 전통적 특성과 산업화의 지연으로, 유럽의 다른 국가들에 비해 상대적으로 가내수공업과 공예 정신이 오래 지속될 수 있었고, 그로 인해 독특한 미학적 정체성을 형성할 수 있었다. 18세기 또는 19세기에 창업된 회사에 뿌리를 둔 스칸디나비아의 국가들은 예술가와 공장의 협력으로 새로운 시대의 방향을 모색했으며, 이탈리아는 소규모 공방의 장인 정신과 결합하여 표현적인 미학을 전개했다. 1950년대 이탈리아의 디자인 문화를 상징하는 산업 제품에는 우아한 이탈리아식의 유선형이 관찰된다. 이것은 독일의 합리주의적 기능주의와는 다른 이탈리아 디자인의 정체성으로, 알렉산더 칼더, 호안 미로 등 동시대의 예술에서 영향을 받았다. 1950년대와 1960년대에는, 엄격한 형식의 기능주의 디자인에서 스칸디나비아 국가들과 이탈리아의 표현주의적 기능주의로 다양화되었으며, 세계 전시회에서 자국의 디자인 문화를 상징하는 작품들로 수상하면서 모던 디자인의 변화를 입증했다.

전후 국가 정체성을 확립하는데 활용되었던 '굿 디자인'은 경제 재건에 성공하고 풍요로운 시기를 맞이하면서 강력한 소비력을 가진 소비자 붐을 일으켰다. '굿 디자인'은 기업의 경쟁력 강화를 위한 기업 정체성의 일환으로 통합되었으며, 각종 매체를 통한 홍보와 기업 브랜딩으로 소비문화를 주도하게 되었다.

이탈라
iittala

이탈라는 1881년 설립된 이탈라는 핀란드의 대표적인 주방 생활용품 브랜드로, 1956년 티모 사르파네바가 디자인한 로고를 사용하고 있다. 아이노 알토의 글라스(1932), 알바르 알토의 Savoy Vase(1936), 오이바 토이카의 Birds by Toikka(1962), Kastehelmi 유리 세트(1964), 타피오 비르칼라의 Tapio 유리 제품(1952), Ultima Thule(1968)등 유리 제품으로 명성을 쌓았다. 카이 프랑크의 떼에마 세라믹 테이블웨어(1952)와 티모 사르파네바의 사르파네바 주철 냄비(1960)를 출시하며, 유리 제품에서 세라믹과 금속으로 제품 범위를 확장했다.
www.iittala.com

칸타렐리 꽃병
The Kantarelli Vase

'Kantarelli' 꽃병은 버섯의 종류인 칸타렐리의 유기적인 형태에서 영감을 받은 디자인으로, 타피오 비르칼라는 이 꽃병으로 1951년 밀라노 트리엔날레 전시회에서 그랑프리를 수상하며 국제적으로 인정받았다. 이 병은 비르칼라가 고향 핀란드의 자연에서 받은 영감을 다양한 소재를 통해 표현한 작품 중 하나로, 특히 푸른색 유리로 제작되어 칸타렐리의 형태와 색상을 아름답게 담아냈다.

5124
타피오 비르칼라 Tapio Wirkkala, 1959

5125
타피오 비르칼라, Vase, 1946, 제조사 Iittala, 1957

타피오 비르칼라
Tapio Wirkkala, 1915~1985, 핀란드
조각가, 디자이너

묘지 건축가 아버지와 목 조각가 어머니 사이에서 태어난 타피오 비르칼라는 자연스럽게 예술적 환경을 접하며 성장했다.
1946년 이탈라를 위해 디자인한 칸타렐리 꽃병의 유리 디자인 경력을 시작한 비르칼라는1954년 대량생산된 타피오 컬렉션을 출시하며 유리, 돌, 보석, 가구 등 다양한 재료와 스타일을 아우르는 작업을 진행했다. 1951년 밀라노 트리엔날레에서 수상하며 국제적인 명성을 얻었다. 핀란디아 보드카 병과 울티마 툴레 주방 유리 세트는 고드름 모양의 독특한 디자인으로, 라플란드Lapland의 자연에서 영감을 받아 만들어졌다. 비르칼라는 자연에서 영감을 얻기 위해 라플란드로 정기적으로 여행했으며, 그의 유리 작품과 은제품들은 녹는 얼음, 눈의 형태, 보트와 잎사귀 모양에서 영감을 받았다.

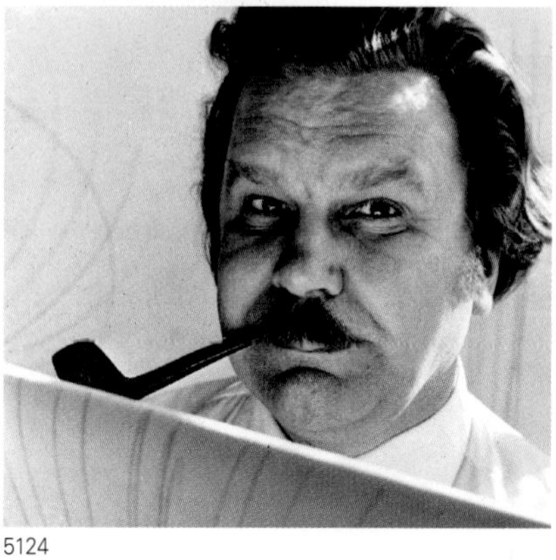
5124

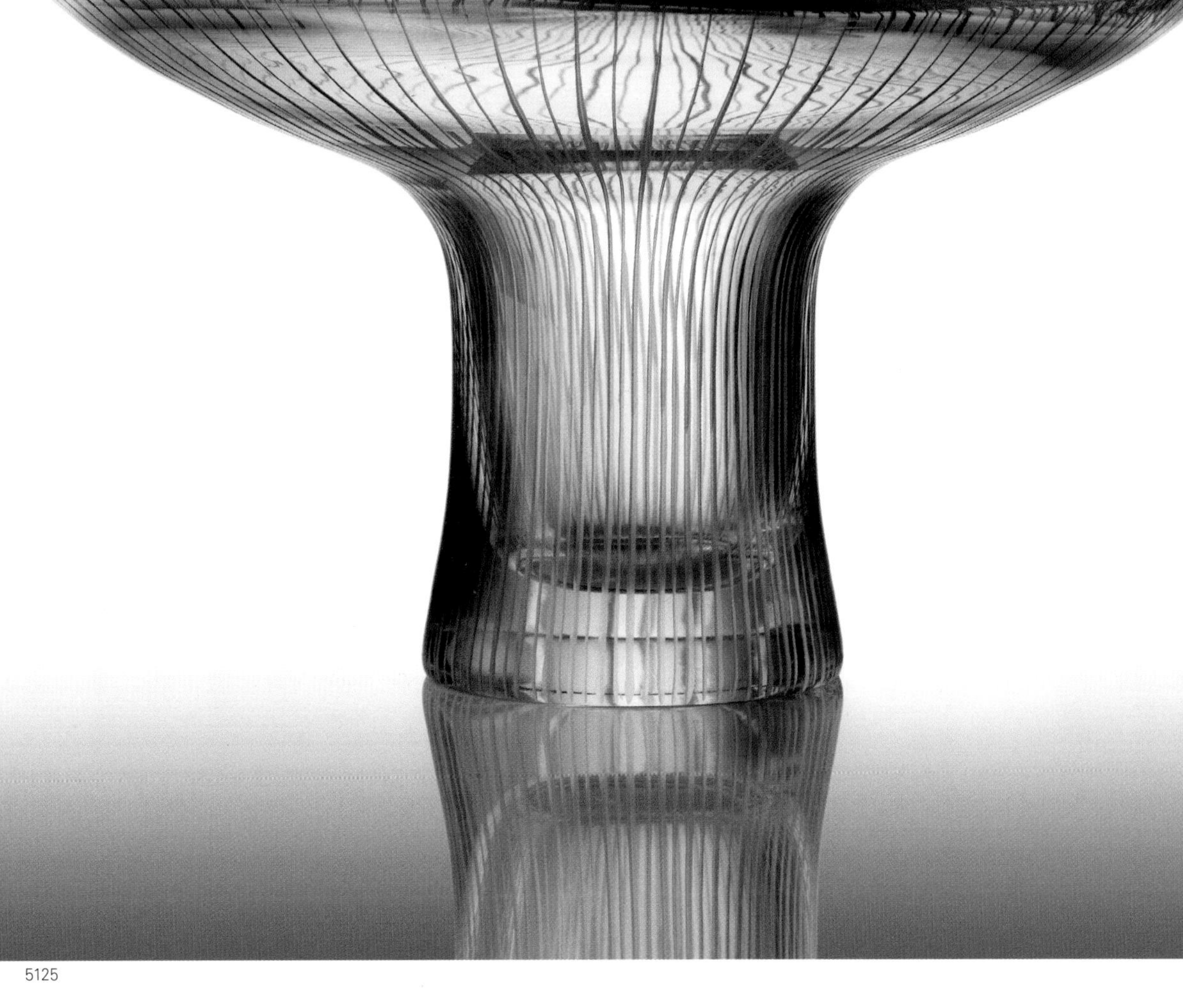

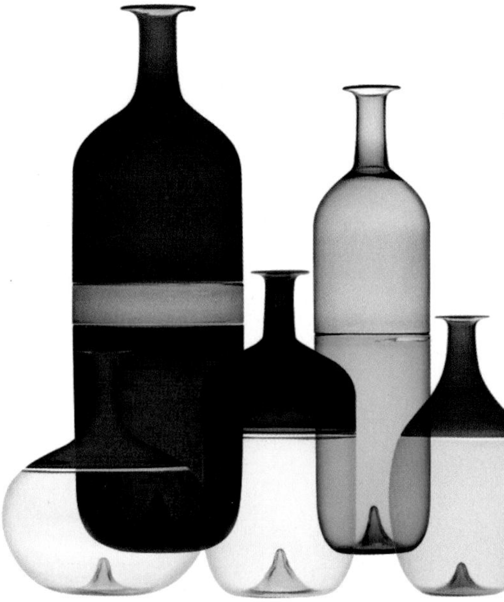

'Bottles' Collection

'Bottles' 컬렉션은 타피오 비르칼라의 예술적 감각과 베니니의 뛰어난 제작 기술이 만나 탄생한 작품으로, 디자인과 기능의 조화가 돋보이는 작품이다. 이 컬렉션은 다양한 크기와 형태, 독특한 고유의 색상과 질감을 가진 유리병들로 구성되어 있다. 반투명하거나 불투명한 유리를 사용하거나 여러 색상의 유리를 결합하여 제작함으로써, 색감과 질감의 풍부함과 다채로움을 구현했다.

5126

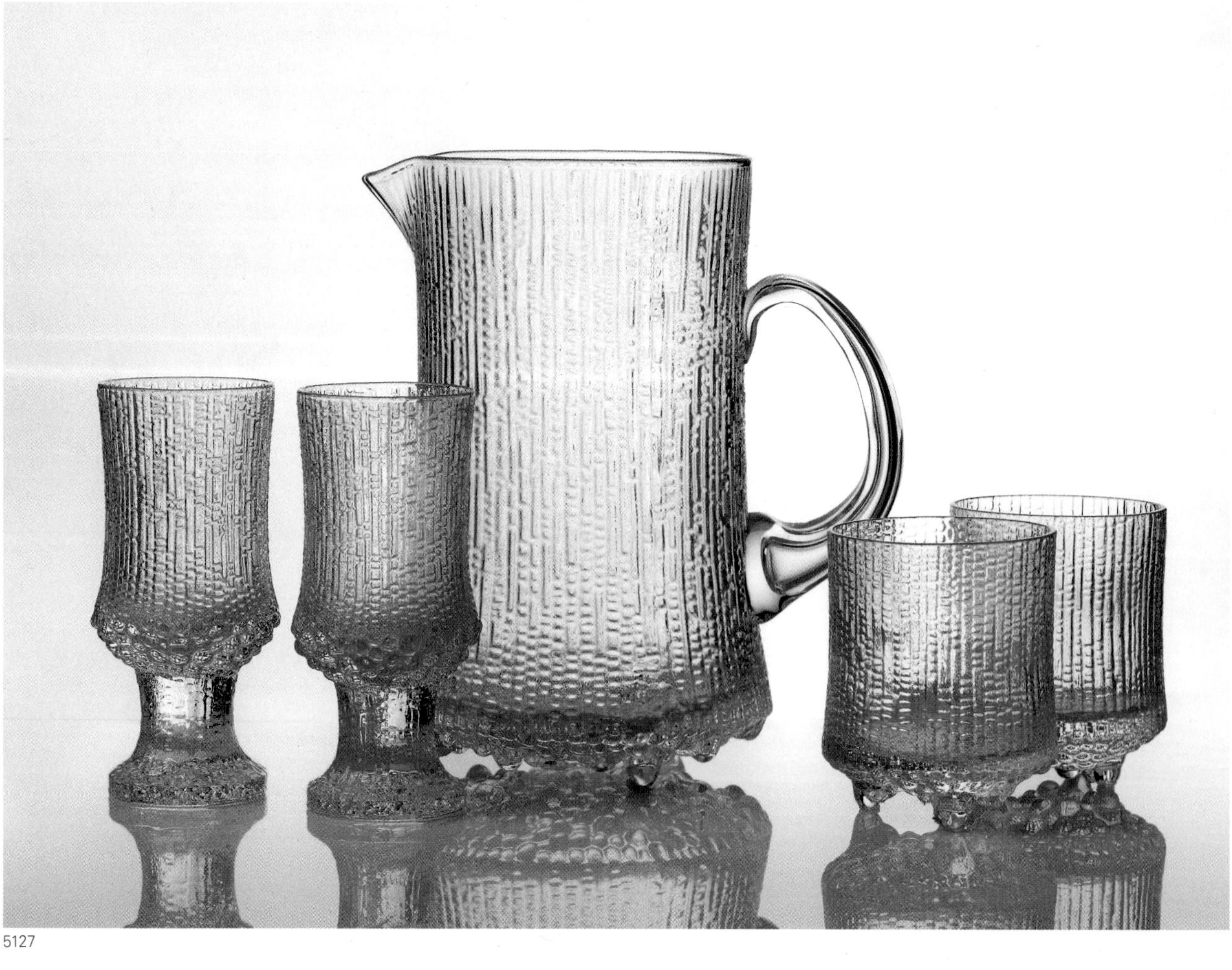

5127

파올로 베니니

Paolo Venini, 1895~1959, 이탈리아
유리 예술가, 디자이너

파올로 베니니는 이탈리아의 무라노 유리 제작 전통을 현대적 디자인과 결합하여 새로운 예술 형태로 발전시킨 유리 예술가이다. 베니니는 자코모 카펠린과 함께 'Venini & Co.' 유리 제작소를 설립했다. 그는 무라노 유리의 전통 기술을 현대적인 디자인과 결합하는 혁신을 시도했으며, 세계적으로 유명한 유리 장인, 디자이너, 건축가들과의 협업을 통해 다양하고 독특한 디자인을 선보였다. 이러한 협업으로 작품에 독창적인 정체성을 부여했고, 미학적 접근과 고품질로 베니니 유리 제작소는 비평가들과 관객들 사이에서 점차 성공을 거두게 되었다. 대표 작품으로 손수건 모양을 연상시키는 'Fazzoletto' 시리즈와 모자이크 같은 'Mosaico Tessuto' 시리즈가 있으며, 'Murrine' 작품들을 통해 새로운 형태와 색상의 조합을 탐색했다.

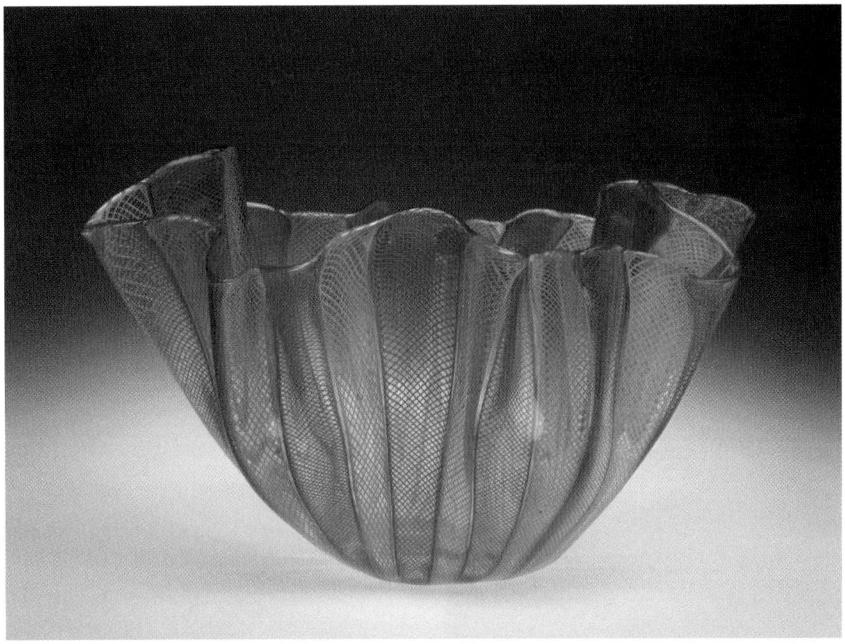

5128

베니니 앤 코

VENINI & CO

'베니니 앤 코Venini & Co.'는 1921년 밀라노의 변호사 파올로 베니니와 베네치아의 골동품상인 자코모 카펠린이 무라노 섬에서 설립한 회사로, 전통적인 유리 제작 방식에 현대적인 디자인을 도입하여 혁신적인 변화를 일으켰다. 비토리오 제킨이 예술 감독으로 참여하여 제작한 Veronese 화병은 회사의 상징이 되었다. 이후, 나폴레옹 마르티누치와의 협업으로 'pulegoso' 유리를 개발했으며, 카를로 스카파와 함께 유리 제작 기술을 발전시키며 혁신을 주도했다. 지오 폰티, 풀비오 비안코니, 마시모 비넬리, 토니 추케리와 같은 유명 디자이너들과의 협업을 통해 계속해서 혁신적인 디자인을 선보이며 유리 제작 분야에서 선두주자로 자리매김했다.
www.venini.com

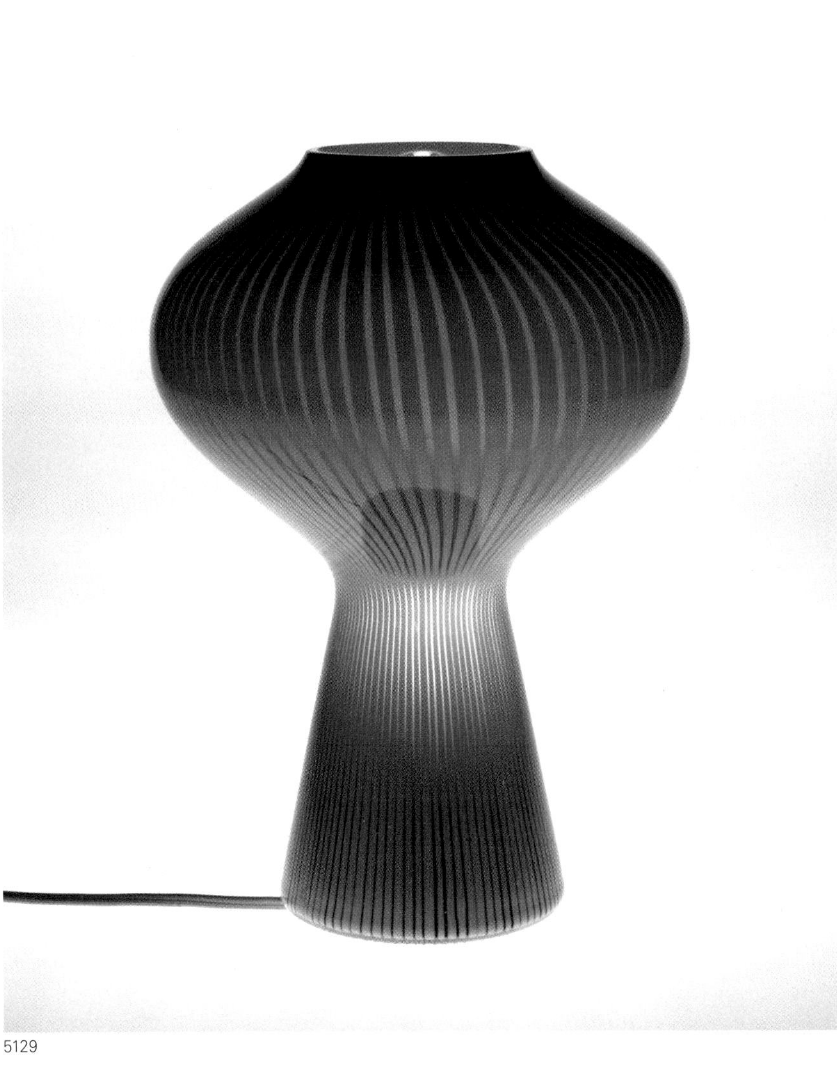

5129

5126
타피오 비르칼라 Tapio Wirkkala, Bottles, 제조사 Venini

5127
타피오 비르칼라 , Wine Glass, 1968, 제조사 Iittala

5128
풀비오 비안코니 Fulvio Bianconi
Contenitore Fazzoletto, 1949경, 제조사 Venini

5129
마시모 비넬리 Massimo Vignelli, 파올로 베니니 Paolo Venini
Fungo Table Lamp, 1955

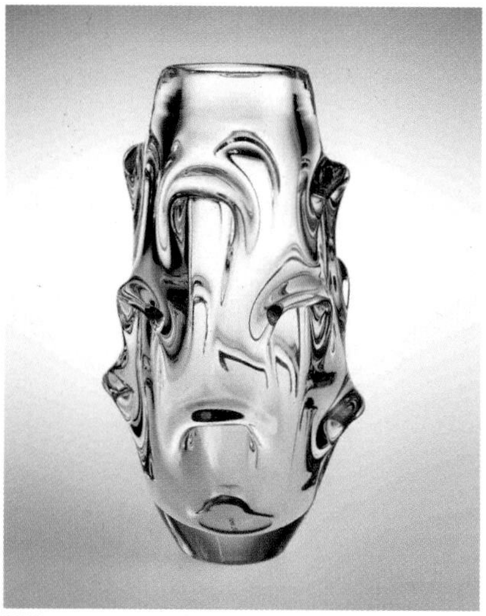
5130

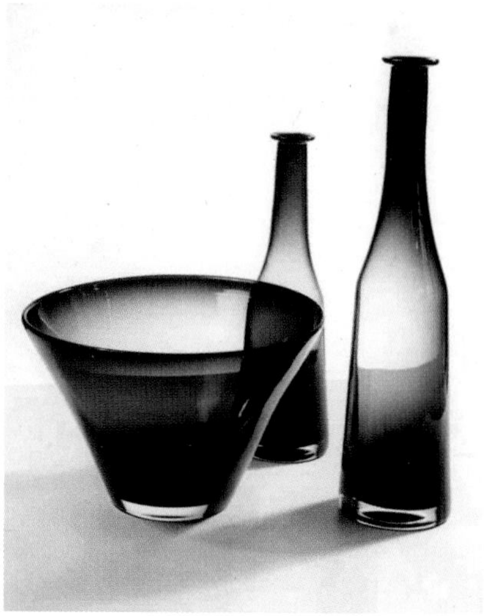
5131

카이 프랑크

Kaj Franck, 1911~1981, 핀란드
예술가, 디자이너

카이 프랑크는 핀란드의 아라비아 세라믹 회사와 헬싱키 예술 및 디자인 대학에서 예술 감독 및 교수로 재직했으며, 도자기와 유리 분야에서 핀란드의 산업예술 분야를 주도했다. 1948년 디자인한 '킬타Kilta' 식기류 세트 디자인으로 대성공을 거두었으며, 1950년대 초반 단순함과 기능성에 중점을 둔 '테에마Teema' 시리즈를 통해 유럽 식탁 문화에 혁신을 일으켰다. 테에마 시리즈는 겹쳐서 쌓을 수 있는 형태로 설계되어 내구성이 뛰어나며, 저렴한 가격으로 모든 사람이 사용할 수 있도록 디자인되었다. 이 시리즈는 제한된 색상과 간결한 기하학적 형태로, '필요한 장식은 색깔뿐'이라는 카이 프랑크의 디자인 철학을 담아냈다.

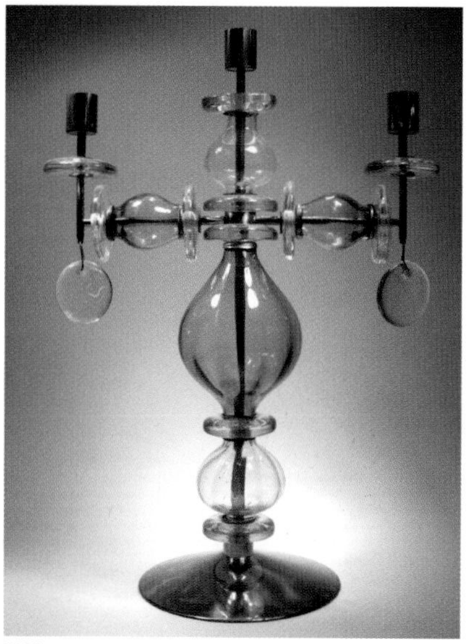
5132

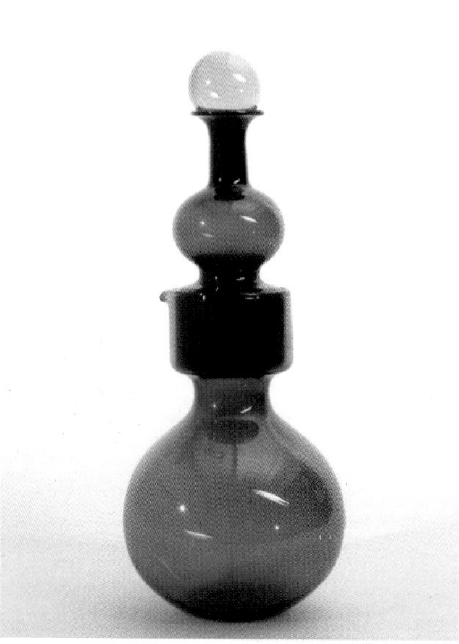
5133

카라페 Carafe

카이 프랑크의 카라페는 매끄러운 표면과 우아한 실루엣이 특징으로, 투명하거나 색상이 조금 가미된 유리로 제작된다. 이 작품은 입으로 불어서 성형하는 방식으로 제작되었으며, 일상용품을 주방이나 식탁 위의 예술적 가치를 더하는 작품으로 변모시켰다.

애플 Apple

잉게보르크 룬딘의 'Apple'은 사과 형태의 투명한 유리 작품으로, 블로잉 기법으로 제작되어 내부의 복잡한 패턴과 빛의 반사를 통해 생동감 있게 표현된다. 이 작품은 큰 크기와 섬세한 디테일로 유명하며, 자연의 아름다움과 스칸디나비아 디자인의 간결함이 조화롭게 어우러져 있다.

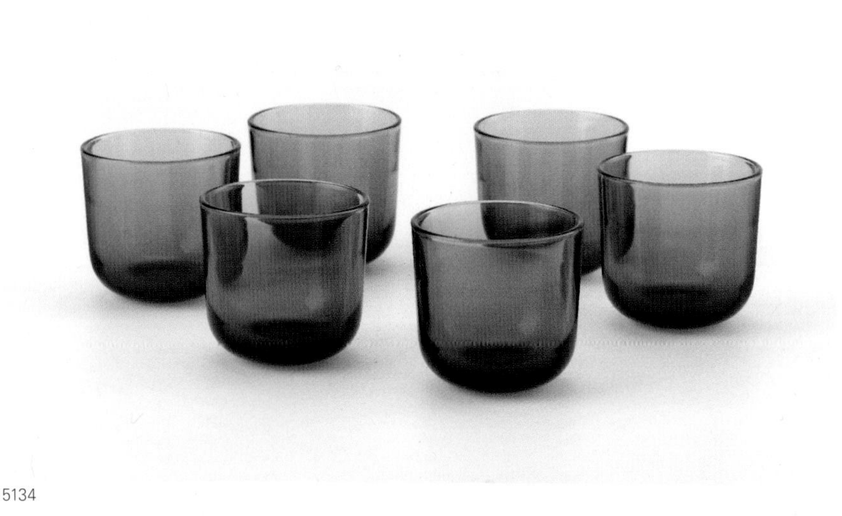
5134

5130
에이스타인 산네스 Eystein Sandnes
Vase, 1950년대, 제조사 Magnor, Norsk Glassverk A/S

5131
악셀 뫼르히 Axel Mørch

마그노르 글라스베르크Magnor Glassverk에서 제작된 예술 유리로 된 화병들로, 1960년 밀라노 트리엔날레에서 은메달을 수상했다.

5132
에리크 회글룬드 Erik Höglund
'S H 95' 모델 촛대, 제조사 Boda glasbruk, 1956

5133
카이 프랑크 Kaj Franck
Carafe, 1960년대, 제조사 Nuutajärvi Glassbruk

5134
카이 프랑크
Shot Glass 5023, 1953, 제조사 Nuutajärvi Glassbruk

5135
잉게보르크 룬딘 Ingeborg Lundin
Apple, 1957

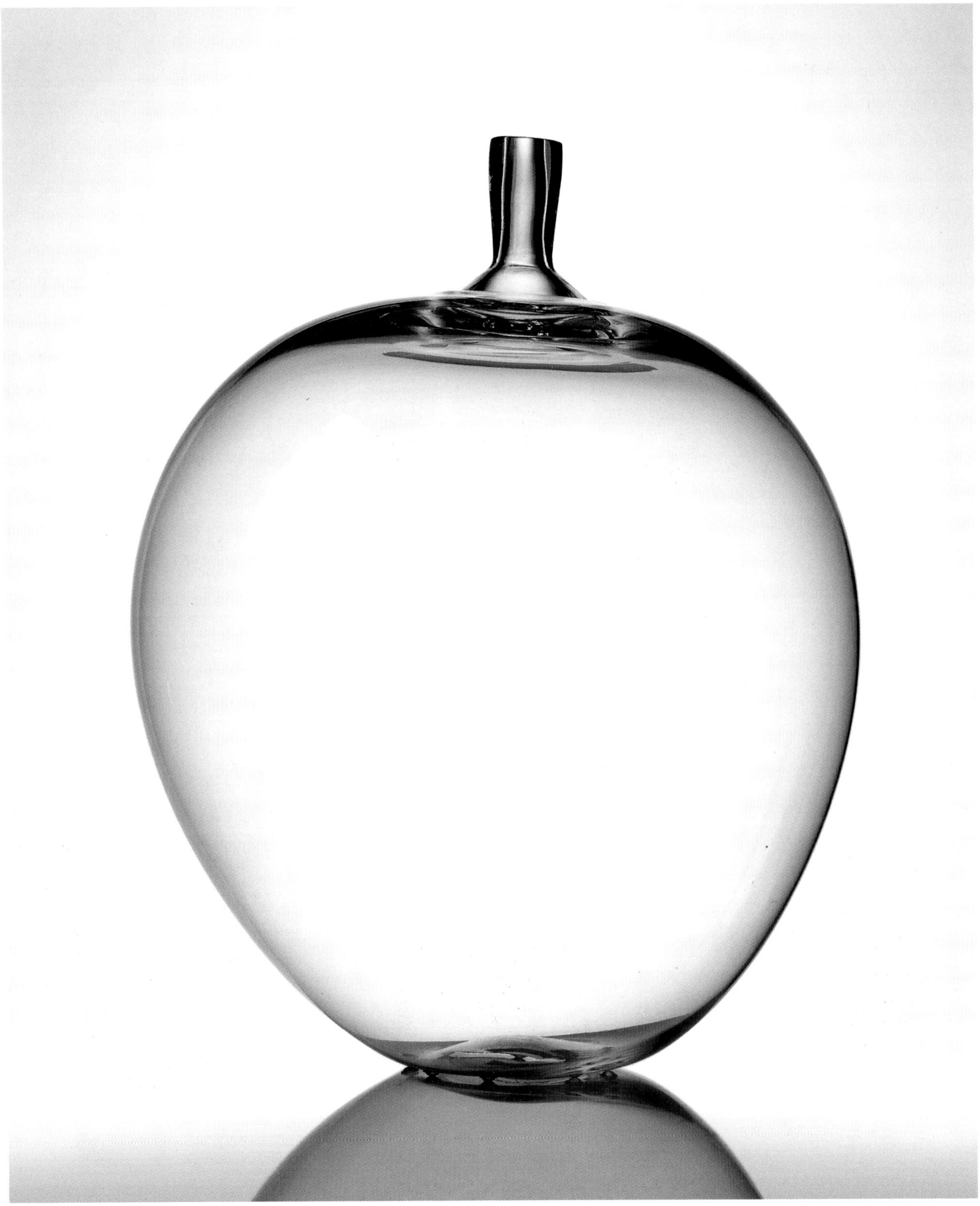

5135

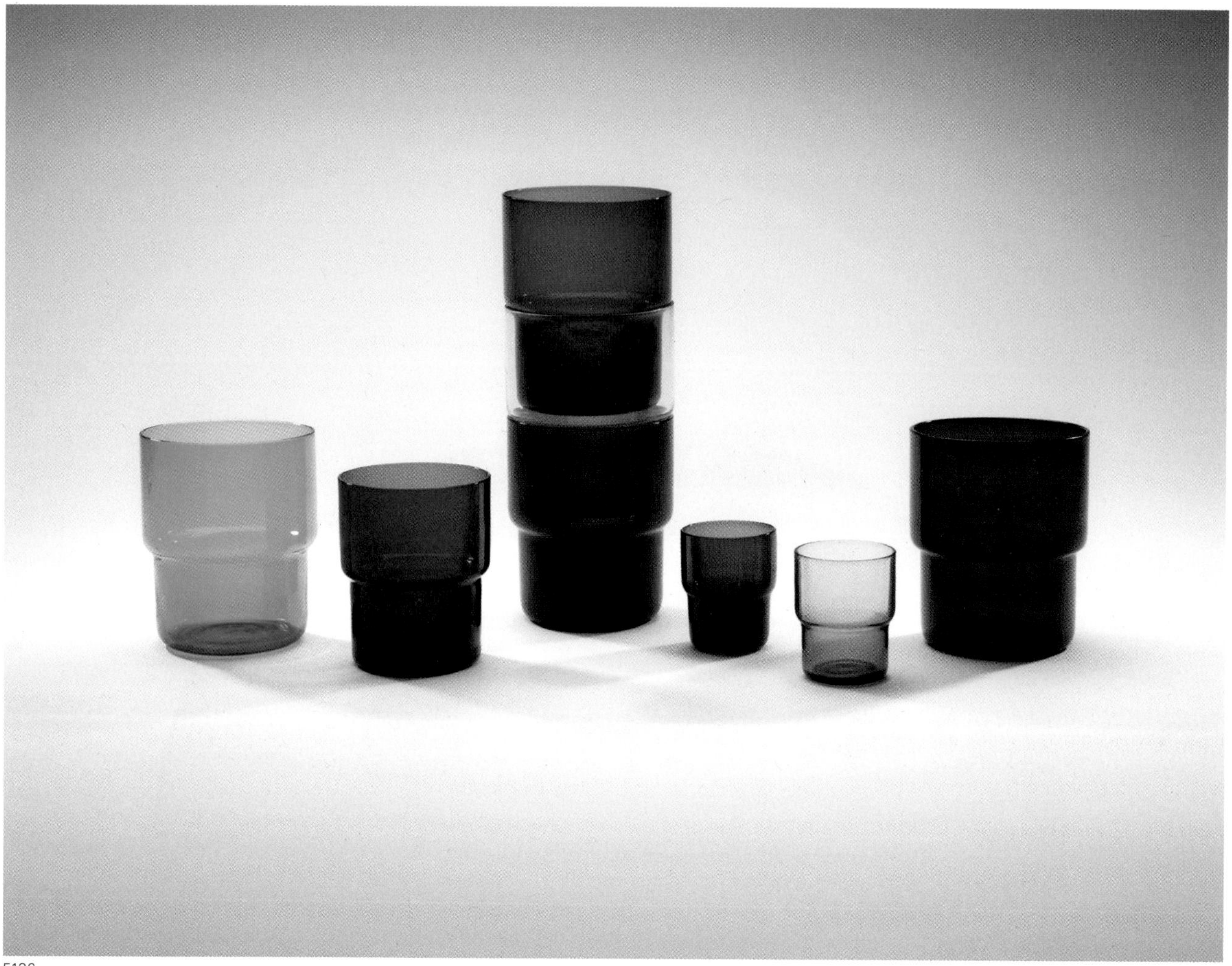

5136

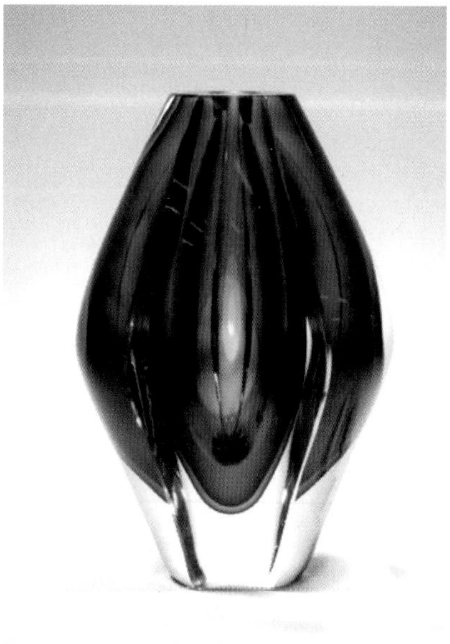

5137

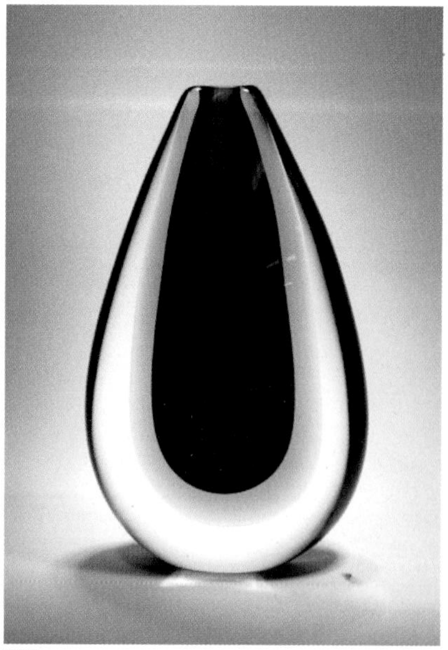

5138

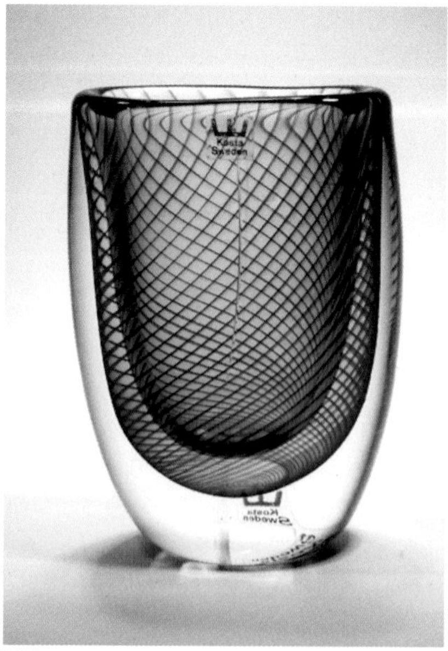

5139

비케 린드스트란드
Vicke Lindstrand, 1904~1984, 스웨덴
유리 예술가, 디자이너

비케 린드스트란드는 스웨덴 유리 예술가로, 상업 일러스트레이션을 거쳐 유리 예술 분야에서 독창적인 기술과 스타일로 명성을 쌓았다. 1928년 오레포스Orrefors에서 고온에서 녹인 그랄Graal 스타일 제품과 'Pearl Diver Vase'(1936)와 같은 제품 제작했으며, 구스타프 베리크비스트, 에드빈 외르스트룀과 함께 아리엘Ariel 기술(공기 거품이 포함된 색유리)을 개발했다.
오레포스를 떠난 후 업살라-에케비Uppsala-Ekeby에서 근무하며 '베이스 인 세라믹' 등의 도자기 작품을 제작했고, 코스타Kosta에서는 오레포스에서의 경험을 바탕으로 더 많은 색상을 사용한 예술 유리를 디자인했다. 그의 대표작으로는 1950년대 초반에 제작된 'Höst Vase'와 'Atlantis Vases'가 있다.

러셀 라이트
Russel Wright, 1904~1976, 미국
디자이너

미국 출신의 산업 디자이너로, 대중의 생활수준에 적합한 현대적이고 실용적인 가정용 제품을 디자인하고 보급한 인물이다. 1937년에 디자인한 '아메리칸 모던American Modern' 식기 시리즈는 미국의 가정에서 큰 인기를 얻으며, 미국 역사상 가장 많이 팔린 세라믹 식기로 기록되었다. 이 식기는 유기적인 곡선과 부드러운 색감으로 다른 접시와 혼용이 가능하며, 점차 간소화되는 일상생활의 변화로 인해 성공할 수 있었다. 1953년 멜라민 수지로 제작한 '레지덴셜Residential'은 플라스틱을 식기류에 적용한 초기 사례로, 도자기를 구입하기 어려운 신혼부부를 대상으로 디자인된 제품이다. 라이트의 실용주의 미학은 1951년에 저술한 『보다 편리한 삶은 위한 가이드Guide to Easier Living』라는 책에서, 현대적인 생활습관에서 변화에 대한 그의 통찰력을 엿볼 수 있다.

Vase

비케 린드스트란드의 'Vase'는 스웨덴 유리 예술의 황금기를 대표하는 작품으로, 자연에서 영감 받은 형태와 강렬한 색상, 복잡하고 정교한 디자인이 특징이다. 이 작품은 현대적인 미학과 전통적인 유리 블로잉 기법의 조화를 보여주며, 스웨덴의 유명 유리 제조사 코스타 글라스브루크Kosta Glasbruk에서 제작되었다.

코스타 글라스브루크
Kosta Glasbruk

코스타 글라스브루크는 스웨덴의 코스타 지역에 위치한 유리 제조 회사로, 현재는 코스타 보다Kosta Boda로 알려졌다. 초기에는 창문용 유리, 샹들리에, 음료용 유리를 제작했으며, 압축 유리 생산 등 새로운 트렌드와 기술 개발에 선도적인 역할을 했다. 1950년부터 1973년까지 비케 린드 스트란드가 예술 감독으로 재직하며, 유명 디자이너들의 작품을 통해 코스타의 명성을 높였다.
KostaBoda.se

5136
사라 호페아 Saara Hopea
Stacking Tumblers, 1952, 제조사 Nuutajärvi Glassworks

5137
모나 모랄레스 쉴트 Mona Morales-Schildt
'Ventana' 화병, 1963경

5138
비케 린드스트란드 Vicke Lindstrand
Vase, 1957, 제조사 Kosta Glasbruk

5139
비케 린드스트란드
Vase, 1960~1970, 제조사 Kosta Glasbruk

5140
러셀 라이트 Russel Wright
Creamer, Residential Pattern, 1953경

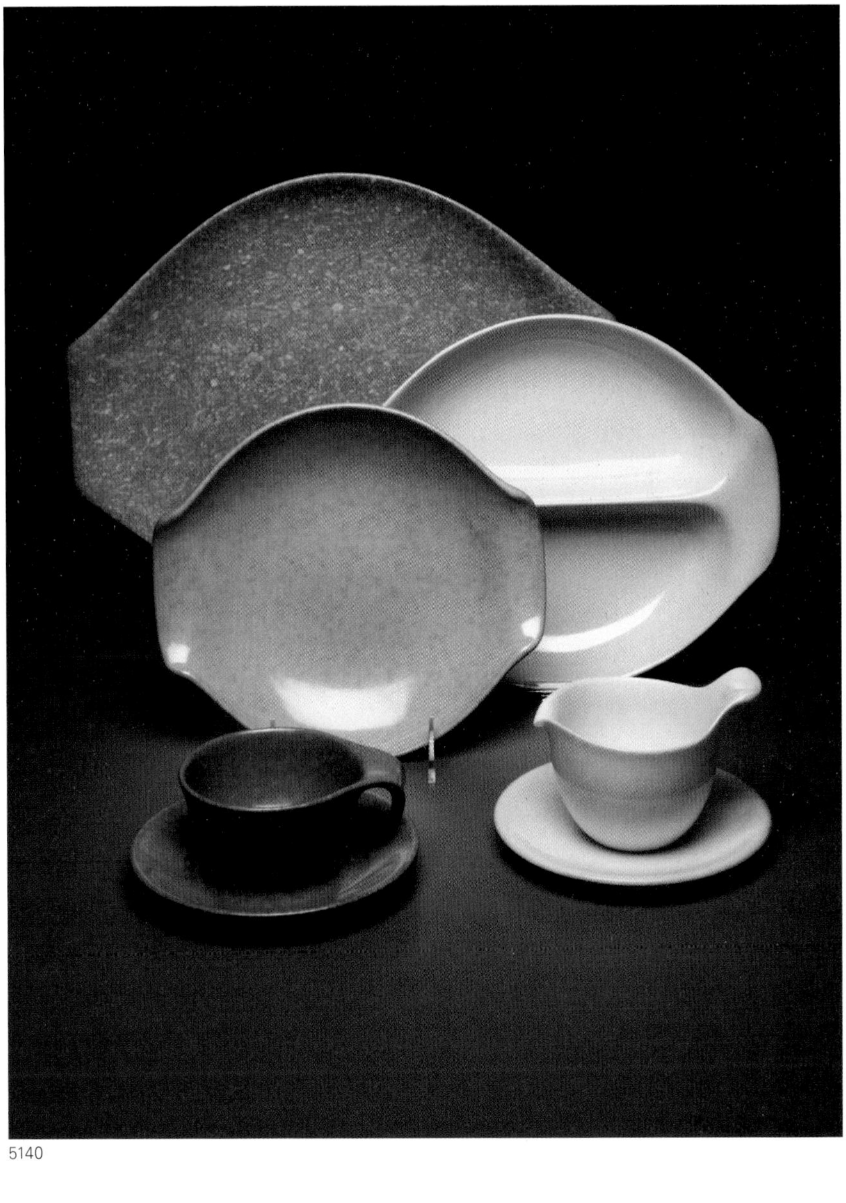
5140

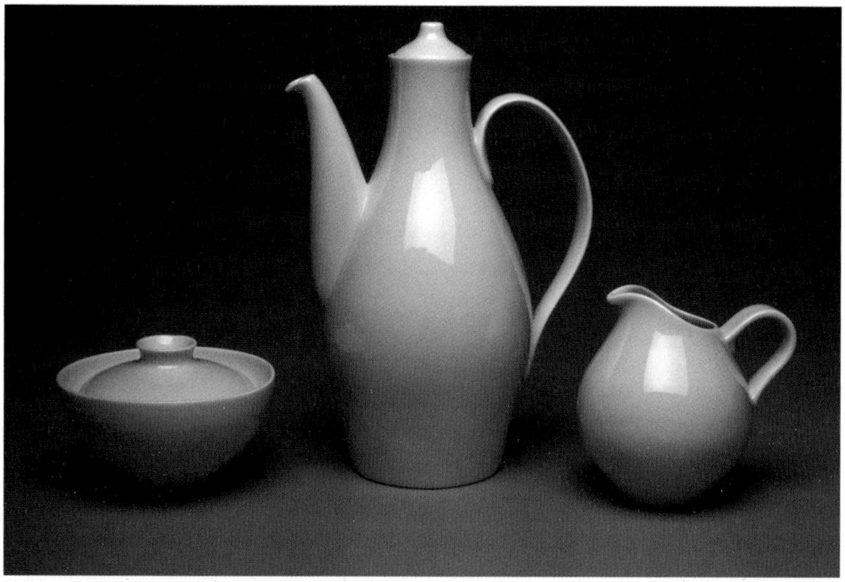
5141

'뮤지엄' 커피 서비스

'Museum' Coffee Service

에바 자이젤은 1938년 헝가리에서 미국으로 이민한 후, 세네고 포터리Shenango Pottery의 의뢰로 '뮤지엄' 커피 서비스를 디자인했다. 이 프로젝트는 뉴욕 현대미술관MoMA의 추천으로 시작되었으며, 1920년대와 1930년대 바우하우스의 간결하고 장식 없는 스타일에서 영감을 받았다. 자이젤은 바우하우스의 기본 원칙을 변형하여 곡선적이면서 생명체를 연상시키는 형태를 도입함으로써 자신만의 독특한 디자인 언어를 개발했으며, 당시 현대적이고 독특한 디자인을 찾던 세네고 포터리의 요구를 만족시켰다.

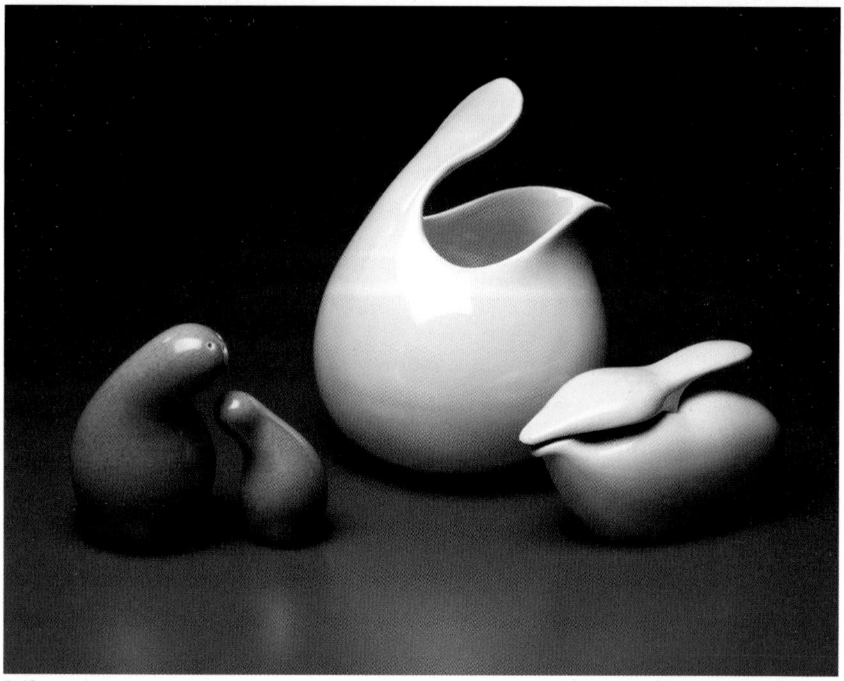
5142

5141
에바 자이젤 Eva Zeisel
Museum Coffee Service, 1942~1943경
제조사 Shenago Co., Castleton China Co

5142
에바 자이젤
Pepper Shaker, 1945경, 제조사 Red Wing Pottery, 1946경

5143
티모 사르파네바
'Suomi' Teapot, 1974, 제조사 Rosenthal

5144
티모 사르파네바 Timo Sarpaneva

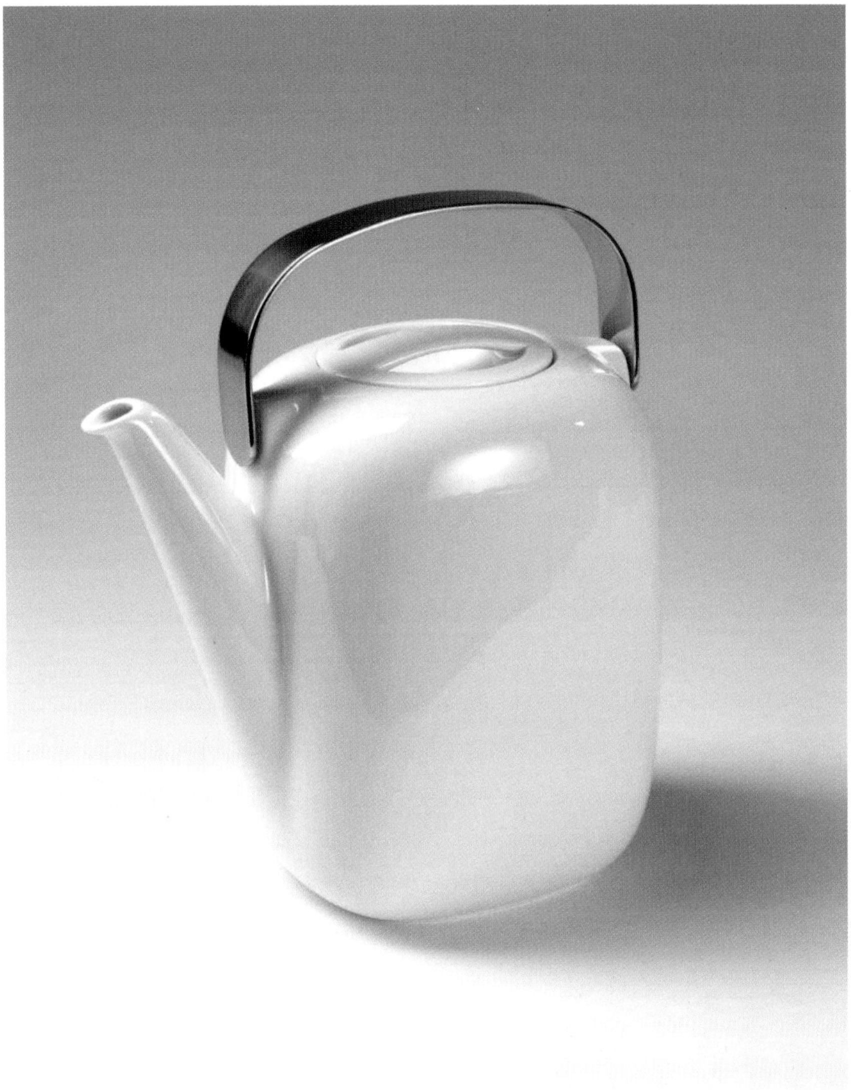

5143

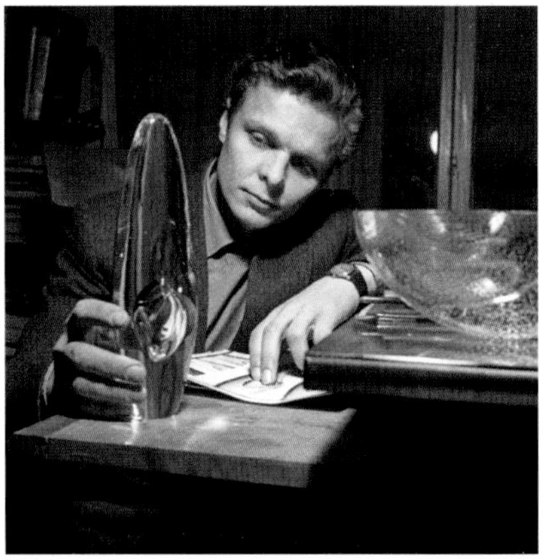

5144

티모 타파니 사르파네바

Timo Tapani Sarpaneva, 1926~2006, 핀란드
예술가, 디자이너, 교육자

티모 사르파네바는 핀란드의 디자이너이자 교육자로 유리, 도자기, 직물 등 다양한 재료를 다루며 현대적인 디자인과 전통적인 요소의 결합을 탐구했다. 조부의 대장간에서 예술적 감각을 키우며 성장한 그는 헬싱키 산업 예술학교 졸업 후 이탈라에서 근무하며 유리 디자인 분야에서 활약했다. 특히, 1947년 이탈라사가 주최한 공모전에서 타피오 비르칼라와 티모 사르파네바가 함께 수상하면서 이탈라는 이 두 사람의 모든 제품을 후원하고 판매 유통하게 되었다. 그의 대표작인 사르파네바 냄비는 전통적인 주철 냄비와 현대적인 디자인을 결합한 제품으로, 산업 디자인 분야에서의 새로운 시도를 보여주었으며, 독일 도자기 제조업체인 로젠탈과 협력하며 국제적으로 활약했다. 또한, 자수로 장식된 차 소품인 'Kukko'는 빙하의 얼음과 험준한 바위 형태에서 영감을 받은 디자인으로 1951년 밀라노 트리엔날레에서 수상했으며, 국제시장에서 큰 인기를 얻었다.

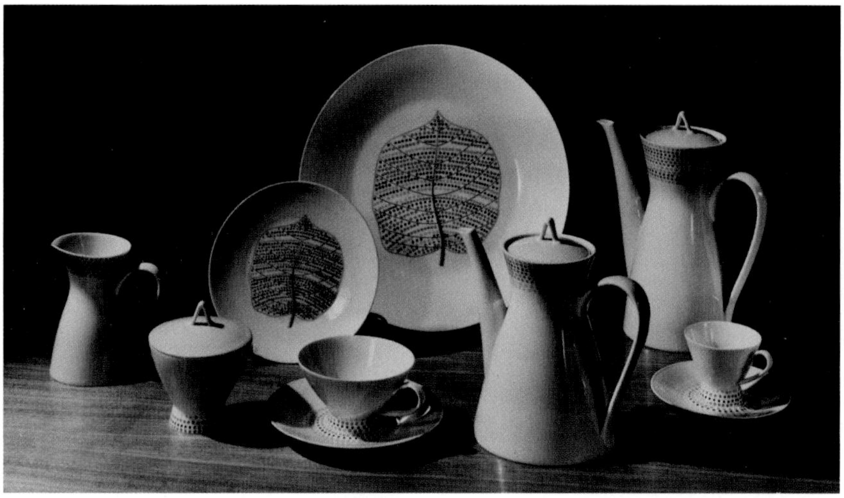
5145

빙 앤 그뢴달

Bing & Grøndahl A/S

빙 앤 그뢴달은 1853년 덴마크에서 설립된 도자기 제조 회사로, 초기에는 베르텔 토르발센의 조각에서 영감을 받은 비스킷 도자기 인형을 제작했으나, 이후 식기류와 커피세트로 제품 라인을 확장했다. 패니 가르데가 디자인한 'Seagull' 식기는 덴마크의 '국민 식기'로 불리며 큰 인기를 끌었고, 코발트블루와 화이트 컬러의 크리스마스 접시 시리즈는 수집가들에게 사랑받는 제품이 되었다. 1987년에는 로열 포르셀린 팩토리 및 로열 코펜하겐과의 합병으로 덴마크 도자기 산업에 중요한 이정표를 세웠다.
www.royalcopenhagen.com

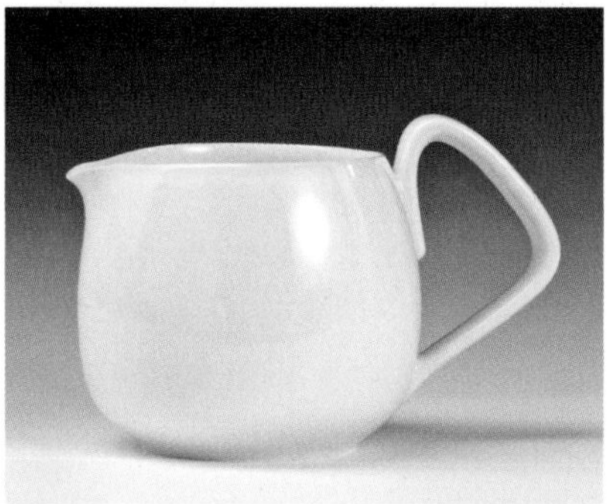
5146

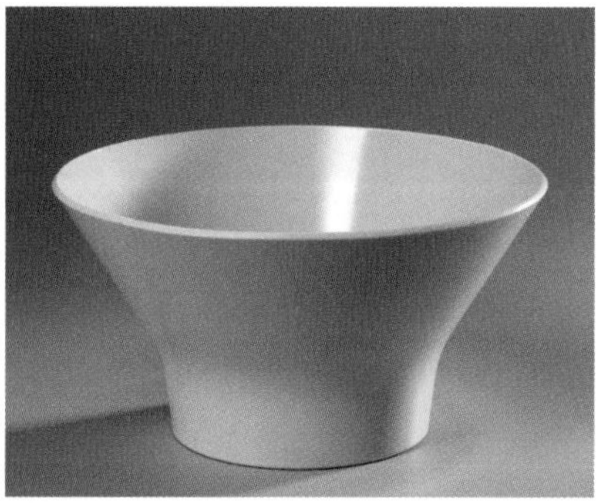
5147

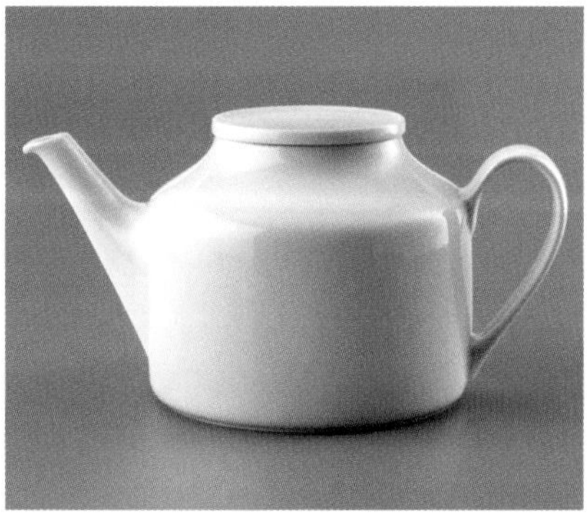
5148

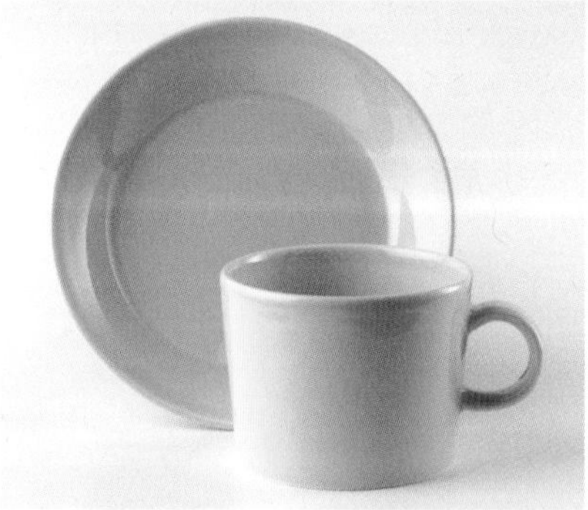
5149

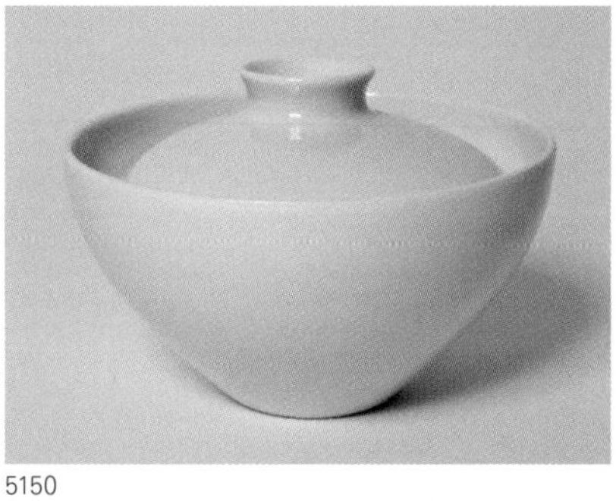
5150

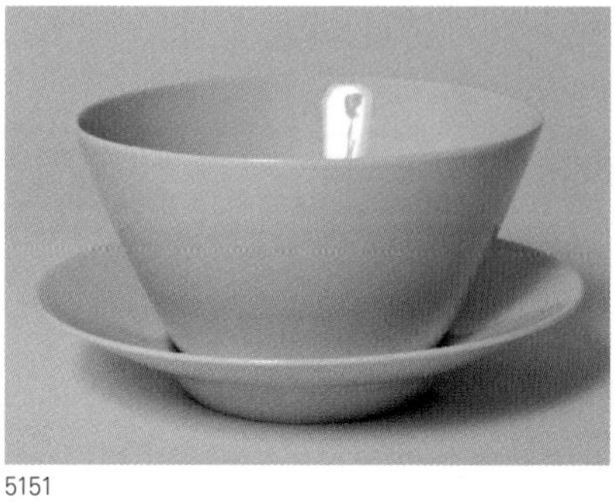
5151

5145
루시엔 데이 Lucienne Day
Bond Street porcelain plates, 1957, 제조사 Rosenthal

5146
헤닝 코펠 Henning Koppel
Jug, 1965, 제조사 Bing & Grøndahl

5147
헤닝 코펠, Bowl, 1970경, 제조사 T. Ørskov & Co

5148
티아스 에크호프 Tias Eckhoff
Regent, 1961, 제조사 Porsgrunds Porselænsfabrik AS

5149
카이 프랑크 Kaj Franck
TEEMA Mini Serving Set, 1948, 제조사 Iittala

당시 유럽 전역의 식탁을 차지했던 프랑스와 영국 식기 세트를 대체하려는 목적으로 개발되었다. 겹쳐 쌓을 수 있고 튼튼하면서도 다른 색과 섞어 쓸 수 있는 이 시리즈는 2,500만 개가 팔리며 베스트셀러가 되었다.

5150
에바 자이젤 Eva Zeisel
Sugar bowl with Lid 'Museum', 1946
제조사 Castleton China Company

5151
에이스타인 산네스 Eystein Sandnes
Plate with Soup Bowl, 1960
제조사 Porsgrunds Porcelænsfabrik

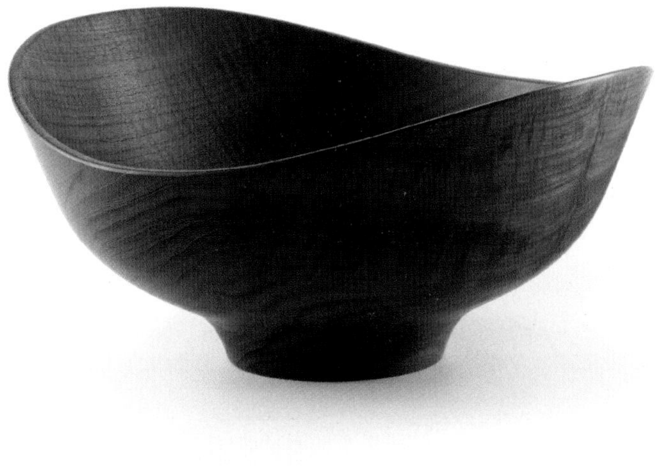

5152

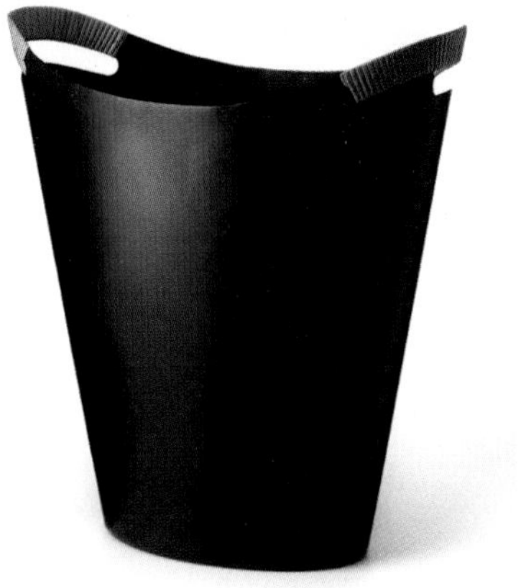

5154

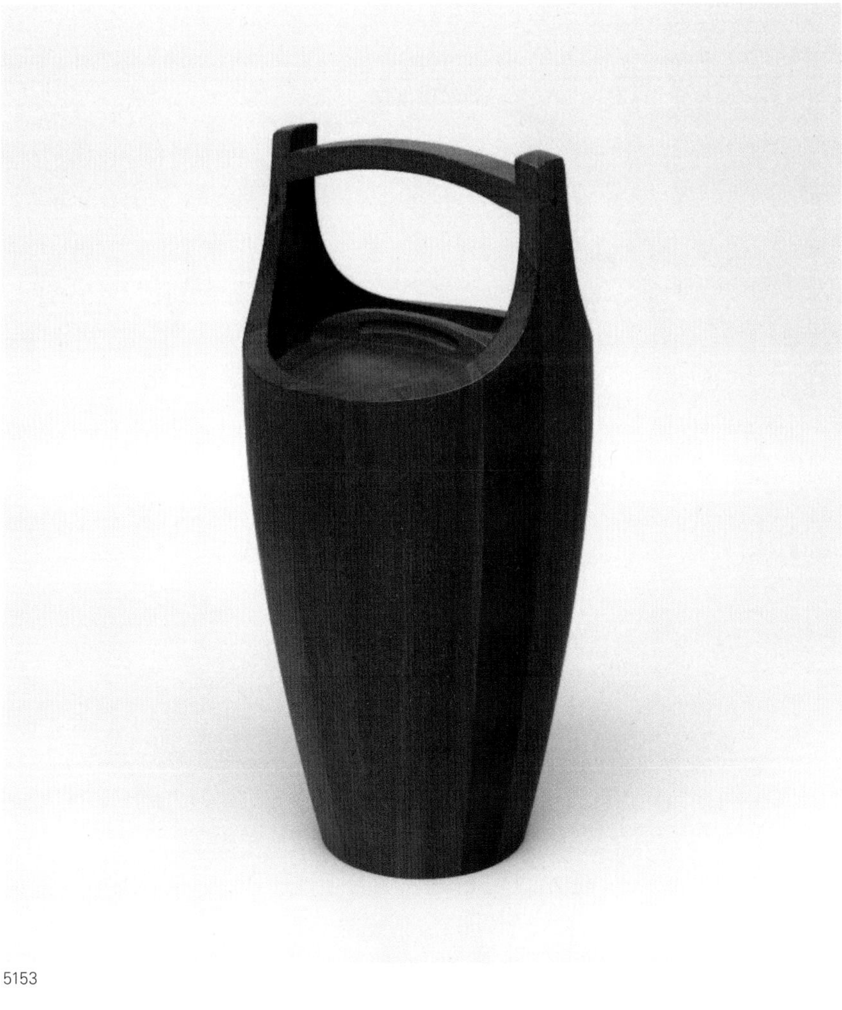

5153

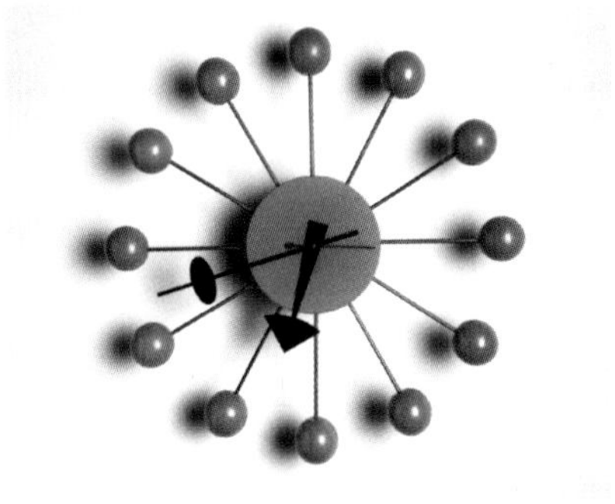

5155

5152
핀 율 Finn Juhl, Fruit Bowl, 1951, 제조사 Kay Bojesen

5153
옌스 퀴스트고르 Jens H. Quistgaard
Ice Bucket, 1958, 제조사 Nissen, 1960

5154
핀 율, Trash Can, 1954, 제조사 Torben Ørskov & Co

5155
조지 넬슨 George Nelson, 'Ball' Wall Clock, 1949
제조사 Howard Miller Clock Company

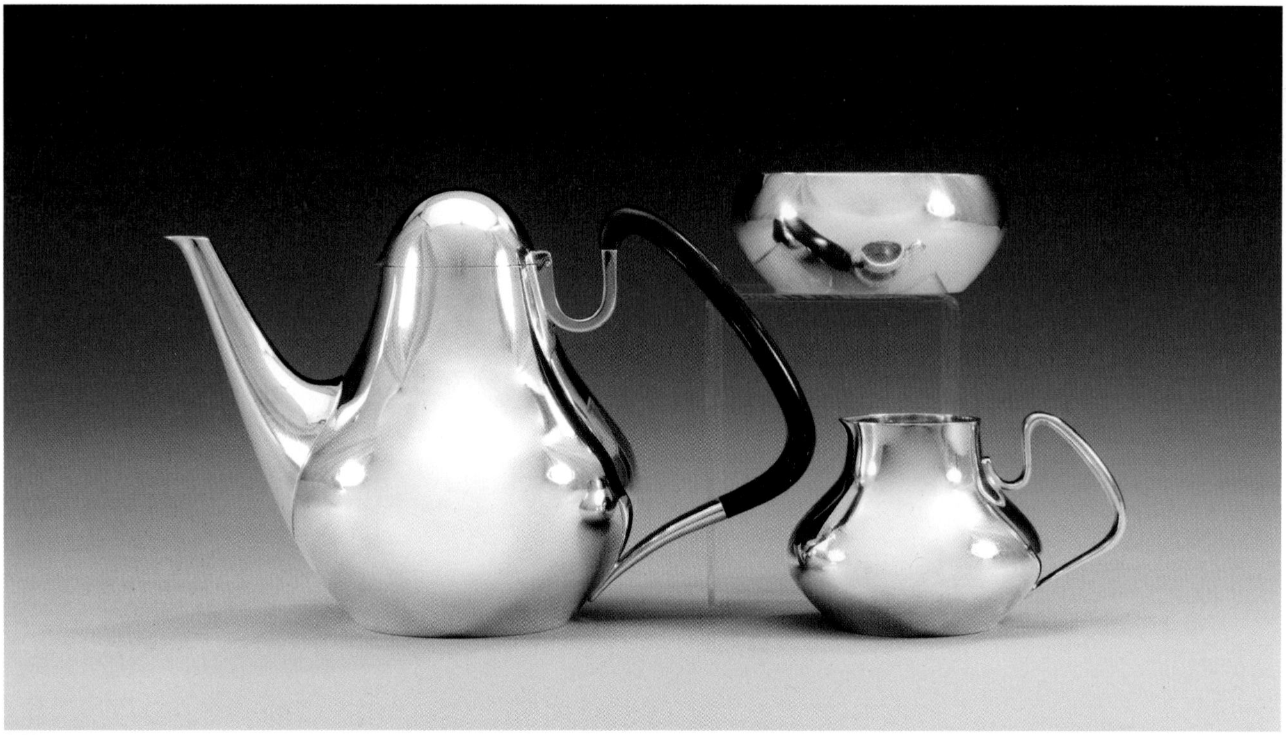

5156

헤닝 코펠

Henning Koppel, 1918~1981, 덴마크
도자기 예술가, 디자이너

헤닝 코펠은 덴마크의 조각가이자 디자이너로, Georg Jensen에서 주전자류, 식사 도구류, 보석, 디자인을 담당했다. 그의 대표적인 작품은 Caravel 및 New York 시리즈이며, Bing & Grøndahl, Holmegaard, Orrefors, Louis Poulsen & Co에서도 활동했다. 그는 Georg Jensen 과의 평생 동안 협력하며, 밀라노 트리엔날레에서 여러 차례 금메달을 수상하며 국제적인 명성을 쌓았다.

5156
헤닝 코펠 Henning Koppel
Teapot set, 제조사 Georg Jensen

5157
마그누스 스테프벤센 Magnus Stephensen
Ice Bucket, 1952, 제조사 Georg Jensen Sølvsmedie

5158
한나 비순드 Hanna Visund
Moka Pot, 1941년 경, 제조사 J. Tostrup

5159
시그바드 베르나도테 Sigvard Bernadotte, Jug, 1952

5160
아르네 야콥센 Arne Jacobsen
Coffee Pot and Lid, 1967, 제조사 Stelton Lauffer

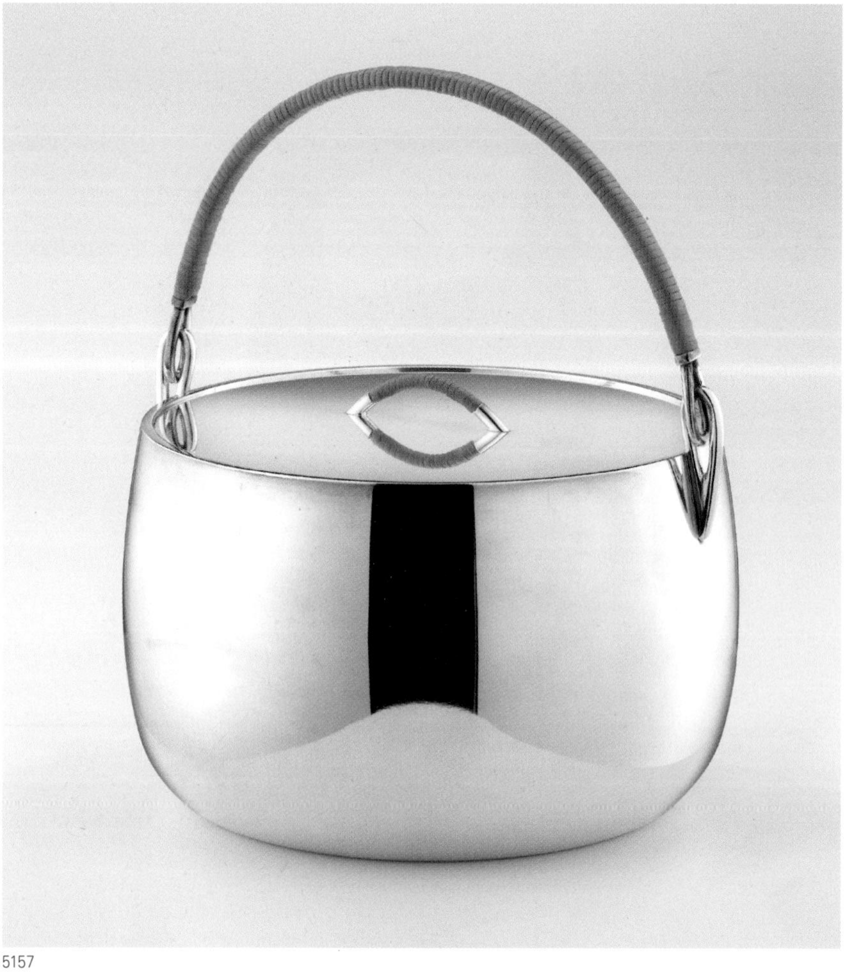

5157

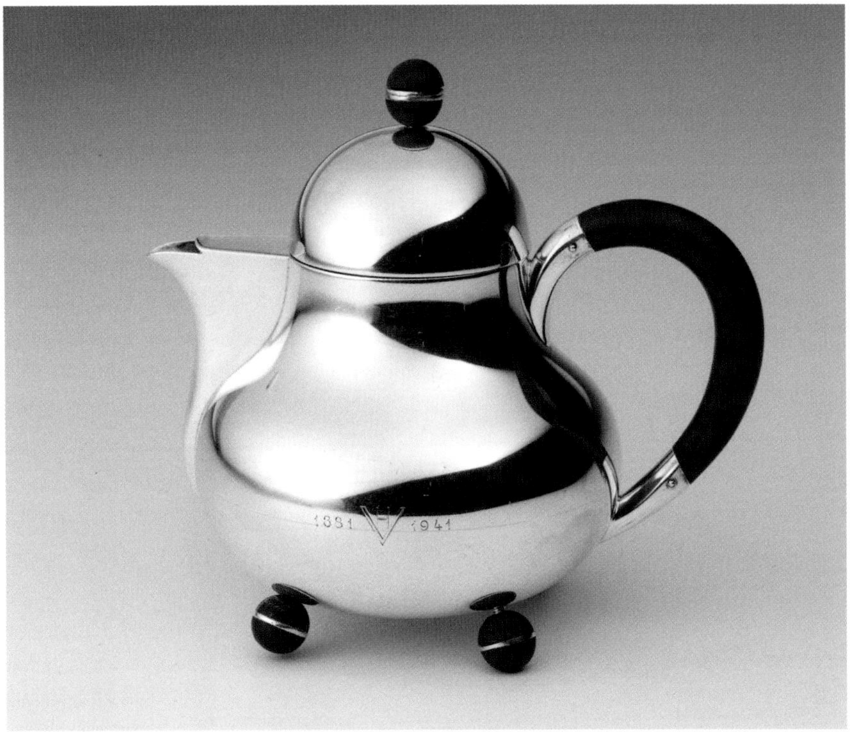

5158

스텔톤

Stelton

스텔톤은 1960년 설립된 덴마크의 디자인 하우스로, 아르네 야콥센의 'Cylinda-line'과 에릭 매그누센의 'EM77 진공 주전자' 같은 상징적인 디자인으로 국제적인 명성을 얻었다. 스텔톤은 지속 가능한 디자인과 미학적 가치를 추구하며, 'Danish Stainless' 브랜드로 스테인리스 스틸 서빙용 제품을 제조하여 1960년대 현대적인 스타일로 큰 인기를 끌었다. 특히 덴마크와 해외 시장에서 인기를 얻으며 덴마크 디자인의 상징으로 자리 잡았다.

www.stelton.com

게오르그 옌센

Georg Jensen A/S

게오르그 옌센 A/S는 1904년 은세공사 게오르그 옌센에 의해 설립되었으며, 주로 은제품을 제작하는 디자인 회사이다. 옌센은 왕립 예술 아카데미 졸업 후 도자기와 은세공 분야에서 경력을 쌓았고, 코펜하겐에 첫 작업실을 연 뒤 베를린과 뉴욕에 지사를 개설하며 국제적으로 확장했다. 제1차 세계대전과 경제 불황으로 어려움을 겪었으나, 1930년대 안데르스 호스트룹-페더센의 경영 참여와 시그바르 베르나도테, 헤닝 코펠, 소렌 게오르그 옌센 등 유명 예술가들과의 협력으로 난관을 극복하고 수준 높은 디자인을 선보였다. 1972년 로열 코펜하겐이 인수했으며, 2023년에는 피스카스 그룹에 인수되었다.

www.georgjensen.com

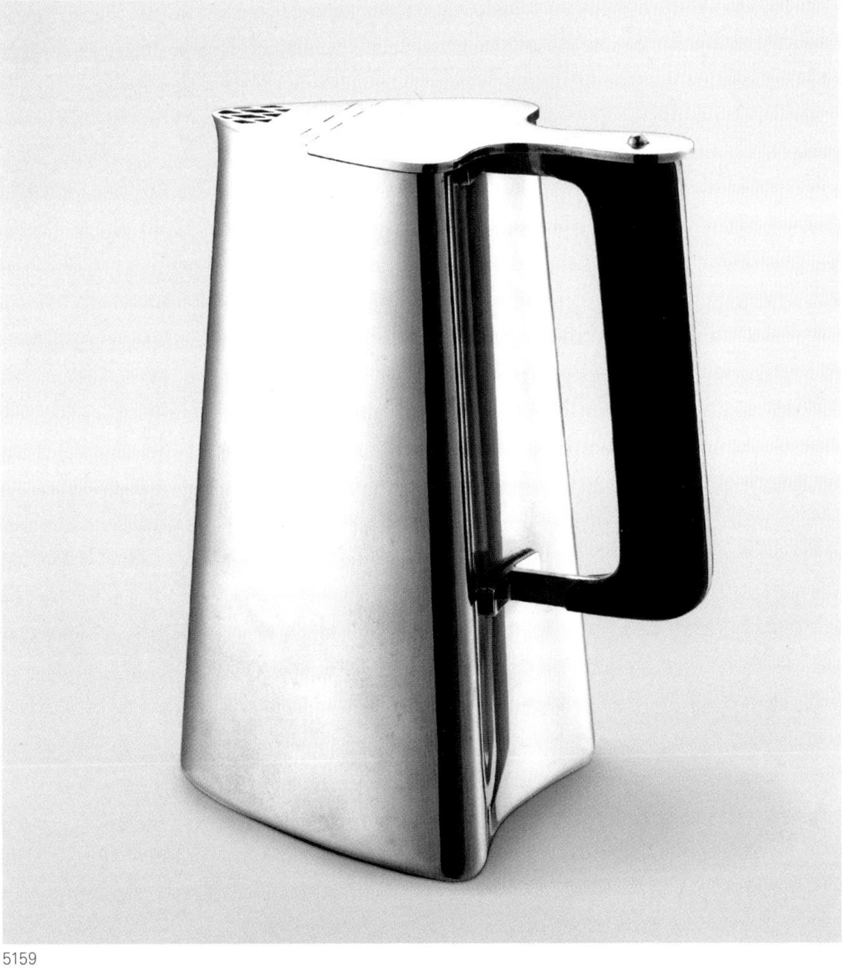

5159

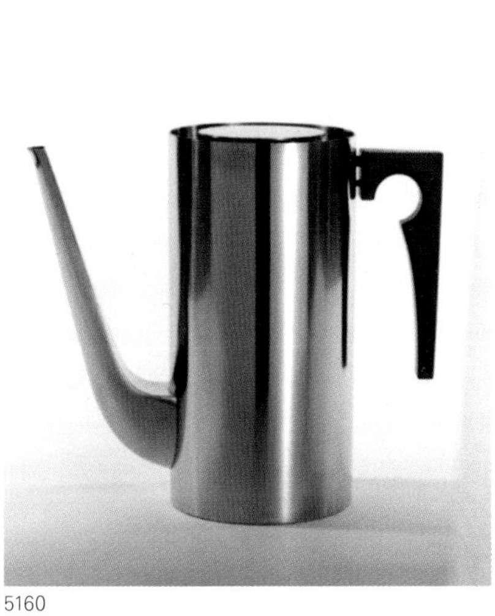

5160

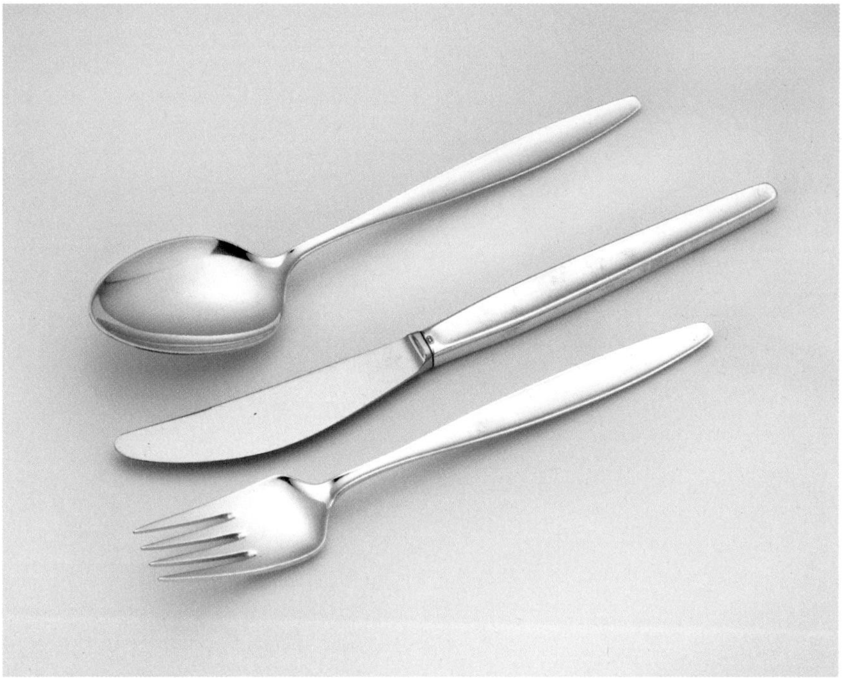

5161

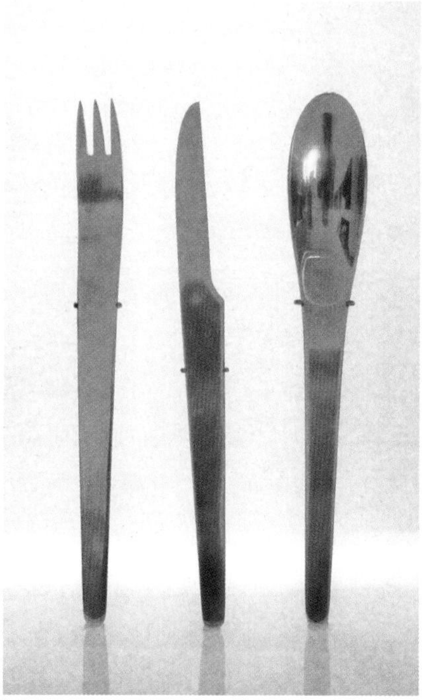

5163

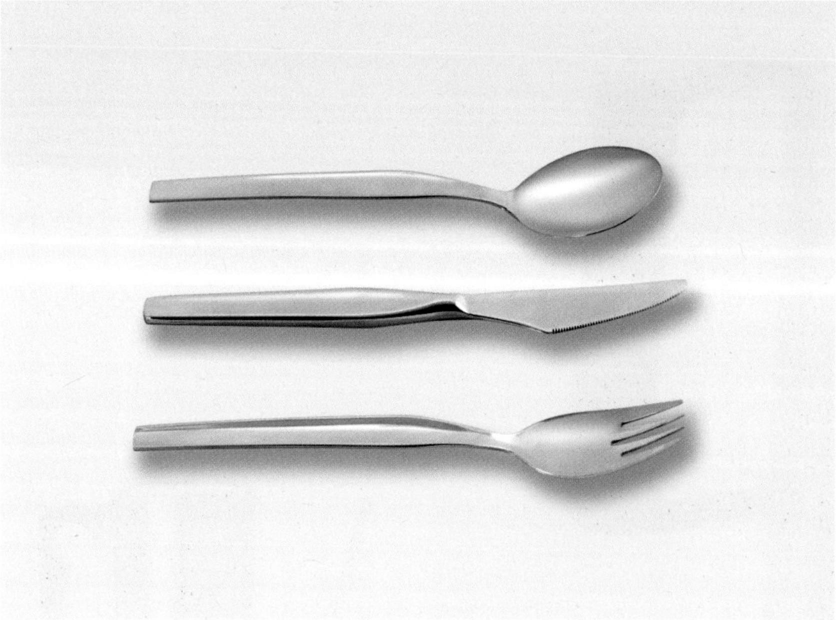

5162

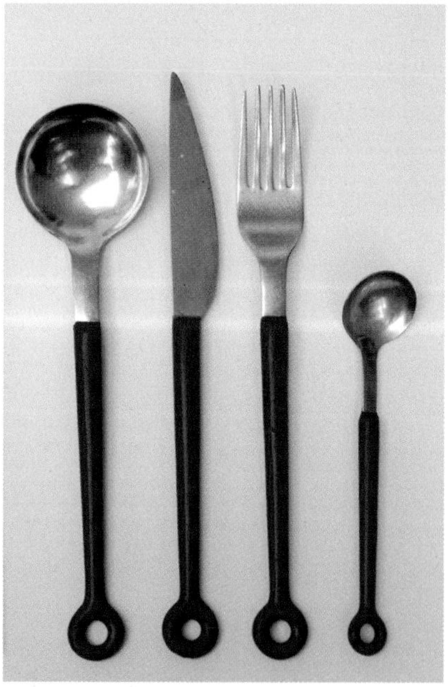

5164

5165

5161
티아스 에코프 Tias Eckhoff
Cutlery, 1954, 제조사 Georg Jensen Sølvsmedie

5162
타피오 비르칼라 Tapio Wurkkala
Caravelle Cutlery, 1960경, 제조사 Kultakeskus O

5163
아르네 야콥센 Arne Jacobsen
Cutlery, 1957, 제조사 Georg Jensen

5164
피터 라케 Peter Raacke, 칼-오스카 블라제 Karl-Oskar Blase
MONO RING, 1962, 제조사 Mono

5165
데이비드 멜러 David Mellor, 'Pride' Cutlery, 1953

5166
데이비드 멜러, Child's Cutlery, 1975

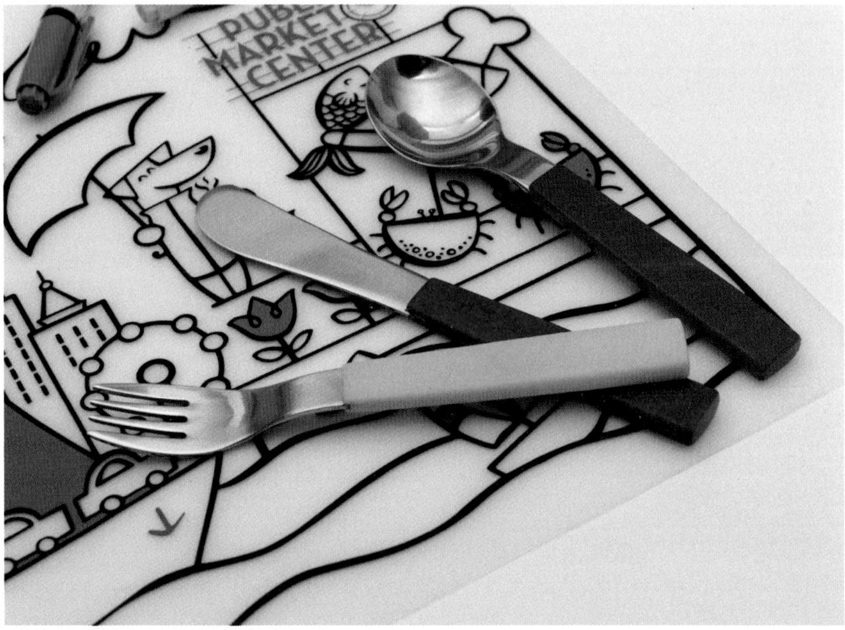

5166

데이비드 멜러

David Mellor, 1930~2009, 영국, 디자이너

데이비드 멜러는 영국의 디자이너로 셰필드 예술 대학, 런던의 왕립예술대학, 로마의 영국 학교에서 공부했다. 그는 왕립예술대학 재학 중 자신의 첫 커트러리인 'Pride' 디자인을 시작으로, 셰필드로 돌아온 후 독특한 은제 테이블 웨어를 제작했다. 스테인리스 스틸에 대한 새로운 디자인 가능성에 매료되어 'Symbol' 커트러리 시리즈를 개발했으며, 이 시리즈는 영국에서 대량생산된 최초의 고품질 스테인리스 스틸 커트러리이다. 멜러는 영국 정부로부터 여러 공공 기관용 표준 커트러리 재디자인 프로젝트를 의뢰받아, 제2차 세계대전 이후 세계화하는 시장에서 경쟁력 있는 영국 제품을 디자인했다. 그는 커트러리 디자인에 그치지 않고 거리 조명, 버스 정류장, 공공 좌석, 쓰레기통 등의 도시 인프라 디자인에도 참여했다. 특히, 버스 정류장 디자인은 1959년부터 제작되어 약 14만 개가 설치되었으며, 멜러는 영국의 교통 신호등 시스템을 재디자인하기도 했다.

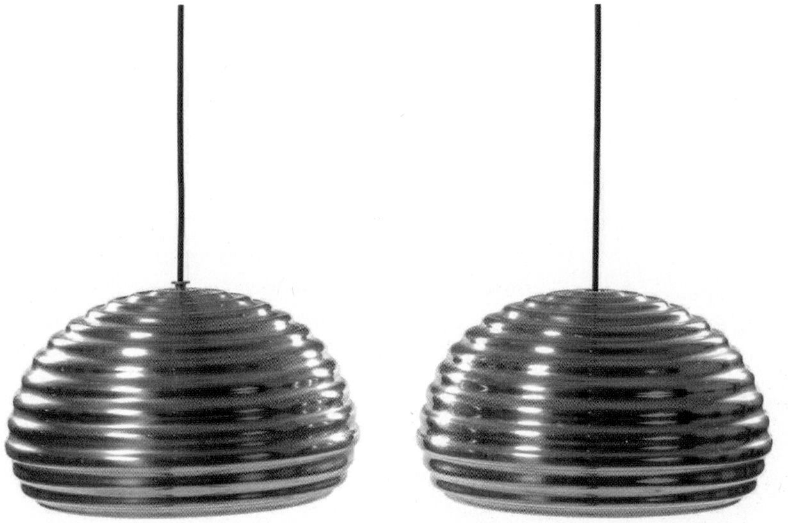

5167

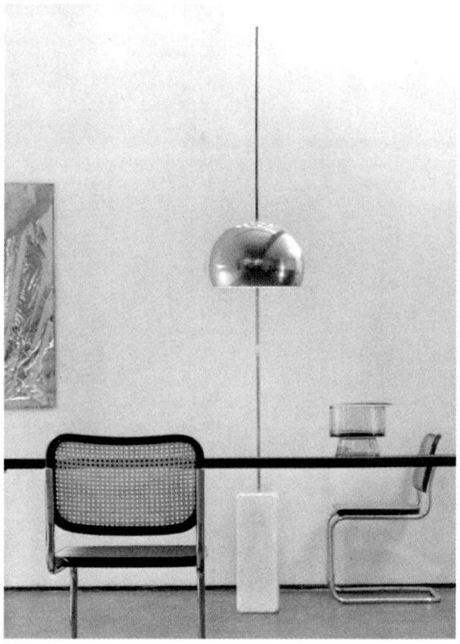

5169

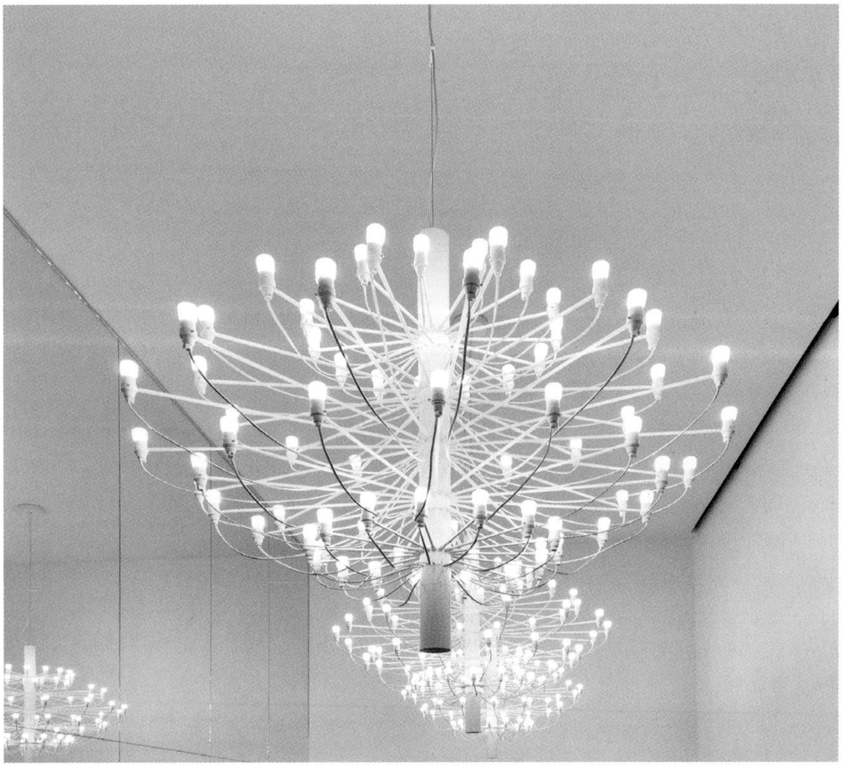

5168

5167
아킬레 카스티글리오니 Achille Castiglioni
피에르 자코모 카스티글리오니 Pier Giacomo Castiglioni
'Splügen Brau' Lamp, 1961, 제조사 Flos

5168
지노 사르파티 Gino Sarfatti, 2097 White, 1958
Euroluce 2023 Milano의 Flos 전시장 모습

전통적인 무라노 유리 샹들리에를 현대적으로 해석한 2097 모델은 케이블과 전구까지 장식 요소로 변형시킨 디자인이다.

5169
아킬레 카스티글리오니, 피에르 자코모 카스티글리오니
Lampada Arco, 1962, 제조사 Flos

'아르코' 실내 램프는 거리의 가로등에서 착안한 디자인으로 이탈리아 디자인의 미학을 보여주며 1960년대에 인테리어 조명으로 크게 유행했다.

5170
Achille과 Pier Giacomo Castiglioni 형제

5171
아킬레 카스티글리오니, 피에르 자코모 카스티글리오니
Taraxacum 1 Pendant Light, 제조사 Flos S.p.A

타락사컴 펜던트 라이트는 금속 프레임에 액체 폴리머를 분사하여 제작된 조명이다. 이 액체 폴리머는 금속 프레임 위에서 굳는 성질로 유연하면서도 강인한 막을 형성하는 재료로 사용된다. 이 조명은 미군이 악천후 속에서 폴리머를 사용해 탱크를 보호하는 모습에서 영감을 받았다고 알려졌다.

5172
아킬레 카스티글리오니, 피에르 자코모 카스티글리오니
Ceiling Lamp, 1960, 제조사 Flos S.p.A

플로스
Flos S.p.A.

플로스는 1962년 디노 가비나Dino Gavina와 체사레 카시나Cesare Cassina에 의해 설립된 이탈리아 조명 전문 회사로, 1972년 뉴욕 현대미술관의 이탈리아 디자인 전시를 통해 국제적 명성을 얻었다. 아킬레 카스틸리오니, 피에르 자코모 카스티글리오니, 토비아 스카르파, 재스퍼 모리슨, 필립 스탁 같은 유명 디자이너들과 협력하여 아르코 램프, 파렌테시 램프, 타락사쿰 88 서스펜디드 램프 등 아이코닉한 조명을 개발했다. 플로스는 지속적인 협력과 혁신을 통해 조명 디자인 분야에서 선도적인 역할을 하며, 예술적 가치와 기능성을 겸비한 조명 디자인을 추구하고 있다.
flos.com

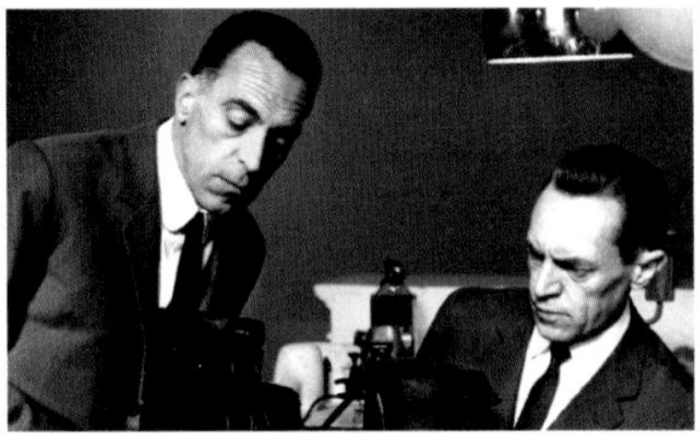
5170

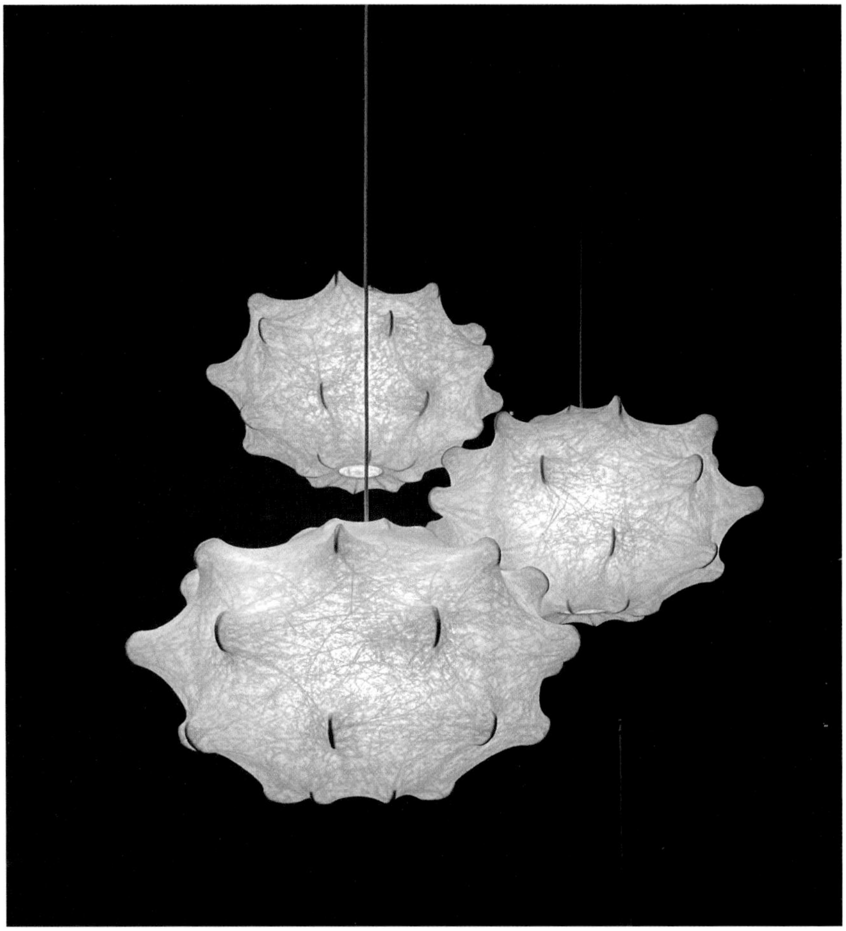
5171

아킬레 카스티글리오니
Achille Castiglioni, 1918~2002, 이탈리아
디자이너, 교육자, 이탈리아

피에르 자코모 카스티글리오니
Pier Giacomo Castiglioni, 1913~1968, 이탈리아
건축가, 디자이너

아킬레 카스티글리오니와 피에르 자코모 카스티글리오니 형제는 전후 이탈리아 디자인의 정체성을 형성하고 이탈리아 디자인 발전에 기여한 인물이다. 아킬레 카스티글리오니와 피에르 자코모 카스티글리오니는 밀라노 공과대학에서 건축을 공부했으며, 형제인 리비오 카스티글리오니와 함께 다양한 디자인 프로젝트를 수행했다. 그들은 모든 프로젝트에서 기능, 형태, 제조방식에 대해 끊임없이 고민하고 실험했으며, 가구에서 작은 가정 용품까지 다양한 분야에서 활동했다. 특히, 일상적인 제품에 새로운 해석과 기능을 부여했으며, 마르셀 뒤샹의 '레디메이드 ready-made'의 개념을 탐구하고 기능성과 미적 아름다움의 결합에 초점을 맞췄다. 대표 작품으로 'Arco' 램프와 'Toio' 램프, 'Mezzadro' 스툴, 'Sella' 의자 'Turbino', 'Luminator' 등이 있으며, 이탈리아 디자인에 대한 공로로 황금 콤파스상을 수상하는 영예를 안았다.

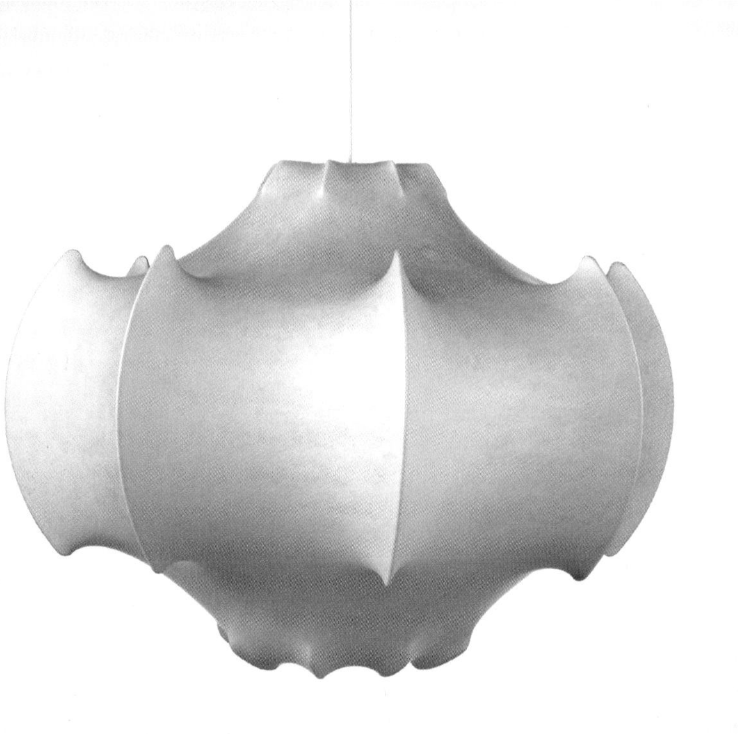
5172

5173
브루노 무나리 Bruno Munari
'Falkland' Lamp, 1964, 제조사 Danese Milano

5174
베르너 팬톤 Verner Panton
Ceiling Lamp, 1958, 제조사 Louis Poulsen & Co, 1960

5175
이사무 노구치 Isamu Noguchi
뉴욕 퀸즈에 있는 노구치 박물관의 Akari 시리즈가 전시된 모습

5176
베르너 팬톤
Ceiling Lamp, 1960, 제조사 Louis Poulsen & Co

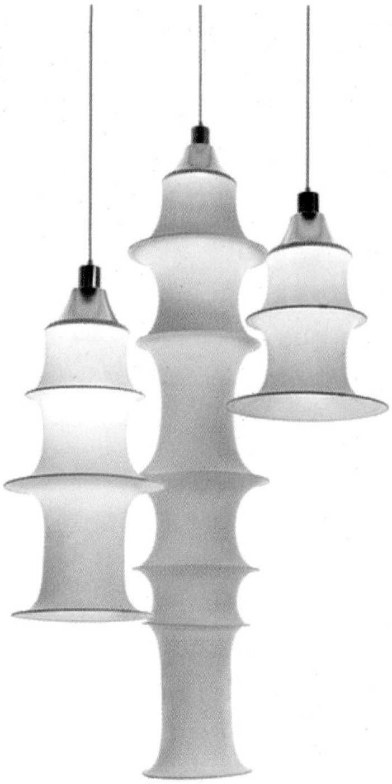

5173

5174

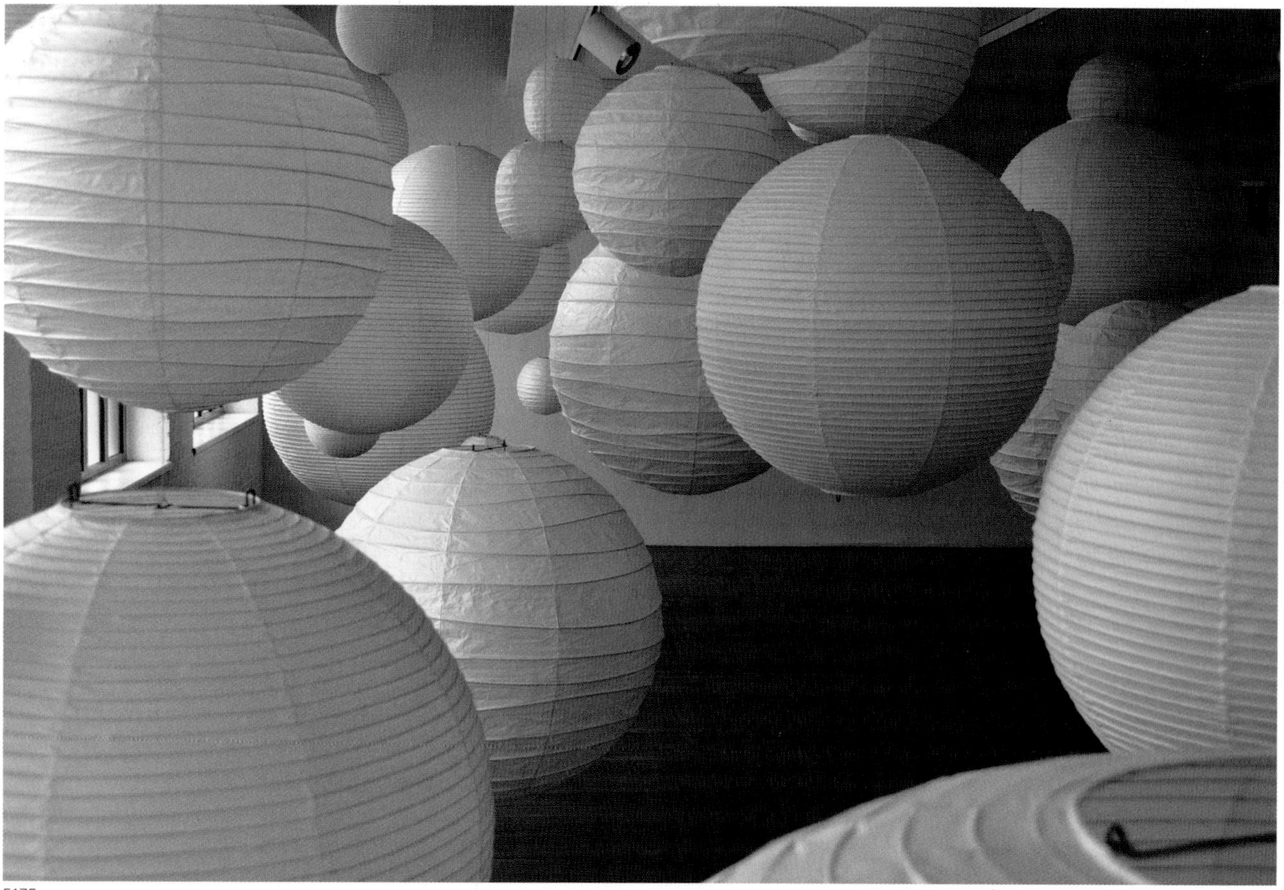

5175

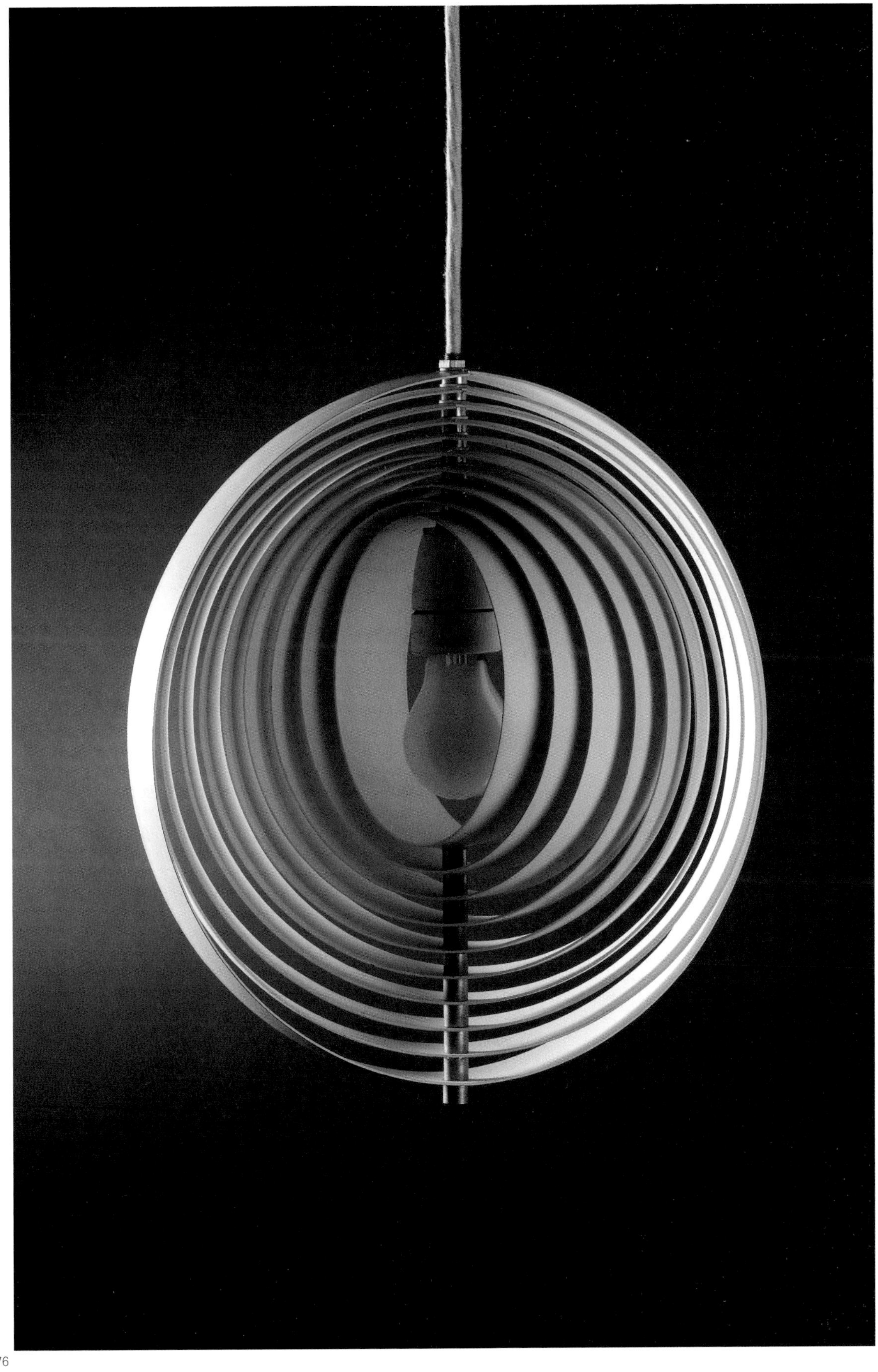

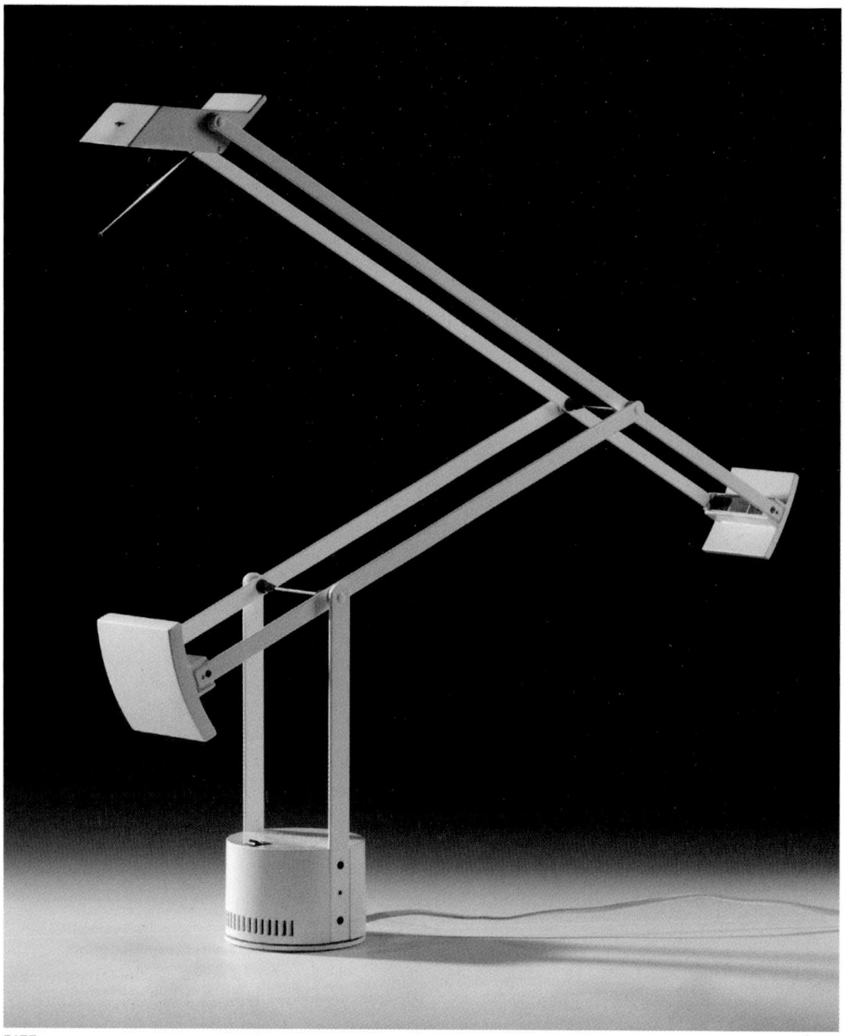

5177

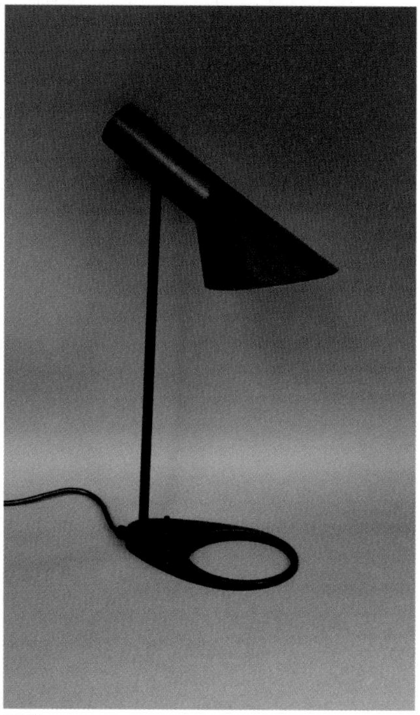

5178

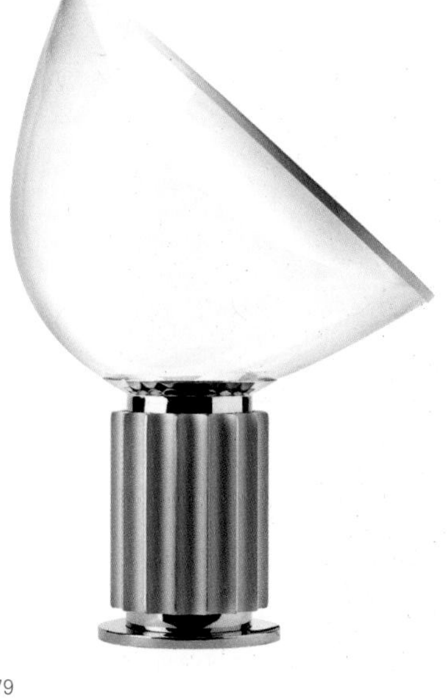

5179

5177
리처드 사퍼 Richard Sapper
Work Lamp, 1972, 제조사 Artemide

5178
아르네 야콥센 Arne Jacobsen
AJ Table Lamp, 1960, 제조사 Louis Poulsen

5179
아킬레 카스티글리오니, 피에르 자코모 카스티글리오니
Taccia Table Lamp, 1958~1959, 제조사 Flos, 1962

타차 램프는 알루미늄 원통 몸체와 유리 반구로 이루어진 형태로, 전등 갓의 각도를 조절하여 빛의 방향을 전환할 수 있다.

5180
비코 마지스트레티 Vico magistretti

5181
비코 마지스트레티, 1965, Eclisse, 제조사 Artemide

피에르 가르뎅의 패션쇼에 등장한 헬멧에서 영감을 받은 이 조명 디자인은 시대적인 분위기가 반영된 미래적인 형태로, 우주 시대의 새로운 기준을 정립했다는 평가를 받았다.

5182
클레이 미치 Clay Michie
Mitchie Lamp, 1952, 제조사 Knoll Associates

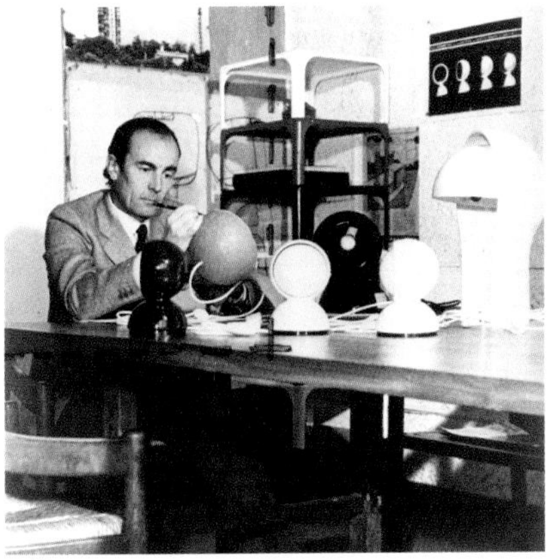
5180

비코 마지스트레티

Vico magistretti, 1920~2006, 이탈리아
디자이너, 학자

비코 마지스트레티는 이탈리아 출신의 디자이너이자 학자로, 이탈리아 모더니즘의 정체성을 구현하는데 기여했다. 마지스트레티는 건축가인 부친과 마찬가지로 이성주의적인 배경에서 교육을 받았으며, 공산주의 건축가 에르네스토 로저스Ernesto Rogers에게도 영향을 받았다. 그는 엄격한 모더니즘의 원칙을 전후의 상황에 맞게 수정하고, 이탈리아의 정체성을 구현해야 한다는 생각으로 이탈리아 협회와 단체를 조직하고 디자인계의 발전을 위해 노력했다. 밀라노 트리엔날레의 기획에 참가했으며, 영국의 RCA(Royal College of Art)와 밀라노의 도무스 아카데미, 도쿄의 건축대학에서 교수로 재직했다.
마지스트레티는 다양한 실험을 통해서 플라스틱을 값싼 소재에서 세련되고 합리적인 소재로 변모시키는 디자인을 선보였으며, 문제에 대한 해결 방안을 제공하는 개념을 추구하고, 재평가를 수없이 반복하는 과정을 통해 디자인을 실현했다.
마지스트레티는 아르테미데, 카시나, 데 파도바, 플루, 프리츠 한센, 카르텔 등 다수의 유명 회사들과 협업했으며, 특히 카시나를 위해 디자인한 '카리마테' 의자는 시골의 단순함과 도시의 정교함을 결합한 대표작으로 평가받는다. 그의 디자인 철학과 작업은 다수의 트리엔날레와 콤파소 도로상을 수상하며 국제적인 인정을 받았다.

아르테미데

Artemide

1960년 에르네스토 지스몬디Ernesto Gismondi와 세르지오 마차Sergio Mazza에 의해 설립된 이탈리아의 조명 제조 회사인 아르테미데는, 디자이너와 건축가들과의 협업으로 유명하다.
특히, 티지오Tizio 책상 램프(리처드 사퍼, 1972년)와 톨로메오Tolomeo 책상 램프(미켈레 데 루치와 잔카를로 파시나, 1986년)를 통해 세계적인 명성을 얻었다. 아르테미데는 마리오 보타, 노먼 포스터, 에토레 소트사스, 엔조 마리 등 세계적으로 유명한 디자이너들과 협력하여 혁신적이고 세련된 조명 디자인을 지속적으로 선보이며 조명 산업의 선두주자로 자리매김했다.
www.artemide.com

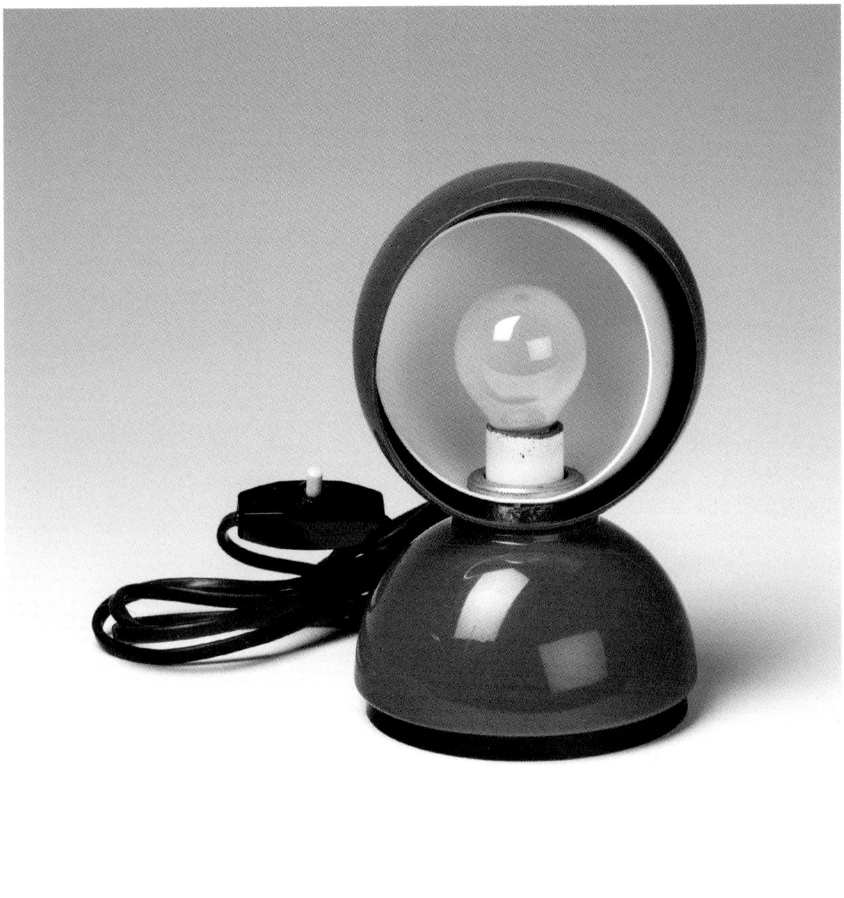
5181

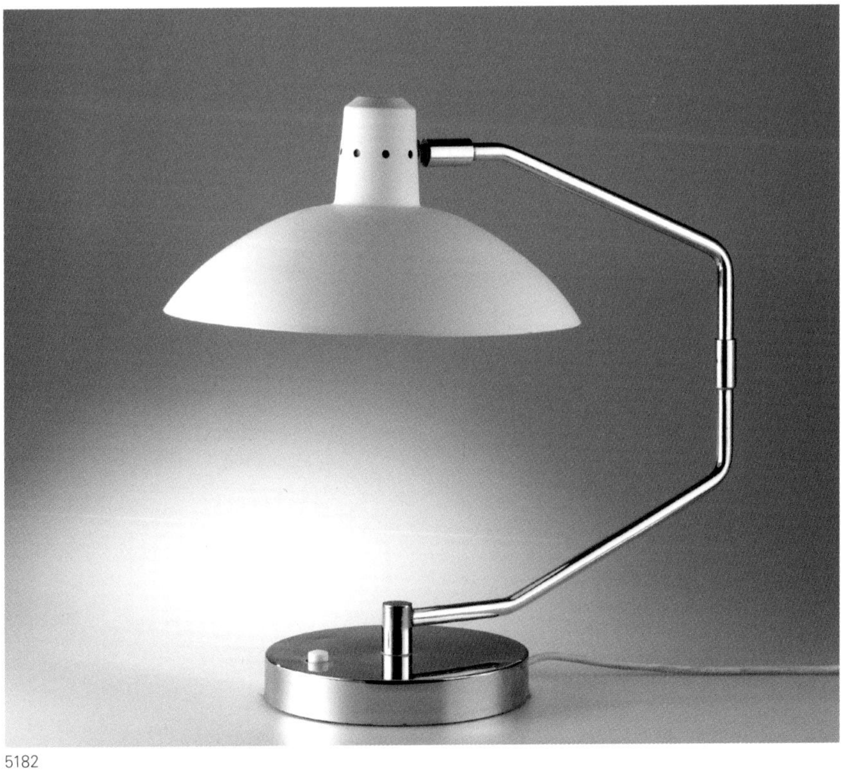
5182

브라운

Braun AG

브라운은 막스 브라운Max Braun에 의해 1921년 독일 프랑크푸르트에서 설립된 회사로, 초기에는 라디오 부품을 제조하다가 1929년 완성된 라디오 세트, 1932년 라디오 그램을 출시하며 제품군을 확장했다. 1950년대에 출시된 'S 50' 전기면도기는 브라운의 베스트셀러 제품이 되며 회사의 성장에 크게 기여했다.
기업을 승계한 아르투르 브라운Arthur Brown과 에트빈 브라운Edwin Brown 형제는 디터 람스를 영입했으며, 디터 람스는 기능주의적이고 명료한 형태의 디자인 방향을 제시했다. 브라운의 제품은 질서와 조화, 절제의 법칙을 기반으로 일괄적인 디자인을 선보였는데, 이것은 기업 이미지 통합 프로그램에 입각한 디자인으로 브라운 제품의 정체성과 동질성을 연구한 결과이다.
디터 람스의 대표적인 작업으로는 SK-4 레코드플레이어와 'D' 시리즈 슬라이드 프로젝터가 있으며, 은퇴 후에도 브라운의 디자인은 뉴욕 현대미술관, 파리의 퐁피두센터, 프랑크푸르트의 앙겐반트쿤스트뮤지엄 등 세계 여러 박물관에 소장될 만큼 높은 디자인의 가치를 인정받았다.
www.braun.com

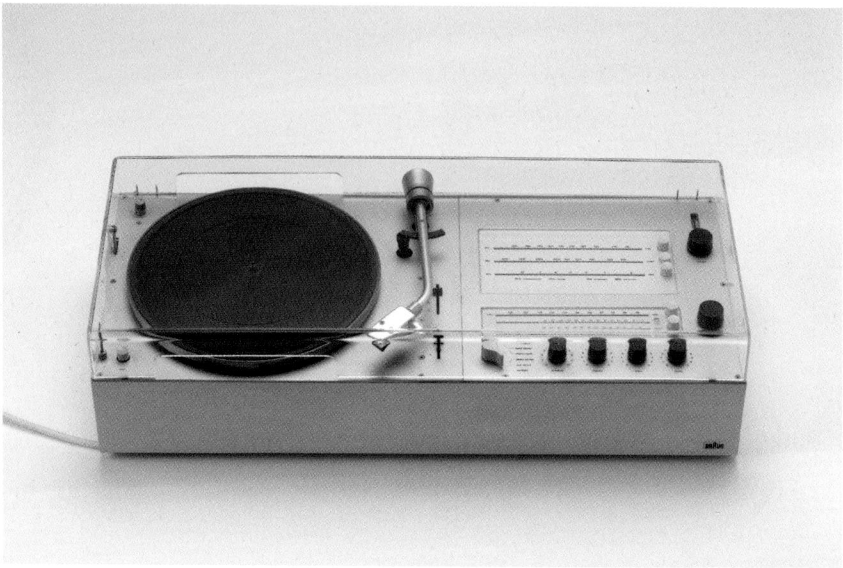

5183

5183
디터 람스 Dieter Rams
Gramophone, 1965, 제조사 Braun AG

5184
디터 람스 Dieter Rams
Projector, 1960, 제조사 Braun AG

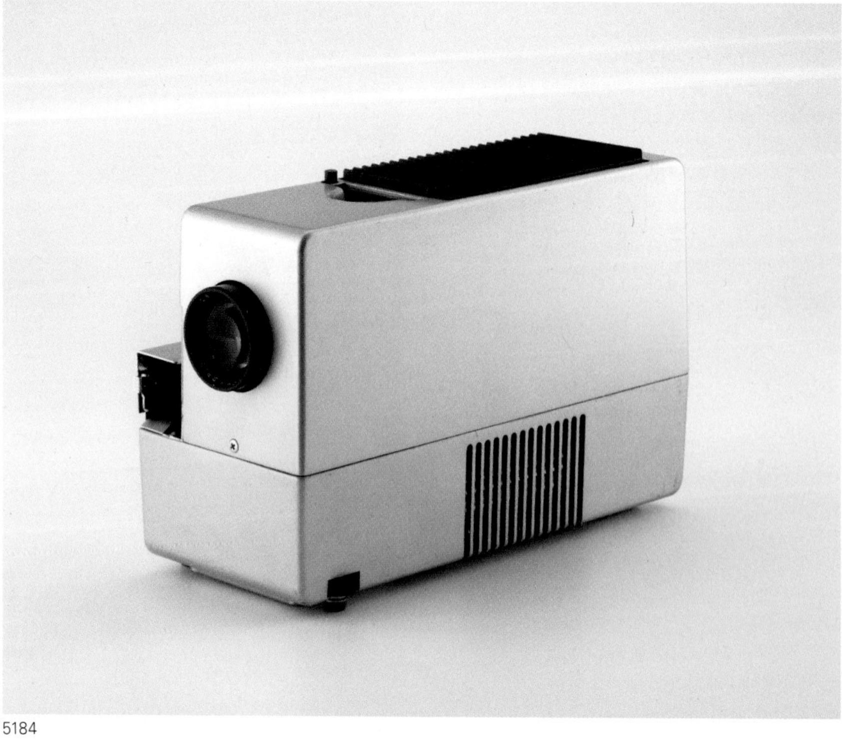

5184

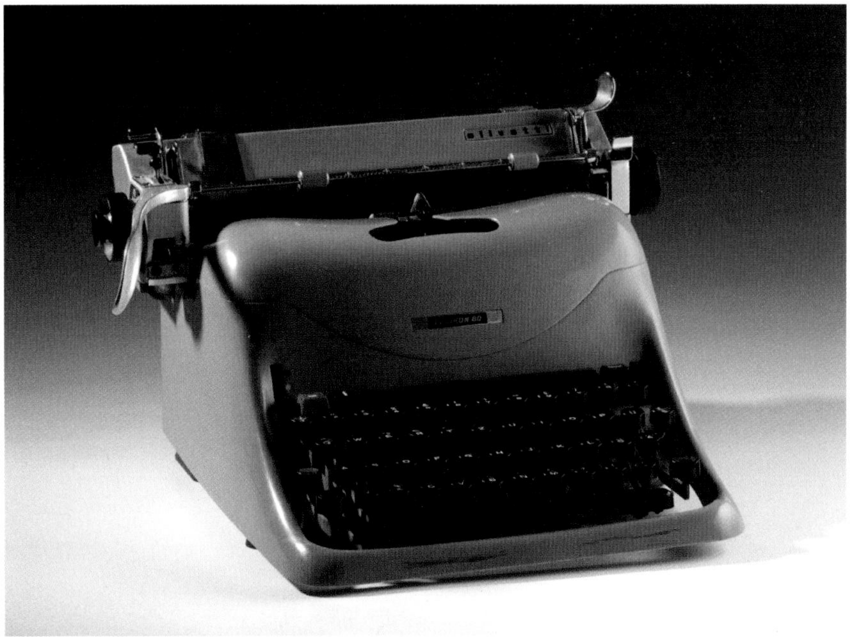
5185

마르첼로 니촐리

Marcello Nizzoli, 1887~1969, 이탈리아
예술가, 건축가, 디자이너

마르첼로 니촐리는 이탈리아의 예술가, 건축가, 디자이너로, 이탈리아 모더니즘과 산업 제품 디자인 분야에서 양식적 토대를 쌓은 인물이다. 초기에는 전위적 운동인 퓨처리즘, 큐비즘, 비엔나 분리파 스타일, 노베첸토 등에 두루 영향을 받았으며, 1930년대 이후에는 독일의 국제 모더니즘에 영향을 받았다. 1938년 올리베티Olivetti 사의 상점 디자인을 시작으로 1940년에는 올리베티의 외형 디자인 작업을 맡게 되었다. 전후에는 '슈마 40Summa 40' 계산기와 '렉시콘 80Lexicon 80' 신형 타자기를 디자인했다. 그 외에도 올리베티 사를 위한 '레테라 22Lettera 22' 휴대용 타자기와 네치Necchi 사를 위한 '미렐라Mirella' 디자인에서 매끈한 유선형 스타일을 선보이면서 새로운 형태로 제품을 정의했다.

올리베티

Olivetti S.p.A.

올리베티는 1908년 카밀로 올리베티Camillo Olivetti가 설립한 이탈리아 최초의 타자기 제조 회사이다. 올리베티는 제품 디자인의 정체성과 디자이너들과의 협력을 중요하게 생각했으며, 1932년 휴대용 올리베티 MP1 타자기를 시작으로 디자이너들과 협업하여 제품을 개발했다. 1940년대부터 1960년대에 걸쳐, 마르첼로 니촐리는 올리베티의 산업 디자인 분야를 이끌었고, 에토레 소트사스와 마리오 벨리니는 올리베티 제품 디자인에 기여했다. 이 시기 동안 올리베티는 기술적 혁신과 함께 미적 아름다움을 결합한 제품을 선보이며, 산업 디자인 분야에서 선구적인 역할을 했다.
www.olivetti.com/

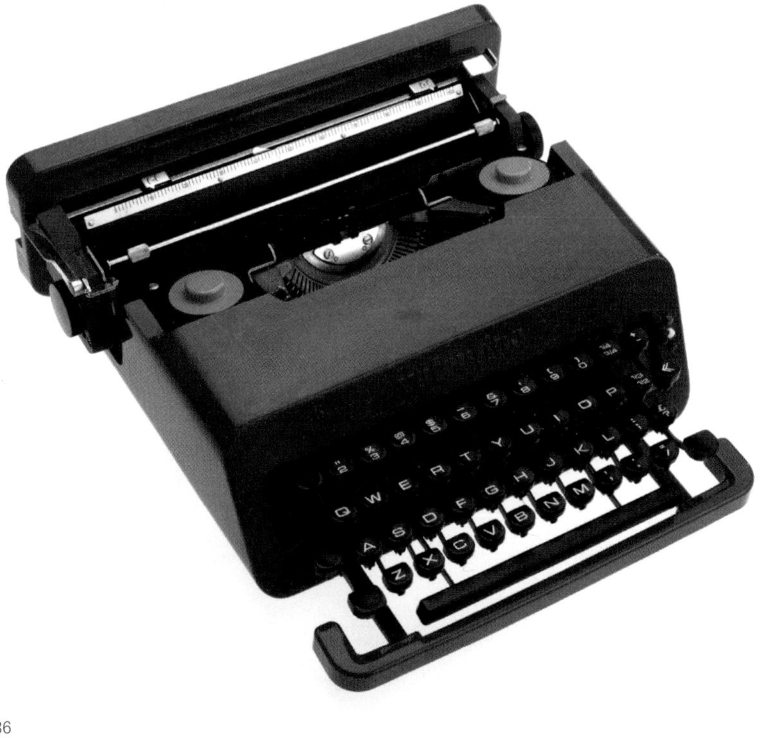
5186

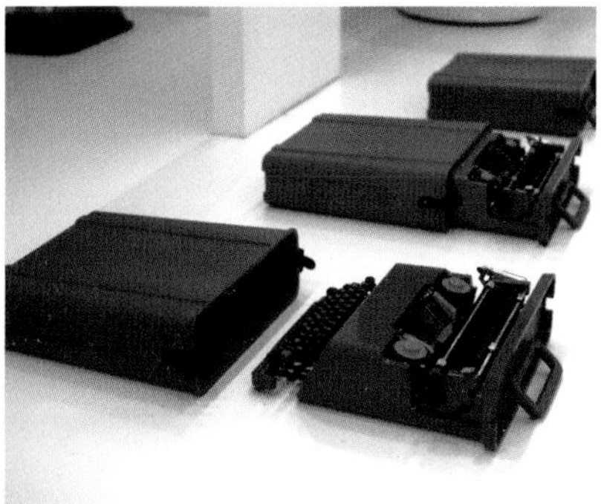
5187

5185
마르첼로 니촐리 Marcello Nizzoli
Typewriter, 1948, 제조사 Olivetti

5186, 5187
에토레 소트사스 Ettore Sottsas, 페리 킹 Perry King
Portable Typewriter 'Valentine', 1969, 제조사 Olivetti

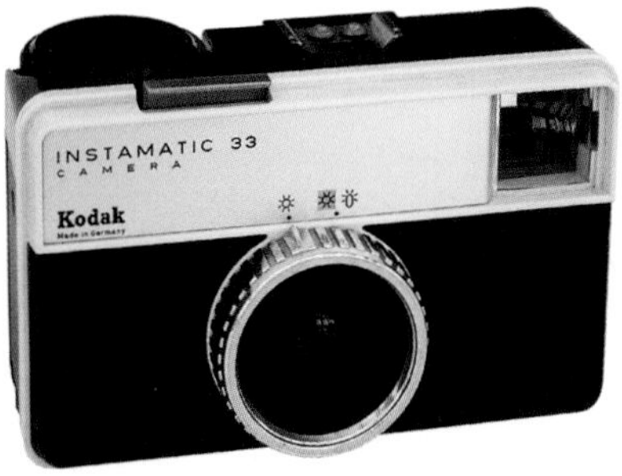

5188

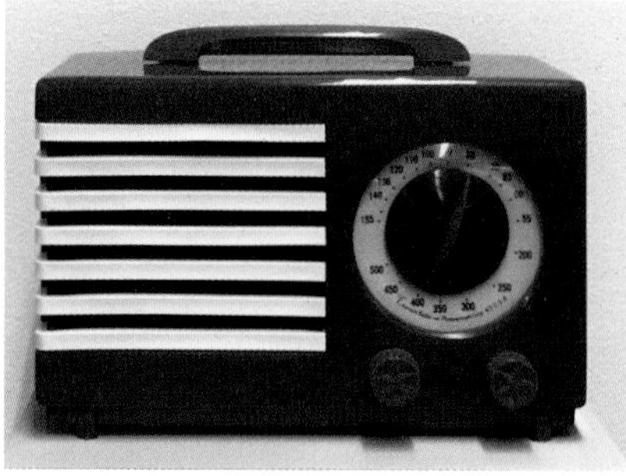
5189

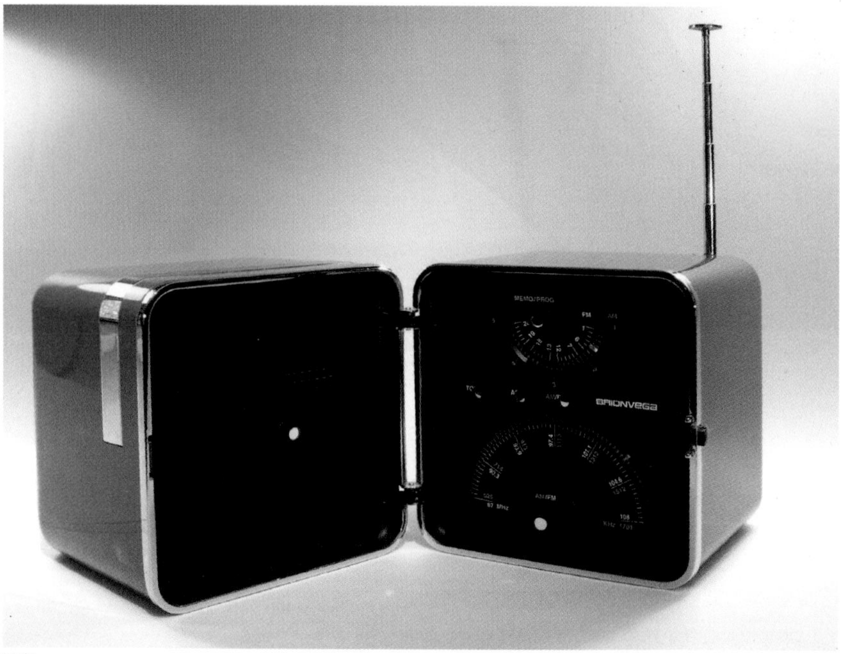

5190

5188
케네스 그레인지 Kenneth Grange
Kodak Instamatic 33, 1963
제조사 Eastman Kodak Company

"내 디자인으로 무엇인가를 더 나아지게 할 수 있다는 믿음"에서 출발한 디자인으로 2,500만 대 넘게 판매된 제품이다.

5189
노먼 벨 게디스 Norman Bel Geddes
Model 400-3 'Patriot' 라디오, 1940
제조사 Emerson Radio & Phonograph Corporation

5190
리처드 사퍼 Richard Sapper, 마르코 자누소 Marco Zanuso
Brionvega TS 522 'Klappradio', 1964

5191
아킬레 카스티글리오니, 피에르 자코모 카스티글리오니
스테레오 라디오포노그래프, 제조사 Brionvega, 1965

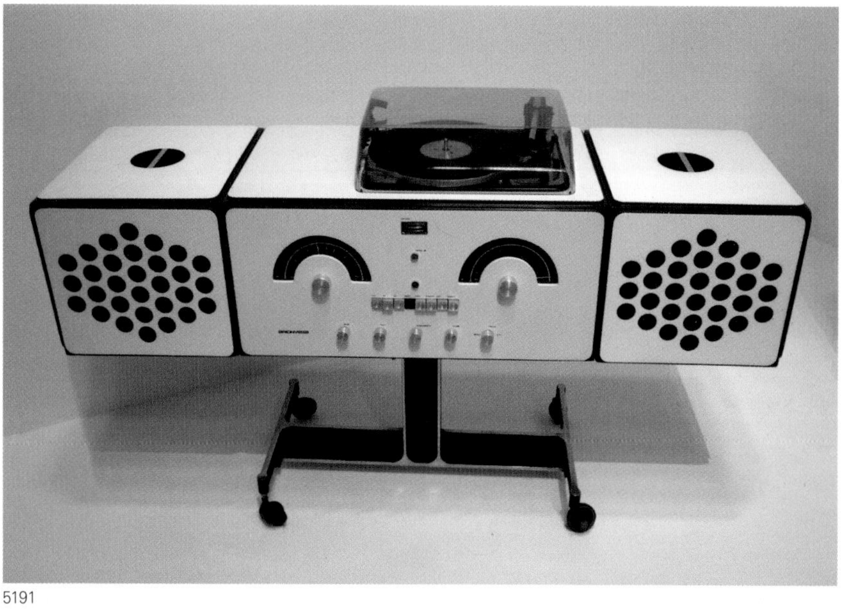
5191

브리온베가

Brionvega

브리온베가는 조세페 브리온Giuseppe Brion, 오노리나 토마신-브리온Onorina Tomasin-Brion, 그리고 레오네 파예타Leone Pajetta에 의해 1945년 이탈리아 밀라노에서 설립된 전자 제품 회사이다. 제2차 세계대전 이후 미래지향적인 텔레비전과 오디오 장비를 제조하며, 이탈리아 산업의 기술적, 사회적 발전에 기여했다. 1960년대 초부터 브리온베가는 프랑코 알비니, 세르지오 아스티, 로돌포 보네토, 아킬레 카스티글리오니, 리비오 카스티글리오니, 피에르 자코모 카스티글리오니, 마리오 벨리니, 리처드 사퍼, 마르코 자누소 등 유명한 산업 디자이너 및 건축가들과 협업하여, 알골 11, 도니 14 텔레비전, TS 502 '쿠보' 라디오, RR 126 라디오 그램과 같은 혁신적인 디자인 제품들을 출시했다.
브리온베가는 에토레 소트사스, 마이클 영, 한네스 베테인 등 명망 있는 디자이너들과의 협업을 지속하며, 알파 LCD 텔레비전과 웨어잇 휴대용 스피커와 같은 혁신적인 제품들을 시장에 선보이며 그 명성을 이어가고 있다.
brionvega.it, brionvega.tv

마르코 자누소

Marco Zanuso, 1916~2001, 이탈리아
건축가, 디자이너

마르코 자누소는 전후 이탈리아의 '굿 디자인' 운동에 중요한 기여를 하며, 이탈리아 디자인을 국제적으로 알린 인물이다. 그는 밀라노 공과대학교에서 건축을 공부한 후, 『도무스』 및 『카사벨라』지의 편집자로 활동했으며, 에르네스토 로저스와 협력여 현대 디자인 운동의 이론과 이상을 발전시켰다. 도시 계획, 건축, 제품 디자인 등 다양한 분야에서 활동하며, 기술 혁신과 새로운 재료 사용을 통해 '복잡함 속의 질서'를 찾고자 했으며, 미적 기능성을 중요하게 생각했다. 1951년 아플렉스를 위한 '레이디' 암체어, 1960년 가비나를 위한 '람다' 의자(리처드 사퍼와 공동 디자인)를 비롯해 여러 브리온베가 제품을 디자인했으며, 1959년 리처드 사퍼와 파트너십을 맺고 브리온베가를 위한 주요 디자인 작업을 수행했다. '도니 14' 텔레비전(1962년)과 '그릴로' 전화기(1965년)는 테크노-기능주의와 조각적 단순성을 대표하는 작품으로 꼽힌다.

리처드 사퍼

Richard Sapper, 1932~2015, 독일, 디자이너

리처드 사퍼는 뮌헨 대학에서 학업을 마친 후, 메르세데스-벤츠에서 경력을 시작했으며, 이후 밀라노로 이주하여 지오 폰티의 사무실과 라 리나센테의 디자인 부서에서 근무했다. 1959년에 브리온 베가에 영입된 후, 마르코 자누소와 함께 라디오, 텔레비전 등 다양한 전자제품을 디자인했다. 독립 스튜디오를 설립한 이후에는 로렌츠를 위한 스태틱 테이블 시계, 아르테미데를 위한 티지오 램프를 디자인했다. 또한, 놀을 위한 사퍼 오피스 체어 시리즈, 호이어를 위한 스톱워치 시리즈, B&B 이탈리아를 위한 네나 접이식 의자 등을 선보였다. 알레시와의 협업을 통해 9090 스토브톱 에스프레소 메이커, 보리토레 주전자, 코반 에스프레소 머신 등을 디자인했다. 1980년 IBM의 주요 산업 디자인 컨설턴트로 임명된 사퍼는 싱크패드 700C를 포함한 여러 휴대용 컴퓨터를 디자인했으며, 피아트와의 협력을 통해 자동차 및 도시 교통 시스템 개발에도 참여했다.

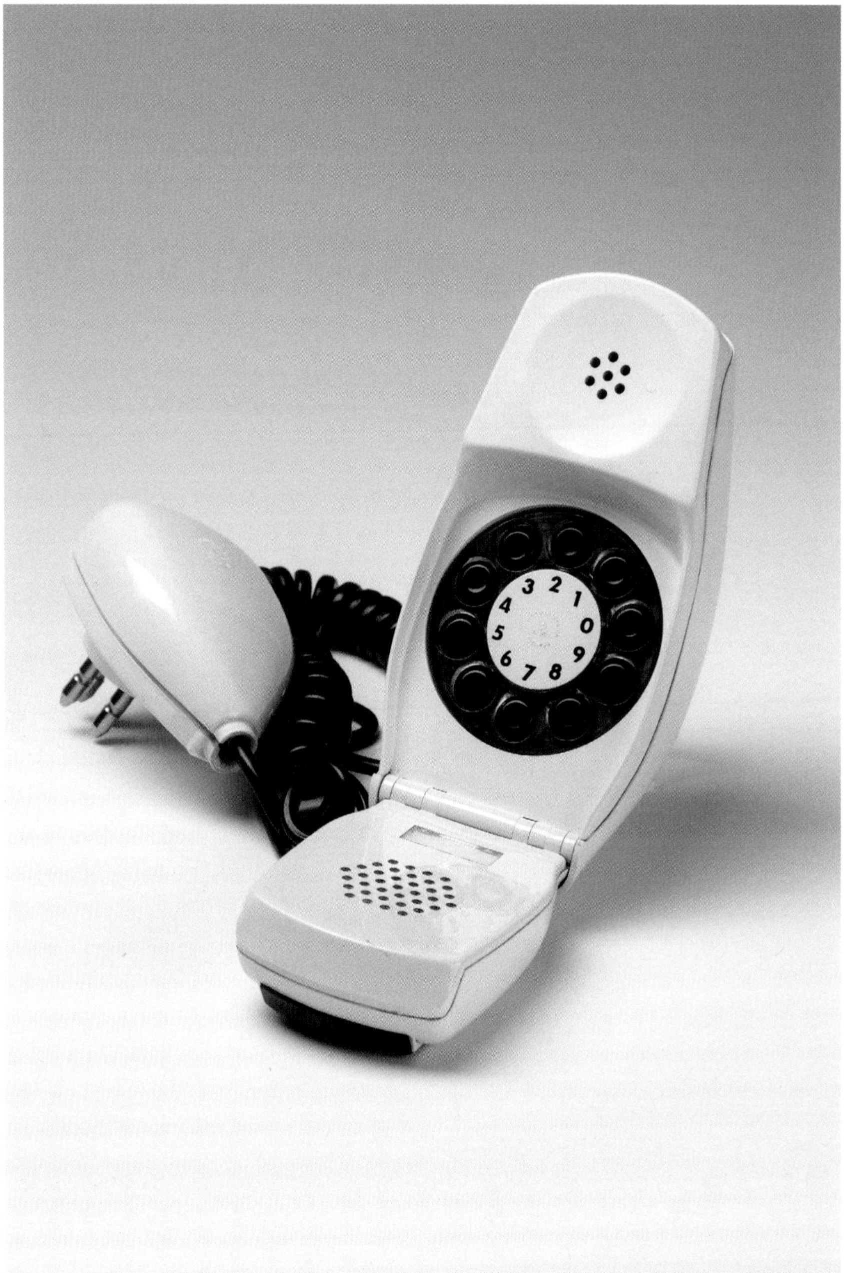

5192

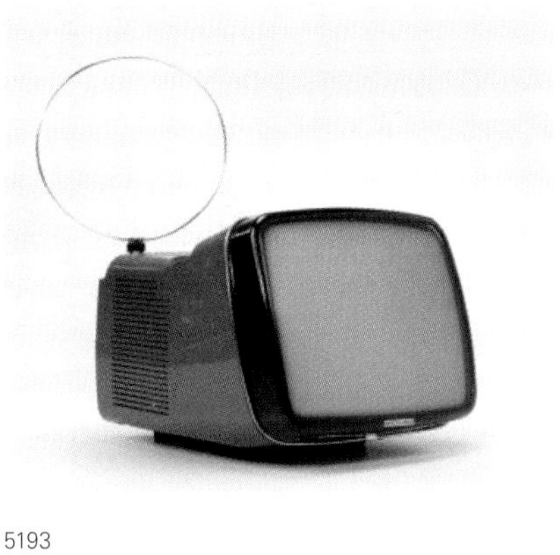
5193

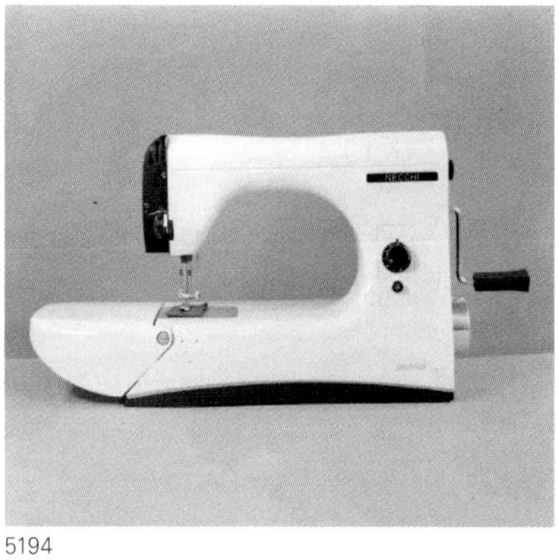

5194

5192
리처드 사퍼 Richard sapper, 마르코 자누소 Marco Zanuso
Telephone 1965, 제조사 Siemens AG, 1967

그릴로 폰은 기존 수화기와 받침대의 개념을 혁신적으로 재해석한 디자인이다. '그릴로'라는 이름은 '귀뚜라미'를 의미하며, 전화 벨 소리에서 영감을 받아 지어졌다.

5193
마르코 자누소, 리처드 사퍼
D2021, 1964, 제조사 Brionvega

5194
마르첼로 니촐리 Marcello Nizzoli
Mirella, 1956, 제조사 Necchi

미드 센추리 모던 텍스타일
Mid-Century Modern Textiles

마리메코
Marimekko

마리메코는 1951년 빌요 라티아Viljo Ratia와 아르미 라티아Armi Ratia 부부에 의해 핀란드 헬싱키에서 설립된 디자인 회사이다. 이 회사는 부오크코 누르메스니에미Vuokko Nurmesniemi의 팝 디자인에서 차용한 줄무늬 디자인과 마이자 이솔라의 크고 단순한 꽃무늬 프린트로 유명한 섬유 및 가정용품 회사이다. 특히 '우니코' 패턴은 이솔라의 수백 가지 패턴 중 가장 대표작으로, 마리메코의 정체성을 확립하며 전 세계적으로 명성을 얻었다. 마리메코는 창의적인 패턴과 생동감 있는 색상을 사용하여 북유럽 디자인의 혁신적인 이미지를 전달하며, 현대 생활용품과 패션 분야에서 중요한 역할을 하고 있다.
www.marimekko.com

5195
마이자 이솔라 Maija Isola

5196
마이자 이솔라 Maija Isola
Fabric sample 'Unikko', 1964, 제조사 Marimekko Oy

마이자 이솔라
Maija Isola, 1927~2001, 핀란드, 디자이너

마이자 이솔라는 핀란드의 직물 디자이너로, 마리메코에서 활동하며 500개 이상의 패턴을 디자인해 마라메코를 1960년대에 세계적으로 알렸다. 그녀의 대표작인 1964년 디자인한 '우니코Unikko(양귀비)'는 국제적인 전시회에 소개되며 큰 사랑을 받았으며, 2000년 이후 다시 주목을 받았다. 마리메코에서의 주요 디자인으로는 1950년대 후반에서 1960년대 초반의 작업인 자연을 주제로 한 '루온토Luonto(자연)' 시리즈와 슬라브 민족 예술에서 영감을 받은 '오르나멘티Ornamenti(장식품)' 시리즈 등이 있으며, 1970년대 이후의 아라비아 스타일의 패턴과 프리마베라 패턴이 있다. 1980년대에 이솔라는 딸과 함께 마리메코에서 패턴을 디자인했으며, 그녀의 고전적인 작품들은 1990년대 후반 마리메코의 부흥에 크게 공헌했다.

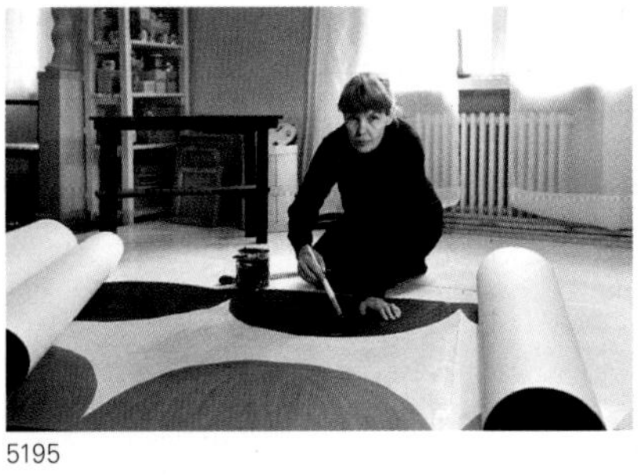

5195

직조 기술의 혁신과 새로운 화학 섬유의 개발은 텍스타일 디자인에 커다란 변화와 성장을 가져왔다. 다채로운 색상과 패턴에 대한 실험적인 디자인이 개발되었으며, 나일론과 폴리에스테르 같은 기능성 섬유는 내구성이 필요한 제품에 적용되어 더욱 다양한 디자인을 구현할 수 있게 되었다.
새로운 라이프스타일의 부상과 함께 인테리어에 대한 관심이 증가하면서 섬유에 대한 수요가 확대되었고, 이는 디자인이 생활 영역으로 확장되는 시기임을 반영했다. 이러한 변화는 가정용 텍스타일뿐만 아니라 패션 텍스타일에도 영향을 주었다. 가정용 텍스타일은 실내 장식 분야에서 기능성과 실용성을 갖춘 가정용품의 핵심으로 자리 잡았으며, 패션 텍스타일은 개인의 취향과 자아 표현의 수단으로 수용되었다.

20세기 중반기, 소모 미학의 흐름 속에서 텍스타일 디자인은 문화적 전통을 기반으로 인문주의를 강조하는 스칸디나비아 디자인이 공감을 받으며 부상했다.
이 시기에 스웨덴의 아스트리드 삼페는 전통을 재해석하거나 자연에서 영감을 받은 모티프를 적용하여 편안함과 안락감을 주는 디자인을 선보였다. 1950년대 핀란드 텍스타일 디자인은 다른 노르딕 국가들에 비해 훨씬 더 과감하고 실험적인 디자인이 경쟁적으로 개발되었으며, 추상적인 모티프를 채도가 높은 바탕에 강렬한 색감으로 인쇄한 것이 특징이었다. 핀란드의 마리메코는 상징적인 모티프와 대담한 색상의 디자인으로 기업의 정체성을 구축했다. 영국의 루시엔 데이는 스칸디나비아반도 여행에서 받은 영감을 토대로 추상적이고 기하학적인 디자인을 선보였고, 전통적인 장식예술을 현대적으로 재해석하거나 추상미술에서 영향을 받은 도안을 현대적인 감성과 결합했다. 루시엔 데이는 미국 장식가 협회와 트리엔날레에서 수상하며 영국의 섬유 디자인을 국제적으로 알렸다.

1960년대에는 새로운 산업 재료의 적용이 더욱 확장되면서 디자인의 혁신을 촉진했다. 또한 우주 시대의 인기에 힘입어 미래주의적 소재와 모티프가 활용되면서, 메탈릭 또는 반사성 소재, 합성 섬유가 유행하게 되었고, 섬유 분야에서 새로운 트렌드를 형성했다.

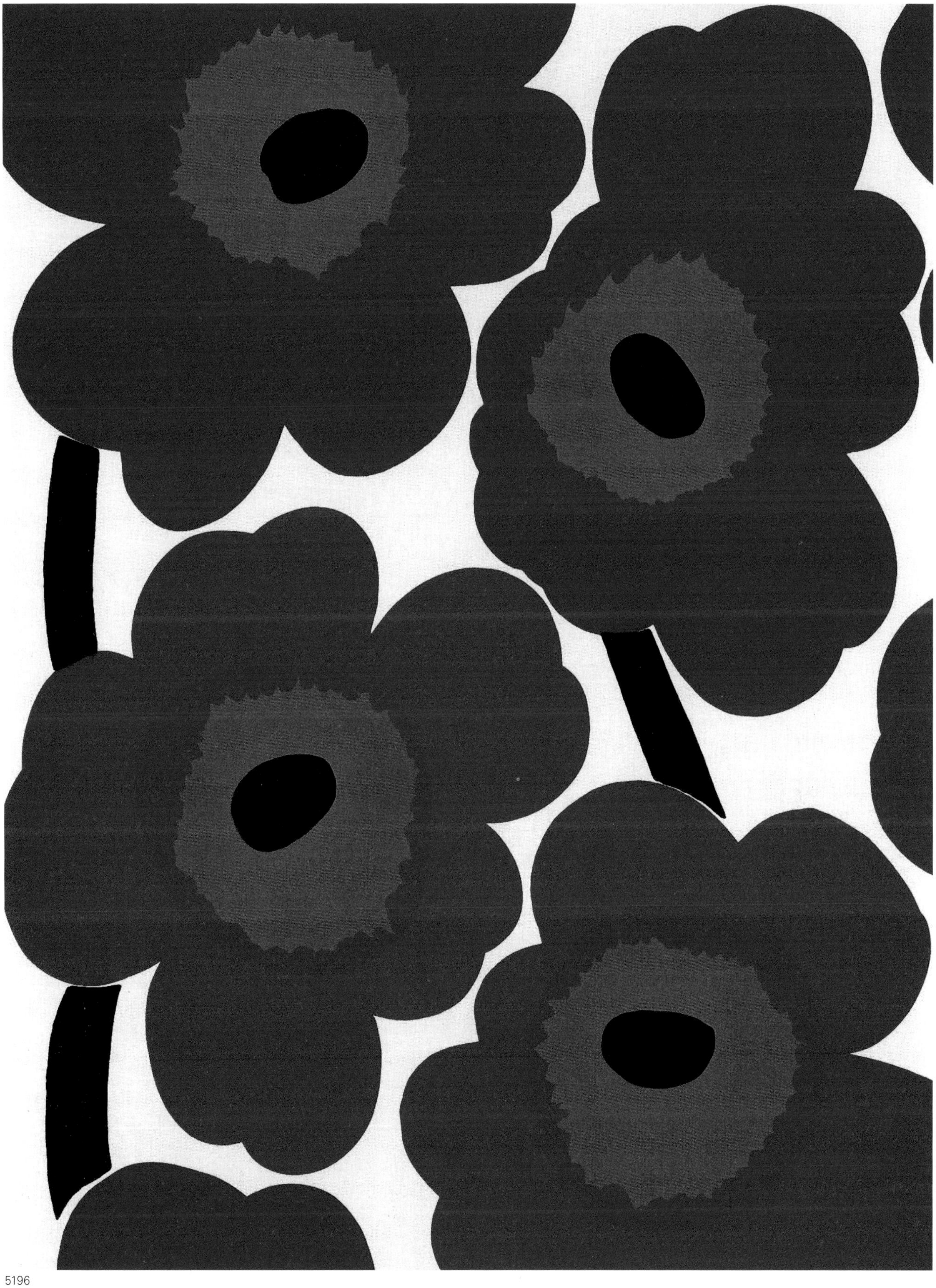

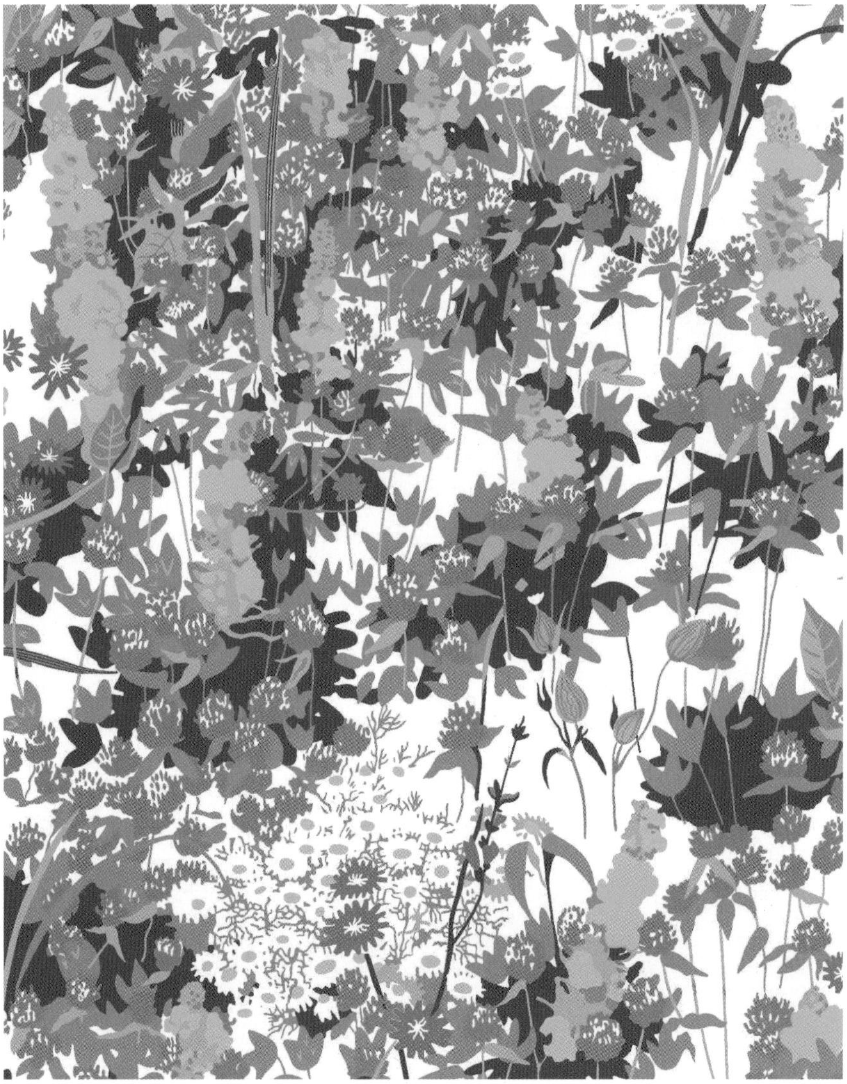
5197

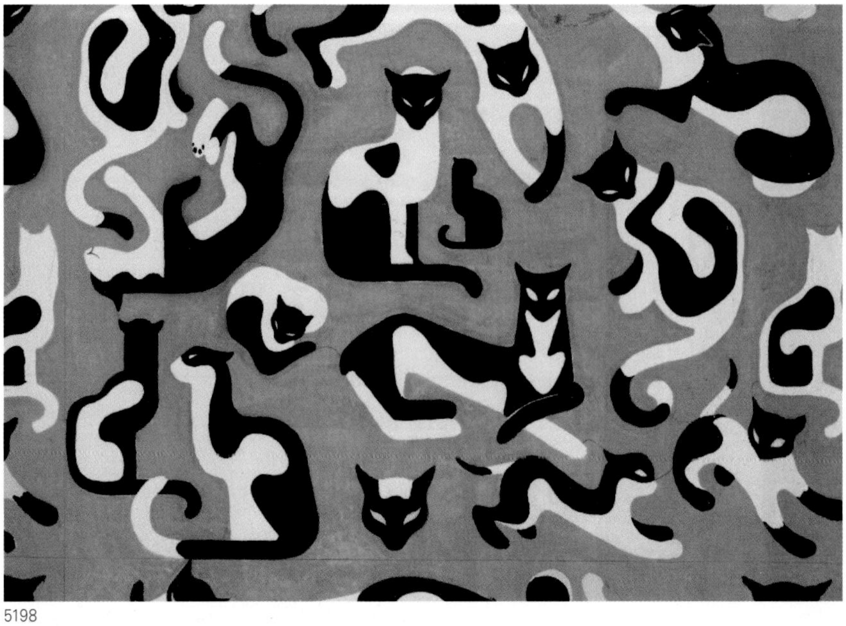
5198

5197
아르네 야콥센 Arne Jacobsen
Clover, 1943, 제조사 Boråstapeter

5198
비케 린드스트란드 Vicke Lindstrand, Print Cat, 1941

5199
'Calyx'와 루시엔 데이, 1951

루시엔 데이의 'Calyx'는 호안 미로와 폴 클레의 작품에서 영감을 받은 추상적인 패턴으로 1951년 영국 페스티벌에서 처음 공개된 디자인이다. 루시엔 데이는 이 패턴으로 1951년 밀라노 트리엔날레에서 금메달을 수상했으며, 상업적으로도 큰 성공을 거두었다. 또한, 'Calyx'는 20세기 중반 섬유 디자인의 대표작으로 여러 박물관의 영구 컬렉션에 포함되었다.

5200
루시엔 데이 Lucienne Day
Calyx, Screen Print Fabric, 1951
제조사 Heal's Wholesale & Export

5201
악셀 살토 Axel Salto
Fabric Length, 1950, 제조사 Louis F. Foght

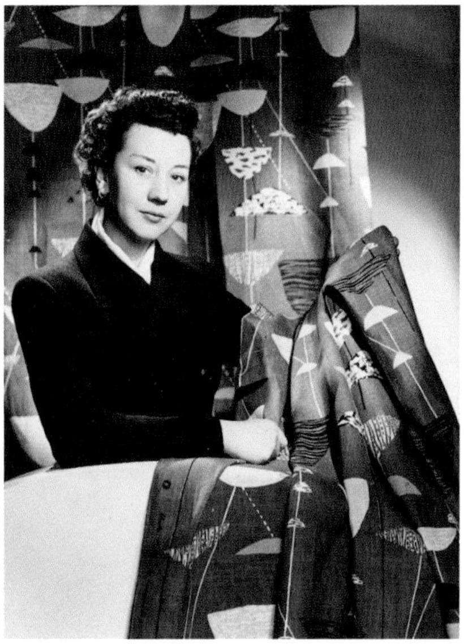

5199

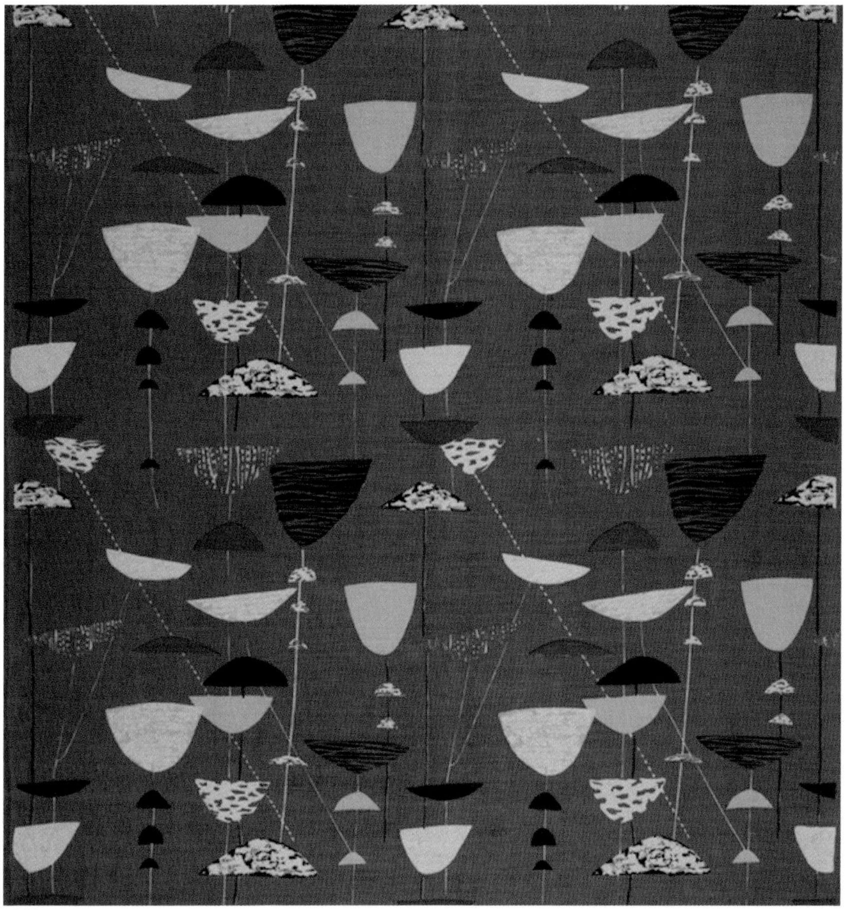

5200

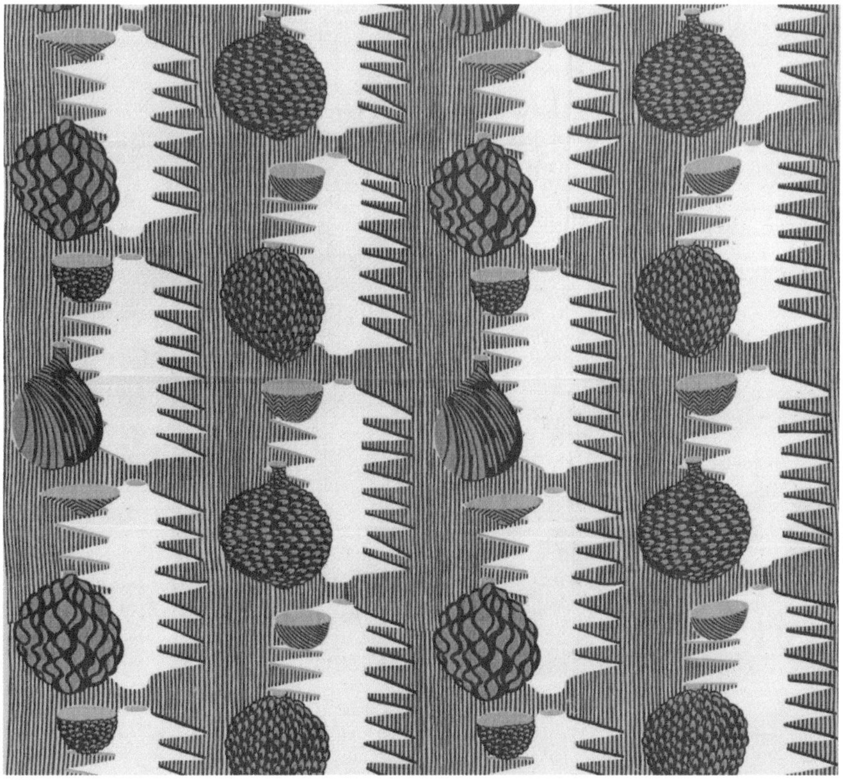

5201

루시엔 데이

Lucienne Day, 1917~2010, 영국, 디자이너

루시엔 데이는 영국의 섬유 디자이너로 섬유, 벽지, 도자기, 카펫 등 다양한 인테리어 분야에서 활동했다. 스칸디나비아반도의 여행과 현대 추상 예술에서 받은 영감으로 패턴과 색채를 탄생시켰으며 20세기 중반기에 현대적인 텍스타일을 선도했다.

초기의 직물 디자인으로 힐즈 상사의 주목을 받게 되었으며, 이후 영국 페스티벌에서 그녀의 대표 작품인 '칼릭스Calyx'를 선보였다. 그녀가 디자인한 직물과 벽지로 홈스 앤 가든 파빌리온의 인테리어 장식을 선보였으며, 그녀의 남편인 로빈 데이는 칼릭스를 이용한 가구를 디자인하여 전시했다.

그녀는 직물 분야뿐만 아니라 크라운사를 위한 벽지, 로젠탈사를 위한 도자기 등을 디자인했다. 루시엔 데이는 독창성, 신선함, 현대성에 대한 비전을 디자인에 반영시켰으며, 매우 양식화되고 추상화된 도안이 특징이다. 또한, 알렉산더 칼더, 호안 미로와 같은 동시대의 추상 미술에서 크게 영감을 받아 변화된 삶과 질에 대한 해석을 새로운 매체에 해석했다.

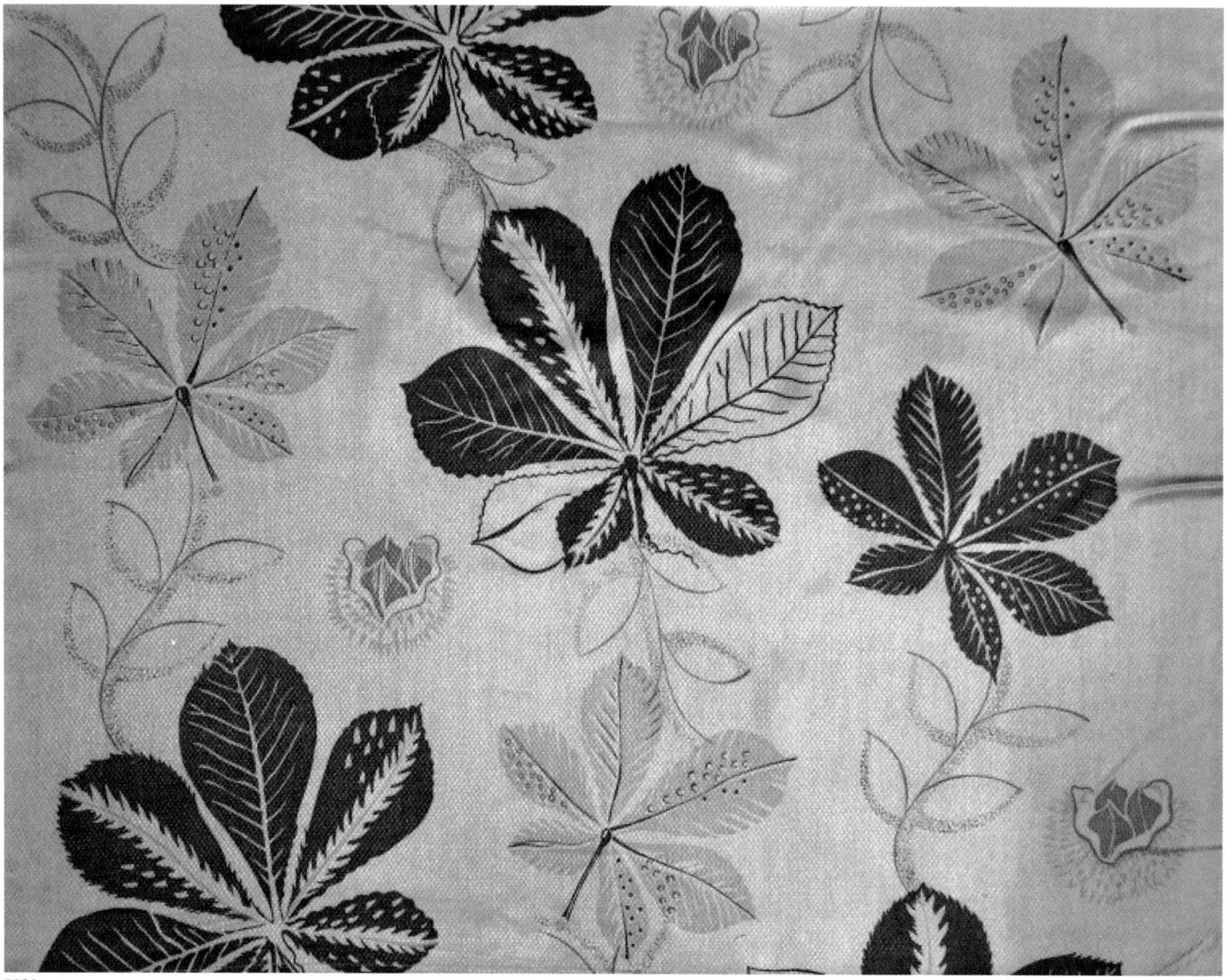

5202

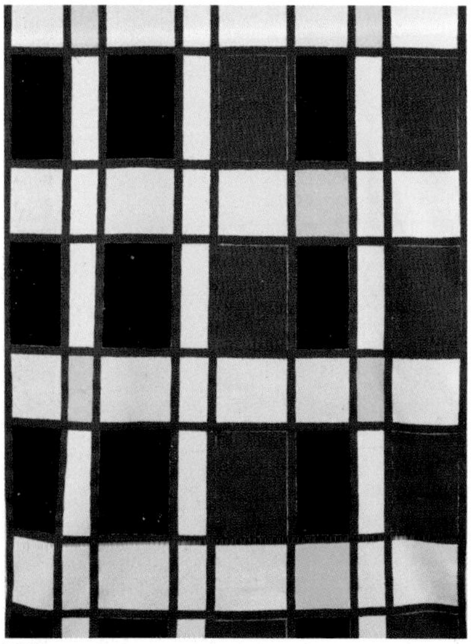

5203

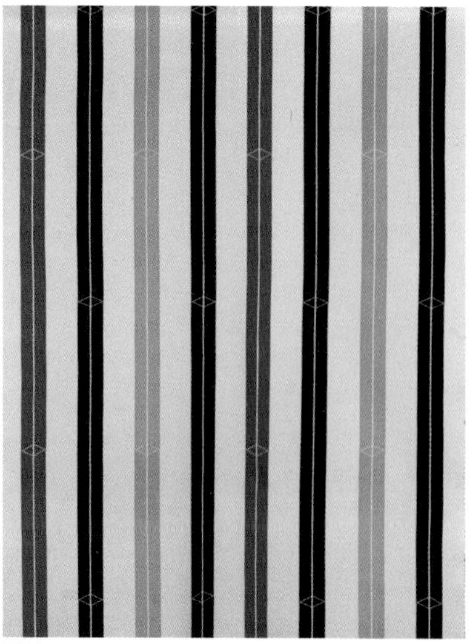

5204

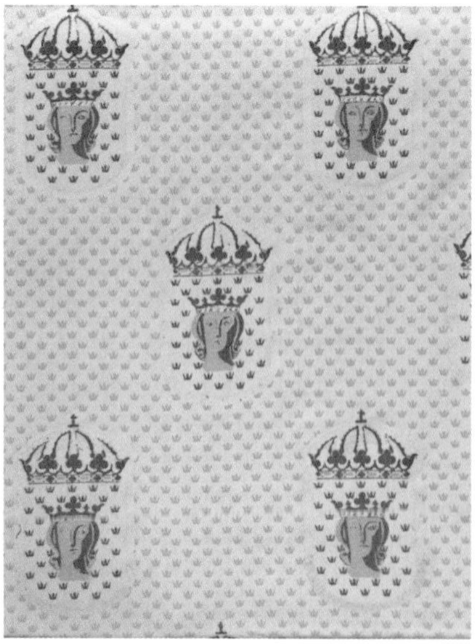

5205

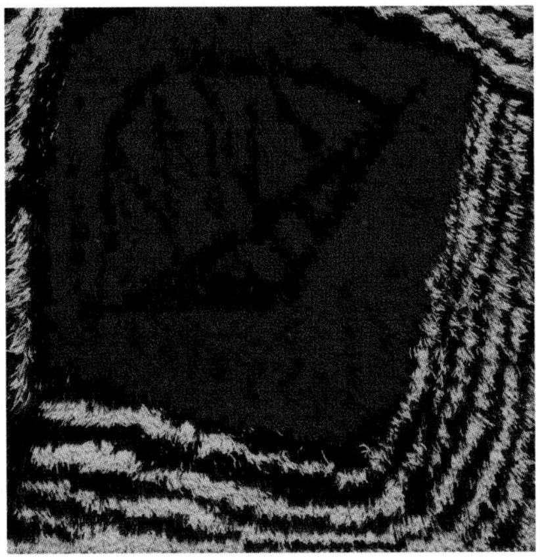
5206

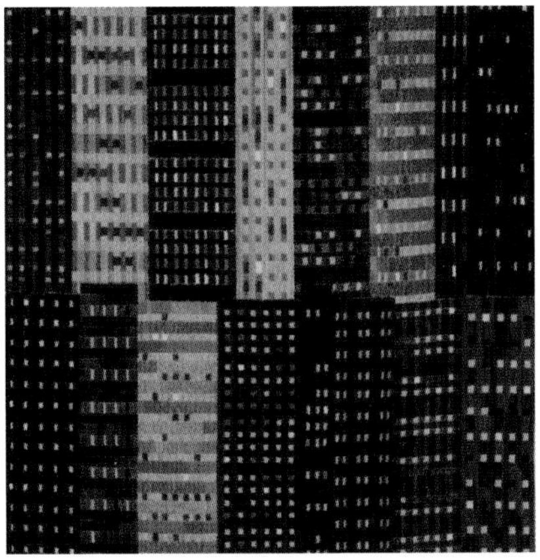
5207

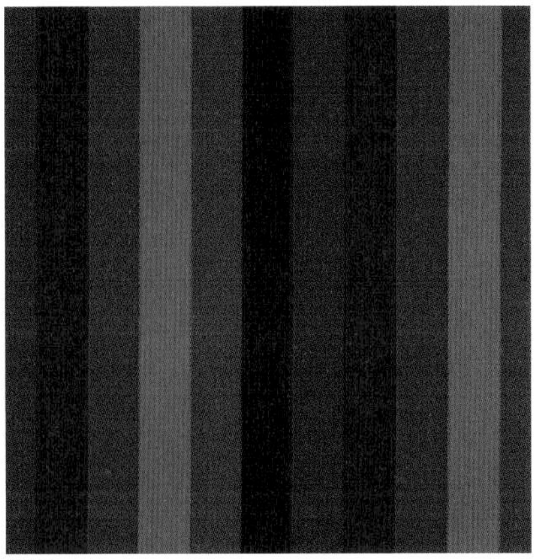
5208

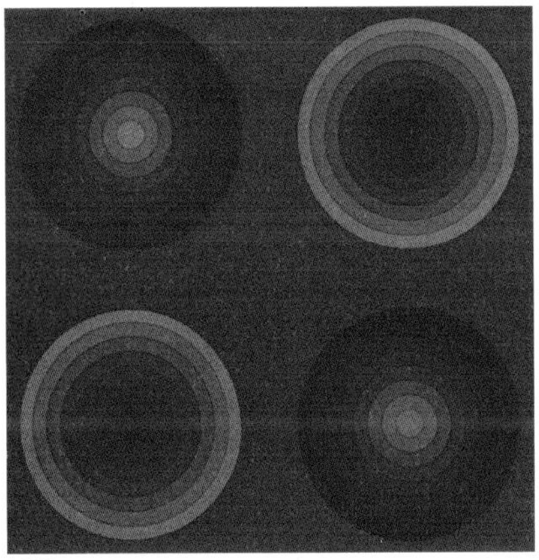
5209

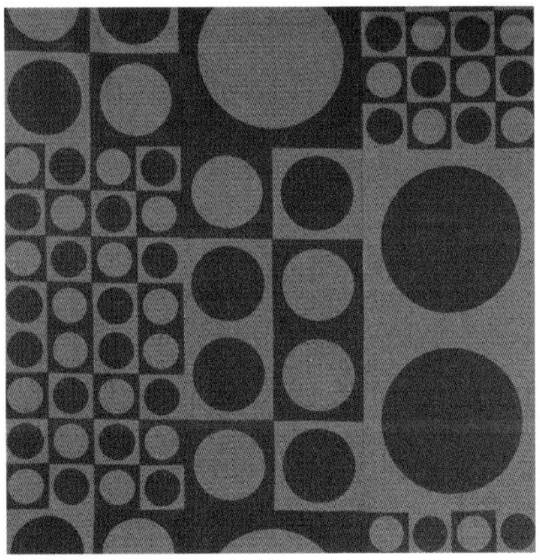
5210

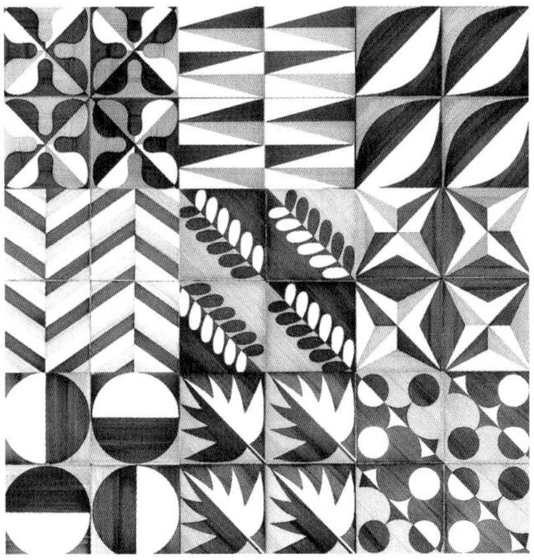
5211

아스트리드 삼페

Astrid Sampe, 1909~2002

아스트리드 삼페는 스웨덴의 섬유 디자이너로, 실용성과 미학을 결합한 디자인을 선보인 인물이다. 그녀는 스톡홀름과 영국에서 공부했으며, 스웨덴의 유명 백화점 NK(Nordiska Kompaniet)의 섬유 부서에서 경력을 쌓았다. 그녀는 1935년대에 NK에 근무하기 시작하여 섬유 부서의 책임자가 되었고, 1971년까지 일했다. 그녀는 건축가, 예술가 등 다른 분야의 디자이너와의 협업을 주도했으며, 1937년 파리박람회와 1939년 뉴욕박람회 등 국제 전시에서 공동으로 전시하여 큰 성공을 거두었다. 아스트리드 삼페는 전통을 보존하면서도 섬유를 현대화하는 데 기여했으며, 대표작인 1940년대의 'String' 커튼과 1950년대 'H55 전시회'에서 스웨덴 디자인의 혁신성과 실용성을 국제적으로 알리는 데 큰 역할을 했다. 그녀의 작업은 단순함, 기능성, 자연에서 영감을 받은 디자인으로 색감, 질감, 패턴을 실험적으로 사용하면서 일상에서 사용할 수 있는 아름다운 섬유 제품을 창조했다.

5202
아스트리드 삼페 Astrid Sampe, Fabric Sample 'Chestnut', 1938, 제조사 Borås Wäfveri AB, Borås, Sweden

5203
아스트리드 삼페, Furnishing Fabric Modulor, 1953
제조사 Ljungbergs Textiltryck AB, Floda, Sweden

5204
아스트리드 삼페, Furnishing Fabric Lazy Lines, 1954
제조사 Knoll International Ltd, Förenta staterna

5205
아스트리드 삼페, Fabric Print, Stockholm's Coat of Arms, Saint Eric, 제조사 Nordiska Kompaniets Textilkammare, Stockholm, Sweden

5206
비올라 그라스텐 Viola Gråsten, Rug 'Mendoza', 1952

5207
잉리드 데사우 Ingrid Dessau, Hanging 'Manhattan', 1953
제조사 Kristianstads läns hemslöjdsförening, Kristianstad, Sweden

5208
알렉산더 지라드 Alexander Girard, Jacob's Coat, 1955
제조사 Herman Miller Furniture Company

5209
베르너 팬톤 Verner Panton, Fabric Length, 1969
제조사 Mira-X AG

5210
베르너 팬톤, Curtain, 1960, 제조사 Unika-Væv

5211
지오 폰티 Gio Ponti, 타일 디자인 'd'Agostino Ceramic Tiles' 1964

미드 센추리 모던 그래픽과 타이포
Mid-Century Modern Graphics and Typography

군수품과 전쟁 물자의 생산으로 경제 부흥기를 맞이한 미국에서는, 전쟁을 피해 이주해 온 디자이너들과 인쇄 기술 및 재료의 발전에 힘입어 다양한 그래픽 형식이 축적되었다. 인쇄 방식은 레터 프레스(활판 인쇄)에서 리토 그래피(석판 인쇄)로 변화했으며, 이러한 변화는 모더니즘 초기의 전통적인 잡지 광고부터 기업 광고까지 폭넓게 적용되었다.

1950년대에는 미국의 소비자 붐으로 소비문화가 확장되면서, IBM과 웨스팅하우스 등 기업을 위한 상징적인 시각 정체성 디자인이 활발히 제작되었다. 폴 랜드는 현대 예술의 개념을 그래픽 디자인에 통합하여 기업 광고에 적용했다.
20세기 중반의 그래픽 디자인은 엄격한 기계주의 모더니즘을 다양한 예술, 문화, 기술, 매체와 통합하여 다양성을 실현했다. 특히, 1960년대 초는 영화와 텔레비전 등 커뮤니케이션 매체가 크게 확장되고 성장한 시기로, 솔 배스는 영화 포스터 디자인을 혁신하며 이 분야에 새로운 기준을 제시했다. 울름 조형대학의 막스 빌과 오틀 아이허는 그래픽 디자인에 기호학적 접근을 시도했으며, 1972년 뮌헨 올림픽 포스터와 픽토그램을 통해 혁신적인 전형을 탄생시켰다. 이탈리아에서는 스위스 국제주의 양식과 차별화된 유연한 형식의 올리베티사의 그래픽 디자인을 선보였으며, 프랑스는 전통을 유지하면서도 독자적인 양식으로 그래픽을 표현하는 예술적 방향을 모색했다. 국제양식을 선도했던 스위스 스타일은 점차 몰개성으로 인해 입지를 잃어갔으며, 이후 베이비 붐 세대의 등장과 함께 앤디 워홀의 작품에서 영감을 받은 팝 스타일로 그래픽 디자인의 흐름이 전환되었다.

타이포그래피 분야에서도 새로운 시대정신을 반영한 서체 개발과 실험적인 배열을 통해 독특한 개성을 표현하려는 시도가 활발해졌다. 1960년대에는 광학 식자 방식인 포토 타이핑 시스템의 부상으로 전통적인 금속 활자 방식이 쇠퇴하게 되었다. 이로써, 인쇄 방식의 변화는 서체 디자인의 혁신을 가져왔고, 광고 분야에서는 재치 있는 헤드라인과 간결한 레이아웃을 사용하는 접근이 나타났다. 이 시기의 그래픽 디자인은 방식과 표현에서의 다양성을 발견했으며, 시각적 메타포의 활용으로 대변되는 그래픽 디자인의 황금기를 이끌었다.

오틀 아이허

Otl Aicher, 1921~1991, 독일, 디자이너, 타이포그래퍼

오틀 아이허는 독일 출신의 디자이너로 뮌헨 미술 아카데미에서 조각을 공부했다. 그는 잉게 숄, 막스 빌과 함께 울름 디자인 학교를 설립했다. 또한, 브라운과 루프트한자의 기업 아이덴티티 및 로고 디자인에 기여하며 기업 브랜딩과 디자인 분야의 선구자로 활동했다.
1972년 뮌헨 올림픽 디자인팀을 이끌면서, 올림픽 로고와 21개의 스포츠 포스터, 픽토그램을 디자인한 것은 오틀 아이허의 대표적인 작업으로 꼽힌다. 이때 제작한 픽토그램 세트는 이후 미국 교통부의 DOT 픽토그램에 영향을 미쳤으며, DOT 픽토그램은 전 세계에서 사용되어 왔다. 1980년에는 부르타우프 주방 제조업체의 컨설턴트로 활동했으며, 'Rotis로티스' 서체 디자인, 콘스탄츠 대학교와 뮌헨 공항의 로고를 디자인을 하며, 그래픽 디자인과 타이포그래피에 업적을 남겼다.

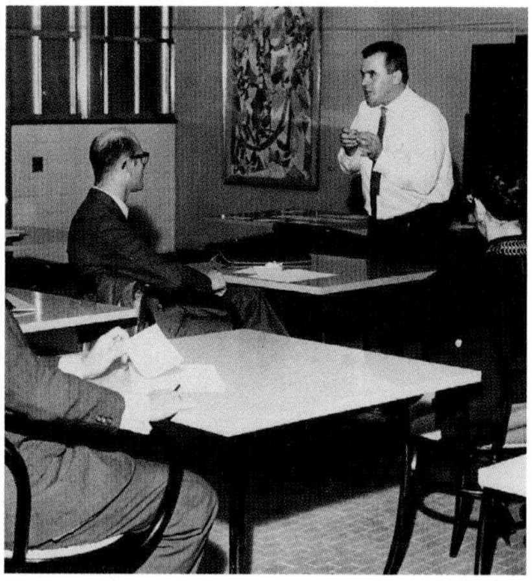

5212

5212
오틀 아이허 Otl Aicher, 1959

5213
오틀 아이허 München Olympic Logo, 1972

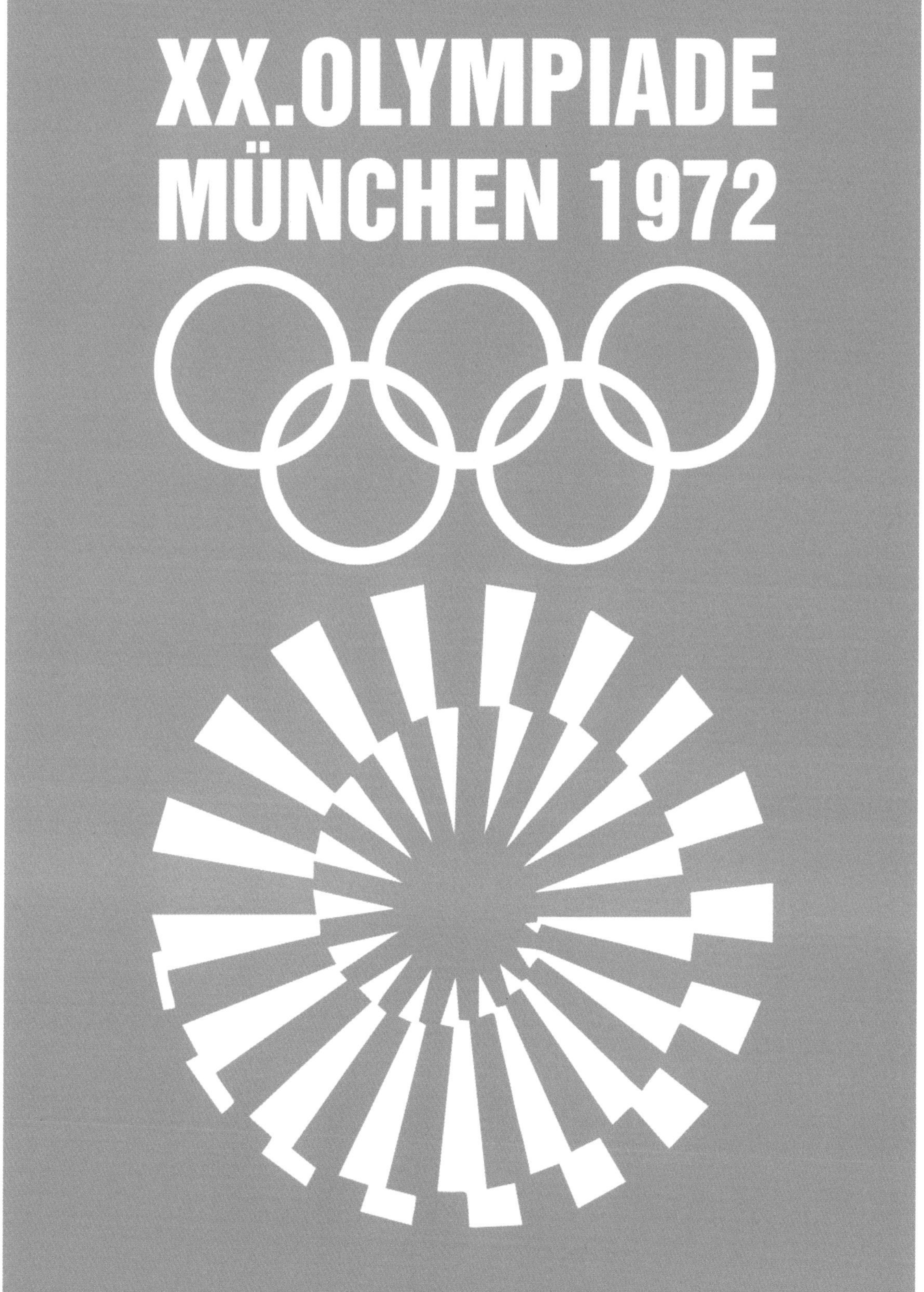
XX.OLYMPIADE
MÜNCHEN 1972

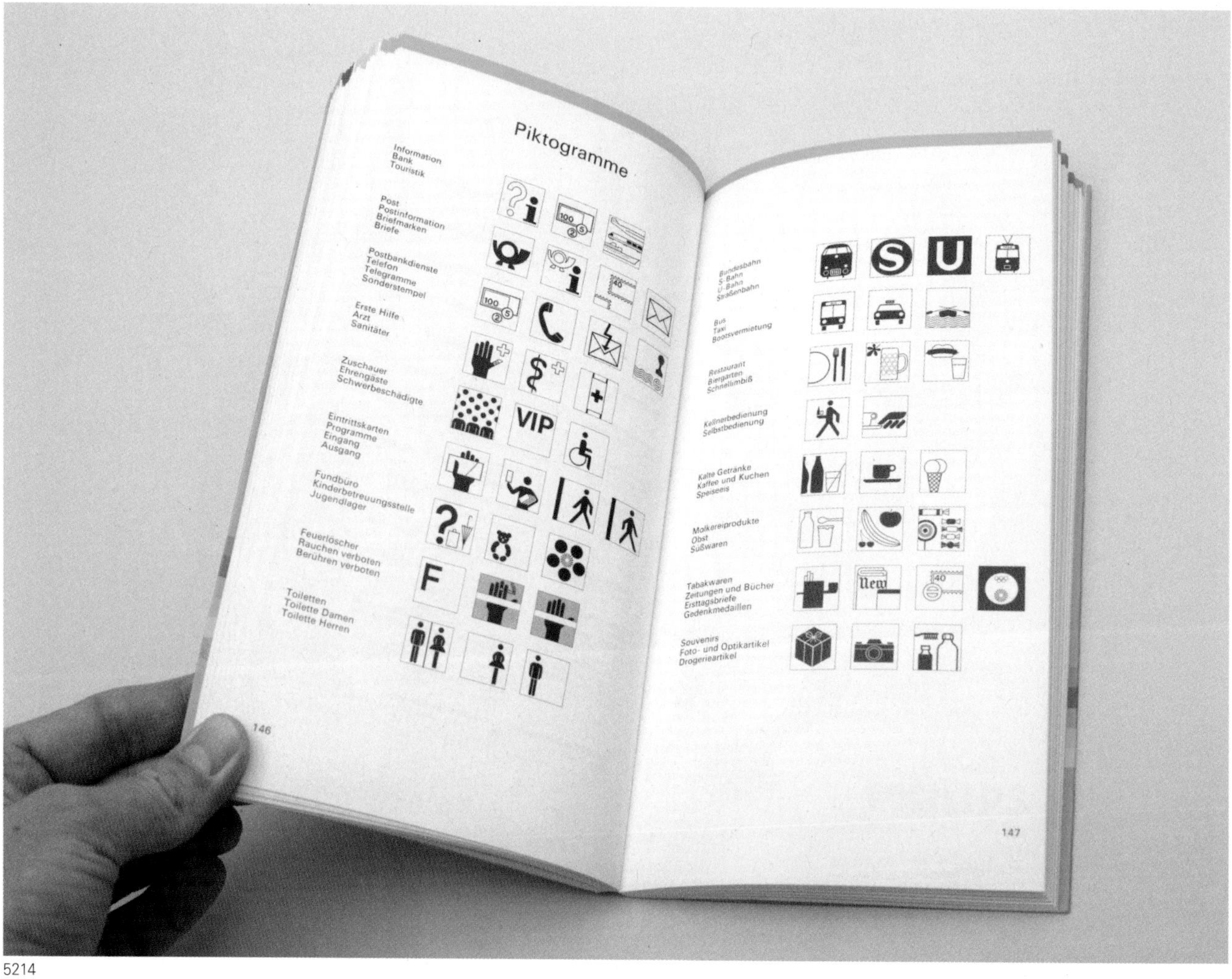

5214

뮌헨 올림픽 포스터와 픽토그램

München Olympic Poster & Pictogram

오틀 아이허는 1972년 뮌헨 올림픽의 수석 디자이너를 맡아 올림픽 그래픽 디자인의 '시각적 정체성Visual Identity' 작업을 주도했다. 그의 작업은 모더니즘의 원칙을 따르면서, 도상학적 접근을 바탕으로 올림픽의 다양한 글로벌 정체성을 시각화했다. 강렬한 색상과 기하학적 형태를 사용하여 올림픽 로고, 포스터, 픽토그램을 디자인했으며, 게임 디자인에는 알프스의 색조를 반영했다. 픽토그램은 단순하고 기하학적인 형태로 각 종목의 본질을 명확하게 전달하도록 설계되었으며, 언어의 장벽을 넘어 국제적인 행사에서 명확한 소통을 가능하게 했다. 뮌헨 올림픽 작업은 국제적인 스포츠 행사에서 시각적 언어의 명료함과 범용성에 대한 새로운 표준을 제시했으며, 오늘날 공공장소나 대형 행사에서 널리 활용되는 시각적 언어의 기준이 되었다.

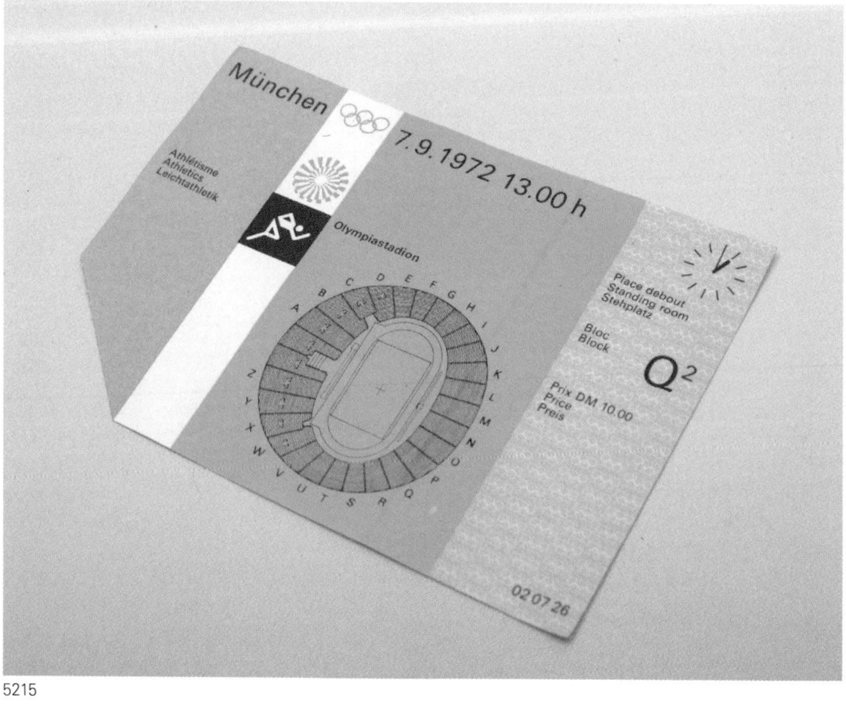

5215

5214
오틀 아이허, Official Olympic Guide, 1972

5215
오틀 아이허, München Olympic Ticket (Athletics), 1972

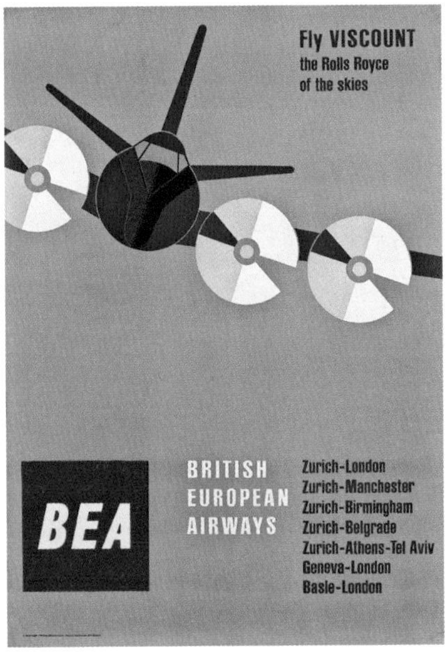

5216

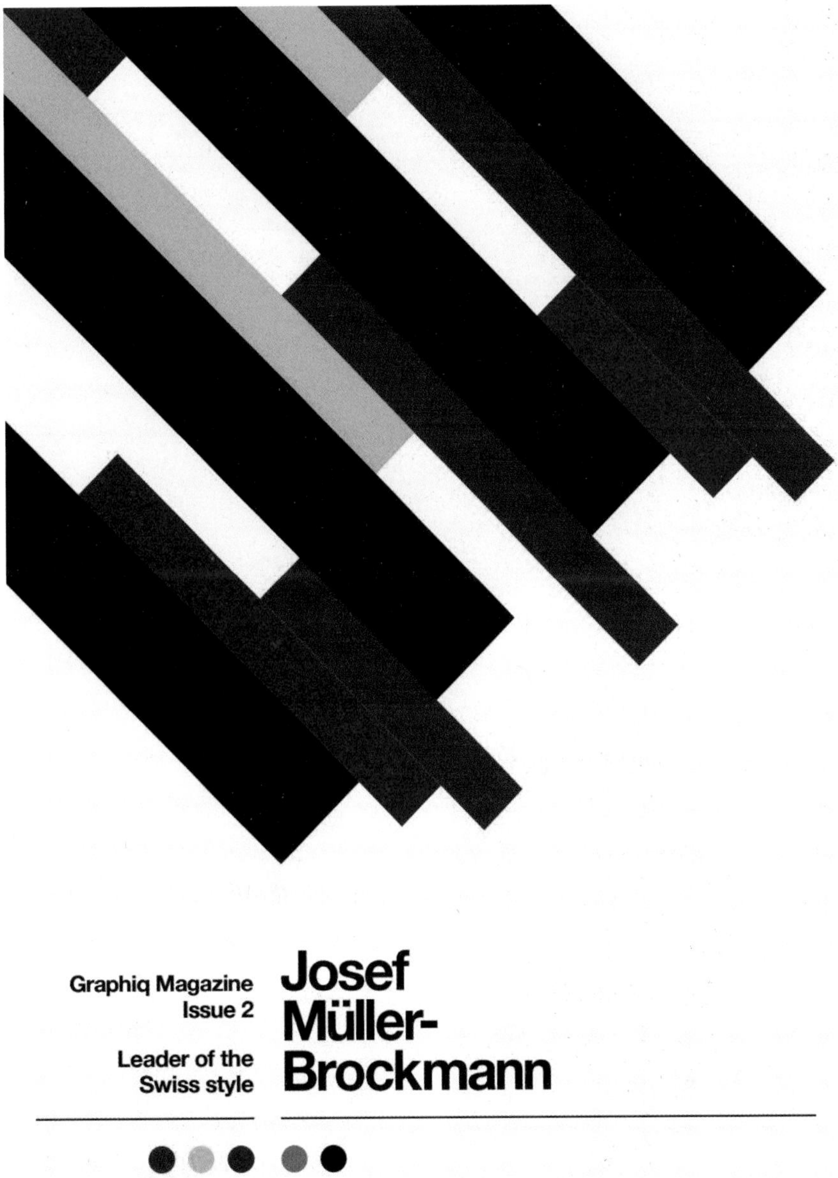

5217

5216
요제프 뮐러 브로크만 Josef Müller-Brockmann
BEA, Fly Viscount - The Rolls Royce of the Skies 1956
British European Airways(BEA) 항공사의 광고이다.

5217
요제프 뮐러 브로크만, Poster for the Tonhalle House, 1957

요제프 뮐러 브로크만은 그리드 시스템을 이용해 디자인의 질서와 일관성을 표현했다. 그리드 시스템은 페이지나 포스터 등의 디자인 요소를 수평과 수직의 선으로 나누어 텍스트와 이미지를 체계적이고 균형 있게 배치하는 방법으로, 시각적 혼란을 줄이고 정보를 명확하게 전달할 수 있게 한다.

5618
에밀 루더 Emil Ruder, Typographie, 1967

에밀 루더는 스위스 출신의 그래픽 디자이너로, 스위스 스타일의 주요 인물이다. 바젤 디자인 학교에서 타이포그래피를 가르쳤으며, 이 책은 타이포그래피 디자인에 대한 에밀 루더의 철학과 방법론을 집대성한 중요한 작품이다.

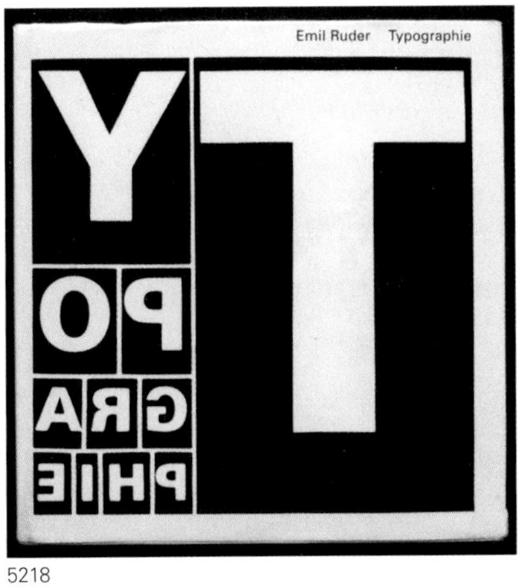

5218

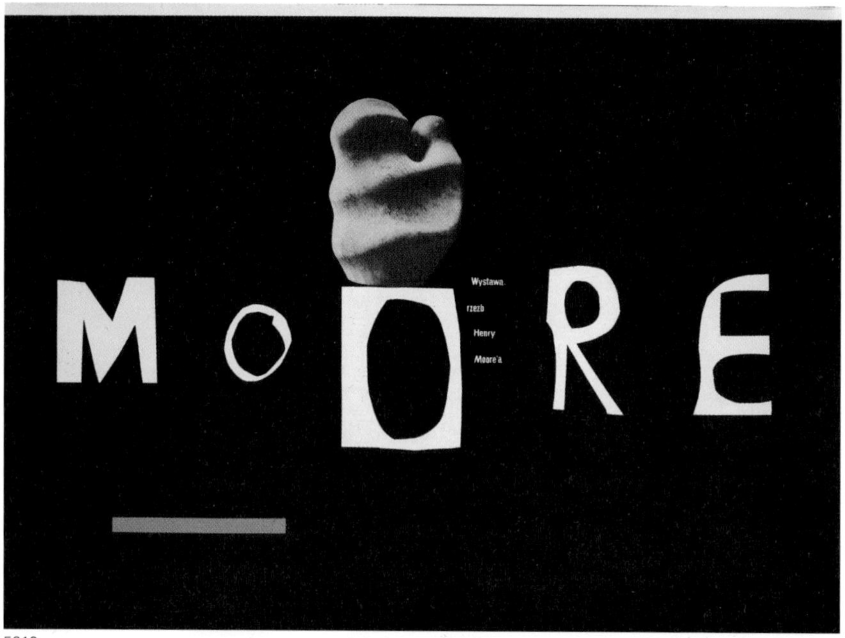

5219

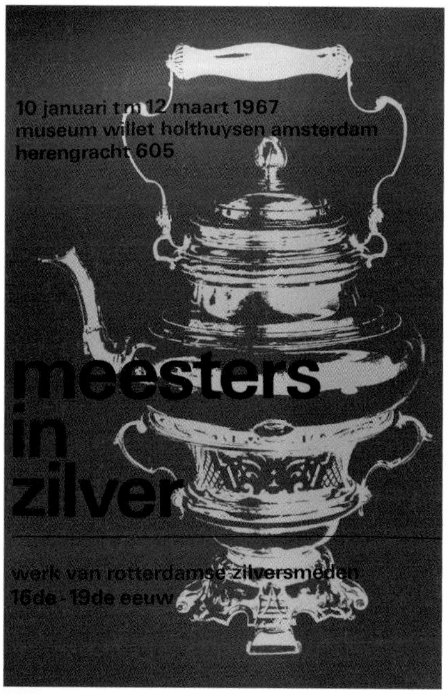

5220

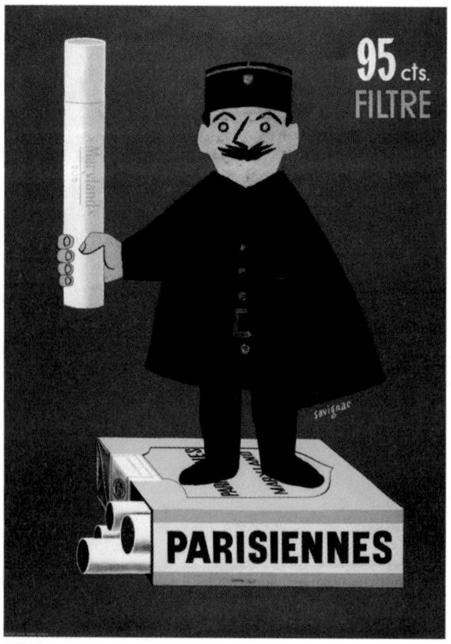

5221

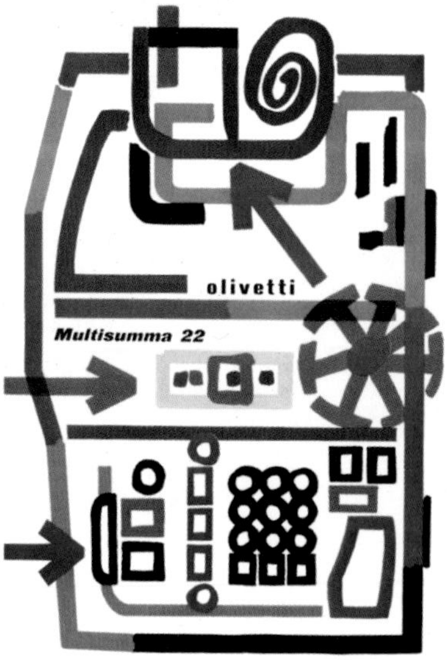

5222

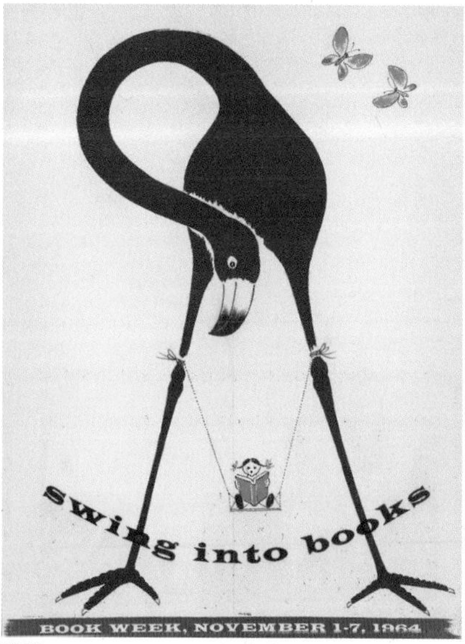

5223

5219
헨리크 토마스제비스키 Henryk Tomaszewski
Moore. Wystawa rzeźb Henry Moore'a 포스터, 1959
Henry Moore의 조각 전시회 포스터

5220
빔 크라우얼 Wim Crouwel
'Meesters in zilver' 전시회 홍보 포스터, 1967

빔 크라우얼은 국제 타이포그래피 스타일과 기능주의 규범을 충실히 반영한 스타일로 스키폴 공항의 표지 시스템을 디자인한 인물이다.

5221
레몽 사비냑 Raymond Savignac
95 cts filtre Parisiennes, 1951, 담배 광고

레몽 사비냑은 일상에 지쳐 있는 대중이 광고를 통해 일상의 즐거움을 줄 수 있어야 한다고 생각했으며, 그의 작품은 이러한 그의 생각을 엿볼 수 있다.

5222
조반니 핀토리 Giovanni Pintori
'Olivetti' 광고 포스터

조반니 핀토리는 1950년부터 1968년까지 올리베티사의 상품 포스터를 지휘하며, 제품명으로만 제품을 설명하는 모호하고 시적인 분위기의 포스터를 디자인했다. 마르첼로 나초렐리, 레몽 사비냑, 밀턴 글레이저, 장미셸 폴롱도 올리베티사의 포스터 작업에 참여했다.

5223
부르노 무나리 Bruno Munari
'Swing into books' 포스터, 1964

5224
아르민 호프만 Armin Hofmann
예술 및 공예 박물관을 위한 전시 포스터, 1951

5225
솔 배스 Saul Bass
Poster 'The Man with the Golden Arm', 1955

5226
에릭 니체 Erik Nitsche
'Exploring the Universe - First Steps Into Space' 광고

이 포스터는 우주 탐사와 인간이 우주로 첫 발걸음을 내딛는 역사적 순간을 기념하며, 우주, 로켓, 인공위성 등의 모티프를 사용해 당시 항공 우주 기술의 발전과 인류의 우주 탐험에 대한 포부를 시각적으로 표현했다.

5227
에릭 니체
'General Dynamics - Basic Forces' 광고

General Dynamics가 다루는 물리적 힘과 과학적 원리를 시각적으로 표현하여, 에너지, 역학, 원자력 등의 개념을 추상적이고 기하학적인 디자인으로 담아냈으며, 이 회사가 기술과 과학의 최전선에서 활동하고 있음을 강조했다.

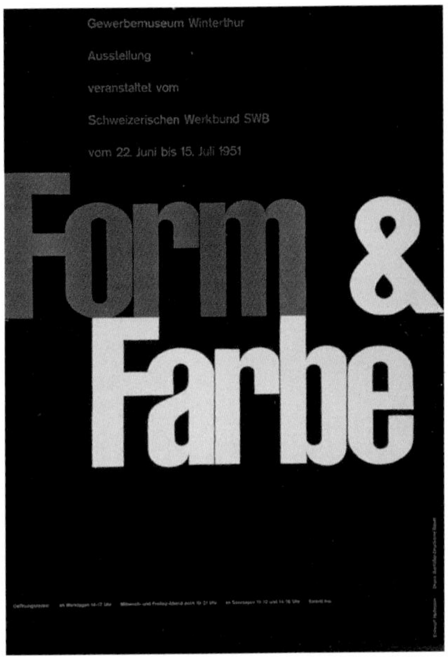

5224

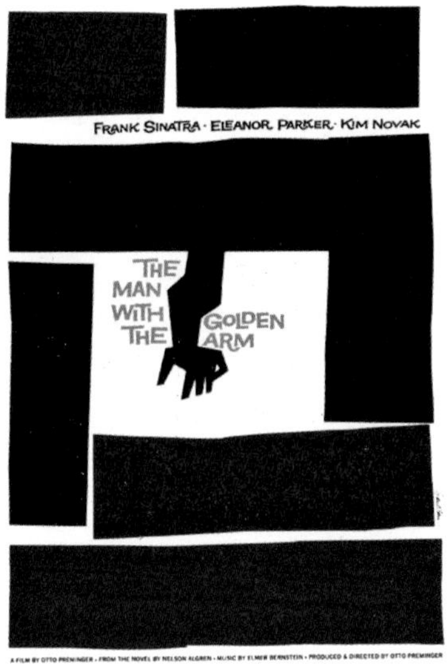

5225

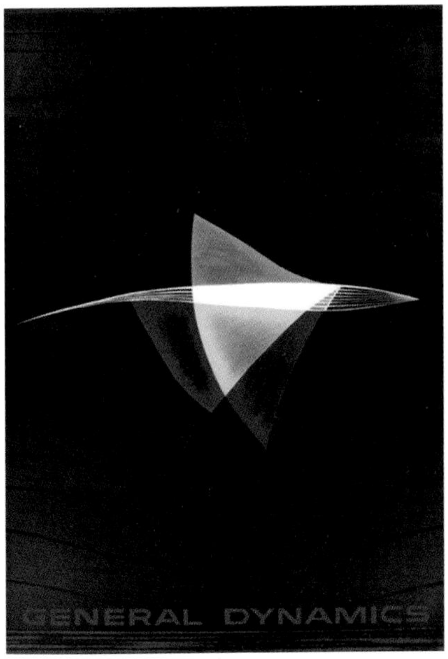

5226

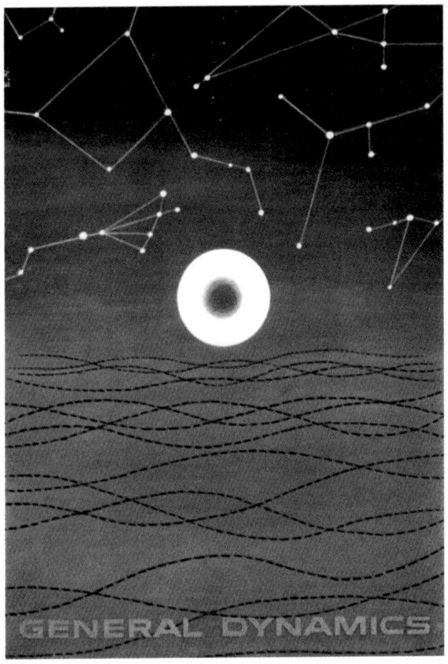

5227

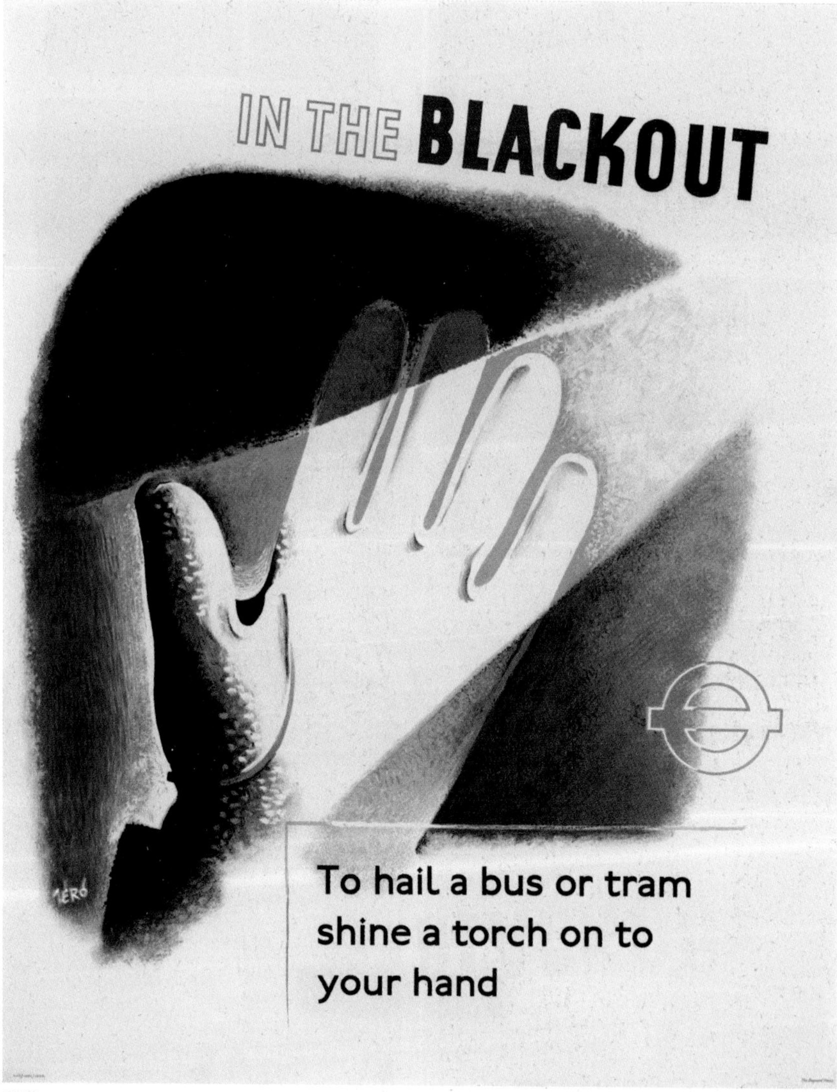

5228
안티 누르메스니에미 Antti Nurmesniemi
Design in Scandinavia 68, 1951
제작사 Victor Pettersons Bokindustri

펭귄 북스
Penguin Books

펭귄북스는 1935년에 설립된 회사로, 당시의 무거운 양장복과 달리 책을 가볍게 들고 다닐 수 있도록 디자인하여 독서에 대한 새로운 접근 방식으로 인기를 끌었다. 초기 로고는 에드워드 영이 디자인한 펭귄 스케치에서 시작되었으며, 간결하고 직관적인 로고와 오렌지 색상의 레이아웃이 상징이 되었다. 초반에는 디자인의 일관성이 부족했으나, 1947년 얀 치홀트를 영입하여 통일된 타이포그래피와 레이아웃을 정립했다. 얀 치홀트는 책의 구성, 크기, 폭, 타이틀 위치 등을 통일시키는 '펭귄북스 구성 법칙'을 만들었고, 단순하면서도 정보 전달력이 뛰어난 타이포그래피와 레이아웃을 정립했다. 그의 디자인 혁신은 펭귄북스의 명성을 높였고, 펭귄북스는 책 읽는 문화를 대중화시키며 강력한 브랜드 정체성을 구축하는 데 성공했다.

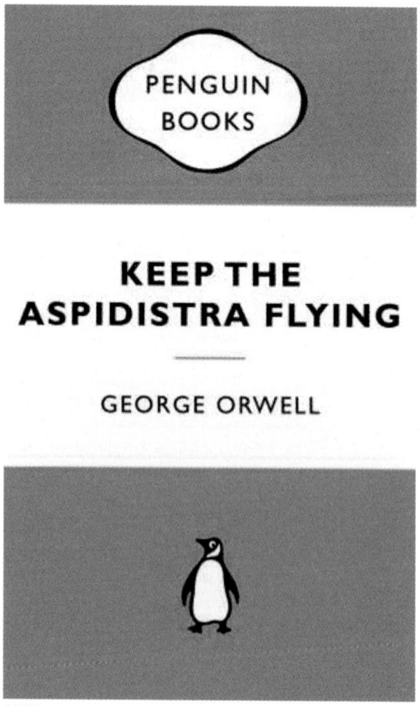

5229
얀 치홀트 Jan Tschichold
Penguin Books 표지, 1947

페스티벌 오브 브리튼
Festival of Britain

1951년 영국에서 열린 '페스티벌 오브 브리튼Festival of Britain'은 전후 복구와 국민적 자긍심을 고취하기 위한 대규모 전시회 및 축제였으며, 영국의 문화, 예술, 산업 디자인의 현대성을 선보이는 중요한 이벤트였다. 아브람 게임스는 이 행사를 위해 공식 포스터를 디자인했으며, 그의 대표적인 작업 중 하나이다.
게임스가 디자인한 '페스티벌 오브 브리튼' 포스터는 당시의 현대적이고 진보적인 영국을 상징하는 이미지로, 영국 국기의 색상을 활용한 세련되고 간결한 디자인이 특징이다. 이 포스터의 중앙에는 나침반과 비슷한 모양이 사용되었으며, 이 모티프는 새로운 시대를 향한 영국의 방향성과 탐험 정신을 상징한다. 그 아래에는 '1951'이라는 연도가 큼직하게 표시되어, 페스티벌의 현대적이고 긍정적인 이미지를 효과적으로 전달하며, 당시의 사회적·문화적 분위기를 반영한다.

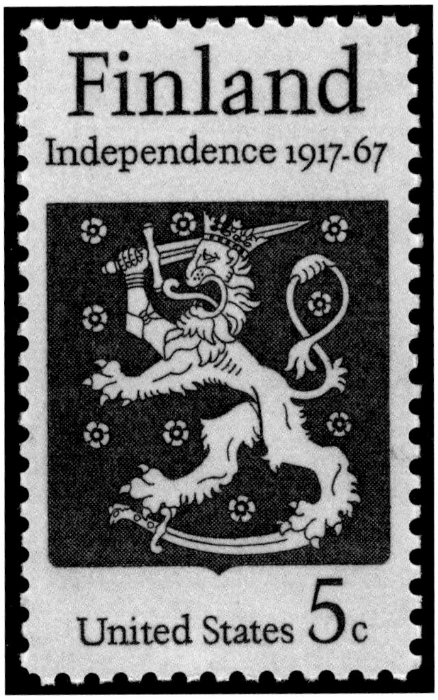

5230
브래드버리 톰슨 Bradbury Thompson
핀란드 독립 50주년 기념 5센트 미국 우표, 1967

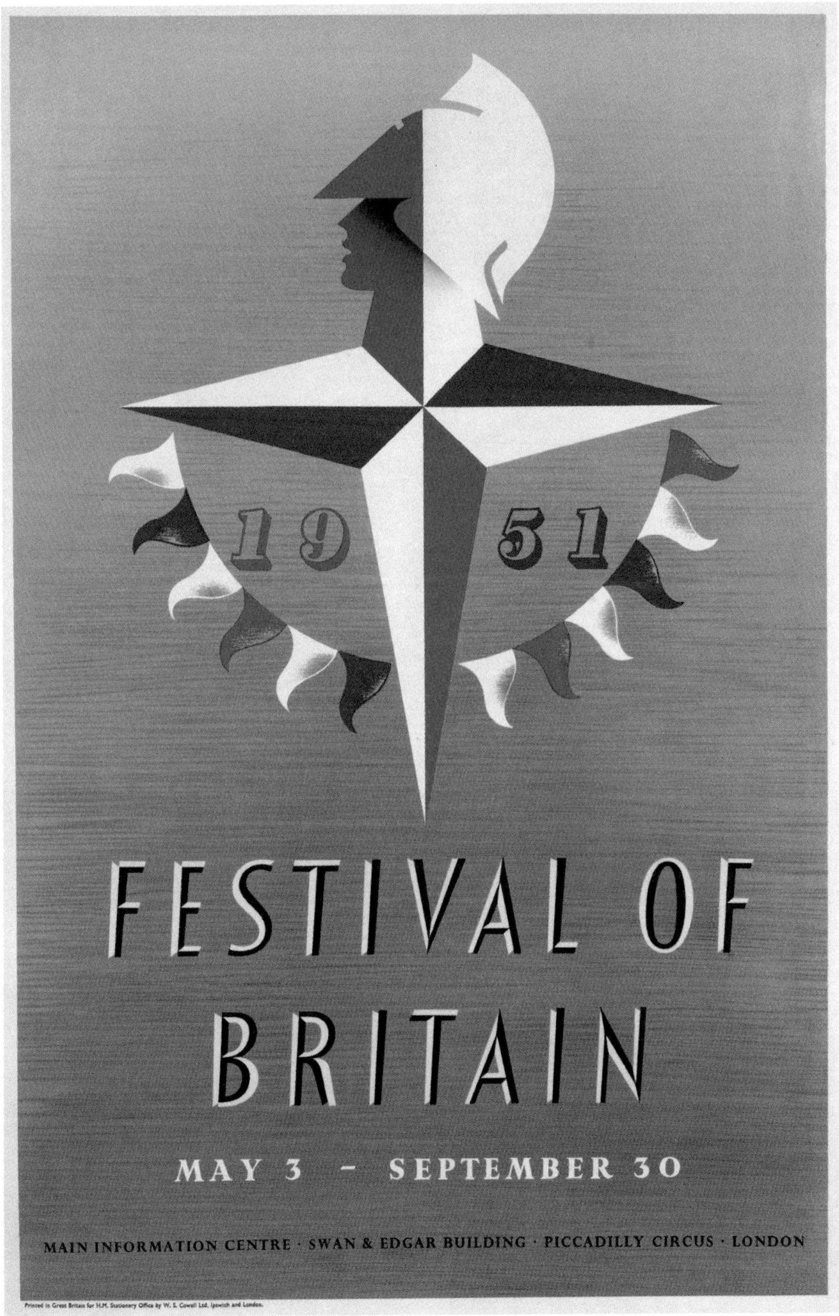

5231
아브람 게임스 Abram Games
Festival of Britain, 1951

5232
장 카를뤼 Jean Carlu
America's Answer! Production 포스터, 1942
제2차 세계대전 동안 미국의 산업 생산 증대의 중요성을 강조하기 위해 제작된 선전 포스터이다.

5233
장 카를뤼, Give 'em both barrels, 1941
전쟁 중 미국의 산업 생산의 중요성을 강조하는 포스터로, 군인과 노동자가 함께 국가를 위해 노력해야 함을 상징적으로 보여준다.

5234
폴 랜드 Paul Rand, Eye Bee M Rebus Log

5235
폴 랜드, IBM Logo, 1972

5236
레이먼드 로위 Raymond Loewy
Cigarette pack 'Lucky Strike', 1942
제조사 American Tobacco Company

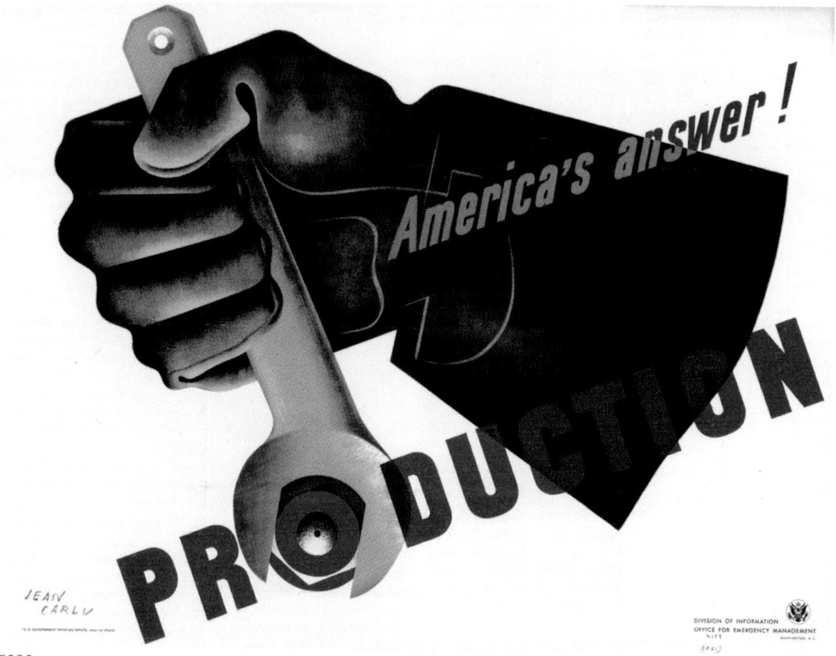

5232

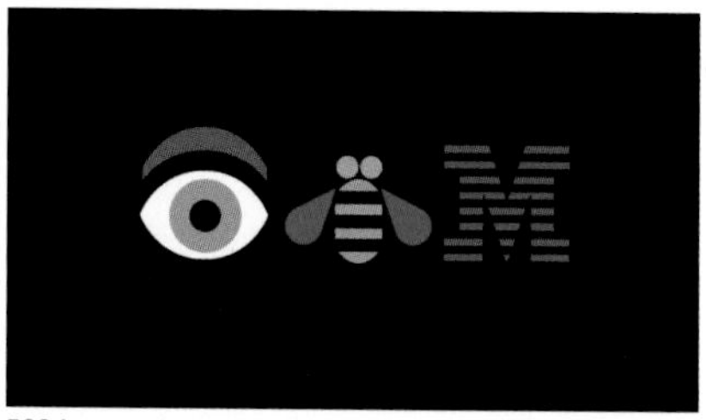
5234

5235

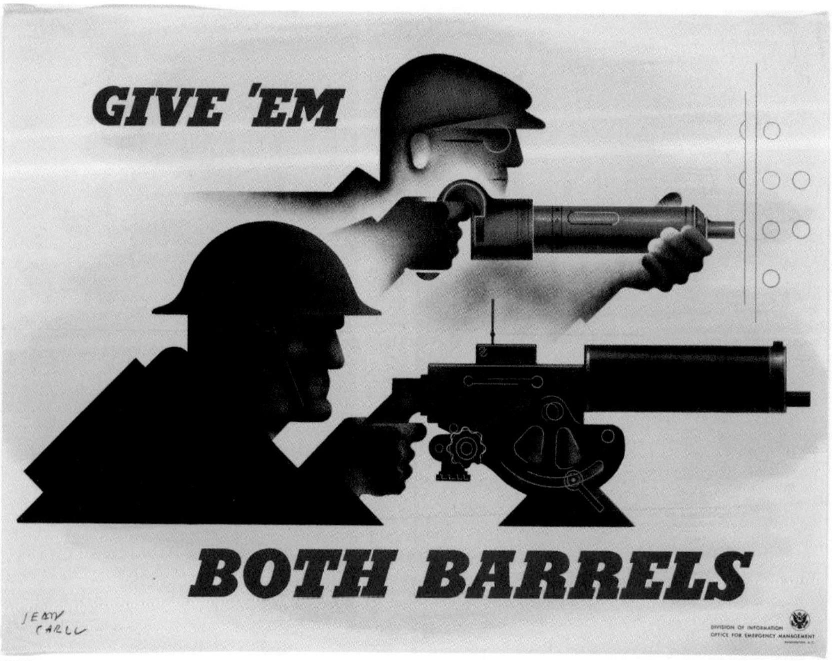

5233

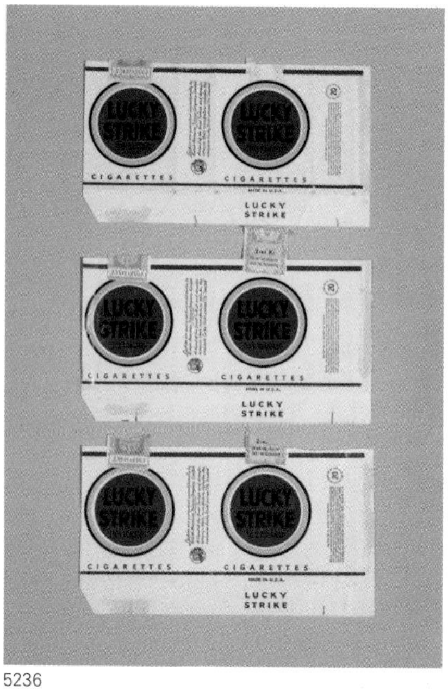

5236

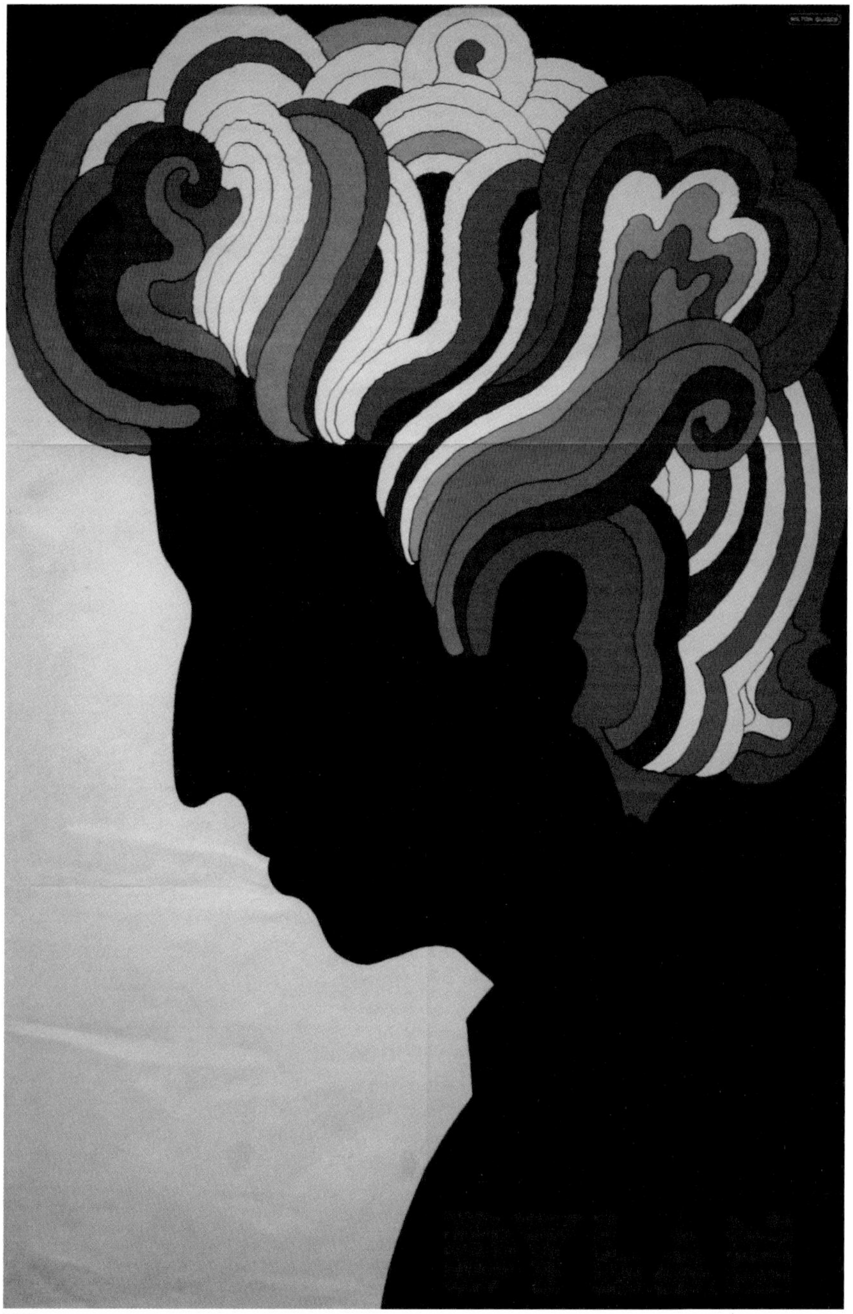

5237

밀턴 글레이저

Milton Glaser, 1929~2020, 미국
그래픽 디자이너, 타이포그래퍼, 교육자

밀턴 글레이저는 그래픽 디자이너, 타이포그래퍼, 예술 교육자로 활동한 인물로 대표작으로 'I ♥ NY', '밥 딜런' 포스터, 올리베티 타자기의 그래픽 디자인이 있다. 그는 전통을 거부하고 역사적인 양식에 활력을 불어넣어, 작품을 간결하고 직관적이며 대담한 색채와 형태로 표현했다. 뉴욕의 범죄율 증가와 재정적 어려움을 타개하고, 뉴욕에 관광객을 유치하기 위해 고안된 'I ♥ NY'은 문자 'NY' 위에 쌓여 있는 뉴욕의 이미지를 표현했다. 밀턴 글레이저는 뉴욕에 대한 애정으로 이 로고가 공공재로 널리 사용되기를 바라며 무료로 디자인해 주었고, 이 로고는 대중문화의 아이콘이 되었다. 밀턴의 디자인은 감정과 메시지를 전달하는 강력한 수단임을 증명했으며, 디자인의 사회적, 문화적 영향력에 대한 깊은 이해와 통찰력을 보여주었다.

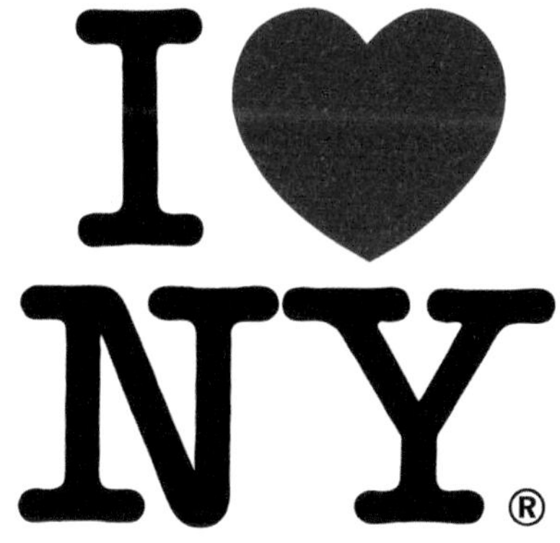

5238

5237
밀턴 글레이저 Milton Glaser, '딜런Dylan' 포스터, 1967

5238
밀턴 글레이저, I Love New York 로고, 1977

'딜런' 포스터

'Dylan' Poster

밀턴 글레이저의 밥 딜런 포스터는 1967년 밥 딜런의 'Bob Dylan's Greatest Hits' 앨범의 보너스 아이템으로 포함되었으며, 당시 새로운 형태의 예술 작품으로 평가받았다. 글레이저는 마르셀 뒤샹의 자화상에서 영감을 받아, 파도처럼 소용돌이치는 곱슬머리는 채도가 높은 색상으로 표현하여 배경의 색상과 강한 대비를 주었다. 이 포스터는 전 세계적으로 600만 부 이상 배포되며 인기를 얻었으며, 아마존 열대우림의 오두막에서도 발견될 정도로 큰 영향력을 보여줬다.

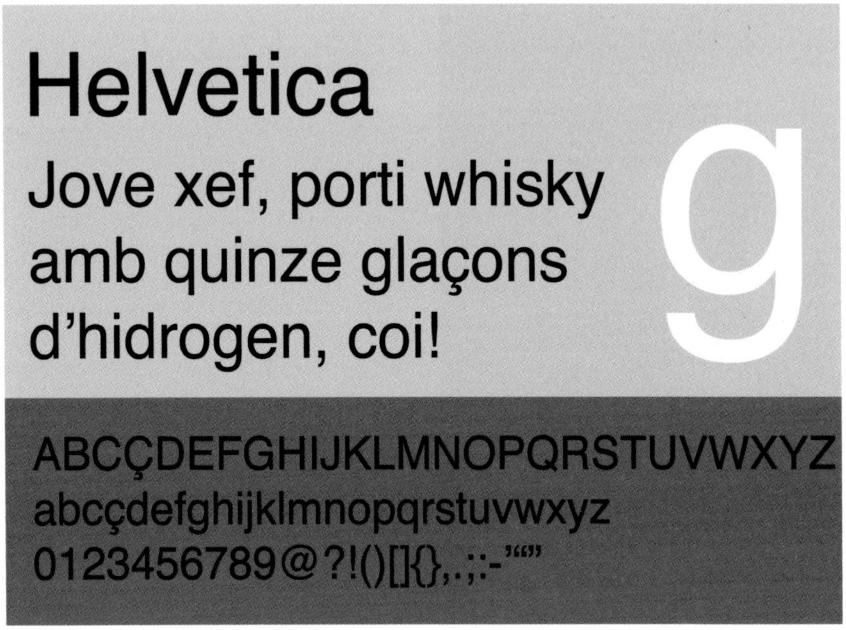

5239

'Helvetica' 서체

헬베티카는 20세기 중반 스위스에서 개발된 산세리프 서체로, 1950년대와 1960년대에 국제 타이포그래피 스타일을 대표하며 널리 유행했다. 이 서체는 객관성, 가독성, 그리고 명료한 정보 전달을 강조하며, 로고, 신호 체계, 광고 등 다양한 매체에서 활용되었다.

스위스 디자인의 기능주의와 미니멀리즘을 반영한 헬베티카는 깨끗하고 간결한 라인, 일정한 글자 두께, 그리고 수직선과 수평선의 조화로운 디자인이 특징이다. 또한, 다양한 두께와 스타일이 제공되어, 다양한 맥락과 언어 등 복잡한 상황에서도 유연하게 대응할 수 있다.

이러한 특징들은 헬베티카가 시각 커뮤니케이션과 디자인의 중요한 요소로 자리 잡게 한 요인으로 볼 수 있다.

막스 미딩거

Max Miedinger, 1910~1980, 스위스, 타이포그래퍼

막스 미딩거는 스위스 출신의 타이포그래퍼로, 1920년대와 1930년대에 활자 디자인 분야에서 명성을 쌓았다. 1957년에 탄생한 그의 대표작 Neue Haas Grotesk 서체는 나중에 헬베티카로 명칭이 변경되어 전 세계적으로 널리 사용되는 서체가 되었다.

미딩거는 취리히의 Kunstgewerbeschule에서 타이포그래피와 활자 디자인을 깊이 있게 연구했으며, 이를 통해 자신만의 독특한 디자인 철학을 구축했다. 그는 단순함과 기능성을 중시하는 스위스 디자인의 전통을 계승하면서도, 자신의 혁신적인 시각을 타입페이스 디자인에 반영했다. 주요 작품으로는 Helvetica Monospace, Helvetica Inserat, Swiss 721 BT 등이 있다

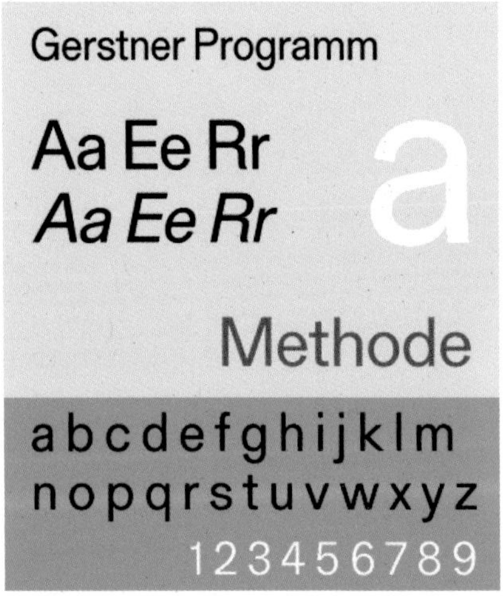

5240

'Gerstner Programm' 서체

카를 게르스트너Karl Gerstner는 스위스 후기 구성주의 화파인 구체 미술 화가 출신으로, 수학적 개념과 체계를 이용했다. 특히, 페이지를 통제하는 '그리드'를 발전시켜, 레이아웃, 도표, 그림 등의 비례를 맞추는 조절기처럼 사용했다. '게르스트너 프로그램Gerstner Programm' 서체는 그래픽 디자인에 시스템적 사고와 구조주의적 접근을 도입했으며, 디지털 타이포그래피와 디자인 소프트웨어 발전에 중요한 기반을 제공했다. 표준화된 글자 폭과 높이를 사용해 모든 문자와 기호가 서로 교환 가능하도록 설계되었으며 기능성과 구조적 아름다움을 강조했다.

얀 치홀트

Jan Tschichold, 1902~1974, 스위스, 타이포그래퍼

얀 치홀트는 1923년 바이마르 바우하우스 전시회를 방문한 후 기능주의 모더니즘을 수용하게 되었으며, 모더니즘의 주요 대변인으로 자리 잡았다.

1925년에 『Elementare Typografie』에서 현대 타이포그래피의 원칙을 제시하며, 모던 타이포그래피 운동의 기반을 마련했다. 또한, 영국에 머무르면서 펭귄 북스의 500여 개 페이퍼백 디자인을 감독했다. 이 책은 오늘날에도 널리 채택되는 디이포그래피의 규식을 세성하는 데 중요한 역할을 했다. Transit(1931), Saskia(1931/1932), Zeus(1931), Uhertype-Standard-Grotesk(1931), Sabon(1966/1967)는 얀 치홀트가 디자인한 서체로 그는 기하학과 비례에 대한 관심을 바탕으로 디자인했다.

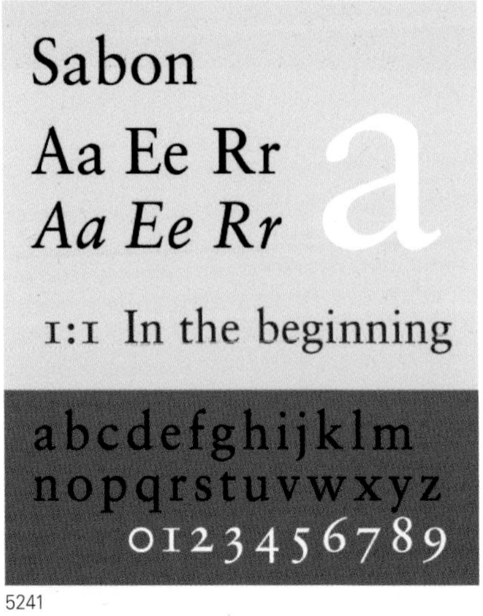

5241

'Sabon' 서체

'사봉Sabon' 서체는 1964년 얀 치홀트가 디자인한 클래식한 세리프 서체로, 16세기 프랑스 인쇄업자인 클로드 가라몽Claude Garamon의 작업에서 영감을 받았다. 과거의 클래식한 디자인 원리와 현대적인 요구 사이의 균형을 이루는 상징적인 서체로, 20세기 중반 타이포그래피의 중요한 전환점이 되었다.

이 서체는 전통적인 스타일을 유지하면서도 현대적인 기술과 트렌드에 부합하는 디자인을 추구하며, 우아한 세리프, 균형 잡힌 구조, 세련된 라인은 책과 잡지와 같은 인쇄 매체에서 탁월한 가독성과 미적 아름다움을 제공한다.

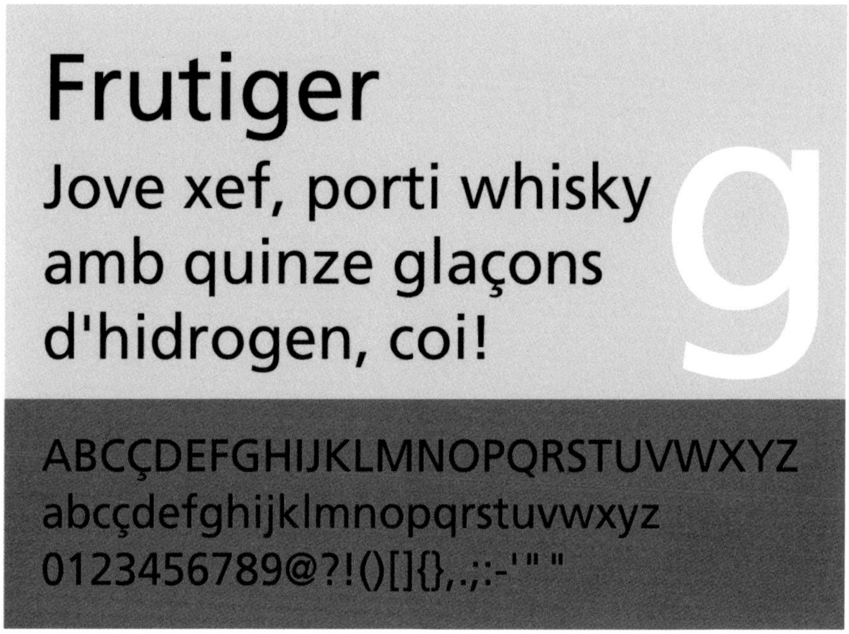

5242

아드리안 프루티거

Adrian Frutiger, 1928~2015, 스위스
타이포그래퍼, 디자이너

아드리안 프루티거는 스위스 베른 주 운터제엔에서 태어난 직조공의 아들로, 어린 시절부터 전통적인 서예에 반발하며 독특한 스크립트와 필체를 실험했다. 원래 제과사를 꿈꾸었지만 나중에 인터라켄의 오토 슐라에플리 인쇄소에서 견습을 시작하며 디자인 분야로 방향을 전환했다. 이후 취리히의 쿤스트게버베슐Kunstgewerbeschule에서 서예를 공부하며 로마 포럼의 루빙에서 영감을 받은 명판 글씨 연구에 몰두했으며, 이 경험은 그가 산세리프 타입페이스에 관심을 가지고 Univers 서체의 초기 스케치를 시작하는 데 중요한 영향을 미쳤다.
프루티거의 첫 상업적 서체는 Président, Ondine, Méridien이며, 파리의 Deberny & Peignot 파운드리에서 다양한 서체를 디자인했다. 1974년에 그는 Mergenthaler Linotype Company의 의뢰로 Roissy를 개선하여 Frutiger라는 이름으로 출시했고, 휴머니스트 산세리프 서체의 발전에 기여했다. 또한, 그는 Univers, Frutiger, Avenir 서체를 개선하고 확장하는 작업에 참여했다.

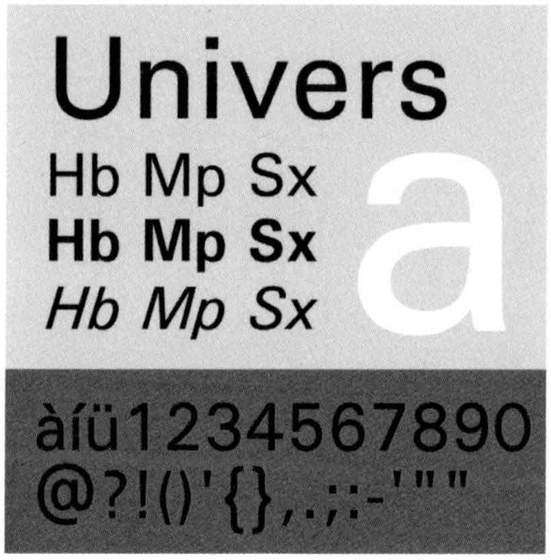

5243

'Univers' 서체

아드리안 프루티거가 디자인한 유니버스 서체는 사진 식자 기술을 위해 설계되었으며, 다양한 폭과 굵기로 구성된 조화로운 시스템을 특징으로 한다. 유니버스 서체는 길 산스 서체처럼 기술적인 문헌과 시간표 작성에서 타이포그래피를 합리적으로 사용하는 데 도움을 주었다.

5239
막스 미딩거 Max Miedinger, 에두아르트 호프만 Eduard Hoff-mann, Helvetica 서체 견본, 1957

5240
카를 게르스트너 Karl Gerstner
Gerstner Programm 서체 견본, 1964~1967경

이 서체는 현대적인 디지털 환경에 맞게 슈테판 뮐러Stephan Müller가 조정 및 복원했으며, Forgotten Shapes에서 출판했다.

5241
얀 치홀트 Jan Tschichold, Sabon 서체 견본, 1964

5242
아드리안 프루티거 Adrian Frutiger, Frutiger 서체 견본, 1968

5243
아드리안 프루티거, Univers 서체 견본, 1957

5244
허브 루발린 Herb Lubalin, ITC Lubalin Graph 서체 견본, 1974

5245
허브 루발린, 뉴욕 매거진 Avant Garde 로고, 1968~1971

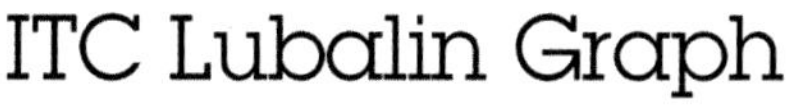

5244

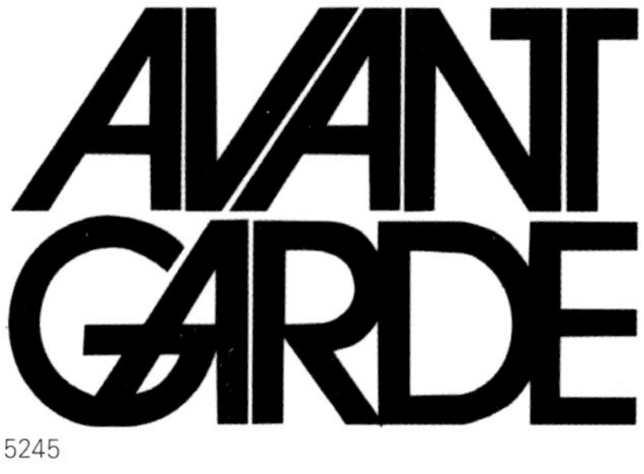

5245

'Avant Garde' 서체

허브 루발린Herb Lubalin의 'Avant Garde아방가르드' 서체는 1968년 창간된 잡지 『아방가르드』를 위해 디자인되었다. 이 잡지는 규범을 뒤엎고 사이키델릭 아트 시대의 필연적인 접근과 함께 금기시되는 주제를 다뤘다. 아방가르드 서체는 독특한 기하학적 형태, 깔끔한 라인, 기존의 타이포그래피 규칙을 깨트리는 대문자 G와 R의 디자인, 문자 간의 오버랩과 결합을 통해 새로운 시각적 언어를 창조했다.

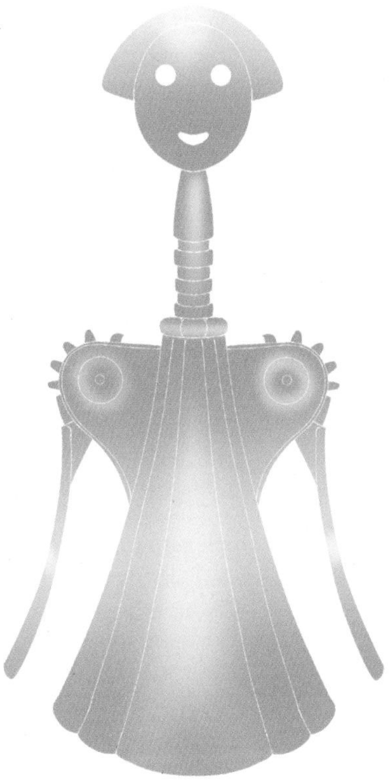

Post-Modern Style

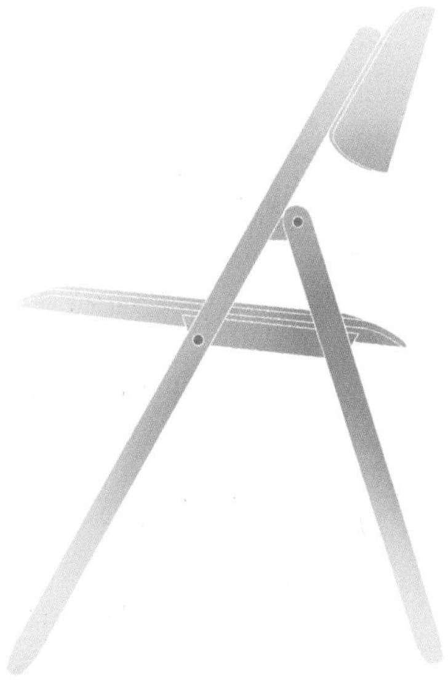

Minimal Style

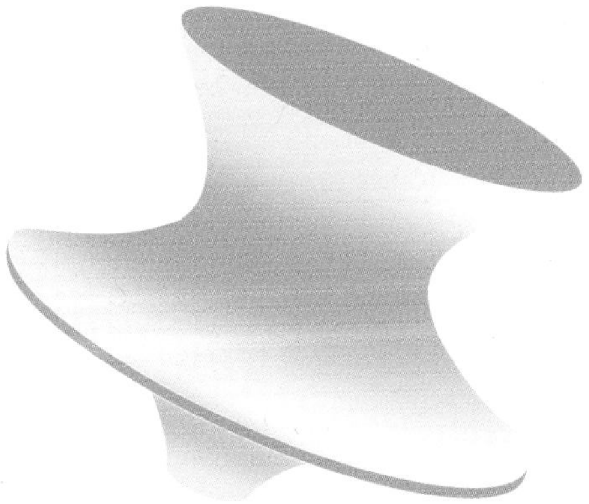

Contemporary Style

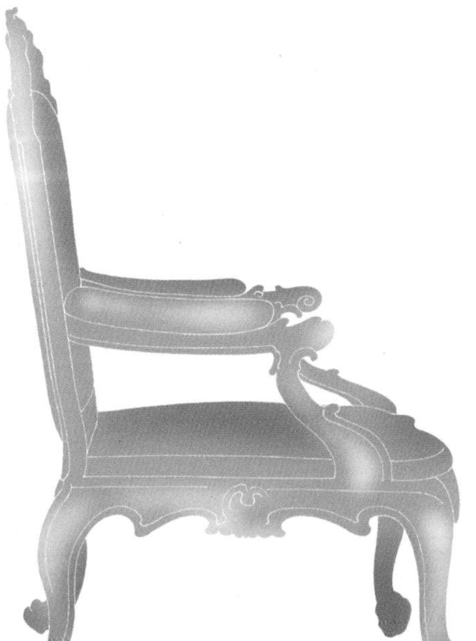

Classic Style

일러스트레이션: 전서영

Chapter 6

Futurism Style

보다 나은 미래를 꿈꾸는

퓨처리즘 스타일

원하연

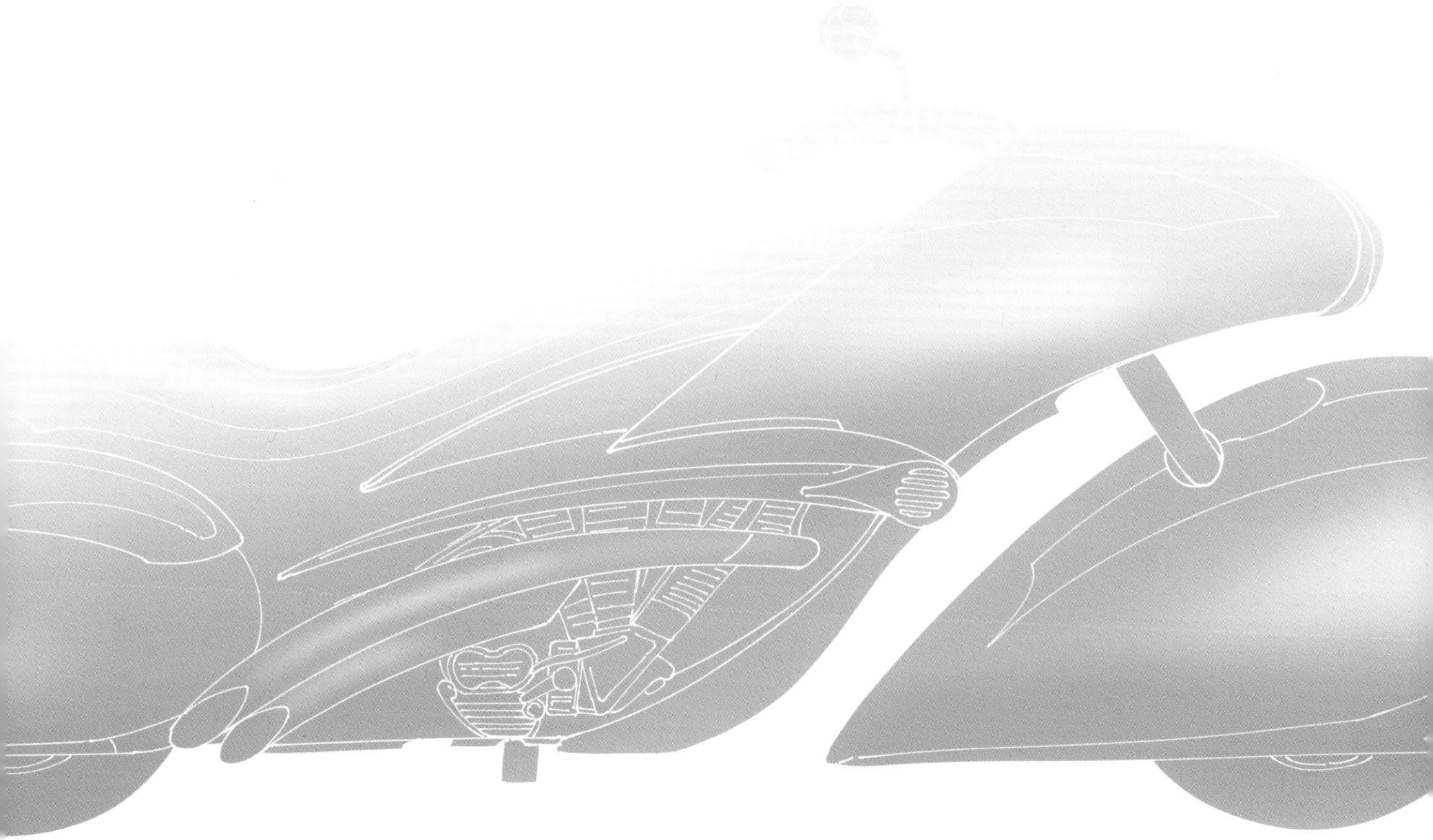

퓨처리즘에 대한
About Futurism

더 나은 미래를 꿈꾸고 희망하는 퓨처리즘

우리가 익히 알고 있는 퓨처리즘은 인상주의 이후의 기계문명이 가져온 속도감의 형태를 새로운 미의 기준으로 제시한다. 따라서 현대 세계의 역동성과 에너지를 예술로 표현하는 20세기의 이탈리아의 예술 운동을 지칭한다. 본 장에서 이러한 전형적인 미래주의의 개념을 중심으로 소개하지 않는다. "미래를 바라보는 스타일"라는 관점의 퓨처리즘 스타일을 소개하고자 한다.

따라서 본 장에서 이야기하는 퓨처리즘은 조금 더 나은 미래를 꿈꾸는 희망의 스타일이다. 인류는 발전된 기술과 사회적 변화를 찬양하며 유선형의 디자인을 사용하며 성공을 만끽하고, 더 나은 미래가 되기를 희망했다. 때로는 우주여행의 낭만을 그린다. 사이버펑크와 가상 세계 미래를 영화와 패션을 통해 표현한다. 물론 모두가 유토피아적 미래만을 이야기하지 않는다. 때로는 현실의 상황에 의문을 제기하며 비판적으로 이야기하는 디스토피아적 미래를 그리는 스타일도 있다. 퓨처리즘 스타일은 그 시대를 희망하는 상황과 미래를 바라보는 관점을 담은 디자인 스타일이다.

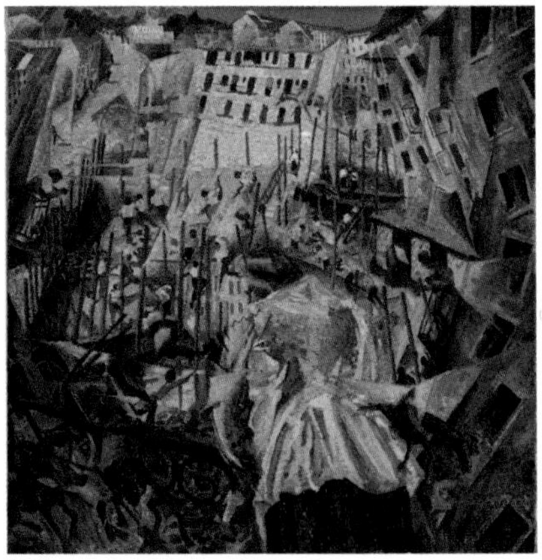

6001
움베르토 보초니 Umberto Boccioni, 집으로 밀려드는 거리 The Street Enters the House, 1911, 이탈리아

유선형의 아름다움과 스타일

1930년대부터 1950년대 초까지 이러한 유선형의 디자인은 전자 제품, 탈것, 건축, 생활 소품에 전반에 적용됐다. 스트림라인 가구도 등장했다. 스트림라인 스타일로 불리는 디자인은 산업 디자이너와 건축가에게 강력한 영향을 미친 스타일이다. 둥근 외관과 유선형의 조형은 성공과 아름다움을 보여줬다. 조형적 특징은 공기역학적 모양, 형태, 선과 기하학적 모양, 간소함과 속도와 움직임의 표현이다.

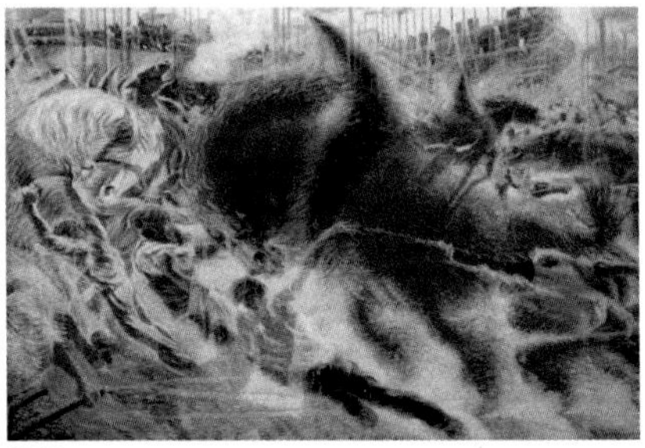

6002
움베르토 보초니 Umberto Boccioni, 도시가 일어나다 The City Rises, 1910, 이탈리아

1960년대 우주와 퓨처리즘

우주여행과 팝 아트를 배경으로 1960년대 이탈리아에서는 새로운 재료와 곡선의 기능적인 형태를 사용하여 다양한 조형의 디자인 스타일이 등장한다. 디자이너들은 대량 생산을 위한 가구를 만들고 유리섬유, 폴리에틸렌 등 최첨단 플라스틱 실험을 한다. 이 시기에 루이지 콜라니의 유기적이고 자연에서 영감을 받은 피아노가 등장한다. 콜라니의 쉼멜 페가수스 피아노는 신화 속 페가수스와 같이 피아노가 곡선의 역동적인 형태를 지닌다. 이탈리아의 산업 디자이너 조 콜롬보는 사용자의 희망에 따라 배열되는 모듈식 튜브 가구 조립의 아이디어를 탐험했다. 플라스틱의 재료 사용과, 다양한 형태 실험이 그의 디자인의 조형에서 제조방법에서 실험적으로 등장한다. 구형 라디오와 테이블 램프, 에이로 아리노Eero Aarnio의 볼 의자 디자인 스타일이 등장했다.

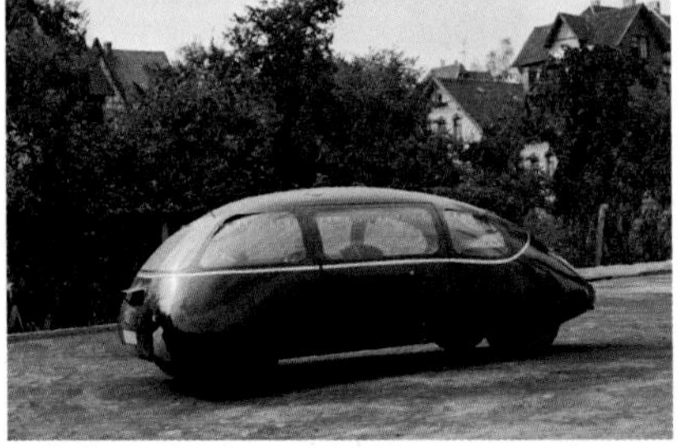

6003
유선형 자동차 Schlörwagen Subsequent Wind Tunnel Tests, 1939

밀레니얼 퓨처리즘과 사이버네틱 디자인

밀레니얼 시대에 기대와 사이버네틱 디자인을 불러온 기술의 발달과 사회 분위기는 미래주의는 그래픽적 이미지, 원색적인 디지털 색채, 바디컨셔스 실루엣 등을 특징으로 하는

사이버 펑크 스타일을 등장하게 한다. 이러한 스타일은 패션과 영화 그래픽과 제품에 보인다. 라이팅으로 장식된 화려한 패션, 영화 트론 속 가상 세계의 이미지, 디스토피아적 미래의 사이버펑크의 스타일이다. 혁명적이고 인상적인 미래주의 패션은 다양한 재료의 실험으로 더욱 발전하고 현대 디자인에 영감을 주는 스타일이 드러난다.

퓨처리즘의 재발견

퓨처리즘 스타일은 각 시대 기술의 발달과, 사회 문화적 상황, 그리고 상상력과 염원을 반영했다. 1930년대엔 산업화와 기계의 발전을 중심으로 한 기술 지향적 낙관주의가 미래를 주도했다. 1950년대는 냉전 시대 긴장 속에서 우주 탐험에 기대가 퓨처리즘 스타일로 등장한다. 사이버네틱스에 관심이 2000년대는 디지털 혁명과 인터넷의 발전이 사이버 공간과 가상 세계의 새로운 비전을 제시하게 되었다. 퓨처리즘은 현실의 발전을 찬양하고 더 나은 미래를 소망한다.

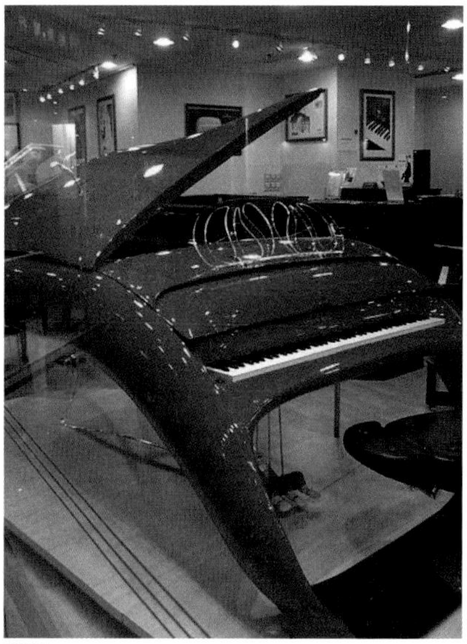

6004
루이지 콜라니, 쉼멜 페가수스 피아노 Schimmel K208 Pegasus

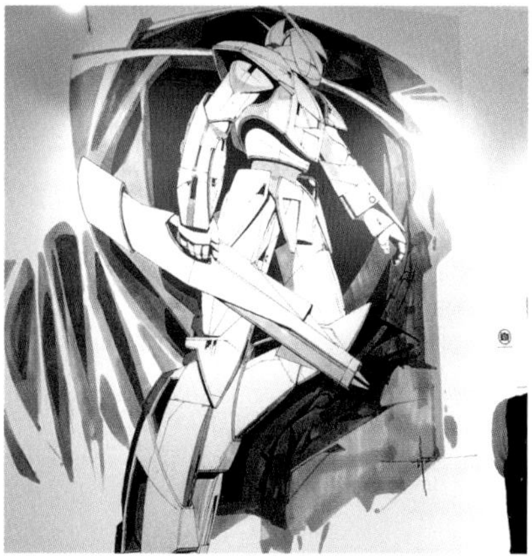

6005
시드미드, Progression Tokyo, 2019

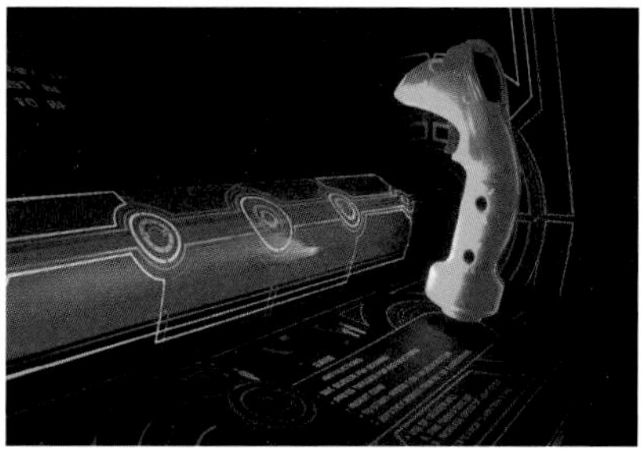

6006
영화 트론, 콘트롤 패널 Control Panel

퓨처리즘의 개요
Overview of Futurism

퓨처리즘의 배경

우리가 일반적으로 인식하고 있는 역사 속 퓨처리즘Futurism은 20세기 초부터 일어난 운동이다. 퓨처리즘은 1909년 2월 20일 필리포 토마소 마리네티Filippo Tommaso Marinetti가 발표한 "미래주의 선언"으로 시작된다. 미래주의 선언은 전통적인 예술 형식과 가치를 거부한다. 그리고 현대 산업 사회의 기계적이고 역동적인 속성을 예술에 반영하고자 했다. 이들은 기술과 기계, 속도, 에너지, 도시화 등을 주요 주제로 삼아 이를 예술에 담아 표현했다. 본 장은 인류가 미래를 꿈꾸고 기존의 사회에 혁신을 주도한 스타일이다. 1930년대부터 인류는 때로는 낙관적으로, 때로는 비판적으로 미래 도시와 사회를 표현했다. 1930년대 초 기술과 산업의 발전은 미국과 이탈리아를 비롯한 유럽 국가들에서 스트림라인 형태의 기술 발전을 조형미학으로 보여주는 탐구 등 다양한 움직임을 보였다. 1950년대부터 1960년대까지의 우주 미래는 우주선 모듈 형태와 우주 탐험 및 새로운 탐험 및 공간 경험을 하게 되며 미래에 우주여행이라는 주제로 다양한 제품과 영화 등의 예술이 탄생한다. 2000년대에는 사이버 미래를, 비닐 소재와 광택 있는 은사 원단을 사용한 사이버네틱 및 밀레니엄 스타일의 미래주의도 등장했다. 새로운 재료의 혼합으로 삶과 사회의 변화를 꿈꾸는 미래의 디자인도 있다. 인류의 비전은 환경, 사이버네틱스, 가상현실 등을 통해 지속해서 진화했다.

퓨처리즘의 명칭

퓨처리즘Futurism은 이탈리아어로 퓨투리스모Futurismo에서 유래한 용어다. 미래를 의미하는 라틴어 퓨투리스Futuris에서 파생됐다. 퓨처리즘의 본래 용어는 콜린스 백과사전에 따르면 전통적인 미적 가치를 기계 시대의 특성으로 대체하기 위해 1909년 이탈리아에서 일어난 예술적 운동이라 이야기한다. 이들은 전통주의에 반대하고, 전통적인 형태를 제거하고 기계 시대의 속도를 강조하여 역동적인 움직임을 묘사한다.

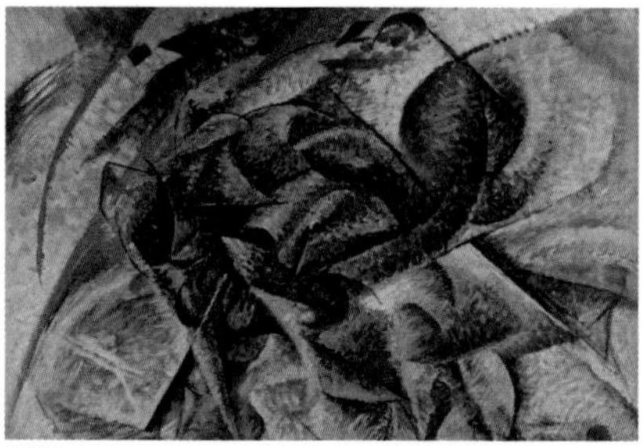

6007
움베르토 보초니, 자전거 타는 사람의 역동성 Dynamism of a Cyclist, 1913, 이탈리아

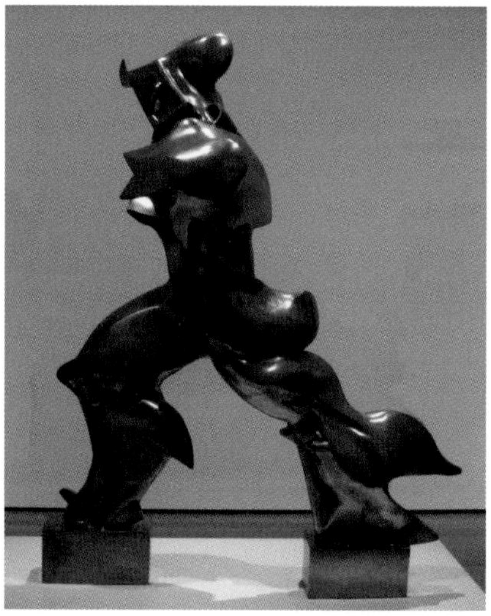

6008
움베르토 보초니, 공간에서의 유니크한 형태의 연속성 Unique Forms of Continuity in Space, 1913, MOMA

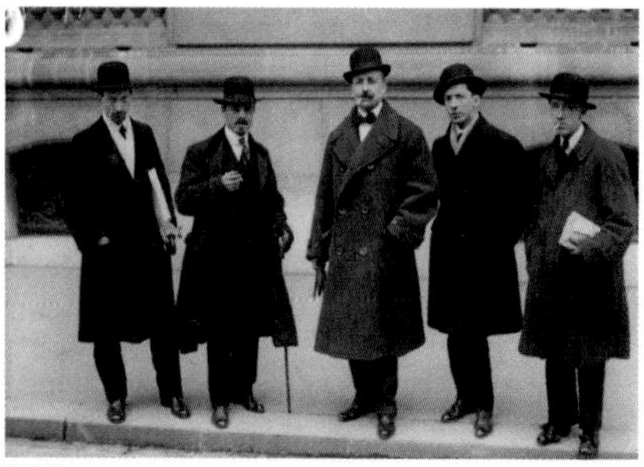

6009
이탈리안 퓨처리스트들 루이지 루솔로 Luigi Russolo, 카를로 카라 Carlo Carrà, 필리포 토마소 마리네티 Filippo Tommaso Marinetti, 움베르토 보초니 Umberto Boccioni, 지노 세베리니 Gino Severini,

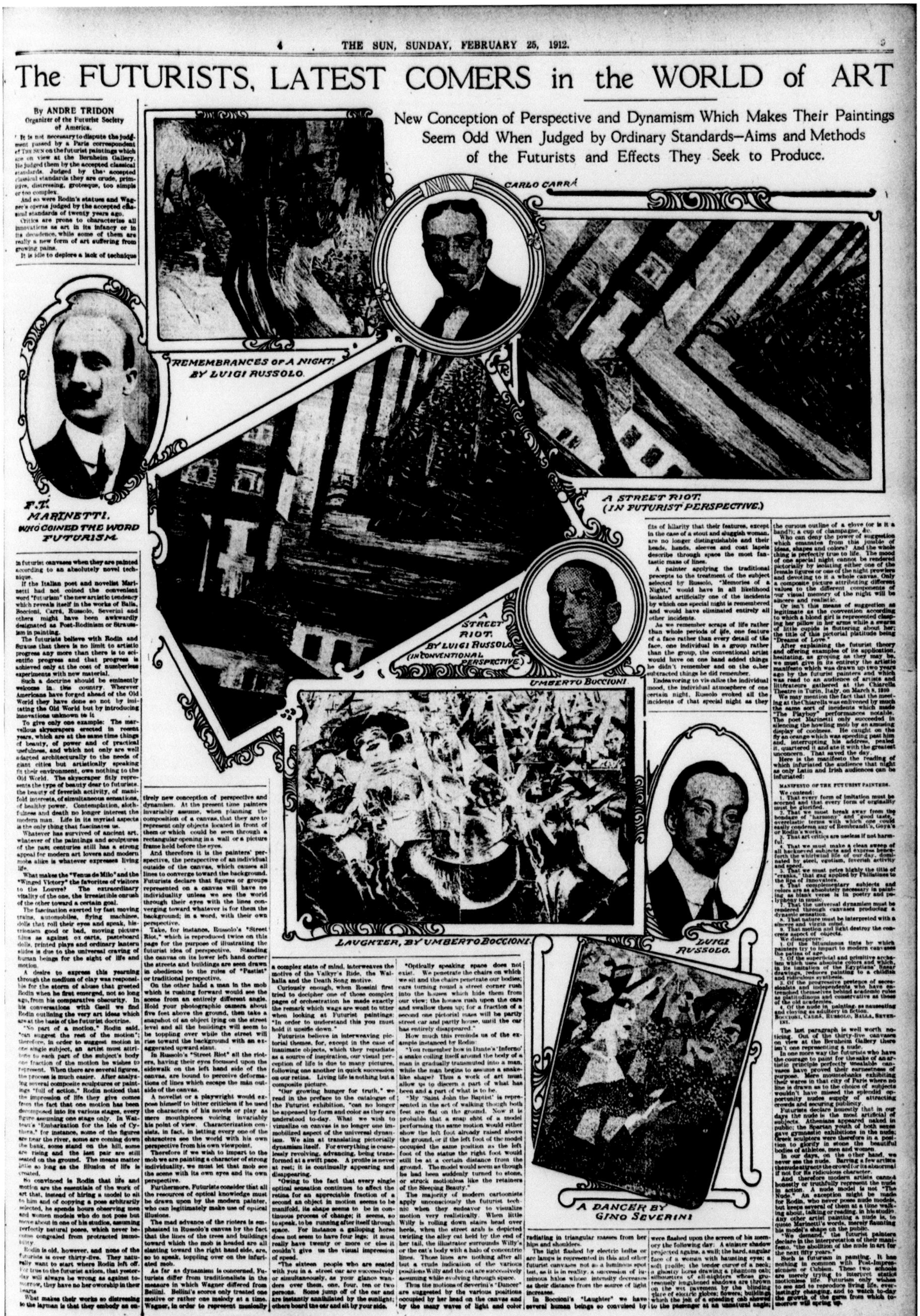

4 THE SUN, SUNDAY, FEBRUARY 25, 1912.

The FUTURISTS, LATEST COMERS in the WORLD of ART

New Conception of Perspective and Dynamism Which Makes Their Paintings Seem Odd When Judged by Ordinary Standards—Aims and Methods of the Futurists and Effects They Seek to Produce.

By ANDRE TRIDON
Organizer of the Futurist Society of America.

It is not necessary to dispute the judgment passed by a Paris correspondent of THE SUN on the futurist paintings which are on view at the Bernheim Gallery. He judged them by the accepted classical standards. Judged by the accepted classical standards they are crude, primitive, distressing, grotesque, too simple or too complex.

And so were Rodin's statues and Wagner's operas judged by the accepted classical standards of twenty years ago.

Critics are prone to characterize all innovations as art in its infancy or in its decadence, while some of them are really a new form of art suffering from growing pains.

It is idle to deplore a lack of technique in futurist canvases when they are painted according to an absolutely novel technique.

If the Italian poet and novelist Marinetti had not coined the convenient word "futurism" the new artistic tendency which reveals itself in the works of Balla, Boccioni, Carrà, Russolo, Severini and others might have been awkwardly designated as Post-Rodinism or Straussism in painting.

The futurists believe with Rodin and Strauss that there is no limit to artistic progress any more than there is to scientific progress and that progress is achieved only at the cost of numberless experiments with new material.

Such a doctrine should be eminently welcome in this country. Wherever Americans have forged ahead of the Old World they have done so not by imitating the Old World but by introducing innovations unknown to it.

To give only one example: The marvellous skyscrapers erected in recent years, which are at the same time things of beauty, of power and of practical usefulness, and which not only are well adapted architecturally to the needs of giant cities but artistically speaking fit their environment, owe nothing to the Old World. The skyscraper fitly represents the type of beauty dear to futurists, the beauty of feverish activity, of manifold interests, of simultaneous sensations, of healthy power. Contemplation, slothfulness and death no longer interest the modern man. Life in its myriad aspects is the only thing that fascinates us.

Whatever has survived of ancient art, whatever of the paintings and sculptures of the past centuries still has a strong appeal for modern art lovers and modern mobs alike is whatever expresses living life.

What makes the "Venus de Milo" and the "Winged Victory" the favorites of visitors to the Louvre? The extraordinary vitality of the one, the irresistible onrush of the other toward a certain goal.

The fascination exerted by fast moving trains, automobiles, flying machines, dolls that roll their eyes and speak, histrionism good or bad, moving picture films as against ox carts, pasteboard dolls, printed plays and ordinary lantern slides is due to the universal craving of human beings for the sight of life and motion.

A desire to express this yearning through the medium of clay was responsible for the storm of abuse that greeted Rodin when he first emerged, not so long ago, from his comparative obscurity. In his conversations with Gsell we find Rodin outlining the very art ideas which are at the basis of the futurist doctrine.

"No part of a motion," Rodin said, "can suggest the rest of the motion"; therefore, in order to suggest motion in one single subject, an artist must attribute to each part of the subject's body one fraction of the motion he wishes to represent. When there are several figures, the process is much easier. After analyzing several composite sculptures or paintings "full of action," Rodin noticed that the impression of life they give comes from the fact that one motion has been decomposed into its various stages, every figure assuming one stage only. In Watteau's "Embarkation for the Isle of Cythera," for instance, some of the figures are near the river, some are coming down the bank, some stand on the hill, some are rising and the last pair are still seated on the ground. The means matter little so long as the illusion of life is created.

So convinced is Rodin that life and motion are the essentials of the work of art that, instead of hiring a model to sit to him and of copying a pose arbitrarily selected, he spends hours observing men and women models who do not pose but move about in one of his studios, assuming perfectly natural poses, which never become congealed from protracted immobility.

Rodin is old, however, and none of the futurists is over thirty-five. They naturally want to start where Rodin left off. For true to the futurist axiom, that yesterday will always be wrong as against tomorrow, they have no hero worship in their hearts.

What makes their works so distressing to the layman is that they embody an entirely new conception of perspective and dynamism. At the present time painters invariably assume, when planning the composition of a canvas, that they are to represent only objects located in front of them or which could be seen through a rectangular opening in a wall or a picture frame held before the eyes.

And therefore it is the painters' perspective, the perspective of an individual outside of the canvas, which causes all lines to converge toward the background. Futurists declare that figures or groups represented on a canvas will have no individuality unless we see the world through their eyes with the lines converging toward whatever is for them the background; in a word, with their own perspective.

Take, for instance, Russolo's "Street Riot," which is reproduced twice on this page for the purpose of illustrating the futurist idea of perspective. Standing the canvas on its lower left hand corner the streets and buildings are seen drawn in obedience to the rules of "Pastist" or traditional perspective.

On the other hand a man in the mob which is rushing forward would see the scene from an entirely different angle. Hold your photographic camera about five feet above the ground, then take a snapshot of an object lying on the street level and all the buildings will seem to be toppling over while the street will rise toward the background with an exaggerated upward slant.

In Russolo's "Street Riot" all the rioters, having their eyes focussed upon the sidewalk on the left hand side of the canvas, are bound to perceive deformations of lines which escape the man outside of the canvas.

A novelist or a playwright would expose himself to bitter criticism if he used the characters of his novels or play as mere mouthpieces voicing invariably his point of view. Characterization consists, in fact, in letting every one of the characters see the world with his own perspective from his own viewpoint.

Therefore if we wish to impart to the mob we are painting a character of strong individuality, we must let that mob see the scene with its own eyes and its own perspective.

Furthermore, Futurists consider that all the resources of optical knowledge must be drawn upon by the modern painter, who can legitimately make use of optical illusions.

The mad advance of the rioters is emphasized in Russolo's canvas by the fact that the lines of the trees and buildings toward which the mob is headed are all slanting toward the right hand side, are, so to speak, toppling over on the infuriated mob.

As far as dynamism is concerned, Futurists differ from traditionalists in the measure in which Wagner differed from Bellini. Bellini's scores only treated one motive or rather one melody at a time. Wagner, in order to represent musically a complex state of mind, interweaves the motive of the Valkyr's Ride, the Walhalla and the Death Song motive.

Curiously enough, when Rossini first tried to decipher one of those complex pages of orchestration he made exactly the remark which wags are wont to utter when looking at Futurist paintings: "In order to understand this you must hold it upside down."

Futurists believe in interweaving pictorial themes, for, except in the case of inanimate objects, which they repudiate as a source of inspiration, our visual perception of life is due to many pictures, following one another in quick succession on our retina. Living life is nothing but a composite picture.

"Our growing hunger for truth," we read in the preface to the catalogue of the Futurist exhibition, "can no longer be appeased by form and color as they are understood to-day. What we wish to vizualize on canvas is no longer one immobilized aspect of the universal dynamism. We aim at translating pictorially dynamism itself. For everything is ceaselessly revolving, advancing, being transformed at a swift pace. A profile is never at rest; it is continually appearing and disappearing.

"Owing to the fact that every single optical sensation continues to affect the retina for an appreciable fraction of a second an object in motion seems to be manifold, its shape seems to be in continuous process of change; it seems, so to speak, to be running after itself through space. For instance a galloping horse does not seem to have four legs; it must really have twenty or more or else it couldn't give us the visual impression of speed.

"The sixteen people who are seated with you in a street car are successively or simultaneously, as your glance wanders over them, one, four, ten or two persons. Some jump off of the car and are instantly annihilated by the sunlight; others board the car and sit by your side.

"Optically speaking space does not exist. We penetrate the chairs on which we sit and the chairs penetrate our bodies; cars turning round a street corner rush into the houses which hide them from our view; the houses rush upon the cars and swallow them up; for a fraction of a second one pictorial mass will be partly street car and partly house, until the car has entirely disappeared."

How much this reminds us of the example instanced by Rodin:

"You remember how in Dante's 'Inferno' a snake coiling itself around the body of a man is gradually transmuted into a man, while the man begins to assume a snake-like shape? Thus a work of art must allow us to discern a part of what has been and a part of what is to be.

"My 'Saint John the Baptist' is represented in the act of walking though both feet are flat on the ground. Now it is probable that a snap shot of a model performing the same motion would either show the left foot already raised above the ground, or if the left foot of the model occupied the same position as the left foot of the statue the right foot would still be at a certain distance from the ground. The model would seem as though he had been suddenly turned to stone, or struck motionless like the retainers of the Sleeping Beauty."

The majority of modern cartoonists apply unconsciously the futurist technic when they endeavor to visualize motion very realistically. When little Willy is rolling down stairs head over heels, when the street arab is depicted twirling the alley cat held by the end of her tail, the illustrator surrounds Willy's or the cat's body with a halo of concentric lines. Those lines are nothing after all but a crude indication of the various positions Willy and the cat are successively assuming while evolving through space.

Thus the motions of Severini's "Dancer" are suggested by the various positions occupied by her head on the canvas and by the many waves of light and color radiating in triangular masses from her hips and shoulders.

The light flashed by electric bulbs or arc lamps is represented in this and other futurist canvases not as a luminous spot but, as it is in reality, a succession of luminous halos whose intensity decreases as their distance from the source of light increases.

In Boccioni's "Laughter" we have several human beings so convulsed by fits of hilarity that their features, except in the case of a stout and sluggish woman, are no longer distinguishable and their heads, hands, sleeves and coat lapels describe through space the most fantastic maze of lines.

A painter applying the traditional precepts to the treatment of the subject selected by Russolo, "Memories of a Night," would have in all likelihood isolated artificially one of the incidents by which one special night is remembered and would have eliminated entirely all other incidents.

As we remember scraps of life rather than whole periods of life, one feature of a face rather than every detail of the face, one individual in a group rather than the group, the conventional artist would have on one hand added things he didn't remember and on the other subtracted things he did remember.

Endeavoring to visualize the individual mood, the individual atmosphere of one certain night, Russolo evoked all the incidents of that special night as they were flashed upon the screen of his memory the following day: A sinister shadow projected against a wall; the hard, angular face of a woman with haunting eyes; a soft profile; the tender curve of a neck; a ghastly horse drawing a phantom cab; silhouettes of all-nighters whose grotesquely lengthened shadows are thrown on the wet pavement by the blinding glare of electric globes; flowers; buildings which the jolt of a speeding cab showed to the passenger at an unnatural angle; the curious outline of a glove (or is it a hand?); a cup of champagne, &c.

Who can deny the power of suggestion which emanates from this jumble of ideas, shapes and colors? And the whole thing is perfectly true to life. The mood of one special night cannot be rendered pictorially by isolating either one of the female figures or one of the night prowlers and devoting to it a whole canvas. Only a composite picture attributing different values to the different components of our visual memory of the night will be sincere and realistic.

Or isn't this means of suggestion as legitimate as the convention according to which a blond girl is represented clasping her pillow in her arms while a swarm of little cupids is fluttering about her; the title of this pictorial platitude being "Dreams of Love."

After explaining the futurist theory and offering examples of its application, hesitating, as groping as they may be, we must give in its entirety the artistic manifesto which was drawn up two years ago by the futurist painters and which was read to an audience of artists and littérateurs gathered at the Chiarella Theatre in Turin, Italy, on March 8, 1910.

We may mention the fact that the meeting at the Chiarella was enlivened by much the same sort of incidents which made "The Playboy" performances notable. The poet Marinetti only succeeded in silencing the howling mob by an amusing display of coolness. He caught on the fly an orange which was speeding past him and, interrupting his address, pealed it, quartered it and ate it with the greatest unconcern. That saved the day.

Here is the manifesto the reading of which infuriated the audience that night as only Latin and Irish audiences can be infuriated:

MANIFESTO OF THE FUTURIST PAINTERS.

We contend:

1. That every form of imitation must be scorned and that every form of orginality must be glorified.

2. That we must break away from the bondage of "harmony" and "good taste," overelastic terms with which one could easily condemn any of Rembrandt's, Goya's or Rodin's works.

3. That art critics are useless if not harmful.

4. That we must make a clean sweep of all hackneyed subjects and express henceforth the whirlwind life of our day, dominated by steel, egotism, feverish activity and speed.

5. That we must prize highly the title of "cranks," that gag applied by Philistines to the lips of innovators.

6. That complementary subjects and colors are as absolutely necessary in painting as blank verse is in poetry and polyphony in music.

7. That the universal dynamism must be rendered through canvases producing a dynamic sensation.

8. That nature must be interpreted with a sincere and virgin mind.

9. That motion and light destroy the concrete aspect of objects.

We disapprove:

1. Of the bituminous tints by which painters try to impart to modern canvases the patina of age.

2. Of the superficial and primitive archaism which uses absolute colors and which, in its imitation of the Egyptians' linear drawings, reduces painting to a childish and ridiculous synthesis.

3. Of the progressive pretence of secessionists and independents who have entrenched themselves behind academic rules as platitudinous and conservative as those of the old academies.

4. Of the nude in painting, as nauseating and cloying as adultery in fiction.

BOCCIONI, CARRÀ, RUSSOLO, BALLA, SEVERINI.

The last paragraph is well worth noticing. Out of the thirty-five canvases on view at the Bernheim Gallery there isn't one representing a nude.

In one more way the futurists who have the courage to paint for the sake of an artistic principle perfectly unsalable canvases have proved their earnestness of purpose. Mere mountebanks exhibiting their wares in that city of Paris where no line is drawn as to the choice of subjects wouldn't have missed the splendid opportunity nudes supply of attracting crowds and securing publicity.

Futurists declare honestly that in our days the nude is the most artificial of subjects. Athenians appeared naked in public; the Spartan youth of both sexes gave gymnastic exhibitions in the nude; Greek sculptors were therefore in a position to glorify in stone the beautiful bodies of athletes, men and women.

In our days, on the other hand, we never see the nude. Barring a few artists the nude attracts the crowd for its abnormal if not for its ridiculous character.

And therefore modern artists cannot honestly or truthfully represent the nude in action. A nude model is not "The Nude." An exception might be made for Rodin, who never poses nude models, but keeps several of them at a time walking about, talking or reading, in his studio. Any other artist painting a nude is, to quote Marinetti's words, merely flaunting his model's shape on the public.

"We demand," the futurist painters declare in the interpretation of their manifesto, "the abolition of the nude in art for the next fifty years."

Such is futurism in painting. It has nothing in common with Post-Impressionism or Cubism. These two schools are merely trying to interpret static motionless life. Futurism only wishes to see and to reproduce living life, everlastingly changing, and to watch to-day the growth of the germ from which to-morrow will spring up.

REMEMBRANCES OF A NIGHT, BY LUIGI RUSSOLO.

CARLO CARRÀ

A STREET RIOT. (IN FUTURIST PERSPECTIVE.)

F. T. MARINETTI, WHO COINED THE WORD FUTURISM.

A STREET RIOT, BY LUIGI RUSSOLO (IN CONVENTIONAL PERSPECTIVE.)

UMBERTO BOCCIONI.

LAUGHTER, BY UMBERTO BOCCIONI.

LUIGI RUSSOLO.

A DANCER BY GINO SEVERINI

6010
퓨처리즘 관련 신문 기사, 1912, 이탈리아

퓨처리즘과 이탈리아 디자인
Futurism and Italian Design

기계적, 산업화 모습의 예찬

퓨처리즘은 전통을 거부하며 산업화와 도시화 등의 활력과 에너지를 예술적으로 표현했다. 이 움직임은 디자인과 건축에서 영향을 미쳤고 다양한 디자인의 양상이 조형과 실험으로 나타난다. 이탈리아 디자인은 혁신적이고 실험적인 경향을 보였다. 1900년 이탈리아의 20세기를 뜻하는 노베첸토Novechento라는 새로운 운동이 등장한다. 이는 1923년 밀라노의 전시회서 공식적으로 나타난다.

이탈리아 산업 디자인은 퓨처리즘의 정신을 이어받아 기능성과 아름다움을 결합한 제품을 만들어냈다. 알폰소 비알레티의 모카 포트 제품은 간결하고 혁신적이다. 이탈리아의 자동차 디자인도 퓨처리즘의 영향을 받아 속도감과 역동성을 강조했다. 페라리와 람보르기니 브랜드는 이러한 디자인 스타일의 철학을 반영한 대표적인 사례이다. 퓨처리즘은 이탈리아 건축에도 큰 영향을 미쳤다. 기계적이고 대담한 형태, 노출된 구조적 요소, 기능성을 강조한 디자인 등이 특징이다.

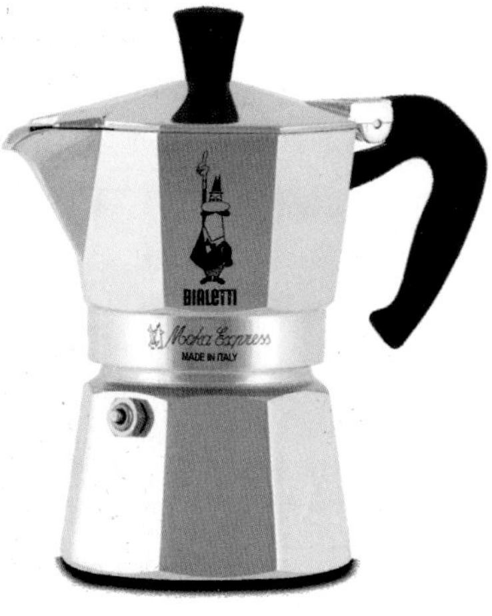

6011
알폰소 비알레티, 모카 익스프레스 Moka Express

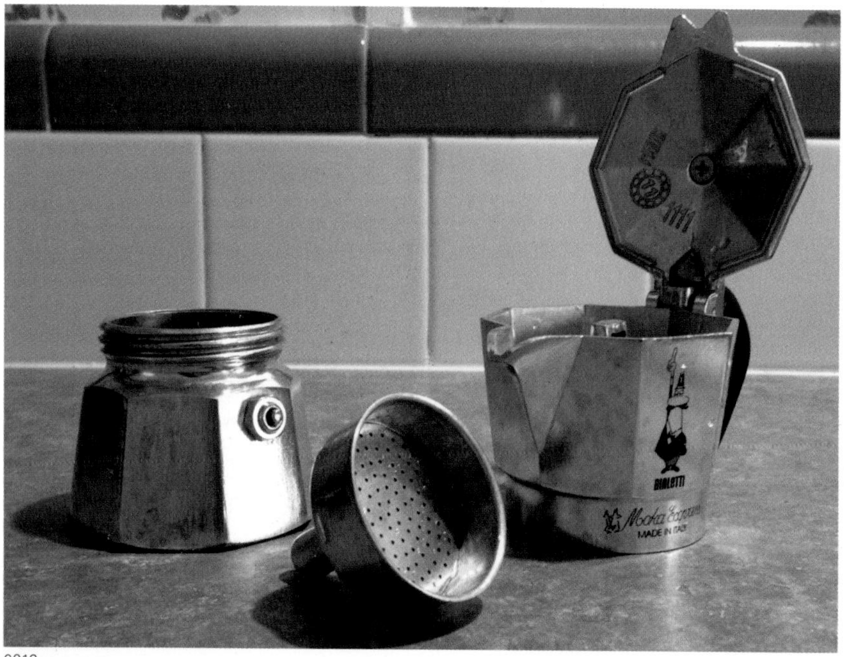

6012

6012
알폰소 비알레티, 모카 익스프레스 Moka Express

점차 브루탈리즘 운동으로 이어졌다. 건축가 안토니오 산텔리아도 합류하여 미래지향적인 브루탈리즘의 건물들이 돋보이는 신도시 디자인으로 유토피아적인 미래의 비전을 제시했다. 브루탈리즘 건물들은 노출된 콘크리트와 기계적이고 대담한 형태로 도시의 역동성을 표현한다.

건축 양식은 미래주의의 정신을 이어받아 전통적인 건축 관습을 거부하고, 기능성과 구조의 정직함을 강조했다. 브루탈리즘은 거대한 규모와 강렬한 형태를 통해 도시 생활의 활력과 산업 사회의 에너지를 반영했다. 이탈리아의 디자이너 지오 폰티는 다음과 같이 말했다. "우리의 삶 대부분의 물건은 산업에 의해 창조되고 특징지어진다."

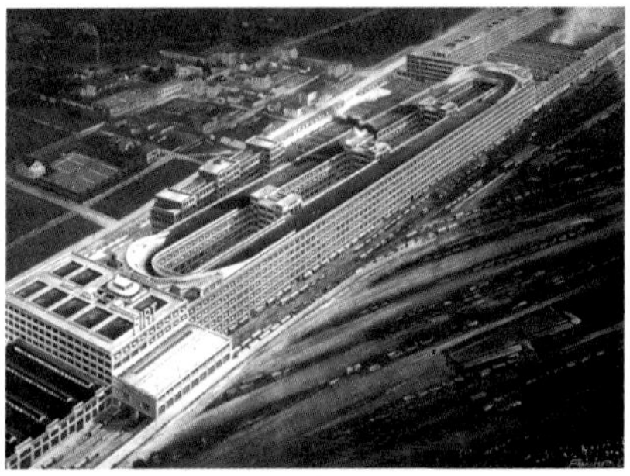
6013

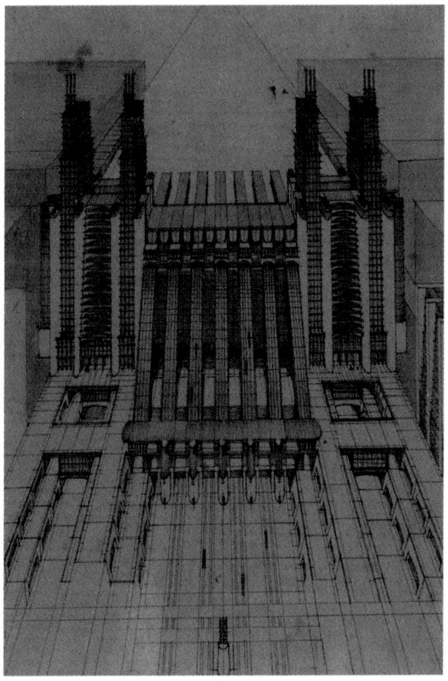
6014

6013
링고토 공장, the First Futurist Invention in Architecture, 1934

6014
산텔리아 Sant'Elia, 라 치타 누오바의 스케치 Perspective Drawing from La Città Nuova, 1914

6015
아르날도 델라, 스카이스크래퍼 램프 Skyscraper Lamp, 1929

6016
아르날도 델라, Hall for the Department of Communications, 1932

6017
아르날도 델라, Piazza d'Italia, 1934

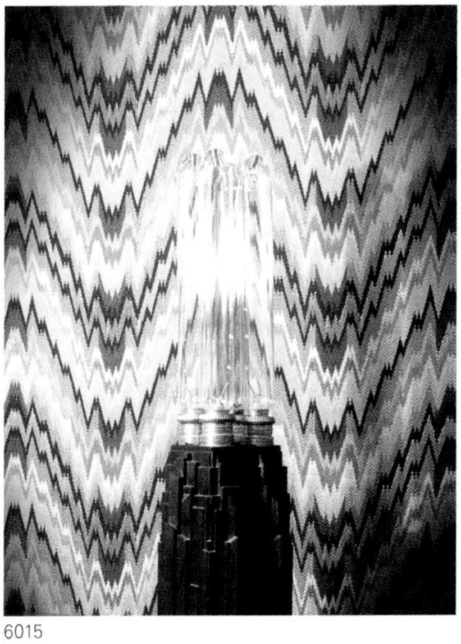
6015

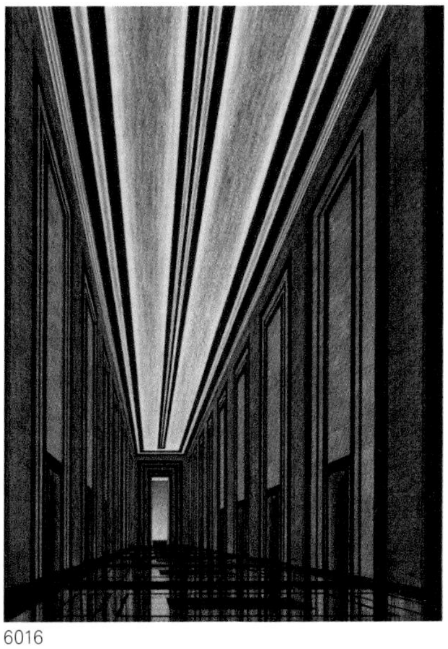
6016

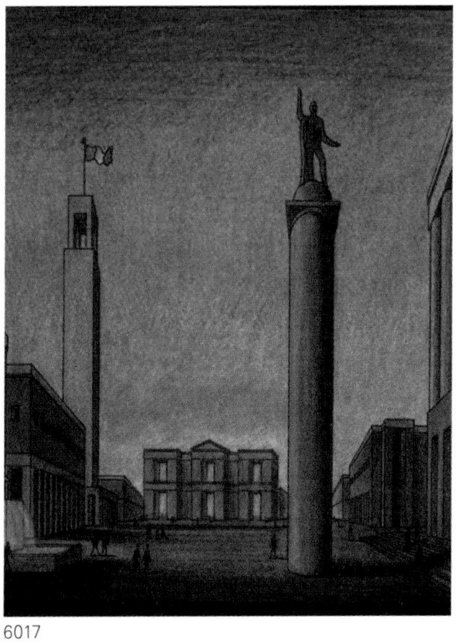
6017

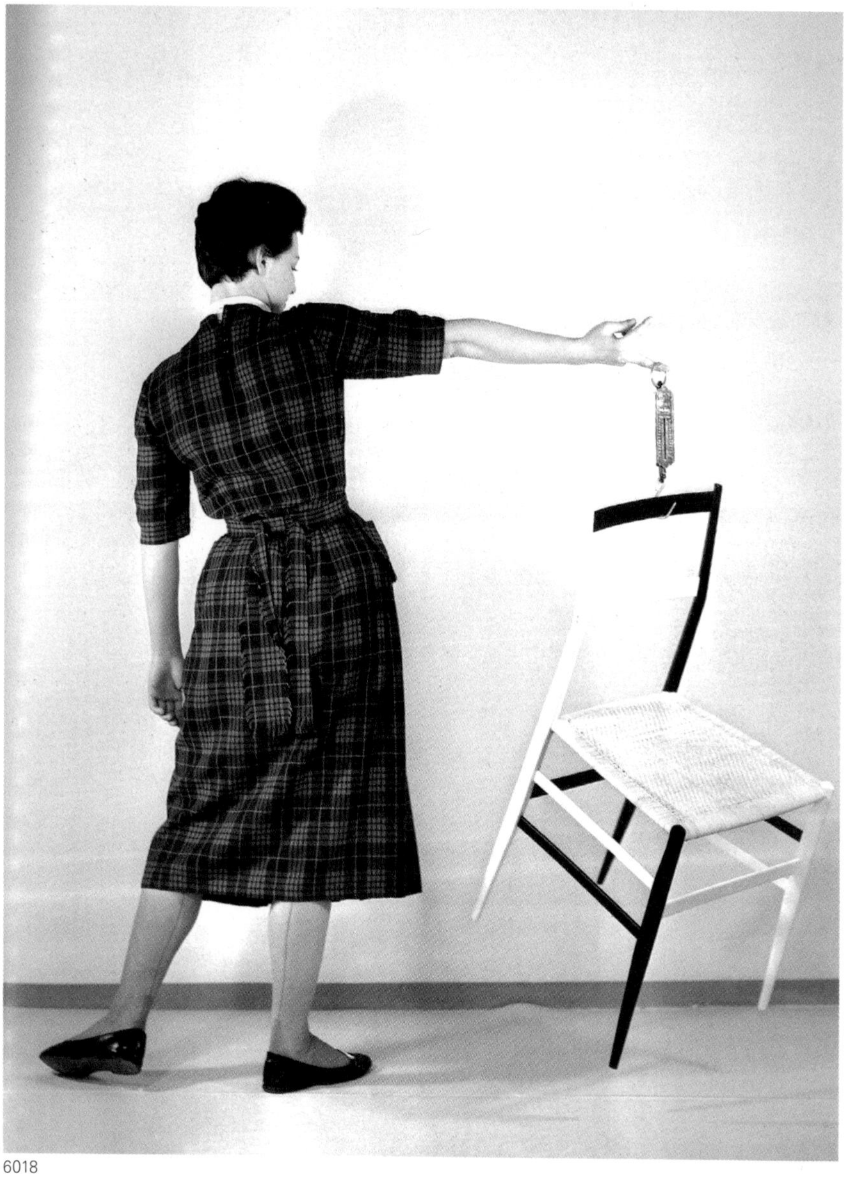

6018
지오 폰티 Gio Ponti
Giorgio Casali, Superleggera, 1952

지오 폰티 Gio Ponti
1891~1979, 이탈리아, 건축가, 디자이너, 예술가, 교육자
이탈리아 건축의 거장 중 한 명이다. 그는 디자이너이자 수필가다. 60년의 창작과 50년의 편집 활동 동안, 지오 폰티는 건물에서 도시 계획, 극장 세트, 전시회에 이르기까지 200개 이상의 프로젝트를 설계했으며, 적어도 3분의 1이 결실을 보는 것을 보았고, 40개 이상의 프로젝트는 밀라노에서만 있었다. 그는 250개 이상의 가구, 기계, 램프, 도자기, 직물, 타일, 유리 제품 및 금속 물체를 만들었다. 그는 99,000개 이상의 편지를 썼고, 17,000개 이상의 도면과 건축 및 제품 연구를 실행했으며, 500개 이상의 잡지 판을 감독했으며, 그가 쓴 기사는 셀 수 없을 정도로 많다.

그는 제1차 세계 대전이 끝날 때 밀라노 폴리테크닉에서 건축학을 졸업했다. 1927년에 그는 건축가 에밀리오 란치아와 함께 밀라노에 스튜디오를 열었다. 1920년대 초부터 1938년까지 그는 Richard-Ginori Manufactory와 함께 일했고 생산을 갱신했다. 1928년에 그는 지아니 마조키와 함께 도무스 잡지를 설립했다. 1933년에 그는 리처드 기노리와 함께 얻은 후 또 다른 성공인 폰타나 아르테의 예술 감독이 된다.

1930년대에 그는 트리엔날레 전시회에 참가했고 나중에 그 중 몇 개를 성공적으로 관리했다. 1936년부터 1961년까지 그는 밀라노 폴리테크닉의 교수였으며 폰티는 건물과 인테리어의 "통합 디자인"을 창조했다. 그 시대 다른 작품들은 1933년 밀라노의 리토리아 타워, 1934년 로마 대학교의 수학 학교, 1937년 파두아 대학교의 인문학부와 총장과 같은 학교 건물을 포함한 시민 건축이었다. 1934년 카사 마르몬트와 1931년부터 1936년까지 밀라노 "도무스" 주거 프로젝트도 있었다.

지오 폰티는 항상 건축과 실내장식의 디자인 사이에 선을 그리는 개념주의자였다. 폰티는 건축을 단순히 건물을 만드는 것으로 본 적이 없다. 대신, 그는 종종 건물의 내부도 생각했다. 가구, 조명 기구, 심지어 도자기, 유리 제품, 은 제품까지 전체적인 개념에 맞게 하였다. 그의 디자인은 그는 모든 사람이 인생을 최대한 즐기기 위해 좋은 디자인을 사용하도록 격려했다. 이 정확히 다채롭고, 즐겁고, 관능적이다.

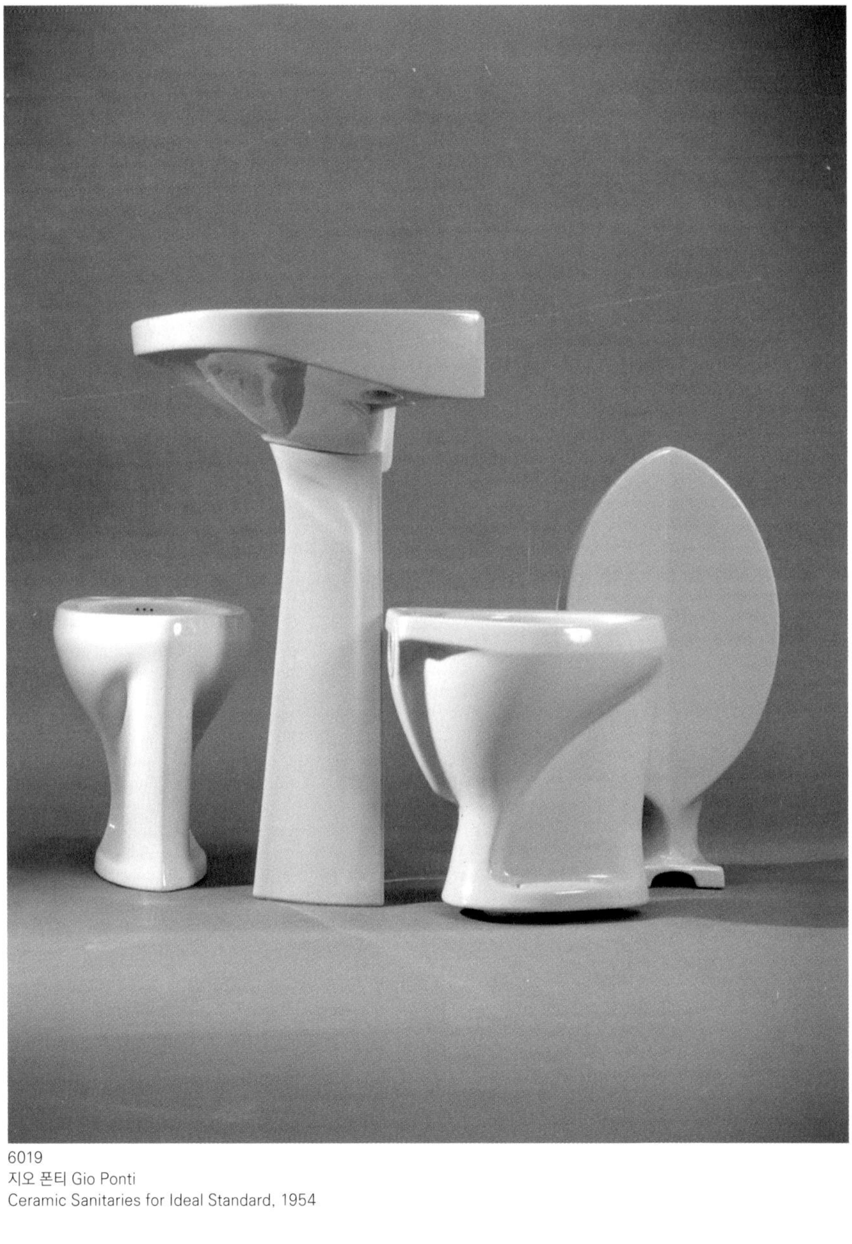

6019
지오 폰티 Gio Ponti
Ceramic Sanitaries for Ideal Standard, 1954

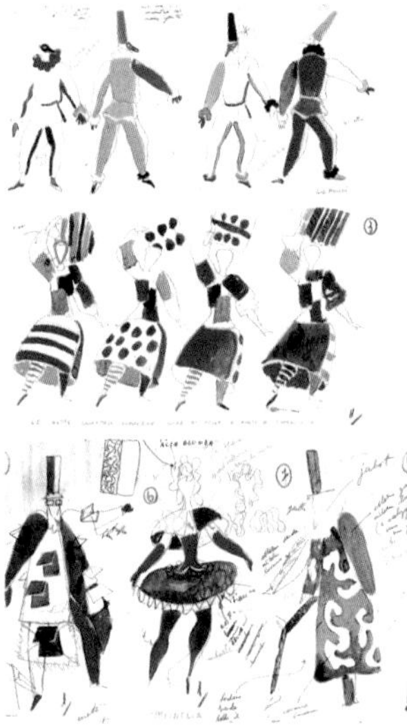

6020
지오 폰티 Gio Ponti
Costumi Per Il Balletto Di Strawinsky, Aria d'Italia, Teatro Della Triennale, 1939

지오 폰티와 수공예의 산업화

이탈리아 디자이너, 건축가와 및 편집자인 지오 폰티는 20세기의 가장 영향력 있는 디자인 비전가 중 한 명이다. 폰티는 캐비닛, 램프, 의자에서 도자기와 유리 제품에 이르기까지 그의 경력을 통해 다양한 가구와 제품을 설계했으며, 밀라노의 피렐리 타워와 덴버 미술관을 포함한 그의 건물은 14개국에 세워졌다. 1928년에 설립한 디자인 잡지인 도무스를 통해, 폰티는 새로운 디자인 사고의 새로운 호기심과 열린 마음을 장려했다.

폰티는 공예품과 장식 예술, 특히 도자기 디자인도 제작했다. 피렌체에 기반을 둔 리처드 지노리에서 도자기와 함께 일했고, 예술 감독으로 수공예의 산업화에 이바지했다.

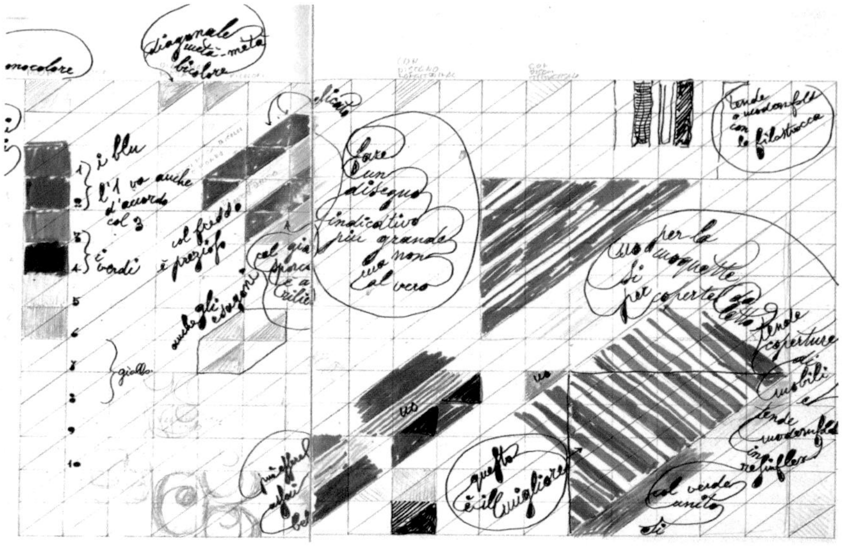

6021
지오 폰티Giò ponti
Gio Ponti, Salzburger Nachrichten, 1976

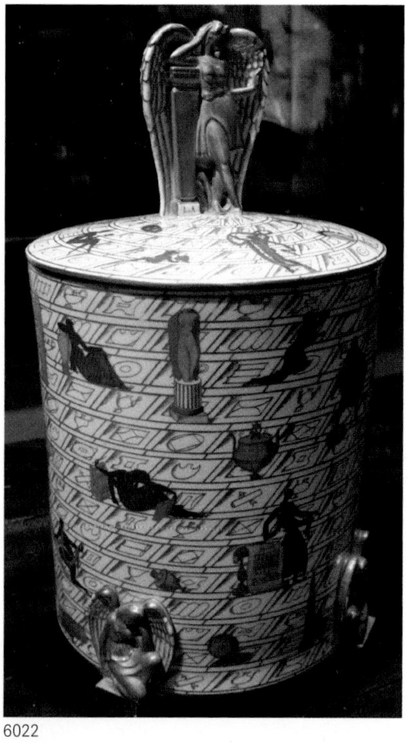

6022

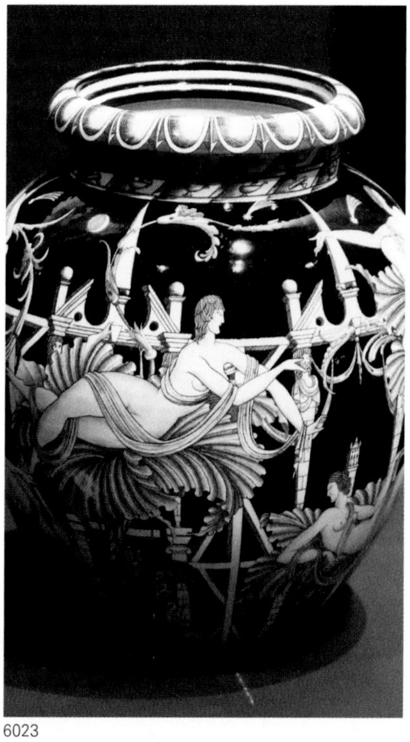

6023

6022
지오 폰티Giò ponti
Giò ponti e libero andreotti, coppia di ciste per ugo e ferdinanda ojetti, richard-ginori, 1927

6023
지오 폰티Giò ponti
Giò ponti per richard-ginori, vaso delle donne sui fiori e delle architetture, 1925

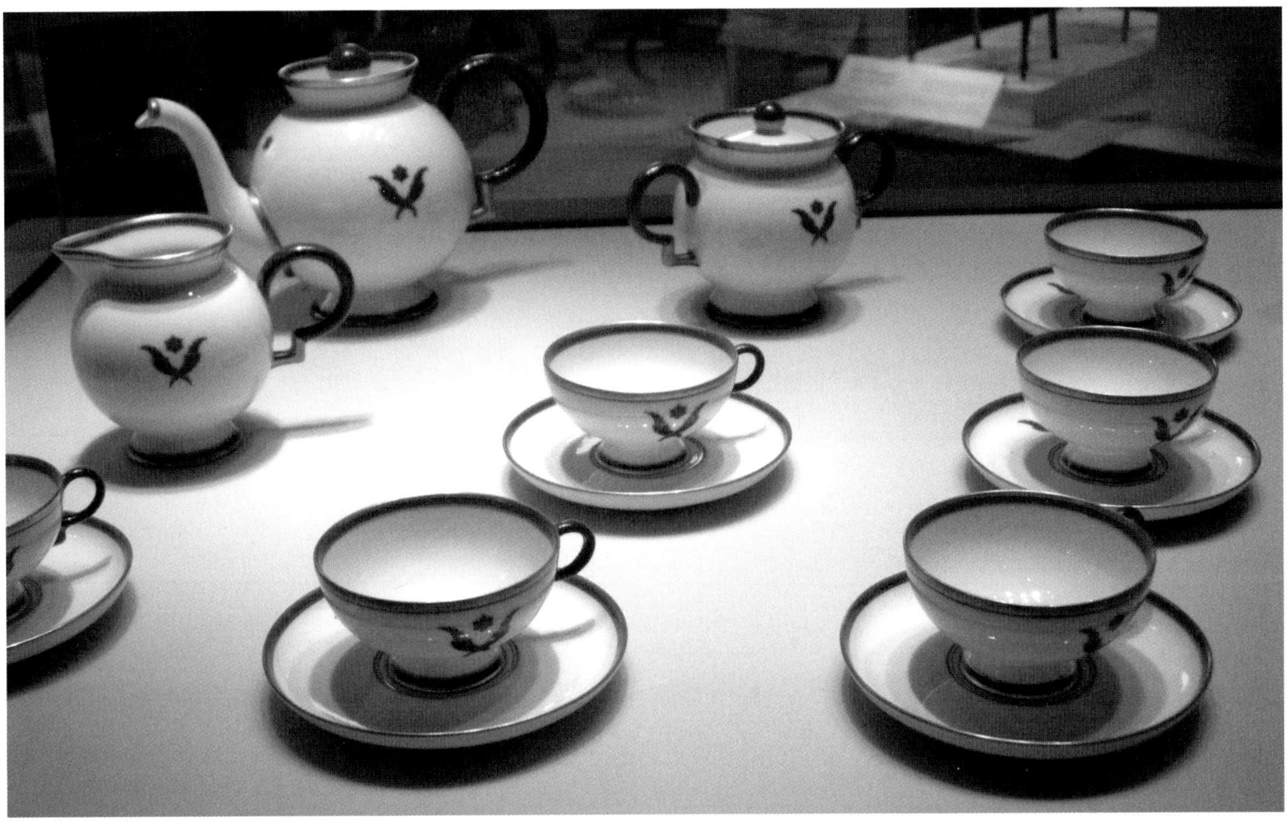

6024

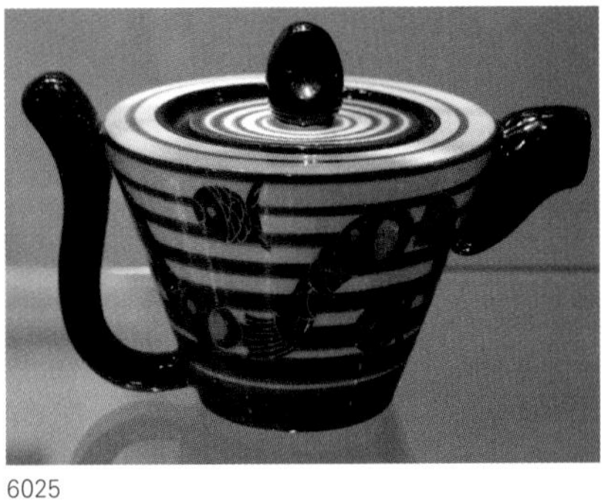

6025

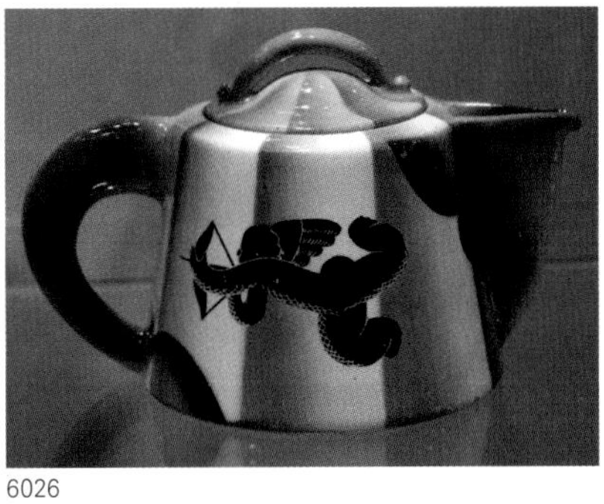

6026

6024
지오 폰티Giò Ponti
Richard Ginori, Servizio da Caffè Barbara, 1930

6025
지오 폰티Giò Ponti
Richard Ginori, Servizio da Caffè Barbara, 1930

6026
지오 폰티Giò Ponti
Richard Ginori, Servizio da Caffè Barbara, 1930

퓨처리즘과 스트림라인
Futurism and Streamline

기술의 발전으로 그리는 아름다움

제1차 세계대전 이후, 디자이너들은 기계 시대에 걸맞은 근대적 정신을 해석해 표현할 수 있는 미학을 찾는다. 유선형 스타일Streamline Style의 공기역학적 형태를 표현하는 수송 기구들은 진보적인 느낌을 부여하는 매력적인 대상이 되었고, 일상생활의 평범한 제품들도 스트림라인 형태를 취하기 시작했다. 이에 따라 형태 전문가들은 자동차, 철도 시설 등의 디자인에 이바지하게 되었다. 노먼벨 제드스의 자동차, 기차, 비행기, 배 등 몇몇 제품은 인기 있는 상품으로 성공했다. 유선형 디자인을 달성하기 위해 디자인은 추가 장식이나 다채로운 장식을 제한했다. 이러한 요소를 제거하는 것은 간결하면서 동시에 디자인의 공기 역학적 감각을 강조했다.

스트림라인

스트림라인 디자인 스타일은 공기역학적 형태와 유선형 곡선을 특징으로 원래 항공기와 자동차 디자인에서 시작되었으나, 가전제품, 가구, 기계 등 다양한 분야로 확산했다. 스트림라인 디자인은 대공황 시기 미국의 경제 회복을 위한 디자인 혁신의 목적으로, 효율성과 속도감을 강조하며 현대적이고 세련된 이미지를 부여한다.

6027
Postcard Depiction of a Pere Marquette Railway Streamliner, 1947

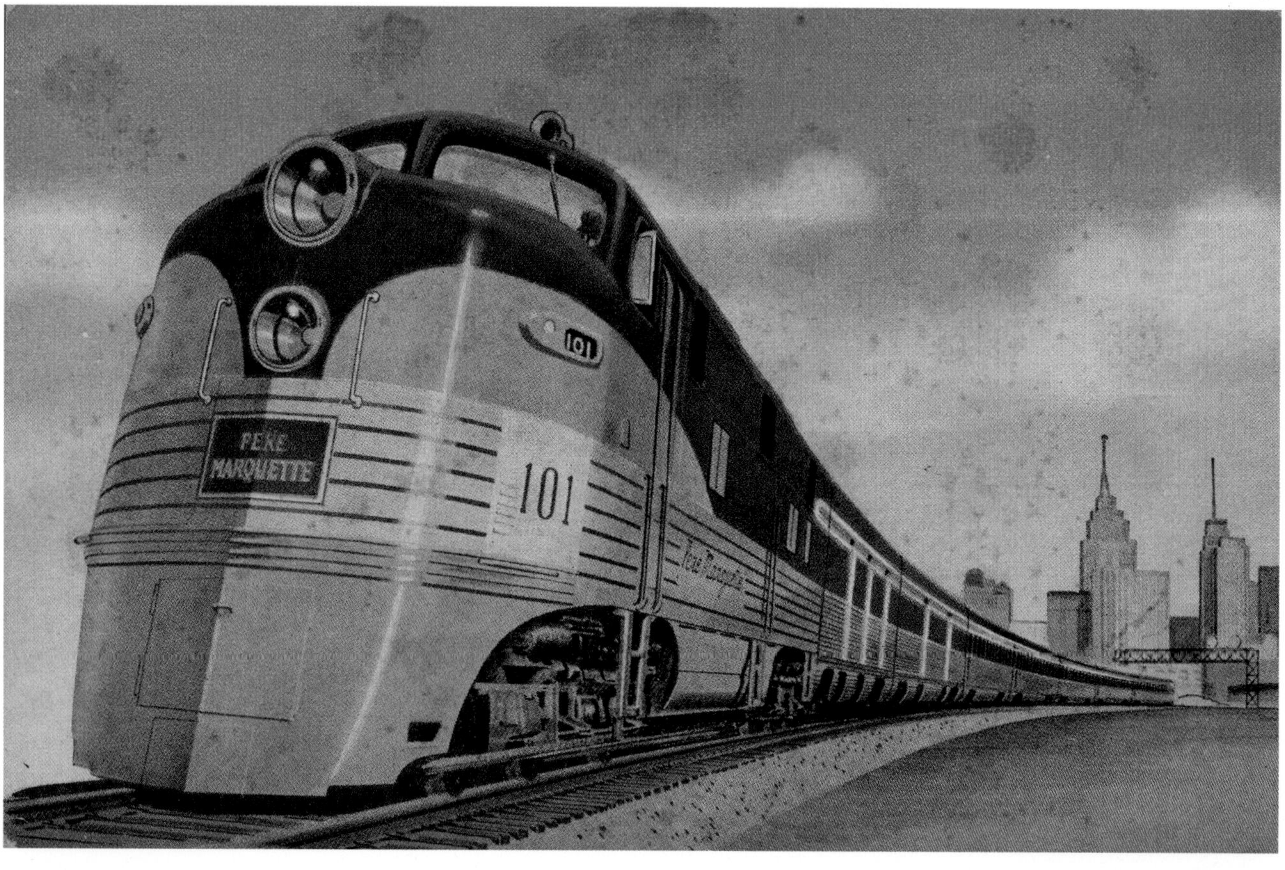

반짝이는 크롬과 래커로 곡선이 더욱 반짝이게 주목받고 재료와 형태의 미적으로 완성도 높은 유선형 디자인의 다양한 시도들이 등장했다. 미국의 생산 기계는 토스터, 다리미, 진공청소기 등 생활용품에도 적용됐으며, 표면의 반사 이미지는 강철판의 곡선 형태 완성도를 판단하는 기준이 됐다. 디자이너들은 기계나 자동차, 비행기뿐 아니라 우리 주변의 제품과 사물에도 다양한 형태의 유선형 디자인 스타일을 적용했다. 금속의 재료, 합성 재료, 플라스틱 부품은 유선형 스타일의 핵심이 되었다.

6028
Duchess of Hamilton at the National Railway Museum

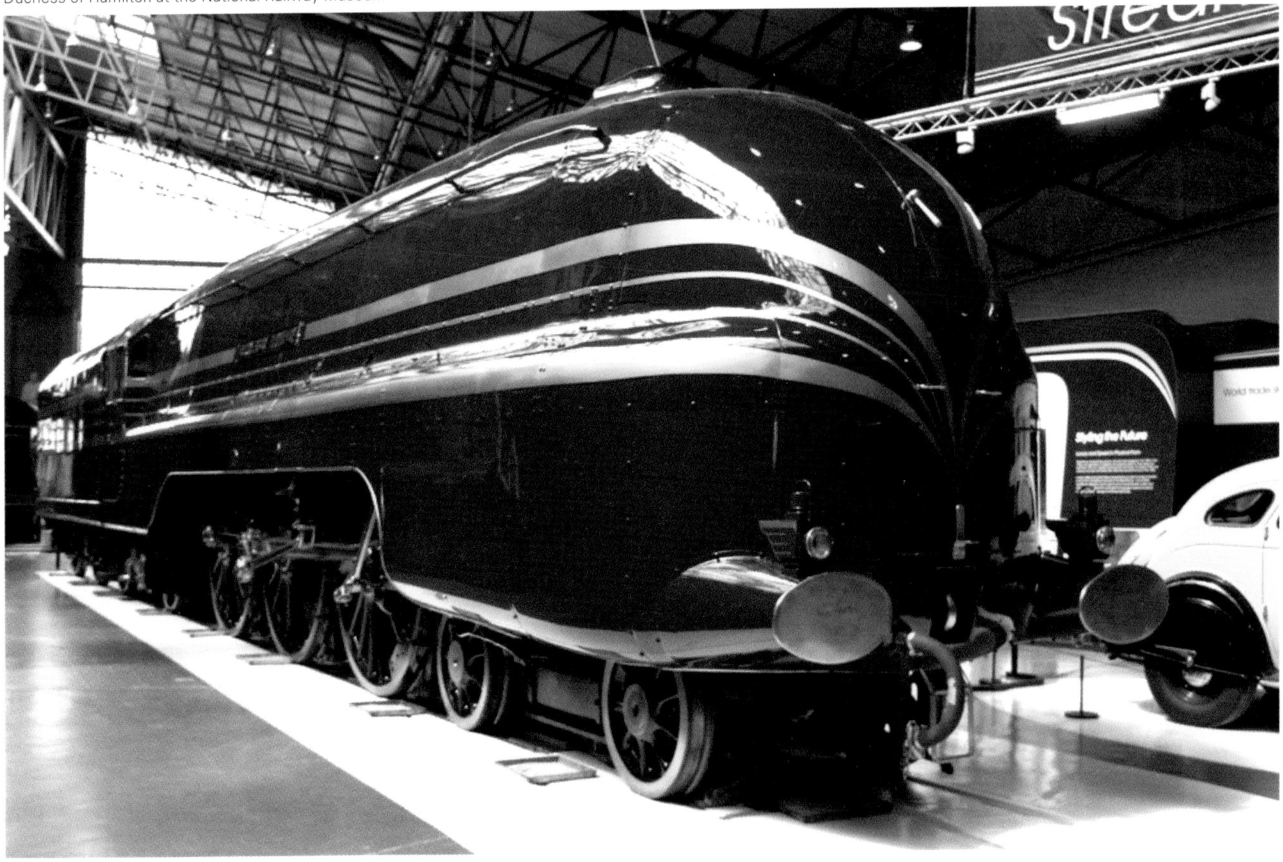

레이먼드 로위 Raymond Loewy (1983~1986, 디자이너) 미국

레이먼드 로위는 스트림라인의 대표적인 디자이너다. 로위는 1919년에 프랑스에서 태어나 미국으로 이주하여 제1차 세계 대전 동안 엔지니어링 군단에서 복무했고 처음에는 뉴욕에서 윈도우 디스플레이 디자이너와 패션 삽화전문가로 일했다.

교통에서 상업 예술에 이르기까지 미국 생활의 수많은 측면에 영향을 미쳤다. 그는 대기업이 제품 개발의 조언을 제공하기 위해 산업 디자이너를 고용할 수 있다는 아이디어를 홍보한 최초의 디자이너이기 때문에 종종 '산업 디자인의 아버지'라고 불린다.

로위의 회사는 콜드스팟 냉장고, 럭키 스트라이크 담배 포장, 그레이하운드 버스, 스튜드베이커 자동차, 코카콜라 디스펜서, 라디오, 재봉틀, 로젠탈 식기류뿐만 아니라 엑손, 셸, 미국 우편 서비스의 기업 그래픽을 포함한다. 이 범위는 산업 디자인이 수백만 명의 일상생활에 미치는 잠재적인 영향과 상업적 도구로서의 힘을 보여준다. 로위는 1967년부터 1973년까지 미국 항공우주국의 고문으로서 미국 설립의 중심에 있다. 그 기간 그의 회사는 우주 관련 제품을 위한 3,000개 이상의 디자인을 생산했다.

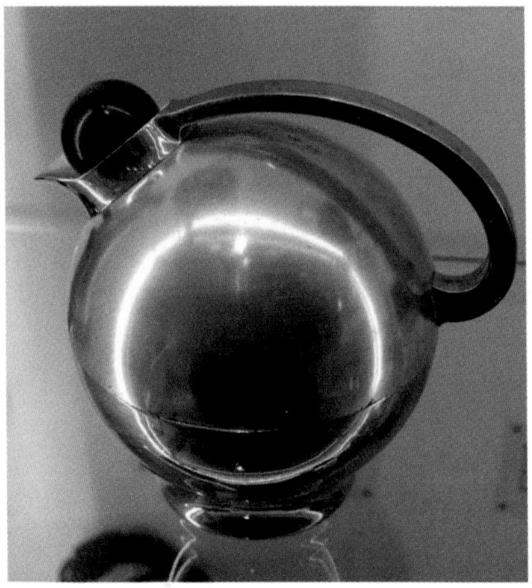

6029
레이먼드 로위 Raymond Loewy
Thermos Flask, Model 3750, 1937

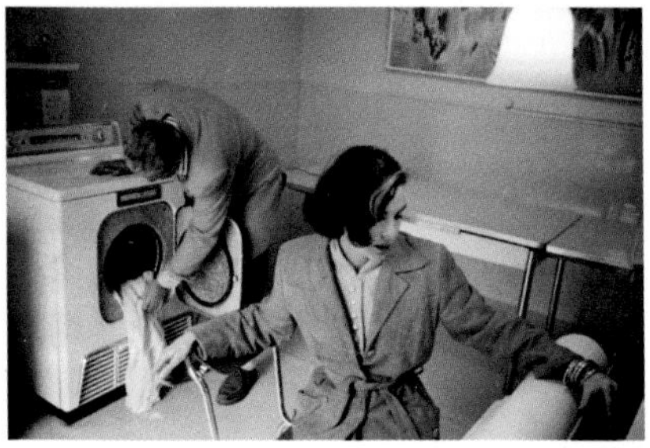

6030
레이먼드 로위 Raymond Loewy
DPLA,1948

6032
레이먼드 로위 Raymond Loewy
Television Set, Model T 54, 1948

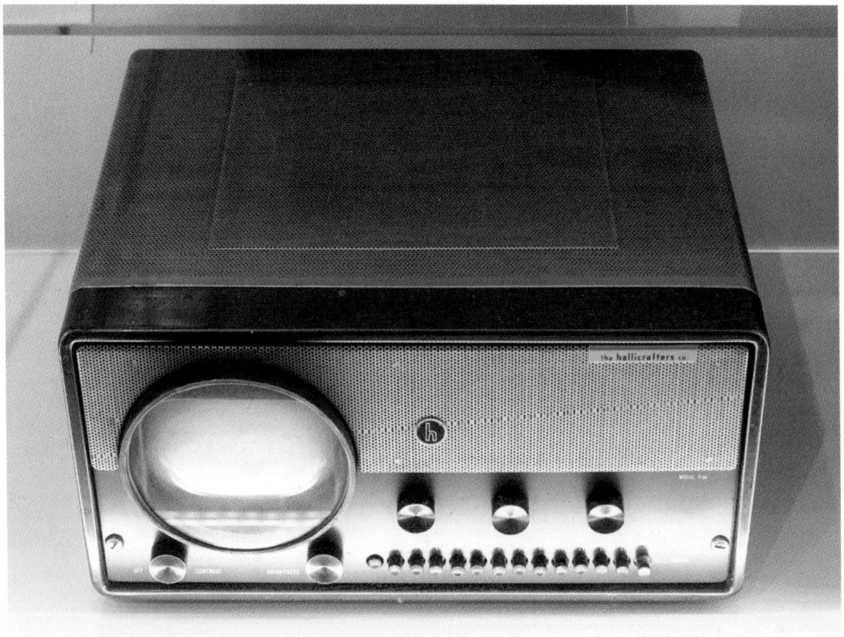

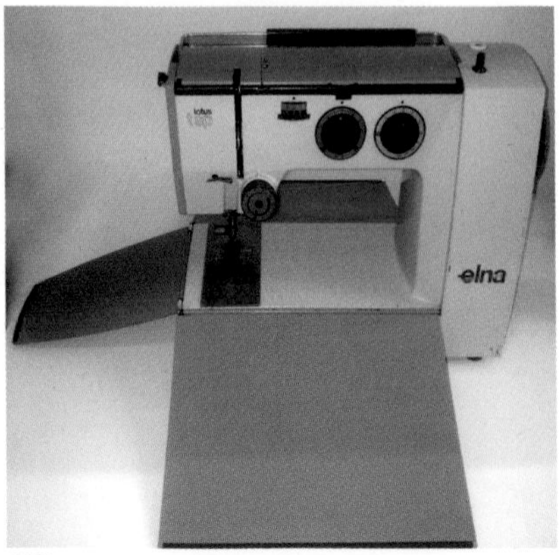

6031
레이먼드 로위 Raymond Loewy
Elna Lotus Portable Folding Sewing Machine, 1968, MoMA

에어포스 원

1962년에 비행하기 시작한 존 F. 케네디의 에어 포스 원이었다. 그의 현대적이고 우아한 디자인은 이 특별한 보잉 707에 드러난다. 에어 포스 원의 도색은 1962년 로위에 의해 슬레이트와 시안 블루스를 사용하여 재설계됐다. 대통령 인장은 코 근처의 동체 양쪽에 추가됐고, 큰 미국 국기가 꼬리에 그려졌고 항공기의 측면은 모든 대문자로 "미국"이라고 쓰여 있었다. 로위의 작품은 대통령과 언론으로부터 즉각적인 찬사를 받았다.

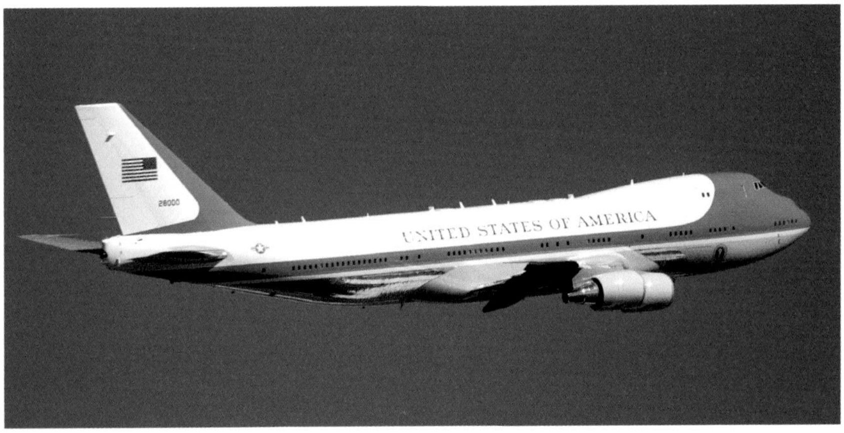

6033
레이먼드 로위 Raymond Loewy
에어포스 원 비행기Air Force One

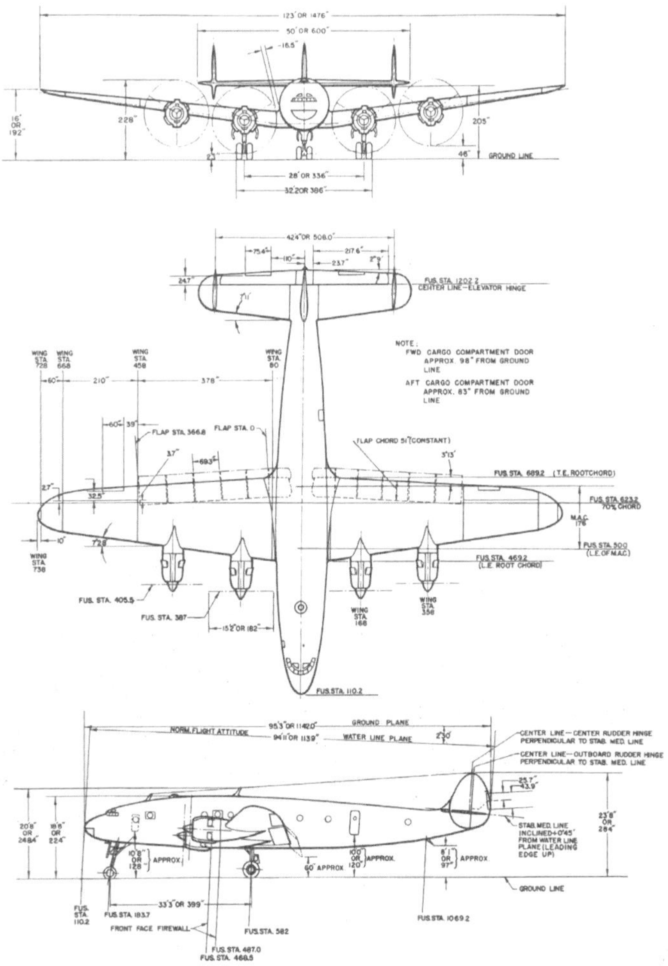

6034
레이먼드 로위 Raymond Loewy
Lockheed Model 049 Constellation 3-View Line Drawing

전설적인 제품 디자이너인 로위는 20세기 후반에 기억에 남는 디자인을 만들기 위해 클린 라이닝이라고 부르는 원칙을 적용한다. 그의 조형은 주름장식이나 불필요한 섬세함 없이 제품의 외관을 본질로 줄였다.

그는 자동차, 냉장고, 담배 패키지, 탄산음료, 자동판매기에 이르기까지 미국의 가장 상징적인 디자인을 만들었다. 그는 사용자의 구매를 자극하는 수단으로 디자인을 완전히 변경하지 않고 제품의 외관을 단순하게 마감했다. 그는 종종 공기역학, 속도 및 미래주의를 불러일으키는 부드러운 곡선도 활용했다.

펜실베이니아 철도 GG1 전기 기관차

철도의 디자인은 곡선이 있는 전기 기관차인 PRR GG-1과 너무 독특해서 1939년 뉴욕에서 열린 세계 박람회에서 전시되었을 때 그것을 예술 작품으로 여겼다. 1940년대까지 로위는 그레이하운드, 인터내셔널 하베스터, 코카콜라를 위해 디자인했지만, 그는 스터드 베이커 자동차 회사의 주요 자동차 디자이너로 가장 잘 알려지게 됐다.

6035
레이먼드 로위Raymond Loewy
펜실베이니아 철도 GG1 전기 기관차

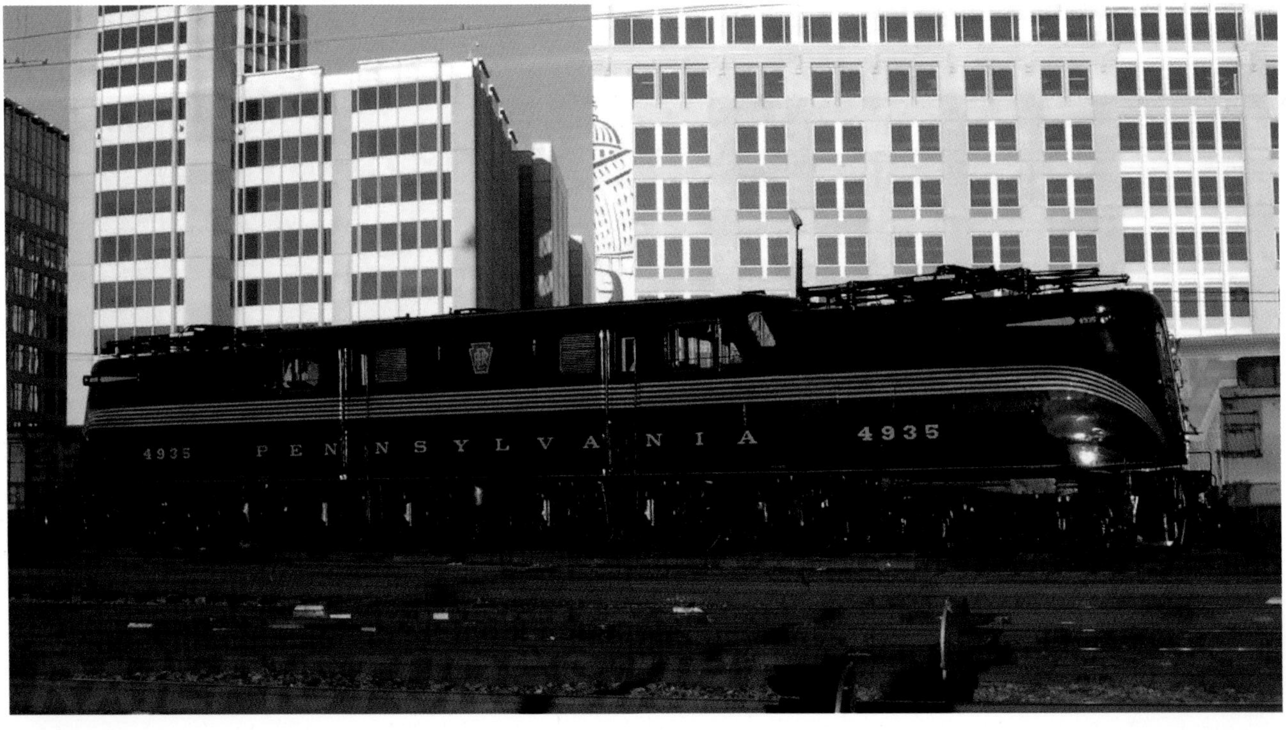

콜드스팟 냉장고

대공황의 한가운데서 Sears와 Roebuck은 Coldspot 냉장고를 완전히 재설계하기 위해 Raymond Loewy를 고용했다. 주거용 냉동은 초기 단계였고 시장에는 몇 가지 제품이 있었다. Sears 모델은 이미 몇 년 동안 존재해 왔지만, Loewy의 디자인이 추가되어 매출이 급증했다.

시어스는 그에게 냉장고를 디자인해 달라고 요청했고, 그는 5년 만에 판매량을 1만 5,000대에서 27만 5,000대로 증가시킨 순도를 줄인 반짝이는 하얀 신사인 1934년 콜드스팟을 생산했다.

로위는 "내가 본능에 따라 믿었던 것은 확실한 판매 수치에 의해 증명되고 있었다"고 언급했다. 당신은 같은 기능, 같은 품질, 같은 가격을 가진 두 제품을 가지고 있다. 더 잘 생긴 것이 다른 제품을 능가한다." 1930년대 당시에는 혁명적 생각이었다.

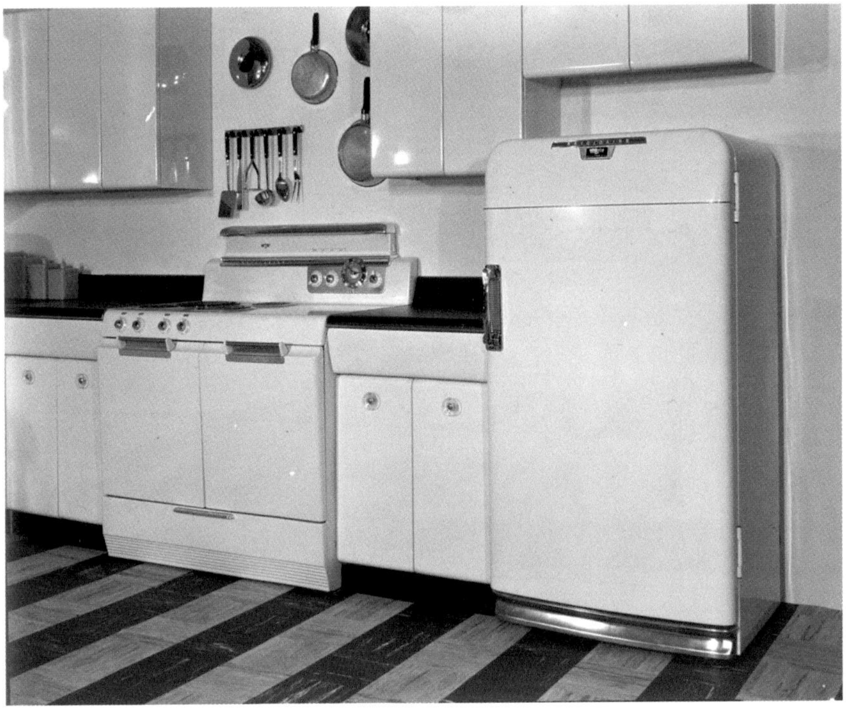

6036

6036
레이몬드 로위 Raymond Loewy
Raymond Loewy Associates, 'Look' Kitchen, 1951

6037
레이몬드 로위 Raymond Loewy
Union News Coffee Shop at the TWA Flight Center, JFK Airport, 1962

6038
레이몬드 로위 Raymond Loewy
르쿠르제 그릇 Le Creuset Dishes

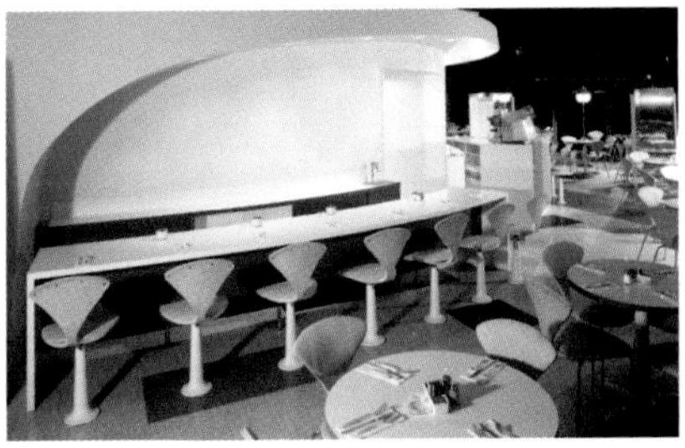

6037

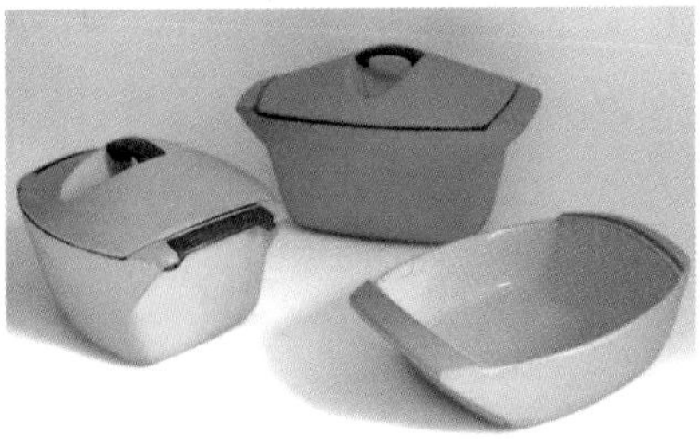

6038

유선형 스타일의 아름다움

1930년대는 대공황 시기 동안 대부분의 미국인이 생계를 유지하기 위해서 고군분투할 때에, 비행기나 자동차 유선형의 디자인은 희망의 상징이었다. 유선형의 반짝이는 금속의 형태와 광택은 밝은 미래와 성공의 미래를 보여주는 스타일이다.

유선형의 움직임의 아이디어는 빠른 가속과 마찰 없는 효율성을 암시하고 점차 시각적으로 즐겁고 심미적인 스타일을 보여준다. 둥근 모서리와 유선형의 선과 모양은 기술의 찬양으로 더 나은 내일을 기리며 낙관주의의 미래를 보여준다. 1930년대부터 1950년대 초까지 이러한 유선형의 디자인은 자동차뿐 아니라 주변의 다양한 제품과 환경에도 적용되었다.

1939년 뉴욕 세계 박람회에 데뷔한 뉴욕 중부 허드슨 라인의 매혹적으로 매끄러운 슈퍼 허드슨 증기 기관차는 빠른 여행의 새로운 시대 상징으로 공기역학을 강조하기 위해 둥근 동체와 유선형 프로필을 선보였다. 이 차들은 스트림라인 디자인의 미학을 국제무대에 알리는 데 도움이 되었고 결국 상징적인 제조사인 페라리도 유선형의 차를 선보였다.

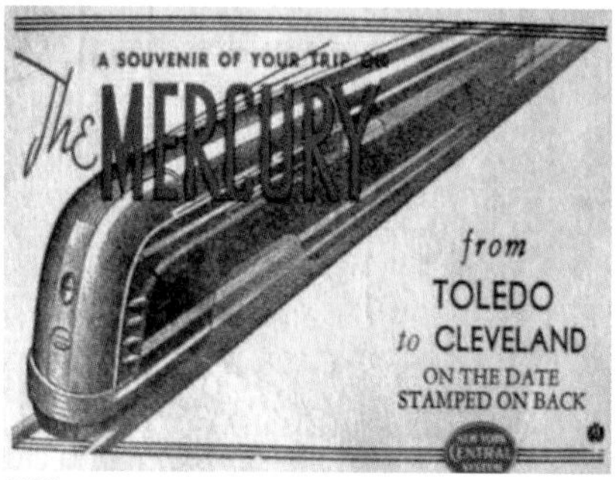

6039
헨리 드레이퍼스 Henry Dreyfuss
Mercury Locomotive, 1936, 뉴욕

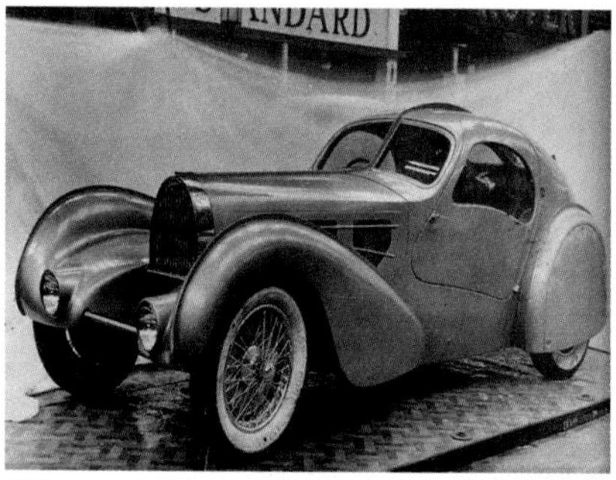

6040
부가티 아에롤리스 Bugatti Aérolithe, 1936

6041
휴스턴 미술관에 전시된 스타우트 스카랍 Stout Scarab on Display, 1935, Houston Fine Arts Museum

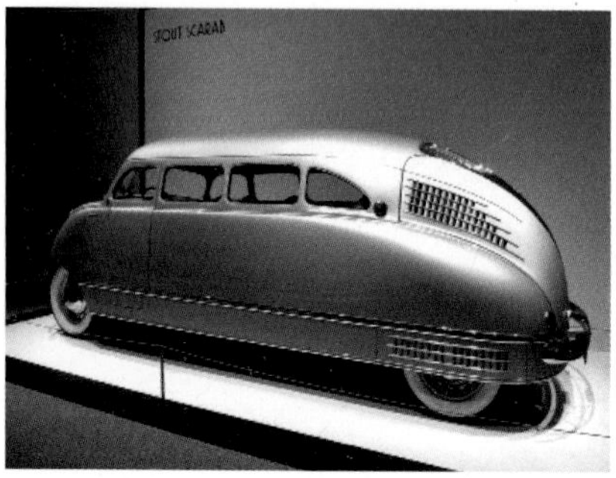

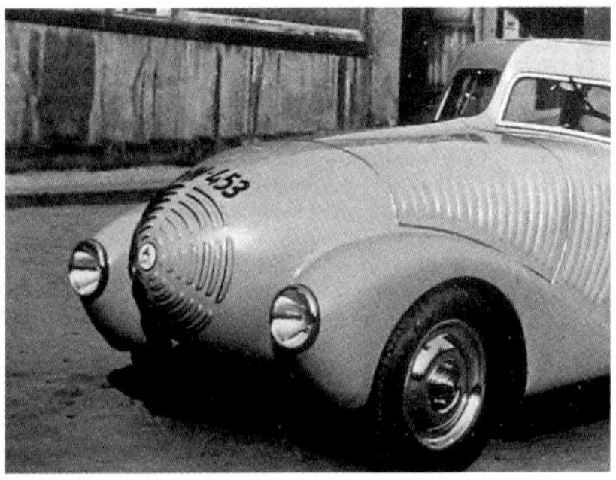

6042
슈퍼스포츠 Supersport, WIKOV, 1931

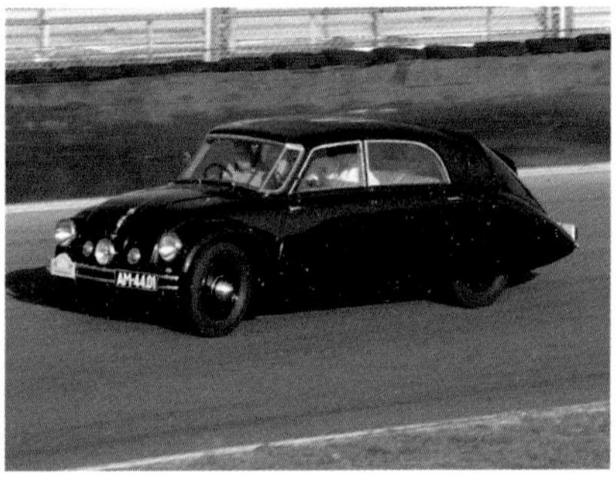

6043
타트라 Tatra77, 1934

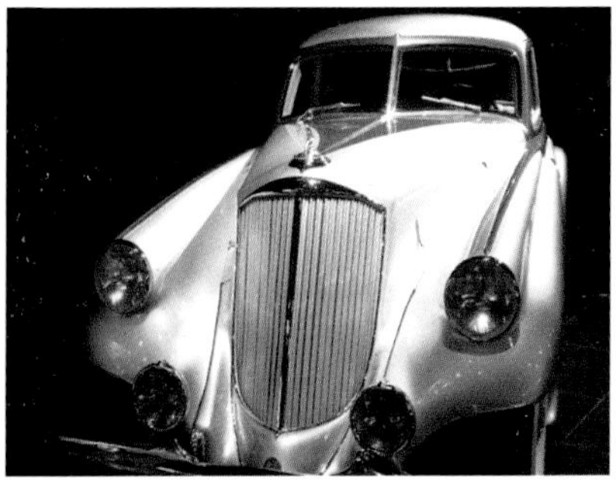

6044
피어스 Pierce, 실버 애로우 Silver Arrow, 1933

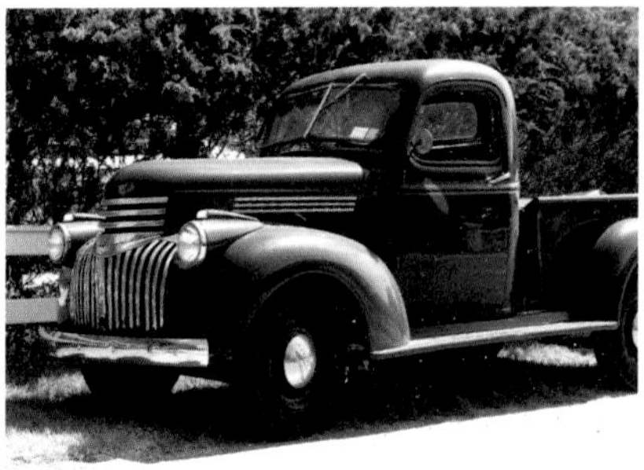

6045
쉐보레 DP ½톤Chevrolet DP ½-ton, '아르데코' 픽업 'Art Deco' pickup, 1946

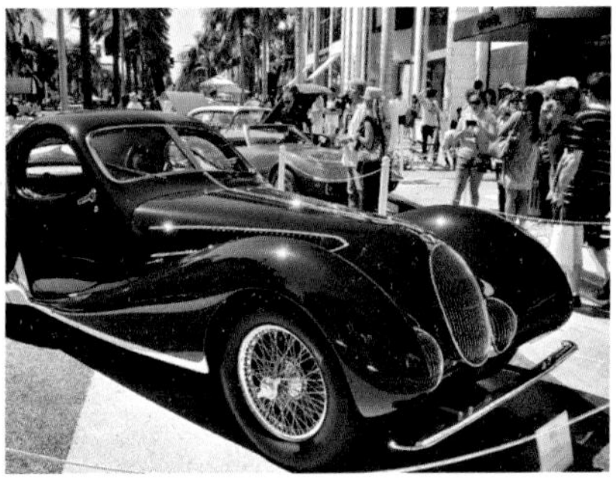

6046
탤벗 Talbot, Teardrop SS150, 1938

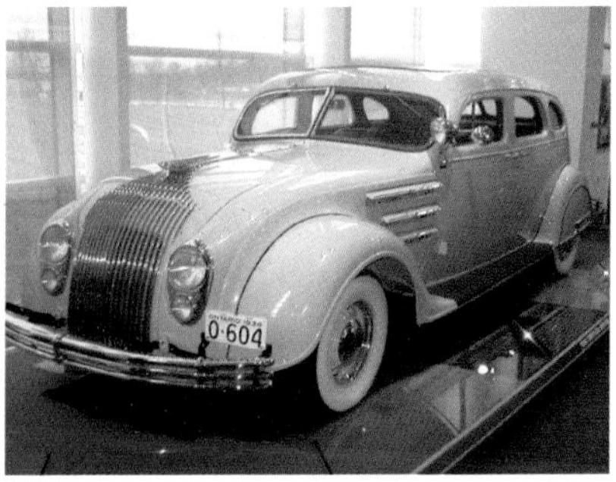

6047
크라이슬러 Chrysler Airflow, 1934

6048
타트라 Tatra 603, 1955

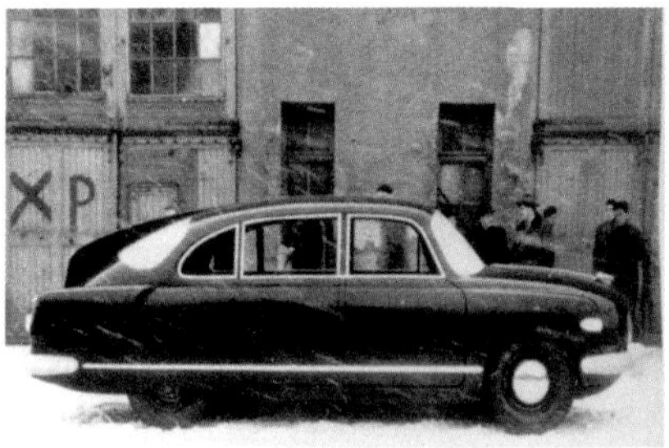

6049
에드먼드 럼플러 The Rumpler Tropfenwagen, 1921

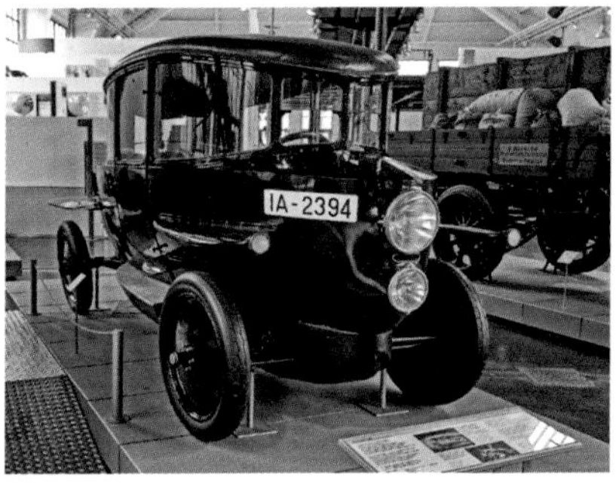

6050
스터드베이커 랜드 크루저 Studebaker Land Cruiser, 1934

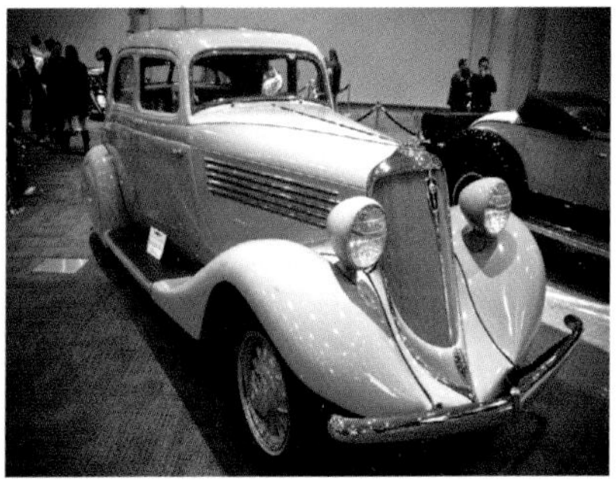

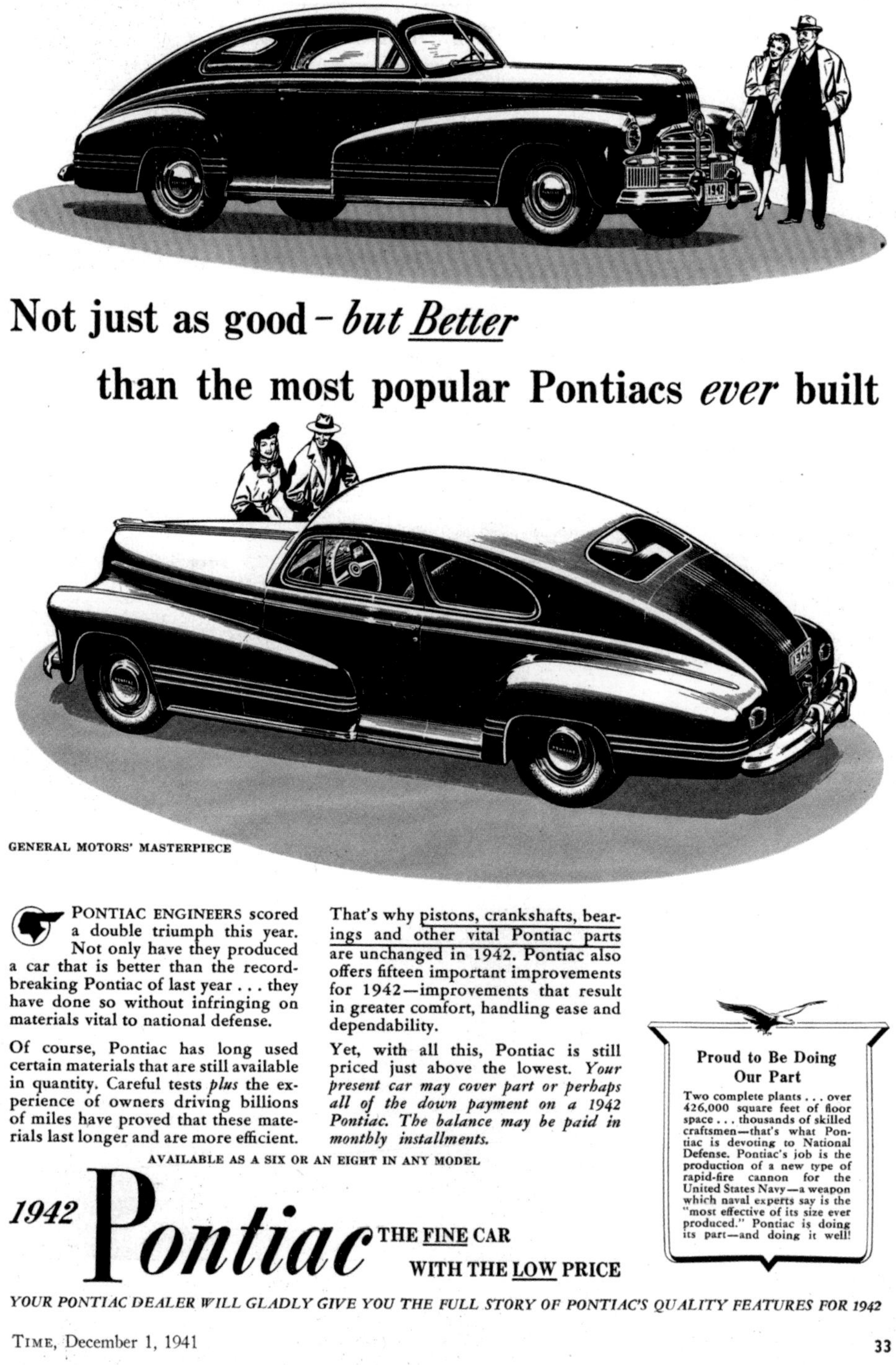

6051
폰티악 Pontiac 포스터, 1942

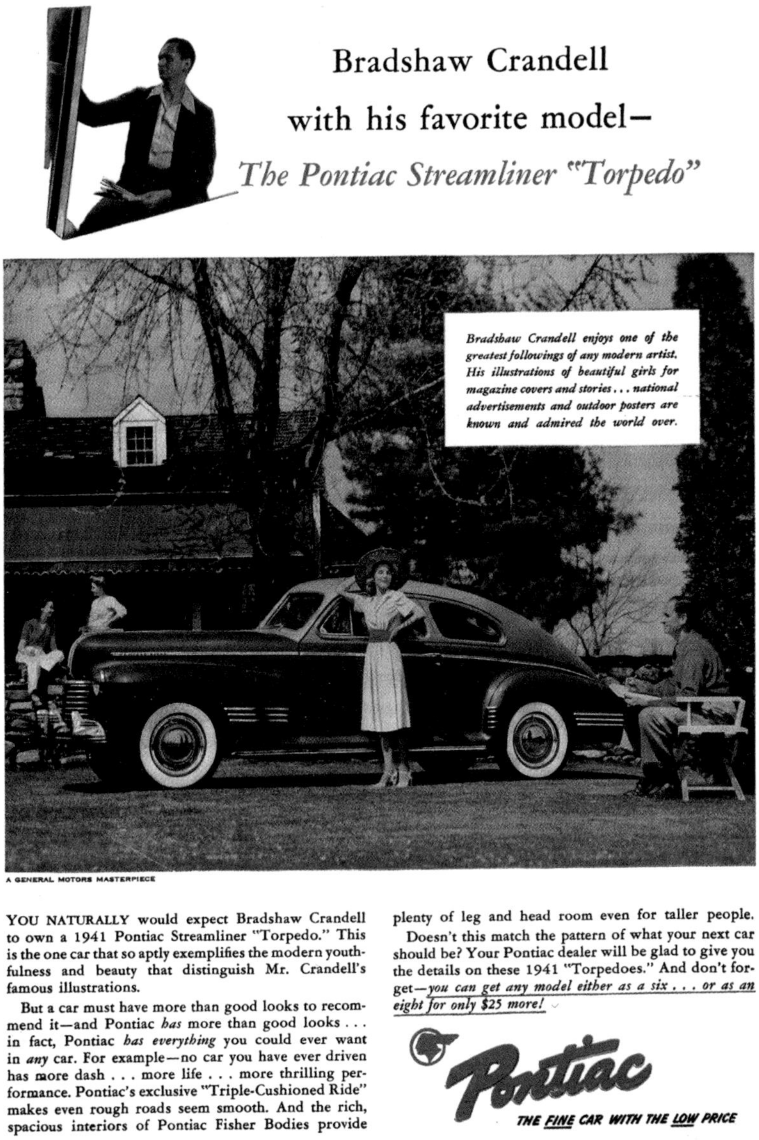

6052
폰티악 Pontiac 포스터, 1941

할리 얼과 폰티악 토르페도

폰티악의 유선형 디자인을 주도한 인물 중 한 명은 할리 얼Harley Earl이다. 그의 디자인 철학은 "자동차는 단순한 이동 수단이 아니라, 소유자의 삶과 스타일을 반영해야 한다"고 했다.

미국 자동차 디자인 아버지로 여겨지는 할리 얼은 1893년 캘리포니아 주 로스앤젤레스서 태어났다. 1920년대 후반, 얼의 디자인 재능은 제너럴 모터스 회장 알프레드 슬론의 시선을 사로잡았고, 그는 그에게 모든 GM 자동차 라인의 스타일링을 감독하는 직책을 제안했다. 얼은 수락하고 디트로이트로 이사했고, 곧 GM의 신제품 개발을 진행했다.

퓨처리즘과 건축
Futurism and Architecture

퓨처리즘과 건축

건축 분야는 윌리엄 밴 엘런에 의해 크라이슬러 빌딩이 재현되었으며, 실내 디자인에서 폴 클랭클은 혼합물 마천루에서 아르데코 스타일을 선보였다. 1925년에 파리의 국제박람회The International Exhibition of Modern Decorative and Industrial Arts에서 보인 스타일은 점차, 날카로운 각도는 단순하고 공기 역학적 곡선으로 대체되었으며 장식은 매끄러운 콘크리트와 유리로 대체됐다.

스트림라인 모던 스타일은 대공황 시기와 제2차 세계대전 전후의 사회적, 경제적 변화 속에서 발전했다. 1930년대 1940년대 미국 풍경을 지배한 스트림라인의 모던 스타일은 새로운 기술과 기대의 디자인이다. 1925년 파리 엑스포가 아르 데코를 대중화한 것처럼, 스트림라인 모던 운동은 1933년 시카고 세계 박람회에서 더욱 촉진됐다.

현대 생활을 위한 발표회로 설계된 이 박람회는 부분적으로 대공황 동안 경제를 자극하기 위해 만들어졌다. 내일의 세계를 주제로 한 1939년 뉴욕 세계 박람회는 그 스타일의 인기를 높였다. 아마도 가장 주목할 만한 것은 Norman Bel Geodes General Motors전시회이다. 파빌리온은 1960년 미국 도시의 대규모 모델인 Futurama를 선보였으며, 미래 지향적인 마천루, 복잡한 고속도로 및 헬리콥터 착륙장을 선보였다.

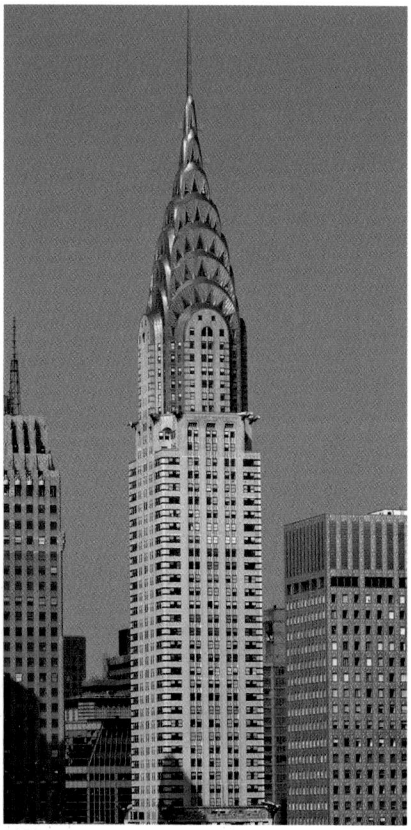
6053

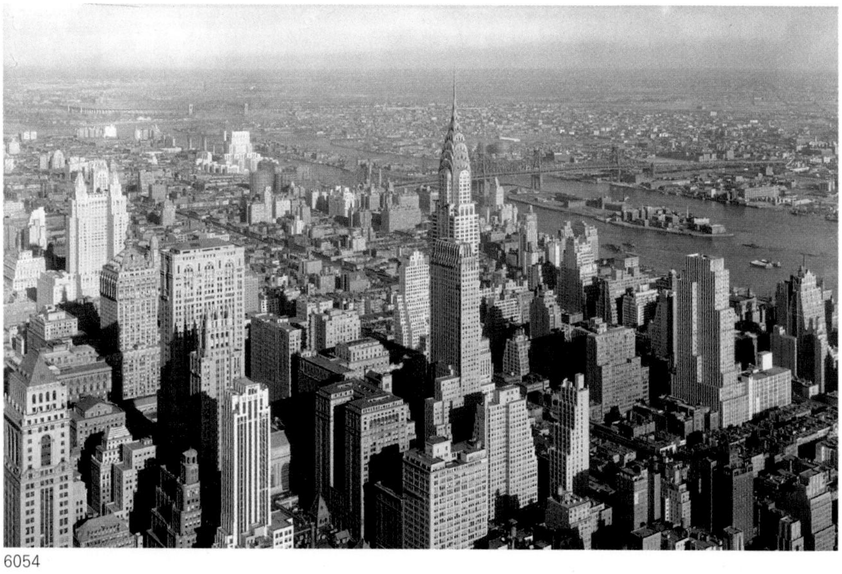
6054

6053
Chrysler Building

6054
크라이슬러 빌딩이 있는 뉴욕 시의 풍경

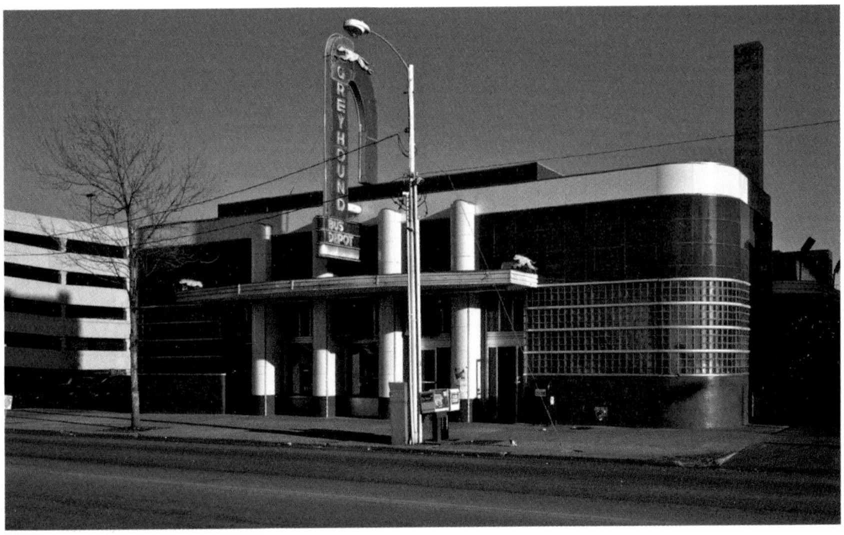

6055

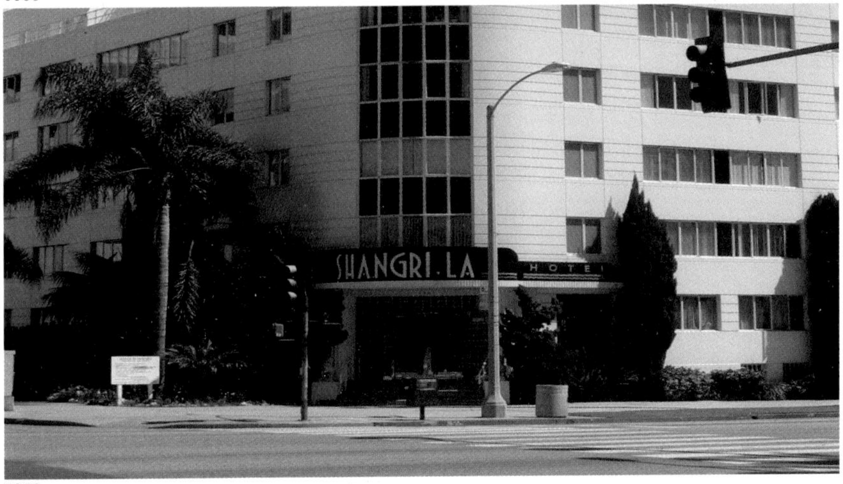

6056

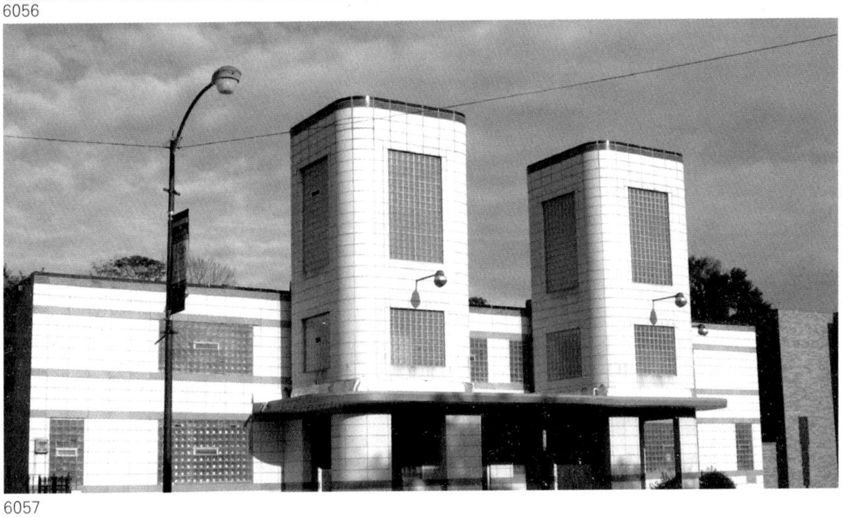

6057

6055
Greyhound Bus Station, 1936~1939, Columbia, South Carolina

6056
Hotel Shangri-La, 1939, Santa Monica, California

6057
Streamline Moderne church
First Church of Deliverance, 1939, Chicago, Illinois

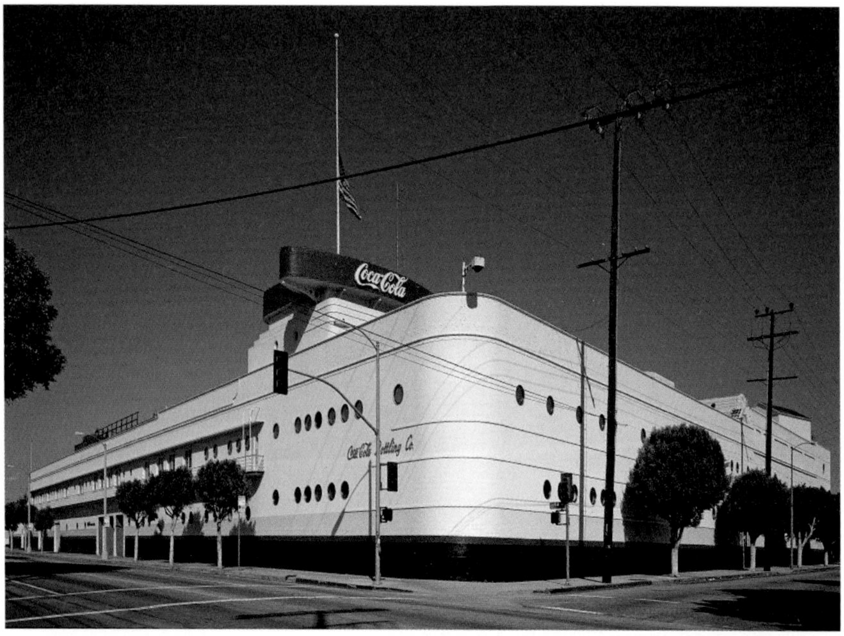

6059

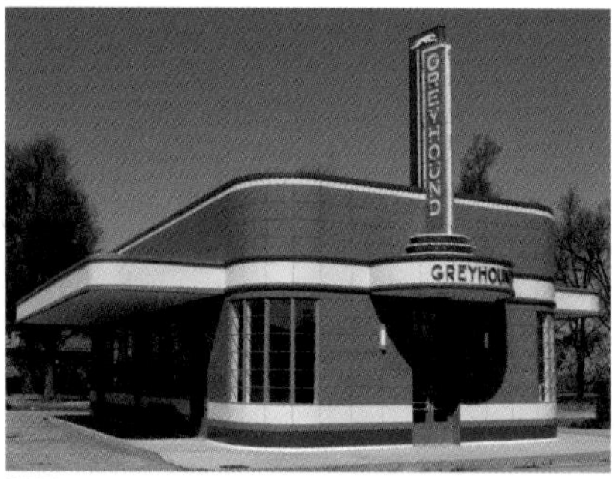

6058

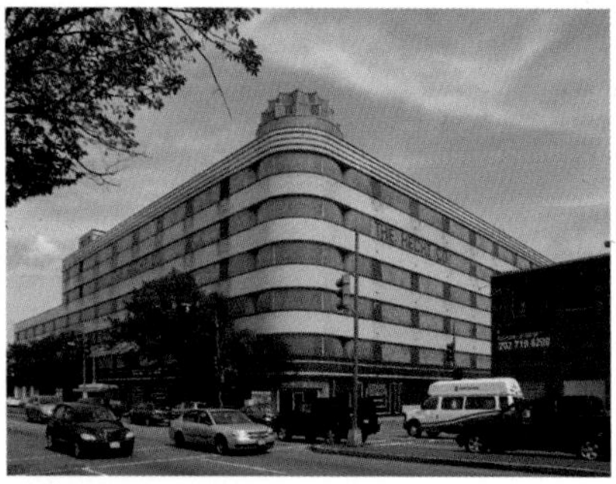

6060

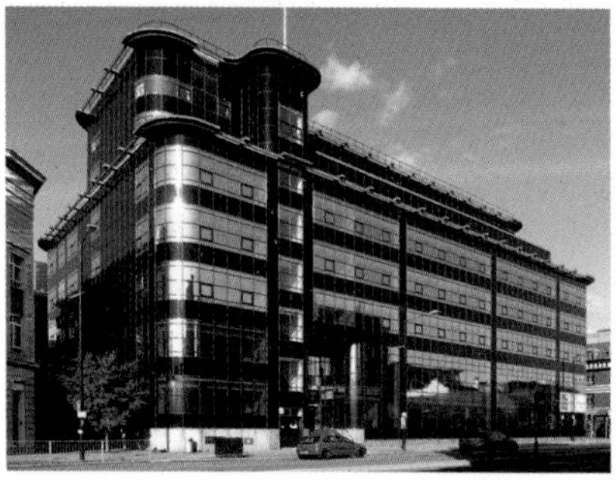

6061

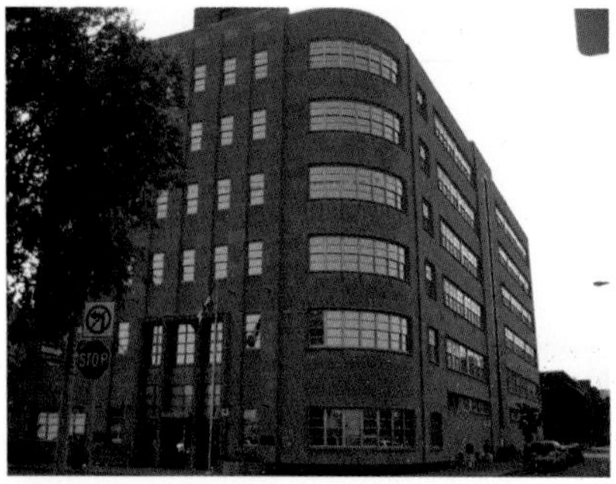

6062

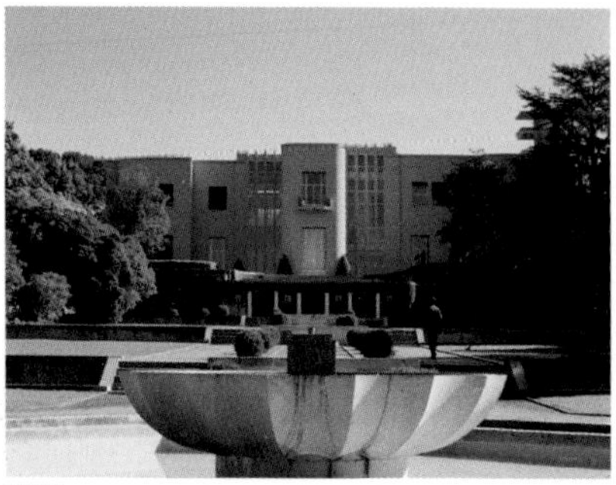

6063

6058
Blytheville Greyhound Bus Station, located at 109 N. Fifth Street in Blytheville, 1937, Arkansas, United States

6059
Coca-Cola Factory, 1936, Los Angeles by Robert V. Derrah

6060
Hecht Company Warehouse, 1937, Northeast Washington, D.C.

6061
Daily Express Building, 1939, Manchester, UK

6062
Hamilton Hydro-Electric System Building, 1935, Hamilton, Ontario

6063
Serralves House, 1931~1944, Porto, Portugal

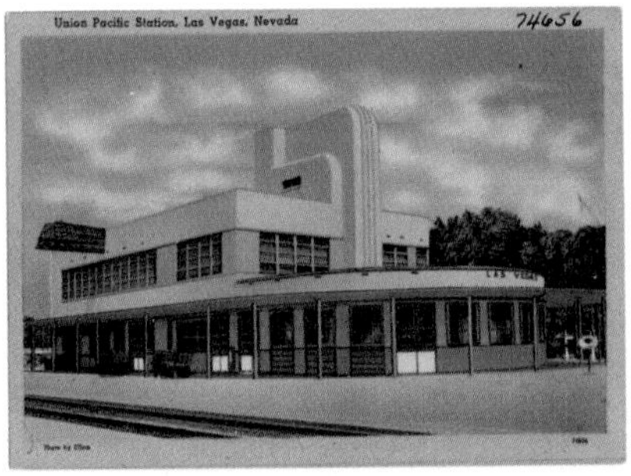

6065

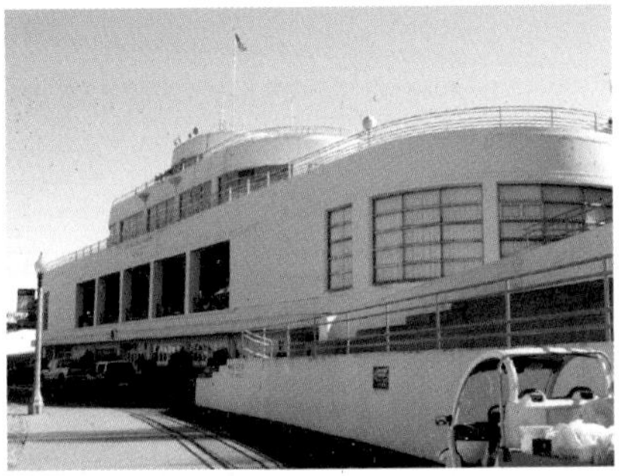

6066

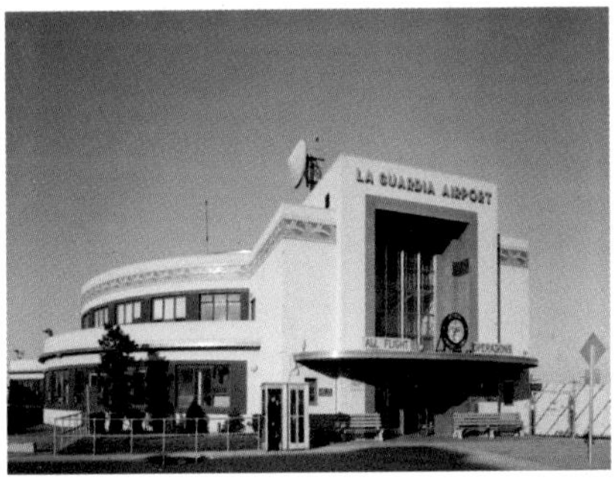

6067

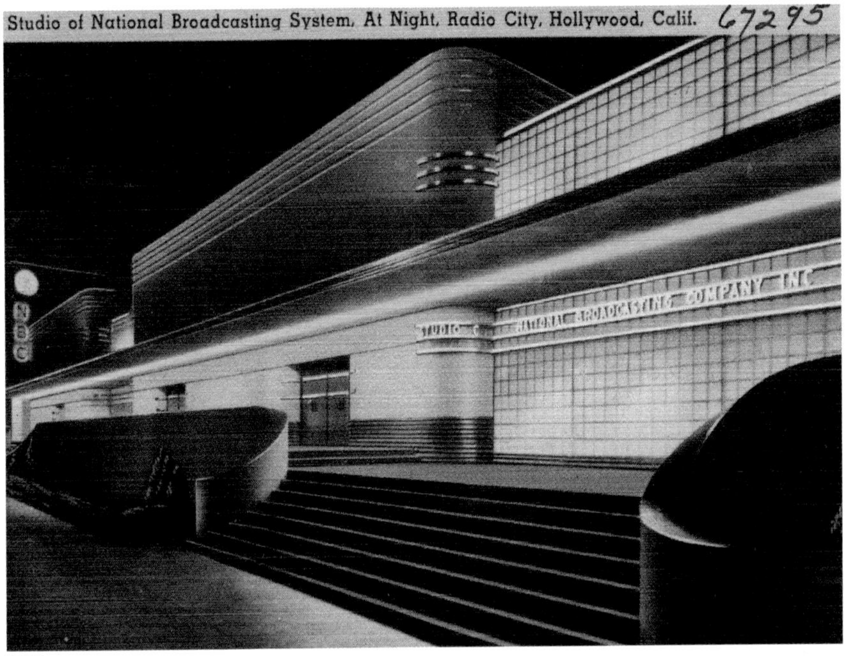

6064

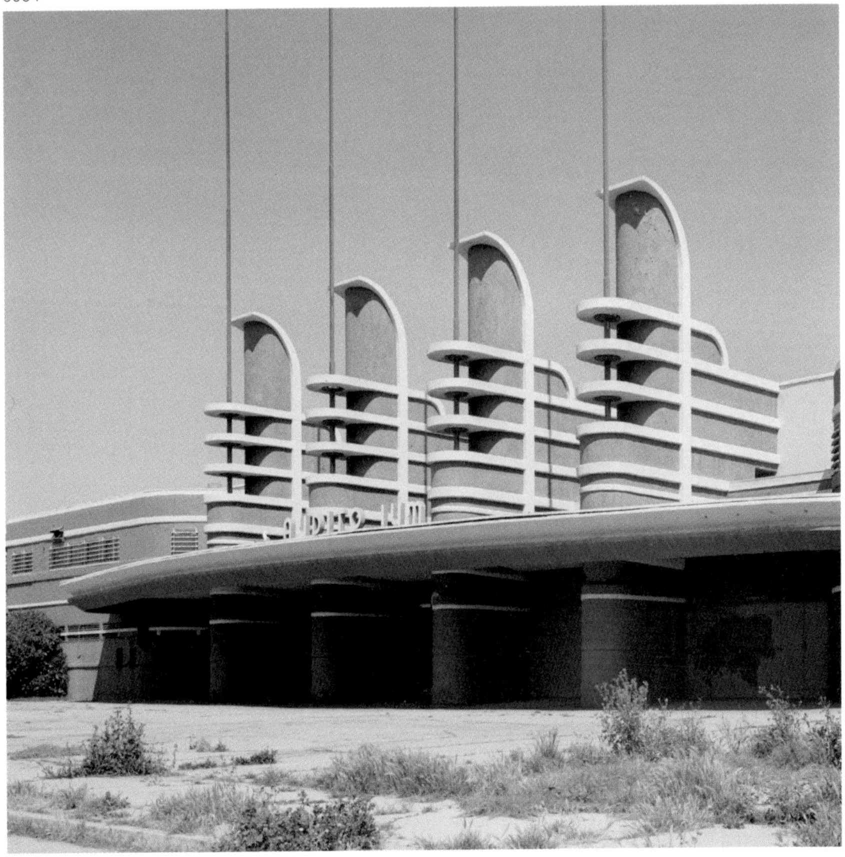

6068

6064
Night Image, NBC Hollywood Studios, 1938, Sunset and Vine

6065
The Las Vegas Union Pacific Railroad Station, 1930

6066
Aquatic Park Bathhouse, 1936, San Francisco

6067
Marine Air Terminal of LaGuardia Airport, 1939, New York

6068
Pan-Pacific Auditorium, 1935~1989, Los Angeles, California

퓨처리즘과 우주미래
Futurism and Spacefuture

새로운 생활양식과 우주의 미학 그리고 퓨처리즘

1960년대 퓨처리즘 디자인은 냉전 시대의 기술적 경쟁과 미래의 낙관적인 전망을 반영한 중요한 디자인 흐름이다. 우주 탐사와 과학기술의 급속한 발전이 이루어졌다. 이 시기에는 혁신적인 디자인을 촉진했다. 1960년대는 스푸트니크 인공위성의 발사와 아폴로 11호의 달 착륙이 중요한 사건이었다. 이 시기의 기술적 성과는 대중문화와 디자인에 큰 영향을 미쳤다. 우주와 미래를 주제로 한 디자인이 인기를 끌었다.

영화 트론은 당시 혁신적인 기술을 활용하여, 디지털 공간을 생생하게 구현했다. 실내장식, 가구, 패션 등 다양한 분야에서 적용되었으며, 디자인은 매끄러운 곡선과 기하학적 형태를 특징으로 한다. 빛나는 네온 라인과 금속성 재질을 사용했다. 더 나아가 미래적이고 초현실적인 분위기를 조성했다. 공기역학적 형태, 기하학적 패턴, 유선형의 곡선 등을 특징으로 하며, 금속과 플라스틱 재질을 사용하여 미래지향적 이미지를 구현했다.

팝아트, 옵아트와 같이 대중문화가 실내장식, 벽화, 벽지, 포스터에 나타났다. 1960년대 중반 디자인과 키치의 크로스 오버된 로켓 모양의 공상 과학과 시각적 디스플레이가 어우러진 에드워드 크레이븐 워커의 라바 램프라고 불리는 아스트로 램프가 1963년에 등장했다. 플라스틱은 이상적인 재료로 다양한 재료로 실험이 이루어졌다. 금속, 유리, 나무, 플라스틱은 여러 스타일에 맞는 디자인을 시도했다. 조 콜롬보Joe Colombo 및 안나 카스텔리니 페리에리Anna Castelli Ferrieri 등 디자이너들은 최신 기술 상태에 대응하는 모양의 Kartell, Danese 및 Artemide를 위해 ABS플라스틱으로 만든 밝은색의 일상 사물들을 디자인했다. 새로운 재료를 활용한 시도는 우주 시대 모습에서 더욱 강조됐다.

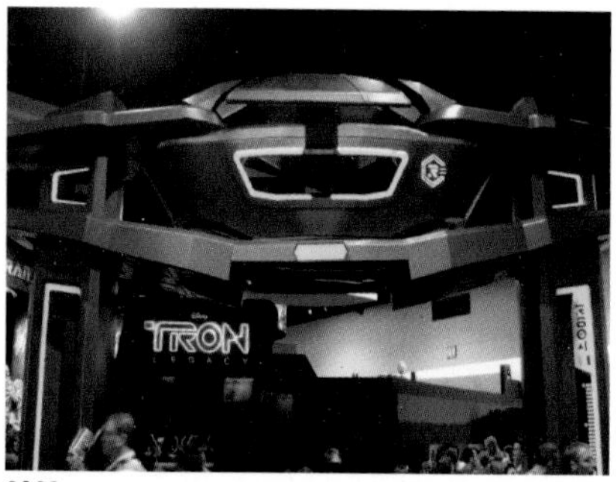

6069

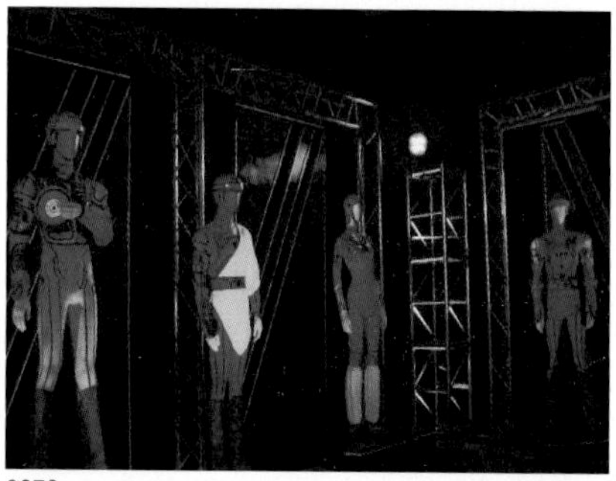
6070

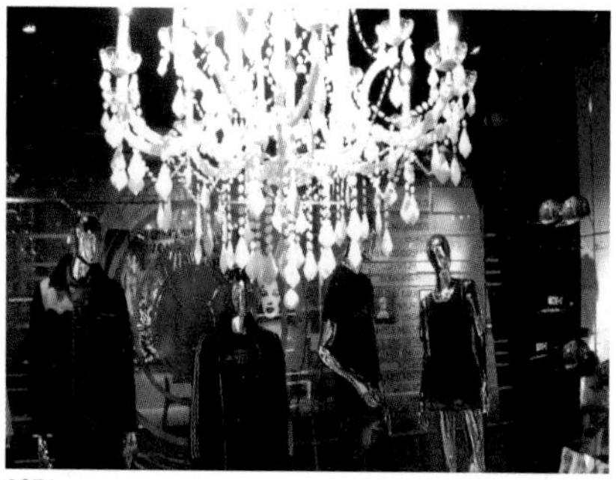
6071

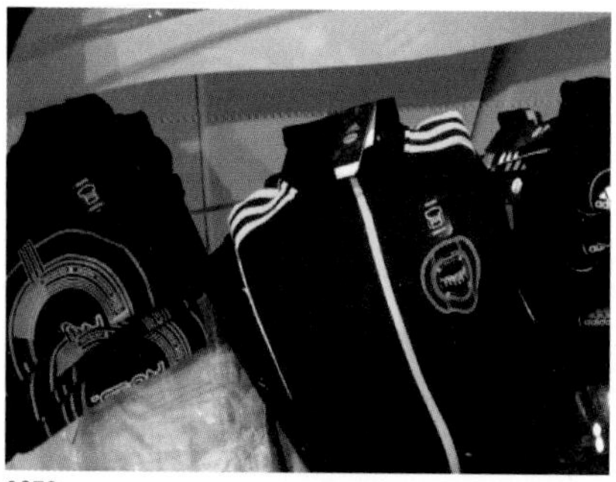
6072

6069
영화 트론의 Comic Con 2010, Disney Tron Legacy booth, 2010

6070
영화 트론의 코스튬, D23 Expo, 2011, 미국

6071
영화 트론의 코스튬을 활용한 상품, Tron: Legacy Pop Up Shop, 미국

6072
트론 Tron: Legacy Pop Up Shop, Addidas Apparel, 미국

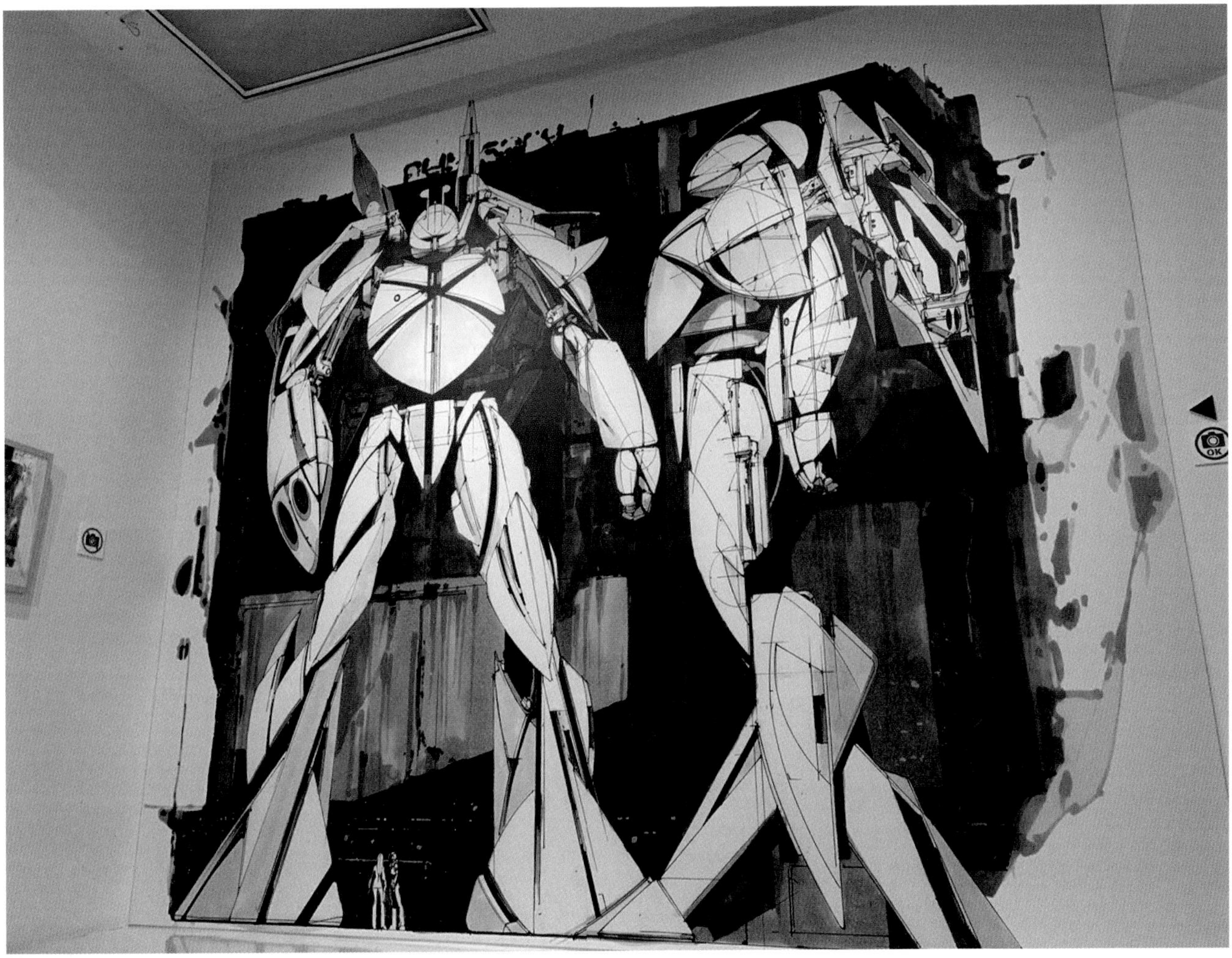

6073

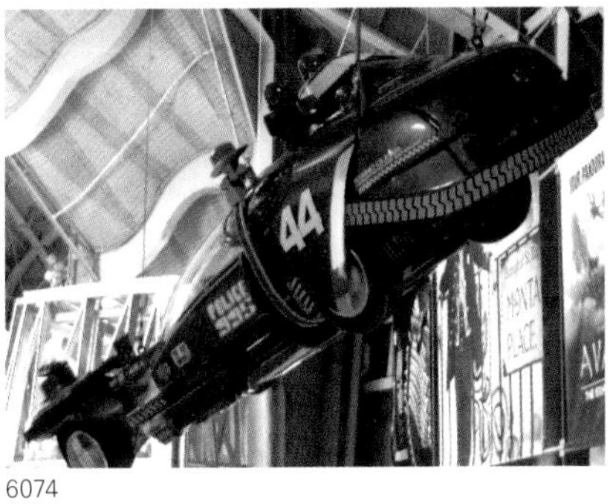

6074

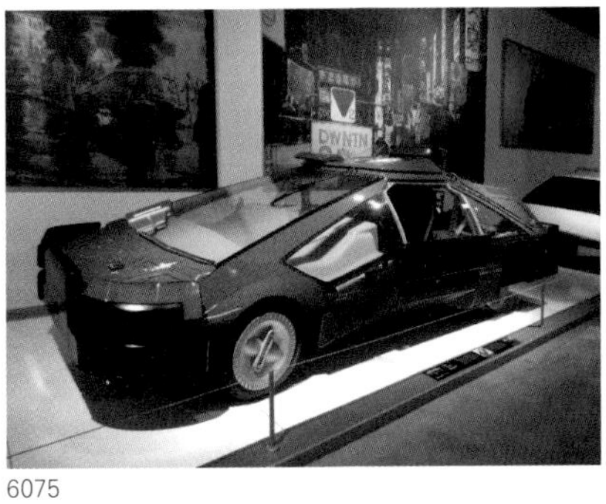

6075

6073
Syd Mead Progression, 2019, 도쿄

6074
시드 미드, Blade Runner Spinner Car

6075
Post-apocalyptic and dystopian movie cars,
Petersen Museum

루이지 콜라니 Luigi Colani(1929~2019, 디자이너) 이탈리아

루이지 콜라니는 독일 태생의 스위스 디자이너로 가장 작은 패션 물건, 펜, 시계, 선글라스를 디자인했다. 가구와 트럭과 자동차의 거대한 여객기에 이르기까지 작품도 디자인했다. 그는 상상하고 미래지향적인 사물을 디자인하는 디자이너다. 1960년대부터 가구 디자인, 1970년대부터는 볼펜, TV 등 생활용품부터 유니폼, 트럭, 주방 공간에 이르기까지 다양한 영역의 디자인을 선보였다.

그는 베를린 예술 아카데미에서 조각을 공부하고, 파리로 이주하여 광고 삽화전문가로 일했다. 2년 후 그는 파리의 소르본 대학에서 공기역학을 공부했다. 그는 이후 알파 로메오, 스위스에어, 볼보, 람보르기니, 벤츠, 캐논, 야마하를 위해 설계했다. 1960년대에 그는 자동차뿐 아니라, 가구와 환경으로 관심을 확장했다. 1970년까지 그는 유럽을 넘어 일하고 자신의 스튜디오를 만든다. 1970년대와 1980년대에는 캐논의 일본에서의 그의 작품은 훌륭한 카메라와 디자인을 만들어냈다.

그는 자신을 전통적인 의미에서 디자이너라고 생각하지 않고 표준 절차나 과정에 관심이 없었다. 그는 자신을 3D철학자라고 불렀고 그는 이렇게 말한다. "난 전혀 디자이너가 아니야. 난 공기역학을 공부했고 철학을 공부했고, 조각, 한편으로는 첨단 기술, 다른 한편으로는 예술을 공부했다."

그는 자신의 디자인 스타일을 바이오다이내믹이라고 불렀다. 그는 바다에서의 다이빙 경험은 자연 생물이 바다를 위해 완벽하게 형성된 몸으로 환경으로 매끄럽게 움직이는 것을 보고, 그에게 깊은 영향을 미친다. 그는 유기적 형태와 자연에서 영감을 받은 곡선을 강조한다. 그는 "우리는 해결책을 위해 자연에서 영감을 찾아야 한다"고 말한다. "스튜디오에서 새로운 작업을 해결하고 싶으면 먼저 밖에 나가서 문제에 대한 수천 년 된 해답을 찾아보고 살펴보는 것이 가장 좋다"고 이야기한다. 기후 변화를 우려하는 그는 연료를 덜 소비하는 공기역학적 자동차를 디자인했다.

콜라니는 새로운 차량 개발에 대한 전체적인 강조가 틀렸다고 믿었다. "우리는 일반적으로 인간의 손으로 하는 일을 하는 수백 개의 전기 모터를 가지고 있다. 자동차 디자인은 작은 세부 사항에 관한 것이 아니다. 자동차는 더 단순하고, 기능이 적고, 유선형이며, 가볍게 지어져야 한다."

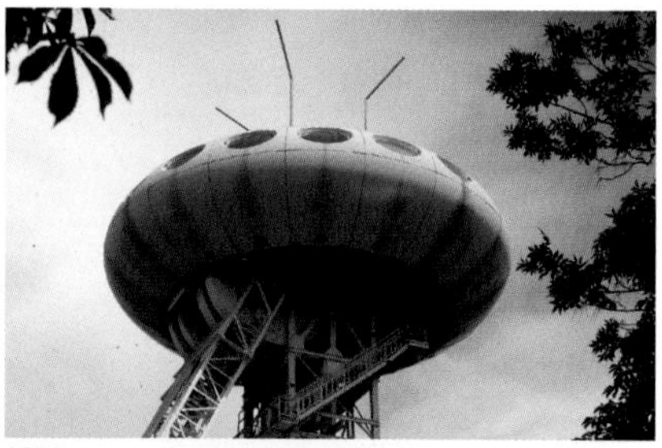

6076

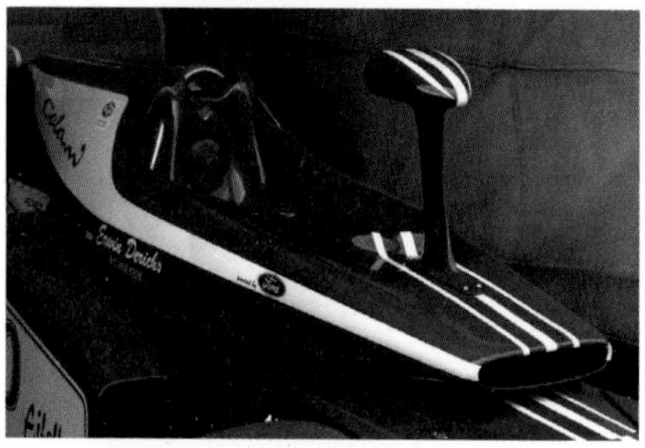

6077

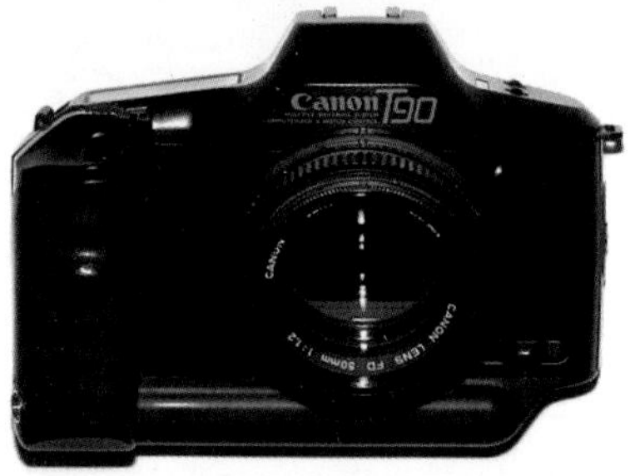

6078

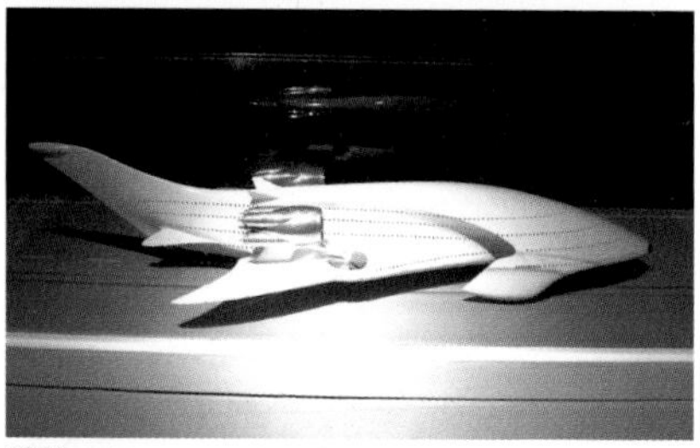

6076
루이지 콜라니 Luigi Colani, Eifelland-March E21 - Cockpit

6077
루이지 콜라니 Concept, Eifell and March F1 Car

6078
루이지 콜라니 Luigi Colani, Canon T90 and 50mm f1.2, 1983

6079
루이지 콜라니, 콘셉트 비행기 모델, 2007, 영국 런던

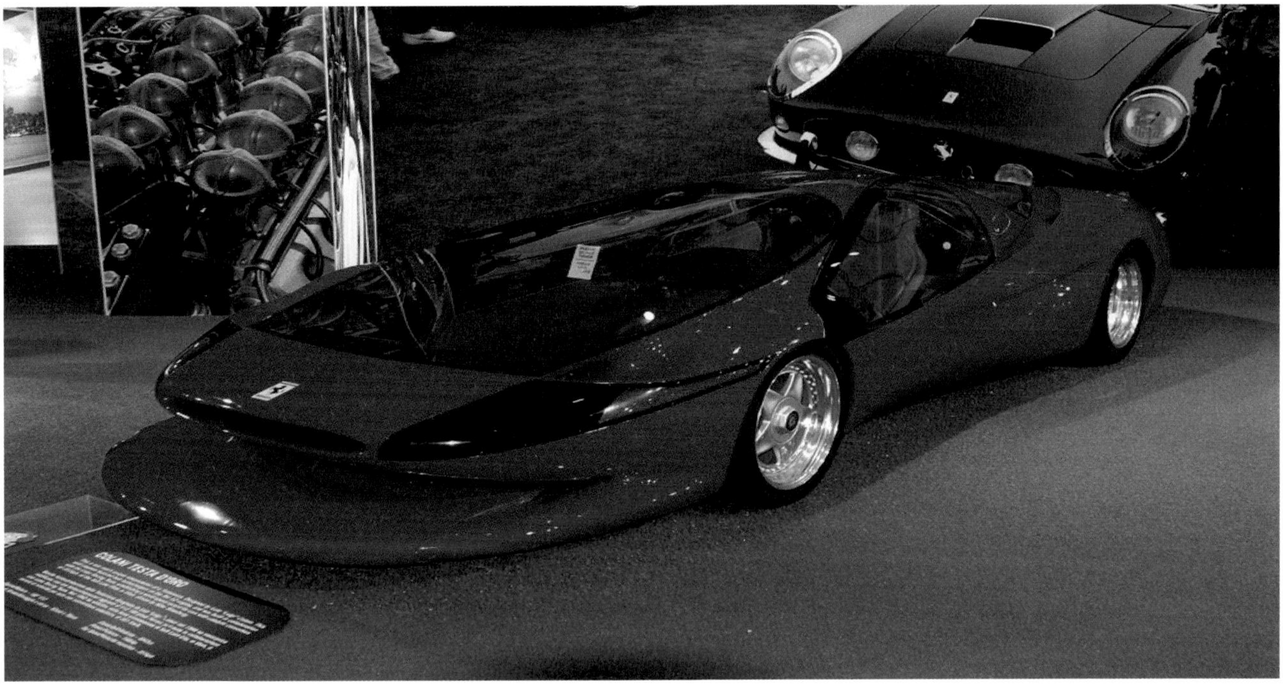

6080
루이지 콜라니, Ferrari Testa d'Oro, 1989

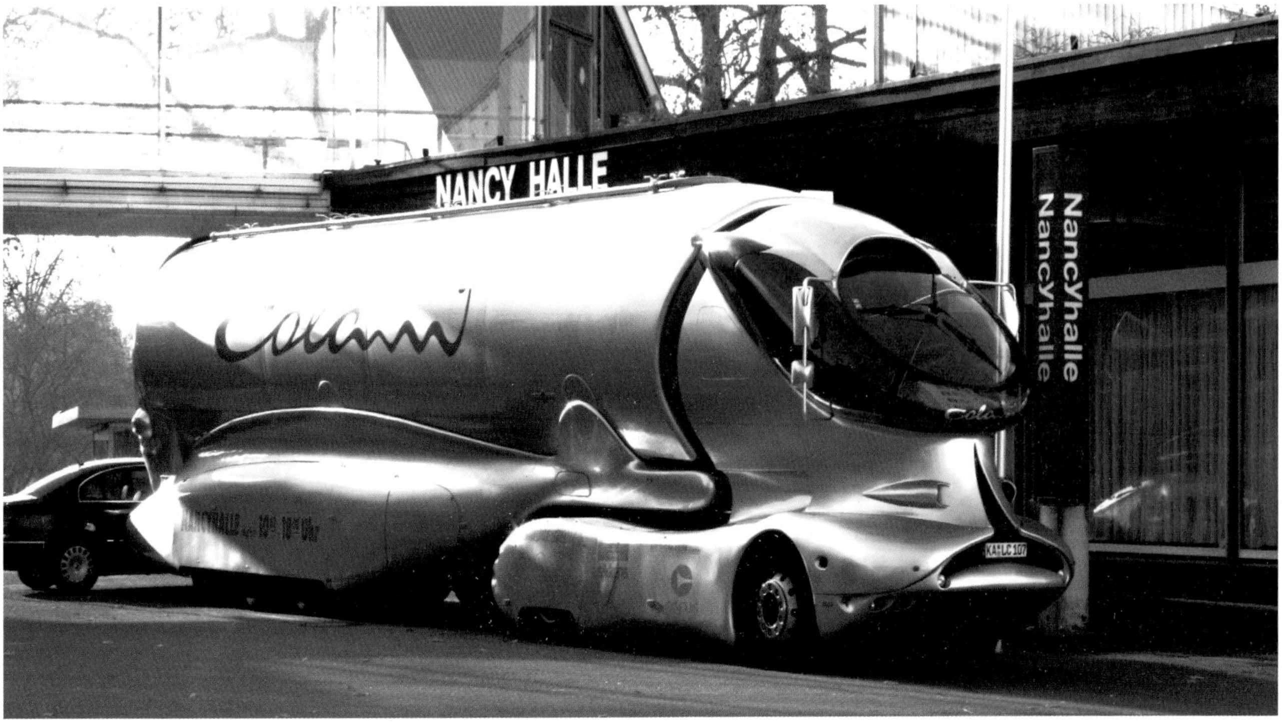

6081
루이지 콜라니
Colani Truck vor der Nancy Halle, 2005

슈퍼스튜디오 Superstudio와 아키줌 아소시아티 Archizoom Associati

모두가 미래를 유토피아적으로 이야기한 것은 아니다. 디자인과 건축을 거부하는 미래를 그리는 슈퍼스튜디오Superstudio와 아키줌 아소시아티Archizoom Associati 등 디스토피아를 그리는 그룹들이다. 1960년대 후반에 급진적 디자인 운동을 이끌었던 슈퍼스튜디오는 도시의 비판을 보여준다. 아키줌 아소시아티는 안드레아 브란지와 그의 동료가 피렌체에서 만든 아방가르드 디자인 그룹으로 기능주의와 모더니즘을 부정한다. 이들이 표현하는 수평과 수직으로 보이는 평면과 구성은 인간의 삶을 질서화하고 조직화하지만, 자본주의의 생산과 사회주의적 사실주의와 팝아트로 풍자하듯 묘사한다. 아키줌은 합리주의에 반하고, 급진적 디자인을 이야기한다. 폴트로노바를 위한 아키줌 소파 수페론다는 1969년 이전의 기능주의의 모듈식 벤치나 합리성에 의문을 제기하는 디자인이다. 형태는 붉은색에 모듈 형과는 거리가 먼 다양한 유선형의 형태로 스타일을 통해 의문을 제기한다.

1960년 그들은 미래의 도시에 제기할 여러 가지 문제의 해답을 진실하게 찾아보려고 했다. 소비 사회와 자본주의 사회의 가치에 대한 진정한 문제 제기 측면에서 이들의 이념은 디자인의 주요한 원천이 된다. 슈퍼스튜디오는 부정적인 이상향을 공허함으로 표현한다. 보통의 미래주의가 기술의 발전과 자본주의 발전이 유토피아를 실현한다는 환상과는 다르게 그의 부재와 더불어 기술 지상주의와 낙관적 미래주의에 반성의 미래를 제안한다. 우측 이미지는 슈퍼아키테튜라Superarchitettura의 로마의 맥시MAXXI에서 열린 슈퍼스튜디오50Superstudio50 전시회이다. 이탈리아 급진적 건축 그룹 중 가장 상징적인 슈퍼스튜디오의 50주년을 기념한다. 중간에 보이는 소파는 1966년에 만들어졌으며, 소파 프로토타입과 파시플로라 램프와 함께 당시의 설치를 보여준다. 폴리우레탄 블록으로 구성되고 서로 다르게 결합한 다채로운 좌석 프로그램을 설계했다.

반성적 미래

아톨프 나탈리니는 1971년에 아래와 같이 말했다. "디자인이 한낱 소비를 유도하는 것에 불과하다면, 우리의 미래에는 디자인을 거부해야 한다. 건축이 한낱 부르주아적 소유와 사회의 모델을 분화하는 것에 불과하다면, 우리는 건축을 거부해야 한다. 건축과 도시계획이 한낱 현재의 부당한 사회 분열을 형식화하는 것에 불과하다면, 우리는 도시계획과 그 도시를 거부해야 한다. 모든 디자인 활동이 일차적인 필요를 충족시키는 것을 목표로 할 때까지 그때까지 디자인은 사라져야 한다. 우리는 건축 없이도 살 수 있다."

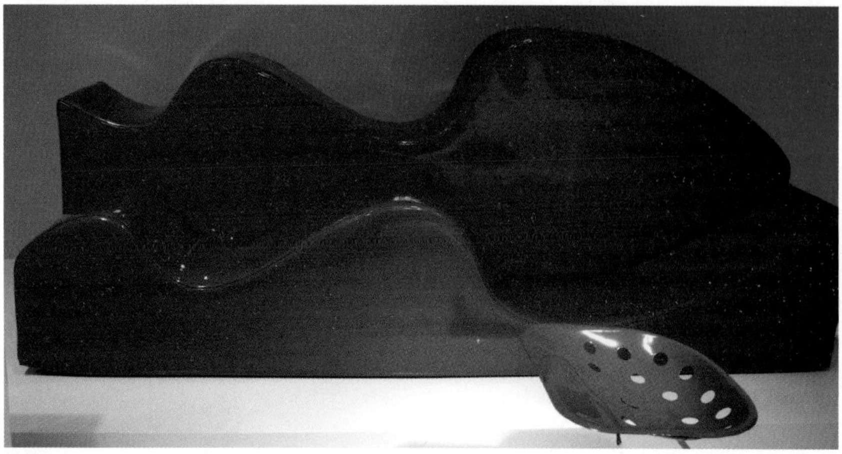

6082

6082
폴트로노바를 위한 아키줌, 소파 수페론다 Archizoom for Poltronova, Sofa Superonda, 1967

6083
슈퍼스튜디오, Entrée de L'exposition et Détails, Galerie Jolly 2, Pistoia, 1966.

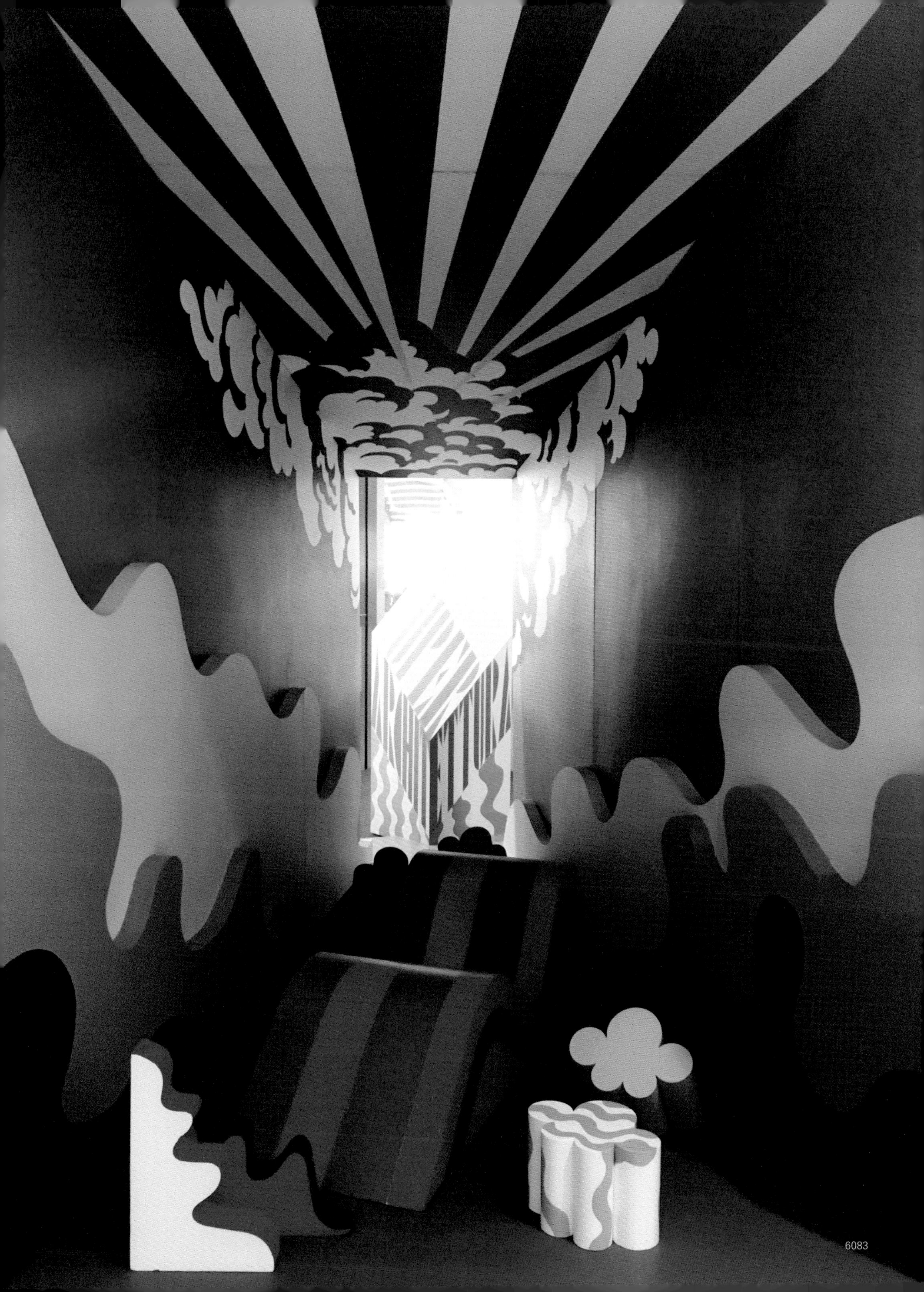

6083

조 콜롬보 Joe Colombo(1923~1978, 디자이너, 건축가) 이탈리아

조 콜롬보는 이탈리아의 예술가, 디자이너, 건축가, 실내장식 디자이너이다. 그의 디자인은 형태, 재료, 용도에 의문을 제기하는 많은 작업을 만들었다. 그는 밀라노 폴리테크닉에서 그림과 조각을 공부했다. 그는 1962년에 디자인 스튜디오를 만들고 미래지향적이고 기능적인 가구와 물건을 디자인했다. 1960년대 그는 쉽게 모듈화되고, 유연하고 실용적이며 사용자의 요구에 맞게 운송하고 적응이 가능한 가구를 디자인했다. 가구의 요소가 공간의 셀 단위인 단위에 초점을 맞추었다. 이들은 사용자의 공간과 시간 및 일상적인 필요로 진화한다.

튜브 의자Tube Chair는 1969년에 조 콜롬보가 디자인한 의자다. 4개의 튜브로 이어진 특이한 모양의 튜브 체어는 모듈 시스템의 의자이다. 지름이 다른 여러 개의 조형을 변형 및 이용하여 사용자가 다양한 자세로 사용할 수 있는 것이 특징이다. 필요에 따라 변화하는 기능적이면서도 감각적 디자인으로 뉴욕 모마MOMA 미술관 및 밀라노 트리에날레 박물관에 소장됐다.

1969년 조 콜롬보의 비지오나Visiona I의 요소를 바라보며, 우리가 상상하는 것은 우주 안에서 인간을 위한 공간이다. 조 콜롬보가 1969년 쾰른 가구 박람회에서 선보인 미래의 주거 공간 콘셉트이다. 이 프로젝트는 유기적 형태의 모듈식 가구와 실내장식을 통해 미래의 생활 방식을 제안했다. 플라스틱과 유리섬유를 사용하여 유연하고 내구성이 뛰어난 구조를 구현했다.

튜브 의자

튜브 의자 Tube Chair는 플렉스 폼으로 만들어졌다. 이 작업은 우주 경쟁과 팝아트 시대를 배경으로, 1960년대 이탈리아의 산업 디자이너인 조 콜롬보가 새로운 재료와 곡선의 기능적인 형태로 가구를 만들어 보여주는 하나의 사례이다.

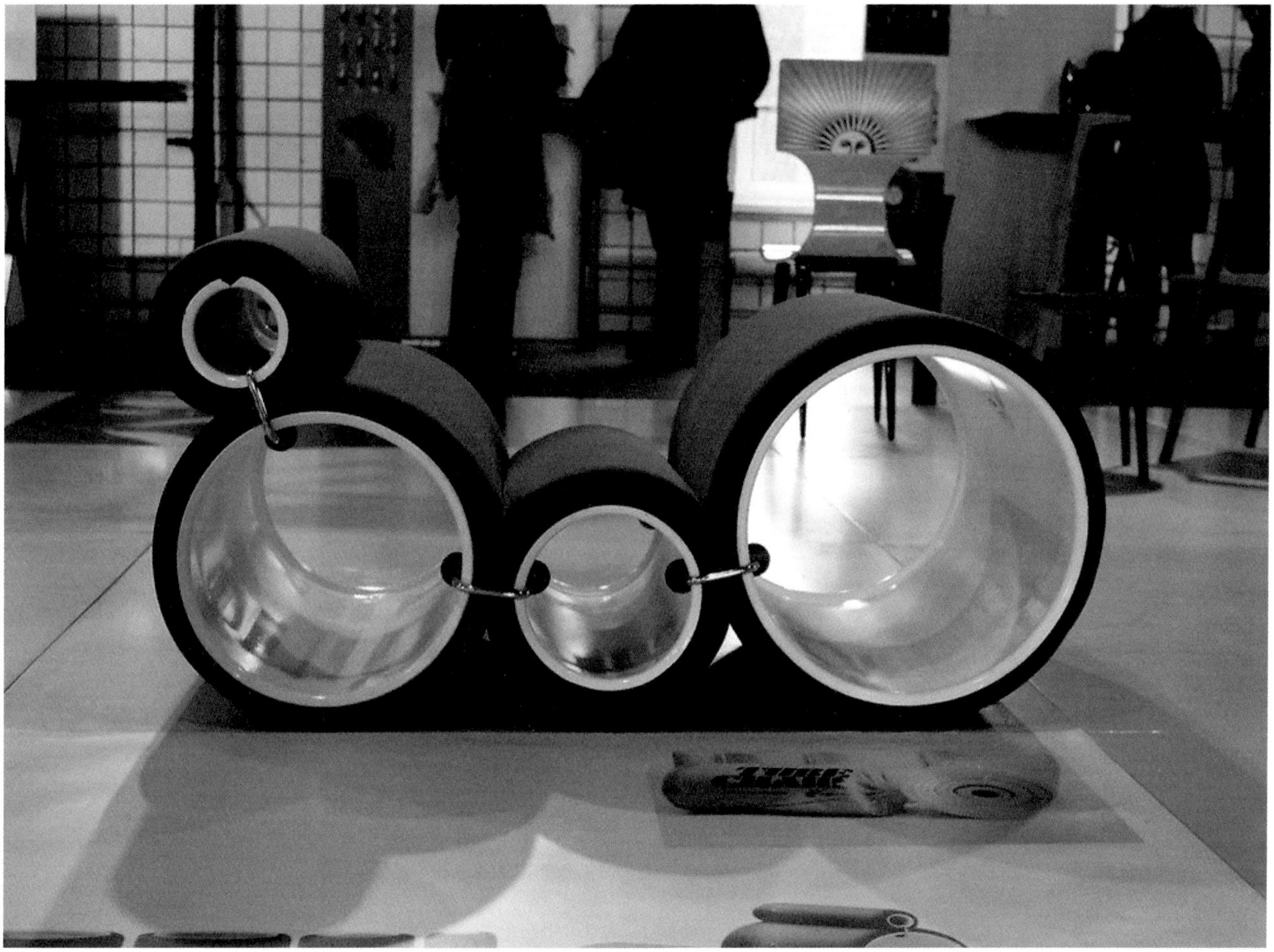

6084
조 콜롬보 Joe Colombo, Tube Chair, Flexform, 1969~1970

조 콜롬보는 작은 공간에 많은 공간을 결합하는 마이크로 환경 디자인에 관심이 많았다. 그는 1966년에 "사물은 유연해야 한다"고 말했다. "내 부엌은 사용하지 않을 때 쉽게 움직일 수 있으며, 상자처럼 하나의 간결한 부피로 닫힌다." 미니 부엌은 1964년 XIII 밀라노 트리엔날레에서 은메달을 땄고 전설적인 1972년 전시회 '이탈리아: 새로운 국내 풍경'에서 뉴욕 현대 미술관MOMA에서 열렸던 이 전시회에 콜롬보는 토털 퍼니싱 유닛Total Furnishing Unit이라는 작품으로 집의 기능을 다시 생각하게 하는 하나의 모듈이자 통합 블록을 선보인다.

이동식, 전환식 구조물, 주방, 식사 공간, 샤워실로 사용자의 취향에 따라 주위 공간으로부터 독립되며 자유로운 프로그램을 보여준다. 오늘날 뉴욕 박물관과 세계의 다른 중요한 박물관의 영구 소장품의 일부이다. 약 50cm 너비의 큐브 형태로, 이동이 가능한 실내외용 주방, 소형 냉장고, 전기 버너, 저장용 찬장을 비롯해 접시, 프라이팬, 테이블보 등 요리와 6인용 상차림에 필요한 모든 기능이 포함됐다.

모든 것이 바퀴에 달려 원하는 곳에 배치할 수 있다. 사회의 놀라운 패션 변화와 생활의 유행을 예상한 디자인으로 오늘날의 독신자, 원룸 아파트, 공동 작업, 전통적인 공간 분할이 없는 더 작은 원룸 주택, 다락방의 요구를 생각한다. 기술적 측면과 재료를 수정하더라도 형태와 개념은 그대로 유지된다. 반세기가 지난 지금도 여전히 혁신적인 제품이다. 미래 지향적인 프로젝트와 새로운 플라스틱 재료의 연구로 그의 획기적인 소형 주방은 보피Boffi가 코리안Corian®으로 만든 야외용 버전으로 제안한다.

조 콜롬보의 Mobile Cucina Mini Kitchen

모바일 미니 주방에는 두 개의 버너, 냉장고, 도마, 소형 가전제품용 전기 콘센트 및 다목적 수납공간이 포함되어 있다. 조 콜롬보는 1966년에 "상황은 유연해야 한다"고 말했다. "내 부엌은 방 안팎으로 옮길 수 있으며, 당신이 그것을 끝내면, 그것은 상자처럼 닫힌다."

콜롬보는 주로 새로운 플라스틱의 사용과 그가 "전체 국내 환경"이라고 부르는 것에 대한 창의적인 접근 방식으로 유명하다. 그는 이렇게 이야기했다. "오늘날의 문제는 기본적으로 자율적이고, 건축 주택과 독립적이며, 모든 현재와 미래의 공간 상황에 적응할 수 있도록 상호 교환할 수 있고 프로그래밍 가능한 가구를 제공한다."

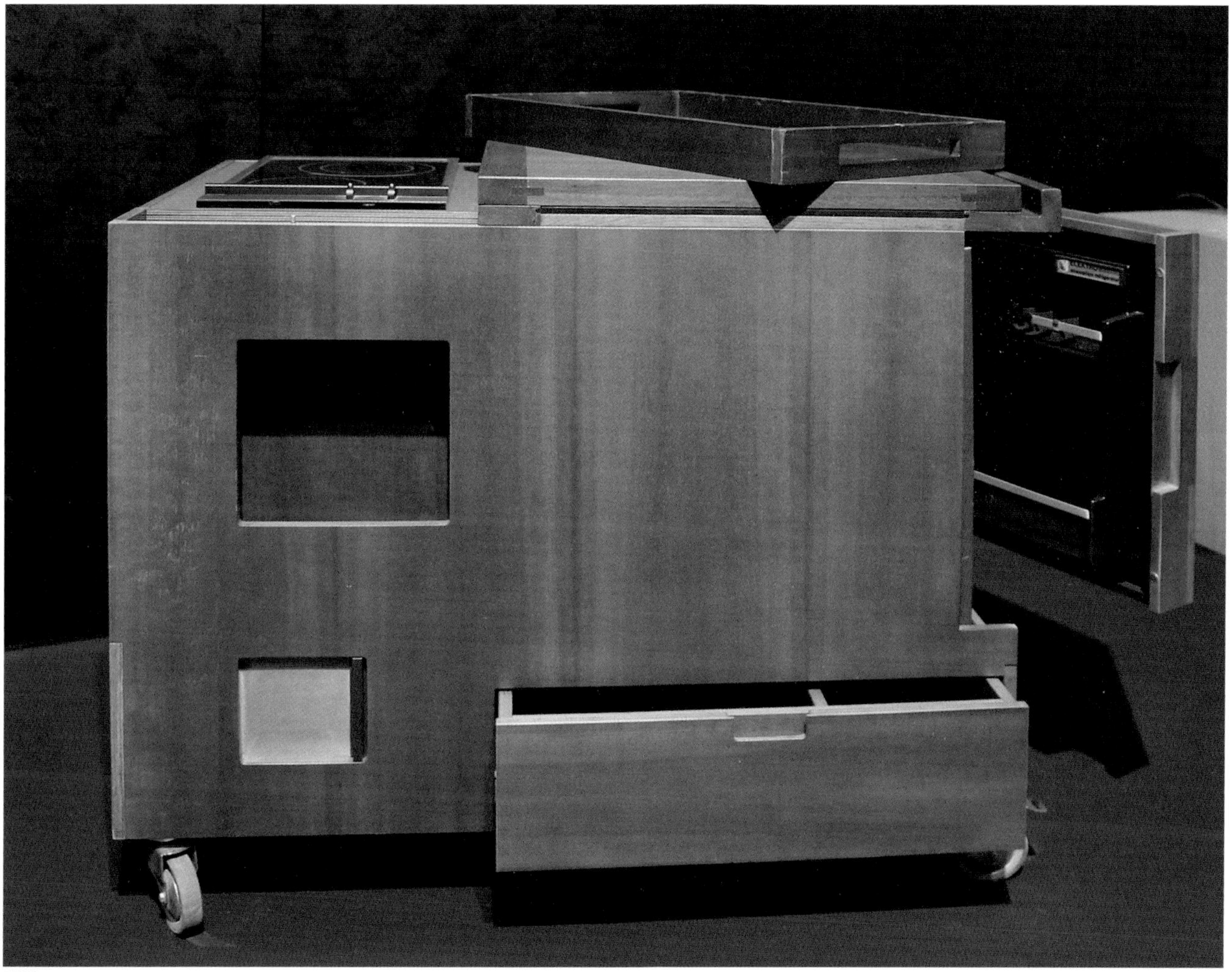

6085

6085, 6086
조 콜롬보 Joe Colombo
Boffi사의 Mobile Cucina Minikitchen

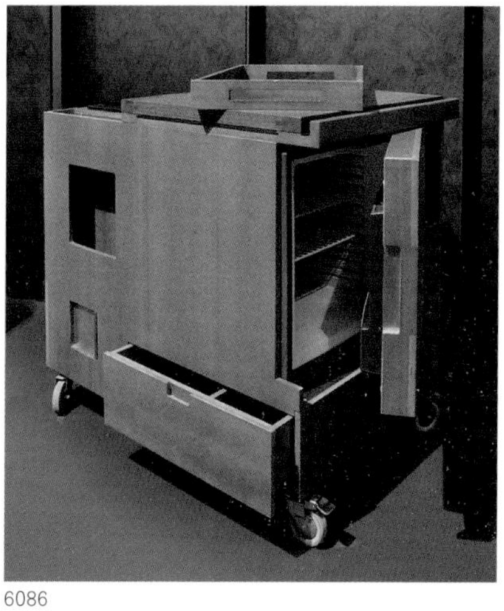

6086

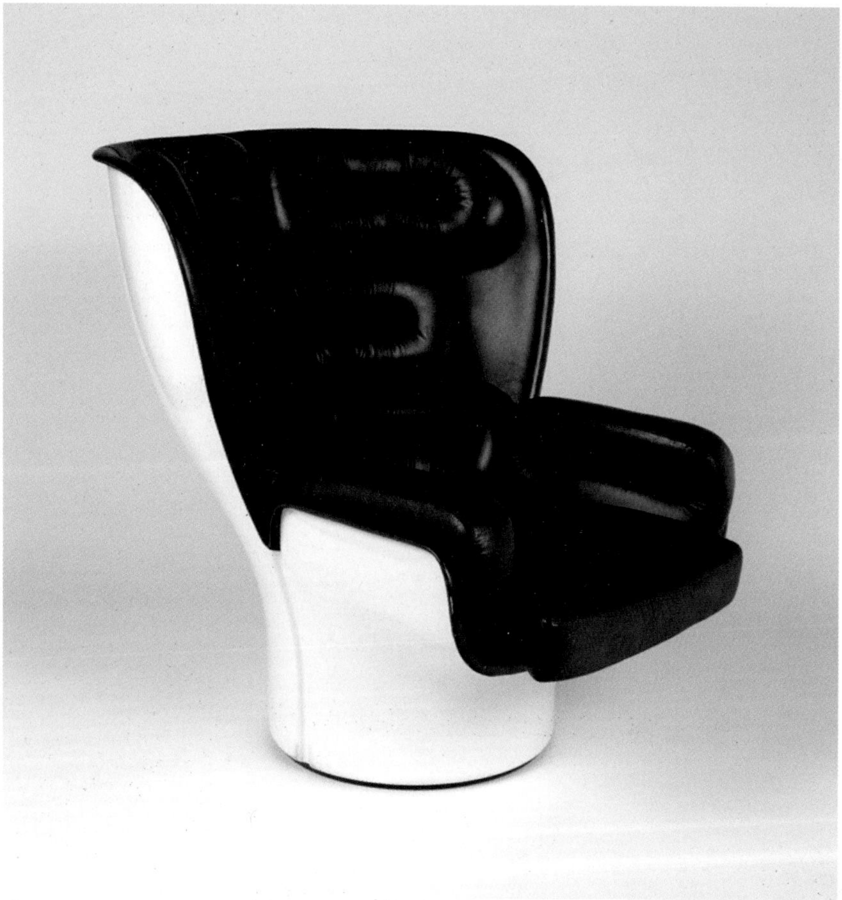

6087

엘다 안락의자

엘다 Elda 안락의자는 이탈리아 컴포트사에서 제조하였고, 1960년대에 제작되었다. 조 콜롬보는 1950년대 미국과 스칸디나비아 가구 디자인과 미래주의와 기능주의를 혼합한 디자인을 보여준다. 두 개의 유리섬유가 꽃잎 모양의 껍질을 고정하는 회전 원형 받침을 가지며, 가죽으로 덮개를 씌웠다. 탈착식 관형 쿠션이 있어서 안락의자는 높은 등받이와 프라이버시와 셸의 보호 모양과 해부학적 쿠션의 편안함을 제공한다. 숨겨진 바퀴로 기능적인 회전도 가능하고 신체적 정서적 웰빙의 도구로 활용 가능한 의자이다.

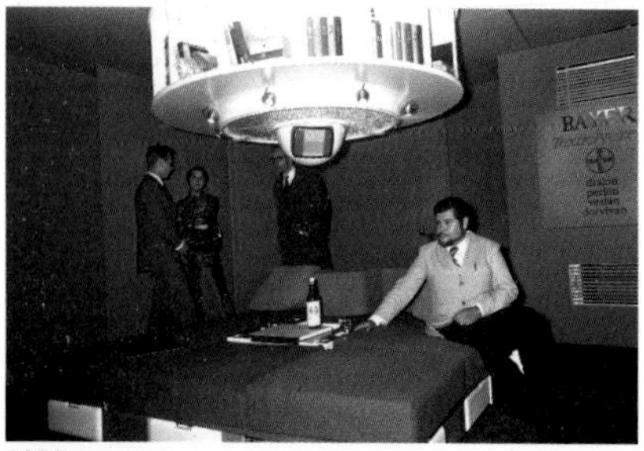

6088

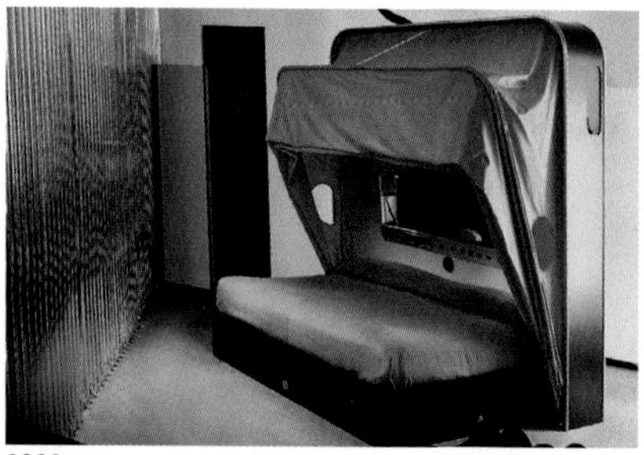

6089

6087
조 콜롬보 Joe Colombo, Elda Chair, 1963

6088
조 콜롬보 Joe Colombo의 홈텍스타일 전시에서의 사진
1960, 네델란드

6089
조 콜롬보 Joe Colombo, Cabriolet Bed, 1969~1970

유니버설 의자

조 콜롬보는 플라스틱을 주재료로 사용하여 제작됐다. 1967년에 제작되어서 다리는 모듈식 설계로 이어지며, 조 콜롬보는 바 의자로 베이스까지 다른 높이도 계획했다. 그는 가구 디자인을 위한 새로운 재료와 생산기술을 탐구했다. 그는 이 의자와 함께 이전에는 자동차 산업에 쓰였던 가구의 대량 생산에 기술을 도입했다. 단일 금형과 한 가지 유형의 플라스틱 재료를 사용하는 사출 성형, 이 기술은 상대적으로 높은 투자를 요구하지만, 나중에는 상대적으로 낮은 비용으로 높은 생산을 허용한다.

유니버설은 1967년에 출시되었고 곧 카르텔의 베스트셀러가 됐다. 이들은 이름에서 알 수 있듯이 보편적인 사용을 위해 만들어졌다. 줄 좌석에 적합하고 쌓을 수 있다. 높이 조절을 위해 교체 가능한 다리가 있다. 뒤쪽의 중앙 구멍은 의자를 편안하게 운반하도록 해준다. 야외서 사용 시 물이 고이지 않도록 한다. 조 콜롬보는 모더니즘의 직선과 더 부드러운 둥근 기하학을 결합했다.

6090
조 콜롬보Joe Colombo, Universal Chair, 1967

6091
조 콜롬보Joe Colombo, Trolley boby, 1970

6092
조 콜롬보Joe Colombo, Poltrona 4801, 1963

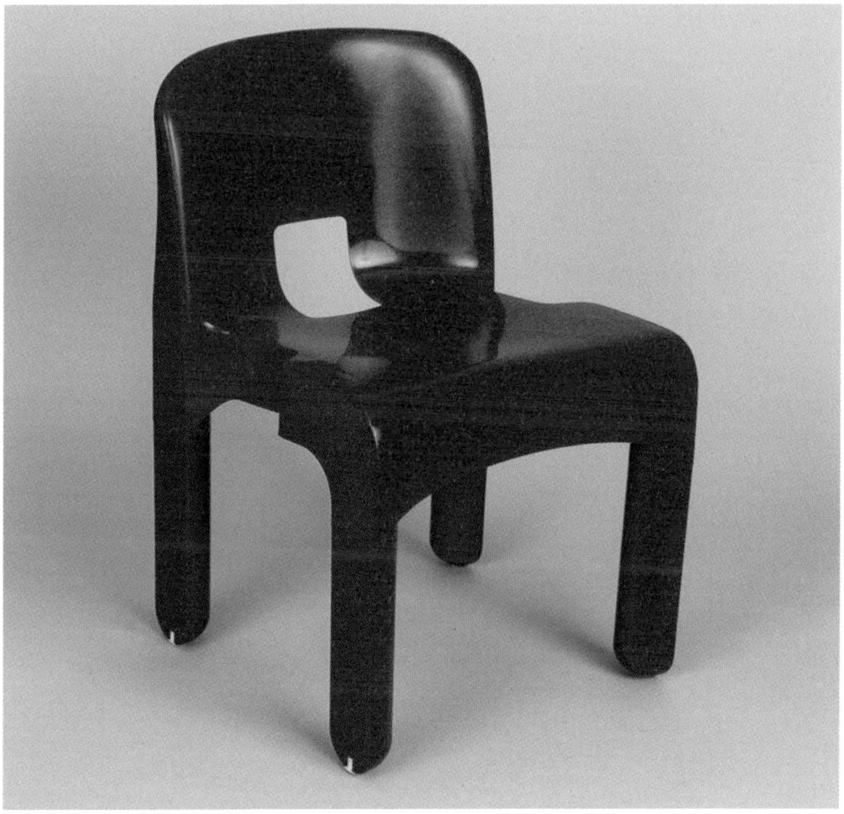

6090

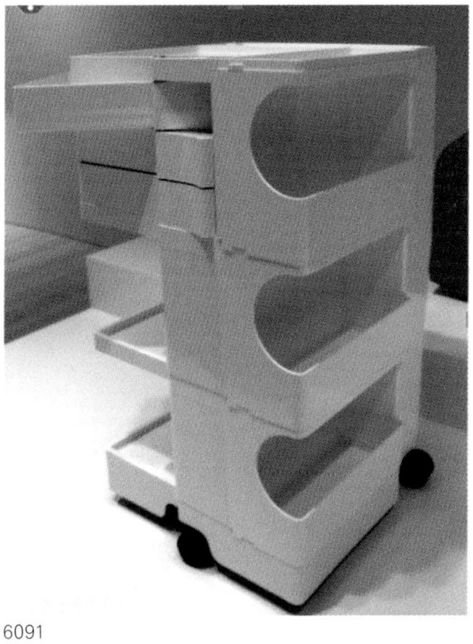

6091

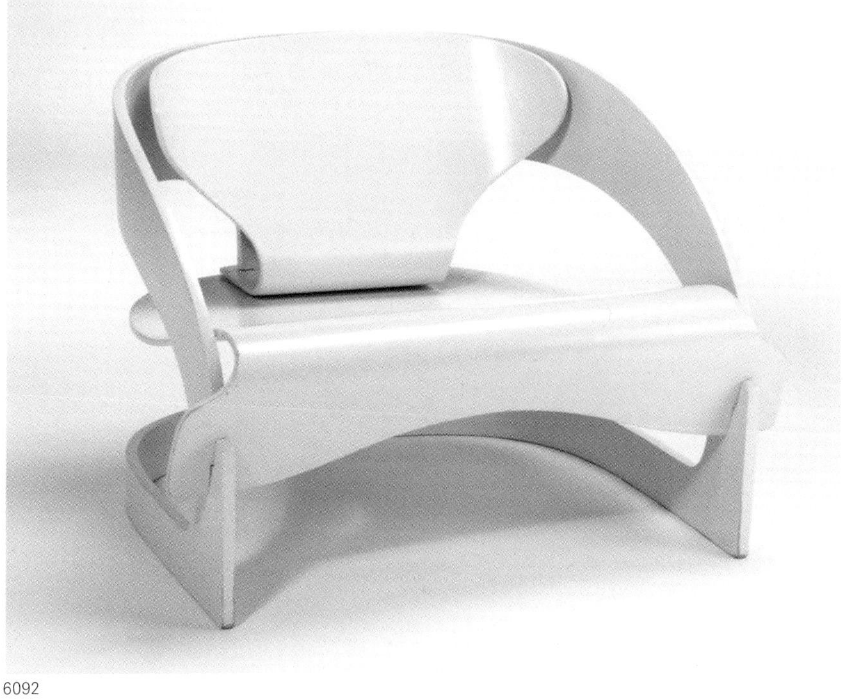

6092

우주 소재의 디자인과 미래주의 스타일

1960년대 미래는 우주를 중심으로 미래를 상상한다. 우리는 스페이스 퓨처 시드 미드 Space future-Syd mead의 스타워즈의 원형의 일러스트 북과 시드 미드의 자료에서 미래의 우주도시, 우주를 표현하는 모습을 관찰할 수 있다. 시드 미드는 산업 디자이너이자 시각 예술가로 미래주의 스타일 작가의 대표적인 예이다.

밀레니엄 시대는 우주 이미지와 네온 색상 등이 특징적인 디자인 스타일로 나타난다. 사이버 세계의 상상력을 옷과 의상과 사물에 표현했다. 2000년대 미래 디자인은 사이버 및 사이버펑크 영향을 받아 가수, 게이머, '트론' 영화 이미지, 가상세계의 인공지능 등을 통해 디스토피아적 미래의 스타일을 보여준다. 사이버 실내장식, 제품 디자인, 가상공간 실내장식 등에 나타난다. 사회적 격변기를 반영하는 미래주의 패션은 20세기 초 이탈리아 미래주의 예술 운동에서 비롯된 의상 혁명에 뿌리를 둔다.

시드 미드는 진정한 비전은 당시에 아무도 시도하지 않은 방식으로 형태와 기능을 재창조했다. 오늘날에도 그의 작업은 여전히 영감을 준다. 그는 예술과 디자인의 전반에 걸치어 영감을 주고 차량의 설계도 진행했다. 1959년도부터 스타 트렉, 트론 2010의 공상과학 영화의 개념과 리들리 스콧의 블레이드 러너에서 그의 작업은 다양한 상상을 보여준다. 그는 일본과 홍콩에서 시간을 보냈고 배경, 인테리어, 스피너 비행 경찰차 디자인이 결합한 미래 도시를 구상하는데 도움을 줬다.

그는 다음과 같이 이야기했다. "나는 디즈니에서 스티븐 리스버거를 위해 트론의 작업을 시작했다. 트론에는 탱크, 라이트 사이클, 사크의 램프, 다양한 경치 세트와 그래픽, 제목 그래픽, 영문 숫자의 트론 서체가 있다. 블레이드 러너가 완성된 후 나는 최종 크레딧에서 뭐라고 불리고 싶은지 에이전트가 물어왔다. 나는 시각적 미래주의자다."

그의 작업은 미래를 그리지만, 단순히 판타지만을 만들지 않는다. 합리적 기초를 가지고 작업한다. "다시 말하지만, 나는 트론의 모든 차량을 했다. 그것들은 항공모함과 탱크, 라이트 사이클 등의 상징적인 표현이었다. 내가 전통적인 방식으로 종이에 디자인했지만, 그것은 모두 말 그대로 컴퓨터로 만든 기술의 최첨단이다."

트론

트론 Tron은 1982년 첫 번째 영화가 개봉되고, 이후 2010년 후속작이 선보였다. 조셉 코신스키가 감독이다. 이 영화는 내일의 미래를 믿게 할 정도의 감각의 화면을 만들었다. 거대한 항공모함, 디지털 탱크, 라이트 사이클은 시드미드의 상상력에서 비롯됐다. 트론의 작업은 디지털 효과의 사용이다.

이후 트론 레가시 후속편에서 생물 디자인, 패션 디자인, 건축, 세트 디자인 및 운송 디자인에 대한 배경을 가진 선도적인 디자이너들의 혼합인 이 팀은 트론 레거시를 공상과학 영화 세계의 아이콘으로 만들 룩을 위해 2년 넘게 일했다. 원래 80년대에 산업 디자인 권위자인 시드 미드가 만든 고전적인 라이트 사이클은 영화의 현대 언어에 맞게 다니엘에 의해 업데이트됐다.

6093
Tron Installation

6094
TRON Legacy Light-Cycle

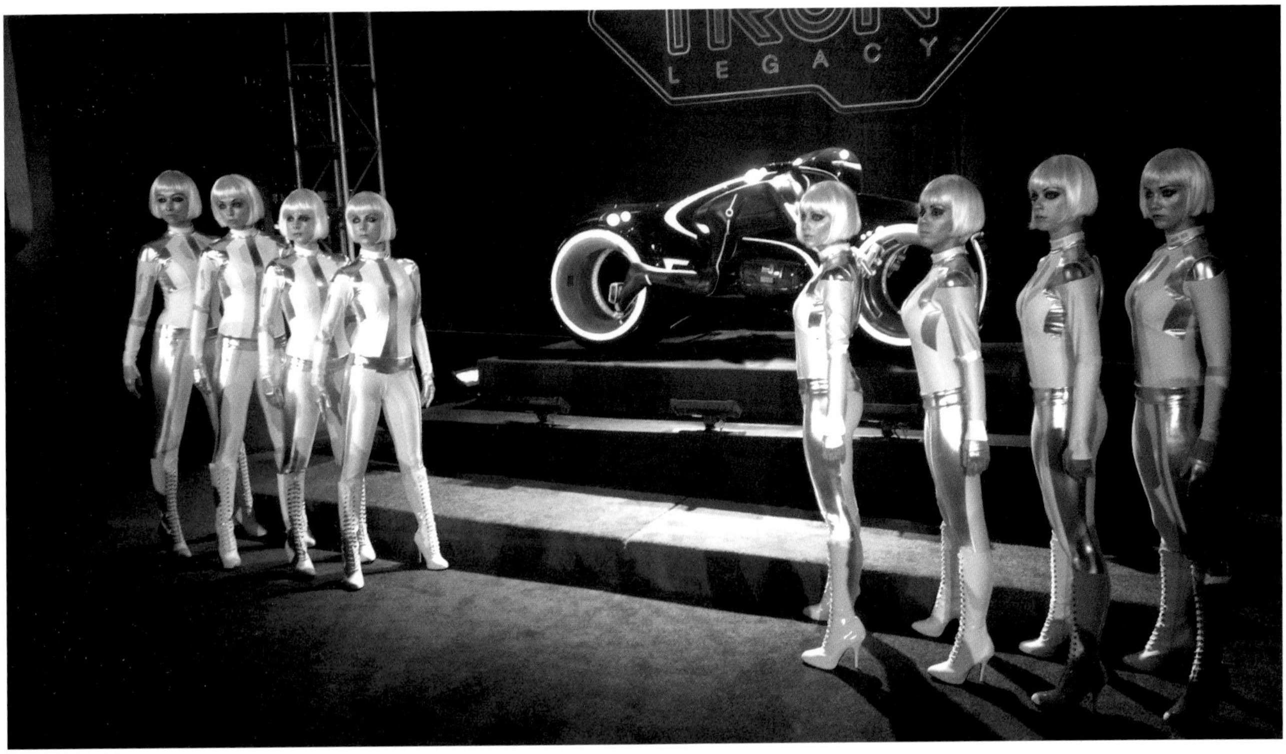

6093

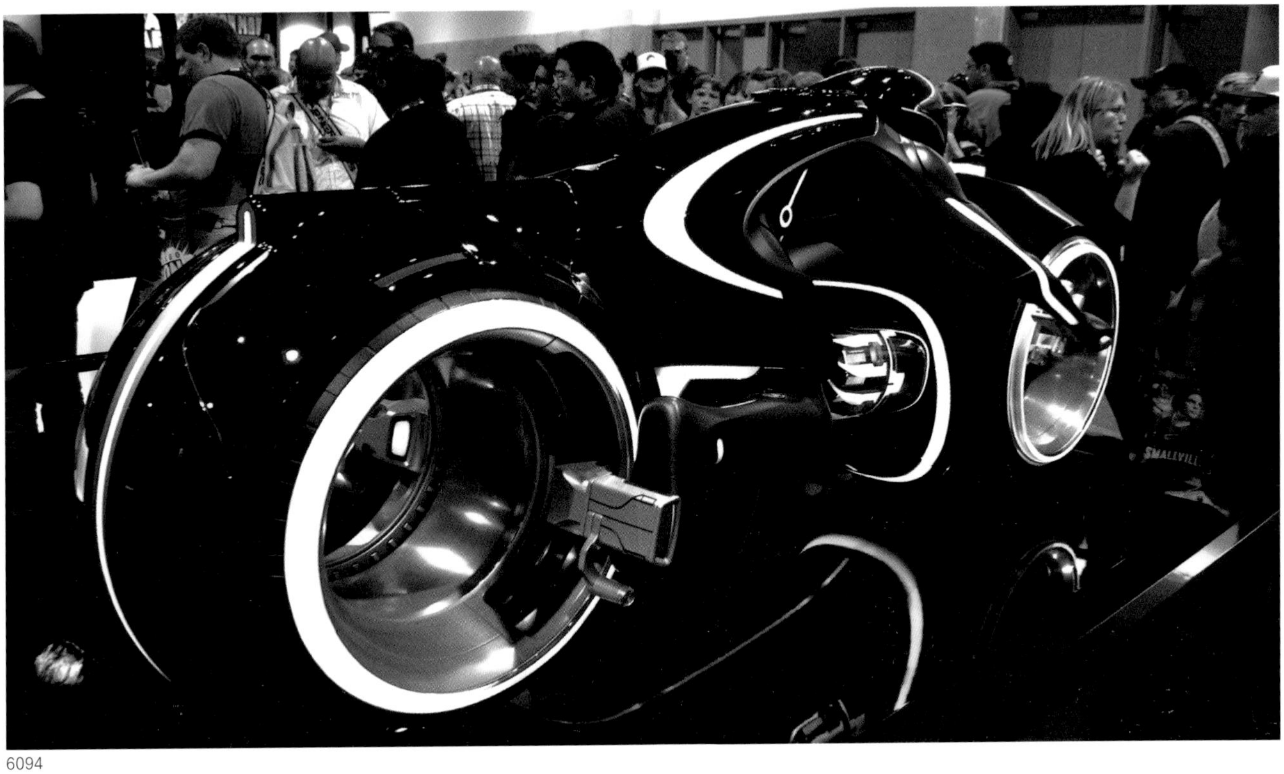
6094

1960년대 우주 퓨처리즘 디자인에서 시드 미드는 전형적인 예로 꼽힌다. 시드 미드는 공상 과학 영화의 가장 상징적인 디자인을 담당하는 개념 예술가이자 시각적 미래학자였다. 그는 영화, 자동차, 가전제품 등 분야에서 활동하며, 미래지향적이고 혁신적인 디자인을 선보였다. 시드 미드는 블레이드 러너, 에일리언, 트론의 공상 과학 영화 디자인으로 유명한 시각적 미래학자이자 콘셉트 예술가다. 비주얼 퓨처리스트라고도 불리는 그는 콘셉트 디자인은 내용과 비전 면에서 모두 시대를 앞서 있다.

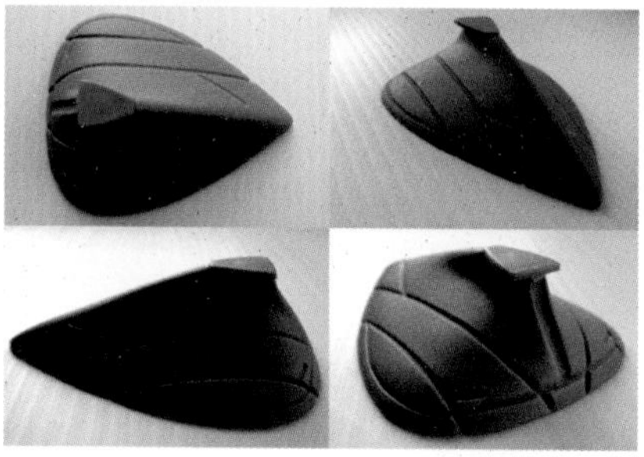
6095

그는 현대 디자이너에게 영감을 주는 다음의 이야기를 하였다. "첫째, 디자이너는 디자인과 이미지 제작을 자신과 상업적으로 다른 사람에게 가치 있게 만드는 맥락, 세부 사항 및 근거를 파악해야 한다. 선형 전문가가 되지 말고 다양한 기술, 사고 방법론을 배우고 무엇보다 안주하지 말아야 한다. 솔직히 나도 새롭고 큰일을 시작할 때마다 겁이 난다. 나는 읽고 정보를 수집하고, 사람들이 원하는 것을 말하도록 강요한다.

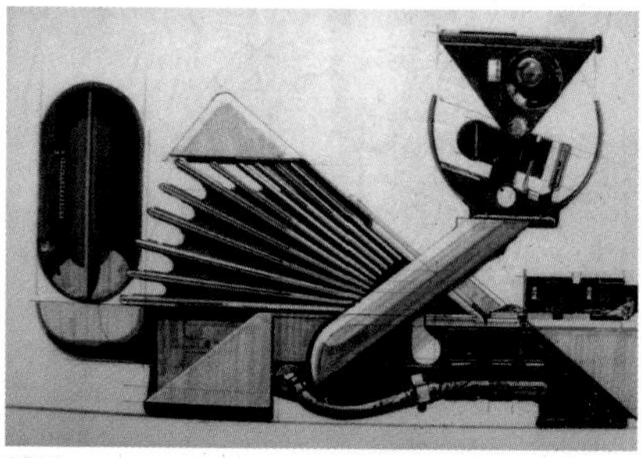
6096

세부 사항을 기억하고, 사람들이 어떻게 움직이는지, 햇빛이 움직이는 물체 위로 어떻게 폭포처럼 떨어지는지, 왜 단풍잎이 그렇게 보이는지, 그리고 벨벳이 금속 표면의 범위의 가치를 가지고 있지만 하나는 부드럽고 다른 하나는 부서지기 쉬울지 주목해야 한다. 마지막으로 기술만으로 당신을 구할 것이라고 가정하지 말아야 한다. 그것은 여전히 정교한 기술과 멍청한 이야기는 내러티브가 아닌 데모를 만든다. 기억해라." 그는 이후의 수십 년 동안 세계 관객에게 그의 작품과 생각을 직접 발표했다.

6095
A Plastic Representation of a Cyberrace Vehicle

6096
Voight-Kampff Machine, Mead's Artwork for Blade Runner, 2013

6097
Syd Mead Progression Tokyo, 2019

6098
American Police Hall of Fame - Blade Runner Car

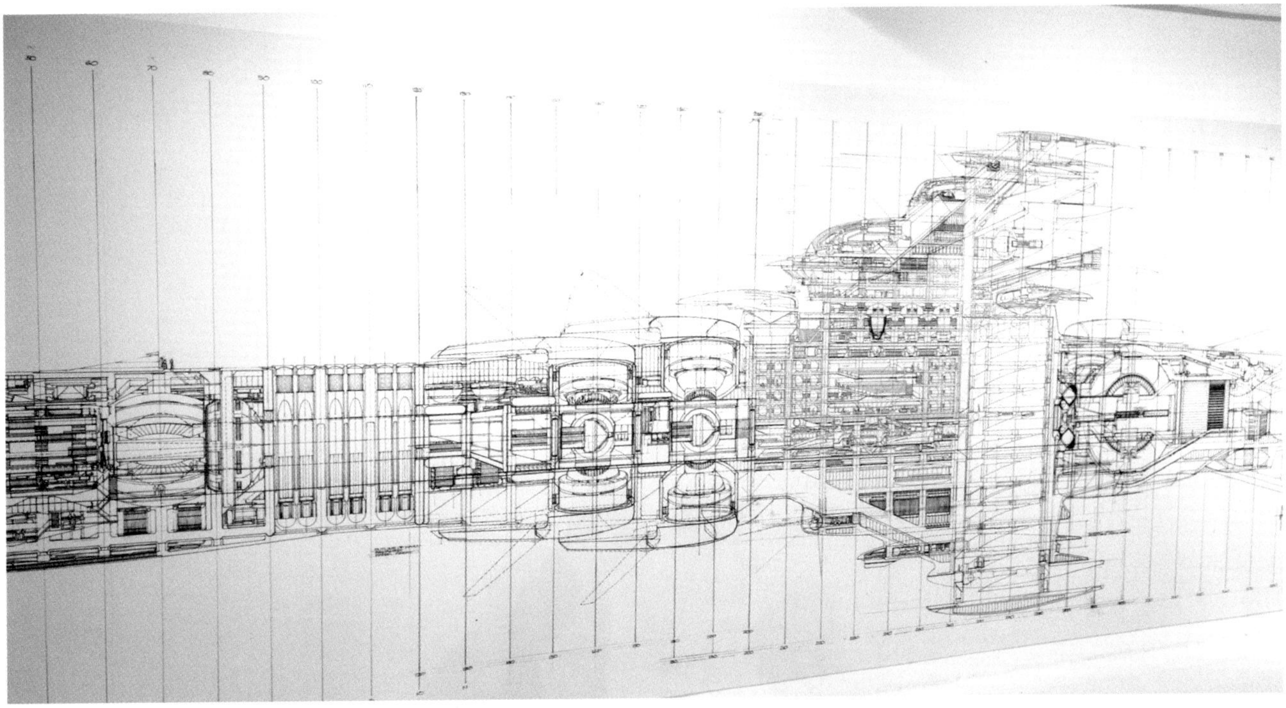

6097

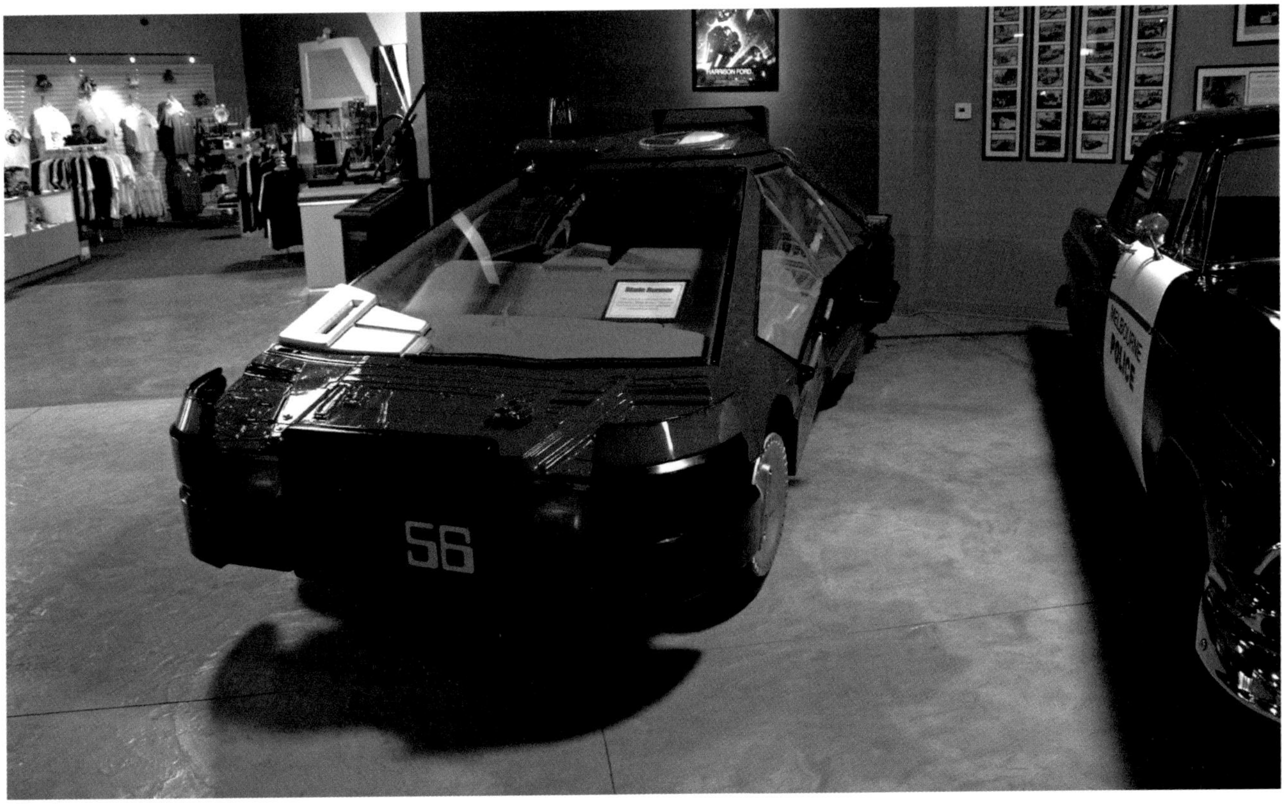

6098

퓨처리즘과 사이버네틱
Futurism and Cybernetic

퓨처리즘과 사이버네틱, 재료의 경계를 넓히는 디자인

2000년대 퓨처리즘은 점차 경계를 넓히고 미래를 그린다. 패션은 가죽, 데님, 스터드의 전통적인 펑크 요소와 네온 색상, 홀로그램 프린트 및 금속 악센트의 미래 지향적인 터치를 혼합한 대담하고 절충적인 스타일이 등장한다. 사이버네틱 스타일은 맞춤화와 자기표현에 초점을 맞춘다. 형광 조명, 회로 기판 및 기타 첨단 요소를 조형에 통합하여 독특하고 개별화된 모습을 만들기 위해 기술과 디지털 혁신이 주도하는 다양한 스타일의 의류와 상품을 보여준다. 여기의 핵심은 각각의 영역이 가지는 경계를 계속 넓힌다. 패션에서도 경계를 넓히는 스타일들이 등장하는데 새로운 재료와 시도 그리고 재료의 새로운 방식의 접근은 오늘날의 디자인 스타일에도 영향을 끼친다.

20세기 초 미래주의 패션은 이탈리아 미래주의 예술 사조에 의한 혁명에서 등장했다. 1960년대 우주의 이미지를 동적인 현상의 모티프로 의상에 도입한 키네틱 패션 및 사이버 패션 등이 등장한다. 새로운 조형미와 과학 기술과 의상 예술의 결합의 미래주의의 가능성을 보여줬다.

장 폴 고티에Jean Paul Gaultier에는 미래주의적이고 기술적인 요소를 자신의 디자인에 자주 통합했다. 그의 작품 중에는 기계적이고 로봇의 모티프가 종종 등장한다. 헬무트 랭Helmut Lang은 혁신적이고 디자인으로 잘 알려졌으며, 산업적이고 도시적인 감성을 패션에 접목해 사이버네틱 스타일과 결합한 스타일을 보여준다.

알렉산더 매퀸Alexander McQueen은 기술과 자연의 경계를 탐구하는 독특한 디자인으로 유명한데, 그의 일부 컬렉션은 사이버네틱과 고딕 양식이 혼합된 스타일을 볼 수 있다. 후세인 샬라얀Hussein Chalayan은 기술과 패션의 경계를 넘나드는 혁신적인 디자인을 선보인다. 그의 작품 중에는 기술과 사이버네틱스가 중요한 영감의 원천으로 사용한다.

6099
알렉산더 매퀸 Alexander McQueen
Coiled Corset made of Aluminium Rings, The Overlook
Autumn/Winter, 1999

6100
알렉산더 매퀸 Alexander McQueen
for Givenchy Autumn
'Blade Runner' Suit, 1998

6101
장 폴 고티에Jean Paul Gaultier
장식이 새겨진 스타일
브루클린 뮤지엄 Brooklyn Museum

6102
알렉산더 매퀸 Alexander McQueen
Whitaker Malem Fashion, Givenchy couture

6103
후세인 샬라얀 Hussein Chalayan
Coffee-table skirt, 2000

6104
이세이 미야케Issey Miyake
Skirt and Top, 2012~2013

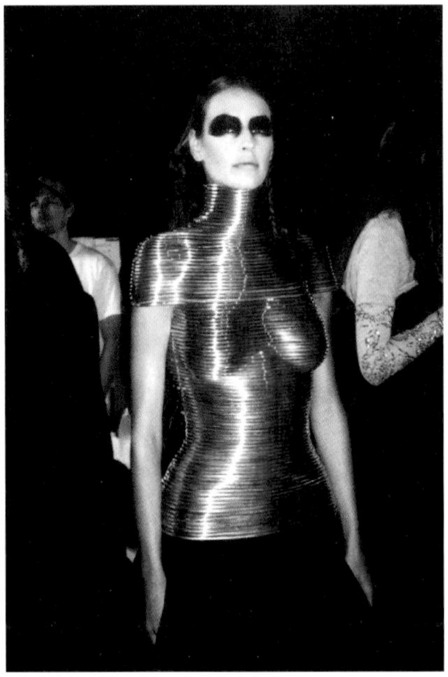
6099

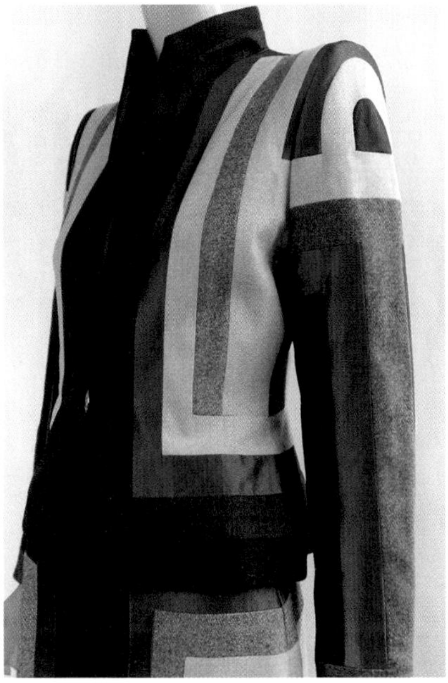
6100

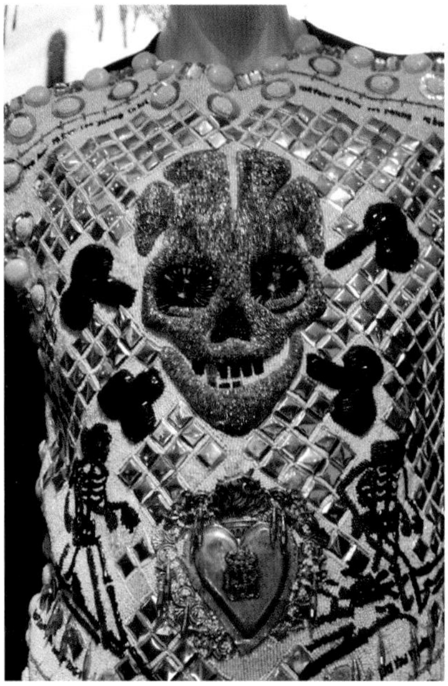
6101

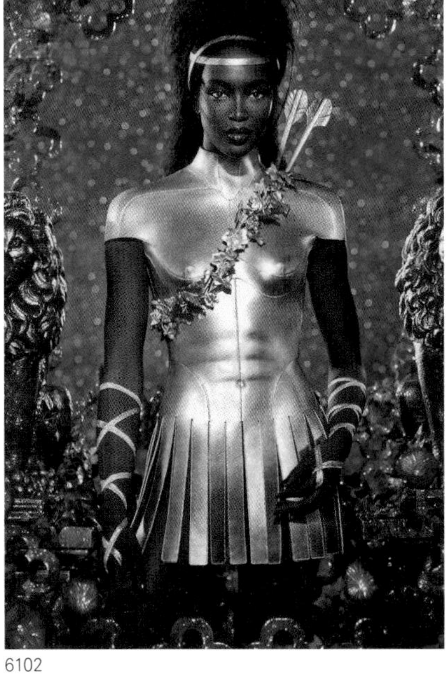
6102

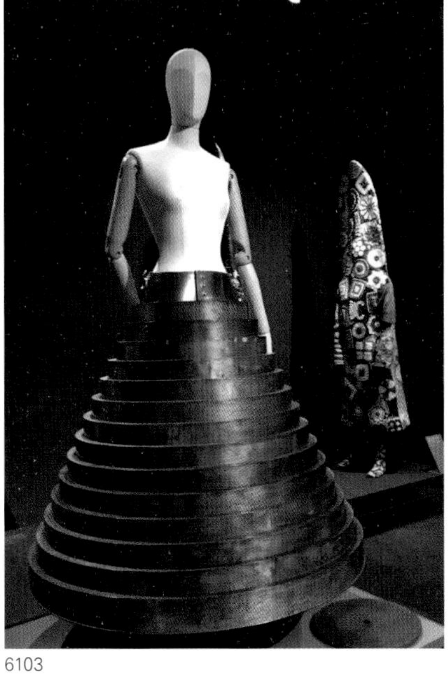
6103

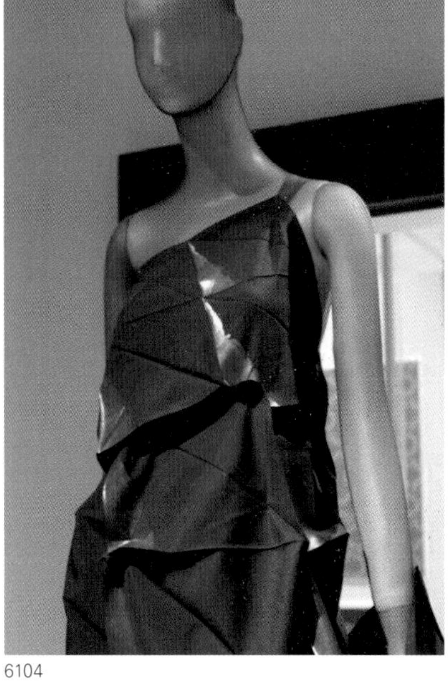
6104

이사이 미야케의 재료와 현대적 기술이 결합한 스타일과 퓨처리즘

이세이 미야케는 다양한 재료와 첨단 기술을 사용하여 그의 디자인을 구현했다. 사이버네틱의 디자인의 측면보다는 혁명적이고 새로운 재료를 활용해서 새로운 시도를 제안하는 점에서 본 장에서 디자이너 이세이 미야케를 소개해본다. 미야케의 디자인은 유기적 형태와 기하학적 구조를 결합하여, 시각적으로 독특하다. 단순히 특이한 재료와 구조뿐 아니라 기능적인 패션을 창조한다. 그의 작업은 인간의 움직임을 고려한 유연한 구조와 입체적이고 조각적인 형태를 특징으로 한다. 이는 미래지향적이고 혁신적인 디자인을 구현하는 데 중요한 요소다.

이세이 미야케는 이야기한다 "대부분 사람은 옷을 만드는 것이 원단에 스케치 하고 자르고 바느질을 하면 된다고 생각한다. 물론 좋은 방법이지만 뻔한 방식이다. 나는 옷을 만드는 또 다른 방법을 찾는 것이 재미있다. 원단의 내구성과 실용성뿐 아니라 폭넓고 다양한 형태와 색상, 프린트가 주된 인기 비결이다. 아코디언 주름 의상은 다른 어떤 로고보다 확실한 상징적 역할을 한다."

이세이 미야케

Issey Miyake, 1858~2022, 일본
패션 디자이너

디자이너 이사이 미야케는 새로운 개념의 직물을 개발하고, 베스트셀러 향수를 알렸다. 그는 다양한 재료와 첨단 기술을 활용하는 디자이너이다. 이사이 미야케의 바오바오백의 디자인을 위하여 그는 입체 오리가미와 함께, 재생 폴리테르를 활용하여 다양한 소재의 활용과 함께, 미래를 위한 디자인을 제안한다. 그의 홀로그램 형태와 금속성의 재료와 함께 오리가미를 활용한 구조는 동서양, 과거와 현재를 넘나든다.

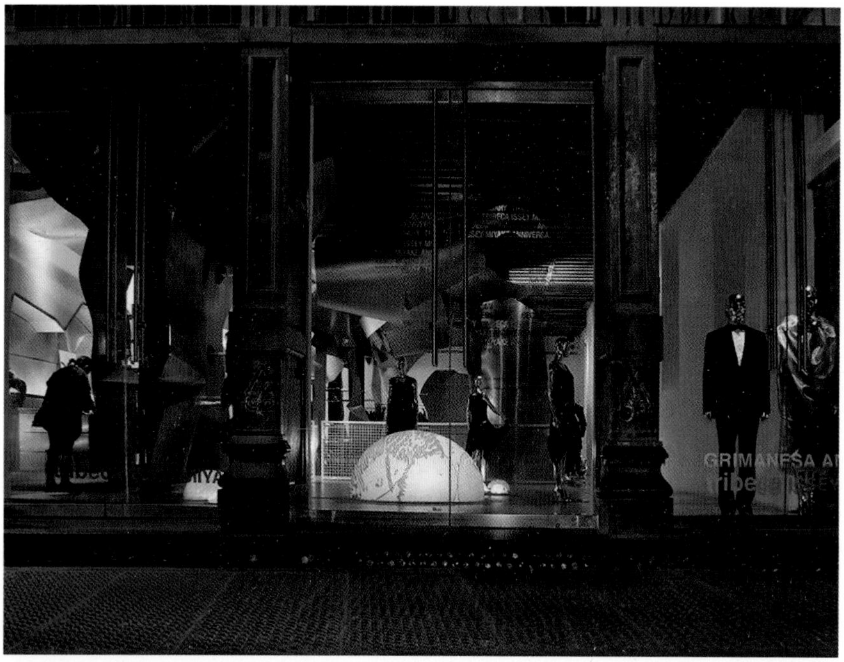

6105
이세이 미야케 Issey Miyake
매장 Grimanesa Amoros 시리즈

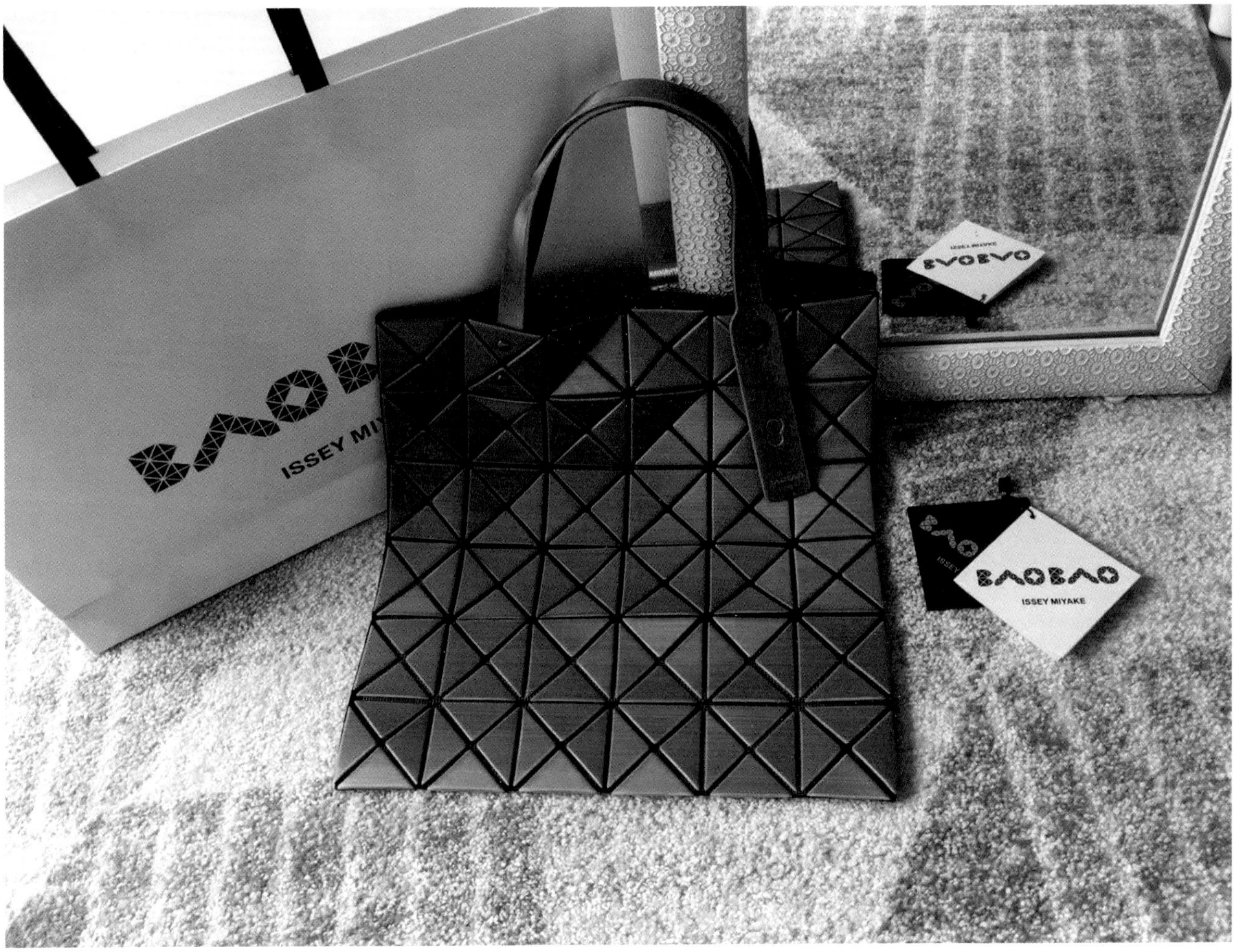

6106
이세이 미야케 Issey Miyake, 바오바오백 BAOBAO Bag

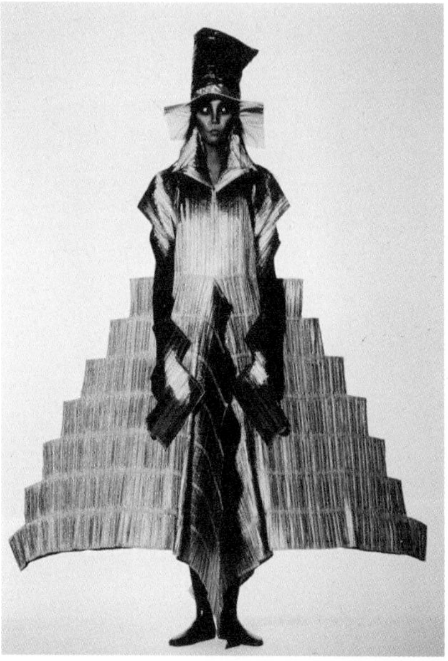

6107

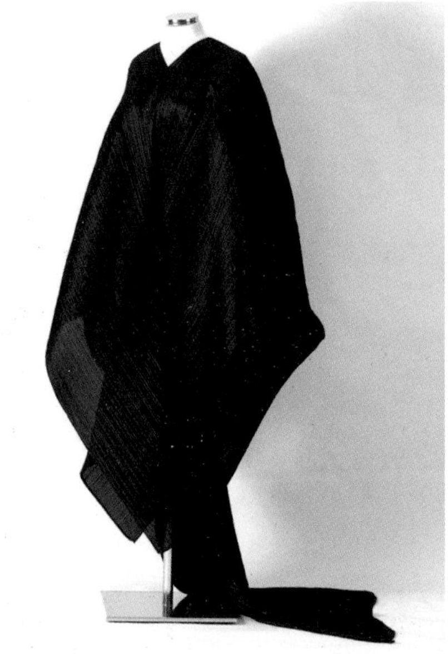

6108

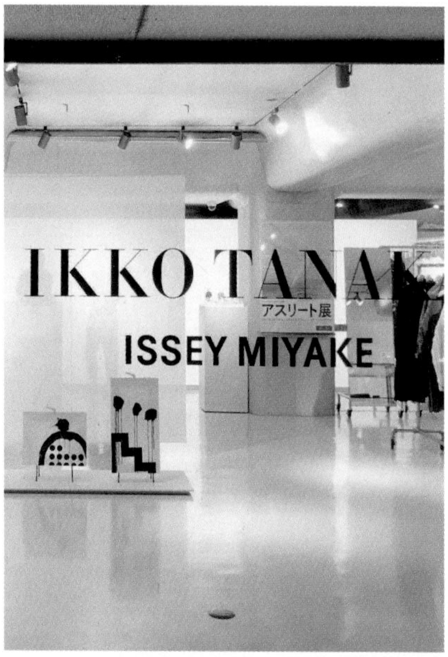

6109

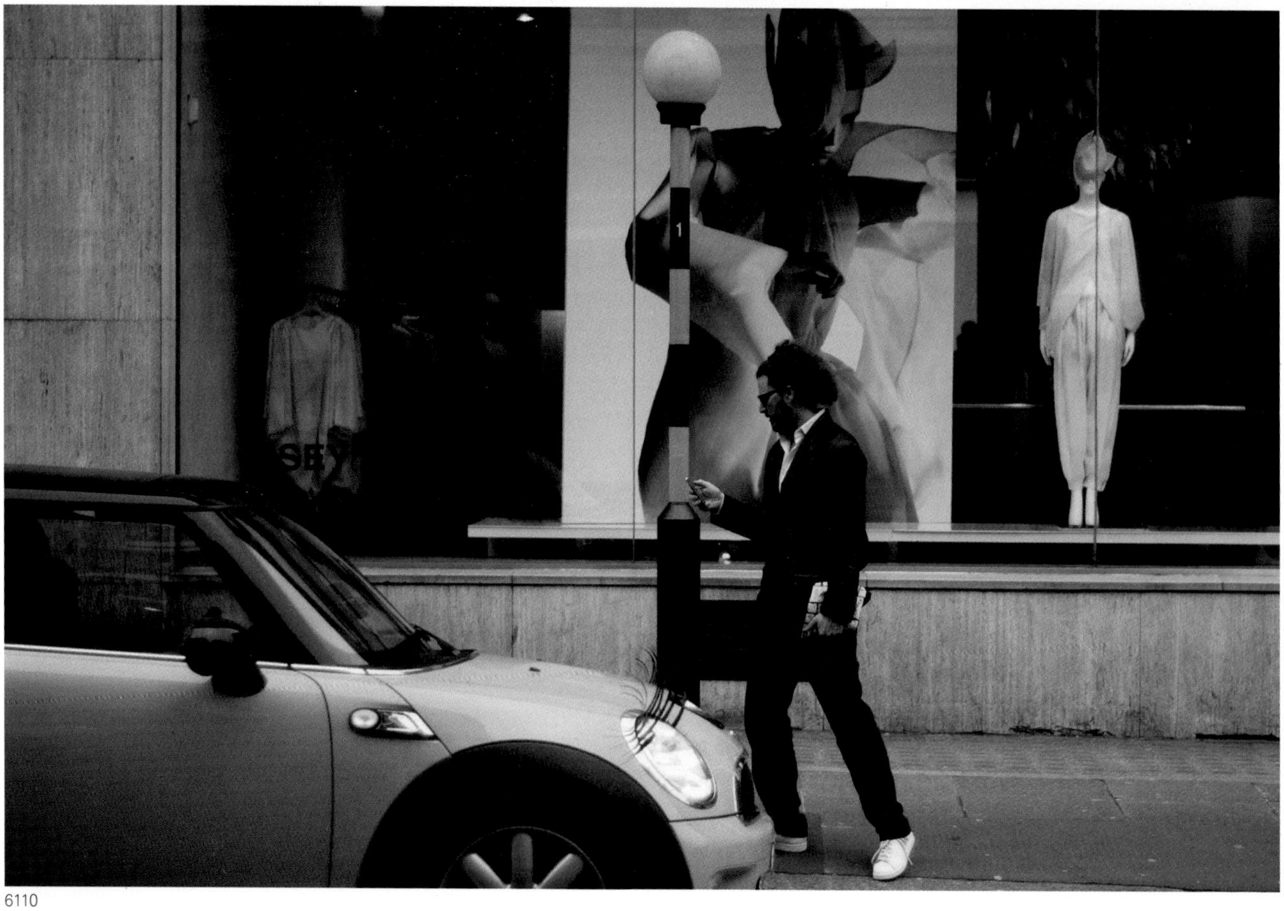

6110

플리츠 플리즈

플리츠 플리즈 Pleats Please 컬렉션에서 폴리에스터와 합성 섬유를 사용하여, 플리츠와 같이 지속적인 주름 형상을 만들어내는 혁신적인 방법을 개발했다.
1989년에 작품 전시회가 Musée des Arts Décoratifs에서 열린 후 새로운 개념을 꿈꾸기 시작했다. 그는 그의 저서 'Pleats Please Issey Miyake', Taschen, 2012에서 말한다.

플리츠 플리즈 Pleats Please는 청바지와 티셔츠만큼 보편적이고 착용할 수 있어야 했으며, 미야케는 1968년 프랑스 학생 반란을 목격한 후 약속한 격언으로, 옷을 입는 이들에게 자유를 제공하는 답답하지 않고 즐거운 옷을 만들겠다고 맹세하면서 그의 디자인 전망을 재고하게 됐다.

이사이 미야케와 팀은 이 새로운 제품을 위한 이상적인 직물을 연구하고 개발하기 시작했다. 최종적이고 완벽한 제품은 무중력과 부드러움을 위해 특별히 개발된 고품질 폴리에스터로 만들어졌으며, 열로 영구적으로 주름 처리될 수 있다. 미야케는 "디자이너로서 우리의 일이다. 그것을 입는 사람들이 표현의 자유와 그에 따른 기쁨을 가질 수 있도록 재료로 옷을 만든다"고 말했다.

6107
이세이 미야케 Issey Miyake, 1984
Indigo Batik' Cotton Kaftan Dress

6108
이세이 미야케 Issey Miyake
Black Pleated Polyester Ensemble

6109
이세이 미야케 Issey Miyake
IKKO TANAKA x ISSEY MIYAKE 매장

6110
이세이 미야케 Issey Miyake
런던의 매장

6111
이세이 미야케 Issey Miyake
플로리오 그라피 작품
협업 Issey Miyake x Takram

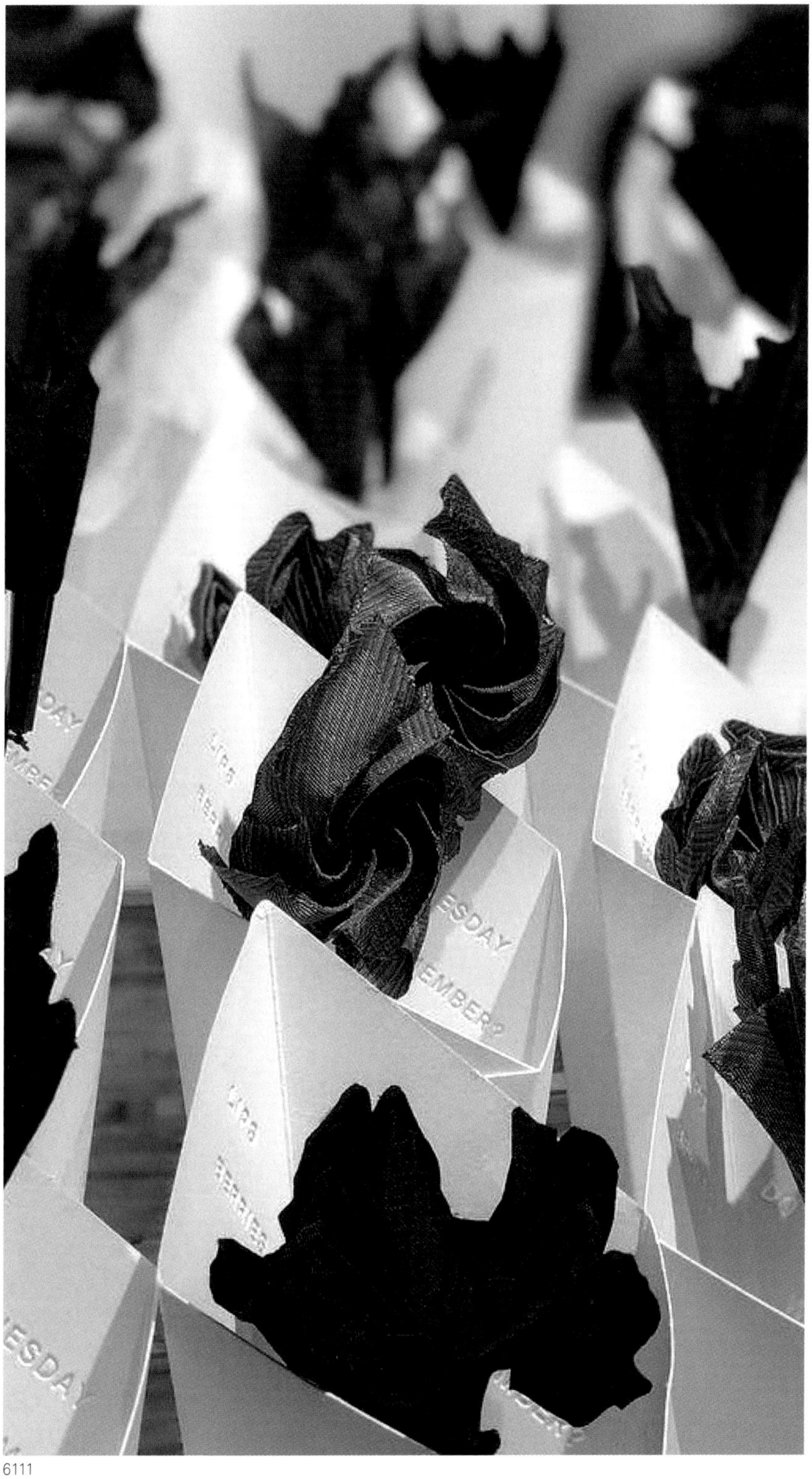

6111

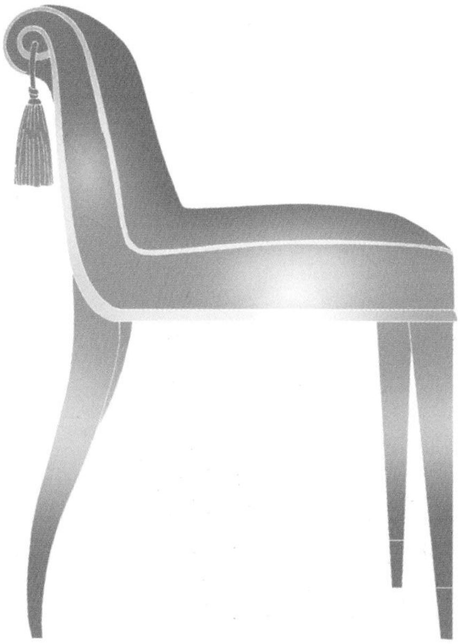

Art Deco Style

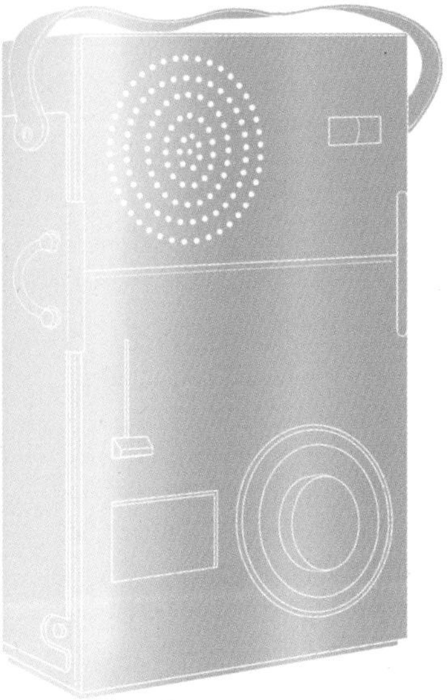

Minimal Style

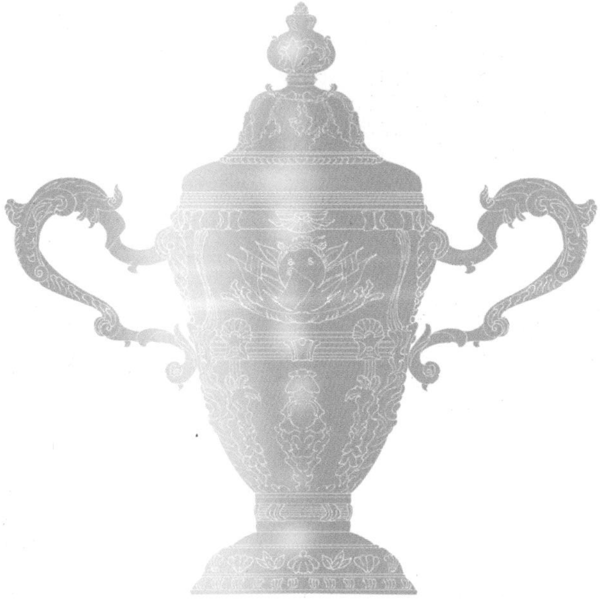

Classic Style

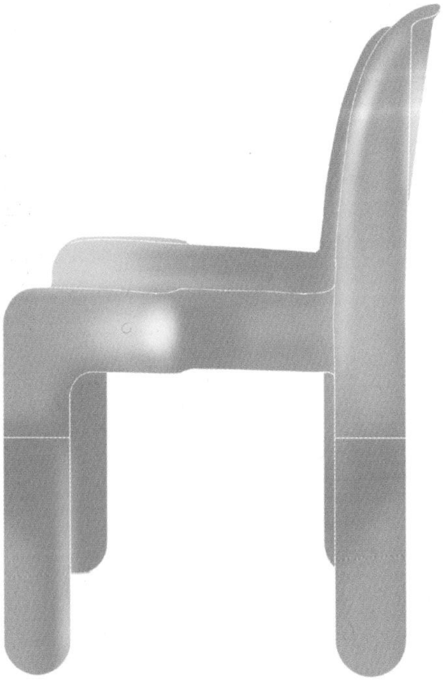

Futurism Style

일러스트레이션: 전서영

Chapter 7

Post-Modern Style

낭만적 반항

포스트 모던 스타일

원하연

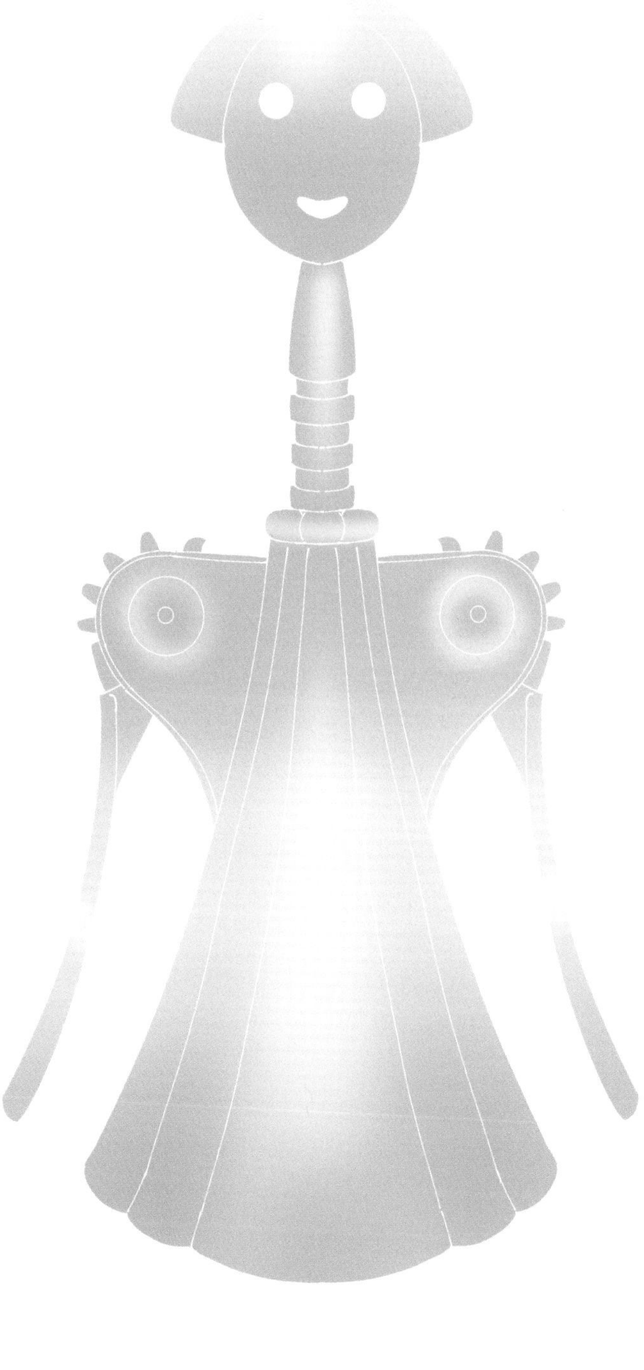

포스트 모던에 대한

About Post-Modern

포스트 모던 스타일

포스트 모던Post-Modern 스타일 하면 무엇이 떠오를까? 우리는 알록달록 형형색색의 형태들의 가구나 대담하고 위트가 있는 디자인을 떠올린다. 작은 와인오프너와 같은 사물에서부터 건축에 이르기까지 디자인된 대상은 무궁무진하다. 예술과 디자인의 역사에서 많은 논란이 된 이 스타일은 1970년부터 1980년까지 기존의 예술과 디자인에 대한 전형과 생각을 뒤집는다. 모더니즘에 거부하며 진정한 스타일이란 무엇인가? 라는 새로운 인식을 가져왔다. 포스트 모던 스타일은 텍스타일, 인테리어, 가구, 조명, 패키지와 잡지 속 대담한 조형과 시대를 불문한 아이콘 적 형태를 탄생시킨다. 포스트 모던 시기의 디자이너들은 우리 주변의 사물을 기능의 물건이나 대상을 넘어서서 표현의 사물로 바라보았다.

포스트 모던 스타일의 대표적인 두 명의 디자이너를 꼽으라면 이탈리아를 중심으로 한 디자인 멤피스와 디자이너 알레산드로 멘디니를 이야기할 수 있다. 에토르 소트사스는 이야기했다. “내가 어렸을 때, 우리가 들은 것은 기능주의, 기능주의, 기능주의뿐이었다. 충분하지 않아. 디자인 또한 관능적이고 흥미로워야 한다.” 알레산드로 멘디니의 디자인들은 강렬하고 원색적인 색의 사용과 비정형적 형태를 위트와 유머를 담아 표현하였다. 그의 디자인은 대담하고 창조적이다. 어찌 보면 낭만적인 반항으로 보인다.

우측의 알레산드로 멘디니의 프루스트 체어 의자는 오래된 골동품 가구에 점묘파 기법으로 채색만 해서 전시장에 내놓은 작품이다. 조형은 바로크 양식의 고가구 디자인이다. 가구의 표면에 점묘파의 원색의 점을 촘촘하게 찍어 표현하였다. 멘디니는 프루스트 체어를 통해 과연 디자인이 기능에만 들어맞아야 하는가?에 의문을 던진다. 이 외에도 다양한 버전의 현대적 해석 및 예전의 디자인을 유지하면서 리디자인한 버전의 프루스트 의자들이 출시됐다. 생생한 디자인의 실내 장식품 패브릭을 포함하여 초기 디자인의 대부분 형태를 유지했다.

알레산드로 멘디니의 프루스트 의자

알레산드로 멘디니의 프루스트 의자는 1978년 설계 되고 1998년부터 1999년 제작되었다. 모더니즘의 원칙을 거부하고 장식, 및 상징주의와 장인 정신을 받아들여 기성품 로코코 부흥 의자를 선택해서 19세기 프랑스 화가 폴 시냐크 그림에서 점묘법에서 영감을 받은 패턴으로 밝은 색으로 그렸다. 그 패턴은 실내 장식에 국한되는 것이 아니라 정교하게 조각된 스크롤 팔, 곡선 다리 및 앞부분 위로 확장된다. 의자를 디자인하기 위해 멘디니는 프루스트의 세계를 연구하기 위해 프랑스로 여행했다. 그는 자신의 영감에 대해 말했다.

“나는 한편으로는 프루스트의 장소와 시간에 대한 설명, 다른 한편으로는 그림의 인상주의 운동을 언급했다.” 원본 조각은 일반 나무와 흰색 캔버스 실내 장식품으로 만들어졌고 그 후 손으로 칠해졌다. 프루스트 의자는 독특한 수제품이었고, 카펠리니 Cappellini, 마지스 Magis, 비사자 Bisazza와 수페레고 Superego와 같은 회사를 위한 시리즈가 제작되었다.

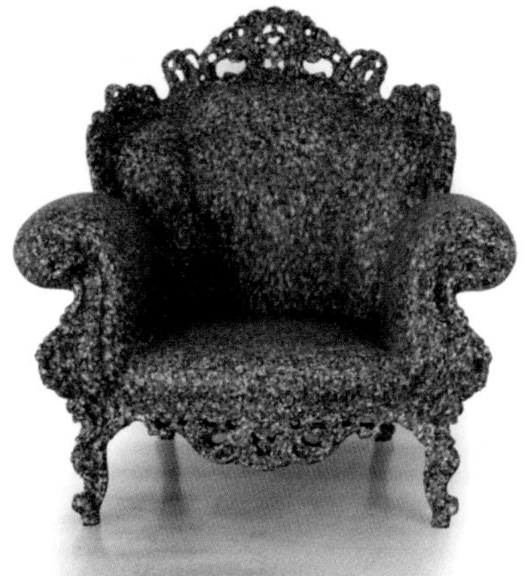

7001

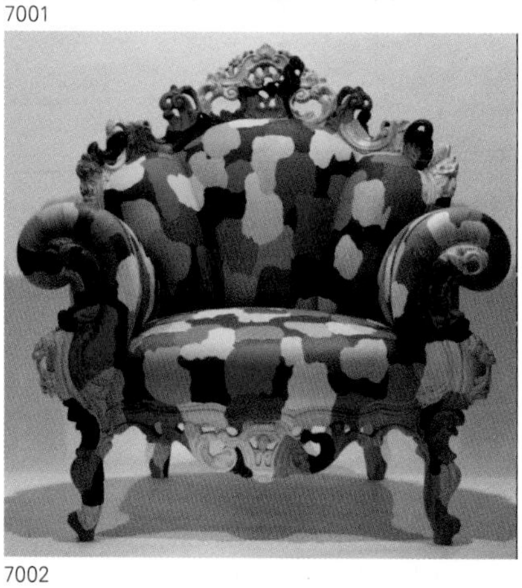

7002

7001
알레산드로 멘디니 Alessandro Mendini
마지스 프루스트 의자 Magis Proust, Magis

7002
알레산드로 멘디니 Alessandro Mendini
프루스트 모차르트 의자 Poltrona di Proust Mozart, 2000

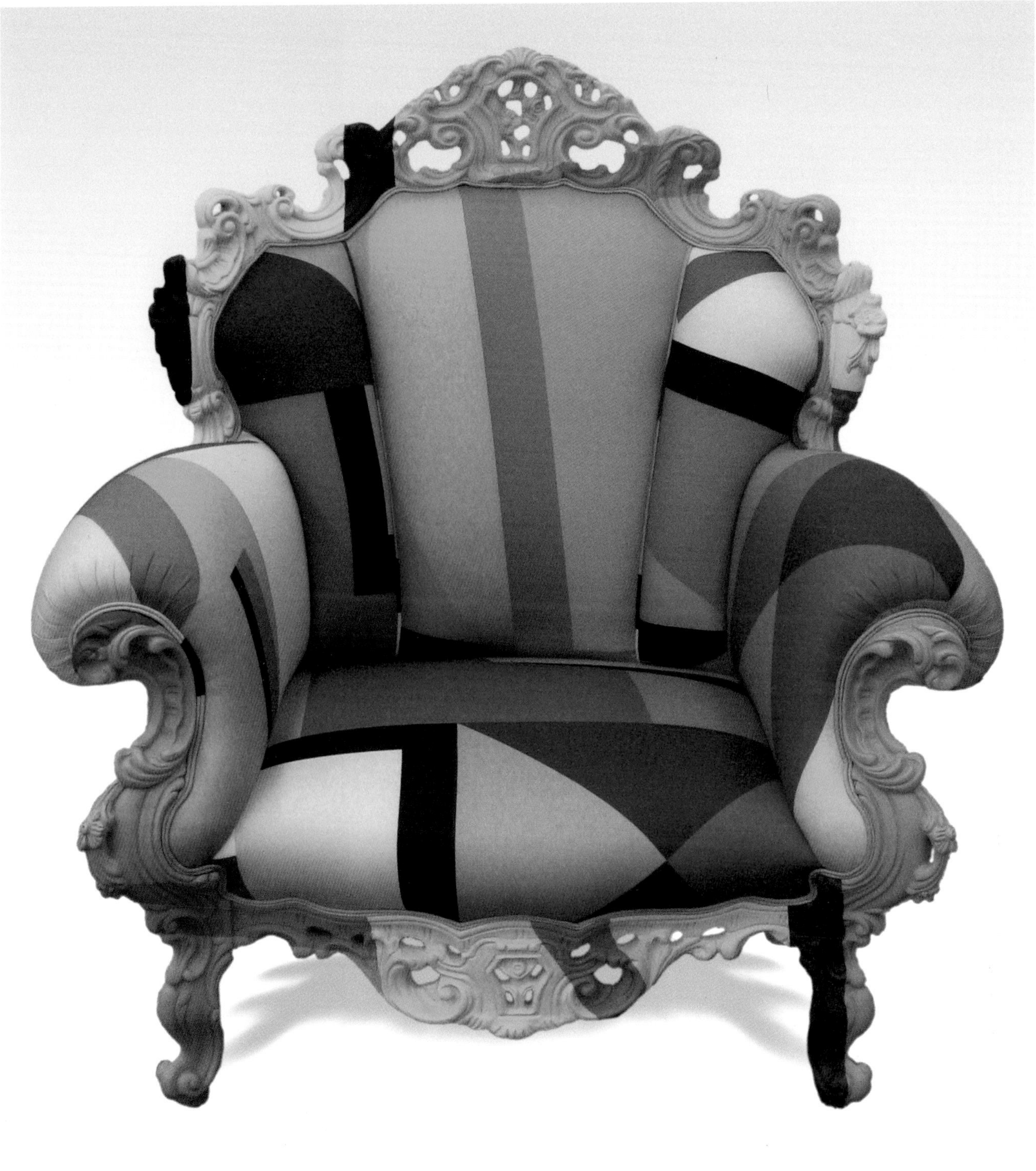

7003
알레산드로 멘디니 Alessandro Mendini
지오메트리카 프루스트 의자 Poltrona di Proust Geometrica, Cappellini, 2009

색, 이미지, 형태

작가 바바라 라디스Barbara Radice는 "멤피스 디자인에서는 색이 사물의 화학 반응을 촉매하는 효소로 작용하며, 뇌에서 논리의 새로운 문을 여는 신경 자극을 생성한다"고 말했다. 멤피스의 디자인은 원색의 색과 조형들이 마치 색채 오케스트라의 공연을 경험하는 듯한 느낌을 느끼게 한다. 옷장이나 책장, 작은 조명에 이르기까지, 밝은 채도의 노랑과 흰색이 빨간 패턴의 형태와 어우러지는 순간을 보여준다. 이들은 시간이 한참 지난 현대에 보아도 형태와 색이 전혀 낡거나 흐름에 뒤처져 보이지 않고 촌스러워 보이지 않는다. 이들은 강렬하지만 아름다운 비율과 조화로 초현실적인 아름다움을 지닌다.

다양한 의견을 존중하는 디자인

포스트 모던 스타일의 디자인은 다양한 스타일을 존중하고, 다원주의라고 이야기될 만큼 다양한 시도와 생각을 존중한다. 공식적인 예술 교육과 이론보다는 비전통적이고 혼합된 미디어나 시도를 해보려고 하였다. 또한, 전통적인 개념을 해체하며 예술이나 디자인이 어떤 의미를 있는가의 본질에 의문을 던진다.

포스트 모던 스타일의 재발견, 영향과 의의

에토레 소트사스는 "디자인은 삶에 관해 토론하는 한 가지 방법이다. 그것은 사회, 정치, 에로티시즘, 음식, 심지어 디자인까지 논의하는 방법이다."라고 이야기했다. 포스트 모던 스타일은 다양한 조형과 시도의 방식에서 오는 아름다움이 될 수 있음을 보여준다. 그들은 기능주의 이후의 대담한 스타일의 형태, 색, 재료의 활용을 적용해보는 여러 시도를 주저하지 않고 표현하고 디자인한다. 에너지와 활력이 넘치는 대담한 시도의 디자인이다. 이들은 하나의 획일화된 디자인을 거부하고 맥락에 따라 변화하기를 원한다. 포스트 모던 디자인은 도전적이고 실험적인 배치와 시도로 참신하다.

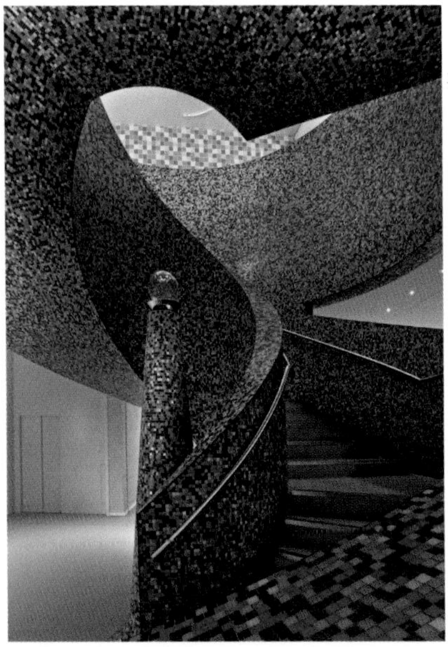

7004
알레산드로 멘디니 Alessandro Mendini와 프란체스코 멘디니 Francesco Mendini, 그로닝거 뮤지엄 Groninger Museum
Scala centrale in mosaico Bisazza, Groningen, Olanda
1994

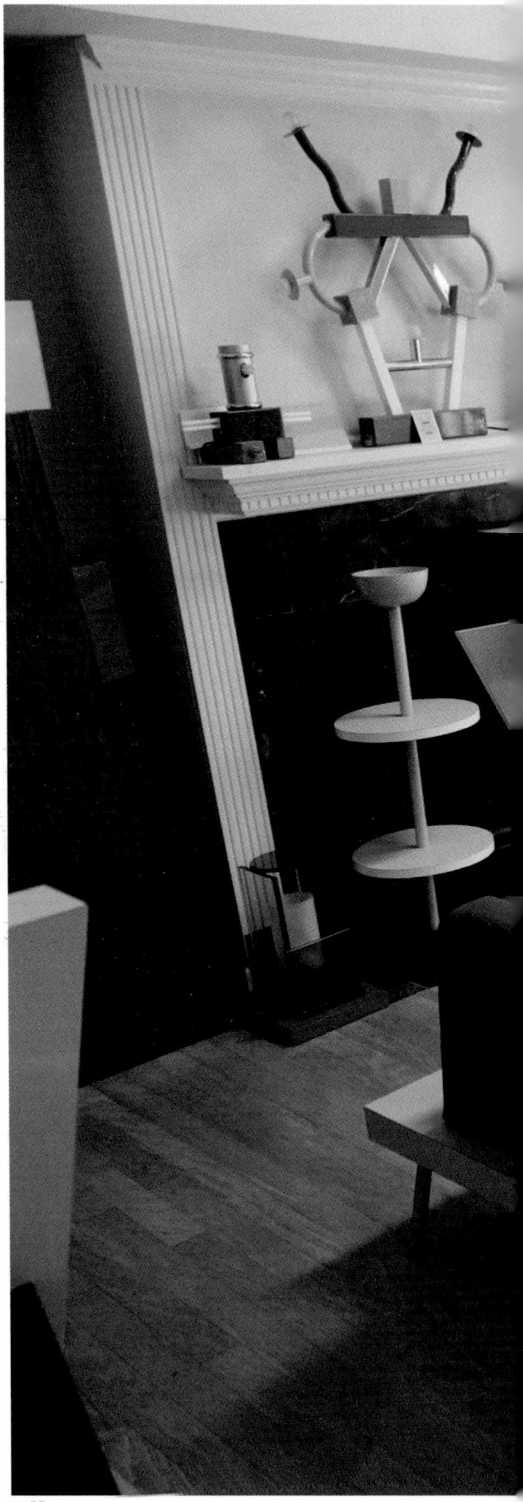

7005
멤피스 밀라노 디자인 컬렉션 Memphis-Milano Design Collection, 1981

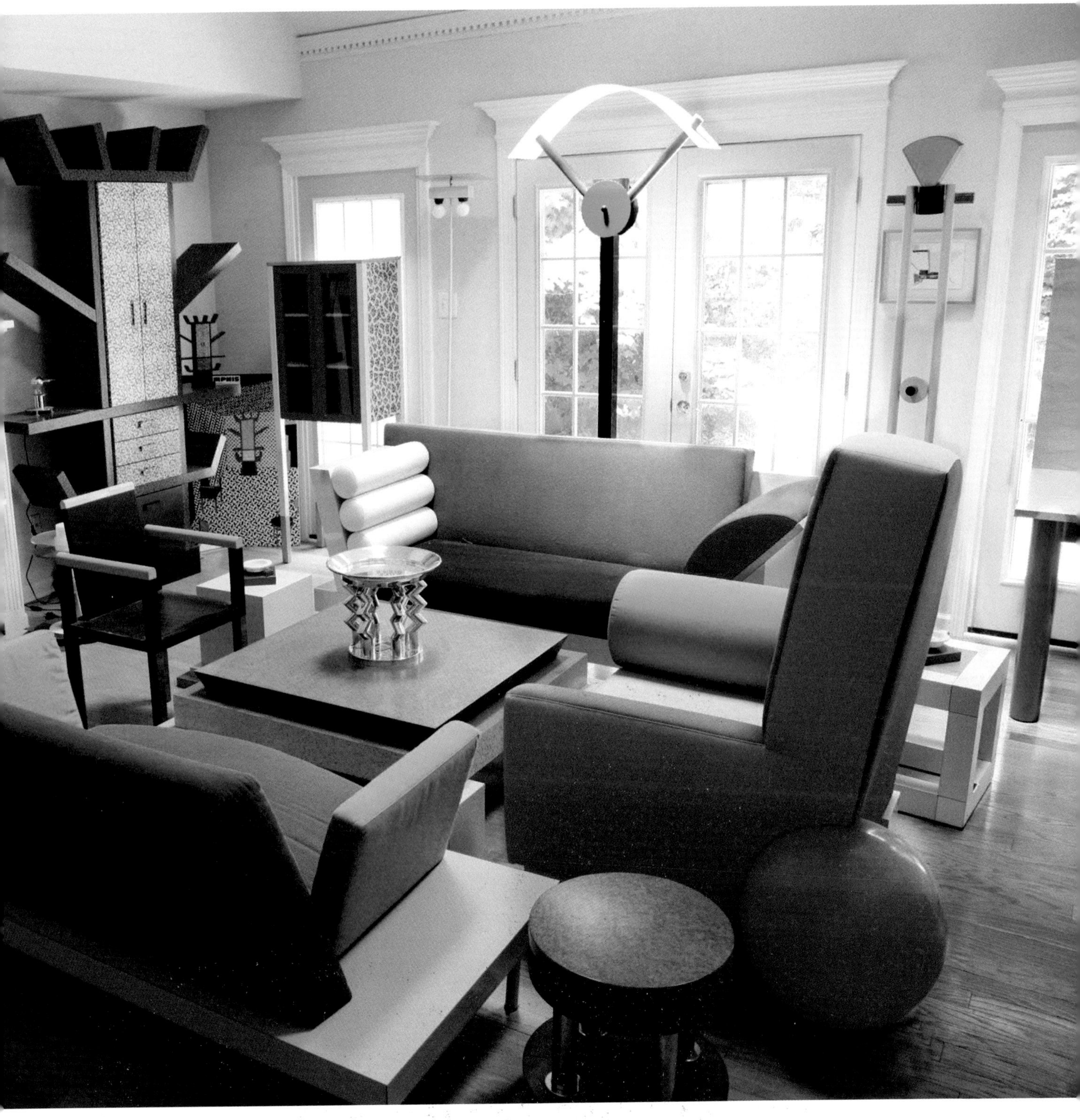

포스트 모던의 개요
Overview of Post-Modern

포스트 모던 스타일이란

포스트 모던 스타일은 명확하게 정의되는 기능적인 단순함에 기반을 둔 모더니즘에서 새로운 세계로 나가려는 시도이다. 기존 모더니즘이 유토피아적이고 진보적이며 기계적인 완벽함을 구현했다면, 포스트 모던 스타일은 때로는 완벽하지 않은 미래를 그려보려고 했다. 이들은 독특하고 기발했다. 두 차례의 세계대전 이후의 혼란과 불안정과 고통에 대한 노출은 새로운 표현의 자유와 스타일을 열망하게 했다.

1960년대 후반부터 당대에 지배하고 있던 획일주의, 대량생산 체제로 무시된 인간에 대한 생각이 담기지 않는 갈증에서 비롯된 디자이너와 건축가와 예술가들의 낭만적 반항을 시작했다. 점차 1980년대 생생한 색상, 과장, 이탈리아의 디자이너들의 알키미아와 멤피스의 작품들은 도무스와 같은 출판물을 통해 전 세계적으로 홍보됐다.

포스트 모던 스타일을 추구하였던 디자이너들은 디자인이 추구해야 할 인간의 감수성을 추구해야 하는 디자인의 목적과 본질에 대한 질문을 던진다. 이들의 디자인은 하나의 기준보다는 세상을 위한 다양한 가치를 지향한다.

에토레 소트사스의 칼톤 책장

멤피스Memphis의 에토레 소트사스가 1981년에 선보인 칼톤 책장은 포스트 모던 스타일의 디자인을 대표하는 디자인 아이콘이다.

의인화된 형태의 책장은 때로는 생명이 있는 형상을 한 느낌을 준다. 장식용 래미네이트로 만들어진 책장의 모양은 빨강 서랍이 검은 점박이 패턴의 하단받침을 지지하고 있는데, 분홍패널과 파랑의 기둥이 그 위를 받치고 다시 하늘색의 기둥과 노란색과 연두색의 받침으로 이어지는 구조가 있다.

단순히 책장의 기능뿐 아니라 이 책장이 놓이는 장소에 활력을 제공한다. 다채로운 색상과 격자무늬로 가득 차 있다. 분리 벽으로도 사용할 수 있으며 모더니즘의 전통적인 가구와는 전혀 다르다. 모더니즘의 책장이 가졌던 전통적 기능과 형태에 의문을 던진다.

7006
나탈리아 뒤 파스키에 Nathalie Du Pasquier
무티나 Mutina의 Mattonelle Margherita, 2021

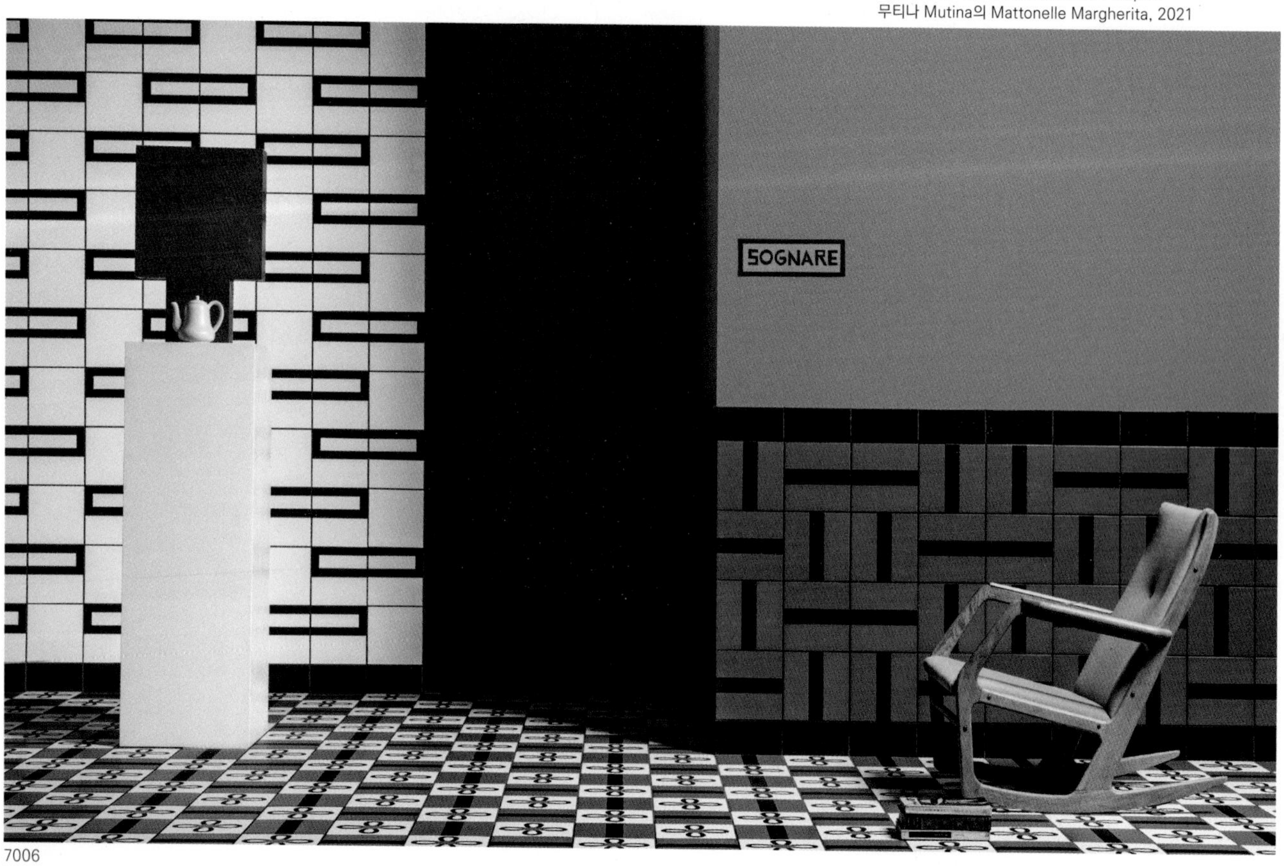

7006

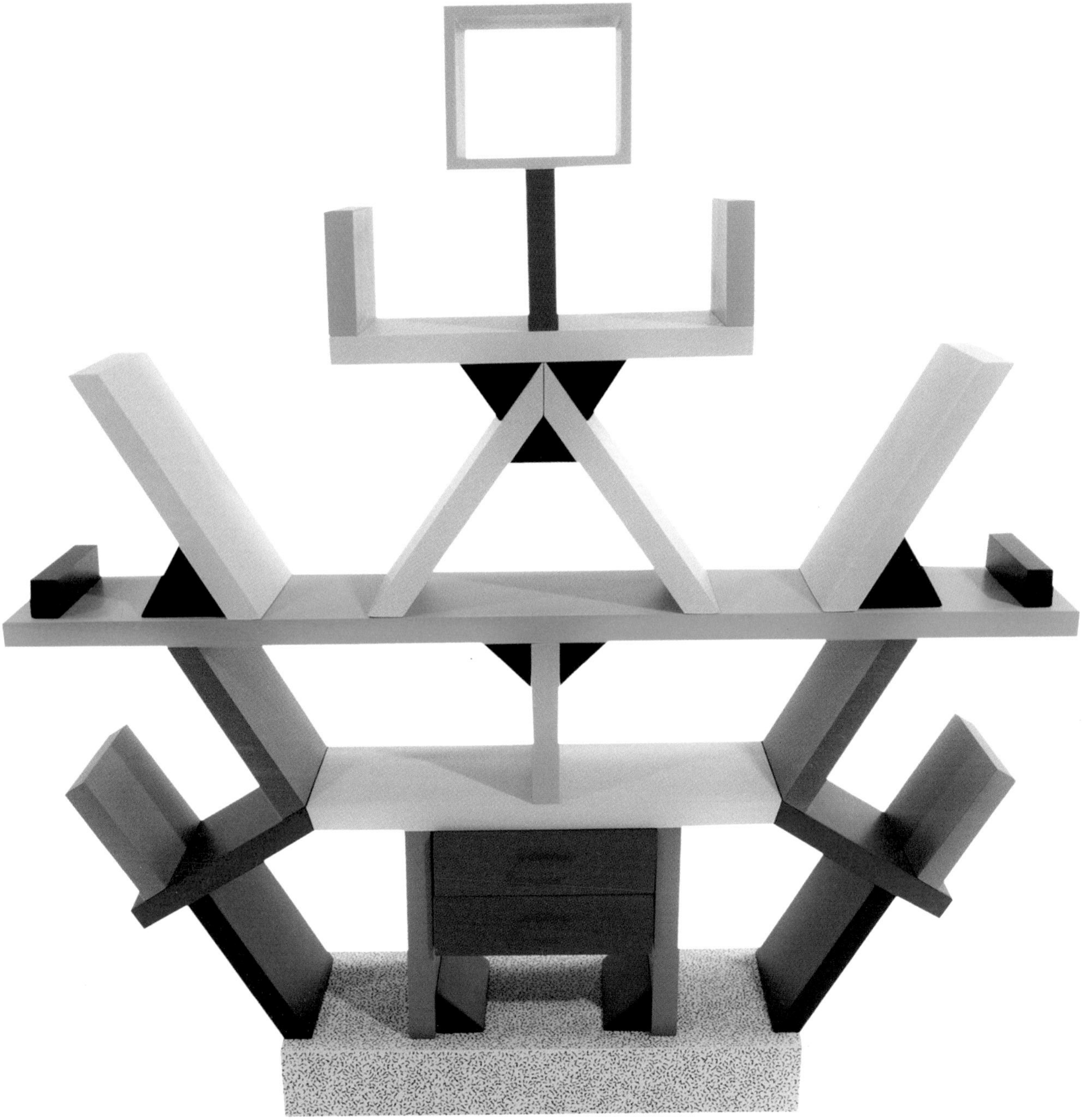

7007
에토레 소트사스 Ettore Sottsass
칼톤 책장 Carlton bookcase, 1981

포스트 모던 스타일의 특징
Features of Post-Modern Style

포스트 모던 스타일은 특징을 정리하자면 건축, 디자인, 예술, 음악, 문학 등 다양한 스타일들과 대상이 있다. 포스트 모던 스타일의 디자인을 이야기하라면 문학부터 음악, 예술, 건축 장르의 수많은 이야기가 있고 또 다양한 담론들이 있다. 사실 포스트 모던 스타일은 모든 장르에 걸친 운동이라 하나의 톤으로 정돈이 안 될 만큼 영역과 형식과 스타일이 다양하다. 본 장에서는 멤피스 그룹의 이야기와 알레산드로 멘디니의 작품을 위주로 이야기하겠다.

Humorous & Vivid의 포스트모더니즘

알록달록한 색과 형형색색 패턴의 조형은 시대를 넘어서는 생동감을 준다. 이들의 디자인은 활력이 넘친다. 포스트 모던 스타일은 디자인이 유희적인 실험이라면 어떨까?와 같은 질문에 연속적인 스타일로 대답하는 것과 같이 보인다. 이를테면, 소파에 전통적인 직사각형 대신 다른 형태의 모양의 다리가 있다면 어떨까?의 대답이다. 포스트 모던 스타일은 구불구불한 무늬, 줄무늬, 지그재그, 심지어 물방울 무늬까지 다이내믹한 패턴의 위트 있는 형태를 지닌다. 환상적인 형태와 알록달록한 색을 보여주는 멤피스 그룹의 멤버 시로 쿠라마타의 교토라는 테이블 디자인은 장난스러운 외관을 지닌 테이블이지만 장인정신과 디자인 관계를 주제로 디자인 본질의 의미를 탐색하려고 한다. 래커칠한 목재와 금속 소재의 서랍장인 니코 서랍은 형태와 기능 사이의 관계를 재평가해서 일상적인 물건에 초현실적이고 간결하면서 비비드 스타일을 담는다.

Bold & Dynamic의 포스트모더니즘

포스트 모던 스타일의 또 다른 스타일의 특성은 대담하고 다이내믹한 디자인이다. 이들은 색을 넘어선 새로운 조형과 색을 보여준다. 멤피스 그룹은 밝은 색상, 기하학적 모양, 강한 패턴, 줄무늬, 충돌하는 색상, 추상적인 디자인들이 대담하고 다이내믹한 특징으로 묘사한다. 정형화되지 않은 불균형한 기하학적 구조도 보인다. 장식적이지만 역동성이고 대담하다.

피터 샤이어의 벨 에어 의자

피터 샤이어가 디자인한 벨 에어 안락의자는 미국 서해안과 서핑 문화에 대한 찬사이다. 의자의 비대칭 등받이는 상어 지느러미에서 영감을 얻었으며 "Bel Air"라는 제목은 베벌리 힐즈 Berverly Hills의 유명한 동네를 참조한 것으로 이 디자인은 비대칭 프로필과 생동감 넘치는 색이 서로 결합한다. 목재와 울 소재의 안락의자로 놀라움을 선사한다. 피터 샤이어는 디자이너로서 자신의 작업을 이렇게 표현했다. "기하학적인 물체를 공중에 던지고 마법처럼 하나로 합쳐지는 것을 상상해보세요." 뾰족한 선이 쿠션의 둥근 형태와 대조를 이룬다. 충격에 강한 시트로 만들어졌다. 같은 시리즈의 특별 에디션인 기다란 소파의 형태도 있다.

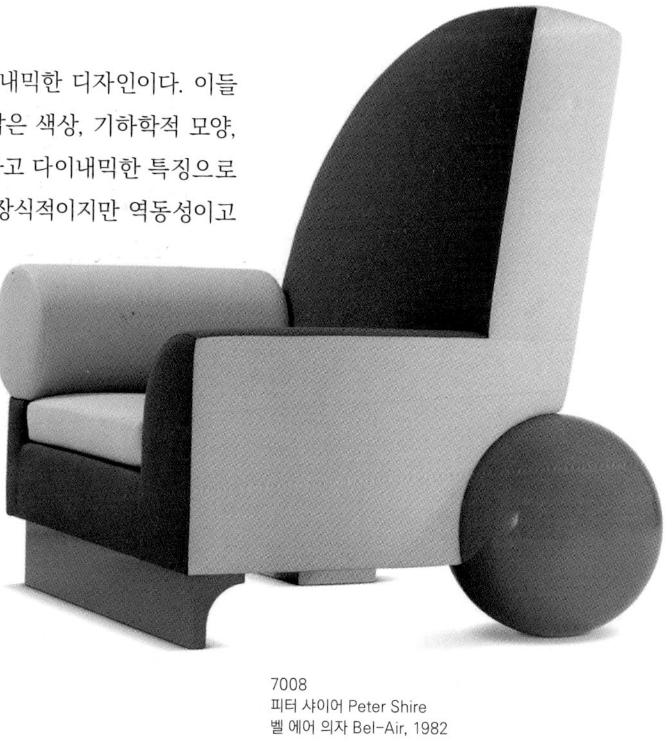

7008
피터 샤이어 Peter Shire
벨 에어 의자 Bel-Air, 1982

에토레 소트사스의 타히티 램프

에토레 소트사스의 타히티 램프는 어린 시절의 게임을 연상시키는 램프이다. 램프가 머릿속에 숨겨져 있어 테이블을 비추는 데 이상적이다. 박테리아 패턴 모티브가 있는 흰 바탕의 얼룩얼룩한 받침과 노란색 기둥은 빨간색 부리에서 나오는 빛 형태와 결합한다. 빛을 원하는 방향으로 향하게 하려고 회전하는 둥근 분홍색 머리가 있는 검은색 발로 강조한다. 멤피스의 디자인은 예술과 실험의 경계에 있다.

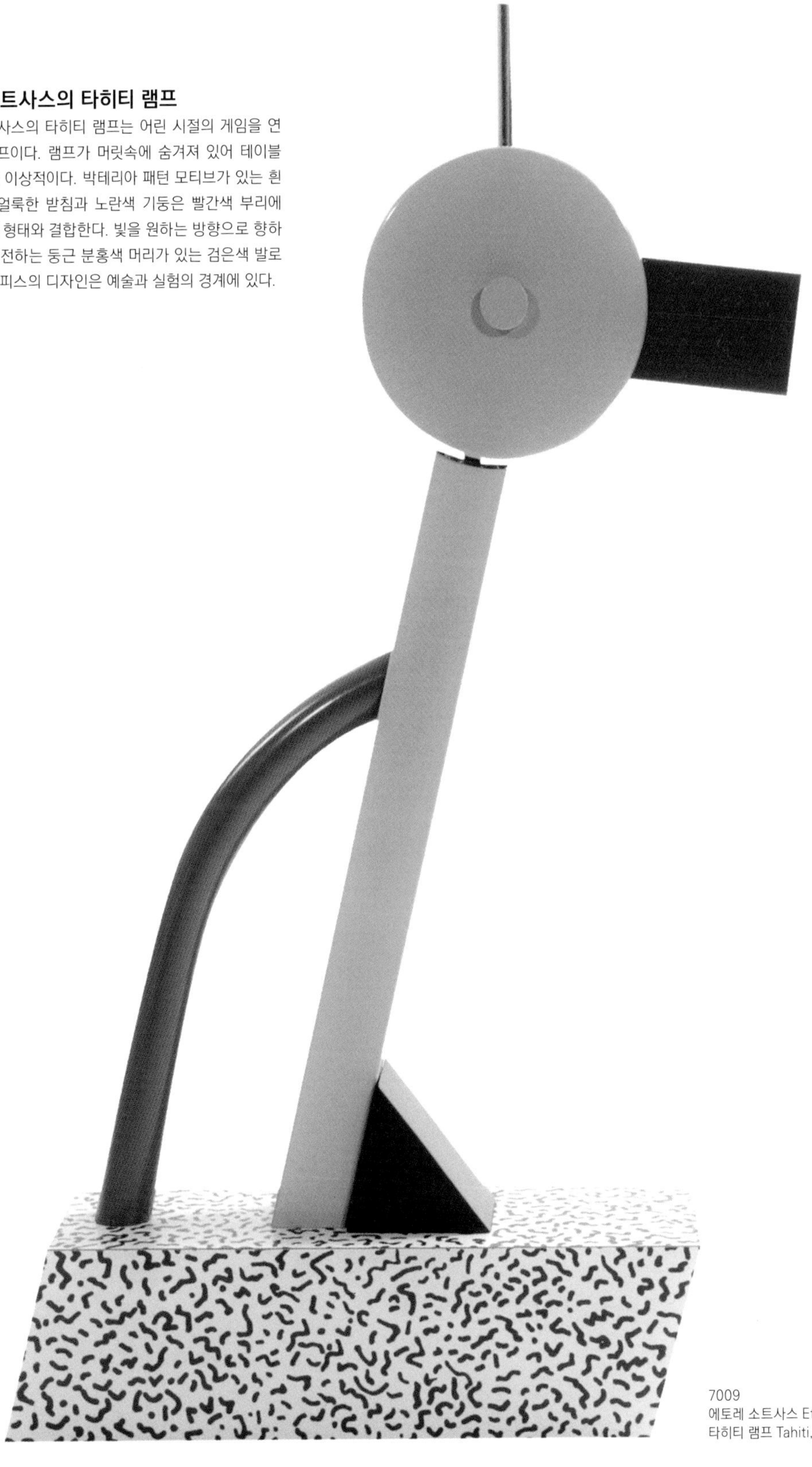

7009
에토레 소트사스 Ettore Sottsass
타히티 램프 Tahiti, Memphis,1981

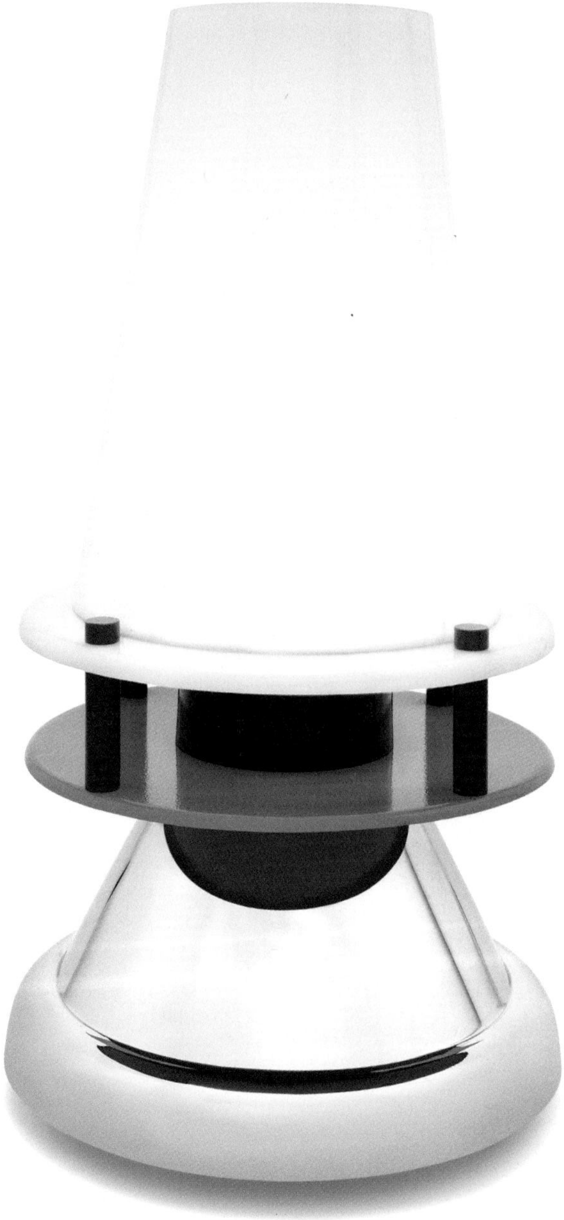

나탈리아 뒤 파스퀴에의 보르도 램프

나탈리아 뒤 파스퀴에가 디자인한 이 램프는 대조되는 재료의 중첩이 특징이다. "물체 구성은 조각 적이다. 물체의 추상적인 표현에 관심이 있다."라고 이야기한 본 램프는 작고 상징적이다. 금속 알루미늄 베이스에 맞는 빨간색 원통형의 요소를 통해 노란색 플렉시 글라스 디스크에 연결된 흰색 갓이 연결되어 있다.

보르도라는 이름은 나탈리아 뒤 파스퀴에의 출생 도시에서 따온 것이다. 그녀는 1979년에 밀라노로 이사했다. 알루미늄과 플렉시 글라스로 만든 테이블 램프다.

7010
나탈리아 뒤 파스퀴에 Nathalie Du Pasquier
보르도 램프 Bordeaux, Memphis
Aluminium and plexiglass table lamp, 1986

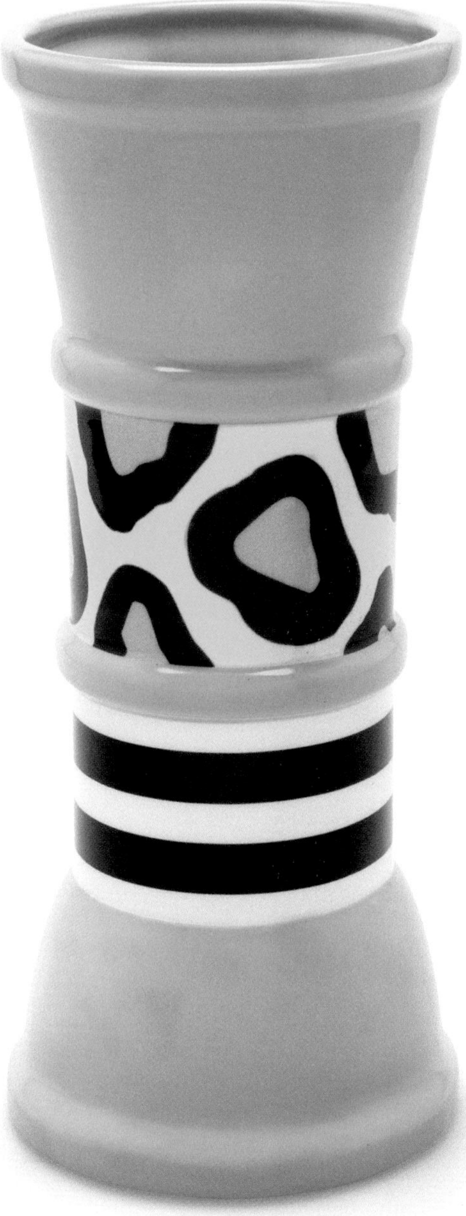

나탈리아 뒤 파스퀴에의 캐럿 꽃병

나탈리아 뒤 파스퀴에는 세라믹 소재의 연한 파란색 원통형 꽃병을 제안했다. 본 캐럿 Carrot 디자인 이외에도 양파 Onion, 콜리플라워 Cauliflower라는 채소의 이름으로 불리는 세라믹 시리즈의 과일 그릇 시리즈의 디자인이 있다. 노란 배경이 분홍색 반점으로 생동감 넘치는 장식의 패턴의 특징이다. 세라믹 꽃병의 원통은 색채의 대비와 라인 장식의 패턴이 돋보인다.

7011
나탈리아 뒤 파스퀴에 Nathalie Du Pasquier
캐럿 꽃병 Carrot, Memphis
Hand-painted ceramic vase with kiln-sublimated decorative decals, 1985

나탈리아 뒤 파스퀴에의 에메랄드 서랍장

에메랄드의 천연 소재와 기하학 패턴의 디자인은 전례 없는 조합의 디자인이다. 이 디자인은 현실과 환상을 오가며 즐거운 디자인으로 초현실주의적이다. 에메랄드 서랍장의 색의 모양과 색상의 유희는 2차원과 3차원의 사이를 오간다. 추상과 표현 사이의 관계를 조사하게 해준다. 에메랄드 서랍장은 래커 칠한 목제 찬장으로 장식용 라미네이트 및 천연 목재 에센스로 코팅했다.

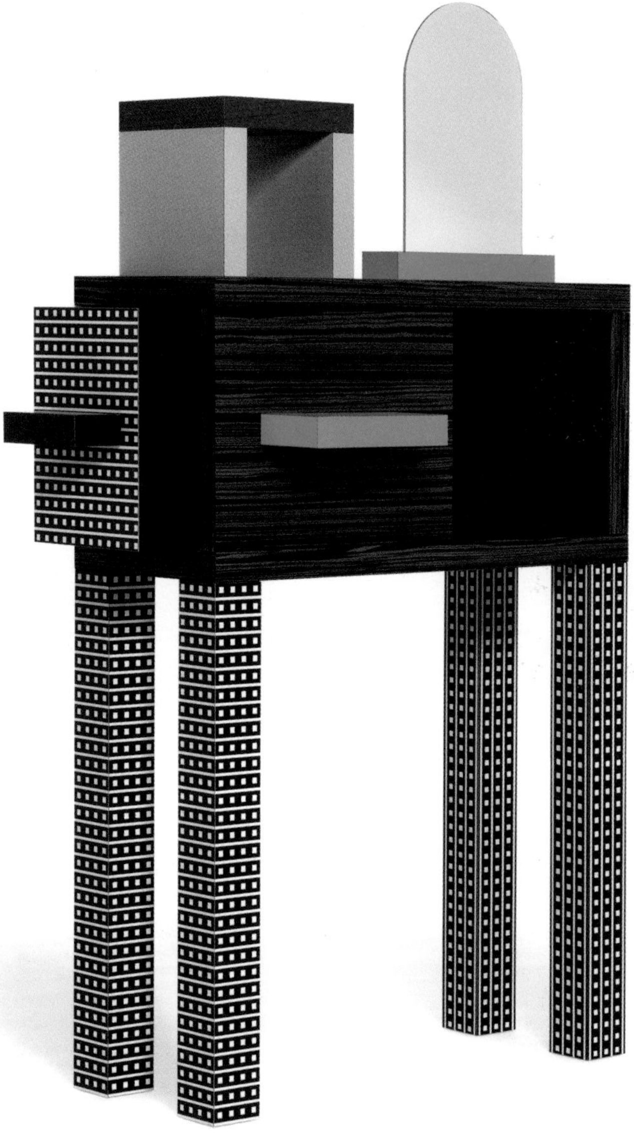

7012
나탈리아 뒤 파스퀴에 Nathalie Du Pasquier
에메랄드 서랍장 Emerald, Memphis
Lacquered wooden sideboard, covered with decorative laminate and natural wood essence, 1985

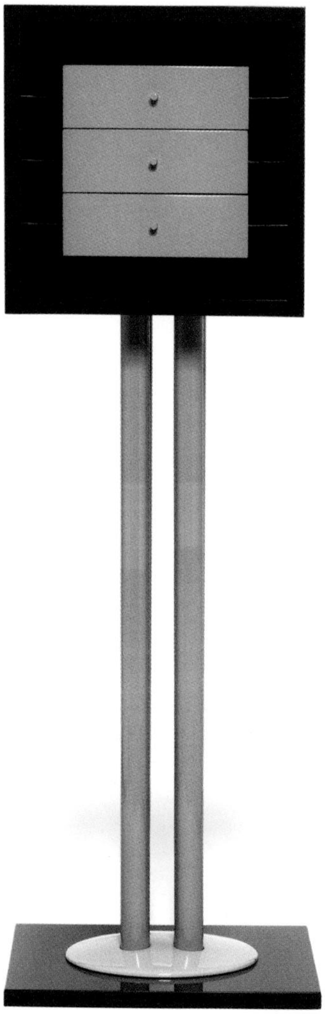

7013
시로 쿠라마타 Shiro Kuramata
니코 서랍 Nikko, Memphis, 1982

나탈리아 뒤 파스퀴에의 마드라스 테이블

나탈리아 뒤 파스퀴에가 디자인한 이 테이블은 전통 의상의 원단을 연상시키는 절충적이고 장식적인 스타일의 테이블이다. 디자이너가 아프리카와 인도 여행에서 얻은 인상을 재작업했고 라미네이트로 제작했다. “아프리카 사람들의 옷 입는 방식은 훌륭합니다. 색상을 입는 태도, 패턴을 통해 이야기를 전달하는 태도는 우리와 다릅니다”라고 나탈리아 뒤 파스퀴에는 이야기한다. 래커 칠한 다리와 장식용 라미네이트는 나무 테이블의 기존 디자인과는 다른 과감한 패턴과 색의 스타일을 보여준다.

7014
나탈리아 뒤 파스퀴에 Nathalie Du Pasquier
마드라스 테이블 Madras, Memphis
Wooden table with lacquered legs and top covered with decorative laminate, 1986

나탈리아 뒤 파스퀴에의 로열 소파

소파의 전통적인 개념을 깨고, 가구에 대한 전위적인 비전을 보여준다. 디자인은 도발적이고 고정관념을 뛰어넘는다. 나탈리에 뒤 파스키에는 확대된 비율로 긴 의자를 덮기 위한 다양한 멤피스의 직물을 콜라주로 구성했다. 그녀의 방식은 다채로운 퀼트의 겹침으로 디자인했고, 감각적 표현의 표현을 보여준다.

의자 앉는 면의 하얀 배경의 보라색과 녹색의 원형과 검은색 얼룩이 있는 패턴은 세르치오Cerchio라는 이름의 작품이다. 실크스크린으로 작업 또는 면에 프린트 되었던 그래픽 작업이다. 의자 전체는 장식용 라미네이트로 덮인 긴 나무와 조지 소든George Sowden이 디자인한 그래픽 패턴의 직물이 특징이다.

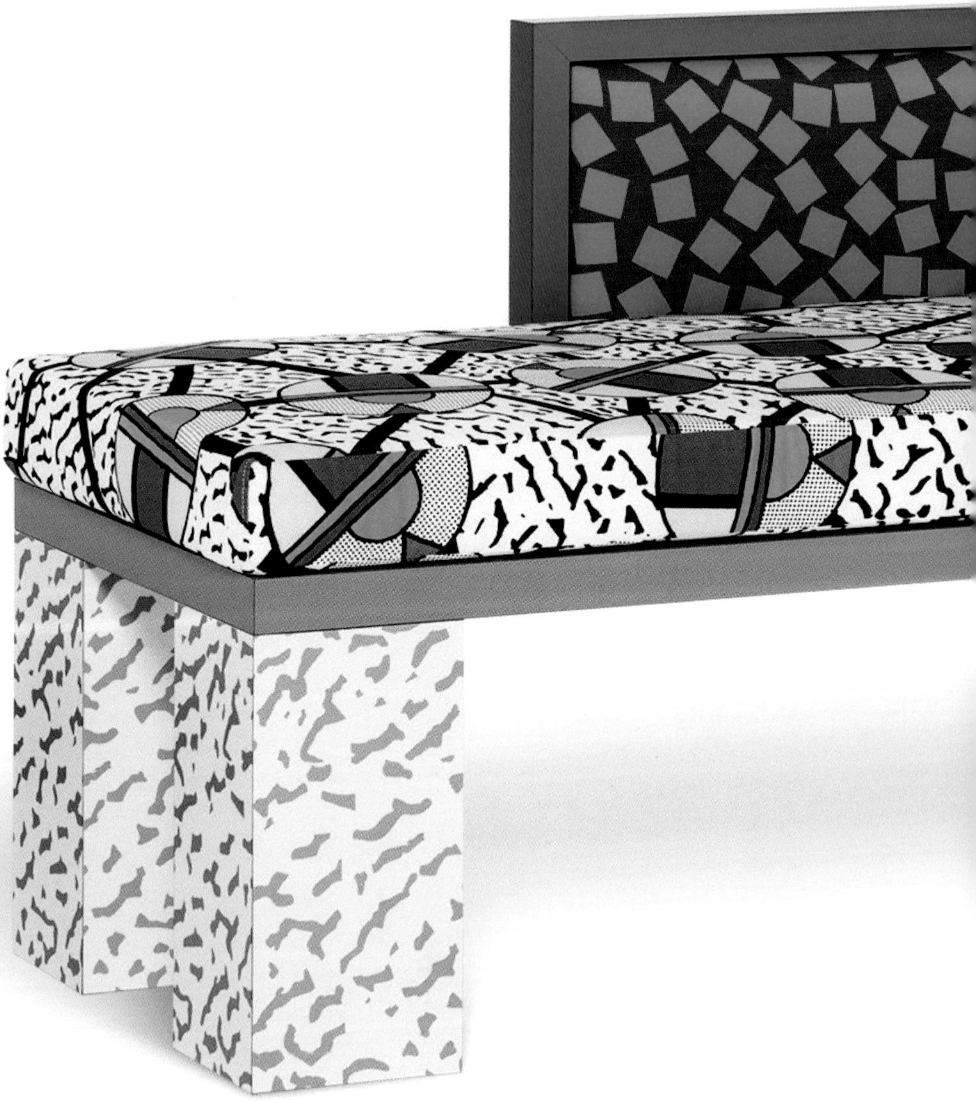

7015
나탈리아 뒤 파스퀴에, 로얄 소파 Royal, Memphis
Wooden chaise longue covered in decorative laminate, upholstered in fabric with graphic pattern designed by George

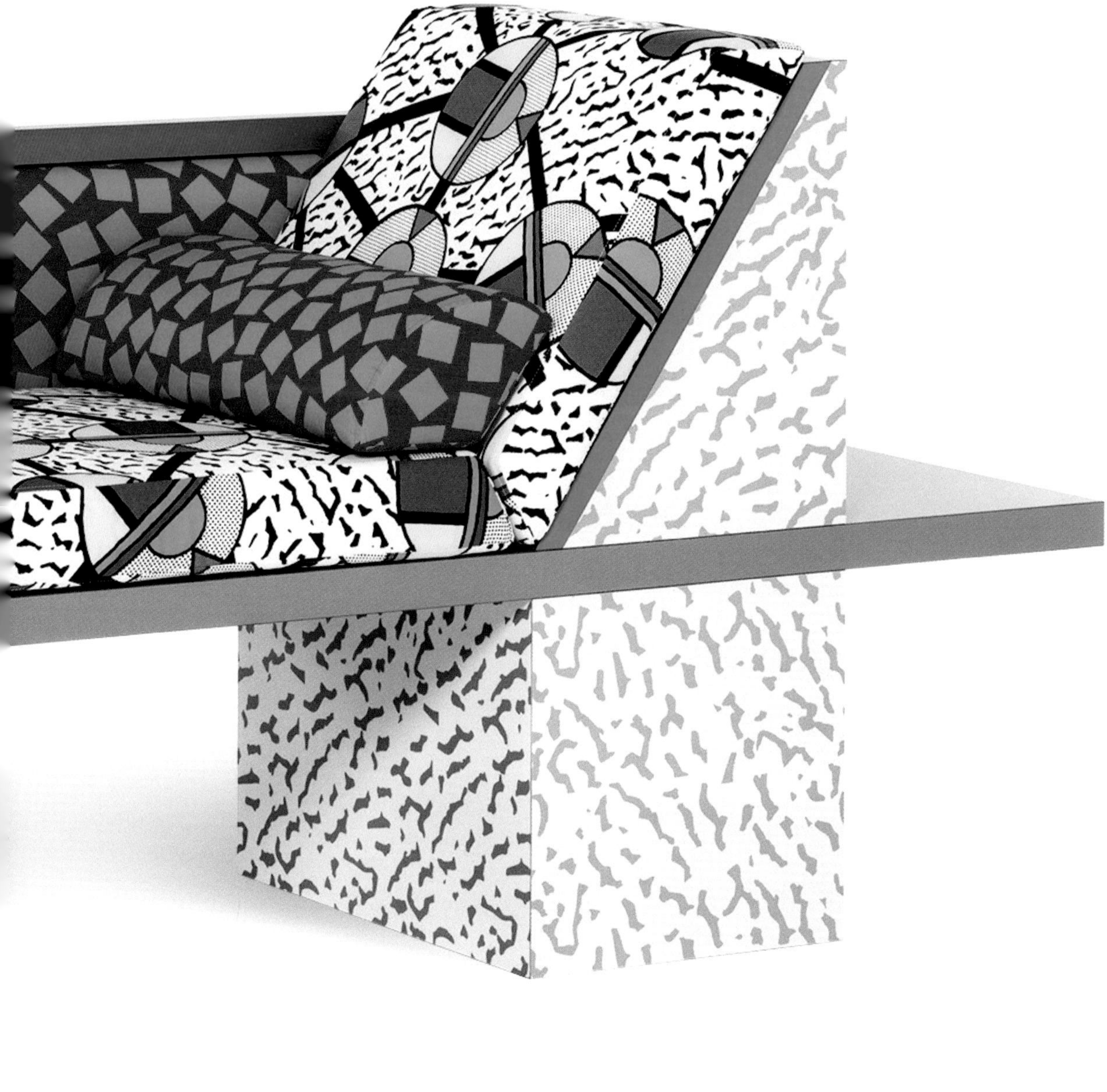

알레산드로 멘디니의 와인오프너

포스트 모던 스타일의 디자인은 대담하고 혁신적이지만 즐겁다. 이들은 재밌는 디자인부터 고급스러운 느낌까지 여러 얼굴을 지닌다. 유희적인 즐거움은 이전에 예술이나 디자인을 바라보았던 진지하고 무거운 태도에서 벗어나고자 하는 움직임이다. 작가 바바라 라디스는 "멤피스의 디자인은 마음의 상태, 특이한 인식, 의식적인 속삭임이 될 수 있다"라고 이야기했다.

디자인은 가구나 사물은 인간적이며 감정을 담는다. 에토레 소트사스는 다음과 같이 이야기했다. "내가 기계를 설계하기 시작했을 때 나는 또한 서로 옆에 그리고 사람들 주위에 앉아 있는 이 물건들이 신체적 조건분만 아니라 감정에도 영향을 미칠 수 있다고 생각하기 시작했다." 알레산드로 멘디니는 이야기했다. "문화적, 지적 디자인 활동은 철저히 개인적인 제 삶과 감성적인 본성에서 나온 것이다."

7016
알레산드로 멘디니 Alessandro Mendini
와인 오프너 알레산드로 멘디니 Alessandro M. 알레시 Alessi

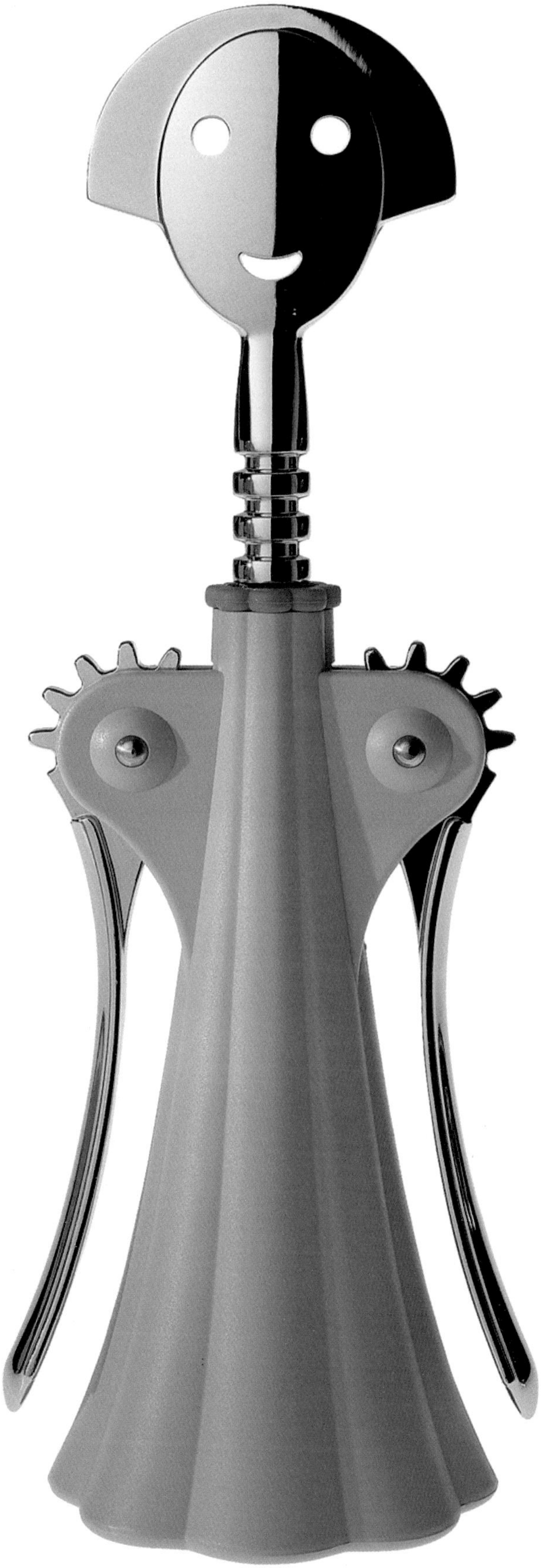

7017
알레산드로 멘디니 Alessandro Mendini
안나G Anna G.와인 오프너, 알레시 Alessi

포스트 모던 스타일과 멤피스
Post-Modern Style and Memphis

멤피스Memphis (1981~1988) 이탈리아, 디자인 그룹

멤피스라는 이름은 엘비스 프레슬리가 살았던 테네시 주의 도시이자 고대 이집트의 수도에서 가져온 이름이다. 에토레 소트사스는 "우리는 훌륭한 탐험가이자 모험가가 된 것이다. 우리는 넓고 위험한 강을 탐험하고, 그 누구도 발을 들여놓지 않은 정글로 들어갈 수 있다. 친애하는 벗들이여, 우리는 넓게 열린 바다의 아주 숙련된 탐험가이기에, 우리는 모든 것을 다 할 수 있다. 무언가 혹은 누군가를 대표하든 혹은 그렇지 않든 간에, 엘리트이건 부랑자이건, 전통적이든 세련되지 못했든 간, 중요한 건 우리가 무엇도 두려워하지 않는다는 것이다. 과거의 걱정들은 사라졌기에, 미래에 대한 더 격한 두려움 또한 사라지리라."라고 이야기했다. 멤피스 그룹은 디자인에 새로운 시각을 제시한다. 그들의 디자인은 전통적인 디자인 규칙을 깨는 독특한 스타일을 선보인다. 엉뚱한 형태, 밝은 색상과 패턴으로 캐비닛, 책장, 테이블과 램프들은 새로운 모험의 디자인이다. 이들은 1981년 9월 19일 밀라노 살로네 데 모빌레Salone del Mobile 기간 동안 아크74Arc74갤러리에서 가구, 램프, 도자기 등의 55점의 작품이 전시되었다. 3개월 후 전 세계적으로 400개가 넘는 정기 간행물이 나왔다.

멤피스 그룹의 시작

1980년 12월 11일 저녁에 밀라노의 에토레에 있는 그의 집 거실에서 소트사스는 동료 디자이너, 건축가들 마르틴 베딘Martine Bedin, 알도 시빅Aldo Cibic, 미켈레 데 루키Michele de Lucchi, 나탈리에 뒤 파스키에Nathalie du Pasqueir, 마테오 턴Matteo Thun, 조지 소던George J. Sowden에게 새로운 형태를 이야기하고, 이는 멤피스의 출발이다. 나중에는 안드레아 브란지 Andrea Branzi, 시로 쿠라마타 Shiro Kuramata, 피터 샤이어Peter Shire, 마이클 그레이브스Michael Graves 외 여러 디자이너가 합류했다. 1987년까지 지속했다.

7018
Tawaraya Ring, 멤피스 그룹 초상 사진, 1981

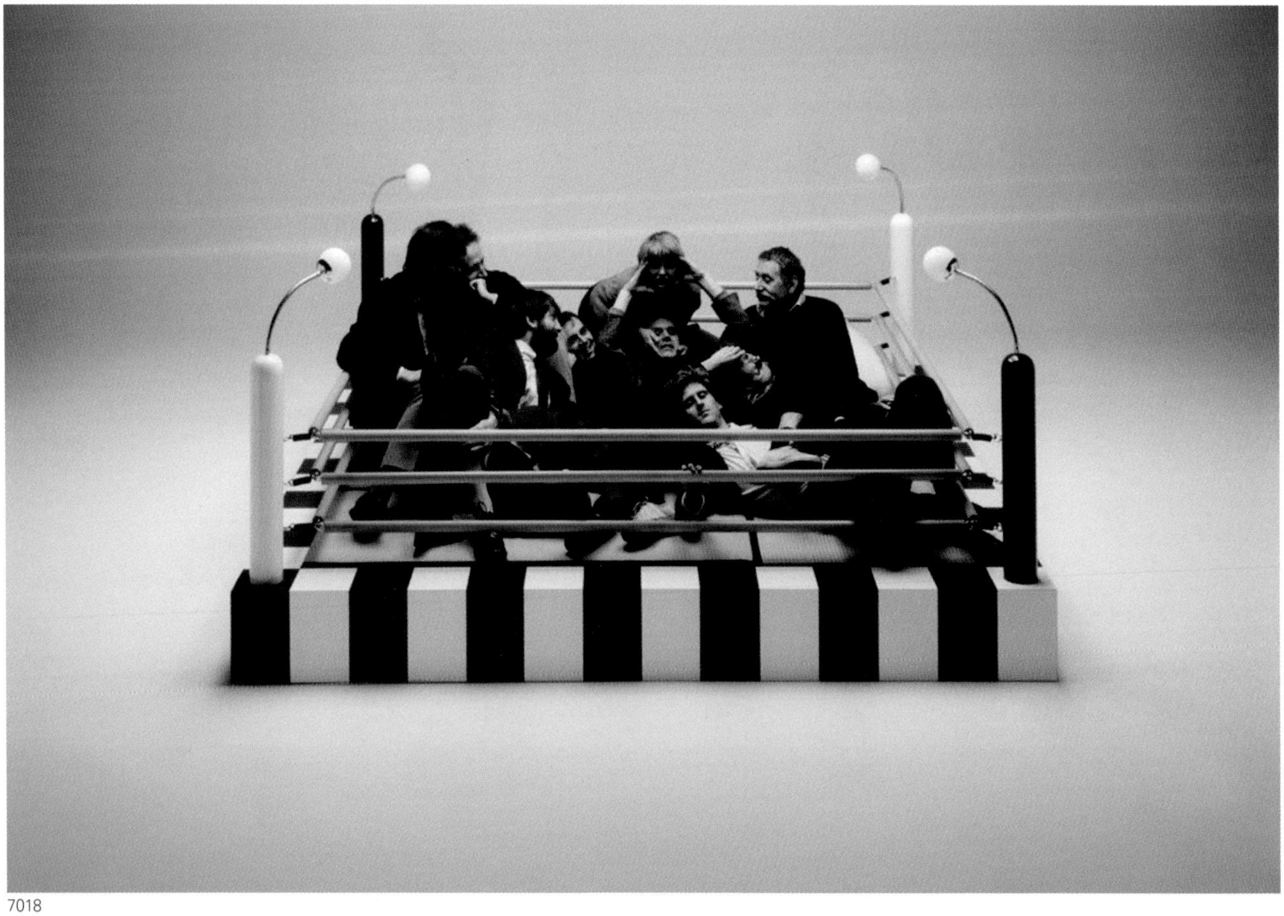

7018

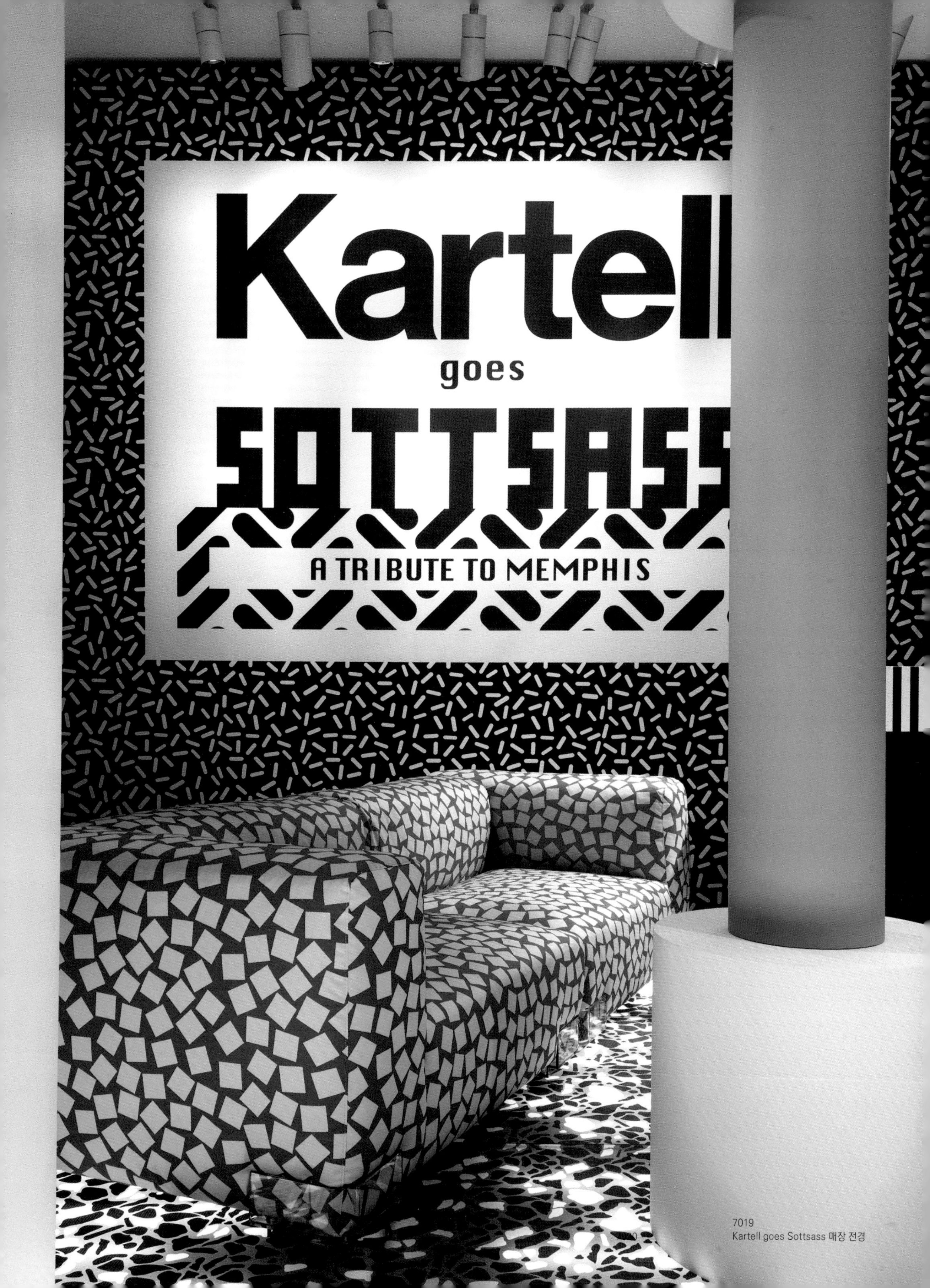

7019
Kartell goes Sottsass 매장 전경

멤피스의 디자인은 색채가 풍부한 형태, 이들은 새로운 조형 언어로, 전통적인 디자인 규칙을 뒤엎고 색상과 형태의 실험을 통해 디자인을 혁신하고자 했다. 이들은 가구와 제품 디자인 분야 및 가구, 조명, 직물, 카펫, 도자기, 유리 등의 작업까지 넘나들었다. 멤피스의 작업은 종종 플라스틱 라미네이트와 테라조 재료를 통합했으며, 이국적이며 다채롭다. 또한, 추상적인 장식과 비대칭적인 모양을 특징으로 한다.

멤피스와 감각을 자극하는 재료

에토르 소트사스는 이렇게 말한다. "디자인은 사람들의 신경, 피, 근육, 눈과 기분을 만질 수 있다." 이러한 태도와 관점에서 비롯된 화려하고 대담한 색채의 사용은 통통 튀는 색감과 어울리지 않는 모양과 색상의 충돌과 요소와 조형의 나열로 우리의 감각을 자극한다.

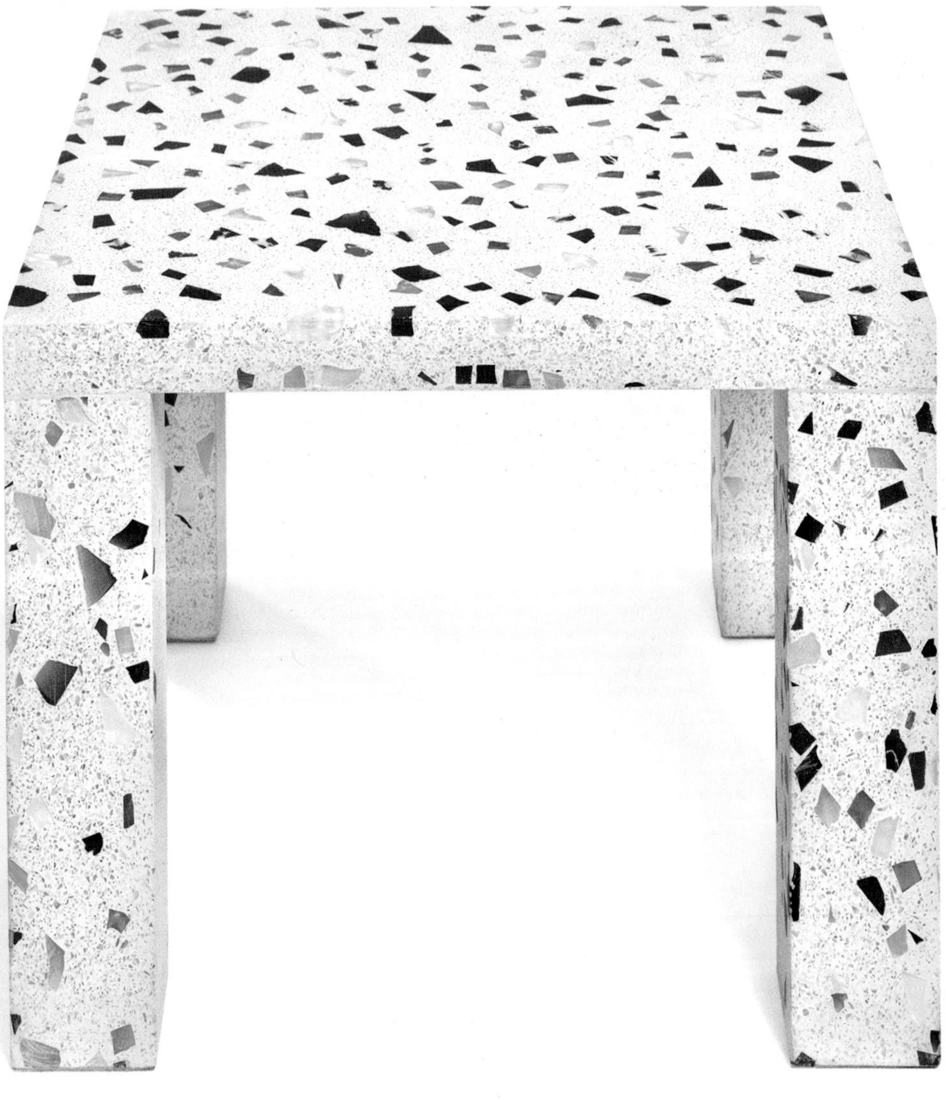

7020
시로 구라마타 Shiro Kuramata, 나라 테이블 Nara, Memphis, 1982

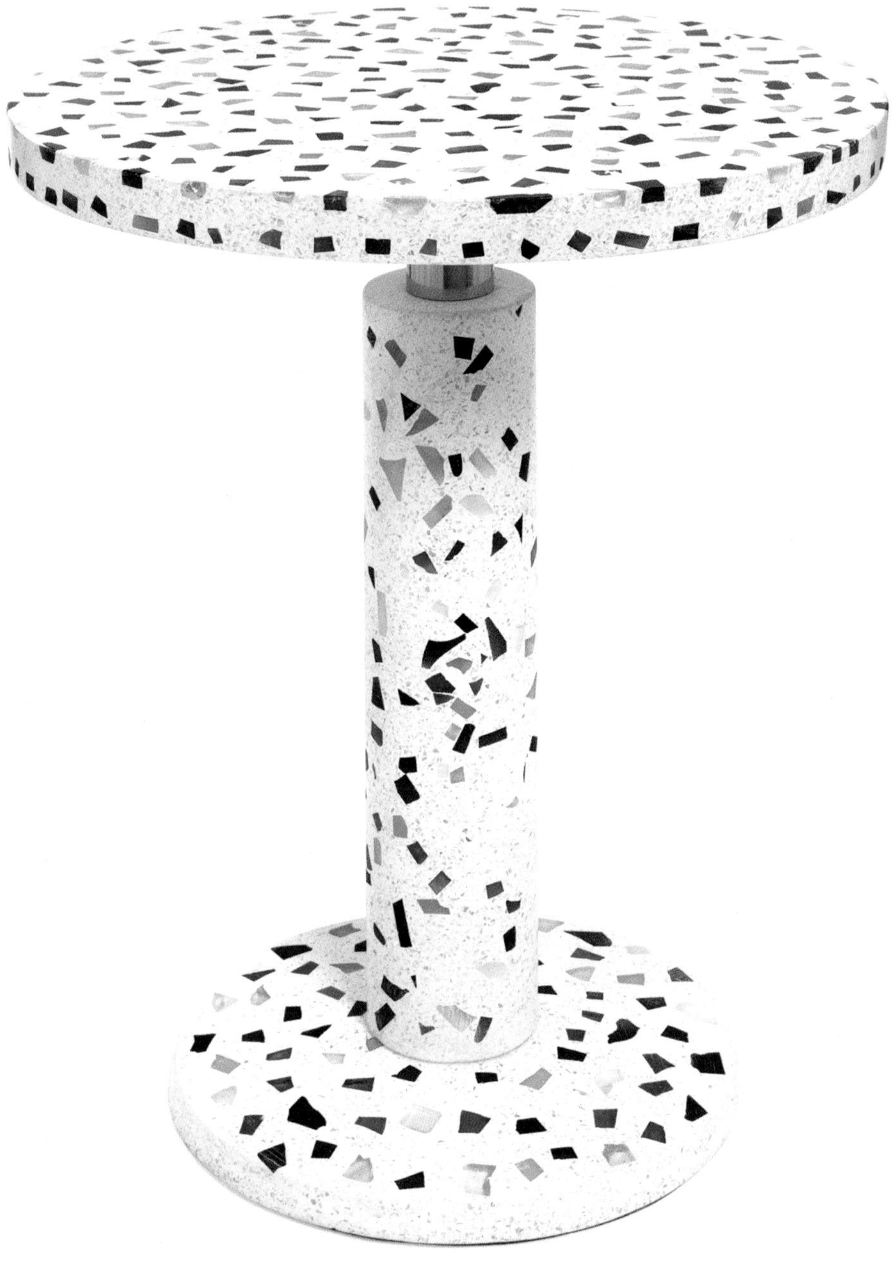

7021
시로 구라마타 Shiro Kuramata, 교토 테이블 Kyoto, Memphis, 1983

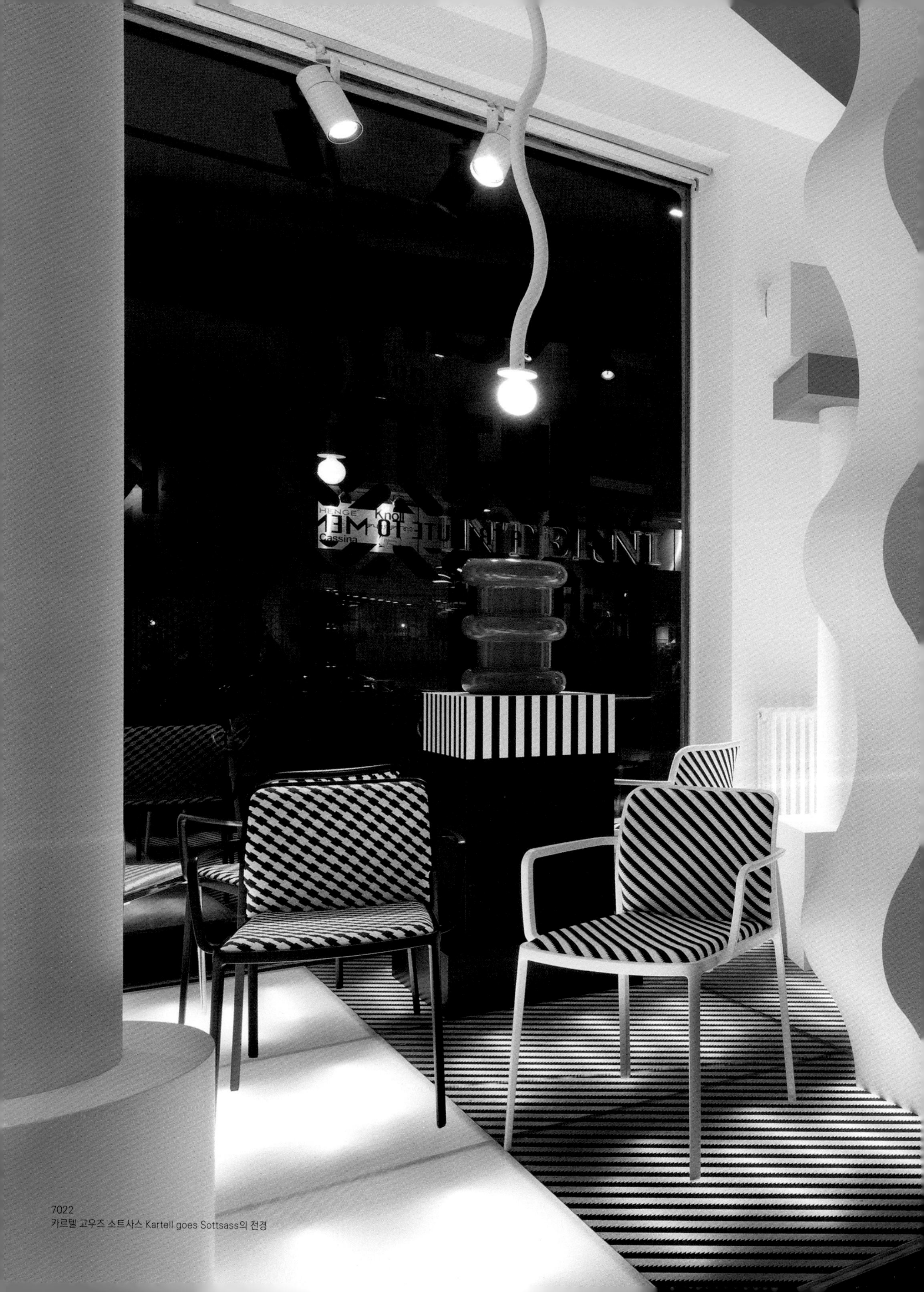

7022
카르텔 고우즈 소트사스 Kartell goes Sottsass의 전경

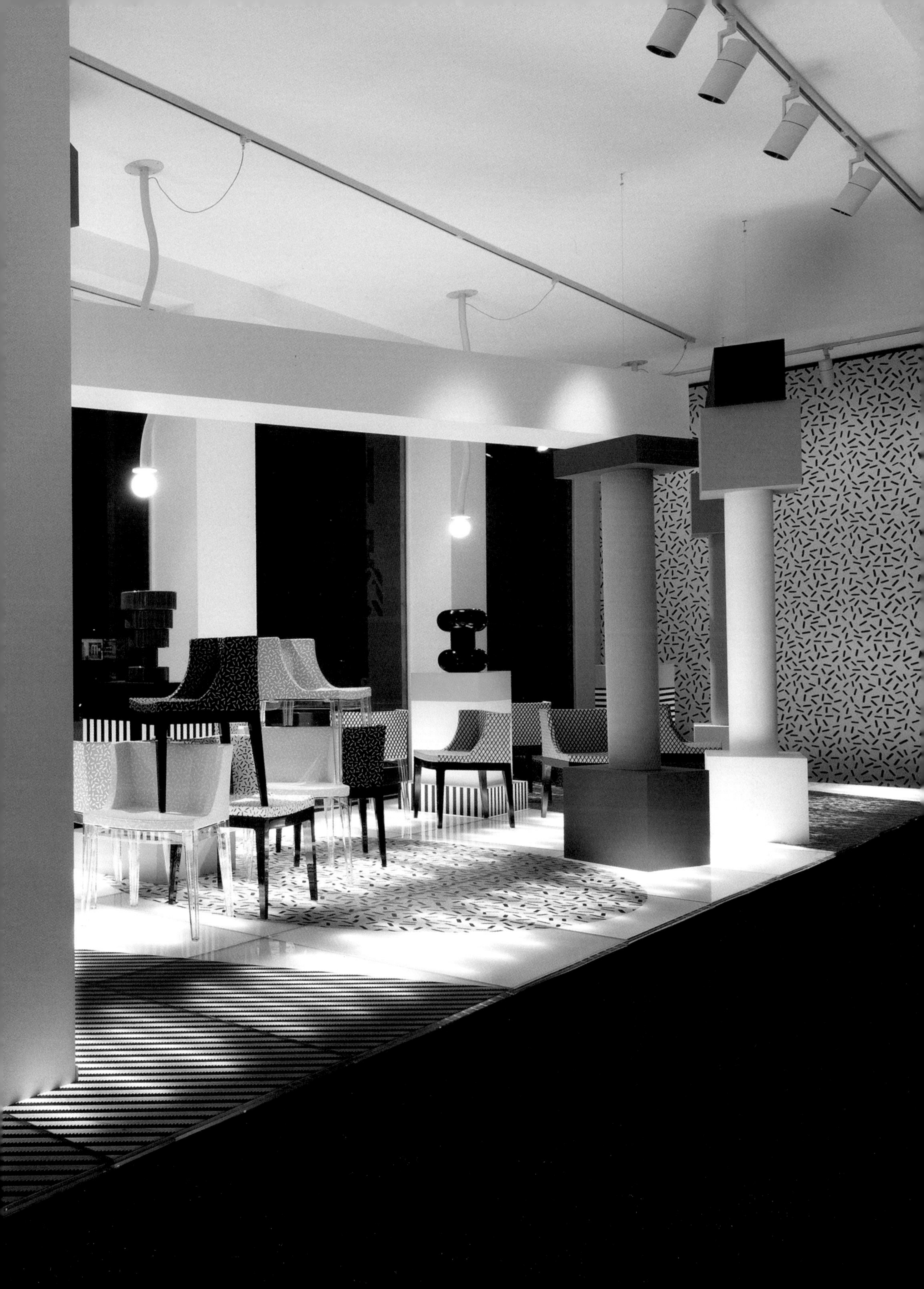

에토레 소트사스 Ettore Sottsass (1917~ 2007) 이탈리아

에토레 소트사스는 이탈리아의 건축가이자 디자이너이다. 그는 장난기 많고, 재치 있고, 기발한 디자인으로 유명하다. 그는 "내가 어렸을 때, 우리가 들은 것은 기능주의, 기능주의, 기능주의뿐이었다. 충분하지 않다. 디자인은 또한 관능적이고 흥미로워야 한다."라고 이야기했다. 에토레 소트사스는 예술가, 건축가, 산업 디자이너, 유리 제작자, 출판사, 이론가 및 도예가로서 활동했다. 1939년 폴리테크닉에서 건축을 전공하고 1947년 밀라노에서 자신의 상업 건축 및 디자인 스튜디오를 설립하고 다양한 매체와 작업했다.

1956년 소트사스는 뉴욕으로 이주하여 조지 넬슨George Nelson스튜디오에서 일하기 시작했다. 이탈리아로 돌아온 그는 올리베티Olivetti와 폴트로노바Poltronova와 협력을 시작했고, 올리베티와 30년 이상 지속한 협력을 하여 발렌타인을 포함한 많은 타자기를 만들었다. 60년대 말부터 70년대까지 그는 알키미아, 아키줌, 슈퍼스튜디오와 협력한다. 이러한 경험은 1981년 그가 멤피스를 창립하는 계기이다. 1980년대 중반에 그는 건축 회사인 소트사스 아소시아티와 함께 상점, 쇼룸, 전시회, 인테리어, 가전제품 및 모든 종류를 디자인했고 수많은 국제상을 받았다.

그의 작업은 파리 퐁피두 센터, 뉴욕주 코닝 유리 박물관, 캘리포니아주 로스앤젤레스 카운티 미술관, 뉴욕 메트로폴리탄 미술관, 텍사스주 휴스턴 미술관, 펜실베이니아주 필라델피아 미술관, 암스테르담 스테델레이크 박물관, 런던 빅토리아 앤 앨버트 박물관을 포함한 수많은 국제 박물관의 영구 소장품에 전시되어 있다.

디바 Diva 거울

Diva는 래커 칠한 나무 위에 장식용 라미네이트와 천연 나무 에센스를 얹은 거울이다. 플라스틱 라미네이트의 밝은 색상으로 강조된 "X"를 인식하게 한다. 윗부분의 두 개의 원형 요소가 상단 부분을 정의하고 하단 베이스에는 직사각형으로 밑줄이 그어져 있다.

에토레 소트사스는 "우리가 다른 운명이나 기회에 의해 세워진 한계 내에서 살아갈 날을 선택하는 것과 같이, 우리가 옷을 입거나 읽을 책이나 갈 극장을 선택하는 것처럼, 우리가 매일 집을 꾸릴 수 있도록 조만간 무언가를 할 것이라는 데는 의심의 여지가 없다." "디자인은 놀라운 표현의 수단이다"는 그의 생각은 디자인에서도 나타난다.

7023
에토레 소트사스 Ettore Sottsass
디바 Diva 거울, 1984

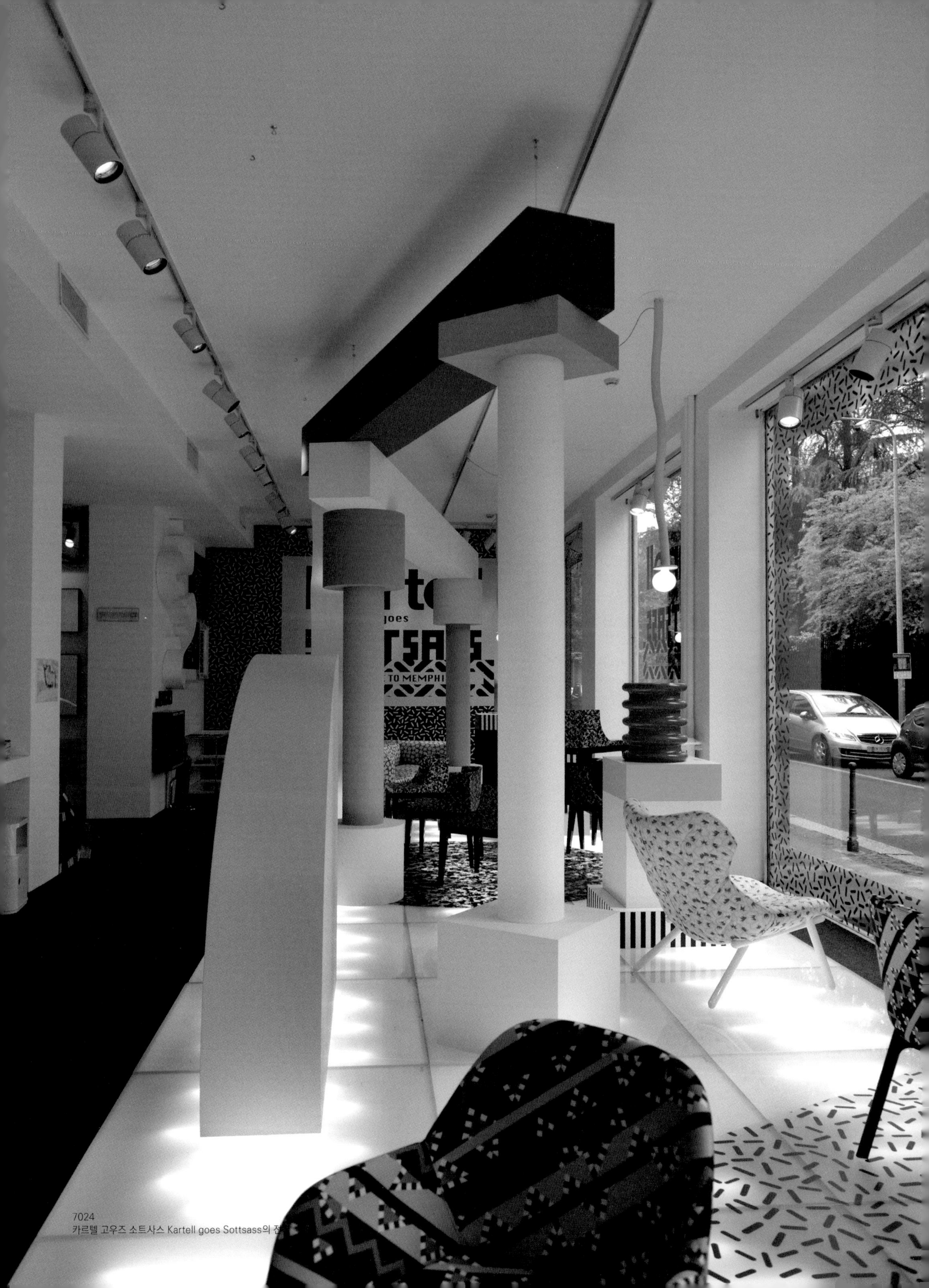

7024
카르텔 고우즈 소트사스 Kartell goes Sottsass의 전

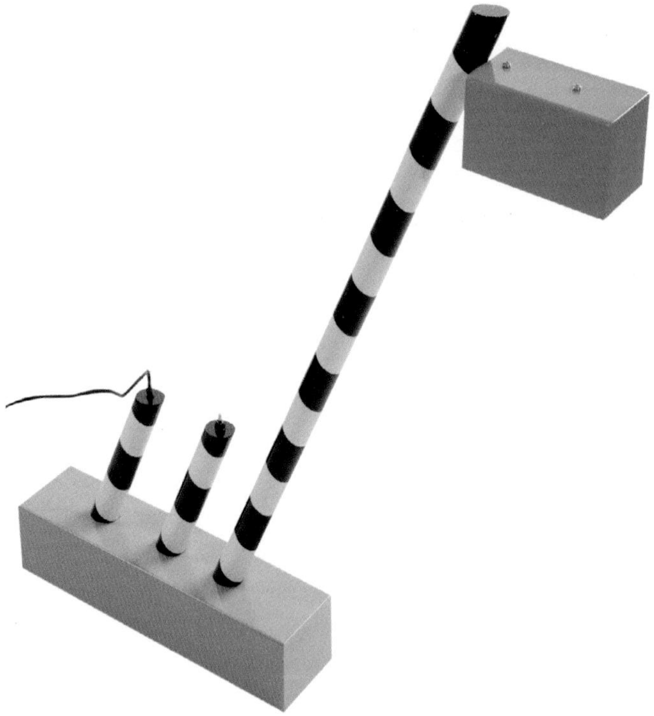

7025
미켈레 데 루키 Michele de Lucchi, 오세아닉 Oceanic, Memphis, 1981

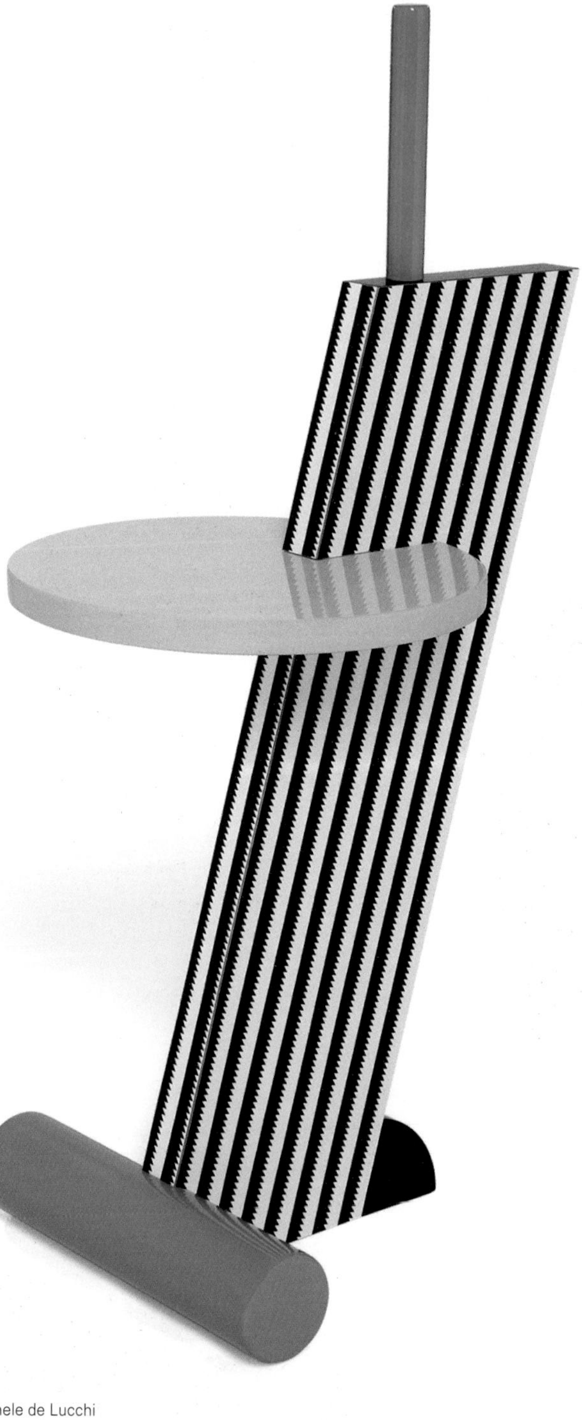

7026
미켈레 데 루키 Michele de Lucchi
플라밍고 Flamingo, 1984

미켈레 데 루키의 오세아닉 조명

미켈레 데 루키의 오세아닉의 조명은 바다 생물과, 기하학적인 형태와 색이 교차하며 일련의 낚싯대의 형태가 결합한 듯하다. 색다른 감각적인 인테리어를 구현하도록 디자인된 이 해양 램프는 디자인을 신비한 양식의 조형으로 금속 테이블 램프에 페인트칠로 제작했다.

미켈레 데 루키의 플라밍고 테이블

플라밍고 테이블은 플라밍고를 초현실적으로 해석한 이 디자인은 멤피스의 정신을 표현한다. 노랑과 하늘색의 받침, 세로줄 무늬로 만들어진 연결 부위는 아이러니하면서도 기능적인 물체를 만들어서 감성과 감각을 디자인에 담았다. 플라밍고 Flamingo는 래커 칠한 목재에 장식 라미네이트를 씌운 서비스 테이블이다. 이는 이전의 모더니즘의 논리와 기능에 덧붙여진 비합리와 감정의 디자인을 복합적으로 담는다.

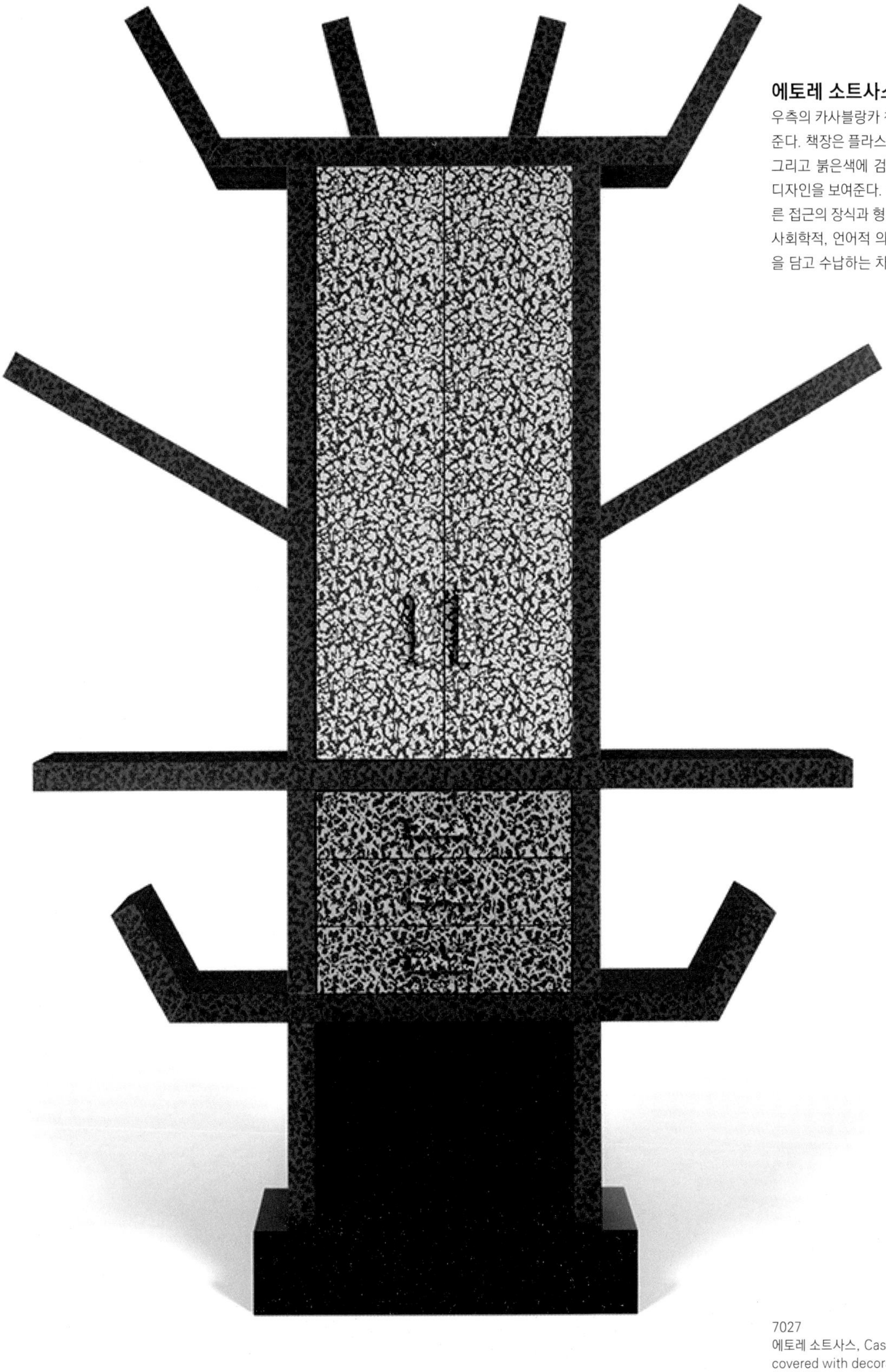

에토레 소트사스의 카사블랑카 책장

우측의 카사블랑카 책장은 소트사스의 디자인 철학을 보여준다. 책장은 플라스틱 라미네이트에 인쇄된 흰색과 노란색 그리고 붉은색에 검은 패턴에 의해 강한 인상과 표현력의 디자인을 보여준다. 수년간의 기능주의 미니멀리즘 이후 다른 접근의 장식과 형태는 단순하게 심미적인 차원을 넘어서 사회학적, 언어적 의미가 있는 심오한 의미를 지닌다. 물건을 담고 수납하는 차원을 넘어선다.

7027
에토레 소트사스, Casablanca, Wooden storage unit covered with decorative laminate, 1981

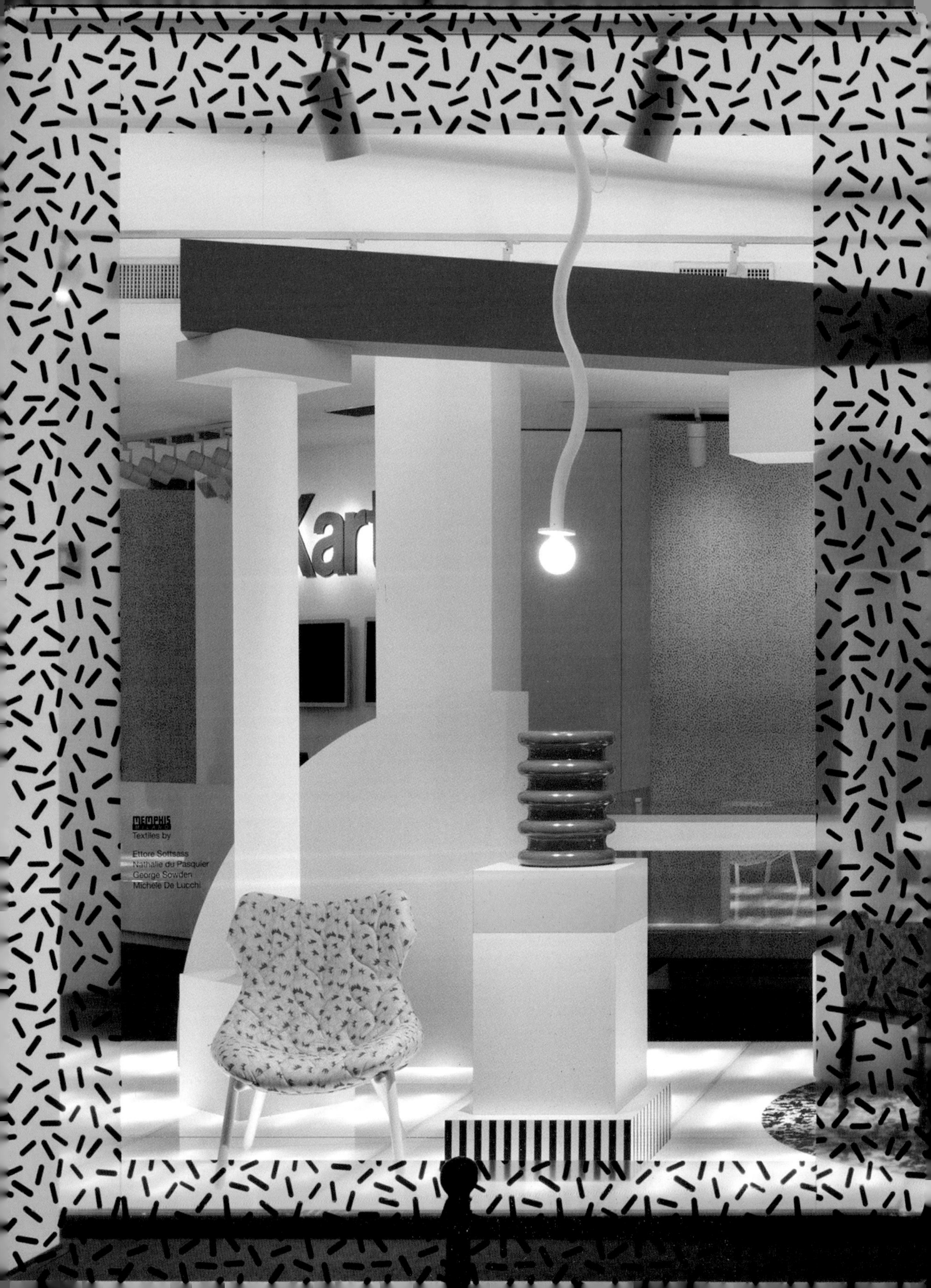
MEMPHIS
MILANO
Textiles by
Ettore Sottsass
Nathalie du Pasquier
George Sowden
Michele De Lucchi

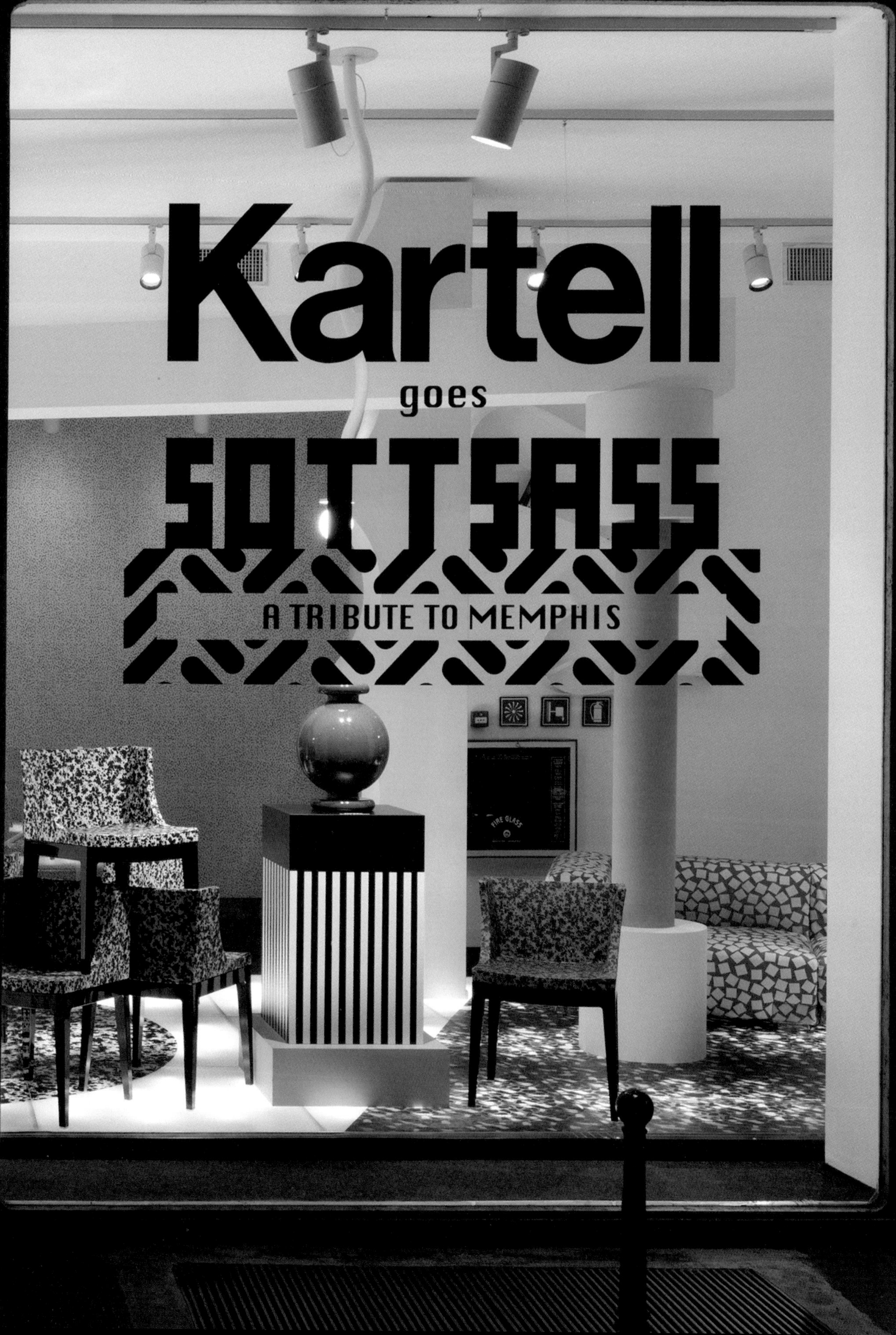
Kartell
goes
SOTTSASS
A TRIBUTE TO MEMPHIS

미켈레 데 루키 Michele de Lucchi (1951~, 건축가, 디자이너) 이탈리아

미켈레 데 루키는 저명한 이탈리아 디자이너이자 건축가이다. 그는 1951년 태어나 피렌체에서 건축학을 졸업했고 그의 다양한 요소, 재료 및 기술을 혼합한 혁신적인 접근 방식으로 알려진 그의 가구는 시대의 상징이 되었다. 시간이 지남에 따라, 미켈레 데 루키는 디자인과 건축에 대한 새로운 비전을 만들며 사람들과 감정적으로 공감하는 제품을 만들었다. 1980년대 멤피스 디자인 운동의 창립 구성원인 에토레 소트사스는 루키를 멤피스에 합류하도록 초대했다. 그는 올리베티Olivetti를 통합하는데 주요한 역할을 하고 가구를 설계했다. 그는 콤파크Compaq, 필립스Philips, 시멘스Siemens 및 비트라Vitra와의 협력을 촉진하는 중요한 연결을 형성하였다. 2000년에 그는 디자인과 건축 서비스 부문에서 카를로 참피 대통령에 따라 이탈리아 공화국의 장교로 임명되었다. 2001년에 그는 베니스 대학교 디자인 및 예술 학부 교수로 지명되었다. 2006년에 그는 "생활의 질"에 이바지한 공로로 킹스턴 대학교에서 명예박사 학위를 받았다. 2008년에 그는 밀라노 폴리테크닉 디자인 학부 교수로 지명되었다.

미켈레 데 루키의 퍼스트 의자

미켈레 데 루키의 퍼스트 의자는 형태의 가벼움과 이동성 측면에서 알렉산더 콜더 Alexander Calder에게 경의를 표하는 것 같다. 래커 칠한 목재, 페인트칠한 금속 구조의 의자로, 시트는 쉽게 조립하고 복제할 수 있도록 디자인되었다. 소규모 시리즈로 제작되었으며 산업과 장인 정신의 완벽한 조합을 멤피스 스타일로 재해석했다. 기울기 조절이 가능한 파란색 등받이와 팔걸이 역할을 하는 두 개의 검은색 구체가 특징이다.

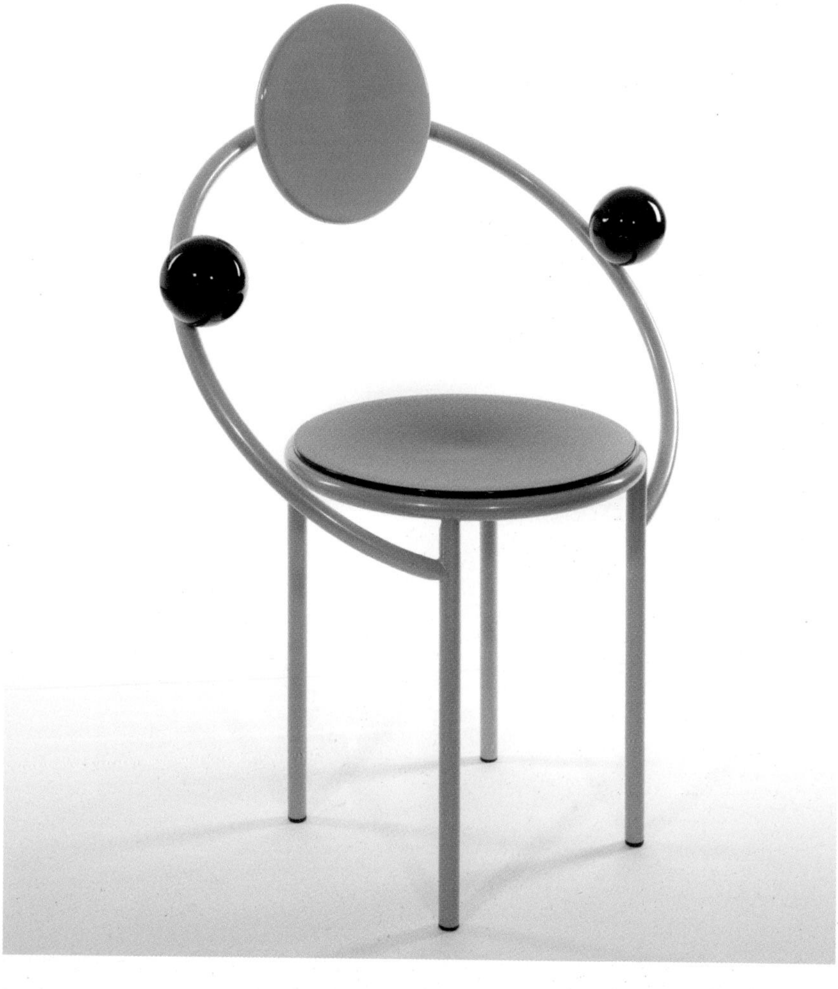

7029
미켈레 데 루키 Michele de Lucchi, Memphis
퍼스트 체어 First Chair, 1983

마르틴 베딘 Martine Bedin, (1957~, 건축가, 디자이너) 프랑스

마르틴 베딘은 1957년 보르도 항구에서 태어났다. 그녀는 파리에서 건축을 전공하고 아돌포 나탈리니와 슈퍼 스튜디오 그룹과 함께 일했다. 1979년 나탈리니는 디자이너 미켈레 데 루키와 건축가 에토레 소트사스를 만났을 때 그녀를 밀라노로 초대했다. 그녀는 밀라노에 기반을 둔 소트사스와 함께 일했다. 마르틴 베딘은 "나는 70년대 말에 제품 디자인을 위한 학교가 없었기 때문에, 나는 당시의 거의 모든 디자이너처럼 건축을 공부하고 있었다. 우리는 모두 건축가였다. 나는 약 6~7개월 동안 슈퍼 스튜디오에서 그의 팀과 함께 머물면서 배우고 일했다. 그리고 아돌포는 1979년 밀라노 트리엔날레에서 '장식된 집'을 전시하도록 나를 초대했다. 그곳에서 나는 미켈레 데 루키와 에토레 소트사스를 만났다." 라고 이야기했다. 그녀는 이야기했다. "1979년이었고, 불빛이 있는 거품으로 가득 찬 많은 가구였다. 하지만 나는 여전히 학생이었고 1983년에 졸업했기 때문에 졸업하기 전에 멤피스 일부였다. 멤피스 설립 당시 나는 막내였지만, 우리는 대부분 젊은 사람들이었다. 에토레는 진정한 에너지 주변에 있는 것을 좋아했다. 나는 20대에 멤피스에 합류했고 생산된 모든 멤피스 조명에 책임을 졌다." 조명의 디자인은 베르딘의 스케치북에서 소트사스와 그의 아내 바버라 라디체에 의해 추천되었다. 베딘은 소트사스에게 디자인을 제안했지만, 대신 밀라노에 있는 그의 스튜디오에서 작업하도록 그녀를 초대했다. 베딘의 첫 번째 프로토타입은 영국 런던의 빅토리아 앤 앨버트 박물관에 전시되어 있다.

마르틴 베딘슈퍼 램프

가죽 끈에 개처럼 끌 수 있으며 슈퍼 램프는 멤피스의 장난기 넘치는 정신을 보여준다. 이는 4개의 고무바퀴 위에 놓인 유리 섬유 반원형으로 구성된다. 본체는 램프 받침과 래커 처리된 금속 소재의 6가지 색상 원통으로 구성되어 있다. 전구 자체는 램프의 미학에 이바지한다. 1978년에 처음 설계된 바퀴에 배치된 그녀의 슈퍼 램프 디자인은 '친구 같은' 아이템을 대표한다. 그녀는 그것을 "내가 가지고 다닐 수 있는 작은 개처럼"이라고 묘사했다.

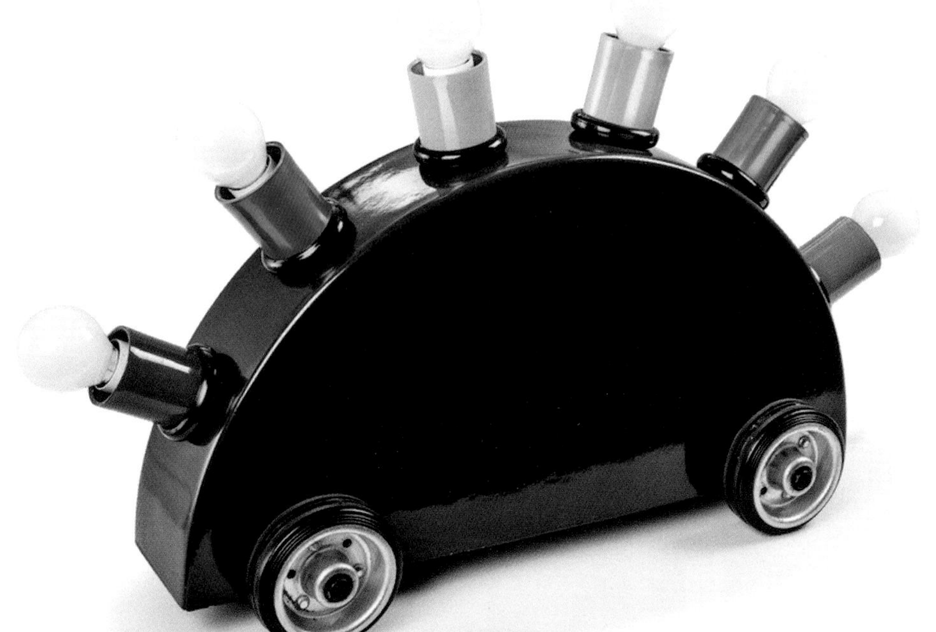

7030
마르틴 베딘 Martine Bedin
슈퍼 램프 Super Lamps, 1981

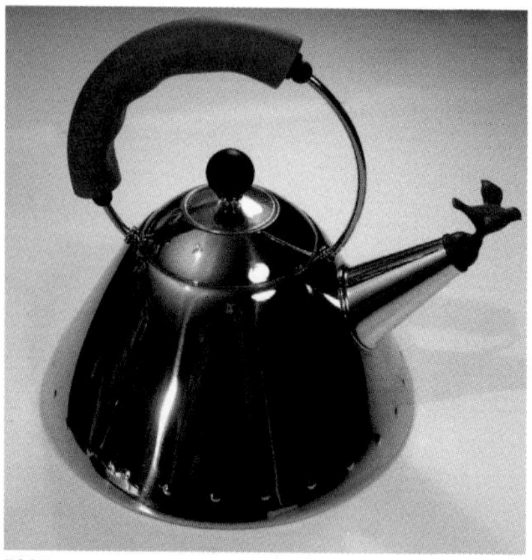

7031

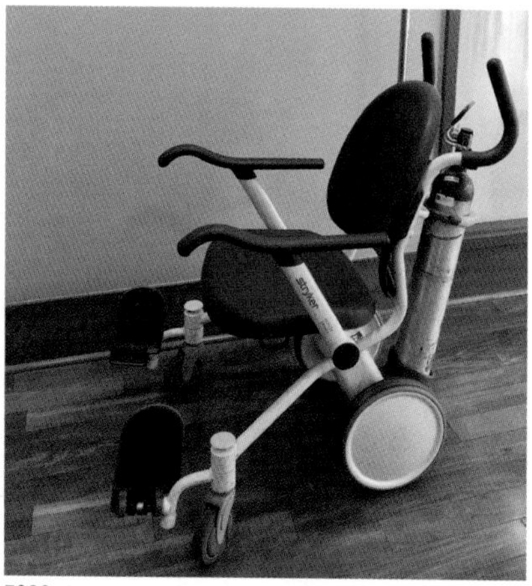

7032

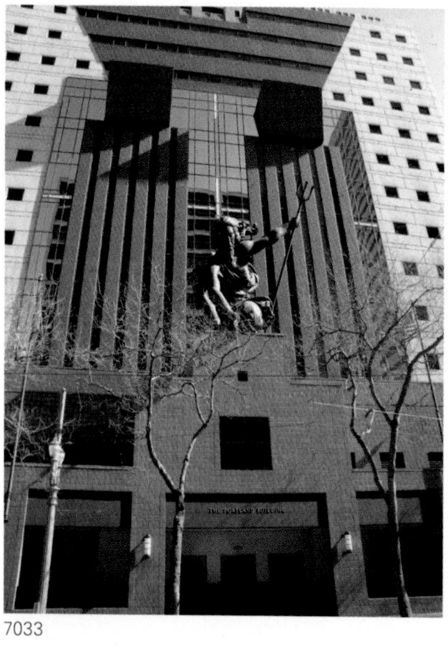

7033

마이클 그레이브스 Michael Graves (1934~2015, 건축가, 디자이너, 교육자) 미국

마이클 그레이브스는 미국의 건축가, 디자이너, 교육자였다. 그는 뉴욕 파이브New York Five의 건축 그룹의 구성원이자 포스트모더니즘의 선도적인 대표자이다. 그는 신시내티에서 건축학 학사 학위를 받은 이후, 1959년에 하버드 대학교에서 석사 학위 취득 후 조지 넬슨의 사무실에서 1년을 보냈다. 가구 디자이너이자 허먼 밀러의 예술 감독으로 활동하면서 동료 디자이너 찰스, 레이 임스의 작품을 전시하고, 1960년에 그레이브스는 로마에서 미국 아카데미를 수상하였다.

1964년 자신의 스튜디오를 설립하여 현대적인 개인 주택을 디자인했다. 40년 동안 프린스턴 대학교에서 건축학 교수로 재직했다. 그가 포스트 모던 스타일에 도달한 것은 1970년대였다. 마이클 그레이브스는 1981년 플라자Plaza화장대, 1982년 스탠호프Stanhope침대로 멤피스 전시회에 참가했다. 1980년대에는 멤피스에도 참여했다가 프랑스 전역의 기관 및 공공건물에 자신의 디자인을 통합함으로써 아르데코 스타일의 전파에 이바지했다. 이를 통해 아르데코는 단순한 미술 흐름을 넘어 프랑스 문화의 중요한 부분으로 자리매김했다. 그는 1999년 미국 국립 예술 훈장, 2001년 AIA미국 건축가 협회의 금메달을 포함하여 많은 권위 있는 상을 받았다.

그는 포틀랜드 빌딩, 루이빌의 휴마나 빌딩 및 인디애나폴리스 아트센터와 같은 건축물을 디자인했다. 마이클 그레이브스는 멤피스와의 협업뿐 아니라 그는 알레시Alessi와도 협업했다. 1985년에 그레이브스는 그의 상징적인 9093 쿡탑 주전자를 디자인했다. 주전자는 주둥이 끝에 빨간색 새 모양의 휘파람을 특징으로 했다. 주전자는 그레이브스의 첫 번째 대량생산 디자인이었다. 스테인리스 스틸은 원뿔형 몸체, 각진 주둥이 및 둥근 뚜껑을 형성하는 반면, 고무 그립은 아크 모양의 손잡이 일부를 덮는다.

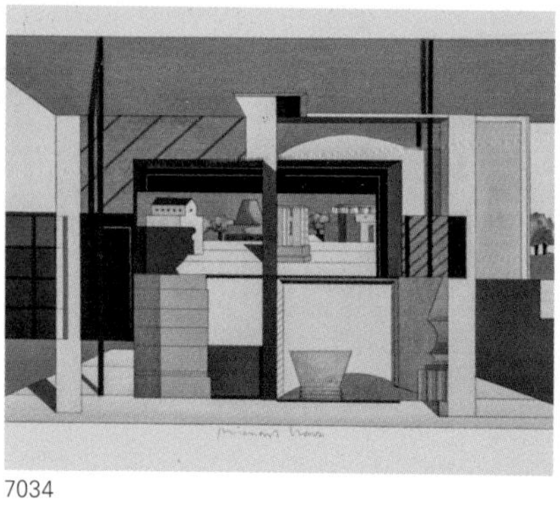

7034

7031
마이클 그레이브스 Micheal Graves, 9093주전자, 알레시

7032
마이클 그레이브스 Micheal Graves, 스트라이커 프라임 TC 환자 운송 의자

7033
마이클 그레이브스 Micheal Graves
포틀랜드 빌딩, 1979

7034
마이클 그레이브스 Micheal Graves, 드로잉

7035
마이클 그레이브스 Micheal Graves, 드로잉

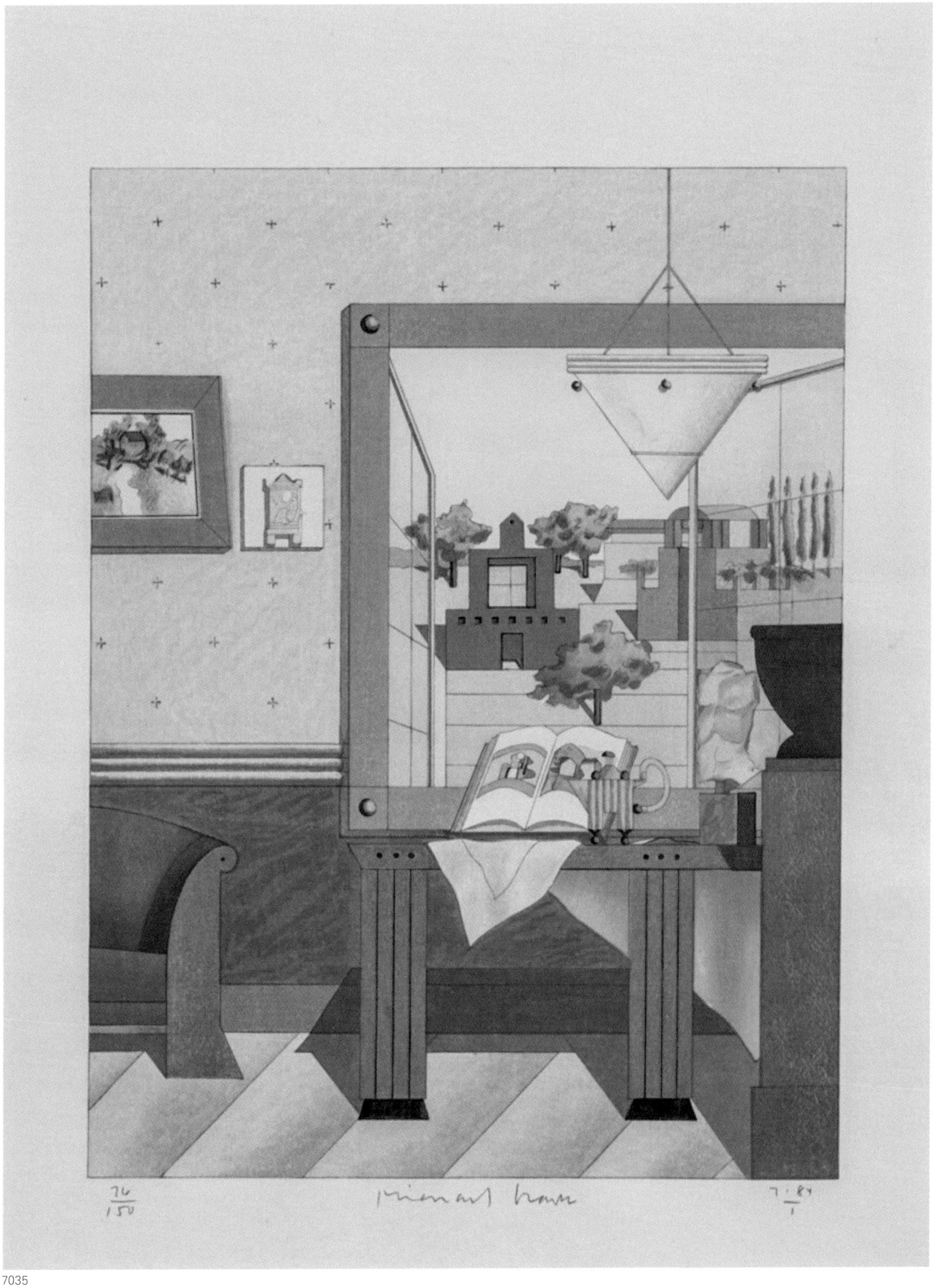

7035

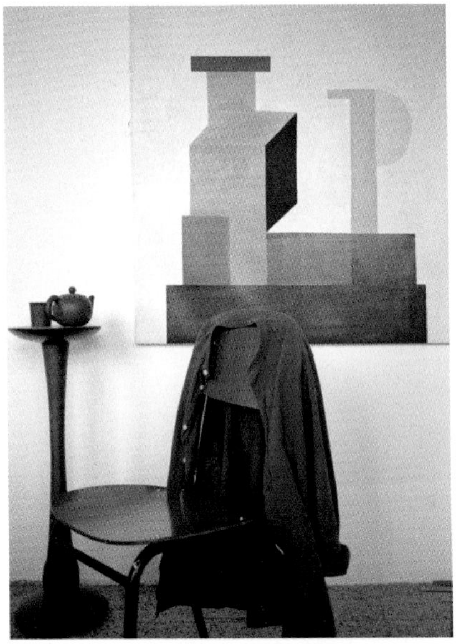
7036

나탈리 뒤 파스키에 Natalie Du Pasquier (1957~, 예술가, 디자이너) 프랑스

예술가 나탈리 뒤 파스케에는 1957년 프랑스 보르도에서 태어났다. 그녀는 1979년부터 밀라노에 거주하며 작업해 왔다. 1981년 독학으로 디자인을 배운 뒤 파스키에는 멤피스의 주요 구성원 중 한 명이다. 직물, 카펫, 가구 및 플라스틱 라미네이트와 같은 장식 표면에 대한 그의 수많은 디자인은 틀림없는 멤피스 스타일을 만드는 데 근본적인 역할을 했다. 그녀는 본인은 예술가이고, 예전에 잠시 멤피스와 디자인 작업을 했다고 생각할 정도로 평면적인 패턴과 색을 잘 표현할 줄 안다. 1987년부터 멤피스가 해체될 때까지 그녀의 일러스트나 드로잉, 평면의 상징적인 작업은 멤피스의 다양한 작업과 함께하는 디자인을 선보인다. 1987년부터 현재까지 동안 그녀는 예술가로 작품에 전념해 왔다. 그녀의 작업은 새로운 가능성과 실험에 열려 있다. 그녀의 현재의 작업의 범주는 회화, 드로잉, 조각, 디자인, 모형, 건축, 카펫, 책, 도자기 등이다. 그녀는 물체와 그들이 설치된 공간 사이의 관계에 흥미를 느끼고 입체적인 모양을 탐험한다. 그녀의 작품은 페이스Pace 갤러리, 런던 Camden Arts Center, 쿤스탈레 리사본Kunsthalle Lissabon, 쿤스탈레 위엔Kunsthalle Wien 등 전 세계 갤러리와 박물관에 전시됐다.

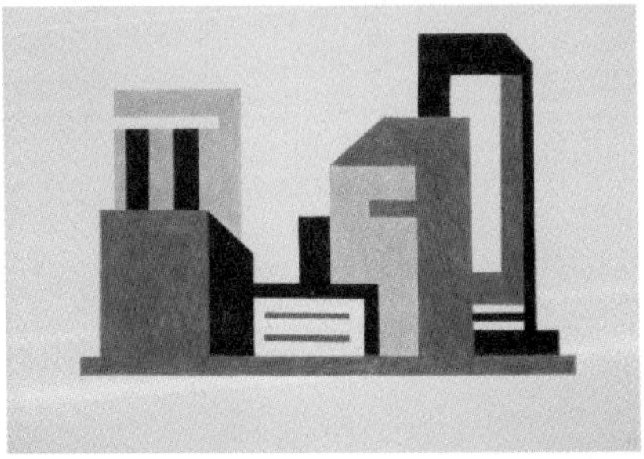
7037

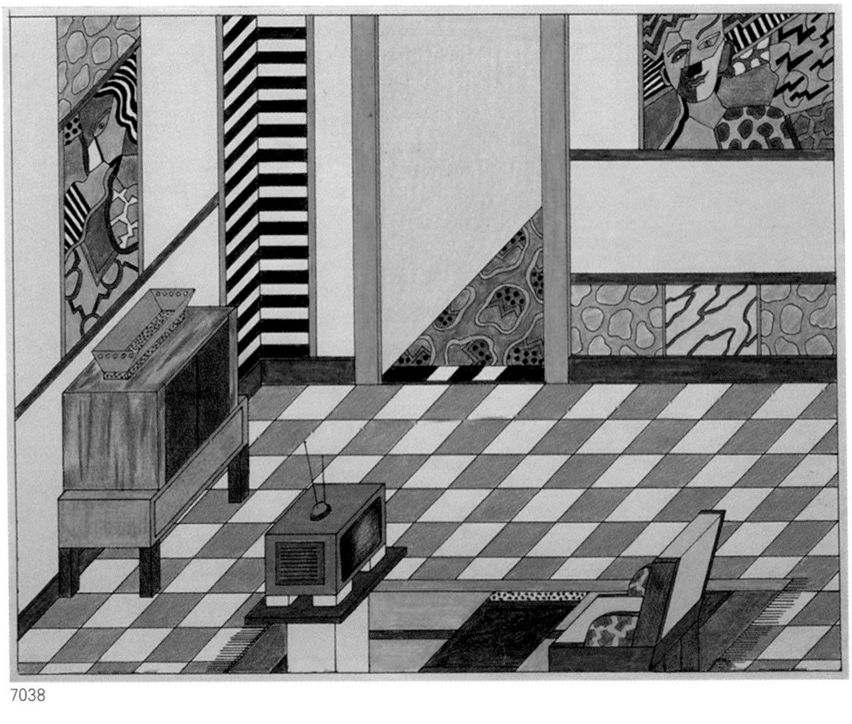
7038

7036
나탈리 뒤 파스키에 Natalie Du Pasquier
작업실 전경, 밀라노

7037
나탈리 뒤 파스키에 Natalie Du Pasquier
드로잉, 2023

7038
나탈리 뒤 파스키에 Natalie Du Pasquier
일러스트 작품, 2019

7039
나탈리 뒤 파스키에 Natalie Du Pasquier

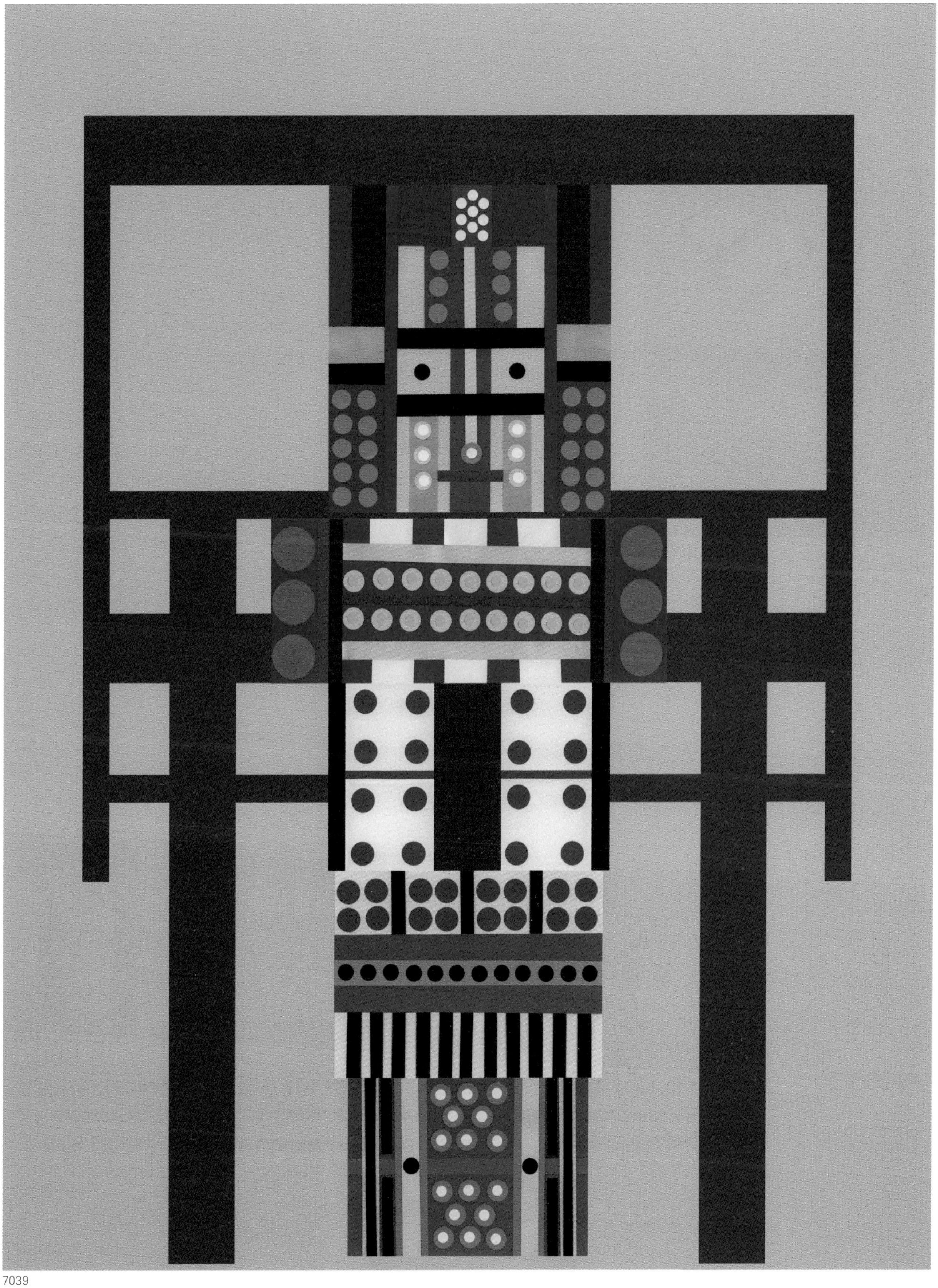

7039

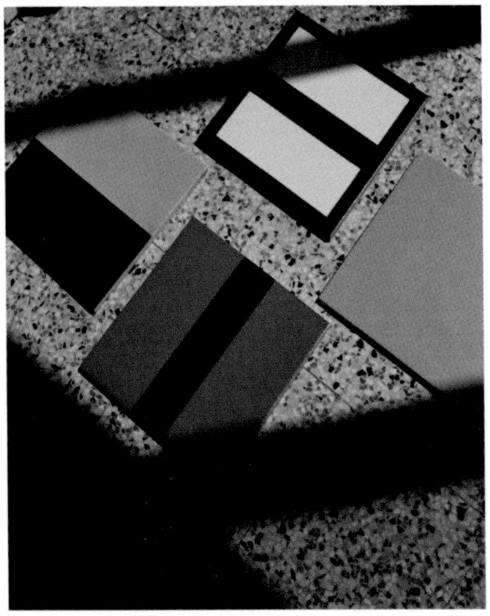

7040
나탈리 뒤 파스키에 Natalie Du Pasquier, 모델테스트

7041
나탈리 뒤 파스키에 Natalie Du Pasquier, 타일이 설치된 공공 공간

7042
나탈리 뒤 파스키에 Natalie Du Pasquier, 무티나 Mutina, 마토넬레 마르게리타 Mattonelle Margherita 타일 작품 콜렉션

나탈리 뒤 파스키에와 무티나 디자인

나탈리 뒤 파스키에는 Mut4를 계기로 2019년 이탈리아 세라믹 제조업체 무티나Mutina와 협업하며 마토넬 마르게리타Mattonelle Margherita 장식 표면 타일 컬렉션을 출시했다. 본 작업은 41개의 손으로 디자인된 패턴과 끝없는 조합과 구성으로 공간을 자신의 스타일에 맞게 조합할 수 있다. 20.5 x 20.5cm 크기의 27개의 그래픽과 6개의 일반 디자인과 10.1 x 20.5cm 크기이다. 무티나는 수년 동안 이탈리아 스튜디오는 다양한 독특한 작품으로 도자기의 한계를 초월한다. 최근의 협업은 에나멜에 색료 대한 세심한 연구와 고민의 결과이다.

하나하나의 패턴은 새틴 표면에 밝고 생기 있다. 글레이즈의 조합은 매우 흰색이고 투명하며 왁스 같은 에나멜이 적용되었다. 마토넬 마르게리타는 이중 개념이 특징이다. 하나로는 평범한 색상의 요소를 담고 간결하다. 다른 한편으로는 용감하고 대담하고 창의적이다. 다양한 수준의 정교함으로 다채롭고 대담하며 미래지향적이다. 또한 장난기 많은 시도이다. 그녀의 그림과 멤피스 시절의 극적인 색감과 모양을 반영한다. 나탈리 뒤 파스키에는 다음과 같이 이야기했다. “마토넬 마르게리타는 우리 모두를 위한 것이다. 마토넬 마르게리타는 창의성이 필요하다.”

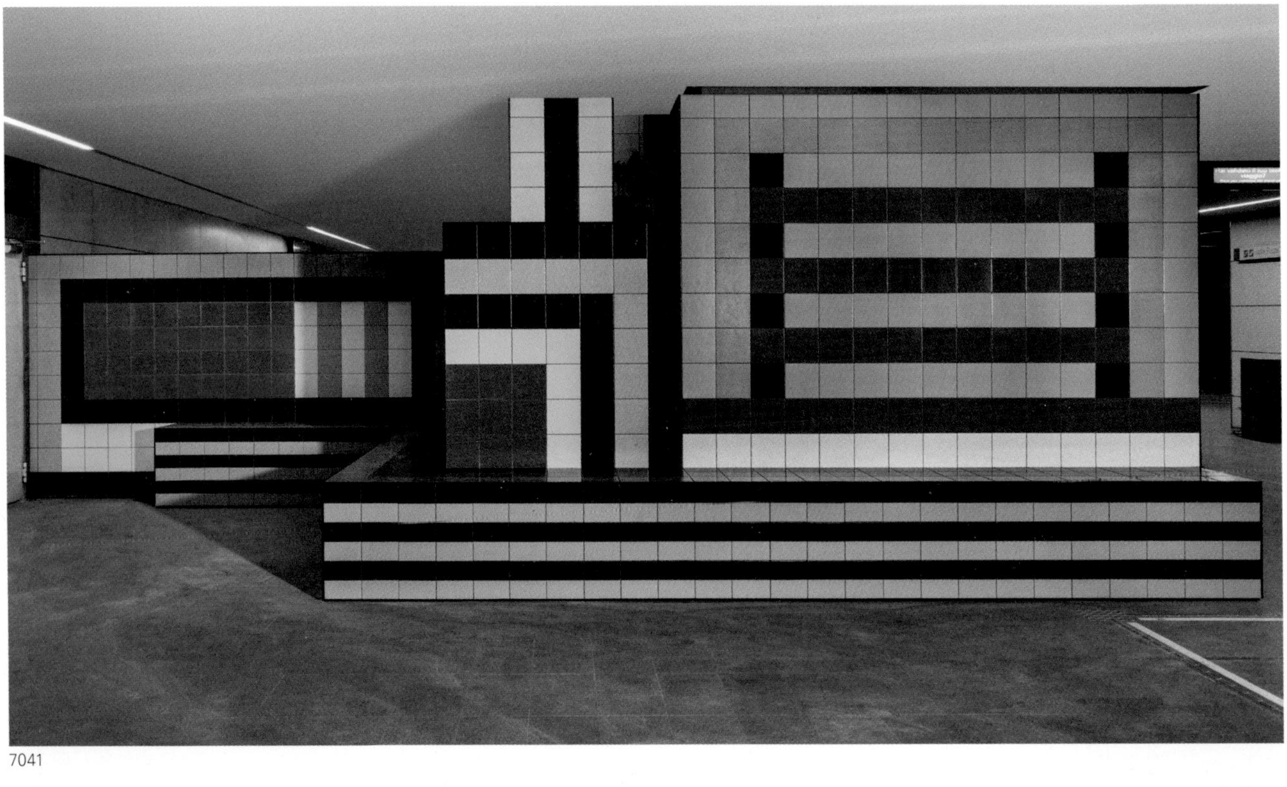

7041

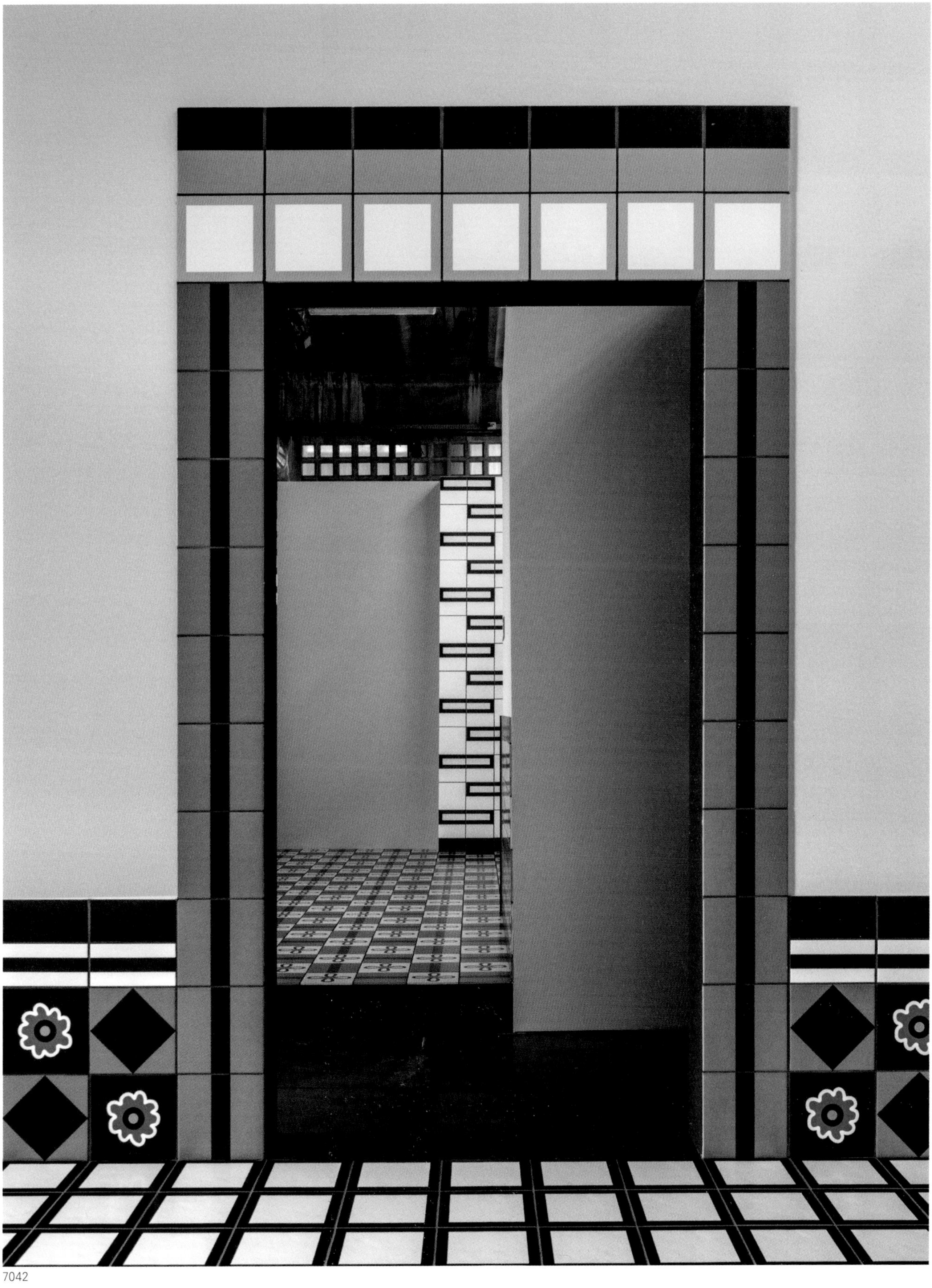

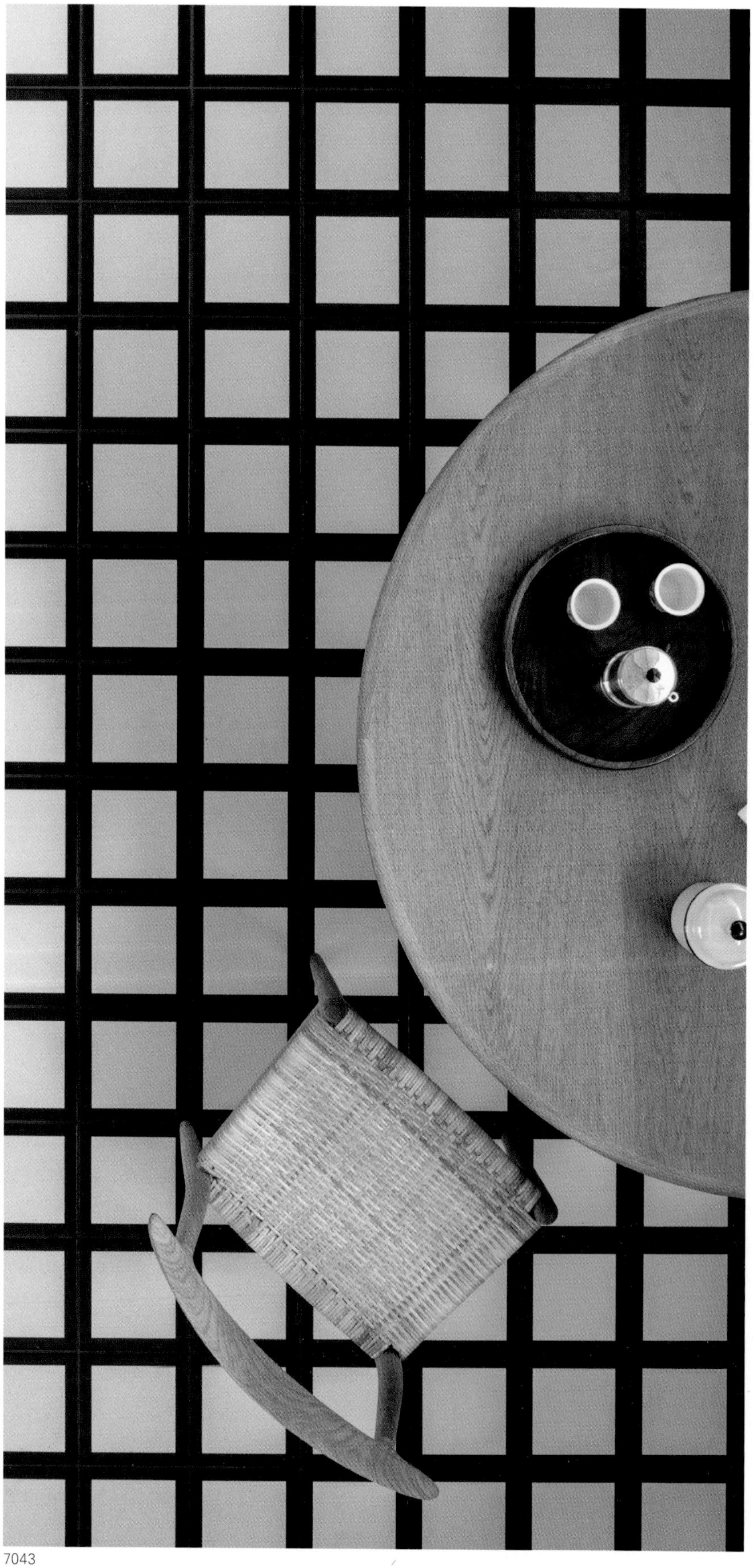

7043

나탈리 뒤 파스키에의 마토넬 마르게리타

무티나와의 협업 작업의 브로슈어에서 파스키에가 이야기하길 "나는 본 프로젝트 이름을 마토넬 마르게리타Mattonelle Margherita 라고 골랐다. 왜냐하면, 사람들이 꽃을 생각하게 하기 때문이다고 이야기했다.

그녀는 친근하면서 2차원에서 3차원으로 공간의 기능을 넘나드는 세라믹 모듈로 물체 위에 공간 위에서 힘을 발휘한다. 이 작업은 포스트 모던의 스타일이 어떻게 현대의 디자인에 재해석되어 적용될 수 있는지 보여준다. 본 시리즈는 기하학적 색상으로 차단된 모양을 손으로 그린 이미지와 결합하여 파스키에의 대담한 미학을 반영한다.

41개의 다른 손으로 디자인한 패턴으로 구성된 타일은 가능한 모든 배치와 표면을 만들 수 있으며, "놀라운 결과를 얻기 위해 커버링 재료를 실험하고 노는 것을 좋아하는 사람들에게 이상적"이라고 디자이너는 말한다. 이 컬렉션은 타일이 일반적으로 사용되는 작은 공간과 환경(욕실, 주방의 일부)에 특히 적합하며, 바닥, 몰딩 및 벽은 다양한 그래픽으로 장식할 수 있으며, 조각은 끝없이 다양한 방식으로 결합한다.

그녀는 "네 가지 다른 패턴과 강한 색상을 특징으로 한다. 건축가가 약간의 상상력을 사용하여서 노는 것은 매우 재미있을 수 있다"고 이야기한다.

7043
나탈리 뒤 파스키에 Natalie Du Pasquier, 무티나 Mutina, 마토넬레 마르게리타 Mattonelle Margherita 타일 작품 콜렉션

7044
나탈리 뒤 파스키에 Natalie Du Pasquier, 무티나 Mutina, 마토넬레 마르게리타 Mattonelle Margherita 타일 작품 콜렉션

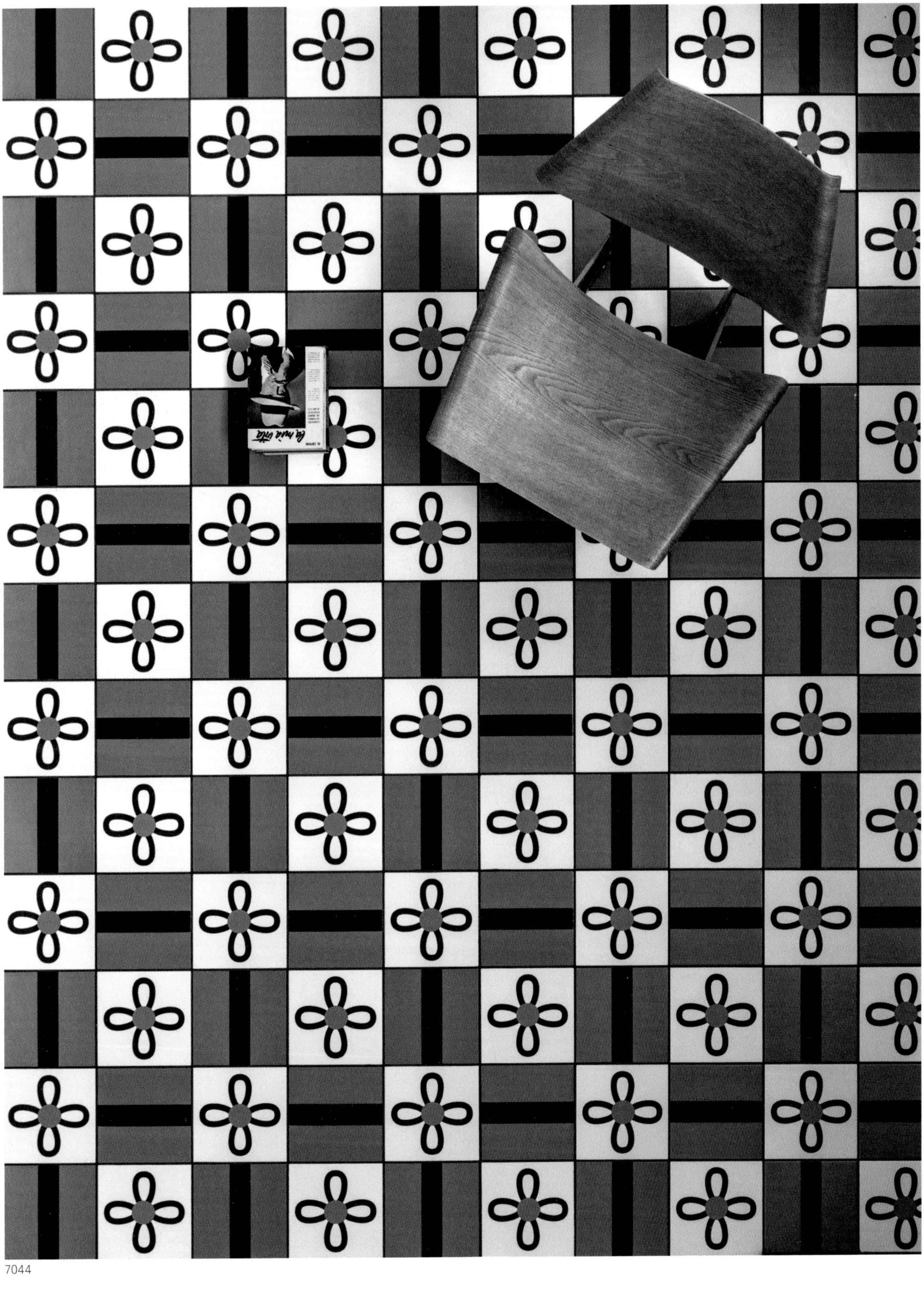

7044

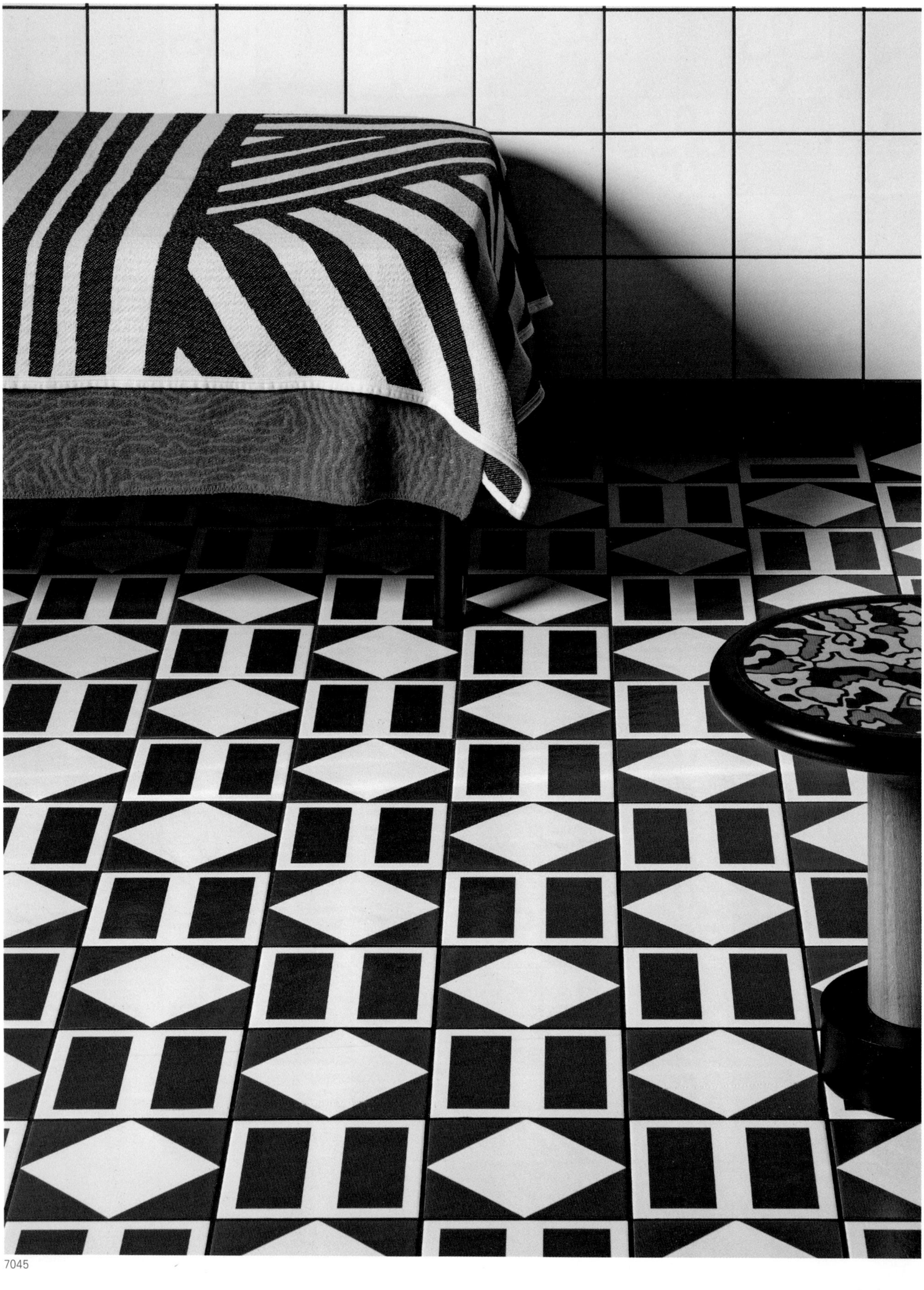

7045

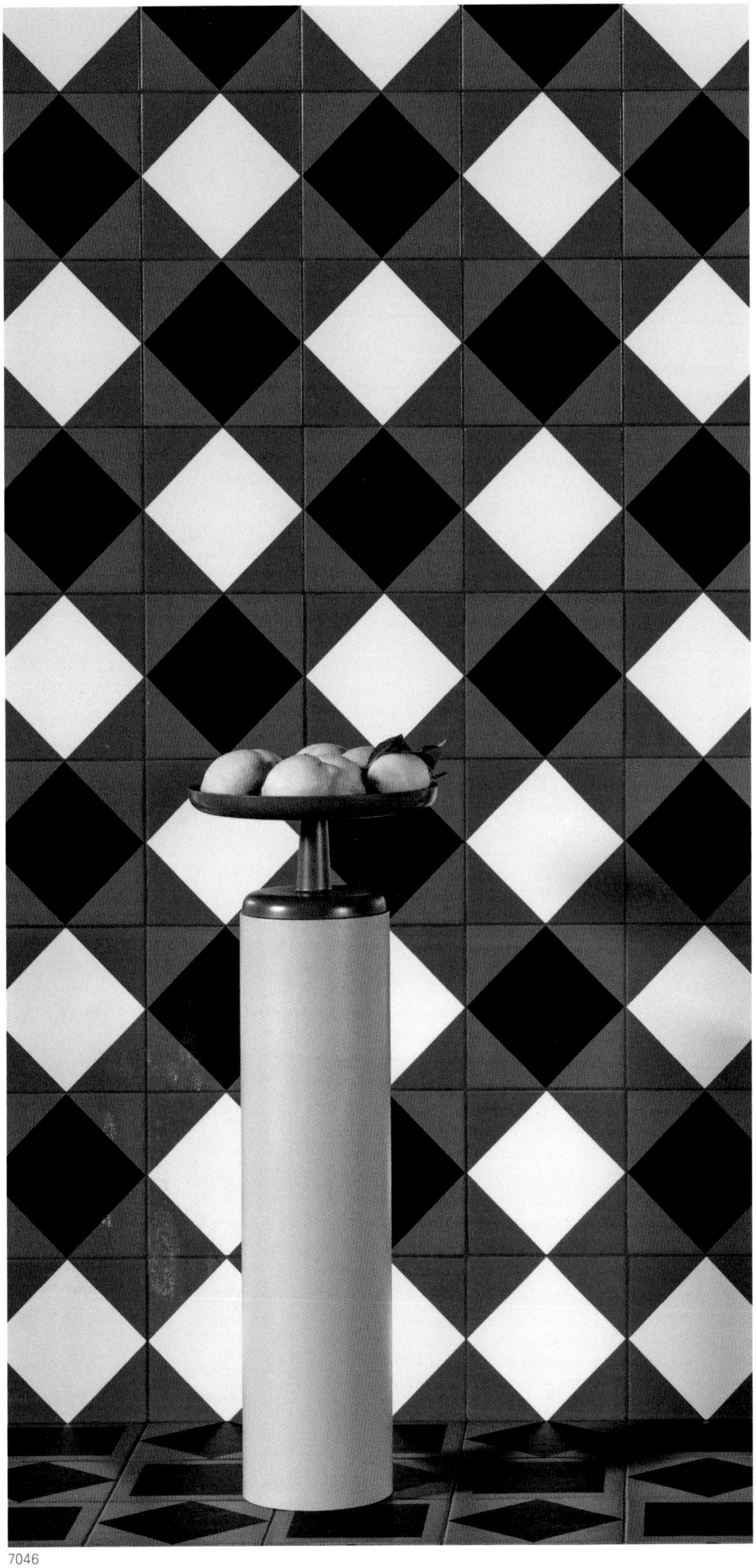

7046

마톤넬 마르게리타로 개별적인 모티브와 이야기로 재정의하는 공간

파스키에는 단순히 새로운 타일을 디자인한 것이 아니라, 세라믹 요소와 페인트를 결합하여 인테리어 설정을 위한 전체 개념을 개발했다.

"팔레트는 이미 범위에 있는 악센트 프로젝트(클레이, 산화물, 진주, 소나무, 모래, 테라)의 페인트를 사용하여 선택되었으며, 새로운 마르게리타 페인트, 다양한 색칠(로사, 아주로, 아라시오네, 지알로, 베르데)을 추가하여 예술가가 컬렉션을 위해 특별히 개발한 매트와 새틴 버전으로 제공된다."라고 스튜디오는 설명했다.

유약을 바른 도자기 석기로 만들어진 타일은 생생하고 세련되게 보이는 마감 표면을 가진다. "마감과 색상 측면에서 가능한 최상의 결과를 얻기 위해, 새틴 효과 표면에 밝고 생동감 넘치는 마무리를 제공하기 위해 가장 반응적인 것을 식별하기 위해 유약에 관한 신중한 연구가 진행되었다"고 이야기했다

7045, 7046
나탈리 뒤 파스키에 Natalie Du Pasquier, 무티나 Mutina, 마토넬레 마르게리타 Mattonelle Margherita 타일 작품 콜렉션

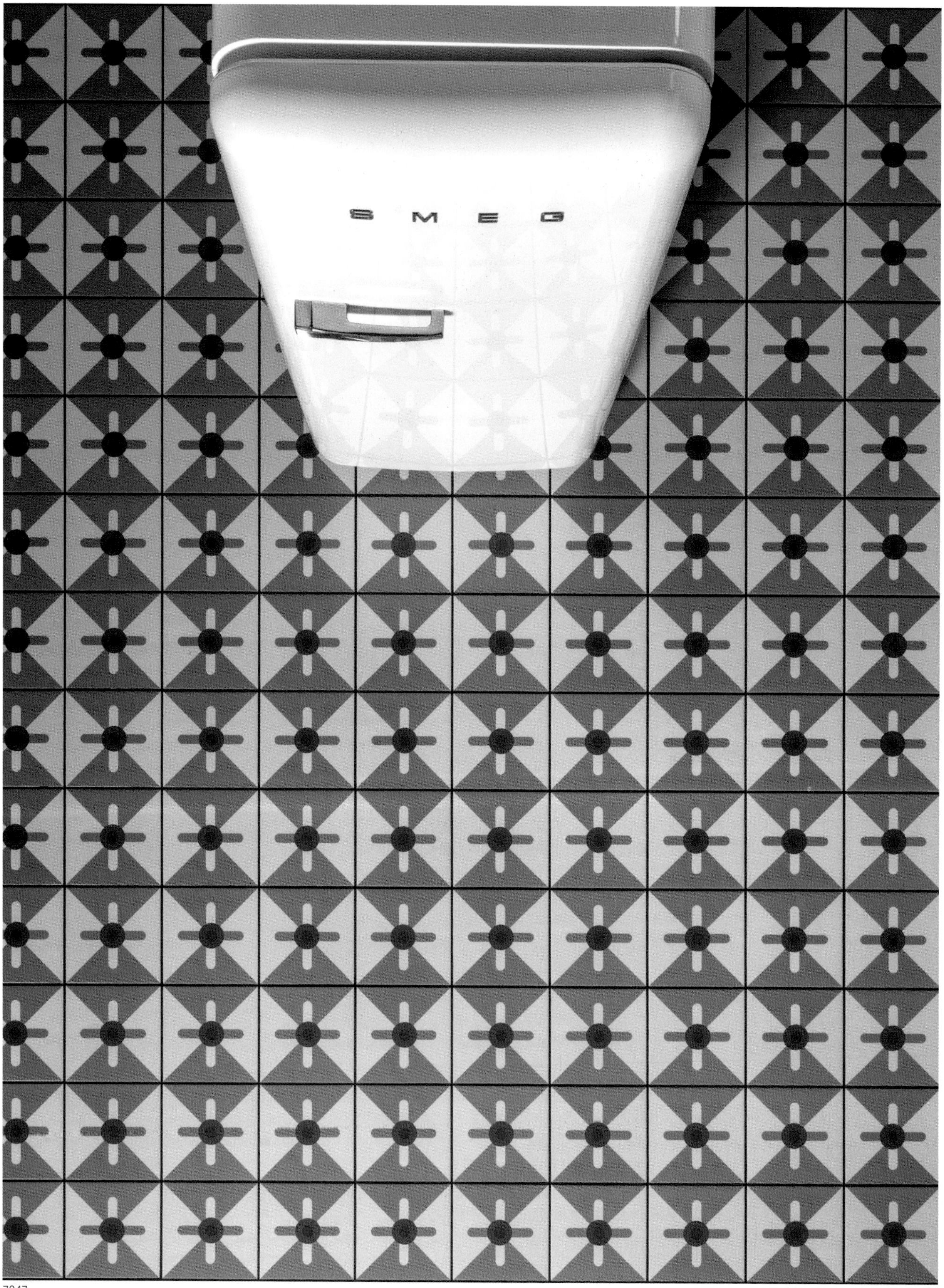

7047

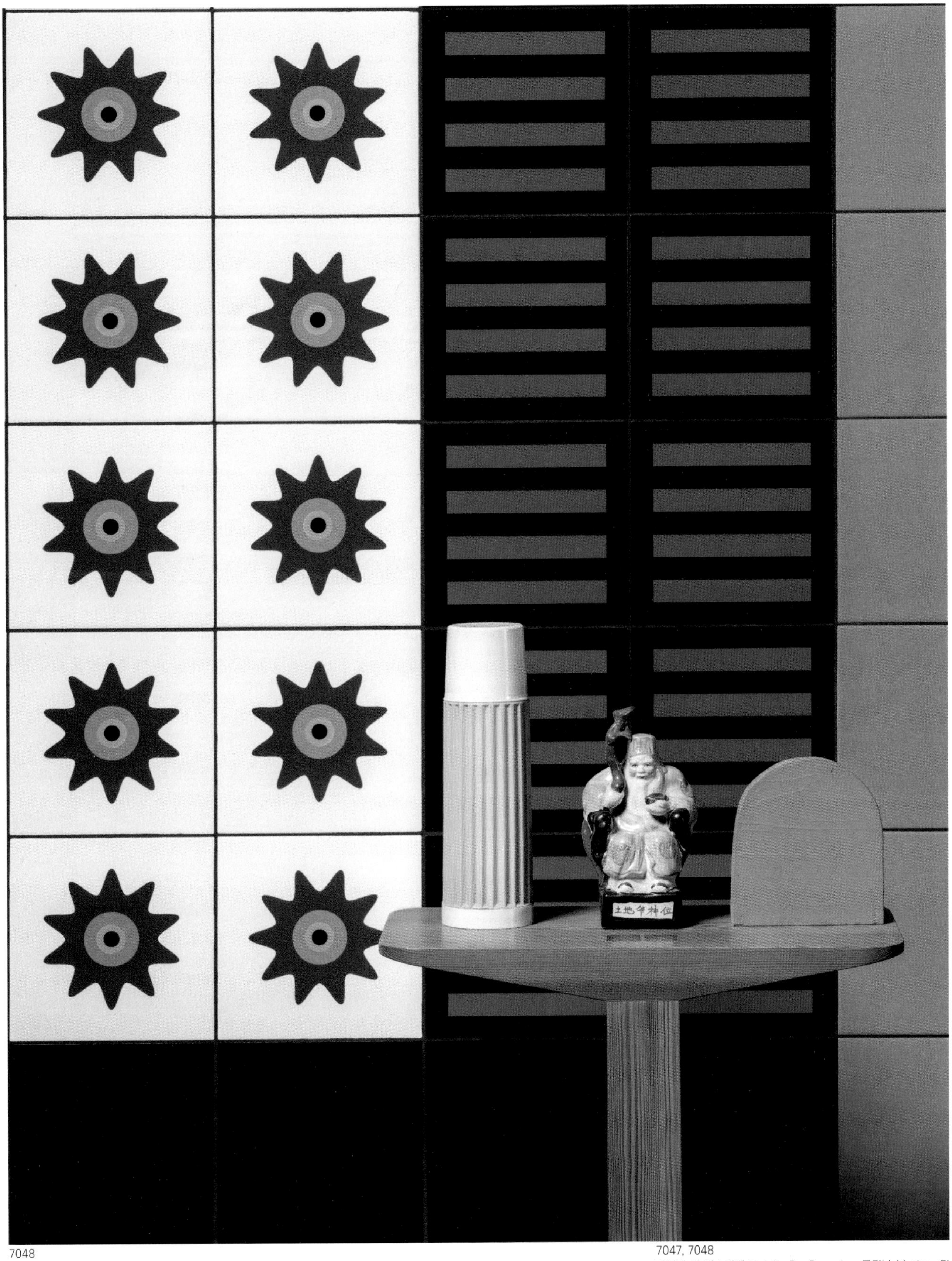

7048

7047, 7048
나탈리 뒤 파스키에 Natalie Du Pasquier, 무티나 Mutina, 마토넬레 마르게리타 Mattonelle Margherita 타일 작품 콜렉션

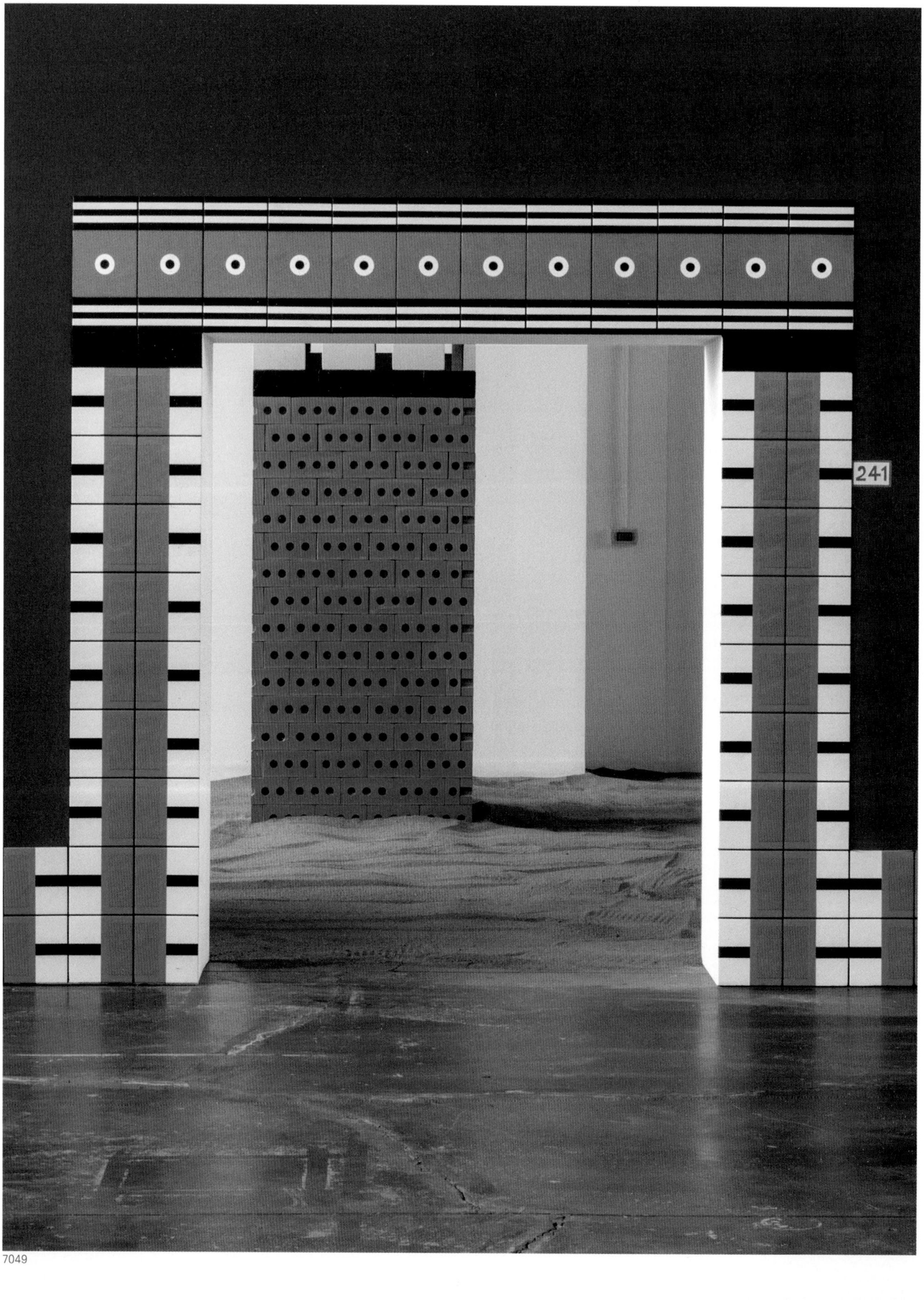

7049

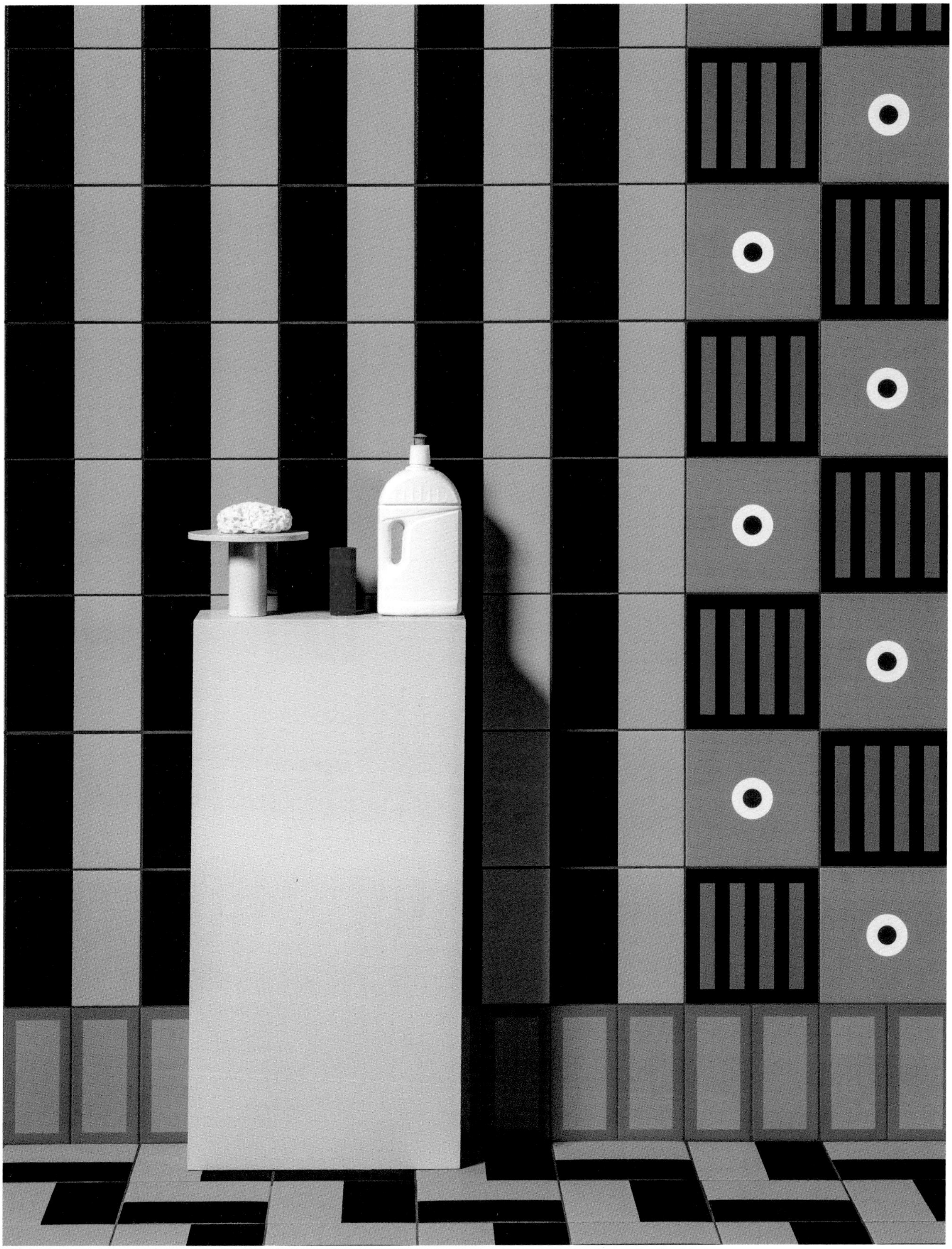

7050

7049, 7050
나탈리 뒤 파스키에 Natalie Du Pasquier, 무티나 Mutina, 마토넬레 마르게리타 Mattonelle Margherita 타일 작품 콜렉션

마르게리타 컬렉션의 대담한 모양과 색상

예술가 나탈리 뒤 파스키에는 지난 수십 년 동안 2차원과 3차원 물체의 이미지에 매료되었다. 오랫 동안 그녀는 일상적인 물건에 보답하여 정물화를 만들었다. 나중에 그녀는 차원과 대칭에 대한 실제 눈을 가진 물체를 대표하는 구조물을 지었다.

나탈리 뒤 파스키에의 예술 작품은 대담한 모양과 색상으로 구성되어 있다. 그녀의 그림과 인물은 추상 미술의 반전을 나타낸다. 그녀의 작품 대부분은 연필과 종이로 완성된다. 파스키에는 "그림을 칠하기에 흥미로운 요소"를 모으기 위해 노력한다고 말한다.

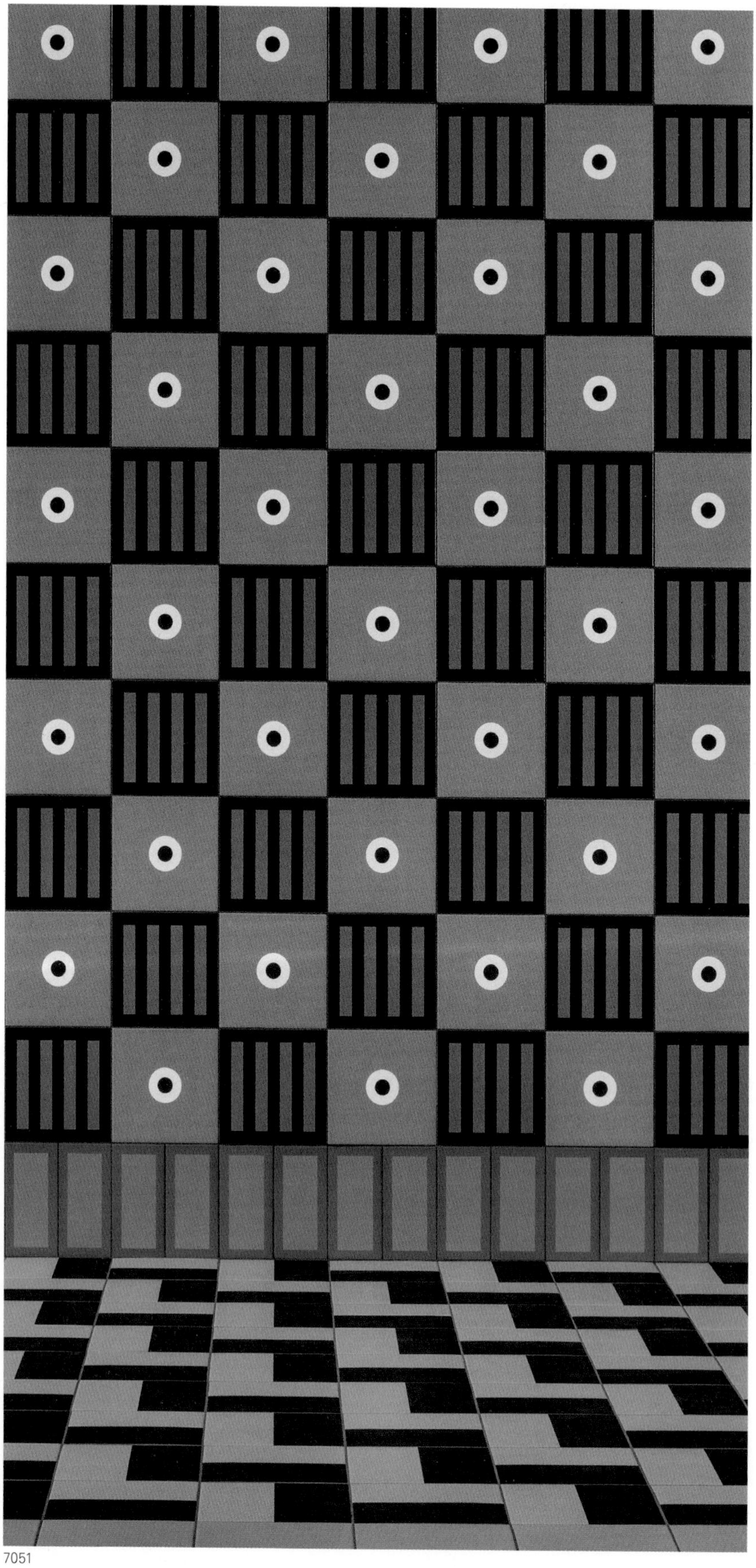

7051

7051, 7052
나탈리 뒤 파스키에 Natalie Du Pasquier, 무티나 Mutina, 마토넬레 마르게리타 Mattonelle Margherita 타일 작품 콜렉션

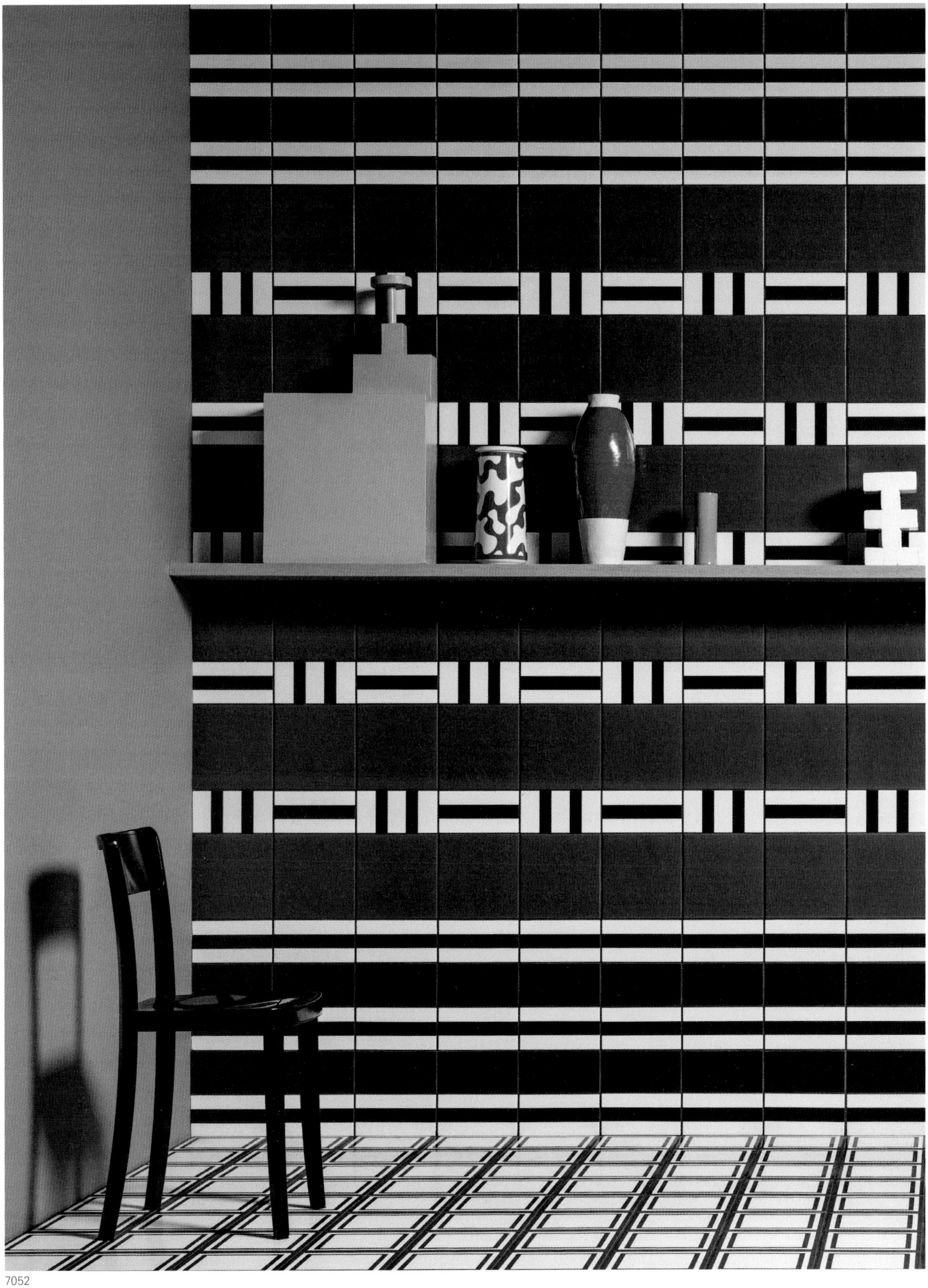

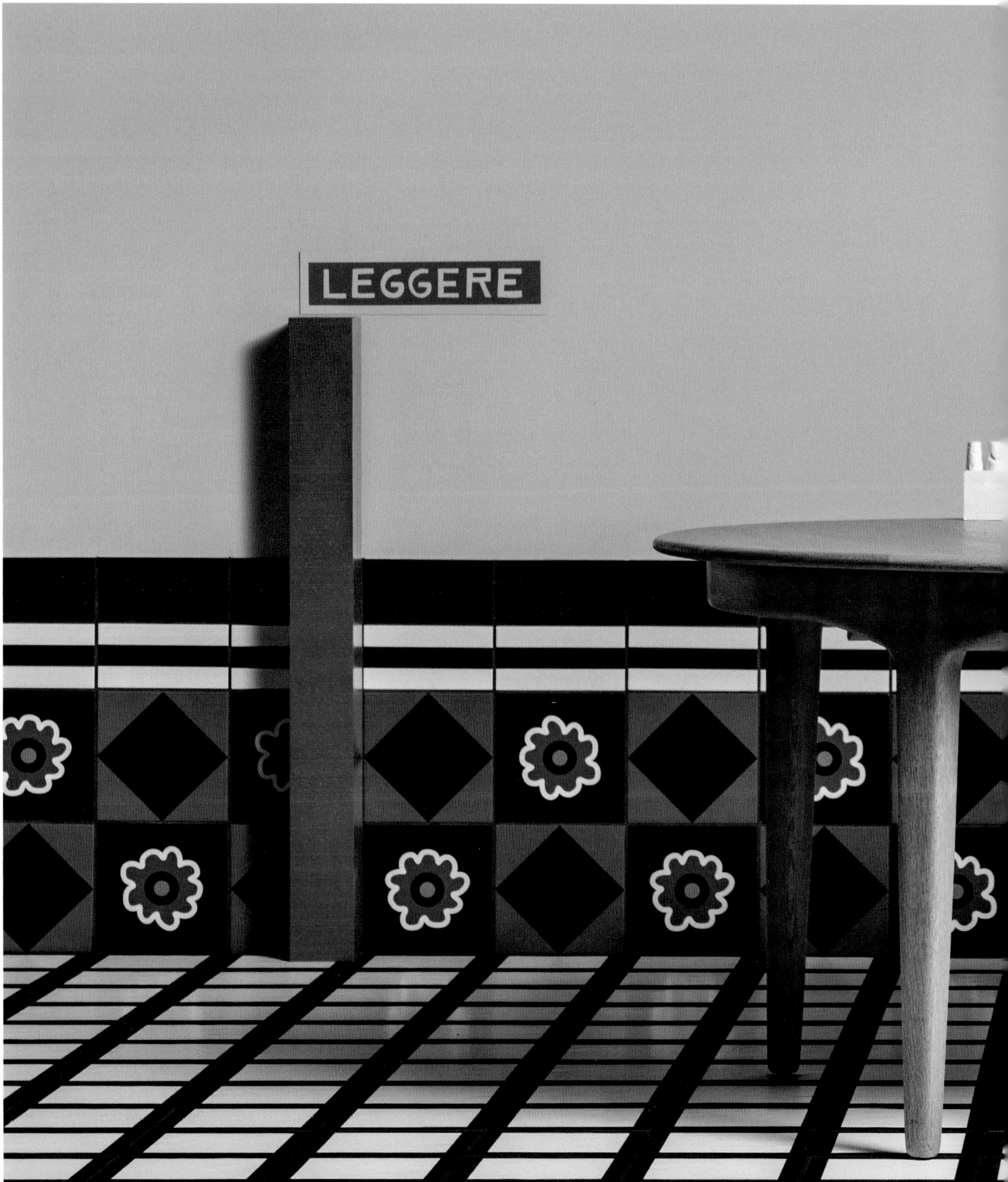

7053
나탈리 뒤 파스키에 Natalie Du Pasquier, 무티나 Mutina와 협업
마토넬레 마르게리타 Mattonelle Margherita 타일 작품 콜렉션

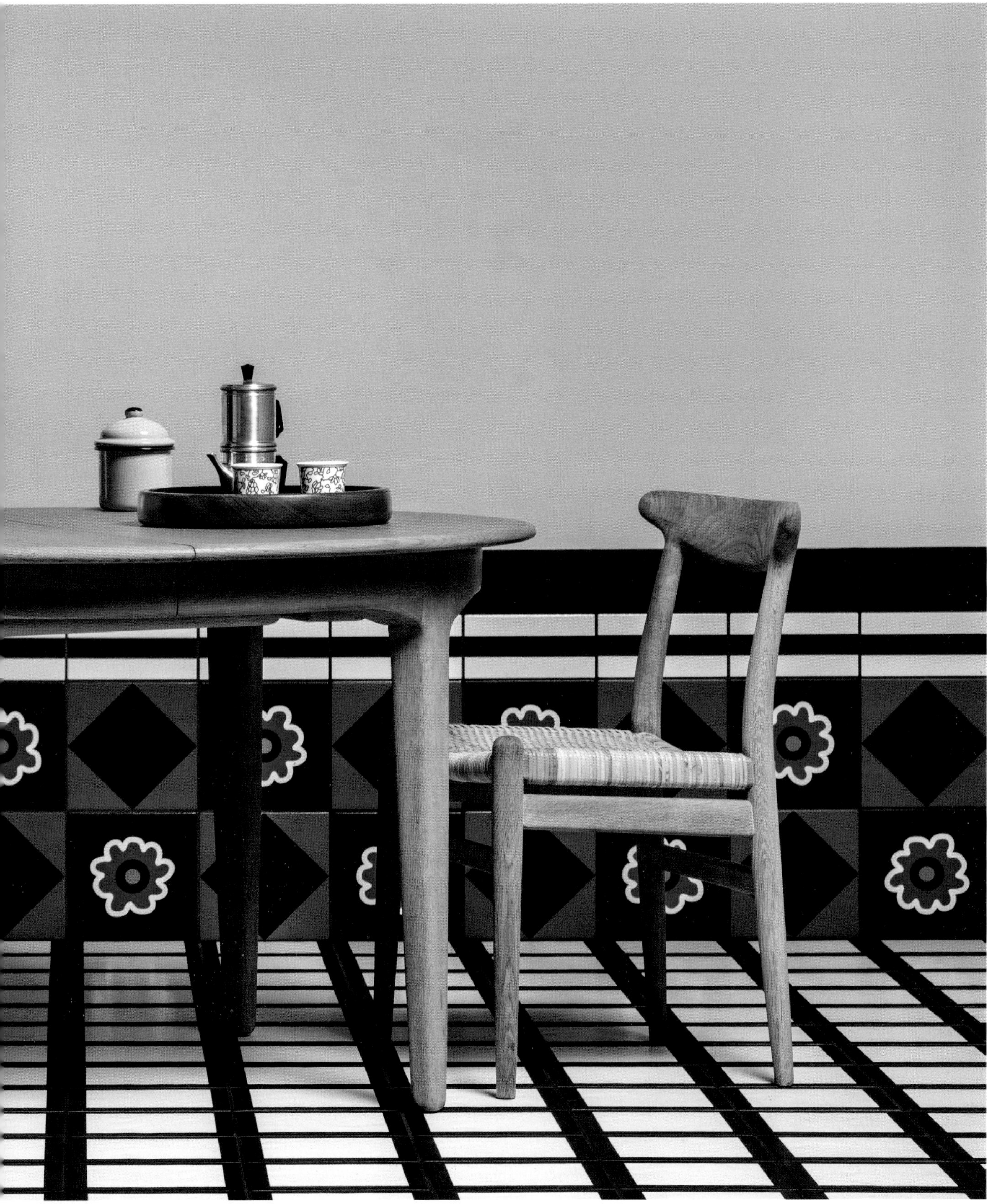

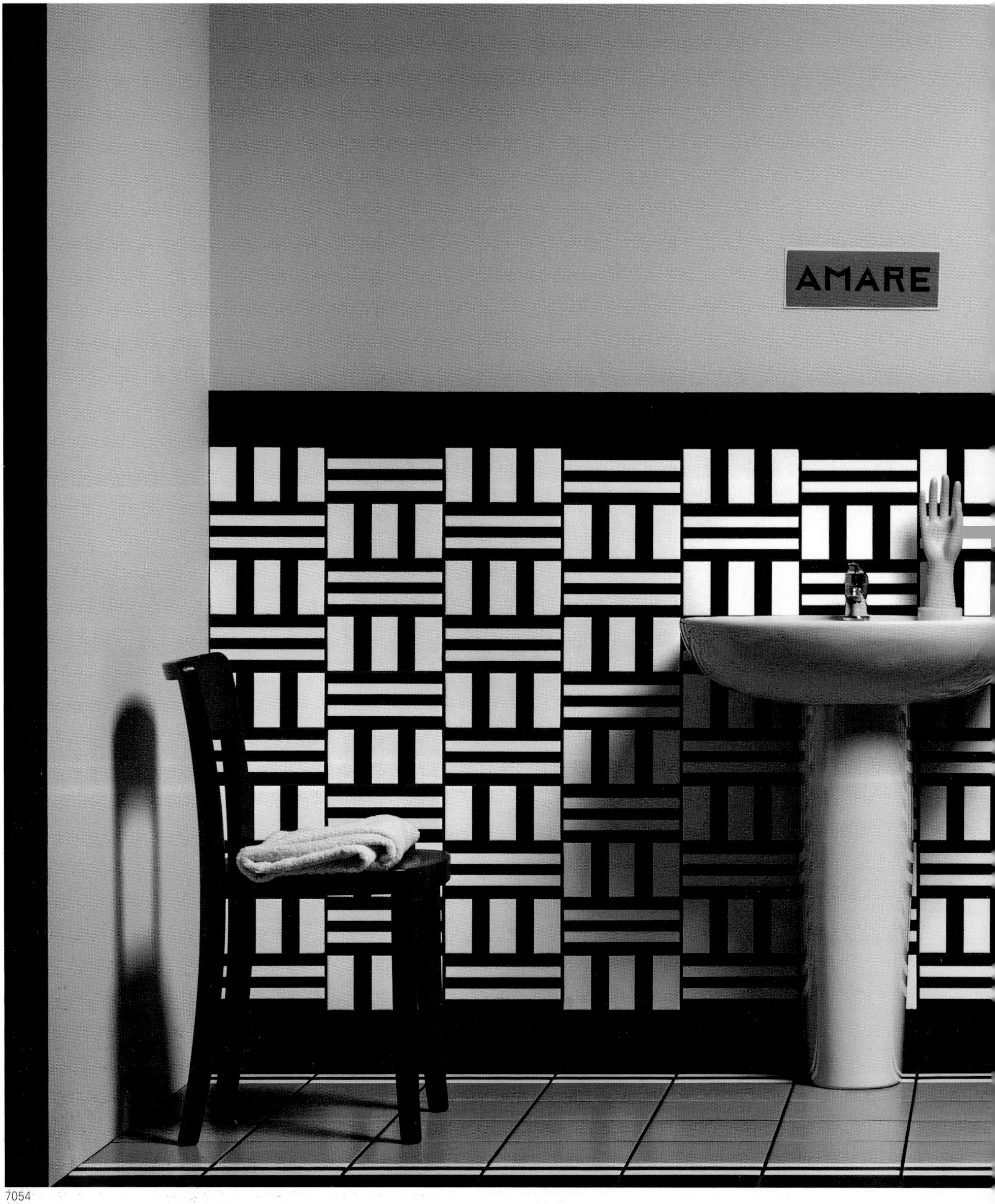

7054
나탈리 뒤 파스키에 Natalie Du Pasquier, 무티나 Mutina와 협업, 마토넬레 마르게리타 Mattonelle Margherita 타일 작품 콜렉션

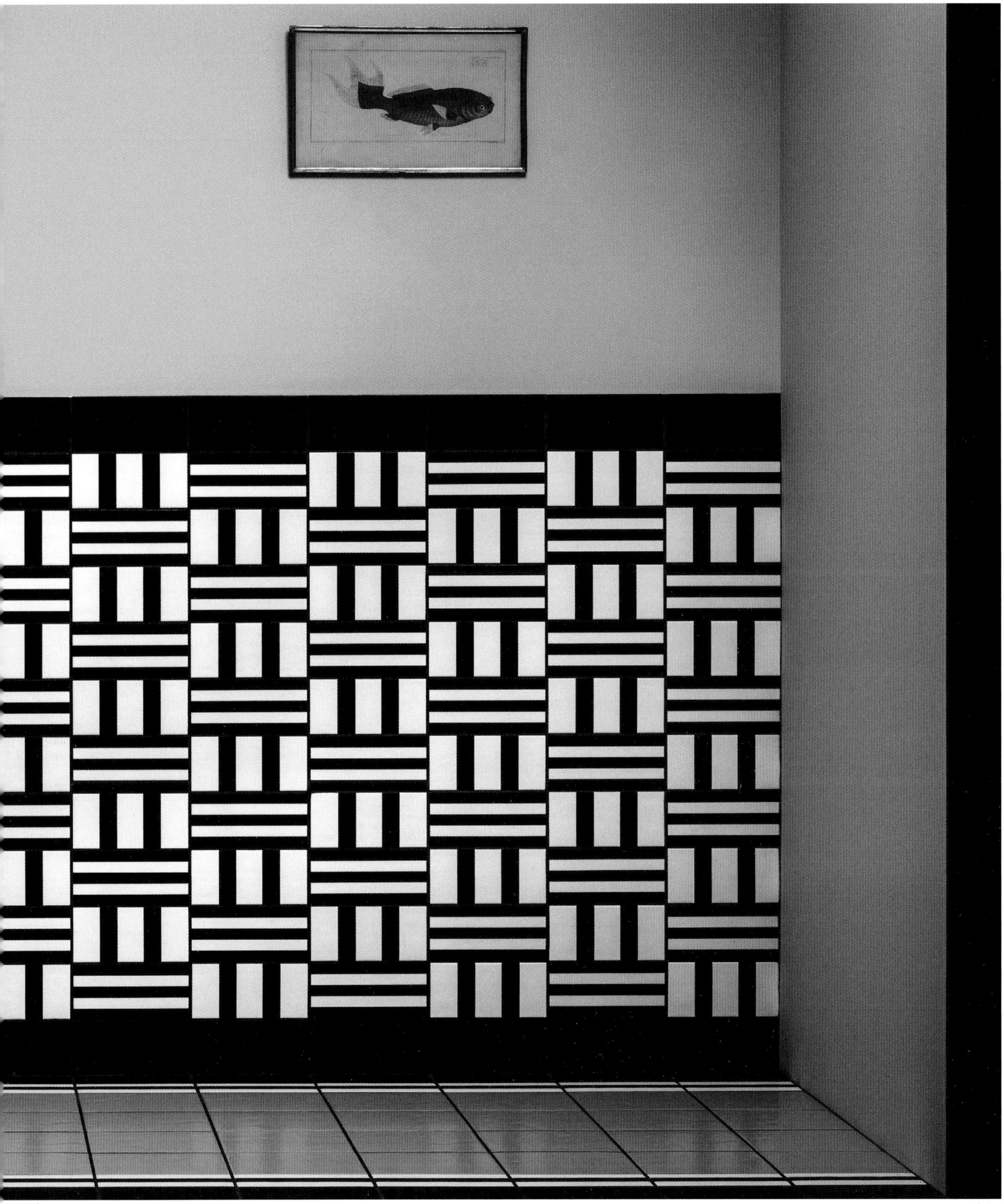

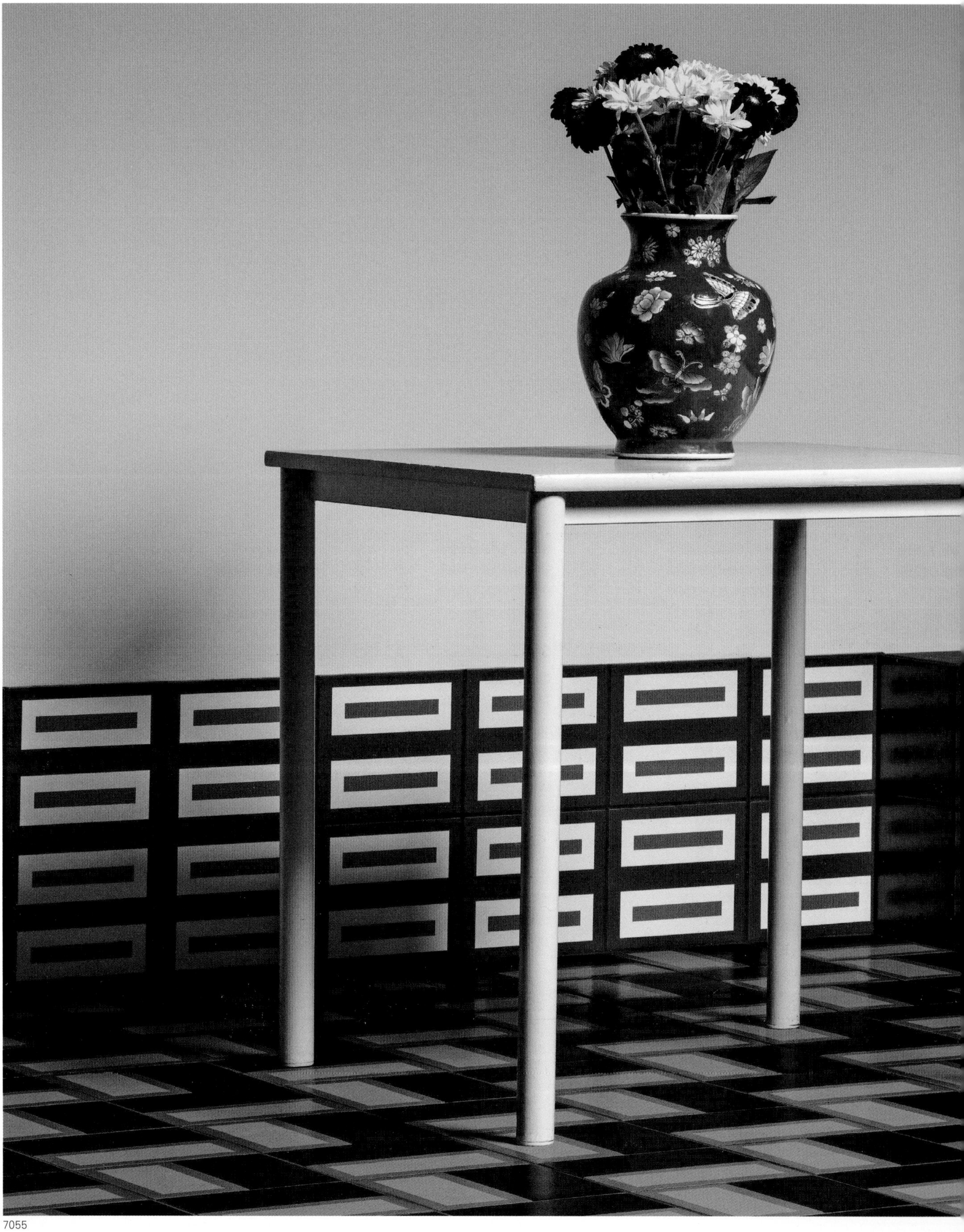

7055

나탈리 뒤 파스키에와 무티나 Mutina 디자인

마톤넬 마르게리타 타일 콜렉션은 밝고 생동감 넘치는 마무리를 만드는 새틴 표면의 유약 도자기 석기로 만들어졌다. 나탈리 뒤 파스키에의 무티나 세라믹 타일은 그녀의 색상 전문 지식을 보여준다. 다채로운 색상은 조합되는 구성에 따라 공간의 분위기를 자유롭게 연출할 수 있다.

단순한 형태, 기하학, 활발한 시각적 변형은 파스키에의 창의적이고 독특한 특징이다. 그녀의 초기 작업과 이후 작업 사이의 관계를 "서로 따르는 생각의 사슬"이라고 묘사했다. 그녀는 럭셔리 디자인에 뛰어들어 발렌티노를 위한 에르메스와 드레스 및 실크 스카프를 디자인했다. 최근에는 그녀는 예술작업을 다양한 시도를 평면과 공간에 시도하고 있다.

7055
나탈리 뒤 파스키에 Natalie Du Pasquier, 무티나 Mutina와 협업, 마토넬레 마르게리타 Mattonelle Margherita 타일 작품 콜렉션

포스트 모던 스타일과 알레산드로 멘디니

Post-Modern Style and Alessandro Mendini

알레산드로 멘디니 Alessandro Mendini (1931~2019, 디자이너) 이탈리아

알레산드로 멘디니는 이탈리아의 건축가이자 디자이너이다. 아이러니하고 장난기 많은 작품으로 포스트 모던 스타일에 영감을 주었다. 1970년대와 1980년대는 프로젝트와 이론적, 비판적 저술로 이탈리아 디자인 혁신에 이바지했다. 1959년에는 밀라노의 폴리테크니코에서 건축학 학위를 받았다. 그는 『카사벨라』와 『도무스』, 『모도』와 같은 권위 있는 디자인 잡지의 편집장이자 비평가이자 이론가로 활동하였다.

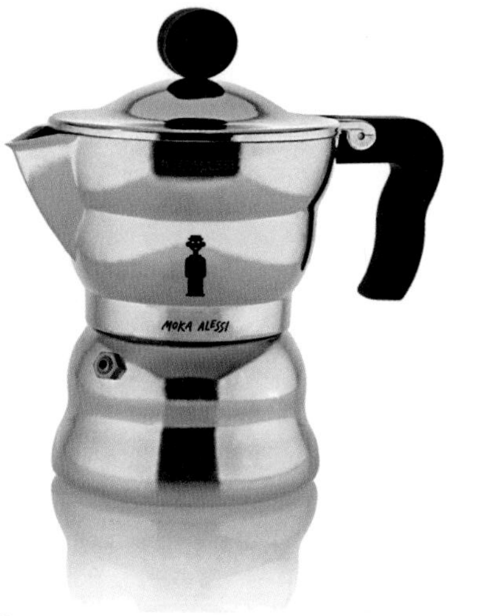

7056

알레산드로 멘디니는 1973년에 에토레 소트사스의 개스타노 페세Gaetano Pesce, 1979년 알키미아Alchimia에 참여했다. 1982년에 그는 밀라노 사립대학원 디자인 학교인 도무스 아카데미를 설립한다. 그의 디자인은 개인적이고 혁명적인 비전을 지녔다. 그는 상업주의와 기능주의에 가려진 가치와, 감성을 디자인의 중심에 가져왔다. 그는 공예와 장식의 역할을 강조하고, 기능보다 더 중요하며 때로는 일상적인 물건이 때때로 원래의 기능이나 스타일에 다른 방식으로 재해석 되도록 하였다. 그의 작업은 건축, 가구, 인테리어 디자인, 그림, 설치 및 디자인 이론을 만들었다. 그는 알레시와의 협력하여 차와 커피시리즈 외에 조명과 일상용품의 디자인 제품을 제작했다.

디자이너로서, 손자를 위하여 그가 2010년에 설계한 라문 아물레토AMUN Amuleto 램프는 조명 균일성을 향상하는 엘이디LED의 강점을 강조하는 링 모양이다. 스프링이나 와이어가 없는 원과 직선으로 구성된 미니멀 구조의 다양한 색상의 혼합은 인간의 감성을 불러일으킨다.

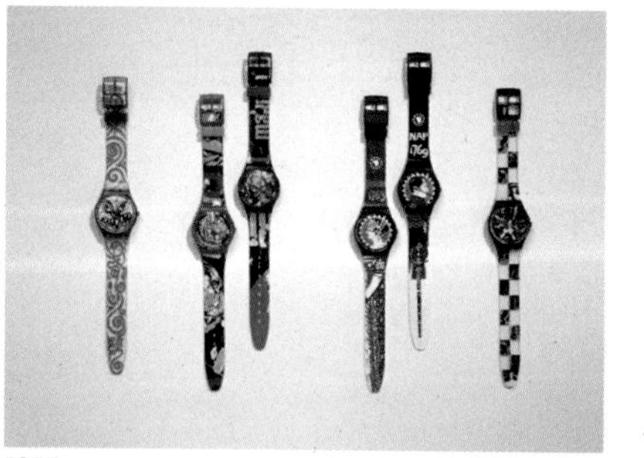
7057

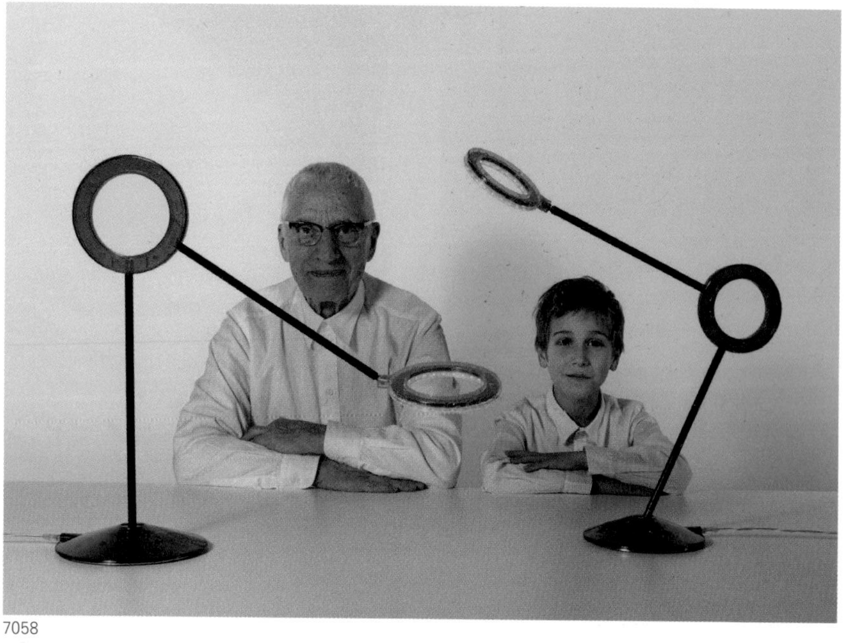
7058

7056
알레산드로 멘디니 Alessandro Mendini
모카 Moka, 알레시 Alessi

7057
알레산드로 멘디니 Alessandro Mendini
Orologio da polsó, 스와치 Swatch

7058
알레산드로 멘디니 Alessandro Mendini con il nipote Tommaso e la lampada Amuleto, 라문 Ramun, 2012

7059
알레산드로 멘디니 Alessandro Mendini
Architettura Utopica, disegno, 2000

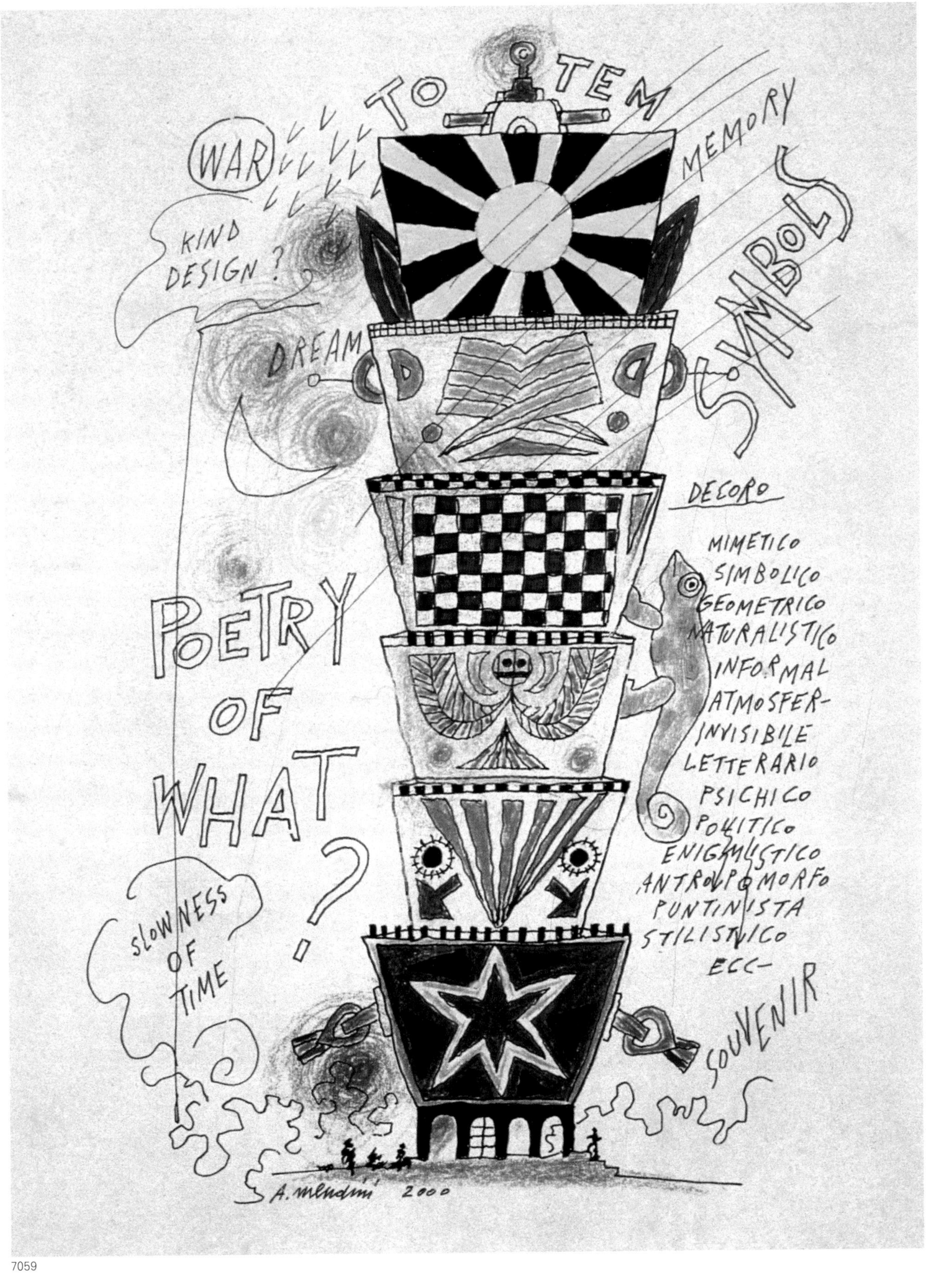
TOTEM
WAR
KIND DESIGN?
MEMORY
SYMBOLS
DREAM
DECORO
MIMETICO
SIMBOLICO
GEOMETRICO
NATURALISTICO
INFORMAL
ATMOSFER-
INVISIBILE
LETTERARIO
PSICHICO
POLITICO
ENIGMISTICO
ANTROPOMORFO
PUNTINISTA
STILISTICO
ECC-
SOUVENIR
POETRY OF WHAT ?
SLOWNESS OF TIME
A. Mendini 2000

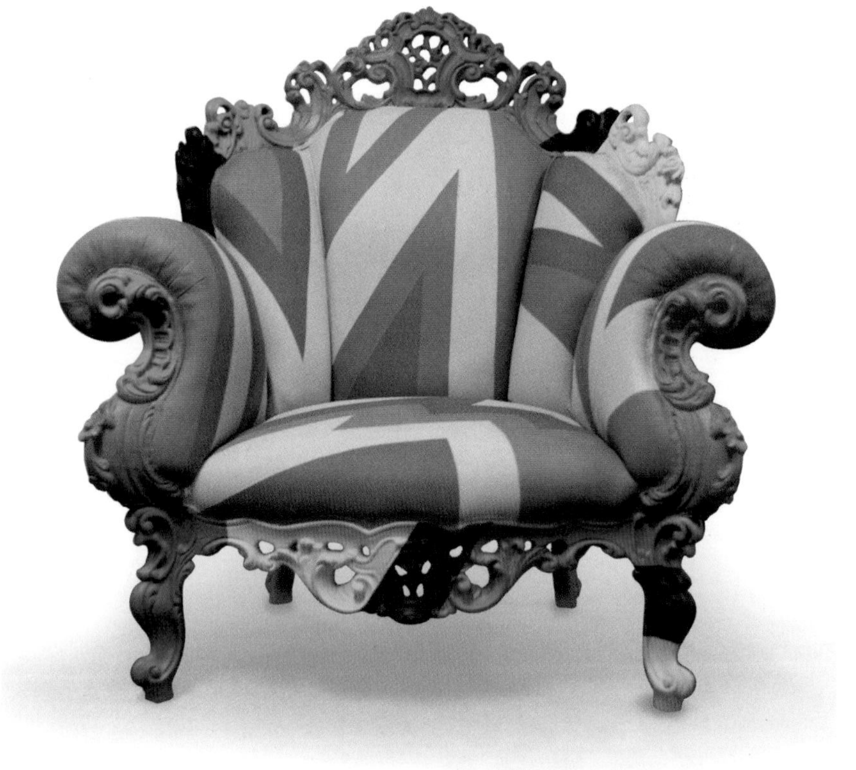

7060

알레산드로 멘디니의 스타일

멘디니는 다른 사람들과의 협력하며 작업했다. 그의 예술적 경력에서 그는 예술가, 건축가, 디자이너들과 다양한 협력을 진행했다. 이것은 가구, 물건, 옷, 장식, 그림, 연극, 공연, 도자기, 보석, 그로닝거 박물관과 같은 건물의 제작으로 이어졌다. 그는 전통적인 전문 분야의 경계를 깨고자 하는 활동적인 디자인을 선보였다.

알레산드로 멘디니는 다음과 같이 이야기한다. "좋은 디자인이란 시와 같고, 감성을 주고, 생각하게 하는 것이고 사람들에게 미소와 로맨스를 건네는 것이다." 그의 디자인은 반항적이고 고정관념을 깨는데, 천진스럽고 환상적이다.

7060
알레산드로 멘디니 Alessandro Mendini
Poltrona di Proust Cimarosa, 2012

7061
알레산드로 멘디니 Alessandro Mendini
Segantini, divano, Byblos Casa, 2005

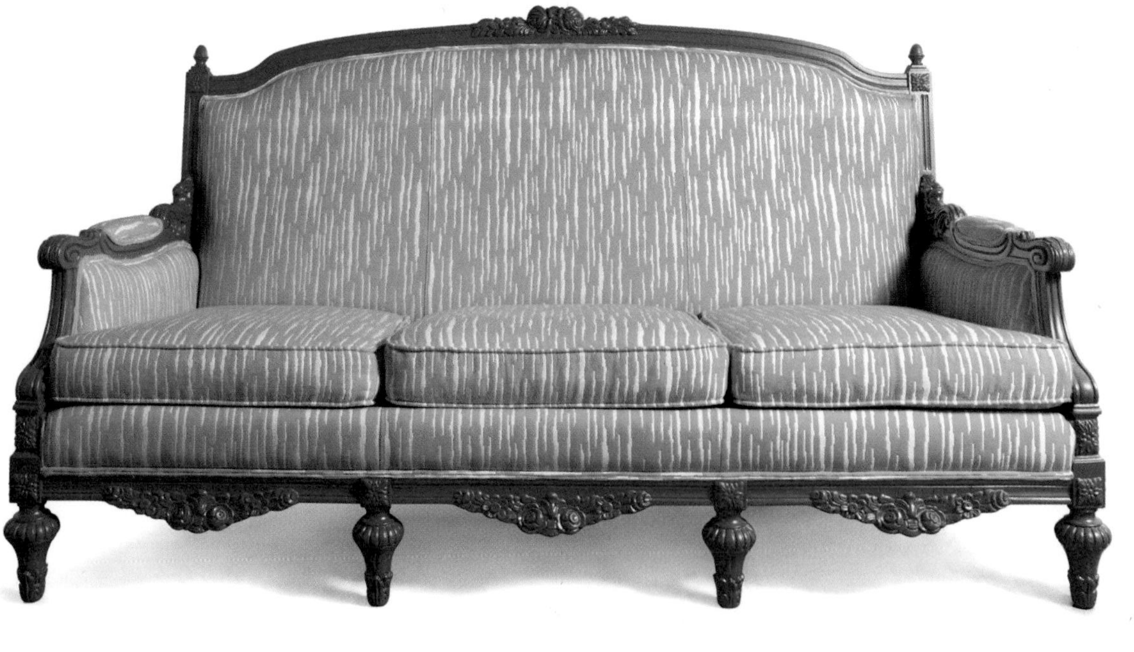

7061

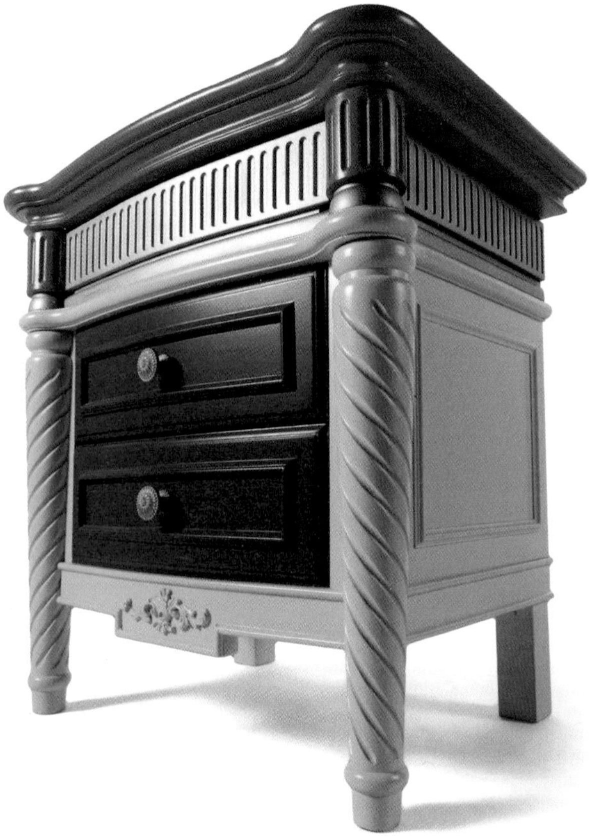

7063

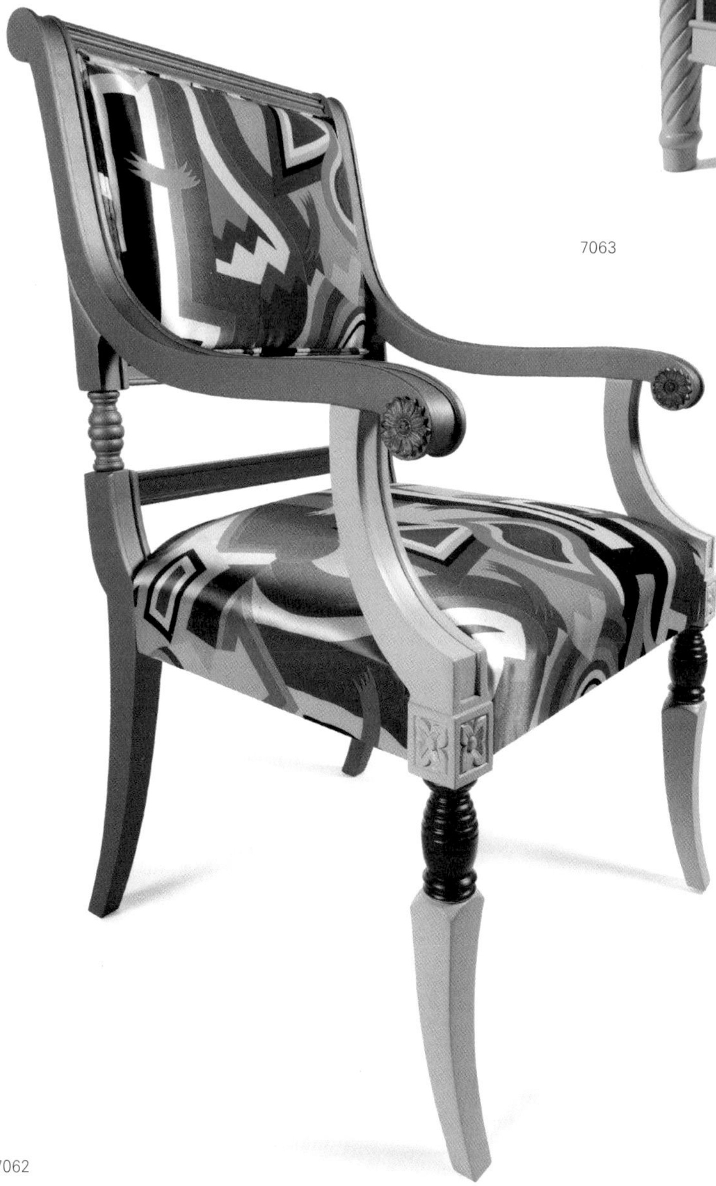

7062

7062
알레산드로 멘디니 Alessandro Mendini
Mengs, comodino, Byblos Casa, 2005

7063
알레산드로 멘디니 Alessandro Mendini
Appiani, poltrona, Byblos Casa, 2005

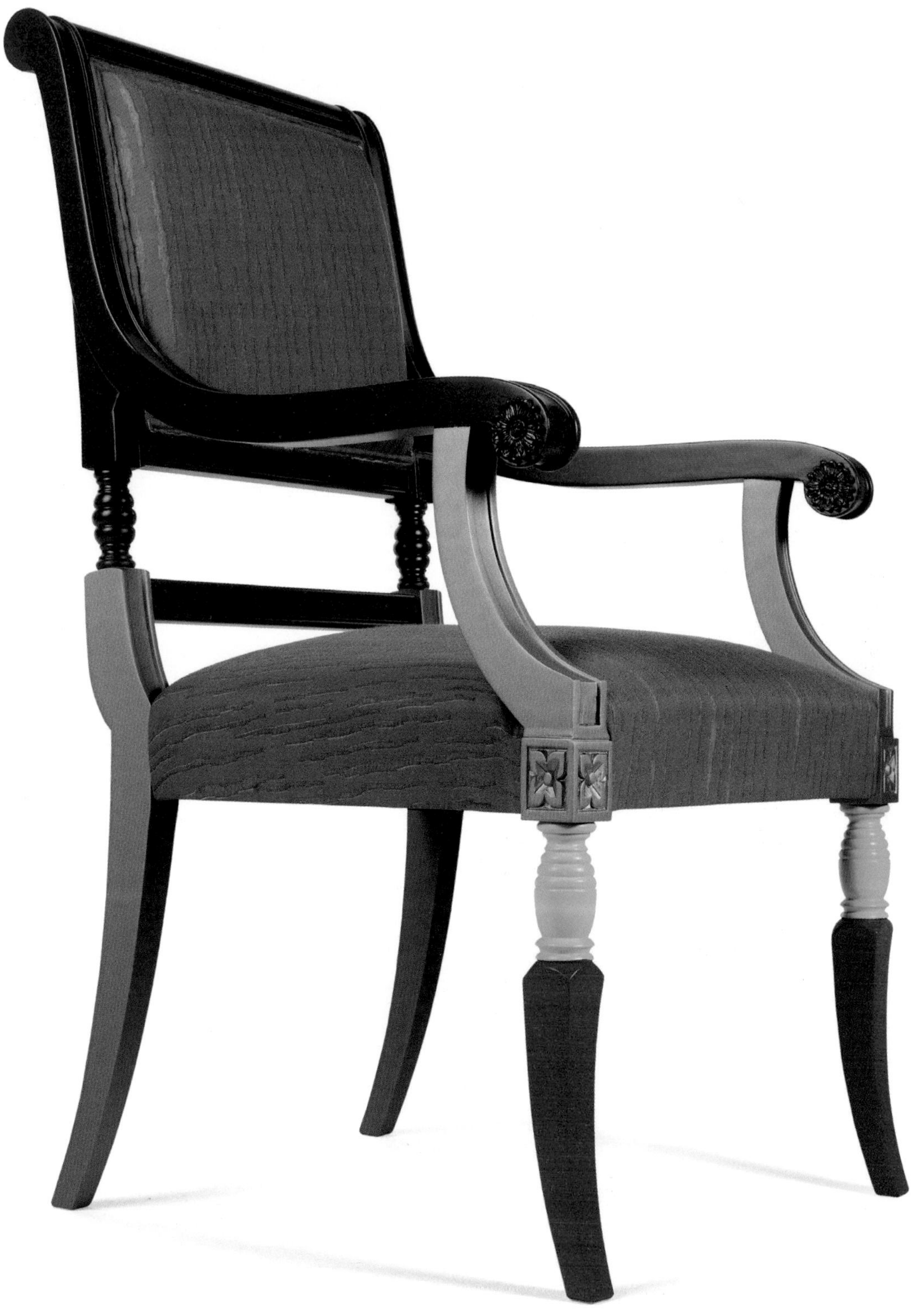

7064
알레산드로 멘디니 Alessandro Mendini
Appiani, poltrona, Byblos Casa, 2005

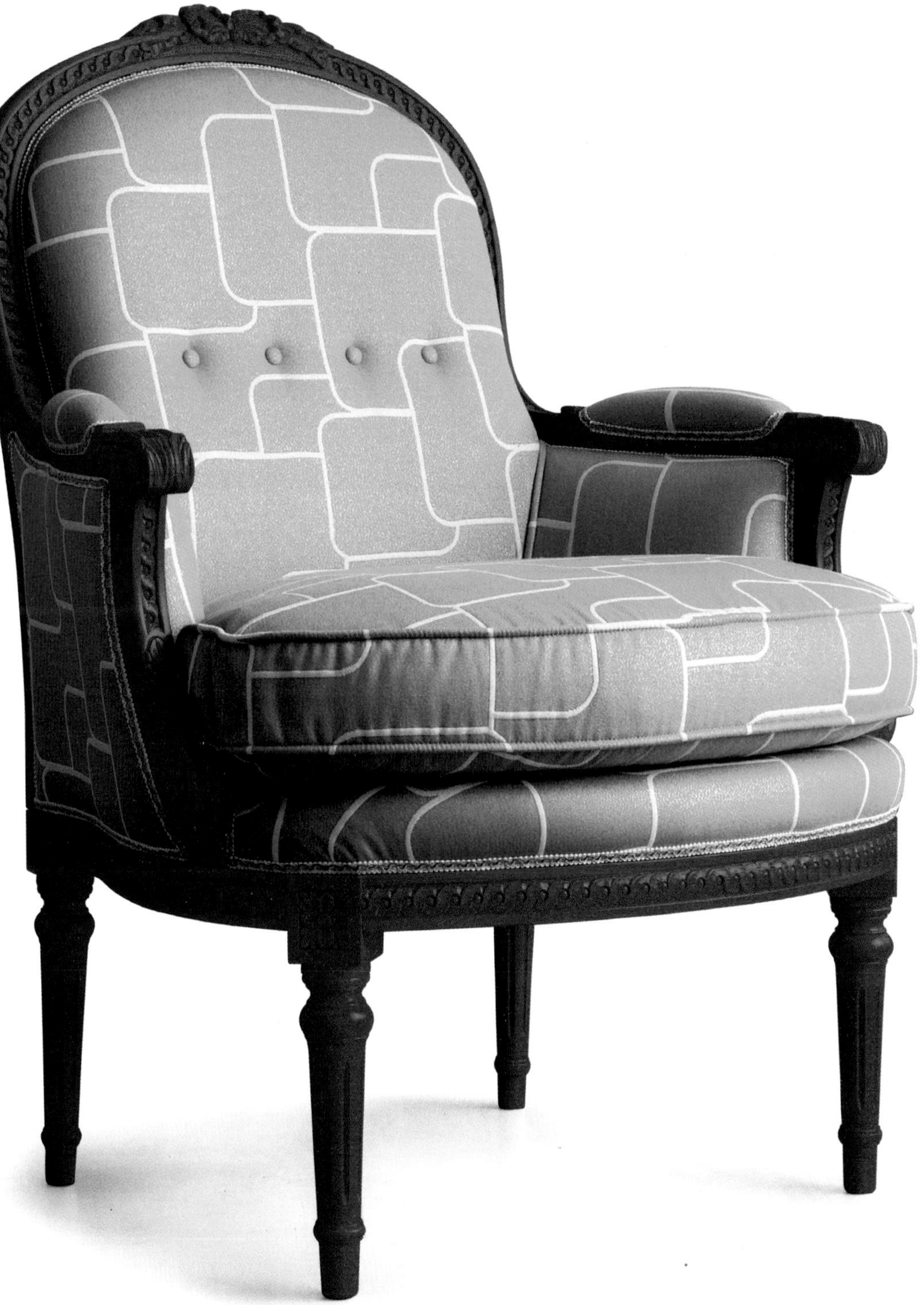

7065
알레산드로 멘디니 Alessandro Mendini
Fragonard, poltrona, Byblos Casa, 2005

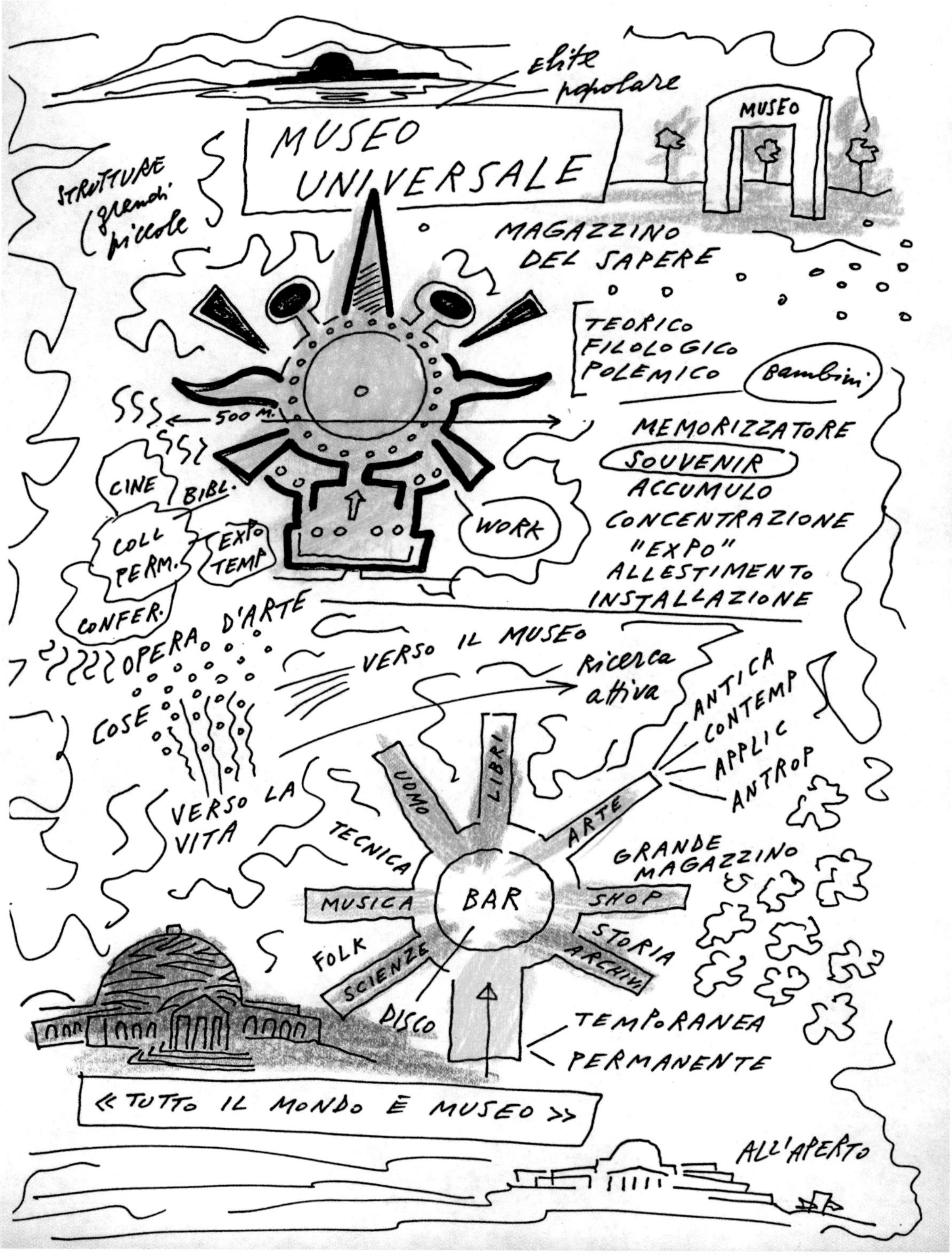

알레산드로 멘디니와 건축

건축가로서 알레산드로 멘디니는 이탈리아 오메냐의 알레시, 토스카나 도시 아레초의 극장 단지, 일본 히로시마의 기념탑인 오메냐 포럼 박물관, 네델란드의 그로닝겐 박물관을 만들었다. 박물관은 20세기 후반의 포스트모더니즘을 대표하는 건물이다.

알레산드로 멘디니는 1994년 네덜란드 그로닝겐 미술관을 디자인했다. 외관은 멘디니 특유의 디자인을 만날 수 있다. 그로닝겐 박물관은 지역, 국가 및 국제 예술가들의 현대 및 현대 미술을 전시한다. 멘디니 인테리어 디자인에는 사실상 규칙이 없었고, 예술, 디자인 및 건축은 다양한 색상, 규모 및 재료를 탐험했다.

7066
알레산드로 멘디니 Alessandro Mendini
Museo Universale, disegno, 1987

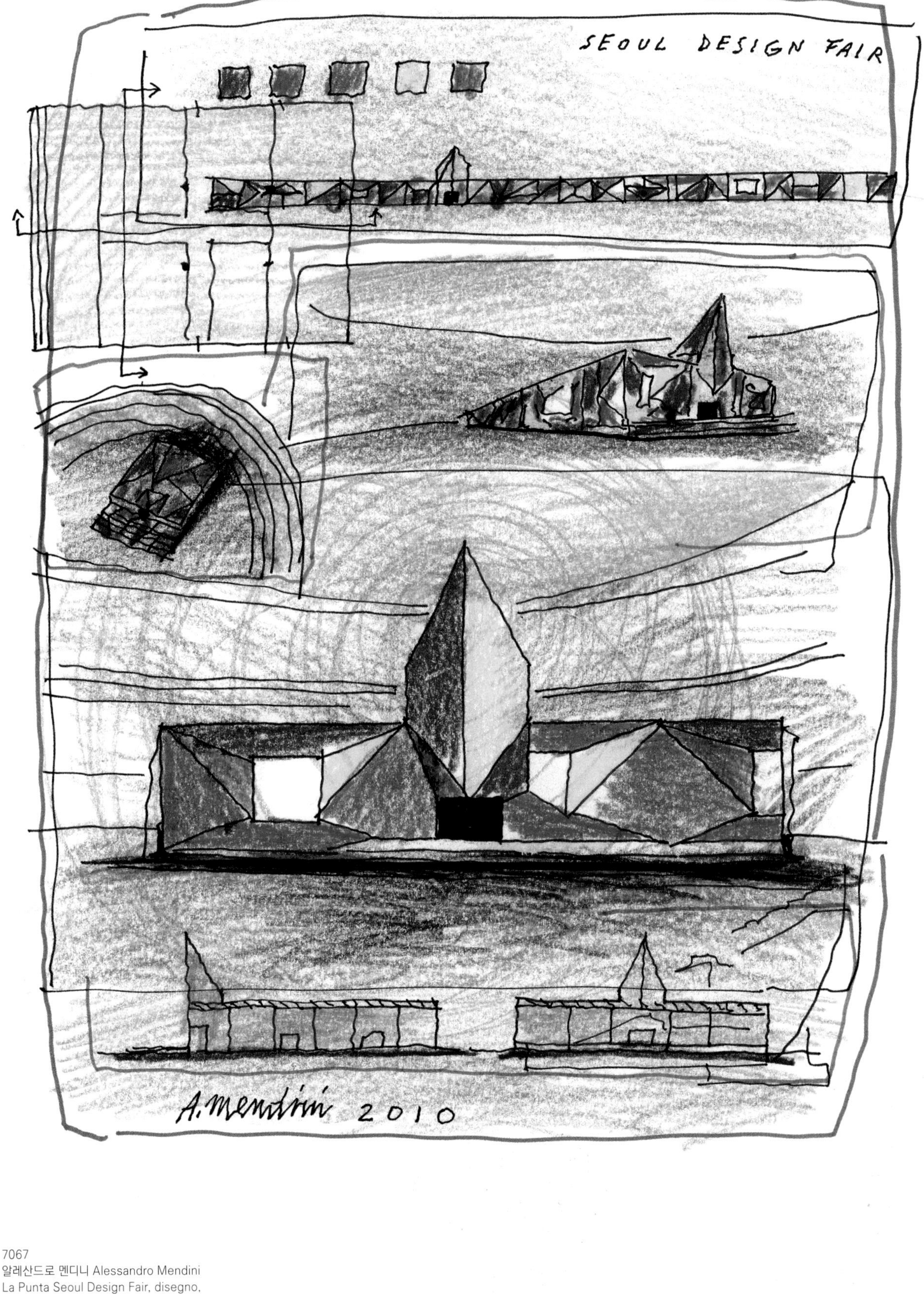

7067
알레산드로 멘디니 Alessandro Mendini
La Punta Seoul Design Fair, disegno,
Seoul Design Fair, 2010

포스트 모던 그래픽과 타이포그래피
Post-Modern Graphic and Typography

네빌 브로디 Neville Brody (1957~, 디자이너) 영국

네빌 브로디는 스타 타이포그래퍼이자, 아트디렉터이며 전략가, 그래픽 디자이너다. 런던 커뮤니케이션 대학의 졸업생이다. 현재는 영국 왕립 예술 대학의 커뮤니케이션 학교의 학장을 역임하였고 교수이다. 그는 더 페이스 잡지 아트 디렉터로 명성을 쌓았다. 아레나 잡지 매거진도 디자인했다. 그는 음반사, 잡지와 애플, 타임스 등의 국제적 프로젝트를 진행했다. 네빌 브로디는 프랭크 게리 건축가와 함께 뉴욕의 트라이베아 이세이 미야케Tribea Issey Miyake를 위해 디자인했다. 그는 실험적인 타이포그래피는 영향력 있는 출판물인 퓨즈Fuse가 있다. 그의 저서 네빌 브로디의 그래픽 언어도 출간됐다. 그래픽 디자인 작품 외에도, 그는 훌륭한 타이포그래퍼다.

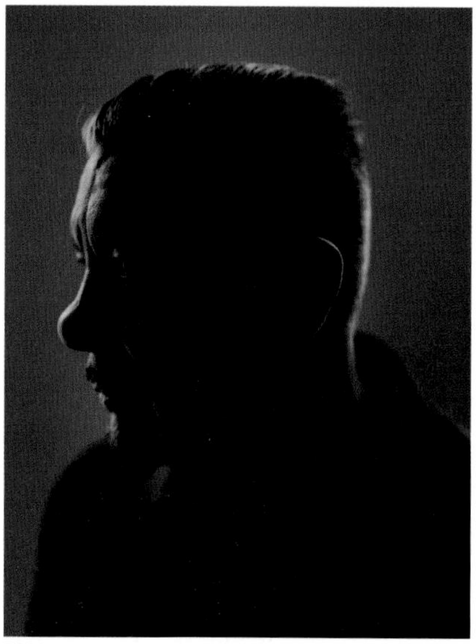

7068

그는 컴퓨터 기기의 발전과 함께 타이포 글쓰기와 디자인 인터페이스를 탐구한다. 전반적으로 그의 작업은 1980년대와 1990년대 페티쉬 레코드의 아트 디렉터, 잡지의 아트 디렉터, 폰트라는 현재 폰트샵의 창립 구성원 중 한 명이고 많은 서체를 디자인했다. 따라서 그는 그래픽 디자이너이자 타이포그래퍼로 포스트 모더니즘 디자인의 혁신과 변화를 주도한다. 브로디는 그래픽 부문의 포스트모던 디자인의 선구자 중 한 명으로, 그의 작업은 전통적인 디자인 규범을 탈피하고 실험적이고 혁신적인 접근 방식을 취했다.

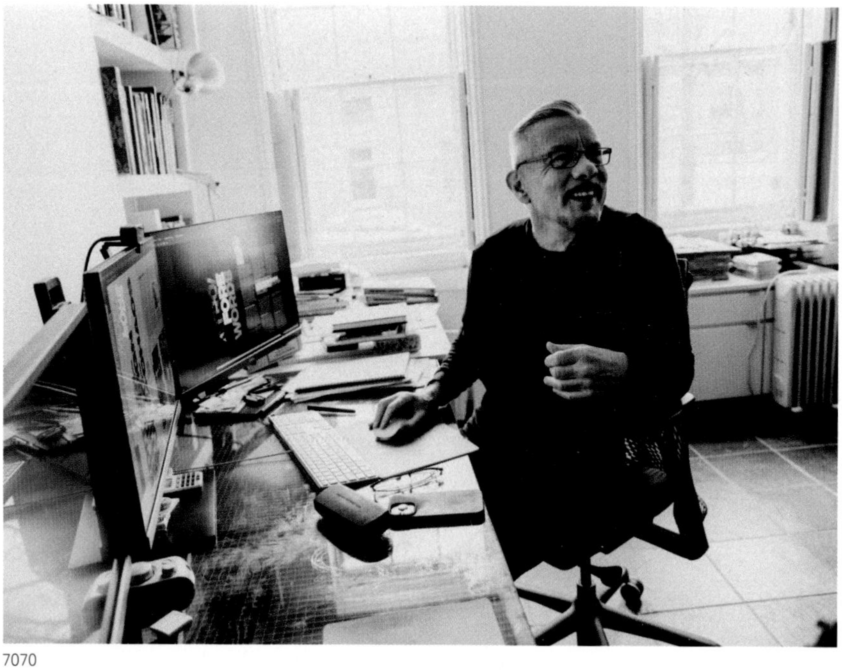

7070

7068
네빌 브로디 Neville Broady's Portraits

7069
네빌 브로디 Neville Broady's Portraits

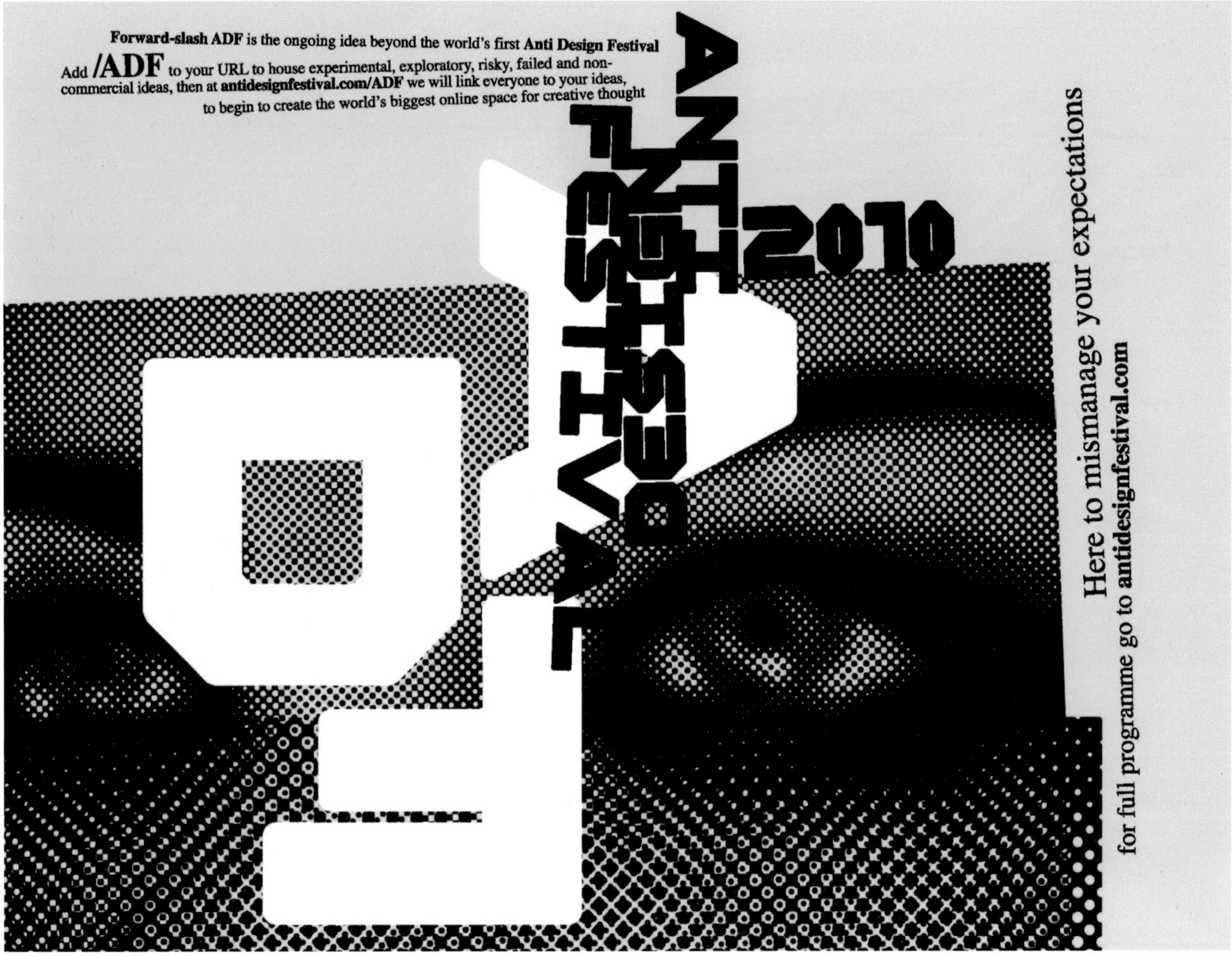

7070
네빌 브로디 Neville Broady
안티 디자인 페스티벌 포스터 ADF Poster

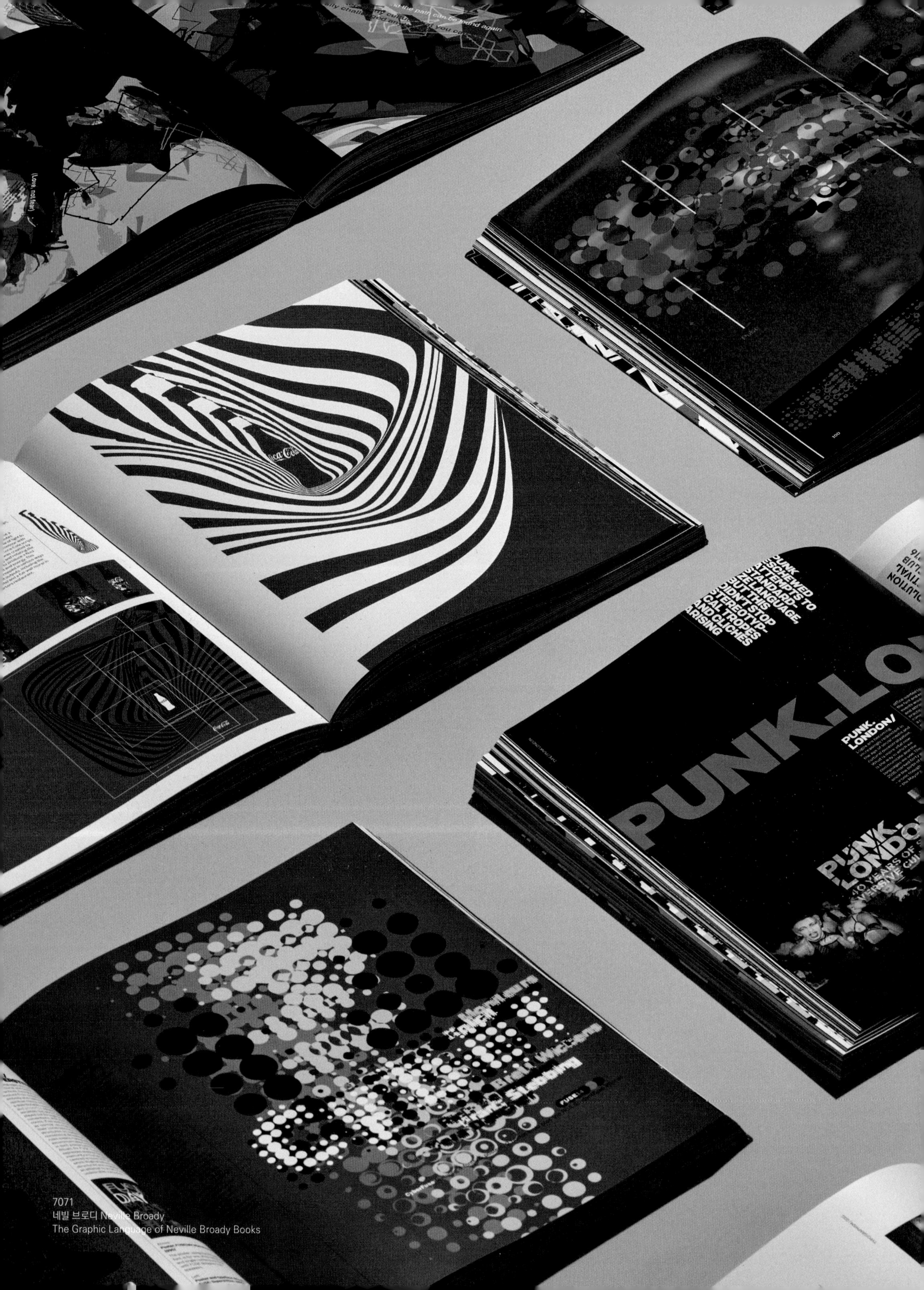

7071
네빌 브로디 Neville Broady
The Graphic Language of Neville Broady Books

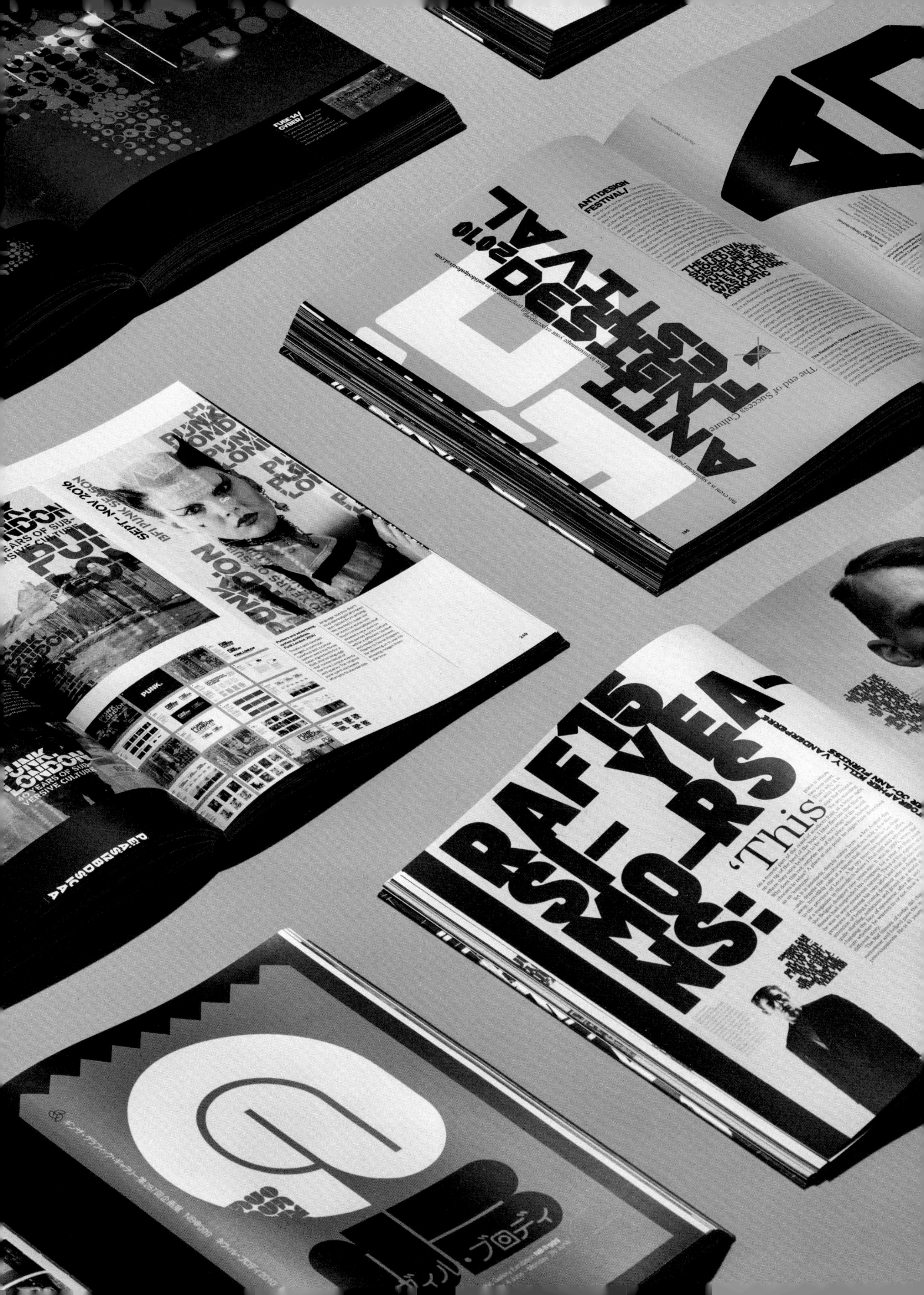

ANTI DESIGN FESTIVAL/
ANTI DESIGN FESTIVAL 2010
The end of Success Culture
PUNK LONDON
40 YEARS OF SUB-VERSIVE CULTURE
SEPT – NOV 2016
PUNK.

포스트 모던의 그래픽은 1980년경 팝 아트 시대를 맞이해 네빌 브로디는 영국 최초의 그래픽 디자인 록스타가 되었다. 네빌 브로디는 디자인 작품으로 "구조화된 혼돈"을 보여주었다. 그의 문제 해결 접근 방식은 디자이너들에게 영감을 줬다.

그의 경력 초기의 작품들은 설득력 있는 광고 보다는 그들의 환경에 의문을 제기하도록 장려했다. 그는 영국의 The Face 잡지의 아트 디렉터가 되었다. 80년대와 90년대의 그의 작품은 세계적인 베스트셀러가 이다. 그의 작품 중 일부는 뉴욕시 현대 미술관의 영구 소장품에 포함됐다.

네빌 브로디의 인터뷰

네빌 브로디는 니코시아 대학교 졸업식 연설에서 창의적 반란을 위해 "어려움을 받아들이고, 모든 것에 의문을 제기하며 제시된 대로 받아들일 필요가 없다 Embrace difficulty, question everything"라고 했다.

브로디는 AI와 같은 신기술을 디자인에 통합하는 열렬한 옹호자이다. 그는 AI를 위협이 아니라 개인용 컴퓨터의 출현과 같이 창의적인 가능성을 민주화하고 확장할 도구로 본다. "AI는 똑같을 거야. 나는 우리가 그것의 잠재력을 보면서 통합하고 적응하는 방법을 찾아야 한다고 생각한다." 라고 했다.

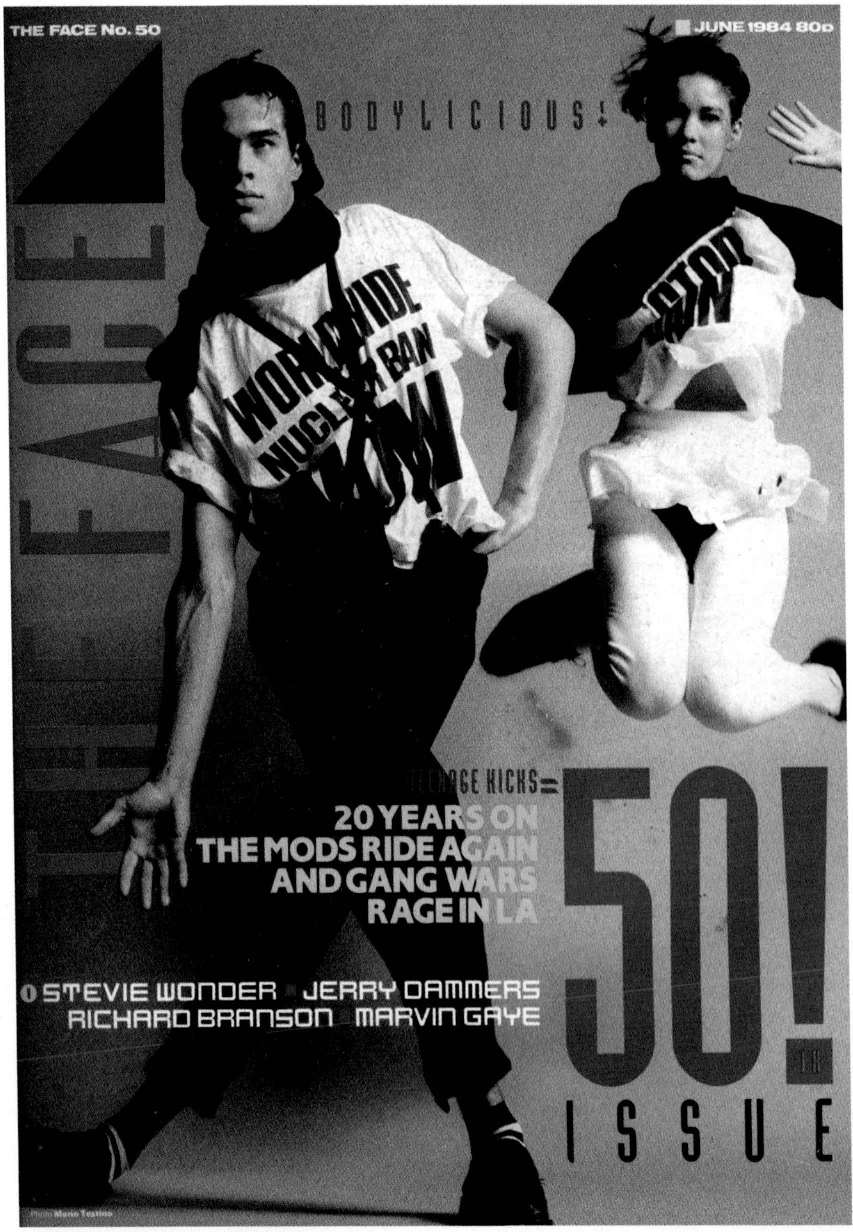

7072

7072
네빌 브로디 Neville Broady
The Face Magazine Cover, Issue50, June 1984

7073
네빌 브로디 Neville Broady
The Graphic Language of Neville Broady3 Book

네빌 브로디의 작품은 디자인의 전통적인 규칙과 관습에 도전했다. 디자인에 대한 그의 방식은 그리드를 깨고, 극적인 배열을 만들고, 가독성과 가능성의 한계를 뛰어넘는 것이었다. "그래픽 디자인은 마찰이다."라고 말하며 창의적인 표현보다 상업화된 디자인의 방향을 비판했다. 커뮤니케이션의 다양성 상실을 경고했다.

네빌 브로디는 그의 디자인에 다양한 미디어나 재료를 사용해서 두려움 없이 실험했고 이러한 시도와 아이디어를 실천에 옮기며 혁신적인 스타일을 선보였다. 그는 브로디 어소시에츠를 만들어 현재에도 디지털, 인쇄, 타이포그래피, 아이덴티티 디자인에 대하여 고민하고 연구하고 작업한다.

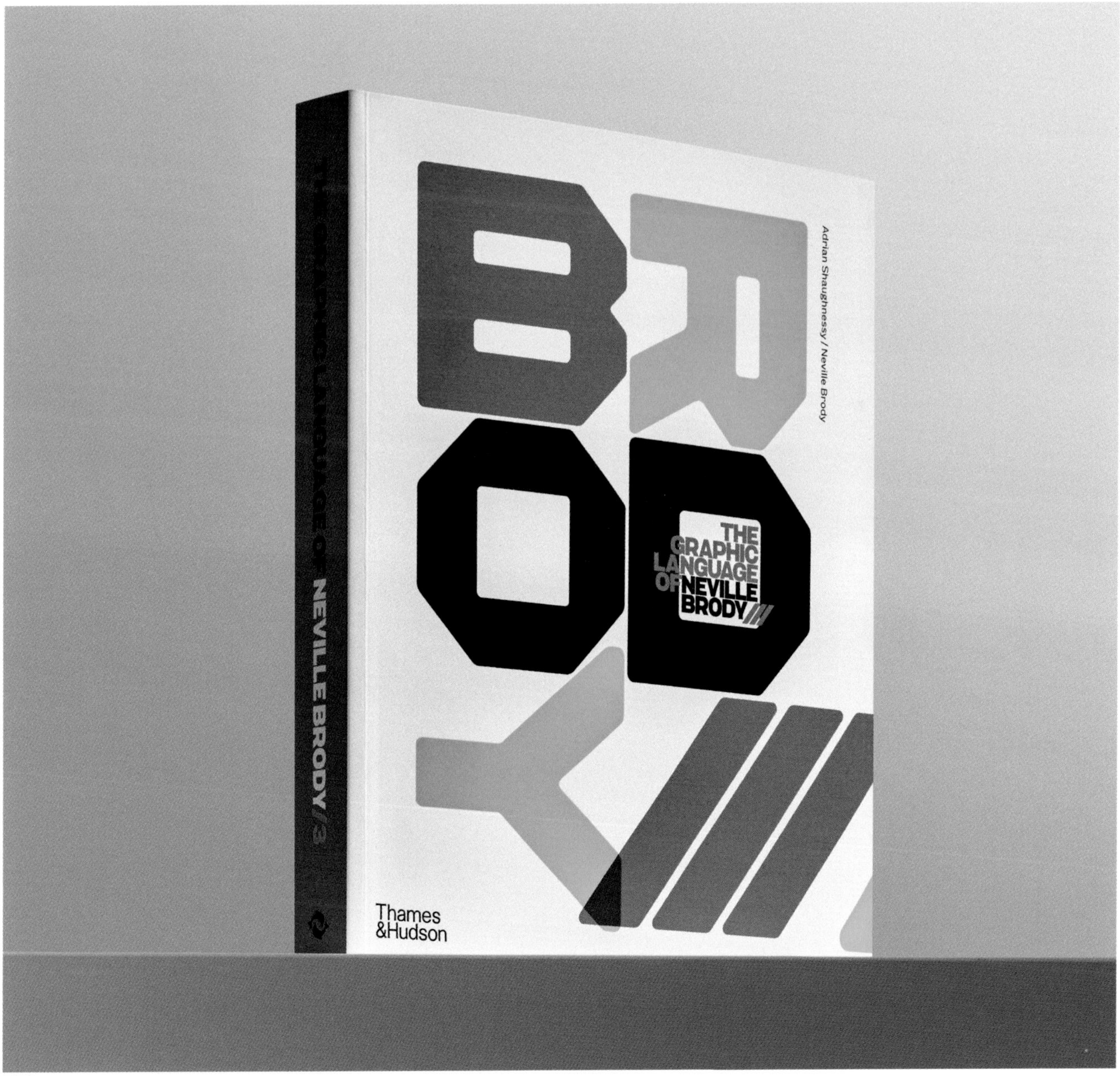

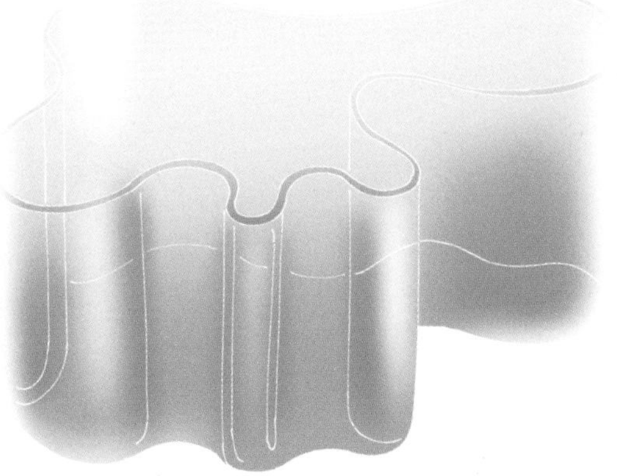

Early Modern Style

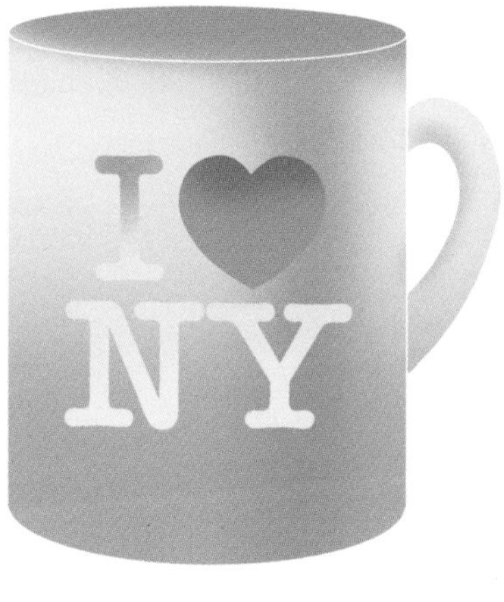

Mid-Century Modern Style

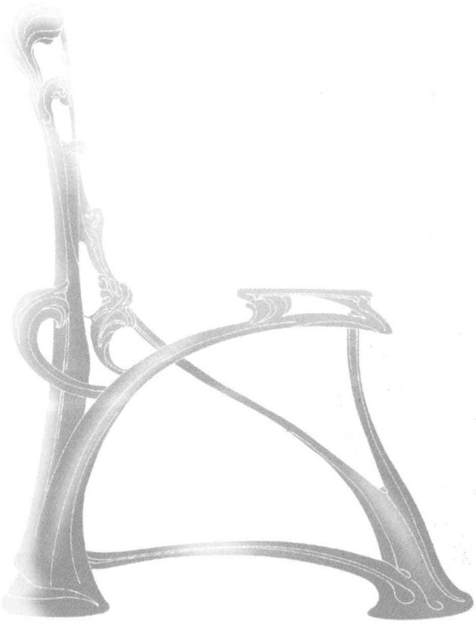

Art Nouveau Style

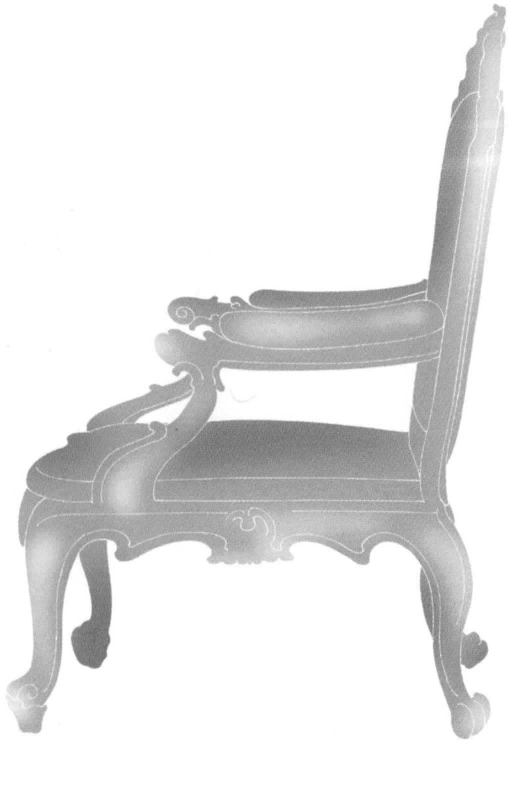

Classic Style

일러스트레이션: 전서영

Chapter 8
Minimal Style

핵심이 무엇인가

미니멀 스타일

원하연

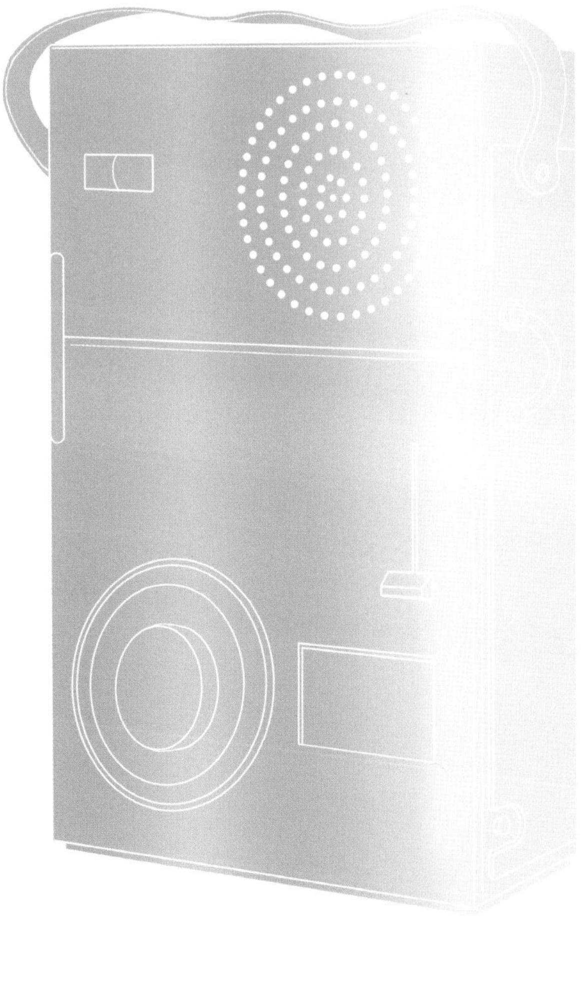

미니멀에 대한

About Minimal

미니멀 스타일의 매력

미니멀 스타일은 현대 디자인의 평준화를 가져왔다. 미니멀 스타일 디자인은 개성은 없지만 어느 정도의 수준의 디자인 스타일은 유지할 수 있다. 어떤 면에선 개성이 없고 모두 비슷한 외형의 스타일을 만든다. 어떤 면에선 창의적 조형을 창조의 시도가 어려운 경우에는 스타일을 만들 때 도피처의 방식이 되어준다.

무색무취 미니멀 스타일의 숨겨진 스타일의 근원은 무엇일까? 미니멀 조형 언어는 어떤 부분에선 새로운 변형과 창조가 어렵다. 우리가 흔히 접하는 애플의 모니터나 핸드폰 마우스와 심지어 플러그 멀티 콘센트에도 미니멀 스타일을 접한다.

미니멀 스타일은 복잡해지고 다양해진 전자 제품의 조형의 스타일을 미니멀리즘 스타일로 잠식했다. 미니멀 스타일 속엔 어떤 이야기가 숨겨 있을까?

핵심만 남기는 형식으로 조용하게 사로잡는 미니멀 스타일

최근 현대 사회에서 인공 지능이 점차 발달하고 정보와 기술이 쏟아진다. 사람들은 점차 핵심만 남기고 절제를 추구하는 '단순하게 살기'의 삶을 추구한다. 이러한 미니멀 스타일은 과거에는 어떻게 흘러왔을까?

미니멀 디자인 대표 주자 디터 람스는 기계 주의 미학을 추구하며 과도한 장식을 부정한다. 다양한 산업 디자인과 전자 제품 디자인 스타일의 형식으로 미니멀 미학을 보여준다. 디자이너 후카사와 나오토, 조너선 아이브는 모더니즘 시기에 상업주의로 인해 다양해진 양식의 다원주의의 스타일 시대와의 차별적인 미니멀 디자인을 보여준다.

프라다 핸드폰, 초콜릿 핸드폰 등 및 다양한 스타일의 디자인과 콘셉트로 그 당시 셀 수 없는 종류가 쏟아져 나왔다. 어느샌가 모바일 기기들은 애플의 아이폰 스타일이나 삼성전자의 심플한 디자인의 스타일로 통일화된다. 미니멀 스타일은 다양한 조형 양식의 혼란의 시대에 조용한 힘으로 진가를 발휘하여 모든 디자인을 한 번에 사로잡아 버렸다. 조용하지만 세다.

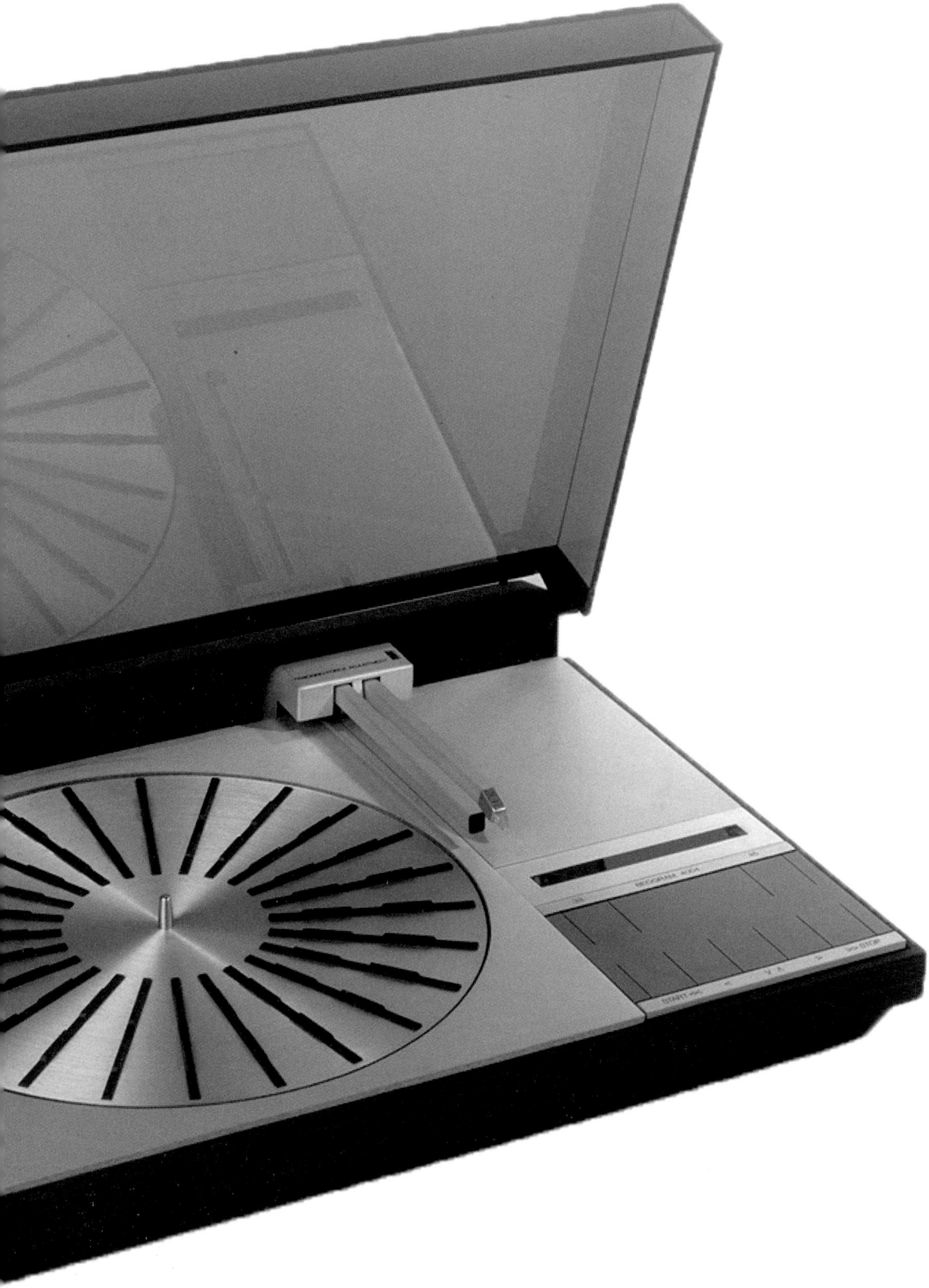

8001
야콥 옌센 Jacob Jenson
Beogram4004, 1972

미니멀의 영향과 재발견

1960년 출발한 미니멀리즘의 개념을 보면 시공간에 대한 지각, 장소성, 관계 느끼게 하기 개념의 작업이 등장한다. 미니멀 스타일은 장식과 핵심 이외의 단순하고 최소한의 기교만 담긴 스타일이다. 이들은 사물의 질서 정연한 외관과 깔끔한 형태의 정돈된 느낌을 준다. 이들은 핵심 이외 표현을 없애고 본질적인 내용만 남겼다. 미니멀 스타일은 그 본질을 조금 더 제대로 드려내려는 시도다. 단순한 심플함이 아니다.

현대 사회는 '미니멀리즘'의 절제된 형식 스타일의 조형은 우리의 삶에 알게 모르게 많은 변화를 가져왔다. 우리는 본능에 따라 정돈되고 심플한 디자인적 형태를 우선 가치로 삼는다. 화려함 뒤 없어진 형태와 심플한 조형 뒤엔 색, 촉감과 경험을 넘어선 본래의 기능이 드러난다. 예전 복잡한 형태 속 가려진 스타일의 요소들이 드러난다. 사물의 핵심은 무엇이고, 본질적 기능은 무엇인가? 우리는 어떠한 경험을 하는가?

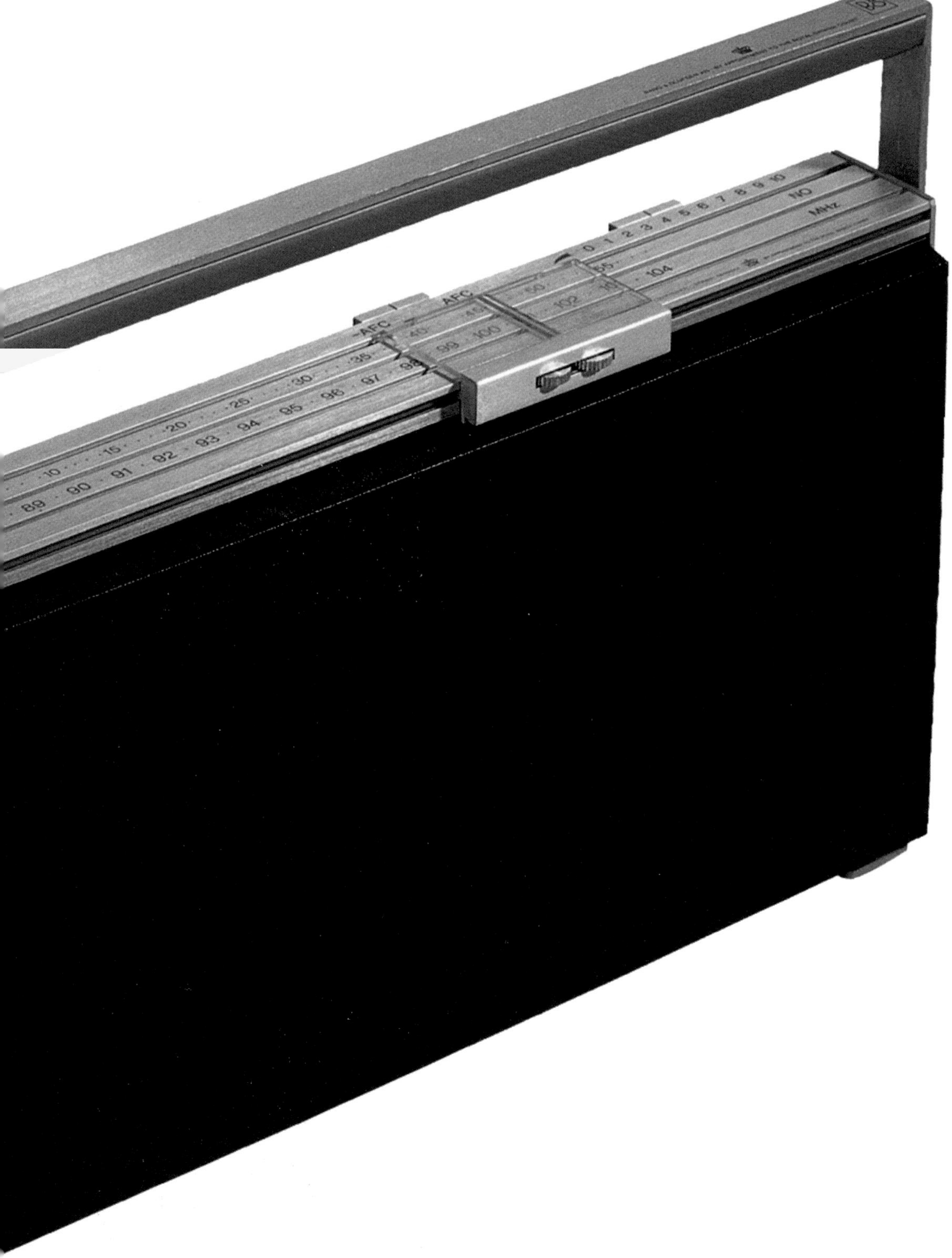

8002
야콥 옌센 Jacob Jenson
Beolit 400

미니멀 스타일의 개요
Overview of Minimal Style

미니멀의 기원

미니멀리즘Minimalism은 단순함 미美를 추구하는 문화·예술적 정신을 말한다. '최소한의' 뜻의 미니멀Minimal과 이념을 나타내는 리즘-ism이 합쳐 만들어졌다. 1930년대 더 데스틸 운동에서 영향을 받았다. 이들은 아르누보의 장식적 디자인보다는 단순함을 추구한다. 바우하우스를 거치어 1960년대 미니멀리즘의 영향을 받아 미니멀 디자인 사고와 디자인 조형이 디자이너들에 의해 시도된다.

1960년대부터 음악계에 처음으로 미니멀리즘 단어를 사용에 대해 여러 의견이 있으나 마이클 나이먼Michael Laurence Nyman이 1968년 『더 스펙테이터The Spectator』에 기고한 글의 미니멀리즘 정의를 시초로 본다. '미니멀' 단어는 불필요한 항목을 잘라냄으로써, 궁극의 진실 만 남게 된다는 의미를 지닌다. 1980년대 점차 보편적 개념 스타일로 자리 잡으며 문화, 예술, 패션, 건축, 공예 등 전반에 영향을 줬다.

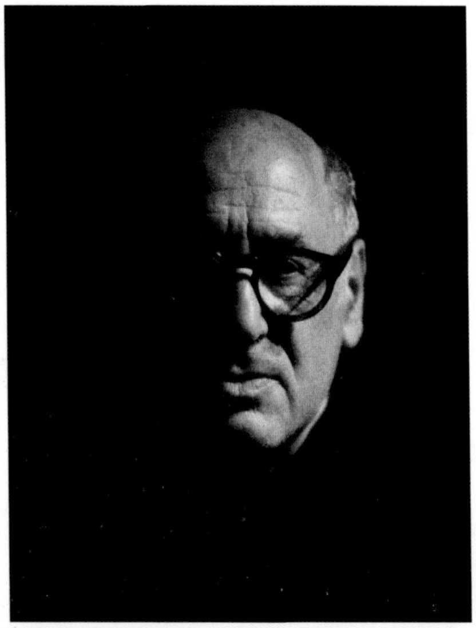
8003
마이클 나이먼 Micheal Laurence Nyman의 사진

미니멀의 탄생 배경

미니멀리즘 시대의 이전 상황을 보면 그 변화를 파악하며 미니멀 스타일의 시작을 조금 더 명확하게 확인할 수 있지 않을까? 추상미술을 살펴보자. 그의 태동 및 발전 시기는 제2차 세계대전과 맞물렸다. 1940년대 말과 1950년대 초, 1200만 명의 인구가 사망하고 대륙을 황폐화한 제2차 세계대전의 충격에 전쟁 때문에 예술가들의 재현의 대상들이 파괴됐다.

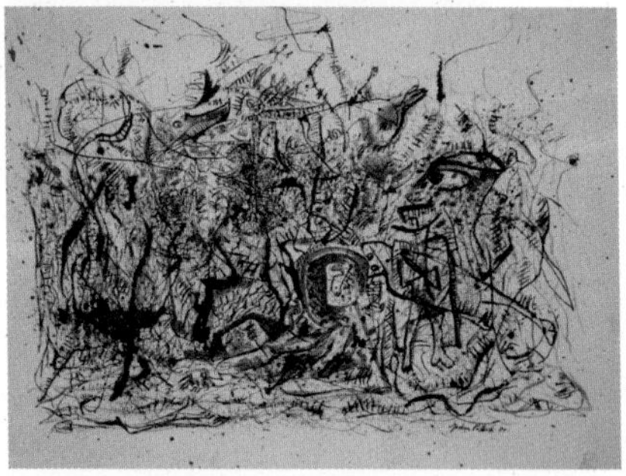
8004
잭슨 폴록 Jackson Pollock
무제, 1944

잭슨 폴록, 마크 로스코 등 예술가들은 이들은 재현을 포기하고 자기의 내면을 본다. 그들은 점차 인간에 대해 성찰하며 반성한다. 추상 표현주의는 고통을 추상적으로 표현하고 드러내면서 전쟁의 아픔을 추상으로 승화시켰다. 추상 표현주의 선구자 잭슨 폴록은 작가의 드리핑 기법의 방식으로 표현을 진행하는데 작품 자체에 구도나 초점을 설정하지 않고 화면 전체를 활용한다.

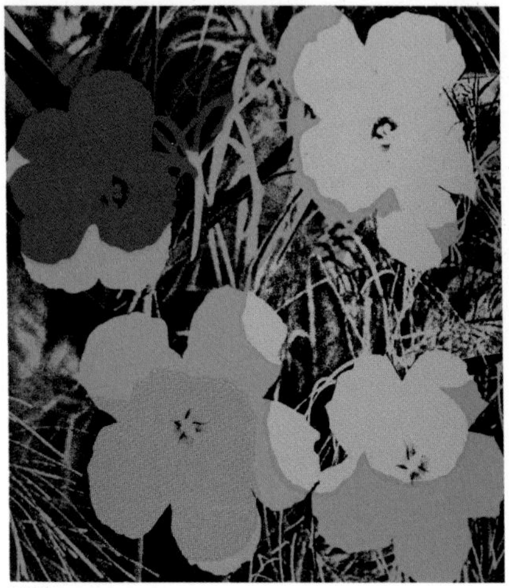
8005
앤디 워홀 Andy Warhol
꽃Flowers, 1970

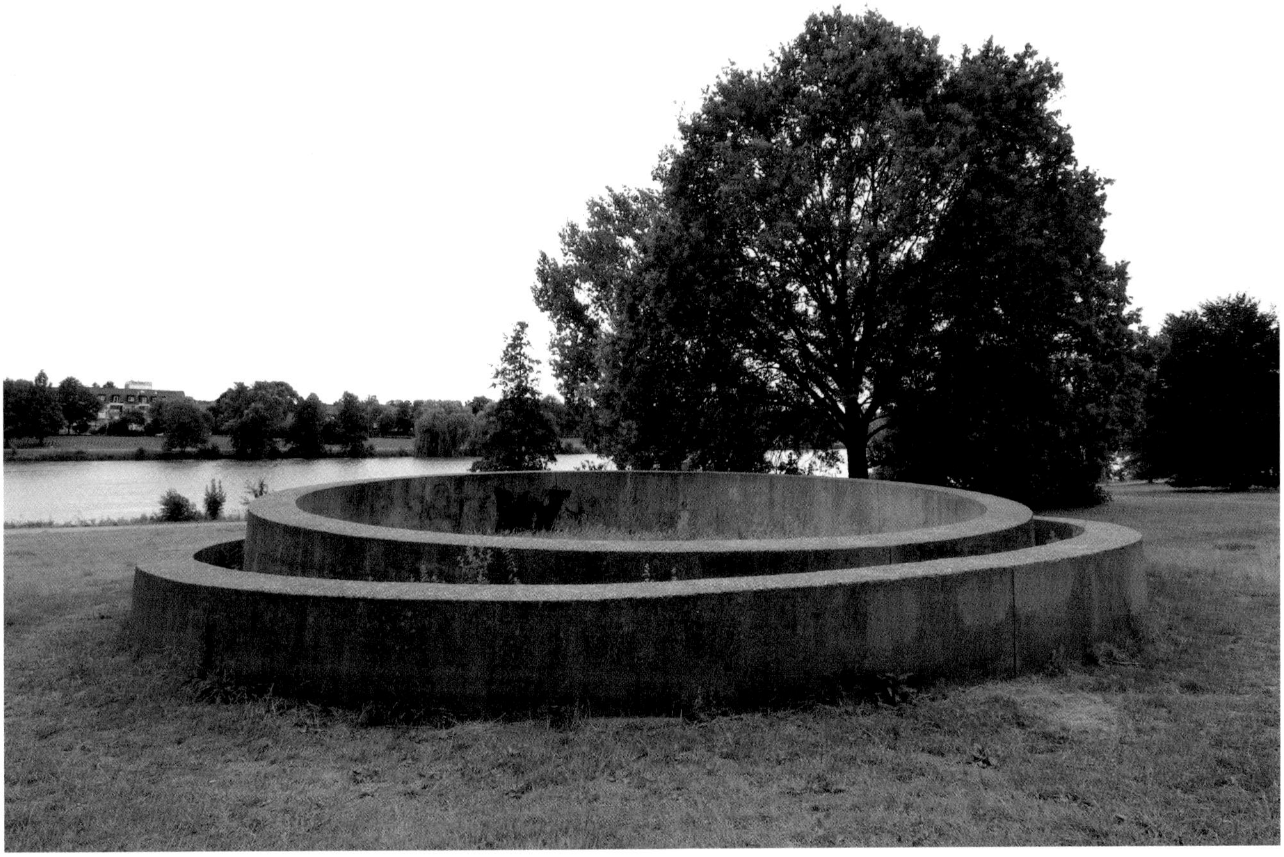

8006
도널드 저드 Donald Judd
Ohne Titel, 1977
Münster

미니멀의 시작

추상 표현주의에 이어 팝 아트의 형식도 잠시 등장하지만, 이들의 미학을 모두 반대하는 미니멀 스타일이 등장한다. 이전까지만 해도 예술가는 자신의 개성을 작품으로 드러냈다. 따라서, 예술 표현에는 다양한 조형적 방식을 활용했다. 미니멀 스타일이 등장하며, 작가들은 점차 본인의 개성을 표현하는 방식을 거부한다.

미니멀 스타일을 추구하는 예술가들은 작가의 익명성, 작품에서 기성품을 활용하고 근대적 예술가의 개념을 뒤집는 방향을 시도한다. 작가 조각가 토니 스미스, 조명 예술가 댄 플래빈, 프랭크 스텔라, 공업용 재료, 벽돌, 철, 목재 등을 형태로 활용하는 도널드 저드, 칼 안드레 등이다. 미니멀 스타일 작가들은 전시 공간에 단순한 상자나 금속판을 늘어놓은 작품을 전시했다.

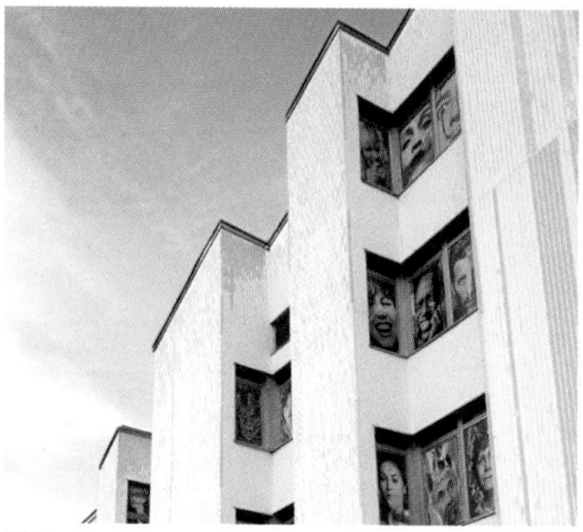

8007
앤디 워홀 박물관 Andy Warhol Museum of the Modern Art, 슬로바키아

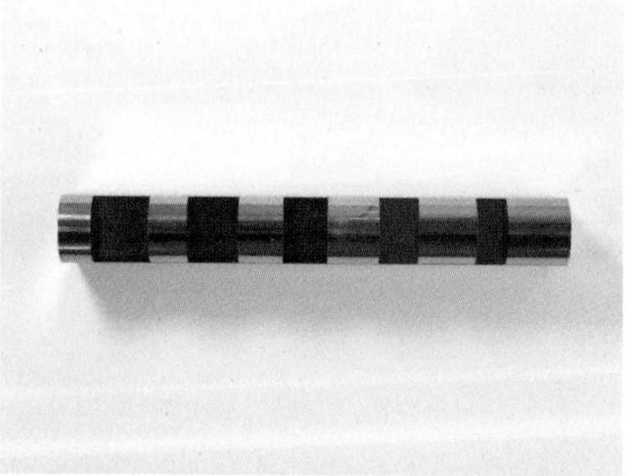

8008
도널드 저드Donald Judd
무제 Untitled, 1970

8009

8009
댄 플래빈 Dan Flavin
Structure and Clarity, 런던 테이트 모던 박물관

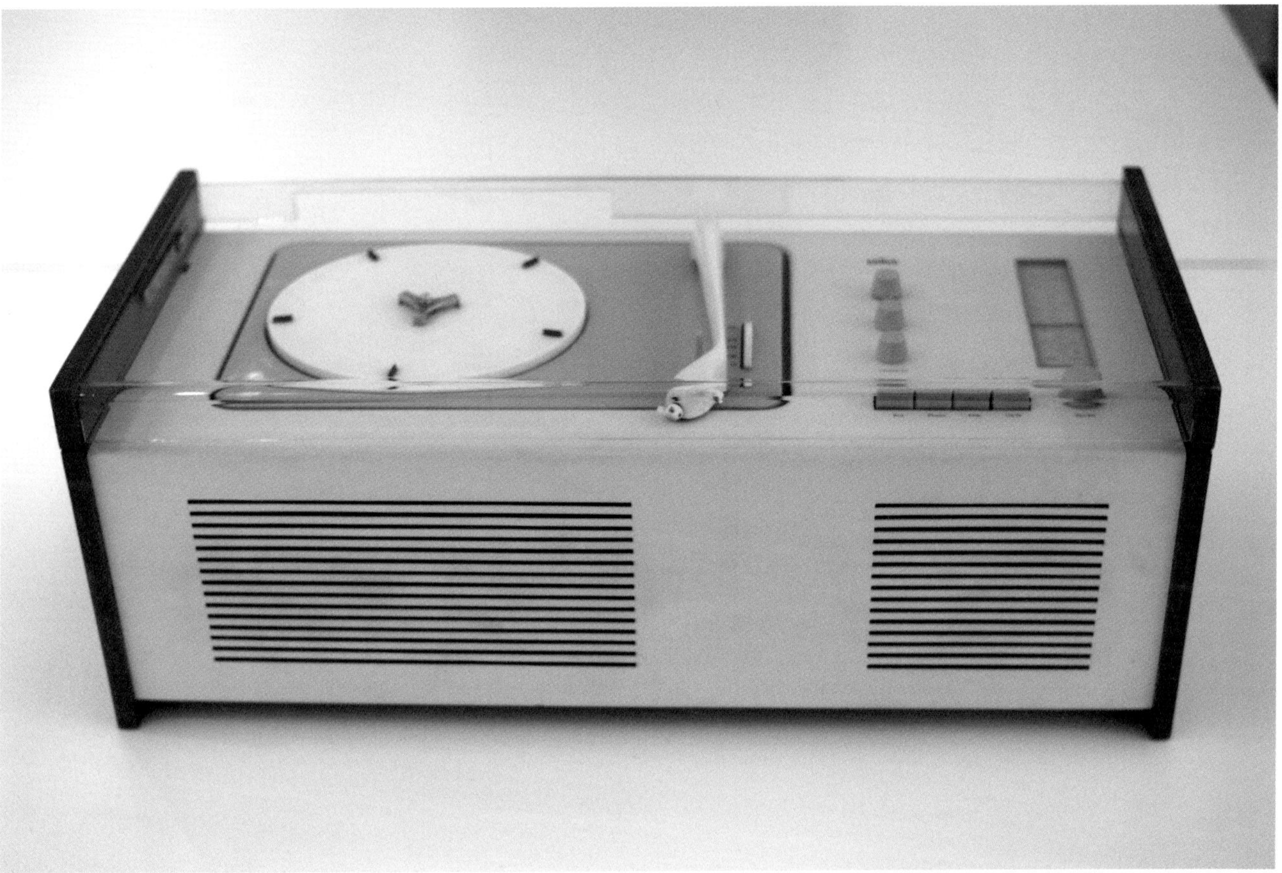

8010
디터 람스Dieter Rams
Braun SK4 Gramophone.
München

미니멀 스타일의 특징
Features of Minimal Style

미니멀 스타일의 특징

미니멀 스타일은 많은 정보와 복잡해진 우리의 삶에 본질에서 필요하고 중요한 점이 무엇인지 질문을 던진다. 미니멀리즘 작가의 예술 작품, 음악, 조형물 및 건축엔 이러한 핵심을 추구하며 기교를 거부하는 태도가 보인다. 형식적으로 단순함만으로 미니멀 스타일을 단정 짓기 어렵다. 이들 작품은 개인적인 감성이 드러나지 않는다. 간결하고 추상적 형태의 선이나 면, 기하학적 조형의 외관을 지닌다. 소재와 색도 질감과 재료의 본연의 모습을 장식 없이 보여준다. 그리고 이전에 쓰이지 않던 소재나 혹은 경험, 관계에 근원적 물음을 던지는 형태를 보여준다. 내면의 감성을 배제하며 절제의 미학을 보여준다.

도널드 저드

Dieter Rams, 1928~1994, 독일, 디자이너
미니멀 아트의 창시자로도 불리는 예술가. 1960년대부터 1970년대 사이 미니멀리즘을 주장했다.그의 작품은 회화부터 3차원까지의 작품을 아우른다.

그는 1946년부터 1947년 한국에서 군대에 복무하기도 했고, 뉴욕 아트 스튜던츠리그와 컬럼비아 대학에서 미술사와 철학을 전공해서 예술 비평가로도 활동했다. 그의 작품의 형태는 단순하며 재료의 물성을 있는 그대로 보여준다. 모듈의 반복과 변주도 보인다.

도널드 저드의 작품은 작가가 직접 제작하지 않고 외주를 주어 가공업체에 작품 제작을 맡기는 형식으로 진행했다. 따라서 도면을 그려 제작하는 곳에 보내 제작하고 예술가들이 직접 만드는 과정이 생략된 방식을 사용한다. 이러한 방식은 작가들에게 큰 영향을 끼쳤다.

8011
도널드 저드Donald Judd
Orange Grid Design Series

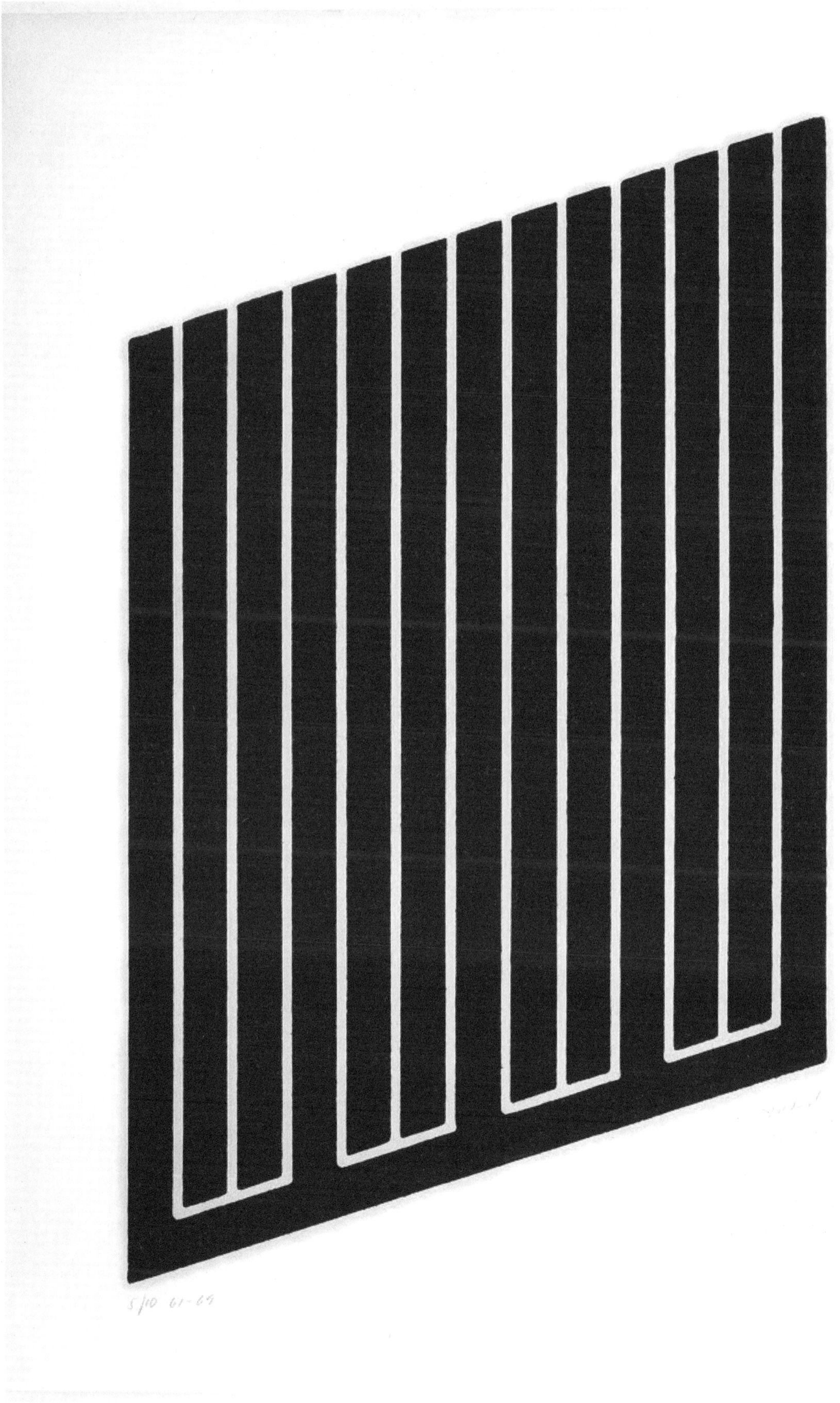

도널드 저드의 존재의 본질

도널드 저드는 3차원 작품으로 알려졌고, 사물 자체의 본질을 드러냈다. 그는 미술가의 감정과 사상의 개입을 최소화한다. 그는 사실 1940년대 후반에 평면 작품으로 처음 예술세계에 발을 내딛고, 1987년에 인터뷰에서 그가 작품의 근원은 회화 작업이라 이야기와 같이 저드의 회화작품은 후에 3차원 작품의 근간이 된다. 그의 작품은 본질적 요소를 차용하고, 형태와 공간의 존재감을 환기한다. 사물이 놓이는 장소와 자체로서의 재료와 형태가 의미가 있다.

8012
도널드 저드 Donald Judd
Concrete Block

8013
도널드 저드 Donald Judd Bottrop Im Stadtgarten

8014
도널드 저드 Donald Judd, Untitled, 1982~1986

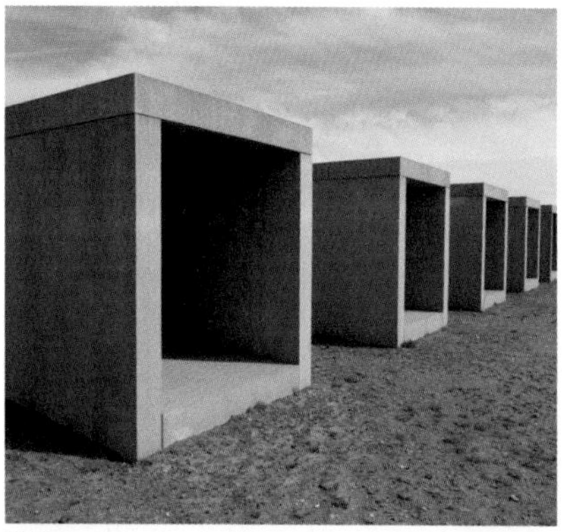

8012

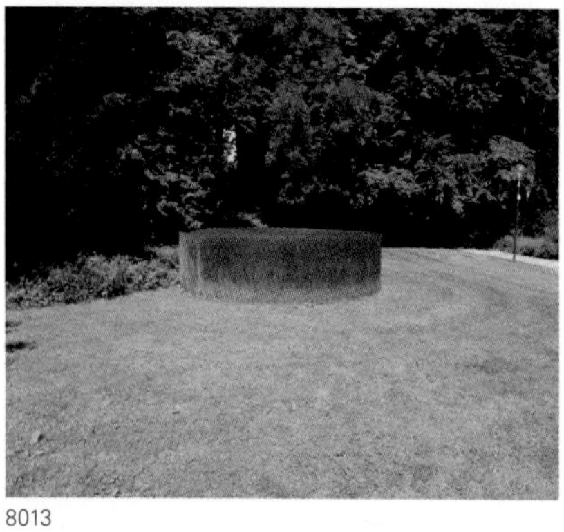

8013

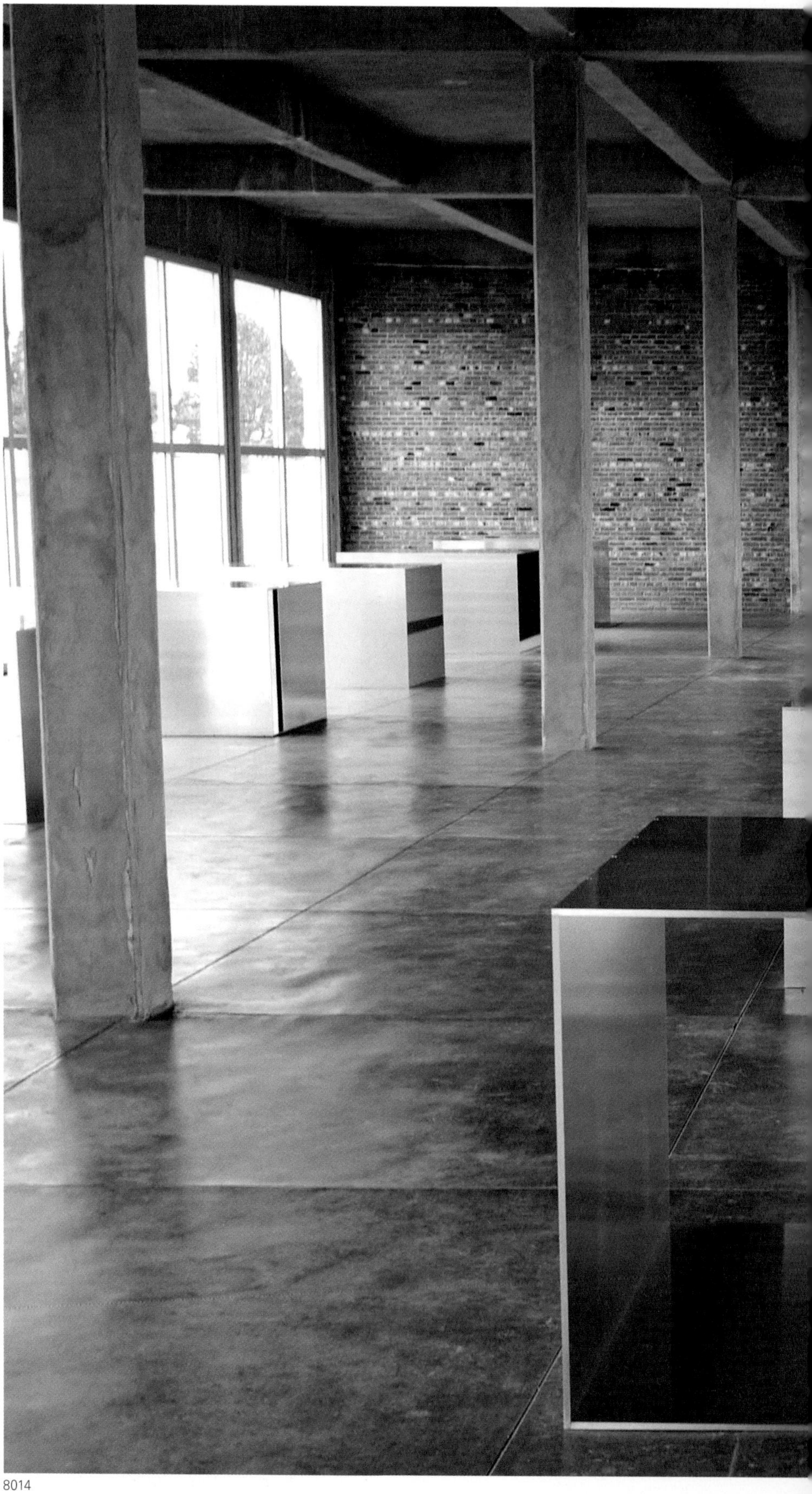

8014

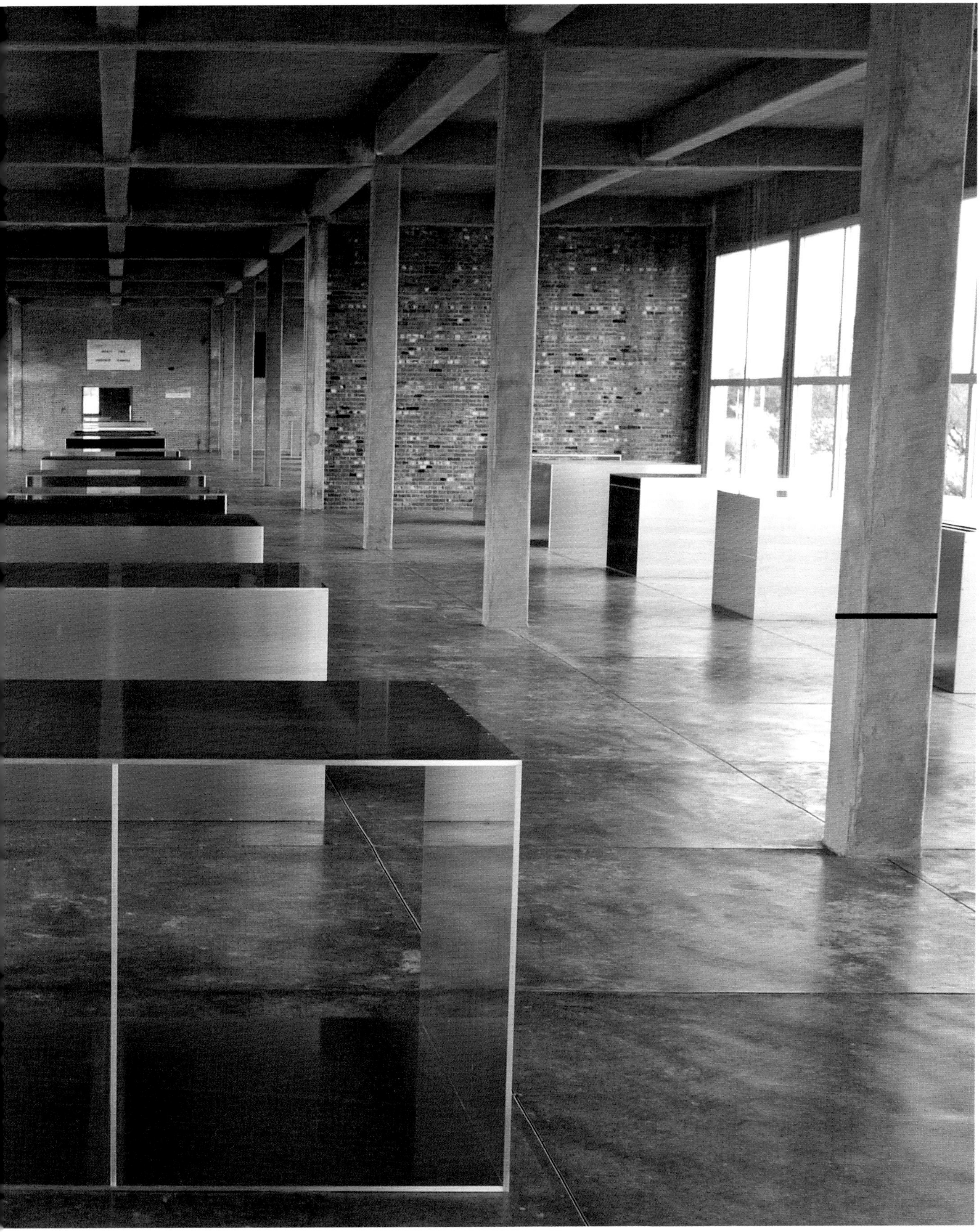

미니멀 스타일 작가들

도널드 저드는 1962년에 캔버스에 작업을 멈추고 관계와 경험에 연결된 조형 작업을 제작했다. 저드는 산업적 공정을 거치어 만들어지는 산업 재료를 작품의 소재로 활용했다. 점차 3차원 작품으로 표현되기 시작했다. 물체들은 공간 속에서 물리적인 사물로 존재하며 경험을 제공했다. 철제 판과 재료, 콘크리트, 유리 등 일상 속 산업 재료로 작품을 제작했고 이는 기존 예술 작가의 개성, 수작업, 장인 정신과 같은 요소를 탈피하고자 하는 시도다.

8015
댄 플래빈 Dan Flavin
Untitled, 1969

8016
댄 플래빈 Dan Flavin
Monument for V. Tatlin, 1964

8017
댄 플래빈 Dan Flavin

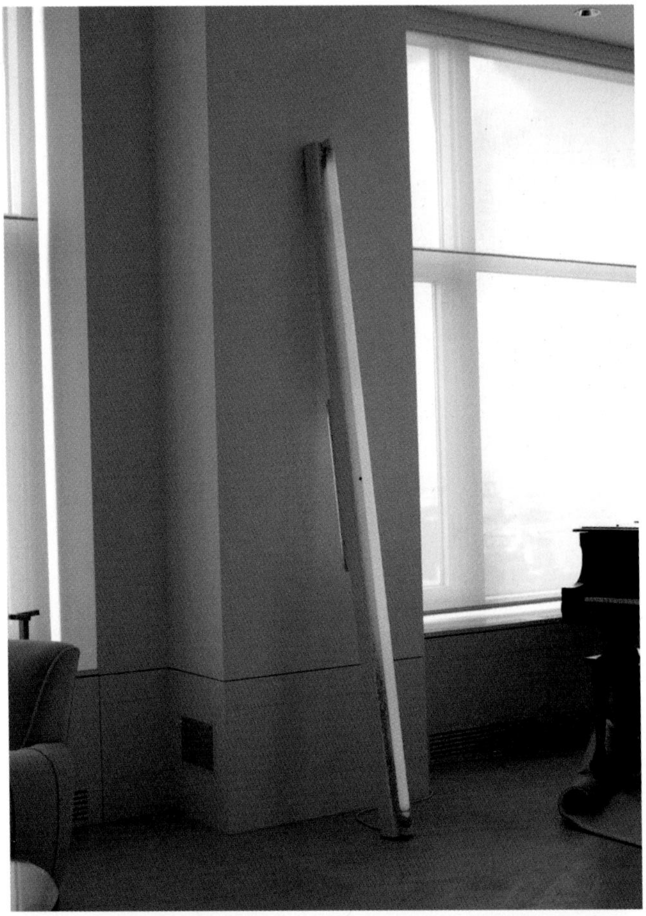
8015

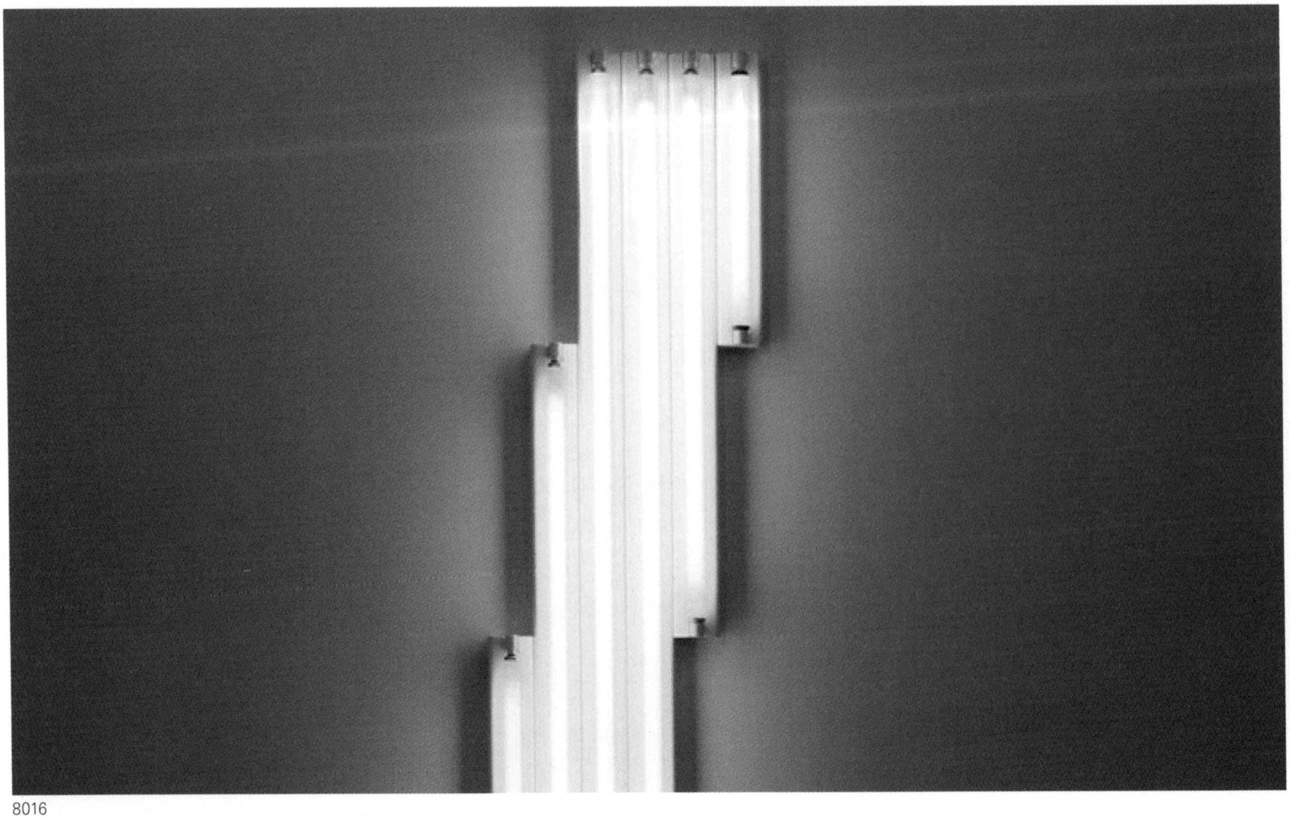
8016

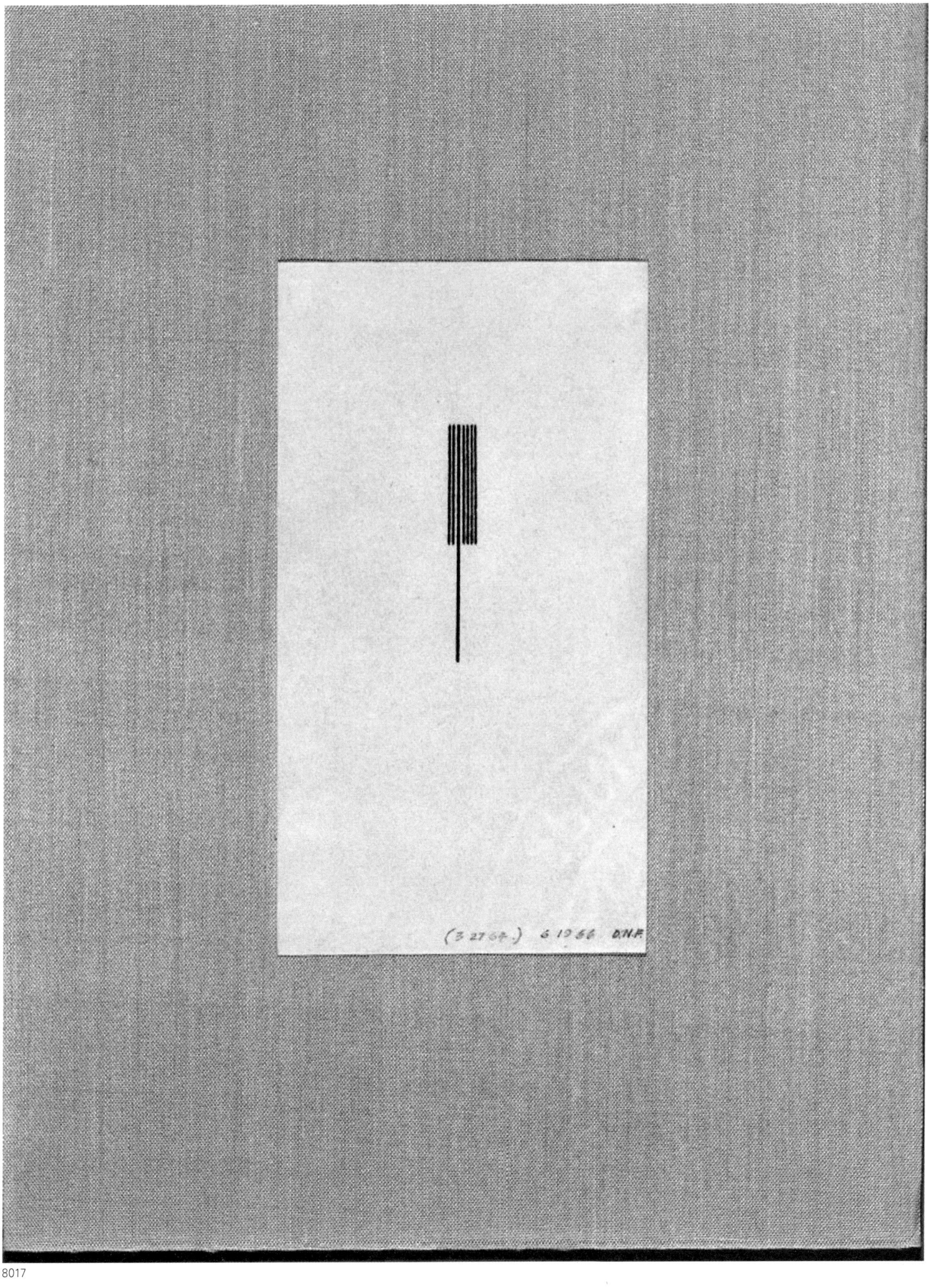
(3.27.64.) 6.19.66 D.N.F.

미니멀 스타일의 인테리어
Interiors of Minimal Style

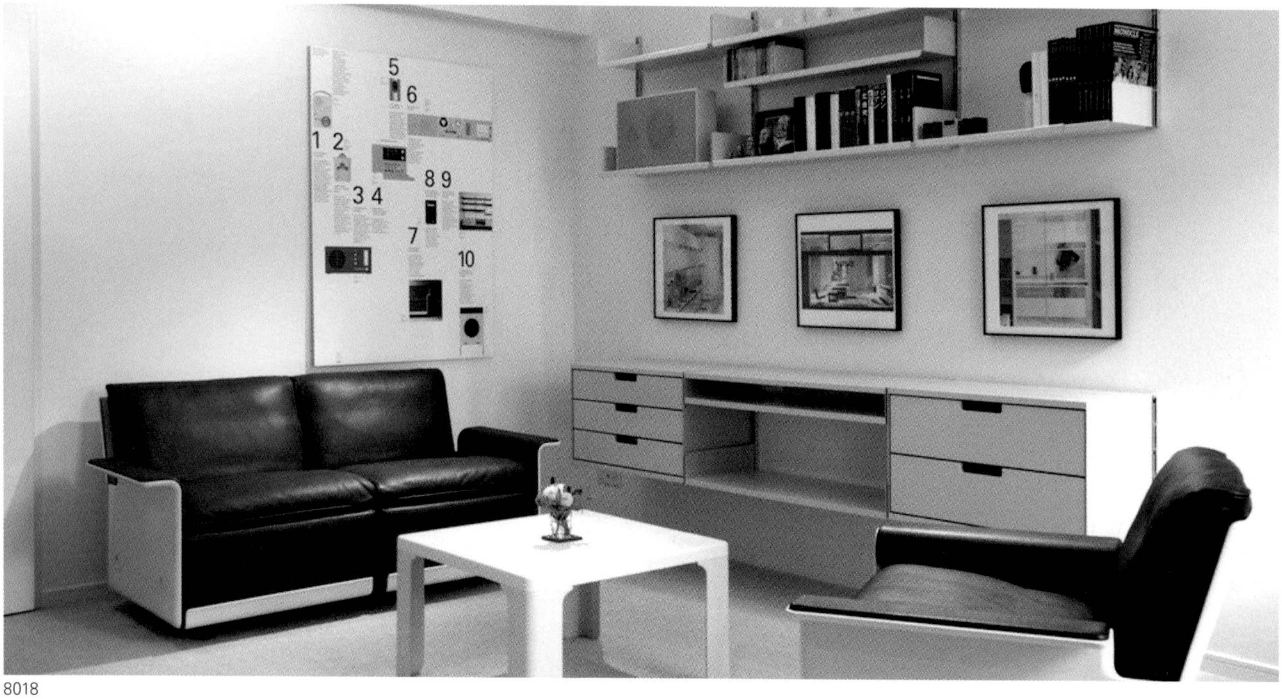

8018

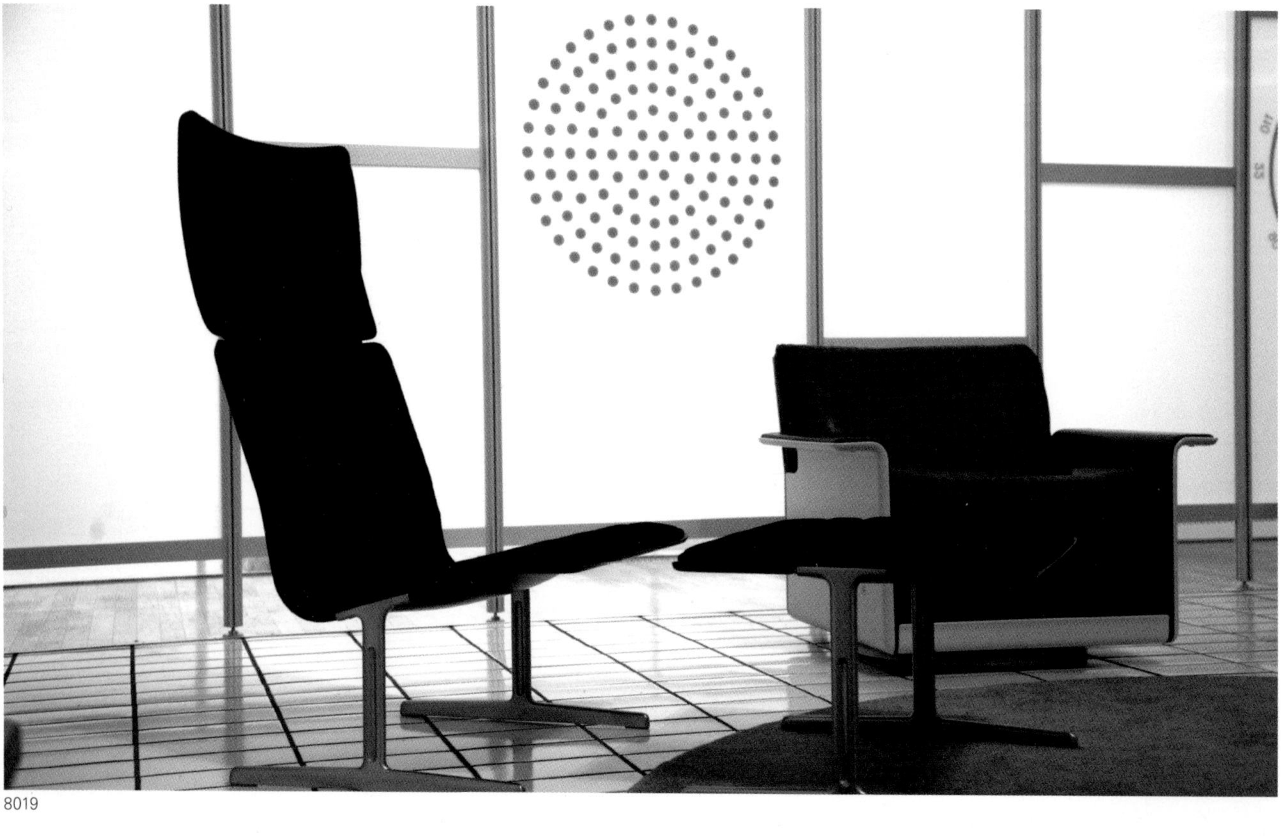
8019

미니멀 스타일 인테리어

좋은 디자인은 가능한 적게 디자인한다는 철학의 미니멀 스타일은 우리 주변 생활 환경을 구성하는 하나의 보편적인 스타일이다. 미니멀 스타일은 최소한의 요소나 아이템으로 단순하게 공간을 구성한다.

비우고 없애는 과정에서 단순한 구성은 실제의 삶과 생활에 정말 필요한 것이 무엇인가를 생각하게 한다. 실용적인 측면과 또한, 활용적인 측면을 생각해서, 벽과 벽 사이의 공간을 활용하고, 장식을 최대한 적게 하고, 놓이는 사물과 가구 스타일도 최대한 간결하면서 필요한 요소만 배열한다. 벽지나 색채 혹은 전체적인 구성도 단순하면서 통일된 색을 사용하고, 포인트 색을 활용해 공간에 연출한다. 비움의 여백으로 공간 안에 쉼과 휴식의 분위기를 연출한다.

디자이너 디터 람스는 "집은 커다란 가구요, 가구는 작은 건물이라고 이야기했다." 안락함과 명료함을 주며, 바닥과 벽이 깔끔하게 구성되며 재료를 섬세하게 조합하여 세련된 무드를 만든다. 벽장 시스템이나, 멋스러운 장식의 깔끔한 화이트와 블랙의 가구나 사물이 차분하면서 단정한 분위기를 연출한다. 좋은 가구는 실용적이고, 혁신적이고 지속적이다는 개념은 공간에 놓여진 사물과 인테리어도 적용된다.

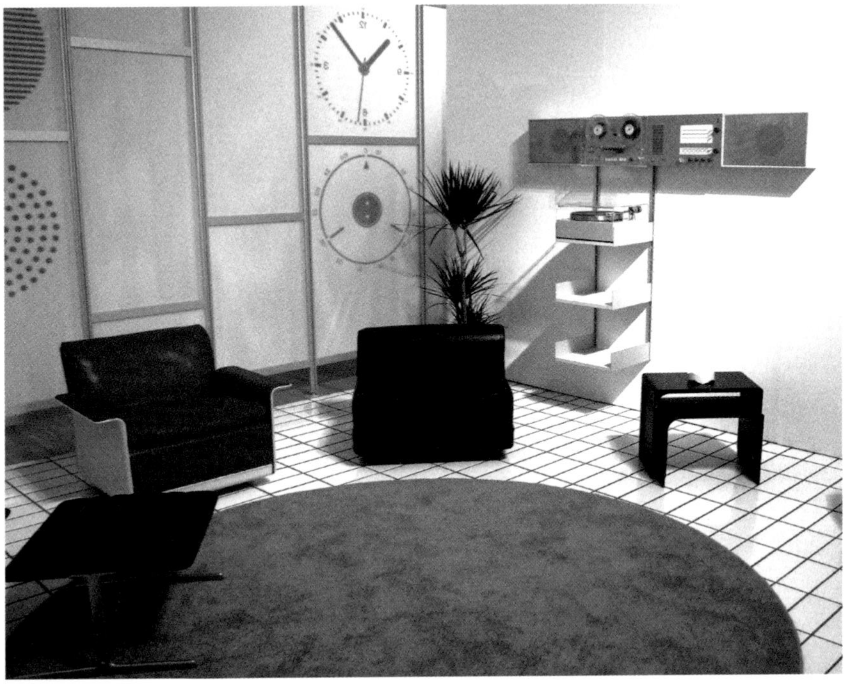

8020

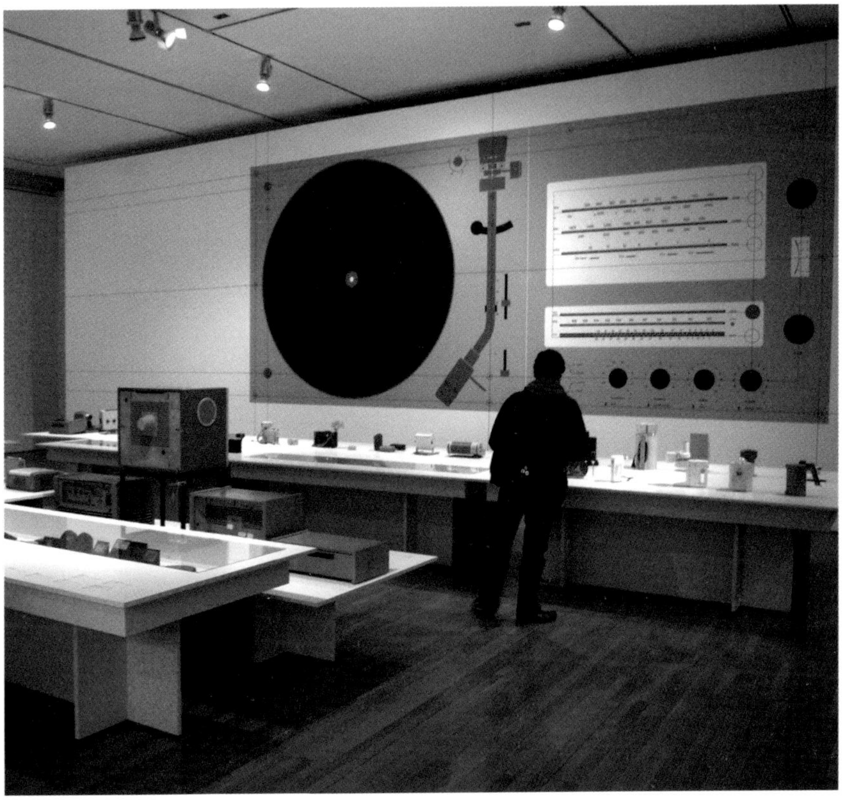

8021

8018
디터 람스 Dieter Rams
Vitsoe, 일본

8019
디터 람스 Dieter Rams
Vitsœ Model 601라운지 체어와 가구, 1960

8020
디터 람스 Dieter Rams 가구와 인테리어

8021
디터 람스 Dieter Rams 전시장 전경

미니멀 스타일의 가구
Furniture of Minimal Style

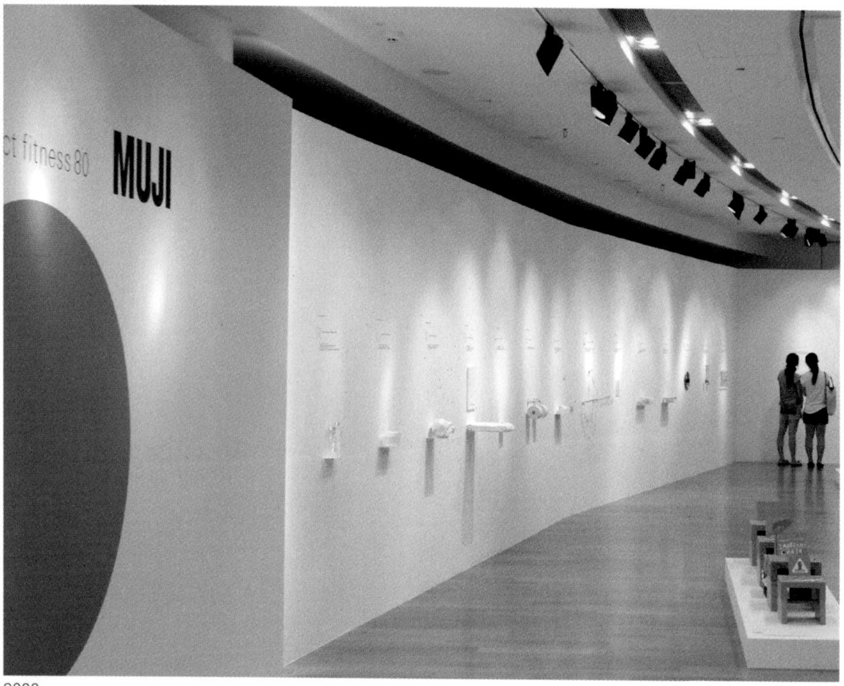

8022

텅 빈 그릇과 같은 무인양품 디자인

무인양품 MUJI은 특징 없는 상품의 의미를 지닌다. 이는 디자이너 하라 켄야가 비움의 미학에서 비롯되어 절제와 생략의 조형을 보여준다.

하라 켄야는 "무인양품은 간결하지만 스타일은 미니멀리즘은 아니다. 즉 텅 빈 그릇과 같다. 단순하면서 여백이 있는 디자인은 다양한 생각을 유연하게 받아들일 수 있다."라고 한다. 비움의 디자인으로 7000개의 디자인은 조화로운 무인양품 브랜드 안에 삶의 방식을 보여준다. 미니멀 라이프를 꿈꾸게 해주며 절제된 생활의 스타일을 보여준다.

무인양품 디자인은 제품을 팔지 않는다고 이야기한다. 디자인은 산업과 만나 창의적 예술을 담아낸다. 이들은 텅 빈 비움의 미학, 다양한 대상을 수용하는 잠재성을 지닌 포용과 유연성을 지닌다. 비움의 아름다움은 다양한 제품, 인테리어, 생활 소품에서 보여준다. 특정한 정체성이 없다.

8022, 8023, 8024, 8025, 8026
무지 프로젝트 Muji Product Fitness 80 전시장 전경

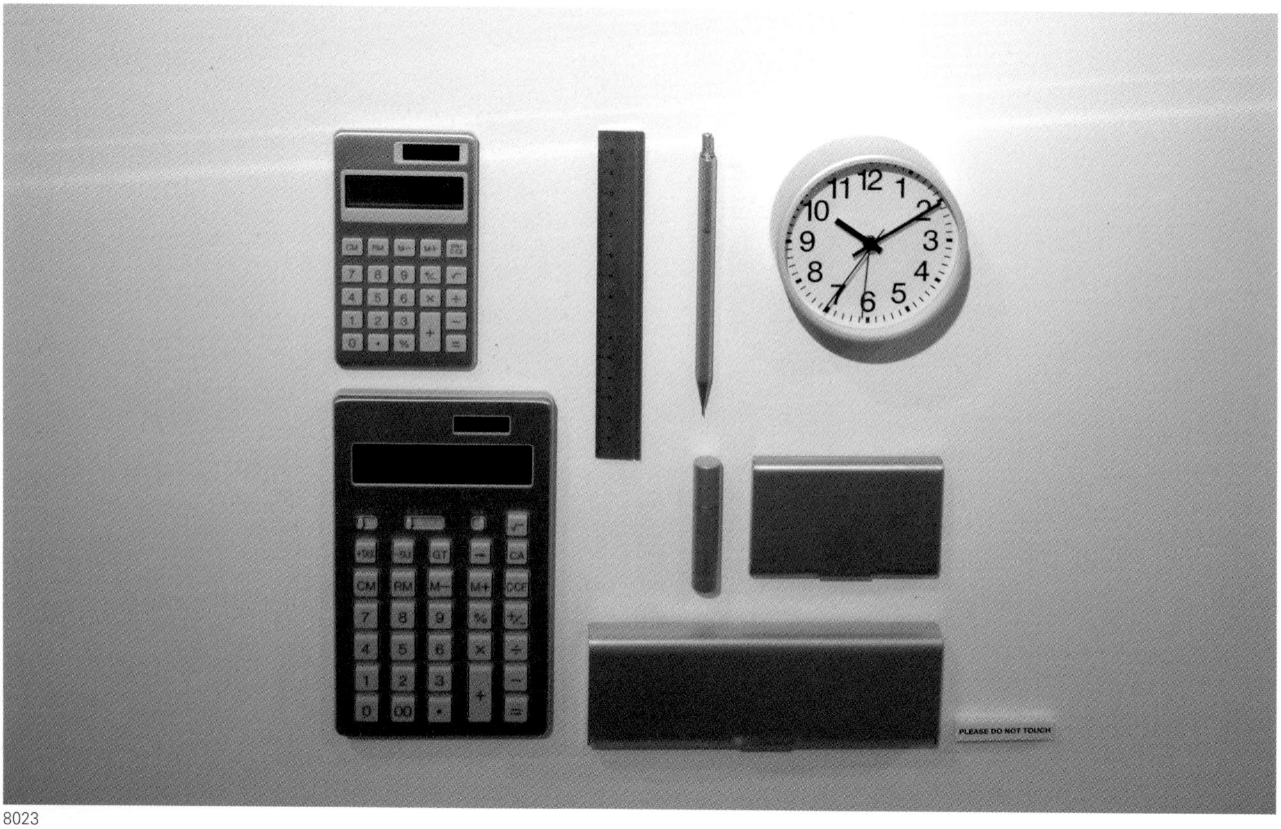

8023

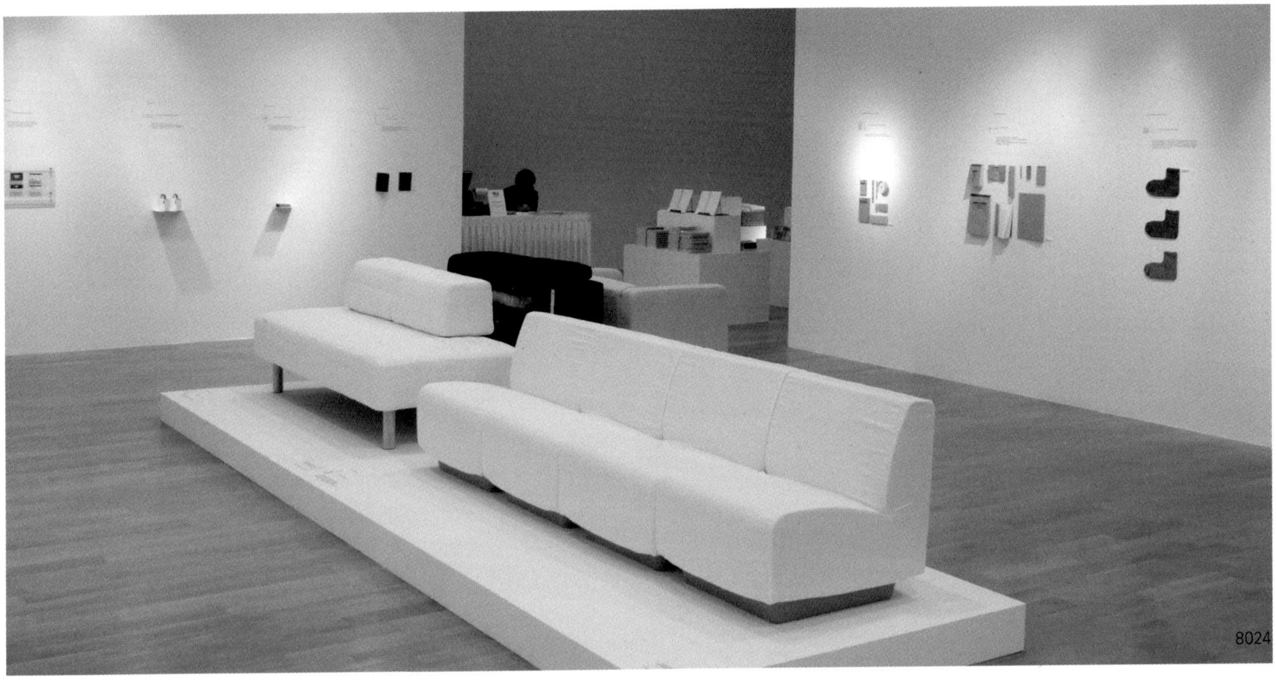

8024

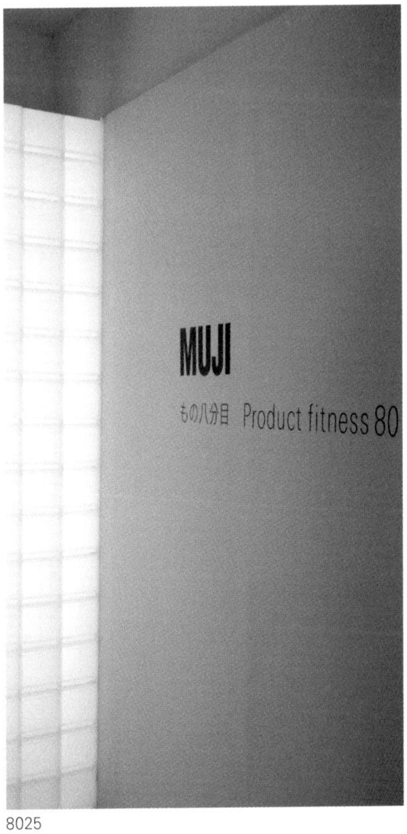

8025

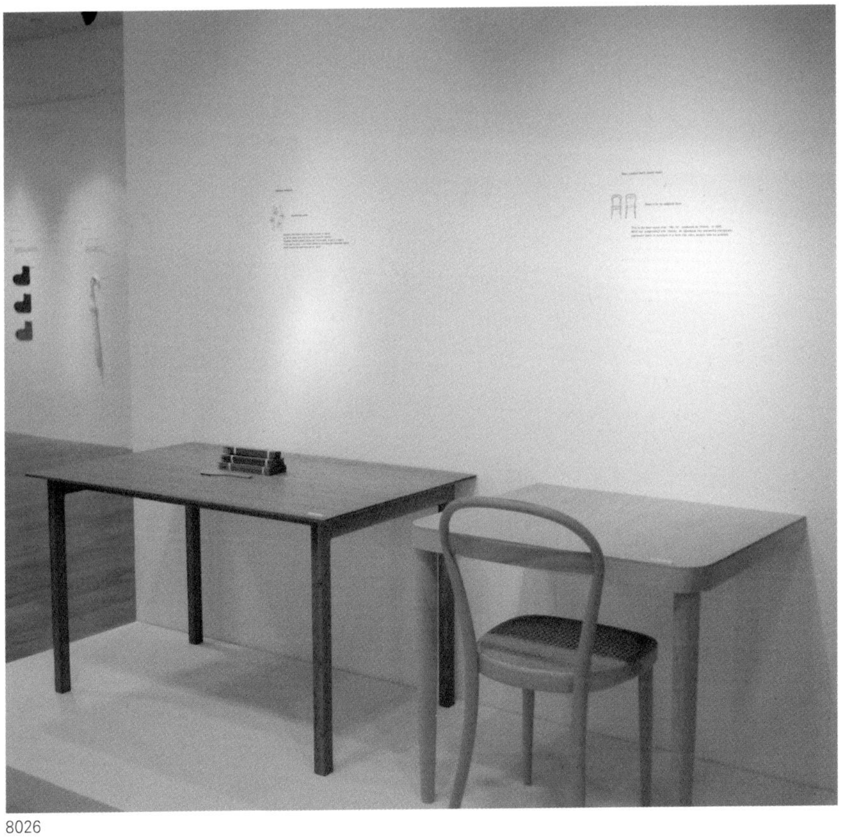

8026

미니멀 스타일의 제품

Industrial Design of Minimal Style

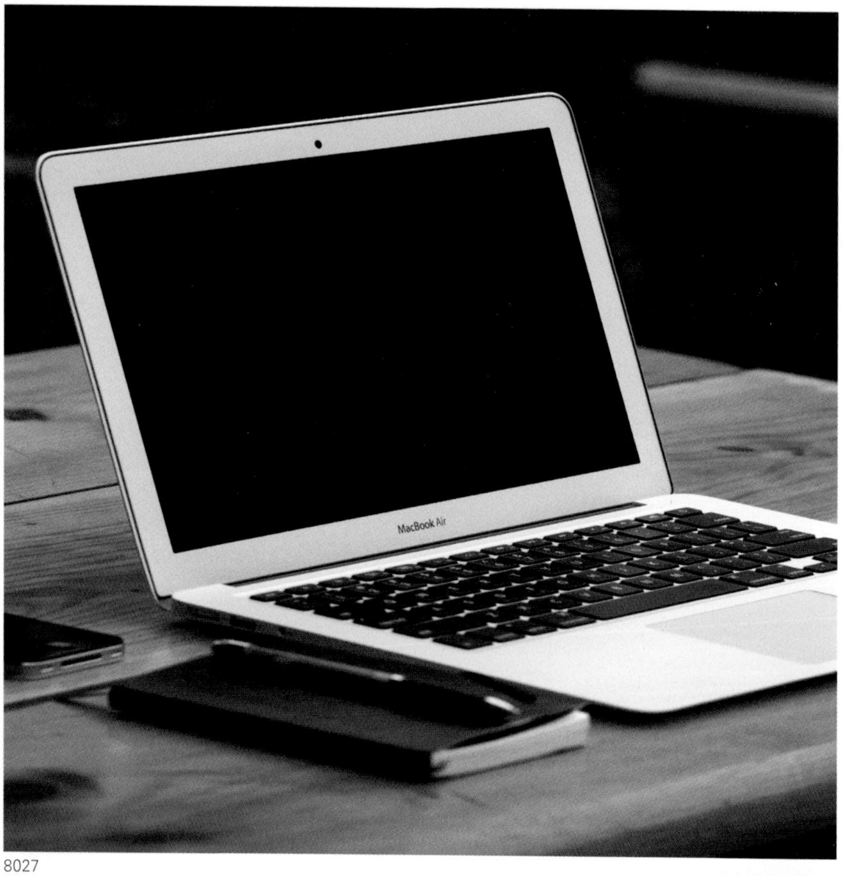

8027

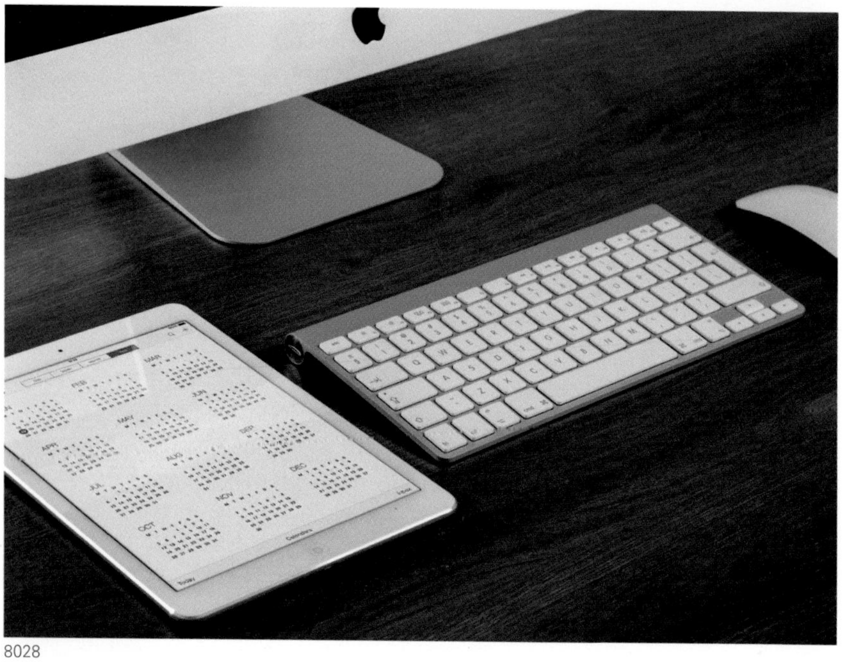

8028

애플 디자인과 미니멀 스타일

애플 디자인은 시각적으로 군더더기 없는 깔끔함과 간결한 외형의 디자인을 경험하게 한다. 디자이너 조너선 아이브Jonathan Ive는 "적은 것이 더 많다Less is more"는 모더니즘 원칙을 따르며, 제품 형태는 직선과 부드러운 곡선으로 구성된다.

제품 디자인의 외형은 시각적으로 조화로운 비율과 사용자에게 심미적 외형의 아름다움을 견고하며 세련된 외관 디자인을 지닌다. 재료, 색, 특수 재질 알루미늄, 유리, 스틸과 같은 프리미엄 재료들이 견고함과 세련된 형태의 완성도를 더한다.

가볍고 강도 높은 스틸에 정밀한 가공은 높은 마감의 완성도와 함께 시각적, 촉각적 만족감을 제공한다. 애플 디자인은 디터 람스Dieter Rams의 디자인 철학에서 영향을 받았다. 디터 람스의 "좋은 디자인은 혁신적이고, 제품을 이해하기 쉽게 하며, 환경에 책임감을 가진다"는 원칙을 반영한다. 애플 디자인은 미니멀 스타일 원칙을 철저히 따르며, 복잡한 기술을 단순하고 직관적으로 표현하는 데 성공했다.

8027
조너선 아이브Jonathan Ive의 맥북 에어, 노트북 디자인

8028
애플의 아이패드iPad, 아이맥 iMac

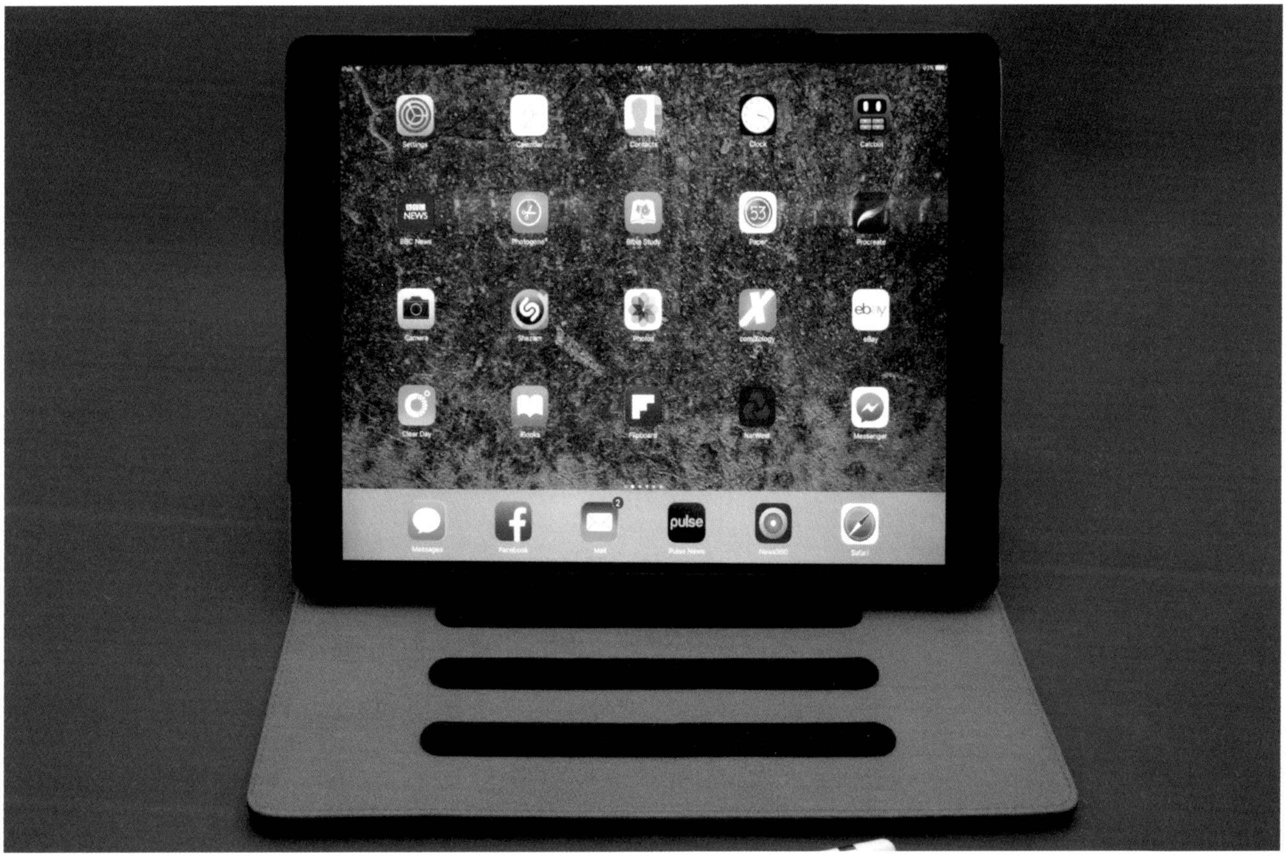

8029

8029
조너선 아이브Jonathan Ive의 아이패드 디자인

8030
애플 매직 마우스 디자인

8031
Matali Crasset, Soundstation Radio Alarm Clock 1996~1998

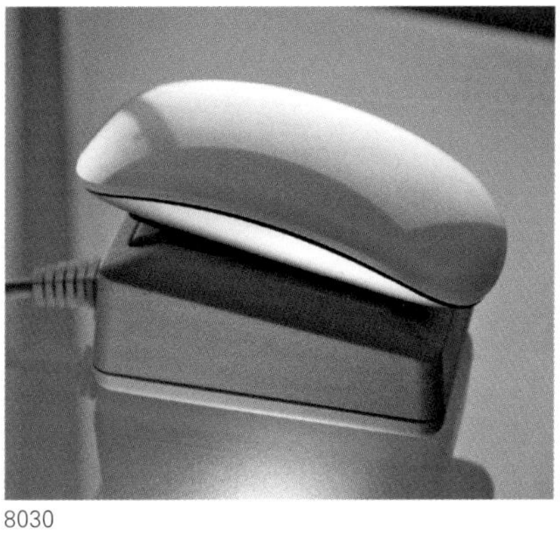

8030

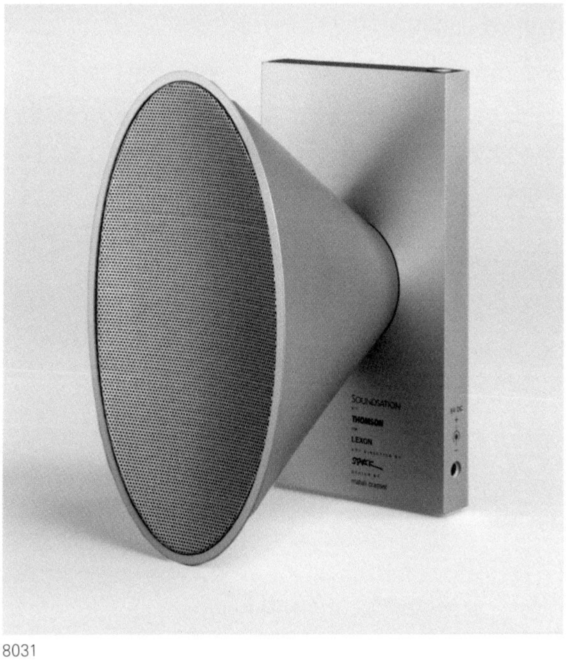

8031

디터 람스 Dieter Rams (1932~, 산업디자이너) 독일

"좋은 디자인은 최대한 단순한 디자인이다. 순수함과 단순함으로 회귀해야 한다"고 이야기한 디터 람스는 독일의 대표적인 디자이너다. 그는 1932년 독일의 비스바덴에서 태어나서 건축학을 전공하고, 프랑크푸르트의 오토 아펠의 스튜디오에서 근무했다. 그는 브라운 형제가 운영하는 제품 회사에 인테리어 디자인 프로젝트를 의뢰받았다. 이는 디터 람스가 제품 디자인 영역으로 작품을 전환하는 계기로, 독일의 브라운사에 입사하여 1961년부터 브라운사의 디자인 부서장이 되고 1995년까지 디자인 책임자로 30여 년간 활동했다. 그는 1980년 브라운 감독위원회 연설에서 다음과 같이 말했다. "나는 좋은 디자이너들이 항상 시대를 한발 앞서야 한다고 생각한다. 그들은 일반적으로 당연하다고 생각하는 모든 것에 의문을 제기해야 한다."

그는 영국의 가구 제조업체인 비초에Vitsoe 와 함께 일했다. 디터 람스의 디자인의 사고는 20세기 중반 모더니즘과 깊이 연관됐다. 이러한 디자인 원칙들은 20세기 중반 모더니즘 운동의 연장선에서, 불필요한 요소를 배제하고 본질에 집중하는 군더더기 없는 디자인 철학과 사고를 정리한다. 람스는 제품이 사용자에게 직관적이고 편리하게 사용하는 디자인을 제안한다. 그의 작품은 절제된 형태 속에서 기능성과 심미성을 구현하며, 사용자에게 직관적이며 편리한 경험을 제공한다.

그가 디자인한 브라운SK4 플렉시 글라스 덮개가 있는 레코드플레이어는 라디오 축음기 장치이다. 이 제품은 클리어 타입의 디스플레이를 적용하여 기능적인 구성 요소의 명확한 인식기 가능하다. 또한 SK4는 이전의 제품들과 확실히 달랐다. 이후 출시된 레코드플레이어의 표준이 되며, 컨트롤러의 모양과 디자인 및 소재에 대한 사고와 접근은 가정용 음향 시스템의 새로운 디자인 방향을 제시했다. 또한 1963년에 브라운은 좋은 청취를 위한 기본 규칙의 안내서를 발간해 소비자들에게 새로운 하이파이 음향 기술과 가정에서 경험하는 방법을 교육했다. 독자들에게 청취 경험을 최적화한 스피커의 배치 방법과 완벽한 청취에 대한 경험을 조언했다.

디터 람스의 브라운 SK4 라디오

디터 람스는 1954년 한스 구겔로가 이끄는 새로운 라디오의 작업에 참여했다. 구성 요소의 배열과 공간 내에서의 역할에서 재구성하는 실험적 과정은 브라운 SK4 라디오로 보여준다. 이들은 추가 대신에 모듈선, 간결한 형태와 원칙에 기반을 둔 형태의 정리를 선보였다.

그는 다음과 같이 이야기한다. "나는 끊임없이 새로운 것을 생각해내도록 강요당하는 것 보다 개선하는 것이 더 낫다고 생각한다. 그것은 종종 새로운 것이 아니라 형식적으로 겹쳐진다. 만약 내가 외부에서 시작한다면 그것은 형식적이다. 그리고 그것이 리엔지니어링이란 용어를 선호하는 이유인데, 나는 내부부터 디자인을 시작하고 싶다. 항상 내부에서 외부로 형태는 형성된다."

8032
디터 람스 Dieter Rams
브라운사 레코드 플레이어

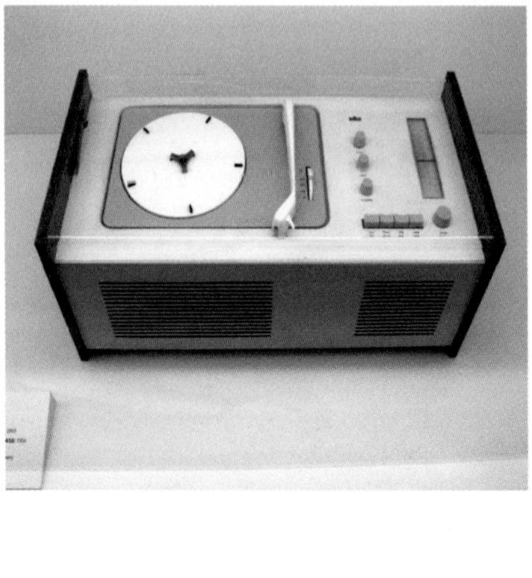

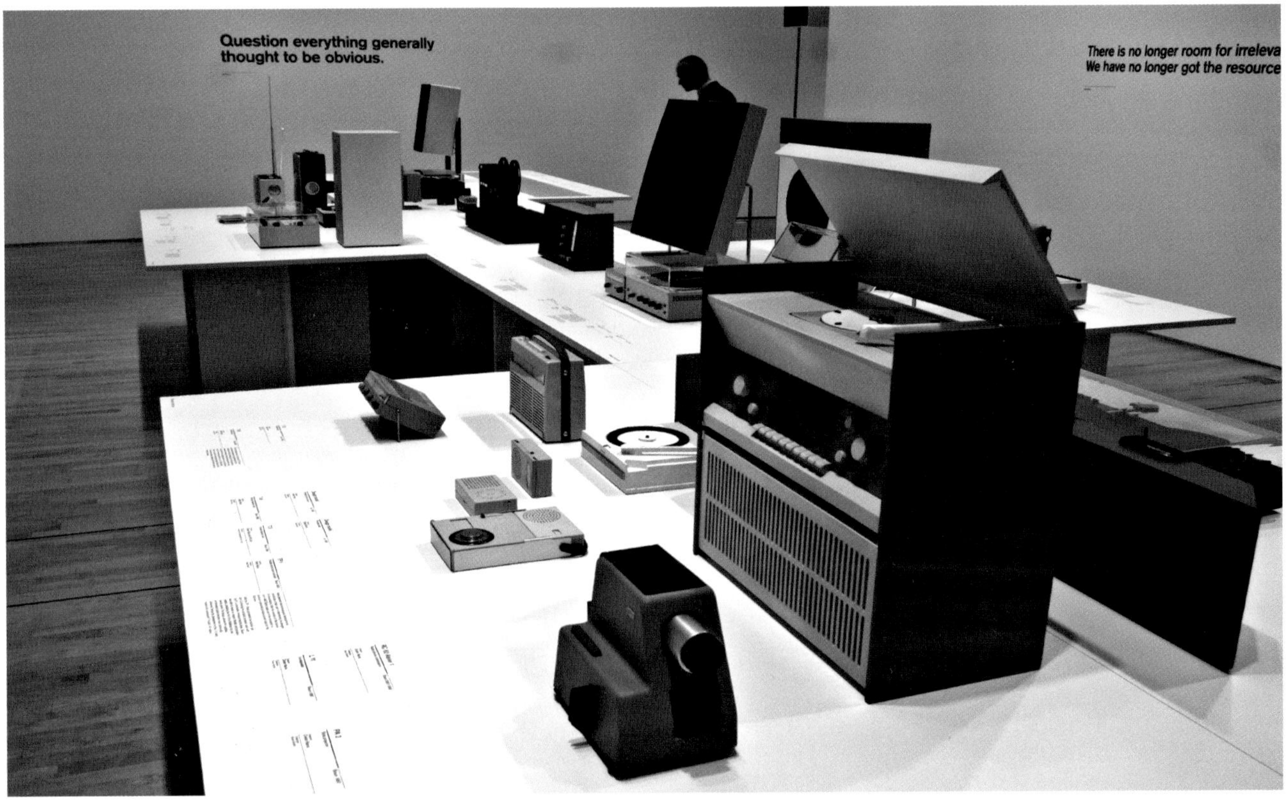

8033

8033
디터 람스 Dieter Rams 전시장 전경

8034
디터 람스 Dieter Rams
Braun TP 1, 1959

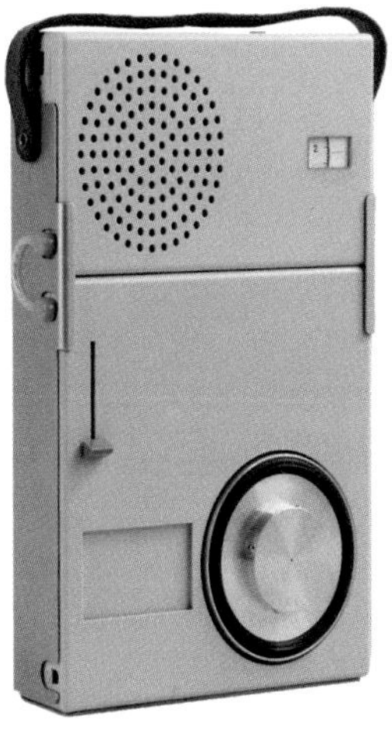

8034

디터 람스의 모바일, 휴대용 음악재생기인 TP1은 사용자에게 유연하게 장소를 이동할 수 있으며 탁월한 음질을 제공한다. 형태는 모듈식 음악 시스템으로 기록을 읽는 혁신적인 휴대용 턴테이블 축음기를 통합하는 시도다.

두 장치는 가죽 손잡이가 있는 양극 처리된 알루미늄 브래킷으로 고정되어 있다. 모바일 음악 경험을 제공하며, 소니의 워크맨Walkman이 나오기 오래전부터 애플Apple의 아이팟iPod의 디자인 영감을 준 이 기기는 기능적으로 상호작용하며 이들은 오디오 시스템 디자인으로 양산되다가 1960년대 단계적으로 중단됐다. 이후 이 디자인은 회색 플라스틱과 가죽끈 핸들의 조합은 오늘의 다양한 업체인 무선 스피커 디자인에서 부활했다. 예를 들어 뱅앤올룹슨의 베오플레이Beoplay A2나 베오리트Beolit17에서도 비슷한 느낌이다.

디터 람스는 다음과 같이 이야기했다. "좋은 디자인은 혁신적이다. 혁신의 가능성은 무한하며 기술의 개발은 항상 혁신적인 디자인을 위한 새로운 기회를 제공한다. 그러나 혁신적인 디자인은 항상 혁신적인 기술과 함께 발전하며 그 자체에 끝은 없다."

디터 람스의 전파 수신기T1000은 모든 전송 주파수를 수신하는 최초의 수신기다. 이는 브라운사의 휴대용 라디오로, 뛰어난 내구성의 알루미늄의 직사각형 상자의 형태와 단순한 사용법을 지니며 이는 기존의 라디오에서는 볼 수 없던 사용 환경의 변화를 이끌어낸다. 또한, 읽기 가능하며, 엄격한 배열구성을 적용한 디자인이다. 주파수 모든 대역을 스캔하는 기능을 지녔으며, 텔레스코픽 안테나와 사용자 친화적인 컨트롤러의 형태를 지닌다.

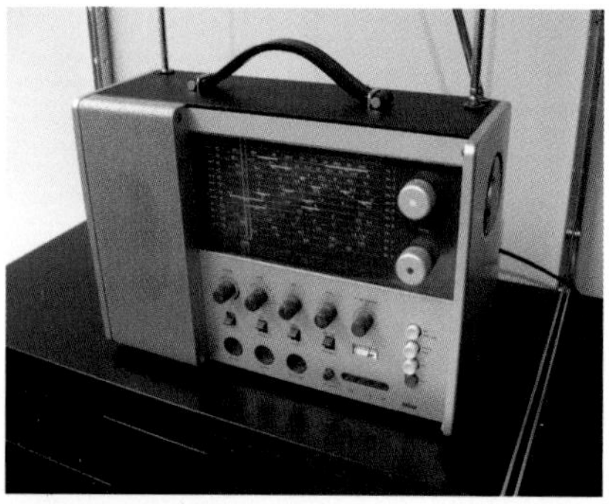
8035
디터 람스 Dieter Rams T1000월드 리시버
Vitsœ radio

벽걸이형 일체형 사운스 시스템인 L450/2, TS45, TG60은 사용자에게 획기적인 배치의 유연성을 제공한다. Vitsoe606선반 시스템은 여러 개의 브라운 오디오를 원하는 위치에 놓고, 케이블 또한 효과적으로 연결하고 관리한다.

현재 뉴욕 현대 미술관MOMA에 전시된 Atelier 적층형 Hi-Fi시스템은 홈 엔터테인먼트의 구성 요소를 제공하고 원격에서 구동되며, 10년 이상 긴 수명기간 동안 통신이 가능하다.

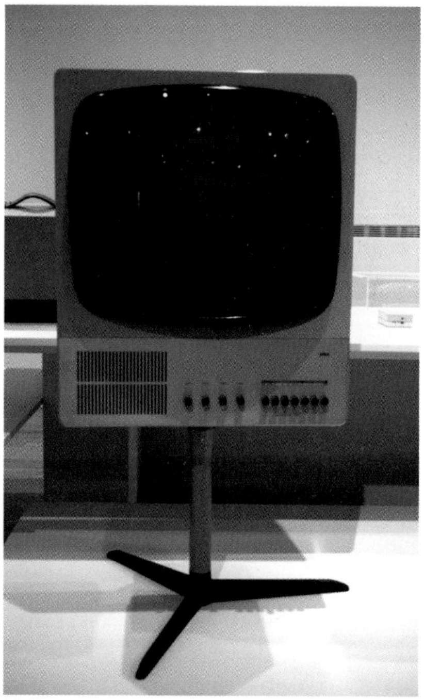
8036
브라운의 텔레비전 Braun TV

디터 람스는 이야기했다. "좋은 디자인은 불필요한 관심을 끌지 않는다. 어떤 목적을 달성한 제품은 연장과 같다. 그것은 장식물도 아니고 예술 작품도 아니다. 따라서 제품의 디자인은 사용자가 자기표현이 가능한 여백을 남겨두기 위해서 중립적이고 절제돼야 한다." 살펴보면 외적인 형태뿐 아니라 폰트나 언어 그리고 버튼과 같은 작은 부분까지 디자인됐다. 이들의 배열은 매끄럽고 형태적으로 엄격하게 정돈됐다.

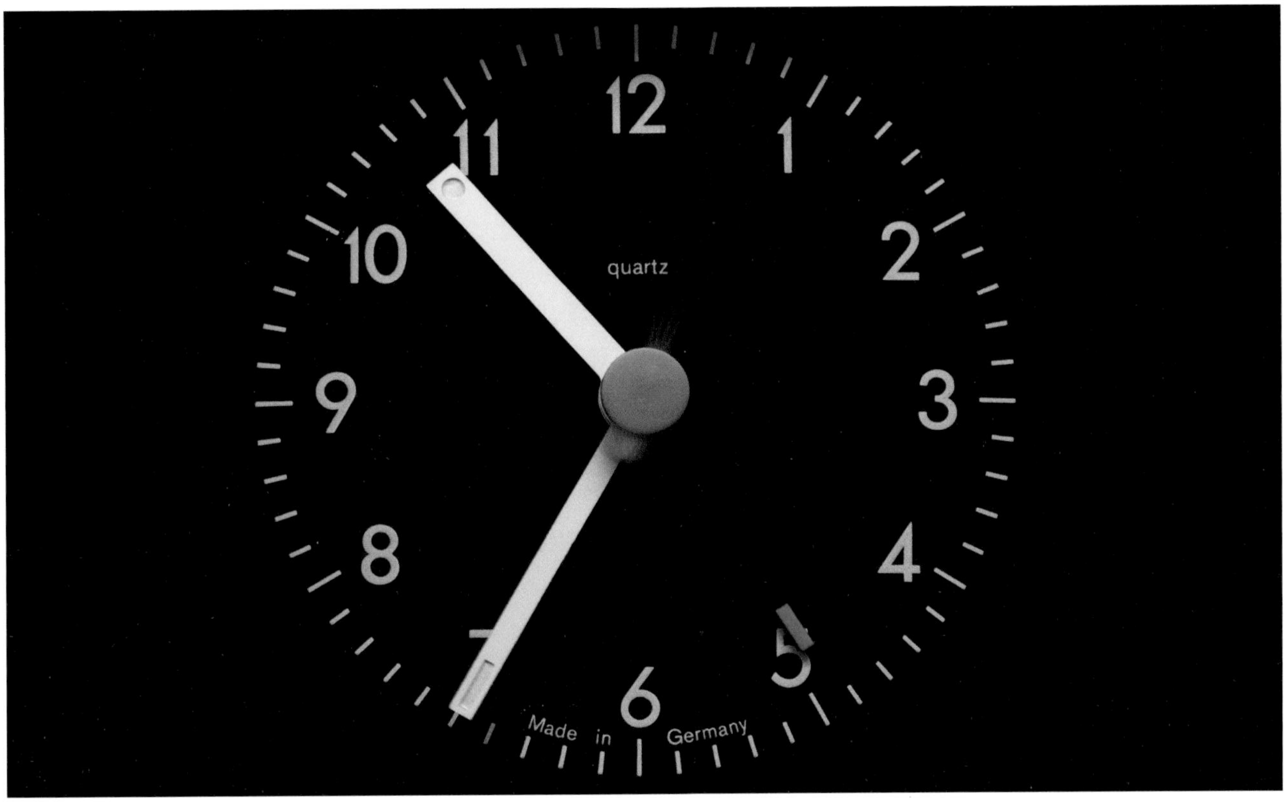

8037
디터 람스 Dieter Rams
Braun 시계 디자인

디터 람스의 디자인을 살펴보면 기술자들과 긴밀히 소통하고 협력하여 심미적이고 작은 크기지만 최고의 음질과 기능을 지닌 제품을 디자인했다. 그는 다음의 원칙으로 디자인에 임하였는데, "좋은 디자인은 혁신적이다", "좋은 디자인은 제품을 이해하기 쉽게 한다", "좋은 디자인은 미학적이다"와 같은 자신의 디자인 원칙을 제품에 적용했다.

"좋은 디자인은 가능한 한 적지만 더 나은 것이다."라고 이야기하는 디터 람스는 브라운 LE1스피커에서 쿼드 ESL-57을 기반으로 하는 형태와 단순한 기능의 디자인은 당시에 획기적이었다. 당시에는 혁신적이고 경량 멤 브레인을 활용하여 경쟁 제품 대비 뛰어난 음질을 구현했다. 스튜디오 하이파이Studio2 Hi-Fi 시스템과 함께 사용하도록 제작되어 이전엔 볼 수 없었던 물리적 미학 속에서 획기적인 오디오의 기술을 적용했다. 이들은 오늘날 스피커와 견주어도 여전히 뛰어나고 세밀한 고품질 음향을 제공한다.

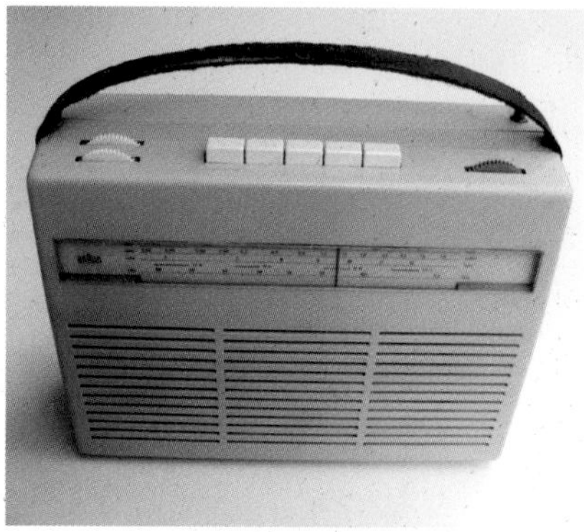

8038
디터 람스 Dieter Rams
Braun Transistor 1

8039
디터 람스 Dieter Rams
Braun LE 1 speaker, 1959

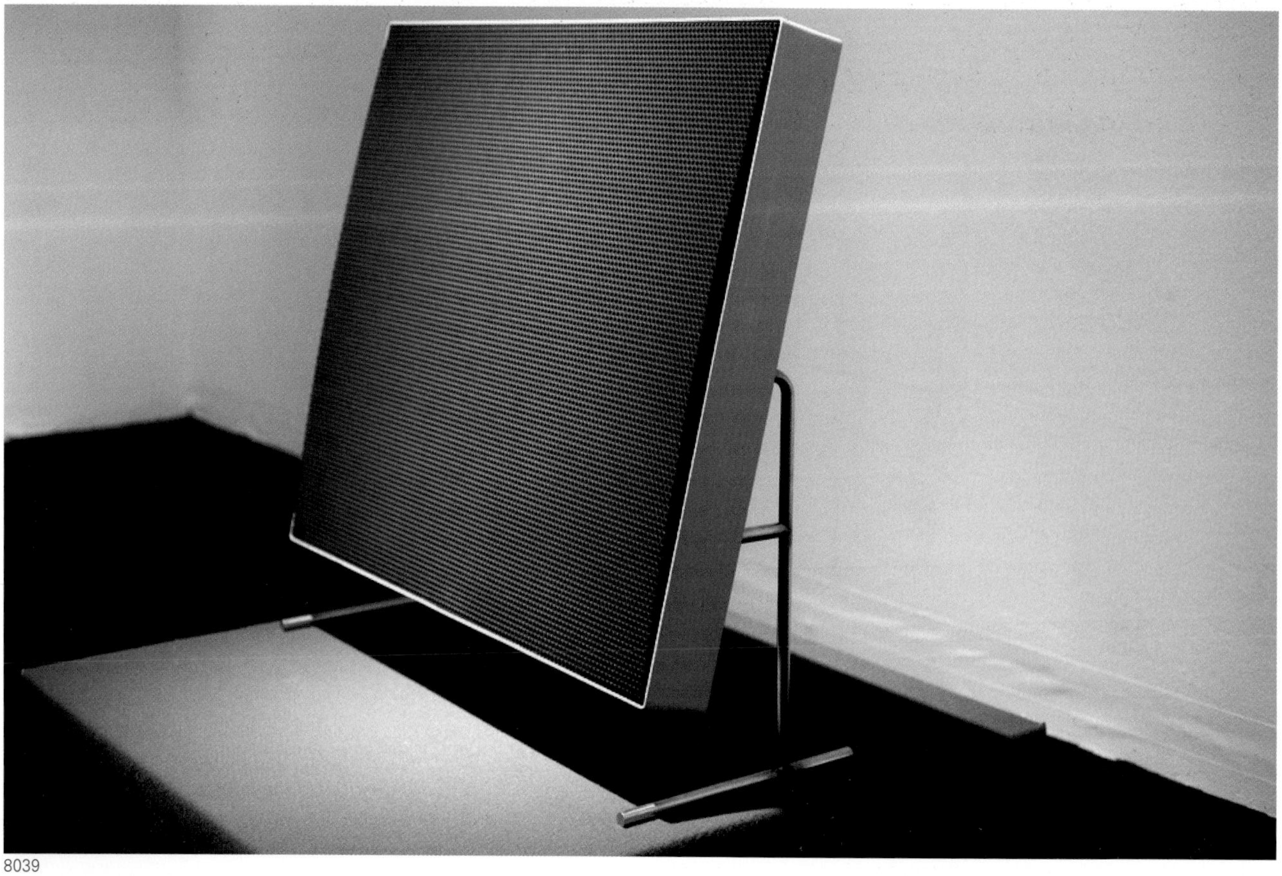

8039

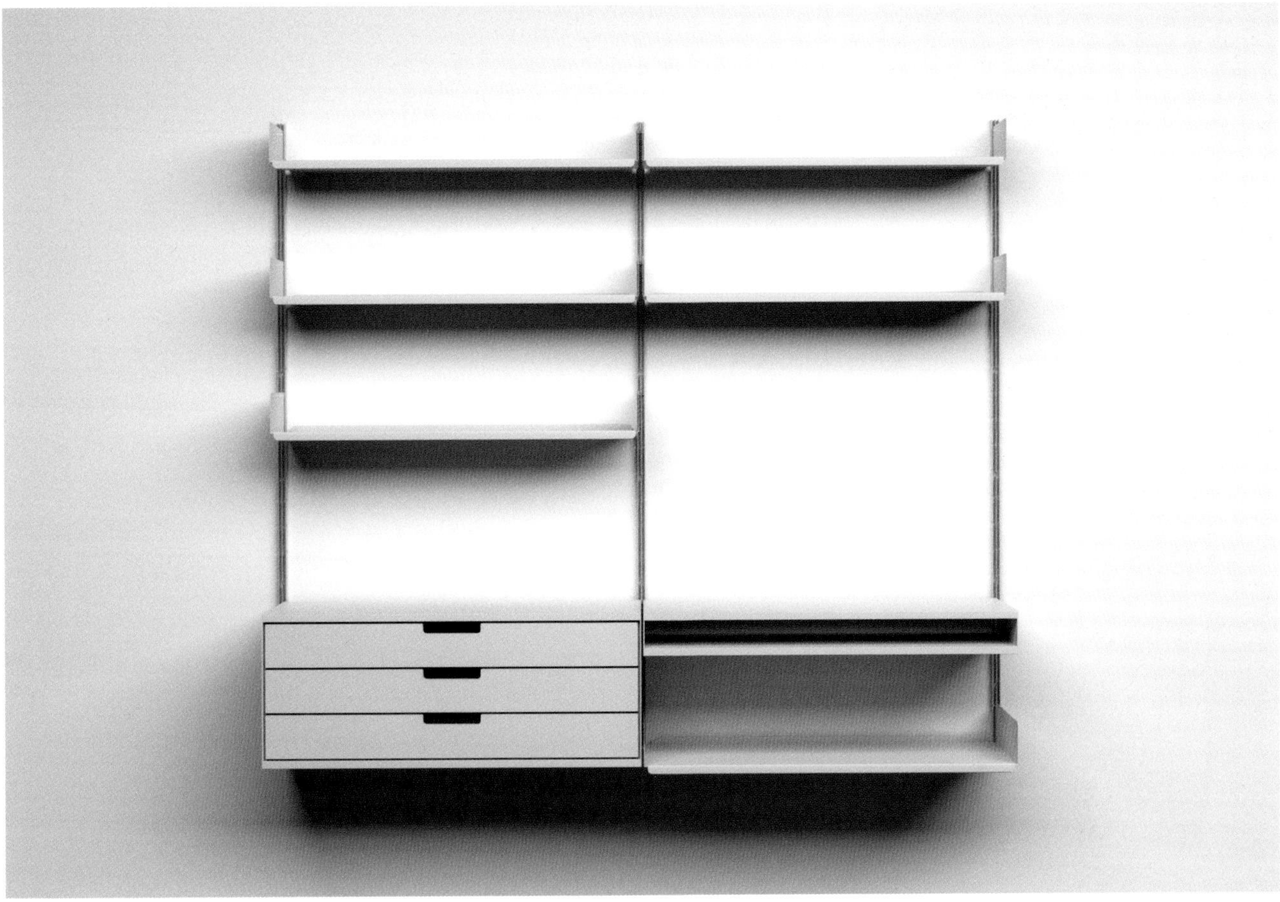

8040
디터 람스 Dieter Rams
606 Universal Shelving System
1960

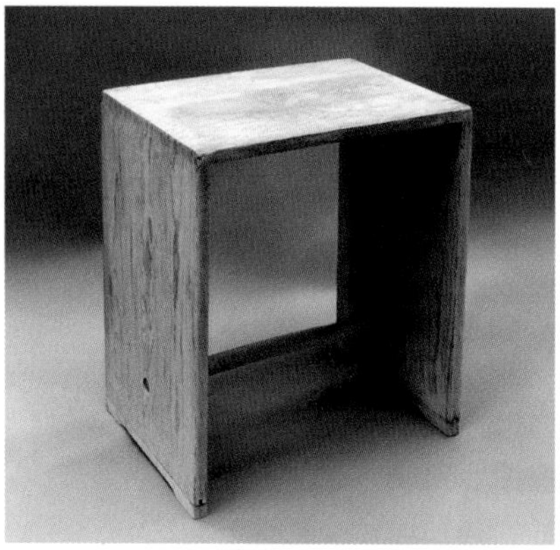

8041
한스 구겔로트 Hans Gugelot
Ulm Stool, 1954

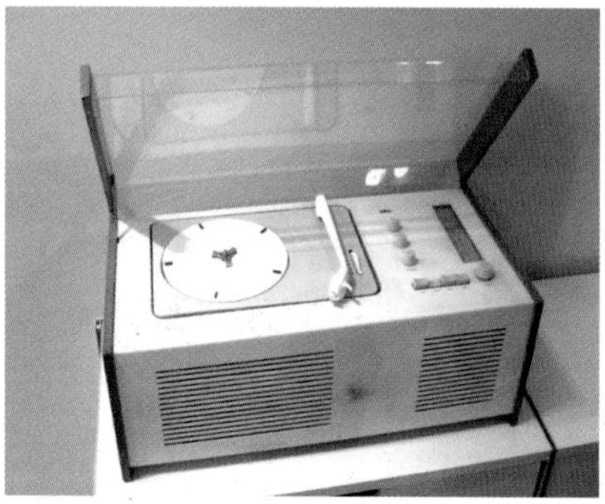

8042
한스 구겔로트 Hans Gugelot
SK 4/10 "Snow White's Coffin" Radio-Phonograph for Braun, 1956

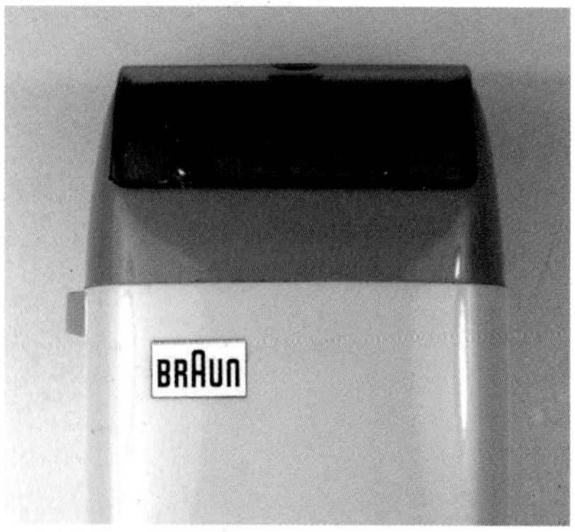

8043
한스 구겔로트 Hans Gugelot
Braun SM 2 shaver, 1963

디터 람스는 1970년대에 형태, 색상, 소음이 불가해한 혼동의 상황에서 디자이너로서 스스로 질문을 던졌다. 내 디자인은 좋은 디자인인가? 그는 당면한 문제를 이해하고, 평가하는 틀을 만들기 위해 아래의 계명을 만들었다. 디터 람스의 좋은 디자인의 10가지 원칙은 다음과 같다.

첫째, 좋은 디자인은 혁신적이다. 혁신의 가능성은 무한하다. 기술의 개발은 항상 혁신적인 디자인을 위한 새로운 기회를 제공한다. 그러나 혁신적인 디자인은 항상 혁신적인 기술과 함께 발전하며 그 자체에 끝이 없다. 둘째, 좋은 디자인은 제품을 유용하게 한다. 제품은 필요로 구매한다. 제품은 기능뿐 아니라 심리적, 시각적 만족을 줘야 한다. 좋은 디자인은 제품의 필요성을 강조하고 제품의 가치를 떨어뜨릴 수 있는 모든 것을 무시한다. 셋째, 좋은 디자인은 아름답다. 매일 사용하는 물건은 개인의 환경과 삶의 질에 영향을 준다. 잘 만들어진 것만이 아름다울 수 있다. 넷째, 좋은 디자인은 이해하기 쉽다. 제품의 구조를 쉽게 이해하고 더불어 이런 디자인은 제품을 직관적으로 스스로 설명한다. 다섯째, 좋은 디자인은 불필요한 관심을 끌지 않는다. 목적이 명확한 제품은 도구의 특성이 드러난다. 사용자가 알아서 쓸 수 있어야 한다. 여섯째, 좋은 디자인은 정직하다. 좋은 디자인은 실제보다 더 혁신적이고 강력하며 더 가치 있게 만들지는 않는다. 또한 지킬 수 없는 약속으로 소비자를 기만하지 않는다. 일곱째, 좋은 디자인은 오래간다. 유행에 민감한 디자인과는 다르게 오래가고 사용된다. 여덟째, 좋은 디자인은 정교하다. 임의적이거나 우연이 아니고, 철저하고 신중하게 디자인하여 사용자를 존중하여야 한다. 아홉째, 좋은 디자인은 환경친화적이다. 좋은 디자인은 환경보호에 중요한 기여를 해야 한다. 자원을 보존하고, 물리적이고 시각적 오염을 최소화하여야 한다. 열 번째, 좋은 디자인은 최대한 단순한 디자인이다. 디자인의 본질적인 측면에 초점을 맞추어야 한다.

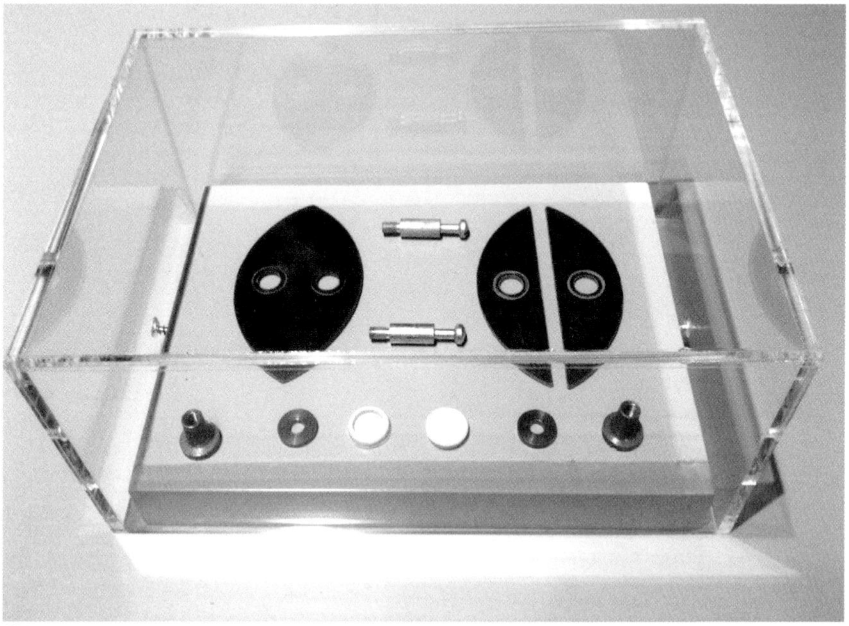

8044

한스 구겔로트

Hans Gugelot, 1920~1965, 독일, 디자이너

1920년 인도네시아에서 태어나 1940년부터 Laussane에서 건축을 공부했고 1946년 취리히의 Eidgenössische Hochschule에서 공부를 마쳤다. 그는 1954년까지 Max Bill과 함께 일하면서 Erwin Braun을 만났고 Dieter Rams와 함께 Braun 브랜드를 디자인하기 시작했다. "내가 브라운을 위해 개발한 디자인은 기하학적 모양과 축소된 색상 팔레트를 기반으로 한 기능적이고 본질주의다." 그것은 판매를 위한 장식된 모양이 아니라 소비자에게 필요한 것을 보여줬다. "정직함과 디자인의 결합은 1940년대 후반으로 거슬러 올라가며, 기능주의와 그 시대의 스타일링의 대안으로 좋은 디자인을 찾는 것과 밀접하게 연관되어 있다.

8044
한스 구겔로트 Hans Gugelot
Furniture sistem M125, Systems design

8045
한스 구겔로트 Hans Gugelot
Braun turntable

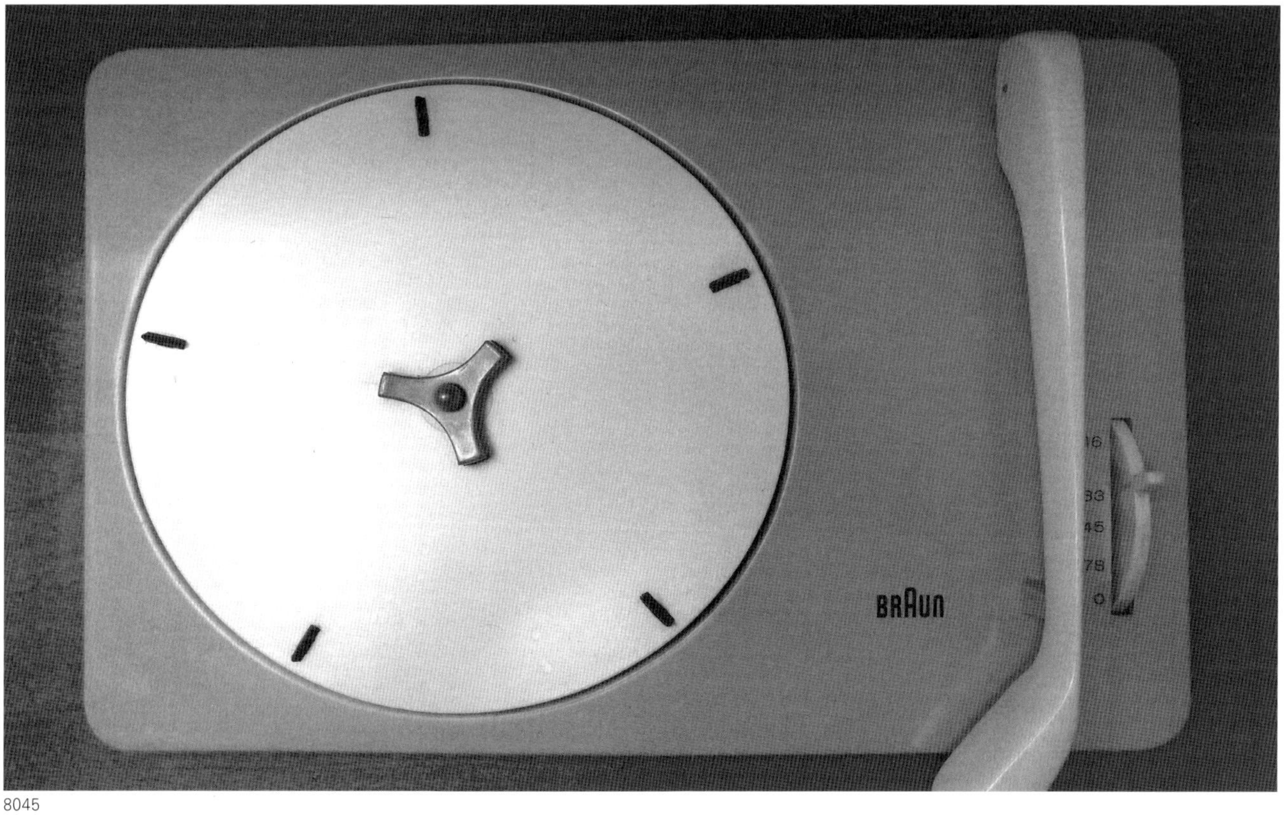

8045

후카사와 나오토 Naoto Fukasawa (1956~, 산업디자이너) 일본

후카사와 나오토는 1956년 일본의 야마나시에 태어나서 1980년 도쿄의 타마 예술대학교의 제품 디자인학과를 졸업했다. 그는 1989년 실리콘 밸리로 이사하여 현재의 아이데오IDEO에 합류했다. 그는 실리콘 밸리인 컴퓨팅 및 전자 산업과 관련된 여러 제품을 연구했다. 또한, 애플의 디자인 언어와 디자인 콘셉트 개발에 참여했다. 1996년 도쿄로 돌아와 아이데오를 설립했다. 후카사와는 이야기했다. "아이디어는 사람들이 디자인이 그들의 감정에 호소하는 것으로 생각하지만, 사실 사람들은 무의식적으로 그것을 인식하지 못한 채 매일 그들의 환경에서 사물과 연결됐다. 생각하지 않는 상태는 행동을 원활하게 만든다. 반면에, 우리가 하는 일에 대해 자세히 생각한다면, 우리의 행동은 어색하거나 어색해진다. 우리가 이런 종류의 단순함을 느끼게 하는 디자인은 눈에 띄지 않지만, 사람들의 행동 환경과도 얽혀 있다." 물건에 기다란 끈이 만일 달려 있다면, 사람들은 무의식적으로 그것을 당겨보고 싶다. 후카사와 나오토 CD플레이어는 사람들을 관찰하는 것에서 시작됐다. 어떤 제품을 작동시키기 위해서 제품에 매달린 끈을 당기는 것은 사람들이 무의식적으로 하는 직관적인 행동인데, 이를 당기면 CD가 돌아가면서 음악이 흘러나온다. 이는 후카사와 나오토가 Without Thought의 워크숍을 통해 생각해 낸 제품으로 무인양품을 통해 출시됐다.

슈퍼노멀과 미니멀 디자인

후카사와 나오토는 재스퍼 모리슨과 함께 슈퍼 노멀 Super Normal 프로젝트를 설립했다. 2006년에 설립한 이 프로젝트는 평범하거나 익명으로 디자인된 것으로 간주하는 200개의 개체를 선보였다. 전시회에 출품된 아이템은 비알레티 에스프레소 제조업체와 같은 주목할만한 오브제부터 일회용 플라스틱 접시와 같은 익명으로 디자인되고 대량의 수량으로 생산되는 사물에 이르기까지 다양하다. 사물이란 정체성, 독창성, 인상을 주는 요소 없이 평범해 보이는 사물을 이야기하고, 이는 제품을 특징짓는 어떤 특성도 나타내지 않는다.

후카사와 나오토는 2003년 후카사와 나오토 디자인을 설립하여 휴대폰 전자기기, 가구, 인테리어와 건축까지 수많은 브랜드들과 협력하여 디자인 작품을 선보였다. 무인양품Muji, 허먼 밀러Herman Miller, 알레시Alessi, 해이Hay, 비앤비 이탈리아B&B Italia등과 같은 회사와 협력하여 디자인을 선보였다. 그는 2018년 이사무 노구치 상을 받고, 노구치의 형태에 깊은 인상을 받아 그의 예술과 디자인의 가치관 중 일부를 잘 균형 잡힌 긴장의 개념으로 이야기했다. 그는 단순함과 아름다움의 균형의 디자인을 선보였다.

8046
후카사와 나오토Naoto Fukasawa 조명

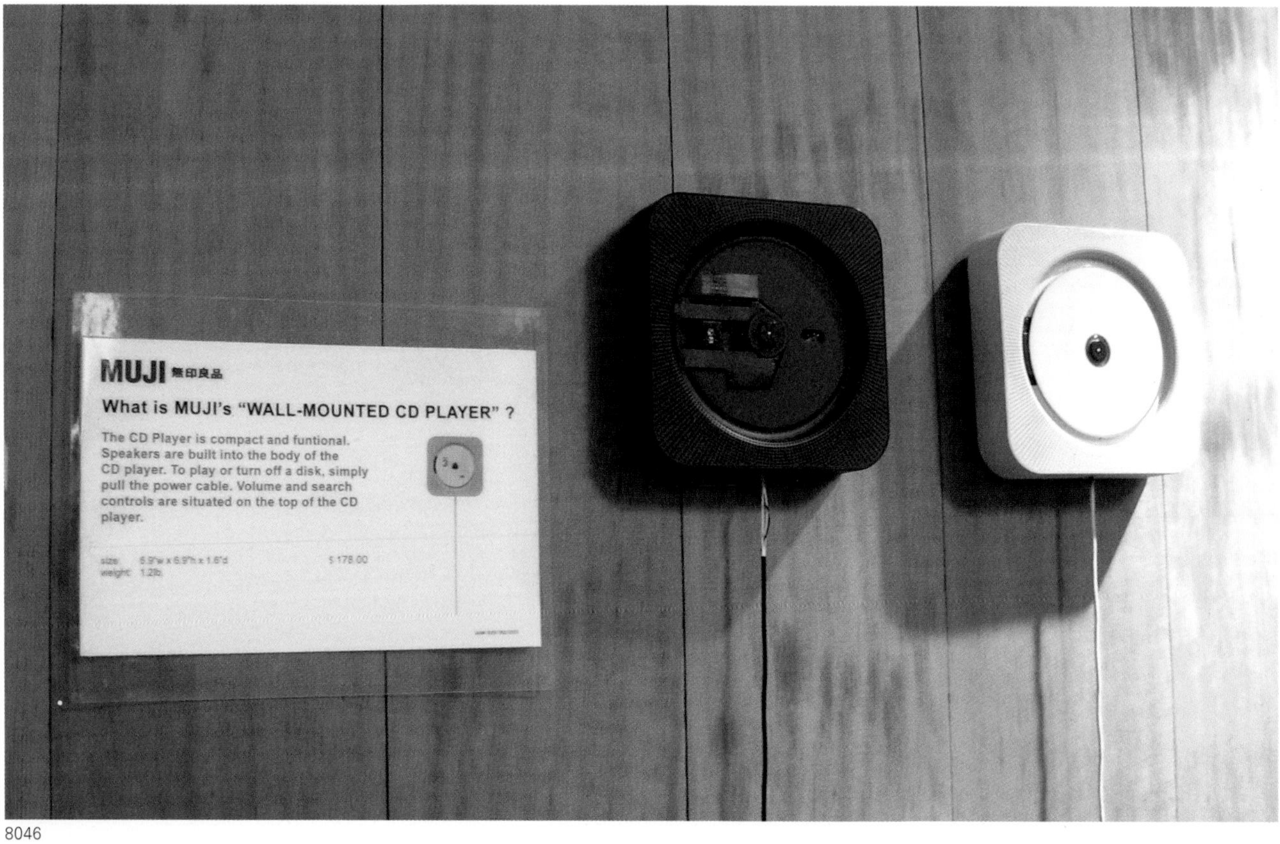

8046

조너선 아이브 Jonathan Ive (1967~, 산업디자이너) 영국

조너선 아이브는 영국 출신의 디자이너이다. 그는 1992년부터 애플의 최고 디자인 책임자였고, 아이맥 파워북, 맥북, 아이폰, 아이패드를 디자인했다. 그는 2019년 애플을 떠났지만, 그의 매끄럽고 간결한 디자인은 지금도 애플의 상징적인 스타일로 자리 잡고 있다. 그는 런던에서 뉴캐슬 폴리테크닉에서 디자인을 공부했고, 디자인 에이전시 탠저린Tangerine의 공동 설립자이다. 그는 스티브 잡스에 의해서 1997년 애플의 산업 디자인 수석 부사장으로 디자인의 하드웨어를 제품을 담당하는 산업 디자인팀을 이끌었다. 그의 첫째 프로젝트는 반투명 플라스틱 케이스와 함께 도입된 아이맥이다. 당시 컴퓨터는 지루한 베이지색 케이스에 디자인되고, 조너선 아이브는 다채로운 올인원을 디자인하여 아이맥의 이야기를 보여줬다. 그는 디자인을 색, 형태, 단순함을 도입하여 디자인했고, 애플의 아이맥, 아이팟, 노트북에 이르기까지 디자인에 혁명을 일으켰다. 2013년경 조너선 아이브는 애플의 하드웨어 및 소프트웨어 및 애플워치의 첫 번째 모델을 작업했다. 그는 2019년 애플을 떠나서, 러브프롬LoveFrom을 설립했고, 자신의 프로젝트를 진행 중이다. 그는 디자이너의 혁신적인 힘과 작품을 보여줬다.

조너선 아이브의 디자인

조너선 아이브의 마감은 항상 높은 수준을 유지하며, 촉각적 만족감을 제공하는 동시에 제품의 시각적 아름다움을 극대화했다. 그는 2024년 캘리포니아 예술대학의 졸업식 연설에서 다음과 같이 이야기했다. "창의적인 세대로서, 당신만의 새롭고 희망적인 아이디어를 가진 당신은 매우 중요하다. 지금은 과거의 편안한 친숙함을 추구할 때가 아니라 오히려 새로운 것을 만들고 만들 때다." 그는 다음과 같이 이야기했다. "의견은 아이디어가 아니며, 의견은 아이디어만큼 중요하지 않으며, 의견은 단지 의견일 뿐이다. 호기심은 우리의 배움에 대한 욕구를 불러일으키고, 배우고 싶은 것은 옳은 것보다 훨씬 더 중요하다."

8047
애플 매장의 제품의 진열된 전시 모습

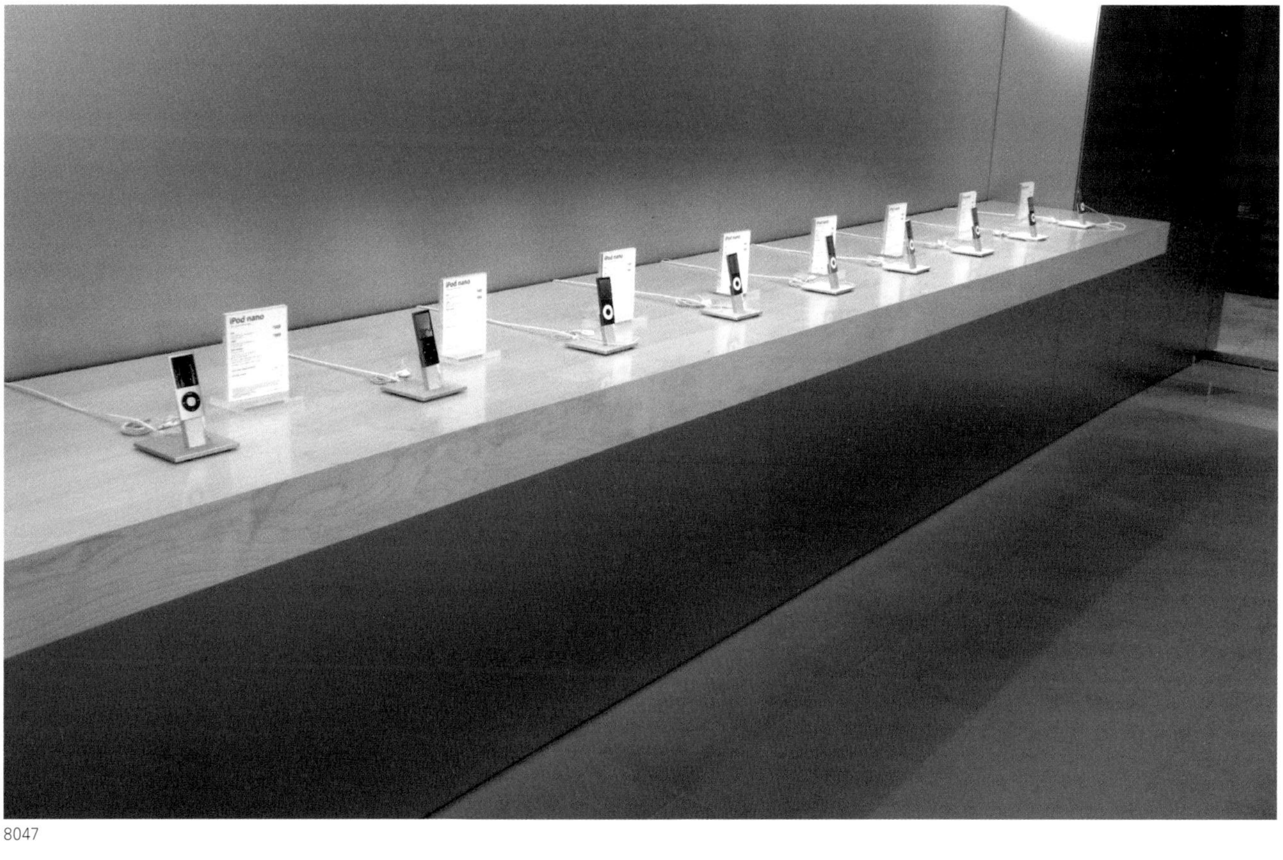

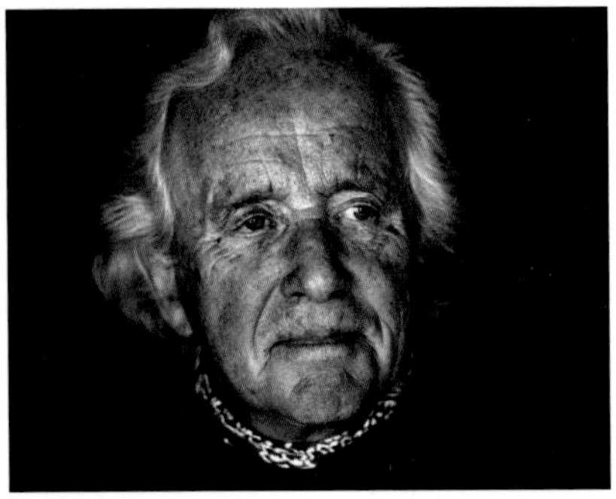

8048
야콥 엔센 Jacob Jensen

야콥 엔센 Jacob Jensen (1926~ 2015, 디자이너) 덴마크

야콥 엔센은 1926년 덴마크에서 태어났다. 그는 1950년대부터 디자인으로 일상적인 물건을 변화시켰다. 그는 1958년 자신의 디자인 스튜디오를 설립하여 독창적이고 혁신적인 디자인을 선보였다. 그는 비물질적인 것에 형태를 부여하는 것이 디자인 능력임을 강조하기 위해 "우리는 제품을 디자인하는 것이 아니고 커뮤니케이션을 만든다"고 말했다. 그의 철학의 핵심은 디자인 아이디어는 가치 경험을 집약하는 장소를 찾는다. 제품을 정의하거나, 기억에 남거나, 혹은 기쁨을 불러일으키는 디자인의 특별한 요소를 찾는다. 그는 오늘날 디자이너에게 영감을 주는 디자인 철학의 토대를 마련했다.

그는 산업, 기계제품을 예술적 자질을 지닌 조각으로 변형시키는 거장이다. 그는 27년 동안 234개의 제품을 만들었다. 그의 디자인 철학은 단순함과 정직을 추구한다. 그는 제품 경험은 군더더기 없이 절대적으로 중요한 것만 존재한다고 이야기한다. 디자인은 프리미엄 재료를 제품에 사용해 나무, 유리, 알루미늄, 고무, 플라스틱이 전례 없는 방식으로 결합했다. 그의 디자인은 뱅 앤 올룹슨을 음향 디자인의 글로벌 리더로 발돋움하는데 이바지했다.

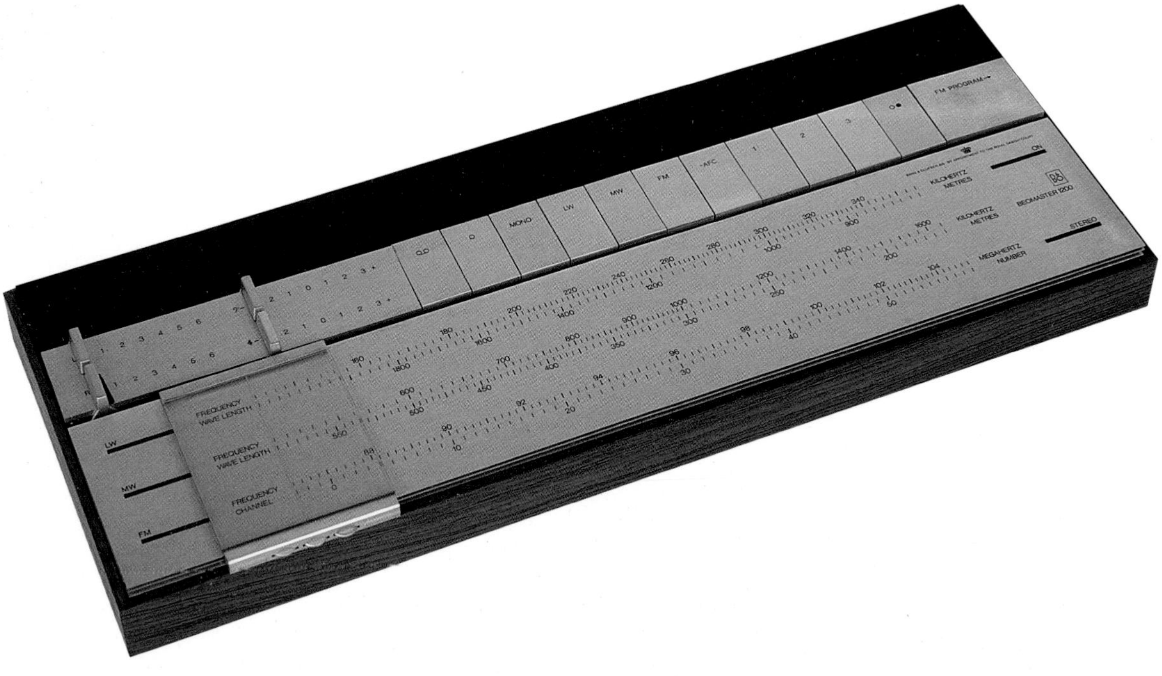

8049
야콥 엔센 Jacob Jenson의 Beomaster1200S

야콥 옌센의 디자인 원칙

야콥 옌센 Jacob Jensen은 뱅 앤 올룹슨 Bang & Olufsen에서 오디오 기기 및 TV 등 제품 디자인을 담당했다. 디자인은 깔끔하고 세련된 간결한 소재와 평면적인 구성, 단순하면서 기능적인 정교함이 특징이다. 야콥 옌센이 디자인한 뱅 앤 올룹슨의 제품 중 대표적인 것으로는 Beolab 5000 스피커와 Beogram 4000 턴테이블이 있다.

제품은 군더더기가 없는 디자인과 고음질을 동시에 추구하는 혁신적인 기술이 결합하여 사랑받았다. 야콥 옌센의 디자인은 미니멀 원칙을 철저히 따르며 멀리 보았을 때 급진적이거 뚜렷한 형태를 지녀야 함을 이야기했다.

근접해서 보았을 때도 신중하고 흥미진진한 그래픽을 지녀야 한다고 이야기했다. 그는 터치로 기억에 남는 느낌이나 디스플레이나 물체의 움직임으로 경험을 선사해야 함을 이야기했다. 그는 사용자에게 디자인을 통해 놀라게 하고 감동을 주는 선물과 같은 경험을 선사했다.

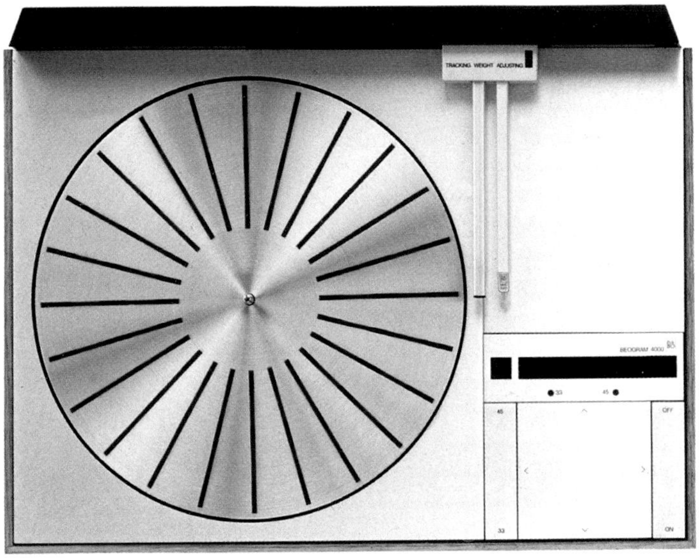

8050

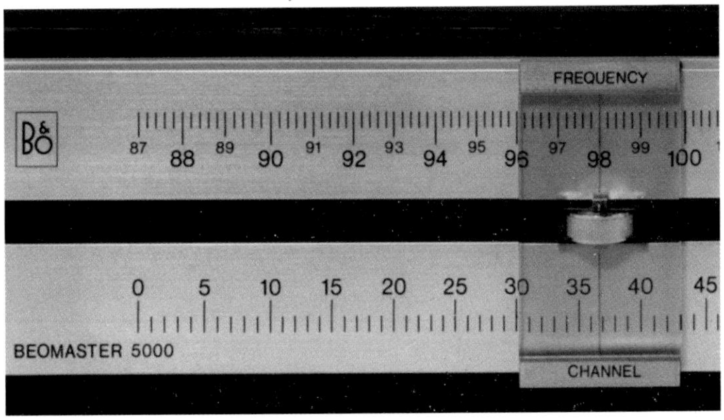

8051

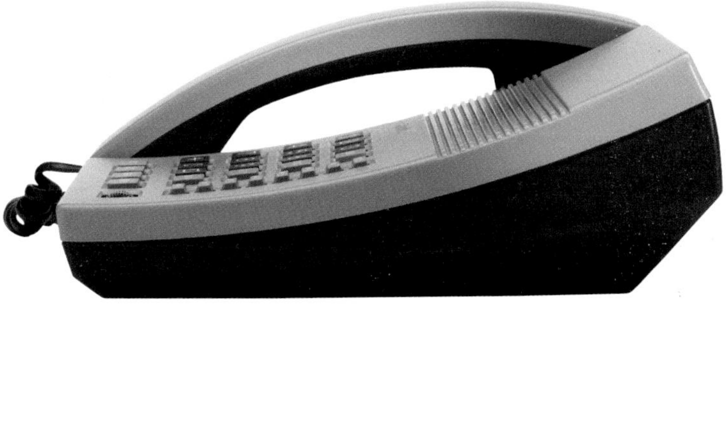

8052

8050
야콥 옌센 Jacob Jenson의 Beogram4000

8051
야콥 옌센 Jacob Jenson의 디자인
Beomaster5000

8052
야콥 옌센 Jacob Jensen
전화기 디자인, 1972

야콥 옌센의 디자인

뱅 앤 올룹슨이 야콥 옌센과 협력하여 만든 첫 번째 제품은 1967년 출시된 베오마스터 5000Beomaster 5000 튜너와 앰프다.

옌센은 혁신적이고 새로운 디자인의 비전을 뱅 앤 올룹슨의 로데릭 매드슨Roderik Madsen의 공으로 돌린다. 옌센은 말한다. "뱅 앤 올룹슨의 대단한 점 중 하나는 기존의 것에서 벗어날 가능성을 본다는 점이다." 옌센이 디자인한 모든 신제품에는 협업과 창의성이 담겼다.

또한 후기에는 BeoLab 8000, BeoSound 9000, BeoVision Avant와 같은 더 많은 제품이 등장한다. 베오센터 9000은 거의 80개의 콘셉트 디자인을 거친 뒤에 최종 디자인이 나왔다.

30여 년 동안 디자인 분야를 개척했던 디자이너 야콥 옌센은 뱅 앤 올룹슨의 비전을 구체화했다. 그 작업 덕분에, 뱅 앤 올룹슨은 음향기기의 디자인 리더로서의 세계적인 명성을 높였다. 미니멀리즘은 디자인에서 필요 이상의 장식과 불필요한 부분을 최소화하고 깔끔하고 단순한 디자인을 추구한다.

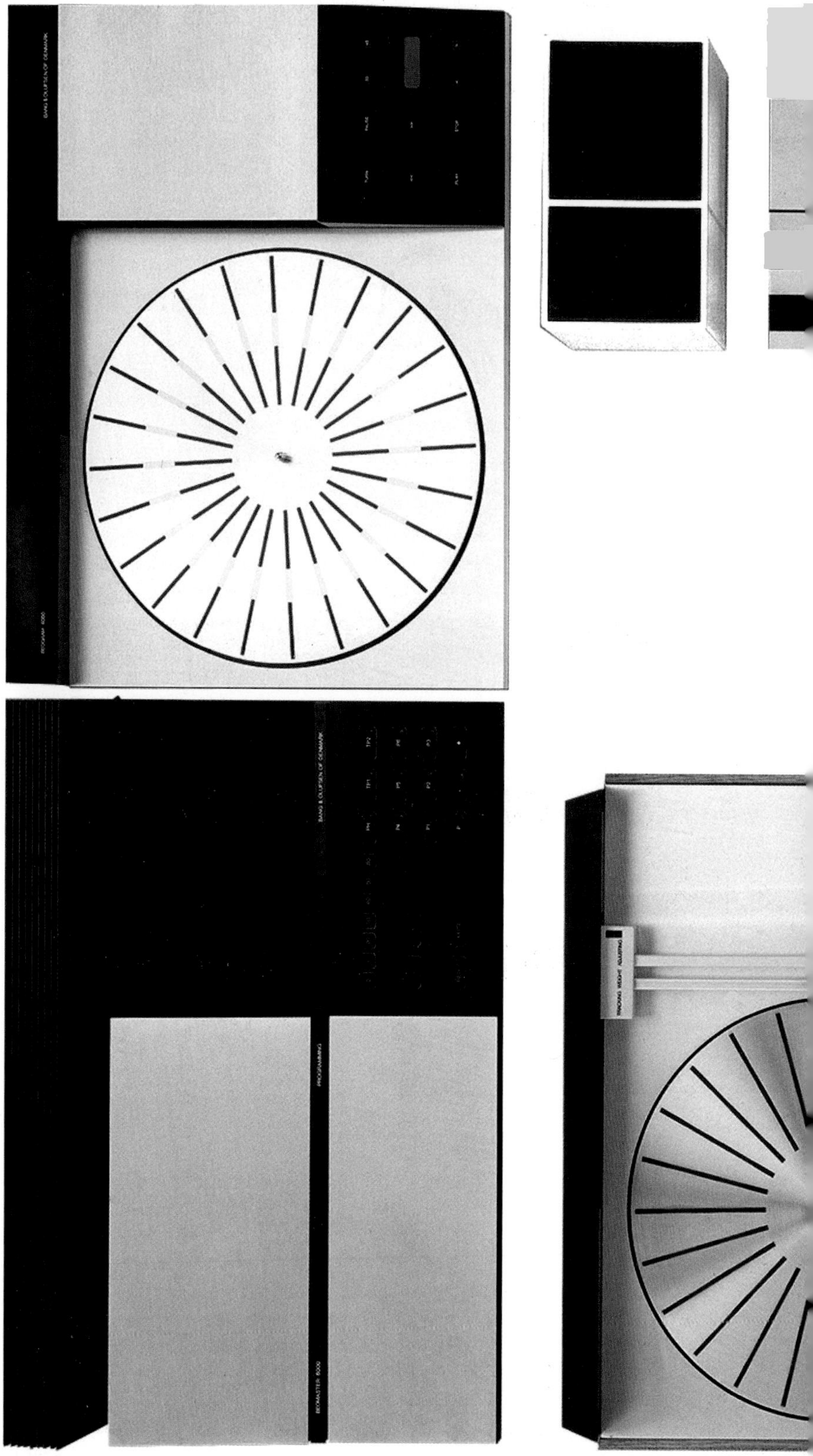

8053
야콥 옌센 Jacob Jensen
디자인 시리즈들, B&O 포스터 Poster

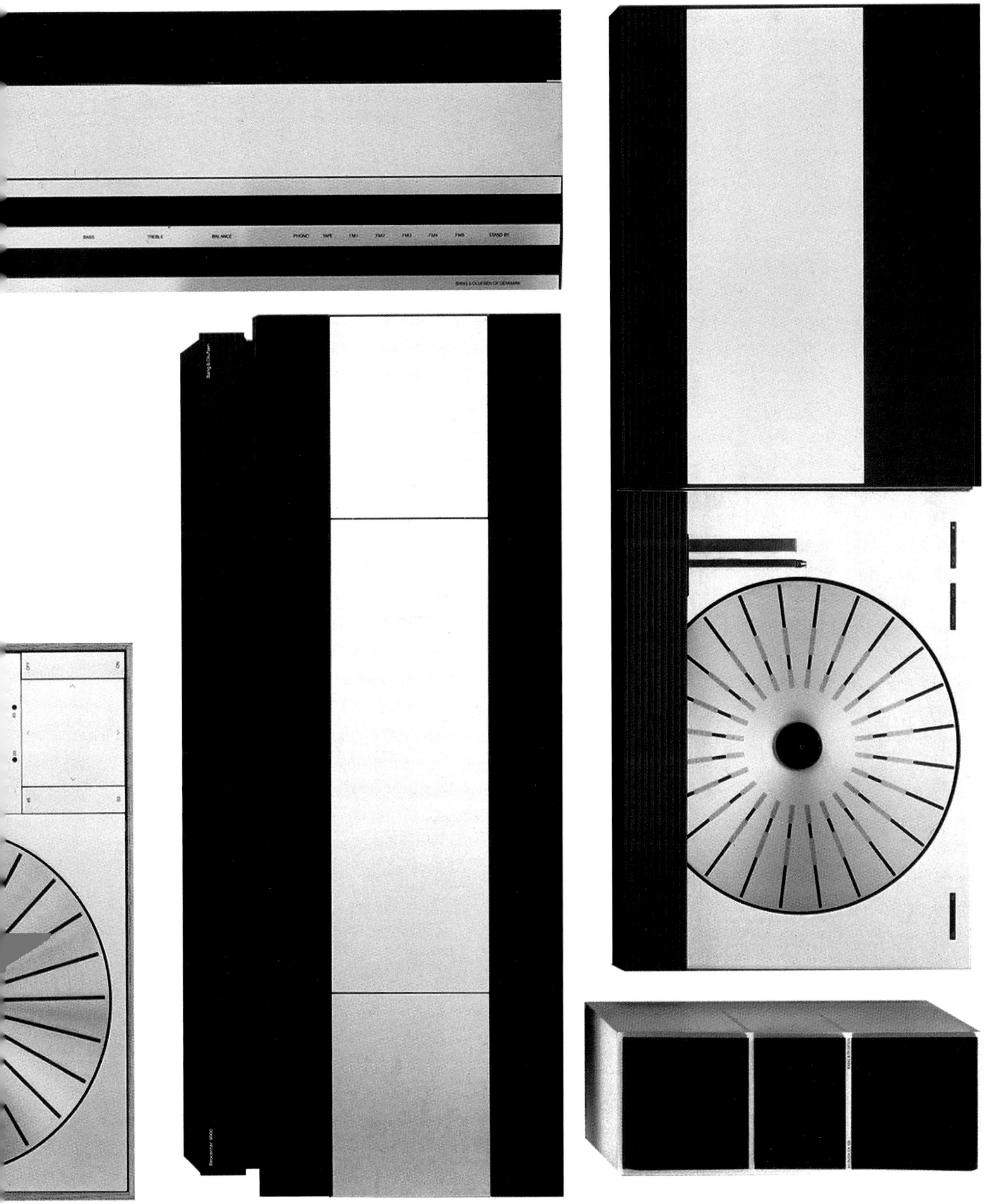
BASS
TREBLE
BALANCE
PHONO
TAPE
FM1
FM2
FM3
FM4
FM5
STAND BY
BANG & OLUFSEN OF DENMARK

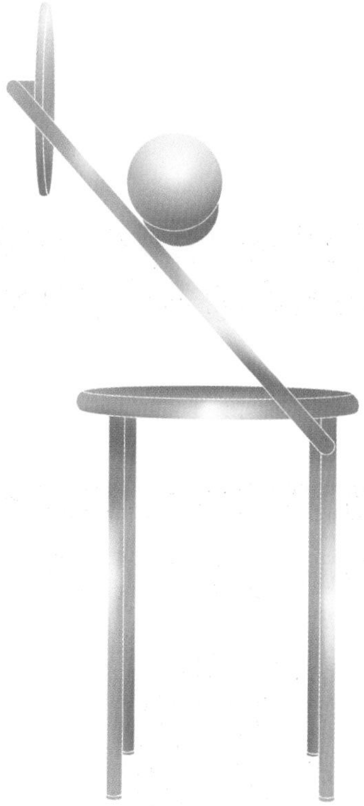

Post-Modern Style

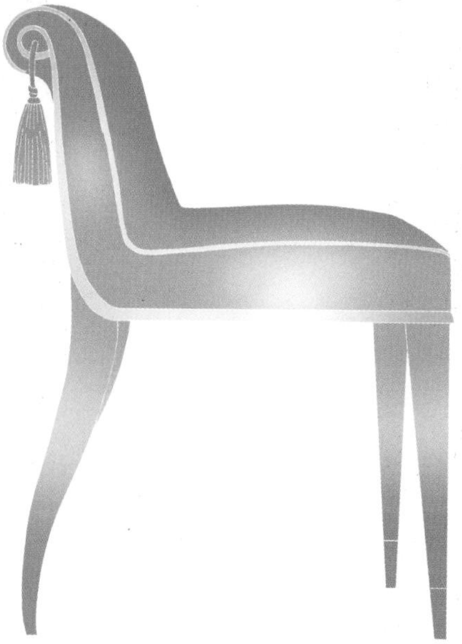

Art Deco Style

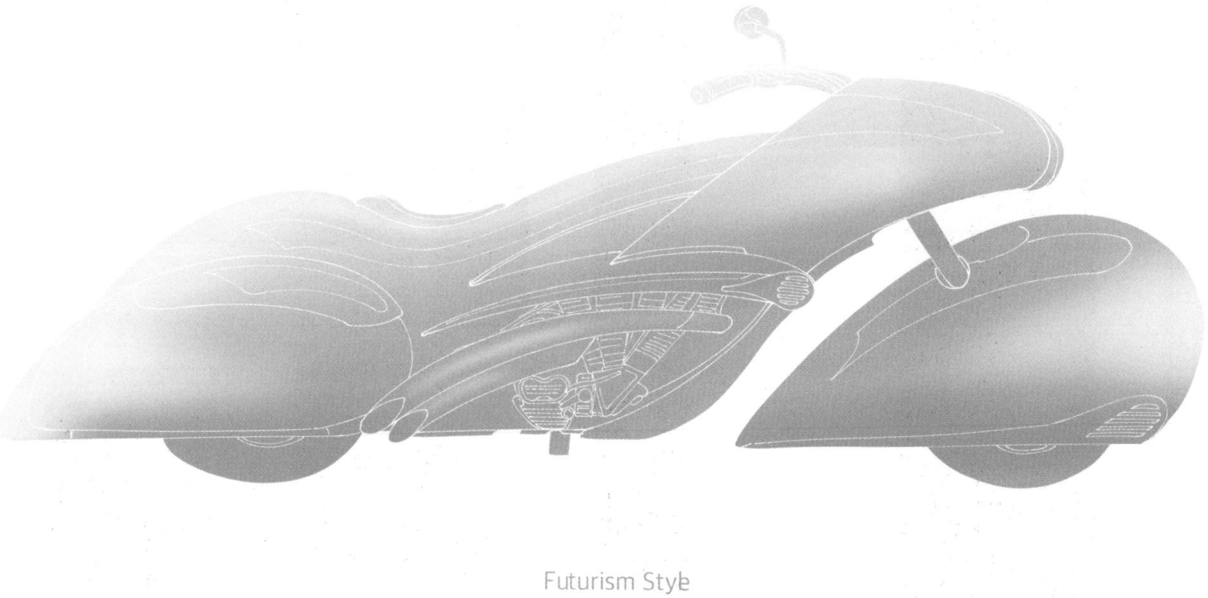

Futurism Style

일러스트레이션: 전서영

Chapter 9

Contemporary Style

다양한 개성의 시대

컨템포러리 스타일

장성연

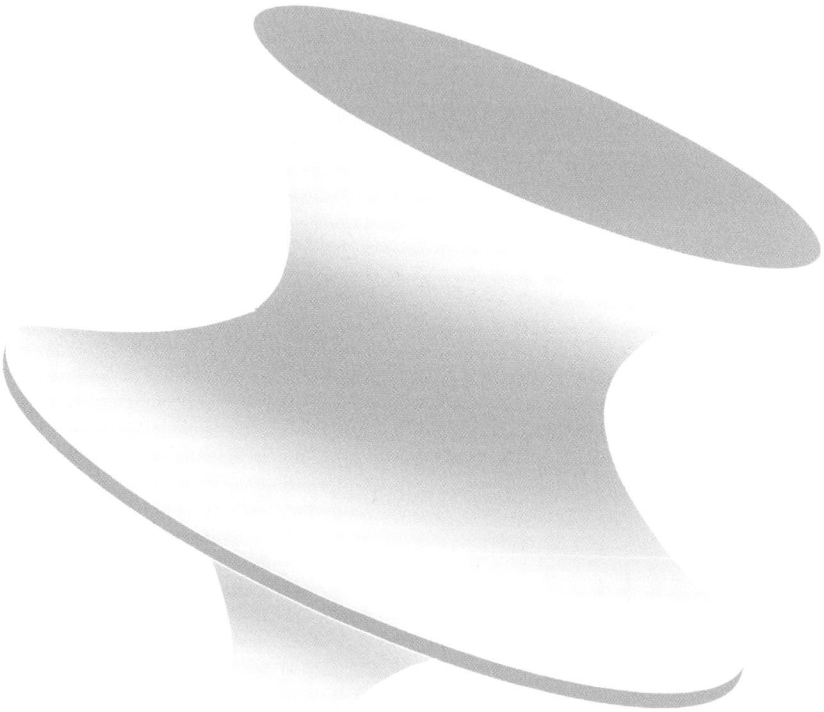

컨템포러리에 대한
About Contemporary

컨템포러리 디자인의 시작과 발전

컨템포러리 디자인Contemporary Design은 아르누보, 아르데코, 모더니즘, 포스트모더니즘과 같은 다른 디자인 사조들과 같이 뚜렷한 시대나 특정 미학에 국한되지 않는 현 순간에 뿌리를 두고 있는 지속적이고 변화하는 스타일이며, 지난 30~40년간 산업 및 환경의 발전에 따른 기술적, 경제적, 사회적, 문화적 변화에 반응하며 역동적으로 진화해왔다.

두 차례의 세계대전과 같은 전쟁들은 디자인이 개인적 또는 미학적 표현의 한 형태가 아닌 사회를 위한 디자인으로 개념을 형성하는 데에 중추적인 사건이 되며, 실질적인 문제를 해결하고 생활의 효율성을 향상시키는 것이라는 개념이 강조되게 하였다면, 20세기 후반에는 대부분의 국가들이 채택한 신자유주의Neoliberalism, 자유시장 경제 정책의 영향으로 디자인이 각 국가와 기업들에게 경제를 이끌어갈 수 있는 새로운 매개체이자 중요한 자본으로 인식되기 시작했다. 당시 기업들은 능력 있는 디자이너들과의 컬래버레이션을 통해 혁신적인 디자인을 제시하여 기업의 가치를 상승시켰으며, 동시에 디자이너들에게는 이러한 경력이 스타 디자이너로 발돋움할 수 있는 계기가 되었다. 이때에 기업은 기존의 역사나 개성의 맥락을 유지하기 보다는 디자이너가 만든 새로운 스타일을 통해 기업의 아이덴티티를 변화시키는 경우들이 많았다.

이와 같이 경제적 이유로서의 변화와 더불어 기술의 발전 역시 디자인이 급속도로 발전하고 다양해지게 된 계기 중 하나이다. 많은 디자인 도구들이 디지털화되면서 디자인의 창의성과 효율성이 확대되었으며, 인터넷을 통해 세계에 있는 디자인 아이디어들이 공유되며 제품을 홍보 및 판매하는 촉진제의 역할을 했다. 디지털 도구와 플랫폼의 출현은 한때 대기업에 소속된 디자이너들에게만 국한되었던 전문 소프트웨어와 리소스에 개인이 쉽게 접근할 수 있게 하였으며, 3D 프린팅, 온라인 협업 도구 등의 기술을 통해 독립적으로 디자인을 만들고 프로토타입을 제작 및 공유할 수 있게 되었다. 또한, 경쟁력 있는 개인 디자이너는 크라우드 펀딩과 같은 플랫폼을 통해 디자인 개발 및 출시를 위한 투자 자금을 확보할 수 있게 되었다.

이와 같은 전통적 디자인 모델의 진화에 민첩하게 대응 가능한 소규모의 디자인 스튜디오 또는 개인 디자이너의 경우 시장의 동향에 빠르게 적응하여 신속하게 결과물을 내는 반면, 대기업과 같은 큰 조직의 경우 관료적 지연에 직면하는 경우들이 많아 소규모 스튜디오나 개인 디자이너에게 경쟁 우위를 제공하는 경우도 종종 생기고 있다. 이는 과거의 디자인 분야에서 규모나 제도의 경쟁력이 중요했다면, 이제는 개인의 역량에 따라 상황이 다르게 주도될 수도 있으며, 디자인 환경이 이전보다 포용적이면서 역동적으로 변화하고 있다는 것을 보여준다.

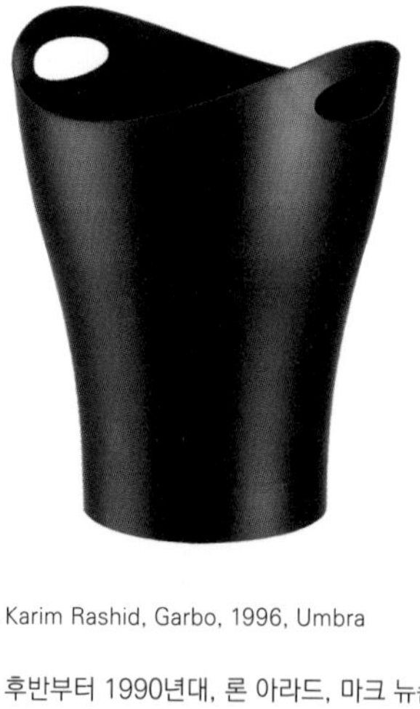

9001
카림 라시드 Karim Rashid, Garbo, 1996, Umbra

1980년대 후반부터 1990년대, 론 아라드, 마크 뉴슨, 카림 라시드와 같은 디자이너들은 다양한 기업 및 브랜드들과의 컬래버레이션을 통해 스타 디자이너로 발돋움하게 되었다. Garbo 쓰레기통은 카림 라시드의 대표작으로, 쓰레기통이라는 일상적인 사물을 단순히 실용 이상의 가치를 가지는 조각품과 같은 형태로 디자인했다. 라시드의 조형적 아이덴티티인 유기적인 형태가 잘 드러난 디자인으로 플라스틱을 사용하여 가벼우면서도 내구성이 좋아 실용적이며 혁신적인 소재를 선호하는 그의 취향을 잘 보여준다. 라시드는 본 프로젝트를 통해 일상의 제품에서 미학적으로도 뛰어난 디자인을 누구나 접할 수 있도록 하려는 의도를 보여주며 현대 산업 디자인 분야의 대표적 아이콘으로 떠오르게 되었다.

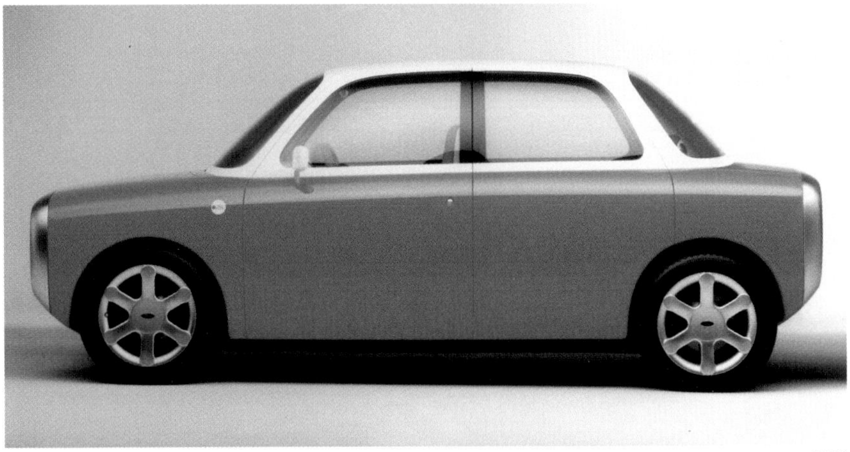

9002

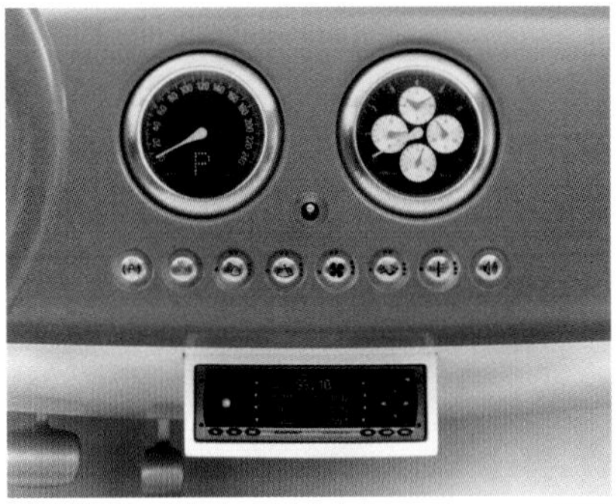

9003

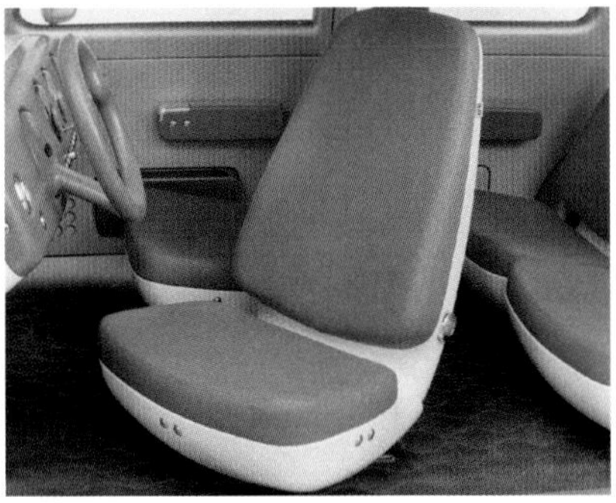

9004

9002, 9003, 9004
마크 뉴슨 Marc Newson, Ford 021C Concept, 1999, Ford Motor Co

마크 뉴슨은 1990년대 기업들과 스타 디자이너가 컬래버레이션을 활발히 진행할 당시 인기 있던 디자이너 중 한 명이다. Ford사는 운송 디자인에 대한 경험이 없던 뉴슨에게 Ford 021C에 대한 콘셉트 디자인을 의뢰했는데, 이때에 뉴슨은 레트로 스타일과 혁신적인 기술을 통해 과거와 미래를 결합하는 동시에 본인의 조형적 아이덴티티를 살려 기존의 자동차 디자인에서 흔히 볼 수 없었던 매력적인 결과물을 디자인했다. 뉴슨은 이 프로젝트를 통해 자동차가 단순히 교통수단을 넘어, 사용자의 라이프스타일 및 패션에 있어 표현적 수단이 될 수 있다는 새로운 관점을 제시했다.

9005
마크 뉴슨, Lockheed Lounge, 1988, Marc Newson Edition
© Photography by Karin Catt

뉴슨의 대표작인 Lockheed Lounge는 단순한 의자 디자인 그 이상이다. 디자인이 재료적, 제작 방법적으로 어디까지 진화할 수 있는지를 보여주는 상징이 되었다.

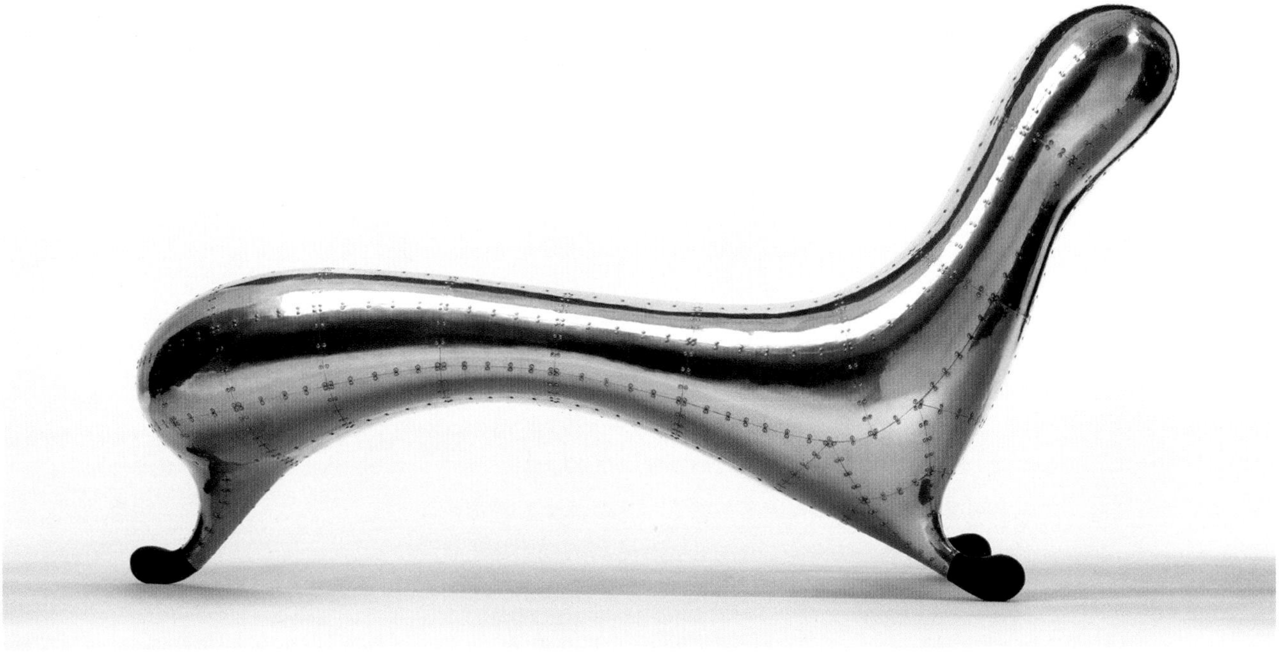

9005

한마디로 정의할 수 없는, 다양한 스타일의 시대

과거에는 시대별 강력한 스타일이 동시대 디자인의 전반을 지배했다면, 컨템포러리 디자인의 시대는 한 가지 스타일로 설명될 수 없는 다양한 스타일들이 존재하는 것이 특징이다. 기술적, 경제적, 문화적, 환경적 요인들이 현대적 맥락에서 상호작용하며 전통적인 디자인 원칙들과 혁신이 함께 어우러져 다양한 디자인 양식들이 창출된다. 지속 가능한 디자인, 사용자 중심 디자인, 감성 디자인 등, 현대 사회의 이슈들을 반영한 디자인들도 끊임없이 등장해 왔으며, 이러한 과정에서 과거의 추앙받던 사조들이 재탄생한 모습들을 볼 수도 있고, 이전에 존재하지 않았던 새로운 양상의 스타일이 출현하기도 한다.

완벽한 비례를 자랑하는 르 코르뷔지에Le Corbusier의 LC 시리즈와 같은 20세기 초 모더니즘의 상징적인 작품들이 현시대 가구시장의 강자로 떠오르기도 하며, 미드 모던의 아르네 야콥센Arne Jacobsen의 의자들, 또는 그것들을 모방한 가구들은 현시대 일상 속에서 흔히 볼 수 있는 디자인으로 자리 잡았다. 이와 반대로, 전위적 디자인으로 대표적인 뉴 더치 디자인New Dutch Design에서 보이는 작업들과 같이 마치 포스트모더니즘 또는 팝 디자인의 시대로 돌아간 것 같은, 기능과 조형이 해체적이며 마치 디자인의 개념에 대한 철학적 대화가 이루어져야 할 것만 같은 결과물들도 우리 삶 곳곳에 존재한다. 이처럼 다양한 스타일이 공존하는 가운데에도 공통적 속성은 역시 존재하는데, 그것은 우리가 접하고 사용하는 대부분의 디자인은 인간의 라이프스타일에 기반한다는 것이다.

다양함의 원천은 다양한 인간의 라이프스타일

각각의 디자인은 스타일을 가지며, 한 디자이너의 일련의 디자인들이 모여 디자이너의 스타일을 만들어낸다. 여기서의 디자이너의 스타일은 디자이너가 창조하는 조형과 더불어 사고방식과 관련이 있다고 볼 수 있다. 전위적인 디자인으로 유명한 캄파나 형제Campana Brothers와 같은, 우리가 결과물만 볼 경우에는 디자인 스타일의 독특함으로 인하여 마치 디자이너가 조형에만 치중되어 있는 것과 같이 보이는 경우도, 그들의 인터뷰 내용을 들여다보면 디자인을 하기에 앞서 인간의 본성과 삶을 먼저 들여다본 후 자신만의 상상력을 더해 디자인한다 말한다. 이는 현시대에는 그리 새로운 디자인적 관점이 아닐 수도 있겠지만, 불과 20여 년 전 기능과 조형에만 치중되어 있던 시대 속 사용자에게 공감받는 디자인으로 한 걸음 더 나아가기 위해서는, 인간에 대한 깊은 이해를 위해 라이프스타일에 대한 디자이너의 관심은 클 수밖에 없었을 것이다. 현시대 미니멀리즘적 디자인과 맥시멀리즘적 디자인이 동시에 공존하는 상황도, 어쩌면 디자인을 소비하는 대상인 우리의 라이프스타일에 새로운 개념들의 출연으로 인해 삶 자체에 다양성이 혼재되어 있기 때문일 것이다. 이와 같이 디자인은 인간과 사물의 새로운 관계 방식, 새로운 소비 경험 및 라이프스타일과 연계되어 앞으로도 시대에 따라 끊임없이 변화하고 발전할 것이다.

9006
다양한 스타일을 보여주는 의자들

의자만큼 시대의 요구나 스타일을 극명히 받아들이는 사물은 없을 것이다. 특히나 기능주의 시대에 보여진 의자들은 디자인을 넘어 그 시대의 이념을 표현한 결과물들을 보여주었다.
컨템포러리 디자인 시대의 의자들에서도 이러한 특징이 여실히 드러난다. 한마디로 정의 불가능한 다양한 스타일이 공존하는 시대적 상황을 보여주며, 동시대의 디자이너들이 서로 다른 스타일들을 보여주거나, 심지어 동일 디자이너가 여러 가지의 스타일을 보여주는 경우도 종종 있다. 이러한 현상은 개인마다 고유한 취향과 선호도가 있는 시대에 소비자들 본인이 선호하는 디자인을 다양함 안에서 선택할 수 있는 기회를 부여한다. 예를 들어, 어떤 사람은 제스퍼 모리슨의 미니멀하고 기능적인 디자인을 선호할 수도 있지만, 또 어떤 사람은 기능성보다는 조형적 표현력이 풍부한 캄파나 형제의 디자인 스타일에 끌릴 수 있기 때문이다.

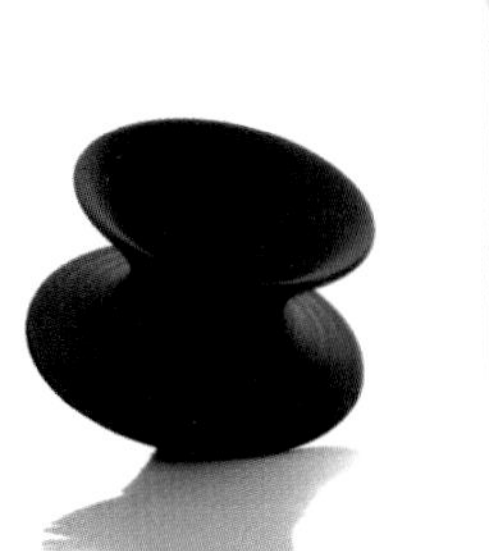
Spun, Thomas Heatherwick

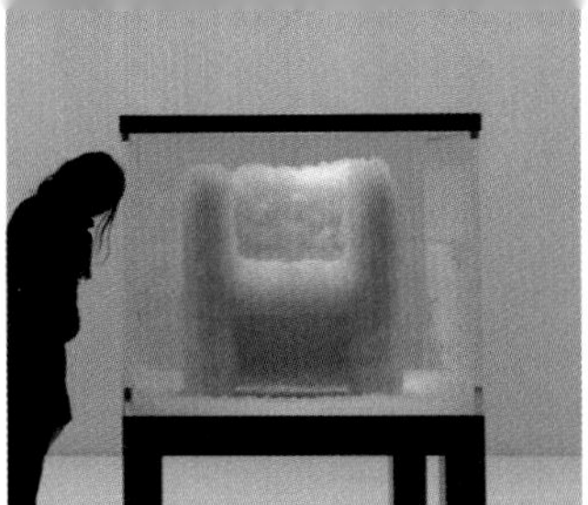
Venus Chair, Yoshioka Tokujin

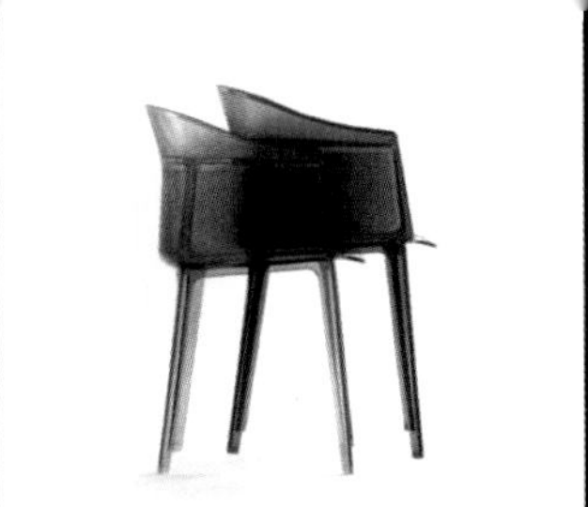
Papyrus, Bouroullec Brothers

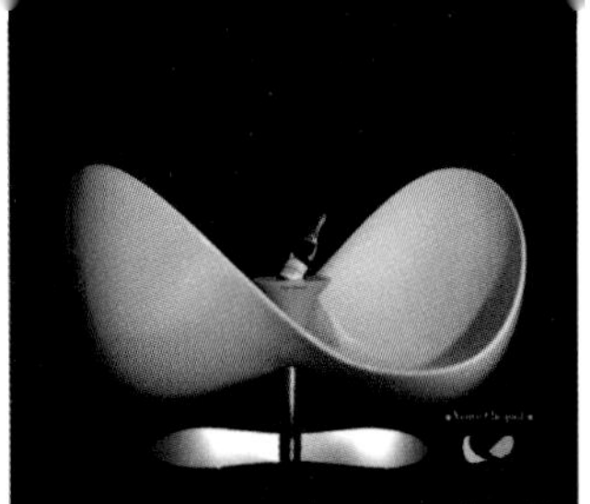
Love Seat, Karim Rashid

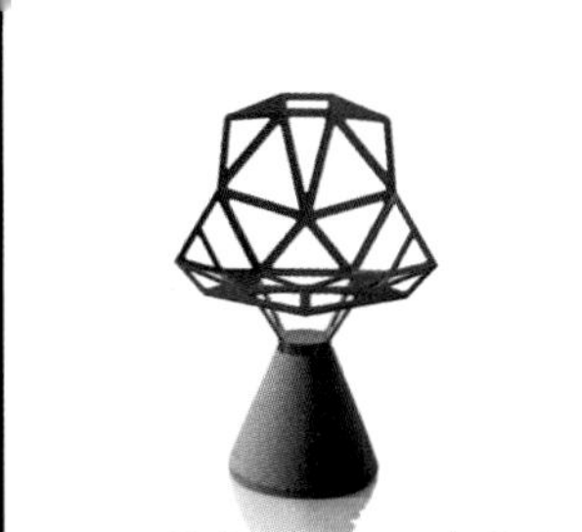
Chair One, Konstantin Grcic

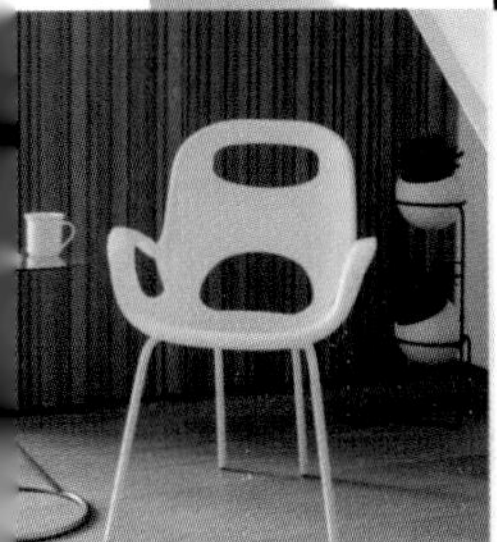
Oh Chair, Karim Rashid

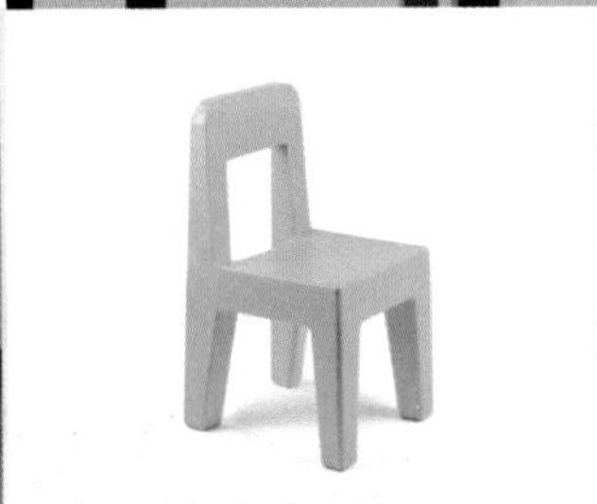
Seggiolina Pop, Enzo Mari

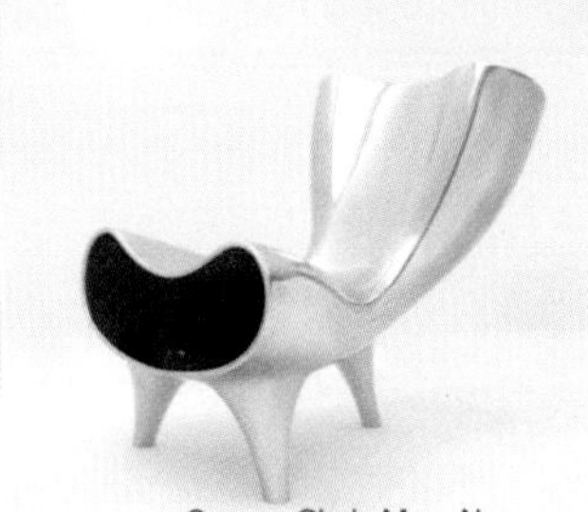
Orgone Chair, Marc Newson

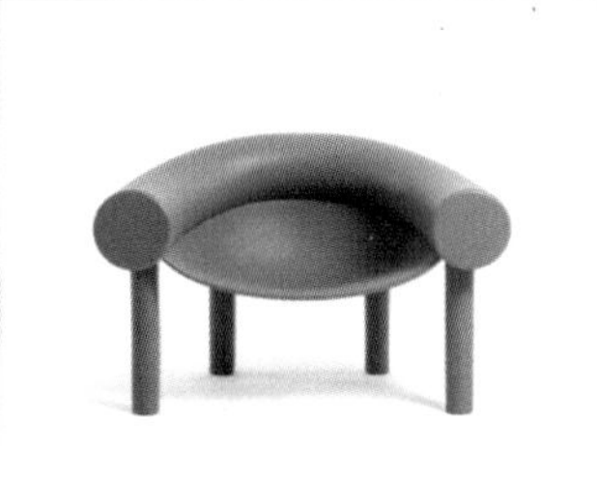
Samson Lowchair, Konstantin Grcic

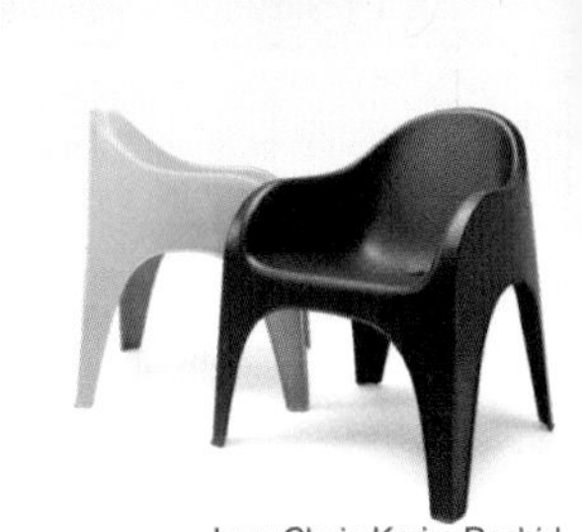
Juga Chair, Karim Rashid

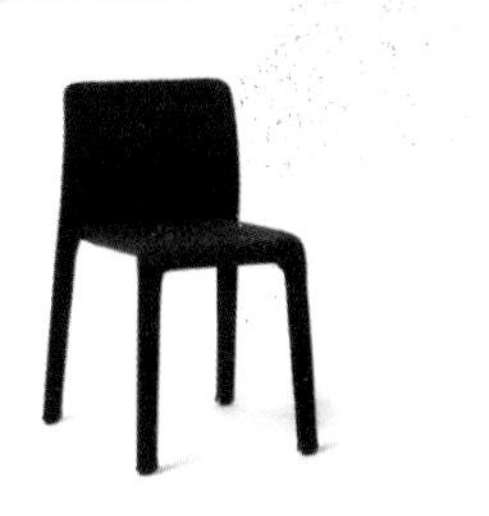
essed Chair, Stefano Giovannoni

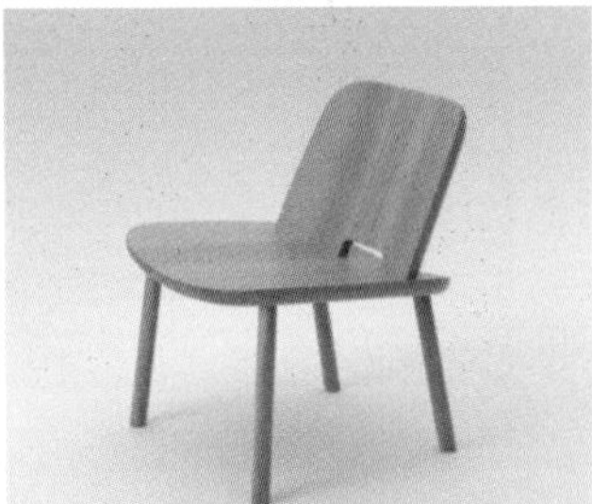
Maruni, Jasper Morrison

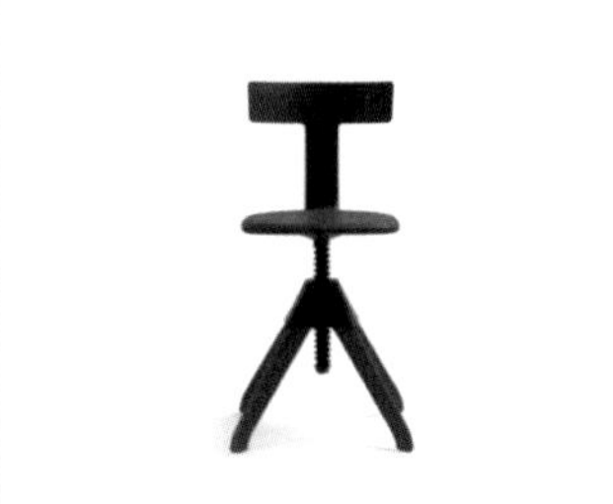
Tuffy Chair, Konstantin Grcic

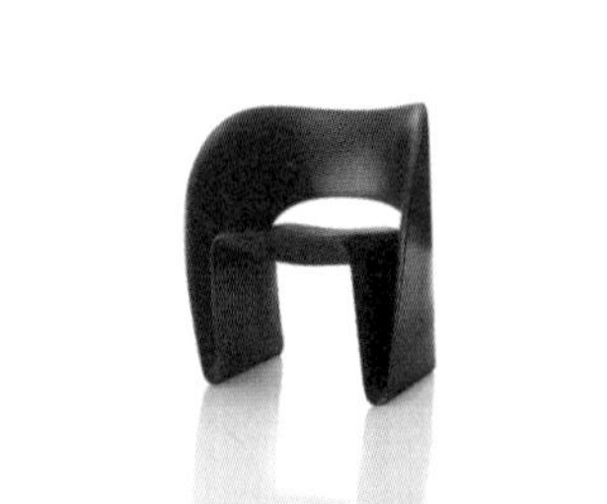
Raviolo Low Chair, Ron Arad

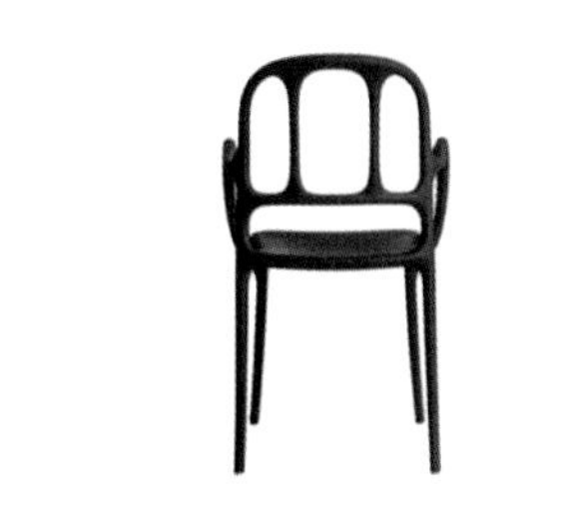
Mila Chair, Jaime Hayon

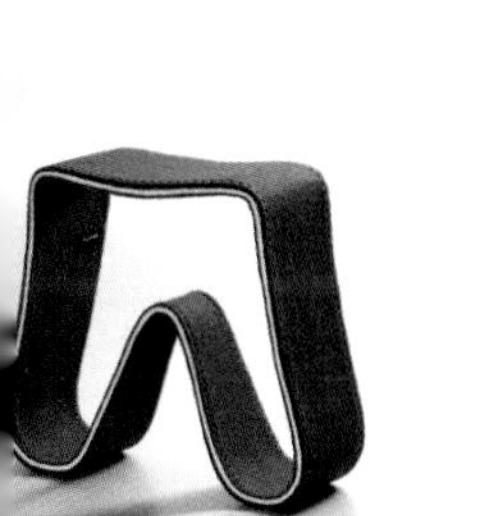
FeltStool, Hella Jongerius

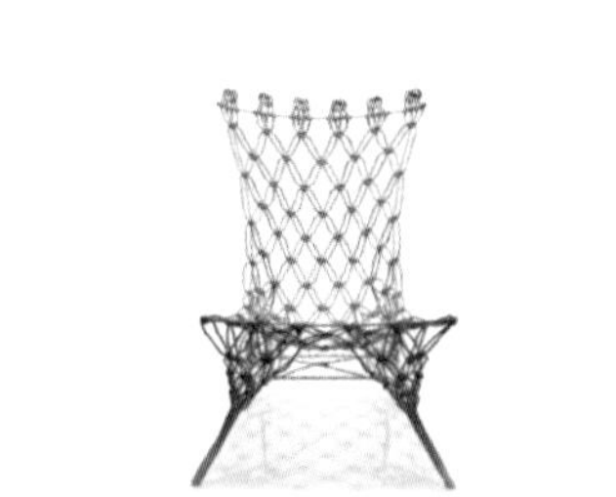
Knotted Chair, Marcel Wanders

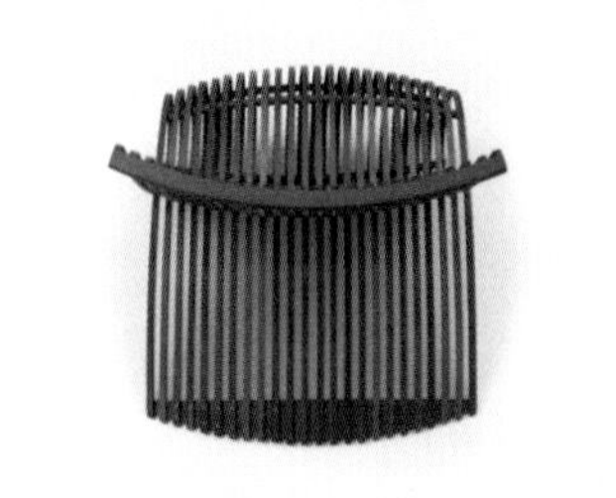
Wood Chair, Marc Newson

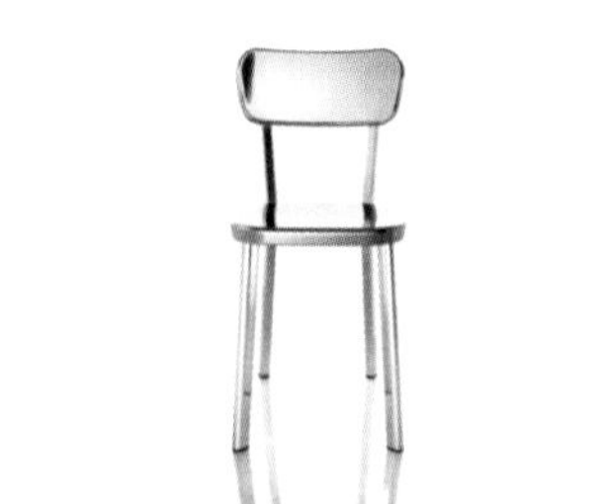
Deja Vu Chair, Fukasawa Naoto

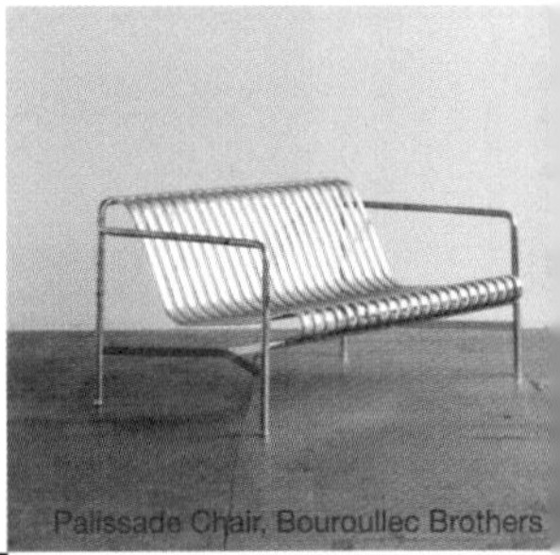
Palissade Chair, Bouroullec Brothers

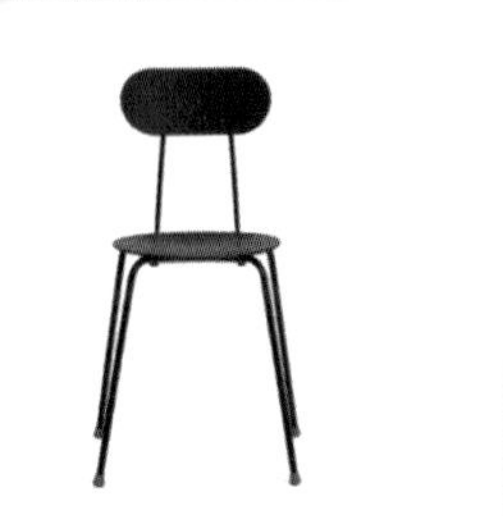
Mariolina Chair, Enzo Mari

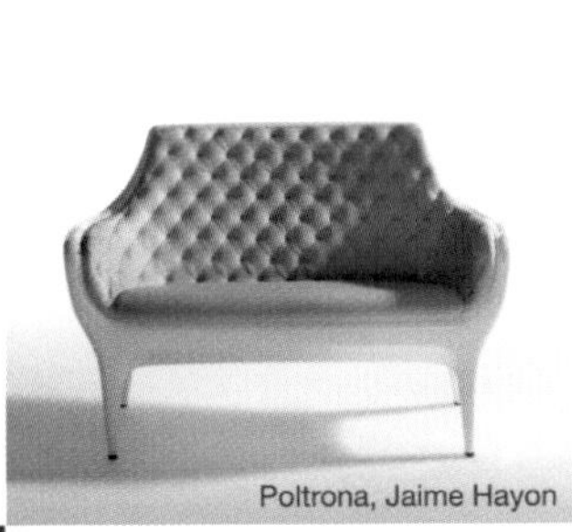
Poltrona, Jaime Hayon

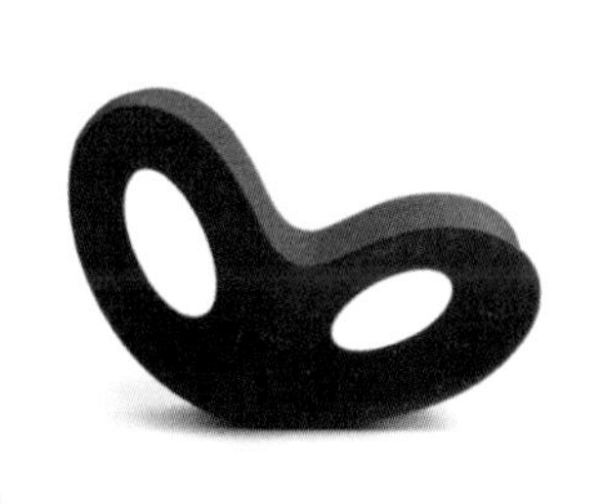
Voido Rocking Chair, Ron Arad

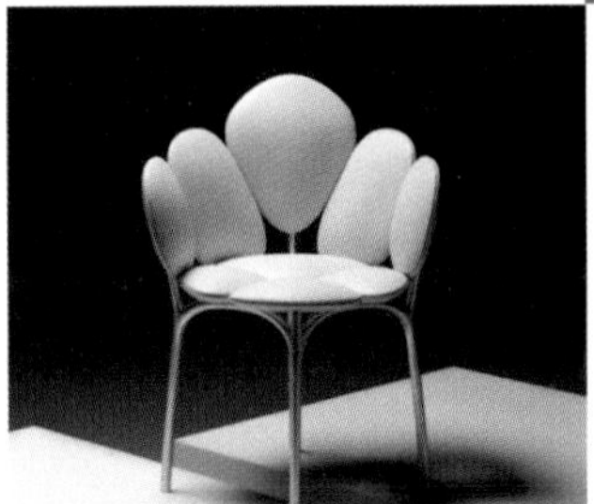
Nomades Petal Chair, Marcel Wanders

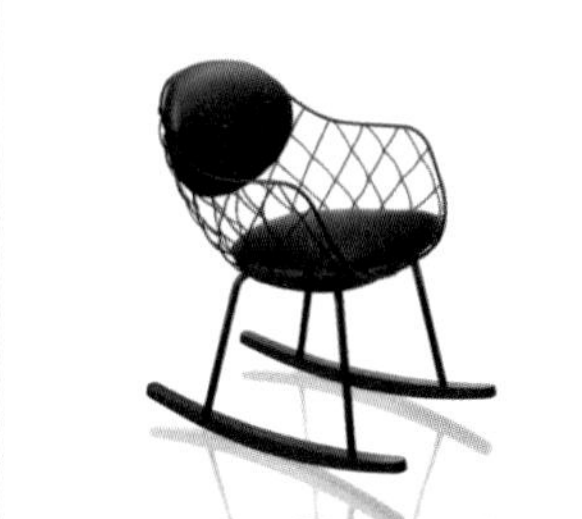
Pina Rocking Chair, Jaime Hayon

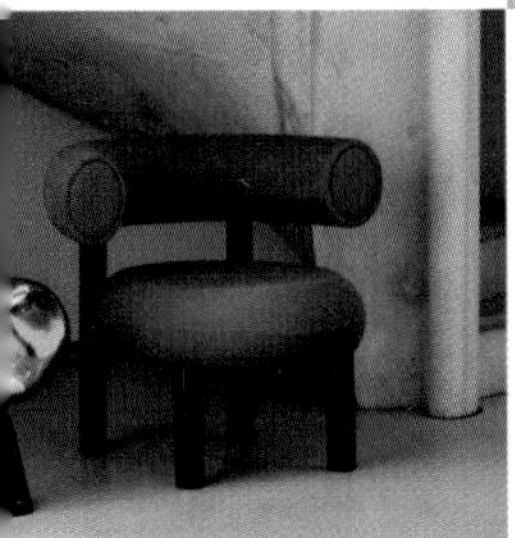
Fat Lounge Chair, Tom Dixon

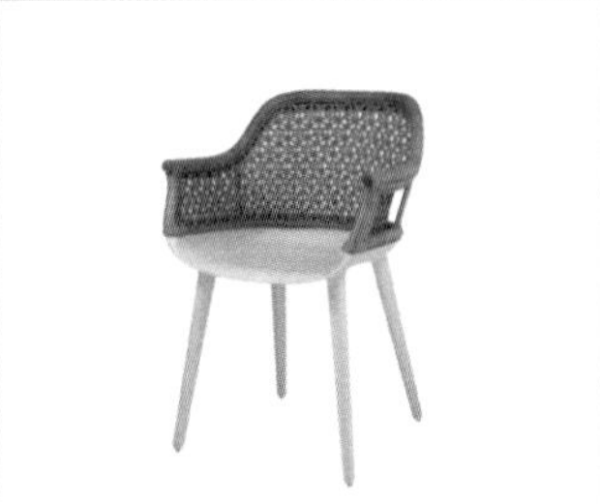
Cyborg Elegant Chair, Marcel Wanders

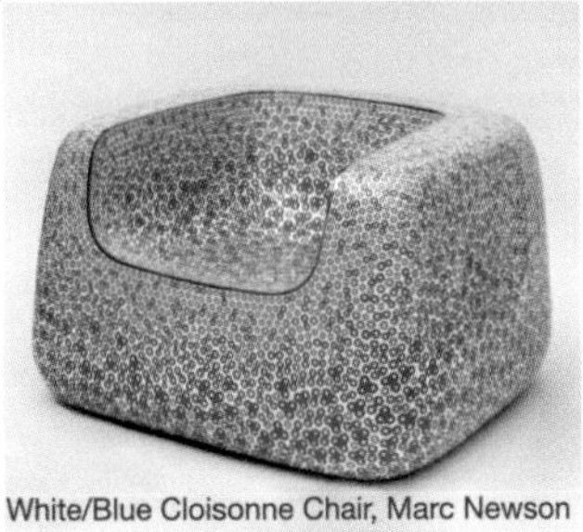
White/Blue Cloisonne Chair, Marc Newson

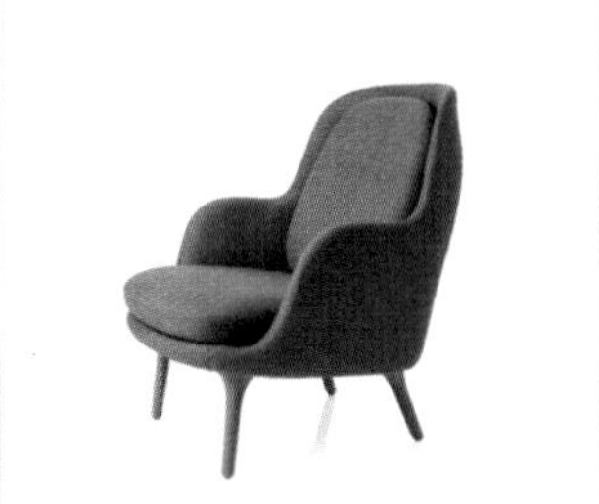
Fri Arm Chair, Jaime Hayon

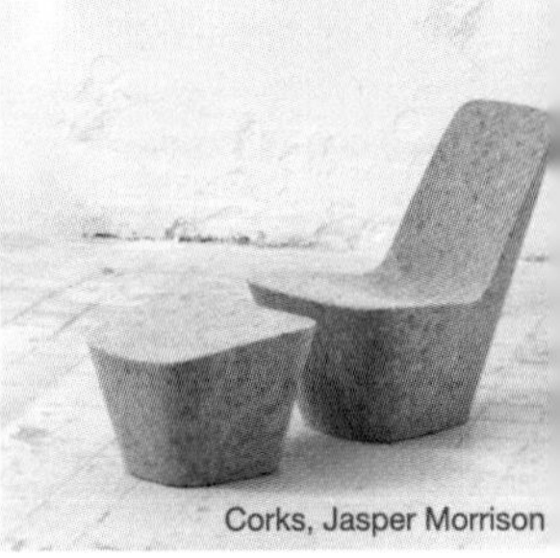
Corks, Jasper Morrison

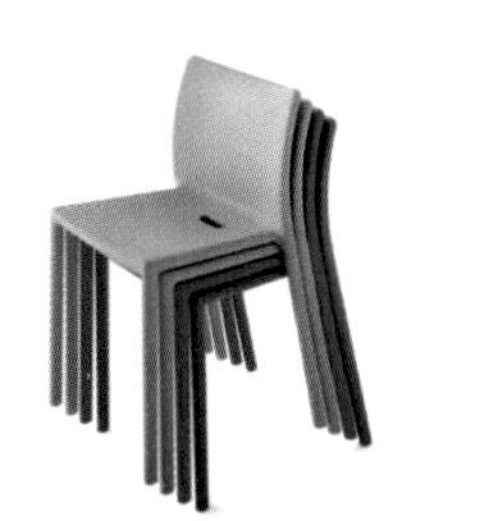
Air Chair, Jasper Morrison

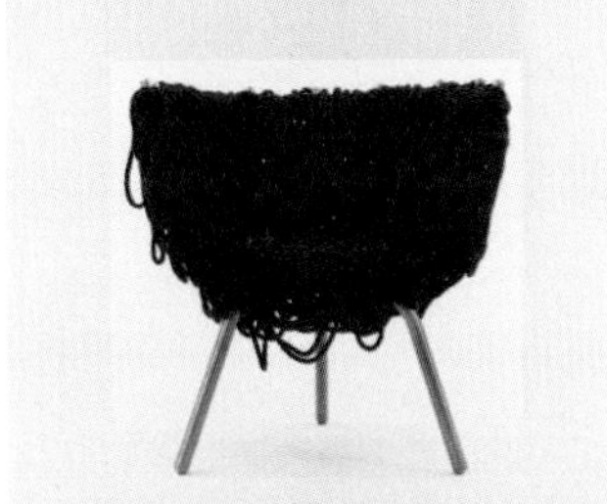
Vermelha Chair, Campana Brothers

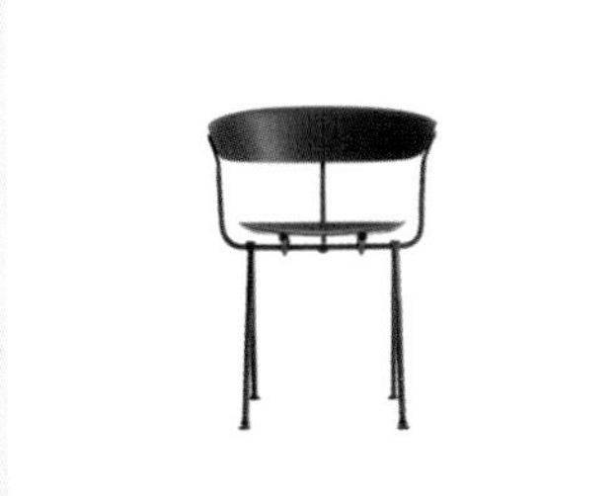
Officina Chair, Bouroullec Brothers

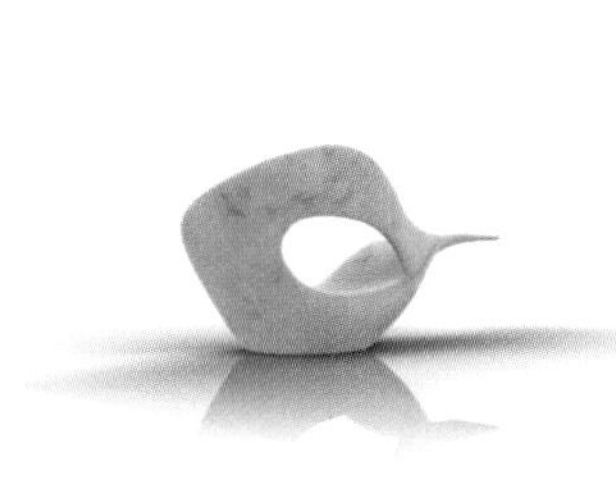
Bloat, Karim Rashid

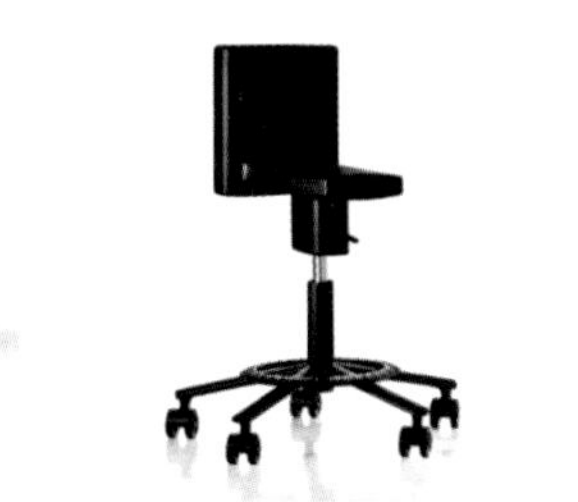
360° chair, Konstantin Grcic

컨템포러리 디자인의 유형

Types of Contemporary Design

컨템포러리 디자인은 그 다양함으로 인하여 그 현상의 특성을 명확히 유형화하기는 어렵다. 그럼에도 불구하고 현시대 디자이너들의 철학이나 사상이 어디에 초점을 맞추고 있는지 크게 구분하여 본다면, '시대적 이슈인 거대 담론에 대한 문제를 해결하기 위한 디자인'과 '지극히 개인적이고 일상적인 이야기에 대한 디자인'으로 볼 수 있겠다. 또한, 현시대 디자인의 유형들에 대해 좀 더 세부적으로 들어가 본다면 다음의 4가지의 유형으로 정리될 수 있다.

기술적 디자인

첫 번째는, 과거로부터 그래 왔듯 기술의 발전으로 인해 디자인의 가능성이 확장된 것이다. 기술은 디자인에 있어 단순한 도구가 아닌 기능성과 미학을 형성하는 원동력이다. 현시대 대표적인 기술인 가상현실, 증강현실, AI 알고리즘과 같은 기술은 디자이너에게 혁신을 위한 전례 없는 수단을 제공하며, 3D 프린팅, 스마트 재료와 같은 첨단 제조 및 재료 관련 기술을 통해 이전에는 불가능했던 복잡한 형태를 구현하며 현시대 가능한 디자인의 최대치를 끌어올린다.

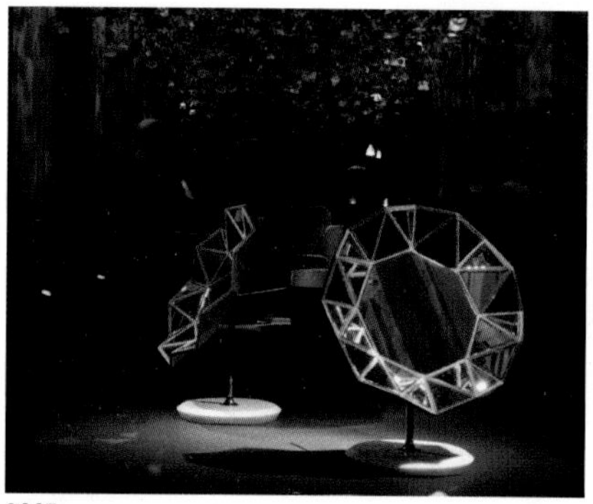

9007
마르셀 반더스 Marcel Wanders, Diamond Mirror, 2018, 밀라노 Salone del Mobile 전시

산업디자이너가 명품 브랜드와 협업하여 작품을 발표하는 것은 이제 익숙한 풍경이 되었다. 2019년도 Salone del Mobile에서 반더스는 루이뷔통과 협력하여 작품을 출시했다. 다이아몬드의 기하학적 아름다움을 재해석한 거울은 본연의 기능을 하는 동시에 작품의 역할도 하며 눈부신 시각적 효과를 만들어낸다. 루이뷔통의 시그니처 가죽과 스티치를 활용하여 브랜드의 정체성을 보여준 작품은 보는 이의 시선을 사로잡기에 충분하다.

예술 및 문화적 디자인

두 번째는, 디자인이 예술 및 문화와 융합되어 기존 디자인 분야에서 요구되던 공식에서 벗어난 새로운 시도들을 보여주는 것이다. 이러한 동향은 2000년대 초부터 종종 보이기 시작했는데, 디자인은 반드시 대량생산이라는 공식이 깨지며, 디자이너는 이제 원하는 스타일의 미감을 구현하기 위해 스스로 재료와 제작 방식을 탐구하고, 때로는 단 한 개의 작품 또는 한정된 수의 작품을 만들기도 한다. 이러한 디자인에서 보이는 특징은, 기능성이나 효율성보다는 디자인이 가지는 내러티브와 사용자와의 정서적 연결을 더욱 중요한 가치로 두며 기존의 전통적인 디자인 규범에 도전한다. 이러한 방식의 작품들은 이제 매장의 제품 판매대가 아닌 전시장에서 발표되고, 옥션에서 거래되며, 럭셔리 브랜드와의 협업으로 세상에 선보이기도 한다.

환경 및 윤리적 디자인

세 번째는, 환경 및 윤리에 대한 고민이다. 디자인 과정에 있어 끼칠 수 있는 환경적 영향과 사회적 책임을 중시하는 것은 디자이너들에게 필연적인 과제가 되었으며, 때로는 디자인의 목적에 따라 기능이나 미학적 가치보다 친환경적이고 윤리적인 관행이 우선시되기도 한다. 이러한 환경과 윤리에 관한 디자이너들의 관심은 서스테이너블 디자인, 에코프렌들리 디자인, 버내큘러 디자인 등, 동일한 목적을 가진 상이한 명칭들 아래, 디자이너들과 더불어 가치소비를 지향하는 현시대 소비자들에게 주목받으며 발전하고 있다.

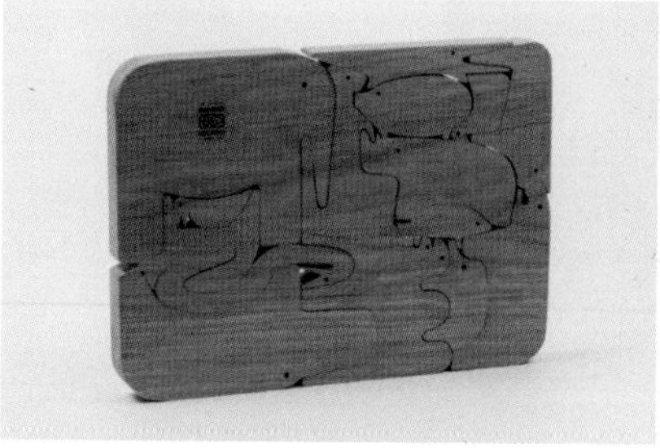

9008
엔조 마리 Enzo Mari, 16 Animali Puzzle, 1957, Danese

마리의 친환경 철학이 실천된 초기 디자인 사례 중 하나이다. 이 퍼즐은 아이들에게 동물과 자연에 대한 인식을 높이는 놀이 도구로, 사용할수록 나무가 가지는 물성이 자연스럽게 변화하는 매력을 가진다.

자연을 활용한 디자인

마지막으로는 자연을 활용한 디자인이다. 물론 자연에 대한 디자이너, 예술가, 건축가의 관심은 현시대에 갑자기 생겨난 현상은 아니다. 로마 시대의 건축가인 비트로비우스가 쓴 『건축 10서Ten Books on Architecture』에서 자연의 완벽한 비례와 대칭 구조, 그리고 형식미를 강조하고, 건축의 재료 역시 자연에서 구한 것이어야 한다고 설명되어 있는 바와 같이, 자연에 대한 창작자의 갈망은 고대로부터 시작되었다고 해도 과언이 아니다. 또한 모더니즘의 주요 원칙인 "형태는 기능을 따른다Form follows function"의 사상을 미리 예견했다 할 수 있는 미국의 조각가 호라티오 그리너Horatio Greenough는 이미 19세기 중반에 "건축에 있어 형식적 해결책은 건물의 기능에 내재되어 있다"하며 기능과 형태의 관계를 거론하였으며, 이때에 자연의 생명체 구조가 기능에 반응한 최적화된 형태를 가지고 있음을 예로 들었다.

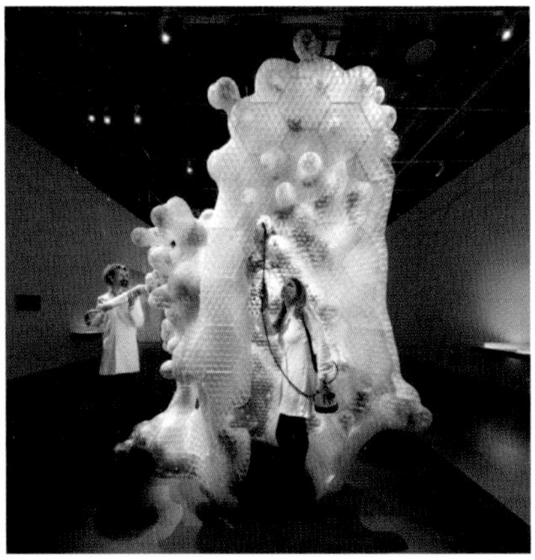

9009
이콜로직 스튜디오 Ecologic Studio, H.O.R.T.U.S. XL Astaxanthin.g, 2019, 도쿄 Mori Art Museum

이콜로직 스튜디오는 조류를 활용하여 작은 제품부터 건축까지 다양한 스케일의 제품과 공간을 디자인한다. 본 작품은 산호의 성장 메커니즘에서 영감을 받았으며 광합성 조류를 재료로 활용했다. 박테리아가 빛과 이산화탄소를 산소와 바이오매스로 전환하여 환경에 유익한 재료로 전환되도록 디자인되었으며, 생물학, 디지털 기술 및 건축의 융합으로 지속 가능하고 상호 작용적인 도시 환경을 위한 새로운 가능성을 보여준 사례이다.

이와 같이 자연에 대한 관심과 찬양은 아주 오랜 과거로부터 현재까지 이어지고 있으며, 과거의 디자이너들이 자연의 형태를 모방하거나 구조를 디자인에 차용하는 것에 집중했다면, 최근에는 자연의 현상이나 프로세스를 디자인 과정에서 활용하기도 한다. 생체 모방을 시도하거나, 버섯 균사체, 갑각류의 키틴질과 같은 생물 재료를 디자인의 자원으로 사용하는 등은 현재 디자이너들이 자연의 자원을 활용하는 디자인 방식 중 하나의 큰 흐름이라 볼 수 있으며, 이러한 접근 방식은 대부분은 자연과 인간이 만든 사물 세계 사이의 조화를 이루는 것을 목표로 발전해 나가고 있다.

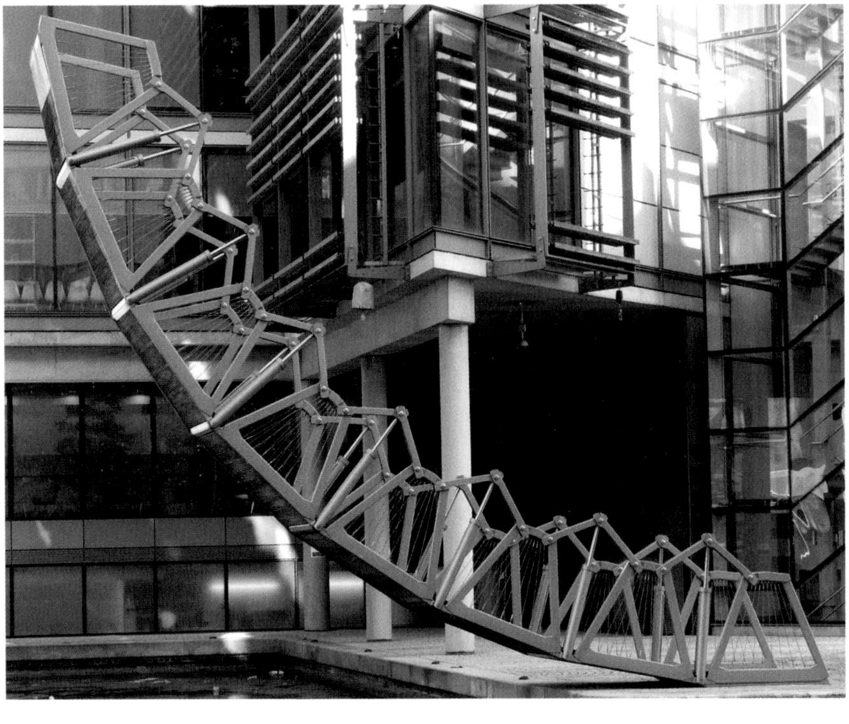

9010
토머스 헤더윅 Thomas Heatherwick, The Rolling Bridge, 2004, 런던 Paddington Basin

헤더윅은 전통적인 장인정신부터 최첨단 디지털 제작에 이르기까지, 다양한 재료와 기술의 한계를 넘나드는 작업을 보여준다. 그의 작품들은 기술이 디자인에 적용되어 새로운 미학을 창출하고 복잡한 문제들을 해결할 수 있는 최선의 솔루션을 확인시켜준다.

컨템포러리 디자인의 의의

The Significance of Contemporary Design

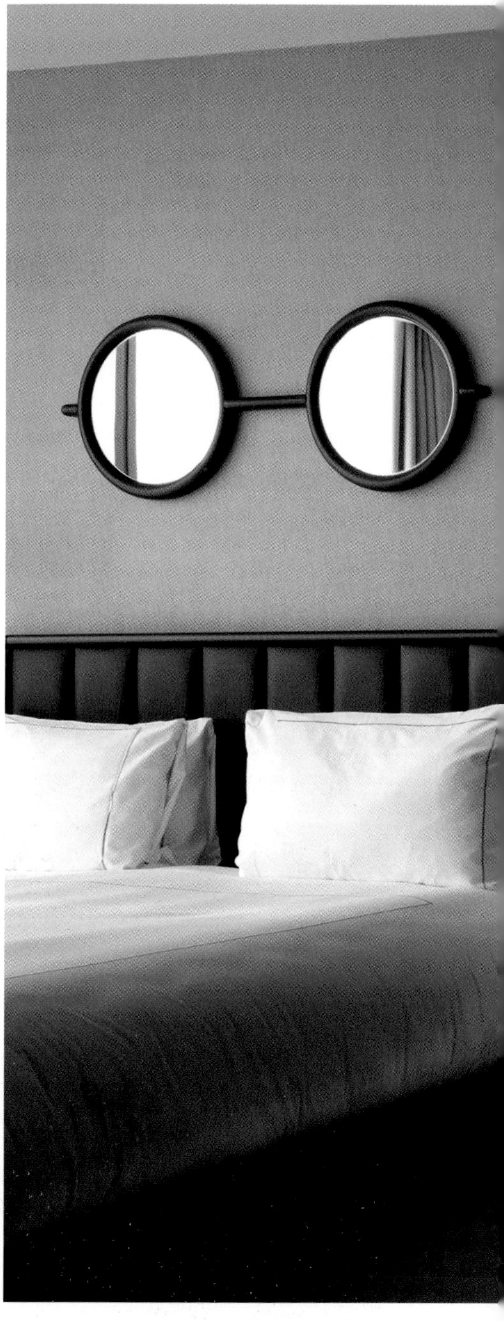

컨템포러리 디자인의 다양성은 기술적 혁신, 문화적 다변화, 지속 가능성 등 다양한 사회적 현상에 대한 복잡한 상호 작용에 대한 반응의 현상이다. 지금 이 순간에도 우리의 삶에서 끊임없이 벌어지는 복잡한 사건들은 디자인 세계에 영감과 혁신의 원천일 뿐만 아니라, 인간의 경험을 풍부하게 하는 근본적인 가치들을 만들어내기도 하며, 디자이너가 21세기의 과제와 기회를 해결하고 포착하는 중요한 측면이기도 하다.

이와 같은 현상은 디자인 환경을 재편하며 현재 디자인계에 수많은 가능성을 가져다주었지만, 한편으로는 현시대 디자인이 위기에 처해 있다는 의견들도 있다. 환경적, 사회적, 윤리적 문제가 심각한 시대에 진정 "좋은" 디자인이 무엇인지에 대한 질문부터, 디자인과 예술의 경계가 흐려지는 상황에서 디자이너의 역할과, AI 기술이 모방을 넘어 디자인 콘셉트 및 솔루션 생성과 같은 창의적 프로세스에 이르기까지 대체할 수 있다는 우려를 포함하여, 다양한 디자인 현상 속에 디자인의 목적과 가치, 그리고 이러한 변화의 시대 디자이너가 된다는 것이 무엇을 의미하는지에 대한 끝도 없는 논쟁이 이루어지고 있다. 이미 30여 년 전 애덤 리처드슨Adam Richardson가 디자인 이슈Design Issues에 발표한 에세이 "디자이너의 죽음The Death of the Designer"에서 디자인 프로세스에 디자이너의 제어권이나 디자인 결과물과 사용자의 상호작용에 있어 디자이너의 역할과 책임이 과대포장되어 있다는 점을 제기하며 디자인의 근본과 뿌리, 정체성에 대한 위기를 거론한 적이 있는 것과 같이, 현시대에 디자인에 대한 위기가 거론된다는 것이 처음도 아니고 놀라운 점도 아니지만, 그래도 디자이너들은 급변하는 디자인 세계에서 앞으로 디자인이 가야 할 옳은 방향에 대하여 오늘도 고민한다.

물론 현시대의 디자인이 복잡하고 갈피를 알 수 없는, 얽힌 덩굴같이 보이며 앞으로 디자인이 추구해야 할 명확한 해답을 내기에 어려워 보이기도 하지만, 과거 디자인의 스타일이 아르누보에서 아르데코로, 모더니즘에서 포스트모더니즘으로, 이전 시대의 사상과 그를 반영한 스타일과의 정반합을 이루며 새로운 사조를 탄생시킨 것과 같이, 현재 다양성의 시대를 함축시키고 단일화하는 강력한 스타일이 근 미래 출현할 수도 있겠다는 상상도 해보며, 만약 그러한 시대가 온다면 오히려 지금의 다양성이 그리워지지 않을까라는 질문을 스스로 해본다.

이러한 상황을 상상해 보며, 컨템포러리 디자인의 다양성과 복잡성으로 인해 변화하는 디자인 현상을 못마땅하게만 보기보다는, 이러한 변화가 이 시대 디자인을 수용하는 사람들의 다양한 삶과 요구를 사인스럽게 반영한 결과임을 받아들이고, 디자이너들의 다양하고 매력적인 시도들이 디자인 분야를 더욱 공고히 하는 데에 강력한 해결책으로 나아갈 수 있는 방향에 대하여 고민하는 것이 필요할 것이다.

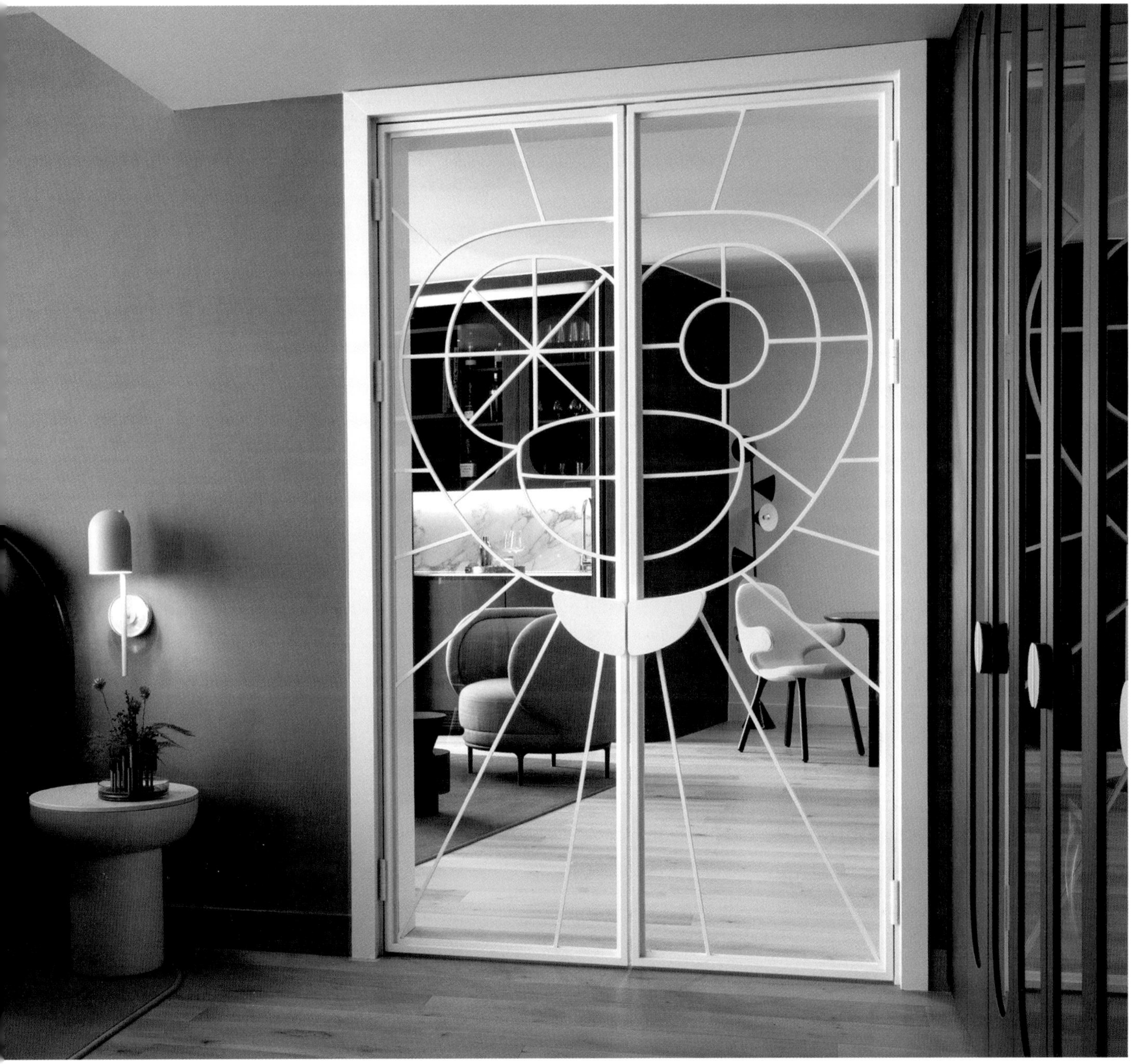

9011
하이메 아욘 Jaime Hayon, Art'otel, 2023, 런던

하이메 아욘은 산업디자이너 출신으로, 제품 디자인, 가구 디자인, 운송 디자인, 인테리어 디자인 등 다양한 분야의 경계를 넘나들며 활동하고 있다. 이는 현시대 디자이너의 고유한 스타일적 아이덴티티는 그 어느 전문성보다 매우 중요한 가치이며, 이를 갖춘 디자이너는 디자인의 대상이나 분야에 대한 경계는 충분히 뛰어넘을 수 있다는 점을 시사한다. 오른쪽 이미지는 그의 최신작인 Art'otel로, 인테리어를 비롯하여 모든 공간이 그의 가구와 제품, 그리고 예술 작품으로 완성되었다고 해도 과언이 아니다.

컨템포러리 디자인 스타일 1.

디자인과 기술의 공생

Contemporary Design Style 1. Symbiosis of Design and Technology

기술과 디자인은 상호보완적 관계로 기술의 발전을 통해 디자인에서 가능한 영역이 확장되고, 또한 디자인을 통해 기존의 기술이 새로운 방식으로 전달되어 그 기술의 가치가 재발견 되기도 한다.

과거로부터 기술은 디자이너에게 창의성을 표현할 수 있는 새로운 도구 및 매체를 제공해왔으며 이는 기존에 실현이 어려웠던 문제들을 해결하고 디자인 분야가 더 큰 혁신으로 이어질 수 있도록 했다. 예를 들어, 1925년에 발표된 마르셀 브로이어Marcel Breuer의 바실리 의자Wassily Chair는 자전거 공장에서 사용되던 강철 튜브 굽힘 기술을, 1932에 선보인 알바 알토Alvar Aalto의 팔미오 의자Paimio Chair는 목재 하수관에서 쓰이던 얇은 목재 시트를 교차 접착하는 기술을 사용했다. 그리고 누가 최초의 디자이너인지 의견이 분분한 세상에 가장 가볍고 저렴한, 방수도 적재도 되는 플라스틱 재료의 모노 블록 의자Monobloc Chair의 경우, 당시 레진 기술과 사출 기계 기술의 발전으로 이루어진 결과물이라 볼 수 있다. 이와 같이 디자인의 혁신은 디자이너가 기존에 디자인 분야에서 쓰이지 않았던 신기술을 발견하고 얼마나 창의적인 방법으로 활용하느냐에 의해 주도되어왔다.

현시대의 기술은 이전의 재료 또는 생산 방식에 영향을 끼치는 것에서 더 나아가 아이디어 생성, 데이터 분석, 구조 검토, 조형 탐색 등, 디자인 프로세스의 모든 측면에서 영향을 끼치고 있다. 자하 하디드Zaha Hadid가 복잡한 곡선과 비정형 구조의 디자인을 현실로 만들어낼 수 있었던 것도 라이노나 카티아와 같은 최적의 디자인 소프트웨어를 사용할 수 있었기 때문이다. 이처럼 기술은 디자인 과정에서의 효율성과 생산성을 높이고 최적의 형태 제안이나 다양한 재료 및 옵션들을 제공하여 최적의 결과물을 도출할 수 있는 편의성을 가져다주는 동시에, 새로운 디자인 아이디어와 정보 생성 역시 가능하게 한다. 예를 들어, 개인의 선호도와 요구 사항에 맞춘 디자인을 할 때에 AI를 활용한 데이터 분석 도구를 통해 더욱 다양하고 적합한 정보에 접근할 수 있게 되었으며, 가상현실VR이나 증강현실AR과 같은 기술로 인해 디자이너가 아이디어를 시각화하고 프로토타입화하는 방식 또한 다양해지고 편리해졌다.

또한, 기술의 발전은 디자인 생산 과정과 재료 분야에서도 중추적인 역할을 해왔다. 생산 프로세스의 간소화는 제작 시간을 단축시켰으며, 높아진 정밀도는 이전에 불가능했던 정교한 형태를 가능하게 했다. 또한, 혁신적인 재료들, 가벼우면서도 내구성이 있으며 지속 가능한 신소재들의 등장으로 디자인은 이전보다 편리하고 경제적이며 환경까지 생각한 완성품이 되었다. 특히, 3D 프린팅의 발달은 기존 제조 방법으로는 불가능하거나 복잡한 조형을 손쉽고 비교적 저렴하게 제작할 수 있게 했으며, 소량 생산 역시 가능케 했다. 이와 같이 기술과 디자인은 서로 간의 공생을 더욱 공고히 하며 발전해 나가고 있으며, 기술의 발전과 함께 디자이너들은 현대 디자인의 새로운 미학을 제시하며, 형태생성, 재료, 제조 등 디자인 프로세스의 전반에서 그 가능성의 경계를 넓혀가고 있다.

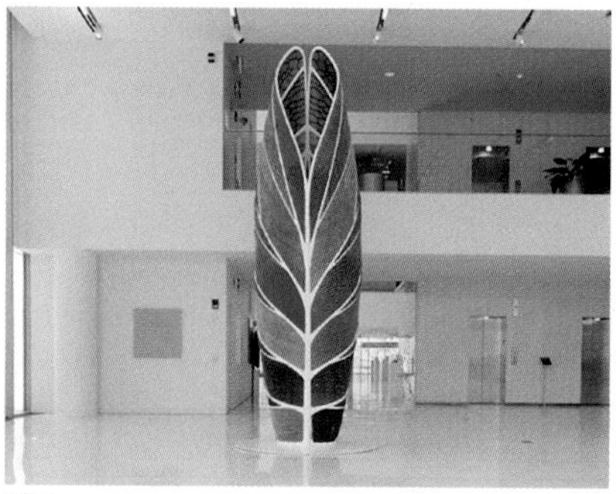

9012
네리 옥스만 Neri Oxman, Aguahoja, 2014~2020, 샌프란시스코 Museum of Modern Art

옥스만의 디자인은 생물학, 컴퓨터과학, 재료 공학을 결합한 융합적인 결과물이다. 그녀의 작업은 자연 현상에서 얻은 인사이트를 통해 알고리즘을 활용하여 디자인하며, 전통적인 디자인의 한계를 넘어서 미래를 제시하는 혁신적인 결과물을 도출하고 있다.

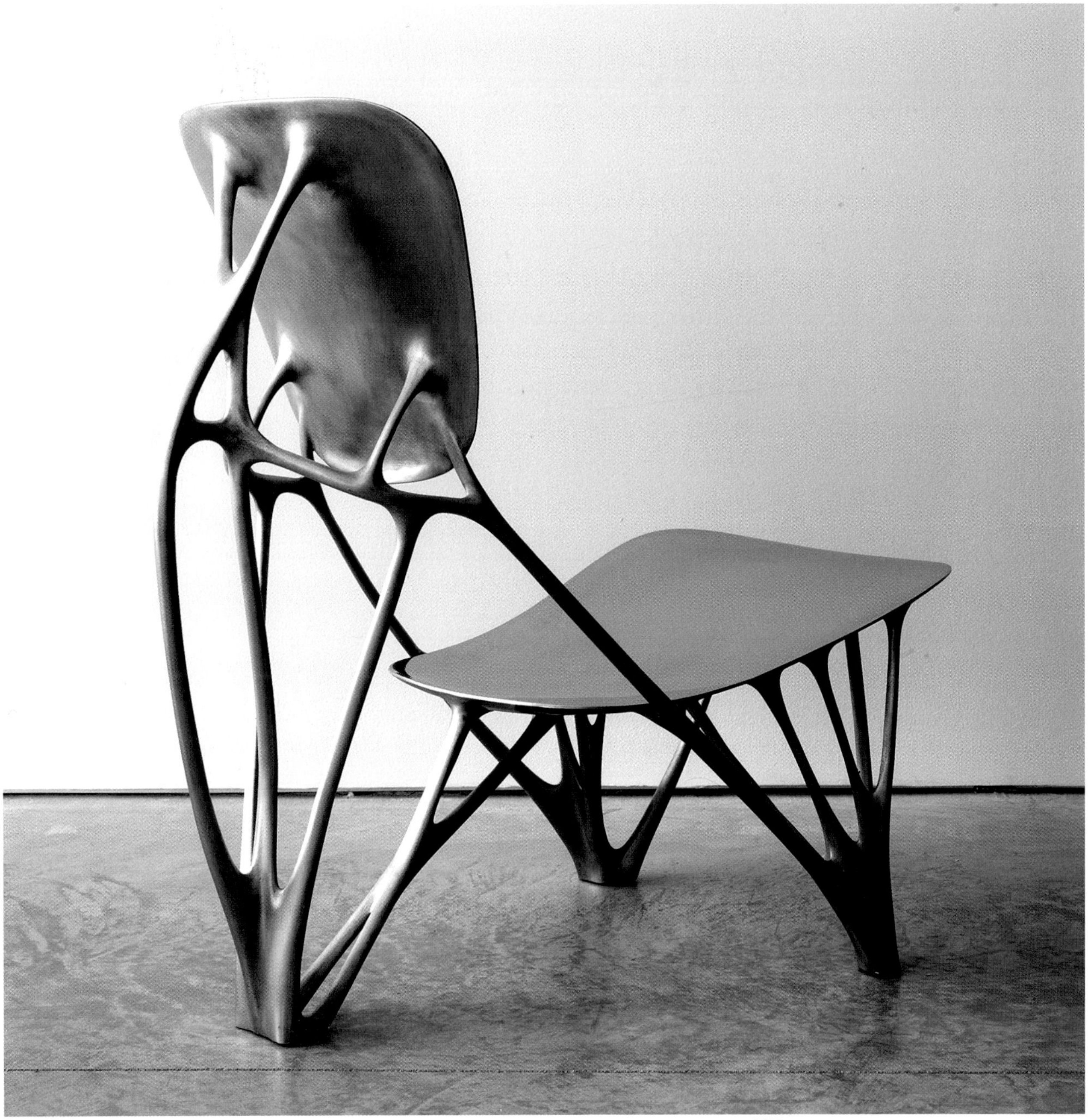

9013
요리스 라만 Joris Laarman, Bone Chair, 2006, 암스테르담 Ruks Museum

라만은 네덜란드의 산업 디자이너로 신기술에서 영감을 받은 실험적인 디자인을 하는 것으로 알려져 있다. 그의 대표작 중 하나인 Bone Chair는 자연의 원리와 디지털 제작의 선구적인 융합으로, 신기술을 활용하여 새로운 디자인 방법과 스타일을 제시한 사례이다. 이 의자는 자연 성장의 최적화 원리와 디지털 기술의 융합으로 탄생된 디자인으로 나무와 뼈가 자연적으로 환경적 스트레스에 적응하는 방식에서 영감을 받아 자동차 부품용으로 개발된 디지털 알고리즘을 사용하여 디자인되었다. 불필요한 재료를 제거하여 내구성이 있는 동시에 가벼운 구조를 만들었으며, 최종 알루미늄 의자는 3D 프린팅 기술을 사용해 일체형으로 제작되었다.

컨템포러리 디자인 스타일 2.

문화화 • 예술화되는 디자인

Contemporary Design Style 2. Design That Becomes Cultural and Artistic

매력적인 조형과 내러티브를 통해 사용자와의 감정적인 관계를 형성하는, 미학적 가치가 강조되는 디자인의 등장이다. 마르텐 바스Maarten Baas나 넨도Nendo의 작업은 사물의 내러티브, 물질성에 대한 새로운 성찰을 불러일으키고, 스튜디오 스와인Studio Swine, 캄파나 형제Campana Brothers, 페르난도 라포제Fernando Laposse 등은 보이지 않는 것, 주목받지 못했던 것들을 디자인을 통해 가시화한다. 그들은 일상의 요소들을 새로운 방식으로 제안하여 우리가 살고 있는 사물 및 환경과의 관계를 재고하도록 하며, 디자인을 인식과 행동을 위한 강력한 도구로 변화시킨다.

이러한 디자인 유형의 대표적인 디자인 팀인 캄파나 형제의 경우, 평범한 재료를 기존의 쓰임과 달리 새로운 방식으로 사용하는 점이 특징으로, 밧줄, 인형, 버려진 천 조각 등의 재료들을 사용하여 불완전함의 아름다움을 강조하며 디자인에 대한 새로운 접근 방식을 보여준다. 이 형제는 1960년대에 이탈리아의 아방가르드 디자인 운동의 선구자 중 한 명이자 전위적인 가구 디자인 브랜드인 에드라Edra의 아트디렉터였던 마시모 모로치Massimo Morozzi가 이야기 한 "디자인이란 단순히 기능과 형태에만 국한된 것이 아니라 모든 사람의 정서적인 공감에 관한 것이라며 유행보다는 본인만의 색을 가지고 자신의 마음을 따라가는 것이 최선"이라는 말을 항상 기억한다고 한다. 디자인이 태생적으로 기능성, 효율성 및 요구 사항에 대한 충족에 중점을 둔 솔루션 지향적인 것이라 할 때, 그들의 디자인은 때론 예술과의 경계를 넘나들기도, 새로운 문화를 발견하고 디자인에 접목시키기도 하며, 보다 탐구적이고 표현적인 자세를 취하며 기존의 문제를 해결할 뿐만 아니라 디자인 관습에 대하여 질문하고, 비판하고, 재구성한다.

이처럼 실험적 태도로 탄생된 캄파냐 형제의 작품들은 2008년 가구점이 아닌 영국에 소재한 알비온 갤러리Albion Gallery에서 전시되었다. 가구 판매 장소가 아닌 현대 미술 갤러리에서 제품을 선보인 디자이너가 당시로써 특이하기는 했지만 처음은 아니었다. 마크 뉴슨Marc Newson은 이미 1년 전인 2007년 뉴욕의 가고시안 갤러리Gagosian Gallery에서 작품을 선보이며 디자인의 예술적 가치에 대해 증명한 바 있었다. 또한, 스스로를 디자인 연구소라 칭하는 파리의 갤러리 크레오Galerie kreo의 경우, 마크 뉴슨을 비롯하여 하이메 아욘, 재스퍼 모리슨, 마르셀 반더스 등, 다양한 디자이너들과 협업하며 상업적으로는 통용되기 힘든 과감함 실험들을 진행하고 한정판 디자인 작품들을 전시하고 판매해 왔다.

이와 같은 디자인들이 주목을 받으며 짧은 시간 안에 성장한 분야 중 하나가 콜렉터블 디자인이다. 콜렉터블 디자인은 특색 있는 개념과 창의적인 조형, 그리고 그동안 산업 디자인 분야에서 보기 힘들었던 과감한 재료의 사용이 돋보이는 작품들이 주를 이룬다. 예술품과 같이 마스터피스의 성격을 가지는 디자인 작품을 찾는 수집가 및 애호가들이 늘어나며 자연스레 주목을 받기 시작했으며, 유수의 갤러리나 뮤지엄 등으로부터 초청되어 전시되며 디자인이 작품으로서의 가치를 인정받기 시작했다.

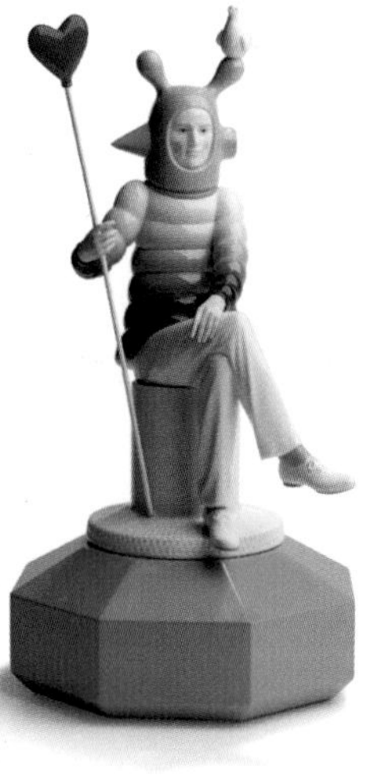

9014
하이메 아욘 Jaime Hayon, The Lover I, 2009, Lladro

하이메 아욘은 디자인을 감성 또는 감정이기도 하다고 하며, 기능과 더불어 인간이 부여한 의미가 작품을 완성시킨다고 했다. 라드로를 위해 디자인한 판타지 컬렉션은 아욘의 유머러스하고 내러티브 중심적인 디자인을 하는 측면을 잘 보여주는 작품이다. 풍부한 상상력으로 디자인된 형태와 섬세한 디테일은 사람의 손이 닿아 완성되는 예술적 터치와 디자인을 융합하는 그의 시그니처 스타일을 보여준다.

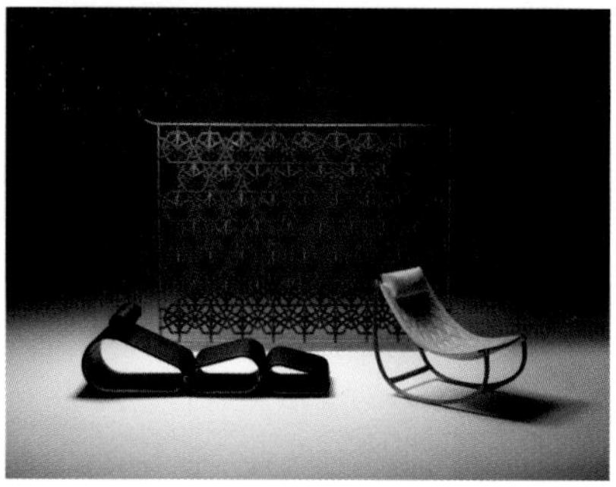

9015
마르셀 반더스 Marcel Wanders, The Objets Nomades Collection by Louis Vuitton, 2015~present, 밀라노 Salone del Mobile

스타 디자이너들의 브랜드들과의 컬래버레이션이 활발해지면서 대량생산 공정을 통해 산업화된 제품과는 차별화되는 수공예적인 디테일이 적용된 디자인들이 다수 등장하고 있다.

콜렉터블 디자인 분야가 활성화됨에 따라 디자인은 대량생산이라는 공식을 넘어 한정판이나 단 하나뿐인 작품으로 생산하는 시도들이 늘기 시작했으며, 이러한 결과물은 주로 갤러리, 디자인 박람회, 경매 등을 통하여 전시 및 거래된다. 특히 밀란 디자인 위크Milano Design Week, 디자인 마이애미Design Miami, 콜렉터블 디자인 페어Collectable Design Fair와 같은 디자인 및 예술 관련 메이저급 이벤트들이 주요 플랫폼의 역할을 하며 매해 다양한 디자인들을 선보이고 있다. 콜렉터블 디자인에 대한 관심이 높아진 것은 새로운 세대의 디자이너들이 만든 탄탄한 내러티브와 정답이 없는 실험적 시도에 대하여도 끊임없이 도전하는 열정 덕분이기도 하며, 대량생산의 요구와 한계로 인한 제약을 넘어 창의적 비전을 탐색할 수 있는 새로운 기회의 창구들이 열린 덕분이기도 하다.

물론 이러한 디자인들이 주목받으며 소비자의 취향을 만족시키거나 반대로 새로운 취향을 제시하고, 예술, 디자인, 문화가 교차하는 시대, 현대 사회에서 디자인의 역할과 가치에 대한 폭넓은 담론에 기여하고 있음은 분명하다. 다만 만약 그 디자인의 결과가 디자인의 본질을 져버린 채, 디자이너 고유의 철학이 함께 반영된 것이 아닌 단순히 시각적 매력에만 의존한 표현적인 결과로만 자리 잡는다면, 지금과 같은 긍정적인 현상의 존속은 위험할 수도 있다. 르 코르뷔지에Le Corbusier는 모더니즘 디자인의 핵심인 기능주의와 합리성의 철학을 바탕으로 LC 시리즈를 디자인했으며, 알렉산드로 멘디니Alessandro Mendini는 디자인이 기능적이고 미적인 감흥을 넘어, 사람들에게 문화적 경험을 부여하고, 생각하게 만드는 중요한 매체가 될 수 있음을 프루스트 암체어Proust Armchair디자인을 통해 시사했다. 영국의 디자인 평론가인 앨리스 로스트혼Alice Rawsthorn은 "예술화되는 디자인이 희소성의 가치뿐이 아닌 디자인의 새로운 방향성을 제시할 수 있어야 한다" 했다. 우리는 이 말을 반드시 기억해야 할 것이다.

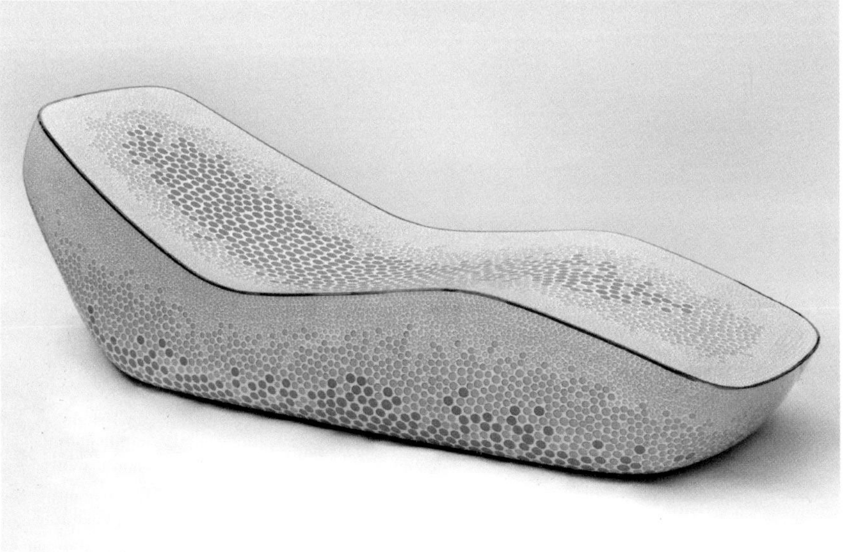

9016
마크 뉴슨 Marc Newson, Cloisonne Blue Chair, 2019, 뉴욕 Gagosian Gallery

가고시안 갤러리는 예술가라면 누구나 전시하고 싶은 명망 있는 갤러리이다. 마크 뉴슨의 가고시안 갤러리에서의 전시나 캄파냐 브라더스의 알비온 갤러리에서의 전시는 디자인도 예술적 가치를 인정받을 수 있다는 것을 보여준 사례이다.

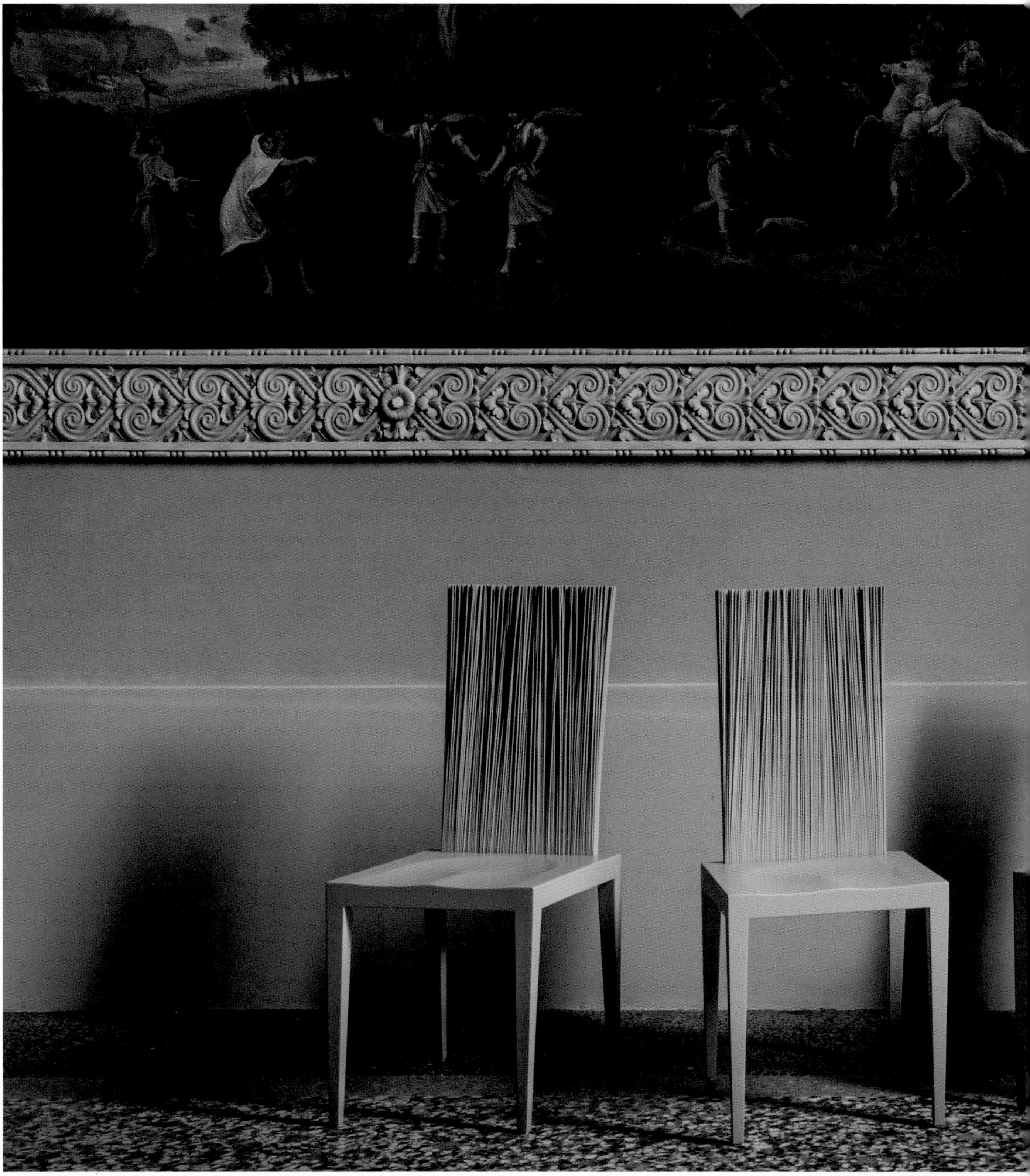

9017
캄파나 형제 Campana Brothers, Jenette, 2005, Edra

마치 값싼 제품인 빗자루를 연상시키는 이미지를 활용해 고급화된 디자인으로 완성했다는 점이 아이러니하면서도 이 의자를 특별하게 하는 점이다. 유연한 등받이를 구현하기 위해 PVC와 금속으로 성형하여 강성과 유연성 사이를 넘나들도록 했다.

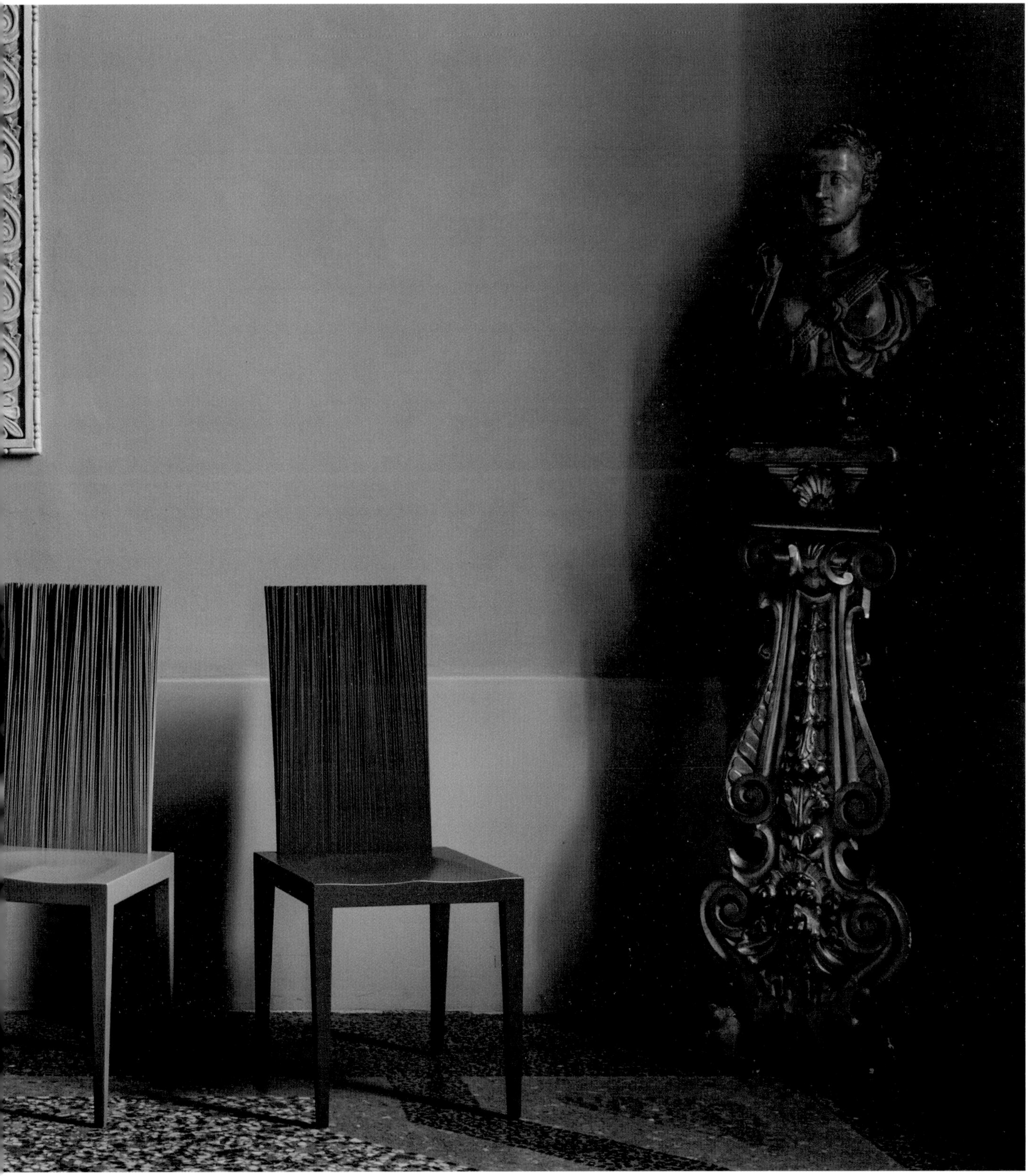

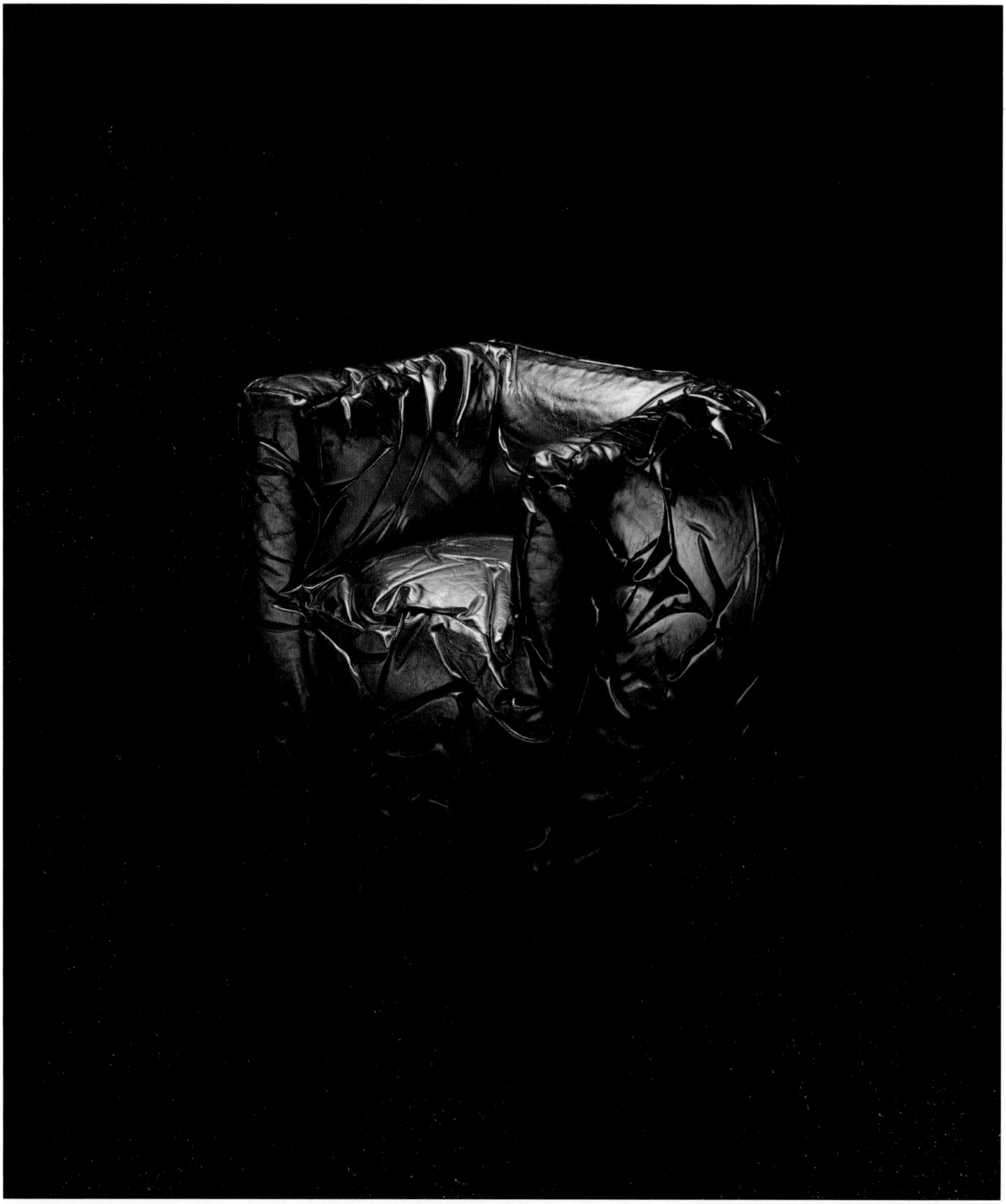

0018
피터 트래그 Peter Traag, Sponge, 2004, Edra

폴리우레탄을 패브릭에 직접 발포시키는 제작 공정은 의자마다 불규칙한 주름이 형성되게끔 하며, 이는 각 제품에 유니크한 형태적 디테일을 부여한다.

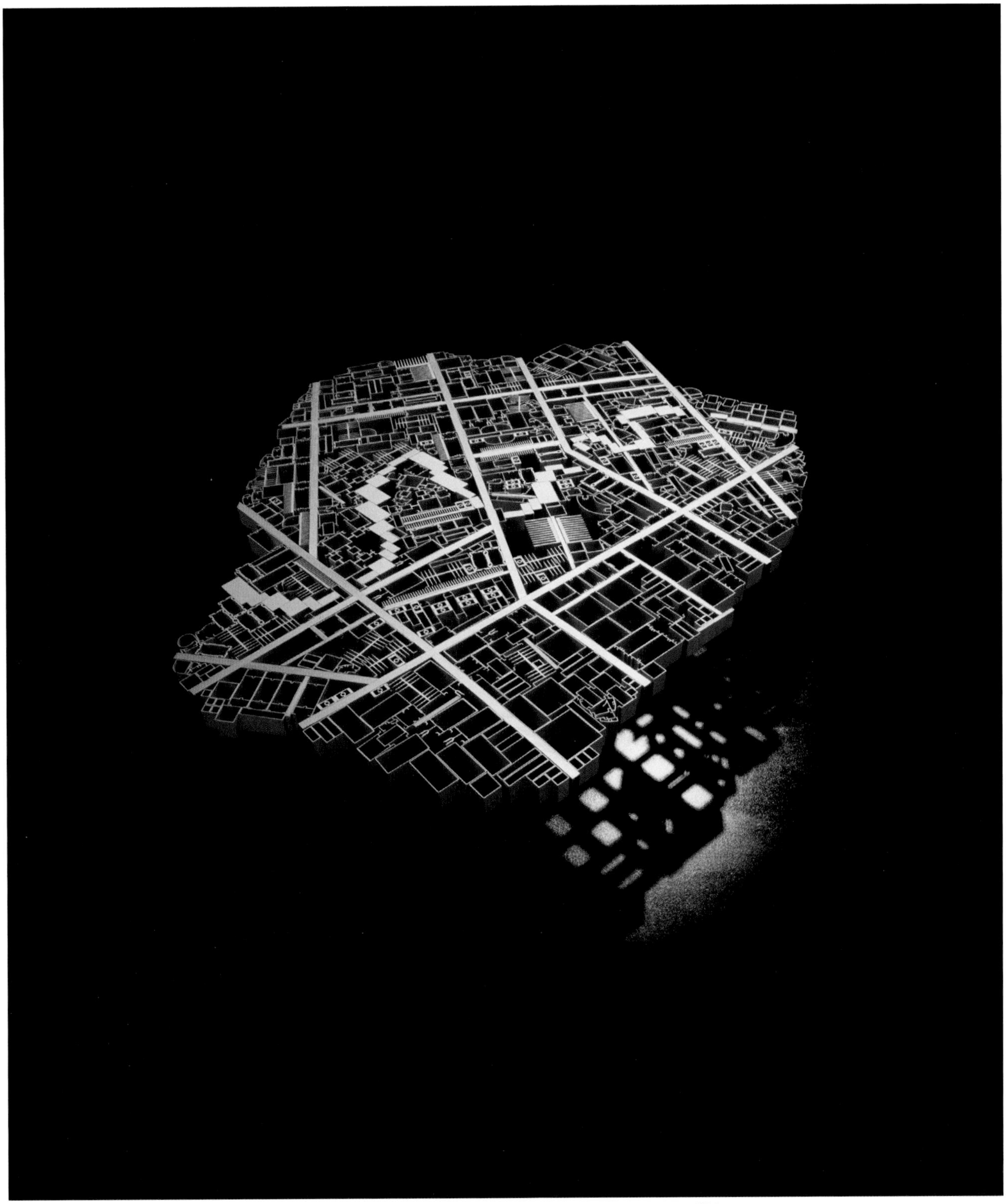

9019
에즈리 타라지 Ezri Tarazi, Baghdad, 2005, Edra

이라크 수도의 배치에서 영감을 받은 테이블 디자인으로, 테이블 상판은 수백 개의 서로 다른 압출 알루미늄 조각들이 용접되어 디자인되었다. 테이블은 사용성을 위해 매끄러운 소재의 상판으로 완성해야 한다는 고정관념을 깨버린 디자인이다.

컨템포러리 디자인 스타일 3.

윤리적 디자인: 환경에 대한 고민

Contemporary Design Style 3. Ethical Design: Environmental Concerns

현시대 디자이너들은 크고 작은 이슈들에 다양하게 대응하지만, 누구나 공감할 만한 거대 이슈를 해결하고자 하는 목적을 가진 디자인에 초점을 맞추는 큰 축이 있다. 특히 요즘 디자인계의 최대 이슈 중 하나인 환경에 대한 고민은 디자인 과정과 결과에서의 지속 가능성과 윤리적 실천을 강조하며 디자인 사회와 환경과의 관계를 재구성하고 있다.

물론 디자인 분야에서 환경에 대한 고민은 갑자기 생겨난 이슈는 아니다. 1960년대에는 과도화된 상업주의에 대한 디자이너들의 비판의 목소리가 커졌고, 유럽의 국가들을 비롯하여 미국의 소비주의가 만연했던 시절, 빅터 파파넥Victor Papanek은 『인간을 위한 디자인』(1971)을 통해 인간이 하는 모든 행위들을 디자인과 연결시키며 디자이너의 사람과 환경에 대한 관심과 윤리적 책임을 공유했다. 비록 1980년대 자본주의로 통합된 디자인 현상으로 파파넥의 디자인에 대한 접근법은 다소 주류에서 멀어진 경향이 있었지만, 1990년대 후반부터 현재까지 전 세계적으로 환경 및 에너지, 지속 가능성에 대한 관심이 높아지며 그의 철학도 재조명되었다.

오늘날 디자이너들에게 자신의 창작물이 환경에 미치는 영향을 최소화하는 재료와 생산 과정 등에 대한 선택은 필수처럼 여겨지고 있으며, 이는 더 이상 디자인이 끝난 후의 고려 사항이 아닌 디자인 프로세스 전반의 중요한 사안으로 다루어진다. 여기에는 환경에 해를 덜 끼칠 수 있는 제작 과정, 책임감 있는 재료의 선정, 에너지 효율성에 대한 고려, 디자인 결과물이 끼치는 사회적 영향에 대한 고려 등이 포함되며, 환경 친화적인 동시에 사회적으로도 긍정적인 영향을 줄 수 있는 디자인을 통해 인간의 삶에 기여할 수 있도록 하는 것은 중요한 과제이다.

디자이너들은 본인의 창작물의 수명 주기를 고려하여 그에 적합한 생산, 사용, 폐기 과정을 분석하고 환경의 영향을 최소화하는 방법을 고민한다. 시간이 흐른 뒤에도 지속적인 쓰임새나 가치를 가질 수 있는 사물과 공간을 만들려는 노력으로, 재활용 디자인, 에너지 소비를 줄이는 디자인, 생분해성 재료를 사용한 디자인 등, 그 접근 방식이나 과정은 다면적이지만 큰 방향성은 지속가능성이라는 동일한 가치를 추구하며 각각의 의미를 가지는 결과물들을 만들어내고 있다.

지속가능성에 대한 목적을 가진 디자인들 중에서도, 특히 버내큘러 디자인과 같은 지역적 문화, 재료, 제작방법 활용의 중요성에 대한 인식이 높아지고 있다. 버내큘러 디자인은 생산 및 운송 과정에서 발생하는 환경적 비용을 줄일 뿐만 아니라, 지역의 장인 정신과 정체성을 보존하고 기념하기 위한 디자인으로, 현지에서 생산되는 재료와 전통 기술, 인적자원을 활용하는 방법 등이 함께 수반된다.

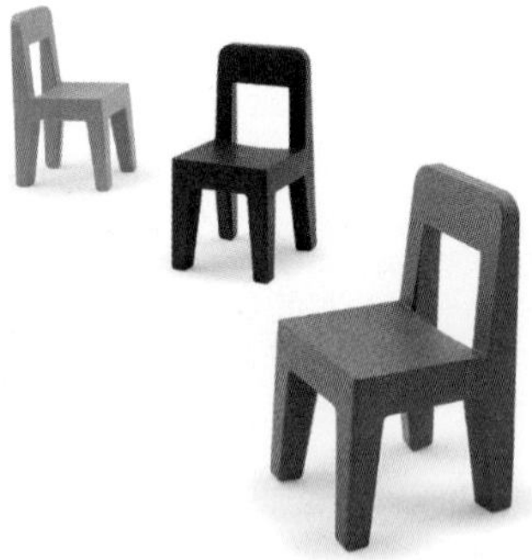

9020
엔조 마리 Enzo Mari, Seggiolina Pop, 2004, Magis

마리는 이탈리아의 예술가이자 가구 디자이너이다. 그의 디자인 철학은 실용성에 기반한 민주적 디자인에 기초를 두고 있으며, 누구에게나 접근성이 쉬운 아름다운 사물을 디자인하는 것을 목표로 한다. Seggiolina Pop 의자는 이러한 그의 철학을 보여주는 예시로, 어린이를 위하여 기능적일 뿐만 아니라 심미적으로도 뛰어난 의자로 디자인되었으며, 친환경 소재를 활용해 환경까지 고려했다.

버내큘러 디자인의 대표적인 사례인 스위스의 테르메 발스Therme Vals를 디자인한 페터 춤토어Peter Zumthor는 발스 지역의 암석을 이용하여 건축하여 지형과 물성의 조화를 통해 그 지역만이 가질 수 있는 특수하고 고유한 미학적 분위기를 이끌어냈다. 이는 값비싼 재료나 수입 재료만이 능사가 아닌, 지역의 재료를 잘 선별하여 활용할 경우 시각적으로 매력적인 결과물로 완성될 수 있다는 가능성을 명백히 보여주었다. 또한, 페르난도 라포제Fernando Laposse는 멕시코 지역의 옥수수 껍질에서 찾을 수 있는 다채로운 색상과 질감을 활용하여 가구 조명 등 다양한 생활 속 제품들을 선보였는데, 재료를 확보하는 데에 있어 지역 농민들과 협력하여 전통 옥수수를 재배하고 제품의 제작도 함께 진행했으며, 이는 디자인을 통해 버려지는 것을 되살리고 지역 사회 공동체까지 지원한 바람직한 프로젝트로 평가받고 있다.

이와 같이 디자인에 있어 사회적 맥락과 환경에 본인의 디자인 철학을 더하여 적합한 재료와 방법을 선택하는 것은 디자인의 미학적, 윤리적인 부분에 뜻깊은 역할을 한다. 또한 이를 기획하고 디자인하고 제작하는 과정에서 예상치 못한 중요한 이야기와 가치들이 발견되며, 이때에 탄생되는 스토리는 디자인 결과물을 더욱 풍부하게 하여 사람들의 공감을 이끌어내며 매력적인 디자인으로 완성되는 데에 도움을 주기도 한다. 이처럼 환경을 배려하는 디자인은, 시대적 필요성, 특수한 미학적 가치, 내재된 깊이 있는 스토리와 함께, 단순히 반짝하고 시들해질 트렌디한 무엇이 아니라, 우리가 살아가는 삶을 지속가능하게 하는 한 부분으로써 그 필요성과 관심은 앞으로도 영원할 것이다.

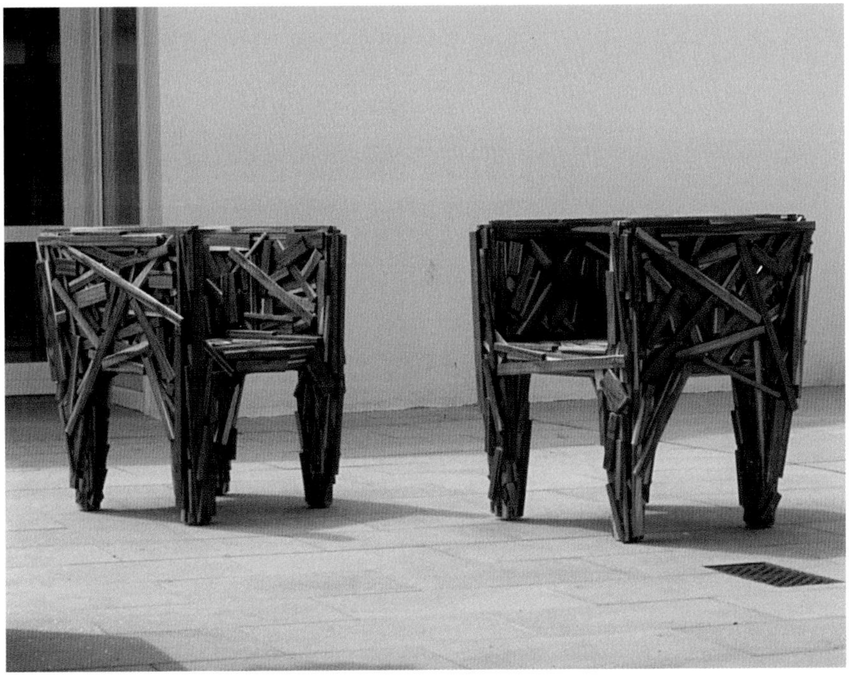

9021
캄파나 형제 Campana Brothers, Favela Chair, 1991. Edra

인간의 다양한 생활양식과 문화에 대한 섬세한 관찰을 통해 탄생된 작품은 사람들에게 디자인을 통해 사회적 메시지를 접할 수 있는 기회를 제공한다. 파블라 체어는 캄파나 형제가 브라질에 거주하는 일부의 사람들이 집을 짓는 방식을 관찰하여 탄생된 디자인으로, 버려진 나뭇조각들을 재활용하여 조합한 형태가 특징이다. 디자이너들이 굳이 값비싸거나 혁신적인 재료를 사용하지 않아도 좋은 디자인이 가능하다는 것을 보여준 사례로, 누구든지 어떠한 상황에서든 멋진 디자인을 할 수 있다는 것을 보여주며 많은 디자이너들에게 영감을 제공했다.

컨템포러리 디자인 스타일 4.

자연은 디자인의 유용한 모티프

Contemporary Design Style 4. Nature Is a Useful Motif in Design

자연의 형태, 질감, 색상 등은 문화적, 시간적 경계를 초월하는 인간에게 익숙하면서도 다채로운 시각적 언어로써 오래전부터 디자이너들에게 미적 영감의 원천이었으며, 역사적, 미학적, 심리적, 환경적 요인들이 복합적으로 작용하며 지금까지 그 가치는 변함이 없이 이어지고 있다. 자연은 예술과 디자인의 역사 전반에 걸쳐 일관되게 출현한 중요한 요소이며, 고대의 건축이 자연의 완벽한 비례를 닮은 모습이나, 이슬람 예술의 복잡한 꽃무늬, 아르누보의 대표적 사례인 프랑스 파리의 지하철 출입구의 식물의 줄기에서 영감을 받은 형태적 모티프에 이르기까지, 자연은 언제나 예술가, 건축가, 디자이너들에게 매력적인 존재였다.

물의 투명성과 유동성을 표현한 도쿠진 요시오카의 워터블록Water Block, 물고기의 유선형 몸체에서 영감을 받은 프랭크 게리Frank Gehry의 건축물들, 씨앗과 자연의 성장을 모티프로 한 토머스 헤더윅Thomas Heatherwick의 씨앗의 성당The Seed Cathedral 등, 모두 현시대의 우수한 디자인 사례로 화자 되는 작품들이다. 이들은 자연의 원리를 디자인의 형태, 현상, 구조, 재료 등에 반영하여 이전에 존재하지 않던 독창적이고 아름다운 결과물을 만들어내며 이 시대의 대표작들이 되었다.

현시대 디자인에 있어 자연은 단순히 시각적 영감으로써만 활용되는 것은 아니다. 디자이너들은 수십억 년 동안 진화해 온 자연의 효율성과 지속 가능성의 비교 불가한 전문성을 인정하며 아이디어의 원천으로 활용하고 있다. 또한, 현시대 디자인에서 자연에 관한 관심은 그 어느 때보다도 지대한 상황으로 이는 환경 문제에 대한 인식 증가와 지속 가능한 삶에 대한 필요성의 증가에 기인한다 볼 수 있으며, 디자이너들은 자연을 우리의 삶을 아름답고 풍요롭게 하는 동시에 지구를 가꾸는 총체적인 접근 방식으로 바라보고 있다.

디자이너들은 자연에서 발견되는 형태, 과정, 시스템으로부터 아이디어를 착안하여 혁신적이고 지속 가능한 디자인 솔루션을 개발한다. 그리고 보다 환경친화적인 디자인을 하기 위한 요소로써 자연을 활용한다. 이러한 접근 방식에는 천연 및 재생 가능한 재료를 사용하고, 동식물과 같은 생명체의 일부를 디자인의 재료로써 활용하는 방식들도 포함된다. 또한 생체 모방과 같은 자연계를 더욱 효과적으로 발전시키는 기본 원리와 접근 방식을 차용하기도 한다. 벌집 구조가 가지는 효율성, 자가치유를 가능케 하는 패턴, 사물이나 공간을 생물학적 기기로 바라보는 시각 등과 같이 자연의 특성을 모방한 형태, 구조, 프로세스, 재료를 추구하거나, 자연의 성장 패턴을 시뮬레이션하는 알고리즘을 활용하는 방식들이 그 예이다.

이와 같이 디자이너들은 자연을 대하는 창의적인 관점과 그로부터 얻은 영감을 통하여, 우리의 삶 속의 문제들에 대한 답을 찾아 디자인을 통해 새로운 비전을 전달하며 더 나은 미래를 창조하고 있다.

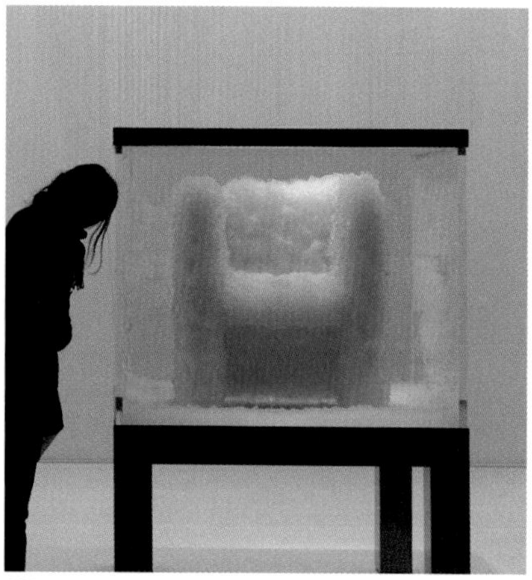

9022
도쿠진 요시오카 Tokujin Yoshioka, Venus: Natural Crystal Chair, 2008, 도쿄 21_21 Design Sight 전시

요시오카는 자연의 현상을 기반으로 다양한 디자인 작업을 진행했다. 그중 비너스 의자는 자연 결정의 변화하는 구조를 통해 의자의 형태가 만들어지는 실험적인 작품으로 디자인의 과정과 방법에 대한 새로운 관점을 제시했다.

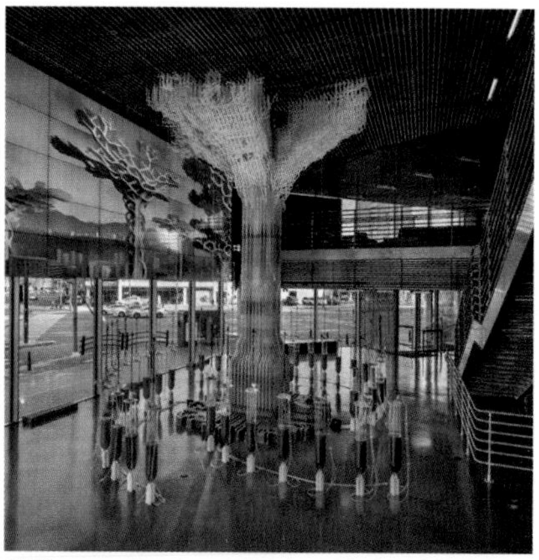

9023
이콜로직 스튜디오 Ecologic Studio, Habitat One, 2023, 서울 Hyun Dai Moter Studio 전시

이콜로직 스튜디오는 Habitat One을 통해 지속 가능한 탄소 중립 실천을 위한 콘셉트 디자인을 선보였다. 탄소 포집과 산소 방출이 가능한 조류 바이오폴리머를 3D프린팅으로 제작한 10미터 높이의 조각품인 Tree One을 메인 작품으로, 탄소중립 도시로서의 서울의 미래를 그리는 영상과 지속 가능한 소재 생산을 시연하는 바이오랩 등이 함께 전시되었다.

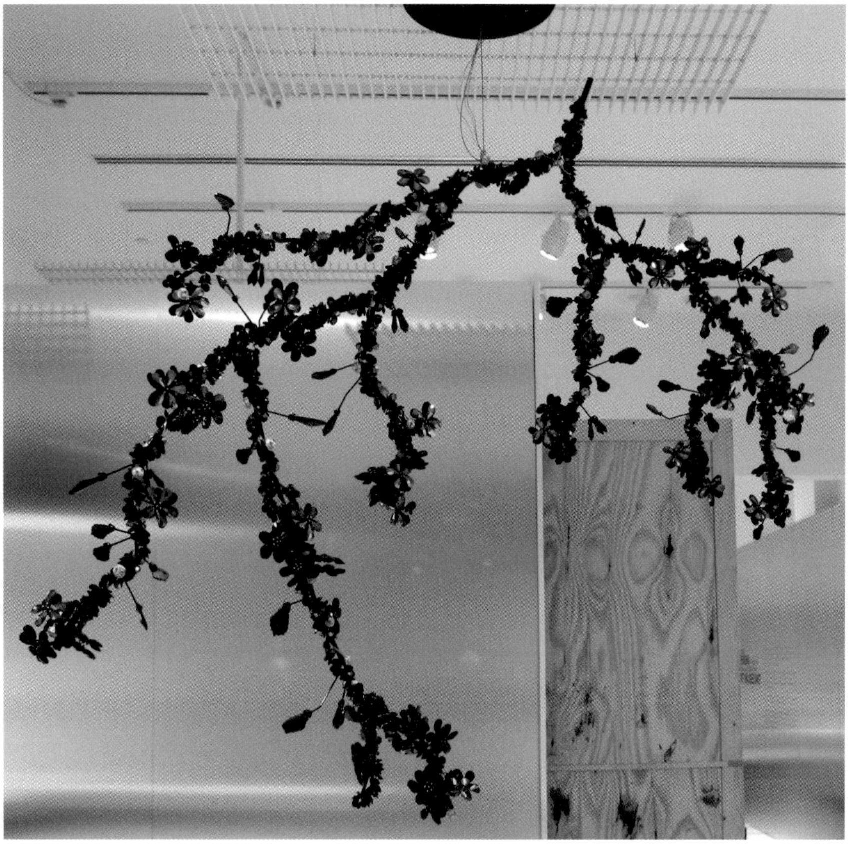

9024
토르트 본체 Tord Boontje, Night Blossom Lamp, 2003, Swarovski

본체의 디자인은 자연에서 영감을 얻은 형태가 특징으로 20세기 후반에 널리 퍼진 미니멀리즘적인 디자인과 대조되는 장식적인 스타일을 보여준다. Night Blossom Lamp는 폭풍 후 얼음에 쌓인 반짝이고 영묘한 꽃나무를 본 어린 시절의 기억에서 영감을 얻었다고 하며, 17~18세기 양식의 특징인 낭만적이고 장식적인 스타일과 파란색 LED 조명과 같은 현대적인 요소의 결합으로 오래된 것과 새로운 것의 조화를 즐기는 본체의 스타일적 특징을 잘 보여준다. 이러한 전통적인 장인정신과 현대적인 소재 및 기술의 융합은 과거의 낭만주의에 경의를 표하는 동시에 혁신의 가능성을 동시에 포용하는 컨템포러리 디자인의 특성을 잘 보여준다.

9025
율리아 로먼 Julia Lohmann, Oki Naganode, 2013, 런던 Victoria and Albert Museum, © Photography by Petr Krejci

로먼의 경우 해초를 재료로 삼아 작업하는 디자이너이자 핀란드 Aalto University의 컨템포러리 디자인 전공의 교수이다. 그녀의 디자인은 환경적 책임에 대한 논의, 재료에 대한 재평가, 지속 가능한 디자인의 혁신 가능성에 대한 고민의 결과로, Oki Naganode는 기존에 산업계에서 관심 가지지 않았던 재료를 새로운 방식으로 보여주려는 그녀의 탐구 중 하나이다. 해초의 반투명하고 유연한 특성을 기반으로, 마치 가죽과 같이 내구성을 가질 수 있도록 가공, 재료의 가치를 재정의하여 디자인에 있어 재료의 잠재력을 찾아내는 중요성에 대한 새로운 관점을 제시했다.

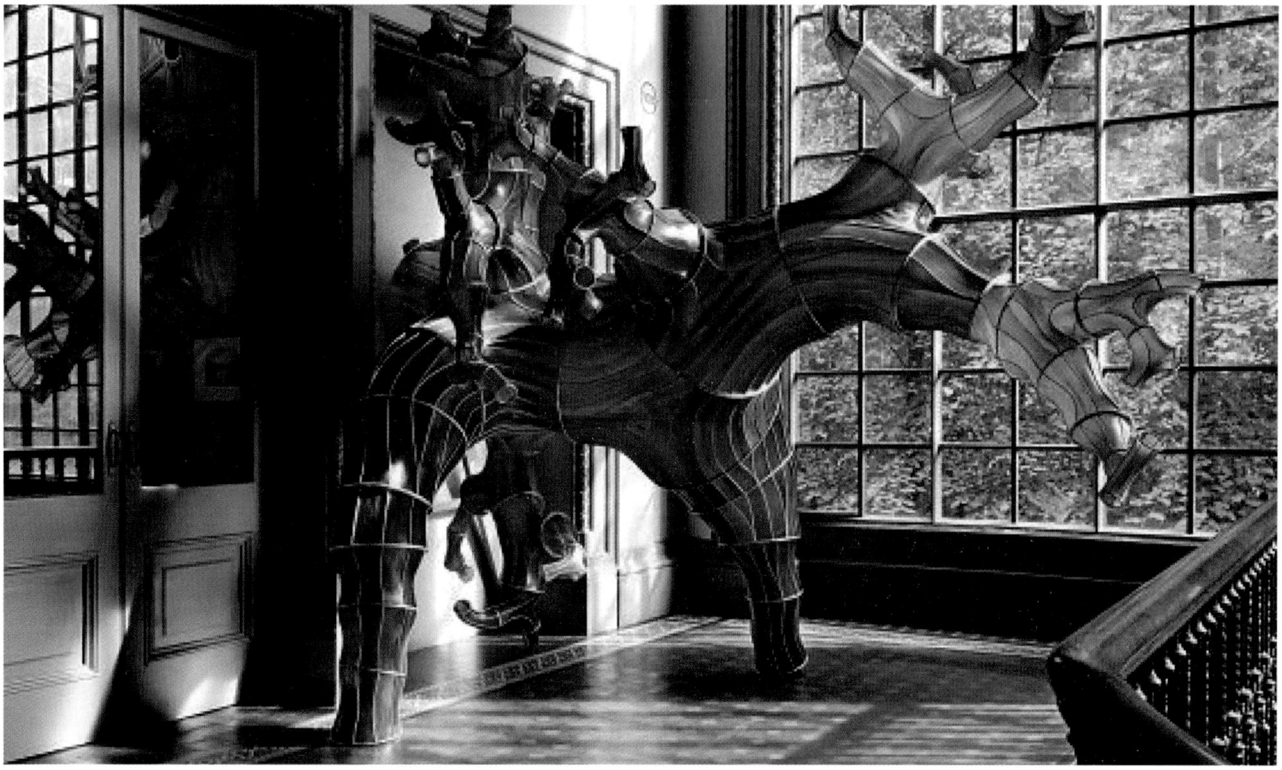

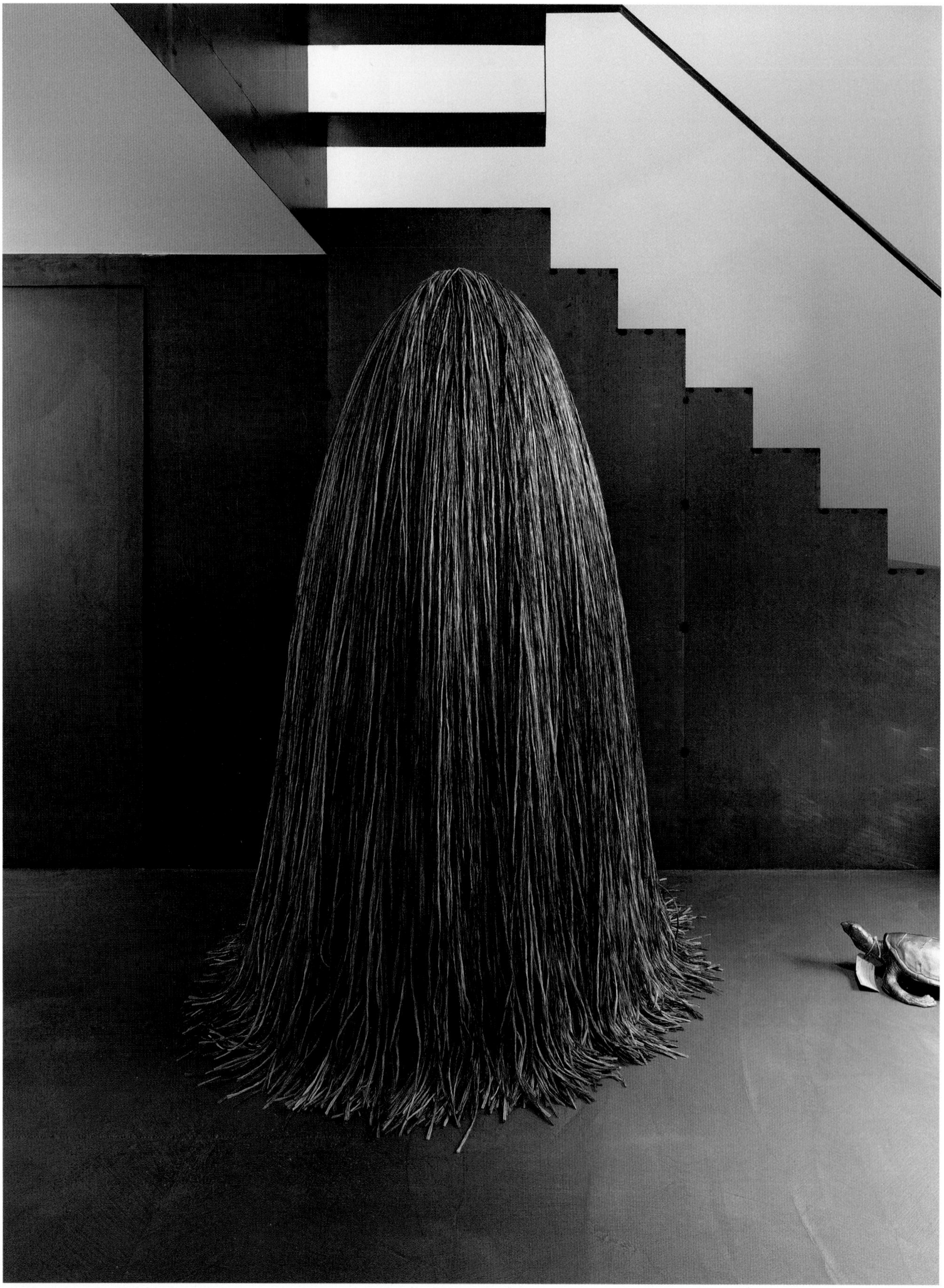

9026
캄파나 형제 Campana Brothers, Cabana, 2010, Edra

마치 밀짚 오두막처럼 보이는 Cabana는 수납의 기능적인 역할을 충분히 수행하는 동시에 심미적으로도 엄청난 존재감을 뿜어낸다. 자연친화적인 느낌을 가지는 라피아 비스코스 섬유를 활용하여 인공재료가 대부분인 주거공간에서 강렬한 시각적 인상을 부여한다.

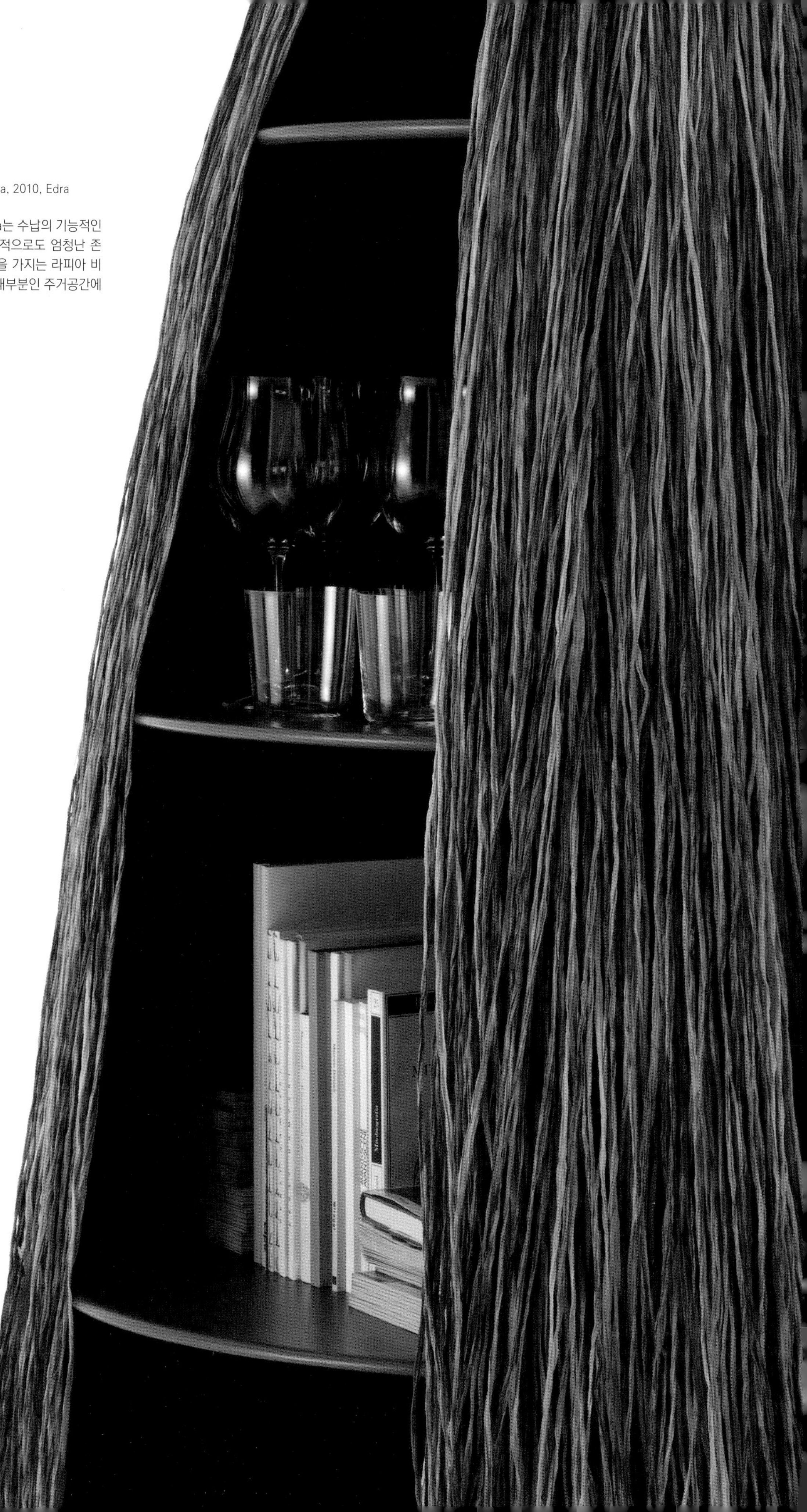

디자이너들
Designers of Contemporary Design

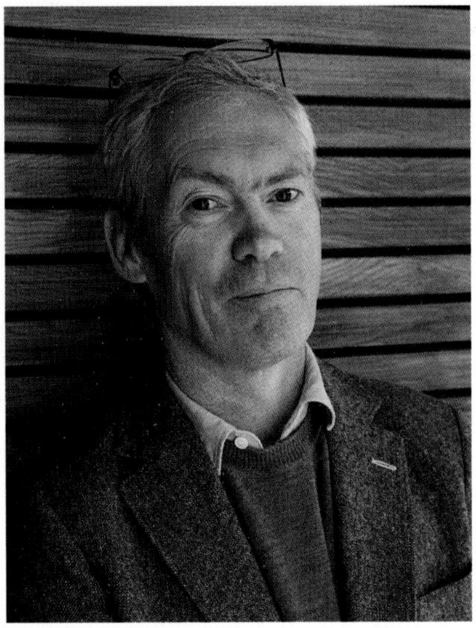

9027
재스퍼 모리슨 Jasper Morrison

재스퍼 모리슨 Jasper Morrison (1959~, 산업디자이너) 영국
#슈퍼노멀 #미니멀리즘 #자연적물성

재스퍼 모리슨은 미니멀리즘 철학을 중심으로 '레스 이즈 모어Less is more'의 원칙을 따르며 사용성과 효율성에 중점을 둔 단순화된 기본 형태를 추구하는 것이 특징이다. 디자인을 통해 사물이 우리의 공간이나 삶을 지배하는 것이 아닌, 조화롭고 우아하게, 그리고 단순하게 존재해야 함을 주장하며 그의 군더더기 없는 일련의 작품들을 통해 본인의 철학을 공고히 하고 있다.

본인의 일상적이고 평범한 사물에 내재된 아름다움과 기능성을 찾는 디자인 방식을 설명하기 위해, 일본인 디자이너인 나오토 후카사와Naoto Fukasawa와 함께 '슈퍼 노멀Super Normal' 철학을 정립하고 대중들에게 공유했다. 그들은 멋진 무엇보다는 편안해 보이고 기억에 남을 일상적인 요소를 디자인하는데 더욱 관심을 두는 것에 관해 이야기하며, 불필요한 장식을 제거하여 단순함과 실용성의 아름다움을 드러내는 디자인 정신을 제시했다.

이러한 모리슨의 미니멀리즘적 철학은 그의 다양한 작품들에서 엿볼 수 있다. 대표적인 예로 이탈리아 가구 브랜드인 마지스Magis를 위한 에어 체어Air Chair의 경우 가구 제작 공정에서는 생소했던 가스 주입이라는 신기술을 적용하여 가벼우면서도 내구성이 높으며 간결한 형태로 디자인되었으며, 스위스 가구 브랜드인 비트라Vitra를 위한 할 시리즈Hal series가 보여주는 인체공학적 정교함, 그리고 하노버 트램의 도시적 실용성에 이르기까지, 그의 미니멀리즘적 사고는 프로젝트의 영역이나 규모에 관계없이 모든 디자인의 중심에 함께하고 있다.

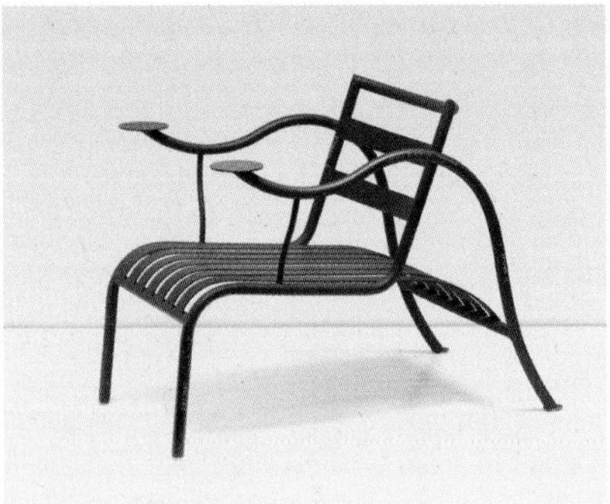

9028
재스퍼 모리슨, Thinking Man's Chair, 1985, Cappellini

모리슨의 디자인 철학이 기초를 다져지고 있을 당시 디자인된 의자이다. 책과 음료수를 놓을 수 있는 실용적인 구조를 반영하여 우아한 실루엣으로 완성되었다.

또한, 그는 소재가 가지는 물성에 대한 관심이 지대하며, 소재의 본질적인 특성을 가리거나 변형시키는 것을 최소화한다. 소재 특유의 자연스러움을 드러내는 것은 그가 디자인하는 데에 있어 중요한 방법 중 하나이며, 무려 40여 년 전 모리슨의 초기 작품인 마르셀 브로이어의 구부러진 관형 강철로 만든 의자로부터 영감을 받아 자전거의 핸들바를 별다른 변형이나 가공 없이 그대로 사용한 작품부터, 최근 코르크의 물성을 그대로 살려 만든 가구들까지, 그의 일련의 작품들에 고스란히 녹아있다. 이러한 소재에 대한 그의 접근법은 디자인한 사물에 진정한 무결성과 지속성, 그리고 미학적 가치를 함께 부여하며 그의 디자인을 더욱 빛나게 한다.

모리슨은 사물을 주의 깊게 관찰하고 그것들이 어떻게 작동하는지 인식하는 것이 디자이너가 되는 열쇠라고 했다. 이처럼 모리슨은 평범함 속에서 특별함을 찾는 미학을 옹호하며 현시대 디자인 세계의 대표 디자이너 중 한 명으로 존재하고 있으며, 그의 디자인은 눈에 쉽게 드러나 보이는 대단한 무엇이기보다는, 일상생활에서 우리를 둘러싸고 있는 미묘한 아름다움의 단순함, 유용성, 그리고 우리 삶 속에 조용한 존재감을 가지는 중요한 요소가 무엇인지 다시 생각해 보게끔 한다.

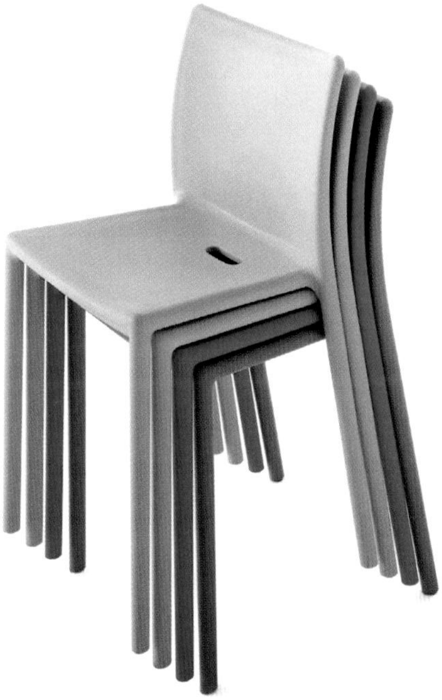

9029
재스퍼 모리슨, Air Chair, 1999, Magis

모리슨의 대표작으로 Magis를 위해 디자인한 의자이다. 유리 섬유로 강화된 폴리프로필렌을 활용, 가스 주입 성형 기술로 제작되어 가벼운 동시에 내구성이 뛰어나다.
조형의 경우 간결하고 부드러운 곡선과 매트한 마감을 적용했다. 미니멀하면서도 세련된 외형으로 완성된 동시에 적재가 용이하도록 디자인되어 공간을 활용하는 데에도 도움을 주는 점은 모리슨의 눈에 띄게 주목받지 않으면서도 일상의 사물에서의 아름다움과 기능성을 부여하려는 노력이 들어간 결과이다.

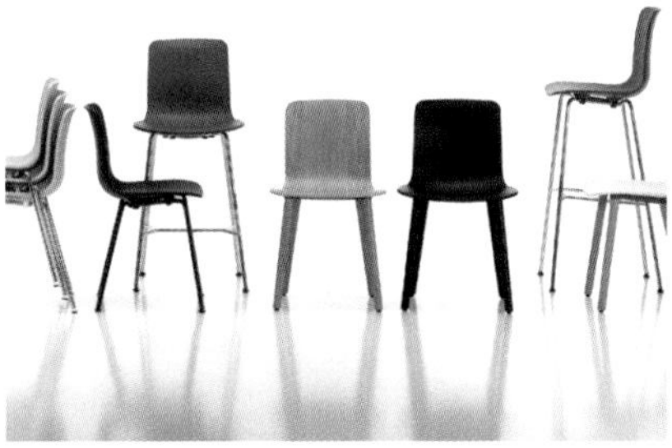

9030
재스퍼 모리슨, Hal, 2011, Vitra

모리슨의 미니멀리즘적인 형태가 잘 드러나는 의자 시리즈이다. 심플한 쉘의 형태는 화려하진 않아도 현시대 환경에 잘 어우러지는 디자인으로 어떠한 공간에 배치해도 분위기를 크게 해치지 않으며 지속적으로 사용하기에 적합하도록 디자인되었다.

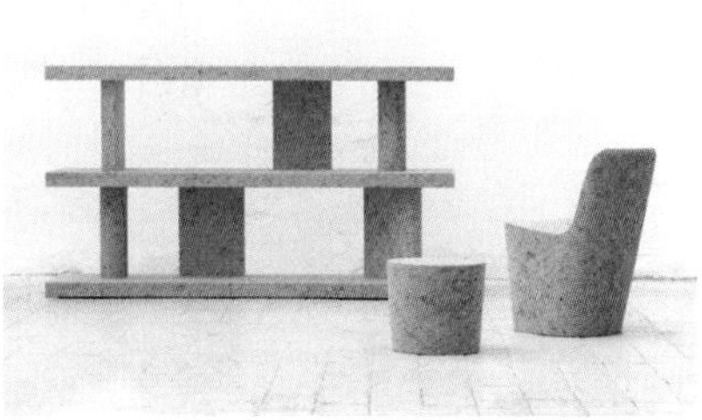

9031
재스퍼 모리슨, Corks, 2019, 뉴욕 Kasmin Gallery 전시

코르크의 내구성, 유연성 및 환경친화적 특성과 함께 특유의 유니크한 질감과 형태가 잘 드러난 디자인이다. 모리슨의 소재가 가지는 진실성에 대한 관심과 재생 가능한 자원을 활용하는 디자인에 대한 고민을 보여준 결과이다.

모리슨의 초기 작품들

모리슨의 초기작들은 종종 산업 부품을 활용하여 제작된 가구 디자인으로 이루어졌다. 그는 빈 종이가 아닌 거리에서 좋은 아이디어를 찾을 수 있다고 믿었으며, 일상적인 재료의 예상치 못한 병치에 영향을 준 초현실주의에 대하여도 관심이 많았다. 특히 제품의 제작법에 관한 관심이 지대했는데, 프로젝트 진행을 위해 다양한 재료, 가공, 공급업체들과의 네트워크를 구축했으며, 제조 문제에 대하여 해박했을 때 디자인 문제를 해결하는 방법이 더 창의적이게 된다는 것을 일찌감치 깨닫고 행동했다.

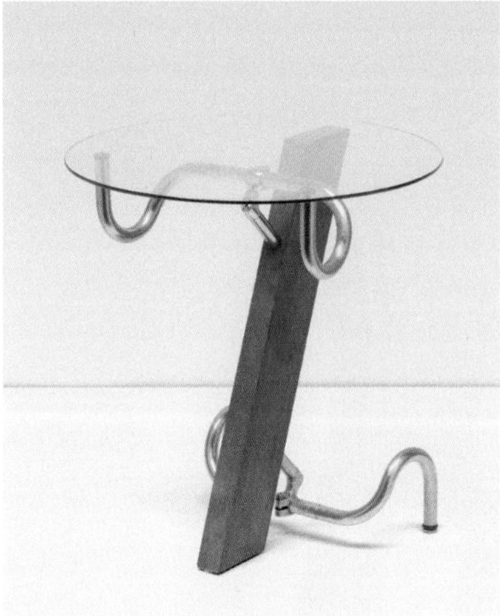

9032
재스퍼 모리슨, Handlebar Table, 1982, 런던 Kingston Polytechnic 졸업 전시회 전시

Kingston Polytechnic 재학 중 디자인했으며, 마르셀 브로이어의 구부러진 관형 강철로 만든 의자로부터 영감을 받아 핸들바 자체를 테이블의 구조로 활용했다.

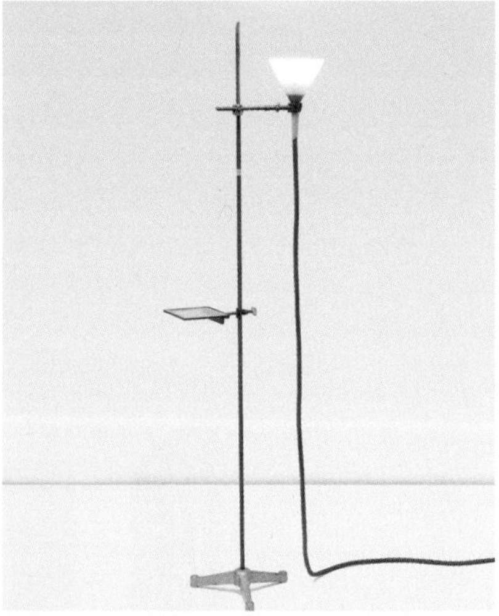

9033
재스퍼 모리슨, Laboratory Light, 1983, 베를린 Kaufhaus des Ostens 전시

베를린에 있는 화학자들이 운영하는 상점에서 실험실 장비를 구입하여 만든 조명으로, 모리슨은 이 조명을 방향성 광원(Directional Light Source)이라 표현했다.

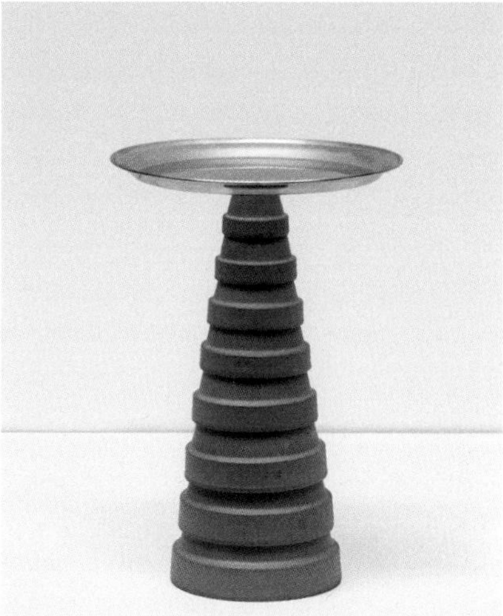

9034
재스퍼 모리슨, Flowerpot Table, 1984, 뉴욕 Kasmin Gallery 전시

철물점에 크기별로 화분이 쌓여 있는 모습에서 모티프를 얻어 테이블의 베이스로 활용했다. 프로토타입은 알루미늄 상판으로 되어 있지만 후에 유리로도 바꾸어 선보였다.

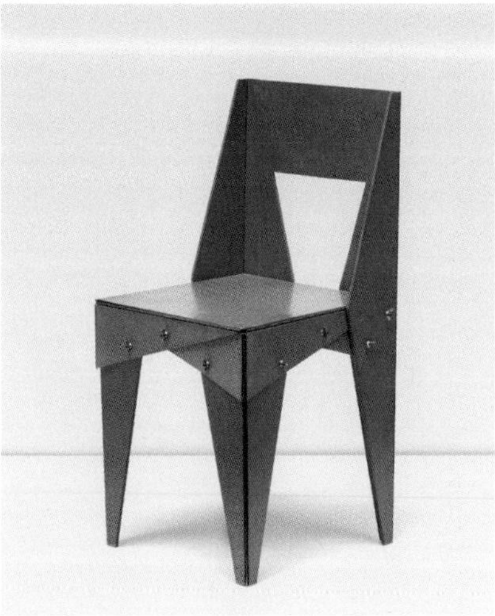

9035
재스퍼 모리슨, Wing-nut Chair, 1985, 런던 Royal College of Art 대학 졸업 전시회 전시

세탁 상자 공장 방문 시 영감을 받아 디자인한 작품으로, 세탁 상자의 압축된 섬유 보드를 활용하여 종이접기를 통한 형태 실험을 진행하며 아이디어를 발전시켰다.

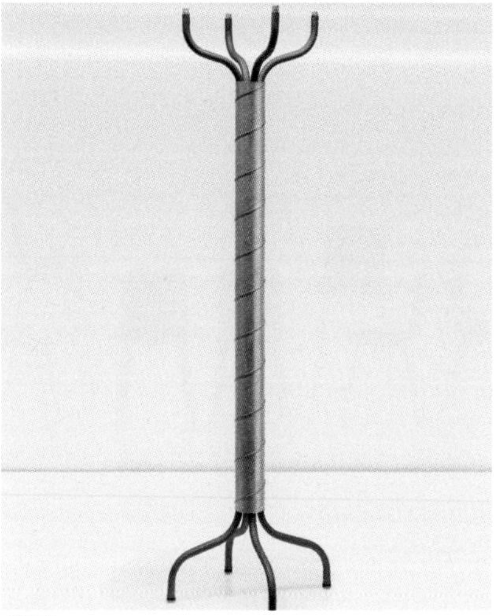

9036
재스퍼 모리슨, Coat Stand, 1987, 런던 Aram Design Store 전시

의자의 베이스를 아연 도금 튜브에 넣어 제작했다. 재활용 소재의 미적 가능성을 탐구하여 Domus 잡지와 Cappellini와 같은 브랜드의 주목을 받게 된 전시였다.

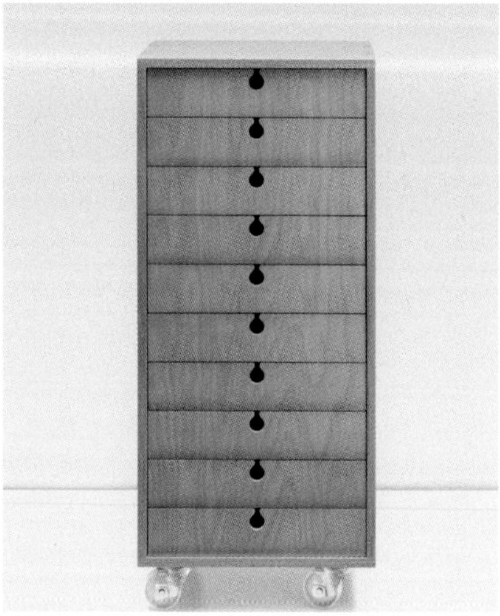

9037
재스퍼 모리슨, Universal System, 1990, Cappellini

애플의 첫 번째 컴퓨터에서 영감을 받아 디자인했다. 컴퓨터의 문서정리 시스템과 같이 체계적으로 물건을 정리하고 찾을 수 있는 수납장의 콘셉트로 디자인되었다.

모리슨이 디자인한 다양한 대상들

생활소품

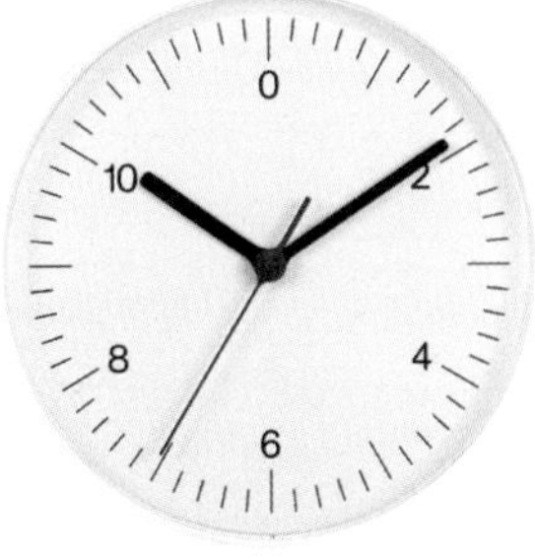

9038
재스퍼 모리슨, Wall Clock, 2008, Muji

시계가 시간을 인식하기 위해 존재하는 사물이라는 점을 전제로, 시계가 구성되어야 하는 본질적 엑기스만을 담아 단순하고 직관적이게 보이도록 디자인되었다.

운송수단

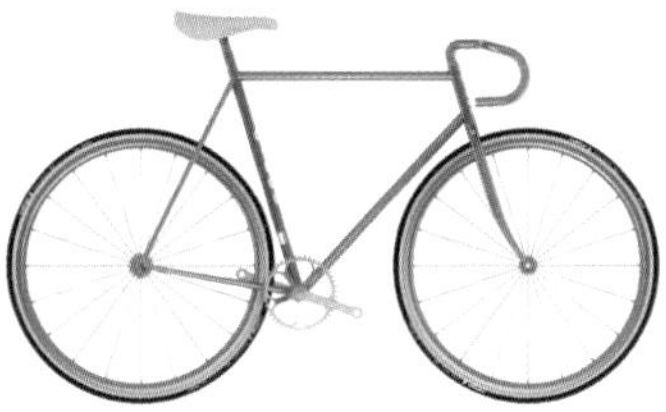

9039
재스퍼 모리슨, Gilco-100, 2022, Gilco

자전거 디자이너인 Gilberto Colombo의 100주년을 기리기 위한 자전거이다. 모리슨이 새롭게 개발한 용접 구조를 활용해 깔끔한 라인과 구조적인 형태로 디자인했다.

패션

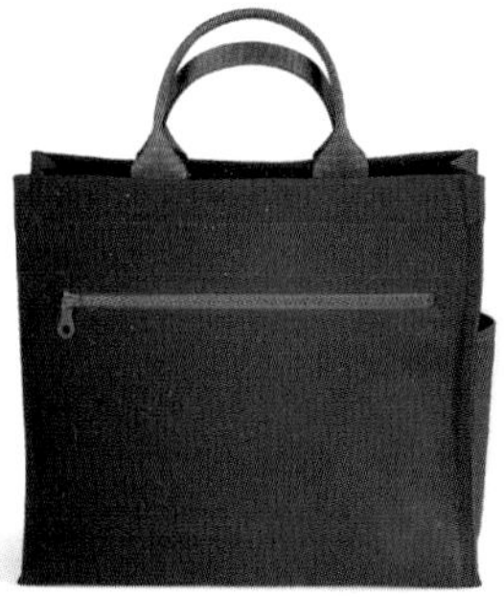

9040
재스퍼 모리슨, Scamp Bag, 2014, Maharam

물건을 쉽게 찾을 수 있는 비대칭의 포켓 배열, 여행이나 악천후를 대비한 잠금 플랩, 실용적인 소재 활용 등, 기능에 충실한 가방으로 완성했다.

주방가구

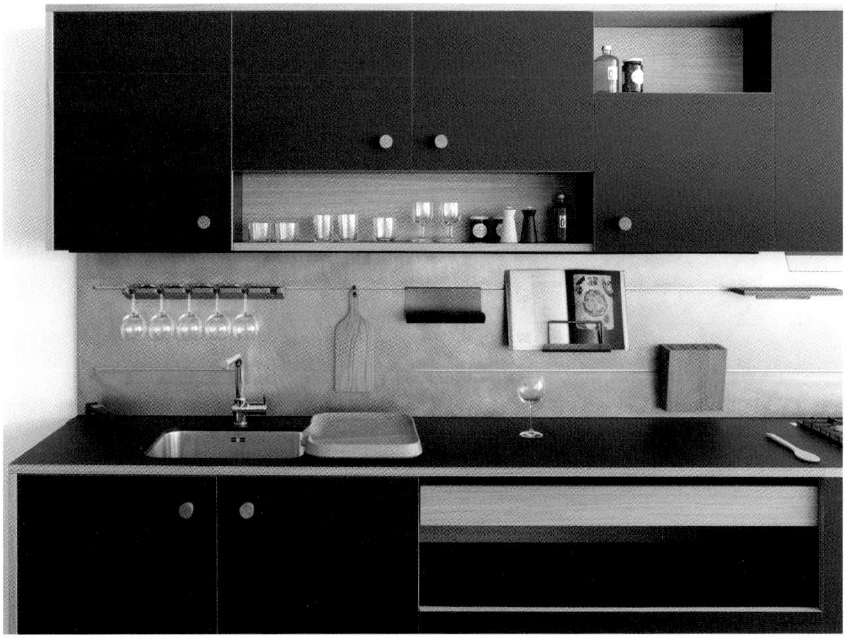

9041
재스퍼 모리슨, Lepic, 2016, Schiffini

이탈리아 제조업체인 Schiffini를 위해 제작된 Lepic 주방은 모리슨의 Super Normal 미학을 주방공간이라는 새로운 영역으로 끌어들였다. 모듈식 시스템을 중심으로 다양한 주거 공간에 어우러지도록 군더더기 없이 디자인되었으며, 내부에는 효율적인 사용과 보관을 위한 수납 시스템이 적용되었다.

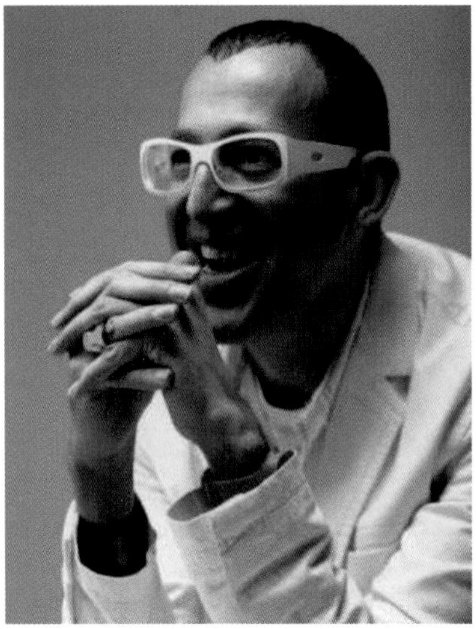

9042
카림 라시드 Karim Rashid

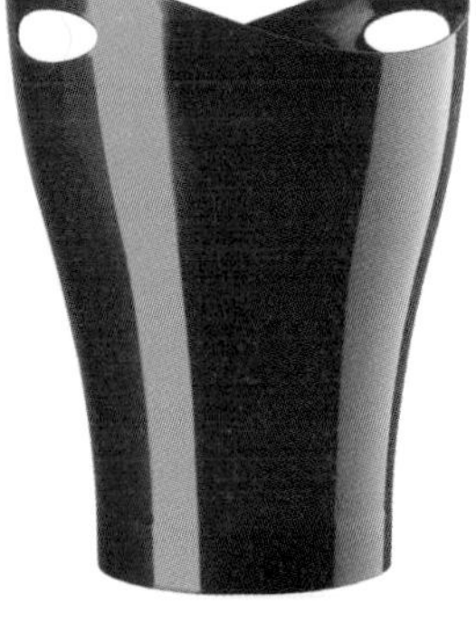

9043
카림 라시드, Garbo, 1996, Umbra

라시드의 대표작으로도 볼 수 있는 제품이다. 미니멀리즘적인 유기적 형태가 특징으로, 얇은 플라스틱을 사용하여 가벼운 동시에 내구성이 우수하다.
그는 이 프로젝트를 통해 일상의 사소하고 값싼 물건을 아름답게 디자인하여 현대 디자인의 대표적인 아이콘으로 떠오르게 되었다.

카림 라시드 Karim Rashid (1960~, 산업디자이너) 이집트

#유기적형태 #감각적미니멀리즘 #미래주의 #대담한컬러

라시드의 디자인은 유기적인 형태, 대담한 색, 예상치 못한 질감 등이 특징이다. 그의 디자인은 미래적인 동시에 낙천적이며, 그의 시그니처가 된 곡선미 있는 형태, 네온 컬러, 반짝이는 표면 등의 독특한 조형 언어를 통해 기존에 존재하지 않던 새로운 디자인 스타일을 제시하며 시대의 대표 디자이너 중 한 명으로 자리매김 하게 되었다.

매끄러운 라인과 생동감 있는 컬러, 그리고 감각적인 경험을 결합한 디자인을 보여주며 라시드 스스로 본인의 스타일을 '감각적인 미니멀리즘'으로 설명한다. 그가 활발히 활동하던 2000년대 초중반의 사례들을 살펴보면, 네온 컬러와 같은 대담한 컬러 팔레트를 활용해 시각적으로 강렬한 미학을 추구하며 이전의 산업디자인에서 추구해온 전통적인 스타일에 도전했다. 물론 최근에 디자인한 작품들을 살펴보면 이전의 유기적인 형태들은 여전히 건재하지만, 색의 사용에 있어서는 이전보다는 다소 뉴트럴해진 경향을 보인다. 아무래도 디자이너가 아무리 본인의 스타일이 확고하더라도 디자인의 소비자인 인간이 지향하는 라이프스타일에 타협할 수밖에 없기 때문에 이는 아마도 시대의 흐름을 반영한 결과라고도 짐작할 수 있겠다.

라시드는 새로운 소재와 기술을 사용하는 것에 관심이 많은 디자이너이다. 그는 한 인터뷰에서 일반적으로 디자인이 트렌드와 함께 움직인다고 생각하지만, 디자이너를 움직이게 하는 것은 기술이라 하며, 디자인은 재료, 생산 방법 또는 기계적 발명에 있어 새로운 시도를 수용하는 디자이너들에 의해 주도된다고 말했다. 이러한 그의 생각 때문인지, 그는 미학적 측면과 아울러 생산 방법에 있어서도 미래 지향적인 측면을 항상 탐구했다. 열가소성 플라스틱, 폴리에스틸렌, 첨단 직물 등의 다양한 신소재들에 대한 실험을 통하여 전통적인 제조 기술의 한계를 뛰어넘는 작업들을 진행하며, 기존에 없던 독특한 질감과 형태를 만들어낼 뿐만 아니라 제품의 기능성과 지속 가능성까지도 향상시켰다.

라시드의 작품들은 단순히 멋진 제품으로 기능적인 역할을 하는 것을 넘어, 그가 꿈꾸는 유토피아적 미래에 대한 표현의 결과이다. 그의 디자인은 사물과 사용자 사이의 감정을 만들어 내기도 하며 이는 사용자에게 이전에 없던 새롭고 특별한 경험을 선사하기도 한다. 그리고 이러한 특별한 경험들을 어떠한 지위를 막론하고 누구나 누릴 수 있게 함이 그의 중요한 디자인 의도이다. 이와 같이 라시드의 디자인은 누구에게나 좋은 디자인을 향유할 수 있도록 하자는 디자인 민주화의 소망을 전달하는 매개체가 되어 많은 사람들에게 평범한 일상 속에 감동이 되고 있다.

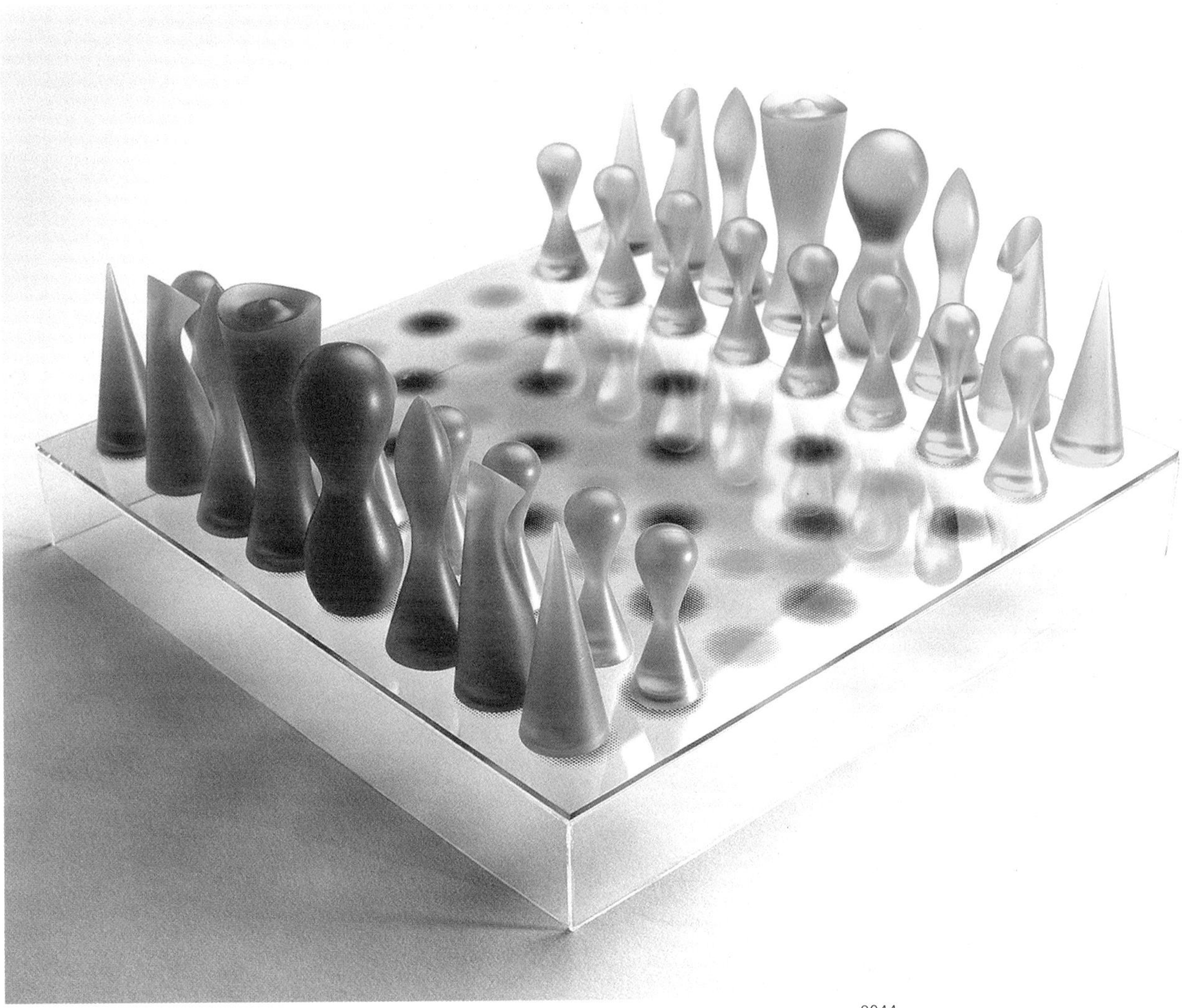

9044
카림 라시드, King Chess Set, 2002, Bozart Toys

전통적인 체스 게임을 현대적인 감각으로 풀어낸 디자인이다. 기존의 체스 말의 형태에서 벗어나 본질은 양식화되고 추상적인 형태로 재해석되었다. 미적 감각을 지닌 동시에 실제 게임 시 손으로 잡기에도 편안하도록 디자인되어 심미성과 기능성을 함께 고민하는 라시드의 철학을 잘 보여준다. 마감의 경우 유광 및 무광의 조합을 통해 서로 다른 촉각적 차원을 경험하게 하며, 대담한 색상 구성은 전통적인 흑백 체스 세트에서 벗어나 시각적으로 즐거움을 부여한다.

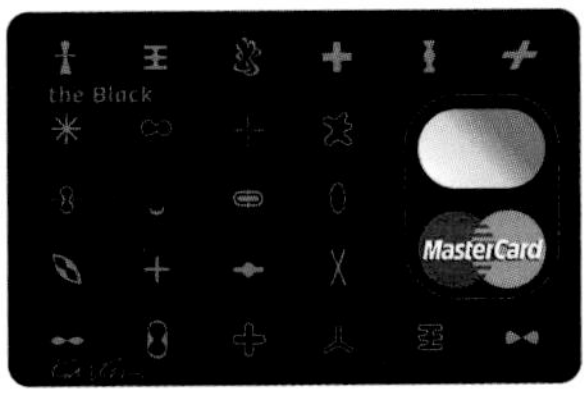

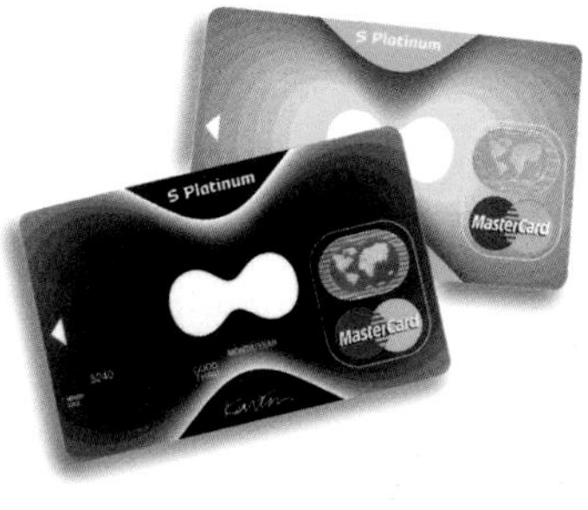

9045
카림 라시드, Hyundai Card Black Master Card, 2003, Hyundai card

라시드의 디자인 철학을 금융 서비스 영역까지 확장한 사례로, 표준적이고 기능적이었던 신용카드라는 아이템에 새로운 관점을 불어넣었다. 전통적인 신용카드의 미학에서 벗어나 카림의 시그니처 스타일인 대담한 색상과 패턴을 적용했으며 이러한 디자인은 카드를 시각적으로 눈에 띄게 할 뿐 아니라 카드를 금융 도구를 넘어 패션 아이템으로 변화시켰다.

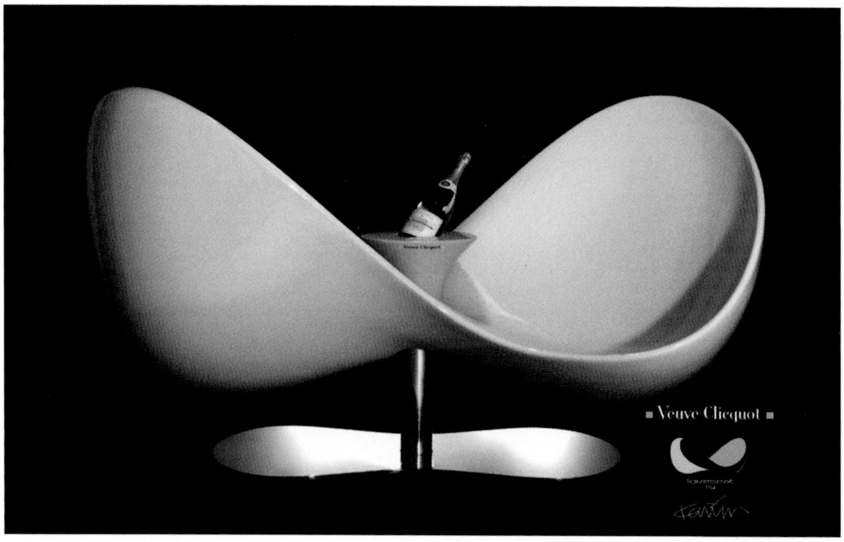

9046
카림 라시드, Love Seat, 2006, Veuve Clicquot

인간의 상호 작용과 정서적 연결을 고려한 작품으로 라시드의 디자인 스타일 특징인 유기적인 형태와 대담한 색이 돋보이는 의자이다. 특히 부드러운 곡선으로 이어진 두 개의 좌석은 두 사람이 자연스럽게 눈을 맞출 수 있도록 디자인되었으며 기존 의자에서 보지 못했던 마치 조각품과 같은 형태는 일상의 평범한 의자를 예술 작품으로 바꾸는 그의 능력을 보여준다.

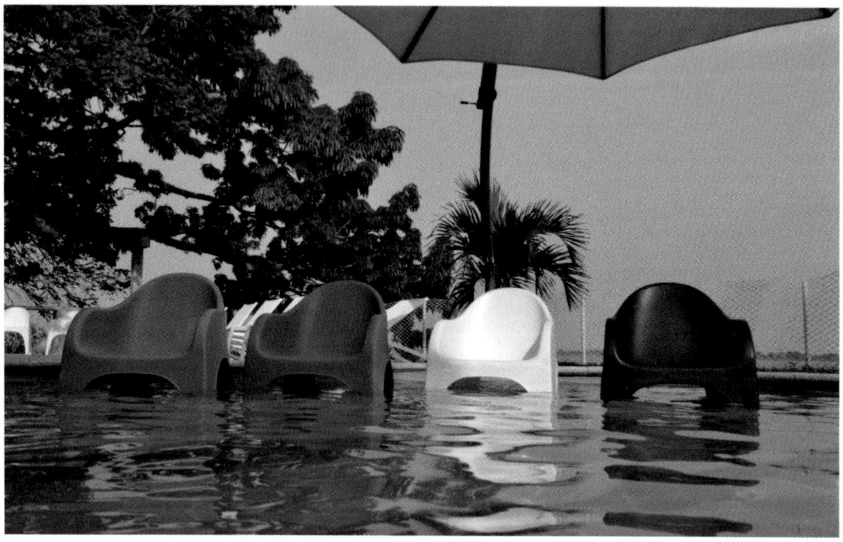

9047
카림 라시드, Juga Chair, 2012, Muma

라시드의 '감각적 미니멀리즘' 철학과 같이 심플하며 유려한 라인은 군더더기 없는 우아함을 불러일으킨다. 실내를 넘어 외부에서도 사용 가능한 재료로 디자인되었다.

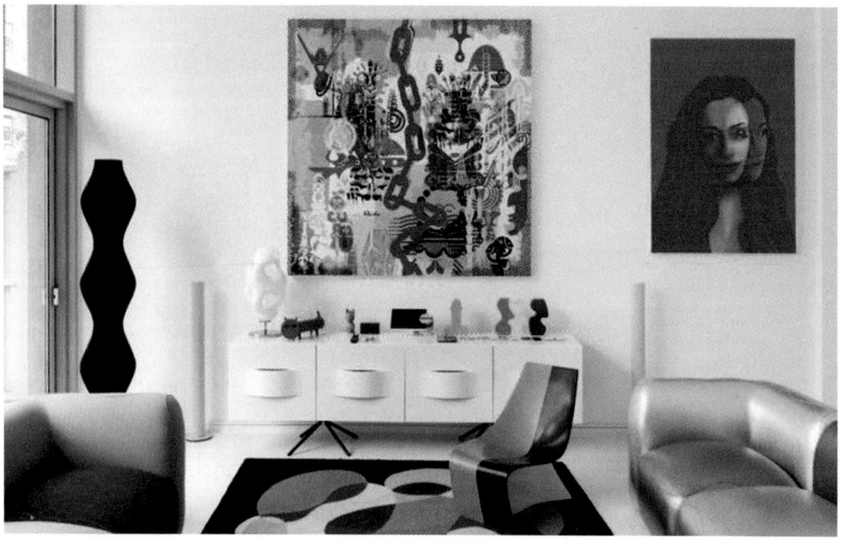

9048
가림 라시드, Townhouse, 2013, Karim Rashid

라시드의 비전을 담은 주거 공간으로 인테리어 레이아웃부터 세부 요소들까지 디자인의 모든 측면에서 라시드의 시그니처 스타일이 분명하게 드러난다. 직선적 구조와 뉴트럴한 톤의 전통적인 주거 공간 디자인에 도전하는 유기적이고 흐르는 형태의 구조와 화려한 색감이 특징이며, 감각적인 패턴과 질감은 풍성한 시각적 효과를 자아내며 공간에 활기를 불어넣는다.

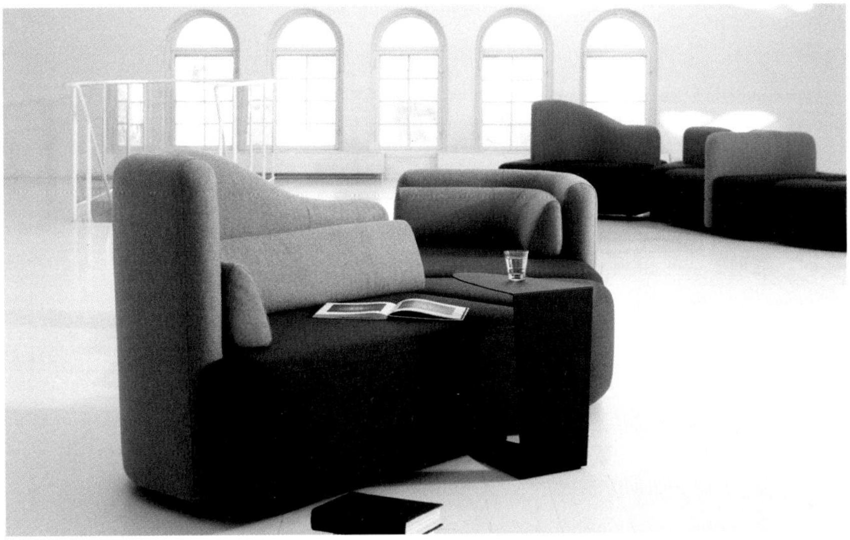

9049
카림 라시드, Ottawa System, 2017, BoConcept

다양성과 개인화의 트렌드를 기반으로 사용자의 라이프스타일에 따라 조합할 수 있는 모듈형 가구를 디자인했다. 라시드의 유기적이고 미니멀한 디자인이 특징이지만, 컬러의 경우는 보컨셉 브랜드의 정체성에 부합하는 뉴트럴한 그레이 컬러를 적용했다.

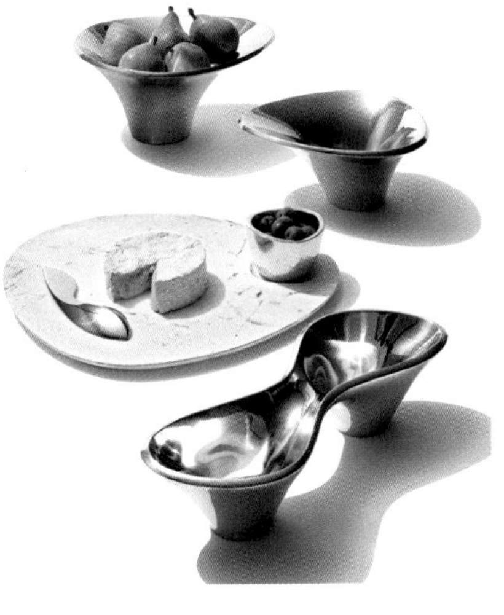

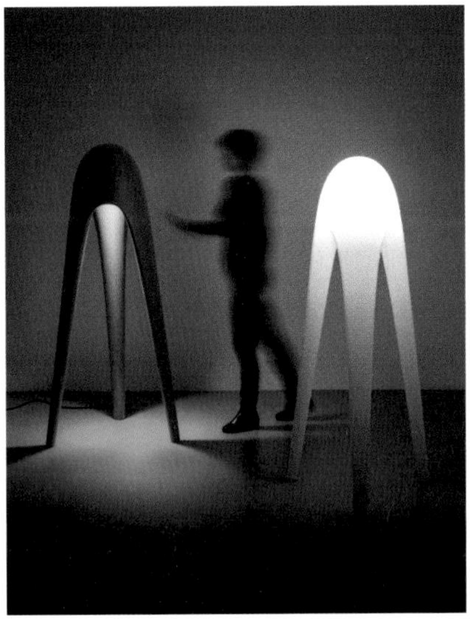

9050
카림 라시드, Cortina Collection, 2019, Nambe

식기 디자인 시리즈로 라시드의 유기적인 형태가 살아 있는 디자인이다. 라시드가 기존에 사용하던 화려한 컬러나 패턴을 과감하게 줄였음에도 불구하고 형태 자체로도 그의 스타일이 잘 드러난다.

9051
카림 라시드, Cyborg Big, 2023, Martinelli Luce

대형 조각 같은 조명으로 라시드가 추구하는 감각적 미니멀리즘 스타일을 잘 보여준다. 단순하지만 유려한 형태에 화이트와 그레이와 같은 차분한 색을 적용해 조명기구 보다 빛의 형태가 잘 드러나도록 했다.

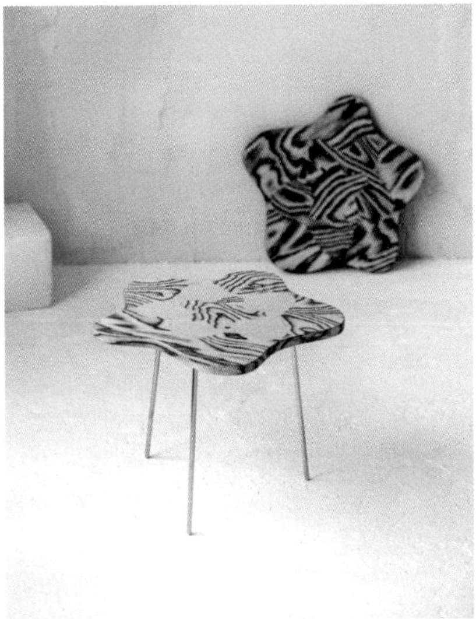

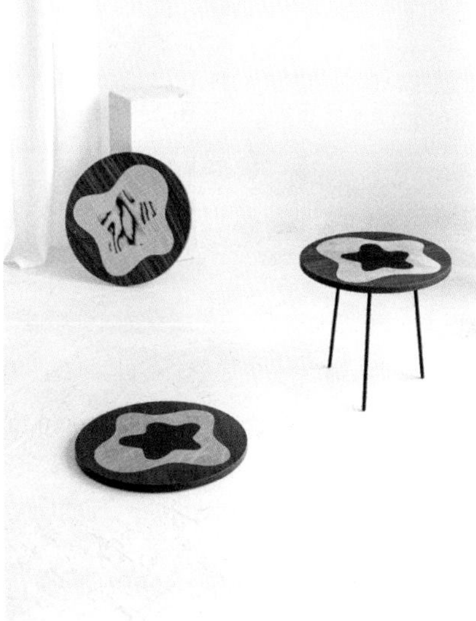

9052
카림 라시드, Nebula, 2023, Vadasiga

자연의 숨결을 집안으로 가져오는 것을 콘셉트로 다양한 색의 베니어판으로 제작되었다. 각 판재의 패턴의 병치는 마치 꽃이 방사되면서 물결치는 듯한 느낌을 자아낸다. 라시드가 기존에 즐겨 사용하던 인공 소재들과는 거리가 먼 자연 소재를 도입했다는 점은 그가 환경친화적이며 현대 공간과 어울리는 디자인에 대하여 고민하고 있다는 것을 보여준다.

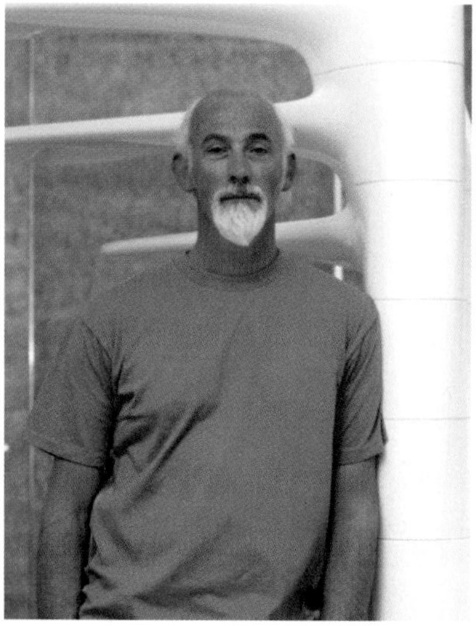

9053
로스 러브그로브 Ross Lovegrove

로스 러브그로브 Ross Lovegrove (1958~, 산업디자이너) 영국

#캡틴오르가닉 #미래지향적 #엔지니어링 #자연

로스 러브그로브는 소재와 기술에 대한 미래 지향적인 접근 방식으로 현시대 존재하지 않을 법한 혁신적인 디자인 해법을 제시해왔다. 자연의 논리와 아름다움에 깊은 영향을 받은 유기적 형태와 첨단 기술 및 재료를 결합하여 디자인하는 것이 특징이며, 그의 디자인 철학은 기술의 힘, 그리고 생물학과 생태학의 조화로운 공존에 있다.

러브그로브는 자연에서 발견되는 복잡한 패턴과 구조를 신기술과 결합하여 이전에 없던 형태와 기능이 만나는 마치 조각품과 같은 제품을 탄생시킨다. 그는 이러한 디자인적 접근을 스스로 "유기적 본질주의"로 설명하며, 이처럼 그의 작품은 단순한 사물을 넘어 기술과 생태학을 공생적인 관계로 보는 그의 철학을 증명한다.

그의 작품에서 드러나는 유려한 라인이나 매끈한 표면은 마치 공예나 조각의 숙련가가 오랜 시간 다듬어 완성한 듯한 예술품에서 느낄 수 있는 영묘한 느낌을 준다. 또한 그의 디자인이 단순히 스타일리시한 형태를 넘어 기능적이고 인체 공학적인 부분을 중요시 여긴다는 점은 산업디자인의 결과물로서 매우 매력적인 부분이다.

그의 일련의 작품을 살펴보면, 화려한 색이나 패턴이 사용된 경우가 거의 없다. 미래적인 느낌을 주는 실버나 무채색 등의, 형태가 산만하게 보이지 않는 정제된 색이 주를 이룬다. 이는 아마도 그의 디자인이 가지는 형태적 정교함과 순수함만으로도 완벽에 가까운 디자인을 추구함으로, 색을 통해 디자인의 의도를 더 할 필요가 없기 때문일 것이다. 대표적인 작품인 고 체어Go Chair의 경우, 액체가 흐르는 것과 같은 우아하고 정교한 형태에 표면에서 드러나는 반사성은 빛과 상호작용하며 화려한 색 없이도 그 자체로 강렬한 인상을 부여한다. 티난트Tynant를 위한 물병 디자인 역시 군더더기 없는 투명한 재질로 된 표면을 적용해 물의 흐름을 나타낸 형태의 완벽함이 더욱 돋보인다.

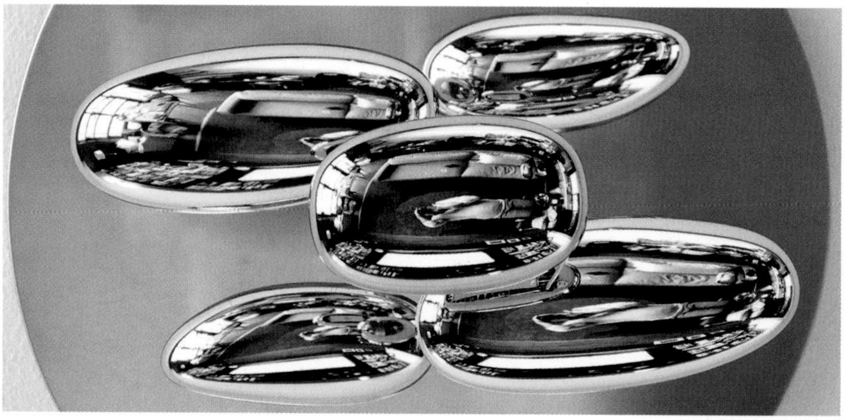

9054
로스 러브그로브 Mercury, 2007, Artemide

단순한 조명기구가 아닌 공간과 빛에 대한 인식을 변화시킨 디자인이다. 돌멩이의 형태를 닮은 알루미늄 덩어리들은 각각의 개체 안에 배경 이미지를 담아내며 빛과 그림자의 역동적인 흐름을 만들어낸다. 러브그로브의 디자인 특징인 자연의 형태를 차용하면서도 기능적이고 시각적으로도 매력적인 디자인을 탄생시켰다.

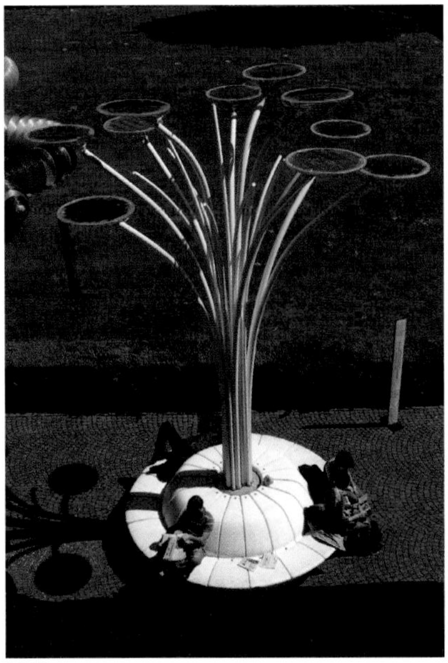

9055
로스 러브그로브, Solar Tree, 2007, Artemide

지속 가능한 에너지 시스템을 적용한 공공 조명 디자인이다. 나뭇가지를 닮은 구조와 이파리 부분에 태양광 패널을 탑재한 것이 특징으로, 패널을 통해 집약된 에너지는 LED 조명에 전력을 공급한다. 심미적으로 뛰어난 동시에 도시인들에게 환경에 대한 인식을 높이는 데에도 효과적인 역할을 하는 바람직한 공공디자인의 사례이다.

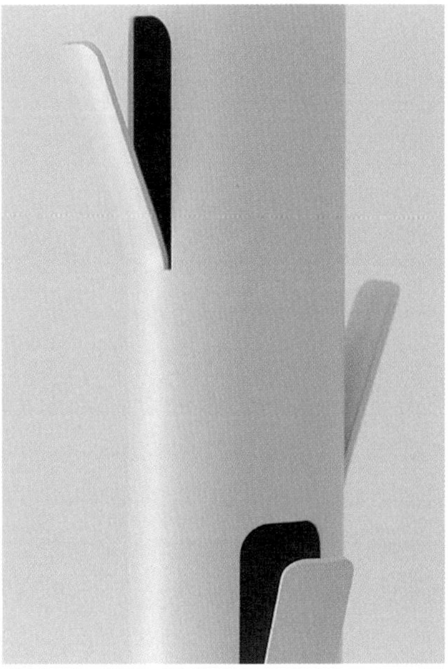

9056
로스 러브그로브, 100% Coat Stand, Danese

알루미늄 한 가지 재료로만 제작된 스탠드형 옷걸이로, 파이프의 절단과 접힘을 통해 구조 본체에서 후크가 연장되는 간단한 작업 공정을 통해 실용성을 가지도록 했다. 파이프의 작은 구멍들은 그림자 효과를 만들어내어 단순히 옷걸이의 기능적 역할을 넘어 공간 속에서 끊임없이 변화하는 제품으로 디자인되었다.

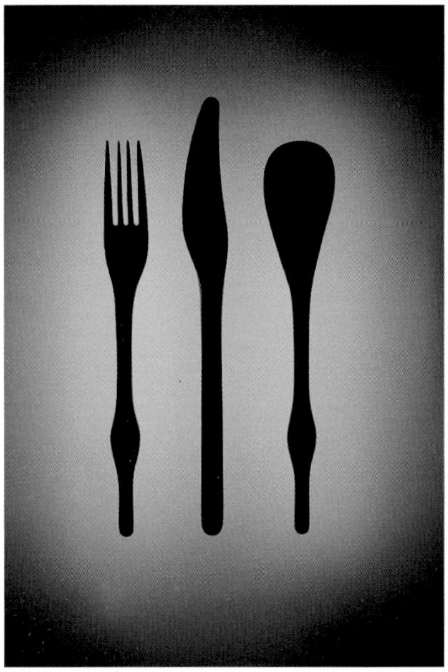

9057
로스 러브그로브, Solo Cuttlery Italy, 1991

러브그로브의 조형적 특징인 유선형의 디자인이 초기작 중 잘 드러난 사례로, 복잡한 장식보다 사물이 가지는 기능의 본질적 아름다움을 살려 형태로 풀어내는 유기적 미니멀리즘의 철학이 스며들어 있다. 커트러리와 같은 작은 소품을 예술적 터치가 들어간 희소성 있는 디자인의 경지로 끌어 올리려고 한 그의 노력이 돋보인다.

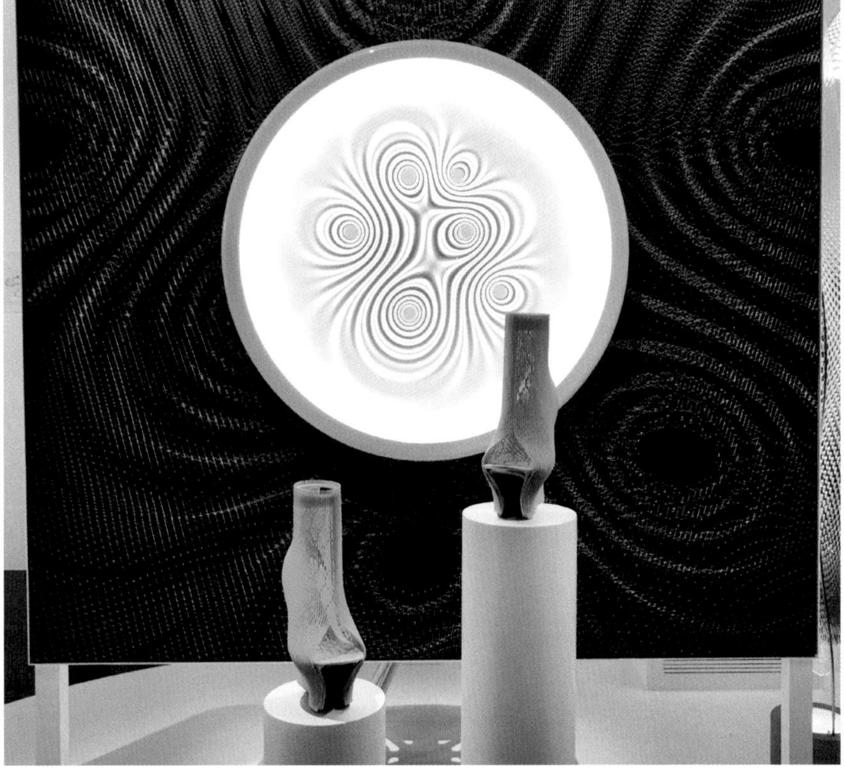

9058
로스 러브그로브, Ilabo Shoes, 2015, 파리 Centre Pompidou 전시

자연의 패턴에서 영감을 받은 미래 지향적인 격자형 구조가 특징적인 신발 디자인으로, 가볍고 내구성이 뛰어나도록 구조와 질감에 중점을 두어 디자인되었다. 3D 프린트의 일종인 Selective Laser Sintering 방식으로 나일론 파우더를 사용하여 제작되었다.

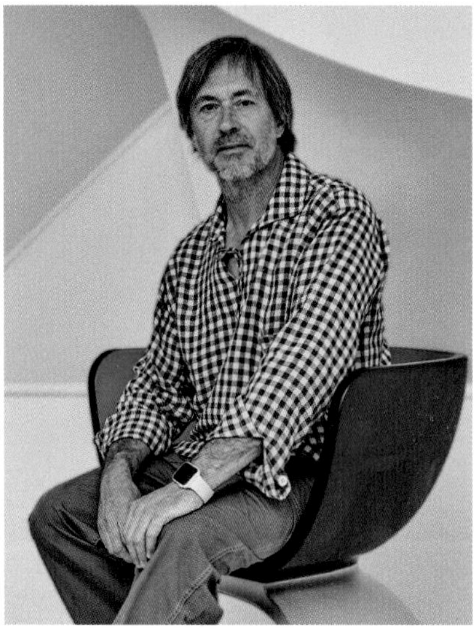

9059
마크 뉴슨 Marc Newson

마크 뉴슨 Marc Newson (1963~, 산업디자이너) 오스트레일리아

#재료 #장인정신 #예술적 #컬렉터블디자인

현대 디자인 영역에서 뉴슨은 기존의 산업디자인 영역을 넘어선 선구적인 디자인 스타일을 제시한 인물로 알려져 있다. 그는 일상 속 사물인 생활용품과 가구부터, 자동차, 항공기 인테리어까지 다양한 대상들로 디자인 범주를 넓혀왔으며, 그의 일련의 결과물들은 예술과 디자인, 경이로움과 실용성 사이 경계의 모호함을 추구하는 그의 디자인 철학을 담고 있다.

1980년대 중반부터 뉴슨의 활약은 두드러졌으며, 1986년 그의 상징적인 록히드 라운지Lockheed Lounge 체어에 대한 초기 탐구라 볼 수 있는 LC1을 선보이면서, 재료 그 자체보다 재료의 맥락이 중요하다는 그의 재료에 대한 특별한 해석은 대중과 디자이너들에게 큰 주목을 받았다. 주얼리와 조각이라는 촉각적 학문을 습득한 배경 덕분에 이미 금속의 곡률, 돌의 특성 등에 익숙했으며, 이러한 그의 능력은 평범한 산업재를 특별한 것으로 재탄생시키는 데에 중요한 역할을 했다.

1988년, 도쿄의 디자인 회사인 Idee와 협력하며 슈퍼 구피 램프Super Guppy lamp, 1987와 엠브로이 체어Embryo Chair, 1988와 같은 대표작들을 연달아 발표했으며, 이때가 뉴슨의 시그니처 스타일이라고 볼 수 있는 유기적인 형태와 현대적인 소재의 조합이 완벽히 형성된 시기라 볼 수 있다. 그는 당시 산업 현장에서는 생산되기 힘들었던 실험적 디자인을 추구하던 디자이너들의 전시장었던 파리의 크레오 갤러리Galerie kreo를 통해 다양한 디자인을 선보이며 본인의 디자인 세계를 펼쳐나갔다.

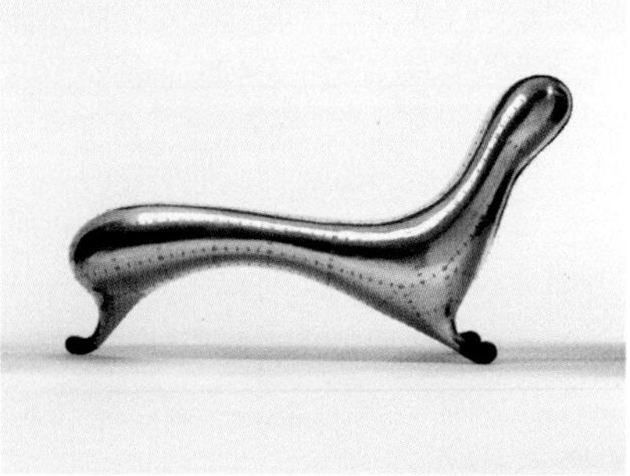

9060
마크 뉴슨, Lockheed Lounge, 1988, Marc Newson Edition, ©Photography by Karin Catt

뉴슨은 새로운 재료 그 자체보다 그 재료의 맥락이 더 중요하다는것을 강조한다. 록히드 라운지 체어의 경우, 기존의 산업에서 쓰였던 재료를 완전히 다른 방식으로 적용한 예로, 가구 디자인이 재료적, 형태적, 제작 방법적으로 어디까지 새로워질 수 있는지를 보여준 작품이다.

이후 파리에서 본인의 스튜디오를 설립하고 Ikepod 시계 회사를 공동 창립하며 기능성이 뛰어난 동시에 미학적으로 뛰어난 결과물들을 발표했다. 이러한 과정 중 애플에 합류하게 되어 본인의 디자인 언어를 최첨단 기술의 영역으로 확장할 수 있는 기회를 가졌으며, 포드Ford와의 컬래버레이션을 통해서도 자동차 디자인 분야에도 새로운 문화적 비전을 제시했다.

뉴슨의 이렇게 다양한 경력 중에서도 디자이너로서 특별하다 볼 수 있는 점은 미술계와의 관계이다. 그는 예술가라면 누구나 전시하고 싶을 가고시안 갤러리Gagosian Gallery에 소속된 유일한 산업디자이너이다. 이는 그의 작품이 산업 현장을 넘어 예술 시장에서도 그 가치와 문화적 영향력을 가지고 있다는 증거이기도 하며, 디자이너들이 반드시 대량생산을 고려한 디자인만을 해야 하는 것이 아닌, 세상에 단 한 개만 존재하는 디자인이라도 그 필요성과 가치가 뛰어나다면 디자인 작품으로서 인정받을 수 있는 시대를 연 디자이너이기도 하다.

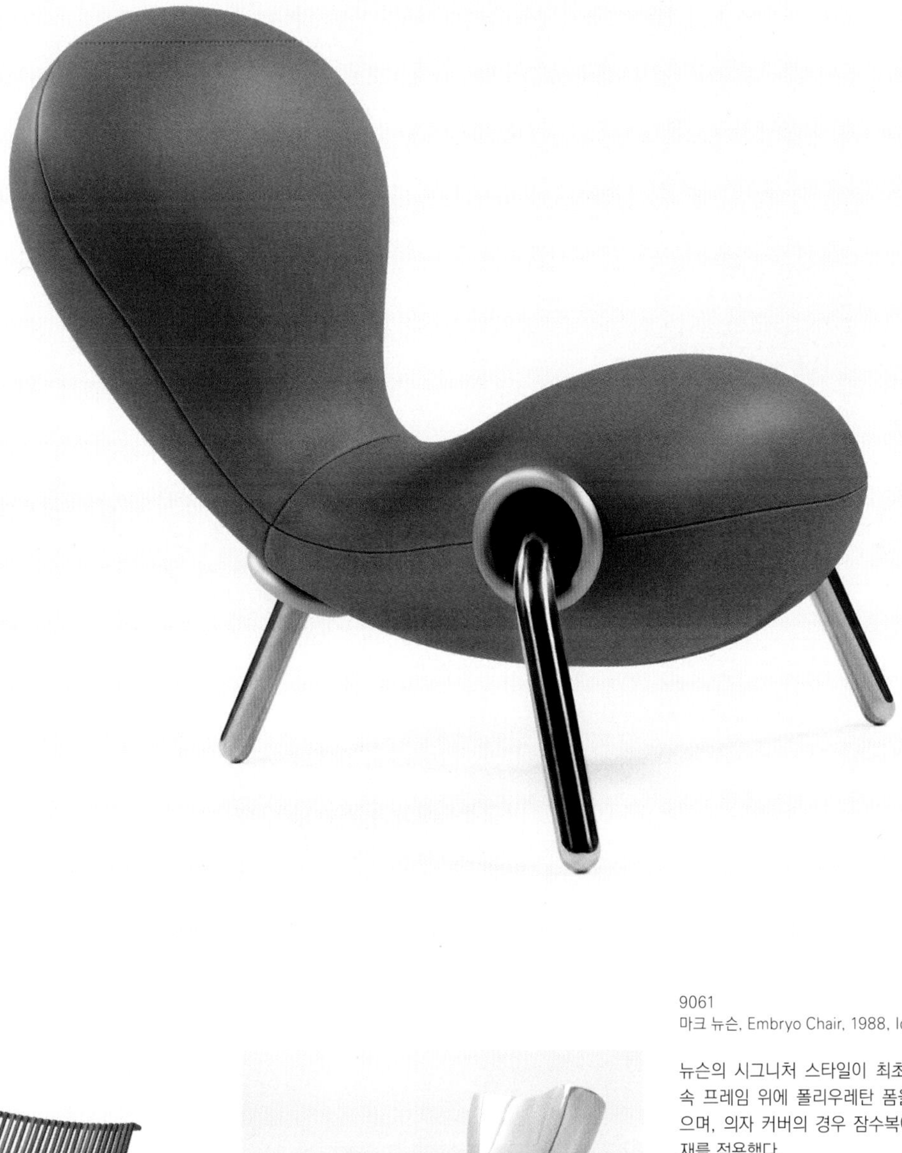

9061
마크 뉴슨, Embryo Chair, 1988, Idee

뉴슨의 시그니처 스타일이 최초로 정의된 작품이다. 금속 프레임 위에 폴리우레탄 폼을 활용하여 형태를 잡았으며, 의자 커버의 경우 잠수복에서 쓰이는 네오프렌 소재를 적용했다.

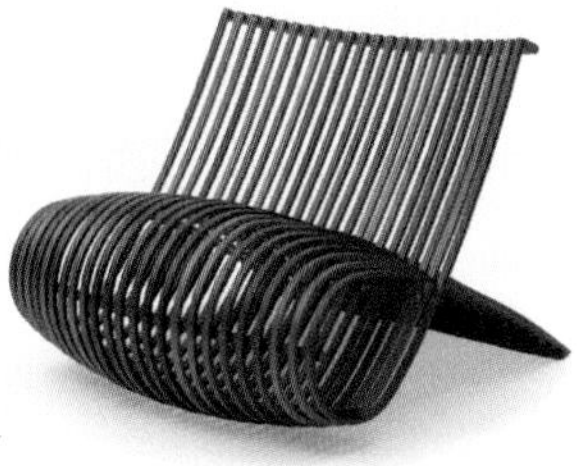

9062
마크 뉴슨, Wood Chair, 1992, Cappellini

뉴사우스웨일스 공예위원회 전시회인 The House of Fiction: Domestic Blueprints in Wood의 의뢰로 디자인되었다. 캐나다산 단풍나무와 오스트레일리아산 나무를 사용했으며, 나무라는 재료가 가지는 한계를 뛰어넘으려는 마크의 열정을 보여주는 작품으로 증기를 활용하여 나무의 새로운 조형적 가능성을 보여주었다.

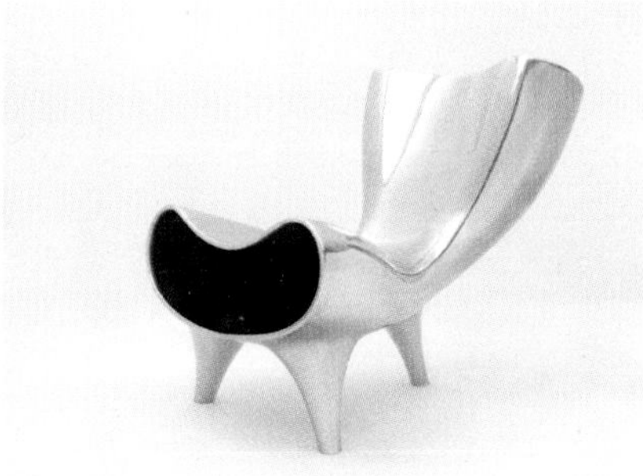

9063
마크 뉴슨, Orgone Chair, 1993, Marc Newson Edition, ©Photography by Fabrice Gousset

Orgone Chair는 Lockheed Lounge의 후속작으로 알루미늄 재료를 활용하여 새로운 방식으로 디자인하고자 한 작품이다. 그 결과, 의자의 내부가 외부만큼 주목받는 독특한 형태를 지닌 의자를 완성했다.

컬랙터블 디자인 작품들

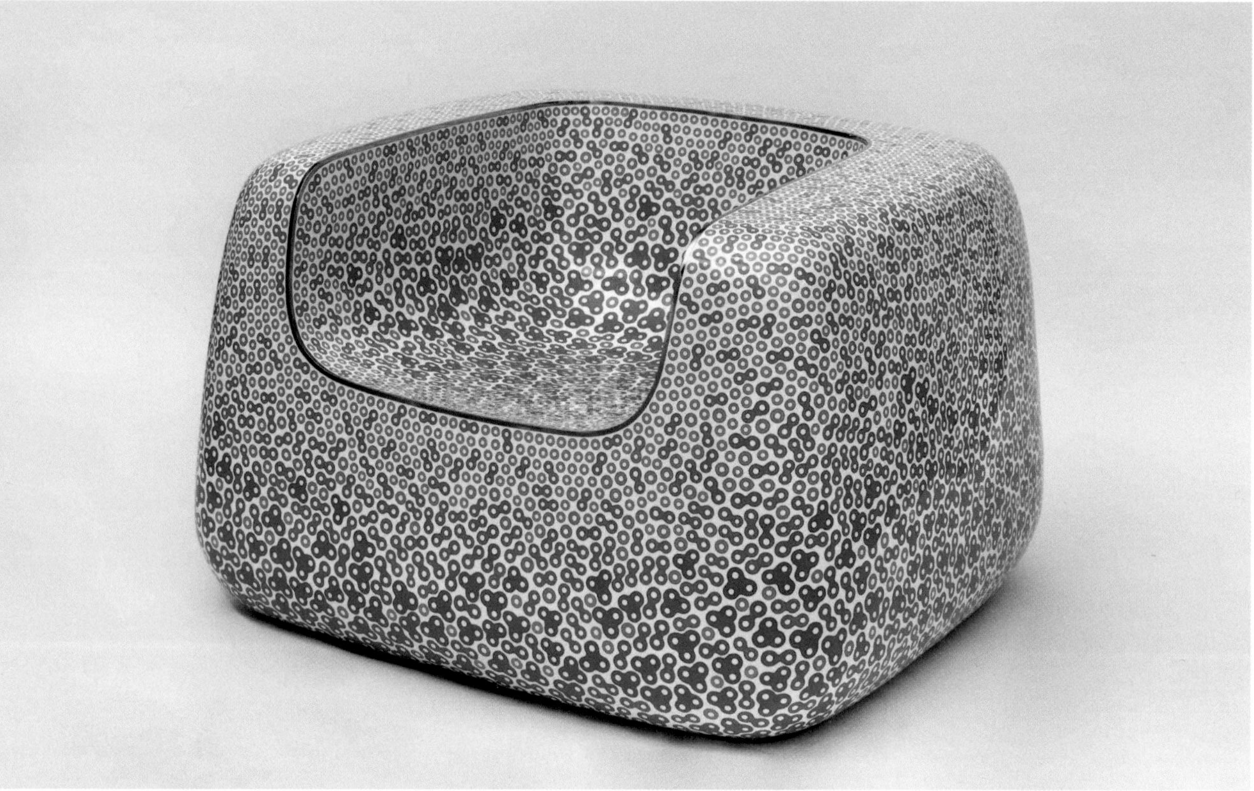

9064
마크 뉴슨, Cloisonne Blue Chair, 2019, 뉴욕 Gagosian Gallery 전시

장인정신과 현대적인 디자인이 조화를 이루는 작품이다. 뉴슨의 스타일인 유기적 형태에 금속 세공과 칠보 기법을 적용하여 편안함과 시각적 매력을 동시에 갖춘 의자를 디자인했다. 뉴슨은 이 작품을 통해 의자라는 일상의 사물을 예술 작품의 경지로 끌어올렸다.

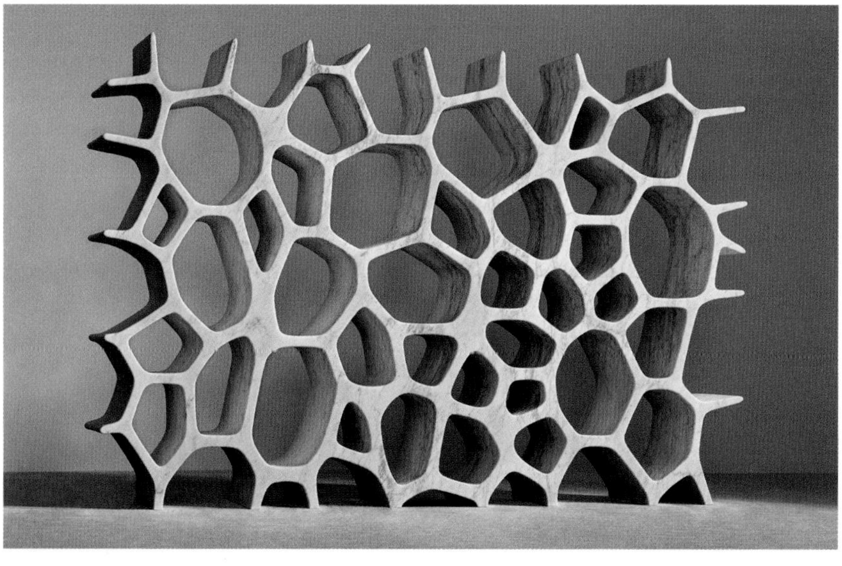

9065
마크 뉴슨, Voronoi, 2007, 뉴욕 Gagosian Gallery 전시

뉴슨의 첫 번째 갤러리 전시회에서 발표한 작품으로 예술 작품과 같이 한정판으로 제작되었다. 거미줄 형태에서 모티프를 얻었으며, 카라라 대리석 소재로 제작되었다. 복잡함과 정교함의 새로운 차원에 도달하려는 그의 노력이 반영된 작품이다.

패션 브랜드들과의 컬래버레이션

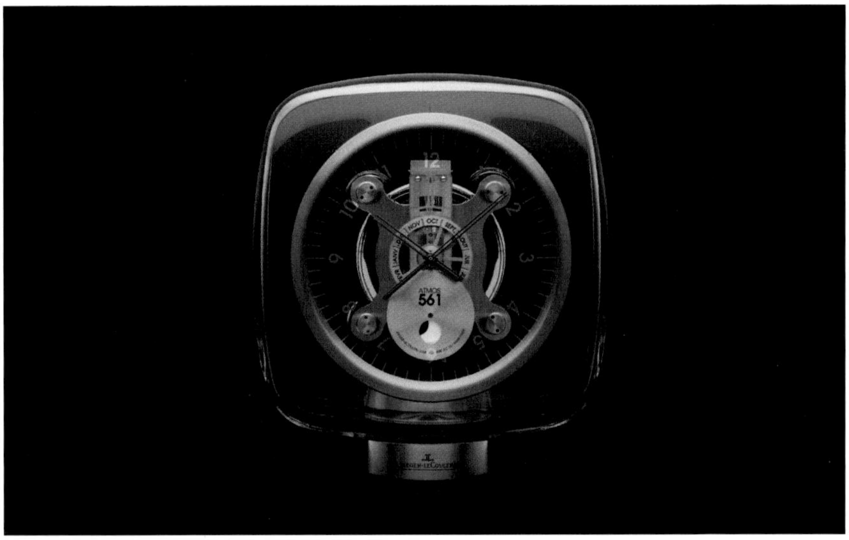

9066
마크 뉴슨, Atmos 561, 2008, Jaeger-LeCoultre

예거 르쿨트르와의 컬래버레이션으로 탄생한 Atmos 561은 클래식 Atmos 시계를 현대적으로 재해석한 제품이다. 시계 내부에 위치해 있어야 할 법한 일부 부품들을 외부로 드러내어 디자인 요소로 활용한 점이 특징이다.

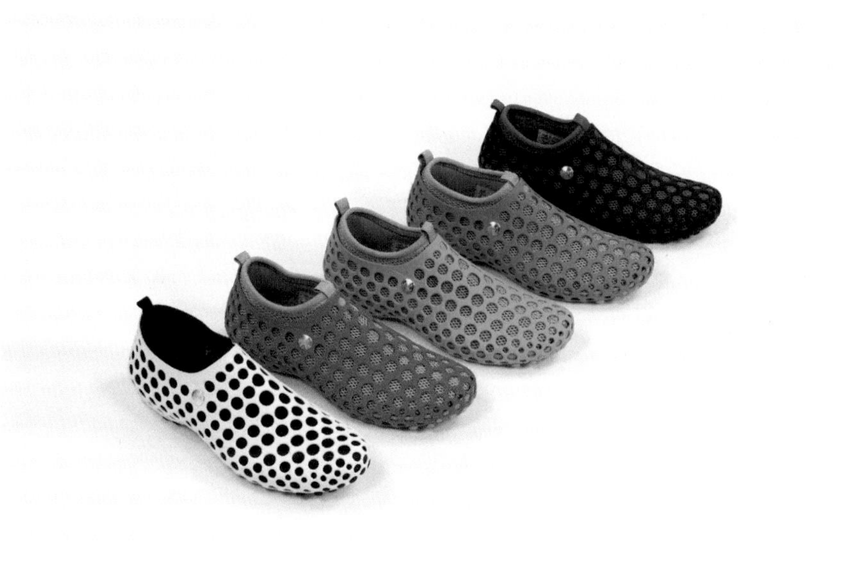

9067
마크 뉴슨, Zvezdochka Sneaker, 2004, Nike

초기 우주 시대에서 영감을 받은 디자인으로, 외부를 감싸는 형태, 연동 아웃솔, 내부 슬리브, 밑창 등 4개의 구성 요소가 필요에 따라 분리되어 다양한 목적과 환경에 따라 함께 또는 별도로 착용 가능한 모듈식 디자인이 특징이다.

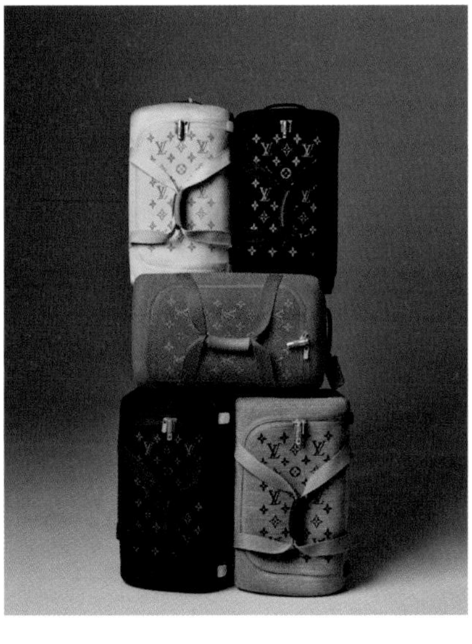

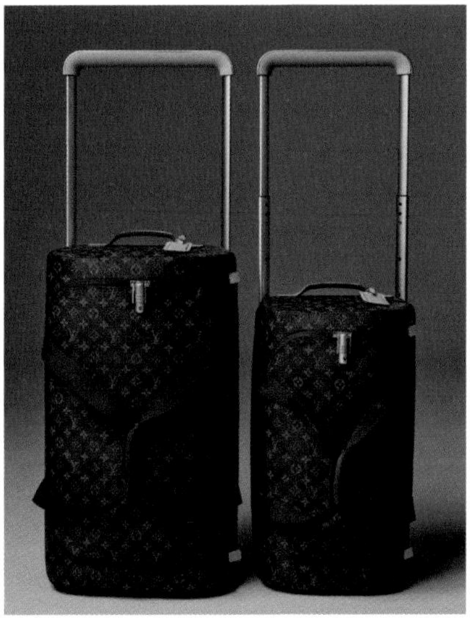

6068
마크 뉴슨, Horizon Soft Luggage, 2019, Louis Vuitton

뉴슨이 디자인한 루이뷔통의 두 번째 여행 가방이다. 보통 명품 브랜드의 경우 시각적인 면에 대부분의 열정을 쏟을 것 같지만, 뉴슨은 여행 가방의 목적에 부합하는 기능성을 위해 재료와 제작 방식에 대해 깊이 고민했다. 그 결과, 열융착 공정과 초음파 절단 기술을 활용해 무게를 최소화하고 부피를 최대화했으며, 3D 니트 소재를 사용하여 방수 기능과 탄력성을 부여하고, 심리스 편직 기술을 사용하여 신축성 있는 가방으로 디자인했다.

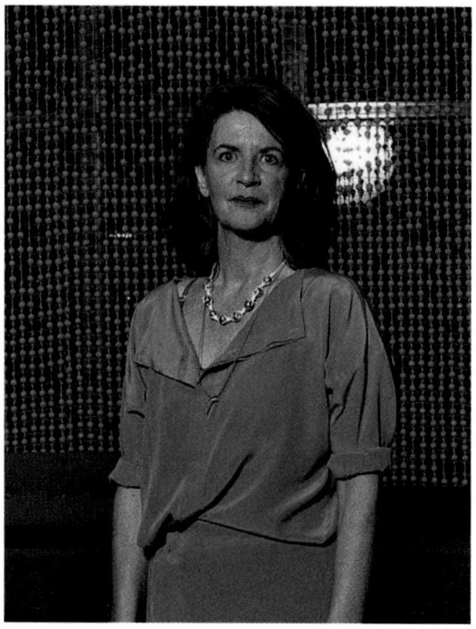

9069
헬라 용에리위스 Hella Jongerius

9070
헬라 용에리위스, Matrix Module, 2021, Jongeriuslab

3차원 직조를 실험한 작품으로, 인간이 기계와 상호 작용하여 창의적인 방식으로 직조에 참여 할 수 있는 방법을 보여줬다.

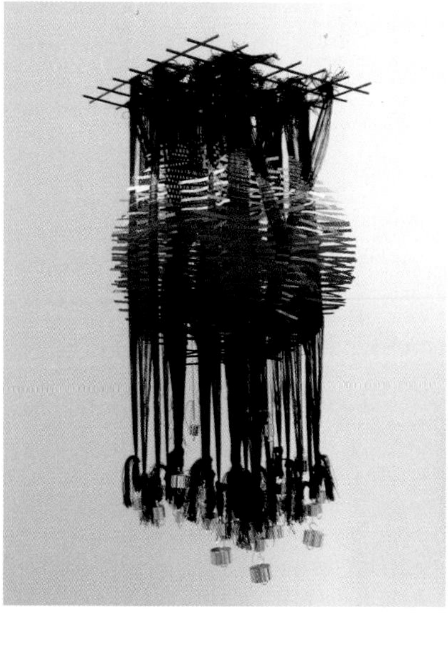

헬라 용에리위스 Hella Jongerius (1963~, 산업디자이너) 네덜란드

#컬러 #소재 #지속가능성 #불완전성

헬라 용에리위스는 컬러, 질감, 소재에 대한 깊은 이해를 바탕으로 전통적 공예와 현대적 디자인 사이의 경계를 허무는 다양한 작품들을 제시해왔다. 그녀의 디자인 철학은 디자인 과정에서 일어나는 불완전함과 인간적 손길을 함께 포용하는 데 중점을 두고 있으며, 그녀는 사물이 완벽하지 않을 때에 생기는 무엇이 개성이 되어 디자인을 더욱 의미있게 만든다고 말한다. 특히 수공예 과정에서 도출되는 독특하고 유일한 특성들을 중요시하며, "불완전한 아름다움"이라는 개념을 강조한다. 이러한 그녀의 철학은 디자인 과정에서 발생하는 자연스러운 특이성을 중요한 창작적 측면으로 받아들이는 그녀의 작품을 통해 여실히 드러난다.

그녀가 네델란드의 대표 디자이너로 손꼽히는 이유 중 하나는, '드로흐Droog'와의 협업과 함께 성장했기 때문이라 볼 수 있다. 제2차 세계대전 이후 네덜란드는 디자인을 핵심 산업으로 키워왔고, 1993년 출현한 드로흐 디자인은 기존 디자인 양식의 이념들에 도전, 디자인의 본질과 가치를 재고하며 네델란드 고유의 디자인 스타일을 구축했다. 이때 헬라 용에리위스는 마르셀 반더스와 함께 핵심 멤버 중 한 명으로 전통과 수공예에 대한 관심을 현대 디자인에 접목시키는 작업들을 선보였다.

실험적인 결과물들과 더불어 대량생산 되는 산업 제품에도 그녀만의 철학적 깊이와 개성을 부여하려는 노력은 이어졌으며, 비트라Vitra와 협력하여 디자인한 폴더Polder소파가 대표적인 예이다. 폴더 소파는 동일한 색과 질감으로 구성된 심플하고 세련된 소파가 아닌, 색과 질감을 조화롭게 혼합하며, 시각적으로도 매력적인 동시에 촉각적으로 풍부한 패치워크 디자인을 제시했다. 또한, 대칭과 균일성을 강조하는 전통적인 소파의 구조를 거부하며 정답 같은 비율적 원칙에 얽매이지 않으면서도 충분히 인체공학적인 가구를 만들었다.

용에리위스를 이야기할 때 컬러는 빼놓을 수 없는 수식어이다. 그녀의 디자인에 있어 컬러에 대한 접근 방식은 단순히 미학의 레벨에서 머무르지 않는다. 색채 이론가로서 컬러를 디자인의 의사소통과 표현을 위한 필수적 도구인 언어로 취급하며, 컬러의 뉘앙스와 본질, 문화적 차원, 컬러 간의 관계, 주변 환경과의 상호 작용 등에 대해 깊이 탐구했다. 또한 지속 가능성 역시 그녀에게 컬러만큼이나 중요한 이슈로, 천연 소재와 재활용 소재의 사용을 지향하며, 전통 기술을 검토하여 현대의 대량생산 방법보다 덜 자원 집약적인 방식을 통해 디자인의 가치를 찾으려 했다. 이러한 지속 가능성에 대한 그녀의 행보는 오래된 것과 새로운 것, 장인정신과 산업을 혼합하려는 그녀의 디자인 철학과 일맥상통한다.

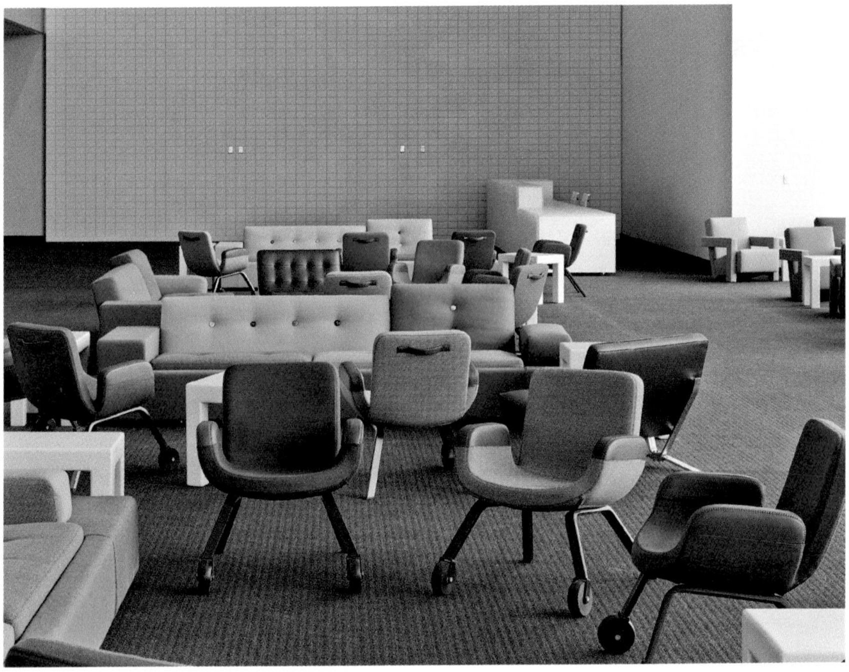

9071
헬라 용에리위스, New interior for United Nations North Delegates' Lounge, 2013, 뉴욕 UN North Delegates Lounge

유엔 델리게이트 라운지 인테리어 프로젝트로, 이 프로젝트를 위해 두 가지의 새로운 라운지용 가구를 디자인했다. 새로 디자인한 의자 외에도 비트라를 위해 디자인한 폴더 소파와 테이블을 함께 배치했으며, 용에리위스의 특징인 다양한 컬러들의 조합이 묘하게 어우러지도록 구성되었다.

9072
헬라 용에리위스, Breathing Colour, 2019, 스톡홀롬 National Museum 전시, ©Nationalmuseum

용에리위스가 연구한 색, 형태, 빛, 재료의 상호작용에 대한 집합체로, 그간 정립한 이론들을 작품에 적용시켜 전시했다. 색의 경험은 빛에 따라 완전히 달라진다는 점, 산업화 되며 표준화된 차트의 이름이나 넘버링으로 단순하게 색을 선택하는 것이 얼마나 우리의 경험을 좁혀왔는지에 대한 이슈를 던지며, 색을 숨 쉬게 하고, 좀 더 친밀하고 개인적인 방식으로 바라볼 수 있어야 함을 시사했다.

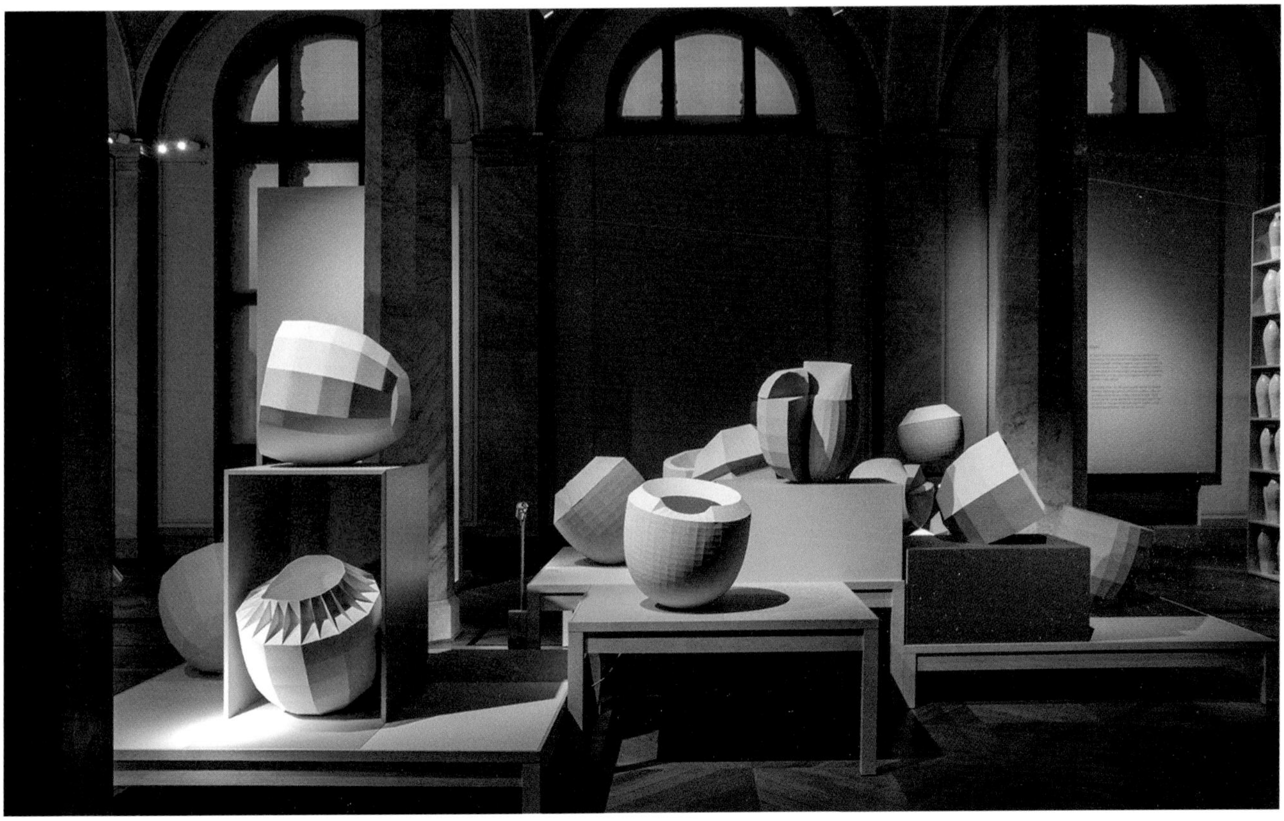

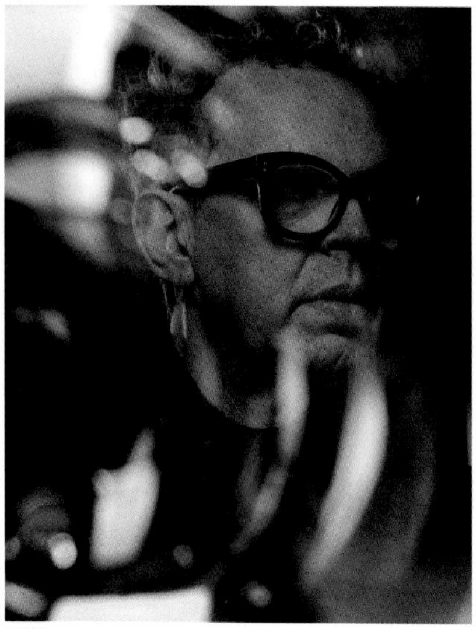

9073
톰 딕슨 Tom Dixon

톰 딕슨 Tom Dixon (1959~, 산업디자이너) 영국

#금속 #조각적 #럭셔리 #표현적미니멀리즘

톰 딕슨은 재료에 대한 혁신적인 접근 방식으로 일상 속 제품을 마치 조각 같은 매력적인 오브제로 탄생시키는 디자이너이다. 금속을 주재료로, 구리, 황동, 청동 등을 주로 사용하여 가구, 조명, 생활 소품 및 호텔 공간까지 디자인해왔으며, 산업적인 강인함과 현대적이면서도 조각적인 스타일의 조화가 특징이다.

그의 초기 작업은 주로 재활용된 강철을 용접한 가구를 만드는 것이었으며 이탈리아 브랜드 카펠리니Cappellini를 위해 디자인한 S 체어S-Chair로 명성을 얻기 시작했다. 이때 보여준 한 개의 면을 휘어 만든 듯한 조형은 기능성에 매몰된 조형을 답습하지 않는 그만의 유니크한 스타일을 보여준 사례였다. 이러한 파격적이고 실험적인 조형 접근 방식은 어쩌면 딕슨이 정식적인 디자인 교육을 받지 않고 주로 독학으로 디자인을 깨우친 이유일 수도 있다. 그는 디자인 교육 안에서 학습되는 정해진 원칙이나 규율을 따르기보다는 본인에게 내재된 창의성과 감각을 통해 자신만의 조형적 아이덴티티를 구축해 나가며 독특한 형태를 가진 디자인들을 제시했다. 더불어 뮤지션 및 아트디렉터로서의 활동 등의 경험을 통해 전통적이고 선형적인 경로로 작업한 디자이너들과는 차별적인 사고의 폭과 깊이를 가지게 되었으며, 이는 그의 디자인 세계를 더욱 풍부하게 만들었다.

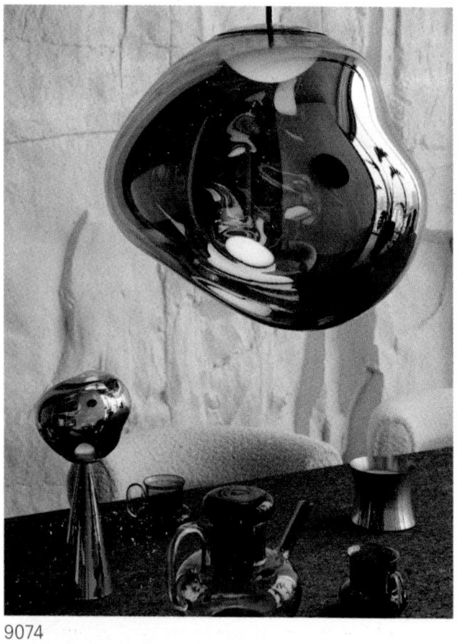

9074
톰 딕슨, Melt LED Pendant, 2014, Tom Dixon

딕슨의 디자인이라 하면 가장 먼저 떠오르는 디자인이다. 마치 빙하의 흘러내리는 이미지와 같은 자유롭고 유기적 형태가 특징적이다. 디자인에는 스웨덴 디자인 그룹인 FRONT가 함께 참여했다.

나이트클럽 운영과 같은 어찌보면 디자인과 전혀 관계없어 보이는 경험을 통해 얻은 지혜와 통찰력은 디자인뿐 아니라, 본인의 브랜드를 효과적으로 마케팅하는 데에도 도움이 됐다. 뉴욕의 패셔너블한 브랜드들의 중심지인 소호 지역을 비롯하여, 런던, 로스앤젤레스, 도쿄의 중심부에 본인의 이름을 건 스토어를 유지하고 있는 점을 보면, 소비자에게 본인의 디자인을 매력적이게 보일 수 있는 방법을 잘 이해하는, 마케팅적, 경영적 능력도 함께 겸비한 디자이너라는 것을 보여준다.

딕슨의 삶 중 흥미로운 점은 그가 어린 시절 박물관에서 많은 시간을 보냈다는 것이다. 이때에 그는 물건들이 어떻게 유행을 타고 흐르는지, 스타일, 품질, 재료적인 면에서 어떤 것들이 살아남는지에 대한 관심을 가지게 되었다고 한다. 그는 한 인터뷰에서 사물의 본질을 파악하고 유행을 타지 않는 스타일을 만들어내는 것이 중요하다 하며 이것을 "표현적 미니멀리즘"으로 설명했다. 물론, 그의 시그니처 스타일인 화려하고 볼드한 디자인에 대한 호불호는 극명히 나누어지지만, 2010년대에 힙하고 고급스러운 레스토랑, 호텔, 바와 같은 장소에서 그의 조명들을 접하는 것은 적지 않은 상황이었고, 현재도 이탈리아나 프랑스의 주요 백화점에 그의 조명이 스토어의 중심에 디스플레이되어 있는 것을 가만하면, 그의 디자인이 특별한 유행에 휩쓸리지 않고 현시대 럭셔리 디자인의 대표적인 제품으로써 많은 사랑을 받아왔고 현재도 변함없이 사랑받고 있음을 확인할 수 있다.

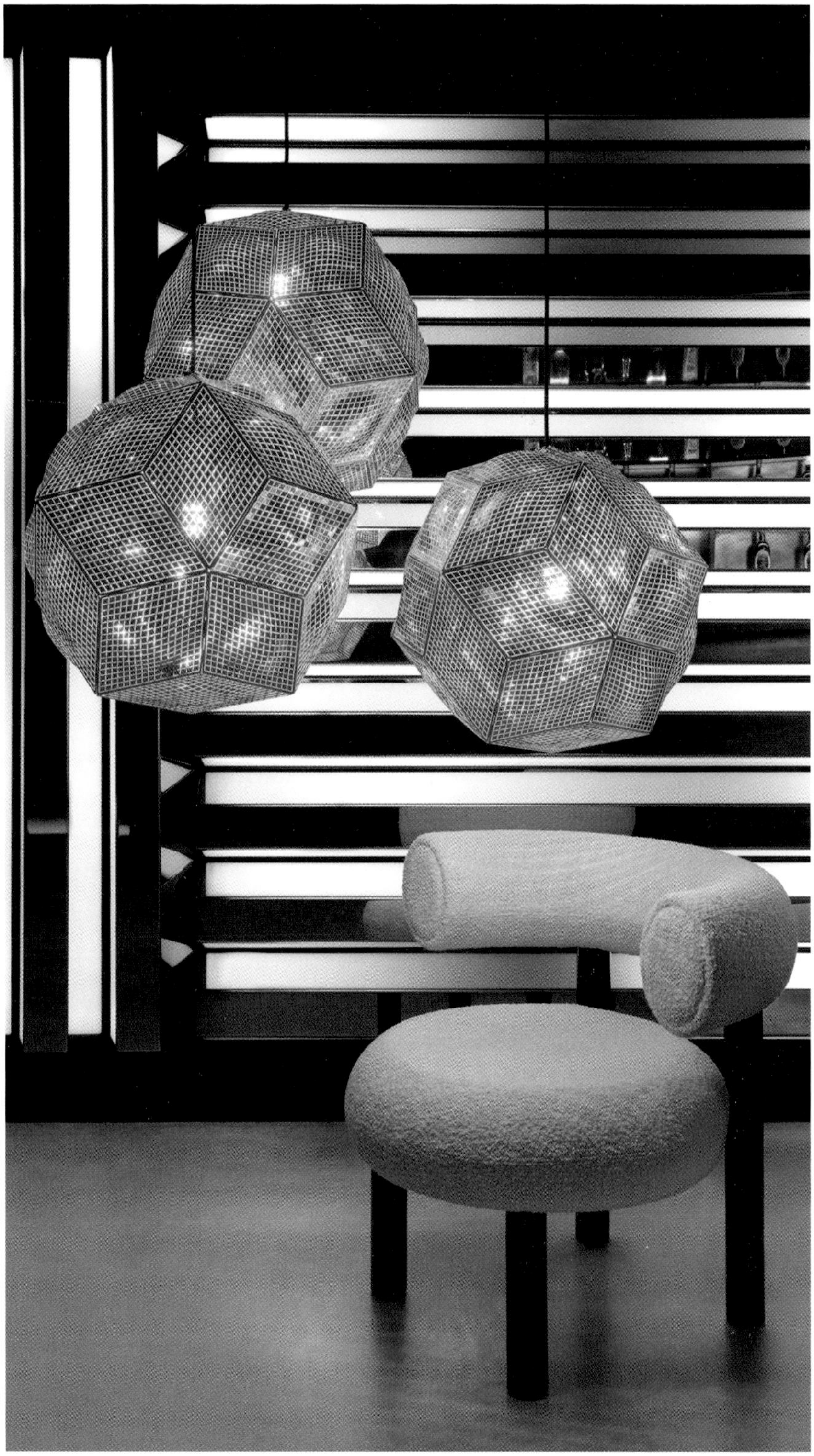

9075
톰 딕슨, Puff Pendant Brass, 2023, Tom Dixon

딕슨은 한 인터뷰에서 디자인을 마법의 가루(Magic dust)에 비유하며 디자인이라는 분야가 무궁무진한 가능성을 가지고 있는 점을 강조했다. Puff Pendant Brass 조명은 이러한 딕슨의 생각과 같이 디자인을 통해 조명이라는 제품의 잠재력을 깨워준 작품이라 볼 수 있다. 팽창성 기하학에서 영감을 받아 마치 부푼 풍선의 형태로 디자인했으며, 내부가 비치는 금속 패널을 사용하여 반사율을 높였으며, 이로 인해 조명은 더욱 화려한 모습으로 완성됐다.

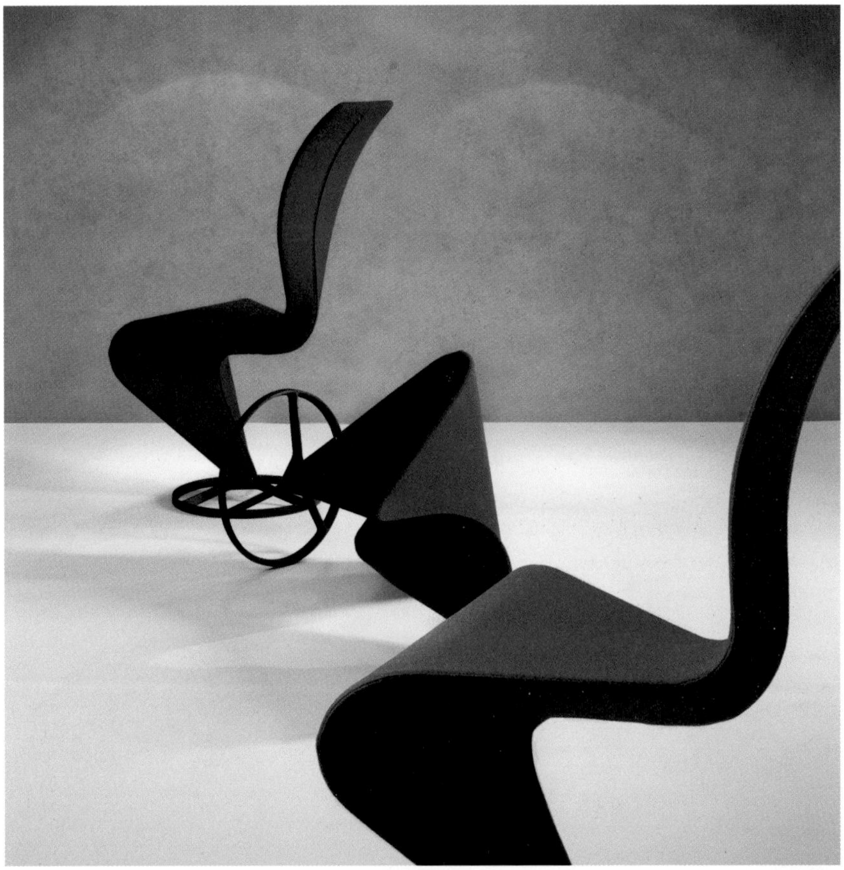

9076
톰 딕슨, S Chair Wool, 1980's, Tom Dixon

주거공간을 위한 의자로, 스티어링 휠에서 영감을 받아 디자인되었다. 딕슨의 유명한 S Chair의 입체적이며 화려한 형태를 유지하면서도 따뜻하게 느껴지는 촉감의 패브릭을 적용하여 주거환경에서 더욱 편하게 사용할 수 있도록 했다. 사이즈 또한 가정에서 식사나 공부와 같은 활동에 적합하도록 일부 조정되었다.

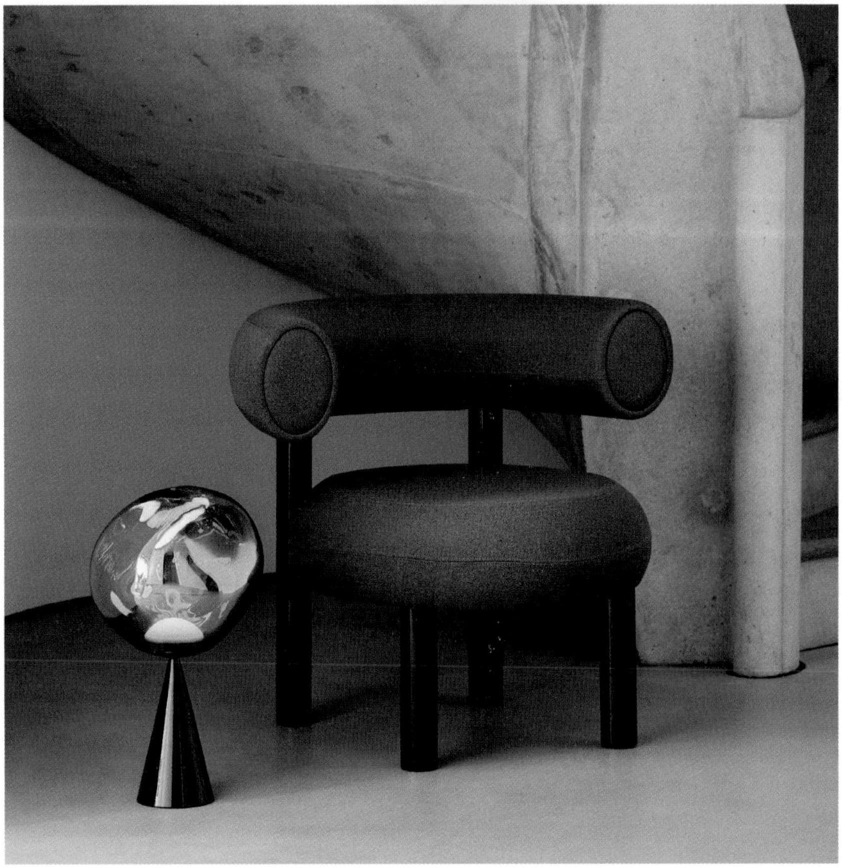

9077
톰 딕슨, Fat Lounge Chair, 2019, Tom Dixon

고광택의 블랙 래커로 마감된 볼드한 금속 다리가 특징이다. 이는 강렬한 시각적 매력의 럭셔리한 스타일을 추구하는 딕슨의 아이덴티티를 잘 드러낸다.

9078
톰 딕슨, Tank Decanter & Glasses, 2023, Tom Dixon

딕슨은 가구나 조명뿐 아니라 생활용품도 다수 디자인했다. 그중 대표적인 예인 탱크 디켄터와 유리잔 작업은 구, 원뿔, 원기둥과 같은 단순한 조형언어만을 사용하여 간결히 디자인하면서도, 현대적 럭셔리라는 그의 디자인 아이덴티티를 충분히 구현해냈다.

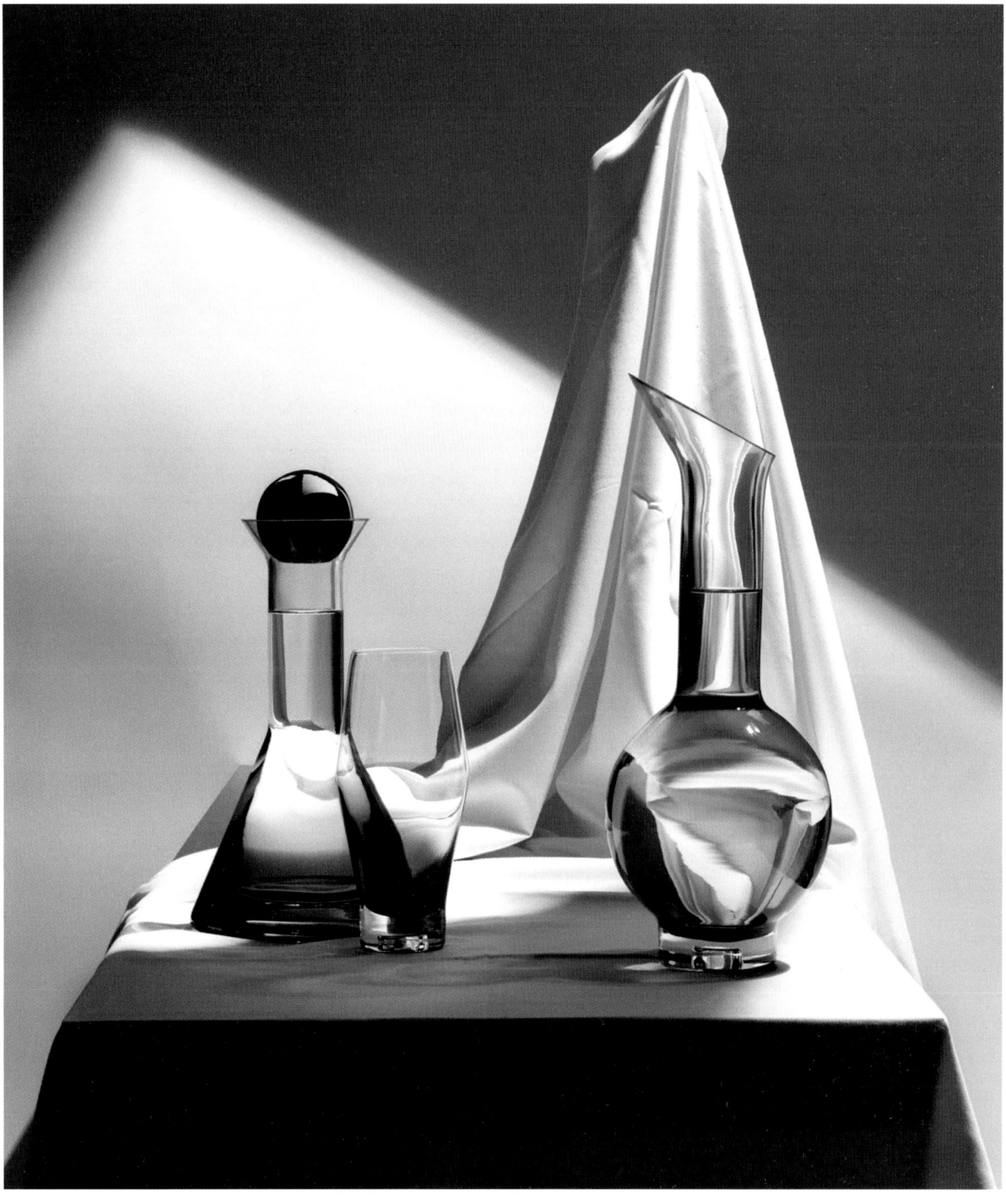

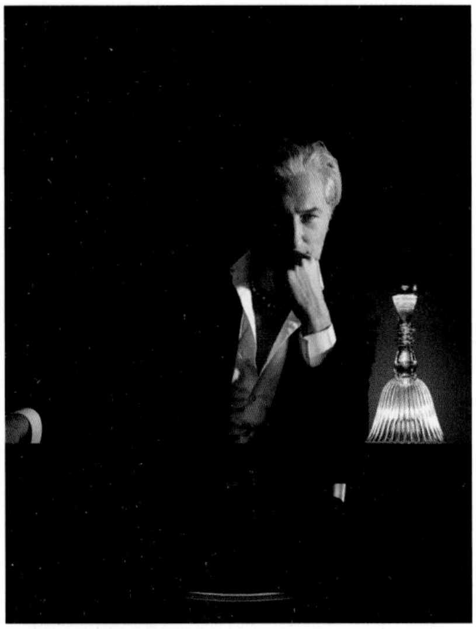

9079
마르셀 반더스 Marcel Wanders

마르셀 반더스 Marcel Wanders (1963~, 산업디자이너) 네덜란드

#이질적조합 #더치스타일 #럭셔리 #고전적

마르셀 반더스라 하면 '형태와 기능의 장난스러움'이나 '실험적인 접근 방식'이 특징인 네덜란드 디자인Dutch Design이 떠오르고, 반대로 네덜란드 디자인을 떠올리면 마르셀 반더스가 가장 먼저 생각날 정도로 그의 디자인 아이덴티티는 명확하고 디자인 세계에서 하나의 대표적인 스타일로 영향력이 있다.

1996년 소재와 기술의 혁신적인 사용을 보여준 상징적인 노티드 체어Knotted Chair로 국제적인 호평을 받으며 디자이너로의 이름을 알리기 시작했다. 초현실적인 접근 방식을 통해 기능적인 동시에 예술적인 디자인을 창조해 내는 것이 특징이며, 화려한 장식과 패턴, 장난스러운 스타일, 스케일의 전복 등의 기법들을 주로 사용하며 기능과 미학의 균형을 능숙하게 찾아낸다. 특히, 그의 고전적인 디자인 요소를 현대적인 시각으로 재해석하는 능력은 오래된 것과 새로운 것 사이의 완벽한 조화를 이끌어내며, 시대를 초월하는 동시에 현대 공간에 자연스럽게 녹아든다.

반더스에 대하여 이야기할 때 빼놓을 수 없는 것은 네덜란드의 대표적인 가구 브랜드인 모오이Moooi이다. 2001년 카스퍼르 피서르스Casper Vissers와 공동 설립하여 현재도 아트 디렉터로 활동하고 있다. 모오이는 디자인 작품인 동시에 예술 작품 같기도 한, 호기심을 불러일으키는 독특한 작품들이 주를 이루는데, 전통 디자인 규범에 도전하는 상징적인 작품들을 출시하며 디자인이 가져야 했던 아름다움과 기능성에 대한 기존의 개념에 도전하는 플랫폼의 역할을 하고 있다. 특히 우리에게 익숙한 말의 머리에 조명이 달린 프런트Front의 호올스 램프Horse Lamp는 모오이가 추구하는 브랜드의 핵심인 '예상치 못한 것에 대한 환영Unexpected Welcome'을 반영한 대담한 표현적 특징을 가지는 디자인을 대변해주는 작품이기도 하다.

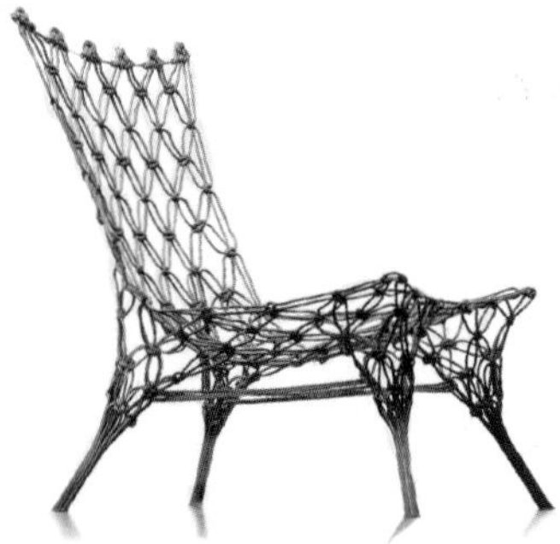

9080
마르셀 반더스, Knotted chair, 1996, Cappellini

반더스의 디자인 중 초기작이자 대표적인 사례로 이질적인 재료와 방법을 결합하여 불가능할 것만 같은 디자인을 가능하게 만든 의자 디자인이다. 당시 가구에서 활용하기에는 획기적이라 할 수 있는 재료인 아라미드 섬유(Aramid Fibers), 카본, 에폭시를 조합, 13세기 처음 시작된 수공예 형식의 마크라메(Macrame) 테크닉을 적용하여 중력을 견딜 수 있는 의자를 완성했다. 이와 같은 실험적 디자인은 기술적 측면에서도 혁신적이었을 뿐 아니라 마치 연약한 실들이 모여 구조를 이룬것 같은 독특한 시각적 이미지와 함께 디자인계에 큰 주목을 받았다.

더 개인적이고, 더 로맨틱하며, 덜 지루한 사물과 환경을 창조하고 싶어하는 반더스의 스타일로 인해 그가 형태적인 화려함에만 집중하고 있다 생각하면 큰 오산이다. 그는 그 어떤 디자이너보다도 지속 가능성에 대한 뚜렷한 철학을 가지고 있는 디자이너이다. 한 인터뷰에서 그는 지속 가능성을 고려하는 것에 대해 "오래 쓸 수 있는 디자인"을 하는 것이라 했다. 사용자와의 감성적 교감을 할 수 있는, 시간이 흘러도 오랫동안 소장하고 싶은 디자인을 해야 한다는, 지극히 원론적이면서도 가장 공감 가는 이야기이다.

때론 질서를 없애고 약간의 혼돈을 허용할 때 자신을 초월할 수 있다고 말하는 반더스, 그는 이러한 자유로운 사고를 통하여 현 디자인계에 대표적인 스타일 중 한 줄기를 구축했고, 앞으로도 그의 인기는 식지 않을 것임에 틀림이 없다.

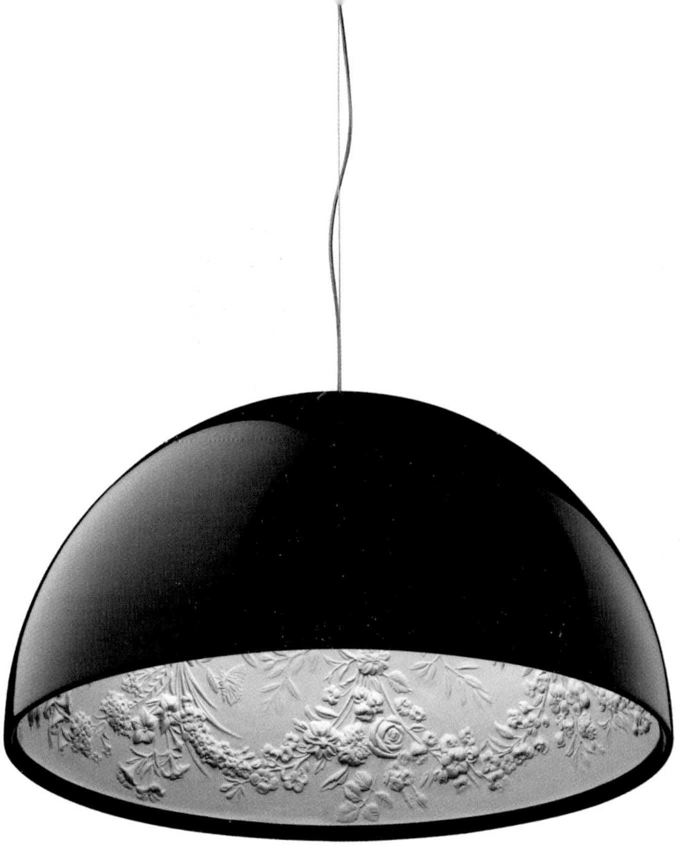

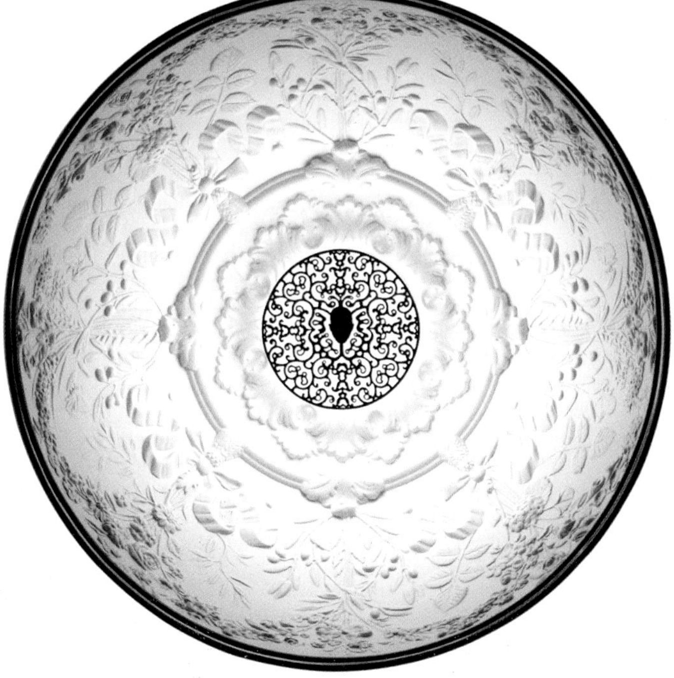

9081
마르셀 반더스, Skygarden Collection, 2005~2009, Flos

중세 시대의 화려한 장식으로 꾸며진 천장을 조명 내부로 고스란히 가져다 놓은 디자인이다. 생화의 패턴을 활용한 화려한 내부와 달리 외형은 미니멀리즘적인 반구의 형태로 대비되게 디자인되었다. 이로 인해 조명을 멀리서 보면 평범한 반구 형태로 인식되지만 실제로 사용하기 위해 다가가면 낭만적인 장면이 드러나며 색다른 경험을 받게 된다.

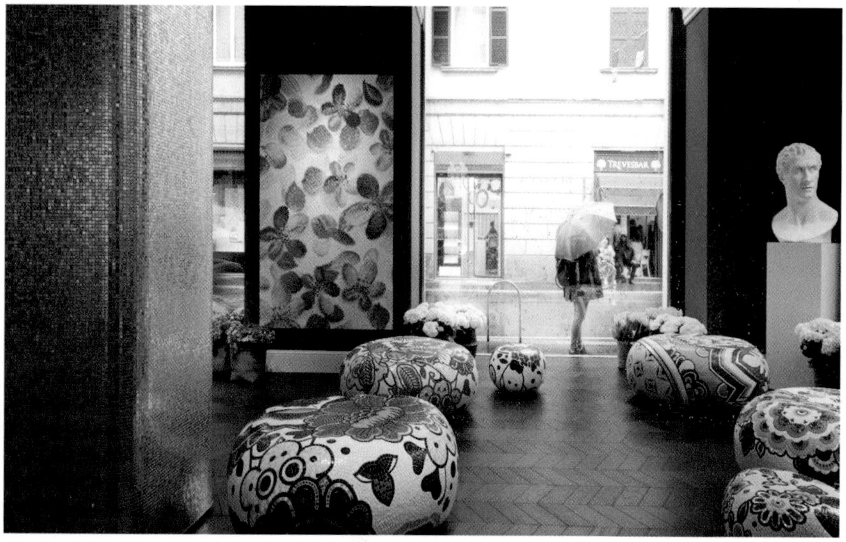

9082
마르셀 반더스, Mosaic and Pebbles Collection, 2004, Bisazza

Bisazza 브랜드와 협업한 결과물로 미니멀리즘과 흰벽이 지배하던 당시 자연의 형태에서 영감을 받아 화려한 패턴으로 디자인된 스툴, 테이블, 벽 장식 등을 제시했다.

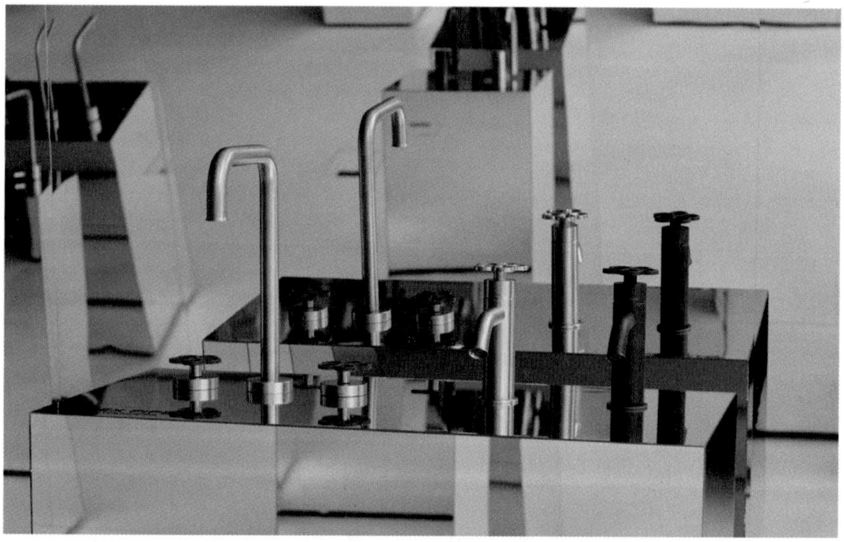

9083
마르셀 반더스, AW/EX Pipe, 2023, Fantini

샤워기부터 화장지 걸이까지 총 15개 품목으로 구성된 시리즈 작업이다. 활짝 핀 꽃을 형상화한 귀여운 붉은색 핸들이 차가운 파이프와 대조되어 이질적이면서도 독창적인 미감을 부여한다.

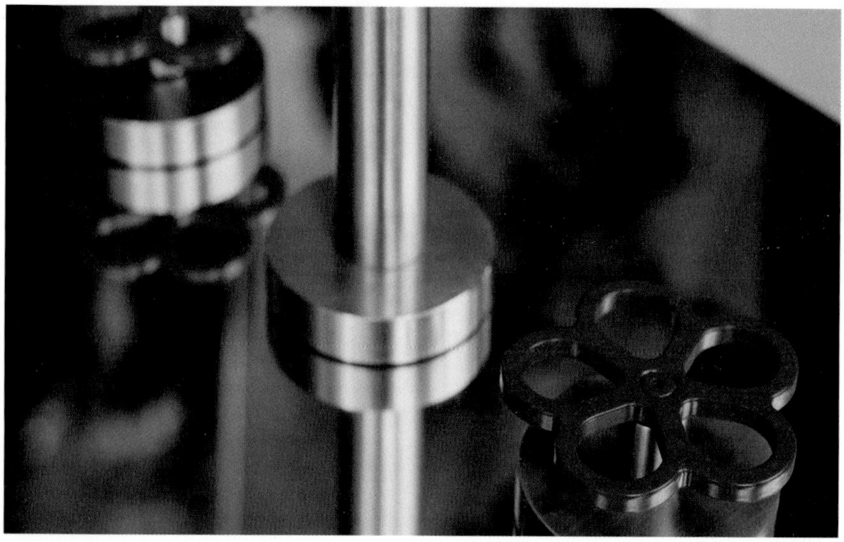

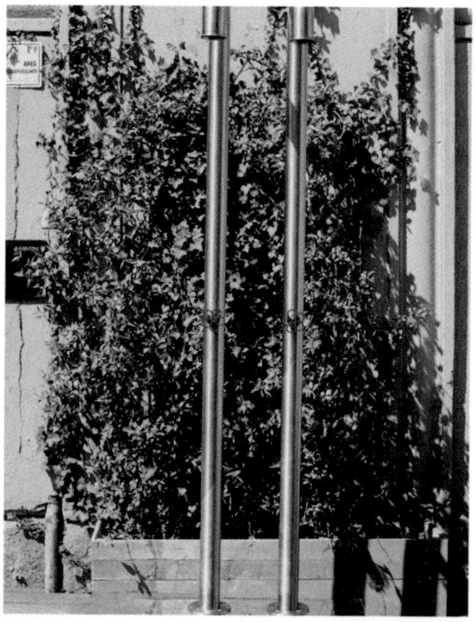

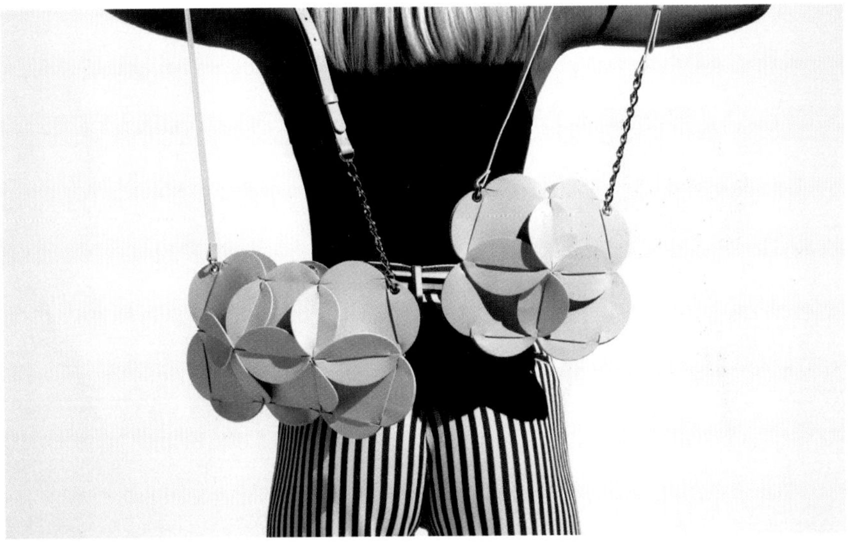

9084
마르셀 반더스, Bouquet Bag, 2022, Up To You Anthology

꽃이 개화하는 모습에서 영감을 얻어 디자인되었다. 디자이너가 뚜렷한 아이덴티티를 가지고 있으면 산업디자이너가 패션디자인을 하는 것과 같이 분야를 넘나들며 본인의 작품세계를 펼칠 수 있다는 것을 보여준다.

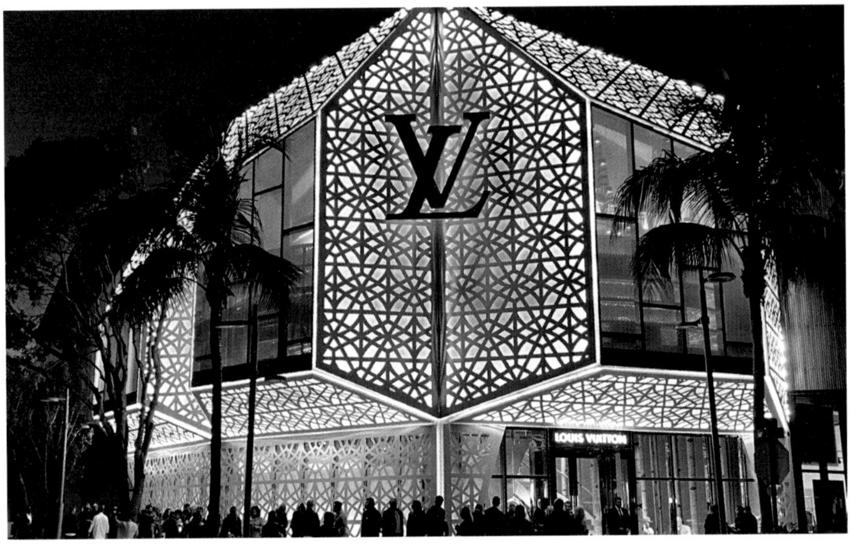

9085
마르셀 반더스, Diamond Facade, 2021, Louis Vuitton

마이애미에 소재한 루이뷔통 남성복 부티크의 파사드 디자인이다. 기하학적인 패턴을 루이뷔통의 화려한 이미지로 재해석하여 디자인되었다.

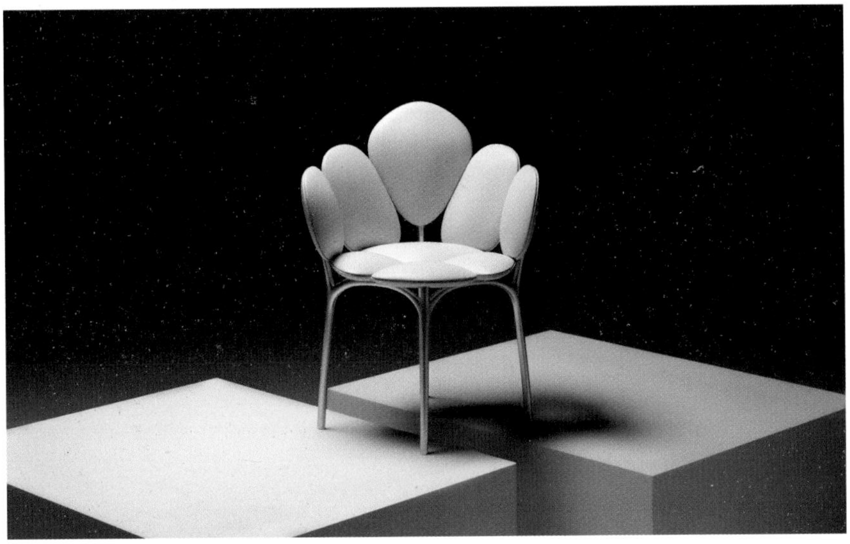

9086
마르셀 반더스, Petal Chair by Louis Vuitton, 2022, 밀라노 Salone del Mobile 전시

활짝 핀 꽃을 닮은 의자는 루이뷔통의 크림색 가죽으로 덮여 있으며, 좌판과 등받이에 쿠션감을 적용하여 심미적으로 아름다운 동시에 인체공학적으로도 편안하도록 디자인했다.

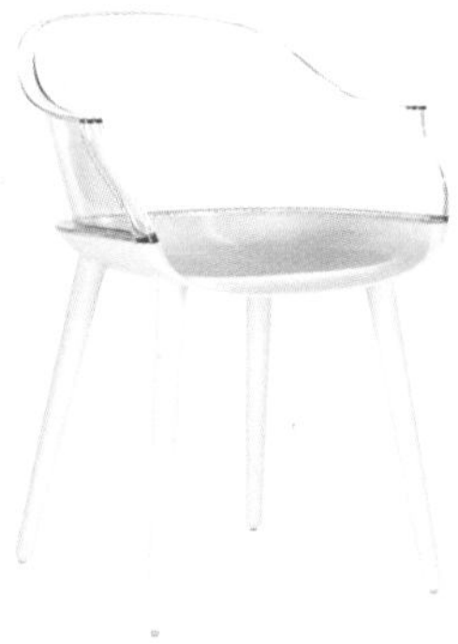

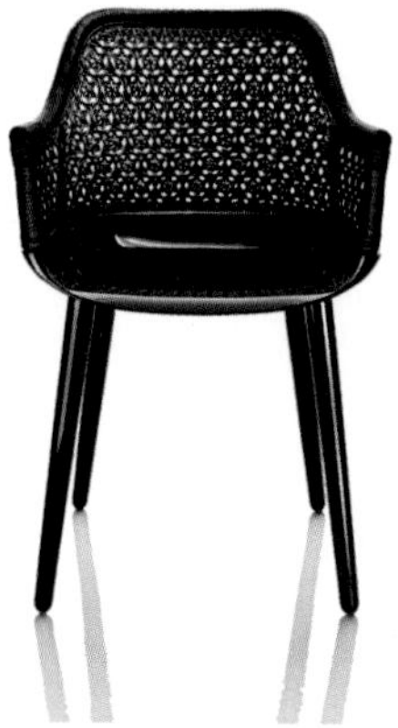

9087
마르셀 반더스, Cyborg Chair, 2010, Magis

장인정신과 첨단기술을 접목해 만들어진 의자이다. 폴리카보네이트 베이스에 원목, 플라스틱, 가죽 패브릭 등의 다양한 소재들을 조합하여 물성과 디테일이 풍부한 매력적인 의자로 완성되었다.

9088
마르셀 반더스, Egg Vase, 1997, Moooi

낭만적이고 초현실적인 반더스 디자인의 특징이 잘 보이는 화병이다. 단순히 사용을 위한 사물이 아닌 사용자들에게 사랑받는 물건을 만드는 것만으로도 이미 친환경적인 접근이라는 중요한 메시지를 던진 그의 초기작이기도 하다.

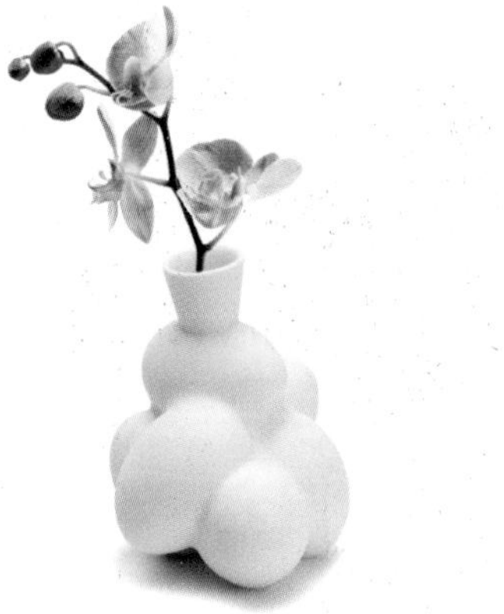

9089
마르셀 반더스, Bella Lamp, 2019, Ramun

종이라는 우리에게 친숙한 사물을 모티프로, 빛과 음악이 공존하는 로맨틱한 경험을 제공하는 조명으로 완성되었다.

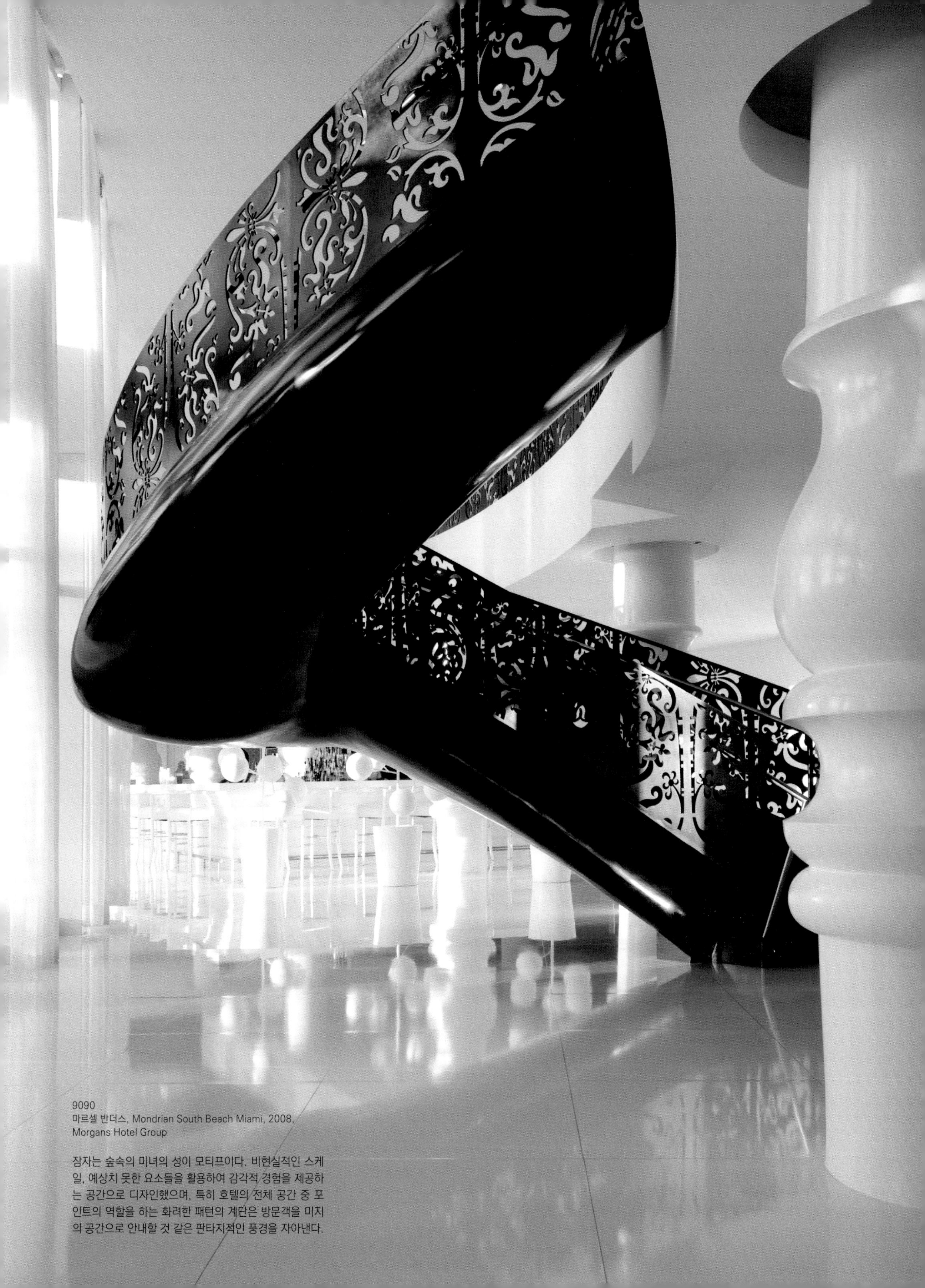

9090
마르셀 반더스, Mondrian South Beach Miami, 2008, Morgans Hotel Group

잠자는 숲속의 미녀의 성이 모티프이다. 비현실적인 스케일, 예상치 못한 요소들을 활용하여 감각적 경험을 제공하는 공간으로 디자인했으며, 특히 호텔의 전체 공간 중 포인트의 역할을 하는 화려한 패턴의 계단은 방문객을 미지의 공간으로 안내할 것 같은 판타지적인 풍경을 자아낸다.

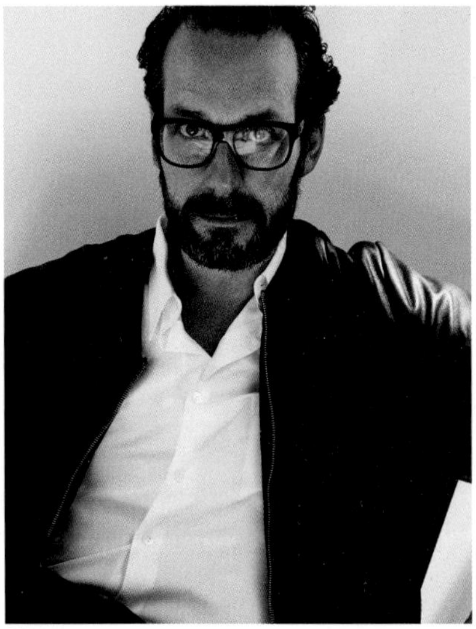

9091
콘스탄틴 그리치치 Konstantin Grcic

콘스탄틴 그리치치 Konstantin Grcic (1965~, 산업디자이너) 독일

#기하학적 #재료 #구조적 #소재혁신

그리치치는 기능주의에 기반한 아방가르드적 미학을 추구하는 디자이너이다. 그의 디자인의 근본적 철학은 기능주의에 기반하고 있지만, 디자인 결과물의 모습은 다른 기능주의적 디자인들이 가지는 보편적인 조형 언어와 같이 결코 단순하지 않다.

그리치치의 디자인을 보면, 독일 출신의 디자이너답게 바우하우스의 디자인 철학에서 영향을 받은 점들을 볼 수 있다. 실용성과 사용성에 초점을 두어 불필요한 요소는 제거하거나, 산업 자재와 대량생산 기술을 수용하는 데에 혁명적이었던 바우하우스와 마찬가지로 시대의 혁신적인 재료에 대한 탐구가 중요한 디자인 요소인 점이 여실히 드러난다. 특히 재료에 대한 실험은 그의 디자인에 중요한 역할을 하는데, 기존 디자인에서 일반적으로 사용되지 않았지만, 가구에 적용 가능한 새로운 재료를 접목하거나 기존에 익숙한 재료를 새로운 방식으로 사용하는 등, 전통적인 디자인의 제조 기술의 경계를 넓히는 작업을 다수 보여왔다.

재료에 대한 그의 열정은 디자인의 기능성을 향상시킬 뿐만 아니라 그리치치 디자인만의 독특한 미감에도 영향을 끼친다. 예를 들어, 그의 대표적인 작품 중 미니멀리스트적 디자인 정신과 알루미늄의 혁신적인 사용을 보여주는 체어 원Chair One의 경우, 의자의 좌판이나 등받이는 면이 아닌 선으로만 이루어져 있다. 이러한 파격적인 형태는 의자를 단순히 특이한 형태를 가진 의자 정도로 보일 수도 있게 하지만, 직접 의자에 앉아보면 느낄 수 있는 안정감과 편안함으로 인해 인체공학적인 착석감과 충분한 하중을 버티기 위하여 탐구한 결과물이라는 것을 알 수 있다. 또한 시멘트로 제작한 하부 구조는 의자의 중심을 잡아주는 데에 기능적으로 충분한 역할을 하는 동시에 위의 구조와는 이질적인 미감을 부여해 의자의 매력을 한껏 높여준다.

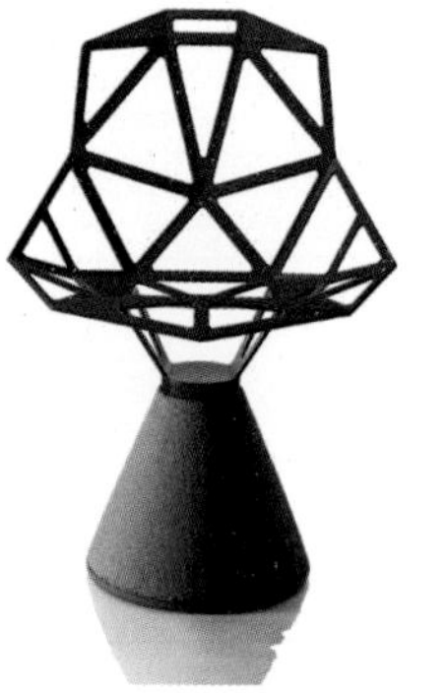

9092
콘스탄틴 그리치치, Chair One, 2004, Magis

그리치치의 가장 상징적인 작품으로 디자인 분야에서 최초로 알루미늄 다이캐스팅 의자를 디자인했다. 기하학적이면서도 아방가르드적인 형태를 갈망하는 그의 조형적 취향을 보여주며, 알루미늄으로 주조된 독특한 골격 구조는 기존 의자 디자인의 보편적 구조에 도전하여 마치 예술 작품과도 같은 미적 매력과 편안한 사용성을 동시에 추구한다.

체어 원을 처음 보았을 때에는 강렬한 붉은색의 기하학적 선으로 이루어진 디자인이 시각적인 매력으로만 다가오지만, 그의 디자인 철학에 기능주의가 지대한 영향을 끼쳤다는 것을 알고 나면, 어쩌면 그가 면 대신 선을 사용한 이유가 단순히 독특한 의자를 만들기 위해서였기보다는, 의자의 등받이나 좌판에 면은 필요 없는 요소라 생각하여 제거하는 방식을 고민한 결과가 아니었을지도 상상해 볼 수 있다.

이와 같이 그리치치는 독일 디자인의 원칙과 이상을 현시대에서 구현하는 동시에 지금의 소비자들에게 공감 받을 만한 디자인에 대한 섬세한 인식과 본인만의 독창적인 해석을 바탕으로 자신만의 스타일과 비전을 실현하고 있다.

9093
콘스탄틴 그리치치, Chair One Public Seating System 2, 2006, Magis

Chair One의 확장형으로 여러 개의 의자들이 구조체에 연결되어 다양한 벤치의 타입을 형성한다. 대기 공간, 환승 허브와 같은 공공 공간에서의 시나리오를 기반으로 디자인되었다.

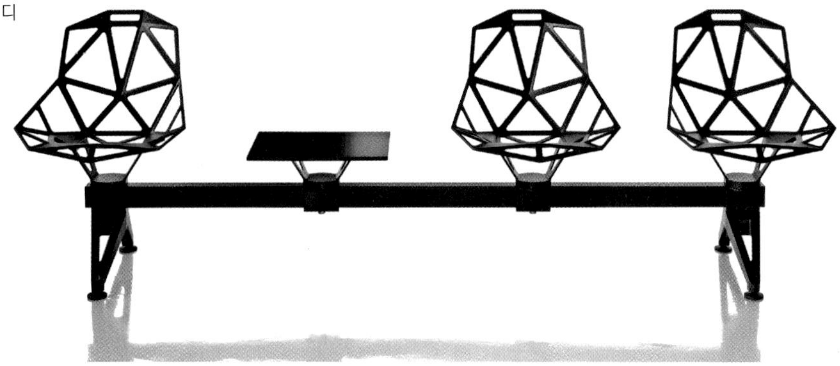

9094
콘스탄틴 그리치치, Audi TT Pavillon, 2014, 마이애미 Design Miami 전시

그리치치의 첫 번째 건축 프로젝트로, Audi TT 쿠페의 자동차 부품을 사용하여 첨단 이동식 건축물인 Audi 스탠드용 파빌리온을 디자인했다. 파빌리온은 보호의 목적은 물론, 업무, 의사소통, 식사 및 휴식을 위한 다양한 기능적 공간, 특수한 지형에도 설치 가능한 구조로 디자인되었다.

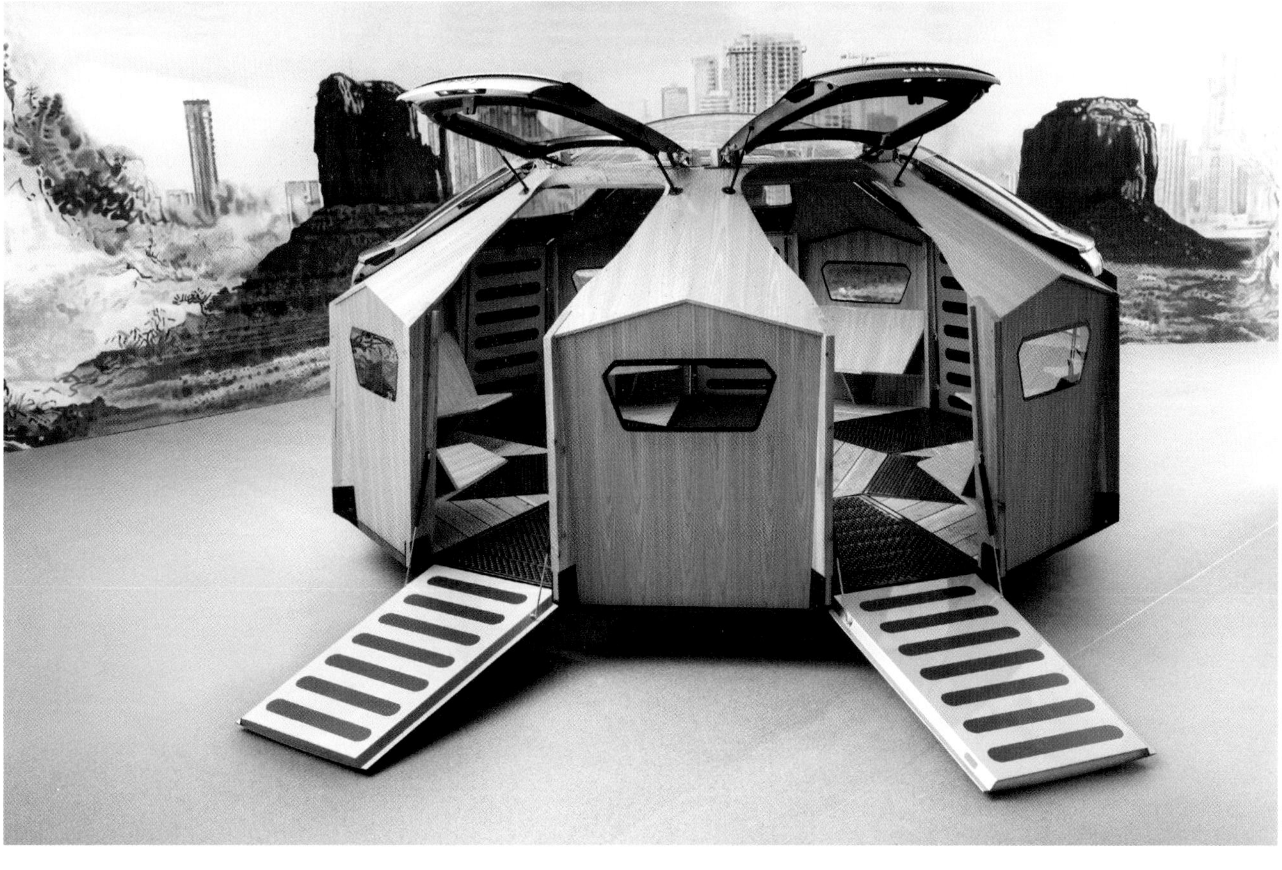

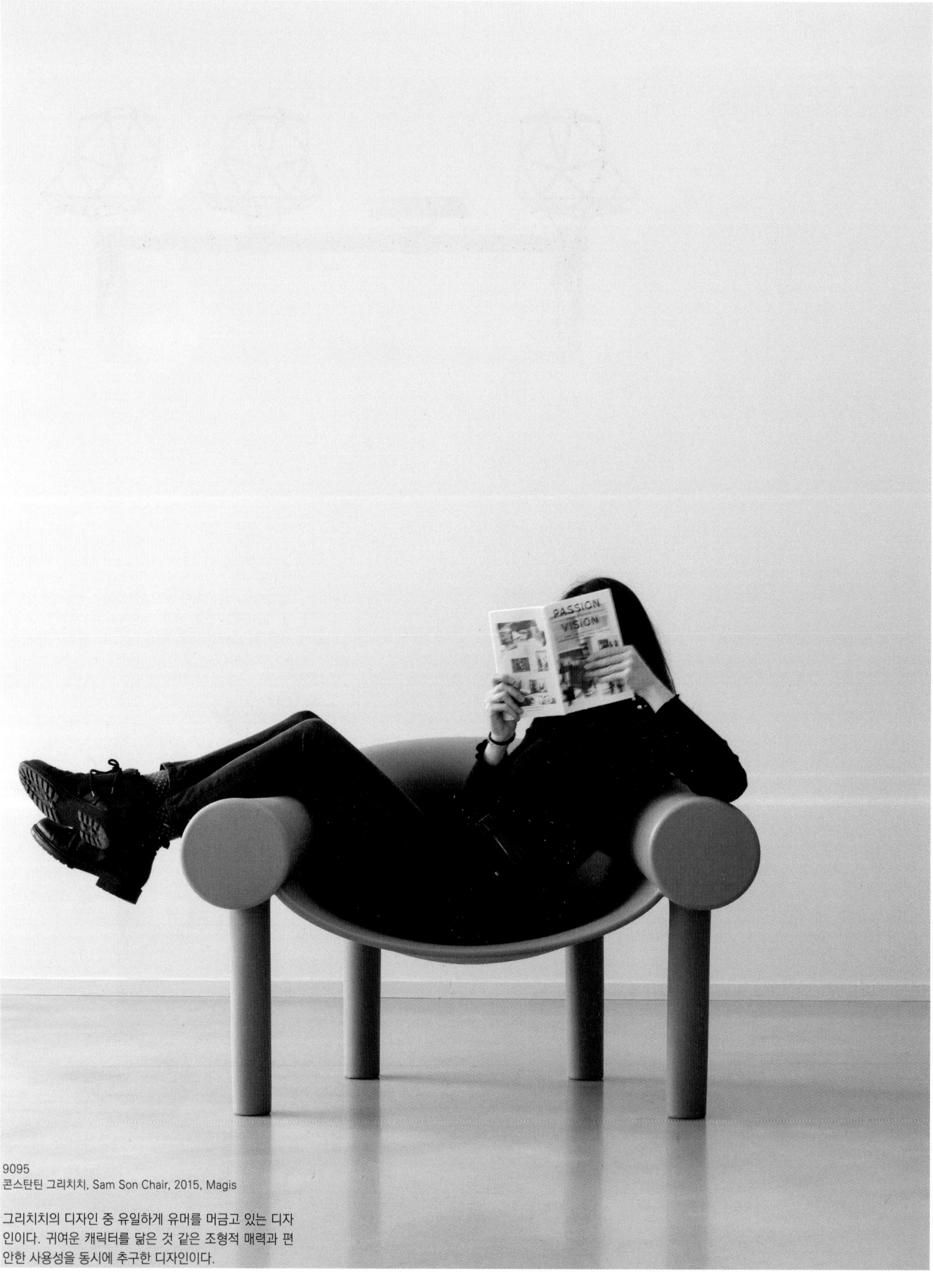

9095
콘스탄틴 그리치치, Sam Son Chair, 2015, Magis

그리치치의 디자인 중 유일하게 유머를 머금고 있는 디자인이다. 귀여운 캐릭터를 닮은 것 같은 조형적 매력과 편안한 사용성을 동시에 추구한 디자인이다.

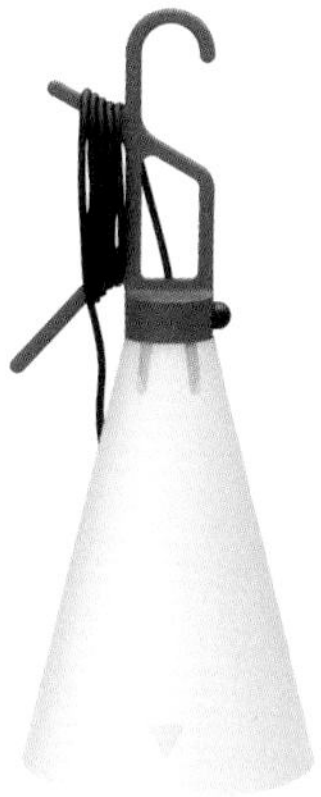

9096
콘스탄틴 그리치치, Mayday Lamp, 1999, Flos

미니멀하면서도 기능적인 접근 방식을 갖춘 램프는 사용자의 필요에 따라 여러 방식으로 사용할 수 있도록 디자인되었다. 테이블 위에 세울 수도, 천장에 매달 수도, 심지어 나무에 걸어 사용할 수도 있으며, 이러한 상황들을 통해 사용자와 사물은 서로 지극히 개인적인 이야기를 만들어나간다.

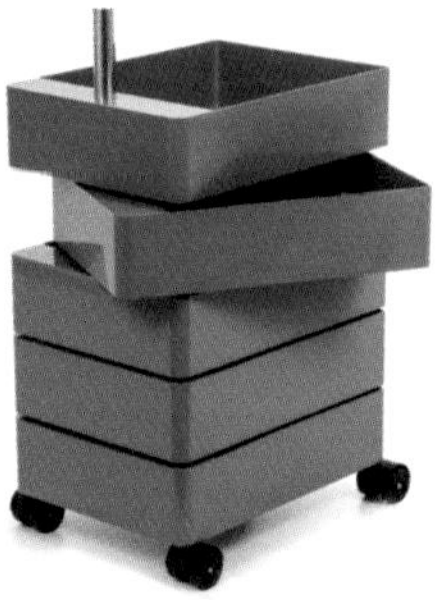

9097
콘스탄틴 그리치치, 360°, 2010, Magis

360도 열리는 서랍과 바퀴를 넣는 시도로 기존의 수납 가구의 경직성을 버리고 이동성과 유연성을 부여했다. 어디에도 어울릴 법한 미니멀한 형태에 여러 색상의 버전을 출시하여, 주거 공간, 사무실, 작업실 등 다양한 장소에서 조화롭게 어울릴 만한 디자인을 제시했다.

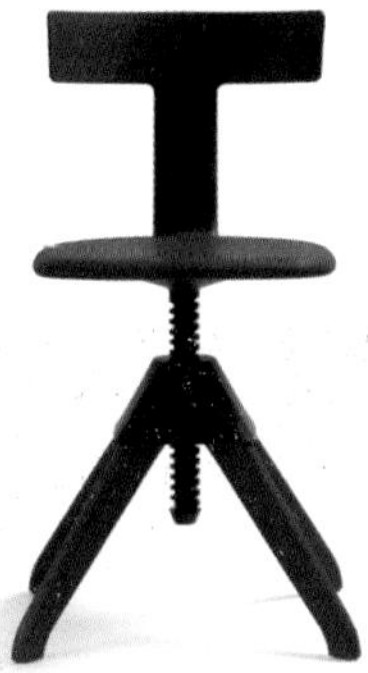

9098
콘스탄틴 그리치치, Tuffy - The Wild Bunch, 2014, Magis

높낮이 조절이 가능한 의자로 그리치치의 인체공학적인 디자인에 대한 고민을 보여주는 사례이다. 플라스틱과 나무라는 산업과 자연의 이질적인 소재의 조합이 특징이며, 풍부한 질감은 형태적 단순함으로 자칫 무미건조해질 수 있는 디자인에 따뜻한 감성을 부여한다.

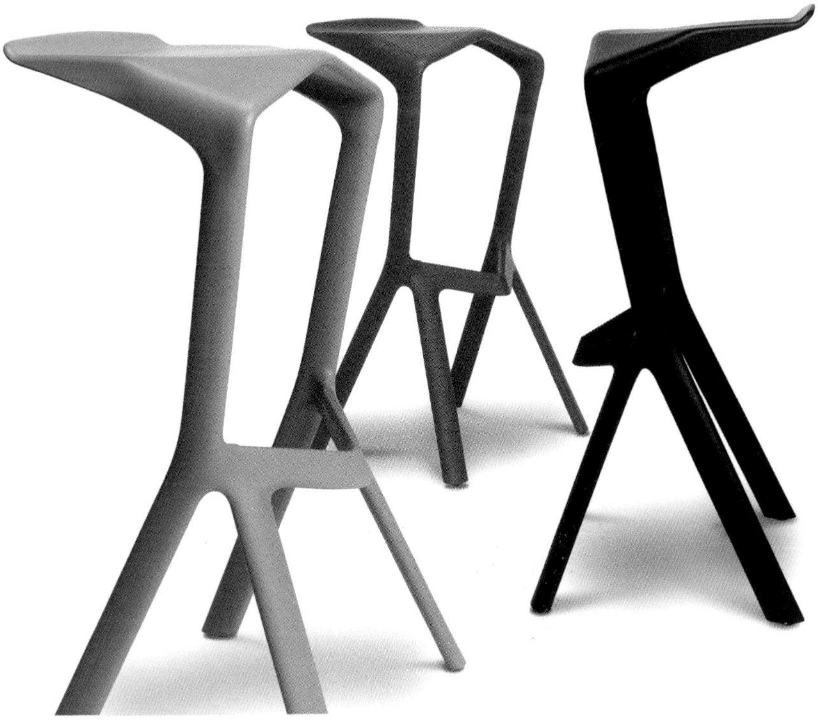

9099
콘스탄틴 그리치치, Miura Stool, 2005, 뉴욕 Museum of Modern Art

Chair One에 대한 대중의 엄청난 관심은 필연적으로 그리치치를 기하학적인 스타일의 조형을 추구하는 디자이너로 인식시켰다. Miura Stool은 이러한 관심에 만족하면서도 기존의 조형을 답습하지 않으려는 그리치치의 노력의 일환으로 디자인된 의자이다. Chair One보다 더욱 조각적이면서 비정형적인 형태를 추구했으며 모서리 부분을 부드럽게 하여 본인의 디자인 언어를 고수하면서도 일정 부분을 재창조했다. 이러한 노력의 결과로 본 의자는 독일 연방 정부의 디자인상을 수상했다.

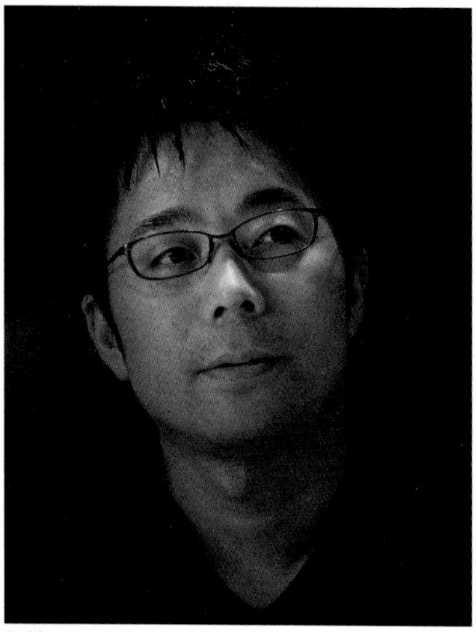

9100
도쿠진 요시오카 Tokujin Yoshioka

도쿠진 요시오카 Tokujin Yoshioka (1967~, 산업디자이너) 일본

#경험적 #자연현상 #비물질 #정서적

디자인의 역할이 형태와 기능을 디자인하는 것에서 경험과 감각을 디자인하는 것으로까지 확장된 것은 이미 오래된 일이다. 그리고 그러한 변화의 중심에는 도쿠진 요시오카가 있었다는 것을 부인할 수는 없을 것이다.

그는 자연과 인간의 감각 사이의 관계에 주목하여 천상의 것과 유형적인 것을 혼합하는 작품들을 통해 디자인이 얼마나 정서적이 될 수 있을지를 보여주었다. 특히 그가 보여준 일본의 독자적인 자연관을 반영한 인간의 감각을 초월하는 작품들은, 빛의 반사나 굴절 같은 현상부터 광물 결정의 형태와 형성 과정에 이르기까지, 자연에서 발생되는 에너지를 디자인의 자원으로 승화시켜 사람들의 감동을 이끌어냈다.

요시오카의 작품들은 예술과 디자인 사이의 경계를 넘나드는 경우가 많다. 또한 그가 작업한 일련의 결과물들은 제품이나 가구를 판매하는 매장보다 전시회에서 더욱 자주 접할 수 있으며, 이는 디자인이 사용성에 국한된 것을 넘어 관조와 일시적인 경험의 대상으로서도 그 가치를 인정받을 수 있음을 보여준다.

그의 작품의 조형적 특징의 경우, 기하학적인 형태보다는 유기적이며 흐르는 형태가 주를 이루며, 특히 전시를 대상으로 한 디자인의 경우 마치 살아 있는 자연과 같은 움직임을 작품에 종종 부여하여 관람자에게 색다른 심상을 부여한다. 특히 빛, 바람 등과 상호작용하게 하여 자연에 대한 새로운 경험을 제공하는 작품들의 경우, 관람자 모두가 동일한 경험을 하는 것이 아닌, 보는 사람이 서있는 위치 또는 시선에 따라 그 경험이 다채로워지게 하여 일상 속에서 자연을 통해 받게 되는 느낌과 분위기, 그리고 감동을 또 다른 방식으로 경험하게끔 한다.

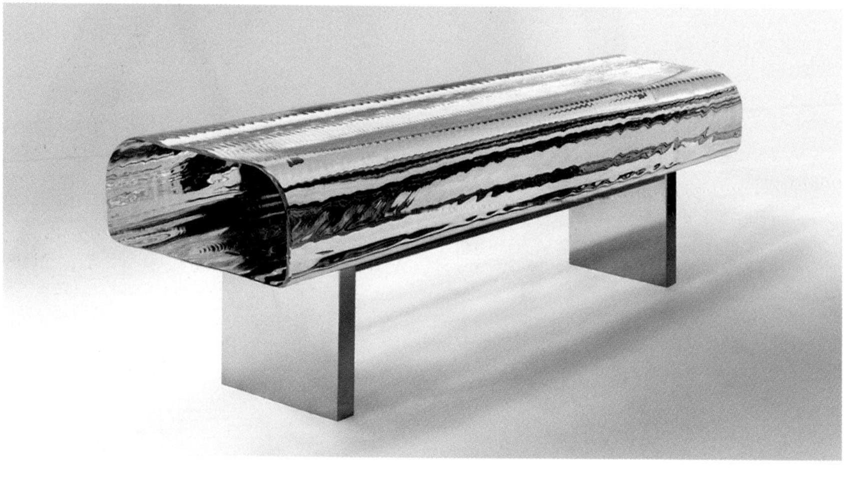

0101
도쿠진 요시오카, Water Block, 2002, 파리 Orsay Museum

순간적인 것과 지속적인 것의 아름다움을 결합하는 요시오카의 철학을 보여주는 작품으로 얼음 블록의 형상을 모티프로 하여 유리로 만들어진 벤치이다. 물의 일시적인 본질에 빛을 포착하여, 깊이가 있는 잔잔한 물의 환상적인 감각을 견고하고 기능적인 형태로 구현했다.

요시오카의 재료에 대한 탐구

요시오카의 디자인에서 재료는 중요한 탐구 대상이며 재료의 물성 그 자체의 본질적인 특성을 활용하고 혁신적인 실험을 통해 숨겨진 아름다움과 잠재력을 찾아낸다. 이와 같이 그의 디자인에서 보여주는 재료의 한계를 뛰어넘는 실험들은 끊임없이 진화하는 디자인의 본질과 예술, 과학, 사연의 교차점에서의 다양한 가능성에 대한 증기이다.

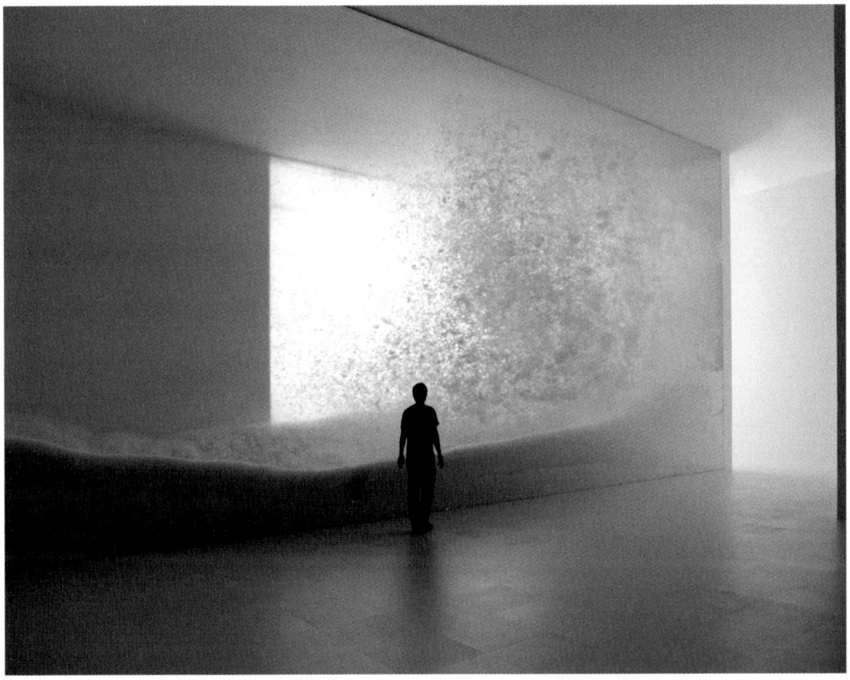

9102
도쿠진 요시오카, Snow, 2010, Sensing Nature Exhibition, 도쿄 Mori Art Museum 전시

우리가 살아가는 자연 그리고 주변 환경과의 상호 작용에 대해 요시오카 특유의 섬세한 관점으로 풀어낸 작품이다. 눈의 미묘한 움직임을 재해석한 디자인으로 눈의 무작위적인 특성을 표현하기 위해 재료끼리의 경계를 모호하게 표현했다.

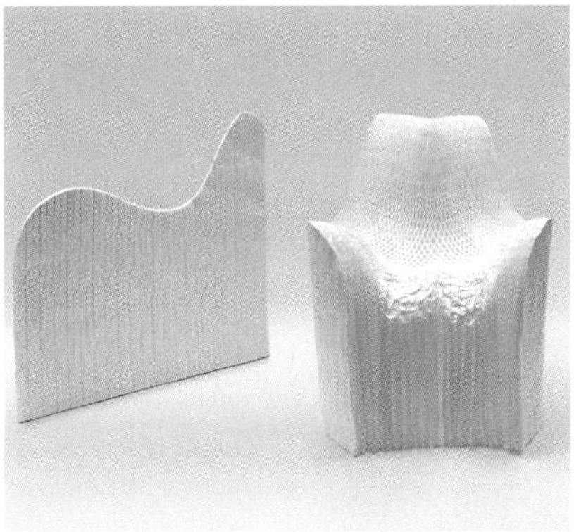

9103
도쿠진 요시오카, Honey-pop, 2000, 뉴욕 Museum of Modern Art

평면에서 입체로 변화하는 의자로 불과 1cm로 포개진 120장의 얇은 종이를 펼치면 벌집 구조가 되어 사람이 앉음으로써 형상이 고정되어 완성된다. 꿀벌 집 구조의 가벼움, 강직성, 유연성을 디자인의 모티프로 삼았으며, 종이라는 연약하고 일시적인 재료를 견고하고 기능적인 객체로 변화시켰다.

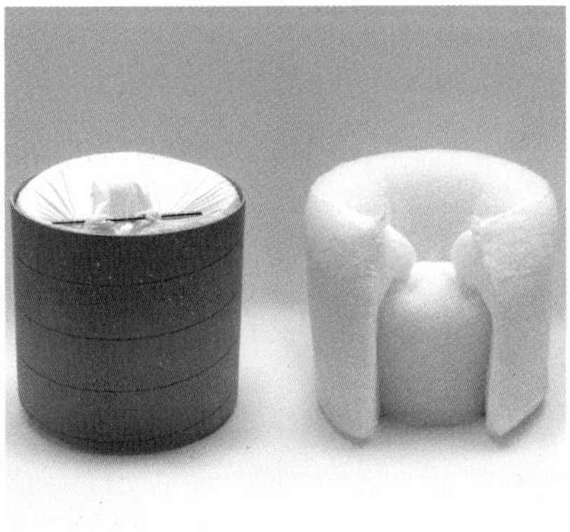

9104
도쿠진 요시오카, PANE chair, 2003, 뉴욕 Museum of Modern Art

Polyester Elastomer 반투명 스펀지 소재를 사용했으며 반원통형 부분을 시트로 덮은 후 오븐에 구워 형태를 고정했다. 섬유 조직의 작용으로부터 디자인 방법을 찾았으며 수많은 세포들이 모여 강렬한 군집을 이루어 내구성을 가질 수 있는 구조를 탐구하여 제작되었다.

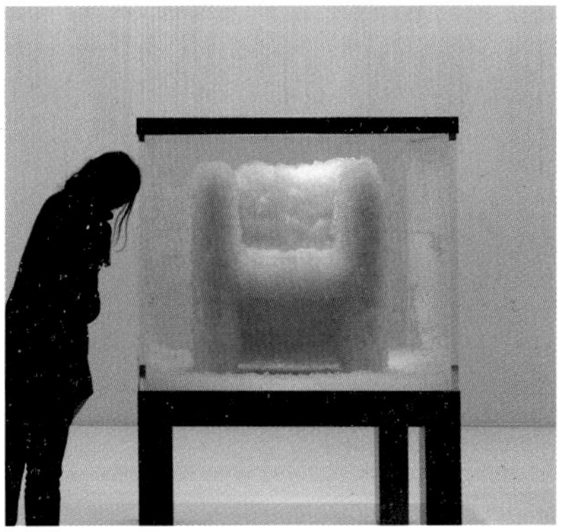

9105
도쿠진 요시오카, Venus - Natural Crystal Chair. 2008. 도쿄 21_21 Design Sight 전시

자연의 과정과 인간의 개입이 결합될 때 도출되는 결과에 대하여 고민한 작품으로, 수조 안에서 이루어지는 재료의 자연적 성장을 통해 의자의 형태를 완성한 작품이다. 자연의 리듬을 따라 생성되는 예측 불가능성이 주는 아름다움에 대해 인정하게 하는 작품이다.

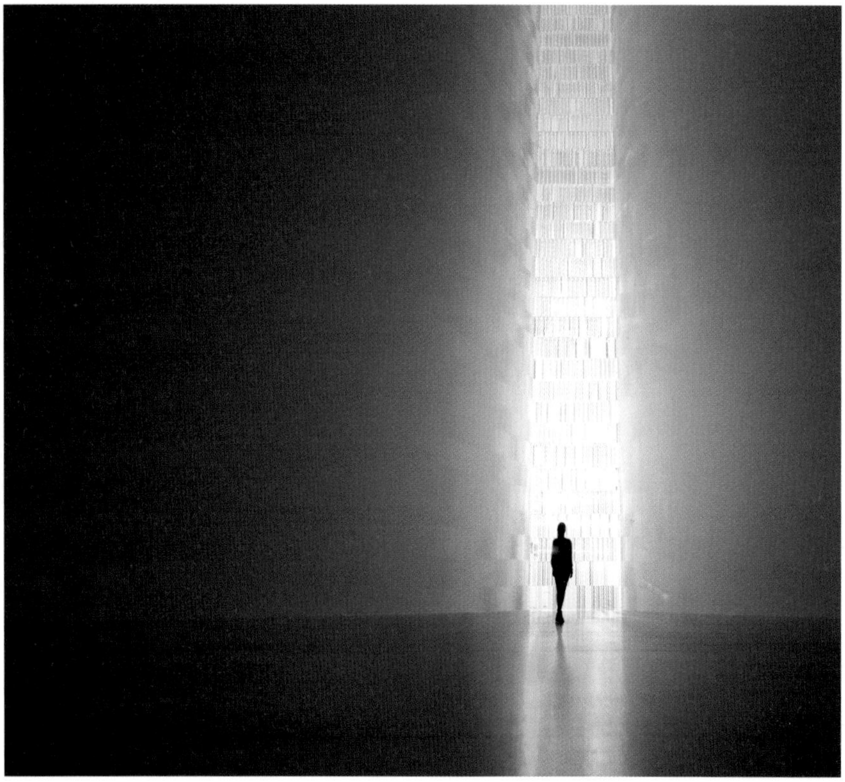

9106
도쿠진 요시오카, Rainbow Church, 2010, 서울 Beyond Museum 전시

Rainbow Church는 빛, 공간, 인간의 경험을 결합한 디자인으로, 디자인에서 형태와 기능을 뛰어넘어 창작물의 천상적이고 비물질적 차원의 아름다움을 보여준다. 높이 12미터에 500개의 프리즘으로 구성되었으며 각각의 프리즘을 통해 빛은 다양한 색상으로 변환되어 공간을 생생한 무지갯빛으로 물들이며 매 순간을 변화시킨다.

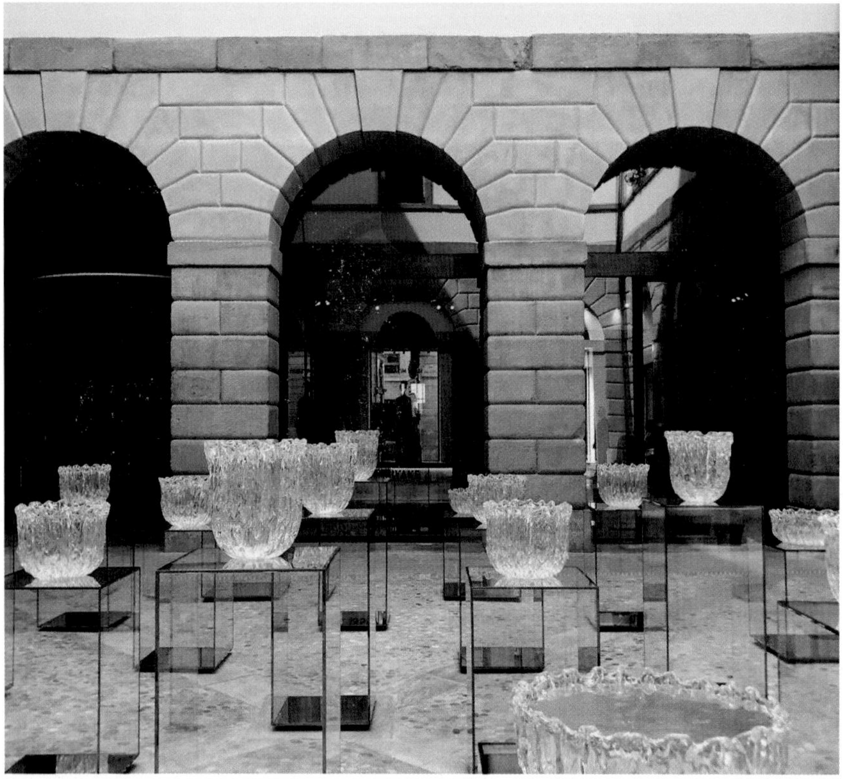

9107
도쿠진 요시오카, New Issey Miyake store, 2008, 밀라노 Milan Design Week 전시

요시오카는 다양한 명품 브랜드와 컬래버레이션을 진행했다. 일본의 대표적인 패션 브랜드인 Issey Miyake를 비롯하여, Cartier, Swarovski, Louis Vuitton, Hermes, Toyota, Lexus 등, 글로벌 브랜드들과의 컬래버레이션을 다수 진행하며 브랜드의 스타일에 본인의 스타일을 녹여내어 매력적인 설치물 및 공간들을 만들어냈다.

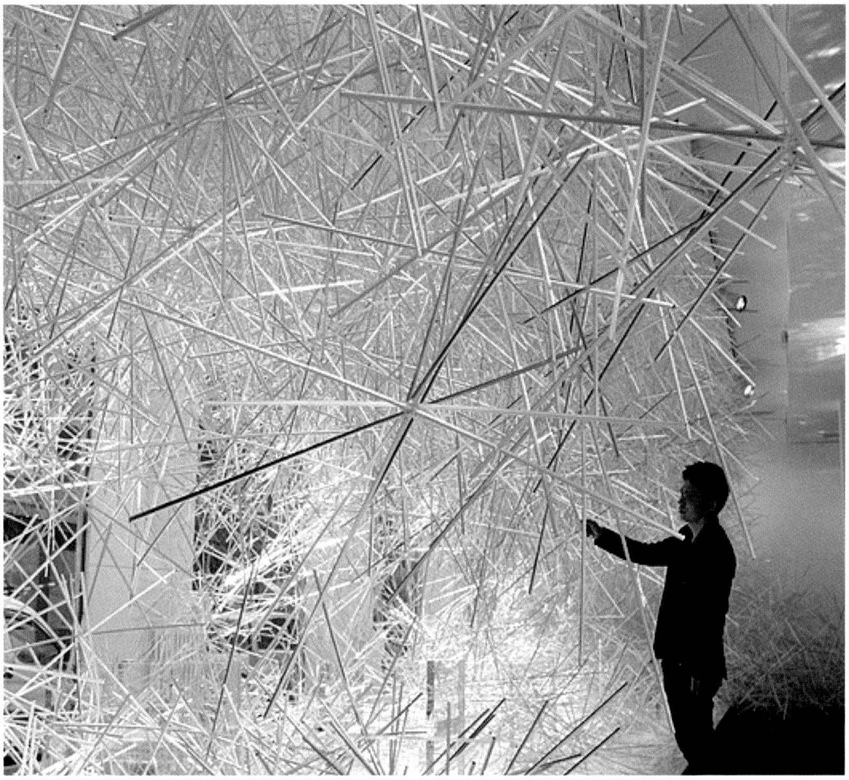

9108
도쿠진 요시오카, Snowflake, 2010, 밀라노 Milan Design Week 전시

Kartell을 위한 요시오카의 투명 플라스틱 가구 컬렉션인 Invisibles에 대한 전시로 자연 현상의 본질을 표현하기 위해 눈에 보이지 않는 요소들을 접목했다. 수백 개의 아크릴 플라스틱 막대로 전시를 구성했으며, 아크릴 소재의 투명성에 대한 무궁무진한 표현적 가능성을 보여주었다.

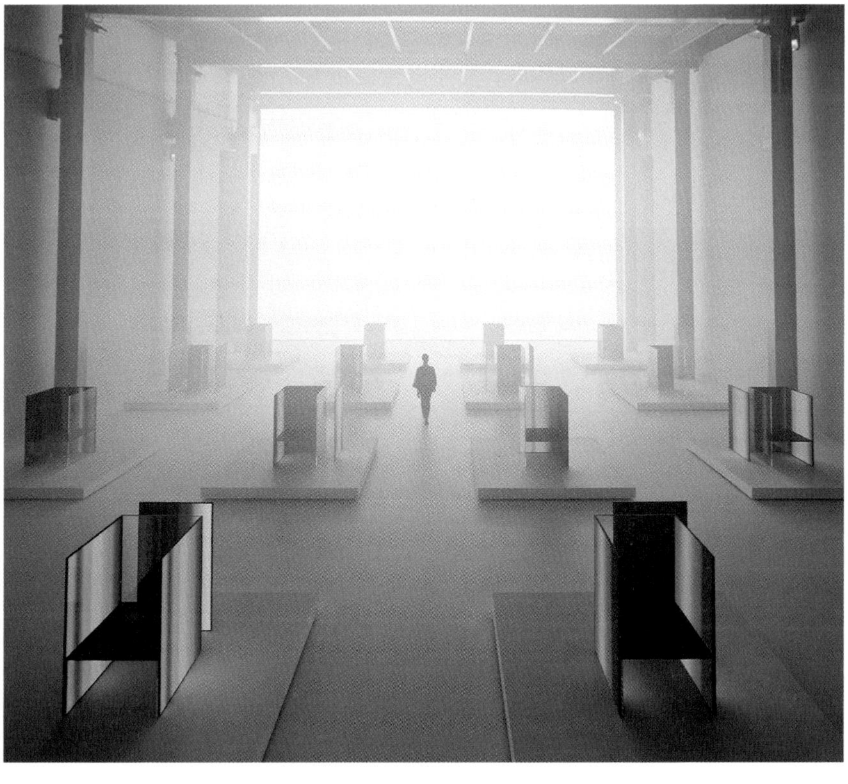

9109
도쿠진 요시오카 x 엘지(LG), Senses of the Future, 2017, 밀라노 Salone del Mobile 전시

엘지전자와 컬래버레이션으로 진행한 프로젝트로 일상 공간에 흔히 있는 의자라는 사물을 통해 미래에 대한 이야기를 전했다. 의자의 면을 이루는 OLED 디스플레이에서 발산되는 화려한 섬광을 통해 역동적이며 빠른 현대 생활의 속도를 시적인 미디어로 변환시켜 표현했다. 본 프로젝트는 개념적, 기술적, 내러티브적, 감성적 측면이 하나의 프로젝트로 잘 함축된 사례로 높은 평가를 받았다.

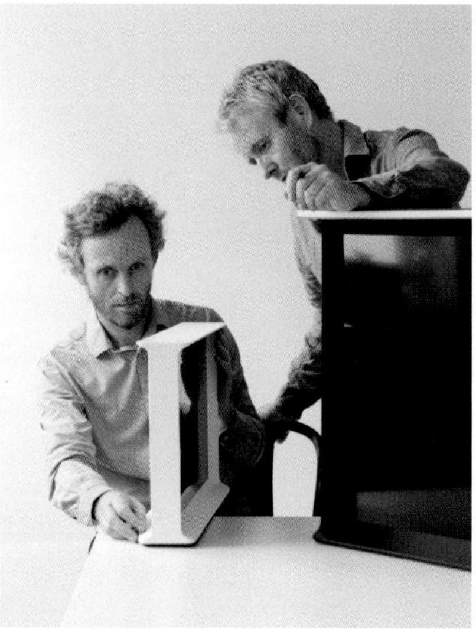

9110
부홀렉 형제 Ronan & Erwan Bouroullec

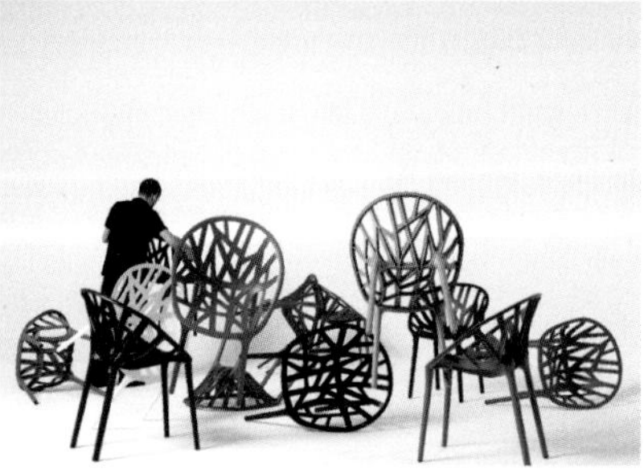

9111
부홀렉 형제, Vegetal Chair, 2008, Vitra

자연의 무작위성을 반영한 나뭇가지의 형태를 닮은 이 의자는 좌판의 많은 부분이 비어 있음에도 불구하고 인체공학적 편안함과 구조적 강도를 유지한다. 사출 성형 플라스틱의 혁신적인 사용을 보여주는 사례로 부홀렉 형제의 재료와 기술에 대한 숙련도가 돋보인다.

9112
부홀렉 형제, Algue, 2004, Vitra

Algue는 인터랙티브적인 경험으로서의 디자인에 대한 부홀렉 형제의 접근 방식을 보여준다. 사용자가 본인의 용도에 맞게 제작하는 과정에서 디자인의 공동 창작자가 될 수 있는 컨셉을 제시했으며, 식물을 닮은 플라스틱 개체는 용도에 따라 느슨한 조직의 커튼부터 촘촘히 짜여진 칸막이까지 마치 살아있는 식물 넝쿨과 같이 만들어질 수 있다.

부홀렉 형제 Ronan & Erwan Bouroullec (1971~, 1976~, 산업디자이너) 프랑스

#우아함 #유연성 #시적표현 #상호작용적

지금까지의 디자인 역사에서 부홀렉 형제만큼 마치 한편의 아름다운 시를 읽는 것에서 느낄 수 있는 정서를 혁신적인 디자인으로 풀어낸 디자이너들은 없었을 것이다. 그들의 작업에는 심미성과 기능성이 완벽히 조화되어 있고, 섬세한 라인과 정갈한 소재는 어디에도 흠잡을 부분이 없이 철저한 계산속에 사용된 것 같은 느낌을 준다.

부홀렉 형제는 일상의 물건에서 비롯되는 자유와 예상치 못한 특별한 경험에 초점을 두어 디자인한다. 또한 최고의 디자인은 실용성으로부터 비롯된다는 믿음으로 디자인에 임하며, 이러한 그들의 생각은 대표작인 Algue나 Clouds와 같이 다양한 환경과 용도에 맞추어 변화 가능한 유연성 있는 모듈형 디자인을 통해 종종 표현된다. 이처럼 그들의 디자인에는 새로움, 실용성, 심미성, 유연성이 동시에 스며들어 있으며, 단순히 주어진 기능을 하는 사물을 넘어 사용자가 살고 있는 환경, 제품, 가구와의 감정의 교류이자 대화로서 우리의 삶에 존재한다.

디자인 언어의 경우 고요하고 우아하며 사색적 느낌을 자아내며, 특히 미니멀리즘적인 깔끔한 선, 나무와 같은 자연의 형태를 닮은 자연스러운 선, 우아함을 담은 유연한 선 등이 특징이다. 그들의 디자인에는 복잡하고 비균질적인 형태들도 완벽한 비례적 밸런스를 통해 정제되어 표현되고 있으며, 이러한 완벽한 형태적 조화와 균형, 감각적 경험, 단순함 속의 깊이, 스토리텔링, 섬세한 재료의 사용 등은 그들의 디자인을 시적으로 만드는 주요 요소들이다.

특히, 그들의 재료에 대한 탐구는 마치 사물을 단순히 소유하는 물건이 아닌 살아있는 생명체로 대하는 것 같아 보인다. 재료를 단지 성형할 매체로서 접근하는 것이 아닌, 각 재료에 대한 진심 어린 존중을 바탕으로 재료별 고유의 질감, 색상, 특성, 내러티브를 고려한다. 이러한 그들의 재료에 대한 성찰적 태도는 시각적으로 완벽한 솔루션을 제시할 뿐만 아니라, 촉각적으로도, 의미적으로도 풍성한 디자인을 만들어내며 사용자를 감동시킨다.

이와 같이 부홀렉 형제는 디자인이 삶의 경험과 정서적 풍경의 본질적인 부분이 되기를 바라는 마음으로 복잡한 현대 디자인 환경에서 디자인의 시적 표현의 상징으로 그들의 역할을 공고히 하고 있다.

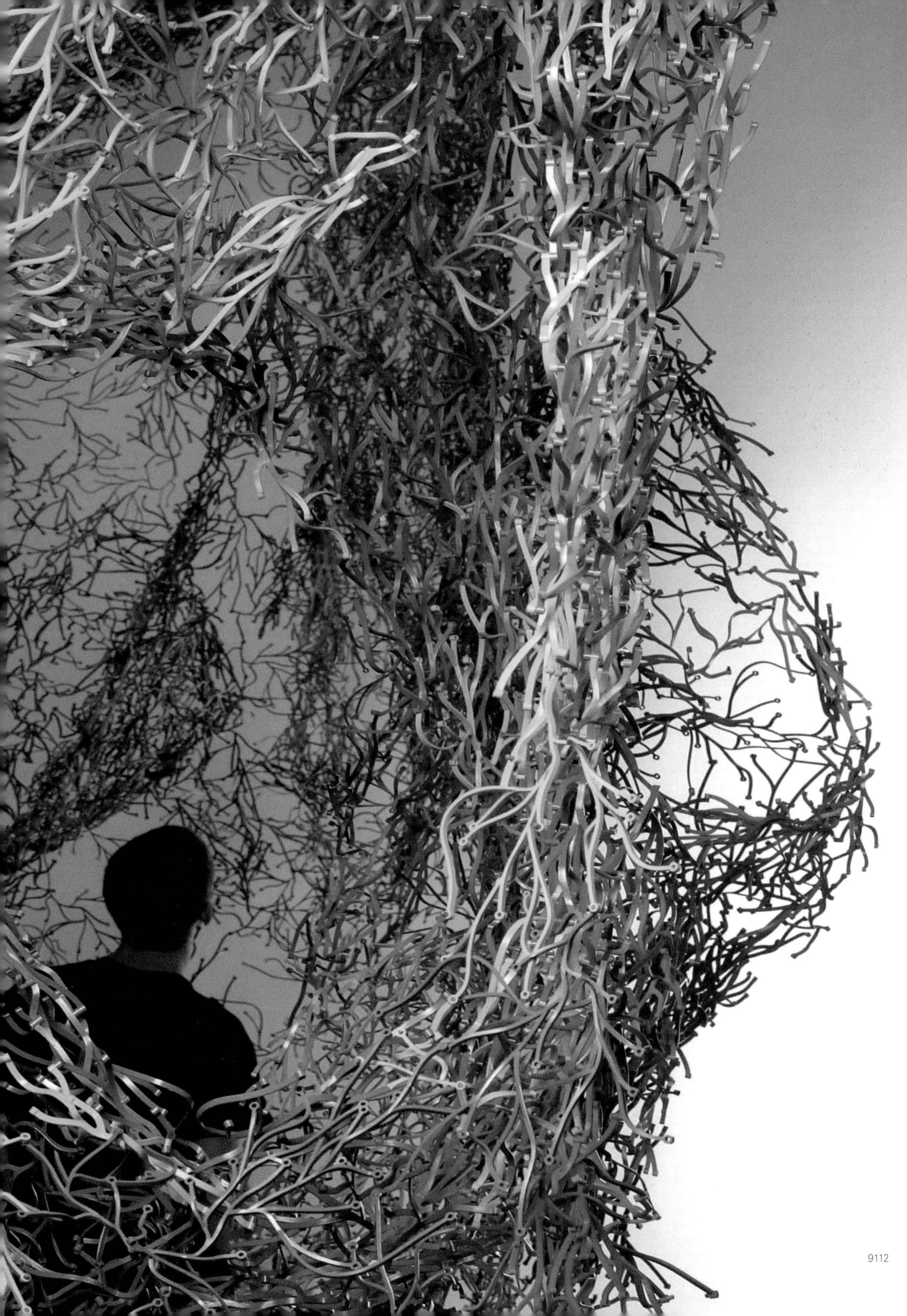

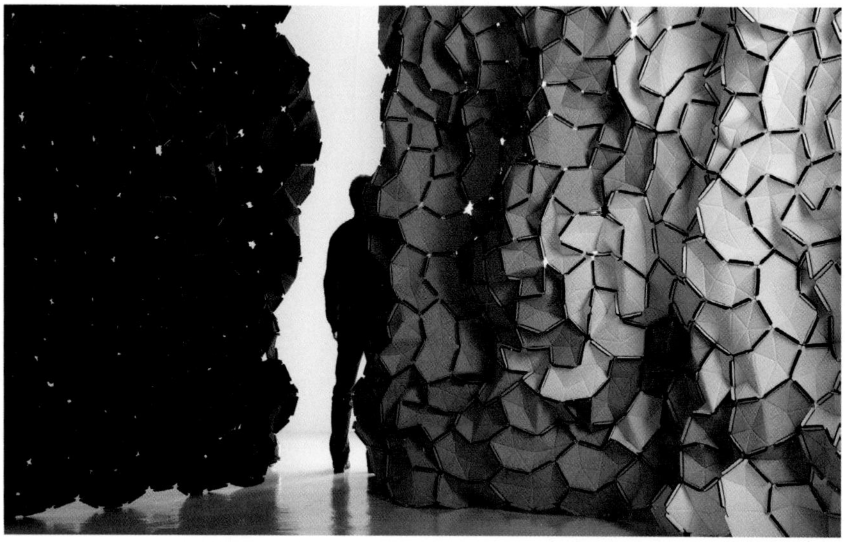

9113
부훌렉 형제, Clouds, 2009, Kvadrat

마치 구름과 같은 모습을 하고 있는 파티션은 공간 속 대형 조각품과 같은 역할을 하는 동시에 방음 및 공간의 활용도를 높일 수 있는 유연한 디자인 솔루션을 제공한다. Algue에 이어 사용자가 디자인의 공동 창작자가 될 수 있다는 개념을 확장한 사례이다.

9114
부훌렉 형제, Joyn Office System, 2002, Vitra

현대 업무 공간의 변화에 대응하여 다양성과 유동성을 중심으로 한 오피스 가구 디자인이다. 개방적이고 협업적인 공간을 구성해 주는 파티션과 테이블 및 수납 시스템의 경우는 다양한 요구 사항과 작업 스타일에 따라 조립이 가능한 모듈식 시스템을 제공한다. 전체적인 형태의 경우 미니멀리즘적 미학을 부여했으며 섬세한 디테일들을 통해 가구의 품격을 높였다.

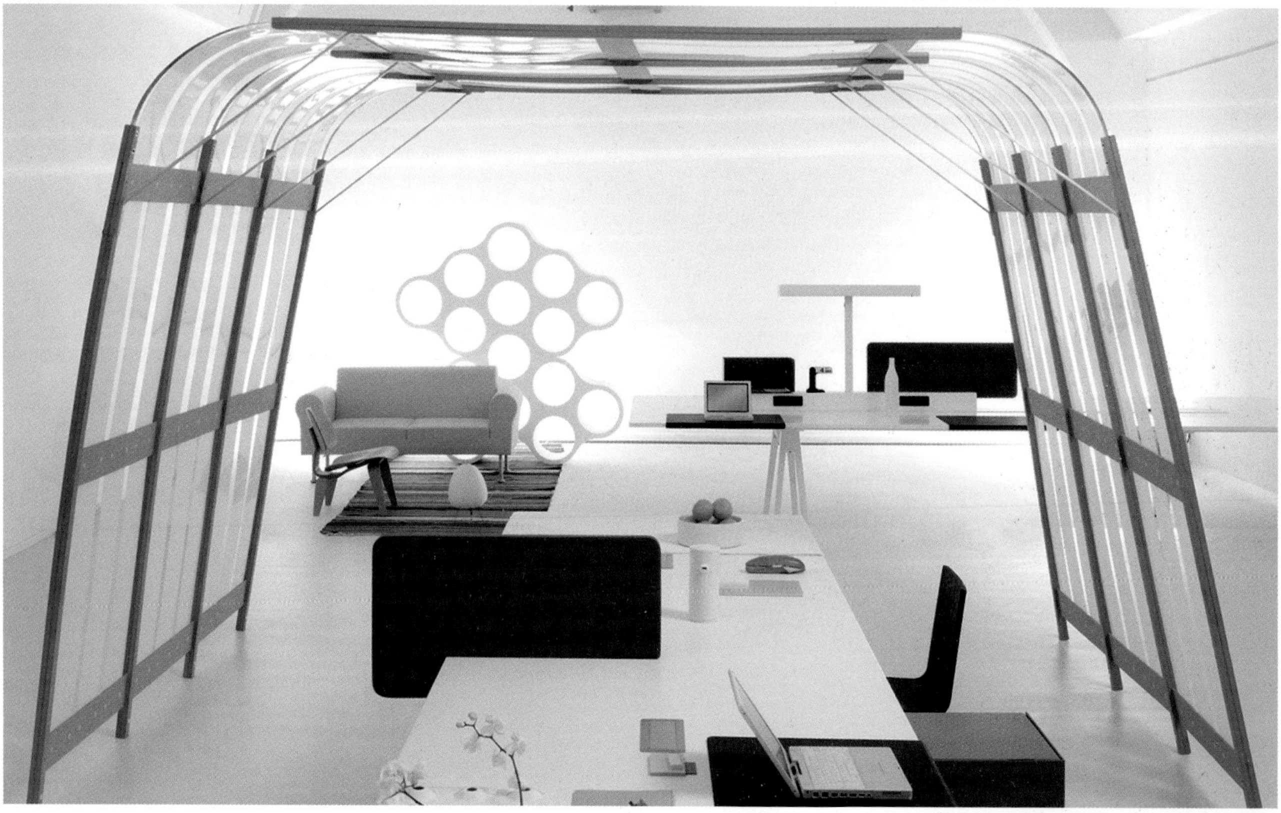

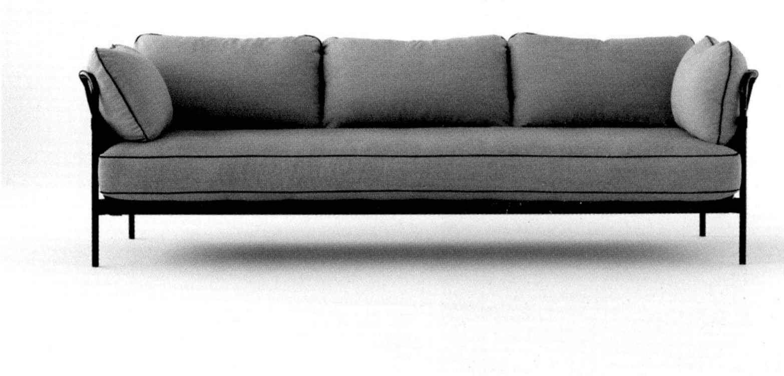

9115
부훌렉 형제, Can Sofa, 2016, Hay

실용성에 기반한 사용자 경험을 고려한 디자인으로, 'Can'이라는 이름은 단어 그대로 '통조림'을 뜻한다. 소파를 구입하면 평면으로 포장되어 배송 되고, 소비자가 쉽게 조립할 수 있도록 하는 것이 디자인의 핵심이다. 기존의 부피가 크고 배송 집약적인 소파에서 벗어나 질 좋은 소파를 배송과 설치에서 자유롭게 하여 효율적으로 소유할 수 있는 실용적인 디자인 방향을 제시했다.

9116
부훌렉 형제, Ploum, 2011, Ligne Roset

Ploum은 부훌렉 형제의 편안함에 대한 긴 연구의 산물이다. 신축성 있는 폼 소재 원단 두 장으로 제작되었으며, 몸 전체를 부드럽고 감싸 않는 안락한 형태를 가지고 있다. 앉은 자세부터 누워 있는 자세까지 어떤 자세에서든 신체가 편할 수 있도록 인체공학적인 면을 고려해 디자인했다.

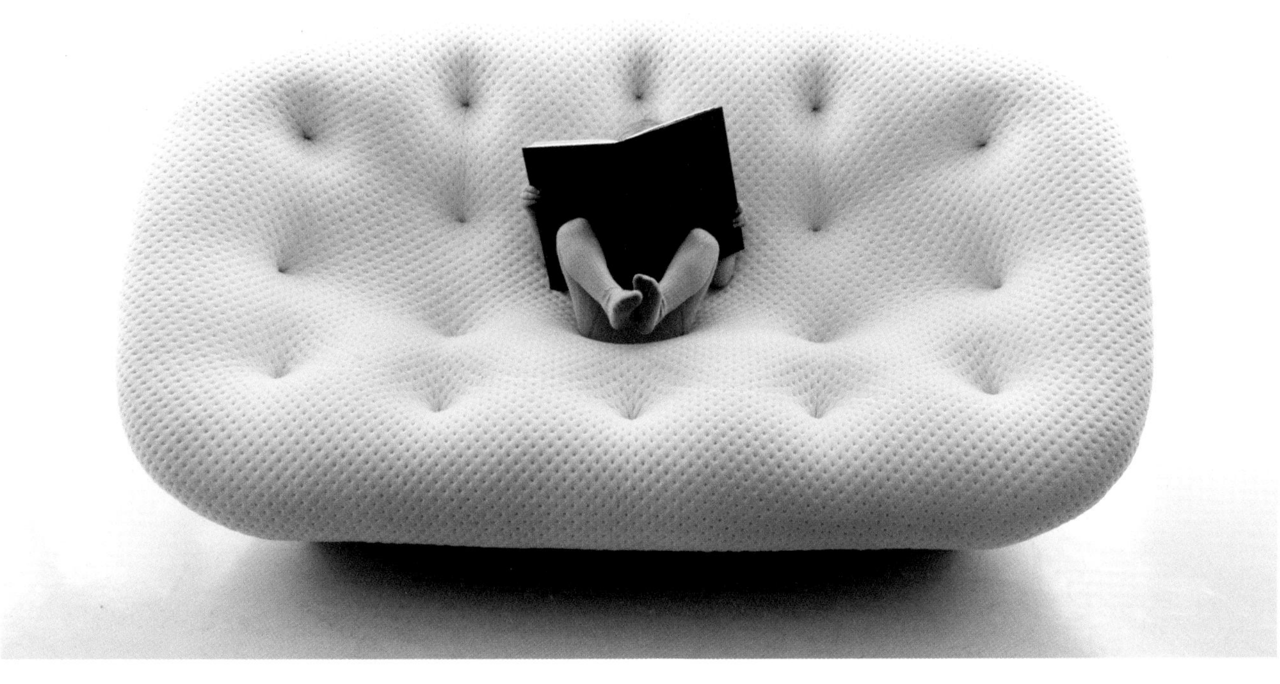

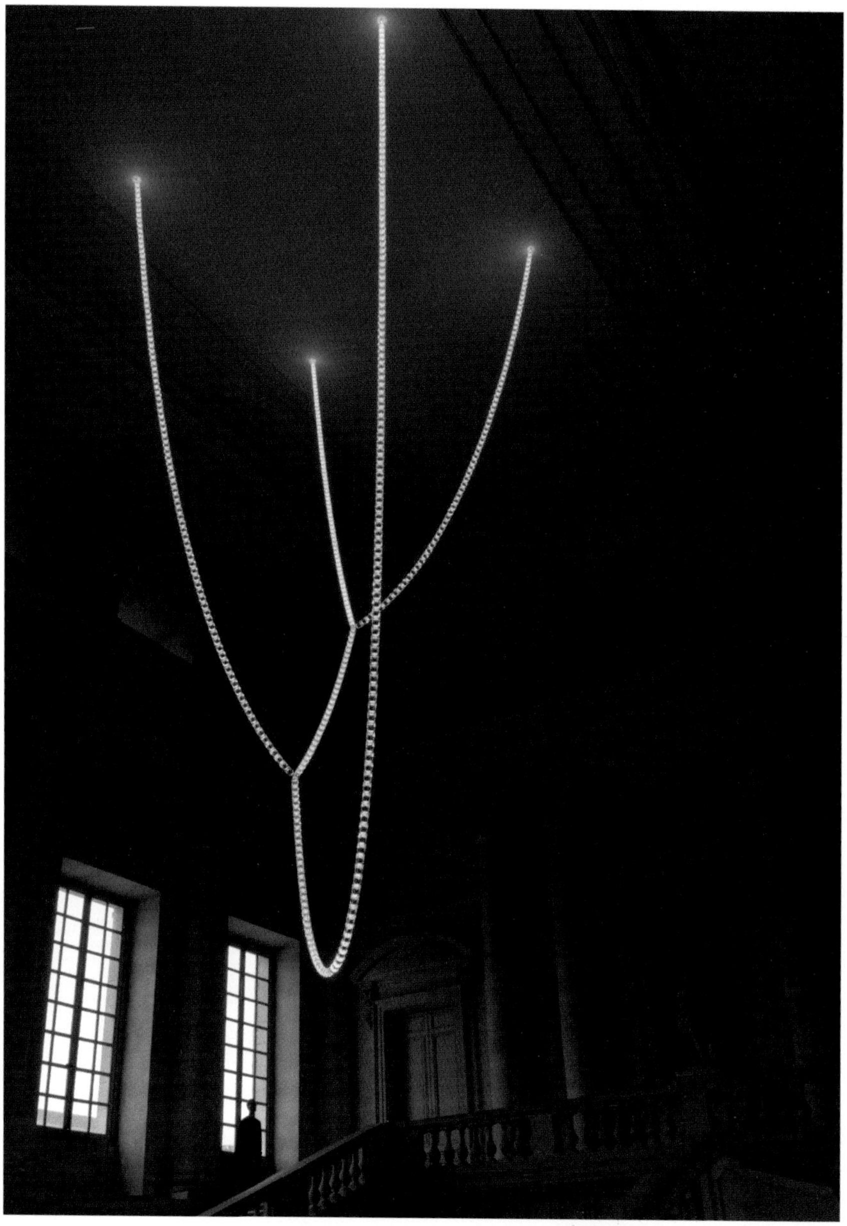

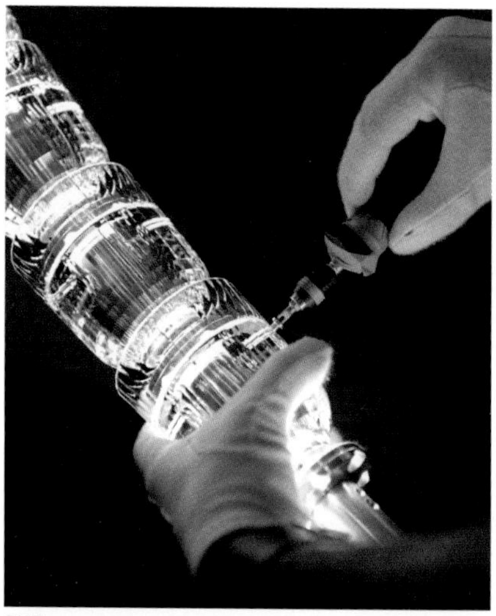

9117
부훌렉 형제, Gabriel Chandelier, 2013, 파리 Chateau de Versailles

가브리엘 샹들리에는 베르사유 궁전에 설치된 최초의 영구 현대 디자인 작품으로 궁전 정문의 가브리엘 계단 위에 설치되어 있다. 전통적인 장인정신과 현대적인 디자인의 융합을 구현한 결과물로 단순한 조명기구가 아닌 현대성과 역사성을 동시에 구현하고 있는 작품이다. 스와로브스키와 함께 제작했으며, 높이 12m, 무게 0.5톤으로 800개의 크리스털 모듈로 구성, 각 모듈이 합쳐져 빛이 부드럽고 균일하게 확신되어 은은하게 빛나는 효과를 낼 수 있도록 디자인했다.

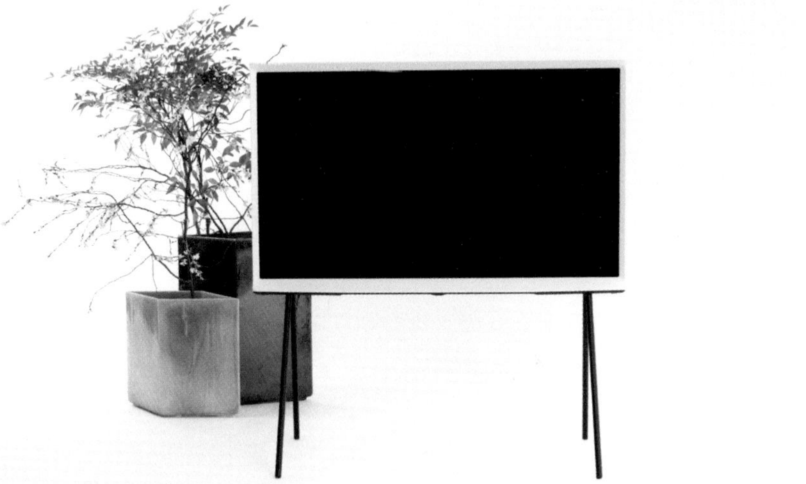

9118
부훌렉 형제, Serif TV, 2015, SamSung

삼성과 협력하여 디자인한 Serif TV는 기술과 디자인 미학이 균형 있게 결합된 제품이다. 가구가 연상되는 다리 형태를 적용하여 TV가 아닌 마치 가구처럼 보이며 주거 공간에서 자연스럽게 조화를 이룬다. 지난 수년간 국내 가전 시장에서 보이는 양상인 가전의 가구화의 국내 브랜드의 디자인 중엔 시초 사례로 볼 수 있으며, 이 제품 이후 다양한 브랜드들에서도 이러한 형식을 차용한 스피커, 공기청정기 등의 다양한 가전들이 쏟아져 나왔다.

9119
부훌렉 형제, Exposition dessins, 2019, 파리 Galerie kreo 전시

파리에 소재한 크레오 갤러리에서 그래픽 디자인부터 공간에 이르기까지 광범위하고 다양한 작업을 전시했다. 수많은 작품들 중에서도 특별히 눈길을 끈 것은 일련의 드로잉과 페인팅 작업들이었는데, 부훌렉의 디자인 정신이 고스란히 담긴 성찰적이고 시적인 결과물이었다.

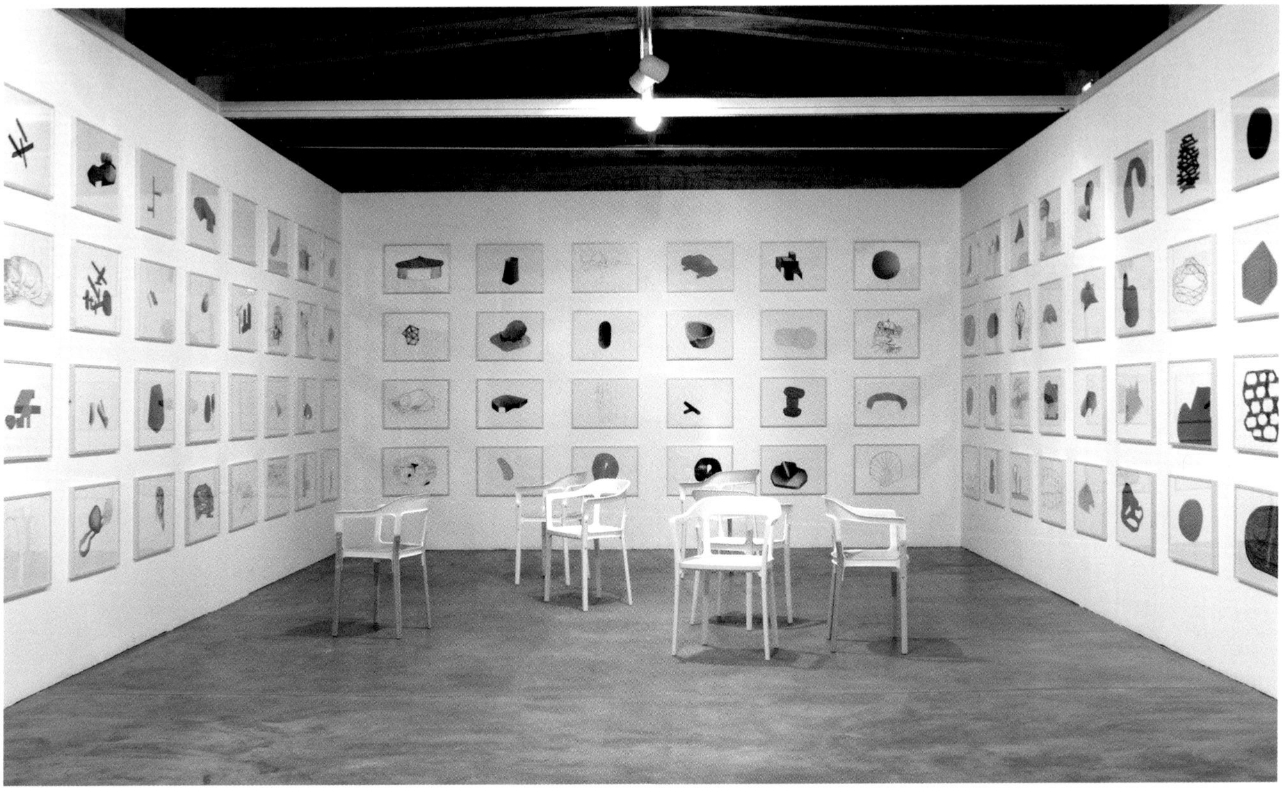

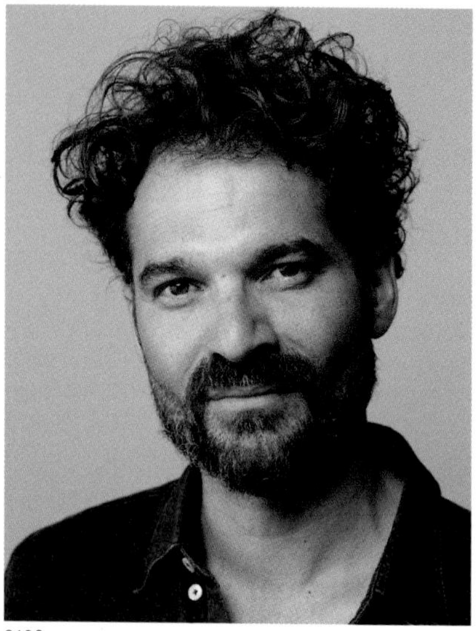

9120
하이메 아욘 Jaime Hayon

하이메 아욘 Jaime Hayon (1974~, 산업디자이너) 스페인

#판타지 #장인정신 #네러티브 #낭만주의

뚜렷한 미니멀리즘과 엄격한 기능성이 지배했던 디자인계에서 아욘의 작품의 장난기 있는 그리고 즐거운 이야기가 숨어 있을 것만 같은 디자인은 단연코 돋보였다. 현대적이면서도 유머러스하고, 동시에 세련된 미감을 가진 그의 작품들은 예술과 디자인, 진지함과 유쾌함 사이의 경계를 넘나들며, 단순한 사물이 아닌 그것들이 놓이는 공간과 사용자의 삶 안에서 관계하며 완성되는 존재로 현대 디자인에도 따뜻함과 새로운 낭만주의를 실행 가능한 여지가 충분히 있음을 보여준다.

아욘은 기존 디자인에서 정해놓은 엄격한 분류아래 본인의 디자인이 정의되는 것을 거부한다. 그의 디자인의 대표적 특징으로는 서로 이질적인 것들을 조합하는 것이며, 기능과 환상을, 혁신과 전통을, 장난기와 진지함을 결합한다. 또한, 그의 디자인에는 스토리텔링이 포함되고 때론 자신의 경험이나 관찰에서 영감을 받은 지극히 개인적인 이야기를 전달하여 작품을 풍부하게 만들며, 이러한 디자인 방식은 디자이너의 내러티브와 고유한 개성이 디자인으로 합쳐졌을 때에 일어나는 디자인의 영향력을 드러낸다.

이러한 아욘의 기발하고 상상력 넘치는 디자인 스타일은 다양한 브랜드와의 컬래버레이션의 기회를 가져왔으며, 그는 가구, 조명, 도자기, 공간, 공공시설물 등으로 대상을 확장하여 장인정신과 현대적 디자인을 결합하여 현대 디자인의 새로운 방향성을 구축했다. 특히 그의 장인정신에 대한 깊은 애정과 새로운 재료에 대한 탐구는 자신이 속해 있는 디자인 분야와 더불어 디자이너가 해야 할 일 또는 할 수 있는 일의 경계를 재정의했다고 해도 과언이 아니다.

이처럼 디자인을 기능을 위한 것을 넘어 놀이와 경이로움으로 가득 채운 그의 작품을 보면서, 미소를 불러일으키는 디자인의 잠재력을 다시 한번 깨닫게 된다.

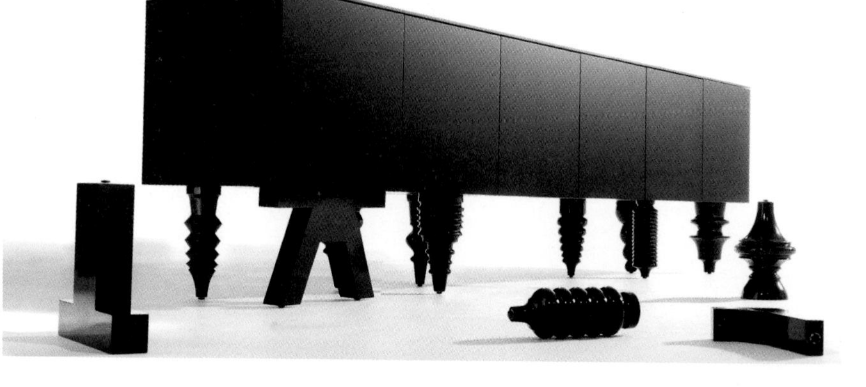

9121
하이메 아욘, Multileg cabinet, 2006, BD Barcelona

다양한 다리 형태들이 특징인 캐비닛 디자인이다. 수납 부분은 기능에 충실한 미니멀한 형태이지만 각각의 다리들은 모두 다른 유니크한 형태로 디자인되어 자칫 지루할 수 있는 디자인에 이야깃거리를 더했다.

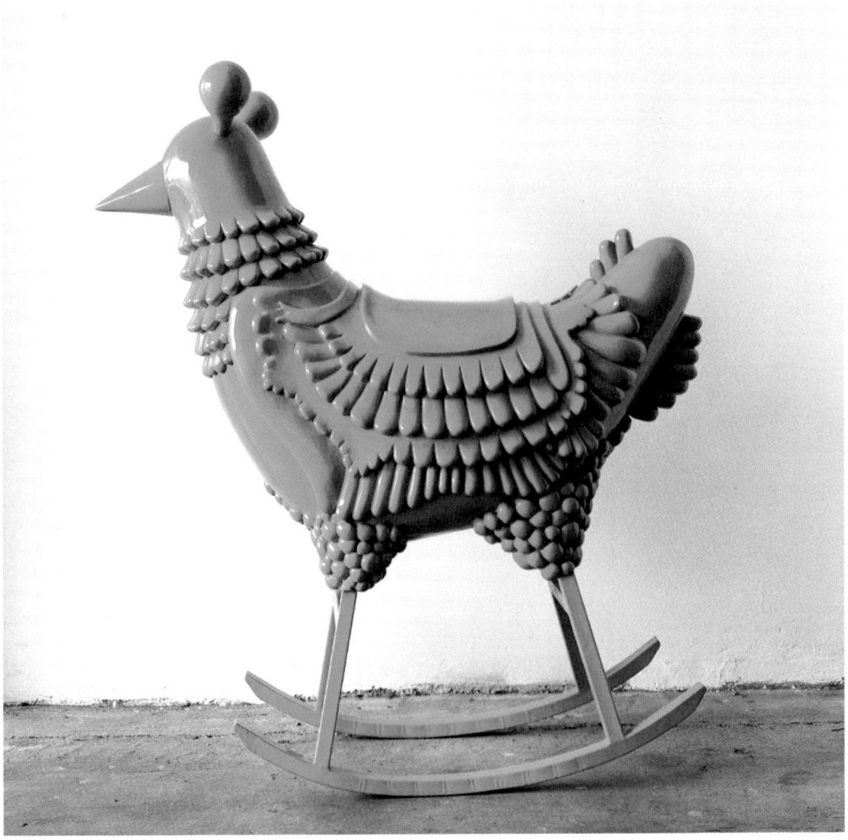

9122
하이메 아욘, Green Chicken, 2006, 미국 High Museum of Art

아욘의 장난기는 그의 초기작인 어린이 놀이 기구이자 디자인과 조각 사이의 작품인 그린 치킨에서 가장 잘 구현되어 있다. 이 작품을 통해 아욘은 형태, 기능, 재미 사이의 경계를 모호하게 만드는 것에 대한 본인의 스타일을 보여주었다.

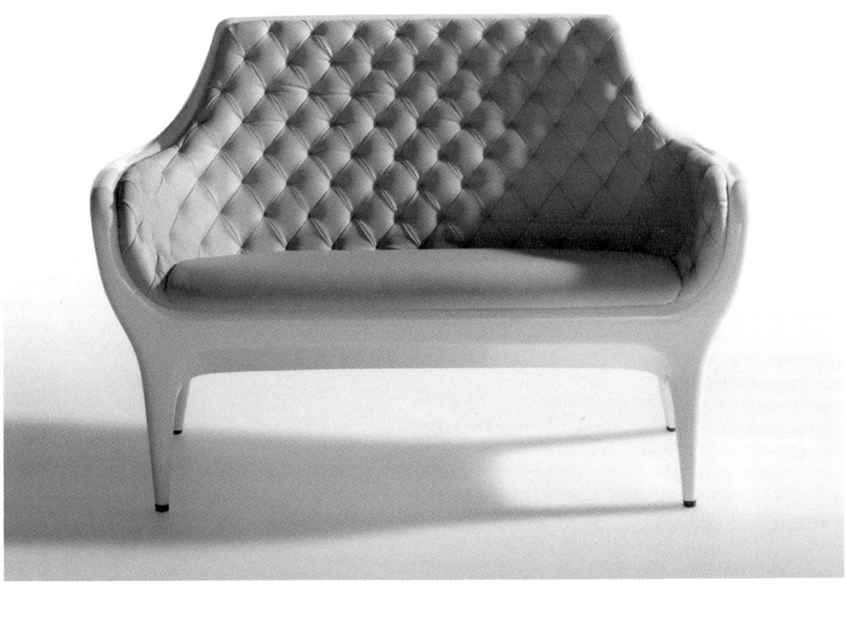

9123
하이메 아욘, The Showtime Collection, 2007, BD Barcelona

유기적인 형태와 고전적인 디테일의 공존이 디자인의 핵심이다. 아욘의 어울리지 않는 것들을 우아하게 공존시키는 방법을 찾는 열정을 보여주는 작품으로 형태는 물론 재료에서도 이질적 조합을 추구했다.

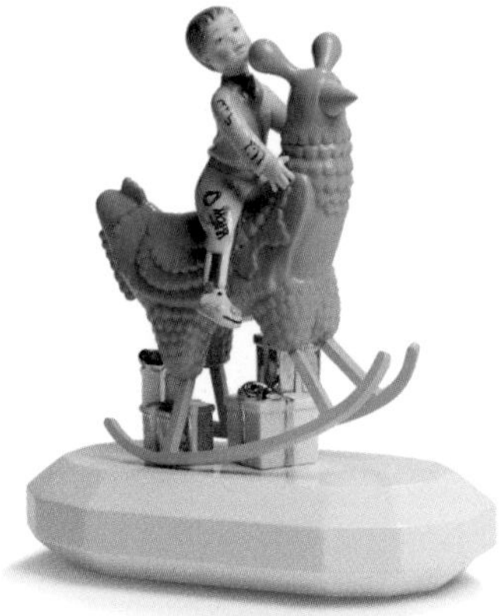

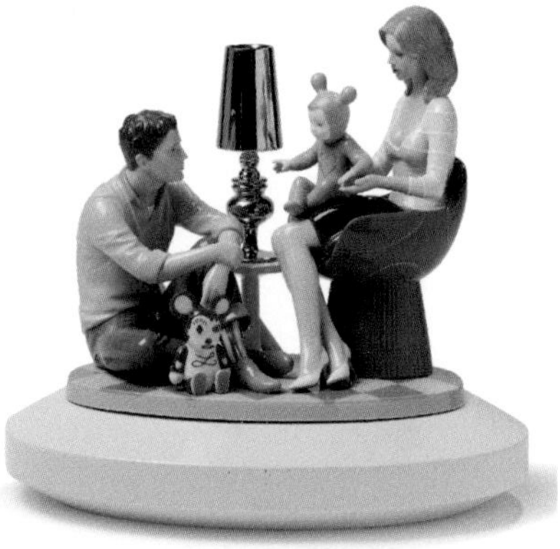

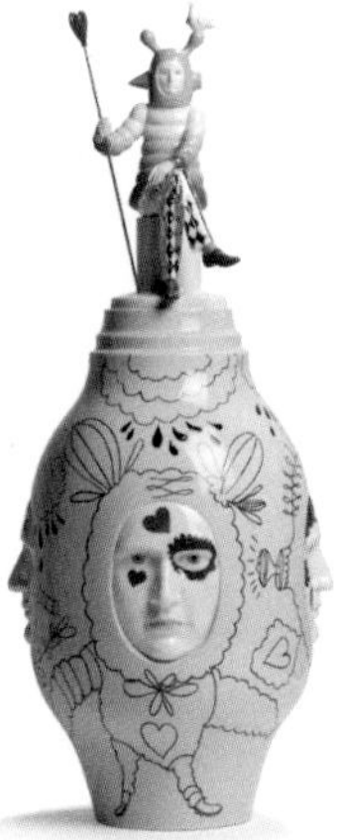

9124
하이메 아욘, The Fantasy Collection, 2009, Lladro

라드로를 위해 디자인한 판타지 컬렉션은 아욘의 장난스럽고 내러티브 중심적인 디자인을 하는 측면을 잘 보여준다. 풍부한 상상력으로 디자인된 형태와 복잡한 디테일은 예술과 디자인을 융합하는 그의 시그니처 스타일을 잘 반영하여 브랜드와 디자이너 모두에게 긍정적인 효과를 불러왔다. (왼쪽부터 The Rocking Chicken Ride, The Family Portrait, Conversation Vase II-B)

9125
하이메 아욘, FAVN, 2012, Fritz Hansen

포옹이라는 의미의 가진 의자로, 하이메 아욘의 스타일과 덴마크 디자인의 간결하며 실용적인 특징이 조화롭게 결합된 의자이다. 어떠한 각도에서든 아름답게 보이는 에그 체어에서 모티브를 얻어 디자인했다.

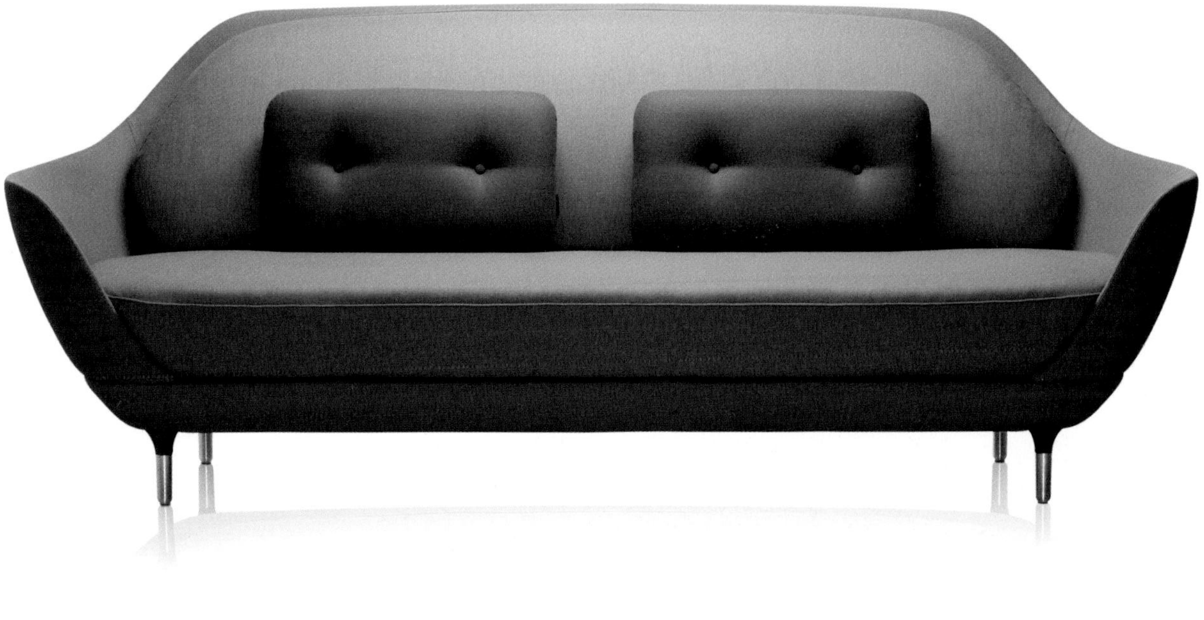

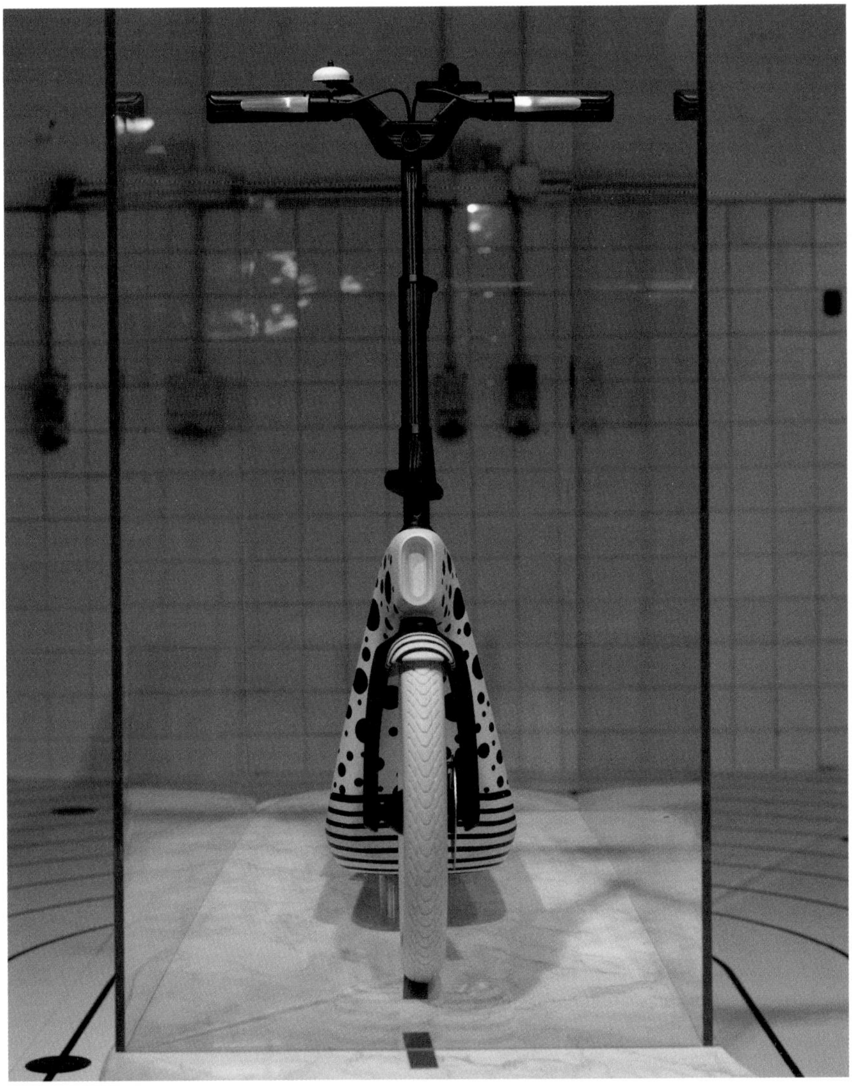

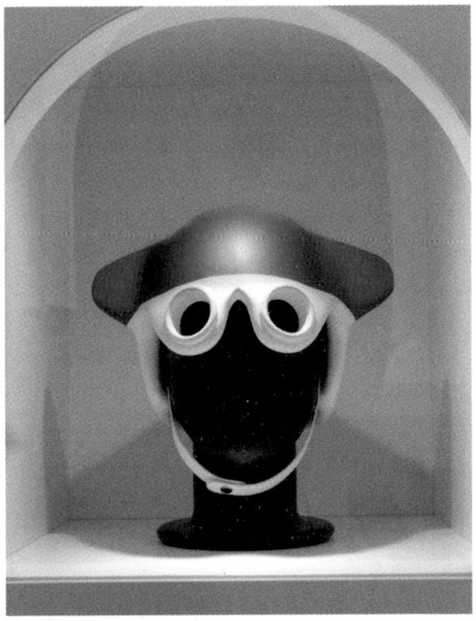

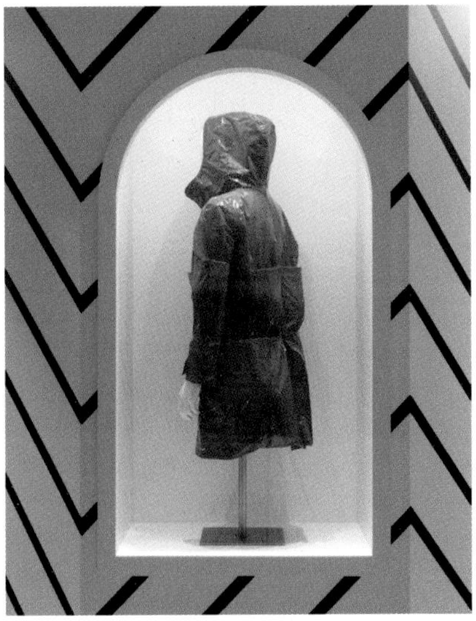

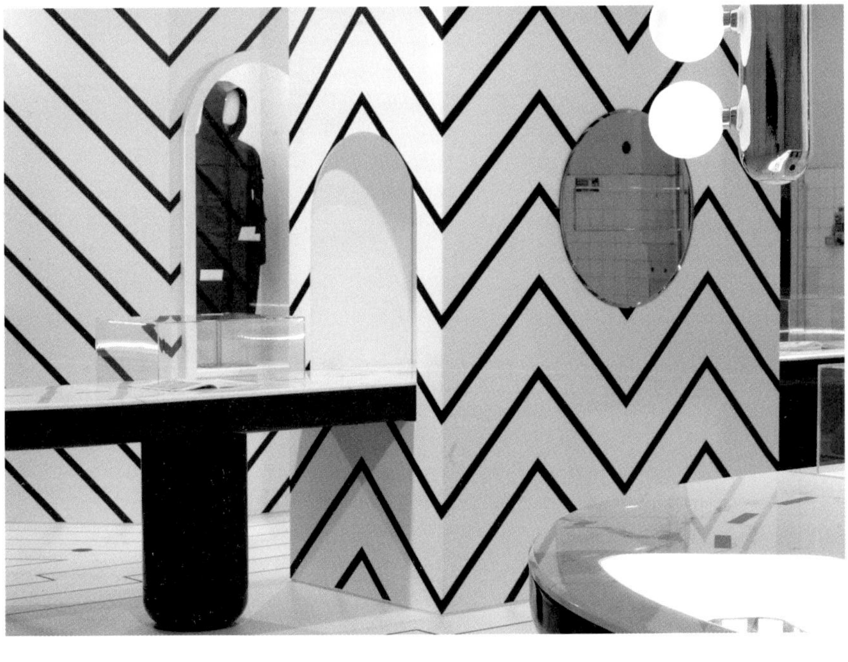

9126
하이메 아욘, Urban Perspectives, 2015, MINI in 밀라노 Salone del Mobile 전시

운송 브랜드인 MINI와 협업한 프로젝트로 Citysurfer 콘셉트로 미래 도시 정글 속 이동성에 대해 고민한 결과이다. 운송 수단은 물론 헬멧, 재킷, 전시장까지 디자인했으며, 미래 모빌리티 환경의 비현실적인 공간에 몰입되는 독특한 느낌을 선사했다. 보호 장비라기보다는 독특한 캐릭터 마스크에 더욱 가까운 헬멧은 보는 이의 웃음을 자아내며 아욘의 바이크와 함께하는 즐거운 여정을 상상하게 한다.

아욘의 공간 작품들

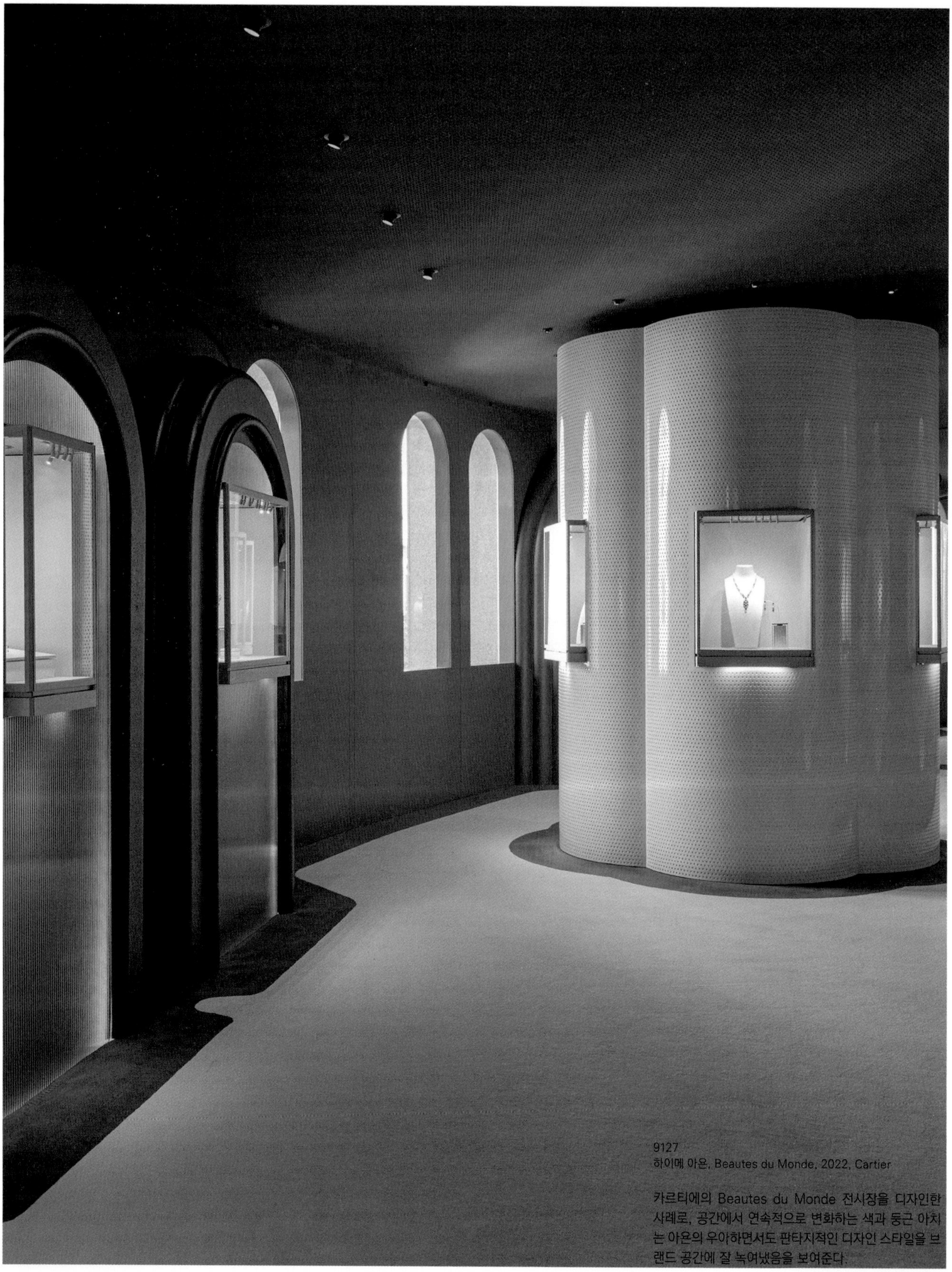

9127
하이메 아욘, Beautes du Monde, 2022, Cartier

카르티에의 Beautes du Monde 전시장을 디자인한 사례로, 공간에서 연속적으로 변화하는 색과 둥근 아치는 아욘의 우아하면서도 판타지적인 디자인 스타일을 브랜드 공간에 잘 녹여냈음을 보여준다.

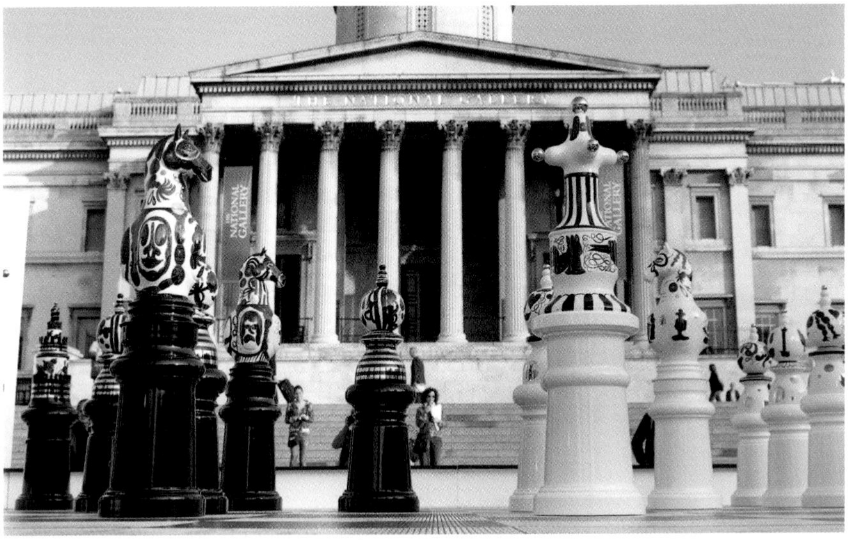

9128
하이메 아욘, The Battle of Trafalgar(The Tournament), 2009, 런던 Design Festival 전시

유럽 역사의 전환점인 트라팔가르 해전이 모티프이다. 작은 놀이도구인 체스를 약 2미터의 높이로 제작, 사람과의 스케일이 뒤바뀌어 비현실적인 이미지를 자아낸다. 체스 말의 하부에 바퀴를 설치하여 사람들이 직접 체스 말을 옮기며 놀이가 가능하게 했으며, 이는 기존에 멈추어 있던 광장이라는 장소를 즐거운 상호작용의 장소로 변하게 했다.

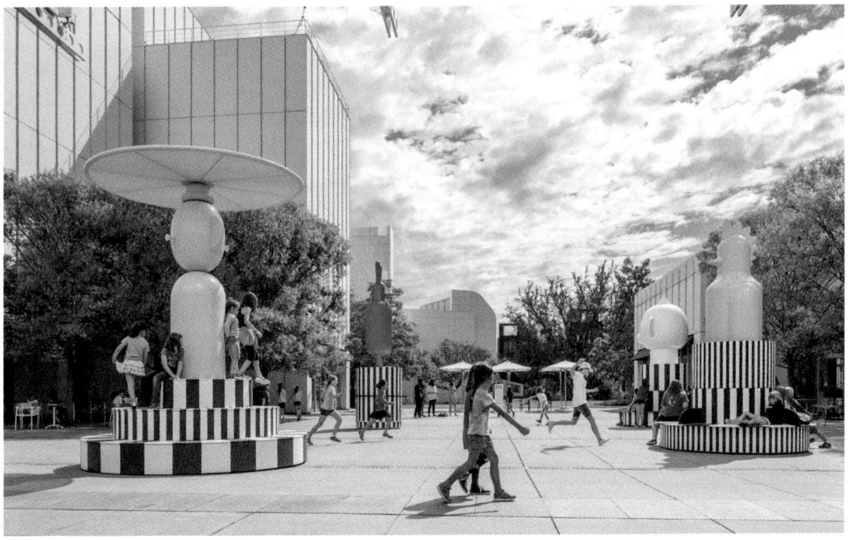

9129
하이메 아욘, Merry Go Zoo Installation, 2017, 애틀란타 High Museum of Art

공공 의자와 조각품의 역할을 동시에 하는 디자인이다. 디자인은 보기에 좋을 뿐만 아니라 상호 작용을 통한 즐거움도 불러일으켜야 한다는 아욘의 철학이 구현된 작품이다.

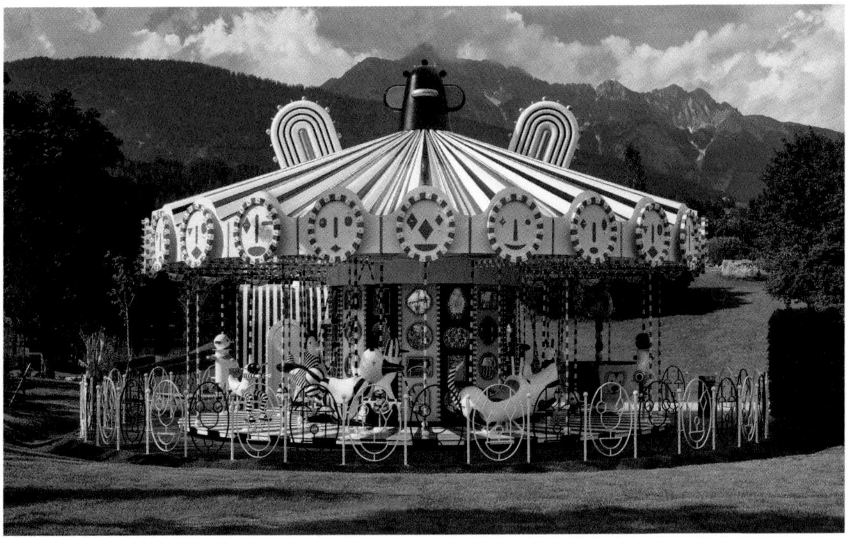

9130
하이메 아욘, Swarovski Carousel, 2019, Swarovski

1,500만 개의 스와로브스키 크리스털로 장식된 회전목마 디자인이다. 반짝이는 크리스털과 동화에서 영감을 받은 캐릭터들은 마치 꿈속에 와 있는 분위기를 연출하며, 관람객들은 익숙하지 않은 기괴함에서 오는 놀라움과 즐거움의 감정을 동시에 느낄 수 있다.

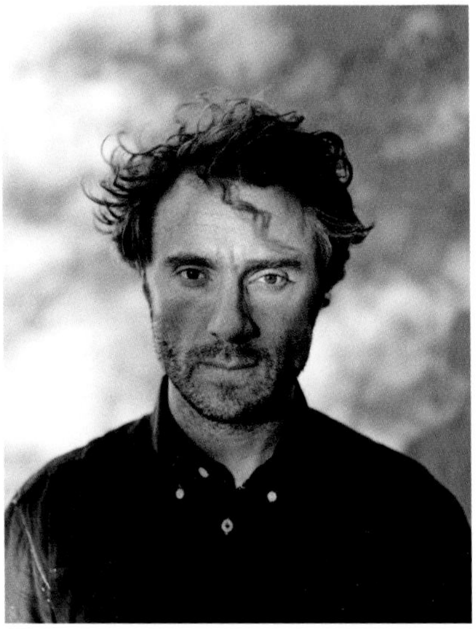

9131
토머스 헤더윅 Thomas Heatherwick

토머스 헤더윅 Thomas Heatherwick (1970~, 산업디자이너) 영국

#기술 #기능적 #장인정신 #조각적

헤더윅은 미니멀리즘적 건축이 팽배한 이 시대에 대담한 조형적 시도들을 보여주며 좋은 디자인과 건축은 어떠한 모습을 하고 있어야 하는지에 대하여 재정의하고 있다. 그는 건축, 도시 인프라, 가구 디자인을 포함하는 다양한 분야에서 활동하고 있으며, 공학적 지식과 미적 감수성의 결합으로 만들어낸 디자인 프로젝트들은 전 세계 곳곳에서 그의 상상력의 빛을 발하고 있다.

그의 프로젝트에 대한 접근법은 실용적인 문제에 창의적인 해결책을 찾고 그들의 환경과 사용하는 사람들과 공감하는 디자인을 창조하는 데에 본질을 두고 있으며, 그의 디자인 결과물들은 시각적으로 매력적인 동시에 프로젝트가 가져야 하는 기능적 요구에도 충실하다.

헤더윅의 작업들을 들여다보면 무엇보다 디테일에 대해 깊은 고민을 한 흔적들을 찾아볼 수 있다. 재료에 대한 심층적인 탐구와 첨단 기술과 전통 공예 기술을 결합하여 조형적 독창성이 돋보이는 작품들을 탄생시키며, 3D 프린팅, 로봇 공학 등 최신 기술을 활용하면서도, 장인의 손길이 느껴지는 섬세하고 깊이있는 디테일을 조합하는 방법을 사용한다. 그리고 이러한 융합적 표현 방식은 기존에 접하지 못했던 특별한 감성과 기술적 정교함이 부여되어 사용자에게 새로운 미적 경험을 가지게끔 한다.

이러한 그의 디자인 스타일은 초기 프로젝트인 롤링브릿지The Rolling Bridge에서부터 드러났는데, 마치 키네틱 조각과 같은 모습을 한 다리는 배가 지나갈 수 있도록 실제로 구부러지는 구조로 만들어졌다. 그는 다리를 고정되어 있는 구조물이 아닌 마치 살아 있는 유기체처럼 해석하였으며, 일반적으로 다리라는 대상에서 전혀 예상되지 못하는 새로운 경험을 부여해 주목을 받았다.

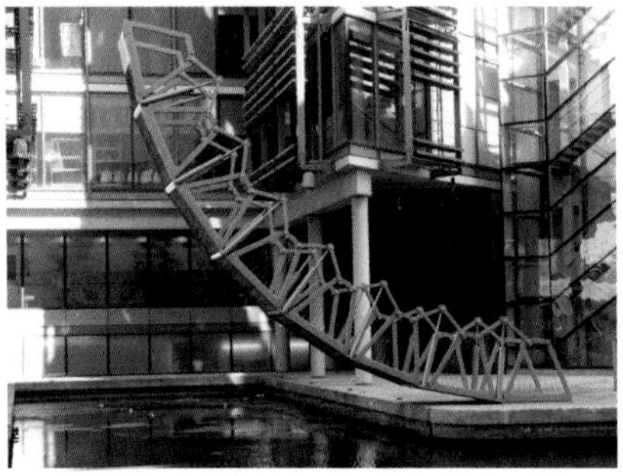

9132
토머스 헤더윅, The Rolling Bridge, 2004, 런던 Paddington Basin

Rolling Bridge는 헤더윅의 초기 작품으로 엔지니어링과 디자인에서의 그의 뛰어난 장인정신을 보여준 사례이다. 교량의 롤링 메커니즘과 다이내믹한 조형성의 통합을 통해 기술과 형태에 대한 헤더윅의 깊은 이해를 보여주었다.

그 후에도 런던의 상징적인 버스Routemaster 리디자인을 통해 연료의 효율성, 안정성 등을 고려하여 기능적으로 뛰어난 동시에, 인체공학적인 구조를 적용하여 사용자의 편의를 도모했으며, 헤더윅 특유의 조형적 스타일이 더해져 버스가 단순한 교통수단 이상의 가치를 가지게 했다.

최근 비야케 잉겔스 그룹Bjarke Ingels Group과 함께 진행 중인 구글 신사옥 건축 프로젝트에서는 유연한 공간을 만드는 구조, 지속 가능성을 고려한 자연채광과 친환경 재료의 활용 등, 건축과 자연, 그리고 인간과의 조화로운 관계에 초점을 맞추어 현시대 오피스 디자인의 기준을 새롭게 제시할 만 공간을 완성 중에 있다.

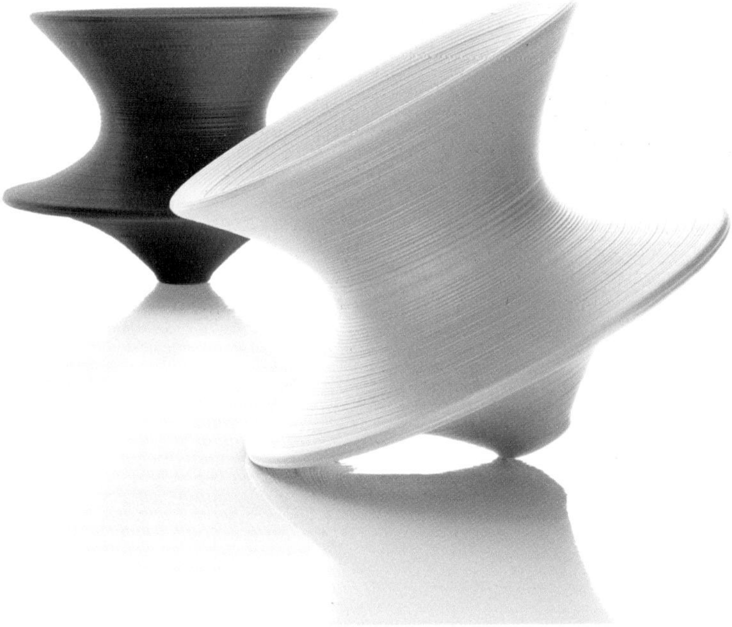

9133
토머스 헤더윅, Spun Chair, 2007, Magis

커다란 팽이를 닮은 의자로 사람이 앉아서 무게 중심을 이동하며 돌릴 수 있다. 의자는 고정되어 있다는 전통적인 개념을 완전히 바꾼 사례이다. 유려한 선과 대칭적인 형태가 특징이며, 조각적인 동시에 기능적이기도 하며, 가구이면서 예술 작품같이 느껴지기도 한다. 이 의자의 경우 가구점 뿐만 아닌, 미술관 및 박물관에도 전시되어 기능적인 디자인이 얼마만큼 창의적인 형태를 가질 수 있는가의 가능성을 시사하며 현대 디자인의 상징적인 작품이 되었다.

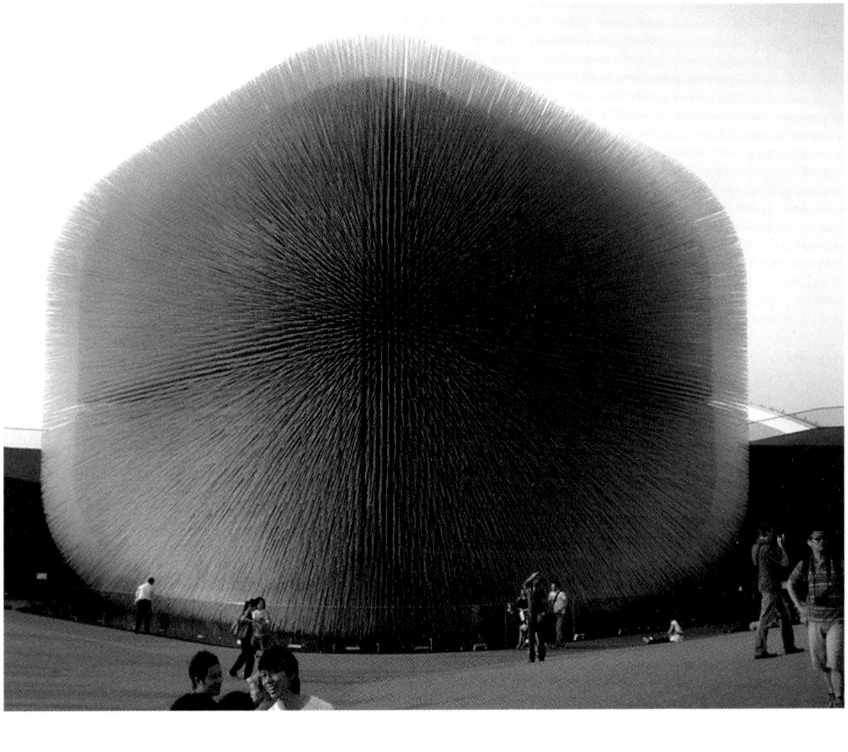

9134
토머스 헤더윅, Seed Cathedral, 2010, 상하이 Expo 영국관 전시

생물 다양성과 종자 보존의 중요성에 대한 메시지를 전달하기 위해 실제 씨앗이 들어있는 60,000개가 넘는 아크릴 막대로 20미터 높이의 입방체 모양의 구조물을 설치했다. 각 막대는 광섬유처럼 작동하여 낮 동안은 구조물 내부에 빛을 끌어들이고 밤에는 각 막대에 내장된 광원을 통해 구조물이 빛을 발한다. 이는 공간에 환상적인 느낌을 부여할 뿐 아니라, 지속 가능성의 관점에서도 자연광을 사용하여 에너지를 최소화하려는 노력이 함께 포함되어 있다. 또한 바람에 부드럽게 흔들리는 막대들은 관람자들에게 역동적이고 인터랙티브한 공간 경험을 선사하며, 공간을 살아 있고 끊임없이 변화하는 것으로 느껴지게끔 한다.

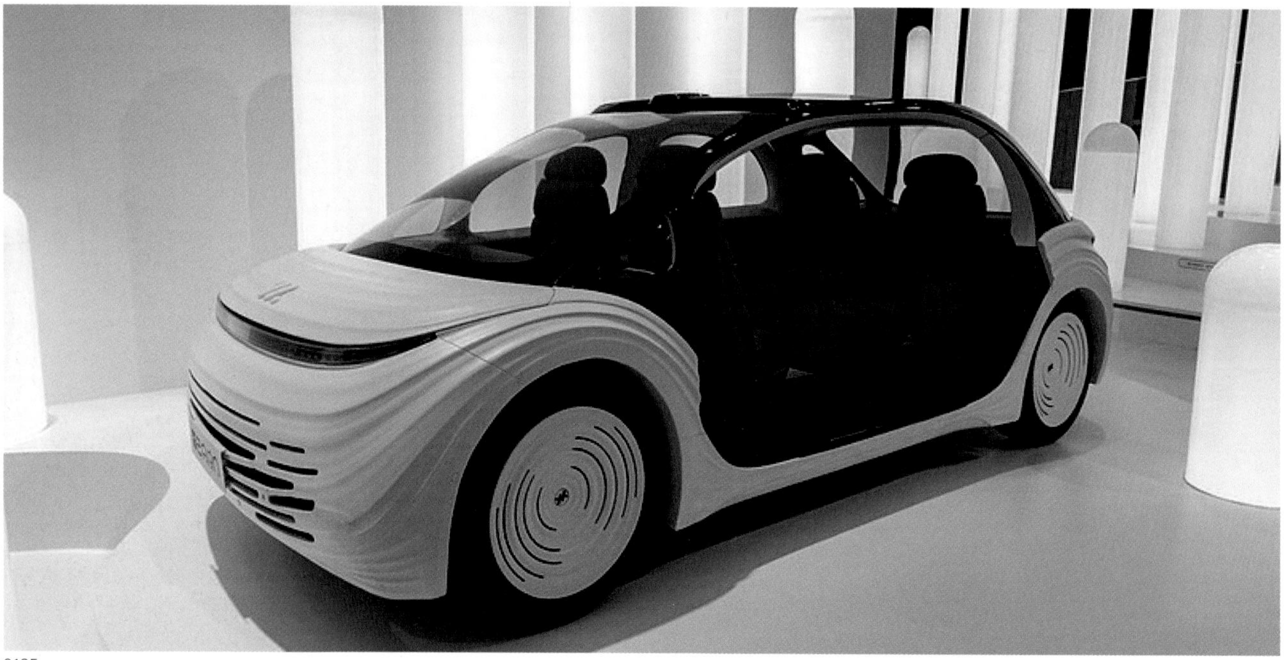

9135
토머스 헤더윅, Airo, 2021, 상하이 Auto Show 전시

IM Motors를 위해 설계된 Airo는 자율 모드와 운전자 제어 모드를 갖춘 전기 자동차로 화석 연료 오염 물질을 배출하지 않는 점이 주요 콘셉트이다. 또한, 주행 중에 다른 차량의 오염 물질로부터 공기를 정화하는 HEPA 필터링 시스템이 적용되어 있어 자동차가 운송 수단을 넘어 환경까지 배려하는 제품으로 디자인되었다. 인테리어의 경우는 사용자의 필요에 따라 확장되어 더블 침대가 될 수 있는 좌석, 필요에 따라 위치 조절이 가능한 테이블, 게임 스크린 등이 포함되어, 이동 중에도 다양한 기능을 수반 가능한 공간으로 디자인되었다.

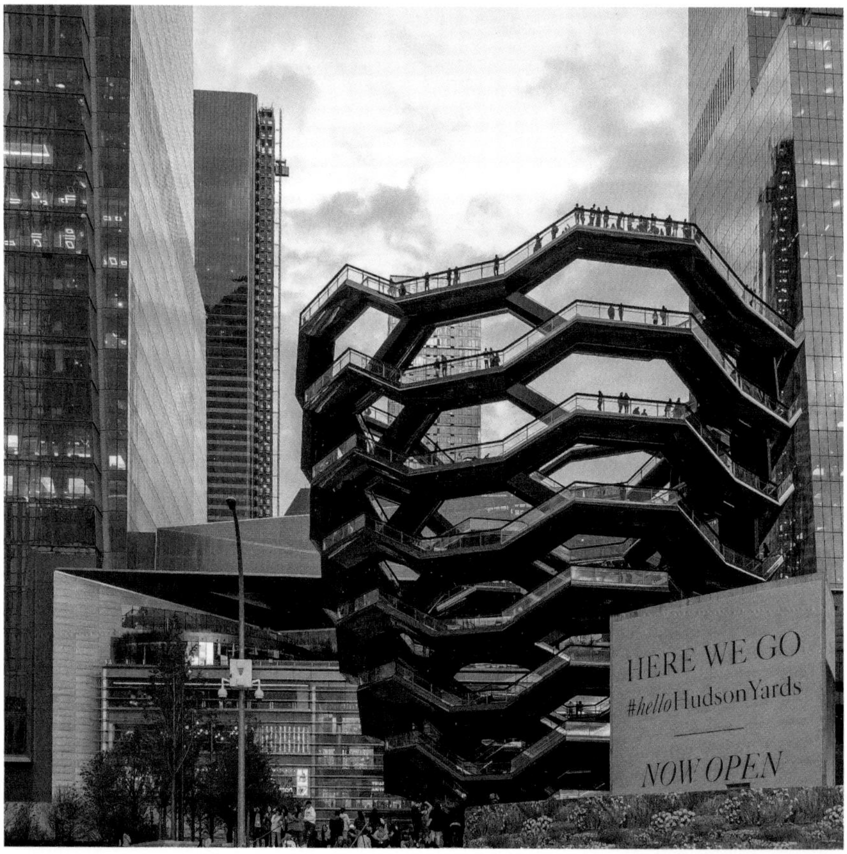

9136
토머스 헤더윅, Vessel, 2019, 뉴욕 Hudson Yards

미국 역사상 가장 큰 부동산 프로젝트 중 하나인 허드슨야드 개발의 일부로, 2,465개의 계단, 80개의 계단 참, 허드슨 강과 맨해튼의 전망을 갖춘 거대한 벌집 구조를 닮은 구조물이다. 공공디자인이 어디까지 대담한 시도를 할 수 있을지를 보여준 사례로, 도시 재개발의 맥락에서 공공시설물이 가져야 하는 심미성, 시민과의 상호작용적 성격, 상징적 가치들에 대하여 건축적, 문화적으로 중요한 방향성을 제시했다.

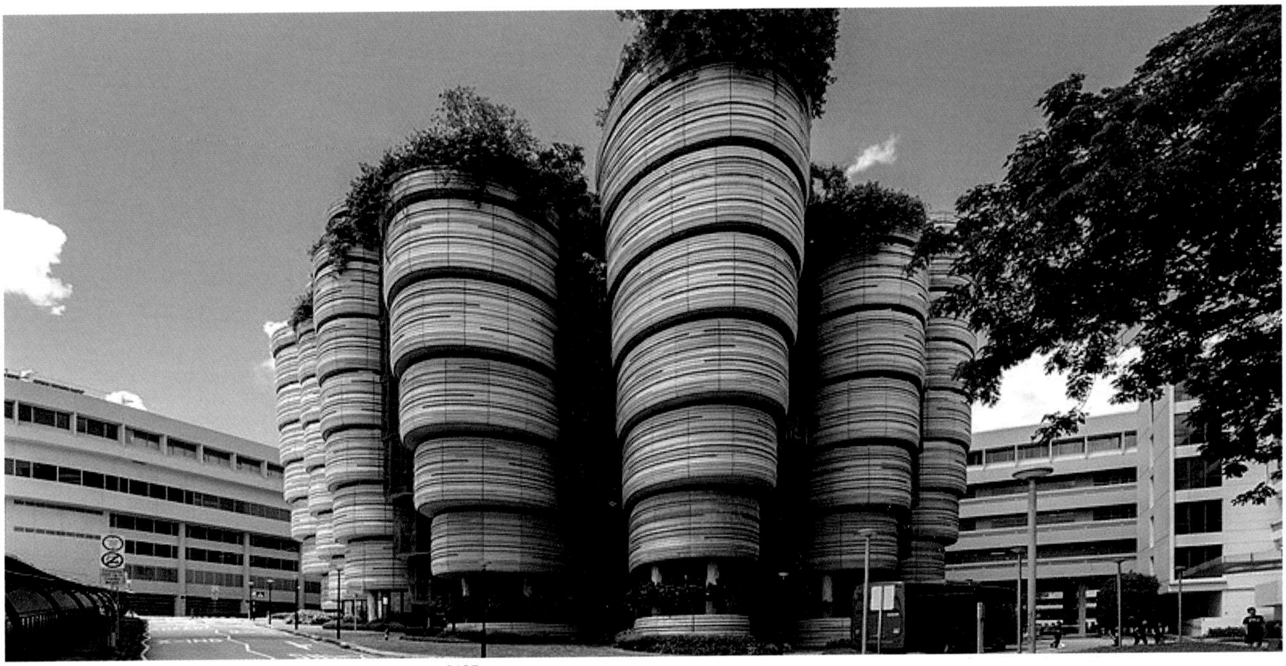

9137
토머스 헤더윅, Learning Hub, 2015, 싱가포르 Nanyang Technological University

싱가포르 난양기술대학교의 건축물로, 심미성, 기능성, 환경 의식까지 함께 고려하여 교육 공간의 개념을 재정의한 디자인이다. 중앙 아트리움을 중심으로 12개의 8층 높이의 원통형 타워로 이루어졌으며, 협업과 대화형 학습을 촉진하려는 목적으로 학생들 간의, 학생들과 교수들 간의 상호 작용을 고려한 개방적이고 유동적인 공간으로 디자인되었다. 또한, 지속 가능성을 고려하여, 자연 채광, 환기, 빗물 수집, 태양광 차단 등의 기능이 적용되었다.

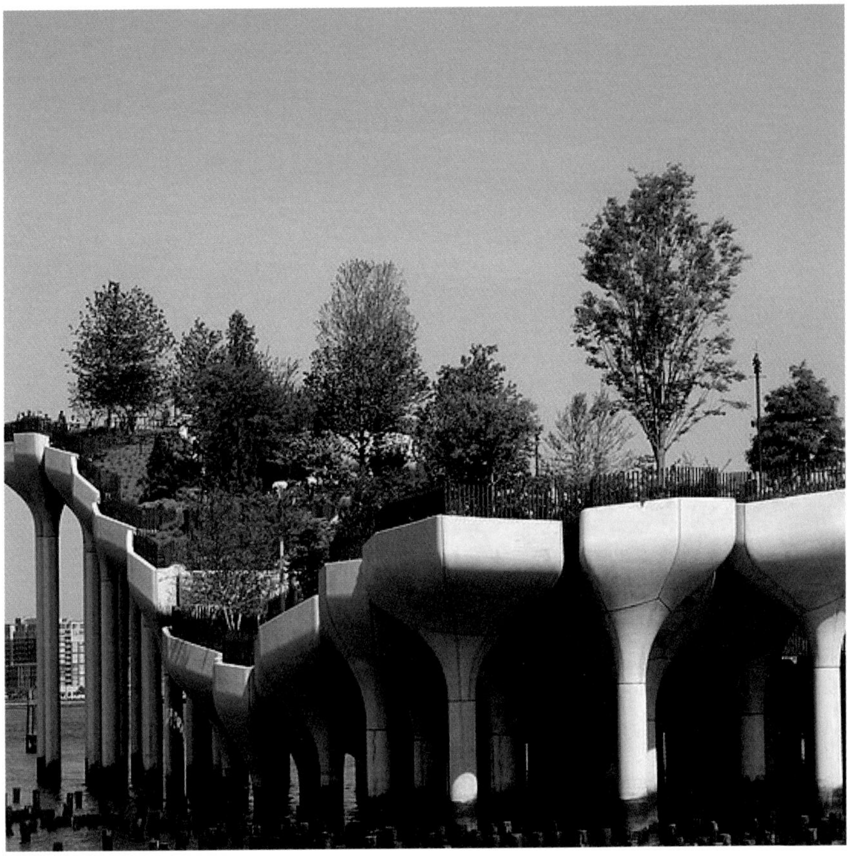

9138
토머스 헤더윅, Little Island, 2021, 뉴욕 Pier 55

Little Island at Pier 55는 허드슨 강에 위치한 공원으로, 건축, 자연, 예술을 통합적으로 다루는 창의적인 도시 재생과 도시 생활을 향상시키는 공공공간의 잠재력을 상징한다. 기존의 부두가 붕괴된 이후 해안가에 흩어져 있던 수백 개의 나뭇더미로부터 모티프를 얻었으며, 바닥의 레벨 변화를 통해 주변 환경을 다양한 시각으로 경험할 수 있도록 했다.

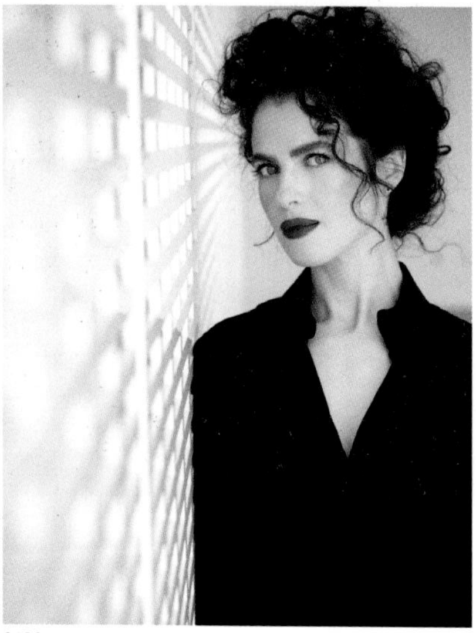

9139
네리 옥스만 Neri Oxman

네리 옥스만 Neri Oxman (1976~, 건축가, 디자이너) 이스라엘

#재료생태학 #생체모방 #지속가능성 #바이오디자인

네리 옥스만은 디자인, 생물학, 컴퓨팅 및 재료 공학의 교차점에서 디지털 제작 기술이 생물학과의 상호 작용을 통해 디자인과 건축이 가질 수 있는 미래의 가능성에 대해 탐구하는 디자이너이자 연구자이다. 그녀는 지속 가능성이 창조의 기초가 되어야 한다 하며, 디자인이 자연의 아름다움이나 원리에서 영감을 얻는 동시에, 생물학적, 생태학적 과정 중에 적극적으로 참여할 수 있는 방향으로서의 디자인 사고적 패러다임을 제시한다.

생물학, 기술, 디자인을 조화시키는 독특한 학제 간 접근 방식을 통해, 제품 및 건축의 디자인과 제작 공정이 자연환경과 공생할 수 있는 미래를 구상하는 철학을 담은 '재료생태학Material Ecology' 개념을 탄생시켰으며, 이를 기반으로 아름다움, 효율성, 지속 가능성이라는 자연의 원리에서 영감을 얻고 조화를 이루는 새로운 형태, 구조, 재료, 시스템 등을 제시하고 있다. 특히, 인간이 만든 구조 및 재료와 자연 사이의 조화로운 상호 작용을 촉진하여 공생할 수 있는 세상을 만드는 것은 옥스만에게 중요한 이슈이며, 특히 그녀의 대표작 중 하나로 볼 수 있는 실크 파빌리온Silk Pavilion과 같은 프로젝트를 통해 그 잠재력을 입증했다.

옥스만과 그녀의 연구실이자 과학자, 엔지니어, 디자이너들이 함께 새로운 재료와 기술을 개발하는 메디에이티드 매터 그룹Mediated Matter Group은 그들의 비전을 시각적으로도 매력적인 결과물로 표현한다. 그들의 작품들은 기술 혁신과 지속 가능성뿐만 아니라 현대 미술과 디자인에 대한 기여 역시 인정을 받아 디자인이 단지 학교나 실험실에서 머무는 것이 아닌, 글로벌한 전시를 통해 심미적인 가치 역시 증명했다.
어쩌면 지난 수년 전부터 바이오디자인 분야가 주목을 받고, 유명한 디자인 대학에 전공들이 생겨나고, 2019년 밀라노 트리엔날레나 쿠퍼 휴잇 디자인 트리엔날레 등의 전시에서 자연, 복원적 디자인, 바이오 디자인과 관련된 주제를 제시한 것에는 물론 많은 관련 디자이너들의 노력과 관심이 있었지만, 그중 옥스만의 선구적인 작품들의 영향이 컸다는 것은 부인할 수 없는 사실일 것이다.

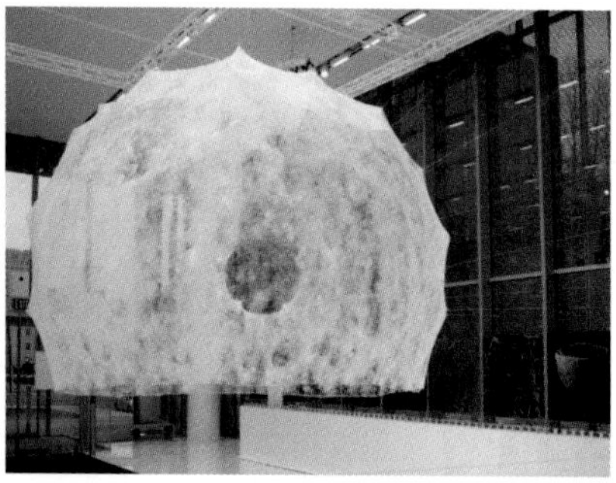

9140
네리 옥스만, Silk Pavilion, 2013, MIT Media Lab 전시

자연과 인공의 조화를 콘셉트로 제삭사와 사물의 역할을 재정의한 프로젝트이다. 디지털과 생물학적 제조방식을 융합하여 로봇 팔과 누에를 사용하여 돔형 구조를 만들었다. 기존에 실크 생산에만 사용되었던 누에가 파빌리온 건설에 지속 가능하고 재생 가능한 디자인 자원으로써 활용된 점이 프로젝트의 큰 의미이며, 이를 통해 미래의 디자인과 건축 제작 방법에 있어 자연과 인공을 조화시킬 수 있는 잠재력을 보여주었다.

옥스만은 지난 몇 년간도 꾸준히 퐁피두 센터Pompidou Center, 뉴욕 현대 미술관MoMA, 살로네 드 모빌레Salone del Mobile와 같은 국제 전시에서 다양한 작품들을 발표하며 그녀의 자연에 대한 놀라운 관점과 해석으로 동시대를 살아가는 사람들과 디자이너들에게 자연의 가치와 인간과의 관계에 대하여 다시 한번 생각하게끔 하고 있다. 이러한 그녀의 비전과 의지, 그리고 영향력은 전 세계적으로 지속 가능하고 혁신적인 디자인에 대한 영감을 주며 바이오디자인을 탐구하는 많은 연구자와 디자이너들에게 귀감이 되고 있다.

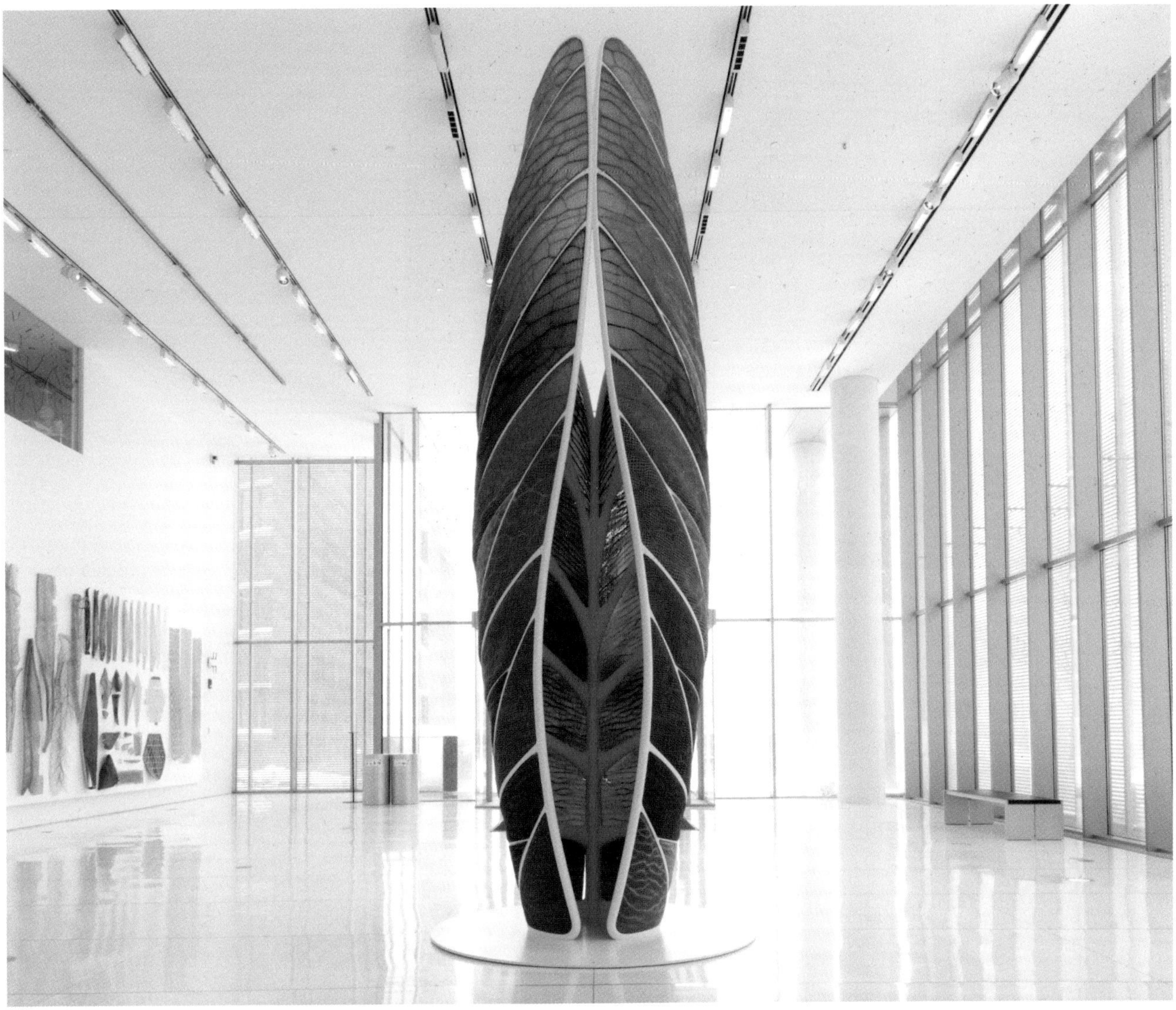

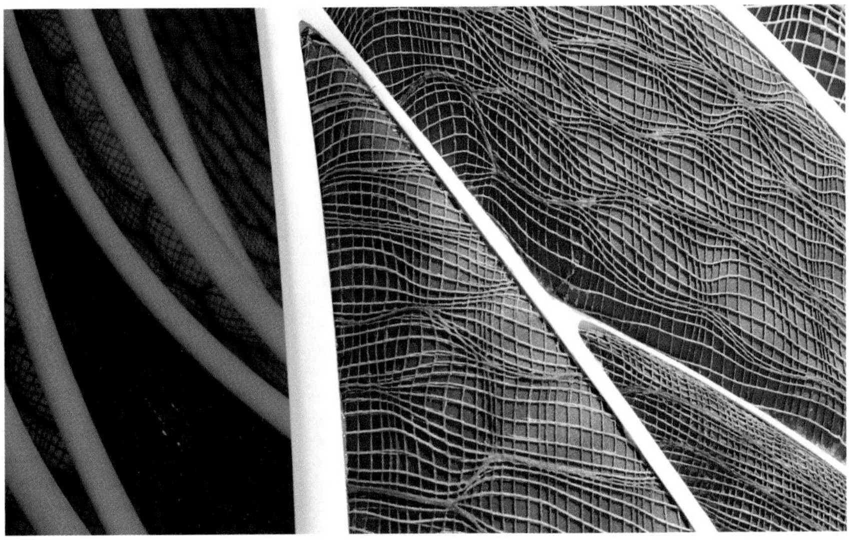

9141
네리 옥스만 Neri Oxman, Aguahoja, 2014~2020, 샌프란시스코 Museum of Modern Art

Aguahoja는 생체 모방 기술을 사용하여 미래의 건축 재료를 구상한 프로젝트로, 바이오폴리머, 셀룰로오스, 키토산과 같은 유기물을 활용하여 생분해가 가능한 재료로 만든 공간을 탄생시켰다.

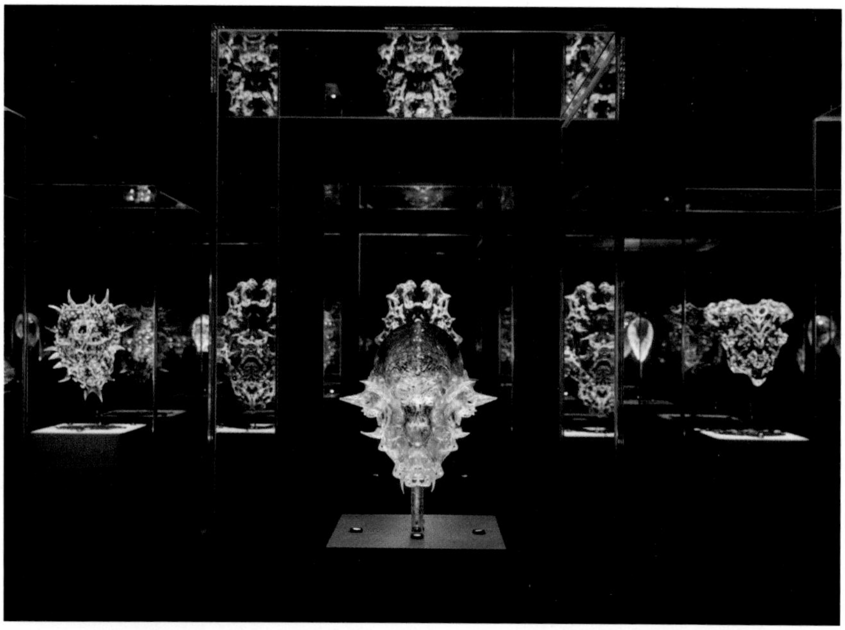

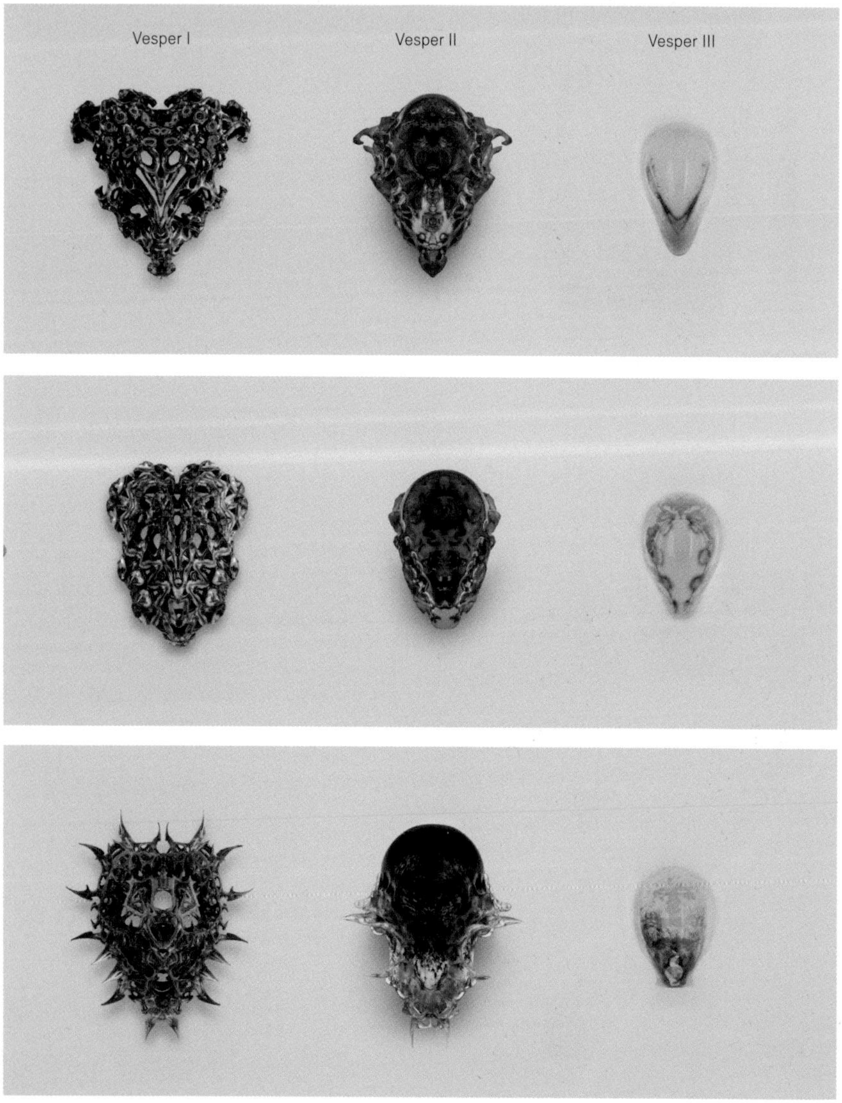

9142
네리 옥스만, Vesper I, Vesper II, Vesper III, 2016~2018,
런던 Design Museum

옥스만과 MIT Mediated Matter Group의 팀이 진행한 일련의 프로젝트로 Vesper I, Vesper II 및 Vesper III로 구성되며, 2016년 Vespers 첫 컬렉션을 공개했다.

마스크의 콘셉트는 '죽음에서 삶으로', '삶에서 죽음으로'이다. 전통적으로 왁스나 석고로 제작되었던 고대 데스 마스크Death Mask에서 모티프를 얻었으며, 데이터를 기반으로 모델링 하여 Stratasys Objet500 Connex3 3D 프린터를 사용하여 완성되었다.

Vesper I의 경우, 고대의 데스 마스크가 현대 기술과 결합하여 새로운 형태로 변하는 과정을 제시했다. 마스크의 3D 프린팅 구조는 순교자의 마지막 숨결에서 방출되는 공기의 물리적 흐름을 통해 정보를 얻은 광물을 사용하여 만든 다채로운 소용돌이 패턴을 보여주었다. 생명의 복잡성을 표현하기 위해 다양한 색과 패턴이 적용되었으며, 이 시리즈에서 보여준 마스크의 형태와 색은 후속 시리즈의 디자인에도 영향을 미쳤다.

Vesper II의 경우, 마스크는 현대 기술과 결합해 변화하는 과정으로 데스 마스크와 생명 마스크 사이의 변형의 개념을 전달했다. 첫 번째 시리즈에서 보여준 색상과 복잡한 구조가 두 번째 시리스에서는 투명하고 부드러운 볼륨으로 표현되었다.

Vesper III의 경우, 부활의 개념을 탐구한 결과물이다. 생명을 활성화하는 기술로서 살아있는 가면의 개념을 제시했으며, 이전 시리즈들에 비해 단순한 형태에 색은 대부분 제거되었다. 본 마스크는 살아 있는 미생물의 서식지 역할을 하며, 서식하는 미생물은 첫 번째 시리즈의 색 팔레트로부터 재해석되었다.

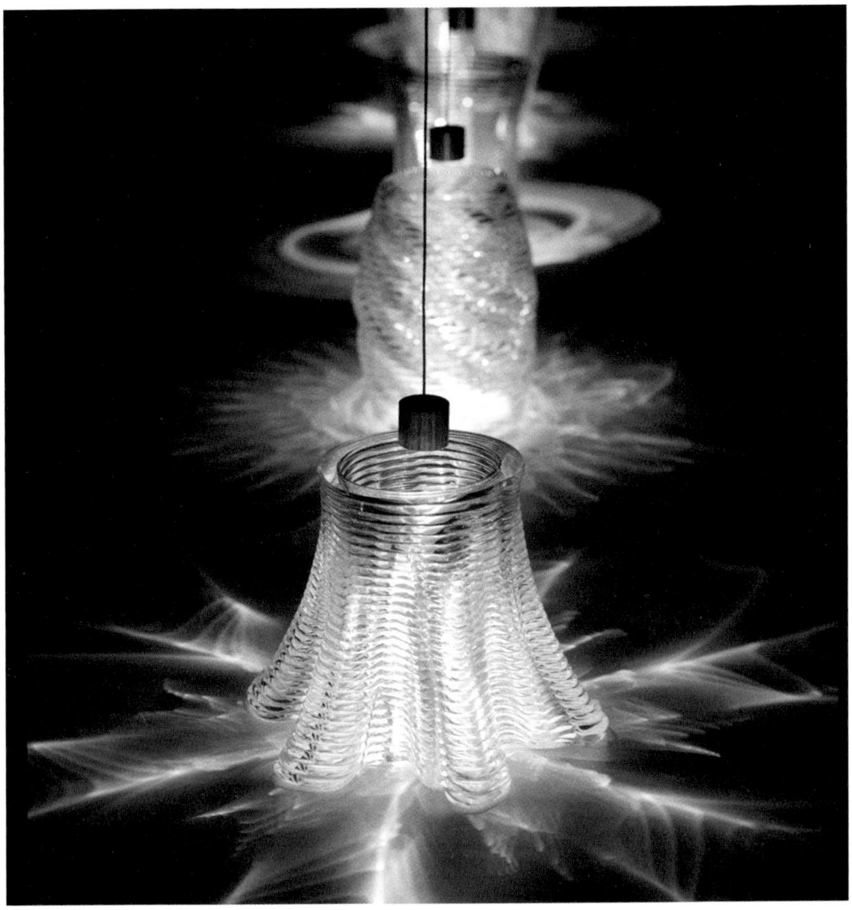

9143
네리 옥스만, Glass I, 2015, Mediated Matter Group

재료 과학 및 디지털 제작에 대한 그녀의 혁신적 접근 방식을 보여준 프로젝트로, 3D 프린팅 분야에서 탐구되지 않았던 매체인 유리에 대해 연구한 결과이다. 이 프로젝트를 통해 공예 제작 방식과 최첨단 기술을 결합하여 디자인 재료와 방법에 대한 잠재력을 보여주었다. 유리의 두께와 불투명도를 다양하게 변경하여 재료의 속성을 미세하게 제어 가능하도록 했으며, 구조적으로도 안정성을 가지게 하여, 미적으로도 매력적이며 독특한 패턴과 형태를 갖춘 결과물을 제안했다. 이처럼 새로운 재료를 탐구하는 작업들은 건축 및 디자인 분야에 새로운 가능성을 부여하고 지평을 확장하는 중요한 역할을 한다.

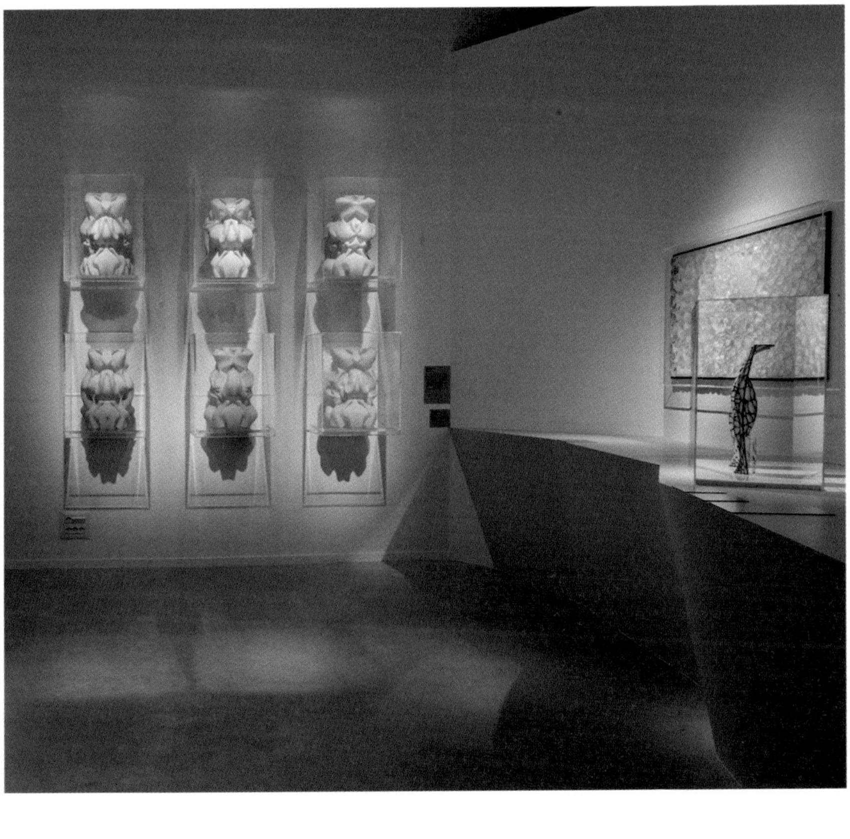

9144
네리 옥스만, Raycounting, 2007, 뉴욕 Museum of Modern Art

빛이 물체 표면과 상호 작용하는 방식을 시뮬레이션하는 컴퓨터 설계 프로세스가 사용되었으며, 이를 통해 빛에 대한 노출을 기반으로 물체의 모양을 최적화할 수 있는 환경에 반응하는 디자인을 제안했다.

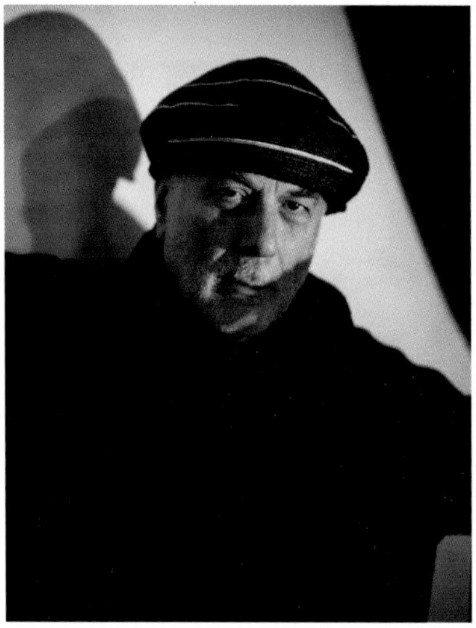

9145
론 아라드 Ron Arad

론 아라드 Ron Arad (1951~, 산업디자이너) 이스라엘

#실험성 #재료 #아방가르드 #서사적

론 아라드는 디자인을 호기심을 통해 재료, 형태, 프로세스를 실험하며 완성시켜나가는 일련의 탐구로 본다. 그의 작품들은 처음에는 독특한 형태로 눈길을 사로잡지만, 자세히 들여다보면 우리 주변의 재료와 일상적인 사물의 잠재력에 대하여 재고하게끔 한다.

그는 사물의 본질적인 특성을 기반으로 작업하는 것을 중요시했으며, 학문 분야 간의 엄격한 경계들에 대하여 도전했다. 또한, 매장에서 팔리는 제품과는 달리 전시회에서 보이는 디자인 작품이 제공하는 가치, 그의 표현을 빌리자면 '마법의 순간'에 대하여 관심을 기울였으며, 디자인의 경계를 넓히려는 열망을 가지고 있었다. 이러한 생각은 특히 1970년대 후반 그의 작품들에서 두드러졌으며, 이때는 아라드의 실험 정신이 목소리를 내기 시작한 시기로, 당시 그의 작품에는 전통과 아방가르드가 충돌하고, 기존의 사물과 새로운 사물이 서사적인 방식으로 융합되었다.

1980년대 초 캐럴라인 토먼Caroline Thorman과 함께 원오프One Off를 설립하여 관습에 얽매이지 않는 아이디어를 위한 인큐베이터로 활용했으며, 이때가 그의 대표작이기도 한 로버 체어Rover Chair가 등장한 시기이기도 하다. 아라드는 고물 처리장에서 구할 수 있는 카시트를 활용하여 이를 새로운 가구로 재탄생시키므로써 폐기물에 새로운 기능과 미학적 가치를 부여하며 사물의 형태와 유용성에 대한 기존의 개념에 도전했다. 이 파격적인 작품은 세계적인 가구 브랜드인 비트라Vitra의 회장인 롤프 펠바움Rolf Fehlbaum이 최초로 구입했으며, 1년 후에 유명한 패션 디자이너인 장 폴 고티에Jean Paul Gaultier가 여섯 개를 구입, 그 후 의자에 대한 유명세가 퍼져 나간 덕분에 모든 고물 처리장을 뒤져 로버 카시트를 확보했다는 에피소드가 있다.

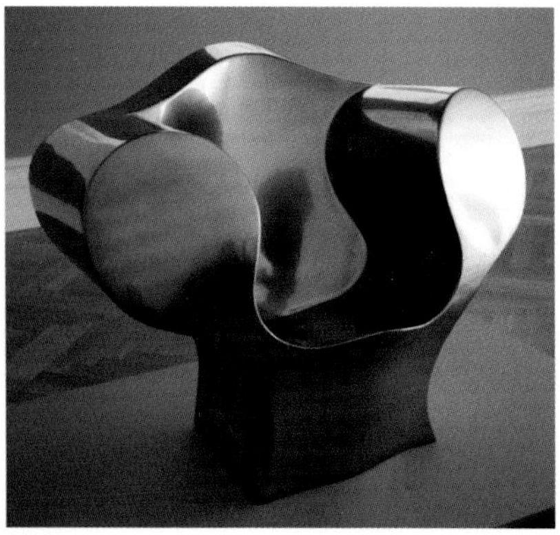

9146
론 아라드, Well Tempered Chair, 1986, 뉴욕 Museum of Modern Art

소재와 형태에 대한 실험적 접근 방식을 보여주는 사례이다. 네 장의 강화 강철로 제작되었으며, 당시 자동차 및 건설 산업에서 흔히 사용되는 재료인 강화 강철을 가구 디자인에 사용한 것은 획기적인 시도였다. 재료의 유연성으로 인해 조인트나 접착제 없이도 자연스럽게 구부러진 형태로 구현되었다.

후속작인 북웜Bookworm 책장에서도 아라드의 기존의 디자인에서 보편적으로 해석되는 기능에 대한 도전은 이어졌다. 더 많은 책을 수용하기 위한 기능적인 형태로만 해석된 기존의 책장 디자인에서 벗어나 마치 벽에 설치된 아트 피스 같은 모습을 한 책장은, 가구가 단순히 공간에 놓이는 것을 넘어 공간과의 관계를 형성하며 사용자에게 의미 있는 장소로 변모시키려는 아라드의 비전을 보여주었다.

이와 같이, 아라드는 형태와 기능, 예술성과 실용성의 경계를 허무는 유연한 사고로 현대 디자인에 큰 영향을 미쳤으며, 이러한 그의 창의적인 생각과 실험적인 디자인 접근 방식은 RCA에서의 교육 활동을 통해 학생들에게 고스란히 전달되어 현시대 많은 젊은 디자이너들에게 큰 영향을 끼쳤다.

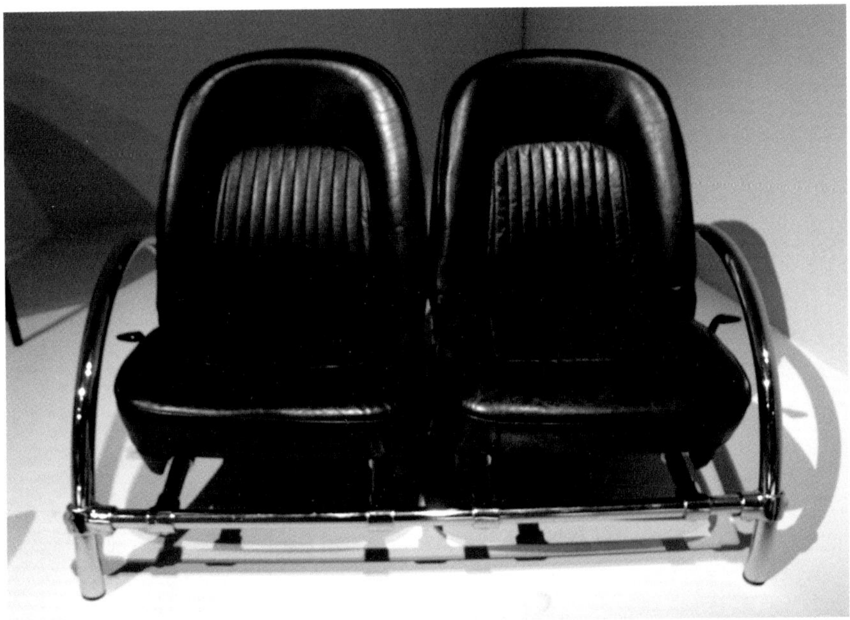

9147
론 아라드, Rover Two Seater, 1985, 파리 Centre Pompidou

Rover Chair는 아라드 특유의 아방가르드적 디자인 접근 방식을 보여준다. 버려진 자동차 시트를 기존과 다른 용도로 변경한 작품으로, 가치가 사라진 것에서 오히려 진정한 가치를 찾을 수 있다는 역설적인 표현을 통해 가구가 유용성을 넘어 문화와 논평의 매체가 될 수도 있음을 보여주었다. Rover Two Seater의 경우, Rover Chair의 개념적 틀을 그대로 유지하되, 두 명이 사용 가능하도록 확장한 디자인이다.

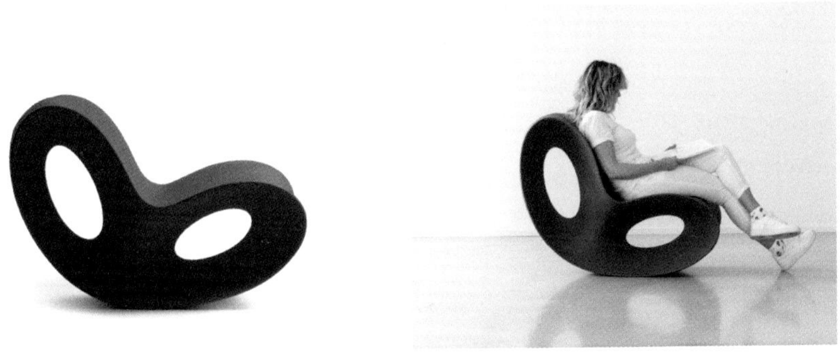

9148
론 아라드, Voido Rocking Chair, 2007, Magis

흔들의자의 형태는 시각적으로 즐거움을 제공할 분만 아니라 인체공학적으로 설계되어 편안함과 지지력을 함께 가진다.

9149
론 아라드, Raviolo Low Chair, 2011, Magis

실내와 실외의 다양한 상황에서 활용될 수 있는 소재를 적용한 실용적인 디자인이다. 아라드 특유의 아방가르드한 형태를 전시장을 넘어 일상생활에서도 경험할 수 있도록 디자인되었다.

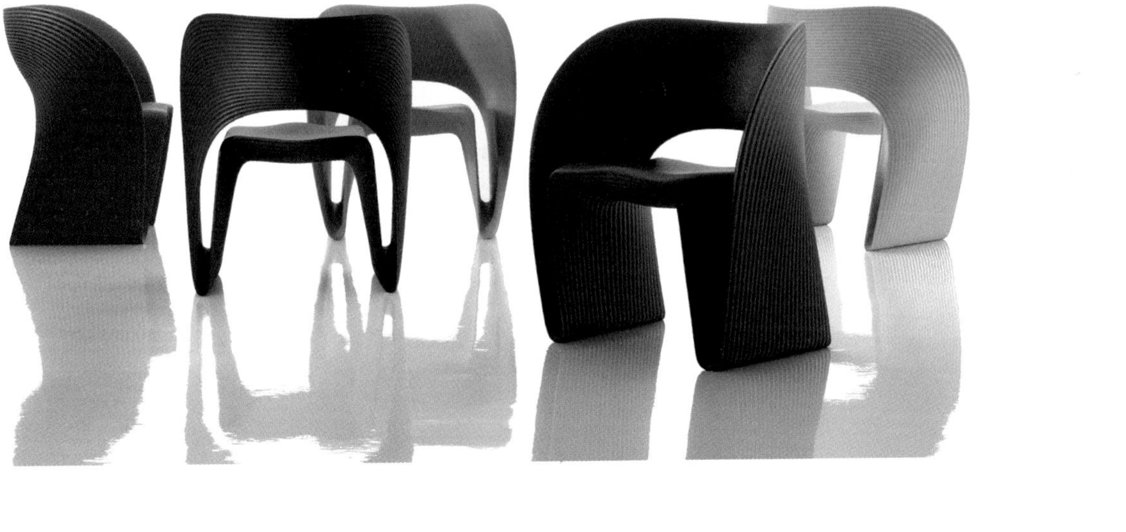

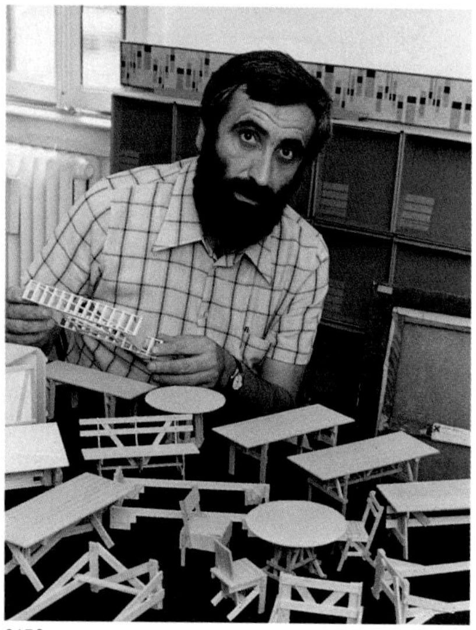

9150
엔조 마리 Enzo Mari

엔조 마리 Enzo Mari (1932~2020, 산업디자이너) 이탈리아

#윤리적책임 #인간중심적 #지속가능성 #기능적

"세상은 부자를 위해 설계되지 않았습니다." 엔조 마리의 디자인 철학을 보여주는 문장이다. 마리는 디자인은 심미적, 기능적 요구에 대한 부응을 넘어, 윤리적, 도덕적 발전에도 기여해야 함을 강조한다.

특히 디자이너가 본인이 디자인하는 사물에 대한 사회적 맥락을 이해하는 것과 지속 가능성에 대한 책임을 가지는 점을 중요시했다. 또한 디자인이 소비주의를 부추긴다는 비판의식을 가지고 있었으며, 실용적이며 내구성이 뛰어나고 세월이 흘러도 사용 가능한 디자인을 최선이라 생각하며 인간의 삶의 질을 향상시키는 디자인을 하기 위해 평생을 노력했다.

마리의 디자인 목표는 모두가 디자인에 쉽게 접근할 수 있도록 만드는 것이었으며, 이러한 그의 사상과 행보는 동시대 디자이너들에게 작품의 윤리적, 사회적, 환경적 영향을 고려한 사려 깊은 디자인의 중요성을 전파하는 교육 및 이론 구축에 큰 기여를 했다.

그의 디자인 철학이 잘 드러나 있는 대표적인 프로젝트로는 사용자가 기본 재료를 가지고 간단한 도구를 사용하여 완성할 수 있는 가구 컬렉션인 Autoprogettazione 시리즈가 있다. 이는 지금은 익숙한 DIY의 문화적 트렌드가 퍼지기 전인 1970년대 제시한 디자인으로, 자체 생산을 장려하고 무분별한 자원 사용과 소비자 습관의 영향에 대한 주의를 제시한 그의 생각이 담겨 있다. 여기에서 마리는 디자인이 단순히 형태를 만드는 것을 넘어 문화와 철학의 표현이라고 믿었고, 사용자와의 상호 작용을 중요시하였으며, 전통적인 소비 개념에 도전할 뿐만 아니라 사람들이 디자인 과정에 직접 참여하도록 하며 자립과 수작업의 가치를 확장시켰다.

그는 이러한 실험적인 디자인 외에도, 아르테미데Artemide, 아르텍Artec, 알레시Alessi 등을 포함한 세계적인 브랜드들과의 협업을 통해 본인의 철학을 담은 양산형 제품들을 선보였다. 그의 작업들은 대중에게 큰 호응을 얻었으며, 황금나침반Compasso d'Oro 수상을 비롯하여 유명 박물관과 갤러리에 전시되었다. 이와 같은 명성을 얻은 후에도 마리는 디자이너로서 누릴 수 있는 영광에 멈추지 않고, 디자인 산업에 대하여 지속적으로 비판을 이어갔다. 마리는 마지막까지 기존의 디자인이 나아가야 할 방향과 가져야 할 가치를 재고하였으며, 누구에게나 공평하고 윤리적인 디자인을 주장하는 디자이너이자 비평가, 비전가로서의 역할을 충실히 수행하며 평생을 바쳤다.

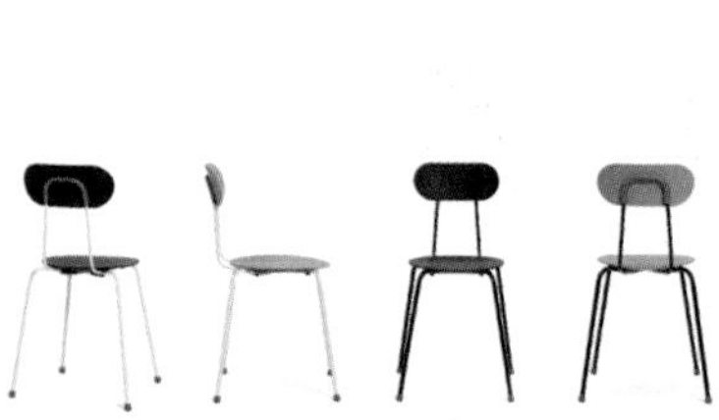

9151
엔조 마리, Mariolina Chair, 2002, Magis

마리의 디자인은 실용성을 기반으로 심플한 형태를 추구한다. Mariolina Chair는 마리가 생각하는 사물에 대한 소박함이라는 개념을 통해 단순하면서도 진정성 있는 아름다움이 무엇인지를 증명한다. 이 의자의 경우도 편의성, 내구성, 경제성 등 철저히 실용성과 관련된 디자인 요소들로 디자인되었으며, 특히 가벼운 무게로 이동하거나 쌓아두기가 용이한 디자인인 동시에 인체공학적이기도 하다.

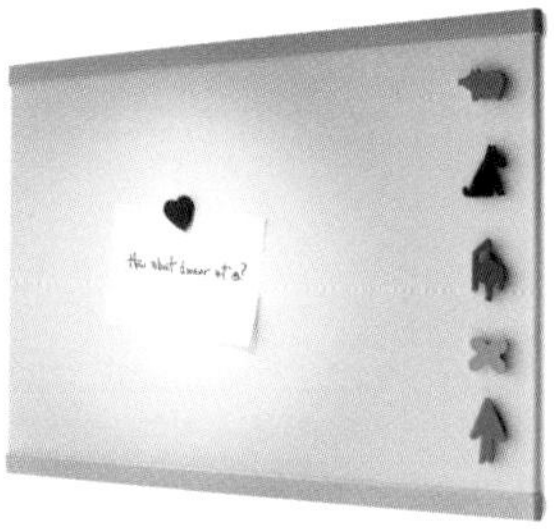

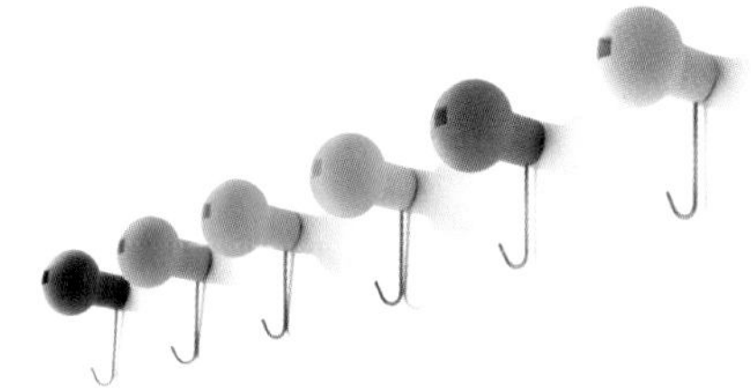

9152
엔조 마리, Memo, 2003, Magis

이 메모 보드는 기능에 충실한 심플한 형태를 가지고 있는 동시에, 시각적인 재미 또한 놓치지 않은 매력적인 디자인이다. 메모 보드가 공식적으로 출시 전 Magis 사무실에서 먼저 사용되었는데, 당시 사용자들에게 큰 인기를 얻어 2003년에 공식적으로 생산하여 시장에 선보였다.

9153
엔조 마리, Globe, 2001, Magis

심플하고 기능적인 콘셉트의 옷걸이이다. 전체적인 형태는 문 손잡이에서 모티프를 얻었다. 어찌 보면 단순할 수 있는 원형과 사각형의 상반되는 조형을 포지티브와 네거티브라는 반대의 형식으로 표현하여 심플하지만 지루하지 않게 표현했다.

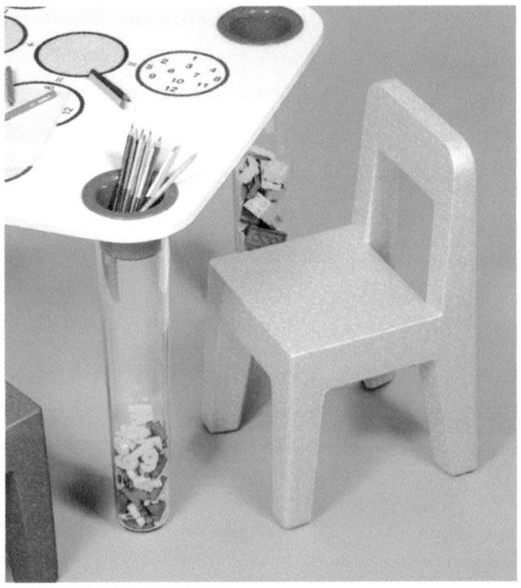

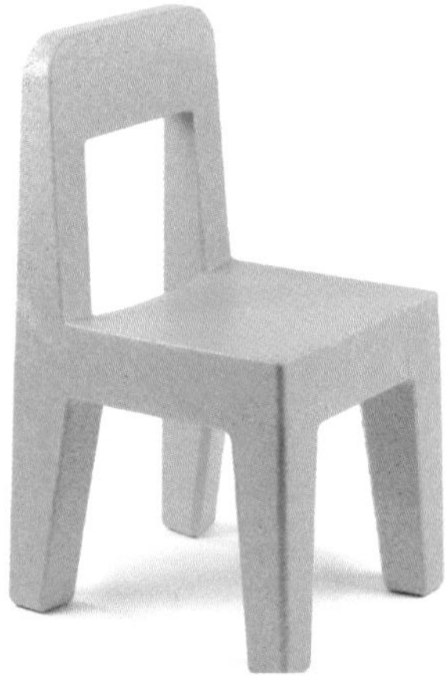

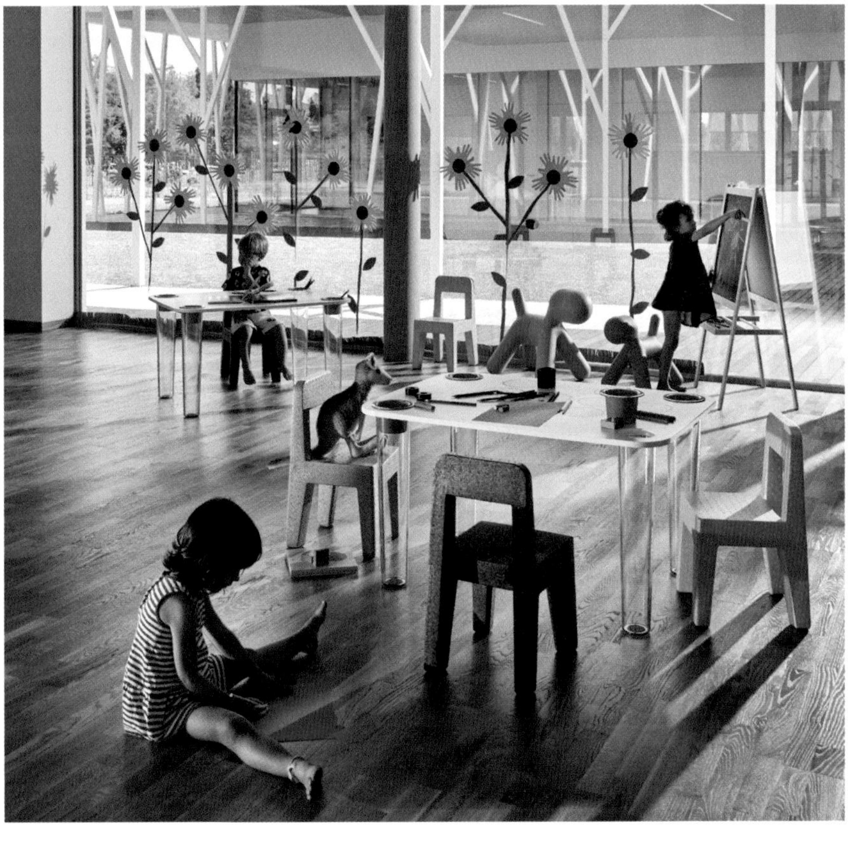

9154
엔조 마리, Seggiolina Pop, 2004, Magis

마리는 평생을 기능적이고 단순하며 사용자가 접근하기 쉬운 디자인 작품을 만드는 데에 전념했다. Seggiolina Pop 의자의 경우, 어린이가 가지는 기능적, 심미적 요구를 반영하여 놀이와 학습에 유용한 실용적이면서도 재미있는 디자인을 제공했다. 비비드한 색을 적용하여 단순한 형태에도 불구하고 어린이의 눈길을 사로잡기에 충분하며, 폴리프로필렌으로 제작되어 가볍고 내구성이 뛰어나며 쉽게 청소가 가능하다.

컨템포러리 디자인을 이해하기에 좋은 디자이너들 리스트

이름(영문)	이름(한글)	출생-사망	국적(태생)	활동 분야
Ingo Maurer	잉고 마우러	1932-현재	독일	조명디자이너
Enzo Mari	엔조 마리	1932-2020	이탈리아	산업디자이너
Pascal Mourgue	파스칼 무르그	1943-현재	프랑스	가구디자이너
Philippe Starck	필립 스탁	1949-현재	프랑스	산업디자이너
Peter Marino	피터 마리노	1949-현재	미국	건축가/디자이너
Zaha Hadid	자하 하디드	1950-2016	이라크	건축가
Ron Arad	론 아라드	1951-현재	이스라엘	산업디자이너
Stefano Giovannoni	스테파노 지오반노니	1954-현재	이탈리아	산업디자이너
Fukasawa Naoto	후카사와 나오토	1956-현재	일본	산업디자이너
Campana Brothers Humberto Campana, Fernando Campana	캄파나 형제	1953-현재 1961-2022	브라질	산업디자이너/가구디자이너
Ross Lovegrove	로스 러브그로브	1958-현재	영국	산업디자이너
Jasper Morrison	재스퍼 모리슨	1959-현재	영국	산업디자이너
Tom Dixon	톰 딕슨	1959-현재	영국	산업디자이너
Karim Rashid	카림 라시드	1960-현재	이집트	산업디자이너
Patricia Urquiola	파트리시아 우르키올라	1961-현재	스페인	디자이너/건축가
Ilse Crawford	일세 크로포드	1962-현재	영국	인테리어/가구디자이너
Marc Newson	마크 뉴슨	1963-현재	오스트레일리아	산업디자이너
Hella Jongerius	헬라 용에리위스	1963-현재	네덜란드	산업디자이너
Marcel Wanders	마르셀 반더스	1963-현재	네덜란드	산업디자이너
Jonathan Ive	조너선 아이브	1963-현재	영국	산업디자이너
Konstantin Grcic	콘스탄틴 그리치치	1965-현재	독일	산업디자이너
Matali Crasset	마탈리 크라세	1965-현재	프랑스	산업디자이너
Fabio Novembre	파비오 노벰브레	1966-현재	이탈리아	산업디자이너/건축가
Jean-Marie Massaud	장 마리 마소	1966-현재	프랑스	산업디자이너/건축가
Yves Behar	이브 베하르	1967-현재	스위스	산업디자이너
Kelly Wearstler	켈리 웨스틀러	1967-현재	미국	인테리어디자이너
Tokujin Yoshioka	도쿠진 요시오카	1967-현재	일본	산업디자이너
Rody Graumans	로디 그라우만스	1968-현재	네덜란드	산업디자이너
Tord Boontje	토르트 본체	1968-현재	네덜란드	산업디자이너
Thomas Heatherwick	토머스 헤더윅	1970-현재	영국	산업디자이너
Bouroullec Brothers Ronan Bouroullec Erwan Bouroullec	부훌렉 형제	1971-현재 1976-현재	프랑스	산업디자이너
Jaime Hayon	하이메 아욘	1974-현재	스페인	산업디자이너
ecoLogicStudio Claudia Pasquero Marco Poletto	이콜로직 스튜디오	1974-현재 1975-현재	이탈리아	디자이너/건축가
Bjarke Ingels	비야케 잉겔스	1974-현재	덴마크	건축가
Neri Oxman	네리 옥스만	1976-현재	이스라엘	디자이너/건축가
Sofia Lagerkvis Anna Lindgren	프런트	1976-현재 1977-현재	스웨덴	산업디자이너
Sato Oki	사토 오오키	1977-현재	일본	산업디자이너

참고문헌

개러스 윌리엄스 외 53인, 디자인북 : 세상을 바꾼 제품 디자인 500, 마로니에북스, 파이돈, 2018

구레사와 다케미, 서지수 역, 김용철 감수, 현대미술용어100, 안그라픽스, 2012

권명광, 안상수, 조영제, 이순종, 디자인 사전, 안그라픽스, 2000

니시카와 타카아키, 박유미 옮김, 명작 의자 유래 사전, 한스미디어, 2019

락시미 바스카란, 정무환 역, 한 권으로 읽는 20세기 디자인, 시공아트, 2007

레이몽 기도, 김호영 역, 현대 산업디자인의 역사, zipyun, 2008

리처드 홀리스, 문철 옮김, 그래픽 디자인의 역사, 시공사, 2000

박연실, 현대 디자인의 역사, 이담북스, 2014

샤롯 피터 피엘, 이경창. 조순익 역, 디자인의 역사, 시공문화사, 2015

스티븐 베일리, 손호철 옮김, 산업디자인의 역사, 열화당, 1985

안 보니, 박찬규 역, 디자인에 대해 알고 싶은 모든 것들, 다빈치, 2008

알랭 베유, 김소라 옮김, 그래픽 디자인, 시공사, 2008

앤 매시, 김주연 옮김, 20세기 인테리어 디자인, 시공사, 1998

에드워드 루시 스미드, 인더스트리얼 디자인의 역사, 디자인하우스, 1989

임종애, 이탈리아 브랜드 철학, 부즈펌, 2017

잉그리드 솜마르, 손주현, 이경래 옮김, 스칸디나비안 디자인, 비즈앤비즈, 2012

정시화, 산업디자인 150년, 미진사, 2002

조 스즈키, 전선영 옮김, 명품 가구의 비밀, 디자인 하우스, 2016

존 에이워커, 정진국 역, 디자인의 역사, 까치, 1995

존 헤스켓, 정무환 번역, 산업디자인의 역사, 시공아트, 2004

조나단 M. 우드햄, 박진아 역, 20세기 디자인, 시공사, 2007

최경원, 디자인 미학, 인물과사상사, 2023

최경원, 세상을 바꾼 디자인 명품 가구 40, 도트북, 2021

최경원, 일상이 명품이 되는 순간, 더블북, 2023

캐서린 맥더머트, 유정화 옮김, 20세기 디자인 컬렉션, 동녘, 2003

페니 스파크, 김난령 옮김, 디자인의 역사 20세기의 디자인 선구자들, 예경, 2004

페니 스파크, 이순혁 옮김, 20세기 디자인과 문화, 까치, 1995

페니 스파크, 이희명 역, 김상규 감수, 디자인의 탄생, 안그라픽스, 2023

페터 춤토르, 장택수 역, 분위기, 나무생각, 2013

프란츠 슐츠, 에드워드 빈트로르스트, 천장환 옮김, 미스 반 더 로에 건축과 생애, 엠지에이치북스, 2022

프랜시스 앰블러, 최다인 옮김, 미드센추리 모던 디자인 아이콘, 컴인, 2018

필립 윌킨스, 박수철 옮김, Great Designs, 시그마북스, 2014

Adam Richardson, The Death of the Designer, Design Issues , Vol. 9, No. 2, 1993

Craig Bremner. and Paul Rodgers, Design Without Discipline, Vol. 29, Design Issues, 2013

Dezeen, Campana brothers "would have disappeared" without Massimo Morozzi

https://www.dezeen.com/2014/05/20/campana-brothers-tribute-massismo-morozzi-edra/, 2014

강승연, 2017 헤럴드디자인포럼 젊은 거장 하이메 아욘

http://news.heraldcorp.com/view.php?ud=20171107000494, 2017

https://bouroullec.com

https://commons.wikimedia.org

https://edra.com

https://designmuseum.org

https://heatherwick.com

https://jaspermorrison.com

http://karimrashid.com

https://konstantin-grcic.com

https://knews.kathimerini.com.cy

https://magisdesign.com

https://marcelwanders.com

https://marc-newson.com

https://memphis.it

https://www.nathaliedupasquier.com

https://oxman.com

http://ronarad.co.uk

https://rosslovegrove.com

https://tokujin.com

https://tomdixon.net/en

https://commons.wikimedia.org

https://wikipedia.org

https://www.acollectedman.com/blogs/journal/interview-tom-dixon

그림 출처

다음 도판 사용에 흔쾌히 협조해준 개인 및 단체에게 감사의 뜻을 전한다.

01. 클래식 스타일

1001
Clock with pedestal, The Metropolitan Museum of Art, https://www.
metmuseum.org/art/collection/search/202114, Public domain

1002
Johann Melchior Dinglinger - Ceremonial Cup - Walters, Walters Art
Museum, https://commons.wikimedia.org/wiki/File:Johann_Melchi-
or_Dinglinger_-_Ceremonial_Cup_-_Walters_571994.jpg, CC BY-SA 3.0

1003
Armchair, Metropolitan Museum of Art, https://www.metmuseum.org/
art/collection/search/203747, Public Domain.

1004
Great Pyramid of Giza and Egyptian sky, L-BBE, https://en.wikipedia.
org/wiki/Art_of_ancient_Egypt#/media/File:Great_Pyramid_of_Giza_
and_Egyptian_sky.jpg, CC BY 3.0 DEED

1005
Statues of Prince Rahotep and Nofret:a circa 2613-2494 BC; Egyp-
tian museum at Cairo, ©Djehouty, https://en.wikipedia.org/wiki/
Art_of_ancient_Egypt#/media/File:%C3%84gyptisches_Museum_Kai-
ro_2016-03-29_Rahotep_Nofret_01.jpg, CC By-SA 4.0

1006
Parthenon, Athens Greece. Photo taken in 1978., Steve Swayne,
https://en.wikipedia.org/wiki/Parthenon#/media/File:The_Parthe-
non_in_Athens.jpg, CC BY-SA 2.0

1007
Laocoön and His Sons (Late Hellenistic), Vatican Museum, Marie-Lan
Nguyen, https://en.wikipedia.org/wiki/Ancient_Greek_art#/media/
File:Laocoon_Pio-Clementino_Inv1059-1064-1067.jpg, Public Domain.

1008
The Colosseum, Rome, c. 70-80 AD, Ringer, https://en.wikipedia.org/
wiki/Ancient_Roman_architecture#/media/File:Koloseo_Romano_2012.
jpg, CC BY-SA 4.0

1009
Hagia Sophia, Arild Vågen, https://en.wikipedia.org/wiki/Hagia_So-
phia#/media/File:Hagia_Sophia_Mars_2013.jpg, CC BY-SA 3.0

1010
The cathedral, with the Leaning Tower of Pisa, José Luiz Bernardes
Ribeiro, https://en.wikipedia.org/wiki/Pisa_Cathedral#/media/File:Ca-
thedral_and_Campanary_-_Pisa_2014_(2).JPG, CC BY-SA 3.0

1011
High Gothic west front, Reims Cathedral (1211-), ©Johan Bakker,
https://en.wikipedia.org/wiki/Gothic_architecture#/media/File:Fa-
cade_de_Notre_Dame_de_Reims.png, CC BY-SA 3.0

1012
The apse of the upper chapel, ©Oldmanisold, https://en.wikipedia.org/
wiki/Sainte-Chapelle#/media/File:Sainte_Chapelle_Interior_Stained_
Glass.jpg, CC BY-SA 4.0

1013
Sandro Botticelli, The Birth of Venus, c. 1485, Uffizi, Florence
Google Art Project, https://artsandculture.google.com/asset/MQEeq-
50LABEBVg, Public Domain

1014
Michelangelo, The Creation of Adam, c. 1511, from the Sistine Chapel
ceiling, ©Michelangelo, https://en.wikipedia.org/wiki/Renaissance_
art#/media/File:Creaci%C3%B3n_de_Ad%C3%A1m.jpg, Public Domain

1015
Mona Lisa or La Gioconda c. 1503-1516,[d 8] Louvre, Paris, ©Leonardo
da Vinci, https://en.wikipedia.org/wiki/Leonardo_da_Vinci#/media/
File:Mona_Lisa,_by_Leonardo_da_Vinci,_from_C2RMF_retouched.jpg,
Public Domain

1016
The dome of Florence Cathedral (the Basilica di Santa Maria del
Fiore), ©Yellow.Cat, https://www.flickr.com/photos/9084427@
N07/1622842169/, CC BY-SA 2.0

1017
Galerie des Glaces (Hall of Mirrors) in the Palace of Versailles,
Versailles, ©France. Myrabella, https://en.wikipedia.org/wiki/Pal-
ace_of_Versailles#/media/File:Chateau_Versailles_Galerie_des_Glaces.
jpg, CC BY-SA 3.0

1018
St Paul's Cathedral, London, UK, ©JackPease Photography, https://
www.flickr.com/photos/76253421@N04/15973184143, CC BY-SA 2.0
DEED(사진일부절삭)

1019
Resurrection Church of the Catherine Palace, ©Александровы АГ,
https://commons.wikimedia.org/wiki/File:8911.2._Resurrection_
Church_of_the_Catherine_Palace.jpg, CC BY-SA 4.0 DEED(사진일부절삭)

1020
Würzburg Residence, ©Kent Wang, https://www.flickr.com/pho-
tos/27454212@N00/52298169516, CC BY-SA 2.0 DEED(사진일부절삭)

1021
The north (top) and south (bottom) sides of the White House in Wash-
ington, D.C. ©Cezary p, https://en.wikipedia.org/wiki/White_House#/
media/File:White_House_north_and_south_sides.jpg, CC BY-SA 4.0
DEED(사진일부절삭)

1022
The Academy of Athens, ©Thomas Wolf, https://en.wikipedia.org/wiki/
Neoclassical_architecture#/media/File:Akademie_von_Athen.jpg, CC
BY-SA 3.0 DE DEED(사진일부절삭)

1023
Oath of the Horatii; by Jacques-Louis David; 1784; oil on canvas; 3.3 x
4.27 m; Louvre, ©Jacques-Louis David, https://en.wikipedia.org/wiki/
Neoclassicism#/media/File:Jacques-Louis_David,_Le_Serment_des_
Horaces.jpg, Public Domain

1024
Dining room from Lansdowne House, Metropolitan Museum of Art,
https://www.metmuseum.org/art/collection/search/196910, Public
Domain(사진밝기조정)

1025
Houses of Parliament, ©Terry Ott, https://www.flickr.com/photos/
terryott/52174876745/, CC BY 2.0 DEED(사진일부절삭)

1026
The rear (south) view of the Royal Albert Hall in Knightsbridge, London,
England. ©Diliff, https://commons.wikimedia.org/wiki/File:Royal_Al-
bert_Hall_Rear,_London,_England_-_Diliff.jpg, CC BY 3.0 DEED(사진
일부절삭)

1027
Jasmine by William Morris (1834-1896). Original from The MET Muse-
um. Digitally enhanced by rawpixel, Rawpixel Ltd, https://www.flickr.
com/photos/153584064@N07/45712442302, CC BY-SA 4.0

1028
Teapot, Metropolitan Museum of Art, https://www.metmuseum.org/
art/collection/search/823191, Public Domain

1029
Stairway of the Hôtel Tassel, ©Henry Townsend, https://en.wikipedia.
org/wiki/Victor_Horta#/media/File:Tassel_House_stairway.JPG, Public
Domain

1030
Spirit of Light or Spirit of Power, metal sculpture on the façade of the
Niagara Mohawk Building in Syracuse, N.Y. ©TRexEditorNJ,
https://en.wikipedia.org/wiki/Art_Deco#/media/File:Niagara_Mo-
hawk_Building_1.jpg, CC BY-SA 4.0

1031
LC2 Fauteuil Grand Confort petit modàle di Le Cobusier by Cassina Spa,
https://commons.wikimedia.org/wiki/File:LC2_Fauteuil_Grand_Con-
fort_petit_mod%C3%A4le_di_Le_Cobusier,_Pierre_Jeanneret,_Char-
lotte_Perriand.jpg CC BY-SA 4.0 DEED

1032
Memphis-Milano Movement, ©Zanone, https://commons.wikimedia.
org/wiki/File:Memphis-Milano_Movement.jpg, CC BY-SA 3.0

1033
Interior of theRoyal Chapel, ©Diliff, https://en.wikipedia.org/wiki/
Palace_of_Versailles#/media/File:Versailles_Chapel_-_July_2006_edit.
jpg, CC BY 2.5

1034
The Nave of St. Peter's Basilica in the Vatican (1735), oil on canvas,
©Giovanni Paolo Pannini, https://en.wikipedia.org/wiki/Giovanni_Pao-
lo_Panini#/media/File:St-peters-basilica-interior-pannini-1735.jpg,
Public Domain

1035
St Peter Basilica, ©Miwok, https://flickr.com/photos/11234074@
N05/24411164514, .CCO 1.0 DEED

1036
Dome of Saint Peter's Basilica, ©John Samuel, https://commons.wiki-
media.org/wiki/File:Dome_of_Saint_Peter%27s_Basilica_(interior)_06.
jpg, CC BY-SA 4.0 DEED

1037
Interior of Saint Peter's Basilica, Alf van Beem, https://commons.wiki-
media.org/wiki/File:St._Pieter_photo-15.JPG, CCO 1.0(사진밝기조정)

1038
Saint Peter's Basilica, the apse, showing the Catedra of St Peter
supported by four Doctors of the Church, and the Glory, designed
by Bernini, ©Vitold Muratov, https://en.wikipedia.org/wiki/St._Pe-
ter%27s_Basilica#/media/File:The_Chair_of_Saint_Peter_adjusted.JPG,
CC BY-SA 3.0(사진일부절삭)

1039
Galerie des Glaces (Hall of Mirrors) in the Palace of Versailles,
Versailles, France. ©Myrabella, https://en.wikipedia.org/wiki/Pal-
ace_of_Versailles#/media/File:Chateau_Versailles_Galerie_des_Glaces.
jpg, CC BY-SA 3.0

1040
Palace of Versailles, ©Dr Bob Hall, https://www.flickr.com/pho-
tos/33425911@N06/8427385579, CC BY-SA 2.0 Genetic

1041
The gilded cabinet of Marie-Antoinette, ©Myrabella, https://en.wikipe-
dia.org/wiki/Palace_of_Versailles#/media/File:Cabinet_dore_Marie-An-
toinette_Versailles.jpg, CC BUY-SA 3.0

1042
Étienne Le Hongre (Français, 1628-1690): Le Parterre d'Eau. G CHP,
https://en.wikipedia.org/wiki/Palace_of_Versailles#/media/File:Ver-
sailles-Chateau-Jardins02.jpg, CC BY-SA 2.5

1043
Salon of Mars, ©Michal Osmenda, https://en.wikipedia.org/wiki/
Palace_of_Versailles#/media/File:Chateau_de_Versailles,_France_
(8132698654).jpg, CC BY-SA 2.0

1044
Palace of Versailles Royal Chapel, ©Gary Todd, https://commons.wiki-
media.org/wiki/File:Palace_of_Versailles_Royal_Chapel_(28281918971).
jpg, Public Domain

1045
St Paul's Cathedral, London, UK, ©JackPease Photography, https://
www.flickr.com/photos/76253421@N04/15973184143, CC BY-SA 2.0
DEED(사진일부절삭)

1046
St Paul's Cathedral, ©Sean MacEntee, https://www.flickr.com/photos/
smemon/17137909440/, CC BY-SA 2.0 DEED(사인일부절삭)

1047
The Great Church of the Winter Palace in Saint Petersburg, ©Januari-
us-zick, https://commons.wikimedia.org/wiki/File:The_Great_Church_
of_the_Winter_Palace_in_Saint_Petersburg,_iconostasis.JPG, CC
BY-SA 4.0 DEED(사진일부절삭)

1048
The Winter Palace, from Palace Square, ©Alex Florstein Fedorov,
https://en.wikipedia.org/wiki/Winter_Palace#/media/File:Winter_Pal-
ace_Panorama_2.jpg, CC BY-SA 4.0 DEED(사진일부절삭)

1049
Katharinenpalast - Ballsaal, ©W. Bulach, https://en.wikipedia.org/wiki/
Catherine_Palace#/media/File:00_5113_Puschkin_(RUS)_-_Katharinen-
palast.jpg, CC BY-SA 4.0 DEED

1050
Государственный художественно-архитектурный дворцово-
рагковый музей-заповедник 'Царское Село': Пушкин, Пушкинский
район, ©Alexander2018, https://en.wikipedia.org/wiki/Catherine_Pal-
ace#/media/File:%D0%A6%D0%B0%D1%80%D1%81%D0%BA%
D0%BE%D0%B5_%D0%A1%D0%B5%D0%BB%D0%BE._%D0%9
5%D0%BA%D0%B0%D1%82%D0%B5%D1%80%D0%B8%D0%B-
D%D0%B8%D0%BD%D1%81%D0%BA%D0%B8%D0%B9_%D0%B4
%D0%B2%D0%BE%D1%80%D0%B5%D1%86_1.jpg, CC BY-SA 4.0
DEED(사진일부절삭)

1051
Chinese Blue Drawing Room of the Catherine Palace: Sadovaya Street,
7. Pushkin, Pushkinsky District, St. Petersburg. ©GAlexandrova,
https://commons.wikimedia.org/wiki/File:8927._Catherine_Palace_in_
Pushkin.jpg, CC BY-SA 4.0 DEED(사진일부절삭)

1052
Resurrection Church of the Catherine Palace, ©Александровы АГ,
https://commons.wikimedia.org/wiki/File:8911.2._Resurrection_
Church_of_the_Catherine_Palace.jpg, CC BY-SA 4.0 DEED(사진일부절삭)

1053
High Altar of the Residence Chapel, ©Würzburg, Zairon, https://
commons.wikimedia.org/wiki/File:W%C3%BCrzburg_Hofkirche_In-
nen_Hochaltar.JPG, CC BY-SA 3.0 DEED(사진일부절삭)

1054
Hofkirche in Würzburg, Blick von der Empore, ©Oktobersonne,
https://commons.wikimedia.org/wiki/File:HofkircheW%C3%BCrzbur-
gL1020488_(2).JPG, CC BY-SA 4.0 DEED(사진일부절삭)

1055
Würzburg Residence, ©Kent Wang, https://www.flickr.com/pho-
tos/27454212@N00/52298169516, CC BY-SA 2.0 DEED(사진일부절삭)

1056
Würzburg Residence, ©Gerd Eichmann, https://commons.wikimedia.
org/wiki/File:Wuerzburg-Residenz-Weisser_Saal-04-2007-gje.jpg, CC
BY-SA 4.0 DEED(사진일부절삭)

1057
Jacques-Louis David, Le Serment des Horaces, ©Jacques-Louis
David, https://en.wikipedia.org/wiki/Oath_of_the_Horatii#/media/File:-
Jacques-Louis_David,_Le_Serment_des_Horaces.jpg, Public Domain

1058
The north (top) and south (bottom) sides of the White House in Wash-
ington, D.C. ©Cezary p, https://en.wikipedia.org/wiki/White_House#/
media/File:White_House_north_and_south_sides.jpg, CC BY-SA 4.0
DEED(사진일부절삭)

1059
The north (top) and south (bottom) sides of the White House in Wash-
ington, D.C. ©MattWade, https://en.wikipedia.org/wiki/White_House#/
media/File:White_House_north_and_south_sides.jpg, CC BY-SA 4.0
DEED(사진일부절삭)

1060
The view of the eastern façade of Buckingham Palace and the Victoria
Memorial, seen from the gardens. ©Diliff, https://commons.wikimedia.
org/wiki/File:Buckingham_Palace_from_gardens,_London,_UK_-_Dil-
iff_(cropped).jpg, CC BY-SA 3.0 DEED(사진일부절삭)

1061
La façade de l'Altes Museum, Jean-Pierre Dalbéra, https://en.wiki-
pedia.org/wiki/Altes_Museum#/media/File:Altes_Museum_(Ber-
lin)_(6339770591).jpg, CC BY 2.0 DEED(사진일부절삭)

1062
Panthéon, Paris, France, ©Dietmar Rabich, https://commons.wikime-
dia.org/wiki/File:Paris,_Panth%C3%A9on_--_2014_--_1676.jpg, CC
BY-SA 4.0 DEED(사진일부절삭)

1063
Panthéon de Paris. ©Yair Haklai, https://commons.wikimedia.org/wiki/
File:Panth%C3%A9on-Paris.jpg, CC BY-SA 3.0 DEED(사진일부절삭)

1064
Panthéon, interieur (Classé), ©Peter Haas, https://commons.wikimedia.
org/wiki/File:Pantheon_Paris-DSC_1974w.jpg, CC BY-SA 3.0 DEED(
사진일부절삭)

1065
Pantheon wider centered,©Jplavoie, https://commons.wikimedia.org/
wiki/File:Pantheon_wider.jpg, CC BY-SA 3.0 DEED(사진일부절삭)

1066
The Academy of Athens, ©Thomas Wolf, https://en.wikipedia.org/wiki/
Neoclassical_architecture#/media/File:Akademie_von_Athen.jpg, CC
BY-SA 3.0 DE DEED(사진일부절삭)

1067
The Academy of Athens, ©C messier, https://en.wikipedia.org/wiki/
Academy_of_Athens_(modern)#/media/File:%CE%91%CE%BA%CE%
B1%CE%B4%CE%B7%CE%BC%CE%AF%CE%B1_%CE%91%CE%B8
%CE%B7%CE%BD%CF%8E%CE%BD_5242-1.jpg, CC BY-SA 4.0 DE
DEED(사진일부절삭)

1068
US Capitol, west side, ©Martin Falbisoner, https://en.wikipedia.org/
wiki/United_States_Capitol#/media/File:US_Capitol_west_side.JPG,
CC BY-SA 3.0 DE DEED(사진일부절삭)

1069
United States Capitol rotunda, ©Base64, https://commons.wikimedia.
org/wiki/File:United_States_Capitol_rotunda.jpg, CC BY-SA 3.0 DE
DEED(사진일부절삭)

1070
A Private View at the Royal Academy, 1881, ©William Powell Frith,
https://en.wikipedia.org/wiki/William_Powell_Frith#/media/File:-
Frith_A_Private_View.jpg, Public Domain
1071
Houses of Parliament, St. Stephen's Hall(Interior), London, England,
https://loc.gov/pictures/resource/ppmsc.08561/, Public Domain.

1072
St Stephens Hall, Palace of Westminster, ©Tristan Surtel, https://
commons.wikimedia.org/wiki/File:St_Stephens_Hall,_Palace_of_West-
minster.jpg, CC BY 4.0 DEED(사진일부절삭)

1073
Houses of Parliament, ©Terry Ott, https://www.flickr.com/photos/
terryott/52174876745/, CC BY 2.0 DEED(사진일부절삭)

1074
The rear (south) view of the Royal Albert Hall in Knightsbridge, London,
England., ©Diliff, https://commons.wikimedia.org/wiki/File:Royal_Al-
bert_Hall_Rear,_London,_England_-_Diliff.jpg, CC BY 3.0 DEED(사진
일부절삭)

1075
Royal Albert Hall - Gallery Central View, ©Colin, https://commons.
wikimedia.org/wiki/File:Royal_Albert_Hall_-_Gallery_Central_View.jpg,
CC BY 4.0 DEED(사진일부절삭)

1076
Painted Ladies San Francisco January 2013 panorama, ©King of Hearts,
https://commons.wikimedia.org/wiki/File:Painted_Ladies_San_Francis-
co_January_2013_panorama_2.jpg, CC BY 3.0 DEED(사진일부절삭)

1077
Eureka, California - Carson Mansion, ©Joe Mabel, https://commons.
wikimedia.org/wiki/File:Eureka,_California_-_Carson_Mansion_03.jpg,
CC BY 4.0 DEED(사진일부절삭)

1078
A view across the gardens to the Palm House in Kew Gardens, in
London, England. ©Diliff, https://en.wikipedia.org/wiki/Palm_House,_
Kew_Gardens#/media/File:Kew_Gardens_Palm_House,_London_-_
July_2009.jpg,, CC BY 3.0 DEED(사진일부절삭)

1079
Manchester town hall, ©Mark Andrew, https://en.wikipedia.org/wiki/
Manchester_Town_Hall#/media/File:Manchester_Town_Hall_from_
Lloyd_St.jpg, CC BY-SA 2.0(사진일부절삭)

1080
Manchester City Hall Great Hall, ©Michael D Beckwith, https://com-
mons.wikimedia.org/wiki/File:Manchester_City_Hall_Great_Hall_Foyer.
jpg, CC BY-SA 3.0 DEED(사진일부절삭)

1081
Manchester Town Hall Corridor, ©Michael D Beckwith, https://
commons.wikimedia.org/wiki/File:Manchester_Town_Hall_Corri-
dor_(49036494328).jpg, CCO 1.0, Public Domain.

1082
Victoria and Albert Museum, ©Paul Hudson, https://www.flickr.com/
photos/pahudson/48971355212/, CC BY 2.0 DEED(사진일부절삭))

1083
Victoria & Albert Museum Entrance, ©Diliff, https://commons.
wikimedia.org/wiki/File:Victoria_%26_Albert_Museum_Entrance,_Lon-
don,_UK_-_Diliff.jpg, CC BY-SA 3.0 DEED(사진일부절삭)

1084
Wall Clock; Attributed to André-Charles Boulle (French, 1642 - 1732,
master before 1666); Paris, France; about 1710; Gilt bronze; blue-paint-
ed horn; enameled, J. Paul Getty Museum metal.https://en.wikipedia.
org/wiki/Andr%C3%A9-Charles_Boulle#/media/File:Getty_Museum_
Wall_Clock_Andr%C3%A9-Charles_Boulle.jpg, Public Domain

1085
Death of King Gustav II Adolf of Sweden at the Battle of Lützen,
Sweden National Museum, https://collection.nationalmuseum.se/eMP/
eMuseumPlus?service=ExternalInterface&module=collection&objec-
tId=18031&viewType=detailView, Public Domain

1086
The Battle of Marston Moor, 1644, Cheltenham Art Gallery and;
Museums

1087
Portrait of Isaac Newton, ©Godfrey Kneller, https://en.wikipedia.org/
wiki/Isaac_Newton#/media/File:Portrait_of_Sir_Isaac_Newton,_1689_
(brightened).jpg, Public Domain

1088
Judith Beheading Holofernes, 1599-1602, Galleria Nazionale d'Arte
Antica, Rome, Caravaggio, http://www.allartpainting.com/judith-be-
heading-holofernes-p-1534.html, Public Domain

1089
Dutch Ships in a Calm Sea, c. 1665, Rijksmuseum Amsterdam, https://
en.wikipedia.org/wiki/Willem_van_de_Velde_the_Younger#/media/
File:Willem_van_de_Velde_II_-_Dutch_men-o'-war_and_other_ship-
ping_in_a_calm.jpg, Public Domain

1090
Louis XIV of France, Hyacinthe Rigaud, https://en.wikipedia.org/wiki/
Louis_XIV#/media/File:Louis_XIV_of_France.jpg, Public Domain

1091
Immanuel Kant, Store norske leksikon, https://snl.no/Immanuel_Kant,
Public Domain

1092
https://en.wikipedia.org/wiki/Industrial_Revolution#/media/File:Hart-
mann_Maschinenhalle_1868_(01).jpg, Public Domain

1093
John Trumbull's painting, Declaration of Independence, depicting the
five-man drafting committee of the Declaration of Independence pre-
senting their work to the Congress. John Trumbull, US Capitol, https://
en.wikipedia.org/wiki/American_Revolution#/media/File:Declaration_
of_Independence_(1819),_by_John_Trumbull.jpg, Public Domain

1094
J. S. Bach holding his Riddle Canon, https://en.wikipedia.org/wiki/
Elias_Gottlob_Haussmann#/media/File:Johann_Sebastian_Bach.png,
Public Domain

1095
The East Offering its Riches to Britannia - Roma Spiridone, 1778,
Spyridon Romas, https://en.wikipedia.org/wiki/East_India_Company#/
media/File:The_East_offering_its_riches_to_Britannia_-_Roma_Spiri-
done,_1778_-_BL_Foster_245.jpg, CCO

1096
Liberty Leading the People, Erich Lessing Culture and Fine Arts
Archives via artsy.net, https://www.artsy.net/artwork/eugene-vic-
tor-ferdinand-delacroix-eugene-delacroix-la-liberte-guidant-le-peu-
ple-liberty-leading-the-people, Public Domain

1097
French; Commode; Woodwork-Furniture, Metropolitan Museum of Art,
https://en.wikipedia.org/wiki/Andr%C3%A9-Charles_Boulle#/media/
File:Commode_MET_DP108742.jpg, CCO.

1098
French; Commode; Woodwork-Furniture, Metropolitan Museum of Art,
https://en.wikipedia.org/wiki/Andr%C3%A9-Charles_Boulle#/media/
File:Commode_MET_DP108733.jpg, CCO.

1099
French; Commode; Woodwork-Furniture, Metropolitan Museum of Art,
https://en.wikipedia.org/wiki/Andr%C3%A9-Charles_Boulle#/media/
File:Commode_MET_DP108734.jpg, CCO.

1100
French, Paris; Clock with pedestal; Horology, Metropolitan Museum
of Art, https://en.wikipedia.org/wiki/Andr%C3%A9-Charles_Boulle#/
media/File:Clock_with_pedestal_MET_DP214850.jpg, CCO.

1101
Table Clock, The Art Institute of Chicago, https://www.artic.edu/
artworks/156887/table-clock, CCO.

1102
Jacques Thuret (1669-1738) Clockmaker (Attributed to) Andre-Charles
Boulle (1642-1732) Casemaker (Attributed to) Ebony, Tortoiseshell, and
Brass Barometer Mantel Clock, ©Michael Bodycomb, https://en.wiki-
pedia.org/wiki/Andr%C3%A9-Charles_Boulle#/media/File:Barome-
ter_Clock_(Boulle)_Front.jpg, CC BY-SA 4.0

1103
Coffer, The Art Institute of Chicago, https://www.artic.edu/art-
works/156442/coffer, CCO.

1104
The Large Drawing Room with Boulle's works, ©M.chohan, https://
en.wikipedia.org/wiki/Andr%C3%A9-Charles_Boulle#/media/File:Wal-
lace_Collection_Large_Drawing_Room.jpg, Public Domain.

1105
Cabinet on Stand, The J. Paul Getty Museum, Los Angeles, https://
en.wikipedia.org/wiki/Andr%C3%A9-Charles_Boulle#/media/
File:A_cabinet-on-stand_attributed_to_Andr%C3%A9-Charles_Boul-
le_at_the_Getty_Museum.jpg, Public Domain

1106
Johann Melchior Dinglinger (1664-1731) Troon van de grootmogul
Aureng Zeb Grünes Gewölbe Dresden 21-10-2018, ©Paul Hermans,
https://commons.wikimedia.org/wiki/File:Johann_Melchior_Dinglinger_
(1664-1731)_Troon_van_de_grootmogul_Aureng_Zeb_Gr%C3%BCnes_
Gew%C3%B6lbe_Dresden_21-10-2018.jpg, CC BY-SA 4.0 DEED

1107
Dresde - Château de la Résidence - Voûte Verte, ©Nicolas Vollmer,
https://www.flickr.com/photos/91094471@N02/31763140525, CCO

1108
Hist. Exponat, Schlossmuseum Gotha, Schloss Friedenstein Elefant,
aus der Werkstatt von Johann Melchior Dinglinger, Dresden, um
1710/20, seit 1728 in der Kunstkammer Gotha nachweisbar. ©Peter
Schmelzle, https://commons.wikimedia.org/wiki/File:Gotha-expon-
ate-003.jpg, CC BY-SA 3.0 DEED

1109
Loving cup with cover, Metropolitan Museum of Art, https://www.metmuseum.org/art/collection/search/195267, Public Domain

1110
Two-Handled Cup and Cover, The Art Institute of Chicago, https://www.artic.edu/artworks/47965/two-handled-cup-and-cover, CCO

1111
Teakettle and spirit lamp with stand, Metropolitan Museum of Art, https://www.metmuseum.org/art/collection/search/202056, Public Domain

1112
Coffeepot, Metropolitan Museum of Art, https://www.metmuseum.org/art/collection/search/195268, Public Domain

1113
Tureen, Metropolitan Museum of Art, https://www.metmuseum.org/art/collection/search/200583, Public Domain

1114
Three-light candelabra, Metropolitan Museum of Art, https://www.metmuseum.org/art/collection/search/234099, Public Domain

1115
Allegory of Touch, The Walter Art Museum, https://art.thewalters.org/detail/6559/allegory-of-touch/, CCO.

1116
Allegory of Touch, The Walter Art Museum, https://art.thewalters.org/detail/10875/allegory-of-taste/, CCO.

1117
Commedia dell'arte figurines, ©Sean Pathasema, https://en.wikipedia.org/wiki/Johann_Joachim_K%C3%A4ndler#/media/File:Meissen-Group-JohannKaendler-BMA.jpg, CC BY 3.0.(사진일부절삭)

1118
Meissen Porcelain Chandelier, ©Rauantiques, https://commons.wikimedia.org/wiki/File:Meissen_Porcelain_Chandelier.jpg, CC BY 4.0.(사진일부절삭)

1119
Pair of Covered Vases, The Cleveland Museum of Art, https://www.clevelandart.org/art/1944.229, CCO.

1120
Meissen porcelain 017, ©JoJan, https://commons.wikimedia.org/wiki/File:Meissen_porcelain_017.JPG, CC BY 3.0.(사진일부절삭)

1121
Pier table (one of a pair) c. 1779, giltwood with marble and scagliola top - Gallery - Harewood House, Daderot, https://en.wikipedia.org/wiki/Thomas_Chippendale#/media/File:Pier_table_by_Thomas_Chippendale,_c._1779,_giltwood_with_marble_and_scagliola_top_-_Gallery_-_Harewood_House_-_West_Yorkshire,_England_-_DSC01985.jpg, Public Domain

1122
Armchair, Metropolitan Museum of Art, https://www.metmuseum.org/art/collection/search/203747, Public Domain

1123
Armchair, The Art Institute of Chicago, https://www.artic.edu/artworks/234450/armchair, CCO.

1124
Dressing Commode with Three Graces, late 1700s, marquetry on satinwood with rosewood insets - Yellow Drawing Room - Harewood House, Daderot, https://en.wikipedia.org/wiki/Thomas_Chippendale#/media/File:Dressing_Commode_with_Three_Graces,_Chippendale,_late_1700s,_marquetry_on_satinwood_with_rosewood_insets_-_Yellow_Drawing_Room_-_Harewood_House_-_West_Yorkshire,_England_-_DSC01891.jpg, Public Domain

1125
Pedestal and urn (one of a pair), mid 1700s, for use as a plate warmer - State Dining Room - Harewood House, Daderot, https://en.wikipedia.org/wiki/Thomas_Chippendale#/media/File:Pedestal_and_urn,_by_Thomas_Chippendale,_mid_1700s,_for_use_as_a_plate_warmer_-_State_Dining_Room_-_Harewood_House_-_West_Yorkshire,_England_-_DSC02026.jpg, Public Domain

1126
Longcase clock, Metropolitan Museum of Art, https://www.metmuseum.org/art/collection/search/206322, Public Domain

1127
Diana and Minerva Commode, 1773, mahogany and exotic woods, State Bedroom - Harewood House, Daderot, https://en.wikipedia.org/wiki/Thomas_Chippendale#/media/File:Diana_and_Minerva_Commode_by_Thomas_Chippendale,_1773,_mahogany_and_exotic_woods,_State_Bedroom_-_Harewood_House_-_West_Yorkshire,_England_-_DSC01815.jpg, Public Domain

1128
Mechanical table, Metropolitan Museum of Art, https://www.metmuseum.org/art/collection/search/206976, Public Domain

1129
Rare bureau à cylindre en marqueterie toutes faces, réalisé d'après le modèle exécuté par Oeben puis Riesener pour le roi Louis XV à Versailles. OBEROSA MIRABILIA di Enzo Favaro, https://www.flickr.com/photos/moskowa/51847523116/in/photolist-mEjm61-bCTTZ4-bpY-WHQ-bpYWDE-2mZBKjZ-U8X5i3-TMXa7u-2mekfFA-2mZA7hB-2mZ-v88k-2mZv88f-2mZA7hw-2mZA7a7-T6xm1q-UnW5Fi-2mZA7hm-TScRR3-UqD9yb, CCO.

1130
Corner Cupboard (encoignure), getty museum collection, https://www.getty.edu/art/collection/object/105X5B, Public Domain.

1131
The practical book of period furniture, treating of furniture of the English, American colonial and post-colonial and principal French periods, Eberlein, Harold Donaldson:, https://archive.org/details/practicalbookofp00eber/page/n292/mode/1up?view=theater, Public Domain

1132
Pair of Side Chairs, Chicago Art Institute, https://www.artic.edu/artworks/89630/pair-of-side-chairs, CCO.

1133
Dining room from Lansdowne House, Metropolitan Museum of Art, https://www.metmuseum.org/art/collection/search/196910, Public Domain(사진밝기조정)

1134
Dining room from Lansdowne House, Metropolitan Museum of Art, https://www.metmuseum.org/art/collection/search/196910, Public Domain

1135
Robert Adam & his brothers: their lives, work & influence on English architecture, decoration and furniture,Internet Archive Book Images, https://archive.org/details/robertadamhisbro1915swar/page/99/mode/1up?view=theater, CCO 1.0

1136
Console table from Croome Court, Worcestershire, Metropolitan Museum of Art, https://www.metmuseum.org/art/collection/search/204537, Public Domain

1137
Tapestry Room from Croome Court, Metropolitan Museum of Art, https://www.metmuseum.org/art/collection/search/209329, Public Domain

1138
Tapestry Room from Croome Court, Metropolitan Museum of Art, https://www.metmuseum.org/art/collection/search/209329, Public Domain

1139
Portland Vase Copy-Wedgwood (circa 1789), Sean Pathasema, https://en.wikipedia.org/wiki/Josiah_Wedgwood#/media/File:PortlandVase-Copy-Wedgwood-BMA.jpg, CC BY-SA 3.0

1140
Covered Vase (one of a pair), The Cleveland Museum of Art, https://www.clevelandart.org/art/1951.300, CCO 1.0

1141
Borghese Vase, The Art Institute of Chicago, https://www.artic.edu/artworks/63533/borghese-vase, Public Domain

1142
Plate, The Art Institute of Chicago, https://www.artic.edu/artworks/15012/plate, Public Domain

1143
Teapot Stand, The Art Institute of Chicago, https://www.artic.edu/artworks/15014/teapot-stand, Public Domain

1144
Pilgrim bottle (one of a pair), The Metropolitan Museum of Art, https://www.metmuseum.org/art/collection/search/824736, Public Domain

1145
Coffeepot, The Metropolitan Museum of Art, https://www.metmuseum.org/art/collection/search/207694, Public Domain

1146
Victorian Silver-Gilt Salt Cellars by R. & S. Garrard. Hallmarked London, 1844, Rauantiques, https://en.wikipedia.org/wiki/Garrard_%26_Co#/media/File:Salt_Cellars_by_R._&_S._Garrard.jpg, CC BY-SA 4.0

1147
Taperstand (part of a set), Metropolitan Museum of Art, https://www.metmuseum.org/art/collection/search/207281, Public Domain

1148
Inkwell (part of a set), Metropolitan Museum of Art, https://www.metmuseum.org/art/collection/search/875735, Public domain

1149
Sideboard, The Art Institute of Chicago, https://www.artic.edu/artworks/186047/sideboard, Public Domain

1150
The Opening of the Stockton & Darlington Railway in 1825 by J.R. Brown, https://en.wikipedia.org/wiki/Train#/media/File:Stockton_&_Darlington_Railway_(Brown_via_Getty_Images).jpg, Public Domain

1151
Photograph of Charles Darwin, Charles_Darwin, https://en.wikipedia.org/wiki/Charles_Darwin#/media/File:Charles_Darwin_seated_crop.jpg, Public Domain

1152
Portrait of Karl Marx, ©John Jabez Edwin Mayal, https://en.wikipedia.org/wiki/Karl_Marx#/media/File:Karl_Marx_001.jpg, Public Domain

1153
English portrait photographer in his studio, 1850s, Author unknown. https://commons.wikimedia.org/wiki/File:Photographer1850s.png, Public Domain

1154
Der Wanderer über dem Nebelmeer, Caspar David Friedrich, https://en.wikipedia.org/wiki/Wanderer_above_the_Sea_of_Fog#/media/File:Caspar_David_Friedrich_-_Wanderer_above_the_Sea_of_Fog.jpeg, Public Domain

1155
Bonjour, Monsieur Courbet, Gustave Courbet, https://www.museefabre.fr/la-rencontre-ou-bonjour-monsieur-courbet, Public Domain

1156
Impression, Sunrise, Claude Monet, https://en.wikipedia.org/wiki/Impressionism#/media/File:Claude_Monet,_Impression,_soleil_levant.jpg, Public Domain

1157
The Starry Night, Vincent van Gogh, Museum of Modern Art, https://en.wikipedia.org/wiki/Vincent_van_Gogh#/media/File:VanGogh-starry_night_ballance1.jpg, Public Domain

1158
Still Life with a Curtain, Hermitage Torrent, https://en.wikipedia.org/wiki/Paul_C%C3%A9zanne#/media/File:C%C3%A9zanne,_Paul_-_Still_Life_with_a_Curtain.jpg, Public Domain

1159
Beethoven with the manuscript of the Missa solemnis, Joseph Karl Stieler, https://en.wikipedia.org/wiki/Ludwig_van_Beethoven#/media/File:Joseph_Karl_Stieler's_Beethoven_mit_dem_Manuskript_der_Missa_solemnis.jpg, Public Domain(사진밝기조정)

1160
Sofa, Metropolitan Museum of Art, https://www.metmuseum.org/art/collection/search/7586, Public Domain

1161
Arm Chair, Metropolitan Museum of Art, https://www.metmuseum.org/art/collection/search/261, Public Domain

1162
Center table, Metropolitan Museum of Art,, https://www.metmuseum.org/art/collection/search/2251, Public Domain

1063
Panthéon de Paris. Yair Haklai, https://commons.wikimedia.org/wiki/File:Panth%C3%A9on-Paris.jpg, CC BY-SA 3.0 DEED(사진일부절삭,밝기조정)

1164
Drawing Room Cabinet, The Art Institute of Chicago, https://www.artic.edu/artworks/120412/drawing-room-cabinet, Public Domain

1165
Sideboard known as the Pericles dressoir, Bruce James Talbert, https://www.metmuseum.org/art/collection/search/658675, Public Domain

1166
The Chevy Chase Sideboard by Gerrard Robinson. Often considered to be one of the finest furniture pieces of the 19th century and an icon of Victorian furniture, ©Catcul, https://en.wikipedia.org/wiki/Victorian_decorative_arts#/media/File:Chevy_Chase_Sideboard.png, CC BY-SA 4.0

1167
Armchair, The Art Institute of Chicago, https://www.artic.edu/artworks/144675/armchair, Public Domain

1168
Cabinet, The Art Institute of Chicago, https://www.artic.edu/artworks/105105/cabinet, Public Domain

1169
"Belmead" Center table, The Art Institute of Chicago, https://www.artic.edu/artworks/156073/belmead-center-table, Public Domain

1170
Armchair, The Art Institute of Chicago, https://www.artic.edu/artworks/150060/armchair, Public Domain

1171
Armchair, The Art Institute of Chicago, https://www.artic.edu/artworks/105465/armchair, Public Domain

1172
Chair, Cooper Hewitt, Smithsonian Design Museum,, https://www.si.edu/object/chair:saam_1970.42.1, CCO

1173
Side Chair, The Metropolitan Museum of Art, https://www.metmuseum.org/art/collection/search/16902, Public Domain

1174
Side Chair, The Metropolitan Museum of Art, https://www.metmuseum.org/art/collection/search/15593, Public Domain

1175
Side Chair, The Metropolitan Museum of Art, https://www.metmuseum.org/art/collection/search/1894, Public Domain

1176
Side Chair, The Art Institute of Chicago, https://www.artic.edu/artworks/90204/side-chair, Public Domain

1177
armchair, Cooper Hewitt, Smithsonian Design Museum, https://www.si.edu/object/armchair:chndm_2009-45-2, CCO

1178
Chair, Cooper Hewitt, Smithsonian Design Museum,, https://www.si.edu/object/chair:chndm_1997-133-1, CCO

1179
Sofa, Metropolitan Museum of Art, https://www.metmuseum.org/art/collection/search/7595, Public Domain

1180
Pier Table, Metropolitan Museum of Art, https://www.metmuseum.org/art/collection/search/5638, Public Domain

1181
Cylinder Desk and Bookcase, Metropolitan Museum of Art, https://www.metmuseum.org/art/collection/search/3159, Public Domain

1182
Couch, Metropolitan Museum of Art, https://www.metmuseum.org/art/collection/search/7604, Public Domain

1183
Box Sofa, The Art Institute of Chicago, https://www.artic.edu/artworks/158977/box-sofa, Public Domain

1184
Pier Table in the Neo-Classical Taste, Metropolitan Museum of Art, https://www.metmuseum.org/art/collection/search/21582, Public Domain

1185
Side chair, The Art Institute of Chicago, https://www.artic.edu/artworks/154050/side-chair, Public Domain

1186
Armchair, The Art Institute of Chicago, https://www.artic.edu/artworks/33047/armchair, Public Domain

1187
저자소장사진

1188
Chair, Bjørgli, ©Annar, https://www.nasjonalmuseet.no/en/collection/object/OK-15059B, CC BY-SA 4.0

1189
Armchair, The Art Institute of Chicago, https://www.artic.edu/artworks/145683/armchair, Public Domain

1190
Side Chair, Metropolitan Museum of Art, https://www.metmuseum.org/art/collection/search/1772, Public Domain

1191
Vase, 1869-72, salt-glazed Lambeth stoneware with incised and relief decoration., Doulton Pottery and Porcelain Company, https://en.wikipedia.org/wiki/Royal_Doulton#/media/File:Jug_(England),_1869%E2%80%9372_(CH_18609557)_(cropped).jpg, Public Domain

1192
Flask with Squirrels, Los Angeles County Museum of Art, https://collections.lacma.org/node/203504, Public Domain

1193
Moon flask, Metropolitan Museum of Art, https://www.metmuseum.org/art/collection/search/770917, Public Domain

1194
Vase, Metropolitan Museum of Art, https://www.metmuseum.org/art/collection/search/239488, Public Domain

1195
Vase, Metropolitan Museum of Art, https://www.metmuseum.org/art/collection/search/239506, Public Domain

1196
Vase with Slender Neck, Los Angeles County Museum of Art, https://collections.lacma.org/node/203528, Public Domain

1197
Plate, Metropolitan Museum of Art, https://www.metmuseum.org/art/collection/search/487291, Public Domain

1198
Vase, The Art Institute of Chicago, https://www.artic.edu/artworks/63520/vase, Public Domain

1199
Vase, The Art Institute of Chicago, https://www.artic.edu/artworks/40259/vase, Public Domain

1200
Side Chair, Metropolitan Museum of Art, https://www.metmuseum.org/art/collection/search/1684, Public Domain

1201
Armchair, Metropolitan Museum of Art, https://www.metmuseum.org/art/collection/search/236, Public Domain

1202
Chair, Metropolitan Museum of Art, https://www.metmuseum.org/art/collection/search/20477, Public Domain

1203
Armchair, Metropolitan Museum of Art, https://www.metmuseum.org/art/collection/search/237, Public Domain

1204
Center Table, Metropolitan Museum of Art, https://www.metmuseum.org/art/collection/search/1529, Public Domain

1205
Mantel clock (ca. 1870), Bruce James Talbert, https://en.wikipedia.org/wiki/Bruce_James_Talbert#/media/File:Mantel_clock_frame_MET_DP-12252-022.jpg, CCO

1206
Shelf Clock, The Art Institute of Chicago,, https://www.artic.edu/artworks/203811/shelf-clock, Public Domain

1207
Lighthouse Clock, The Art Institute of Chicago, https://www.artic.edu/artworks/148047/lighthouse-clock, Public Domain

1208
Tall Case Clock, The Art Institute of Chicago, https://www.artic.edu/artworks/145682/tall-case-clock, Public Domain

1209
Side table, Metropolitan Museum of Art, https://www.metmuseum.org/art/collection/search/207962, Public Domain

1210
Armchair, Metropolitan Museum of Art, https://www.metmuseum.org/art/collection/search/207673, Public Domain

1211
Sideboard, The Art Institute of Chicago, https://www.artic.edu/artworks/186047/sideboard, Public Domain

1212
Soup Tureen and Ladle, Los Angeles County Museum of Art, https://collections.lacma.org/node/201241, Public Domain

1213
Teapot, Metropolitan Museum of Art, https://www.metmuseum.org/art/collection/search/823191, Public Domain

1214
Toast rack, Metropolitan Museum of Art, https://www.metmuseum.org/art/collection/search/823193, Public Domain

1215
Toast rack, Metropolitan Museum of Art, https://www.metmuseum.org/art/collection/search/692623, Public Domain

1216
Toast Rack, The Art Institute of Chicago, https://www.artic.edu/artworks/151561/toast-rack, CCO

1217
Claret Jug, The Art Institute of Chicago, https://www.artic.edu/artworks/117274/claret-jug, CCO

1218
Decanter, Metropolitan Museum of Art, https://www.metmuseum.org/art/collection/search/823192, Public Domain

1219
Exhibit in the Bröhan Museum, Berlin, Germany. This work is in the public domain because the artist died more than 70 years ago. ©Daderot, https://commons.wikimedia.org/wiki/File:Tea_set,_designed_by_Christopher_Dresser,_made_by_Heath_%26_Middleton,_Birmingham_and_London,_1879,_silver_and_wood_-_Br%C3%B6han_Museum,_Berlin_-_DSC03925.JPG, Public Domain

1220
Walter Crane, illustration from Beauty and the Beast, Cynthia Burlingham, https://commons.wikimedia.org/wiki/File:Walter_Crane,_illustration_from_Beauty_and_the_Beast,_1875.jpg, Public Domain

1221
Walter Crane The Frog Prince, George Routledge and Sons, https://archive.org/details/frogprince00CranA/page/1/mode/2up, Public Domain

1222
"The children of Queen Blondine and sister Brunette picked up by a Corsair", from the fairy tale Princess Belle-Etoile, 1884, ©Walter Crane, https://en.wikipedia.org/wiki/Walter_Crane#/media/File:Princess_Belle-Etoile_2_-_illustration_by_Walter_Crane_-_Project_Gutenberg_eText_18344.jpg, Public Domain

1223
Illustration for The Man That Pleased None from Baby's Own Aesop, an 1887 children's edition of Aesop's fables[25], ©Walter Crane, https://en.wikipedia.org/wiki/Walter_Crane#/media/File:Can't_please_everyone2.jpg, Public Domain

1224
Alphabets old and new, for the use of craftsmen : with an introductory essay on Art in the alphabet, ©Day, Lewis Foreman, https://www.flickr.com/photos/internetarchivebookimages/14765594392/, CCO.

1225
Alphabets old and new, for the use of craftsmen : with an introductory essay on Art in the alphabet, ©Day, Lewis Foreman, https://www.flickr.com/photos/internetarchivebookimages/14579298249/, CCO.

1226
Alphabets old and new, for the use of craftsmen : with an introductory essay on Art in the alphabet, ©Day, Lewis Foreman, https://www.flickr.com/photos/internetarchivebookimages/14765652312/, CCO.

1227
Alphabets old and new, for the use of craftsmen : with an introductory essay on Art in the alphabet, ©Day, Lewis Foreman, https://www.flickr.com/photos/internetarchivebookimages/14579292669/, CCO.

1228
Conventional Foliage, Dag Andre Ivarsøy, https://www.nasjonalmuseet.no/en/collection/object/OK-05463, CC BY-SA 4.0 DEED

1229
The "Certosa", Dag Andre Ivarsøy, https://www.nasjonalmuseet.no/en/collection/object/OK-05482, CC BY-SA 4.0 DEED

1230
Jasmine by William Morris (1834-1896). Original from The MET Museum. Digitally enhanced by rawpixel. Rawpixel Ltd, https://www.flickr.com/photos/153584064@N07/45712442302, CC BY-SA 4.0

1231
Jasmine by William Morris (1834-1896). Original from The MET Museum. Digitally enhanced by rawpixel. Rawpixel Ltd, https://www.flickr.com/photos/153584064@N07/45712445532, CC BY-SA 4.0

1232
Jasmine by William Morris (1834-1896). Original from The MET Museum. Digitally enhanced by rawpixel. Rawpixel Ltd, https://www.flickr.com/photos/153584064@N07/43944991190, CC BY-SA 4.0

1233
Jasmine by William Morris (1834-1896). Original from The MET Museum. Digitally enhanced by rawpixel. Rawpixel Ltd, https://www.flickr.com/photos/153584064@N07/45037504324, CC BY-SA 4.0

1234
Jasmine by William Morris (1834-1896). Original from The MET Museum. Digitally enhanced by rawpixel. Rawpixel Ltd, https://www.flickr.com/photos/153584064@N07/45712434732, CC BY-SA 4.0

1235
Jasmine by William Morris (1834-1896). Original from The MET Museum. Digitally enhanced by rawpixel. Rawpixel Ltd, https://www.flickr.com/photos/153584064@N07/45712468062, CC BY-SA 4.0

1236
Owen Jones - Examples of Chinese Ornament, Internet Archive, https://commons.wikimedia.org/wiki/File:Owen_Jones_-_Examples_of_Chinese_Ornament_-_1867_-_plate_003.png, Public Domain

1237
Owen Jones - Examples of Chinese Ornament, Internet Archive, https://commons.wikimedia.org/wiki/File:Owen_Jones_-_Examples_of_Chinese_Ornament_-_1867_-_plate_008.png, Public Domain

1238
Owen Jones - Examples of Chinese Ornament, Internet Archive, https://commons.wikimedia.org/wiki/File:Owen_Jones_-_Examples_of_Chinese_Ornament_-_1867_-_plate_054.png, Public Domain

1239
Owen Jones - Examples of Chinese Ornament, Internet Archive, https://commons.wikimedia.org/wiki/File:Owen_Jones_-_Examples_of_Chinese_Ornament_-_1867_-_plate_070.png, Public Domain

1240
Owen Jones - Examples of Chinese Ornament, Internet Archive, https://commons.wikimedia.org/wiki/File:Owen_Jones_-_Examples_of_Chinese_Ornament_-_1867_-_plate_067.png, Public Domain

1241
Owen Jones - Examples of Chinese Ornament, Internet Archive, https://commons.wikimedia.org/wiki/File:Owen_Jones_-_Examples_of_Chinese_Ornament_-_1867_-_plate_011_-_300ppi.jpg, Public Domain

02. 아르누보 스타일

2001
The Arts - Dance (1898), Alphonse Mucha, https://en.wikipedia.org/wiki/Alphonse_Mucha#/media/File:Alfons_Mucha_-_1898_-_Dance.jpg, Public Domain

2002
Chaise de C.E. Mackintosch (Pinakothek der Moderne, Munich), ©Jean-Pierre Dalbéra, https://www.flickr.com/photos/72746018@N00/29928263711, CC BY 2.0

2003
Rue de Rivoli, Hôtel de Ville, ©Tekniska Museet, https://www.tekniskamuseet.se/, Public Domain

2004
Jasmine wallpaper(1872), William Morris, Metropolitan Museum of Art, CCO

2005
Two Beauties with Bamboo, ©Kiwagawa Utamaro, https://artsandculture.google.com/asset/4QHEuqJ97O74Mg, Public Domain

2006
Sea anemone (Actiniae), ©Ernst Haeckel, https://en.wikipedia.org/wiki/Kunstformen_der_Natur#/media/File:Haeckel_Actiniae.jpg, Public Domain

2007
Anthomedusa (Anthomedusae), ©Ernst Haeckel, https://en.wikipedia.org/wiki/Kunstformen_der_Natur#/media/File:Haeckel_Anthomedusae.jpg, Public Domain

2008
Wien - Majolika-Haus, ©Greymouser, https://commons.wikimedia.org/wiki/File:Wien_-_Majolika-Haus.JPG, CC-SA 3.0 Austria

2009
Casa Comalat, https://en.wikipedia.org/wiki/Salvador_Valeri_i_Pupurull#/media/File:Salvador.Valeri.i.Pupurull.Casa_Comalat.Back.Detail.2.Barcelona.JPG, CC BY-2.5 DEED

2010
Casa Comalat interior 12, ©Stefanrevollo, https://commons.wikimedia.org/wiki/File:Casa_Comalat_interior_12.jpg, CC-SA 4.0

2011
Entry to the Lavirotte Building (1901), ©Pline
https://en.wikipedia.org/wiki/Jules_Lavirotte#/media/File:XDSC_7288-29-av-Rapp-paris-7.jpg
CC-SA 3.0

2012
Bruxelles rue Royale 13, ©Michel wal
https://commons.wikimedia.org/wiki/File:Bruxelles_rue_Royale_13.jpg, CC-SA 3.0

2013
Stairway of the Hôtel Tassel, ©Henry Townsend, https://en.wikipedia.org/wiki/Victor_Horta#/media/File:Tassel_House_stairway.JPG, Public Domain

2014
Hôtel Tassel. I, ©Karl Stas, https://fr.wikipedia.org/wiki/Victor_Horta#/media/Fichier:Victor_Horta_Hotel_Tassel.JPG, CC BY-SA 3.0

2015
This is a photo of a monument in Brussels, number, François BERNARDIN, https://en.wikipedia.org/wiki/H%C3%B4tel_Solvay#/media/File:BE_Bruxelles_Horta_Solvay.JPG, CC BY 3.0(사진밝기조정)

2016
Hotel Solvay - Skylight on Stairs to First Floor, ©Brigade Piron, https://commons.wikimedia.org/wiki/File:Hotel_Solvay_-_Skylight_on_Stairs_to_First_Floor.jpg, CC BY 3.0 DEED

2017
Hôtel Solvay - Main Stairs to First Floor 2, ©Brigade Piron, https://commons.wikimedia.org/wiki/File:H%C3%B4tel_Solvay_-_Main_Stairs_to_First_Floor_2.jpg, CC BY 3.0 DEED

2018
Hôtel Solvay - Central Salon, ©Brigade Piron, https://commons.wikimedia.org/wiki/File:H%C3%B4tel_Solvay_-_Central_Salon_2.jpg, CC BY 3.0

2019
Horta Museum, ©Brussels. J. Miers, https://en.m.wikipedia.org/wiki/File:Horta_Museum.JPG, CCO 1.0

2020
Façade du Musée Horta, Maison personnelle et atelier de Victor Horta (1898-1901), ©Paul Louis, https://en.wikipedia.org/wiki/Horta_Museum#/media/File:Hortamuseum.tif, CC BY-SA 4.0

2021
Skylight above the stairway, Oxyman,
https://en.wikipedia.org/wiki/Horta_Museum#/media/File:Victor_Horta_Museum_03.jpg, CC BY 2.5(사진밝기조정)

2022
The balcony, ©EmDee, https://en.wikipedia.org/wiki/Horta_Museum#/media/File:Belgique_-_Bruxelles_-_Maison_Horta_-_01.jpg, CC BY-SA 4.0

2023
Closeup of the skylight, ©Rafaelji, https://en.wikipedia.org/wiki/Horta_Museum#/media/File:HortaELWI.jpg, CC BY-SA 3.0

2024
Abbesses station entrance, ©Steve Cadman, https://en.wikipedia.org/wiki/Hector_Guimard#/media/File:Abbesses_entrance_2.jpg, CC By-SA 2.0

2025
Porte Dauphine Métro station, the only surviving entrance in its original location, ©Bellomonte, https://en.wikipedia.org/wiki/Hector_Guimard#/media/File:Paris_Metro_2_Porte_Dauphine_Libellule.JPG, CCO

2026
Le hall dentrée du Castel Béranger (Hector Guimard), ©Jean-Pierre Dalbéra, https://commons.wikimedia.org/wiki/File:Le_hall_dentr%C3%A9e_du_Castel_B%C3%A9ranger_(Hector_Guimard)_(5479354274).jpg, CC By 2.0

2027
Castel Béranger, February 16, 2013, ©Groume Groume, https://www.flickr.com/photos/10785432@N03/8482329693, CC-SA 3.0(좌우일부삭제)

2028
Entrée vue de l'intérieure Castel Béranger Hector Guimard, Anthony Rauchen, https://www.flickr.com/photos/lekorbo/albums/72157677977093484, CC-SA 4.0(좌우일부삭제,밝기조정)

2029
Sagrada Familia, Canaan, https://commons.wikimedia.org/wiki/File:Sagrada_Familia_8-12-21_%281%29modified.jpg, CC BY 4.0(사진 일부절삭,밝기조정)

2030
The nave in the Sagrada Familia with a hyperboloid vault. Inspiration from nature is taken from a tree, as the pillar and branches symbolise trees rising up to the roof, ©SBA73,
https://en.wikipedia.org/wiki/Antoni_Gaud%C3%AD#/media/File:Sagrada_Familia_nave_roof_detail.jpg, CC BY-SA 3.0

2031
Barcelone - Casa Milà - Entrée principale, ©Jean-Christophe BENOIST, https://commons.wikimedia.org/wiki/File:Barcelone_-_Casa_Mil%C3%A0_-_Entr%C3%A9e_principale.jpg, CC BY-SA 3.0

2032
Casa Milà, general view, perspective corrected, ©Thomas Ledl, https://en.wikipedia.org/wiki/Casa_Mil%C3%A0#/media/File:Casa_Mil%C3%A0,_general_view.jpg, BY-SA 4.0

2033
Parc Güell (Barcelona), ©Angela Llop, https://commons.wikimedia.org/wiki/File:Parc_G%C3%BCell_%28Barcelona%29_-_58.jpg, CC BY 2.0

2034
Parque Güell, ©Jorge Franganillo, https://commons.wikimedia.org/wiki/File:Parque_G%C3%BCell_-_50031001212.jpg, CC BY 2.0

2035
Casa Batllo Overview Barcelona Spain, ChristianSchd, https://commons.wikimedia.org/wiki/File:Casa_Batllo_Overview_Barcelona_Spain.jpg, BY-SA 3.0(사진밝기조정)

2036
Noblefloor of Casa Batlló, ©Sara Terrones - Viajar lo cura todo, https://en.wikipedia.org/wiki/Casa_Batll%C3%B3#/media/File:Casa-Batll%C3%B3_NobleFloor_saloon_side.jpg, BY-SA 4.0 (사진 일부 절삭)

2037
Dining room in the Hotel Guimard (Petit Palais, Paris), ©Thesupermat, https://en.wikipedia.org/wiki/Hector_Guimard#/media/File:Petit_Palais_-_Salle_%C3%A0_manger_Maison_Guimard_-_002.jpg, CC BY-SA 23.0

2038
How's About That for a Joanna?, ©Dave Collier, https://www.flickr.com/photos/48837722@N04/41147212660, CC BY-SA 2.0 (사진일부 절삭)

2039
Designing the New: Charles Rennie Mackintosh and the Glasgow Style, exhibit, furniture, art deco, 7/17/21 #fristartmuseum, ©Sharon Mollerus, https://www.flickr.com/photos/38315261@N00/51701961206, CC BY 2.0

2040
La salle à manger (House for an art lover, Glasgow), ©Jean-Pierre Dalbéra, https://www.flickr.com/photos/dalbera/3808469348/, CC BY 2.0

2041
Chaise de C.E. Mackintosch (Pinakothek der Moderne, Munich), ©Jean-Pierre Dalbéra, https://www.flickr.com/photos/72746018@N00/29716065880, CC BY 2.0

2042
Chaise de C.E. Mackintosch (Pinakothek der Moderne, Munich), ©Jean-Pierre Dalbéra, https://www.flickr.com/photos/72746018@N00/29928263711, CC BY 2.0

2043
Hector Guimard (Musée des Beaux-Arts de Lyon), ©Jean-Pierre Dalbéra, https://commons.wikimedia.org/wiki/File:Hector_Guimard_(Mus%C3%A9e_des_Beaux-Arts_de_Lyon)_(5469611512).jpg, CC BY 2.0

2044
Victor Horta Meubelen van Turijn KBS-FRB, King Baudouin Foundation, https://commons.wikimedia.org/wiki/File:Victor_Horta_Meubelen_van_Turijn_KBS-FRB.jpg, CC BY-SA 4.0사진일부절삭,사진밝기조정)

2045
boiserie e mobilio dell'hotel Aubecq a Bruxelles
Victor horta, boiserie e mobilio dell'hotel aubecq a bruxelles, 1902-04, ©Sailko, https://commons.wikimedia.org/wiki/File:Victor_horta,_boiserie_e_mobilio_dell%27hotel_aubecq_a_bruxelles,_1902-04,_06.JPG, CC BY 3.0

2046
Salle à manger art nouveau (Musée de l'Ecole de Nancy), ©Jean-Pierre Dalbéra, https://www.flickr.com/photos/dalbera/8029194773/, CC BY 2.0

2047
Louis Majorelle, poltroncine con decoro a felci, 1905 ca, ©Sailko,
https://upload.wikimedia.org/wikipedia/commons/2/2d/Louis_Ma-
jorelle%2C_poltroncine_con_decoro_a_felci%2C_1905_ca._02.JPG,
CC BY 3.0

2048
Louis Majorelle-Vitrine bibliothèque nénuphar, ©Rvalette, https://
commons.wikimedia.org/wiki/File:Louis_Majorelle-Vitrine_biblio-
th%C3%A8que_n%C3%A9nuphar.jpg, CC BY-SA 4.0(사진일부절삭)

2049
Louis majotelle, poltrone felci, ©Sailko, https://commons.wikimedia.
org/wiki/File:Louis_majotelle,_poltrone_felci.jpg, CC BY 3.0

2050
Side chair of pear wood and leather (1900) (Bröhan Museum, Berlin),
©Daderot, https://en.wikipedia.org/wiki/Hector_Guimard#/media/
File:Chair,_Hector_Guimard,_Paris,_c._1900,_pear_wood,_leather_-_
Br%C3%B6han_Museum,_Berlin_-_DSC03968.JPG, Public Domain

2051
Chair designed by Mackmurdo, the back panel of which has been seen
as a precursor of Art Nouveau design. Arthur Heygate Mackmurdo,
https://en.wikipedia.org/wiki/Arthur_Heygate_Mackmurdo#/media/
File:Chair_LACMA_M.2009.115_(5_of_5).jpg, Public Domain

2052
Émile gallé, bureau de dame 'les ombellules', 1898-1900 ca, ©Sailko,
https://commons.wikimedia.org/wiki/File:%C3%89mile_gall%C3%A9,_
bureau_de_dame_%27les_ombellules%27,_1898-1900_ca.JPG, CC
BY 3.0

2053
Furnishings of the Hôtel Aubecq on display at the Musée d'Orsay,
Paris, ©Sailko, https://en.wikipedia.org/wiki/Victor_Horta#/media/
File:Victor_horta,_boiserie_e_mobilio_dell'hotel_aubecq_a_brux-
elles,_1902-04,_01.JPG, CC BY 3.0

2054
Chaise du Café de Paris, Sauvage, ©Henri, https://commons.wiki-
media.org/wiki/File:Chaise_du_Caf%C3%A9_de_Paris,_MB665-2(2).
jpg, CCO

2055
Paul Hankar Paravent KBS-FRB, King Baudouin Foundation, Foto:
Philippe De Formanoir, https://commons.wikimedia.org/wiki/File:Paul_
Hankar_Paravent_KBS-FRB.jpg, CC BY-SA 4.0

2056
Divan for the billiards room of pharmacist Albert Roy at Gévriles
(1897-90) (Musée d'Orsay, Paris), ©Sailko, https://en.wikipedia.org/
wiki/Hector_Guimard#/media/File:Hector_guimard,_divano_da_fu-
moir,_dalla_sala_da_biliardo_della_casa_del_farmacista_albert_
roy_a_g%C3%A9vrils,_1897-98.JPG, CC BY 3.0

2057
Buffet of cherry wood, brass, and glass (1899-1900) (Bröhan Museum,
Berlin), ©Daderot, https://en.wikipedia.org/wiki/Hector_Guimard#/
media/File:Buffet,_Hector_Guimard,_Paris,_1899-1900,_cher-
ry,_brass,_glass_-_Br%C3%B6han_Museum,_Berlin_-_DSC03965.
JPG, Public Domain

2058
Waterlily lady's writing desk, in the Fin de Siècle Museum, ©Royal
Museums of Fine Arts of Belgium, https://commons.wikimedia.org/
wiki/File:Waterlily_lady%27s_writing_desk,_in_the_Fin_de_Si%C3%A-
8cle_Museum.jpg, CC BY-SA 4.0(사진일부절삭)

2059
Wall Cabinet, Walters Art Museum, https://art.thewalters.org/de-
tail/1629/wall-cabinet/, CC BY-SA 3.0

2060
Bahut-étagère "La Berce des prés" vers 1902, ©Jean-Pierre Dalbéra,
https://www.flickr.com/photos/72746018@N00/5466552530, CC
BY 2.0

2061
Émile gallé, mobile foglia di banano, 1900 ca, ©Sailko, https://
commons.wikimedia.org/wiki/File:%C3%89mile_gall%C3%A9,_mo-
bile_foglia_di_banano,_1900_ca.jpg, CC BY 3.0

2062
Majorelle Ensemble pommes de pin, Nancy, musée de l'Ecole de
Nancy, photo Jean-Yves Lacôte, https://commons.wikimedia.org/
wiki/File:Majorelle_Ensemble_pommes_de_pin.jpg, CC BY-SA 4.0(사
진일부절삭)

2063
Reims (Marne) - Villa Demoiselle - Hall d'entrée - Cheminée, ©Patrick,
https://www.flickr.com/photos/78775886@N06/45742967722/, CC
BY-SA 2.0(사진일부절삭)

2064
Bedroom furniture designed specifically for the Villa Majorelle. ©Léna,
https://en.wikipedia.org/wiki/Louis_Majorelle#/media/File:Cham-
bre_%C3%A0_coucher_Majorelle.jpg, CC BY 3.0

2065
Tafel rustend op drie poten met tafelblad en tussenblad van rood-bruin
gevlekt marmer, BK-1971-17, Rijksmuseum, http://hdl.handle.
net/10934/RM0001.COLLECT.317077, CCO

2066
Cabinet by Louis Majorelle, c. 1900-1910, mahogany, oak, walnut,
exotic hardwoods, bronze, with vases by Louis Comfort Tiffany, 1893-
1920, favrile glass - Dallas Museum of Art, Daderot, https://commons.
wikimedia.org/wiki/File:Cabinet_by_Louis_Majorelle,_c._1900-1910,_
mahogany,_oak,_walnut,_exotic_hardwoods,_bronze,_with_vas-
es_by_Louis_Comfort_Tiffany,_1893-1920,_favrile_glass_-_Dallas_Mu-
seum_of_Art_-_DSC05268.jpg, CCO

2067
Louis Majorelle (French, 1859-1926) - Bench - 1971.28 - The Cleve-
land Museum of Art, The Cleveland Museum of Art, https://clevelan-
dart.org/art/1971.28, CCO 1.0

2068
Vaas met vier oren, veelkleurig beschilderd met orchideeën, Rijksmu-
seum, https://www.rijksmuseum.nl/nl/collectie/BK-1979-43, Public
Domain

2069
Vaas van aardewerk, beschilderd met vlinderachtige motieven, palmet-
ten etc., Plateelbakkerij Arnhem, ca. 1910 - ca. 1915, Rijksmuseum,
https://www.rijksmuseum.nl/nl/collectie/BK-1980-33, Public Domain

2070
Vaas, veelkleurig beschilderd met bloemen, N.V. Haagsche Plateelfab-
riek Rozenburg, ca. 1910, Rijksmuseum, https://www.rijksmuseum.nl/
nl/collectie/BK-1978-112, CCO 1.0

2071
Vaas met hoge slanke hals en twee oren, in reliëf versierd met takjes
en bloemen, Villeroy & Boch Keramische Werke K.G., ca. 1905,
Rijksmuseum, https://www.rijksmuseum.nl/nl/collectie/BK-1989-22,
Public Domain

2072
Vaas van hard aardewerk, versierd met irissen in kleuren, N.V. Haagsche
Plateelfabriek Rozenburg, 1900 - 1910, Rijksmuseum, https://www.
rijksmuseum.nl/nl/collectie/BK-NM-14098, Public Domain

2073
Vase mit Schwertlilienblättern und -blüten, KPM Berlin, Entwurf Albert
Klein, 1899, Colya Zucker, Bröhan-Museum Berlin, https://commons.
wikimedia.org/wiki/File:Vase_mit_Schwertlilienbl%C3%A4ttern_un-
d_-bl%C3%BCten,_KPM_Berlin,_Entwurf_Albert_Klein,_1899.png,
CC BY-SA 4.0

2074
Vase, The Cleveland Museum of Art, https://www.clevelandart.org/
art/1997.288, Public Domain

2075
Claret jug MET DT6937, Metropolitan Museum of Art, https://commons.
wikimedia.org/wiki/File:Claret_jug_MET_DT6937.jpg, Public Domain

2076
Tiffany Clock, Metropolitan Museum of Art, https://www.metmuseum.
org/art/collection/search/2099, CCO

2077
Shelf Clock, Art Institute of Chicago, https://www.artic.edu/art-
works/73127/shelf-clock, CCO 1.0

2078
An 'easel' style clock, design number 0608 by Archibald Knox,
Sunshineramsey71, https://commons.wikimedia.org/w/index.php?cu-
rid=49327644, CC BY-SA 4.0

2079
Vase, Tiffany & Co, https://www.metmuseum.org/art/collection/
search/20804, Public Domain

2080
Tiffany Wall Sconce, Metropolitan Museum of Art, https://www.
metmuseum.org/art/collection/search/9645, CCO

2081
Tiffany Cup, Metropolitan Museum of Art, https://www.metmuseum.
org/art/collection/search/2792, CCO

2082
Coffee and tea service, ©Daderot, https://commons.wikimedia.org/
wiki/File:Coffee_and_tea_service,_designed_by_Archibald_Knox,_
made_by_W._H._Haseler,_Birmingham,_for_Liberty_%26_Co.,_Lon-
don,_1903-1904,_pressed_tin,_wood,_bast_-_Br%C3%B6han_Muse-
um,_Berlin_-_DSC03932.JPG, CCO 1.0

2083
"Daffodil" lamp, bronze, Metropolitan Museum of Art, https://www.
metmuseum.org/art/collection/search/811029, CCO

2084
Tiffany Vase, Metropolitan Museum of Art, https://www.metmuseum.
org/art/collection/search/9474, CCO

2085
Tiffany Lamp, bronze, American, Metropolitan Museum of Art, https://
www.metmuseum.org/art/collection/search/4715, CCO

2086
Émile Gallé, main aux algues et coquillages (1904), musée de l'École
de Nancy, Cédric Amey, https://commons.wikimedia.org/wiki/
File:%C3%89mile_Gall%C3%A9,_main_aux_algues_et_coquillag-
es_(1904).jpg, CC BY-SA 3.0

2087
Emile Gallé - Vase - 1979.10 - The Cleveland Museum of Art, https://
clevelandart.org/art/1979.10, https://commons.wikimedia.org/wiki/
File:Emile_Gall%C3%A9_-_Vase_-_1979.10_-_Cleveland_Museum_of_
Art.tif, Public Domain

2088
Vaas met ahorntakken, ©Rijksmuseum, https://commons.wikimedia.
org/wiki/File:Vaas_met_ahorntakken,_BK-1983-35.jpg, Public Domain

2089
https://www.rijksmuseum.nl/en/collection/BK-1972-74, CCO

2090
Vase, The Cleveland Museum of Art, https://www.clevelandart.org/
art/1979.10, CCO

2091
Coupe à pied à décor de cigales vers 1903, Musée d'art moderne
et contemporain de la Ville de Strasbourg, https://www.navigart.
fr/mamcs/artwork/emile-galle-coupe-a-pied-a-decor-de-ci-
gales-250000000002154, CC BY-SA 4.0

2092
Vase, The Cleveland Museum of Art, https://www.clevelandart.org/
art/1983.1109, CCO

2093
Vaas met ahorntakken, Rijksmuseum, https://upload.wikimedia.org/
wikipedia/commons/c/c7/Vaas_%28T%C3%AAte_de_monstre_japon-
ais%29%2C_BK-C-2000-2.jpg, CCO

2094
VaasVaas met ornamenten geïnspireerd op Gotische, Renaissan-
cistische en Oosterse motieven, Rijksmuseum, http://hdl.handle.
net/10934/RM0001.COLLECT.326248, CCO

2095
Vase: Glass, Metropolitan Museum, https://www.metmuseum.org/art/
collection/search/487484, CCO

2096
"Diadème Coq" de René Lalique (Hotel de la Marine, Paris), Jean-Pierre
Dalbéra, https://www.flickr.com/photos/dalbera/52172645197/, CC
BY 2.0

2097
pendentif Anemone des bois, https://www.parismuseescollections.
paris.fr/, https://www.parismuseescollections.paris.fr/fr/petit-palais/
oeuvres/pendentif-anemone-des-bois, Public Domain

2098
Surtout de Table, Khalili Collections, https://www.khalilicollections.org/
collections/enamels-of-the-world/khalili-collections-enamels-of-the-
world-surtout-de-table-fr432/, CC BY-SA 4.0(사진일부절삭)

2099
René Lalique collection in the Calouste Gulbenkian Museum, Sailko,
https://commons.wikimedia.org/wiki/File:Ren%C3%A9_lailique,_pet-
torale_libellula,_in_oro,_smalti,_crisoprazio,_calcedonio,_pietre_lunar-
i_e_diamanti,_1897-98_ca._03.jpg, CC BY 3.0

2100
Necklace, Metropolitan Museum of Art, https://picryl.com/media/
necklace-cc2807, Public Domain

2101
Corsage Ornament, Khalili Collections, https://www.khalilicollections.org/collections/enamels-of-the-world/khalili-collection-enam-els-of-the-world-corsage-ornament-fr919/, CC BY-SA 4.0(사진일부절삭)

2102
Pendant MET DT6688, Metropolitan Museum of Art, https://commons.wikimedia.org/wiki/File:Pendant_MET_DT6688.jpg, Public Domain

2103
Haarkam in de vorm van twee takken Viburnum, René Lalique, ca. 1902 - ca. 1903, rijksmuseum, https://www.rijksmuseum.nl/nl/mijn/verzamelingen/2953764—lillycarlrichards/rene-lalique/objecten#/BK-1987-2,0, Public Domain

2104
Broche in de vorm van een narrenkop, René Lalique, ca. 1897 - ca. 1899, rijksmuseum, https://www.rijksmuseum.nl/nl/mijn/verzam-elingen/2147680--spencer-bosch/lalique/objecten#/BK-1969-25,0, Public Domain

2105
Collaret MET DP154607, Metropolitan Museum of Art, https://com-mons.wikimedia.org/wiki/File:Collaret_MET_DP154607.jpg, Public Domain

2106
Oiseaux et Iris ("Birds and Iris") decorative hair comb (1899), Philippe Wolfers, https://en.wikipedia.org/wiki/Philippe_Wolfers#/media/File:Philippe_Wolfers,_Oiseaux_et_Iris_(1899)_02.jpg, CC BY-SA 4.0(사진일부절삭)

2107
Philippe Wolfers, Cygne et Serpents, KMKG-MRAH, https://commons.wikimedia.org/wiki/File:Philippe_Wolfers,_Cygne_et_Serpents_(1899-1900)_(02),_KMKG-MRAH.tif, CC BY-SA 4.0

2108
Swan pendant (1901), Sandra Fauconnier, https://en.wikipedia.org/wiki/Philippe_Wolfers#/media/File:Philippe_Wolfers_for_Wolfers_Fr%C3%A8res_-_Swan_pendant_-_1901_-_KMKG.jpg, Public Domain

2109
Niké brooch (1902), Philippe Wolfers, https://en.wikipedia.org/wiki/Philippe_Wolfers#/media/File:Philippe_Wolfers,_Nik%C3%A9_(1902),_KMKG-MRAH.jpg, CC BY-SA 4.0

2110
Plumes de Paon ("Peacock Feathers"), belt buckle by Wolfers (1898), Philippe Wolfers, https://en.wikipedia.org/wiki/Art_Nouveau_in_Brus-sels#/media/File:Philippe_Wolfers,_Plumes_de_Paon,_KMKG-MRAH.jpg, CC BY-SA 4.0

2111
Libelle ("Dragonfly"), pendant made of gold, opal, enamel, rubies and diamonds by Wolfers (1902), Wasily, https://en.wikipedia.org/wiki/Art_Nouveau_in_Brussels#/media/File:Philippe_Wolfers_-_Libelle_(1902).jpg, Public Domain

2112
Zodiac calendar for La Plume (1897), Alphonse Mucha, https://en.wiki-pedia.org/wiki/Alphonse_Mucha#/media/File:Alphonse_Mucha_-_Zo-diac,_1869.jpg, Public domain

2113
Affiche pour le Moulin Rouge "la Goulue"., New York Public Library https://digitalcollections.nypl.org/items/510d47da-38f6-a3d9-e040-e00a18064a99, CCO 1.0

2114
Affiche pour le concert "Divan Japonais", New York Public Library, https://digitalcollections.nypl.org/items/510d47da-38f6-a3d9-e040-e00a18064a99, CCO 1.0

2115
Affiche pour le Jardin de Paris "Jane Avril", New York Public Library, https://digitalcollections.nypl.org/items/510d47da-38e9-a3d9-e040-e00a18064a99, CCO 1.0

2116
The Peacock Skirt, 1893, Aubrey Beardsley, https://en.wikipedia.org/wiki/Aubrey_Beardsley#/media/File:Beardsley-peacockskirt.PNG, Public Domain

2117
Venus between Terminal Gods, 1895, Aubrey Beardsley, https://en.wikipedia.org/wiki/Aubrey_Beardsley#/media/File:Venus_between_terminal_gods_beardsley.jpg, Public Domain

2118
The Climax from the illustrations for Salomé, 1893-4, Aubrey Beardsley, https://en.wikipedia.org/wiki/Aubrey_Beardsley#/media/File:Aubrey_Beardsley_-_The_Climax.jpg, Public Domain

2119
Eugène Samuel Grasset, poster for an exhibition of French decorative art at the Grafton Galleries, 1893, Eugène Samuel Grasset, https://en.wikipedia.org/wiki/Eug%C3%A8ne_Grasset#/media/File:Eu-gene_Grasset,_poster_for_Grafton_Galleries,_1893.jpg, Public Domain

2120
Sarah Bernhardt as Jeanne d'Arc, Eugène Samuel Grasse, https://en.wikipedia.org/wiki/Eug%C3%A8ne_Grasset#/media/File:Grasset_-_Sarah-Bernhardt.jpg, Public Domain

2121
"La danse" Issue no. 59 of Paris illustré, published 1887. Metropolitan Museum of Art, https://en.wikipedia.org/wiki/Eug%C3%A8ne_Gras-set#/media/File:Paris_illustr%C3%A9,_%22La_danse%22_MET_DP-1129-01.jpg, CCO

2122
Moët & Chandon Crémant Impérial (1899), Alphonse Mucha, https://en.wikipedia.org/wiki/Alphonse_Mucha#/media/File:Mu-cha-Mo%C3%ABt_&_Chandon_Cr%C3%A9mant_Imp%C3%A9ri-al-1899.jpg, Public Domain

2123
Poster for an evening of theater honoring Sarah Bernhardt (1896), Alphonse Mucha, https://en.wikipedia.org/wiki/Alphonse_Mucha#/media/File:Sarah_Bernhardt_Mucha_.jpg, Public Domain

2124
The four seasons by Alfons Mucha, ca.1895, trialsanderrors https://www.flickr.com/photos/trialsanderrors/4573887269/, CC BY 2.0

2125
Georges de Feure, https://en.wikipedia.org/wiki/Georges_de_Feure#/media/File:Lithographies_originales_poster_de_Feure.png, Public Domain

2126
Le Journal des ventes (1895). Georges de Feure, https://fr.wikipedia.org/wiki/Georges_de_Feure#/media/Fichier:Ma%C3%AEtres_de_l'af-fiche_V_4_-_Pl_146_-_Georges_de_Feure.jpg, Public Domain

2127
ane Derval Folies-Bergère (Paris, 1904), Bibliothèque nationale de France, https://en.wikipedia.org/wiki/Georges_de_Feure#/media/File:-Jane_Derval_poster_de_Feure.png, Public Domain

2128
Ball at the Moulin Rouge place Blanche, Didier Descouens, https://commons.wikimedia.org/wiki/File:(Albi)_Bal_au_Moulin_Rouge_place_Blanche_1889_-_Jules_Ch%C3%A9ret.jpg, CC-SA 4.0

2129
Affiche Cosmydor (1891). Jules Chéret, https://fr.wikipedia.org/wiki/Jules_Ch%C3%A9ret#/media/Fichier:Cosmydor_Savon.jpg, Public Domain

2130
Jules Chéret - Pastilles Poncelet, The Cleveland Museum of Art, https://www.clevelandart.org/art/1987.1064, Public Domain

2131
Cocorico (1896), Théophile Steinlen, https://artsandculture.google.com/asset/bAGs0Jsfj6gkFQ, Public Domain

2132
Tournée du Chat Noir de Rodolphe Salis (Tour of Rodolphe Salis' Chat Noir), Théophile Steinlen, https://artsandculture.google.com/asset/BAEF9F-mDJvr0A, Public Domain

2133
In "Compagnie Française des Chocolats et des Thès," Steinlen includes his wife and daughter in the illustration., Théophile Steinlen, https://en.wikipedia.org/wiki/Th%C3%A9ophile_Steinlen#/me-dia/File:Compagnie_Fran%C3%A7aise_des_Chocolats_et_des_Th%C3%A8s_MET_DT270090.jpg, CCO

2134
L'Ermitage, Paul Berthon, https://collections.lacma.org/node/170619, Public Domain

2135
Sainte-Marie-des-Fleurs par Paul Berthon, https://www.rijksmuseum.nl/, Public Domain

2136
a Henri Privat-Livemont poster advertising Absinthe Robette. Henri Privat-Livemont, https://en.wikipedia.org/wiki/Henri_Privat-Live-mont#/media/File:Privat-Livemont_-_Absinthe_Robette,_1896.jpg, Public Domain

03. 아르데코 스타일

3001
F. Scott Fitzgerald: The Great Gatsby by Wolf Gang, https://www.flickr.com/photos/wolfgangkuhnle/3041823040 CC BY-SA 2.0

3002
King Kong by Breve Storia del Cinema, https://www.flickr.com/pho-tos/116153022@N02/15701090972 CC BY 2.0

3003
Frontal view of the Hotel du Collectionneur at the Exposition des Arts Decoratifs et Industriels Modernes (1925) by unknown, https://en.m.wikipedia.org/wiki/File:Frontal_view_of_the_Hotel_du_Collec-tionneur_at_the_Exposition_des_Arts_Decoratifs_et_Industriels_Mod-ernes_%281925%29.jpg Public Domain

3004
Pavillon L'Esprit Nouveau by Unknown author, https://commons.wikimedia.org/wiki/File:Pavillon_L%27Esprit_Nouveau.jpg Public Domain

3005
Vogue (Paris) November 1925, ©pintuck, https://www.flickr.com/photos/91406973@N05/49539692287 Public Domain

3006
Vintage Trevel Posters, picryl.com, https://picryl.com/media/vintage-travel-posters-1920s-1930s-6d533f Public Domain

3007
Jean Paul Gaultier para Roche Bobois by thebrandery, https://www.flickr.com/photos/45401540@N02/5375135381 CC BY 2.0

3008
jonathan adler fall 2013 by Emily May, https://www.flickr.com/pho-tos/60849758@N05/10127388083 CC BY 2.0

3009
Jonathan Adler NYC Apartment by Matthew Williams, https://com-mons.wikimedia.org/wiki/File:Jonathan_Adler_NYC_Apartment.jpg CC BY-SA 4.0

3010
Vienna - Secession building exterior historic Vienna by Jorge Royan, https://commons.wikimedia.org/wiki/File:Vienna_-_Secession_build-ing_exterior_historic_Vienna_-_6554.jpg CC BY-SA 3.0(사진크기변형)

3011
Postsparkasse by Andrew Moore, https://www.flickr.com/photos/andryn2006/34092638103 CC BY-SA 2.0(사진일부절삭)

3012
Pablo Picasso - Les Demoiselles d'Avignon by History Stack https://www.flickr.com/photos/historystack/18007934901 Public Domain

3013
Raoul dufy, l'aperitivo, 1908 by Francesco Bini, https://commons.wikimedia.org/w/index.php?curid=143328006 CC BY-SA 4.0(사진일부절삭)

3014
Fancy dress costume by Metropolitan Museum of Art, https://com-mons.wikimedia.org/wiki/File:Fancy_dress_costume_MET_DT7446.jpg CC0 1.0

3015
George Barbier (1882-1932), Vaslav Nijinsky (1890-1950) by picryl, https://picryl.com/media/george-barbier-1882-1932-vaslav-nijin-sky-1890-1950-1913-1-894801 Public Domain

3016
Robert Delaunay, Rythme, 1934 by Yann Caradec, https://www.flickr.com/photos/10288162@N07/15749342951 CC BY-SA 2.0

3017
"Prismes électriques", Sonia Delaunay, 1914. Centre Pompidou, Paris. by Grégory Lejeune, https://www.flickr.com/photos/125149010@N07/31928506206 Public Domain

3018
Bruxelles - Palais Stoclet by Fred Romero, https://www.flickr.com/photos/129231073@N06/23482745881/ CC BY 2.0

3019
Preparatory design - Klimt - Stoclet Palace by Gustav Klimt, https://commons.wikimedia.org/wiki/File:Preparatory_design_-_Klimt_-_Sto-clet_Palace.jpg Public Domain

3020, https://www.pexels.com/ko-kr/photo/33571/ CC0

3021
Salon of the Hotel du Collectionneur (1925) by SiefkinDR, https://commons.wikimedia.org/wiki/File:Salon_of_the_Hotel_du_Collectionneur_(1925).jpg CC BY-SA 4.0(사진일부절삭)

3022
Le musée Lalique by Jean-Pierre Dalbéra, https://www.flickr.com/photos/dalbera/28811220095/ CC BY 2.0

3023
Jeune fille en vert de Tamara de Lempicka (Centre G. Pompidou, Paris) by dalbera, https://www.flickr.com/photos/72746018 N00/32298662287 CC BY 2.0

3024
Empire State Building by Eric Kilby, https://www.flickr.com/photos/ekilby/5891665274 CC BY-SA 2.0 (사진일부절삭)

3025
Tower Chrysler Tower Chrysler by manolofranco (pixabay.com), https://www.needpix.com/photo/1641141/tower-chrysler-tower-chrysler-art-deco-art-architecture-construction Public Domain

3026
Radio City Music Hall by wwarby, https://www.flickr.com/photos/wwarby/35702924134/in/photostream/ CC BY 2.0

3027
Private Suite Rothafel RCMH by Andreas Praefcke, https://commons.wikimedia.org/wiki/File:Private_Suite_Rothafel_RCMH.jpg CC BY 3.0

3028
Adolphe Cassandre, Normandie affiche, coll part-cl LMEPress by LME Press, https://www.flickr.com/photos/130765784@N06/53294315973/in/photolist-2pcrioM-2kayCPy-79Y4KN-2kQN5Re CC BY-ND 2.0

3029
Odeon Luxe Cinema Leicester Square 4 by ahisgett, https://www.flickr.com/photos/37804979 N00/53141951360 CC BY 2.0

3030
Salon of the Hotel du Collectionneur (1925) by SiefkinDR, https://commons.wikimedia.org/wiki/File:Salon_of_the_Hotel_du_Collectionneur_(1925).jpg CC BY-SA 4.0(사진일부절삭)

3031
Salon Paul Reynaud, dit salon Afrique, au Palais de la Porte Dorée by Lferreira, https://commons.wikimedia.org/wiki/File:Salon_Paul_Reynaud,_dit_salon_Afrique,_au_Palais_de_la_Porte_Dor%C3%A9e.jpg CC BY-SA 4.0

3032
SS Normandie (ship, 1935) interior by rebanas.com, https://commons.wikimedia.org/wiki/File:SS_Normandie_(ship,_1935)_interior.jpg Public Domain

3033
©심영신 by Table by brooklyn museum, https://www.brooklynmuseum.org/opencollection/objects/4818 CC BY 3.0/Vase by Metropolitan Museum of Art, https://www.metmuseum.org/art/collection/search/487358 CC0 1.0/Soup Tureen by Metropolitan Museum of Art, https://commons.wikimedia.org/wiki/File:Soup_Tureen_MET_DP265126.jpg CC0 1.0 Public Domain/"Lasalle" Commode by Metropolitan Museum of Art, https://www.metmuseum.org/art/collection/search/483037 CC0 1.0/"Pianissimo" by Metropolitan Museum of Art, https://commons.wikimedia.org/wiki/File:%22Pianissimo%22_MET_DP282026.jpg CC0 1.0/console table and mirror - Paul Fehér by Tim Evanson, https://www.flickr.com/photos/23165290@N00/25893289818 CC BY-SA 2.0/"Retombante" Stool by Metropolitan Museum of Art, https://www.metmuseum.org/art/collection/search/484555 CC0 1.0/Teapot by Metropolitan Museum of Art, https://commons.wikimedia.org/wiki/File:Teapot_MET_DP281162a.jpg CC0 1.0/Public Domain

3034
저자소장사진

3035
저자소장사진

3036
저자소장사진

3037
Margaret Bourke-White - Metaphotography on the Chrysler Building by Cea, https://www.flickr.com/photos/33255628 N00/4941782288 CC BY 2.0.

3038
Chrysler Left Elevator by Axel Tschentscher, https:/ commons.wikimedia.org/wiki/File:Chrysler_Left_Elevator_2019-10-03_20-19.jpg CC BY-SA 4.0(사진일부절삭)

3039
Chrysler Central Elevator by Axel Tschentscher, https://commons.wikimedia.org/wiki/File:Chrysler_Central_Elevator_2019-10-03_20-18.jpg CC BY-SA 4.0

3040
Lift door Chrysler Building Lobby by Tony Hisgett from Birmingham, UK, https://www.flickr.com/photos/hisgett/6218223395/ CC BY 2.0

3041
Chrysler Entrance by Kathleen Tyler Conklin, https://www.flickr.com/photos/ktylerconk/1526088683/ CC BY 2.0

3042
CChrysler Digital Clock by Axel Tschentscher,https://commons.wikimedia.org/wiki/File:Chrysler_Digital Clock_2019-10-03_20-21.jpg CC BY-SA 4.0

3043
Chrysler elevator by Dogears, https://commons.wikimedia.org/wiki/File:Chrysler_elevator.jpg CC BY-SA 3.0

3044
The Empire State Building and One World Trade Center by Peter Alfred Hess, https://www.flickr.com/photos/22799676@N03/8810169296 CC BY 2.0

3045
Old timer structural worker by Lewis Hine, https://commons.wikimedia.org/wiki/File:Old_timer_structural_worker.jpg Public Domain

3046
Empire State Building by Carlos Delgado, https://commons.wikimedia.org/wiki/File:Empire_State_Building_-_06.jpg CC BY-SA 3.0

3047
EmpireStateBuilding2019LobbyLookingWest by DanielPenfield, https://commons.wikimedia.org/wiki/File:EmpireStateBuilding2019LobbyLookingWest.jpg CC BY-SA 4.0(사진일부절삭)

3048
EmpireStateBuilding202086thFloorInteriorFloorInlay by DanielPenfield, https://commons.wikimedia.org/wiki/File:EmpireStateBuilding202086thFloorInteriorFloorInlay.jpg CC BY-SA 4.0

3049
Empire State Building 86th floor by James Petts, https://www.flickr.com/photos/14730981@N08/49229809673/ CC BY-SA 2.0

3050
High Art Deco by David Brossard, https://www.flickr.com/photos/string_bass_dave/52274691998 CC BY-SA 2.0

3051
Chandelier, Carew Tower by EEJCC, https://commons.wikimedia.org/wiki/File:Chandelier,_Carew_Tower.jpg CC BY-SA 4.0, (사진수평조정)

3052
elevator-lobby by Tysto, https://commons.wikimedia.org/wiki/File:Cincinnati-ohio-carew-tower-elevator-lobby.jpg,Public Domain

3053
carew-tower by Derek Jensen, https://commons.wikimedia.org/wiki/File:Cincinnati-carew-tower.jpg CC BY 2.0

3054
Paris-FR-75-Expo 1925 Arts décoratifs-pavillon des Galeries Lafayette by Unknown https://commons.wikimedia.org/wiki/File:Paris-FR-75-Expo_1925_Arts_d%C3%A9coratifs-pavillon_des_Galeries_Lafayette.jpg Public Domain

3055
Salon of the Hotel du Collectionneur (1925) by SiefkinDR, https://commons.wikimedia.org/wiki/File:Salon_of_the_Hotel_du_Collectionneur_(1925).jpg CC BY-SA 4.0

3056
Paris Théâtre des Champs-Elysées 2022 02 by Anvilaquarius, https://commons.wikimedia.org/w/index.php?curid=125625145 CC0 1.0/Public Domain

3057
La façade du théâtre des Champs Elysées by Jean-Pierre Dalbéra, https://www.flickr.com/photos/dalbera/3713879747 CC BY 2.0

3058
L'exposition Auguste Perret by Jean-Pierre Dalbéra, https://www.flickr.com/photos/dalbera/11872278295/ CC BY 2.0

3059
Chanin Building by Tony Hisgett, https://commons.wikimedia.org/wiki/File:Chanin_Building_2_%286222733507%29.jpg CC BY 2.0

3060
Chanin Building by Tony Hisgett, https://www.flickr.com/photos/hisgett/6222728795/ CC BY 2.0

3061
Radio City Music Hall by wwarby, https://www.flickr.com/photos/wwarby/35702924134/in/photostream/ CC BY 2.0

3062
Radio City Music Hall by wwarby, https://www.flickr.com/photos/26782864@N00/35702896754 CC BY 2.0

3063
New York City, Manhattan, Midtown West, Radio City Music Hall, 1932. 1260 6th ave by (vincent desjardins), https://www.flickr.com/photos/endymion120/ CC BY 2.0

3064
Radio City Music Hall 3713738085 a2ca18cbb4 by hmerinomx, https://en.m.wikipedia.org/wiki/File:Radio_City_Music_Hall_3713738085_a2ca18cbb4.jpg CC BY 2.0

3065
Lamp by Metropolitan Museum of Art, https://commons.wikimedia.org/wiki/File:Lamp_MET_DP282045.jpg CC0 1.0/Public Domain

3066
Macassar ebony, ivory, leather, aluminum leaf, silver, silk, oak lumber-core plywood, poplar, mahogany"Tibattant" Desk by Metropolitan Museum of Art , https://commons.wikimedia.org/wiki/File:%22Tibattant%22_Desk_MET_DP291964.jpg CC0 1.0

3067
"Tibattant" Desk by Metropolitan Museum of Art , https://commons.wikimedia.org/wiki/File:%22Tibattant%22_Desk_MET_DP291946.jpg CC0 1.0/Public Domain

3068
Macassar ebony, ivory, silk, silvered bronze "Fuseaux" Cabinet by Metropolitan Museum of Art,https://commons.wikimedia.org/wiki/File:%22Fuseaux%22_Cabinet_MET_DP106271.jpg, CC0 1.0/Public Domain

3069
Table by brooklyn museum, https://www.brooklynmuseum.org/opencollection/objects/4818 CC BY 3.0

3070
"David-Weill" Desk by Metropolitan Museum of Art, https://commons.wikimedia.org/wiki/File:%22David-Weill%22_Desk_MET_DP105128.jpg CC0 1.0/Public Domain

3071
"Lasalle" Commode by Metropolitan Museum of Art, https://commons.wikimedia.org/wiki/File:%22Lasalle%22_Commode_MET_DP105980.jpg CC0 1.0/Public Domain

3072
Boudoir from the Hôtel du Collectionneur by Neoclassicism Enthusiast https://en.wikipedia.org/wiki/File:Boudoir_from_the_H%C3%B4tel_du_Collectionneur,_at_the_1925_Paris_Exhibition,_by_%C3%89mile-Jacques_Ruhlmann.jpg Public Domain

3073
Le salon du Maréchal Lyautey (CNHI) by Jean-Pierre Dalbéra, https://www.flickr.com/photos/72746018@N00/3679648700 CC BY 2.0.

3074
Chiffonier by brooklyn museum, https://www.brooklynmuseum.org/opencollection/objects/97887 CC BY 3.0

3075
Cabinet by Metropolitan Museum of Art, https://commons.wikimedia.org/wiki/File:Cabinet_MET_DP105222.jpg, CC0 1.0/Public Domain

3076
"Retombante" Stool by Metropolitan Museum of Art, https://commons.wikimedia.org/wiki/File:%22Retombante%22_Stool_MET_DP305430.jpg CC0 1.0/Public Domain

3077
Corner Cabinet by brooklyn museum, https://www.brooklynmuseum.org/opencollection/objects/97886CC BY 3.0

3078
Gazette du Bon Ton, 1920 - No. 5 : Le tabouret et les cache-clous by rijksmuseum, https://www.rijksmuseum.nl/en/search/objects?-set=RP-P-2009-1946#/RP-P-2009-1946-10,10 Public Domain

3079
Gazette du Bon Ton, 1920 - No. 5 : La coiffeuse / poirier noirci by rijksmuseum, https://www.rijksmuseum.nl/nl/zoeken/objecten?-set=RP-P-2009-1946#/RP-P-2009-1946-11,11 Public Domain

3080
Furnishings and Interiors Gazette du Bon Ton, 1920 - No. 5 : La glace / bronze et émail by rijksmuseum, https://www.rijksmuseum.nl/en/search/objects?set=RP-P-2009-1946#/RP-P-2009-1946-9,9 Public Domain

3081
Furnishings and Interiors Gazette du Bon Ton, 1920 - No. 5 : Ensemble de la loge by rijksmuseum, https://www.rijksmuseum.nl/en/search/objects?set=RP-P-2009-1946#/RP-P-2009-1946-12,12 Public Domain

3082
Design for an office, by Paul Follot by Unknown, https://commons.wikimedia.org/wiki/File:Design_for_an_office,_by_Paul_Follot,_unknown_date.jpg Public Domain

3083
Salle à manger Pomone by Archimarti, https://commons.wikimedia.org/w/index.php?curid=96214744 CC BY-SA 4.0(사진일부삭제)

3084
André Groult, cassettone antropomorphe by sailko, https://en.m.wikipedia.org/wiki/File:Andr%C3%A9_Groult,_cassettone_antropomorphe,_parigi,_1925_ca.jpg CC BY-SA 3.0(사진배경삭제)

3085
Bedroom design, by André Groult by known, https://commons.wikimedia.org/wiki/File:Bedroom_design,_by_Andr%C3%A9_Groult,_unknown_date.jpg Public Domain

3086
"Pianissimo" by Metropolitan Museum of Art, https://commons.wikimedia.org/wiki/File:%22Pianissimo%22_MET_DP282026.jpg CC0 1.0/Public Domain

3087
Fortissimo by Metropolitan Museum of Art, https://en.m.wikipedia.org/wiki/File:%22Fortissimo%22_MET_DP292823.jpg, CC0 1.0/Public Domain

3088
Weil-Worgelt Study by brooklyn museum, https://www.brooklynmuseum.org/opencollection/objects/96192 CC BY 3.0

3089
Dressing table by nasjonalmuseet, https://www.nasjonalmuseet.no/en/collection/object/OK-2002-0186 CC BY 4.0

3090
Commode laques noire et couleurs 1921 by Lferreira, https://commons.wikimedia.org/wiki/File:Commode_laques_noire_et_couleurs_1921.jpg CC BY-SA 4.0

3091
https://commons.wikimedia.org/wiki/File:Table_MET_DT5849.jpg CCO 1.0/Public Domain

3092
Gaston Suisse Paravent building by Chautard, https://commons.wikimedia.org/wiki/File:Gaston_Suisse_Paravent_building.jpg, CC BY-SA 4.0

3093
Armchair by nasjonalmuseet, https://www.nasjonalmuseet.no/en/collection/object/OK-2003-0193C CC BY 4.0(사진일부절삭)

3094
Armchair by nasjonalmuseet, https://www.nasjonalmuseet.no/en/collection/object/OK-1980-0041 CC BY 4.0

3095
Pierre Chareau. Bureau (1924) anonymous by Rijksmuseum, http://hdl.handle.net/10934/RM0001.COLLECT.782487 Public Domain

3096
console table and mirror - Paul Fehér by Tim Evanson, https://www.flickr.com/photos/23165290@N00/25893289818, CC BY-SA 2.0

3097
Grille of the Cheney Silk Company Building by Neoclassicism Enthusiast, https://commons.wikimedia.org/wiki/File:Grille_of_the_Cheney_Silk_Company_Building,_New_York_City,_1925,_designed_by_the_French_metalworking_company_Ferrobrandt.jpg CC BY-SA 4.0

3098
Paul fehér per rose iron works inc., parafuoco, 1930 by Sailko, https://commons.wikimedia.org/w/index.php?curid=66375345 CC BY 3.0

3099
Art Deco screen "Oasis" 1925 by SiefkinDR, https://commons.wikimedia.org/w/index.php?curid=51634354 CC BY-SA 4.0 (사진배경삭제, 사진수평조절)

3100
www.classicon.com, ©ClassiCon GmbH, Photo : Felix Holzer, Dirk Holm

3101
www.classicon.com, ©ClassiCon GmbH, Photo : Felix Holzer, Dirk Holm

3102
Christie's by HerryLawford, https://www.flickr.com/photos/32662631@N00/3239108975 CC BY 2.0

3103
Le salon de verre, designed by Paul Ruaud, furniture by Eileen Gray, for Madame Mathieu-Levy (boutique J. Suzanne Talbot), Paris, 1922 by known, https://commons.wikimedia.org/wiki/File:Le_salon_de_verre,_designed_by_Paul_Ruaud,_furniture_by_Eileen_Gray,_for_Madame_Mathieu-Levy_(boutique_J._Suzanne_Talbot),_Paris,_1922.jpg Public Domain

3104
www.classicon.com, © ClassiCon GmbH, photo : Mark Seelen

3105
Vase by Metropolitan Museum of Art, https://commons.wikimedia.org/wiki/File:Vase_MET_DP291253.jpg CC0 1.0/Public Domain

3106
Gaston Suisse Boîte carrée by Chautard, https://commons.wikimedia.org/wiki/File:Gaston_Suisse_Bo%C3%AEte_carr%C3%A9e.jpg CC BY-SA 4.0

3107
Vaas van aardewerk met abstract decor in bruin en zwart by rijksmuseum, https://www.rijksmuseum.nl/en/collection/BK-1975-97 Public Domain

3108
Vase by Metropolitan Museum of Art, https://commons.wikimedia.org/wiki/File:Vase_MET_DP281125.jpg CC0 1.0/Public Domain

3109
nement de tête, Cartier 1924 (Musée des arts décoratifs, Paris) by dalbera, https://www.flickr.com/photos/dalbera/51666099026 CC BY 2.0.

3110
Cartier by thisisbossi, https://www.flickr.com/photos/thisisbossi/3526707735/ CC BY-SA 2.0

3111
Cocktail Glass by brooklyn museum, https://www.brooklynmuseum.org/opencollection/objects/2181 CC BY 3.0

3112
vase by The Walters Art Museum, https://art.thewalters.org/detail/32000/bottle-17/ CC0

3113
Cocktail Glass by brooklyn museum, https://www.brooklynmuseum.org/opencollection/objects/1478 CC BY 3.0

3114
Glass Vases and Bowl by Birmingham Museum of Art, https://commons.wikimedia.org/w/index.php?curid=18962885 CC BY 3.0

3115
Glass by Brooklyn Museum, https://www.brooklynmuseum.org/opencollection/objects/124347 CC BY 3.0

3116
"Hagueneau" Burgundy Wineglass by Metropolitan Museum of Art, https://commons.wikimedia.org/wiki/File:%22Hagueneau%22_Burgundy_Wineglass_MET_DP267109.jpg CC0 1.0/Public Domain

3117
WineGoblet by Birmingham Museum of Art, https://commons.wikimedia.org/wiki/File:WineGoblet-OttoPrutscher-BMA.jpg CC BY 3.0

3118
Coffee and Tea Service by nasjonalmuseet, https://www.nasjonalmuseet.no/en/collection/object/OK-1978-0386 CC BY 4.0

3119
cup by nasjonalmuseet, https://www.nasjonalmuseet.no/en/collection/object/OK-2002-0077 CC BY 3.0

3120
Soup Tureen by Metropolitan Museum of Art, https://commons.wikimedia.org/wiki/File:Soup_Tureen_MET_DP265126.jpg CC0 1.0/Public Domain

3121
Teapot by Metropolitan Museum of Art, https://commons.wikimedia.org/wiki/File:Teapot_MET_DP281162a.jpg, CC0 1.0/Public Domain

3122
Cocktail Glass by brooklyn museum, https://www.brooklynmuseum.org/opencollection/objects/2192 CC BY 3.0

3123
Creamer, "Kent Pattern" by brooklyn museum, https://www.brooklynmuseum.org/opencollection/objects/185956 CC BY 3.0

3124
Clock by brooklyn museum, https://www.brooklynmuseum.org/opencollection/objects/1741 CC BY 3.0

3125
Bullet Camera by brooklyn museum, https://www.brooklynmuseum.org/opencollection/objects/2459 CC BY 3.0

3126
Sparton Table Radio by brooklyn museum, https://www.brooklynmuseum.org/opencollection/objects/1679 CC BY 3.0

3127
No. 1A Gift Kodak by brooklyn museum, https://www.brooklynmuseum.org/opencollection/objects/1473 CC BY 3.0

3128
Lamp by brooklyn museum, https://www.brooklynmuseum.org/opencollection/objects/1735 CC BY 3.0

3129
Radio by brooklyn museum, https://www.brooklynmuseum.org/opencollection/objects/1724 CC BY 3.0

3130
제조사 RCA by brooklyn museum, https://www.brooklynmuseum.org/opencollection/objects/2290 CC BY 3.0

3131
Harpers Bazar - cover - February 1921 - Erté by Erté, https://en.m.wikipedia.org/wiki/File:Detail,_Harpers_Bazar_-_cover_-_February_1921_-_Ert%C3%A9_%28cropped%29.jpg Public Domain

3132
Erté Harpers Bazar cover Feb 1922 by Erté, https://jenikirbyhistory.getarchive.net/amp/media/erte-harpers-bazar-cover-feb-1922-51130f Public Domain

3133
Vanity Fair cover by Georges Lepape 1919 by Georges Lepape, https://commons.wikimedia.org/wiki/File:Vanity_Fair_cover_by_Georges_Lepape_1919.jpg Public Domain

3134
JEAN DUPAS (1882-1964) 'LA ROBE NOIRE', 1931 by LME Press, https://www.flickr.com/photos/130765784@N06/49696583158/in/faves-199043011@N02/ CC BY-ND 2.0

3135
Exposition des arts décoratifs, le salon rotonde du pavillon Ruhlmann, panneau décoratif de Jean Dupas,, op AUguste Léon, 1925-09-18, Fonds Albert Kahn by LME Press, https://www.flickr.com/photos/130765784@N06/53735420275/in/faves-199043011@N02/ CC BY-ND 2.0

3136
Gabrielle Chanel en marinière by known, https://commons.wikimedia.org/wiki/File:Gabrielle_Chanel_en_marini%C3%A8re.jpg Public Domain

3137
Les Robes de Paul Poiret Racontée par Paul Iribe (The Gowns of Paul Poiret by Paul Iribe) Les Robes de Paul Poiret racontées par Paul Iribe 1908 by rijksmuseum, http://hdl.handle.net/10934/RM0001.COLLECT.491277 Public Domain

3138
Femina, 15 Février 1912, 12e Année, nr. 266 by rijksmuseum, http://hdl.handle.net/10934/RM0001.COLLECT.699962 Public Domain

3139
Gazette du Bon Ton, 1922, No. 10, Pl. 75: Rosalinde. by rijksmuseum, http://hdl.handle.net/10934/RM0001.COLLECT.490258 Public Domain

3140
Joie de vivre: Le Bonheur du Jour ou Les Graces à la Mode by rijksmuseum, https://www.rijksmuseum.nl/en/search/objects?q=George+Barbier&p=11&ps=12&st=Objects&ii=7#/RP-P-2009-1860-18,127 Public Domain

3141
Adolphe Cassandre, Normandie affiche, coll part-cl LMEPress by LME Press, https://www.flickr.com/photos/130765784@N06/53294315973/in/photolist-2pcrioM-2kayCPy-79Y4KN-2kQN5Re CC BY-ND 2.0

3142
1930-07-15. Arts et Métiers graphiques-Alphabets, exemples du groupe 3, caractères modernes des fondeurs by LME Press, https://www.flickr.com/photos/130765784@N06/53386465061/in/album-72157704177965412/ CC BY-ND 2.0

3143
pub dubonnet by patricia m, https://www.flickr.com/photos/30533017@N00/52630034430 CC BY 2.0

3144
Opening decor en affiche-tentoonstelling van A. M. Cassandre in de Rijksacademie, Bestanddeelnr 920-3489 by Ron Kroon / Anefo, https://commons.wikimedia.org/w/index.php?curid=65932122, CC0 1.0/Public Domain

3145
Exactitude by Metropolitan Museum of Art, https://commons.wikimedia.org/wiki/File:Exactitude_MET_DT9759.jpg, CC0 1.0 Public Domain

3146
Poster Expo 1925 by Creator:Charles Loupot Johann von Stein https://commons.wikimedia.org/wiki/File:Poster_Expo_1925.JPG Public Domain

3147
LOUPOT Charles-Monsavon-1936 by Halloween HJB, https://www.flickr.com/photos/halloweenhjb/49938264287/in/photostream/,CC0 1.0

3148
LOUPOT, Charles (1892-1962). Fourrures Canton, Lausanne, 1949. by Halloween HJB, https://www.flickr.com/photos/72185053@N00/49937962186, CC0 1.0

3149
Affiche publicitaire pour le Bouillon Kub by Anonyme, editeur, https://commons.wikimedia.org/w/index.php?curid=132370212, CC0 1.0

3150
Otto Baumberger (1889-1961) PKZ lithograph in colours, 1923, printed by Wolfsberg, Zürich (affiche) by LME Press
, https://www.flickr.com/photos/130765784@N06/51101328149/in/photostream/ CC BY-ND 2.0

3151
BAUMBERGER, Otto. Baumann, 1928. by Halloween HJB, https://www.flickr.com/photos/72185053@N00/49873919096, CC0 1.0

3152
Colin (Paul), La Revue Nègre, Music-hall des Champs-Élysées, 1925 by LME Press, https://www.flickr.com/photos/130765784@N06/32585348935/in/album-72157699728179285/ CC BY-ND 2.0

3153
Jean Carlu (1900-1997) AQUARIUM DE MONACO by LME Press
, https://www.flickr.com/photos/130765784@N06/49696531343/in/faves-199043011@N02/ CC BY-ND 2.0

3154
Chicago world's fair, a century of progress, expo poster by Weimer Pursell, silkscreen print by Neely Printing Co., Chicago, https://en.wikipedia.org/wiki/File:Chicago_world%27s_fair,_a_century_of_progress,_expo_poster,_1933,_2.jpg public domain

3155
Edward McKnight Kauffer (1890-1954) EXPLORERS PREFER SHELL lithograph in colours, 1934 (affiche) by LME Press
https://www.flickr.com/photos/130765784@N06/51113540517/in/faves-199043011@N02/ CC BY-ND 2.0

04. 초기 모던 스타일

4001
Chair by nasjonalmuseet, https://www.nasjonalmuseet.no/en/collection/object/OK-1994-0136 CC BY 4.0

4002
Armchair, Model B3 by brooklyn museum, https://www.brooklynmuseum.org/opencollection/objects/70481 CC BY 3.0

4003
Mies-Barcelona-Chair-and-Ottoman by moDecor Furniture Pvt Ltd, https://commons.wikimedia.org/w/index.php?curid=52422351CC BY-SA 3.0

4004
LC2 Fauteuil Grand Confort petit modäle di Le Cobusier by Cassina Spa, https://commons.wikimedia.org/wiki/File:LC2_Faute il_Grand_Confort_petit_mod%C3%A4le_di_Le_Cobusier,_Pierre_Jeanneret,_Charlotte_Perriand.jpg CC BY-SA 4.0

4005
www.classicon.com, © ClassiCon GmbH, Product Photo :Felix Holzer, Dirk Holm

4006
Armchair Paimio Sanatorium by : Anna Danielsson / Nationalmuseum, https://collection.nationalmuseum.se:443/eMP/eMuseumPlus?service=ExternalInterface&module=collection&objectId=920&viewType=detailView CC BY-SA 4.0(사진일부절삭)

4007
Stoel Bruno Mathsson by Nasjonalmuseet, Frode Larsen, https://www.nasjonalmuseet.no/en/collection/object/OK-1978-0220B CC BY 4.0

4008
Safari chair Kaare Klint by Nasjonalmuseet, https://commons.wikimedia.org/w/index.php?curid=136072818 CC BY-SA 4.0

4009
©심영신 by Empire State Building, Eric Kilby, CC BY-SA 2.0/Weil-Worgelt Study, brooklyn museum, CC BY 3.0/Femina, 15 Février 1912, 12e Année, nr., rijksmuseum,, CC0/Erté Harpers Bazar cover Feb 1922, Erté, Public Domain/ Adolphe Cassandre, Normandie affiche, coll part-cl LMEPress by LME Press CC BY-ND 2.0/Cartier, thisisbossi, CC BY-SA 2.0/"David-Weill" Desk, Metropolitan Museum of Art, CC0 1.0/Chiffonier, brooklyn museum, CC BY 3.0/console table and mirror - Paul Fehér, Tim Evanson, CC BY-SA 2.0/"Retombante" Stool, Metropolitan Museum of Art, CC0 1.0/Radio, brooklyn museum, CC BY 3.0/Soup Tureen, Metropolitan Museum of Art, CC0 1.0 Public Domain/Camera, brooklyn museum, CC BY 3.0/Corner Cabinet, brooklyn museum, CC BY 3.0/Armchair, nasjonalmuseet, CC BY 4.0/Chrysler Central Elevator, Axel Tschentscher, CC BY-SA 4.0/Chandelier, Carew Tower, EEJCC, CC BY-SA 4.0/"Pianissimo", Metropolitan Museum of Art, CC0 1.0/La Villa Savoye de Le Corbusier (Poissy, France), dalbera, CC BY 2.0/Armchair, Model B3, brooklyn museum, CC BY 3.0/Bordlampe, nasjonalmuseet, CC BY 4.0/Carpet "The Silver Rug", Viktor Fordell / Nationalmuseum, CC BY-SA 4.0/Vase Savoy, Foto: Anna Danielsson / Nationalmuseum, CC BY-SA 4.0/El Lissitzky - Frappe les blancs avec les rouge, Zythème, CC BY-SA 4.0/Vase by rawpixel, Public Domain/Mies-Barcelona-Chair-and-Ottoman, moDecor Furniture Pvt Ltd, BY-SA 3.0 /The Frankfurt Kitchen, wikipedia: Jonathan Savoie, CC BY-SA 3.0/www.classicon.com, Copyright © ClassiCon GmbH, Felix Holzer, Dirk Holm/Armchair Paimio Sanatorium, Foto: Anna Danielsson / Nationalmuseum, CC BY-SA 4.0/Kaffekanna med lock, dekor "Liljeblå", modell KG, Linn Ahlgren / Nationalmuseum, CC BY SA 4.0/Serviettholder, nasjonalmuseet, CC BY 4.0/Taklampe, nasjonalmuseet, CC BY 4.0/Bölgeblick, LeireGonzalez, CC BY-SA 4.0/Stoel Bruno Mathsson, Nasjonalmuseet, Frode Larsen, CC BY-SA 4.0/Carpet, nasjonalmuseet, CC BY 4.0

4010
Berlin, BE, Deutschland, pixels, https://www.pexels.com/photo/peter-behrens-bau-in-berlin-16961243/ CC0

4011
Дом Шрёдер by Mycosm93, https://commons.wikimedia.org/wiki/File:%D0%94%D0%BE%D0%BC_%D0%A8%D1%80%D1%91%D0%B4%D0%B5%D1%80_-_%D0%B1%D0%B5%D0%B7_%D0%BF%D0%B5%D1%80%D0%B5%D0%B3%D0%BE%D1%80%D0%BE%D0%B4%D0%BE%D0%BA_(1).jpg CC0 1.0 Public Domain

4012
Dessau by Spyrosdrakopoulos, https://commons.wikimedia.org/wiki/File:6265_Dessau.JPG CC BY-SA 4.0(사진일부절삭)

4013
Mies van der Rohe Pavilion by malouette, https://www.flickr.com/photos/56959502@N00/610797033 CC BY-SA 2.0

4014
Grand Sport by Av Viktor Fordell/Nationalmuseum, https://snl.no/Vespa CC BY 4.0

4015
Studio Aalto 2023 02 by Jonathan Platteau https://commons.wikimedia.org/w/index.php?curid=136627429 CC BY-SA 4.0, (사진일부절삭)

4016
Vyborg Library by Ninaraas, https://commons.wikimedia.org/wiki/File:Vyborg_Library_Interior2.jpg CC BY 4.0

4017
p.v. jensen-klint 10, grundtvig memorial church by seier+seier, https://www.flickr.com/photos/seier/2172453127 CC BY 2.0

4018
©심영신 by www.classicon.com Copyright © ClassiCon GmbH, Products: Felix Holzer, Dirk Holm/Tekanne, nasjonalmuseet, CC BY 4.0/Wilhelm-Wagenfeld-Leuchte,Vorderdeck/LC2 Fauteuil Grand Confort petit modäle di Le Cobusier, Cassina Spa, CC BY-SA 4.0/LC1, Vivienda-mansión la roche, CC BY-SA 3.0 /www.classicon.com Copyright © ClassiCon GmbH, Product Photo : Felix Holzer, Dirk Holm/www.classicon.com Copyright © ClassiCon GmbH/Products: Felix Holzer, Dirk Holm/2017-11-02-Max und Moritz-5129, Superbass, CC BY-SA 4.0/Mies-Barcelona-Chair-and-Ottoman, moDecor Furniture Pvt Ltd, BY-SA 3.0

4019
Fallingwater during dogwood and redbud time by string_bass_dave, https://commons.wikimedia.org/wiki/File:Frank_Lloyd_Wright_-_Fallingwater_interior_7.JPG BY-SA 2.0

4020
Fallingwater sitting area by Jeffrey Neal, https://commons.wikimedia.org/w/index.php?curid=14966979 CC BY-SA 3.0

4021
Robie House designed by Frank Lloyd Wright 1909 by David Arpi, https://www.flickr.com/photos/darpi/212323100 CC BY-ND 2.0

4022
Chicago, robie house di frank lloyd wright, 1908-1910, salone al primo piano, 02 camino by Sailko, https://commons.wikimedia.org/wiki/File:Chicago,_robie_house_di_frank_lloyd_wright,_1908-1910,_salone_al_primo_piano,_02_camino.jpg
CC BY 3.0

4023
robie-house-1910-chicago-illinois-frank-lloyd-wright-150th-birthday_dezeen_2364_col_6 by karlyn6, https://openverse.org/image/3c8d83aa-7d6a-4321-9574-09da472d33f1?q=frank%20lloyd%20wright%20robie%20house Public Domain 1.0

4024
Robie House, Chicago, designed by Frank Lloyd Wright by Jules Antonio, https://commons.wikimedia.org/w/index.php?curid=79681362 CC BY-SA 2.0

4025
Rietveld Schroder House by Thalia Potamou, , https://www.flickr.com/photos/162882810@N04/44661849520/in/photostream/ CC BY-ND 2.0

4026
Rietveld Schroder House by Thalia Potamou, https://www.flickr.com/photos/162882810@N04/32606156298/in/photostream/ CC BY-ND 2.0

4027
Gerrit Rietveld by PThalia, https://www.flickr.com/photos/162882810@N04/44661847880 CC BY-ND 2.0

4028
'Colour solution' Kleurencompositie in interieur by rijksmuseum, http://hdl.handle.net/10934/RM0001.COLLECT.534645
Public Domain

4029
VIEW OF NORTH ELEVATION HABS MASS by HABS MA-1228, https://commons.wikimedia.org/wiki/File:VIEW_OF_NORTH_ELEVATION_HABS_MASS,9-LIN,16-7.jpg Public Domain

4030
Gropius House by picryl, https://picryl.com/media/gropius-house-68-baker-bridge-road-lincoln-middlesex-county-ma-36
Public Domain

4031
Gropius House LIVING ROOM by HABS MA-1228, https://commons.wikimedia.org/wiki/File:Gropius_House_LIVING_ROOM,_FROM_EAST,_HABS_MASS,9-LIN,16-33.jpg Public Domain

4032
WalterGropius by Louis Held, https://st.museum-digital.de/object/1791
Public Domain

4033
The Barcelona Pavilion by Ashley Pomeroy, https://commons.wikimedia.org/w/index.php?curid=12138750 CC BY 3.0(사진수평조정)

4034
nstallation at Barcelona Pavillion by SANAA by Masashige MOTOE, https://www.flickr.com/photos/motoe/
CC BY-SA 2.0

4035
Barcelona-Pavillon by Mondo79, https://www.flickr.com/photos/50417570@N06/52586304633 CC BY 2.0

4036
Tugendhat by M. Goldbach, https://de.wikipedia.org/wiki/Datei:Tugendhat1370819.JPG CC BY-SA 3.0

4037
Tugendhat Villa, Brno, CZ by r chelseth, https://www.flickr.com/photos/82526003@N00/36877628023 CC BY 2.0

4038
Pavillon L'Esprit Nouveau by Unknown author, https://commons.wikimedia.org/wiki/File:Pavillon_L%27Esprit_Nouveau.jpg
Public Domain

4039
Le Corbusier by IISG, https://www.flickr.com/photos/29780762@N07/4138240688 CC BY-SA 2.0

4040
Les maisons La Roche et Jeanneret de Le Corbusier by Jean-Pierre Dalbéra, https://www.flickr.com/photos/dalbera/43564768164/in/photostream/ CC BY 2.0

4041
La maison La Roche de Le Corbusier by Jean-Pierre Dalbéra, https://www.flickr.com/photos/72746018@N00/42474365150 CC BY 2.0

4042
Villa savoye-livingroom by Netphantm, https://snl.no/Le_Corbusier CC BY-SA 4.0

4043
La Villa Savoye de Le Corbusier by by dalbera https://www.flickr.com/photos/dalbera/29220094257/in/photostream/ CC BY 2.0.

4044
Le Corbusier's duplex, Weissenhofsiedlung, Stuttgart, 1927 by Tim Brown Architecture, https://www.flickr.com/photos/11381771@N04/2794657754 CC BY 2.0

4045
La Villa Savoye de Le Corbusier (Poissy, France) by dalbera https://www.flickr.com/photos/72746018@N00/44084178102 CC BY 2.0

4046
Maison de Verre by August Fischer, https://openverse.org/image/c5f19c5f-e27d-4563-b2b5-04c252d8efff?q=Maison%20de%20Verre CC BY-ND 2.0

4047
Pierre Chareau, Maison de Verre, Paris, France, 1932_11 by bianca.maggio, https://openverse.org/image/c546c026-39d8-4a7d-a697-6c153d5d74a8?q=Maison%20de%20Verre Public Domain

4048
E-1027 by Eileen Gray by PThalia, https://www.flickr.com/photos/162882810@N04/46427060472 CC BY-ND 2.0

4049
©심영신

4050
E-1027 Villa by Janet Minker, https://www.flickr.com/photos/minkfarb/52151730950/in/photostream/ Public Domain 1.0

4051
Im Burgfeld 18 by nasjonalmuseet, https://www.nasjonalmuseet.no/en/collection/object/NMK.2015.0316 CC BY 4.0

4052
SchutteLihotzky FrankfurtKitchen by Visual Resources Department, Minneapolis Institute of Art, https://collections.artsmia.org/art/95937/frankfurt-kitchen-margarete-schuette-lihotzky
Public Domain CC0 1.0

4053
Köksinteriör i egnahemsbostad. Troligen vid Stockholmsutställningen 1930. (HSB) by picryl.com, https://picryl.com/media/koksinterior-i-egnahemsbostad-troligen-vid-stockholmsutstallningen-1930-hsb-4f4e12 public domain

4054
Weimar - Haus am Horn by Rainer Halama, https://commons.wikimedia.org/wiki/File:Weimar_-_Haus_am_Horn_DSC9044.jpg CC BY-SA 4.0(사진일부절삭)

4055
Weimar, Haus am Horn by Steffen Schmitz, https://commons.wikimedia.org/wiki/File:Weimar,_Haus_am_Horn,_2019-09_CN-05.jpg CC BY-SA 4.0(사진일부절삭)

4056
Haus am Horn, Luftaufnahme by Raimond Spekking, https://commons.wikimedia.org/w/index.php?curid=83514108
CC BY-SA 4.0(사진일부절삭)

4057
An unidentified woman wearing an Oscar Schlemmer mask, seated in a Marcel Breuer Wassily Chair, c. 1926. by vil.sandi, https://www.flickr.com/photos/38053299@N08/50679274753
CC BY-ND 2.0

4058
Marcel Breuer. Table, Model B19 by Brooklyn Museum, https://commons.wikimedia.org/wiki/File:Marcel_Breuer._Table,_Model_B19,_ca._1928.jpg CC BY 3.0

4059
Marcel Breuer by moonoa, https://www.flickr.com/photos/75393944@N03/8026105014 CC BY 2.0

4060
Gropius House by picryl, https://picryl.com/media/gropius-house-68-baker-bridge-road-lincoln-middlesex-county-ma-44
public domain

4061
Mobilier conçu par Marcel Breuer (Centre Pompidou, Paris)by dalbera, https://www.flickr.com/photos/72746018@N00/52156018789 CC BY 2.0

4062
Side Chair, Model B5 by brooklyn museum, https://www.brooklynmuseum.org/opencollection/objects/76480 CC BY 3.0

4063
F 8114 by Hugo Schmölz, https://architekturmuseum.ub.tu-berlin.de/P/156942.php public domain CCO 1.0

4064
Stålrørstol by nasjonalmuseet, https://www.nasjonalmuseet.no/en/collection/object/OK-2002-0065 CC BY 4.0

4065
Villa church by Unknown author, https://commons.wikimedia.org/wiki/File:Villa_church.jpg CC BY-SA 3.0

4066
LC4 Lounge by brooklyn museum, https://www.brooklynmuseum.org/opencollection/objects/196981 CC BY 3.0

4067
저자소장사진

4068
LC1 by Vivienda-mansión la roche, https://commons.wikimedia.org/w/index.php?curid=69075109 CC BY-SA 3.0

4069
exposição charlotte perriand: inventando um mundo novo by gaf.arq, https://www.flickr.com/photos/32864615@N00/50688117376 CC BY-SA 2.0

4070
Charlotte perriand by sailko, https://commons.wikimedia.org/wiki/File:Charlotte_perriand,_sedile_ruotante,_parigi_1927.JPG
CC BY-SA 3.0

4071
Inizio collezione LC DA SX SULLA LC4 FRANCO, e in senso antiorario CESARE ADELE UMBERTO CASSINA Archivio Storico Cassina
by Cassina Spa, https://commons.wikimedia.org/w/index.php?curid=112451588 CC BY-SA 4.0

4072
Charlotte Perriand by Robert Doisneau, https://commons.wikimedia.org/wiki/File:Charlotte_Perriand_Janvier_1991.jpg
public domain CCO1.0

4073
Barcelona Pavilion
by gizzaa, https://www.flickr.com/photos/49317811@N08/5178894055 CC BY-ND 2.0

4074
Lillyreich by design TOP 100, https://commons.wikimedia.org/wiki/File:Lillyreich04.jpg CC BY-SA 3.0

4075
Armstol by nasjonalmuseet, https://www.nasjonalmuseet.no/en/collection/object/OK-2001-0178 CC BY 4.0

4076
Stol "MR 10" by Linn Ahlgren / Nationalmuseum, https://collection.nationalmuseum.se:443/eMP/eMuseumPlus?service=ExternalInterface&module=collection&objectId=237251&viewType=detailView CC BY-SA 4.0

4077
Farnsworth by Carol M. Highsmith, https://commons.wikimedia.org/wiki/File:Interior_views_of_the_1951_Farnsworth,_a_modernist_classic_%22glass_house%22_designed_by_architect_Mies_van_der_Rohe,_Plano,_Illinois_LCCN2011633479.tif Public Domain

4078
Interior view, living room, the Farnsworth House by Carol M. Highsmith, https://commons.wikimedia.org/wiki/File:Interior_view,_living_room,_the_Farnsworth_House,_Plano,_Illinois_LCCN2010630502.tif Public Domain

4079
View of architect Mies van der Rohe's classic modernist Farnsworth House by Carol M. Highsmith, https://commons.wikimedia.org/wiki/File:View_of_architect_Mies_van_der_Rohe%27s_classic_modernist_Farnsworth_House,_Plano,_Illinois_LCCN2011633505.tif Public Domain

4080
Fall at the Farnsworth House by Carol M. Highsmith, https://commons.wikimedia.org/wiki/File:Fall_at_the_Farnsworth_House,_Plano,_Illinois_LCCN2011631156.tif Public Domain
4081
저자소장사진

4082
www.classicon.com, © ClassiCon GmbH, Photo : Felix Holzer, Dirk Holm

4083
www.classicon.com, © ClassiCon GmbH, Photo : Felix Holzer, Dirk Holm

4084
저자소장사진

4085
저자소장사진

4086
저자소장사진

4087
Eileen Gray by Unknown author, https://commons.wikimedia.org/wiki/File:Eileen_Gray.jpg Public Domain

4088
Elektrisk vifte by nasjonalmuseet, https://www.nasjonalmuseet.no/en/collection/object/NMK.2008.0069 CC BY 4.0

4089
Vannkoker by nasjonalmuseet, https://www.nasjonalmuseet.no/en/collection/object/OK-1990-0105 CC BY 4.0

4090
Peter Behrens by Waldemar Franz Hermann Titzenthaler , https://commons.wikimedia.org/wiki/File:Peter_Behrens,_um_1913.jpg Public Domain

4091
Gut Holz! by nasjonalmuseet, https://www.nasjonalmuseet.no/en/collection/object/NMK.2016.0182 CC BY 4.0

4092
Gut Holz! by nasjonalmuseet, https://www.nasjonalmuseet.no/en/collection/object/NMK.2016.0182 CC BY 4.0

4093
Service Holder, 1931, Serviettholder by nasjonalmuseet, https://www.nasjonalmuseet.no/en/collection/object/OK-2002-0230 CC BY 4.0

4094
Marianne brandt per bauhaus, Sailko, https://commons.wikimedia.org/wiki/File:Marianne_brandt_per_bauhaus,_servito_da_the,_in_argento_ed_ebano,_1924_%28prodotto_entro_il_1929%29_01.jpg CC BY 3.0

4095
Marianne brandt by moonoa, https://www.flickr.com/photos/75393944@N03/8026121044 CC BY 2.0

4096
Teapot by brooklyn museum, https://www.brooklynmuseum.org/opencollection/objects/111411 CC BY 3.0

4097
Cubic glass container by Sailko, https://commons.wikimedia.org/wiki/File:Wilhelm_wagenfeld_per_vereinigte_lausitzer_glaswerke,_contenitore_cubico_in_vetro,_1938_ca.jpg CC BY 3.0

4098
Short Pitcher with Lid by brooklyn museum, https://www.brooklynmuseum.org/opencollection/objects/111612 CC BY 3.0

4099
2017-11-02-Max und Moritz-5129 by Superbass, https://commons.wikimedia.org/wiki/File:2017-11-02-Max_und_Moritz-5129.jpg CC BY-SA 4.0

4100
Musikheim frankfurt oder wohnraum 1929 by made by unspecified/unknown photographer of Photoatelier L. Haase & Co., Frankfurt an der Oder, Germany (founded in 1890), https://commons.wikimedia.org/wiki/File:Musikheim_frankfurt_oder_wohnraum_1929.jpg Public Domain

4101
저자소장사진

4102
Wilhelm-wagenfeld-schreibmaschin by Christos Vittoratos, https://commons.wikimedia.org/wiki/File:Wilhelm-wagenfeld-schreib-maschine.jpg CC BY-SA 3.0

4103
Ladislav Sutnar Tea Set Mint Museum of Art Charlotte by Ladislav Sutnar, https://commons.wikimedia.org/wiki/File:Ladislav_Sutnar_Tea_Set_Mint_Museum_of_Art_Charlotte,_NC.jpg, CC BY-SA 4.0 (사진크기조정)

4104
Ladislav Sutnar by Anonymous, https://commons.wikimedia.org/wiki/File:Ladislav_Sutnar_1934_crop.jpg Public Domain

4105
Skrivebordslampe by nasjonalmuseet, https://www.nasjonalmuseet.no/en/collection/object/OK-2003-0217 CC BY 4.0

4106
Nattbordslampe by nasjonalmuseet, https://www.nasjonalmuseet.no/en/collection/object/OK-2002-0064 CC BY 4.0

4107
Anglepoise lamp, model 1208 by Upphovsperson okänd, https://commons.wikimedia.org/w/index.php?curid=125385068, CC BY-SA 4.0

4108
www.classicon.com ©ClassiCon GmbH, Photo :Felix Holzer, Dirk Holm

4109
www.classicon.com ©ClassiCon GmbH, Photo :Elias Hassos

4110
Webereiklasse Webmeister Kurt Wanke, Bauhaus Dessau by Unknown author, https://commons.wikimedia.org/wiki/File:Webereiklasse_Webmeister_Kurt_Wanke,_Bauhaus_Dessau.jpg, Public Domain

4111
www.classicon.com ©ClassiCon GmbH, Product Photo : Felix Holzer, Dirk Holm

4112
Anni Albers by Steve Bowbrick, https://www.flickr.com/photos/bowbrick/31551256937/ CC BY 2.0

4113
Anni Albers by Art is a word, https://www.flickr.com/photos/sqorda/46726582862/ Public Domain

4114
Textile design - Liubov Popova by Lyubov' Popova, https://commons.wikimedia.org/wiki/File:Textile_design_-_Liubov_Popova_-_c.1924.jpg Public Domain

4115
bauhaus-textiles-fiber-art by Leire Orueta Gómez, https://commons.wikimedia.org/wiki/File:8ac637cd573f—40e39d18ab77c51a4a--bauhaus-textiles-fiber-art.jpg, CC BY-SA 4.0(사진일부절삭)

4116
AEG electric lamps by MCAD Library, https://www.flickr.com/photos/69184488@N06/10333475265 CC BY 2.0

4117
AEG Metalldraht-Lampe, poster by MCAD Library, https://www.flickr.com/photos/69184488@N06/10297069556 CC BY 2.0

4118
proun G.B.A. by Kunstmuseum Den Haag, https://commons.wikimedia.org/wiki/File:El_lissitzky,_proun_G.B.A.,_1923_ca_%28cropped%29.jpg CC BY 3.0

4119
El Lissitzky - Frappe les blancs avec les rouges by Zythème, https://commons.wikimedia.org/wiki/File:El_Lissitzky_-_Frappe_les_blancs_avec_les_rouges_-_1919-1920.jpg CC BY-SA 4.0

4120
Rodchenko Alexander portrait of Blik Compagna Majakosvkij 1 poster by urcameras, https://www.flickr.com/photos/136879256@N02/23857806290 Public Domain

4121
László Moholy-Nagy, Z VIII by Sailko, https://commons.wikimedia.org/wiki/File:L%C3%A1szl%C3%B3_Moholy-Nagy,_Z_VIII,_1924_%28musei_di_berlino%29.jpg CC BY 3.0

4122
Soaring to Success! Daily Herald -- the Early Bird, advertising poster by MCAD Library, https://www.flickr.com/photos/69184488@N06/10315857935 CC BY 2.0

4123
StaatlichesBauhausTitelseite by László Moholy-Nagy, https://commons.wikimedia.org/wiki/File:StaatlichesBauhausTitelseite.jpg Public Domain

4124
File:StaatlichesBauhaus Vorderdeckel by Unibib Weimar, https://commons.wikimedia.org/w/index.php?curid=63918503, CC BY-SA 4.0

4125
Light - Rural electrification administration - Beall by Beall, Lester, https://commons.wikimedia.org/wiki/File:Light_-_Rural_electrification_administration_-_Beall._LCCN2010646236.jpg, Public Domain
4126
Bauhaus Exhibition, Weimar (1923) by Susanlen, https://www.flickr.com/photos/29710534@N05/4645276017 Public Domain

4127
Joost Schmidt Bauhausausstellung 1923 by Joost Schmidt, https://commons.wikimedia.org/wiki/File:Joost_Schmidt_Bauhausausstellung_1923.jpg Public Domain

4128
Herbert Matter 1930 Zwitserland 64X100 Fretz Freres by estampemoderne.fr, https://www.flickr.com/photos/24721982@N08/5796788240 CC BY-ND 2.0

4129
Typeface specimen Futura by ZoeB, https://commons.wikimedia.org/wiki/File:Typeface_specimen_Futura.svg CC BY-SA 4.0

4130
ARsp by Fred the Oyster, https://commons.wikimedia.org/wiki/File:ARsp.svg Public Domain

4131
Bauhaus and Bauhaus 93 Typeface by Lebetonbrut, https://commons.wikimedia.org/wiki/File:Bauhaus_and_Bauhaus_93_Typeface.svg Public Domain

4132
ABayer by Fred the Oyster, https://commons.wikimedia.org/wiki/File:ABayer.svg CC BY-SA 4.0

4133
©심영신 by Carpet, nasjonalmuseet, CC BY 4.0/Bölgeblick, Leire-Gonzalez, CC BY-SA 4.0/Stoel Bruno Mathsson, Nasjonalmuseet, CC BY-SA 4.0/Taklampe, nasjonalmuseet, CC BY 4.0/Vase by rawpixel, Public Domain/Armstol by nasjonalmuseet, CC BY 4.0/Vinservise , nasjonalmuseet, CC BY/Dish Liljeblå by Anna Danielsson, Nationalmuseum, CC BY SA 4.0/Armchair Paimio Sanatorium, Anna Danielsson ,Nationalmuseum, CC BY-SA 4.0(사진배경삭제)/Tygtryck "Mille Fleurs", Nationalmuseum, CC0/Bordlampe, nasjonalmuseet, CC BY 4.0

4134
Villa Mairea interior by Frans Drewniak, https://commons.wikimedia.org/w/index.php?curid=78783868 CC BY-SA 2.0

4135
by LeonL, https://www.flickr.com/photos/28564003@N00/5687274872 CC BY 2.0

4136
4Y1A7861 by Ninara, https://www.flickr.com/photos/ninara/26915869281/ CC BY 2.0

4137
The Aalto House, Helsinki by Ninara, https://www.flickr.com/photos/ninara/50462720718/in/photostream/ CC BY 2.0

4138
Arkkitehti Alvar Aalto by finna.fi, https://www.finna.fi/Record/ksm.161133572979100?sid=3741637058 CC BY-ND 4.0

4139
The Aalto House by Ninara, https://www.flickr.com/photos/ninara/50463592077/in/photostream/ CC BY 2.0

4140
The Aalto House by Ninara, https://www.flickr.com/photos/ninara/50463413976/in/photostream/ CC BY 2.0

4141
Vyborg Library by Stolbovsky, https://commons.m.wikimedia.org/wiki/File:Vyborg_Library_1.jpg CC BY-SA 3.0(이미지 크기 변형)

4142
Paimio Sanatorium by LeonL, https://www.flickr.com/photos/28564003@N00/5688146860 CC BY 2.0

4143
Paimio Sanatorium2 by Leon Liao, https://www.flickr.com/photos/leonl/5688156914/ CC BY 2.0

4144
Stockholm Public Library by Arild Vågen, https://commons.wikimedia.org/wiki/File:Stockholm_Public_Library_January_2015_04.jpg CC BY-SA 4.0

4145
Stockholm Public Library by Arild Vågen, https://commons.wikimedia.org/wiki/File:Stockholm_Public_Library_January_2015_02.jpg CC BY-SA 4.0

4146
Villa Stenersen by Bjoertvedt, https://commons.wikimedia.org/wiki/File:Villa_Stenersen_IMG_8303_rk_116907.JPG CC BY-SA 3.0 (사진 일부절삭)

4147
VillaStenersenGallery by Ida Strøm-Larsen, prosjektleder Villa Stenersen, https://commons.wikimedia.org/wiki/File:VillaStenersenGallery.jpg CC BY-SA 2.5

4148
Arne Jacobsen Bellavista by Hans Andersen, https://commons.wikimedia.org/wiki/File:Arne_Jacobsen_Bellavista_2005-07.jpg CC BY-SA 3.0

4149
Studio Aalto, Helsinki by Ninara, https://www.flickr.com/photos/37583176@N00/50506115276 CC BY 2.0

4150
Aalto Teewagen by Holger.Ellgaard, https://commons.wikimedia.org/wiki/File:Aalto_Teewagen.jpg Public Domain

4151
Hocker im Kulturhaus WOB by Zahlenmonster, https://commons.wikimedia.org/wiki/File:Hocker_im_Kulturhaus_WOB.jpg, CC BY-SA 3.0

4152
Bazoches-sur-Guyonne - Maison Louis Carré Fred Romero, https://commons.wikimedia.org/wiki/File:Bazoches-sur-Guyonne_-_Maison_Louis_Carr%C3%A9_(46252616145).jpg CC BY 2.0

4153
Paimio Chair by Sam Town, https://www.flickr.com/photos/49733124@N08/33668155354 CC BY-SA 2.0

4154
Artek Stool by Artek, https://commons.wikimedia.org/wiki/File:Artek_Stool.jpg Public Domain

4155
Arkkitehti Alvar Aalto. by finna.fi, https://www.finna.fi/Record/sa-kuva.sa-kuva-53143?sid=3741637058, CC BY 4.0(사진일부절삭)

4156
제조사 Carl Hansen & Søn Møbelfabrikk a/s Klappstol by nasjonalmuseet, https://www.nasjonalmuseet.no/en/collection/object/OK-1978-0216 CC BY 4.0

4157
Lenestol by nasjonalmuseet, https://www.nasjonalmuseet.no/en/collection/object/OK-2003-0107 CC BY 4.0

4158
Vi bo i Friluftstaden by Jaerke Foto, Malmö, https://commons.wikimedia.org/w/index.php?curid=138365574 CC BY-SA 4.0

4159
Bruno Mathsson by Unknown, https://commons.wikimedia.org/wiki/File:Bruno_Mathsson,_1960-tal.jpg Public Domain

4160
Armstol by nasjonalmuseet, https://www.nasjonalmuseet.no/en/collection/object/OK-17292 CC BY 4.0

4161
Grundtvigskirken-stole by Hans Andersen, https://commons.wikimedia.org/wiki/File:Grundtvigskirken-stole-2005.jpg CC BY-SA 3.0

4162
Kaare Klint by known, https://commons.wikimedia.org/wiki/File:-Kaare_Klint.jpg Public Domain

4163
Safari chair Kaare Klint by Nasjonalmuseet, https://commons.wikimedia.org/w/index.php?curid=136072818 CC BY-SA 4.0

4164
Faaborg Chair by BM, https://commons.wikimedia.org/wiki/File:-Faaborg_Chair_(Kaare_Klint)_01,_1913-15.jpg PDM 1.0

4165
Long Chair by brooklyn museum, https://www.brooklynmuseum.org/opencollection/objects/115329 CC BY 3.0

4166
Side Chair by brooklynmuseum, https://www.brooklynmuseum.org/opencollection/objects/1667 CC BY 3.0

4167
Isokonpenguin by VAwebteam at English Wikipedia, https://commons.wikimedia.org/wiki/File:Isokonpenguin.jpg, CC BY-SA 3.0(사진일부절삭)

4168
München :: Nesting Isokon BT2 Tables by Marcel Breuer, https://www.flickr.com/photos/11932978@N00/4958836492 CC BY 2.0

4169
Josef Frank Thonet A752 Varianten by PStettner, https://commons.wikimedia.org/w/index.php?curid=134056715 CC BY-SA 4.0

4170
Armstol by nasjonalmuseet, https://www.nasjonalmuseet.no/en/collection/object/OK-1980-0026 CC BY 4.0

4171
Josef Frank & Estrid Ericson by Kjellström, https://commons.wikimedia.org/wiki/File:Josef_Frank_%26_Estrid_Ericson_%281952%29.jpg CC BY-SA 2.5

4172
Millesgården by Holger.Ellgaard, https://commons.wikimedia.org/wiki/File:Millesg%C3%A5rden_2008a.jpg CC BY-SA 3.0

4173
IMG_0243 by www.ilkkajukarainen.fi, https://openverse.org/image/cdee2369-7a91-495f-8cc4-0c48acd2af03?q=aalto%20vase CC BY-ND 2.0

4174
Bölgeblick by LeireGonzalez, https://commons.wikimedia.org/wiki/File:B%C3%B6lgeblick.jpg CC BY-SA 4.0

4175
Vase Savoy by Foto: Anna Danielsson / Nationalmuseum, https://collection.nationalmuseum.se:443/eMP/eMuseumPlus?service=ExternalInterface&module=collection&objectId=8441&viewType=detailView CC BY-SA 4.0

4176
Vase by rawpixel, https://www.rawpixel.com/image/8883519/vase Public Domain

4177
squall by nasjonalmuseet, https://www.nasjonalmuseet.no/en/collection/object/NMK.2004.0357 CC BY 4.0

4178
Vinservise by nasjonalmuseet, https://www.nasjonalmuseet.no/en/collection/object/OK-10358 CC BY 4.0

4179
Work at the Gustavsberg Porcelain Factory/Wilhelm Kåge in May 1919/maj 1919 by Nationalmuseum Stockholm, https://openverse.org/image/a38af518-5771-4af6-a5b8-1e3ed7f885e8?q=Wilhelm%20K%C3%A5ge CC BY-SA 2.0

4180, 4181
Krukke by nasjonalmuseet, https://www.nasjonalmuseet.no/en/collection/object/OK-2002-0008C CC BY 4.0

4182
Kåge Practika by Holger.Ellgaard, https://commons.wikimedia.org/wiki/File:K%C3%A5ge_Practika_1933.jpg CC BY-SA 3.0

4183
Dish "Liljeblå" by Nationalmuseum, https://snl.no/Kunsthåndverk_og_design_i_Sverige CC BY SA 4.0

4184
Kaffekanna med lock, dekor "Liljeblå", modell KG by Linn Ahlgren / Nationalmuseum,https://collection.nationalmuseum.se:443/eMP/eMuseumPlus?service=ExternalInterface&module=collection&objectId=232371&viewType=detailView CC BY SA 4.0

4185
Argenta by nasjonalmuseet, https://www.nasjonalmuseet.no/en/collection/object/OK-1982-0006 CC BY 4.0

4186
Wine pitcher by nationalmuseum, https://collection.nationalmuseum.se:443/eMP/eMuseumPlus?service=ExternalInterface&module=collection&objectId=9870&viewType=detailView CC BY-SA 4.0

4187
Tekanne by nasjonalmuseet, https://www.nasjonalmuseet.no/en/collection/object/OK-10431 CC BY 4.0

4188
"Golden Bell" Hanging Lamps by Alvar Aalto by rawpixel, https://www.rawpixel.com/image/11800491/golden-bell-hanging-lamps-alvar-aalto Public Domain

4189
Le Klint Model 30 by TheGoodEndedHappily, https://commons.wikimedia.org/w/index.php?curid=139232976 CC BY-SA 4.0

4190
Lampekrans by RhinoMind, https://commons.wikimedia.org/wiki/File:Lampekrans_(forhallen).jpg CC BY-SA 4.0

4191
저자소장사진

4192
File:Restaurant on Sallingvej in Copenhagen by Elfelt, https://commons.wikimedia.org/w/index.php?curid=95948976 CC BY 2.5

4193
Taklampe by nasjonalmuseet, https://www.nasjonalmuseet.no/en/collection/object/OK-1978-0234 CC BY 4.0

4194
Poul Henningsen by A.E. Andersen, https://commons.wikimedia.org/wiki/File:Poul_Henningsen_1950-tal.jpg Public Domain

4195
Bordlampe by nasjonalmuseet, https://www.nasjonalmuseet.no/en/collection/object/OK-1964-0101D CC BY 4.0

4196
Lampe dansk design by Camiove, https://commons.wikimedia.org/wiki/File:Lampe_dansk_design.JPG CC BY-SA 3.0

4197
Taklampe by nasjonalmuseet, https://www.nasjonalmuseet.no/en/collection/object/OK-1978-0235 CC BY 4.0

4198
Taklampe by nasjonalmuseet, https://www.nasjonalmuseet.no/en/collection/object/OK-1978-0236C CC BY 4.0

4199
Interiør by nasjonalmusee, https://www.nasjonalmuseet.no/en/collection/object/NAMF.01945.001 CC BY 4.0

4200
Carpet "The Silver Rug" by Viktor Fordell / Nationalmuseum, https://collection.nationalmuseum.se:443/eMP/eMuseumPlus?service=ExternalInterface&module=collection&objectId=96337&viewType=detailView CC BY-SA 4.0

4201
Tygtryck "Mille Fleurs" by Nationalmuseum, https://collection.nationalmuseum.se:443/eMP/eMuseumPlus?service=ExternalInterface&module=collection&objectId=6046&viewType=detailView CC0

4202
Karmstol by Linn Ahlgren / Nationalmuseum, https://collection.nationalmuseum.se:443/eMP/eMuseumPlus?service=ExternalInterface&module=collection&objectId=3916&viewType=detailView CC BY-SA 4.0

4203
Munka-Ljungby-by-Fjetterstrom-doris-leslie-blau by Doris Leslie Blau Collection, Doris Leslie Blau - Antique Rugs Collection, https://commons.wikimedia.org/w/index.php?curid=30782142 CC BY-SA 3.0

4204
Draperi "Rosorna" by Hans Thorwid / Nationalmuseum, https://collection.nationalmuseum.se:443/eMP/eMuseumPlus?service=ExternalInterface&module=collection&objectId=3403&viewType=detailView CC BY-SA 4.0

4205
Sofapute by nasjonalmuseet, https://www.nasjonalmuseet.no/en/collection/object/OK-1992-0050 CC BY 4.0

4206
Carpet by nasjonalmuseet, https://www.nasjonalmuseet.no/en/collection/object/OK-11016 CC BY 4.0

4207
Osram by nasjonalmuseet, https://www.nasjonalmuseet.no/en/collection/object/OK-17773 CC BY 4.0

4208
The Stockholm Exhibition 1930 - Swedish Arts & Crafts and Home Industries - May-September by nasjonalmuseet, https://www.nasjonalmuseet.no/en/collection/object/OK-18888 CC BY 4.0

4209
Poster sketch for the Sweidsh art and craft society's Home Exhibition 1917 by Cecilia Heisser / Nationalmuseum, https://collection.nationalmuseum.se:443/eMP/eMuseumPlus?service=ExternalInterface&module=collection&objectId=215759&viewType=detailView CC BY-SA 4.0

4210
The International Advertisement Exhibition - sample fair of milan by nasjonalmuseet, https://www.nasjonalmuseet.no/en/collection/object/OK-18688 CC BY 4.0

4211
UNDERGROUND GETS YOU THERE by nasjonalmuseet, https://www.nasjonalmuseet.no/en/collection/object/OK-18870 CC BY 4.0

4212
Første Norske Radio: Landsutstilling by nasjonalmuseet, https://www.nasjonalmuseet.no/en/collection/object/OK-17613 CC BY 4.0

4213
GillSansEG by The original uploader was GearedBull at English Wikipedia., https://commons.wikimedia.org/wiki/File:GillSansEG.svg CC BY-SA 3.0

4214
Joanna Nova sample image by Blythwood, https://commons.wikimedia.org/wiki/File:Joanna_Nova_sample_image.png CC BY-SA 4.0

4215
Gill Sans compared to other sans-serifs by Blythwood, https://commons.wikimedia.org/wiki/File:Gill_Sans_compared_to_other_sans-serifs.png CC BY-SA 4.0

4216
Harry Beck's Paris Map in Metro newspaper by Annie Mole, https://www.flickr.com/photos/anniemole/112851481 CC BY 2.0

05. 미드 센추리 모던 스타일

5001
Egg chair by Nasjonalmuseet, https://www.nasjonalmuseet.no/en/collection/object/OK-1989-0185 CC BY-SA 4.0

5002
Ceiling Lamp by Nasjonalmusee, https://www.nasjonalmuseet.no/en/collection/object/OK-1978-0234 CC-BY 4.0

5003
Lounge Chair Wood by rawpixel, https://www.rawpixel.com/image/8883378/photo-image-art-public-domain-wood Public Domain

5004
Vas by digitaltmuseum.se, https://digitaltmuseum.se/021028576730/vas CC BY 4.0(사진크기변형)

5005
Arne Emil Jacobsen's Swan Settee by rawpixel, https://www.rawpixel.com/image/8883490/swan-settee-arne-jacobsen CC0 Public Domain

5006
Vase by .nasjonalmuseet, https://www.nasjonalmuseet.no/en/collection/object/OK-1992-0251 CC BY 4.0

5007
Skrivemaskin by nasjonalmuseet, https://www.nasjonalmuseet.no/en/collection/object/OK-2003-0176 CC BY 4.0

5008
Gramophone by nasjonalmuseet, https://www.nasjonalmuseet.no/en/collection/object/OK-1993-0171, CC BY 4.0

5009
Polypropylene stacking chairs by Robin & Lucienne Day Foundation, https://commons.wikimedia.org/wiki/File:Polypropylene_stacking_chairs_in_original_colours_(charcoal,_light_grey_and_flame_red),_Robin_Day,_Hille,_1964.jpg CC BY-SA 4.0(사진크기변형)

5010
©심영신 by Armstol, nasjonalmuseet, CC BY 4.0/Butterfly Stool, brooklyn museum, CC BY 3.0/Lounge Chair Wood, Public Domain/Lenestol, nasjonalmuseet, CC BY 4.0/Karmstol, Linn Ahlgren / Nationalmuseum, CC BY-SA 4.0(사진배경삭제)/Spisestuestol, nasjonalmuseet, CC BY 4.0/Finn Juhl - Chieftain chair, Hyeon Kim from Seoul, South Korea, CC BY-SA 2.0 사진배경삭제/Ball chair, TheInstructionMaster, CC BY-SA 4.0/Armstol by CC BY 4.0(사진크기변형)/Egg chair by nasjonalmuseet, CC BY 4.0 (사진크기변형)/Chair by nasjonalmuseet, CC BY 4.0(사진배경삭제)

5011
Seagram Building Ken OHYAMA, https://commons.wikimedia.org/wiki/File:Seagram_Building_(35098307116).jpg CC BY-SA 2.0

5012
Farnsworth House by Paul R. Burley, https://commons.wikimedia.org/wiki/File:Farnsworth_House_Plano-9983.jpg CC BY-SA 4.0

5013
Farnsworth house by Ron Frazier, https://commons.wikimedia.org/wiki/File:Farnsworth_house_drone.jpg CC BY 2.0

5014
S.R. Crown Hall by Arturo Duarte Jr., https://commons.wikimedia.org/wiki/File:S.R._Crown_Hall.jpg CC BY-SA 3.0

5015
Pan Am building by Edward Russell, https://commons.wikimedia.org/wiki/File:Pan_Am_building,_always_(32736056485).jpg
CC BY 2.0

5016
Corbusierhaus by Matthias Süßen, https://commons.wikimedia.org/wiki/File:Corbusierhaus,_Berlin-msu-2021-2259-.jpg CC BY-SA 4.0

5017
Unité d'Habitation by KMH1975, https://commons.wikimedia.org/wiki/File:Unit%C3%A9_d%27Habitation_Typ_Berlin_%26_Corbusier-Haus,_S%C3%BCdfassade.jpg CC BY-SA 3.0

5018
France, Bouches-du-Rhône (13), Marseille, 8ème arr. : ' Cité Radieuse ' Le Corbusier 1945-52 , ' l'Unité d'Habitation de Grandeur Conforme ' Rue intérieure by (vincent desjardins), https://www.flickr.com/photos/44613506@N07/4867230440 CC BY 2.0

5019
UAM Une Aventure Moderne - CNAC, Paris by corno.fulgur75, https://www.flickr.com/photos/129231073@N06/32186058057 CC BY 2.0

5020
Stillman by https://en.wikipedia.org/wiki/File:Stillman_Photo_2.jpeg, CC BY-SA 3.0

5021
Yannick Martin - CASA in Box - Charles & Ray Eames - Case Study House No 8 by 準建築人手札網站 Forgemind ArchiMedia, https://www.flickr.com/photos/44343967@N00/14269217192 CC BY 2.0

5022
Eames House by edward stojakovic, https://www.flickr.com/photos/akasped/14018607930 CC BY 2.0

5023
Eames house by English Wikipedia, https://commons.wikimedia.org/wiki/File:Eames_house_entry.jpg CC BY 1.0

5024
Eames House by Gunnar Klack, https://www.flickr.com/photos/gnrklk/34247670481 CC BY-SA 2.0

5025
Sydney Opera House and Harbour Bridge by Benh LIEU SONG, https://commons.wikimedia.org/wiki/File:Sydney_Opera_House_and_Harbour_Bridge_Dusk_2019-06-21.jpg
CC BY-SA 4.0 (사진크기변형)

5026
Guggenheim Museum by https://commons.wikimedia.org/wiki/File:The_Guggenheim_Museum_(7347655514).jpg, Caitriana Nicholson CC BY-SA 2.0

5027
Interior of the Solomon R. Guggenheim Museum by Tbatb, https://commons.wikimedia.org/w/index.php?curid=98996513
CC BY-SA 4.0(사진크기변형)

5028
Interno guggenheim by Stevenuccia, https://commons.wikimedia.org/w/index.php?curid=21205393 CC BY-SA 3.0

5029
St. Louis Skyline Gateway Arch by Tech. Sgt. Christopher Boitz, https://commons.wikimedia.org/wiki/File:St._Louis_Skyline_Gateway_Arch_The_Thunderbirds_June_12,_2017.jpg Public Domain

5030
MIT Chapel, Cambridge, Massachusetts by The original uploader was Daderot at English Wikipedia., https://commons.wikimedia.org/wiki/File:MIT_Chapel,_Cambridge,_Massachusetts_-_exterior.JPG CC BY-SA 3.0(사진일부절삭)

5031
MIT Chapel Interior by https://commons.wikimedia.org/wiki/File:MIT_Chapel_Interior.jpg CC BY-SA 3.0(사진크기변형)

5032
Washington Dulles International Airport by Joe Ravi, https://en.wikipedia.org/wiki/File:Washington_Dulles_International_Airport_at_Dusk.jpg CC BY-SA 3.0

5033
Constance Perkins House by Barte, https://commons.wikimedia.org/wiki/File:Constance_Perkins_House.jpg
CC BY-SA 4.0(사진크기변형)

5034
Miller House by , https://commons.wikimedia.org/wiki/File:Miller_House,_Palm_Springs,_California.jpg CC BY 2.0

5035
Glass House by Helder Mira, https://www.flickr.com/photos/citizenhelder/4581217976 CC BY 2.0

5036
Beinecke Library by Gunnar Klack, https://commons.wikimedia.org/wiki/File:Beinecke-Rare-Book-Manuscript-Library-Yale-University-Hewitt-Quadrangle-New-Haven-Connecticut-Apr-2014-a.jpg CC BY-SA 4.0(사진크기변형)

5037
MET Opera by Ajay Suresh, https://commons.wikimedia.org/wiki/File:MET_Opera_(48047450723).jpg CC BY 2.0

5038
Kimbell Art Museum by Carol M. Highsmith, https://commons.wikimedia.org/wiki/File:Kimbell_Art_Museum_Highsmith.jpg, Public Domain

5039
aarhus town hall by seier seier, https://commons.wikimedia.org/wiki/File:Arne_jacobsen,_aarhus_town_hall_1937-1942_%281%29.jpg CC BY 2.0

5040
national bank by seier+seier, https://www.flickr.com/photos/seier/2440905813/ CC BY 2.0

5041
national bank by seier+seier, https://commons.wikimedia.org/wiki/File:Arne_jacobsen,_national_bank,_copenhagen,_1961-1978..jpg CC BY 2.0

5042
arne jacobsen, Søholm I, 1946-1950 by seier+seier, https://www.flickr.com/photos/94852245@N00/2689652344 CC BY 2.0

5043
arne jacobsen, alléhusene housing, gentofte 1949-1953 by seier+seier, https://www.flickr.com/photos/94852245@N00/5481535054 CC BY 2.0

5044
File:SAS Royal Hotel, Copenhagen, 1955-1960 by seier+seier https://commons.wikimedia.org/w/index.php?curid=5960868, CC BY 2.0

5045
Finlandia Hall, Helsinki, Finland 1967-71 Finlandia by Thermos, https://commons.wikimedia.org/wiki/File:Finlandia_Wiki.jpg, CC BY 2.5

5046
National Center for Atmospheric Research by en:user:Daderot, https://commons.wikimedia.org/wiki/File:National_Center_for_Atmospheric_Research_-_Boulder,_Colorado.jpg CC BY-SA 3.0

5047
Public Domain

5048
Palacio da Alvorada by ©Ricardo Stuckert, https://commons.wikimedia.org/wiki/File:Palacio_da_Alvorada_Exterior.JPG

5049
World Trade Center by Jeffmock, https://commons.wikimedia.org/wiki/File:World_Trade_Center,_New_York_City_-_aerial_view_(March_2001).jpg CC BY-SA 3.0

5050
Armchair, Model 670 by by brooklyn museum, https://www.brooklynmuseum.org/opencollection/objects/1687 CC BY 3.0

5051
charles and ray eames house by Paolo Gamba, https://www.flickr.com/photos/14012466@N07/21510766079 CC BY 2.0

5052
Moulded plywood chair, stools, and table by Jules Verne Times Two, https://commons.wikimedia.org/wiki/File:Moulded_plywood_chair,_stools,_and_table,_Charles_and_Ray_Eames_exhibit,_MAAT,_Lisbon,_Portugal_julesvernex2.jpg, CC BY-SA 4.0(사진크기변형)

5053
Child's Chair y brooklyn museum, https://www.brooklynmuseum.org/opencollection/objects/2339 CC BY 3.0

5054
Coffee Table with Metal Legs (CTM) by brooklyn museum, https://www.brooklynmuseum.org/opencollection/objects/2073 CC BY 3.0

5055
FSW (Folding Screen Wall) by brooklyn museum, https://www.brooklynmuseum.org/opencollection/objects/2574 CC BY 3.0

5056
Rocker (RAR) by rawpixel, https://www.rawpixel.com/image/8883818/photo-image-art-public-domain-interior, CC0 Public Domain

5057
Storage Unit by brooklyn museum, https://www.brooklynmuseum.org/opencollection/objects/2103 CC BY 3.0

5058
Turned Stool by brooklyn museum, https://www.brooklynmuseum.org/opencollection/objects/2363 CC BY 3.0

5059
Armchair by brooklyn museum, https://www.brooklynmuseum.org/opencollection/objects/1710 CC BY 3.0

5060
Spisestuestol by nasjonalmuseet, https://www.nasjonalmuseet.no/en/collection/object/OK-1991-0020 CC BY 4.0

5061
Spisestuestol by nasjonalmuseet, https://www.nasjonalmuseet.no/en/collection/object/OK-1992-0140 CC BY 4.0

5062
Svingstol by nasjonalmuseet, https://www.nasjonalmuseet.no/en/collection/object/OK-1997-0042 CC BY 4.0

5063
Pedestal Table by rawpixel, https://www.rawpixel.com/image/8883408/photo-image-art-public-domain-wood
CC0 Public Domain

5064
Womb Chair, Model No. 70 by brooklyn museum, https://www.brooklynmuseum.org/opencollection/objects/2601 CC BY 3.0

5065
"Coconut" Chair by brooklyn museum, https://www.brooklynmuseum.org/opencollection/objects/2365 CC BY 3.0

5066
Armchair, Model DAF by brooklyn museum, https://www.brooklynmuseum.org/opencollection/objects/1707 CC BY 3.0

5067
side table by nasjonalmuseet, https://www.nasjonalmuseet.no/en/collection/object/NMK.2011.0267 CC BY 4.0

5068
Drop chair by BM ., https://commons.wikimedia.org/wiki/File:Arne_Jacobsen_-_Drop_chair,_Denmark.jpg CCO1.0

5069
저자소장사진

5070
Armstol by nasjonalmuseet, https://www.nasjonalmuseet.no/en/collection/object/OK-1978-0224A CC BY 4.0

5071
Stablestol by .nasjonalmuseet, https://www.nasjonalmuseet.no/en/collection/object/OK-1978-0223C CC BY 4.0

5072
저자소장사진

5073
SAS Royal Hotel by Richard Moross, https://commons.wikimedia.org/wiki/File:Radisson_SAS_Royal_Hotel,_Room_606,_by_Arne_Jacobsen.jpg CC BY 2.0

5074
Egg chair by nasjonalmuseet, https://www.nasjonalmuseet.no/en/collection/object/OK-1989-0185 CC BY CC BY 4.0(사진크기변형)

5075
swan Chair Library by NY349823, https://commons.wikimedia.org/wiki/File:Swan_Chair_Libraryjpg.jpg CC BY-SA 4.0(사진크기변형)

5076
Arne Emil Jacobsen's Swan Settee by rawpixel, https://www.rawpixel.com/image/8883490/swan-settee-arne-jacobsen, CC0 Public Domain

5077
Arne-Jacobsen by Helsingin Sanomat, https://commons.wikimedia.org/wiki/File:Arne-Jacobsen-1968.jpg public domain

5078
Svingstol by nasjonalmuseet, https://www.nasjonalmuseet.no/en/collection/object/OK-1978-0218 CC BY 4.0

5079
Chair by nasjonalmuseet, https://www.nasjonalmuseet.no/en/collection/object/OK-1978-0215A CC BY 4.0

5080
Table by nasjonalmuseet, https://www.nasjonalmuseet.no/en/collection/object/OK-18421 CC BY 4.0(사진크기변형)

5081
저자소장사진

5082
Børge Mogensen by Unknown author, https://commons.wikimedia.org/wiki/File:B%C3%B8rge_Mogensen_photo.jpg Public Domain

5083
Chair by nasjonalmuseet, https://www.nasjonalmuseet.no/en/collection/object/OK-2002-0097 CC BY 4.0(사진크기변형)

5084
Armstol by nasjonalmuseet, https://www.nasjonalmuseet.no/en/collection/object/OK-2003-0111 CC BY 4.0 사진크기변형

5085
Armstol by nasjonalmuseet, https://www.nasjonalmuseet.no/en/collection/object/NMK.2008.0729 CC BY 4.0 사진크기변형

5086
Sideboard by coffee shop soulja, https://www.flickr.com/photos/flooded/8516596186/in/photostream/ CC BY 2.0

5087
Armstol by nasjonalmuseet, https://www.nasjonalmuseet.no/en/collection/object/OK-1978-0217A CC BY 4.0(사진크기변형)

5088
Armstol by nasjonalmuseet, https://www.nasjonalmuseet.no/en/collection/object/OK-14856 CC BY 4.0(사진크기변형)

5089
Spisestuestol by nasjonalmuseet, https://www.nasjonalmuseet.no/en/collection/object/OK-1966-0109 CC BY 4.0(사진크기변형)

5090
Hvilestol by nasjonalmuseet, https://www.nasjonalmuseet.no/en/collection/object/OK-1993-0061 CC BY 4.0(사진크기변형)

5091
China chair by nationalmuseum, https://collection.nationalmuseum.se:443/eMP/eMuseumPlus?service=ExternalInterface&module=collection&objectId=132&viewType=detailView CC BY-SA 4.0

5092
Klappstol by nasjonalmuseet, https://www.nasjonalmuseet.no/en/collection/object/OK-1966-0110A CC BY 4.0(사진크기변형)

5093
Skrivebordstol by nasjonalmuseet, https://www.nasjonalmuseet.no/en/collection/object/OK-17296 CC BY 4.0

5094
Finn Juhl by Unknown author, https://commons.wikimedia.org/wiki/File:Finn_Juhl.jpg Public Domain

5095
Pair of Finn Juhl Danish Modern Carved Teak Arm Chairs by coffee shop soulja, https://www.flickr.com/photos/57292116@N00/8516571572 CC BY 2.0

5096
Pelican Chair by Joe Wolf, https://www.flickr.com/photos/joebehr/4837874636 CC BY-ND 2.0

5097
Poet Two-Seater Sofa by Joe Wolf, https://www.flickr.com/photos/joebehr/4837874450/in/photostream/ CC BY-ND 2.0

5098
저자소장사진

5099
저자소장사진

5100
Lenestol by nasjonalmuseet, https://www.nasjonalmuseet.no/en/collection/object/OK-2000-0168, CC BY 4.0

5101
Finn Juhl House by John Lord, https://commons.wikimedia.org/wiki/File:Finn_Juhl_House_interior.jpg CC BY 2.0

5102
Tea table by brooklyn museum, https://www.brooklynmuseum.org/opencollection/objects/4771 CC BY 3.0

5103
Superleggera by nasjonalmuseet, https://www.nasjonalmuseet.no/en/collection/object/NMK.2008.0111 CC BY 4.0

5104
Margherita Chair by Italianpassion4, https://commons.wikimedia.org/wiki/File:Margherita_Chair_by_Franco_Albini.jpg CC BY-SA 4.0(사진크기변형)

5105
Servizio fotografico by Paolo Monti, https://commons.wikimedia.org/wiki/File:Paolo_Monti_-_Servizio_fotografico_-_BEIC_6338633.jpg CC BY-SA 4.0(사진크기변형)

5106
Franco Albini by Mario De Biasi (Mondadori Publishers), https://commons.wikimedia.org/wiki/File:Franco_Albini_1956.jpg Public Domain

5107
Butterfly Stool by brooklyn museum, https://www.brooklynmuseum.org/opencollection/objects/156924 CC BY 3.0

5108
Noguchi Coffee Table by /snl,https://snl.no/Isamu_Noguchi CC BY SA 3.0

5109
Nuage by Luca Ferri Fattoretto, https://commons.wikimedia.org/wiki/File:CASSINA_-_Nuage_Charlotte_Perriand.jpg CC BY-SA 4.0

5110
저자소장사진

5111
저자소장사진

5112
Spisestuestol by nasjonalmuseet, https://www.nasjonalmuseet.no/en/collection/object/OK-1978-0214 CC BY 4.0

5113
Polypropylene stacking chairs by Robin & Lucienne Day Foundation, https://commons.wikimedia.org/wiki/File:Polypropylene_stacking_chairs_in_original_colours_(charcoal,_light_grey_and_flame_red),_Robin_Day,_Hille,_1964.jpg CC BY-SA 4.0(사진크기변형)

5114
Side Chair, Model 31 by brooklyn museum, https://www.brooklynmuseum.org/opencollection/objects/163917 CC BY 3.0

5115
Orange Slice Chair by Rama, https://commons.wikimedia.org/wiki/File:Orange_Slice_Chair-Pierre_Paulin_IMG_5835-white.jpg CC BY-SA 2.0 FR

5116
STOL AV STÅLTRÅD by sormlandsmuseum, https://sokisamlingar.sormlandsmuseum.se/objects/c24-311837/ CC BY 4.0

5117
Spisestuestol by nasjonalmuseet, https://www.nasjonalmuseet.no/en/collection/object/OK-1978-0214 CC BY 4.0

5118
Robin and Lucienne Day by Robin & Lucienne Day Foundation, https://commons.wikimedia.org/wiki/File:Robin_and_Lucienne_Day_in_their_studio,_1980s.jpg CC BY-SA 4.0

5119
Ball chair by TheInstructionMaster, https://commons.wikimedia.org/wiki/File:Ball_chair.png CC BY-SA 4.0

5120
Eero Aarnio by Bert Verhoeff for Anefo, https://commons.wikimedia.org/wiki/File:Nieuwe_meubeltoonzaal_van_Van_de_Meer_in_Diemen_Finse_ontwerper_Eero_Aarnio_bij,_Bestanddeelnr_927-7336.jpg CC0 1.0 Public Domain

5121
Svingstol by nasjonalmuseet, https://www.nasjonalmuseet.no/en/collection/object/OK-2001-0194 CC BY 4.0

5122
Dining table by nasjonalmuseet, https://www.nasjonalmuseet.no/en/collection/object/NMK.2009.0018 CC BY 4.0

5123
Chair by nasjonalmuseet, https://www.nasjonalmuseet.no/en/collection/object/NMK.2008.0118 CC BY 4.0

5124
Tapio-Wirkkala by Anonymous, https://commons.wikimedia.org/wiki/File:Tapio-Wirkkala-1959.jpg Public Domain

5125
Vase by .nasjonalmuseet, https://www.nasjonalmuseet.no/en/collection/object/OK-1992-0251 CC BY 4.0

5126
Wirkkala for Venini by Antonello da Lesina, https://commons.wikimedia.org/wiki/File:Wirkkala_for_Venini.jpg CC BY-SA 4.0

5127
Wine glass by nasjonalmuseet, https://www.nasjonalmuseet.no/en/collection/object/NMK.2008.0020.004 CC BY 4.0

5128
Fazzoletto (Handkerchief) Bowl, model 4215 by brooklynmuseum, https://www.brooklynmuseum.org/opencollection/objects/68285 CC BY 3.0

5129
Fungo Table Lamp by brooklyn museum, https://www.brooklynmuseum.org/opencollection/objects/154901 CC BY 3.0

5130
Vase by nkl.snl, https://nkl.snl.no/Eystein_Sandnes Public Domain

5131
Kunstglass by snl, https://snl.no/Magnor_Glassverk Public Domain

5132
Ljusstake by Kulturparken Småland AB, https://digitaltmuseum.se/021026712464/ljusstake CC BY 4.0(사진크기변형)

5133
Karaffel by nasjonalmuseet, https://www.nasjonalmuseet.no/en/collection/object/OK-2003-0145 CC BY 4.0(사진크기변형)

5134
Snapsilasi 5023 by nasjonalmuseet, https://www.nasjonalmuseet.no/en/collection/object/NMK.2018.0290 CC BY 4.0

5135
Eplet nasjonalmuseet, https://www.nasjonalmuseet.no/en/collection/object/NMK.2008.0103 CC BY 4.0

5136
Stacking Tumblers by rawpixel, https://www.rawpixel.com/image/8883500/stacking-tumblers Public Domain

5137
Vas Smålands museum by Mona Morales-Schildt, https://commons.wikimedia.org/wiki/File:Vas_Sm%C3%A5lands_museum_M_20565-022yhzx9GFbN.jpeg CC BY 3.0(사진크기변형)

5138
Vas by Kulturparken Småland AB, https://digitaltmuseum.se/021026694490/vas CC BY 4.0(사진크기변형)

5139
Vas by Kulturparken Småland AB, https://digitaltmuseum.se/021026695251/vas CC BY 4.0 DEED(사진크기변형)

5140
Creamer, Residential Pattern by brooklynmuseum, https://www.brooklynmuseum.org/opencollection/objects/149800 CC BY 3.0

5141
Coffeepot with Lid, "Museum" Pattern by brooklynmuseum, https://www.brooklynmuseum.org/opencollection/objects/2133 CC BY 3.0

5142
Pepper Shaker by brooklynmuseum, https://www.brooklynmuseum.org/opencollection/objects/112526 CC BY 3.0

5143
Tekanne by nasjonalmuseet, https://www.nasjonalmuseet.no/en/collection/object/OK-1977-0135 CC BY 4.0

5144
Timo Sarpaneva by finna.fi, https://www.finna.fi/Record/museovirasto.422EF81099D47217E4D496F67C21CFDC?lng=en-gb CC BY 4.0

5145
File:Bond Street porcelain plates, pattern designed by Lucienne Day, Rosenthal, 1957 by The Robin and Lucienne Day Foundation, https://commons.wikimedia.org/w/index.php?curid=54360371 CC BY-SA 4.0

5146
Mugge by nasjonalmuseet, https://www.nasjonalmuseet.no/en/collection/object/OK-1989-0245 CC BY 4.0(사진크기변형)

5147
Bowl by nasjonalmuseet, https://www.nasjonalmuseet.no/en/collection/object/OK-2003-0001 CC BY 4.0(사진크기변형)

5148
Tekanne by nasjonalmuseet, https://www.nasjonalmuseet.no/en/collection/object/NMK.2005.0619.01 CC BY 4.0(사진크기변형)

5149
Underskål by nasjonalmuseet, https://www.nasjonalmuseet.no/en/collection/object/NMK.2008.0021.002 CC BY 4.0(사진크기변형)

5150
Sugar bowl with lid "Museum" by Anna Danielsson / Nationalmuseum, https://collection.nationalmuseum.se:443/eMP/eMuseumPlus?service=ExternalInterface&module=collection&objectId=132733&viewType=detailView CC BY-SA 4.0(사진크기변형)

5151
allrik med soppskål by nationalmuseum, https://collection.nationalmuseum.se:443/eMP/eMuseumPlus?service=ExternalInterface&module=collection&objectId=4637&viewType=detailView CC BY-SA 4.0(사진크기변형)

5152
Fruit bowl by nasjonalmuseet, https://www.nasjonalmuseet.no/en/collection/object/OK-14533A CC BY 4.0

5153
Ice Bucke by nationalmuseum, https://collection.nationalmuseum.se:443/eMP/eMuseumPlus?service=ExternalInterface&module=collection&objectId=1898&viewType=detailView CC BY-SA 4.0(사진크기변형)

5154
Trash can by nasjonalmuseet, https://www.nasjonalmuseet.no/en/collection/object/OK-2003-0128 CC BY 4.0

5155
"Ball" Wall Clock by Brooklyn Museum, https://commons.wikimedia.org/wiki/File:%22Ball%22_Wall_Clock,_1948-1969.jpg CC BY 3.0

5156
Henning Koppel silver by Iliazd, https://commons.wikimedia.org/wiki/File:Georg_Jensen_-_Henning_Koppel_silver_01.jpg CC BY-SA 2.0

5157
Isbøtte by nasjonalmuseet, https://www.nasjonalmuseet.no/en/collection/object/OK-14303 CC BY 4.0

5158
Mokkakanne by nasjonalmuseet, https://www.nasjonalmuseet.no/en/collection/object/NMK.2009.0114 CC BY 4.0

5159
Kanne by nasjonalmuseet, https://www.nasjonalmuseet.no/en/collection/object/OK-14301 CC BY 4.0

5160
Coffee Pot and Lid by brooklynmuseum, https://www.brooklynmuseum.org/opencollection/objects/101224 CC BY 3.0

5161
Spisebestikk by nasjonalmuseet, https://www.nasjonalmuseet.no/en/collection/object/NMK.2005.0623 CC BY 4.0

5162
Tapio Wurkkala by Ante Vrankovi큐, https://commons.wikimedia.org/wiki/File:Tapio_Wurkkala_-_Caravelle_cutlery.jpg CC BY-SA 4.0

5163
Arne Jacobsen cutlery by Matthew J. Cotter, https://commons.wikimedia.org/wiki/File:Stanley_Kubrick_The_Exhibition_-_LACMA_-_2001_A_Space_Odyssey_-_Arne_Jacobsen_cutlery_(8999717870)_(cropped).jpg CC BY-SA 2.0

5164
MONO RING by Flo Beck, https://commons.wikimedia.org/wiki/File:-MONO_RING_Vier_L.jpg CC BY-SA 4.0(사진크기변형)

5165
David Mellor Forks by Didriks, https://www.flickr.com/photos/49889671@N03/15640755461 CC BY 2.0

5166
David Mellor Kids Flatware by Didriks, https://www.flickr.com/photos/49889671@N03/15105465334 CC BY 2.0

5167
lampada Splügen di Achille e Pier Giacomo Castiglioni by ivtoran, https://www.flickr.com/photos/136374633@N04/24181671352 Public Domain

5168
저자소장사진

5169
Giorgio Casali, Achille e Pier Giacomo Castiglioni, Lampada Arco, 1962 by bianca.maggio, https://www.flickr.com/photos/147316538@N02/43298890485 Public Domain

5170
castiglioni-flos by flos, https://commons.wikimedia.org/wiki/File:Designers-a-and-p-g-castiglioni-flos-00-header-desk-1440x874-2.jpg CC BY-SA 4.0

5171
저자소장사진

5172
Taklampe by nasjonalmuseet, https://www.nasjonalmuseet.no/en/collection/object/NMK.2008.0108 CC BY 4.0

5173
Falkland Sosp ph Miro Zagnoli, https://commons.wikimedia.org/wiki/File:Falkland_Sosp_ph_Miro_Zagnoli_01.jpg CC BY-SA 4.0

5174
Taklampe by nasjonalmuseet, https://www.nasjonalmuseet.no/en/collection/object/NMK.2009.0017 CC BY 4.0

5175
Light sculptures in Noguchi Museum by Torstenkunz-Germany, https://commons.wikimedia.org/wiki/File:Light_sculptures_in_Noguchi_Museum.jpg CC BY-SA 4.0

5176
Taklampe by nasjonalmuseet, https://www.nasjonalmuseet.no/en/collection/object/OK-2003-0195 CC BY 4.0

5177
Arbeidslampe by nasjonalmuseet, https://www.nasjonalmuseet.no/en/collection/object/OK-2003-0183 CC BY 4.0

5178
Lamp arne-jacobsen by Christos Vittoratos, https://commons.wikimedia.org/wiki/File:Lamp_arne-jacobsen.jpg CC BY-SA 3.0

5179
Taccia-table-a-pg-castiglioni-flos by Azienda Flos, https://commons.wikimedia.org/wiki/File:Taccia-table-a-pg-castiglioni-flos-F6602004-product-still-life-big.jpg CC BY-SA 4.0

5180
Vico magistretti by Tommaso feltrin, https://commons.wikimedia.org/wiki/File:Vico_magistretti.jpg CC BY-SA 4.0

5181
Eclisse by nasjonalmuseet, https://www.nasjonalmuseet.no/en/collection/object/NMK.2008.0109 CC BY 4.0

5182
Mitchie-lamp by nasjonalmuseet, https://www.nasjonalmuseet.no/en/collection/object/OK-2003-0177 CC BY 4.0

5183
Gramophone by nasjonalmuseet, https://www.nasjonalmuseet.no/en/collection/object/OK-1993-0171, CC BY 4.0

5184
Projector by nasjonalmuseet, https://www.nasjonalmuseet.no/en/collection/object/NMK.2018.0197 CC BY 4.0

5185
Skrivemaskin by nasjonalmuseet, https://www.nasjonalmuseet.no/en/collection/object/OK-2003-0176 CC BY 4.0

5186
Olivetti Portable Typewriter by Museums Victoria, https://collections.museumsvictoria.com.au/items/805831 CC BY 4.0

5187
München Valentine Portable Typewriter by tomislav medak, https://commons.wikimedia.org/w/index.php?curid=14587512 CC BY 2.0

5188
Kodak Instamatic by Alfred, https://commons.wikimedia.org/wiki/File:Kodak_Instamatic_33.jpg CC BY-SA 2.0

5189
Emerson Model 400-3 Patriot by Cloud atlas, https://commons.wikimedia.org/wiki/File:Emerson_Model_400-3_Patriot_(1940).jpg CC BY-SA 4.0(사진크기변형)

5190
Brionvega retro by Holger.Ellgaard, https://commons.wikimedia.org/wiki/File:Brionvega_retro_3.jpg public domain

5191
Brionvega RR126 by Sandstein, https://commons.wikimedia.org/wiki/File:Brionvega_RR126,_Pier_Giacomo_Castiglioni_-_MNAM.jpg CC BY-SA 3.0(사진크기변형, 색상조정)

5192
Telefon by nasjonalmuseet, https://www.nasjonalmuseet.no/en/collection/object/NMK.2008.0112 CC BY 4.0

5193
d2021: brionvega, marco zanuso & richard sapper (1964) by dr vaxon, https://www.flickr.com/photos/103707855@N05/20559807025 CC BY 2.0

5194
Mirella by snl, https://snl.no/Marcello_Nizzoli CC BY SA 4.0

5195
Maija-Isola-1966b, Finnish architect by picryl, https://jamesnudes.getarchive.net/amp/media/maija-isola-1966b-a3c081, Public Domain

5196
Fabric sample by nasjonalmuseet, https://www.nasjonalmuseet.no/en/collection/object/NMK.2008.0032.001, CC BY 4.0

5197
Klöver by nasjonalmuseet, https://www.nasjonalmuseet.no/en/collection/object/NMK.2017.0114 CC BY 4.0

5198
Print Cats by nationalmuseum, https://collection.nationalmuseum.se:443/eMP/eMuseumPlus?service=ExternalInterface&module=collection&objectId=136053&viewType=detailView CC BY-SA 4.0

5199
Lucienne Day in New York with Calyx by The Robin and Lucienne Day Foundation - Photographer: Studio Briggs, https://commons.wikimedia.org/w/index.php?curid=54335703 CC BY-SA 4.0

5200
Calyx screen by The Robin and Lucienne Day Foundation, https://commons.wikimedia.org/w/index.php?curid=54360375 CC BY-SA 4.0

5201
Stofflengde by nasjonalmuseet, https://www.nasjonalmuseet.no/en/collection/object/OK-12225B CC BY 4.0

5202
ygprov "Kastanj" by Nationalmuseum, https://collection.nationalmuseum.se:443/eMP/eMuseumPlus?service=ExternalInterface&module=collection&objectId=4280&viewType=detailView CC0

5203
Furnishing fabric Modulor by nationalmuseum, https://collection.nationalmuseum.se:443/eMP/eMuseumPlus?service=ExternalInterface&module=collection&objectId=3164&viewType=detailView CC BY-SA 4.0(사진크기변형)

5204
Furnishing fabric Lazy Lines by Anna Danielsson / nationalmuseum, https://collection.nationalmuseum.se:443/eMP/eMuseumPlus?service=ExternalInterface&module=collection&objectId=5509&viewType=detailView CC BY-SA 4.0(사진크기변형)

5205
Tygtryck, Stockholms stadsvapen, Sankt Erik by Nationalmuseum, https://collection.nationalmuseum.se:443/eMP/eMuseumPlus?service=ExternalInterface&module=collection&objectId=4870&viewType=detailView CC0

5206
Mendoza by nasjonalmuseet, https://www.nasjonalmuseet.no/en/collection/object/OK-12676 CC BY 4.0

5207
Hanging "Manhattan" by Anna Danielsson / Nationalmuseum, https://collection.nationalmuseum.se:443/eMP/eMuseumPlus?service=ExternalInterface&module=collection&objectId=7237&viewType=detailView CC BY-SA 4.0

5208
Jacob's Coat by rawpixel, https://www.rawpixel.com/image/8883553/textile-jacobs-coat CC0 Public Domain

5209
Stofflengde by nasjonalmuseet, https://www.nasjonalmuseet.no/en/collection/object/OK-2002-0203 CC BY 4.0

5210
Curtain by nasjonalmuseet, https://www.nasjonalmuseet.no/en/collection/object/NMK.2009.0016 CC BY 4.0

5211
Gio Ponti, Piastrelle ceramiche d'Agostino, 1964
by bianca.maggio, https://www.flickr.com/photos/147316538@N02/42396925080, Public Domain

5212
Otl Aicher by Unknown, https://commons.wikimedia.org/wiki/File:Otl_Aicher,_1959.tif, Public Domain

5213
Munich Olympics 1972 logo by MacTavishSAS, https://www.deviantart.com/mactavishsas/art/Munich-Olympics-1972-logo-446573321 CC BY ND 3.0

5214
Offizieller Olympiaführer (Official Olympic Guide)
by Aesthetер | DAMS, https://www.flickr.com/photos/54727769@N03/16079001228, CC BY 2.0

5215
Olympic ticket (Athletics) by DAMS Library, https://www.flickr.com/photos/dingridsystem/15644119174/in/photostream/, CC BY 2.0

5216
Josef Müller-Brockmann (1914-1996) BEA, FLY VISCOUNT THE ROLLS ROYCE OF THE SKIES lithograph in colours, 1956, printed by Bollmann AG, Zürich (affiche)

5217
Josef Müller by Josef Müller - Brockmann, https://commons.wikimedia.org/wiki/File:Graphic_Josef_M%C3%BCller.jpg CC BY-SA 4.0

5218
Typographie by Mos125581, https://commons.wikimedia.org/wiki/File:%D0%9E%D0%B1%D0%BB%D0%BE%D0%B6%D0%BA%D0%B0_%D0%BA%D0%BD%D0%B8%D0%B3%D0%B8_%D0%AD%D0%BC%D0%B8%D0%BB%D1%8F_%D0%A0%D1%83%D0%B4%D0%B5%D1%80%D0%B0_%C2%ABTypographie%C2%BB.jpg CC BY-SA 4.0

5219
Henryk Tomaszewski, plakat "Moore. Wystawa rzeźb Henry Moore'a by Henryk Tomaszewski, https://commons.wikimedia.org/wiki/File:Henryk_Tomaszewski,_plakat_%22Moore._Wystawa_rze%C5%BAb_Henry_Moore%27a%22.jpg CC BY-SA 3.0 PL

5220
Affiche voor tentoonstelling 'Meesters in zilver. Werk van Rotterdamse zilversmeden 16de - 19de eeuw', 10 januari t/m 12 maart 1967 in Museum Willet-Holthuysen by Wim Crouwel, https://commons.wikimedia.org/wiki/File:Affiche_voor_tentoonstelling_%27Meesters_in_zilver._Werk_van_Rotterdamse_zilversmeden_16de_-_19de_eeuw%27,_10_januari_tm_12_maart_1967_in_Museum_Willet-Holthuysen,_object-nr_1266.jpg Public Domain

5221
95 cts filtre Parisiennes affiche by Savignac, Raymond , https://commons.wikimedia.org/w/index.php?curid=148520209 CC0 1.0

5222
Giovanni Pintori, Pubblicità per Olivetti by bianca.maggio, https://www.flickr.com/photos/147316538@N02/39469105131 CC0 1.0, Public Domain

5223
Swing into books by Bruno Munari, https://commons.wikimedia.org/wiki/File:Swing_into_books,_Book_week,_November_1-7,_1964.jpg Public Domain

5224
Form Farbe by Armin Hofmann, https://commons.wikimedia.org/wiki/File:Form_Farbe_Gewerbemuseum_Winterthur_1951.jpg Public Domain

5225
The Man with the Golden Arm by Saul Bass, https://commons.wikimedia.org/wiki/File:The_Man_with_the_Golden_Arm.jpg, Public Domain

5226
Exploring the Universe - First Steps Into Space by Bill Bradford, https://www.flickr.com/photos/mrbill/5628883756 CC BY 2.0

5227
General Dynamics - Basic Forces by Bill Bradford, https://www.flickr.com/photos/mrbill/4411602641/ CC BY 2.0

5228
In the Blackout by Digital Public Library of America, https://commons.wikimedia.org/wiki/File:In_the_Blackout_-_Top_Hail_a_Bus_or_Tram_Shine_a_Torch_on_to_Your_Hand_-_DPLA_-_3a40af40506fd1cf0cd0282ce5249f69.jpg Public Domain

5229
Book cover by John Damos, https://commons.wikimedia.org/wiki/File:George_Orwell_-_Keep_the_Aspidistra_Flying.jpg CC BY-SA 4.0

5230
U.S. stamp. by Bradbury Thompson, https://commons.wikimedia.org/wiki/File:Finnish_Independence_50th_Anniversary_5c_1967_issue_U.S._stamp.jpg Public Domain

5231
Festival of Britain by nasjonalmuseet, https://www.nasjonalmuseet.no/en/collection/object/OK-18820 CC BY 4.0

5232
JeanCarluProduction by w:en:Jean Carlu, https://commons.wikimedia.org/wiki/File:JeanCarluProduction.jpg Public Domain

5233
Give 'em both barrels by Boston Public Library, https://commons.wikimedia.org/wiki/File:Give_%27em_both_barrels.jpg CC BY 2.0

5234
Eye Bee M Rebus Logo by Paul Rand, https://commons.wikimedia.org/wiki/File:Eye_Bee_M_Rebus_Logo.jpg Public Domain

5235
IBM logo by Viscovery, IBM, Amazon, https://commons.wikimedia.org/wiki/File:IBM_logo_in.jpg Public Domain

5236
Cigarette pack "Lucky Strike" by Bodil Beckman, Nationalmuseum, https://collection.nationalmuseum.se:443/eMP/eMuseumPlus?service=ExternalInterface&module=collection&objectId=210461&viewType=detailView CC BY-SA 4.0

5237
'Dylan' Poster by Milton Glaser by dbking, https://www.flickr.com/photos/65193799@N00/3048848725 CC BY 2.0

5238
I Love New York by Milton Glaser, https://commons.wikimedia.org/wiki/File:I_Love_New_York.svg public domain

5239
Helvetica Exemple by Pbarnola, https://commons.wikimedia.org/wiki/File:Helvetica_Exemple.svg CC BY-SA 3.0

5240
File:Gerstner-Programm-specimen by 1904.CC, https://commons.wikimedia.org/w/index.php?curid=65772967 public domain

5241
Sabon by John L. Booth, https://commons.wikimedia.org/wiki/File:Sabon_mt_std_preview.png CC BY-SA 4.0

5242
Frutiger mostra by Paqribas, https://commons.wikimedia.org/wiki/File:Frutiger_mostra2.jpg CC BY-SA 3.0

5243
Univers mostra by Paqribas, https://commons.wikimedia.org/wiki/File:Univers_mostra1b.jpg CC BY-SA 3.0

5244
ITC Lubalin Graph by VanishingDuck, https://commons.wikimedia.org/wiki/File:ITC_Lubalin_Graph.svg CC BY-SA 3.0

5245
Avant Garde logo by snl, https://snl.no/Avant_Garde_-_skriftsnitt CC BY 2.0

06. 퓨처리즘 스타일

6001
The Street Enters the House, https://commons.wikimedia.org/wiki/File:Umberto_Boccioni,_1911,_The_Street_Enters_the_House,_oil_on_canvas,_100_x_100.6_cm,_Sprengel_Museum.jpg, Public Domain

6002
Umberto Boccioni, The City Rises, https://commons.wikimedia.org/wiki/File:Immagine-Umberto_boccioni_la_città_che_sale.jpg, Public Domain

6003
Schlörwagen, Subsequent wind tunnel tests, ©DLR German Aerospace Center, https://en.wikipedia.org/wiki/Schlörwagen#/media/File:Schlörwagen_with_a_Russian_aircraft_power_unit.jpg, CC by 2.0

6004
Luigi Colani, Schimmel_K208 Pegasus, ©sutr, https://en.m.wikipedia.org/wiki/File:Schimmel_K208Pegasus_1.jpg, CC by 2.0

6005
Syd Mead , Progression Tokyo, ©Domenico Vescio, https://www.flickr.com/photos/143527711@N03/40747518293, CC by 2.0

6006
TRON, Control Panel, ©driph, https://www.flickr.com/photos/driph/3045140292/sizes/l/in/photostream, CC by 2.0

6007
Umberto Boccioni, Dynamism of a Cyclist, https://commons.wikimedia.org/wiki/File:Umberto_Boccioni,_1913,_Dynamism_of_a_Cyclist_(Dinamismo_di_un_ciclista),_oil_on_canvas,_70_x_95_cm,_Gianni_Mattioli_Collection,_on_long-term_loan_to_the_Peggy_Guggenheim_Collection,_Venice.jpg, Public Domain

6008
Umberto Boccioni, Unique Forms of Continuity in Space, https://commons.wikimedia.org/wiki/File:%27Unique_Forms_of_Continuity_in_Space%27,_1913_bronze_by_Umberto_Boccioni.jpg, Public Domain

6009
Italian futurists Luigi Russolo, Carlo Carrà, Filippo Tommaso Marinetti, Umberto Boccioni and Gino Severini in front of Le Figaro, Paris, https://commons.wikimedia.org/wiki/File:Russolo,_Carrà,_Marinetti,_Boccioni_and_Severini_in_front_of_Le_Figaro,_Paris,_9_February_1912.jpg, Public Domain

6010
Luigi Russolo. Paintings, 1911, Souvenir d'un nuit, 1911-12, ©The Sun, https://en.wikipedia.org/wiki/File:Luigi_Russolo,_Carlo_Carrà,_Filippo_Tommaso_Marinetti,_Umberto_Boccioni,_Gino_Severini,_The_Sun,_25_February_1912.jpg

6011
Bialetti Moka Express pot, ©Bialetti Industrie, https://commons.wikimedia.org/wiki/File:Moka_Express_Bialetti.png, CC by 4.0

6012
Bialetti Moka Express pot, ©Jcmontero, https://en.wikipedia.org/wiki/Alfonso_Bialetti#/media/File:Bialetti_moka_express-made-in-italy.jpg, CC by 4.0

6013
Lingotto factory in Turin, the first futurist invention in architecture, https://commons.wikimedia.org/wiki/File:Fiat_Lingotto_veduta-1928.jpg, Public Domain

6014
Perspective drawing from La Città Nuova by Sant'Elia, 1914, https://commons.wikimedia.org/wiki/File:Stazione_Sant%27Elia.jpg, Public Domain

6015
Arnaldo Dell'Ira, Skyscraper Lamp, 1929, https://en.wikipedia.org/wiki/Futurism#/media/File:Arnaldo_Dell'Ira_(1903-1943),_lampada_a_grattacielo,_1929.jpg, Public Domain

6016
Arnaldo Dell'Ira, Hall for the Department of Communications, 1932, https://commons.wikimedia.org/wiki/File:Arnaldo_Dell%27Ira_(1903-1943),_Atrio_per_il_Dicastero_delle_Comunicazioni.jpg, Public Domain

6017
Arnaldo Dell'Ira, Piazza d'Italia 1934, https://it.wikipedia.org/wiki/File:Arnaldo_Dell%27Ira_(1903-1943),_Piazza_d%27Italia_3.jpg, Public Domain

6018
Gio Ponti, Giorgio Casali, Superleggera, https://www.flickr.com/photos/147316538@N02/43298882465, Public Domain

6019
Gio Ponti, Ceramic sanitaries for Ideal Standard, owned by BEIC and located in the Civico Archivio Fotografico of Milan, https://en.wikipedia.org/wiki/Gio_Ponti#/media/File:Paolo_Monti_-_Servizio_fotografico_(Milano,_1965)_-_BEIC_6355830.jpg, CC by 4.0

6020
Gio Ponti, Costumi per il balletto di Strawinsky, Aria d'Italia, Teatro della Triennale, 1939, Public Domain

6021
Gio Ponti, Salzburger Nachrichten, 1976, https://www.flickr.com/
photos/147316538@N02/30337120608, Public Domain

6022
Giò ponti e libero andreotti, coppia di ciste per ugo e ferdinanda
ojetti, richard-ginori, ©Sailko, https://commons.wikimedia.org/wiki/
Category:Gio_Ponti#/media/File:Giò_ponti_e_libero_andreotti,_cop-
pia_di_ciste_per_ugo_e_ferdinanda_ojetti,_richard-ginori,_1927,_01.
JPG, CC by 3.0

6023
Giò ponti per richard-ginori, vaso delle donne sui fiori e delle architet-
ture, 1925, ©Sailko, https://commons.wikimedia.org/wiki/File:Giò_
ponti_per_richard-ginori,_vaso_delle_donne_sui_fiori_e_delle_architet-
ture,_1925_(cerro_di_laveno,_coll._priv.).jpg, CC by 4.0

6024
Giò ponti per richard-ginori, servizio da caffè, 1930-35. ©Sailko,
https://commons.wikimedia.org/wiki/File:Giò_ponti_per_richard-gi-
nori,_servizio_da_caffè,_1930-35.JPG, CC by 3.0

6025
Giò ponti per richard ginori, servizio da caffè barbara, ©Sailko,
https://commons.wikimedia.org/wiki/Category:Gio_Ponti#/media/
File:Giò_ponti_per_richard_ginori,_servizio_da_caffè_barbara,_1930_
circa_(genova,_wolfsoniana)_02.jpg, CC by 4.0

6026
Giò ponti, servizio da caffè barbara,©Sailko, https://commons.wikime-
dia.org/wiki/File:Giò_ponti_per_richard_ginori,_servizio_da_caffè_bar-
bara,_1930_circa_(genova,_wolfsoniana)_03.jpg, CC by 4.0

6027
Postcard depiction of a Pere Marquette Railway streamliner, https://
en.wikipedia.org/wiki/Pere_Marquette_(C%26O_train)#/media/
File:Pere_Marquette_Railway_streamliner.JPG, Public Domain

6028
Duchess of Hamilton at the National Railway Museum, ©cooldudean-
dy01, https://commons.wikimedia.org/wiki/File:6229_Duchess_of_
Hamilton_at_the_National_Railway_Museum.jpg, CC by 2.0

6029
Raymond Loewy, Thermos flask, Model 3750, 1937, ©Daderot, https://
commons.wikimedia.org/wiki/ File:Thermos_flask,_Model_3750,_de-
signed_by_Raymond_Loewy,_American_Thermos_Bottle_Corpo-
ration,_1937,_chrome-plated_brass,_aluminum,_bakelite_-_Muse-
um_für_Angewandte_Kunst_Köln_-_Cologne,_Germany_-_DSC09512.
jpg, CC by 1.0

6030
Raymond Loewy, DPLA, https://commons.wikimedia.org/wiki/File:Ray-
mond_Loewy_-_DPLA_-_fa5d9a805dd69731d1ef83bb118cbe5c.jpg,
Public Domain

6031
Elna Lotus portable folding sewing machine, ©Treehill, Museum of
Modern Art, https://en.wikipedia.org/wiki/Raymond_Loewy#/media/
File:Elna_Lotus_ouverte.jpg, CC by 3.0

6032
Raymond Loewy, Television set, Model T 54, designed by Raymond
Loewy, The Hallicrafters, USA, 1948, case made from lacquered iron
sheet - Museum für Angewandte Kunst Köln - Cologne, Germany,
©Daderot, https://commons.wikimedia.org/wiki/File:Television_
set,_Model_T_54,_designed_by_Raymond_Loewy,_The_Hallicraft-
ers,_USA,_1948,_case_made_from_lacquered_iron_sheet_-_Muse-
um_für_Angewandte_Kunst_Köln_-_Cologne,_Germany_-_DSC09654.
jpg, CC by 1.0

6033
Air Force One ©North Charlesto, https://en.wikipedia.org/wiki/
Raymond_Loewy#/media/File:Boeing_787-10_rollout_with_Presi-
dent_Trump_(33150979675)_crop.jpg, CC by 2.0

6034
Lockheed Model 049 Constellation 3-view line drawing, https://
en.wikipedia.org/wiki/File:Lockheed_Model_049_Constella-
tion_3-view_line_drawing.png, Public Domain

6035
Raymond Loewy, RailPictures ©Matt Donnelly, https://namu.wiki/w/
PRR%20GG1

6036
Raymond Loewy Associates, 'Look' kitchen, https://commons.wikime-
dia.org/wiki/File:Raymond_Loewy_Associates,_%27Look%27_kitch-
en._LOC_gsc.5a20547.tif, Public Domain

6037
Union News coffee shop at the TWA Flight Center, Idlewild] Airport
(JFK), https://en.wikipedia.org/wiki/Raymond_Loewy#/media/File:Bar_
Counter_at_TWA_Flight_Center,_1962.jpg, Public Domain

6038
Raymond Loewy, Le Creuset, https://commons.wikimedia.org/wiki/
File:Le_Creuset.jpg, ©Pierre gencey, Public Domain

6039
Mercury locomotive designed by Henry Dreyfuss, 1936, https://
en.wikipedia.org/wiki/Streamline_Moderne#/media/File:Cleveland_
Mercury_ticket_New_York_Central_1938.JPG, Public Domain

6040
Bugatti Aérolithe, 1936, Unknown author, https://en.wikipedia.org/wiki/
Streamline_Moderne#/media/File:Bugatti_Aérolithe_AV.jpg, CC by 3.0.

6041
Stout Scarab on displayHouston Fine Arts Museum, 1935, ©Jim Evans,
https://en.wikipedia.org/wiki/Streamline_Moderne#/media/File:Stout_
Scarab_2.jpg, CC by 4.0.

6042
The 1931 WIKOV Supersport, Prostějov Moravia was one of the first
produced truly aerodynamically designed automobiles,
https://en.wikipedia.org/wiki/Streamline_Moderne#/media/File:Spor-
tovní_vůz_Supersport.gif, Public Domain

6043
The 1934 Tatra 77, ©AlfvanBeem, https://en.wikipedia.org/wiki/
Streamline_Moderne#/media/File:Tatra_77A_dutch_licence_registra-
tion_AM-44-01_pic10.JPG, CC by 1.0

6044
The 1933 Pierce Silver Arrow, ©Brian Sims, https://en.wikipedia.org/
wiki/Streamline_Moderne#/media/File:1933_Pierce-Arrow_Silver_Ar-
row_V-12_(9513966700).jpg, CC by 2.0

6045
Chevrolet DP ½-ton 'Art Deco' pickup, 1946, ©Mr.choppers, https://
en.wikipedia.org/wiki/Streamline_Moderne#/media/File:1946_Chevro-
let_DP_%C2%BD-ton_truck,_front_left.jpg, CC by 3.0

6046
Talbot Teardrop SS 150, 1938, ©Marty B, https://en.wikipedia.org/
wiki/Streamline_Moderne#/media/File:1938_Talbot_Teardrop_SS_150_
(7412440580).jpg, CC by 2.0

6047
1934 Chrysler Airflow, ©Randy Stern, https://en.wikipedia.org/wiki/
Streamline_Moderne#/media/File:1934ChryslerAirflow.jpg, CC by 2.0

6048
Tatra 603 The last prototype in Kop ivnice Moravia. 1955, ©KapitanT,
https://en.wikipedia.org/wiki/Streamline_Moderne#/media/File:T603_
MockUp.jpg, CC by 3.0

6049
The Rumpler Tropfenwagen, ©More Cars, https://en.wikipedia.org/
wiki/Streamline_Moderne#/media/File:Rumpler_(31713119053).jpg,
CC by 2.0

6050
Studebaker Land Cruiser, 1934, ©Rian Castillo, https://en.wikipedia.
org/wiki/Streamline_Moderne#/media/File:1934_Studebaker_Com-
mander_Land_Cruiser_Sedan_(4000265550).jpg, CC by 2.0.

6051
Pontiac, 1942, ©Alden Jewell, https://www.flickr.com/photos/autohis-
torian/22781024916, CC by 2.0

6052
Pontiac, 1941, ©Alden Jewell, https://www.flickr.com/photos/autohis-
torian/27000088077, CC by 2.0

6053
Chrysler_Building, https://ko.wikipedia.org/wiki/크라이슬러_빌딩#/me-
dia/파일:Chrysler_Building_by_David_Shankbone.jpg, Public Domain

6054
Chrysler Building, https://ko.wikipedia.org/wiki/크라이슬러_빌딩#/media/
파일:Chrysler_Building_Midtown_Manhattan_New_York_City_1932.jpg,
Public Domain

6055
Greyhound Bus Station, Columbia, South Carolina, 1936~1939, https://
en.wikipedia.org/wiki/Streamline_Moderne#/media/File:Greyhound_
Station_Columbia_SC_LOC_570829cu.jpg, Public Domain

6056
Hotel Shangri-La, 1939, Santa Monica, California, ©MCHart, https://
en.wikipedia.org/wiki/Streamline_Moderne#/media/File:Hotel_Shangri-
La_Santa_Monica.jpg, CC by 2.0

6057
Streamline Moderne church, First Church of Deliverance, Chicago,
Illinois, 1939, ©Zol87, https://en.wikipedia.org/wiki/Streamline_Mod-
erne#/media/File:First_Church_of_Deliverance_2.jpg, CC by 2.0

6058
Blytheville Greyhound Bus Station, located at 109 N. Fifth Street in Bly-
theville, 1937, Arkansas, United States, https://en.wikipedia.org/wiki/
Streamline_Moderne#/media/File:Blytheville_Greyhound_Bus_Station.
jpg, Public Domain

6059
Coca-Cola factory, 1936, Los Angeles by Robert V. Derrah
https://en.wikipedia.org/wiki/Streamline_Moderne#/media/File:Co-
ca-Cola_Building_Los_Angeles.jpg, Public Domain

6060
Hecht Company Warehouse, 1937, Northeast Washington, D.C.
©Superbass, https://en.wikipedia.org/wiki/Streamline_Moderne#/me-
dia/File:Hecht_warehouse_washington_dc.jpg, CC by 3.0

6061
Daily Express Building, 1939, Manchester, UK, ©Stephen Richards,
https://en.wikipedia.org/wiki/Streamline_Moderne#/media/File:Ex-
press_Building_Manchester.jpg, CC by 2.0.

6062
Hamilton Hydro-Electric System Building, 1935, Hamilton, Ontario
https://en.wikipedia.org/wiki/Streamline_Moderne#/media/File:Hamil-
tonHydroElectric.JPG, Public Domain

6063
Serralves House, 1931~1944, Porto, Portugal, ©Cssantos, https://
en.wikipedia.org/wiki/Streamline_Moderne#/media/File:Casa_e_jar-
dins_de_Serralves_5.jpg, CC by 3.0.

6064
Night image, NBC Hollywood Studios, 1938, Sunset and Vine
https://en.wikipedia.org/wiki/Streamline_Moderne#/media/File:Stu-
dio_of_National_Broadcasting_System,_at_night,_Radio_City,_Holly-
wood,_Calif_(67295).jpg, Public Domain

6065
The Las Vegas Union Pacific Railroad station, 1930, https://en.wiki-
pedia.org/wiki/Streamline_Moderne#/media/File:Union_Pacific_Sta-
tion,_Las_Vegas,_Nevada_(74656).jpg, Public Domain

6066
Aquatic Park Bathhouse, now part of the Aquatic Park Historic District,
1936, San Francisco, ©Leonard G, https://en.wikipedia.org/wiki/
Streamline_Moderne#/media/File:SFMaritimeMuseum.jpg, CC-SA

6067
Marine Air Terminal of LaGuardia Airport, 1939, New York
https://en.wikipedia.org/wiki/Streamline_Moderne#/media/File:Union_
Pacific_Station,_Las_Vegas,_Nevada_(74656).jpg, Public Domain

6068
Pan-Pacific Auditorium, 1935~1989, Los Angeles, California
https://en.wikipedia.org/wiki/Streamline_Moderne#/media/
File:Pan-Pacific_Auditorium_entrance.jpg, Public Domain

6069
Comic Con 2010, Disney Tron Legacy booth , 2010, ©The Con-
munity - Pop Culture Geek, https://commons.wikimedia.org/wiki/
File:Comic-Con_2010_-_Disney_Tron_Legacy_booth_-_Recogniz-
er_(4859615422).jpg, CC by 2.0

6070
D23 Expo, 2011, ©The Conmunity - Pop Culture Geek, https://
commons.wikimedia.org/wiki/File:D23_Expo_2011_-_Tron_cos-
tumes_%286075808072%29.jpg, CC by 2.0

6071
Tron: Legacy Pop Up Shop, ©The Conmunity - Pop Culture Geek,
https://commons.wikimedia.org/wiki/File:Tron-_Legacy_Pop_Up_
Shop_at_Royal-T_in_Culver_City,_CA_%285259527653%29.jpg, CC
by 2.0

6072
Tron: Legacy Pop Up Shop - Addidas apparel, ©The Conmunity - Pop
Culture Geek, https://commons.wikimedia.org/wiki/File:Tron-_Legacy_
Pop_Up_Shop_-_Addidas_apparel_%285259528079%29.jpg, CC by 2.0

6073
©DanB Seattle 2012, https://en.wikipedia.org/wiki/File:Blade_Run-
ner_Spinner_Car.jpg, CC by 2.0

6074
Post-apocalyptic and dystopian movie cars, Petersen Museum
©zombieite, https://commons.wikimedia.org/wiki/File:Blade_Run-
ner_Deckard%27s_sedan.jpg, CC by 2.0

6075
Syd Mead Progression, 2019, ©Domenico Vescio, https://www.flickr.
com/photos/debris2019/47713989381/in/album-72157691136213203/,
CC by 4.0

6076
Coal mine Achenbach 4 Colani, ©Arnold Paul, https://commons.wikimedia.org/wiki/File:Coal_mine_Achenbach_4_Colani_3.jpg, CC by 3.0

6077
Luigi Colani, Eifelland-March E21 - Cockpit, ©Lothar Spurzem, https://commons.wikimedia.org/wiki/File:Eifelland-March_E21_-_Cockpit_by_Colani.JPG, CC by 2.0

6078
Luigi Colani, Canon T90 and 50mm f1.2, 1983, ©Wolfgang Thanner, https://commons.wikimedia.org/wiki/File:Canon_T90_1_2_50mm.jpg, CC by 2.0

6079
Model of a concept jet aircraft designed by Luigi Colani, ©LarryStevens, https://en.wikipedia.org/wiki/Luigi_Colani#/media/File:Luigi_Colani_concept_aircraft.jpg, CC by 4.0

6080
Luigi Colani, Ferrari Testa d'Oro, ©Ian Leech, https://de.wikipedia.org/wiki/Luigi_Colani#/media/Datei:Colani_Ferrari_Testa_D'oro.jpg, CC by 2.0

6081
Colani Truck vor der Nancy Halle, ©Nils Wilken, https://commons.wikimedia.org/wiki/File:Colani_Truck_vor_der_Nancy_Halle.jpg, CC by 4.0

6082
Archizoom for Poltronova, Sofa Superonda, Indianapolis Museum of Art ©Sailko, https://es.wikipedia.org/wiki/Archizoom#/media/Archivo:Archizoom_per_poltronova,_sofa_superonda,_vinile_su_gommapiuma,_1967.jpg, CC by 3.0

6083
Superarchitettura-SUPERSTUDIO 50-MAXXI, ©Garuwastaken, https://commons.wikimedia.org/wiki/File:Superarchitettura-SUPERSTUDIO_50-MAXXI-2016.jpg, CC by 4.0

6084
Joe Colombo, Tube Chair, Flexform, 1969-1970, The original design features in the permanent collections at La Triennale di Milano, The Metropolitan Museum of Art, and MoMA. Photograph by Flickr ©Michael Fludkov

6085
Joe Colombo, Mobile Cucina Minikitchen, ©Sailko, https://commons.wikimedia.org/wiki/File:Joe_colombo_per_boffi,_mobile_cucina_minikitchen,_1964,_01.jpg, CC by 4.0

6086
Joe Colombo, Mobile Cucina Minikitchen, ©Sailko, https://commons.wikimedia.org/wiki/File:Joe_Colombo_per_boffi,_mobile_cucina_minikitchen,_1964.jpg, CC by 4.0

6087
Joe Colombo, Elda Chair, no 1005, 1963, Gift of Gordon and Carole Segal, The Art Institute of Chicago, https://www.artic.edu/artworks/228655/elda-chair-no-1005, CC0 1.0

6088
Joe Colombo, Visiona I, 1969-1970, ©Rob Mieremet, ©Anefo, https://commons.wikimedia.org/w/index.php?curid=66856494, CC0 1.0

6089
Joe Colombo, Cabriolet Bed, 1969-1970, Flickr.com, ©XebastYan, https://commons.wikimedia.org/w/index.php?curid=1249314, CC by 2.0

6090
Joe Colombo, Trolley boby, 1970, Gift of Kartell S.P.A. https://www.artic.edu/artworks/146739/stacking-chair-one-of-two, The Art Institute of Chicago, CC0 1.0

6091
Joe Colombo, Universal Chair, 1965, ©Sailko, https://commons.wikimedia.org/w/index.php?curid=63602405, CC0 3.0

6092
Joe Colombo, Poltrona 4801, 1963, https://collections.artsmia.org/art/96491/armchair-joe-colombo, Public Domain

6093
Tron Installation, ©whatleydude, https://openverse.org/image/dbb8a3ae-0d01-4c34-8cce-6d98fdd56bc6?q=tron, CC by 2.0

6094
TRON Legacy Light-Cycle, ©Ewen Roberts, https://www.flickr.com/photos/85979850@N00/4823134792, CC by 2.0

6095
A plastic representation of a Cyberrace vehicle, https://en.wikipedia.org/wiki/Syd_Mead#/media/File:Cyberrace_sled_plastic_model_4_sides.PNG, Public Domain

6096
Voight-Kampff Machine, an example of Mead's artwork for Blade Runner, 2013, ©Bernard Goldbach, https://en.wikipedia.org/wiki/Syd_Mead#/media/File:Smell_Fear_(3043373242).jpg, CC by 2.0

6097
Syd Mead: Progressions TYO 2019, ©Dick Thomas Johnson, https://www.flickr.com/photos/31029865@N06/49320359436, CC BY 2.0

6098
American Police Hall of Fame - Blade Runner Car, ©Ryan Crierie https://commons.wikimedia.org/wiki/File:American_Police_Hall_of_Fame_-_Blade_Runner_Car.jpg, CC by 2.0

6099
Lee Alexander McQueen, Coiled corset made of aluminium rings, The Overlook Autumn/Winter, 1999, ©Shaun Leane, https://commons.wikimedia.org/wiki/File:Fitting_of_the_Coiled_Corset.jpg, CC BY 3.0

6100
Lee Alexander McQueen for Givenchy Autumn, 'Blade Runner' suit, 1998, ©Titit, https://en.wikipedia.org/wiki/Alexander_McQueen#/media/File:Couture_Givenchy_by_Alexander_McQueen_F-W_1998.jpg, CC BY 4.0

6101
Jean Paul Gaultier, Brooklyn Museum, ©Becky Stern, https://openverse.org/image/9d23d826-4b81-4eef-9b5a-7aec959e6613?q=Jean Paul Gaultier, by Bekathwia, CC BY-SA 2.0

6102
Alexander McQueen, Whitaker Malem Fashion, Givenchy couture ©patrick whitaker, https://www.flickr.com/photos/126633105@N02/14983000970, CC BY-SA 2.0

6103
Hussein Chalayan, Coffee-table skirt, 2000, ©Manuelarosi https://commons.wikimedia.org/wiki/File:Coffee_table_skirt_Hussein_Chalayan.jpg, CC BY 3.0

6104
Issey Miyake, Skirt and Top, 2012-13, Cooper Hewitt Smithsonian Design Museum, ©D_M_D, https://openverse.org/image/ba91f8ba-7ce7-4f3e-93a6-7f2ee74cc467?q=Issey Miyake, CC BY 2.0

6105
Issey Miyake Grimanesa amoros, ©Smarliechen, https://commons.wikimedia.org/wiki/File:Grimanesa_amoros_issey_miyake_01.jpg, CC by 4.0

6106
Issey Miyake, ©Jazz 名品匯, https://www.flickr.com/photos/156936536@N06/38362280336, CC BY-SA 2.0

6107
Issey Miyake, 1984, Indigo Batik' cotton kaftan dress, ©The Irving Penn Foundation, https://www.metmuseum.org/art/collection/search/714747

6108
Issey Miyake, Black pleated polyester ensemble, ©Peloponnesian Folklore Foundation, https://commons.wikimedia.org/wiki/File:Black_pleated_polyester_ensemble_by_Issey_Miyake,_2004.jpg, CC BY 4.0

6109
Issey Miyake, IKKO TANAKA x ISSEY MIYAKE, ©nobihaya, https://openverse.org/image/993585fe-0a49-4087-bd81-d8519f20290f?q=Issey%20miyake, CC BY 2.0

6110
Issey Miyake, ©konstantin, https://openverse.org/image/c57d8d90-de99-4f34-88ee-313c6ed30f54?q=Issey%20miyake, CC BY 2.0

6111
Issey Miyake, FLORIOGRAPHY',Issey Miyake x takram, ©nobihaya https://openverse.org/image/12acc02b-d2da-4559-993a-d1a4213a7b51?q=Issey%20miyake, CC BY 2.0

07. 포스트 모던 스타일

7001
Alessandro Mendini, Magis Proust, Magis, Shared by ©Atelier Mendini

7002
Alessandro Mendini, Poltrona di Proust Mozart, 2000, Shared by ©Atelier Mendini

7003
Alessandro Mendini, Poltrona di Proust Geometrica, Cappellini, 2009, Shared by ©Atelier Mendini

7004
Alessandro Mendini e Francesco Mendini, Groninger Museum, scala centrale in mosaico Bisazza, Groningen, Olanda 1994, Shared by ©Atelier Mendini

7005
Memphis-Milano Design Collection, Milan, ©Dennis Zanone, https://commons.wikimedia.org/w/index.php?curid=15888078, CC BY 3.0

7006
Nathalie Du Pasquier, Mutina의 Mattonelle Margherita, 2021, Shared by ©Natalie Du Pasquier

7007
Ettore Sottsass, Carlton bookcase, 1981, Shared by©Memphis

7008
Peter Shire, Bel-Air, 1982, Shared by ©Vitra Design Museum

7009
Ettore Sottsass, Tahiti, Memphis, 1981, Shared by ©Memphis

7010
Bordeaux by Nathalie Du Pasquier, Memphis, Aluminium and plexiglass table lamp. Shared by ©Natalie Du Pasquier and Shared by ©Memphis

7011
Carrot by Nathalie Du Pasquier, Memphis, Hand-painted ceramic vase with kiln-sublimated decorative decals, Shared by ©Natalie Du Pasquier and Shared by ©Memphis

7012
Emerald by Nathalie Du Pasquier, Memphis, Lacquered wooden sideboard, covered with decorative laminate and natural wood essence, Shared by ©Natalie Du Pasquier, Shared by ©Memphis

7013
Shiro Kuramata, Nikko, Shared by©Memphis

7014
Madras by Nathalie Du Pasquier, Memphis, Wooden table with lacquered legs and top covered with decorative laminate, Shared by ©Natalie Du Pasquier and Shared by©Memphis

7015
Royal by Nathalie Du Pasquier, Memphis, Wooden chaise longue covered in decorative laminate, upholstered in fabric with graphic pattern designed by GeorgeSowden, Shared by ©Natalie Du Pasquier and Shared by©Memphis

7016
Alessandro Mendini, Alessandro M., Alessi, Shared by ©Atelier Mendini

7017
Alessandro Mendini, Anna G., Alessi, Shared by ©Atelier Mendini

7018
Masanori Umeda, Potraits of Memphis Group, 1981, © Masanori Umeda © Studio Azzurro, Shared by and Permission of ©Memphis, Milano, www.memphismilano.com

7019
Kartell goes Sottsass, Shared by ©Kyungwon Choi

7020
Shiro Kuramata, Nara, Shared by©Memphis

7021
Shiro Kuramata, Kyoto, Shared by©Memphis

7022
Kartell goes Sottsass, Shared by ©Kyungwon Choi

7023
Ettore Sottsass, Diva, Shared by©Memphis

7024
Kartell goes Sottsass,Shared by ©Kyungwon Choi

7025
Michele de Lucchi, Oceanic, Shared by©Memphis

7026
Michele de Lucchi, Flamingo, Shared by©Memphis

7027
Ettore Sottsass, Casablanca, Shared by©Memphis

7028
Kartell goes Sottsass, Shared by ©Kyungwon Choi

7029
Michele de Lucchi, First, Shared by©Memphis

7030
Martine Bedin, Super Lamps, 1981, ©Vitra Design Museum

7031
Michael Graves, The 9093 kettle, 1985, ©Holger Ellgaard, https://en.wikipedia.org/wiki/Michael_Graves#/media/File:Graves_kittel_1984.jpg, CC BY 3.0

7032
Michael Graves, Stryker_Prime_TC ©SuddenFrost, https://commons.wikimedia.org/wiki/File:Stryker_Prime_TC_wheelchair.jpg, CC BY 4.0

7033
Michael Graves, Portland Building, 1982, ©David Berkowitz, https://www.flickr.com/photos/25897810@N00/4451816017, CC BY 2.0

7034
Michael Graves, https://www.artic.edu/artworks/107830/domestic-landscape-woodblock-print, CC BY 1.0

7035
Michael Graves, https://www.artic.edu/artworks/107831/alternative-landscape-woodblock-print, CC BY 1.0

7036
Natalie Du Pasquier's Studio, Shared by ©Natalie Du Pasquier

7037
Natalie Du Pasquier's Drawing, Shared by ©Natalie Du Pasquier

7038
Natalie Du Pasquier's Illustration Drawing, Shared by ©Natalie Du Pasquier

7039
Natalie Du Pasquier's illustration, Shared by ©Natalie Du Pasquier

7040
Natalie Du Pasquier's Model Test, Shared by ©Natalie Du Pasquier, Courtasy by ©MUTINA

7041
Natalie Du Pasquier'Work, Shared by ©Natalie Du Pasquier

7042
Natalie Du Pasquier, Mattonelle Margherita, Shared by ©Natalie Du Pasquier, Courtasy by ©MUTINA

7043
Natalie Du Pasquier, Mattonelle Margherita, Shared by ©Natalie Du Pasquier, Courtasy by ©MUTINA

7044
Natalie Du Pasquier, Mattonelle Margherita, Shared by ©Natalie Du Pasquier, Courtasy by ©MUTINA

7045
Natalie Du Pasquier, Mattonelle Margherita, Shared by ©Natalie Du Pasquier, Courtasy by ©MUTINA

7046
Natalie Du Pasquier, Mattonelle Margherita, Shared by ©Natalie Du Pasquier, Courtasy by ©MUTINA

7047
Natalie Du Pasquier, Mattonelle Margherita, Shared by ©Natalie Du Pasquier, Courtasy by ©MUTINA

7048
Natalie Du Pasquier, Mattonelle Margherita, Shared by ©Natalie Du Pasquier, Courtasy by ©MUTINA

7049
Natalie Du Pasquier, Mattonelle Margherita, Shared by ©Natalie Du Pasquier, Courtasy by ©MUTINA

7050
Natalie Du Pasquier, Mattonelle Margherita, Shared by ©Natalie Du Pasquier, Courtasy by ©MUTINA

7051
Natalie Du Pasquier, Mattonelle Margherita, Shared by ©Natalie Du Pasquier, Courtasy by ©MUTINA

7052
Natalie Du Pasquier, Mattonelle Margherita, Shared by ©Natalie Du Pasquier, Courtasy by ©MUTINA

7053
Natalie Du Pasquier, Mattonelle Margherita, Shared by ©Natalie Du Pasquier, Courtasy by ©MUTINA

7054
Natalie Du Pasquier, Mattonelle Margherita, Shared by ©Natalie Du Pasquier, Courtasy by ©MUTINA

7055
Natalie Du Pasquier, Mattonelle Margherita, Shared by ©Natalie Du Pasquier, Courtasy by ©MUTINA

7056
Alessandro Mendini, Moka, Alessi, Shared by ©Atelier Mendini

7057
Alessandro Mendini, Orologio da polso, Swatch, Shared by ©Atelier Mendini

7058
Alessandro Mendini, con il nipote Tommaso e la lampada Amuleto, Ramun 2012, ©Atelier Mendini

7059
Alessandro Mendini, Architettura Utopica, disegno, 2000, Shared by ©Atelier Mendini

7060
Alessandro Mendini, Poltrona di Proust Cimarosa, 2012, Shared by ©Atelier Mendini

7061
Alessandro Mendini Segantini, divano, Byblos Casa, 2005, Shared by ©Atelier Mendini

7062
Alessandro Mendini Mengs, comodino, Byblos Casa, 2005, Shared by ©Atelier Mendini

7063
Alessandro Mendini, Alessandro Mendini Appiani, poltrona, Byblos Casa, 2005, Shared by ©Atelier Mendini

7064
Alessandro Mendini Appiani, poltrona, Byblos Casa, 2005, Shared by ©Atelier Mendini

7065
Alessandro Mendini Fragonard, poltrona, Byblos Casa, 2005, Shared by ©Atelier Mendini

7066
Alessandro Mendini Museo Universale, disegno, 1987, Shared by ©Atelier Mendini

7067
Alessandro Mendini La Punta Seoul Design Fair, disegno, Seoul Design Fair, 2010, Shared by ©Atelier Mendini

7068
Neville Broady's Portraits, ©BenjaminMcMahon2023, Shared by ©Neville Broady

7069
Neville Broady's Portraits, ©BenjaminMcMahon2023, Shared by ©Neville Broady

7070
Neville Broady's ADF Poster works, Shared by ©Neville Brody 2023

7071
Neville Broady's The Graphic Language of Neville Broady Books, ©Nick Rochowski 2023, Shared by ©Neville Broady

7072
Neville Broady's The Face Magazine Cover, Photo Credit ©Mario Testino, Design Credit ©Neville Brody, Shared by ©Neville Broady ©The Face Magazine, Issue 50, June 1984

7073
Neville Broady's The Graphic Language of Neville Broady Books, ©Nick Rochowski 2023, Shared by ©Neville Broady

08. 미니멀 스타일

8001
Jacob Jenson, Beogram 4004, Shared by©Jacob Jenson

8002
Jacob Jenson, Beolit 400, Shared by©Jacob Jenson

8003
Michael Laurence Nyman, ©Anton V. Shpigunov, https://en.wikipedia.org/wiki/Michael_Nyman#/media/File:Michael_Nyman.jpg, CC BY 4.0

8004
Jackson Pollock, Untitled, 1944, Ada Turnbull Hertle Fund, gifts of Mrs. Leigh B. Block, Margaret Fisher, William E. Hartmann, and Joseph R. Shapiro, Credit Line ©2018 Pollock-Krasner Foundation / Artists Rights Society (ARS), New York, https://www.artic.edu/collection?q=Jackson%20Pollock

8005
Andy Warhol, Flowers, 1970, Publisher: Factory Additions, New York; Printer: Aetna Silkscreen Products, New York, Public Domain

8006
Donald Judd, Ohne Titel, 1977, Münster, ©Florian Adler, https://commons.wikimedia.org/w/index.php?curid=10946902, CC BY 3.0

8007
Andy Warhol Museum of the Modern Art, ©Scotch Mist, https://commons.wikimedia.org/w/index.php?curid=53082935, CC BY 4.0, https://commons.wikimedia.org/w/index.php?curid=25881111, CC BY 3.0

8008
Donald Judd, Untitled, 1970, https://collections.artsmia.org/search/Donald%20Judd, Public Domain

8009
Dan Flavin, Structure and clarity, ©www.twin-loc.fr, https://www.flickr.com/photos/80641068@N07/9671384931, CC BY 2.0

8010
Dieter Rams, Braun SK4 Gramophone, München, tomislav medak, https://www.flickr.com/photos/11932978@N00/4958235031, CC BY 2.0

8011
Donald Judd, Orange Grid Design Series, Margaret Fisher Endowment, ©2018 Judd Foundation / Artists Rights Society (ARS), New York. Art Institute Chicago, https://www.artic.edu/artworks/124686/orange-grid-design-series

8012
Donald Judd, Concrete Block, ©Nan Palmero, https://www.flickr.com/photos/nanpalmero/13548238733, CC BY 2.0

8013
Donald Judd, Bottrop Im Stadtgarten, ©Frank Vincentz, https://commons.wikimedia.org/wiki/File:Bottrop_-_Im_Stadtgarten_-_Stadtgarten_-_Quadrat_-_Park_-_Bottrop-Piece_%28Donald_Judd%29_01_ies.jpg, CC BY 3.0

8014
Donald Judd, Untitled, 1982- 1986, ©Paul Joseph, https://www.flickr.com/photos/91255327@N00/4701776071, CC BY 2.0

8015
Dan Flavin, Untitled, 1969, Credit Line: Gift of Judith Neisser, © 2018 Stephen Flavin / Artists Rights Society (ARS), New York https://www.artic.edu/artworks/184115/untitled

8016
Dan Flavin, Monument for V. Tatlin, 1964, Credit Line: Gift of Society for Contemporary Art; Twentieth-Century Purchase Fund © 2018 Stephen Flavin / Artists Rights Society (ARS), New York, https://www.artic.edu/artworks/52310/monument-for-v-tatlin

8017
Dan Flavin, Untitled, 1964-1966, Credit Line Gift of Mel Bochner and Lizbeth Marano, https://www.artic.edu/collection?q=Dan%20Flavin

8018
Dieter Rams, Vitsoe, ©Rams-ethos, https://en.wikipedia.org/wiki/Dieter_Rams#/media/File:Vitsoe_Tokyo.jpg, CC BY 3.0

8019
Dieter Rams, Vitsœ Model 601, 1960, ©sarchi, https://www.flickr.com/photos/23829501@N00/4114929997, CC BY 2.0

8020
Dieter Rams, ©Ged Carroll, https://www.flickr.com/photos/39435232@N00/4126173118, CC BY 2.0

8021
Dieter Rams, ©Ged Carroll, https://www.flickr.com/photos/39435232@N00/4126103524, CC BY 2.0

8022
Muji Product Fitness 80, ©chinnian, https://www.flickr.com/photos/77034082@N00/7808654388, CC BY 2.0

8023
Muji Product Fitness 80, ©chinnian, https://www.flickr.com/photos/77034082@N00/7809143706, CC BY 2.0

8024
Muji Product Fitness 80, ©chinnian, https://www.flickr.com/photos/77034082@N00/7809286804, CC BY 2.0

8025
Muji Product Fitness 80, ©chinnian, https://www.flickr.com/photos/77034082@N00/7808799786, CC BY 2.0

8026
Muji Product Fitness 80, ©chinnian, https://www.flickr.com/photos/77034082@N00/7808750366, CC BY 2.0

8027
Jonathan Ive, ©Unsplash, https://www.flickr.com/photos/132795455@N08/17869117540, CCO

8028
Apple iPad, iMac, ©Unsplash, https://www.flickr.com/photos/132795455@N08/23741976832, CCO

8029
Jonathan Ive, ©Brett Jordan, https://www.flickr.com/photos/55497864@N00/23446056126, CC BY 2.0

8030
Apple Magic Mouse, ©raneko, https://www.flickr.com/photos/24926669@N07/4204066148, CC BY 2.0

8031
Soundstation Radio Alarm Clock, Purchased with funds provided by the Architecture & Design Society, Art Institute of Chicago, https://www.artic.edu/artworks/189806/soundstation-radio-alarm-clock, CC BY 1.0

8032
Dieter Rams, ©Max Erds, https://www.flickr.com/photos/25456782@N00/339385927, CC BY 2.0

8033
Dieter Rams, Exhibition, ©SnippyHolloW, https://www.flickr.com/photos/34097434@N04/6611755997, CC BY 2.0

8034
Dieter Rams, Braun TP 1, portable transistor radio and phonograph, 1959, ©PeterAjtony, https://commons.wikimedia.org/wiki/File:Dieter-RamsTP1Perspective.jpg, CC BY 4.0

8035
Dieter Rams, Vitsœ radio, ©With Associates, https://www.flickr.com/photos/30071740@N05/2917606561, CC BY 2.0

8036
Braun TV designs, ©Ged Carroll, https://www.flickr.com/photos/39435232@N00/4126181750, CC BY 2.0

8037
Dieter Rams, Braun, ©Friedrich Haag, https://en.wikipedia.org/wiki/Braun_%28company%29#/media/File:002_2020_04_21_Uhren_fuer_den_Innenbereich.jpg, CC BY 4.0

8038
Dieter Rams, Braun Transistor 1, ©Christos Vittoratos, https://en.wikipedia.org/wiki/File:Braun-transistor.jpg, CC BY 3.0

8039
Dieter Rams, Braun LE 1 speaker, 1959, ©René Spitz, https://en.wikipedia.org/wiki/Braun_LE1#/media/File:Braun_LE1_Speaker.jpg, CC BY 1.0

8040
Dieter Rams, ©Vitsoe, https://commons.wikimedia.org/wiki/File:606-Universal-Shelving-System.jpg, CC BY 3.0

8041
Hans Gugelot, Ulm Stool, 1954, ©Christos Vittoratos, https://en.wikipedia.org/wiki/Hans_Gugelot#/media/File:Ulmer-hocker-hfg-ulm-max-bill.jpg, CC BY 3.0

8042
Hans Gugelot, SK 4/10 "Snow White's Coffin" Radio-Phonograph for Braun, 1956, ©With Associates, https://en.wikipedia.org/wiki/Hans_Gugelot#/media/File:Braun_SK_4.1.jpg, CC BY 2.0

8043
Hans Gugelot, Braun SM 2 shaver, 1963, ©Holger Ellgaard, https://en.wikipedia.org/wiki/Hans_Gugelot#/media/File:Braun_Sixtant_s.jpg, CC BY 3.0

8044
Hans Gugelot, Furniture sistem M125, Systems design - The Ulm school, 1956, ©Kippelboy, https://en.wikipedia.org/wiki/Hans_Gugelot#/media/File:Hans_Gugelot-_Furniture_sistem_M125-_1956-dhub.jpg, CC BY 3.0

8045
Hans Gugelot, Braun turntable, ©Holger Ellgaard, https://en.wikipedia.org/wiki/Hans_Gugelot#/media/File:Braun_Plattenspieler.jpg, CC BY 4.0

8046
Naoto Fukasawa CD Player, https://en.wikipedia.org/wiki/Naoto_Fukasawa#/media/File:Muji_NYC_inside_CD_players.jpg, Public Domain

8047
Jonathan Ive's Design, https://www.flickr.com/photos/24802751@N06/3572555854, CC BY 2.0

8049
Jacob Jenson, Shared by ©Jacob Jenson

8050
Jacob Jenson Beomaster1200S, Shared by ©Jacob Jenson

8051
Jacob Jenson Beogram4000, Shared by ©Jacob Jenson

8052
Jacob Jenson Beomaster5000, Shared by ©Jacob Jenson

8053
Jacob Jenson Phone Design, Shared by ©Jacob Jenson

8054
Jacob Jenson B&O Poster, Shared by ©Jacob Jenson

09. 컨템포러리 디자인 스타일

9001
Karim Rashid, Garbo, Umbra, Shared by ©Karim Rashid

9002, 9003, 9004
Marc Newson, Ford 021C Concept, Shared by ©Marc Newson

9005
Marc Newson, Lockheed Lounge, Shared by Marc Newson ©Photography by Karin Catt

9006
디자이너들에게 공유 받은 이미지를 조합하여 글쓴이가 재구성

9007
Marcel Wanders, Diamond Mirror, Shared by ©Marcel Wanders

9008
Enzo Mari, Puzzle game designed by Enzo Mari in 1956, https://commons.wikimedia.org/wiki/File:16.Animali.jpg ©Giuliocontessi, CC-BY-SA-4.0

9009
Ecologic Studio, H.O.R.T.U.S. XL Astaxanthin.g, Permission to use image by ©Ecologic Studio

9010
Thomas Heatherwick, The Rolling Bridge by Thomas Heatherwick, https://en.wikipedia.org/wiki/The_Rolling_Bridge, CC BY-SA 2.0

9011
Jaime Hayon, Art'otel, Shared by ©Jaime Hayon

9012
Neri Oxman, Aguahoja, Permission to use image by ©Neri Oxman

9013
Joris Laarman, Bone Chair, ©Saimmad, https://en.wikipedia.org/wiki/File:Laarman_Bone-Chair_01.jpg, CC BY SA 4.0 DEED

9014
Jaime Hayon, The Lover I, Lladro, Shared by ©Jaime Hayon

9015
Marcel Wanders, The Objets Nomades Collection by Louis Vuitton, Shared by ©Marcel Wanders

9016
Marc Newson, Cloisonne Blue Chair, Shared by ©Marc Newson

9017
Campana Brothers, Jenette, Edra, Shared by ©Edra

9018
Peter Traag, Sponge, Edra, Shared by ©Edra

9019
Ezri Tarazi, Baghdad, Edra, Shared by ©Edra

9020
Enzo Mari, Seggiolina Pop, Magis, Shared by ©Magis

9021
Campana Brothers, Favela Chair, Edra, Shared by ©Edra

9022
Tokujin Yoshioka, Venus - Natural Crystal Chair, 21_21 Design Sight, ©Tokujin yoshioka inc.,https://commons.wikimedia.org/wiki/File:20_cre_MY.jpg, CC BY SA 4.0

9023
Ecologic Studio, Habitat One, Hyun Dai Moter Studio, Permission to use image by ©Ecologic Studio

9024
Tord Boontje, Night Blossom lamp, ©Swarovski, https://en.wikipedia.org/wiki/Tord_Boontje#/media/File:Tord_boontje_per_swarovski_ag._lampadario_night_blossom._2003.jpg, CCBY 3.0

9025
Julia Lohmann, Oki Naganode, Victoria and Albert Museum, Permission to use image by ©Julia Lohmann, Photography by ©Petr Krejci

9026
Campana Brothers, Cabana, Edra, Shared by ©Edra

9027
Portrait of Jasper Morrison, Shared by ©Jasper Morrison

9028
Jasper Morrison, Thinking Man's Chair, Cappellini, Shared by ©Jasper Morrison

9029
Jasper Morrison, Air Chair, Magis, Shared by ©Jasper Morrison

9030
Jasper Morrison, Hal, Vitra, Shared by ©Jasper Morrison

9031
Jasper Morrison, Corks, Kasmin Gallery, Shared by ©Jasper Morrison

9032
Jasper Morrison, Handlebar Table, Kingston Polytechnic, Shared by ©Jasper Morrison

9033
Jasper Morrison, Laboratory Light, Kaufhaus des Ostens, Shared by ©Jasper Morrison

9034
Jasper Morrison, Flowerpot Table, Kasmin Gallery, Shared by ©Jasper Morrison

9035
Jasper Morrison, Wing-nut Chair, Royal College of Art, Shared by ©Jasper Morrison

9036
Jasper Morrison, Coat Stand, Aram Design Store, Shared by ©Jasper Morrison

9037
Jasper Morrison, Universal System, Cappellini, Shared by ©Jasper Morrison

9038
Jasper Morrison, Wall Clock, Muji, Shared by ©Jasper Morrison

9039
Jasper Morrison, Gilco-100, Gilco, Shared by ©Jasper Morrison

9040
Jasper Morrison, Scamp Bag, Maharam, Shared by ©Jasper Morrison

9041
Jasper Morrison, Lepic, Schiffini, Shared by ©Jasper Morrison

9042
Portrait of Karim Rashid, https://en.wikipedia.org/wiki/Karim_Rashid#/media/File:Karim_Rashid_2016.png, CC BY SA 4.0

9043
Karim Rashid, Garbo, Umbra, Shared by ©Karim Rashid

9044
Karim Rashid, King Chess Set, Bozart Toys, Shared by ©Karim Rashid

9045
Karim Rashid, Hyundai Card Black Master Card, Hyundai card, Shared by ©Karim Rashid

9046
Karim Rashid, Love Seat, Veuve Clicquo, Shared by ©Karim Rashid

9047
Karim Rashid, Juga Chair, Muma, Shared by ©Karim Rashid

0948
Karim Rashid, Townhouse, Karim Rashid, Shared by ©Karim Rashid

9049
Karim Rashid, Ottawa System, BoConcept, Shared by ©Karim Rashid

9050
Karim Rashid, Cortina Collection, Nambe, Shared by ©Karim Rashid

9051
Karim Rashid, Cyborg Big, Martinelli Luce, Shared by ©Karim Rashid

9052
Karim Rashid, Nebula, Vadasiga, Shared by ©Karim Rashid

9053
Portrait of ©Ross Lovegrove

9054
Ross Lovegrove, Mercury, Artemide, Mercury Mini Light by Artemide, ©carpathiar, https://openverse.org/image/e1412d0d-692b-4653-8152-631984d7f068?q=Artemide,%20Mercury,%20 Mercury, CC BY ND 2.0

9055
Ross Lovegrove, Solar Tree, Artemide, Solar Tree, ©ricrossi, https://commons.wikimedia.org/wiki/File:Solar_Tree.jpg, CC BY SA 2.0

9056
Ross Lovegrove, 100% Coat Stand, Danese, danese "100%COAT-STAND" by ROSS LOVEGROVE 2/3, ©kurashikinote.jp, https://www.flickr.com/photos/29976823@N05/8420016626, CC BY 2.0

9057
Solo Cuttlery Italy, https://openverse.org/image/8dad-c3ab-9b57-4dcc-adf0-60660efbc1ba?q=Ross+Lovegrove, CC BY 2.0, ©kurashikinote.jp

9058
Ross Lovegrove, Ilabo Shoes, Centre Pompidou, Exposition Ross Lovegrove au Centre George Pompidou Paris, ©Yann Caradec, https://www.flickr.com/photos/10288162@N07/33262068223, CC BY SA 2.0

9059
Portrait of Marc Newson, Shared by ©Marc Newson

9060
Marc Newson, Lockheed Lounge, Marc Newson Edition, ©Photography by Karin Catt, Shared by ©Marc Newson

9061
Marc Newson, Embryo Chair, Idee, Shared by ©Marc Newson

9062
Marc Newson, Wood Chair, Cappellini, Shared by ©Marc Newson

9063
Marc Newson, Orgone Chair, Marc Newson Edition, ©Photography by Fabrice Gousset, Shared by Marc Newson

9064
Marc Newson, Cloisonne Blue Chair, Gagosian Gallery, Shared by ©Marc Newson

9065
Marc Newson, Voronoi, Gagosian Gallery, Shared by ©Marc Newson

9066
Marc Newson, Atmos 561, Jaeger-LeCoultre, Shared by ©Marc Newson

9067
Marc Newson, Zvezdochka Sneaker, Nike, Shared by ©Marc Newson

9068
Marc Newson, Horizon Soft Luggage, Louis Vuitton, Shared by ©Marc Newson

9069
Portrait of Hella Jongerius, https://commons.wikimedia.org/wiki/File:Hella_Jongerius_at_Opening_Delegates_Lounge.jpg, CC BY SA 2.0

9070
Hella Jongerius, Matrix Module, Shared by ©Jongeriuslab

9071
Hella Jongerius, New interior for United Nations North Delegates Lounge, UN North Delegates Lounge, ©Ministry of Foreign Affairs of the Netherlands/Frank Oudeman, CC BY SA 2.0

9072
Hella Jongerius, Breathing Colour, National Museum, ©National Muse-um , Shared by ©Jongeriuslab

9073
Portrait of Tom Dixon, Shared by ©Tom Dixon

9074
Tom Dixon, Melt LED Pendant, Tom Dixon, Shared by ©Tom Dixon

9075
Tom Dixon, Puff Pendant Brass, Tom Dixon, Shared by ©Tom Dixon

9076
Tom Dixon, S Chair Wool, Tom Dixon, Shared by ©Tom Dixon

9077
Tom Dixon, Fat Lounge Chair, Tom Dixon, Shared by ©Tom Dixon

9078
Tom Dixon, Tank Decanter & Glasses, Shared by ©Tom Dixon

9079
Portrait of Marcel Wanders, Shared by ©Marcel Wanders

9080
Marcel Wanders, Knotted chair, Cappellini, Shared by ©Marcel Wanders

9081
Marcel Wanders, Skygarden Collection, Flos, Shared by ©Marcel Wanders

9082
Marcel Wanders, Mosaic and Pebbles Collection, Bisazza, Shared by ©Marcel Wanders

9083
Marcel Wanders, AW/EX Pipe, Fantini, Shared by ©Marcel Wanders

9084
Marcel Wanders, Bouquet Bag, Up To You Anthology, Shared by ©Marcel Wanders

9085
Marcel Wanders, Diamond Facade, Louis Vuitton, Shared by ©Marcel Wanders

9086
Marcel Wanders, Petal Chair by Louis Vuitton, Salone del Mobile, Shared by ©Marcel Wanders

9087
Marcel Wanders, Cyborg Chair, Magis, Shared by ©Magis

9088
Marcel Wanders, Egg Vase, Moooi, 계란 화병, ©Marcel Wanders, https://ko.wikipedia.org/wiki/마르셀_반더스#/media/파일:Egg_Vase.jpg, CC-BY-SA-3.0

9089
Marcel Wanders, Bella Lamp, Ramun, Shared by ©Magis

9090
Marcel Wanders, Mondrian South Beach Miami, Morgans Hotel Group, Shared by ©Magis

9091
Portrait of Konstantin Grcic, Shared by ©Konstantin Grcic

9092
Konstantin Grcic, Chair One, Magis, Shared by ©Magis

9093
Konstantin Grcic, Chair One Public Seating System 2, Magis, Shared by ©Magis

9094
Konstantin Grcic, Audi I I Pavilion, Design Miami, Shared by ©Kon stantin Grcic

9095
Konstantin Grcic, Sam Son Chair, Magis, Shared by ©Magis

9096
Konstantin Grcic, Mayday Lamp, Flos, Shared by ©Konstantin Grcic

9097
Konstantin Grcic, 360°, Magis, Shared by ©Magis

9098
Konstantin Grcic, Tuffy – The Wild Bunch, Magis, Shared by ©Magis

9099
Konstantin Grcic, Miura Stool, NY Museum of Modern Art, Shared by ©Konstantin Grcic

9100
Portrait of Tokujin Yoshioka, ©Tokujin yoshioka inc., https://commons.wikimedia.org/wiki/File:吉岡徳仁.jpg, CC BY SA 4.0

9101
Tokujin Yoshioka, Water Block, Pari Orsay Museum, Water Block(2002), ©Tokujin yoshioka inc., https://commons.wikimedia.org/wiki/File:%E3%80%8CWater_Block_-_%E3%82%AC%E3%83%A-9%E3%82%B9%E3%81%AE%E3%83%99%E3%83%B3%E3%83%81%E3%80%8D%EF%BC%8F%E3%82%AA%E3%83%AB%E3%82%BB%E3%83%BC%E7%BE%8E%E8%A1%93%E-9%A4%A8%EF%B-C%8F2011%EF%BC%882002%EF%BC%89.jpg, CC BY SA 4.0

9102
Tokujin Yoshioka, Snow, Sensing Nature Exhibition, Mori Art Museum, Snow, ©Tokujin yoshioka inc., https://commons.wikimedia.org/wiki/File:「Snow」.jpg, CC BY SA 4.0

9103
Tokujin Yoshioka, Honey-pop, Museum of Modern Art, 「Honey-pop」／2001.jpg, ©Tokujin yoshioka inc., https://commons.wikimedia.org/wiki/File:%E3%80%8CHoney-pop%E3%80%8D%EF%BC%8F2001.jpg, CC BY SA 4.0

9104
Tokujin Yoshioka, PANE chair, NY Museum of Modern Art, PANE chair2006.jpg, ©Tokujin yoshioka inc., https://commons.wikimedia.org/wiki/File:PANE_chair2006.jpg, CC BY SA 4.0

9105
Tokujin Yoshioka, Venus – Natural Crystal Chair, 21_21 Design Sight, 20 cre MY, ©Tokujin yoshioka inc., https://commons.wikimedia.org/wiki/File:20_cre_MY.jpg, CC BY SA 4.0

9106
Tokujin Yoshioka, Rainbow Church, Beyond Museum, Rainbow Church01(2010), ©Beringo8, https://commons.wikimedia.org/wiki/File:Rainbow_Church01.jpg, CC BY SA 4.0

9107
Tokujin Yoshioka, New Issei Miyake store, Milan Design Week, ©Tokujin yoshioka https://openverse.org/image/1f5fc986-921e-4bf6-9b92-e8fb2785c2b2?q=Yoshioka%20, Tokujin, CC BY 2.0

9108
Tokujin Yoshioka, Snowflake, Milan Design Week, Snowflake, ©Tokujin yoshioka inc., https://commons.wikimedia.org/wiki/File:2010_Snow-flake_01.jpg, CC BY SA 4.0

9109
Tokujin Yoshioka, Tokujin Yoshioka x LG, Senses_of_the_Future, Salone del Mobile, 2017 S.F Senses of the Future 02, ©Tokujin yoshioka https://commons.wikimedia.org/wiki File:2017_S.F_Senses_of_the_Fu-ture_02.jpg, CC BY SA 4.0

9110
Portrait of Ronan & Erwan Bouroullec, Shared by ©Ronan & Erwan Bouroullec

9111
Ronan & Erwan Bouroullec, Vegetal Chair, Vitra, Shared by ©Ronan & Erwan Bouroullec

9112
Ronan & Erwan Bouroullec, Algue, Vitra, Shared by ©Ronan & Erwan Bouroullec

9113
Ronan & Erwan Bouroullec, Clouds, Kvadrat, Shared by ©Ronan & Erwan Bouroullec

9114
Ronan & Erwan Bouroullec, Joyn Office System, Vitra, Shared by ©Ronan & Erwan Bouroullec

9115
Ronan & Erwan Bouroullec, Can Sofa, Hay, Shared by ©Ronan & Erwan Bouroullec

9116
Ronan & Erwan Bouroullec, Ploum, Ligne Roset, Shared by ©Ronan & Erwan Bouroullec

9117
Ronan & Erwan Bouroullec, Gabriel Chandelier, Chateau de Versailles, Shared by ©Ronan & Erwan Bouroullec

9118
Ronan & Erwan Bouroullec, Serif TV 2.0, SamSung, Shared by ©Ronan & Erwan Bouroullec

9119
Ronan & Erwan Bouroullec, Exposition dessins, Galerie kreo, Shared by ©Ronan & Erwan Bouroullec

9120
Portrait of Jaime Hayon, Shared by ©Jaime Hayon

9121
Jaime Hayon, Multileg cabinet, BD Barcelona, Shared by ©Jaime Hayon

9122
Jaime Hayon, Green Chicken, High Museum of Art, Shared by ©Jaime Hayon

9123
Jaime Hayon, The Showtime Collection, BD Barcelona, Shared by ©Jaime Hayon

9124
Jaime Hayon, The Fantasy Collection, Lladro, Shared by ©Jaime Hayon

9125
Jaime Hayon, FAVN, 2012, Fritz Hansen, Shared by ©Jaime Hayon

9126
Jaime Hayon, Urban Perspectives, Salone del Mobile, Shared by ©Jaime Hayon

9127
Jaime Hayon, Beautes du Monde, Cartier, Shared by ©Jaime Hayon

9128
Jaime Hayon, The Battle of Trafalgar(The Tournament), London Design Festival, Shared by ©Jaime Hayon

9129
Jaime Hayon, Merry Go Zoo Installation, Atlanta High Museum of Art, Shared by ©Jaime Hayon

9130
Jaime Hayon, Swarovski Carousel, Swarovski, Shared by ©Jaime Hayon

9131
Portrait of Thomas Heatherwick, ©Elena Heatherwick, https://commons.wikimedia.org/wiki/File:141008_03_HR_ThomasHeatherwick_CREDIT_Elena-Heatherwick.jpg, CC0 1.0 DEED

9132
Thomas Heatherwick, The Rolling Bridge by Thomas Heatherwick, Paddington Basin2.jpg,©Loz Pycock, https://commons.wikimedia.org/wiki/File:The_Rolling_Bridge_by_Thomas_Heatherwick,_Paddington_Basin2.jpg, CC-BY SA 2.0

9133
Thomas Heatherwick, Spun Chair, Magis, Shared by ©Magis

9134
Thomas Heatherwick, Seed Cathedral, Uk pavilion, Shanghai expo 2010 - panoramio, ©Cooper Du, https://commons.wikimedia.org/wiki/File:Uk_pavilion,_expo_2010_-_panoramio.jpg, CC BY SA 3.0

9135
Thomas Heatherwick, Airo, Shanghai Auto Show, IM AIRO Concept at Auto Guangzhou 2023 20231126,©Tim Wu, https://commons.wikimedia.org/wiki/File:IM_AIRO_Concept_at_Auto_Guangzhou_2023_20231126.jpg, CC BY 4.0

9136
Thomas Heatherwick, Vessel, Hudson Yards, HudsonYards 05-06-19-1, ©Ajay Suresh, https://commons.wikimedia.org/wiki/File:Hudson-Yards_05-06-19-1_(47003439824).jpg, CC BY 2.0

9137
Thomas Heatherwick, Learning Hub, Nanyang Technological University, The Hive, ©Supanut Arunoprayote, https://commons.wikimedia.org/wiki/File:The_Hive,_NTU_(II).jpg, CC BY 4.0

9138
Thomas Heatherwick, Little Island, Pier55, Little Island opening morn, ©Jim.henderson, https://commons.wikimedia.org/wiki/File:Little_Island_opening_morn_(1)_jeh.jpg, CC BY 4.0

9139
Portrait of Neri Oxman, Neri Oxman by ©Noah Kalina, https://commons.wikimedia.org/wiki/File:Neri_Oxman_by_Noah_Kalina.jpg, CC BY SA 4.0

9140
Neri Oxman, Silk Pavilion, MIT Media Lab, Oxman-Silk pavilion installation(2013), ©Mediated Matter Group(Neri Oxman) inc., https://commons.wikimedia.org/wiki/File:Oxman-Silk_pavilion_installation.png, CC BY SA 4.0

9141
Neri Oxman, Aguahoja, San Francisco Museum of Modern Art, Shared by ©Neri Oxman

9142
Neri Oxman, Vesper I, Vesper II, Vesper III, London Design Museum, Shared by ©Neri Oxman

9143
Neri Oxman, Glass I, Mediated Matter Group, Shared by ©Neri Oxman

9144
Neri Oxman, Raycounting, New York Museum of Modern Art, Shared by ©Neri Oxman

9145
Portrait of Ron Arad, ©Ron Arad, https://commons.wikimedia.org/wiki/File:Ron_Arad_2017.jpg, CC BY SA 4.0

9146
Ron Arad, Well Tempered Chair, New York Museum of Modern Art, The Big Easy chair in chrome steel, ©teo jakob, https://commons.wikimedia.org/wiki/File:Ron_Arad_-_The_Big_Easy_chair_in_chrome_steel.jpg, CC BY 3.0

9147
Ron Arad, Rover Two Seater, Centre Pompidou, Ron arad, canape the rover 2-seater, ©Sailko, https://commons.wikimedia.org/wiki/File:Ron_arad,_canapé_the_rover_2-seater,_1985.JPG, CC BY 3.0

9148
Ron Arad, Voido Rocking Chair, Magis, Shared by ©Magis

9149
Ron Arad, Raviolo Low Chair, Magis, Shared by ©Magis

9150
Portrait of Enzo Mari, Enzo Mari, ©Adriano Alecchi, https://commons.wikimedia.org/wiki/File:Enzo_Mari_1974.jpg, Public domain

9151
Enzo Mari, Mariolina Chair, Magis, Shared by ©Magis

9152
Enzo Mari, Memo, Magis, Shared by ©Magis

9153
Enzo Mari, Globe, Magis, Shared by ©Magis

9154
Enzo Mari, Seggiolina Pop, Magis, Shared by ©Magis

이상의 목록에서 오류 및 누락된 것에 대해 알려주시면 참고하여 수정하겠습니다.

디자인 역사 속의 스타일

초판 1쇄 2024년 9월 3일 찍음
초판 1쇄 2024년 9월 10일 펴냄

지은이 | 박영목 · 심영신 · 원하연 · 장성연
펴낸이 | 강준우
기획 · 편집 | 박영목 · 심영신 · 원하연 · 장성연
표지 디자인 | 아트디렉션: 김경선 / 디자인: 김지연
일러스트레이션 | 전서영
인쇄 · 제본 | 지경사문화

펴낸곳 | 인물과사상사
출판등록 | 제17-204호 1998년 3월 11일

주소 | (04037) 서울시 마포구 양화로7길 6-16 서교제일빌딩 3층
전화 | 02-325-6364
팩스 | 02-474-1413

www.inmul.co.kr | insa@inmul.co.kr

ISBN 978-89-5906-762-6 03600

값 98,000원